D1744170

Suomi/englanti
Käsisanakirja

SUOMI/ENGLANTI
KÄSISANAKIRJA

Raija Hurme Riitta·Leena Malin Olli Syväoja

Werner Söderström Osakeyhtiö
Porvoo - Helsinki - Juva

ISBN 951-0-14031-7

WSOY:n graafiset laitokset
Porvoo 1987

ALKUSANAT

Suomi-englanti käsisanakirja on supistettu laitos vuonna 1984 ilmestyneestä Uudesta suomi-englanti suursanakirjasta. Toimitustyö on tehty rinnan suursanakirjan toisen painoksen korjaus-, tarkistus- ja täydennystyön kanssa. Tavoitteena on ollut suursanakirjaa kooltaan näppärämpi sanakirja, joka kuitenkin sisältäisi laajasti suomen kielen keskeistä sanastoa vastineineen ja esimerkkeineen.

Tekijät vastaavat toimitustyöstä seuraavasti:

Raija Hurme: *A–D, K–kuntoutus, P, vuo– -vöinen, Z–Ö;*
Riitta-Leena Malin: *E–J, M, R–S, viallinen–vulkanointi, X–Y;*
Olli Syväoja: *kuohahtaa–kööpenhaminalainen, L, N–O, T–U, V–vetää.*

Haluamme kiittää kaikkia niitä henkilöitä, jotka ovat osoittaneet kiinnostusta sanakirjatyötämme kohtaan sen eri vaiheissa.

Helsingissä, helmikuussa 1987
Raija Hurme   *Riitta-Leena Malin*   *Olli Syväoja*

PREFACE

The *Shorter Finnish-English Dictionary* is an abridged version of the *Finnish-English General Dictionary*, the first edition of which was published in 1984. The work of abridgment was carried out along with the preparation of the second edition of the larger work, and has thus had the benefit of the corrections and revisions made in the latter. This shorter edition is intended to serve as a handier dictionary for everyday use, nevertheless containing the core of Finnish lexis with its English equivalents and examples of usage.

The three editors are individually responsible for the different parts of the text as follows:

Raija Hurme: *A–D, K–kuntoutus, P, vuo—vöinen, Z–Ö;*
Riitta-Leena Malin: *E–J, M, R–S, viallinen–vulkanointi, X–Y;*
Olli Syväoja: *kuohahtaa–kööpenhaminalainen, L, N–O, T–U, V–vetää.*

We wish to thank all those persons who have taken an interest in our work in its different stages.

Helsinki, February 1987
Raija Hurme   *Riitta-Leena Malin*   *Olli Syväoja*

KÄYTTÖOHJEITA

1. HAKUSANAT

Hakusanat ovat pääsääntöisesti a a k k o s j ä r j e s t y k s e s s ä (š-alkuiset sanat ovat s-kirjaimessa ja w-alkuiset v-kirjaimessa). Hakusanoina on käsitelty myös e r i s n i m i ä, l y h e n t e i t ä sekä s a n a l i i t t o j a.

Osa yhdyssanoista on aakkosjärjestyksestä poiketen kerätty hakusanaksi otetun yhdyssanan alkuosan kohdalle

tammi∥- oak (panelling -*paneeli;* cask, barrel -*tynnyri*) **-kuu** January...

Joissakin tapauksissa hakusanoja on kerätty myös hakusanan sisään

tarjoilu service; *tarjoilu|-* serving (dish -*astia;* table -*pöytä;* cart -*vaunu*) **~kaappi** sideboard...

Seuraavia j o h d o k s i a on käsitelty hakusanoina vain rajallisesti

- -minen-loppuisia s u b s t a n t i i v e j a (juokseminen), jos niiden vastineet muodostetaan -*ing*-päätteellä vastaavasta verbistä (run – running)

- adjektiiveista johdettuja substantiiveja (punainen – punaisuus), joiden vastineet muodostetaan tavallisella -*ness*-päätteellä (red – redness)

- -ton, -tön -loppuisia a d j e k t i i v e j a (silmätön), joiden vastineet muodostetaan -*less*-päätteellä (eye – eyeless)

- toistuvaa tekemistä ilmaisevia v e r b e j ä, jotka voidaan kääntää rakenteella be/keep + -*ing*-muoto tai verbin kantamuodolla

- verbejä, jotka voidaan kääntää rakenteella *make + adjektiivi* (make .. stronger – vankentaa) tai *become/get + adjektiivi* (become stronger – vankentua)

- -sti-loppuisia a d v e r b e j a on otettu hakusanoiksi, jos ne kääntyvät tai ne voidaan kääntää muuten kuin lisäämällä adjektiiviin -*ly*-pääte tai rakenteella *in a .. way/manner.*

Englannin *-ic*-päätteisistä adjektiiveista muodostetaan vastaavat adverbit päätteellä *-ally: emphatic – emphatically.* Jos tällaisella adjektiivilla on myös pitempi *-al*-päätteinen muoto, adverbi muodostetaan tästä pitemmästä muodosta: *symbolic[al] – symbolically.*

2. LYHENTEET *(sg)* JA *(pl)*

Nämä lyhenteet viittaavat aina englanninkielisiin vastineisiin

koulu||**aika** *(pl)* school days
valo||**-oppi** *(sg)* optics
väki||**joukko**... **-juoma**...; ~*t* spirits; *(sg)* liquor

Milloin vastine voi olla joko yksiköllinen tai monikollinen, merkitään *(sg ja pl).*

3. KÄYTETYT MERKIT

Kaarisulkeissa ( ) ovat vaihtoehtoiset sanat tai ilmaukset

muikistella; ~ *huuliaan (suutaan)...*
tana|**ssa** *(-an)*; ... *pistimet* ~ with charged (level[l]ed) bayonets.

Hakasulkeissa ([ ]) on sanan tai ilmauksen osa, joka voidaan jättää pois.

Kaksoispystyviiva (||) artikkelin ensimmäisessä hakusanassa erottaa sanan alkuosan, joka on yhteinen artikkelin hakusanoille; yksinkertainen pystyviiva (|) erottaa sanasta yhteisen alkuosan, johon taivutus- tai muu pääte liittyy

pää||**lu**|**ku;** *-vun mukaan* per capita... **-luokka**...

Aaltoviiva (~) korvaa edellä olevan hakusanan tai vastineen

minkki mink ~**tarha** minkery...
muiste||**lla**... **-ttava** memorable (event *tapaus*); *helposti* ~ easy to remember;...
sarj|**a** 1 series *(pl ~)*...

Tavuviiva (-) korvaa pystyviivalla erotetun sanan osan.

Kaksi tavuviivaa tai aaltoviiva yhdessä tavuviivan kanssa merkitään silloin, kun yhdyssanaan kuuluu tavuviiva

avustu|**s**... 2 *(raha-~)* = raha-avustus
pohjois|-... North|- (--African *-afrikkalainen;*...) = North-African
Pohjois|- North (Africa *--Afrikka;*...) = Pohjois-Afrikka

Kaksi pistettä (..) osoittaa

– objektin paikan

julistaa... *(julkistaa)* make .. public (known) (the results of research *tutkimuksen tulokset*)...

– pääsanan paikan attribuutin edellä

huono||**kuntoinen**... **-maineinen** ..with (of) bad reputation (woman *nainen*)...

Kun pääsana tulee attribuutin eteen, joka on suomenkielisen yhdyssanan loppuosan käännös, merkitään seuraavasti

juova... **~inen**...; ..with .. stripes (with yellow stripes *kelta~*)

Avoin kolmio (△) on huomiomerkki, joka helpottaa vastineiden löytymistä

väli|- intermediate (*biol* host *--isäntä*; port *-satama*; *(rad)* frequency *-taajuus*); △ intermediary (layer *-kerros*; report *-todistus*).

Mustan kolmion (▶) taakse on kerätty hakusanaan liittyviä lauseita ja sanontoja, jotka on aakkostettu puolilihavoitujen sanojen mukaan

missä... ▶ **hyvänsä** *(tahansa)* anywhere; *(konj)* wherever; ~ **ihmeessä?**...

Nuoli (→) viittaa mustan kolmion takana olevaan osaan

saatav||**a**... **-illa, -issa** *ks. saada* →.

4. BRITTILÄINEN JA AMERIKKALAINEN OIKEINKIRJOITUS

– *-re, (Am) -er* -loppuisista sanoista (cent|re, -er, theat|re, -er jne.) on käytetty yleensä vain brittiläistä muotoa

   -our, (Am) -or merkitään behavio[u]r, colo[u]r

– *-ize/-ise-* ja *-ization/-isation*-loppuisista sanoista on annettu yleensä vain *-ize-* ja *-ization*-päätteiset muodot (apologize jne.), jotka ovat tavallisia myös brittiläisessä englannissa

– Latinalais- ja kreikkalaisperäiset -ae- ja -oe- (an[a]esthesia, f[o]etus) kirjoitetaan amerikanenglannissa ilman sulkeissa olevaa a:ta tai o:ta

– Huomattakoon myös seuraavat erot:

(Br) travelling	*(Am)* traveling	merkitään	travel[l]ing
(Br) cancelled	*(Am)* canceled		cancel[l]ed
(Br) skilful	*(Am)* skillful		skil[l]ful
(Br) instalment	*(Am)* installment		instal[l]ment
(Br) fulfil	*(Am)* fulfill		fulfil[l]

HOW TO USE THIS DICTIONARY

1. ORDER OF ENTRIES

1.1. Entries are in alphabetical order, with the exceptions noted below under 1.2. Words beginning with *š* are alphabetized under *s* and those beginning with *w* are alphabetized under *v*.

Note: in the Finnish alphabet, *ä* and *ö* come at the end of the alphabet, in that order.

Proper names, abbreviations and phrases, when entered as headwords, are alphabetized in the appropriate place.

1.2. In exception to this general rule, a certain number of Finnish compound words are given within a single entry; the headword in such cases contains the initial component of the compound.

> **tammi**||- oak (panelling -*paneeli;* cask, barrel -*tynnyri*) **-kuu** January...

In some cases, compounds are also listed as running entries:

> **tarjoilu** service; *tarjoilu*|- serving (dish -*astia;* table -*pöytä;* cart -*vaunu*) **~kaappi** sideboard...

2. DERIVED FORMS

Certain common derived forms are entered only to a limited extent:

2.1. Finnish nouns ending in *-minen* (e.g. juokseminen), if the English equivalent is formed by adding the suffix *-ing* to the corresponding verb (run – running)

2.2. Nouns derived from adjectives (punainen – punaisuus), if the English equivalent is formed similarly by adding the suffix *-ness* (red – redness)

2.3. Adjectives ending in -ton/-tön (silmätön), if the equivalent is formed correspondingly with *-less* (eyeless)

2.4. Iterative verbs, i.e. those expressing repeated or extended activity, if they can be translated by the structure *be/keep* + *-ing* or by the base form of the verb.

2.5. Verbs which can be translated by the structure *make* + *adjective* (make .. stronger – vankentaa) or *become/get* + *adjective* (become stronger – vankentua).

2.6. Adverbs ending in -sti are entered if they can or should be translated by a form other than adding the suffix *-ly* to the adjective, or the structure *in a .. way/manner*.

3. SYMBOLS USED

3.1. Parentheses ( ) indicate alternative words or expressions, either in Finnish or in English.

   muikistella; ∼ *huuliaan (suutaan)*...

3.2. Square brackets [ ] indicate

   3.2.1. A part of the entry which may be omitted without changing the sense

   elämän‖ohje maxim; rule [of life];...

   3.2.2. British/U.S. spelling variants

   käytös behavio[u]r (bad behavio[u]r *huono* ∼; towards *jkta kohtaan*),...

3.3. A double vertical (‖) in the headword indicates the root or initial segment of the word, which is common to all the entries included under that headword.

   ..A single vertical (|) indicates the stem, which may appear in inflected form in other entries under that headword; here the rules of consonant gradation must be taken into account (see 5).

   pää‖lu|ku; *-vun mukaan* per capita... **-luokka**...

3.4. A s w u n g d a s h (~) stands for a preceding headword, entry or equivalent

> **minkki** mink ~**tarha** minkery...
> **muiste**‖**lla**... **-ttava** memorable (event *tapaus*); *helposti* ~ easy to remember;...
> **sarj**‖**a 1** series *(pl ~)*...

3.5. A h y p h e n stands for the part of a word marked off by a single vertical. A d o u b l e h y p h e n or a hyphen combined with a swung dash is used when the compound form itself contains a compound.

> **avustu**‖**s**... **2** *(raha-~)* = raha-avustus
> **pohjois**‖**-**... North‖- (--African *-afrikkalainen;*...) = North-African
> **Pohjois**‖**-** North (Africa --*Afrikka;*...) = Pohjois-Afrikka

3.6. T w o p e r i o d s (..) indicate, alternatively,

3.6.1. The place of the object

> **julistaa**... *(julkistaa)* make .. public (known) (the results of research *tutkimuksen tulokset*)...

3.6.2. The place of the headword in relation to an attribute

> **huono**‖**kuntoinen**... **-maineinen** .. with (of) bad reputation (woman *nainen*)...
> **juova**... ~**inen**...; ..with .. stripes (with yellow stripes *kelta~*)

3.7. An o p e n t r i a n g l e (△) indicates the location of various English equivalents within an entry

> **väli**‖**-** intermediate *(biol* host --*isäntä;* port *-satama; (rad)* frequency *-taajuus*); △ intermediary (layer *-kerros;* report *-todistus*).

3.8. A b l a c k t r i a n g l e (▶) indicates expressions and phrases containing or related to the headword; these are in alphabetical order according to the word(s) printed in boldface.

> **missä**... ▶ **hyvänsä** *(tahansa)* anywhere; *(konj)* wherever; ~ **ihmeessä?**...

3.9. An a r r o w (→) refers to the part of the entry in question following the symbol ▶.

> **saatav**‖**a**... **-illa, -issa** *ks. saada* →.

4. THE ABBREVIATIONS *(sg)* AND *(pl)*

The abbreviations *(sg)* and *(pl)* always refer to the English forms:

koulu||**aika** *(pl)* school days
valo||**-oppi** *(sg)* optics
väki||**joukko**... **-juoma**...; ~*t* spirits; *(sg)* liquor

5. CONSONANT GRADATION

To assist the non-Finnish user of the dictionary in searching for inflected forms of entries, the main rules of Finnish consonant gradation are given below:

tt – t (liitto – liitossa)
pp – p (happi – hapen)
kk – k (koukku – koukussa)

t – d (hätä – hädän)
p – v (apu – avun)
k – v/Ø (puku – puvun; maku – maun)

nt – nn (liikunta – liikunnan)
mp – mm (parempi – paremman)
nk – ng (aurinko – auringon)

LYHENTEET – ABBREVIATIONS

a	adjektiivi	adjective
adj	adjektiivi	adjective
adv	adverbi	adverb
afr	afrikkalainen	African
akk	akkusatiivi	accusative case
alank	alankoma[ala]inen	Dutch
alat	alatyyliä	obscene
Am	amerikanenglantia	American English
anat	anatomia	anatomy
angl [kirk]	anglikaaninen [kirkko]	Anglican
ant	antiikki	antiquity
antrop	antropologia	anthropology
apuv	apuverbi	auxiliary verb
ark	arkikieltä	colloquialism
arkeol	arkeologia	archaeology
arkkit	arkkitehtuuri	architecture
astr	astronomia	astronomy
atk	automaattinen tietojenkäsittely	ADP, automatic data processing
attr	attribuutti	attribute
Austr	Australia|n, -ssa	Australia
austr	australialainen	Australian
aut	auto[tekniikka]	automobiles
avarl	avaruuslento	space flight, astronautics
biol	biologia	biology
Br	brittiläistä englantia	British English
Brit	Britanniassa	Britain
dipl	diplomatia	diplomacy
ed	edellä, edellinen	above, preceding
el	eläintiede	zoology
ellipt	ellipti|nen, -sesti	elliptic[ally]
elok	elokuva	film, cinema
eläinl	eläinlääketiede	veterinary medicine (science)

engl	englantilainen	English
enimm	enimmäkseen	mostly
ent	entinen	former
erik	erikoisesti	especially
eri merk	eri merkityksissä	in all meanings
erisn	erisnimi	proper noun
esihist	esihistoria	prehistory
esim	esimerkiksi	e.g., for example
esp	espanja|a, -lainen	Spanish
Et-Afr	Etelä-Afrika|n, -ssa	South Africa
et-afr	eteläafrikkalainen	South African
et-am	eteläamerikkalainen	South American
euf	eufemismi	euphemism
farm	farmasia	pharmacology
fem	feminiinimuoto; naisesta	feminine; female
filat	filatelia	philately
filos	filosofia	philosophy
fon	fonetiikka	phonetics
fys	fysiikka	physics
fysiol	fysiologia	physiology
gen	genetiivi	genitive case
geol	geologia	geology
geom	geometria	geometry
hakus	hakusana	entry
hall	hallinto	administration and government
halv	halventavasti	derogatory
hammasl	hammaslääketiede	dentistry
harv	harvoin, harvinainen	rare[ly]
heng	hengellinen	religious
henk	henkilöstä	[of a] person
her	heraldiikka	heraldry
hist	historia	history
horosk	horoskoopissa	astrology
hydr	hydrologia	hydrology
ilm	ilmailu; ilmaisee, ilmauksessa	aviation; express[ion]
impf	imperfekti	past tense
ind	indikatiivi	indicative mood
indef [pron]	indefiniittipronomini	indefinite pronoun
inf	infinitiivi	infinitive
interj	interjektio	interjection
Irl	Irlanni|n, -ssa	Ireland

irl	irlantilainen	Irish
iron	ironisesti	ironically
ital	italia|a, -lainen	Italian
itr	intransitiiviverbi	intransitive verb
itsen	itsenäi|nen, -sesti	used as a noun, substantively
itäm	itämainen	oriental
jalk	jalkineteollisuus	footwear industry
jalkap	jalkapallo	football
jdk	joiden|kin, -kuiden	a th., a p. (genitive pl)
jhk	johonkin	a th. (illative)
jk	jokin	a th., something (nominative)
jkh	johonkuhun	a p. (illative)
jklla	jollakulla	a p. (adessive)
jklle	jollekulle	a p. (allative)
jklta	joltakulta	a p. (ablative)
jkn	jonkun	a p. (genitive)
jkna	jonakuna	a p. (essive)
jksk	joksik|in, -uksi	a th., a p. (translative)
jkssa	jossakussa	a p. (inessive)
jksta	jostakusta	a p. (elative)
jkta	jotakuta	a p. (partitive)
jku	joku	a p., someone (nominative)
jllak	jollakin	a th. (adessive)
jllk	jollekin	a th. (allative)
jltk	joltakin	a th. (ablative)
jnak	jonakin	a th. (essive)
jne	ja niin edelleen	etc., and so on
jnk	jonkin	a th. (genitive)
jnnk	jonnekin	somewhere (to)
josk	joskus	sometimes
jssk	jossakin	a th. (inessive); somewhere
jstk	jostakin	a th. (elative); from somewhere
jtk	jotakin	a th., something (partitive)
jälk	jälkeen	after
kaivost	kaivostyö	mining
kal	kalastus	fishing
kans	kansankieltä	vernacular
kansat	kansatiede	ethnology; folklore
kasv	kasvitiede	botany
kat	[roomalais]katoli[lai]nen; katolisessa kirkossa	Roman Catholic [Church]

kaup	kauppa	commerce
keitt	keittotaito	cookery
kem	kemia	chemistry
ker	keraaminen teollisuus	ceramics
kiel	kieli|oppi, -tiede	grammar; linguistics
kielt	kieltävä	negative
kirj	kirjallista tyyliä	formal
kirjall	kirjallisuus	literature
kirjanp	kirjanpito	bookkeeping
kirjap	kirjapaino	typography, printing
kirj sid	kirjansidonta	bookbinding
kirk	kirkossa, kirkollinen	ecclesiastic
koll	ryhmäsana, kollektiivisesti	collective noun
komp	komparatiivi	comparative [degree]
kondit	konditionaali	conditional
konj	konjunktio	conjunction
konkr	konkreettisesti	concrete sense
korip	koripallo	basketball
korttip	korttipeli	card games
kosmet	kosmetiikka	cosmetics
koul	koulu; koululaiskieltä	school [language]
Kreik hist	Kreikan historia	Greek history
kreikk	kreikka|a, -lainen	Greek
krik	kriketti	cricket
ks	katso	see
kust	kustannustoiminta	publishing
kuv	kuvaannollisesti	figuratively
kuvat	kuvataide	visual arts
kys	kysyvä; kysymyslauseessa	interrogative; in questions
käsit	käsityöt	needlework
lak	laki|kieltä, -termi	law; juridical term
last	lastenkieltä	used by children
lat	latinaa	Latin
laus	lauseessa	in a sentence
leik	leikillisesti	humorously
leip	leipomoala	baking
liik	liike-elämä	business
liikenn	liikenne	communications
log	logiikka	logic
lukus	lukusana	numeral
lyh	lyhenne	abbreviation
läh v	lähin vastine	nearest equivalent, approximately
lääk	lääketiede	medicine

m	myös	also
maal	maalaustyöt	[house] painting
maanmitt	maanmittaus	geodesy
maant	maantiede	geography
maaper	maaperätutkimus	soil science
maarak	maarakennus	geotechnology
maat	maatalous	agriculture
mat	matematiikka	mathematics
mek	mekaniikka	mechanics
mer	merenkulku	navigation
merk	merkity|s, -ksessä	[in the] sense [of]
met	metallurgia; metallityöt	metallurgy; metal-working
meteor	meteorologia	meteorology
mets	metsästys	hunting
metsh	metsänhoito	forestry
miekk	miekkailu	fencing
min	mineralogia	mineralogy
muin	muinainen	ancient
muoviteoll	muoviteollisuus	plastics
murt	murteellinen, murretta	dialect
mus	musiikki	music
myt	mytologia	mythology
nahk	nahkateollisuus	leather industry
NL	Neuvostoliitto|n, -ssa	Soviet Union
norj	norja|a, -lainen	Norwegian
numism	numismatiikka	numismatics
nyk	nykyi|nen, -sin	[at] present
nyrkk	nyrkkeily	boxing
obj	objekti	object
opt	optiikka	optics
ort [kirk]	ortodoksinen; kreikkalais-katolisessa kirkossa	Eastern Orthodox [Church]
paleont	paleontologia	palaeontology
pankk	pankkitoiminta	banking
pap	paperiteollisuus	paper industry
parl	kansanedustuslaitos	parliament
partis	partisiippi	participle
pass	passiivi	passive voice
patol	patologia	pathology
pelit	pelitermi	games
perf	perfekti	perfect tense
pers	persoona	person
pers pron	persoonapronomini	personal pronoun

pl	monikko	plural
pluskv	pluskvamperfekti	pluperfect tense
Pohj-Suom	Pohjois-Suomessa	Northern Finland
pol	politiikka	politics
polkup	polkupyöräily	bicycling
posit	positiivi	positive [degree]
post	posti	post, mail
postp	postpositio	postposition
pp	partisiipin perfekti	past participle
pred	predikatiivi[nen]	predicative [adjective]
prees	preesens	present tense
pref	etuliite, prefiksi	prefix
prep	prepositio	preposition
pron	pronomini	pronoun
protest	protestantti[nen]	Protestant
psyk	psykologia	psychology
puh	puhelin	telephone
puhutt	puhutteluna	term of address
puukaup	puutavara-ala	timber trade
puus	puusepäntyö	carpentry; joinery
puut	puutarhanhoito	horticulture
puuteoll	puuteollisuus	wood processing industry
pörss	pörssitermi	stock exchange
raam	raamatussa	Bible
rad	radio	radio
rak	raken|taminen, -nustyöt	building, construction
Ransk	Ranska|n, -ssa	France
ransk	ranska|a, -lainen	French
rats	ratsastus	riding
raut	rautatiet	railways
rek	rekisteröity tavaramerkki	registered trademark
rel [pron]	relatiivipronomini	relative pronoun
rinn	rinnakkaismuoto	parallel form
Room hist	Rooman historia	Roman history
run	runollista; runousopissa	poetical; poetics
Ruots	Ruotsi|n, -ssa	Sweden
ruots	ruots|ia, -alainen	Swedish
s	substantiivi	noun
šakk	šakkipeli	chess
saks	saksa|a, -lainen	German
san	sanomalehdet	journalism
sananl	sananlasku	proverb
sananp	sananparsi	proverbial expression
sb	substantiivi	noun

seur	seuraava	following, next
sg	yksikkö	singular
Shaks	Shakespearella	Shakespeare
Skand	Skandinaviassa	Scandinavia
Skotl	Skotlanni|n, -ssa	Scotland
skotl	skotlantilainen	Scottish
sl	slangia	slang
sosiol	sosiologia	sociology
sot	sotilassana	military
subj	subjekti	subject
suff	loppuliite, suffiksi	suffix
Suom	Suome|n, -ssa	Finland
suom	suom|ea, -alainen	Finnish
superl	superlatiivi	superlative [degree]
sähk	sähkötekniikka	electricity
säänn	säännöllinen [muoto]	regular
t.	tai	or
taid	taide	art
tal	taloustieteet	economics
tav	tavallisesti	generally, usually
teatt	teatteri	theatre
tekn	tekniikka	engineering
tekst	tekstiilit	textiles
tenn	tennis	tennis
teol	teologia	theology
tierak	tierakennus	road building
tiet	tietee|llinen, -ssä	scientific [term]
tilast	tilastotiede	statistics
tr	transitiiviverbi	transitive verb
TV	televisio	television
tyyl	tyylioppi	stylistics
uitt	uittotyöt	log floating
urh	urheilu	sports
us	usein	often
USA	Yhdysvalloissa	USA
usk	uskonto	religion
vaat	vaatteet	clothing
vaill	vaillinainen	defective
vak	vakuutustoiminta	insurance
valok	valokuvaus	photography
valt	valtiollinen	government
vanh	vanhentunut	archaic
vast	vastauksissa	in answers

vastak	vastakohta	the opposite [of]
vb	verbi	verb
ven	venäjää	Russian
vesirak	vesirakennus	hydraulic engineering
virall	valtion virallinen nimi	official name of a state
voim	voimistelu	gymnastics
vrt	vertaa	cf.
väh vanh	vähän vanhentunut	slightly archaic
ydintekn	ydintekniikka	nuclear engineering
yhdyss	yhdyssana	compound word
yht	yhteydessä	[in connection] with
yksip	yksipersoonainen verbi	impersonal verb
yl	yleismerkityksessä; yleensä	in general [meaning]
yleisk	yleiskieltä	standard language
yliop	yliopisto	university, higher education
ylät	ylätyyliä	elevated style; very formal
äänitekn	äänitekniikka	sound engineering

Englanninkieliset lyhenteet
English abbreviations

a p.	= a person	a th.	= a thing
a p.'s	= a person's	o.s.	= oneself

VAHVAT JA EPÄSÄÄNNÖLLISET VERBIT

Perusmuoto	Imperfekti	Partisiipin perfekti
abide	abode, abided	abode, abided
arise	arose	arisen
awake	awoke, awaked	awoken, awaked
be	was/were	been
bear	bore	borne
beat	beat	beaten
become	became	become
befall	befell	befallen
beget	begot	begotten, begot
begin	began	begun
behold	beheld	beheld
bend	bent	bent
bereave	bereft, bereaved	bereft, bereaved
beseech	besought	besought
beset	beset	beset
bestride	bestrode	bestridden, bestrid, bestrode
bet	bet (*Br m* betted)	bet (*Br m* betted)
betake	betook	betaken
bethink	bethought	bethought
bid	bade, bid, bad	bid, bidden
bide	bided, bode	bided
bind	bound	bound
bite	bit	bitten
bleed	bled	bled
bless	blessed, blest	blessed, blest
blow	blew	blown
break	broke	broken
breed	bred	bred
bring	brought	brought
broadcast	broadcast	broadcast
build	built	built
burn	burnt, burned	burnt, burned
burst	burst	burst
buy	bought	bought

can	could	–
cast	cast	cast
catch	caught	caught
chide	chided, chid	chidden, chid, chided
choose	chose	chosen
cleave	cleft, cleaved, clove	cleft, cloven, cleaved
cling	clung	clung
come	came	come
cost	cost	cost
creep	crept	crept
cut	cut	cut
deal	dealt	dealt
dig	dug	dug
dive	dived, *(Am)* dove	dived
do	did	done
draw	drew	drawn
dream	*(erik Br)* dreamt, *(erik Am)* dreamed	*(erik Br)* dreamt, *(erik Am)* dreamed
drink	drank	drunk
drive	drove	driven
dwell	*(erik Br)* dwelt, *(erik Am)* dwelled	*(erik Br)* dwelt, *(erik Am)* dwelled
eat	ate	eaten
fall	fell	fallen
feed	fed	fed
feel	felt	felt
fight	fought	fought
find	found	found
flee	fled	fled
fling	flung	flung
fly	flew	flown
forbear	forbore	forborne
forbid	forbade, forbad	forbidden
forecast	forecast	forecast
foreknow	foreknew	foreknown
foresee	foresaw	foreseen
foretell	foretold	foretold
forget	forgot	forgotten, forgot
forgive	forgave	forgiven
forsake	forsook	forsaken
forswear	forswore	forsworn
freeze	froze	frozen

gainsay	gainsaid	gainsaid
get	got	got, *(Am m)* gotten
gild	gilded, gilt	gilded, gilt
gird	girded, girt	girded, girt
give	gave	given
go	went	gone
grave	graved	graven, graved
grind	ground	ground
grow	grew	grown
hang	hung	hung
(säännöllinen merkityksessä *hirttää*)		
have	had	had
hear	heard	heard
heave	heaved, hove	heaved, hove
hew	hewed	hewn, hewed
hide	hid	hidden, hid
hit	hit	hit
hold	held	held
hurt	hurt	hurt
inlay	inlaid	inlaid
keep	kept	kept
kneel	knelt,	knelt,
	(erik Am) kneeled	*(erik Am)* kneeled
knit	knitted, knit	knitted, knit
know	knew	known
lade	laded	laden, laded
lay	laid	laid
lead	led	led
lean	*(erik Br)* leant,	*(erik Br)* leant,
	(erik Am) leaned	*(erik Am)* leaned
leap	leapt,	leapt,
	(erik Am) leaped	*(erik Am)* leaped
learn	learnt,	learnt,
	(erik Am) learned	*(erik Am)* learned
leave	left	left
lend	lent	lent
let	let	let
lie	lay	lain
light	lit, lighted	lit, lighted
lose	lost	lost

make	made	made
may	might	–
mean	meant	meant
meet	met	met
misdeal	misdealt	misdealt
mislead	misled	misled
misspell	*(erik Br)* misspelt, *(erik Am)* misspelled	*(erik Br)* misspelt *(erik Am)* misspelled
misspend	misspent	misspent
mistake	mistook	mistaken
misunder-stand	misunderstood	misunderstood
mow	mowed	mown, mowed
outbid	outbade, outbid	outbidden, outbid
outdo	outdid	outdone
outgrow	outgrew	outgrown
outshine	outshone	outshone
overbear	overbore	overborne
overcome	overcame	overcome
overdo	overdid	overdone
overfeed	overfed	overfed
oversleep	overslept	overslept
overtake	overtook	overtaken
overthrow	overthrew	overthrown
partake	partook	partaken
pay	paid	paid
put	put	put
read	read	read
rend	rent	rent
rid	rid, ridded	rid, ridded
ride	rode	ridden
ring	rang	rung
rise	rose	risen
run	ran	run
saw	sawed	sawed, *(erik Br)* sawn
say	said	said
see	saw	seen
seek	sought	sought
sell	sold	sold
send	sent	sent
set	set	set
sew	sewed	sewn, sewed

shake	shook	shaken
shall	should	–
shear	sheared	sheared, shorn
shed	shed	shed
shine	shone	shone

(säännöllinen merkityksessä *kiillottaa*)

shit	shit, shitted	shit, shitted
shoe	shod	shod
shoot	shot	shot
show	showed	shown, showed
shrink	shrank, shrunk	shrunk
shrive	shrove, shrived	shriven, shrived
shut	shut	shut
sing	sang	sung
sink	sank	sunk
sit	sat	sat
slay	slew	slain
sleep	slept	slept
slide	slid	slid, slidden
sling	slung	slung
slink	slunk	slunk
slit	slit	slit
smell	*(erik Br)* smelt, *(erik Am)* smelled	*(erik Br)* smelt, *(erik Am)* smelled
smite	smote	smitten
sow	sowed	sown, sowed
speak	spoke	spoken
speed	sped, speeded	sped, speeded
spell	*(erik Br)* spelt, *(erik Am)* spelled	*(erik Br)* spelt, *(erik Am)* spelled
spend	spent	spent
spill	*(erik Br)* spilt, *(erik Am)* spilled	*(erik Br)* spilt, *(erik Am)* spilled
spin	spun, span	spun
spit	spat, spit	spat, spit
split	split	split
spoil	spoilt, spoiled	spoilt, spoiled
spread	spread	spread
spring	sprang, sprung	sprung
stand	stood	stood
steal	stole	stolen
stick	stuck	stuck
sting	stung	stung
stink	stank, stunk	stunk
strew	strewed	strewn, strewed
stride	strode	stridden

strike	struck	struck
string	strung	strung
strive	strove	striven
swear	swore	sworn
sweep	swept	swept
swell	swelled	swollen, swelled
swim	swam	swum
swing	swung	swung
take	took	taken
teach	taught	taught
tear	tore	torn
tell	told	told
think	thought	thought
thrive	thrived, throve	thrived, *(erik Br)* thriven
throw	threw	thrown
thrust	thrust	thrust
tread	trod	trodden, trod
undergo	underwent	undergone
understand	understood	understood
undertake	undertook	undertaken
undo	undid	undone
unwind	unwound	unwound
upset	upset	upset
wake	woke, waked	woken, waked
wear	wore	worn
weave	wove	woven
wed	wedded, wed	wedded, wed
weep	wept	wept
wet	wetted, wet	wetted, wet
will	would	–
win	won	won
wind	wound	wound
withdraw	withdrew	withdrawn
withhold	withheld	withheld
withstand	withstood	withstood
wring	wrung	wrung
write	wrote	written

A

a, A *(kirjain, nuotti)* a, A *(pl* as, a's, As, A's); *a ja o* alpha and omega, the most important thing.

aakko||nen letter, [alphabetic] character *(ks m -set)* **-sellinen** alphabetic[al]; ~ *hakemisto (luettelo)* index **-set 1** *(sg)* alphabet; ABC's **2** *(alkeet)* elements **-sjärjesty|s** alphabetical order (in alphabetical order *-ksessä)* **-staa** put .. in alphabetical order.

aallokko *(merenkäynti)* swell of the sea, surging of the waves; *(tyrskyt)* surf, *(pl)* breakers; *(risti~)* chop; *kova* ~ rough (heavy) sea; *käy kova* ~ the sea is rough (high).

aallon||harja 1 crest of a wave **2** *(kuv)* climax, culmination point **-murtaja** breakwater, mole; pier; *(pieni ~)* jetty **-pituus** *(fys)* wavelength **-pohja** trough of a wave; *(tal ja kuv m)* the bottom of the depression; *saavuttaa* ~ reach the nadir (lowest level).

aallottaa *(tekn)* corrugate.

aal|to wave; *(us run)* billow; *(hyöky)* surge; breaker; *(pitkä vaahtopäinen ~)* comber ▶ **-lot käyvät korkeina** the sea runs high; *(rad)* **lyhyet** *(pitkät)* **-lot** short (long) waves.

aaltoi||leva 1 billowy, surfy (sea *meri)* **2** *(laineikas)* undulating, wavy (hair *tukka)* **-lla 1** rise in waves, roll; *(kohoilla)* billow, heave, swell **2** *(huojua)* sway (in the wind *tuulessa)*; *(lainehtia)* wave; *(kansanjoukosta)* surge; *(taistelusta ym)* ~ *edestakaisin* seesaw **3** *(olla -leva)* undulate; *(kumpuilla)* roll; *(tukasta ym)* wave, be wavy.

aalto||levy corrugated plate (sheet [metal]) **-liike** wave motion; *(fys)* undulation **-pahvi** corrugated [card]board **-pituu|s** *(erik kuv)*; *samalla -della* on the same wave length **-viiva** wavy line; *(kirjap)* tilde.

aamiai||nen breakfast; *-sella* at breakfast; *syödä -sta* [have] breakfast **-stunti** lunch hour.

aamu morning (in the morning *~lla;* [on] Sunday morning *sunnuntai~na);* *(~nkoitto)* dawn, first light ▶ *eräänä ~na* one morning; *~in illoin* [every] morning and evening; *~sta iltaan* from morning till night; **joka** ~ every morning; **koko** *~n* all [the] morning; *kesäkuun 21.* **päivän** *~na* on the morning of the 21st of June; **seuraavana** *~na* [on] the following morning; **toissa** *~na* the morning before yesterday; **tänä** *~na* this morning; **varhain** *~lla* in the early morning, early in the morning.

aamu||- morning (prayers, service *-hartaus;* paper *-lehti;* shift *-vuoro)* **-hetki** early hour **-hämär||ä;** *-issä* in the grey dawn; *historian* ~ the dawn of history **-isin** in the morning; *(joka aamu)* every morning **-juna** early train **-nkoitto, -nsarastus** dawn *(m kuv;* of civilization *sivistyksen ~);* daybreak **-pala** [light] breakfast.

aamu||päivä *(tav)* morning, *(m)* forenoon; *~llä* in the morning, before noon; *klo 10 ~llä* at 10 a.m. **-rusko** [the red of] dawn; *(harv)* aurora **-takki** dressing gown, housecoat, *(Am m)* bathrobe **-tuimaan** first thing in the morning **--uninen** sleepy in the morning **-varhain** early in the morning **-virkku** early riser *(ark* bird) **-yö;** *~llä* after midnight, in the small hours.

aapinen ABC-book, spelling book; *(alkeiskirja)* primer, first reader.

aari are, one hundred square metres.

aaria *(mus)* aria.

aarniometsä 1 primeval forest **2** *(viidakko)* jungle.

aar|re treasure *(m kuv); (kätketty ~)* hoard; *-teet (m)* riches *~aitta, ~kammio* treasury.

aarteenetsijä treasure seeker (hunter).

aasi 1 *(el)* donkey **2** *(kuv)* ass.

Aasia Asia **a~lainen** *a ja s* Asian; *(us halv)* Asiatic **~n-puoleinen** Asiatic (Russia *Venäjä).*

aasi‖**mainen** asslike; *käyttäytyä -maisesti* make an ass of o.s. **-najaja** donkey driver **-nkorva** ass's ear **-nsilta** awkward (clumsy) transition, bridge [passage] **-ntamma** she-ass.

Aatami; *vanha ~ (a~)* the old Adam **a~naikainen** *(leik)* antediluvial, as old as Adam (the hills) **a~npu**|**ku;** *-vussa* in one's birthday suit.

aate 1 idea **2** *(ajatus)* thought **3** *(maailmankatsomuksellinen ~)* ideology, principle.

aate‖**-** ..of ideas (world *-maailma;* current *-virtaus)* **-draama** *(teatt)* problem play.

aateli 1 *(~sto)* the nobility; *alempi ~* gentry **2** *(syntyperästä)* noble birth (he is of noble birth *hän on ~a)* ~|**nen I** a noble, ..of noble birth **II** *s* noble, nobleman; *-set (m) (sg)* the nobility.

aatelis‖**arvo 1** rank [of a noble]; *(Brit) (korkea ~)* peerage; *(alempi ~)* knighthood **2** *(arvonimi)* title [of nobility] **-kartano** manor **-mies** nobleman **-nainen** noblewoman, lady [of rank (title)] **-suku** noble family **-sääty** nobility; *(Brit)* peerage; *(parl)* the estate of the nobility **-to** the nobility; *(Brit)* the peerage **-vaakuna** coat of arms, *(pl)* armorial bearings.

aatel‖**iton I** a ..of common (not of noble) birth; *(parl) -ittomat säädyt* the commoner estates **II** *s* commoner; *-ittomat (sg)* commonalty **-oida 1** raise .. to the nobility; *(Brit) (ylhäisaateliin)* raise to the peerage; *(alempaan aateliin)* award a knighthood to; *(lyödä ritariksi)* [dub ..] knight **2** *(kuv)* ennoble **-uus** *(erik kuv)* nobility; nobleness; *~ velvoittaa* noblesse oblige, privilege entails responsibility.

aate‖**sisällys** ideological content **-suunta** trend of ideas, *(pl)* ideological tendencies **-toveri** congenial spirit; fellow[-traveller]; *(kommunistista)* fellow communist.

aatonaatto; *joulun ~na* two days before Christmas.

aatos thought, idea.

aattee‖**llinen** ideological (organization *järjestö);* *(ihanteellinen)* idealistic (purposes *-lliset tarkoitukset);* ~ *yhdistys* non-profit[-making] association **-llisuus** idealism **-ttomuus** lack of ideals; vacuity.

aatto eve; *jnk ~na* on the eve of **~päivä** *(m)* day before.

aava *(avoin)* open; *(avara)* vast, extensive, expansive; wide; *~lla merellä* on the open

sea (high seas).

aave ghost, spectre, spirit; *(ark)* spook; *(~näky)* phantom, apparition; *nähdä ~ita keskellä päivää* conjure up imaginary terrors **~mai**|**nen 1** *(~enkaltainen)* ghost|ly, -like, eerie **2** *(kalmankalpea)* ghastly.

aavik‖**ko** *(hiekka-~)* desert; *(autiomaa)* waste[land], wilderness; *(heinä~)* prairie **-oituminen** desertification.

aavistaa 1 *(vaistota)* have a feeling (presentiment) (that *että)*; *(nähdä ennakolta)* divine, fore|see, -tell; *(odottaa)* anticipate; *(uskoa, kuvitella)* think, imagine; *(epäillä)* suspect **2** *(ark)* just know ▶ *enpä osannut silloin ~* little did I think then; *kukapa olisi osannut ~* who would have thought it; ~ **pahaa** suspect mischief (that something is wrong), have misgivings; *miten saatoin ~ että..* how was I to know that..; *en voinut ~[kaan] että..* I had no idea that..

aavist‖**amaton** *(odottamaton)* unforeseen, unexpected (event *tapaus);* unthought-of, undreamt-of (happiness *onni);* *(henk) mitään (pahaa) ~* unsuspecting, ..without misgivings **-amatta** *(odottamatta)* unexpectedly; *pahaa ~* suspecting no evil.

aavistu|**s** *(ennakkotunne)* feeling, premonition; *(erik paha ~)* presentiment, misgiving; *(epäilys)* suspicion; *(erik Am ark)* hunch **2** *(käsitys, vihi)* inkling, idea, notion; *minulla ei ole [harmainta] ~takaan* I have no (not the faintest) idea; I know nothing whatever (about *jstk)* **3** *(hitunen)* touch, dash (of *jtk);* *-ksen verran* [just] a little, a shade (better *parempi).*

abbedissa abbess, mother superior.

abiturientti *(läh v)* candidate for the matriculation examination.

abnormi abnormal **~[su]us** abnormity.

abortti abortion; *laiton ~ (m)* illegal operation.

absolu‖**tismi 1** absolutism **2** *(ehdoton raittius)* total abstinence, teetotalism **-tisti** *(ehdottoman raitis)* [total] abstainer, teetotal[l]er **-uttinen** absolute; ~ *enemmistö (m)* clear majority; *(mus) ~ korva* absolute pitch.

absor‖**boida** absorb **-ptio** absorption.

abstrahoida abstract.

abstrakti abstract; ~ *taide* non-representational (abstract) art.

adjektiivi adjective **~nen** adjectival, adjective (use of a noun *substantiivin ~*

käyttö); ~ *pronomini* pronominal adjective.

adjutant|ti adjutant; *(Br)* aide[-de-camp] *(pl* aides-de-camp), *(Am)* aid[-de-camp] *(pl* aids-de-camp) *(lyh* A.D.C.) (to *jkn* ~); *-in virka* adjutancy.

adopt||io adoption **-oida** adopt.

adressi 1 *(anomus)* address 2 *(suru~)* printed form of condolences; *(onnittelu~)* printed statement of congratulation.

Adrianmeri the Adriatic [Sea].

advent||isti [Second] Adventist **-ti** Advent.

adverbi adverb ~**aali** adverbial modifier ~**sesti;** ~ *käytetty sana* word used as an adverb.

aero||binen aerobic *(adv* ~ally) **-dynamiikka** *(sg ja pl)* aerodynamics.

aerosoli aerosol, spray.

afgaani Afghan ~**nvinttikoira** Afghan [hound].

Afganistan Afghanistan **a~ilainen** *a ja s* Afghan.

aforis||mi aphorism **-tinen** aphoristic *(adv* ~ally).

Afrikka Africa ~**lainen** *a ja s* African.

afrokampaus Afro [hair style].

agent||ti 1 *(pol, kiel)* agent 2 *(liik)* [commercial] agent, representative, dealer **-tifilmi** spy film **-uuri** agency, *(lyh)* agcy.

aggressi||ivinen aggressive **-o** aggression.

agio *(liik)* premium, agio *(pl* ~s) ~**tappio** loss on exchange, discount ~**voitto** profit on exchange, premium.

agit||aatio agitation; *(pol)* canvassing **-aattori** agitator; *(pol)* canvasser **-oida** agitate (for *jhk*); *(pol)* canvass.

agraari||-, -nen agrarian; agricultural (society *yhteiskunta*) **-puolue** agrarian party.

agronomi *(läh v)* agricultural college graduate; agronomist; B. Sc. (agriculture).

ahaa-elämys *(läh v)* insight, intuitive understanding.

ahavoitunut weather-beaten, weatherworn (fisherman *kalastaja*).

ah|das 1 *(alataan pieni)* close (quarters *-taat tilat*); *(kapea)* narrow (passage *kulkuväylä*); *(tiukka)* tight (shoe *kenkä*), tight-fitting (dress *puku*), *(ahdettu)* cramped, crowded (room *huone*) 2 *(kuv)* *(läheinen)* close, intimate (family circle *perhepiiri*); *(suppea)* confined, restricted, limited, narrow (outlook *ajattelutapa*) 3 *(~henkinen)* narrow-minded, petty (moralist *moralisti*); strict (rules *-taat*

säännöt) ▶ **ahtaalla** in [great] straits, hard-pressed; *(taloudellisesti)* in financial difficulties, *(ark)* hard up; *(ark) (pulassa, pinteessä)* in a fix; **joutua** *-taalle* get into difficulties; *[sanan]* *-taimmassa* **merkityksessä** in the narrowest (strictest) sense [of the word]; **täällä** *on* ~*ta* it is very cramped here; *(tupaten täyttä)* we are (the place is) crowded (packed).

ahdasmieli||nen narrow-minded; *(usk)* bigoted; *(pikkumainen)* illiberal, hidebound **-syys** narrow-mindedness, bigotry.

ahdata stow (a cargo *lasti*), load, freight; stevedore (a ship *laiva*).

ahdekaunokki brown knapweed.

ahd||ettu *(tekn)* supercharged (engine *moottori*); *täyteen* ~ stuffed (with *jtk*); filled up; *(täpötäysi)* chock-full, crammed **-in** *(tekn)* compressor, supercharger, *(Am)* booster **-inmoottori** *(tekn)* supercharged engine.

ahdin||ko 1 *(tukala tila) (pl)* difficulties; *(kirj)* straits; *(pulmallinen tilanne)* predicament; *(erik taloudellinen* ~*)* embarrassment; *henkinen* ~ mental distress; *olla -gossa* be in straits (difficulties) 2 *(tungos)* crush, throng, crowd; *(ark)* cram; ~*on asti täynnä [väkeä]* packed, crowded [with people].

ahdistaa 1 *(puristaa)* be tight; *(kengästä)* pinch, hurt 2 *(hätyyttää)* pursue, drive; *(käydä kimppuun)* attack; harass, harry (the enemy *vihollista*); press (into a corner *nurkkaan*) 3 *(kuv)* a) *(painostaa)* press (a p. for *jku jhk*), push, pressure (a p. to do *jku tekemään*); b) *(vainota)* pursue, haunt; *(kiusata)* beset, harass, torment, pinch (a p. *jkta*); besiege, ply (with requests *pyynnöillä*); c) *(masentaa)* oppress ▶ **henkeäni** ~ I have difficulty in breathing; ~ **kysymyksillä** *(erik vaaliehdokasta)* heckle; **mieltäni** ~ I am anxious (distressed); ~ **seinää vasten** force against the wall.

ahdist||aja pursuer **-ava** 1 *(painostava)* pressing (hurry *kiire*); oppressive (feeling *tunne*) 2 *(tiukka)* tight (collar *kaulus*) **-elija** molester **-ella** harass (with questions *kysymyksillä*); *(hätyytellä)* molest; *(lähennellä)* make [improper] advances (to *jkta*) **-elu** molestation.

ahdistu||a become distressed (anguished) **-neisuus** anxiety **-nut** distressed, oppressed **-s** oppression, anguish; *tuntea* ~*ta* be in anguish.

aher∥rus work; *(uurastus)* toil[ing]; *arkinen* ~ the daily grind **-taa** work [hard]; toil, labo[u]r (at, over *jnk parissa*).

ahjo 1 *(tekn)* forge, furnace, hearth **2** *(kuv)* centre, seat.

ahkera 1 *(työteliäs)* hard-working; *(uuttera)* assiduous, industrious, diligent (work[er] *työ[ntekijä]*); studious (pupil *oppilas*); *(toimelias)* busy **2** *(innokas)* eager (to do *tekemään*), keen (on *jhk;* sailor *purjehtija*); hard (drinker *ryyppymies*); frequent (caller *kävijä*; visits ~*t vierailut*) ▶ ~*t* **kädet** busy hands; ~ **kävijä** *(m)* frequenter (of *jssk*); *olla* ~*ssa* **käytössä** be much used; *olla* ~*ssa* **työssä** be hard at work.

ahkerasti; *käydä* ~ *jssk* frequent, go frequently to (the cinema *elokuvissa*); *opiskella (työskennellä)* ~ study (work) hard.

ahkeruu∥s industriousness, industry, diligence; application (show application in *osoittaa -tta jssk*).

ahkio pulk[h]a.

ahma wolverine, *(Br)* glutton, *(Am)* carcajou ~*ista* **1** devour, gulp down, bolt [down] (one's breakfast *aamiaisensa*) **2** *(kuv)* devour (a book *kirja*); swallow (eat) up, take (most of the earnings *suurin osa tuloista*) ~*tti* glutton, gourmand, guzzler; *hän on oikea* ~ *(m)* he has a ravenous appetite.

ahmi∥a 1 *(hotkia)* devour, guzzle; *(syödä runsaasti)* glut, gorge, eat voraciously; stuff o.s. (with *jtk*) **2** *(kuv)* devour, eat up, drink in (every word he said *hänen jokainen sanansa*) ▶ ~ **kirjoja** *(m)* be a voracious reader; ~ **silmillään** *jtk* gloat over, feast one's eyes on; ~ **vatsansa täyteen** [en]gorge (glut, stuff) o.s. (with *jtk*).

ahna∥s greedy (for, of *jllk*); *(kuv)* avid, eager (for, of *jllk*); ~*at liekit* devouring flames; -*in silmin* with greedy (hungry) eyes -**us** greediness; *(kuv)* avidity, hunger (for *jhk*).

ahne 1 *(saita)* miserly; avaricious (miser *saituri*); *(ark)* tight; ~ *jllk* greedy for (of); ~ *rahalle (m)* avaricious **2** *(innokas)* eager (for, of *jllk*).

ahnehtia 1 *(haluta, himoita);* ~ *jtk* be greedy for, covet, have a craving for (riches *rikkauksia*) **2** *(kerätä ahneesti)* hoard [up]; ~ *ruokaa (juomaa)* eat (drink) voraciously.

ahneus greed[iness]; *(saituus)* avarice; *(voitonhimo)* avidity; *(ahnaus)* voracity; *pohjaton* ~ bottomless greed.

aho *(läh v) (metsänaukea)* clearing; glade; *(niitty)* meadow ~**mansikka** wild strawberry.

ahtaa 1 *(sulloa)* pack, cram, stow, stuff (with *jtk;* into *jhk*) **2** *(tekn)* supercharge **3** *(mer)* brace ▶ ~ *tietoja* **päähänsä** stuff one's head (o.s.) with knowledge, cram; ~ **täyteen** pack full, fill, cram.

ahtaaja stevedore.

ahtauma *(erik lääk)* constriction; contraction.

1 ahtaus *(tungos)* crush, throng, congestion; *(asumis~)* crowding; *(tilan~ m)* lack of space.

2 ahtaus *(mer)* stowage, stevedoring ~**liike** stevedoring firm, stevedore[s].

ahtautua 1 *(sulloutua)* pack ([into] a room *huoneeseen*); *(tunkea)* squeeze (into *jhk*); crowd (about *jnk ympärille*) **2** *(käydä ahtaammaksi)* narrow; *(erik lääk)* constrict, contract.

ahtisaarna action sermon.

ahto∥jää[t] pack ice **-suutin** *(tekn)* burner.

ahven perch; *(leik) uhrata* ~*ille* feed the fish.

Ahvenanmaa *(pl)* the Åland Islands.

ai *(ilm kipua)* ouch; *(ihastumista, oivaltamista)* oh.

aidanseiväs [fence] stake.

aidat∥a fence in, enclose; fence (with *jllak);* -*tu alue* enclosure.

ai∥e *(aikomus)* intention, *(lak)* intent; *(suunnitelma)* plan; *(tavoite)* object, purpose; *(tarkoitus)* idea ▶ *olla* **aikeissa** *tehdä* be going to do, be thinking of doing; *(olla tekemäisillään)* be about to do; **pahat** *-keet* [evil] designs (on, against *jnk suhteen*); **tappamisen** *-keessa* with intent to kill; **tehdä tyhjäksi** *jkn -keet* thwart a p.'s plans.

aie∥mmin before, earlier; *(ennen)* previously, formerly **-mpi** *(varhempi)* prior (agreement *sopimus;* to *jtk* ~, ~ *kuin*), antecedent (event *tapahtuma*); *(aikaisempi)* earlier, previous; *(entinen)* former **-ntaa** make .. earlier, bring .. forward (the meeting *kokousta*).

Aigeianmeri the Aegean [Sea].

aihe 1 *(syy, peruste)* reason (for *jnk* ~), cause (of), ground[s] (for); *(vaikutin)* motive (of, for), inducement (to); matter (for discussion *keskustelun* ~) **2** *(teema)* **a)** *(taid ym) (motiivi)* motif, subject; *(mus ym)* theme; *(kuosi)* design (of flowers *kukka*-~); **b)** *(keskustelun*~*)* topic **3** *(biol) (alku, itu)* embryo, germ ▶ **antaa** ~*tta jhk* give occasion to; **ei** *[ole mitään]* ~*tta* levottomuuteen [there is] no cause (ground) for alarm; **pienimmästäkin** ~*esta* at the slightest provocation; **poiketa** ~*esta* digress; **pysyä** ~*essa* stick to the point; **täysin** ~*etta* without any cause (reason, provocation).

aiheelli‖nen 1 *(perusteltu)* well-founded **2** *(oikeutettu)* justifiable, just[ified], legitimate (indignation *suuttumus*) **3** *(suositeltava)* advisable **-sesti** *(m)* with [good] cause.

aihe‖eton 1 *(perusteeton)* groundless, unfounded; ill-founded (accusation *syytös*) **2** *(tarpeeton)* uncalled-for; *(turha)* unnecessary **3** *(oikeutukseton)* unjustified (blame *moite*), unjustifiable **4** *(väärä)* false (alarm *hälytys*); ~ *pelko (m)* imaginary fear **-ettomasti** without cause (reason) **-piiri** subject matter, *(pl)* themes **-todiste** *(lak)* circumstantial evidence.

aiheuttaa cause (an accident *onnettomuus;* injury *vahinkoa*), bring about (a change *muutos*); *(tuottaa)* produce (a reaction *vastavaikutus*); *(synnyttää)* give rise to (difficulties *vaikeuksia*); make (extra problems *lisäpulmia*); *(herättää)* arouse, awaken (anger *suuttumusta*); *(tuoda mukanaan)* entail, involve (a lot of work *paljon työtä*) ▶ *jnk* aiheuttama caused by, due to; ~ **arvostelua** invite criticism; ~ **pahaa verta** breed ill blood; ~ **vahinkoa** *(m)* do damage.

aiheut‖taja *(syy)* cause; source; *(alkuunpanija)* originator; *hän oli onnettomuuden* ~ *(m)* he caused the accident **-ua 1** *(johtua)* be caused (occasioned, induced) (by *jstk*); be due to (an accident *onnettomuudesta*); *(saada alkunsa)* [a]rise, come (from), come out (of); originate (in, from *jstk*) **2** *(koitua)* accrue (to *jklle*; from *jstk*) ▶ *jstk* **aiheutunut** caused by, due to; **mistä tämä -uu?** what is the reason for (cause of) this? *siitä saattaa* ~ **vaikeuksia** it may lead to trouble.

aihio blank (for a key *avaimen* ~).

ai‖ka *(yl)* time; *(m)* **1** *(ajankohta)* moment (in a bad moment *pahaan* ~*an*), hour[s] (late hours *myöhäinen [vuorokauden]*~) **2**

(lyhyt ~*)* while (after a while *jonkin ajan kuluttua*) **3** *(ajanjakso)* period; *(pl)* times (Victorian times *viktoriaaninen* ~); term (of five years *5 vuoden* ~); *(aikaväli) (josk)* span; *(~kausi)* day[s] (of his day *[hänen]* ~*naan*); *(hist)* age, era (Christian era *kristinuskon* ~); epoch **4** *(elin~)* lifetime **5** *(kiel)* *(~luokka)* tense (past tense *mennyt* ~) ▶ **A** *(aika) [sinun] on jo* ~.. it's about time [for you] to..; **Neiti** *A~* the speaking clock, time service, *(Br)* TIM; *sen* ~ *on [jo]* **ohi** it has had its day; **on** ~.. it is [the] time to..; **ottaa** ~ time, clock (a runner *juoksijalta*); **tilata** ~ make an appointment (with a doctor *lääkäriltä*); **uusi** ~ the new age; *(hist) (pl)* modern times; **vanha** ~ *(hist) (pl)* ancient times; ▶ **B** *(aikaa)* ~*ansa* **edellä** ahead of (before) one's time; *[onko sinulla]* **hiukkasen** ~*a* [have you got] a moment to spare; *jonkin* ~*a* some time, [for] a while, for a time; ~*a* **myöten** in the long run, with time, in [course of] time; **sillä** ~*a* meanwhile, [in the] meantime; *sillä* ~*a kun* while, whilst; **vähän** ~*a* for a while; *vähän* ~*a sitten* a while ago; ▶ **C** *(aikaan)* **ennen** ~*an* formerly; *tulla* **kreivin** ~*an* arrive opportunely; **mihin** ~*an?* [at] what time? **määrättyyn** ~*an* at a given time; **oikeaan** ~*an* **tehty** well-timed; **pitkään** ~*an* for a long time, for quite a while; **saada** ~*an* = aikaansaada; **samaan** ~*an* at the same time; **siihen** ~*an* at that (the) time, in those days, then; **sopimattomaan** ~*an* out of time, inopportunely; *sopimattomaan* ~*an sattuva (tehty jne)* ill-timed, untimely; **tähän** ~*an* [at] this time (of year *vuodesta*); **vähään** ~*an* for a [little] while; ▶ **D** *(aikana) (ks m hakus aikana)* **aikanaan a)** *(oikealla hetkellä)* on time; in due course; **b)** *(omana* ~*naan)* in his time (days); *muutaman vuoden* ~*na* in the space of a few years; ▶ **E** *(aikoihin)* **aivan viime -koihin asti** until quite recently; ▶ **F** *(aikoina)* **aikoinaan** *(ennen)* formerly, in the past; **entisinä** -koina in the old days; **kaikkina** vuorokauden -koina at all times [of the day]; around the clock; **viime** -koina recently, lately; ▶ **G** *(aikoja)* **ennen -kojaan** before one's time; too early, prematurely; **ilman** -kojaan *(muuten vain)* for fun, for the fun of it; **omia -kojaan** by o.s., on one's own; *-koja* **sitten** long ago, long since; ▶ **H** *(aikojen)* **kaikkien -kojen paras** *(kuuluisin) (erik Am ark)* all-time

great (famous); **kautta** *-kojen* through the ages; *-kojen* **kuluessa** with (in) time, as time went on; ▶ **I ajallaan** on time, in due time; ▶ **J** *(ajalta)* **olla** *[peräisin] jltk ajalta* date from; ▶ **K** *(ajan)* jnk **ajan** for a period of; **koko** ajan all the time; *jonkin ajan* **kuluttua** after some time, after a while; *ajan* **mittaan** as time goes on, in the long run, in [the] course of time; *ajan* **tasalla** abreast of the times, up to date; *ajan* **tullen** when the time comes, in due course; ▶ **L** *(ajassa) (kellosta)* **pysyä** *ajassa* keep time; ▶ **M** *(ajasta[an])* **ajastaan edellä** ahead of the times; *ajastaan* **jäljessä** behind the times; ▶ **N** *(ajat)* **tulevat** *ajat* times to come; ▶ **O** *(ajoiksi)* **kaikiksi** *ajoiksi* for all time, for ever; ▶ **P** *(ajoin)* **aika** *ajoin* from time to time, now and then; **hyvissä** *ajoin* in good time; ▶ **Q ajoissa** in [good] time (he always comes in time *hän tulee aina ajoissa*); **kyllin ajoissa** early enough; ▶ **R** *(ajoista)* **niistä** *ajoista asti* since then.

2 aika I *taipum a (aikamoinen, melkoinen)* considerable, large, quite a (sum of money *summa rahaa*), *(ark)* tidy; *(kunnon)* sound (beating *selkäsauna*); ∼ *lailla (tavalla)* a lot of (snow *lunta*) **II** *adv (jokseenkin)* rather; *(melko)* fairly; *(varsin)* quite, very; *(ark)* pretty (good *hyvä;* well *hyvin*).

aika|- time (switch *-kytkin;* signal *-merkki;* belt *-vyöhyke*).

aikaa ilmaiseva *(kiel)* temporal.

aikaan|saada 1 *(aiheuttaa)* bring about, cause, lead to (disturbance *häiriötä*); effect (a reconciliation between *sovinto jdk välillä*); *(tuottaa)* produce; *(luoda)* create (suspicions *epäluuloja*); ∼ *ihmeitä* work wonders; ∼ *vahinkoa* do damage **2** *(saada tehdyksi)* get .. done; carry .. into effect; *(luoda)* establish (good conditions *hyvät olosuhteet*); *(saavuttaa)* accomplish (he will never accomplish anything *hän ei koskaan -saa mitään*).

aikaansaa|nnos *(saavutus)* achievement; accomplishment; *(teko)* deed; *(luomus)* creation **-va** efficient (secretary *sihteeri*); *(tuottelias)* productive.

aikaa|| säästävä time-saving **- vievä** time-consuming; *(hidas)* slow.

aika||ero difference in (of) time **-ihminen** adult, grown[-]up.

aikail|||la *(hidastella)* delay; be slow; *(vitkastella)* lag, linger, hang back; *(empiä)* hesitate **-u** *(vitkastelu)* delay;

(empiminen) hesitation.

aikai|||nen 1 early (morning *aamu*); forward (spring *kevät*); *(ennen∼)* untimely, premature (death *kuolema*) **2** *jnk* ∼ ..dating from, ..of the time (age) of (Napoleon *Napoleonin* ∼); *(us yhdyss)* -time (peacetime *rauhan∼*); *(jnk ajan mittainen)* *(m)* -long (lifelong *[koko] elämän* ∼) *(ks m aiempi, aikaisin)* **-sin** *(varhain)* early; *(pian)* soon; ∼ *aamulla* early in the morning; *ei hiukkaakaan liian* ∼ none too soon **-sintaan** at the earliest; *(vasta)* not until, not before.

aika||järjesty|s chronological order; *-ksessä* *(m)* chronologically; ∼*tä noudattava* chronologic[al] **-kauppa** *(liik)* time bargain, [business (deal) in] futures **-kau|si** age, era, epoch; *merkitä uuden -den alkua jssk* mark a new epoch in; *[sen] -den tyyliset puvut (huonekalut)* period costumes (furniture).

aikakau||skirja, -slehti periodical; *(erik tiet t. tekn julkaisu)* journal; *(erik kirjall julkaisu)* review; *(us viikkolehti)* magazine **-tinen** periodic[al].

aika||kirj|a chronicle; ∼*t* annals, records; *(raam)* A∼t Chronicles **-lai||nen** contemporary; *(ikätoveri)* coeval; *hänen -sensa* his contemporaries **-lisä** *(urh)* time-out **-luokka** *(kiel)* tense **-mies;** *päästä ∼ten kirjoihin* reach manhood, become a man **-mitta** *(mus)* temp|o *(pl* ∼s, -i), time.

aikana *(ks m 1 aika → D); jnk* ∼ **1** *(jnk kuluessa)* during, at the time of, in the course (time) of (a week *viikon* ∼); over (a period of years *vuosien* ∼); within (the last half hour *viimeisen puolituntisen* ∼) **2** *(jkn hallituskautena)* under **3** *(jnk kestäessä)* in the process of (the work *työn* ∼), pending **4** *(jkn läsnäollessa)* in the presence of (the children *lasten* ∼) ▶ *koko* **elämänsä** ∼ throughout his life, all his life; **jona** ∼ during (at) which time; **sinä** ∼ **kun** while, during the while (time) [that].

aika||pommi delayed-action bomb; time bomb *(m kuv)* **-raja** *(viimeinen* ∼) deadline **-sytytys** *(erik kuv)* delayed reaction, *(m)* double take **-taulu** *(Br)* timetable, *(Am)* schedule *(m kuv)*; *(raut)* railway guide, list of trains; ∼*n mukaisesti* on schedule **-väli** time lag, interval **-yksik|kö** unit of time; *(suom ark) alta (alle) -ön* in next to no time.

aiko|a 1 *(olla aikeissa)* intend (to do, doing *tehdä*), be going to (do *tehdä*), propose;

(suunnitella) plan (on doing, to do *tehdä)*; *(ajatella)* think **2** *(tarkoittaa)* mean ▶ *jnk (t. jnk käyttöön)* **aiottu** intended (designed, planned) for; **en** *-nut mennä* I had no intention of going; ~ **lääkäriksi** intend (hope) to become a doctor; *aion* **palata** *pian (m)* I expect to be back soon.

aikomatta[an] without intention, unintentionally; *(tahattomasti)* involuntarily.

aikomu|s intention (firm intention *vakaa* ~); *(erik lak)* intent; *(suunnitelma)* plan, design; *(tarkoitus)* purpose, idea; *-ksenani on..* it is my intention to.

aikuinen I *a (täysikasvuinen)* adult, grown[-up]; *(täysin kehittynyt)* mature; *(täysi-ikäinen)* ..of [full] age **II** *s* adult, grown-up; *(lak)* major.

aikuis||aste *(el)* stage of maturity **-ikä** full age; *(-uus)* adulthood **-kasvatus** adult education **-tua** *(järkiintyä)* grow up; *(tulla -eksi)* become (grow) adult.

ailah||della *(vaihdella)* change, keep changing, vary; *hänen mielialansa -televat (m)* her mood is changeable **-taa** stir; *sydämeni -ti ilosta* my heart jumped (leaped) for joy **-televa** changeful, varying (mood *mieli)*.

ailakki *(kasv)* campion.

aimo proper; good, sound (whipping *selkäsauna)*; ~ *annos* large portion; *(kuv)* ~ *askel [eteenpäin]* a good leap [forward]; *edistyä* ~ *askelin* go ahead by leaps and bounds (with rapid strides).

aina 1 *(yl)* always; *(jatkuvasti)* constantly, all the time (while); *(lakkaamatta)* incessantly; *(kaikkina aikoina)* at all times; *(ikuisesti)* forever[more]; *(poikkeuksetta)* invariably, without exception; *(joka kerta)* every time **2** *(komparat yht)* *(yhä)* still, even (worse *huonompi)* ▶ ~ *tähän päivään* **asti** up to this [very] day, so far; ~ **kun** every time [when], whenever; ~ *siitä* **lähtien** *[kun]* ever since; *puhua* ~ **vain** *(m)* keep [on] talking, talk on and on.

ainainen *(alituinen)* perpetual; *(jatkuva)* continual, constant; *(taukoamaton)* unceasing, incessant, endless; *(pysyvä)* permanent; *(ikuinen)* everlasting.

ainais||jäsen lifetime member **-vakuutus** perpetual insurance.

aina||kaan *(vain kielt yht); ei* ~ at least not, at any rate not, certainly not **-kin 1** *(edes)* at least (you can at least try *voit* ~

yrittää) **2** *(vähintään)* at [the] least **3** *(joka tapauksessa)* at least (I think so *luulen niin)*, at any rate, in any case; any|how, -way; *se* ~ *on varmaa että* one thing we now for sure is that..; *hän käyttäytyi kuin herrasmies* ~ he behaved [just] like a gentleman **-vihanta** evergreen.

aine 1 *(materiaali)* matter, stuff, material; *(kem ym)* substance, body; *(vaikuttava* ~*)* agent; *kiinteät (nestemäiset)* ~*et (sg)* solid (liquid) matter **2** *(kuv)* *(aines)* metal, stuff **3** *(oppi*~*)* subject **4** *(kirjoitelma)* theme, essay, composition (on *jstk)*; *(m)* paper **5** *(filos)* matter (spirit and matter *henki ja* ~*)* **6** *(sl)* *(huume)* dope, stuff; *(alkoholi)* booze, drink ~**ellinen** *(eri merk)* material *(m)* **1** *(konkreettinen)* physical; *(esineellinen)* tangible; *(lak)* ~ *oikeus* substantive law **2** *(taloudellinen)* economic (advantage *etu)*; financial (loss *tappio)* **3** *(maallinen)* temporal ~**ellisuus** materiality; *(materialismi)* materialism.

aineen||koetus *(tekn)* material test[ing], testing of materials **-vaihdunta** metabolism **-vaihduntahäiriö** metabolic disturbance.

aine||eton immaterial **-isto** material[s] (collect material[s] for *kerätä* ~*a jtk varten)*; [raw] data **-kirjoitus** *(koul)* [written] composition **-luokkajärjestelmä** subject streaming **-määrä** mass **-opettaja** subject (specialist) teacher **-osa** component (constituent) [part]; ingredient (of a medicine *lääkkeen* ~*)*; *(*~*nen)* particle.

aine|s 1 *(materiaali)* material, matter, stuff (for *jhk)* **2** *(aineosa)* element, component, constituent [part] ▶ **ainekset** *(kirjan ym)* *(sg)* subject matter; *(ruoan)* ingredients; **hyvistä** *-ksista tehty* made (built) of good materials; *hänessä on* **hyvää** ~*ta* he has good stuff in him.

aine||sana *(kiel)* material word **-yhdiste** *(kem)* compound **-yhdistelmä** combination of subjects.

ainiaaksi forever [more], for all time, forever and ever.

ainoa only (an only child ~ *lapsi)*; sole (heir *perillinen)*; *(yksittäinen)* solitary, isolated (case of measles *tuhkarokkotapaus)*; *(painoll)* one (the one thing we can be certain of ~ *asia josta voimme olla varmoja)*; *(sb)* the only one (he is the only one [who] *hän on* ~ *[joka]*) ▶ **ei** ~*kaan (adj)* not a single (person *ihminen)*; *(sb)* not a single one (of them *heistä)*; **joka** ~

(adj) every single; *(sb)* every [single] one; ~ **laatuaan** the only one of its kind; **tämän** ~**n kerran** [for] this once; **yksi** ~ **sana** a single word.

ainoastaan only; merely, solely, *(pelkästään)* purely; *ei* ~ *..vaan [myös]* not only .. but [also]; ~ *siksi että (m)* simply [and solely] because.

ainut||**kertainen** solitary **-laatuinen** unique (experience *kokemus*); *(verraton)* unparalleled, peerless, matchless; *olla* ~ *(m)* stand alone; ~ *tilaisuus (ark)* a chance in a lifetime.

airo oar; *(lyhyt* ~*)* scull; ~*n kääntäminen* feather; ~*issa* at the oars; *ottaa* ~*t sisään* unship the oars ~**nlapa** blade of an oar.

airut 1 messenger, herald **2** *(kuv)* harbinger, herald (of spring *kevään* ~) **3** *(juhlamenojen ohjaaja)* marshal; *(häissä, hovissa)* usher.

ais|**a 1** shaft, thill; *(parivaljakon* ~*)* pole, tongue **2** *(nojapuiden, paarien* ~*)* bar; *(voim m)* rail; *(nuotan* ~*)* wing; *(silmälasien* ~*)* bow ▸ **astua** *-oihin* put on the harness; **panna** *-oihin* put in the shafts; *(kuv)* **pitää** *-oissa* keep .. in check, keep a tight rein (on *jku*); *(kuv)* **pysyä** *-oissa* keep [o.s.] within bounds, restrain o. s.; *astua (hypätä)* **yli** *-ojen* kick over the traces.

aisa||**nkannattaja** *(kuv)* cuckold **-ta** *(metsh)* bark .. in strips.

Aisopo|**s;** *-ksen sadut* Aesop's fables.

aist|**i 1** sense (the five senses *viisi* ~*a*); *-ein havaittava* perceptible [to the senses] **2** *(kuv) (maku)* taste ~**a** sense; *(havaita)* perceive ~**hairahdus** illusion ~**harha** hallucination ~**havainto** sense perception, sensation ~**iloinen** sensuous.

aisti||**kas** tasteful (flower arrangement *kukka-asetelma*); *(tyylikäs)* stylish, elegant, smart; *olla* ~ *have* style **-keskus** *(fysiol)* sensory centre **-kkaasti** *(m)* in good taste **-kkuus** tastefulness, good taste; *(tyylikkyys)* elegance **-kuva** sensory image.

aistilli||**nen 1** sensual (a purely sensual pleasure *puhtaasti* ~ *nautinto*), sensuous; voluptuous (mouth *suu*) **2** *(lihallinen)* carnal, ..of the flesh (pleasures of the flesh *-set ilot*); ~ *ihminen (m)* sensualist, hedonist **-suus** sensuality; *(lihallisuus)* carnality.

aistimaailma external world.

aistimus sense perception, sensation.

aisti||**n** sense organ **-vammainen** *a ja s* [person] with a sensory handicap.

ai|**ta 1** fence; *(korkea* ~*; m kuv)* wall; *(erik kuv)* barrier; *(säle*~*)* paling, picket fence; *(rauta-*~*, riuku*~*)* rail fence, railing; *(pensas*~*)* hedge; *(kuv) kaataa -dat* break with convention; *[mennä] siitä yli missä* ~ *on matalin* take the easy way out **2** *(urh)* hurdle ~**aminen** fencing [in]; *(erik Brit hist)* enclosure ~**juoksija** *(urh)* hurdler ~**juoksu** *(urh)* hurdlerace, *(pl)* hurdles.

aitaus 1 *(aidattu alue)* fence[d-in area]; enclosure; *todistajan* ~ witness box *(Am* stand*)* **2** *(eläinten* ~*)* pen; *(lammas*~*)* fold; *(Am karjapiha)* corral.

aitio box ~**paikka** *(teatt ja kuv)* box seat.

aito *(oikea)* genuine *(eri merk) (m)* **1** *(väärentämätön)* real *(diamond timantti)*; original (Rembrandt *Rembrandtin taulu*); authentic (signature *nimikirjoitus*); ~ *hopea* sterling silver; ~ *kulta* pure (solid) gold **2** *(kuv)* true (Londoner *lontoolainen*); veritable (joker *koiranleuka*); *(vilpitön)* sincere (feeling *tunne*).

aitoa *(urh)* run the hurdles.

aitous genuineness, authenticity.

aitta *(vilja*~*)* granary; *(varasto)* storehouse (for food, clothes etc.); *(erik nyk us) (piharakennus)* outbuilding; *koota* ~*an* garner.

aivan *(ihan)* quite (impossible *mahdoton*); *(juuri)* right (in the middle *keskellä*); just, exactly (as you like *kuten haluat*); *(täysin)* altogether, all (wrong *väärin*); totally; completely (the opposite *päinvastoin*), perfectly; absolutely (true *totta*); *(ark m)* simply (awful *kamalaa*); downright, dead (broke *auki, rahaton*) ▸ ~ **aiheettomasti** without any reason; ~ **alusta** *[asti]* from the very beginning; ~ **heti** right away, right now, at once; ~ **hyvin** perfectly well, without any difficulty; *tein sen* ~ **itse** I did it all by myself; ~ **kuin** [just] as if, as though; ~ **liian kallis** much too expensive; ~ *liian monta (pian)* far too many (soon); ~ **lähiaikoina** very shortly; ~ **mahdotonta** *(m)* out of the question; ~ **niin**! exactly! quite right! *(Br ark)* absolutely! ~ **oikein**! quite right (correct)! ~ **pian** very soon; ~ **päinvastoin** quite the contrary; ~ **sama** identical (with *kuin*); *olen* ~ **samaa mieltä** I quite agree; ~ **silmieni edessä** before my very eyes; ~ **terve** in perfectly good health; ~ **totta** very true; ~ **varmasti** for certain, certainly; ~ **viimeinen** the very last; *on* ~ **yhdentekevää** *(m)* it makes no difference; ~ **äsken** a moment ago, just now.

aivast||**aa, -us** sneeze.

aivo *(ks ~t); (sl) minua ottaa ~on* it makes me mad (to think.. *kun ajattelen..*).

aivo||- brain *(death -kuolema;* injury, damage *-vamma;* drain *-vienti, -vuoto);* △ brain|- (-wash *-pestä;* -storming *-riihi;* -work *-työ);* △ *(lääk, anat) (adj)* cerebral (substance *-aine;* h[a]emorrhage *-verenvuoto)* **-filmi** electroencephalogram, *(lyh)* EEG **-halvaus** [cerebral] apoplexy; stroke [of apoplexy].

aivoitu|**s;** *en ymmärrä* **-ksiasi** I don't know what you are up to.

aivo||**kalvontulehdus** [cerebral] meningitis **-kasvain** cerebral tumo[u]r **-koppa** brainpan; *(leik) hänellä on tyhjä ~* he doesn't have a brain in his head **-kuollut** cerebrally (brain) dead **-kuor**|**i** cort|ex *(pl* -ices); *-en (adj)* cortical **-kuvaus** encephalography **-kääpiö** *(ark)* idiot, born fool **-lisäke** hypophys|is *(pl* -es) **-pesu** brainwash[ing] **-poimu** [cerebral] gyrus, convolution **-puolisko** [cerebral] hemisphere **-solu** brain cell; *vaivata harmaita ~jaan* strain the grey matter.

aivo|**t** *(sg)* brain; *(erik kuv)* brains ▶ **isot ~** *(sg)* cerebrum; **pienet ~** *(sg)* cerebellum; **vaivata** *-jaan* rack one's brains, exercise one's wits.

aivo||**toiminta** cerebration **-tärähdys** concussion [of the brain] **-vammainen** [person] suffering from a brain damage **-vauriolapsi** spastic [child]; brain-damaged child **-voimistelu** mental exercise.

aja|**a 1 a)** *(~ kulkuneuvoa)* drive (a car *autoa;* learn to drive *oppia -maan);* (~ *kulkuneuvolla)* ride (in a bus *bussilla;* [on] a bicycle *polkupyörällä);* go (by train *junalla);* take (a bus from .. to *bussilla jstk jhk);* **b)** *(kulkuneuvosta: kulkea)* run (fast *kovaa);* **c)** *(kuljettaa)* carry, haul (coal *hiiliä);* cart (hay *heiniä); (viedä)* take (he took me to the station *hän ajoi minut asemalle)* **2** *(~ pois)* drive (from *jstk;* away *tiehensä;* out [of] *ulos [jstk]); (karkottaa)* expel, eject (from *jstk)* **3** *(~ takaa)* pursue, chase, hunt (a criminal *rikollista); (seurata)* follow (the enemy *vihollista);* (~ *jhk; erik kuv)* hound (to death *kuolemaan) (ks m →)* **4** *(~ edellään)* drive (cattle *karjaa)* **5** *(mets ym)* **a)** *(~ liikkeelle)* dislodge (a fox from *kettu jstk);* flush [out] (a criminal *rikollinen);* **b)** *(seurata jälkiä)* trail, track (an animal *eläintä); koirat -vat* the dogs

have (are on) the scent **6** *(kuv) (pakottaa)* force (hunger forced him to steal *nälkä ajoi hänet varastamaan)* **7** *(kuv)* (~ *asiaa yms)* push; prosecute (a claim *vaatimustaan oikeudessa);* pursue (a policy *jtk politiikkaa)* **8** *(~ auki)* open (a furrow *vako);* clear (a road of snow *tie lumesta)* **9** *(ahtaa)* stuff, cram, ram (into *jhk)* **10** *(tekn) (käyttää, kelata)* run (a machine *konetta;* a film backward *filmi takaperin)* ▶ *(ks m verbin määritteinä olevia hakus; esim ~ autoa, ~ kannetta; ks auto, kanne)* ~ *jtk* **aatetta** *(asiaa)* champion (advocate) a case; *(lak)* ~ *jkn* **asiaa** plead for a p., plead a p.'s cause; ~ *hyvää asiaa* stand for a good cause; ~ **karille** *(m kuv)* run aground; ~ **kilpaa** *jkn kanssa* race a p.; *(kuv)* ~ **läpi** push (force) through (a scheme *suunnitelma); (kuv)* ~ **perille** carry through (out, into effect); ~ **päälle** *(yli)* run over; *(törmätä)* ram; *(ark) se ~* **saman asian** it doesn't make any difference, it will have the same effect; *(aut)* ~ **sisään** *(totutusajoa)* break in, run in; ~ **takaa** *ks. 3;* ~ **ulos** *[ovesta]* turn out; ~ **yhteen** collide.

ajaja 1 *(yl)* driver; *(polkupyörän ym ~)* rider; *(ajuri)* coachman; *(autonkuljettaja)* chauffeur **2** *(kuv) (jnk asian t. aatteen ~)* advocate, champion (of); *(edistäjä)* promoter; protagonist (of womens' rights *naisten oikeuksien ~).*

ajalli||**nen 1** *(yl)* temporal; chronological (order *järjestys)* **2** *(maallinen)* worldly, mundane; earthly (life *elämä); (katoava)* transi|tory, -ent, temporary **-suus** *(erik usk)* this life, our life on this earth; *(katoavuus)* transien|ce, -cy, temporariness.

ajamaton unshav|ed, -en (beard *parta).*

ajan||**henki** spirit of the times **-hukka** waste (loss) of time **-jakso** period; term (of five years *5 vuoden ~);* time; *(aikaväli)* interval; *(aikakausi)* era, epoch, age.

ajankohta point [of time], date; *(hetki)* moment; *(oikea hetki)* time; ~*an nähden sopimaton* inopportune, untimely; ~*an nähden sopiva,* timely; *tänä kriittisenä* ~*na* at this [critical] juncture ~**inen** topical; current (problem *ongelma);* ..of present (current) interest, *(pred m)* in the news; ~ *kysymys (m)* question of the day ~**isohjelma** *(rad ja TV)* current affairs program[me] ~**istoimitus** *(rad ja TV)* current affairs department ~**istua** *(tav)* arise, come up, come to the fore ~**isuus** current interest, topicality.

ajan‖**kulu[ke];** -*kuluksi* as a pastime, to pass the time -**lasku** chronology; calendar; era ▶ **ennen** ~*mme alkua* before the Christian (Common) Era (*lyh* B.C.E.), before Christ (*lyh* B.C.); **roomalainen** ~ the Roman calendar; **uusi** ~ New Style, Gregorian calendar; **vanhaa** ~*a* [of] Old Style, according to the Julian calendar.

ajan‖**mukai**‖**nen** *(nykyaikainen)* up-to-date, modern (kitchen *keittiö*); *(ajan tasalla oleva)* ..abreast of the times; -*sessa järjestyksessä* in chronological order -**staa** bring .. up to date, update; modernize -**suus** up-to-dateness, modernity.

ajan‖**määrite** *(tav)* temporal adverb -**määritys** fixing of the date -**näyttäjä** *(-otin)* timepiece, timer -**ottaja** *(erik urh)* timer, timekeeper -**säästö** time saving.

ajantasai‖**nen** real-time bring up to date, update.

ajantilaus appointment.

ajanviete pastime; *(huvi)* entertainment; *ajanviete*|- *(us) (adj)* light (film —*elokuva;* music -*musiikki)* ~**automaatti** amusement (game, pin-ball) machine, *(pl)* mechanical games ~**kirjallisuus** escapist literature, light reading ~**konsertti** popular concert ~**ohjelma** *(rad, TV)* light (entertainment) program[me].

ajast‖**aa** *(teletekn)* time, pre-set -**in** timer.

ajat‖**ella 1** *(harkita, tuumia)* think (of, about *jtk)*, consider; think over; *(hautoa mielessään)* contemplate (suicide *itsemurhaa)* **2** *(muistella)* think about, remember (the old days *vanhoja aikoja)*; *(olla mielessä)* have .. in one's mind **3** *(suunnitella)* plan (a journey *matkaa)*; *(aikoa)* intend, propose (to do, doing *tehdä jtk)*, mean (to) **4** *(ottaa huomioon)* consider, bear in mind (his feelings *hänen tunteitaan)* ▶ **A** *(inf)* ~ **asiaa** *(m)* think the matter over; ~ **hyvää** *jstk* think highly (well) of; ~ **itsekseen** think to o.s.; ~ **itsenäisesti** think for o.s.; ~ **loppuun** *saakka* reason out; ~ **pahalla** *jtk* think badly of; ~ **tarkemmin** *jtk* think better of; *tarkemmin -ellessani (-eltuani)* on second thoughts; ~ **tulevaisuutta** look ahead; ~ **uudelleen** reconsider (the matter *asiaa)*, think over; **voitaisiin** ~ *että (m)* it seems that; one might think that; ~ **ystävällisesti** *jtk* be kindly disposed towards; ▶ **B**

(muita muotoja) **ajatella!** *(m)* [oh] I say! *(Br)* no kidding! **ajattele[han]!** just fancy (imagine, think)! -*tele* **asiaa!** think it over! *asiaa sen enempää* -*telematta* giving no further thought to the matter; *älä sitä* **enää** -*tele! (m)* put that out of your mind! -*tele* **että** *hän uskoi sen!* fancy his believing that! **koeta** *olla* -*telematta sitä* try not to think about it; *en ole sitä* **ollenkaan** -*ellut* I haven't given it a [single] thought; **sanoa** *mitä* -*telee (m)* speak one's mind; **sitä** -*telinkin!* I thought as much!

ajatel‖**ma** adage, maxim, aphorism -**tav**|**a 1** *(ajattelemisen arvoinen)* ..worth thinking of **2** *(-issa oleva)* conceivable, thinkable, imaginable; *se ei ole -issakaan!* it is quite unthinkable! -**tu 1** *(suunniteltu)* planned, thought-out **2** *(kuviteltu)* imaginary; *(geom)* ~ *suora joka on vedetty A:sta B:hen* given a straight line [drawn] from A to B.

ajaton 1 *(iätön)* ageless; dateless; *(ajasta riippumaton)* timeless (beauty *kauneus;* model *malli)* **2** *(sopimaton)* inopportune, untimely (moment *hetki)*.

ajattelemat‖**on** unthinking (person *ihminen)*; *(harkitsematon)* thoughtless (remark *huomautus)*; inconsiderate, unthoughtful *(varomaton)* unguarded (act *teko)*; *(välinpitämätön)* heedless, unmindful -**ta** without thinking (*ks m* ajatella → *B)* -**tomasti** *(harkitsemattomasti)* thoughtlessly, inconsiderately; *(mitään ajattelematta)* heedlessly; *hän teki sen* ~ *(m)* he didn't think when he did it -**tomuus** thoughtlessness, lack of consideration.

ajattel‖**emi**‖**nen** thinking; *(ajattelu)* cogitation; *(harkinta)* consideration; *sen pelkkä* ~*kin* the mere thought of it; *se antoi minulle -sen aihetta (m)* it set me thinking -**eva** thinking (being *olento)*; rational (creature *olento)*; *samoin (toisin)* ~*t* those holding the same (a different) opinion -**evainen** thoughtful; *(harkitseva)* reflective; *(tahdikas)* discreet -**ija** thinker; *(filosofi)* philosopher.

ajattelu thinking; *(järkeily)* reasoning; *(harkinta)* reflection; *(pohdinta)* cogitation; *(mietiskely)* meditation; thought (scientific thought *tieteellinen* ~) ~**naihe** something to think about ~**tapa** way of thinking, pattern of thought.

ajatuksellinen 1 *(ajatuksen mukainen)*

logical 2 *(käsitteellinen)* abstract.

ajatuksen||**juoksu** train (line) of thought; *nopea (kirkas)* ~ rapid (lucid) train of thought **-luku** mind reading **-siirto** thought transference; telepathy **-vaihto;** *se herätti vilkasta* ~*a* it gave rise to lively discussion **-vapaus** freedom (liberty) of thought.

ajatukset||**on** 1 *(tyhjä)* vacant (stare *tuijotus)* 2 *(tyhjänpäiväinen)* empty (phrase *fraasi)* **-tomasti;** *tuijottaa* ~ *(m)* stare blankly.

ajatu|**s** *(yl)* thought *(m)* 1 *(tuuma)* idea (a queer idea *omituinen* ~), notion (a foolish notion *typerä* ~) 2 *(aate)* sentiment; *(merkitys)* meaning, sense (no sense *ei mitään* ~*ta*) 3 *(mielipide, kanta)* view (on (about) a subject *jstk aiheesta),* opinion (of a p. *jksta;* on a subject *jstk aiheesta)* 4 *(aikomus)* intent[ion]; *(suunnitelma)* plan 5 *(järki)* sense, logic ▶ A *(yksikössä) mikä on sinun -ksesi* **asiasta?** what do you think of the matter? *-kseni* **mukaan** to my thinking; *en pidä siitä -ksesta* I don't like the idea [of it]; *hänellä oli -ksena* **tehdä** *se (m)* it was his intention to do it; ▶ B *(monikossa)* **ajatuksissaan** absent-mindedly, without thinking; *-ksia* **herättävä** thought-provoking; *minulla on siitä* **omat** *-kseni* I have my own opinion about that; *hänellä on* **suuret** *-kset itsestään* he thinks a great deal of himself; *tulla* **toisiin** *-ksiin* change one's mind; *-ksiin[sa]* **vaipuneena** deep (absorbed) in thought, in a brown study.-

ajatus||**aika** *(miettimis-)* time for consideration **-harha** *(läh v)* mental aberration **-kanta** standpoint, point of view **-katko** blackout **-kulku** train of thought **-kyky** ability to think, faculty of thought; *käyttää* ~*ään* use one's head **-kykyinen** ..able to think.

ajatus||**maailma** intellectual world, range of thought[s] **-peräinen** abstract **-rakennelma** mental structure; philosophical system **-sisällys** intellectual content **-suunta** trend of ideas **-tapa** way of thinking.

ajatusten||**lukija** mind reader **-vaihto** exchange of thoughts.

ajatus||**toiminta** mental activity **-työ** brainwork **-viiva** dash **-virhe** false reasoning **-voimistelu** mental exercise **-yhtymä** association of ideas **-yhteys** continuity of thoughts.

ajautua be driven (ashore *rannalle);* drift (out to sea *merelle; m kuv);* ~ *rantaan* be stranded; ~ *umpikujaan* be heading for a deadlock, be stalemated.

ajelehti||**a** 1 *(olla tuulen vietävänä)* drive (ashore *maihin); (olla tuuliajolla t. virran vietävänä; m kuv)* be adrift, drift [along], float 2 *(lojua)* lie around, lie (float) about **-massa** adrift, drifting **-va;** ~ *(hylätty) laiva* a derelict ship; ~ *[hylky]tavara* flotsam; jetsam.

ajel|**la** drive (a car *autoa);* ride (a bicycle *polkupyörällä);* *aaltojen -tavana (m)* adrift; ~ *[autolla]* be motoring **-u** *(ajoretki)* drive; ride; *lähteä* ~*lle* go for a drive (ride).

ajettava passable (road *tie).*

ajet||**tua** swell [up], become swollen (swelled) **-tuma** swelling; *(lääk)* tumefaction **-tunut** swollen.

ajo *(eri merk)* driving 1 *(takaa-*~*) (m mets)* chase, drive; *(erik mets)* hunt[ing]; *(*~ *jälkiä myöten)* tracking 2 *(ajoneuvolla* ~ *)* driving; *(pyörällä ym* ~*)* riding; *(ammattimainen* ~*)* run 3 *(kuorman-*~*)* hauling, haulage, cartage 4 *(urh)* ~*t (sg)* race 5 *(atk)* run.

ajo||**ankkuri** drift (drag) anchor **-hiekka** drift sand.

ajoitt||**aa** 1 time, schedule 2 *(dateerata)* date (an antique statue *antiikkipatsas)* **-ain** at times, occasionally, from time to time **-ainen** ..occurring at times (intervals); *(satunnainen)* occasional; *(-ain tapahtuva)* periodic[al]; *(toistuva)* recurrent; *(jaksoittainen)* intermittent (pain *tuska).*

ajo||**jahti** *(mets ja kuv)* battue, chase, hunt; *(ihmisjahti)* manhunt; *(pol)* witchhunt, hounding **-juhta** draught *(Am* draft) animal **-jää** drift-ice **-kaista** [traffic] lane **-kalusto** fleet, motor pool **-kielto** driving ban **-kki** vehicle **-koe** driving test; *suorittaa* ~ take one's driving test **-koira** hound; *(jäniskoira)* harrier **-kokemus** driving experience **-kortti** *(Br)* driving licence, *(Am)* driver's license; *peruuttaa* ~ suspend a p.'s driving licence **-liikenne** vehicular traffic **-lähtö** *(urh)* force play **-metsästys** hunt, [the] chase **-mies** 1 driver 2 *(mets)* beater 3 *(astr)* A~ the Charioteer, the Wagoner **-miina** floating (drifting) mine.

ajoneuvo 1 vehicle; *lähestyvä* ~ oncoming vehicle 2 ~*t (vaunut) (sg)* conveyance, carriage ~**etäisyys** following distance, *(Am)* headway ~**kanta** vehicle population (stock) ~**yhdistelmä** articulated vehicle.

ajo||**nopeus** driving speed; *sallittu* ~ speed limit, maximum speed **--oppilas** learner-driver **-piirturi** running recorder, tachograph **-puu[t]** *(sg)* driftwood **-päiväkirja** *(aut)* driver's log[book] **-rata 1** roadway, drive[way] **2** *(kilparata)* racecourse, race track **-ratamerkinnät** road markings **-retki** drive, ride.

ajos abscess, gathering.

ajo||**suunta** direction of travel; *kielletty* ~ no entry **-taito** driving skill **-taksa** fare **-tie** roadway; *(taloon johtava* ~*)* drive, *(erik Am)* driveway **-valot** headlights **-verkko** *(kal)* drift net **-väylä** roadway, route.

ajuri *(kuski)* coachman; *(vuokra-*~*)* cabdriver, cabman ~**nrattaat** *(sg)* cab.

ajuruoho thyme.

akana husk, beard; ~*t* *(sg)* chaff; *hajota kuin* ~*t tuuleen* scatter like chaff before the wind.

akanvirta back-eddy, backwater, countercurrent.

akasia acacia.

akateemi||**kko** academician **-nen** academic[al] ▶ *-sen* **ammatin** *harjoittaja* professional man; ~ **koulutus** university education; ~ **oppiarvo** university degree; *saavuttaa* ~ *oppiarvo* graduate, *(Br)* take one's degree.

akate||**emisesti**; ~ *sivistynyt* ..having a university education **-mia** academy.

akileija columbine.

akille||**enkantapää** Achilles heel **-sjänne** Achilles tendon.

ak|**ka 1** *(vanha nainen)* [old] woman; *(vanha* ~*)* crone, hag **2** *(vaimo* ~*)* wife; *(ark)* missus **3** *(pelkuri)* coward ~**mainen** *(halv)* unmanly; *(ark)* soft ~**maisesti** *(m)* in a cowardly manner ~**val**|**ta** petticoat government (rule); *olla -lan alla* be henpecked.

akkreditoida accredit (to *jhk*); furnish .. with credentials.

akku accumulator (charge (discharge) an accumulator *ladata (purkaa)* ~), [storage] battery ~**mulatiivinen** [ac]cumulative.

akkusatiivi accusative [case].

akneiho skin affected by acne, acne skin.

akordi 1 *(velkojien sopimus)* composition [of debts], settlement **2** *(sointu)* chord.

akrob||**aatti** acrobat **-atia** *(pl ja sg)* acrobatics.

akryyli *(rek)* Acrilan.

akryyli|- acrylic (acid *-happo;* fibre *-kuitu;*

plastic *-muovi).*

akseli 1 *(fys, pol ym)* ax|is *(pl* -es) **2** *(pyörän* ~*)* axle; *(koneen* ~*)* shaft ~**kuormitus** axle (shaft) load ~**paino** axle weight (load) ~**sto** *(mat)* coordinate system, system of coordinates ~**vallat** *(hist)* the Axis [Powers] ~**väli** wheel base, axle spacing.

aksiisi *(valmistevero)* excise [duty].

aksiooma axiom.

akti act; *(juhlatoimitus)* ceremony.

aktiivi *(kiel)* active [voice] ~**armeija** regular army ~**jäsen** active member, *(m)* working member ~**nen** *(eri merk)* active; ~ *kauppatase* active balance of trade ~**palvelu**|**s;** *-ksessa* on the active list ~**sesti** actively; *osallistua* ~ *jhk* take an active part in ~**suus** activity; activeness (of youth *nuorison* ~*)* ~**upseeri** regular (career) officer.

akti||**voida** activate, stimulate [to action]; *(liik m)* capitalize (profits *voitot)* **-vointi** activation.

aktuaari registrar; *(vakuutus-matemaatikko)* actuary.

akupunktio acupuncture.

akusti||**ikka** *(sg ja pl)* acoustics; *(kuuluvuus m)* acoustic qualities **-nen** acoustic (guitar *kitara).*

akuutti acute (disease *sairaus).*

akva||**ario** *(suuri* ~*)* aquari|um *(pl* ~s, -a); *(koti*~*)* fish tank **-ariokala** tropical fish **-mariini** *(väri, min)* aquamarine.

akvarelli watercolo[u]r [painting] ~**maalari** watercolo[u]rist ~**väri** watercolo[u]r.

al|**a 1** *(pinta-*~*)* area (of a triangle *kolmion* ~); *(tila)* space (floor space *lattian* ~); *(laajuus)* extent **2** *(kuv)* *(piiri)* ground; area, domain (of science *tieteen* ~); range (of knowledge *tiedon* ~); *(liikkuma-*~*)* scope; *(haara)* branch (branches of learning *opin* ~*t);* field (in the field of politics *politiikan* ~*lla),* sector **3 a)** *(jkn oma* ~*)* line (not my line *ei minun* ~*ani);* field (knowledge of the field ~*n tuntemus);* sphere, province, territory; **b)** *(ammatti)* profession, occupation; *(käytännön* ~*)* trade, business **4** *(ääni*~*)* range [of voice], register ▶ *jllk* **alalla** in the field (domain, line, branch) of; **jäädä** *-oilleen* remain settled; **kuulua** *jkn* ~*an (olla jkn* ~*a)* come within a p.'s sphere, be [in] a p.'s line; **laaja** ~*ltaan* large in extent; **olla** *(pysyä)* *-oillaan* keep still, keep quiet; **voittaa** *(vallata)* ~*a* gain (gather, get) ground; *(tulla yleiseksi)* become prevalent.

ala|- lower (lip *-huuli;* shelf *-hylly;* jaw *-leuka;* [eye]lid *-luomi;* half *-puolisko*); △ *(yhdyss)* sub|- (-division *-jakso, -jaotus;* -culture *-kulttuuri;* -group *-ryhmä*); △ under|- (-world *-maailma;* -side *-pinta*).

ala||**-arvoinen I** *a* inferior, ..below standard (the mark), ..not up to the standard (the mark); substandard (literature *kirjallisuus*) **II** *s (koul ark)* failing grade; *saada ~ matematiikassa* fail (be failed) in mathematics **--arvoisuus** inferiority, inferior quality **--aste** *(erik koul)* lower level (of the comprehensive school *peruskoulun ~*) **-hanka** *(aluksen suojanpuoli)* leeward, lee side **-hele** *(mus)* mordent **-huomautus** footnote **-huone** *(Brit parl)* the House of Commons **-ikäi**|**nen I** *a* minor (children *-set lapset*), underage (girl *tyttö*), ..not of age **II** *s* minor **-ikäisyys** minority.

alai|**nen I** *a* under (a p.'s orders *jkn määräysvallan ~*); below; subordinate to; subject to (tax *veron ~*); open to (doubt *epäilyksen ~*); exposed to (public contempt *yleisen halveksunnan ~*) **II** *s (jkn ~)* subordinate; *(työntekijä)* employee ▶ **alistaa** *jnk -seksi* subordinate to; *suoraan* **johtajan** *-sena* direct[ly] under the manager; **joutua** *arvostelun -seksi* be subjected to criticism; *joutua naurun -seksi* become an object of ridicule; *se on ollut* **pohdinnan** *-sena (m)* it has been discussed.

alaisuu|**s** subordination, subjection; *se kuuluu opetusministeriön -teen* it falls within the authority of the Ministry of Education.

ala||**juoksu** *(joen ~)* lower course; *~n puoleinen* downriver, downstream **-kerros** *(pohjakerros)* ground floor **-ker**|**ta 1** lower floor, the floor below; *-rassa, ~an* down[stairs] **2** *(san) (läh v)* feature article.

alakuloi||**nen** *(apea)* low-spirited, ..in low spirits; *(ark)* blue; *(surumielinen)* melancholy (landscape *maisema*); *(pred)* down; *olla ~ (m)* feel low, be blue (about *jnk johdosta*); *tehdä -seksi* depress, dishearten **-sesti** dejectedly, in a downcast manner **-suus** depression, dejection, low-spiritedness; melancholy; *(ark) (pl)* the blues.

ala||**kun**|**nossa** *(-toon)* in poor (low) condition, not quite well **-kyn**|**nessä** *(-teen);*

joutua *(jäädä) -teen* be the loser, be defeated; *olla ~* have the worse of it **-laji** subspecies *(pl ~)* **-luokka 1** *(alaosasto)* subclass **2** *(koul)* lower form *(Am* grade) **3** *(yhteiskunnan ~)* the lower class[es] **-luokkalainen** junior **-maa** lowland; *(myötämaa)* downgrade **-mainen I** *a* humble, subservient, submissive (to *jllk)* **II** *s* subject (British subject *Englannin ~*) **-maisuus** subjection, subordination, subservience (to); *(uskollisuus)* allegiance; *(nöyryys)* humility **-mittainen 1** undersize[d] (crayfish *rapu)* **2** *(huono)* inferior; *olla ~* be below standard **-mä**|**ki** descent, [downhill] slope; *(kuv)* downhill; *(kuv) mennä -keä* go downhill, be on the decline.

alanko lowland [area], *(pl)* lowlands *~***maalainen I** *a* Netherlandic **II** *s* Netherlander **A~maat** *(sg)* the Netherlands; *(erik hist)* the Low Countries.

ala||**numero** *(puh)* extension **-osa** lower part (portion), bottom; underpart **-osasto** subdivision, subsection; *jakautua ~ihin* subdivide **-pesu** genital hygiene.

alapuol|**i 1** *(alaosa)* lower part (side); underneath; *(pohja)* bottom **2** *(alapinta)* underside (of a leaf *lehden ~*); *(nurja puoli)* wrong side (of cloth *kankaan ~*) ▶ **alapuolell**|**a** *(-e)* on (-*e m* onto) the lower side (underside); *(jnk) -ella (-elle)* below, under[neath] (a th.); beneath (a th.) *(m kuv);* **alapuolelta** from below; *-ella oleva* subjacent.

ala||**puolinen** lower, bottom **-puolitse;** *kulkea (viedä) sillan ~* lead under the bridge **-pää** lower end, bottom; foot (of the table *pöydän ~*) **-raajat** lower extremities (limbs); *(m)* legs **-raja** lowest (lower) limit; *(vähimmäismäärä)* minimum **-reuna** lower edge; *sivun ~* bottom (foot) of a page **-rivi** bottom line.

alas down; *(~päin)* downward[s] ▶ *~* **asti** right (all the way) down; **astua** *~* descend (the steps *portaita*); alight (from a bus *bussista*); *~* **hallitus!** down with the government! *mäkeä ~* downhill; *~* **portaita** down the stairs, downstairs.

alashuu|**to** cry of protest; *-dot keskeyttivät puhujan* cries of »down, down!» interrupted the speaker.

alasin 1 anvil **2** *(anat)* incu|s *(pl -des).*

Alaska Alaska **a~lainen** *a ja s* Alaskan.

alas||**laskettava** folding, collapsible (seat

istuin) **-päin** downward[s], down; *(kuv)* mennä ~ decline, go downhill **-päinmeno** *(kuv)* decline; *(ark)* come-down **-suin** upside down; ..[with the] bottom up.

alast||**i** naked[ly], in the nude, with nothing on; undressed; *olla* ~ be naked (undressed); *uida* ~ bathe in the nude **-omuu**|**s** nakedness, nudity; *(paljaus)* bareness; *(kuv)* kaikessa *-dessaan* in all its bare crudity.

alaston 1 naked (boy *poika;* tree *puu;* truth *totuus); (vaatteeton)* undressed; *(paljas)* bare (wall *seinä);* uncovered **2** *(kuvat)* nude **~malli** *(kuvat)* nude model; *~n mukaan* from the nude.

alastulo 1 descent (from *jstk);* coming down **2** *(urh)* landing.

alati = *aina;* ~ vaihtuva ever-changing.

ala||**tyyli** vulgar style **-va** low[-lying] (meadow *niitty)* **-viit**|**e** footnote; *varustaa -tein* annotate **-vuus** lowness; low[lying] situation **-yhdistys** affiliate[d association] **-ään**|**i** low tone; *-et (mus) (sg)* the lower register.

albumi album.

ale *(alennusmyynti)* sale **~halli** cut-price market; *(Am m) (läh v)* bargain basement.

alemma|**ksi** *(-s)* lower, lower (farther) down; *siirtää* ~ lower.

alemmuu||**dentunne** feeling of inferiority **-s** inferiority **-skompleksi** *(psyk)* inferiority complex.

alempa||**a** [from] farther down **-na** farther down, lower down; *(tuonnempana)* below; *(jtk)* ~ under, beneath, below; *kuten* ~ *mainitaan* as we shall see (mentioned) below; ~ *oleva* lower.

alempi 1 *(paikasta, määrästä ym)* lower **2** *(arvoltaan* ~*)* inferior, subordinate (to *kuin);* subaltern (officer *upseeri);* ~ *virkamies* petty official; junior clerk **~arvoinen** ..of lower rank; inferior; ~ *asia* matter of secondary importance **~arvoisuus** lower rank; inferiority **~asteinen** ..of lower grade ~ **oikeustutkinto** *(läh v)* secondary (lower) law examination **~palkkainen** lower paid **~säätyi**|**nen;** *-set* people of lower estate; *naida -sensä* marry below o.s., form a misalliance.

alen||**eminen** sinking, lowering; fall (in temperature *lämpötilan* ~*);* drop (in prices *hintojen* ~*)* **-eva** declining (birthrate *syntyvyys); (putoava)* falling (price *hinta);* descending (scale *asteikko);* downward

(trend suunta) **-nettu;** *(erik)* ~ *hinta* reduced price; *~un hintaan (m)* at a reduction; ~ *nuotti* flat.

alennu|**s 1** *(alentaminen)* lowering **2** *(~ virassa)* degradation **3** *(liik)* reduction; cut (wage cut *palkan* ~*); (hyvitys)* allowance; rebate (grant a rebate *myöntää* ~*); (käteis~, paljous~)* discount (cash discount *käteis~); -ksella* at a reduction (discount); *antaa ~ta* allow [a] discount (for *jstk)* **~halli** *(liik)* cut- (low-)price market **~hinta** reduced (bargain, sale) price **~kausi** *(kuv)* period of degradation **~kuponki** *(liik)* savings coupon, discount ticket, sale (special offer) coupon; *(ark)* money-off voucher **~lippu** reduced-(cheap-)rate ticket **~merkki** *(mus)* flat **~myyn**|**ti** [bargain] sale; *ostaa -nistä* buy at the sales **~tavaratalo** low-price market, cut-price store, *(erik Am)* discount house **~tila** [state of] abasement; *(rappio)* degradation.

alentaa 1 *(laskea)* lower; *(vähentää)* reduce, ease (pressure *painetta);* diminish (the value *arvoa); (huonontaa)* debase (the quality *laatua); (pudottaa)* drop (one's voice *ääntään);* sink **2** *(~ arvossa)* degrade, downgrade (a p. *jku)* **3** *(mus)* flat[ten] ▶ ~ *jnk* **arvoa** depreciate a th., decrease (diminish) the value of; ~ **hintoja** lower (bring down, cut [down]) prices; ~ **itsensä** lower (degrade, demean, humble) o.s. (by doing *tekemällä jtk);* ~ **kustannuksia** curtail (cut down) costs; ~ **rivimieheksi** reduce (demote) to the ranks; ~ **äänensä** *kuiskaukseksi* drop one's voice to a whisper; ~ **ääntään** lower one's voice.

alenta||**maton** unreduced (price *hinta); (mus)* natural (note *nuotti)* **-minen** *(kuv)* reduction; *(virka-arvossa* ~*)* degradation; *(nöyryyttäminen)* humiliation **-va** *(erik kuv)* degrading (treatment *kohtelu),* debasing; *olla jkn arvoa ~a* be beneath (below) one's dignity; *pitää arvoaan ~na* disdain (to do, doing *jnk tekemistä).*

alentu||**a** *(kuv)* lower o.s., condescend, stoop (to *jhk); (vajota)* descend (to do *tekemään) (vrt aleta)* **-va** condescending, patronizing (air *ilme, asenne)* **-v[ais]uus** condescension; [air of] patronage.

ale|**ta 1** *(laskea, painua)* lower, go (come) down; *(vajota)* sink; *(pudota)* drop, fall; *(viettää alaspäin)* decline, descend **2** *(vähetä, supistua)* decrease, diminish, be reduced **3** *(~ arvossa)* depreciate [in

value]; *hänen arvonsa -ni silmissäni* he went down in my eyes (estimation); *rahan arvo -nee* money depreciates in value.
algebra algebra ~**llinen** algebraic[al].
Algeria Algeria **a~lainen** *a ja s* Algerian, Algerine.
alhaa||lla *(-lle)* down; below, beneath; *(matalalla)* low (the sun is low *aurinko on* ~); *siellä* ~ down there **-lta[päin]** from below, from beneath; *(pohjalta)* from the bottom; ~ *ylös [asti]* from the bottom right up.
alhai|nen 1 *(matala)* low (temperature *lämpötila*) **2** *(kehittymätön)* undeveloped; primitive (instincts *-set vaistot*) **3** *(vaatimaton)* lowly, humble, mean (birth *syntyperä*) **4** *(matalamielinen)* base (motive *vaikutin*); mean, vile, infamous; dirty (deed *teko*) ▶ **jtk** *-sempi (m)* under; *-sella* **kehitystasolla** *oleva (m)* backward, undeveloped; *-sta* **sukua** of modest origin, from a humble family.
alhais||aateli gentry, lesser nobility **-immillaan** *(kuv)* at its lowest mark, at the lowest ebb **-o** *(roskaväki)* mob; *(halv)* the hoi polloi; *(yhteinen kansa)* populace **-syntyinen** lowly born, base-born; *(aatteliton)* ignoble **-säätyinen** ..of humble station **-uus** lowness; *(kuv)* baseness, meanness.
alho *(kuv) (pl)* the depths (of misery *epätoivon* ~).
ali||- sub|- *(-*contractor *-hankkija; -*contract *-urakka);* △ under|- *(-*steering *-ohjautuva; -*weight *-painoinen; -*payment *-palkkaus; -*fed *-ravittu; (valok)* -expose *-valottaa)* **-arvioida 1** underestimate; underrate; *(arvioida liian matalaksi)* undervalue **2** *(kuv)* depreciate, disparage, belittle; ~ *itseään* underestimate (underrate) o.s. **-arviointi** underestimation **-arvostaa** *(kirjanp ym)* undervalue.
alibi; *esittää* ~ produce an alibi; *todistaa* ~*nsa* prove one's alibi.
ali||hallinto lower level administration **-hankintasopimus** subcontract; *tehdä* ~ subcontract (to *jkn kanssa*) **-hinta;** *myydä* ~*an* sell at a loss, sell below cost [price] **-johtaja** subdirector; *(apulaisjohtaja)* assistant manager **-jäähtynyt** supercooled (water *vesi*) **-jäämä** *(liik)* deficit **-jäämäinen** *(liik)* ..showing a deficit **-kersantti** *(läh v)* corporal.
alikulku||korkeus clearance [height] **-tunneli** subway.

ali||käytävä underpass, *(Br)* subway, *(Am)* underground passage **-luutnantti** *(mer) (Brit läh v)* commissioned officer; *(Am)* ensign **-lääkäri** assistant physician; *(kirurgi)* assistant (junior) surgeon.
alim||mainen [the] lowest, bottommost, nethermost; *(alempi kahdesta)* lower (step *porras*) *(vrt alin)* **-maksi** lowest [down]; farthest down **-paa** from farthest down; from the [very] bottom **-pana** lowest; *(pohjimmaisena)* at the [very] bottom.
ali||n lowest, lowermost, nethermost; bottom (line *rivi*); *(halvin m)* cheapest; *-mmillaan* at its lowest; ~ *hinta* lowest price, bottom price; *(vähimmäishinta)* minimum price; ~ *kerros* ground *(Am* first) floor **-nen** lower; ~ *Tonava* the lower Danube.
alinoma||a *(koko ajan)* all the time; *(lakkaamatta)* constantly, *(alituisesti)* continually; *(usein)* frequently **-inen** *(jatkuva)* continual; *(taukoamaton)* incessant; *(ainainen)* perpetual (chatter *juttelu*).
ali||oikeus lower court of justice, court of first instance **-paine** vacuum **-paino** underweight; *(erik liik)* short weight **-päällik|kö;** *-öt* subordinate commanders **-päällystö** *(sot ja mer) (pl)* non-commissioned officers; warrant officers; *(mer m)* petty officers **-ravitsemus** undernourishment; *(ravitsemushäiriö)* malnutrition **-ravittu** under|fed, -nourished.
alist||aa 1 *(jättää ratkaistavaksi)* submit (to *jnk päätettäväksi ym*); refer (to) **2** *(saattaa jnk alaiseksi)* subordinate, subject to one's sway *valtaansa*; *(sot)* attach; *(~ valtaansa)* subdue, subjugate **3** *(kiel)* subordinate **-aminen** *(harkittavaksi jättäminen)* submission; *(ratkaistavaksi jättäminen)* reference (to *jllk*); *(jnk alaiseksi saattaminen)* subordination; *(kukistaminen)* subjection, subjugation **-ava** subordinating (conjunction *konjunktio*); domineering (mother *äiti*) **-einen** subordinate, dependent (clause *lause*).
alistua *(taipua)* submit, resign o.s., yield (to one's fate *kohtaloonsa*); subordinate o.s.; *(tyytyä)* reconcile o.s. (to *jhk*) ▶ ~ *jkn* **päätöksiin** defer to a p.; ~ *jkn* **tahtoon** submit to a p.'s will, resign o.s. to a p.; ~ *jnk* **valtaan** *(m)* surrender [o.s.] to.
alistu||maton unsubmissive; *(taipumaton)*

inflexible, unbending, unyielding; *(uppiniskainen)* stubborn **-minen** *(nöyrtyminen)* submission (to *jhk)*; *(tyytyminen)* resignation **-neisuus** *(kohtaloonsa tyytyminen)* resignation; *(m)* passivity **-nut** resigned **-ssuhde** *(kiel)* hypotaxis **-va** submissive; *(kohtaloonsa tyytyvä)* resigned **-vasti** submissively, with resignation **-vuus** submissiveness.

alitaju||**inen** subconscious **-nta** the subconscious.

alitse under, below; *sillan* ~ under the bridge.

alittaa 1 *(kulkea jnk alitse)* pass (go) under; *(johtaa alitse)* lead under (the railway *rautatie)* **2** *(olla pienempi kuin)* be below (less than), fall short of, fall (go) below; *(hinnasta m)* be lower than ▶ ~ **ennätys** break the record; ~ **tarjous** underbid, bid lower.

alitui||**nen** *(jatkuva)* continual; *(ainainen)* perpetual; *(lakkaamaton)* constant, incessant, continuous (rain *sade)* **-sesti** constantly.

ali||**työllisyys** underemployment **-upseeri** *(vanh)*; non-commissioned officer; warrant officer; *(mer)* petty officer **-valtiosihteeri** Under[-]Secretary of State **-vuokralai**|**nen** subtenant; *(Br)* lodger, *(Am)* roomer; *vuokrata* **-selle** sublease, sublet, underlease.

al||**kaa** begin (with *jllk;* to do, doing *tehdä)*, start, *(kirj)* commence; *(saada alkunsa)* originate (in, from *jstk;* with *jksta)*, take rise (in *jstk)*; *(joesta)* have its source; *(olla peräisin)* derive [its origin] (from *jstk)* *(ks m aloittaa)* ▶ **A** *(alkaa; lauseita)* **kokous** ~ the meeting will come to order; **koulu** ~ *maanantaina (m)* school opens on Monday; *vieraita ei* **-kanut kuulua** there was no sign of the guests; *atomivoimaa* **-ettiin käyttää** *1940-luvulla* atomic power came into use in the forties; **nyt** *se* ~*!* now we are in for it! ~ **sataa** it is beginning to rain; *sota on* **-kanut** *(m)* war has broken out; ~ **tulla** *kylmä* it is getting cold; ~ **uudelleen** begin [all over] again; ▶ **B** *(muita ilmauksia)* *jnk* **alettua** *(m)* after the beginning of; **alkaen** *ks. hakus.; jnk* **alkaessa** *(m)* at the beginning of; **alkamaisillaan** [just] about to begin.

alkaen *(jstk* ~*)* since; from (the first of January *tammikuun 1. päivästä* ~*)*; from *..* on ▶ *hänestä* ~ beginning with him; *jstk* ~ *[aina]* **jhk** *asti* from *..* to; *tästä*

päivästä ~ as of today; *(voimassaolosta)* with effect from today; **siitä** ~ [ever] since; *siitä /ajasta/* ~ since then, since that time; *siitä* ~ *kun olin lapsi* since I was a child; **tästä** ~ *(tästä lähtien)* henceforth, from now on; *(tämän jälkeen)* after this, hereafter.

alkaja 1 *(alullepanija)* originator, author **2** *(aloittelija)* beginner; novice.

alkajais||- opening (day *-päivä;* words *-sanat)* **-et** *(sg)* opening [ceremony]; *-iksi* to begin with, to start with.

alkali alkali *(pl* ~[e]s) ~**nen** alkaline ~**suola** alkali salt ~**ton** alkali free.

alkamispäivä opening day, the first day.

alkava 1 beginning; starting; *(alkuasteella oleva)* incipient (cancer *syöpä)* **2** *(seuraava)* following (week *viikko)*; *jokaiselta* ~*lta tunnilta* every hour or part of an hour.

alkeelli||**nen** primitive (culture *kulttuuri)*; *(kehittymätön)* undeveloped (skill *taito)* **-suus** primitiveness.

alkeet rudiments; elements (of economics *kansantalouden* ~*)*; *(ensi* ~*) (sg)* [the] ABC (of piano playing *pianonsoiton* ~*)*; *opettaa jklle jnk* ~ give a p. [a] grounding in.

alkeis||- elementary (particle *-hiukkanen; course -kurssi;* studies *-opinnot)*; △ primary (school *-koulu)*; △ introductory (course *-kurssi)* **-kirja** primer (Greek Primer *kreikan* ~*)*; elementary book **-koulutus** primary (basic) training **-opetus** elementary instruction (training); grounding **-tiedot** *(sg)* elementary knowledge; *hänellä on hyvät* ~ *historiassa* he is well grounded in history.

alkemi||**a** alchemy **-sti** alchemist.

alkio 1 *(biol)* embryo **2** *(joukko-opissa)* member ~**aste;** ~*ella oleva* embryonic.

alkoholi alcohol; *(juoma)* drink, spirit, liquor; *(Am ark)* booze; ~*n vaikutuksen alaisena* under the influence [of alcohol]; ~*n väärinkäyttö* abuse of alcohol.

alkoholi||- alcohol (policy *-politiikka)*; △ alcoholic (poisoning *-myrkytys;* extract *-uute)* **-juoma** alcohol[ic] drink, alcoholic beverage; ~*t* wines and spirits; *väkevät* ~*t* spirits.

alkoholin||**kulutus** consumption of alcohol; *(henk)* alcohol intake **-käyttö** drinking; *liiallinen* ~ abuse of alcohol.

alkoholi||**ongelma** drinking problem **-pitoi**|**nen** alcoholic; *-set juomat* alcoholic beverages **-pitoisuus** alcoholic content; *veren* ~ alcohol concentration [level] in the blood **-smi** alcoholism **-soituminen** alcoholization **-sti** alcoholic, habitual drunkard **-ton** non-alcoholic; ~ *juoma (virvoitusjuoma)* soft drink.

alkovi alcove; *(syvennys)* bay.

al|ku 1 *(alkaminen; alkukohta)* beginning, start (promising start *lupaava* ~), *(kirj)* commencement; *(aloitus)* opening **2** *(alkuaste)* initial stage; *(pl)* beginnings; *(kuv) (itu)* embryo, germ; *(johdanto)* introduction, prelude (to *jhk*) **3** *(alkulähde)* source; *(alkujuuri)* root **4** *(synty)* origin; birth ▶ **A** *(alku)* **antaa** ~ give rise (to rumours *huhuille*); **diplomaatin** ~ diplomat to-be; budding young diplomat; ~ *aina* **hankala** every beginning is hard; ~ *ja* **loppu** the beginning and the end, alpha and omega; ▶ **B** *(alkua)* **ei** ~*a* **pitemmällä** not really (properly) started (begun) ▶ **C alku[j]aan** originally, initially, primarily; ▶ **D** *(alkuna)* **olla** ~*na jhk (jllk)* lead up to; *(aloittaa)* inaugurate (a new epoch *uudelle aikakaudelle)*; ▶ **E** *(alkunsa)* **saada** ~*nsa jstk* take rise in, spring from, [a]rise from, originate in (from), have its origin (source) in; ▶ **F** *(alkuun)* **auttaa** *jk* ~*un* help to get a th. started; *auttaa jku* ~*un* help a p. off to a good start; **ensi** ~*un* to begin with; **päästä** ~*un* get started; *päästä hyvään* ~*un* get a good start; *(päästä vakiintumaan)* get settled; **päättyä** ~*unsa* stop right at the beginning; *se ei* **riitä** ~*unkaan* it is not nearly enough; ▶ **G aluksi** for a start, to begin with; *-uksi* .. **mutta** *sitten* at first .. but then; ▶ **H** **-ulla[an]** in embryo; *(lapsenkengissään)* in its infancy; **hyvällä** *-ulla* well under (on the) way; ▶ **I** *(alulle)* **panna** *-ulle* get .. started, start, begin; initiate (studies *opinnot)*; ▶ **J** *(alun)* *-un* **alkaen** *(pitäen)* from the [very] beginning (start), right from the beginning; *-un* **toista** *viikkoa* a little over a week; *minulla on niitä jo -un toista sataa (m)* I have already started [on] my second hundred; ▶ **K** *(alussa)* **aivan** *-ussaan* [still] in its infancy; **alussa** in the beginning, at the outset; *(ensiksi)* [at] first; *jnk -ussa* at the beginning of; *60-*luvun *-ussa* in the early sixties; **tämän** *kuun -ussa (m)* early this month; ▶ **L** *(alusta) -usta* **alkaen** *(asti)* from the [very] start (beginning); *(koko ajan)* all the time;

aloittaa *-usta* make a fresh start; *(erik Am)* start over [again]; *-usta* **loppuun** from beginning to end; *lukea kirja -usta loppuun* read a book from cover to cover.

alku||-1 *(alussa oleva)* initial (nervousness *-hermostus; (liik)* cost, expenses *-kustannukset;* salary *-palkka;* capital *-pääoma;* difficulties *-vaikeudet);* △ first (letter *-kirjain;* minutes *-minuutit; (kirk)* congregation *-seurakunta);* △ *(kuv)* initiat|ive, -ory (steps *-askelet);* △ *(avaus-)* opening (words, speech *-sanat);* △ *(johdanto-)* introductory (remark *-huomautus)* **2** *(alkeis-)* primitive; *(varhais-)* early (spring *-kevät)* **3** *(alkuperäinen)* original (meaning *-merkitys); (ensisijainen)* primary (cause *-syy); (varhaisin)* earliest (home *-koti)* **-aik|a** beginning; *jnk -oina* in the early days of **-aine** element **-aste** initial stage; *vielä* ~*ella[an]* in its infancy (early stages).

alkuasuk||as native; *(alkuperäinen asukas)* aboriginal; *-kaat* aborigines, natives ~**kylä** native village.

alku||eläi|n protozo|on *(pl -a); -men (adj)* protozoan **-erä** *(urh)* qualifying heat; *(liik) maksaa* ~ make the first (down) payment **-filmi** program[me] picture, short **-ihminen** primitive man.

alkuisin; *olla* ~ *jstk* be derived from, derive its origin from; *olla* ~ *jltk ajalta* date from (back to).

alku||juoksu *(pl)* headwaters **-juur|i** *(kuv)* origin, source, root; *ruotsalaista -ta* of Swedish origin **-kantainen** primitive **-kesä** early [part of the] summer **-kiel|i** original [language] (of a work *teoksen* ~); *-ellä* in the original **-kielinen** original (text *teksti)* **-kirjai|n** initial [letter]; *-met* initials **-kohta** starting point **-kristillinen** early Christian (congregation *seurakunta)* **-lause** preface, foreword; *(johdanto)* introduction **-liite** *(kiel)* prefix **-lima** protoplasm **-lähde 1** *(joen)* springhead, fountainhead **2** *(kuv)* [original] source **-lämmitys** *(kuv)* warm up **-matka** first part (leg) of a journey **-näytös** *(kuv)* prelude, prologue (to *jhk)* **-os|a;** *hajottaa -iinsa* reduce .. to its elements **-palat** *(keitt)* hors d'oeuvre, appetizers.

alkuperä origin, rise, beginning (of *jnk); (lähde)* source; *(synty, alku)* origination; *(syntyperä)* birth; authorship (the disputed authorship of the play *näytelmän kiistelty* ~); ~*ltään* in (by) origin.

alkuperä‖- ..of origin (country *-maa;* certificate *-todistus*) **-inen 1** original (plan *suunnitelma*); aboriginal (population *väestö*); *-isen mukaisena* in accordance with the original; *-isenä* in [the] original **2** *(aito)* authentic (painting *maalaus*); genuine (text *teksti*).

alkuperäis‖esti originally; *(alkuaan m)* initially **-kappale** original [copy] **-kopio** *(elok)* master copy **-osa** *(tekn)* genuine part **-pakkau‖s; *-ksessa (m)* factory-packed **-yys** originality; *(aitous)* authenticity, genuineness.

alku‖puol‖i first part, beginning; *ensi viikon -ella (m)* early next week **-puolisko** first half; *1700-luvun ~lla* in (during) the first half of the 18th century **-pää** beginning; *[rivin] ~* head [of a line] **-sanat 1** initial (first) words; *(aloitussanat)* opening words **2** *(alkulause) (sg)* foreword, preface **-soinnullinen** alliterative (verse *runo*); *olla ~* alliterate **-sointu** alliteration **-soitto** prelude (to *jhk*), overture; *(virren ~)* intonation; *se oli vasta ~a* that was only beginning **-syksy** early autumn *(Am* fall); late summer **-sysäys; *antaa ~ jllk* give an impulse to **-tai‖val** first leg [of a journey]; *(kuv) kehityksen -palella* in (at) the first stage of development **-tekij‖ä** *(mat)* prime factor (number); *jakaa luku -öihinsä* divide a number into its prime factors; *(leik) hajota -öihinsä* go to pieces **-tuotanto** *(tal)* primary production **-tutkinto** preliminary [examination].

alkuun‖lähtö start **-panija** initiator, promoter; *(luoja)* originator; *(yllyttäjä)* instigator; *(kuv)* father, mother, parent (of) **-pääsy** getting started.

alku‖vaihe initial (early) phase **-valmistelu‖t** preparatory measures, preliminaries; *ryhtyä -ihin* make preparatory arrangements **-viik‖ko;** *-osta* at the beginning of the week **-voima** primitive strength **-voimainen** ..of primitive strength **-yö** early [part of the] night; *~stä (m)* before midnight.

all‖a *(-e)* **1** under (the bed *sängyn ~ (-e);* the sun *auringon ~*); *(kirj, kuv)* beneath; *(alapuolella)* below (the window *ikkunan ~ (-e)*); *(pinnan ~, takana)* underneath (a hard crust *kovan kuoren ~*), behind **2** *(-e, vähemmän kuin)* less than (ten per cent *10 prosenttia*) ▶ *jäädä* **auton** *-e* be run over by a car; *ei -e eikä* **päälle** neither less nor more; not a penny more not a penny less;

(kuv) olla **kiven** *~* be in short supply; *(liik)* *-e* **oman hinnan** below cost; **vaalien** *~* before the election; *vieraan* **vallan** *~* under foreign rule; *-e* **20-vuotiaat** persons (those) under (below) twenty; *hän on vähän -e* **60-vuotias** he is not quite sixty; *(ark)* he is pushing sixty.

alla‖mainittu ..mentioned below; *kuten ~* **tapaus osoittaa** as we shall see from the following case **-oleva** underlying; subjacent; *(alla esitetty)* ..given (stated) below **- päin** *(kuv)* downcast, depressed, in low spirits; *olla ~* be down.

allas 1 basin (harbour basin *satama-~*); pool (swimming pool *uima-~*); *(vesi~)* reservoir, tank **2** *(geol)* trough, basin.

alle ks. *alla.*

allegori‖a allegory **-nen** allegoric[al].

allekirjoit‖taa sign (a letter *kirje;* one's name to *nimellään jk*); subscribe (a document *asiakirja*); *-ettuna* duly signed [by a p.].

allekirjoittaja signatory (to a treaty *sopimuksen ~*); signer **~valtio** signatory; *~t* signatory powers.

allekirjoit‖tan‖ut the undersigned; signatory; *-een mielestä* in the view of this writer **-u‖s** signing; subscription; *(nimikirjoitus)* signature; *-ksen oikeaksi todistavat* signature witnessed by.

allekkain one below the other.

allergi‖a allergy **-alääkäri** allergist **-kko** allergic person **-nen** allergic (to *jllk*).

alleviivata underline; *(kuv)* emphasize.

alli *(el)* old squaw, long-tailed duck.

allianssi alliance.

alligaattori alligator.

allikko; *joutua ojasta ~on* go from bad to worse, fall out of the frying pan into the fire.

almanakka pocket calendar; almanac; *(pöytä~)* desk calendar, *(Br)* [engagment] diary.

almu *(pl)* alms; dole.

aloit‖e 1 initiative; *(ehdotus)* suggestion **2** *(parl)* motion, [private] bill (on *jssk;* for, to *jhk*) ▶ **omasta** *-teestaan* on one's own initiative, of one's own accord; **tehdä** *~* take the initiative (in *jssk*), initiate; *(parl) tehdä (jtk koskeva) ~* propose (submit) a motion, introduce a bill, move a resolution.

aloite‖kyky initiative, enterprise; *hänellä ei ole ~ä* he lacks initiative **-kykyinen** enterprising **-laatikko** suggestion box.

aloit‖ella take the first steps (toward a th.

jtk); *-televa kirjailija* novice (apprentice) writer.

aloit|taa 1 begin (with *jllak*); *(kirj)* commence (a journey *matka*); start (work *työ[t]*); start off (by saying *sanomalla*); enter upon (the second term of office *toinen virkakausi*); *(panna alulle)* initiate (a project *hanke*); open (business with *kaupankäynti jkn kanssa;* negotiations *neuvottelut*) **2** *(tenn ym)* *(syöttää)* serve; *(korttip)* lead ▶ ~ **liikeyritys** set up a business (shop); ~ **työt uudelleen** resume work.

aloitte||entekijä initiator; *(parl)* mover **-ikkuus** initiative, enterprising disposition **-lija** beginner; learner, novice **-lijamainen** novicelike; *(m)* amateurish.

aloitus 1 start, beginning, commencement **2** *(tenn)* service; serve; *(jääkiekossa)* face-off.

aloitus|- *(urh ym)* starting (line-up *-kokoonpano;* height *-korkeus).*

alok|as *(sot)* recruit; *(Am)* basic private; *(asevelvollinen)* conscript, draftee; *ottaa -kaita* recruit ~**koulutus** basic training.

alpakka *(el ja tekst)* alpaca.

alpi *(kasv)* loosestrife.

Alpit the Alps.

alppi||- alpine (glacier *-jäätikkö;* plant *-kasvi;* race *-rotu);* Alpine (scenery *-maisema)* **-aurinko[hoito]** ultraviolet sun lamp treatment **-aurinkolamppu** [ultraviolet] sun lamp **-hiihto** slalom; alpine skiing **-kauris** Alpine ibex **-kiipeilijä** alpinist, alpine climber **-kiipeily** alpinism, mountaineering **-lajit** *(yhdistetyt ~)* *(sg)* alpine combined **-maja** mountain cottage, chalet **-ruusu** rhododendron **-sauva** alpenstock **-torvi** alpenhorn **-tähti** *(kasv)* edelweiss.

alta 1 from under; *(alapuolelta)* from below (underneath); *(kuv)* from beneath **2** *(alitse)* under ~**päin** from underneath (beneath, below) ~**vastaaja** *(leik);* the accused.

alt|is 1 *(aulis)* willing, prompt (to do *tekemään*); *(taipuvainen)* disposed, inclined (to, for *jhk*) **2** *(vastaanottavainen)* susceptible (to influence *vaikutteille*); predisposed, liable (to catch a cold *vilustumaan*); *(herkkä)* sensitive **3** *(suojaton)* exposed, open (to the enemy's fire *vihollisen tulelle*) ▶ **antautua** *-tiiksi* expose o.s., subject o.s. (to *jllk*); run the risk (of); **joutua** *-tiiksi jllk* be[come]

exposed (subjected) to; **olla** *-tiina (jllk)* lie open to (criticism *kritiikille*); **panna** *-tiiksi* expose, subject (to *jllk*); *(vaarantaa)* endanger, risk; *(uhrata)* sacrifice; *panna henkensä -tiiksi* risk one's life; **vaaralle -tiina** exposed to danger, endangered.

altist||aa *(lääk)* predispose **-ua** become predisposed.

alttari altar; *(pyhimykselle yms omistettu ~)* shrine ~**kaappi** altar screen ~**liina** altar cloth ~**palvelus** altar service, *(m)* liturgy ~**taulu** altarpiece ~**vaate** altar cloth, frontal.

altti||isti willingly, readily; devotedly **-us 1** *(aulius)* willingness **2** *(taipumus)* inclination, liability (to *jllk*); *(herkkyys)* susceptibility **3** *(lääk)* predisposition.

altto *(mus)* alto ~**viulu** viola, tenor violin ~**ääni** alto.

alue 1 area; territory (British territory *brittiläinen ~*); *(piiri)* district; *(seutu)* region; *(maa-~)* ground[s] (factory grounds *tehtaan ~*); *kaupungin ~ella* within the city [limits] **2** *(kuv)* ground, area; range *(m asteikon osa);* realm (of physics *fysiikan ~*); sphere (of interest *kiinnostuksen ~*) **3** *(mat)* open connected set.

alue||- regional (administration *-hallinto;* organization *-järjestö; (rad)* program[me] *-ohjelma*); △ territorial (division *-jako;* claim *-vaatimus;* waters *-vedet);* △ *(piiri-)* district (hospital *-sairaala);* △ *(paikallinen)* local (centre *-keskus)* **-ellinen** regional, territorial; areal **-liitos** incorporation; *(pol)* annexation **-luovutus** cession of territory **-rakentaminen** project development, new town (regional) building **-valtaus** territorial conquest; *(kuv)* uusi ~ new area (field) **-vesiraja** limit of territorial waters.

alullepano initiation; initiating, starting *(vrt alkuunpano).*

alumiini aluminium, *(Am)* aluminum ~**nen,** ~**pitoinen** aluminous.

aluna alum ~**liuos** alum bath.

alunen bed[ding]; *(alus|laatta, -liina)* mat; *(lasin ~)* coaster.

alun|perin, -pitäen originally *(ks alku J).*

alu|s 1 *(mer, ilm)* vessel, *(sg ja pl)* craft; *(laiva)* ship; *-kseen, -ksessa* aboard, on board; *nousta -kseen* go aboard, board a vessel.

alus||astia *(lääk)* bedpan **-asu** underclothing, underwear **-hame**

underskirt; slip **-hirsi** sill, groundsel, tie, sleeper **-housu|t 1** *(miesten ~)* [under]pants *((Br)* in one's pants *-sillaan),* drawers; *(lyhyet ~)* briefs, *(erik Am)* shorts **2** *(naisten ~)* pants, panties; briefs **-kasvillisuus** ground cover (flora); undervegetation; *(alakasvos)* undergrowth **-laatta** *(tekn)* base plate **-lakana** bottom sheet **-maa** possession, dependency **-paita** undershirt, *(Br m)* vest.

alusta 1 a) *(perustus)* base, foundation; **b)** *(pehmeä ~)* cushion, pad; **c)** *(geol)* underlying rock **2** *(tekn)* bed; *(rak)* bedding; *(koneen ~)* fram|e, -ing; *(auton ~)* chassis; *(teline)* mount; stand; *(liikkuva ~)* carriage **3** *(alunen)* mat; *(lasin ~)* coaster **4** *(alapinta)* underside.

alusta||a 1 *(kuv)* lay the ground[work]; ~ *keskustelukysymys* introduce a subject for discussion **2** *(keitt)* knead, work (the dough *taikina)* **-ja** *(keskustelun ~)* opening speaker, introducer **-lai|nen** tenant; *-set (m)* tenantry.

alust||ava preliminary (estimate *arvio); (valmistava)* preparatory (work *työ); (alku-)* initial (inquiry *tiedustelu);* tentative (suggestion *ehdotus);* ~*t keskustelut (m)* preliminaries; ~ *työ (m) (pl)* [general] preparations; *(ikävä esityö)* spadework **-us** *(-ava esitys)* outline; introduction.

alus||vaat|e undergarment; *-teet (sg)* underwear, underclothing **-voide** *(kosmet)* base, foundation [cream].

alvejuuri *(kasv)* shield fern.
amanuenssi *(läh v)* assistant.
amatsoni amazon.
amatööri amateur; *(erik urh)* non-professional; *(halv)* dilettante ~**mäinen** amateurish ~**urheilija** amateur [athlete], non-professional.
ambulanssi ambulance.
ameba *(el)* am[o]eba *(pl ~s, ~e)* ~**mainen** am[o]ebic.
amerikan||englanti *(kiel)* American English **-rauta** *(ark)* jalopy; gas-guzzler **-salaatti** iceberg (crisp head) lettuce.
Amerik|ka America; *-an (us) (adj)* American.
amerikkalai||nen *a ja s* American **-sittain** in American fashion; *puhua* ~ speak with (have) an American accent **-staa** Americanize **-stua** be[come] Americanized **-suus** Americanism; *sen* ~ *(m)* its being American.

ametisti amethyst; ~*n (adj)* amethystine.
amfetamiini amphetamine.
amfibi||-, **-nen** amphibian, amphibious **-o** amphibian.
amfiteatteri amphitheatre.
amiraali admiral ~**narvo** admiralty, admiralship ~**nlaiva** flagship.
ammat||eittain by occupation **-illi|nen** occupational, professional (qualifications *pätevyys);* vocational (opportunities *-set mahdollisuudet)* **-illisesti;** ~ *järjestäytynyt* unionized, organized (labour *työväestö).*
ammatin||harjoittaja person practising a profession; person carrying on a trade; *(vapaan ammatin harjoittaja)* professional [man]; *itsenäinen* ~ self-employed person; *(jnk)* ~*t (m)* the trade **-valinnanohjaaja** vocational [guidance] counsellor, vocational adviser; *(Br m)* careers' advisor (officer) **-valinnanohjaus** vocational guidance; *(Br m)* career information.
ammat|ti 1 *(henkisen työn ~)* profession; *(toimi)* occupation; *(käytännön ~)* trade; *(käsityö~)* craft **2** *(elämänura)* vocation; *(työ, toimi)* business, work, calling; *(ala)* line [of profession (work)] ▶ **ammatiltaan** *konekirjoittaja* typist by occupation; *-iltaan opettaja* teacher by profession; *-iltaan rakennustyöläinen* builder by trade; **harjoittaa** ~*a* carry on (follow) a trade (a profession), ply a trade.
ammatti||ala line, line of business (trade, work); trade; industry **-asi|at** *(sg)* shop; *puhua -oista* talk shop **-autoilija** professional driver **-diplomaatti** career diplomat **-entarkastaja** labo[u]r *(Br m factory)* inspector **-hakemisto** *(puh)* directory of trades and professions **-henkilö** specialist **-julkaisu** trade journal; technical journal **-järjestö** trade (professional) organization **-kasvatus** occupational (professional, vocational) training **-kateus** trade rivalry **-kieli** *(-slangi)* jargon **-kirjallisuus** technical (professional) literature **-kokemus** professional experience **-koulu** vocational (trade, technical) school **-koulutus** professional (vocational) training **-kunta** [the] trade, craft; profession (medical profession *lääkärien ~); (hist)* guild **-kurssi[t]** *(sg)* vocational training course.
ammattilai||nen *(urh)* professional **-suus** professionalism.
ammatti||liik|e; *saatavana alan -keistä* available from specialist shops **-liitto**

[national] trade union; federation of trade unions; ~*jen keskusjärjestö (Brit)* Trades Union Congress (T.U.C.).

ammattimai‖**nen** professional; *(liik)* commercial; ~ *valmistus* manufacture on a commercial scale **-sesti** professionally; as a trade.

ammatti‖**mies** *(käsityöläinen)* craftsman; skilled worker; *(erikoistuntija)* expert, specialist (in, at, on *jnk* ~) **-muusikko** professional musician **-nyrkkeilijä** prizefighter, professional boxer **-opetus** professional (vocational) training **-oppilaitos** *(m)* technical college **-osasto** branch [of a trade union], *(Am)* local; local trade union **-pätevyys** professional competence, *(pl)* [professional] qualifications (for *jhk*) **-ryhmä** occupational group **-salaisuus** trade (business) secret **-sanasto** [technical] terminology **-sotilas** professional soldier.

ammattitai‖**doton** unskilled **-to** [professional] skill; craftsmanship; expert (technical) knowledge **-toinen** skilled (labo[u]r *työvoima); (koulutettu)* trained **-toisesti** *(m)* in a [good] workmanlike manner.

ammatti‖**tauti** occupational disease **-toveri** colleague **-työ** [occupational] work; skilled work **-työläinen** skilled worker **-urheilija** professional.

ammattiyhdistys *(Brit)* trade *(Am* labor) union ~**johtaja** trade union leader ~**liike** trade *(Am* labor) union movement, [trade] unionism ~**mies** trade unionist ~**virkailija** union official.

amme 1 vat; tub; *(värjäys~)* coop **2** *(kylpy~)* [bath]tub, bath; *kylpeä* ~*essa* take a bath ~**nnin** scoop; ladle ~**ntaa 1** lade (water out of a tub *vettä saavista);* scoop; ladle; bail, bale **2** *(~ jstk)* draw .. from *(m kuv)* ▸ ~ **tietoja** gather information (from *jstk);* ~ **vene tyhjäksi** bail a boat; ~ **voimia** draw (gather) strength.

ammoi‖**n** long ago **-nen** very ancient; *-sista ajoista asti* from time immemorial, from very ancient times.

ammoll‖**aan;** *suu* ~ agape, gaping; *hänen suunsa jäi* ~*een (m)* he stayed there agape; *töllistellä jtk suu* ~ gape at.

ammoniakki ammonia ~**liuos** ammoniac solution ~**vesi** ammonia water, [spirit of] hartshorn.

ammotta‖**a** gape, be wide open; *(kuilusta)*

yawn **-va** gaping (wound *haava);* ~ *aukko tiedoissa* enormous gap in one's knowledge.

ammua moo, low.

ammunta shooting; *(tulitus)* fire.

ammu‖**s** projectile; shot; *-kset (sg)* [am]munition ~**tehdas** munition factory (plant) ~**vyö** bandoleer, bandolier, cartridge belt.

amnestia amnesty.

Amor Cupid; ~*in nuoli* Cupid's arrow **a**~**iini** cupid, amoretto **a**~**inkaari** Cupid's bow.

ampaista shoot (ahead *kärkeen);* ~ *juoksuun* dash off; ~ *pystyyn* jump up.

ampeeri ampere ~**mittari** ammeter.

ampiai‖**nen** wasp; *kiukkuinen kuin* ~ mad as a hornet **-spesä** wasps' nest **-syvötäröinen** waspwaisted **-syrtti** dragonhead.

amppeli hanging flower pot.

ampu‖**a 1** shoot (at *jtk;* a bullet *luoti;* with a gun *kiväärillä, tykillä); (laukaista, tulittaa)* fire (a shot *laukaus);* discharge (an arrow *nuoli)* **2** *(tappaa ampumalla)* shoot, kill **3** *(räjäyttää)* blast **4** *(lähettää)* launch (a rocket *raketti)* **5** *(urh)* shoot, score (a goal *maali)* ▸ ~ **alas** shoot down; kill (an enemy aircraft *viholliskone);* **alkaa** ~ *(m)* open fire; *kuin ammuttu[na]* like a shot; ~ **kuoliaaksi** shoot .. dead, *(ark)* gun down; **laukaustakaan** *-matta* without a shot; ~ **tarkasti** shoot straight; *(kuv)* ~ **yli** *[maalin]* overshoot the mark, overshoot o.s.

ampu‖**haukka** *(el)* merlin **-ja** shooter, shot; *(pyssymies)* gun[ner]; *hyvä* ~ marksman.

ampulli amp[o]ule.

ampuma‖**-ase** gun; ~*et* firearms **--asento** firing position **-etäisyys** range **-haava** bullet wound **-harjoitus** shooting (rifle) practice **-hiihto** *(urh)* biathlon **-linja** line of fire **-matka** range; ~*n päässä* within range (gunshot) **-rata 1** shooting range; rifle range **2** *(ark) (iskupaikka)* pick-up joint **-taito** marksmanship **-tarvikkeet** *(sg)* [am]munition **-taulu** target; butt **-urheilu** shooting.

amputoi‖**da** amputate **-nti** amputation.

amuletti amulet.

anaboliset steroidit anabolic steroids.

analogi‖**a** analogy **-apäätelmä** argument (reasoning) by analogy **-nen** analogical; analogous (to *jnk kanssa).*

analy‖**soida** analyse **-ysi** analys‖is *(pl -es)*

-ytikko analyst **-yttinen** analytic[al]; ~ *geometria* analytic geometry.

ananas pineapple.

anarki‖a anarchy **-smi** anarchism **-sti** anarchist; *-sti|-* anarchic[al] (bands *-joukot*) **-stinen** anarchistic.

anast‖aa *(ottaa luvatta)* seize, lay hold of, take possession of; *(siepata)* grab (the money *rahat*); *(ottaa oikeudetta haltuunsa)* take .. unlawfully, appropriate [to o.s.]; *(ryöstää)* dispossess (a p. of *jklta jtk*); *(riistää itselleen)* usurp (power *valta*); arrogate [to o.s.] (the right of (to do) *oikeus jhk*); *(ottaa väkisin)* force the knife from *veitsi jklta* **-aja** usurper; appropriator **-us** *(ottaminen)* appropriation, seizure; *(riistäminen)* usurpation.

anatomi anatomist ~**a** anatomy ~**asali** dissecting room ~**nen** anatomic[al].

Andi‖t the Andes [Mountains]; *-en* Andean.

ane *(kirk hist)* indulgence.

aneeminen an[a]emic *(adv* ~**ally**).

anekaupp‖a sale of indulgences **-ias** pardoner.

anemia an[a]emia.

angervo 1 *(erik mesi~)* meadowsweet; *(siko~)* dropwort 2 *(pensas~)* spiraea.

angiina angina, tonsillitis ~**myrkytys** postanginal sepsis.

anglikaani, ~**nen** Anglican (Church *kirkko*).

anglit *(hist)* the Angles.

anglosaksi[nen] Anglo-Saxon.

Angola Angola **a~lainen** I *a* Angolan II *s* Angolese *(pl* ~).

angora‖kissa Angora [cat] **-lanka, -villa** angora, Angora [wool].

ani; ~ *harva (pl)* very (extremely) few; ~ *harvoin* extremely seldom, very rarely; ~ *varhain[en]* very early.

aniliiniväri aniline dye.

animaatioelokuva animation; *(piirroselokuva)* animated cartoon.

anis 1 *(kasv)* anise 2 *(mauste)* aniseed ~**karamelli** aniseed ball ~**likööri** anisette.

anjovis 1 *(el)* anchovy 2 *(säilyke) (m)* tinned sprat[s], brisling anchovy style.

ankanpoika[nen] duckling; *ruma* ~ [the] Ugly Duckling.

ankara 1 *(luja, tinkimätön)* severe (teacher *opettaja*); stern (father *isä*); strict, stringent (order *määräys*), rigid, rigorous (discipline *kuri*); harsh (punishment *rangaistus*) 2 *(kova)* hard (winter *talvi*);

(pureva) sharp (wind *tuuli*), bitter (cold *pakkanen*); *(tuima)* vehement, violent (storm *myrsky*); strong (wind *tuuli*); *(äkillinen)* acute (pain *tuska*); *(raskas, kova)* heavy (blow *isku;* thunderstorm *ukonilma*); *(kiivas)* hot (struggle *kamppailu*); keen (competition *kilpailu*), intense (heat *kuumuus*) ▶ ~**sti kielletty** strictly forbidden; **olla** ~ *jklle* be severe with; **pitää** *jkta* ~*ssa* **kurissa** keep a p. on a tight rein; ~*t* **toimenpiteet** *(m)* rigours.

ankaruus severity, strictness; *(tylyys)* austerity; *(ilmaston, elämän ym* ~) rigour.

ankea *(synkkä)* gloomy, dark (picture *kuva*); dismal, dreary (weather *sää*); *(masentava)* depressing, sombre; *(iloton)* cheerless; ~*t ajat* grim times.

anker‖ias eel **-oinen** eelworm.

ankka 1 *(el ja keitt)* duck; *(koiras~)* drake 2 *(san)* hoax, canard, false report.

ankkuri 1 *(mer, kuv)* anchor 2 *(henk)* **a)** *(urh)* anchor[man]; **b)** *(uutis~)* anchor man ▶ **heittää** ~ cast anchor; *(urh)* **juosta** ~*na* anchor (the team *joukkueessa*); **laskea** ~ drop (let go) anchor; **nostaa** ~ weigh anchor; **olla** ~*ssa* be (lie, ride) at anchor.

ankkuri‖kela capstan, windlass **-kello** lever watch **-kettinki** anchor chain (cable) **-köysi** anchor line.

ankkurin‖- anchor (stock *-tukki*) **-kynsi** anchor bill, fluke.

ankkuri‖osuus *(urh)* anchor lap, last leg **-paikka** anchorage, moorage; *(reti)* roadstead **-pohja** *(mer)* anchorage, anchorhold.

ankkuroi‖da 1 *(mer)* anchor, moor (a ship *laiva*); *(asettua ankkuriin)* come to anchor 2 *(kiinnittää lujasti; m kuv)* fix, fasten 3 *(tekn)* tie **-nti** mooring, anchorage; ~ *kielletty* no anchorage.

annansilmä *(kasv)* Christmas begonia.

anniske‖lla serve, dispense (alcoholic beverages *väkijuomia*) **-lu** serving of alcoholic beverages on the premises; ~*un oikeutettu* licenced **-luoikeudet** *(sg)* licence [to sell alcoholic beverages] **-lupaikka** *(pl)* licensed premises.

anno‖s 1 portion; *(määrä~)* allowance (daily allowance *päivittäinen* ~); *(ruoka-~)* serving, *(ark)* helping 2 *(sot ja kuv)* ration (the iron ration *rautais~*) 3 *(lääk, kuv)* dose 4 *(kuv)* share (fair share of *kohtuullinen* ~ *jtk*); lot; *(määrä)* amount ▶ **aimo** ~ *röyhkeyttä* a good deal (quite a lot) of impudence; **kaksi** ~*ta* **kahvia** coffee for two, two coffees; **liiallinen** ~ overdose; **tietty** ~ *jtk (kuv)* a certain amount of, an element of.

annos‖tella portion out, ration [out] (food *ruokaa*); apportion (one's time *aikaansa*) **-tus** dosage.

anoa beg (forgiveness *anteeksiantoa*); ask (a p. for help *jklta apua*); request (the help of (help from) *apua jklta*); *(rukoilla)* entreat (a p. for *jklta jtk*) **2** *(virallisesti pyytää)* apply for (a postponement *lykkäystä*); petition (for a pardon *armahdusta*); *(lak)* make suit.

anodi anode, plate; *anodi-* anodic, anodal.

ano‖ja applicant; *(anomuksentekijä)* petitioner **-mus 1** *(pyyntö)* request; *(lak)* suit **2** *(hakemus)* application (for *jnk saamiseksi*); *(lak)* petition ▶ **anomuksesta** on application; *jkn -muksesta* at (on) a p.'s request; **jättää** ~ file a petition; hand in an application; **puoltaa** ~ta support an application.

anomus‖kirjelmä petition, [written] application **-lomake** application form.

anonyymi anonymous.

anop‖inkieli *(kasv)* sansevieria, snake plant, mother-in-law's tongue **-pi** mother-in-law *(pl* mothers-in-law).

anorakki anorak, *(Am)* parka.

anova pleading (glance *katse*), entreating.

ansa 1 *(loukku)* trap; *(paula)* snare; *(sadin)* gin **2** *(kuv)* trap, snare **3** *(sot)* ambush ▶ **joutua** ~an *(kuv)* fall into a trap; *(m)* be caught; **mennä** ~an *(kuv)* take the bait; **saada** ~an trap.

ansaintatulo *(tal)* earned income.

ansai‖ta 1 earn; gain (one's living *elatuksensa*); *(rikastua)* make money (by, on *jllak*); profit (by (from) a transaction *liiketoimella*), make a profit (on, by *jllak*) **2** *(kuv)* deserve (a beating *selkäsauna*; full recognition *täysi tunnustus*), merit, be worthy of (praise *kiitos*); *(kannattaa)* be worth (mentioning *tulla mainituksi*) ▶ **ansaitsematta[an]** undeservedly, without deserving it; **ei** *-tse!* don't mention it! you're welcome; *(Am)* [oh], not at all! ~ **hyvin** earn (do) well; ~ **omaisuus** make a fortune; ~ **rahaa** earn *(ark)* make money.

ansait‖sematon unearned; unmerited **-tu** *(hyvin* ~*)* well-earned, well-deserved; *vaivalla* ~ hard-earned (money *raha*).

ansari conservatory; orangery, hothouse ~**kasvi** hothouse plant.

ansas *(rak)* truss.

ansio 1 *(~tulo); (tav* ~*t)* earnings, *(sg)* [earned] income; *(voitto)* gain[s], profit **2** *(saavutus) (tav pl)* desert[s], merit[s]; *(kunnia)* credit; *(virka-~)* qualification ▶ **hänen ansiostaan** due to him, thanks to him; **lukea** *jk jkn* ~*ksi* give a p. the credit for; ~**nsa mukaan** according to one's deserts (merits); **oli** *Johnin* ~*ta että* John deserves the credit for; **pitää** *jtk* **omana** ~*naan* take (claim) credit for.

ansio‖itua earn credit (for *jssk*); *(kunnostautua)* distinguish o.s. **-itunut** distinguished (work of scholarship *tutkimus*); deserving; *[erittäin]* ~ **mies** man of [great] merit, [highly] distinguished man **-kas** meritorious, creditable (performance *esitys*), praiseworthy; *-kkaalla tavalla (m)* with distinction, meritoriously; ~ **työ** *(m)* a work of merit **-kkuus** merit, distinction.

ansio‖luettelo list of qualifications, personal record, curriculum vitae *(lyh* c.v.) **-lähde** source of income **-mahdollisuu‖s** *(-det)* means of earning a livelihood **-merkki, -mitali** medal; *(sot ym)* service medal, badge.

ansion‖menetys loss of earnings **-mukainen** deserved, just.

ansio‖tarkoitu‖s; *-ksessa* for gain **-taso** income level **-ton** *(vailla ansioita)* ..without merit, undeserving; *(ansaitsematon)* undeserved, unmerited *(tal)* ~ **arvonnousu** unearned increment **-ttomasti** undeservedly **-tulo** *(m* ~*t)* earned income; *muu kuin* ~ unearned income **-työ** gainful employment, work for wages; ~*ssä* gainfully employed **-äiti** working mother.

anta‖a 1 *(yl)* give (a p. money *jklle rahaa;* instructions *ohjeita*) **2** *(ojentaa)* hand; pass (the sugar *sokeriastia*); *(jättää)* deliver (a message *viesti*) **3** *(lahjoittaa)* present (a p. with *jklle jtk*), bestow (a th. on a p. *jk jklle*) **4** *(suoda)* grant (a loan *laina;* permission *lupa*); award (a prize *palkinto*) **5** *(~ asiakirja, laki, šekki ym)* issue; *(jättää)* submit (a report *raportti*), hand in **6** *(~ käyttöön, tarjota)* provide, supply (a p. with the necessary materials *jklle tarvittavat raaka-aineet*); afford (shelter *suojaa*); render (help *apua*); impart (colo[u]r to *väriä jllk*); yield (a bountiful crop *runsas sato*) **7** *(sallia)* let (the baby cry *lapsen itkeä*); allow (a p. to help *jkn auttaa*) **8** *(olla)* face (on, [in]to *jnnk päin;* [to the] north *pohjoiseen*) ▶ ~ **edelleen**

pass .. on, hand .. over; ~ *(anna)* **kuulua** *(tulla)!* go ahead! let's hear it; ~ *(anna)* **mennä!** go on! let go! ~ *(anna)* **olla** *(samantekevää)* let it be; it doesn't matter; *annahan olla* let's see! wait! *anna minun olla!* leave me alone! ~ **tehdä** *(korjata jne)* = *teettää (korjauttaa jne);* ~ *[paljon]* **tekemistä** *jklle* cause a p. [a lot of] work (trouble); ~ *jkn* **ymmärtää** give a p. to understand.

antaja giver; *(lahjoittaja)* donor.

antarkti||nen antarctic A-s the Antarctic.

antaumu||ksellinen devoted, dedicated -s devotion, dedication.

antautu|a 1 *(erik sot)* surrender, capitulate; *(kaupungista ym)* yield [o.s.]; yield o.s. (prisoner *vangiksi*); give o.s. up (to the enemy *viholliselle*) **2** *(paneutua)* devote o.s. (to *jhk; (syventyä)* apply o.s. (one's mind) (to studies *opiskeluun*) **3** *(ryhtyä)* enter (a profession *jllk alalle*); go into (business *liikealalle*); enter upon (a career *jllk uralle*); take up, go in for (reading *lukemaan*); enter into (conversation *puheisiin;* with *jkn kanssa*) **4** *(jättäytyä jnk valtaan)* yield o.s., indulge (in daydreams *unelmilleen*); give way, abandon o.s. (to sorrow *surulleen*) ▶ ~ **ehdoitta** surrender unconditionally; ~ *jklle (seksuaalisesti)* give o.s. to.

antautumi||nen *(erik sot)* surrender, capitulation; *(paneutuminen)* devotion (to *jhk*); ~ *jllk alalle t. uralle* taking up [of] a line, entering a profession (a field); *vaaraan* ~ exposure to danger **-sehdot** terms of surrender **-ssopimus** capitulation treaty.

anteeksi; ▶ **A** ~ *(olen pahoillani)* [I am] sorry! ~ *[en kuullut]!* [I beg your] pardon? *(Am)* excuse me; *[suokaa]* ~! ~ *[että häiritsen]* [please] excuse me! pardon me! ~ **että** *olen myöhässä* excuse my (me for) being late; ~ **mitä sanoitte?** I beg your pardon? What did you say please? ~ **[mutta]** *tämä paikka on varattu* excuse me but this seat is reserved; ▶ **B** *(vb kanssa)* **anna** ~ forgive me; **antaa** ~ forgive, excuse (a p. for *jklle jtk*); pardon (a crime *rikos*); **pyytäen** ~ with apologies, apologetically; **pyytää** ~ apologize, make an apology, make one's excuses (to *jklta,* for *jtk*); **saada** ~ be pardoned (forgiven); **suoda** ~ excuse, forgive.

anteeksi||annettava pardonable, forgivable (mistake *erehdys*); *(puolustettavissa oleva)*

excusable **-antamaton** unforgivable, unpardonable (error *erehdys*); inexcusable, indefensible (conduct *käytös*) **-antamus** forgiveness (of sins *syntien* ~) **- antava** forgiving (God *Jumala*); *(lempeä)* indulgent **-pyyntö** excuse, apology; ~**nä** by way of apology **-pyytävä** apologetic[al].

anteli||aasti generously; *jaella* ~ *rahaa* be liberal with money **-aisuus** generosity, liberality; openhandedness **-as** generous (nature *luonto*); bounteous, bountiful; *(henk)* open-handed; *(kitsastelematon)* liberal.

antenni *(rad)* aerial, *(erik Am)* antenna (*pl* ~e, ~s).

anti 1 *(raam ym)* offering; gift **2** *(liik)* issue; *([osake]*~*)* emission **3** *(kuv)* contribution.

anti|- anti|- (-histamine *-histamiini;* -militarism *-militarismi;* -hero *-sankari;* - -Semitism *-semitismi).*

antibiootti, ~**ttinen** antibiotic *(adv* ~ally).

antiik|ki 1 [classical] antiquity, classical period; *-in kansat* the ancient peoples; *-in kielet* the classical languages **2** *(~tyyli)* [the] antique [style]; *aitoa* ~*a* genuine antique ~**esine** antique, curio; ~**et** curiosities, antiquities ~**kauppa** antique shop (dealer's) ~**nen 1** antique, classical; ancient **2** *(vanhanaikainen)* old-fashioned **3** *(halv)* antiquated, antediluvian (opinion *mielipide).*

antikristus Antichrist.

antikva||arinen antiquarian **-riaat|ti** second-hand bookshop; *ostaa kirja -ista* buy a book second-hand.

antiloop|pi antelope; *-in* antilopian.

antimet *(sg)* yield (of the forest *metsän* ~); gifts (Fortune's gifts *onnen* ~); *maan* ~ products of the soil; *pöydän* ~ what the table has to offer.

anti||paattinen antipathetic[al] **-patia** antipathy **-podi** *(kuv)* ~**t** opposite poles, the antipodes **-septinen** antiseptic *(adv* ~ally), ~ *aine* antiseptic.

anto||isa productive (time *aika*); rewarding (task *tehtävä*) **-isuus** productiveness **-lainaus** *(~toiminta)* loan (lending) business **-lainauskorko** lending rate, interest on loans.

antologia anthology.

antopäivä *(liik ym)* date of issue.

antrasiitti anthracite.

antropologi anthropologist ~**a** anthropology ~**nen** anthropologic[al].

antura sole.
anturi *(tekn)* bulb, sensitive element.
Antwerpen Antwerp.
aortta *(anat)* aortta *(pl ~s, ~e); aortta|-* aortic.
apaattinen apathetic *(adv ~ally).*
apaja *(kal ja kuv)* haul, draught, *(Am)* draft; catch; *(nuotanvetopaikka)* fishing ground; *saada hyvä ~* get a good haul (catch).
aparaatti *(ark);* contraption, device, gadget.
apartemento[hotelli] apartment [hotel].
apatia apathy.
apea *(alakuloinen)* dispirited, dejected, depressed; *(masentunut)* discouraged, downhearted; *~lla mielellä* in low spirits.
Apenniini|t *(maant)* the Apennines; *-en* Apennine.
apeus low spirits, dejectedness; depression.
apila clover, trefoil *~nlehtiristeys (tierak)* cloverleaf junction (interchange).
apina *(el, kuv)* monkey; *(hännätön ~)* ape; *(ark kuv)* copycat *~ihminen* apeman *~mainen* monkeyish, apish *~nleipäpuu (kasv)* baobab.
apinoida ape, imitate.
aplodi applause; *myrskyisät ~t (sg)* tremendous applause, storm of clapping.
apokryfinen apocryphal.
apolloninen Apollon|ian, -ic.
apostoli apostle; *A~en teot* Acts [of the Apostles] *~nen* apostolic[al]; *~ uskontunnustus* Apostles' Creed *~nkyy|ti; kulkea -dillä* go by Shank's pony (mare).
apostrofi apostrophe.
apot|ti abbot; *-in* abbatial; *-in arvo t. virka* abbacy, abbotcy *~luostari* abbey.
Appalakit the Appalachians, the Appalachian Mountains.
appelsiini orange *~marmeladi* [orange] marmalade *~nkuori* orange peel.
appi father-in-law *(pl* fathers-in-law) *~vanhemmat* parents-in-law.
apposen; *~ auki* wide open.
appositio *(kiel)* apposition; appositive; *appositio-* appositive.
approbatur **1** *(koul) (läh v)* pass[ed] **2** *(yliop)* hän suoritti *~in saksassa (läh v)* he took his first year examination in German *~kurssi (läh v)* first year university syllabus.
aprikoida meditate, ponder ([on (over)] a th. *jtk),* think (about *jtk).*
aprikoosi apricot.
aprill|ata; *~ jkta* make an April fool of *-i;*

~a! ~a! April fool! *-ipäivä* April Fools' Day, All Fools' Day.
apteekkari *(Br)* chemist; *(Am)* druggist; dispens|er, -ing chemist.
apteekki *(Br)* chemist's [shop]; *(Am)* drugstore; pharmacy; dispensary *~oppilas* chemist's apprentice *~tavara (pl)* chemist's articles; [medical] drug *~tölkki* apothecary jar *~vaaka (pl)* dispensing scales.
apu 1 help; *(auttaminen, avustus)* aid (economic aid *taloudellinen ~),* assistance; *(kirj)* succo[u]r **2** *(auttaja)* help[er]; hand **3** *(helpotus)* relief; *(hyöty)* use, avail; *(parannus)* remedy (for *jhk);* *(pelastus)* rescue; *(palvelus)* service; *(tuki)* support ▶ **antaa** *jklle ~a* lend (give) a p. a hand, give a p. assistance; *(esineen tms)* **avulla** by means of, by [the] help of, by; *(henk) jkn avulla* with the help (assistance) of; *minun avullani (m)* through me; *juridinen ~* legal advice; **olla** *~na* assist (at *jssk);* **siitä** *on ~a* that's a [great] help, it helps; *siitä ei ole mitään ~a* it is of no use (avail); *siitä ei ollut suurtakaan ~a* it wasn't much help.
apu|| - auxiliary (language *-kieli;* engine *-moottori);* △ assistant (teacher *-opettaja)* **-hoitaja** [nurse's] aide, nursing assistant **-joukot** *(sot)* auxiliary troops, auxiliaries; *(täydennysjoukot)* reinforcements **-jäsen** associate; auxiliary member **-keino** expedient, means *(pl ~);* aid (aids of science *tieteen ~t);* *(parannus)* remedy **-koneisto** *(tekn)* doctor **-koulu** special school, school for retarded children.
apulainen 1 help[er], aid, helpmate; *(avustaja)* assistant **2** *(koti~)* maid, domestic; *(Br)* daily *(Am* domestic) help.
apulais|| - assistant (professor *-professori);* deputy (mayor, town manager *-kaupunginjohtaja;* secretary-general *-pääsihteeri)* **-johtaja** assistant manager **-pappi** curate.
apu||laite *(tekn)* booster **-lanta** [chemical] fertilizer **-lähde 1** resource **2** *(lähdeteos)* source[book]; *(hakuteos)* reference book **-mies** hand, handyman; *(avustaja)* assistant **-moottori** *(mer)* donkey engine **-neuvo** *(-väline)* vehicle, medium; *(-keino)* aid, means *(pl ~);* *~t (m)* facilities **-raha** *(tutkimus~)* grant, award; *(stipendi)* scholarship; *anoa ~a* apply for a grant; *tukea ~lla* subsidize.
apu||ri *(erik halv)* henchman; *(apulainen)*

helper, hand; *(luotettava ~)* stand-by **-sana** *(kiel)* particle **-verbi** *(kiel)* auxiliary [verb] **-viiva** *(mus)* ledger line **-väline** instrument, medium, vehicle.

arabi Arab[ian]; *arabi|-* Arab (League *-liitto;* World *-maailma)* **A~a** Arabia **~alai|nen** *a ja s* Arab[ian]; *-set numerot* Arabic numerals (figures) **~an kieli** Arabic **A~emiirikuntien liitto** *(maant)* the United Arab Emirates **~kumi** gum arabic.

aramea *(kieli)* Aramaic, Aram[a]ean.

arast||elematon ..not shy; forward, bold (behavio[u]r *käytös),* unshrinking **-ella** be shy (afraid) of (doing *tehdä jtk);* *voit sanoa sen -elematta* you can say it without the least fear.

aravalaina *(läh v)* low interest (state-subsidized) housing loan.

arbuusi watermelon.

areena arena.

arenti *(hist)* tenancy, leasehold **~tila** leasehold.

aresti arrest; confinement; detention; *panna ~in* lock up, put .. under arrest **~rangaistus** *(sot)* confinement [to barracks].

Argentiina Argentina, the Argentine **a~lainen** *a ja s* Argentine[an], Argentinian.

arina [fire] grate.

arist||aa 1 *(tuntua aralta)* be (feel) tender (sore); *haava[a] ~* the wound hurts [me] **2** *(aristella)* nurse, favo[u]r (one's foot *jalkaansa)* **-ella 1** = *aristaa 2* **2** = *arastella.*

aristokr||aatti aristocrat **-aattinen** aristocratic[al] **-atia** aristocracy.

Aristoteles Aristotle.

aritme||ettinen arithmetic[al] **-tiikka** arithmetic.

arjalainen *a ja s* Aryan.

ar||ka 1 *(ujo)* shy; *(pelokas)* cowardly, faint-hearted (man *mies)* **2** *(säikkyvä)* timid (as a hare *kuin jänis);* skittish (horse *hevonen)* **3** sensitive (of, about *jstk;* to *jllk)* **4** *(aristava, herkkä)* tender (feet *-at jalat;* spot *kohta);* sore (eyes *-at silmät)* **5** *(arkaluonteinen)* tender, delicate (question *kysymys);* touchy (subject *aihe)* ▶ *olla ~ ruostumaan (syttymään)* rust (catch fire) easily; *~ vilustumiselle* liable to catch cold.

arkail||ematon unshrinking, bold (behavio[u]r *käytös);* *(peloton)* undaunted **-ematta** *(kursailematta)* with perfect ease, unconcernedly **-la** *(ujostella)* be shy (of

jtk; with *jkta); (epäröidä)* hesitate; *(pelätä)* be afraid (of people *ihmisiä); älä -e sanoa totuutta* don't shrink from telling the truth.

arkais||mi *(kiel)* archaism **-tinen** archaistic.

arka||luonteinen delicate (task *tehtävä);* tender, ticklish (question *kysymys)* **-luonteisuus** delicacy; delicate nature (of *jnk)* **-luontoinen** *(henk)* shy; *(pelokas)* timid; *(herkkä)* sensitive **-tunteinen** *(herkkä)* sensible, thin-skinned **-tuntoinen** *(erik omantunnonarka)* conscientious, scrupulous.

arkeologi arch[a]eologist **~a** arch[a]eology **~nen** arch[a]eologic[al].

ar||ki 1 *(~päivä)* weekday, workday **2** *(jokapäiväinen elämä)* everyday life ▶ **arkisin** on weekdays; **elämän ~** *(m)* commonplaceness of life; *-jen* **harmaus** daily monotony; **pyhänä** *ja -kena* [both on] weekdays and Sundays.

arki||- everyday (life *-elämä;* clothes *-vaatteet);* △ weekday (evening *—ilta);* workaday (clothes *-vaatteet)* **-huone** living room **-kiel|i** colloquial language; *-essä* colloquially **-nen** everyday (task *tehtävä); (lattea)* commonplace; plain (people *-set ihmiset); (runoton)* prosaic **-olo|t;** *-issa* in everyday (ordinary) life **-puku** informal dress; everyday suit **-pyhä** holy day (other than Sunday) **-päiv|ä** weekday; workday; *-isin* on weekdays **-päiväinen** = *arkinen* **-päiväisyys 1** commonplaceness **2** *(lattea sanonta)* commonplace **-ruoka** everyday (ordinary) food; *(m)* plain food (fare).

arkisto *(pl)* archives; *(asiakirjat) (pl)* records, files; *~n, arkisto-* archival **~i|da** file; *-tuna* on file **~kaappi** filing cabinet **~kappale** file (deposit) copy **~nhoitaja** archivist, keeper of the records.

arki||todellisuus *(läh v)* real life **-toimet** daily occupations; *(sg)* daily (day-to-day) routine **-työ** daily work.

1 arkki *(raam)* ark (Noah's Ark).

2 ark|ki sheet (of paper *paperi~);* *-eittain* by the sheet; *(kirjap) -keina* in quires.

arkki||enkeli archangel **-herttua** archduke **-hiippakunta** archdiocese, archbishopric **-piispa** archbishop; *(puhutt)* Most Reverend; *~n* archiepiscopal; *Canterburyn ~ (m)* the Primate of all England.

arkkiteht||i architect **-oninen** architectonic *(adv* **~ally),** architectural **-uuri** architecture.

arkku 1 *(suuri laatikko)* box; *(kirstu)* chest;

(mer) locker; *(raha-~)* coffer; *(matka-~)* trunk **2** *(ruumis~)* coffin; *(Am)* casket **3** *(uppo~)* caisson.

arkti|nen arctic *(adv ~ally)*; **-set** seudut *(sg)* the Arctic.

arkuus tenderness; *(ujous)* shyness; *(pelkuruus)* cowardice.

armah||dus pardon[ing]; oblivion; *(yleinen ~)* amnesty; *myöntää [yleinen] ~* grant [a general] amnesty (to), amnesty; *saada ~* be pardoned **-taa 1** *(lak)* pardon (a p. [for a crime] *jku)*; *(myöntää yleinen -dus)* grant amnesty, amnesty **2** *(antaa anteeksi)* have mercy (on *jkta)*; *(sääliä, auttaa)* take (have) pity (on *jkta)* **-tavainen** *(erik usk)* merciful.

armas I *a* **1** *(rakas)* beloved, dear **2** *(suloinen)* sweet, charming **II** *s* beloved, sweetheart, darling.

armeija army; *astua ~an* join the army, enter military service **~kunta** army corps *(pl ~)*.

armeliaisuu|s 1 *(sääli)* mercy, mercifulness; **-desta** jkta kohtaan in pity for **2** *(vanh) (hyväntekeväisyys)* charity.

armelias 1 *(armahtava)* merciful (to *jklle)* **2** *(hyväntekeväisyyttä harjoittava)* charitable (to the poor *köyhille)*.

Armenia Armenia **a~lainen** *a ja s* Armenian.

armias merciful (God *Jumala)*; *auta ~!* good[ness] gracious!

armo 1 *(anteeksianto, säälivaisyys)* mercy; *(laupeus)* clemency; *(armahdus)* pardon; *(sot)* quarter **2** *(usk)* grace (of God *Jumalan ~)* **3** *(puhutt)* Grace (Your Grace *Teidän ~nne)* ▶ *anoa ~a* sue for mercy (pardon); *antautua jnk ~ille* surrender o.s. to; *armoa!* mercy! **armotta** without mercy; *Jumalan ~sta* by the grace of God; *kuin ~sta (alentuvasti)* condescendingly; *olla jnk ~illa* be at the mercy of; *pyytää ~a* ask (beg) for mercy; *saada ~ jkn silmissä* find favo[u]r with a p.; *[vain] ~sta* out of mercy; *~n vuonna 1986* in the year of our Lord (of grace) 1986.

armo||istuin *(usk)* throne of grace **-itettu; ~ puhuja** divinely gifted (born) speaker **-kuolema** euthanasia **-lahja** *(usk)* gift of grace **-leipä** bread of charity **-llinen 1** *(usk)* merciful (to *jllk)*; *Herra olkoon sinulle ~* may God have mercy on you **2** gracious (his gracious Majesty *hänen ~ majesteettinsa)* **3** *(alentuva)*

condescending **-llisesti** graciously; condescendingly.

armon||aika period of grace; *(lykkäys)* respite; *hänellä on viikko ~a* he has one week's grace **-anomus** *(lak)* petition for mercy (of pardon) **-isku** *(m kuv)* coup de grâce, finishing blow **-osoitus** mark (token) of favo[u]r **-valinta[oppi]** predestination.

armo||pala[t] alms, dole; *elää -paloilla* live on charity **-ton 1** merciless, pitiless, unmerciful; *(julma)* ruthless (tyrant *tyranni)*; *(kova)* hard (fate *kohtalo)* **2** *(ark)*; enormous, tremendous, terrific (speed *vauhti)* **-vuosi** year of grace.

arnikki *(kasv)* arnica.

aro steppe **~kettu** *(el)* corsac.

arom||aattinen aromatic *(adv ~ally)* **-i** aroma **-ilasi** balloon glass, *(Am)* snifter.

ar|pa 1 lot *(m kuv)* **2** *(~lippu)* lottery ticket ▶ *arvalla* by lot, by drawing lots; *heittää (vetää) ~a* cast (draw) lots (for *jstk)*; *~ on heitetty* the die is cast; *tyhjä ~* blank; *valita -valla* select by lot[s] (by drawing lots).

arpa||jaiset lottery; *(hyväntekevaisyys~)* raffle **-peli** *(tav kuv)* gamble, hazard, [game of] chance.

arpeu||ma scar formation **-tua** scar, heal up; cicatrice.

arpi scar; *(tiet)* cicatri|x *(pl -ces)*; *(isonrokon jättämä)* pit, pockmark **~kudos** scar tissue **~nen** scarred; *(rokon~)* pock-marked.

arpo||a 1 *(ratkaista arvalla)* cast (draw) lots; *(jakaa arvalla)* allot; *(~ jk esine)* raffle **-minen** drawing of lots; allotment.

arsenaali arsenal, armoury *(m kuv)*.

arsenikki arsenic.

artik||keli 1 *(kiel)* article; *epämääräinen (määräinen) ~* indefinite (definite) article **2** *(san, liik)* article, item **-la** article **-uloida** articulate.

artisokka *(latva-~)* artichoke; *(mukula-~)* Jerusalem artichoke, girasol.

artisti artiste.

arvaa||maton 1 *(odottamaton)* unexpected, unlooked-for, unforeseen (success *menestys)* **2** *(mittaamaton)* inestimable, incalculable (damage *vahinko)*; priceless (benefit *hyöty)* **-matta** unexpectedly, unawares.

arvail||la [try to] guess, conjecture **-u** conjecture, guesswork (mere (pure) guesswork *pelkkää ~a)*.

arvanheitto casting [of] lots.

arva|ta 1 guess (at *jtk*); make a guess **2** *(aavistaa)* anticipate, foresee; *(olettaa)* surmise; *(otaksua)* expect, think ▶ *-sin* **näkeväni** *sinut täällä* I was sure (I thought) you would be here; ~ **oikein** guess right, hit it; **sen** *-sinkin* that's what I thought! **voit** ~ *että olin iloinen (m)* you can imagine how glad I was; *-a* **vielä** *kerran!* have another guess!

arva||ten|kin *(-kaan)* supposedly; *(ilmeisesti)* presumably; *(luultavasti)* probably; *(todennäköisesti)* very likely **-ttavasti** = *-tenkin* **-us** guess; *-us|-* guessing (competition *-kilpailu;* game *-leikki).*

arvel||eva[inen hesitating; *(varovainen)* cautious **-la 1** *(ajatella)* think (of, about *jtk*); *(luulla)* suppose, presume; *mitä ~et asiasta?* what is your opinion of the matter? **2** *(empiä)* hesitate; *vähääkään -ematta* without the slightest hesitation, without scruple **-u 1** *(otaksuma)* surmise, supposition; *(ajatus)* thought; *(mielipide)* opinion **2** *(empiminen)* hesitation.

arvelutt||aa; *minua* ~ I have scruples (misgivings) (about doing *tehdä*), it fills me with apprehension; *[minua] suuresti -i lähteä* I was quite reluctant to leave **-ava 1** *(epäilyttävä)* precarious, doubtful (methods *~t menetelmät*) **2** *(vaarallinen)* hazardous, risky; *(vaikea)* critical (situation *tilanne*) **-avuus** precariousness; *(vaarallisuus)* hazard[ousness]; *(vakavuus)* gravity; *yrityksen* ~ the dubious (disquieting) character of the enterprise.

arvio 1 estimate (preliminary estimate *alustava* ~), estimation, assessment, appraisal (realistic appraisal *realistinen* ~); *~lta* by estimation, by a rough estimate, approximately, about (half of the population *puolet väestöstä*); *varovaisen ~n mukaan* at a conservative (cautious) estimate **2** *(lak)* [e]valuation (of property *omaisuuden* ~) **~hinta** estimated price.

arvioi||da value, estimate, rate (at *jksk*); evaluate, weigh (the political situation *poliittinen tilanne*); assess (income *tulot*); appraise (the ability of the pupils *oppilaiden kyvyt*); *(ark)* size up (the situation *tilanne*); *(laskea)* calculate ▶ **antaa** ~ have .. assessed; **arvioitu** estimated (time *aika*); ~ **liian pieneksi** underestimate, underrate; *..jota ei voi* **rahalla** ~ invaluable, priceless; ~ **liian suureksi** overestimate, overrate; **varovasti**

-den at a low (conservative) estimate; ~ **väärin** misjudge.

arvio||inti valuation, rating, estimation; *(vahinkojen* ym ~*)* assessment; *(laskeminen)* calculation **-kaupalla** at random, in a haphazard way **-laskelma** estimate, calculation, computation **-luku** estimated figure **-mies** calculator; appraiser; *(vak ym)* assessor **-verotus** [tax] assessment by estimation.

arvo 1 value *(m liik ja mat)*; *(kuv m)* worth; *(merkitys)* importance, consequence; *(ansio)* merit (it is of great artistic merit *sillä on suuri taiteellinen* ~) **2** *(~kkuus)* dignity; *(~valta)* prestige; *(~nanto)* regard, esteem **3** *(~aste)* rank (of the colonel *everstin* ~); *(oppi~)* degree (doctor's degree *tohtorin~*); *(~nimi)* title (of count kreivin ~) **4** *(kem)* valenc|e, -y ▶ *olla ~ltaan* **alempi** *jkta* rank below; **alentaa** *jnk ~a* lower [.. in estimation]; **antaa** *~a jllk* appreciate, value, attach great value to; *(liik) jnk* **arvosta** to the value of, ..'s worth (of *jtk*); *(tal)* **menettää** *~a* depreciate, lose value; *jkn ~n* **mukainen** worthy of; *se ei ole hänen ~nsa* **mukaista** it is beneath his dignity (unworthy of him); *(tal)* **nousta** *~ssa* appreciate, rise in value; **pitää** *jtk suuressa ~ssa* hold .. in high esteem, esteem (value) [..] highly; **täydestä** *~sta* for the full value; *olla ~ltaan* **ylempi** *jkta* rank above (before).

arvo||asema rank, station **-aste** rank, grade; *(sot)* grade of military rank; *nousta ~issa* rise in the ranks **-esine** article of value (price); *~et* valuables **-henkilö** dignitary; *(merkkihenkilö)* person of importance, very important person; *(ark)* VIP.

arvoi||nen; *jnk* ~ worth (seeing *näkemisen* ~; the trouble *vaivan* ~); valued at (five pounds *5 punnan* ~); *(kuv)* worthy of (I am not worthy of him *en ole hänen -sensa*); *ei minkään* ~ worthless, of no value **-sa** hono[u]red, esteemed; *(leik)* worthy; *(puhutt)* dear; *~t kuulijat!* ladies and gentlemen!

arvoitukselli||nen mysterious (disappearance *katoaminen*); puzzling; enigmatic[al]; *(ongelmallinen)* problematic[al] **-suus** mysteriousness; puzzling character (nature).

arvoitu|s 1 riddle; *ratkaista -ksia* solve riddles **2** *(ongelma)* problem; enigma; puzzle[r]; *hän on minulle täysi* ~ he is an enigma (a mystery) to me.

arvo‖**järjesty**‖**s** [order of] precedence, ranking order; *(ankara ~)* hierarchy; **-ksessä** in order of precedence; *panna* **-kseen** rank **-kas 1** valuable (property *omaisuus;* information *tieto),* ..of [high] value; *(kallis)* precious (book *kirja;* stone *kivi)* **2** *(kunnioitettava)* worthy (cause *asia;* guest *vieras)* **3** *(juhlallinen)* solemn (occasion *tilaisuus);* dignified (demeano[u]r *käytös)* **-kkaasti** with dignity, in a dignified manner **-kkuu**‖**s** dignity; *antaa -tta jklle* dignify a p., lend dignity to **-kortti** *(korttip)* hono[u]r [card] **-leima 1** *(kullan t. hopean pitoisuusleima)* hallmark **2** *(post)* frank **-luokka** class, grade **-lähetys** registered postal matter **-maailma** *(läh v)* set of values **-merk**‖**ki** mark (badge) of rank; *(sot) (hihamerkki)* chevron; *-it* insignia of rank.

arvon‖**alennus 1** *(liik)* decrease (loss) in value, depreciation **2** *(henk)* degradation **-anto** respect; estimation; regard; *nauttia yleistä ~a* be universally respected, enjoy public esteem.

arvonimi title; *myöntää ~ jklle* confer a title on.

arvon‖**lisävero** = *lisäarvonvero* **-mitta** standard (measure) of value **-mukainen** [be]fitting, appropriate; *(asiaankuuluva)* proper, due; *jkn ~ becoming to* **-nousu** increase in value; appreciation (show appreciation *osoittaa ~a);* increment.

arvonta drawing of lots, draw; *(jakaminen arvalla)* allotment; *(voittojen ~)* raffle.

arvon‖**vähennys** decrease in value, depreciation **-ylennys** promotion.

arvopaperi bond, security; *~t* securities, holdings, stocks **~kauppa** dealing in securities **~pörssi** stock exchange *(Am* market) **~salkku** securities portfolio, *(pl)* securities owned.

arvo‖**posti** registered (insured) mail **-san**‖**a 1** *(erik koul)* mark, *(Am m)* grade; *hyvä (huono) ~* high (low) mark **2** *(yliop)* grade; *suorittaa ~ englannissa* take a degree in English; *suorittaa tutkinto hyvin -oin* pass an examination with distinction **-ssa pidetty** esteemed, respected, valued; *(kunnianarvoisa)* respectable, hono[u]rable (family *perhe)* **-ssapito;** *jnk ~* respect (regard) for **-staa** appreciate, value; *sitä ei voida kylliksi ~ (m)* it cannot be too highly praised.

arvostel‖**eva** critical; *(tuomitseva)* censorious; *(moittimishaluinen)*

fault-finding **-ija 1** *(san)* critic; reviewer **2** *(ankara ~)* censor, censurer; *(moittija)* fault-finder, caviller **-ijankappale** review[er's] copy.

arvostel‖**la 1** *(toimia tuomarina)* judge (by *jnk perusteella;* dogs *koiria);* sitä en pysty **-emaan** I am no judge of that; ~ väärin misjudge **2** *(~ kielteisesti)* censure, criticize, *(moittia)* find fault (with *jtk)* **3** *(san)* review (a new book *uusi kirja)* **4** *(koul)* mark, *(Am)* grade (an essay *aine)* **-ma** *(log)* proposition.

arvostelu 1 *(kielteinen kritiikki)* criticism; *(jhk kohdistuva ~)* critique (on); judgment **2** *(san)* review ▶ *kaiken ~n* **alapuolella** beneath all criticism; *(san) saada* **hyvät** *(huonot) ~t* get good (bad) notices, get a good (bad) press, be favo[u]rably (unfavo[u]rably) reviewed; *saada* **osakseen** *~a* meet (be met) with criticism.

arvostelu‖**asteikko** *(kuv)* [set of] criteria **-kyky** discrimination; *(harkinta)* judgment; *osoittaa hyvää ~ä* show good judgment **-kykyinen** judicious **-kyvyttömyys** lack of judgment **-kyvytön** injudicious, undiscriminating; *(kritiikitön)* uncritical **-lautakunta** board of examiners; *(kilpailujen ~)* jury **-peruste[et]** *(sg)* basis of estimation; criteria of evaluation **-tuomari** *(erik urh)* judge.

arvo‖**stus** *(arvossapito)* appreciation, respect **-ton** ..of no value, valueless; worthless (life *elämä;* trinket *koru);* unworthy (of her love *saamaan hänen rakkauttaan)* **-ttomuus** worthlessness; *(kelpaamattomuus)* unworthiness; *(merkityksettömyys)* insignificance **-valta** authority, prestige **-valtai**‖**nen** authoritative, prestigious; ~ *kutsuvierasjoukko (m)* a group of visiting dignitaries; *-selta taholta* from an authoritative source.

asbest‖**i** asbestos; *-i*‖*-* asbestine; asbestos (fibre *-kuitu;* board *-laatta).*

ase 1 weapon *(m kuv;* air weapon *lento~;* secret weapon *salainen ~); ~et* arms; *(sg)* armament **2** *(työkalu)* tool, implement, instrument ▶ *(kuv)* **antaa** *~et jklle* furnish .. with arguments; **aseille!** to arms! **kutsua** *~isiin* call .. to arms; ~ **kädessä** weapon in hand; **laskea** *~et (~ensa)* lay down (one's) arms, surrender (to *jhk edessä);* **olla** *~issa* be under arms; *(kuv)* **taistella puhtain** *~in* fight a fair fight; **riistää** *~et jklta,* **riisua** *~ista* disarm; *jkn* **tahdoton** ~

tool.

aseellinen armed (robbery *ryöstö;* conflict *selkkaus;* resistance *vastarinta*); *(sot)* ~ *loukkaus* act of war.

aseen||kantaja armo[u]rbearer **-kantolupa** *(Br)* firearm certificate, *(Am)* gun license.

aseet|on unarmed *(m kuv); (aseista riisuttu)* disarmed; ~ *palvelus* unarmed [military] service; *tehdä -tomaksi* unarm.

aseidenriisunta disarmament **~neuvottelut** *(sg)* disarmament conference.

aseista||a arm, equip (furnish) .. with arms; *olla aseistettu* carry arms **-kieltäytyjä** conscientious objector *(lyh* CO) **-utua** arm [o.s.].

ase||istus arming; *(asevarustus)* armament[s] **-kuntoinen** ablebodied, ..fit for military service **-kätkö** weapons cache **-laji** arm, branch [of military service] **-lepo** armistice; truce *(m kuv); (tulitauko)* cease-fire; *tehdä* ~ conclude an armistice.

asem|a 1 *(ilm paikkaa)* **a)** *(sijainti)* position (geographical position *maantieteellinen* ~); *(rakennuksen ym* ~) site, location; *(jhk päin oleva* ~) aspect; **b)** *(sot); (tav)* ~*t* post, emplacement; **c)** *(raut ym)* station; *(Am m)* depot; **d)** *(tutkimus- ym* ~) station; institute **2** *(arvo~, tehtävä)* position, standing; capacity (in his capacity as a doctor he was required to *lääkärin* ~*ssaan hänen oli*..); *(yhteiskunnallinen* ~) status; rank **3** *(tilanne)* situation; *(tila)* state, condition ▶ **asettua** *-iin* take up positions; **hankkia** *itselleen [hyvä]* ~ establish o.s. (as *jnak*); **johtava** ~ leading position; **korkeassa** ~*ssa oleva[t ihmiset]* [people] of high standing; *olla korkeassa* ~*ssa* hold a high appointment; **pysyä** *-issaan (sot)* hold the line; remain at their posts; **saavuttaa** *[itselleen huomattava]* ~ gain (obtain) a standing; *olla* **samassa** *[arvo]*~*ssa jkn kanssa* take rank with; **sinun** ~*ssasi* in your place.

asema||-alue *(pl)* station grounds **-halli** railway station hall, passenger hall.

asemakaava plan; *(kaupungin* ~) town (city) plan *(Am m* plat) **~-arkkitehti** town planner.

asemakaavoit||taa draw [up] a plan *(Am m* plat) (for *jk*); *-ettu alue* area included in (covered by) the town plan **-us** town planning.

asema||laituri platform **-maa** *(dipl)* posting; country to which one has been accredited **-paikka** *(dipl)* posting **-päällikkö** station

master *(Am* agent) **-rakennus** station [building] **-ravintola** refreshment room **-sota** trench warfare, position (stabilized) war.

asemesta; *jnk* ~ in [the] place of; *(jnk sijasta)* instead of.

asemo||ida *(kirjap)* impose, strip **-sana** pronoun.

asenne attitude; *(ajattelutapa)* mind, outlook (conservative outlook *vanhoillinen* ~); *(ennakko~)* approach (positive approach *myönteinen* ~); *(mielipide)* position (on *jhk*); *(ennakkoluulo)* prejudice (against (in favo[u]r of) *kielteinen (myönteinen)* ~ *jtk kohtaan*).

asennoitu||a take a stand (stance), adopt an attitude (towards *jhk*); take a view (of *jhk*); ~ *vihamielisesti* be ill disposed (towards *jhk*) **-minen** approach; attitude (towards *jhk*).

asennus *(tekn)* installation; *(kokoaminen)* assembly **~halli** assembly hall (shop).

asenta||a fit, install (a telephone *puhelin;* electricity *sähkö*); *(koota)* assemble; mount; *(pystyttää)* erect; fix **-ja** fitter; *(mekaanikko)* mechanic[ian].

asentee||llinen prejudiced (attitude *suhtautuminen*) **-llisuu|s** prejudice **-nmuokkaus** indoctrination **-nmuutos** change in [one's] stand.

asen|to 1 position **2** *(ruumiin~)* posture; stance; *(ryhti)* carriage; *(poseeraus~)* pose; ~*!* attention! *seisoa -nossa* stand at attention.

ase||palvelu|s military service; armed service; *kieltäytyä -ksesta* refuse to bear arms; *kutsua -kseen* call up **-puku 1** *(hist)* [suit of] armo[u]r **2** = *sotilaspuku* **-seppä** armo[u]rer; gunsmith.

asessori *(lak)* assistant judge; *(muussa kollegiossa)* assessor.

asetaattisilkki acetate rayon.

asetakki jacket, tunic, *(Am)* blouse.

asete *(liik)* draft, drawing.

ase||tehdas arms factory **-tehtailija** armo[u]rer, arms manufacturer.

asetel||la arrange, adjust; put (things in order *esineitä järjestykseen*); settle **-ma 1** *(kuvat)* still life **2** *(sommitelma)* arrangement (floral arrangement *kukka-*~); combination (a well-known combination: one man and two women *tuttu* ~: *yksi mies ja kaksi naista*).

asetin *(lääk)* applicator.

asetoni acetone.

asetoveri comrade-in-arms (*pl* comrades-in-arms).

aset|taa 1 *(konkr)* put, lay (things on the table *tavarat pöydälle*); *(sijoittaa)* place; *(sovittaa)* settle; *(järjestää)* arrange **2** *(kuv)* set (limits to *rajat jllk*); appoint (a committee *komitea*); induct, institute (into office *virkaan*) **3** *(liik)* draw (a bill *vekseli*; on *jkn maksettavaksi;* in favo[u]r of *maksettavaksi jklle*) ► *(ks m verbin määritteinä olevia hakusanoja)* ~ **ansa** *jklle* lay a trap for; ~ **ehdolle** nominate (for *jhk*); ~ **ensi sijalle** put first, give [the] preference (to); ~ **kohdalleen** set (a clock *kellon osoittimet*); ~ **kysymys** pose a question; ~ **paikoilleen** place, put .. in its place; ~ *jnk* **sijaan** replace .. with; ~ *5000 mk:n* **vekseli** *jkn maksettavaksi* draw on a p. for 5000 marks *(ks m 3)*.

asetta|ja *(liik)* drawer **-mispaikka** *(liik)* place of issue **-mispäivä** date of issue.

asettu|a 1 a) place o.s., station o.s. (at the window *ikkunan luo*); take one's stand (in a queue *jonoon*); **b)** (~ *pysyvästi*) settle down, get settled (in *jhk*), establish (install) o.s. (in *jhk*) **2** *(ruveta jksk)* settle down as (a farmer *maanviljelijäksi*) **3** *(tyyntyä)* calm down, quiet down, abate (the storm abated *myrsky -i*); subside; *(verenvuodosta)* be sta[u]nched ► ~ **aloilleen** settle down; ~ **asumaan** establish o.s., settle down (in *jhk*); *(tilapäisesti)* take up one's lodgings; *(luvatta)* squat; ~ **kannattamaan** take a stand for; ~ **paikoilleen** take one's seat; ~ **puolustamaan** *jtk* make a stand for; **tuuli** *-u* the wind is dropping; ~ *jkta* **vastaan** discriminate against; ~ **vastustamaan** *jtk* make (take) a stand against.

asetus 1 *(lak)* statute; ordinance; decree; *(toimeenpano~)* regulation **2** *(parl)* act ~**kokoelma** statute book ~**teitse** by decree.

asety||leeni acetylene **-ylisalisyylihappo** acetylsalicylic acid.

ase||varasto store of arms; *(tilapäinen* ~*)* dump **-varikko** arms depot **-varustelu** [re]armament **-varustelukilpa** arms race **-veli** brother-in-arms (*pl* brothers-in-arms), companion-in-arms (*pl* companions-in-arms) **-veljeys** brotherhood of arms.

asevelvollinen I *a* ..liable for military service, conscript; *(Am)* draftable **II** *s* person liable for military service; *(varusmies)* conscript; *(Br)* national serviceman; *(Am)* draftee, selectee.

asevelvollisuu|s liability to military service; conscription; *(Br)* national service; *(Am)* selective service; **suorittaa** *-tensa* do one's military (national) service; *-desta* **vapautettu** exempt from military service; **yleinen** ~ compulsory military service ~**ikä** age of conscription; call-up age, *(Am)* draft age.

asevoim|a force of arms; *-in* by force of arms; ~*t* armed forces.

asfalt||oida, -ti = *asvalt|oida, -ti.*

asi|a 1 matter (of taste *maku~*; let's talk about the matter! *puhukaamme* ~*sta!*); thing (a curious thing *omituinen* ~); affair (affairs of state *valtion* ~*t*); *(kysymys)* question, issue, point; *(tosi~)* fact, circumstance **2** *(jkn* ~*)* affair, business, concern (my concern *minun* ~*ni*) **3** *(toimitettava* ~*)* errand (send (go) on an errand *lähettää (mennä)* ~*lle*), message **4** *(lak) (juttu)* case, cause; [law]suit; *(*~ *esityslistalla)* item **5** *(aate)* cause (of peace *rauhan* ~) ► **asiaan!** to business! *(kokouksissa)* question! ~ **ei kuulu minulle** it is no business of mine; it is none of my business; **itse** ~*ssa* in fact, as a matter of fact; **käydä** *(mennä)* ~*an* enter into the subject (matter); **käydä** *-oilla* go [on] errands, run messages; **mitä** ~*a teillä on? (m)* what can I do for you? **muita** *-oita ei ollut* there was no other business; ~ **on niin** *että* it is a fact that; **onko** ~ **niin?** is that so? is that the case? ~*in* **näin ollen** under the circumstances, that being so; **olla** *jkn* ~*na* be a p.'s duty; **pitää huolta omista** *-oistaan* mind one's own business; **teidän** ~*nne* **on päättää** it is up to you to decide; **osata** ~*nsa* know one's business; **ottaa** *jk* ~*kseen* make a point of; **poiketa** ~*sta* digress from the subject; **pysyä** ~*ssa* keep to the point; **se on toinen** ~ it is a different case (quite another thing); ~*sta* **toiseen** by the way.

asia-aine *(koul)* factual essay.

asiaankuulu||maton irrelevant (comment *huomautus*); *(asiaton)* undue; *(epäasianmukainen)* inappropriate; *-mattomat* those not concerned **-va** relevant, pertinent; *(asianmukainen)* due; *(sovelias)* proper, appropriate; ~*lla tavalla* duly **-vuus** relevance.

asiain||hoitaja *(dipl)* chargé d'affaires (*pl* chargés d'affaires) **-tila** state of affairs; *(tilanne)* situtation; **vallitseva** ~ *(m)* as

asi asiakas – asiatyyli **32**

(how) matters stand.
asiak|as customer; *(erik asianajajan ~)* client ▶ **olla** *jnk [vakituinen]* ~ patronize, be a regular customer of; **ryhtyä** *jnk -kaaksi* give one's custom to; **vakituinen** ~ regular customer, patron.
asiakas||palvelu service **-piiri** [circle of] customers; *(asianajajan ~)* clientele **-tili** *(liik)* [customer's] credit *(Am* charge) account.
asiakirj|a document; *(sopimuskirja)* deed; record; *(lak m)* instrument; ~*t* documents, papers ▶ **alkuperäinen** ~ original [document]; **julkinen** ~ public record (document); *-oihin* **perustuva** documentary; **vahvistaa** ~*lla* document; ~*n* **väärentäminen** forging of documents.
asiakirja||kannet *(sg)* file **-salkku** briefcase, attaché case.
asialinja matter-of-fact policy.
asialli||nen 1 *(asiassa pysyvä)* businesslike, matter-of-fact (account *selostus);* *(järkevä)* realistic, practical (proposal *ehdotus)* **2** *(asianmukainen)* relevant, pertinent (remark *huomautus); kysymys oli hyvin* ~ the question was very much to the point **3** *(tosiasiallinen)* real (difference *ero); -sin perustein* on grounds of fact, on substantive grounds **-sesti** to the point; in the matter-of-fact way, in a businesslike manner **-suus** businesslike character; pertinence.
asiamie|s 1 *(valtuutettu)* attorney, proxy; *esiintyä jkn -henä* appear for **2** *(edustaja)* agent, factor; representative **3** *(dipl)* attaché.
asianajaja 1 *(lak)* lawyer; *(Brit) (oikeudessa esiintyvä* ~) barrister; *(oikeuden ulkopuolella)* solicitor; *(erik Am)* attorney; *(Skotl)* advocate **2** *(esitaistelija)* champion; *(puolustaja)* defender ▶ ~*n* **ammatti** *(m)* the Bar; **kääntyä** ~*n puoleen* consult a lawyer; **olla** *jkn* ~*na* plead a p.'s cause.
asianajaja||kunta bar **-tapa;** *hyvä* ~ professional ethics **-yhdistys** lawyers' association.
asianajo *(oikeudessa)* pleading; *(~toimi)* advocacy ~**palkkio** solicitor's (attorney's, lawyer's) fee ~**toiminta** practice of law ~**toimisto** law firm, *(Br)* firm of solicitors; lawyer's office; *(barristerin* ~) *(pl)* chambers ~**valtakirja** power of attorney (unlimited power of attorney *avoin* ~).
asian||haar|a; *(tav)* ~*t* circumstances; facts;

lieventävä ~ extenuating (mitigating) circumstance; *raskauttava* ~ aggravation, aggravating circumstance; *[se] riippuu -oista* it depends [on the circumstances] **-harrastaja;** ~*t* those interested **-harrastus** interest [in a th.] **-laita** case (that is not the case *niin ei ole* ~); *(asiantila)* state of affairs, situation.
asianmukai||nen proper (tool *työkalu); (asiaan kuuluva)* due; *(tarkoituksen-mukainen)* appropriate; *(sopiva)* fitting; *-sessa järjestyksessä* in due order (course) **-sesti** duly, properly; in due (proper) form **-suus** due form; *(sopivuus)* fitness, propriety.
asian||omai|nen I *a* **1** *(kyseinen)* the .. in question; that [particular] (on that [particular] day *-sena päivänä)* **2** *(oikea)* proper; due (permission *lupa); -set viranomaiset* competent (proper) authorities, authorities concerned **II** *s* person concerned, party [concerned]; whom it may concern; *-set (m)* those concerned; *kaikki -set* all whom it may concern **-omistaja** *(kantaja)* plaintiff **-osai|nen 1** *(yl)* interested party, party (person) concerned *(ks m -omainen); olla -sena jssk* have a [joint] interest in **2** *(lak) (osapuoli)* party, litigant **-tila** = *asiaintila* **-tuntemattomuus** lack of expert knowledge **-tuntemus** expert knowledge, expertise; *(pätevyys)* competence; *(m)* know-how **-tunteva** expert; *(pätevä)* competent; ~*lta taholta olemme saaneet tietää että* well-informed sources state that..
asiantuntija expert (at, in, on *jllk alalla),* specialist (in), authority (on *jssk)* ~**lausunto** expert opinion, expert's report; *antaa* ~ *jstk* expertize on.
asia||ohjelma *(rad, TV)* documentary [program[me]] **-paperi** document; act; ~*t* records; *(ark)* papers *(ks m -kirja)* **-pitoinen** .. full of facts; factual (program[me] *ohjelma)* **-poika** errand boy **-sisällys** subject matter (of the letter *kirjeen* ~) **-tiedot** facts, data.
asiat||on irrelevant, impertinent (remark *huomautus);* groundless (fear *pelko);* *(epäolennainen)* immaterial, insignificant; unjustified; *-tomilta pääsy kielletty* no admittance except on business **-tomasti** unfoundedly, without due cause; unjustifiably **-tomuus** irrelevance, impertinence.
asia||tyttö errand girl **-tyyli** matter-of-fact

style; *(läh v m)* ordinary prose **-virhe** factual error **-yhtey|s** context; *-destä irrallaan* out of context.

asioi||da transact (do) business (with *jkn kanssa;* in *jssk*) **-misto** agency **-tsija** agent; *(lak)* lay advocate.

askar[e] work, job; *(tehtävä)* duty, task; *(puuha)* pursuit (feminine pursuits *naisten ~et*); *jokapäiväiset ~et* chores.

askar||rella 1 busy o.s., be busy (with, about *jnk parissa*); occupy o.s. (with); *(näperrellä)* potter (at, in *jtk*); *ajatukseni -telee jatkuvasti sen asian parissa* it's constantly on my mind, I cannot get it out of my mind **2** *(tehdä -telutöitä)* work at a hobby **-ruttaa** occupy (a p. *jkta;* a p.'s mind *jkn mieltä*) **-telija** *(läh v)* hobbyist.

askartelu 1 *(puuha)* occupation; *(näpertely)* pottering **2** *(~harrastus) (pl)* hobby crafts, hobbies; hobby activity **~huone** hobby room **~nohjaaja** craft (hobby) leader **~tehtävä** [hobby] task; puzzle; brain teaser **~terapia** occupational therapy **~välineet** *(sg)* hobby equipment.

askee||si ascetism **-tti** ascetic **-ttinen** ascetic[al] **-ttisuus** austerity, ascetism.

askel 1 step *(m kuv;* a good step forward *aimo ~ eteenpäin); (pitkä ~)* stride **2** *(käynti)* tread (heavy tread *raskas ~*), pace (of a horse *hevosen ~*), gait **3** *(jalanjälki)* footstep *(m kuv;* footprint **4** *(~mitta)* pace (ten paces off *10 ~ta eteenpäin)* **5** *(säätö~)* step; grade; tooth ▶ *~ askelelta* step by step; *horjuvin ~in* with an unsteady gait; *joka ~ella* at (with) every step; *(kuv) ottaa* **ratkaiseva** *~* make the decision; *(kuv)* **seurata** *jkn ~ia* follow in a p.'s footsteps; *(kuv)* **valtavin** *~in* with rapid strides.

askel||laji *(hevosen ~)* pace, gait **-ma** step, stair; *(tikkaiden puola)* rung, round; *(kuv m)* scale (on the lowest scale of *jnk alimmalla ~lla)* **-merkki** *(urh)* [step]mark **-mittari** pedometer **-virhe** *(korip)* travel[ling].

askorbiinihappo ascorbic acid.

asosiaalinen asocial.

aspekti *(erik merk)* aspect.

aspi hasp.

aspiroitunut aspirate[d] (sound *äänne*).

assimil||aatio assimilation **-oitua** assimilate, be assimilated (with *jnk kanssa*).

assistentti assistant; *(Am yliop)* tutor.

assosi||aatio association **-oitua** associate [o.s.] (with *jhk*).

Assyria Assyria **a~lainen** *a ja s* Assyrian.

aste 1 *(mat, fys ym)* degree; *(kuv)* extent (of the damage *vahinkojen ~)* **2** *(arvo~, kehitys~ ym)* grade (the highest grade *ylin ~); (taso)* stage, level; *(el)* state (larval state *toukka-~)* **3** *(oikeus~)* instance (first instance *alin ~)* **4** *(kiel)* grade ▶ **alhaisella** *~ella* on a low level; *tiettyyn ~eseen* **asti** to a certain degree (extent); *90 ~en* **kulmassa** at an angle of ninety degrees; *lapsen ~ella* on a level with a child; *on 10 ~tta* **lämmintä** it is ten degrees [centigrade] above zero; *on 10 ~en* **pakkanen** it is ten degrees [centigrade] below zero; *(kuv)* **tällä** *~ella* at this stage (level).

asteeni||kko asthenic **-nen** asthenic (type *tyyppi*).

aste||-ero difference in degree **-ikko** scale; *(kuv m)* gamut (the whole gamut of *jnk koko ~)* **-ikkolevy** dial (face) plate **-ikollinen** grad[u]ated (ruler *viivoitin*).

asteittai||n by degrees, by gradations; *(vähitellen)* gradually; *muuttua ~* gradate (into *jksk*) **-nen** gradational, grad[u]ated; *(vähitellen tapahtuva)* gradual, progressive (development *kehitys*).

aste||jako graduation; *(asteitus)* calibration **-levy** protractor.

astella step (along *ripeästi*); pace (after *jkn jäljessä*); walk; *~ maantietä pitkin* tramp along the highway.

asteri *(kasv)* aster.

astevaihtelu consonant[al] gradation.

asti 1 *(paikasta) (jnnk ~)* as far as, all the way to (London *Lontooseen*); down (up) to; *(jssk ~)* as far away as (America *Amerikassa ~); (jstk ~)* right from, all the way from (Helsinki *Helsingistä ~)* **2** *(ajasta) (jhk ~)* until, till (morning *aamuun ~)*, to; *(jstk ~)* since (yesterday *eilisestä ~)* **3** *(kuv) (jhk ~)* [up] to; *(jstk ~)* [right] from (the beginning *alusta ~)* ▶ **aina** *siitä ~* ever since; *niistä* **ajoista** *~* since that time; **kaulaan** *~* up to the chin; **tähän** *~* thus far; *(ajasta)* until (up till) now.

asti|a 1 vessel; *(säiliö)* container, receptacle; *tyhjät ~t* empties **2** *(tynnyri)* barrel, cask **3** *(keittiö~)* kitchen utensil; *(ruoka~)* dish; *~t (m sg)* crockery; *pestä ~oita* wash the dishes **~kaappi** dresser, cupboard; *(ruokasalin ~)* sideboard, buffet **~mitta** cubic (dry) measure.

astian||kuivauskaappi draining cupboard

-kuivausteline dish drainer, platerack **-pesijä** dishwasher **-pesuaine** washing-up liquid **-pesukone** dishwasher.

astia||**pyyhe** drying cloth, dishtowel **-sto** set (dinner set *ruokailu~*), service; *(pöytäkalusto)* tableware.

astinlauta footboard; *(kuv)* springboard, stepping stone (to success *menestykseen*).

astma asthma ~**attinen** asthmatic[al] ~**potilas** asthmatic.

astraaliruumis astral body.

astrakaani astrachan.

astrologi astrologer ~**a** astrology ~**nen** astrologic[al].

astronaut||**iikka** *(sg)* astronautics **-ti** astronaut.

astronomia astronomy.

astua 1 step (ashore *maihin;* on a rusty nail *ruostuneeseen naulaan*); enter (the room *huoneeseen;* into matrimony *avioliittoon*) *(ks m → ~ jhk)* **2** *(astella)* walk, go; *(tallata)* tread (on a flower bed *kukkamaahan*) **3** *(kotieläimistä)* cover, serve ▶ *(ks m verbin määreitteinä olevia hakusanoja)* ~ **alas** descend, step down; ~ **askel** take a step; ~ **jalallaan** set foot, tread (on *jhk*); ~ **jhk** step (come, walk) into, enter; *(nousta)* get on (into) (a bus *bussiin*), board (a ship *laivaan*); mount (a bicycle *polkupyörän selkään*); ascend (the throne *valtaistuimelle*); ~ **jllk** mount, get on (a platform *korokkeelle*); ~ **jstk** get off, alight, leave (a bus *bussista*); dismount [from] (a bicycle *pyörän selästä*), descend from, step down from; ~ **sisään** step (come) in, enter; ~ *jkn* **tilalle** take a p.'s place; ~ **voimaan** come into force, take effect; *(urh)* ~ **yli** overstep the line.

astu||**skella** step along, walk; *(kuljeskella)* wander **-ttaa** *(maat)* have .. served (covered) (a mare *tamma*) **-tus** service **-tusori** studhorse, stallion.

asu 1 dress, wear **2** *(ulko~)* appearance; shape (the present shape of the church *kirkon nykyinen ~*), form; *(kirjan ~)* getup, format.

asu|**a 1** live (at home *kotonaan*); *(vakituisesti)* reside (in London *Lontoossa*); *(tilapäisesti)* stay, stop (at a hotel *hotellissa;* with one's friends *ystäviensä luona*); *(majailla)* lodge **2** *(olla jnk asukas)* inhabit, occupy (a house *taloa*) **3** *(ylät) (viipyä)* dwell (fear dwelt in her eyes *pelko -i hänen silmissään*) ▶ ~

ahtaasti have cramped quarters, be closely housed; *neekerien* **asuma** *kaupunginosa* colo[u]red quarter; ~ *jkn* **luona** live (stay) with a p.; ~ **mukavasti** have a nice place; **ottaa** *-maan* house; accommodate.

-asuinen *(yhdyss)* *vihreä~* with a green dress, ..in green.

asuin||**huone** [dwelling] room **-paikka** dwelling place, place [of residence]; abode (no fixed abode *vailla vakinaista ~a*); domicil[e] **-pinta-ala** living area **-rakennus** dwelling house **-sija** abode, habitation, dwelling place **-ympäristö** residential environment.

asuja *(talon ~)* occupant; dweller (city dweller *kaupungissa ~*) ~**imisto** *(pl)* inhabitants; population; *vakinainen ~* resident population.

asukas inhabitant; *(vakinainen ~)* resident; *(vuokralainen)* tenant; *(alivuokralainen)* lodger; *(run)* denizen (of a forest *metsän ~*); ~**ta kohti** per head (capita) ~**lu**|**ku** population (decrease in population *-vun aleneminen*).

asukki *(alivuokralainen)* lodger, *(Am)* roomer; *(jnk laitoksen ~)* inmate; *(täysihoitolainen)* paying guest, boarder.

asukokonaisuus *(vaat)* co-ordinated outfit.

asuma||**lähiö** housing estate; residential suburb **-solu** housing unit **-ton** uninhabited (region *seutu*); unoccupied, vacant (house *talo*); *(autio)* waste; *tehdä -ttomaksi* depopulate.

asumis||**ahtaus** *(pl)* cramped housing conditions **-jätteet** *(sg)* residential waste **-kelvoton** un[in]habitable **-tiheys** residental (population) density **-tuki** housing (accommodation) allowance.

asumus dwelling; lodging, *(pl)* quarters ~**ero** legal separation; ~**ssa oleva** [legally] separated.

asunnon||**haltija** occupant of a flat (house); *(päävuokralainen)* tenant **-tarvitsija** *(-etsijä)* house hunter **-välitys** procurement of lodgings.

asunnot|**on** roofless, homeless; *-tomat* alkoholistit derelict alcoholics.

asunto dwelling; residence; home; *(lak)* domicile; *(majoitus)* accommodation; housing (provide housing for *järjestää jklle ~*); *(majapaikka) (pl)* [living] quarters; *(vuokra-~) (pl)* lodgings, *(Am)* rooms; *etsiä itselleen ~a* go house hunting; *[heti] vapaa ~* vacant possession.

asunto||**-** *(us)* housing (loan *-laina;* policy

-politiikka) **-alue** residental area; *(uusi ~)* housing estate (development); *kunnallinen* ~ council estate **-etu** housing benefit, company house (flat) **-kanta** quantity of housing **-la** residential home; *(Am)* rooming house, dormitory **-laiva** houseboat **--olot** housing conditions **--osake** *(läh v)* flat, apartment; *(Am)* condominium **--osakeyhtiö** *(läh v)* housing corporation, apartment house company **--osuuskunta** building society **-pula** housing shortage **-säästäminen** home saving **-tuotanto** housing [production], housebuilding; *sosiaalinen* ~ social housing construction **-vaunu** caravan, [house] trailer.

asust∥aa live, dwell, reside; stay (at hotels *hotelleissa*) **-eet** accessories.

asutt∥aa 1 populate, people; colonize (a land *maa*) **2** *(sijoittaa asumaan)* settle **-ava** [in]habitable; *kahden* ~ *huone* a room for two **-avuus** fitness for habitation **-u** inhabited; *harvaan* ~ thinly (sparcely) populated; *taajaan* ~ densely populated.

asutus 1 settlement (is confined to the coastal area *~ta on vain rannikolla*) **2** *(asuttaminen)* colonization; land settlement **~alue** settled area **~keskus** population centre **~laina** land settlement loan **~taajama** [small] settlement.

asuva; *jssk* ~ resident of, residing in (Finland *Suomessa* ~).

asvaltoida asphalt.

asvaltti asphalt[um]; *asvaltti-* asphaltic **~päällyste** asphalt surface **~tie** bituminous road.

atavis∥mi atavism **-tinen** atavistic *(adv ~ally)*.

Ateena Athens **a~lainen** *a ja s* Athenian.

ateis∥mi atheism **-ti** atheist **-tinen** atheistic[al].

ateljee studio, workshop.

ateria meal; *(ark)* feed ▶ *~n aikaan* at mealtime; *kevyt* ~ *(m)* snack; *kunnon* ~ a square meal; *olla ~lla* be having one's meal; be at table.

aterioida have a meal; *(säännöllisesti)* have one's meals; *(syödä)* eat; *(ruokailla)* dine (with *jkn kanssa*).

atk, ATK *(= automaattinen tietojenkäsittely)* ADP (= automatic data processing), EDP (= electronic data processing) **~suunnittelija** ADP designer **~-verkko** computer network.

Atlantin∥-lento transatlantic flight **-liitto** North Atlantic Treaty Organization

a-takainen transatlantic.

Atlantti the Atlantic [Ocean].

atmosfääri atmosphere.

atolli atoll.

atomi atom.

atomi∥- atomic (age *-kausi;* war-head *-kärki;* power *-voima*) **-ase** atomic (nuclear) weapon **-pommi** A-bomb, atom[ic] bomb **-reaktori** atomic (nuclear) reactor, reaction pile.

atriumtalo house with a courtyard *(Am patio)*.

atsalea azalea.

atsteekki Aztec.

attasea attaché **~laukku** attaché case.

attentaatti attempted assassination (murder); ~ *jkta vastaan* attempt on a p.'s life.

attikalainen *a ja s* Attic (salt *suola*).

attribu∥tiivinen attributive **-utti** attribute.

atulat tweezers.

audi∥enssi audience; *pyytää jklta ~a* seek [an] audience with **-ovisuaalinen** audio-visual **-torio** auditorium.

auer [heat] haze.

au∣eta *(eri merk)* open *(m)* **1** *(päästä auki)* come unfastened (untied, unbuttoned); *(solmusta)* come undone; *(ruuvista ym)* come loose **2** *(revetä)* rip (at the seam *saumasta*); *(silmäkulmasta ym)* burst open; *(puhjeta)* unfold (buds unfold *nuput -keavat*) **3** *(levittäytyä)* open out (before our eyes *silmiemme edessä*); spread [itself] ▶ ~ *jhk* open into (on to); **vedet** *-keavat keväällä* in spring the waters become free of ice.

augustinolaismunkki Augustinian; Austin friar.

Augustu∣s; *[keisari]* **-ksen** *[aikainen]* Augustan (Age *aika*).

aukai∥sin opener **-sta** open; *(päästää)* release; *(irrottaa)* untie, unfasten (a knot *solmu*); unfold (a parcel *paketti*) *(ks m avata)*.

aukea I *a* open; *(paljas)* bare; *(laaja)* wide, vast **II** *s* open space; *(metsä~)* clearing; *(lakeus)* expanse **~ma 1** *(kirjan ~)* double page; *(san)* spread **2** open place; clearing, glade **3** *(aukko)* opening; aperture **~va** unfolding (bud *nuppu*).

auki *(eri merk)* open *(m)* **1** *(lukitsematon)* unlocked; *(toiminnassa)* on (the wireless is on *radio on* ~); *(irti)* loose; *(pref)* un- (undo *päästää* ~; unscrew *kiertää* ~) **2** *(täyttämätön)* vacant (the post is vacant

paikka on ~) **3** *(ark) (rahatta)* broke ▶
saada ~ get .. off (I can't get the lid off
en saa kantta ~); *tuijottaa* **suu ~** stare
agape (gaping).
auki||le *(anat)* fontanel[le] **-o** square, [open]
place **-oloaika** office (business) hours;
(pankin ~) banking hours; *(ravintolan ym
~)* permitted hours.
aukko 1 opening, hole (in the wall
seinässä); (rako) break (in the clouds
pilvissä); gap (fill a gap *täyttää ~);*
(murtuma) breach; *ammottava ~* void **2**
(erik anat ja valok) aperture **3** *(suu~)*
orifice, mouth (of a cave *luolan ~);*
(ilma-~) vent; *(raha-~)* slot **4** *(tyhjä
paikka)* blank (a blank in one's memory *~
muistissa)* **5** *(kuv)* gap (in one's knowledge
jkn tiedoissa); (heikkous) defect, flaw (in
the system *järjestelmässä);* loophole
(loopholes in tax laws *~ja verolaeissa).*
auko||a open; unfold; *uusia uria* **-va**
epoch-making **-ton** *(kuv)* watertight.
auktoriteetti authority *(m henk).*
aula vestibule, hall; assembly hall.
au-lapsi illegitimate [child], out-of-wedlock
child.
auli||s ready, willing; *(antelias)* liberal,
generous (help *apu)* **-us** readiness,
willingness; generosity.
auma stack, rick; *(juurikasvi~)* clamp, pit
~katto hipped roof *~ta* stack, rick; clamp,
pit.
aura 1 plough, *(Am)* plow **2** *(urh)*
(hiihdossa) stem, snowplough.
auran||ala juger **-kukka** corn cockle
-terä co[u]lter, plough iron **-vannas**
[plough]share.
aurata 1 plough, *(Am)* plow, clear (a
snowy road *luminen tie)* **2** *(hiihdossa)*
stem, make a snowplough.
auringon||- solar (disk *-kehrä;* eclipse
-pimennys) **-jumala** sun-god **-kilo** glint[ing]
of the sun **-kukka** sunflower **-kylpy** sun
bath; *ottaa ~[j]ä* sun-bathe **-lasku** sunset,
sundown; *~n aikaan* at sunset **-nousu**
sunrise; *~n aikaan* at sunrise **-paah|de**
blaze of the sun; *-teessa* in the hot sun
- **paahtama** sunburnt, tanned **-paiste**
sunshine **-paisteinen** sunny; *(auringossa
kylpevä)* sunlit **-palvoja** sun worshipper
-palvonta sun-worship **-pilkku** sunspot
-pistos sunstroke; insolation; *saada ~* have
a sunstroke **- polttama** sunburnt; *(karrelle
palanut)* parched **-säde** sunbeam, sunray
-valo sunlight **-varjo** sunshade.

aurin|ko sun ▶ **~ laskee** the sun sets (goes
down); **~ nousee** the sun rises; *-gon
noususta -gon laskuun* from sunrise to
sunset; *ottaa ~a* take the sun, sun [o.s.];
-gon puolella on the sunny side.
aurinko||- sun *(mer* deck *-kansi;* holiday
-matka); △ *(astr)* solar (time *-aika;* cell
-kenno; system *-kunta;* wind *-tuuli;* day
-vuorokausi) **-inen** sunny; *(kuv m)* radiant
(smile *hymy)* **-kello** sundial **-keskinen**
heliocentric *(adv ~ally)* **-lasit** sun glasses
-talo solar[-heated] home **-tuoli** deck chair
-voide suntan cream **-voimala** solar energy
plant **-öljy** suntan oil.
auskult||antti 1 *(koul) (läh v)* student
teacher [visiting classes], teacher trainee **2**
(lak) (läh v) junior lawyer undergoing
court training **-oida 1** *(koul)* visit classes
as a student-teacher **2** *(lak)* undergo court
training.
Australia Australia **a~lainen** *a ja s*
Australian.
autentti||nen authentic *(adv ~ally)* **-suus**
authenticity.
autere = *auer* **~inen** hazy.
autio empty, deserted (streets *~t kadut);*
(asumaton) uninhabited, desert (island
saari), desolated; *(karu)* waste, barren
(land *maa)* **~ittaa** lay waste, desolate;
(tehdä asumattomaksi) depopulate **~itua**
become desolate (deserted) **~itunut** wasted
~maa waste[land]; desert **~maja** *(läh v)*
shelter cabin **~tila** abandoned farm.
autius desolation; desolateness.
auto 1 [motor]car, autocar; *(Am)*
auto[mobile] **2** *(vuokra-~)* taxi[cab], cab **3**
(kuorma-~) lorry, *(Am)* truck ▶ **ajaa ~a**
drive a car; *ajaa ~lla* ride in a car;
(ajella) motor; **~ ajoi ojaan** the car ran
into a ditch; **mennä ~lla** go by car; **viedä**
jku ~lla take .. by car, drive a p.
1 auto|- auto[-] (-biography *-biografia;*
-clave *-klaavi).*
2 auto||- *(aut)* car[-] (ride *-ajelu;* crash
-kolari; radio *-radio;* --sick *-sairas);* △
motor (traffic *-liikenne;* show *-näyttely;*
racing *-urheilu)* **-asema** taxi rank (stand)
-etu [use of a] company car **-halli** garage
-huoltamo garage, service station
-hurjastelija reckless motorist, speed[st]er;
(sl) road hog **-ilija** motorist **-ilu** motoring
-istua motorize **-jono** line of cars **-kanta**
fleet of cars, motor pool **-klinikka** *(lääk)*
mobile clinic **-korjaamo** garage, motor car
repair shop **-koulu** driving school

-koulunopettaja driving instructor **-kuorma** lorry (*Am* truck) load **-lastillinen** lorryload, *(Am)* truckload (of coal *hiiltä*) **-lautta** ferry[boat], car ferry.

automaatio automati[zati]on.

automaatti *(itsetoimiva koje)* automaton; *(Am)* automate; *(raha-, tupakka- ym ~)* [penny-in-the-]slot machine; *(myynti~)* vending machine, vendor **~ase** automatic [rifle (pistol)]; **~et** automatic arms **~katkaisin** cut-out **~kytkin** *(erik lieden ~)* autotimer **~|nen** automatic *(adv ~*ally); *(kuv)* mechanical; **~** *tietojenkäsittely* automatic data processing *(lyh* ADP) **~ohjaus** autopilot.

automati||ikka automatism **-soida** automat[iz]e.

auto||matkailu motor touring, touring by car **-merkki** make of a car.

auton||ajaja driver **-ajo** driving **-alusta** chassis *(pl ~)* **-asentaja** mechanic, fitter **-katsastus** motor vehicle inspection, *(Br)* M.O.T. (= Ministry of Transport) test **-kori** body **-kuljettaja** *(yksityinen ~)* chauffeur; *(vuokra-~)* taxi driver, taximan, cabdriver; *(linja-~)* bus driver; *(kuorma-~)* *(Br)* lorry driver; *(Am)* truck|driver, **-man -kuljetusvaunu** vehicle car; *(raut)* car sleeper **-lava** [truck] bed **-myyjä** car salesman.

autonomi||a autonomy, self-government **-nen** autonomous, self-governing (territory *alue*).

auton||rengas tyre, *(Am)* tire **-torvi** [car] horn, hooter; *(Am m)* klaxon.

auto||-onnettomuus motor[car] accident **-paikka** reserved parking space **-pankki** drive-in bank.

autoritaarinen authoritarian.

auto||talli garage **-teollisuus** motor industry **-tie** drivable road; **~** *perille* accessible by car **-tyttö** truck stop girl **-vuokraamo** car hire [service].

aut|taa *(eri merk)* help (a p. *jkta;* to do *tekemään;* this medicine will help a cold *tämä lääke* **~** *vilustumiseen) (m)* **1** *(avustaa)* assist (the police *poliisia;* with *jssk;* in doing *jnk tekemisessä); (kirj)* aid; *(olla apuna)* give (be of) assistance, lend (give) a [helping] hand (to *jkta); (olla avuksi)* be of help (can I be of any help to you? *voinko ~?*) **2** *(edistää)* promote (a th. *jtk*), contribute (to *jtk*) **3** *(parantaa)* remedy (a matter *asiaa*) **4** *(hyödyttää)* be of use (avail) (it is of little use *se ei paljon*

-a) **5** *(lääk ym) (tehota)* be effective; be (do) good ▶ **~ asiaa** *(m)* make a th. easier; *en voi* **~** *asiaa (m)* I can't help it; **ei auta** *itkeä* it is no good crying, it is useless to cry; *meidän ei -a muu kuin* we have no choice but; *sinun ei -a. .* you shouldn't. .; *häntä ei voida* **enää ~** he is beyond help; *asia on* **pian** *-ettu* the matter is soon remedied; **se** *-toi!* it had a good effect; that worked! **~** *jklle takki* **ylle** help a p. into (on with) his coat; **~** *jklta takki* **yltä** help a p. off with his coat.

autta||ja helper; *(avustaja)* assistant **-maton** hopeless (optimist *optimisti)* **-matta** helplessly, hopelessly (old-fashioned *vanhanaikainen)* **-va** tolerable, passable (knowledge of English *englannin kielen taito)* **-vainen** helpful, willing (ready) to help **-vasti** *(m)* fairly [well].

autua||ksitekevä *(usk)* saving (faith *usko);* beatific *(adv ~*ally); *(suom leik)* ainoa **~** the one and only **-llinen** blessed (peace *rauha);* blissful (ignorance *tietämättömyys),* beatific (smile *hymy).*

autua|s 1 blessed (death *kuolema)* **2** blissful, beatific *(adv ~*ally) (smile *hymy)* ▶ *-itten* **asuinsijat** the abode of the blessed; *(kat)* **julistaa** *-aksi* beatify; *kukin tulee -aksi* **omalla uskollaan** each to his own [belief].

autuu||s 1 *(raam)* salvation; glory **2** blessedness; *(onni)* bliss; beatitude; *ikuinen* **~** eternal bliss (glory) **-ttaa 1** *(usk)* save; make blessed **2** *(kat) (julistaa autuaaksi)* beatify **-ttaminen** beatification.

au-äiti unmarried mother.

avaamaton unopened (letter *kirje);* uncut (book *kirja); (suljettu)* sealed.

avaime||nreikä keyhole **-t käteen -sopimus** turn-key (comprehensive) contract.

avai|n 1 key (of *jnk ~;* to *jhk); -men lehti* key bit; **~** *on suulla* the key is in the lock **2** *(avaaja)* opener (tin (can) opener *säilykerasian ~)* **3** *(mus)* key, clef **4** *(kuv)* key (to the code *salakielen ~),* clue.

avain||- key (position *-asema;* question *-kysymys;* ring *-rengas)* **-henkilö** keyman **-kimppu** bunch of keys **-lapsi** latchkey child **-romaani** roman à clef *(pl* romans à clef) **-sana** keyword.

avajais||- opening, inaugural (festivities *-juhlallisuudet;* address, speech *-puhe)* **-et** *(sg)* opening [ceremony]; *(vihkiminen)* inauguration; *näyttelyn* **~** *(m)* varnishing **-tilaisuus** opening.

avanne *(lääk)* fistula.

avantgardisti avantgardist   ~**inen** avantgarde.

avanto hole in the ice, air hole ~**uinti** [outdoor] winter swimming.

avara 1 wide (world *maailma*); vast, extensive (view *näköala*); *(tilava)* spacious (room *huone*); large (heart *sydän*) **2** *(vaat)* loose[-fitting] (robe *viitta*); wide (sleeve *hiha*) ~**katseinen** broad-minded; *(vapaamielinen)* liberal; *(ennakkoluuloton)* unbias[s]ed (point of view *näkemys*) ~**katseisuus** liberality.

avar‖rin *(tekn)* broach[ing tool]; reamer **-taa 1** widen, expand, broaden (one's mind *näköpiiriään*); extend (the range of one's knowledge *tietopiiriään*) **2** *(tekn)* broach, ream **-tua** widen [out]; expand.

avaruu‖s 1 width, wideness, vastness; *(väljyys)* looseness **2** *(astr, filos)* space (in space *-dessa*; outer space *ulko~*).

avaruus‖- spatial, spacial; space (station *-asema;* flight, journey *-matka;* plan, program *-ohjelma;* shuttle *-sukkula;* scientist *-tutkija*) **-aika** space age **-alus** space|craft, -ship **-geometria** solid geometry **-keskus** spaceport **-kävely** spacewalk[ing] **-lento** space flight **-luotain** [space] probe **-mies** spaceman, astronaut, *(NL)* cosmonaut **-olento** [a] being from outer space; humanoid **-puku** spacesuit **-saappaat** *(vaat)* moon boots **-säteily** cosmic radiation **-tutkimus** space research; *(avaruuden tutkiminen)* exploration of space.

ava‖ta *(eri merk)* open (a door *ovi;* one's heart to *sydämensä jklle*) *(m)* **1 a)** *(vastak sulkea, kiinnittää)* *(verbeistä* »un» *-alkuliitteellä)* (~ *lukosta)* unlock (a door *ovi*); unscrew (a nut *mutteri*); unwrap (a parcel *paketti*); untie, undo (a knot *solmu*); **b)** *(vääntää auki)* turn on (the tap *hana*); switch on (the radio *radio*) **2** *(levittää)* expand (petals *terälehdet*); open out (a map *kartta*); *(päästää auki)* unfasten **3 a)** *(leikata auki)* cut open (a fish *kala*); incise (a wound *haava*); **b)** *(puhkaista)* pierce, make (a hole *reikä*); *(lääk)* lance (an abscess *paise*) **4** *(raivata)* clear (the road *tie*), clean out (a ditch *oja*) **5** *(vihkiä)* inaugurate (an exhibition *näyttely*) ▶ **liike** ~**an ensi viikolla** the store opens next week; *(kuv)* ~ **jkn silmät** disenchant, disillusion; *se -si hänen silmänsä* it opened his eyes [for him]; ~**an**

tästä open here.

avau‖s opening *(jne); (kuv)* suorittaa ~ *jnnk* make a move towards **-tu|a** open (the door opens *ovi -u*); be opened (my eyes were opened *silmäni -ivat*); unfold (before one's eyes *jkn silmien edessä*); *(toimesta)* fall vacant.

avio; *mennä* ~*on* get married; *ottaa jku* ~*kseen* wed a p., take .. as one's spouse.

avio‖- married (life *-elämä*); wedded (pair *-pari*); marital, matrimonial (bliss *--onni*) **-ehto** marriage settlement.

avioero divorce; *hakea* ~*a* sue for a divorce; *myöntää* ~ *jklle* divorce a p.; *ottaa* ~ divorce ~**lapsi** divorce child.

avio‖este impediment of (to) marriage; *ilmoittaa* ~ forbid the banns **-itua** marry (a p. *jkn kanssa*); wed **-itumisikä** marrying age **-lapsi** legitimate child.

avioliit‖to marriage (to *jkn kanssa*); matrimony ▶ **elää** *onnellisessa -ossa* lead a happy married life; **mennä** ~*on* marry (a p. *jkn kanssa*); **-on** **purkautuminen** dissolution of marriage; *-ossa (-on ulkopuolella)* **syntynyt** born in (out of) wedlock; *-on* **ulkopuoliset** *suhteet* extramarital relations; *solmia* **uusi** ~ remarry.

avioliitto‖- marital, matrimonial (agency *-toimisto*); △ marriage (act, *(pl)* laws *-laki;* guidance centre *-neuvola*) **-ikä** marriageable age.

avio‖lli‖nen matrimonial, wedded, married (bliss *onni*); conjugal (fidelity *uskollisuus*); marital (rights *-set oikeudet;* relations *-set suhteet*) **-lupau|s** promise of marriage; *(lak)* **-ksen rikkominen** breach of promise **-mies** husband; married man **-miesehdokas** prospective husband **-nrikkoja** adulterer; *(fem)* adulteress **--onni** matrimonial bliss, conjugal happiness **-pari** married couple; husband (man) and wife **-puoliso** [marriage] partner; *(kirj)* spouse; *antaa (ottaa)* ~*ksi* give (take) .. in marriage; ~*t* husband and wife **-rikos** adultery; *tehdä* ~ commit adultery **-suhde** marital status **-sääty** matrimony (holy matrimony *pyhä* ~) **-ton** illegitimate; ~ *syntyperä* illegitimacy; bastardy ~ *äiti* unmarried mother **-vaimo** [wedded] wife; married woman.

avo‖- open (wound *-haava; (kiel)* syllable *-tavu;* boat *-vene*) **-auto** open [top] car **-hakkuu** *(metsh)* clear felling **-hoito** *(lääk)* care of out-patients **-huolto**

non-institutional social care.
avoim||**esti** *(julkisesti)* openly;
(vilpittömästi) frankly **-uus** *(m)* sincerity,
cando[u]r.

avoi|**n** *(eri merk)* open (grave *hauta;* job
työpaikka) *(m)* **1** *(lukitsematon)* unlocked,
unbolted **2** *(esteetön)* clear (the road is
clear *tie on* ~); wide (view *näköala*) **3**
vacant (position *toimi*) **4** *(vilpitön)* frank;
(suora) plain (answer *vastaus*); *(ilmeinen)*
overt (hostility *vihamielisyys*) **5** blank
(cheque *šekki;* endorsement *siirto*) ▶ *olla*
avoinna be open; *-min* **silmin** open-eyed,
with open eyes; ~ **valtakirja** carte blanche;
blank power of attorney; ~ **virka** vacancy.

avo||**jalkainen** barefoot[ed] **-jaloin** barefoot
-katseinen 1 *(rehellinen)* frank **2** *(valpas)*
observant **-kaulainen** low-necked (dress
puku) **-kauppa** sale (purchase) on approval
-kätinen open-handed, generous, liberal;
olla ~ give with open hand **-liit**|**to** *(läh v)*
common-law (companionate) marriage;
elää -ossa cohabit, live together **-louhos**
(kaivost) openwork, open quarry **-maa**
(puut) ~*lla* in the open; ~*n kurkku*
outdoor cucumber **-mer**|**i** open sea, high
sea[s]; *-ellä* on the high sea[s], in the open
sea.

avomeri- sea-going, ocean-going (tug
-hinaaja); deep-sea (fishing *-kalastus*).

avo||**mielinen** open-hearted; frank, candid
-mielisyys open-heartedness; frankness,
cando[u]r **-murtuma** compound fracture.

avonainen open.

avo||**-osasto** *(sairaalan, vankilan* ~*)* open
ward **-pakettiauto** pick-up [truck] **-päin**[**en**]
bareheaded **-silmin** with open eyes,
open-eyed **-suin** open-mouthed **-suinen**
(suulas) garrulous **-sydäminen**
open-hearted, unreserved, open **-sylin** with
open arms; *meidät otettiin* ~ *vastaan* we
met with a warm reception **-takka**
fireplace **-tuli** naked (open) flame **-vaimo**
common-law wife **-vesi** open water.

avu *(hyve)* virtue; *(ansio)* merit; *(hyvä*
ominaisuus) [good] quality; *(hyvä puoli)*
advantage.

avul||**iaisuus** helpfulness **-ias** helpful,

obliging, ready (willing) to help **-linen;**
olla ~ *jssk* help (assist) in ..ing; *(lak)* aid
and abet in.

avun||**anto** assistance; aid, help; *(tuki)*
support; ~ *rikokseen* aiding and abetting
-antosopimus *(pol)* pact of mutual
assistance **-huuto** cry for help **-pyyntö**
request for help; *(kirjallinen* ~*)*
application for assistance **-tar**|**ve** need of
help; *olla -peessa* be in need of help
-tarvitsija; ~*t* those needing help, the
needy.

avusta|**a 1** assist; aid, help;
(myötävaikuttaa) co-operate (in *jssk*); *(san*
ym) contribute (to *jtk*) **2** *(~ rahallisesti)*
support; *(antaa valtionapua)* subsidize **3**
(teatt, elok) walk on ▶ *jkn* **avustamana**
with a p.'s co-operation, assisted by; ~
lehteä *kirjoituksilla* contribute to a
newspaper; ~ **teatterissa** have walk-on
parts.

avusta||**ja 1** helper; assistant; *(san*
ym) contributor (to a magazine
aikakauslehden ~*)* **2** *(statisti)* *(teatt)*
super[numerary], walk[er]-on; *(elok)* extra
3 *(lak)* counsel; *toimia jkn* ~*na* hold a
brief for **-va** assistant; assisting (surgeon
lääkäri).

avustu|**s 1** *(avunanto)* assistance, help, aid **2**
(raha-~) financial aid; *(tuki)* support;
(apuraha) grant; *(~summa)* subscription;
allowance (unemployment allowance
työttömyys~*)* **3** *(san)* contribution ▶ *jnk*
avustuksella with a p.'s assistance
(support); **saada** ~*ta jklta* be assisted by,
receive assistance from; *-ksen* **tarpeessa**
[oleva] needy, in want; **valtion** ~*ta*
nauttiva subsidized [by the State].

avustus||- relief (*-rahasto;* expedition
-retkikunta; action, operations *-toiminta)*
-määräraha allowance.

avut||**on 1** helpless (child *lapsi*); powerless
(against *jtk vastaan*); *-tomassa tilassa* in a
helpless state; *(mer)* ajelehtia *-tomana*
drift in a disabled condition **2** *(kömpelö)*
awkward, clumsy (attempt *yritys*);
incapable (of *jssk*) **-tomuus** helplessness.

ay-liike trade union movement.

B

b, B 1 *(kirjain)* b, B *(pl* bs, b's Bs, B's) **2** *b*
(mus) B flat.
Baabel; ~**in** *kieltensekoitus* babel of
tongues; ~**in** *torni* the Tower of Babel; ~**in**
vankeus the Babylonian Captivity.
Baalin palvoja Baal||ist, -ite.
baari bar; *(ruokapaikka)* snack bar,
cafeteria ~**apulainen** barmaid; barman
~**kaappi** drink cupboard ~**mestari**
bartender, barkeeper.
babylonialainen *a ja s* Babylonian.
bahama||lainen *a ja s* Bahamian **B-saaret**
the Bahamas.
Baijeri Bavaria **b~lainen** *a ja s* Bavarian.
bailut *(ark)* shindig.
bakeliitti bakelite.
bakteer|i *(biol)* bacteri|um *(pl* -a); *(ark)*
(taudinsiemen) germ; *-eja* *tappava*
bactericidal; *-eja tappava aine* bactericide.
bakteeri||- bacterial **-kanta** [bacterial]
strain **-nkantaja** *(lääk)* carrier **-nviljely**
bacteria culture **-opillinen** bacteriological
-ton . . free from bacteria, sterile.
bakter||iologi bacteriologist **-iologia**
bacteriology **-ologinen;** ~ *sodankäynti*
microbiological warfare.
balalaikka balalaika.
baletti 1 ballet **2** *(~ryhmä)* corps de ballet
~**hame** tutu ~**tanssija[tar]** ballet dancer;
ballerina ~**tossu** ballet shoe ~**tyttö** chorus
girl.
balilainen *a ja s* Balinese *(pl* ~).
Balkan *(pl)* the Balkans; ~**in** *sodat* the
Balkan Wars.
balladi 1 *(kansanruno)* ballad, lay **2** *(mus)*
ballade.
ballisti||ikka *(tav sg)* ballistics **-nen** ballistic
(adv ~ally) *(missile ohjus)*.
balsam|i, -oida = *palsam|i, -oida.*
Balt||ia[n maat] the Baltic Countries
b-tilainen *a* a Baltic **II** *s* Balt.
bambu||- bamboo *(curtain -esirippu)* **-ruoko**
bamboo.
banaali banal ~**staa** make banal, banalize

~**us** banality.
banaani[-] banana *(sähk* plug *-pistoke;* kick
-potku).
banalisoida = *banaalistaa.*
bandiitti bandit.
banjo banjo *(pl* ~[e]s).
bantu||kielet *(sg)* Bantu **-neekeri** Bantu.
baptisti Baptist.
barbaari barbarian ~**kieli** barbarian
language ~**nen** barbaric *(adv* ~ally);
(raaka) barbarous ~[su]us barbarity.
Barbadoksen [asukas] Barbadian.
barbituraatti barbiturate.
baretti beret[ta].
barokki baroque.
baronet||ti *(Brit)* baronet; *-in* *arvo*
baronetcy.
barrikad|i barricade; *nousta -eille (läh v)*
fight at the barricades.
barytoni baritone.
basaari baza[a]r.
basilika 1 *(rak)* basilica **2** *(kasv)* basil
~**tyylinen** basilican.
basiliski basilisk.
basilli bacill||us *(pl* -i); *(taudinsiemen)* germ,
microbe; *(Am ark)* bug ~**kauhu** *(lääk)*
bacteriophobia ~**nkantaja** carrier.
basisti bass player, bassist.
bask||eri beret **-i** Basque.
basso 1 *(~ääni)* bass[o] **2** *(soitin)* bass
~**laulaja** bass[o], bass singer ~**viulu** double
bass, bass [viol].
bataatti sweet potato.
batikki batik.
batisti batiste, cambric, lawn.
batonki = *patonki.*
beduiini Bed[o]uin *(pl* ~).
beetasäde beta ray.
Belgia Belgium **b~lainen** *a ja s* Belgian.
belladonna *(kasv)* deadly nightshade; *(farm)*
belladonna.
benediktiinimunkki Benedictine.
benga||ali- Bengal (light *-tuli*) **-lilainen** *a*
ja s Bengalese *(pl* ~).

bensiini *(Br)* petrol; *(Am)* gas[oline]; *puhdistettu* ~ benzine ~**asema** filling point *(Am* station), petrol station.

berberi[takki] Burberry.

Berliini Berlin b~**läinen I** *a* Berlin **II** *s* Berliner b~**nsini[nen]** Prussian blue.

Bermuda||**saaret** the Bermudas **b-sortsit** Bermuda shorts.

bernhardi||**laismunkki** Bernardine **-nkoira** St. (Saint) Bernard.

berni||**läinen** *a ja s* Bernese *(pl* ~) **B-n Alpit** the Bernese Alps **-npaimenkoira** Bernese mountain dog.

betoni[-] concrete (slab *-laatta;* mixer *-mylly;* bollard *-porsas)* ~**elementti** [precast] concrete element ~**raudoitus** [concrete] reinforcement.

bidee bidet.

biennaali biennial.

biis||**ami** = *piisami* **-oni[härkä] 1** *(amerikkalainen* ~) bison *(pl* ~[s]), buffalo *(pl* ~[e]s) **2** *(eurooppalainen* ~) wisent, aurochs *(pl* ~), bison.

bikinit *(sg)* bikini; *(alushousut)* bikini briefs.

bi||**lanssi** balance [sheet] **-lateraalinen** bilateral (treaty *sopimus).*

bileet *(sl) (sg)* hop; shindig.

biljardi *(pl)* billiards; pool ~**keppi** cue.

biljoona billion.

bio||**dynaaminen** biodynamic *(adv* ~ally) (cultivation *viljely)* **-kemia** biochemistry **-kemiallinen** biochemic[al].

biologi biologist ~**a** biology ~**nen** biological.

biorytmi[ikka] biorythm.

birgittalaisluostari Brigittine (Bridgettine) nunnery.

Biskajanlahti the Bay of Biscay.

bitti *(atk ym)* bit.

bitumi[-] bitumen (felt *-huopa;* tar *-terva)* ~**nen** bituminous.

blini blin *(pl* ~i[s], ~y).

blokki *(pol)* bloc.

boda||**aja** bodybuilder **-us** bodybuilding.

Bodenjärvi the Lake of Constance.

bofori Beaufort; *3* ~**n tuuli** gentle breeze; *5* ~**n tuuli** fresh breeze; *8* ~**n tuuli** fresh gale; *10* ~**n tuuli** whole gale.

boheemi Bohemian.

boikot||**oida, -ti** boycott.

boileri boiler.

bokseri *(koirarotu)* boxer.

boksi *(pl)* quarters, digs, diggings ~**kaveri** roommate ~**nahka** box calf.

Bolivia Bolivia b~**lainen** *a ja s* Bolivian.

bolsevi||**kki** Bolshevik, Bolshevist **-stinen** Bolshevist[ic] *(adv* -ically).

bonus *(vak ym)* bonus, premium.

booli punch.

boori boron; *boori*|- boric (acid *-happo);* boracic (ointment, salve *-salva)* ~**vesi** boracic acid solution.

bordeauxviini Bordeaux; claret.

bordelli brothel.

borssikeitto borscht.

Bospori Bosp[h]orus.

boston||**interrieri** Boston terrier (bull) **-valssi** boston.

bourgogne[viini] Burgundy.

Brasilia Brazil, *(pl)* the Brazils b~**lainen** *a ja s* Brazilian.

bravuuri bravura ~**numero** star turn.

Bretagne Brittany b~**lainen** *a ja s* Breton.

briketti briquet[te].

briljantti brilliant.

Brit||**annia** Britain **-tein saaret** the British Isles.

brit||**ti 1** Englishman; *-it* the British **2** *(hist)* Briton ~**läinen** British; ~ *kansainyhteisö* the British Commonwealth of Nations ~**läisyys** Briti|cism, -shism.

brod||**eerata** embroider **-eeraus, -yyri** embroidery.

broileri broiler.

brokadi brocade.

bromi bromine; *bromi*|- bromic (acid *-happo).*

bronkiitti bronchitis.

brosyyri brochure, leaflet.

brutaali brutal ~[**su**]**us** brutality.

brutto[-] gross (price *-hinta;* weight *-paino;* wage *-palkka;* proceeds *-tuotto)* ~**kansantuote** gross national product *(lyh* GNP) ~**rekisteritonni** gross register ton ~**tulot** gross earnings *(sg* income) ~**vetoisuus** *(mer)* gross [register] tonnage *(lyh* G.R.T.).

Bryssel Brussels.

buddhalai||**nen I** *a* Buddhist, Buddhistic[al] **II** *s* Buddhist **-suus** Buddhism.

budjetoi||**da** budget (for *jtk);* *-dut menot* *(tulot)* estimated expenditure (income).

budjet||**ti** budget; *(valtion* ~) *(pl)* the Estimates; *-in* budgetary; *hyväksyä* ~ pass the budget; *laatia* ~ draft (draw up, make) a budget.

budjetti||- budget (period *-kausi;* debate *-keskustelu)* **-esitys** budget proposal, proposed budget **-vuosi** budget (financial, *(Am)* fiscal) year.

bufetti buffet, refreshment room.
buldogi bulldog.
bulevardi boulevard.
Bulgaria 1 Bulgaria **2** b~ *(kieli)* Bulgarian
  b~lainen *a ja s* Bulgarian.
bull‖a *(kirk)* bull **-etiini** bulletin.
bulvaani *(kuv)* dummy, straw (paper) man.
bumerangi boomerang.
bunkkeri *(sot, mer)* bunker; *(sot m)* pillbox.
burleski burlesque.
burmalainen *a ja s* Burmese.
bussi bus; coach **~nkuljettaja** bus driver.

buuata boo.
buuri Boer, Boor **~sota** the Boer War.
byrokraatti   bureaucrat;   *(ark halv)*
  red-tapist **~nen** bureaucratic *(adv* ~ally);
  (ark) red-tape.
byrokrati‖a bureaucracy, officialdom; *(ark)*
  red tape **-soida** bureaucratize.
Bysantti Byzantium **b~lainen** *a ja s*
  Byzantine.
bändi *(ark mus)* band.
Böömi Bohemia **b~läinen** *a ja s* Bohemian.

C

c, C *(kirjain, nuotti)* c, C *(pl* cs, c's Cs, C's).

Caesar Caesar; ~**in** Caesarean.

Calais'n salmi the Straits of Dover.

calmetterokotus BCG vaccination.

campingalue camping site.

Celsiu|s; *-ksen lämpömittari* centigrade (Celsius) thermometer **c~aste** degree centigrade; *pakkasta 10* ~*tta* ten degrees centigrade below zero.

cembalo cembalo, harpsichord.

charm||euse *(tekst)* locknit **-i** charm, attractiveness.

Chile Chile **c~läinen** *a ja s* Chilian.

civis *(yliop)* *(läh v)* collegian, fellow student.

clearingkurssi clearing rate of exchange.

cocktailkutsut *(sg)* cocktail party.

collegepusero college sweater, sweatshirt.

CP-lapsi CP-child, child with cerebral palsy.

cum laude 1 *(koul)* *(läh v)* pass[ed] with distinction **2** *(yliop)* *(läh v)* second year university syllabus.

currykastik|e curry sauce; *kanaa -keessa* chicken curry.

D

d, D *(kirjain, nuotti)* d, D *(pl* ds, d's Ds, D's).

daalia dahlia.

daami *([hieno] nainen)* lady; *(naisseuralainen)* [lady] partner.

dalmatia||lainen *a ja s* Dalmatian **-nkoira** Dalmatian [dog].

damaski||t gaiters, spats; *(säärystimet)* leggings **-teräs** Damascus (damask) steel.

damasti *(tekst)* damask.

Damokleen Damoclean; ~ *miekka* the sword of Damocles.

Dardanellit the Dardanelles.

darvinis||mi Darwinism **-tinen** Darwinian, Darwinistic.

datiivi dative [case].

DDR G.D.R. (German Democratic Republic).

debet *(liik)* debit; *(kirjanp)* debtor ~**puoli** debit side, debtor.

debiili feeble-minded, debilitated.

deby||tantti debutant **-toida** [make one's] debut **-ytti** debut, first public appearance.

deduktio deduction.

deekikse||llä *(-lle); olla* ~ be down and out, be an utter wreck.

defla||atio deflation, disinflation **-torinen** deflatory.

degeneroitu||a degenerate **-nut** degenerate[d].

deistinen deistic *(adv* ~ally).

deka|- deca-, deka|- (litre *-litra; -metre -metri).*

dekaani dean; ~*n* decanal.

dekaden||ssi decadence **-tti** *a ja s* decadent.

dekant||oida decant **-teri** *(kem)* decanter, beaker.

dekkari *(ark);* detective story; *(sl)* whodunit.

dekki [tape] deck.

deklinaatio 1 *(kiel)* declension **2** *(astr)* declination.

dekoratiivinen decorative, ornamental.

deleg||aatio delegation, mission **-oida** delegate.

delfiini dolphin.

Delfoi Delphi; ~*n oraakkeli* the Delphic oracle.

delta delta; *delta|-* deltoid (deposit *-muodostuma)* ~**siipi** *(ilm)* delta-wing.

demagogi demagog[ue] ~**a** demagogy ~**nen** demagogic *(adv* ~ally).

demari social democrat, socialist.

demarkaatiolinja line of demarcation.

dementoida deny, contradict.

demilitarisoida demilitarize.

deminutiivi *(kiel)* diminutive.

demobilisoida demob[ilize].

demokra||atti democrat **-attinen** democratic; *(USA)* ~ *puolue* the Democratic Party **-tia** democracy **-tisoida, -tisoitua** democratize.

demoni d[a]emon ~**nen** d[a]emonic; *(pirullinen)* d[a]emoniac.

demonstra||atio demonstration **-tiivipronomini** demonstrative [pronoun].

demoralisoida demoralize.

denaturoi||da denature **-tu sprii** *(pl)* methylated spirits.

dentaali[nen] *s ja a* dental.

deodor||antti deodorant, deodorizer **-oida** deodorize.

departementti department.

deponentti[verbi] deponent.

depressi||ivinen depressive **-o** depression.

deriv||aatio *(kiel)* derivation; *takaantuva* ~ back formation **-aatta** *(mat)* derivat[iv]e, differential coefficient.

desantti *(sot)* *(läh v)* reconnaisance parachutist.

desentralisointi decentralization.

desi||- deci|- (-gram[me] *-gramma; -litre -litra)* **-beli** decibel.

desimaali decimal; *desimaali|-* decimal (point *-pilkku)* ~**luku** decimal [fraction].

desinf||ektio disinfection **-ioida** disinfect **-ioimisaine** disinfectant.

deskriptiivinen descriptive.

despo||**otti** despot **-ottinen** despotic (*adv* ~ally) **-tismi** despotism; despotic rule.

detalji detail, particular.

determinatiivipronomini determinative [pronoun].

devalv||**aatio** devaluation **-oida** devalu[at]e.

diabeetikko diabetic.

diadeemi diadem.

diagno||**osi** diagnos|is (*pl* -es) **-stikko** diagnostician.

diagrammi diagram.

diakoni (*läh v*) deacon; lay worker ~ssa deaconess   ~ssalaitos deaconesses' institution.

diakuva slide; transparency.

dialogi dialogue ~nen dialogic[al].

dia|**termia** diathermy; *-termia-* diathermic.

didaktiikka (*sg*) didactics.

die||**et**|**ti** diet; *olla -illä* be on a diet **-teetikko** dietician.

diesel||**käyttöinen** diesel-powered **-moottori** diesel engine **-öljy** diesel (heavy) oil.

differentiaali[-] differential (calculus *-laskenta;* equation *-yhtälö*).

diffuusi diffuse[d] ~o diffusion.

diftongi diphthong ~utua diphthongize.

digitaali||**-** digital (watch *-kello;* computer *-tietokone*).

diiva diva, prima donna ~**illa** put on airs and graces ~**ilu** (*pl*) airs and graces.

dikta||**attori** dictator **-torinen** dictatorial **-tuuri** dictatorship.

diletantti dilettant|e (*pl* ~s, -i) ~**mainen** dilettantish.

dilli = *tilli.*

dinaari|**nen** Dinaric (race *rotu;* Alps *D-set alpit*).

dinosauru|**s** dinosaur; *-ksen* dinosauri|an, -c.

Diony||**sos** Dionysus **d-ysinen** Dionysian.

dipata dip.

diplomaatti diplomat[ist]; *diplomaatti-* diplomatic (passport *-passi*) ~**kun**|**ta** diplomatic corps, corps diplomatique; *-nan vanhin* dean of the diplomatic corps ~**nen** diplomatic (*adj* ~ally); (*kuv m*) non-committal (answer *vastaus*) ~**suhteet** diplomatic relations ~**teitse** through diplomatic channels.

diplomatia diplomacy.

diplomi diploma; certificate ~**-insinööri** (*läh v*) graduate engineer, *(lyh)* M. Sc. (Eng).

dipoli (*fys*) dipole.

dippikastike dipping sauce.

disjunktiivinen disjunctive.

diskantti treble, descant, discant; *(äänestä)* nousta ~*in* rise [to a high pitch].

disk||**ata** (*urh ark*); disqualify **-o** disco[theque].

diskont||**ata** discount (a bill with a bank *vekseli pankissa*) **-taus** discount; discounting [of a bill] **-to** discount **-tokorko** discount rate; *(keskuspankin ~)* bank rate.

diskoteekki discotheque.

diskriminoi||**da** discriminate (against *jkta*) **-nti** discrimination.

diskvalifioi||**da** disqualify **-nti** disqualification.

disponibiliteet|**ti** (*dipl*); *asettaa ~in* place .. on the unattached list; *olla -issa* be available, await posting.

divaani divan.

divisioona division; ~*n komentaja* divisional commander.

dogi *ks. buldogi; tanskandogi.*

dogm||**aattinen** dogmatic[al], doctrinal **-atiikka** (*sg*) dogmatics; doctrinal theology **-i** dogma.

dokument||**aarinen** documentary **-oida** document.

dokumentti document; *(lak)* deed ~**elokuva** documentary [film] ~**ohjelma** (*rad, TV*) documentary [programme].

dollari[-] dollar (loan *-laina;* princess *-prinsessa*) ~**nkuva;** ~*t silmissä* cash register turning in one's mind.

Dolomiitit the Dolomites.

dominikaani Dominican [friar], Black Friar **D~nen tasavalta** the Dominican Republic.

domin||**io** dominion **-o** domino (*pl* ~[e]s); *(peli) (pl)* dominoes **-oida** [pre]dominate; *(hallita)* domineer.

donitsi doughnut.

doorilainen Dorian; Doric (order *pylväsjärjestelmä*).

dosentti (*läh v*) [university] lecturer; *(Brit)* senior lecturer, reader, fellow; *(USA)* assistant professor; docent.

draama drama ~**llinen** dramatic (*adv* ~ally).

drama||**attinen** dramatic; *(näytelmällinen)* spectacular; *(jännittävä)* thrilling **-tiikka** (*sg*) dramatics **-tisoida** dramatize **-turgi** dramaturg|e, -ist.

drapeerata drape.

dreeveri (*koirarotu*) dachsbrake, drever.

dreijata turn .. on a lathe.

dresyyri training.

dritteli cask, tub (butter tub *voi~*).

dromedaari dromedary.

drontti *(el)* dodo *(pl* ~[e]s).

dualis||**mi** dualism **-tinen** dualistic *(adv* ~ally).

dub||**bata** *(elok ark)* dub **-lee** gold plate, electroplated gold.

duetto duet.

duffeli duffled (duffel) coat.

dumpata *(liik)* dump.

durra *(kasv)* durra.

duun||**ari** *(ark);* worker **-ata** make; do **-i** job; *olla* ~*ssa jssk* work at.

duuri major; *D-*~ D major; ~*ssa* in the major key.

dyna||**aminen** dynamic[al] **-amisuus, -miikka** *(sg t. pl)* dynamics.

dynamiitti dynamite ~**mies** dynamiter.

dynasti||**a** dynasty **-nen** dynastic.

dyyni dune, sand hill.

džonkki junk.

E

e, E *(kirjain, nuotti)* e, E *(pl* es, e's, Es, E's).

edam[in]juusto Edam [cheese].

edelle ahead (of *jnk (jksta)* ~; set the clock ahead *siirtää kelloa* ~), in advance (get far in advance of the others *päästä kauas muiden* ~); *(ajasta)* before (the week before Easter *pääsiäisen* ~ *sattuva viikko*).

edelleen 1 further (develop further *kehittää* ~); *(eteenpäin)* on (he flew on to London *hän lensi* ~ *Lontooseen*), ahead (read ahead! *lue* ~*!*); onward[s] (from chapter three and onward[s] *luvusta kolme alkaen* ~); *(lisäksi)* furthermore, moreover, besides (it is reported that *kerrotaan että*); also (he also suggested that.. *hän ehdotti* ~ *että)* **2** *(yhä* ~*)* still (do you still live in the country? *asutko* ~ *maalla?*) ▶ **ja niin** ~ and so on; **tehdä** ~*[kin] jtk* keep (go) on doing a th., continue to do a th.; **toimitettavaksi** ~ to be forwarded, *(kirjeessä)* Please forward! *sopimus on* ~ **voimassa** the contract continues [to be] in force, the contract is still valid.

edelli|nen 1 previous (during the three previous years *kolmena -senä vuonna*), *(lähinnä* ~*)* preceding (page *sivu*); last (time *-sellä kerralla;* chapter *luku*); *(entinen)* former, *(aikaisempi)* earlier (owner of the house *talon* ~ *omistaja)* **2** *(edellä esitetty)* foregoing, *(tekstissä)* above (from the foregoing (above) it will be clear that *-sestä selviää että..)* **3** ~ .. **jälkimmäinen** the former .. the latter ▶ *1800-luvun* ~ **puolisko** the first half of the 19th century; *-senä* **päivänä** on the previous (preceding) day, [on] the day before; **tätä** ~ the one before (preceding) this, the previous; *-sellä* **viikolla** during the preceding week, the week before; **viimeistä** ~ the last but one.

edellisvuotinen ..of the previous (preceding) year, ..of the year before (fashion *muoti*);

..during the year before (sales *myynti*).

edellyt|tää 1 *(olettaa)* suppose (everyone is supposed to know the rules *jokaisen -etään tuntevan säännöt)*, presume (candidates are presumed to have read the following books *hakijoiden -etään lukeneen...)*; *(pitää varmana)* take it for granted (that the facts are known *jk tunnetuksi)* **2** *(vaatia)* require (the post requires a knowledge of English *toimi* ~ *englannin taitoa)*; presuppose (an event presupposes a cause *tapaus* ~ *syytä)*, call for (take such steps as seem [to be] called for *toimia tilanteen -tämällä tavalla)*; *(liik m)* be subject to (all prices are subject to a discount of 10% *kaikki hinnat -tävät 10 %:n alennusta)* ▶ *hänen* **edellytetään** *tulevan* it is understood that he will come; **edellyttäen** **että** suppose (supposing, assuming, granted) that.., provided [that] .., on condition (the presumption) that..; **edellyttäkäämme** *että* let us assume that; *kuten* **nimikin** *[jo]* ~ as the name implies; *kirja* ~ *lukijalta* **paljon** the book demands a great deal of the reader.

edellyty|s 1 *(ehto)* precondition (financial preconditions for *jnk taloudelliset -kset)*, *(välttämätön* ~*)* prerequisite (an essential prerequisite of success *menestyksen ehdoton* ~*)*; *(ark)* must (for a happy life *onnellisen elämän* ~*)* **2** *-kset* qualifications (physical (required) qualifications for *fyysiset (vaadittavat) -kset jhk)*; *(sg)* talent (for *jksk, jllk alalle)*; *(mahdollisuus)* *(sg)* chance (every chance of succeeding *kaikki onnistumisen -kset)* **3** *(olettamus)* presupposition; *(ehto)* condition (legal conditions *lailliset -kset)*, presumption (a wrong presumption *väärä* ~*)* ▶ **luoda** *-kset jhk t. jklle* create opportunities (the prerequisite) for; **lähtien** *siitä -ksestä että* assuming (presupposing) that, taking it for granted that; **sillä** *-ksellä että* supposing (assuming) that.., provided [that].., on the presumption (assumption) that..; *(sillä ehdolla että)* on condition (the understanding) that..

edellä I *adv* before (go before *mennä* ~), ahead (run ahead *juosta* ~), in advance, in front; *(ensin)* first (you go first! *mene sinä* ~!), foremost (head foremost *pää* ~); *(yllä)* above (see above *katso* ~!); *(aikaisemmin)* previously **II** *prep ja postp* before (me *minun* ~ni; calm before the storm *tyyntä myrskyn* ~); ahead of, in advance of, *(edessä)* in front of; *kaukana muiden* ~ far ahead (in advance, in front) of the others ▶ **aikaansa** ~ ahead of (before) one's time; **aikataulusta** ~ ahead of schedule; ~ **esitetyt** *huomautukset* the above remarks; **kello** *on 10 minuuttia* ~ the watch is 10 minutes fast (ahead); ~ **mainittu** above-mentioned; *(yllä oleva)* above; ~ **oleva** above (information ~ *olevat tiedot*); ~ *olevaan viitaten* with reference to the foregoing; **olla** ~ *jssk* lead in; *(olla parempi)* be superior to; *olla kehityksessä ikäisi[st]ään* ~ be ahead (in advance) of one's age, be before one's age.

edelläkävijä predecessor, forerunner (of *jnk* ~); precursor (to); *(uranuurtaja)* pioneer (of *jnk* ~; in *jllak alalla)*; *(Am m)* trail blazer; ~*t (m) (sg)* vanguard ~**maa** pioneer (leading) country.

edeltä I *adv* [on] ahead (run ahead *juosta* ~); *(etukäteen)* in advance; *(~käsin)* beforehand (he went beforehand *hän meni* ~); *aavistaa* ~ foresee; *ks.* ~ *s. 32* see above on page 32; *mene sinä* ~! you go first! **II** *postp* before (flee before the enemy *paeta vihollisen* ~).

edeltäjä predecessor (of a p. in an office *jkn* ~ *virassa)*, antecessor; *(edelläkävijä)* precursor, forerunner.

edeltä‖käsin, -päin beforehand (know beforehand *tietää* ~); in advance (pay in advance *maksaa* ~); ~ *määrätty* predestined, foreordained; ~ *tehty suunnitelma* pre-arranged plan **-vä** preceding (the week preceding Christmas *joulua* ~ *viikko*); precedent, antecedent (events ~*t tapahtumat*); ~*t keskustelut (neuvottelut) (m)* preliminaries; *sotaa* ~ *aika (m)* pre-war time[s], time[s] previous (prior) to the war.

edel‖tää precede (the thunderstorm was preceded by a heat wave *ukkosta -si helleaalto)*; *meitä -täneet sukupolvet* the preceding generations; *sotaa -täneinä*

vuosina during the years before the war.

edem‖mäksi farther (we cannot go any farther *emme voi mennä* ~); further (north *pohjoiseen)*; *(kauemmaksi)* farther off; *mennä merta* ~ *kalaan* carry coals to Newcastle **-pänä** farther on (ahead) **-pää** from farther off; *kuten* ~ *selviää* as will be shown (become clear) later.

edes 1 *(myönt yht)* at least (stay at least till tomorrow *viivy* ~ *huomiseen)* **2** *(kielt yht)* even (I don't even know him *enhän* ~ *tunne häntä)* ▶ **ei** ~ not even; **sanomatta** ~ *näkemiin* without even saying goodbye; *oletko* ~ *yrittänyt?* have you tried at all?

edes‖auttaa further (a p.'s efforts *jkn pyrkimyksiä)* **-mennyt** deceased, late **-ottamu‖s** doing; *(hanke)* undertaking; **-kset** carryings-on.

edessä I *adv* **1** in front (and behind *ja takana)*; *(etuosassa)* in the front (do you want to sit in the front? *haluatko istua* ~?) **2** *(tiellä)* in the way (don't stand in the way! *älä seiso* ~!) **II** *postp* before (the door *oven* ~; the public *yleisön* ~); in front of (the house *talon* ~); ahead of (me in the line ~*ni jonossa)*; *(kuv)* in [the] face of (difficulties *vaikeuksien* ~); *(vieressä)* by (the mirror *peilin* ~) ▶ *hänellä on* **elämä** ~*än* he has the whole life before him; **oikeuden** ~ in court, before the court; ~ **oleva** ..ahead, ..in front; *(tuleva)* coming, ..to come; **olla** *vaikean ongelman* ~ be faced (face to face, confronted) with a difficult problem; *sellainen tehtävä on* ~*ni* such a task awaits me; *meillä on* ~*mme* **suuria vaikeuksia** there are great difficulties ahead (in store for us); *älä seiso valon* ~! don't stand in my light! *olla* **voimaton** *jnk* ~ be powerless against.

edessäpäin; *paremmat ajat ovat [vielä]* ~ better times are yet to come.

edestakai‖nen to-and-fro, backward-and-forward; *(ylös alas)* up-and-down; ~ *matkalippu* return *(Am* round-trip) ticket **-sin** to and fro, up and down (pace up and down *kävellä* ~); back and forth (rock back and forth *heilua* ~); backward[s] and forward[s] (travel backward[s] and forward[s] between Lon-don and Paris *matkustaa* ~ *Lontoon ja Pariisin väliä)*; *matkasta)* there and back (it's 10 km there and back *matkaa on* ~ *10 km*).

edestä I *adv* **1** *(~päin)* from the front (the wind blowing from the front ~ *puhaltava tuuli)*; *(etuosasta)* in (at) the front (I got a seat too far in (at) the front *sain paikan liian [kaukaa]* ∼) **2** *(tieltä)* out of the way (get out of the way *mennä pois* ∼) **II** *postp* **1** *(jnk* ∼*)* from before (the fire *takan* ∼); from the front of (the house *talon* ∼) **2** *(puolesta)* for (run for one's life *juosta henkensä* ∼) ▶ ∼ **auki** *[oleva]* open in (down) the front; **koko rahan** ∼ for all the money's worth; *tuhannen* **markan** ∼ for one thousand marks; **pois** ∼*! (m)* give (make) way! *ei edes* **viiden pennin** ∼ not even five pennies' worth.

edestäpäin from the front (seen from the front ∼ *nähtynä*); in the front (the house was lit in the front *talo oli valaistu* ∼).

edesvastuu; *joutua* ∼*seen jstk* have to answer for; *laillisen* ∼*n uhalla* under penalty of law; *pääsy laillisen* ∼*n uhalla kielletty* trespassers will be prosecuted; *saattaa jku* ∼*seen* bring a p. to justice, sue a p. (for *jstk*) ∼**ton** irresponsible.

edetä 1 proceed (slowly *hitaasti*), move (pass) on; *(sot)* advance; move (push) forward; *(fys)* be transmitted, travel **2** *(edistyä)* progress; make progress (the disease made rapid progress *tauti eteni nopeasti*); advance (a fair chance to advance *hyvät etenemisen mahdollisuudet*), be advanced (to the position of assistant manager *apulaisjohtajaksi;* the autumn was well advanced *syksy oli jo edennyt pitkälle*).

edisty‖kselli‖nen progressive; reforma|tive, -tory (strivings *-set pyrkimykset*); *(henk)* advanced (in one's views *mielipiteiltään*) **-minen** advance; *(edistys)* progress; progression; *(kehitys)* development; *(paraneminen)* improvement **-nyt** advanced; *englantia -ne[emm]ille* English for advanced students; *ranskan kurssi -neille* advanced course in French.

edisty‖s progress; *(kehitys)* development; *(uudistus)* reform; *-ksen mies* progressionist; reformist, advocate of reform; *-ksen vastainen* anti-progressive, reactionary; *-ksen vastustaja* enemy of progress ∼**askel** step forward (a big step forward *suuri* ∼), improvement (in the field of physics *fysiikan alalla*), advance (advances in medicine *lääketieteen* ∼*eet*); ∼*eet (m)* strides, *(sg)* progress ∼**mieli|nen** progressive (ruler *hallitsija*), advanced (ideas *-set ajatukset*); ∼ *mies* a man of progressive (advanced) ideas ∼**pyrkimykset** strivings for progress;

progressive aspirations.

edistyvä; *nopeasti (hitaasti)* ∼ ..making rapid (slow) progress.

edisty‖ä progress (how are the investigations progressing? *kuinka tutkimukset -vät?*), proceed (the matter is proceeding slowly *asia -y hitaasti*); make progress (in one's studies *opinnoissaan*); advance (has civilization advanced during this century? *onko sivistys -nyt tällä vuosisadalla?*) ▶ ∼ **hyvin** *(huonosti)* make good (little) progress; **oppilas on** *-nyt huomattavasti (m)* the pupil has greatly improved; *potilaan* **paraneminen** *-y nopeasti* the patient is making rapid progress; ∼ **suuresti** make great strides (in *jllak alalla*); *kuinka* **työsi** *-y?* how are you getting on with your work?

edis‖täjä promoter, furtherer **-tämi‖nen** promotion; advancement (of science and art *tieteen ja taiteen* ∼), furtherance (for the furtherance of public welfare *yleisen hyvinvoinnin -seksi*); *(kehittäminen)* cultivation, development, *(parantaminen)* improvement (of friendship between nations *kansojen välisen ystävyyden* ∼) **-tävä;** *terveyttä* ∼ conductive (beneficial) to health; *verenkiertoa* ∼ *lääke* a drug for the stimulation of circulation **-tävästi;** *vaikuttaa jtk* ∼ have the effect of advancing (furthering) a th. **-tää 1** promote (world peace *maailman rauhaa*; the arts and sciences *taiteita ja tieteitä*); advance (trade and industry *kauppaa ja teollisuutta*; the cause of freedom *vapauden asiaa*), further (the development of *jnk kehitystä;* the cause of peace *rauhan asiaa*; the work of the society *yhdistyksen työtä*), forward (the education of youth *nuorison kasvatusta*); encourage (a p.'s endeavo[u]rs *jkn pyrkimyksiä*), *(kehittää)* develop (international understanding *kansainvälistä yhteisymmärrystä*); *(suosia)* foster (the export trade *vientikauppaa*); *(parantaa)* improve; *(∼ osaltaan)* contribute to the welfare of *jnk hyvinvointia*); ∼ *ruoansulatusta* assist [the] digestion; ∼ *verenkiertoa* stimulate the circulation **2** *(kellosta)* be fast (my watch is 10 minutes fast *kelloni* ∼ *10 minuuttia*), gain (a minute a day *minuutin päivässä*).

editse along [the front of] (a road along [the front of] the house *talon* ∼ *kulkeva tie*); *(ohi)* past; *poikittain jnk* ∼ across the front of.

edulli|nen 1 advantageous (to *jklle;* price *hinta*); *(suotuisa)* favo[u]rable (terms *-set ehdot;* weather *sää;* opportunity *tilaisuus;* impression *vaikutelma*); *(hyödyllinen)* useful, ..of use (to *jllk;* for *jhk*); helpful, beneficial (to the health *terveydelle*) **2** *(tuottava)* profitable (investment *sijoitus*), *(kannattava)* remunerative (business *toimi*); economical (stove *liesi*) ▶ *olla jkta -semmassa* **asemassa** have the advantage of, *(ark)* have an edge over; *-sella* **hinnalla** *(m)* at a fair (bargain, reasonable) price; ~ **kauppa** a good (real) bargain (buy), good value, *(ark)* a good deal; *saada* ~ **käsitys** *jstk* be favo[u]rably impressed by; ~ **tarjous** *(m)* [good] bargain; ~ **ulkomuoto** attractive appearance; *esittää -sessa* **valossa** put .. in a favo[u]rable (positive) light.

edulli||sesti *(m)* advantageously; *-semmin* to the (one's) best advantage *(ks m edullinen)* **-suus** advantage[ousness]; profitableness.

edun||saaja beneficiary **-tavoittelu** pursuit of [one's] interests.

eduskun|ta [national] parliament (unicameral parliament *yksikamarinen* ~); *(muualla kuin Brit ja USA)* diet; *hajottaa (kutsua koolle)* ~ dissolve (convoke) parliament; *-nan* parliamentary (committee *valiokunta*) ~**-aloite** bill; motion ~**keskustelu** parliamentary debate ~**käsittely** *(pl)* parliamentary proceedings (with *jnk* ~) ~**laitos** system of representation ~**ryhmä** parliamentary group ~**talo** parliament house ~**vaalit** *(sg)* general election, election of the parliament (diet).

edusta front (in front of the house *talon* ~*lla*); *Helsingin (rannikon)* ~*lla* off Helsinki (shore).

edust|aa 1 *(~ jkta)* represent, be the representative of (one's family *perhettään*), act for (on behalf of) (a p. in court *jkta oikeudessa*); *(olla -ettuna)* be represented by (the minister was represented by his secretary *ministeriä -i hänen sihteerinsä*); *(erik liik)* *(olla edustaja)* be the agent of (a company *yhtiötä*); be agents for (office machinery *konttorikoneita*) **2** *(kuv)* be an advocate (exponent) of (an idea *jtk aatetta*); *(kannattaa)* support, stand for (an opinion *jtk mielipidettä*) **3** *(merkitä)* represent (X

represents the unknown *X* ~ *tuntematonta*), stand for; denote, mean; *(ilmentää)* signify, symbolize (X symbolizes youth in the novel *romaanissa X* ~ *nuoruutta*); *(josk)* *(olla jk)* be (the chair is Empire style *tuoli* ~ *empiretyyliä;* I am one of those Finns who.. *-an niitä suomalaisia jotka..*) **4** *(järjestää kutsuja)* entertain (diplomats are used to entertaining *diplomaatit ovat tottuneet -amaan*).

edustaja *(eri merk)* representative (of *jnk* ~) **1** *(valtuutettu)* delegate, deputy, proxy; *(oikeudessa)* attorney; *(asiamies)* procurator, commissioner; *toimia jkn* ~*na (m)* act for (on behalf of) a p. **2** *(liik m)* agent (for, of *jnk* ~); salesman (of an insurance company *vakuutusyhtiön* ~) **3** *(kuv m)* advocate, *(kannattaja)* upholder (of new ideas *uusien aatteiden* ~) ~**inhuone** *(USA)* the House of Representatives ~**kamari** *(Ranskan* ~) the Chamber of Deputies ~**npaik|ka** seat [in the parliament (diet)]; *luopua -astaan* resign one's seat.

edustajisto *(pl)* representatives; representative body; *(järjestön* ~) *(pl)* delegates.

edusta||va 1 representative (of *jtk* ~; art collection *taidekokoelma*); *(jtk* ~) representing (the minority *vähemmistöä* ~); ~ *valikoima* good selection (choice) **2** *(tyylikäs)* distinguished (appearance *ulkomuoto*); elegant; impressive, imposing (surroundings *ympäristö*) **-vuus 1** representativeness **2** distinction.

edustu|s 1 representation (of *jnk* ~); *(edustajisto m)* *(pl)* representatives (in Olympic Games *olympialaisissa*) **2** *(liik)* agency (for England *Englannissa;* the company has agencies in all parts of Europe *yhtiöllä on -ksia kaikkialla Euroopassa*); *yhtiöllänne ei ole* ~*ta maassamme* your company is not represented in our country ~**joukkue** representative team ~**menot** entertainment expenses ~**tarkoitu|s;** *-ksiin* for representative purposes ~**tehtäv|ä;** *toimia -issä* be a representative ~**tilaisuus** social reception ~**to;** *kaupallinen* ~ trade (commercial) mission; foreign service.

E-duuri E major.

eeben|holtsi, -puu ebony.

eekkeri acre.

eep||os epic **-pinen** epic[al] (poem *runo*).

Eesti 1 Estonia **2** *e~ (kieli)* Estonian. **e~läinen** *a ja s* Estonian.

eetteri ether **~nukutus** etherization.

eettinen ethic[al].

efektiivinen effective.

egois||**mi, -ti, -tinen** ego|ism, -ist, -istic[al].

egosentrinen egocentric.

Egypti Egypt **e~läinen** *a ja s* Egyptian.

egyptologi Egyptologist **~a** Egyptology.

ehdok|**as** candidate (for *jhk virkaan); (nimetty ~)* nominee; *(kirk)* presentee; *asettaa* -**kaaksi** *(jhk)* nominate (for), put up [as a candidate] (for); *asettua* -**kaaksi** *(jhk)* enter as a candidate (for); *(pol)* stand *(Am run)* (for); *olla* -**kaana** *jhk* run for **~lista** list of candidates; *(Am m)* ticket, sleet.

ehdokkuus candidature, *(Am)* candidacy (for an office *jhk virkaan); (kirk)* presentation.

ehdollinen conditional (equation *yhtälö); saada ~ tuomio* be given a conditional (suspended) sentence, be put on probation.

ehdonalai|**nen;** *päästää* -**seen vapauteen** release on probation; *(Am)* [release on] parole.

ehdote[lma] proposal, suggestion (for rules *säännöiksi); (luonnos)* outline, scheme (for *jksk),* draft, *(Br m)* draught (of *jnk ~).*

ehdot|**on 1** *(täydellinen)* absolute (truth *totuus); (varaukseton)* unconditional (supporter *kannattaja),* unqualified (consent *suostumus)* **2** *(kiistämätön)* unquestionable (authority *auktoriteetti),* undisputed (leader of the group *joukon ~ johtaja); (-toman varma)* categorical, positive (refusal *kielto);* absolute (necessity *välttämättömyys),* definite (time limit *aikaraja);* necessary, imperative (duty *velvollisuus); (järkkymätön)* unquestioning (loyalty *uskollisuus); (henk m)* inflexible (in one's views *mielipiteissään)* **3** *(sl); (erinomainen)* superb; great, gorgeous ▶ *~* **edellytys** indispensable (essential) condition; *(pol) ~* **enemmistö** absolute (clear) majority; *-toman* **luottamuksellinen** strictly confidential; *-toman* **varma** *asia* absolute (dead) certainty.

ehdot|**taa 1** *(tehdä ehdotus)* propose (a th. to *jtk jklle);* Mr N for chairman (an office) *herra N:ä puheenjohtajaksi (virkaan));* suggest, put .. forward (for treasurer *rahastonhoitajaksi); (kokouksessa ym)* move (that the money be used for books

että rahat käytetään kirjoihin) **2** *(suosittaa)* recommend (a change of occupation *ammatinvaihtoa);* that something should be done *jtk tehtäväksi);* suggest (a better method *parempaa menettelytapaa);* put forward (several alternatives *useita vaihtoehtoja); ~ hyväksyttäväksi* recommend for adoption; *-taisin ettet tee sitä (m)* I advise you not to do that.

ehdotto||**masti** absolutely (right *oikein;* necessary *tarpeen); (välttämättä)* necessarily; *(kiistatta)* positively (true *totta); (kerta kaikkiaan)* definitely (the last time *viimeinen kerta);* by far (the best *paras);* *asia on ~ tutkittava* it is imperative that the matter be investigated **-muus** absoluteness; positiveness.

ehdotu|**s** proposal (for *jstk;* for mutual disarmament *molemminpuolisesta aseistariisunnasta); (erik Am m)* proposition; suggestion (agree to a suggestion *suostua* -**kseen); *(kokouksessa)* motion (carry (reject) a motion *hyväksyä (hylätä) ~); jkn* -**ksesta** at a p.'s proposal (suggestion) *(kokouksessa)* on the motion of; *tehdä ~* make (submit) a proposal (proposition), offer a suggestion, come forward with a proposal.

ehey||**s** wholeness, entireness; *(kiinteys)* soundness; *(yhtenäisyys)* unity; *(koskemattomuus)* integrity; *(kuv)* perfection, *(sopusointu)* harmony **-ttäminen** integration, unification **-ttämispyrkimys** unitary effort **-ttää** unify, unite, integrate (a party *puolue); (kuv)* harmonize **-tys** integration; unification; harmonization.

ehjä 1 whole (plate *lautanen),* sound (wall *seinä),* unbroken (package *pakkaus),* undamaged (window *ikkuna); (koskematon)* intact (seal *sinetti); (vaatteista)* ..not worn out, good; *ehjin nahoin* safe and sound **2** *(yhtenäinen)* whole, unbroken (coastline *rantaviiva),* blank (wall *seinäpinta)* **3** *(kuv)* harmonious (whole *kokonaisuus).*

ehkä perhaps, maybe; *(mahdollisesti)* possibly, *(kys laus m)* by any chance.

ehkäi||**seminen** prevention; *jnk* -**semiseksi** for the prevention of, to prevent a th. **-sevä** preventive (treatment *hoito),* precaution|al, -ary (measures *~t keinot); (lääk)* prophylactic; prohibitive, restrictive (influence *vaikutus); ~t* **toimenpiteet** *(m)* precautions **-sevästi;** *vaikuttaa* ~ *jhk* have a preventive (checking, an inhibitory) effect on **-stä 1** prevent (an epidemic *epidemia;* the contraception *hedelmöityminen*), *(~ varotoimin)* provide (guard) against (a disease *tautia*); *(kuv)* thwart (the execution of a plan *suunnitelman toteuttaminen*); *(torjua)* avert (an accident *onnettomuus*); *(estää)* check, keep back, hold up (the advance of the enemy *vihollisen eteneminen*); *(tyrehdyttää)* suppress, stop, sta[u]nch (a haemorrhage *verenvuoto*) **2** *(hidastaa)* arrest (the natural growth *luonnollista kasvua*), hinder, obstruct (the progress *edistystä*); ~ *jnk kasvua* stunt .. in its growth, dwarf.

ehkäisy prevention; *(hillitseminen)* restraint; *(tukahduttaminen)* suppression; *(raskauden ~)* contraception; *kasvun ~* stunting, dwarfing; *verenvuodon ~* sta[u]nching *(ks m ehkäistä)* **~keino** preventive measure; *(syntyvyyden ~)* method of birth control; *~t (m)* preventives **~menetelmä** method of birth control **~neuvonta** family planning advice; instruction on birth control **~piller|i** the Pill (be on the Pill *käyttää -eitä*) **~toimi** precaution; *ryhtyä ~in* take precautions (against *jnk varalta*) **~vaahto** spermicidal foam **~väline** contraceptive, preservative; *~et (m)* preventives.

ehos||taa, -te make up.

eh|tiä 1 *(keritä)* have (find) [the] time (to do *tehdä jtk*; if I can find the time *jos -din*); *(tulla ajoissa)* arrive in time (at the station *asemalle*) **2** *(päästä)* reach (the town by two o'clock *kaupunkiin kahdeksi*); *(edetä)* get (how far have you got with your studies? *kuinka pitkälle olet -tinyt opinnoissasi?*) ▶ *en -di ajoissa töihin (m)* I'll be late for work; *hän -ti ensimmäisenä perille* he was the first to arrive, he got there first; ~ *junalle* catch the train, be in time for the train; *hän ei -tinyt junalle* he missed the train; *hän -ti nähdä sen [ennen kuolemaansa]* he lived to see it; *-ditkekö* **puhua** *hetkisen kanssani?* can you spare me a minute? ~ **tehdä** *jtk* manage to accomplish; get .. done; *(tehdä loppuun)* manage to finish; *en -di tehdä sitä* I have no time for (to do) that; *en -di* **tulla** I can't manage to come; *(ark)* I can't make it.

eh|to 1 condition (on certain conditions

tietyin -doin); (~ *sopimuksessa)* stipulation, provision; *(rajoittava ~)* proviso *(pl ~[e]s)* (subject to the proviso that *sillä erityisellä -dolla että*); *(~lauseke)* clause; *-dot* terms (on easy terms *edullisin -doin*; at your own terms *Teidän omilla -doillanne*) **2** *(edellytys)* condition (on one condition *yhdellä -dolla*), prerequisite (of success *menestymisen ~*) ▶ **asettaa** *~ja jklle* make a p. conditions, state one's terms to; **ehdoin tahdoin** deliberately, intentionally; on purpose; **ehdoitta** unconditionally; *olla* **ehdolla** *jksk, jhk virkaan* be a candidate for; **ei millään** *-dolla* on no condition (account); under no circumstances; *(ei missään tapauksessa)* by no means; **millä** *-doilla?* on what terms (conditions)? *olla jnk ~na* be a condition for; **panna** *-doksi* make .. a condition; make it (lay it down as) a condition that..; *(koul)* **saada** *-dot* be moved up conditionally; *sillä -dolla että* on condition (the understanding) that.., provided [that]..; *(koul)* **suorittaa** *-dot (läh v)* pass an examination for academic probation; **täyttää** *-dot* fulfil (meet, comply with) the conditions.

ehto||lainen *(Br läh v)* academic probationer **-laiskurssi** *(Am läh v)* preparatory summer course; *(Br läh v)* academic probation **-lause** *(kiel)* conditional clause **-lauseke** *(liik)* provisory clause.

ehtoo; *elämän ~* the evening of one's life.

ehtoolli|nen the [Holy] Communion, Lord's Supper; *käydä -sella* partake of the Communion, go to [Holy] Communion.

ehtoollis||astiat chalice paten and pyx **-kalkki** Communion cup, chalice **-leipä** sacramental bread (wafer), the Host; *(erik kat)* the Sacrament **-pöytä** Communion (Lord's, holy) table **-viini** Communion (sacramental) wine.

ehty||minen running dry, drying up; *(kuv)* exhaustion, depletion (of strength *voimien ~*) **-mät|ön** inexhaustible, unfailing (source *lähde*); exhaustless (wealth *-tömät varat*) **-ä** run dry (the well has run dry *lähde on -nyt*); *(kuv)* fail (the supplies failed *varastot -ivät*), run short, ebb [away] (his fortune is beginning to ebb *hänen rahavaransa alkavat ~*); be exhausted (the mine was exhausted *kaivos -i*).

ehyt ks. **ehjä** **~laitainen** *(kasv)* entire.

ei I *kieltovb* **1** *(itsenäisenä vastauksena)* no

2 *(lauseessa)* not II *s* no *(pl ~[e]s)* (an emphatic no in reply *vastaukseksi jyrkkä ~)* ▶ *(ks hakus älä; ks m koskaan, kukaan, yhtään)* ~ **ainoastaan** .. *vaan myös* not only .. but [also]; **ei** .. **ei[kä]** neither .. nor; *minä en mennyt* **eikä** *hänkään* I didn't go neither (nor) did he; **eikö?** really? is that so? *~kö niin?* don't you think so? *hän on sisaresi ~kö niin?* she is your sister isn't she? **eiköhän** *ole parasta että* wouldn't it be best [that]..; **eipä** *tietenkään* of course not; ~ **siinä kyllin** and what's more, to make the matter worse.

ei|- non|- (--professional *--ammattimainen;* --European *--eurooppalainen;* --Christian *--kristitty;* --Socialist *--sosialistinen;* --belligerent *--sotaakäyvä); (josk)* un|- (-wanted, -desirable *--toivottu).*

ei-kenenkään-maa no man's land.

eilen yesterday; ~ *aamulla* yesterday morning; ~ *illalla (m)* last night.

eili|nen I *a* yesterday's (paper *lehti); hän ei ole -sen teeren poikia* he wasn't born yesterday **II** *s* yesterday; *-sestä asti* since yesterday; *-stä vasten yöllä* [on] the night before last; *-sestä viikko* a week ago yesterday, *(Br m)* yesterday week.

eilis||aamu/na] yesterday morning *-ilta/na]* yesterday evening; last night *-päivä* yesterday *(m kuv); ~n* .. of yesterday.

einekset ready-|prepared (-cooked) foods, ready-to-eat food products; *(sg)* delicatessen.

Eire; *~n vapaavaltio* Irish Free State.

eis *(mus)* E sharp.

ei-ääni no *(pl ~[e]s),* nay.

ejektori ejector, knock-out.

EKG *(lyh)* (= *elektrokardiogrammi)* ECG.

ekokatastrofi ecocatastrophe.

ekologi||a ecology *-nen* ecologic[al].

ekono||mi Bachelor of Economic Sciences *(lyh* B.Sc. (Econ.)) *-mia* economy *-minen* economic *(adv ~ally).*

eko||systeemi ecosystem *-tyyppi* ecotype.

eKr. *(lyh)* B.C. (= before Christ).

eksentri||nen eccentric *(adv ~ally)* **-syys** eccentricity.

ekshibitionis||mi exhibitionism **-ti** exhibitionist.

eksistentialis||mi, -ti, -tinen existential|ism, -ist, -ist[ic] *(adv ~ally).*

eksklusiivinen exclusive.

ekskursio excursion.

eksogeeninen exogenous.

ekso||ottinen exotic *(adv ~ally)* **-tiikka** exoticness.

ekspans||iivinen expansive **-io** expansion.

ekspertti expert (in, on *jllak alalla).*

eksplementtikulma explementary angle.

eksponentti exponent; *(mat m)* power.

ekspressionis||mi, -ti, -tinen expression|ism, -ist, -ist[ic] *(adv ~ally).*

ekstaasi ecstasy; ecstatic fit; *olla ~ssa* be in ecstasy.

ekstra extra.

ekstrakti extract; essence.

ekstrover||sio extroversion **-tti** extrovert.

eksyk||sissä *(-siin)* astray, lost; *joutua -siin* lose one's way, get lost, go astray.

eksy||mä *(mer)* deviation; *(rad)* bearing error **-nyt** stray (sheep *lammas),* lost (child *lapsi)* **-ttää** lead .. astray; *(kuv m)* mislead, misguide; deceive, delude; ~ *jäljiltä* put off the scent **-ä** go astray, get lost; lose one's way (in the dark *pimeässä); (joutua harhateille)* stray *(m kuv)* (off the road *tieltä;* from the truth *totuudesta;* across the border by mistake *vahingossa rajan yli); (poiketa)* deviate, wander (from a path *polulta;* from the truth *totuudesta)* ▶ **tekstiin** *on -nyt painovirhe* a typographical error has found its way into the text; ~ **toisistaan** stray apart, lose one another; *kuinka olet* **tänne** *-nyt?* what brings you here?

ekume||eninen ecumenical **-nia** ecumenicalism.

ekvaattori equator.

elanto living (make a living [by] selling books *hankkia ~nsa myymällä kirjoja),* livelihood (obtain one's livelihood from *saada ~nsa jstk).*

elasti||nen elastic *(adv ~ally)* **-suus** elasticity.

elatu|s maintenance, support (of a family *perheen ~),* keep (contribute to a p.'s keep *avustaa jkn -ksessa); (elanto)* living, livelihood; *ansaita (hankkia, saada) -ksensa* earn (make, gain, get) one's living (livelihood) (by *jllak;* from *jstk); ansaita -ksensa rehellisellä työllä* make an honest living; *hankkia vaivalloisesti -ksensa (m)* eke out a living; *kustantaa jkn* ~ support (provide for) a p. **~apu** maintenance [allowance]; *(puolisolle)* alimony; separation allowance ~**kustannukset** [costs of] maintenance ~**velvollisuu|s** maintenance liability *(pl* obligations); *-den laiminlyöminen* non-support.

ele gesture (a mere gesture *pelkkä ~;* gestures of an orator *puhujan ~et); (liike)* motion; *~et* gestures, gesticulations; *diivan ~in* with an air of a diva; *hän ei tehnyt ~ttäkään auttaakseen* he didn't lift a finger to help **~etön** unaffected, natural (friendliness *ystävällisyys*); artless (appearance *olemus*), *(vaatimaton)* unassuming, modest (behavio[u]r *käytös*).

elefantti elephant **~tauti** elephantiasis.

elegan‖ssi elegance **-tti** elegant.

elegi‖a elegy (on *jstk); kirjoittaa ~ jstk* elegize [upon] a th. **-nen** elegiac; *~ mitta (pl)* elegiacs.

elehtiä gesture, make gestures (with one's hands *käsillään*); gesticulate.

elekieli‖i gesture (sign) language; *-ellä (m)* in mime.

elektro‖- electro- *(-dynamics -dynamiikka; -lysis -lyysi; -magnetic[al] -magneettinen; -scope -skooppi; -technics -tekniikka).*

elektro‖di electrode, element; *negatiivinen ~* cathode; *positiivinen ~* anode **-kardiogrammi** electrocardiogram *(lyh* ECG).

elektoni electron **~ikka** *(sg)* electronics **~ikkainsinööri** electronic[s] engineer **~musiikki** electronic music **~nen** electronic *(adv ~*ally) **~putki** electron tube (valve).

elellä live; *~ huolettomana* lead a carefree life; *~ toimettomana* pass time, vegetate.

element‖ti 1 element (the four elements *neljä ~ä; (kuv)* be in one's element *olla -issään)* **2** *(tekn)* prefabricated unit; *(betoni~)* precast element **~rakennustekniikka** prefabricated construction [method], precast method, panel construction **~rakentaminen** prefabricated building **~rakenteinen** prefabricated, precast **~talo** prefabricated house **~tehdas** prefabrication factory.

elet‖ty lived, passed (life *elämä), (koettu) ..*experienced, ..lived through (joys and sorrows *-yt ilot ja surut); -yt 60 ikävuotta* the sixty years of one's life.

eli or; in other words.

eliitti *(us pl)* élite, *(Am)* elite, *(ark)* (*»kerma»)* cream, pick of society *yhteiskunnan ~*) **~taide** elitist art.

eliksiiri elixir (of life *elämän ~*).

elime‖llinen organic *(adv ~*ally) (whole *kokonaisuus;* disease *vika)* **-nsiirto** transplantation.

elimin‖oida eliminate (the threat of war *sodan uhka; (mat)* an unknown quantity *tuntematon suure), (poistaa)* remove (the possibility of *jnk mahdollisuus)* **-ointi** elimination.

elimistö system (harmful to a p.'s system *vaarallinen jkn ~lle); (pl)* the organs; *(biol)* organism (of a plant *kasvin ~*).

eli‖n 1 *(anat)* organ (functions of the organs *~ten toiminta); -met (m) (sg)* system **2** *(hallinto~)* organ (organs of the State *valtion -met;* an official organ *virallinen ~*); body (an international body *kansainvälinen ~;* decision-making (executive) bodies *päättävät (toimeenpanevat) -met);* agency (the agencies of the U.N. *YK:n -met); neuvoa-antava ~* advisory (consultative) body (committee, board, agency).

elin‖aika lifetime, span (duration) of life; duration of existence; *-ajaksi* for life; *jkn ~na* during a p.'s life[time], in a p.'s lifetime; *kaiken ~ni* all my life; as long as I live; *keskimääräinen ~* normal (average) span of life, average duration of life **-aikainen** lifelong (friendship *ystävyys),* ..for life **-alue** *(biol)* biotope **-ehto** lifeblood; prerequisite, vital necessity (condition) (of *jnk ~*); *vaitiolo on onnistumisemme ~* secrecy is vital (of vital importance) to our success **-hermo** lifeblood; life nerve (cut a people's life nerve *katkaista kansan ~*) **-ikä** lifetime, life-span; *-iän kestävä* life[long], [..of a] lifetime; *odotettavissa oleva ~* life expectancy; *todennäköinen ~* expectation of life **-ikäi‖nen** lifelong (injury *vamma;* friendship *ystävyys*), life (membership *jäsenyys); -ikäinen* lifetime (bonds *-set siteet)* **-juur‖i** *(tav -et)* root[s] of existence (strike at the roots of existence *jäytää jnk ~a)* **-kauti‖nen I** *a* life (sentence *tuomio),* ..for life (imprisonmet *vankeusrangaistus)* **II** *s* life [sentence]; *hän sai -sen* he got life **-kautisvanki** life prisoner, prisoner for life; *(ark)* lifer.

elinkeino source (means) of livelihood; line of business (occupation); *(toimiala)* industry (commerce and other industries *kauppa ja muut ~t); (ammatti)* occupation; business; *(erik käytännöllinen ~)* trade; *~t* industries; *harjoittaa jtk ~a* carry on (pursue) a trade **~elämä** economic (business, industrial) life; trade [and commerce]; industry and commerce (trade), commercial and industrial life

~nhaara branch of trade (industry) **~nharjoittaja** trader; *(yrittäjä)* entrepreneur, *(Am)* enterpriser; *(teollisuudessa)* manufacturer; producer; *(kaupallisella alalla)* tradesman, businessman; *(käytännön ammatissa)* tradesman, handicraftsman; *~t (m)* trades|folk, -people; *itsenäinen ~* independent entrepreneur **~vapaus** freedom of trade (occupation).

elin||**kelpoinen** ..capable of living (surviving); *(kuv)* viable **-kelpoisuus** viability **-korko** [life] annuity; *pysyvä ~* perpetuity **-kustannukset** *(sg)* cost of living **-kustannusindeksi** cost-of-living *(Am* consumer price) ind|ex *(pl m* -ices); *sitoa palkat ~in* peg wages to the cost-of-living index **-kykyinen** viable **-kykyisyys** viability **-mahdollisuus** possibility of making a living; *(-olot) (pl)* living conditions **-piiri** *(biol)* territory; habitat **-päiv**|**ä;** *~t* days [of one's life] (the last days of his life *hänen viimeiset ~nsä*; all my days *kaikkina -inäni*).

elintarvik|**e;** *-keet* foods, food stuffs (products); *-keiden hinnat* food prices **~hygienia** food hygiene **~liike** food shop *(Am* store), grocer's (grocery) [shop, *Am* store] **~pula** food shortage, scarcity of food[stuffs] **~säännöstely** food rationing **~teollisuus** food industry **~varasto** food supply, *(pl)* provisions; *(mer)* victualling yard.

elin||**taso** standard of living (a high standard of living *korkea ~*), living standard; *~ nousee (laskee)* the standard of living rises (falls) **-tasokilpailu** ratrace **-tasoyhteiskunta** status society **-tensiirto** transplantation **-tila** living space; *(pol)* Lebensraum **-toiminto** vital function **-tärkeä** vital, ..of vital importance (to *jllk),* *(kuv m)* essential (question *kysymys;* to, for *jllk)* **-voima** vitality, vital force (energy); *(erik Br m)* vigour, *(tarmo)* stamina; *saada uutta ~a* get (take) a new lease of life **-voimainen** vital, ..full of vitality; *(miehestä)* virile; vigorous (plant *kasvi);* *(kuv)* live, living (enterprise *yritys);* *(-kykyinen)* viable (idea *aate)* **-voimaisuus** vitality **-ympäristö** setting, environment.

Elisabet Elizabeth; *~in aikainen* Elizabethan.

elitistinen élite; exclusive.

eliö [living] organism, living being **~jäte**

fossil **~stö** set of [living] organisms; population; *vedessä kelluva ~* plankton.

elkeet vagaries; *(sg)* caprice; *(josk) (eleet)* gestures (of a conqueror *valloittajan -keet);* *tytöllä on kummia -keitä* she is full of caprice.

elle|**i** if .. not, in case .. not (in case you don't want to buy it *-t halua ostaa sitä);* unless (otherwise stated *toisin ole ilmoitettu).*

ellip||**si** *(geom)* ellipse; *(kiel)* ellips|is *(pl* -es) **-tinen** elliptic[al] (orbit *rata;* expression *sanonta).*

elo 1 life (not the slightest sign of life *ei pienintäkään ~n merkkiä;* the struggle of life *~n taisto)* **2** *(vilja)* corn; *(Am)* grain; *(pl)* crops ▶ *antaa ~a jhk* give life to, bring .. to life, *(kuv)* invigorate; **jättää** *~on* let .. live; **jäädä** *~on* survive (a catastrophe *katastrofin jälkeen); ~on* **jäänyt** surviving (spouse *puoliso); ~on* **jääneet** those surviving, the survivors; *~ssa* **oleva** living, *(~on jäänyt)* surviving; **olla** *~ssa* be alive (living).

elohopea 1 *(kem)* mercury **2** *(kuv)* quicksilver; *vilkas kuin ~* mercurial, volatile; temperamental **~myrkytys** mercurial poisoning **~pitoisuus** mercury content (of waters *vesistön ~)* **~yhdiste** mercuric compound.

elois||**a** lively; vivid; *(henk m)* vivacious, ..full of life; sprightly (style *tyyli)* **-asti** *(m)* in a lively manner **-uus** liveliness; vivacity, animation.

elojuhla harvest festival.

elokuu [the month of] August *(lyh* Aug) ▶ *~n alkupuolella* in early August, early in August; *~n alussa* at (in) the beginning of August; **elokuussa** in August; *ensi ~ssa* next August; *(liik m)* August next; *viime ~ssa* last August; *~n* **keskivaiheilla** towards the middle of August, in mid-August; *~n* **kuluessa** during August; *~n* **loppuun** *[asti]* until August 31, *(erik Am)* through August; *~n* **loppuun** *mennessä* by the end of August, by August 31st; *~n* **lopussa** at the end of August; *~n* **neljäntenä päivänä** on 4th (the fourth of) August, on August 4th (the fourth); *(päiväys)* Helsingissä 4. *~ta* 1978 Helsinki, August 4th (4th August), 1978; *(Br)* 4.8.1978; *(Am tav)* 8.4.1978.

elokuv|**a** film (a thrilling film *jännittävä ~;* the new wave of the French film *ranskalaisen ~n uusi aalto)*, motion (moving) picture, *(Am)* movie; *(~taide)* cinema (the means of [the] cinema ~n *keinot*); ~t pictures, *(Am)* movies ▶ ~a **esitetään** (~ *menee) Ritzissä* the film is on at the Ritz; **kokoillan** ~ feature film; **lapsille sallittu** ~ *(Br)* u[niversal] certificate, *(Am)* g[eneral] rating; **lapsilta kielletty** ~ X film, *(Br)* a[dult] category, *(Am)* m[ature] rating; **mennä** *-iin (käydä -issa)* go to the cinema (the pictures, *(ark)* the flicks, *(Am)* the movies); **piirretty** ~ animated cartoon; **sovittaa** ~*ksi* adapt for the screen (cinema, motion pictures).

elokuva‖-arvostelu film *(Am* movie) review **-esitys** cinema (motion-picture, *(Am)* movie) show **-kamera** cine camera, motion-picture camera **-kerho** film *(Am* movie) club **-kone** motion-picture projector **-lippu** cinema ticket; *ostaa (tilata)* ~ buy (book) a ticket for the cinema **-näyttelijä** film (motion-picture, screen, *(Am)* movie) actor *(-näyttelijätär)* actress; *ruveta* ~*ksi* go on the films (screen), *(erik Am)* go into the movies **-ohjaaja** [film] director **-sovitus** adaptation for motion pictures **-ta** [make a] film **-taide** [the] cinema, cinematic art, *(Am m)* movie **-teatteri** cinema; *(erik Am)* movie [theater] **-teollisuus** motion-picture industry **-tuottaja** [film] producer **-us** filming **-vuokraamo** film exchange; *(Br)* renter; *(Am)* motion-picture distributor **-yleisö** *(pl)* cinemagoers, *(Am)* moviegoers.

elolli‖nen living (being *olento*); *(eloperäinen)* organic (nature *luonto*) **-staa** personify (natural powers *luonnonvoimat*).

elomuoto biotype.

elon‖kipinä spark of life **-korjaaja** harvester, harvestman; reaper *(m kuv)* **-korjuu** harvest[ing] **-korjuuaika** harvest [time]; ~*an* during (at) harvest [time] **-korjuujuhla** harvest festival **-leikkuukone** reaping-machine; harvester **-liekki;** *hänen* ~*nsä lepatti heikosti* life flickered faintly in him **-merkki** sign of life **-päiv|ä[t]** day[s] of [one's] life; *jos minulle -iä suodaan* if I am spared.

elo‖peräinen organic (soil *maa*); organogenic; biogenic; ~ *multa* humus **-salama[t]** *(sg)* sheet (heat, summer) lightning.

elostel‖ija rake, loose liver; *(irstailija)* libertine **-la** lead a dissolute (loose) life; *(irstailla)* debauch **-u** loose living, dissolute life; dissipation; *(irstailu)*

debauchery, libertinism.

elostu‖a brighten up (her face brightened up *hänen kasvonsa -ivat*); *(vilkastua)* become [more] lively **-ttaa** animate, liven .. up, enliven (bright colo[u]rs enliven the room *kirkkaat värit -ttavat huonetta*).

elotalkoot *(sg)* harvest bee.

elo‖ton 1 *(konkr ja kuv)* lifeless (carcass *ruumis;* voice *ääni*), inanimate (objects *-tomat kappaleet;* sermon *saarna*), *(kuollut)* dead; *(kuv m)* dull, spiritless (style *esitystapa*); *(ilmeetön)* inexpressive, expressionless **2** *(epäorgaaninen)* inorganic, inanimate (nature *luonto*) **-tus** *(elok)* animation **-yhteisö** biocenos|is *(pl -es)*, biocenose.

elpy‖minen 1 *(kaupan ym ~)* recovery (economical recovery *taloudellinen* ~); revival (of the market *markkinoiden* ~), *(liik m)* improvement (general improvement in trade *kaupan yleinen* ~), rallying, *(erik Am)* picking up; *(voimakas* ~*)* boom (in industry *teollisuuden* ~); *(nousu[kausi])* upturn, upswing, rise (after a depression *laman jälkeen*) **2** *(taiteiden ym* ~*)* revival (of literature and the arts *kirjallisuuden ja taiteiden* ~); rebirth (of the nationalist movement *kansallisliikkeen* ~); reawakening (of nature *luonnon* ~) **-ä** revive (old memories revive *vanhat muistot -vät*), pick up (business began to pick up strongly *kauppa alkoi* ~ *voimakkaasti*); *(liik m)* improve; [begin to] flourish (prosper) (cultural life began to flourish *kulttuurielämä -i*); *luonto -y uuteen eloon* nature reawakens (is reborn).

Elsass Alsace **e~ilainen** *a ja s* Alsatian **~-Lothringen** Alsace-Lorraine.

eltaantu‖a turn rancid **-nut** rancid; *haista -neelta* have a rancid (rank) smell.

elukka animal; beast.

elvyt‖tää 1 revive, stimulate (the sale *myyntiä;* the economy *talouselämää*); enliven, quicken (the market *markkinoita*); *(edistää)* encourage (private enterprise *yksityisyrittäjyyttä*) **2** *(virvoittaa)* resuscitate (a p. by cordial massage *jkta sydänhieronnalla*), revive (a drowned person by artificial respiration *hukkunutta tekohengityksellä*) **-ys 1** revival, stimulation, improvement (of commerce *kaupan* ~) **2** *(henkiin herättäminen)* resuscitation; *(kuv)* recovery, restoration **3** *(atk)* recovery.

elähdyttä|ä animate (animated by soul and spirit *sielun ja hengen -mä*); *(innoittaa)* inspire (inspired by an idea *jnk aatteen -mä*); vivify (a vital force vivifying the nation *kansaa -vä voima*); *(elävöittää)* enliven.

elähtän|yt ..past one's prime, passé[e]; ~ *kaunotar* a beauty on the wane, a faded beauty; *-een näköinen* worn-out.

eläimelli||nen animal (needs *-set vietit*); bestial (man *ihminen;* treatment *kohtelu*); *(raaka)* brutal (lust *himo*); brutish, beastly (creature *olio*); *(aistillinen)* brute (instincts *-set vaistot*); carnal, gross (part of the human nature *ihmisluonnon ~ puoli*); *-sen raaka* beastly; *-sen raaka ihminen (m)* brute, beast, animal **-sesti** in a brutal manner; like a brute (beast) (yell like a brute *huutaa ~*) **-syys** animality; bestiality; brutality; brutishness; *(-nen luonto)* the animal, the beast, the brute (in a p. *jkn ~*).

eläimistö animal world (kingdom); fauna, *(pl)* animals.

eläi|n animal (man and animal *ihminen ja ~; (kuv)* man is a selfish animal *ihminen on itsekäs ~*); *(nelijalkainen, suurehko ~)* beast (prehistoric beasts *esihistorialliset -met;* yell like a beast *karjua kuin eläin*); *(luontokappale)* creature (like some hunted creature *kuin takaa-ajettu ~*); *tehdä töitä kuin pieni ~* work like a dog *~jäännös* animal remnant; *kivettynyt ~* fossil *~kanta* [animal] population; fauna, *(pl)* animals *~ko|e* animal experiment, experiment on animals; *(kirurginen ~)* vivisection, biotomy; *tehdä -keita* vivisect *~kun|ta* animal kingdom; fauna; *-nan tuotteet* animal products *~laji* species of animal, animal species *~lääketiede* veterinary medicine (science) *~lääkäri* veterinary surgeon, *(Am)* veterinarian; *(ark)* vet *~oppi* zoology *~rakas* ..fond of animals *~ra|ta* zodiac (signs of the zodiac *-dan merkit*); *-dan kuviot* zodiacal constellations *~rääkkäys* cruelty to animals *~satu* fable *~suojeluyhdistys* society for the prevention of cruelty to animals *~tarha (pl)* zoological gardens; *(ark)* the zoo *~tie|de* zoology; *-teen laitos* Institute of Zoology *~tieteellinen* zoological *~yhteisö* zoocenose.

eläk|e pension (grant a p. a pension *myöntää jklle ~;* draw a pension *saada ~ttä*); retirement (old age) pension; *(Br m)* superannuation; *(erik sot)* retired pay; *(elinkorko)* [life] annuity (disability annuity *työkyvyttömyys~*) ▶ **joutua** *-keelle* be pensioned off, be superannuated; **jäädä** *(päästä, siirtyä) -keelle* retire; *-keeseen* **oikeutettu** ..entitled to a pension, pensionable; *-kellä* **oleva** retired; **olla** *-keellä* be retired; **panna** *-keelle* pension off; *(Br m)* superannuate; *(sot)* put on the retired list; *-keelle* **siirtyminen** retirement.

eläke||ikä retirement (retiring, pensionable) age, age of retirement **-ikäinen** [..of] pensionable [age] **-järjestelmä** pension *(Am* retirement) plan (scheme) **-kassa** pension [insurance] society; pension[s] (retirement, superannuation) fund; *toimihenkilöiden ~* staff pension fund **-läinen** [old-age] pensioner; *(Am)* senior citizen **-maksu** pension contribution, contribution to pension[s] fund (the pension scheme); *(Br m)* superannuation **-vakuutus** retirement pension insurance.

eläkkeensaaja pensioner.

eläköö|n I hurrah! hurray! hooray! ~ *kuningatar!* long live the queen! ~ *vapaus!* hurrah for liberty! liberty forever! *huutaa -tä* cheer; give a cheer (for *jllk*) *~huu|to* cheer (set up a cheer *kohottaa ~;* three cheers for the winner! *kolminkertainen ~ voittajalle!*).

elämisen arvoinen ..worth living.

elämys experience (have a fantastic experience *kokea suurenmoinen ~*); *(tapaus)* event (the greatest event of a p.'s childhood *lapsuusajan suurin ~*).

elämä 1 life *(pl* lives) (the mystery of life *~n arvoitus;* public life *julkinen ~;* enjoy life *nauttia ~stä*); *(olemassaolo)* existence (fundamental facts of existence *~n perusasiat*); *(elinaika)* life[time] (once in a lifetime *kerran ~ssä*) **2** *(eläminen; ~ntapa)* living (living is expensive *~ on kallista;* plain living *yksinkertainen ~*), way of life (luxurious way of life *ylellinen ~*) **3** *(meteli)* noise (make a terrible noise *pitää pahaa ~ä*); hullabaloo (it caused a terrible hullabaloo *siitä nousi hirmuinen ~*); *(»meininki»)* *(pl)* goings-on (such goings-on are no good *tuollainen ~ ei ole mistään kotoisin*) ▶ **elää** *onnellista ~ä* lead a happy life; *elää ~[ä]nsä* spend one's life; live out one's days (life) (as *jkna;* in *jssk*); *viettää* **hurjaa** *~ä* live fast, live it up; *viettää* **iloista** *~ä* have fun (a great time); ~*n* **iäksi** for [all one's] life, for a lifetime; ~*ä* **kokenut** experienced; **koko** ~*ni [ajan]* all my life, throughout my life; **hän on** ~*nsä* **kunnossa** he is as fit as the fiddle; ~*nsä* **loppuun asti** ever after; **läpi** ~*n* throughout one's life; **makea** ~ the sweet life; la dolce vita *(ital); hän on* **nähnyt** ~*ä* he has seen (knows) the world; **taistelu** ~*stä ja kuolemasta* a life-and-death struggle; **sellaista on** ~*!* that's life; ~*ni (~si jne)* **tilaisuus** the chance of a lifetime; *niin kauan kuin on* ~*ä on* **toivoa** while there is life there is hope; *(kuv)* aloittaa **uusi** ~ *(m)* turn over a new leaf.

elämäker|ta biography (of *jkn* ~); -*ran* kirjoittaja biographer.

elämän||aikainen lifetime, ..for life, lifelong **-ala** walk of life (people from all walks of life *ihmisiä kaikilta -aloilta*) **-asenne** attitude towards life **-eliksiiri** elixir [of life] **-filosofia** philosophy of life; *(katsomus)* outlook on (view of) life **-halu** zest for life; *hänellä oli* ~*a* he loved life; he was full of life **-haluinen** ..attached to life, ..eager to live; ..full of zest (vitality) **-ihanne** ideal in life **-ilo** joy of life, zest; joie de vivre *(ransk);* täynnä ~*a* sparkling with life **-iloinen** exuberant, ..full of life **-jano** thirst for life **-katsomus** view of life; attitude to (outlook on) life; philosophy of life; *avartaa* ~*taan* broaden one's views **-kohtalo** destiny, fate **-kokemus** experience of life **-koulu** school of life **-kulku** course of [one's] life **-kumppani** life companion **-laatu** quality of life **-lanka** thread of life, the fatal thread; *ohut kuin* ~ slender as a wand **-liekki**; *hänen* ~*nsä lepatti hiljaa* life flickered faintly in him **-lähde** life spring **-läheinen** ..true to life, realistic (novel *romaani*); ..taken from life (description *kuvaus*); positive, understanding (poet *runoilija*); ..aware of life **-muoto** way (manner, mode) of life **-myönteinen** optimistic *(adv* ~ally) (person *ihminen*); positive (attitude *asenne*) **-myönteisyys** positive attitude towards life **-nälkä** zest for life.

elämän||ohje maxim; rule [of life]; *(periaate)* guiding principle; *se oli hänen* ~*enaan (m)* it guided him in life **-rytmi** rhythm (tempo) of life; *kiihkeä* ~ hectic life **-sisältö**; *lapset ovat* ~*ni* the children are my whole life (world) **-taival** course of [one's] life **-tapa** way (manner, mode) of

life (living); living (plain living *vaatimaton* ~); *hänellä on huonot -tavat* he leads a most irregular life **-tarina** story of [one's] life **-tehtävä** aim (purpose) in life; *(kutsumus)* calling **-toveri** life-companion; *(aviopuoliso)* life partner, *(Am)* life mate; *(naisesta m)* helpmate **-tyyli** life style; way of life **-työ** life-work; *hän on suorittanut suurenmoisen* ~*n* he has accomplished a magnificent life's work **-ura** career (during his career ~*nsa aikana); (ammatti)* profession (choosing a profession ~*n valinta); (kutsumus)* vocation **-vaihe** phase (episode) of life (be faced with a new phase of life *joutua uuteen* ~*eseen);* ~*et (sg)* career (a checkered career *kirjavat* ~*et), (-tarina)* life[story], story of [one's] life **-viisau|s** experience of life; *(sananlasku)* aphorism; *siinä on paljon -tta* there is a great deal of worldly wisdom in it.

elämöi||dä make a noise (racket); -*vä* noisy, rowdy **-nti** clamo[u]r; uproar.

elätellä cherish, nurse (hopes of a better life *toivoa paremmasta elämästä*).

elätettävä; *olla jkn* ~*nä* be dependent on.

elät||täjä supporter, breadwinner (of a family *perheen* ~) **-täminen** support, maintenance *(ks m -tää)* **-tää 1** support, maintain (one's family *perheensä*), keep (a wife and five children *vaimo ja viisi lasta); (pitää huolta)* provide for, take care of **2** *(kuv)* cherish, nourish (a hope *toivoa*), nurse (wrath in one's heart *vihaa sydämessään*), foster, nurture (one's mind with great thoughts *mielessään suuria ajatuksia*), harbo[u]r (thoughts of revenge *kostoajatuksia*) ▶ *hänellä on suuri perhe* **elätettävänään** he has a large family to support (keep, maintain, provide for); ~ **itsensä** support (keep) o.s.; ~ *itsensä jllak (jstk)* support o.s. on (by), earn one's living by, live on; *hän* ~ *itsensä kirjoittamalla romaaneja (m)* he writes novels for a living; *hän -ti* **toivoa** *omasta kodista* he was dreaming of a home of her own.

elävyy|s liveliness; *(eloisuus)* vivacity; *antaa -ttä jllk* give life to, bring .. to life.

eläv|ä I *a* **1** living (being *olento); (eläimistä)* live (bait *syötti); (pred)* alive (bury alive *haudata* ~*nä* (~*ltä)*) **2** *(eloisa)* lively (get a lively idea of *saada* ~ *kuva jstk*), vivid (recollection *muisto*) **3** *(todellinen)* living (the living God ~ *Jumala)* **II** *s (luontokappale)* creature *(m* *henk)* ▶ *kertomuksia* ~*stä* **elämästä** stories from real life; *-ien* **kirjoissa** in the land of the living, on the face of the earth; ~*nä tai* **kuolleena** dead or alive; ~*t ja* **kuolleet** the living and the dead; *tapaus on* ~*nä* **mielessäni** the event is fresh on my mind; **selvitä** ~*nä jstk* come out of .. alive, escape alive; ~ **tuli** *(~t kynttilät)* real fire (candles).

elävä∥inen vivid, lively *-sti* vividly; in a lively manner; *muistan sen* ~ *(m)* I [can] remember it clearly.

elävöi∥ttää enliven (a room with bright colo[u]rs *huonetta kirkkailla väreillä;* one's speech with jokes *puhettaan kaskuin);* animate (a smile animated her face *hymy -tti hänen kasvojaan),* bring .. to life (the characters of a novel *romaanin henkilöitä)* **-tyä** be[come] enlivened; be[come] [re]animated.

eläymy∣s; *näytellä roolinsa -ksellä* put one's soul into the role.

eläyty∥minen; ~ *jhk* empathy with; sympathetic understanding of *-ä;* ~ *jhk* put one's soul into the music *musiikkiin;* being a mother *äidin osaan);* enter (set o.s.) into (a p.'s feelings *jkn tunteisiin), (Am m)* project o.s. into (Nietsche's world of thought *Nietschen ajatusmaailmaan); kyky* ~ *toisten tunteisiin* empathy with other people's feelings.

elä∣ä live (a bachelor *poikamiehenä;* live and die ~ *ja kuolla;* from day to day *päivä kerrallaan;* modestly *vaatimattomasti;* by o.s. *yksin;* his memory will live *hänen muistonsa ~;* he lived in the 18th century (under Henry VIII) *hän eli 1700-luvulla (Henrik VIII:n aikana)) (m)* **1** *(olla elossa)* be alive (are your parents still alive? *vieläkö vanhempasi -vät?); (olla olemassa)* exist (men cannot exist without oxygen *ihminen ei voi* ~ *ilman happea)* **2** ~ *jllak t. jstk* live on (vegetables *kasviksilla;* one's salary *palkallaan),* subsist on (water *vedellä); (eläimistä m)* feed on (grass *ruoholla);* live by (one's work *työllään),* support o.s. by, earn (make) one's living by (selling computers *myymällä tietokoneita)* **3** ~ *jllk* live for (an idea *aatteelle[en];* o.s. only *vain itselleen)* **4** *(kokea)* experience; live through (he has lived through the terrors of two wars *hän on -nyt kahden sodan kauhut)* ▶ **aikansa** *-nyt* outdated; *se on aikansa -nyt* it has survived its

usefulness; *onpa aikoihin eletty! (läh v)* oh the times oh the manners! ~ *ja* **antaa** *toisten* ~ live and let live; *hän eli* **koko ikänsä** *maalla (vaatimattomissa oloissa)* he lived out his days in the country (in humble circumstances); ~ *jkn* **kustannuksella** live off a p.; ~ **kädestä suuhun** live from hand to mouth; ~ *periaatteidensa* **mukaan** live up to one's principles; **niin kauan kuin** ~*n* as long as I live, all my life; *hänellä on* **taito** ~ he knows how to live; ~ *jnk* **toivossa** live in hope of; *niin* **totta** *kuin -n* upon my life! as true as I'm alive! ~ **tyhjästä** live on air; ~ **uudelleen** live over again (the days of one's youth *nuoruutensa päivät);* relive (the past *menneitä aikoja);* ~ *sata*vuotiaaksi live to the age of (live to be) a hundred; *potilas ei elä yön yli* the patient won't live out (live through, last [out]) the night.

emakko sow.

emali enamel ~**astia** enamel ware ~**kattila** enamel casserole ~**pinta** enamel[l]ed surface.

emaloi∥da enamel *-nti* enamel[l]ing.

emansipaatio emancipation.

embryologia embryology.

emeritus; *professori* ~ professor emeritus, emeritus professor.

emi pistil.

emigrantti emigré.

emiiri emir ~**kunta**, ~**narvo** emirate.

emi∥kasvi pistillate plant *-kukinto* female inflorescence *-kukka* pistillate (female) flower *-lehti* carpel[lary] leaf, carpophyll.

eminenssi Eminence; *harmaa* ~ éminence grise *(ransk).*

emiö gynoeci∣um *(pl -a), (Am m)* gyneci∣um *(pl -a).*

emmenthal[juusto] Emment[h]aler, Swiss cheese.

emo dam ~**jänis** doe ~**kissa** mother cat ~**lintu** parent [bird].

e-molli *(mus)* E minor.

emo∥otio emotion *-tionaalinen* emotional.

empatia empathy.

empiirinen empirical.

empiirityyli, ~**nen** Empire.

empi∥minen hesitation *-mättä* without any hesitation; *sanon* ~ I don't hesitate to say, I have no hesitation in saying *-vä* hesitant; *olla* ~*llä kannalla* be in two minds (of, as to *jnk suhteen),* hesitate (about) *-ä* hesitate (about doing, whether to do *jnk tekemistä;* he hesitated to go *hän empi* *lähteä),* be hesitant (about spending so much money *käyttää niin paljon rahaa);* be in doubt (about doing *jnk tekemistä;* [as to] what to do *mitä tehdä); (olla kahden vaiheilla)* vacillate, waver (between two courses *kahden vaihtoehdon välillä); -en* hesitatingly; in a hesitant manner.

emulg||aattori emulsifying agent, emulsifier **-oida** emulsify **-ointi** emulsification.

emuloida emulate.

emulsio emulsion.

emä dam (sire and dam *isä ja ~).*

emäksi||nen alkaline (liquor *liuos;* rocks *-set kivilajit);* basic *(adv ~ally)* (catalyst *katalysaattori)* **-syys** alkalinity; basicity.

emä||laiva mother (parent) ship **-lippu** *(tal)* renewal coupon, talon **-maa** mother country (the relationships of the mother country with its overseas colonies *~n ja merentakaisten siirtomaiden suhteet),* motherland (Germany — the motherland of reformation *Saksa — uskonpuhdistuksen ~); (siirtomaiden ~ m)* metropolitan country (state, territory) **-munaus** blunder.

emän||nyy||s housewifery; housekeeping; *hoitaa -ttä* manage the household; *(olla emäntänä)* act as hostess **-nöidä** manage the household; keep house; *(olla emäntänä)* act as hostess.

emäntä **1** *(perheen~)* housewife; *(taloudenhoitaja)* housekeeper; *(vaimo)* wife; *talon ~* lady (mistress) of the house **2** *(kutsujen ~)* hostess **3** *(laitoksen ~)* household manager; housekeeper **4** *(koiran ~)* mistress.

emäpuu *(mer)* keel; *asentaa ~* lay the keel.

emäs base; alkali **~hakuinen** basophil|e, -ic, -ous.

emätin vagina **~puikko** pessary **~tulehdus** vaginitis, colpitis.

emä||tön motherless **-vale** whopper **-yhtiö** parent company.

endeeminen endemic *(adv ~ally).*

endiivi, endivia chicory, *(Am)* endive.

endogeeninen endogenic *(adv ~ally),* endogenous (disease *sairaus); ~ kasvi* endogen.

enemmistö majority (of the people *kansan ~;* he was elected by an overwhelming majority *hänet valittiin ylivoimaisella ~llä); (suuri ~)* preponderance (of votes *äänten ~)* ▶ **ehdoton ~** overall (clear, absolute) majority; **kahden kolmasosan ~**

majority of two thirds; *kahden kolmasosan ~llä* by a two thirds majority; **kahden äänen ~llä** with (by) a majority of two [votes]; *olla ~nä* be in the majority, have the majority; *~n* **päätöksellä** by majority vote, *(Am m)* by a plurality; **saada** *[10 äänen]* ~ gain a majority [of ten votes]; **yksinkertainen ~** simple (bare, ordinary) majority.

enemmistö||- majority (government *-hallitus;* party *-puolue)* **-periaate** principle of majority **-päätös** majority decision; resolution carried by a majority **-vaalit** *(sg)* election by absolute (simple) majority.

enemmyys preponderance (of votes *äänten ~); (ylimäärä)* excess (of births over deaths *syntyneiden ~ kuolleisiin verrattuna),* surplus.

enem||män 1 more (than enough *kuin tarpeeksi;* or less *tai vähemmän); (suurempi määrä)* a greater amount (of work *työtä);* a higher degree (of learning *oppineisuutta); (määrällisesti ~)* a greater number (of cars *autoja)* **2** *(pikemmin[kin])* rather (thin rather than fat *~ laiha kuin lihava)* ▶ **A** *(enemmän)* **entistä ~** more than before; **kaksi kertaa ~** twice as much; **~ kuin** more than (ever *koskaan),* upwards of, above (three people *kolme ihmistä); (yli)* over (two hours *kaksi tuntia);* **pitää** *jstk ~ kuin* prefer a th. to, like a th. better than; *hän on ~* **taiteilija** *kuin tiedemies* he is more of an artist than a scholar; **terveys** *on ~ kuin raha* health is better than wealth; **yhä ~** more and more; ▶ **B** *(enempää)* **ei** *-pää* no more; *ei -pää kuin* no[t] more than; *hän ei ole [sen] -pää taiteilija kuin* **minäkään** he is no more an artist than I am; *ei [sen] -pää maalla kuin kaupungissa[kaan]* neither in the country nor in town; *ei -pää eikä* **vähempää** neither more nor less, no more and no less.

enem||pi greater (part *osa); (jatko-)* further (discussions of the matter *asian ~ käsittely)* ▶ *-män* **arvoinen** ..worth more, ..of greater value; *-pää* **en voi** I can do no more; *-mittä* **puheitta** without any [more] ado.

energetiikka *(sg)* energetics.

energia energy (kinetic energy *kineettinen ~;* full of energy *täynnä ~a);* power (generate power *tuottaa ~a;* atomic power *ydin~); (tarmo m) (pl)* energies (devote all one's energies to study *kohdistaa kaikki ~nsa opiskeluun); (ark)* go (he is full of go *hän on täynnä ~a)* **~kriisi** energy cris|is *(pl* -es) **~nkulutus** energy (power) consumption, consumption of energy **~nlähde** source of energy **~ntuotanto** power production (generation) **~pakkaus** *(leik)* bundle (bag) of energy **~pula** shortage of energy.

ene|tä increase, grow; *yhä -nevässä määrin* to an ever increasing extent.

Englannin kanaali the [English] Channel.

englannin kieli [the] English [language] **~inen** English; ~ *sanomalehti* an English-language newspaper; ~ *väestö* English-speaking population.

englannin||torvi English horn **-vinttikoira** greyhound.

Englan|ti a) England; **b)** *(Iso-Britannia)* Great Britain ▶ *-nin* **hallitus** the British Government, his (Her) Majesty's Government; *-nin* **kirkko** the Church of England; *-nin* **punta** pound sterling; *-nin* **rautatiet** British Rail; *-nin* **suurlähetystö** British Embassy.

englan|ti English, the English language; *Amerikan* ~ American English; *Englannin* ~ British English; *-nin kielellä* in English; *kääntää -niksi* translate into English; *-nin opettaja* teacher of English; *~a puhuva* English-speaking (world *maailma)* **~lai|nen** I *a* English; *(brittiläinen)* British **II** *s* Englishman, *(naisesta)* Englishwoman; *-set* the English; *(britit)* the British.

englantilais||-amerikkalainen Anglo-American **--suomalainen** Anglo-Finnish-(trade agreement *kauppasopimus);* ~ *sanakirja* English-Finnish dictionary **-uus** Englishness **-vastainen** anti-English, anti-British **-ystävällinen;** ~ *henkilö* Anglophile.

enimmäis||- maximum (time *-aika;* limit *-raja)* **-hinta** maximum price; *(vahvistettu ~)* ceiling price, controlled (fixed) maximum price **-määrä** maximum [amount], highest amount; *sallittu ~* legal maximum **-nopeus** maximum (top) speed; *(nopeusrajoitus)* speed limit (80 km/h *80 km/t).*

enimmäkseen mostly, for the most part; in most cases; *(pääasiallisesti)* chiefly, mainly; *(yleensä)* generally.

eni||n most (of them *-mmät heistä);* *-mmät ajat* most of the time; *-mmältä osalta[an]*

mostly, for the most part; *tämä on ~ mitä voin tehdä* this is the most I can do **-ntään** at [the] most (two or three at [the] most *kaksi tai ~ kolme); (korkeintaan)* not more than; ~ *kuukaudeksi* for a maximum period of a month, for a period not exceeding a month **-ten** most; *hänellä on ~ rahaa* he's got the most money; ~ *myyty (ostettu)* best-selling *(car automerkki); myydä ~ tarjoavalle* sell to the highest bidder; *pidän siitä ~* I like that best [of all].

enkeli angel (of the Lord *Herran ~;* fallen angel *langennut ~)* **~mäi|nen** cherubic *(adv ~ally);* *-sen kaunis* ..of angelic[al] beauty, ..like an angel **~ntekijä** *(Br)* angel-maker, *(Am)* baby farmer.

ennakko advance (ask for an advance of 1,000 mk *pyytää 1 000 mk ~a);* advance[d] money, money advanced; *(Am m)* advancement; *maksaa [jklle] ~[n]a* pay [a p.] in advance, prepay (advance) a p., make an advance [to a p.]; *saada palkastaan ~a* receive an advance on one's salary.

ennakko||aavistus presentiment, premonition; *(erik paha ~)* foreboding, preapprehension (of an accident *onnettomuudesta)* **-arvio** forecast, *(ennuste)* prognosis (of next year's trade *ensi vuoden kaupasta);* estimate (for *jstk, jtk varten)* **-asenne** bias, preconceived (advance, initial) attitude (towards *jhk);* *hänellä on suopea (vihamielinen) ~ siihen* he is prejudiced in favo[u]r of (against) it **-ehkäisy** prevention, *(pl)* precautions (against accidents *onnettomuuksien ~)* **-esitys** preview, prerelease (of a film *elokuvan ~)* **-hoito** prophylaxis (of teeth *hampaiden ~),* prophylactic treatment **-kanto** preassessment **-käsitys** preconception, preconceived impression (idea, opinion); first impression; *(edullinen ~)* prepossession **-laskelma** preliminary estimate (calculation); *(-arvio)* forecast; prognosis.

ennakkoluulo prejudice, bias (against *jtk kohtaan)* **~inen** prejudiced, bias[s]ed (attitude towards *asenne jtk kohtaan)* **~isesti** with prejudice; *suhtautua ~ jhk* be prejudiced (bias[s]ed) against, take a prejudiced attitude towards **~isuus** prejudice **~ton** unprejudiced, unbias[s]ed; *(puolueeton)* dispassionate; *(epäsovinnainen)* unconventional **~ttomasti** without prejudice ~**ttomuus** freedom from prejudice; absence of prejudice; *(puolueettomuus)* candidness.

ennakko‖mainonta, -mainostus advance advertising (publicity) **-maksu** advance payment; advancement; *(käsiraha)* deposit **-myynti** advance booking, *(Am m) (pl)* reservations (of tickets *pääsylippujen* ~) **--odotu‖s** expectation (come up to expectations *vastata -ksia*); *-kset (m) (sg)* anticipation **--olettamus** presupposition.

ennakko‖on in advance; *maksaa ~ (m)* prepay **-perintä** *(verojen ~)* preliminary taxation **-perintö** advancement, [inheritance] advance **-päätös** precedent; prejudgement **-sensuuri** preventive censorship (of publications *julkaisujen ~*) **-sopimus** preliminary agreement **-suoritus** advance payment, prepayment; advancement **-suosikki** favo[u]rite **-sytytys** *(tekn)* pre-ignition, advanced ignition **-tapau‖s** *(lak)* precedent (establish (set) a precedent *muodostua -kseksi*); *(erittäin tärkeä ~)* leading (test) case **-tarkastus** preliminary (first, initial) examination (inspection) (of competitors *kilpailijoiden* ~); *(-sensuuri)* preventive censorship **-tie‖to** advance notice; foreknowledge; *-dot (sg)* advance information (on *jstk*) **-tilaus** subscription (to *jnk* ~); advance booking (of tickets *lippujen* ~); *(liik)* advance order (of goods *tavaran* ~); *tehdä* ~ order in advance; *(varata)* reserve **-varaus** advance (forward) booking (of tickets *lippujen* ~), reservation (of a hotel room *hotellihuoneen* ~) **-varoitus** premonition, forewarning; *ilman ~ta* without notice **-vero** advance tax **-äänestys** advance voting.

ennakoi‖da 1 anticipate (the variation in prices *hintojen muutokset*); foresee (future problems *tulevat ongelmat*); forecast (swings in business *liike-elämän heilahdukset*) **2** *(ennustaa)* foretell (the clouds foretell a storm *pilvet -vat myrskyä*); forecast (a war *sotaa*); presage (an accident *onnettomuutta*), betoken (a social change *yhteiskunnallista muutosta*); foreshow (the building foreshows a new style *rakennus ennakoi uutta tyyliä*), preindicate, prognosticate (a revival *elpymistä*); herald (the swallow heralds the approach of spring *pääskynen ennakoi kevään tuloa*); foreshadow **-nti** anticipation *(ks ennakoida)*.

ennakolta in advance, beforehand (pay in advance (beforehand) *maksaa* ~), ahead (plan ahead *suunnitella* ~); *(yhdyss)* fore‖- (-see *aavistaa (nähdä, tietää)* ~; -warn *varoittaa* ~), pre‖- (-pay *maksaa* ~, -suppose *olettaa* ~).

ennakonpidätys *(lak)* withholding tax.

ennall‖aan, -een ▶ jäädä *-een* remain unchanged (unaltered, as before); **kaikki on taas** *-aan* everything is as it used to be; **palauttaa** *(saattaa) -een* restore [to its former state], re-establish; **pysyä** *(säilyä) -aan* remain as before (unchanged).

ennalta in advance, beforehand (find out in advance *ottaa* ~ *selvää*); ~ **arvaamaton** unforeseen; ~ **ehkäisevä** preventive, *(lääk)* prophylactic; ~*t* **toimenpiteet** *(m)* precautions ~**ehkäisy** prevention (of accidents *onnettomuuksien* ~); *(lääk)* prophylaxis.

en‖ne omen (a good (bad) omen *hyvä (paha)* ~*;* of death *kuoleman* ~; *(merkki)* sign, mark (of spring *kevään* ~); **olla** *-teenä jstk* be an omen (a sign) of, portend, foretoken; *(erik pahan -teenä)* forebode; *se on hyvä (huono)* ~ *(m)* it augurs well (ill); *suotuisin -tein* under favo[u]rable auspices, with favo[u]rable prospects.

ennemmin 1 *(aikaisemmin)* earlier, before (two weeks earlier *kaksi viikkoa* ~); ~ **kuin odotettiin** sooner than expected; ~ **tai myöhemmin** sooner or later **2** *(mieluummin)* rather; sooner.

ennen I *adv (aikaisemmin)* before (I haven't seen him before *en ole* ~ *nähnyt häntä*); previously; *(~ vanhaan)* formerly; once (we once lived in the country *asuimme* ~ *maalla*) **II** *prep* before (morning *aamua;* the revolution *vallankumousta*), previous to (the war *sotaa*); *(lak m)* prior to (a p.'s death *jkn kuolemaa*) **▶** ~ **aikojaan** too soon (early), prematurely; **ei** ~ **klo 7:ää** not before (earlier than) 7 o'clock; **ei koskaan** ~ never before; ~ **kaikkea** *(muuta)* above all [things], first of all, in the first place; ~ **Kristusta** before Christ *(lyh* B.C.); ~ **mainittu** . . mentioned before (earlier, previously)*;* ~ **ja nyt** then and now; *tässä oli* ~ *talo* there used to be a house here; ~ **pitkää** before long; ~ **puoltapäivää** before noon *(lyh* a.m.); **sitä** ~ before that (then); ~ **vanhaan** formerly, in former times (days); **vähän** ~ not long before; just before (midnight *keskiyötä*).

ennen||aikainen premature (conclusion *päätelmä;* delivery *synnytys*); untimely (death *kuolema*) **-aikaisesti** too soon (early) **- kuin** before; *(kielt yht)* [not] until (I didn't know until you told me *en tiennyt ~ kerroit*); *ei ~* not before (until); *ei kestänyt kauan ~ hän tuli* it was not long before he came **- kuulumaton** incredible (event *tapaus*) **- näkemätön** unparalleled; incredible (chaos *kaaos*).
ennestään already (I already knew it *tiesin sen ~*).
ennusmerk|ki augury (of things to come *tulevaisuuden ~*); sign (signs of spring *kevään -it*); *kaikki -it viittaavat sotaan* all this portends (augurs) war.
ennusta||a 1 predict (a p.'s death *jkn kuolema*), foretell (the future *tulevaisuutta*), forecast (the weather *säätä*); prophesy (a fall in prices *hintojen lasku*); *(laatia ennuste)* prognosticate (the course of an illness *sairauden kulku*); *(veikata)* tip (Mr X for prime minister *hra X:stä pääministeriä*) 2 *(povata)* tell fortunes, *(~ jklle)* tell (read) a p.'s fortune; *~ korteista* read the cards 3 *(olla enteenä)* augur (well (ill) for a p. *hyvää (pahaa) jklle*); be a sign of, herald (the spring *kevättä*); forebode (the clouds forebode a storm *pilvet -vat myrskyä*); *(erik pahaa)* presage (trouble *vaikeuksia*), forecast, portend; *tämä ei ennusta [hänelle] hyvää* this augurs ill (bodes no good) [for him] **-ja** 1 prophet, prognosticator (weather prophet *sää~*) 2 *(povari)* fortune-teller; clairvoyant **-minen** 1 prophesying, foretelling, prediction; forecasting; augury 2 *(povaus)* fortune-telling **-va** predictive, presageful (of *jtk ~*); *hyvää ~* auspicious; *pahaa ~* ominous, sinister.
ennuste prognos|is *(pl -es)* (of a disease *taudin ~*); prediction (about the outcome *tuloksista*); forecast *(m liik ja tilast)* (weather forecast *sää~*).
ennustu|s prophecy (the prophecies of the Bible *raamatun -kset*), prediction; *~ toteutui* the prophecy came true (was fulfilled) *(ks m ennustaminen).*
ennättää = **ehtiä**.
ennätys record (an all-time record *kaikkien aikojen ~;* he holds the record for javelin *hänellä on keihäänheiton ~*); *rikkoa ~* break (beat, cut) the record; *tehdä [uusi] ~* establish (put up) a [new] record; *5 000*

m:n [juoksun] Suomen ~ the Finnish 5,000 metres record in running.
ennätys||- record (time *-aika;* figure *-lukema, -luku*) **-mäi|nen** unprecedented (achievement *saavutus*), unparalleled (result *tulos*); record-breaking (jump *hyppy;* production *tuotanto*); *(attr)* record (crop *sato*); *-sen korkea ..*of record height, *(m)* extremely high; *-sen nopeasti* at record speed **-mäisesti;** *myynti nousi ~* the sales reached an all-time high.
eno [maternal] uncle.
ensi 1 *(ensimmäinen)* first (love *rakkaus;* impression *vaikutelma*) 2 *(seuraava)* next (summer *kesä[nä]*) ▶ **~ alkuun** to begin with; in the beginning; *~ hetkestä alkaen* from the very beginning; *~ kerralla* next time; *heti ~ kerralla* the first time; *(~ yrityksellä)* at the first go (try); *~ kerran* [for] the first time, first; *~ kerran kun* the first time (I met him *tapasin hänet*); [the] next time (we meet *tapaamme*); *~ käden tiedot (sg)* firsthand information; *~ kädessä (sijassa)* in the first place, first [of all], primarily; *~ maanantaina* next Monday, on Monday next; *~ viikon maanantaina* a week from Monday; *~ näkemältä (silmäyksellä)* at first sight; *~ tilassa* at one's earliest convenience, at the earliest possible opportunity; *~ työkseen hän luki..* the first thing he did was to read..; *~ viikko (m)* the coming week; *~ viikolla (vuonna)* next week (year).
ensiapu first aid **~asema** first aid station; *(sairaalan ~)* emergency unit (room, ward) **~laukku** first-aid kit.
ensi||arvoi|nen; *-sen tärkeä* vital, *..*of vital importance **-esiintymi|nen** debut, first public appearance; *suorittaa -sensä* make one's debut **-esittää** introduce, give the first public performance of (a symphony *sinfonia*) **-esitys** premiere, first performance; *(elokuvan ~ m)* first run (showing) **--ilta** premiere, first (opening) night (performance); *elokuvan ~ on.. (m)* the film will be released.. **--iltayleisö** first-night audience; *(pl)* firstnighters **-kertalainen** first-timer; *(rikoksentekijä)* first offender; *(tulokas)* newcomer; *(aloittelija)* beginner.
ensiksi first (he came first *hän tuli ~*); *(aluksi)* at first (this will suffice at first *tämäkin riittää ~*), to begin with, for a start ▶ **ensiksikin** in the first place; *~kin .. ja toiseksi..* for one thing .. and for

trueens ensiluokkainen – epookki 64

another..; ~ **mainittu** the former, the first
mentioned; ~ .. **toiseksi** first[ly] ..
second[ly].
ensiluokka‖**inen** first-class (restaurant
ravintola); first-rate (work *-ista työtä;*
entertainment *-ista viihdettä*), *(ark)*
tip-top (actor *näyttelijä*); prime, choice
(meat *-ista lihaa*); select, best, fine[st],
top[-rate] (quality *laatu*); *-isessa kunnossa*
in first-rate condition, *(ark m)* in tip-top
shape **-lainen** first-form pupil, first-former;
(Am) first-grader.
ensimmäi‖**nen** first (the first day of the
week *viikon* ~ *päivä*); *(johtava)* leading,
foremost, *(tärkein, pää-)* chief ▶ **Elisabet I**
Elizabeth the First (I); **ensimmäiseksi** =
ensiksi; ~ *[ihminen]* **joka..** the first to..;
-set **kaksi** the first two; ~ **kerros**
(pohjakerros) (Brit) ground floor; *(USA)*
first floor; *(huutokaup)* ~ *toinen ja*
kolmas **kerta** going going gone! ~ **mitä**
näin the first [thing] I saw; **muutamat** *-set*
vuodet the first few years; **olla** *-senä* head
(the list *luettelossa*); lead (the field
kilpailussa); *toukokuun* ~ **päivä** the first
of May; **saapua** *-senä paikalle* be the first
to arrive.
ensin = *ensiksi* ~**kään** at all; *ei* ~ not at all;
not in the least.
ensi‖**rakastaja** lover; leading man **-sijainen**
prime (need *tarve*); *(tärkein)* primary
(duty *velvollisuus*), principal, chief (task
tehtävä) **-sijaisesti** first and foremost, in
the first place, primarily; *(ennen kaikkea)*
above all **-synnyttäjä** primipara **-tanssija**
principal male dancer **-tanssijatar** prima
ballerina; leading female dancer
-vaikutelma first impression (about *jstk*)
-viulu first violin; *soittaa* ~*a (m kuv)* play
the first violin.
ensyklopedia encyclop[a]edia.
ente‖**elli**‖**nen 1** *(jtk ennustava)* prophetic
(words *-set sanat*); prognostic (signs *-set*
merkit); *(oireellinen)* symptomatic (*adv*
~ally) (of *jllk*) **2** *(pahaenteinen)* ominous,
portentous **-illä** augur (well (ill) *hyvää*
(pahaa)); foretoken, promise (good
weather *hyvää säätä*); *(~ pahaa)* forebode
(a storm *myrskyä*), portend (a conflict
selkkausta).
enti‖**nen 1 a)** *(aikaisempi)* former
(headmaster *rehtori*); ex-‖ (-wife *vaimo*);
one-time (friend *ystävä*), sometime
(professor *professori*); late (the late Prime
Minister ~ *pääministeri;* enemies *-set*

viholliset); **b)** *(edellinen)* previous, earlier
(owner *omistaja*) **2** *(kulunut)* bygone (day
aika), past (life *elämä*) ▶ *-stä* **enemmän**
more than [ever] before; *(yhä enemmän)*
more and more; *Herra Parmela,* ~ *(-seltä*
nimeltään) *Palin* Mr Parmela, former[ly]
Palin; **palauttaa** *(saattaa) -selleen* restore;
-stä **parempi** *(huonompi)* better (worse)
than ever (before); *Herra X,* ~
Cambridgen yliopiston **professori**
(*Kairon-***suurlähettiläs**) Mr X, sometime
(former[ly], late) professor at Cambridge
(ambassador in Cairo); *-seen* **tapaan** as
before.
entisaik‖**a;** ~*an, -oina* in the old days, in
times long past, in days of old.
entisestään *lisääntyä* ~ increase further.
entis‖**tys** restoration; renovation **-tää**
restore (a church *kirkko*); renovate (a
painting *maalaus*).
entomologi entomologist ~**a** entomology
~**nen** entomological.
entsyymi enzym[e], enzymic matter.
entä ▶ ~ **hän?** what about him? ~*pä* **jos..**
what if (he doesn't come? *hän ei*
tulekaan); only think if; suppose if,
supposing (you're wrong *olet väärässä?*);
~*s* **sitten?** so what?
enää 1 *(kielt yht)* [any] more (don't cry any
more! *älä itke* ~*!*); *(kauemmin)* [any]
longer (I'm not a child any longer *en ole* ~
lapsi) **2** *(myönt yht)* only (remains are left
from the castle *linnasta on* ~ *rauniot*
jäljellä) ▶ **ei** ~ no more (longer); *ei* ~
koskaan never more (again); *mitä muuta*
voi ~ **tehdä?** what else (more) can one do?
älä tee sitä ~*!* never (don't) do it again!
epidemia epidemic.
epiduraalipuudutus epidural anaesthesia.
epifyytti epiphyte.
epigrammi epigram.
epiikka epic poetry.
epilep‖**sia** epilepsy **-tikko** epileptic **-tinen**
epileptic (*adv* ~ally) (fit *kohtaus*).
e-pilleri the Pill.
epilogi epilog[ue].
episkopaa‖**linen** episcopal[ian]; *Englannin*
E~ *kirkko* the English Episcopal Church;
-sen kirkon jäsen Episcopalian.
episodi episode.
epistola Epistle (to the Romans
roomalais~).
epiteeli epitheli‖um (*pl m* -a); *epiteeli*‖-
epithelial (cell *-solu*).
epookki epoch.

epä‖**aito** insincere (person *ihminen*); *(teeskennelty)* pretended (joy *ilo*) **-asiallinen** irrelevant, impertinent (question *kysymys*); *(tahditon)* indiscreet (behavio[u]r *käytös*) **-demokraattinen** undemocratic (*adv* ~ally) **-edulli**‖**nen** 1 unprofitable (investment *sijoitus*); disadvantageous (to *jklle;* terms of sale *-set myyntiehdot*) **2** unfavo[u]rable (to *jllk;* impression *vaikutelma*); disadvantageous, adverse (circumstances to success *-set olosuhteet onnistumiselle*); *(ajankohdasta)* unpropitious (moment to do a th. *hetki tehdä jtk;* for *jklle*); *(ulkomuodosta)* unprepossessing; *(haitallinen)* harmful (to health *terveydelle*); käyttää hyväkseen jkn *-sta asemaa* take a p. at a disadvantage; *olla -sessa asemassa* be at a disadvantage; *-sessa valossa* in an unfavo[u]rable light **-edullisesti;** *vaikuttaa* ~ *jhk* have an unfavo[u]rable influence on **-edullisuus** disadvantage[ousness]; unprofitableness **-elimellinen** inorganic (*adv* ~ally) **-esteettinen** inaesthetic (*adv* ~ally) **-havainnollinen** unilluminating, unillustrative **-hedelmä** accessory fruit, pseudocarp **-hieno** indelicate (question *kysymys*), indiscreet (behavio[u]r *käytös*); *on* ~*a.. (m)* it is bad manners to.. **-historiallinen** unhistoric[al] **-huomiossa** by oversight; inadvertently; *(erehdyksessä)* by mistake **-hygieeninen** unhygienic (*adv* ~ally); insanitary.

epäile‖**mättä** undoubtedly; no doubt; unquestionably; unmistakably **-vä\[i\]nen** incredulous (of *jnk suhteen*), mistrustful (of *jtk* ~); doubtful (of, about); *(epäluuloinen)* suspicious, distrustful (nature *luonne;* of, as to *jnk suhteen*); *(skeptinen)* sceptical, *(Am)* skeptical (listener *kuulija*); ~ *asenne (m)* scepsis, *(Am)* skepsis (towards *jhk*); *olla -vällä kannalla* be doubtful (hesitant, in doubt), be in two minds (about *jnk suhteen*); ~ *suhtautuminen (m)* mistrust of; ~ *Tuomas* doubting Thomas **-v\[äis\]yys** suspiciousness; sceptisism, scepsis, *(Am)* skeptisism, skepsis **-västi** *(m)* with distrust; with suspicion; *suhtautua* ~ *jhk* mistrust, have a mistrust of.

epäil‖**ijä** doubter, sceptic, *(Am)* skeptic; *ikuinen* ~ doubting Thomas **-lä 1** suspect (a p.'s intentions *jkn aikeita;* a p. of a theft *jkta varkaudesta*) **2** *(pitää*

epävarmana) doubt (one's ability *kykyjään;* I doubt it *sitä -en*); be in doubt, have [one's] doubts, be doubtful (skeptical) (about the truth of the story *asian todenperäisyyttä*); *(olla luottamatta)* distrust (one's eyes *silmiään*), disbelieve (a p.'s sincerity *jkn vilpittömyyttä*), be distrustful (of a p.'s motives *jkn motiiveja*), be suspicious **3** *(pitää kyseenalaisena)* mistrust (one's own judgement *omaa arvostelukykyään*), call .. in question; question (the importance of a matter *asian tärkeyttä*) **4** *(luulla)* think (ill of a p. *pahaa jksta*) **5** *(epäröidä)* hesitate; *en -e sanoa että* I don't hesitate to say that..; *hetkeäkään -emättä* without any hesitation ▶ **alkaa** ~ *jtk* become suspicious of; *hän **ei** -e mitään* he hasn't the least suspicion; **en** -e **etteikö..** I have no doubt that..; *en -e ettei hän tule* I'm [quite] sure he will come; **epäillen** with suspicion; doubtfully; *(empien)* hesitatingly; *suhtautua -len* have a distrust (mistrust) of, be distrustful of; *häntä* **epäillään** *varkaudesta* he is suspected (under suspicion) of a theft (of stealing); *-en **että*** I suspect that.., I have a suspicion that..; *-en ettei hän tule* I doubt whether (I don't think) he will come, I'm afraid he won't come; *se* **panee** *-emään onko..* it makes one think if.., it gives one cause to doubt whether..; *lääkärit -evät [taudin olevan] **syöpää*** the doctors suspect cancer.

epäilty suspect[ed]; *[murhasta]* ~ *henkilö* [murder] suspect; ~*nä [varkaudesta] on* suspicion [of a theft (of having stolen)]; *kolme henkilöä on* ~*inä* three people are under suspicion.

epäily 1 *(epäileminen)* doubting; suspicion; *(epäileväisyys)* scepticism, *(Am)* skepticism **2** = *epäilys* ~**\[ksen\]nalai**‖**nen;** ~ *henkilö* suspect, person under suspicion; *joutua -seksi* come under suspicion; *(jstk)* be suspected of; *saattaa -seksi* bring .. under suspicion, throw suspicion on.

epäily‖**s** doubt (I have my doubts about the matter *minulla on asiasta omat -kseni*); *(epäluulo)* suspicion (arouse suspicion *herättää* ~*tä;* dispel a p.'s suspicions *poistaa jkn -kset*); misgiving (about *jstk;* as to *jnk suhteen;* overcome one's misgivings *päästä -ksistään*); *-ksiä herättävä* suspicious[-looking]; *kohdistaa -kset jkh* throw suspicion on; *siitä ei ole*

~*täkään* there is no doubt about that
-ttävyys suspiciousness; doubtfulness;
dubiousness, questionableness **-ttäv|ä**
doubtful (character *tyyppi*); suspicious
(affair *juttu;* circumstances ~*t olosuhteet;*
case *tapaus;* it looks
suspicious *se näyttää* ~*ltä*), *(pred m)*
suspect (his statements are suspect *hänen
lausuntonsa ovat -iä*); dubious (venture
hanke); *(arveluttava)* questionable (in a
questionable light ~*ssä valossa*);
[poliittisesti] ~ *henkilö* [political] suspect;
~*n näköinen* suspicious-looking; *saattaa*
~*än valoon* cast a suspicion on **-ttää ▶**
koko *asia* ~ *[minua]* the whole affair
looks suspicious (*ark* fishy) [to me]; *häntä*
~ **lähteä** he hesitates to go; *minua* ~ **onko**
.. I wonder if..; *se* ~ *minua* I have my
doubts about it.
epä|inhimillinen inhuman[e] (treatment
kohtelu); *(raaka)* barbarous (warfare
sodankäynti) **-inhimillisyys** inhumanity;
barbarity **-isänmaallinen** unpatriotic (*adv*
~ally) **-isänmaallisuus** lack of patriotism
-itsekkyys unselfishness, altruism **-itsek|äs**
unselfish, selfless, altruistic (*adv* ~ally);
disinterested (sacrifices *-käät uhraukset*)
-itsenäinen ..lacking independence,
..depending on others; unoriginal,
..lacking originality (study *tutkimus*)
-itsenäisyys lack of independence;
lack of originality **-jalo** base (metal
metalli) **-johdonmukainen** illogical;
inconsequent, inconsistent **-johdon-
mukaisuus** illogicality; inconsequence,
inconsisten'ce, -cy.
epäjumala heathen god; idol; *palvoa* ~*na*
idolize (money *rahaa*) ~**nkuva** idol
~**npalvoja** idolater ~**npalvonta** worship of
idols, idolatry.
epä|järjesty|s disorder (in disorder
-ksessä); disarray (the group retreated in
disarray *ryhmä perääntyi -ksessä*); *joutua
-kseen* become disarranged, get out of
order; *saattaa -kseen* dis|arrange, -order,
confuse; upset; *(joukot)* disarray,
disorganize **-kansallinen** unnational;
anti-national **-kelpo** poor, bad;
good-for-nothing; *(atk)* invalid **-keskinen**
eccentric **-keskisyys** eccentricity
-kiitolli|nen ungrateful, unthankful,
thankless, unrewarding (task *tehtävä*);
joutua -seen asemaan be put into
inconvenience **-koh|ta** defect, fault (faults
in the educational system *opetuksen -dat*);

(varjopuoli) drawback; disadvantage
(serious disadvantage *vakava* ~); *-dat (sg)*
unsatisfactory (deplorable) state of affairs;
(m) bad conditions, ills; *korjata -dat*
remedy grievances; *yhteiskunnalliset -dat*
social evils **-kohteliaisuus** impoliteness,
discourtesy **-kohtelias** impolite;
(-kunnioittava) disrespectful;
(-ystävällinen) unfriendly; *(tyly)* rude
-kriittinen uncritical **-kristillinen**
unchristian **-kunnioittava** disrespectful (to
jkta kohtaan) **-kun|nossa** *(-toon); mennä
-toon* get out of order; *olla* ~ be out of
[working] order **-kypsä** immature **-kypsyys**
immaturity **-käytännölli|nen 1** unpractical,
(Am) impractical (solution *ratkaisu*),
unhandy (machine *kone*); impracticable
(plan *suunnitelma*); unwieldy (ideas *-set
ideat*); *(-mukava)* inconvenient (house
talo) **2** impractical (dreamer *haaveilija*);
~ *ihminen (m)* fumbler **-käytännöllisyys 1**
impractica[bi]lity; inconvenience **2** *(jkn* ~)
lack of practical sense; impracticality
-lojaali disloyal; ~ *kilpailu* unfair
competition; ~ *teko* an act of disloyalty
-lojaali[su]us disloyalty **-looginen** illogical
-loogisuus illogicality; *jnk* ~ *(m)* lack of
logic in a th. **-luonnollinen** unnatural
(position *asento*); *(teennäinen)* affected;
forced (smile *hymy*) **-luotettava** unreliable
-luotettavuus unreliability **-luottamuslause**
vote of censure (on *jllk*), vote of
no-confidence (in); *antaa* ~ pass a vote of
no-confidence **-luulo** suspicion (about, of
jtk kohtaan; dispel a p.'s suspicion *poistaa
jkn* ~*t*); distrust (of); *herättää* ~*a* arouse
suspicion[s] (in a p.'s mind *jkn mielessä*);
~*t kohdistuivat häneen* suspicion fell on
him **-luuloinen** suspicious (of *jkta
kohtaan*); distrustful (of); sceptical, *(Am)*
skeptical (about *jtk kohtaan;* attitude
asenne) **-luuloisesti** *(m)* with suspicion;
with distrust **-luuloisuus** suspiciousness,
distrust[fulness] **-metalli** metalloid,
non-metal **-miehekäs** unmanly **-miellyttävä**
unpleasant (person *henkilö;* surprise
yllätys), disagreeable (smell *haju;* to
jksta); unattractive (appearance *olemus*);
displeasing (conduct *käytös*); offensive; ~
tilanne (m) awkward situation **-mielui|nen,
-sa** unpleasant (surprise *yllätys*); *(ei
toivottu)* undesirable (effect *vaikutus*),
unwelcome **-mukava** uncomfortable;
(hankala) inconvenient (working hours
työaika) **-mukavuus** discomfort,

inconvenience **-muodollinen** informal **-muodostum|a** deformity, malformation (congenital malformation *synnynnäinen* ~); *-ia aiheuttava* teratogenetic (*adv* ~ally) **-muodostunut** deformed; malformed, misshapen (foot *jalka*), monstrous (fetus *sikiö*) **-murtoluku** improper fraction **-musikaalinen** unmusical **-määräi|nen 1** indefinite (area *alue; (kiel)* article *artikkeli*), indeterminate (number *määrä*); undefined (concept *käsite*); undetermined, indefinable (boundaries *-set rajat*), *(lykätä) -seksi ajaksi* (postpone, defer) indefinitely (for an indefinite time) **2** *(kuv)* vague, indefinite (promises *-set lupaukset;* recollection *muistikuva*; answer *vastaus*); *(epäselvä)* hazy, faint (idea *mielikuva*); undefined (feeling *tunne*); obscure (figure *hahmo;* past *menneisyys*); *-sen* näköinen suspicious-looking; *-sen värinen* ..of nondescript colo[u]r **-määräisyys 1** indefiniteness, inaccuracy **2** *(kuv)* vagueness, obscurity **-naisellinen** unfeminine (appearance *ulkonäkö*); unladylike (behavio[u]r *käytös*) **-naisellisesti** [in an] unwomanly [manner] **-naisellisuus** lack of femininity.

epä||normaali abnormal (thinness *laihuus*); *(luonnoton)* unnatural; *(poikkeava)* anomalous; exceptional (situation *tilanne*) **-normaali[su]us** abnormality **-oikeudenmukainen** unjust (verdict *tuomio*); unfair (treatment *kohtelu*); *(asiasta m)* unrighteous, inequitable (taxation *verotus*); wrongful (deed *teko*) **-oikeudenmukaisuus** injustice, unfairness; inequity **-oleelli|nen, -olennai|nen** irrelevant; immaterial, unimportant (details *-set yksityiskohdat*); *(mitätön)* trivial (affair *juttu*); *erottaa ~ olennaisesta* differentiate between essentials and non-essentials **-olennaisuu|s** immateriality; *-det* unessentials; irrelevancies, trivialities, trifles **-onn|i** bad luck, misfortune (in *jssk*); *hänellä oli -ea pelissä* he had no luck in the game; *tuottaa jklle -ea* bring a p. bad (ill) luck **-onnistu|a** fail (in an exam *kokeessa;* his attempt failed *hänen yrityksensä -i*); be unsuccessful (in *jssk*); be a failure (ark flop) (the party was a failure *juhlat -ivat*); *(asiasta m)* come to nothing (the negotiations came to nothing *neuvottelut -ivat*) **-onnistumi|nen** failure; *(täydellinen*

~*)* fiasco **-onnistunut** unsuccessful; abortive (enterprise *yritys*); failed (novelist *kirjailija*); unhappy (choice of words *sanavalinta*); ~ *ihminen (yritys ym) (m)* failure; *laulajana hän on täysin ~* as a singer he is an utter failure (*ark* a complete flop) **-orgaaninen** inorganic (*adv* ~ally) **-parlamentaarinen** unparliamentary **-poliittinen** non-|, unpolitical **-puhdas 1** unclean, impure (air *ilma*); polluted; ~ *iho* blemished complexion **2** *(kem)* impure (sugar *sokeri*) **3** *(virheellinen)* discordant (tune *sävel*); *(mus)* off-key (voice *ääni*), ..out of tune (singing *laulu*) **-puhtau|s** uncleanliness; impurity; *(mus)* discordance; *-det* impurities (in *jnk -det*) **-pätevyys** incompetence **-pätevä** unqualified, incompetent (for an office *virkaan*) **-rehelli|nen** dishonest (to[wards] *jklle;* by dishonest means *-sin keinoin*); fraudulent (profits *-set voitot*); *(henk m)* deceitful, false, double-dealing; ~ *peli* foul play **-rehellisesti;** *toimia* ~ *(m)* be dishonest in one's dealings, play crooked game **-rehellisyys** dishonesty, fraudulence **-romanttinen** unromantic (*adv* ~ally).

epäröi||dä hesitate (I don't hesitate to say *en epäröi sanoa*); *(olla epätietoinen)* be in doubt, be doubtful ([as to] what to do *mitä tehdä*); be in two minds (whether to go or not *lähteäkö vai ei*); waver (between two alternatives *kahden vaihtoehdon välillä*); *-den* hesitantly; *[hetkeäkään] -mättä* without hesitation **-nti** hesitation, hesitating; irresolution; wavering **-vä** hesitant, hesitating; wavering **-västi;** *suhtautua jhk ~* be in two minds about.

epä||selvyy|s 1 indistinctness; unclarity, obscurity; *kirjoituksen ~* illegibility; *puheen ~* inarticulateness **2** *(sekaannus)* confusion (in the accounts *-ttä tileissä*) **-selvä 1** indistinct, obscure (voice *ääni*); misty, unclear (outline *~t ääriviivat*); *(puheesta)* inarticulate (pronunciation *ääntäminen*); *(jota ei voi lukea)* illegible (handwriting *käsiala*) **2** *(hämärä)* vague, dim (recollection of *muistikuva jstk*), hazy, faint (idea of *käsitys jstk*); obscure (motives *~t vaikuttimet*), unclear (it remained unclear to me *se jäi minulle ~ksi*); *on ~ä onko..* it is uncertain (not clear) whether.. **3** *(sekava)* confused (finances *~t raha-asiat*), muddled (situation *tilanne*) **-selvästi** indistinctly; *nähdä (erottaa)* ~ distinguish vaguely (faintly); *puhua* ~ mumble, mutter **-siisti** untidy (room *huone;* handwriting *käsiala*), slovenly (habits ~*t tavat*), messy (house *talo*); *(hoitamaton)* unkempt (appearance *ulkonäkö*); *(huolimaton)* sloppy (person *ihminen*), slipshod (work ~*ä työtä*) **-siveellinen** immoral, licentious; *(säädytön)* indecent, obscene (publication *julkaisu*) **-siveellisyys** immorality; indecency **-sointu** discord **-sointuinen** dissonant, discordant (music *musiikki*), disharmonious *(kuv;* marriage *avioliitto)* **-sointuisuus** discordance, disharmony **-sopu** discord[ance] (between neighbo[u]rs *naapurien välinen* ~) **-sopuinen** discordant, disharmonious **-sosiaalinen** asocial **-sosiaalisuus** asociality **-sotilaallinen** unsoldierlike **-sovinnai|nen** unconventional (behavio[u]r *käyttäytyminen*); unorthodox (views ~*set näkemykset*) **-sovinnaisuus** unconventionality **-suh|de,** **-suhta** disproportion; disparity (between the rich and the poor *rikkaiden ja köyhien välillä*); *olla -teessa jhk* be in disproportion with, be disproportionate to; *saattaa -teeseen* disproportion **-suhtainen** disproportion|ate, -al; asymmetric[al]; unequal (pair *pari*), uneven **-suhtaisuus** disproportion; asymmetry **-suomalainen** un-Finnish **-suopea** unfavo[u]rable (an atmosphere unfavo[u]rable to the negotiations *neuvotteluille* ~ *ilmapiiri*); hostile (to the idea *ajatukselle*); ill-disposed (towards *jtk kohtaan*); ~ *arvostelu* harsh critique; ~ *kohtalo* adverse fortune; *olla* ~ *jllk* disapprove of **-suopeasti;** *suhtautua* ~ *jhk* be unfavo[u]rably disposed towards **-suora** indirect; *(kiel)* ~ *esitys* indirect speech, reported speech; ~ *sanajärjestys* inversion **-suosio** disfavo[u]r, disgrace; *joutua [jkn] ~on* fall into [a p.'s] disfavo[u]r (disgrace); be disgraced, fall out of favo[u]r [with] **-suotava** undesirable **-suotuis|a** unfavo[u]rable (under unfavo[u]rable auspices *-in entein*); disadvantageous, adverse (weather conditions ~*t sääolot*); unpropitious (moment *ajankohta*); *-issa olo/suhte/issa* under unfavo[u]rable circumstances **-symmetrinen** asymmetric, unsymmetric (*adv* ~ally) **-säännölli|nen** irregular (pattern *kuvio;* plural *monikko;* working hours *työaika*); uneven (handwriting *käsiala;* terrain *maasto*), unequal (surface *pinta*); ~ *verbi*

(m) anomalous verb; *viettää -stä elämää* lead an unsettled life **-säännöllisyys** irregularity **-säätyinen;** ~ *avioliitto* mésalliance *(ransk).*

epä||**tahdissa, -tahtiin;** *kävellä* ~ walk out of step; *soittaa* ~ play out of time; *soutaa* ~ row out of turn **-taiteellinen** inartistic (*adv* ~ally) **-taloudellinen** uneconomic (*adv* ~ally); uneconomical (housewife *perheenemäntä*) **-tark|ka** inaccurate (figures *-at luvut*), inexact (statistics *tilasto*); incorrect (transcription *jäljennös*); ~ *käännös* loose (inexact) translation **-tarkkuus** inaccuracy **-tarkoituksenmukainen** inappropriate (method *menetelmä*); unsuitable; impractical (tool *työkalu*) **-tarkoituksenmukaisuus** unsuitability; inapplicability **-tasa-arvo** inequality **-tasai|nen** uneven (teeth *-set hampaat;* road *tie*); rugged, rough (terrain *maasto*); unequal (quality *laatu*); irregular (breathing *hengitys;* pulse *pulssi*) **-tasaisuu|s** unevenness, inequality, roughness; *(-säännöllisyys)* irregularity; *-det* irregularities, inequalities **-tasapaino** imbalance; lack of balance; *saattaa* ~*on* unbalance **-tavalli|nen** unusual; uncommon (circumstances ~*set olosuhteet*); *(poikkeuksellinen)* exceptional (character *luonne*); *(erikoinen)* extraordinary (personality *persoonallisuus*) **-terve** unsound (reasoning *ajattelu;* development *kehitys*) **-terveelli|nen** unhealthy, pernicious; unwholesome (diet *ruokavalio*); insalubrious, insanitary (environment *ympäristö*); *se on -stä* it is not good for you; *tupakointi on -stä* smoking is bad for (hazardous to) your health **-terveellisyys** unhealthiness, unwholesomeness; insalubrity (of climate *ilmaston* ~) **-tieteellinen** unscientific (*adv* ~ally) **-tietoinen** uncertain (of *jstk*); doubtful, in doubt (as to what to do *siitä mitä pitäisi tehdä*); *olla* ~ *jstk* be in ignorance of **-tietoisuu|s** uncertainty (gnawing uncertainty *kalvava* ~); *jäädä -teen jstk* be left in the dark about **-todellinen** unreal, ...untrue (not true) to life **-todellisuu|s** unreality (an air of unreality *-den tuntu*) **-todennäköinen** unlikely, improbable **-todennäköisyys** unlikelihood, improbability.

epä||**toivo** despair (be driven to despair *joutua* ~*on*); *olla* ~*issaan* be in despair;

despair (of *jstk*); ~n partaalla on the verge of despair; *saattaa jku* ~n *valtaan* drive a p. to desperation (despair) **-toivoinen** desperate (attempt *yritys*); *(henk m)* despairing; *(ark m)* hopeless (situation *tilanne*); hän oli aivan ~ he was in the depths of despair; *olla* ~ *jnk suhteen* despair of **-toivoisuus**; *tilanteen* ~ the desperate state of affairs **-toverillinen** unsporting, disloyal **-tyydyttävä** unsatisfactory **-täsmällinen** inaccurate, inexact; *(ajan suhteen)* unpunctual **-täsmällisyys** inaccuracy; unpunctuality **-täydellinen** incomplete; imperfect **-täydellisyys** incompleteness; imperfection **-urheilijamainen** unsportsmanlike **-usko** disbelief, incredulity **-uskoinen** unbelieving, doubting, sceptical, *(Am)* skeptical **-uskottava** incredible, unbelievable **-vakaa** unsteady (market ~t markkinat), unstable (prices ~t hinnat); labile (equilibrium *tasapaino*); unsettled (economic situation *taloudellinen tilanne*); *(häilyvä)* changeable (temperament *luonne*) **-vakaisuus** unsteadiness, instability (of conditions *olojen* ~); changeableness (of weather *sään* ~) **-varm|a 1** uncertain (factors ~t *tekijät*); unsteady (times ~t *ajat*), unstable (conditions ~t *olot*); shaky (on shaky ground ~*lla pohjalla*) **2** *(-luotettava)* unsafe (method *menetelmä;* investment *sijoitus*); insecure (enterprise *liikeyritys*); unreliable (information ~t *tiedot*), doubtful (future *tulevaisuus*); *-oissa tapauksissa* in cases of doubt, when in doubt **3** *(epäröivä)* uncertain (of *jstk*), unsure (of one's future *tulevaisuudestaan*); insecure (feel insecure of *tuntea olonsa* ~*ksi jnk suhteen*); ~ *itsestään* self-conscious; *olla* ~ *(m)* hesitate (about *jnk suhteen*) **-varmuu|s 1** uncertainty, unsteadiness (of circumstances *olojen* ~); insecurity; *taloudellinen* ~ *(m)* economic instability **2** *(neuvottomuus)* uncertainty, insecurity; *(m)* self-consciousness; *-den tunne* feeling of insecurity (uncertainty) **-varmuustekijä** factor (element) of uncertainty **-viisas** imprudent (it would be imprudent for us to accept the offer *meidän olisi* ~*ta hyväksyä tarjous*), unwise; injudicious (measure *toimenpide*) **-viralli|nen** unofficial (results *-set tulokset*); informal (contract *sopimus*) **-viralli-suus** informality **-virees|sä** *(-een)* out

of tune **-vireinen** untuned (piano *piano*) **-vireisyys** lack of tune **-yhdenmukainen** incongruous **-yhdenmukaisuus** incongruity **-yhtenäi|nen** heterogenous (population *väestö*); non-uniform (collection *kokoelma*); *(kirjava)* mixed (clothing *vaatetus*); *(hajanainen)* incoherent (public *kuulijakunta*); disconnected (thoughts *-siä ajatuksia*); *(-tasainen)* irregular (prices *-set hinnat*) **-yhtenäisyys** heterogeneity; non-uniformity; incoheren|ce, -cy **-yhtälö** inequality.

epäystävälli||nen unfriendly, unkind (to *jklle*) **-sesti** unkindly, in an unfriendly manner **-syys** unfriendliness, unkindness.

epääminen refusal, denial; *(hylkääminen)* rejection.

erakko hermit; *(yksinäinen ihminen)* recluse, solitary ~**elämä** seclusion; *viettää* ~*ä* live in seclusion; live like a hermit ~**luonne** solitary soul.

erehdy|s mistake (a deplorable mistake *ikävä* ~; it is due to a mistake *se johtuu -ksestä*); error (human error *inhimillinen* ~; trial and error *yritys ja* ~) ▶ **erehdyksessä** by mistake, by oversight, inadvertently; *hän sanoi sen -ksessä (m)* it was a slip of the tongue on his part; *luulin -ksessä sinua veljeksesi* I mistook you for your brother; **korjata** ~ correct a mistake (an error); *kaikki on pelkkää* ~*tä!* it's all a mistake! **tehdä** ~ make a mistake.

erehdytt||ävä misleading, *(petollinen)* fallacious, deceptive; *(yllättävä)* striking (likeness *yhdennäköisyys*); ~*n samankaltainen* strikingly (remarkably, confusingly) similar **-ää** mislead, lead .. astray.

erehty||minen erring; ~ *on inhimillistä* to err is human **-mättömyys** infallibility **-mätön** infallible (none of us is infallible *kukaan ei ole* ~); unerring (instinct *vaisto*), unfailing (judgement *arvostelu*) **-väinen** fallible; erring; *ihminen on* ~ all men are fallible **-väisyys** fallibility.

ereh|tyä 1 make a mistake (in one's calculations *laskuissaan*); be mistaken (in *jssk;* about, with regard to *jnk suhteen*); be wrong (I may be wrong but.. *ehkä -dyn mutta..*), be in error (I was in error in believing that.. *-dyin luullessani että*); mistake (the person *henkilöstä*), get .. wrong (the place *paikasta*); *tunnustaa -tyneensä* admit one's error; *-dyimme siinä että* we thought mistakenly that.. **2**

(*»haksahtaa»*) lapse (into exaggeration *liioitteluun*); be mislead (to believe that.. *luulemaan että*); ~ *sanomaan* say by mistake, make a slip of the tongue.

ergonomi||a biotechnology, *(sg ja pl)* ergonomics **-nen** biotechnological, ergonomic *(adv ~ally)*.

erheellinen erroneous, incorrect.

eri separate (three separate parts *kolme ~ osaa*); different (at different times ~ *aikoina;* in different directions ~ *tahoille*); *(moni ~)* various (for various reasons ~ *syistä*) ▶ *se on [aivan] ~ asia* that's quite another matter; *olla ~ mieltä* disagree (with *jkn kanssa;* on *jstk*); *kengät ovat ~ paria* the shoes are odd; ~ **suuri** ..of different size[s], ..unequal in size; *(m)* unequal, uneven; ~ **tavalla** in a different way, differently; *monella ~ tavalla* in various ways.

eri||arvoi|nen unequal; *he ovat -sessa asemassa* they are unequal **-arvoisuus** inequality.

erikoi|nen 1 special (nothing special *ei mitään -sta*); particular (I didn't notice anything particular *en huomannut mitään -sta*), especial (pay especial attention to *kiinnittää -sta huomiota jhk*) **2** *(kummallinen)* peculiar (sense of humo[u]r *huumorintaju;* situation *tilanne*), curious (event *tapaus*), strange (in a strange way *-sella tavalla*); *(poikkeuksellinen)* extraordinary, exceptional (person *ihminen*) ▶ **erikoisen** [e]specially (important *tärkeä*); *(-tyisen)* particularly (suited *sopiva*); *kysymys on -sen tärkeä* the question is of extraordinary importance; *»päivän ~»* today's special; *Suomi on ~ siinä suhteessa että* Finland is unique in that..

erikois||- special (treatment *-hoito;* edition *-painos*) **-ala** special line (subject, field), speciality, *(Am)* specialty; *~ni on..* I specialize in.. **-artikkeli** *(san)* feature [article] **-emmin;** *ei ~* not particulary, not very much **-esti** especially; *(nimenomaan)* particularly; in particular; specially; *pyydän ~ kiinnittämään huomiota..* I call your special attention to.. **-etu** privilege **-harrastus** hobby, speciality **-herkku** specialty **-kieli** jargon **-kirjeenvaihtaja** special correspondent (for a newspaper *sanomalehden ~*) **-koulutu|s** special training; *-ksen saanut* specially trained **-laatu** individual (special) character,

peculiar nature; peculiarity **-laatuinen** ..of special (extraordinary) character, unique **-leima** distinctive character (the distinctive national character of the Finns *suomalaisten kansallinen ~*) **-liike** specialized (single-line) shop *(Am* store); *(erik Br m)* special[ity] shop; *(Am m)* special[ty] store **-luokka** special unit (for talented children *lahjakkaille*) **-luonne** peculiar (unique) character (nature) **-lupa** special permit **-lähettiläs** special envoy, envoy extraordinary **-lääkäri** specialist (in diseases of the heart *sydäntautien ~*) **-opetus** remedial teaching (in mathematics *~ta matematiikassa*) **-piirre** characteristic feature **-ruokavalio** [special] diet **-sairaanhoitaja** specially trained (qualified) nurse (for *jnk alan ~*) **-suurlähettiläs** ambassador extraordinary **-tapau|s** special (specific) case; *ainoastaan -ksissa* in exceptional cases only, only exceptionally; *kussakin -ksessa* in each individual case **-tarjous** special offer; *päivän ~* to-day's special **-tehtäv|ä** special duty; *-issä on* special duty, *(sot)* on detached service **-tilau|s** special order; *-ksesta* to (against) special order **-tu|a** specialize (in surgery *kirurgiaan*); as a surgeon *kirurgiksi; (Am m)* major (in psychology *psykologiaan*); *pitkälle -nut* highly specialized **-tuminen** specialization, specializing (in *jllk alalle*); *liika ~* overspecialization **-tumisopinnot** specialized studies **-tuntemus** specialized (technical) knowledge (on *jnk alan ~*) **-tuntija** specialist (in *jnk alan ~*) **-uu|s** speciality, *(Am)* specialty (local speciality *paikallinen ~*); *(-ominaisuus)* peculiarity; particularity; *(harvinaisuus)* curiosity (as a curiosity it may be mentioned *-tena mainittakoon*).

erikokoi|nen ..of unequal (different) size; *-set* unequal [in size].

erikseen separately (for each year separately *joka vuodeksi ~*); *(kukin ~)* individually (address each person individually *puhutella jokaista ~*), *(yksitellen)* singly (they went in singly *he menivät sisään ~*); *(erillään)* apart (viewed apart his arguments are unfounded ~ *tarkasteltuina hänen väitteensä ovat perusteettomia*) ▶ *se onkin asia ~* that's a different (another) matter; ~ **huomautettakoon** *että* let it be noted apart that; **kukin** ~ each one separately;

huonepalvelusta **veloitetaan** ~ room service is extra.

eri||**laatui**|**nen** heterogenous (substances *-set aineet*); *(-lainen)* different **-laatuisuus** heterogeneity **-lai**|**nen** different (from *kuin;* opinions *-set mielipiteet*); dissimilar (to *kuin*); *(pred m)* unlike (the two cases are quite unlike *molemmat tapaukset ovat aivan -set*); *(eriävä m)* divergent (views *-set näkemykset*); aivan ~ *kuin tämä (m)* entirely unlike this; *olla* ~ differ (from *kuin jk; in jnk suhteen, jssk*) **-laisuus** difference (in temperament *luonteiden* ~), dissimilarity; unlikeness (of the two brothers *veljesten* ~); *(erik määrän* ~*)* disparity (in size *kokojen* ~), inequality (of wages *palkkojen* ~); *(eroavuus)* diversity, divergence (of opinion *mielipiteiden* ~).

erilleen apart (pull apart *kiskoa* ~); *joutua* ~ *jstk* be[come] separated from, *(toisistaan m)* drift apart; *muuttaa [asumaan]* ~ separate (from *jksta*).

erilli|**nen** **1** separate (entrance *sisäänkäynti*); distinct (two distinct systems *kaksi -stä järjestelmää*) **2** *(irrallinen)* unconnected (parts *-set osat*), discrete (episode *sivukertomus*); isolated (case *tapaus*); *kysymystä ei voi ratkaista -senä* the problem cannot be solved separately (by itself, independently).

erillis||**osasto** *(sot)* detachment **-rauha** separate peace **-sopimus** special agreement, separate treaty.

erillään apart (from the others *muista* ~) ▶ **asua** ~ live apart (separately); live separated (from one's family *perheestään*); ~ *oleva* separate[d], detached (from *jstk*); **pitää** ~ *(jstk)* keep apart (distinct) from; **pysyä** ~ *(jstk)* keep (stand) aloof (from), keep (stay) away (from).

eri||**mieli**|**nen;** *olla -set jstk* disagree on, be in disagreement about **-mielisyy**|**s** disagreement (about *jstk*), difference of opinion (about, as to *jstk, jnk suhteen*); *(riita)* dissension (continual dissension on political questions *jatkuvia poliittisia -ksiä*); dispute (religious disputes *uskonnolliset -det*); *on -ttä siitä miten..* opinions differ as to how.. **-muotoi**|**nen** ..differing in shape; unlike (a th. *kuin jk*); non-uniform (patterns *-set kuviot*); *-sia ..*of different shapes **-nimi**|**nen;** *-set murtoluvut* unlike fractions; *-siä ..*of (with) various names.

erinomai||**nen** excellent; splendid (weather *sää;* chance *tilaisuus*), superb (performance *esitys*); exquisite (view *näköala*), *(ruoasta m)* delicious; *(ensiluokkainen)* first-rate, first-class; ~ *laatu* choice (superior) quality; *-sen* particularly, especially, extremely, exceedingly, remarkably; *-sessa kunnossa (m)* in perfect (fine) condition *(ark* shape) **-sesti** *(m)* very well; *hän voi* ~ he is fine, he is doing very well **-suus** excellence; *(paremmuus)* superiority.

erinäi|**nen;** *-set seikat;* in certain cases *-sissä tapauksissa;* *-siä kertoja* [quite] a number of times.

eri||**näköinen** ..unlike [in appearance], dissimilar (to *kuin*) **-näköisyys** dissimilarity, unlikeness [in appearance] **-oikeus** privilege **-painos** offprint (of an article *artikkelista*); *(Br m)* excerpt; *(Am m)* reprint; *ottaa* ~ *jstk* offprint **-purainen** discordant, disagreeing, *(riitaisa)* quarrelsome; *(pred)* at variance (odds) (with each other *keskenään*) **-puraisu**|**s** discord[ance], disagreement; variance (among the heirs *perillisten välinen* ~); *aiheuttaa -tta jdk kesken* cause discord (friction) among **-seurainen** separatistic *(adv* ~ally).

eriskummalli||**nen** strange, curious; odd, queer (story *juttu*); bizarre (colo[u]r *väri*); ~ *ihminen* eccentric, oddball **-suus** strangeness, peculiarity; curiosity.

erisnimi proper name (noun).

eriste insulating material, insulator ~**tty** isolated (position *asema*), withdrawn (community *yhteisö*); secluded (area *seutu*); *(sähk)* insulated.

eristin insulator, non-conductor.

eristy||**minen** isolation **-neisyys** isolation (political isolation *poliittinen* ~); seclusion (from the surrounding world *ympäröivästä maailmasta*) **-nyt** isolated; insulated (position *asema*); *(yksinäinen)* secluded (life *elämä;* area *seutu*).

eristy|**s** **1** isolation (of a patient *potilaan* ~; live in isolation *elää -ksissä*); *joutua -ksiin* be isolated **2** insulation (of electricity *sähkön* ~) ~**aine** insulating material, insulator; *(sähkön* ~ *m)* non-conducting material ~**huone** isolation room (ward) ~**leiri** *(sot ym)* internment (detention) camp ~**osasto** isolation ward (block) ~**selli** segregation cell, separate confinement.

eristä‖minen 1 isolation; *(erottaminen)* separation (from *jstk*); segregation (of criminals *rikollisten ~*); internment, detention; *(alueen ~ m)* enclosure; *(sulun avulla)* blocking off; fencing off; *(poliisiketjun avulla)* cordon; *(köyden avulla)* roping off **2** *(tekn)* insulation **-vä 1** *(erottava)* separative; isolating **2** *(tekn)* insulating; *(sähk)* dielectric.

eristäyty‖minen separation (from *jstk*) **-mispolitiikka** isolationism **-neisyys** isolation; seclusion **-nyt** withdrawn **-vä** seclusive; unsociable **-ä** cut o.s. off (from friends *ystävistä[än]*); withdraw (into solitude *yksinäisyyteen*).

eristää 1 isolate (the patient from others *potilas muista*), segregate; cut .. off (from the outside world *ulkomaailmasta*); confine (to prison *vankilaan*); quarantine (for two months *kahdeksi kuukaudeksi*) **2** *(erottaa)* separate (from *jstk*); *(~ sululla)* block off (the street *katu*); *(~ köydellä, aitauksella)* rope (fence) off; *(~ poliisiketjulla)* cordon off (the danger area *vaara-alue*) **3** *(sähk, fys)* insulate; *(kem)* isolate.

eri‖suuntai‖nen divergent; *(kuv m)* differing (endeavo[u]rs *-set pyrkimykset*) **-suuntaisuus** divergence **-suuruinen** ..of different sizes **-tasoliittymä** [traffic] interchange **-tasonojapuut** asymmetrical bars **-tasoristeys** highway grade separation.

erite secretion; *(kuona~)* excretion.

eritellä analyze (one's feelings *tunteitaan*); *(luetella)* specify, *(erik Am)* itemize (the costs *kulut*).

eritoten especially.

eritte‖leminen analyzing, analys|is *(pl* -es) specifying, specification **-ly** analys|is *(pl* -es) (a detailed analysis *yksityiskohtainen ~*); *(luettelo)* specification (of an invoice *laskun ~*); *(Am m)* breakdown (a statistical breakdown *tilastollinen ~*).

erittyä be secreted.

erittäin very (good *hyvä;* beautifully *kauniisti*), exceedingly (dangerous *vaarallinen*); most (important *tärkeä*); highly (desirable *toivottava*); *(äärimmäisen)* extremely; *(erinomaisen)* extraordinarily; *(erityisen)* particularly ▶ **~ arvokas** *(m)* of especial value; *tulen ~* **mielelläni** I'm happy (very glad, very pleased) to come; **~ pieni** *(m)* tiny, microscopic[al], minute; *(kuv)* minimal; **~**

suuri *(m)* huge, enormous; *(kuv)* excessive; **~ tärkeä** *asia* a thing of utmost importance; *on ~ tärkeää (m)* it is of paramount importance.

erittä‖minen secretion; excretion; emission **-ä** secrete (sweat *hikeä*); excrete (urine *virtsaa*); emit (a fluid *nestettä*).

erityi‖nen special, particular (care *huolenpito*); specific (for a specific purpose *jtk -stä tarkoitusta varten*) ▶ **ei mitään -stä** nothing special; **erityisen** especially (urgent *kiireellinen*), particularly (carefully *huolellisesti*), **-sen arvokas** of especial value; *-sen kaunis* of singular beauty; *-sen tärkeä* of paramount importance; **ilman -stä syytä** for no particular reason, without any special reason.

erityisesti especially; particularly.

erityis‖koulu special school [for handicapped children] **-laitteisto** *(atk)* dedicated equipment **-luokka** special unit for handicapped children **-opettaja** special teacher for handicapped children **-tietokone** special purpose computer **-tuntomerk‖ki** distinguishing feature; *-it (m)* characteristics.

eritys secretion; excretion **~elin** secretory (secreting) organ; *(kuonan~)* excretory organ.

eri‖tä; *mielipiteet -ävät suuresti* opinions differ greatly.

eriusko‖inen I *a* heterodox; *-sia ihmisiä* people of different religions **II** *s* separatist, nonconformist **-isuus** heterodoxy.

erivapau‖s dispensation (from *jstk;* for *jtk* varten); *(-tus)* exemption (from *jstk*); *-det* liberties; *myöntää ~ jklle* grant a p. [an] exemption (from *jstk*); *saada ~* be exempted.

eri‖väri‖nen ..of a different colo[u]r (than *kuin*); *(mus)* ..of different register; *-siä* ..of different (various) colo[u]rs.

eriy‖ttäminen differentiation; *(koul) (Brit)* streaming, tracking; *(USA)* track system **-ttää** differentiate (into *jksk*); *(koul) (erik Brit)* stream **-tyminen** differentiation **-tyä** be[come] differentiated.

eriä‖vä differing, divergent, discrepant; **~ mielipide** *(m)* dissenting opinion **-v[äis]yy|s** difference, divergence, diversity (of opinion *mielipiteiden ~*); discrepancy (several discrepancies *monia -ksiä*).

eriö *(kielistudion ~)* booth.

erkkeri *(rak)* bay window.

ero 1 parting, separation (from one's friends *ystävistä*); *(~ virasta ym)* resignation; *(avio~)* divorce **2** difference (social differences *yhteiskunnalliset ~t*); distinction (a sharp distinction between *selvä ~ jdk välillä*) **3** difference, gap (of 500 metres *500 m:n ~*) ▶ **antaa** ~ *[virasta] jklle* discharge, dismiss; **asua** *~ssa jksta* live apart from, be separated from; *~n* **hetki** the hour of parting; **huomata** ~ *jdk välillä* discern between; *hän ei huomaa [mitään] ~a A:n ja B:n välillä* he can't tell A from B; **ottaa** ~ *vaimostaan* divorce one's wife; **pysyä** *~ssa jstk* stay off, keep aloof from; **pyytää** *~a [virasta]* submit one's resignation; resign; **päästä** *~on jstk* get rid of; **saada** ~ *[virasta]* resign, retire; be discharged; *(saada avio~)* get a divorce, be divorced; *siinä on* **suuri** ~ *(m)* that makes all the difference; **tehdä** ~ *jdk välillä* make a difference between; *niillä on ~a kuin* **yöllä** *ja päivällä* they are as different as chalk from cheese.

ero|aminen parting (from a friend *ystävästä*); *(~ virasta ym)* resignation; *(~ jäsenyydestä)* withdrawal **-anomu|s** resignation; *jättää -ksensa* hand in one's resignation **-ava** differing, divergent, dissenting (opinion *mielipide*); *(virasta ~)* retiring; resigning (government *hallitus*), outgoing (minister *ministeri*) **-av[ais]uus** difference, divergence (of opinion *mielipiteiden ~*); discrepancy.

erogeeninen erogenous.

ero|kirje farewell letter; *(ark)* »Dear John» letter **-nnut** *(virasta ~)* resigned, retired; *(avioliitosta ~)* divorced; ~ **mies** *(m)* divorcé; ~ **nainen** *(m)* divorcée; ~ *vakinaisesta palveluksesta* retired from active service.

eroosio erosion.

eroottii|nen erotic *(adv ~ally)* **-suus** eroticism; *(Am m)* erotism.

ero|ta 1 *(mennä erilleen)* part (from *jksta*; with *jstk*); separate (from *jksta;* the couple separated by mutual consent *pari -si yhteisestä sopimuksesta*) **2** *(sanoutua irti)* leave, *(ark)* quit (one's job *työpaikastaan*); resign (one's office *virastaan;* the government resigned *hallitus -si*); withdraw (from the UN *YK:sta*); separate (from a party *puolueesta*), secede (from the Church *kirkosta*); *(irrottautua)* sever; sever o.s.

(from the party puolueesta) **3** *(ottaa avioero)* divorce (one's wife *vaimostaan;* they are divorced *he ovat -nneet*), get a divorce **4** *(olla erilainen)* differ (from *jstk;* greatly *suuresti*) ▶ ~ *jstk* **järjestöstä** resign one's membership in (of) an organization; *he -sivat* **ystävinä** they parted friends.

erotella separate, sort out.

erotiikka sex; eroti[ci]sm.

erotin *(tekn)* separator; *(atk m)* delimiter; *(sähk)* disconnecting switch, isolator.

erotodistus leaving certificate.

erotoma||ani erotomaniac **-nia** erotomania.

erot|taa 1 separate (England is separated from France by the Channel *Kanaali ~ Englannin Ranskasta;* the war separated them forever *sota -ti heidät ainiaaksi*); part (the fighters were parted *tappelijat -ettiin*); divide, sever (the river severs the two parts of the town *joki ~ kaupungin kaksi osaa*) **2** *(~ työpaikasta)* dismiss (a servant *palvelija;* from the party *puolueesta*), discharge (from the service *palveluksesta*); *(~ virasta t. toimesta)* discard, remove (from office *virasta*); *(~ koulusta ym)* expel; *(sanoa irti)* give notice (to an employee *työntekijä*), *(ark)* sack, *(erik Am)* fire (he got fired *hänet -ettiin*) **3** *(havaita)* discern (steps *askelia*), distinguish (sounds *ääniä*) **4** *(osata ~)* distinguish (between letters *kirjaimet [toisistaan];* a friend from a foe *ystävä vihamiehestä*), discern (right from wrong *oikea väärästä*), discriminate (between honest and dishonest people *rehelliset ihmiset epärehellisistä*); tell (he can't tell Bach from Bartok *hän ei -a Bachia Bartokista*), *(tuntea)* know (I know him by his voice *-an hänet äänestä*) **5** *(tehdä erilaiseksi)* distinguish (speech distinguishes man from the animals *puhe ~ ihmisen eläimistä*), differentiate; discriminate (this discriminates A from B *tämä ~ A:n B:stä*) **6** *(ryhmittää)* discriminate (three different methods *kolme eri menetelmää*) ▶ **helppo** ~ *(helposti -ettava)* easily distinguishable (discernible); ~ **hyvä** *pahasta* distinguish between good and evil, discriminate good from evil; **mahdoton** ~ undistinguishable; ~ **määräajaksi** suspend (from office *virantoimituksesta*); *en -a heitä* **toisistaan** I can't tell them apart; ~ **yliopistosta** dismiss (expel) from the university; *(Br m)* send down.

erotta‖mat‖on inseparable; *(virkamiehestä)* irremovable; *-tomat ystävykset (m)* bosom friends **-mattomasti;** *kuulua ~ jhk* be part and parcel of **-mattomuus** inseparability; *(virkamiehen ~)* irremovability **-minen 1** separation, parting; severance **2** *(työpaikasta ~)* dismissal, discharge, removal; *(ark)* sacking, firing; *(koulusta ym ~)* expulsion; suspension **3** *(~ jdk välillä)* discernment, differentiation *(ks m -a).*

erottava distinctive; discriminating (mark *tuntomerkki).*

erottelu *(tavaran ~)* sorting **~kyky** *(TV)* resolving power; *(atk)* resolution **~tarkkuus** *(TV)* resolution.

erottua be discerned (distinguished); *~ edukseen* stand out.

erotuomari referee; umpire; *toimia ~na [jssk ottelussa]* referee [a match].

erotu‖s 1 distinction; *-kseksi jstk* in distinction from (to), as distinct from **2** *(ero)* difference (of prices *hintojen välinen ~; with* the one difference that *vain sillä -ksella että)* **3** *(mat)* remainder **~osamäärä** difference quotient.

erovuoroinen resigning, retiring (member *jäsen).*

erä 1 *(tavara~)* lot (a new lot of hats *uusi ~ hattuja);* consignment; batch; parcel (send in small parcels *lähettää pieninä erinä);* item (item no. 501 was missing *~ n:o 501 puuttui); (määrä)* quantity **2** *(maksu~)* instal[l]ment (pay in two instal[l]ments *maksaa kahtena ~nä)* **3** *(määrä)* amount, quantity (of *jtk;* in small (large) amounts (quantities) *pieninä (suurina) erinä);* lot (in two lots *kahdessa ~ssä)* **4** *(urh)* game; *(koe~)* heat; *(juoksu, nyrkk ym)* round; *(jääkiekko)* period; *(tennis, lentopallo)* set **5** *(atk)* batch ▶ **erittäin** *(~ kerrallaan)* in consignments (lots); *(liik)* **pieninä erinä** in small lots (batches); **suurina erinä** *(us)* in bulk; **tällä ~ä** this time, for the time being, for now; **vähin erin** a little at a time, *(vähitellen)* little by little.

eräkäsittely *(atk)* batch processing.

erämaa 1 wilderness; *(korpi) (pl)* wilds (of Lapland *Lapin ~t);* *~n kutsu* the call of the wild **2** *(autiomaa)* desert (the Sahara Desert *Saharan ~).*

erä‖nkävijä hunter, huntsman; *kokenut ~* woodcraftsman **-nkäynti** hunting; *(~taito)* woodcraft **-polku** trail, track **-päivä** due date, day (date) of maturity; *milloin on laskun ~?* when is the bill due? *määrätä ~* fix the maturity; *~nä* at due date, on the date of maturity, at (on) maturity, when due.

erä‖s 1 *(adj)* one (thing *asia;* in one instance *-ässä tapauksessa);* a[n] (a Mr Smith *~ herra Smith;* an old friend of mine *~ vanha ystäväni);* *(~ tietty)* a certain (Mrs Brown *rouva Brown)* **2** *(sb)* one (of them *heistä);* some‖body, -one; a certain person ▶ **eräät .. eräät** some .. others; *-ät* **muut** certain other people; *-änä* **päivänä** one day; *tässä -änä päivänä* the other day; *-itä* **vuosia sitten** some years ago.

eräänlai‖nen a (some) kind of, *(ark)* a sort of; *~ taiteilija* something of an artist; *-set ihmiset* certain [kinds of] people.

eräänty‖minen falling due, maturity **-misaika** [time of] maturity; *~na* at the time of maturity **-miskuukausi** month of maturity **-mispäivä = eräpäivä -mätön** undue **-ä** fall (be, become) due (for payment *maksettavaksi;* when is the bill due? *milloin lasku -y?); (Am)* mature; *maksettava -essä* payable at maturity; *-nyt* due; outstanding.

es *(mus)* E flat.

esanssi essence.

esi‖‖- pre‖- *(-romanticism -romantiikka);* preliminary (stage *-aste;* study *-tutkimus)* **-aviollinen** premarital **-harjoittelu** preliminary (preparatory) training (practice) (in an office *virastossa)* **-historialli‖nen** prehistoric[al]; *-sista ajoista lähtien* ever since prehistoric times.

esiin out; forward; forth *(ks m esille)* ▶ **astua ~** come forward, step forth; **pistää ~** project; *(ulos)* stick out; **saada ~** call forth (out) (a p.'s latent talents *jkn piilevät kyvyt);* **tulla ~** come out; *(ilmetä)* crop up (out); **tuoda ~** bring out; put forward (forth), bring forward (new evidence *uusia todisteita);* express (an opinion *mielipiteensä); (korostaa)* highlight (one's merits *ansioitaan).*

esiin‖‖huuto call; *(teatt)* [curtain] call **-marssi** march; *(kuv)* appearance (of pacifism in the 60's *pasifismin ~ 60-luvulla)* **-pistävä** projecting, protruding **-tyjä** performer; *(vieraileva ~)* guest **-tymi‖nen 1** appearance (as a singer *laulajana); (käyttäytyminen)* behavio[u]r;

bearing (his bearing was confident *hänen -sensä oli varmaa*); *(esitys)* performance; *julkea ~ (m)* impudence; *päättäväinen ~ (m)* resolution **2** *(esiintymä)* occurrence (of gold in a rock *kullan ~ kivessä*); presence (of sugar in blood *sokerin ~ veressä*).

esiintymis||kykyinen presentable **-matka** tour; *tehdä ~ jnnk* tour in **-palkkio** performance fee.

esiintymä occurrence; deposit (ore deposit *malmi~*).

esiinty|ä 1 appear (in public *julkisuudessa;* on the stage *näyttämöllä;* in court *oikeudessa;* as a witness *todistajana*), make one's appearance (as a singer *laulajana;* on TV *TV:ssä*); *(käyttäytyä)* behave (arrogantly *ylimielisesti*); *(toimia)* act **2** *(~ jkna)* represent o.s. as (an expert *asiantuntijana*); *(olla olevinaan jku)* pose as (a scholar *tiedemiehenä*), play (the millionaire *miljonäärinä*) **3** occur (the disease occurs sporadically *tautia -y satunnaisesti*); *(sattua)* happen, *(~ odottamatta)* turn up (things may turn up that.. *saattaa ~ seikkoja jotka..*) ▶ *~ edukseen* make a favo[u]rable impression (on *jkn silmissä*); *~ ensi kertaa* make one's first appearance; *(näyttämöllä ym)* make one's debut; *~ jssk osassa* appear as, act the part of (Othello *Othellon osassa*).

esi-is|ä forefather, ancestor; *-iltä peritty* ancestral.

esi||kartano court; *helvetin ~* Limbo; *taivaan ~t* the courts of heaven **-kaupun|ki** suburb; *kaupunki|-* suburban (traffic *-liikenne*); *-gin asukkaat* suburbans **-kaupunkialue** suburban area; *(ark halv)* suburbia; *asua ~ella* live in the suburbs **-kisat** preliminary games.

esikko primrose, primula.

esikoinen firstborn; *(erik kuv)* firstling.

esikois||kokoelma first collection **-oikeus** right of primogeniture; birthright **-poika** first[born] son **-teos** first work.

esi||koulu preschool; infant school **-kristilli|nen** pre-Christian; *-sellä ajalla* before the Christian era **-kun|ta** staff [officers]; *-nassa* on the staff **-kuntaupseeri** staff officer.

esikuva model (serve as a model for *olla ~na jklle*), pattern (of industry *ahkeruuden ~*); prototype (an ancient prototype *vanha ~*); *(esimerkki)* example (an inspiring example *innostava ~*); *(perikuva)* paragon; *~ksi kelpaava*

exemplary; *pitää jkta ~naan* take a p. as a pattern, take example by a p. *~llinen* exemplary, model *~llisuus* exemplariness.

esi||käsittely preparation; *(lak) (pl)* preliminary proceedings; *(tekn)* editing, *(atk m)* preprocessing **-lehti** *(kirjap)* flylea|f *(pl -ves)* **-liina** apron; pinafore; *(last, leik)* pinny; *(kuv)* chaperon[e]; *olla ~na* chaperon[e]; *panna ~ eteensä* tie on one's apron.

esille out *(ks m esiin)* ▶ *asettaa ~* display; exhibit; expose; *ottaa ~* take (bring) out, produce; *(käsiteltäväksi)* take (bring) up; *panna ~* put out; *päästä ~ (korostua)* stand out, be brought out; *tulla ~* come out; *(käsiteltäväksi)* come up.

esillä out; about; *(käsillä)* at (on) hand, ready; *(nähtävänä)* on view; *(näytteillä)* on display; *asia on ollut ~* the matter has been dealt with (discussed).

esim. e.g. *(lue* for example).

esi||maku foretaste (of *jstk*); *antaa (saada) ~a jstk* give (get) a foretaste of **-merkillinen** exemplary, model **-merk|ki 1** example (of *jstk;* a shining example *loistava ~*); instance (of the use of the diphthong *diftongin käytöstä*); *(valaiseva ~)* illustration (of bravery *rohkeudesta*); *(lasku~ m)* problem, *(ark)* sum **2** *(malli)* example (follow a p.'s example *seurata jkn ~ä*), model (serve as a model for *olla ~nä jklle*), pattern ▶ **esimerkiksi** for example, for instance *(lyh* e.g.); **esimerkkinä** *(-in vuoksi)* as an (by way of) example; *huono ~ (ei-valaiseva)* a poor example; *(ei-seurattava)* a bad example; *näyttää* **hyvää** *~ä jklle* set a p. an example; *-iksi* **kelpaava** exemplary; **kuvaava** *~ [jstk] (m)* a case in point; *olla ~nä jstk (m)* illustrate, exemplify (the taste of the period *aikakauden makusuunnasta*); *ottaa ~ä jksta* take example by a p., take a p. for a model.

esimie|s superior; *(ark)* boss (he's my boss *hän on -heni*); *(johtaja)* chief (of a bureau *toimiston ~*); *(oppilaitoksen ym ~)* principal; head (of the department *osaston ~*); curator (of a museum *museon ~*); *(työnjohtaja)* foreman *~asema* position of leadership.

esine object (beings objects and things *oliot ~et ja asiat*), article (a precious article *kallisarvoinen ~*); thing; *(lak) irtain ~* movable object; *kiinteä ~* real property; *(lääk) vieras ~* foreign body *~e[ll]istää* materialize ~**vahinko** material (property) damage.

esi∥näytös prolog[ue]; *(kuv m)* preface, preamble (to *jnk* ~) **-puberteetti** prepuberty **-puhe** preface, foreword (to *jnk* ~) **-rippu** curtain; *(teatt m)* drop-curtain; ~ *nousee (laskee)* the curtain goes up (goes down) **-rukous** intercessory prayer, intercession **-sopimus** preliminary agreement **-taistelija** champion (of liberty *vapauden* ~).

esite brochure (on *jstk*); *(ohjelma~)* prospectus (on *jstk*).

esitellä 1 *(tutustuttaa)* introduce, present (a p. to *jku jklle*); *saanko* ~ *[teille] herra Smithin* may I introduce Mr Smith, *(Am)* [please] meet Mr Smith **2** *(esittää)* present (a case *juttu*), submit (the plan to the meeting *ohjelmaluonnos kokoukselle*) **3** *(näyttää)* show (the flat *asuntoa*); *(~ jnk toimintaa)* demonstrate (a dishwasher *astianpesukonetta*).

esitelmä lecture (on *jstk aiheesta*); talk; *pitää* ~ *jstk* give a lecture (talk) on ~**npitäjä** lecturer ~**sarja** series *(pl* ~) of lectures (on *jstk*).

esitelmöidä give a lecture, lecture (on *jstk*).

esiteollinen pre-industrial.

esittelijä introducer (of a report *selonteon* ~); *(erik lak)* referendary; presenter (in court *oikeudessa*); presenting official; *(~jäsen)* reporting member.

esittely introduction (of a bill into Congress *lakiehdotuksen* ~ *kongressille;* of a product *tuotteen* ~*;* of guests *vieraiden* ~); *(muodollinen* ⊙) présentation; *(havaintoesitys)* demonstration (of an appliance *laitteen* ~); *(näyttely~)* showing, display (of new car models *uusien automallien* ~) ~**jakso** *(mus)* first movement of a sonata ~**lehti[nen]** leaflet.

esittä∥jä 1 introducer (of a bill *lakiehdotuksen* ~); proposer (of a treaty *teorian* ~); *maksakaa tämän šekin* ~*lle. .* pay the bearer [of this cheque].. **2** *(tulkitsija)* interpreter (of Hamlet *Hamletin [osan]* ~); *pääosan* ~ lead; *pääosien* ~*t* the principal performers **-vä** performing (artist *taiteilija) (ks m esittää)* **-ytyä** introduce o.s.

esit∥tää 1 *(näyttää)* present (a bill *lasku*), produce (one's driving licence *ajokorttinsa*); show **2** *(ilmaista)* express (a dissenting opinion *eriävä mielipide;* one's condolences *suruvalittelunsa*); put forth

(an accusation against *syytös jkta vastaan*); represent (one's viewpoint *näkökantansa*); present (apologies *anteeksipyyntö*), offer (an opinion *mielipide;* reasons *perusteluja*); *(mainita)* give (several reasons *useita syitä*), state (the facts *tosiseikat*) **3** *(ehdottaa)* propose (the postponement of the meeting *kokouksen siirtämistä*), put forward (a p. for treasurer *jku rahastonhoitajaksi*); put forth, bring up (a question for discussion *kysymys käsiteltäväksi*); present (a bill for acceptance *lasku hyväksyttäväksi*); offer (for consideration *harkittavaksi*) **4** *(teatt, mus)* present (a play *näytelmä*), perform, render (a solo *soolo*); recite (ballads *ballaadeja*); play (Mozart *Mozartia*), *(~ jtk osaa m)* act (the part of Othello *Othellon osaa*) **5** *(kuvata)* represent, show (a photograph showing the lunar surface *kuun pintaa* -*tävä valokuva*); *(kuvailla)* portray (a p. as a villain *jku konnana*) **6** *(yrittää* ~) put on airs (don't put on airs! *älä -ä!*) ▶ *kuten hän* **asian** -*ti* as he put it; -*ä asiasi lyhyesti!* be brief! ~ **kysymys** *jklle* ask a p. a question; *edellä* -*etyn* **nojalla** on the basis of what has been stated above; **näytelmää** *on* -*etty 60 kertaa* the play has run 60 performances; ~ **pyyntö** make a request; *(lak)* ~ *jtk* **todisteena** cite a th. as evidence; ~ **yksityiskohdittain** itemize.

esitys 1 *(esittäminen)* presentation, production (of a passport *passin* ~) **2** *(näytös)* performance (two performances a day *kaksi* ~*tä päivässä*), show **3** *(ehdotus)* proposal, proposition (for *jksk*); *(kokouksessa)* motion; *(laki~)* bill **4** *(kuvaus)* presentation (of *jstk*); *(selostus)* discourse; *(kirjoitelma)* treatise (on *jstk*) **5** *(tulkinta)* rendering; interpretation; *(puhe-~)* delivery; *(soolo-, lausunta~)* recital ▶ **antaa** ~ *eduskunnalle* introduce a bill to [the] parliament; *jkn* **esityksestä** [up]on a. p.'s suggestion (proposal); **hallituksen** ~ government bill; *(kiel)* **suora** *(epäsuora)* ~ direct (indirect) speech; **suppea** ~ outline (of the history of the English language *englannin kielen historiasta*); **tehdä** ~ *jklle* make a proposal to.

esitys∥ehdotus motion **-kiel∥to** ban (on *jnk* ~); *elokuva on* -*lossa* the film is banned **-lista** agenda; *ottaa* ~*lle* put on the agenda **-tapa** manner of expression; *(tulkinta)* interpretation; *(kirjailijan ~)* style; *(puhujan, soittajan ~ m)* delivery.

esi||**täytetty** prefilled, precompleted (form *lomake*) **-vaalit** *(sg)* primary [election]; *(USA) presidentin ~ (sg)* presidential primary **-valitsin** *(rad)* preselector **-valmennuskurssi** orientation course **-valmistelut** preliminaries, preliminary preparations **-valta** *(pl)* authorities **-vanhemmat** ancestors, forefathers, for[e]bears; *(kantaisät)* progenitors **-äiti** ancestress **-äänitys** prerecording.

eska||**aderi** squadron **-droona** squadron.

eskal||**aatio** escalation **-oida** escalate.

eskapis||**mi** escapism **-tinen** escapist.

eskimo; *~t* the Eskimo[s] **~koira** Eskimo dog; *(m)* malamute, Husky.

Espanja 1 Spain **2** *e~ (kieli)* Spanish **e~lai**|**nen I** *a* Spanish **II** *s* Spaniard; *-set* the Spanish **e~nkielinen** Spanish (literature *kirjallisuus*); Spanish-speaking (population *väestö*) **e~nkärpänen** Spanish fly **e~ntauti** the Spanish influenza **e~nvihreä** verdigris.

esperan||**tisti** Esperantist **-to** Esperanto.

esplanadi esplanade; *(erik Am)* avenue.

esse||**e** essay (on *jstk*); *(lyhyt ~)* essayette **-isti** essayist.

este 1 obstacle (to *jllk;* remove an obstacle *poistaa ~*); *(kuv m)* bar (to success *menestykselle*); impediment, barrier (to progress *kehitykselle*); *(pidäke)* check (meet with a check *kohdata ~*) **2** *(urh)* *(~juoksussa)* hurdle; *(rats)* obstacle; *(aita)* fence ▶ **asettaa** *~itä jkn tielle* put (place) obstacles in a p.'s way; **siihen ei ole** *[mitään] ~ttä* there is nothing to prevent (hinder) that; **ilman** *laillista ~ttä* without lawful excuse; **olla** *~enä jllk* be an obstacle to; impede, hinder, obstruct (the progress *kehitykselle*); **~en sattuessa** in case of hindrance; **voittamaton** *(ylivoimainen) ~* force majeure *(ransk).*

esteelli||**nen** *(lak)* having a lawful excuse; *(jäävi)* disqualified (judge *tuomari*) **-syys** incapacity; disqualification.

esteet||**ikko** [a]esthete **-tinen** [a]esthetic[al].

esteettömyystodistus 1 *(passia varten)* [police] clearance certificate **2** *(avioliittoa varten)* certificate of non-impediment.

esteettömästi without impediment; unchallenged.

esteetön 1 free (access *pääsy*); clear, unhampered (view *näköala*) **2** *(lak)* unchallengeable; *(kelpoinen jhk)* competent, qualified (for a witness *todistajaksi*).

estejuoksu *(urh)* steeplechase.

este||**llä** [try to] hinder (prevent) **-ly** *(vastaväite) (pl)* objections; *(anteeksi pyytävä ~)* excuse.

esteratsastus *(urh)* show jumping.

estetiikka *(sg)* [a]esthetics.

esti||**maatio** estimation **-moida** estimate.

esto 1 *(psyk)* inhibition (overcome one's inhibitions *vapautua ~istaan*) **2** *(urh)* interference **~inen** inhibited **~isuus** inhibitedness **~ton** uninhibited **~ttomuus** lack of inhibitions; unembarrassment.

estradi estrade.

estrogeeni [o]estrogen.

esty||**nyt 1** prevented (by an illness *sairauden vuoksi;* from *jstk*); unable (to perform one's functions *hoitamasta tehtäviään*) **2** *(estoinen)* inhibited **-ä** be hindered (prevented); *hänen matkansa -i* he was prevented from making the trip.

estä||**minen 1** prevention; *(ehkäiseminen m)* checking, restraint; obstruction **2** *(jääkiekossa)* interference; *(koripallossa)* blocking *(ks -ä)* **-vä** preventive; prohibitive.

est|**ää 1** prevent (a p. from doing a th. *jkta tekemästä jtk*; an accident *onnettomuus*); restrain, keep (a p. from *jkta jstk*), stop (there is nothing to stop me from that *siitä minua ei mikään voi ~*); *(ehkäistä m)* check (extravagant spending *yletön tuhlaus*); preclude (the use of *jnk käyttö*), obviate (misunderstandings *väärinkäsitykset*); *(torjua)* repress (a riot *mellakka*); *(tehdä tyhjäksi)* foil, thwart (a p.'s plans *jkn aikeet*) **2** *(olla esteenä)* hinder (development *kehitystä*), hamper; obstruct (the view *näköala*), impede (the traffic *liikennettä*); block (a p.'s entrance to *jklta pääsy jhk*); *(kuv)* bar (it barred his success *se -i hänen menestymisensä*).

etaani ethane.

etana slug; *(kuori~)* snail; *(keitt syötävä ~)* escargot *(ransk); ~n vauhtia* at a snail's pace.

etanoli ethanol.

etappi stage **~ajo**, **~kilpailut** stage race[s].

etee|**n I** *adv* to the front; *(tielle)* in the way (don't get in the way! *älä tule ~!*); *(~päin)*

forward **II** *postp* **1** in front of (me *minun*
~i); to the front of (the house *talon ~*);
before (the court *oikeuden ~*); *(ääreen)* by
(the mirror *peilin ~*) **2** *(puolesta)* for ▶
hän pysähtyi **ikkunan** *~* he stopped at the
window; *vetää verhot ikkunan ~* draw the
curtains; **katsoa** *~sä* look ahead *(m kuv);*
katso -si! look out! be careful! **polvistua**
jkn ~ kneel down at a p.'s feet; *hän ottaa*
mitä ~ **sattuu** he takes what[ever] comes
his way; *ei ~ eikä* **taakse** neither back nor
forth.

eteenpäin forward (lean forward *kallistua*
~); ahead (set the clock ahead *siirtää*
kelloa ~; straight ahead *suoraan ~*);
(edelleen) on (read on! *lue ~!* from now on
tästä [hetkestä] ~); onward[s] (from
chapter two onwards *toisesta luvusta ~*) ▶
mennä *~* [make] progress; **pitkäksi aikaa** *~*
for a long time ahead (to come); **päästä** *~*
proceed, advance; *(menestyä)* get on; **viedä**
asiaa ~ further a matter.

eteen∥päin pyrkivä ambitious, aspiring
-työnnetty *(sot)* advanced.

eteeri∣nen ethereal; *(kem m)* essential (oils
-set öljyt).

etei∣nen 1 hall, *(Am)* hallway; *(-shalli)*
vestibule; *(porstua)* porch **2** *(sydämen ~)*
atri∣um (*pl* -a), auricle.

eteisaula lobby, entrance hall (of a hotel
hotellin ~); lounge; foyer (of a theatre
teatterin ~).

etelä south (the wind is in the south *tuuli*
on ~ssä; he left Lapland and moved to the
south *hän lähti Lapista ja muutti ~*;
spend one's holidays in the south *viettää*
lomansa ~ssä) ▶ **etelämmä∥ksi** *(-ssä)*
farther [to the] south; **etelästä** from the
south; **etelään** jstk [to the] south of
(Helsinki *Helsingistä ~än*); *~än(päin)* [to
the] south, southward[s]; *purjehtia ~än*
sail due south.

**etelä∣- south (coast *-rannikko); (m E~)*
South (European *-eurooppalainen;* -Korea
E--Korea); (-inen) southern (Europe
E--Eurooppa; coast *-rannikko); (m E~)*
Southern; *E~-Englanti* southern England,
the south of England; *(m)* the South.

Etelä-∥Afrikka South Africa
e-afrikkalainen *a ja s* South African
-Amerikka South America
e-amerikkalainen *a ja s* South American.

eteläi∣nen southern (hemisphere
pallonpuolisko); (etelä-) south (wind
tuuli); -sin southernmost.

Eteläinen jäämeri the Antarctic Ocean.

etelä∥maalainen inhabitant of the South
-maat *(sg)* the South **-mai∣nen;** *-sen vilkas*
temperamental **E-manner** Antarctica
-myrsky southerly gale **-napa** the South
Pole; *-napa/-* antarctic (expedition
-retkikunta) **-osa** southern part (of the
country *maan ~*); the south (of England
Englannin ~) **-puol∣i** south[ern] side; *jnk*
-ella [to the] south of **-suomalainen I** *a*
*..from southern Finland **II** *s* inhabitant of
southern Finland (the south of Finland)
-tuuli south[ern] wind **-valtiot** *(USA)* the
Southern States; *(sg)* the South.

eteneminen advance, progress (of the troops
joukkojen ~); (edistyminen) advancement;
headway.

etenemis∥nopeus *(fys)* velocity of
propagation **-suunta** *(fys)* direction of
propagation; *(sot)* direction of assault.

etenevä progressing (slowly progressing
hitaasti ~); advancing (fast advancing
nopeasti ~); *suoraan ~ssä polvessa* in the
direct line.

etenkin especially, in particular; *(ennen*
kaikkea) above all; *~ kun* especially as,
particularly since.

etevyys eminence, great ability (in *jllak*
alalla); (taito) proficiency, skill.

etevä eminent, able (lawyer *lakimies);*
proficient (at cards *korttipelissä);*
(lahjakas) talented (pupil *oppilas),* good
(at mathematics *matematiikassa);*
(erinomainen) excellent; *(neroKAS)*
ingenious (invention *keksintö); etevin (m)*
foremost; *olla muita [paljon] ~mpi* be
[far] superior to others, excel the others
~mmyys pre-eminence, superiority.

etiikka ethic[s].

etiketti 1 *(nimilappu)* label **2** *(käyt-*
täytymissäännöt) etiquette.

etikka vinegar; *(kem)* acetum *~happo (kem)*
acetic acid *~kurkku (keitt)* pickled
cucumber.

Etiopia Ethiopia **e~lainen** *a ja s* Ethiopian.

etninen ethnic[al].

etnografi∥a ethnography **-nen**
ethnographic[al].

etnologi∥a ethnology **-nen** ethnologic[al].

etova nauseating, sickening (smell *haju);*
disgusting (sight *näky).*

etruskilainen *a ja s* Etruscan, Etrurian.

etsa∥ta etch **-us** etching.

etsijä seeker, searcher; *(jäljittäjä)* hunter,
tracer.

etsikkoaika visitation.

etsimi|nen search[ing] (for *jnk* ~); hunt[ing]; *pitkän -sen jälkeen* after a long search (hunt) *(ks m etsintä, etsiä).*

etsin *(valok)* viewfinder (optical viewfinder *optinen* ~).

etsintä search, quest (for *jnk* ~); *(metsästäminen)* hunt (for lodgings *asunnon* ~; for a criminal *rikollisen* ~); *(malmin~)* prospecting; *toimittaa* ~ search ~**kuulut|taa;** ~ *jku* issue a warrant for a p.'s arrest; *-ettu* .. wanted [by the police] (for murder *murhasta*) ~**kuulutus** warrant of apprehension; *(otsikkona)* Wanted [by the Police]; *(radiossa)* police message.

etsivä detective ~**toimisto** detective (enquiry) agency.

etsi|ä 1 *(~ jtk)* look for (food *ruokaa;* employment *työtä;* what are you looking for? *mitä sinä -t?*); search for (one's spectacles *silmälasejaan*), be (go) in search of (adventure *seikkailuja*); seek (one's fortune *onneaan;* company *seuraa;* the reasons are not far to seek *syitä ei tarvitse kaukaa* ~); *(Br m)* seek for (an answer to *vastausta jhk*); *(jäljittää)* trace (a criminal *rikollista*); be on the lookout for (lodgings *asuntoa*), *(jahdata)* hunt (for a job *työpaikkaa*) **2** *(~ jstk jtk)* search (one's handbag for keys *avaimia käsilaukustaan*); scour (the police scoured London for the murderer *poliisi etsi Lontoosta murhaajaa*); search through (the cupboard for the missing papers *kaapista kadonneita papereita*); *(~ luettelosta)* look up (a phone number in the directory *puhelinnumero luettelosta*) ▶ **ketä** *-tte?* who[m] are you looking for? ~ **käsiinsä** seek (search, hunt) out (an old friend *vanha ystävä*); ~ **sanoja** fumble for words.

että that; *(jotta)* [so] that ▶ **sekä** *hän* ~ *minä* both he and I, he as well as I; **siksi** ~ because; **siltä varalta** ~ *hän*.. in case he..

etu 1 *(hyvä puoli)* advantage (simplicity is its advantage *yksinkertaisuus on sen* ~); *(hyöty)* benefit (to our mutual benefit *yhteiseksi eduksemme*) **2** *(oma* ~) interest (public interest *yhteinen* ~; protect one's interests *puolustaa* ~*jaan*) ▶ **A** *(eduksi)* *jkn* **eduksi** for the benefit of; *se olisi* **asialle** *eduksi* the matter would benefit (profit) by that; **koitua** *jkn eduksi* be to a p.'s benefit; **kääntyä** *jkn eduksi* turn out to

a p.'s advantage; *kielitaito* **luetaan** *hakijalle* **eduksi** a knowledge of foreign languages will be an advantage; **olla** *eduksi jllk* be beneficial (profitable) to; *(olla edullista jklle)* be to a p.'s advantage; *asia* **päättyi** *sinun eduksesi* the case was decided in your favo[u]r; ▶ **B** *(muita esim)* onko *siitä hänelle mitään* **etua?** will that benefit him in any way? will he benefit (profit) from that at all? *asialla on* **etunsa** it has its merits; *olla jkn* **edun mukaista** be in a p.'s interest; *on Ranskan edun mukaista..* it lies in the French interests to..; **muuttua** *edukseen* change for the better; **oman** ~*si vuoksi* in your own interest; **toimia** *omien ~jensa* **mukaisesti** act in one's own interest; **valvoa** ~*jaan* look after (take care of) one's own interests.

etu|- front *(axle -akseli;* seat *-istuin;* wheel *-pyörä;* tyre *-rengas)*; fore|- (-mast *-masto)*.

Etu-Aasia South-West Asia **e~lainen** *a ja s* South-West Asian.

etu||ajo-oikeus right of way (over *jhk nähden*); **antaa** ~ give way (to traffic coming from the right *oikealta tulevalle liikenteelle*) **-ala** foreground (in the foreground ~*lla*); **astua** ~*lle* come to the fore **-halkio** *(housujen* ~) *(pl)* flies **-hammas** front tooth *(pl* teeth).

etuilla *(~ jonossa)* jump the queue.

Etu-Intia India.

etu||isuus advantage; benefit **-jalka** foreleg (of a horse *hevosen* ~); *(tuolin ym* ~ *m)* front leg; *(el m)* fore|foot *(pl* -feet) **-joukko** *(sot ja kuv)* vanguard **-järjestö** interest group **-kansi 1** *(laivan* ~) foredeck **2** *(kirjan* ~) front cover **-kappale** front (of a sweater *puseron* ~) **-kirjain** initial **-kumarassa** bent (leaning) forward; *kulkea* ~*ssa* walk with a stoop **-käteen** beforehand, in advance; *kiittäen* ~ thanking you in anticipation; *maksaa* ~ pay in advance, prepay; ~ *sovittu* prearranged **-käteis|maksu**, **-suoritus** prepayment **-liite** prefix **-linja** front line, line of battle **-lyhty** headlight **-lyöntiasema;** *olla* ~*ssa jkh nähden* have the advantage over **-mai|nen** first, front (seats *-set paikat*) **-matka** start, lead (of two metres *kahden metrin* ~), *(Am m)* head start **-merkintä**, **-merkintö** *(mus)* [key-]signature **-merk|ki** sign; *-illä varustettu* signed **-mus** front (shirt front *paidan* ~) **-nenä**|**ssä, -än;** *asettua jnk -än* place o.s. at the head of; *(kuv)* assume the leadership of; *olla jnk -ssä* be at the head (in the lead) of; *(kuv)* lead; *jku -ssä* ..leading the way **-nimi** Christian (given, first) name **-oikeudeton** unprivileged.

etuoikeu|**s** privilege (the privileges of the rich *rikkaiden -det*); *(etusija)* priority, [right of] precedence (to an office *virkaan*); *(hallitsijan* ~) prerogative; *antaa* ~ grant a privilege **-tet**|**tu** privileged (in a privileged position *-ussa asemassa*).

etu|**osa** front (of a shirt *paidan* ~), front part **-osto-oikeus** right of first refusal **-permanto** *(Br) (pl)* orchestra (front) stalls; *(Am)* parquet, orchestra **-piiri** *(pol)* sphere of interest **-puol**|**i** front, face (of a house *talon* ~); *(rahan* ~ *m)* obverse; *(rakennuksen* ~ *m)* facade; *jnk -ella* at the front of, in front of **-pää** front [end] (of a train *junan* ~); head (of a procession *kulkueen* ~); *jnk* ~*ssä* at the head of **-päässä** *(enimmäkseen)* mainly, chiefly **-raaja** forelimb **-rauhanen** prostate **-rivi** *(teatt)* front row; *(kuv)* ~*n miehet* leading men **-ruoka 1** *(alkupalat)* appetizer, starter **2** *(pääruoka)* main course; *(Am m)* entrée **-ryhmä** interest group; *(painostusryhmä)* pressure group **-sija** priority (give priority to *antaa* ~ *jllk*); *asettaa jku* ~*lle* place a p. first **-sivu** front page; *(kirjan* ~ *m)* title page **-sormi** forefinger, index [finger] **-us** advantage **-valo** headlight, front light **-vartio** *(sot)* outpost, advance guard **-varustus** entrenchment; *(kuv)* bulwark **-vetoinen;** *auto on* ~ the car has front wheel drive **-vokaali** front vowel.

etydi étude.

ETYK *(lyh)* CSCE.

etyleeni ethene.

etymologi|**a** etymology **-nen** etymological.

etyylialkoholi ethyl[ic] alcohol, ethanol.

etäi||**nen** distant, remote (past *menneisyys*); far-away, far-off (country *maa*); *-sin (m)* most distant, ..farthest away **-spääte** *(atk)* remote terminal **-syy**|**s 1** distance (of ten paces *kymmenen askeleen* ~); *(kaukaisuus)* remoteness (of the mountains *vuoriston* ~); *kahden kilometrin -dellä* at a distance of two kilometres **2** *(valok)* range; *-den säätö* focusing **3** *(aut)* following distance, *(Am)* headway.

etä||**[erä]käsittely** *(atk)* remote [batch] processing **-opetus** *(kirjeenvaihto-opetus)* correspondence education; home study; *(korkeakouluissa)* *(pl)* external (extra-mural) studies **-pesäke** metastas|is *(pl -es)*.

etääl|**lä** *(-tä, -le)* far [away] (get far from *joutua -le jstk*), far off; *(etäisyydessä)* in the distance.

etääm|**pänä** *(-pää, -mmäksi)* at a greater distance; farther [away].

etään||**nyttää** estrange (from *jksta*), bring .. apart **-tyä 1** *(loitota)* draw away **2** *(kuv)* grow away, become estranged; ~ *toisistaan* drift apart.

eukalyptusöljy eucalyptus oil.

eukko old woman; *(leik vaimo)* wife.

eunukki eunuch.

Euraasia Eurasia **e~lainen** *a ja s* Eurasian.

Euroo|**ppa** Europe; *-pan* European (countries *maat*; champion *mestari*); **-pan puoleinen** European (Russia *Venäjä*) **e~lainen** *a ja s* European.

euro|**markkinat** *(sg)* Euromarket **-šekki** *(erik* *Br)* Eurocheque **-valuutta** Euro|money, -currency.

eutanasia euthanasia.

evak||**ko** evacuee; *-ot (m)* evacuated people; *joutua* ~*on (olla -ossa)* be evacuated **-uoida** evacuate.

evankeli||**nen** evangelical **-oida** evangelize **-s-luterilainen** Lutheran; *Suomen* ~ *kirkko* the Evangelical Lutheran Church of Finland **-sta** evangelist.

evankeliumi the Gospel (according to St. John *Johanneksen* ~).

eversti colonel *(lyh* Col.) ~**luutnantti** lieutenant-colonel *(lyh* Lt. Col.).

evoluutio evolution.

evp ret., Rtd.

evä fin; *hän ei väräyttänyt* ~*änsäkään auttaakseen* he didn't lift a finger to help ~**jalka** flipper.

evä|**s;** *-ät* **1** [packed] lunch, lunchbox; *(erik* *Am)* box lunch **2** *(neuvot)* instructions (for life *-ät elämää varten*) ~**kori** lunch (tea) basket, picnic hamper ~**tää** *(kuv)* brief (the representatives for the conference *edustajia kokousta varten*).

evätä refuse (to help a p. *apunsa jklta*); deny (a p. admission to *jklta pääsy jhk*); *(hylätä)* reject (a proposal *ehdotus*), decline (a request *pyyntö*).

F

f, F *(kirjain, nuotti)* f, F *(pl* fs, f's Fs, F's).
faabeli fable (Aesop's fables *Aisopoksen* ~*t*).
faarao Pharaoh.
fagot‖insoittaja bassoonist; *(Am m)* fagottist **-ti** bassoon.
fahrenheitaste degree Fahrenheit.
faija *(sl)* the old man.
fajanssi glazed earthenware (pottery).
fakiiri fakir.
fakki‖-idiootti one-track (narrow) specialist **-utua** [become] overspecialize[d].
fakt‖a fact (it is a fact that *on* ~ *että*) **-inen** factual (course of events *tapahtumien* ~ *kulku*); *(varsinainen)* virtual **-isesti** *(m)* as a matter of fact, in [actual] fact.
faktori factor ~**analyysi** factor analys|is *(pl* -es).
falangi phalanx; *Espanjan* ~ the Falange.
falset‖ti falsetto; *laulaa -issa* sing falsetto; *puhua -issa* talk in a falsetto tone.
falski false ~**sti**; *laulaa* ~ sing falsetto.
fanaat‖ikko fanatic, zealot; *uskonnollinen* ~ bigot **-tinen** fanatic[al] **-tisuus** fanaticism; zealotry; *uskonnollinen* ~ bigotry.
fanfaari fanfare; *soittaa* ~ sound a fanfare.
fantas‖ia fantasy; *(mus m)* fantasia; *(kuvitelma m)* fancy **-tinen** fantastic.
faradi *(sähk)* farad.
fariinisokeri brown sugar.
farise‖alainen I *s* Pharisee II *a* Pharisaic[al] **-alaisuus** Pharisaism **-us** Pharisee (The scribes and the Pharisees *kirjanoppineet ja -ukset)*.
farkut jeans, denims.
farmakologi‖a pharmacology **-nen** pharmacological.
farmari farmer ~**auto** *(Br)* estate car, shooting-brake; *(Am)* station (ranch) wagon ~**housut** [blue] jeans, denims.
farmaseutti dispenser, dispensing chemist's assistant; *(m) (läh v)* Bachelor of Pharmacy *(lyh Phar. B.)*.
farmasia pharmacy; pharmaceutics; ~*n laitos* Institute of Pharmacy.
farmi farm; *(Am m)* ranch.
farssi farce ~**mainen** farcical.
fasaani pheasant ~**kukko** pheasant cock.
fasadi façade.
fasis‖mi Fascism **-ti** Fascist **-tinen** Fascist (movement *liike*); Fascistic *(adv* ~ally).
fata‖ali[nen] fatal **-lismi** fatalism **-listi** fatalist **-listinen** fatalistic *(adv* ~ally).
fauna fauna *(pl m* ~e).
fauni *(myt)* faun.
F-duuri *(mus)* F major.
federa‖atio federation **-lismi** Federalism **-listinen** federalist[ic] *(adv* ~ally) **-tiivinen** federal (republic *tasavalta*); federative.
feminiini, ~**nen** feminine (noun *substantiivi*) ~**suku** *(kiel)* feminine gender.
feminis‖mi feminism **-ti** feminist.
fenkoli fennel.
fennis‖[is]mi Fennicism **-ti** Fennist **-tiikka** *(sg)* Fennistics.
Fenno‖skandia Fennoscandia **f-ugristiikka** *(sg)* Finno-Ugristics.
fenoli phenol; phenylic acid; *fenoli|-* phenolic (plastic *-muovi*).
fenomena‖alinen phenomenal **-lismi** phenomenalism.
fenotyyppi *(biol)* phenotype.
feodaali‖- feudal (tenure *-oikeus;* state *-valtio*) **-järjestelmä, -laitos** feudal system, feudalism **-nen** feudalistic; feudal.
feodalismi feudalism.
fermaatti fermata, pause.
fertiili fertile.
fes *(mus)* F flat.
festivaalit *(sg)* festival.
fetis‖ismi fetishism, fetichism **-si** fetish, fetich; ~*n palvoja* fetishist, fetichist.
fetsi fez *(pl* ~[z]es).
fiasko fiasco *(pl* ~[e]s) (end in a fiasco *päättyä* ~*on*).
fiba[us] *(sl)* booboo; *tehdä* ~ boob.

Fidžisaaret the Fiji Islands.
figu‖ratiivinen figurative (art *taide*) **-uri** figure.
fiikus rubber plant.
fik‖saatio fixation **-satiivi** fixer **-seerata, -soida** fix.
fiksu clever; smart.
fiktiivinen fictional (play *näytelmä*); fictitious (character *henkilö/hahmo/*).
fiktio fiction.
filantro‖oppi philanthropist **-oppinen** philanthropic[al] **-pia** philanthropy.
filateli‖a philately **-sti** philatelist.
file‖e fil[l]et; *(Am sisä~ m)* tenderloin **-oida** fillet.
filharmoninen philharmonic.
Filippiinit the Philippines; the Philippine Islands.
fillari *(sl)*; bike.
filma‖ta 1 *(kuvata)* film, make a film of (a novel *romaani*); shoot, screen (a scene *kohtaus*) **2** *(näytellä elokuvassa)* make (shoot) a film (they are shooting a film in Kenya *he ovat -amassa Keniassa*) **3** *(teeskennellä)* put on airs, put it on **-tisoida** adapt .. for the screen *(Am* for motion pictures) **-us** filming, shooting.
filmi film (develop a film *kehittää ~;* silent film *mykkä ~*) **~kamera** cine *(Am* movie) camera **~kasetti** film cartridge **~rulla** roll of film; film cartridge **~tähti** film *(Am* movie) star.
filologi philologist **~a** philology **~nen** philological.
filosofi philosopher **~a** philosophy; *~n kandidaatti (maisteri)* Master of Arts *(mat-luonnont* Science) *(lyh* M.A. (M.Sc.)); *~n tohtori* Doctor of Philosophy *(lyh* Ph.D., D.Phil.); *~n ylioppilas* Arts *(mat-luonnont* Science) student **~nen** philosophical; *~ tiedekunta* Faculty of Arts and Sciences.
filosofoida philosophize (about life *elämää, elämästä*).
filt‖raatti filtrate **-terisavuke** filter cigarette.
finaali 1 *(mus)* finale **2** *(urh)* *(pl)* finals **~lause** *(kiel)* final clause.
finalisti *(urh)* finalist.
finanssit finances (of a state *valtion ~;* of a young couple *nuorenparin ~*).
finessit subtleties (of gastronomy *gastronomian ~t*).
finiitti‖- finite (form *-muoto;* verb *-verbi*).
finni pimple; *~t (m)* spots **~naamainen,**

~nen pimply.
Firenze Florence **f~läinen** *a ja s* Florentine.
firma 1 *(liik toiminimi)* firm **2** *(ark yhtiö)* company.
fis *(mus)* F sharp.
flaami 1 Fleming; *(nainen)* Flemish woman; *~t* the Flemish **2** *(kieli)* Flemish **~lainen** *a* Flemish.
Flanderi Flanders.
flanelli flannel; *(alusvaate~ m)* flannellette **~housut** flannels.
flegmaattinen phlegmatic *(adv ~ally).*
flipperi pinball machine; *pelata ~ä* play [the] pinball.
flirt‖tailla flirt **-ti** flirtation.
floora flora (*pl m ~e*).
floretti foil.
floriini florin *(lyh* fl).
flunssa flu (he's down with the flu *hän on ~ssa*).
fluora‖ta *(tehdä fluoripitoiseksi)* fluoridate (drinking water *juomavettä*); *(käsitellä fluorilla)* fluoridize (teeth *hampaita*) **-us** fluoridation; fluoridization.
fluori fluoride; *(kem alkuaine)* fluorine **~pitoinen** fluoric (table salt *ruokasuola*).
flyygeli grand piano.
F-molli *(mus)* F minor.
fobia phobia.
Foinikia Phoenicia **f~lainen** *a ja s* Ph[o]enician.
foksterrieri fox terrier.
fokstrotti fox-trot; *tanssia ~a* fox-trot.
folio *(alumiini~)* foil **~ko‖ko** folio; *-ossa* in folio.
folk‖laulaja folk singer **-loristiikka** folklorism **-musiikki** folk music.
foneettinen phonetic (alphabet *kirjaimisto*).
fonetiikka *(pl)* phonetics.
foorumi for|um *(pl m -a).*
forelli brown trout.
formaldehydi formaldehyde.
formaliini formaline.
formalis‖mi formalism **-tinen** formalistic *(adv ~ally).*
formul‖a formula *(pl m ~e)* **-oida** formulate.
fortuna *(~peli)* *(läh v)* bagatelle.
fosfaatti phosphate.
fosfo‖rihappo phosphoric acid **-ripitoinen** phosphor|ous, -ic **-roida** phosphorate.
fossiili fossil *(m kuv;* an old fossil *täysi ~*).
fraasi phrase *(m mus).*
frakki *(~puku)* full evening dress, white tie

~**paita** dress shirt.
fraktuura Gothic.
frangi franc (*lyh* fr) (Swiss franc *Sveitsin* ~).
frankeerata frank, stamp (letters *kirjeitä*).
fraseera||**ta** phrase *(m mus)* **-us** phrasing.
fraseologia phraseology; *(pl)* phrases.
fregatti frigate.
frekvenssi frequency.
fresko[maalaus] fresco (*pl* ~[e]s).
freudilainen Freudian.
frigidi frigid ~**teetti,** ~**ys** frigidity.
Friisein saaret the Frisian Islands.
1 friisi *(rak)* frieze.
2 friisi 1 *(hist);* ~*t* the Frisians **2** *(kieli)* Frisian ~**läinen** *a ja s* Frisian; *(karjarotu)* Friesian.
friteerat|**a** deep fry; *-ut banaanit* banana fritters.
frotee||**[kangas]** terry [cloth] **-pyyhe** terry (Turkish) towel.
frustroitua be[come] frustrated.
fuksi freshman, *(Am m)* fresher.
funktio function ~**naali[nen]** functional ~**nalismi** functionalism ~**nalistinen**

functionalist (*adv* ~ically).
futuris||**mi** futurism **-tinen** futuristic (*adv* ~ally).
futurologia futurology.
futuuri [the] future [tense].
fuuga fugue.
fuusio *(kem, kuv)* fusion; *(liik)* merger (of two companies *kahden yhtiön* ~) ~**ida,** ~**itua** fuse; *(liik m)* merge.
fysi||**ikka 1** *(sg)* physics; *-ikan lait* physical laws; *-ikan laitos* Institute of Physics **2** *(ruumiinrakenne)* physique (strong physique *kestävä* ~); *hänellä on hyvä* ~ he is tough **-kaalinen** physical (therapy *hoito*).
fysiologi||**a** physiology **-nen** physiologic[al].
fysioterap||**eutti** physiotherapist **-ia** physiotherapy, physical therapy.
fyysi||**kko** physicist **-nen** physical (violence *väkivalta); (lak)* ~ *henkilö* natural person.
Färsaaret the Fa[e]roe Islands, the Faeroes.
föön||**ata** blow dry (one's hair *hiuksiaan*) **-aus** hot blow (shampoo and hot blow *pesu ja* ~) **-iharja** hot styling brush.

G

g, G *(kirjain, nuotti)* g, G *(pl* gs, g's, Gs, G's).
gabardiini gabardine.
Galilea Galilee g~lainen *a ja s* Galilean.
galleria gallery.
Gallia Gaul g~lainen I *a* Gaulish II *s* Gaul g~n kieli Gaulish.
gallup|[kysely, -tutkimus] Gallup poll.
galva||aninen galvanic (batch *kylpy;* current *virta)* -nisaatio galvanization.
gamma||globuliini gamma globulin -säteily gamma radiation.
gangsteri gangster ~smi gangsterism.
gaselli gazelle.
gastronomi||a gastronomy -nen gastronomic *(adv* ~ally).
gaullismi Gaullism.
gaussi gauss *(pl* ~) G~n käyrä Gauss frequency curve.
geeni gene; ~n, geeni- genic.
geminaatta geminate.
genealogia genealogy.
geneet||ikko genetist -tinen genetic *(adv* ~ally).
generaattori generator.
generatiivinen generative (semantics *semantiikka).*
genetiivi [the] genitive [case].
Geneve Geneva; ~n *sopimus* the Geneva Convention g~läinen *a ja s* Genev|an, -ese G~njärvi the Lake of Geneva.
genotyyppi genotype.
Genova Genoa g~lainen *a ja s* Ge-noese.
gentlemanni gentleman ~sopimus gentleman's agreement.
geo||desia geodesy, *(pl)* geodetics -logi geologist -logia geology -metria geometry -metrinen geometric[al] -poliittinen geopolitical -sentrinen geocentric *(adv* ~ally).
gepardi cheetah.
geriatria geriatrics.
gerillasota guer[r]illa war.

germaani German; Teuton ~|nen Germanic (tribes *-set heimot;* languages *-set kielet).*
germanis||mi Germanism, Teutonism -tiikka Germanic philology.
gerontologia gerontology.
gerundi gerund ~ivi gerundive.
ges *(mus)* G flat.
getto ghetto *(pl* ~s).
geysir geyser.
Gibraltarin salmi the Strait[s] of Gibraltar.
giljotiini guillotine; *mestata ~lla* guillotine.
gini gin.
ginseng[juuri] ginseng, genseng.
gis *(mus)* G sharp ~-duuri G sharp major.
gladiaattori gladiator.
glasiaali[nen] glacial (formation *muodostuma).*
globaali global; world[-]wide (warfare *sodankäynti)* ~stua be[come] globalized.
glo[o]ria glory.
glukoosi glucose.
glyseriini glycerine.
glögi mulled wine.
gneissi gneiss ~graniitti gneissose granite.
gobeliini gobelin [tapestry].
golf golf; *pelata ~ia* [play] golf ~rata golf|-course, -links.
Golfvirta the Gulf Stream.
Golgata Calvary.
gondoli gondola ~eeri gondolier.
gootti 1 *(henk)* Goth 2 *(kieli)* Gothic ~lai|nen Gothic (loans *-set lainasanat);* ~ *tyyli (m)* pointed style.
gotiikka Gothic; Gothic (pointed) style.
Gotlanti Got[t]land.
graafi||kko graphic artist -nen graphic *(adv* ~ally) (representation *esitys;* art *taide);* ~ *kuvio (taulukko)* graph, diagram; chart; ~ *teollisuus* printing (graphic) industry.
graavi; ~ *lohi* slightly salted salmon.
grafiikka 1 *(taide~)* graphic art; *(vedokset ym) (pl)* prints, graphic works 2 *(atk)* graphics ~pääte graphics terminal.
grafiit|ti graphite, plumbago; *päällystää*

-illa graphitize.
grafologi graphologist ~**a** graphology ~**nen** graphological.
graham‖**jauhot** *(sg)* graham (wholewheat) flour; *(Br m)* wholemeal -**leipä** wholemeal bread.
gramma *(Br)* gramme; *(Am)* gram; *(lyh g, g.)*.
grammaattinen grammatical.
gramofoni *(Br)* gramophone; *(Am)* phonograph.
granaatti garnet ~**omena** pomegranate.
graniitti granite.
grati‖**ini** gratin -**noi**‖**da** gratinate; *-tua kukkakaalia* cauliflower au gratin.
gravitaatio gravitation; gravity ~**voima** [force of] gravity.
Greenwichin keskiaika Greenwich mean time *(lyh G.M.T.)*.
gregoriaaninen Gregorian (calendar *kalenteri)*.
greippi grapefruit, *(Am m)* pomelo.

grillata grill; *(Am m)* broil, barbeque.
grilli 1 *(paahdin)* grill; *(Am m)* barbecue **2** *(~ravintola)* grill[room], steak house ~**mauste** barbecue sauce ~**pihvi** steak; *(Am)* broiled steak.
grogi grog (mix a grog *sekoittaa ~*) ~**lasi** whisky tumbler.
groteski I *a* grotesque (figure *henkilöhahmo)* **II** *s* grotesque; *(kirjap m)* doric, gothic.
Gruusia 1 Georgia **2** *g~ (kieli)* Georgian **g~lainen** *a ja s* Georgian.
grynderi *(läh v)* [property] developer.
Grönlanti Greenland **g~lainen I** *a* Greenlandic **II** *s* Greenlander.
Guineanlahti the Gulf of Guinea.
gulassi [Hungarian] g[o]ulash.
guldeni gulden.
guttaperkka guttapercha.
gynekologi gyn[a]ecologist ~**a** gyn[a]ecology ~**nen** gyn[a]ecologic[al].
Göteborg Gothenburg, Göteborg.

H

h, H 1 *(kirjain)* h, H *(pl* hs, h's, Hs, H's) **2** *(nuotti, sävel)* B.

Haag The Hague.

haahka eider **~nuntuva[peite]** eiderdown.

haaksirikko 1 shipwreck *(m kuv),* wreck (of the Titanic *Titanicin ~); tehdä ~* suffer shipwreck, be shipwrecked; *(kuv m)* be wrecked **2** *(kaup)* average **~utu|a** suffer shipwreck; *-neet* the shipwrecked; *-nut laiva* wreck.

haalari[t] *(pl)* overalls, dungarees; *(pikkulapsen ~) (sg)* zip-suit.

haalea tepid, lukewarm.

haalia 1 scrape together (up) (money *rahaa*); collect (gather) together (wealth *omaisuutta); ~ rahat kasaan* rake up the money (for *jtk varten*) **2** *(värvätä)* drum up (supporters *kannattajia*), tout (for customers *asiakkaita*).

haalistu|a fade *(m kuv)* **-maton** fast, permanent (colo[u]r *väri*) **-nut** faded, discolo[u]red.

haamu ghost (white as a ghost *kalpea kuin ~;* see ghosts *nähdä ~ja*) **~kirjoittaja** ghost writer **~raja** *(urh)* magic limit.

haa|pa 1 European aspen; *vavista kuin ~van lehti* quiver like a[n aspen] leaf **2** *(~-aines)* aspen.

haar|a 1 branch (of a river *joen ~;* branches of antlers *sarvien ~t); (puun ~ m)* arm, limb; *(suuri oksa)* bough; *(~utuma)* fork (of a tree *puun ~;* in a road *tien ~)* **2** *(suku~)* branch (of a tribe *heimon ~)* **3** *(taiteen ym ~)* branch (branches of industry *teollisuuden ~t)* ▶ **hajaantua** *eri -oille* spread in all directions; *seistä ~t levällään* stand with one's legs apart.

haara-asen|to straddle, stride; *seistä -nossa* straddle.

-haarainen -branched (two-branched *kaksi~);* ..with .. branches.

haara||kiila gusset, crotch (of a pair of pants *housujen ~)* **-konttori** branch [office]; *(pankin ~ m)* branch bank;

pankin Oxfordin ~ the Oxford branch of the bank **-liike** branch; *(tavarataloketjun ~)* chain store; *(erik Am)* integrated store; *avata ~* set up a branch **-llaan;** *jalat ~* with the legs straddled (wide apart) **-osasto** branch (of a library *kirjaston ~)* **-pääsky[nen]** swallow **-utu|a** branch (the road branches in the village *tie -u kylässä*), fork (the river forks into small streams *joki -u puroiksi*); ramify (in all directions *joka suuntaan*); *(~ jstk)* branch off (from the main road *päätiestä*); branch from, diverge (from *jstk)* **-yhdisty|s** affiliate[d society] (the affiliates of the YMCA *NMKYn -kset*).

haaremi harem.

haarikka [wooden] tankard.

haarniska armo[u]r *(m kuv)* (of a knight *ritarin ~;* of courage *rohkeuden ~).*

haaruk||ka 1 fork (knife and fork *veitsi ja ~); -an muotoinen* forklike, fork-shaped **2** *(mer)* gaff **3** *(sot)* bracket (short bracket *lyhyt ~)* **-oida** *(sot)* bracket, straddle.

haasia hayrick.

haaska carcass; *(Br m)* carcase; *~[t] (sg)* carrion **~lintu** carrion-devouring bird **~ta** waste (one's time *aikaansa;* on *jhk;* in doing *jnk tekemiseen); (tuhlata)* squander (one's energies on *voimiaan jhk); ~ metsää* waste (devastate, ravage) forest **~us** waste (of time (money) *ajan (rahan) ~),* wastage (of the earth's resources *maapallon voimavarojen ~); (tuhlaus)* squander[ing]; *metsän ~* deforestation.

haasta||a 1 challenge (to a race *kilpailuun;* to fight *taisteluun); ~ kaksintaisteluun* challenge [to a duel] **2** *(lak) (~ vastaaja)* summon (before the court *oikeuteen;* to answer for crime *vastaamaan rikoksesta); (~ todistaja)* subpoena; call (to testify *todistamaan); ~ jku oikeuteen* sue a p. (for *jstk),* take action (bring an action) against a p. **3** *~ riitaa* pick a quarrel, ask for trouble **-ja 1** challenger **2** *(lak)* complainant **-tella** interview (a p. about *jkta jstk*) **-telija** interviewer **-ttelu** interview (give an interview *antaa ~*).

haaste 1 challenge; *antaa ~* issue a challenge (to *jklle*); *ottaa ~ vastaan* accept the challenge; *(kuv)* pick up the gauntlet **2** *(lak)* (*~ vastaajalle*) writ, [writ of] summons; (*~ todistajalle*) subp[o]ena; *antaa jklle ~* serve a p. with a summons, serve summons on a p. **~mies** summoner, writ-server.

haav|a wound (fatal wound *kuolettava ~;* in the arm *käsivarressa;* the wound heals *~ paranee;* dress a wound *sitoa ~*); *(leikkuu~)* cut (a deep cut *syvä ~*); *(palo~ m)* burn; *(kuv m)* sore (open sore *avoin ~*); trauma *(pl ~ta)* ▶ *ammottava ~* gash, gaping wound; *kuolla -oihinsa* die of one's wounds; *nuolla -ojaan* lick one's wounds; *aika parantaa ~t* time heals all wounds; *tällä ~a* this time.

haavan||lastu aspen clip **-lehti** aspen lea|f *(pl -ves)*.

haava||side dressing; gauze bandage **-utu|a** ulcerate; *-nut* ulcerous **-u[tu]ma** *(lääk)* ulcer (malignant ulcer *pahanlaatuinen ~*) **-vanu** surgical cotton.

haave dream (of *jstk;* a secret dream *salainen ~*); *(kuvitelma)* fancy (the fancies of youth *nuoruuden ~et*); *hetken ~et* passing fancies; *vaipua ~isiin* be lost in daydreams (reveries).

haaveelli||nen dreamy, sentimental; fanciful (idea *käsitys*) **-sesti** dreamingly, in a dreamy manner **-suus** dreamy (romantic) disposition (of a p. *jkn ~*), sentimentality.

haave||ileminen [day]dreaming **-ileva** dreamy **-ilija** dreamer **-illa** [day]dream (about, of *jstk*) **-ilu** daydreaming; *(pl)* dreams **-kuv|a** fantasy (build fantasies *rakennella -ia*), illusion **-maailma** land of dreams; utopia.

haavi [hoop] net; *(kala~)* landing net; *(perhos~)* butterfly net.

haavoit||taa wound (by firing *ampumalla;* fatally *kuolettavasti;* a p. deeply *jkta syvästi*) **-tua** be wounded (fatally *kuolettavasti;* by a bullet *luodista;* in battle *taistelussa*) **-tumaton** invulnerable *(m kuv)* **-tumattomuus** invulnerability **-tu|nut I** *a* wounded, injured (animal *eläin*) **II** *s* wounded person; *(sodassa ~)* casualty; *-neet* the wounded **-tuva** vulnerable; *(henk m)* sensitive **-tuvuus** vulnerability; sensitivity.

haeskel||la search (through one's handbag for a comb *käsilaukustaan kampaa*); hunt (for one's papers *papereitaan*) **-u** search[ing], hunt[ing] (for *jnk ~*).

hahmo 1 figure (of a ship on the horizon *laivan ~ horisontissa;* mysterious (familiar) figure *salaperäinen (tuttu) ~*); shape (a demon in the shape of a man *piru ihmisen ~ssa*); *(ääriviivat)* outline (of a cathedral *kirkon ~*), *(pl)* contours; *kerjäläisen ~ssa (m)* in the guise of a beggar **2** *(merkittävä henkilö)* figure (central figure in *keskeinen ~ jssk*) **3** *(romaanin ym ~)* character (tragic character *traaginen ~*) **4** *(psyk)* pattern, structure **5** *(atk)* pattern **~psykologia** Gestalt (form) psychology.

hahmo||tella outline (a figure *kuvio;* a program[me] *ohjelma*); sketch [out] (a landscape *maisema;* an agreement *sopimus*) **-telma** outline (for *jksk;* of *jstk*); sketch (of *jstk*) **-teoria** Gestalt theory **-ttaa** perceive, identify (a th. as *jk jksk*) **-ttelu** outlin|e, -ing (the artistic outline of the work *teoksen taiteellinen ~*); sketch[ing] **-ttua** take shape; *(muotoutua)* form, shape (as a whole *kokonaisuudeksi*) **-tus** outlining; sketching.

hahtuva flock, tuft (of wool *villa~*); fluff (of snow *lumi~;* of cloud *pilven ~*); *voikukan ~t (sg)* blowball of a dandelion **~pilvi** cirrus cloud.

hai shark.

haihat||ella daydream; build castles in the air; *-televa* fanciful (dreamer *haaveilija*) **-telija** [day]dreamer **-telu** daydreaming; *nuoruuden ~t* vagaries of youth.

haihdut||in evaporator, vaporizer **-taa 1** evaporate (water *vettä*), vaporize; *-tava* evaporative **2** *(kuv)* dispel (doubts *epäilykset*); banish, drive away (care *huolet*); *~ jkn haaveet* disillusion a p. **-us** evaporation, vaporization.

haihtu||a 1 evaporate (water evaporates *vesi -u*); vaporize **2** *(hälvetä)* scatter, disperse (the fog dispersed *sumu -i*), dissipate (the haze had not dissipated yet *usva ei ollut vielä -nut*); *sumu -u (m)* the fog is lifting (clearing) **3** *(kuv)* be dispelled (the doubts (illusions) are dispelled *epäilykset (illuusiot) -vat*); *(hävitä)* fade [away], die away; vanish (ideals vanish *ihanteet -vat*); evaporate (the hopes evaporated *toiveet -ivat*) **-maton** non-volatile **-minen** evaporation, volatili|ty, -zation **-mishäviö**

evaporation loss **-mislämpötila** evaporation heat **-va 1** *(kem)* volatile, ethereal (oils ~t *öljyt)* **2** *(kuv)* fugitive; passing **-vuus** volatility; *(kuv)* fugiteveness.

haikail||la sigh, hanker (for *jtk); (surra)* regret (it's no use regretting it *turha sitä on* ~) **-u** hankering; *(pl)* yearnings (sentimental yearnings of youth *nuoruuden hentomieliset* ~t).

haikara stork; *hän uskoo vielä* ~an she still believes babies are found under a gooseberry bush.

haike||a sad (smile *hymy),* wistful (look *katse);* bittersweet (parting *ero;* memory *muisto); (surumielinen)* melancholy, plaintive (piece of music *sävelmä;* voice *ääni); (kaihoisa)* nostalgic (thoughts ~t *ajatukset); -in mielin* in a wistful mood, wistfully **-asti** nostalgically; plaintively **-us** sadness; bittersweet (of parting *eron* ~); nostalgia.

haiku puff, whiff; *vedellä* ~ja puff ([at] one's pipe *piipustaan).*

hailakka pale.

haima pancreas ~tulehdus pancreati|s *(pl -des).*

hairah||dus indiscretion, error (of one's youth *nuoruuden* ~) **-tua** lapse (into exaggeration *liioitteluun)* **-tunut** fallen (woman *nainen).*

haiskahtaa smell; *(kuv m)* savo[u]r, smack (of *jltk).*

hais||ta smell (good *hyvälle;* burnt *palaneelta;* of garlic *valkosipulille); (löyhkätä)* stink (of *jltk;* a stinking carcass -eva raato) ▶ henki ee [pahalta] breath smells; **oma kehu** -ee self-praise is no recommendation; *esittää* -eva **vastalause** phrase a stinking reply.

haist||aa smell; *(-ella) (m)* sniff ([at] a rose *ruusua); (vainuta)* scent (the dogs scented the rabbit *koirat -oivat jäniksen); (kuv m)* nose (smell) out (a p.'s plans *jkn aikeet);* sniff out, *(ark)* nose (a danger *vaara);* ~ *palaneen käryä* smell a rat **-ella** sniff (the air *ilmaa (m kuv);* at perfumes *hajuvesiä);* smell (a soup *keittoa).*

haisunäätä skunk *(m kuv).*

haitalli||nen injurious, hazardous (to health *terveydelle),* harmful, detrimental (influence *vaikutus); (epäedullinen)* inconvenient (break *keskeytys)* **-sesti;** *vaikuttaa* ~ *jhk* have an adverse effect on **-suus** injuriousness; *(jnk haitallinen puoli)* inconvenience.

haitari accordion.

hait|ata hamper (traffic *liikennettä),* hinder (the development *kehitystä;* the movements *jkn liikkeitä;* a p. in his work *jkta työssä);* impede (the traffic *liikennettä); (vaivata)* handicap (he was handicapped by age *häntä -tasi ikä); (ark)* bother (does it bother you? *-taako se sinua?); ei se -taa mitään* it doesn't matter; never mind! *-taako Teitä jos..?* do you mind if..?

haitilainen *a ja s* Haitian.

hait|ta 1 *(~puoli)* disadvantage (advantages and disadvantages *edut ja -at),* drawback (drawbacks of country living *maalla asumisen -at)* **2** *(hankaluus)* inconvenience (cause inconvenience to *aiheuttaa* ~a *jklle);* hindrance (be a hindrance to *olla* ~na *jllk);* handicap **3** *(lak)* prejudice; *(kiusa)* nuisance ▶ *asian* **edut** *ja -at (m)* the pros and cons of the matter; *olla* **haitaksi** *jklle* be to p.'s disadvantage, cause inconvenience to; *olla -aksi jllk* harm, do harm to; be detrimental to.

haitta||puoli = *haitta 1* **-tekijä** adverse factor; handicap **-vaikutus** injurious (adverse) effect.

haituva down (of a dandelion *voikukan* ~); fluff (of a cloud *pilven* ~) *(vrt seur).*

haiven 1 *(karva)* hair; *(pehmeä[t]* ~[et]) down; *(erik parran* ~) fuzz; ~et *(sg)* hair **2** *(kasv)* down (on a seed *siemenessä).*

hajaannus 1 *(hajaantuneisuus)* dissolution, disintegration, disunion **2** *(eripuraisuus)* split ([within]in a party *puolueen sisäinen* ~), division (bring division into *aiheuttaa* ~sta *jhk),* disunion; lack of conformity; *(uskonnollinen* ~) schism ~tila state of dissension; state of disunion; ~ssa *oleva (m)* disorganized, disintegrated.

hajaantu||a 1 break up (the party broke up at midnight *seurue -i keskiyöllä;* the business broke up in 1970 *yhtiö -i v. 1970);* dissolve (Parliament dissolved *parlamentti -i),* (~ *väliaikaisesti)* recess (for vacation *lomalle); (jakautua)* split up (the group split up into two teams *ryhmä -i kahdeksi joukkueeksi); (sot)* disband; (~ *eri tahoille)* scatter (the crowd scattered *väkijoukko -i),* disperse (the clouds dispersed *pilvet -ivat);* spread (the tourists spread throughout the city *turistit -ivat ympäri kaupunkia); (säteistä, viivoista)* diverge; *(kuv)* äänet -ivat the votes were scattered **2** *(kem)* decompose **-minen 1** dispersion (of troops *joukkojen ~*); *(jakautuminen)* division *(m kuv)* (into *jksk*) **2** *(kem)* decomposition **3** *(fys) (värin ~)* dispersion; *(valon ~)* diffusion **-va** *(kem)* decomposable; *(fys)* diffusible; *(mat) ~ sarja* divergent series.

haja||huomio scattered (casual) remark (on *jstk*) **-käsittely** *(atk)* random processing.

hajall|a[an], -e[en] 1 *(erillään)* scattered (my thoughts were scattered *ajatukseni olivat -aan;* the houses are scattered in the valley *talot ovat -aan laaksossa*) **2** *(palasina)* in pieces, disassembled; *(rikki)* broken *(m kuv); (kuv)* divided (people are divided *kansa on -a*); *(kulunut)* worn out (the shoes are worn out *kengät ovat -a*) ▶ **hiukset** *-aan* with the hair loose; **mennä** *-e (rikki)* break; go into pieces *(m kuv);* **mielipiteet menivät** *-e* the opinions were divided (split) (on *jstk*); **äänet menivät** *-e* the votes were scattered; **olla** *-aan* lie scattered (about, around).

hajamieli||nen absent-minded; *(poissaoleva)* preoccupied (air *ilme*) **-sesti** *(m)* with divided attention.

hajanai||nen 1 scattered (population *asutus*), dispersed; *(yksittäinen)* stray (a few stray remarks *muutamia -sia huomioita*), odd (examples *-sia esimerkkejä*); random (shots *-sia laukauksia*) **2** *(kuv)* **a)** *(epäyhtenäinen)* disconnected, incoherent (speech *puhe*), disjointed (style *tyyli*); scattered (story *kertomus*), rambling (thoughts *-set ajatukset*); unconnected (structure *rakenne*), **b)** *(rikkinäinen)* split; disintegrated (personality *luonne*); unsettled (person *ihminen*); sisäisesti ~ *valtio* a divided (disunified, disunited) state **-suus** disconnectedness; incoherence (of presentation *esityksen ~*); *(erimielisyys)* dissension; disunion (religious disunion *uskonnollinen ~*), disunity, lack of unity.

haja||poiminto; *~ja* selections, gleanings (of *jstk*) **-reisin** astride (a horse *hevosen selässä;* stand astride *seisoa ~*) **-saanti** *(atk)* random access **-sijoittaa** decentralize, deconcentrate **-sijoitus** decentralization, deconcentration **-säteily** *(fys)* diffuse[d] (scattered) radiation **-taittoinen** astigmatic[al] (lens *linssi*) **-taittoisuus** *(lääk)* astigmatism; *(valok)* diffusion **-tapau|s;** *muutamia -ksia* some rare cases;

muutamissa -ksissa in isolated cases.

hajaut||taa decentralize, deconcentrate **-taminen,**   **-us** decentralization, deconcentration.

hajoa||maton undecomposable; *(liukenematon)* indissoluble **-minen 1** *(valtion ym ~)* breakup, dissolution (of a marriage *avioliiton ~*); disintegration; disruption (of the Roman Empire *Rooman valtakunnan ~*); *(hajaantuminen)* scattering, dispersion, dispersal **2** *(kem)* decomposition **3** *(fys) (atomin ~)* disintegration; *(halkeaminen)* [nuclear] fission; *radioaktiivinen ~* radioactive decay **-mistila** state of decomposition; decay (in decay *~ssa*); *(kuv)* state of dissolution (disunion).

hajonta dispersion; *(tilast m)* variation, scatter; *(fys)* scattering.

hajo|ta 1 *ks. hajaantua 1* **2** *(kem)* decompose; *(liueta)* resolve **3** *(särkyä)* break, be broken; fall to pieces; *(ark)* crack up (the machine cracked up *kone -si*); *(kuv)* burst (my illusions burst *kuvitelmani -sivat*) ▶ *rakennus on* **hajoamaisillaan** the building is in ruin (on the verge of tumbling down); ~ **kappaleiksi** fall to pieces; ~ **käsiin** fall to pieces at a touch.

hajotin spreader, distributor; *(valok)* diffuser; *(liuotin)* resolvent.

hajot|taa 1 *(saattaa erilleen)* disperse (a prism disperses light *prisma ~ valon;* the police dispersed the crowd *poliisi -ti väkijoukon*), scatter (the wind scattered the clouds *tuuli -ti pilvet*); break up (a crowd *väkijoukko*); dissolve (Parliament *eduskunta*), dismiss (a meeting *kokous*); disrupt *(kuv* a p.'s thoughts *jkn ajatukset);* dissipate (enemy forces *vihollisen joukot); (sot)* disband; *(erottaa)* separate **2** *(irrottaa osiinsa)* break down, take .. to pieces (a machine *kone*); *(päästää irralleen)* undo, untie (a parcel *käärö*) **3** *(kem)* decompose (into *jksk;* chemically *kemiallisesti*) **4** *(särkeä)* break; *(purkaa)* tear down (a building *rakennus*) ▶ ~ **jk aineosiinsa** break up a th. into its component parts; ~ **itseään** *[liikaa]* spread o.s. thin; ~ **maan tasalle** level (raze) .. to the ground; ~ *jkn* **tarkkaavaisuutta** divide a p.'s attention; ~ **voimiaan** dissipate one's strength.

hajot||taminen 1 *(-us)* dispersal, scattering; breakup; dissolution (of Parliament

votes were scattered **2** *(kem)* decompose **-minen 1** dispersion (of troops *joukkojen ~*); *(jakautuminen)* division *(m kuv)* (into *jksk*) **2** *(kem)* decomposition **3** *(fys) (värin ~)* dispersion; *(valon ~)* diffusion **-va** *(kem)* decomposable; *(fys)* diffusible; *(mat) ~ sarja* divergent series.

haja||**huomio** scattered (casual) remark (on *jstk*) **-käsittely** *(atk)* random processing.

hajall|**a[an], -e[en] 1** *(erillään)* scattered (my thoughts were scattered *ajatukseni olivat -aan;* the houses are scattered in the valley *talot ovat -aan laaksossa*) **2** *(palasina)* in pieces, disassembled; *(rikki)* broken *(m kuv); (kuv)* divided (people are divided *kansa on -a*); *(kulunut)* worn out (the shoes are worn out *kengät ovat -a*) ▶ **hiukset** *-aan* with the hair loose; **mennä** *-e (rikki)* break; go into pieces *(m kuv); mielipiteet menivät -e* the opinions were divided (split) (on *jstk*); *äänet menivät -e* the votes were scattered; **olla** *-aan* lie scattered (about, around).

hajamieli||**nen** absent-minded; *(poissaoleva)* preoccupied (air *ilme)* **-sesti** *(m)* with divided attention.

hajanai||**nen 1** scattered (population *asutus)*, dispersed; *(yksittäinen)* stray (a few stray remarks *muutamia -sia huomioita)*, odd (examples *-sia esimerkkejä)*; random (shots *-sia laukauksia)* **2** *(kuv)* a) *(epäyhtenäinen)* disconnected, incoherent (speech *puhe)*, disjointed (style *tyyli)*; scattered (story *kertomus)*, rambling (thoughts *-set ajatukset)*; unconnected (structure *rakenne)*; b) *(rikkinäinen)* split; disintegrated (personality *luonne)*; unsettled (person *ihminen)*; sisäisesti ~ *valtio* a divided (disunified, disunited) state **-suus** disconnectedness; incoherence (of presentation *esityksen* ‹·›); *(erimielisyys)* dissension; disunion (religious disunion *uskonnollinen ~)*, disunity, lack of unity.

haja||**poiminto;** *~ja* selections, gleanings (of *jstk)* **-reisin** astride (a horse *hevosen selässä;* stand astride *seisoa ~)* **-saanti** *(atk)* random access **-sijoittaa** decentralize, deconcentrate **-sijoitus** decentralization, deconcentration **-säteily** *(fys)* diffuse[d] (scattered) radiation **-taittoinen** astigmatic[al] (lens *linssi)* **-taittoisuus** *(lääk)* astigmatism; *(valok)* diffusion **-tapau**|**s;** *muutamia -ksia* some rare cases;

muutamissa -ksissa in isolated cases.

hajaut||**taa** decentralize, deconcentrate **-taminen, -us** decentralization, deconcentration.

hajoa||**maton** undecomposable; *(liukenematon)* indissoluble **-minen 1** *(valtion ym ~)* breakup, dissolution (of a marriage *avioliiton ~)*; disintegration; disruption (of the Roman Empire *Rooman valtakunnan ~)*; *(hajaantuminen)* scattering, dispersion, dispersal **2** *(kem)* decomposition **3** *(fys) (atomin ~)* disintegration; *(halkeaminen)* [nuclear] fission; *radioaktiivinen ~* radioactive decay **-mistila** state of decomposition; decay (in decay *~ssa); (kuv)* state of dissolution (disunion).

hajonta dispersion; *(tilast m)* variation, scatter; *(fys)* scattering.

hajo|**ta 1** *ks. hajaantua 1* **2** *(kem)* decompose; *(liueta)* resolve **3** *(särkyä)* break, be broken; fall to pieces; *(ark)* crack up (the machine cracked up *kone -si); (kuv)* burst (my illusions burst *kuvitelmani -sivat)* ▶ *rakennus on* **hajoamaisillaan** the building is in ruin (on the verge of tumbling down); *~* **kappaleiksi** fall to pieces; *~* **käsiin** fall to pieces at a touch.

hajotin spreader, distributor; *(valok)* diffuser; *(liuotin)* resolvent.

hajot|**taa 1** *(saattaa erilleen)* disperse (a prism disperses light *prisma ~ valon;* the police dispersed the crowd *poliisi -ti väkijoukon)*, scatter (the wind scattered the clouds *tuuli -ti pilvet)*; break up (a crowd *väkijoukko)*; dissolve (Parliament *eduskunta)*, dismiss (a meeting *kokous)*; disrupt *(kuv a p.'s thoughts jkn ajatukset); (sot)* disband; *(erottaa)* separate **2** *(irrottaa osiinsa)* break down, take .. to pieces (a machine *kone)*, *(päästää irralleen)* undo, untie (a parcel *käärö)* **3** *(kem)* decompose (into *jksk;* chemically *kemiallisesti)* **4** *(särkeä)* break; *(purkaa)* tear down (a building *rakennus)* ▶ *~ jk* **aineosiinsa** break up a th. into its component parts; *~* **itseään** *[liikaa]* spread o.s. thin; *~* **maan tasalle** level (raze) (to) the ground; *~ jkn* **tarkkaavaisuutta** divide a p.'s attention; *~* **voimiaan** dissipate one's strength.

hajot||**taminen 1** *(-us)* dispersal, scattering; breakup; dissolution (of Parliament

hakkelus minced meat; *tehdä jksta ~ta* make mincemeat of.

hakkeri hacker.

hakku pick[axe], hoe ~**ri** chopper.

hakkuu felling, logging.

hakoteill|**ä** *(-e); joutua -e* get off the track; *olla ~* be on the wrong track.

haksah|**taa** make a slip-up (blunder) (in *jssk;* in doing *tekemään jtk*); *hän -ti pahan kerran* he put his foot in it.

haku 1 *(hakeminen)* fetching; *(etsiminen)* search; *olla työn haussa* be in search of work, be looking (hunting) for work **2** *(viran~)* application (for *jnk ~*) **3** *(atk)* seek; search ~**aika** period of application; ~ *päättyy 20. syyskuuta* closing date September 20 ~**ammunta** *(kuv)* hit or miss, a shot in the dark ~**avain** *(atk)* search key ~**kielto;** *julistaa ~on* announce a ban on application ~**lait**|**e** staff (page) locator, *(ark)* bleep[er]; *hakea jkta -teella* page a p. ~**paperit** *(sg)* written application ~**saarto** boycott ~**sana** *(sanakirjan ~)* entry ~**teos** reference book, book of reference ~**varsi** *(atk)* access arm.

halail||**la** hug; ~ *toisiaan* embrace **-u** hugging; embracing.

halaistu; *hän ei sanonut ~a sanaa[kaan]* he didn't utter a single word.

halata [give .. a] hug; *(rutistaa)* cuddle, *(ark)* squeeze; ~ *toisiaan* embrace.

halava bay willow.

haljasmokka split suede.

hal|**jeta 1** split (the atoms split *atomit -keavat;* the jar split *purkki -kesi*); crack (the glass cracks *lasi -keaa*); break (the cup broke *kuppi -kesi*); cleave (the wood cleaves easily *puu -keaa helposti*) **2** *(kuv)* burst (with curiosity *uteliaisuudesta;* you'll burst if you eat any more *-keat jos syöt vielä*; I thought my head would burst *luulin että pääni -keaa*); *nauraa ~kseen* split one's sides [with laughter]; *olla -keamaisillaan [kateudesta]* be bursting [with envy].

halkaisija 1 *(mat)* diameter **2** *(mer)* jib **3** *(šakk.)* diagonal.

halkaista split (a board *lauta;* a roll *sämpylä*); cleave (a block of wood in two *pölkky kahteen osaan*); *(~ kahtia) (m)* halve.

halkea||**ma** crack (in a windowpane *ikkunaruudussa;* in wood *puussa*), cleft (in rock *kalliossa;* in the ground *maankuoressa*); *(syvä ~)* crevice (a gaping

crevice *ammottava ~*), chasm (in a mountain *vuoressa*); *(jäätikön ~)* crevasse; *(lääk)* fissure **-minen, -misreaktio** *(fys)* fission.

halkeil||**la** crack (the ice cracks *jää -ee*); split (fingernails split *kynnet -evat*); chap (chapped lips *-leet huulet*); *(lohkeilla)* peel off (the plaster is peeling off *rappaus -ee*).

halki I *postp ja prep* through (the woods *metsän ~;* the centuries ~ *vuosisatojen*); *(poikki)* across (the marketplace *torin ~*) **II** *adv (kahtia)* in two (cut in two *leikata ~*); *mennä ~* split, crack ~**leikkaus** longitudinal section ~**nainen** cracked; split.

halkio 1 slit (of a skirt *hameen ~*), vent (of a jacket *jakun ~*) **2** *(lääk)* cleft; *suulaen ~* cleft palate.

halko log (billet) of wood; *halot (sg)* firewood; *hakata ~ja* chop wood ~|**a** cleave, split, chop (wood *puita*); *(paloittaa)* cut up; *(jakaa)* divide [up] (a farm *tila;* the river divides the town *joki -o kaupunkia*); ~ *aaltoja* part the waves; cleave the water; ~ *ilmaa* cleave the air; *(äänestä)* split the air ~**motti** cubic met|re (-er) of wood ~**pino** pile of firewood ~**vaja** [fire]wood shed.

halla frost; *~n purema* frost-bitten, nipped by frost; *tehdä ~a jllk* do harm to ~**narka** ..sensitive (susceptible) to frost ~**nkestävä** frost hardy ~**nvaara** frost danger ~**vahingot** frost damages ~**yö** frosty night, night of frost[s].

1 halli *(näyttely- ym ~)* hall; *(eteis~, hotellin ~) (m)* lounge; *(kauppa~)* market hall.

2 halli *(el)* grey (Atlantic) seal.

hallinno||**llinen** administrative; ~ *osasto (m)* administration department **-nuudistus** administrative reform.

hallin|**ta 1** control; *(hallussapito)* possession; *(lak m)* occupancy, tenure **2** *(hallitseminen)* rule (come under enemy rule *joutua vihollisten ~an*) **3** *(kurissapito)* control (of one's muscles (nerves) *lihasten (hermojen) ~*) **4** *(taito)* mastery, command (of the English language *englannin kielen ~*), control (of style *tyylin ~;* of the voice *äänen ~*) **5** *(atk)* management (database management *tietokannan ~*) ▶ **alistaa** *maa ~ansa* subjugate a country; *(valloittaa)* occupy a country; *ohjaaja* **menetti** *autonsa -nan* the driver lost control of the car; *olla jkn*

-nassa be under a p.'s control (rule); **ottaa** jk ~ansa take possession of; **saada** jk ~ansa gain (enter into) possession of; saada tilanne ~ansa get the situation under control (in hand); **valtion** -nassa under state control.

hallintaoikeus (lak) right of possession, possessory right; ikuinen ~ mortmain.

hallin|to administration (public administration julkinen ~; of a town kaupungin ~); (liikkeenjohto) management (of an enterprise yrityksen ~); ~a koskeva administrative; -non haarat the branches of the administration ~**alue** administrative district ~**elin** governing (administrative) body ~**henkilöstö** administrative personnel ~**johtaja** (liik) director of administration ~**koneisto** administrative apparatus (machinery) ~**kustannukset** administration expenses ~**neuvosto** supervisory (advisory) board; (keskuspankin ~) board of governors; (säätiön ym ~) board of trustees ~**oikeus** Administrative Court; Korkein ~ Supreme Administrative Court ~**tuomioistuin** administrative court ~**valta** administrative authority ~**viranomainen** administrative authority ~**virasto** administrative office.

hallit|a 1 rule ([over] a country maata; the king ruled [England] for eleven years kuningas ~si [Englantia] yksitoista vuotta); govern (a state valtiota); (kuningas ym) reign [over]; (vallita) dominate [over] (the strong dominate [over] the weak vahvat -sevat heikkoja); Elisabet I:n -essa during the reign of [Queen] Elizabeth I; Stuartien -essa under the Stuarts **2** (pitää hallussaan; m lak) hold (land maata), possess, be in possession of; command (vast sums of money valtavia rahasummia); administer (an estate tilaa) **3** (pitää kurissa) control (one's anger kiukkunsa; the economic life talouselämää); command (the market markkinoita), rule (one's thoughts ajatuksiaan), dominate (one's passions himojaan), master, keep .. in check (under control) (one's feelings tunteensa); ~ tilanne have the situation under control, have control of the situation **4** (osata) master (different styles eri tyylilajeja; the technique tekniikka; many instruments useita soittimia), command (the English language englantia), have a good

command of (several languages useita kieliä), have control of (a variety of expressions eri ilmaisukeinoja; the singer had excellent control of her voice laulaja -si äänensä erinomaisesti); ~ oppikurssi have a good grasp of the course **5** (olla etualalla) dominate, command (the castle commands the valley linna -see laaksoa), be dominated by (the scene is dominated by the church kirkko -see maisemaa).

hallitse||minen 1 (konkr) rule, ruling, governing (of the state valtakunnan ~); possession (of property omaisuuden ~) **2** (kuv) control, command, mastery (of several languages useiden kielten ~; of one's feelings tunteiden ~) (ks hallita) **-va** ruling (party puolue); reigning (king kuningas); governing (class luokka); dominant (feature piirre; force voima), commanding (position asema); dominating (theme teema; factor tekijä; colo[u]r väri); prevailing (idea aate); prevalent (feature piirre); ~ kuningatar Queen Regnant, Regina; olla ~[na] prevail, dominate (in jssk), predominate (a th. jssk).

hallitsija ruler; (kuningas ym) sovereign; monarch ~**nvaihdos** change of ruler ~**nvakuutus** sovereign pledge ~**suku** ruling family, reigning (royal) house; dynasty; Windsorin ~ the House of Windsor.

hallituksenvaihdos cabinet reshuffle.

hallitu|s 1 government (under government control -ksen valvonnassa; a provisional government väliaikainen ~); the Government (the Finnish Government Suomen ~); (ministeristö) the Ministry; (Brit tav) the Cabinet; (USA tav) the Administration; (esim sotilas~; ~järjestelmä) régime, regime (the Saigon régime Saigonin ~; recognize a new regime tunnustaa uusi ~); erota -ksesta resign from the government (cabinet) **2** (yhtiön ~) board [of directors]; (johto) management; (yhdistyksen ~) [executive] committee; (säätiön ~) board of trustees; kuulua -kseen be on the board (committee) ▶ -ksen **jäsen** member of the Government (Cabinet), cabinet member (minister, officer); (yhtiössä yms) director, (Am) member of the board; -ksen jäsenet (m) the Ministers; **mennä** -kseen enter the government (Am the president's cabinet); **muodostaa** [uusi] ~ form a [new] government.

hallitus||aika government, rule; (kuninkaan

~) *(m)* reign (under (in) the reign of Queen Victoria *kuningatar Victorian ~na)* **-elin** government[al] (administrative) organ **-järjestelmä** system of government **-kausi** period (term) of office *(ks m -aika)* **-koneisto** governmental (administrative) machinery **-muo|to 1** *(~järjestelmä)* form of government; polity **2** *(valtiosääntö)* Constitution; *-don mukainen* constitutional; *-don uudistus* constitutional reform; *Suomen ~* the Constitution Act of Finland **-neuvos** ministerial counsellor, government councillor **-pula** cabinet cris|is *(pl -es)* **-puolue** party in power **-sihteeri** ministerial secretary, referendary **-valta** governmental power[s].

hallusinaatio hallucination.

hal|lussa *(-tuun); jkn ~* in a p.'s possession; *(vallassa)* occupied by (enemy *vihollisen ~)* ► *antaa jkn -tuun* hand over to, entrust to; **joutua** *jkn -tuun* come into a p.'s possession (keeping); **ottaa** *-tuunsa* take charge of; *(anastaa)* occupy; **pitää** *~an* have in one's possession; hold, keep; **saada** *-tuunsa* acquire the possession of.

hallussapito possession (illegal possession of drugs *huumeiden luvaton ~).*

halogeenilamppu halogen lamp.

halonhakk||aaja wood-chopper, woodcutter **-uu** chopping [of] firewood.

hal|pa 1 cheap (hotel *hotelli;* the cheapest route *-vin reitti;* labo[u]r *työvoima);* inexpensive (night flight *yölento); (alhainen)* low (prices *-vat hinnat); (edullinen)* low-priced; low-cost (building material *rakennusaine)* **2** *(kuv)* humble, low (of humble (low) birth *~a syntyperää)* ► *-vat* **hinnat** *(m)* bargain prices; **mennä** *~an* be easily taken in; **myydä** *(ostaa) -valla* sell (buy) cheap; **panna** *jkta -valla* put a p. down, pull a p.'s leg; **saada** *-valla* get cheap; *nämä matkat ovat* **todella** *-poja* these trips are a bargain (good value [for money]).

halpa||hintainen cheap **-korkoinen;** *~ laina* a loan at a low [rate of] interest **-mai|nen** mean (person *ihminen;* trick *temppu);* base (it is base to betray one's friends *on -sta pettää ystäviään) -sella tavalla* meanly.

halpuus cheapness; *hinnan ~* the cheap (low) price.

halst||ari gridiron **-aroida, -rata** broil, grill.

1 haltija 1 holder (of a passport *passin ~);* occupant, occupier (of a flat *asunnon ~); (omistaja)* possessor (of a car *auton ~),*

owner (of an accout *tilin ~); (liik m)* bearer (payable to bearer *maksettava ~lle); (lak m)* tenant (of property *omaisuuden ~); patentin ~* patent holder, patentee **2** *(valtias)* lord (of all Egypt *koko Egyptin ~); ilmojen ~* the Spirit of the winds.

2 haltija *(myt)* geni|us *(pl -i)* (good genius *hyvä ~); (~tar)* fairy, elf *(pl elves).*

haltijatar fairy; *(keiju)* elf *(pl elves); hyvä ~* fairy godmother.

haltioi||ssaan; huutaa ~ cry out in excitement (enthusiasm); *olla ~* be exultant (in raptures), enthuse (over *jstk);* be carried away [with enthusiasm] *-tua* be charmed (carried away) (by *jstk)* **-tumi|nen** inspiration (a moment of inspiration *-sen hetki)* **-tun|ut** enthusiastic *(adv ~ally)* (cheers *-eet suosionosoitukset);* ecstatic *(adv ~ally); -eena* in a state of exultation.

haltuun *ks. hallussa* **~otto** seizure, taking (entry) into possession; occupation.

halu 1 desire (I have no desire to.. *minulla ei ole [mitään] ~a..* an ardent desire to do *palava ~ tehdä jtk);* longing (to do *tehdä jtk),* craving (a deep craving to be understood *syvä ~ tulla ymmärretyksi), (toive)* wish (to go to sea *~ lähteä merille); (»hinku»)* itch, yen (to do *tehdä jtk;* for *jhk); (pyrkimys)* inclination (a strong inclination to do one's best *voimakas ~ tehdä parhaansa), (taipumus)* liking (for *jhk); (into)* eagerness (he does not lack eagerness *~a häneltä ei puutu)* **2** *(himo)* lust (the lusts of the flesh *lihan ~t);* desire, passion (a slave to one's passions *~jensa orja)* ► **halulla** with pleasure, willingly; *hän söi hyvällä ~lla* he ate with an appetite; **omasta** *~stani* of my own free will; **palaa** *~sta tehdä jtk* be dying to do a th.; **viedä** *jklta ~[t]* put a p. off (learning languages *opiskel|a kieliä).*

-haluinen; *jnk ~* desirous of (revenge *koston~;* action *toiminnan~);* eager to (criticize *arvostelun~;* learn *opin~);* in the mood for (a talk *keskustelun~).*

haluk||as willing (to co-operate *yhteistyöhön); (valmis)* ready (to help *auttamaan); (innokas)* anxious (to become a sales representative *ryhtymään myyntiedustajaksi),* eager (to hear the news *kuulemaan uutiset); (taipuvainen)* inclined (to believe that.. *uskomaan että); -kain silmin* with longing glances;

(himoiten) with greedy eyes; *kolme ilmoittautui -kaaksi* three people volunteered **-kaasti** willingly; *(mielellään)* with pleasure; *(himokkaasti)* greedily, covetously.

halu|ta 1 want (what do you want? *mitä -at/te]?* something to eat *jtk syötävää;* power *valtaa;* to be[come] a teacher *opettajaksi;* I want a pair of gloves please *-a[isi]n parin käsineitä;* he wants me to try *hän -aa minun yrittävän*); △ *(toivoa)* wish (he wishes to be alone *hän -aa olla yksin*); △ *(kielt ja kys lauseissa)* like (I didn't like to hurt you *en -nnut loukata sinua;* how do you like your tea? *millaisena -at teesi?*); △ *(kohteliaissa kysymyksissä m)* care for (would you care for a cup of tea? *-aisit/te]ko kupin teetä?*); △ *(~ kiihkeästi)* desire (to fight for one's country *taistella maansa puolesta*); be desirous (of peace *rauhaa*); *(ark)* be dying (to go home *lähteä kotiin*) **2** *(himoita)* crave, covet, feel a desire (for *jkta*) ► **haluttu** desired (information *-tut tiedot*), required (moment *ajankohta*); *-ttua tavaraa* goods in great demand; *jos -atte* if you like; *aivan* **kuten** *-at[te]* just as you please (like, wish); *tee kuten itse -at* do as you please! please yourself! ~ **mieluummin** prefer (coffee [to tea] *kahvia [kuin teetä];* to go home *lähteä kotiin*); *-aisin* **olla** I wish I were; *-aisin* **tietää** I should like to know; *et kai -a* **väittää** *että ..?* you don't mean to say that..?

halut||on unwilling (to keep in touch *pitämään yhteyttä*); disinclined (for conversation *keskusteluun;* to go out *lähtemään ulos*); reluctant (to do *tekemään jtk*); *(välinpitämätön)* listless, apathetic *(adv* ~ally) **-taa;** *tee niin kuin [sinua]* ~ do as you like (please, wish) **-tomuu|s** unwillingness, disinclination (to *jhk*); reluctance (show a reluctance to (to do) *osoittaa -tta jhk (jnk tekemiseen)); (välinpitämättömyys)* apathy, listlessness **-tu** *ks. haluta →.*

halvau||s *(täydellinen* ~) paralys|is *(pl -es); (osittainen* ~) pares|is *(pl -es);* [apoplectic] stroke, *(aivo*~) apoplexy; *saada* ~ have a stroke; *(kuv)* get (have) a fit **-ttaa** paralyse, *(Am)* paralyze **-tua** be[come] paralysed **-tuminen** paralys|is *(pl -es)* (facial paralysis *kasvohermojen* ~; *(kuv)* of the economy *talouselämän* ~); paralysation, *(Am)* paralyzation; *täydel-*

linen ~ paralysis **-tunut** paralysed, *(Am)* paralyzed; ~ *henkilö* paralytic.

halveksi||a despise (an idea *ajatusta*), hold .. in contempt (a p. *jkta*); disdain (flattery *imartelua*); *(ylenkatsoa)* scorn (death *kuolemaa;* a friend's advice *ystävän neuvoja*); look down (on the poor *köyhiä*); *-en* contemptuously, scornfully, with disdain (contempt); *sitä ei pidä* ~ it is not to be despised (disparaged), *(ark)* it is not to be sneezed (sniffed, sneered) at **-minen, -nta** contempt (of death *kuoleman* ~), disdain (of); *(ylenkatsominen)* scorn (for women *naisten* ~); *joutua yleisen -nnan kohteeksi* be put to scorn; *olla jkn -nnan kohteena* be the scorn of **-ttava** contemptible, despicable **-va** contemptuous, disdainful (look *katse*), scornful (smile *hymy*); disparaging (comments *~t huomautukset*) **-vasti** with contempt (disdain, scorn); disparagingly (speak disparagingly of *puhua* ~ *jstk*); *hymyillä (nauraa)* ~ *(m)* sneer (at *jllk*).

halventa||a disparage (a p.'s reputation *jkn mainetta), (väheksyä)* belittle (a p.'s merits *jkn ansioita); (häpäistä)* defame (one's rival *kilpailijaansa*) **-minen** disparagement, detraction; *(maineen* ~) defamation; *oikeuden* ~ contempt of court **-va** disparaging (writing *kirjoitus*); derogatory (remark *huomautus*); defamatory (statement *lausunto*); ~*ssa sävyssä* disparagingly, in terms of disparagement **-vasti;** *puhua* ~ *(m)* run down (a p. *jksta*).

halveta become cheaper, *(hinnoista)* drop, fall, go down.

hama|an *(-ssa, -sta); -an kuolemaansa asti* until his death; *-sta lapsuudesta alkaen* ever since one's childhood; *-ssa muinaisuudessa* in the distant past.

hamara back (of an axe *kirveen* ~).

hame skirt; *(Am m)* petticoat ~**väki** *(pl)* the petticoats.

ham|mas 1 tooth *(pl* teeth); ~*tani särkee* I have toothache **2** *(rattaan* ~) cog (cogs of a cogwheel *hammaspyörän -paat*); tooth *(pl* teeth) (teeth of a saw *sahan -paat*) **3** *(filat)* [perforation] tooth ► **ajan** ~ *(pl)* ravages of time; *-paisiin asti* **aseistautunut** armed to the teeth; **piippu** *-paissa* with a pipe between one's teeth; ~*ta* **purren** grinding one's teeth; **tupakka** *-paissa* with a cigarette in one's mouth; **vetää** *pois* ~ extract (take out, *(Am)* pull out) a tooth;

mutista jtk -paittensa **välistä** mutter, grumble a th.; *(sihahtaa)* spit a th. through one's teeth; *purra -paansa* **yhteen** clench (set) one's teeth.

hammas‖**harja** tooth brush **-hermo** dental (odontic) nerve **-hoitaja** dentist's assistant, *(Br)* dental surgery assistant **-hoito** dental care; care of teeth **-hoitola** dental clinic **-jauhe** tooth powder, dentifrice **-kiille** dental (tooth) enamel **-kirurgi** dental surgeon **-kirurgia** dental surgery **-kivi** tartar; *poistaa ~* scale [tartar from] the teeth **-klinikka** dental clinic **-laitainen** toothed, dentate[d] (leaf *lehti*); *(postimerkki)* perforated **-lanka** dental floss **-lääketie**|**de** odontology; dentistry; *-teen kandidaatti* Bachelor of Dental Surgery *(lyh* B.D.S.)*; *-teen lisensiaatti* Licentiate in Dental Surgery *(lyh* L.D.S.)*; *-teen tohtori* Doctor of Dental Surgery (Science) *(lyh* D.D.S., D.D.Sc.) **-lääketieteellinen** ..of dental surgery **-lääkäri** dentist; *(Br m)* dental surgeon; *~n ammatti* dentist's profession, dentistry; *mennä ~in* see a dentist **-mätä** [dental] caries, tooth decay **-proteesi** denture, dental plate **-pyörä** cog (gear) wheel; *(lieriö~)* spur gear; *(kartio~)* bevel gear **-pyörävälitys** gear transmission **-rata** cog railway *(Am m* railroad) **-ratas** pinion; rack wheel **-särky** toothache **-taa 1** *(tekn)* tooth (a saw *saha*); indent, jag; *-tettu (m)* serrate; meshed, geared **2** *(filat)* perforate (perforated stamp *-tettu postimerkki)* **-tahna** tooth paste **-teknikko** dental technician **-tikku** tooth pick **-tus 1** *(tekn)* toothing, cogging; *(sahan ~ m)* serration; *(hampaat) (pl)* teeth, cogs (of a cog wheel *hammaspyörän ~)* **2** *(filat)* perforation **-vaihde** gear (cog wheel) transmission **-valaat** toothed whales **-äänne** dental [sound].

hammondurut *(sg)* Hammond organ *(rek)*.

hampaan‖**hoito** care of teeth; dental care (treatment) **-kolo;** *hänellä on jotakin ~ssa minua vastaan* he has an old score to settle with me (a bone to pick with me) **-poisto** tooth extraction.

hampaaton toothless.

hampaisto *(pl)* teeth; *(lääk)* denture.

hamppu hemp **~köysi** hemp rope; *(hirttoköysi)* hemp.

Hampuri Hamburg.

hampurilainen *(keitt)* hamburger.

hamsteri [common] hamster.

hamstra‖**aja** hoarder **-ta** hoard.

hamu|**illa, -ta** grope [about] (for, after *jtk;* in the dark *pimeässä*).

-han *(-hän)* why (why, it's easy *se~ on helppoa)*; *asia~ on niin että* the fact is that..; *onko~ hän kotona* I wonder if is at home; *tienhän sinä tunnet* you know the way, don't you?

hana 1 tap (turn the tap on (off) *vääntää ~ auki (kiinni))*; *(Am)* faucet **2** *(ampuma-aseen ~)* cock; hammer.

hanak‖**asti;** *tarttua ~ jhk* snap (jump) at **-ka** eager (to criticize *arvostelemaan;* for money *rahan perään)*; *(ponteva)* energetic *(adv ~ally)*.

han|**gata 1** *(hinkata)* rub (two stones against each other *kahta kiveä vastakkain;* polish on the floor *vahaa lattiaan)*; *(~ harjalla)* scrub (the floor clean *lattia puhtaaksi)*; *(~ pois)* rub off (a mark from the carpet *tahra matosta)*; *~ kirkkaaksi* rub up, polish, *(erik metallia)* burnish **2** *(hiertää)* chafe (the shoe chafes the heel *kenkä -kaa kantapää[s]tä)*; gall (the edge galls the rope *särmä -kaa köyttä)*; rub on (against) (the door rubs on the floor *ovi -kaa lattiaa)*; *~ poikki* fray .. in two, wear .. away.

hangoitella; *~ vastaan* resist, oppose, struggle against.

hanhen‖**maksa[pasteija]** [pâté de] foie gras *(ransk)* **-paisti** roast goose **-poika[nen]** gosling **-sulka** goose quill; *(~kynä)* quill [pen].

hanh|**i** goose *(pl* geese); *kuin kaataisi vettä -en selkään* it's like water off a duck's back.

hanhikit cinquefoils, *(Am m)* five-fingers.

han|**ka 1** *(oksan ~)* crotch, fork (a nest at the fork of a branch *pesä oksan -gassa)*; *(kasv)* axil **2** *(airon ~in)* rowlock, oarlock; *asettua -koihin* sit down to row.

hankala 1 *(epämukava)* inconvenient (arrangement *järjestely;* in use *käytössä)*; uncomfortable (seat *istuin)*; *(~ käsitellä)* clumsy (tool *työkalu)* **2** *(työläs)* troublesome, *(ark)* tough, tricky (job *työ)*, laborious (journey *matka)*, arduous (task *tehtävä)*; *(vaikea)* difficult (customer *asiakas;* in a difficult age *~ssa iässä)* **3** *(tukala)* awkward (situation *tilanne)*; *(ark)* nasty (question *kysymys)* **~kulkuinen** difficult, *(pred)* difficult to cross (travel), difficult of access.

hankaloittaa complicate (the situation

tilannetta); hamper, hinder (traffic liikennettä).

hankaluu wishbone, wishing bone.

hankaluu|s difficulty, (ark) snag (that's the snag siinähän se ~ onkin); trouble (the trouble with the matter is .. asian -tena on..; get into trouble joutua -ksiin), (epämukavuus) inconvenience; tuottaa [jklle] -ksia cause [a p.] trouble, put [a p.] into inconvenience.

hankauma chafe (on the heel kantapäässä), abrasion.

hankaus 1 rub[bing]; scour[ing]; (hiertäminen) chafing **2** (kitka) friction (m kuv) ~**jauhe** scouring powder ~**äänne** fricative; spirant; (kouruäänne) sibilant.

hankautua rub, chafe (against jtk vasten); ~ pois rub off; ~ rikki wear out, fret; ~ verille gall.

hank|e plan (to assassinate the president presidentin murhaamiseksi); project (a large-scale project to do a th. laajamittainen ~ jnk tekemiseksi); (yritys) undertaking (be successful in one's undertakings onnistua -keissaan), (vaikea ~) enterprise (the enterprise failed ~ raukesi); (aie) intention (warlike intentions sotaiset -keet), intent (to seize the throne anastaa valta); design (carry out one's designs toteuttaa -keensa).

han|ki (m -get) snow (wade in the snow kahlata -gessa; shimmering snow kimmeltävät -get); (kinokset) snowdrifts.

hankin|ta 1 (hankkiminen) acquiring, acquisition, procurement (of knowledge (news) tiedon (uutisten) ~) **2** (liik) acquisition (of shares osakkeiden ~); (osto) purchase; (toimitus) delivery, supply ~**-aika** time (date, term) of delivery; time of acquisition ~**-arvo** purchase (cost, procurement) value ~**ehdot** terms of delivery; terms of acquisition ~**hinta** purchase (original, delivery) price; (ostohinta) prime cost; ~**an** at cost ~**kulut,** ~**kustannukset** (sg) first (acquisition) cost; prime costs ~**osasto** purchasing department ~**päällikkö** head of supplies, purchasing officer (Am agent).

hankit|tu acquired (rights -ut oikeudet; disease tauti); ~ tieto (taito, kyky) acquirement; vaivalla ~ hard-earned, hard-won.

hankki|a 1 get (the tickets liput; a passport passi; a taxi for a p. taksi jklle); △ find (help apua; the money for the journey rahat matkaa varten; a job for a p. työpaikka jklle); △ procure (a copy of kopio jstk); △ (ostaa) buy (a house talo); △ (~ itselleen) acquire (a good knowledge of English hyvä englannin kielen taito), obtain (advantages etuisuuksia; a licence for lupa jhk; information about tietoja jstk); △ (toimittaa) provide (a p. with jklle jtk; the necessary funds tarvittavat varat), supply (the factory with materials tehtaalle raaka-aineet), furnish (a p. with information about jklle tietoja jstk); secure (a permit lupa) **2** (ansaita) make (£1,000 a year tuhat puntaa vuodessa) **3** (valmistella) prepare (for a journey matkaa) ▶ ~ lapsia have children; **mahdoton** ~ (m) unprocurable, unobtainable; ~ **rahaa** jtk varten raise money for; -i **sadetta** it looks like rain; ~ **sotaa** jkta vastaan levy war on.

hankki|ja supplier; (toimittaja) deliverer; (muonan~) purveyor, caterer -**mi|nen** ks. hankinta; jnk -seksi to obtain a th. -**utua** prepare o.s. (for a trip matkalle).

hanko [pitch]fork.

hansa||kaupunki Hanse[atic] town -**liitto** the Hanseatic League.

hansik|as glove (put on one's gloves panna -kaat käteensä; fit like a glove istua kuin ~) ~**lokero** glove locker (erik Am compartment).

hanuri accordion ~**sti** accordionist.

hap|an 1 sour (bread leipä; face naama; lemon sitruuna); tart (apple omena), acid (flavo[u]r maku); -naman näköinen sour[-looking], surly **2** (kem) acid; ~ **kivilaji** acidic rock ~**imelä** sour-sweet; (keitt) -ä porsasta sweet and sour pork ~**kaali** sauerkraut ~**leipä** sour [black] bread ~**naama** grouch, sourpuss ~**taikina** leaven; sour dough ~**tu|a** turn (go) sour; -nut turned, soured.

haparoi||da fumble, grope (in the dark for a switch pimeässä sähkökatkaisijaa); (kulkea -den) grope one's way (up the stairs rappuja ylös) -**nti** fumble, groping -**va** groping.

hapa||ta sour, turn [sour], go sour -**te, -tin** sour[ing agent] -**ttaa** sour (cream kermaa), leaven (the bread leipä) -**ttamaton** unleavened, unsoured -**tus** souring; (kuv) leaven (bourgeois leaven porvarillista ~ta).

hapero russula.

hape||te, -tin (kem) oxidant, oxidizing agent

-ton ..free from (devoid of) oxygen -ttaa *(kem)* oxidize; oxydate; *(tehdä happipitoiseksi)* oxygenate -ttomuus lack of oxygen; *(lääk)* anoxemia -ttua become oxidized; become oxygenated -ttumaton inoxidizable -ttuva oxid[iz]able -tus oxidation; oxygenation.

hapoke *(kem)* ..ous acid (sulphurous acid *rikki~*).

haponkestävä acid-proof (paper *paperi*); acid resisting.

hapot||**in** acidifier -on acid-free, acidless, non-acid -taa acidify -us acidation.

happamasti 1 sourly (smile sourly *hymyillä ~*) **2** *(kem); reagoida ~* give an acid reaction.

happamaton unleavened (bread *leipä*).

happamuus sourness; acidity *(m kem)* ~aste acidity.

happaneminen souring, turning sour.

happi oxygen ~**kaappi** incubator ~**kaasu** oxygen gas ~**laite** oxygen respirator ~**naamari** oxygen mask ~**pitoinen** oxidized, oxygenous, ..containing oxygen ~**pitoisuus** oxygen content; *(prosenttimäärä)* percentage of oxygen ~**pullo** oxygen cylinder (bottle, flask) ~**säiliö** oxygen cylinder (container) ~**teltta** oxygen tent.

happo acid; ~*a kestävä* acid resisting; ~*a muodostava* acid-forming, acidic, acidifying ~**inen** acid (fermentation *käyminen*) ~**isuus** acidity ~**kylpy** acid bath ~**marja** barberry ~**pitoinen** acidiferous ~**pitoisuus** acid content; *(prosenttimäärä)* percentage of acid.

haps|**i**; *-et (sg)* hair.

hapsottaa; *tukka ~* the hair is dishevel[l]ed.

hapsu fringe; ~*t (m)* trimmings.

hapuil||**la** grope (for *jtk;* in the dark *pimeässä*), fumble (for words *sanoja*); *(kulkea -len)* grope (feel) one's way (to the window *ikkunan luo*); *-eva* groping, fumbling; *(kuv)* tentative.

hara 1 *(karhi)* harrow **2** *(naara)* drag.

harakan||**kello** spreading bellflower -**pesä** *(kuv)* ramshackle house -**varpa**|**at** *(sg)* scrawl (no one can decipher this scrawl *kukaan ei saa selvää näistä -ista*); hieroglyphics.

harakka magpie; ~ *nauraa* the magpie chatters.

harall|**aan** *(-een); jalat ~* with one's legs spread apart; *levittää -een* spread out (apart); *tukka ~* with one's hair dishevel[l]ed.

harata harrow; drag (for a drowned person *hukkunutta*); ~ *vastaan* struggle [against a th.]; *(kuv m)* offer resistance.

harav||**a** rake; ~*n piit* prongs of a rake -**oida** rake, rake up (together); *(kuv m)* comb (the police combed the whole town *poliisi -oi koko kaupungin*) -**ointi** raking; *(kuv)* comb-out.

harha 1 *(~kuva)* illusion (those dreams were a mere illusion *ne kuvitelmat olivat pelkkää ~a*); *optiset ~t* optical illusions (delusions) **2** *(lääk)* delusion (delusions of a diseased mind *sairaan mielen ~t*) ~**-aistimus** hallucination; delusion; *olla ~ten vallassa* hallucinate.

harha|**an** *(-ssa)* astray, lost ▶ **ajaa** ~ lose one's way, get lost; **johtaa** ~ lead astray, *(kuv m)* mislead; **osua** ~ miss; ~ *osunut* misdirected.

harhaanjohtava misleading, fallacious.

harha-askel false step, slip; *(kuv m)* lapse, error (errors of one's youth *nuoruuden ~et*).

harhai||**leva** wandering (glance *katse*), straying; rambling -**lija** wanderer, rambler -**lla** wander (*kuv* the thoughts are wandering *ajatukset -levat*), wander about (in an unknown town *vieraassa kaupungissa*); stray (his glance strayed from one object to another *hänen katseensa -li esineestä toiseen*); *(kierrellä)* roam about (the world *maailmalla*) -**lu** wandering, straying; ramble.

harha|**isku** error, misjudgement; *(ark)* miss (a complete miss *täydellinen ~*) -**kuva** illusion; *(hourekuva)* phantom -**kuvitelma** illusion, delusion; ~*sta herääminen* disillusionment -**käsity**|**s** misconception (be based on a misconception *perustua -kseen*); wrong idea; *hänellä oli se ~ että* he was under the delusion that -**liike** *(ark)* bloomer -**luulo** misconception, fallacy (a popular fallacy *yleinen ~*); *(-käsitys)* false notion (belief) (false beliefs due to lack of knowledge *tietämättömyydestä johtuvat ~t*); *(psyk)* delusion -**näky** optical illusion; hallucination -**oppi** heresy -**oppinen I** *a* heretical, heterodox; misbelieving **II** *s* heretic -**oppisuus** heresy, heterodoxy -**pallo** *(urh)* loose ball -**retk**|**i** odyssey (odysseys of youth *nuoruuden -et*) -**ssa** *ks. -an* -**tie**; *johtaa (joutua) -teille* lead (go) astray, put (get) on the wrong track; *-teillä* lost -**uma** perversion -**usko 1** misbelief, false notion; *siinä ~ssa että* under the delusion that **2**

(-oppi) heresy **-uskoinen** heretic, misbeliever.

harha‖uttaa mislead (one's pursuers *takaa-ajajiaan;* a p. into doing *jku tekemään jtk*), deceive; *(hämätä)* bluff (the goalkeeper *maalivahtia*) **-uttava** misleading **-utua** stray (from *jstk*), deviate (from the route *reitiltä*); *ajatukset -utuivat omille teilleen* the thoughts wandered off **-utunut** lost; *(attr m)* stray (bullet *luoti*).

haritta‖a stick (stand) out (in every direction *joka suuntaan*); *-vat hiukset (sg)* straggling hair; *-va katse* vacant look (stare).

harja 1 *(laki)* ridge (of a roof *katon* ~), crest (of a wave *aallon* ~; of a mountain *vuoren* ~); *(huippu)* top, peak, *(vuoren* ~ *m)* summit; *(muurin [kalteva]* ~*)* cap, coping **2** *(hevosen ym* ~*)* mane (of a lion *leijonan* ~); crest, comb (of a cock *kukon* ~) **3** *(puhdistus~)* brush (toothbrush *hammas~*).

harjaantunut practised, *(Am)* practiced, *(taitava)* skilled; *(kokenut)* experienced.

harja‖hirsi *(Br)* ridge beam; *(Am)* ridge[pole] **-katto** ridge roof; *(satulakatto)* saddle[back] roof **-kiharrin** hot brush, curler.

harjan‖ne ridge (furrows and ridges *vaot ja -teet*) **-nostajaiset** *(sg) (Br)* topping-out [party]; *(Am)* roofing celebration.

harja‖s bristle (bristles of a pig *sian -kset*).

harjata brush (one's teeth *hampaansa*); *(~ pois)* brush (the dust *pölyt*) off (one's shoes *kengistään*).

harjateltta wall tent; *(kahden hengen* ~*)* pup tent.

harjoit‖ella 1 *(treenata)* practise, *(Am)* practice (shooting *ampumista;* writing *kirjoittamaan;* three hours every day *kolme tuntia päivässä;* [on] the piano *pianonsoittoa*); exercise o.s. (in patience *kärsivällisyyttä;* in swimming *uintia*); *(valmentautua)* train (for a competition *kilpailuja varten*); ~ *jnk käyttöä* practise with a th. **2** *(teatt)* rehearse (a musical *musikaalia*) **3** *(opetella)* be learning (the child is learning to walk *lapsi -telee kävelemään*) **-elma** study; *(luonnos)* sketch **-taa 1** *(harjaannuttaa)* practise, *(Am)* practice (the girls in needlework *tyttöjä käsitöihin*); exercise (a horse *hevosta;* one's muscles *lihaksiaan*), drill (troops *joukkoja*); *(teatt ym)* rehearse (an

orchestra *orkesteria*); train (soldiers *sotilaita;* a p. to do *jkta tekemään jtk;* one's voice *ääntään*) **2** *(~ jtk ammattia ym)* carry on (a trade *elinkeinoa;* a business *kauppaa;* a banking business *pankkitoimintaa;* the trade of tailor *räätälin ammattia;* an activity *jtk toimintaa*; espionage *vakoilutoimintaa*); practise, *(Am)* practice (a profession *ammattia;* agriculture *maanviljelystä*); one's religion *uskontoaan*); pursue (a profession *ammattia;* studies *opintoja;* a policy *jtk politiikkaa*) **3** *(käyttää)* use (violence *väkivaltaa;* the control used by society *yhteiskunnan -tama kontrolli*), exercise (freedom of speech *sananvapautta;* censorship *sensuuria*); practise, *(Am)* practice (advertising *mainontaa*), *(~ jtk pahaa m)* commit (cruelties *julmuutta*) ▶ ~ **kauppaa** *(m)* do business; ~ *kauppaa jllak* deal in; ~ *(matematiikan)* **opintoja** study (mathematics).

harjoitta‖ja a person engaged in (a trade *jnk ammatin* ~) **-maton** unpractised; untrained, *(sot m)* undrilled **-minen** training; practice (of a trade *jnk ammatin* ~); rehearsing (an opera *oopperan* ~) *(ks harjoittaa).*

harjoittelija trainee; *(oppipoika)* apprentice ~**[in]vaihto** exchange of students (trainees) ~**invaihtotoimisto** division for the exchange of trainees.

harjoittelu [practical] training (one's *practical training is required vuoden* vaaditaan); practice (it is achieved by regular practice *sen saavuttaa säännöllisellä* ~*lla*); *(näytelmän ym* ~*)* rehearsing, rehearsal ~**aika** trainee (training) period.

harjoitu‖s 1 *(harjoittaminen)* exercise, training (of muscles *lihasten* ~; of the memory *muistin* ~); *(harjoittelu)* practice (it needs a lot of practice *se vaatii paljon* ~*ta*); *-ksen vuoksi* for practice; ~ *tekee mestarin* practice makes perfect **2** *(m -kset)* **a)** exercise (the firebrigade went out on an exercise *palokunta lähti -ksiin*); *(urh)* training; *(sot)* drill (infantry drill *jalkaväen -kset*); **b)** *(teatt ym)* rehearsal (the rehearsal will start at 7 p.m. *-kset alkavat klo 19*); **c)** *(yliop)* -kset *(sg)* [practical] course (in translation *käännös-kset*) **3** *(~tehtävä)* exercise (on the use of the genitive *genetiivin* *käytöstä); (erik toistamis~)* drill (drills in English pronunciation *englannin ääntämis-ksia); (matematiikan ~) (m)* sum **~aine** training subject **~kappale** exercise; *(mus m)* étude **~kirja** exercise book **~kurssi** practical course (in Danish *tanskan kielen ~);* training course **~leiri** training camp **~tehtävä** *ks. harjoitus 3.*

harju ridge; *(geol)* esk|er, -ar.

harjus grayling.

harkinnanvarainen discretionary.

harkin|ta consideration (this requires careful consideration *tämä vaatii huolellista ~a),* deliberation (it is the result of long deliberation[s] *se on pitkän -nan tulos); (miettiminen)* reflection, *(Br m)* reflexion (without sufficient reflection *ilman riittävää ~a)* ▶ *-nan alaisena* under consideration; **jätän** *asian ~asi* I leave the matter to your discretion (judgement), it is at your discretion; **käytä** *~asi* use your own discretion; *-nan* **mukaan** at discretion; *oman (vapaan) ~nsa mukaan* at one's own (free) discretion; *menetellä oman ~nsa mukaan (m)* use one's own discretion; *jkn -nan* **varassa** at a p.'s discretion.

harkinta||kyky judg[e]ment **-valta** discretion; *olla jkn -nan -vallassa* be at (within) a p.'s discretion.

harkit|a 1 *(~ jtk)* consider (a suggestion *ehdotusta;* a th. in detail *jtk yksityiskohtaisesti;* buying a new house *uuden talon ostamista);* deliberate ([over] a question *kysymystä); (liik m)* entertain (an offer *tarjousta); (suunnitella)* think out (means of doing *keinoja jnk tekemiseksi),* think of (cutting down production *tuotannon supistamista); (miettiä)* think .. over (the matter *asiaa),* ponder (one's words *sanojaan),* reflect on (the situation *tilannetta), (punnita)* weigh (the pros and cons of the matter *asian etuja ja haittoja)* **2** *(~ jksk)* think, consider (I thought it wise to be quiet *-sin viisaaksi vaieta)* ▶ *-se* **asiaa!** think it over! think about it! *asiaa on -tava* the matter must be given some consideration; **harkitsematta** without due consideration; **ottaa** *-tavaksi* take under consideration, give (a th. *jk*) consideration; *[asiaa]* **tarkoin** *-tuani* after (on) careful consideration; on reflection; *[asiaa] tarkemmin -tuani* on thinking it over, on further consideration; *~ lääkärin* **uraa** consider going into medicine; *~ opettajan*

(sairaanhoitajan) uraa consider teaching (nursing); *~* **uudelleen** reconsider; *en edes* **vakavasti** *-se sitä* I won't even consider it, I won't give it a second thought.

harkitse||maton unconsidered (words *-mattomat sanat);* inconsiderate, imprudent (remark *huomautus);* rash (don't do anything rash *älä tee mitään ~ta),* heedless (act *teko)* **-mattomasti** *(m)* without consideration **-mattomuus** lack of consideration; imprudence, rashness **-va[inen** prudent, considerate **-v[ais]uus** prudence, considerateness.

harkit||tu premeditated (murder *murha;* answer *vastaus);* deliberate (decision *päätös);* considered (opinion *mielipide); (tahallinen)* intentional; *huonosti ~* ill-advised, ill-judged; *hyvin ~* well-considered; well-thought-out (plan *suunnitelma); -uin sanoin* with measured terms **-usti** *(harkiten)* with care; *(tahallaan)* deliberately.

harkko bar, ingot; *(kulta- t. hopea~) (m)* bullion; *(rauta-, lyijy~)* pig.

harlekiini Harlequin **~näytelmä** harlequinade.

harma|a grey, *(Am)* gray (eyes *~t silmät;* the future looks grey *tulevaisuus näyttää ~lta); (hiuksista m)* grizzled, grizzly; *(pilvinen)* overcast (sky *taivas); (kuv)* drab, monotonous (everyday life *arki)* ▶ *ei -inta* **aavistusta** not the faintest (slightest) idea; *~t* **aivosolut** *(sg)* grey matter; *saan siitä -ita* **hiuksia** it is enough to turn my hair grey.

harmaa||hapsinen greyhaired **-kaihi** grey cataract **-karhu** grizzly bear **-kerttu** whitethroat **-kettu** gray fox **-leppä** grey alder, *(Am m)* white alder **-lokki** herring gull **-nkirjava** mottled grey **-ntu|a** grey, *(Am)* gray (his hair is greying *hänen hiuksensa alkavat ~); -nut* grey; hoary; grizzled **-paju** grey willow **-parta[inen** grey-bearded; *vanha ~ ukko* grey-beard **-pukuinen** ..[dressed] in grey **-tukkainen** grey-headed, grey-haired; grizzled; *(harmaantunut)* hoary[-headed] **-valas** gray whale.

harmahtava greyish, *(Am)* grayish.

harmaus greyness, *(Am)* grayness; *(kuv)* monotony, dullness.

harmi annoyance (little annoyances of life *elämän pikku ~t),* vexation (constant vexation *jatkuvaa ~a); (vaiva)* trouble (make trouble for *aiheuttaa ~a jklle;*

much trouble with *paljon ~a jstk*), bother (there was no bother with him *hänestä ei ollut mitään ~a*); *mikä ~!* what a nuisance (shame)! oh bother! *olla ~ssaan jstk* be annoyed at, be vexed at (about); *suureksi ~kseni* to my great (much to my) annoyance **~lli|nen** annoying, vexatious, *(ärsyttävä)* provoking; *~ juttu* a pretty kettle of fish; *sepä -sta!* what a nuisance! how annoying!

harmistu||a be annoyed (at (by) a p.'s behavio[u]r *jkn käytöksestä*), be vexed (at one's failure *epäonnistumisestaan*) **-neisuu|s** annoyance (he tried to hide his annoyance *hän yritti salata -ttaan*), vexedness **-nut** annoyed, vexed, displeased (about *jstk*).

harmit||ella fret (about an unfortunate coincidence *ikävää yhteensattumaa*) **-on** harmless, *(viaton)* innocent (joke *~ta pilaa*) **-taa** annoy (everything annoyed him *kaikki asiat -tivat häntä*); *minua ~* I am annoyed (that *että*); *[minua] ~ että tulin* I regret coming **-tava** annoying.

harmoni harmonium.

harmonia harmony.

harmonik|ka accordion; *-an soittaja* accordionist.

harmoni||nen 1 *(mus ja kuv)* harmonic[al], *(sopusointuinen)* harmonious (whole *kokonaisuus*) **2** *(mat ym)* harmonic (adv *~ally*) **-suus** harmony; harmoniousness.

haroa stroke (one's beard *partaansa*); *(hapuilla)* grope (for one's key in the snow *lumesta avaintaan*); *~ tukkaansa* pass one's fingers through one's hair

harp|ata stride (across a puddle *lätäkön yli*), jump (over a ditch *ojan yli*); bound (up the stairs *ylös rappuja*); *-paamme näiden sivujen yli* we'll skip these pages.

harppau|s stride (walk with rapid strides *kulkea nopein -ksin*); leap *(m kuv)* (a great leap forward *pitkä ~ eteenpäin*), bound (he took the steps in a few bounds *hän kiipesi portaat parilla -ksella*); *edistyä aimo -ksin* progress by leaps and bounds, take a great leap forward, make great strides; *yhdellä -ksella* at a (one) bound.

harppi [pair of] compasses (dividers).

harppoa stride (along the road *tietä pitkin*); jump (from stone to stone *kiveltä kivelle*); *~ pitkin askelin* stride along.

harppu 1 *(mus)* harp **2** *(halv)* hag (that

terrible old hag *se kamala vanha ~*).

harppuuna harpoon.

harpunsoittaja harpist.

har|ras 1 *(innokas)* devoted (Christian *kristitty*), ardent (patriot *isänmaanystävä;* longing *odotus*); fervent (admirer *ihailija*), *(vannoutunut)* devout (supporter of an idea *jnk aatteen ~ kannattaja*); *(vakaa)* earnest (listener *kuulija;* plea *pyyntö*) **2** *(syvä)* warm (my warmest thanks *-taimmat kiitokseni*); sincere (reverence *kunnioitus;* wish *toive*) **3** *(usk)* devout (Catholic *katolilainen;* prayer *rukous*); *(hurskas)* pious (expression *ilme*).

harrasta||a take an interest in (singing *laulua;* photography *valokuvausta*), be interested in (reading *lukemista*); go in for (sports *urheilua*); *alkaa ~ jtk* take up (golf *golfia;* playing the piano *pianon-soittoa*); *asiaa -vat* those interested; *~ postimerkkeilyä (m)* collect stamps as a hobby **-jateatteri** amateur theatre.

harraste hobby **~lija** amateur; *(halv)* dilettant|e *(pl ~s t. -i)*; dabbler (in *jnk ~*) **~lijanäyttelijä** amateur actor.

harrastu|s 1 interest (in literature *kirjallisuuden ~*); *pelkästä asian -ksesta* out of pure interest **2** *(harraste)* hobby; *kirjalliset -kset* literary pursuits **~piiri** club, hobby circle.

harsi||a baste (the seams *saumat*), tack (together *yhteen*) **-mapisto** basting stitch **-nlanka** basting thread.

harso veil (a black veil over the face *musta ~ kasvoilla*) **~kangas** gauze; veiling; *(ohut ~)* gossamer; *(puuvillainen -)* cheesecloth **~mai|nen** gauzelike, veillike; *-sen ohut* gauzy **~side** gauze bandage.

hartaasti devoutly; earnestly; ardently, fervently; *kuunnella ~* listen with rapt attention; *pyytää ~* beg (to do *saada tehdä jtk*); *toivon ~ että* my dearest wish is to.

hartaudenharjoitu|s; *-kset* devotions.

hartau|s 1 devotion (religious devotion *uskonnollinen ~*); *(vakavuus)* earnestness (with great earnestness *suurella -della*); *harjoittaa -tta* be at one's devotions **2** *(~tilaisuus)* devotional **~hetki** hour of devotion (prayer); *(pl)* prayers **~kirja** book of devotion, prayer book **~kokous** prayer meeting (service).

harte||et; *hänen -illaan on suuri vastuu* great responsibility rests on his shoulders; *kohauttaa -itaan* shrug [one's shoulders];

ottaa vastuu *[jstk]* **-illeen** shoulder the responsibility [of a th.]; *taakka putosi hänen -iltaan* he felt as if a burden had fallen from his shoulders **-ikas** broad-shouldered.

harti|a shoulder (broad shoulders *leveät ~t;* the jacket is too tight at the shoulders *takki on ahdas -oista) (ks m harteet)* **~huivi** shawl **~lihas** deltoid muscle **~pankki;** *hän turvautui rakennustyössä ~in* he built the house with his own hands (by the sweat of his brow) **~viitta** pelerine **~voimin** with all one's might, with might and main.

hartsa||ta 1 rosin (the bow of a violin *viulunjousi); (peittää hartsilla)* resinate **2** *(kem)* resinify **-us** rosining.

hartsi resin; *(kova ~)* rosin **~happo** resin acid **~liima** resin adhesive **~pitoinen** resin[ace]ous, rosinous **~saippua** rosin soap.

1 harv|a *(~t) (muutama[t]) (pl)* few ([people] are.. *~t [ihmiset] ovat..;* few know and fewer care *~t tietävät ja vielä -emmat välittävät); (vain muutamat)* the few (the power is in the hands of the few *valta on -ojen käsissä)* ▶ **ani** *~[t]* very few; **vain** *~t* [very] few; *vain -oissa tapauksissa (m)* on rare occasions; *~t ja* **valitut** a chosen (select) few; *(etuoikeu-tetut)* the [privileged] few.

2 harva *(ei tiheä)* sparse (population *asutus);* thin (forest *metsä),* scanty (vegetation *kasvusto);* loose (weave *kudos);* coarse (comb *kampa;* sieve *seula); (isosilmäinen)* coarse-meshed (net *verkko); (hajanainen)* scattered (the population is scattered *asutus on ~a) (ks m ~an, ~ssa).*

harvaan *(hitaasti)* slowly; *(pitkin välein)* at long intervals; *~ asuttu* sparsely (scantily, thinly) populated (inhabited).

harvahampainen gap-toothed (old man *vanhus); (karkea)* coarse (blade of a saw *sahanterä).*

harvainvalta oligarchy **~inen** oligarc[al].

harvakseen *(hitaasti)* slowly; *(silloin tällöin)* at long intervals; *(yksitellen)* one by one.

harva|lukui|nen; *-sena* in small numbers; *~ yleisö* small (thin) audience **-sanainen** taciturn, reticent; silent; *~ mies (m)* a man of few words **-sanaisuus** taciturnity; paucity of words.

harvassa; *olla ~* be scarce (rare); *puut ovat ~* the trees are far apart (widely scattered); *sellaisia ihmisiä on ~* such

people are few and far between.

harventaa thin out (seedlings *taimia); (~ metsää)* thin; *~ käyntejään* call less frequently (often).

harve|ta thin (his hair is thinning *hänen tukkansa alkaa ~;* thinning ranks *-nevat rivit);* thin out (the population thinned out *asutus -ni); (vähetä)* decrease (decreased number *-nnut joukko).*

harvinai|nen rare (book *kirja;* event *tapaus;* complaints are rare *valitukset ovat -sia); (epätavallinen)* uncommon (plant *kasvi;* sight *näky;* word *sana),* unusual (phenomenon *ilmiö);* infrequent (visitor *vieras); (ainoalaatuinen)* unique (old manuscript *vanha käsikirjoitus); (poik-keuksellinen)* exceptional (opportunity *tilaisuus);* **-sen** very, unusually, remarkably, exceptionally; *-sen kaunis (m)* ..of unusual (exceptional, extra-ordinary) beauty; *on -sta että hän..* it is unusual for him to; *se on hyvin -sta* it is quite (very) exceptional.

harvinais||laatuinen exceptional (talent *lahjakkuus)* **-uus** rareness (of a phenomenon *ilmiön ~);* rarity (a valuable rarity *arvokas ~); (harvinainen esine) (m)* curio[sity].

harv|oin seldom, rarely; *[entistä] -emmin* less frequently; *~ tapahtuva* infrequent.

hasis hashish; *(ark)* hash.

hassu silly, foolish; funny (idea *ajatus;* how funny! *kuinka ~a!), (naurettava)* ridiculous; *ei ~mpi* not bad **~nkuri|nen** funny; comical (look comical *olla -sen näköinen)* **~sti;** *hänelle kävi ~* things went wrong for him *~|tella* play the fool; *älä -ttele!* stop fooling [about]! don't be silly (stupid)! **~ttelu** [tom]foolery **~tu|s** folly (all kinds of follies *kaikenlaisia -ksia),* nonsense.

hatara 1 *(konkr)* flimsy (cottage *mökki),* unsubstantial (wall *seinä); (~sti ra-kennettu)* poorly (flimsily) constructed; *(ränsistynyt)* ramshackle (house *talo), (erik Am)* crazy (shack *hökkeli); (vuotava)* leaky (roof *katto)* **2** *(kuv)* imperfect, *(pintapuolinen)* superficial (knowledge *~t tiedot); (heikko)* poor (evidence *~t todisteet),* flimsy (on flimsy grounds *~lla pohjalla),* unsubstantial (argument *perustelu);* vague (idea of a matter *käsitys asiasta;* recollection *muistikuva)* **3** *(koossa pysymätön)* unconnected (structure *rakenne),* incoherent (plot *juoni).*

hat hatkat – hauta 102

hatkat; *ottaa* ~ quit; *saada* ~ get fired.
hattara 1 *(pilven~)* cloudlet, wisp of cloud 2 *(makeinen)* candyfloss; *(Am)* cotton candy.
hattu 1 hat (broad-rimmed hat *leveälierinen* ~); *(lieritön naisten t. lasten* ~) bonnet; *(lakki)* cap; *(kuv)* ~ *kädessä* cap in hand; *nostaa* ~*a jklle* raise one's hat to; *(kuv)* take one's hat off to; *panna* ~ *päähän[sä] (ottaa* ~ *päästä)* put on (take off) one's hat 2 *(tekn)* cap, top; *(m) (savu~)* hood 3 *(sienen* ~) cap ~hylly hat rack ~kauppa *(naisten* ~) milliner's [shop]; millinery; *(miesten* ~) hatter's [shop], hat shop *(Am* store) ~neula hat pin ~rasia hat box ~reuhka ragged old hat ~temppu hat trick.
hatun||nosto *(kuv)* hat off *(pl* hats off) (to *jllk)* -tekijä hat maker, hatter.
haudan||hiljainen quiet as the grave -hiljaisuus deathlike silence -häpäisijä desecrater of a grave -häpäisy desecration of a grave -kaivaja grave digger -ryöstäjä grave robber -takainen; ~ *elämä* the life to come -vakava grave; *(ark)* dead earnest.
haudat|a bury (alive *elävältä;* by burning *polttamalla;* the hatchet *sotakirves);* olla -tuna jssk be (lie) buried in (at).
haude *(kääre)* compress; *(kuuma* ~) fomentation; poultice; *(vesi)* bath.
haudonta 1 bathing; *(lääk)* fomentation 2 *(munien* ~) brooding, hatching, incubation ~-aika hatching period.
hauduttaa simmer, braise (vegetables *vihanneksia);* steam (fish *kalaa);* stew (meat *lihaa);* ~ *hiljaisella tulella* simmer over low heat.
[illegible line]
haukankatse *(kuv) (pl)* hawk's eyes.
hauka|ta bite (into an apple *omenaa;* a piece from an apple *pala omenasta),* bite off (a piece from a sandwich *pala voileivästä);* (kuv) *nyt olet* -nnut *liian suuren palan* you've bitten off more than you can chew; ~ *raitista ilmaa* take a breath of fresh air.
hauki pike.
haukka falcon; hawk ~linnut falcons and hawks ~metsästys falconry, hawking.
haukkau|s bite (in three bites *kolmella* -ksella); yhdellä -ksella *(m)* at a go.
haukkoa; ~ *henkeä[än]* gasp for breath, *(hämmästyneenä)* gasp with surprise; ~ *ilmaa* gasp for air.
haukku bark[ing] ~|a 1 *(koirasta)* bark (at *jtk);* (kuv) ~ *väärää puuta* bark up the wrong tree 2 *(sättiä)* tell .. off, blow ..

up, haul .. over the coals (a p. *jku;* for *jstk);* (parjata) run .. down (one's wife *vaimoaan);* (nimitellä) call .. names (the children were calling each other names *lapset* -ivat *toisiaan);* (huutaa) shout (don't shout at me! *älä hauku minua!);* ~ *jku pataluhaksi* give a p. hell; ~ *näytelmä pataluhaksi* cry down the play ~manimi nickname; *nimitellä toisiaan* ~llä call each other names ~mi|nen; *saada* -set *jstk* get a telling-off for.
haukot||ella yawn -telu yawning -us yawn[ing]; *tukahduttaa* ~ stifle a yawn.
haukunta bark[ing]; yelp[ing].
hauli pellet, [small] shot; *(karkea[t]* ~[t]) buckshot; ~t *(sg)* shot ~kko shotgun (sawn-off shotgun *katkaistu* ~), fowling piece ~kkoammunta *(urh)* clay pigeon shooting ~patruuna shot cartridge; *(Am)* shotgun shell.
haura||s 1 *(konkr)* brittle (ice *jää;* nails -at *kynnet;* glass *lasi);* (helposti särkyvä) fragile (china *posliini)* 2 *(kuv)* frail (being *olemus;* voice *ääni)* -stua become brittle; *(metallista m)* embrittle; -stuneet *verisuonet* hardened arteries -us brittleness (of bones *luiden* ~); fragility (of glass *lasin* ~); *(kuv)* frailty.
haureu|s fornication; *(ammatti~)* prostitution; *harjoittaa* -tta fornicate; -den *harjoittaja* fornicator; *(fem)* fornicatr|ix *(pl* -ices).
hauska nice (day *päivä;* that's nice! *sepä* ~a!), delightful (holiday *loma),* enjoyable (afternoon *iltanäivä;* *(miellyttävä)* pleasant (surprise *yllätys);* (huvittava) amusing (book *kirja;* coincidence *tapaus);* funny (story *juttu)* ▶ ~ *kuulla että* I am pleased (happy) to hear that..; luisteleminen *on* ~a skating is great fun; *(kuv) onpa* ~a **nähdä**.. it will be interesting to see..; *meillä oli* ~a we had a nice time; pitää ~a have a good time; *pidä* ~a! have a nice time! pitää ~a *jkn kustannuksella* make fun of a p.; ~ tutustua! pleased (glad) to meet you.
hauskannäköinen good-looking.
hauskuu||s pleasure, delight[fulness] -ttaa entertain, amuse (a p. with *jkta jllak).*
hau|ta grave (dig a (one's own) grave *kaivaa* ~ *(omaa* ~ansa); beyond the grave -dan *tuolla puolen;* carry a secret to the grave *viedä salaisuus mukanaan* ~an); *(~muistomerkki)* tomb (of the Unknown Warrior *tuntemattoman sotilaan* ~);

(kallio~) sepulchre (the Holy Sepulchre *Pyhä* ~) ▶ *se vei hänet* ennenaikaiseen ~*an* it brought him prematurely to the grave; kehdosta ~*an* from the cradle to the grave; *hän* kääntyisi *-dassaan jos tietäisi tämän* it is enough to make him turn in his grave; *-dan* partaalla on the brink of the grave.

hautaholvi vault, tomb; *(kirkon alla)* crypt.

hautajais||et *(sg)* funeral (at the funeral *-issa),* burial; *olla jkn -issa* attend a p.'s funeral service -saatto funeral procession.

hauta||kammio sepulch|re, -er -kappeli cemetery chapel; *(laitoksen* ~) mortuary -kellot *(sg)* funeral (passing) bell -kirjoitus epitaph -kivi gravestone, tomb[stone] -löytö burial (grave) find -maalaus [sepulchral] fresco painting -muistomerkki tomb, memorial stone; *(-rakennus)* mausoleum -paikka burial place -paju weeping willow -patsas monument.

hautaus burial, *(hautajaiset)* funeral [service] ~avustus funeral allowance (benefit), death grant (benefit) ~maa graveyard *(m kuv)*; cemetery ~toimisto undertaker's office; *(pl)* funeral directors; *(Am m)* funeral home (parlor), mortician ~urakoitsija funeral director, undertaker; *(Am m)* mortician.

hautautua be buried (alive in sand *elävältä hiekkaan); (kuv)* ~ *maaseudun hiljaisuuteen* bury o.s. in the country.

hauto|a 1 brood (brooding hen *-va kana),* sit on eggs; *(~ esille)* hatch out (the young *poikaset); (erik hautomakoneessa)* incubate 2 *(lääk)* bathe (one's eyes *silmiään); (~ käärein)* foment 3 *(kuv) (~ [mielessään])* brood (on (over) one's failures *epäonnistumisiaan);* harbo[u]r (evil thoughts *pahoja ajatuksia;* intrigues *salajuonia).*

hautoma||-aika brooding time, incubation period -kone incubator.

hautu|a 1 *(keitt)* stew; *(teestä)* draw, steep 2 *(kuv)* incubate (a plan was slowly incubating in his mind *suunnitelma -i hiljalleen hänen mielessään); panna asia -maan* leave the matter to brew.

havah||duttaa; ~ *jku huomaamaan jtk* awake[n] a p. to -tua; ~ *haaveista todellisuuteen* wake up to reality; ~ *hereille (unesta)* wake up, awake; ~ *näkemään virheensä* awake to (come to realize) one's errors.

Havaiji Hawaii h~lainen *a ja s* Hawaiian.

havainnoi||da observe -ja observer -nti observation.

havainnolli||nen illustrative, graphic (example *esimerkki;* description *esitys);* clear, perspicuous (picture of *kuva jstk)* -sesti *(m)* by illustrations (demonstrations); *esittää jk ~* illustrate (demonstrate) a th.; *osoittaa ~ jtk* give a clear picture of -staa illustrate (by examples *esimerkein;* a talk with slides *esitystä diakuvin)* -suus graphicness; *(selkeys)* clarity, perspicuity.

havain|to 1 observation (observations on the economy of the country ~*ja maan talouselämästä;* make observations of *tehdä* ~*ja jstk);* -*not (m)* findings (on *jstk aiheesta);* ~*ihin perustuva* observational; *olen tehnyt sen -non että* I have noticed that.. 2 *(psyk)* perception ~asema observatory (meteorological observatory *ilmatieteellinen* ~) ~esitys demonstration ~kyky perception (keen perception *terävä* ~).

havait|a 1 *(nähdä)* perceive, see (a faint light *heikkoa valoa);* (erottaa) discern (a distant object *kaukaisen esine)ꞌ* 2 *(huomata)* see (can you see the difference? *-setko eron?),* notice (symptoms of a disease *taudin oireita);* observe (the first migrants were observed on Sunday *ensimmäiset muuttolinnut -tiin sunnuntaina);* perceive (a note of sarcasm in a p.'s voice *pilkkaa jkn äänessä); (todeta)* discover (defects *virheitä)* 3 *(~ jksk)* find (necessary *tarpeelliseksi)* ▶ havaittavissa *oleva* noticeable, discernible, perceivable; *hyväksi* havaittu tried and found; *tutkimuksessa on -tu että* it appears from the investigation that.

havaittava perceptible (to the eye *silmin* ~); noticeable, discernible (hardly discernible *tuskin* ~); selvästi ~ marked (difference *ero).*

Havanna Havana h~lainen *a ja s* Havanan.

haveri average; *kärsiä* ~ make average.

havit||ella hanker (after (for) fame *kunniaa), (pyrkiä jksk)* aspire (to the job of managing director *toimitusjohtajan paikkaa);* be after (a p.'s money *jkn rahoja)* -telu hankering (after, for *jnk* ~); aspiration[s] (to).

havu; ~*t (kuusen~t)* spruce (fir) twigs; *(männyn~t)* pine twigs ~köynnös wreath of conifer sprigs ~maja brushwood hut ~metsävyöhyke coniferous forest belt (zone) ~nneula[nen] needle [of fir] ~noksa

spruce (pine) twig ~**puu** conifer[ous tree], softwood tree; *(puuaine)* softwood, coniferous wood ~**puuvyöhyke** conifer belt.
h-duuri B major.

he they (they know it themselves ~ *tietävät sen itsekin)* ▶ **a)** *(suom gen)* **heidän** their (house *talonsa); (itsen)* theirs (it is theirs *se on* ~*idän*); *(prep yht)* them (because of them ~*idän takiaan*); **b)** *(akk ym sijoissa)* **heidät, heitä** them (can you see them? *näetkö* ~*idät?*); ~*itä oli kolme* there were three of them, they were three; *annan kirjan* **heille** I'll give the book to them, I'll give them the book; *tämä on* ~*ille* this is for them; ~*ille on sanottava että..* they must be told that..; **heillä** *on viisi lasta* they have five children; *asuin* ~*illä* I was staying with them; *sain sen* **heiltä** I got it from them; *se oli kovin ystävällistä* ~*iltä* it was very kind of them; *puhuimme* **heistä** we were talking about them; ~*istä se on hauskaa* they think it's great fun; *yksi* ~*istä* one of them.
Hebridit the Hebrides.

hede stamen (pistil and stamens *emi ja heteet)* ~**kukinto** male inflorescence ~**kukka** staminate (male) flower ~**lehti** stamen.

hedelm|ä 1 *(yksittäinen ~ t.* ~*laji)* fruit *(pl tav* ~s) *(m kuv)* (fruits and vegetables ~*t ja vihannekset;* forbidden fruit *kielletty* ~); *korjata työnsä* ~*t* reap the fruits of one's labo[u]r **2** ~*t (sg)* fruit (fresh fruit *tuoreita -iä;* do you like fruit? *pidätkö -istä?)* ~**kakku** fruit cake ~**kauppias** fruit dealer *(erik Br)* fruiterer ~**liha** fruit flesh (pulp) ~**lli|nen 1** fertile (plant *kasvi;* woman *nainen),* fruitful (fields *-set pellot),* fecund (pasture *laidun),* productive (valley *laakso),* rich (soil *-stä maata)* **2** *(kuv)* fruitful (co-operation *yhteistyö),* fertile, fecund, profitable (discussions *-set keskustelut); pudota -seen maaperään* fall on fertile ground ~**llisyys** fertility; fecundity (of the earth *maan* ~); fruitfulness *(m kuv)* ~**mehu** fruit juice; *(sakea* ~) fruit syrup *(Am m* sirup) ~**pastilli** fruit drop (lozenge) ~**puu** fruit tree ~**salaatti** fruit salad ~**sokeri** fructose, fruit sugar ~**säilykkeet** fruit preserves; *(sg)* preserved fruit; tinned *(Am* canned) fruit ~**torttu** [fruit] flan; *(Am)* fruit pie ~**ttömyys 1** infertility, unfertility; *(lääk)* sterility **2** *(kuv)* fruitlessness, futility ~**t|ön 1** *(konkr)* infertile (valley *laakso);*

unfruitful, barren (soil *maaperä);* sterile (region *alue;* female *naaras); (kasv m)* acarpous **2** *(kuv)* fruitless, unprofitable (negotiations *-tömät neuvottelut);* futile; infertile; unfruitful (enterprise *yritys)* ~**viina** fruit liquor, spirits distilled from fruit ~**viini** fruit wine ~**viljelmä,** ~**viljelys** fruit plantation.

hedelmöi|dä [bear] fruit, fructify **-nti** fruiting, fructification **-t[t]yminen** fertilization *(ks m -tys)* **-ttää 1** *(biol)* fertilize, impregnate (an ovum *munasolu),* inseminate (artificially *keinotekoisesti); (kasv) (m)* pollinate **2** *(kuv)* inspire, enrich **-tymiskykyinen** conceptive **-tymätön** unfertilized (egg *munasolu)* **-ty|s 1** *(biol)* fertilization, fecundation, impregnation, insemination; *(kasv) (m)* pollination **2** *(lääk)* conception; **-ksen** *ehkäisy* contraception; ~*tä ehkäisevä* contraceptive **3** *(-ttäminen)* fertilization **-tyskykyinen** fertile **-ty|ä** be[come] fertilized; *(lääk)* conceive; *-nyt munasolu* fertilized egg (ovum), zygote.

hegemonia hegemony.
hehke||ys bloom (of youth *nuoruuden* ~), blossom **-ä** blooming.

hehku glow *(m kuv)* ~|a glow *(m kuv)* (the cheeks are glowing *posket -vat;* the iron (horizon) is glowing red *rauta (taivaanranta) -u punaisena); intoa -en* with a glow of enthusiasm ~**lamppu** glow bulb, incandescent (glow, filament) lamp ~**lanka** glow (incandescent) filament; *(lampun* ~) filament of bulb ~**sytytys** glow ignition ~**sytytysmoottori** hot-bulb engine ~**t|taa** anneal (glass *lasia;* annealed wire *-ettu teräslanka);* patent, temper (steel *terästä)* ~**tus** annealing; patenting ~**va** glowing *(m kuv)* (embers ~*t hiilet;* patriot *isänmaanystävä); (metallista ym)* red-hot (iron *rauta),* incandescent (metal *metalli),* burning, flaming (sun *aurinko;* colo[u]rs ~*t värit);* ~*n kuuma* blazing hot; ~*n punainen* glowing; flaming red; *vihaa* ~*t silmät* eyes glowing (burning) with anger ~**viini** mulled wine.

hehtaari hectare.
hehto||litra hectolitre **-metri** hectometre.

hei hallo, hey; *(Am)* hi ~**-huuto** cheer; *kolminkertainen* ~ *voittajille* three cheers for the winners.

heijastaa 1 *(fys)* reflect (heat *lämpöä;* light *valoa)* **2** *(~ heijastuskojeella)* project **3**

(kuv) reflect, *(kuvastaa)* mirror; *(ilmaista)* show, express.

heijaste reflex (conditioned reflex *ehdollinen* ~); jerk (knee jerk *polvi*~) ~**lla** reflect; *(kuv m)* be a reflex of ~**lu** reflection.

heijastin reflector.

heijastu‖a be reflected (the sunlight was reflected from the water *auringonvalo -i vedestä)*; reflect (in different directions *eri tahoille;* back *takaisin)*; *-nut* reflected; *se -u hintoihin* it will be reflected in the prices ~**ma** reflex, reflection, *(Br m)* reflexion -**minen** reflection, *(Br m)* reflexion (of light in the water *valon ~ veden pintaan)*.

heijastus reflection, *(Br m)* reflexion (of light *valon ~;* reflection[s] of past times *menneisyyden* ~*ta)* ~**kalvo** reflective film; *(piirtoheijastinkalvo)* projection transparency ~**kerroin** reflection factor (coefficient) ~**koje** episcope ~**kulma** angle of reflection ~**kuva** projected image ~**kuvakone** episcope; epidiascope ~**kyky** reflection power, reflectivity ~**liike** reflex [action (movement)] ~**peili** reflecting mirror, reflector ~**piiri** reflex circuit ~**vaikutus** *(kuv) (pl)* repercussions (on *jhk)*.

heikenne *(valok)* reducer.

heiken‖nys deterioration, impairment, falling-off (in quality *laadun suhteen)* -**tynyt** impaired (health *terveys)*; weakened (memory *muisti)* -**tyä** = *heiketä* -**tävä** weakening, deteriorating (effect on *vaikutus jhk)* -**tää** 1 *(tehdä heikoksi)* weaken; debilitate (strength *voimia)*; *(huonontaa)* impair (the memory *muistia;* the health *terveyttä)*; *(~ ruumiillisesti m)* enfeeble 2 *(vähentää)* reduce (a p.'s chances *jkn mahdollisuuksia)*, lessen (the efficiency of *jnk tehoa);* diminish (the value of *jnk arvoa)*.

heik‖etä become (grow) weak[er]; weaken; *(näkö, terveys ym)* fail (his memory is beginning to fail *hänen muistinsa alkaa* ~); *(huonontua)* fall off (the quality has clearly fallen off *laatu on -ennyt selvästi)*, deteriorate (discipline deteriorates *kuri -kenee;* eyesight is deteriorating *näkö -kenee);* *(vähetä)* decrease (his influence is decreasing *hänen vaikutuksensa on -kenemässä)*; drop (fall) [off] (the demand for meat starts to drop off *lihan kysyntä alkaa* ~; the wind is dropping (falling)

tuuli -kenee) -**keneminen** weakening; *(fyysinen* ~ *m)* failure (of eyesight *näön* ~); *(huononeminen)* impairment (of hearing *kuulon* ~); deterioration (in value *arvon* ~); falling-off (in quality *laadun* ~); *(väheneminen)* decrease (in sales *myynnin* ~); diminution (of physical powers *ruumiinvoimien* ~); *(tuulen ym* ~*)* abatement.

heik‖ko weak *(eri merk)* (nerves *-ot hermot;* point *kohta)*, arguments *-ot perustelut;* heart *sydän;* will *tahto;* verbs *-ot verbit)* 1 *(huono)* poor (grounding *-ot perustiedot)*; *(moraalisesti* ~) frail, feeble (human nature *ihmisluonne)* 2 *(vähäinen)* faint (suspicion *epäilys;* echo *kaiku)*, dim (light *valo)*; slight, frail (support *kannatus;* hope *toivo)*; slender (grounds *-ot perusteet)*; *(riittämätön)* feeble (attempt *yritys)* 3 *(voimaton)* feeble (cry *huuto;* smile *hymy)*; faint (pulse *valtimo;* in a faint voice *-olla äänellä)*; *(sairaalloinen)* weakly (old man *vanhus)* 4 *(hento)* frail (child *lapsi;* fortress *linnoitus)*, delicate (constitution *ruumiinrakenne)*; slight (bridge *silta)*; *(hauras)* thin (ice *jää;* wall *muuri)* ▶ ~*na* **hetkenään** in a moment of weakness; **kyvyiltään** *-ompi* inferior (to *kuin jku)*; **olla** ~ *jssk* be poor at (weak in) (English *englannissa);* olla ~*na jhk* be fond of, be soft on (beautiful women *kauniisiin naisiin);* have a weakness for.

heikko‖hermoinen nervous; highly-strung; *(ark)* nervy; *(lääk)* neurotic -**hermoisuus** *(lääk)* neurasthenia, nervous debility -**lahjainen** backward, mentally deficient (retarded) -**mielisyys** *(lääk)* moroni‖sm, -ty -**rakenteinen** ..of slender build; frail; *(lääk)* astheric -**rakenteisuus** *(lääk)* asthenia -**tasoinen** poor -**tehoinen** low-powered (engine *moottori)*.

heikkoudentila [state of] weakness, debility (after an illness *sairauden jälkeinen* ~), feebleness; *fyysinen* ~ debility.

heikkou‖s 1 weakness; *(voimattomuus)* feebleness, *(vanhuuden*~*)* infirmity; *(erik äkillinen* ~*)* faintness; *(hentous)* frailty; *yleinen* ~ general debility, enfeeblement 2 *(heikko kohta)* weakness; weak point (spot) (of a plan *suunnitelman* ~), *(erik luonteen*~ *m)* failing (we all have our little failings *meillä kaikilla on -temme)*, frailty.

heikkovirta weak (light, low) current ~**insinööri** communication (weak current) engineer **~kaapeli** weak-current (low-current) cable, cable for communication circuits **~moottori** low-voltage motor **~tekniikka** communication engineering.

heikommuus inferiority (of a th. to *jnk* ~ *jhk nähden*).

heiko||sti weakly; *(huonosti)* poorly **-ttaa;** *minua* ~ I feel faint.

heikäläinen one of them.

heila girl; boyfriend; *vakituinen* ~ steady; *yhden illan* ~ pickup.

heilah||della sway (gently *kevyesti*); swing (to and fro *edestakaisin*); *(erik liik)* fluctuate; *(fys)* oscillate; *(keinahdella)* rock (the earth rocked under my feet *maa -teli jalkojeni alla*) **-dus** swing (from one extreme to another *äärimmäisyydestä toiseen*); *(heilurin* ~*) (m)* oscillation; *(liik ja kuv)* fluctuation; *(kuv m)* switch, change (sudden change *äkillinen* ~) **-duskulma** swing; angle of deflection **-taa** swing (the pendulum swung *heiluri -ti*); rock (the boat rocked dangerously *vene -ti vaarallisesti*); *(liikahtaa)* move; *(kuv) (kääntyä)* turn (upside down *päälaelleen*) **-telu** swing, oscillation; fluctuation (price fluctuations *hintojen* ~*t*).

heilaut||taa swing (a sack onto one's back *säkki selkäänsä*); wave (one's hand at *kättään jklle*); sway (one's head *päätään*); *(*~ *häntäänsä)* wag (the dog wagged its tail *koira -ti häntäänsä*), *(huiskauttaa)* whisk, swish **-us** swing *(of arms käsien* ~*);* sway; wave; *(hännän* ~*)* wag.

heilimöi||dä bloom [be in] flower **nti** blooming, flowering [of rye].

heilu|a swing (to and fro *edestakaisin;* the bag was swinging from her arm *laukku -i hänen kädessään*); *(huojua)* sway (in the wind *tuulessa*); *(keinua)* rock (on the waves *aallokossa*); *(keikkua)* wobble (the table wobbles *pöytä -u*); *hammas -u* the tooth is loose; *panna hihat -maan* get down to it.

heiluri pendulum **~liike** *(fys)* swing (oscillation) of the pendulum; pendulum motion; *(kuv)* pendulum **~liikenne** shuttle; *(väestötieteessä)* commuting **~ovi** swing[ing] door.

heilut||taa 1 *(-ella)* swing (a stick in one's hand *keppiä kädessään*); sway (one's head from side to side *päätään puolelta toiselle;* the wind sways the trees *tuuli* ~ *puita*); dangle, dabble (one's feet in the

water *jalkojaan vedessä*); wave (a fan *viuhkaa*), flourish (one's cane *kävelykeppiään;* a bundle of banknotes *setelitukkoa*), *(*~ *uhkaavasti)* brandish (a sword *miekkaa*); *(*~ *häntäänsä)* wag, whisk (the dog whisked its tail *koira -ti häntäänsä*); *(keikuttaa)* rock (a boat *venettä*); wobble (don't wobble the table! *älä -ta pöytää!)* 2 *(*~ *tervehdyksenä)* wave (one's hand *kättään;* a handkerchief *nenäliinaa*) **-us** swinging; swaying; *(erik käden* ~*)* wave; *(hännän* ~*)* wag, whisk *(ks -taa).*

heimo 1 *(kansan~)* tribe; *(Skotl)* clan; **~n** *jäsen (m)* tribesman; **~jen** *välinen* intertribal 2 *(biol)* family **~päällikkö** chieftain, chief [of a tribe] **~riita** tribal feud **~sota** tribal war.

heinikko grass.

hein|ä *(m* ~*t)* hay (a cart-load of hay *kuorma -iä;* mow hay *niittää* ~*ä*); *(ruoho)* grass (cattle feeds on grass *karja syö* ~*ä*); *se ei ole minun -iäni* it's not my pigeon (bailiwick); *tehdä* ~*ä* make hay **~aika** hay-making [season] **~aro** grass steppe, *(pl)* grassy plains **~hanko** hayfork, pitchfork **~häkki** hayrack **~kasvi** grass **~kuu** July; ~*n* July (evening *ilta*); ~*n 4. [päivä]* the Fourth of July *(ks elokuu)* **~lato** hay barn (shed) **~nkorjuu** haymaking **~nsiemen** hayseed **~n|teko** haymaking; *(erik Am)* haying; *olla -teossa* be haymaking (haying) **~nuha** hay fever **~parvi** hayloft **~pelto** hayfield **~sato** hay harvest **~seiväs** hay pole **~sirkka** *(huljuusi húu)* luuust uuruu mallard **~suova** hay|stack, -rick.

heisimato tapeworm.

heitellä throw (snowballs *lumipalloja*); sling, fling (all over the place *sikin sokin*); toss (a ball *palloa*); ~ *jtk kivillä* throw stones at.

heitteill|e *(-ä); jättää* ~ abandon, expose; *olla -ä* be abandoned **~jättö** exposure, exposition, abandonment (of a child *lapsen* ~).

heittelehtiä toss about; *(autosta)* skid, swerve.

heittiö scoundrel, rascal.

heitto throw (fair (foul) throw *hyväksytty (hylätty)* ~); *(uistimen ym* ~) cast; *(keilan* ~*)* bowl; *veden (virtsan)* ~ urination **~ase** missile, projectile **~istuin** ejector (ejection) seat **~kehä** *(urh)* circle **~kirves** *(intiaanien* ~*)* tomahawk **~merkki** apostrophe **~uistin**

spinner, spinning lure ~**vapa** spinning (casting) rod ~**veitsi** throwing-|knife (*pl* -knives).

heittäytyä 1 throw o.s. (down on the ground *maahan;* into a task *tehtävän kimppuun*); fling o.s. (into a chair *tuoliin*); (*syöksyä*) plunge (into the water *veteen*); (*langeta*) fall (at a p.'s feet *jkn jalkojen juureen;* on a p.'s neck *jkn kaulaan*); ~ **pitkäkseen** (*m*) flop down **2** (*kuv*) give in to, surrender [o.s.] to (despair *epätoivon valtaan*), yield to (laziness *laiskuuteen;* grief *surun valtaan*); indulge in (dissipation *irstailuun*); take to (drinking *juomaan*) **3** (*tekeytyä jksk*) pretend to be (ignorant *tietämättömäksi*).

heit|tää throw (the javelin *keihästä;* a stone at the window *kivi ikkunaan;* away *menemään, pois;* into prison *vankilaan;* shadows on *varjoja jhk;* an angry look at *vihainen katse jkh*); △ cast (anchor *ankkuri;* lots *arpaa;* dice *noppaa*); △ toss (a coin to a beggar *lantti kerjäläiselle;* a ball to *pallo jklle*); △ (*singota*) fling (the books on the table *kirjat pöydälle;* an accusation in a p.'s face *syytös vasten jkn kasvoja;* one's clothes on *vaatteet päälleen*); △ sling, (*ark*) chuck (a p. out *jku ulos*) ► **arpa** *on -etty* the die is cast; **arvio** ~ the estimation is mistaken (wrong); *arvio* ~ *200 punnalla* the estimation is off by £200; ~ **henkensä** give up the ghost, draw one's last [breath]; pass away, die; **hukkaan** *-ettyä aikaa* time thrown away; ~ **hyvästi[t]** *jklle* take leave of, bid farewell to; ~ *jtk* **kivellä** throw (sling, fling) a stone at; ~ **oman onnensa nojaan** desert; ~ **pitkäkseen** lay down (on the bed *sängylle*); ~ **sikseen** let..be, let (it *asia*) alone; (*luopua*) give up; *hän -ti kaiken* **toivon** he abandoned all hope; ~ **vettä** (*virtsaa*) make (pass) water, urinate; ~ **väliin** put (slip) in, interject (a sarcastic remark *ivallinen huomautus*); (*mer ja kuv*) ~ **yli laidan** jettison.

heiveröi||nen slender (*m kuv*) (frame *ruumiinrakenne;* basis *perusta*); puny, frail (child *lapsi*); (*heikko*) weak (*m kuv*) **-syys** slenderness, frailty; (*erik kehon ~*) delicacy of build.

hekottaa; *nauraa* ~ guffaw.

heksa||edri hexahedron **-goni** hexagon **-metri** hexameter.

hekuma sensual pleasure; voluptuousness; ~**llinen** sensual; voluptuous; (*irstas*)

lecherous, lascivious (look *katse*) ~**llisuus** voluptuousness; (*aistillisuus*) sensuality.

hekumoida; (*kuv*) ~ *jllak* gloat over (an idea *jllak ajatuksella*); wallow in.

hela ferrule; (*Am*) mounting, (*pl*) mounts (of a sword *miekan* ~); (*rauta~, messinki~*) piece of ironwork (brasswork); ~*t* mountings, fittings; (*sg*) ironwork; furniture (of a window *ikkunan ~t*).

helakan||punainen bright red; scarlet **-sininen** bright (clear) blue.

helakka bright (red colo[u]r *puna*); (*kirkas*) clear (voice *ääni*); ~ *nauru* hearty laughter.

helatorstai Ascension Day.

heleä bright (complexion *iho*); gay (colo[u]rs ~*t värit*); clear, melodious (voice *ääni*); ~ *nauru* hearty (ringing) laughter ~**-ääninen** clear-voiced.

helikopteri helicopter ~**kenttä** heliport, helidrome.

helinä tinkle, tinkling; (*kilinä*) jingle (of bells *tiukujen* ~); (*lasin* ~) clink[ing] (*kolikoiden* ~ *m*) chink; (*ikkunoiden* ~ *m*) rattle; ring[ing], ripple, rippling (of laughter *naurun* ~).

helio||sentrinen heliocentric (*adv* ~ally) **-trooppinen** heliotropic (*adv* ~ally).

helis||tellä clink, chink (coins *kolikoita*), (*kilistellä*) jingle; jangle (a bunch of keys *avainnippua*) **-tin 1** (*lelu*) rattle **2** (*mus*) triangle **-tä** (*kolikoista*) chink; (*lasista m*) clink, tinkle; (*kilistä*) jingle, be jingling; (*ikkunoista*) rattle; (*soida*) ring (ringing laughter *-evä nauru*); (*ark*) olla *-emässä* be up against it, be up the creek.

helk||kyä ring; sound, (*harpusta ym*) twang; (*kilistä*) jingle, tinkle **-yttää** twang (a harp *harppua*) **-ytys** (*harpun ym* ~) twang[ing].

hella stove, range; (*sähkö~, kaasu~*) cooker; *panna tuli* ~*an* light the stove.

hel||le heat (*m kuv*); (~*sää*) hot weather (spell) (the hot spells in July *heinäkuun -teet*) ~**aalto** heat wave ~**asu** (*pl*) tropicals ~**kausi** hot season (spell) ~**kypärä** sun (tropical) helmet.

hellenis||mi Hellenism **-tinen** Hellenistic.

hellit||ellä fondle, pet, (*hyväillä*) caress (a baby *vauvaa*) **-telysana** term of endearment.

hellittämät||tä persistently, tenaciously **-tömyys** persistency, perseverance; (*lujuus*) firmness **-ön** persistent (efforts *-tömät yritykset*); persevering (vigo[u]r *tarmo*); (*luja*) firm (ardo[u]r *into*).

hellit|tää I *tr* **1** *(löysätä)* loosen (one's grip *otettaan;* the belt *vyötä*), relax (one's hold on *otettaan jstk;* discipline *kuria*); slacken, ease off, slack (a rope *köyttä*) **2** *(päästää irti)* let go (the rope *köydestä*), release (one's hold of *otteensa jstk*) **II** *itr* **1** *(lieventyä)* slacken, ease [off] (the storm is easing off *myrsky* ~), abate (pain (cold) is abating *kipu (pakkanen)* ~) **2** *(antaa periksi)* give up (don't give up! *älä -ä!*).

hellitä loosen, come loose; *(kirvota)* slip (from *jstk*).

helliä cherish (a p. like a child *jkta kuin lasta;* memories *muistoja*); *(hyväillä)* fondle, caress (a child *lasta*).

helluntai Whitsun[tide]; *(Am)* Pentecost; ~**na** at Whitsun ~**lainen** Pentecostalist ~**liike** Pentecostalism, the Pentecostal Movement ~**päivä** Whit Sunday.

hellytt||ävä touching, moving; *(suloinen)* sweet **-ää;** ~ *jku kyyneliin* move a p. to tears; *se -i hänen sydämensä* it softened his heart.

hellyydenosoitus sign of affection, endearment.

hellyy|s affection (show affection *osoittaa -ttä;* for *jkta kohtaan*); tenderness.

hellä tender (farewell ~*t jäähyväiset;* heart *sydän*); soft (glance *silmäys*); affectionate (husband *aviomies*), loving (care *huolenpito;* kiss *suudelma*) ~**sydäminen** tender, affectionate, tender- (soft-)hearted ~**varainen** gentle; *(tahdikas)* tactful, discreet ~**varaisesti** *(m)* with a gentle (cautious) hand; *kohdella jkta* ~ handle a p. with kid gloves.

helm|a 1 *(lieve)* hem; *(hameen~)* *(m)* hemline (raise the hemline *lyhentää* ~*a*); *(~osa)* skirt; *roikkua äitinsä -oissa* be tied to one's mother's apron-strings **2** *(syli)* lap (rock a baby in (on) one's lap *tuudittaa lasta* ~*ssaan*); *(kuv m)* bosom (in the bosom of the earth *maan* ~*ssa*); *luonnon* ~*ssa (m)* out in the open ~**synti** besetting sin.

helmeil||evä sparkling (champagne ~*ä samppanjaa*), effervescent **-lä** sparkle, bubble; *(ark)* fizz; *hiki -i hänen otsallaan* beads of perspiration stood on his forehead.

helmen||kalastus, -pyynti pearlfishing **-sukeltaja** pearl diver, pearler **-viljely** pearl cultivation.

helm|i 1 pearl (genuine (cultured) pearl *aito (viljelty)* ~); *(lasi-, muovi- ym* ~)

bead (of an abacus *helmitaulun* ~); *-et (~nauha)* pearls; *(teko-et)* beads; *(m) (sg)* string (necklace) of pearls (*t.* beads) (she was wearing a necklace of pearls *hänellä oli -et kaulassa*); *(kuv)* heittää ~ä *sioille* cast pearls before swine **2** *(kuv)* gem (this is a [perfect] gem *tämä on todellinen* ~); jewel (of the Baltic Sea *Itämeren* ~); *(aarre)* treasure ~**kana** guinea fowl ~**koristeinen** beaded (belt *vyö*); ..embroidered with pearls ~**kuu** February *(ks elokuu)* ~**nauha** necklace (string) of pearls (*t.* beads) ~**neule** moss stitch pattern ~**pöllö** Tengmalm's owl ~**simpukka** pearl-oyster; *(makean veden* ~) pearl mussel ~**taulu** abac|us *(pl m* -i) ~**äinen 1** mother-of-pearl; *(tiet)* nacre **2** *(kosmet)* pearl ~**äishohtoinen** pearly (fabric *kangas*); pearl (eye shadow *luomiväri*); pearlescent (surface *pinta*) ~**äisnappi** pearl button.

heloit||taa mount (fit) .. with metal (a chest *kirstu*); ferrule (a knife *puukko*); tip (with brass *messingillä*) **-us** *(helat) (pl)* mountings, trimmings, [decorative] fittings (of a door *oven -ukset*).

helottaa shine, *(kuv m)* beam (with satisfaction *tyytyväisyydestä*).

helposti easily; *(herkästi)* readily (this can readily be recognized *tämän voi* ~ *todeta*); *(vaivatta)* with ease (win with ease *voittaa* ~); *(vaikeuksitta)* without [any] difficulty ▶ ~ *syttyvä (ymmärrettävä yms) ks. syttyvä jne; mitä* **helpoimmin** with greatest ease; **helpommin** *sanottu kuin tehty* easier said than done; ~ **korjattavissa** *[oleva]* ..easy to mend; ~ **käsiteltävä** ..easy to manage, manageable; *sellaista* **sattuu** ~ such things will happen; *tämän voi* ~ **ymmärtää väärin** *(m)* this is likely to be misunderstood.

helpot||taa 1 *(tehdä helpo[mma]ksi)* facilitate (the understanding of a matter *asian ymmärtämistä;* the underground facilitates traffic *maanalainen* ~ *liikennettä*); make .. easier (the medicine makes breathing easier *lääke* ~ *hengitystä*); *(keventää)* lighten (a p.'s work *jkn työtä*) **2** *(lievittää)* relieve, ease (the situation *tilannetta*), alleviate (pain *kipuja;* the traffic problem *liikenneongelmaa*) **3** *(vähetä)* lessen (pain is lessening *kipu* ~) **-tami|nen;** *jnk -seksi* to make a th. easier, [in order] to facilitate a th.; *kivun -seksi* for the relief of pain *(ks* *helpottaa)* **-tua** be facilitated (the work is facilitated *työ -tuu);* become easier; *(lieventyä)* ease [off] (the situation has eased [off] *tilanne on -tunut)* **-tuminen** facilitation (of work *työn ~);* relaxation, easing (of tension *jännityksen ~),* easement (of pain *tuskan ~)* **-tunut** relieved; *tuntea olonsa -neeksi* feel relieved **-u|s 1** relief, alleviation (of suffering *tuskaan);* *-ksen huokaus* sigh of relief; *huokaista -ksesta* sigh with relief, heave a sigh of relief; *suureksi -ksekseni* to my great relief **2** *(liik ym)* allowance (make allowances *myöntää -ksia);* *(kevennys)* remission (of school fees *koulumaksuihin),* *(vähennys)* reduction; relief (tax relief *vero~);* *myöntää -ksia ehtoihin* ease the terms.

help|po easy (life *elämä;* to handle *käsitellä;* prey *saalis;* task *tehtävä)* ▶ *helpolla* easily (get off easily *päästä -olla);* *hänen on helppo[a]* it is easy for him to..; *ei ole ~a..* *(m)* it is no easy thing to..; *hänen kanssaan on ~[a] tulla toimeen (m)* he is easy to get along with; *~[han] sinun on puhua* it's easy enough for you to talk **~heikki** cheap Jack **~hoitoinen** easy-care (material *materiaali);* *(pred)* easy to manage; manageable (hair *tukka)* **~käyttöinen** *(pred)* easy to handle; easy to use; *(kätevä)* handy **~lukuinen** readable, legible **~tajui|nen** intelligible, comprehensible; easy-to-understand, easy-to-follow (directions for use *-set käyttöohjeet)* **~us** easiness, ease, facility.

helteinen sweltering, *(hiostavan ~)* sultry (weather *sää);* *(kuv)* hectic (week *viikko).*

heltta 1 wattle (of a cock *kukon ~),* *(Am m)* gill **2** *(sienen ~)* gill.

helty||mätön unrelenting (personality *luonne);* relentless (judge *tuomari),* inexorable (hate *viha)* **-ä** soften (his heart softened *hänen sydämensä -i);* relent (at last he relented *lopulta hän -i);* *~ kyyneliin* be moved to tears; *~ jkn rukouksista* be affected (moved) by a p.'s pleas.

helveti||llinen infernal, hellish **-nkone** infernal machine **-nmoinen** a hell of a, *(Am m)* helluva (noise *meteli;* hassle *hässäkkä).*

helvet|ti hell (on earth *maanpäällinen ~;* make a p.'s life hell *tehdä jkn elämä -ksi);* *(kuv m)* inferno (of war *sodan ~)* ▶ *kirota*

jku alimpaan ~in wish a p. in hell; **helvetin** damned; *..as* hell; *mitä ~ä?* what the *(Am* in) hell?

heläh||dys clink[ing] (of glass *lasin ~)* **-tää** *(kilahtaa)* chink; *(lasista)* clink; *(ikkunoista)* rattle; *~ rikki* break with a clink *(t.* rattle).

heläytt|ää; *kuoro -i [ilmoille] laulun* the choir struck up a song; *räjähdys -i ikkunan rikki* the explosion shattered the window.

hemaiseva sexy, *(ark)* dishy (woman *nainen).*

hematiitti hematite.

hematologia hematology.

hemmetti; *voi ~!* damn! hell!

hemmot||ella spoil (one's children *lapsiaan);* pamper (o.s. with (by doing) *itseään jllak (tekemällä jtk));* *-eltu lapsi* spoiled child **-telu** spoiling; pampering; *pilata ~lla* spoil [by pampering].

hemo||filia h[a]emophilia **-globiini** h[a]emoglobin.

hempeys sweetness; charm; softness; *(hempeämielisyys)* sentimentality.

hempeä tender (look *katse),* affectionate (thoughts *~t ajatukset);* *(~mielinen)* sentimental; *(äitelä)* mawkish, maudlin (love story *rakkauskertomus);* *olla ~llä tuulella* feel sentimental **~mielisyys** sentimentality.

hengelli||nen spiritual (awakening *herätys;* leader *johtaja);* religious (songbook *laulukirja);* *~ laulu (m)* spiritual; **~säätyy** the clergy **-syys** spirituality, religiousness.

hengen||ahdistus shortness of breath, difficulty in breathing; *(lääk)* dyspn[o]ea **-heimolainen** kindred (congenial) soul **-heimolaisuus** kinship, congeniality, [spiritual] affinity **-meno** death **-mies** clergyman; preacher **-pelastaja** life-guard, life-saver **-pelastus** life-saving **-pelastusmitali** life-saving medal **-pelastusseura** life-saving society **-pitim|et;** *-ikseen* to keep body and soul together **-ravinto, -ruoka** spiritual nourishment **-tuot|e** product of the spirit (the mind); *-teet (m) (leik)* lucubrations **-vaara** danger to life, grave danger; *hän on ~ssa* his life is in danger; *potilaalla ei ole välitöntä ~a* the patient is out of danger; *varokaa ~!* Danger! Keep clear! **-vaarallinen** highly dangerous, perilous; *(kuolettava)* fatal, mortal (wound *vamma)* **-vaarallisesti** fatally, mortally (wounded *louk-*

kaantunut) **-veto;** *samaan* ∼*on* in the same breath; *samassa (seuraavassa) -vedossa (m)* [at] the next moment; *taistella viimeiseen* ∼*on* fight to one's last breath **-voimat** mental powers, power[s] of the mind.

hengettömyys lifelessness, spiritlessness, *(kuv m)* dullness.

hengetär geni|us *(pl -i)* (good genius *hyvä* ∼).

hengetön lifeless, spiritless (body *ruumis;* sermon *saarna)*; *(kuollut)* dead; *(kuv m)* expressionless, dull.

hengit||**täminen** breathing; respiration **-tää** breathe (through the nose *nenän kautta;* deep[ly] *syvään)*; *(*∼ *sisään)* inhale (water *vettä)*; *(kasv)* respire ▶ ∼ **läähättäen** breathe hard (heavily), gasp (pant) [for breath]; **olla** *-tämättä* hold one's breath; ∼ **sisään** breathe in, inhale; ∼ **syvään** take (fetch) a deep breath; ∼ **ulos** breathe out, exhale.

hengity|**s** breathing (his breathing became easier *hänen -ksensä kävi helpommaksi)*; *(henki)* breath (his breath smells of tobacco *hänen -ksensä haisee tupakalle)*; *(fysiol ym)* respiration; *pidättää* ∼*tään (m kuv)* catch (hold) one's breath ∼**elimet** respiratory organs ∼**laite** respirator ∼**tiet** airways, respiratory passages ∼**vaikeus** difficulty in breathing.

hengäh||**dys** breath (a light breath *kevyt* ∼*;* of wind *tuulen* ∼) **-dysaika;** *antaa jklle* ∼*a* give a p. a breath[er] **-dystauko** breathing spell; breather; *(tauko)* break; *ei jäänyt* j̶ ̶l̶̶̶̶ ̶̶ ̶t̶h̶e̶r̶e̶ ̶w̶a̶s̶ ̶n̶o̶ ̶b̶r̶e̶a̶t̶h̶i̶n̶g̶ ̶s̶p̶a̶c̶e̶ **-tää** take breath (stop to take breath *pysähtyä -tämään)*; sigh (with relief *helpotuksesta)*.

hengästynyt ..out of breath, breathless (with *jstk)*.

hengästy||**s** breathlessness, shortness of breath; *-ksiin, -ksissään* out of breath, breathless **-ttää** make .. breathless; *minua* ∼ I am breathless (out of breath) **-ä** lose one's breath (when running *juostessaan)*, get out of breath, become breathless.

henke||**vyys** esprit *(ransk);* *(älykkyys)* intelligence **-vä** animated, spirited (discussion *keskustelu)*; *(sielukas)* soulful (face ∼*t kasvot)*; *(älykäs)* intelligent (ideas ∼*t ajatukset)*; intellectual (interests ∼*t harrastukset)*.

henkeäsalpaava breathtaking; ∼*n jännittävä* thrilling; ∼*n jännityksen vallassa* in breathless expectation (anticipation); ∼*n kaunis* breathtakingly beautiful.

hen|**ki 1** *(usk)* spirit (God is a spirit *Jumala on* ∼*;* an evil spirit *paha* ∼*;* the spirits of the dead *vainajien -get)* **2** *(mieli)* mind (and matter *ja aine);* spirit (I'll be with you in [the] spirit *olen -gessä mukana)* **3** *(elämä)* life (threaten a p.'s life *uhata jkn -keä;* sacrifice one's life for *uhata -kensä jnk puolesta); (kuv m)* soul (this painting lacks soul *tästä maalauksesta puuttuu* ∼) **4** *(*∼*nen ilmapiiri)* spirit (of the times *ajan* ∼*;* of the law *lain* ∼); atmosphere (a good atmosphere *hyvä* ∼*;* in a friendly atmosphere *ystävällisessä -gessä); (sot) (taistelu*∼) morale **5** *(hengitys)* breath (smells [of tobacco] *haisee [tupakalta];* gasp for breath *haukkoa -keä)* **6** *(henkilö)* person *(pl m* people) (£2 per person *kaksi puntaa -geltä;* some sixty people were present *noin 60 -keä oli läsnä)* ▶ *-kensä* **edestä** for one's (dear) life; *ottaa jku* **hengiltä** take a p.'s life, *(ark)* bump a p. off; *saada -giltä* kill; **hengissä** alive; *selvitä -gissä (m)* escape with one's life; **jättää** ∼*in* let .. live; **jäädä** ∼*in* survive; *-kensä* **kaupalla** at the risk (peril) of one's life; ∼ **kurkussa** in fear [of one's life]; *nyt on* ∼ **kyseessä** it is a matter of life and death; *hän sai* **maksaa** *sen -gellään* it cost him his life; **onnettomuudessa** *kuoli kolme -keä* the accident took three lives, three lives were lost in the accident; **pelätä** *-keään* go in fear of one's life; **pidättää** *-keään (m kuv)* hold (catch) one's breath; *kääää pidättäen* in breathless expectation; **rahat** *tai* ∼*!* your money or your life! *olla -keen ja vereen jnk kannalla* be heart and soul for; *taistella -keen ja vereen jnk puolesta* fight body and soul for; **vetää** *-keä* take [a deep] breath, draw breath; *vetää -keensä* inhale, breathe in (water *vettä);* *pysähdytään vetämään -keä* let's stop to take breath, let's take a breather.

henkien||**manaaja** raiser of spirits; *(poismanaaja)* exorcist **-manaus** raising of spirits; exorcism **-palvonta** spirit worship.

henkihieveri||**ssä** *(-in);* *olla* ∼ be breathing one's last; *hakata -in* beat within an inch of one's life.

henkiin||**herättäminen** revival **-jään**|**yt** surviving; *-eet* those surviving, the survivors.

henki||**kaarti** body guard; *(Brit)* hallitsijan ∼ the Life Guards **-kirja** census list;

(-luettelo) register of population **-kirjoit|taa** register; *olla -ettuna jssk* be registered in **-kirjoittaja** district registrar; census officer **-kirjoitus** census [registration], registration for census purposes **-kirjoituspaikka** place of registration; [place of] domicile **-lääkäri** personal physician (to *jkn ~*); *kuninkaan ~* physician-in-ordinary to the King.

henkilö 1 person *(pl tav* people) (a very important person *erittäin tärkeä ~;* certain people *tietyt ~t*); *huomattava (tunnettu) ~ (m)* personage; *(lak) juridinen ~* legal (artificial) person; *luonnollinen (fyysinen) ~* natural (physical) person **2** *(~hahmo)* character (historical (public) character *historiallinen (julkisuuden) ~;* characters in a novel *romaanin ~t);* **näytelmän *~t* dramatis personae, *(sg)* cast **~auto** [motor]car; *(Am)* automobile **~hahmo** character (a central character in a novel *romaanin keskeinen ~)* **~hallinto** personnel administration **~hissi** passenger lift (*Am* elevator) **~idä** personify **~inti** personification **~itymä** personification; *kuoleman ~ (m)* death personified (incarnate) **~juna** slow (ordinary) train; *(Br m)* stopping train; *(Am)* way train **~kohtai|nen** personal (letter *kirje;* my personal opinion *~ mielipiteeni);* individual (treatment *hoito;* teaching *opetus;* traits *-set ominaisuudet); (yksityinen)* private (property *omaisuus;* for private reasons *-sista syistä);* means *-set varat);* *-sta* Personal **~kohtaisesti** personally; *(~ [läsnä])* in person (by letter or in person *kirjeitse tai ~);* ~ *olen sitä mieltä että* personally I think that **~kohtaisuu|s;** *mennä -ksiin* become personal (don't let's become personal *älkäämme menkö -ksiin)* **~kortti** identity card; *(-todistus)* identification card; *(lyh)* I.D. card **~kun|ta** staff (permanent staff *vakinainen ~;* staff only! *vain -nalle); (julkisen laitoksen ym ~)* personnel (trained personnel *koulutettu ~); (työntekijät) (pl)* employees; *-nan* staff (training *koulutus;* lunchroom *ruokala),* personnel (manager *päällikkö),* employee (representative *edustaja);* *kuulua ~an* be on the staff; *yrityksessä on liikaa (liian vähän) ~a* the firm is overstaffed (understaffed) **~llisyy|s** identity (prove one's identity *todistaa -tensä);* *selvittää jkn ~* identify a p. **~llisyystodistus**

identification (identity) card, *(lyh)* I.D. card **~luettelo** list (index) of persons (names); *(teatt) (pl)* dramatis personae **~nhakulait|e** staff locator, page; *(ark)* bleep[er]; *-teet (sg)* paging system **~pakettiauto** *(Br)* estate car; *(Am)* station wagon **~palvonta** personality cult **~puhelu** person-to-person call **~stö** staff; *(erik julkisen laitoksen ~)* personnel; *(työntekijät) (pl)* employees **~stöhallinto** personnel administration (management) **~stöosasto** staff (personnel) department; *(sot)* personnel section **~stöpäällikkö** staff (personnel) manager **~tiedot** *(Br) (sg)* curriculum vitae; *(Am) (sg)* resumé **~vahinko;** *kolarissa ei tullut ~ja* there were no injuries in the accident **~vaihdos** change, replacement (in the board of directors *johtokunnassa).*

henki||maailma spiritual world **-nen** mental (cruelty *julmuus;* development *kehitys;* status *tila);* spiritual (values *-set arvot;* leader *johtaja;* growth *kasvu;* resources *-set voimavarat); (älyllinen)* intellectual (life *elämä;* interests *-set harrastukset;* faculties *-set kyvyt;* on the intellectual plane *-sellä tasolla;* work *työ;* liberty *vapaus;* powers *-set voimat)* ▶ ~ **paine** stress; ~ **tasapaino** balance; *-sen* **työn tekijä** *(m)* non-manual (white-collar) worker.

-henkinen; *viisi~ valiokunta* a committee of five.

henki||olento spirit[ual] being] **-patto** outlaw **-reikä** air hole, venthole **-rikos** *(lak)* criminal homicide, capital felony **-sesti** mentally (well developed *hyvin kehittynyt;* ill *sairas);* intellectually (poor *köyhä);* spiritually (dead *kuollut);* ~ *häiriintynyt (m)* non-sane; ~ *terve* sane, *(pred m)* sound of mind **-syys** spirituality; intellectuality **-toreissaan;** *olla ~* be dying, be breathing one's last **-torvi** windpipe **-vakuutus** life assurance *(Am* insurance); *ottaa ~* take out a life policy **-vartija** bodyguard; *(ark)* gorilla **-vartiokaarti** bodyguard, lifeguard.

henki|ä breathe (a friendly atmosphere breathed from the room (towards him) *ystävällinen ilmapiiri henki huoneesta (häntä vastaan));* *kellari -i kylmää* cold wafts from the cellar; *suolta -i halla* there is a breath of frost from the moor.

henkselit *(Br)* braces; *(Am)* suspenders; *vetää ~ jnk yli* cross a th. out.

henkä||illä; *tuuli -ilee* there is a breeze, the

wind is breathing **-istä** breathe (a sigh of relief *helpotuksesta*); *(kuiskata)* whisper; ~ *viimeinen henkäyksensä* breathe one's last **-isy** [deep] breath **-ys** breath; *(tuulen ~)* puff (warm puff *lämmin ~*); *tuulen ~ (m)* breath of air (wind), breeze; puff of wind.

henno|a have the heart to..; *miten -t..?* how can you have the heart to..?

hen|to tender (bud *nuppu*); delicate (limbs *-not jäsenet;* child *lapsi*); *(~rakenteinen)* slender (branch *oksa;* girl *tyttö*), slim (figure *vartalo*); *(hauras)* fragile (flower stalk *kukanvarsi;* lady *nainen*); *(heikko)* frail (wings *-not siivet;* voice *ääni*); gentle (touch *kosketus*) **~mielinen** sentimental; *ällöttävän* ~ mawkish, maudlin **~mielisyys** sentimentality **~us** tenderness, delicacy; slenderness (of figure *vartalon* ~); frailness (of voice *äänen* ~).

hep; *paikoillenne — valmiit — ~!* on your marks — get set — go!

hepen|et *(sg)* finery; *parhaissa -issä* in full fig.

hepo||asteet horse latitudes **-katti** long-horned grasshopper; *(Br m)* bush cricket.

heppu guy, dude.

heprea Hebrew; *se on minulle täyttä ~a* it's Greek (double Dutch) to me.

hera 1 *(keitt ym)* whey **2** *(veri~)* blood serum.

heraht|aa trickle (a tear trickled down her cheek *kyynel -i hänen poskelleen*); *kyyneleet -ivat silmiin* tears sprang to the eyes, *vesi -i kielelleni* my mouth watered.

heraldi||ikka heraldry **-nen** heraldic *(adv ~ally)*.

hereill|ä *(-e)* awake (wide awake *täysin ~*); *ravistella -e (m kuv)* wake .. up, rouse.

hereä; ~ *nauru* ringing laughter.

heristää; ~ *nyrkkiä* shake one's fist (at *jklle*); ~ *korviaan* prick up one's ears *(kuv* at *jllk)*.

herja; *heittää ~a* crack jokes; talk rubbish **~aminen** slander; *(Jumalan pilkka)* blasphemy **~ava** abusive (use abusive language *käyttää ~a kieltä*), libellous (writing *kirjoitus*) **~ta** abuse (a p. *jkta*), *(panetella)* slander; *(~ jtk pyhää)* blaspheme (the name of God *Jumalan nimeä*) **~us** abuse; *(~sana)* invective; *(lak)* libel, defamation, calumny; *(suullinen ~)* slander.

herkeämät||tä without stopping **-ön**

unceasing; continuous (rain *sade;* struggle for *taistelu jstk*); persistent (enthusiasm *into*); undying (energy *tarmo*).

herkis||te 1 *(valok)* sensitizer **2** *(lääk)* allergen **-tymä** *(lääk)* allergy **-tyneisyys** sensitiveness (of hearing *kuulon ~*) **-tynyt** sensitive, emotional (mind *mieli*); *(lääk)* allergic (to *jllk*) **-tys** *(tekn)* sensitizing; *(lääk)* allergization **-tyä** *(lääk)* become allergic (to penicillin *penisilliinille*); ~ *kyynneliin* be moved to tears **-tävä** *(lääk)* allergenic; ~ *aine* allergen **-tää** make .. sensitive (emotional); make .. keen[er] (one's sight *näkökykyä*); *(tekn)* sensitize; ~ *kuulonsa äärimmilleen* strain one's ears.

herk|ku delicacy, dainty; *(~pala)* titbit, *(Am m)* tidbit; *-ut (m)* goodies; *ei ole ~a..* it's no picnic to.. **~kauppa, ~myymälä** delicatessen [shop] **~pala** titbit; *(kuv)* treat **~ruoka** favo[u]rite dish **~sieni** mushroom **~sienikeitto** [cream of] mushroom soup **~suu** gourmet, epicure **~tatti** cep[e].

herkkyys sensitivity (of a film *filmin ~;* of the skin *ihon ~*); *(alttius)* susceptibility (to *jllk*); *(kuv)* delicacy (of features *piirteiden ~*).

herk|kä 1 sensitive (skin *iho*); *(altis)* susceptible (to cold *kylmettymiselle;* to influence *vaikutteille*); apt (to catch cold *vilustumaan*); *(nopea)* quick (to take offence *loukkaantumaan*), ready (to find fault *arvostelemaan*); *(taipuvainen)* inclined (to put on weight *lihomaan*) **2** *(~tunteinen)* sensitive (child *lapsi·* feelings *-ät tunteet*), susceptible (nature *luonne*), emotional (state of mind *mielentila*); *(~ vaikutteille)* impressionable (at an impressionable age *-ässä iässä*); responsive (mind *mieli*) **3** *(arka)* delicate (consicience *omatunto*), *(hauras)* fragile (features *-ät piirteet*) **4** *(tarkka)* keen, sharp (hearing *kuulo*), sensitive (ear *korva*); quick (sense of smell *hajuaisti*) **5** *(tekn ym)* sensitive (film *filmi;* explosive *räjähdysaine*); delicate (machinery *koneisto*) ▶ *hänellä on* **hymy** *-ässä* he has a ready smile; ~ **itkemään** easily moved to tears; ~ **loukkaantumaan** *(m)* easily offended; *olla* ~ *jllk* be sensitive to, respond to.

herkkä||hermoinen highly nervous, highly-strung; *(ark)* nervy **-tunteinen** sensitive; emotional (nature *luonne*) **-tunteisuus** sensitiveness; emotionality **-uninen;** ~ *ihminen* a light sleeper

-uskoi|nen gullible; *(luottavainen)* trusting, unsuspecting; *-set [ihmiset]* the unwary **-uskoisuus** credulity, gullibility.

herkulli|nen delicious; *(ark)* scrumptious (food *-sta ruokaa*); *(kuv m)* delightful (short story *novelli*).

herkut||ella feast (on *jllak*); *(kuv)* revel, luxuriate (in an idea *jllak ajatuksella*) **-telija** gourmet, epicure **-telu** gourmandise, gormandize.

herkästi sensitively, delicately *(jne; ks herkkä); (helposti)* easily, readily (one might readily think that.. *voidaan ~ luulla että..*); *~ innostuva* enthusiastic; *~ syttyvä* [highly] inflammable.

hermafrodiitti hermaphrodite.

hermo nerve; *~t* nerves (good nerves *hyvät ~t*) ▶ **ajan** *~lla* on the pulse of the times; *hänellä* **ei ole** *~ja* he does not know what nerves are; *~t* **kireällä** nervy, all strung up; *~ja* **kutkuttava** thrilling; *se kysyy ~ja* it's a strain on the nerves; **käydä** *jkn ~ille* get on a p.'s nerves; **olla** *~na* be nervy, have the heebie-jeebies (jimjams); *~ja* **raastava** nerve-[w]racking; *~t* **riekaleina** at one's wits' end.

hermo||heikko nervous; neurotic **-illa** be in a flap, panic, flap **-kaasu** nerve gas **-keskus** nerve-centre; *(Am)* nerve center **-kimppu** *(kuv)* bundle of nerves **-kipu** neuralgia, neuralgic (nerve) pain **-kirurgia** neurosurgery **-kudos** nerve tissue **-lääke** nervine, nerve tonic **-lääkäri** neurologist, nerve specialist **-plastiikka** neuroplasty **-rata** nerve track (path) **-raunio** nervous wreck **-romahdu|s** nervous breakdown (on the verge of a nervous breakdown *~ksen partaalla); (ark)* crack-up; *saada ~* have a nervous breakdown, break down, *(ark)* crack up **-solmu** gangli|on *(pl -a)* **-solu** nerve cell, neuron[e], neurocyte **-sota** war of nerves **-sto** nervous system **-stollinen** nervous (disorder *häiriö*) **-stua** get nervous (of *jstk); (ärtyä)* get irritated (with *jkh; at jhk, jstk); (menettää malttinsa)* lose one's temper; *(ark)* blow one's top (at *jkh*); get mad (at *jkh;* about *jstk); älä -stu!* don't get excited! take it easy! **-stuneisuus** nervousness, nervosity **-stunut** nervous (of, about *jstk); (ärtyisä)* touchy, irritated; *(ark)* nervy, jittery **-stuttaa** make .. nervous, *(ärsyttää)* irritate; *minua ~* I feel nervous *(ark* nervy, jittery) **-stuttava** irritating, nerve-racking (uncertainty *epätietoisuus*) **-särky** neuralgia **-tauti**

neuropathy, nervous (neurotic) disease **-tautioppi** neurology **-toiminta** function of the nerves; *~a kiihottava aine* nervous stimulant, excitant **-tulehdus** neurit|is *(pl m -ides).*

herne pea *~***enpalko** [pea] pod *~***kasvi** leguminous plant *~***keitto** pea soup *~***pyssy** pea shooter *~***rokkasumu** pea soup[er].

heroi||ini heroin; *(ark)* heron; *(sl)* snow, horse **-nisti** heroin addict; *(sl)* snow bird.

hero||ismi heroism **-oinen** heroic *(adv ~ally).*

herpaan||nuttaa enervate, unnerve; *(lamauttaa)* stun (the muscles *lihakset*), paralyse, *(Am m)* paralyze *(m kuv)* **-tu|a** loosen (his grip loosened *hänen otteensa -i); (kuv)* flag (the interest was beginning to flag *mielenkiinto alkoi ~); (henk m)* be unnerved (he was completely unnerved *hän -i täysin*), be enervated (by fatigue *väsymyksestä); -matta* persistently, perseveringly; *jatkaa (tehdä) jtk -matta* persevere in, persist with **-tumat|on** persistent (efforts *-tomat yritykset*), unabated (interest *mielenkiinto); (sisukas)* unyielding (with unyielding vigo[u]r *-tomalla innolla*) **-tunut** limp (body *ruumis*), flabby (muscles *-neet lihakset); (lamautunut)* paralysed, stunned, *(henk m)* enervated, unnerved; *(irronnut)* loose, relaxed (grip *ote*).

herra 1 *(~smies)* gentleman (an old gentleman *eräs vanha ~*) **2** *(puhutt)* **a)** *(ilman nimeä)* Sir (yes Sir! *kyllä ~!);* **b)** *(nimen edellä)* Mr[.] *(lyh sanasta* mister) (Mr [Erkki] Mäki *~ [Erkki] Mäki;* Mr President *~ Presidentti)* **3** *(isäntä)* master; *(valtias)* lord (and mistress of the manor *kartanon ~ ja rouva*) **4** *(Jumala)* the Lord ▶ *H~n* **ehtoollinen** *(rukous)* the Lord's Supper (Prayer); **elämän** *ja kuoleman ~* Master over life and death; **elää** *herroiksi* live like a lord; **herrat** *A ja* Kni Messrs. A & Co.; **hyvät** *~t! (puhutt)* Gentlemen! *(kirjeessä m)* [Dear] Sirs! *hyvät naiset ja ~t!* Ladies and Gentlemen! *palvella* **kahta** *~a* serve two masters; *olla* **oma** *~nsa* be one's own master, be independent, be on one's own; *olla oman itsensä ~* be master *(naisesta* mistress) over o.s.; *~ ja* **rouva** *N.* Mr and Mrs N.; *~t ja* **talonpojat** the gentry and the peasantry; *olla ~* **talossa** be master in one's own house; *olla* **tilanteen** *~* be master of the situation, have the situation under control; *~n*

tähden! for God's (Heaven's) sake; *miksi*
~*n tähden?* why on earth?

herran||huone house of God, the Lord's
temple **-lahja** blessing.

herras||kai|nen dandyish, foppish; snobbish
(manners *-set tavat*) **-kartano** manor; *(~n*
pääräkennus) manor house, mansion
[house] **-mies** gentleman (a true gentleman
todellinen ~) **-miessopimus** gentleman's
agreement **-miesvaras** swell-mobsman
-tella strut, parade (in new clothes *uusissa*
vaatteissa); (keikaroida) show off with,
sport (a fancy hat *hienolla hatulla)* **-väki**
1 *(»parempi väki»)* gentry; *(ark) (pl)*
knobs **2** *(aviopari); (kirjeessä) ~ X* Mr and
Mrs X; *(palvelijan puheessa) (m)* master
and mistress.

herraviha hatred for superiors.

herruu|s supremacy (struggle for
supremacy over (in) *taistelu jnk -desta);*
command, mastery (of the seas *merten ~);*
(käskyvalta) dominion (free o.s. from the
dominion of *vapautua jkn -desta);*
(valta-asema) domination (aim at
complete domination in *pyrkiä*
täydelliseen -teen jssk); alistaa -teensa
subject to one's sway; subjugate (a country
maa); alistua jkn -teen submit to the
ascendancy of, submit to a p.'s command
(rule); *merten ~ (m)* naval supremacy.

hertsi *(sähk)* herz.

hertta *(pl)* hearts; *hertta|- . .* of hearts (king
-kuningas).

hertta||inen sweet **-isuus** sweetness **-mainen**
cordate (leaf *lehti).*

herttua duke (the Duke of Windsor
Windsorin ~) ~**kunta** duchy, dukedom
~**tar** duchess.

**heru|a; *häneltä ei -nut penniäkään* you
couldn't squeeze a penny out of him.

herukka currant.

heruttaa press, squeeze (a th. out of *jtk*
jstk).

her|vota relax (the tension relaxed *jännitys*
-posi); loosen (his grip loosened *hänen*
otteensa -posi).

hervot|on limp (body *ruumis;* with
exhaustion *väsymyksestä);* flabby
(muscles *-tomat lihakset);* *pelosta ~*
paralysed (numbed) with fear.

heränn||yt Pietist **-äisyys** Pietism.

heräteosto impulse buy.

herättäjä initiator, originator (of an idea
ajatuksen ~); inspirer (of interests
harrastusten ~); henkiin ~ reviver;

uskonnollinen ~ revivalist ~**juhlat** *(sg)*
Pietist summer meeting.

herät|tää **1** wake [up] (wake me up at
seven! *-ä minut klo 7!);* rouse (to see that
. . *huomaamaan että;* a p. from his
dreams *jku unelmistaan);* arouse (from
sleep *unesta;* a p.'s interest *jkn*
mielenkiinto); (kuv m) awaken (to think
ajattelemaan; to reality *todellisuuteen),*
waken (a p.'s curiosity *jkn uteliaisuus)* **2**
(aiheuttaa) arouse (suspicions *epäilyksiä;*
attention *huomiota;* opposition
vastustusta; anger *vihaa);* call forth
(enthusiasm *ihastusta;* emotions *tunteita);*
cause (astonishment *hämmästystä),*
provoke (thoughts *ajatuksia;* indignation
närkästystä); excite (admiration *ihailua;*
affection in *rakkautta jkssa);* stir (pity
sääliä; opposition *vastustusta);* stir up,
create (discontent *tyytymättömyyttä); (~*
mieleen) wake (nostalgic memories
haikeita muistoja), awake (feelings of fear
in *pelontunteita jkssa);* rouse (romantic
images *romanttisia mielikuvia)* **3**
(valveuttaa) stir, awaken (politically
poliittisesti) ▶ ~ *[uudelleen]* **henkiin**
arouse, call . . back to life; revive *(m kuv);*
~ **huomaamaan** *(m)* awaken to (one's
possibilities *mahdollisuutensa);* ~
huomiota *(m)* attract attention; cause a
stir; ~ **kuolleista** raise from the dead; ~
toiveita *(toivoa)* raise hopes; ~ **vastakaikua**
jkssa provoke a response from.

heräty|s **1** awakening (national awakening
kansallinen ~); (usk m) religious revival;
tulla -kseen be awakened [to religion],
become a convert, see the light; *saisinko*
-ksen klo 7 call me at seven please, I'd
like to be called at seven **2** *(sot)* rouse,
(aamusoitto) reveille ~**kello** alarm clock
~**kokous** revival[ist] (evangelical) meeting,
revival ~**liike;** *uskonnollinen ~* revivalist
movement.

herä|tä **1** wake [up] (early *aikaisin;* he was
woken by the noise *hän -si meluun);*
awake *(m kuv)* (to reality *todellisuuteen;*
from one's dreams *unelmistaan;* from
sleep *unesta)* **2** *(kuv)* be awakened (my
interest was awakened *mielenkiintoni -si);*
be aroused (my suspicions were aroused
epäilykseni -sivät); *(~ uudelleen)* revive
(old memories revived *vanhat muistot*
-sivät) ▶ *hänessä -si* **ajatus** että it
occurred to him that; *en -nnyt* **ajoissa,** *-sin*
liian myöhään I overslept; ~ **eloon**

(henkiin) (m kuv) revive; come to life; **herätessään** on (when) waking [up]; ~ **huomaamaan** *jtk* awake (wake [up]) to, become conscious of, realize a th.; ~ **kuolleista** resurrect; *-ä* **kysymys** the question arises (whether.. *onko*..).

herääminen awakening ▶ **harhaluuloista** ~ disillusionment; **henkiin** ~ revival; **kansallinen** ~ national awakening; **uudelleen** ~ reawakening; revival.

hete *(rimpi)* spring; *(~paikka)* quagmire. **-heteinen** *(yhdyss)* -staminate (twostaminate *kaksi~).*

hetero‖fonia heterophony **-gamia** heterogamy **-geeninen** heterogeneous **-geenisyys** heterogeneity **-nyymi** heteronym **-osi** heterosis, hybrid vigo[u]r **-seksuaalinen;** ~ *[henkilö]* heterosexual.

heti 1 *(ajasta)* immediately, instantly (after school *koulun jälkeen*); *(~ kohta)* directly (I'll be there directly *tulen ~ sinne*), in a minute; *(ark)* right; *(~ paikalla)* at once (I recognized him at once *tunsin hänet ~);* *(liik m)* promptly **2** *(paikasta)* immediately (behind the house *talon takana*), *(ark)* right (outside the door *oven ulkopuolella)* ▶ ~ **alussa** right at (in) the beginning; ~ **ensi yrityksellä** [right] at the first go, first time; ~ **kun** as soon as; ~ **paikalla** *(m)* straight *(Am* right) away, this very minute (moment), on the spot; ~ *paikalla kun* the minute that.

hetiö *(pl)* stamens; androeci‖um *(pl* -a).

hetkellinen temporary (relief *helpotus); (haihtuva)* transitory, passing (joy *ilo).*

hetk‖i 1 moment (the happiest moment of my life *elämäni onnellisin ~;* the whim of a moment *-en oikku;* at the decisive moment *ratkaisevalla -ellä); (tovi)* while (after a while *-en kuluttua)* **2** *(kuv)* hour (in the hour of death *kuoleman -ellä;* the hour has struck ~ *on lyönyt)* ▶ *-en* **aikaa** for a [little] while; **ei** *-eäkään* not for a moment; *ei -nkään rauhaa* not a moment's peace; *tämä on* **elämäsi suuri** ~ this is your big moment (the moment of your life); **heikkona** *-enään* in a moment of weakness; **hetkessä** in a moment (minute); *-en kuluttua (m)* in a little while; *hän on -en* **lapsi** he lives for the moment; **oikea** ~ the [very] moment; **samalla** *-ellä* at the very moment; ~ **sitten** a few minutes ago; **tällä** *-ellä* at the moment; *(nykyisin)* at present, for the time being; **viime** *-essä (m)* at the last minute, [only] just in time, in

the nick of time; **yhdennellätoista** *-ellä* at the eleventh hour.

hetki‖nen little while (after a little while *-sen kuluttua); onko sinulla* ~ *aikaa?* can you spare a minute? do you have a moment to spare? ~ *[vain]!* just a moment (minute)! one moment please! *(puhelimessa m)* hold on please!

hetkittäi‖|n at times, [every] now and then, on and off **-nen** occasional (bursts of energy *-siä tarmonpuuskia).*

hetteikkö quagmire.

hetula whalebone, baleen; *~t* strips (plates) of whalebone *~valas* baleen whale.

hevin easily (he wouldn't give up easily *hän ei ~ luovuttanut).*

hevo‖nen 1 horse *(m kuv;* dark horse *musta* ~) **2** *(voim)* pommel (vaulting-)horse; *(Am m)* [side] horse **3** *(šakk)* knight ▶ **nousta** *-sen* **selkään** mount [a horse]; *nousta -sen* **selästä** dismount, alight [from horseback]; **pudota** *-sen* **selästä** fall off a horse; **ratsastaa** *-sella* ride a horse; *[istua] -sen* **selässä** [be] on horseback.

hevosen‖|harja [horse's] mane **-hoitaja** groom, horsekeeper; *(Br m)* horseboy **-kengittäjä** farrier, blacksmith, horseshoer **-kenkä** horseshoe **-liha** horsemeat.

hevos‖|huijari *(Br)* horse coper; *(Am)* horse co[u]rser **-jalostus** horse breeding **-kaakki** hack; jade **-kastanja** horse chestnut **-kauppias** horse-dealer; *(Am)* horse trader **-kärpänen** horse tick; horsefly **-kärryt** *(sg)* [horse-drawn] carriage, cart **-mies** horseman **-muurahainen** carpenter ant **-poolo** horse polo **-rotu** breed of horses **-talli** horse stable **-urheilu** [horse] racing; the turf; *(pl)* equestrian sports **-vetoinen** horse-drawn **-voima** horse-power *(lyh* h.p.); *50 ~n moottori* a fifty horse-power engine.

h-hetki H-hour.

hi‖das slow (to do, in doing *tekemään jtk;* waltz *valssi;* wits *äly); -tain askelin* slowly, at a slow pace; ~ **oppimaan** slow [in the uptake], slow to learn, slow of comprehension; *(m)* a slow learner; ~ **työssään** slow [at one's work] **~järkinen** ..slow of comprehension, dull[-witted] **~kasvuinen** ..slow in growth, slow-growing **~kulkuinen** slow **~käyntinen** slow-speed (motor *moottori)* **~liikkeinen** slow, sluggish **~lukuinen** not very legible (text *teksti)* **~oppinen** ..slow in learning **~t‖aa** slow (one's step *askeliaan),* slow down, slacken, slow up (one's speed *vauhtiaan);*

retard (the growth *kasvua;* development *kehitystä); (viivästyttää)* delay; *-ettu elokuva* slow motion picture; ~ *vauhtia (m)* slow down (up) *(m kuv)* ~te *(valok)* restrainer ~tu|a slow [up (down)]; slacken (the speed slackens *vauhti -u); (viivästyä)* be retarded (the development is retarded *kehitys -u);* be delayed (the transports are delayed *kuljetukset -vat); (fys) -va liike* retarding motion; *-va nopeus* retarded velocity ~tuminen retardation; delay.

hidastus slowing [up (down)]; retardation; *(viivytys)* delay ~kaista deceleration lane ~kampanja working-to-rule (go-slow, ca'canny) campaign ~lakko *(Br)* ca'canny, go-slow [strike]; *(Am)* slowdown.

hieho heifer.

hiekka sand; *(karkea ~) (m)* gravel, grit; *valua ~an* come to nothing ~-aavikko [sand] desert; *(pl)* sands ~erämaa sand desert ~kello sand[-]glass, hour glass ~kivi sandstone; gritstone ~käytävä gravel path (walk) ~laatikko sand box ~linna sand castle ~maa sandy soil ~myrsky sandstorm ~paperi sandpaper; *hioa ~lla* sandpaper ~pohja sandy bottom ~ranta beach ~särkkä sand bank, sandbar.

hiekoittaa sand.

hieman slightly (too small *liian pieni);* a bit (more time *enemmän aikaa;* [too] slow *[liian] hidas;* better *parempi, paremmin).*

hien‖eritys secretion of sweat; perspiration -estoaine antiperspirant -haju sweat[y] odo[u]r.

hieno fine *(m)* **1** *(ohut)* thin (layer *kerros;* dust *pöly)* **2** *(herkkä)* delicate (skin *hipiä;* features ~t piirteet;* structure *rakenne;* odo[u]r *tuoksu); (~inen)* subtle (irony *iva;* the subtlest nuances ~immat vivahteet);* slight (blush on her cheeks *poskilla ~ puna)* **3** *(erinomainen)* exquisite (view *näköala),* excellent (wine *viini);* splendid (idea *ajatus;* weather *sää);* choice (choicest quality *~in laatu;* wines ~t viinit),* select (hotel *hotelli);* superior (cloth *kangas);* first-rate (dinner *illallinen); (elegantti)* elegant (woman *nainen),* fashionable (suburb *kaupunginosa); (ark)* smart (restaurant *ravintola),* posh (discotheque *disko)* **4** *(~stunut)* refined (manners ~t tavat),* sophisticated (taste *maku);* polished (gentleman *herra;* society ~t piirit)* **5** *(ylevä)* noble (trait in a p.'s character *piirre jkn luonteessa;* deed *teko)* ► ~ksi

hakattu finely chopped; *(liha m)* minced; ~n **hieno** delicate (difference *ero),* very fine, exquisite; **hienoa!** fine! splendid! *(ark)* great! ~ksi **jauhettu** *(m)* pulverized, powdered; ~ **käytös** *(pl)* fine (good, polite, refined) manners; ~ **perhe** a good family; **pukeutua** ~ksi *(~impiinsa)* dress [up].

hieno‖helma *(kasv)* asparagus **-inen** faint (suspicion *epäilys);* slight; delicate, subtle, gentle (irony *iva;* hint *vihjaus)* **-käytöksinen** well-mannered; refined, urbane **-luonteinen** gentle, fine **-mekaanikko** precision mechanic, precision instrument maker **-mekaani‖nen** fine-mechanical; **-set kojeet** precision instruments **-mekaniikka** *(sg ja pl)* precision mechanics **-ntaa** grind .. fine; crush (to powder *jauheeksi;* almonds *manteleita); (jauhaa)* powder **-rakeinen** fine-grain (developer *kehite)* **-saippua** toilet soap **-sokeri** granulated sugar.

hienoste‖lija snob; *(ark)* la-di-da; dandy **-lla** show off (with one's clothes *vaatteillaan)* **-lu** snobbery; showing off; *(ark)* la-di-da.

hienos‖ti finely; *(ark)* fine (do fine *menestyä ~);* excellently; ~ *pukeutunut* fashionably (elegantly, smartly) dressed; ~ *sivistynyt* sophisticated, cultivated, highly cultured *(ks m hieno)* **-to** fashionable (high) society, Society, *(pl)* people of fashion; *(ark)* the smart set **-tonainen** society woman **-tuneisuus** refinement; elegance **-tun‖ut** refined, subtle (taste *maku);* polished (manners -*eet tavat);* sophisticated (man of the world *maailmanmies).*

hieno‖säätö *(tekn)* fine control (adjustment), sharp tuning **-tunteinen** discreet, considerate (towards *jkta kohtaan),* delicate; *(tahdikas)* tactful; *olla ~ (m)* have discretion; show consideration (for *jkta kohtaan)* **-tunteisuus** discretion, consideration; delicacy [of feeling]; *(tahdikkuus)* tact[fulness] **-varainen** discreet (remark *huomautus);* considerate, *(tahdikas)* tactful (behavio[u]r *käytös)* **-varaisesti** *(m)* with consideration **-varaisuus** discretion, consideration **-viritys** fine tuning.

hierark‖ia hierarchy **-kinen** hierarchical.

hieroa 1 rub (one's hands together *käsiään yhteen;* one's eyes *silmiään;* cream into the skin *voide ihoon)* **2** *(lääk)* massage (the shoulders *hartioita)* ► ~ **kauppaa** bargain (for *jstk;* with *jkn kanssa*); ~ **rauhaa** negotiate for peace; ~ **sovintoa** try to conciliate (with *jkn kanssa*); ~ **tuttavuutta** try to make a p.'s acquaintance; *(keitt)* ~ **vaahdoksi** cream; mix together; ~ **vastakkain** rub (two sticks *kahta puupalikkaa).*

hiero∥ja masseur; *(fem)* masseuse **-makone** massaging machine.

hiert∥ymä sore, chafe (on the heel *kantapäässä*) **-yä** be rubbed (chafed); **haavoille** *(rikki)* **-ynyt** *iho* sore skin **-ää** rub; chafe (the shoe chafes the heel *kenkä ~ kantapäätä).*

hieskoivu downy (white) birch.

hiesu silt.

hieta fine sand ~**nummi** sandy heath ~**savi** sandy clay.

hietikko sand; *(hiekkakenttä) (pl)* sands.

hievah|taa budge *(m kuv;* he won't budge from his view *hän ei -dakaan kannastaan);* **-tamatta** without moving (stirring, *(ark)* turning a hair).

Hi-Fi-laite Hi-Fi [equipment].

hiha sleeve; *(kuv) pudistaa* ~**staan** pull .. out of the hat ~**-aukko** arm-hole ~**nsuu** sleeve end; *(käänne)* cuff ~**ton** sleeveless.

hihit∥tää giggle, titter (at *jllk);* **-tävä** giggly **-ys** giggle, titter.

hihk∥aista, -aisu, -ua yell; scream, shriek (with joy *iloista).*

hihna 1 strap (of a shoe (shoulder bag) *kengän (olkalaukun)* ~); *(kapea ~)* thong; *(talutus~)* lead; *(kiväärin ~)* sling **2** *(tekn) (päätön* ~*)* belt; *(voimansiirto~)* [transmission] belt; *(kuljetus~)* conveyer [belt] ~**kenkä** strap shoe ~**pyörä** [belt] pulley, belt roller ~**välitys** belt transmission (gearing).

hiiden∥kirnu pothole, giant's ca[u]ldron (kettle) **-kiuas** barrow, tumul∥us *(pl m* -i) **-kivi** glacial (erratic) boulder.

hiihdonopettaja skiing instructor.

hiihto skiing; *(~kilpailut)* skiing race (competition) (of 50 kilometres *50 km:n* ~) ~**asu** ski wear; *(urh)* dress ~**hissi** ski lift ~**housut** ski trousers (pants) ~**kausi** skiing season ~**keli;** ~ *on hyvä (huono)* the snow is good (bad) for skiing ~**keskus** ski (winter sport) resort ~**kilpailut** *(sg)* skiing race (competition) ~**kisat** winter games ~**kurssi[t]** skiing course ~**loma** ski vacation ~**puku** ski[ing] suit ~**ratsastus** skijoring ~**retki** skiing trip ~**suunnistus** orienteering on skis ~**urheilu** skiing; *(pl)* ski sports

~**valmentaja** skiing coach; trainer ~**varusteet** *(sg)* skiing equipment (outfit, gear); *(~asu) (sg)* ski wear.

hiiht∥äjä skier **-ää** ski (along a skiing track *latua pitkin;* go skiing *lähteä -ämään).*

hiilen∥poltto charcoal burning, charring **-tuottaja** coal producer; *(maahantuoja)* coal importer.

hiilest∥ys coaling, bunkering **-ää** coal, bunker.

hiil∥i 1 coal (a hot coal fell from the grate *kuuma* ~ *putosi pesästä;* import of coal **-en** *tuonti); (puu~)* charcoal; *(hiilenkappale)* piece of charcoal (draw with [a piece of] charcoal *piirtää -ellä)* **2** *(kem)* carbon ▶ **hiilet** coals (fry on the coals *paistaa ~llä); (hiillos)* embers, live coals; **kerätä** *tulisia* ~**ä** *jkn pään päälle* heap coals of fire on a p.'s head; *(mer)* **ottaa** ~**ä** bunker, coal; **puhaltaa** *samaan -een* pull together; *kuin tulisilla* ~**llä** like a cat on hot bricks.

hiili∥dioksidi carbon dioxide, carbonic acid gas, carbonic anhydride **-elektrodi** carbon electrode **-hanko** coal poker (rake) **-hapoton;** ~ *juoma* still drink **-happo** carbonic acid; *(-dioksidi)* carbon dioxide **-happoinen** carbonated; *(vedestä)* aerated **-happopitoinen** carbonated (beverage *juoma);* aerated; *(ark)* fizzy **-hydraatti** carbohydrate **-kaasu** coal gas **-kaivos** coal-mine **-kaivosmies** coal miner **-kellari** coal-hole **-keuhko** [coal] miner's lung **-lanka** carbon filament **-lämmitys** coal firing, heating by coal **-monoksidi** carbon monoxide, carbonic oxide **-murskarata** cinder track **-oksidi** carbon dioxide; *(-monoksidi)* carbon monoxide **-paperi** carbon [paper]; *jäljentää* ~*lla* make a carbon [copy] (of *jtk)* **-paperijäljennös** carbon [copy] **-piirros** charcoal [drawing]; fusain *(ransk)* **-pitoi|nen** *(geol)* carboniferous (strata *-set kerrokset);* carbonaceous (rocks *-set kivilajit); (kem)* carbonic; coal bearing **-pitoisuus** carbon content, percentage of carbon **-pöly** coal dust **-ruuma** coal hold, bunker **-satama** coaling station **-tabletti** charcoal tablet **-vaunu** *(Br)* coal (colliery) wag[g]on; *(Am)* coal car **-vety** hydrocarbon **-yhdiste** carbon compound.

hiillos *(pl)* embers (glowing embers *hehkuva* ~), live coals; *hiipuva* ~ dying fire ~**taa** broil; grill.

hiillyt∥tää char (wood *puuta);* carbonize

-ys carbonization.

hiilto charring; *(miilu~)* charcoal burning; carbonization ~**uuni** charcoal oven (kiln).

hiil||**tyä** [become] char[red]; *-tynyt* charred (body *ruumis;* wood *puu*) **-tää** char (wood *puuta*); *(tekn)* carbonize, *(Br m)* carbonise.

hiipi||**vä** sneaking (suspicion *epäilys*), stealthy (steps ~*t askeleet*); insidious (crisis *kriisi;* disease *tauti*); creeping (inflation *inflaatio*); lurking (suspicion *epäilys*) **-ä** creep (away *pois;* into the house *taloon*); steal (away like a thief *pois kuin varas; (kuv)* suspicion stole into her heart *epäilys hiipi hänen sydämeensä;* the twilight stole across the ground *hämärä hiipi maille*), sneak (in *sisään*), slink (out of the house *pois talosta*); *(pujahtaa)* slip (back *takaisin;* out of a room *ulos huoneesta*); *(~ varpaillaan)* tiptoe (into the bedroom *makuuhuoneeseen*); ~ *jkn mieleen* steal over a p.

hiippa mitre (of a bishop *piispan ~*).

hiippail||**ija** sneaker **-la** sneak (away *tiehensä*), pussyfoot (about in the dark *pimeässä*).

hiippakunta diocese, bishopric ~**kaupunki** diocesan city.

hiippalakki pixie cap.

hiiren||**hiljaa** still as a mouse **-hiljaisuus** dead silence **-korva;** *koivu on ~lla* the birch is budding **-loukku** mouse-trap.

hiiri mouse *(pl* mice) ~**haukka** buzzard ~**lavantauti** murine typhus ~**pöllö** hawk owl.

hii|**si** *(paholainen)* the Devil; *(helvetti)* Hell; *painu -teen! (m)* go to blazes!

hiisk||**ahdus;** *ei ~takaan* not the least (slightest) sound **-ahtaa** breathe a word **-aus** sound; whisper; *ei kuulunut [hiiren] ~takaan* not a sound was heard **-ua** = *hiiskahtaa; älä -u tästä sanaakaan!* don't breathe a word (syllable) of this! **-umaton;** ~ *hiljaisuus* absolute silence, breathless hush.

hiiva yeast ~**leipä** yeast bread ~**sieni** yeast fung|us *(pl* -i).

hikeen|**tyä** get excited (carried away); blow one's top; lose one's cool; *älä -ny!* take it easy! keep your shirt (hair) on! keep your cool!

hi|**ki** sweat (wipe the sweat off one's brow *pyyhkiä -keä otsaltaan;* the sweat flows ~ *virtaa*); perspiration (underarm perspiration *kainalo~*) ▶ **olla** *-essä* be in a sweat, be perspiring [all over]; *(ark)* be all of a

sweat, be all in a swelter; *(ikkunasta)* be steamed (misted over); *raataa otsa -essä (~ hatussa)* sweat blood; ~ *helmeili hänen otsallaan* beads of perspiration stood on his forehead; *-ellä ja* **vaivalla** with sweat and blood.

hiki||**nauha** sweatband **-nen** sweaty *(m kuv);* *(ikkunasta m)* steamy, damp; ~ *homma (m)* a sweat **-pisara** drop (bead) of perspiration; ~*t* *helmeilivät hänen otsallaan* beads of perspiration stood on his forehead **-rauhanen** sweat gland.

hikka *(pl)* hiccups.

hikoilla sweat *(m kuv;* on one's work *työnsä ääressä*); perspire.

hikoilu sweat[ing] (excessive sweating *liiallinen* ~); perspiration (underarm perspiration *kainaloiden* ~); *(lääk m)* sudation; *sairaalloinen* ~ hyperhidrosis, sudoresis ~**kohtaus** *(pl)* sweats (sudden sweats *äkillinen* ~).

hilata drag (a heavy load *raskasta kuormaa*); *(mer)* haul.

hiljaa 1 quietly (breathe (move) quietly *hengittää (liikkua)* ~); *(kevyesti)* softly (whisper (walk) softly *kuiskata (kulkea)* ~); *(vienosti)* gently (the wind was blowing gently *tuuli* ~) **2** *(puhumatta)* silently (listen silently *kuunnella* ~), in silence; quiet (be quiet! *ole* ~!) **3** *(liikkumatta)* still (lie still *maata* ~) **4** *(hitaasti)* slowly (drive slowly! *aja* ~! walk slowly *kävellä* ~) ▶ *[olkaa]* **hiljaa!** be quiet! hush! silence! **olla** ~ keep quiet; *(puhumatta)* keep (be) silent; *(liikkumatta)* keep still; puhua ~ speak quietly (softly, in a low voice).

hiljai|**nen 1** *(rauhallinen)* quiet (man *mies;* day *päivä;* at a quiet pace *-sta vauhtia;* lead a quiet life *viettää -sta elämää;* voice *ääni*); *(vaitelias)* silent (child *lapsi*), taciturn (youth *nuorukainen*) **2** *(äänetön)* silent (footsteps *-set askeleet;* majority *enemmistö;* suspicion *epäilys;* room *huone;* approval *hyväksyminen;* running of a motor *moottorin* ~ *käynti;* laughter *nauru;* moments of the night *yön -set hetket*); *(pred)* still (how still everything is! *kuinka -sta kaikki on!*); *(kuv m)* tacit (consent *suostumus*) **3** *(vieno)* soft (music *musiikki;* laughter *nauru*), gentle (knock *koputus;* wind *tuuli;* voice *ääni*) **4** *(hidas)* slow (fire *tuli;* speed *vauhti*) **5** *(liik)* slow, slack (season *kausi*), dull, inactive (market *-set markkinat*) ▶ ~ **hetki** *(jkn muistoksi)* a minute's (moment's) silence; **maan** -*set* the meek; *keittää -sella* **tulella** cook over [a] low heat, cook gently; *huoneessa* **tuli** -*sta* silence (a hush) fell over the room; -*sella* **äänellä** in a low voice.

hiljaisuu|s silence (break the silence *rikkoa* ~); quiet[ness], stillness; *(vaiteliaisuus)* taciturnity ▶ **elää** -*dessa* live in peace and quiet; **kaikessa** -*dessa* on the quiet, quietly; **pyytää** -*tta* ask for silence; *pyydän -tta!* silence please! may I have your attention please! *syvän -den* **vallitessa** in deep (hushed, deathly) silence; **yön** -*dessa* in the still (quiet, hush) of the night.

hiljattain recently; ~ *ilmestynyt teos* recent publication; *vasta* ~ only recently; not long ago.

hiljem|pi; *olkaa -paa!* don't make such a noise! *puhukaa -paa!* lower your voice please! *vääntää radiota* -*malle* turn down the radio.

hiljennin *(mus)* mute, sordin|o *(pl* -i).

hiljen||tyä 1 compose o.s. (to prayer *rukoukseen);* ~ *omiin ajatuksiinsa* compose one's thoughts **2** *(hiljetä)* calm down (the wind has calmed down *tuuli on -tynyt);* slow down (business has slowed down *kauppa on -tynyt)* -**tää 1** slow (one's steps *askeliaan);* slacken (one's speed *vauhtiaan);* slow down (up) (business *kaupankäyntiä);* ~ *vauhtia* slow down (up) *(m kuv)* **2** (~ *ääntä)* muffle (the noise was muffled by the curtains *verhot -sivät melua);* *(vaientaa)* silence (an opponent *vastustaja);* ~ *radiota* turn down the radio.

hilje|tä 1 *(tulla hiljaise[mma]ksi)* become quiet (silent); quieten down (the city quietened down *kaupunki -ni);* *(vaimeta)* die down, *(~ ja loppua)* die away **2** *(hidastua)* slow down (up) (business slows down (up) *kaupankäynti -nee),* slacken (the speed slackens *vauhti -nee); (laantua)* calm [down] (the storm calmed down *myrsky -ni).*

hilkka bonnet; hood; *(sairaanhoitajan, tarjoilijan ym* ~*)* cap.

hilleri polecat, fitchew.

hillintä control (over *jnk* ~); restraint, check[ing].

hillit||sevä restraining, controlling (influence on *vaikutus jhk)* -**ty** restrained (behavio[u]r *käytös); (henk m)* composed; calm; subdued (lightning *valaistus;* voice *ääni),* soft (music ~*ä musiikkia),* quiet

(colo[u]rs -*yt värit);* controlled (in a carefully controlled manner *hyvin -yllä tavalla);* -*yn arvokas* reserved; *hänen esiintymisensä oli* ~*ä* he appeared composed; -*yllä äänellä* in a quiet voice, in an undertone **-tömyys** lack of restraint; extravagance **-tömästi** unrestrainedly (laugh unrestrainedly *nauraa* ~); *itkeä* ~ cry one's eyes out; *hän nauroi aivan* ~ he couldn't stop laughing.

hillitä 1 check (one's passion *tunteitaan),* restrain (one's zeal (tears, laughter) *intoaan (kyyneleitään, nauruaan));* keep .. down (one's anger *suuttumuksensa);* curb (one's tongue *kielensä),* put a curb on (one's passions *tunteitaan);* control (one's temper *kiukkuaan); (vaimentaa)* dampen (nothing could dampen his zeal *mikään ei voinut* ~ *hänen intoaan); (tukahduttaa)* repress (one's desires (curiosity) *himonsa (uteliaisuutensa));* ~ *itsensä* control o.s., keep o.s. in check **2** *(pitää kurissa)* hold down (the expenditure *menoja); (estää)* check (the growth of *jnk kasvua),* put a check on, control (the rise of prices *hintojen nousua;* the use of natural resources *luonnonvarojen käyttöä);* be a check on (the consumption of *jnk kulutusta);* hold back (disturbances *levottomuuksia), (rauhoittaa)* calm down (a noisy crowd *meluavaa väkijoukkoa).*

hillit|ön unchecked, unrestrained (anger *raivo);* uncontrolled (crying *itku),* unbridled (craving *himo);* intemperate (habits -*tömät elämäntavat); (raju)* wild (laughter *nauru),* fierce (hatred *viha); (liiallinen)* immoderate (demands -*tömät vaatimukset),* excessive (waste *tuhlaus); purskahtaa* -*tömään nauruun (m)* burst into an immoderate fit of laughter; -*tömän raivon vallassa* in a towering rage.

hillo jam; preserve ~**purkki** jam-jar, jam-pot ~**sipuli;** ~*t* pickled onions ~**ta** make jam (of berries *marjoja); (~ kurkkuja ym)* pickle.

hilpey|s hilarity, cheerfulness; *herättää* -*ttä* provoke mirth.

hilpeä cheerful (atmosphere *tunnelma);* hilarious (comedy *komedia;* sight *näky);* jolly (company *seurue);* ~*llä tuulella* in high spirits, in a gay mood; *(hiprakassa)* slightly tipsy (merry).

hilse dandruff; *(lääk m)* scale ~**il|lä** scale (peel) [off]; *(maalista m)* flake [off]; *(lääk)* desquamate; -*evä iho* scaling skin;

iho -ee the skin is peeling [off] ~**ily** scaling [off]; *(lääk)* desquamation ~**tystauti** psoriasis; ~*a sairastava* psoriatic.

Himalaja *(pl)* the Himalayas.

himmeli straw mobile.

himmen||**nin 1** *(valok)* diaphragm; *(TV ym)* fader **2** *(mus)* mute, sordin|o *(pl -i)* -**tynyt** tarnished (lustre *kiilto*); *(haalistunut)* faded (colo[u]r *väri*) -**ty**|**ä** become tarnished *(m kuv)* (the lustre has become tarnished *kiilto on -nyt*); become obscure (the meaning of the word has become obscure *sanan merkitys on -nyt*); *muistot -vät* the memories fade away.

himmen|**tää 1** dim (the lights *valaistusta*), darken (a room *huone;* nothing could darken their happiness *mikään ei voinut ~ heidän onneaan*), obscure (the moon was obscured by clouds *pilvet -sivät kuun*); *(haalistaa)* fade (time has not faded his memory *aika ei ole -tänyt hänen muistoaan*); *(sumentaa)* blur (tears blurred her eyes *kyyneleet -sivät hänen silmänsä*); *(~ loistoa t. kiiltoa)* tarnish (silver *hopeaa;* a p.'s reputation *jkn mainetta*); *-netty lasi* frosted glass; ~ *ääntä* muffle (mute) the sound **2** *(valok)* stop down.

himme||**tä** dim, grow dim[mer]; darken, be obscured; fade (the colo[u]r fades *väri -nee;* his memory will never fade *hänen muistonsa ei -ne koskaan*); tarnish (silver tarnishes quickly *hopea -nee nopeasti*) -**ys** dimness, darkness; obscurity; dullness; *(läpikuultamattomuus)* opacity; *(lasin ~)* frostiness; *(metallin ~)* tarnish

himmeä 1 *(hämärä)* dim (recollection *muisto;* light *valo*), dull (varnish *lakka;* green ~*[n]* *vihreä*); *(hillitty)* *(m)* soft (lights *valaistus*), quiet (colo[u]rs ~*t värit*); *(epäselvä)* *(m)* blurred (outlines ~*t ääriviivat*), obscure (mark *jälki*) **2** *(kiilloton)* mat[t], *(Am m)* matte (finish *pinta*); *(läpikuultava)* opaque, frosted (glass *lasi*).

himo lust ~**it**|**a** lust, crave (for money *rahaa*); *(ark)* be dying for (beautiful clothes *kauniita vaatteita*); grasp (at (after) an opportunity to do *tilaisuutta tehdä jtk*); *jtk -seva* covetous of ~**k**|**as** lustful, lecherous; greedy (look *katse*), sensual (lips *-kaat huulet*) ~**kkuus** lustfulness; greediness.

hina||**ta** tow (a car to the garage *auto korjaamoon;* a ship into port *laiva*

satamaan), have .. in tow (a ship *laivaa*); have .. on tow (a car *autoa*); *(vetää perässään)* tug, drag, trail (a sledge *kelkkaa*); *olla -ttavana* be in tow -**us** tow[ing], towage -**usauto** breakdown van, recovery vehicle, tow (wrecking) car, wrecker -**usköysi** tow.

hindu Hindu ~**lainen** *a ja s* Hindu ~**laisuus** Hinduism.

hinku itch (for *jhk;* to do *tehdä jtk*); *kova ~ tehdä jtk* a real itch (strong urge) to do ~**yskä** whooping-cough.

hinnan||**alennus** price reduction, reduction in price[s] -**korotus** increase (rise) in price[s] -**muodostu**|**s** determination (formation) of prices, price formation; *-kseen vaikuttavat tekijät* price-determining (price-fixing) factors -**muuto**|**s** change in price; *oikeus -ksiin pidätetään* the prices are subject to alteration -**nousu** rise in price[s]; *kahvin ~* rise in coffee price.

hinnasto price-list (for *jtk koskeva ~*), price-sheet; catalogue, *(Am)* catalog.

hinnoit||**ella** price -**taa** fix the price (of *jtk*), set the price (on *jtk*); price, list (at £5 viiteen puntaan*) -**telu**, -**us** pricing, price determination (fixing).

hin|**ta 1** price (fixed (moderate, current) price *kiinteä (kohtuullinen, käypä) ~;* *(kuv)* of liberty *vapauden ~*); *(kustannus)* cost (reduce the cost of an article by *alentaa tavaran ~a jllak;* *(kuv)* at the cost of severe losses *raskaiden tappioiden -nalla);* *(vaadittu ~)* *(m)* charge; *(kurssi)* rate (the day's rate *päivän ~*) **2** *(raha)* dough (got any dough? *onko sulla ~a?*), bread ▶ **ei mistään** *-nasta* not at any price, not for anything; *olla* **hinnoissaan** be pricey; *jhk* **hintaan** at the price of, [priced] at; *alhaiseen (edulliseen, hyvään) ~an* at a low (moderate, good) price; *omaan ~an* at cost; ~ *50 p* **kappaleelta** price 50p each; *maksaa korkea ~ jstk* pay a high price for; *matkalipun ~* fare; ~ *10 mk* **metriltä** price Fmk 10 per metre; *mihin ~an?* at what price? *mihin ~an tahansa* at any price (cost), at all costs; -**nat nousevat** *(laskevat)* the prices are going up (going down); *leivän (öljyn) ~ on noussut* the bread (oil) has gone up [in price].

hintai|**nen**; *jnk ~* costing (Fmk 100 *100 mk:n ~*); *minkä ~ on..?* how much is..? what is the price of..? *ne ovat saman -sia* they are [of] the same price.

hinta||**jousto** price elasticity (flexibility); *kysynnän* ~ price flexibility of demand -**lappu** [price] tag (label, ticket) -**luokka** price range -**politiikka** price (pricing) policy -**säännöstely** price control; ~*n alainen* price-controlled -**taso** price level; *yleinen* ~ general level of prices.

hintel||**yys** spindliness, slimness; delicacy of build -**ä** spindly; slender (frame *vartalo*).

hintti *(sl)* gay.

hio|**a** 1 *(teroittaa)* grind, give .. an edge (a knife *veistä*), (~ *kovasimella)* whet (an axe *kirvestä*), hone (a scythe *viikatetta*); sharpen (the scissors *saksia*), strop (a razor *partaveistä*) 2 *(silottaa)* grind (a lens *linssiä*); (~ *lasia ym)* cut (a diamond *timanttia)*; (~ *metallia yms)* polish (stone *kiveä;* steel *terästä*); (~ *sileäksi)* sand down (a door *ovi;* the surface has to be sanded down thoroughly *pinta on -ttava kunnolla)*, rub .. down; ~ *hiekkapaperilla (m)* sandpaper; ~ *himmeäksi* mat[t], matte, frost; *(lasia m)* grind; ~ *[sileäksi t. tasaiseksi]* smooth 3 *(kuv)* polish (the performance *esitystä;* the manuscript *käsikirjoitusta)*, smooth (a p.'s temper *jkn luonnetta)*; refine (the style *tyyliä)*.

hiomat||**on** 1 *(konkr)* unground (edge *terä)*; dull (knife *veitsi)*; *(lasista ym)* uncut; *(jalokivistä m)* unpolished; ~ *timantti (m)* rough diamond 2 *(kuv)* unpolished (style *tyyli)*, *(karkea)* crude (manners *-tomat tavat)* -**tomuus** *(kuv)* lack of polish; crudity.

hiomo *(puu~)* mechanical pulpwood mill.

hionta grinding *(jne; ks hioa)*; grind.

hiost||**aa** sweat; *(hautoa)* make .. sweat (swelter) -**ava** sweltering (hot ~*n kuuma)*, sultry (weather *sää)* -**us** sweating (of workers *työntekijöiden* ~).

hi|**ota** sweat (my feet sweat easily *jalkani -koavat helposti;* the patient is sweating *potilas -koaa)*; perspire (under the arms *kainaloista)*.

hiottu 1 *(konkr)* ground; *(teroitettu)* sharpened (knife *veitsi)*; cut (glass *lasi;* diamond *timantti)*; polished (granite *graniitti)*; himmeäksi ~ *lasi* ground (frosted) glass 2 *(kuv)* polished (performance *esitys)*, refined, smooth (manners *käytös)*.

hioutu||**a** be[come] polished; *luonne -u (m)* the character acquires polish; ~ *pois* rub off; ~ *sileäksi* wear smooth -**neisuus**

polish; refinement; *(erik käytöksen* ~) *(m)* urbanity -**nut** polished (technique *tekniikka)*, refined.

hipais||**ta** touch .. lightly, brush (a p.'s cheek *jkn poskea)*; graze (the boat grazed the bottom *vene -i pohjaa)*; skim (the surface of the water *veden pintaa)*; *(kuv)* touch on (the conversation touched on politics *keskustelu -i politiikkaa)* -**u** [light] touch, brush (of a feather *höyhenen* ~) -**unäppäi**|**n** *(TV)* feathertouch; -*met (m) (sg)* touch tuning.

hipat *(sg)* party, session.

hipiä complexion; *(iho)* skin.

-**hipiäinen** -complexioned (fine-complexioned *hieno*~); .. with a .. complexion.

hipo|**a** touch (the ceiling *kattoa;* the speedometer touched 100 *nopeusmittari -i sataa)*; ~ *hulluutta* verge on lunacy (madness), border upon the absurd; *taivaita -va suunnitelma* extravagant (grandiose) plan; ~ *täydellisyyttä* approach perfection.

hippa [game of] tag, tick, tig; *leikkiä* ~*a* play tag.

hippi hippie, hippy ~**liike** hippie movement.

hippiäinen goldcrest.

hippu nugget (gold nugget *kulta*~).

hiprak|**ka;** *olla [pikku] -assa* be tipsy.

hirmu||**hallitsija** tyrant, despot -**hallitus** [reign of] terror; tyranny -**inen** dreadful, frightful (scene *näky)*; terrible (hurry *kiire)*; horrible (cruelty *julmuus)*; awful (noise *meteli;* mess *siivo)*; -*isen* dreadfully, frightfully, awfully -**lisko** dinosaur -**myrsky** hurricane; *(Am)* tornado; *(sykloni)* cyclon; *(taifuuni)* typhoon -**teko** atrocity -**valta** tyranny *(m kuv)*, despotism; *(-vallan aika)* reign of terror -**valtias** tyrant, despot.

hirn||**ahdus, -ahtaa** neigh; whinny -**ua** neigh (a horse neighs *hevonen -uu)*; *(nauraa)* guffaw, roar with laughter -**unta** neigh; guffaw.

hir|**ressä** *(-teen)* ▶ joutua *-teen* be hanged, *(ark)* swing (you'll swing for this *tästä joudut -teen)*, end up on the gallows; **riippua** ~ hang from a rope; *(hirsipuussa)* hang on the gallows; **tuomita** *-teen* sentence to be hanged, send .. to the rope (gallows); **vetää** *-teen* hang.

hir|**si** [building] timber (floor timbers *lattia-ret)*; -*ret (m) (sg)* timber ~**maja,** ~**mökki** log cabin (hut) ~**puu** gallows (*pl*

hir

~) (end up on the gallows *joutua ~hun*); *joutua ~hun (kuolla ~ssa)* *(m)* be hanged ~**seinä** log wall.

hirssi millet; *(Am m)* panic.

hirtehishuumori grim (macabre) humo[u]r; gallows (black) humo[u]r.

hirtto||**köy**|**si, -nuora** rope, halter; *riippua -dessä* hang from the rope **-paikka** gallows hill **-silmukka** [hangman's] noose (halter) **-tuomio** the rope; *saada ~* be sent to the rope.

hirttäytyä hang o.s.

hirt|**tää** hang (execute by hanging *teloittaa -tämällä*); *jarrut -tävät* the brakes jam.

hirven||**ajo** elk-hunt[ing], deer-stalking **-kaatolupa** elk hunting licence **-liha** [elk] venison **-metsästys** deer-stalking, elk-hunting **-paisti** roast elk (venison) **-sarvet** antlers **-sarvisaniainen** stag's horn fern **-vasa** young deer *(pl ~)*, cal|f *(pl -ves)* of a deer.

hirve||**ys** dreadfulness; horror **-ä** terrible (weapon *ase;* vengeance *kosto;* headache *päänsärky;* in a terrible mess *~ssä sotkussa*), horrible (weather *ilma;* situation *tilanne*), dreadful (experience *kokemus*), frightful, shocking (waste of time *~ä ajan tuhlausta*), fearful (storm *myrsky*), appalling (sight *näky*), ghostly (accident *onnettomuus;* mistake *erehdys*), hideous (murder *murha;* sum of money *summa rahaa*); awful (smell *haju*), horrid (person *ihminen;* clothes *~t vaatteet*); *(suunnaton) (m)* terrific (at a terrific speed *~ä vauhtia*) **-än** terribly, dreadfully, awfully (sorry *pahoillaan*); shockingly (rude *epäkohtelias*); ~ *hauska* (hieno, *hyvä) (m)* terrific; ~ *mielelläni* with great pleasure; ~ *näköinen* hideous[-looking]; ~ *paljon* an awful lot; ~ *suuri* huge, enormous, colossal **-ästi** terribly; awfully (annoyed *harmissaan;* it rained awfully *satoi ~*); *(m)* an awful lot (of people *ihmisiä*); *pidän siitä ~* I'm awfully fond of it.

hirvi elk *(pl ~); (Am)* moose *(pl ~); (uros~)* stag, hart; *(naaras~)* hind, doe ~**eläi**|**n** deer *(pl ~); -met (sg)* the deer family ~**jahti** elk-hunt[ing]; *lähteä ~in* go elk-hunting ~**paisti** roast venison.

hirvittää; *minua ~* I am frightened (scared) (at *jk;* to do *tehdä jtk*); *jo pelkkä ajatuskin ~* the very thought makes me shudder.

hirviö monster.

hissi *(Br)* lift; *(Am)* elevator ~**kuilu** lift *(Am* elevator) shaft (well) ~**poika** lift *(Am* elevator) boy.

hissuks||**een, -iin** **1** *(hitaasti)* slowly; *(vähitellen)* little by little, gradually **2** *(hiljaa)* quiet[ly], in silence; *(vaivihkaa)* secretly; stealthily.

histamiini histamine.

histologi||**a** histology **-nen** histologic[al].

historia history; ~*n* historical (personages *henkilöt*) ▶ ~*a* **koskeva** *(käsittelevä)* historical (study *tutkimus*); *se* **kuuluu** *jo* ~*an* that is past history, it is all history now; **siirtyä** ~*an* become (go down in) history; **Suomen** ~ the history of Finland, Finnish history; **tehdä** ~*a* make history; **vanhan** **ajan** *(keskiajan, uuden ajan)* ~ ancient (medi[a]eval, modern) history.

historialli||**nen** **1** *(historiaan liittyvä)* historical (character *henkilö;* novel *romaani;* study *tutkimus*); ~ **aika** *(pl)* historic times; recorded history **2** *(-sesti merkittävä)* historic (moment *hetki;* speech *puhe;* achievement *saavutus*) **3** *(kiel)* historical (grammar *kielioppi*); *(historioiva)* diachronic; ~ **preesens** the historic[al] present **-s-kielitieteellinen;** ~ *osasto* the Faculty of Arts.

historian||**kirja** history book; *(oppikirja) (m)* textbook of history **-kirjoittaja** historian; chronicler **-kirjoitus** historiography **-opettaja** history master (teacher) **-opetus** [teaching of] history **-takainen** prehistoric **-tutkija** historian **-tutkimus** study (research) of histor**y**, *(tiede)* historiology.

histori||**ikki** history (of *jnk ~*); *(yleiskatsaus)* survey **-oi**|**tsi**|**ja** historian.

hitaasti slowly; ~ *kehittyvä* slow, lingering (disease *tauti*); *kiiruhtaa ~* hasten gently; ~ *mutta varmasti* slow but sure; ~ *vaikuttava* slow[-acting] (poison *myrkky*).

hitaus slowness; sluggishness; *(fys)* inertia.

hito||**nmoinen** a hell of a (noise *meteli*) **-sti** like hell.

hitsa||**aja** welder **-ta** weld; *-ttu* welded **-us** weld[ing]; *(~paikka)* weld[ing point] **-usliekki** welding flame **-sauma** welding seam.

hitti hit.

hit|**to** the devil, hell; *-on hyvä* damn[ed] good; ~ *soikoon!* damn it! hell's bells!

hitu|**nen** grain (of gold *kultaa*), particle (of sand *hiekkaa;* of good will *hyvää tahtoa*); a little bit (of kindness *ystävällisyyttä*);

pinch (of salt *suolaa*); *ei -stakaan* not a bit (whit, particle); ~ *sinistä [väriä]* a touch of blue.

hiukais|ta; *minua -ee* I feel hungry.

hiukan 1 *(subst yht)* **a)** *(yksikössä) (vähän)* a little (cake *kakkua;* she speaks a little French *hän puhuu* ~ *ranskaa*); *(jonkin verran)* some (money *rahaa;* tea *teetä*); *(hiukkasen) (m)* a little bit of (patience *kärsivällisyyttä*); *(hivenen)* a touch of (irony *ironiaa*); a shade of (anxiety in the voice *levottomuutta äänessä*); **b)** *(monikossa) (muutamia)* a few (grapes *viinirypäleitä*) **2** *(adj t. adv yht)* a bit ([too] small *[liian] pieni;* later on *myöhemmin;* bigger *suurempi*); slightly (a slightly better car ~ *parempi auto*); *(vähän)* a little (more *enemmän;* too large *liian iso;* less noise *vähemmän melua*); *(ark)* a trifle (too heavy *liian raskas*); a shade (too dark *liian tumma*); *(jossakin määrin)* somewhat (better *parempi*) **3** *(itsen) (vastauksissa ym)* a little (just a little *vain* ~), a bit (try a bit! *maista* ~!).

hiukka; *ei* ~*akaan* not a bit.

hiukka|nen particle; *(kuv)* bit (he is a bit of a bohemian *hänessä on* ~ *boheemia*); touch (of irony *ironiaa*); *-sen* a bit, a little.

hiukkaskiihdytin particle accelerator.

hiuksenhieno fine, subtle (distinction *ero*).

-hiuksinen -haired (dark-haired *tumma*~).

hiu|s hair; *-kset (sg)* hair ▶ **halkoa** *-ksia* split hairs; *saada harmaita -ksia* worry o.s. grey; **kammata** *-ksensa (m)* do (dress) one's hair; **kuivat** *(rasvoittuvat) -kset* dry (greasy) hair; ~*ten* **leikkuu** hair-cut; ~*ten* **pesu** shampoo[ing].

hius‖karva; *hänen henkensä oli* ~*n varassa* his life hung by a hair, it was touch-and-go for him **-kiinne** hair spray **-laskos** pintuck **-lisäke** hair piece; *(erik miesten* ~*)* toupee **-neula** hairpin **-neulakäännös** hairpin bend **-putki** *(fys)* capillary [tube] **-raja** hairline; *punastua* ~*a myöten* blush up to the roots of one's hair **-suoni** capillary **-suonisto** capillary system.

hiusten‖halkoja hairsplitter **-halkominen** hairsplitting **-hoito** hair care **-hoitoaine** hair conditioner **-kuivaaja** hair dryer **-leikkaus** hair-cut **-pesuaine** shampoo.

hius‖verkko hair net **-vesi** hair lotion (tonic) **-viiva** hairline.

hiutale flake ~[ma]inen flaky.

hiutaloitu‖a flocculate; coagulate **-minen** flocculation.

hivellä stroke (a p.'s cheek *jkn poskea*); caress *(m kuv)* (the ear *korvaa*); please (the eye *silmää*); ~ *jkn turhamaisuutta* tickle (flatter) a p.'s vanity.

hiven particle (not a particle of sense (dust) *ei järjen (pölyn)* ~*täkään*); grain (of comfort *myötätuntoa*); *(kuv) (m)* touch, shade (of bitterness in one's voice *katkeruutta äänessä*); *ei* ~*täkään* not a bit, not in the least (better *parempi*); ~*en [verran]* a bit, a trifle; a little (bigger *suurempi*) ~**aine** trace (minor) element, micro|element, -nutrient.

hivutta‖a gnaw (at a p.'s strength *jkn voimia*); *(kuluttaa)* consume **-utua** drag o.s. (to the door *ovelle*); *(~ vaivihkaa)* slide, creep (out of the room *ulos huoneesta*) **-va** wasting (disease *tauti*); gnawing (pain *kipu*).

hoh|de shine, sheen (of silver *hopean* ~); shimmer (of silk *silkin* ~), glimmer (of pearls *helmien* ~); *(kiilto)* lust|re (-er) (of a pearl *helmen* ~; metallic lustre *metallin* ~; of the stars *tähtien* ~); *(loiste)* light; *(tulen* ~*) (m)* glow, gleam (of the flames *liekkien* ~); *(kimallus)* sparkle, glitter (of snow *hangen* ~; of jewellery *jalokivien* ~); *kuun kalpeassa -teessa (m)* in the pale moonlight; *romanttinen* ~ an air of romance *(vrt loiste, paiste).*

hohka‖a emit, radiate, send out (heat *lämpöä*); *ikkunasta* ~ *kylmyys* cold emanates from the window **-inen** porous, porose **-kivi** pumice[-stone] **-tiili** porous tile.

hohot‖taa; *[nauraa]* ~ guffaw; roar with laughter **-us** guffaw; horse-laugh; *naurun* ~ *(m)* roar[s] of laughter.

hohta‖a 1 *(loistaa)* shine (in the sun *auringossa*; like silver *hopealle;* the stars shine [bright] *tähdet -vat [kirkkaina]*); *(hehkua)* glow (red in the sunlight *punaisena auringossa*); *(~ himmeästi)* glimmer, shimmer (through the mist *sumun läpi*); *(kimaltaa)* glisten, sparkle (the sea glistens (sparkles) blue *meri* ~ *sinisenä*); *(välkkyä)* glitter, gleam (in the night *[pimeässä] yössä*), glint (in the sunlight *auringossa*); *puna* ~ *poskilla* the cheeks glow, the face glows [red]; *taivas* ~ *punaisena* there is a [red] glow in the sky **2** *(hohkaa)* radiate (the fire-place radiates heat *takka* ~ *lämpöä*), emit *(ks m loistaa, paistaa)* **-va** brilliant (in brilliant sunshine ~*ssa auringonpaisteessa*); sparkling (snow *hanki;* white teeth ~*n valkoiset hampaat*); glistening (hair ~*t hiukset*); *(kiiltävä)* lustrous (pearls ~*t helmet*); shimmering, shimmery (satin *satiini*); ~*n valkoinen* dazzling (brilliant, glistening) white.

hohtimet pincers.

hohto = *hohde; (kuv)* glamo[u]r (surrounding film stars *filmitähtiä ympäröivä* ~); *siinä ei ole mitään* ~*a* that's no fun ~**lamppu** glow [discharge] lamp.

hoi hollo[a]! *(mer)* ahoy!

hoidokki inmate; *(holhokki)* ward.

hoik||**entaa** slim (this line slims the waist *tämä linja* ~ *vyötäröä*); *tumma väri* ~ dark colo[u]rs make one look slimmer **-ka** slender (woman *nainen;* legs -*at sääret;* waist *vyötärö*); slim.

hoil|**ata, -ottaa;** *[laulaa]* ~ yell out.

hoiper||**rella** stagger (along *eteenpäin;* with exhaustion *väsymyksestä*), totter (down the stairs *alas rappusia*); reel (like a drunken man *kuin humalainen*), lurch (across the road *tien yli*); *(kuv)* vacillate (in politics *politiikassa*); -*televat askeleet* stumbling steps **-telu** *(kuv m)* vacillation.

hoippu|**a** reel, sway (from side to side *puolelta toiselle*); totter (the patient tottered to the window *sairas -i ikkunan luo*); *(hoiperrella)* stagger (out *ulos*); ~ *haudan partaalla* totter on the edge of the grave.

hoi|**taa 1 a)** *(pitää huolta jstk)* take care of (take good care of oneself ~ *hyvin itseääin;* the flowers *kukkia*); look after (business affairs *liikeasioita;* the garden *puutarhaa,* one's health *terveyttään*); see to (the necessary arrangements *tarvittavat järjestelyt*); mind (the children *lapsia*), tend (a machine *konetta*); care for (the car *autoa;* children *lapsia;* one's hair *tukkaansa*); **b)** *(hoivata)* nurse (a patient *sairasta*), tend (a p.'s wounds *jkn haavoja*), care for (one's old mother *vanhaa äitiään*); **c)** *(lääk)* treat (a p. for rheumatism *jkn reumatismia;* a disease *tautia*); *(lääkäristä ym m)* attend [on] (which doctor is attending you? *kuka lääkäri* ~ *sinua?*); **d)** *(kosmet)* condition (this product conditions your hair *tämä tuote* ~ *hiuksianne*) **2 a)** *(panna järjestykseen)* attend to (a matter *asia;* one's duties *velvollisuutensa*); *(liik m)* *(toimittaa)* execute (an order *tilaus*); see to (one's finances *raha-asioitaan;* I'll see

to it in a minute -*dan sen hetken kuluttua*); **b)** *(hoidella)* handle (the matter is easy to handle *asia on helposti* -*dettavissa; (liik)* our agent handles the export trade *agenttimme* ~ *vientikauppaa*); deal with (who deals with these matters? *kuka* ~ *näitä asioita?*) **3 a)** *(vastata jstk)* be in charge of (correspondence *kirjeenvaihtoa);* the business *liikettä); (lak)* administer (property *omaisuutta);* be responsible for (the teaching of history *historianopetusta);* **b)** *(johtaa)* manage (a business *liikettä;* an enterprise *yritystä);* run (a coffee bar *kahvilaa*); tend (a shop *myymälää*) ▸ *antaa (jättää) jkn* **hoidettavaksi** place .. in a p.'s hands, leave to a p.; *hänellä on jk* **hoidettavana[an]** he is in charge of, he has charge of; *hyvin (huonosti)* **hoidettu** well (poorly) looked-after (cared-for); *ottaa* **hoitaakseen** *(-dettavakseen)* take charge of, take over (all formalities *kaikki muodollisuudet);* *jättää* **hoitamatta** neglect; **hoitava** nutrient (cream *voide*); conditioning (hair lacquer *hiuslakka*); -*tava lääkäri* consulting surgeon; ~ **huonosti** mismanage; neglect; -*da sinä* **omat asiasi!** [you] mind your own business! ~ *jkn* **tehtäviä** discharge (attend to, carry out) the duties of; ~ *jku* **terveeksi** nurse a p. back to health; ~ **virkaa** hold (execute, occupy) an office.

hoita||**ja** nurse *(private nurse yksityinen* ~); *(liik)* vastaava ~ manager; *(fem)* manageress **-mat**|**on** uncared-for (garden *puutarha*); neglected; unkempt (looks *ulkonäkö*), untidy (hair -*tomat hiukset*) **-mattomuus** lack of [proper] care; neglect.

hoi|**to 1** care (of the teeth *hampaiden* ~); *(sairaiden ym* ~*)* nursing, tending; *(lääk)* treatment (receive treatment for *saada* ~*a jhk*); therapy (physical therapy *fysikaalinen* ~); *(*~*keino)* cure **2** *(hallinto)* administration (of funds *varojen* ~); *(johto)* management (of a business *liikkeen* ~) **3** *(liik ym)* attention (to orders *tilausten* ~) ▸ *antaa jkn* ~*on* leave in a p.'s care (hands), leave in the care (custody) of; **huono** ~ mismanagement; neglect; *olla hyvässä* -*dossa* be well looked after (cared for, taken care of); *(ark)* **koko** ~ the lot; the whole shebang; *olla jkn* -*dossa* be in a p.'s charge; *olla lääkärin* -*dossa* be under medical treatment; **ottaa**

~onsa take care (charge) of; olla -don tarpeessa need care.

hoito||aine (hius~) [hair] conditioner **-apulainen** orderly **-henkilökunta** nursing (medical, hospital) staff **-keino** cure **-koti** nursing home **-kustannukset** (sairaan ~) nursing costs; (ylläpitokustannukset) maintenance (management) costs **-laito|s** home, institution; **-ksessa** (m) in care **-lapsi** child in daycare **-maksu[t]** (sairaalan ~) nursing cost[s], cost[s] of treatment **-menetelmä** method of treatment; cure **-paikka** (lapsen ~) place [in daycare] **-pöytä** babycare table.

hoiv|a; olla jkn -issa be under the care (protection) of; be looked after by; ottaa -iinsa take care (charge) of ~**koti** hospice ~**ta** nurse, tend.

hoke||a say again and again, keep on saying (repeating); ~ yhtä ja samaa be harping on the same string **-ma** nonsense rhyme; yleinen ~ a current set phrase.

hokkari hockey skate.

hokki ca[u]lk.

hoks||ata tumble (to what's going on mitä tapahtuu); hän -asi sen heti he got it (the message) right away **-ottimet;** hänellä on hyvät ~ his head is screwed on the right way.

holhooja guardian; määrätä ~ appoint a guardian ~**hallitus** regency.

holho||ta; ~ jkta take care of; (lak) be a guardian for; **-ava** asenne patronizing air; isällisen **-ava** paternal **-ttava** ward; määrätä ~**ksi** place under guardianship; olla jkn ~**na** be under a p.'s guardianship, be a p.'s ward **-tti** ward **-us 1** (lak) guardianship, wardship; **-uksen alainen** under guardianship, in ward **2** (kuv) patronage (by the state in economic matters valtion ~ talousasioissa).

holkki 1 (tekn) sleeve, bushing **2** (imuke) cigarette holder.

holkkuma play, slack.

hollannikas clog.

Hollanti Holland; **h~** (kieli) Dutch **h~lai|nen I** a Dutch **II** s Dutchman; (fem) Dutchwoman; **-set** the Dutch.

holo||grafia holography **-grafinen** holographic (adv ~ally) **-grammi** hologram.

holtit||on irresponsible **-tomuus** irresponsibility.

holva||ta arch, vault; **-ttu** arched, vaulted **-us** arching, vaulting.

holvi vault (vaults of a church kirkon ~t; of heaven taivaan ~); (~kaari) arch (of the foot jalan ~; of a bridge sillan ~); (kassa~ m) safe deposit, strong-room ~**hauta** vault; tomb ~**kaari** arch [of vault], arching ~**katto** vault (of a church kirkon ~); vaulted (arched) roof ~**käytävä** arcade, arch[way] ~**portti** arch[way].

home mo[u]ld; (kankaassa t. paperilla) mildew; (metallin pinnalla) verdigris ~**htua** mo[u]ld, become mo[u]ldy; mildew ~**htun|ut** mo[u]ldy (jam hillo; bread leipä); mildewed (wheat vehnä); (kuv) musty (old ideas -eet vanhat aatteet) ~**juusto** (sini~) blue cheese ~**opatia** homeopathy ~**rihmasto** myceli|um (pl -a) ~**sien|i** mo[u]ld [fungus]; (kasvin ~) mildew; -et mo[u]ld fungi, hyphomycetes.

homm|a job (a good (bad) job hyvä (huono) ~); (juttu) business (a strange business -kumma ~); oli kova ~.. it was a [real] job (business, a real hassle) (to do, doing tehdä jtk); paljon ~a (-ia) a lot to do; ruveta -iin get a move on, get at it ~**illa** busy o.s. (with all kinds of tasks yhtä ja toista) ~**ta** get (a p. a job jklle työpaikka); mitä -at nykyisin? what are you doing nowadays?

homo gay.

homogeeni||nen homogeneous **-staa** homogenize **-suus** homogeneity.

homogen|||[is]ointi homogenization **-oida** homogenize.

hom||onyymi homonym **-orgaaninen** homorganic.

homoseksu||ali[nen] a ja s homosexual **-lismi** homosexuality **-listi** homosexual.

hongankolistaja lamppost, highpockets.

hongi||kko, -sto (pl) pinewoods.

honk|a 1 (puu) old pine tree, [long-boled] pine; kaikki meni päin -ia it went all wrong **2** (puuaine) pine [wood]; (puna~) redwood; (erik Br m) deal ~**inen** pine, ..made of pine wood; (erik Br m) deal (table pöytä).

honot||taa speak through one's nose; puhua **-tavalla** äänellä talk with a snuffle **-us** nasal twang; snuffle.

hontelo lanky.

hoopo stupid.

hopea silver; ~t (~esineet) (sg) silver[ware]; koru on ~[st]a the ornament is [made] of silver; (urh) päästä ~lle win a silver medal ~**-astia** silver dish; ~t (sg) silver[ware]

~**esine** silver article; ~**et** *(sg)* silver[ware] ~**hanhikki** hoary cinquefoil ~**hapset** *(sg)* silver[y] hair ~**harkko** silver bar, bar (ingot) of silver ~**hiuksinen** silver-haired ~**hohde** *(min)* argentite, silver glance ~**häät** *(sg)* silver wedding ~**kanta** *(tal)* silver standard ~**kettu** silver fox ~**kuusi** common silver fir ~**lautanen** silver plate ~**lusikka** silver spoon ~**malmi** silver ore ~**mitali** silver medal ~**mitalimies** silver medal[l]ist, silver medal winner ~**nharmaa** silver, silver-grey, *(Am)* silver gray (hair ~**t** *hiukset*) ~**nhohtoinen,** ~**nvärinen** silver[y] ~**paju** white willow ~**paperi** silver paper (foil); *(folio)* tinfoil ~**pensas** Russian olive, oleaster ~**pitoinen** argentic, argentiferous ~**pitoisuus** silver content[s] (in, of *jnk* ~); percentage of silver ~**raha** silver [coin] ~**seppä** silver smith.

hope∥inen silver (hair -*iset hiukset;* candlesticks -*iset kynttilänjalat*) **-oida** silver *(m kuv); -oitu* silvered; silver-plated **-ointi** silver-plating.

hop∥pu rush (a terrible rush *kova* ~), hurry; *hätä ja* ~ hurry-scurry **-puilla** rush (it's no good rushing *ei kannata* ~), hurry **-ut∥taa** hurry, rush (a p. to leave *jkta lähtemään;* don't rush me! *älä ä minua*); hustle (the children off to school *lapsia kouluun*); urge . . on (the horse *hevosta*).

horisont∥ti horizon; *se menee yli -in* it is above my horizon.

horjahtaa stagger, totter (and fall *ja kaatua*); sway (backwards *taaksepäin;* dangerously *vaarallisesti*); *(~ ja kaatua)* tumble (into the ditch *ojaan*), · *kumoon* topple over (down), fall over; ~ *yli laidan* fall overboard.

horju∥a 1 stagger (from side to side *puolelta toiselle;* out *ulos*), totter (the chimney tottered and then fell *savupiippu -i ja sitten kaatui); (kulkea -en) (m)* reel (like a drunken man *kuin humalainen*), lurch (across the street *kadun yli*) **2** *(kuv)* totter (the president's power was beginning to totter *presidentin valta alkoi* ~); be shaken (his position is shaken *hänen asemansa -u*) **3** *(olla epävarma [jssk])* waver, falter (his faith falters *hänen uskonsa -u); (~ puolelta toiselle)* vacillate (the government has been vacillating in its policies *hallitus on -nut politiikassaan*) ▶ ~ **kahden vaiheilla** waver, vacillate, shilly-shally; **kävellä** **-en** *(m)* walk unsteadily; *(kiel)* **käyttö** -*u* the usage

varies; *hänen* **polvensa** -*ivat* he went weak at the knees; ~ **päätöksessään** *(m)* be irresolute; *hänen* **terveytensä** -*u* his health is giving way (is declining).

horju∥maton unshakeable, unwavering (determination *päättäväisyys*); unswerving (loyalty *uskollisuus*), unfaltering (belief in *usko jhk*) **-mattomuus** stability, firmness **-ttaa** shake (an explosion shook the building *räjähdys -tti rakennusta;* a p.'s faith in *jkn uskoa jhk;* the foundations of *jnk perusteita;* a p.'s health *jkn terveyttä*) **-va** tottering (building *rakennus;* power *valta*); staggery (steps ~*t askelet*), shaky, tottery (ladder ~*t tikkaat*); unsteady (gait *käynti); (kuv m)* wavering (character *luonne*); vacillating (foreign policy *ulkopolitiikka*); ~**lla pohjalla** on shaky ground **-v[ais]uus** wavering; vacillation; *(epävakaisuus*) unsteadiness; uncertainty.

hork∥ka ague, malaria; *vapista kuin -assa* have the shivers ~**sääski** anopheline mosquito.

hormi flue, uptake.

hormonaali[nen] hormonal.

hormoni hormone ~**hoito** hormonal treatment, hormonotherapy ~**tasapaino** hormone balance -*s* ~**valmiste** hormone preparation.

horna abyss; hell; ~**n kita** the [bottomless] pit.

horoskooppi horoscope.

horro∥s 1 *(kevyt unitila)* drowse ([as if] in a drowse *[kuin]* -*ksessa*); *kulkea kuin -ksessa* walk around in a daze (*ark* like a zombie); *vaipua -kseen* drowse (doze) off **2** *(talvi~*) hibernation, torpor; *maata -ksessa* lie dormant; hibernate; -*ksessa oleva* torpid **3** *(kuv*) dormancy (awake[n] from centuries of dormancy *herät[tä]jä vuosisataisesta -ksesta*), -*ksissa* in [a state of] lethargy ~**tila 1** *(konkr)* drowse; stupor (lie in a sort of stupor *olla eräänlaisessa* ~*ssa*) **2** *(kuv)* dormancy, lethargy; *henkinen* ~ torpor.

horsma willowherb.

hortensia hydrangea.

hortoilla mooch around (about).

hortonomi trained horticulturist.

hosua 1 *(huitoa)* lay about (a p. *jkta;* with a stick *kepillä*); gesticulate (stop gesticulating with that fork! *älä hosu sen haarukan kanssa!*); ~ **käsillään** throw one's arms about; ~ **pois** whisk . . off (away) (mosquitoes *hyttysiä*) **2** *(hätiköidä*) rush; *älä hosu!* don't rush (hurry)! take it easy!

hoteis|sa *(-iin); jkn ~ (-iin)* in a p.'s care (charge), in the care (charge) of; *omissa ~an* on one's own; *ottaa jk -iinsa* take charge of.

hotelli hotel (The Continental Hotel ~ *Continental*) **~huone** hotel room **~- ja ravintola-ala** hotel and catering industry **~ketju** hotel chain **~lasku** hotel bill; *maksaa ~ (erik Am m)* check out **~nomistaja** hotel proprietor (owner); hotel-keeper **~poika** page [boy], *(Am)* bellboy.

hotkais||ta devour, wolf (gobble) down (one's dinner *päivällisensä*), gulp [down] (a cup of coffee *kupillinen kahvia*) **-u** gulp; *niellä yhdellä ~lla* swallow at one gulp.

hottentotti Hottentot.

houkut||ella 1 *(taivutella)* persuade, induce (a p. to stay for supper *jkta jäämään illalliselle*); coax (a child to eat *lasta syömään*); wheedle (a p. into going to the cinema *jku [lähtemään] elokuviin;* money out of a p. *rahat jklta); (viekoitella)* entice (into going *lähtemään;* don't entice me! *älä -tele minua!); (~ jhk pahaan)* seduce (into crime *rikokseen, rikoksen tielle*); tempt (a p. to steal *jkta varastamaan); (~ ansaan)* lure (lured by false promises *tyhjien lupausten -telemana*), decoy (they decoyed him into a dark street and robbed him *he -telivat hänet pimeälle kadulle ja ryöstivät hänet); ~ ansaan* lure .. in to a trap; *~ jku lupaamaan* wheedle a promise out of; *saada -elluksi* coax (a th. from *jtk jklta;* a p. into *jku jhk); yrittää ~* tempt (a patient to eat *potilasta syömään*) **2** *(vetää puoleensa)* tempt (the offer tempts me *tarjous -telee minua*); attract (supermarkets attract customers with special offers *valintamyymälät -televat asiakkaita erikoistarjouksiin*); allure (allured by better prospects *parempien mahdollisuuksien -telemana*) **-televa** tempting (offer *tarjous*), inviting (sofa *sohva*); enticing (advertisement *mainos*), alluring (prospects *~t tulevaisuuden-näkymät*); attractive (idea *ajatus*)us **-telu** persuasion (in spite of all persuasion[s] *kaikista ~ista huolimatta*); pitkien *~jen* jälkeen after much persuasion.

houkutu|s temptation (a great temptation

for *suuri ~ jklle;* temptations of a big city *suurkaupungin -kset*); allurement; attraction; seduction (succumb to the seductions in the shop windows *sortua näyteikkunoiden -ksiin*) **~keino** attraction; *(kuv)* lure (the lures used by women *naisten käyttämät ~t*) **~lintu** decoy; *(kuv m)* decoy-duck, lure.

hourail||la be delirious (with fever *kuumeessa*), rave (the patient began to rave *potilas alkoi ~*) **-u** delirium, raving.

houre deliri|um *(pl m -a); ~et* ravings (of a lunatic *hullun ~et).*

hourupäinen lunatic.

housu||hame culotte[s] **-liivit** *(sg)* panty girdle **-nkaulus** waistband **-nlahje** *(Br)* trouser leg; *(Am)* pant leg **-nnap|pi** trouser *(Am* pants) button; *-it auki* with one's flies unbuttoned **-ntakamukset** *(sg)* seat of the trousers **-puku** trouser (slack, *Am* pants) suit.

housu|t 1 *(pitkät ~) (Br)* [a pair of] trousers; *(Am)* pants; *(vapaa-ajan ~)* slacks **2** *(alus~) (miesten ~)* [under]pants; *(naisten ~)* pant[ie]s, briefs ▶ **kahdet ~** two pairs of trousers; **olla** *jkn -issa* be in a p.'s shoes; **panna** *~ jalkaan* put on one's trousers; **tehdä** *-ihinsa* foul one's pants.

hovi court (at court *~ssa;* hold court at *pitää ~a jssk)* **~hankkija;** *kuninkaan (kuningattaren) ~* Purveyor to H.M. the King (H.M. the Queen, the Royal Household) **~herra** courtier **~marsalkka** *(Brit)* Lord Chamberlain [of the Household] **~mestari** butler; *(ravintolan ~)* head-waiter **~narri** [court] jester **~neiti** maid of hono[u]r, maid-in-waiting (to *jkn ~); kuningattaren ~* Lady-in-Waiting, Lady of the Bedchamber **~niiaus** courtsey **~oikeus** Court of Appeal **~runoilija** court poet; *(Brit)* Poet Laureate *(pl* Poets Laureate) **~tallimestari** keeper of the court stables, Master of the Horse.

Hudsoninlahti the Hudson Bay.

huhkia grind away (at *jnk kimpussa*).

huhmar[e] mortar (and pestle *ja petkel[e]*).

huhtikuu April *(lyh* Apr.) *(ks elokuu).*

huhu rumo[u]r; *liikkeellä on [sellainen] että* rumo[u]r has it that.. **~il||la** hollo[a], *(Am m)* holler (to *jklle);* **pöllö** *-ee* an owl hoots **~ilu** call[ing]; *(huuhkajan ~)* hoot[ing] **~puhe** rumo[u]r.

huija||ri swindler, cheat; confidence man; *(sl)* con-man **-ta** swindle (in *jssk;* money out of a p. *jklta rahaa*); cheat (at cards *korttipelissä;* a p. out of his money *jklta rahat;* you've been cheated! *sinua on -ttu!; (ark)* diddle **-us** swindle, cheat.

huikea huge, enormous.

huikenteleva|inen fickle, flighty (young man *nuorimies*); frivolous (nature *luonne*); reckless (spender *tuhlari*).

huik|ka swig; *ottaa -at (m)* wet one's whistle.

huilisti flautist; *(Am m)* flutist.

huilu flute.

huima wild (adventures *~t seikkailut*); *(uskalias)* daring; *~a vauhtia* at breakneck speed; *(kuv)* at a dizzy rate **~ava 1** *(konkr)* giddy, dizzy (speed *nopeus*); *~n korkealla* at a dizzy height; *päätä ~* dizzy[ing], giddy **2** *(kuv)* enormous (progress of technics *tekniikan ~ kehitys*) **~päi|nen** daring, dashing (racing driver *kilpa-ajaja*); *(uhkarohkea)* foolhardy, adventurous; daredevil, madcap (plans *-set suunnitelmat*) **~päisyys** daring *~|ta; minua (päätäni) -a* I feel dizzy (giddy), my head swims; *pelkkä ajatuskin -a (m)* the mind reels at the very thought [of it] **~us** dizziness, giddiness; *(lääk m)* vertigo; *tuntea ~ta* feel dizzy (giddy); *(lääk) ~ta aiheuttava* vertiginous **~uskohtaus** fit of dizziness (giddiness); *(lääk m)* attack of vertigo.

huipen||taa; *hän -si esitelmänsä kolmeen loppuponteen* he highlighted his presentation with three main points **-tua** culminate, reach a climax (in *jhk, jssk*) **-tuma** culmination (of a brilliant career *loistavan uran ~*); *(huippukohta)* ~~climax~~; *(huippu)* acme, zenith (of development *kehityksen ~*); *olla jnk ~* be the culmination of, mark the climax of.

huip|pu top (at the top of a hill *kukkulan -ulla*); come to the top [of one's career] *päästä [uransa] -ulle; (kuv)* he is one of the tops of his profession *hän kuuluu alansa ~ihin*), △ peak (peaks of a curve (rush hours) *käyrän (ruuhka-ajan) -ut;* of production *tuotannon ~*); △ *(vuoren ~ m)* summit (climb to the summit *kiivetä -ulle;* at the summit of one's power *valtansa -ulla*), △ *(kärki)* ap|ex *(pl m -ices)* (apexes of a temperature curve *kuumekäyrän -ut;* of a pyramid *pyramidin ~); (paraabelin ~)* vert|ex *(pl m -ices);* △ *(kuv)* height (at its height *-ussaan;* of folly (impudence) *hulluuden (hävyttömyyden) ~;* at the height of one's power *valtansa -ulla*); △ acme, zenith, pinnacle (at the pinnacle of one's fame *maineensa -ulla*); △ *(~kohta)* climax (reach a climax *kohota ~unsa*), culmination (of a brilliant career *loistavan uran ~); tämä on kaiken ~!* this puts the lid on it! *kaiken -uksi* to top it all; *saavuttaa ~nsa* culminate, climax (in *jssk*) **~edullinen;** *~ hinta* bargain price **~hyvä** super, top-notch **~jännite** peak voltage **~kausi** culmination period **~kohta** climax (of a play *näytelmän ~*); culmination, peak (of a career *uran ~*) **~kokous** summit [meeting] **~kun|to;** *olla -nossa* be in top form **~kuormitus** maximum load **~kurssi** top (peak) rate (quotation) **~kyky** top, the best (in one's field *alansa ~*) **~nopeus** top speed **~saavutus** crowning achievement **~salainen** top secret **~taso** top level; *~n konferenssi* summit conference **~teho** peak power **~teknologia** high technology **~-urheilija** top-ranking athlete H**~vuoret** the Spitzbergen **~vuosi** peak year **~älykäs** super-intelligent.

huiput||taa cheat, fool (in a deal *kaupassa*); swindle (at cards *korttipelissä*); *(ark)* do (you've been done *sinua on -ettu*) **-us** cheat, swindle; fraud.

huiski|a 1 whisk (its tail *hännällään*); *~ pois* whisk .. off (away) (the flies *kärpäsiä*) **2** *(touhuta)* rush around (like a madman *kuin heikkopäinen*); *tehdä työnsä -malla* rush through one's work.

huiskin haiskin topsy-turvy, pell-mell; *jättää tavaransa ~* leave one's ~~things all over the place.~~

huisku *(pöly~)* feather fan **~ttaa** wave (goodbye to *hyvästiksi jklle*); *(~ häntää)* swish, whisk.

huitais||ta swipe (at a p.'s head *jkta päähän*), give .. a swipe (round the ear *ympäri korvia*); *~ kädellään jllk asialle* make little of, pooh-pooh a th. **2** *(tehdä -emalla)* botch (together *kokoon*); *-tu (m)* slapdash (article *artikkeli*) **-u;** *umpimähkäinen ~* shot in the dark; *yhdellä ~lla* with a wave of the hand.

hui||toa lay about, strike at (a p. with a stick *jkta kepillä*); *(~ käsiään)* gesticulate (stop gesticulating! *älä -do!*); *~ ilmaa (m kuv)* beat the air; *~ käsi[ll]ään* wave one's arms about; *~ pois kärpäsiä* whisk the flies off **-tominen** *(jääkiekossa)* slashing.

huivi scar|f *(pl m -ves)* (tie a scarf *sitoa ~*

päähänsä); (neliömäinen ~ m) square.

hujaht|aa flash (a car flashed past (by) *auto -i ohi*).

hujan hajan = *huiskin haiskin.*

hujau||s flash (in a flash *yhdessä -ksessa*) **-ttaa** slash (a horse on the back *hevosta selkään*); slap (a p. in the face *jkta vasten kasvoja*).

HuK B.A.

hukassa 1 *(kadoksissa)* lost, missing **2** *(tuhon omana)* lost, undone, done for (I am done for *olen ~*) *(ks m huk|kaan).*

huk|ata lose (there is not a moment to lose *ei ole hetkeäkään -attavissa); (tuhlata) (m)* waste (one's time *aikaansa*); squander (one's fortune on *omaisuutensa jhk*); *aikaa -kaamatta* without delay (loss of time).

hukka 1 *(häviö)* loss (of blood *veren ~); (tuhlaus)* waste (needless waste of time and money *turhaa ajan ja rahan ~a*) **2** *(tuho)* ruin, destruction; *nyt sinut ~ perii!* you are doomed [to destruction]! *(ark)* you are a goner (a gone man)! *(ks m huk|assa, -kaan)* **~-aika** dead (waste, delay) time; *(atk ym)* down time.

hukkaan ▶ *~ heitetty nuoruus* wasted (misspent) youth; **heittää** *~* throw .. away, *(tuhlata)* waste; **joutua** *~* get lost; *~* **joutunut** lost, missing; *~* **mennyt** wasted (youth *nuoruus*); lost (opportunity *tilaisuus*); fruitless (life *elämä*); *(hyödytön)* useless, vain (attempt *yritys*); **mennä** *~* be wasted; be in vain; *aika meni ~* that was a waste of time *(ks m hukassa).*

hukka||liike *(tekn)* lost motion, no load operation, idle running **-lämpö** waste heat **-reissu** wild-goose chase **-teill|ä** *(-e); joutua -e* get lost; *olla ~* be lost.

hukku||a drown (in the river *jokeen*); be drowned; *(kuv)* be drowned [out] (by the general uproar *yleiseen hälinään*); be swamped with, be snowed under (with letters *kirjetulvaan*); *(sulautua jhk)* merge into (a crowd *väkijoukkoon*); *(kadota)* be (get) lost (in the grass *ruohikkoon*); *kelloni on -nut* I have lost my watch **-nut I** *a* **1** drowned (body *ruumis*) **2** *(kadonnut)* lost, missing **II** *s* drowned person (resuscitate a drowned person *elvyttää ~ta); -neet* the drowned.

hukutta||a drown (the kittens *kissanpojat;* one's sorrows in liquor *surunsa viinaan*) **-utua** drown o.s. (in *jhk*).

huliga||ani hooligan **-nismi** hooliganism.

hulin||a hullabal[l]oo (make a hullabaloo *panna ~ksi*); uproar (general uproar *yleinen ~); (mellakka)* riot; **mennä** *~ksi* end up in general disorder, end in a hubbub **-oi|da** riot (in the streets *kaduilla); [alkaa] ~* run riot; *-va* riotous **-oin|ti** hooliganism; *(mellakka)* riot (the demonstration developed into a riot *mielenosoitus muuttui -niksi*).

hulivili rascal.

hullaantu||a enthuse (over *jhk*); fall madly in love (with *jkh*); go mad (over *jkh*) **-nut** mad (about *jhk*).

hullu I *a* mad (about Elvis *~na Elvikseen*); with rage *~na raivosta;* go mad *tulla ~ksi); (mieletön)* crazy (idea *ajatus;* have you gone crazy? *oletko [tullut] ~[ksi]?*); *(pred)* round the bend (it drives me round the bend *se tekee minut ~ksi*) **II** *s* lunatic, madman; *(ark)* nutcase ▶ **ei hullumpi** *(~mpaa)* not too bad [at all]; *~na* **humalassa** crazy with drink; *tästä ei tule ~a* **hurskaammaksi** I cannot make head or tail of this; *kuin ~* like mad (crazy); like a madman; *olin ~ kun uskoin sinua* I was a fool to believe you; *olla ~na jhk* be mad (crazy, nuts) about; **puhua** *~ja* talk nonsense (rubbish).

hullu||jenhuone lunatic asylum, madhouse **-jussi** excavator.

hullun||kurinen funny (story *juttu*); comical (expression *ilme*); absurd (hat *hattu*); *(naurettava)* ridiculous **-kurisuus** *(m)* absurdity (of the situation *tilanteen ~*) **-mylly** hurly-burly; *paikka oli yhtenä ~nä* the place was a regular bedlam.

hullu||sti wrong (things are wrong *asiat ovat ~*); *hänen kävi ~* things went badly with him; *kävipä ~!* too bad! *tytön kävi ~* she got in the family way **-tella** fool [around]; *älä -ttele* don't be silly! don't talk nonsense! **-ttelija** madcap, practical joker **-ttelu** foolery; *(farssi)* farce (the play was a mere farce *näytelmä oli pelkkä ~*) **-tus** folly (follies of youth *nuoruuden -tukset*) **-us** madness (a fit of madness *-uden puuska;* sheer madness *sulaa -utta*), insanity; *-uteen asti* to distraction; *-uteen asti rakastunut* madly in love.

hulmu||ta 1 *(lipusta, hiuksista)* flutter, stream, *(liehua)* float, wave; *-avat helmat* flaring skirts; *-avat hiukset (sg)* flowing hair **2** *(leimuta)* flame, blaze (the flames were blazing high *liekit -sivat korkealle*).

hulpi[l]o selv|age, -edge.

hulttio scoundrel, ne'er-do-well ~**mainen** good-for-nothing; reckless (behavio[u]r *käytös*).

hulvah|taa stream, flood (sunlight flooded into the room *valo -ti huoneeseen*); *(lehahtaa)* [be] waft[ed]; *hellyyden aalto -ti ylitseni* a wave of tenderness ran through me; *puna -ti hänen poskilleen* she flushed; *veri -ti päähän* the blood rushed to my head.

humaani||[nen] humane **-staa** humanize **-sti** *(m)* with humanity **-[su]us** humaneness, humanity.

humala 1 *(kasv)* hop; ~**t** hops **2** *(juopumus)* [state of] drunkenness, inebriation; intoxication; ~**ssa** inebriated, drunk; *(ark)* tipsy; *juoda itsensä (tulla) ~an* get drunk ~**inen I** *a* drunken, inebriated **II** *s* drunk ~**köynnös** hop bine ~**päissä[än]** under the influence [of drink *(Am* liquor)]; while drunk ~**salko** hop pole ~**tila** [state of] intoxication; *vahvassa* ~**ssa** in an advanced state of intoxication.

huma||listo hop garden **-lluttaa** intoxicate *(m kuv)* **-ltua** become intoxicated, get drunk (on beer *oluesta;* with happiness *onnesta*).

humanis||mi Humanism **-oida, -oitua** humanize **-ti** humanist **-ti|nen** humanist[ic] *(adv* ~ally); *-set aineet* the arts, arts subjects; *-set tieteet* the humanities; *-sten tieteiden kandidaatti* Bachelor of Arts *(lyh* B.A.); ~ *tiedekunta* the Faculty of Arts.

humanit||aari[nen] humanitarian **-aari** humanity.

humanoidi humanoid.

humau||s thud; *yhdessä -ksessa* in a flash **-ttaa;** *[lyödä]* ~ strike, hit.

humi||na sigh[ing] (of wind *tuulen* ~), murmur (of trees *puiden* ~); hum[ming] (of a machine *koneen* ~), drone (of distant traffic *liikenteen kaukainen* ~); *(korvien* ~) buzz[ing] **-sta** sigh, *(tuulesta m)* murmur; hum (electric power lines hum *sähkölangat -sevat*), buzz (the ears buzz *korvat -sevat*); *(koneesta m)* drone.

humma|ta celebrate; *lähteä -amaan* go on a spree (binge).

hummeri lobster.

humor||eski *(kirjall)* humorous story; *(mus)* humoresque **-isti** humorist **-istinen** humorous.

humpuuki humbug.

humu *(juhla~)* whirl; *(hälinä)* [hustle and] bustle ~**pekka** revel[l]er.

humus||kerros humus layer **-pitoinen** humous, . . rich in humus.

hunaja honey ~**i|nen** honeyed, sugary; *-sella äänellä (m)* in honeyed tones ~**kenno** honeycomb ~**pupu** *(ark)* sexy blonde ~**purkki** honey pot (jar).

hunningoll|a *(-e); joutua -e* go to rack and ruin; *jättää -e* neglect, leave (a th. *jk)* to take care of itself; *olla -a (henk)* be down and out; *(asiasta)* be in a bad way.

hunnut|taa veil, cover . . with a veil; *-ettu* veiled.

hunsvotti scoundrel, rogue.

huntu veil; *(valok)* fog.

huoata sigh, heave a sigh (heave a deep sigh ~ *syvään); (tuulesta ym m)* whisper; ~ *helpotuksesta* sigh with relief, give (heave) a sigh of relief.

huohot||taa pant, gasp; breathe heavily **-us** pant[ing], gasp[ing].

huojen||nus relief **-taa** unburden (one's heart to *sydäntään jklle)* **-tun|ut** relieved (at *jstk;* he looked relieved *hän näytti -eelta).*

huoju||a sway (in the wind *tuulessa;* dangerously *vaarallisesti);* rock, shake (the earth shook under my feet *maa -i jalkojeni alla);* totter (down the stairs *alas rappusia; (kuv)* to its foundations *perustuksiaan myöten); (kävellä -en)* stagger (the drunk staggered along *humalainen -i eteenpäin)* **-ttaa** sway (the wind sways the trees *tuuli ~ puita);* rock, shake (the earthquake shook the buildings *maanjäristys -tti rakennuksia);* ~ *jnk perustuksia* totter the foundations of **-va** tottering, tottery (gait *käynti;* building *rakennus);* shaky (bridge *silta);* oscillating (reeds ~**t** *kaislat);* **-vin** *askelin* with tottering (faltering) steps; unsteadily.

huoka||ista sigh (with relief *helpotuksesta);* ~ *syvään* heave a deep sigh **-us** sigh (of relief *helpotuksen* ~); groan, moan (of wind *tuulen* ~).

huokea cheap, inexpensive; *(alhainen)* low (price *hinta).*

huoko||inen porous (brick *tiili);* spongy (ice *jää)* **-isuus** porosity **-nen** pore.

huoku|a radiate (a stove radiates warmth *uuni[sta] -u lämpöä; (kuv)* joy of life *elämäniloa);* ~ *terveyttä* be radiant with health *(ks m henkiä).*

huoleh|tia 1 a) *(pitää huolta jstk)* take care

of (the luggage *matkatavaroista;* one's family *perheestään*), look after (one's looks *ulkonäöstään*); care for, provide for (one's wife and children *vaimostaan ja lapsistaan*); **b)** *(hoitaa)* attend to (a matter *asiasta;* one's studies *opinnoistaan*); see to (the arrangements *järjestelyistä*); be responsible for (foreign correspondence *ulkomaankirjeenvaihdosta*), be in charge of; ~ *siitä että* see [to it] that **2** *(olla huolissaan)* worry (about *jstk;* don't worry too much! *älä -di liikaa!*), *(ark)* bother about (you needn't bother about me! *sinun ei tarvitse ~ minusta!*).

huolehtivai‖nen solicitous **-suus** solicitude.

huolelli‖nen careful (consideration *harkinta;* about, as to *jnk suhteen*); *(tunnollinen)* painstaking (student *oppilas*); thorough (work *-sta työtä*); *(siisti)* neat (handwriting *käsiala*); *(viimeistelty)* elaborate (plans *-set suunnitelmat*) **-sesti** *(m)* with care **-suu‖s** carefulness; care (exercise the utmost care *noudattaa suurinta -tta*); *(varovaisuus)* caution; *noudattaa -tta jssk* take care in.

huolen‖aihe worry (a constant worry *jatkuva ~*), [cause of] anxiety **-pito** care (tender care *hellä ~*).

huolestu‖a get worried (anxious) (about *jstk, jnk takia*) **-mi‖nen** anxiety, concern (there is no reason for concern *ei ole syytä -seen*) **-neesti** *(m)* with anxiety **-nut** worried (about *jstk*), anxious (about the future *tulevaisuudesta*), concerned (about a p.'s health *jkn terveydestä*) **-neisuus** anxiety, concern (about *jnk johdosta*) **-s** anxiety, concern (give rise to concern *herättää ~ta*) **-ttaa** worry, bother; make .. anxious; *minua ~* I am worried **-ttava** alarming, disquieting (piece of news *uutinen*); worrying (state of affairs *asiaintila*); *(vakava)* serious (situation *tilanne*); *(kriittinen)* critical; *~ssa määrin* alarmingly.

huolet‖i very well (you can very well go there *voit ~ mennä sinne*); safely; *ole ~!* don't worry! **-on** carefree, ..free from care; *(henk m)* light-hearted, happy-go-lucky; *(taloudellisesti ~)* secure; *~ raha-asioissa* carefree with one's money **-tomuus** freedom from care; unconcern; *(huolimattomuus)* carelessness.

huol‖i worry (about *jstk;* cause a p. worry *aiheuttaa -ta jklle;* financial worries *taloudelliset -et*); *(vaikeus)* trouble (life is

full of troubles *elämä on täynnä ~a*); *(levottomuus)* anxiety (about a p.'s health *jkn terveydestä*), concern (feel concern for the future *tuntea -ta tulevaisuudesta*) ▶ **antaa aihetta** *-een* cause worry (anxiety), give rise to concern; **ei syytä** *-een* there is no need to worry; *(ark)* not to worry; **huolella** with care; *olla jkn* **huolena** be left to; **huolet** *(m)* *(sg)* care (has aged him *ovat vanhentaneet häntä;* free from care *vapaa ~sta*); *olla* **huolissaan** be worried (anxious), worry (about *jstk*); *älä ole ~ssasi!* don't worry! **jätä** *se minun -ekseni!* leave it to me! **kantaa** *-ta jstk* be anxious about; **ottaa** *-ekseen* take .. in hand; undertake (to do *tehdä jtk*); **pitää** *-ta jstk* take care of, look after, care for (one's parents *vanhemmistaan*); provide for (one's family *perheestään*); **pidä** *~ siitä että* see to it that.

huol‖ia want (I don't want it *en -i sitä*); *(ottaa vastaan)* take (will you take them all? *-itko ne kaikki?*).

huolimat‖on careless (in, of *jssk, jnk suhteen*); worker *työntekijä*); slipshod, slapdash (work *työ*); slovenly (pronunciation *ääntäminen*); *(leväperäinen)* negligent (in one's work *työssään*), neglectful (of one's appearance *ulkonäkönsä suhteen*) **-ta;** *jstk ~* in spite of, despite; *pidämme hänestä hänen vioistaan ~* for all his faults we like him; *kaikesta ~* all the same, nevertheless, after all; *siitä ~* nevertheless, none the less; *(kuitenkin)* even so; *siitä ~ että (m)* irrespective of (apart from) the fact that; *(vaikka)* although, [even] though **-tomuu‖s** carelessness; negligence; *(tarkkaamattomuus)* inadverence (mistakes from inadvertence *-desta johtuvat virheet*).

huoli‖nta *(liik)* forwarding **-ntaliike** forwarding agent (agency) **-ta** forward.

huolitel‖la neaten **-tu** neat, trim (appearance *ulkoasu*); *(henk m)* well-groomed; *(kuv)* refined (language *~a kieltä*), elaborate (style *tyyli*).

huolitsija forwarding (shipping) agent.

huollettava *s* dependant; *jkn ~t (sg)* a p.'s dependency.

huolta‖a 1 service, overhaul (a car *auto*) **2** *(pitää huolta)* take care of; *(elättää)* provide for, support **3** *(sot)* maintain **-ja** supporter, provider (of a family *perheen ~*); *(holhooja)* guardian; *olla jkn ~* have the custody of.

huol|to 1 *(-taminen)* maintenance *(m sot ja atk)* (of forces *joukkojen* ~; of roads *teiden* ~) **2** service (of televisions *televisioiden* ~), overhaul (of an engine *moottorin* ~); *viedä auto* ~*on* send the car in for service **3** *(hoito)* care (of the blind *sokeiden* ~); custody (in the custody of one's parents *vanhempiensa -lossa*) **4** *(sosiaali*~*)* welfare (live on welfare *elää -lon varassa*); *-lon varassa (m)* on National Assistance, *(ark)* on the dole ~**alus** supply (service) ship; *(avarl)* service module ~**apu** social (national, public) assistance; *(*~*avustus)* welfare benefit; *saada* ~*a* receive public assistance, be on relief ~**asema** service station; *(Br tav)* garage, petrol station; *(Am m)* filling (gas) station ~**auto** service van, repair truck ~**joukot** *(sot)* service troops; *(Brit)* army service corps; *(USA)* maintenance and supply troops ~**konttori** pay assignment office, personnel welfare office; *(Am)* payroll deduction office ~**laitos** institution, home (for alcoholics *alkoholistien* ~) ~**liike** repair (service) shop ~**mies** caretaker, janitor ~**moduuli** *(avarl)* service module ~**osasto** service department; *(sot)* logistics section ~**poliisi** welfare police department ~**päällikkö** *(sot)* logistics (service) commander ~**tase** balance of resources ~**työ;** *sosiaalinen* ~ welfare (social) work ~**upseeri** commissary ~**viranomai|nen** social service officer; *-set* welfare authorities ~**virasto** social welfare office ~**yhtey|s** *(sot)* line of communication (supply); *-det* communications.

huom. *(= huomautus)* note.

huom! *(= huomaa)* note, N.B. (= nota bene).

huomaamatta unnoticed (slip away unnoticed *hiipiä pois* ~); *(epähuomiossa)* inadvertently; *(vahingossa)* by mistake.

huomaavai||nen considerate (behavio[u]r *käytös*); polite, courteous (young man *nuori mies*) **-suu|s** courtesy; *osoittaa -tta [jklle]* be polite [to].

huoma|ssa *(-an); jkn* ~ in a p.'s care (keeping); *uskoa jkn -an* entrust to.

huoma|ta 1 notice (I didn't notice [it] *en -nnut [sitä];* do you notice the difference? *-atko eron?* he noticed that.. *hän -si että*); *(panna merkille)* note (please note that.. *-tkaa että*); *(havaita)* perceive, become

aware of (a change in a p.'s behavio[u]r *muutos jkn käytöksessä*); see (I saw at once that.. *-sin heti että;* you will see *tulette -amaan*); hear (from a p.'s voice that *jkn äänestä että*); *(erottaa)* discern (a p. in the crowd *jku väkijoukosta;* from a p.'s appearance that *jkn olemuksesta että*) **2** *(oivaltaa)* realize (one's mistake *erehdyksensä;* I realized what it was all about *-sin mistä oli kysymys*); find (I found that I was mistaken *-sin erehtyneeni;* o.s. deceived *tulleensa petetyksi*); *(keksiä)* discover (her to be a good cook *hänen olevan hyvä kokki;* I suddenly discovered that.. *äkkiä -sin että*); detect (no-one has detected the mistake yet *kukaan ei ole vielä -nnut virhettä*) ▶ **huom.** *ks. hakus.;* **huomaa** *[heti] että* one (you) can see (hear) that..; *hänestä (kaikesta) -a että* you can tell by his manner (by everything) that; *hänestä ei -a mitään* he does not show anything; *sen kyllä -a* I can see that; *(ark)* it shows! *olen ollut* **huomaavinani** I think I've noticed; **huomattavissa** *[oleva]* noticeable, discernible (scarcely discernible *tuskin -ttavissa*); **jäädä** *-amatta* pass unnoticed; *se jäi häneltä -amatta* it escaped his notice, he overlooked it; **on** *-ttava että* it is to be noted that; *eroa* **tuskin** *-a* the difference is hardly noticeable.

huomattava 1 *(merkittävä)* remarkable (change *muutos*), notable (increase *kasvu;* event *tapaus*); marked (difference *ero*), decided (advantage *etu*); *(silmäänpistävä)* striking (likeness *yhdennäköisyys*) **2** *(melkoinen)* considerable (fortune *omaisuus;* sum of money *rahasumma*), substantial (discount *alennus*) **3** *(kuv)* prominent (position *asema*), notable (scholar *tiedemies*); outstanding (achievement *saavutus*); ~ *henkilö (m)* a man of note ~**sti** considerably; *tuskin* ~ hardly noticeably.

huomaut||taa 1 remark (he remarked that.. *hän -ti että*); *(tähdentää)* point out (to *jklle*); ~ *jklle jstk (m)* call a p.'s attention to; ~ *jnk tärkeydestä (m)* emphasize the importance of **2** *(esittää huomautuksia jstk)* comment on (the following facts *seuraavista seikoista*); make a remark (on *jstk*) **3** *(muistuttaa)* remind (a p. of *jklle jstk;* customers are reminded that.. *asiakkaille -etaan että*); *(valittaa)* complain (of defects *puutteista*); *minulla* *ei ole -tamista* I have no objections **-us 1** remark (general remarks *yleisiä -uksia*); comment (on *jstk*); notice (send a p. notice *lähettää jklle* ~); *(liik m)* note (on defects *vioista*); *(valitus)* complaint (concerning *koskien jtk*); *tehdä -uksia jstk* make remarks (comments) about (on) **2** *(ala~)* note (Note 5 *Huom. 5;* author's note *tekijän* ~) **3** *(moite)* admonition; *(varoitus)* warning (for *jstk*).

huomen morning (good morning! *hyvää* ~*ta!)* ~**aamu;** ~*na* tomorrow morning; *(aamulla)* in the morning ~**ilta;** ~*na* tomorrow night (evening).

huomenna tomorrow; ~ *aamupäivällä (iltapäivällä)* tomorrow morning (afternoon); ~ *keskipäivällä* at noon tomorrow; *viimeistään* ~ by tomorrow.

huomi|nen I *a* tomorrow's, ..of tomorrow **II** *s* tomorrow (wait until tomorrow *odota -seen)*; *-seen [asti]* till tomorrow; *-seksi, -seen mennessä* by tomorrow; *-sesta alkaen* from tomorrow; *-sesta viikon päästä* a week from tomorrow.

huomio 1 attention (my attention was drawn to the small details ~*ni kiintyi pieniin yksityiskohtiin;* it deserves more attention *se ansaitsee enemmän* ~*ta)* **2** *(havainto)* observation (observations on ~*ita jstk*); *olen tehnyt sen* ~*n että* I have noticed that ▶ **herättää** ~*ta* attract attention; *(tavatonta* ~*ta)* cause a sensation; *(pukeutumisellaan yms)* make o.s. conspicuous (by *jllak;* by doing *tekemällä jtk*); **huomio!** attention! **jäädä** ~*tta* pass unnoticed, be overlooked; **kiinnittää** *jkn* ~ *jhk* call a p.'s attention to, point .. out to a p.; *kiinnittää jkn* ~*ta* attract a p.'s attention; *kiinnittää* ~*ta jhk* pay attention to; *älä kiinnitä siihen mitään* ~*ta! (m)* don't take any notice! **kääntää** *jkn* ~ **toisaalle** divert a p.'s attention (from *jstk*); **ottaa** *jk* ~*on* take .. into consideration; allow for, make allowance for (a p.'s youth *jkn nuori ikä*); pay attention to (no attention was paid to my warning *varoitustani ei otettu* ~*on*); *(pitää mielessä)* bear in mind (one has to bear in mind that.. *on otettava* ~*on että*), consider (other people *toiset ihmiset); (muistaa)* remember (remember that.. *ota* ~*on että); (laskelmissa ym)* reckon with (I hadn't reckoned with that possibility *en ollut ottanut* ~*on sitä mahdollisuutta);* **ottaen** ~*on* considering (all facts *kaikki*

seikat), in view of, having regard to, in consideration of (a p.'s youth *jkn nuoruus);* **ottamatta** ~*on* disregarding, regardless of; *jättää jk* ~*on ottamatta* pay no attention to, disregard, ignore; **saada osakseen** ~*ta* get attention; *(erik naisesta)* receive attention[s]; *pyydän* **tulla otetuksi** ~*on* I ask (should like) to be considered (for the position of *jhk virkaan);* **vetää** *jkn* ~ **puoleensa** attract the attention of; *(pukeutumisellaan ym)* make o.s. conspicuous.

huomioi||da 1 *(havannoida)* observe (birds *lintuja)* **2** *(ottaa huomioon)* pay attention to, take notice of (a p.'s opinion *jkn mielipide); jättää -matta* ignore **-nti** observation **-tsija** observer; *poliittinen* ~ *(m)* a political commentator.

huomion||arvoinen noteworthy, ..worth noticing; *(merkittävä)* remarkable **-osoitu|s** distinction (as a special distinction *erityisenä -ksena),* [mark of] hono[u]r; *joutua* ~*ten kohteeksi* receive hono[u]rs.

huomio||on otettava ..worthy of consideration **-onotto** consideration (of all facts *kaikkien seikkojen* ~) **-ta herättävä** conspicuous (hat *hattu);* startling, staggering, sensational (event *tapaus;* news *uutinen).*

huomis||aamu/~*na]* tomorrow morning **-ilta/**~*na]* tomorrow evening (night) **-päivä** tomorrow *(m kuv;* tomorrow's world ~*n maailma).*

huone room; *(linnan t. palatsin* ~) chamber; *kadunpuoleinen (pihanpuoleinen)* ~ front (back) room; *kahden (yhden) hengen* ~ double (single) room.

huoneisto *(Br)* flat; *(Am)* apartment ~**hotelli** apartment hotel.

huonekalu piece of furniture; ~*t (sg)* furniture ~**kangas** furnishing (upholstery) fabric ~**liike** furniture shop *(Am* store); furnisher[s] ~**puuseppä** cabinet-maker, furniture maker ~**suunnittelija** furniture designer ~**tehdas** furniture factory.

huone||kasvi house (indoor) plant **-kun|ta** household; *(perhe)* family; *-nan päämies* head of the household **-teatteri** arena theatre, theatre-in-the-round **-toveri** room-mate.

huono bad *(komp* worse, *superl* worst; *ks m* ~*mpi);* (at *jssk;* at doing *tekemään jtk;* idea *ajatus;* taste *maku;* conscience *omatunto;* weather *sää;* in a bad mood

~*lla tuulella;* in a bad light ~*ssa valossa*); △ *(kehno)* poor (at *jssk;* at doing *tekemään jtk;* memory *muisti;* eyesight *näkö;* student *oppilas;* arguments ~*t perustelut;* clothes ~*t vaatteet*); △ *(~laatuinen)* inferior (to *jhk verrattuna;* goods ~*a tavaraa*); △ *(heikko)* weak (nerves ~*t hermot;* sense of direction *suuntavaisto;* heart *sydän*) ▶ *olla* ~*[mma]ssa asemassa* be worse off, be at a disadvantage; *olla* ~*ssa huudossa* have a bad reputation; *joutua* ~*on huutoon* fall into disrepute; *saattaa jku* ~*on huutoon* bring discredit on; ~ *kielissä* bad (poor, weak) at languages; ~*ssa kunnossa* in bad condition, in a bad state; *(sairaana)* ill.

huono‖kuntoinen 1 *(rappeutunut)* dilapidated 2 *(sairaalloinen)* ..in poor health; *(Br m) (pred)* poorly **-kuuloinen** ..hard of hearing **-kuuloisuus** defective hearing; [partial] deafness **-laatuinen** ..of poor (inferior, low) quality, inferior **-maineinen** ..with (of) bad reputation (woman *nainen*), ..of ill fame, disreputable (bar *kapakka*) **-maineisuus** bad reputation (repute), ill fame.

huonommuus inferiority; *(laadun* ~ *m)* inferior quality.

huonom‖pi worse (than ever *kuin koskaan*); inferior (to *kuin;* be inferior to *olla jkta* ~); *-paan päin* for the worse, from bad to worse.

huonon‖eminen deterioration (in a patient's condition *potilaan tilassa;* of a situation *tilanteen* ~); impairment (of memory *muistin* ~); failure (of eyesight *näön* ~) *(laadun ym* ~) *lalling-off* in service *palvelutason* ~) **-nus** impairment, deterioration (in *jnk suhteen*) **-taa** make .. worse, worsen (the relations *suhteita*); impair (the memory *muistia*) **-tua** = *huonota* **-tunut** worsened (situation *tilanne*); *(heikentynyt)* impaired (sight *näkö*).

huono‖näköinen weak-sighted **--onninen** unlucky, ill-fated.

huonosti badly (dressed *pukeutunut*); poorly (paid *palkattu*); ill- (bred *kasvatettu;* mannered *käyttäytyvä*) ▶ *asiat ovat* ~ things are in a bad way; *hänen oli* **käydä** ~ he had a narrow escape; *hänellä* **menee** ~ he is not doing very well; *voisi* **olla** *huonomminkin* things might be worse; **voida** ~ feel sick.

huono|ta get (grow) worse, worsen (the

relations suddenly worsened *suhteet -nivat äkkiä*); deteriorate (the condition of the patient is deteriorating rapidly *potilaan tila -nee nopeasti*); *(heiketä) (m)* fail (his memory is failing *hänen muistinsa -nee*); *(~ laadultaan)* fall off (standard fell off remarkably *taso -ni selvästi*); ~ *-nemistaan* grow worse and worse, go from bad to worse; *-nemaan päin* on the decline; *rahan arvo -nee* money goes down in value.

huono‖tapainen ill-mannered **-tuloinen** low-income; poorly paid **-tuulinen** moody, ..in a bad temper, ..in a [bad] mood **-tuulisuus** bad temper **-uninen** *olla* ~ be a bad sleeper **-unisuus** insomnia **-us** badness, poorness; inferiority (feel one's inferiority *tuntea oma -utensa*); *(laadun* ~) inferior quality; *kuulon* ~ hardness of hearing **-vointinen** [slightly] ill, indisposed; *(pred m)* unwell **-vointisuus** indisposition.

huo‖pa 1 felt (made of felt *valmistettu -vasta*) 2 *(~peite)* blanket ~**hattu** felt hat; *(miesten pehmeä* ~ *m)* trilby [hat] ~**kynä** felt[-tip] pen ~**tossu** felt shoe (boot).

huor‖a whore **-in;** *tehdä* ~ commit adultery.

huosta‖ssa *(-an); jkn* ~ in the charge (custody) of, in a p.'s care (possession); *ottaa -ansa* take charge of; *poliisin* ~ in custody; *uskoa jkn -an* entrust to a p.

huovata back water, back the oars; *(kuv)* soutaa ja* ~ shilly-shally.

hupa‖ilu [light] comedy, farce **-isa** amusing **-kko** scatterbrain; *vanha* ~ old fool

hupl‖Juttu joke, *ei ole mikään* ~ *että*.. it is no laughing matter that.. ~**ohjelma** funny program[me].

huppeli; *olla* ~*ssa* be tipsy; *tulla* ~*in* get tipsy (on *jstk*).

huppu hood.

hupsis! oops!

hupsu I *a* foolish, silly II *s* fool ~|**tella;** *älä -ttele!* don't be silly! ~**tus** tomfoolery; nonsense.

hura‖htaa; ~*[ohi]* flash (whiz[z], swish) past; slip by (the week slipped by quickly *viikko -hti nopeasti*); *kone -hti käyntiin* the engine whizzed into life **-us;** *yhdessä -uksessa* in a moment **-uttaa;** *[ajaa]* ~ race (along *paikalle*).

huri‖na buzz, drone (of a machine *koneen* ~), hum, purr, whiz[z] (of traffic *liikenteen* ~) **-sta** *(moottorista ym)* buzz, drone, whir, purr; *kuinkas -see?* how's life (things, business)? **-staa;** *[ajaa]* ~, ~ *kovaa vauhtia* flash, whiz[z] (past *ohi*).

hurja 1 wild (with rage ~*na raivosta;* lead a wild life *viettää* ~*a elämää*); *(raivokas)* furious (nature *luonne;* struggle *taistelu*), violent (attack *hyökkäys;* blow *isku*); *hän oli ihan* ~*na* he was furious, he was wild with rage; ~ *pako (m)* headlong flight; ~*a vauhtia* at a furious speed **2** *(ark kuv)* enormous, huge, staggering (prices ~*t hinnat*); ~*n iso* huge, vast; ~*n kiva[a]* fantastic, cute, terrific ~**päinen** foolhardy; reckless ~**stelija** madcap; *(auto*~*)* reckless (dangerous) driver ~**stella;** ~ *autolla* drive recklessly; *(kaahata)* burn (round the town *ympäri kaupunkia*) ~**stelu** wild life; *(auto*~*)* reckless driving.

hurjasti awfully; an awful lot (of people *ihmisiä*).

hurma ecstasy (of love *rakkauden* ~); flush, exultation (of victory *voiton* ~); fascination (of speed *vauhdin* ~); *(lumous)* magic, intoxication (of a summer night *kesäyön* ~); *(tenho)* charm ~**antua** be[come] fascinated (by *jhk, jstk*) ~**ava** charming, fascinating ~**henki** fanatic ~**henkinen** fanatic[al] ~**henkisyys** fanaticism ~|**ta** charm (by its beauty *kauneudellaan*); *hänen kauneutensa -si minut (m)* I was fascinated by her beauty.

hurmio ecstasy ~**itua** go into ecstasies (raptures) (over *jstk*) ~**itun|ut** ecstatic *(adv* ~ally), exalted (in an exalted state *-eessa tilassa*); *-eena (m)* with rapture.

hurmo|s trance; *(usk)* ecstasy; *vaipua -kseen* go into a trance, fall into an ecstasy.

hurmuri charmer.

hurraa hurrah! hurray! *huutaa* ~*ta* hurrah, cheer ~**-huu|to** cheer (for *jllk*); *-dot (m) (sg)* cheering; *tervehtiä jkta -doin* cheer a p., give a p. a cheer.

hurrata cheer; ~ *jklle* cheer a p., give a p. a cheer.

hurrikaani hurricane.

hurska|s pious *(m kuv;* hope *toive); (harras)* devout (Christian *kristitty*), religious, godly; *olla [siinä] -assa uskossa että* naïvely believe that.. ~**telija** hypocrite (sanctimonious hypocrite *tekopyhä* ~) ~**tella** make a show of piousness (sanctity) ~**telu** sanctimony; hypocrisy.

hurskaus piety; saintliness, godliness.

hurtta hound.

hurvitella go out on a spree (on the town).

huti miss.

hutik|ka; *olla -assa* be tipsy.

hutil||oida bungle (one shouldn't bungle *ei pidä* ~); *-oiden tehty* slipshod, slapdash; *pilata jk -oimalla* make a botch of, bungle a th.; *tehdä työnsä -oimalla,* ~ *työssään* botch (skimp) one's work **-ointi** bungling, botching **-us** bungler, botcher.

huudahdus exclamation (of delight *ihastuksen* ~) ~**lause** exclamation [clause], exclamatory sentence ~**sana** interjection.

huudaht|aa exclaim (in delight *ilosta;* "oh no," he exclaimed »*voi ei*», *hän -i*); ~ *hämmästyneenä* exclaim in surprise.

huudella call (each other *toisiaan*); shout, *(ark)* holler (insults to *loukkauksia jklle*).

huuhde 1 *(huuhteluaine)* rinse, wash **2** *(tekn ym)* bath ~**lla 1** rinse (the dishes *astiat;* the soap out of one's eyes *saippua silmistään*), rinse (wash) (one's mouth *suunsa*) out (with clean water *puhtaalla vedellä*); *(aalloista, sateesta ym)* wash; ~ *ruoka alas viinillä* wash one's food down with wine **2** *(*~ *WC)* flush **3** *(lääk)* wash (the eyes *silmiä*), irrigate (a wound *haavaa*); douche (the stomach *vatsa*).

huuhdonta; *kullan* ~ panning for (washing of) gold.

huuhkaja eagle owl.

huuhtais|ta rinse, wash (one's hands *kätensä;* the wave washed the man overboard *aalto -i miehen yli laidan*).

huuhtelu 1 rinse (of the mouth *suun* ~), rinsing (of the wash *pyykin* ~); *(WCn* ~*)* flushing **2** *(tekn)* scavenging, wash **3** *(lääk)* irrigation; douche ~**aine** rinse ~**kannu** *(lääk)* irrigator ~**laite** *(tekn)* rinser, scavenger ~**ruisku** *(lääk)* douche ~**vesi** rinse (rinsing) water.

huuhto||a rinse (the soap out of one's hair *saippua hiuksistaan*), rinse .. out; give .. a rinse (give the shirt a good rinse *huuhdo paita hyvin*); wash (the sleep out of one's eyes *unet silmistään;* the waves wash [against] the shore *aallot -vat rantaa*); ~ *kultaa* pan [for gold], wash gold; ~ *pois* wash off; rinse off (the soap *saippua*) *(ks m huuhdella)* **-utua** be washed (away by a wave *[pois] aallon mukana*).

huulenheit||o joking **-äjä** joker.

huul|i 1 *(anat)* lip **2** *(sutkaus)* quip, joke, one-liner ▶ *heittää -ta* joke, crack jokes; **maalata** *-ensa* put on lipstick; **puristaa** *-ensa yhteen* purse [up] one's lips.

huuli||halkio harelip **-harppu** harmonica, mouth organ **-kiille** *(kosmet)* lipshine; lip gloss **-liitos** *(tekn)* rabbet joint **-lta-lukeminen** lip reading. **-huulinen** -lipped (thick-lipped *paksu~*).

huuli||o *(fon)* lip area **-pilli** *(urkujen ~)* flue [pipe] **-puna** lipstick; *käyttää (panna) ~a* wear (put on) lipstick **-rasva** lip pomade (salve) **-syöpä** lip cancer **-veikko** joker **-äänikerta** stop **-äänne** labial [sound].

huullos 1 *(falssi)* lap, seam **2** *(kynte)* rebate, rabbet.

huuma ecstasy (in an ecstasy of happiness *onnen ~ssa*); fever (of passionate love *tulinen lemmen ~*); flush (in the first flush of victory *voiton ensi ~ssa*) **~antua** be stunned (by a blow *iskusta;* by beauty *kauneudesta*); *(kuv m)* be intoxicated (with happiness *onnesta*) **~ava 1** *(konkr)* stunning, swingeing (blow *isku*); *korvia ~ melu* deafening noise **2** *(kuv)* intoxicating (love *rakkaus*), overpowering (scent *tuoksu*) **3** *(lääk)* narcotic (drug *lääke*); *~ aine* narcotic, drug **~|ta 1** *(konkr)* stun (the ears *korvia*); daze (dazed with a blow (drugs) *iskun (lääkkeiden) -ama*); *(antaa huumausainetta)* drug; *(antaa piristettä)* dope (the racehorse *hevonen*) **2** *(kuv)* intoxicate (intoxicated with victory *voiton -amana*); *onnen -ama* drunk with happiness **3** *(lääk)* give .. a light an[a]esthesia.

huumausaine narcotic (use of narcotics *~iden käyttö;* opium is a narcotic *oopiumi on ~*); *(huume)* drug (charged on smuggling drugs *syytettynä ~iden salakuljetuksesta*); *~iden väärinkäyttö* drug abuse; *(lääk)* narcotism *(ks m huume)* **~laki** Narcotics Act **~rikos** drug (narcotics) offence.

huumautu|a be stunned (by a blow *iskusta*); be dazed (with drugs *lääkeaineista*); *-nut* in a daze.

huume drug; *~et* drugs; *(sl) (sg)* dope, *(Am m)* junk; *(lääk)* narcotics (and intoxicants *~et ja päihteet*); *(piriste)* stimulant; *(kuv)* daze (as if in a daze *kuin ~essa*) ▶ *~iden* **käyttäjä** drug user, addict; *(sl)* dope, junkie; **käyttää** *~ita* take drugs; *(ark)* use dope; *(urh m)* take stimulants; *(urh) ~iden* **käyttö** doping; **lopettaa** *~iden käyttö (ark)* kick the habit; *~iden* **myyjä** drug peddler, pusher; **olla** *~essa (ark)* be high; *~en* **yliannostus** drug overdose; OD.

huume||kauppa narcotics traffic, drug traffic[king] **-kuriiri** drug (narcotics) courier; *(sl)* mule **-nuori** young addict **-ongelma** drug problem **-poliisi** narcotics division of the police force; *(ark)* drug squad **-testi** doping test.

huumori humo[u]r; *älykäs ~* wit **~ntaju** sense of humo[u]r; *häneltä puuttuu ~[a]* he lacks humo[u]r **~ntajuinen**; *hän on ~* he has a good sense of humo[u]r.

huur||re [white] frost, hoar-frost; rime; *olla -teessa* be white with frost, be rimed **-relasta** scraper **-teenpoistin** defroster, windscreen heater **-teinen** ..white with frost, rimed; frosted (windowpane *ikkunaruutu*) **-tua** frost over (up).

huuru vapo[u]r; *(höyry)* steam (of breath *hengityksen ~*); *(usva)* mist; *olla ~ssa* be misted over; be covered with steam **~inen** steamy, misty **~ta** steam (in the cold *pakkasessa*).

huu|taa 1 shout (to *jklle;* for a p. to come *jkta tulemaan;* in a p.'s face *vasten jkn kasvoja;* with pain *kivusta;* for joy *riemuissaan;* there is no need to shout *ei tarvitse ~*); *(kiljua)* cry (enthusiastically *innoissaan*); cry out (in fear *pelosta;* with pain *tuskasta*); *(kutsua -tamalla)* call (to *jklle;* to a p. for help *jkta avuksi;* a p. by his name *jkta nimeltä*); mother called the children in *äiti -si lapset sisään*); call out (after *jkn jälkeen;* an order *käsky;* the names in alphabetical order *nimet aakkosjärjestyksessä*); *(kirkua)* scream (with terror *kauhusta*, the baby screamed all night *vauva -si koko yön*) **2** *(eläimestä, pillistä ym)* hoot (an owl (the factory siren) hoots *huuhkaja (tehtaanpilli) ~*) **3** *~ [jklle]* shout (yell) at (don't yell at me! *älä -da [minulle]!*) **4** *(kuv)* cry out (for vengeance *kostoa*) **5** *(huutokaup) (tarjota)* bid (how much do you bid for this? *paljonko tästä -detaan?*); *(ostaa)* buy (a carpet *matto*) at an auction (for £10 *10 punnalla*) ▶ *~* **apua** shout (scream) for help; *~* **esiin** call for (the author of the play *näytelmän tekijä*); *näyttelijät -dettiin esiin kuusi kertaa* the actors took six curtain-calls; *»apua», hän* **huusi** "help," he called out (cried, shouted, screamed); *hän -si: »apua!»* he called out "help!"; *(lak)* **juttu** *esille oikeudessa* call a case in court; *~* **kovalla** *äänellä* call aloud; *~* **kuninkaaksi** proclaim .. King; *~* **täyttä kurkkua** shout (yell, cry out) at the top of one's voice; ~ **äänensä käheäksi** shout (scream) o.s. hoarse.

huuta||**ja** *(huutokaup)* bidder **-va** *(kuv)* crying (evil *epäkohta*); glaring, flagrant (injustice *vääryys*); *olla* ~*ssa hukassa* be in sore distress (in desperate straits).

huu|**to** 1 cry (of surprise (pain) *hämmästyksen (tuskan)* ~*;* utter a cry *päästää* ~); shout; call (for help *avun*~); *(-taminen)* shouting (stop that shouting *lopeta tuo* ~*!*) 2 *(eläimen, pillin ym* ~*)* hoot 3 *(huutokaup)* bid (the highest bid *korkein* ~) ▶ *olla* **huonossa** *-dossa ks.* huono* →*; olla [suuressa] -dossa* be in vogue (fashion); *huutaa* **suoraa** ~*a* shout (cry, scream) at the top of one's voice; **vastata** ~*nsa* be as good as one's word; *olla* **viimeistä** ~*a* be all the vogue (fashion, cry, rage).

huutokaupa||**npitäjä** auctioneer **-ta** sell .. by auction, auction [.. off].

huutokaup|**pa** auction (by public auction *julkisella -alla;* buy at an auction *ostaa -asta*); sale by auction; *myydä -alla* sell .. by (at) auction, auction [.. off] ~**kamari** *(pl)* auction rooms.

huuto||**matka;** ~*n päässä* at call, within shouting distance **-merkki** exclamation mark **-sakki** cheering section; *(pl)* supporters **-torvi** megaphone **-äänestys** acclamation; viva voce voting.

huve||**ntaa** eat away (at savings *säästöjä*) **-ta** dwindle [away] (resources dwindled away *varat hupenivat*); decrease, *(liik ja ark)* give out (the stocks gave out rapidly *varastot hupenivat nopeasti*); diminish (strength diminishes with age *voimat hupenevat iän mukana*); ~ *olemattomiin* shrink to nothing; ~ *puoleen* be reduced to half; *rahat hupenivat laskuihin* the money went on bills; *rahat hupenivat nopeasti* the money slipped through the fingers.

huvi 1 amusement (he plays the piano for his own amusement *hän soittaa pianoa omaksi* ~*kseen*), entertainment (for the entertainment of the audience *yleisön* ~*ksi*); enjoyment (his greatest enjoyment *hänen suurin* ~*nsa*); ~*n vuoksi* for fun, for the fun of it (the thing); *yhdistää* ~ *ja hyöty* combine business and pleasure 2 ~*t (huvitukset)* amusements (cinemas and other amusements of a big city *elokuvat ja muut suurkaupungin* ~*t); (san otsikko) huveja* entertainments ~**ajelu** pleasure

drive, ride for pleasure; *luvaton* ~ joy-ride; *lähteä* ~*lle* go for a drive ~**elämä** *(pl)* entertainments, amusements.

huvila villa; *(kesä*~*)* summer house; cottage; *(yksikerroksinen* ~*)* bungalow ~**kaupunki** residential suburb; garden city ~**yhdyskunta** summer house settlement.

huvi||**linna** pleasure palace **-maja** pleasure house, bower, summerhouse **-matka** pleasure trip (tour) **-näytelmä** comedy **-puisto** amusement park; fun fair **-pursi** luxury yacht **-retki** outing, excursion; picnic (in the country *maaseudulle*); *tehdä* ~ go on an outing; go on (for) a picnic **-tella** amuse o.s. ([by] doing *tekemällä jtk*); *(*~ *juhlien)* go out [on the town]; *käydä -ttelemassa* go out **-teollisuus** 1 *(huvialaa koskeva teollisuus)* entertainment industry 2 *(viihdeala)* show business **-toimikunta** entertainment committee.

huvitt||**aa** 1 *(hauskuttaa)* amuse; keep .. amused (by playing *soittamalla*); *(viihdyttää)* entertain 2 *(naurattaa)* amuse (your behavio[u]r amuses me *käytöksesi* ~ *minua*); make .. laugh; *hänen juttunsa -ivat minua (m)* I was amused at (by) his stories; *häntä -i ajatella..* he smiled to think..; *minua -i kun näin..* I was amused to see.. 3 *(haluttaa)* like (he doesn't like to go *häntä ei huvita lähteä*) **-ava** amusing (incident *tapaus*); *(hassu)* funny (story *juttu*); comical (behavio[u]r *käyttäytyminen*) **-elunhaluinen** pleasure-seeking, ..fond of amusement; ~ *ihminen (m)* pleasure-seeker, pleasuremonger **-elupaikka** place of entertainment; amusement.

huvit||**tuneisuus** amusement **-tun**|**ut** amused (at, by *jstk*); *-eena (m)* in amusement **-u**|**s;** **-kset** amusements (of a big city *suurkaupungin -kset*); entertainments (spend a lot of money on entertainments *käyttää paljon rahaa -ksiin*).

huvi||**tutti** *(Br)* dummy; *(Am)* pacifier **-vero** entertainment *(Am* amusement) tax.

hyasintti hyacinth.

hybridi hybrid.

hydra||**atti,** **-ta** hydrate **-uliikka** *(sg)* hydraulics **-ulinen** hydraulic (brake *jarru;* pressure *paine*).

hydro||**kopteri** hydrocopter **-logia** hydrology **-metri** hydrometer.

hyeena hy[a]ena.

hygie||**eninen** hygienic *(adv* ~ally); sanitary

-nia hygiene.

hyhmä slush.

hyi phew! *(Am)* phooey! ~ *häpeä (sinua)!* shame [on you]!

hyinen icy *(m kuv)*.

hyker||rellä; ~ *[tyytyväisenä] käsiään* rub one's hands [with pleasure] **-ryttävä** thrilling.

hylje [true] seal **~-eläin** pinnipede.

hyljeksi|ä despise (despised by everyone *kaikkien -mä*); look down on; *(ark)* turn one's nose up at; *tuntea itsensä -tyksi* feel rejected.

hylkeen||nahka sealskin **-pyynti** sealing **-rasva** [seal] oil.

hylkimi||nen rejection; *(tekn)* repulsion **-silmiö** *(lääk)* rejection.

hylki|ä 1 *(lääk)* reject (the body rejects a transplant *elimistö -i siirrännäistä*) **2** *(tekn ym)* repel (the fabric repels water *kangas -i vettä*); *vettä -vä* water-repellent **3** = *hyljeksiä.*

hylkiö outcast (social outcast *yhteiskunnan ~*); *(Am m)* derelict.

hylky wreck **~puu** refused (wasted) log **~tavara 1** *(liik)* reject[s] **2** *(mer)* wreck[age]; *(pl)* wrecked goods; *(maihin ajautunut ~)* wreck; driftage; *ajelehtiva ~* flotsam **3** *(metsh)* rejected timber; waste.

hylkää||minen 1 rejection (of an application *hakemuksen ~*); refusal, declining (of an offer *tarjouksen ~*); *(jättäminen)* abandonment (of one's family *perheensä ~;* of old traditions *vanhojen tapojen ~*), desertion *(m lak)* (of one's wife *vaimonsa ~*) **2** *(urh)* disqualification; *(hyppylajeissa)* failure, *(uus)* elimination **-vä;** *asettua ~lle kannalle* take up a negative attitude (towards *jhk nähden*); ~ *lausunto* rejection, refusal; *(lak)* ~ *päätös (tuomio)* rejection.

hylly shel|f *(pl -ves);* *(hattu~, tavara~)* rack; *~t (m) (sg)* shelving; *joutua ~lle* be shelved; *panna ~lle (m kuv)* put on the shelf; shelve; suspend (a driving licence *ajokortti*) **~kkö** [set of] shelves; *(sg)* shelving **~paperi** shelf paper **~stö** shelving, shelf unit; *(varaston ~) (m)* storage unit **~ttää** shelve.

hylly||vä quaking, quaky; *(~n lihava)* flabby, paunchy; ~ *suo (m kuv)* quagmire **-ä** yield, give (under the feet *jalkojen alla*); quake (his belly quaked with laughter *hänen mahansa -i naurusta*).

hylsy 1 *(patruunan ~)* [cartridge] case,

shell **2** case (a plastic case of a lipstick *huulipunan muovinen ~*) **3** *(tekn)* socket; sleeve.

hylät||ty 1 deserted (hut *mökki;* wife *vaimo*); abandoned (car *auto;* child *lapsi*); derelict (ship *laiva*); *tuntea itsensä -yksi* have a feeling of rejection; ~ *kosija* rejected (dismissed, cast-off) suitor **2** *(koul);* ~ *[koe]* fail; *~jä [oppilaita] oli viisi* there were five failures **3** *(urh)* disqualified (competitor *kilpailija*); ~ *heitto (suoritus)* foul; ~ *hyppy* failure; ~ *nosto* no lift **-tävä** unacceptable (expression *ilmaus*); reprehensible (habit *tapa*); ~ *ajatus (m)* useless (vain) idea.

hyl|ätä 1 desert (my friends have deserted me *ystävät ovat -änneet minut*), abandon (one's child *lapsensa;* a sinking ship *uppoava laiva*); leave (one's family *perheensä*), *(ark)* cast off (aside) (one's wife for another woman *vaimonsa toisen naisen takia*); *(kieltää)* disown (one's profligate son *hurja poikansa*) **2** *(luopua jstk)* abandon (old attitudes *vanhat asenteet*), give up (a theory *teoria*), dismiss (an idea *ajatus*); discard (old beliefs *vanhat uskomukset*); *(kirj)* forsake (one's principles *periaatteensa;* one's religion *uskontonsa*) **3** *(olla hyväksymättä)* reject (a candidate *hakija;* a plan *suunnitelma;* an offer *tarjous*), turn down (an application *hakemus*); ~ *kutsunnoissa* reject for military service **4** *(torjua)* refuse (a candidate *hakija;* an offer *tarjous*), *(evätä)* decline (a suggestion *ehdotus;* an invitation *kutsu*) **5** *(koul)* fail (in an examination *kokeessa;* the professor failed half the candidates *professori -käsi puolet tenttijöistä*); *hänet -ättiin (kokeessa)* he failed ([in] the examination) **6** *(lak)* dismiss (the action *kanne;* the charge against *syyte jkta vastaan*); disallow (an appeal *anomus;* a claim *syyte*), *(Am m)* ignore (a complaint *valitus*); quash (a decision *päätös*); *vastalause ~än!* objection overruled (denied)! **7** *(parl)* defeat (a bill by 120 votes to 10 *lakiehdotus 120 äänellä 10:tä vastaan*); throw out (an amendment *muutos[ehdotus]*); cancel (a vote *äänestyslippu;* the election is cancel[l]ed *vaalit ~än*) **8** *(urh)* disqualify (a competitor *kilpailija;* a performance *suoritus*); *(painonnostossa)* discount (an attempt *yritys*); *(jalkap)* disallow (a goal *maali*); *(rats)* eliminate.

hymist‖ellä sing the praises (of *jtk*); *teos sai -elevät arvostelut* the work earned the eulogies of the critics **-ys** [song of] praise; [poem of] eulogy.

hymni hymn.

hymy smile; *(omahyväinen t. teennäinen ~)* smirk, simper; *(pilkallinen ~ m)* sneer; *(leveä ~ m)* grin; *[häneltä] kyllä vielä ~ hyytyy* it will wipe the smile off his face, he'll be laughing on the wrong side of his face; *olla pelkkää ~ä* be all smiles; *~ssä suin* with a smile, smilingly, with a smile on one's face **~il‖lä** smile (at *jllk, jklle;* politely *kohteliaasti;* through one's tears *kyynelten läpi;* Fortune smiled on him *onni -i hänelle*); *(~ ivallisesti)* sneer (at *jllk*); *(~ omahyväisesti)* smirk, simper; *(~ leveästi) (m)* grin; *-len* smiling[ly], with a smile **~ily** smiling; smile; *herättää ~ä* invite a smile **~ilytt‖ää** amuse; *häntä -i ajatus että* he smiled to think that..; *sellainen lähinnä ~* it can't be taken seriously **~kuoppa** dimple **~nhäivä; ei ~äkään** not the slightest smile.

hymäh‖‖dys sneer; snort **-tää** sneer (at *jllk;* to o.s. *itsekseen*); *~ halveksivasti* snort (at *jllk*), give a snort of contempt.

hyntt‖eet, -yyt; *kerätä -eensä* gather one's traps (goods and chattels); *lyödä ~ yhteen* muck in, make a match of it; *vetää ~ ylleen* get dressed.

hyp‖ellä jump (up into the air *ilmaan;* for joy *iloissaan;* from stone to stone *kiveltä kivelle*); hop about (around) (sparrows are hopping about in the grass *varpuset -pelevät nurmikolla*); *(lapsista)* skip (jump, frisk) about.

hyper‖‖beli hyperbola **-belifunktio** hyperbolic function **-bola** hyperbole **-bolinen** hyperbolic[al] (geometry *geometria;* expression *ilmaus*) **-moderni** ultramodern **-sensitiivinen** hypersensitive **-tonia** *(lääk)* hyper‖tony, -tension.

hypistellä finger (a fabric *kangasta*); fiddle [about] (with a gun *asetta*); fumble (nervously with one's cap *hermostuneesti lakkiaan*).

hypittää; *~ lasta polvellaan* dance (dandle, jump) a baby on one's knee .

hypno‖‖analyysi hypnoanalys‖is *(pl -es)* **-osi** hypnos‖is *(pl -es); olla ~ssa* be under hypnosis; *vaipua ~in* drift (float) into a hypnotic trance **-ottinen** hypnotic *(adv ~ally)* **-tisoi‖da** hypnotize; *-va* hypnotic

-tisoija hypnotist.

hypo‖‖fyysi hypophysis **-kondria** hypochondria; *~a poteva* hypochondriac **-nymia** hyponymy **-staasi** hypostas‖is *(pl -es)* **-taksis** hypotaxis.

hypoteekki mortgage **~laina** mortgage loan **~pankki** mortgage bank **~yhdistys** mortgage association (society).

hypotee‖‖si hypothes‖is *(pl -es); esittää ~* propose (make) a hypothesis; hypothesize (that.. *että*) **-ttinen** hypothetical.

hypo‖‖tenuusa hypotenuse **-termia** hypothermia **-trofia** hypotrophy **-vitaminoosi** hypovitaminosis, avitaminosis.

hyppelehtiä bob, dance (on the waves *laineilla*); jog (on the rough road *kuoppaisella tiellä*).

hypp‖iä jump (for joy *ilosta;* from stone to stone *kiveltä kivelle;* on trampolines *trampoliinilla*); *(pomppia)* bounce up and down (with excitement *innoissaan;* on the bed *sängyllä*); bound (the dog came bounding to meet him *koira tuli -ien häntä vastaan*; *(eläimistä)* hop (the frog hopped off *sammakko -i pois*); *(hypellä)* skip (over the fences *aitojen yli*); skip (jump, frisk) about (stop jumping about! *älä hypi!*); *(hyppelehtiä)* bob, dance (the boat was bobbing (danced) on the rough waters *vene -i aallokossa*) ▶ **ajatukset** *-ivät sinne tänne* the mind is wandering; *~ jkn nenälle (silmille)* cheek a p., be cheeky to; *[levysoittimen]* **neula** *-ii* the stylus jumps (skips); *~ seinille* climb the walls; *~ tasajalkaa* jump with both feet together; *~ yhdellä jalalla* hop, jump with one leg.

hyp‖py 1 jump (forward *eteenpäin;* into the air *ilmaan;* of two metres *kahden metrin ~;* at one jump *yhdellä -yllä*); leap (leaps of a ballet dancer *balettitanssijan -yt;* of three metres *kolmen metrin ~; (kuv)* in the dark *tuntemattomaan*); *(loikkaus)* bound (of a tiger *tiikerin ~;* in one bound *yhdellä -yllä*); *(erik eläimen ~)* hop (of a frog *sammakon ~*); spring (of a cat *kissan ~*); skip (of a lamb *karitsan ~*); *(~ veteen)* plunge, dive (into the pool *altaaseen*) **2** *(urh)* **a)** jump; *(seiväshyppyssä)* vault; *epäonnistunut ~* failure; *-yn pituus* jumping distance, distance jumped; **b)** *(voim) (lajina)* horse vault (men's horse vault *miesten ~*); *(teline~)* vault (optional (compulsory) vault *omavalintainen (pakollinen) ~*); *(permanto~)* jump (forward *etunojaan*); **c)** *(uinnissa)* dive (required (voluntary) dive *pakollinen (vapaavalintainen)* ∼); *vauhdillinen (vauhditon)* ∼ running (standing) dive; **d)** *(rats)* jump **3** *(atk)* jump ∼**käsky** *(atk)* jump instruction ∼**laji** jumping event ∼**lauta** seesaw ∼**naru** skip[ping] rope; *(Am)* jump rope; *hypätä* ∼*a* skip ∼**ri** *(vesihiihdossa ym m)* ramp ∼**rimäki** jumping hill ∼**sellinen** pinch (of salt *suolaa)* ∼|**set** fingertips (burn one's fingertips *polttaa -sensä); (sormet)* fingers (keep your fingers off that thing! *pidä -sesi irti siitä!); saada jk -siinsä* lay (get) one's hands on ∼**torni** *(urh)* diving apparatus ∼**tunti** *(koul)* free period.

hyppäy|s jump (from one subject to another *asiasta toiseen;* over a ditch *ojan yli);* leap (of two metres *kahden metrin* ∼*;* from the Middle Ages to modern times *keskiajasta nykyaikaan);* spring (sudden springs of *jnk äkilliset -kset),* bound (at a bound *yhdellä -ksellä).*

hypäht|ää bound (her heart bounded with joy *hänen sydämensä -i ilosta).*

hyp|ätä jump (over a fence *aidan yli;* into a taxi *taksiin;* out of the window *ulos ikkunasta);* leap (into the saddle *satulaan;* the tiger leaped on him *tiikeri -päsi hänen kimppuunsa);* spring (up into the air *ilmaan;* over the wall *muurin yli;* out of bed *sängystä); (m)* make a spring (jump, leap) (at *jtk kohti);* hop (onto the bicycle *pyörän selkään;* hop in! *-pää kyytiin!* the frog hopped away *sammakko -päsi pois);* skip (quickly out of the way [of a bus] *nopeasti pois [bussin] tieltä)* ▶ ∼ **asiasta toiseen** jump (skip) from one subject to another; ∼ **bussiin** *(junaan)* jump on [to the bus (train)]; ∼ *pois bussista* jump off [the bus]; ∼ *pois junasta* jump out [of the train]; ∼ **pituutta** *(seivästä)* do the long jump (the pole vault); ∼ **pystyyn** jump up, jump (spring) to one's feet; ∼ **veteen** *(m)* [take a] plunge into the water; ∼ *jnk* **yli** *(m)* jump, leap, hop; *(∼ ylöspäin)* vault (a fence *aidan yli); (kuv)* skip (a chapter *luvun yli).*

hyri|Inä hum, buzz (of an engine *moottorin* ∼), purr; drone (of distant traffic *liikenteen kaukainen* ∼); whine (of mosquitoes *hyttysten* ∼) **-stä** hum; *(koneista m)* buzz, drone; *(inistä)* whine.

hyrrä [spinning] top; *ei pennin* ∼*ä* not a single penny ∼|**tä** hum (the machines hum

koneet -ävät), purr; drone; whine (the mosquitoes whine *hyttyset -ävät).*

hyrsky surge (the surges of an ocean *valtameren* ∼*t); (kuv)* turmoil (the turmoils of the revolution *vallankumouksen* ∼*t);* ∼*t (sg)* surf, swell (of the sea *meren* ∼*t)* ∼**tä** surge.

hyräillä hum (a hit *iskelmää;* to o.s. *itsekseen);* croon (a baby to sleep *lapsi uneen).*

hys; ∼ ∼ hush.

hyssytellä hush *(m kuv), (tuudittaa)* lull (a baby to sleep *lapsi uneen).*

hyste||erinen hysterical; *saada* ∼ *kohtaus* go into hysterics **-ria** hysteria.

hytistä shiver, tremble (with cold *vilusta),* feel shivery.

hytkyä shake (with laughter *naurusta).*

hytkäh|tää give a jerk (the train gave a jerk and started *juna -ti [ja lähti] liikkeelle).*

hytti cabin; *(ohjaajan* ∼) cockpit ∼**paikka** berthcabin.

hytty||nen mosquito *(pl* ∼[e]s); *(Br m)* gnat **-senpurema** mosquito bite **-sverkko** mosquito net **-svoide** mosquito deterrent.

hyve virtue ∼**ellinen** virtuous; ∼ *ihminen (m)* a man of great virtue ∼**ellisyys** virtue, virtuousness.

hyvill|een, -ään pleased (with, about *jstk).*

hyvin 1 well (very well *erittäin* ∼*;* sleep well *nukkua* ∼*;* -planned, -designed *suunniteltu;* -chosen *valittu);* nicely (he is doing nicely *hän edistyy* ∼), fine (that suits me fine *se sopii minulle* ∼); *(m)* very well (I very well understand your point *ymmärrän* ∼ *kantasi)* **2** *(sangen)* very (beautifully *kauniisti);* satisfied *tyytyväinen); (partis ed)* [very] much (ashamed *häpeissään;* obliged *kiitollinen;* he was much annoyed by the situation *hän oli* ∼ *harmissaan tilanteesta);* greatly (surprised *hämmästynyt)* ▶ **kaikki** ∼*!* all is well! everything is all right (okay); ∼ **moni** very many (people know that.. *[ihminen] tietää että*); a great many (of them *heistä);* ∼ **paljon** very much, a great deal, *(ark)* a lot; ∼ *paljon kirjoja* plenty (lots) of books; ∼ **tehty** well-done; *(hyvä)* good (article *artikkeli); (huudahduksena)* good! well done!

hyvin||ansaittu well-earned (rest *lepo)* -**hoidet|tu** well-managed (house *talo),* well-conducted (business enterprise *liikeyritys);* well-|run, -ordered (household *talous);* well cared for (teeth *-ut* *hampaat),* well-kept (hands *-ut kädet;* garden *puutarha);* well-groomed (lawn *nurmikko;* appearance *ulkonäkö);* well-conditioned (hair *-ut hiukset)* - **kasvatettu** well-bred, *(pred m)* well brought up; well-|behaved, -mannered.

hyvinkin *(melko)* quite (possible *mahdollista),* rather (big *suuri); (ainakin)* at least (two days *kaksi päivää); (mahdollisesti)* possibly (true *totta); jos[pa]* ~ if anyway..; *se saattaa* ~ *olla totta* it might (may) be true; *se voi* ~ *olla mahdollista (m)* it is not quite out of the question.

hyvin‖muodostun‖ut shapely (legs *-eet sääret);* well-proportioned (figure *vartalo)* - **perusteltu** well-grounded - **pukeutunut** well-dressed; elegant, fashionable - **toimeentuleva** well-off, well-to-do; prosperous; *(ark)* well-heeled - well-fitted; ~t **ihmiset** the well-to-do - **varustettu** well-appointed (hotel *hotelli);* well-equipped (laboratory *laboratorio);* well-|stocked, -supplied (shop *liike).*

hyvinvointi welfare, well-being (promote the well-being of the nation *edistää kansan* ~a); *aineellinen (taloudellinen)* ~ prosperity; wealth ~**valtio** welfare state ~**yhteiskunta** affluent society.

hyvinvoiva 1 *(varakas)* well-off, well-to-do; *(ark)* well-heeled **2** *(lihava[hko])* well-rounded (not fat but well-rounded *ei lihava mutta* ~), well-covered.

hyvit‖tää 1 compensate (a p. for damages *jklle vahingot;* overtime will be compensated by money *ylityöt -etään rahalla),* recompense (a firm for losses *liikkeelle tappiot); (palauttaa)* refund (the excess *liikaa maksettu määrä);* reimburse (we will reimburse you the cost *-ämme teille kulut);* make up for (the difference *erotus);* credit (a customer with £10 *asiakasta 10 punnalla)* **2** *(kirjanp)* credit (an account [with an amount] *tiliä [jllak summalla]);* ~ *jkta (jkn tiliä)* credit a p.'s account (with *jllak summalla),* credit (£100 *100 punnalla)* **3** *(kuv)* make up for (how can I ever make up to him for what he has suffered? *kuinka voin koskaan* ~ *hänelle mitä hän on kärsinyt?),* make amends (to a p. for an injury *jklle vääryys)* **-ys 1** compensation (demand compensation for *vaatia* ~*tä jstk); (maksu)* recompense, remuneration (receive a small remuneration for one's

services *saada pieni* ~ *palveluksistaan); (~ vahingosta)* indemnity, indemnification (pay an indemnification *maksaa* ~*tä); (takaisinmaksu)* reimbursement (to a p. for expenses *jklle kuluista);* refund; *(liik m)* consideration (allow a reasonable consideration to *myöntää kohtuullinen* ~ *jklle); (alennus)* allowance (make an allowance of 30 per cent *antaa 30 prosentin* ~*;* for damaged goods *vaurioituneista tavaroista);* -**ykseksi** *jstk* as compensation for, to compensate for; in recompense (return) for **2** *(kirjanp)* credit[ing]; *tilin -ykseksi* to the credit of an account **3** *(mielen~)* satisfaction (demand satisfaction in a duel *vaatia* ~*tä kaksintaistelussa)* -**yslasku** credit note *(lyh* C/N) (for *jstk).*

hyvyy‖s goodness (to *jkta kohtaan;* of God *Jumalan* ~); kindness (of heart *sydämen* ~*;* your kindness will be rewarded *-tesi palkitaan);* **hän teki sen hyvän** *-ttään* he did it out of the kindness of his heart; *tämän maailman* ~ *(pl)* the good things of this world.

hyvä I *a* good (*komp* better, *superl* best) (idea *ajatus;* film *elokuva;* English ~*ä englantia;* at mathematics *matematiikassa;* eyesight *näkö;* weather *sää;* manners ~*t tavat;* at swimming *uimaan);* △ *(ystävällinen)* kind (to *jkta kohtaan;* heart *sydän);* △ *(hieno)* fine (sense of humo[u]r *huumorintaju);* △ *(miellyttävä)* nice (play *näytelmä;* weather *sää); (ruoasta m)* delicious **II** *s* [the] good (the good and the bad ~*t ja pahat;* do a lot of good *tehdä paljon* ~*ä); (pl)* good things ▶ A *(hyvä)* hän **ei ole** erityisen ~ puhuja he's not much of a speaker; *ei ole* ~ *tehdä niin* it's not a good thing to do; ~ *että kysyit* good thing (*ark* job) you asked; **hyvä!** *(m)* bravo! ~ **niinkin** *(näinkin)* so far so good; **no** ~*!* very well! well then! *(ark)* right [then]! **ole** ~ *ja sulje ovi!* shut the door please (will you); *olet[te]ko* ~ *ja..* will you..? would you [kindly]..? **olkaa** ~*!* *(tässä on)* here you are! *[aamiaisenne] olkaa* ~*!* here is your breakfast [Sir (Madam)]! *olkaa* ~ *ja istukaa!* please sit down! have a seat please! *olkaa* ~ *ja ottakaa!* help yourself (yourselves) please! *saanko ottaa tämän? ole (olkaa)* ~*!* ...by all means! you're welcome! ~ **on!** good! all right! *(ark)* okay! *olisi* ~ *jos* it would be a good thing if; ~*[hän] sinun on* **puhua** it's easy for you to say so; *[ja]* **sillä** ~*!* [and] that's that (the end of it)! and that's all there is to it! **kyllä siitä vielä** ~ **tulee** it will turn out well; ▶ **B** *(hyväksi)* ks. hakus.; ▶ **C** *(hyvällä)* **hyvällä** by fair means, *(sovinnollisesti)* amicably; *ei* ~*llä eikä* **pahalla** neither by fair means nor foul; *sitä ei katsota* ~*llä* **[silmällä]** it is not approved of; ▶ **D** *(hyvän)* ~*n* **aikaa** quite a while; ~*n* **matkaa** a good distance; ~*n* matkaa kolmattakymmentä well over twenty; *(ark kuv)* ~*n* **sään aikana** while the going is good; ▶ **E** *(hyvää)* mitä kuuluu? **ei erikoisen** ~*ä* how are you? Not too well I'm afraid; *toivon sinulle* **kaikkea** ~*ä* I wish you all the best; **tarkoitin** *vain* ~*ä* I meant well; *se ei* **tiedä** ~*ä* that is a bad sign; ▶ **F** *(muita sanontoja)* **mistä** ~*stä?* what for? *(miksi)* why? *tee mitä* ~*ksi* **näet** do as you see fit, do as you please; **pitää** ~*nä (helliä)* cuddle, fondle; *(kohdella hyvin)* treat .. well; *pitää* ~*nään (kärsiä)* put up with; *pidä* ~*näsi!* you keep (have) it! **siitä** ~*stä* hän sai **selkäänsä** he got beaten for that.

hyvä‖enteinen good-omened; auspicious, *(suotuisa)* favo[u]rable   **-hermoinen** self-controlled   **-huu‖to** cheer, shout of approval (applause); *tervehtiä jtk -doin* cheer a th.   **-illä** caress (lovingly *hellästi*); *(helliä)* cuddle (a baby *lasta*)   **-ily** caress[es].

hyväk‖si for (one's country *maansa* ~), for the good of (one's family *perheensä* ~); for the benefit of (the poor *köyhien* ~); in favo[u]r of, in **a p.'s favo[u]r** *(liik m)* to the credit of (a p.'s account *jkn tilin* ~), to a p.'s credit (to our credit *-semme*) ▶ *se* **ei ole** ~ it is not good for you (him, me); *(liik)* **hyväksenne** *(m)* due to you; **käyttää** *-seen ks. käyttää* —; **nähdä** ~ see fit; *se on* **hänelle** ~ *(m)* it will do him good; *ottelun tulos oli 1–0* **Suomen** ~ the result of the match was 1–0 to Finland; **yhteiseksi** *-semme* for our common good.

hyväksikäyttö exploitation (of natural resources *luonnonvarojen* ~); utilization (rational utilization *järkiperäinen* ~), *(käyttö)* employment, use.

hyväksy‖jä *(vekselin* ~) acceptor, drawee   **-mi‖nen** approval (of a proposal *ehdotuksen* ~; it received the approval of everyone *se saavutti kaikkien -sen*); acceptance (the proposal found general acceptance *ehdotus saavutti yleistä -stä;*

of an offer *tarjouksen* ~); *(vekselin* ~ *m)* endorsement; *(myöntyminen m)* consent (give one's consent to *antaa -sensä jllk),* sanction (obtain a p.'s sanction for *saada jkn* ~ *jhk); (lakiehdotuksen ym* ~*)* passing, *(Am)* passage; *(vahvistaminen)* ratification (of a treaty *sopimuksen* ~); *hiljainen* ~ connivance *(ks m hyväksyä)*   **-tty** accepted (fact *tosiasia); (liik ym)* approved (specifications *-tyt säännöt);* adopted (measures *-tyt toimenpiteet); (virallisesti* ~*)* authorized; *(tutkinnossa* ~*)* passed; *(koul)* *[suoritus]* pass; *yleisesti* ~ accepted, generally approved, recognized   **-ttävyys** acceptability   **-ttävä** acceptable; *(kohtuullinen)* reasonable   **-västi** approvingly; *nyökätä* ~ *(m)* give a nod of approval.

hyväksy‖jä 1 approve of (an idea *jk ajatus;* a p.'s plan *jkn suunnitelma);* accept (a candidate *hakija;* an invitation *kutsu); (~ jäseneksi ym) (m)* admit (as a member (to the club) *jäseneksi (kerhoon)); (suostua jhk)* agree to (the terms *ehdot); (antaa -misensä jllk)* sanction (corporal punishment *ruumiillinen kuritus)* **2** *(liik)* accept (the terms *ehdot;* a bill of exchange *vekseli);* hono[u]r (a cheque *šekki;* a contract *sopimus); (m)* approve (of the proposals *ehdotukset);* pass (the account for payment *lasku maksettavaksi)* **3** *(~ virallisesti)* approve (the motion by 25 votes to 12 *ehdotus 25 äänellä 12 vastaan;* approved by the Ministry of Education *kouluhallituksen m:llä),* adopt (the proposal unanimously *ehdotus yksimielisesti),* pass (a law *laki;* the minutes *pöytäkirja;* the accounts *tilit;* the apparatus was not passed by the authorities *viranomaiset eivät -neet kojetta)* **4** *(koul)* pass (in a test *kokeessa;* the professor passed five candidates *professori -i viisi tenttijää)* ▶ **ei** ~ disapprove of (a proposal *ehdotusta);* reject (an offer *tarjousta);* refuse, decline (an invitation *kutsua); näitä ehtoja ei voi* ~ these terms are unacceptable [to us]; *hänet -ttiin* **[tutkinnossa]** he passed [the examination]; *häntä ei -tty* he failed, he failed [in] the examination; *(lak)* **vastalause** *-tään* objection sustained.

hyvä‖kuntoinen ..in good condition   **-käytöksinen** well-behaved, well-‖mannered, well-bred   **-laatuinen** ..of good quality, *(m)* quality (product *tuote)*   **-luontoinen**

good-natured; kind **-maineinen** ..of good repute (reputation); *(m)* reputable **-nahkainen** good-natured.
hyvänen; ~ *aika!* oh my goodness!
hyvän‖laatuinen benign (tumo[u]r *kasvain*), non-malignant **-laatuisuus** benignancy **-makui‖nen** ..of good flavo[u]r (tea *-sta teetä*); *(maukas)* savo[u]ry (soup *keitto*); *(ark)* tasty **-näköinen 1** good-looking; *(miehestä m)* handsome **2** *(tyylikäs)* fashionable; posh **-olontunne** sense of well-being; *sairaalloinen* ~ euphoria.
hyvänsä *(ks kuka (mikä, milloin, missä, miten)* ~ *jne); hinnalla millä* ~ at any price; *keinolla millä* ~ by fair means or foul, by hook or by crook; *minä hetkenä* ~ any moment, any minute [now].
hyväntahtoi‖nen benevolent, benign, kindly (gesture *ele;* old lady *vanha rouva*); well-wishing, kind **-sesti** benevolently, benignly; kindly; ~ *lähettänette minulle..* would you be kind enough to send me.. **-suus** benevolence, goodwill, kindness.
hyväntekeväisyys charity ~**järjestö** charity, charitable organization ~**konsertti** charity concert ~**laitos** charitable institution ~**rahasto** benevolent fund.
Hyväntoivonniemi the Cape of Good Hope.
hyvän‖tuoksui‖nen sweet-scented (soap *saippua*), fragrant (flower *kukka*), aromatic (herbs *-sia yrttejä*) **-tuulinen** good-humo[u]red, *(pred m)* in a good mood; *(iloinen)* cheerful **-tuulisuus** good humo[u]r.
hyvä‖oppinen quick-witted; *(pred)* quick to learn **-osai‖nen** fortunate; *(sb) -set* the well-to-do **-palkkainen** well-paid (job *työ*); well-salaried (manager *johtaja*) **-päinen** clever, bright, quick-witted.
hyvästel‖lä say goodbye (to *jku*) **-y** leave-taking, farewell.
hyvästi goodbye! ~*ksi* in farewell; *jättää ~t* say [one's] goodbye[s] (farewell[s]) (to *jklle*); bid a p. farewell; *(kuv)* say goodbye (to *jllk*) ~**jättö** parting; goodbye, *(ylät)* farewell (to *jllk*).
hyvä‖sydäminen kind-hearted **-sydämisyys** *(m)* kindness **-tahto** goodwill **-tapainen** well-behaved **-tuloinen** well-paid; *(henk m)* ..with a good income **- työ** good (kind, charitable) deed; *-t työt* good works **-uskoinen** gullible, credulous **-uskoisuus** gullibility, credulity.
hyvää‖ tarkoittava well-meaning (person *ihminen*), well-intentioned, well-meant

(action *teko*) **- tekevä** beneficial (effect *vaikutus*).
hyydy‖ke sorbet **-ttää** coagulate (fibrin coagulates blood *fibriini* ~ *veren*), congeal, clot **-tys** coagulation.
hyytelö jelly ~**idä** congeal; gelatinize; *(keitt)* jelly ~**ityä** set; gelatinize ~**mäinen** jellylike; gelatinous.
hyyty‖minen congelation; *(maksoittuminen)* coagulation; *(veren* ~*) (m)* clotting **-mä** *(lääk)* coagulation, clot **-ä** congeal; *(maksoittua)* coagulate; *(verestä m)* clot; *se sai hänen verensä -mään* his blood was congealed, it made his blood curdle (run cold).
hyytävä chilly, icy; *verta* ~ bloodcurdling.
hyödyk‖e good (free good *vapaa* ~); commodity (physical commodity *aineellinen* ~); **-keet** goods; commodities **-evero** commodity tax **-sikäyttö** exploitation (of natural resources *luonnonvarojen* ~); utilization (of waste *jätteiden* ~).
hyödylli‖nen useful (thing *asia, esine; ability taito;* information *tieto*); *(pred m)* of [great] use (this book is of [great] use to beginners *tämä kirja on* ~ *aloittelijalle*); profitable (discussion *keskustelu;* advice *-set neuvot*) **-sesti** usefully; *käyttää aikansa* ~ make good use of one's time **-syys** *(m)* utility, use; profitability.
hyöd‖yntää exploit (natural resources *luonnonvaroja*); make good use (of a p.'s knowledge in *jkn asiantuntemusta jssk*) **-ttää** benefit (it would not benefit us at all *se ei -ttäisi meitä yhtään*); advantage (in what way will it advantage us? *millä tavalla se* ~ *meitä?*); be of use (it is of no use to anyone *se ei -tä ketään*); *ei enää -tä lähteä* it's no use going any more; *hänen toimintansa -tti koko maata (m)* the whole country profited by his actions; *mitä se* ~*?* what's the use [of it]? what good is it? **-ttömyys** uselessness; *(turhuus)* needlessness, futility **-ttömästi** uselessly; *käyttää aikansa* ~ waste one's time **-tön** useless; *(pred m)* of no use (the journey was of no use *matka oli* ~), of no avail; *(hukkaan mennyt)* fruitless, futile, vain (attempt *yritys*); *on* ~*tä puhua heille* it's no use talking to them.
hyökkäy‖s attack (on *jtk vastaan;* and defence *ja puolustus;* repulse an attack *torjua* ~); offensive (take the offensive

against *ryhtyä -kseen jtk vastaan*); *(sot m)* assault ([up]on the enemy's positions *vihollisen asemia vastaan*); *(rynnäkkö)* charge (cavalry charge *ratsuväen* ~); *(yllätys~)* raid (on the enemy's camp *vihollisen leiriin*); *(maahan tunkeutuminen)* invasion (of the enemy [into the city] *vihollisen* ~ *[kaupunkiin]*); *joutua -ksen kohteeksi* come under attack; ~ *on paras puolustus* attack is the best defence; *(jääkiekossa) väkivaltainen* ~ charging ~**alue** *(jääkiekossa)* attacking zone ~**sota** aggressive war[fare]; *(pol)* war of aggression ~**suunnitelma** plan of attack ~**vaunu** tank.

hyökkää‖jä 1 *(sot ym)* aggressor; attacker; *(maahan~)* invader **2** *(urh)* *(jääkiekossa)* attacker; *(jalkap)* forward **-jäpelaaja** attacker **-mättömyyssopimus** non-aggression pact **-vä** aggressive (towards *jkta kohtaan;* speech *puhe*).

hyöky‖aal‖to surge, breaker; *-lot (m) (sg)* surge (of the sea (war) *meren (sodan) -lot*) ~**|ä** surge *(m kuv)* (over *jnk yli;* surging feelings *-vät tunteet*).

hyök‖ätä 1 attack (the town *kaupunkiin;* the government *hallitusta vastaan*); *(konkr m)* assault (the fortress *linnoitukseen*); charge (the cavalry charged [the enemy] *ratsuväki -käsi [vihollista vastaan]*); invade (the country *maahan*) **2** *(syöksyä)* rush (out of the room *ulos huoneesta*), dash (out *esiin;* after the thief *varkaan perään*) ▸ ~ *jkn kimppuun* attack (assault, rush, fall on) a p.; ~ *jtk kohti* charge at; *jkn kurkkuun* fly at a p.'s throat; ~ *jkn niskaan* fall on a p.; ~ *pystyyn* start (spring) to one's feet; *ryhtyä -käämään* take the offensive.

hyönteinen insect.

hyönteis‖hävite insecticide, insect killer **-kokoelma** insect (entomological) collection **-myrkky** insecticide **-pölytys** insect pollination **-syöjä** insect-eater, insectivore **-syöjäkasvi** insectivorous plant **-tiede** entomology **-tieteellinen** entomological **-tutkija** entomologist.

hyöri‖nä bustle, hurly-burly (of town life *kaupungin* ~); ~ *ja pyörinä* hustle and bustle **-ä** bustle [about], busy o.s.; ~ *jkn ympärillä* hover (swarm) around a p.

hyö‖ty 1 benefit (get a lot of benefit from *saada paljon ~ä jstk*); *(apu)* use (is this of any use to you? *onko tästä sinulle [mitään] ~ä?*); *(etu)* advantage (it was a

real advantage to him *siitä oli hänelle todellista* ~*ä*); *(voitto)* profit (gain economical profit *saada taloudellista ~ä*) **2** *(kansantal ym)* utility ▸ *jkn* **hyödyksi** for the benefit (good) of; *olla -dyksi* be useful (of use); *olla -dyksi jklle* be advantageous (of advantage) to; *se ei ole -dyksi kenellekään* it's no good (of no use) to anyone, that isn't much good to anyone; **koitua** *jkn -dyksi* turn to a p.'s advantage (benefit, profit); **käyttää** *jtk -dykseen* make use of, take advantage of; **mitä** ~*ä siitä on?* what good is it? what's the use? *onko tästä kirjasta* **mitään** ~*ä?* is this book any use? *siitä ei ole mitään ~ä* it is of no use; *(ei kannata)* it's no good (use); **omaksi** *-dykseen* for one's own benefit (good); **saada** ~*ä jstk (m)* benefit (profit) by (from).

hyöty‖aika *(atk)* productive time **-ajoneuvo** commercial vehicle **-arvo** utility value **-kerroin** utilization factor **-käyttö** utilization **-liikenne** commercial traffic **-mansikka** [cultivated] strawberry **-misperiaate** *(kansantal)* benefit principle **-näkökohta** utilitarian point of view **-periaate** utilitarian principle **-suhde 1** *(tekn)* efficiency **2** *(tilast)* utility function **-teho** useful power; *(koneen* ~*)* effective capacity; *(moottorin* ~*)* useful [horse]power **-teoria** utility theory.

hyö‖tyä benefit (from *jstk*), get benefit; profit (by experience *kokemuksesta*); gain (derive) advantage (profit) (from one's studies *opinnoistaan*); *(voittaa)* gain (who will gain by it? *kuka siitä -tyy?*); ~ *jkn kustannuksella* line one's pocket at a p.'s expense; *paljonko -dyit kaupassa?* how much [profit] did you make on the sale? *siitä ei paljon -dytty* it wasn't much use (good) **-tää** *(puut)* force **-tö** forcing **-tölava** hotbed **-töreaktori** breeder reactor.

hädin tuskin hardly, scarcely; *(nipin napin)* only just (I only just got there in time *ehdin sinne* ~); *hän pelastui* ~ he had a narrow escape, he escaped by the skin of his teeth.

hädissään in [a] panic, in alarm; *olla* ~ *jstk (m)* be distressed (upset) about.

hädänalai‖nen distressed; *(puutteenalainen)* destitute; *-set* the distressed, those in need; *käyttää hyväkseen jkn -sta tilaa* take advantage of a p.'s distress.

häijy evil (person *ihminen*), wicked (character *luonne;* man *mies*);

(pahansuopa) malicious, malevolent (to[wards] *jklle;* old woman *vanha akka*); *minulla on* ~ *olo* I feel lousy (rotten) ~**ys** malice.

häikäilemät||**tä** unscrupulously, without any scruples; *(empimättä)* without any hesitation; *käyttää jtk* ~ *hyväkseen* make shameless use of; *valehdella* ~ tell lies without scruple -**tömyys** unscrupulousness (of character *luonteen* ~); *(röyhkeys)* arrogance, impudence -**tömästi** ruthlessly (treat ruthlessly *kohdella* ~), *(säälimättä)* remorselessly -**ön** unscrupulous (and ambitious *ja kunnianhimoinen*), unprincipled (rascal *roisto;* totally unprincipled *täysin* ~); inconsiderate (to[wards] *jkta kohtaan; conduct käytös*); *(röyhkeä)* ruthless (greed for power *vallanhimo*), shameless (exploitation *hyväksikäyttö*); *(julkea)* infamous (deed *teko*); barefaced (swindle *huijaus*); *hän on* ~ *(m)* he has no scruples.

häikäil||**lä** scruple (he doesn't scruple to tell a lie *hän ei -e valehdella*); *(empiä)* hesitate (he didn't hesitate to tell me the truth *hän ei -lyt sanoa totuutta*); *hän ei -e (m)* he has no scruples (about doing *tehdä jtk*).

häikäis||**emätön** non-glare, glare-free (lighting *valaistus*); anti-dazzle (mirror *peili*) -**evä** dazzling (sunshine *auringonpaiste*), glaring, blinding (lights ~*t valot*); brilliant *(m kuv)* (performance *suoritus*); ~*n kaunis* dazzlingly beautiful; ~ *loisto* dazzle [of bright lights]; *(m)* brilliance (of the court *hovin* ~ *loisto*); ~*n valkoinen* dazzling[ly] white -**tyä** dazzle (with the light *valosta*); be dazzled *(m kuv;* by one's success *menestyksestään*), be blinded (by the car's headlights *auton valoista*) -**tä** dazzle *(m kuv)* (dazzled by bright lights *kirkkaiden valojen -emänä*); blind (the eyes *silmiä*); ~ *jkn silmät* blind (dazzle) a p. -**ysuoja** *(auton* ~*)* glare (sun) shield.

häil||**yvyys** vacillation, wavering (of thoughts *ajatusten* ~) -**yvä 1** flickering (shadows ~*t varjot*), faltering **2** *(kuv)* wavering (character *luonne;* in one's opinions *mielipiteissään*); vacillating (policy *politiikka*); *(epävakaa)* fickle; inconstant -**yä 1** flicker (the shadows are flickering on the wall *varjot -yvät seinällä*) **2** *(kuv)* hover (between life and death *elämän ja kuoleman rajoilla*); ~

kahden vaiheilla waver, vacillate, shilly-shally.

häipy||**minen** *(rad)* fading; fade-out *(m elok)* -**vä** fugitive, passing (moment *hetki*); transitory (happiness *onni*) -**ä 1** *(kadota)* vanish (from sight *näkyvistä*); fade [away] (into the distance *kaukaisuuteen*), fade out (gradually *vähitellen*); *(hälvetä)* disappear (the shadows disappeared little by little *varjot -ivät vähitellen*); ~ *kuulumattomiin* fade (die) away (out); ~ *jkn mielestä* be forgotten, fade from (pass out of) a p.'s mind **2** *(lähteä)* clear (buzz, make) off (it's best to clear off now *nyt on paras* ~); *(mennä)* vanish (into the bathroom *kylpyhuoneeseen*); decamp (without paying the bill *laskua maksamatta*); *häivy täältä!* clear off! ~ *vähin äänin* slip off **3** *(rad, elok)* fade out.

häiriintyä be disturbed *(ks m häiriytyä).*

häirikkö lout, troublemaker.

häirintä 1 *(häiritseminen)* disturbance; obstruction **2** *(sot)* harassing, harassment **3** *(atk)* interference **4** *(rad, TV)* jamming ~**lento** intruder mission; nuisance raid ~**tuli** harassing fire *(lyh HF).*

häiritsevä disturbing; *(tungetteleva)* intrusive (remark *huomautus*); ~ *käyttäytyminen* disorderly conduct ~**sti** disturbingly; *käyttäytyä* ~ *(m)* create a disturbance; behave in a disorderly manner; *vaikuttaa* ~ *jhk* have a disturbing effect on.

häirit||**ä 1** disturb (the balance *tasapainoa; a* p.'s sleep *jkn unta;* don't disturb me! *älä -se minua!*); *(haitata)* interfere with (don't let it interfere with your life *älä anna sen* ~ *elämääsi*) **2** *(vaivata)* trouble; *(ark)* bother (it doesn't bother me *ei se minua -se*) **3** *(keskeyttää)* interrupt (a speaker with one's remarks *puhujaa huomautuksillaan*), break in [up]on (please don't break in on our conversation *älä -se keskusteluamme*); intrude (I hope I'm not intruding *toivottavasti en -se*) **4** *(rad)* jam; interfere (with a broadcast *lähetystä*) ▸ *anteeksi että -sen* I'm sorry to intrude (interrupt, disturb you); sorry to trouble you (but.. *mutta*); *ei saa* ~*!* [please] do not disturb! **häiritsemättä** undisturbed (by anyone *kenenkään* ~); *(rauhassa)* in peace; *-seekö [Teitä] jos poltan?* do you mind if I smoke? **saanko** ~ *hetken?* can you spare me a moment?

häiriyty||**mätön** undisturbed, unbroken -**nyt**

disturbed (child *lapsi*); *(lääk)* disordered; ~ *uni (m)* broken sleep **-ä** be disturbed (by *jstk;* the balance is disturbed *tasapaino -y*); *(kehityksestä ym m)* be stunted; ~ *kasvussaan* be dwarfed.

häiriö 1 disturbance; *(keskeytys)* interruption (progress without interruption[s] *sujua ~[i]ttä*) **2** *(käyttö~)* breakdown (technical breakdown *tekninen ~*); failure *(m atk); (toiminta~)* malfunction; *(vika)* fault, trouble **3** *(rad ja TV)* interference; *(pl)* statics, atmospheric disturbances **4** *(lääk)* disorder (of the nervous system *hermoston ~*); *sielunelämän ~* disorder (derangement) of the mind, mental disorder; *kärsiä sielunelämän ~istä (m)* have a disordered mind **5** *(astr ja fys)* perturbation **6** *(meteor)* disturbance **~aika** *(atk)* downtime **~lähetin** jamming station **~npoisto** *(rad)* interference elimination, noise suppression **~tila** disorder **~tön** undisturbed; *(tekn)* trouble-free (operation *käynti*); *(rad)* interference-free **~ääni** *(rad)* noise.

häive trace (of a smile *hymyn ~*).

häivy||ntä *(rad)* fading **-ttäminen** *(valok)* fading; vignetting **-ttää 1** *(kuv)* dispel (from one's mind *mielestään*); ~ *kuilu jdk väliltä* close the gap between **2** *(kuvat)* dissolve (the real forms of objects *esineiden todelliset muodot*), fade (colo[u]rs into each other *värit toisiinsa*); *(pehmentää)* soften (the contours *ääriviivat*) **3** *(rad ja TV)* fade out (a picture *kuva*); jam (a broadcast *lähetys*) **4** *(valok)* fade out (the edges *kulmat*); *-ltty kuva* vignette[d picture] **-tys** *(elok ym)* fade-out.

häivä trace (not a trace of a smile *ei hymyn ~äkään*) **~hdys** touch, tinge (of blue *sinistä;* of bitterness in one's voice *katkeruutta äänessä*); trace (of a smile *hymyn ~*) **~ht|ää** flicker (a smile flickered across her face *hymy -i hänen kasvoillaan;* the shadows flicker on the wall *varjot -ävät seinällä*).

häkel||lyttävä embarrassing **-lyttää** confuse; *(hämmentää)* embarrass **-tynyt** confused, embarrassed **-tyä** get confused, be flurried (by a p.'s remark *jkn huomatuksesta*); be embarrassed (by a p.'s compliments *jkn kohteliaisuuksista*); *hän -tyi täysin (m)* he got all mixed up (muddled).

häkil||ä, -öidä hackle.

häkki *(linnun ym ~)* cage; *(kana- ym ~)* coop; *panna ~in* cage; coop up *(m kuv); ~in suljettu* caged **~lintu** cagebird.

häkä 1 coal gas (there is coal gas in the room *huoneessa on ~ä*), *(pl)* [charcoal] fumes; *kuolla ~än* be asphyxiated; *täyttä ~ä* at full steam **2** *(kem)* carbon monixide **~myrkytys** carbon monoxide poisoning.

häli||nä hubbub (it caused quite a hubbub in the audience *se sai aikaan melkoisen ~n kuulijoiden keskuudessa*); *(ark)* hullabaloo (what's all this hullabaloo about? *mistä tämä ~?*); *(melu)* noise (far away from the city noise *syrjässä kaupungin ~stä*); *kaupungin [touhu ja] ~* the hurly-burly (hustle and bustle) of the town; *kokous päättyi yleiseen ~än* the meeting ended in uproar; *siitä nousi kova ~ (m)* it created a stir **-sevä** noisy, clamorous **-stä** make much (a lot of) noise (don't make so much noise! *älkää -skö!*).

hälve||neminen dispersion **-ntää** disperse (the wind dispersed the fog *tuuli -nsi sumun*), dispel *(m kuv;* a p.'s doubts *jkn epäilykset*) **-tä** be dispelled; disappear; disperse; *sumu -nee (m)* the mist dissipates (is clearing).

häly stir (it caused quite a stir *siitä nousi melkoinen ~*); *pitää suurta ~ä jstk* make a great fuss about **~tin** alarm **~ttävä** alarming **~ttää** call (an ambulance *ambulanssi;* the police *poliisi*), call out (the fire brigade *palokunta*).

hälytys alarm (give the alarm *tehdä ~;* false alarm *väärä ~*); *(sot m)* alert; *(ilma~)* air-raid warning; *antaa ~* sound the alarm; *(sot)* alert (the troops *joukoille*) **~ajoneuvo** emergency vehicle **~järjestelmä** alarm system **~lait|e** alarm; *-teet (sg)* alarm system **~numero** *(puh)* emergency number **~tila** state of emergency; *(sot ym)* alert; *olla ~ssa* stand by, be on the alert **~valmius** alert, stand-by, readiness.

hämill||ään *(-een);* mennä *-een (olla ~)* be embarrassed (by *jstk*); ~ *oleva (m)* self-conscious; *saattaa -een* embarrass.

hämmenny|s 1 embarrassment (hide one's embarrassment *salata -ksensä*), confusion, *(pelonsekainen ~)* bewilderment, perplexity; *-ksissä[än]* confused, puzzled **2** *(sekasorto)* confusion (cause confusion in *aiheuttaa ~tä jssk*).

hämmenty||nyt confused, puzzled (by *jstk*); *(vaivautunut)* embarrassed (at *jstk*); *-neenä (m)* in confusion; in embarrassment

-ä get embarrassed (by a p.'s compliments *jkn kohteliaisuuksista*), be puzzled (by the question *kysymyksestä*); *(ark)* get mixed up (he got all mixed up *hän -i täysin*).

hämmentä‖vä confusing; embarrassing, puzzling **-ä 1** *(konkr)* stir (the porridge with a ladle *puuroa kauhalla*) **2** *(kuv)* confuse, perplex (a p. with one's questions *jku kysymyksillään)*; *(ark)* mix .. up (it mixed me up completely *se hämmensi minut täysin)*; *(saattaa hämilleen)* embarrass.

hämminki confusion.

hämmäs‖tellä be astonished (amazed) (at *jtk*) **-tyksissään** astonished, amazed (at *jstk*); *olla ~ jstk (m)* be in a puzzle about **-tyneesti** *(m)* in astonishment (surprise) **-tynyt** surprised, astonished, amazed (at *jstk*).

hämmästy‖s surprise (a cry of surprise **-ksen huudahdus)**; astonishment, amazement (cause amazement *herättää ~tä)*; **-ksen vallassa** in astonishment (amazement); *suureksi -ksekseni* to my [great] surprise, much to my surprise, to my astonishment (amazement) **-ttävä** surprising, astonishing, amazing; *~n hyvin (m)* remarkably well **-ttää** surprise; astonish; *(ällistyttää)* amaze, astound; *minua ~ että* I am surprised (astonished, amazed) that; *se -tti minua [suuresti]* I was [very much] surprised at it **-ä** be surprised (at a p.'s conduct *jkn käytö[kse]stä;* I was surprised to hear that .. *-in kun kuulin että)*; be astonished (he was greatly astonished *hän -i kovasti*); be taken aback (by a p.'s rudeness *jkn epäkohteliaisuutta;* by the news *uutisesta)*; *(ällistyä)* be amazed (at *jtk*).

hämyinen dusky, *(hämärä)* dim, pale.

hämähäk‖inseitti cobweb, spider's web **-ki** spider.

hämär‖tyä get (grow) dim[mer] (the day grew dimmer and dimmer *päivä -tyi -tymistään)*; *(tulla epäselv[emm]äksi)* dim (the outlines began to dim *ääriviivat alkoivat ~)*; *(kuv)* blur (the boundaries have blurred *rajat ovat -tyneet)*; be obscured (the meaning of the word has been obscured *sanan merkitys on -tynyt)*; *ajatukset -tyvät* the mind is clouded; *ilta (päivä) -tyy* it is getting dark; *kyynelistä -tyneet silmät* eyes dim[med] (clouded, blinded) with tears **-tää 1** *(-tyä)* grow

dusk[y] (the evening is growing dusky *ilta ~)*; get (grow) dark (dim) (it was already getting dark when I came home *[päivä] -si jo kun palasin kotiin)*; *aamu ~* it (the day) is dawning; *aamun -täessä* at dawn; *[ilta] alkaa ~* it is getting dark (dusky); *silmi[ss]ä [alkaa] ~* the eyes are getting (growing) dim **2** *(-ryttää)* obscure (mist obscured the view *sumu -si maiseman)*; blur, dim (the tears dimmed her eyes *kyynelet -sivät hänen silmänsä)*, cloud *(m kuv)* (it clouded his reasoning *se -si hänen järkensä)* **-yys** darkness; dimness; *(kuv m)* obscurity; *(hämäräperäisyys) (m)* mystery.

hämärä I *a 1 (konkr)* dark; *(himmeä)* dim (light *valo;* outlines *~t ääriviivat;* light *valo); (harmaa)* grey (day *päivä); (hämyisä)* dusky (cottage *pirtti)* **2** *(kuv)* dim, vague (recollection *muistikuva)*, faint (idea *aavistus); (epäselvä)* obscure (origin *alkuperä;* it remained obscure to me *se jäi minulle ~ksi)* **3** *(~peräinen)* shady (transactions *~t puuhat)*, *(ark)* fishy (there is something fishy about that man *tuossa miehessä on jotakin ~ä); (epäilyttävä)* suspicious (circumstances *~t olosuhteet)*, mysterious (something mysterious *jotakin ~ä)* **II** *s* dusk (the fading dusk of the morning *aamun vaaleneva ~;* dusk sets in early in winter *talvella tulee aikaisin ~)*, twilight *(m kuv;* in the twilight of history *historian ~ssä); kesäillan ~* summer dusk; *~n peitossa* shrouded (wrapped) in mystery **~peräi‖nen** mysterious, shady; *(epäilyttävä)* suspicious, dubious (businessman *liikemies)*; obscure (from obscure sources *-sistä lähteistä)* **~sokeus** day blindness; *(lääk)* hemeralopia **~sti** dimly; *muistaa jtk ~ (m)* have a dim (vague) memory (recollection) of.

hämä‖ltä 1 bluff (he's only bluffing *hän yrittää ~); (petkuttaa)* take .. in (he took me in with his promises *hän -si minut lupauksillaan)* **2** *(hämmentää)* confuse **-ys** bluff (it's all a bluff *se on pelkkää ~tä)* **-äntyä** get confused (by *jstk*), be baffled (puzzled); *(häkeltyä)* be embarrassed (by *jstk*).

hän he, *(fem)* she ▶ a) *(suom gen)* **hänen** his, *(fem)* her (car *autonsa); (itsen)* his, *(fem)* hers (this car is his (hers) *tämä auto on ~en); (prep yht)* him, *(fem)* her (after him (her) *~en jälkeensä);* H~en ylhäisyytensä His (Her) Highness; b) *(akk* *ym sijoissa)* **hänet, häntä** him, *(fem)* her; **hänelle** [to] him (her); for him (her); **häneltä** from him (her); of him (her); **hänestä** of (about) him (her) *(vrt hakus he → b)).*

-hän *ks. -han.*

hänny|s tail (tails of a dress coat *frakin -kset)* ~**tak|ki** tailcoat, swallowtail coat; *(ark) (pl)* tails; *-issa* in [full] evening dress ~**telijä** sycophant, fawner, yes-man ~**tellä** curry favo[u]r (with *jkta),* toady (to the boss *pomoa);* fawn ([up]on the king *kuningasta)* ~**tely** sycophancy, fawning.

hännä||llinen tailed; *(tiet)* caudate **-tön** tailless.

hän|tä tail (of a horse *hevosen* ~; of a comet *pyrstötähden* ~) ▶ **hännillä** *(-nille)* at the tail[-end] (of the queue *jonon -nillä);* **jäädä kauas -nille** be outdistanced, be shown a clean pair of heels *(m kuv);* ~ **koipien välissä** with one's tail between one's legs; *tässä ei ole* **päätä** *eikä* ~*ä* I cannot make head or tail out of this, this is without rhyme or reason.

häntä||luu coccy|x *(pl* ~es *t.* -ges) **-nikama** coccygeal vertebra *(pl* ~e) **-pää** end, rear (of a train *junan* ~); tail[-end] (at the tail of the queue *jonon* ~*ssä).*

häpei||llä be (feel) ashamed (of o.s. *itseään;* to admit one's mistake *tunnustaa virheensä); -llen* with shame **-ssään** ashamed (of *jstk).*

häpeä shame (die of shame *kuolla* ~*stä;* what a shame! *mikä* ~*!* blush with shame *punastua* ~*stä)* ▶ **ei ole** *mikään* ~ *olla köyhä* there is no disgrace in being poor; **[hyi]** ~*!* you ought to be ashamed of yourself! **häpeäkseni** to my shame (discredit); **joutua** ~*än* be put to shame; **olla** ~*ksi jklle* be a disgrace to; shame, bring shame on; *on* ~*ksi että* it is a disgrace that; **saattaa** *jku* ~*än* bring shame (disgrace) on, disgrace a p.; *se on* **sinun** ~*si* that's your headache.

häpeä||llinen shameful, disgraceful; *(kunniaton)* dishono[u]rable (crime *rikos);* ignominious (defeat *tappio);* scandalous (affair *juttu);* ~ *teko (m)* ignominy **-merkki** brand, stigma **-mättömyys** shamelessness; effrontery; impudence **-mättömästi** shamelessly; *käyttää jtk* ~ *hyväkseen (m)* make shameless use of **-mätön** shameless; impudent (action *menettely);* brazen (behavio[u]r *käytös);* barefaced (lie *valhe)* **-paalu** pillory **-penkki**

bench of shame **-pilkku** blot, stain (on a p.'s reputation *jkn maineessa).*

häpy *(anat)* vulva *(pl* ~e); *häpy|-* pubic; *(kuv) hänellä ei ole mitään* ~*ä* he is lost to all shame.

häpäis||evä insulting, defamatory (writing *kirjoitus)* **-tä 1** disgrace, bring shame (disgrace, dishono[u]r) on (one's family by one's actions *perheensä teoillaan);* **2** (~ *jtk pyhää)* desecrate (a grave *hautaa;* a country's flag *maan lippua),* profane; *(loukata)* violate; insult (a p.'s memory *jkn muistoa)* **-y** defamation (of a name *nimen* ~); *(jnk pyhän* ~) desecration, profanation.

här|kä 1 ox *(pl* ~en); *(nuori* ~) steer; *ottaa* ~*ä sarvista* take the bull by the horns **2** *(keitt)* beef **3** *(astr) H*~ the Bull; Taurus *(m horosk)* ~**pari** pair of oxen; *[iestetty]* ~ yoke of oxen ~**päinen** bull-headed, pigheaded; stubborn ~**taistelija** bullfighter ~**taistelu** bullfight ~**vankkurit** *(sg)* ox-drawn cart.

härmä 1 *(huurre)* white (hoar) frost, rime **2** *(kasv)* mildew.

härnä||tä tease, kid (a p. about *jkta jstk);* *(ärsyttää)* provoke (one's opponent *vastustajaansa)* **-ys** teasing, kidding; provoking.

härski 1 rancid (butter *voi)* **2** *(rivo)* obscene, dirty, vulgar ~**intyä** become (turn) rancid.

härveli contraption, thingamajig.

härän||häntäliemi oxtail soup **-kieli** *(keitt)* ox (beef) tongue **-kylivs** porterhouse steak **-leike** escalope of beef, beef cutlet **-liha** beef **-paisti** joint of beef; *(ruokalajina)* roast beef **-pihvi** beefsteak **-pylly;** *heittää* ~*ä* turn somersault; *suunnitelmat heittivät* ~*ä* the plans flew out of the window **-rinta** brisket of beef **-seläke** fillet *(Am* tenderloin) of beef.

hässäkkä rush, hassle.

hätiköi||dä 1 *(pitää turhaa kiirettä)* hurry, rush; *-den* hurriedly, hastily, with great haste; *(harkitsematta)* precipitately **2** *(hutiloida)* bungle **-jä** bungler; rusher-around **-nti** hurry, haste; bungling **-ty** rash, hurried, hasty, precipitate (decision *päätös);* ~ *työ* botched (bungled) piece of work; *älä tee* ~*jä johtopäätöksiä!* don't jump (rush) to conclusions!

hätist||ellä, -ää chase (the cat away *kissa pois);* shoo (the children away *lapsia pois);* drive away (off) (the flies *kärpäsiä),*

~ *ikävät muistot mielestään* dispel unpleasant memories.

hätkäh||**dyttävä** startling, shocking **-dyttää** startle, give .. a start **-tää** start (at a sight *näkyä;* at one's own thoughts *omia ajatuksiaan*), startle; give a start; *-täen* with a start; *herätä -täen,* ~ *hereille* awake with a start; startle (out of one's sleep *unestaan*), start (from one's reverie *unelmistaan*).

hätyyt|**ellä, -tää** molest, accost (women *naisia*); *(häiritä)* harass (the civilian population *siviiliväestöä*); *(ajaa takaa)* chase; ~ *jkta kysymyksillä* assail a p. with questions; *nälän (vihollisen) -tämänä* beset by hunger (the enemy); *pakkasen -tämänä* intimidated by the cold.

hä|**tä 1** *(ahdinko)* distress (be in [great] distress *olla [suuressa] -dässä); (pula)* trouble (be in trouble *olla -dässä*) **2** *(puute)* need (help in need *auttaa -dässä*), want (be in want *kärsiä ~ä*) **3** *(huoli)* worry, anxiety (about *jstk*) **4** *(kiire)* hurry (why all this hurry? *mistä moinen ~?*) ▶ **ensi** ~*än* to start (begin) with, for a start; *juosta kuin hengen -dässä* run for dear (one's) life; *-dän* **hetkellä** in time (the hour) of need; ~ **keinon** *keksii* necessity is the mother of invention; *olla ~ä* **kärsimässä** be in straits (a [real] fix); ~ *ei* **lue lakia** necessity knows no law; **lapsella** *on* ~ the child wants to go to toilet; **mikä** ~*nä?* what's wrong (the matter)? what's the trouble? what's going on? *ei ole* **mitään** ~*ä* there's nothing to worry about; *hänellä ei ole mitään* ~*ä (m)* he is all right, he has nothing to complain of; *-dässä* **oleva** .. in distress; **rientää** *(ehtiä) -tiin* hasten (come) to the rescue; **tähän** ~*än* for the moment; for the time being; *-dässä* **ystävä** *tutaan* a friend in need is a friend indeed; **äärimmäisessä** *-dässä* in case of need, in an emergency; in the last resort.

hätä||**apu** relief **-apurahasto** relief fund **-housu** fuss-pot **-huuto** cry of distress *(m kuv;* for *jnk puolesta); (avunhuuto)* cry for help.

hätäi||**llä 1** *(olla huolissaan)* be anxious (worried) (about *jstk*), worry **2** *(hätiköidä)* hurry (don't hurry! *älä -le!*), rush; pilata *-lemällä* bungle, scamp; *tehdä jtk -lemättä (m)* take one's time doing a th.; ~ *työssään* hurry one's work **-ly** anxiety; hurrying; *turha* ~ fussing; *työ pilattiin* ~*llä* the work was bungled (botched) **-nen**

---

1 hasty (in one's work *työssään;* preparations *-set valmistelut);* hurried (glance *silmäys); (hätiköity)* rash, precipitate (decision *päätös); älä ole niin* ~*!* don't be in such a hurry! **2** *(hätääntynyt)* anxious, worried (in a worried voice *-sellä äänellä*) **-sesti** hastily, in haste; hurriedly, in a hurry; cursorily (glance cursorily through *vilkaista* ~ *läpi);* ~ *tehty päätös* rash (hasty) decision **-syys 1** *(kiireisyys)* haste, hastiness; hurriedness **2** *(hätäännys)* anxiety, anxiousness.

hätä||**jarru** emergency brake **-kaste** emergency baptism (christening); *antaa* ~ *(m)* baptise in extremis **-keino** emergency measure; makeshift, stopgap; *turvautua* ~*ihin* resort to stopgap methods **-lasku** emergency (forced) landing; *(m)* crash landing; *tehdä* ~ force-land, make a forced landing, crash-land **-lippu** *(mer)* flag of distress **-lähetin** *(rad)* emergency transmitter **-merkk**|**i** distress signal (send out distress signals *lähettää -ejä); (sähkötetty* ~) SOS [signal]; *(laivan t. lentokoneen* ~ *m)* mayday call **-puhelin** emergency phone **-puhelu** emergency call **-päissään** *(kiireissään)* in a hurry; *(hädissään)* in alarm; in anxiety **-raketti** distress [signal-]rocket, emergency rocket; *ampua* ~ fire a rocket **-sanoma** distress message **-satama** port (harbo[u]r) of distress (refuge, necessity); *(kuv)* haven of refuge **-tapau**|**s** emergency; **-ksessa** in an emergency; *äärimmäisessä -ksessa* in case of extreme emergency, in the last resort, if the worst comes to the worst **-tila** distress; [state of] emergency; ~*ssa* in case of need; *(paremman puutteessa)* in a pinch **-tilan**|**ne** emergency; *käyttö sallittu ainoastaan -teessa* to be used only in an emergency **-valhe** white lie; *(ark)* fib **-valo** *(aluksen ym* ~) emergency (distress) light[s] **-vara** stopgap *(m henk);* makeshift; *(varasto)* store (keep in store *pitää* ~*na); jättää jtk* ~*ksi* put aside [for a rainy day] **-varjelu** *(lak)* self-defence, justifiable (necessary) defence; ~*n liioittelu* excess of justifiable defence; *(liiallisten voimakeinojen käyttö)* use of excessive force.

hätään||**nys** anxiety, worry; **-nyksissään** alarmed, in alarm **-tyn**|**yt** anxious (look *katse*), alarmed (voice *ääni*); uneasy (about *jstk*); **-eenä** in anxiety (alarm) **-tyä**

be alarmed (by the news *uutisesta*); be[come] anxious (about *jstk*); grow uneasy (*ark* panicky).

häveliä∥isyys modesty **-s** modest (in behavio[u]r *käytökseltään*); *(kaino)* coy, bashful.

hävet∣tää; *minua* ~ I am (feel) ashamed (that *[se]* että; of *jk;* for *jkn puolesta;* to do, of doing *tehdä jtk*); *eikö sinua yhtään -ä?* aren't you ashamed [of yourself]? *häntä -ti* he felt ashamed of himself.

hä∣vetä he (be) ashamed (of o.s. *itseään;* for *jkn puolesta;* that *sitä että;* to admit one's mistake *tunnustaa erehdyksensä*) ▶ **etkö** *-peä puhua tuollaisia!* aren't you ashamed of talking (to talk) like that! *hän ei -peä valehdella* he doesn't hesitate (scruple) to lie; **häpeämättä** *(ilman häpeää)* without shame (scruple[s]); *(häpeämättömästi)* shamelessly; *siinä ei ole* **mitään** *-peämistä* that's nothing to be ashamed of; **saada** ~ be put to shame (because of *jnk takia*); *sinun* **sietäisi** *(saisit)* ~*!* you ought to be ashamed of yourself! ~ **silmät** *päästään* be dreadfully ashamed; *-peä* **vähän!** shame on you! aren't you ashamed of yourself?

hävi∥kki waste, wastage; *(erik nesteen* ~*)* spillage; *(tappio)* loss **-nnyt** lost, missing *(vrt -tä;* ~ *osapuoli* the loser[s] **-te** killer (insect killer *hyönteis*~) **-ttäjä** 1 *(mer)* destroyer 2 *(ilm)* fighter **-ttäjälentäjä** fighter pilot **-ttäjäpommittaja** fighter-bomber **-t∣tää** 1 *(tuhota)* destroy; *(juuria)* root up (the weeds *rikkaruohot*); *(m) (tappaa)* kill (the bacteria *bakteerit*); *(poistaa)* dispose of; *(repiä alas)* pull down (an old building *vanha rakennus*); *(pyyhkiä pois)* wipe out (the floods wiped out the village *tulvat -tivät kylän*); *(kuv)* wipe (all doubts from a p.'s memory *epäilykset jkn mielestä*) 2 *(*~ *olemattomiin)* annihilate (matter cannot be annihilated *ainetta ei voi* ~), extinguish; exterminate (whole tribes *kokonaisia heimoja*); extirpate (heresy within church *kerettiläisyys kirkon piiristä*) 3 *(autioittaa)* lay waste, devastate (the town was devastated by war *sota -ti kaupungin*), ravage, destroy (the fire destroyed several houses *tuli -ti useita taloja*); sack (the retreating army sacked and burned the city *perääntyvä armeija -ti ja poltti kaupungin*) 4 *(hukata)* lose (one's keys *avaimensa*); *(tuhlata)* run through

(one's inheritance perintönsä); waste (one's money by gambling *rahansa uhkapelissä*) ▶ **hävitetty** devastated, ruined, ravaged; ~ **juurineen** *(perin pohjin)* root up, destroy .. root and branch; root (wipe) out *(m kuv;* poverty *köyhyys);* ~ **maan tasalle** raze, level .. to the ground; ~ **mielestään** wipe (blot) out, dispel from one's mind.

hävity∣s destruction, devastation; *(täydellinen* ~*)* annihilation; extermination; *(tuho) (m)* desolation, ravage (caused by war *sodan aiheuttama* ~) ~**retk∣i** raid (on the enemy's camp *vihollisen leiriin*); foray (go on a foray *lähteä -elle*); *tehdä* ~ *jhk (m)* raid ~**sota** war of extermination, internecine war ~**työ;** *tehdä* ~*än jssk* cause destruction in, make havoc of ~**vimma;** *joutua* ~*n kohteeksi* become the object of vandalism.

hävi∣tä 1 *(vrt kadota)* disappear (the sun disappeared behind the mountains *aurinko -si vuorten taa;* my keys have disappeared *avaimeni ovat -nneet;* the mist disappeared *sumu -si;* his doubts disappeared *hänen epäilyksensä -sivät*); vanish (the apparition vanished quickly *näky -si nopeasti*); *(joutua hukkaan)* get lost (my book got lost *kirjani -si*); *(*~ *vähitellen)* die away (out) (this custom is dying out (died away during the last century) *tämä tapa on -ämässä (-si viime vuosisadalla)*); pass off (pain will pass off in six hours *kipu -ää kuudessa tunnissa*); *(kuv)* fade [away] (the memories fade from the mind *muistot -ävät mielestä*) 2 *(kärsiä häviö)* lose (on the transaction *kaupassa;* the contest *kilpailu[issa];* the lawsuit *oikeusjuttu;* the war *sota, sodassa;* the bet *veto;* Finland lost to Sweden *Suomi -si Ruotsille); (urh m)* lose the game (we lost the game 3–4 (by three goals) *me -simme 3–4 (kolmella maalilla)*); be defeated (beaten) (in a match *ottelu[ssa]*) ▶ **häneltä** *-ää aina tavaroita* he's always losing things; ~ **näkyvistä** vanish (pass) from (out of) sight; ~ **olemattomiin** vanish; die away; become extinct; *-ämässä* **oleva** disappearing, vanishing, fading (custom *tapa*); dying (species *laji*).

häviä∥mättömyys indestructibility **-mätön** indestructible (element *alkuaine*) **-vä** disappearing, vanishing; ~*n pieni määrä* an extremely small amount.

häviö 1 *(*~ *taistelussa ym)* defeat (of three points to *kolmen pisteen* ~ *jklle*); *joutua*

~**lle** lose (the battle *taistelussa*); be defeated, meet with defeat (in the game *pelissä*); *olla* ~*llä* be losing (by two points *kahdella pisteellä*) **2** *(tekn ym)* loss (of energy *energian* ~); *(hukka)* waste (of metal *metalli*~); *(vuoto)* spillage; leakage.

hävyt||**tömyy**|**s** impudence (I can't stand his impudences *en voi sietää hänen* -*ksiään*); *(ark)* cheek (what cheek! *mikä* ~*!*); *(häpeämättömyys)* shamelessness; -*det (m)* impudent remarks **-ön 1** *(häpeämätön)* shameless (exploitation *hyväksikäyttö*), barefaced (lie *vale*); -*tömän* shockingly (expensive *kallis*) **2** *(säädytön)* dirty, naughty (story *juttu*); indecent (language *kielenkäyttö*), rude (picture *kuva*), filthy, vulgar (expression *ilmaus*); *puhua* -*tömiä* talk dirty (smut); ~ *suustaan* rude.

häväisty|**s 1** shame (I can't stand this shame *en kestä tätä* ~*tä*); *(nöyryytys)* indignity; *(julkinen* ~*)* ignominy **2** *(loukkaus)* insult, affront; *joutua* -*ksen kohteeksi* suffer an insult ~**juttu** scandal ~**kirjoitus** libel; lampoon ~**runo** libel[l]ous poem, lampoon.

hää||**kakku** wedding cake **-kellot;** *hänelle soivat pian* ~ wedding bells will soon chime [for him] **-kuva** wedding picture **-lahja** wedding present **-lento** *(el)* nuptial (marriage) flight **-matka** honeymoon; ~*lla* on honeymoon; *he lähtivät* ~*lle Roomaan* they went to Rome for their honeymoon **-menot** *(sg)* wedding (marriage, bridal) ceremony.

häämöt|**tää** be dimly visible (seen); *(siintää)* loom; *huoneesta -ti hiukan valoa* a feeble light was shining from the room; *loppu* ~ the end looms ahead.

hää||**pari** the bride and [bride]groom; bridal couple **-puku** *(morsiamen* ~*)* wedding (bridal) dress; *(sulhasen* ~*)* wedding suit **-päivä** wedding day; *(*~*n vuosipäivä)* wedding anniversary.

hääriä bustle [about] (in the kitchen *keittiössä*).

hää||**t** *(sg)* wedding; *häissä* at a wedding; *viettää häitä* celebrate a (a p.'s) wedding **-tanssi** wedding dance **-tavat** wedding ceremonies (rites); marriage (marital) customs **-tilaisuus** marriage ceremony; wedding.

hää||**tää** turn out (a tenant *vuokralainen*); eject (they were ejected from their flat *heidät -dettiin asunnostaan*); ~ *pois kotoa* turn .. out **-tö** eviction; *saada* ~ be evicted.

hää||**vieras** wedding guest **-vuode** bridal bed **-yö** wedding night.

höhlä crazy; *senkin* ~*!* you fool!

hökkelikaupunki shanty town.

hölk||**kä 1** *(hevosen* ~*)* jog-trot **2** *(kunto*~*)* jog[ging] **-ätä** jog.

höll||**entää** loosen, slacken (one's grip *otettaan*); *(kuv)* relax (the discipline *kuria*) **-etä** relax; -*ennyt moraali (pl)* lax (loose) morals **-yys** *(kuv)* laxity, laxness.

höllä loose, slack; *(kuv m)* lax (morals *moraali*) ~**tä** loosen (the belt *vyötä*), slacken [off] (one's hold *otettaan*); ~ *[vauhtia]* slacken up, slow down *(m kuv)*.

hölmisty||**nyt** astonished, puzzled (expression *ilme*); amazed (he was completely amazed to hear the news *hän oli täysin* ~ *kuullessaan uutisen*); -*neenä* in amazement (astonishment) **-ä** be amazed (astounded, puzzled) (by, at *jstk*).

hölmö I *a* stupid; *tuijottaa* ~*nä* gaze in amazement **II** *s* fool, idiot, blockhead; *senkin* ~*!* you fool! stupid! ~**il**||**lä;** *älä -e!* don't be stupid (silly)!

hölsky||**ttää** shake **-ä** splash to and fro, slop about.

hölty|**ä** loosen (the screw had loosened *ruuvi oli -nyt*), slacken (the grip slackened *ote -i*); *(kuv)* relax (the discipline began to relax *kuri alkoi* ~); -*nyt* loose, *(kuv m)* lax (morals *moraali*).

hölynpöly nonsense (sheer nonsense *pelkkää* ~*ä*); rubbish (all kinds of rubbish *kaikenlaista* ~*ä*); *en ymmärrä* ~*ä koko asiasta* I haven't a clue; *puhua* ~*ä* talk nonsense (rubbish).

hölöttää chatter, prattle on.

hömötiainen willow tit.

hönkä *(veto)* draught, *(Am)* draft.

höperö senile (old man *ukko*); *(hupsu)* silly, foolish; *puhua* ~*jä* talk nonsense; *vanha* ~ old fool.

hopi||**nä** mumbl|e, -ing; nonsense; *mennä* ~*ksi* be a flop (washout) **-stä** mumble, mutter (to o.s. *itsekseen*); ~ *joutavia* talk nonsense.

höps||**is**[**tä**] [stuff and] nonsense! **-ö** silly; *vanha* ~ silly old fool.

höpö||**ttää 1** *(höpsiä)* babble (what are you babbling about? *mitä sinä -tät?*) **2** *(mumista)* mumble, mutter (to o.s. *itsekseen*) **-tys 1** *(hölynpöly)* nonsense **2** *(mumina)* mumbling, mutter[ing].

höristellä; ~ *korviaan* prick [up] one's ears

(at *jllk*).

hörp||**piä** drink (gobble) up .. noisily, slurp; *(Am m)* slop; *älä -i!* don't drink so noisily! don't slurp! **-ätä** gulp [down]; take a gulp; slurp; *(Am m)* slop (beer *olutta*); ~ *[nopeasti]* toss off (a cup of coffee *kupillinen kahvia*).

hörö||**llään** *(-ssä); korvat* ~ with one's ears pricked up; *kuunnella korvat* ~ listen with keen ears.

hörönauru horse laugh, guffaw; *päästää* ~ give a guffaw.

höskä; *koko* ~ the whole lot (caboodle).

hössöttää [make a] fuss (about *jstk*).

höyhen feather ~**inen** feathery; *(yhdyss)* -feathered (white-feathered *valko~*) ~**patja** feather bed ~**saaret** *(sg)* the Land of Nod ~**sarja** *(urh)* feather weight ~**tyy-ny** feather pillow ~**tää 1** pluck (a hen *kana*) **2** *(löylyttää)* give .. a licking (thrashing).

höykyttää order (push) .. about (around) (one's subordinates *alaisiaan*).

höylä plane ~**nlastut** parings, shavings, planing chips ~**penkki** planing (carpenter's, joiner's) bench ~**tty** planed (flooring *lattialauta*), dressed, surfaced, finished (goods *sahatavara*) ~**tä** plane (grossly *karkeaksi;* wood *puuta*), surface, dress (boards *lautoja*); *(~ tasaiseksi)* [plane ..] smooth, plane down (the surface *pinta*); *(~ pois)* plane (smooth) off (the edges *särmät*) ~**ytyä** rub (off *pois*); *(kulua)* wear (smooth *sileäksi*).

höyry 1 steam *(m kuv)* (steam rose from the kettle *kattilasta nousi ~ä;* the machine is driven by steam *kone käy ~llä;* at full steam *täydellä ~llä); (huuru)* vapo[u]r, exhalation (noxious exhalations *myrkyllisiä ~jä);* ~*t (kuv m)* fumes; *kypsentää ~ssä* steam; *päästää liikaa ~ä ulos* let off steam **2** *(fys)* vapo[u]r (supercooled vapo[u]r *alijäähdytetty ~);* steam (generate steam *kehittää ~ä)* ~**inen** steamy ~**kaappi** vapo[u]r bath; *(tekn)* steam chest ~**keitin** steamer ~**kupu** *(lieden ~)* hood ~**laiva** steamship *(lyh* S/S, SS), steamer ~**laivaliikenne** steamship traffic ~**laivayhtiö** steamship company ~**mehustin** steamer ~**npainemittari** steam[-pressure] gauge, manometer, vapometer ~**pilli** steam whistle; hooter, siren ~**styä, ~stää** vaporize, evaporate ~**ttää** steam; *(steriloida)* sterilize ~**tys** steaming; *(lääk)* vaporization ~|**tä** steam (the kettle was steaming on the stove *kattila -si liedellä;* the ship steamed into the harbo[u]r *laiva -si satamaan); -ävän kuuma (m)* piping hot ~**veturi** steam engine (locomotive) ~**voima** steam power; *kone käy ~lla* the machine is steam-driven (driven by steam).

höyst||**e** relish; *(mauste)* seasoning, flavo[u]ring; spice; *(kuv) jnk ~eksi* to add relish (spice) to **-ää** season (with red pepper *paprikalla;* a story seasoned with humo[u]r *huumorin -ämä tarina*), spice, salt (one's speech with with comments *puhettaan sukkeluuksilla).*

höyty 1 *(hahtuva)* flock, fluff; *(hiutale)* flake **2** *(höyhenen ~)* web, vane ~**liistake** barb ~**säde** barbule ~**vä** fluff (of cloud *pilven* ·); tuft, flock.

höytälöityä flocculate.

I

i, I *(kirjain)* i, I *(pl* is, i's, Is, I's).

iankaikki||**nen, -sesti, -suus** = **ikui**|**nen,** **-sesti, -suus.**

ide|**a** idea (Platonic Ideas *Platonin* ~*t;* full of ideas *täynnä -oita);* *(päähänpisto)* notion (strange notions *outoja -oita);* *menetelmän* ~ *on..* the idea [of the system] is..; *siinä on* ~*a* that makes sense.

ideaali, ~**nen** ideal ~**side** elastic bandage ~**staa** idealize ~**suus** ideality.

idealis||**mi, -ti, -tinen** ideal|ism, -ist, -istic *(adv* ~ally).

idem||**pi** more eastern **-pänä** *(-mäksi)* further [to the] east **-pää** from farther east.

identifioi||**da** identify (with *jnk kanssa;* the corpse *ruumis)* **-nti** identification.

identiteetti identity ~**kriisi** identity cris|is *(pl* -es).

identti||**nen** identical (twins *-set kaksoset;* equation *yhtälö)* **-syy**|**s** identity (prove one's identity *todistaa -tensä).*

ideoida think up ideas; *(suunnitella)* design, compose (a programme *ohjelma).*

ideologi ideologist ~**a** ideology ~**nen** ideological.

idiom||**aattinen** idiomatic *(adv* ~ally) (expression *sanonta)* **-i** idiom.

idiootti idiot ~**mainen** idiotic *(adv* ~ally) ~**varma** foolproof.

idoli idol.

idylli idyl[l] ~**nen** idyllic *(adv* ~ally).

idän||**kauppa** *(erik Suomen* ~*)* trade with Eastern Europe, Eastern Trade **-politiikka** foreign policy regarding the Soviet Union and Eastern Europe **-puoleinen** east (window *ikkuna);* easterly (wind *tuuli);* eastern (boundary *raja).*

idät||**ellä** contemplate, mull over (revenge *kostoa); [alkaa]* ~ *toivetta* harbo[u]r a hope **-tää** sprout, [make ..] germinate **-ys** germination.

ien gum; *ikenet* gums ~**tasku** periodontal (gingival) pocket ~**tulehdus** gingivitis.

ies yoke; *karistaa* ~ *niskoiltaan* shake off the yoke; *panna ikeeseen* yoke, put a yoke on; *vapauttaa ikeestä* disyoke, unyoke ~**tää** yoke (a pair of oxen to the plough *härkäpari auran eteen).*

iglu igloo.

ihailija admirer; fan (Beatles fan *Beatlesien* ~) ~**kerho** fan club.

ihai||**lla** admire **-ltava** admirable **-lu** admiration; *herättää* ~*a* arouse admiration (in *jkssa).*

ihan = *aivan.*

ihana lovely, marvel[l]ous (person *ihminen;* holiday *loma);* wonderful (weather *sää); (kaunis)* beautiful.

ihanne ideal (unattainable ideal *saavuttamaton* ~); *(palvonnan kohde)* idol.

ihanne- ideal (marriage *-avioliitto;* weight *-paino;* society *-yhteiskunta).*

ihannoi||**da** idealize; *(palvoa)* adore, idolize **-nti** idealization.

ihantee||**llinen** 1 ideal (wife *aviovaimo;* weather *sää)* 2 *(idealistinen)* idealistic *(adv* ~ally) (young man *nuorukainen)* **-llisuus** idealism **-ton** unidealistic.

ihanuu|**s** beauty (of Nature *luonnon* ~); loveliness; -*det* delightful things, delights.

ihast||**ella** admire **-ua** 1 *(mieltyä jhk)* take a fancy to (a house *taloon),* take to (I took to him immediately *-uin häneen heti)* 2 *(ilostua jstk)* be pleased with, be delighted at; *(* ~ *suuresti)* be thrilled (at *jstk)* **-unut** fond (look *katse;* of children *lapsiin); (rakastunut)* in love (with a girl *tyttöön); olla* ~ *jkh* be sweet on, have a crush on **-u**|**s** delight (cry out in delight *huudahtaa -ksesta); herättää* ~*ta* arouse (inspire) admiration; *-ksen myrsky* frenzy of delight; *ohimenevä* ~ passing fancy; *olla -ksissaan* be delighted (with *jstk)* **-uttava** charming, lovely, fascinating.

ihme I *s* wonder (no wonder that *ei* ~ *että;* the seven wonders of the world *maailman seitsemän* ~*ttä;* it was a wonder he didn't get killed *oli ~ ettei hän kuollut) (m)* **1** *(~teko)* miracle (Jesus worked a miracle *Jeesus teki ~en)* **2** *(yliluonnollinen ilmiö)* miracle (do you believe in miracles? *uskotko ~isiin?)* **3** *(erikoisuus)* marvel (the marvels of Nature *luonnon ~et)* **II** *a (kummallinen)* queer, curious (gadget *vekotin),* strange, peculiar (fellow *tyyppi)* ▶ **ihmeekseni** to my amazement; **ihmeen** amazingly, surprisingly; *kuin ~en* **kautta** as [if] by a miracle; *~* **kyllä** strangely (oddly) enough; **miten** *~essä* how on earth; **tehdä** *~itä* work wonders; do wonders (for *jklle);* perform (work, accomplish) miracles.

ihmeelli||nen 1 *(hämmästyttävä)* miraculous (cure *parantuminen);* phenomenal (memory *muisti); (yliluonnollinen)* transcendental (experience *kokemus)* **2** *(outo)* strange, odd, queer (person *ihminen); -stä kyllä* strangely (oddly, curiously) enough **3** *(ihana)* wonderful, fantastic (girl *tyttö)* **-syys;** *luonnon ~* the wonder[s] of nature.

ihme||identekijä miracleworker, wonderworker **-issään** surprised (at *jstk);* in astonishment (he looked at me in astonishment *hän katsoi ~ minuun);* olla *~ jstk (m)* wonder at **-itä tekevä** miraculous (power *voima);* wonderworking (medicine *lääke)* **-köynnös** bougainvillea **-lapsi** child prodigy **-lääke** wonder drug; miracle cure *(m kuv)* **-maa** wonderland **-pensas** croton.

ihme||tellä be surprised (amazed) (at a p.'s stupidity *jkn typeryyttä);* wonder (at *jtk) enpä -ttelisi vaikka* I shouldn't wonder (be surprised) if; *siinä ei ole mitään -ttelemistä* that is nothing to be wondered at **-teltävä;** *~n hyvin* surprisingly well **-ty|s** amazement, astonishment, surprise (express one's surprise *lausua julki -ksensä)* **-tyttää** surprise, amaze, puzzle (it puzzles me *se ~ minua); ei -tytä että* it is no wonder that; *minua ~ että* I am surprised (amazed, puzzled) that.

ihmi|nen 1 man *(pl* men); *(inhimillinen olento)* human being; *(ark)* human **2** *(henkilö)* person (a kind person *ystävällinen ~)* **3** *-set* people (ordinary people *tavalliset -set;* only a few people *vain muutamia -siä)* ▶ *voi* **hyvät** *-set!* Good Heavens! *Byron* **ihmisenä** Byron the man; *ole -siksi!* behave yourself! **paremmat** *-set* the upper classes; *(ark)* better folk;

-sen **Poika** the Son of Man; **sellaisiahan** *-set ovat* that's the way people are; **vain** *~* only human.

ihmis||apina anthropoid [ape] **-arka** shy, timid **-arvo** human dignity; *~a alentava teko* a deed not worthy of man, a degrading action **-arvoinen;** *~* **elämä** worthwhile existence (life) **-asun|to;** *-noksi kelpaamaton* unfit for human habitation **-elämä** [human] life; life of man **-hahmo** figure; *~ssa* in human guise (shape) **-hen|ki** *(elämä)* [human] life; *~en menetys* loss of life; *onnettomuus vaati 10 -keä* the accident claimed ten lives (the lives of ten persons) **2** *(-mieli)* the human mind (spirit) **-ikä;** *kestää (viedä) ~* last (take) a lifetime **-joukko** crowd **-keskeinen** anthropocentric *(adv ~ally)* **-keskeisyys** anthropocentrism **-kun|ta** mankind; humanity (a crime against humanity *rikos ~a vastaan); (-suku)* the human race; *-nan historia* history of mankind; human history **-luonto** human nature **-läheinen** humane; *~ ympäristö (m) (pl)* pleasant surroundings.

ihmis||oikeu|det human rights; *-ksien julistus* Declaration of Human Rights **-olento** human being, creature **-rakas** humanitarian, philanthropic *(adv ~ally); (erik eläimestä)* ..fond of people **-rakkaus** humanity; *(teoissa ilmenevä)* philanthropy **-ravin|to;** *-noksi kelpaamaton* unfit for human consumption **-ruumis** human body **-ryöstö** kidnap[p]ing; *(erik naisen tai lapsen ~ m)* abduction **-suhteet** personal relationships **-suku** the human race; *(-kunta)* mankind **-susi** were|wolf *(pl* -wolves) **-syöjä** man-eater *(m eläimestä),* cannibal **-syönti** cannibalism **-tuntemus** knowledge of human nature **-tuntija** judge of men (human nature) **-työvoima** [human] labo[u]r, manpower **-uh|ri** human sacrifice (make human sacrifices *uhrata -reja)* **-viha** misanthropy **-vihaaja** misanthrop|e, -ist **-vilinä** milling (swarming) crowd; *kaukana ~stä* far from the madding crowd; *~ssä* in the crowd **-ystävällinen** *(hyväntekeväisyys-)* humanitarian, philanthropic[al]; *~ teko* an act of humanity **-yy|s** humaneness; *-den nimessä* in the name of humanity; *rikos -ttä vastaan* crime against humanity **-ääni** human voice.

iho skin (sensitive (oily) skin *herkkä (rasvainen) ~); (hipiä)* complexion (fair complexion *vaalea ~)* **~huokonen** pore.

-ihoinen *(yhdyss)* -skinned, -complexioned.
iho|**karv**|**a** hair; *haitalliset ~t (sg)* superfluous hair; *-ojen poistoaine* hair remover, depilatory **-kudos** dermal (cutaneous) tissue **-maali** [grease] paint.
ihon|**alainen** hypodermic, subcutaneous (injection *ruiske;* extravasation *verenpurkauma)* **-hoitoaine** skin preparation **-kuorinta** skin peeling **-puhdistus** skin cleansing **-puhdistusaine** cleansing cream (milk, lotion) **-siirto** skin-grafting, dermatoplasty **-väri** complexion **-värinen** flesh-colo[u]red.
iho|**-oire** skin (surface) symptom **-syöpä** skin cancer **-tauti** skin (cutaneous) disease **-tautilääkäri** dermatologist **-tautioppi** dermatology **-ttuma** rash; eczema **-voide** skin (face) cream; cold cream.
ihra animal fat; *(puhdistettu sian ~)* lard.
iikka; ~ kuin ~ all and sundry.
iilimato leech; *roikkua jkssa kuin ~* stick like a leech.
iiris iri|s *(pl m -des)* *~himmennin* iris diaphragm.
ikenet ks. *ien.*
iki|**|-** **1** *(muinainen)* primitive, primal (forest *-metsä)* **2** *(ikuinen)* eternal, everlasting (sleep *-uni)* **-ajat;** *-ajoiksi* for ever; *-ajoista* from time immemorial **--ihastunut** overjoyed **-kukka** everlasting [flower], immortelle **-levy** Formica *(rek);* melamine laminated board **-liikkuja** perpetual motion machine **-maailmassa;** *ei ~* never in the world **-muistettava** unforgettable, never-to-be-forgotten, memorable **-muistoi**|**nen** immemorial, time-hono[u]red; *-sista ajoista* from time immemorial **-nen;** *joka ~ (adj)* every single, each and every (day *päivä); (sb)* every single one, each and everyone; *(ark)* every mother's son **-nä** ever; *ei ~* never; *ei enää ~* never again **-oma** very own **-routa** permafrost **-vanha** ancient, primeval, time-hono[u]red (right *oikeus); (henk)* very old; *(ark)* [as] old as Adam **-vihreä** evergreen; *~t [iskelmät]* evergreens.
ikkuna window (look out [of] the window *katsoa ulos ~sta;* at (by) the window *~n ääressä); (sivusta avattava ~)* casement [window]; *(työntö~)* sash-window, drop window; *(pyöreä laivan ~)* porthole; *(sukelluskypärän ~)* loophole; *moniosainen ~* mullion[ed] window; *ranskalainen ~* French window; casement door.

ikkuna|**kirjekuori** window envelope **-kortti** *(atk)* aperture card **-lasi** window glass; *(ikkunaruutu)* windowpane **-lauta** window sill **-nkehy**|**s** window frame, sash, casement; *-kset (m) (sg)* window casing **-npesijä** window cleaner **-ristikko** lattice; *(kalteri)* window grate **-ruutu** windowpane **-syvennys** window bay (recess) **-verho** curtain; *~t (m)* draperies, *(erik Am)* drapes; *vetää ~t eteen* draw the curtains; *vetää ~t syrjään* pull open the curtains.
ikkunointi *(atk)* windowing.
ikon|**i** icon **-ostaasi** iconostasis.
ikui|**nen** **1** everlasting (faithfulness *uskollisuus); (ainainen)* perpetual (damnation *kadotus;* snow *lumi);* eternal (life *elämä;* truth *totuus); -siksi ajoiksi* for ever and ever, eternally; *vaipua -seen uneen* drift into everlasting sleep **2** *(alituinen)* everlasting, never-ending (nagging *nalkutus),* eternal (complaints *valittelu).*
ikui|**|sesti** for ever; eternally; *nyt ja ~* now and forever; *(leik)* forever and a day **-staa** perpetuate (a p.'s name *jkn nimi);* immortalize **-suu**|**s** eternity (the time seemed an eternity *aika tuntui -delta);* siirtyä ajasta *-teen* pass into eternity.
ikä 1 age (legal age *laillinen ~;* age 22 [years] *~ 22 [vuotta]); (pl)* years (mature years *kypsä ~)* **2** *(elämä)* life (all my life *koko ~ni;* long life *pitkä ~); (elinaika)* lifetime ▶ *iät [ja]* **ajat** for ages; *jssk* **iässä** at the age of; *40 vuoden iässä (m)* at 40 [years of age], *(Am m)* at age 40; **korkeassa** *iässä* at an advanced age, well advanced in years; **lopun** *~äni* for the rest of my life; **minun** *iässäni* at my age; *iän* **mukana** with years; **parhaassa** *iässä* in one's prime (best years), in the prime of life; **varhaisella** *iällä[än]* at an early age, early in one's life; *hän eli 80* **vuoden** *~än* he lived to be eighty [years old].
ikäi|**nen** old (five years old *viiden vuoden ~);* aged (eighty *kahdeksankymmenen vuoden ~);* of .. age (of my father's age *isäni ~);* jnk *-senä* at the age of; *minun -seni* [of] my age; *50 vuoden ~* **mies** a man of fifty; *viiden vuoden ~* **poika** a five-year-old boy, a boy of five [years], a boy aged five.
ikä|**jakau**|**tu**|**ma** *(tilast)* age distribution; age composition, *(m)* breakdown by age **-järjesty**|**s;** *-ksessä* according to age **-kausi** stage (period) of life **-lisä** seniority (age)

bonus **-loppu** very old, decrepit **-luokka** age group; *(sukupolvi)* generation; *(sot)* class **-miessarja** *(urh)* senior class, *(pl)* seniors **-neito** old maid, spinster **-raja;** ~ *24 v.* persons under 24 not permitted **-rakenne** age structure; age-class distribution **-ryhmä** age-group; *(Am m)* age grade **-toveri** age mate; contemporary **-vuo|si;** *toisella -dellaan* in his second year.

ikävysty||minen boredom **-nyt** bored; *lopen* ~ bored to death, fed up **-ttävä** boring, dull **-ttää** bore **-ä** be (get) bored; ~ *kuoliaaksi* be bored to death.

ikävyy|s 1 *(yksitoikkoisuus)* dullness **2** *-det (sg)* trouble (get into trouble *joutua -ksiin*); difficulties (cause difficulties *aiheuttaa -ksiä*).

ikäv|ä I *a* **1** boring, tedious (journey *matka*), dull (life *elämä*) **2** *(alakuloinen)* sad (it is sad to part *on* ~*ä erota*) **3** *(valitettava)* regrettable, deplorable, unfortunate (mistake *erehdys;* event *tapaus*), *(kiusallinen)* annoying, troublesome (customer *asiakas*), awkward (situation *tilanne*); *(epämiellyttävä)* unpleasant, disagreeable (consequences ~*t seuraukset*) **II** *s* *(kaipaus)* longing, yearning (for *jtk*) ▶ *joutua* ~*än* **asemaan** be placed in an awkward (embarrassing) situation; **ikäväkseni** *minun on sanottava* I regret (I am sorry) to say; *minulla on* ~ **kotiin** I miss home; I'm homesick; *kuinka* ~*ä!* what a pity (shame)! *(kuv)* **kuolla** ~*än* be bored to death (tears); *on* ~*ä* **kuulla** *että* I am sorry to hear that..; ~ **kyllä** unfortunately; ~ *kyllä en voi tulla* I am sorry (I'm afraid) that I can't come; **olla** *-issään* feel lonely (sad); **on** ~*ä* **että** it is a pity (shame) that; it is to be regretted that; ~ *sanoa* sorry (sad) to say; *minun* **tulee** *sinua* ~ I shall miss you; ~ *uutinen* bad news.

ikävöidä miss (one's mother *äitiään*); long (for one's home *kotiaan*); *(*~ *kiihkeästi)* pine (for).

ikäys dating.

ikään; ~ *kuin* as if, as though.

ikäänty|ä grow old[er], age; *-neet* the aged.

ilah||dutt|aa cheer .. up (the patient *potilasta*); *minua* ~ *kuulla että* I am delighted (pleased, glad, happy) to hear that..; *se -i minua suuresti* I was very happy about it **-duttava;** *on* ~*a kuulla* I am pleased to hear.. **-tua** be delighted (at

the news *uutisesta*).

ilakoi||da frolic, make merry **-nti** merrymaking.

iljan|ne sheet of ice; *(Am)* glare ice; *tie oli -teella* the road was slippery with ice.

ilje||ttävä disgusting, revolting (sight *näky*) **-ttää** make .. sick, revolt, disgust; *minua* ~ I am disgusted (revolted) (at *jk*) **-tä** *(juljeta)* have the impudence (face, nerve) (to do *tehdä jtk*); *ettäs ilkeätkin valehdella!* you ought to be ashamed of lying! *hän ei -nnyt koskea siihen* he loathed to touch it.

ilkamoi|da; ~ *jkn kustannuksella* make fun of, joke about, laugh at; *nauraa -den* laugh teasingly.

ilkey|s 1 *(häijyys)* malevolence (bottomless malevolence *pohjaton* ~), malice, meanness; *-ksissään* out of pure spite (malice); *(kurillaan)* out of mischief **2** *(ilkityö)* dirty trick **3** *(piikittely)* jeer, taunt (he didn't notice their taunts *hän ei huomannut heidän -ksiään*).

ilkeä 1 *(pahansuopa)* malicious, mean, spiteful, evil (remark *huomautus;* person *ihminen*); *(häijy)* vicious (nature *luonne*), wicked (child *lapsi*) **2** *(epämiellyttävä)* unpleasant (it felt unpleasant *se tuntui* ~*ltä*); *(inhottava)* disgusting, revolting, nauseating (sight *näky*); ~*n näköinen* bad-(nasty-)looking (wound *haava*); *minun tekee* ~*ä*..it makes me sick to.. ~**mielinen** malicious ~**mielisyys** spite, malice, malignancy.

ilki; ~ *alasti* stark naked, in the nude.

ilki||kurinen mischievous **-mys** rogue, rascal **-työ** misdeed **-valta** outrage[s]; vandalism; *harjoittaa* ~*a* commit a nuisance; vandalize (a th. *jllk*).

ilkku||a mock (a p. because [of] *jkta jnk takia*) **-va** mocking, scornful, jeering; ironic, sardonic (laugh *nauru*).

ilkos||en = *ilki* **-illaan, -illeen** stark naked, nude; *riisuutua -illeen* strip o.s. naked (to the skin).

illalli|nen supper; *(päivällinen)* dinner (is served at 7.30 *tarjoillaan klo 19.30*); **-set** *(sg)* dinner [party] (give a dinner [party] *tarjota -set*); **syödä** *-sta* have dinner (supper); *(juhlaillallisista)* dine.

illan||suussa towards evening, at nightfall **-vietto** social evening, get-together; *seuran* ~ club social.

illastaa dine; *(*~ *ravintolassa)* dine out.

illatiivi [the] illative case.

illemmalla later [on] in the evening.

illuusio illusion.

ilma 1 air (pure air *puhdas* ~) **2** *(sää)* weather (bad weather *ruma* ~) **3** *(vatsan t. keuhkojen* ~) wind; flatus ▶ **kauniilla** ~*lla* when the weather is fine; *kohdella* **kuin** ~*a* ignore, give .. the cold shoulder; **millainen** ~ *on tänään?* what's the weather like today? *(kuv)* **tuntua** *(olla)* ~*ssa* be in the wind (air).

ilma-alus air craft.

ilmaannousu take off (of an aeroplane *lentokoneen* ~).

ilmaantu|a 1 *(~ paikalle)* appear, make one's appearence (in *jnnk*); turn (show, pop) up **2** *(tulla näkyviin)* appear, manifest o.s. (the symptoms will manifest themselves within a week *oireet -vat viikon kuluessa)* **3** *(ilmetä)* arise (if difficulties arise *jos -u vaikeuksia); kun sopiva tilaisuus -u* as opportunity arises *(ks m ilmetä).*

ilma||-aukko air hole, vent **-huokonen** air pore **-hyökkäys** air raid, aerial attack **-hälytys** air-raid warning (alarm).

ilmailu aviation; *(m)* aeronautics; *(lentäminen)* flying ~**asiamies** air (aerial) attaché ~**hallitus** National Board of Civil Aviation ~**kerho** aeroclub, flying club ~**ministeri** Minister of Aviation; *(USA)* Secretary of the Air Force ~**ministeriö** *(Brit)* Ministry of Aviation, Air Ministry; *(USA)* Federal Aviation Agency (and Civil Aeronautics Board) ~**viranomainen** airway-traffic authority.

ilmainen free [of cost]; free of charge; ~ *sisäänpääsy* admission free.

ilmais||anti *(liik)* free bonus issue **-eksi** free [of charge], gratis, for nothing **-ija** interpreter (of the ideas of one's time *aikansa aatteiden* ~) **-in** *(tekn)* indicator; *(rad)* detector **-osake** *(Br)* bonus share; *(Am)* stock dividend **-palvelu** free (gratuitous) service.

ilmais|ta 1 *(ilmentää)* reveal, disclose (ignorance *tietämättömyyttä),* denote, signify (gratitude *kiitollisuutta); (osoittaa)* show, display (courage *rohkeutta)* **2** *(tuoda julki)* indicate, convey (one's joy *ilonsa); (paljastaa)* uncover, discover (a hidingplace *piilopaikka),* reveal, let out (a secret *salaisuus;* to *jklle) (ilmoittaa)* state, declare, express (one's opinion *mielipiteensä);* give expression to (one's

gratitude *kiitollisuutensa),* put .. into words (one's thoughts *ajatuksensa)* ▶ *kuten hän* **asian** *-i (m)* as he put it, according to his version; *jtk* **ilmaiseva** expressive (indicative, significant) of; *puntina* **ilmaistuna** in terms of pounds, expressed in pounds; ~ **itsensä** betray (disclose) o.s., give o.s. away; ~ **itseään** express o.s.; ~ **kunnioituksensa** *jkta kohtaan* pay (show) respect to; ~ **mielipiteensä** *jnk puolesta (jtk vastaan)* declare o.s. in favo[u]r of (against); ~ **osanottonsa** *jklle* express one's condolences (sympathies) to; **verbi** *-ee* toimintaa a verb signifies (denotes) action.

ilmaisu expression (of gratitude *kiitollisuuden* ~; literal expression *kirjallinen* ~); *(ilmaus m)* phrase, idiom; *saada* ~*nsa jssk* be manifested (expressed) in, find expression in ~**keino** means of expression ~**tapa** mode of expression ~**voima** power of expression, expressive power ~**väline** vehicle of expression, medium.

ilma||jarru pneumatic brake; *(ilm)* wing air brake **-johto** aerial line; *(raitiotien* ~) aerial contact line **-jousi** air spring **-juuri** aerial root **-jäähdytin** air cooling device **-jäähdytteinen** air cooled **-kanava** air channel (duct); *(kaivoksessa)* ventilation shaft, airway **-kehä** atmosphere **-kerros** atmospheric (air) layer **-kirje** air letter, aerogram **-kivääri** air rifle **-kuivaus** air seasoning (drying) **-kuljetus** air transport[ation] **-kuljetusjoukot** airborne troops **-kuoppa** air hole (pocket) **-kupla** air bubble **-[kuva]kartoitus** air (aerial) mapping, aerial cartography, photogrammetry **-kuvakartta** air (aeronautical, *Am* aerial) map **-käytävä** air corridor (bridge) **-laiva** airship **-lento** *(urh)* flight **-liikenne** [air]borne traffic **-maali** airborne target **-massa** air mass.

ilman without (of help *apua),* out of (work *työtä);* free of (charge *maksua); (liik)* exclusive [of], not including (packing *pakkausta)* ▶ ~ **että** *hän huomaa* without his (him) noticing; **ilmankos** so that's why; ~ **muuta** *(suoraa päätä)* straight away; *(tietysti)* of course; *(ehdottomasti)* by far (the most popular *suosituin);* **hyväksyn** ~ *muuta* I accept without question; **jäädä** ~ be left without; **olla** ~ *os* do (go, be) without.

ilman||kosteus air (atmospheric) humidity **-kostutin** air humidifier **-paine** air (atmospheric) pressure; *(räjähdyksessä)* blast **-painekäyrä** isobar **-pitävä** airtight, airproof; hermetic *(adv ∼*lly) **-pudistin** air filter **-puhdistus** air cleaning (purification, filtering) **-raikaste** deodorizer **-suojelu** air protection **-suun│ta** point of the compass; *(pää∼)* quarter; *neljä ∼a* the [four] cardinal points of the compass **-vaihtojärjestelmä** ventilation system **-vaihtokanava** air shaft, ventilation pipe (tube).

ilma││oikeus air law **-pallo** balloon **-patja** air-bed **-perspektiivi** aerial (atmospheric) perspective; *(kuvat m)* degradation; *kuvata jtk ∼stä* film from the air **-piiri** atmosphere, climate; *poliittinen ∼* political climate (atmosphere) **-pistooli** airpistol **-pommitus** air raid (bombing) **-puntari** barometer *(m kuv)* **-puolustus** air (aerial) defence **-purjehdus** aerostation **-putki** *(tekn)* air (vent) pipe; *(el)* trachea *(pl m ∼e)* **-pyssy** air gun **-rakko** air (swim) bladder **-rakkula** aerocyte; *keuhkon ∼* air cell **-rata** elevated railway *(Am* railroad) **-rengas** pneumatic tire **-silta** airlift, skylift **-sodankäynti** aerial (air) warfare **-sota** aerial war.

ilmast││aa aerate (water *vettä*) **-in** aerator.

ilmasto climate; *tottua ∼on* acclimatize o.s.; *(Am)* acclimate o.s. *∼häiriöt (rad)* atmospherics, statics, static disturbances **∼i│da** air-condition; *-tu* air-conditioned **∼inti** air conditioning **∼llinen** climatic[al] **∼tiede** climatology **∼vyöhyke** climatic zone.

ilma││ta de-air, de-aerate **(the** radiators *lämpöpatterit)*, bleed (the braking system *jarrujärjestelmä)* **-taistelu** aerial battle **-teitse** by air **-tie│de** meteorology; *I-teen laitos* Institute of Meteorology **-tiehyt** air passage, airway; *(lääk)* bronchiole **-tieteellinen** meteorological **-tiivi│s** airproof, airtight, hermetic[al]; *-isti* pakattu vacuum-packed **-tila** air space (territory); *loukata toisen valtion ∼a* violate the air space of another state **-ton** airless, vacuous; *∼ tila* vacu│um *(pl m* -a).

ilmatorjunta *(sot)* anti-aircraft defence *(lyh* A.A.), air raid defence **∼ase** anti-aircraft [weapon] **∼ohjus** surface-to-air missile, anti-aircraft rocket, interceptor missile **∼tykki** anti-aircraft gun.

ilma││tyynyalus air cushion vehicle, hovercraft **-tähystys** aerial reconnaisance, air surveillance.

ilmau│s 1 expression (linguistic expression *kielellinen ∼;* find expression in *saada -ksensa jssk;* of public opinion *yleisen mielipiteen ∼);* manifestation (of feeling *tunteen ∼;* of strength *voiman ∼); (sanonta)* idiom[atic expression], phrase (stale phrase *kulunut ∼); kuvaannollinen ∼* figurative expression, figure of speech **2** *(osoitus)* indication, sign (of friendship *ystävyyden ∼);* ekspressionismin ensimmäiset *-kset* the first manifestations of expressionism; *olla -ksena jstk* be a manifestation of, be indicative (significant) of.

ilmava 1 airy (room *huone;* garments *∼t vaatteet)* **2** *(kuohkea)* mellow (soil *multa).*

ilma││vaiv│at *(sg)* flatulence; *kärsiä -oista* suffer from flatulence (gas pains) **-valokuvaus** aerial photography **-valvonta** air surveillance (control); *(Brit)* air defence warning service; *(USA)* aircraft warning service **-verho** air curtain **-virta** current (stream) of air; *(kevyt ∼)* breath [of air], breeze **-virtaus** air flow (current, stream) **-voimat** air forces.

ilme 1 expression (grim expression *ankara ∼)* **2** *(leima)* look (new look *uusi ∼),* appearance ▶ *∼et ja* eleet facial expressions and gestures; **ottaa** *vakava ∼* put on a grave face; *(kuv)* **saada** *uutta ∼ttä* have a face-lift.

ilmeet││tömyys lack of expression, inexpressiveness (of a face *kasvojen ∼);* vacuity, dullness (of style *tyylin ∼)* **-ön** expressionless, inexpressive (face *-tömät kasvot); (tyylä)* dull; tedious (style *tyyli).*

ilmeik││kyys expressiveness **-äs** expressive (face *-käät kasvot;* style *tyyli).*

ilmei││nen obvious (mistake *virhe); (selvä)* marked (improvement *parannus),* plain; *(silminnähtävä)* evident (case of neglect *epäkohta); on -stä että* it is obvious (evident) that **-sesti** probably, presumably (by accident *vahingossa); (aivan ∼)* apparently, evidently; in all probability; *hän ei ∼ enää tule* he is not likely to come any more.

ilmenemismuo│to [form of] manifestation (of a disease *taudin ∼); kaikissa -doissaan* in all its manifestations.

ilmen││tymä expression, manifestation **-tää** express (o.s. *itseään);* give expression to (one's feelings *tunteitaan); (kuvastaa)* be expressive of; illustrate (a p.'s attitude towards *jkn suhtautumista jhk).*

ilmesty||**minen** appearance; *(julkaiseminen)* publication **-mispaikka** place of publication **-mätön** unpublished, unissued.

ilmestys 1 *(usk)* revelation, apocalypse; *(unessa)* vision; *Johanneksen* ~ the Revelation of St. John; *saada* ~ have visions **2** *(näky)* sight (quite a sight *melkoinen* ~; unusual sight *outo* ~), *(vaikuttava* ~*)* spectacle ~**kirja** the Apocalypse, the Book of Revelations.

ilmesty|**ä 1** appear (to *jklle;* in a dream *unessa;* on the market *markkinoille*); *(tulla näkyviin)* come out, come into sight, emerge (from behind the clouds *pilvien takaa*); *(~ yhtäkkiä)* spring up (where did you spring up from? *mistä sinä siihen -it?*); ~ *paikalle* turn (show) up **2** *(san ym)* be published (issued) (once a week *kerran viikossa*); come out (from the press *painosta*).

ilmetty; ~ *paholainen* the devil incarnate; *tyttö on* ~ *äitinsä* the girl is the [very (spitting)] image of her mother.

ilme|**tä 1** *(tulla esiin)* show (express) itself (in *jnak*); be manifested (in *jnak, jssk*); *(ilmaantua)* arise, turn up (problems turn up *-nee ongelmia*) **2** *(käydä selville)* appear (it will appear from this that *tästä -nee että*), transpire (it soon transpired that *pian -ni että*), become apparent, be evident (from *jstk*); *(osoittautua)* prove (it proved that.. *-ni että*), turn out (he turned out [to be] a traitor *-ni että hän oli petturi*) ▶ *jos* **aihetta** *-nee* if a cause arises (occurs); *miten* **tauti** *-nee?* what form does the disease take? *(m)* what are the symptoms of the disease? *tileissä -ni* **vajaus** the accounts showed a deficit.

ilmi ▶ **antaa** ~ **a)** *(paljastaa)* disclose, reveal (a hiding-place *piilopaikka*); report (a crime *rikos*); **b)** *(antaa ~ rikoksesta)* report a p. [to the police] (for *jstk*); inform (on a thief *varas*), denounce (for *jstk*); **käydä** ~ *ks.* **ilmetä** 2; **tulla** ~ come to light, be discovered (the crime was discovered *rikos tuli* ~); come out (the secret came out *salaisuus tuli* ~); **tuoda** ~ reveal, disclose (one's dissatisfaction *tyytymättömyytensä*), bring to light (new facts *uusia tosiasioita*); *(esittää)* express, present, offer (one's opinion *mielipiteensä*).

ilmian||**taja** informer; denouncer **-to** information, denunciation; *jkn -non* **nojalla** on the information of.

ilmi||**elävä** live, living; ~*nä* in person, in the flesh **-kapina** open rebellion **-liek**|**ki** full blaze; *leimahtaa* ~*in* burst into flame, *(kuv)* flare up; *olla -[e]issä* be all ablaze **-riita** open quarrel **-selvä** obvious **-sota** open war **-tulo** discovery, detection; ~*n* *pelosta* for fear of discovery.

ilmiö phenomen|on *(pl* -a) *(physical* phenomenon *fysikaalinen* ~*;* phenomena of nature *luonnon* ~*t;* social phenomenon *sosiaalinen* ~*)*; *(tapahtuma)* event (everyday event *jokapäiväinen* ~); *(fys ym m)* effect (the Faraday effect *Faradayn* ~) ~**mäinen** phenomenal (memory *muisti*).

ilmoit|**taa 1** *(antaa tiedoksi)* inform (a p. *jklle;* of *jstk*), △ make .. known (to *jklle*); △ let (a p. *jklle*) know (of *jstk;* please let us know.. *olkaa hyvä ja -takaa meille..*); △ *(tehdä ilmoitus)* report (a death *kuolemantapauksesta;* Reuter reports from Paris that *Reuter ~ Pariisista että*); △ *(tiedottaa)* announce (a new program[me] *uudesta ohjelmasta;* one's engagement *kihlauksestaan;* it was announced from London that *Lontoosta -ettiin että*); △ *(~ virallisesti)* notify (the police of a change of address *poliisille osoitteenmuutoksesta*); △ *(selittää)* declare (one's aim *tarkoituksensa*); make .. public (the agreement *sopimuksesta*); △ *(~ julisteilla)* post (the results *tulokset*); △ *(sanoa)* state (one's terms *ehtonsa*), mention, tell, give (one's opinion *mielipiteensä;* name and address *nimi ja osoite*) **2** *(liik m)* advise (a p. *jklle;* of freight rates *rahtimaksut*); quote (the price *hinta*) **3** *(san)* advertise (a house for sale *talo myytäväksi*) **4** *(näyttelyyn ym)* enter .. for (enter a horse for a race ~ *hevonen kilpailuihin*) **5** *(~ tullattavaksi)* declare (tobacco *tupakkaa*) ▶ **ennalta** *-tamatta* without previous notice; ~ **eroavansa** *yhdistyksestä* withdraw one's membership from a society; *minulle* **ilmoitettiin** *että* I was told (informed) that; ~ **kadonneeksi** report missing; ~ **olevansa** declare o.s. [to be]; **pyydän** *saada* ~ *että* I wish to inform you that; ~ **tulos** announce the result; ~ *vaalien tulokset* return the election results, declare the poll (results); *(lak)* ~ **tyytymättömyytensä** give notice of appeal (against *jhk*); **täten** *-etaan että* this is to inform you that, notice is hereby given that.

ilmoitta||**ja 1** *(san)* advertiser **2** *(lak)*

informant **-minen** announcement; declaration (of the poll *vaalituloksen* ~); *(san)* advertising.

ilmoittautua report (for duty *palvelukseen;* to the police *poliisille*), register (for a course *kurss[e]ille*); enter [one's name] for (an examination *kokeeseen*); enrol[l] in (the university *yliopistoon*), sign up for (evening classes *iltakouluun*) ▶ ~ **hakijaksi** send (hand) in an application, apply (for a post *virkaan*); ~ **jäseneksi** apply for membership (of a club *kerhoon*); ~ **vapaaehtoiseksi** volunteer (for relief work *avustustyöhön*); *(sot m)* enlist (in the navy *merivoimiin*).

ilmoittautu∥minen enrol[l]ment, application, entry (for a course *kurss[e]ille*); registration (with the police *poliisille*); *(~ sotaväkeen)* enlistment **-misaika;** ~ **päättyy tänään** the last day for applications is today, entries close today **-mislomake** registration form, form of application **-mismaksu** registration fee.

ilmoitu∥s 1 announcement (of summer courses *kesäkursseista*); notice (legal notice *laillinen* ~); *(viesti)* message *(m atk); (tiedotus)* notification, report; *(liik)* advice (of *jstk*); *(tieto)* information (of *jstk*); *(selvitys)* declaration (of one's income *tuloista*); statement (official statement *virallinen* ~) **2** *(san)* advertisement, *(ark)* ad[vert] ▶ **kirjallinen** ~ notification (notice) in writing; *jkn -ksen* **perusteella** on the information of; **saada** ~ *jstk* have (receive) notice of, receive information of, *panna* ~ **[sanoma]lehteen** insert an advertisement in a newspaper.

ilmoitus∥osasto advertisement section **-sivu** advertising page; *(pl)* advertisements **-taulu** notice *(Am* bulletin) board; **-teksti** copy; **∼n laatija** copyist.

ilo 1 joy (in joy and in sorrow *∼ssa ja surussa;* a face beaming with joy *∼sta loistavat kasvot*), pleasure (it was a pleasure to see *sitä oli* ~ *katsella*) **2** *∼t (huvit)* pleasures, delights (of country life *maalaiselämän* ∼t) ▶ **ilokseni** to my delight (pleasure); *suureksi ilokseni (m)* much to my pleasure; *ilokseni olen kuullut että* I am glad (delighted) to hear that; *jkn* **iloksi** for a p.'s pleasure, to please a p.; *itkeä* **ilosta** weep with joy, shed tears of joy; *hyppiä ilosta* jump for joy; ~ *on [kokonaan] minun* **puolellani** it

is my pleasure, the pleasure's all mine; **tuottaa** *∼a* give pleasure (joy) (to *jklle*).

iloi∥nen 1 happy (smile *hymy;* face *∼t kasvot*); cheerful (look *ilme;* laughter *nauru;* news *uutinen*); gay (colo[u]rs *-set värit*); *(huoleton)* jovial, jolly (fellow *veitikka*) **2** *(mielissään jstk)* pleased (about, with *jstk*), happy, delighted (by, at *jstk*; to hear the news *kuullessaan uutisen*) ▶ *-sta* **Joulua!** Merry (Happy) Christmas! **olla** ~ *jstk* be pleased with, be delighted at, be happy (glad) about; *olen* ~ *että tulit* I am glad (so happy) that you have come; *-sella* **tuulella** in high spirits; *(hiprakassa)* jolly; ~ *ja* **tyytyväinen** happy and gay, gay and cheerful.

ilo∥ita be happy (glad) (about *jstk*), be pleased (with, by); *-itsen hänen puolestaan* I am happy for him; *-itsen tapaamisestasi jo etukäteen* I am looking forward to meeting you **-kaasu** laughing gas, nitrous (nitrogen) oxide **-laulu** song of joy **-luonteinen** cheerful **-luontoinen** jovial **-mielin** with pleasure; *autan sinua* ~ I'll be glad (pleased, happy) to help you.

ilon∥aihe [source of] joy (he is a great joy to us *hän on meille suuri* ~), delight (a real delight *todellinen* ~) **-kyynel** tear of joy (happiness) **-pilaaja** kill-joy, spoilsport; *(ark)* wet blanket, damper **-pito** revelry, merriment; *yhtyä ∼on* join in the gaiety **-päivä** happy day.

ilo∥pilleri bundle of fun (joy) **-stua** be delighted (at, with *jstk*) **-talo** brothel **-ton** joyless, cheerless; *(ikävä)* melancholic, dull *(outlook näkymä)* **-tulitus** *(pl)* fireworks, pyrotechnics; *panna toimeen* ~ have a firework display; *(kuv)* **älyllinen** ~ fireworks of wit, display of sparkling wit **-tulitusväline;** *∼et* fireworks, pyrotechnics **-tyttö** prostitute **-uutinen** cheerful (good) news.

ilta 1 evening (in May *toukokuun* ~); *(∼yö)* night (late last night *myöhään eilen illalla*) **2** *(∼tilaisuus)* night (opening night *avajais∼*), evening (musical evening *musiikki∼;* at the theatre *teatteri∼*), *(lausunta- ym* ~ *m)* recital (a pianoforte recital *piano∼*) ▶ **aamusta** *∼an* from morning till night (evening); **edellisenä** *∼na* on the previous evening, [on] the night before; **eilen** *illalla* last night, yesterday evening; **elämän** ~ evening (declining years, sunset) of life; **eräänä** *∼na* one night (evening); *äskettäin eräänä*

~*na* [just] the other night; **hyvää** ~*a!* good evening! **illalla** in the evening, at night; *klo 8 illalla* at 8 [o'clock] in the evening, at 8 p.m.; **illemmalla** later [on] in the evening; **joka** ~ every evening (night); **jonakin** ~*na* one evening; ~*an* **mennessä** by evening, by the end of the day; **myöhään** *illalla* late in the evening (at night); **seuraavana** ~*na* [on] the following night (evening); *illan* **suussa** towards evening; **toissa** ~*na* [on] the night before last (yesterday); **tulee** ~ [the] night is drawing in, it is getting late; **tänä** ~*na* tonight, this evening.

ilta∥-ateria supper **--aurinko** setting sun **-huuto** *(sot)* roll call **-hämär∣ä** twilight; *-issä* in the dusk of the evening.

iltaisin in the evenings; *(joka ilta)* nightly.

ilta∥juna evening train **-kirkko** evening service **-koulu, -kurssit** night school, *(pl)* evening classes **-lehti** evening paper **-mat** *(sg)* social evening **-messu** *(pl)* Vespers **-myöhä;** ~*llä* late in the evening (at night), at a late hour; ~*än* until late **-näytäntö** evening performance **-pala** cold supper (snack) **-pimeä;** ~*llä* at dusk, in the dark **-puku** evening (formal) dress, dress suit; *(naisten* ~*)* [evening] gown, evening dress **-puol∣i;** *-ella* towards evening; *-ella yötä* late at night **-päivä** afternoon; ~*llä* in the afternoon; *eilen* ~*llä* yesterday afternoon; *klo 3* ~*llä* at 3 p.m.; *tänään* ~*llä* this afternoon **-päivälehti** afternoon paper **-päiväruuhka** [afternoon] rush hour; ~*ssa (m)* in the rush hour **-rukous** evening prayer; *lukea* ~ say one's prayers **-rusko** sunset **-soitto** *(sot)* retreat, tattoo **-tähti** evening star, Venus **-uninen;** *olla* ~ get sleepy towards evening **-yö;** ~*stä* towards (before) midnight.

ilve trick; *ei millään* ~*ellä* by no means; *jollakin* ~*ellä* by hook or by crook ~**ilijä** buffoon; *(narri)* clown ~**illä** fool (clown) about; *(tehdä pilaa)* joke (at *jklle, jkn kustannuksella;* about *jstk)* ~**ily 1** joking; buffoonery; ~*n kohde* laughing-stock **2** *(teatt ym)* farce; *(ark)* spoof (on *jstk).*

ilves lynx *(pl* ~ *t.* ~*es).*

imaginaari∥luku imaginary [number] **-yksikkö** imaginary unit.

imago 1 *(el)* imag∣o *(pl* -oes *t.* -ines) **2** *(kuva)* image (of a firm *liikkeen* ~*).*

imais∥ta take a suck (at a lollipop *tikkukaramellia);* suck (poison out of a wound *myrkky haavasta); (*~ *ylös)* suck up (the lemonade through a straw

limonadia pillillä); suck under (in) (the whirlwind sucked the boat under *pyörre -i veneen);* ~ *savut tupakasta* take a puff at the cigarette **-u** suck; *yhdellä* ~*lla* at one gulp.

imar∥rella flatter, *(ark)* play (suck) up to, soft-soap, butter .. up **-televa** flattering; oily, buttery **-telija** flatterer; *(ark)* soft-soaper, toady **-telu** flattery; *(ark)* soft-soap, butter, blarney; *olla perso* ~*lle* be susceptible to flattery.

imbesilli imbecile.

imel∥lys sweetening; *(maltaiden* ~*)* malting **-lysaine** sweetening [agent], sweetener **-tää** sweeten; *(*~ *maltaita)* malt **-yys** sweetness; sugariness *(m kuv).*

imelä 1 *(makea)* sweet **2** *(kuv)* sugary (smile *hymy),* mawkish, *(ark)* mushy (sentimentality *tunteellisuus); (hunajainen)* honeyed, sugared (love story *rakkauskertomus)* **3** *(mielistelevä)* flattering (smile *hymy),* oily (words ~*t sanat).*

ime∥ttäjä wet nurse **-ttää** suckle, nurse, give suck to (a kitten *kissanpoikaa); (erik lasta m)* breast-feed, give the breast to (a baby *vauvaa); -ttävä äiti* nursing mother **-väi∣nen;** *lapset ja -set* babes and sucklings **-väiskuolleisuus** infant mortality.

imey∥ttää impregnate; *(kyllästää)* saturate (a th. with *jtk jhk);* ~ *öljyllä* soak in oil **-tyminen** absorption (of water into the earth *veden* ~ *maahan);* resorption (of medicine into the blood *lääkkeen* ~ *vereen) (ks m imeytyä, imeä)* **-tyä** be absorbed, soak (into *jhk;* water soaks into the earth *vesi -tyy maahan);* percolate (through sand *hiekkaan).*

ime∣ä 1 absorb (knowledge *tietoa;* light rays *valosäteitä);* soak up (the soil soaks up water *maa -e vettä);* suck up (moisture from the soil *kosteutta maasta); (kuv m)* imbibe (ideas *vaikutteita);* drink (suck) in (knowledge *tietoa)* **2** suck (an orange *appelsiinia;* the juice from *mehu jstk;* with *jllak;* the breast *rintaa); (kuv)* strength *voimaa)* **3** *(tekn ja lääk)* aspirate; *(lääk m)* resorb ▶ ~ *piippua* suck (pull) at a pipe; ~ **tyhjiin** suck out, drain; *(kuv)* ~ *jkn* **verta** suck the blood of, bleed .. white (dry).

imi∥taatio imitation **-taattori** mimic **-toida** imitate; *(matkia)* mimic.

immuni∥soida immunize, render .. immune (to *jllk)* **-teetti** immunity.

immuuni immune (to, against *jllk, jtk vastaan*) **-kato** *(lääk)* AIDS.

imperaattori *(keisari)* emperor.

imperatiivi [the] imperative [mood].

imperfekti the past [tense]; [the] preterite [tense].

imperialis||**mi, -ti, -tinen** imperial|ism, -ist, -istic *(adv* ~ally).

imperiumi empire (the British Empire *Brittiläinen* ~).

imp||**eys** virginity **-i** virgin; maiden.

impoten||**ssi** impotence **-tti** impotent.

impregnoi||**da** impregnate (wood with creosote *puuta kreosootilla*); **-tu** *kangas* waterproof cloth **-nti** impregnation; waterproofing.

impressaari[o] impresario *(pl* ~s).

impressionis||**mi, -ti, -tinen** impression|ism, -ist, -istic *(adv* ~ically).

improbatur fail.

improvi||**saatio** improvisation; impromptu **-soida** improvise, extemporize (a speech *puhe*); *(teatt m)* ad-lib **-sointi** improvisation, extemporization **-soitu** improvised, impromptu (speech *puhe;* musical composition *sävellys*), extemporized (accompaniment *säestys*).

impuls||**iivinen** impulsive, spontaneous; ~ *ihminen (m)* a man of impulse **-iivisesti** impulsively, on impulse; spontaneously **-si 1** impulse*; (fys)* momentum; *(rad)* pulse **2** *(virike)* impulse, stimulus; *(mielijohde)* fancy.

imu suction ~**jalka** tube (sucker, suctorial) foot ~**ke** mouthpiece; *(holkki)* cigarette *(t. cigar)* holder ~**kudos** lymphoid (lymphatic) tissue ~**kuppi** suction cup, sucker ~**neste** lymph ~**paperi** blotting paper, blotter ~**ri 1** *(tekn)* suction apparatus, aspirator *(m lääk); (ilman tuuletin)* suction ventilator, exhaust fan **2** *(pölyn*~*)* vacuum cleaner ~**roida** vacuum[-clean], *(Br ark m)* hoover ~**solmuke** lymph follicle ~**solu** lymphocyte, lymph[atic] cell ~**suoni** lymph[atic] vessel (duct), absorbent ~**suonisto** lymphatic system.

inah||**dus, -taa** whimper.

indefiniitti||**nen** indefinite (adverb *adverbi;* integral *integraali*) **-pronomini** indefinite pronoun.

indeksi ind|ex *(pl* ~es *t.* -ices) (cost of living index *elinkustannus*~); ~*in sidottu* index-|tied, -bound ~**ehto** index (escalator) clause ~**korotus** index increment

~**sidonnaisuus** escalation.

indikatiivi [the] indicative [mood].

individualis||**mi, -ti, -tinen** individual|ism, -ist, -istic *(adv* ~ally).

indo||**eurooppalainen** Indo-European **I-kiina** Indochina; ~*n* Indochinese (crisis *kriisi*).

indoktri||**naatio** indoctrination **-noida** indoctrinate.

indonesialainen *a ja s* Indonesian.

induk||**tio** induction **-tori** inductor.

industrialismi industrialism.

inessiivi [the] inessive [case].

infantiili[nen] infantile.

infektio infection ~**tauti** infectious disease.

infernaalinen infernal.

infinitiivi infinitive.

inflaatio inflation.

inflatorinen inflationary.

influenssa influenza, *(ark)* the flu; *potea* ~*a* be down with flu, have the flu.

informaatio information (about, on *jstk*).

informa||**tiivinen, -torinen** informat|ive, -ory.

informoida inform (a p. of *jkta jstk*).

infra||**punainen** infrared **-punasäteily** infrared radiation **-ääni** infrasonic sound.

inhimilli||**nen 1** *(ihmis-)* human (being *olento*); *erehtyminen on -stä* to err is human; *ylittää -sen kestokyvyn rajat* exceed the limits of human endurance **2** *(ihmisystävällinen)* humane (treatment *kohtelu*); *-sistä syistä* for reasons of humanity, on humanitarian grounds; ~ *teko* an act of humanity **3** *(siedettävä)* tolerable, reasonable (conditions *-set olosuhteet*) **-sesti**; *kohdella* ~ treat decently (with humanity); *kaikki mikä on* ~ *mahdollista* all that is humanly possible **-syy**|**s** humaneness; *(ihmisystävällisyys)* humanity; *-den nimessä* in the name of humanity.

inho disgust (at *jtk kohtaan*; with *jkta kohtaan*; feel disgust for *tuntea* ~*a jtk kohtaan*), *(vastenmielisyys)* repulsion (feel repulsion for *tuntea* ~*a jkta kohtaan*).

inho||**ta** detest (cats *kissoja*), loathe, hate (doing *jnk tekemistä*); *alkaa* ~ *jtk* take a dislike to; *-ten* in disgust, with loathing **-ttaa** disgust (that smell disgusts me *tuo haju* ~ *minua; (kuv)* I am disgusted by his behavio[u]r *hänen käytöksensä* ~ *minua); minua* ~ I feel revolted (at *jk*); *minua* ~ *[katsoa]* it makes me sick [to see]; *minua* ~ *mennä sinne* I hate going (to go) there

-ttava detestable (person *ihminen*), loathsome (disease *tauti*); *(vastenmielinen)* disgusting, revolting (smell *haju*); repulsive (sight *näky;* character *tyyppi*); *(Br ark)* mean (he was really mean *hän oli todella ~*); nasty, beastly (weather *sää*); *~n ruma* repulsively (abominably) ugly.

ini||nä, -stä whimper, whine.

injektioruisku hypodermic syringe.

inkivääri ginger.

inkvisi||ittori inquisitor **-tio** inquisition.

innoit||taa inspire (a p. *jkta;* to *jhk*); be an inspiration (for *jhk;* to *jkta*); *(elähdyttää)* animate (to *jhk*); *jnk -tama[na]* inspired (animated) by **-us** inspiration (draw one's inspiration from *saada -uksensa jstk*); *-uksen hetki* a moment of inspiration; *-uksen lähde* [source of] inspiration (to *jklle*).

innok|as eager (reader *lukija;* to do *tekemään*), keen (sportsman *urheilija;* on going *lähtemään*); *(kiihkeä)* ardent, zealous (advocate of pacifism *rauhanpuolustaja*); *(intomielinen)* enthusiastic (cheers *-kaat hyvähuudot*); *(kiinnostunut)* interested (pupil *oppilas*); *~ kannattaja* zealous (devout, enthusiastic, fervent, ardent) supporter; *~ keskustelu* vivid (animated) conversation.

innok||kaasti *ks. ed.;* enthusiastically, with enthusiasm; with great zeal **-kuus** *(innostus)* eagerness, keenness; *(into)* zeal, ardo[u]r; *(intomielisyys)* enthusiasm (of youth *nuoruuden ~*).

innosta||a inspire, encourage (a p. to try *jkta yrittämään*); *jnk -mana* encouraged (inspired, animated) by **-va** inspiring, encouraging (teacher *opettaja*; words *~t sanat*) **-vasti;** *vaikuttaa ~ jkh* have an inspiring effect on.

innostu||a be enthusiastic (about *jstk*), become inspired (by); *(kiinnostua)* become interested (in *jhk*); *~ liikaa* get excited (carried away) (by *jstk*) **-nut** interested (in *jhk, jstk*), enthusiastic *(adv ~*ally) (about *jstk*); *(innokas)* eager (about *jstk;* to do *tekemään*); *-nein sanakääntein* in enthusiastic terms; *~ vastaanotto* hearty (exuberant) welcome.

innostu|s enthusiasm (show enthusiasm for *osoittaa ~ta jhk*); *(into)* ardo[u]r, zeal (for *jhk*); *-ksen huumassa* in a frenzy of enthusiasm; *olla -ksissaan jstk* be enthusiastic about.

innot||on uninterested, half-hearted

-tomasti half-heartedly, without enthusiasm **-tomuus** lack of interest.

insinöör|i engineer; *(opisto~) (Brit)* higher national certificate *(lyh* H.N.C.) engineer; *(diplomi~)* graduate in engineering, *(lyh)* M. Sc. (Eng); *joukko suomalaisia -ejä* a group of Finnish engineers *~*ajo driving test; *suorittaa ~* take one's driving test *~*upseeri engineer officer.

inspiraatio inspiration.

instanssi instance.

institutionaalinen institutional.

instituutio institution.

instituutti institute.

instrumentaalimusiikki instrumental music.

instrument||oida orchestrate **-ti** instrument (surgical instruments *kirurgin -it;* musical instrument *musiikki-~*).

insuliini insulin.

integraali integral.

integ||raatio integration **-roida** integrate; *-roitu* integrated (circuit *piiri;* data processing *tietojenkäsittely*).

intellektuaalinen intellectual.

intellektualismi intellectualism.

intelligenssi 1 *(älykkyys)* intelligence **2** *(älymystö) (pl)* the intellectuals, people of intellect.

intendentti superintendent; *(museon ~)* curator; *(sot)* commissary.

intensiivinen intensive (training *harjoittelu*), intense (concentration *keskittyminen*; study *opiskelu*).

intensiteetti intensity.

interferenssi *(fys)* interference; *(rad)* beat.

interjektio *(kiel)* interjection.

internaatti boarding school.

inter||nationaali International **-nationalismi** internationalism.

internoi||da intern; *-tu henkilö* internee **-nti** internment.

interogatiivinen interrogative (pronoun *pronomini*).

intervalli interval *~*harjoittelu *(urh)* interval training.

interventio intervention.

Intia India.

intiaani [American] Indian *~*kesä Indian summer *~*nainen Indian woman; *(~vaimo)* squaw *~*päällikkö Indian chief *~*reservaatti Indian reservation *~*teltta teepee, wigwam.

intialainen *a ja s* Indian.

intian||puuvilla Indian (Madras) cotton **I- valtameri** the Indian Ocean.

intiimi intimate; ~ssä suhteessa intimate (with jkn kanssa).

intimiteetti intimacy ~suoja protection of privacy; loukata jkn ~a invade a p.'s privacy.

in|to enthusiasm (for jhk; full of enthusiam täynnä ~a); (palava ~) ardo[u]r, fervo[u]r (with great fervo[u]r suurella -nolla), zeal (ardent zeal tulinen ~) ▶ olla innoissaan be enthusiastic (about jstk); innolla with enthusiasm, enthusiastically, with great zeal; käydä -nolla työhön buckle down to work; nuoruuden -nolla with the enthusiasm of youth; saada [uutta] ~a become inspired (by jstk; to do tehdä jtk).

intohimo passion (for jhk) ~inen passionate (nature luonne; lover of music musiikin ystävä; love rakkaus); (kiihkeä) fervent, ardent; (innokas) enthusiastic (supporter of jnk ~ kannattaja) ~isesti; rakastaa ~ jtk be passionately fond of, have a passion for.

intoil||ija enthusiast (for jnk puolesta); (kiihkoilija) fanatic (about; political fanatic poliittinen ~) -la enthuse (about jstk), be fanatic (for jnk puolesta) -lu enthusiasm (for jnk puolesta); (kiihkoilu) fanatism.

intomieli||nen enthusiastic (adv ~ally); (innokas) ardent, fervent -syys enthusiasm.

intonaatio intonation.

intransitiivinen intransitive.

intressi interest (the common interest[s] yhteiset ~t).

intrig||i, -oida intrigue (against jkta vastaan)

intro||versio introversion -vertti introvert.

inttää argue; ~ [vastaan] answer back.

intuit||iivinen intuitive -io intuition.

invaasio invasion.

invalidi disabled person, invalid; hän on ~ he is disabled; ~t the disabled ~soitua become disabled; be invalided (in the war sodassa) ~teetti disability; (lääk) invalidity; 50 %:n ~ 50 % disablement; partial disablement; pysyvä ~ permanent disablement.

invent||aari[o] inventory -oida make an inventory (of jtk), inventory (property omaisuus); (~ varasto) take stock -ointi stocktaking; suorittaa ~ take stock, make an inventory.

inversio inversion; (kiel m) inverted order.

investoida invest (in jhk) (m kuv).

investoin|ti investment (in jhk; foreign investments ulkomaiset -nit); julkiset -nit public investments, (sg) public (government) capital expenditure, ~kohde investment project ~kustannukset capital (investment) cost[s] ~luotto investment credit; investment (development) loan ~pankki investment bank ~rahasto investment fund.

ioni ion; negatiivinen ~ anion ~soida, ~soitu|a ionize; -nut atomi ionized element.

ionosfääri ionosphere.

Irak Iraq i~ilainen a ja s Iraqi.

iranilainen a ja s Iranian, Persian.

Irlanti Ireland i~lai|nen I a Irish II s Irish|man, -woman; -set the Irish, Irishmen.

irokeesit the Iroquois.

ironi||a irony -nen ironic[al].

irrall||aan, -een (ks m irti) loose (wear one's hair loose pitää hiuksiaan ~); (irti) free (one end of the rope is hanging free narun toinen pää riippuu ~); separated, apart (from society yhteiskunnasta); olla ~ be loose; päästää -een let .. loose; (eläimestä) let .. go, set .. free.

irralli||nen 1 loose (nut mutteri), free (end of a rope köyden ~ pää); (irrotettava) detachable (hose letku); (liikkuva) movable, mobile (parts -set osat) **2** (erillinen) separate (an episode separate from the plot juonesta ~ sivukertomus); (hajanainen) scattered (instances -sia esimerkkejä); random, stray (remarks -sia huomioita); unconnected (argument väite); set suhteet irregular (illicit) relations.

irrationaali||[nen] irrational -suus irrationality.

irrelevantti irrelevant.

irrota come loose (a nut comes loose mutteri irtoaa), (hellitä) loosen (the grip loosens ote irtoaa); (lähteä irti) come off (a button (paint) comes off nappi (maali) irtoaa; a heel comes off the shoe korko irtoaa kengästä); come out (teeth come out hampaat irtoavat; a screw comes out ruuvi irtoaa; of the wall seinästä; a mark comes out easily tahra irtoaa helposti); (aueta) come undone (a tie comes undone side irtoaa); come unstuck (the glue comes unstuck liimaus irtoaa).

irrotettava detachable (collar kaulus); removable (hose letku); ~ liite (lehdessä) pull-out.

irrottaa 1 loosen (lääk mucus limaa; a

screw *ruuvi)*, detach (a coupon *kuponki;* a stamp from the envelope *postimerkki kirjekuoresta);* *(hellittää)* undo (a tie *side),* loosen, release (one's hold on *otteensa jstk),* unfasten (the seat belt *istuinvyö); (erottaa)* separate (the meat from the bones *lihat luista)* **2** *(tekn)* release (the brake *jarru);* disengage (the clutch *kytkin); (kytkeä irti)* disconnect (the telephone *puhelin[johto] seinästä)* **3** *(vapauttaa)* separate, liberate (a state from another *valtio toisesta)* ▶ ~ **otteensa** *jstk* let go [one's hold] of, loosen one's grip of, release [one's hold on]; ~ *kirkko* **valtiosta** disestablish the Church.

irrottautua withdraw, disengage o.s. (from *jstk); (vapautua)* free (liberate, release) o.s. (from).

irstai||**lija** libertine, debauchee **-lla** lead a dissolute (loose) life, lead a life of dissipation **-lu** debauch[ery]; libertinism.

irsta||**s** dissolute, dissipated, debauched (life *elämä;* woman *nainen)* **-us** dissoluteness; debauchery.

irtaimisto *(pl)* movables; *(kalusteet) (pl)* fittings; furnishings.

irtain loose; ~ *omaisuus* movable (personal) property.

irtautu||**a 1** *(irrota)* loosen (a grip loosens *ote -u);* break loose (from *jstk),* come out (of the gravitational pull of the earth *maapallon vetovoimasta)* **2** *(erkaantua)* separate (from the mother country *emämaasta);* break away (from home *kodista)* **-minen** *(eroaminen)* separation; *kirkon* ~ *valtiosta* disestablishment of the Church.

irti 1 off (the handle is off *kahva on ~;* clip off *leikata ~);* apart (from each other *toisistaan; (kuv)* from home *kodista),* un- (unscrew *kiertää ~);* dis- (disconnect *kytkeä ~)* **2** *(löyhällä)* loose (the screw is loose *ruuvi on ~)* ▶ **olla** ~ be loose (unfastened); *koira on ~* the dog is loose (off the chain); *olla melkein ~* be coming off (loose); **ottaa** *kaikki ~ jstk* make the most of; *ottaa itsestään kaikki ~* work o.s. to the bone, work like a dog; *ottaa puhelin ~ seinästä* disconnect the telephone; **päästä** ~ *(vapaaksi)* get loose; *(kuv)* get free (rid) (of *jstk); (irrota)* come off (loose), be unfastened; *vene pääsi ~* the boat got afloat; **päästää** ~ loosen (one's grip *otteensa);* **päästä** ~*!* let go! **saada** ~ get loose (a nail from the wall *naula*

seinästä); en ole saanut itsestäni ~.. I haven't been able to bring myself to..; *hän juoksi minkä jaloistaan* ~ *sai* he ran as fast as his legs would carry him; **sanoa** ~ give notice (to *jku);* denounce, discontinue, cancel (a treaty *sopimus); hänet on sanottu* ~ he has been given notice, *(ark)* he's got the sack; **sanoutua** ~ dissociate o.s. (from *jstk);* disclaim (all responsibility *kaikesta vastuusta); sanoutua* ~ *[työpaikastaan]* give one's notice; **tuli** *on* ~ fire!

irtisano||**minen** notice (legal notice *laillinen* ~); *(lainan, velan* ~*)* calling in; *(sopimuksen* ~*)* denouncement; notice of termination; *työntekijän* ~ notice to quit **-mis**|**aika** term (period) of notice; *kolmen kuukauden -ajalla* at three months' notice; *yhden kuukauden molemmin-puolinen* ~ terminable at one month's notice on either side **-misoikeus** right to terminate, right to give notice [of termination].

irto||**kaulus** loose (detachable) collar **-lainen** vagrant **-laislaki** vagrancy act **-laisuus** vagrancy **-laisväestö** *(pl)* drifters, people on the loose **-liite** pull-out **-lisäke** hair piece **-ripset** *(kosmet)* false eye rashes **-nai**|**nen 1** *(irrallinen)* loose (collar *kaulus);* separate (in separate pieces *-sina kappaleina)* **2** *(urh)* easy (running style *juoksutyyli),* relaxed (muscles *-set lihakset)* **-pohja** removable bottom; *(pohjallinen)* insole, slipsole **-ripset** *(kosmet)* false eye lashes **-solukoe** cervical smear test **-solututkimus** exfoliative cytology **-takki;** ~ *ja housut* odds, separates **-vuori** loose (detachable) lining.

irvessä; *hampaat* ~ gnashingly; *suu* ~ grimacing.

irvi||**kuva** travesty (of *jnk);* caricature (of a gentleman *herrasmiehen* ~) **-leuka** joker, punster; *(ivailija)* mocker **-stelijä** *(pilkkaaja)* mocker **-stellä 1** = *irvistää* **2** *(pilkata)* mock (at *jtk, jkta);* *(kiusoitella)* tease (a p. about *jklle jstk)* **-stys** grimace **-stää** grimace (with pain *kivusta);* make a grimace; pull faces (at *jklle;* behind a p.'s back *jkn selän takana).*

irvokas grotesque, burlesque.

iskelmä hit, pop song ~**laulaja** pop singer ~**musiikki** pop[ular] music.

iske||**vyys** ready wit, wittiness (of style *tyylin* ~) **-vä** effective, striking (style *tyyli);* witty (humo[u]r *huumori).*

iskeytyä dash (against *jtk vasten*), crash (to the ground *maahan;* into the wall *seinään*).

isk|eä hit (amiss *harhaan;* back *takaisin;* one's head on (against) *päänsä jhk (jtk vasten)*); △ strike (a nail into the wall *naula seinään;* a p. with a fist *jkta nyrkillä;* a terrorist strikes *terroristi -ee*); *(pamauttaa)* bang (one's fist on the table *nyrkki pöytään;* the door shut *ovi kiinni*), bump, knock (one's head against the door *päänsä oveen*) ▶ *päähäni -i oivallinen* **ajatus** a splendid idea struck (occurred to) me; ~ **haava** *jhk* inflict a wound on; ~ **hampaansa** *jhk* sink one's teeth into; ~ **kyntensä** *jhk* pounce [up]on; *(linnusta)* swoop down upon; ~ **maahan** knock (throw) down; **sairaus** *on -enyt häneen* the disease has hit him; ~ **tulta** strike fire; *(silmistä)* flash fire; *(ark)* ~ **tyttö** pick up a girl.

iskias sciatica.

iskos||taa din, drum (on a p.'s mind *jkn mieleen*); ~ *jtk jkn päähän* din .. into a p.; ram .. home **-tua** stamp, engrave itself (on a p.'s mind *jkn mieleen*).

isku 1 stroke (of fate (lightning) *kohtalon (salaman)* ~); blow (a fatal *kuolettava* ~; of a hammer *vasaran* ~; recover from a blow *toipua* ~*sta*); hit, knock (on the head *päähän*); *(läimäys)* slap (on the face *vasten kasvoja*); *(miekan* ~) cut; *(puukon* ~) stab **2** *(tekn)* stroke; shock; *(fys)* impact **3** *(urh)* punch, blow ▶ **raskas** ~ shock, hard blow; ~ **vyön alle** a hit below the belt; **yhdellä ~lla** at one blow, at a stroke, *(kuv) (kertakaikkiaan)* all at once; *lyödä kaksi kärpästä yhdellä* ~*lla* kill two birds with one stone.

isku||joukot shock (storm) troops, *(erik Br)* commandoes **-kuumennus** ultrapasteurization **-lause** slogan **-nkestävä** shockproof (watch *kello*) **-nvaimennin** shock eliminator; *(aut)* shock absorber **-pora** percussion borer **-sana** catchword **-sytytin** percussion (impact) fuse **-valmis** powerful (boxer *nyrkkeilijä*); *(sanavalmis)* quick-witted; *(pred)* quick at repartee **-valmius** *(sot)* combat effectiveness; alert; *(sanavalmius)* quick-wittedness; readiness at repartee **-voima** *(sot)* striking power **-voimainen** effective, efficient.

islam Islam ~**inuskoinen 1** *a* Islamic **2** *s* Islamite.

Islanti 1 Iceland **2** *i*~ *(kieli)* Icelandic

i~lainen I *a* Icelandic **II** *s* Icelander.

iso big (man *mies;* nose *nenä;* sum of money *rahasumma*); △ large (family *perhe;* house *talo*); △ *(tav kuv)* great (things ~*t asiat*); *(ark)* great big (lie *vale*); △ *(pitkä)* tall (man *mies*).

isobaari isobar.

Iso-Britannia Great Britain.

iso||isä grandfather, *(ark)* grand-dad[dy], grandpa **-isänisä** great grandfather **I~kanjoni** The Grand Canyon **-kenkäinen** *s* bigwig, VIP, swell **-kirjain** capital [letter]; uppercase letter *(m atk)* **-kokoinen** big; *(-kasvuinen) (m)* tall [of stature] **-rokko** smallpox; variola **-rokkorokotus** smallpox vaccination; *(lääk)* variolation **-sisko** big sister.

Isot-Antillit the Greater Antilles.

isotooppi isotope.

iso||töinen laborious, toilsome **I~ valtameri** the Pacific Ocean **-vanhemmat** grandparents **-varvas** big toe **-veli** big brother **-äiti** grandmother; *(ark)* grandma, granny.

israelilai|nen *a ja s* Israeli; *-set* the Israeli.

istu|a 1 sit (on a stone *kivellä;* in an easy chair *nojatuolissa;* in prison *vankilassa;* talking *juttelemassa;* on the board of directors *johtokunnassa); (linnusta m)* perch (on the roost *orrella*) **2** *(istuutua)* sit down (into a rocking chair *keinutuoliin;* to write a letter *kirjoittamaan kirje;* to dinner *päivällispöytään*) **3** *(vaatteista)* sit, fit (well *hyvin;* at the back *selästä*) ▶ **eduskunta** *-u* parliament is in session; **istukaan** *olkaa hyvä!* sit down please! take (have) a seat please! ~ **käräjiä** hold court; **ennakkoluulot** *-vat* **lujassa** prejudices have deep roots (lie deep down); ~ **suorassa** sit up; ~ **valveilla** sit up (for a p. *odottamassa jkta*); ~ **työnsä** **ääressä** sit (pore) over one's work.

istua||llaan, -lleen, -ltaan sitting; *nousta -lleen* sit up; *pudota -lleen* fall over; *(kuv hämmästyksestä)* be knocked sideways.

-istuiminen -seated (two-seated *kaksi-*~).

istuin 1 seat (of a car *auton* ~; a cushioned seat *pehmustettu* ~) **2** *(virka/-asema/)* seat, chair; *piispan* ~ *(m)* cathedra, throne; *paavin* ~ the Holy See, the See of Rome ~**rivi** row of seats ~**sija** seat; *salissa on 200* ~*a* the hall has seating capacity for 200 ~**vyö** seat belt.

istukas seedling, slip.

167 istukka – itse **its**

istukka 1 placenta *(pl ~e t. ~s)* 2 *(tekn)* chuk; socket; *(venttiilin ~)* sleeve; *(aut)* seat.

istuma‖-asento sitting position **-kylpy** sitz (hip) bath **-lakko** sit-down strike **-lihakset** buttocks **-paikka** seat; *konserttisalissa on 1 500 ~a* the concert hall can seat 1,500 people **-työ** sedentary work.

istunta *(voim)* sitting position; *(rats)* seat.

istunto session (of parliament (court) *eduskunnan (oikeuden) ~)* **~kausi** term, session **~sali** hall; *(erik eduskunnan ~)* chamber.

istuskella sit about.

istute *(lääk)* implant.

istuttaa 1 plant (a field with potatoes *peltoon perunoita;* fish *kaloja*); set [out] (a hedge *pensasaita*); *(~ ruukkuun)* pot (a plant *kasvi*); *(~ eläimiä)* transplant, introduce (ladybirds *leppäkerttuja;* into *jhk*) 2 *(lääk)* transplant, implant, graft (dermal tissue *ihokudosta*); *(~ tauti)* inoculate (a p. with smallpox *isorokko jkh*) 3 *(kiinnittää)* set, implant (a diamond in a ring *timantti sormukseen*); *(käsit)* set in (the sleeves *hihat*) 4 *(panna istumaan)* seat (guests at the table *vieraat pöytään*); set (a man on horseback *mies hevosen selkään*) 5 *(kuv)* [im]plant (a th. in a p.'s mind *jtk jkn mieleen*).

istutu‖s 1 planting, setting (of onions *sipulien ~)* *(ks m istuttaa)* 2 plantation (of sugar-cane *sokeriruoko~*); *-kset* arrangements (flower arrangements *kukka-kset*).

istu‖utua sit down, take a seat (in an easy chair *nojatuoliin*); *~ pöytään* sit down at [the] table; *-utukaa olkaa hyvä* sit down please, take a seat please **-va** sitting, sedentary (posture *asento*); well-fitting (coat *takki*); *~ hallitus* the government in office, the present government.

isyys fatherhood; *(lak)* filiation; paternity **~loma** paternity leave **~tutkimus** affiliation, paternity investigation.

isä father ▶ **kaupungin** *~t* the city fathers; *isiltä* **periyt** *tavat* ancestral (inherited) customs; *~stä* **poikaan** from father to son; *~n* **puolelta** on the father's (paternal) side, in the paternal line.

isä‖‖hahmo father figure **-llinen** fatherly, paternal **-meidän[rukous]** the Lord's Prayer **-nisä** paternal grandfather.

isänmaa native country **~llinen** patriotical **~llisuus** patriotism **~npetturi** traitor

~nrakkaus patriotism **~nystävä** patriot.

isänn‖‖istö board of directors; *(säästöpankin ~)* [board of] trustees; *(laivan ~) (pl)* shipowners **-yys** 1 *(hoito)* management; *pitää -yyttä talossa (m)* run the house 2 *(herruus)* domination **-öidä** 1 be the master of, manage (a farm *maatilaa*) 2 *(määrätä)* rule (over a country *jssk maassa*) **-öitsijä** [house] manager.

isän‖‖perintö patrimony **-puoleinen** paternal; *(lak)* agnate (relative *sukulainen*).

isän‖tä 1 master (of the house *talon ~;* of a dog *koiran ~*); *(maalaistalon ~)* farmer; *(tilan ~)* lord; *olla ~ talossaan* be master in one's own house 2 *(omistaja)* owner, proprietor (of a hotel *hotellin ~*); keeper (of an inn *majatalon ~*); *(ravintolan ~)* restaurant proprietor; *(kapakan ~)* innkeeper 3 *(kutsujen ~)* host (and hostess *ja emäntä*); *juoda -nän malja* toast the host **~joukkue** *(urh)* host team **~kasvi** host [plant] **~kone** *(atk)* host computer **~maa** host country; *(~valtio)* host state.

isä‖näiti [paternal] grandmother **-puoli** stepfather.

Italia 1 Italy 2 *i~ (kieli)* [the] Italian [language] **i~lainen** *a ja s* Italian **i~nsalaatti** Russian salad.

itara stingy, miserly.

itikka mosquito *(pl ~[e]s)*; gnat.

itiö spore; *~itä muodostava* sporogenous.

itket‖‖tynyt tearful; *hän oli -tyneen näköinen* her face was all tear-smudged **-tää**; *minua -tää* it makes me cry.

itke‖‖ä cry (for joy *ilosta;* bitterly *katkerasti;* hot tears *kuumia kyyneleitä;* don't cry any more *älä itke enää*); weep (over *jtk;* tears of joy *ilon kyyneleitä;* aloud *ääneen*); *~ kohtaloaan* bemoan one's fate; *~ itsensä uneen* weep (cry) o.s. to sleep.

itku crying, weeping; *~ kurkussa* choking with tears, on the verge of tears; *purskahtaa ~un* burst (break) into tears; *~ssa silmin* in tears **~inen** weepy (baby *lapsi*); tearful (voice *ääni*) **~virsi** dirge, lamentation.

itse I *pron* 1 a) *(henkilöistä)* myself (I did it myself *tein sen ~*), yourself, himself, *(fem)* herself, ourselves, yourselves, themselves; b) *(esineistä ja asioista)* itself (he is kindness itself *hän on ~ ystävällisyys*); c) *(inf:n yhteydessä ja milloin tekijä ei* *tarkemmin määritelty)* oneself (live only for oneself *elää vain ~lleen;* trust oneself *luottaa ~ensä)* **2** *(jää kääntämättä)* feel ill *tuntea ~nsä sairaaksi;* the soil absorbs water *maa imee ~ensä vettä* **3** *(henkilökohtaisesti)* in person, personally **II** *s* self *(pl* selves) (deny a part of one's self *kieltää osa ~stään)* ▶ ~ **asiassa** in [actual] fact, as a matter of fact; **itsehän** *sanoit niin* you yourself said so, you said so yourself; ~ **kukin** each one; **mene** ~*!* you go [yourself]! **mennä** ~*ensä* take a [good] look at oneself; *hän ei ole enää* **oma** ~*nsä* he is not himself any more, he is not the man he was; **ottaa** ~*ensä* take offence (at *jstk),* be offended (by); ~ **puolestani** as far as I am concerned; *hän on* ~ **rehellisyys** he is the soul (picture) of honesty; *hänen ~nsä* **tähden** for his own sake; **täynnä** ~*ään* full of conceit, conceited, *(ark)* big-headed.

itse||**aiheutettu** self-caused; self-inflicted (wound *haava)* **-ensä sulkeutunut** withdrawn, uncommunicative; unsociable **-ensä tyytyväinen** self-content *(adv ~*edly); self-satisfied **-hallinto** self-government; *(autonomia)* autonomy; *kunnallinen* ~ local government **-halveksunta** self-reproach **-hillintä** self-control **-inho** self-contempt **-isarvo** *(mat)* absolute value **-kantava** *(aut)* self-supporting **-keskeinen** egocentric *(adv ~*ally), egotistic[al]; self-centered; ~ *ihminen (m)* egotist **-keskeisyys** egotism; self-centredness **-kidutus** self-torment; ascetism **-kieltäymys** self-denial **-kiillottuva** self-polishing, non-polish **-kiinnittyvä** self-adhesive **-kkyys** selfishness, egoism **-kritiikki** self-criticism.

itsekseen; *elellä* ~ live by oneself (on one's own, alone); *puhua* ~ talk to oneself.

itse||**kunnioitus** self-respect **-kuri** self-discipline **-käs** selfish, self-seeking, egoistic[al]; ~ *ihminen (m)* egoist **-laukaisin** self-timer **-liimautuva** self-adhesive **-luottamus** self-confidence **-murha** suicide (commit suicide *tehdä ~)* **-murhayritys** attempted suicide **-määräämisoikeus** autonomy; [right of] self-determination.

itsensä|| **elättävä** self-supporting **-kiduttaja** self-tormentor **-kieltäminen** self-renunciation **-paljastaja** exhibitionist.

itsenäi||**nen** independent (thinking *ajattelu;* life *elämä;* nature *luonne;* financially independent *taloudellisesti ~); (suvereeni)*

self-governing, autonomous, sovereign (state *valtio); julistautua -seksi* declare independece **-styä** become independent; *(valtiosta m)* become autonomous; gain autonomy; win independence.

itsenäisyys independence; *saavuttaa* ~ win independence ~**julistus** declaration of independence ~**päivä** Independence Day.

itse||**ohjaus** self-steering **-ohjautuva** self-piloting **-oikeutettu;** ~ *jäsen* a member as a matter of course; *(virkansa perusteella)* a member by virtue of one's office; *joukon* ~ *johtaja* the natural leader of the gang **-oppinut** self-educated **-palvelu** self-service **-palvelupesula** laundrette; *(Am m)* laundromat *(rek)* **-petos** self-deception **-pintainen** persistent (rumo[u]r *huhu);* stubborn (cough *yskä)* **-puolustus** self-defence **-päi**||**nen** obstinate, stubborn (like a mule *kuin aasi;* resistance *vastarinta); (hellittämätön)* pertinacious (opponent *vastustaja); (itsepintainen)* persistent (efforts *-set yritykset); (jääräpäinen)* self-willed; headstrong **-päisyys** stubbornness, obstinacy; self-will **-rakas** conceited, self-|satisfied, -important **-rakkaus** self-love; egotism **-riittoinen** self-satisfied **-siliävä** non-iron, wash-and-wear, drip-dry (shirt *paita).*

itses||**sään;** *jo ajatus* ~ the very idea, the idea itself (as such) **-tään** by itself; *(luonnostaan)* spontaneously; *pitää jtk* ~ *selvänä* take .. for granted (as a matter of course); ~ *selvä* self-evident; *se on* ~ *selvää* that goes without saying; ~ *syntyvä* spontaneous, ~ *viriltyvä* self-winding **-täänselvyys** self-evident truth (fact); matter of course; *(latteus)* truism.

itse||**suggestio** autosuggestion **-syytös** self-reproach **-säilytysvaisto** [instinct of] self-preservation **-sääli** self-pity **-tarkkailu** self-|observation, -examination; *(psyk)* introspection **-tarkoitus** end in itself **-tehostus** self-assertion **-tietoinen** self-|assertive, -asserting; self-important **-tietoisuus** self-assertion **-toimiva** self-acting, automatic *(adv ~*ally) **-tuho** self-destruction **-tuntemus** self-kowledge **-tunto** self-esteem; self-|assurance, -regard; *heikko* ~ self-doubt; *kohonnut* ~ conceit; self-esteem; *loukata jkn ~a* hurt a p.'s ego **-tutkistelu** self-examination; introspection **-tyydytys** masturbation, onanism **-valaiseva** self-luminous; phosphorescent **-valtainen** autocratic; absolutistic *(adv ~*ally);

(mielivaltainen) despotic; ~ *hallitsija* absolute ruler, autocrat **-valtias I** *a* autocratic **II** *s* autocrat; sovereign **-valtius** autocracy; absolutism; despotism **-varma** self-|confident; -assured, -assertive **-varmuus** self-|confidence, -assurance.

itu 1 shoot; *(perunan ym* ~*)* sprout **2** *(kuv)* germ; embryo (of an idea *aatteen* ~) ▶ **idulla** in germ; *(kuv)* in embryo; *tuossa* **puheessa** *on* ~*a* that makes sense.

itä 1 east (the sun rises in the east *aurinko nousee idästä)* **2** *(*~*maat)* the East (the fabulous East *sadunomainen* ~); the Orient **3** *(pol)* *(*~*ryhmä)* the Eastern bloc ▶ **idässä** in the east; **idästä** from the east; **itään [päin]** east, to[wards] the east; *Helsingistä* ~*än* east of Helsinki.

Itä||**-Aasia** East Asia **i-aasialainen** *a ja s* East Asian **--Afrikka** East Africa **i-afrikkalainen** *a ja s* East African **--Eurooppa** Eastern Europe **i-eurooppa-lainen** *a ja s* East European.

itäi|**nen** eastern (hemisphere *pallonpuo-lisko);* *(idänpuoleinen)* east (entrance *sisäänkäynti;* wind *tuuli)* ▶ **itäisin** easternmost; **itäisimpänä** farthest [to the] east; *20 astetta -stä* **pituutta** 20 degrees of east longitude, in longitude 20° E.

Itä-Intia *(pl)* the East Indies **i-intialainen** *a ja s* East Indian **--Karjala** East Karelia **i-koillinen** east-northeast **i-maalainen** Oriental **i-maat** *(sg)* The East, the Orient **i-mainen** Oriental (carpet *matto),* Eastern (prince *ruhtinas)* **-merenmaat** the Baltic countries **-meri** the Baltic Sea **i-misaika** *(lääk)* incubation [period] **i-osa** eastern

part (of the town *kaupungin* ~); east (in the east of England *Englannin* ~*ssa)* **i-puoli** east side **i-raja** eastern boundary **i-rannikko** east coast **--Rooman keisarikunta** the Eastern Roman Empire **i-ryhmä** Eastern bloc **--Saksa** East Germany **i-saksalainen** *a ja s* East German **--Suomi** eastern Finland **i-tuuli** east[ern] (easterly) wind.

Itävalta Austria **i**~**lainen** *a ja s* Austrian.

itä||**vyys** germinability, germinative capacity **-ä** germinate *(m kuv);* sprout (the potatoes sprout *perunat -vät); (kuv m)* develop.

iva mockery (become the target of mockery *joutua* ~*n kohteeksi); (ironia)* irony (gentle irony *hienoa* ~*a);* ~*n kohde* laughing-stock; *on kohtalon* ~*a että* it is an irony of fate that, the irony is that; *pureva* ~ sarcasm ~**illa** make ironic remarks (about *jstk);* treat .. with irony; *(pilkata)* sneer, jeer (at *jtk)* ~**lli**|**nen** mocking, sardonic (smile *hymy),* derisive (laughter *nauru); (pilkallinen) (m)* scronful (don't be so scornful *älä ole* ~*!),* jeering (in a jeering voice *-sella äänellä); (purevan* ~*)* sarcastic (remarks *-set huomautukset)* ~**llisesti;** *hymyillä* ~ sneer; *nauraa* ~ jeer (at *jllk)* ~**ta** mock ([at] a p. *jkta);* satirize; ridicule.

iäi||**nen** eternal **-syys** eternity.

iäksi for ever.

iäkäs old, aged.

iän||**ikuinen** ancient; *(alituinen)* never-end-ing, unending **-määritys** dating.

iäti eternally, for ever [and ever].

J

j, J *(kirjain)* j, J *(pl* js, j's, Js, J's).
ja and; ~ *niin edelleen* and so on; ~ *sen lisäksi* and what is more.
Jaakko James (the First *Ensimmäinen*).
jaala yawl.
jaardi yard *(lyh* yd).
jaarit||**ella** chatter; prate [on] (about this and that *niitä näitä*) **-us** chatter; *turhaa* ~*ta* idle talk, nonsense.
Jaava Java **j~lainen** *a ja s* Javanese.
jaa-ääni yes, ay *(pl* ayes); *(Am)* yea.
jae 1 *(raam)* verse **2** *(kem)* fraction.
jaella distribute (advice *neuvoja*), deal out (blows *iskuja;* money to the poor *rahaa köyhille*); ~ *käskyjä* issue orders.
jaet||**tava** dividend; *pienin yhteinen* ~ the lowest common multiple **-tu;** *hän tuli -ulle kolmannelle sijalle* he was joint third.
jahdata hunt, chase.
jahka as soon as; *(kun)* when.
jahkailla shilly-shally; hesitate.
jahti *(mer)* yacht.
jakaa 1 a) *(konkr)* divide (among, between *jdk kesken;* 24 by 6 *24 kuudella);* *(osittaa)* partition [off] (a room with a wall *huone väliseinällä*); split (divide) up (into five parts *viiteen osaan);* **b)** *(kuv)* share (joys and sorrows *ilot ja surut);* *(~ suhteellisesti)* apportion (the expenses among the three men *kustannukset kolmelle)* **2** *(antaa)* distribute (leaflets *[mainos]lehtisiä;* one's possessions among the children *omaisuutensa lapsilleen*), deal out (rations *ruoka-annoksia;* clothes to the poor *vaatteita köyhille*); give away (the prizes *palkinnot); (määritellä)* assign, allot (tasks to *tehtävät jklle); (~ postia)* deliver (letters *kirjeitä)* ▶ ~ **kahtia** divide (split) in two, halve; *(korttip)* ~ **kortit** deal; ~ **käskyjä** give (issue) orders; ~ **maata** parcel (plot) out land; ~ **sana** *eri riveille* divide a word at the end of a line; ~ **tasan** share alike, divide equally.
jaka||**ja** *(mat)* divisor **-maton** undivided

(admiration *ihailu;* estate *[kuolin]pesä*), undistributed (profits -*mattomat voitot*) **-minen** division *(m mat)* (into *jhk*); partition (of a room *huoneen* ~); *(postin* ~) delivery; *(jakelu)* distribution *(ks m jakaa).*
jaka||**uma** distribution; *Gaussin* ~ Gaussian distribution **-us** parting; *(Am)* part; *kammata hiukset -ukselle* part one's hair.
jakautu|**a 1** divide (into *jhk, jksk*); be divided [up] (in two, into two parts *kahtia;* a year is divided into twelve months *vuosi -u 12 kuukauteen*); split up (into groups *ryhmiin); (erota)* separate, part (into branches *eri haaroiksi); (koostua osatekijöistä)* be composed of (the spinal cord is composed of vertebrae *selkäranka -u nikamiin); (kuv m)* fall into .. parts (the question falls into three parts *kysymys -u kolmeen osaan);* be distributed (the votes were distributed evenly among the parties *äänet -ivat tasaisesti puolueiden kesken)* **2** *(fys)* disintegrate; *(kem)* decompose.
jakelu distribution (of electricity *sähkön* ~); delivery (of newspapers *sanomalehtien* ~) *(ks m jakaa).*
jakkara [foot]stool.
jakku jacket; *(m)* blouson (sleeveless blouson *hihaton* ~) ~**puku** suit.
jako 1 *(jakaminen)* division, dividing (into *jhk;* in two *kahteen;* in three parts *kolmeen osaan);* distribution (of profits *voiton~);* apportionment (of the estate *pesän* ~); parcel[l]ing [out] (of land *maan~)* **2** *(jakeleminen)* distribution (of prizes (newspapers) *palkintojen (sano-malehtien)* ~); assignment (of tasks *tehtävien* ~); dealing out (of clothes *vaatteiden* ~); *jako [kahteen]!* count *(Br* number) off! ~ *menee tasan* the division is exact ~**avain** adjustable wrench (spanner) ~**jäännös** *(mat)* remainder ~**lasku** division ~**merkki** *(mat)* division sign ~**mielinen**

schizophrenic ~**mielitauti** schizophrenia ~**taulu** *(sähk)* switchboard ~**tislaus** fractional distillation.

jaks|aa 1 *(kyetä)* be able to; manage (to pay *maksaa)* **2** *(voida)* feel (well *hyvin);* be (how are you? *kuinka -at?)* ▶ **en jaksa enää** I can do no more, I can't go on any longer; *en -a tehdä sitä* it is too much for me, I can't manage it; *hän huusi* **minkä** *-oi* he shouted at the top of his voice; *hän löi* **minkä** *-oi* he hit as hard as he could.

jakso 1 *(ajan~)* period (of three years *kolmen vuoden* ~; an important period in a.p.'s life *tärkeä* ~ *jkn elämässä);* *(säästä tav)* spell (a long spell of sunny weather *pitkä aurinkoinen* ~) **2** *(osa)* part, episode (of a television series *televisiosarjan* ~); instal[l]ment (the first instal[l]ment of a new serial *uuden jatkokertomuksen ensimmäinen* ~); *(kohta)* sequence (a funny sequence in the film *hauska* ~ *elokuvassa);* *yhteen* ~*on* in one succession, at a stretch **3** *(fys ym)* period **4** *(mat)* period; *(kymmenmurtoluvun* ~*)* repetend **5** *(atk)* block; *purkaa* ~ deblock ~**luku** frequency; *(pl)* cycles per second.

jalan on foot ~**jälki** footprint; *seurata jkn* ~**ä** follow in a p.'s footsteps ~**kulkija** pedestrian ~**kulkuliikenne** pedestrian traffic ~**kulkusilta** pedestrian crossing ~**kulkutunneli** pedestrian subway ~**sija;** *saada* ~*a jssk* get a footing in.

jalas *(ilm)* skid; *(kelkan* ~*)* runner; *(keinutuolin* ~*)* rocker.

jalava elm.

jal|ka 1 a) foot *(pl* feet) (big feet *isot -at;* right (left) foot *oikea (vasen)* ~; *(kuv)* stand on one's own feet *seistä omilla -oillaan);* **b)** *(sääri)* leg (front (hind) leg *etu- (taka-)~;* break one's leg *katkaista* ~*nsa)* **2** *(pöydän ym* ~*)* leg; *(lampun* ~*)* base; *(lasin* ~*)* foot, stem; *(kynttilän, joulukuusen* ~*)* stand; *(kolmi~)* tripod (of a camera *kameran* ~); *(rakennuksen kivi~)* base, pedestal; *(sienen* ~*)* stem, base; stipe **3** *(mitta)* foot *(pl* ~ *t.* feet; *lyh* ft) ▶ *ottaa (saada)* -*at* **alleen** take to one's legs (heels); *(kuv)* **auttaa** *jku -oilleen* put (set) a p. on his feet (legs); *toinen* ~ **haudassa** one foot in the grave; *olla jkn* **jaloissa** be in the way; *joutua jnk -koihin* be tramped by; *juosta pää* **kolmantena** -*kana* run for dear life; *molemmat -at* **tukevasti maassa** both feet firmly on the ground; down-to-earth; *(kuv)* *olla* ~

ovenraossa have a foot in the door; **paljain** -*oin* barefooted; **panna** *kengät* ~*an* put the shoes on; **polkea** ~*a* stamp; **pudota** -*oilleen* fall on one's feet (legs); **pysyä** -*oillaan* keep one's feet (legs); **päästä** -*koihin* from tip to toe; *(kuv)* **päästä** -*oilleen* get straight, get on to one's feet; **riisua** *kengät -asta* take one's shoes off; *olla* **vapaalla** -*alla* be free; **nousta väärällä** -*alla* get out of bed on the wrong side.

jalka|hoitaja *(Br)* chiropodist; *(Am)* podiatrist -**hoito** foot care; pedicure; *(Br m)* chiropody; *(Am m)* podiatry -**holvi** arch.

-**jalkainen** -footed (four-footed *neli~);* -legged (short-legged *lyhyt~);* *(tiet)* -ped (multiped *moni~).*

jalka|isin on foot; *kulkea (mennä)* ~ *(m)* walk -**käytävä** *(Br)* pavement; *(Am)* sidewalk -**lamppu** standard *(Am* floor) lamp -**lista** *(Br)* skirting; *(Am)* baseboard.

jalkapallo football; *pelata* ~*a* play football ~**ilija** football player ~**joukkue** football team ~**kenttä** football field ~-**ottelu** football match.

jalka|patik|ka; *mennä -assa* ride (go) on shanks's mare (pony) -**pohja** sole -**puu** *(pl)* stocks -**pöytä** instep -**raudat** leg irons; *(-kahleet)* ball and chain -**silsa** athlete's foot -**tuki** orthopaedic (instep) support, foot-easer -**vaimo** concubine -**väensotilas** infantryman -**väki** infantry.

jalkeill|a, -e on one's feet; up and about.

jalkine||et *(sg)* footwear -**korjaamo** shoe repair [shop].

jalo noble (thought *ajatus;* character *luonne;* aims ~*t päämäärät);* *(ylevämielinen)* noble-minded, generous (ruler *hallitsija).*

jaloitella walk; stretch one's legs (after a long drive *pitkän ajomatkan jälkeen).*

jalokaasu inert (noble) gas.

jalokivi precious stone, gemstone; *(hiottu* ~*)* gem, jewel (rubies and other jewels *rubiineja ja muita* ~*ä)* ~**kauppias** jeweller, *(Am)* jeweler ~**korut** jewels, *(sg)* jewel[le]ry ~**liike** jeweller's [shop], *(Am)* jeweler's [store] ~**sormus** jewelled ring.

jalo||metalli precious metal -**mielinen** noble-minded; generous; magnanimous -**mielisyys** noble-mindedness; generosity; magnanimity -**ntaa** graft (fruit trees *hedelmäpuita)* -**peura** *(astr)* J~ Leo -**puu** hardwood [tree] -**rotuinen** thoroughbred.

jalosta||a 1 breed (horses *hevosia),*

cultivate, improve [.. by breeding] (plants *kasveja*); graft (trees *puita*) **2** *(tekn)* refine (into *jksk;* steel *terästä*); process, finish, work up (raw materials *raaka-aineita*); *(Am m)* manufacture (iron into steel *rautaa teräkseksi*) **3** *(kuv)* ennoble, refine (the feelings *tunteita*); elevate (suffering elevates the character *kärsimys ~ luonnetta*) **-maton** unrefined; raw (material *aines*) *(ks m jalostaa)* **-mo** refinery.

jalost∥e processed (finished) product; manufactured material; *~et (m)* refined goods **-ettu** improved (livestock *karja*); refined (oil *öljy*); cultivated (strawberry *mansikka*) **-us 1** improvement [by breeding] (of animals *eläinten ~*); *(puut)* graft **2** *(tekn)* working up, refinement, *(käsittely)* processing; *(öljyn, raaka-aineiden ~)* refining; *(rikastus)* concentration; dressing of ore *malmin ~*) **3** *(kuv)* ennobling, refinement **-usaste** degree of working up **-uslaitos** manufacturing plant **-usteollisuus** processing (finishing, manufacturing) industry.

jalo∥sukuinen noble; ..of noble birth (family), high-born **-sukuisuus** noble birth (lineage) **-us** nobleness; *(jalomielisyys)* generosity, magnanimity.

jalusta 1 base (of a machine (lamp, building) *koneen (lampun, rakennuksen) ~*), pedestal *(m kuv)* (of a statue *patsaan ~; set on a pedestal *nostaa ~lle*); *(kivijalka)* basement, stone base **2** *(jalka)* stand, holder, *(kolmijalkainen ~)* tripod, *(teline)* easel.

jalustin 1 *(rats)* stirrup **2** *(anat)* stirrup-bone.

Jamaika Jamaica **j~lainen** *a ja s* Jamaican.

jamassa; *hyvässä ~* on the right track; *huonossa ~* off the hooks; in a bad way.

jam∥it *(sg)* jam-session **-mata** jam.

jana segment of a line.

jankut∥taa go on (at *jklle;* stop going on about it! *älä -a enää siitä!*); *~ samaa asiaa* be harping on the same string.

jano thirst; *kuolla ~on* die of thirst; *(ark)* be dying of thirst; *minulla on ~* I am thirsty **~inen** thirsty **~juoma** thirst-quencher **~ta** thirst (for *jtk*) **~ttaa** make .. thirsty; *minua ~* I am thirsty.

jao∥ke segment (of the spinal cord *selkäytimen ~*) **-llinen** divisible (by *jllak luvulla*); *tasan ~ viidellä* divisible evenly by 5.

jaosto division; section; *(komitean ~)* sub-committee; *(osasto)* department.

jao∥tella divide [up] (into parts *osiin*); *(ryhmitellä)* group (into *jhk;* according to *jnk mukaan*); *(luokitella)* classify **-ton** indivisible; *~ luku (m)* prime [number] **-ttelu** division; *(ryhmittely)* grouping; *(~ luokkiin)* classification **-tus** division; *(ala~)* subdivision.

Japani Japan; *j~ (kieli)* Japanese **j~lai∥nen** *a ja s* Japanese; *-set* the Japanese.

jarru brake; *(kuv) (m)* check, drag (on progress *kehityksen ~*); *lyödä ~t pohjaan* slam the brakes (anchors) on; *painaa ~a* put on the brake; *(kuv) panna ~t päälle* slow down, slacken up **~poljin** brake pedal **~tt∥aa 1** *(konkr)* brake (the car *autoa;* he braked suddenly *hän -i äkkiä*), *(~ voimakkaasti)* put on (apply) the brakes; *(~ vauhtia)* slow up (down) **2** *(kuv)* put the brakes (on *jtk*); *(hidastaa)* slow up; retard (the progress *kehitystä*); *(estää)* obstruct (the traffic *liikennettä*) **3** *(pol)* filibuster, obstruct; *(Br m)* stonewall; *~ neuvotteluja* protract the negotiations; *~ työssä* work to rule, go slow **4** *(urh)* play for time.

jarrutus 1 *(aut)* braking; brake operation (application) **2** *(pol)* filibuster[ing]; protraction **3** *(~ työssä)* working to rule; go-slow; *(Am)* slowdown; *(Br)* ca'canny **~matka** *(aut)* stopping (braking) distance **~taktiikka** *(pl)* filibuster (goslow, *(Am)* slowdown) tactics, *(parl)* obstructionism; *(urh)* playing for time.

jarruvalot stop lights (lamps).

jasmiini jasmine, jessamine.

jatk. cont[d].

jatkaa 1 *(pidentää)* lengthen (a skirt by 10 cm *hametta kymmenellä sentillä*); extend (a railway *rautatietä*), prolong (a treaty by two years *sopimusta kahdella vuodella;* a road *tietä*); *(panna jatkos)* add a piece (to *jtk*); *(lisätä)* add (water to milk *maitoa vedellä*) **2** *(tehdä edelleen)* continue (one's studies *opintojaan;* an enterprise *yrityksen johdossa;* to Stockholm *Tukholmaan*); go on, keep on, carry on (with one's work, working *työtään*) ► **jatka[kaa]!** please go on, go ahead! *..hän* **jatkoi** ..he went on (continued); *hän jatkoi [sanomalla] että* he went on to say that..; *~ lukemista* read on, go on reading; *~ matkaa* continue; *~ vedellä* dilute .. with water, water down.

jatke extension (of a house *talon ~*);

continuation (of a road *tien* ~); lengthening-piece (of a skirt *hameen* ~); prolongation (of a segment of a line *janan* ~); *(tekn)* adapter.

jatko 1 *(pidennys)* extension 2 continuation, sequel (to »The Forsyte Saga» *romaaniin Forsytein taru*) 3 *(jatke)* lengthening-piece 4 *(ark)* ~*t (sg)* follow-up ▶ **jatkossa** in the sequel; in future; ~*a* **seuraa** to be continued *(lyh* cont. *t.* contd.); ~*a* **sivulta** *52* continued from from page 52.

jatko‖**aika** *(ravintolan ym* ~*)* extended opening; *(urh)* extra time **-johto** extension [cord] **-kertomu**‖**s** serial [story]; *julkaista -ksena* serialize **-koulutus** post-graduate education; advanced training **-kurssi** extension (training, follow-up) course **-kuunnelma** radio serial **--opinnot** post-graduate studies.

jatko‖**s** *(liitos)* joint; splice; *(sauma)* seam *(ks m jatke, jatko)* **-toim**‖**et;** *ryhtyä -iin* adopt further measures.

jatku‖**a** 1 continue (the famine continued for two years *nälänhätä -i kaksi vuotta)*; go on (everything goes on as before *kaikki -u kuten ennenkin); (kestää)* last, hold (good weather will hold until next week *kaunis sää -u ensi viikkoon)* 2 *(ulottua)* extend, stretch, run (as far as *jhk asti)*; continue (the road continues for three more kilometres *tie[tä] -u vielä kolme kilometriä)* ▶ **jatkuu** to be continued *(lyh* cont., contd.); *-u sivulla 30* continued on page 30; *keskustelun -essa* in the course of the conversation.

jatku‖**minen** continuation (of the war *sodan* ~); continuity (of life *elämän* ~); continuance (of a species *lajin* ~) **-va** *(keskeytymätön)* continuous (increase in prices *hintojen nousu); (toistuva)* continual (interruptions *-via keskeytyksiä;* war *sota); (lakkaamaton)* constant (noise *melu;* rain *sade);* continued; *(pysyvä)* perpetual (struggle between good and evil *hyvän ja pahan* ~ *taistelu)* **-vasti** *(m)* still; all the while (time); *kasvaa (lisääntyä)* ~ continue to increase *(ks m jatkuva)* **-vuus** continuity; *(pysyvyys)* permanence.

jauhaa grind (finely *hienoksi); (*~ *myllyssä)* mill (corn *viljaa); (*~ *lihaa)* mince; *(*~ *hienoksi) (m)* pulverize, powder; *(kuv)* ~ *yhtä ja samaa* be harping on the same string.

jauhe powder ~**liha** minced (chopped) meat ~**lihapihvi** hamburger ~**sammutin** dry powder extinguisher.

jauhinkivet millstones; *(käsikivet) (sg)* hand-mill.

jauho‖‖**[t]** flour **-ttaa** breadcrumb (a cake tin *kakkuvuoka).*

jazzorkesteri jazz band; *suuri* ~ big band.

Jeesus Jesus; ~ *Kristus* Jesus Christ ~**lapsi** the Child Jesus.

jekku trick; *tehdä jklle* ~*a* play a trick on.

Jemen Yemen **j**~**iläinen** *a ja s* Yemenite.

jengi gang.

jenk‖**ki** Yankee; *J-eissä* back in the States ~**tukka** crew cut.

Jeriko Jericho.

jesuiitta Jesuit.

jiddiš Yiddish.

jKr. *(lyh)* A.D.

jne. etc. *(lue* and so on).

jo 1 *(ilm aikaa)* already (it is 12 o'clock already *kello on* ~ *12;* I already knew it yesterday *tiesin sen* ~ *eilen);* as early as (that *silloin),* as far back as (the Middle Ages *keskiajalla)* 2 *(jää kääntämättä); esim.* ~ *aikaa sitten* long ago; *olen tiennyt sen* ~ *kauan* I have known it for a long time ▶ ~ *pelkkä* **ajatuskin.**. the very thought..; *haluan sen* ~ **huomenna** I want it by tomorrow; ~ **lapsena** when still a child, even as a child; ~ **muinaiset roomalaiset** even the ancient Romans; ~ **nyt** even now, by now; **nytkö** ~? already? so early (soon)? *kuten* ~ **sanoin** as I said before; ~ **viisivuotiaana** *hän.*. when he was only five he..

jodi iodine ~**di** iodide ~**happo** iodic acid ~**suola** iodized salt.

joen‖‖**haara** branch (fork) of a river **-uoma** river bed **-suu** mouth of a river; *(suppilomainen* ~*)* estuary.

jogurtti yog[h]urt.

johdannainen derivative.

johdan‖**to** introduction; *(mus m)* overture, prelude; *-noksi* as an introduction ~**luku** introduction; preface.

johda‖‖**ttaa** lead (astray *harhaan); (ohjata)* guide (to *jhk); (viedä)* conduct (the guide conducted the party to the cave *opas -tti seurueen luolalle);* ~ *keskustelu muihin aiheisiin* direct the conversation elsewhere **-tus** 1 introduction (to philosophy *filoso-fiaan)* 2 *(usk)* dispensation.

johde 1 *(sähk)* conductor 2 *(ohjain)* guide.

johdettav‖**a;** *helposti* ~ tractable, easily led; *olla -issa jstk* be traceable to.

johdin 1 *(sähk)* conducting wire; *(Br)* flex;

wire *(m atk); (aut)* lead, cable **2** *(kiel)* suffix ∼**auto** trolley bus.

johdonmukai∥**nen** logical (thinking *ajattelu;* consequence *seuraus*); consequential (behavio[u]r *käyttäytyminen); (yhtenäinen)* coherent (plan *suunnitelma)* **-sesti** consistently; logically **-suu**∣**s** consistency; coherence; logic; *-den puute* inconsistency.

johdos derivative.

johdosta; *jnk* ∼ because of (this *tämän* ∼); on account of, in consequence of; on (congratulate a p. on a th. *onnitella jkta jnk* ∼); *(jstk johtuen)* owing to (the fact that *sen* ∼ *että*); *(liik m)* with reference (referring) to (your letter of 20th May *kirjeenne* ∼ *20. toukokuuta).*

johonkin somewhere; *(mihin tahansa)* anywhere.

johtaa 1 a) *(johdattaa)* lead (a p. into evil courses *jku huonoille teille);* **b)** *(fys, sähk ym)* conduct (the metal conducts heat *metalli* ∼ *lämpöä);* *(kuljettaa)* convey (blood to the limbs *verta raajoihin)* **2** *(olla johtajana)* lead, be the leader of (an attack *hyökkäystä;* a discussion group *keskusteluryhmää);* *(olla etunenässä)* head, be at the head of (an expedition *retkikuntaa);* conduct (an orchestra *orkesteria);* *(ohjata)* direct (a research program[me] *tutkimusohjelmaa),* *(valvoa)* supervise (the building of a house *talon rakentamista);* *(komentaa)* command (the troops *joukkoja)* **3** *(liik)* lead, manage, be in charge of (a business enterprise *liikeyritystä)* **1** *(olla johdossa)* lead (a competition *kilpailua;* Finland is leading 2–0 (by two goals) *Suomi* ∼ *2–0 (kahdella maalilla)),* be ahead (14 points *14 pisteellä)* **5** *(∼ jk jstk)* trace (the origin of a word from Latin *sana latinasta)* **6 a)** *(∼ jhk)* lead to (death *kuolemaan;* the door leads to the kitchen *ovi* ∼ *keittiöön),* run (a bridge runs over the river *silta* ∼ *joen yli;* this road runs to London *tämä tie* ∼ *Lontooseen);* **b)** *(päättyä jhk)* result in, end in (disaster *katastrofiin)* ▶ ∼ **ajatukset** *jhk* direct (bring) a p.'s thoughts to; ∼ *jkn* **huomio** *toisaalle* divert a p.'s attention (from *jstk),* draw a p.'s attention (off *jstk);* ∼ **keskustelu** *jhk* turn (direct) the conversation on to; ∼ **puhetta** *kokouksessa* conduct (preside over) the meeting; ∼ **toim[enpiteis]iin** cause action; *asia ei johda toim[enpiteis]iin* no action will be taken in

the matter.

johtaja 1 leader (of a party *puolueen* ∼; religious leader *uskonnollinen* ∼); *(mus)* conductor, *(Am m)* director (of a choir *kuoron* ∼); *(sot)* commander **2** *(liik ym)* manager (of an enterprise *yrityksen* ∼); *(johtokunnan jäsen)* director, *(Am m)* vice president; *(päällikkö)* head (of a department *osaston* ∼); *(huoltolaitoksen ym* ∼) warden (of a prison *vankilan* ∼) ∼**nominaisuudet** managerial qualities, qualities of a leader ∼**ntauti** manager's disease ∼**tar** *(koulun* ∼) headmistress, *(Am)* [woman] principal.

johta∥**jisto** the management, *(pl)* the directors **-minen** lead[ing]; conduct; *(fys)* conduction; *(kiel)* derivation **-mistai**∣**to** management ability, managerial skill; *-don kurssi* leadership development course **-va** leading; *(kuv m)* governing (idea of a speech *puheen* ∼ *ajatus),* guiding; ∼ */liike yms/* alallaan a leader in its field; ∼ *lääkäri* physician-in-chief; ∼**ssa asemassa** in a leading (prominent, managerial) position, in a position of authority; ∼**ssa asemassa oleva** executive (employee *toimihenkilö)* **-vuus** conductivity.

joh∣**to 1** *(johtaminen)* management, *(hoito)* administration, conduct (of a business *liikkeen* ∼); *(päällikkyys)* command; *jkn -dolla* under a p.'s direction; *(mus)* conducted by; *liike on X:n -dossa* the firm is under the management of X; *liikkeen -dossa on N.N.* the business is managed (run) by N.N.; *ryhtyä jnk* ∼**on** take charge (control) of, take .. over **2** *(johtajisto)* management, the board of managers (directors); *(pol ja urh)* *(pl)* the leaders (the political leaders of the country *maan poliittinen* ∼); *(sot)* command **3** *(urh)* lead (take (gain) the lead *mennä (päästä)* ∼*on);* olla *-dossa* lead, have the lead **4** *(jnk johtaminen jstk)* derivation; *(kiel m)* etymology **5** *(sähk, puh)* wire, line, lead; *(liitäntä*∼) flex; cord **6** *(vesi*∼) pipe (the pipe is blocked ∼ *on tukossa);* *(viemäri*∼) conduit.

johto∥**aihe** theme, leading motive; *(erik mus m)* leitmotiv **-elin** governing (administrative) body **-hahmo** leader figure **-henkilöstö** managerial personnel **-kun**∣**ta** board of directors (managers, management, trustees), management; *(pankin ym* ∼) board of governors; *(koulun* ∼) school board; *(sairaalan ym* ∼)

governing body; *(yhdistyksen ~)* executive committee; *-nan jäsen* member of the board; director; trustee; *-nan kokous* board meeting; *-nan puheenjohtaja* chairman of the board [of directors], *(Am)* president [of the company] **-lanka** clue **-paik|ka** lead *(m urh),* leading position; position of leadership (in a party *puolueessa*); *pyrkiä -oille (m)* aim for the top **-päätе** suffix **-päätö|s** conclusion; *tehdä jstk ~* draw a conclusion from, conclude from; *teimme sen -ksen että* we came to the conclusion that **-ryhmä** management (executive) group **-tähti** guiding star, lodestar.

johtu|a 1 *(aiheutua jstk)* be caused by, arise from (ignorance *tietämättömyydestä*); be due to; *(olla seurauksena jstk)* be a consequence of, result from; *(saada alkunsa jstk)* originate in ▶ *~ jkn* **mieleen** come to a p.'s mind, occur to; *tästä -i mieleeni että* I came to think that..; *mistä se -u?* how come? how is that? *mistä -u että* how is it that; *siitä -u että* it follows that; *-uko se siitä että* is it because; *tästä -u että* from this it follows that, this is due to the fact that.

johtu|en; *jstk ~* because of, in consequence of, on account of, *(Am m)* due to; *~ siitä että* because of the fact that **-va;** *jstk ~* arising from, attributable to.

1 joka *(jokainen)* each, every ▶ *~* **kolmas** *vuosi* every three years; *~* **paikassa** everywhere; *~* **puolell|a, -e** all around; *~* **tapauksessa** in any case; *~* **toinen** every other (week *viikko*); every second (year *vuosi*); *~ toinen päivä (m)* every two days, on alternate days.

2 joka *(rel pron)* **1** *(henk)* **(sg ja pl)** who *(akk* whom) *(ark* who); *gen* whose) (Mr Smith, whom you met yesterday, is an architect *herra Smith jonka tapasit eilen on arkkitehti*); *(vain kiinteästi päälauseeseen liittyvissä lauseissa)* that *(pl* that) *(tai jää kääntämättä)* (this is the man [that] you met yesterday *tässä on mies jonka tapasit eilen)* **2** *(esineestä tai asiasta) (sg ja pl; m akk)* which (*gen* of which) (his car, which is brand-new, is standing at our front-door *hänen autonsa ~ on aivan uusi seisoo ovemme edessä*); *(vain kiinteästi päälauseeseen liittyvissä lauseissa)* that *(pl* that) *(tai jää kääntämättä)* (this is the house [that] Jack built *tämä on talo jonka Jack rakensi)* ▶ **johon mennessä** by which time;

joista kaikki all of which *(henk* whom); *ensimmäinen (ainoa)* **joka** *tuli* the first (the only one) to come; *päivä* **jona** *tapasimme* the day [that, when] we met; *(ilm paikkaa) jossa (johon)* where; *josta* where from (the place where we came from *paikka josta tulimme);* **jossa tapauksessa** in which case; *se* **joka** *(ne jotka)* the one (he, she) who (those who); whoever.

jokainen I *a* each, every (person *ihminen*); *(joka ikinen)* every single (day *päivä)* **II** *s* everyone, everybody; *(joka ikinen)* every single one, each one; *~ meistä* each of us; all of us, we all.

joka||päiväi|nen 1 *(päivittäinen)* daily (chores *-set askareet),* everyday (occurrence *tapaus)* **2** *(arkipäiväinen)* commonplace, ordinary; *-sessä puheessa* colloquially, in everyday speech **-viikkoinen** weekly **-vuotinen** yearly, annual.

jokel||lus, -taa babble.

jokeri joker.

joki river (a house by (a town on) the river *talo (kaupunki) joen rannalla);* **jokea** *alaspäin* down the river, downstream; *jokea* **ylöspäin** up the river, upstream **~alus** river|boat, -craft; *(tavara-alus)* river barge **~laiva** river boat.

jokin I *a* some (time (years) ago *~ aika (joitakin vuosia) sitten;* in some cases *joissakin tapauksissa); (mikä tahansa)* any (use any of these *käytä jotakin näistä)* **II** *s pron* something; *(kys m) (mitään)* anything (have you anything to say? *onko sinulla jotakin sanottavaa?)* ▶ **johonkin** *aikaan [toukokuussa]* some time [in May]; **joksikin** *aikaa* for a (some) time; *(toistaiseksi)* for the time being; **jonakin päivänä** some day, *(piakkoin)* one of these days; **jonkin** *aikaa* for some time, for a while.

joko 1 *(kys)* yet (has he come yet? *~ hän on tullut?); (ihmettelevästi)* already (are you here already? *~ olet täällä?)* **2** *~ — tai* either — or.

jokseenkin *(melko)* fairly; *(melkein)* almost.

joku I *a* some; *(mikä tahansa)* any (of you *teistä)* **II** *s* somebody, someone; *(kys m)* anybody, anyone ▶ **joku** *(jotkut)* **heistä** one (some) of them; **joku — joku** one — the other; **jotkut** some [people]; *jotkut harvat* [only] few; *jotkut — jotkut* some — others.

jokunen some, a few.
jolla jolly[boat], yawl.
jollainen [such] as.
jollei if .. not; unless.
jolloin when; *(jossa tapauksessa)* in which case.
jomma *(koul sl);* geometry.
jomotta|a ache; *-va särky* gnawing pain.
jompikumpi one or the other; *(kumpi tahansa)* either, *(toinen)* one.
jonkinlai|nen some kind (sort) of, ..of some sort; something of, *(ark)* a sort of (a poet *runoilija);* *kuulin jos -sta* I heard all sorts of things.
jonne where; *kaupunki ~ he olivat menossa* the town they were going to **~kin** somewhere, *(mihin tahansa)* anywhere.
jono 1 line (at the head of the line *~n alkupäässä;* a long line of cars *pitkä ~ autoja;* stand in a line *seistä ~ssa);* *(vuoriym ~)* range 2 *(jonotus~)* queue (jump the queue *etuilla ~ssa;* stand in a queue *olla (seistä) ~ssa);* *(Am)* line; *asettua ~on* queue (line) up, take one's place in the queue 3 *(sot)* file (double file *pari~),* column 4 *(atk)* string; queue 5 *(mat)* sequence *~ttaa* queue [up] (for *jtk)* **~tuslista** wait[ing] list.
jooga yoga.
Joonianmeri the Ionian Sea.
jopa *(vieläpä)* even; *~ siinä määrin että* to such an extent that.
Jordania Jordan **j~lainen** *a ja s* Jordanian.
Jordan[in virta] the River Jordan.
jos if; *(olkoonpa että)* even if; *(siltä varalta että)* in case; *(edellyttäen että)* provided [that]; *(olettaen että)* supposing, suppose [that]* ▶ **A** *(jos)* olisin iloinen ~ tulisit* I would be pleased if you came; *hän ~ kukaan* he if anybody; *~ sää sallii* weather permitting; *olisit tyhmä ~* **uskoisit** *sen* you'd be a fool to believe that; *voi ~ tietäisit!* if only you knew! ▶ **B** *(sanontoja)* **jos ei** if not; unless; *~ ja kun* if and when; *~ jollakin tavoin* in every possible way; *~ jotakin* all sorts of things; *hän epäili josko pystyisi siihen* he doubted whether he could do it; *~ kohta* even if (though).
joskin though, *(mutta)* but; *(vaikkakin)* even if (though).
joskus 1 *(toisinaan)* sometimes, at times; *(silloin tällöin)* now and then, occasionally 2 *(johonkin aikaan)* sometime (in August *elokuussa);* in my childhood *lapsuudessani);* *(~ tulevaisuudessa)* some

day (next week *ensi viikolla);* *(~ menneisyydessä)* once (he once lived in Italy *hän on ~ asunut Italiassa)* ▶ **joskus** — sometimes now — now, sometimes — sometimes; *~* **kun** when, whenever; *~* **toiste** some other time; *~* **tulevaisuudessa** [at] some time in the future.
jospa if only (they knew *he tietäisivät);* *~ hän ei tulekaan* what if he doesn't (shouldn't) come at all? *~ hän tulisi* if only he came (would come); *~ olisit täällä* I wish you were here.
jossa *(ilm paikkaa)* where.
jossakin somewhere, *(missä tahansa)* anywhere; *~ muualla* somewhere else, in some other place.
jota; *~ — sen* the — the (the sooner the better *~ pikemmin sen parempi)* **~kuinkin** fairly; rather; *(melkein)* almost *~* **vastoin** whereas, *(kun taas)* while.
joten [and] so; *(jonka johdosta)* and consequently **~kin** somehow, in some way **~kuten** somehow; *(vaivoin)* with difficulty; *se menettelee ~* it'll do **~sakin** fairly; *(melko)* rather.
jotta [so] that, in order that; in order to, so as to; *kirjoitan sen muistiin jotten unohda sitä* I'll write it down so as (in order) not to forget it.
jouduttaa hasten, precipitate (a p.'s death *jkn kuolemaa;* a strike *lakkoa);* hurry (the close of the war *sodan loppumista;* the work *työtä),* *(edistää)* expedite (the matters *asiaa),* *(nopeuttaa)* speed up (the work *työtä);* *(kiihdyttää)* accelerate (the fall of the government *hallituksen kaatumista);* *~ askeleitaan* quicken one's pace.
jouh|i [horse]hair; *[viulun]jousen -et* horsehairs of the bow.
jouk|ko 1 *(määrä)* number (of people (houses) *ihmisiä (taloja);* in great numbers *suurin -oin);* quantity (of interesting information *mielenkiintoisia tietoja)* 2 *(ryhmä)* group (of bystanders *katselijoita),* *(seurue)* party, *(parvi)* cluster (of tourists *turisteja);* *(järjestäytynyt ~)* body (of unemployed *työttömiä),* band (of refugees *pakolaisia),* *(porukka)* gang, mob (of criminals *rikollisia);* tribe (of parasites *siipeilijöitä)* 3 *(sot)* troop, force, body (of 8,000 men *8 000 miehen ~);* *-ot* troops, forces 4 *(us -ot)* the crowd (follow the crowd *kulkea -on mukana)* 5 *(mat ja atk)* set ▶ **erottua**

-osta stand out from the rest; olla -on jatkona swell the number; kuulua parhaimpien joukkoon rank among the best; joukolla in a body; ensimmäisten joukossa among the first; koko -on parempi a great deal better; sankoin -oin in [large] crowds, in throngs (huge masses); suuri ~ kirjoja a great many books, a large (great) number of books.

joukko||anomus monster petition -erottaminen mass (wholesale) discharge -hysteria mass hysteria -jenkeskitys concentration (massing) of troops -kohtaus crowd scene -kokous mass meeting; (Am m) rally -käyttäytyminen mass (group) behavio[u]r [pattern] -liike mass movement -liikenne mass transport -murha mass murder; massacre --oppi set theory --osasto unit; body; detachment -ristiside bulk printed matter, bulk mail; (Am) bulk third class mail -sidontapaikka (Br) aid station; (Am) local aid post -siirto mass evacuation -tuhoase weapon of mass destruction -viestimet mass media -viestintä mass communication.

joukkue 1 (urh) team, (Br m) side; (soutu~) crew 2 (sot) platoon ~kilpailu team race; (soudussa) crew race ~peli team game.

joukoittain in great numbers, in masses.

joulu Christmas ▶ hyvää ~a Merry (Happy) Christmas! jouluna at Christmas; viettää ~a celebrate Christmas; spend Christmas (at, in jssk).

joulu||aatto Christmas Eve; ~na on Christmas Eve -juhla Christmas party -kaktus crab (Christmas) cactus -kortti Christmas card -kuu December (ks elokuu) -kuusi Christmas tree -lahja Christmas present (gift) -laulu carol -loma Christmas vacation -pukki (Br) Father Christmas; (Am) Santa Claus, (ark) Santa -päivä Christmas Day; toinen ~ the day following Christmas Day; (Br) Boxing Day -seimi crib; (Am) creche -tervehdys (pl) Christmas greetings; joulu- ja uudenvuodentervehdys Season's greetings -tonttu Christmas gnome -tähti poinsettia, Christmas flower -yö holy (Christmas) night.

journalisti journalist ~ikka journalism ~nen journalistic (adv ~ally).

jousen||jänne bowstring -kaari bow, arch.

jousi|i 1 (~ase) bow (and arrows ja nuolet); jännittää ~ draw (bend) the bow 2 (mus) bow (of a violin viulun ~); -et (~soittimet)

strings (of an orchestra orkesterin -et) 3 (tekn) spring (of a watch kellon ~) ~ammunta archery ~kvartetti, ~kvartetto string quartet J~mies (horosk) Sagittarius ~orkesteri string orchestra ~patja spring mattress ~pyssy [toy] bow ~soitin [bowed] stringed instrument ~tus (tekn) spring suspension; cushioning; (pl) elastic springs ~vaaka spring balance.

jousta||a be elastic; (antaa myöten) yield, give way (in jssk) (m kuv) -maton inelastic, inflexible; (henk) unyielding -va elastic (thread lanka); flexible (m kuv; system järjestelmä); springy (gait käynti), (kimmoisa) resilient (material materiaali; mattress patja); (taipuisa) supple (chamois ~a säämiskää); (henk m) adaptable (character luonne); ~ politiikka elastic (flexible) politics -vuus elasticity; (kimmoisuus) resilience; (kuv) flexibility.

jouste (käsit) rib.

joustin spring ~neule rib, rib-knit; ribbing.

jousto elasticity; (tal m) flexibility ~frotee stretch terry ~-ommel flexi-stitch, stretch stitch.

jouta||a have time; find time (to go lähtemään); en jouda I can't spare the time; ~ko tämä sinulta? can you spare this? ~ko tämä kirja sinulta lainaan? can you lend me this book? -va needless, useless; (turhanpäiväinen) superfluous (remark huomautus); (mitätön) insignificant, trivial (detail seikka); ~ asia trifle; mitä -via nonsense!

jouten unoccupied, disengaged; free ~olo leisure, free time; (toimettomuus) idleness.

joutila||isuus inactivity -s (toimeton) free; (liikenevä) spare (time aika); onko sinulla ~ta aikaa? can you spare a moment?

jouto||aika leisure, spare (free) time -hetki spare (leisure) moment -käynti idle (free) running, no-load -pyörä idle wheel.

joutsen swan ~lampi swannery; »J~» Swan Lake ~laulu swan song.

joutu|a 1 (~ jhk) fall into (a trap ansaan; the hands of jkn käsiin; oblivion unohduksiin), get into (a ridiculous situation naurettavaan tilanteeseen; a rage raivon valtaan; debt velkaan); be put (landed) in (a difficult situation vaikeaan tilanteeseen); be involved in (war sotaan), meet with (an accident onnettomuuteen); be caught in (a traffic jam lii-kenneruuhkaan); end up in (wastepaper basket paperikoriin) 2 (~jklle) go to (the house is to go to the eldest son *talo -u vanhimmalle pojalle); (tulla jkn osaksi)* fall to (the expenses fell to him *kustannukset -ivat hänen maksettavikseen)* 3 *(olla pakotettu jhk)* have to (go *lähtemään)* ▶ **ilta** *-u* the night is falling; **joudu jo!** come, hurry up! ~ **leikkaukseen** have to undergo an operation; **mihin** *se kirja on -nut?* where has the book got to? ~ **näkemään** witness, happen to see; ~ **tekemisiin** *jkn kanssa* have to do with (one's neighbo[u]rs *naapureidensa kanssa),* get involved (mixed up) with (the police *poliisin kanssa).*

joutui∥n quickly **-sa** quick.

joviaali jovial.

jugendtyyli Art Nouveau *(ransk).*

Jugoslavia Yugoslavia ~**lainen** I *a* Yugoslav[ian] II *s* Yugoslav.

Juhana; ~ *Maaton* John Lackland.

juhannu∥s Midsummer; *-ksena* at Midsummer ~**aatto** Midsummer Eve; ~*na* on Midsummer Eve ~**kokko** Midsummer bonfire ~**päivä** Midsummer [Day] ~**ruusu** Burnet rose ~**yö** Midsummer night.

juhla 1 *(~päivä)* festival (a church festival *kirkollinen* ~); feast (a movable feast *liikkuva* ~); *(muisto~)* commemoration (in hono[u]r of *jkn kunniaksi); (vuosipäivä)* anniversary (celebrate the 60th anniversary of Independence *viettää itsenäisyyden 60-vuotis~a)* **2** *(us)* ~*t (sg)* celebration (a rowdy celebration *railakkaat ~t); (kutsut) (sg)* party (give a party *järjestää (pitää) ~t), (ark)* do (there was some sort of a do going on *siellä oli menossa jonkinlaiset ~t); (~tilaisuus)* festival (music festival *musiikki~t).*

juhla∥-asu gala dress; ~*ssa* in gala --**ateria** banquet **-huoneisto** banqueting hall **-illallinen** banquet; gala dinner **-julkaisu** commemorative (jubilee) publication (volume); *(-kirja)* memorial volume, Festschrift *(saks)* **-lli∥nen 1** *(vakavan* ~*)* solemn (silence *hiljaisuus;* face *ilme;* promise *lupaus; (sg)* ceremony *-set menot;* occasion *tilaisuus);* ceremonious (reception *vastaanotto); (juhlava)* festive (moment *hetki;* atmosphere *tunnelma); antaa* ~ *vakuutus* take a solemn oath; promise solemnly **2** *(ark)* grand (sight *näky);* impressive, imposing (appearance *ilmestys)* **-llisuu∥s 1** solemnity **2** *-det* festivities; *(-menot)* ceremonies,

solemnities; *(sg)* ceremony (with all due ceremony *asiaankuuluvin -ksin); suurin -ksin (m)* in great state **-meno∣t** ceremonies; *-jen ohjaaja* master of ceremonies *(lyh* MC) **-numero** jubilee edition (issue) **-näyttely** jubilee exhibition **-näytäntö** gala performance **-postimerkki** commemorative [stamp] **-puhe** main speech, speech in hono[u]r of the occasion **-puku** evening (full) dress; *(sot)* full dress uniform; *(kutsukortissa)* white tie; *-puvussa (m)* in gala **-päivä** festival; *(kirk)* festal (feast) day **-päälliset** *(sg)* gala dinner **-raha** commemorative [coin]; jubilee medal **-sali** festival hall; *(koulun ym* ~*)* assembly (great) hall **-va** festive **-viikot** *(sg)* festival **-vuosi** jubilee year **-vuus** solemnity.

juhli∣a celebrate (a celebrated beauty *-ttu kaunotar;* until the early hours *pikkutunneille;* one's birthday *syntymäpäiväänsä;* a victory *voittoa); lähteä -maan* go out on the town (spree); *sitä täytyy* ~*!* that calls for celebration!

juhta beast of burden, *(veto~)* draught *(Am* draft) animal.

juju *(asian ydin)* point (the point is that ~ *on siinä että)* ~**ttaa** fool.

jukuripää bull-head, mule.

juliaaninen Julian (calendar *kalenteri).*

julistaa declare (peace *rauha),* proclaim (a p. emperor *jku keisariksi;* a country a republic *maa tasavallaksi;* war on (against) *sota jtk vastaan);* pronounce (a p. dead *jku kuolleeksi;* a sentence *tuomio); (ilmoittaa)* announce (a competition *kilpailu), (julkistaa)* make .. public (known) (the results of research *tutkimuksen tulokset)* ▶ ~ **epäpäteväksi** disqualify; ~ **evankeliumia** preach, propagate the Gospel; ~ *jtk* **oppia** preach a doctrine; ~ **syylliseksi** *(syyttömäksi)* find guilty (not guilty); ~ **tuomio** *(m)* pass sentence; ~ **virka** *haettavaksi* announce a vacancy, advertise a post as vacant.

julistautu∣a; *Suomi -i itsenäiseksi* Finland declared (proclaimed) its independence.

juliste poster; *(mainos~)* placard; bill.

julistus declaration (of Human Rights *ihmisoikeuksien* ~); proclamation (royal proclamation *kuninkaallinen* ~), announcement, public notice; *antaa* ~ issue (make) a proclamation ~**kirja** manifesto *(pl* ~s, *Am* ~es).

juljeta have the impudence to.

julkaise‖maton unpublished (dissertation *väitöskirja*) **-minen** publication (of a paper *sanomalehden* ~), issue (of stamps *postimerkkien* ~); *(julkistaminen)* announcement (of an engagement *kihlauksen* ~).

julkais‖ija publisher **-ta** publish (a book *kirja;* a newspaper *sanomalehteä;* news *uutinen*), bring out (a novel *romaani*), issue (a decree *säädös;* a new stamp *uusi postimerkki*); *(lak m)* promulgate (a statute *asetus;* a law *laki*); *(toimittaa ja* ~) edit (the complete poetic works of a writer *kirjailijan kootut runot*); *(paina[tta]a)* print (a letter-to-the-editor *lukijan kirje*), have .. printed (one's essay *tutkielmansa*); *(julkistaa)* announce (a rise in prices *hinnankorotus;* one's engagement *kihlauksensa*); *(laskea julkisuuteen)* release (a record *levy*).

julkaisu publication; *[jnk seuran]* ~t transactions, proceedings **~sarja** [series of] publications.

julke‖a impudent, insolent (behavio[u]r *käytös*); *(hävytön)* shameless (use *hyväksikäyttö*); *(säädytön)* indecent (look *katse*) **-us** impudence, insolence; effrontery.

julki; *tulla* ~ get (become) known; *(paljastua)* be revealed (disclosed); *tuoda* ~ *mielipiteensä* express (state) one's opinion.

julki‖lausuma official announcement (statement); declaration (concerning a th. *jtk koskeva* ~); *(kokouksen* ~) resolution; *(hallituksen* ~) proclamation; *(virallinen* ~) communiqué (issue a joint communiqué *antaa yhteinen* ~) **-nen 1** *(avoin)* open (court *oikeudenkäynti;* secret *salaisuus*) **2** *(yleinen)* public (document *asiakirja;* institutions **-set** *laitokset;* opinion *mielipide*); **-silla** *kulkuvälineillä* by public transport; ~ *sana* the press; ~ *tiedoksianto* official announcement (bulletin); ~ *valta* government **-sesti** in public, publicly (secretly and publicly *salaa ja* ~) **-sivu** facade (of a house *talon* ~; maintain a sleek facade *pitää yllä kiillotettua* ~a); *talon* ~ *on etelään (torille päin)* the house faces south (the market place) **-staa** make .. public (known), release; announce, publish (an engagement *kihlaus;* the results *tulokset*) **-stalous** public finance **-staminen** publication; announcement **-suu‖s** public

(appear in public *esiintyä -dessa*); publicity (avoid publicity *karttaa -tta*); limelight (he is fond of the limelight *hän rakastaa -tta*); *-dessa (m)* in the press; *-den henkilö* public figure; *olla -den valokeilassa* be in the public eye, be in the limelight; *päästä -teen* become common knowledge, *(»vuotaa»)* leak out; *saattaa -teen* bring before the public.

julkkis celebrity; *(Am)* socialite.

julma cruel (to *jllk, jkta kohtaan;* ruler *hallitsija*), fierce (beast *peto*), ferocious (revenge *kosto*); savage (persecutions ~t *vainot*); atrocious (treatment *kohtelu*); ~ *kohtalo (m)* a harsh (grim) fate; ~ *teko (m)* cruelty, atrocity.

julmistua become infuriated.

julm‖uri tyrant **-uu‖s** cruelty (mental cruelty *henkinen* ~); *(julma teko m)* atrocity (the atrocities of enemy forces *vihollisjoukkojen -det*); inhumanity, brutality (of war *sodan* ~).

jumala god (the Greek gods *Kreikan* ~t); *J*~ God **~apelkäävä** God-fearing **~inen** divine **~istaru** myth **~istarusto** mythology **~llinen** divine **~nhylkäämä** god-forsaken **~nkieltäjä** atheist **~nkieltäminen** atheism **~nkuva** image of a god; *(epä*~) idol **~npalvelu‖s** [church] service (the service starts at 10 ~ *alkaa kello 10;* he attends a church service every Sunday *hän käy -ksessa joka sunnuntai*); *toimittaa* ~ officiate [at the service] **~npelko** fear of God **~npilkka** blasphemy **~nsana** the Word [of God] **~näiti** the Mother of God, Virgin Mary **~tar** goddess **~ton 1** *(synnillinen)* godless; impious, sinful (life *elämä*) **2** *(ark)* awful, terrible (noise *meteli*), outrageous (hunger *nälkä*) **~ttomasti** *(m) (paljon)* an awful lot (of people *väkeä*) **~ttomuus** godlessness; impiety.

jumali‖nen godly, *(hurskas)* devout, pious **-suus** piety.

jumaloi‖da adore **-nti** adoration.

jumaluus deity, divinity ~**opillinen** theological ~**op‖pi** theology, divinity; *-in tohtori* Doctor of Divinity *(lyh* D.D.) ~**oppinut** theologian.

jumi‖ssa *(-in); olla* ~ *(mennä -in)* be (get) stuck; *liikenne on* ~ the traffic is jammed; *neuvottelut ovat* ~ the negotiations have come to a deadlock.

jump‖ata do exercises **-pa** gym; *(pl)* gymnastic exercises.

jumpperi pullover, sweater; *(Br m)* jumper.
juna train ▶ **ehtiä** ~*an* catch the train;
matkustaa *[kuuden]* ~*lla* go by [the six
o'clock] train; **myöhästyä** ~*sta* miss the
train; **nousta** ~*an* get on the train; **poistua**
~*sta* get off the train.

juna‖ilija guard; *(Am)* conductor **-lautta**
train ferry **-liikenne** railway *(Am* railroad)
traffic **-lippu** railway *(Am* railroad) ticket;
ostaa ~ book a ticket **-nsuorittaja** train
dispatcher **-nvaihto** change [of trains] (at
jssk) **-nvaunu** railway carriage; *(Am)*
railroad car **-onnettomuus** railway accident
-yhtey|s train service (good train service to
London *hyvät -det Lontooseen);* *suora* ~
jnnk a through train to.

juntata hammer (knowledge into a p.'s head
tietoja jkn päähän); (pol) ~ *jk läpi* ram (a
candidate *ehdokas)* through (the Senate
senaatissa); (Am m) railroad .. through;
~ *laki läpi (m)* steam-roller a bill through
Parliament.

juntta 1 *(tekn)* ram [engine]; tamper;
(paalu~) pile driver **2** *(pol)* junta ~**us 1**
(tekn) ramming; *(paalun* ~) pile driving **2**
(pol) indoctrination.

juo|da 1 drink (out of a glass *lasista;* from
a bottle *pullosta;* water *vettä;* vodka
votkaa; he neither drinks nor smokes *hän
ei juo eikä polta);* take (a glass of wine
lasi viiniä; whisky straight *viskiä
raakana); (~ loppuun)* drink up (drink up
your milk! *juo maitosi!),* drink .. down (in
one gulp *kulauksella);* finish (have you
finished your tea? *oletko -nut teesi?)* **2**
(juopotella) drink (he's been drinking
again *hän on taas -nut), (ark)* booze ▶
alkaa ~ take to drink[ing]; ~ **kahvia**
(teetä) (tav) have coffee (tea); ~ *jku*
pöydän alle drink a p. under the table; ~
rahansa drink one's money away; ~
tyhjäksi empty, drain [.. to the bottom]
(one's glass *lasinsa),* finish (the bottle
pullo).

juoheva *(tasainen)* smooth.
juokse‖nnella run around (the courtyard
pihalla) **-ttua** coagulate; *(maidosta)* curdle
-va 1 running (horse *hevonen)* **2**
(nestemäinen) liquid, fluid **3** *(kuv)* current,
running (expenses ~*t menot)* ▶ ~*t* **asiat**
current (routine) matters *(sg* business); ~*t*
numerot consecutive numbers; ~ **tili**
current (running) account, account
current.

juoksu 1 run (break into a run *pyrähtää*

~*un); (juokseminen)* running **2**
(virtaaminen) flow[ing] (of water *veden*
~), flux *(on kuv)* (of thought *ajatuksen~)*
3 *(urh)* run (10,000-metre run *10 000
metrin* ~), *(pesäpallossa) (läh v)* rounder;
100 metrin ~ 100-metre sprint *(Am* dash).

juoksu‖aika heat, mating season; *koiralla
on* ~ the bitch is in season **-hauta** trench
-hiekka quick sand **-jalkaa** running, at
(Am on) a run **-kilpailut** *(sg)* [running]
race **-poika** messenger (errand) boy *(m
kuv)* **-pyörä** running wheel **-rata** [running]
track **-solmu** slide (slip) knot; *(mer)*
bowknot **-te** rennet **-ttaa 1** keep .. running
(busy) (one's subordinates *alaisiaan);
(kuljettaa juosten)* hurry (a letter to the
pillar-box *kirje postilaatikkoon);* ~ *jkta
turhaan* send a p. on a fool's errand **2** *(~
nestettä)* draw (beer from a cask *olutta
tynnyristä);* drain [off] (the blood *veri
kuiviin); (antaa juosta)* run (water into a
bath-tub *vettä ammeeseen)* **3** *(juoksettaa)*
curdle (milk *maitoa)* **-tyttö** errand
(messenger) girl.

juolahtaa; ~ *jkn mieleen* occur to a p.
juolavehnä couch grass.
juolukka bog whortleberry *(Am* bilberry).
juoma drink; beverage; *alkoholipitoiset* ~*t*
alcoholic drinks (beverages, liquors)
~**himo** craving for drink ~**lasi** [drinking]
glass, tumbler ~**laulu** drinking song
~**nlaskija** cup-bearer ~**raha** tip; *antaa
jklle* ~*a* tip a p. ~**veikko** drinker, boozer,
tippler ~**vesi** drinking water.
juomingit *(sg)* drinking spree, binge.
juomu stripe, *(juovu)* streak, *(ura)* groove.
juoni plot (against *jtk vastaan;* of a play
näytelmän ~); *punoa* ~*a* intrigue, plot,
scheme (against *jkn päänmenoksi)* ~**a**
plot, intrigue (against *jkta vastaan;* behind
a p.'s back *jkn selän takana)* ~**kas**
shrewd, cunning (smile *hymy;* man *mies);
(juonia punova)* intriguing, plotting,
scheming (wife *vaimo)* ~**kkuus**
craft[iness], guile ~**tella 1** intrigue, plot,
scheme (against *jkta vastaan)* **2**
(kiukutella) be peevish ~**ttelija** intriguer,
plotter, schemer ~**ttelu** plotting; stratagem
(achieve one's aim by stratagem *saavuttaa
tavoitteensa* ~*lla)* ~*t* schemes, plots.

juonta‖a 1 *(kuuluttaa)* compère (a beauty
contest *missikisat)* **2** ~ *alkunsa (juurensa)
jstk* have its origin in; go back to; *(jltk
ajalta)* date from (back to) **-ja** compère,
speaker.

juontua originate from; have its origin in (Greek *kreikasta*); *(ajasta)* go (date) back to (the Middle Ages *keskiajalta*).

juopa gap (between *jdk välillä;* generation gap *sukupolvien välinen* ~).

juopot|**ella** drink; booze, tipple; *lähteä -telemaan* go on a spree (binge); *ratketa -telemaan* take to drink[ing], go on a bender **-telu** drinking; boozing.

juoppo drunkard; alcoholic; *hänellä on* ~ *mies* her husband drinks (is a heavy drinker) ~**hulluus** delirium tremens ~**lalli** boozehound ~**us** drunkennes, alcoholism.

juopu||**a** get drunk (with *jstk*); *(kuv m)* get carried away (by happiness *onnesta*) **-mu**|**s** drunkenness; intoxication, inebriety; *syytettynä -ksesta* charged with being drunk **-nut I** *a* drunken; *-neena* in a state of intoxication, when intoxicated **II** *s* drunk.

juoru *(m* ~*t)* gossip (about *jstk*); *akkojen* ~*ja* old wive's tales; *levittää* ~*ja* gossip, talk scandal, tell tales (about *jstk*) ~**akka,** ~**kello** gossip (she's a dreadful gossip *se on kauhea* ~) ~**kki** *(kasv)* wandering Jew ~**palsta** gossip column ~|**ta 1** gossip (about *jstk*); *(lörpötellä)* chat; *(kannella)* sneak (on *jstk*); ~*an että* there is a rumo[u]r that **2** *(kuv)* tell of (blear[y] eyes tell of sleepless nights *tihruiset silmät -avat valvotuista öistä*).

juo|**sta** run; *(virrata)* flow ▶ ~ **asioilla** run errands; ~ **hakemaan** *(lääkäriä)* run for (a doctor); ~ **henkensä edestä** run for one's life; **kyyneleet** *-ksevat pitkin poskia* tears roll down the cheeks; *haavasta -ksee* **verta** the wound bleeds.

juotava drinkable; *(juoma m)* drink; *jotakin* ~*a* something to drink; ~*ksi kelpaamaton* undrinkable.

juot||**e** solder **-in** soldering iron **-os** soldering seam (joint); *(~kohta)* joint.

1 juottaa let (a child *lapselle*) drink (milk *maitoa*), give .. water (a horse *hevosta*).

2 juottaa *(tekn)* solder; *(~ kovajuotteella)* braze, hard-solder; *(~ tinalla)* tin.

juottovasikka fatling; fatted calf; *(Am)* vealer.

juova stripe (stripes of a zebra *seepran* ~*t*); *(suoni)* vein (veins of wood *puun* ~*t*); *(viiva)* line (on the horizon *taivaanrannalla*) ~**inen** striped; ..with .. stripes (with yellow stripes *keltar*~).

juovi||**kas** striped (tie *solmio*); streaky (pattern *kuvio*); grained (wood *puu*);

striated, veined (marble *marmori*) **-tus** *(pl)* lines (of a TV screen *TV-kuvan* ~).

juovuksi||**ssa** *(-in)* drunk; *(ark)* tight; *juoda itsensä -in* get drunk; *juottaa jku -in* make a p. drunk.

juovut||**ttaa** make .. drunk; intoxicate *(m kuv)* **-tava** intoxicating (drink *juoma*).

jupakka; *siitä nousi melkoinen* ~ it caused quite a fuss.

jupi||**na** mumble **-sta** mutter; *(nurista)* grumble (at *jstk*).

juri||**diikka** jurisprudence **-di**|**nen** judicial (grounds *-set perusteet*); *(oikeuslaitokseen liittyvä)* juridical; *(oikeustieteellinen)* legal (education *koulutus;* adviser *neuvonantaja;* points of view *-set näkökohdat*); ~ *henkilö* artificial (legal) person **-sti** lawyer.

juro uncommunicative (old man *ukko*), *(sulkeutunut)* reticent (disposition *luonne*).

jurtta yurt.

jutella [have a] chat (about *jstk;* with *jkn kanssa*).

juttu 1 *(tarina)* story (a funny story *hauska* ~*; the same old story *sama vanha* ~); *(keksitty* ~*)* tale **2** *(asia)* thing (a funny (bad) thing *hassu (paha)* ~), *(ark)* job (a good job *hyvä* ~*!*); business (a tricky business *mutkallinen* ~), affair **3** *(oikeus*~*)* case (the Dreyfus case *Dreyfusin* ~*;* win the case *voittaa* ~) ▶ **etusivun** ~ front-page news; **ikävä** ~! it's a shame, it's too bad; **koko** ~ the whole thing (business, affair); *siinä koko* ~ that's all about it, that's it; **pikku** ~ that's nothing (no problem); *se on toinen* ~ that's another story; **tulla** ~*un jkn kanssa* get on with.

juurakko 1 *(puun* ~*)* stump [with root spurs]; stock, stub **2** *(kasv)* rootstock, rootstalk; rhizome.

juure||**kset** root crops; *(keitto*~*)* pot-herbs **-sharja** vegetable brush **-ton** rootless *(m kuv)*.

1 juur|**i 1** root (of a tooth (plant) *hampaan (kasvin)* ~*; (kuv)* of all evil *kaiken pahan alku ja* ~; return to one's roots *palata* ~*lleen*); *(alkuperä)* origin (of Finnish origin *suomalaista -ta*) **2** *(vierusta)* foot (at the foot of a mountain *vuoren -ella*) **3** *(mat)* root (extract a root *ottaa* ~) ▶ *-ta* **jaksain** in detail; *jkn jalkojen -essa* at a p.'s feet; **juontaa** *-ensa jstk* originate in, go back to; *tornin* **juurella** by the tower; *puun -ella* under a tree; **kiskoa** ~*neen* root up,

uproot, pull (tear) up by the roots.
2 juuri just (when, as *kun;* enough *tarpeeksi*); *(äsken)* freshly (painted *maalattu*); newly (published *julkaistu*) ▶ **ei ~ milloinkaan** hardly ever; **~ ja ~** [only] just; **~ niin!** just so, that's it (right); **~ nyt** right now, at the moment; **olla ~ tekemäisillään** *jtk* be about to do; **~ siksi** that's why; **~ sillä hetkellä** [at] that very moment; **~ äsken** a moment ago.

juuri||**a** pull (tear) .. up by the roots; **~ [pois]** uproot, root up *(m kuv)* (bad habits *huonot tavat*) **-harja** scrubbing-brush **-kas** *(juures)* root crop **-kasvi** root plant; root crop **-kori** wicker basket **-mukula** tuber[ous root] **-selleri** celeriac **-sto** root system; *(pl)* roots.

juurruttaa root (cuttings *pistokkaat*); *(kuv)* imprint (on a p.'s mind *jkn mieleen*), implant (in the minds of the children *lasten mieliin*).

juurtaminen *(mat)* extraction of a root.

juurtu|**a** take root *(m kuv)* (in *jhk*); **syvään -nut** deep rooted.

juusto cheese; **erilaisia ~ja** a selection of cheeses.

juusto||**aine** casein **-höylä** cheese slicer **-keitto** cream of cheese soup **-maito** *(ternimaito)* beestings **-njuoksutin** cheese rennet **-nvalmistus** cheese making (manufacture) **-raaste** grated cheese **-sämpylä** cheese roll; *(kuuma ~)* cheeseburger **-tarjotin** cheese platter; a selection of cheeses, *(pl)* assorted cheeses **-voileipä** cheese sandwich.

juutalai|**nen I** *a* Jewish **II** *s* Jew, *(nalsesta)* Jewess; **-set** Jews.

juutalais||**kortteli** ghetto *(pl* **~s** *t.* **~es**); Jewish quarter **-kristitty** Jud[a]eo-Christian **-uus** Jewishness; Jewry; *(usk)* Judaism **-vaino** persecution of Jews **-vastainen** anti-Semitic **-viha** anti-Semitism **-väestö** Jewish population; Jewry.

juutti jute **~kangas** gunny, hessian.

juuttu|**a** stick, get (be) stuck *(m kuv)* (in the throat *kurkkuun;* in the traffic *liikenteeseen*); get jammed (in the ice *jäihin*); **laiva -i karille** the ship ran aground.

jyhkeä massive (castle *linna*); powerful (voice *ääni*).

jykevä massive (wall *seinä*); ponderous (furniture *~t huonekalut*); *(raskas)* heavy, thick (beam *palkki*); *(vahva)* strong (fortress *linnoitus*).

jylhä wild (backwoods *korpi*), rugged (country *maasto*); *(synkkä)* gloomy.

jyli||**nä, -stä** = *jyri*|*nä, -stä.*

Jyllanti Jutland.

jymy||**menestys** roaring (smashing) success; smash hit **-otsikko** splash headline **-uutinen** scoop, *(Am m)* beat **--yllätys** knock-out.

jymäyttää *(huiputtaa)* take .. in; cheat.

jyri||**nä** thunder (of guns *tykkien ~*), rumble (of thunder *ukkosen ~*), roll[ing] (of motors *moottorien ~*); roar, grumble (of traffic *liikenteen ~*) **-stä** thunder *(m kuv;* at *jklle);* rumble, grumble (the tanks grumbling in the street *kadulla -sevät panssarit*); *(kuv m)* fulminate (against *jtk vastaan*); **ukkonen -see** it is thundering.

jyrk||**kä 1** steep (stairs *-ät portaat*), sheer (drop *pudotus*); sharp (bend *mutka;* rise *nousu*); *(äkki~)* abrupt (cliff *kallioseinämä;* bank *törmä*) **2** *(kuv)* sharp (distinction *ero*); abrupt (change *muutos*); contrast *vastakohta*), *(äkillinen)* sudden (turn *käänne;* changes in temperature *-kiä lämpötilan vaihteluita*) **3** *(ehdoton)* radical, pronounced (leftist *vasemmistolainen;* adopt radical measures **ryhtyä -kiin toimenpiteisiin**); strict (prohibition *kielto*); *(ankara)* stern, uncompromising (opponent *vastustaja*); firm (opinions *-ät mielipiteet*), resolute (principles *-ät periaatteet*); **~ vastaus** categorical answer **~sanainen** sharply worded (speech *puhe*); categorical (no *kielto*), stern (answer *vastaus*).

jyrkä||**nne** precipice; **bluff** *-sti;* **kieltää ~** deny flatly; **~ laskeva** *(nouseva)* precipitous; **vastustaa ~** oppose strongly.

jyrsijä 1 *(el)* rodent **2** *(tekn)* milling-machine.

jyrsin 1 *(tekn)* [milling] cutter **2** *(maat)* rotovator, rotary tiller.

jyrsiä 1 gnaw, nibble (at wood *puuta*); **~ luuta** *(m)* pick a bone **2** *(tekn)* *(~ metallia)* mill, cut; *(~ puuta)* shape, mo[u]ld **3** *(maat)* till .. by rotary hoe.

jyrä roll[er]; *(maat)* field roller; *(ark)* **olla ~n alla** be under a p.'s thumb.

jyräh||**dys;** *ukkosen ~* peal (crash) of thunder **-tää** rumble *(m kuv;* at *jklle;* the thunder rumbled *ukkonen -ti*).

jyrätä roll; **~ vastustajat nurin** steamroller (walk all over) the opposition.

jysk||**e** pound (of machines *koneiden ~*), *(jylinä)* boom (of cannons *tykkien ~*);

(melu) din **-yttää** pound, bang, beat (on the door *ovea)*; thump, throb *(m kuv)* (the machine (heart) is thumping (throbbing) *kone (sydän) ~).*

jysäh∥dys thump, thud **-tää** bump (into *jhk;* against *jtk vasten); (läjähtää)* thump, thud (the fist thumped on the table *nyrkki -ti pöytään); (pudota -täen)* fall with a dull thud.

jysäyttää bang, slam (the door shut *ovi kiinni;* one's fist on the table *nyrkkinsä pöytään).*

jytämusiikki disco (beat) music.

jyvit∥tää value, appraise, estimate; *(luokitella)* grade **-ys** valuation, appraisement; classification.

jyvä grain, corn (of wheat *vehnän ~);* kernel (of barley *ohran ~); päästä ~lle jstk* make .. out; get wise to; *tiedon ~t* the seeds of knowledge **~nen** grain (of sand *hiekka~); viisauden ~* nugget (pearl) of wisdom.

jähme∥piste solidifying point; *(aut)* pour point **-tty∥ä** solidify; *-nyt kivilaji* igneous (volcanic) stone; **~** *kauhusta* freeze (be paralyzed) with terror, *(ark)* be scared stiff **-ttää** solidify **-ä** solid (body *kappale;* oil *öljy);* solidified (gasoline *bensiini); (kem m)* fixed.

jäidenlähtö breaking up of ice; ice drift.

jäinen 1 *(jäätynyt)* icy; ..covered (coated) with ice, frosty; *(iljanteinen)* slippery, ice-glazed **2** *(jääkylmä)* icy, glacial (air *ilma;* stare *katse); (jäätävä)* chilly, frosty (reception *vastaanotto).*

jäkälä lichen.

jälje∥llä *(-lle)* left; *(yli)* over; *(vielä ~)* still (part of the castle still stands *osa linnaa on vielä ~)* ▶ **jäädä** *-lle* remain, be left over; **~ oleva** remaining (sum *määrä); ~ velka* outstanding (residual) debt; **olla ~** *(m)* remain; *(liik m)* be outstanding; *hänellä on vielä kaksi vuotta ~* he has another two years to go.

jäljen∥nö∥s copy; *(kaksoiskappale)* duplicate; *(taide~)* replica; reproduction; *-ksen oikeaksi todistaa (todistavat)* I (we) hereby certify this to be a true copy **-tää** copy, duplicate; *(~ kalkiopaperin läpi)* trace (a pattern on a cloth *malli kankaaseen); (tehdä kopio)* make a copy (of a certificate *todistus).*

jäljessä behind (schedule (the plan) *aikataulusta (suunnitelmasta));* after (the table of contents can be found after the text *sisällysluettelo on tekstin ~)* ▶ *olla ~ ajastaan* be behind the times; **kaukana ~** far behind; **kello** *on [viisi minuuttia] ~* the clock is [five minutes] behind; **olla ~** be behind (one's mates *tovereistaan).*

jäljit∥ellä imitate (a p.'s way of speaking *jkn puhetapaa),* copy (nature *luontoa)* **-elmä** imitation (of jewellery *korun ~);* copy (of a painting *maalauksen ~)* **-el∥ty** imitation, artificial (leather *~ä nahkaa);* false, mock (diamonds *-lyt timantit);* simulated (mahogany *~ä mahonkia)* **-telijä** imitator; *(fem)* imitatress **-tely** imitation **-tää** trace (the cause of *jnk syy;* a criminal *rikollista); (saada selville)* trace down (a defect *vika);* track (hunt) down (the murderer *murhaaja)* **2** *(atk)* trace; retrieve.

jälkeen 1 *(paikasta)* after; behind **2** *(ajasta)* after; *(jstk lähtien)* since (I haven't seen him since Monday *en ole nähnyt häntä maanantain ~)* **3** *(asemasta)* after, *(heti jnk ~)* next to (the biggest city next to London *suurin kaupunki Lontoon ~)* ▶ **ei ennen eikä ~** neither before nor after; **jättää** *~sä* leave [behind]; *(urh)* outdistance, outstrip; **jäädä ~** fall behind (the others *toisista);* be behind[hand] (with one's work *työssään);* **minkä ~** after which; **sen ~** after that, afterwards; **sen ~ kun** after, since; *kerran toisensa ~* time after time, again and again; *yksi toisensa ~* one after another; **tämän ~** *(m)* next.

jälkeen∥jääneisyys underdevelopment (of a country *maan ~);* backwardness; *(psyk m)* retardation **-jää∥nyt** surviving; *(sb) -neet* the survivors, those left behind; *kirjailijan -neet teokset* the literary remains of an author; *henkisesti ~* mentally retarded **-päin** after; afterward[s]; *(myöhemmin)* later (years later *vuosia ~)* **-tuleva** coming, later (generations *~t sukupolvet).*

jälkei∥nen; *jnk ~* subsequent to; *(seuraava)* following.., after..; *post|-* (-war *sodan ~; -natal syntymän ~).*

jälkeläinen descendant; offspring *(pl ~),* progeny *(pl ~);* issue *(m lak).*

jäl∥ki 1 track (tracks of a lion *leijonan -jet;* of wheels *pyörien ~ (-jet)); (jalan~) (m)* foot|mark, -print (he followed the footprints in the snow *hän seurasi lumessa olevia ~ä)* **2** *(merkki)* mark (dirty marks *likaisia ~ä),* stain (on the floor *lattiassa)* **3** *-jet* traces (of an ancient civilization *muinaisen kulttuurin -jet)* ▶ **ei jälkeäkään**

not a trace (sign) of (nervousness *hermos- tuneisuudesta*); **eksyttää** *-jiltä* throw off the scent; jnk **jäljiltä** *(jäljeltä)* after (the rain *sateen* ~); *-keäkään* **jättämättä** without [leaving] a trace; **jättää** *-kensä jhk* leave its traces on; *olla* **oikeilla** *(väärillä) -jillä* be on the right (wrong) track; **ol- la** *jkn -jillä* be on the track of; **peittää** *nsä* cover up one's tracks; **päästä** *jkn -jille* get on the track of; **seurata** *jkn* ~*ä* trace a p. (to New York *New York- iin*); track (an animal to the den *eläimen* ~*ä pesälle*); *(kuv)* follow in a p.'s footsteps.

jälki∣∣hoito after-treatment; *leikkauksen* ~ postoperative treatment **--istunta** *(koul)* detention; *jättää* ~*an* keep in **-jouk∣ko** *(sot)* rear[guard]; *-ossa* in the rear **-kasvu** offspring; *(pl)* descendants, *(seuraajat)* followers **-katsaus** review, summary (of *jhk*); *luoda* ~ *jhk* review; summarize **-kirjoitus** postscript *(lyh* P.S.) **-käteen** afterward[s]; *(myöhemmin)* later **-liite** suffix **-lähetys** forwarding **-maailma** posterity; *säilyä* ~*lle* be handed down to posterity **-mainingit** *(sg)* aftermath; *(kuv m)* repercussions (of the revolution *vallankumouksen* ~); *(-kaiut)* echoes (of romanticism *romantiikan* ~) **-maku** after-taste **-mmäinen** latter (alternative *vaihtoehto*); *(toinen)* second (half of the year *vuoden* ~ *puolisko*); *edellinen* — ~ the former — the latter **-osa** latter part (of the year *vuoden* ~); *yhdyssanan* ~ the latter component of a compound **-painos** reprint; ~ *kielletty* all rights reserved **-peli** post-mortem **-polvi** *(pl)* future (coming) generations; posterity **-puolisko** latter (second) half **-pää** end **-ruoka** dessert; *(Br m)* sweet **-sato** aftermath; *(pl)* gleanings **-seurau∣s** aftermath (of war *sodan -kset)* **-säädös** will, testament **-säädöslahjoitus** bequest **-tarkastus** check-up **-vaatimu∣s;** *-ksella* cash (collect) on delivery, *(lyh)* C.O.D. **-vaikutu∣s** aftereffect; *-kset (m) (sg)* aftermath **-viisaus** hindsight **-äänitys** dub[bing].

jälleen again; *(taas kerran)* once more; *(eräiden verbien alkuliitteenä)* re- (resell *myydä* ~; reunite *yhdistää* ~) ~**myyjä** dealer (authorized dealer *valtuutettu* ~); *(vähittäismyyjä)* retail dealer, retailer ~**myynti** resale, reselling; sale at second hand; *(vähittäismyynti)* retail ~**näkeminen** reunion ~**rakentaminen** reconstruction, rebuilding.

jämäkkä sturdy; strong.

jänis 1 hare 2 *(salamatkustaja)* stowaway 3 *(urh)* pacemaker ~**emo** doe hare ~**housu** coward; funk ~**koira** harrier; *(Englannin~)* beagle ~**tää** get cold feet.

jänne 1 *(anat)* tendon (Achilles tendon *akilles*~); sinew; chord (of a foot *jalan* ~) 2 *(jousen ym* ~) string 3 *(mat)* chord ~**repeämä** sprained tendon ~**tupentulehdus** tendovaginitis ~**tuppi** tendon sheath ~**väli** span.

jännite tension, *(sähk m)* electric potential; voltage; *(fys)* potential.

jännitty∣∣neesti tensely, with strained attention; *kuunnella* ~ listen intently **-neisyys** [state of] tension **-nyt** 1 tense (atmosphere *ilmapiiri*); strained (relations *-neet välit);* *(pingottunut)* tight, taut (muscle *lihas*); *-neessä mielentilassa* in a state of high tension 2 *(innokas)* anxious, excited; *odottaa -neenä (m)* wait in [a flutter of] expectation **-ä** 1 tighten (the muscles tighten *lihakset -vät*), tauten (a line tautens *siima -y*); jousi *-y* the bow bends 2 *(kuv)* become strained (tense) (the relations became strained to the utmost *suhteet -ivät äärimmilleen*).

jännittävä 1 exciting (match *ottelu;* situation *tilanne*); thrilling (film *elokuva*); breath-taking (adventure *seikkailu*) 2 *(mielenkiintoinen)* interesting, exciting (production *toteutus;* acquaintance *tuttavuus*); *on* ~*ä nähdä. .* it will be interesting to see. .

jännit∣tää 1 stretch (one's muscles *lihaksiaan*), strain (a canvas over a frame *kangas kehyksiin*); tighten, tauten (a string *narua*); ~ *voimansa äärimmilleen* strain every nerve [to the utmost], muster up all one's strength 2 *(kuv)* be (feel) nervous (about, of *jtk;* the bridegroom was clearly nervous *sulhasta -ti selvästi*); *älä -ä!* take it easy! relax!

jännity∣s 1 *(jännittäminen)* tension (muscular tension *lihas~*); stretch (of a spring *jousen* ~); *(rasitus)* strain (the rope broke under the strain *naru katkesi -ksessä);* *(fys m)* pressure 2 *(jännittyneisyys)* tension (the tension breaks ~ *laukeaa*); *(~tila)* suspense (breathless suspense *henkeäsalpaava* ~); *(kiihtymys)* excitement; *(jännittävyys)* thrill (the film lacks thrill *elokuvassa ei ole ~tä);* *odottaa -ksellä* wait excitedly (eagerly); *pitää jkta -ksessä* keep a p. on tenterhooks **3** *(pol)* tension, *(pl)* strained relations (between two countries *kahden valtion välillä*); *kansainvälisen -ksen lie[ve]ntyminen* détente.

jännitys‖**romaani** thriller **-sarja** thriller series **-tila** tension; *(pol m)* state of tension.

jännä exciting, thrilling; *(tosi ~)* terrific **~ri** whodunit; thriller.

jänte‖**ikäs** sinewy, wiry, tendinous **-inen** stringy (meat *liha*) **-vyys** muscularity; vigo[u]r (of muscles *lihasten ~*) **-vä** muscular, vigorous; *(jänteikäs)* sinewy, wiry (arms *~t käsivarret*); athletic (figure *vartalo*).

jänö bunny.

järeä 1 sturdy, stout; *(vahva)* strong (man *mies;* beam *palkki*); *käyttää ~ä kieltä* speak harshly **2** *(sot)* heavy (gun *tykki*); *~t haulit (sg)* buckshot **~tekoinen** coarse; rough.

järi‖**stys** [earth]quake **-stä** quake, shake **-syttävä** shocking (experience *kokemus*); stirring **-sytt**‖**ää** rock, shake *(m kuv;* the foundations of society *yhteiskunnan perustuksia); se -i koko maailmaa* it shocked the [whole] world.

järjelli‖**nen** rational (being *olento;* reason *syy*), intelligible (explanation *selitys*); *(looginen)* logical; *ei kukaan ~ ihminen* no man in his senses **-syys** rationality; *(loogisuus)* logic.

järjen‖**juoksu** *(pl)* wits (slow wits *hidas ~*); logic (can you see his logic? *ymmärrätkö hänen ~aan?*); *hänellä on terävä ~ (m)* he is quick on the uptake **-vastainen** irrational **-vastaisuus** irrationality.

järjestellä arrange (stamps *postimerkkejä*); organize (the files *kortistoa*); *(lajitella)* sort (mail *postia*); *~ asioitaan* settle one's affairs.

järjestelmä system **~kamera** systems camera; single lens reflex *(lyh SLR)* camera **~llinen** systematic *(adv* ~ally), methodical (worker *työntekijä*) **~llistää** systematize **~llisyys** method, system **~veikkaus** system tipping (betting).

järjestely arrangement (make necessary arrangements *tehdä tarpeelliset ~t*); organization, organizing (of traffic *liikenteen ~*); disposition (of troops *joukkojen ~*); *~n alaisena* under process (in progress) of organization **~kyky** organizing ability.

järjestyksen‖**pito** maintenance of [law and]

order **-valvoja** peace officer.

järjesty‖**minen** organization; settlement (of affairs *asioiden ~*) **-mätön;** *~ työväki* unorganized (non-union) labo[u]r **-nyt** organized (labo[u]r *työväki;* society *yhteiskunta*).

järjesty‖**s** order (in alphabetical order *aakkos-ksessä;* law and order *laki ja ~*); *(peräkkäinen ~)* succession, sequence ▶ **A** *(järjestyksessä)* asia *on* -ksessä it's quite all right, *(ark)* it's okay; *asianmukaisessa (säädetyssä) -ksessä* in due course (order); *hyvässä -ksessä* in good order; *missä -ksessä?* in what order? *peräkkäisessä -ksessä* in sequence; *-ksessä* **seuraava** next; ▶ **B** *(muita sanontoja) -ksen* **mies** orderly person; **noudattaa** *[jtk] ~tä* observe [an] order; **palauttaa** *~* restore order; *palauttaa -kseen* call to order; **saada** *asia -kseen* settle the matter; **valvoa** *~tä* keep (maintain) order; *-ksen* **vuoksi** for the sake of [good] order.

järjestys‖**häiriö** breach of the peace; disturbance **-luku** ordinal [number] **-mies** usher; *(ovimies)* doorkeeper **-numero** serial number; *(juokseva numero)* consecutive number **-poliisi** uniformed police; patrolman; patrolwoman **-sään**‖**tö** *(pl)* regulations; *(kunnallinen ~)* [municipal] ordinance; *(sot)* *(pl)* disciplinary regulations; *-nöt* rules and regulations.

järjesty‖**ä 1** form [into] (a procession *kulkueeksi*); *(~ ammatillisesti)* organize, unionize; *~ jonoon* line up; *(sot m)* fall in line **2** *(luonnistua)* shape [well], turn out well; *(tulla kuntoon)* be settled (the matter was settled in a couple of hours *asia -i parissa tunnissa); se -y itsestään* it will take care of itself.

järjestä‖**jä** arranger, organizer (of a competition *kilpailujen ~*); promoter, *(Br m)* steward; *(koul)* monitor; *matkan ~* travel agent **-minen** organization, organizing; *(järjestely)* arrangement, arranging; *(asian ~)* settlement **-mätön** unorganized.

järjestäyty‖**mätön** unorganized; *~ työväki (m)* ununionized (non-union) labo[u]r **-nyt;** *~ työväki* organized (unionized, union) labo[u]r **-ä** form into (a line *jonoon*); [get] organize[d], unionize (politically *poliittisesti*); form a union; *(kokouksesta)* come to order.

järjest‖**ää 1** arrange (in alphabetical order *aakkosjärjestykseen;* according to *jnk* *mukaan*); organize (one's thoughts *ajatuksensa;* files *kortisto*); *(lajitella)* sort; *(~ uudelleen)* rearrange; *(panna järjestykseen)* put .. in order, settle (the matter *asia*); *(ark)* fix, straighten up (one's room *huoneensa*) **2** *(toteuttaa)* organize (administration *hallinto;* a strike *lakko;* an art exhibition *taidenäyttely*); *(panna toimeen)* arrange (a competition *kilpailut*), make arrangements (for a journey *matka;* for a meeting with a p. *tapaaminen jkn kanssa*) **3** *(toimittaa)* arrange (a surprise for *yllätys jklle*), *(ark)* get, fix (a p. a job *jklle työpaikka*) ▶ ~ **asiansa** settle one's affairs; ~ **elämänsä** order one's life, *(ark)* get [o.s.] organized; ~ **etukäteen** prearrange.

järjestö organization.

järje||ttömyy|s 1 *(järjen puute)* irrationality **2** *(mielettömyys)* absurdity; *mennä -ksiin* begin to be ridiculous **-tön** unreasonable, irrational (animal *eläin*); *(mieletön)* senseless (waste *~tä tuhlausta*); nonsensical (question *kysymys*); absurd; *(hullu)* foolish, idiotic, mad (idea *ajatus*); *puhua -ttömiä* talk nonsense.

järkeenkäypä rational, intelligible (explanation *selitys*).

järkei||llä reason; *(pohdiskella)* speculate (on *jtk*) **-ly** reasoning.

järkeistää rationalize.

järkevyys reasonableness; rationality; common sense.

järkevä sensible (idea *ajatus;* man *mies*); reasonable (price *hinta;* decision *päätös*); prudent (ruler *hallitsija;* motives *~t perusteet*); *(selväjärkinen)* rational (statesman *valtiomies*); commonsensical ▶ *kuka tahansa* ~ **ihminen** anyone in his right mind (in his senses); ~ **mies** *(m)* a man of sense; *ole ~!* be sensible! *tuo on ~ä* **puhetta** that makes sense, now you're talking sense.

jär|ki 1 reason (and emotions *ja tunteet*); *(pl)* senses (his senses were clear to the last *hänen -kensä oli selvä loppuun asti*) **2** *(tervejärkisyys)* sense (talk sense *puhua -keä*) ▶ *siinä* **ei** *ole* **mitään** *-keä* it doesn't make any sense, there is no sense (reason) in it; *ei ole mitään -keä odottaa kauempaa* there is no sense in waiting any longer; *pojan* ~ **juoksee** *(seisoo)* the boy has (doesn't have) his wits about him; *mennä* **järjiltään** go out of one's senses (mind); *olla -jiltään* be out of one's senses

(wits, mind); *olla* **järjissään** be in one's senses (right mind); *hän ei ole aivan -jissään* he is not quite right [in the head], *(ark)* he is not quite there (with it); **käytä** *-keäsi!* use your common sense! **menettää** *-kensä* lose one's reason (mind), take leave of one's senses; **puhua** *-keä jklle* make a p. see reason; *(yrittää puhua -keä jklle)* try to reason with a p.; **saada** *jku ~insä* bring a p. to reason (his senses), make a p. see reason; *tavallinen* **terve** ~ common sense; **tulla** *~insä* come to one's senses, see reason; **täydessä** *-jessään* in possession of one's reason.

järki||avioliitto marriage of convenience **--ihminen** sensible person **-intyä** come to one's senses, see reason **-peräinen** rational (explanation *selitys*); ~ *maanviljelys* scientific farming **-peräistää** rationalize.

järkky||minen tremor, vibration; *(kuv)* disturbance (of the balance *tasapainon ~*) **-mättömyys** immovability; inflexibility **-mätön** immovable; firm, steadfast (opinion *mielipide*); unswerving, unwavering (faith *usko*); unyielding (determination *päättäväisyys*); inflexible (will *tahto*) **-ä 1** *(konkr)* shake, tremble, rock **2** *(kuv)* shake; be shaken (to its foundations *perustuksiaan myöten*).

järkyt||tyä be shocked (upset, shaken) (by *jstk*) **-tävä** shocking; upsetting; staggering **-tää** shake; *(kuv m)* shock, upset; *(sekoittaa)* disturb (a p.'s mind *jkn mieltä;* the balance *tasapainoa*) **-ys** shock.

järkähtämä||ttömyys immovability; inflexibility; firmness; *(horjumattomuus)* unswervingness **-tön** immovable (opinion *mielipide;* resolution *päätös*); unswerving, unwavering (in one's decision *päätöksessään*); *(pettämätön)* unfailing (loyalty *uskollisuus*), firm (resistance *vastarinta*).

järkäle boulder; block.

järsiä gnaw ([at] a bone *luuta*); crop (grass *ruohoa*); nibble (cheese *juustoa*).

järvi lake ~**alue** lake district ~**kala** freshwater fish ~**tiede** limnology ~**vesi** lake water; *(makea vesi)* fresh water.

jäsen 1 *(raaja)* limb (rest one's tired limbs *lepuuttaa väsyneitä ~iään*) **2** *(kuv)* member (of a committee (family) *komitean (perheen) ~*); *(tieteellisen seuran ~)* fellow **3** *(kiel ja mat)* member ▶ **liittyä** *~ksi jhk* become a member of, join, enter; **ottaa** *~eksi* admit (accept) as a member

(in *jhk*); venytellä ~* iään* stretch o.s.
jäsen‖alennus members' reduction **-ehdokas** candidate (applicant) for membership. **-jäseninen;** *5-~ valiokunta* a committee of five.

jäsen‖kirja party card **-kortti** membership card **-maa** member country **-maksu** membership fee; subscription; *(työntekijäjärjestön ~)* trade union fee, *(pl)* union dues **-määrä** membership **-nellä** outline (a speech *puhe*); *(-tää)* analyze **-nys** analysis; *(tutkielman ym ~)* plan, outline; disposition **-ryhmä** membership group **-seura** affiliated society **-tely** analysis; outline, outlining (of an essay *aineen ~*); disposition (of a study *tutkielman ~*) **-ten välinen** *(sisäinen)* internal; *(keskinäinen)* mutual **-tymätön** unorganized **-tää** 1 outline (a lecture *esitelmä*) 2 analyze; parse (a sentence *lause*) **-valtio** member state (of the UN *YK:n ~*) **-yhdistys** member association **-yy|s** membership (resign one's membership *luopua -destä*) **-äänesty|s;** *alistaa -kseen* put to the vote [among the members].

jät|e 1 waste (gaseous (solid) waste *kaasumainen (kiinteä) ~*) 2 **-teet** remains (of a meal *ruoan-teet*); *(roskat) (sg)* refuse, rubbish; *(Am)* garbage; *-teiden hävittäminen* refuse (waste) disposal **~huolto** refuse collection and disposal; *(Am)* garbage disposal **~kasa** refuse pile (heap) **~paperi** waste (scrap) paper **~puu** waste (refuse, scrap) wood, wood waste **~säiliö** waste container; *(roskapönttö)* dustbin; *(Am)* garbage can **~säkki** refuse (rubbish) sack **~vesi** soil water; sewage; *(pl)* effluents **~vesimaksu** wastewater duty.

jätkä 1 *(tukki~)* timber feller; *(Am)* lumberjack; *(satama~)* docker; *(Am)* dock walloper 2 *(kaveri)* Johnny, bloke 3 *(sl)* *(kortti)* jack, knave.

jättiläinen giant; *(naisesta)* giantess 2 *(voim)* giant swing *(erik Am* circle).

jättiläis‖askel; *edistyä ~in* take a great leap forward, go ahead by leaps and bounds **-kokoinen** gigantic, colossal **-menestys** smash hit **-mäinen** gigantic, giantlike; colossal.

jätti‖potti jackpot (hit the jackpot *saada ~*) **-tankkeri** supertanker; *(lyh)* VLCC (= very large crude carrier).

jättäytyä leave o.s. (to the mercy of *jnk armoille*); surrender o.s. (to God *Jumalan*

huomaan); ~ *jälkeen* fall behind.
jättää leave *(eri merk)* (the decision to a p. *asia jkn ratkaistavaksi;* a p. in despair *jku epätoivoon;* half-way *puolitiehen;* a message *sana;* undone *tekemättä;* one's wife *vaimonsa*) 1 *(luovuttaa)* deliver (a parcel in the post-office *paketti postiin*); △ *(~ jkn huostaan)* hand over (the matter to a lawyer *asia lakimiehen hoidettavaksi*); △ *(~ hakemus ym)* put in (at *jnnk;* a petition *anomus;* an income tax return *veroilmoitus*), submit (an application *hakemus;* to *jklle, jnnk*); present (one's card to a p. *korttinsa jklle*); △ *(~ sisään)* hand in (one's resignation *eroanomuksensa*) 2 *(luopua)* give up (one's studies *opintonsa*); △ *(~ tehtävä ym)* retire from (politics *politiikka*); quit (a job *työpaikka*) 3 *(~ tekemättä)* fail (to come *tulematta*), neglect (to pay one's debts *velkansa maksamatta*) ▶ ~ **entiselleen** leave unchanged; *jätä se minun huolekseni!* leave it to me! ~ **kesken** leave half-way (unfinished); *(keskeyttää)* discontinue; give up; *hän jätti koulunsa kesken* he didn't finish school; ~ **seuraavaan kertaan** put off for the next time; ~ **väliin** skip.
jättö 1 leaving; delivery *(ks jättää)* 2 *(urh)* miss 3 *(mer)* slip; *(tekn)* lag **~aika;** *hakemusten ~ päättyy..* last date for applications is.. **~päivä** date of filing; *hakemusten viimeinen ~ on 30. syyskuuta* entries close on September 30.
jätättää; *kello ~ viisi minuuttia* the watch is five minutes slow.
jätö|s; *-kset* leavings.
jäyhä taciturn, laconic; ..of few words; *(yksivakainen)* grave (manner of speaking *puhetapa*).
jäykis‖te stiffening material; *(aut)* stiffening piece, strut; *(~kangas)* buckram **-tetty** *(tekn)* armed; *(aut)* braced, trussed; *(lääk)* ankylosed (joint *nivel*) **-tynyt** stiff **-tysleikkaus** artificial ankylos|is *(pl* -es) **-ty|ä** stiffen (her face stiffened *hänen ilmeensä -i*), become stiff **-tää** 1 stiffen (a cloth with glue *kangas liisterillä;* this event stiffened their relation *tapaus -ti heidän välejään*); *(rak m)* reinforce 2 ankylose (a joint *nivel*) 3 *(jähmettää)* stiffen, set (cold sets oil *pakkanen ~ öljyn*); *(kovettaa)* harden.
jäykkyys stiffness, rigidity (of attitudes *asenteiden ~*); *(kuv m)* formality,

constraint.
jäykkä 1 stiff (cardboard *kartonki;* with cold *kylmästä*); rigid (spring *jousi;* plastic *muovi*); inflexible (metal *metalli*); *(jähmeä)* solid, viscous (oil *öljy*); *(~ kylmästä m)* numb **2** *(kuv)* stiff (bow *kumarrus*); forced (smile *hymy*); *(joustamaton)* rigid, inflexible (organization *organisaatio*); *(muodollinen)* formal (atmosphere *ilmapiiri*); *kauhusta* ~**nä** paralyzed with horror, scared (frightened) stiff ~**kouristus** lock-jaw; tetanus ~**niskainen** stiff-necked; stubborn.
jäytä|ä gnaw ([at] a bone *luuta;* at a p.'s heart *jkn sydäntä*); eat (wood *puuta*), fret (in a p.'s breast *jkn rintaa*); *(kuv m)* wear down (a p.'s health *jkn terveyttä*); consume (a p.'s strength *jkn voimia*); *(kalvaa)* prey on (a p.'s mind *jkn mieltä*); *-vä tauti* wasting disease; *-vä tuska* gnawing pain; ~ *yhteiskunnan perustaa* strike at the very roots of society.
jä|ä 1 ice *(m kuv;* as cold as ice *kylmä kuin* ~*)* **2** ~*t (~palat)* ice cubes ▶ **jäässä** frozen (I'm frozen *olen ihan* ~*ssä*); *(~n peitossa)* iced [over], covered with ice; *ikkuna on* ~*ssä (m)* the window is frosted [over]; **juuttua** *-ihin* be icebound; *koettaa* **kepillä** ~*tä* test the water; **panna** *-ihin* chill, cool; *(kuv)* put .. on ice.
jäädyke parfait.
jäädyt||etty frozen (meat *liha;* accounts *-etyt tilit*); *-etyt hinnat (m)* pegged prices **-täminen** freezing; *(kuv)* freeze, pegging *(ks m -tää)* **-tää 1** *(konkr)* freeze; ice over (the cold iced over the pond *pakkanen -ti lammikon*); freeze over (the skating rink *luistinrata*) **2** *(kuv)* freeze, peg (the wages *palkat*), put .. on ice.
jää|dä 1 *(~ jnnk)* stay (in town *kaupunkiin;* at home *kotiin;* with a p. *jkn luo;* in bed *vuoteeseen*); *(pysyä jssk)* remain (seated *istumaan;* in town for two days *kaupunkiin kahdeksi päiväksi;* in office *virkaan*) **2** *(~ jhk tilaan)* be left (wondering *ihmettelemään;* a widow *leskeksi;* without work *työttömäksi;* alone *yksin*) **3** *(~ jäljelle)* be left over (nothing was left over for him *hänelle ei -nyt mitään*) **4** *(~ jkn hoidettavaksi)* be left to (the matter was left to me *asia jäi minulle*) **5** *(~ tekemättä)* fail (to happen *tapahtumatta*); remain (unsaid *sanomatta*)

▶ **A** *(jäädä + määrite)* ~ **pois** stay (stop) away (from the party *juhlasta*); get off (the train *junasta*); be omitted (from the book *kirjasta*); ~ *pois muodista* fall out of fashion; ~ **toiseksi** come second; ~ **unohduksiin** be forgotten, fall into oblivion; ~ **voimaan** remain in force, continue to be valid; ▶ **B** *(jää)* **7 jaettuna** *3:lla jää 1* 3 into 7 goes twice 1 over; **nähtäväksi** *jää onko..* it remains to be seen whether..; *asia saa* ~ **tähän** let's leave it at that; *kuitti jää* **vastaanottajalle** the receipt to be retained by the recipient; **viidestä pois** *kaksi jää kolme* two from five leaves (is) three; ▶ **C** *(jäi)* **lompakkoni** *jäi* **kotiin** I left (forgot) my wallet at home; *minulta jäi* **sanomatta** I forgot to say; *häneltä jäi* **vaimo** *ja kaksi lasta (yksi keskeneräinen sinfonia)* he left a wife and two children (an unfinished symphony).
jäähalli ice stadium.
jäähdy||te cooling agent; *(ydintekn)* coolant **-tellä** cool off **-tetty** ice-cooled, chilled **-tin** cooler (air cooler *ilma*~); refrigerating machine; *(kem)* condenser; *(aut)* radiator **-tteinen** *(yhdyss)* -cooled (air-cooled *ilma*~) **-ttämö** refrigerating plant **-ttää** cool; chill (before serving *ennen tarjoilua*), *(~ jäillä)* ice; *(~ jääkaapissa)* refrigerate; *(kuv)* cool off (feelings *tunteita*).
jäähdytys cooling; refrigeration ~**aine** cooling agent, refrigerant ~**järjestelmä** cooling system ~**laite** refrigerating equipment ~**neste** refrigerating brine, cooling liquid, coolant ~**tekniikka** refrigerating engineering.
jää||hile 1 *(-kide)* ice fern; ~*et* frost figures (flowers), *(sg)* frostwork **2** *(ohut -kuori)* thin coating of ice **-hokki** ca[u]lk; ice spur.
jäähty||nyt cool (air *ilma*); cold (tea *tee*); *(kuv)* cooled off (feelings *-neet tunteet*) **-ä** cool (the air is cooling *ilma -y*); get cool[er]; get cold (your food is getting cold *ruokasi -y*); *(kuv m)* cool down.
jäähy *(urh); saada* ~ be sent to the penalty box.
jäähyväis||et *(sg)* farewell *(m kuv;* to summer *kesälle;* take a tender farewell of *jättää hellät* ~ *jklle*); *jättää* ~ *(m)* make one's farewells, take leave of *jklle*); bid farewell (to *jklle*) **-käyn|ti;** *mennä -nille* pay (a p. *jkn luo*) a farewell visit **-näytäntö** farewell performance **-puhe** farewell speech.
jää||kaappi refrigerator, *(ark)* fridge; *(Am*

m) icebox **-kaappipakastin** deep-freeze refrigerator **-kahvi** ice[d] coffee **-karhu** polar (ice) bear **-kau|si** ice age, glacial period (epoch); *-den jälkeinen* post-glacial **-kide** ice crystal.

jääkiekko ice hockey ~**joukkue** ice hockey team ~**maila** [hockey] stick ~**-ottelu** ice hockey match.

jää||kuutio ice cube **-kylmä** *(konkr ja kuv)* ice-cold, icy; glacial, freezing.

jääkäri light infantryman.

jää||lasi frosted glass **-lautta** ice float; *(ajelehtiva* ~*)* [ice] floe **-lohkare** ice cake, block of ice **-mer|i** *[Pohjoinen] J*~ the Arctic Ocean; *Eteläinen J*~ the Antarctic Ocean; *-en* arctic (fishing *-kalastus*); polar (explorer *-tutkija*).

jäämistö estate [of a deceased person]; *kirjallinen* ~ *(pl)* literary remains, posthumous works.

jäämurska crushed ice.

jäämä 1 *(jäännös)* remnant (remnants of poison *myrkky~t*) **2** *(yli~)* surplus; residual; *(velka~) (pl)* arrears, *(saatavat)* balance.

jään||estoaine anti-freeze [solution] **-lähtö** break[ing]-up of [the] ice **-murtaja** ice|breaker, -boat.

jään|ne 1 *(relikti)* relic (of the Ice Age *jääkaudelta*), survival (from the 18th century *1700-luvulta*) **2** *-teet* remains (of prehistoric animals *esihistoriallisten eläinten -teet;* of an old castle *vanhan linnan -teet)* ~**-eliö** relict.

jäännö|s 1 *(tähde)* remainder, rest; *(kem)* residual **2** *(mat)* remainder **3** *(liik)* balance (in our favo[u]r *hyväksemme)* **4** *-kset (tähteet)* remains (of a supper *illallisen -kset;* of early civilization *muinaisen kulttuurin -kset)*; *maalliset -kset* [mortal] é

remains **5** *(jäänne)* relic, survival (of ancient times *muinaisilta ajoilta)* ~**erä 1** remnant, odd lot, remainder **2** *(maksun* ~*)* balance, remaining (outstanding) amount ~**pala** remnant.

jää||pallo bandy **-pallomaila** stick, bandy **-puik|ko** icicle; *sormet kuin -ot* fingers as cold as ice **-rata** ice track **-rata-ajo[t]** ice racing.

jäärä||päinen obstinate, stubborn; pig-headed ~**pää** mule, bullhead; diehard.

jää||stadion ice stadium **-tanssi** ice dancing.

jäätelö ice-cream ~**kioski** ice-cream stall ~**puikko** ice-cream stick ~**tötterö** ice-cream cone (cornet).

jäätik|kö ice sheet (cap); *(alppi~)* glacier; *-ön tutkimus* glaciology.

jääty||mispiste freezing-point **-mätön 1** *(ei jäätynyt)* unfrozen **2** *(joka ei jäädy)* non-freezing, anti-freezing **-nyt** frozen; *kiinni* ~ frozen-in **-ä** freeze; *(~ kiinni)* freeze up; *(järvestä ym)* freeze (ice) over; *järvi on -nyt* the lake is frozen [over]; *laiva on -nyt kiinni* the ship is ice-bound.

jäätävä icy (wind *tuuli;* in an icy tone of voice ~*llä äänellä)*, chilly, freezing (weather *sää); (kuv m)* chilling (stare *katse),* frosty (reception *vastaanotto);* ~ *kylmyys* biting (severe) coldness, *(kuv)* icy coldness; ~*n kylmä* icy.

jää||vahvisteinen ice-strengthened (vessel *alus)* **-vesi** ice water.

jäävi challengeable (witness *todistaja);* disqualified ~**tön** unchallengeable ~**ys** legal incompetence.

jäävuori iceberg.

jäävätä challenge [the validity of] (a will *testamentti),* disqualify (a witness *todistaja); (~ tuomari m)* recuse.

jörö taciturn ~**jukka** quiet type.

K

k, K *(kirjain)* k, K *(pl* ks, k's, Ks, K's).
kaadanta felling (of a bear *karhun* ~).
kaaderi cadre.
kaadin jug, pitcher.
kaaha∥ri speedster, scorcher **-ta** drive recklessly, scorch.
kaakao 1 *(kasv)* cacao **2** *(jauhe, juoma)* cocoa; *(~juoma m)* chocolate **~likööri** crème de cacao **~papu** cocoa bean, cacao [bean].
kaakat∥taa, -us cackle; cluck; *(hanhesta)* quack.
kaakeli Dutch (glazed) tile **~seinä** tiled wall **~uuni** tile[d] (glazed) stove.
kaakeloida tile.
kaakki *(hevos~)* hack, jade, rip.
kaak∥ko southeast; *-ossa* in the southeast **~inen, ~is∣-** southeast[ern]; southeasterly **~istuuli** southeasterly wind, southeaster.
kaakkuri *(el)* red-throated diver *(Am* loon).
kaali cabbage **~mato** cabbageworm, caterpillar **~nkupu** cabbage[head].
kaamea 1 *(hirveä)* ghastly, grisly, gruesome; monstrous (crime *rikos*) **2** *(kammottava)* uncanny, weird, eery (noise *ääni*) **3** *(ark)* horrible, terrible (hat *hattu*).
kaamos∣aika] *(läh v)* polar night; period of [winter] darkness.
-kaan *(-kään)* **1** *ei hänkään [tiennyt sitä]* not even he [knew it]; *hän ei tullutkaan* he did not come anyway (after all); *Pekka ei tunne häntä enkä minäkään* Pekka does not know him nor do I **2** *[jätetään us kääntämättä] ei sanaakaan [siitä]!* not a word [of it]! *hän ei voinut aavistaakaan että* he could not [even] think of..; *eikö hän ole vieläkään tullut?* hasn't he come yet? *paremmin kuin paraskaan* better than the best.
kaani khan.
kaanon *(mus)* canon; round.
kaaos chaos; *(m)* utter confusion **~mainen** chaotic *(adv* ~ally).
kaapata 1 *(kahmaista)* grab, snatch; ~

syliinsä pull to one's arms **2** *(anastaa)* seize, usurp (power *valta*); *(vallata)* capture (a ship *laiva*); *(tehdä kaappaus)* hijack, *(ilm m)* skyjack.
kaapeli cable; *laskea* ~ lay a cable **~johto** cable [line] **~televisio** cable television.
kaapia scrape; abrade *(m lääk)*; scratch (lichen *jäkälää*).
kaapisto cabinet [combination].
kaappa∥aja capturer; *(lentokoneen ym* ~) hijacker; *(vallan~)* usurper **-ri∣kapteeni, -laiva]** *(hist)* privateer **-us** capture (of a ship *laivan* ~); *(anastus)* seizure; *(lentokoneen ym* ~) hijacking, skyjacking; *(vallan~)* coup [d'état] **-usyritys** attempted capture (coup).
kaappi *(ruoka~, astia~)* cupboard; *(Am)* cabinet; *(koriste~)* cabinet; *(vaate~)* wardrobe; *(kirja~)* bookcase; *(ruokasalin* ~) sideboard; buffet **~juoppo** secret (bedroom, closet) drinker **~kello** grandfather['s] clock.
kaapu *(papin ym* ~) robe; *(munkin~)* frock, cowl; *(tuomarin ym* ~) gown; *(viitta)* cloak.
kaare∥illa bend, curve **-utua** = *kaartua 2.*
kaarev∥a *(käyrä)* bent, curved; *(kaartuva)* arched **-alinjainen** well-curved (boat *vene*) **-uus** curvature, curve; *(kaareutuvuus)* arched form.
kaar∣i 1 *(~viiva, ~muoto)* curve; curvature **2** *(mat, fys)* arc **3** *(rak)* arch; *(holvi)* vault **4** *(jousen ym* ~) bow **5** *(mus) (side~)* tie **6** *(kuv)* curve (of one's life *jkn elämän* ~) ▸ **lentää** *-ena* fly in a curve; **painua** *-elle* sag; **taipua** *-elle* bend; **ympyrän** ~ circular arc.
kaari∥harppi *(pl)* bow compasses **-holvi** arched vault **-ikkuna** arched window **-lamppu** arc lamp **-pyssy** [cross]bow **-saha** bucksaw, bow saw **-silta** arch[ed] bridge **-sulje** parenthes∣is *(pl* -es) **-viiva** curve[d line].
Kaarle Charles; ~ *Suuri* Charlemagne.
kaarna bark, rind **~kuoriainen** bark beetle

~**laiva** bark boat.

kaar|re curve (of a road *tien* ~); *(polvi)* bend; *-teet (m) (sg)* curvature of track *radan -teet)* ~**lla 1** *(erik tiestä)* curve; bend, wind **2** *(linnuista)* wheel (above us *päämme päällä)*; hover, soar (in the sky *taivaalla)*.

kaarro||ke *(käsit)* yoke *-s (kaarre)* bend, curve; *(laaja* ~) camber; *(kaartoliike)* sweep.

kaartaa 1 *(tiestä ym)* [bend in a] curve, sweep; bend; turn (to the left *vasemmalle)*; *(autosta m)* corner **2** *(kiertää)* go round, make a circuit, circle; ~ *kaukaa* go a long way [a]round; *(kuv)* give a wide berth (to *jku)*, keep clear (of).

kaartelu; *tässä ei auta kiertely eikä* ~ it is no use evading the question, it's no use umming and aghing.

kaarti *(pl)* guards ~**lainen** guardsman.

kaarto curve, bend[ing] ~**liike** *(sot)* [out]flanking movement.

kaartu||a 1 *(tehdä mutka)* curve, bend, wind **2** *(kaareutua)* arch, vault (over *jnk yllä)*; camber *-va* arched; *(kaareva)* curved; *kauniisti* ~*t olkapäät* beautifully turned shoulders.

kaasu gas; *(huuru)* vapo[u]r ▶ *(aut)* lisätä ~*a* accelerate; speed up; **muuttaa** ~*ksi* gasify; **myrkyttää** ~*lla* gas; painaa ~ **pohjaan** kick down the gas, put one's foot down; *(aut)* **vähentää** ~*a* throttle (slow) down.

kaasu||- gas (tap *-hana;* piping *-johto;* chamber *-kammio;* flame *-liekki;* cooker, range *-liesi;* helmet *-naamari)* -**jalka** throttle foot *-***kello** gasometer *-***laitos** gasworks -**mainen** gaseous, gassy -**mittari** gas meter; ~*n lukija* gasman *-***myrkytys** gas poisoning; *saada* ~ *(m)* be gassed -**poletti** gas meter disc -**poljin** accelerator [pedal], gas pedal -**putki** gas pipe; *(pää~)* gas main -**seos** gas[eous] mixture; *(aut)* carburetted air *-***säiliö** gasometer, gas holder (reservoir, tank) *-***tin** carburett|or, -er, *(Am)* carburetor *-***ttaa 1** *(muuttaa kaasuksi)* gasify, convert into gas **2** *(sot ym)* gas; fumigate (a room *huone)* **3** *(aut)* step on the gas (accelerator); *(lisätä kaasua)* accelerate *-***untua** gasify; *(höyrystyä)* vaporize *-***valo** gaslight.

kaat|aa 1 a) *(~ kumoon)* overturn (a chair *tuoli)*; turn over, tip over (up); **b)** *(keikauttaa vahingossa)* tilt (topple) over, overturn (a load *kuorma)*; upset (a boat *vene;* a glass *lasi)*; capsize (a boat *vene)*; **c)** *(kipata)* dump, tip (the load *kuorma)*; **d)** *(iskeä kumoon)* knock over (down) (a man *mies)*; *(urh ym)* throw (one's opponent *vastustajansa)* **2** *(katkaista)* fell, chop down (a tree *puu)*; cut [down] (hay *heinää)*; hew [down] (timber *metsää)* **3** *(valuttaa)* pour (into *jhk;* off *jstk)*; *(~ vahingossa)* spill (milk on the table *maitoa pöydälle)* **4** *(erik mets)* kill, slay; *(ampua)* shoot (a bear *karhu)*; bring down (an elk *hirvi)* **5** *(kuv)* overturn, overthrow, subvert (a government *hallitus)*; *(tehdä tyhjäksi)* upset (a plan *suunnitelma)* ▶ ~ **kahvia** pour [out] coffee; *(kuv)* ~ **kylmää vettä** *jkn niskaan* pour cold water on a p.'s ardo[u]r; ~ **lakiesitys** kill the bill; **myrsky** *-oi maston* the storm broke the mast; *ei oppi ojaan kaada* there is no harm in learning; ~ **tyhjäksi** empty [.. out]; ~ *lasi* **täyteen** fill [up] the glass.

kaato 1 felling (of trees *puiden* ~) **2** *(painissa, voim)* fall; *(keilailussa)* strike ~**allas** sink ~**lava** *(aut)* tipper body, tipping (dumping) stage ~**lupa** *(mets)* shooting licence ~**paikka** dump, tip, refuse pit ~**sade** downpour, cloudburst, pouring rain ~**vaunu** tipper.

kaatu|a 1 fall (a tree fell *puu -i)*; *(mennä kumoon)* fall over, tumble [over]; *(sortua)* fall down, collapse; *(keikahtaa kumoon)* [be] overturn[ed]; turn (tip) over, [be] upset; *(mer)* capsize **2** *(valua)* spill, be spilt (the milk was spilt on the floor *maito -i lattialle)* **3** *(kuv)* fall (the government (record) fell *hallitus (ennätys) -i)* **4** *(saada surmansa)* be killed, fall, die (in the war *sodassa)* ▶ ~ **kuolleena** *maahan* fall (drop) dead; **lakiesitys** *-i* the bill was killed; *-maisillaan* **oleva** **rakennus** tumbledown building.

kaatumatauti epilepsy ~**kohtaus** epileptic fit ~**nen** *a ja s* epileptic.

kaatu||minen falling; *(hallituksen tms* ~) overthrow *-***nut** *(sot)* ..killed in action; *-neet* the fallen, those killed in action; *-neiden luettelo* death roll, list of casualties.

kaav|a 1 pattern (for a dress *puvun* ~*[t])*; *(malli)* model **2** *(kaavio)* diagram; *(~kuva; asema~)* plan **3** *(mat, kem)* formula **4** *(sanamuoto)* form[ula] *(of* a wedding announcement *vihki~)* **5** *(menettelyohje)* pattern ▶ **kangistua** *-oihin* become set in a fixed mo[u]ld, set in one's ways; become stereotyped; *kuin* **samaan** ~*an valettu* tailored to (made after) the same pattern; **sopia** ~*an* conform to pattern.

kaava||**illa** outline, sketch out **-in** mo[u]ld, form **-ke** form[ula].

kaavamai||**nen 1** schematic (*adv* ~ally); ~ *esitys* an outline, a general outline **2** (*kuv*) formal[istic]; (*sovinnainen*) stereotyped, set [in one's ways]; (*jäykkä*) stiff **-sesti** (*totuttuun tapaan*) as a matter of routine **-suus** formalism; (*sovinnaisuus*) formality; (*jäykkyys*) stiffness; (*rutiini*) routine.

kaavi||**loida** roll (dough *taikinaa*) **-n** scraper **-nta** (*lääk*) scraping, abrasion; (*kohdun* ~) curettage.

kaavio scheme, schedule; (~*kuva*) diagram [plan], figure ~**mainen** diagrammatic (*adv* ~ally); schematic (*adv* ~ally).

kaavoit||**taa** plan, draw a plan (for an area *alue*); make a town (city) plan; (*Am m*) zone **-us** [town (city)] planning; (*Am m*) zoning **-usalue** planned (*Am* zoned) area.

kabaree cabaret.

kabbalisti[nen] cab[b]alist[ic] (*adv* ~ically).

kabinetti 1 (*ravintolan ym* ~) cabinet, meeting room, private room **2** (*ministeristö*) cabinet, ministry.

ka|**de** envious, jealous; *ei käy -teeksi* it does not make me envious; *minun käy häntä -teeksi* I envy him, I feel envious of him (of *jstk*) ~**hdittava** enviable ~**htia** envy (a p. *jkta;* a p. a th. *jklta jtk*); be envious (of *jtk t. jkta*); [be]grudge (a p. a th. *jklta jtk*) ~**htij**|**a**; *hänellä on paljon -oita* many people envy him.

kadetti cadet; (*mer*) naval cadet, midshipman ~**koulu** (*Brit*) [Royal] military college; (*USA*) military academy ~**kunta** cadet corps.

kadoksi||**in**; *joutua* ~ be (get) lost, disappear **-ssa**; *olla* ~ be lost (missing).

kado||**nnut** lost; missing; ..past [and gone] (youth *nuoruus*); (*sot*) **-nneet** the missing **-ta 1** (*hävitä*) disappear (the symptoms disappeared *oireet katosivat*), vanish; (~ *vähitellen*) fade [away], die out (away) **2** (*hävitä näkyvistä*) disappear, vanish from sight **3** (*joutua -ksiin*) be (get) lost ▶ **kauneus** *katoaa* beauty fades; ~ **muistista** slip one's memory; *mies oli -nnut* (*m*) the man was gone.

kadot||**ettu** (*usk*) damned **-taa** (*eri merk*) lose (one's watch *kellonsa*; one's interest *mielenkiintonsa;* one's hope *toivonsa*); ~ *jäljet* lose the tracks **-us** destruction,

perdition; damnation (eternal damnation *ikuinen* ~); (*kuv m*) doom; *joutua -ukseen* perish, be damned.

kadun||**kulma** [street] corner; ~*ssa* at the corner **-lakaisija** street sweeper, scavenger **- laskeminen** (*tierak*) paving **-mies** the man in the street, the ordinary man **-puoleinen** front (door *ovi*); ~ *huone* room facing the street **-risteys** street crossing, (*Am*) intersection.

kaduttaa; *minua* ~ I regret (repent) (that *että;* doing (having done) it *että tein sen*), I am (feel) sorry (that *että;* for doing it *että tein sen*).

kahak||**ka** (*sot ym*) encounter, skirmish; (*rähinä*) row, wrangle **-oida** skirmish.

kahdeksainen [the number (figure)] eight.

kahdeksa|**n** eight (twenty-eight *kaksikymmentä*~); *meitä oli* ~ we were eight [in number], there were eight of us; *-t* eight pair[s] of (shoes *-t kengät*).

kahdeksan||**haarainen** eight-armed **-jalkainen;** ~ *mustekala* octopus **-kertai**|**nen, -sesti** eightfold **-kulmainen** octagonal **-kulmio** octagon **-kuukautinen** eight-month-old.

kahdeksankymmen||**lu**|**ku** (*pl*) the eighties; *-vulla* in the eighties **-tä** eighty; ~ *viisi* eighty-five **-vuotias** eighty-year-old [man (woman)].

kahdeksannes eighth [part] ~**nuotti** eighth note, quaver.

kahdeksan||**sataa** eight hundred; ~*viisikymmentäkolme* eight hundred and fifty-three **-toista** eighteen; *kello* ~ at six [o'clock] p.m. **-tuhatta** eight thousand; ~ *kolmesataa* eight thousand three hundred **-tuntinen;** ~ *työpäivä* eight-hour-day **-vuotias** *a ja s* eight-year-old; ~ *poika* (*m*) a boy of eight; *hän on* ~ he is eight **-vuotinen** eight-year, ..of eight years.

kahdeksa|**s** [the] eighth, 8th; *-nneksi* in the eighth place, eighthly ~**kymmenes** [the] eightieth ~**sadas** [the] eight hundredth ~**toista** [the] eighteenth.

kahden the two of us (you, them); between us (you, them) ▶ ~ **kesken** by ourselves (yourselves etc.); in private; **keskustella** ~ *jkn kanssa* talk privately with, have a private talk with; **me** ~ we two by ourselves; **olimme** ~ (*m*) we were [all] alone.

kahden||**arvoinen** (*kem*) bi-, di|valent

- hengen huone double[-bedded] room **-istuttava** two-seated **-kertainen** = *kaksinkertainen* **-keskinen** confidential; private; *meidän ~ asiamme (m)* a matter between us two **-nus** *(kiel)* gemination **- perheen talo** semidetached (*Am* duplex) house **-välinen** *(tal)* bilateral.

kahdes‖kymmenes [the] twentieth **-osa** *(mus); kaksi ~ tahti* two-two time **-sadas** two hundredth **-ti** twice; *(pref)* bi|-, semi|- (-monthly *kuussa,* -weekly *viikossa [tapahtuva]); ~ vuodessa (m)* twice a year; *~ vuodessa ilmestyvä (m)* biannual **-toista** [the] twelfth.

kaheli I *a* cracked, crackbrained, ..not all there II *s* crack|brain, -pot.

kahi‖na 1 rustle; *(silkin ~)* swish 2 *(nahina)* row, spat, wrangle **-noida** [kick up a] row, wrangle (about *jstk*) **-sta** rustle; *(silkistä)* swish **-stella** 1 rustle 2 = *-noida.*

kahla‖aja *(el)* wader, shorebird; wading (grallatorial) bird **-amo** ford, fording pl..ce, wade **-ta** wade (*m kuv*) **-us** wade, wading.

kahle I fetter; *(tav)* **~et** shackles, fetters (*m kuv*); chains, irons 2 *(kuv)* bond ▶ **kahleissa** in chains; **katkoa** *~ensa* break one's bonds asunder; **panna** *~isiin* put .. in irons; *(m kuv)* fetter, shackle; **vapaana** *jnk ~ista* unshackled by; **vapauttaa** *~ista* unchain, unfetter.

kahle‖htia 1 chain, put .. in irons; fetter, shackle (*m kuv*) 2 *(rajoittaa)* confine, restrain **-htimaton** untied, free (rapids *koski*) **-koira** chained dog **-kuningas** chain king, escapologist.

kahlit|a, -sematon = *kahlehti|a, -maton.*

kahluu‖allas paddling pool **-paikka** ford, wade.

kahmais‖ta grab (the money *rahat*); *~ käteensä* grasp .. with one's hand; *yrittää ~ jtk* make a grab at **-u** grab, grasp.

kahmalokaupalla handfuls of, plenty of.

kahmia; *~ itselleen* take more than one's share (of *jtk*).

kahna‖ta rub, chafe (against, on *jtk vasten*) **-us** *(erik kuv)* bickering, wrangling; *(kitka)* friction.

kahta; *~ parempi* doubly good, twice as good; *~ innokkaammin* with redoubled zeal **~alla** on two sides **~alle** in two different directions **~alta** from two directions **~lainen** two sorts (kinds) of (benefit *hyöty*) **~laisuus** duality.

kahtia in two [parts], in half; *jakaa ~ (m)*

halve; *~ jakautunut (kuv)* split [into two parts]; *leikata ~* cut in half **~jako** division in[to] [equal parts].

kahukärpänen frit fly.

kahva handle, grip; *(oven nuppi)* knob; *(veitsen ym ~)* haft; *(miekan ~)* hilt; *olla vallan ~ssa* hold the reins.

kahveli *(mer)* gaff **~purje** gaff sail.

kahvi coffee (make coffee *keittää ~a); kutsua ~lle* invite .. to coffee; *olla ~lla* have coffee (at, with *jkn luona*).

kahvi‖|- coffee (service, set **-kalusto;** cup **-kuppi;** party **-kutsut;** spoon **-lusikka;** grinder **-mylly;** packet **-paketti;** bean **-papu;** blend **-sekoitus**) **-aamiainen** continental breakfast **-kerma** single cream **-la** café, coffee house, coffee room **-laravintola** *(läh v)* coffee room (shop) **-leipä** pastry.

kahvin‖keitin coffee maker; [coffee] percolator **-poro** coffee grounds **-selvike** clarifier.

kahvi‖|o cafeteria; *(teatterissa ym)* refreshment room **-pannu** coffeepot **-pöy|tä** coffee table; *-dässä* at the coffee table.

kai probably, presumably; *(ehkä)* perhaps, maybe; *(todennäköisesti)* very likely ▶ **ei ~ hän kauan viivy** he won't stay long will he? *(toteamuksena)* I don't think he'll stay long; *(iron)* **kyllä (niin) ~!** I should say [so]! sure! **niin ~** I suppose (think) so; **pitää ~ lähteä** I suppose we must go.

kai|de 1 railing; *(käsipuu)* handrail; *(sillan ~)* parapet; *(reuna~)* balustrade; *-teet* banisters 2 *(tekst)* reed **~puu** = *kaide 1.*

kaih|din *(verho)* curtain; *(kierre~)* blind; *(säle~)* Venetian blind; *laskea -timet* lower the blinds.

kaihi *(harmaa~)* cataract; *(viher~)* glaucoma.

kaiho longing (for *jnk ~); (ikävä)* yearning; *(haikeus)* wistfulness **~isa** longing, languishing; wistful; *(surumielinen)* melancholy, sad (tune *sävelmä*) **~mielin** longingly, wistfully **~mielisyys** wistfulness; melancholy **~ta** long (for *jtk*); *(ikävöidä)* yearn, languish (for *jtk*).

kaihta|a shun (people *ihmisiä*); avoid (work *työtä*); keep away from (a place *jtk paikkaa*); *keinoja -matta* stopping at nothing.

kaiken‖|ikäiset [people] of all ages **-kokoiset** ..of all sizes **-laatuinen, -lai|nen** all kinds (sorts) of, ..of all kinds (sorts); ..of every description; *(monenlainen)* diverse, various; *juttelimme -sta* we talked of many things.

kaiketi probably, presumably; very likely.

kaikin *(kaikki yhdessä)* [all] in a body; *(miehissä)* in full numbers (force) ▶ *ei ~ ajoin* not always; *~* **keinoin** [in] every way; *~* **puolin** in every respect; *(täysin)* completely, quite; *~* **tavoin** in every way.

kaikinpuoli|nen *(täydellinen)* full, all-[a]round, *(ark)* out-and-out *(failure epäonnistuminen)* *(yleinen)* universal, general (welfare *hyvinvointi*); **-seksi** *tyydytykseksemme* to our full (complete) satisfaction.

kaikkein very, by far, ..of all; the most (beautiful *kaunein*) ▶ *~* **eniten** most of all; *~* **ensimmäinen** the very first; *~* **ensimmäiseksi** first of all; *~* **mieluimmin** more than anything else, above all; *~* **paras** by far the best, the very best, best of all; *~* **pienin** the smallest; *(m)* [the] minimum [of] (participation *osanotto*); *~* **pyhin** the Holy of Holies; *~* **suurin** the greatest; *(m)* maximum; *~* **vähiten** least of all, the very least.

kaikkeus = *maailmankaikkeus.*

kaik|ki I *a* **1** *(jokainen) (pl)* all ([the] men *miehet*); people *ihmiset*); *(sg)* every (town *kaupungit*) **2** *(koko)* all [the] (arable land *viljelykelpoinen maa;* all this *~ tämä*); whole, entire (revenues *tulot*), the whole of (his property *hänen omaisuutensa*) **II** *s* **1** *(jokainen) (sg)* every|body, -one; *(pl)* all people; *(joka ainoa) (sg)* one and all **2** *(asiasta) (sg)* all, everything; *(mikä tahansa)* anything (we are ready for anything *olemme valmiita -keen*) ▶ **-en aikaa** all the time, all along; *~en* **aikojen** *tilaisuus* the chance of a lifetime; *jotka ~* *(henk* whom); *~* **kaikessa** all in all, the whole world (to *jklle*); *raha ei ole ~ kaikessa* money is not everything; *-en* **kaikkiaan** on the whole, [all] in all, altogether; *me ~* all of us, we all; *-eksi* **onneksi** by great good fortune, happily, fortunately; *-et* **päivät** for days on end; **tehdä** *-kensa* do one's best; *-kea* **vielä!** nonsense! **yhtä** *~* all the same.

kaikki||aan in all, all told, taken all together; *kävijöitä oli ~..* the visitors totalled.. **-all||a** *(-e)* everywhere, in all places; *(missä tahansa)* anywhere; *~* **maailmassa** all over the world; *~* **maassa** throughout the country **-alta** from everywhere **-näkevä** all-seeing **-ruokainen 1**

(el, kuv) omnivorous **2** *(henk)* ..not particular about one's food **-tietävä** omniscient; *~* **Jumala** the Omniscient **-tietäväinen** *a ja s (halv)* know-all **-valtias I** *a* almighty; all-ruling (fashion *muoti*) **II** *s* God Almighty, the Almighty **-valtius** omnipotence **-voipa** all-powerful, omnipotent **-voipaisuus** omnipotence.

kaik|ota go away; escape; *(häipyä)* fade [away]; *uni -kosi hänen silmistään* all vestige of sleep left him.

kaiku echo *(m kuv); (äänen sointi, sävy)* sound, ring; *hänen nimellään on hyvä ~* he has a good name *~|a* **1** echo, make an echo; reverberate; *(vastata -na)* re-echo **2** *(kajahdella)* resound, ring (with *jstk); (laulusta yms)* sound, ring out ▶ *~ jkn* **korvissa** ring in a p.'s ears; **naurun** *-essa* amid peals of laughter; *jnk* **sävelten** *-essa* to the strains of; **täällä** *-u* there is an echo here.

kaiku||koppa sound box (board) (of a violin *viulun ~*) **-luotain** echo sounder, depth finder **-luotaus** echo sounding **-pohja** sound[ing] board; *(kuv)* saada *~a* get a good sounding board.

kaikuv||a echoing; resounding (box on the ear *korvapuusti); (kuuluva)* loud; *(kajahteleva)* resonant; *(sointuva)* sonorous **-asti** loud[ly] **-uus** *(äänen ~)* sonority; *(pl)* acoustics (of a room *huoneen ~*).

kaima namesake.

kainalo armpit ▶ **kirja** *~ssa* with a book under one's arm; *pistää* **kätensä** *jkn ~on* take a p.'s arm; **niemen** *~ssa (läh v)* in a sheltered cove; **puvun** *~t* the armholes of a dress.

kainalo||hiki *(us)* body odo[u]r **-kuoppa** armpit **-sauv|a** crutch; *kulkea -oilla* walk (go) on crutches.

kaino shy (smile *hymy*); bashful, coy (young girl *neito*); *hän ei ole turhan ~* he is pretty forward, he is asking a lot.

kainostel||ematon free [and easy], unconstrained, unceremonious; *(häpeämätön)* cool **-ematta** freely; *(häpeämättä)* calmly [and coolly]; *(kursailematta)* without ceremony **-eva** prudish, coy **-la** be shy (with *jtk*), be embarrassed (at *jtk*) **-u** bashfulness; timidity; *(turhankainous)* prudery.

kaino||stutt|aa; *tyttöä -i* she felt embarrassed, she was shy **-us** bashfulness, coyness.

kaipau|s 1 longing (for), pining (after, for);

(halu) desire, wish (to go to sea *merelle*) **2** *(~ jnk menetyksen johdosta)* missing; regret (with regret *-ksella*).

1 kaira *(tekn)* drill, bore[r]; *(käsipora)* auger.

2 kaira *(selkonen) (pl)* backwoods, wilds.

kaira||nreikä bore [hole] **-ta** drill, bore.

kaisla club rush, bulrush; *(ruoko)* reed ~**korento** alderfly ~**matto** rush mat.

kaislikko *(pl)* rushes.

kaista 1 = *kaistale* **2** *(sot)* sector **3** *(ajo~)* lane ~**-ajo** lane driving.

-kaistainen *(yhdyss)* -lane (two-lane *kaksi~*; multi-lane motorway *moni~* moottoritie).

kaistale strip, slip; *(vaatteen reunus)* band.

kaista||nleveys bandwidth **-päinen** crackerbrained, cracked **-pää** madcap, fool **-viiva** traffic line, *(Am m)* lane line.

1 kaita *(kapea)* narrow; *(kuv)* strait.

2 kait|a *(rinn -sea)* tend (sheep *lampaita*), shepherd (children *lapsia*).

kaitafilmi substandard film, narrow-gauge film ~**kamera** cinecamera.

kaita||le strip **-liina** table runner.

kaiteet *ks. kaide 1.*

kaits||elmus providence; *(Jumala)* Providence **-ija** *(paimen)* shepherd, tender; *(vartija)* guardian; *(hoitaja m)* keeper; *lapsen* ~ *(m)* babysitter.

kaiu||tella; ~ *säveliä* let tunes ring **-tin** loudspeaker, [sound] reproducer **-tinlaitteet** *(julkisissa tiloissa) (sg)* public-address system; *(vahvistimet)* amplifiers **-ton** flat (voice *ääni*).

kaivaa 1 dig (for *löytääkseen jtk*); *(suorittaa kaivaus)* excavate; cut, drive (a tunnel *tunneli*); sink (a well *kaivo*); *(eläimestä)* burrow (holes *koloja*); *(kaivella)* pick (one's nose *nenäänsä*) **2** *(penkoa)* grub *(m kuv);* rummage [in], delve (one's pockets *taskujaan*) ▶ *(kuv)* ~ *jkn* **hautaa** hasten the ruin of; ~ **lapiolla** spade; ~ **maahan** dig in, dig into the ground; *(haudata)* bury, inter; *(kuv)* ~ **maata** *jkn jalkojen alta* undermine a p.; ~ **muististaan** dig out of one's memory; ~ **salat** *julki* dig up secrets.

kaiv||aminen digging; excavation; *(esiin ~)* disinterment, exhumation **-anto** excavation; *(oja)* dike, trench; *(hauta)* pit; *(kanava)* canal.

kai|vata 1 *(ikävöidä)* long for (peace *rauhaa*); miss (a p. *jkta*); *(haluta)* wish for **2** *(etsiä)* ask (for *jtk*) **3** *(tarvita)* need (help *apua*), require; *(olla vailla)* want

for, lack ▶ ~ **katkerasti** miss .. sorely; *tätä kirjaa on* -vattu *jo* **kauan** this book meets a long-felt need; *onko* **kukaan** -vannut *minua?* has anyone asked for (wanted) me? *hän ei* -paa **mitään** he lacks nothing; *tulen* -paamaan **sinua** I shall miss you; **syvästi** -vaten with deep regret.

kaivau||s excavation; *(pl)* diggings **-tua** dig [o.s.] (into the sand *hiekkaan*); *(kätkeytyä)* burrow o.s.; ~ **asemiin** dig [o.s.] in.

kaivel||la dig (holes *reikiä*); pick (one's nose (teeth) *nenäänsä (hampaitaan))*; delve (into a subject *asiaa*); *(kuv)* gnaw, prey on (a p.'s mind *jkn mieltä*); *minua* -ee *kuullessani ..* it frets (worries) me to hear ..

kaiver||rin burin, chisel **-ros 1** *(erik kuvat)* gravure, engraving **2** *(kirjoitus)* inscription **-rus** engraving **-rusneula** style, stylus **-ruttaa** have .. engraved **-taa 1** engrave, incise (on *jhk*); inscribe (a ring with a name *nimi sormuksen*); cut, carve (on a tree *puuhun*) **2** *(kovertaa)* dig, gouge, scoop (a hole in *reikä jhk*) **-taja** engraver.

kaivin||kauha bucket, dipper **-kone** = *kaivukone.*

kaivo well; *kaivaa* ~ sink a well; *nostaa vettä* ~*sta* draw water from a well.

kaivon||katsoja dowser, [water] diviner **-paikka;** *katsoa* ~*a* dowse.

kaivos mine; *(hiili~)* pit, colliery; *(avo~)* opencast mine; *kaivos|-* mining (district *-alue;* engineer *-insinööri;* industry *-teollisuus)* ~**aukko** pithead ~**kaasu** [black] damp ~**kuilu** [mine] shaft ~**käytävä** mine gallery ~**lamppu** miner's lamp; *(erik Br)* davylamp ~**mies** miner; pitman ~**onnettomuus** mine disaster ~**pölkky** pit prop ~**sortuma** caving-in ~**työ** mining ~**työläinen** miner; *(hiili~)* pitman, collier.

kaivukone excavator, dredger, digger.

kajah||dus ring, clang **-taa** clang, ring; *(pamahtaa)* go off with a bang; ~ *ilmoille* ring out; *laukaus* -ti shot was heard.

kajakki kayak.

kajast||aa 1 *(sarastaa)* dawn *(m kuv),* break; *päivä* ~ the day is breaking **2** *(häämöttää)* shimmer, glimmer; shine faintly; *(kuv kangastaa)* loom **-ua** reflect **-us** dawn (of the day *päivän* ~); *(-aminen)* shimmer, glimmer; *toivon* ~ dawning of hope; *tulipalon* ~ the glow of fire.

kaja||us *(kajahtava isku)* [resounding]

blow; bang *(ks m -hdus)* **-uttaa** 1 ∼ *[ilmoille]* strike up (a song *laulu*) 2 *(kalauttaa)* strike, hit, *(ark)* whack.

kaje *(fon)* resonance ∼**ontelo** resonance cavity.

kajo = *kajastus.*

kajota *(koskea)* touch; *(kuv)* touch [up]on (many details *moniin yksityiskohtiin*).

kajuut||allinen; ∼ *moottorivene (m)* cabin cruiser **-ta** cabin; *(pieni* ∼*)* cuddy.

kakadu cockatoo *(pl* ∼s).

kakara *(halv)* brat ∼**mainen** brattish (behavio[u]r *käytös*).

kakist||aa; ∼ *kurkkuaan* clear one's throat **-ella** *(rykiä)* hawk, cough; *(empiä)* hem; *-elematta* straight out, without circumlocutions.

kakka *(last)* poo-poo; *(ark) (roska)* rubbish; poop ∼**ra; hevosen** ∼*t* [horse] droppings.

kakkonen 1 [the number] two 2 *(toinen järjestyksessä)* second; *(urh erik)* runner-up 3 *(korttip)* deuce.

kakku cake ∼**lapio** cake server ∼**paperi** doily ∼**vuoka** cake mo[u]ld.

kaksi two ▶ **kahdet** *kengät* two pair[s] of shoes; *hän ei tarvinnut kahta* **kehotusta** he didn't need to be told twice; ∼ **kertaa** twice, two times; ∼ *kertaa viikossa (kuussa) (m)* biweekly (bimonthly); ∼ **kolme** *kertaa* two or three times; *me* ∼ the two of us; *sana sanasta [ja]* ∼ **parhaasta** always have a ready answer; *sen* **vertaa** twice as much *(vrt kahdeksan; ks m kahden, kahta, kaksin).*

kaksi|- two|- (-handed *-kätinen*); △ double|- (-headed *-päinen*); △ bi|- (-dentate *-hampainen*); △ di|- (-atomic *-atominen*).

kaksi||ajoratainen; ∼ *tie* dual carriageway [road], *(Am)* divided road **-arvoisuus** *(psyk)* ambivalence **-avioinen** bigamous **-haarainen** bifurcate[d] **-jakoinen** *(kasv ym)* bipartite **-jalkainen** two-legged; *(el)* biped **-kamarinen** bicameral, two-chamber (parliament *parlamentti*) **-kerroksinen** two-storied (house *talo*); double-decked (bus *bussi*) **-kerros|-** two-layer (tablet *-tabletti*).

kaksikieli||nen bilingual; ∼ *julkaisu* diglot **-syys** bilingualism.

kaksi||kko pair *(m urh)* **-kymmentä** twenty *(vrt kahdeksankymmen-)* **-kyttyräinen kameli** Bactrian camel **-merkityksinen** ambiguous, equivocal (word *sana*) **-metallikanta** *(tal)* bimetallism.

kaksimieli||nen 1 *(kaksiselitteinen)* ambiguous, equivocal 2 *(hävytön)* suggestive, scabrous, risqué, *(Am)* offcolor (story *juttu*) **-syys** 1 ambiguity, equivocality 2 *(-nen sana t. ilmaus)* double entendre, equivo|ke, -que.

kaksimoottorinen twin-engined, bimotored (plane *lentokone*).

kaksin by ourselves (yourselves etc.); in private; ∼ *käsin* with both hands.

kaksi||naamai|nen *(kuv)* two-faced, double-faced; ∼ *peli* double-dealing; *pelata -sta peliä* play a double game **-naamaisuus** double-facedness, duplicity **-nainen** ..of two kinds; twofold **-naismoraali** double standard [of morality] **-naisuus** duality **-neuvoinen** *(biol)* bisexual, hermaphrodite; *(kasv)* androgynous.

kaksinkamppailu *(erik kuv)* contest between two [persons].

kaksinkertai||nen double (bottom *pohja*); twofold (price increase *hinnannousu*); duplex (lock *lukko*); ∼ *määrä* double the number, twice as many; *maksaa* ∼ *summa* pay the double **-staa** double **-stua** [re]double, be [re]doubled **-suus** duplicity, doubleness.

kaksin||naiminen bigamy **-peli** *(tenn)* (*pl)* singles; *(golf ym)* twosome **-puhelu** dialogue, duologue **-taistelija** duel[l]ist **-taistelu** duel *(m kuv);* single combat; *haastaa* ∼*un* challenge .. to duel, send a challenge.

kaksinumeroinen two-figure, two-place (number *luku*).

kaksio two-room[ed] flat (*Am* apartment), duplex.

kaksi||osainen two-piece (bathing suit *uimapuku*); ..in two parts; ..in two volumes ∼ *[uimapuku (ym)]* two-piece[r] **-paikkainen;** ∼ *lentokone (auto)* two-seater **-piippuinen** double-barrel[l]ed (shotgun *haulikko*); *(kuv)* two-sided (affair *juttu*) **-puolinen** two-sided (glued paper *liimapaperi*); double-face[d] (record *äänilevy*); reversible (material *kangas*) **-puoluejärjestelmä** two-party system **-päinen** 1; ∼ *kotka* double[-headed] eagle 2 *(patol)* bicephal|ous, -ic **-raiteinen** double-track|ed] **-rivinen** double-breasted (coat *takki*) **-sataa** two hundred **-selitteinen** ambiguous, equivocal **-sirkkainen** *(kasv)* I *a* dicotyledonous II *s* dicotyledon **-suuntainen** two-way (traffic *liikenne*); duplex (cable *kaapeli*)

-sylinterinen; ~ *moottori* twin engine **-tahtimoottori** two-stroke engine **-taso** *(ilm)* biplane **-tavuinen** disyllabic; ~ *sana* disyllable **-tehoinen** bifocal (lens *linssi*) **-teräinen** double-edged, two-edged; *(kuv)* *se on ~ miekka* it cuts both ways.

kaksitoista twelve ~**sävel**- dodecaphonic (music *-musiikki*).

kaksi||ttain by (in) twos, two by two; *kulkea* ~ go in couples **-tuhatta** two thousand **-vaiheinen** two-phase **-vuorotyö** two-shift work.

kaksivuoti||as two-year-old *(vrt kahdeksanvuotias)* **-nen** two-year; biennial *(m kasv)*.

kaksiääni||nen two-part (song *laulu*) **-sesti;** *laulaa* ~ sing in duet.

kaksois|- double (agent *-agentti;* life *-elämä;* consonant *-kerake;* chin *-leuka;* win *-voitto;* bed *-vuode*); △ dual (nationality *-kansalaisuus*); △ *(toinen kahdesta samanlaisesta)* twin (star *-tähti;* brother *-veli*).

kaksois||kappale duplicate, second copy; *(liik)* counterpart; copy; tally; *(kuvat ym)* replica **-olento** double; *(jkn haamu)* doppelganger **-piste** colon **-ääntiö** diphthong.

kakso|nen twin; *identtiset* **-set** identical twins.

kaksos||sisar twin sister **-veli** twin brother.

kaktus cact|us *(pl m* -i).

kala fish *(pl ~es, (koll) ~)* ▶ *haista ~lta* have a fishy smell; *kuin ~* **kuivalla maalla** like a fish out of water; *kylmä kuin ~* cool as a fish; *ei ~ eikä lintu* neither fish flesh nor fowl (nor good red herring); *onko hän lintu vai ~?* is he friend or foe? **mennä** *~an* go fishing; *mennä* **merta edemmäs** *~an* carry coals to Newcastle; *olla ~ssa* be [out] fishing; *olla kuin ~* **vedessä** *(läh v)* love it as well as fish do the water; feel quite at home.

kala||haavi landing net, bag net **-halli** fishmarket.

kalahtaa clang; clash, clank (against a stone *kiveen*).

kala||inen, -isa ..abounding (rich) in fish **-juttu** fishing story (tale) **-kauppias** *(erik Br)* fishmonger, *(Am)* fish dealer **-koppa** reel **-kukko** Finnish fish pasty **-kuolema** fish kill **-lammikko** fish pond **-liemi** *(keitt)* fish stock **-lokki** common gull, [sea] mew **-maja** fisherman's cottage **-mies** fisher[man]; *(onkimies)* angler.

kalan||haju smell of fish, fishy smell **-istutus** planting of fish **-jalostus** fish processing [industry] **-maksaöljy** cod-liver oil **-mäti** [hard] roe; *(pl)* fish eggs **-perkeet** fish entrails **-poika|nen** fry, alevin; *-set (pl)* fry **-pyrstö** fishtail **-pyydy|s;** *-kset (sg)* fishing tackle **-pyynti** fishing **-ruoto** fishbone **-ruotokuvio[inen]** *(tekst)* herringbone **-saalis** catch [of fish]; draught, *(Am)* draft **-viljely** fish breeding, pisciculture **-viljelylaitos** hatching station, hatchery, fishery, fish farm.

kala||onni fisherman's luck **-parvi** shoal of fish **-porras** fish ladder, fishway **-puikko** *(keitt)* fish finger *(Am* stick).

kalastaa fish; *(kuv m)* hunt (for votes *ääniä*).

kalastaja fisherman; *kalastaja|- (m)* piscatory (life *-elämä*) ~**kylä** fishing village ~**lanka** fisherman's twine.

kalast||uksenvalvoja water bailiff **-us** fishing; *(erik elinkeinona)* fishery; *luvaton* ~ poaching.

kalastus||- fishing (area *-alue;* card *-kortti*) **-alus** fishing vessel (craft) **-oikeus** *(lak)* piscary; *jokamiehen* ~ common of piscary **-urheilu** [leisure] fishing.

kala||sumppu fish box, crawl; *(veneessä)* well **-säilyk|e** *(-keet)* tinned *(Am* canned) fish **-sääski** osprey, fish hawk **K-t** *(horosk)* Pisces **-talous** fishing industry **-tiira** [common] tern.

kalauttaa hit, strike (one's axe against a stone *kirveensä kiveen*); *(iskeä nuijalla ym)* club.

kala||velk|a; *(kuv) maksaa [vanhoja] -ojaan* pay off an old score, get even (with *jklle*); *minulla on hänelle vanhoja -oja maksettavana* I have old scores to settle with him **-verkko** fish[ing] net **-ve|si** *(-det)* *(pl)* fishing grounds; fishery.

kale *(kasv)* glume, chaffy bract.

kaleeriorja galley slave.

kaleidoskooppinen kaleidoscopic *(adv* ~ally).

kalenteri calendar ~**vuosi** calendar year.

kalevan||nmiekka Orion **-ntulet** summer lightning.

kali *(maat)* potash.

kalibroi||da calibrate, dispart **-nti** calibration.

kalifi caliph ~**kunta** caliphate.

Kalifornia California **k~lainen** *a ja s* Californian.

kaliiperi calib|re, -er *(m kuv)*.

kalikka [round] billet; club; *(keppi)* stick ~**säe** *(run)* doggerel [verse].

kalilannoite potassium fertilizer.

kalina clatter[ing] (of knives and forks *veitsien ja haarukoiden* ~); rattle (of chains *ketjujen* ~); clank (of fetters *kahleiden* ~); chatter (of teeth *hampaiden* ~).

kalis||**ta** clatter; rattle; clank; *(hampaista)* chatter **-tella;** *(kuv)* ~ *aseita* rattle the sabre.

kalium *(kem)* potassium.

kalja *(läh v)* near (small) beer; *juoda pari* ~*a* drink two beers.

kaljaasi *(hist)* galleass.

kalju I *a* 1 bald (head *pää*); baldheaded (man *mies*) 2 *(paljas)* bald, bare, naked (mountain top *vuoren laki*) 3 *(karvaton)* glabrous II *s* baldhead; *(»klani»)* baldpate, baldie ~**päinen** bald[headed] ~**päisyys** baldness.

kaljuuna *(hist purjelaiva)* galleon ~**kuva** *(mer)* figurehead.

kaljuuntua [become] bald.

kalke clatter[ing], rattle; *kilke ja* ~ tinkle and tankle.

kalkio||**ida** trace [over] **-paperi** tracing paper; carbon paper.

kalkita 1 whitewash, limewash (a wall *seinä*) 2 *(maat)* lime.

kalkkarokäärme rattlesnake.

1 kalkki 1 *(kem)* lime; *sammutettu* ~ slaked lime; *sammuttamaton* ~ unslaked (quick) lime 2 *(lääk)* calcium 3 *(ark kuv)* senile.

2 kalkki *(kirk)* chalice; *(kuv)* cup; *karvas* ~ a bitter cup.

kalkki||- calcareous (deposit *-esiintymä*); △ lime (mortar *-laasti;* soap *-saippua*) **-kivi** limestone, chalk **-kivilouhos** limestone quarry **-maalaus** fresco *(pl* ~[e]s) **-pitoinen** calcareous; calciferous; limy; ~ *vesi* limy (hard) water **-sementtilaasti** *(m)* compo.

kalkkiutu||**a** calcify, be calcified **-minen** calcification; *(kuv)* senile decay; *(lääk)* *verisuonten* ~ arteriosclerosis, hardening of the arteries **-nut** hardened, sclerotic (arteries *-neet verisuonet*); *(kuv)* senile.

kalkki||**vesi** limewater **-viiva** *(urh)* white (chalk) line **-vari** whitewash.

kalkkuna turkey ~**kukko** turkey cock ~**paisti** roast turkey.

kalkutella hammer; *(jyskytellä)* pound.

kalkyloida calculate.

kalell||**aan** *(-een)* tilted, atilt; *(viistossa)* on a slant; at an angle, on one side (put one's head on one side *panna päänsä -een*); *(hatusta m)* acock; *olla* ~ incline, lean (to[wards] *jhk päin*); be slanting (tilting).

kalleu|**s** 1 expensiveness, high price; costliness 2 *(arvoesine)* valuable; *-det* valuables, jewel[le]ry.

kalliin||**ajanlisä** cost-of-living bonus **-paikanlisä** local bonus, [area] allowance.

kallio rock; *(ranta~)* cliff; *(jyrkkä rosoinen* ~) crag; *(kuv)* ~*lle rakennettu* built on rock ~**imarre** [common] polypody, adder's fern ~**inen** rocky; *(jyrkkä)* cliffy ~**kielo** Solomon's seal ~**leikkaus** rock cutting ~**luola** rock cave, grotto *(pl* ~[e]s).

kallion||**kieleke** ledge, crag, projecting rock **-lohkare** boulder, block **-seinä[mä]** cliff, rocky wall.

kallio||**perä** bedrock **-piirros** cave (rock) painting **K-vuoret** the Rocky Mountains.

kalli|**s** 1 expensive (journey *matka*); dear (it's too dear *se on liian* ~); high (price *hinta;* rent *vuokra*) 2 *(~arvoinen)* precious; costly 3 sacred (memory *muisto*) ► *jos henkesi on sinulle* ~ if your life is dear to you; **kuluttaa** *jkn* ~*ta aikaa* waste a p.'s precious time; *se* **käy** *sinulle vielä -iksi!* it will cost you dear! *jokainen* **minuutti** *on [nyt]* ~ every minute counts; **myydä** *-illa* sell at a high price; *nyt ovat hyvät* **neuvot** *-it* now we are in a pretty pickle.

kallis||**arvoinen** valuable, precious, costly; *(korvaamaton)* priceless **-hintainen** high-priced, expensive, costly **-korkoinen;** ~ *laina* a high interest loan.

1 kallistaa *(lisätä hintaa)* raise (increase) the price (of).

2 kallistaa 1 *(panna kallelleen)* lean, incline; *(taivuttaa)* bend; *(~ [kumoon])* tilt 2 *(mer) (aiheuttaa kallistuma)* list (the ship *laivaa*) ► ~ **korvansa** *jllk* lend an ear to; ~ **lasia** tilt the glass, booze, tipple; ~ **päätään** incline (bend) one's head.

1 kallistua *(hinnasta)* rise (increase) in price; go up [in price].

2 kallistu|**a** 1 lean (forward *eteenpäin*); sway (the boat sways in the wind *vene -u tuulessa*); *(mer)* list, heel; *(viettää)* incline, slant (to[wards] *jhk päin]*) 2 *(kuv)* be inclined, tend, tilt (to[wards] *jhk suuntaan*) ► ~ *jllk* **kannalle** be inclined to think; ~ **loppuaan** *kohti* be coming to an end, verge to a close; *asiat alkavat* ~ *siihen* **suuntaan** *että* things are beginning to turn out in such a way that.

kallistum‖a 1 inclination *(m fys)*; *(kaltevuus)* tilt **2** *(mer)* heel, list (of a vessel *aluksen ~*) **-inen 1** *(hinnannousu)* rise (increase) in price[s] **2** *(taipuminen ym)* inclination; leaning **3** *(laivan ~)* swaying, lurch.

kallo 1 skull; cranium **2** *(ark)* pate, head ▶ **halkaista** *~nsa* crack one's skull; **iskeä** *jkn ~ mäsäksi* knock a p.'s brains out; *hänellä on kova ~* he is dull-brained; *ampua* **kuula** *~onsa* blow out one's brains.

kallo‖nmittaus craniometry **-nmurtuma** fracture of the skull **-nporaus** trepanation **-vamma** skull injury.

kalma death *~nkalpea* deathly pale.

kalmetoida BCG-vaccinate.

kalmisto graveyard, cemetery.

kalori calor|ie, -y *~arvo* caloric value.

kalossi galosh; *~t* overshoes, *(Am)* rubbers.

kalotti skullcap, *(Am)* calot *~alue (maant)* the Arctic Area.

kalpa sword; *(urh)* épée.

kalpe‖a 1 pale (with fright *kauhusta ~;* turn pale *käydä ~ksi*); *(kalvakka)* pallid; *(valju)* wan (light *valo*) **2** *(kuv)* faint (picture of reality *kuva todellisuudesta*) **-akasvoinen** pale[-faced] **-anaama** *(leik)* paleface **-us** paleness; pallor.

kalsea chilly (morning *aamu*; reception *vastaanotto*); *(raaka)* raw, bleak (air *ilma*).

kalsk‖ahdus clang **-ahtaa 1** clang, clash **2** *(kuv)* ring, sound (familiar *tutulta*); *nimi ~ komealta* the name has an impressive ring (echo) [to it] **-e;** *aseiden ~* clash (clang) of arms.

kaltai‖nen like (a th. *jnk ~*) ▶ *hän on* **aina** *-sensa* he is always his old self; **heidän** *-sensa ihmiset* people like them; *olla* **jnk** *~* be like, be similar to; *(muistuttaa)* resemble; **jonka** *~* like which *(henk* whom); **saman** *~* similar; *(halv)* **sinä** *ja [sinun] -sesi* you and your like; *he ovat* **toistensa** *-sia* they are [much] alike.

kaltata scald; dehair.

kalteri‖t bars; *(sg)* grating; *-en takana* behind the bars.

kaltev‖a leaning (tower *torni*); *(viisto)* inclined (plane *taso*); *(viettävä)* slanting, sloping; *(kuv) ~lla pinnalla* on the downgrade **-uus** inclination, declivity; *(kallistuma)* slope, tilt, lean **-uuskulma** angle of inclination.

kaltoin; *~ kohdeltu* cruelly treated.

kalu thing, article; *ei siitä enää tule ~a* it is past repairing.

kalust‖aa furnish, fit up (a room as a library *huone kirjastoksi*) **-amaton** unfurnished (room *huone*) **-e 1** *(tav) ~et (sg)* furniture; *kiinteät ~et* [permanent] fixtures **2** *(tekn)* fittings.

kalusto 1 *(välineistö)* equipment; *([työ]kalut) (pl)* implements **2** *(liik) (irtaimisto)* inventory, stock **3** *(huone~)* [set of] furniture **4** *(astiasto)* service, set *~luettelo* inventory *~vaja* tool shed.

kalustus *(kalusteet) (pl)* fittings; *(huonekalut)* furniture, *(pl)* furnishings.

kaluta gnaw; browse (the grass *nurmea*); *~ luu[ta]* pick (gnaw [at]) a bone.

kaluuna braid, lace (gold lace *kulta~*); *~t* stripes.

kalva|a 1 *(kaluta)* gnaw [at] **2** *(hiertää)* chafe, rub **3** *(kuv)* gnaw; *(kuluttaa)* fret; *-va tauti* wasting disease.

kalvakk‖a wan, pale **-uus** pallor.

kalveta 1 turn pale; *(kasvoista m)* go white **2** *(haalistua)* fade; *(kuv) sen rinnalla kaikki kalpenee* it puts everything to shame.

kalvini‖laisuus Calvinism **-sti** Calvinist.

kalvo 1 *(anat)* membrane, pellicle **2** *(kelmu)* film, foil; *(väli~)* diaphragm **3** *(pinta)* surface (of the water *veden ~*) *~mainen* filmy, membranous.

kalvosin cuff *~nappi* cuff link.

kama 1 *(roju)* rubbish, junk **2** *(ark); ~t* things **3** *(sl) (huume)* stuff.

kamala 1 frightful, dreadful (threat *uhkaus*); *(hirvittävä)* ghastly; *(kolkko)* dismal, dreary **2** *(ark) (kauhea)* awful; *(mahdoton)* impossible; *(mauton)* horrid, dreadful, ugly (hat *hattu*) *~sti; hän suuttui ~* he became dreadfully angry.

kamana *(rak)* lintel; *(m)* transom.

kamara 1 [earth] crust; *(kuv)* surface of the earth; *maan ~lla (m)* on the face of the earth **2** *(sian yms ~)* crust, rind.

kamari 1 *(huone)* room, chamber **2** *(parl)* house, chamber **~herra** chamberlain **~kuoro** chamber chorus **~musiikki** chamber music **~neiti** waiting maid, lady's maid; *(prinsessan ym ~)* maid in waiting **~oppinut** closet scholar **~orkesteri** chamber orchestra **~palvelija** valet.

kambrikausi *(geol)* Cambrian [period].

kamee cameo.

kameleontti chameleon **~mainen** chameleonic.

kameli camel; *yksikyttyräinen ~*

kam kamelia – kangasmalli 200

dromedary.
kamelia camel[l]ia, japonica.
kamelin||ajaja cameleer **-karva** *(tekst)* camelhair.
kamera camera **~mies** cameraman **~taide** cinematic (photographic) art **~vaunu** camera dolly.
Kamerun Camero|un, -on **k~ilainen** *a ja s* Cameroonian.
kamferi camphor **~tipat** camphor drops.
kamiina iron (heating) stove; *(lämmityslaite)* heater.
kammata comb; *(tehdä kampaus)* do one's hair.
kammeta *(vivuta)* prize, pry; *(vääntää väkisin)* wrench.
kammio 1 *(huone)* chamber; *(luku- ym ~)* closet; *(luostari~)* cell **2** *(tekn)* case, casing, chamber **3** *(anat)* chamber; ventricle (of the heart *sydämen ~)* **~vesi** aqueous humo[u]r **~värinä** ventricular fibrillation.
kammitsa fetterlock.
kammo 1 dread; *(kauhu)* horror; *(inho)* abhorrence, aversion **2** *(lääk)* phobia **~ta** dread; *hän ei ~nnut mitään keinoja* he did not shrink back from the use of any kind of means **~ttaa;** *~ jkta* fill a p. with dread; *jk ~ häntä (m)* he is terrified of **~ttava** dreadful, horrible; *täällä on ~a* this place is eerie.
kamomillatee c[h]amomile tea.
kam|pa comb; *-man piikki* tooth of a comb **~aja** hairdresser, hair stylist **~amo** hairdresser's [shop], ladies' hairdressing saloon **~lanka** worsted [yarn] **lankakangas** *(tekst)* worsted.
kampanja campaign, drive.
kampasimpukka scallop.
kampata trip (up *nurin*).
kampaus 1 combing; hairdressing; *pesu ja ~* shampoo and set **2** *(tukkalaite)* hairdo, *(Am)* hairstyle; coiffure **~neste** setting lotion **~pöytä** dressing table.
kampela flatfish; flounder *(m keitt)*.
kampi crank, arm; *(kahva)* handle **~akseli** crank axle, crankshaft.
kampitus *(urh)* tripping.
kamppail||la *(konkr ja kuv)* fight, struggle; *(kuv)* contend, strive (for *jnk puolesta;* with *jnk kanssa;* against *jtk vastaan*) **-u** fight, combat, contest; *(ponnistelu)* struggle (for *jnk hyväksi*).
kamppeet *(ark)* **1** *(vaatteet)* clothes, duds **2** *(tavarat)* things, belongings.

kampsu|t; *koota kimpsunsa ja -nsa* take one's traps; *hän lähti kimpsuineen ja -ineen* he left bag and baggage.
kampurajalka clubfoot.
Kamputsea Kampuchea **k~lainen** *a ja s* Kampuchean.
kamreeri chief (senior) accountant.
kamu *(ark)* pal.
kan|a 1 *(el)* hen; domestic fowl; *(keitt)* chicken **2** *(typerys)* silly thing, ninny ► **kasvattaa** *-oja* raise poultry; **~n muisti** memory like a sieve; *kuin* **päättömät** *~t* like giddy geese.
kanaali channel **K~nsaaret** the Channel Islands.
Kanada Canada **k~lainen** *a ja s* Canadian **k~laiskanootti** Canadian [canoe].
kana||haukka goshawk **-häkki** hencoop **-keitto** chicken soup **-la** henhouse; poultry farm (with a thousand hens *tuhannen kanan ~*) **-lintu** gallinaceous bird, fowl.
kanalja scoundrel, villain, rascal.
kanamainen foolish, silly.
kanan||- poultry (farming, keeping *-hoito;* manure *-lanta*) **-kaali** wintercress **-liha** *(kuv)* goose flesh; *ihoni tuli ~lle* I got goose pimples **-muna** [hen's] egg **-poika** chick[en]; *(nuori kana)* pullet.
kanaria||lintu canary [bird] **K-n saar|et** the Canary Islands; *-ten* Canarian.
kana||rotu poultry breed **-tarha** poultry yard; hennery; pen.
kanav|a 1 *(kaivettu ~)* canal **2** *(anat) (tiehyt)* duct; *(käytävä)* meatus **3** *(erik TV, kuv)* channel (through various channels *eri -ia pitkin*) **~kangas** can[e]vas, duck **~nvalitsin** *(TV)* channel selector **~verkko** system (network) of canals.
kana||verkko chicken wire **-viillokki** chicken fricassee.
kanavoida canalize.
kandidaatti 1 *(ehdokas)* candidate (for *jhk*) **2** *(yliop)* *(läh v)* graduate, bachelor.
kaneli cinnamon **~nkuori** cinnamon (cassia) bark.
kanerva *(Calluna)* heath[er], ling; *(Erica)* heath **~kangas** heath[land] **~nummi** moor.
1 kangas 1 *(tekst)* fabric, cloth, material, textile; tissue (thin tissue *ohut ~*) **2** *(kuvat)* canvas.
2 kangas heath; *(nummi)* moor.
kangas||kan|net cloth covers; *-sissa ..[bound]* in cloth **-kantinen** clothbound **-kauppa** draper's [shop] **-kenkä** cloth (canvas) shoe **-käärme** smooth snake **-malli**

sample of cloth **-pakka** roll [of cloth] **-pala**
piece of cloth **-puut** *(sg)* [hand] loom.
kangastaa reflect as a mirage, loom.
kangastapetti tapestry.
kangastus looming, fata morgana; mirage.
kangasvuokko pale pasque flower.
kanger‖rella *(takerrella)* get stuck;
(takellella) falter, stumble **-ta‖a** *(tuottaa
vaikeuksia)* cause difficulties; *(takellella)*
stumble in one's speech; *(änkyttää)*
stammer; *puhua ruotsia -en* speak halting
(stumbling) Swedish.
kangeta pry, prize [with a handspike].
kangist‖aa stiffen; *(kohmettaa)* make ..
numb; *kylmän -ama* benumbed with cold
-ua stiffen; get stiff.
1 kani = *kaniini.*
2 kani *(panttilainaamo)* pawnshop; *(sl)*
~*ssa* in hock, at my uncle's.
kaniikki *(kirk)* canon.
kani‖ini rabbit, con[e]y **-koppi** [rabbit]
hutch.
kanisteri canister, tin; can.
kanjoni canyon.
kankaan‖kudonta weaving **-painanta** cloth
(textile) printing.
kankainen cloth; canvas.
kankea 1 stiff (clay *savi*); *(jäykistynyt)*
rigid (spring *jousi*); bristly (hair *tukka*);
(kohmeinen) numb; *kauhusta ~* paralysed
2 *(hidas)* slow **3** *(kuv)* *(muodollinen)*
formal; *(puiseva)* wooden (style *tyyli*)
~**jäseninen** stiff-jointed ~**liikkeinen** stiff [in
one's movements]; *(kömpelö)* awkward,
clumsy.
kankeus stiffness, rigidity.
kanki bar; *(vääntö~ m)* handspike
~**kuolaimet** *(sg)* curb bit ~**rauta** bar iron,
rod steel.
kannabis cannabis.
kannallinen headed (bolt *pultti*).
kannalta ks. *kanta →.*
kannan‖ilmaisu expression of opinion
-muutos change of one's attitude;
(täydellinen ~ m) changeover, veer;
(hallituksen ~) change of policy **-otto**
[taking of an] attitude (to *jhk*).
kannas isthmus; *(pieni ~)* neck of land.
Kannas *(maant)* the Karelian Isthmus.
kannat‖ella hold up (one's trousers
housujaan); carry (the roof *kattoa*) **-in 1**
(pidike) holder **2** *(tuki)* support, prop;
(konsoli) bracket, console **-inpalkki**
cantilever, girder **-inpylväs** supporting
pillar; buttress.

kannat‖taa 1 *(konkr)* *(kantaa)* bear (the ice
can't bear your weight *jää ei -a sinua*);
carry (the boat carries six persons *vene ~
kuusi henkeä*); *(tukea)* support, carry
(columns support (carry) the roof *pylväät
-tavat kattoa*); *(pitää koholla)* hold up **2**
(avustaa) support (an institution *laitosta*);
(rahoittaa) sponsor **3** *(antaa -uksensa jllk)*
support, give support to (a policy *jtk
politiikkaa*); back [up]; stand by (him
häntä); *(suosia)* patronize; stand for (free
trade *vapaata kauppaa*); *(parl ym)* second
(a motion *ehdotusta*); agree with (the
previous speaker *edellistä puhujaa*); *(olla
jnk -taja)* adhere (to a party *puoluetta*) **4**
(olla tuottavaa t. edullista) pay (farming
doesn't pay *maanviljelys ei -a*); be
profitable **5** *(maksaa vaivan)* be worth
[while] (seeing *nähdä*) ▶ **ei** *-a . .* it doesn't
pay to, it's not worth while to; *[sinun] ei
-a yrittää* it's no use [your] trying; *asiaa ~*
harkita *(m)* the matter deserves
consideration; **kannatetaan!** seconded!
hänen **liikkeensä** *~ hyvin* his business is
doing well; *mitä se ~?* what's the use [of
that]? *minun ei -a* **ostaa** *sitä* I can't afford
[to buy] it; **se** *-ti!* it was worth the trouble!
kannattaja supporter, advocate (of);
(tukija) backer; *(jnk seuraaja)* follower,
adherent (of); *(jnk aatteen t. asian ~ m)*
-ist *(esim* prohibitionist *kieltolain ~)*; *(jnk)*
innokas *~* devotee (of) ~**jäsen** passive
member.
kannatta‖maton unprofitable (investment
sijoitus); unremunerative (pastime *ajan
käyttö*); *(epätaloudellinen)* uneconomic
(adv ~ally); unproductive (mine *kaivos*);
yritys on ~ (m) the business does not pay
-va 1 paying, profitable (undertaking
yritys); *(ark)* worthwhile (journey *matka*)
2 *(kantava)* bearing (ice *jää*) **-vuus** *(tal)*
profitability **-vuusraja** *(liik)* break-even
point.
kannattomuus *(kuv)* lack of a definite stand.
kannatu‖s 1 *(tuki)* support; *(ark)*
backing-up; approval (the plan has his
approval *suunnitelmalla on hänen
-ksensa*); *antaa -ksensa* give .. support,
support; *saada jkn ~* be supported
(backed up) by; *puhuja sai -kseni (m)* I
agreed with the speaker **2** adherence (to a
party *puolueen ~)* ~**maksu** contribution;
subsidy ~**yhdistys** *(läh v)* relief
association.
kan‖ne *(lak)* action, [law]suit; case; *luopua*

-teesta discontinue (withdraw) an action; *nostaa* ~ bring (prosecute) an action, file a suit (against *jkta vastaan*) **~kirjelmä** statement of claims.

kanneli *(rak)* flute, c[h]annelure, channel.

kannella tell (bear) tales; let on (to *jksta;* about *jstk*); peach (against *jksta*).

kannellinen ..provided with a lid; covered; decked (ship *laiva*).

kannettava portable.

kannibaali cannibal.

kannike *(hihna)* sling, strap; *(ripa)* handle.

kannikka *(leivän* ~) crust; *(juuston* ~) rind.

kan|nin = *kannike; (ark)* heikoissa *-timissa* on shaky ground.

kannu jug, *(Am)* pitcher; pot (tea (coffee) pot *tee~ (kahvi~)*); *(viini~)* flagon; can (watering can *kastelu~*); valaa ~*ja* speculate (on, about *jstk*) **~nvalaja** armchair *(Br m* pub) politician; *(halv)* political wiseacre.

kannu|s 1 spur; *ansaita -ksensa* win one's spurs; *-ksen pyörä* rowel **2** *(kasv ja el)* calcar, spur **~ruoho** toadflax.

kannust||aa 1 spur [on], rowel (into a gallop *laukkaan*); ~ *hevostaan (m)* prick **2** *(kuv)* spur, stimulate; *(rohkaista)* encourage (to do *tekemään*); ~ *eteenpäin* spur (prick) on **-ava** encouraging, stimulating (effect *vaikutus*); incentive (speech *puhe*) **-in** spur, stimul|us *(pl -i)*, incentive (to *jhk*) **-us** *(rohkaisu)* encouragement.

kanoni||nen canonical (hours *-set hetket;* books *-set kirjat*) **-soida** canonize.

kanootti canoe (two-man canoe *kahden hengen* ~).

kansa 1 people (the Finnish people *Suomen* ~; German peoples *germaaniset* ~*t*); *(~kunta)* nation **2** *(väki, ihmiset)* people; *(erik Am)* folk[s] ▶ ~*an menevä* popular; **paljon** ~*a* many (a lot of) people; **täynnä** ~*a (m)* crowded; **yhteinen** *(tavallinen)* ~ the [common] people.

kansain||liitto *(hist)* the League of Nations **-vaellu|s 1** *(hist)* migration of [the] peoples; *suuret -kset (sg)* the Great Migration **2** *(kuv)* mass wandering (to the stadium *stadionille*).

kansainväli||nen international; *(pol)* ~ *kohteliaisuus* comity of nations; ~ *oikeus* law of nations **-styä** become internationalized **-stää** internationalize **-syys** internationality.

kansainyhteisö; *Brittiläinen* ~ the British Commonwealth [of Nations]; ~*n*

jäsenmaat Commonwealth countries.

kansakoulu *(ent); (läh v)* elementary school; *(Brit)* primary school; *(Am)* common school.

kansa||kunta nation; people **-lainen** national, citizen; *(saman maan* ~) fellow citizen.

kansalais||- civil (virtue *-hyve;* war *-sota*); △ civic (merit *-ansio;* prowess *-kunto*) **-kokous** mass meeting **-luottamus** *(pl)* civil rights **-oikeu|s** [right of] citizenship; *-ksien antaminen* naturalization; *riistää -det jklta* denaturalize a p.; *saada -det* become naturalized **-opisto** *(läh v)* open college **-piir|it** public circles; *laajoissa -eissä* in broad public circles **-taa** naturalize **-taito** *(koul)* civics **-uudeton** stateless (person *henkilö*) **-uus** citizenship, nationality.

kansallinen 1 national; *(valtakunnallinen) (m)* nation-wide (money-raising campaign *varainkeräys*) **2** *(etninen)* ethnic[al] (group *ryhmä*).

kansallis||- national (epic *-eepos;* anthem *-laulu;* park *-puisto*) **-henki** national spirit; patriotism **-kiihko** chauvinism **-kiihkoilija** chauvinist; jingo **-kiihkoinen** chauvinistic *(adv* ~ally); jingoistic **-lippu** national flag; *(pl)* colo[u]rs **-mielinen** *a ja s* nationalist **-mielisyys** nationalism **-puku** national costume; traditional (folk, regional) costume **-päivä** national [commemoration] day **-sosialismi** Nazism **-sosialisti[nen]** Nazi.

kansallista||a nationalize, transfer .. to state ownership **-minen** nationalization, acquisition by the state.

kansallistunne national spirit; nationalism.

kansallisuu|s nationality; *(kansakunta)* nation (a state of several nations *useiden -ksien valtio*) **~tunnus 1** *(aut)* national[ity] plate, country's identification sign **2** *(ilm ja mer)* nationality mark.

kansan||armeija people's army **-demokraatti** *(pol)* people's democrat.

kansanedust||aja representative [of the people], deputy; *(Brit)* Member of Parliament, M.P.; *(USA)* Member of Congress, congressman **-ajaehdokas** parlamentary candidate **-uslaitos** *(Brit)* Parliament; *(USA)* Congress; *(Suom ym)* the Diet.

kansaneläke *(läh v)* national [basic] pension; *(Brit)* National Insurance pension; *(USA)* Social Security pension **~laitos** *(Suom)* National Pensions Institute; *(Brit)*

National Pensions [Insurance] Fund **~läinen** pensioner (under the national pension insurance scheme).

kansan||heimo tribe **-huoltoministeriö** Ministry of Supply (Food) **-johtaja** popular leader **-joukko** crowd **-juhla** popular festival **-kerros** strat|um (*pl* -a) of population **-kieli** vernacular [language] **-kiihottaja** demagog[ue] **-kirjailija** (*läh v*) self-educated writer **-kokous** mass meeting **-kommuuni** people's commune **-korkeakoulu** Folk Academy; people's college **-kulttuuri** peasant culture **-laulu** folk song **-luokka** [social] class **-luonne** national character **-mies** man of the people; plain man; (*maalaismies*) peasant **-murha** genocide **-musiikki** folk music **-nainen** peasant (country) woman **-nousu** [up]rising.

kansanomai||nen 1 popular; (*ark*) folksy; (*yksinkertainen*) simple; vernacular **2** (*-sesti käyttäytyvä*) democratic; *käyttäytyä -sesti* behave in a democratic way, use folkways **-suus** (*pl*) folksy (democratic) ways.

kansan||opetus popular education, education of the people **-opisto** folk high school **-painos** popular edition, reprint **-paljous** multitude **-parantaja** nature healer, naturopath **-perinne** folklore, popular tradition **-perinteentutkija** folklorist **-puisto** people's [amusement] park **-puku** peasant costume **-puolue** (*läh v*) the Liberal Party **-rintama** popular front.

kansanruno traditional poem; rune **~udentutkija** folklorist **~us** folk poetry.

kansan||satu folktale **-sivistys[työ]** adult education **-suosio** popularity; *nauttia ~ta* be popular **-tajuinen** popular; (*yksinkertainen, helppo*) simple (explanation *selitys*) **-tajuistaa** popularize **-tajuisuus** [great] comprehensibility; (*helppous*) simplicity.

kansantalou||dellinen economic, ..of political (national) economy **-s** political (national) economy; (*~tiede*) (*sg*) economics **-stieteilijä** [political] economist.

kansan||tanssi folk dance; (*m*) country dance **-tasavalta** people's republic **-tauti** national (widespread) disease **-terveys** public (national) health **-tulo** (*tal*) national income **-tuote** national product; *kotimainen ~* domestic product **-valistus** popular education, public enlightenment.

kansanvalta democracy; rule of the people **~inen** democratic (*adv* ~ally) **~istaa** democratize.

kansan||villitsijä demagog[ue], rabble-rouser **-äänestys** referendum, plebiscite.

kansatie||de ethnology; (*kuvaileva ~*) ethnography **-teellinen** ethnologic[al]; ethnographic[al] **-teilijä** ethnologist; ethnographer.

kan|si 1 lid (of a kettle *kattilan ~*); cover (of a box *laatikon ~*); (*kierre~*) cap **2** (*kirjan ~*) cover; *-net* (*m*) (*sg*) binding; (*kansio*) cover, folder, file **3** (*mer*) deck **4** (*pinta*) top (of a table *pöydän ~*) ▶ (*mer*) **kannell|a** (*-e*) on deck; **kannesta** *-teen* from cover to cover; *ei kirjoissa eikä ~ssa* nowhere to be found.

kansi||kuva cover picture **-kuvatyttö** cover girl **-lasti** (*mer*) deck cargo **-lehti** cover **-luukku** (*mer*) hatch **-matkustaja** deck passenger.

kansio 1 (*albumi*) album **2** (*kannet*) file, folder **~ida** file.

kansi||paik|ka (*-at*) (*sg*) deck accommodation; *heillä oli -at* they went deck passage **-raken|ne** (*-teet*) (*sg*) superstructure **-tuoli** deck chair.

kansleri chancellor **~nvirka** chancellery.

kanslia [secretarial] offices; (*dipl ym*) chancellery **~kieli** official language (style); (*halv*) officialese **~päällikkö** (*läh v*) chief secretary, head (chief) of a government office.

kanslisti government clerk; chancery officer.

kansoittaa 1 (*asuttaa*) settle, colonize, populate, people **2** (*kuv*) fill, crowd, throng.

kanssa 1 with (me *~ni*); (*yhdessä jkn ~*) together with; (*suhteessa jhk*) to (married to *naimisissa jkn ~;* equal to *tasaveroinen jkn ~*) **2** (*myös*) too (you come too! *tule sinä ~!*) ▶ *hänen ~an* (*m*) in his company; *riitelimme Pekan ~* Pekka and I had a quarrel; *hän on ~ni samanikäinen* he is -of the same age as I; *yhtä tyhjän ~* just pointless.

kanssa||ihminen fellow-man, fellow creature **-käymi|nen** (*pl*) relations, dealings; *lopettaa ~ jkn kanssa* break off [relations] with; *olla -sissä jkn kanssa* have dealings with, associate with **-matkustaja** fellow passenger **-perillinen** co[-]heir, joint heir.

kan|ta 1 (*kuv*) (*mielipide*) opinion; (*näkö~*)

standpoint, point of view; *(asenne)* stand[ing], attitude (to[wards] *jhk)* **2** *(konkr)* **a)** *(jalusta)* foot (of a glass *lasin* ~); base (of a light bulb *lampun* ~); **b)** *(anat, kasv) (kiinnityskohta)* attachment, insertion; stem; *(varsi)* stipe (of a mushroom *sienen* ~); **c)** *(kengän* ~) heel; **d)** *(pää)* head, top (of a nail *naulan* ~); **e)** *(kuitin ym* ~) stub, counterfoil; **f)** *(geom, atk ym)* base (of a triangle *kolmion* ~; data base *tieto*~) **3** *([alku]juuri; kantavartalo)* root (a word of the same root *samaa* ~*a oleva sana*) **4** *(biol ym) (bakteeri- ym* ~) strain; population (elk population *hirvi*~) ▶ **asettua** *jllk -nalle* take [up] a position (a stand, an attitude) [in a matter]; *asettua vastustavalle -nalle jnk suhteen* take a stand against; **ilmaista** *selvästi* ~*nsa* make one's stand clear; *minun* **kannaltani** *katsottuna* from my [point of] view; *[aivan] jkn* **kannoilla** close (hard, hot) on a p.'s heels; *asiain* **nykyisellä** *-nalla ollen* as matters stand now; **ottaa** ~*a jhk* take a stand on; **poliittinen** ~ political view[s]; *asiat ovat yhä* **samalla** *[vanhalla] -nalla* the affairs are still in the same [old] state, the affairs are the same as before; **voitettu** ~ discarded point of view.

kan|taa 1 *(kuljettaa)* carry; *(tuoda)* bring, fetch; *(viedä)* take **2** *(kuv)* bear (one's cross *ristinsä)*; *(ottaa vastatakseen)* take (the responsibility *vastuu;* for *jstk)* **3** *(kannattaa)* bear (the ice cannot bear [your weight] *jää ei -na [sinua])* **4** *(olla tiineenä)* be with young **5** *(kerätä)* levy (a tax *veroa)* ▶ *niin kauas kuin* **silmä** *-toi* as far as the eye could see (reach); **ääni** ~ *kauas* the voice carries far (well).

kanta||-asiakas regular [customer]; *(ravintolan* ~) frequenter **--astuja** *(el)* plantigrade.

kantaatti cantata.

kanta||esitys first public performance (of *jnk* ~); *(ensi-ilta)* [world] premiere **-henkilökunta** *(sot) (pl)* regulars; cadre **-isä** progenitor.

kantaja 1 *(matkatavaroiden* ~) porter **2** collector (tax collector *verojen* ~) **3** *(lak)* plaintiff.

kanta||kaupunki central city area **-kirja** herdbook, pedigree; *(hevosen* ~) studbook **-lippu** counterfoil, stub **-luku** *(mat)* radix.

kantama *(tykin, kiväärin* ~) [firing] range, gunshot; *(silmän, äänen* ~) *(m)* reach,

carry ~**t|on;** *silmän -tomissa* out of sight, beyond (out of) eyeshot.

kantamuoto original (basic) form; *(kiel)* protoform.

kantamus load, burden.

kanta||osak|e *(liik)* ordinary *(Am* common) share; *-keet* equities **-pä|ä** heel; *juosta aivan jkn -illä* tread on a p.'s heels; *kiireestä* ~*hän* from top to toe **-ruuvi** cap screw **-sana** radical, root [word] **-sormus** signet ring **-suomi** *(kiel)* Proto-Finnic.

kantata 1 *(~ suksilla)* edge **2** *(käsit)* bind.

kanta||tie main road (2nd class) **-tiedosto** *(atk)* master file.

kanta||utu|a *(kulkeutua)* be carried (in one's feet *jaloissa)*; reach (a p.'s ears *jkn korviin)*; *tietooni on -nut (m)* it has come to my knowledge **-va 1** *(rak)* supporting, bearing (wall *seinä)* **2** *(kuv)* carrying (force *voima;* voice *ääni)* **4** *(tiine)* ..big with young; *(lehmästä m)* ..with calf.

kantavieras regular [customer], frequenter, patron.

kantavuu|s 1 *(kantokyky)* carrying capacity (of the ice *jään* ~); *(kuv)* kokeilla *siipiensä -tta* test (try) one's wings **2** *(mer)* loading capacity; tonnage; deadweight capacity (tonnage); measurement, burden **3** *(kuv) (tärkeys)* significance (of a decision *ratkaisun* ~); *(ulottuvuus)* scope, compass.

kanta||väestö original population **-äiti** [first] ancestress, progenitri|x *(pl -ces, ~es)*.

kantele kantele (a traditional Finnish harp).

kantel||ija telltale, talebearer; *(ark)* tattletale **-u 1** talebearing; *(ilmianto)* information **2** *(lak)* complaint **-ukirjelmä** *(lak)* written complaint.

1 kanto stump, stub, stock (of a tree *puun* ~); *(kuv) olla* ~*na kaskessa* be a drag [on a p.], be an impediment [to a p.].

2 kanto collection (of taxes *verojen* ~).

kanto||aalto *(rad)* carrier [wave] **-hinta** *(metsh)* stumpage price, price of standing timber.

kantoinen *(mer); 25 000 tonnin* ~ *alus* a ship of (with) 25 thousand tonnage, a ship with a carrying capacity of..

kanto||kassi *(vauvan*~) carrycot **-kyky 1** *(tien ym* ~) bearing capacity; *(tykin, äänen* ~) range **2** *(mer) = kantavuus 2* **3** *(maksukyky)* solvency **-matka** *(pyssyn* ~) range, gunshot; *(äänen ym* ~) reach, carry; ~*n ulkopuolella* out of range.

kantoni canton.

kanto‖**piiri** *(postin ~)* delivery area **-raketti** carrier rocket, booster **-siipi, -taso** hydrofoil **-tasoalus** hydrofoil ship **-tuoli** sedan [chair].

kanttarelli chantarelle.

kant|**ti** *(ark) (syrjä)* edge (of a ski *suksen ~*); side (from every side *joka -ilta*); *katsoa kenen ~ kestää* find out who has the nerve (face) (to); *viisi metriä ~insa* five metres by five.

kanttiini canteen.

kanttori cantor, precentor **~-urkuri** cantor-organist.

kanuuna cannon, [big] gun; *(jalkap)* crack player.

kaoliini kaolin[e], china clay.

kaoottinen chaotic *(adv ~ally)*.

kapakala [dried] cod; dried fish.

kapak‖**anpitäjä** tavern|er, -keeper; *(Am)* bar-, saloon|keeper **-ka** *(Br)* public house (bar), *(ark)* pub; *(Am)* saloon, bar; *kiertää -oita* pub-crawl; *paikkakunnan ~* local.

kapalo *(~t) (ent) (pl)* swaddling clothes; *(vaippa)* napkin, diaper; *(ark)* nappie, nappy; *vaihtaa lapselle ~t* change the baby['s napkins], change the diaper **~ida** swaddle, swathe **~lapsi** infant [in arms], baby.

kapasiteetti capacity.

kapea 1 narrow; *(hoikka)* slender (hands *~t kädet*), slim (waist *vyötärö*) **2** *(niukka)* meag|re, -er, scanty (bread *leipä*); *(erik pol)* olla *~lla pohjalla* have limited support **~-alainen** narrow, limited (education *koulutus*) **~kasvoinen** thin-faced **~lanteinen** slim-hipped, slender-hipped **~pohjainen** *(kuv)* ..with a narrow (small) majority (government *hallitus*) **~raitainen** narrow-sriped; *(erik kankaasta)* pin-striped **~raiteinen** narrow-ga[u]ge (railway *rautatie*).

kapellimestari conductor, leader [of an orchestra]; *(tanssiorkesterin ~)* bandleader; *(sot mus)* bandmaster.

kapeneva tapering.

kapetingi[-] *s ja a (hist)* Capetian.

kapillaari capillary **~-ilmiö** capillarity, capillary action.

kapina 1 rebellion; revolt; *(~an nousu)* insurrection; *(kansannousu)* [up]rising; *(sot ja mer)* mutiny **2** *(kuv)* rebellion; *(vastustus)* opposition; protest ▶ **maassa** *on ~* the country is in [a state of] revolt; **nousta** *~an* rise [in rebellion], rebel, revolt (against *jtk vastaan*); *(kuv)* **olla** *~ssa jtk vastaan* be in opposition to, protest [for] a th.

kapina‖**henk**|**i** spirit of rebellion; *lietsoa -eä (m)* stir up (instigate) a revolt **-llinen I** *a 1 (kapinamielinen)* rebellious; insurgent; *(kapinoiva)* mutinous; rebelling, revolting **2** *(kapinan tehnyt)* rebel (army *armeija*) **3** *(kuv) (uppiniskainen)* insubordinate, recalcitrant **II** *s* insurgent, rebel (young rebel *nuori ~*); *(sot ja mer)* mutineer **-llisuus** insurgency; *(kapinahenki)* rebellious spirit (attitude) **-miel**|**i** spirit of opposition; *-ellä* in a rebellious mood **-yritys** attempted rebellion (mutiny).

kapine thing, object; *([työ]kalu)* tool, instrument; *~et* things, effects.

kapinen *(kans);* mangy, scabby (dog *koira*).

kapino‖**ida 1** rebel, rise [in rebellion]; revolt; *(sot ja mer)* mutiny **2** *(kuv)* be in opposition (to *jtk vastaan*); protest ([for] a th.) **-itsija** rebel, insurgent **-iva** *(erik kuv)* rebellious.

kapio‖**arkku** hope chest, bridal box **-t** *(sg)* bridal outfit, trousseau.

kapita‖**ali** capital **-lismi** capitalism **-l[is]oida** capitalize **-listi** capitalist **-listinen** capitalistic *(adv ~ally)*.

Kap‖**kaupunki** Cape Town, Capetown **-maa** Cape Province.

kapokki kapok, capoc.

1 kappa *(mitta) (läh v)* gallon, half [a] peck.

2 kappa 1 *(viitta)* cloak; *(takki)* coat **2** *(ikkunan poikittaisverho)* pelmet, valance **3** *(pyörän ~)* wheel hub (boss).

kappalainen *(protest kirk)* assistant vicar, perpetual curate; *(hovi- ym ~; m kat)* chaplain.

kappale 1 a) *(konkr ja kuv)* piece (of history *historiaa;* of one piece *yhtä ~tta*); *(osa)* part, portion (of *jtk*); *(pieni pala)* bit (of wood *puun ~*); **b)** *(keitt)* slice (of cake *kakun ~*); cut (of the joint *paistin ~*) **2** *(kirjan ym ~)* paragraph; *(katkelma, tekstin kohta)* passage **3** *(eksemplaari)* exemplar (of the book *kirjaa*); *(yksilö)* specimen (a fine specimen of the butterfly *hieno ~ sitä perhosta*) **4** *(erik liik) (lyh kpl; jätetään us kääntämättä; esim* ten shares *10 ~tta osakkeita); (jäljennös)* copy (the book was sold in 1 000 copies *kirjaa myytiin 1 000 ~tta*) **5** *(esine)* object, thing;

article (of clothing *vaate~*) **6** *(fys)* body (heavenly body *taivaan~*) **7** *(näytelmä)* play; *(sävellys)* piece [of music] ▶ **alkuperäinen** ~ original; **hinta** *~elta* price each (per unit); **kahtena** *(kolmena)* *~ena* in duplicate (triplicate); *50 penniä* **kappale[elta** 50p each (a piece, apiece); *mennä* **kappaleiksi** go to pieces; *kulkea* *~en* **matkaa** go a little (short) way; **yhtenä** *~ena [laadittu]* in one single copy.

kappale||hinta price each, unit (piece) price **-ittain** by the piece **-jako** division into paragraphs **-tavara** *(pl)* piece goods; *(erik raut)* parcel[l]ed freight; *(mer)* general cargo **-työ** piecework.

kappeli chapel; *(apukirkko)* chapel-of-ease *(pl* chapels-of-ease) *~seurakunta (ent)* dependent parish *~voileipä* chapel sandwich.

kapriisi *(mus); caprice.*

kapris *(keitt) (pl)* capers.

kaps||ahtaa; ~ *jkn kaulaan* fall on a p.'s neck, hug a p.; ~ *pystyyn* start [up], jump up; *(kantapäistä)* ~ *yhteen* click **-e** clatter (of hoofs *kavioiden ~*).

kapsel||i 1 capsule; *(pullon korkin ~ m)* bottlecap, seal **2** *(tekn) (vaippa)* jacket; *(pöly~)* cap **-loida** enclose, capsule **-loitua** *(erik lääk)* encapsulate.

kapteeni captain; *(kauppalaivan ~ m)* [ship] master; *(kippari)* skipper.

kapul|a stick; *(suu~)* gag; *(viesti~)* baton; *heitellä* **-oita** *rattaisiin* throw a spanner in the works; *panna* ~ *kiertämään* send the word [a]round *~silta* causeway; *(Am)* corduroy road.

kapuoiinimunlihi oapuohin [f.ʌ.ı (monk)].

kapusta||haikara spoonbill **-rinta** golden plover.

kara *(tekn)* spindle; *(hedelmän ~)* stem.

karaatti carat.

karaht|aa 1 *(rasahtaa)* [give a] crunch; grate; *reki* **-i** *kiveen* the sleigh hit the stone with a crunch **2** ~ *punaiseksi* blush suddenly; ~ *pystyyn* jump up; *veri* **-i** *poskille* the blood rushed to his cheeks.

karahvi *(vesi~)* carafe; *(viini~)* decanter.

karais||ta harden, make .. hardy (against, to *kestämään jtk)*; toughen [up] (against); inure (to); *(terästää)* steel (for, against); courage; ~ *itseään* harden (toughen) one's body (o.s.), inure o.s.; ~ *luontoaan* harden (steel) o.s. **-tua** become hardened (inured) (to *kestämään jtk)* **-tunut** hardened, inured (to cold *kestämään kylmää);*

seasoned (sailor *merimies*) **-u** Swedish exercise, *(pl)* cold baths (showers etc.).

karakteris||oida character[ize] **-tinen** characteristic *(adv ~ally)*, typical (of *jklle).*

karamboli *(biljardi)* carom.

karamelli 1 *(erik Br)* sweet, bonbon, *(Am)* candy; *~t* sweets **2** *(poltettu sokeri)* caramel, burnt sugar *~rasia* box of sweets *~väri* caramel.

karannut *(m)* runaway (prisoner *vanki*); fugitive (slave *orja*).

karanteeni quarantine; *panna ~in* [put in] quarantine *~maksu (urh)* suspension fee.

karata *(paeta)* escape, run away (from *jstk);* flee, fly (the country *maasta);* *(sot, mer)* desert (the army *armeijasta);* elope (with one's lover *rakastajansa kanssa);* *(päästä irti)* break loose ▶ ~ *jstk (m)* break out of; ~ *jkn* **kimppuun** rush at, *(ark m)* go for; ~ **pystyyn** start (spring) up, spring to one's feet; ~ *vihollisen puolelle* desert to the enemy.

karate karate.

karavaani caravan.

karbidi carbide *~lamppu* carbide lamp.

karboli[happo carbolic acid, phenol.

kardaani||[akseli] *(aut)* universal driving shaft, cardan (drive) shaft **-ripustus** cardanic suspension, gimbal mounting.

kardemumma cardemom.

kardinaali cardinal *~hyve* cardinal virtue *~luku (mat)* cardinal [number] *~narvo* cardianalate, cardinalship *~virhe* cardinal error, principal fault.

kare ripple; *(kuv) hymyn* ~ trace of smile *~lila* ripple, *(kuv)* play.

karhe *(maat)* windrow.

karhe||a rough (skin *iho*), rugged (bark *puun kuori);* *(karkea)* coarse (towel *pyyhe);* *(sierettynyt)* chapped, chappy; harsh, husky (voice *ääni);* *(käheä)* hoarse; *kurkkuni tuntuu ~lta* my throat feels dry (parched) **-ikko** *(golf)* rough **-us** coarseness, roughness; *(äänen ~)* hoarseness.

karhi, ~ta harrow.

karhu bear; *älä herätä nukkuvaa ~a* let sleeping dogs lie.

karhu||[aja] dun[ner] **-[amis]kirje** dunning *(Am* collection) letter, reminder, demand note **-kopla** the Beagle Boys **-lanka** two-cord yarn, patent-strong yarn **-mainen** *(kömpelö)* bearish.

karhun||ajo bear hunt[ing] **-kaataja** bear

hunter **-kaato** bear felling **-kierros** ring **-palvelus** disservice; *suurin* ~ the worst disservice **-pentu** [bear] cub **-sammal** haircap moss **-talja** bearskin **-vatukka** bramble, blackberry.

karhuta dun (a p. for *jklta jtk*); remind (a customer of an overdue account *asiakkaalta erääntynyttä saatavaa*).

kari 1 rock; *(särkkä)* shoal; *(riutta)* reef **2** *(luoto)* [isolated] rock; *(Skotl)* skerry ▶ **ajaa** ~*lle* run aground; [be] ground[ed]; *(kuv)* **ajautua** ~*lle* founder, fail, break down; **irrottaa** ~*lta* refloat; **olla** ~*lla* be aground; **vedenalainen** ~ submerged rock, scar; **vedenpäällinen** ~ protruding rock; *(kuv)* **onnistua välttämään** kaikki ~*t* avoid the pitfalls.

Karibianmeri the Caribbean Sea.

karies caries, decay of tooth.

karikatyyri caricature; *(san pol)* cartoon.

karike [forest] litter.

karikko range of rocks; *(matalikko)* shoal; *(riutta)* reef; ledge ~**inen** reefy; *(erik kuv)* rocky.

karikoida caricature; *(liioitella)* overdraw.

karilleajo running aground, grounding; stranding.

kariseminen shedding (of leaves *lehtien* ~); *siementen* ~ seed fall (shedding).

karisma charisma ~**attinen** charismatic (leader *johtaja*).

karist‖a fall (drop) off; *(siemenistä)* be shed; *(erik kuv)* shed **-aa 1** shake off; shrug (shuffle) off (a responsibility *vastuu harteiltaan*); ~ *tuhka savukkeesta* knock the ash off a cigarette; ~ *unet silmistään* shake off sleep.

karitsa lamb; *(pieni* ~*)* lambkin ~**nnahka** lamb[skin].

kariutua *(kuv)* founder; [be] strand[ed]; *(erik suunnitelmasta, neuvottelusta)* miscarry, be frustrated.

karja [live]stock; *(nauta*~*) (pl)* cattle; *kasvattaa* ~*a* breed (raise) cattle ~**-aura** *(raut)* cowcarther ~**farmi** *(Am)* ranch.

karja‖hdella, -hdus *(leijonasta ym)* roar **-ista** roar (at); *(vain henk)* bellow, bawl (at *jklle)* **-isu** roar; *(erik henk)* shout, cry.

karjakko milker; *(nainen)* milkmaid; *(erik koulutettu* ~*)* dairy‖man, -maid.

Karjala Karelia **k**~**inen** *a ja s* Karelian ~**n kannas** the Karelian Isthmus.

karjalauma herd of cattle.

karjan‖‖hoitaja cattle (livestock) tender; cowman **-hoi‖to** livestock production;

animal husbandry; stock raising; *(erik lypsy*~*)* dairy farming; *(alkukantaisista heimoista)* elää *-dolla* pastoralize **-jalostus** breeding of stock **-kasvattaja** cattle breeder (farmer), stockbreeder **-lanta** [farmyard] manure, dung.

karja‖‖näyttely cattle show; livestock exhibition **-paimen** cowherd; *(ratsastava* ~*)* cowboy **-piha** farmyard, stockyard; *(erik Am)* corral **-suoja** cowshed; building for livestock **-talous** animal husbandry; *(maito*~*)* dairy farming **-tila** cattle farm; *(Am)* ranch; *(maitotaloustila)* dairy farm.

karju boar.

karju‖a roar (roaring lion *-va leijona*); *(vain henk)* bawl, bellow, shout; *(ärjyä)* bluster.

karkaaminen *(pako)* escape, flight (from *jstk)*; *(sot)* desertion.

karkais‖‖ta *(tekn)* harden, temper, quench **-u** hardening, tempering.

karkaus‖‖päivä leap[-year] day **-vuosi** leap year **-yritys** attempted escape.

karkea 1 coarse (cloth *kangas;* gravel *sora;* jest *pila)*; rough (estimate *arvio;* surface *pinta;* work *työ)*; harsh (towel *pyyhe;* voice *ääni)*; *(kuv)* rough-hewn, rugged (features ~*t piirteet)* **2** *(paha)* serious, big, grave (lie *valhe;* mistake *virhe)* **3** *(raaka)* rude (words ~*t sanat)*, crude (behavio[u]r *käytös)*; gross (manners ~*t tavat)* ▶ ~*ta* **pilaa** *(m)* horseplay, buffoonery; ~ **virhe** *(m)* blunder, *(Am ark)* boner; *tehdä* ~ *virhe* make a serious mistake, *(Am ark)* pull a boner.

karkea‖‖karvainen wire-haired (terrier *terrieri)* **-käytöksinen** rough, rude, ill-mannered, unmannerly **-luonteinen** harsh, gruff **-piirteinen** coarse-featured **-pintainen** coarse, hackly **-puheinen** rough-tongued **-puheisuus** coarseness of speech **-syinen** coarse-|textured, -fib[e]red **-tekoinen** roughly made.

karkeis‖‖seppä blacksmith, forger **-taos** forging.

karkelo *(leikki)* frolic, play; *(tanssi)* dance ~**i‖da** play; dance; *hyttyset* **-vat** mosquitoes swarm around.

karkeu‖s 1 coarseness, roughness **2** *(kuv)* rudeness, brutality; *(rivous)* obscenity; *puhua* **-ksia** talk smut.

karkot‖‖ettu *s* deportee **-taa 1** expel (from the town *kaupungista)*; *(ajaa pois)* drive .. away (off); *(häätää)* oust, turn .. out **2** *(~ maasta)* banish; deport (an alien *ulkomaalainen)*; *(ajaa maanpakoon)* exile

3 *(hälventää)* dispel, banish (from one's mind *mielestään*) **-us** driving away; *(maasta~)* banishment, deportation **-usmääräys** deportation order.

karku; *lähteä ~un* run away (from *jtk*); *päästä ~un* [manage to] escape, get away (from *jtk*); *olla ~ssa* at full gallop **~lainen** runaway **~|matka** *(pako)* flight; *(-retki)* escapade; *olla ~lla* be on the run **~ri** runaway; *(vanki~)* escaped prisoner; *(sot, mer)* deserter **~ruus** *(sot)* desertion **~teillä;** *olla ~* have run away; *(vapaalla jalalla)* be at large.

karm||aiseva spine-chilling, hair-raising; horrifying (sight *näky*) **-ea** gruesome (murder *murha*); *(kolkko)* dismal (feeling *tunne*); bitter (truth *totuus*).

kartanlukija frame, case, casing; *(käsinoja)* arm; *(selkänoja)* back.

karmi|a; *selkäpiitäni -i [kun ajattelen..]* a cold shiver runs (goes) down my back (spine), it gives me the creeps (shivers) [to think of..].

karm||iini *(kem)* carmine **-osiini[npunainen** crimson [red].

karneoli *(min)* carnelian.

karnevaali[-] carnival.

Karpaatit the Carpathian Mountains, the Carpathians.

karpalo 1 *(kasv)* cranberry **2** drop, bead (of sweat *hiki~*).

karppi carp.

karrie||eri career **-risti** careerist.

karsa||asti aversely, unkindly; *katsoa jtk ~* look askance (askew, awry) at; *suhtautua jhk ~* regard a th. with disfavo[u]r **-s 1** wry, erooked (smile *hymy*); *(kiero)* warped, twisted, cast (board *lauta*) **2** *(kuv)* *(nurjamielinen)* squint-eyed, unkind; *(kuv)* *katsoa jtk -in silmin* look askance (askew, awry) at, regard .. with disfavo[u]r **-staa** *(silmästä)* squint **-stava** squint[-eyed] **-us** wryness; *(kuv)* averseness.

kar|si; *palaa -relle* get charred; *(kärventyä)* scorch; parch.

karsi||a 1 *(oksia)* prune (trees *puita*); cut off (branches *oksia*); lop, limb off (felled trees *kaadettuja puita*) **2** *(kuv)* *(poistaa)* lop off; eliminate *(m urh)*; *kirjoitusta on paljon -ttu* the article has been severely edited **-ja** *(urh)* competitor in a qualifying race.

karsin||a pen **-oida** *(kuv)* separate, segregate; group (people according to their views *ihmiset heidän mielipiteidensä mukaan*).

karsin|ta 1 pruning; lopping; trimming **2** *(kuv, urh)* elimination; *(urh)* **-nat** trials **~kilpailu** qualifying (trial) game (event, competition) **~kurssi** *(yliop, koul)* entrance course.

karsiutua *(pudota pois)* drop [off]; *(tulla hylätyksi)* be discarded; *(urh)* be[come] eliminated.

karski stern, rough (soldier *soturi*); *(pelkäämätön)* stout, bold (seaman *merimies*); *(reima)* brisk.

1 karsta *(kattilakivi ym)* crust; *(noki)* soot.

2 karsta *(tekst)* card, comb **~ta** card, tease out **~villa** carding wool.

karstoittua encrust.

kartanlukija *(autourh)* second driver, navigator.

kartano 1 manor; *(suuri ~)* country seat, estate **2** *(~rakennus)* mansion, manor house **3** *(pihapiiri)* [farm]yard.

kartanpiirtäjä map drawer, cartographer.

kartasto atlas.

kartell||i cartel; pool; *(hinta~)* price agreement **-ilaki** cartel act; antitrust law **-oitua** cartel[l]ize.

Karthago Carthage.

kartio cone **~hammaspyörä** bevel gear **~mainen** conic[al] **~maisuus** conicality.

kartoitta||a 1 map, survey; *(erik merialueesta)* chart; draw a map, make a chart (of *jk*) **2** *(kuv)* map [out], chart (the problems *ongelmat*) **-maton** uncharted; *(tuntematon)* unexplored.

kartonki [paper]board; *(pakkaus)* carton.

kartta map; *(mer, ilm)* chart.

kartta|a avoid (a p. *jkta;* doing a th. *jnk tekemistä;* publicity *julkisuutta*); *(vältellä)* shun (work *työtä*), keep away (from a p. *jkn seuraa*); *ihmisiä -va* shy of people; *seuraa -va* unsociable.

kartta||keppi pointer **-laukku** map case **-luonnos** sketch map **-merkki** conventional sign, map symbol.

karttaminen avoidance.

kartta||pallo globe **-teline** map carrier.

kartteleva evasive (answer *vastaus*).

karttu||a 1 *(kasvaa)* grow, increase; accrue (the interest accrued *-nut korko*); *hänelle -u ikää* he is getting on in years; *hänelle -u lisää voimia* he is gaining in strength **2** *(kertyä)* accumulate (wealth accumulates *omaisuutta -u*) **-isa** ample, abundant, bountiful **-minen** growing; increase; accrual; accumulation.

karttuuni *(tekst)* calico.

kartuttaa increase, augment, add to; *(kasata)* accumulate, pile (heap) [up] (wealth *omaisuutta*); ~ *tietojaan* improve (widen) one's knowledge.

karu *(hedelmätön)* barren, sterile, infertile (soil *maaperä*); *(paljas)* bare; *(kuiva)* arid (country *seutu*); rugged (life *elämä*); *(jäyhä)* gruff (soldier *sotilas*); *herätä ~un todellisuuteen* wake up to the bare truth.

karuselli merry-go-round; *(Br)* roundabout; *(Am)* car[r]ousel; *(kuv m)* whirligig (of life *elämän ~*).

karuus barrenness, sterility.

karv|a hair; *(untuva)* pile; *(nukka)* fluff; *(~peite)* fur, coat [of hair] ▶ *koirasta lähtee -oja* the dog moults; *turkista lähtee -oja* the furcoat sheds [hairs]; **nahkoineen -oineen** wholly, entirely; *paljastaa* **oikea** *~nsa* show o.s. in one's true colo[u]rs; *(kuv) olla ~n* **varassa** be on a hair; *ei ~n* **vertaa** not a bit.

karvaasti bitterly.

karvainen hairy; *(pörröinen)* furry.

-karvainen *(yhdyss)* -haired (long-haired *pitkä~*).

karva||isuus hairiness; pilosity **-lakki** fur cap **-lankamatto** hair carpet.

karvan|||lähtö shedding of hair **-poisto** depilation.

karva||peite coat, fur **-peitteinen** hairy, .. covered with hair, hirsute.

karva|s bitter; *(kitkerä)* harsh; acrid; pungent; *-in mielin* embittered **~manteli** bitter almond **~suola** *(sg)* Epsom salts, bitter salt **~tel|la** smart; *(pistellä)* sting; *(kuv m)* vex; *kurkkuani -ee* my throat is burning; *mieltäni -ee se että (m)* I can't get over the fact that **~vesi** *(sg)* bitter waters.

karva||ta *(urh)*; ~ *vastaan* forecheck **-ton** hairless; bald.

karvaus bitterness; acridity.

karviais||marja gooseberry **-[marja]pensas** gooseberry bush.

karvoitus hairy coat, pelage; *(karvat) (sg)* hair.

kas *(hämmästystä, kehotusta, selitystä ilm)* look; well; why; lo ▶ ~ **asia** *on niin että* you see..; ~ **niin** *(kehotusta ilm)* look here; now then; come; *(toteamusta ilm)* well; ~ **noin** there [you are]; that's the way; ~ **tässä** *[ole hyvä]* here you are; ~ **vain!** look! see now! well [well]!

kasa heap (of books *kirjoja*); stack (of hay *heinä~*); *(pino)* pile; *(röykkiö)* mass; *(kuv)* accumulation, amassment (of evidence *todisteita*) ▶ *(ks m kasoittain)* **kasa|ssa, -an** *(us)* together; **koota** *~an* heap (pile) up, accumulate; **ottaa** *yksi ~sta* take one at random, pick out the first that comes [handy]; *kaikki* **yhdessä** *~ssa* all in one (a) heap.

kasakka Cossack.

kasapanos piled-up charge.

kasari saucepan, stewpan.

kasarmi *(pl)* barracks; *majoittaa ~in* barrack **~majoitus** quartering in barracks.

kasa||ta 1 *(koota -an)* heap [up]; *(pinota)* pile [up] (work for o.s. *itselleen töitä*); *(kinostaa)* drift (snow *lunta*); *(kerätä)* amass; accumulate **2** *(panna -an)* assemble, put .. together (a machine *kone*) **-utu|a** be heaped, pile up, [ac]cumulate (the work accumulated *työt -ivat*); *(~ yhteen)* conglomerate; *(pilvistä)* mass **-u[tu]ma** conglomeration **-utuminen** accumulation.

kasetti cassette, cartridge; *(valok m)* plate (film) holder, magazine **~nauhuri** cassette tape recorder.

kaskas cicada.

kaskelotti sperm whale, cachalot.

kask||enpoltto burning-over of woodland for cultivation, burn-beating **-i** *(ent maat)* burnt-over clearing for cultivation, burn-beaten area.

kasku anecdote; story; *kertoa ~ja* tell [funny] stories.

kašmir[villa] Cashmere.

kasoittain in heaps (piles); heaps of (gold *kultaa*); *heillä on ~ rahaa (m)* they have lots of money.

kasperteatteri Punch-and-Judy show.

Kaspianmeri the Caspian Sea.

kassa 1 *(käteisvarat)* cash **2** *(~luukku)* cash (pay) desk, [cash] counter; *(teatt ym)* box-office; *(konttori)* pay office; *(myymälän ~)* check-out **3** *(rahasto)* fund[s] **4** = *~nhoitaja* **~-alennus** cash discount **~holvi** strong room; *(pankkiholvi)* vault **~kaappi** safe, strong box **~kappale** *(teatt, elok)* box-office success **~kirja** *(liik)* cash book **~kone** cash register **~kriisi** monetary (financial) crisis **~kuitti** cash receipt; sales slip **~lipas** cashbox, strong box; *(kassakoneen ym ~)* till **~menestys** *(teatt, elok)* box-office [draw] **~nhoitaja** cashier; *(pankin ~)* teller **~pääte** *(atk)* teller terminal **~saldo** cash in hand

~**tulot** *(sg)* cash received ~**vajaus** cash deficit; *(Am)* adverse cash balance; *(kavallus)* defalcation.

kassi bag; *(ostos~)* shopping bag; *(paperiym ~)* carrier *(Am* carry) bag.

kast‖**aa 1** *(upottaa)* dip [down] (into *jhk*); immerse (into the water *veteen*); plunge (one's finger into the water *sormensa veteen*); soak, sop (bread in sauce *leipää kastikkeeseen*) **2** *(kirk)* baptize; *(antaa nimi)* christen; give a name to (a ship *laiva*) **3** *(-ella)* water (the flowers *kukat*); *(kostuttaa)* wet, moisten (one's lips *huulensa*) **-aja;** *Johannes K~* John the Baptist **-ajaiset** *(sg)* naming ceremony (of a ship *laivan ~*) **-amaton** *(kirk)* unbaptized.

kastanja [sweet] chestnut.

kastanjetti castanets.

kaste 1 dew; ~**en laskeutuminen** dewfall; *maa on ~essa* the ground is covered with dew **2** *(kirk)* baptism; christening; *(upotus~)* immersion; *hän sai ~essa nimen Anna* she was christened Anna; ~**en sakramentti** the sacrament of baptism; *tuoda ~elle* present .. at the font.

kaste‖**allas** *(kirk)* [baptismal] font; *(baptistikirkossa)* baptist[e]ry **-enliitto** *(usk)* baptismal covenant **-enuudistaja** *(usk)* Anabaptist **-helmi** dewdrop **-inen** dewy.

kastella water (the flowers *kukat*); *(erik maat)* irrigate; wet, moisten (a sponge *sieni*); *(pirskottaa)* sprinkle, spray [.. with water] ▶ ~ **jalkansa** get one's feet wet; ~ **letkulla** hose; ~ **läpimäräksi** drench, soak [through]; ~ **vuoteensa** wet one's bed.

kastelu watering (of the flowers *kukkien ~*); wetting (the bed *vuoteen ~*); sprinkling [with water]; *(maat)* irrigation ~**auto** [street] sprinkler ~**järjestelmä** system of irrigation ~**kanava** irrigation canal ~**kannu** watering can ~**letku** [watering] hose.

kaste‖**malja** font **-mato** earthworm **-mekko** christening robe **-piste** *(fys)* dewpoint **-todistus** certificate of baptism **-toimitus** baptism; christening ceremony.

kasti *(Int)* caste; *erottaa jku ~staan* outcaste a p. ~**jako** caste system.

kastike sauce; *(paistin~)* gravy; *(salaatin ~)* dressing ~**kauha** sauce ladle ~**kulho** sauceboat.

kasti‖**laitos** *(Int)* caste system **-nmerkki** caste mark.

kastr‖**aatio** castration **-aatti** eunuch

-aattilaulaja *(mus)* castrat‖o *(pl* -i) **-oida** castrate.

kastu‖**a** get (become) wet; *(kostua)* grow moist; ~ **likomäräksi** get drenched, get soaked [through]; *hänen jalkansa -ivat* he got wet feet **-nut** *(m)* wet.

kasukka chasuble.

kasuuni[majakka] *(mer)* caisson [beacon].

kasv‖**aa 1** *(konkr ja yl)* grow (into *jksk;* from a seed *siemenestä*); fast *nopeasti;* wild *villinä*); *(varttua)* grow up (into *jksk*); *(tuottaa)* bring forth (fruit *hedelmää*) **2** *(lisääntyä)* grow, increase (by an amount *jllak määrällä*); rise; *(karttua)* accumulate (into *jksk;* interest accumulates *korko ~*); *(laajeta)* expand (into *jksk*) ▶ ~ **irti** *jstk* grow away from; **jännitys** ~ **the** tension is increasing; ~ **kiinni** *jhk* grow on to; ~ **pituutta** grow taller (in length); *olla -amaan* **päin** be on the increase, be increasing; ~ **suuremmaksi kuin** outgrow (a p. *jku*); ~ **tehtäviensä mukana** *(m)* rise to the occasion; ~ **umpeen** *(haavasta ym)* heal over (up); *(polusta ym)* become overgrown.

kasva‖**in 1** growth; *(lääk)* tumo[u]r; *hyvänlaatuinen (pahanlaatuinen) ~* benign (malignant) tumo[u]r **2** *(vuosi~)* [annual] shoot **-nnainen** excrescence *(m kuv),* [abnormal] outgrowth.

kasva‖**ttaa 1** grow (wheat *vehnää*); rear, raise (children *lapsia*); *(jalostaa)* breed (horses *hevosia*); *(vain henk)* bring up (three children *kolme lasta*) **2** *(saada -maan)* make .. grow; grow (a beard *partaa*); ~ **pitkää tukkaa** let one's hair grow **3** *(kouluttaa)* educate (the youth *nuorisoa*); train (a puppy *koiranpentua*) **4** *(kuv)* increase, raise (a p.'s fame *jkn mainetta*); ~ **etumatkaa** gain the lead.

kasvatta‖**ja 1** *(opettaja ym)* educator; pedagog[ue], education[al]ist **2** grower (of wheat *vehnän~*); *(karjan~)* breeder **-maton** ill-bred; *(pred)* badly brought up; untrained (dog *koira*) **-mo** *(kalojen yms ~)* hatchery, farm **-va** educative; *olla ~ vaikutus jkh* have an educational effect on.

kasvatti 1 *(~lapsi)* foster child; fosterling **2** *(oppilas)* pupil; *suurkaupungin ~* child of a big city.

kasvatti‖‖**- foster** (son *-poika;* sister *-sisar*).

kasvatuksellinen educational.

kasvatu‖**s 1** upbringing (of a child *lapsen ~*); education (get a good education *saada* *hyvä* ~); training (of a dog *koiran* ~); *hyvä* ~ breeding, good manners; *-ksen puute* ill breeding **2** *(viljely)* cultivation; growing (of vegetables *vihannesten* ~); raising, rearing, *(jalostus)* breeding ~**isä** foster father ~**järjestelmä** educational system ~**kysymys** pedagogical question ~**laitos** *(vanh)* house of correction ~**neuvoja** educational adviser ~**neuvola** educational advice centre, child guidance clinic ~**opillinen** pedagogic[al] ~**oppi** pedagog|y, *(sg)* -ics ~**tieteilijä** education[al]ist.

kasvava growing (girl *tyttö;* discontent *tyytymättömyys*); ~ *(suku)polvi* the rising generation; ~ *vilja* standing crop.

kasv|i plant; *(erik keittiö~)* vegetable; *(yrtti)* herb, wort; **kerätä** *-eja* botanize.

kasvi||- plant (family *-heimo;* disease *-tauti*); △ vegetable (fat *-rasva;* food *-ravinto*) **-en keruu** botanizing **-huone** greenhouse; *(asunnon yhteydessä)* conservatory; *(ansari)* hothouse; *kylmä* ~ cold house **-kokoelma** botanic[al] collection; herbarium.

kasvi||kset vegetables **-kun|ta** vegetable kingdom; *-nan* vegetable (product *tuote*) **-laji** species of plant **-lava** hotbed, growing (forcing) bed.

kasvi|||llisuus vegetation; *rehevä* ~ rich flora **-maa** kitchen garden **-maailma** vegetable world, flora **-maantiede** botanic[al] geography **-myrkky** *(kasveja tuhoava)* herbicide **-neste** sap.

kasvin||jalostus plant breeding (improvement) **-kumppan|i** companion from childhood; *he ovat -eita* they have grown up together **-syöjä** herbivore; *-syöjä|-* herbivorous (animal *-eläin*).

kasvi|||o flora **-opillinen** botanic[al] **-oppi** botany **-peite** plant cover; vegetation.

kasvis||ravinto vegetable food; vegetarian diet **-ravintola** vegetarian restaurant **-syöjä** *(henk)* vegetarian.

kasvi||sto flora (of Finland *Suomen* ~); herbarium **-tarha** kitchen (vegetable) garden **-tiede** botany **-tieteellinen** botanic[al]; ~ *puutarha* botanical garden[s] **-tieteilijä** botanist **-yhdyskunta** plant community, vegetation unit.

kasvo *(ark)* face, person; *kova* ~ tough guy; *uusi* ~ a new face.

kasvo||- face (mask *-naamio;* towel *-pyyhe*); facial (paralysis *-halvaus*) **-hoito** *(kosmet)* face (facial) treatment; *(ark)* facial

-naamio *(kosmet)* face pack **-nilme** [facial] expression **-npiirteet** features **-saippua** toilet soap.

kasvo|t *(sg)* face; *(kirj)* countenance ▶ *Jumalan -jen* **edessä** in the face of God; *iloinen* **ilme** *-illa/an/* [with] a happy face; ~ **kalpeina** *(punaisina)* pale-(red-)faced; *hymy* **kasvoilla[an]** [with] a smile on his face; **pelastaa** *(säilyttää) -nsa* save face; **vasten** *-ja* in the face; **sanoa** *jklle vasten -ja* tell a p. straight out.

kasvo||ton *(kuv)* faceless, lineless **-tusten** face to face (with *jkn kanssa*); ~ *jnk kanssa* *(m)* confronted by **-voide** cold cream.

kasvu growth (of, *(kuv m)* in *jnk* ~); *(kasvaminen)* growing; *(kuv)* increase (in capital *pääoman* ~); *(laajeneminen)* expansion (of a city *kaupungin* ~) ▶ **henkinen** ~ mental development; **olla** ~**ssa** be on the increase; *(metsh)* **vuotuinen** ~ annual growth (increment).

kasvu||hakuinen expansive (economic policy *talouspolitiikka*) **-häiriö** disturbance of growth **-ikä** [childhood and] adolescence **-ikäinen** *a ja s* adolescent **-kausi** growing season, period of growth **-paikka** habitat, site, locality **-turve** *(puut)* horticultural peat **-voima** vegetative power, vigo[u]r of growth **-ympäristö** growth milieu (of a child *lapsen* ~).

kataja juniper ~**inen;** ~ *kansa* tough and strong people ~**nmarja** juniper berry ~**nmarjaviina** gin ~**pensas** juniper bush.

katakombi catacomb.

katala mean, vile, base; infamous (deed *teko*); dirty (trick *temppu*).

katalogi catalog[ue].

kataluus meanness, baseness; *(katala teko)* infamy.

katalysaattori catalyst, catalyzer.

katapultti-istuin catapult seat.

katarri catarrh ~**nen** catarrh|al, -ous.

katastrof||aalinen catastrophic[al]; *(tuhoisa)* disastrous **-i** catastrophe; *-i/- (m)* emergency (area *-alue;* signal *-hälytys*) **-irahasto** catastrophe reserve.

kat|e 1 cover[ing]; *(kattoaineet)* roofing **2** *(liik)* cover[age] ▶ **ei** ~**tta** *(šekillä m)* no effects; *jnk* **katteena** *(-teeksi)* in cover (defrayment) of; **lupauksia** *joilla ei ole minkäänlaista* ~**tta** [totally] unreliable promises.

kate||draali[-] cathedral (school *-koulu*)

-ederi 1 *(koroke)* teacher's (lecturer's) desk **2** *(oppituoli)* [professor's] chair, cathedra *(pl* ~e).

kateelli||**nen** envious (of *jklle*); jealous (of *jklle t. jstk*); olla ~ *jklle jstk* envy (grudge) a p. a th.; *katsella -sin silmin* view with a jaundiced eye **-suus** envy, jealousy.

kateenkorva 1 *(anat)* thymus **2** *(keitt)* sweetbread.

kateet|**ti** *(geom)* leg; *suorakulmaisen kolmion -it* the two shorter sides of a right-angled triangle.

kategori||**a** category **-nen** categorical; *(ehdoton) (m)* unequivocal (refusal *kielto*).

katek||**eetta** *(kirk)* catechist **-ismus** catechism.

kate||**lautanen** *(keitt)* service plate **-leipä** [French] roll.

katesauma *(käsit)* fell seam.

katetr||**i** catheter **-oida** catheterize.

kate||**ttu** covered **-tuotto** *(tal)* contribution margin.

kateu|**s** envy (of *jkta kohtaan*); *(kateellisuus)* jealousness, enviousness; *(pahansuopuus) (m)* ill-will; *tuntea -tta jkta kohtaan* be envious of; bear a p. a grudge.

katgutti catgut.

katinkulta yellow mica; *(kuv)* sham, pinchbeck.

katiska weir, [fish] trap.

katka *(el)* amphipod; freshwater shrimp.

katkaisin *(sähk)* switch; *(automaatti~)* cut-out.

katkais|**ta 1** *(panna poikki)* cut (in two *kahtia)*; cut [off] (a telephone call *puhelu;* the ties *siteet)*; *(hakata poikki)* sever; *(panna kahtia)* divide .. in two (a river divides the ridge in two *joki -ee harjun)*; *(tekn)* disconnect (the telephone *puhelinyhteydet)*; *(kuv)* (~ *äkkiä)* cut short (a p.'s career *jkn ura)*; *(keskeyttää)* interrupt (a speech *puhe)*; *(lopettaa)* break off, discontinue (one's connection with *yhteytensä jhk)* **2** *(murtaa)* break (one's leg *ja|kansa;* the silence *äänettömyys)*; break off (a branch *oksa puusta)*; *(kaataa)* fell (a tree *puu)* **3** *(leikata pois)* cut away, lop (branches *oksia)*; *(lääk)* amputate; *(lyhentää, typistää)* truncate (a cone *kartio)* ▶ **puhelumme** *-tiin* we were cut off; ~ **suhteet** break off (severe, discontinue) [the] relations; *(sähk)* ~ **virta** cut (switch) off the current.

katkaisu||**asema** *(lääk)* detoxification center **-hoito** detoxification **-saha** crosscut saw.

katkarapu *(el)* prawn; ~**salaatti** prawn cocktail.

katkeam||**a** break, rupture **-aton** unbroken; *(keskeytymätön)* uninterrupted **-inen** breaking; rupture (of diplomatic relations *diplomaattisten suhteiden* ~) **-ispiste;** ~**eseen asti** to breaking point; ~**essä** at breaking point.

katke||**ileva** brittle (hair ~*t hiukset*) **-lm**|**a** fragment; *(pätkä)* snatch; scrap (scraps of a letter *-ia kirjeestä)*; *(elok, teatt)* excerpt **-lmallinen** fragmentary.

katker|**a** *(konkr ja kuv)* bitter; *(kova)* hard, harsh (struggle against *kamppailu jtk vastaan)*; *(katkeroitunut)* embittered (old woman *vanha nainen)* ▶ *-in* **mielin** with a bitter heart; olla ~ *jstk* feel bitter about; **tehdä** ~*ksi* embitter.

katker||**ansuloinen** bittersweet **-o 1** *(kuv)* gentian **2** *(juoma)* bitter[s] **-oittaa** embitter; ~ *jkn mieli* rankle a p.'s mind, embitter a p. **-oitua** be[come] embittered **-oitunut** embittered, bitter **-uus** bitterness *(erik kuv); (karvaus)* acridity; *tuntea -uutta jtk kohtaan* harbo[u]r bitter feelings towards.

katke|**ta 1** *(mennä poikki)* break [off (in two)]; *(~ äkkiä)* snap [in two]; sever, burst (the rope burst *köysi -si)*; rupture (a blood vessel *verisuoni -si)*; *(kulua poikki)* wear through; *(sähkövirrasta ym)* break down **2** *(kuv)* be cut off; *(keskeytyä)* be interrupted (the call was interrupted *puhelu -si)*; *(pysähtyä)* stop **3** *(väsyä täysin)* crack, break down (under the strain *rasituksesta)* ▶ **katkeamatta** *(m)* uninterruptedly; **matka** *-si nopeasti* the journey went quickly; **neuvottelut** *-sivat* the negotiations broke down; *(toistaiseksi)* the negotiations have stopped.

katkismus = **katekismus.**

katko *(keskeytys)* break, interruption (in program[me] *ohjelmassa)*; *(aukko)* breach, gap (in memory *muistikuvissa)*.

katko||**a** break (ties *siteet)*; cut (into pieces *kappaleiksi)* **-ja** *(erik aut)* interrupter, contact (circuit) breaker; ~*n* **kärki** breaker contact *(Am* point) **-kävely** *(lääk)* intermittent claudication **-nai**|**nen 1** fragmentary; broken (sleep *uni)*; *vain -sia osia teoksesta* only fragments of the work **2** *(sekava)* disconnected (speech *puhe)*

-naisuus brokenness; *(sekavuus)* incoherence **-viiva** broken (dashed) line.

katku [smoky] smell, *(pl)* fumes.

kato 1 *(maat)* crop failure, failure of crops; *viljasta tuli* ~ the crops failed **2** decrease (in population *väestö*~); loss (of) *(m kiel)* ~**alue** famine area.

katoa||**maton** imperishable (fame *maine*), everlasting (hono[u]r *kunnia*); unfading (memory *muisto*); *(lähtemätön)* indelible, ineffaceable (mark *jälki*; *aine on* ~*ta* matter is everlasting **-mattomuu**|**s** imperishableness; *energian -den laki* law of the conservation of energy **-minen** disappearance, vanishing; *(häipyminen)* fading away **-va** *(m)* passing (moment *hetki*) **-vai**|**nen** *(kuv)* perishable; *(kuolevainen)* mortal (body *ruumis*); *(lyhytaikainen)* transitory; *kauneus on -sta* beauty will fade **-vaisuus** perishableness; transitoriness.

katodi cathode ~**putki** *(rad)* cathode valve (tube).

katoli||**lainen, -nen** Catholic; ~ *kirkko* the [Roman] Catholic Church **-suus** Catholicism.

katon||**harja** [roof] ridge **-päällyste** roofing [material] **-raja;** *(sisällä)* ~*ssa* on the ceiling; *(ulkona)* ~*an asti* up to roof level.

katos 1 roof (of foliage *lehti*~); *(vuode*~*)* canopy **2** *(suoja)* shelter; *(vaja)* shed; *(kylkirakennelma)* lean-to.

katovuosi bad year.

katras flock (of sheep *lammas*~; of children *lapsi*~).

katrilli quadrille.

katsahtaa look, *(vilkaista)* glance, take a glance (look) (at *jhk*).

katsan|**to** sight; *ensi -nolta* at first sight ~**kant**|**a** point of view; opinion (on *jssk asiassa*); *edustaa eri -oja* represent different opinions; *muuttaa* ~*ansa* adopt another attitude; *omaksua jk* ~ take a position on ~**tapa** way of looking at things.

katsast||**aa** inspect (a car *auto*), survey; *(urh)* try out (skiers *hiihtäjiä*); *(sot)* review (troops *joukkoja*); ~ *paikkoja* *(m)* look around **-aja** inspector **-amaton** uninspected, untested (vehicle *ajoneuvo*).

katsastus inspection; *(aut)* motor vehicle inspection (test); *(Brit)* M.o.T. test; *(urh)* *(pl)* trials ~**insinööri,** ~**mie** **s** *(kuljettajatutkinnon pitäjä)* driving examiner; *(auton* ~*)* motor vehicle inspector ~**todistus** *(aut)* certificate of roadworthiness.

katsaus survey, general account, [general] view (of *jhk*); *(selonteko)* report; *luoda* ~ *tilanteeseen* survey (take a review of) the situation; *taloudellinen* ~ economic survey.

katse look; *(nopea* ~*)* glance; *(silmä[t])* eye[s] (their eyes met *heidän* ~*ensa kohtasivat*) ▶ **kiinteä** ~ gaze, stare; *kaikkien* ~*et* **kääntyivät** *häneen* all eyes turned to (on) him; **luoda** ~ *jhk* cast an eye on; ~ **oikeaan** *(vasempaan)* *päin!* eyes right (left)!

katse||**envangitsija** eye catcher **-lemi**|**nen** [on]looking; *tyytyä -seen* be content to look on **-lija** looker[-on] *(pl* lookers-on), onlooker; watcher; *(TV ym)* viewer; *(katsoja)* spectator.

katsel||**la 1** look (at *jtk;* out of the window *ulos ikkunasta;* around *ympärilleen*); watch (a performance *näytöstä*); see (a play *näytelmää*); regard (a p. with favo[u]r *jkta suopein silmin*); *(tarkastella)* eye (suspiciously *epäluuloisesti*); *(olla -ijana)* look on; *(tuijottaa)* gaze, stare (at *jtk)* **2** *(kuv)* *(tarkastella)* view, survey (the matter *asiaa*) ▶ ~ **kaupunkia** see (*ark* do) the town; *alkaa* ~ **toista** start looking elsewhere; ~ **TV:tä** watch in.

katselmus inspection; survey; *(sot)* review.

katselu||**aika** *(TV)*; *paras* ~ *(pl)* peak viewing hours **-alue** viewing area **-lupa** TV-licence.

katso|**a 1 a)** *(konkr)* look (at *jtk;* in a mirror *peiliin;* the next page *seuraavalle sivulle;* out of the window *ulos ikkunasta;* about one *ympärilleen*); *(katsella)* view; watch (a play *näytelmää;* TV *televisiota*); *(tuijottaa)* gaze, stare (at *jtk*); *(katsahtaa)* glance, have a look (at *jtk*); **b)** *(tarkastaa)* see (the wound *haavaa*); **c)** *(etsiä)* look for (a house *itselleen taloa*) **2** *(pitää huolta)* look after, take care of (children *lapsia*); see (that *että*); *(pitää varansa)* mind (that you don't catch cold *ettet vilustu*) **3** *(pitää jnak)* look upon, regard (as competent *päteväksi*); consider (a th. necessary *jk tarpeelliseksi*) **4** *(kortti)* call ▶ **anna** *minun* ~ let me have a look; ~ **asiaa** *toiselta kannalta* take a different view of the matter; ~ **asiakseen** *tehdä* think it one's business to do; ~ **hyväksi** see fit; *katso itse!* look for yourself! **katso!** look! see! *katso sivulta 3* see page 3; ~ **kirjasta**

look up in a book; **käydä** *-massa* go to see, visit (an old friend *vanhaa ystävää*); ~ **olevansa** *asiantuntija* consider (hold) o.s. an expert; ~ **omaa** *etuaan* have an eye to one's own interest; **tule** *-maan* come and see.

katsoen; *jhk* ~ considering, regarding, in view of; taking .. into account; **käytännöllisesti** ~ practically [speaking]; *asiaa* **tarkemmin** ~ viewing (looking at) the matter more closely.

katsoja spectator; *(TV ym)* viewer; *(katselija)* onlooker, watcher; ~t *(yleisö)* audience ~**lava** *(erik urh)* stand [for spectators].

katso||matta; *jhk* ~ irrespective of, regardless of **-mi|nen;** *-sen arvoinen* worth seeing **-mo** *(teatt)* auditorium; *(urh)* stand; *täysi* ~ full house **-mus** view, opinion; point of view **-mustapa** way of thinking.

kat||taa 1 roof (a house with tiles *rakennus tiilillä*); *(peittää)* cover **2** *(tal)* cover, defray (the expenses *kulut*); supply (a deficiency *vajaus*), *(ark)* meet (the need *tarve*) **3** ~ *pöytä* lay the table; *pöytä on -ettu* the meal (dinner, lunch) is served **-tamus** setting; sitting (the first sitting at 6 p.m. *ensimmäinen* ~ *klo 18*) **-teeton 1** *(liik)* uncovered (credit *luotto;* cheque *šekki*); ~ *šekki (ark)* dud cheque **2** *(kuv)* empty (promise *lupaus*).

kat|ti *(ark)* moggy; cat; *-in kontit!* what nonsense!

kattila 1 *(keitt) (kasari)* saucepan, pot; kettle **2** *(iso kupari- ym* ~*)* ca[u]ldron, copper **3** *(tekn)* boiler ~**huone** boiler room *kivi scale, fur* ~**laakso** cirque, basin.

kat|to 1 *(ulko*~*)* roof; *(sisä*~*)* ceiling **2** *(aut ym)* top, hood; *(kuv) (suoja)* shelter ▶ *-on* **alla** under cover (roof); **katossa** on the ceiling.

katto||- roof (garden *-puutarha; (aut)* rack *-teline*); ceiling (board *-lauta;* painting *-maalaus*) **-huopa** roofing felt **-ikkuna** skylight; *(vinokaton pystyikkuna)* dormer **-järjestö** holding (umbrella) organization **-kouru** *(rak)* gutter **-kruunu** chandelier **-lista** cornice mo[u]lding **-luukku** *(aut)* sliding roof **-nopeus** [maximum] speed limit **-palkki, -parru** roof beam, rafter **-pelti** roofing sheet **-tasanne** terrace roof **-tiili** tile **-tuoli** *(rak)* roof truss.

ka|tu street; *(kuja)* lane, alley, row; *(valta*~*)* thoroughfare, *(Am)* avenue; *(ajotie)* roadway ▶ **joutua** *-dulle* end up on the street; **kadulla** in *(Am* on) the street; *huoneeni on -dun* **puolella** my room overlooks the street; **toisella puolen** ~*a* across the street; *N:n -dun* **varrella** in *(Am* on) N street; **mennä** *-dun* **yli** cross the street.

katu|- street (sign *-kilpi;* lamp, light *-lyhty*).

ka|tua repent ([of] one's sins *syntejään*); regret (one's decision *päätöstään*); *(olla pahoillaan)* be sorry (for *jtk*); *(tuntea katumusta)* feel regret ▶ *-dun* **että** *tein sen* I regret doing it; *tätä* **saat** *vielä* ~ you'll live to regret this, you'll be sorry for this.

katu||haastattelu street gallup **-kahvila** pavement (kerbside) café **-kaupustelija** street vendor, hawker **-kieli** gutter language **-kiveys** paving **-kivi** paving stone **-koroke** refuge, street (traffic) island **-käytävä** pavement, *(Am)* sidewalk.

katuma||pää|llä *(-lle);* *tulla -lle* start regretting; *(muuttaa mielensä)* change one's mind; *(perua)* back out (of *jnk johdosta*) **-ton** unrepentant, unregretting, impenitent.

katum||uksentekijä penitent **-us** repentance (for *jnk johdosta*); *(synnintunto)* penitence; remorse (bitter remorse *katkera* ~); *-us|-* penitential (psalm *-virsi*); **tehdä** ~*ta* do penance; *tuntea* ~*ta* feel regret.

katumus||harjoitus penance **-päivä** day of penance.

katu||nainen streetwalker **-oja** gutter *(m kuv)* **-ovi** front door **-poika** street arab **-rosvo** hold up man **-soittaja** street musician **-sulku** barricade; road block **-taso;** ~*ssa* at street level **-työ[t]** *(pl)* roadworks, street repairs.

katuva[inen] *(usk ym)* penitent (about), repentant (of); remorseful (mind *mieli*); *(pahoillaan oleva)* regretful.

katu||viemäri street gully, sewer **-vieri** side of the street.

katve shade ~**alue** *(sot)* dead space.

kauan long, [for] a long time ▶ **kestää** ~ *[aikaa]* take [a] long [time]; *niin* ~ **kuin** as long as; while; *ei niin* ~ *kuin* not so long as; ~ **sitten** long ago; *missä olet* **viipynyt** *näin* ~*? (m)* where have you been all this time?

kauas far (into the future *tulevaisuuteen*); far away (far away from here ~ *täältä*); *se näkyy (kuuluu)* ~ it can be seen (heard) far and wide; ~ *pois* far away ~**kantava**

(erik sot) long-range (gun *tykki*); ~ **ääni** carrying voice ~**kantoi|nen** *(kuv)* far-reaching, long-run (effects *-set seuraukset)*.

kauem||maksi farther (further) off **-min** longer, a longer time; *elää* ~ *kuin* outlive, survive (a p. *jku*) **-paa** from farther (further) off; *(ajasta) (kielt ja kys)* [any] longer **-pana** farther (further) away (off); ~ *oleva* farther, further, more distant (remote).

kauha 1 ladle (soup ladle *liemi~*); scoop (wooden scoop *puu~*) **2** *(tekn)* bucket, dipper, scoop ~**kuormaaja** tractor shovel, bucket loader.

kauhe||a 1 terrible, dreadful, frightful **2** *(ark) (kamala)* horrible, frightful (hat *hattu*); horrid (clothes *~t vaatteet*); awful **-an** awfully (sorry *pahoillaan*); very (hot *kuuma*); ~ *suuri* huge, enormous; *olen* ~ *väsynyt* I'm terribly tired **-asti;** ~ *ihmisiä* lots and lots of people **-us** frightfulness, dreadfulness; *sodan -udet* the horrors of war.

kauhist||ava terrifying, ghastly, grisly **-ella** be horrified (at *jtk*) **-ua** be frightened (horrified, terrified) (at, by *jtk*) **-un|ut** frightened, terrified, horrified; **-eena** in horror **-u|s** horror, terror; *-ksekseni* to my horror; *voi ~!* oh good heavens! **-uttaa** frighten, terrify; *minua ~* I am frightened (appalled) (at *jk*) **-uttava** appalling; terrifying, horrifying, shocking (sight *näky*).

kauhoa *(ammentaa)* ladle; scoop.

kauhtana caftan; *papin* ~ cassock.

kauhtua fade, discolo[u]r.

kauhu 1 *(pelko)* fright, dread; horror (of *jnk* ~) **2** *(kauheus)* terror, horror; *(inhon kohde)* abomination ▶ **herättää** *~a* strike terror (horror, dread) (into *jkssa*); **kauhuissaan** in terror (horror, dismay); **kauhukseni** to my horror.

kauhu||a herättävä horrifying, terrifying **-elokuva** horror (atrocity) film **-kakara** enfant terrible *(pl* enfants terribles) *(lapsesta m)* little devil **-kertomus** atrocity story **-propaganda** atrocity propaganda.

kaui||mmainen farthest (furthest) [away], remotest **-mpana** farthest (furthest) [away (off)]; ~ *oleva* farthermost, furthermost.

kauka||a from far [away]; from a distance (see a p. from a distance *huomata jku [jo]* ~) **-i|nen** distant (region *seutu;* relative *sukulainen*), remote (place *paikka;* past

menneisyys); *(etäinen)* far[-]away (land *maa*); ~ *vieras* a guest from afar **-isuu|s** remoteness; *-dessa* in the remote distance.

kaukalo 1 trough **2** *(jääkiekko~)* rink.

kaukana far (from town *kaupungista*), at a [great] distance (from *jstk*); far away (off) (he is far away *hän on* ~); in the distance; a long way off ▶ *hänellä ei ollut itku* ~ she was on the verge of tears; ~ **oleva** remote, distant, far[-]away; **pysy** *minusta* ~ keep away from me! ~ **siitä** far from it, on the contrary; ~ **toisistaan** wide apart.

kaukas||ialainen *a ja s* Caucasian **K-us** the Caucasus.

kauko|- far[-] (-sightedness *-näköisyys*); △ long-distance (traffic *-liikenne;* patrol *-partio;* network *-puhelinverkko*); △ long-range (weapon *-taisteluase*); △ remote-control (switch *-kytkin*).

kauko||itä *(m K~)* the Far East **-juna** long-distance (*Am* limited) train **-katseinen** far-sighted, foresighted **-katseisuus** far-sightedness; *(harkitsevuus)* foresight **-kirjoit|in** teleprinter, *(Am)* teletype[writer]; telex; *lähettää -timella* telex **-kuva** *(valok)* telephotograph **-ladonta** *(kirjap)* teletypesetting **-lasit** *(opt)* distance glasses **-laukaus** *(urh)* long shot **-lämmitys** district heating **-maat** distant (exotic) lands **-näkijä** clairvoyant **-näköinen 1** *(pitkänäköinen)* long-sighted, far-sighted **2** = *-katseinen* **--objektiivi** telephoto lens **--ohjattu** remote-control[led], guided (weapon *ase*) **--ohjaus** remote control **--ohjus** remote-controlled missile **-puhelu** long-distance (*Br* trunk) call **-putki** telescope **-valinta** *(puh)* direct dialling **-valot** *(aut) (sg)* high (headlight) beam.

kaula neck (of a bottle *pullon ~;* stretch one's neck *kurkottaa ~nsa*); *(kurkku)* throat ▶ *helmet* **kaulassa** [with] beads round one's neck; *häneltä meni sisu ~an* he chickened out; *(urh) juosta (kuroa)* ~ **umpeen** make up the distance.

kaula||-aukko neck[line]; *syvään uurrettu* ~ low neck[line] **-hihna** collar **-huivi** scar|f *(pl m* -ves) **-ketju** necklace; *(lyhyt ~)* necklet **-koru** *(riipus)* pendant **-nikama** cervical vertebra *(pl ~e)* **-panta** collar **-puuhka** boa, fur **-ranka** cervical spine **-suoni** jugular [vein] **-valtimo** carotid [artery].

kauli||a *(keitt)* roll **-n** rolling pin.

kauluksennappi [collar] stud.

kauluri neckband; *(turkis~)* boa.
kaulu|s collar; *kiinteä (kova)* ~ attached
(stiff) collar; *tarttua jkta -ksesta* collar a
p. **~haikara** bittern **~köyhälistö**
white-collar proletarian **~saapas** top boot.
kauna grudge, ill-feeling; *kantaa ~a* bear
malice (to *jkta kohtaan*), feel resentment
(at *jstk*); *kantaa ~a jkta kohtaan (m)*
bear a p. ill-feeling, have a grudge against
~inen rancorous, resentful (attitude
suhtautuminen) **~isuus** malignancy;
(katkeruus) bitterness.
kauneudellinen [a]esthetic[al].
kauneudenhoito beauty culture (care);
(käsittely) beauty treatment **~aine**
cosmetic, beauty preparation **~laukku**
beauty box.
kauneus beauty; *(viehättävyys)* loveliness;
beautifulness.
kauneus||- beauty (parlour, *(Am)* shop
-hoitola; contest *-kilpailu*); △ cosmetic
(operation *-leikkaus*) **-aisti** sense of
beauty; [a]esthetic sense **-pilkku** beauty
spot; *(keinotekoinen ~)* patch **-virhe** flaw
(m kuv) **-voide** face cream.
kauniisti; *käyttäytyä* ~ behave well; *se ei
ollut häneltä ~ tehty* it was not nice of
him.
kauni|s 1 beautiful (woman *nainen*), lovely
(hair *tukka*); *(sievä)* pretty; handsome
(horse *hevonen;* man *mies*); *(erik lääk)*
fine, nice (scar *arpi*) **2** *(säästä)* fine,
lovely, nice (day *päivä;* weather *sää*); fair
(day *päivä*) **3** *(kuv)* nice, fine (memory
muisto; speech *puhe*); *(hyvä)* good
(handwriting *käsiala;* behavio[u]r *käytös*)
4 *(iron)* fair (promises *-it lupaukset*);
pretty (mess *sotku*) ▶ *(meteor)* **pysyvästi**
~ta set fair; *jonakin -ina* **päivänä** one fine
day; ~ **summa** a pretty penny; *-it* **sääret**
beautiful (shapely) legs.
kaunis||muotoinen well-shaped **-piirteinen**
fine-featured, well-featured **-soint[u]inen**
melodious, sonorous **-taa** make   ..
beautiful, embellish; *(koristaa)* adorn
-tautua smarten o.s. up (for an occasion
jtk tilaisuutta varten) **-telematon** *(kuv)*
unembellished; ~ *totuus* unvarnished
(plain) truth **-telematta;** *sanoa* ~ put it
bluntly (quite plainly) **-tella** *(kuv)* colo[u]r;
pad out (the truth *totuutta*); make .. look
better; *(peitellä)* palliate (one's crimes
rikoksiaan)   **-telu** palliation;
embellishment.
kaunistu||a become [more] beautiful; *(erik*

henk) improve in looks; *sää -u* the weather
is getting better (fine) **-s 1** beautification **2**
(koristus) embellishment, adornment,
decoration **-saine** cosmetic.
kaunokai|nen 1 *(iron, leik) -seni* my pretty
lady **2** *(kasv)* daisy.
kaunokirj||ailija   belletrist;
(romaanikirjailija) fiction writer, novelist
-allinen literary, belletristic **-allisuus** [pure]
literature; fiction **-oitus** penmanship;
calligraphy.
kauno||kki *(kasv)* knapweed **-luistel|ija, -u**
= *taitoluistel|ija, -u* **-luistin** figure skate
-puheinen eloquent **-puheisuus** eloquency;
(puhetaito) oratory; *(puhelahjat)* gift of
the gab **-puhuja** orator **-sielu** [a]esthete;
idealist **-tar** beauty; belle.
kaupaksi||käymätön   unsal[e]able,
unmarketable; *tämä on ~tä tavaraa (m)*
these articles don't sell **-käyvä** sal[e]able,
marketable; *hyvin* ~ fast-moving,
fast-selling; *huonosti* ~ slow-moving.
kaupalli||nen commercial (Christmas *joulu;*
secretary *sihteeri*); mercantile (practice
käytäntö); ~ *edustaja* trade representative
(commissioner); *(dipl)* ~ *edustusto* trade
mission; ~ *johtaja* commercial (business)
manager; *(dipl)* ~ *sihteeri* secretary for
trade **-staa, -stua** commercialize **-suus**
commercialism; commercial character.
kaupan||hieronta bargaining; haggling
-hoitaja shop manager **-käynti** trading,
trade (with *jkn kanssa*); business; *(erik
luvaton ~)* traffic; *(kuv m)* bargaining
-päällisiksi into the bargain, to boot; *(kuv
m)* on top of everything; *antaa* ~ *(m)*
throw .. in **-vahvistaja** *(lak)* [attesting]
notary **-välittäjä** broker, agent; merchant
intermediary.
kaupata offer .. for sale; *(kaupustella)*
peddle.
kaupinta *(liik)* commission trade;
consignment **~myynti** sale on commission;
consignment sale.
kaupitella try to sell; vend; *(kuv)* offer,
hawk (advice *neuvoja*); *(kaupustella)*
peddle.
kaup|pa 1 *(-ankäynti)* trade (between
countries *maiden välinen ~;* in linseed oil
pellavaöljyn ~), commerce (be engaged in
commerce *toimia -an alalla*); *(erik laiton
~)* traffic (drug traffic *huume~*);
(liike-elämä) business **2** *(liiketoimi)*
transaction, dealing; *(osto)* purchase;
(myynti) sale; *(sopimus)* deal (there was no

deal *ei tullut* ~*a); (edullinen* ~*)* bargain 3 *(*~*liike)* shop, *(Am)* store; *(erik ruoka*~*)* market ▶ A *(erik liik)* **harjoittaa** *jtk* ~*a* carry on business in, be trading in; **huono** ~ a bad bargain; **hyvä** ~ a bargain, a favo[u]rable deal; *(kuv)* **katua** *-pojaan* regret a deal; *olla* **kaupan** be on the market, be for sale; *pitää -an* stock, put .. up for sale; **kaupat** *(us sg)* business; *kuinka -at sujuvat?* how is business [with you]? **kotimaan** *(ulkomaan)* ~ home (foreign) trade; ~ **käy** business is good; **käydä** *-assa* do the shopping; *käydä* ~*a* do business; *käydä* ~*a jkn kanssa* trade (deal) with; *käydä* ~*a jllak* trade (deal) in; *(kuv) käydä* ~*a jstk* negotiate about; **laskea** ~*an* put on the market; **mennä** *[hyvin] -aksi* sell [well]; *mennä huonosti -aksi* be unsalable; **pitää** ~*a* keep [a] shop; **päättää** *-asta* effect a purchase, close a deal; *hänellä on* **suuria** *-poja* he is in business in a big way; *ruoka* **teki** *hyvin* ~*nsa* the food went [down] well; ▶ B *(kuv) (kaupalla, kauppaa) kuin* **ihmeen** *-alla* as [if] by a miracle; **pelkkää onnen** ~*a* sheer luck; **sillä** *-alla* on that understanding; ▶ C *(yhdyss)* **-kaupalla** a) *(ilm määrää)* -fuls (loadfuls *kuorma-alla;* of *jtk*); *myydä laatikko-alla* sell by the box; b) *(ilm aikaa); tunti-alla* for hours [and hours].

kauppa||**-** trade (route *-reitti;* group *-ryhmittymä*); △ commercial (agency *-edustus;* death *-kuolema*) **--ala;** *olla* ~*lla* be in business **--alus** merchant (trading) ship; trader **--apulainen** shop assistant, *(Am)* store clerk **-edustaja** commercial (trade) representative; agent; *(-matkustaja)* commercial traveller, *(Am)* traveling salesman **-edustusto** trade mission **-halli** market hall **-hinta** selling price; *(ostohinta)* purchase price **-huone** commercial (trading) house **-- ja teollisuusministeriö** *(Suom)* Ministry of Trade and Industry **-kamari** chamber of commerce **-katu** shopping street **-kaupunki** commercial city, trading town **-keskus** commercial (trading) centre **-kirja** bill of purchase, contract, deed [of sale] *-ojen laatija* conveyancer **-kirjeenvaihto** business (commercial) correspondence **-korkeakoulu** School of Economics [and Business Administration]; *(läh v m)* [university] college of commerce **-koulu** commercial school, *(Am)* business school **-kuja** bazaar **-kumppani** trading partner.

kauppa||**la** *(läh v)* market town; township **-laiva** 1 *--alus* 2 *(myymäläalus)* trading ship, ship shop **-laivasto** merchant (mercantile) marine, merchant fleet **-liike** business; *(puoti)* shop **-lippu** merchant flag **-matkustaja** commercial traveller; *(Am)* traveling salesman **-merenkulku** mercantile shipping **-mies** tradesman, trader **-ministeri** minister of commerce (economic affairs); *(Brit)* Secretary of Trade; *(USA)* Secretary of Commerce **-neuvos** (titular) commercial counsellor **-neuvottelut** trade negotiations, trade talks **-opisto** commercial (*Am* business) college **-oppi** 1 commercial science 2 *(oppikirja)* commercial primer **-paikka** trading centre; emporium *(m hist)* **-politiikka** trade (commercial) policy **-puutarha** market garden, *(Am)* truck garden (farm) **-ratsu** *(halv)* bagman.

kauppa||**seura** commercial club **-sopimus** *(valt)* trade (commercial) agreement; commercial treaty **-suhte**|**et** trade (commercial) connections (relations); *olla -issa jkn kanssa (m)* do business with **-sulku** embargo **-tase** balance of trade **-tavara** merchandise, commodity **-tie**|**de** commercial science; *-teiden* **kandidaatti** *(maisteri)* Master of Economic Sciences; Master of Arts (Econ.), Master of Business Administration (*lyh* M.B.A.); *-teiden* **tohtori** Doctor of Economic Sciences (*lyh* D.Ec[on].) **-tori** market [place] **-tuttava** business friend **-vaihto** turnover, sales **-vaje** trade deficit **-valtuuskunta** trade mission.

kauppias 1 merchant, trader, tradesman; *(jälleenmyyjä)* dealer (in *jnk*); *(tukku*~*)* wholesale dealer; *(vähittäis*~*)* retail dealer 2 *(kaupanpitäjä)* shopkeeper, *(Am)* storekeeper; *(sekatavara*~*)* grocer 3 *(kauppaaja)* seller, vendor ~**ta**|**pa;** *hyvän -van mukaisesti* according to sound business practice.

kaupungin||**hallitus** city (municipal) government **-johtaja** city (town) manager **-lääkäri** city medical officer **-oikeudet** *(sg)* town charter **-osa** quarter of a town, district; sector (part) of a town **-osayhdistys** *(läh v)* neighbo[u]rhood association **-talo** town hall, *(Am)* city hall **-teatteri** municipal theatre **-valtuusto** town (city) council; ~*n* **puheenjohtaja** chairman of the town council **-valtuutettu** [town (city)] councillor, *(Am)* [city] councilman

-vouti [court] bailiff; *(Am)* sheriff['s assistant].

kaupungistua become urbanized.

kaupun|ki town; *(iso t. katedraali~)* city; *(pikku~; pol vaalialueena)* borough ▶ **asua** *-gissa* live in town; **Helsingin** ~ the city of Helsinki; **hän on kaupungilla** she is out on the town, *(erik Am)* she has gone downtown; **mennä kaupungille** go into town *(Am* downtown); **kaupungin** corporation (tramways *raitiotiet)*, municipal (hospital *-sairaala);* **matkustaa** ~*in* go [up] to town; **olla** *-gin* **palveluksessa** be a municipal employee.

kaupunki||- town, city (residence *-asunto;* congregation *-seurakunta);* △ urban (life *-elämä;* population *-väestö);* △ municipal (gas *-kaasu)* **-bussi** city (local service) bus **-kunta** municipality, municipal borough, town corporation; *(Am m)* township.

kaupunkilai||nen I *s* town (city) resident; inhabitant of a town (city); *-set (m)* towns|people, -folk; *hän on* ~ *(m)* he lives in a city **II** *a* towny (in a towny way *-seen tapaan)* **-sittain** in townish style, townishly (dressed *pukeutunut)* **-staa** urbanize **-stua** become urbanized.

kaupunki||sissi city guerilla **-suunnittelija** town (city) planner **-suunnittelu** town (city) planning; *(m)* urban development **-talo** town house **-väestö** urban population; *(pl)* city people.

kaupuste||lija pedlar, peddler **-lla** [try to] sell; peddle, hawk; *(kaupitella)* vend **-lu** pedlary, peddlery; *kerjääminen ja* ~ *kielletty* no hawkers or beggars.

kaura *(sg ja pl)* oats (grow oats *viljellä* ~*a)* ~**hiutaleet** rolled oats, oat flakes ~**jauho[t]** oatmeal ~**liemi** water of oatmeal ~**mainen** *(kasv)* avenaceous ~**moottori** *(leik)* hay burner ~**puuro** [oatmeal] porridge ~**ryynit** porridge (hulled) oats ~**velli** oatmeal gruel.

Kauriin kääntöpiiri the Tropic of Capricorn.

kauris 1 *(vuori~)* [mountain] goat; *(alppi~)* ibex; *(metsä~)* roe [deer] **2** *K~ (astr ja horosk)* Capricorn.

kausaali- causal (clause *-lause).*

kausatiivinen causative (verb *verbi).*

kau|si 1 period (at that period *sillä -della);* *(aika~)* age, era, epoch; *(vaihe)* phase (the early phase of *jnk varhainen* ~); *(säästä us)* spell **2** *(toistuva* ~) season (the dry season *kuiva* ~); *(erik liik)* hiljainen ~ off-season.

kausi||- *(us)* seasonal (allowance *-alennus;*

unemployment *-työttömyys;* variation *-vaihtelu)* **-alennusmyynti** clearance sale **-juoppo** dipsomaniac; *(sl)* dipso **-lippu** season ticket; *(konsertti- ym* ~) subscription ticket **-luonteinen** seasonal.

kautsu caoutchouc; gum elastic, [India] rubber.

kautta I *postp* **1** through (the centre of the town *kaupungin keskustan* ~; *(kuv)* through us *meidän* ~*mme);* via (the train from Helsinki via Oulu to Rovaniemi *juna Helsingistä Oulun* ~ *Rovaniemelle)* **2** *(kuv)* by (I am related to him by my father *olen sukua hänelle isäni* ~); *(avulla)* by means of ([a] miracle *ihmeen* ~); vannoa *jnk* ~ swear by (on) **II** *prep* through (the ages *aikojen);* throughout (the world *maailman); (läpi koko)* all through (my life *elämäni)* ▶ *tule* **meidän** ~*!* come round to us [first]; **mitä** ~? which way? ~ **talven** all [the] winter; **toista** ~ by another route; **tätä** ~ this way.

kautta||altaan thoroughly; *(läpikotaisin)* throughout; *(kokonaan)* completely, entirely, altogether; *(kautta linjan)* all down the line **-kuljetus** transit conveyance.

kauttakul|ku passage (free passage *vapaa* ~); *-ku|-* *(liik)* transit (agreement *-sopimus;* goods *-tavara[t];* visa *-viisumi);* △ through (station *-asema)* ~**matka;** *olla* ~*lla* be passing through ~**oikeus** *(lak)* [right of] passage.

kauttavuotinen all-the-year-round.

kavahtaa 1 start, jump (for (with) fear *pelosta); (säikähtää)* startle **2** *(varoa)* beware (of a lie *valhetta)* ▶ **herellic** awake with a start; ~ **pystyyn** start up, jump (spring) to one's feet.

kavala deceitful, traitorous, treacherous (action *toiminta);* false (friend *ystävä);* *(sala~)* insidious (illness *sairaus); (ovela)* sly, cunning (plot *juoni).*

kaval||jeeri cavalier *(m hist);* partner (at table *pöytä~,* at a dance *tanssi~)* **-kadi** cavalcade *(m kuv).*

kaval||lus *(~ kassasta)* embezzlement, defalcation; *(julkisten ym varojen* ~) misappropriation **-taa 1** *(pettää)* betray (one's friend *ystävänsä);* ~ **maansa** betray (be a traitor to) one's country **2** *(lak)* embezzle, defalcate; misappropriate (trust funds *säätiön varoja); (erik julkisia varoja)* peculate **-taja 1** betrayer; traitor (to one's country *maansa* ~) **2** *(varojen* ~) embezzler, defalcator **-taminen** betrayal (of a friend *ystävän* ~).

kavaluu|s deceit, treachery; fraudulence; *(sala~)* insidiousness; *-della* by cunning, by deceitful means.

kaveerata *(ark)* be pals, chum up (with *jkn kanssa).*

kaven||nus *(käsit)* decrease; *(sisäänotto)* taking in *-taa* **1** narrow, make .. narrower **2** *(kuv)* reduce, cut (narrow) down, curtail (governmental support *hallituspohjaa);* restrict, limit (rights *oikeuksia);* ~ *tuloeroja* narrow differences in income **3** *(käsit)* decrease, narrow [off] (a sock *sukka[a]*); take in (the seams *saumoista)* **4** *(tehdä kavennusmaali)* narrow the lead [with a goal].

kaveri 1 *(toveri)* pal, chum; *(Am)* buddy; *(ystävä)* friend **2** *(heppu)* fellow, chap.

kaveta narrow [off (down)]; *(kuv)* [be] reduce[d].

kaviaari caviar[e].

kavio hoof ~**eläin** hoofed animal ~**nkapse** hoofbeat; clatter (pounding) of hoofs ~**ura** hoof track.

kavuta climb ([up] a tree *puuhun);* clamber (up the slope *ylös rinnettä); (vaivalloisesti* ~*)* scramble; ~ *alas* climb down.

kefiiri *(keitt)* kefir.

keh|data 1 *(us kielt t. kys) (tohtia)* not to be too shy (to come *tulla);* **hän ei *-dannut tulla** she was too shy to come; *kuinka minä -taan..* how can (dare) I . . **2** *(iljetä)* not to be ashamed; be bold enough, have the face (to) (he has the face (is bold enough) to do anything *hän -taa mitä vain); että -taattekin!* you ought to be ashamed!

kehikko frame[work], ribbing; *(pakkaus~)* crate.

kehit||e *(valok)* developer, developing bath **-ellä** develop; *(kuv m)* expound, evolve (a theory *teoriaa);* elaborate (on the theme *aihetta)* **-teillä** under development (construction) **-tely** developing (of a product *tuotteen* ~), development; explication (of a theme *aiheen* ~).

kehitty||mättömyys undeveloped state; backwardness (of conditions *olojen* ~) **-mätön** undeveloped; *(henk)* immature; *(takapajuinen)* underdeveloped, backward (country *maa);* primitive (religion *uskonto); (biol ja kuv)* embryonic (state *tila)* **-neisyys** advanced state; development **-nyt** developed, advanced; *(kypsä)* mature ► **korkealle** ~ highly developed; *-neet*

maat developed (industrialized) countries; **pitkälle** ~ ..at an advanced state; **täysin** ~ fully developed, matured.

kehitty|ä 1 develop (from an egg *munasta;* into a quarrel *riidaksi);* *(~ vähitellen)* evolve **2** *(kehkeytyä)* arise, ensue (a terrible argument ensued from this *siitä -i valtava riita)* ► ~ **jksk** become, develop (grow) into; ~ *parempaan (huonompaan)* **suuntaan** change for the better (worse); ~ *uuteen suuntaan* take a new turn; ~ *suuresti* make great progress.

kehittävä *(erik kuv)* developing; *matkustaminen on* ~*ä* travel[ling] improves (broadens) one's mind.

kehit|tää 1 *(~ edelleen)* develop *(m valok); (parantaa)* improve (a method *menetelmää);* evolve (a plan *suunnitelmaa);* pitkälle *-etty* highly-developed **2** *(synnyttää) (fys, kuv, atk)* generate, give off (out) (heat *lämpöä);* produce, bring forth; breed (hate *vihaa)* **3** *(harv) (kehiä auki)* unwind.

kehity|s development; *(erik tiet)* evolution (of the species *lajien* ~); *(edistys)* progress; *(valok)* developing, development; *(fys)* generation (of heat *lämmön* ~); *pysyä -ksen tasalla* keep up with progress.

kehitys||alue development area **-apu** development aid, international development [assistance] **-aste** stage of development; *(kuv m)* stage, phase **-häiriö** disturbance in development **-kelpoinen** developable (idea *ajatus)* **-kyky** capacity to develop; *(m) (pl)* potential resources **-kykyinen** ..capable of development; *(lupaava)* promising **-maa** developing (emerging) country **-opillinen** evolutionary **-oppi** theory of evolution **-suunta** trend [of development] **-vammainen** mentally handicapped **-vuodet** formative years.

keh||iä wind (thread *lankaa);* ~ *auki* unwind **-keytyä** develop (into *jksk); (syntyä)* arise (from *jstk).*

kehno bad (memory *muisti);* poor (success *menestys;* actor *näyttelijä); (kurja)* wretched (food *ruoka);* inferior (tea *tee);* shabby (clothes ~*t vaatteet);* ~ *laatu (palkka)* low (poor) quality (salary).

keho body ~**nrakennus** bodybuilding.

kehot||taa *(~ innokkaasti)* urge; *(pyytää)* request, ask, tell (a p. to sit down *jkta istuutumaan);* invite ([to make] suggestions *tekemään ehdotuksia); (rohkaista)* encourage; advise (a p. to be cautious *jkta varovaisuuteen);* recommend (to sell *myymään); (erik lak)* summon (a p. to pay *jkta maksamaan);* ~ *luopumaan jstk* dissuade from **-u|s** *(pyyntö)* request, invitation, call; *(rohkaisu)* encouragement; *(neuvo)* advice; *(ehdotus)* suggestion; *(varoitus)* admonition, exhortation; *(erik lak) (pl)* summons; *jkn -ksesta* at the request (suggestion) of.

kehruu spinning ~**kone** spinning machine (jenny) ~**teollisuus** textile industry.

kehrä *(tekn)* cam, spindle; *(pyörä)* wheel; disk *(m kuv)* ~**kukka** *(kasv)* disk floret ~**s[luu]** ankle bone.

kehrä‖tä 1 spin (yarn *lankaa;* wool into yarn *villaa langaksi); -tty sokeri* spun sugar; ~ *ympärilleen kotelokoppa* spin itself in **2** *(kuv)* purr (a cat (motor) purrs *kissa (moottori) -ä)* **-varsi 1** *(värttinä)* spindle, distaff **2** *(puola)* spoke **-äjä** *(el) (~lintu)* nightjar, goatsucker **-ämö** spinning mill.

kehto 1 cradle **2** *(kasv)* calycle; hull; *(tammenterhon ~)* cup[ule] ~**laulu** lullaby, cradlesong.

kehu; *saada ~ja* be praised, receive praise ~**|a 1** *(kiittää)* praise (a p. for *jkta jstk)* **2** *(kerskua)* boast, brag (of, about *jllak)* ▶ ~ *itseään* blow one's own trumpet; ~ *jkta (ark m)* crack a p. up; **kehumatta** without boasting; ~ *jku maasta taivaaseen* laud a p. [up] to the skies, sing a p.'s praise.

kehu‖mi|nen *(kiittely)* praising; *(kerskunta)* boasting; *ei ole -sta* nothing to boast of; nothing to write home about; *(leik) keskinäisen -sen kerho* mutual admiration sóciety **-skelija** braggart, swaggerer, blusterer **-skella** brag, boast (about, of *jllak);* swagger **-skelu** *(m)* big talk.

kehy|s *(us -kset)* **1** *(raami)* frame (of a mirror *peilin ~;* window frame *ikkunan ~);* rim (of a sieve *siivilän ~); (reunus)* border; *(~rakennelma)* framework, framing, casing; *(jalokiven ~)* setting; *[ikkunan]* ~ *(-kset) (m)* casement **2** *(kuv)* frame[work] (for *jllk),* setting (of a play *näytelmän -kset); (pl)* limits (keep within certain limits *pysyä tietyissä -ksissä); muodostaa -kset jllk* provide setting for; *toimia -ksinä jllk* act as a foil for.

kehys‖saha frame saw, gang saw *(Am* mill), sash **-tää** put .. in a frame, frame (a picture *kuva); (ympäröidä)* border, edge; *(erik kuv)* provide a setting for (a story *tarinaa).*

kehä 1 *(ympyrä)* circle; halo (of the sun *auringon ~);* kiertää ~*ä (m kuv)* circle, run in a circle **2** *(erik geom)* periphery; circumference (of the circle *ympyrän ~)* **3** *(kaivon ym ~)* curb; *(kehikko)* frame[work]; *(juuston ym ~)* mo[u]ld; *(leikki~)* [play] pen **4** *(urh) (heitto~)* circle; *(nyrkk ja paini~)* ring **5** *(kasv)* perianth, floral envelope ~**antenni** frame antenna, loop ~**kalvo** *(anat)* iris ~**kettu** *(urh, pol)* [sly] fox ~**kirjoitus** legend ~**kukka** [pot] marigold ~**lehti** *(kasv)* periantheous (floral) leaf ~**mäinen** circular; ring-shaped ~**päätelmä** vicious circle ~**riutta** atoll ~**tie** ring road; *(Am)* beltway ~**tuomari** referee.

keidas oas|is *(pl -es).*

keihäs 1 spear; *(pisto~)* lance; *(pieni heitto~)* dart **2** *(urh)* javelin ~**mies** *(hist)* lancer ~**mäinen** spearlike; *(kasv)* lanceolate (leaf *lehti)* ~**täminen** *(jääkiekossa)* spearing ~**tää** spear; *(naulita)* stick, pin.

keihään‖heitto *(urh)* [throwing the] javelin, javelin throw **-heittäjä** javelin thrower **-kärki** *(erik hist)* spearhead **-varsi** shaft of a spear.

keija *(last)* potty.

keiju‖kainen fairy; el|f *(pl -ves)* **-kais|**-fairy (queen *-kuningatar);* elfin (dance *-tanssi)* **-kaismainen** fairylike; elfin **-sto** *(biol)* plankton.

keikah‖dus *(~ kumoon)* tumble, tilting (toppling) over; *(heilahdus)* swing, rocking *(ks m keikaus)* **-taa 1** ~ *[kumoon]* fall down, tumble [down]; topple [over], tip (tilt) over; *(erik veneestä)* capsize **2** *(heilahtaa)* rock, sway; tilt (the glass tilted *lasi -ti).*

keikai‖leva snobbish, snobby; foppish **-lla** show off (with one's fine hobbies *hienoilla harrasteillaan); (keikaroida)* play the dandy; be snobby; sport (a new hat *uudella hatulla)* **-lu** showing-off; snobbery; dandyism, foppishness.

keikari dandy, fop; snob; *(Am ark)* dude ~**mainen** dandy[ish], foppish ~**maisuus** dandyism, foppery ~**nkukka** gardenia.

keikaroi|da, -nti ks. *keikai|lla, -lu.*

keikau‖s 1 *(äkkimuutos)* sudden change, shift[ing]; *(täyskäännös)* reversal, turnabout **2** = *keikahdus* **-ttaa** swing, rock; ~ *kumoon* tumble [down]; tilt (tip, topple) over; ~ *päätään* toss one's head.

keikistellä coquet, flirt (with *jklle).*

keik|ka 1 *(esiintymis~)* gig (be doing a gig *olla -alla)* **2** *(tilapäisurakka; murto- ym ~)* job; *se oli hyvä ~* it was a paying job **3** *(taksin saama kyyti)*; *saada ~ jhk* get a run to, pick up a fare to **~laulaja** gig singer.

keikku|a 1 *(keinua)* swing; sway; *(veneestä ym)* rock, *(rajusti)* toss; tilt (the table tilts *pöytä -u)*; wobble **2** *(tasapainoilla)* balance; *(touhuta)* bustle around (every night *valveilla yökaudet)* ▶ **hyppiä ja ~** skip, gambol; **keikkuva** *pöytä* wobbly (tilting) table; **~ tuolillaan** tilt back one's chair.

keikuttaa swing; rock (the boat *venettä)*; toss (one's head *päätään)*; tilt (the table *pöytää)*; *(linnusta)* wag (one's tail *pyrstöään)*.

keila 1 *(kartio)* cone, taper **2** *(urh)* [ten]pin; skittle **~aja** bowler **~halli** bowling hall **~ilu 1** bowling, tenpin **2** *(skittles-peli) (sg)* skittles, ninepin **~kotilo** cone **~mainen** conic[al] **~rata** bowling alley; *(skittles-pelin rata)* skittle alley **~ta** bowl; skittle.

keili *(kirjap)* body [size], point (type) body.

keimai||leva coquet[tish], flirtatious **-lija** coquette; flirt **-lla** coquet, flirt (with *jklle)*; **~ jllak** show off with **-lu** coquetry, flirtation.

keinahd||ella rock; *(huojua)* shake; *(erik maasta)* quake, totter **-us** rock; swing (of a swing *keinun ~)*.

keino means *(pl ~)*; *(menetelmä)* expedient; *(menettelytapa)* method; *(neuvo)* way [out] (I don't see any way of helping him *en tiedä mitään ~a hänen auttamisekseen)*; in every possible way *kaikin ~in)*; resource; *(parannus~)* remedy (against *jtk vastaan)*; *(apu~)* aid (with all the aids of science *kaikin tieteen ~in)* ▶ **~lla millä hyvänsä** by fair means or foul; **jollakin** *~in* in some way, somehow; *koeta* **keksiä** *jokin ~* try to think of something (a way out); *minulla ei ole* **muuta** *~a* **kuin** I [can] see no alternative but to; **sillä** *~in* so, thus, ..[and] that was how..; **viimeisenä** *~na* as a last resort (resource); *käyttää* **äärimmäisiä** *~ja* take extreme measures.

keino||- artificial (light[ing] *-valaistus)*; △ man-made (fibre *-kuitu)* **-emo** *(hautomakone)* incubator; *(henk)* foster mother **-hedelmöitys** *(lääk)* artificial insemination **-kastelu** irrigation **-munuainen** artificial kidney, kidney machine (unit) **-siemennys** *(maat)* artificial insemination.

keinotekoi|nen 1 *(teko-)* artificial; *(erik tekst)* man-made; *(jäljitelty)* imitation (leather *nahka)* **2** factitious (needs *-set tarpeet)*; *(teennäinen)* affected (joy *ilo)*.

keinot||ella 1 *(liik)* speculate (in stocks *osakkeilla)*; *(olla -telija)* job, do jobbing **2** *(keplotella)* manipulate; **~ itsensä** *jhk (vapaaksi jstk)* wriggle (worm) o.s. into (out of) **-telija** speculator; *(huijari)* jobber; *(pula-ajan yms ~)* profiteer **-telu** speculation **-telutarkoituksessa** on speculation, for speculative account.

keinovarat resources (of a singer *laulajan ~)*.

keinu swing **~|a** swing; *(~ -laudalla)* seesaw; sway (in the wind *tuulessa;* to the waltz[-step] *valssin tahdissa)*; rock (the cradle rocks *kehto -u;* on the waves *aalloilla)*; *(kellua)* float; *(maasta)* quake, totter, shake; **~ tuolillaan** sit tilting one's chair **~hevonen** rocking horse **~lauta** seesaw **~ttaa** swing, sway; rock; *(tuudittaa)* cradle **~tuoli** rocking chair.

keisari emperor; *(raam)* Caesar; **~ Aleksanteri II** Alexander II, Czar of Russia **~kunta** empire; *(hist) satapäiväinen ~* the Hundred Days **~leikkaus** *(lääk)* c[a]esarean [section] **~llinen** imperial **~nna** empress.

keiso *(kasv)* cowbane.

keite decoction **~tty** boiled; *(kypsä)* cooked (food *ruoka)*.

keitin cooker, cooking apparatus; *(sähkö~)* electric kettle *(ks kahvin~, paine~ jne)* **~liemi** *(keitt)* pot stock **~rasva** *(keitt)* cooking fat.

keit||os boiling; concoction *(m kuv)*; *(kuv) uudelleen lämmitetty ~* rehash **-tiö 1** kitchen; *(mer)* galley **2** *(-totaito)* cuisine.

keittiö||- kitchen (utensils *-astiat;* garden *-puutarha;* cloth *-pyyhe)* **-jätteet** *(sg)* garbage **-kasvit** vegetables; *(maustevihannekset)* aromatic plants **-mestari** chef **-nportaat** back stairs **-välineet** kitchenware.

keitto 1 soup (pea soup *herne~)*; *(liha~ m)* broth **2** *(keittäminen)* boiling; cooking *(m tekn)* **~astia** cooking utensil **~juurekset** pot herbs **~kinkku** cold ham **~kirja** cookery book, *(Am)* cookbook **~komero** kitchenette **~koulu** cookery school **~la** *(pl)* kitchens **~levy** hot plate **~mahdollisuus** use of kitchen **~suola** [common] salt **~taito**

cookery, culinary art.

keittä||**jä** cooker; *(kokki)* cook **-mätön** unboiled (water *vesi)* **-mö** boilery; *(pap)* digester house, digestry.

keittää 1 boil *(m tekn)* (water *vettä;* eggs *munia;* potatoes *perunoita*); make (soap *saippuaa*) **2** *(valmistaa ruokaa)* cook ▶ ~ **hiljaisella** *tulella* stew, simmer; ~ **kahvia** *(keittoa, puuroa, teetä)* make coffee (soup, porridge, tea); ~ **kokoon** *(keitt ym)* boil down, let .. simmer; *(kuv)* concoct, cook up (a story *juttu).*

kekkerit *(sg)* party; feast, celebration.

kekkuli *(ark)* tipsiness; *olla* ~*ssa* be squiffy (tipsy).

keko stack, rick; pile (of rifles *kivääri*~); *kantaa kortensa* ~*on* add one's mite to the pile ~**mainen** conical ~**sokeri** loaf sugar.

kekri All Saints' Day, Allhallows, Hallowmas.

kekseliä||**isyys** inventiveness, invention; *(neuvokkuus)* resourcefulness; *(nokkeluus)* ingenuity **-s** inventive; resourceful (housewife *perheenemäntä*); ingenious.

1 keksi *(venehaka)* boathook; *(uittohaka)* floating hook.

2 keksi *(keitt)* biscuit; cracker.

keksijä inventor ~**nero** inventive genius.

keksi||**ntö** invention; contrivance (modern contrivances *uudenaikaiset* -*nnöt);* *(huomio)* discovery; *se oli sinun* ~*äsi* it was your idea **-tty** *(tekaistu)* made-up, cooked-up (story *juttu);* fictitious (name *nimi).*

keks|iä 1 invent (a new machine *uusi kone);* *(sepittää)* make up (an excuse *selitys); (ark)* cook up **2** *(huomata)* find out, detect (a fault *vika); kuka sen* -*i?* whose idea was it?

kekäle *[fire]*brand; ~*et (hiillos)* embers.

kela 1 reel; *(puola)* spool **2** *(käämi)* coil **3** *(vintturi)* winch, windlass; *(mer)* capstan ~**ta** reel (in *sisään;* out *ulos);* spool; wind, coil; *(nostaa vintturilla)* winch.

keli *(pl)* road conditions, state of roads; *liukas* ~ slippery road[s]; *raskas* ~ heavy going ~**rikko** [season of] frost damaged roads; *(saaristossa)* thaw [season] ~**rikkoalus** all weather craft.

kelju rotten, mean (trick *temppu),* lousy (fellow *tyyppi); (kiero)* crooked ~**illa** be nasty (to *jklle)* ~**ttaa** be annoying; *minua* ~ I feel annoyed.

kelk|ka 1 sled[ge]; *(ohjas*~) toboggan; *(ratti*~) bobsleigh **2** *(tekn)* carriage;

(maalarin ~) cradle ▶ **joutua** *jkn* ~*an* give o.s. up to a p.; **jäädä** -*asta* fall behind; miss the bus; **kääntää** ~*nsa* change one's course (colo[u]rs); *(erik pol)* turn [one's] coat; **pysyä** -*assa* be able to follow, keep up the pace.

kelkka||**ilija** *(urh)* tobogganist **-illa** sled[ge], toboggan **-ilu** *(ohjas*~) tobogganing; *(ratti*~) bobsleigh racing **-mäki** toboggan slide.

kellah||**dus, -taa** fall, tumble.

kellari cellar ~**kerros** basement ~**käytävä** cellarway.

kellastu||**a** [turn] yellow **-nut** yellow[ed].

kellertä||**vä** yellowish, tinged with yellow **-ä** be tinged with yellow.

kello 1 clock (the clock strikes ~ *lyö); (tasku*~, *ranne*~) watch **2** *(kirkon-, soitto- ym* ~) bell (ring the bell *soittaa* ~*a;* the bells let! ~*t kumahtelevat)* ▶ *käydä* **kuin** ~ run like a clockwork; ~ **kymmeneltä** at ten [o'clock]; ~*ni ei* **käy** my watch is not working; *mitä* ~ **on?** what time is it? what's the time? can you tell me the [right] time? ~ *on viittä vailla (yli) kuusi* it is five to (past) six; ~ *on jo* **paljon** it is [getting] late; **soittaa** ~*ja* chime.

kello||**jensoitto** chime **-kanerva** bell heather, heath **-kas** bell cow *(m kuv)* **-koneisto** clockwork **-kortti** clock (time) card **-laite** clock[work], timer **-mainen** bell-shaped.

kellon||**- watch (spring -*jousi;* case -*kuoret;* chain -*perät);* △ clock (key -*avain);* △ bell (tongue -*kieli;* ringer -*soittaja)* **-aika** time [by the clock] **-lyömä;** ~*lleen* on the stroke (dot) **-viisari** hand.

kello||**peli** carillon, *(pl)* chimes **-seppä** watchmaker **-seppäkoulu** school of horology **-sepänliike** watchmaker's [shop] **-sto** chime of bells **-tapuli** belfry, bell tower **-taulu** dial; clock face **-torni** = -tapuli **-ttaa** *(vaat)* cut .. bell-shaped.

kellu||**a** float; *(tal m)* fluctuate; *(pysyä pinnalla)* buoy, keep afloat **-ke** pontoon; float *(m ilm)* **-kka** *(kasv)* avens **-tin** *(kellonperissä ym)* charm, breloque; *(riipus)* pendant, drop **-va** buoyant; floating *(m tal).*

kelme||**tä** become pale, pale **-ä** pale (moon *kuu); (kalvakka)* pallid, wan.

kelmi rogue (a little rogue *pieni* ~), rascal; *(veijari)* swindler, chisel[l]er.

kelmu 1 *(ketto)* membrane, pellicle **2** *(kalvo)* film; *(tekn)* cellophane.

kelo dead [standing] tree, *(Am)* snag, stub

~ttua dry standing.

kelpaamat|on unfit (for use *käytettäväksi* **~**); incapable (of work *työhön* **~**); *(epäpätevä)* incompetent; invalid, ..not valid (cheque *šekki*) ▶ **asuttavaksi ~** uninhabitable; **mihinkään ~** useless, good-for-nothing, ..no good; **tehdä** *-tomaksi* disable, incapacitate (for, from *jhk*); disqualify.

kelpaa||mattomuus unfitness; invalidity **-va** *(sopiva)* fit[ted] (for *jhk*); *(pätevä)* qualified (for *jhk*); competent (to witness *todistajaksi* **~**); *käytettäväksi* **~** ..fit for use, usable.

kelpo 1 *(oivallinen)* good, excellent; fine, decent (fellow *mies*) 2 *(aimo)* sound (beating *selkäsauna*); **~ lailla** thoroughly, soundly **~inen** fit (for *jhk*); *(pätevä)* qualified.

kelpoisuus *(pl)* qualifications (for the job *virkaan*); *(voimassaolo)* validity; **antaa** *jklle* **~** *jhk* capacitate a p. for **~vaatimukset** required qualifications.

kelpuuttaa qualify; *(hyväksyä)* accept (an offer *tarjous*); acknowledge (a result *tulos*); *(valtuuttaa)* authorize, empower (a p. to do *jku tekemään*).

kelta||ihoinen yellow-skinned; *(antrop)* mongoloid **-inen** yellow; **~ rotu** yellow (Asiatic, Mongoloid) race **-kuume** yellow fever (jack) **-matara** lady's bedstraw **-mo** *(kasv)* celandine **-multa** yellow ochre **-narsissi** daffodil **-no** *(kasv)* hawkweed **-nokka** *(yliop)* freshman **-rauhanen** corp|us lute|um *(pl* -ora -a) **-rauhashormoni** progesterone **-sieni** chanterelle **-sirkku** *(el)* yellowhammer **-tauti** jaundice **-vahvero** chanterelle.

keltiäinen *(el)* yellow ant.

keltti 1 *(henk)* Celt 2 *(kieli)* Celtic **~läinen** I *a* Celtic II *s* Celt.

keltuainen yolk.

kel|vata 1 do (this will do me very well *kyllä tämä minulle -paa*); be good enough (for *jhk*) 2 be fit (for) 2 be valid (this ticket is no longer valid *tämä lippu ei enää -paa*); qualify (for a job *virkaan*) ▶ **se ei** *-paa!* that will never do! that is no good! **~ hyvin** *jhk* be fine for; *sitä -pasi* **katsella!** that was worth looking at! *kyllä meille* **nauru** *-pasi* we all had a good laugh; *hän* **näyttää** *mihin -paa* he will show what he can do; *se* **saa ~** we'll make it do; *kyllä* **sinun** *-paa!* you are lucky!

kelvolli||nen 1 *(sopiva)* fit (for, to *jhk*);

(sovelias) proper (for) 2 *(kunnollinen)* good (quality *laatu*), ..good enough 3 *(henk)* capable, able **-suus** fitness; *(kyvykkyys)* ability; *(pätevyys)* competence; *(hyväksyttävyys)* acceptability (of a proposition *ehdotuksen* **~**).

kelvot||on 1 unfit (for food *ravinnoksi*); *(soveltumaton)* unsuitable, improper (for *jhk*) 2 *(henk)* incapable (of *jhk*); *(~* *virkaan)* incompetent 3 *(kehno)* poor (quality *laatu*); *(kurja)* wretched, miserable (meal *ateria*); *(mihinkään* **kelpaamaton**) good-for-nothing (husband *aviomies*); *se on täysin* **~** it's of no use, it's no good **-tomuus** unfitness; *(epäpätevyys)* incompetency; incapacity (for *jhk*).

kemia chemistry; **~n** *kaava* molecular formula; **~n** *teollisuus* chemical industr|y, -ies **~llinen** chemical; **~** *pesu* dry cleaning; **~** *pesula (pl)* dry cleaners.

kemikaali; *(erik pl)* **~t** chemicals **~kauppa** perfumery; *(rohdoskauppa)* chemist['s], *(Am)* drug store.

kemisti chemist **~-insinööri** chemical engineer.

kemut *(sg)* party; *aika* **~!** what a binge!

ken *(run)* = **kuka.**

kengit||etty shod **-täjä** blacksmith, *(erik Br)* farrier **-tämätön** unshod **-tää** shoe.

kenguru kangaroo.

kengän||kanta heel **-kiillote** shoe polish (cream) **-kiillottaja** shoeblack; *(Am)* bootblack; *(hotellin* **~poika**) boots *(pl* **~**) **-kärki** toe, tip of a shoe **-nauha** bootlace, shoe|lace, -string **-numero** shoe size; *hänen* **~nsa** *on 40 (m)* he takes size 40 **-pohja** sole.

Kenia Kenya **k~lainen** *a ja s* Kenyan.

ken|kä shoe *(m tekn)*; *(varsi~)* boot ▶ *-gät* **jalassa** with shoes on; *hänellä on -gät* *jalassa* he is wearing shoes; *ottaa -gät* **jalasta** take off one's shoes; *panna -gät* **jalkaan** put on one's shoes; *tiedän mistä* **~ puristaa** I know where the shoe pinches, *(Am)* I know what is biting you.

kenkä||harja shoebrush **-in** ferrule; tip **-kauppa** shoe (footwear) shop *(Am* store) **-lusikka** shoehorn **-muste** blacking **-naula** hobnail **-pari** pair of shoes **-raja** worn-out shoe **-teollisuus** [boot and] shoe industry.

kennel kennel[s]; *kennel|-* kennel (club *-kerho*).

kenno 1 honeycomb 2 *(sähk)* element; cell **~mainen** honeycomb **~muisti** *(atk)* data cell storage ~**sto** *(tekn)* battery.

keno|ssa *(-on); niska (pää)* ~ with one's neck (head) bent backwards; *(kuv m)* haughtily.

kenraali general; *(jalkaväen~)* general of the army; *(Brit) (ilmavoimien ~)* air chief marshal ~**basso** *(mus)* basso continuo ~**harjoitus** final rehearsal; *(teatt m)* dress rehearsal ~**kunta** body of generals ~**kuvernööri** governor[-]general ~**luutnantti** lieutenant[-]general ~**majuri** major[-]general.

kentauri centaur.

kenties maybe, perhaps; *(mahdollisesti)* possibly; *hän on* ~ *muuttunut* he may have changed.

kent|tä field *(eri merk)*; *-ällä* in the field *(m)* **1** *(urh ym)* ground; *(areena)* arena **2** *(taistelu~)* [battle]field **3** *(kuv)* area, sphere, province, domain.

kenttä|- field (organization *-järjestö;* artillery *-tykistö;* work *-työ);* △ camp (service *-jumalanpalvelus;* bed *-vuode);* △ *(erik ilm)* ground (hostess *-emäntä).*

kenttä||henkilöstö *(ilm)* ground personnel **-keittiö** field kitchen, cookhouse, *(Am)* field mess **-keittoastia** mess tin **-kiikari** [pair of] field-glasses, binocular[s] **-oikeus** *(sot lak)* field court-martial **-pappi** military (army) chaplain **-pelaaja** *(urh)* fielder, fieldsman **-piispa** *(läh v)* chaplain general **-puolisko** *(urh)* end **-sairaala** field hospital **-tykki** fieldpiece, field gun **-urheilu** *(pl)* field events.

kentällinen *(urh)* combination.

kepe||ys lightness; *(ketteryys)* agility; *(viehkeys)* grace; ease; *(kuv)* facility, fluency (of style *tyylin* ~) **-ä** light (gaint *käynti);* *(ketterä)* nimble **-ästi** with ease; nimbly.

kepittää 1 *(tukea)* pole, stake (beans *pavunvarsia)* **2** *(piestä)* cane, flog, beat; give a caning (to *jku).*

keplotella manipulate; ~ *itselleen* [manage to] get .. by cunning; ~ *itsensä jhk (jstk)* wriggle (worm) o.s. into (out of).

keppi 1 stick; *(sauva)* rod, staff **2** *(kävely~)* cane **3** *(kuritus~)* rod, cane; *antaa jklle (saada)* ~ *ä* give .. *(get)* a whipping (caning) ~**hevonen** hobby-horse; *(kuv)* hobby; *(lempiajatus)* fad ~**kerjäläi|nen;** *joutua -seksi* be reduced to beggary; *olla* ~ be penniless ([stone-]broke).

kepponen trick; *(kuje)* prank, [practical] joke; *tehdä jklle* ~ play a trick on; *viaton* ~ an innocent joke.

kepuli no-good (man *mies);* crooked (means ~*t keinot)* ~**konsti;** *jollakin ~lla* by some trickery (crafty method) ~**sti;** *hänelle kävi* ~ things went badly for him.

kera with (icecream with strawberries *jäätelöä mansikoiden ~).*

keraaminen ceramic (tile *laatta).*

kerake *(kiel)* consonant.

keramiikka *(sg)* ceramics; *(savitavarat)* earthenware, pottery ~**taiteilija** potter, ceramist.

kerettilä||nen I *a* heretic[al]; unorthodox (act *teko;* thoughts *-siä ajatuksia)* **II** *s* heretic; *(vääräuskoinen)* misbeliever **-syys** heresy.

kerho club; *(opinto- ym* ~) circle ~**huoneisto** *(pl)* club premises (rooms).

kerinpuut reel, winding frame.

keripukki scurvy; ~*a sairastava* scorbutic.

kerit||semätön unshorn **-simet** shear[s] **-ty** shorn (wool *villa);* cut (hair *tukka).*

1 keri|tä *(olla aikaa)* have (find, get) [the] time; *(ehtiä ajoissa)* arrive in time; *(ehättää)* hurry, hasten, come (to help *apuun);* *hän oli juuri -nnyt lähteä* he had just left.

2 keritä shear, poll (sheep *lampaita); antaa* ~ *päänsä paljaaksi* have a close crop.

keri|ä wind [up] (into a ball *kerälle);* coil (around *jnk ympärille);* (uimahyppystä) *-en* with [a] tuck.

kerjuu begging, beggary; *kulkea (olla) ~lla* go begging; beg one's bread ~**kirje** begging letter ~**sauva** beggar's staff.

kerjäläinen beggar.

kerjäläis||- beggar (boy *-poika)* **-munkisto** mendicant order **-munkki** mendicant [friar] **-ukko** old beggar.

kerjätä beg (one's bread *leipänsä;* of (from) a p. for *jklta jtk);* *(kulkea kerjuulla)* go begging; *(rukoilla)* beseech (a p. for *jklta jtk);* *(ark)* ~ *kuonoonsa* ask for trouble.

kerkeä *(nopsa)* quick; swift; ready; *(joutuisa)* glib (tongue *kieli);* ~ *vastaus* prompt answer ~**kielinen** voluble, glib.

kerma *(keitt ja kuv)* cream; *(pinnalle noussut ~)* head [of cream]; *kuoria* ~ skim off the cream; *(kuv) kuoria* ~ *päältä* take the pickings, cream off the best for o.s. ~**-astia** cream jug; creamer ~**inen** creamy ~**kahvi** coffee with cream ~**karamelli** cream, cream toffee (caramel) ~**nvalkoinen** creamy-white ~**vaahto** whipped cream.

kerna|asti willingly, readily; *-ammin, -immin* rather (I would rather.. *tahtoisin -immin*); ~ *minun puolestani* it is all right with me!

kerra||kseen enough, enough and to spare; *ihmettelemistä* ~ more than enough to wonder; *riittää* ~ it's enough for now **-lla 1** *(yhteen menoon)* without stopping, in one go **2** *(heti)* at once; once and for all **-llaan** at a time; *kaksi* ~ *(m)* by twos, two by two; *vähän* ~ *(m)* gradually.

ker|ran *(kielt yht -taakaan)* **1** *(yhden ~)* once (a month *kuussa;* hardly once *tuskin -taakaan)* **2** *(joskus)* once (he once lived in Italy *hän asui* ~ *Italiassa);* some time; *(jonakin päivänä)* one day (you will repent *vielä kadut);* the other day (last summer *viime kesänä)* ▶ **ensi[mmäisen]** *(viimeisen)* ~ [for] the first (last) time; *kun näin hänet ensi* ~ when I first saw him; *älä tee sitä* **enää** *-taakaan!* don't [ever] do it again! **kerrankos** *sellaista sattuu!* such things (will) happen! **[kun** *(koska)]* ~ [be]cause; **olipa** ~ .. once upon a time there was..; ~ *jos* **toisenkin** every now and then; many times; *vain* **tämän** ~ for (just) this once; **vain** ~ only once; ~ **vielä** once more.

kerrannainen *(kasv)* compound (leaf *lehti);* composite (flower *kukka).*

kerrassaan quite, utterly, totally, altogether, perfectly (wrong *väärin),* entirely, wholly (incomprehensible *käsittämätöntä);* thoroughly (disgusting *vastenmielistä);* simply (ridiculous *naurettavaa); (ark)* just (wonderful *ihanaa); ei* ~ *mitään* nothing at all, absolutely nothing.

kerrasto set of underwear.

kerrata 1 *(toistaa)* repeat; *(~ kaikuna)* echo; *(tehdä uudelleen)* do .. [over] again; ~ *mielessään* repeat in one's mind, think over **2** revise (a course *kurssi);* ~ *pääkohdittain* recapitulate **3** *(tekst)* twine, twist (yarn *lankaa).*

kerroin coefficient.

-kerroksinen *(yhdyss)* **1** stor|eyed, -ied; *kolmi~* *talo* three-stor[e]y house **2** *(kerrostunut); kaksi~* two-layer.

kerroksittain in layers (break off in layers *lohjeta ~);* *leikata tukka* ~ cut the hair in tiers.

kerron||nallinen narrative **-ta** telling, narration; *(kiel) suora (epäsuora)* ~ direct (indirect) speech.

kerro|s 1 layer (of clay *savi~); (-kerta)* course (of bricks *tiili~)* **2** *(geol)* strat|um *(pl* -a); sheet (of lava *laava~)* **3** *(rak)* stor[e]y, floor; *kolmannessa -ksessa* on the second *(Am* third) floor **4** *(käsit)* row **5** *(kuv)* range (of society *yhteiskunta~).*

kerros||hyppy high dive **-kivilaji** sedimentary rock **-[pinta-]ala** gross floor area **-pukeutuminen** layered look **-siivooja** chambermaid **-sänky** bunk bed.

kerros||taa arrange in layers **-tabletti** multilayer pill **-talo** *(Br)* block [of flats], *(Am)* apartment building **-taloasunto** *(Br)* flat, *(Am)* apartment **-tua** *(geol ym)* be[come] stratified, stratify **-tuma** layer; strat|um *(pl* -a) *(m kuv);* deposit **-tuminen** stratification.

kerrottava *(mat)* multiplicand.

kersantti sergeant.

kerska||ileva boastful; *(pöyhkeilevä)* vainglorious; *(huomiota herättävä)* ostentatious **-ilija** boaster, braggart; *(pöyhkeilijä)* show-off **-illa** boast, brag (of, about *jllak); (mahtailla)* show off **-ilu** boast[ing], brag[ging] **-kulutus** conspicuous consumption.

kersk||ata, -ua = *kerskailla* **-uri** boaster, braggart; *(Am)* blower.

ker|ta time (many times *monta ~a);* occasion (at the previous occasion *edellisellä -ralla); (kierros)* turn ▶ *joitakin* **harvoja** *-toja* very occasionally; **joka** ~ *kun* whenever, each time when; ~ **kaikkiaan** once [and] for all; absolutely, just (lovely *ihana);* **kaksi** ~*a* twice; *kaksi* ~*a* **suurempi** double the size; ~ **kerralta** every time; *kaksin* **kerroin** two-fold; *taittaa kolmin -roin* fold .. into three; *3* **kertaa** *3 on 9* 3 times 3 makes 9; *monta ~a* **parempi** *(m)* far better; ~ *kerran* **perästä** time after time, again and again; **samalla** ~*a kun* at the same time as, while; *(yhdessä jnk kanssa)* together with; **sillä** ~*a* that time, then; **tällä** ~*a* this time, for now; **viime** *-ralla* last time; **yhdellä** ~*a* in one go.

-kerta *(yhdyss)* layer, course (of bricks *tiili~);* set (of underwear *alusvaate~).*

kerta||alleen once **-aminen** repeating, repetition **-heitolla** at a go, in one **-hyödyke** disposable commodity **-inen** *(yhdyss)* -fold (threefold *kolmin~)* **-kaikki|nen 1** *(liik)* once-for-all, non-recurrent (expenses *-set kulut)* **2** *(täydellinen)* full; *(ehdoton)* positive; definite **-kaikkisesti** once [and] for all; definitely **-käyttö|-** disposable (goods *-tavarat*); throwaway (sheet *-lakana*) **-käyttöpullo** no-return (nonreturnable) bottle **-lippu** single [ticket].

kertaus repetition; *(pääkohdittain ~)* recapitulation; *(koul)* revision; *(mus)* repeat; *(tekst)* doubling **~harjoitus** [military] refresher course **~kurssi** refresher course, brush-up program[me] **~merkki** *(mus)* repeat [mark] **~tyyli** *(taid)* revival (imitation) style.

kertautua be repeated, repeat itself; happen again.

ker|toa 1 tell (a p. of (about) *jklle jstk; a story juttu*); narrate, relate, recount (a th. to *j[t]k jklle*); *(ilmoittaa)* inform (he was informed of the accident *hänelle -rottiin onnettomuudesta*) **2** *(mat)* multiply (by two *kahdella*) ► ~ *[keksittyjä]* **juttuja** spin yarns; *älä -ro* **kenellekään** *(m)* keep it to yourself; **kerro!** tell me! **kerrotaan** *että* it is said that, people say that..; **minulle** *-rottiin että* I was told that..; *historia* **tietää** ~ *että* history relates that..

kerto||ja 1 narrator **2** *(tietolähde)* informant, source **3** *(mat)* multiplier **-lasku** multiplication.

kertoma; *hänen ~nsa mukaan* according to him **~runo** epic, narrative poem **~runous** epic [poetry] **~taide** narrative [art].

kertomerkki multiplication sign, symbol of multiplication.

kertomus 1 story; narrative; *(tarina)* tale **2** *(selonteko)* report (on, of *jstk*); account (of *jstk*) **~vuosi** year under review.

kerto||säe refrain, burden, chorus **-taulu** multiplication table **-va** narrative; epic *(adv ~ally)*; *[laaja]* ~ *teos* epos.

kerttu *(el)* warbler.

kerty||minen accrual (of income *tulon ~*) **-mä** accumulation; accrual **-ä** [ac]cumulate, accrue; *(kokoontua)* gather; flow in, pile up (work is piling up *töitä -y*); *-nyt korko* accrued interest.

kerubi cherub *(pl raam ~im; pl kuv ~s).*

keruu collection; gathering.

kerä ball; *(lanka~ m)* clew.

keräi||lijä collector **-lijäkansa** *(pl)* food gatherers **-llä** collect; *(koota)* gather (votes *ääniä*).

keräily collecting **~kansio** collector's album **~kappale** collector's piece.

kerä||kaali [head] cabbage **-nen** *(anat)* nodule **-salaatti** head (cabbage) lettuce.

kerätä 1 *(henk)* collect; gather (experiences *kokemuksia*); gather [up] (the pieces *palaset*); get .. together (one's thoughts *ajatuksensa*); assemble (data *tietoja*); amass (riches *rikkauksia*); *(poimia)* pick (flowers *kukkia*); *(pol)* ~ *ääniä* canvass [for votes], attract votes **2** *(asioista t. esineistä)* collect, gather, accumulate (dust *pölyä*); draw (audience *yleisöä*).

keräys collection (brought in (yielded).. *tuotti..*); *(rahan~)* *(m)* whip-round **~lista** list of contributions **~paperi** waste paper.

kerää||minen gathering, collecting; *(~ eri lähteistä)* compilation **-nty||ä** gather, collect (dust soon collects *pölyä -v helposti*); *(kasaantua)* accumulate, pile up; *(pilvistä ym)* mass; *(kokoontua)* assemble, get (come) together; *(kuv)* ~ *johtajan ympärille* rally round a leader.

kesakko freckle **~inen** freckled.

kesan||noida fallow **-to** fallow; *olla ~na* lie fallow.

kesiä scale [off], peel [off]; desquamate.

keskeinen central (position *asema*); *(tärkeä)* [very] important, [most] essential.

-keskeinen *(yhdyss)* -centric (egocentric *itse~*).

keskeisyys central position, centrality; *(kuv)* centricity.

keskell||ä *(-e)* **I** *adv* in the middle (centre) **II** *postp ja prep* **1** in the middle of (the room *huonetta;* the day *päivää*); in the centre of (the table *pöytää*); in the heart of (the city *kaupunkia*) **2** *(jdk keskuudessa)* in the midst of, amid[st] (enemies *vihollisten ~*); among[st] (friends *ystävien ~*); surrounded by (Nature *luontoa*) ► *istuin* **heidän ~***än* I was sitting between them; ~ **kesää** *(m)* in the height of summer; ~ **kirkasta** *päivää* in broad daylight; *osua -e* **maalia** hit the centre of the target; ~ **talvea** *(m)* in the depth of winter; ~ **yötä** *(m)* at midnight; at (in) the dead of night.

keskeltä from the middle; in the middle; *mennä ~ poikki* break [right] in two.

kesken I *adv* unfinished (the work is unfinished *työ on ~*); uncompleted; *(liian aikaisin)* too early, too soon; *(ennenaikaisesti)* prematurely, untimely **II** *postp ja prep* among[st] (friends *ystävien ~*); *(välillä)* between (divide the fortune between the four children *jakaa omaisuus neljän lapsen ~*); in the midst of (his speech *puheensa;* the year *vuotta*) ► ~ **kaiken** in the midst of all; *(yhtäkkiä)* all of a sudden, suddenly; *(muuten)* by the way;

meidän ~ between you and me; ~ **vuoden** *(m)* before the year is up.

kesken‖**eräinen** unaccomplished; unfinished (work *työ*); *(vaillinainen)* incomplete; half-finished, half-done **-eräisyys** incompleteness **-kasvuinen** immature, half-grown; *(henk)* adolescent **-meno** miscarriage, abortion; ~**n** aiheuttava abortive **-ä**‖**än** *(-mme, -nne)* among *(tav kahdesta* between) themselves (ourselves, yourselves); *(toistensa kanssa)* with each other; *(verbien alkuosana m)* inter- (interchange *vaihtaa* ~); sopia ~ *jstk* agree on.

keskeyt‖**tää 1** *(~ jku)* interrupt; cut .. short (he cut me short *hän -ti minut)*; break in on (a p. *jkn puhe)* **2** *(~ toistaiseksi)* interrupt (work *työ)*; break (a journey *matka)*; *(lopettaa)* stop (the subsidy *valtionapu)*; discontinue (nuclear testing *ydinkokeet)*; *(jättää kesken)* leave off, drop; *(katkaista)* break off (the silence *hiljaisuus)* ▶ **keskeyttämättä** without stopping (a break, any interruption); ~ **tehdäkseen** *(jtk muuta)* pause to (do something else).

keskeyty‖**ksetön** nonstop (performance *esitys)* **-mätön** uninterrupted, unbroken (silence *hiljaisuus)*; *(jatkuva)* continuous; *(lakkaamaton)* ceaseless, unceasing, continual (rain *sade)*, *(alituinen)* incessant **-s** interruption (numerous interruptions *lukuisat -kset)*; break (a pleasant break *miellyttävä ~)*; *(tauko)* pause, interval ▶ **keskeytyksettä** uninterruptedly, without stopping; olla **keskey**[**ty**]**ksissä** be stopped; *(pysähdyksissä)* be at a standstill; *työt ovat -ksissä (m)* the work is not going on right now.

keskeytyä be interrupted; *(katketa toistaiseksi)* be discontinued; *(pysähtyä)* stop; *(tauota)* come to a standstill (pause).

keski- central (part *-alue)*; △ *(maant)* Central (Asia *K--Aasia)*; △ cent‖re, -er (spread *-aukeama;* piece *-kappale)*; △ *(väli-)* middle (ear *-korva)*; △ *(kiel)* Middle (English *-englanti)*; △ *(keskimääräinen)* mean (distance *-etäisyys;* depth *-syvyys)*; △ average (earnings *-ansio[t];* height *-korkeus;* speed *-nopeus)*; △ *(keskiasteinen)* medium‖[-] *(--priced -hintainen; (rad)* frequence *-taajuus)*.

keskia‖**ika 1** *(pl)* the Middle Ages; *varhainen (pimeä)* ~ *(pl)* the Dark Ages;

-jalla in medi[a]eval times; *-jan ihminen* medieval [man] **2** *(keskimääräinen aika)* average time ~**inen** medi[a]eval, middle-age.

keski‖**arvo** mean [value]; average; *(koul)* average grade **-aste** *(koul)* intermediate grade[s] **-hakuinen** *(fys)* centripetal **-hinta** average price **--ikä 1** middle age; *olla -iässä* be middle-aged **2** *(-määräinen ikä)* mean (average) age; *ihmisen* ~ the average human life **--ikäinen** middle-aged **[K]--itä** the Middle East **-johto** *(liik)* middle management.

keski‖**kaista** *(ajokaista)* central lane; *(-sarka)* central reserve, *(Am)* median [strip] **-kaupunki** centre of the town (city); *(keskusta) (Am m)* downtown section **-kenttä** *(urh)* centre field **-kesä** midsummer; ~*llä* in the middle of the summer **-kohta** [the] middle; *(keskus)* centre **-koko** medium size **-kokoinen** medium-size[d]; *(henk)* ..of medium height **-koulu** *(läh v)* intermediate school; *(Am)* junior high school; ~**n** *päästötutkinto (Brit)* the »O» level examination.

keski‖**laatu** *(liik)* medium quality **-laiva 1** *(kirk)* nave **2** *(mer)* midship **-luok**‖**ka** middle class[es]; *-an* middle-class (family *perhe)* **-lämpö**[**tila**] mean temperature **[K]-länsi** the Middle West **-matka** *(urh)* middle distance; *(sot)* ~**n** *ohjus* medium-range missile.

keski‖**mmäi**‖**nen** middle (middle quantities of a proportion *verrannon -set jäsenet)*, mid[dle]most **-määrin** on an average; *olla* ~ average **-määrä** average **-määräinen** average, mean **-nen 1** *(keskellä oleva)* central **2** *(jdk ~)* ..between (them *heidän ~)*; *jäsenten* ~ *päätös* a joint decision made by the members.

keskinkertai‖**nen 1** *(keskitason)* medium, middling (quality *laatu)*; moderate (success *menestys)*; *-sta huonompi (parempi)* below (above) the average **2** *(us halv)* mediocre (book *kirja)*; *(kehno)* indifferent; modest (result *tulos)*; *(henk)* ~ *kyky* mediocrity, second-rater **-suus** *(halv)* mediocrity.

keskinäi‖**nen** mutual; reciprocal (help *apu)* ▶ *-sellä* **sopimuksella** by mutual agreement; ~ **suhde** interrelation[ship]; ~ **testamentti** reciprocal will.

keski‖**näisyys** mutuality, reciprocity **-olut** *(läh v)* medium strength beer **-osa** central part; middle part (of a composition *sävellyksen ~).*

keskipako||is- centrifugal (motion *liike)* **-voima** centrifugal force.

keski||piste *(mat ja kuv)* centre; central point; *(polttopiste)* focus; *(henk m)* central figure; *olla huomion ~enä (m)* be in the limelight **-pitkä;** *(rad) ~t aallot* medium waves; *(urh) ~t matkat* middle distances **-pituus** medium length; average length *(henk* height) **-päivä** middle of the day; midday; noon; *~llä* at noon; *~n* midday (meal *ateria).*

keski||sarja *(nyrkk ym)* middleweight; *-n nyrkkeilijä* middleweight **-sormi** middle finger **-suuri** medium-sized **-taiva|s** zenith; *-alla* at the zenith **-talvi** midwinter **-taso** average (of the pupils *oppilaiden ~)*; *~a parempi (huonompi)* above (below) the average; *~n* average **-tetty** centralized (incomes [policy] agreement *tuloratkaisu)* **-tie** *(kuv)* middle course (take the middle course *kulkea ~tä)*; *(kultainen ~)* mean, compromise; *löytää kultainen ~* hit the happy mean.

keskitty||minen concentration **-misky|ky** power of concentration; *-vyn puute* lack of concentration **-neesti** with concentration **-ä 1** *(paikasta ym)* be concentrated, centre (round *jnk ympärille)* **2** *(erik pol)* centralize **3** *(syventyä)* concentrate (on one's work *työhönsä)*; focus [one's concentration] (on *jhk).*

keskittä||mispolitiikka centralism **-ä 1** concentrate (one's attention on *huomionsa jhk)*; focus, fix (on *jhk)*; centre (one's hopes on (in) *toivonsa jhk)* **2** centralize (the administration *hallinto)* **3** *(sot)* concentrate, mass (troops *joukkoja).*

keski||tuloinen middle-income **-tuntiansio** *(pl)* average hourly earnings.

keskitys 1 *(sot ym)* concentration **2** *(erik pol)* centralization **~leiri** concentration camp.

keski||vaihei|lla *(-lle, -lta)* in (to, from) the middle (of the century *vuosisadan ~)* **-verto** *(mat)* mean; *(kuv)* average **-vertoihminen** the average man **-viikko** Wednesday; *~isin* [on] Wednesdays; *~na* on Wednesday; *ensi (viime) ~na* next (last) Wednesday **-viikko|aamu** (-ilta); *~na (-iltana)* [on] Wednesday morning (evening) **-viiva** *(tierak, urh)* centre line **-väli** middle; *jnk ~ssä* midway (halfway) between **-yö** midnight; *~llä* at midnight;

~n aurinko midnight sun.

keskiö centre; *(pyörän napa)* boss, hub.

kesko||nen premature infant; *syntyä -sena* be born prematurely; *teos jäi -seksi* the work was an abortive attempt **-skaappi** incubator.

keskuksenhoitaja *(puh)* operator.

keskus 1 *(keskiosa)* cent|re, -er (of the town *kaupungin ~*; shopping centre *ostos~);* *(kuv)* focus, hub (of industry *teollisuuden ~)* **2** *(puh)* [telephone] exchange, *(Am)* central.

keskus||- central (administration *-hallinto;* organization *-järjesto;* kitchen *-keittiö;* heating *-lämmitys; -sairaala;* prison *-vankila);* △ *(tekn)* centralized (control *-ohjaus;* lubrication *-voitelu)* **-antenni** communal aerial [system] *-arsema (raut)* central (main) railway station **-hermosto** central nervous system *(lyh* CNS); *~n pesäkekovettumatauti* multiple sclerosis **-hyökkääjä** *(urh)* centre forward **-lämmityskattila** furnace **-lämmityslaitteet** *(sg)* central-heating installation **-merkki** *(puh)* dial[ling] tone **-muisti** *(atk)* main (internal) storage **-paikka** cent|re, -er; headquarters; *jnk ~ (m)* the main seat of **-radio** master receiver **-rikospoliisi** *(Suom)* Central Criminal Police.

keskusta cent|re, -er *(m pol);* central part; *(sisus)* heart **~puoluelainen** member of the Centre Party, centrist.

keskustel||la 1 *(puhua)* talk (to, with *jkn kanssa;* about, of *jstk)*, converse, speak (with *jkn kanssa;* about *jstk);* *(väitellä)* debate, argue (a question *jstk kysymyksestä)* **2** *(neuvotella)* discuss (the matter *asiasta);* confer (with *jkn kanssa)*, consult (a p. *jkn kanssa)* ▶ *-imme* **asiasta** *(m)* we had a talk about the matter; *-tavana* **oleva** *kysymys* the problem under discussion; *asiasta* **voidaan** *~* the matter is open to discussion.

keskustelu 1 talk[ing]; conversation (enter (get) into conversation with *antautua (joutua) ~un jkn kanssa)* **2** *(pohdinta)* discussion (a long discussion about *pitkä ~ jstk)*, *(mielipiteiden vaihto)* argument ▶ **herättää** *vilkas ~* give rise to a lively debate; *pitää* **huolta** *~sta* do the talking; **keskustelut** talks, negotiations; *asiasta* **käydään** *~a* the matter is under discussion; *~n osanottaja* participant of a discussion; *(paneelissa)* panel member; *pitää ~a* **vireillä** make conversation.

keskustelu‖- conversational (language -*kieli*); discussion (group -*ryhmä*); debating (society -*kerho*) **-naihe** topic, subject of conversation; *vaihtaa ~tta* change the subject; *yleinen ~ (m)* the talk of the town **-tilaisuus** discussion, debate.

keskusvirasto central administrative board.

keskuu‖dessa (-*teen*) among[st]; amid[st] (he noticed that he was amidst enemies *hän huomasi olevansa vihollisten ~*); *(jdk parissa)* with; *~mme* in our midst; *suosittu nuorison ~* popular with young people **-desta** from among; *kuoleman kautta on ~mme poistunut N.N.* N.N. has departed from our midst.

kessutupakka canaster.

kesti‖kievari inn, hostelry **-t** *(sg)* feast; *(kekkerit)* treat, entertainment; party **-tys** treat[ing], entertainment **-tä** entertain, treat (a p. to *jkta jllak*) **-ystävyys** hospitality.

kesto 1 = *~aika* **2** *(fon, mus)* quantity **3** *(kestävyys)* durability, strength; *(pysyvyys)* permanence.

kesto‖- *(us)* permanent (colo[u]r -*väri*) **-aika** duration, length (of a broadcast *lähetyksen ~*); *jnk ~ (m)* the time a th. will last **-ikä** endurance, durability; life **-kampaus** permanent [wave]; *(ark)* perm **-[kulutus]hyödykkeet** [consumer] durables **-kulutustavara[t]** durable [consumer] goods **-kyky** *(henk)* resisting power; *(sietokyky)* tolerance **-muoto** *(kiel)* progressive form (of a verb *verbin ~*) **-päällyste** hard surface **-päällysteinen** hard-surfaced (road *tie*) **-tilaus** standing order.

kestämät‖tömyys untenability (of a position *tilanteen ~*); impermanence (of a decision *päätöksen ~*) **-ön** not durable; *(kuv)* untenable, unmaintainable (position *tilanne*); brief (happiness *onni*).

kestävyys durability (of cloth *kankaan ~*); *(pysyvyys)* permanence, stability; tenability; *(lujuus)* strength; firmness (of a decision *päätöksen ~*); *(sitkeys)* staying power, endurance; *(hellittämättömyys)* perseverance **~juoksija** long-distance runner **~koe** endurance test.

kestävä 1 *(pysyvä)* durable, lasting (peace *rauha*); permanent (effects *~t vaikutukset*); enduring (friendship *ystävyys*) **2** *(luja)* strong, durable, hard-wearing (quality *laatu*); fast (hold *ote*); solid (basis *perusta*) **3** *(sitkeä)* hardy (plant *kasvi*) ▶ *onni ei ole ~ä* happiness

does not last; **kuukausia** ~ ..lasting for months; **kylmää** ~ cold[-]resistant; **olla** ~ *(hellittämätön)* persevere; *(vaat)* be hard-wearing; *kangas on ~ä* the cloth will wear well.

kest‖ää 1 *(ajasta)* take (it will not take long *se ei -ä kauan;* it took a year before -*i vuoden ennen kuin*); last (till, until *jhk asti*); *(riittää)* endure (as long as life endures *niin kauan kuin elämää ~*); hold [up] (will our luck hold? *~kö hyvä onnemme?*) **2** *(konkr)* a) *(pitää, olla luja)* hold (his grip held *hänen otteensa -i*); *(kannattaa)* bear; carry (the load *kuormitus*); b) *(~ kulutusta)* wear; *(olla -ävä)* wear well, be durable **3** a) *(sietää)* stand (transportation *kuljetusta*), endure (heat *kuumuutta*); resist (temptation *kiusaus*); *(pitää puoliaan)* hold out (against the enemy *vihollisen hyökkäykset*); b) *(erik henk)* *(jaksaa)* endure, hold on; *(pysyä lujana)* persevere; *(ark)* stay; last out (will he last out till morning? *~kö hän aamuun asti?*); go through (many difficulties *monia vaikeuksia*), undergo (an operation *leikkaus*), stand, sustain (a defeat *tappio*) **4** *(tav can-verbin kanssa; us kielt ja kys laus)* *(sietää)* bear (he could hardly bear the pain *hän saattoi tuskin ~ tuskaa*); *(suvaita)* tolerate, put up with (insults *loukkauksia*) ▶ ~ **arvostelua** stand criticism; *jää* **ei** -*änyt* the ice broke; *minulla on pitkä matka* **kestettävänä** I have a long journey before me; *ohjelman* **kestäessä** during the program[me]; *rakennustyön -äessä* while the house is (was) under construction; *ei -ä* [kiittää]! you are welcome! not at all! **koeta** ~*!* try to stick it out! *..ei -ä* **pesua** ..is not washable; **sadetta** -*i viisi viikkoa* it went on raining for five weeks; *[ihmisen]* **täytyy** ~ *one must go on*; *sitä ~* **yhä** it is still going on, it isn't over yet; ~ **yli** *talven* last the winter [out].

kesy tame *(m kuv)*; *(ihmisen hoitama)* domestic (goose *hanhi*); **(~yntynyt)** domesticated; *(kuv)* muuttua **~ksi** tame [down] **~tetty** tamed *(m kuv)* **~ttäjä** tamer (lion tamer *leijonan~*) **~ttämätön** unbroken, unbacked (horse *hevonen*); untamed (nature *luonto*) **~ttää** tame; domesticate (animals *eläimiä*); break [in] (a horse *hevonen*) **~ttömyys** wildness **~tön** tameless; *(villi)* wild **~yntyä** become tame (domesticated); tame *(m kuv)*.

kesä summer ▶ **ensi** ~*nä* next summer; **kaiken** ~*ä* all summer; **kesällä** *(yl)* in summer; ~*llä 1987* in the summer of 1987; **kävin heillä** ~*llä* I visited them last summer; ~*t* **talvet** throughout the year, all the year round; **viettää** ~*ä* spend the summer.

kesä||- summer (help *-apulainen;* guest *-asukas*) **-aika** *(kelloajasta) (Brit)* summer time *(lyh BST); (USA)* daylight-saving time **-asunto** summer (holiday) residence (home) **-hel|le;** *-teellä* in the summer heat **-horros** *(el)* [a]estivation.

kesäi||nen summer[y]; ~ *luonto (m)* Nature in her summer attire; *-sesti pukeutunut* ..in summer clothes **-sin** every summer, in [the] summer.

kesä||kausi summer [season] **-kurpitsa** *(kasv)* zucchini *(pl* ~[s]) **-kurssi[t]** *(sg)* summer (vacation) course **-leski** grass widower **-loma** *(pl)* summer holidays *(erik Am sg* vacation) **-mökki** summer (weekend, country) cottage **-nviettopaikka;** *suosittu* ~ a popular summer resort **-rengas** *(aut)* ordinary tyre **-teatteri** open air (summer) theatre **-vaatteet** summer clothes; *(erik liik) (sg)* summer wear **-vieras** summer guest; holiday visitor **-yliopisto** university summer course.

ketju 1 *(konkr ja kuv eri merk)* chain; *(jono)* line, string (of lakes *järvi*~), range (of mountains *vuori*~); *(sarja)* series (of events *tapahtuma*~); *(sot, poliisi*~) cordon; *(kaula*~) necklace; *yhdistää* ~*ksi* catenate **2** *(mus)* medley, potpourri.

ketju||- chain (conveyor *-kuljetin;* smoker *-polttaja;* reaction *-reaktio*) **-kirje** chain (snowball) letter **-kolari** pile-up, multi-car (multiple) crash **-lasku** *(mat)* chain rule **-laulu** *(mus)* canon **-myymälä** multiple shop, chain store **-säe** *(run)* doggerel **-viiva** *(mat)* catenary.

ke|to field; *kuin kukkanen -dolla* like a wild flower ~**hanhikki** *(kasv)* silverweed.

ketollinen coated, filmy.

keto||neilikka maiden pink **--orvokki** wild pansy.

ketsuppi ketchup, catsup.

ketter||yys agility, nimbleness **-ä** agile (old man *ukko*), nimble (as a goat *kuin kauris*), *(vikkelä)* swift; light (movements ~*t liikkeet*) **-äliikkeinen** nimble, swift-moving.

kettinki chain; *(erik mer)* cable.

ketto coat, film.

kettu *(el ja kuv)* fox; *(naaras*~) vixen ~**koira** foxhound ~**mainen** foxy ~**turkki** fox-fur coat.

ketun||ajo fox hunt[ing] **-häntä** foxtail, brush; *hänellä on* ~ *kainalossa* he is a sly fox **-kolo** fox earth **-leipä** *(kasv)* wood sorrel **-poika[nen]** fox cub **-raudat** fox trap.

ketä, ~**än** *(jne)* ks. *kuka,* ~*an.*

keuhko lung; ~*t* lungs *(m kuv); (teuraseläimen* ~*t)* lights; *(el)* ~*illa hengittävä* pulmonate.

keuhko||- lung (disease *-sairaus; (ark)* trouble *-vika);* △ pulmonary (embolus *-veritulppa*) **-katarri** bronchitis **-kuume** pneumonia **-kuumeinen** pneumonic **-pussintulehdus** pleurisy **-putkentulehdus** bronchitis **-put|ki** bronch|us *(pl* -i); *-ken* bronchial **-syöpä** pulmonary cancer.

keuhkotauti consumption, pulmonary tuberculosis ~**nen** *a ja s* consumptive ~**parantola** tuberculosis sanatorium ~**potilas** tuberculosis patient, consumptive.

keula 1 *(mer)* bow (lean (bluff) bow *terävä (tylppä)* ~), *(pl)* bows (in the bows ~*ssa*); fore; *(kokka)* prow **2** *(kuv)* head (at the head of the row *jonon* ~*ssa*) ▶ ~ **edellä** bows on; *[aivan]* ~*n* **edessä** *(~ssa)* [straight] ahead; **kääntää** ~*nsa jtk kohti* head for; ~*sta* **perään** from stem to stern; ~*n* **puolella** *(laivassa)* [a]fore, forward; ~*n* **puolitse** ahead of.

keula||- *(mer)* fore[-] (rope *-köysi*) **--ankkuri** bow anchor, bower **-hahmo** *(kuv)* leader figure **-hytti** forecabin **-kansi** foredeck **-kuva** figurehead *(m kuv)* **-masto** foremast **-purje** foresail, headsail.

keven||nys 1 lightening; *(kuv) (huojennus)* relief (of mind *mielen* ~), ease, alleviation **2** *(rats)* rising **-ty|nyt;** *-nein mielin* with a feeling of relief, relieved, with a light[er] heart **-ntyä** = *kevetä* **-ntää 1** lighten (one's clothing *vaatetustaan*); reduce the weight (of the load *lastia)* **2** *(kuv)* unburden (one's heart to *sydäntään jklle);* ease (one's conscience *omaatuntoaan;* the tax burden *verorasitusta*), relieve (pressure *painetta); (lievittää)* alleviate; *(piristää)* liven [up] (the atmosphere *tunnelmaa*) **3** *(rats)* rise.

keve||tä become (get) lighter; be lightened *(m kuv); (kuv)* lighten (his heart lightened *hänen sydämensä -ni),* ease, be relieved; *(lieventyä)* be alleviated **-ys** lightness; ease (of mind *mielen* ~) **-ä** *(us kuv)* light;

(ilmava) airy (dress *puku*); easy (attitude *suhtautuminen*); ottaa asiat ∼*ltä kannalta* take things easy; ∼*llä mielellä* light at heart, in buoyant spirits; *-in mielin* with a light heart.

kevy‖**esti** lightly; *(helposti)* easily; ∼ *pukeutunut (m)* scantily dressed **-t 1** *(eri merk tav)* light **2** *(kepeä)* nimble, agile (gait *käynti*) **3** *(heikko)* slight (construction *rakenne*); faint (odo[u]r *tuoksu*); gentle (breeze *tuulahdus*); *(ilmava)* airy **4** *(helppo)* easy (work *työ*).

kevyt‖**aseinen** *(sot)* light-armed **-betoni** light[weight] concrete **-kenkäinen** loose[-living], fast, wanton; ∼ *nainen (m)* woman of easy virtue **-kerma** single cream **-maito** low-fat milk **-metalli** light alloy (metal).

kevytmieli‖**nen 1** *(ajattelematon)* thoughtless; *(varomaton)* imprudent, rash (promise *lupaus*); *(vastuuton)* reckless, irresponsible **2** *(huikenteleva)* frivolous, wanton, loose-living, fast; ∼ *elämä/ntapa/* licentious [way of] life **-syy**‖**s** levity, light-mindedness; *(vastuuttomuus)* irresponsibility, recklessness; *(huikentelevaisuus)* frivolity, wantonness; *on mitä suurinta -ttä.. (m)* it is the greatest folly to..

kevyt‖**rakenteinen** lightly constructed, ..of [s]light construction **-sarja** *(urh)* lightweight [class] **-vene** dinghy; centerboard.

keväinen spring (day *päivä*); springlike, vernal (greenery *vehreys*).

kevä‖**nen linnunherne** *(kasv)* spring pea **-sin** always in the spring, in spring.

kevät spring; *(∼aika)* spring|time, -tide; *elämän* ∼ the spring[time] (prime) of life; *tänä vuonna tulee varhainen* ∼ spring is early this year *(vrt kesä)*.

kevät‖**-** spring (morning *-aamu;* season *-kausi;* sowing *-kylvö;* term *-lukukausi;* weather *-sää;* wheat *-vehnä*); △ vernal (sun *-aurinko;* equinox *-päiväntasaus*) **-aika** spring|time, -tide **-esikko** cowslip **-juhla** *(koul)* end-of-[summer]term fête, spring fête **-kesä** early summer **-talvi** late winter **-väsymys** spring fatigue *(Am* fever).

kevään‖**merkki** sign (harbinger) of spring **-tulo** arrival of spring.

khakiunivormu *(pl)* khakis.

kibbutsi kibbutz *(pl* ∼im).

kide crystal; *(lumi∼)* flake.

kide‖**-** crystal (detector *-ilmaisin; (rad)*

receiver, set *-kone, -vastaanotin)* **-muoto** crystal[line] form **-mäinen** crystal[like], crystalline **-rakenne** crystal[line] structure **-sokeri** granulated (castor) sugar.

kidnap‖**ata** kidnap **-paus** kidnapping.

kiduks‖**ellinen** *(el)* branchiate **-et** gills.

kidusjalkainen *(el)* branchiopod.

kidut‖**taa** torture *(m kuv); (panna -ettavaksi)* put .. to [the] torture; *(kiusata)* torment; *(piinata)* rack, *(erik kuv)* excruciate; ∼ *lihaansa (ruumistaan)* mortify one's flesh (body) **-tava** *(tav kuv)* torturous; excruciating, racking.

kidutus torture *(m kuv); (kuv m)* excruciation; *(piina)* torment, rack ∼**kammio** torture chamber.

kieha‖**htaa** boil up; *(keitt)* begin to simmer; *hänen verensä -hti* his blood boiled **-uttaa** boil [up]; bring to a boil; parboil; ∼ *kahvit* make [a pot of] coffee.

kiehkura 1 wisp (of hair *hius∼;* of smoke *savu∼*); wreath; loop; *(koukero)* turn; scroll; *(kihara)* curl, lock **2** *(kasv)* verticil, whorl.

kiehto‖**a** captivate (one's audience *kuulijansa); (lumota)* fascinate; attract (a p.'s mind *jkn mieltä*); catch, capture (a p.'s eye *jkn silmää); se -i minua* I was charmed with it **-va** captivating (smile *hymy); (hurmaava)* charming, enchanting; *(kiintoisa)* absorbing; arresting (novel *romaani*).

kiehu‖**a 1** boil (at 100 C° *100°:ssa;* the kettle is boiling *kattila -u*); be on the boil; *(erik keitt)* (∼ *hiljaa)* simmer, cook slowly **2** *(kuv)* seethe (with people *ihmisiä*); with rage *raivosta*); boil [over] (with rage *raivosta)* ▶ alkaa ∼ come to the boil; ∼ **innosta** bubble over with excitement; ∼ **kokoon** boil down; ∼ **kuiviin** boil dry (away); *-van* **kuuma** boiling (piping) hot; **lakata** *-masta* go off the boil; **panna** *kahvi maan* put the coffeepot on.

kiehu‖**mispiste;** ∼*essä* at the boiling point *(m kuv)* **-mistila** *(kuv)* state of turmoil **-nta** boiling; *(kuv m)* state of flux **-ttaa** boil.

kiekais‖**ta, -u** crow.

kiekko 1 dis|k, -c *(m tekn); (pyörä)* wheel **2** *(urh)* **a)** discus; *heittää* ∼*a* throw the discus, **b)** *(jää∼)* puck; *pitkä* ∼ icing; **c)** *(savi∼)* clay pigeon.

kiekon‖**heitto** throwing the discus, discus throwing **-heittokehä** discus circle **-heittäjä** discus thrower.

kieku‖**a 1** crow (a cock crows *kukko -u*) **2**

(kuv halv) screech.
kiekura flourish, curlicue; *(kirjaimen ~)* *(m)* tail.
kiele‖ke 1 projection; jut (of land *maa~*); *(kallion~)* promontory, projecting rock **2** *(kaistale)* strip (a torn strip of a garment *vaatteen repeytynyt ~*) **-llinen** linguistic; *(sanallinen)* verbal (ability *kyky*); **-lliset vaikeudet** language difficulties.
kielen‖kan‖ta; *kahvi irrotti -nat* coffee loos[en]ed their tongues **-kärki** point (tip) of the tongue **-käyt‖tö** [linguistic] usage; language; parlance; *tavallisessa -össä* in everyday (ordinary) language **-kääntäjä** translator **-puhdistaja** purist **-tarkistaja** language consultant **-tutkija** philologist; *(kielitieteilijä)* linguist **-tutkimus** philology; *(sg)* linguistics.
kielev‖yys garrulity, volubility; *(liukaskielisyys)* glibness; *(teräväkielisyys)* ready-wittedness **-ä** *(suulas)* garrulous, voluble; glib; ready-witted.
kiel‖i 1 a) language (spoken language *puhuttu ~;* the Finnish language *suomen ~*); tongue (mother tongue *äidin~*); **b)** *(puhetapa)* accent (his accent tells that he comes from.. *hänen -estään kuulee että hän on kotoisin..*); parlance (legal parlance *laki-tä*) **2** *(anat, keitt ja kuv)* tongue *(läppä)* tongue, clapper (of a bell *kellon ~*); *(vaa'an ~)* needle, pointer; *(lukon ~)* bolt **4** *(mus)* tongue; string (of a violin *viulun ~*); chord *(m kuv)* ▶ **hallita** *(jk) ~ täydellisesti* have a perfect command of a language; *oletko kadottanut -esi?* have you lost your speech? *~ keskellä suuta* with intense concentration; **kääntää** *-estä toiseen* translate from one language into another; **meidän** *-ellämme* in our language; **osata** *monia ~ä* know many languages; **pahat** *-et kertovat* a malicious rumo[u]r has it; *(mus)* **painaa** *-tä* stop a string; *(usk)* **puhua** *~llä* have the gift of tongues; *vastaus* **pyörii** *-elläni* the answer is on the tip of my tongue; *(kuv)* **puhumme** **samaa** *-tä* he speaks my language; **suomen** *-ellä* in [the] Finnish [language]; **vesi** *-ellä* [with] one's mouth watering; *(ark) ~* **vyön** *alla* puffing and blowing.
kieli- **1** *(kiel)* language (laboratory *-laboratorio;* barrier *-muuri;* institute *-opisto;* feud *-riita*); △ linguistic (difference *-ero;* exercise *-harjoitus;*

instinct *-taju)* **2** *(anat ym)* lingual (nerve *-hermo*); tongue *(m keitt;* sausage *-makkara)*.
kieli‖alue speech (linguistic) area **-kello** *(halv)* telltale **-korva** linguistic instinct **-kuva** metaphor **-lläpuhuminen** *(usk)* gift of tongues; speaking in tongues **-mies** linguist.
-kielinen *(yhdyss)* -lingual (bi- (multi-, uni)lingual *kaksi-* *(moni-, yksi)~*); –tongued (sharp-tongued *terävä~*); *(mus)* –stringed (five-stringed instrument *viisi~* *soitin*).
kieli‖opilli‖nen grammatical; *onko se -sesti oikein? (m)* is that grammar? **-opin‖not** linguistic studies; *harjoittaa -toja* study languages **-oppi** grammar; *(kirja)* grammar [book] **-pilli** *(mus)* reed pipe **-pää;** *hänellä on hyvä ~* he is a good linguist **-silta** *(mus)* fret **-soitin** stringed instrument.
kielitai‖doton; *hän on täysin ~* he can't speak (does not know) the language at all **-to** knowledge of languages; language proficiency; *hyvä ~* good knowledge (command) of a language **-toinen** ..versed in languages; *hän on hyvin ~* he knows (can speak) many languages.
kieli‖tiede philology; *(sg)* linguistics **-tieteellinen** philological; linguistic *(adv ~*ally) **-tieteilijä** philologist; linguist **-virhe** mistake (error) [in language].
kieli‖vä telltale -ä tell tales, blab (don't blab! *älä kieli!*), let on (to *jksta*); *~ jstk* tell of, reveal (an illness *sairaudesta*).
kielle‖llä *(varoitella)* keep warning, warn, advise (a p. against *jkta jstk*); dissuade (a p. from *jkta jstk*) **-tty** forbidden (fruit *hedelmä*); prohibited (area *alue*) ▶ *~* **ajosuunta** no entry; **lapsilta** *~* for adults only; **läpiajo** *(pysäköinti, pääsy, tupakointi) ~!* no thoroughfare (parking, admittance (entrance), smoking)!
kielo lily-of-the-valley *(pl* lilies-of-the-valley).
kieltei‖nen negative *(eri merk); (epäsuotuisa)* unfavo[u]rable; *~ vastaus (m)* refusal; *antaa ~ vastaus* answer in the negative **-sesti** negatively; *suhtautua jhk ~ (m)* look upon a th. with disapproval; *vaikuttaa ~* have a negative effect **-syys** negative character (attitude).
kielten‖opetus language teaching **-sekoitus** confusion of tongues.
kielto 1 *(kieltäminen)* denial; refusal; *(kiel ym)* negation **2** *(~määräys)* prohibition

(against *jtk koskeva* ~), ban (on *jtk koskeva* ~*;* nuclear test ban *ydinkoe*~) ~**la**|**ki** prohibition [act]; *-in kannattaja* prohibitionist ~**lause** negative sentence ~**sana** negative ~**taulu** prohibitory sign ~**tavara** contraband [goods].

kieltäm||**inen** forbidding; denial; prohibition; negation **-ättä** undeniably, unquestionably **-ätön** undeniable; *(kiistaton)* incontestable, indisputable; *(vastaansanomaton)* unchallenged; *on* ~*tä että* it can't be denied that.

kieltävä negative; ~ *vastaus (m)* refusal; *vastaus oli* ~ the answer was in the negative (was »no») ~**sti**; *vastata* ~ answer in the negative; *vastata* ~ *kutsuun (pyyntöön) (m)* turn down an invitation (request).

kieltäy||**mys** *(usk ym)* renunciation, renouncement; *(uhrautuvuus)* self-denial, self-sacrifice; *(pidättyvyys)* abstinence; *(askeettisuus)* ascetism **-tyminen** refusal (of *jstk)*; denial; *(pidättyminen)* abstinence (from *jstk).*

kieltäy|**tyä 1** refuse (to do *tekemästä;* all help *kaikesta avusta);* decline (to do, doing *tekemästä;* a candidacy *ehdokkuudesta); (hylätä)* reject (an offer of help *avuntarjouksesta)* **2** *(pidättyä)* abstain (from *jstk);* refrain (from everything *kaikesta)* ▶ ~ **antamasta** refuse (a p. a th. *jklle jtk);* ~ **kutsusta** refuse (turn down) an invitation; *-dyn* **kuuntelemasta** *sellaista puhetta (m)* I won't have any of that; **oppia** *-tymään paljosta* learn to go (do) without many things; ~ **tarjouksesta** decline (turn down) an offer; ~ **tottelemasta** refuse obedience; ~ **tunnustamasta** disclaim, renounce (one's son *poikaansa).*

kiel|**tää 1** forbid (a p. to do *jkta tekemästä;* by law *lailla);* prohibit (a p. from *jkta jstk;* smoking *tupakointi)* **2** *(evätä)* deny, say no (you won't say no if I ask you *ethän -lä jos pyydän sinulta)* **3** (~ *esittäminen ym)* ban (a film *elokuva)* **4** *(kiistää)* deny (having done a th. *tehneensä jtk;* one's faith *uskonsa);* disown (one's signature *nimikirjoituksensa);* dispute (the facts *tosiasiat)* ▶ *häneltä -lettiin* **pääsy** *sinne* he was refused admission there; *en voi* ~ *että* I must admit that..; *ei voida* ~ *että* it cannot be denied that *(ks m* **kielletty***, kieltämättä, kieltävä).*

kiemur||**a 1** curl, wreath (of smoke *savu*~);

(koukero) scroll; *(kierukka)* coil **2** *(mutka)* curve, bend (of a road (river) *tien (joen)* ~) **3** *(kuv)* ~*t* figures (of politics *politiikan* ~*t)* **-ainen** coiled, curly; *(koukeroinen)* tortuous **-rella 1** *(luikerrella)* wind [one's way (o.s.)]; *(mutkitella)* twine, twist [and turn] (through the valley *laakson halki);* *(joesta erik)* meander; *(savusta ym)* curl **2** *(vääntelehtiä)* wriggle **3** *(henk; tav kuv)* worm (wind, wriggle) o.s. (one's way) (out of agreement *irti sopimuksesta);* wriggle (don't wriggle but tell the truth *älä -tele vaan kerro totuus)* ▶ ~ **naurusta** be convulsed with laughter, *(ark)* double up (split) with laughter; *savu* **nousi** *-rellen* the smoke curled upwards; ~ *jkn* **suosioon** creep (wind [o.s.], worm o.s.) into a p.'s favo[u]r; ~ **tuskasta** writhe with pain.

kiemurtel||**eva 1** *(mutkainen)* winding; meandering (river *joki);* serpentine (road *tie)* **2** *(kuv)* tortuous **-u** wriggling *(m kuv); (mutkittelu)* winding.

kiepa||**hdus, -htaa, -us, -uttaa** swing.

kiepp||**i** *(voim)* upward circle, swing up forward[s] **-o** roll-on [bottle] **-ua** *(pyöriä)* rotate, revolve, turn (round *jnk ympäri);* spin; whirl (in the wind *tuulessa); (heilua)* swing, sway; *(kuv)* ~ *jkn ympärillä (kintereillä)* dangle after (about, round).

kiepsa||**ht**|**aa** turn (on ones heels *koroillaan);* round *(ympäri); (keikahtaa)* tilt, tip (over *kumoon); (kuv)* asiat *-ivat* *päälaelleen* the tables turned **-us, -uttaa** swing.

kieputtaa swing (a girl around in a dance *tyttöä tanssissa);* whirl, swirl (dead leaves in the air *kuolleita lehtiä ilmassa).*

kieri||**skellä** roll; wallow, welter (in the dirt *loassa);* ~ *rahassa* be rolling in money **-ttää** roll (a barrel *tynnyriä)* **-ä** roll.

kiero 1 *(vääntynyt)* wry, distorted, twisted, not straight; warped (board *lauta);* squint (eye *silmä)* **2** *(kuv)* crooked (smile *hymy;* conduct *menettely;* man *mies); (epäluotettava)* unreliable; *(ovela)* cunning (policy *politiikka)* ▶ **katsoa** ~*on* **a)** squint (with one eye *toisella silmällä);* have a cast (squint) [in one's eye]; **b)** *(kuv)* look askance (at *jtk);* ~*[a]* **peli**[**ä**] foul play; **vetäytyä** *(mennä)* ~*on* warp, twist.

kiero||**ilija** crooked fellow; *(vilpistelijä)* palterer **-illa** twist; *(vilpistellä)* palter; *(juonitella)* scheme **-onkasvanut** *(erik kuv)* twisted, warped **-silmäinen** squint-eyed, squinting **-silmäisyys** squint **-sti** wryly, crookedly **-us 1** warping; distortion **2** *(kuv)* crookedness **-uttaa** *(kuv)* warp.

kieroutu||**a 1** *(tav kuv)* get twisted; *(henk)* become perverted **2** *(konkr)* twist **-ma** *(kuv)* abnormity, perversion **-nut** *(kuv)* twisted (nature *luonne*); abnormal (person *ihminen*); *(seksuaalisesti* ~*)* perverted.

kier|**re 1** *(tekn)* thread, worm (of a screw *ruuvin* ~) **2** *(langan ym* ~*)* twist, twine; *(-teet)* spiral; *(ilm)* spin **3** *(urh)* spin; twist **4** *(kuv)* twist; circle; *(kurimus)* vortex ▶ *(kuv)* **joutua** *-teeseen* get into a vicious circle; *(urh)* **lyödä** *luja* ~ give a hard spin to a ball; *(tekn)* **mennä** *-teisiinsa* go onto the right thread; *(ark)* **täydessä** *-teessä* as tight as a tick.

kierre||- screw (cap *-korkki;* bolt *-pultti)* **-jousi** coil (spiral) spring **-kaihdin** [roller] blind; *(Am)* shade **-kansi** screw cap (top) **-kansio** ring binder.

kier|**rellä 1** circle (an aeroplane (a bird) circled above us *lentokone (lintu)* -teli päämme päällä) **2** *(vaellella)* roam, rove (the woods *metsissä*); stroll, ramble (about in town *kaupungin katuja*); *(matkustella)* travel [a]round, tour **3** *(kuv)* circulate, go about (the rumo[u]r circulated (went about) that *-teli sellainen huhu että*) **4** *(mutkitella)* wind **5** *(kuv) (vältellä)* evade, dodge, shuffle ▶ ~ *ja* **kaarrella** beat about the bush; *-rellen [ja] kaarrellen* in a roundabout way; **kiertelemättä** straight out; *vastaa -telemättä!* give a straight answer! **vastata** *-rellen* give an evasive answer.

kierre||**lyöuf** spln **-maskara** roll-on mascara **-pallo** *(urh)* screw[ball] **-portaat** spiral (winding) stairs.

kierros 1 *(kiertäminen)* circuit, circle (come full circle *tehdä täysi* ~); *(satelliitin* ~*)* orbit **2** *(vakituinen* ~*)* round (the postman's round *postinkantajan* ~); *(poliisin ym* ~*)* beat; *(kävely-, juoksulenkki)* turn **3** *(urh) (rata~)* lap **4** *(mutka)* circuit (make a circuit *tehdä* ~); *(kiertotie)* circuitous route, detour **5** *(neuvottelu-, tarjoilu- ym* ~*)* round (the next round is on me *minä tarjoan seuraavan -ksen)* **6** *(erik tekn)* revolution; turn (wind half a turn *kiertää puoli* ~*ta*).

kierros||**[luku]mittari** revolution counter; tachometer **-nopeus** speed of revolution.

kiertei|**nen** twisted (yarn *lanka*); whorled (horns *-set sarvet*); *(erik tekn)* spiral, helical; voluted; *(kierteellinen)* screwed,

threaded.

kierteit||**tää** *(tekn)* thread, cut screws (into, on *jk*) **-ys** thread cutting; *(kierteet)* threading.

kiertel||**emätön** *(kuv)* straight[forward] (answer *vastaus*) **-evä 1** *(kuljeksiva)* vagrant (life *elämä*) **2** *(kuv)* evasive; circumlocutory **-y** *(verukkeet)* circumlocution; evasion.

kierto 1 turn (of the key *avaimen* ~); *(m voim)* twist (to the right *oikeaan*) **2** *(pyörintä)* rotation **3** *(kiertäminen radalla)* revolution, circuit (of the moon round the earth *kuun* ~ *maan ympäri*) **4** *(~liike)* circulation (of money *rahan* ~*;* of water in the pipes *veden* ~ *putkissa*) **5** *(~kulku eri merk)* cycle **6** *(~tie)* detour **7** *(kuukautis~)* period.

kierto||**aika** *(astr)* [period of] revolution, period; *(satelliitin* ~*)* orbital period **-ajelu** sightseeing tour; *opastettu* ~ conducted tour **-ilmaus** *(kiel)* roundabout expression; *(eufemismi)* euphemism **-ilmauuni** convection oven **-kirje** circular [letter] **-kulku** circulation **-kysely** poll; questionnaire **-käynti** tour; round.

kiertolai||**nen** *(kulkuri)* vagabond, tramp; vagrant **2** *(astr)* satellite **-selämä** vagabond life.

kierto||**liike** revolving (cyclic, circular) motion; *(pyörimisliike)* rotary motion **-liikenne** gyratory traffic **-matka** round trip **-palkinto** challenge cup **-ra**|**ta** *(astr)* orbit; *saattaa -dalleen* put .. into orbit **-teitse** *(kuv)* indirectly in a roundabout way **-tie** *(kuv)* circuitous way; detour, loop road **2** *(kuv)* roundabout way (method) **-tähti** planet **-viljely** rotational cultivation.

kiertue 1 touring company, troupe **2** *(esiintymismatka)* [starring] tour; *olla* ~*ella* be on tour ~**muusikko** gig musician ~**teatteri** touring (travelling) theatre.

kierty||**mä** *(mek, lääk)* torsion **-nyt** twisted; *(kasv)* involute **-ä** turn (the key turns in the lock *avain -y lukossa)* *(pyöriä)* revolve; *(langasta ym)* twist, twine; get twisted; *(erik puusta)* wind, warp; *(mennä kierukkaan)* curl, spiral ▶ *(käärmeestä)* ~ **kierukaksi** coil [o.s.]; ~ **rullalle** roll [up]; ~ **vääräksi** become distorted; ~ *jnk* **ympärille** wind (wrap) o.s. round.

kiertä||**minen** *(astr)* revolution; *(kehän* ~*)* circling; *(~ akselin ympäri)* revolving, rotation; *(erik kuv)* circumvention **-vä 1**

circulating (air *ilma;* capital *pääoma);* *(pyörivä)* revolving; */kehää/* ~ circular **2** itinerant (musician *soittaja);* travel[l]ing (circus *sirkus);* ambulatory, mobile (library *kirjasto)* **3** *(kuv)* circumlocutory (answer *vastaus).*

kier|tää I *tr* **1** *(vääntää)* turn (a crank *kampea);* screw (the lid on *kansi kiinni)* **2** wind, wrap (one's arms around a p.'s neck *kätensä jkn kaulaan);* *(punoa)* twist, twine **3** move (revolve) around (the centre *keskusta);* travel around (the world *maailmaa);* go round, circle (the house *taloa);* *(~ radallaan)* orbit **4** *(ympäröidä)* encircle, be surrounded by; surround (a bear *karhu)* **5** *(väistää)* circle; round (the enemy *vihollinen)* **6** *(kuv)* *(välttää)* circumvent; evade, dodge (the question *kysymys)* **II** *itr* **1** revolve (round the sun *auringon ympäri);* rotate (round its axis *akselinsa ympäri),* gyrate; *(pyöriä nopeasti)* whirl, twirl **2** *(~ kehää)* circle **3** go round (the bottle went round *pullo -si),* circulate ((money (blood) circulates *raha (veri)* ~) **4** *(kierrellä)* [circum]ambulate; *(vaeltaa)* wander **5** *(tehdä mutka)* go around (a longer way); *(tiestä)* make a detour ▶ **antaa** *pullon* ~ hand round the bottle; ~ **auki** turn on (a cock *hana);* unscrew (a lid *kansi);* unroll (a map *kartta);* *(erik kuv)* ~ **kaukaa** steer clear of, make a wide detour of; ~ **kelalle** wind up; ~ **kierukaksi** coil [up]; ~ **kiinni** turn off (the gas *kaasuhana);* screw down; **panna** *sana -tämään* put the word around; ~ **pienemmälle** turn down, lower (the gas *kaasuliekki);* ~ **veroja** evade taxes.

kierukka 1 *(geom ym)* spiral, helix; coil; *(rak, el)* volute **2** *(ehkäisyväline)* intrauterine device *(lyh* IUD); *(ark)* loop ~**mainen** helical, spiral.

kierähdys roll[ing]; *(kiepsahdus)* swing[over], turn.

kiesit *(sg)* chaise, shay.

kietais||ta *(sitaista)* bind, knot; *(kääräistä)* wrap **-uhame** wraparound **-utakki** wrap [coat].

kietoa 1 *(kiertää)* wind (a rope round *köysi jnk ympärille);* *(punoa)* twist (a p. round one's finger *jku pikkusormensa ympäri);* *(sitoa)* tie, bind **2** *(kääriä)* wrap (a baby in a shawl *lapsi huiviin)* **3** *(sotkea)* entangle *(m kuv); (kuv m)* involve (in *jhk)* ▶ ~ **yhteen** intertwine, interlace; ~ *jnk* **ympäri[lle]** bind (wind, tie, twist, wrap)

[a]round.

kieto||sauma *(anat)* coronal suture **-utua 1** *(kiertyä)* wind, twist, fold ([a]round its victim *uhrinsa ympärille)* **2** *(kääriytyä)* wrap; wrap o.s. up, roll o.s. (in blankets *huopiin)* **3** *(kuv)* become (get) entangled (involved) (in a net of lies *valheiden verkkoon)* **-utun|ut;** *toisiinsa (yhteen)* **-eet** inter|twined, -laced, interwoven (branches *oksat).*

kievari inn, hostelry.

kihaht|aa 1 *(sihahtaa)* hiss **2** *(kihota äkkiä)* seethe; *vesi -i kielelleni* my mouth watered; *viini -i hänelle päähän* the wine went (rose) into his head.

kihara I *s* lock [of hair], curl; *(korkkiruuvi~)* ringlet; *(villan ~)* crimp **II** *a* curly (hair *tukka),* *(käherretty)* frizz[l]y, crisp; wavy, undulating (line *viiva)* ~**päinen** curly-haired, curly-headed ~**pää** curlyhead ~|**ssa** *(-an)* in curl; mennä -an curl.

kihar||rin curler, curling iron **-taa** curl; *(kähertää)* crimp, frizzle **-tua** curl [of itself]; *(kähertyä)* frizzle, crisp.

kihelmöidä itch; *(pistellä)* tingle.

kiher||rys giggle[s]; titter **-tää;** *nauraa* ~ titter, snicker.

kihi||nä *(sihinä)* hiss (of the hot stones *kiukaan* ~); *(pihinä)* fizzle; *(kuuman rasvan ~)* sizzle **-stä 1** hiss (with rage *kiukusta); (pihistä)* fizzle; *(~ pannussa ym)* sizzle.

kihla||jaiset *(sg)* engagement (betrothal) party **-kortti** announcement of engagement.

kihlakun||nanoikeus *(läh v) (Suom)* Rural District Court **-nantuomari** *(läh v) (Brit)* District (Assize-Court) Judge; *(USA)* Circuit Judge **-ta** *(läh v)* jurisdictional district.

kihla||pari engaged couple **-sormus** engagement ring **-ta** engage (to *jklle)* **-ttu** *(naisesta)* fiancée; betrothed; ~ *morsian* intended wife **-us** engagement (to *jkn kanssa);* betrothal; *julkaista -uksensa* announce their engagement **-utu|a** be[come] (get) engaged (to *jkn kanssa);* **-neet** *(sg)* the engaged couple.

kihloissa; *olla* ~ be engaged (to *jkn kanssa).*

kiho *(ark)* bigwig, big noise (shot); big boss.

kihokki *(kasv)* sundew.

kihomato pinworm.

kiho|ta trickle, ooze [out]; exude; *hiki -si*

otsalle sweat appeared (broke out) on his forehead; *kyynelet -sivat silmiini* I got tears into my eyes; *vesi -aa kielelleni* my mouth waters; *viini -aa päähän* wine goes to the head.

kihti *(lääk)* gout ~**kyhmy** chalkstone, gouty concretion.

kihu *(el)* skua.

kiidättää speed (on *eteenpäin*); hurry (the word to *sana jklle*).

kiihdy||**ke** stimul|us *(pl* -i), incitement -**ks**|**issä** *(-iin)* in a state of excitement, excited (over, about *jstk*), worked up; *(raivoissaan)* infuriated; *mielet olivat ~* the minds were inflamed, general excitement prevailed -**tin** accelerator -**ttävästi; vaikuttaa ~** have a stimulating effect -**ttää** **1** *(tekn)* accelerate; *(nopeuttaa)* speed up (production *tuotantoa); (vaikuttaa -ttävästi)* stimulate (the appetite *ruokahalua); ~ askeleitaan* quicken one's pace, hasten one's steps; *~ vauhtia* increase [the] speed **2** *(saattaa -ksiin)* excite (a p. *jkta);* inflame (the minds *mieliä); ~ itsensä [raivoon]* get o.s. worked up.

kiihdytys *(tekn ym)* acceleration; *(erik aut)* speeding; speeding up (of production *tuotannon ~)* ~**kaista** acceleration lane.

kiihke||**ys** *(innokkuus)* eagerness; *(palava into)* enthusiasm, *(kiihko)* ardo[u]r; fanaticism; *(intohimo)* passion; *(kuumaverisyys)* hotbloodedness; heat (of discussion *keskustelun ~)* -**ä** **1** *(innokas)* eager (expectation *odotus); (intohimoinen)* passionate (feelings *~t tunteet);* **ardent** (patriot *isänmaanystävä);* fanatic[al] (supporter *kannattaja), (voimakas)* intense, fierce (hatred *viha); (kova)* hot (quarrel *riita);* keen (desire *halu);* frantic (search for new talents *uusien kykyjen ~ etsintä)* **2** *(kuumaverinen)* hot-blooded; hot-tempered ▶ *hänen ~* **vihollisensa** his bitter enemy; *puhua -llä* **äänellä** speak in a heated voice.

kiihkeäsävyinen heated (discussion *keskustelu).*

kiihko *(palava halu)* zeal, ardo[u]r, fervo[u]r; *(intohimo)* passion; *(vimma)* mania, craze (for *jhk); (raivo)* fury, frenzy; heat; *(kiihkeys)* impetuosity; fanaticism; *olla ~issaan* be excited (hot) (about *jstk)* ~**ilija** fanatic, zealot; *(uskon~)* bigot ~**illa;** ~ *jnk puolesta* be fanatical about, be a zealous supporter of

~**ilu** fanaticism ~**isa** passionate.

kiihko||**isänmaallinen** chauvinistic *(adv* ~ally) -**kansallinen** ultranationalistic -**katolinen** ultramontane -**mielinen** fanatic[al]; *(intomielinen)* passionated; *(usk)* bigoted -**suomalainen** fennoman *(pl* ~s) -**ton** dispassionate; *(tyyni)* calm; *(puolueeton)* impartial, neutral, objective (observer *tarkkailija)* -**ttomuus** dispassion[ateness].

kiiho||**ke** stimul|us *(pl* -i); excitant; incentive, incitement (to *jhk);* spur (act as a spur *toimia -kkeena)* -**te** stimulant.

kiihotta||**a** **1** stimulate (the digestion *ruoansulatusta);* whet, sharpen (the appetite *ruokahalua)* **2** *(kiihdyttää)* excite (the nerves *hermoja);* pique (a p.'s curiosity *jkn uteliaisuutta);* work up (an audience into a frenzy *kuulijat raivoon)* **3** *(kannustaa)* incite, spur (to *jhk);* goad (into activity *toimintaan)* **4** *(yllyttää)* excite, rouse, stir (to rebellion *kapinaan); (agitoida)* agitate (for *jhk;* against *jtk vastaan)* -**ja** *(pol ym)* agitator; *(yllyttäjä)* inciter, instigator -**va** stimulating (drink *juoma),* stimulative; provocative (glance *katse;* woman *nainen); ~ aine* stimulant; *ruokahalua ~ ..that* whets the appetite -**vasti;** *vaikuttaa ~* have a stimulating effect (on *jhk); (erik lääk)* act as a stimulant.

kiihottu||**a** *(tulla -neeksi)* get excited (worked up) -**nut** *(sukupuolisesti ym ~)* excited; hot.

kiihotus 1 *(yllytys)* incitation, incitement; *(pol ym)* agitation **2** *(lääk ym)* stimulation.

kiihotus||- *(erik pol)* agitation, agitatorial (work *-työ)* -**aine** stimulant; *(urh)* dope -**kokous** propaganda meeting -**propaganda** agitprop -**puhe** inflammatory speech -**tila** state of excitation (irritation) -**toiminta** agitation.

kiihty||**mys** excitement; agitation; *(tunnekuohu)* emotion; *(yleinen ~)* ferment[ation]; *herättää -tä ihmisten mielissä* cause excitement among people; *olla -myksen vallassa* be excited (in a state of agitation) -**nyt** excited, worked-up (about, over *jstk);* agitated; heated (discussion *keskustelu;* voices *-neet äänet); ~ mieliala* excitement; *-neessä [mielen]tilassa* in an agitated frame of mind -**vyys** *(erik fys)* acceleration -**vä** increasing (competition *kilpailu); (fys) ~ liike* accelerated motion; *(kuv)* ~**ssä**

tahdissa at an accelerating tempo *-ä* **1** *(fys)* accelerate **2** *(nopeutua)* quicken (the pulse quickens *pulssi -y*); *tuuli -y* the wind rises (is getting up); *vauhti -y* the speed increases **3** *(kuv)* get excited (worked up); become agitated; *(kiivastua)* get heated; *(kuohahtaa)* flare up.

kiikari *(pl)* binoculars; *(kenttä~)* field glass[es]; *(ooppera~)* opera glass[es]; *hänellä on jtk ~ssa* he has his eye on **~kivääri** [sniper]scope rifle, rifle with telescopic sight.

kiikaroida look (at *jtk*) through binoculars.

kiikast||aa; mistä asia ~? where does the shoe pinch? where's the rub? *hänellä -i matematiikka* he had trouble with mathematics.

kiik||issä *(-kiin); joutua -kiin* get into a pinch (fix); be cornered; *olla ~* be in straits; be cornered; *saimme hänet -kiin* we caught (trapped) him.

kiikkerä unsteady; rocky (boat *vene*); rickety (chair *tuoli*).

kiikku, ~a swing **~tuoli** rocking chair.

kiikuttaa swing; rock (a boat *venettä*).

kiila *(tav)* wedge; *(vaat)* gore, gusset **~liitos** cottering **~mainen** wedgelike, wedge-shaped **~muodostelma** *(ilm)* V-(arrowhead) formation **~pohja** *(jalk)* wedge sole **~pohjai|nen; -set kengät** *(ark)* wedgies.

kiila||ta 1 wedge (in[to] *jhk*) **2** *(etuilla)* cut in (a car tried to cut in *auto yritti ~*); push in, push past people; *~ jonossa (m)* jump the queue **-utua 1** push (wedge) [o.s.] (in[to] *jhk*) **2** *(juuttua kiinni)* be[come] wedged (jammed) in (between two stones *kahden kiven väliin*).

kiiliäinen *(el)* sheep botfly; *(kuv)* gadfly.

kiille *(min)* mica **~suomuinen** *(el)* ganoid (fish *kala*).

kiillo||ke, -te polish **-tin** polisher **-ton** lustreless, dull **-ttaa** polish (shoes *kenkiä*); polish up (the silver *hopeat*); make shiny; *(erik tekn)* burnish (metal *metallia*); *~ lattia* wax and polish the floor.

kiillotus polish[ing]; burnish[ing]; *(silaus)* finish **~aine** polish **~laikka** polishing wheel, bob, buff **~vaha** polishing wax; *(lattiavaha)* floor polish.

kiilto 1 gloss (of silk *silkin ~*) **2** *(hohto)* shine, lust|re, -er **3** *(välke)* glitter (of gold *kullan ~*) **4** *(hangattu ~)* polish (high polish *kova ~*) **~kuva** scrap **~kuvamainen** . .like sugarcandy **~kuvapoika** glamo[u]r

boy **~mato** *(el)* glowworm **~nahka** patent (lacquered) leather **~pintainen** glossy; glazed (paper *paperi*) **~silkki** satin.

kiiltäv||yys gloss[iness]; *(kiilto)* lust|re, -er; *(loisto)* brilliancy **-ä** glossy (silk *silkki*); *(hohtava)* lustrous; sleek (fur *karva*); shiny (hair *~t hiukset*); *(välkkyvä)* glittering, glistening; polished (shoes *~t kengät*); *hangata ~ksi* polish . . to make it shine; *~n musta* shining black; *~n puhdas* bright and clean **-änappinen** *(m)* brass-buttoned (policeman *poliisi*).

kiiltää shine (her hair is shining *hänen tukkansa ~*); *(välkkyä)* gleam; *(kimallella)* glitter, glint (in the sun *auringossa*), glisten (with sweat *hiestä*); *(kiilua)* glimmer, glow (in the dark *pimeässä*); *(silkistä, lattiasta ym)* be glossy; *(nenästä, housuista ym)* be shiny.

kiilu||a glow (in the dark *pimeässä*); glimmer, gleam **-[va]silmäinen** . .with glowing eyes.

kiima *(koiraan ~)* rut; *(naaraan ~)* heat; [o]estrus **~-aika** rutting season; *(paritteluaika)* mating season **~inen** *(koiraasta)* rutting; *(naaraasta)* . .in (on) heat, . .in season.

Kiina China; *~n kielen ja kulttuurin tutkimus* Sinology.

kiina *(kieli)* Chinese **~kuori** *(farm)* cinchona [bark] **~lai|nen I** *a* **1** Chinese **2** *(ark)* *(outo)* peculiar, odd **II** *s* Chinese *(pl ~); (us halv)* Chinaman; *-set* the Chinese, Chinese people.

kiinalais||- Chinese (collar *-kaulus;* family *-perhe*); Sino|- (--Japanese *--japanilainen*) **-kortteli** Chinatown.

kiinan||kaali Chinese (celery) cabbage **-kielinen** Chinese **-kuori** = *kiinakuori* **K-muuri** the Great Wall of China **-palatsikoira** Pekingese *(pl ~)* **-pystykorva** chow chow **-ruusu** rose of China.

kiinne||koht||a a hold; *(erik kuv)* fixed point; *vain vähän -ia todellisuuteen* not fully in touch with reality **-laastari** adhesive [tape], sticking plaster **-laina** mortgage loan **-tä** *(pörss)* firm up (the prices are firming up *kurssit ovat kiintenemässä*) **-voima** *(fys)* cohesion.

kiinni 1 shut (the door is (the eyes are) shut *ovi on (silmät ovat) ~*) **2** *(lukossa)* locked; closed (the shop is closed on Saturdays *myymälä on ~ lauantaisin*) **3** *(virta tms katkaistuna)* off (the TV (gas) is off *televisio (kaasuhana) on ~*) **4** *(sidottuna)* tied [up] *(m kuv;* my money is tied up in land *rahani ovat ~ maaomaisuudessa);* fastened (at the top *yläpäästään ~)* **5** *(lujasti ~ t. juuttunut)* fast (stick fast *juuttua ~);* stuck (be stuck *olla [jäänyt] ~)* **6** *(aivan ~ jssk)* close (attached, stuck) to ▶ *(verbien yhteydessä ks näitä hakus)* *toisiinsa ~* **kasvaneet** grown together; **koira** *on ~* the dog is on the leash; **ovi** *~!* shut the door [please]! *(ark) se on* **rahasta** *~*it's a question of money; *se on* **sinusta** *~* it is up to you; **suu** *~!* shut up! *~* **veti!** it's a deal! *olla ~* **voitossa** have as good as won.

kiinni||**juuttunut** stuck **-ke 1** *(haka)* fastening; cleat; *(pidike)* clip **2** *(lääk)* adhesion **-otto** capture *(m korttip)* **-te** *(valok)* fixative, fixer **-tetty** *(lak)* mortgaged.

kiinni||**ttyä** fasten (his gaze fastened on the jewels *hänen katseensa -ttyi jalokiviin);* fix (the colo[u]r fixes well *väri -ttyy hyvin);* attach, fasten o.s. (to its base *alustaansa);* kaikkien huomio *-ttyi häneen* the attention of all people was fixed on him; *(mer) ~ laituriin* berth, moor **-ttää 1** fasten (with a rope *köydellä;* on, to *jhk);* attach (with *jllk;* to *jhk); (sitoa)* tie, bind (to *jhk); (~ lujasti)* fix (a shelf on (to) the wall *hylly seinään); (liimata)* stick, affix; *(~ nuppineuloilla yms)* pin; *(~ nauloilla)* nail; *(~ hakasilla)* hook; *(~ puristimella)* clamp **2** *(sitoa)* make .. fast, secure (a boat to a buoy *vene poijuun);* tie up (to, on *jhk)* **3** *(valok)* fix (a colo[u]r *väriaine)* **4** *(kuv)* fix, pin (one's hopes on *toiveensa jhk),* fasten (one's gaze on *katseensa jhk)* **5** *(ottaa palvelukseen)* engage, employ (a conductor *kapellimestari)* **6** *(lak)* mortgage (a house *talo)* **7** *(liik)* invest (all one's money in *kaikki rahansa jhk)* ▶ ~ **jalokivi** mount a jewel; ~ **kokolattiamatto** fit a carpet; ~ **suuria toiveita** *jhk* set high hopes on, entertain great expectations of (for).

kiinnitys 1 fastening, fixing; *(valok)* fixation **2** *(sopimus)* engagement; contract (with a theatre *teatteriin)* **3** *(lak)* mortgage **·kohta** hold, attachment ~**koukku** fastening hook ~**köy**|**si** *(mer)* mooring rope; *-det* moorings ~**luottolaitos** mortgage bank ~**pultti** mounting bolt, anchor pin.

kiinnost|**aa 1** *(subjektina asia)* interest (this will interest you *tämä ~ sinua varmasti),* be of interest (it is of no interest to me *se ei -a minua)* **2** *(subjektina henk)* be

interested in (he is interested in chemistry *häntä ~ kemia),* take (have) an interest in ▶ **ketä** *se -aisi? (m)* who cares? *[minua] -aisi* **tietää** *(m)* it would be interesting to know; *minua se ei -a* **vähääkään** I couldn't care less.

kiinnost||**amaton** uninteresting; indifferent (play *näytelmä)* **-ava** interesting; attractive (idea *ajatus); olla ~[a]* be of interest; *tehdä ~[mma]ksi* add interest to **-ua;** ~ *jstk* become (get) interested in, take an interest in; *saada jku -umaan jstk* interest a p. in **-uneesti** with interest **-unut** interested **-us** interest (in *jhk);* **herättää** *jkn ~ jtk kohtaan* awaken an interest for a th. in a p.

kiinteistö real estate (property); ~ *ja irtaimisto* real and personal property; *rakennettu ~* developed real estate, house property, built-up site ~**keinottelija** speculator in land, land jobber ~**nvälittäjä** [real] estate agent; *(erik Am)* land agent, realtor.

kiintey||**s** solidity; *(lujuus)* firmness **-tyä** solidify.

kiinteä 1 fixed (seat *istuin);* fast (colo[u]r *väri);* stationary (parts *~t osat);* immobile **2** *(jähmeä)* solid (body *kappale;* food *~ä ruokaa); (tiivis)* compact (soil *maaperä);* firm (muscles *~t lihakset)* **3** *(kuv)* firm (grip *ote);* tight (bond *side);* intensive (co-operation *yhteistyö);* close (relations *~t suhteet);* permanent, settled (dwelling *asutus)* **4** *(liik)* fixed (price *hinta;* expenses *~t kulut);* set (wages *palkka)* **5** *(lak)* immovable, real (property *omaisuus)* ▶ *~t* **kustannukset** fixed (standing) charges; *aineen ~* **olomuoto** solid consistency of matter; ~ **omaisuus** *(pl)* immovables; real property.

kiinteä||**hintainen** fixed-price **-sti** *(kuv)* closely.

kiintiö quota *~idä* allocate [the] quotas (for *jk).*

kiinto||- fixed (collar *-kaulus;* star *-tähti).*

kiintoisa interesting.

kiinto||**jää** fast (solid) ice **-kaluste** fixture **-nainen** fixed **-pallo** *(erik sot)* captive balloon **-piste** fixed point *(m kuv).*

kiinty||**mys** devotion (to one's work *työhönsä;* for one's children *lapsiinsa);* attachment (for *jhk);* affection (towards *jtk kohtaan;* for *jhk)* **-nyt** devoted (to one's work *työhönsä);* attached (to a p. *jkh)* **-ä 1** *(mieltyä)* become (get) attached *(to jhk)* **2** *(kohdistua)* stick (to *jhk*), fix (on *jhk*); *hänen huomionsa -i siihen* it caught his eye.

kiipeil||ijä climber -**lä** climb; *(kasveista m)* creep.

kiipeli scrape, fix, *(pl)* straits; *joutua ∼in* get into a scrape.

kiipijä 1 *(kuv)* climber, pusher, careerist **2** *(el); ∼t* [tree]creepers.

kiiras||torstai Maundy Thursday -**tuli** purgatory; *(kuv m)* ordeal.

1 kiire I *s* hurry (there is no (a great) hurry *ei ole mitään ∼ttä (on kova ∼)),* haste (in great haste *kovassa ∼essä);* rush (of modern life *nykyajan ∼)* **II** *a* quick, hasty (departure *lähtö)* ▶ **asialla** *on ∼* the matter is urgent; **hänellä** *on nyt ∼* he is busy [now]; **kaikessa** *∼essä (m)* hastily; *∼en* **kaupalla** in double quick time, very quickly; **kiireessä** in the hurry [of the moment]; *minulla on* **kova** *∼* I am in a great hurry (very much pressed for time); *kovalla ∼ellä* in great haste, hurriedly; **nyt** *on ∼!* there is no time to lose; **pitää** *∼ttä* hurry, hustle; *pidä ∼ttä!* hurry up! **sillä** *ei ole mitään ∼ttä* there is no hurry for it, you can take your time about it; **turha** *∼ pois!* don't fuss! no panic! *∼en* **vilkkaa** at full pelt.

2 kiire; *∼estä kantapäähän* from top to toe; *aseissa ∼estä kantapäähän* armed to the teeth (cap-a-pie).

kiireelli|nen urgent, pressing (matter *asia);* speedy, prompt (assistance *apu);* instant (need *tarve)* ▶ *tarvita -stä* **apua** be in urgent need of help; *vain erittäin -sissä* **tapauksissa** only in cases of compelling urgency.

kiiree||llisyys urgency, pressing nature -**llisyysjärjestys** order of urgency -**sti** quickly; hastily, in haste; *(hätäisesti)* hurriedly -**tön** quiet; peaceful (life *elämä); (verkkainen)* leisurely; *(hätäilemätön)* deliberate.

kiire||htiä 1 *(kiiruhtaa)* hasten, make haste **2** *(jouduttaa)* hasten, hurry (one's steps *askeleitaan)* **3** *(hoputtaa)* hurry on; push on (the work *työtä);* urge (activities *toimenpiteitä);* accelerate, expedite -**immiten** as soon (quickly) as possible -**i|nen 1** busy (time *aika;* housewife *perheenemäntä)* **2** *(nopea)* quick; speedy (flight *pako);* hurried (steps *-set askelet); (hätäinen)* hasty (departure *lähtö)* **3** *(-ellinen)* urgent, pressing (matter *asia).*

kiiruh|taa hurry (off *pois);* hasten (to do *tekemään);* make haste; *-da!* hurry up!

kiiruna *(el)* ptarmigan.

kiiski *(el)* ruff; *olla vastarannan ∼* go (swim) against the stream.

kiisla *(el)* guillemot.

kiisseli *(läh v)* pudding (milk (chocolate) pudding *maito- (suklaa)∼);* fool (gooseberry fool *karviaismarja∼).*

kiista dispute, argument (about, over *jstk); (kynäsota)* controversy, polemics; *(riita)* quarrel, strife; wrangle ▶ **kiistatta** indisputably, beyond dispute (controversy); *syntyi* **kova** *∼* a violent quarrel flared up (about *jstk).*

kiista||kapula bone of contention, apple of discord -**kirjoitus** polemic, polemic[al] article -**kumppani** adversary, opponent -**kysymys** controversial question (issue) -**naihe** subject of contention, controversial subject -**nalai|nen** contested, disputed (will *testamentti);* controversial (matter *asia); olla -sta* be in dispute -**ton** indisputable, unquestionable; *(kieltämätön)* undeniable; *∼ tosiasia* incontrovertible fact -**ttomasti** without (beyond) controversy.

kiistel||lä dispute (about, on, a th. *jstk);* argue (a question *kysymyksestä); (riidellä)* quarrel, have words (about *jstk); siitä tiedemiehet -evät* on that point the scholars disagree -**y** arguing; dispute; *(riita)* argument, quarrel.

kiistä||minen denial -**ä** deny (a p.'s right to *jkn oikeus jhk);* contest (a will *testamentti),* question (a statement *väite); ei voida ∼ että* there is no denying that. .

kiisu pyrite[s]; *kiisu-* pyritic.

kiite||llä thank; *(ylistellä)* praise, commend -**ttävyys** laudability; praiseworthiness -**ttävä 1** commendable, laudable (exception *poikkeus);* praiseworthy; creditable (attempt *yritys)* **2** *(koul. yliop)* excellent (marks *arvosana);* arvosana *∼ (todistuksessa)* passed with great distinction -**ttävästi** *(erinomaisesti) (m)* extremely well, perfectly.

kiito||laukka [full] career -**linja-auto** freight liner, long-distance lorry *(Am* truck).

kiitollinen 1 grateful, thankful (to *jklle;* for *jstk);* obliged (to you for *teille jstk);* appreciative (audience *yleisö)* **2** *(otollinen)* good (ground *maaperä);* worthwhile (task *tehtävä)* ▶ *olisin ∼* **jos** *et sekaantuisi asioihini* I'll thank you to leave my affairs alone; **olla** *hyvin ∼ jklle* be indebted (much obliged) to; *hän on ~ pienestäkin vaihtelusta* he welcomes every distraction.

kiitollisuu∥denosoitu∣s expression of gratitude; *(konkr)* *-ksena* as a token of gratitude **-denvel∣ka** debt of gratitude; *jäädä jklle jstk -kaan* remain (be) indebted to a p. for; *olemme heille suuressa -assa (m)* we owe them a great deal **-s 1** gratitude; gratefulness, thankfulness; *tuntea -tta jkta kohtaan* feel grateful to (for *jstk*); *täynnä -tta* filled with gratitude **2** *(otollisuus)* profitableness (of a task *tehtävän ~*).

kiitorata *(ilm)* runway, [air]strip.

kiito∣s 1 *(pl)* thanks (my hearty thanks *lämmin -kseni*) **2** *(ylistys)* praise, commendation (his work deserves commendation *hänen työnsä ansaitsee -ksen)*; *(tunnustus)* acknowledgement ▶ *~ta* **ansaitseva** praiseworthy, laudable; **antaa** *jklle ~ta* praise (speak highly of) a p.; **ei** *~!* no thank you (thanks)! *~ että tulit!* thanks for coming! *~* **hyvää** *(hyvin)!* thank you [fine]! very well thank you! **hänen** *-ksekseen on sanottava että* to his credit it must be said that; *~* **jnk** thanks to, owing to (his courage *~ hänen rohkeutensa*); **Jumalan** *~!* thank God! **kiitokseksi** *jstk* in acknowledg[e]ment for; *(korvaukseksi jstk)* in return for; **kyllä** *~!* **a)** (will you have..? *haluatko..?*) yes please! **b)** (have you got..? *oletko saanut ..?*) yes thanks (thank you); *-ksia* **paljon** thank you very (so) much, many thanks; *paljon -ksia (muodoll)* much obliged [to you]; *~* **ruttaa!** that'll do thank you! **saada** *~ta* be [highly] commended (praised); *~* **viimeisestä!** *(läh v)* thank you again!

kiitos∥jumalanpalvelus thanksgiving service **-kirje** letter of thanks, thank-you letter **-kortti** thank-you card **-maininta** hono[u]rable mention **-puhe**; *pitää ~ (päivällispöydässä)* return [formal] thanks [at table] **-päivä** *(erik Am)* Thanksgiving Day **-rukous** thanksgiving **-virsi** hymn [of thanksgiving].

kiitotavara *(raut) (pl)* express (fast) goods; *(Am)* fast freight *~toimisto* express goods office.

kiitte∥levä commendatory, laudatory **-ly** *(kehuminen)* praising, praise.

kiittä∥minen; *ei -mistä!* you are welcome! forget it! not at all! **-mättömyys** ingratitude; ungratefulness **-mätön** ungrateful, unthankful (to[wards] *jkta*

kohtaan); thankless (world *maailma)* **-vä** laudatory (criticism *arvostelu;* of *jkta ~*); *(kehuva)* commendatory; *~* **lausunto** statement of commendation.

kiit∣tää 1 thank (for *jstk*); express one's thanks (gratitude) **2** *(kehua)* praise (for *jstk*); speak highly of; commend (one's friend as trustworthy *ystäväänsä luotettavaksi*) ▶ *siitä minua* **ei kukaan** *-tänyt* I got small thanks for it; *ei kestä ~!* don't mention it! not at all! **kiittäen** *jstk* many (hearty) thanks for; *saat ~* **luojaasi** *että* you may thank your [lucky] stars that; *-än* **nöyrimmästi** my humblest thanks; **saada** *~ jkta jstk* owe a p. a th., be indebted to a p. for; *hän saa ~ sinua* **hengestään** he owes you his life; *siitä saat ~ [pelkästään] itseäsi* you have [only] yourself to thank (blame) for it; *-än* **sydämestäni** my heartfelt thanks; *~* **viimeisestä** *(läh v)* thank a p. for his hospitality.

kiit∥äjä *(el)* hawkmoth, sphinx moth **-ää** speed (across the ice *pitkin jäätä*); fly (time flies *aika ~*); *(pyyhältää)* sweep, shoot; dart (through the air *ilman halki*); dash, flash (like an arrow *kuin nuoli*) ▶ *-ävä* **hetki** fleeting moment; *~* **ohi** sweep past (by); **pilvet** *-ävät taivaalla* the clouds race across the sky; *aika -i kuin* **siivillä** time passed very quickly, the hours (days, years) [just] seemed to fly by.

kiiva∥asti vehemently, violently; *pyöriä ~* rotate at great speed **-ilija** zealot (religious zealot *uskonnollinen ~*) **-illa;** *~ jnk puolesta* be zealous in support of; *~ jtk vastaan* declaim against.

kiiva∣s 1 heated (discussion *keskustelu*), hot (struggle *kamppailu*); violent (opponent of *jnk ~ vastustaja*); vehement (character *luonne;* objection *vastustus*); bitter, fierce (battle *taistelu*); *-at sanat* angry (violent) words **2** *(~luonteinen)* hot-tempered, *(äkkipikainen)* quick-tempered; hasty, hot (temper *luonne*) **3** *(innokas)* passionate, zealous, eager (supporter *kannattaja*) **4** fast (tempo *tahti*) *~luonteinen,* *~luontoinen* hot-tempered, hot-blooded; quick-tempered; choleric *~sykkeinen* hectic, pulsating (life *elämä*) *~∣tua* lose one's (get into a) temper, fly into a passion (temper); get hot (over *jstk*); *älä -tu!* keep calm (cool)! *~tu∣s* burst of passion (temper); *-ksissaan* in his anger.

kiivaus vehemence; violence; *(kiukkuisuus)* hot temper.

kiivetä climb [up] (on to the roof *katolle;* the tree *puuhun;* the ladder *tikapuita*); ascend (a mountain *vuorelle*), mount (a horse *hevosen selkään*); *(kasvista m)* creep; ~ *alas* climb down, descend (the tree *puusta*), get down (from *jstk*).

1 kiivi *(el)* kiwi.

2 kiivi *(kasv)* Chinese gooseberry.

kikat||taa giggle, titter; *[nauraa]* ~ snicker **-us** giggle, titter.

kikk|a *(niksi)* gimmick, trick; *(juoni)* shift, dodge; *käyttää kaikenlaisia -oja ja konsteja* use all the ins and outs.

kila||[hd]us chink[ing sound]; clink[ing]; ring (of a doorbell *ovikellon* ~) **-htaa** *(kolikoista)* chink; *(lasista)* clink; *(kilistä)* tinkle; *(soida)* ring; *ikkuna -hti rikki* a window broke with a clink.

kilikello small bell, tinkler.

kilinnahka[inen] kid.

kilinä tinkl|e, -ing (of a bell *kellon* ~); jingl|e, -ing (of sledgebells *kulkusten* ~); *(lasin* ~) clink; *ovikellon* ~ ringing (sound) of a doorbell.

kilipukki billy goat.

kilis||tä tinkle, jingle, be jingling (tinkling); clink (keys (spurs, glasses) clink *avaimet (kannukset, lasit), -evät*); chink (coins chink *rahat -evät*) **-tää** tinkle (the bell *kelloa*); sound (coins in one's pocket *kolikoita taskussaan*); ~ *[laseja]* clink (touch) glasses.

kilja||hdus yell, squeal; shout (of joy *riemun* ~); *(intiaanihuuto)* whoop **-ista** give a cry, yell; *(kirkaista)* give a scream; *(hihkaista)* whoop.

kilju||a yell; squeal (with delight *riemusta*); scream, cry (with pain *tuskasta*); *(huutaa)* shout (for joy *ilosta*); *(aasista)* bray **-nta** yell[ing]; *(huuto)* shout[ing]; *(aasin* ~) bray **-va;** *kuin* ~ *jalopeura* like a roaring lion; *minulla on* ~ *nälkä* I am ravenous (starving).

kilk||attaa tinkle; jingle **-uttaa** tinkle (a piano *pianoa*); ~ *vasaralla* set a hammer ringing.

killinki *(kuv)* penny; *(Br)* farthing; *(Am)* cent; *hänellä ei ole ~äkään* he doesn't have a penny to his name, *(Am)* he doesn't have a red cent.

killutin *(ark)* dangle.

kilo kilo *(pl ~s)*, kilogram[me] **~gramma** kilogram[me] **~haili** *(el)* sprat.

kilometri kilomet|re, -er; ~*ä tunnissa* kilometres per (an) hour *(lyh KPH)* **~korvaus** *(läh v)* mileage [allowance] **~pylväs** kilometre post; *(läh v)* milepost, milestone.

kilowatti kilowatt **~tunti** kilowatt-hour *(lyh kWh)*.

kilpa 1 contest **2** ~*a, (erik kuv) kilvan* in competition (with *jkn kanssa*); *juosta* ~*a* race, run a race; *juosta* ~*a jkn kanssa* race [with] a p.; *rientää kilvan auttamaan* fall over o.s. to help **~-ajaja** racing (race) driver, racer; racing motorcyclist **~-ajorata** *(aut)* motor racing circuit; *(hevos~)* racecourse, the turf **~-ajot** horse (car) races **~-auto** racing car, racer **~-autoilu** motor racing **~hakija** rival [applicant] **~hevonen** racehorse, racer, runner **~hiihto** ski racing.

kilpail||eva competing; rival (candidate *ehdokas*); ~ *yritys* rival (competing) firm **-ija 1** *(liik ym)* competitor, rival (for an office *virasta* ~); *tärkeimmät* ~*mme* our leading competitors **2** *(urh)* competitor; *(osanottaja)* contestant; *(kilpa|ratsastaja, -juoksija ym)* racer **-la 1** compete (against *jkta vastaan;* with *jkn kanssa;* for *jstk*); rival (a p. *jkn kanssa;* for *jstk*); *(tavoitella)* contend (for a prize *palkinnosta*); ~ *jkn kanssa (m)* be in competition with; *ryhtyä -emaan jkn kanssa* enter into competition with **2** *(vetää vertoja jllk)* rival, stand comparison with; hold one's own against (the best in the country *maan parhaiden kanssa*).

kilpailu 1 competition *(m liik ja urh)*; *(erik kuv)* rivalry; contest (for a prize *palkinnosta*) **2** *(urh ~t)* event, meeting; track meet; *(tenn ym)* tournament; *(pl)* sports (athletic sports *yleisurheilu~t*); *(vauhti~)* race **3** *(arkkit, taid)* prize contest (competition) ▶ ~*a* **edistävä** competition-promoting; ~*a* **rajoittava** competition-reducing.

kilpailu||- competitive (position *-asema;* activity *-toiminta*); △ competition (work *-työ*) **-henki** rivalry **-kelvoton** *(urh)* disqualified **-kielto** *(urh)* suspension; *julistaa* ~*on* suspend **-kyky** *(liik ym)* competitiveness **-kykyinen** competitive (price *hinta*); *olla* ~ *(m)* compete well **-säännöt** rules of contest (competition); *(tal)* rules governing competition; *(urh m)* track rules **-yhteiskunta** meritocracy.

kilpa||juoksija runner, racer **-juoksu** race

(m kuv) **-kenttä** arena **-kirjoitus** prize essay **-kosija** rival [suitor] **-purjehdus** yacht racing, yachting; *(kilpailu)* sailing race **-purjehtija** racing yachtsman **-pyörä** racing bicycle, racer **-pyöräily** cycle racing **-rata** [race] track, [race]course **-ratsastus** horse racing; the turf.

kilpasill|a *(-e);* olla ~ race [each other]; compete; *haastaa jku -e* challenge a p. [to a contest].

kilpa||suksi racing ski **-tehtävä** problem to be solved [by a competitor] **-urheilu** *(sg ja pl)* competitive sports (athletics) **-varustelu** arms (armament) race **-vene** racer, racing boat; racing yacht.

kil|pi 1 shield; *(vaakuna~)* [e]scutcheon; coat of arms; *(kuv)* shelter, protection; *(kuv) tahrata -pensä* blot one's escutcheon **2** *(liike~)* sign[board]; *(nimi~)* [name]plate; *(oven ~)* doorplate; *(aut rekisteri~)* number plate, *(Am ark)* tag **3** *(el)* shell (of a tortoise *kilpikonnan ~)* ~**kirva** *(el)* scale insect.

kilpikonna *(maa~)* tortoise; *(meri~)* turtle; *(jättiläis~)* testud|o *(pl ~s, -ines)* ~**liemi** turtle soup ~**nluinen** tortoiseshell ~**suojaus** *(nyrkk)* covering up.

kilpi||kuva *(her)* device **-mäinen 1** shield-shaped, shieldlike **2** *(kasv, el)* scutate; peltate (leaf *lehti).*

kilpirauha||nen thyroid gland **-shormoni** thyroid hormone **-smyrkytys** [hyper]thyroidism, toxic goitre **-svalmiste** thyroid [extract].

kilpisty|ä 1 rebound, bounce [back] (from *jstk), (luodista m)* ricochet **2** *(kuv)* fail (the initiatives failed because of bureaucracy *aloitteet -ivät byrokratiaan),* founder, fall down (because of, owing to *jhk);* fall back (from *jstk).*

kilta g[u]ild ~**lainen** guildsman, guild brother.

kilt||isti kindly; nicely; *se oli [sinulta] ~ tehty!* that was kind of you! **-teys** goodness; good-naturedness, good nature.

1 kiltti good-natured (child *lapsi); (ystävällinen)* kind, nice, *(ark)* decent (to *jklle); (tottelevainen)* good (boy *poika);* well-behaved (baby *vauva); lapsi lupasi olla ~* the child promised to behave.

2 kiltti *(vaat)* kilt.

kilvan ks. kilpa 2.

kilvoit||ella contend (for *jstk);* strive (after, for *jtk saadakseen)* **-telu** striving; *(kamppailu)* struggle, effort[s] **-us** *(raam)* fight.

kimahd||ella whistle, whine **-us** shrill sound, whistle.

kimak||asti shrill[y] **-ka** shrill (whistle *vihellys);* penetrating (sound *ääni),* piercing, sharp (cry *huuto);* high-pitched (voice *ääni).*

kimalainen bumblebee.

kimal||le glitter, lust|re, -er **-lus** glitter (of gold *kullan ~);* glistening, glint (of a dewdrop *kastehelmen ~);* sparkle (of jewellery *jalokivien ~)* **-taa** glitter; *(kiiltää)* glisten; *(säihkyä)* sparkle; *(tuikkta m)* scintillate.

kim||eys shrillness; high pitch (of voice *äänen ~)* **-eä** high-pitched (voice *ääni);* shrill, sharp (whistle *vihellys);* piercing (cry *huuto)* **-ittää** speak with a high-pitched voice.

kimmah||dus bounce; *(luodin ym ~)* ricochet **-taa** bounce, bound (against *jtk vasten); (luodista)* ricochet (off *jstk);* ~ *auki* fling open; ~ *takaisin* rebound, bounce back.

kimmastua get angry; fly into a temper; flare (blaze) up (at the least thing *pienimmästäkin asiasta).*

kimmel|lys, -tää =kimal|lus, -taa.

kimmo||- elastic (energy *-energia)* **-inen** *(erik fys)* elastic *(adv ~ally)* **-isa** elastic[al]; resilient (material *aine); (jäntevä)* springy **-isuus** elasticity; resilience; springiness **-ke** *(kuv)* impulse (get (give) an impulse to *saada (antaa) ~ jhk)* **-ta 1** *(prees tav -aa)* (olla -isa) be elastic (springy) **2** *(prees tav kimpoaa) (poukahtaa)* bounce, bound (against (from) the wall *seinästä); (luodista)* ricochet; ~ *[takaisin]* rebound, bounce back **-ton** inelastic.

kimo roan; *harmaa ~* dapple-grey [horse].

kimoilla smart; *(pistellä)* tingle.

kimono kimono *(pl ~s).*

kimpaantua flare (blaze) up, lose one's temper; get angry (at *jstk).*

kimpale piece; *(iso pala)* chunk; *(kokkare)* lump; pat (of butter *voita).*

kimpi *(~lauta)* stave; *(~levy)* blockboard.

kimp|pu bunch (of keys *avaimia;* of flowers *kukkia);* bundle (of muscles *lihas~;* of sticks *risuja;* of problems *ongelmia); (kukka ~)* bouquet; *sitoa -uksi* bunch ~**pilari** clustered column.

kimp|ussa *(-usta, -puun)* ▶ **hyökätä** *t.* **käydä** *jnk -puun* attack, assault (a p. *jkn -puun),* fall on (the food *ruoan -puun); (erik kuv)* assail (with questions *kysymyksin); (ahdistaa)* harass; *(sanoin)* fly at; *(kuv)* käydä *jnk -puun* tackle (a problem *ongelman -puun);* olla *jkn* ~ press (keep on at) a p. (with one's questions *kysymyksineen); he olivat kaikki ~ni* they were all on me; **puuhata** *jnk tehtävän* ~ be busy with a task.

kimröökki lampblack.

-kin *(pääte)* **1** *(myös)* also (I know also him *tunnen hänetkin);* too (Liisa, too, plays the piano *Liisakin soittaa pianoa);* as well (he gave me advice and money as well *hän antoi minulle neuvoja ja rahaakin)* **2** *(jopa)* even (so *niinkin;* now *nytkin)* **3** *(joka tapauksessa)* anyhow, anyway, after all (it's too late anyhow *nyt onkin liian myöhäistä)* **4** *(jätetään us kääntämättä)* *..ja niin hän tekikin* ..and so he did; *sieltä hän [jo] tuleekin!* there he comes! *sitähän minä sanoinkin* that's [just] what I said.

kina *(riita)* quarrel, wrangle, squabble; *(kiista)* dispute, argument; *(suukopu)* bicker ~**stelija** quarrelsome (cantankerous) person ~**stella** argue (about *jstk;* with *jkn kanssa);* wrangle (about, over *jstk);* squabble (with each other *keskenään)* ~**stelu** wrangling; squabble (futile (empty) squabble *tyhjänpäiväinen ~)* ~**ta** argue (about *jstk),* dispute (a th. *jstk);* squabble; bicker; ~ *vastaan* answer back.

kine||**ettinen** kinetic (energy *energia;* sculpture *veistos)* -**tiikka** *(sg)* kinetics.

kiniini quinine.

kinkku 1 ham (smoked ham *palvi~);* suolattu *(ja savustettu)* ~ gammon **2** *(leik); (pakara)* buttock ~**filee** fillet of ham.

kin|**nas** mitten, mit[t]; *(kuv)* viitata -**taalla** disregard a th., snap one's fingers at.

kinner *(el)* hock ~**jänne** *(anat)* Achilles['] tendon ~**luu** *(el)* cannon [bone] ~**nivel** *(el)* hock joint.

kinofilmi 35-mm (miniature) film.

kino|**s** drift; *(lumi~)* snowdrift; *korkeat* -**kset** deep (high banks of) snow ~**tua** pile up in drifts, drift.

kinourut *(rek)* Hammond organ.

kinterei||**llä** *(-ltä, -lle); jkn* ~ at a p.'s heels, after a p.; *(kuv)* aivan *jnk* ~ next to, just after; *karistaa -ltään* show a clean pair of heels to; olla *alituisesti jkn* ~ dog a p. (a p.'s steps).

kint|**tu** leg; *(koipi)* shank; *-ut paljaina* barelegged; *vikkelä -uistaan* quick on one's pins ~**polku** footpath.

kinuski caramel ~**[karamelli]** toffee, toffy, *(Am)* taffy; *(pehmeä ~)* fudge ~**kastike** toffee (caramel) sauce.

kioski kiosk, booth, stall ~**kirjallisuus** *(pl)* cheap novels; throwaway reading.

kipaista dart (up *pystyyn;* off *tiehensä); [juosta]* ~ patter, run.

kipak|**ka** hot, heated (dispute *väittely);* sharp (tongue *kieli;* answer *vastaus); hän sai -an lähdön* he was thrown out.

kipata dump, tip (a load [in]to *kuorma jhk).*

kipenöi|**dä** spark, flash (her eyes flashed [fire] *hänen silmänsä -vät); -vä korvapuusti* a smart[ing] box on the ear.

kiper||**yys** *(kuv)* awkwardness, difficulty, (of a question *kysymyksen ~); (mutkikkuus)* intricacy, complicacy (of *jnk);* trickiness -**ä** *(kuv)* awkward, difficult (question *kysymys), (visainen)* sticky, knotty (problem *pulma); (mutkikas)* intricate, complicated; *(arkaluonteinen)* delicate, ticklish, tricky (situation *tilanne);* ~ *polkka* fast polka -**äsarvinen** ..with crooked horns.

kipey||**s** *(erik kuv)* painfulness (of the situation *tilanteen ~);* pain (of parting *eron ~)* -**tynyt** sore (ankle *nilkka)* -**tyä** get sore.

kipeä 1 *(sairas) (pred, Am m attr)* ill (are you ill *oletko ~?);* sick (child *lapsi); (huonovointinen)* unwell, bad (feel bad *tuntea itsensä ~ksi); (sairaalloinen)* ailing (person *ihminen)* **2** *(särkevä)* sore (tooth *hammas;* throat *kurkku),* aching (head *pää),* tender (feet *~t jalat)* **3** *(kuv)* painful (loss *menetys;* memory *muisto); (arka)* tender, sore (subject *aihe;* spot *kohta)* **4** *(pakottava)* pressing, urgent (need *tarve)* **5** *jnk* ~ in need (want) of, aching to (praise *kiitoksen~)* ▶ *kajota ~än* **kohtaan** touch on a tender spot; **tehdä** *~ä (m kuv)* be painful, cause pain, hurt.

kipeästi badly (in want of *jnk tarpeessa);* sorely (needed *kaivattu); koskea* ~ hurt; *(kuv)* cause (give) pain.

kipin **kapin** *(kovaa kyytiä)* hotfoot, posthaste; *(heti paikalla)* straight away.

kipinä spark *(m kuv); (pieni ~)* sparkle; *lyödä -ä* spark; *vaikuttaa kuin ~ ruutitynnyriin* have an explosive effect ~**kaari** arc ~**suojus** *(takan ~)* fireguard, fender.

kipinöi|**dä** spark *(m kuv)* (with anger *kiukkua*); emit sparks; *hänen silmänsä -vät vihasta* his eyes flashed with anger.

kipittää; *[juosta]* ∼ *(lapsesta)* patter; scamper.

kippari [ship]master; *(ark)* skipper **K∼kalle** Popeye [the sailorman] ∼**nlakki** skipper's cap ∼**paita** pirate T-shirt ∼**takki** reefing jacket.

kippi 1 *(∼laite)* tipper, tipple, tipping gear **2** *(voim)* kip, upstart ∼**auto** *(Br)* tip (dump) lorry, tipper; *(Am)* dump truck, dumper - **lava** *(aut)* tipper body, dumping stage.

kippis cheers!

kippo scoop, ladle; *(erik Am)* dipper; *(kuppi)* cup.

kippura = ∼*inen (ks m ∼ssa)* ∼**inen** curled, curly; twisted (lead *sähköjohto*) ∼**kärkinen;** ∼ *saapas* boot with a turned-up toe ∼|**ssa** *(-an); mennä -an* curl; *(sotkeutua)* twist; *nauraa* ∼ laugh o.s. into convulsions.

kipristyä curl up.

kips|**ata** *(erik lääk)* put .. in plaster [of Paris] (in a cast) (a leg *jalka*) **-i 1** *(min)* gypsum **2** plaster; *(lääk)* plaster of Paris; ∼*ssä* in plaster, *(erik Am)* in a cast; *(ark kuv) mennä* ∼*in* freeze, dry up.

kipsi|**jäljennös** gypsoplast, plaster impression **-laasti** plaster, stucco **-levy** *(rak)* plasterboard **-nen** plaster, ..of plaster ∼**nvalaja** plasterer **-sidos** *(lääk)* plaster[-of-Paris] cast **-valos** plastercast.

kipu pain *(m kuv)*; *(särky)* ache (ear ache *korvu∼*), *(kivully)* smart[ing pain]; *[äkillinen]* ∼ pang, twinge ▸ **aiheuttaa** ∼*[j]a* cause (give) pain; *vaikuttaa* ∼*[j]a* **lievittävästi** have a soothing (pain-relieving) effect; **tuntea** *(olla)* ∼*[j]a* have a pain (in *jssk*); **tuottaa** ∼*a (m kuv)* hurt (a p. *jklle*).

kipu|**aisti** sense of pain **-aistimus** sensation of pain **-lääke** painkiller, analgesic [tablet] **-piste** pain spot **-raha[t]** smart money.

kirah|**dus,** **-taa** squeak, creak; *(pikkulapsesta)* whimper.

kirahvi giraffe.

kire|**ys** *(pingotus)* strain; tautness (of muscles *lihasten* ∼); tightness (of nerves *hermojen* ∼; of a rope *köyden* ∼), tenseness; squeeze (of money *rahan* ∼); *rahamarkkinoiden* ∼ stringency in the money market **-ä 1** *(konkr)* taut, tense **2** *(kuv)* tight (smile *hymy;* schedule

ohjelma); strained (relations ∼*t välit*); rigoro[u]s (price control *hintasäännöstely*); severe (cold *pakkanen*) ▸ ∼ **kilpailu** hard competition; *(pol)* ∼ **tilanne** state of tension.

kirgiisi Kirghiz (*pl* ∼ *t.* ∼es).

kiri spurt; *(loppu∼)* sprint; *häneltä irtosi* ∼ *vaivattomasti* he spurted effortlessly [away]; *ottaa [kova]* ∼ put on a spurt ∼**herkkyys** *(urh)* spurt ability.

kirist|**ellä;** ∼ *hampaitaan* gnash (grind) one's teeth **-in** *(tekn)* clamp **-yminen;** *kilpailun* ∼ sharpening of competition; *luotonannon* ∼ credit restriction (squeeze) **-y**|**s 1** *(pingotus)* strain, stress, tension **2** *(kuv)* blackmail; extortion (of money *rahan* ∼); *joutua -ksen uhriksi* fall victim to blackmail.

kiristys|**kirje** blackmailing letter **-leuka** *(tekn)* hold-down clamp **-mutteri** tension nut **-pultti** clamp bolt **-side** *(lääk)* tourniquet **-yritys** attempt at blackmail.

kiristy|**ä** tighten (a rope tightens *köysi -y*), draw taut; *(kuv)* become (get) strained ▸ **kilpailu** -y the competition is stepping up; **määräykset** *ovat -neet* the rules have become more stringent; **pakkanen** -y the frost (cold) is getting more bitter; -*nyt* **tilanne** the aggravated (tense) situation.

kiristä|**jä** extortion|er, -ist; blackmailer **-ä 1** *(konkr)* tighten [up] (a spring *jousta;* a nut *mutteria*); clamp (with a wedge *kiilalla*); *(pingottaa)* strain, stretch (a rope *köyttä*) **2** *(kuv)* tighten [up], make .. more stringent (the rules *määräyksiä*) *(lisätä)* increase, intensify (the control *valvontaa*) **3** *(∼ uhkaamalla)* blackmail (a p. *jkta*); extort (money from *rahaa jklta*), squeeze (a promise out of *lupaus jklta*), extract (information from *tietoja jklta*) **4** *(olla kireä)* be too tight, pinch ▸ *(m kuv)* ∼ **ohjaksia** draw rein, rein in; ∼ **tahtia** increase the tempo; ∼ **välejä** strain relations.

kiri|**ttää** *(urh)* prompt, goad **-ä** *(erik urh)* spurt, put on (make) a spurt; *kiri! kiri!* faster! faster!

kirj|**a 1** book; ∼*t (luettelo) (sg)* register (parish register *kirkon∼t*) **2** *(paperimitta)* quire ▸ *olla* **hyvissä** *(huonoissa) -oissa* be in a p.'s good (bad) books; **ilmestyä** ∼*na* appear in book form; *olla* **kirjoilla** *Helsingissä* be registered in Helsinki; *hän on lukenut sen ∼sta* he has read it in a book; **pitää** ∼*a jstk* keep a record (list) of, keep accounts of; *olla* **poliisin** *-oissa* have a record; **viedä** *-oihin* enter [in the books]; register.

kirja|- book (sale *--ale[nnusmyynti];* review *--arvostelu;* club *-kerho*); △ . .of books (donation *-lahjoitus;* list *-luettelo*).

kirjaa||**ja** registrar, filing clerk **-maton** unregistered *-minen (kirjoihin vienti)* booking, entry; *(kirjeen ~)* registration **-mo** registrar's office **-nvienti** *(kirjanp)* entry, booking.

kirja||**-arvostelija** book reviewer, literary critic **-hylly** bookshel|f *(pl* -ves); *(~stö)* bookcase.

kirjailija author, writer; *(romaani~)* novelist ~**nimi** pen name ~**nura** literary career ~**tar** authoress.

kirjail||**la 1** *(käsit)* embroider **2** *(koristella kirjavaksi)* ornament, embellish **3** *(us halv)* *(harrastaa kirjallista toimintaa)* scribble **-u** *(käsit)* embroidery.

kirjaim||**ellinen** literal; *(tinkimätön) (m)* punctilious (adherence to the order *käskyn ~ noudattaminen)* **-ellisesti** literally; *(-elleen)* [down] to the [last] letter **-isto** alphabet; *(pl)* the characters.

kirjai|**n** letter *(m kuv); (~merkki)* character (Greek characters *kreikkalaiset -met)* ► **iso** ~ capital [letter]; **kirjaimelleen** to the letter; **osata** *-met* know the alphabet; **pieni** ~ small letter; **pienillä** *-milla (kirjap)* in lower case; **tulisin** *-min* in letters of fire.

kirjain||**lukko** letter (combination, puzzle) lock **-merkki** character, letter symbol **-sana** acronym **-taa** *(kirjoittaa teksti äänitteestä)* transcribe.

kirja||**kaappi** bookcase **-kauppa** bookshop, bookseller's [shop], *(Am)* bookstore **-kauppias** bookseller **-ke** *(kirjap)* type, printing letter **-kiel**|**i** literary (written) language; *-en* literary (expression *ilmaus);* **puhua** *-tä* speak standard language, *(erik Brit)* speak King's (Queen's) English **-kielinen** literary **-käärö** *(hist)* scroll.

kirjalli|**nen 1** *(kirjoitettu)* written (permission *lupa;* examination *tutkinto),* . .in writing (application *anomus)* **2** *(kirjallisuutta koskeva)* literary (value *arvo)* ► **kirjallisena** in black and white, on paper, in writing; ~ **varkaus** plagiarism; *-set* **virtaukset** trends in literature.

kirjallisesti in writing (notice must be given in writing *irtisanomisen on tapahduttava ~),* in black and white; *(kirjeitse)* by letter; **hän on** ~ **lahjakas** he is a good

(talented) writer (penman); ~ **sivistynyt** literate, lettered, well-read.

kirjallisuuden||**historia** history of literature **-tutkimus** literary research.

kirjallisuus literature ~**arvostelija** literary critic ~**arvostelu** criticism; *(yksittäinen ~)* [book] review ~**katsaus** literary survey ~**luettelo** bibliography ~**palkinto** literary award (prize) ~**viit**|**e** reference to a source; *-teet* references to [the] literature used.

kirja||**ltaja** typographer **-myymälä** *(-kioski)* bookstall **-nen** booklet.

kirjan||**kansi** [book] cover **-kansipaperi** dust jacket, wrapper **-kustantamo** publishing house, *(pl)* publishers **-merkki** book mark[er] **-omistajan merkki** ex libris, bookplate **-oppineisuus** book learning **-oppinut I** *s* **1** *(raam)* scribe **2** *(oppinut)* scholar **II** *a* book-learned, well-read, lettered **-painaja** master printer.

kirjanpi||**dollinen** book (profit *voitto);* *-dollisista syistä* for bookkeeping reasons **-to** bookkeeping; accounting; *(~taito)* accountancy ► **hoitaa** *~a* keep accounts (the books); **kahdenkertainen** ~ double entry [bookkeeping]; **yhdenkertainen** ~ single entry bookkeeping.

kirjanpito||**arvo** book value **-kirja** book of account, account book **-taitoinen** . .adept in bookkeeping **-velvollinen** *a ja s* accountable **-vienti** entry, item.

kirjan||**pitäjä** bookkeeper, accountant **-päällys** dust jacket , wrapper **-selkä** spine, back of a book **-sidonta** bookbinding **-sitomo** [book]bindery, bookbinder's [shop].

kirjaopinnot *(sg)* bookwork.

kirjapaino printing house (office); [letter]press; *(pienehkö ~)* printing shop; *kirjapaino- (m)* typographical ~**taito** printing art, typography ~**teollisuus** graphic arts industry ~**työläinen** typographer, pressman.

kirjarengas book club (society); *(Am)* book-of-the-month club.

kirjasin *(kirjap)* type ~**koko** type (point) size ~**laji** [kind of] type, fo[u]nt ~**tyyli** [type]face.

kirjasivistys book learning; *hänellä on ~tä* he is well-read.

kirjasto library (scientific (public) library *tieteellinen (yleinen) ~);* *(~huone m)* study ~**auto** travelling (mobile) library, *(Am)* bookmobile ~**kappale** deposit copy ~**nhoitaja** librarian.

kirja||**ta 1** *(viedä kirjoihin)* book (the orders *tilaukset*) **2** *(post)* register **3** *(merkitä muistiin)* record; register (two new records *kaksi uutta ennätystä*); put (write) down; ~ *erehdys jkn tilille* put the blame for (the mistake on) **-toukka** bookworm, bibliophagist **-us** registration; booking **-uutuu**|**s** newly published book; *-det* new books.

kirjava 1 *(monivärinen)* multi-colo[u]red, many-colo[u]red, variegated (leaves ~*t lehdet*) **2** *(laikukas)* spotted; mottled (calf *vasikka*); dappled (horse *hevonen*) **3** *(korea)* colo[u]rful (dress *puku*), brightly (gaily) colo[u]red; *(räikeä)* gaudy **4** *(kuv)* miscellaneous, mixed (collection of goods *tavarakokoelma*); motley (crowd ~*a väkeä*); *(vaihteleva)* varied , chequered (past *menneisyys*); heterogeneous ▶ **kirjavanaan** *jtk* abounding with (flowers *kukkia*); *tässä asiassa* **käytäntö** *on* ~*a* there is no standard practice in this matter; **mustan** *ja valkoisen* ~ black and white; ~ **sekoitus** *[jtk] (m)* motley [of]; ~*t* **vaiheet** varying fortunes.

kirja||**viisaus** book learning **-vuus 1** *(konkr)* diversity of colo[u]rs; *(värikkyys)* gayness, brightness **2** *(kuv)* variety, diversity (of life *elämän* ~); *(monimuotoisuus)* multiformity (of methods *menettelytapojen* ~); *(epäyhtenäisyys)* heterogeneity.

kirje 1 letter (send [off] (receive) a letter *lähettää (saada)* ~); *4.9. päivätty* ~*emme* our letter of [the] 4th September **2** *(raam)* epistle; *Paavalin ensimmäinen ~ korinttolaisille* the First Epistle of Paul to the Corinthians.

kirjeen||**kirjoittaja** letterwriter **-saaja** addressee, recipient **-vaihtaja** *(liik, san)* correspondent.

kirjeenvaih|**to** correspondence; *(posti)* mail; *asiasta* **käyty** ~ correspondence on the matter; *olla -dossa jkn kanssa* be in correspondence with, correspond with ~**ilmoitus** pen friend advertisement ~**toveri** pen friend *(Am pal).*

kirje||**itse** by letter (mail); *(-essä)* in a letter **-kortti** letter card **-kuori** envelope; *(filat ym)* cover **-kurssi** correspondence course **-kyyhky[nen]** carrier (homing) pigeon **-laatikko** letter box *(san ja rad)*; *sosiaalinen* ~ *(läh v)* your questions answered on Social Affairs **-lappu[nen]** note **-lmä 1** [official] letter, [written]

communication; *(anomus)* petition, address **2** *(lak)* writ **-lokero** pigeon hole **-lähetys** letter, postal matter **-opisto** correspondence school **-painin** paperweight **-paperi** letter (writing, note) paper; ~ *[ja -kuoret]* stationery **-pussi** open-end envelope **-salaisuus** secrecy (privacy) of correspondence **-vaaka** letter balance **-vel**|**ka**; *olla jklle -assa* owe a letter to.

kirjo spectr|um *(pl -a)* ~**a** *(käsit)* embroider; *(koristaa)* embellish, ornament.

kirjoi||**hinvienti** booking, entry **-te** *(atk)* hard copy **-telma** writing; *(halv)* scribbling; *(aine)* essay **-tin** *(atk)* printer.

kirjoit|**taa 1** write (to *jklle;* about *jstk;* on *jstk aiheesta;* in English *englanniksi;* a letter *kirje*); *(~ painokirjaimin)* print *(m atk); (~ koneella)* type **2** *(olla jnk kirjoittaja)* author; *(laatia)* compose (a speech *puhe*); write out (a report on *raportti jstk*), draw up (an outline of *luonnos jstk*) **3** *(kyhätä)* scribble, jot down **4** spell (how do you spell your name? *kuinka nimesi -etaan?*) ▶ *-a hänelle* **että** write and tell him that..; ~ **käsin** write by hand; *käsin -ettu* hand-written; *-ettu* **laki** statutory law; ~ **lasku** make out a bill; ~ **lehtiin** write for (contribute to) the papers; ~ **muistiin** write (take) down; ~ *jk* **puhtaaksi** write out, make a fair copy of; ~ **kortisoni**|**resepti** write (a p. *jklle*) [out] a prescription for cortisone, prescribe cortisone (for *jklle*); ~ **saadakseni** **lisätietoja** write for further information; ~ **todistus** *jstk* issue a certificate for; *tätä -taessani* at the time of writing; ~ **uudelleen** rewrite, write over.

kirjoitta||**ja** writer; *(tekijä)* author; *(kynäilijä)* penman, scribe; *tämän* ~ the writer, the undersigned **-maton** unwritten; *(tyhjä)* blank **-utua** register [o.s.] (for a course *kurss[e]ille;* at, in *jhk), (Am m)* check in (at a hotel *hotelliin*); enro[l] (in *jhk; m koul*), enrol[l] o.s. (as a member of *jnk jäseneksi);* matriculate (at a university *yliopistoon);* enter [o.s.]; put down one's name (for *jhk); hän on -nut jhk* his name is down for **-minen** registration; enrol[l]ment.

kirjoitus 1 writing; *(~tapa)* script (Gothic script *saksalainen* ~); *(käsiala)* hand[writing] **2** *(kirjallinen tuote)* writing; *(artikkeli)* article; *(teksti)* wording, text **3** *(koul)* paper (on *jstk aiheesta*) **4** *(raam)* scripture.

kirjoitus||**harjoitus** writing exercise; *(aine m)* composition **-kirjai**|**n** written character; *-min kirjoitettu* cursive **-kone** typewriter; *kirjoittaa ~ella* type **-kouristus** writer's cramp **-lehtiö** writing pad **-merkki** character; *(atk)* graphic [character] **-palkkio** [writer's] fee, honorari|um *(pl -a)* **-paperi** writing (note) paper; stationery **-pääte** *(atk ym)* writehead **-pöytä** desk **-taitoinen;** *hän on ~* he has learned to write **-tapa** manner (style) of writing; *(tyyli)* style, pen **-tarvikkeet** writing materials, *(sg)* stationery **-työ**[t] *(sg)* writing, deskwork, paper work **-vihko** copybook **-virhe** error (mistake) in spelling, slip of the pen; clerical error.

kirjo||**lohi** rainbow trout **-mus** *(käsit)* embroidered work **-neule** Faire Isle knit **-nta** embroidery **-pyykki** colo[u]red washing; *(pl)* colo[u]reds **-sieppo** *(el)* pied flycatcher.

kirjuri *(hist, leik)* scribe; *(pöytäkirjanpitäjä)* recorder; *(sihteeri)* clerk.

kirkais||**ta** cry out, scream, shriek (with fear *pelosta*), give a cry (scream) (of pain *tuskasta*) **-u** scream, shriek.

kirk|**as 1** *(valoisa, heleä)* bright (sunshine *auringonpaiste;* smile *hymy;* light *valo;* colo[u]r *väri);* light (day *päivä);* *(aurinkoinen)* sunny **2** *(puhdas, selkeä)* clear (complexion *iho;* soup *liemi;* water *vesi;* voice *ääni), (kuv)* limpid, lucid (style *tyyli)* **3** *(kiiltävä)* bright (kettle *kattila),* shining, shiny (steel *teräs)* ▶ *~ otsa* an open brow; *-kain* **silmin** bright-eyed; *-kaalla* **säällä** with good visibility.

kirkas||**järkinen** clear-thinking, clear-headed **-otsainen** *(vilpitön)* candid, frank.

kirkast||**aa 1** *(tehdä kirkkaaksi)* make .. clear[er] (bright[er]); clear, clarify (a liquid *neste;* a p.'s thoughts *ajatuksia), (kiillottaa)* polish, clean **2** *(kuv) (valaista)* brighten (smile brightened his face *hymy -i hänen kasvonsa);* transfigure *(m usk)* **3** *(raam)* glorify **-e** clarifier **-ua 1** *(tulla kirkkaa[mma]ksi)* become (get) clear[er] (bright[er]); clear (the sky cleared *taivas -ui),* clear up (the weather (it) cleared up *sää -ui)* **2** *(kuv)* brighten (his eyes brightened *hänen silmänsä -uivat);* light up, brighten up; *(käydä selväksi)* become (get) clear (it became clear to me *asia -ui minulle); minulle alkoi ~ että* it dawned

[up] on me that **-unut** brightened; *(kirkas)* clear; *(kuv, usk)* transfigured; *(raam)* glorified **-us** *(usk, kuv)* glorification; *(raam) Kristuksen ~* the Transfiguration.

kirkas||**vetinen** clear[-watered], limpid (brook *puro)* **-värinen** bright-colo[u]red; *(korea)* gay **-älyinen** clear-brained, clear-witted **-ääninen** clear-voiced (singer *laulaja).*

kirkkaan||- bright (yellow *-keltainen;* blue *-sininen;* green *-vihreä)* **-punainen** *(m)* scarlet.

kirkka||**asti** brightly (illuminated *valaistu)* **-us 1** *(valo[voima])* brightness, brilliance *(m TV ym)* **2** *(selkeys)* clearness; clarity **3** *(raam)* glory **-ussäädin** *(TV)* brightness control.

kirk|**ko 1** church; *(linnan-, vankilan- yms ~; Engl muiden kuin anglikaanien ~)* chapel **2** *(~kunta, ~laitos)* the Church (the Anglican (Lutheran) Church *anglikaaninen (luterilainen))* ▶ *asua* **kirkolla** live near the church (in the church village); **kirkossa** *(jumalanpalveluksessa)* at church; *(rakennuksessa)* in the church; **käydä** *-ossa* go to church; **mennä** *~on* go to church, go to the service.

kirkko|- church (feast, festival *-juhla;* concert *-konsertti);* △ ecclesiastical (language *-kieli;* art *-taide).*

kirkkoherra *(erik angl)* vicar, rector; parson; *(protest)* minister; *(kat)* [parish] priest; *~ [N.] N.* [the] Rev. *(lue the* reverend) N. N. **~n apulainen** assistant clergyman; curate; *(kat)* assistant priest **~n virasto** church registry office **~nvirka** *(angl)* vicarage, rectory; parsonage.

kirkko||**historia** church (ecclesiastical) history **-häät** *(sg)* church (white) wedding **-isä** Father of the Church; *~t* the Early Fathers **K-jen Maailmanneuvosto** World Council of Churches, *(lyh)* WCC **-kansa** *(pl)* churchgoers **-kunta** church **-käsikirja** ritual, service book; *(angl)* the Book of Common Prayer **-laki** canon law **-laulu** choral singing; *(veisuu)* congregational singing **-maa** churchyard **-musiikki** church (sacred) music **-neuvosto** *(parochial)* church council, vestry; *~n jäsen* vestryman **-pyhä** holy day, [church] holiday **-ruhtinas** *(kat)* prince of the [Holy Roman] Church **-slaavi** *(kiel)* [Old] Church Slavonic **-tarha** churchyard **-valtio** Vatican City, the Pontifical State

-valtuusto parish council **-vuosi** ecclesiastical (Christian, canonical) year.

kirkolli|nen *(tav)* church (announcements *-set ilmoitukset;* wedding *vihkiminen);* ecclesiastic[al]; *(hengellinen)* religious, sacred, spiritual (dignitaries *-set ruhtinaat);* ~ *toimitus* religious act (ceremony), ministration, rite.

kirkollis||kokous Church Assembly, synod [of the Church]; *Nikean* ~ the Nicene Council; *Trenton* ~ the Council of Trent **-vaalit** church elections **-vero** church tax.

kirkon||aika; ~*an* at church time, while the divine service is going on **-isäunöltsijä** churchwarden **-kello** church bell; ~*t kumahtelevat* the [church] bells toll **-kirj|a[t]** *(sg)* parish (church) register; *olla -oissa jssk* be registered in [the parish of] **-kirou|s** *(maan* ~*)* interdict; *(henk)* ban, excommunication; *julistaa -kseen* interdict (a country *maa*); excommunicate (a p. *jku*) **-kylä** [parish] village **-meno|t** *(sg)* church (divine) service, ritual; *-jen aikana* during [the] service; *-jen jälkeen* after church **-mies** clergyman, cleric[al] **-penk|ki** pew (sit in the pew *istua -issä*) **-rotta;** *köyhä kuin* ~ poor as a church mouse **-torni** church tower; *(terävä* ~*)* steeple **-vartija** verger **-vastainen** anticlerical.

kirkossakävijä churchgoer.

kirku||a scream (for help *apua;* with terror *kauhusta);* shriek; shout (for joy *riemusta); (linnusta ym)* screech, squawk; *(pikkulapsesta)* squeal; *(parkua)* cry **-na** scream, shriek; *(linnun ym* ·) squawk, screech **-va** *(läpitunkeva)* shrill, strident; screaming (colo[u]rs ~*t värit*).

kirma||ilu frolicking **-ista** *(syöksyä)* dash, dart (off *tiehensä)* **-ta** frolick, gambol; *(telmiä)* romp about; *(juosta valtoimenaan)* run free.

kirnu churn ~**nmäntä** churn staff ~**piimä** buttermilk ~**ta** churn ~**u[n]tua** thicken, turn to butter.

kiro||aminen *(tuomitseminen)* execration, condemnation (of *jkn*) **-ilija** swearer, user of bad language **-illa** swear; use bad (profane) language; ~ *itsekseen* swear under one's breath.

kiro||mantia chiromancy **-praktiikka** chiropractic **-praktikko** chiropract|or, -ic.

kiro||sana swearword; *(Am ark)* cuss[word] **-ta 1** *(~ jk)* curse **2** *(sadatella)* swear, utter oaths (at *jklle*) **-ttu** cursed; *(ark)*

damnable (lie *valhe);* ~, *-tun* damn[ed], darn[ed] (fool *typerys;* foolish *typerää)* **-us 1** *(-aminen)* curse (be under a curse of *olla jnk -uksen alaisena)* **2** *(-sana)* curse, [profane] oath, swearword; *syytää -uksia* utter curses, swear **3** *(vitsaus)* curse, plague, bane (drink has been the bane of his life *juominen on ollut hänen elämänsä* ~).

kirpais|ta *(kirvellä)* smart, sting; *(tehdä kipeää)* hurt; bite (cold water bites *kylmä vesi -ee);* ~ *kieltä* be hot [on the tongue]; *sydäntäni -i* it cut (stung) me to the quick.

kirpe||ys bitterness, acridity, pungency; bite, nip (in the air *-yttä ilmassa)* **-ä 1** *(aistimuksista)* sharp (flavo[u]r *maku;* frost *pakkanen;* keen, biting (frost *pakkanen;* odo[u]r *tuoksu); (pistävä)* acrid, pungent (smell *haju); (hapan)* tart, sour (apple *omena);* (keitt erik) piquant (sauce *kastike;* flavo[u]r *maku)* **2** *(kuv)* cutting (remark *huomautus);* pungent (criticism *arvostelu);* sarcastic, caustic, trenchant (words ~*t sanat;* satire *satiiri); (pisteliäs)* acrimonious (remark *huomautus); (kärkevä)* tart (humo[u]r *huumori).*

kirp||pa flea beetle **-pu** flea **-putori** flea (second hand, junk) market.

kirroosi cirrhos|is *(pl -es).*

kir|si soil frost (ice); *maa on -ressä* the ground is frosted.

kirsikan||kukka cherry blossom **-punai|nen** cerise, cherry[-red]; *-set huulet* cherry lips.

kirsikka cherry ~**likööri** cherry brandy ~**puu** cherry tree.

kirsk||aht|aa; *hänen hampaansa -ivat* his teeth grated **-ua** creak, jar; crunch (snow crunches *lumi -uu);* grate, grind (the wheels grind *pyörät -uvat);* screech (the brakes screech *jarrut -uvat)* **-uttaa** grind, gnash (one's teeth *hampaitaan).*

kirstu 1 chest; *(vaatearkku) (m)* trunk; *(raha~)* coffer **2** *(ruumis~)* coffin, *(Am m)* casket.

kirurgi surgeon ~**a** surgery ~**nen** surgical (treatment *toimenpide),* chirurgic[al].

kirva plant louse, aphi|s *(pl -des).*

kirveen||hamara axe head **-isku** blow with an axe **-silmä** axe eye **-terä** bit of an axe.

kirvelev|ä smarting (blow *isku); -in sydämin* with an aching heart.

kirveli chervil.

kirvel||lä smart (my eyes are smarting with

the smoke *savu -ee silmiäni); (pistellä)*
sting; *(tehdä kipeää)* ache, hurt; *pippuri
-ee kieltä* pepper is hot (has bite).

kirve|s ax[e] (hew with an ax[e] *hakata
-ellä);* *iskeä -ensä kiveen* go (be) wide of
the mark; *-ellä veistetyt piirteet*
rough-hewn features **~mies** carpenter
~var|si ax[e] handle (shaft); *hyvää päivää
-tta* your answer is without rhyme or
reason.

kirvinen *(el)* pipit, titlark.

kir||voittaa *(tav kuv)* loosen (a p.'s tongue
jkn kieli); release, relax (the ties *siteet);* ~
kielet (m) set the tongues wagging; *se
-voitti naurun* it freed a laugh **-vota** loosen
(his grip loosened *hänen otteensa -posi);* ~
kädestä slip (slide) out of a p.'s hand;
(kuv) kynä -posi hänen kädestään he
wrote his last.

kisa play, game; *(kilpailu)* competition,
contest *(ks ~t).*

kisa||- games (hall *-halli;* town *-kaupunki)*
-illa play; *(telmiä)* frolic **-ilu** play[ing];
(telmintä) frolicking; *(ilonpito)*
merrymaking **-joukkue** *(urh)* competing
team **-kenttä** athletic field **-t** *(urh)* games;
races (skiing races *hiihto~).*

kiskais||ta *(vetäistä)* pull (at (on) a rope
köydestä), give a tug; *(nykäistä)* pluck (a
p. by the beard *jkta parrasta),* snatch
(away one's hand *kätensä pois);*
(riuhtaista) wrench (o.s. free *itsensä
vapaaksi);* ~ *maasta juurineen* tear up ..
by the roots **-u** pull, tug; pluck; wrench
(with one wrench *yhdellä ~lla).*

kisko 1 *(raut ym)* rail (run on rails *kulkea
~illa);* ~t rails, *(sg)* track; *suistua ~ilta*
[be] derail[ed], go off the rails (track) **2**
(tekn) (tanko) bar, rail.

kiskoa 1 *(vetää)* pull (apart *erilleen;* a p.'s
sleeve, a p. by the sleeve *jkta hihasta),*
drag, lug (a heavy load *raskasta
kuormaa),* tug (hard *lujaa); (repiä)* tear;
(~ pois) strip (the bark off a tree *kuori
puusta)* **2** *(ottaa kiskurihintoja)* profiteer
(with *jstk); (ottaa ylihintaa)* overcharge (a
p. for *jklta jstk); (nylkeä)* fleece, skin ▶ ~
jklta **hammas** extract (pull out) a p.'s
tooth; ~ *irti* tear (pull) off; ~ *totuus irti
jksta* pull (get) the truth out of; ~
saappaat *jalkaan (jalasta)* pull on (off)
one's boots; ~ **korkoa** practise usury; ~
jklta korkeata **vuokraa** charge a p.
rack-rent.

kisko||auto rail car **-ja** = **kiskuri -minen**

(verojen ym ~) exaction **-nta** *(nylkeminen)*
profiteering; overcharging; *(koron~)* usury;
(vuokra~) racking.

kisko||tella stretch o.s. (one's limbs) **-ton**
trackless **-utua;** ~ *irti* break loose; ~
juurineen be torn up by the roots.

kiskuri *(nylkyri)* fleecer; profiteer; *(koron~)*
usurer; shylock **~hinta** exorbitant
(cut-throat) price **~korko** usurious interest
~vuokra rack-rent, exorbitant rent.

kissa cat ▶ *leikkiä ~a ja* **hiirtä** play the
cat-and-mouse game; *kiertää kuin ~
kuumaa* **puuroa** beat about the bush;
hänellä on ~n **päivät** he leads an easy life,
he lives on Easy Street; ~ **vieköön!** darn it
all! dash it!

kissa||eläin feline, cat **-mai|nen** catlike,
feline (steps *-set askelet);* cattish, catty;
-sen pehmeä soft like a cat.

kissan||kello *(kasv)* harebell **-kulta** yellow
mica **-käpälä** *(kasv)* mountain everlasting,
cat's foot **-minttu** *(kasv)* catmint, catnip
-naukujaiset *(sg)* caterwaul[ing] **-poika**
kitten **-ristiäis|et;** *juosta kaikenlaisissa
-issä* go to all sorts of minor functions
-silmä cat's-eye; *(heijastin m)* reflector.

kissimirri puss, pussy[cat].

kisälli journeyman **~nkirja** certificate of
apprenticeship **~näyte** apprentices' final
examination.

ki|ta *(konkr ja kuv)* mouth; *(pl)* jaws (of an
animal *eläimen ~;* of death *kuoleman ~);*
(aukko) gap; *(kuv) (nielu)* abyss (yawning
abyss *ammottava ~);* ~ **kiinni!** hold your
tongue! shut up! *syöstä tulta -dastaan*
spurt flame **~kieleke** *(anat)* uvula **-la|ki**
roof of the mouth; *(anat)* [hard] palate;
kitalaki-, -en palatal, palatine **~purje**
(anat) soft palate.

kitara guitar **~nsoittaja** guitar player,
guitarist.

kitarisa [palatine] tonsil; *~n liikakasvu*
adenoids.

kitaristi guitarist.

kitata 1 *(paklata)* putty; cement; lute, fill
(the seams *saumat)* **2** *(halv)* gulp down
(beer *olutta).*

kite||etön *(fys)* amorphous **-inen** crystalline,
crystal **-ymä** crystallization **-yttää** *(fys ja
kuv)* crystallize (an idea *ajatus); (kuv)*
define .. exactly, clarify **-ytyminen**
crystallization; granulation (of honey
hunajan ~) **-ytyä** crystallize (into *jksk).*

kitiini *(biol)* chitin.

kitistä creak, squeak (on its hinges

kit

saranoillaan); (valittaa) whimper, whine.

kitka *(fys ja kuv)* friction ~**sähkö** frictional electricity ~**ton** frictionless; *(kuv)* smooth (co-operation *yhteistyö)* ~**ttomasti** *(kuv)* smoothly, without a hitch.

kitker||**yys** bitterness, acridity *(m kuv)* -**ä** bitter (taste *maku;* words ~*t sanat);* acrid (smell *haju;* speech *puhe); maistua* ~*ltä* have a bitter taste.

kitkeä pull up, root out (weeds *rikkaruohoja);* weed (the vegetable patch *kasvimaata); (kuv)* ~ *juurineen* root out, eradicate; pull up by the roots; ~ *rikkaruohoja* weed.

kitkut||**ella;** *[elää]* ~ scrape a living, manage to get along *(elää -en)* -**taa 1** scrape (the fiddle *viulua)* **2** = *-ella.*

kitsa||**s 1** *(saita)* stingy, niggardly, miserly (with *jnk suhteen); (pikkumainen)* mean **2** *(kuv)* sparing, chary (of words *sanojen suhteen)* -**stelematta** without stint -**stelija** niggard -**stella** be niggardly (stingy); stint, scrimp, skimp (with a p.'s food *jkn ruoan suhteen)* -**stelu** parsimony; [penny-]pinching -**us** stinginess, niggardliness; *(niukkuus)* scantiness.

kitti 1 *(ikkuna~)* putty; *(täyte~)* cement.

kitu||**a 1** *(kärsiä)* suffer pain; *(elää -en)* linger [on]; languish (in prison *vankilassa;* flowers languish in drought *kukat -vat veden puutteessa); tuli paloi -en (m)* the fire was burning miserly (poorly) **2** *(kasvaa -liaasti)* be stunted (dwarfed) -**kasvuinen** stunted, checked (pine *mänty)* -**kasvuisuus** poor growth -**liaasti** poorly; *(vaivalloisesti)* with difficulty -**lias** = -**kasvuinen** -**piikki** niggard, miser, skinflint -**uttaa;** *elää* ~ scrape a living, keep body and soul together; *palaa* ~ burn poorly.

kiuas sauna oven (stove).

kiuk|**ku** anger (flush with anger *punoittaa -usta);* indignation (arouse the indignation *herättää* ~*a); (harmistuminen)* annoyance; *(~isuus)* crossness; -*uissaan* in anger; *olla -uissaan* be angry (cross, nettled) (at, with *jklle;* about *jstk); fume* (with *jstk); purkaa* ~*aan jhk* vent one's anger on ~**inen 1** angry, mad (with, at *jklle;* about, at *jstk);* cross (with *jklle); (harmissaan)* annoyed (with *jklle;* at *jstk)* **2** *(äreä)* surly, peevish; ill-tempered ~**isuus** irascibility, ill temper ~**pussi** crosspatch.

kiuku||**späissään** in anger; in a fit of rage -**stua** get angry (mad); *(harmistua)* get annoyed (cross) (with *jklle;* at *jstk)* -**tella**

be in one of one's tantrums; whine; whimper (for *jtk saadakseen)* -**tta**|**a** annoy (annoying thing -*va seikka); (suututtaa)* make .. angry (it makes me angry to think that.. *minua* ~ *ajatellessani että); (ark)* rile; *minua* ~ *jk* I am annoyed at (angry with) -**ttelija** crosspatch; *(lapsesta)* whiner.

kiulu pail ~**kka** *(kasv)* rose hip.

kiuru skylark; lark.

kiusa annoyance (to his annoyance *hänen* ~*kseen); (harmi)* vexation, *(vaiva)* bother, bore; *(vastus)* nuisance; *(vahingonteko)* mischief ▶ *aivan* **kiusallaan** out of pure spite; *tein sen* ~*llani (m)* I did it to get even with (to spite) him; *tehdä* ~*a* do (a p. *jklle)* mischief; *(kiusoitella)* tease.

kiusaa||**ja** *(usk, kuv)* tempter -**ntua** be (get) annoyed (vexed) (at, with *jstk);* be put out (by a p.'s remark *jkn huomautuksesta)* -**ntun**|**ut** vexed, irritated (expression *ilme); näyttää* -*eelta* look put out; *tuntea olonsa* -*eeksi* feel embarrassed (awkward).

kiusalli|**nen** *(ärsyttävä)* annoying (mistake *erehdys),* vexing, irritating, aggravating; *(hankala)* awkward (situation *tilanne),* embarrassing (to everybody -*sta kaikille); (piinallinen)* troublesome; *(arkaluontoinen)* delicate (subject *aihe)* ▶ *herättää* -*sta* **huomiota** attract unfortunate attention; **kuinka** -*sta!* how annoying! what a nuisance! *joutua* -*seen* **tilanteeseen** *(m)* get into a bit of a fix.

kiusan||**henki** tormentor; pest -**kappale** *(vain sg)* nuisance (they are a nuisance *he (ne) ovat oikeita* ~*ita); senkin pieni* ~*!* you little mischief! -**tekijä** mischiefmaker; *(kiusoittelija)* teaser -**teko** *(haitanteko)* causing (making) trouble; *(ärsyttäminen)* annoying; *(kiusoittelu)* teasing.

kiusa||**ta 1** *(tehdä kiusaa)* tease; pick on (don't pick on people weaker than yourself *älä -a heikompiasi!);* bully (smaller boys *pienempiä poikia)* **2** *(ärsyttää)* annoy, vex; *(häiritä)* bother (it bothers me that I can't remember it *minua -a se etten muista sitä); (vaivata)* trouble (he was troubled with a nasty cough *häntä -si paha yskä)* **3** *(raam ym)* tempt -**us** temptation ▶ *johdattaa* -*ukseen* lead into temptation; **joutua** -*ukseen* be tempted (to *tehdä jtk); en voinut* **vastustaa** ~*ta ostaa..* I could not resist the temptation to buy..

kiusoitella tease, chaff (girls *tyttöjä);* banter (on *jstk).*

kiva *(ark)* nice (book *kirja*); jolly good (fellow *kaveri*); *(verraton)* great; *(Am m)* cute; funny (joke *vitsi*); ~*a!* fine! splendid! *hän on* ~ *tyttö* she's a nice [sort of] girl.

kivah||**dus, -taa** snap, snarl (at *jklle*).

kivannäköinen good-looking.

kiven||**ammunta** blasting **-hakkaaja** stonecutter **-hakkaamo** stonemasonry **-heit**|**to;** *-on päässä* within a stone's throw (from *jstk*) **-hionta** stone dressing; *(jalo~)* lapidary work **-kolo;** ~*ssa (m)* under a rock **-kova** .. hard as stone, stony; *väittää* ~*an* insist **-lohkare** block of stone; *(siirtolohkare)* boulder.

kivennäinen mineral.

kivennäis||**aine** mineral [matter] **-lähde** mineral spring; *(terveyslähde)* spa **-tiede** mineralogy **-vesi** mineral water.

kivertyä curl (roll) up (at the edges *reunoista*).

kives *(anat)* testicle ~**pussi** *(anat)* scrotum.

kivetty||**minen** *(geol, kuv)* petrification, petrifaction **-mä** petrification; fossil *(m kuv)* **-nyt** petrified (forest *metsä;* with terror *kauhusta* ~) **-ä** *(konkr ja kuv)* be petrified, fossilize.

kive||**tä** pave [.. with stones]; *(reunustaa kivillä)* stone, line .. with stones **-tön** stoneless (plum *luumu*); seedless (raisin *rusina*) **-ys** pavement, [sett] paving.

kiv|**i 1** stone (built of stone *-estä rakennettu)* **2** *(geol)* rock **3** *(hedelmän* ~*)* stone (of a plum *luumun~);* seed (of a raisin *rusinan* ~); pip (of a mandarin *mandariinin* ~) **4** *(lääk)* calcul|us *(pl -i),* concretion **5** *(kellon* ~*)* ruby ▶ *-een* **hakattu** .. carved (hewn) in stone; lapidary (writing *kirjoitus);* **heittää** *jkta -ellä* throw a stone at; *väittää -en* **kovaan** insist; *mennä [kaupaksi] kuin* **kuumille** ~*lle* sell like hot cakes; ~ *putosi* **sydämeltäni** it was a load off my mind; *(kuv) -en* **takana** hard to get, difficult to obtain.

kivi|**- stone** (wall *-aita;* church *-kirkko;* axe *-kirves;* floor *-lattia);* △ .. of stones (collection *-kokoelma;* heap *-röykkiö*); △ .. of stone (block *-möhkäle;* statue *-patsas);* △ stony (bottom *-pohja).*

kivi||**astiat** *(sg)* stoneware **-erämaa** stone wilderness (of a city *kaupungin* ~).

kivihiil||**entuotanto** coal output (production) **-i 1** coal; *louhia -tä* mine coal; *muuttua -eksi* become carbonized **2** *(napeissa, koruissa ym)* jet.

kivihiili||**- coal** (bed, seam *-juoni;* tar

-terva) **-kaivos** coal mine, colliery, coalpit **-kausi** *(geol)* Carboniferous Period **-kenttä** coalfield **-nappi** jet button.

kivi||**jalka 1** stone base (foundation); *(kellarikerros)* basement **2** *(kuv) (perusta)* basis, foundation **-kau**|**si** Stone Age; *-den ihminen* Stone-Age man **-kirjoitus** lapidarian writing

kivikko stone soil; *(louhikko)* boulder (stone) field; scree (on a shore *ranta~)* ~**kasvi** rock[ery] plant ~**puutarha** rock garden, rockery.

kivi||**kova** .. hard as stone, ston[e]y (material *aine);* *(kuv)* stony; ~ *sydän (m)* heart of stone **-kunta** the mineral kingdom **-kynä** slate pencil **-laatta** slab [of stone], flagstone **-laji** *(geol)* [type of] rock **-louhos** quarry **-murska** crushed stone, rubble **-muuri** stone wall **-nen 1** *(kivestä tehty)* stone, .. of stone (floor *lattia)* **2** stony (soil *maaperä);* rocky (path *polku);* *(someroinen)* pebbly, cobbly **-paasi** flat rock.

kivipain||**anta** litho[graphy] **-ate** litho[graph] **-o** lithographic printing office.

kivi||**piirros** *(esihist)* rock carving **-pora** rock drill, stonebit **-puuteri** cake powder **-pyykki** *(maanmitt)* boundary stone, landmark **-pölykeuhko** silicosis, stonemasons' disease **-rek**|**i;** *on kuin vetäisi perässään -eä* it is like carrying dead weight **-reunus** *(käytävän* ~*)* kerb **-rikko** *(kasv)* saxifrage **-ruukku** stone[ware] jar **-seinänaula** masonry nail **-sormus** gemstone ring.

kivist||**ys** ache, pain **-ää** ache (my head (heart) is aching *päätäni (sydäntäni)* ~).

kivi||**talo** stone house; *(tiilitalo)* brick house **-tasku** *(el)* wheatear **-tatti** *(kasv)* edible boletus, cep[e] **-taulu** *(raam)* tablet of stone; *(rihvelitaulu)* slate **-tiede** petrology **-ttää** pelt .. with stones; ~ *[kuoliaaksi]* stone, lapidate **-työmies** stoneworker, mason **-vati** stone[ware] dish **-öljy** petroleum, naphtha.

kivul||**ia**|**s 1** ailing, sickly; *-at kuukautiset* painful menstruation **2** *(kuv)* difficult; laborious **-linen** *(lääk)* algesic **-loinen** ailing, sickly **-loisuus** ill-health, infirmity.

kivuntunnot||**on** *(lääk)* analg[et]ic **-tomuus** analgesia.

kivuta climb [up].

kivuton 1 painless (delivery *synnytys)* **2** *(kuv) (vaivaton)* smooth; easy (way to get .. *tapa saada..).*

kivääri rifle; *(erik mets)* gun ∼**mies** rifleman ∼**nhihna** rifle (gun) sling ∼**nlaukaus** rifle shot; *(pamaus)* report [of a gun] ∼**nluoti** bullet ∼**npiippu** [rifle] barrel ∼**tuli** rifle fire.

klaani clan.

klaava tail *(ks m kruuna)*.

kla‖**ffi** *(elok)* clapper board[s] -**hvipöytä** flap (gate-legged) table.

klarinet‖**isti** clarinetist, clarinet player -**ti** clarinet.

klassi‖**kko** 1 *(taid)* classic (read classics *lukea -koita)* 2 *(antiikin tuntija)* classicist; classical scholar -**[lli]ncn** classical (languages *-set kielet;* music *musiikki;* profile *profiili*); *(antiikin aikainen) (m)* ancient; *(perinnäinen m)* conventional (weapons *-set aseet*); classic (costume *[kävely]puku*) -**llistyylinen** *(taid)* ..in classicistic style (building *rakennus*) -**suus** classic[al] character (of *jnk*).

klausuuli clause.

kleinbussi minibus.

klementiini clementine.

kleptoma‖**ani** kleptomaniac -**nia** kleptomania.

kliininen clinical (examination *tutkimus*).

kliivia *(kasv)* Kaffir lily.

klikata *(aseesta)* misfire; *(kuv)* go wrong; *(muistista)* be at fault.

klikki clique, coterie; *klikki|*- cliquish, cliquey ∼**ytyä** [form a] clique.

klinikka clinic; *(m)* clinical department; *(sairaala)* hospital.

klinkkeritiili clinker, hard-burnt brick.

klisee 1 *(kirjan)* [printing] block, cut 2 *(kuv)* cliché.

kloaakki cloaca *(pl* ∼e).

kloonata clone.

kloori chlorine; *kloori|*- chlorine (poisoning *-myrkytys*) ∼**happo** chloric acid ∼**ttaa** chlorinate ∼**tus** chlorination ∼**vety** hydrochloric acid.

kloro‖**formi** chloroform -**fylli** chlorophyl[l].

klovni clown ∼**mainen** clownish.

klubi club.

klusiili *(fon)* stop, plosive [sound].

knalli *(vaat)* bowler[hat]; *(Am)* derby.

knoppi poser, catch (tricky) question.

-ko *(-kö) (kys pääte)* 1 *(päälaus)* a) *(jää us kääntämättä;* are you awake? *oletko hereillä?* do (will) you come? *tuletko?*); b) *(us painoll sanaan liittyvänä)* is it .. that (who) (was it your brother who got it? *veljesikö sen saikin?* was it here [that] it

happened? *täälläkö se tapahtui?*) 2 *(sivulaus)* if, whether (I don't know if (whether) he comes *en tiedä tuleeko hän)* 3 *(kuinka)* how (long? *kauanko?* many times? *montako kertaa?*) 4 *(kohteliaissa kysymyksissä)* I wonder if (you could help? *voisitko [vähän] auttaa?*).

koalitio *(pol)* coalition.

kobolttí cobalt ∼**kanuuna** *(lääk)* cobalt bomb ∼**lasi** smalt ∼**sini** cobalt blue, smalt.

kobra *(el)* cobra.

kodik‖**as** cosy, *(Am)* cozy, snug; *(kotoisa)* homelike, homely; *kuinku ∼ta!* how nice and comfortable! -**kuus** cosiness.

kodin‖**hoitaja** trained home help[er], home aid -**hoito** household management, homecraft -**kone** household appliance -**sisustus** interior decoration -**turvajoukot** *(sg)* home guard.

kodit‖**on** homeless -**taa** domicile (a bill with a bank *vekseli pankissa*).

ko|**e** 1 test (blood test *veri∼*); experiment (make an experiment *tehdä ∼*); trial; *(tarkistus∼)* check 2 *(koul) (m -keet)* test; *(tutkinto)* examination (in, on *jssk*) ▶ **kokeeksi** by way of trial; *(liik)* on trial (approval); *palkata jku -keeksi* engage a p. on probation.

koe‖**aika** 1 *(henk)* probationary (trial) period, probation; *-ajalla oleva työntekijä* probationer 2 *(ehdonalainen vapaus)* parole (probation) period -**ajaa** test, road, give .. a trial run (a car *auto*) -**ajaja** test driver -**ajo** *(aut)* test (trial) run --**eläin** laboratory *(test)* animal --**erä** 1 *(liik)* sample lot 2 *(urh)* trial heat -**filmaus** screen test -**henkilö** test subject, testee -**kaniini** guinea pig -**kysymys** *(koul)* examination question -**käyttää** test -**levyttää** make a test (demo) record[ing] -**mielessä** tentatively -**numero** *(koul) (läh v)* mark -**pala;** *(lääk) ∼n ottaminen* test excision, biopsy -**pallo** *(kuv)* feeler -**poraus** exploratory drilling -**putkilapsi** test-tube baby -**ryhmä** *(psyk)* sample.

koest‖**aa** test -**us** test[ing].

koetehtävä *(koul)* test; *(erik mat)* problem.

koetella 1 feel, touch (with one's hands *käsillään*) 2 *(panna koetukselle)* try (a p.'s patience *jkn kärsivällisyyttä*), test; *(rasittaa)* be trying to, be a strain on (the nerves *hermoja*).

koetin *(lääk ym)* probe ∼**kivi** touchstone; *(kuv m)* [acid] test, criterion.

koet|**taa** 1 *(yrittää)* try (to do *tehdä*);

attempt, make an effort (to escape *karata*) **2** *(kokeilla)* try (doing *jnk tekemistä*); try out (we must try it out in practice *meidän on -ettava sitä käytännössä*) **3** try on (a hat *hattua*); *(sovittaa)* fit (a dress *pukua*) **4** *(tutkia)* test (the quality *laatua*); *(~ makua m)* sample; feel (the pulse *valtimoa*) ▶ *(kuv)* **kepillä** *jäätä* put out a feeler; **koeta** *[sitä]!* have a try! *-a vielä kerran!* have another try! *~* **kovasti** try hard, take pains (with *jtk; to do tehdä*); *~* **parastaan** do one's best; **vaikka hän kuinka** *-ti* try as he would (might).

koette||ella, -elle on trial (probation); *panna -elle* put .. to the test, test the mettle of **-lemu|s** trial; tribulation, ordeal (terrible ordeals *kauheat -kset*); *~ten aika* trying time.

koetu|s 1 *(koettaminen)* trying, testing; *(puvun ~)* fitting **2** *(koe)* trial (of strength *voimain~*); test; *(tulikoe)* ordeal ▶ **kestää** *~* stand the test; **panna** *-kselle* put to the test; *panna jkn kärsivällisyys -kselle (m)* try a p.'s patience.

koe||vedos proof[ing], proof sheet **-vuosi** probationary year **-äänestys** test ballot.

kofeiini caffeine.

kohah||dus *(kohu)* stir; *(kuiskina)* murmur, buzz; *huoneessa kävi ~* a stir (murmur) went through the room **-duttaa** create a sensation (in town *kaupunkia*) **-taa** rush (the blood rushed to his head *veri -ti hänen päähänsä*); *väkijoukko -ti* a stir ran through the crowd.

koha||uttaa; *~ olkapäitään* shrug [one's shoulders] (at *jllk*); *~ kulmakarvojaan* raise one's eyebrows **-utu|s;** *sivuuttaa olkapäiden -ksella* shrug .. off.

kohdakkoin soon, in the near future.

koh|data 1 *(tavata)* meet (a p. in the street *jku kadulla*); *(~ sattumalta)* meet with, run (come) across, run into (an old friend *vanha ystävä*) **2** *(kuv)* face (death *kuolema*), confront, encounter (dangers *vaaroja*); meet [with] (resistance *vastustusta*) **3** *(tapahtua jllk)* be met with (he was met with an accident *häntä -tasi onnettomuus*); be faced with ▶ **junat** *-taavat Hyvinkäällä* the trains pass each other at Hyvinkää; *~ jkn katse* meet a p.'s eye; *äkillisen sairauden -datessa* in case of sudden illness; **tiemme** *-tasivat* our paths crossed; *minua -tasi suuri vääryys (m)* I suffered great injustice.

koh|de object *(m kiel)*; *(maali)* target (a

good target for the enemy *hyvä ~ viholliselle*); *(sot)* objective; *(tutkimus~)* subject; *(matka~)* resort (our latest resort in Italy *uusin -teemme Italiassa*); *olla kaikkien ihailun ~* be the object of general admiration, be admired by everyone.

kohde|- target (group *-ryhmä*).

kohdella treat (well *hyvin*); *(käsitellä)* handle; *~ huonosti* treat badly; ill-treat, maltreat (a prisoner *vankia*); *~ kaikkia samalla tavalla* make no difference between people.

kohden 1 *(kohti)* toward[s] (the end *loppua ~*) **2** *(kultakin)* per (year *vuotta ~*), for each; *sata markkaa miestä ~* a hundred marks each **3** *tässä ~* at this place; *(tässä asiassa)* on this point; *(tässä suhteessa)* in this respect; *siinä ~ olet väärässä (m)* there you are wrong *~taa* allocate (funds for *varoja jhk*).

kohdevalaisin spot lamp.

kohdist||aa 1 direct, fix (one's attention to *huomionsa jhk*); turn (one's anger against *vihansa jhk*); aim (one's rebuke at *moitteensa jhk*); *~ sanansa jklle* address one's remarks to **2** adjust (a rifle *kivääri*); align (a telescope *teleskooppi*) **-ua** be directed (turned) (to[wards] *jhk;* against *jtk vastaan*); *(keskittyä)* be concentrated (on *jhk*); *epäily -ui heihin* suspicion fell on them; *jhk -uva vaatimus* a claim on.

kohdun||sisäinen intrauterine **-ulkoinen** extrauterine (pregnancy *raskaus*).

koheesio cohesion.

kohen||nus improvement; *kaivata ~ta* need doing up **-taa 1** *(oikoa)* straighten out (one's back *ryhtiään*); *(nostaa)* lift (one's trousers *housujaan*); *(kunnostaa)* furbish up (the places *paikkoja*); repair (a building *rakennusta*); *~ pielusta* shake [up] the cushion; *~ tulta* poke the fire **2** *(kuv)* improve (the condition of *jnk tilaa*); touch up; *(verestää)* brush up (one's English *englannin taitoaan*); *se -si hänen mielialaansa* it cheered him up.

kohina 1 rush (of water (wind) *veden (tuulen) ~*); *(pauhu)* roar; hubbub (of the traffic *liikenteen ~*); *(suhina)* hum, buzz **2** *(rad ym)* noise *~ton* noise-free.

kohis||ta 1 rush; *(pauhata)* roar; *(suhista)* murmur; buzz (my ears are buzzing *korvani -evat*) **2** *(rad ym)* noise **3** *(hälistä)* make fuss (about *jstk*).

kohju rupture, hernia *~vyö* truss.

kohme||**essa;** *olla* ~ be numb (stiff with cold) **-inen** benumbed (fingers *-iset sormet*).

kohmelo hangover, crapulous headache ~**inen** crapulous, crapulent.

kohmet||**taa** make .. stiff (numb) with cold **-tunut** numb, benumbed; *(pred)* frozen stiff.

koho float; *(ongen* ~*) (m)* bob[ber].

koho||- raised (position *-asento*) **-aminen 1** *(nousu)* rising; rise (in prices *hintojen* ~*;* of temperature *lämpötilan* ~); increase, upward movement **2** *(virassa* ~*)* promotion **-illa** swell, heave; *(erik merestä)* billow **-kartta** relief map **-kas** soufflé **-kirjain** raised (embossed) letter.

kohokki *(kasv)* campion, catchfly.

koho||**kohta** *(kuv)* climax, hight point, highlight **-kuva** relief; *korkea* ~ high relief; *matala* ~ bas-relief **-kuvio** embossed figure; *koristaa* ~*in* emboss.

koho||**lla[an];** *käsi* ~ with one's arm raised; *nostaa -lle[en]* raise, put up; *pitää* ~ hold up (a flag *lippua;* one's head *päätään*) **-paino** *(kirjap)* letterpress, relief printing **-raita** *(tekst)* rib.

koho|**ta 1** *(nousu)* rise (in the air *ilmaan;* tears rose to her eyes *kyynelet -sivat hänen silmiinsä;* the dough rises *taikina -aa*); come up (to *jhk asti*); *(kiivetä)* climb (the plane climbs in the sky *lentokone -aa taivaalle*); ascend; *(tulla näkyviin)* emerge (from the sea *merestä*); raise o.s. (on tiptoe *varpailleen*) **2** *(seistä)* stand (a house stands on the hill *talo -aa mäellä*); *(~ korkealle)* tower [up] (above, over *jnk vierellä*) **3** *(kuv, tal)* rise (prices (wages) are rising *hinnat (palkat) -avat;* her spirits rose *hänen mielialansa -si*); go up (the fever is going up *kuume -aa*); advance (wages advanced *palkat -sivat*); *(~ jhk summaan)* reach (millions *miljooniin*); *(lisääntyä)* increase (costs have increased *kustannukset ovat -nneet*) **4** *(~ arvossa t. asemassa)* be promoted to the rank of; rise to the position of (manager *johtajaksi*) ▶ *lentokone -aa* **ilmaan** the plane is taking off (ascending); ~ **korkealle** rise high; *(linnusta)* soar; *talo -aa 50 m:n* **korkeuteen** the building is 50 m high; **kuntoni** *on -nnut* I'm [much] fitter than I was; *lintu -aa* **lentoon** the bird takes wing; **lämpötila** *-aa (m)* the thermometer is going up; *(ilm ym)* ~ **ylemmäksi** gain height; ~ **yli** *laitojen* overflow; *(kuv)* ~ *jnk* **yläpuolelle** surpass,

be superior to.

kohotahti *(mus)* upbeat.

kohottaa 1 raise (one's eyebrows *kulmakarvojaan*); lift (the lid *kantta*); lift up (one's head *päätään*); put up (one's hands *kätensä*) **2** *(kuv)* heighten (the effect *vaikutusta*), elevate (to a dignity *jhk arvoon*); raise (the spirits *tunnelmaa*); enhance (the worth of *jnk arvoa*); improve (morals *moraalia*); increase (the value *arvoa*) ▶ ~ *[itsenäisten]* **kansakuntien joukkoon** elevate to the status of a nation; ~ **katseensa** look up (at *jhk*), raise one's eyes; *hiiva* ~ **taikinan** yeast makes the dough swell.

koho||**ttava** *(kuv)* elevating; edifying (example *esimerkki*); *mieltä* ~ *(m)* [soul-]inspiring **-uma 1** *(pullistuma)* bulge, protuberance; *(nystyrä)* boss **2** *(kumpu)* elevation, rise (in the ground *maanpinnan* ~); eminence (a small eminence *pieni* ~).

1 koh|**ta 1** *(paikka)* place (the narrowest place *kapein* ~); spot (the exact spot where.. *tarkka* ~ *jossa*..); point (crucial point *ratkaiseva* ~); *(alue)* area (a damaged area *rikkoutunut* ~) **2** *(tekstin* ~*)* passage (quote a passage from a book *siteerata kirjan* ~*a*) **3** *(sopimuksen ym* ~*)* paragraph **4** *(us liik)* *(luettelon ym* ~*)* item; entry ▶ **A** *(kohta ym) (kuv)* **heikko** ~ weak point, weakness; **katketa** *kahdesta -dasta* break in two places; **missä** *-dassa?* where? at which place? *kaikissa* **olennaisissa** *-dissa* in all essentials; **tässä** *-din* on this point, in this particular; ▶ **B** *(kohda*|**lla,** *-lle, -lta)* **asiat** *eivät ole -dallaan* the things are not right; *olin* **juuri** *-dalla kun*..I was right there when..; **kohdalle** against, by (put a cross against (by) a p.'s name *merkitä rasti jkn nimen -dalle*); **bussi lähtee** *postin -dalta* the bus departs from [beside] the post office; **omalta** *-daltani* as far as I am concerned, I for my part; **osua** *-dalleen* hit the mark; *-dalleen* **osuva** well put.

2 kohta *(pian)* soon, shortly; *(heti)* at once, instantly, straight away ▶ **ihan** ~ directly; ~ **sen jälkeen** shortly afterwards; *sitä on* **kestänyt** ~ *kymmenen vuotta* it has been going on for nearly ten years; *siitä* **on** ~ *vuosi kun*.. it's almost (nearly) a year since..; **tulen** ~ *takaisin!* I'll be right back!

kohtaamispaikka meeting place; *(tierak)* passing place.

kohtaa||n toward[s], to (be kind to *olla ystävällinen jkta* ~); *tuntea vastenmielisyyttä jtk* ~ have a dislike for (of), dislike **-va;** ~ *ajoneuvo* meeting (oncoming) vehicle; *meitä* ~ *vaikeus* the problem that faces us.

-kohtainen *(yhdyss)* **1** *(jtk koskeva)* relating (applying) to (a particular trade (house) *ala- (talo)*~) **2** *(eri kohtia sisältävä); viisi*~ five-point (agreement *sopimus*).

kohtalai||nen moderate (wind *tuuli*); *(melko hyvä)* fair (knowledge of English *englannin taito*), reasonable (salary *palkka*), *(pred)* not [too] bad; *(tyydyttävä)* passable; medium (quality *laatu*); *vain* ~ mediocre (success *menestys*) **-sen** fairly, reasonably **-sesti** *(aika hyvin)* pretty well, not [so] badly.

kohtalo fate; destiny; *(osa)* lot (a hard lot *kova* ~); *hänen* ~*nsa oli..* it was his fate to, it fell to his lot to ~**kas** fateful (decision *päätös*), fatal (error *erehdys*); *(turmiollinen)* disastrous, ill-fated; ~ *nainen* femme fatale ~**kkuus** fatefulness, fatality ~**toveri** fellow sufferer, companion in misfortune ~**usko** fatalism.

kohtaus 1 fit (of laugh *nauru*~; a fainting fit *pyörtymis*~; go into a fit *saada* ~); attack (heart attack *sydän*~) **2** *(teatt ym)* scene; *panna toimeen [hirveä]* ~ make a [terrible] scene **3** *(tapaaminen)* meeting, encounter; *(sovittu* ~*)* rendezvous *(pl* ~*)* ~**paikka** meeting place; *(sovittu* ~*)* rendezvous *(pl* ~*).*

kohtelia||asti politely, courteously; *(liik) ilmoitamme -immin* please be informed **-isuudenosoitus** courtesy; compliment **-isuus 1** politeness, courtesy (common courtesy *tavallinen* ~) **2** *(lausuttu* ~*)* compliment (pay a p. a compliment *lausua jklle* ~) **-isuuskäynti** courtesy call, formal visit.

kohtelia||s 1 polite (to, toward[s] *jklle)*; *(ystävällinen)* courteous, obliging, *(huomaavainen)* attentive (to *jklle)* **2** *(muodollisen* ~*)* civil (manners *-at tavat;* try to be civil to her *koeta olla* ~ *hänelle*); gallant (knight *ritari*).

kohtelu treatment; *(käsittely)* handling, usage; *huono* ~ mistreatment; *kova* ~ rough handling.

kohti I *prep ja postp* **1** *(kohden)* toward[s] (summer *kesää;* the end *loppua* ~); *(päin)* to (turn to the light *kääntyä valoa* ~) **2** *(kultakin)* per (person *henkeä* ~) **II** *adv* straight (directly) at a p. (th.) (look straight at a p. *katsoa* ~) ▶ *he ampuvat* ~*!* they are shooting at us; *kymppi henkeä* ~ ten marks each; *kotia* ~ homewards; *kulkea suoraan* ~ *tuhoaan* be heading for ruin; *pohjoista* ~ northwards, to the north.

kohtisuora 1 *(geom)* perpendicular, normal **2** *(pystysuora)* vertical; upright; *(äkkijyrkkä)* sheer; ~*an,* ~*ssa jtk vastaan* at right angles to.

koh|tu womb; uter|us *(pl* -i); *[jo] äidin -dussa* in the womb ~**syöpä** uterine cancer.

kohtuuhinta reasonable (fair, moderate) price; ~*an* at a popular price, fairly cheap ~**inen** moderate-priced.

kohtuulli|nen 1 moderate (consumption of alcohol *alkoholin käyttö*); fair (terms *-set ehdot*); reasonable (more than reasonable *enemmän kuin -sta*); *(riittävä)* adequate (compensation *korvaus*); *(jokaisen kukkarolle sopiva)* popular **2** *(pidättyväinen)* temperate (in one's life *elämäntavoiltaan* ~) **3** *(oikeudenmukainen)* just[ified], right[ful] (claim *vaatimus*); *(-seksi harkittu)* equitable ▶ *pitää -sena* think .. right (appropriate), deem .. reasonable; *-sissa rajoissa (m)* in reason; ~ *toimeentulo* a decent living.

kohtuu||llisesti moderately; ~ *nautittuna* taken in moderation **-llisuus** reasonableness; *(pidättyvyys)* temperance.

kohtuu|s fairness, reason[ableness]; *(oikeudenmukaisuus)* justness, justice; *(-llisuus)* moderation; temperance ▶ ~ *kaikessa!* everything in moderation! there is a limit! *-den* **nimessä** in [common] decency, to be fair; *on oikeus ja* ~ *että* it is but fair [and just] that; *-den* **rajoissa** within bounds.

kohtuussy|y; *-istä* for reasons of equity.

kohtuut||on 1 *(liiallinen)* excessive, exorbitant (price *hinta;* demand *vaatimus); (kiskuri-)* extortionate **2** *(epäoikeudenmukainen)* unfair (claim *vaatimus*), unreasonable (cost *kustannus*), unjust; *(-toman rasittava)* onerous **3** *(hillitön)* immoderate (drinking *juominen*), intemperate (use of alcohol *alkoholin käyttö*) **-tomasti** beyond [all] measure; excessively, to excess; *käyttää* ~ *jtk* overindulge in **-tomuu|s** *(liiallisuus)* excess; immoderation; *(ylettömyys)* extravagance, exorbitance; *(epäoikeudenmukaisuus)* unfairness;

injustice, inequity; *mennä -ksiin jssk* go beyond the bounds of reason.

kohu *(häly)* fuss, stir; *(sensaatio)* sensation ▶ ~*a* **herättävä** sensational; **ilman** ~*a* without any more ado; *siitä nousee vielä* **kova** ~ that will create a sensation; **pitää** *kovaa* ~*a jstk* make a great fuss (hullabaloo) of.

kohu||kirjailija controversial writer -*ta;* *siitä -ttiin* it was the sensation of the day.

1 koi *(vaate~)* [clothes] moth.

2 koi *(sarastus)* dawn.

koilli|nen I *s* northeast, *(lyh)* NE; -*seen jstk* [to the] north-east of **II** *a* north-east[ern] (region *seutu*); northeasterly (direction *suunta*).

koillis||myrsky northeasterly gale -**tuuli** northeast [wind] **K-väylä** the North-East Passage.

koinsyömä moth-eaten.

koi|pi *(m el ja keitt)* leg; *(kinttu)* shank; -*vet (m)* pins; *minkä -vista pääsi* he ran off as fast as his legs could carry him; *oikaista -pensa* kick the bucket.

koipussi; ~*ssa* in mothballs.

koira dog; *(metsästys~)* hound ▶ *siinä on* ~ **haudattuna** there is something behind (fishy about) it, I smell a rat; *ei ole* ~*a* **karvoihin** *katsomista* appearances are deceiving; **koiran** *(adj)* doglike, canine; **omat** ~*t purivat* his own supporters turned on him; **uida** ~*a* dog-paddle; *kuin* **uitettu** ~ drenched to the skin; *pääsi kuin* ~ **veräjästä** like a bat out of Hell; *se* ~ **älähtää** *johon kalikka kalahtaa* touché.

koira||lauma pack of hounds -**malnen** doglike; canine.

koiran||heisi[puu] water elder, guelder rose -**ilma** beastly weather -**kasvattaja** dog breeder -**koppi** kennel, doghouse -**korv|a;** *kirjan lehdet ovat -illa* the book is dog['s]-eared -**kuje** prank, practical joke; ~*et (sg)* mischief, trick[s] -**leuka** practical joker, wag -**pentu** pup[py]; *(-penikka)* whelp -**pommi** banger -**putk|i** *(kasv)* wild chervil, cow parsley; *työntää -ea* sprout daisies -**uinti** dog paddle -**un|i** dogsleep; *nukkua -ta* be in a light sleep -**virka** nasty job.

koira||näyttely dog show -**rotu** breed of dogs.

koiras male; *(linnusta)* cock ~**puolinen** male, . . of the male sex.

koira||tarha [dog] kennel, *(pl)* kennels -**valjakko** dog team.

koiruu|s [roguish] trick; *tehdä -tta jkll* play a trick on; *hän teki sen -ksissaan* he did it out of pure mischief.

koisa *(el)* pyralid; moth (meal moth *jauho~*).

koiso *(kasv)* nightshade.

koit|e; *aamun (päivän) -teessa* at dawn (daybreak).

koitos trial, test; *kova* ~ hard [con]test.

koitt||aa 1 *(sarastaa)* dawn, break; *aamu* ~ the day is dawning **2** *(kuv)*; *hetkesi on* -*anut!* your time has come! *[heille] -iva* *vaikeat ajat* hard times were ahead -*(* dawn[ing], break[ing] (of a new day *uude* *päivän* ~).

koi|tua 1 *(jstk -tuu jtk)* bring (it brough* [him] unhappiness *siitä -tui [hänelle,* *onnettomuutta*); lead to, result in (death *kuolemaksi*) **2** *(jllk -tuu jtk)* incur, be involved in (the state incurred (was involved in) great expenses [through that* *valtiolle -tui [siitä] suuria kustannuksia* ▶ *siitä ei -du mitään* **hyvää** no good wil come of it; ~ *jkn* **hyödyksi (vahingoksi** turn out to be to a p.'s benefit (detriment).

koivikko birch grove; birch wood.

koivu birch ~**halot** *(sg)* birchwood ~**iner** birch[en].

koivun|- birch (leaf -*lehti;* sap -*mahla* branch -*oksa*).

koivusokeri xylitol.

koje *(laite)* device; appliance; *(väline,* instrument; *(~isto)* apparatus; *(kone,* machine; ~*et (sg)* equipment, gear **2** *(ark,* *(vehje)* contrivance, gadget, contraptior ~**huone** control room ~**isto** [set of] apparatus ~**lauta** *(aut)* dashboard, facia: instrument panel ~**taulu 1** instrument panel; *(ohjauspöytä)* control panel.

kojootti coyote, prairie wolf.

koju 1 *(maja)* cabin; *(vaja)* hut; shed **2** *(myynti~)* stall, booth.

kokaiini cocaine.

kokardi cockade.

kokata cook; do the cooking.

ko|kea 1 experience (thrilling moments *jännittäviä hetkiä;* pleasure *mielihyvää*); meet with (an exciting adventure *jännittävä seikkailu*); *(kärsiä)* suffer (a defeat *tappio*), *(kestää)* undergo, go through; *(elää)* live through (two wars *kaksi sotaa*); *(tuntea)* feel [o.s.] (to be *olevansa*) **2** *(kal, mets)* search (examine) and empty (the traps *ansat;* the nets *verkot*) ▶ **hyväksi** *-ettu keino* a tried and

proved method; *hän on* **joutunut** *-kemaan paljon* he has had to go through a good deal.

kokeellinen experimental (method *menetelmä*); *(kokeilunluonteinen)* tentative.

kokeil||**ematon** unproved, untried **-eva** experimental **-ija** trier (of *jnk* ~); experimentalist.

kokeilla 1 *(tehdä kokeita)* experiment (with new methods *uusia menetelmiä;* on dogs *koirilla*); make an experiment (in *jllak*) **2** *(koettaa)* try (doing *jnk tekemistä*); prove (a weapon *asetta*); try out (in practice *käytännössä*); test (one's condition *kuntoaan*) ▶ **kokeile!** have a try (go)! **kokeiltavaksi** on trial.

kokeil|**u** *(-eminen)* experimentation; testing **2** *(koe)* trial, test (make a test *suorittaa* ~), experiment.

kokeilu||- experimental (field *-kenttä;* school *-koulu*) **-aste;** ~**ella** *(m)* being tested **-mielessä** by way of trial **-nluonteinen** experimental.

kokelas 1 candidate (for an office *virkaan*); aspirant (for *jhk*); *(harjoittelija)* trainee (teacher trainee *opettaja*~) **2** *(sot) (läh v)* [officer] cadet.

kokemat||**on** inexperienced; green (too green for *liian* ~ *jhk*); *(viaton)* innocent; *olla* ~ *jssk (m)* be new to; *se oli uutta ja ennen* ~*ta* it was new and untried **-tomuus** inexperience; *(viattomuus)* innocency.

kokemu|**s** experience (as experience shows *kuten* ~ *osoittaa;* a new experience *uusi* ~) ▶ *minulla on siitä* **hyviä** *(huonoja) -ksia* I have (not) found it very good, I can(not) recommend it; **katkerasta** *-ksesta tiedän* I know from my own bitter (harsh) experience; **käytännön** ~ practical experience, practice; **tietää** *-ksesta* know from experience.

koke||**musperäinen** empiric[al] **-neisuus** experience **-nut** experienced; *(pitkän kokemuksen omaava)* well versed (in a trade *jllak alalla*).

koketeerata coquet[te], flirt (with *jklle, jllak*).

kok|**ka** bow, prow, head; *istua veneen -assa* sit in the bows (at the prow) ~**puhe** joke, witticism ~**puu** bowsprit.

kokkar||**e** *(yl)* lump; clod (of earth *multa*~); *(keitt)* dumpling; *puurossa on* ~*ita* the porridge is lumpy **-einen** lumpy; cloddy **-oitua** get lumpy; *(kem)* coagulate.

kokkeli *(muna*~*) (pl)* scrambled eggs ~**piimä** clabbered (curdled) milk.

1 kokki *(biol)* cocc|us *(pl* -i).

2 kokki *(keitt)* cook; *(keittiömestari)* chef ~**poika** kitchen boy; *(mer)* cook's mate.

kokko bonfire; *(rovio)* balefire.

1 ko|**ko** size; *(tiet)* magnitude; *(mitat) (pl)* dimensions (the building has large dimensions *rakennuksen* ~ *on valtava*); *(tilavuus)* volume; *(korkeus, (henk) pituus)* height; *(henk)* stature; *(kirjap)* format ▶ **kooltaan** in size; **luonnollista** ~*a oleva* life-size; *(vaat)* **suuria** ~*ja* outsizes, large sizes; **yhden** *-on* one-size.

2 koko I *a* **1** *(~[nainen])* whole (the whole country (truth) ~ *maa (totuus)); (kaikki)* all (it took all my time ~ *aikani meni siihen;* all Helsinki ~ *Helsinki*); the whole of (his property *hänen omaisuutensa*); *(täydellinen)* entire, full (responsibility *vastuu*), complete (a complete set ~ *sarja*); *(jakamaton)* undivided (attention *huomio*) **2** *(~nais-)* total (amount *summa*) **II** *adv* rather, fairly (expensive *kallis*) ▶ *en tunne* ~ *miestä* I don't even know him; ~ **ikäni** all my life; *kerron sinulle* ~ **jutun** I'll tell you all about it; *en ole nähnyt häntä* ~ **kesänä** I haven't seen him all summer; ~ **lailla** *kallis* considerably expensive; ~ **nimi** full name, name in full; **pitkin** ~ *rannikkoa* all along the coast; ~ **päivän** all day [long]; *hänen* ~ **ruumiinsa** *vapisi* he trembled all over; ~ **vuoden** throughout (all through) the year.

kokoami||**nen** collecting *(jne ks koota)* **-stehdas** assembly plant.

koko||**ava** *(kuv)* uniting (force *voima*) **-elma** collection; *(runo- ym* ~*)* anthology, compilation **-illa** collect, gather (materials *aineistoa*) **-illan elokuva** full-length feature [film].

kokoi|**nen;** *jnk* ~ ..[of] the size of (a pea *herneen* ~), as great as; *eri (kaiken) -sia* ..of (in) various (all) sizes; *minun -seni* [of] my size; *(yhdyss) -kokoinen -sized* (small-sized *pieni*~).

koko||**jyväjauho** whole[-]meal, *(Br m)* wheatmeal **-jyväleipä** whole-meal bread **-kuva** full-length portrait **-lattiamatto** fitted (wall-to-wall) carpet **-naan 1** *(-naisuudessaan)* in whole; in full, fully (enclosed *koteloitu*); all (in black *mustissa*); *osaksi tai* ~ in part or in whole, partly or wholly; *luin kirjan* ~ I read the book through; *syödä* ~ eat .. all up **2**

(täysin) wholly, totally, utterly, *(aivan)* entirely, completely (new plan *uusi suunnitelma)*, quite (another matter *toinen asia)*; altogether (wrong *väärin).*

kokonai||nen whole (a whole cake ~ *kakku;* five whole days *viisi -sta päivää*; a whole heap of things ~ *vuori tavaraa)*; entire (an entire day ~ *päivä)*; *(jakamaton)* undivided (it is still undivided *se on vielä* ~); *(jauhamaton)* unground (pepper *pippuri)* ▶ **kokonaista** *viisi päivää* a whole (no less than) five days; *-sta kymmenen vuotta* all of ten years; **nielaista** *-sena* swallow .. whole; *kaksi -sta ja kolme neljäsosaa* two wholes and three fourths.

kokonais|- total (area *-ala;* consumption *-kulutus)*; △ overall (breadth *-leveys;* tax load *-verorasitus)*; △ gross (earnings *-ansiot).*

kokonais||hinta total (inclusive) price **-kustannukset** *(tal)* total cost[s], *(m) (sg)* all-in cost **-kuva** general (overall) view (picture) **-luku** *(mat)* integer, whole number **-määrä** total [amount]; *(-summa)* sum total; *~ltään 500 puntaa* totalling £500 **-[palkka]ratkaisu** general [wage] settlement **-summa** = *-määrä* **-tulo** gross income; *valtion* ~*t* total state revenue **-tuotos** *(tal)* total output **-uudistus** general reform.

kokonaisuu||s totality, entirety; whole (form a whole *muodostaa* ~); *(yhtenäinen* ~) unity; *(eheys)* integrity; *-dessaan* in its entirety, as a whole; *(kokonaan)* altogether; *julkaista -dessaan* publish .. in full; *-tena [ottaen] taken as a whole*, on the whole.

kokonais||vaihto *(kaup)* gross turnover **-valtainen** comprehensive; integrated.

kokonuotti semibreve, *(Am)* whole note.

kokooja||kaivo collecting well, sump **-katu** feeder street **-linssi** convex (convergent) lens **-viemäri** collecting sewer.

kokoomateos compilation, compiled work.

kokoomus 1 = *koostumus* **2** *(pol)* coalition ~**hallitus** coalition (multi-party) government ~**puolue** coalition (union) party.

kokoon *(yhteen)* together (gather (put, get) .. together *kerätä (panna, saada)* ~); up (roll (fold) up *kääriä (taittaa)* ~); *(josk)* down (boil (fall) down *kiehua (lysähtää)* ~) *(verbien yht ks verbejä; esim keittää* ~, *kutsua* ~) ~**kutsuja** convener, convoker ~**kutsuminen** convocation, calling

[together], summoning ~ **kyhätty** ..[hastily] thrown-together; scribbled (article *kirjoitus).*

kokoonpano composition (of an orchestra *orkesterin* ~); *(tekn)* assembly; *(rakenne)* structure, texture ~**halli** assembly bay (room).

kokoonpantava folding, collapsible (table *pöytä).*

kokoontu||a 1 assemble (for a meeting *kokoukseen;* Parliament assembles *parlamentti -u)*, meet (the committee meets *komitea -u;* for a conference *konferenssiin)*; have a meeting (once a week *kerran viikossa)* **2** *(~ epävirallisesti)* meet, gather together; get (come) together **3** *(kerääntyä)* gather [together] (clouds began to gather *pilviä alkoi* ~), collect, congregate **-minen** *(yksiin käsiin* ~) accumulation; *(yhdessäolo m)* get-together **-misvapaus** freedom (right) of assembly.

kokoon työnnettävä folding; telescopic *(adv* ~ally).

kokopäivä||hoito full-day care **-inen** all-day **-toiminen** full-time **-työ** full-time job.

koko||sivu; ~*n* full-page (advertisement *ilmoitus)* **-sävelaskel** whole tone.

kokous 1 meeting (committee (statutory) meeting *komitean (sääntömääräinen)* ~), assembly (legislative assembly *lakiasäätävä* ~); *(istunto)* session; conference (international conference *kansainvälinen* ~); rally (party rally *puolueen* ~) **2** *(kokoontuminen)* gathering; *(suku- luokka- ym* ~) reunion ▶ **johtaa** *-ta preside at a meeting*, be in the chair; **kokouksessa** at a meeting; in conference; **kutsua** *-kseen* summon .. to a meeting; convene a meeting; *-ksen* **päätökseksi** *tuli..* the meeting passed the following resolution.

kokous||-kutsu notice of (summons to a) meeting **-paikka** meeting place, place of assembly **-sali** assembly hall.

koko||valkoinen all-white **-vuotinen** all-year; year-round (employment *työllisyys).*

koksi, ~**ttaa** coke.

kolah||dus = *kolaus 1* **-taa** bang (the letter box banged *postiluukku -ti)*, slam; *(iskeä)* knock, bump (against the wall *seinään).*

kolari crash, smashup; *(yhteentörmäys)* collision; *ajaa* ~ have a crash ~**auto** crashed car.

kola||us 1 *(isku)* knock, bang (on the head *päähän)*; *(jysäys)* bump, thud **2** *(kuv)* blow (it was a hard blow to him *se oli hänelle kova* ~); *(kohtalon isku)* buffet of fate; *hänen maineensa sai -uksen* his reputation suffered **-uttaa** knock, bang; *(lyödä)* strike; *(jysäyttää)* thump; ~ *pyssynperällä* club with a rifle.

kolea chilly, cold; *(raaka)* raw [and chilly] (wind *tuuli*), bleak (air *ilma*).

koleerinen choleric *(adv* ~[al]ly).

kolehti collection; *kerätä* ~ take up (make) a collection ~**haavi** offertory (collection) bag.

kolera [Asiatic] cholera ~**bakteeri** comma bacillus.

kolesteroli cholesterol.

koleus chill, coldness.

kolh||**aista** knock, hit (the table *pöytää*); bruise (an apple *omenaa*); dent (a kettle *kattilaa*); *(erik kuv)* buffet; ~ *pala pois* chip (a plate *lautasesta*) **-aisu** knock; *(kuv)* buffet **-ia 1** *(vioittaa)* damage; bruise; ~ *itsensä kiviin* hurt o.s. on the stones **2** *(hakata)* batter (to pieces *kappaleiksi;* senseless *tajuttomaksi*); *(mukiloida)* pound **-iintunut** chipped (dish *vati*); bruised (knee *polvi*); battered (car *auto*).

kolhoosi collective farm, kolkhoz.

kolhu 1 dent (in a car *autossa*); *(vamma)* bruise; *(kolo astian reunassa)* chip **2** *(kuv)* blow, buffet of fate; *kokea* ~*ja* have one's share of life's bruises; *hänen ylpeytensä sai* ~*n* it was a blow (hurt) to his pride.

kolibakteeri = *koolibakteeri.*

kolibri hummingbird.

koliikki colic.

kolik|**ko** coin; *(lantti)* copper; *(Am)* nickel; *-ot (sg)* small coin, change ~**automaatti** slot machine.

koli||**na** clatter (of dishes *astioiden* ~), rattling (of wheels *pyörien* ~); noise **-sta** clatter (dishes clatter *astiat -sevat*); rattle (the cart rattled along the street *rattaat -sivat pitkin katua*); make a noise; *pudota -sten (m)* clatter down **-stella** clatter (with dishes *astioita*); rattle (the door *ovea*); clank (chains *ketjuja*); make a noise.

kolja *(el)* haddock.

kolk|**ata 1** *(iskeä)* knock; *(sl)* clobber (the thieves clobbered the shopkeeper *varkaat -kasivat kauppiaan*); ~ *[kuoliaaksi]* bump (knock) off **2** *(kolista)* clank (the wheels clank *pyörät -kaavat*).

kolk|**ka** corner; nook (the shadiest nook of the garden *puutarhan varjoisin* ~); *(seutu)* *(pl)* parts; *[maailman] joka -alta* from all the corners of the world, from all quarters; *syrjäinen* ~ remote corner, out-of-the-way spot.

kolkkapoika *(partiossa)* wolf cub, *(Am)* cub scout.

kolk||**ko** dreary (weather *sää*); *(synkkä)* gloomy (room *huone;* news ~*ja uutisia*), dismal; cheerless (laugh *nauru*); *(kaamea)* ghastly, gruesome (fate *kohtalo*) **-osti;** *hänelle kävi* ~ he had a gruesome fate.

kolkut||**in** [door] knocker **-taa** knock, rap (at the door *oveen*); *omatuntoni* ~ my conscience is pricking me, I have a bad conscience; *oveen -etaan* there is a knock at the door **-us** knock[ing]; *kuulin* ~*ta ovelta* I heard someone knocking at the door; *moottorista kuuluu paha* ~ the engine is knocking badly.

kollaasi collage.

kollata *(ark);* check.

kolleg||**a 1** *(virkaveli)* colleague, associate; *(m)* fellow teacher (doctor etc.); *(lakimiehistä)* ~*ni* my learned friend **2** *(pol)* counterpart, opposite number **-iaalinen, -inen** collegial, collegiate **-io** college (of Cardinals *kardinaali*~).

kollektiivi||**-** collective (noun *-sana*) **-nen** collective **-tila** collective farm; *(kolhoosi)* kolkhoz.

kolli package (3 packages of *kolme* ~*a..*); piece (of goods *rahtitavara*~) ~**[kissa]** tom[cat].

kollo||**dium** *(kem)* collodion **-idi** colloid **-idinen** colloidal.

kollottaa; *[itkeä]* ~ [be] bawl[ing].

kolmannes third [part] (of *jstk*); *kaksi* ~*ta* two thirds.

kolma|**s** [the] third, *(lyh)* 3rd ▶ **-nnen asteen** *kuulustelu* third degree; *(halv)* **-nnen luokan** third-rate; *(pol)* **-nnet maat** *(m)* non-member countries; *(lak)* ~ **mies** third party .

kolmas||**kymmenes** [the] thirtieth **-sadas** [the] three hundredth **-toista** [the] thirteenth.

kolme three ▶ *jakaa* ~*en [yhtä suureen] osaan* trisect; *laatia* ~*na* **kappaleena** complete in triplicate; ~ **kertaa** three times, thrice; *me* ~ the three of us; ~ **neljännestuntia** three quarters of an hour *(vrt kahdeksan).*

kolme||**kymmentä** thirty *(vrt kahdeksankymmen-)* **-neljäsosatahti** *(mus)* triple (three-four) time.

kolmen∥keskinen ..of three persons, threesome; *(valt)* tripartite (agreement, pact *sopimus)* **-lainen** ..of three kinds (sorts).

kolmesata∥a three hundred **-vuotis∣juhla, -kausi, -päivä** tercentenary, tercentennial.

kolme∥sti three times, thrice (a week *viikossa)* **-toista** thirteen *(vrt kahdeksan; kahdeksantoista)* **-tuhatta** three thousand.

kolmi∥- three∣- (–room -huoneinen; –digit, –figure -numeroinen); △ tri∣- (-axial *-aksiaalinen;* -atomic *-arvoinen;* -androus *-heteinen).*

kolmi∥∥apila three-leaf clover; *(kuv)* trio *(pl* ~s) **-haarainen** three-branched, three-armed (lamp *lamppu)* **-jako** tripartition **-jalka** tripod **-jäseninen** *(mat)* trinomial **-kanta∣-** tripartite (treaty, agreement *-sopimus)* **-kerros∣-** three-layer (pill *-tabletti)* **-kielinen 1** trilingual (newspaper *sanomalehti)* **2** *(mus)* three-stringed; ~ *soitin (m)* trichord.

kolmi∥∥kko triplet, triangle; trio **-kolkkahattu** cocked (three-cornered) hat **-kulmainen** triangular, three-cornered **-kymmenvuotinen sota** the Thirty Years' War **-kärki** trident (of Neptune *Neptunuksen* ~) **-liitto** *(valt)* triple alliance **-loikka** triple jump, hop step and jump **-mastolaiva** three-master.

kolminai∥∥nen 1 threefold, treble, triple (purpose *tarkoitus)* **2** *(usk)* triune (God *Jumala)* **-suus 1** threefoldness, triplicity **2** *(usk); [Pyhä]* ~ the [Holy] Trinity **-suusoppi** Trinitarianism.

kolminapainen triple-pole, tripolar.

kolminkertai∥∥nen 1 treble (number *määrä),* threefold, triple; ~ *eläköönhuuto jllk* three cheers for **2** *(kolmikerroksinen)* triplex (glass *lasi);* three-ply (cloth *kangas);* three-layer (paper *paperi)* **-sesti** threefold, trebly **-staa, -stua** treble.

kolmio triangle (right[-angled) (equilateral) triangle *suorakulmainen (tasasivuinen* ~); *auto tuli* ~*n takaa* the car emerged from a non-priority street (road) ~**kytkentä** *(sähk)* delta connection ~**mainen** triangular, triangulate ~**mittaustorni** triangulation station ~**rata** *(urh)* triangular course.

kolmi∥∥osainen three-piece (suit *puku);* triple (mirror *peili),* ..in three parts (essay *tutkielma);* ..in three volumes (work *teos)* **-ottelu** *(urh)* triathlon.

kolmioviivoitin [drawing] triangle.

kolmi∥∥pistevyö three-point safety belt **-pyörä** *(polkupyörä)* tricycle **-pyöräinen** three-wheel[ed]; ~ *auto (m)* tricar, cycle car **-päiväinen** ..lasting three days; *(san)* ~ *lehti* triweekly.

kolmi∥∥sen about three (years *vuotta)* **-sin** in a group (party) of three; *menimme sinne* ~ we went there the three of us **-sivuinen** three-sided, trilateral **-sointu** triad; common chord **-sorminen** *(kasv)* trefoil **-särmäinen** triangular **-tahokas** *(geom)* trihedron **-tavuinen** trisyllabic; ~ *sana* trisyllable **-ulotteinen** three-dimensional, *(lyh)* 3-D, stereo∣scopic (film *elokuva)* **-vaihe∣-** *(sähk)* three-phase (motor *-moottori;* current *-virta)* **-vuorotyö[läinen]** three-shift work[er].

kolmivuoti∥∥as three-year-old (boy *poika) (vrt kahdeksanvuotias)* **-nen** three-year, ..lasting (of) three years; triennial.

kolmiväri∥∥kuva three-colo[u]r (trichromatic) photo[graph] **-nen** three-colo[u]r[ed]; tricolo[u]r.

kolmi∥∥yhteinen triune **-yhteys** trinity **-ääninen** *(mus)* three-part (song *laulu).*

kolmois∥∥- triple *(urh* lead *-johto;* vaccine *-rokote)* **-hermo** trigeminal [nerve], trigeminus nerve **-kappale** triplicate.

kolmo∥∥nen 1 *(kolmen numero)* [figure] three; *(numeroituna kolmas)* [number] three (who is number three? *kuka on* ~?) **2** *(kolmas)* third; *tulla -sena maaliin* come third **3** *(tav) -set* triplets **-svaihde** *(aut)* third gear (speed).

kolo hole (a mouse's hole *hiiren~),* hollow (in the surface *pinnassa);* cavity (in a tooth *hampaassa); (halkeama)* crevice, cleft (in a rock *kallion~); (lovi)* notch, nick; *mennä* ~*onsa* hole [up] ~**a 1** *(tehdä* ~*ja)* make holes **2** *(metsh) (pilkoittaa)* blaze.

kolonialis∥∥mi colonialism **-tinen** colonialist[ic].

kolonna column.

koloradonkuoriainen Colorado beetle.

koloratuuri coloratura.

koloristi *(kuvat)* colo[u]rist.

kolossalaiskirje *(raam)* [the Epistle to the] Colossians.

kolota = *koloa.*

kolot∥∥taa ache; *koko ruumistani* ~ I am aching all over **-us** ache, pain.

kolpakko tankard.

kolportööri colporteur.

koltta[lappalainen] Skolt.

kolttonen trick, prank; *tehdä ~ jklle* play a trick on.

kolttu [child's] frock.

Kolumbia Colombia **k~lainen** Colombian.

Kolumbu|s Columbus; *-ksen muna* Columbus'[s] egg.

kolumni column **~sti** *(san)* columnist.

koluta *(penkoa)* search, ransack (every nook and corner *joka nurkka*); *(kierrellä)* roam through (foreign countries *ulkomaita*).

kolvi soldering iron.

komansi *(~-intiaani)* comanche *(pl ~[s])*.

kombi||noida combine **-noitua** [be] combine[d].

kome|a 1 *(henk)* *(hauskannäköinen)* good-looking (couple *pari*); *(erik miehestä)* handsome; stately (tall and stately *pitkä ja ~*) **2** grand (scenery *maisema;* look grand *näyttää ~lta*), magnificent (view *näköala*), splendid (palace *palatsi;* victory *voitto*); *(hieno)* fine; *(vaikuttava)* impressive, imposing; *(mahtava)* lofty (mountain *vuori*); *(loistava)* glorious (career *ura*), *(-ileva)* showy (funeral *~t hautajaiset*); *hän teki ~n kuperkeikan* he tripped over stylishly **~sti;** *elää ~* live high (in a grand style).

komedia comedy.

komeet|ta comet *(m kuv); nousta -an lailla* have a meteoric rise; *-an pyrstö* tail of a comet, train.

komeil||eva pompous, showy, ostentatious; *(mauttoman upea)* garish (furniture *kalusto*) **-la 1** *(olla näkyvästi esillä)* shine, be blazing (in all its glory *kaikessa loistossaan*); be [proudly] blazoned (on the front page *-i etusivulla*); *~ kaikissa sateenkaaren väreissä* boast all the colo[u]rs of the rainbow **2** *(pöyhkeillä)* make a display (show, parade) (of *jllak*); parade (one's wealth *rikkauksillaan*), show off (one's fine car *hienolla autollaan*) **-u** pomp, ostentation, show, parade **-unhalu** show-offishness.

komeljantti comedian, playactor *(m kuv).*

komendantti *(sot)* commandant, governor.

komen|nella order about; push around (about) (stop pushing people about *lakkaa -telemasta*).

komennu|s 1 *(käsky)* command (at a p.'s command *jkn -ksesta*); order; *olen saanut -ksen..* *(m)* I am under orders to.. **2** *(~ virkatehtävään)* mission; *(sot)* detachment; *(erikoistehtävä m)* detail; *olla -ksella jssk* be detailed to **~kunta** *(sot)* task force;

detachment; *(pieni ~)* detail.

komen||taa 1 *(määrätä)* command, order (a p. to do, that a p. should do *jku tekemään*); *(käskeä)* tell (the child to be quiet *lasta olemaan hiljaa*); *(pitää -toa)* give [the] orders **2** *(sot ym)* *(antaa -to[ja]*) command, give the command[s]; *(toimia -tajana)* be in command (of a regiment *rykmenttiä*) **3** *(sot)* *(määrätä -nukselle)* order; detach (to a training course *koulutuskurssille*); *(~ erikoistehtävään)* detail; *olla -nettuna jhk* be on temporary duty in **-taja 1** *(sot)* commander; commanding officer **2** *(käskijä)* boss **-tava** *(tav sot)* commanding, ..in command **-televa** overbearing, overruling, *(ark)* bossy.

komen|to 1 *(käsky)* command *(m atk);* word [of command], order **2** *(sot)* *(päällikkyys)* command (assume (take over) command *ottaa ~;* under a command of *jkn -nossa*), control **3** *(järjestys)* order; rule (strict rule *kova ~*) **~alus** *(avarl)* command module **~hihna** *(sot)* Sam Browne [belt] **~sana** [word of] command, word **~sauva** baton **~silta** *(mer)* bridge **~tie** *(sot);* *-teitse* via the chain of command **~torni** conning tower.

komero 1 *(kaappi)* cupboard, *(erik Am)* closet; *(vaate~)* wardrobe **2** *(syvennys)* recess (window recess *ikkuna~*); niche.

komeu|s 1 *(henk)* good looks, handsomeness **2** *(mahtavuus)* magnificence, grandeur; stateliness; *(loisto)* splendo[u]r, glory; *kaikessa -dessaan* in all its splendo[u]r (glory); *(henk vaatteista)* koko *-dessaan* in state, in full array, *(ark)* in full feather; *koko ~ maksoi vain 500 mk* the whole shebang cost only 500 marks.

komiikka *(taid)* comic art; comedy; *(koomisuus)* comicalness.

komis||ario [police] inspector, superintendent **-saari** commissary, commissioner; *(NL)* commissar.

komissio 1 *(kaup)* commission; *(ulkomaankaup)* consignment **2** *(toimikunta)* committee, commission, board **~myynti** sale on commission.

komist||aa *(koristaa)* adorn **-ua** *(henk)* improve in looks.

komitea committee (appoint (set up) a committee *asettaa ~*); *olla ~n jäsen* be on a committee **~mietintö** committee report.

kommandiittiyhtiö *(läh v)* [limited] partnership company.

kommandojoukot commando[e]s.

kommellu|s mishap; funny (strange) occurrence; *(erehdys)* blunder, error, *(ark)* bloomer, clanger; *-ksitta* without incident.

komment||aari comment, note, annotation (on *jstk*) **-aattori** *(rad, TV ym)* commentator; *(Am m)* news analyst **-oida** comment, make comments (on *jtk*); commentate; *en halua ~ asiaa (m)* no comments! **-ti** comment.

kommodori commodore.

kommunikaatio communication **~väline** means of communication.

kommunik||ea official statement, communiqué **-oida** communicate.

kommunis||mi communism **-minvastainen** anticommunist **-ti** communist **-tinen** communist[ic]; Communist (society *yhteiskunta*) **-tipuolue** the Communist Party; **~en jäsen** *(m)* a card-carrying communist.

kommuuni commune.

kompa witticism; witty remark; *(sanaleikki)* pun.

kompakti compact.

kompakysymys trick question.

kompara||atio comparison **-tiivi** comparative [degree] **-tiivinen** comparative.

kompa||runo satiric[al] verse, epigram **-sana** sarcasm, sarcastic remark.

kompassi compass (adjust (set) a compass *tarkistaa ~*); **~n avulla** by the compass.

kompassi||- compass (reading *-lukema;* needle *-neula;* rose *-ruusu;* error *-virhe)* **-teline** *(mer)* binnacle.

kompast||ella stumble (along *eteenpäin;* over one's words *sanoissaan*); *(kulkea -ellen) (m)* totter, stagger **-ua** *(kaatua)* tumble [down]; [s]tumble, trip, topple (over *jhk*); *yritys -ui rahavaikeuksiin* the enterprise floundered in financial difficulties **-uskivi** stumbling block.

kompens||aatio *(kaup ym)* compensation (for *jstk*) **-aatiokauppa** barter (compensation) trade **-oida 1** compensate, make up (for *jk;* by *jllak*); *(hyvittää)* indemnify **2** *(tasapainottaa)* balance **-ointi** compensation **-oiva** compensating (effect *vaikutus*), compensatory.

kompeten||ssi 1 *(pätevyys)* competence **2** *(toimivalta)* authority; power[s] **-tti 1** competent, [fully] qualified (for *jhk*) **2** *(toimivaltainen)* authorized, entitled.

kompleksi complex (about *jstk*); *(erik)*

(rakennus~) group of buildings, block **~nen** *(psyk)* ..having (suffering from) complexes.

komplementti complement; *komplementti-* complementary (angle *-kulma;* colo[u]r *-väri)*.

komplikaatio *(lääk ym)* complication.

komponentti component.

kompost||i, **-oida** compost **-oituva** compostable, degradable (waste *jäte*).

komppania company; *(leik)* koko ~ the whole lot **~npäällikkö** company commander.

kompromissi compromise; *tehdä ~* compromise, arrive at a compromise, come to an arrangement.

kompuroida stumble [along]; totter, stagger (upright *pystyyn*).

kondens||aattori *(tekn)* condenser **-oida** condense; *(m)* evaporate.

kondiittori confectioner, *(Br)* pastry-cook.

konditionaali conditional [mode].

konditoria cake shop, confectionery; *(kahvila)* café.

kondomi condom.

kondori[kotka] condor.

konduktööri *(raut) (Br)* [railway] guard, *(Am)* [railroad] conductor; ticket collector **~nvaunu** *(raut)* guard's van; *(tavarajunan ~)* caboose.

kone 1 *(yl)* machine *(m kuv); (moottori; höyry~)* engine **2** *(erik) (kirjoitus~)* typewriter; *(lento~)* [air]plane; *(ompelu~)* sewing machine ▶ **kirjoittaa ~ella** type; **~ella kirjoitettu** typed, typewritten; *(mer)* **kulkea ~illa** be under power; **~ käy** the machine is running; **käyttää ~tta** operate (run) a machine.

kone|- machine ([-]washable *-pestävä;* grease *-rasva;* work *-työ*); △ mechanical (engineer *-insinööri;* milking *-lypsy;* firearm *-tuliase)*.

konealus *(mer)* power-driven vessel.

koneelli||nen *(konkr ja kuv)* mechanical (ventilation *ilmanvaihto;* movements *-set liikkeet); (kuv m)* automatic[al] (work työ) **-sesti** mechanically; by machine **-staa** mechanize **-stua** be mechanized; *(kuv m)* become automatical.

koneen||asentaja fitter, mechanic **-hoitaja** mechanic, machineman **-käyttäjä** engine driver; *(mer)* engineer, machinist.

kone||haudonta [artificial] incubation **-huone** *(mer)* engine room **-ikko** set of machines.

koneist||aa equip .. with machinery **-o 1** machinery; *(mekanismi)* mechanism, gear; works (of a clock *kellon ~*) **2** *(kuv)* machinery; *(järjestelmä)* system.

kone||kieli *(atk)* computer language **-kirjoittaja** typist **-kirjoitus** typing; typewriting **-kirjoitusliuska** typewritten sheet, typed page **-kirjoituspaperi** typewriting paper **-kivääri** machine gun **-käsky** *(atk)* computer instruction **-käyttöinen** power-driven, power-operated **-liike** *(liik)* machine supplier[s], machinery trader[s] **-mainen** *(us kuv)* mechanical **-mestari** engineer **-ommel** machine-stitched seam **-oppi** [mechanical] engineering, mechanics **-osoite** *(atk)* absolute (machine) address **-paja** engine[ering] shop, machine [work]shop **-pajateollisuus** engineering [industry] **-pelti** *(Br)* bonnet, *(Am)* [motor] hood **-pesu** machine wash[ing]; *pestä ~ssa* machine-wash **-pistooli** submachine gun **-päällikkö** *(mer)* chief engineer **-päällystö** *(mer)* engine-room staff **-rikko** breakdown **-tykki** automatic gun **-vasara** pneumatic hammer **-voima** engine power; *~lla kulkeva* powered **-öljy** machine (engine, lubricating) oil.

konferenssi conference (on *jnk, jtk koskeva;* in conference *~ssa*).

konfirm||aatio confirmation **-oida** confirm.

konflikti conflict; *joutua ~in (m)* conflict (with *jkn kanssa*).

konformisti *(angl kirk)* Conformist.

Konfutse Confucius **k~lainen** *a ja s* Confucian[ist].

Kongo the Congo *(m ~joki)* **k~lainen** *a ja s* Congolese *(pl ~)*.

kongressi congress; *(parl)* Congress, *(lyh)* Cong., C.; *(USA) ~n jäsen* member of Congress, congressman, congresswoman.

koni *(halv)* hack, nag **~tohtori** *(leik)* horse doctor, vet.

konjakki brandy **~lasi** *(m)* snifter.

konjug||aatio conjugation **-oida** conjugate.

konjunkti||ivi subjunctive [mood]; *olla ~ssa (m)* take the subjunctive **-o** conjunction; *alistava (rinnastava) ~* subordinating (co-ordinating) conjunction.

konkari; *[vanha] ~* old soldier, no novice; *vanha ~ politiikassa* veteran politician.

konkkaronkka; *koko ~* the whole caboodle.

konkre||ettinen concrete *(m kiel)* (assume a concrete form *saada ~ muoto*); *~ tapaus (m)* actual case **-tisoitua** *(m)* take shape.

konkurssi *(lak) (henkilön ~)* bankruptcy; *(yhtiön ~)* failure; *mennä ~iin, tehdä ~* go bankrupt **~huutokauppa** bankrupt's sale **~kypsä** insolvent **~pesä** bankrupt's estate **~rikos** fraudulent bankruptcy **~tila** [state of] bankruptcy, insolvency.

konna 1 crook, scoundrel, villain, knave **2** *(el)* toad **~mainen** villainous, knavish.

konnan||koukku dirty trick; *keksiä ~ja* be up to something (to no good) **-marja** baneberry **-työ** villainy act.

konnuus roguery, villainy.

konossementti bill of lading, *(lyh)* B/L.

konsentr||aatti *(kem)* concentrate **-oitua** be concentrated.

konsept|i [rough] draft [copy], outline; *(puheen ~) (pl)* notes; *häneltä meni ~t sekaisin* he lost the thread; *pitää puhe ilman -eja* speak without notes *(ark off the cuff)* **~paperi** scribbling (scratch) paper.

konserni group [of companies], combine; *~n tase* consolidated balance sheet.

konsert||oida concertize, give concerts; *(solistista)* give recitals **-ti** concert; *(solisti~)* recital.

konsertti||- concert (grand *-flyygeli;* tour *-matka;* pianist *-pianisti;* hall *-sali*) **-mestari** leader [of the orchestra], first[-chair] violinist, *(erik Am)* concertmaster.

konsertto concerto *(pl ~s)*.

konserva||attori *(museon ~)* keeper, curator; *(eläinten täyttäjä)* taxidermist; *(taulujen entisöijä)* restorer **-tiivi, -tiivinen** conservative **-torio** academy of music, conservatoire, conservatory.

konservoida preserve (museum pieces *museoesineitä*); *(entisöidä)* restore (paintings *maalauksia*).

konsistori 1 *(kirk)* consistory **2** *(yliop); suuri ~* senate; *pieni ~* council.

konsoli console; bracket *(m tekn)*; cantilever [console].

konsonantti consonant **~vaihtelu** consonantal gradation **~vartalo** consonant stem.

konstaapeli policeman; *(Brit)* constable; *(puhutt m)* officer.

konstail|la *(oikutella)* make difficulties; *(olla hankala)* be tricky; *moottori -ee* there is something wrong with the engine.

Konstantin||opoli Constantinople **-us** Constantine (the Great *Suuri*).

konsti 1 *(keino)* way, means; *(ovela keino)*

artifice, wile **2** *(temppu)* trick ▶ *ei* ~ **eikä**
mikään as easy as pie; **jollakin** ~*lla* by
some means, somehow; **tuntea** ~ know how
it is done, know the trick.

konstikas tricky (person *ihminen;* a bit
tricky *aika* ~*ta*); complicated; intricate
(question *kysymys*); *(visainen)* knotty,
thorny.

konstru||ktiivinen constructive **-ktio**
construction, structure **-oida** construct;
design; *(kiel)* construe (a sentence *lause*).

konsul||aatti consulate **-entti** adviser,
consultant; advisory officer.

konsuli consul *(honorary (careeı)* consul
kunnia- (lähetetty) ~); *konsuli|-,* ~*n[-]*
consular (representation *-edustus;*
functions *tehtävät*) ~**kyyti** repatriation
through the offices of the consul ~**nvirasto**
consulate.

konsult||aatio consultation **-oida** consult (a
p. *jkta*) **-ointi** consulting **-ti** consultant
(management consultant *liikkeenjohdon*
~) **-titoimisto** *(pl)* consultants.

kontakti contact; *päästä* ~*in jkn kanssa* get
in[to] contact (touch) with, contact a p.

kontakti||- contact (adhesive *-liima;* lenses
-linssit) **-henkilö** contact [man].

konta|llaan *(-lleen)* on all fours.

kont||assa *(-taan)* ..stiff (numb) with cold
-ata go (be) on all fours; *(ryömiä)* crawl,
creep; *tulla -aten kotiin* come home on all
fours.

kontinkieli *(läh v)* backslang.

kontio bear; *(saduissa)* bruin; *korpiemme* ~
our brown bear.

kontra||-altto contralto *(pl ..a)* **-amiraali**
rear admiral **-basso** double bass **-hti**
contract; *(sopimus)* agreement; *tehdä* ~
[make a] contract (for *jstk*).

kontrapunkti||ikka counterpoint **-nen**
contrapuntal.

kontrasti contrast (to *jllk*); *(TV)* ~*n säätö*
contrast control ~**väri** contrasting colo[u]r.

kontrolli control; supervision; *(tarkastus)*
check; *olla jnk* ~*n alainen (*~*ssa)* be
under the control (supervision) of ~**ryhmä**
control group.

kontrolloi||da control; *(valvoa)* supervise;
(tarkastaa) check **-maton** uncontrolled.

konttaus crawling ~**asen|to;** *-nossa* on all
fours.

1 kontti knapsack; *joulupukin* ~ Father
Christmas's sack.

2 kontti *(liik)* container; *kontti|-* container
(carrier, vessel *-alus;* service *-liikenne*).

kont|to; *hänen -ollaan on monia rikoksia*
he has many crimes to his credit (name);
se pantiin hänen -olleen it was laid to his
account ~**kurantti** account current.

konttori office[s]; *työskennellä* ~*ssa* work
at the office.

konttori||- office (staff *-henkilöstö;*
equipment *-kalusteet*) **-aika** *(pl)* office
(business) hours **-harjoittelija** junior clerk,
office trainee **-huoneisto** *(pl)* offices, office
premises **-päällikkö** office manager, head
clerk **-sti** clerk, office employee **-stua** be
turned into office premises **-työ** office
(clerical) work.

kontu *(ylät)* homestead; *koti ja* ~ hearth
and home.

konveh|ti confection; *-dit (suklaa-dit)*
[assorted] chocolates.

konventionaalinen conventional.

konvertoi||da convert (into *jksk*); refund (a
public debt *valtion velka*) **-nti** conversion.

kood||ata = *-ittaa* **-i** code, cipher; *tulkita* ~
decode.

koodi||- code (language *-kieli;* word *-sana*)
-numero key (code) number **-ttaa** code,
codify, [en]cipher.

kookas big; large; tall (man *mies*).

kookos||- coconut (water *-maito;* butter
-rasva; oil *-öljy*) **-hiutaleet** coconut flakes,
(sg) desiccated coconut **-kuitu** coconut
fibre, coir **-matto** coco (coir) mat[ting]
-palmu coconut palm **-pähkinä** coconut
K-saaret the Cocos Islands.

koolapuu cola (kola) tree.

ko[o]libakteeri colon (coli) bacillus, bacillus
coli.

kool||la assembled; *olla* ~ be assembled;
(kokouksesta m) be meeting;
(valtiopäivistä) be in session **-le** together;
kutsua ~ call together; convene, summon
(a meeting *kokous*); *tulla* ~ come
together, assemble **-lekutsuja** conven|er,
-or.

kooma *(lääk)* coma.

koomi||kko *(teatt)* comic actor; *(yl)*
comedian, *(ark)* comic **-nen 1** comical,
funny **2** *(teatt)* comic (part *osa*) **-suus**
comicalness.

koommin; *ei sen* ~ never since; *en ole
nähnyt häntä sen* ~ I haven't seen him
since.

koon||nos codification **-taa** codify.

koordin||aatisto system of co[-]ordinates
-aatti co[-]ordinate **-aattori** *(TV ym)*
co[-]ordinator **-oida** co[-]ordinate.

koossa together; *olemme ~ koko joukko* we are all assembled; *~ on 1 000 markkaa (m)* we have collected a thousand marks **~pitävä** cohesive (force *voima*) **~pysyvä** coherent.

koost||aa join (put) .. together, compile **-e** collage **-ua;** *~ jstk* be composed (constituted) of, consist of **-umu|s** composition, consistency; **-kseltaan** *kirjava väestö* a highly mixed (a motley) population.

ko|ota 1 collect (stamps *postimerkkejä*); *(kerätä)* gather (dust *pölyä;* information *tietoja*); gather up (the toys *lelut*); amass (a fortune *omaisuus*), pile up; *(~ varastoon)* lay (store, hoard) up; *(~ yhteen)* convene (people for a meeting *ihmisiä kokoukseen*), assemble; get .. together (a team *joukkue*) **2** *(tekn ym)* put .. together, set up (a machine *kone*), assemble (cars *autoja*) **3** *(kuv)* unite (into *jksk*), unify (unifying force *-koava voima*) **4** *(laatia)* compile (an anthology *antologia*) ▶ *~* **ajatuksensa** collect (compose) one's thoughts; *~* **armeija** raise an army; *olla -ottu jstk* be composed of; *~ valmiista* **osista** fabricate; *~* **rahaa** *jtk varten* raise money for; *~* **rohkeutta** pluck (get) up courage; *~* **voimansa** consolidate one's strength.

koot||tava dismountable (machine *kone*); *(~ ja purettava)* collapsible; *(pienoismalleista)* *~* *[auto (lentokone)]* [car (plane)] assembly kit; *(valmis ~)* model **-tu;** *-ut teokset* complete works (of Shakespeare *Shakespearen -ut teokset*).

kopauttaa knock (a p. on the head *jkta päähän*); tap, rap (on the table *pöytään*).

kopea haughty, arrogant, overbearing.

kopeekka kope[c]k, copeck.

kopeil||eva arrogant, high and mighty **-la** be haughty; plume o.s. (on *jllak*).

kopelo|ida fumble (with *jtk;* for, after *löytääkseen jtk*); *(kähmiä)* grope (a girl *tyttöä*); tamper (don't tamper with my papers! *älä -i papereitani*).

kopeus haughtiness, arrogance.

kopina patter; clatter (of a horse's hoofs *hevosen kavioiden ~*); *(askelten ~)* stamp[ing], tramp; click (of the high-heeled shoes *korkeakorkoisten kenkien ~*).

kopio copy *(eri merk)* **1** *(kaksoiskappale)* duplicate; *(hiili~)* carbon [copy]; *(puhtaaksikirjoitettu ~)* transcript; *ottaa* *~ita jstk* take copies of **2** *(valokuva~)* print **3** *(taid)* reproduction (a cheap reproduction *halpa ~*); *(kaksoiskappale)* replica **4** *(kuv)* *(täydellinen ~)* [carbon] copy (of his father *isästään*) **~ida** copy; take a copy of; *(~ käsin)* transcribe; *(valok)* print; *(jäljitellä)* imitate **~inti** copying; transcription.

kopist||a clatter; *(kengistä m)* click **-ella** make a [clattering] noise; rattle (with *jtk*); *~ lunta jaloistaan* stamp (shake) the snow off one's feet; *~ tuhka piipusta* knock the ashes out of one's pipe.

kopla band, gang; *neljän ~* the gang of four.

koppa 1 basket **2** *(tekn) (vaippa)* cage; *(kotelo)* cover **3** *[hatun] ~* crown; *[viulun] ~* sound box **4** *(sl) (pää~)* loaf, nut **~kuoriainen** beetle, chafer **~lakki** uniform cap.

koppava haughty; *(ark)* stuck-up, cocky.

koppelo hen capercaillie, *(Br)* wood grouse.

1 koppi *(vartio-, puhelin- yms ~)* box; *(koju)* cabin, hut; *(selli)* cell.

2 koppi *(urh)* catch; *saada ~* catch the ball.

kopra copra.

kopsa||htaa click (the heels clicked *kantapäät -htivat [yhteen]*); *pudota ~* plop down **-ta** *(koul ark)* crib.

kopse clatter (of hoofs *kavion~*).

kopti Copt **~lainen** Coptic (Church *kirkko*).

kopula *(kiel)* copula **~tiivinen** copulative.

koput||taa knock (at the door *oveen;* on wood *puuta*); *(naputtaa)* rap, tap (at *jhk*); *~ nokallaan (m)* peck; *(kokouksessa) ~ nuijalla* bang the gavel **-telu** *(lääk)* percussion.

koraali choral[e], hymn **~alkusoitto** chorale prelude **~kirja** melody book.

koraani the Koran.

korah||della wheeze, rattle **-dus** rattle **-taa** give a rattle.

koralli coral; *pyytää -eja* fish [for] corals.

koralli||- coral (necklace *-kaulanauha;* reef *-riutta;* island *-saari*) **-mainen** coralline **-npunai|nen** coral-red, coralline; *-set huulet (m)* coral lips.

Kordillieerit the Cordilleras; *-en (adj)* Cordilleran.

kore|a gaudy, gay (colo[u]r *väri*), brightly colo[u]red; *(värikäs)* colo[u]rful; bright (flowers *-ita kukkia*); brilliant (feathers *~t höyhenet*); *(räikeä)* garish; *oletpa sinä ~!* you are dressed up! *panna pöytä ~ksi* lay a fine table.

Korea 1 Korea **2** k~ *(kieli)* Korean **k~lainen** *a ja s* Korean.

koreasti; *(leik)* panna jalalla ~ shake a leg.

koreil||**eva** showy, flashy **-la;** ~ *jllak* show off, make a show (parade) of; ~ *[vaatteilla]* dress up, overdress **-u** showing off; ostentation, parade **-unhalu** *(turhamaisuus)* vanity **-unhaluinen** vain; *(vaatteista kiinnostunut)* dressy.

korento 1 dragonfly; *(päivä~)* mayfly **2** *(kantoriuku)* cowlstaff.

koreografi choreographer ~a choreography; *suunnitella baletin* ~ choreograph a ballet.

koreu|**s** show (outward show *ulkonaista -tta*); finery (in all her finery *koko -dessaan*).

kori 1 basket *(m kuv); (paju~, kala~)* creel, crib; *(iso* ~*)* pannier **2** *(juoma~)* crate, case **3** *(tekn)* **a)** *(aut)* body, coachwork; **b)** *(hissin- ym* ~*)* cage **4** *(urh)* basket; *tehdä* ~ score (make) a goal.

korianteri coriander.

kori||**huonekalut** *(sg)* wicker furniture **-inheitto** *(urh)* throwing for a goal, shooting.

korina rattle (death rattle *kuolin~*).

korintekijä wickerworker.

korintti *(keitt)* currant.

Korint|**ti** Corinth; *-in kanava* the Corinth Canal **k~lainen** Corinthian (order *pylväsjärjestelmä*).

korinttolaiskirje [Epistle to the] Corinthians.

kori||**pallo** basketball **-palloilija** basketball player **pullo** wicker bottle.

korista wheeze; rattle, breathe stertorously.

korista||**a 1** decorate (with flags *lipuin*); *(pukea)* dress (a Christmas tree *joulukuusi*), deck; *(somistaa)* adorn (with jewels *jalokivin*); ornament, embellish (a dress with *puku jllak*); trim (the sleeves with lace *hihat pitsillä*) **2** *(keitt)* garnish, dress **-maton** unadorned **-utua** adorn (deck) o.s.

koriste 1 *(~-esine)* ornament; *(hely)* trinket **2** *(koll);* ~*[et] (pl)* decorations (Christmas decorations *joulu~et*); *(vaat)* trimming[s] (for a hat *hatun* ~*[et]*); *(erik keitt)* garnish, garniture; *jnk* ~*eksi (tav)* to decorate the table *pöydän* ~*eksi*).

koriste||- ornamental (candle *-kynttilä;* glass *-lasi;* button *-nappi;* shrub *-pensas*) **-aihe** decorative motif **-ellinen** decorative

--esine ornament; ~*et* fancy goods, knick-knacks, *(sg)* bric-a-brac **-kasvi** ornamental [plant] **-krassi** nasturtium **-lematon** unadorned, unembellished, plain (dress *puku*) **-lista** *(aut)* decoration strip, moulding **-lla** decorate, deck [out], adorn, embellish (with *jllak*); *runsaasti -ltu* rich in ornament **-lu** decoration; ornamentation **-maalari** decorator **-ompelu** embroidery **-reunus** *(rak)* frieze; *(vaat)* trimming.

korist|**us** decoration (of a room *huoneen* ~); *(-e)* adornment, ornament; *-ukset* decorations.

kori||**tuoli** wicker chair **-työ[t]** *(sg)* wickerwork, basketry.

korja||**amaton 1** *(rikkinäinen)* unrepaired, ..not repaired; *(virheellinen)* uncorrected, ..not corrected (text *teksti*) **2** *(jota ei voi -ta)* ..past mending; irreparable (damage *vahinko*) **3** *(maat)* unreaped, standing (crop *sato*) **-aminen** *(oikaisu)* correction **-amo** repair shop; *(auto~) (m)* garage **-antu**|**a** *(kuv) (parantua)* improve; be remedied; *asia -u kyllä itsestään* it is sure to come right **-illa** touch .. up (a text *tekstiä;* a photograph *valokuvaa*).

korja|**ta 1** repair (a watch *kello;* a road *tie*); mend (shoes *kenkiä*), *(erik Am)* fix (a broken toy *rikkinäinen lelu*); *(paikata)* patch, patch up (the roof *katto*); *(parsia)* darn **2** *(kunnostaa)* renovate, do up (a car *auto*); *(tehdä muutoksia)* alter (a coat to fit the daughter *takki tyttärelle sopivaksi*) **3** correct (examination papers *koepapereita;* an error *virhe*)t [a]mend; redress (a grievance *epäkohta*); rectify (the error *virhe*); *(parantaa)* cure (the circumstances *olosuhteet*); *(hyvittää)* make .. good (a damage *vahinko*) **4** *(erik kirjap)* revise (a manuscript *käsikirjoitus*) **5** *(kohentaa jnk asentoa)* put .. straight, adjust (one's tie *solmiotaan*) **6** *(maat ja kuv)* reap (the wheat *vehnä[ä]*); gather (garner) in (the crop *sato*), harvest (the apples *omenat*) ▶ ~ **asentoaan** change position; ~ **astiat** *pöydältä* clear the table; ~ **koe** *(aine)* mark a paper (an essay); *viedä kengät* **korjattavaksi** take the shoes to be repaired; *olla* **korjattavana** be under repair (being repaired); **kuolema** *-si hänet* he was carried off by death; *-a luusi!* clear off! be gone! ~ **[pois]** clear .. away, remove (the snow from the streets *lumi kaduilta*); ~ **sanojaan** correct o.s.; ~ **talteen** store; *(pelastaa)* save; ~ *[pois]*

tieltä remove; ~ **voitto** win; *(us kuv)* win the day.

korjau|s 1 *(m -kset)* repair[s]; *(uusiminen)* renovation (closed for renovation *suljettu ~ten vuoksi)*, doing up; *(kunnostus)* redecoration (of the rooms *huoneiden ~);* *(muutostyö)* alteration; *huoneisto on -ksen tarpeessa* the flat needs doing up **2** *(oikaisu)* correction (corrections in red *punakynällä tehdyt -kset)*; *(pieni muutos)* amendment (to the contract *sopimukseen)* **3** *(parannus)* improvement (a marked improvement in *selvästi havaittava ~ jssk);* *saada ~ jhk* get .. remedied.

korjaus||- *(tekn)* repair (time *-aika;* work *-työ[t])* **-arkki** proof sheet **-ehdotus** proposed correction **-kelvoton** ..beyond repair **-luku** reading [of proof], proofreading **-merkki** *(kirjap)* correction mark **-mies** repairman, mechanic **-paja** repair shop **-vedos** [printer's] proof.

korj||auttaa have .. repaired **-ussa** *(-uun);* *heinät ovat ~* the hay is made; *hyvässä ~* in safe keeping.

korjuu harvest[ing] **~kone** harvesting machine.

korkata uncork, open (a bottle *pullo).*

korke|a high (waves *~t aallot;* rank *arvo;* price *hinta;* quality *laatu;* aims *~t päämäärät;* voice *ääni);* *(pitkä)* tall (mast *masto;* tree *puu);* lofty (mountain *vuori);* elevated (ideals *~t ihanteet);* *(~-arvoinen)* high-ranking; exalted (position *asema);* *(suuri)* great (demands *~t vaatimukset);* *(ankara)* heavy (the heaviest punishment *-in rangaistus)* ► A *(posit) [minun] on ~* **aika** it's high time [for me to..]; *saavuttaa ~ ikä* live to a great age, reach an advanced age; *~ssa iässä* in old age; **korkea||lla, -lle, -lta** *ks. hakus.;* **liian ~** *hinta* excessive price; ► B *(komp)* **korkeampi** higher (animals *~mmat eläimet;* education *opetus);* *(kuv)* superior (to *kuin;* being *olento);* ► C *(superl)* **korkein** highest; topmost; *(kuv)* supreme (power *valta);* top (price *hinta);* maximum (price *hinta); -in* **kohta** *(m)* top (of *jnk);* **korkeimmillaan** at its height; *mitä -immassa* **määrin** to an extreme degree.

korkea|- high|- *(vaat* —necked *-kauluksinen;* –quality *-laatuinen;* –class *-luokkainen;* –backed *-selkäinen).*

korkea||-arvoinen high-ranking (officer *upseeri),* ..high in rank (position) **-kirkollinen** High-Church **-korkoinen 1**

(liik) ..bearing high interest **2** high-heeled (shoe *kenkä).*

korkeakoulu institution of higher education; [university] college; school (of economics *kauppa~);* academy (military academy *sota~)* **~insinööri** graduate engineer **~tutkinto** [university (academic)] degree.

korkea||lentoi|nen winged (thoughts *-set ajatukset); (mahtipontinen)* high-flown (speech *puhe)* **-lla** high [up] (in the air *ilmassa); (~ taivaalla)* high above (the plane flew high above *lentokone lensi ~); (kuv m)* far (above *jnk yläpuolella); linna on kaupunkia -mmalla (m)* the castle dominates the town; *sijaita ~* lie (stand) high; *tunnelma oli ~* high spirits prevailed **-lle** high (climb high *kiivetä ~;* aim high *tähdätä ~);* ~ **kehittynyt** highly advanced; ~ **kohoava** towering [up]; *-mmalle (m)* to a greater height **-lta** from a great height; *laulaa ~* sing high; *pudota ~* fall from a height.

korkea||oktaaninen high-octane; ~ *polttoaine (m)* premium fuel **-paine 1** *(tekn, kuv)* high pressure **2** *(meteor)* anticyclone, high [pressure area] **-palkkainen** well-paid **-suhdanne** *(tal)* boom.

korkei||mill|aan *(-een)* at (to) its height; *aurinko on ~* the sun is at its [greatest] height (its zenith); *nousta -een* reach its peak; ~ *ollessaan* when highest **-n hallinto-oikeus** the Supreme Administrative Court **-n oikeus** the Supreme Court **-ntaan** at [the] most; not more than (two days *kaksi päivää);* ~ *viiden päivän ajaksi* for a maximum period of five days; *siitä voi ~ sanoa että* you can't say anything else of it but..

korkeu|s 1 height; *(maant, astr)* altitude (reach an altitude of *saavuttaa jk ~);* elevation (above sea level *merenpinnasta); (taso)* level (sea level *merenpinnan ~)* **2** *(sävel~)* pitch ► *New Yorkin* **korkeudella** *(maant)* on the latitude of New York; *(mer)* off New York; *puu katkesi metrin* **korkeudelta** the tree broke one metre above the ground; *jssk* **korkeudessa** at a height of; *(ilm)* **lisätä** *-tta* gain height; ~ **merenpinnasta** altitude, height above sea level; **suurissa** *-ksissa* at [very] high altitudes; **Teidän** *K-tenne!* Your Highness; *(liikenn)* **vapaa ~** overhead clearance, free headroom, headway.

korkeus||hyppy high jump **-hyppytelineet**

268

uprights, *(Am)* standards **-käyrä** contour line **-mittari** altimeter **-peräsin** *(ilm)* elevator [control] **-suhteet** *(maant)* relative altitudes.

kork||ita cork **-kaamaton** uncorked **-ki** cork (of a bottle *pullon ~;* it is [made of] cork *se on ~a); (tulppa m)* stopper, top.

korkki||- cork (slab *-levy;* jacket *-liivit;* sole *-pohja)* **-matto** linoleum [carpet], lino **-puru** granulated cork **-pyssy** pop gun **-ruuvi** corkscrew.

kor|ko 1 heel (of a shoe *kengän ~;* worn-down heels *kuluneet -ot)* **2** *(tal)* interest (on a loan *lainan ~)* **3** *(kiel, fon)* stress, accent ▶ **elää** *-oillaan* live on one's private means; **kasvaa** *(tuottaa) ~a* bear (carry, yield) interest; *8 %:n* **korolla** at 8 % interest; *~a* **korolle** compound interest; **panna** *[uudet] -ot saappaisiin* heel the boots; **saada** *~a* draw interest; *~a* **tuottava** interest-bearing, productive.

korko||kanta rate of interest **-kartta** relief map **-kenkä** high-heeled shoe **-kuva** relief **-lappu** *(jalk)* heel|tap, -piece **-lippu** coupon, interest warrant **-merkki** *(kiel)* accent **-politiikka** interest [rate] policy **-prosentti** percentage of interest **-tappio** loss of interest **-tulo[t]** *(sg)* income from interest; *(m)* unearned income.

[-]korkui|nen; *jnk ~* of the height of, as high as; *kahden metrin ~* two metres high; *minun -seni* of my height; *sopivan ~* of the right (a good) height; *tämän~* this high.

kornetti *(mus)* cornet.

koro *(metsh)* scar, canker.

koroillaaneläjä rentier,

korok|e 1 stage, platform (on the platform *-keella); (puhujan~)* dais, rostrum; *(pieni ~)* stand; *(kapellimestarin ym ~)* podi|um *(pl -a); (kuv)* asettaa *-keelle* put on a pedestal **2** *(liikenn)* [street] island *~keskustelu* panel discussion *~pohja (jalk)* platform sole.

korollinen 1` *(jalk)* heeled **2** *(liik)* ..at interest **3** *= painollinen.*

korona *(astr, sähk)* corona.

koron||kiskonta usury **-kiskuri** usurer.

korost||aa 1 *(painottaa)* emphasize, underline, stress (the importance of *jnk tärkeyttä), (tähdentää)* point out; *haluan erityisesti ~..* *(m)* I'd like to call special attention to..; *~ liikaa* overemphasize **2** *(tehostaa jnk vaikutusta)* accentuate (the dress accentuates her figure *puku ~ hänen vartalo..* set off [.. well] **3** *(kiel)*

accent[uate]; *vieraasti -aen* with a foreign accent **-ua** be[come] emphasized; *(tulla selvästi ilmi)* be [more] marked **-us 1** *(tehostus)* emphasis; *(painotus)* stress **2** *(kiel)* accent[uation]; *vähäinen vieras ~* a slight foreign accent.

koroton 1 *(liik)* ..free of interest; *(korkoa tuottamaton)* non-interest-bearing **2** *(kiel)* unaccented, unstressed.

korot|taa 1 *(konkr)* raise, lift (the floor *lattiaa);* make .. higher (a building *rakennusta),* heighten (a wall *muuria); (nostaa ylemmäs)* put .. higher up (the waist *vyötäröä)* **2** *(kuv)* raise (the prices *hintoja); (lisätä)* increase (the value of *jnk arvoa;* the share capital *osakepääomaa); (vaikuttaa -tavasti)* advance (the rents *vuokria)* **3** raise to the rank of (colonel *everstiksi),* promote **4** *(mus)* raise [in pitch]; sharp[en] ▶ *-etuin* **hinnoin** at advanced prices; *~* **äänensä** raise one's voice, speak up.

korotus raise, increase, advance (in prices *hintojen ~)* **-merkki** *(mus)* sharp.

kor|pi 1 woodland, wildwood; *(pl)* wilds **2** *(syrjäseutu) (pl)* backwoods **3** *(raam)* wilderness (voice in the wilderness *huutavan ääni -vessa) ~***kuus|i;** *-en kyynelet (sg)* moonshine *~***lakko** wildcat strike.

korpinmusta raven (locks *~t kiharat).*

korpivaellus wandering in the wilderness *(m kuv).*

korppi raven *~***kotka** vulture *~***lisäke** *(anat)* coracoid [proooo].

korp|pu rusk; *(laiva~)* biscuit; *kuivua -uksi* dry hard *~***jauho** *(pl)* breadcrumbs.

korpraali corporal; *(Brit)* lance corporal; *(USA)* private first class.

korrehtuuri proof[s].

korrekti correct; *(virheetön)* faultless (speech *puhe).*

korrel||aatio correlation **-aatti** *(kiel)* antecedent **-oida** correlate.

korroosio corrosion.

korrupt||io corruption **-oitunut** corrupt (official *virkamies).*

korsetti corset.

kor|si straw *(m kuv),* culm, stem; *(ruohon~)* blade of grass ▶ *kantaa -tensa* **kekoon** do one's bit; *vetää* **lyhyempi** *~* get the worst of it; *olla panematta -tta* **ristiin** not lift a finger (about the matter *asiassa),* do nothing (to help *auttaakseen).*

Korsika Corsica **k~lainen** *a ja s* Corsican.

korsk||ea proud, haughty **-ua** snort.
korsu *(sot)* dugout.
korte *(kasv)* horsetail.
kortinpel||aaja cardplayer **-uu** cardplaying.
kortisoni cortisone.
kortisto card index, index file; *(pl)* filing cards; *pitää ~a jstk* keep a file of; *poistaa ~sta* remove .. from the files *~ida* file *~kaappi* filing cabinet *~laatikko* file box.
kortteli 1 quarter, city block, *(Am)* block (three blocks from here *kolmen ~n päässä); ~[t] (pl)* quarters, *(sg)* district, sector, area (black area *mustien ~t)* **2** *(vanh vetomitta)* quart *~ajo (urh)* street racing *~kauppa* neighbo[u]rhood shop *~piha* communal yard (garden) *~poliisi* local policeman *~pommi (sot)* blockbuster.
kort|ti card; *(meri~)* chart ▶ *(kuv) pelata avoimin -ein* show one's hand; *hoitaa ~nsa taitavasti* play one's cards well; *(korttip) hyvät (huonot) -it* a good (poor) hand; *jakaa -it* deal; *(kuv) hänellä on kaikki -it käsissään* he holds all the trumps (winning cards); *leipä* **on** *-illa* bread is rationed; *(kuv) olla paljastamatta -tejaan* cover one's hand; *pelata ~a* play cards; *panna kaikki* **yhden** *-in varaan* stake everything on one card.
kortti||- card (table *-pöytä;* trick *-temppu)* **-annos** ration **-huijari** cardsharp **-järjestelmä** card[-index] system **-pakka** [pack *(Am* deck) of] cards **-peli** *(pl)* cards; card game **-talo** house of cards *(m kuv)*.
koru jewel, piece of jewel[le]ry; *(hely)* trinket; *(riipus)* pendant; *~t (sg)* jewel[le]ry; *käyttää ~ja* wear jewels *~esine* ornament *~kauppa* fancy goods shop *~kieli* flowery (florid) language *~kivi* semiprecious stone; gem[stone] *~lause* high-sounding phrase; *tyhjiä ~ita* empty phrases (words), balderdash *~lipas* jewel case; trinket box *~ommel* embroidery *~ompelu* embroidery, fancywork *~painos* de luxe edition *~sanainen* florid (style *tyyli) ~san|at (sg)* flourish; *ilman turhia -oja* without fine words *~sähke* greetings telegram *~tavara[t]* fancy articles.
korut||on simple, plain (dress *puku); (luonnollinen)* artless, unaffected **-tomasti;** *kiittää ~* thank in plain words **-tomuus** simplicity.
korv|a *(anat ym)* ear (of a jug *kannun ~)* ▶ **antaa** *jkta -ille* box (cuff) a p.'s ears; *pitää ~nsa* **auki** have an ear to the ground *(mus)* **hyvä ~** a good ear for music; **korvilla,** *-issa*

ks. hakus.; hän ei ottanut sitä **kuuleviin** *-iinsakaan* he turned a deaf ear to it; *(kuv)* **lyödä** *toisiaan ~lle* cancel each other out; *se on* **musiikkia** *hänen -illeen* he likes to hear that; *-iaan* **myöten** head over heels, over head and ears, up to one's ears (in debt *veloissa); se meni* **ohi** *-ieni* I didn't catch it; *kuulin sen* **omin** *-in* I heard it myself; *olla* **pelkkänä** *~na* be all ears; **sillan** *~ssa* at the (one) end of the bridge; *luodit* **soivat** *-issamme* bullets whistled past our ears; **sulkea** *~nsa jltk* not (refuse to) listen to; **tulla** *jkn -iin* come to a p.'s hearing (ears); *jotakin vikaa -ien* **välissä** something wrong upstairs (up there).
korva||- ear (clinic *-klinikka;* drops *-tipat);* △ ear|- (-lock *-kihara;* -ache *-kipu);* △ aural (orifice *—aukko).*
korvaa||mat|on irreplaceable, unreplaceable; *(mahdoton korvata)* irreparable, irretrievable (damage *vahinko); (välttämätön)* indispensable (tool *työkalu); -toman arvokas* priceless **-minen** *(toiseen vaihtaminen)* replacement, displacement, substitution (of *jnk)* **-va** substitut[iv]e.
korvake *(kasv)* stipule.
korva||koru ear|ring, -drop **-kuulo;** *~n mukaan* by ear **-käytävä** auditory canal (meatus) **-lappu** earmuff, ear lappet **-lehti** earflap; auricle **-lli|nen** eared (cup *kuppi); kynsiä -staan* scratch one's head **-lääkäri** ear specialist, otologist; *korva-, nenä- ja kurkkulääkäri* otorhinolaryngologist **-merkki** earmark, crop.
korvan||nipukka earlobe **-taus;** *(leik)* **märät** *~tat* wet behind the ears.
korva||puusti box (cuff) on the ear; *kahden kauppa kolmannen ~* two is company three is a crowd **-rippi** *(kirk)* auricular confession **-sieni** *(kasv)* false morel; *(keitt)* morel **-särky** earache **-särkylääke** otalgic.
korva|ta 1 *(hyvittää)* compensate (a th. *jk;* a p. for *jklle jk)*, make good (I'll make it good to you *-an sen sinulle)*, repair (the damage *vahinko)* **2** *(erik ~ rahalla)* remunerate, recompense, pay (a p. for *jklle jk); (kattaa)* cover (the costs *kulut); (maksaa takaisin)* reimburse, repay (a p. [for] his expenses *jklle hänen kulunsa)* **3** *(~ toisella)* replace (coal by oil *hiili öljyllä);* substitute (margarine for butter *voi margariinilla)* **4** *(astua jkn tilalle)* replace (nobody can replace him *kukaan ei -a häntä); (syrjäyttää)* take the place of,

displace (the tractor has taken place of (has displaced) the horse *traktori on -nnut hevosen*) ▶ *-amme* **kulunne** we will defray (cover) your expenses; *kokonaan -ttavat* **lääkkeet** medicine for which the patient is fully reimbursed; *sitä ei voi* **rahalla** ~ it cannot be paid for in money; ~ **vajaus** make good (make up, meet) the deficit; *sitä ei [mikään]* **voi** ~ it can't be replaced.
korva||**tillikka** = *-puusti* **-tulehdus** inflammation of the ear; *(tiet)* otitis.
korvau|**s** compensation (in (as, by way of) compensation *-ksena jstk)*; restitution (of *jnk; to jklle)*; payment; *(takaisinmaksu)* reimbursement, repayment; *(palkkio)* remuneration, recompense (in recompense of *-kseksi jstk)*; reward (get a th. in reward [for] *saada jtk -kseksi [jstk])*; consideration (for a small consideration *pienestä -ksesta)*; *(vahingon~)* indemnity, *(pl)* damages (recover damages *saada ~ta)*; *antaa jklle ~ta jstk* reward a p. for; *vaatia ~ta jklta* claim against **~peruste** *(pl)* grounds for compensation **~vaatimus** claim [for damages] **~velvollisuus** liability for damages.
korvenraivaaja *(läh v)* land reclaimer; settler.
korvent||**aa** parch, scorch; singe (one's beard in the fire *partansa tulessa)*; *(ark)* grill, *(Am)* broil (one's skin *nahkansa)* **-ua** [get] scorch[ed], *(palaa)* burn.
korvetti *(mer)* corvet[te].
korvia||**huumaava** deafening **-särkevä, -vihlova** ear-splitting; *(läpitunkeva)* shrill.
korvik|**e** substitute, surrogate (for *jnk ~)*; *(hätävara)* makeshift (as a makeshift *jnk -keena)*; *jnk -keena (m)* in place of; *isän ~* substitute (surrogate) father; *(kahvin~)* coffee surrogate.
korvi|**lla** *(-lle, -ssa)* about, *(Am)* around (ten o'clock *kello 10 ~)*.
kosi||**a** propose (to *jkta)*; *(ark)* pop the question (to *jkta)* **-ja** suitor **-nta** offer of marriage, proposal **-skella** court (a p.'s favo[u]r *jkn suosiota)*; woo (the audience *yleisöä)*.
koska I *konj* because; *(kun kerran)* as, since **II** *adv (milloin)* when (do you come back? *palaat?)*; *(mihin aikaan)* [at] what time; ~ *tahansa* any time, no matter when; ~ *[vain]* **haluatte** whenever you like **~an** ever (did you ever hear that..? *oletko ~ kuullut että?)*; *ei* ~ never; *tuskin* ~ hardly ever.

kosk|**ea 1** *(kajota)* touch; *(joutua -etuksiin)* come into contact (with the floor *lattiaan)* **2** *(tehdä kipeää)* hurt; *(särkeä)* ache; *(aiheuttaa tuskaa)* cause (give) pain (it caused (gave) him pain to see.. *häneen -i nähdä..)* **3** *(vaikuttaa)* affect (the crisis affects everybody *pula -ee jokaiseen)* **4** ~ *jtk* apply to (this prohibition does not apply to you *tämä kielto ei -e sinua)*; refer to (the members only *vain jäseniä)*; concern (the matter concerns us all *asia -ee meitä kaikkia)*, have to do with; relate to; *(olla kysymys jstk)* be about (of) (what is the matter about? *mitä asia -ee?)* ▶ **koskien** *jtk* as concerns, concerning; regarding; relating to; *se ei -e* **minua!** it's no concern of mine! *miten asia minua -ee?* what has that matter got to do with me?
koskelo merganser; *(iso~)* goosander.
koskemat||**on 1** untouched (leave untouched *jättää -tomaksi)*; intact (capital *pääoma)*; virgin (soil *maa[perä])*; *pala ~ta luontoa* a piece of unspoiled nature **2** *(loukkaamaton)* inviolable **-tomuus** inviolability; integrity (territorial integrity *alueellinen ~)*; *diplomaattinen* ~ [diplomatic] immunity.
kosken||**haltija** water spirite, nix **-laskija** rapids shooter **-lasku** shooting of the rapids.
kosket||**ella 1** touch **2** *(kuv)* touch [up]on (the matter *asiaa)*; *(asiasta m)* be about; *hän ei sanallakaan -ellut asiaa* he did not mention a word of it.
kosket|**in 1** *(mus)* key *-timet (pl)* keyboard, *valkoiset -timet* the white (natural) keys **2** *(sähk)* contact; *(pisto~)* plug.
kosket||**taa** touch (a th. *jtk;* a p.'s feelings *jkn tunteita)*; *(-ella ohimennen)* touch upon, mention (the matter *asiaa)* **-us** touch; contact (with *jhk)* ▶ *(kuv)* **etsiä** *~ta jhk* try to get into touch with; **joutua** *-ukseen jnk kanssa* come into contact with; **säilyttää** ~ *jhk* keep in touch with.
kosketus||**-** contact (infection *-tartunta)* **-aisti** touch; tactile sense **-kohta** point of contact; *(kuv)* point (interest) in common **-pinta** contacting surface.
koskeva; *jtk* ~ regarding (this project *tätä hanketta ~)*, with regard (respect) to; concerning (me *minua ~)*; *tätä asiaa ~ kirjeenvaihtomme (m)* our correspondence on this matter; *jtk ~t tiedustelut* inquiries about.
kosk|**i** *(pl)* rapids; shoot; *(putous)* waterfall,

(pl) falls; *kohista (ryöpytä) -ena* rush (come down) in torrents ~**kara** *(el)* dipper.

kosme||**etti**|**nen** cosmetic *(adv* ~ally) (defect *haitta*); **-set** *aineet* cosmetics **-tiikka** cosmetic art; *(ehosteet)* cosmetics **-tologi** cosmetician, beautician **-tologia** cosmetology, beauty care.

kosm||**inen** cosmic[al]; ~ *säteily* cosmic radiation **-onautti** cosmonaut.

kosmopoliitti, ~**nen** cosmopolitan.

kosmos cosmos ~**kynä** copying pencil.

kosolti in abundance; ~ *väkeä* plenty of people.

kosta||**a** revenge, avenge (an injustice *vääryys;* on *jklle*); revenge o.s., take revenge, be revenged (on *jklle;* for *jk*); ~ *hyvä pahalla* reward evil for good, repay good with evil; ~ *veljensä puolesta* revenge one's brother **-utu**|**a** bring its own punishment, revenge itself; *se -i hänelle* he had to pay for it; *se -u [sinulle] ankarasti* you'll have to pay dearly for it.

koste||**a** damp (wall *seinä*); moist (hands ~*t kädet*); *(märkä)* wet (sponge *sieni;* weather *sää*); humid (climate *ilmasto*); *(kylmän~)* dank (cellar *kellari*) **-ikko** *(keidas)* oas|is *(pl* -es).

kosteu|**s** damp[ness], humidity (air humidity *ilman* ~); moisture; *suojeltava -delta!* keep dry! ~**maito** *(kosmet)* moisturizing milk ~**mittari** hygrometer ~**pitoisuus** *(ilman* ~) humidity ~**pyyhe** fresh-up towel, refreshing towelette ~**voide** *(kosmet)* moisturizing (moisture) cream.

kosteuttaa moisturize (the skin *ihoa*).

kosto revenge; *(kirj)* vengeance; *(~toimet)* retaliation ▶ ~**n enkeli** avenging angel; **hautoa** ~*a* brood revenge; **kostoksi** in revenge (retaliation) for *jstk*).

kosto||**hyökkäys** *(sot)* reprisal [attack] **-nhalu** desire for revenge **-nhaluinen** *(-nhimoinen)* [re]vengeful, vindictive **-nhimo** thirst for revenge **-toim**|**i** act of revenge; *-et (sg)* retaliatory action, retaliation; *ryhtyä ~in* resort to reprisals.

kostu||**a 1** get damp (moist, wet); moisten **2** *(tav kielt)* gain (you will gain nothing by it *siitä et mitään kostu*) **-ke;** *mehu kakun -kkeena* juice to moisten the cake; *jtk kurkun -kkeeksi* something to wet one's throat with **-tin** damper; *(ilman~)* humidifier **-tt**|**aa** damp; dampen (the rain dampened the ground *sade -i maan*); moisten (one's lips *huuliaan*); *(kastaa)* wet.

kota 1 *(lappalais~)* [Lapp] hut **2** *(kasv)* capsule.

kotelo 1 *(kuori)* case, covering; box; *(tekn)* cover, casing **2** *(el)* pupa; *(~suojus)* chrysalis ~**ida** *(erik tekn)* encase, cover in ~**itua 1** *(lääk ym)* become encapsulated, encapsulate, encyst **2** *(el)* pupate; *(silkkiperhosen toukasta)* cocoon ~**koppa** *(el)* cocoon.

ko|**ti** home; *(ark) mennään minun* ~*ini* let's go to my place; *olla hyvästä -dista (m)* be of a good family *(ks m kot*|*iin, -oa, -ona).*

koti|- home (life *-elämä; (urh)* team *-joukkue;* town *-kaupunki; (urh)* ground *-kenttä;* address *-osoite;* front *-rintama*); △ domestic (life *-elämä;* tyrant *tyranni*); △ house (dress *-asu;* search *-tarkastus).*

kotiapu *(kunnallinen* ~) home help service ~**lainen** domestic [help]; *(palvelustyttö)* maid.

koti||**aresti** home arrest; *(sot)* house arrest **-askareet** household duties, *(sg)* housework **-eläi**|**n** domestic animal; *(koll) -met (sg)* the livestock **-etsintä** *(lak)* house search; *toimittaa* ~ search a house **-hiiri** *(henk)* stay-at-home, *(Am)* homester, homebird **-hipat** *(sg)* party **-hoito** home care (of a patient *potilaan* ~) **--ikävä** homesickness; *potea* ~*ä* be homesick.

kotiin home (go (come) home *mennä (tulla)* ~); at home (leave (stay) at home *jättää (jäädä)* ~) ▶ **kutsua** ~ *(dipl)* recall; **matkalla** ~ homebound; ~ **palaava** returning; ~ **päin** homeward[s].

kotiin||**kanto**, **-kuljetus** delivery **-kutsu** *(dipl)* recall **-lähtö** leaving for home **-paluu** return [home], home-coming.

koti||**-irtaimisto** *(pl)* household effects **-kalja** *(läh v)* near beer **-kasvatus** upbringing **-kent**|**tä** *(urh)* home ground; *pelata -ällä* play at home **-kiel**|**i** language of one's home; *-enään he puhuivat saksaa* they spoke German at home **-kissa 1** *(el)* [domestic] cat **2** *(henk)* stay-at-home, homester **-kontu** home[stead] **-kunta** place of domicile **-kutoinen** hand-woven, homespun **-kutsut** party **-kylä** native village **-käyttö** domestic use; *~ön (m)* for the house[hold] **-leipomo** [local] baker's **-liesi** hearth *(m kuv);* fireside.

kotilo *(el)* gastropod.

koti||**läksy**[**t**] *(koul) (sg)* homework **-lääkitys** household remedy **-lääkäri** family doctor **-maa 1** homeland; native (home) country **2** *(alkuperämaa)* country of origin; original home (of the Renaissance *renessanssin* ~) ▶ **kotimaan** domestic, internal, home (affairs *asiat*); **kotimaassamme** *(m)* in this country; **vanha** ~ the old country.

kotimaan||reitti *(ilm)* inland route **-uutiset** home news.

kotimai||nen home (industry *teollisuus*); native; domestic (capital *pääoma*), inland, internal (consumption *kulutus*); **toinen** ~ **kieli** second official language **-staa** domesticate.

kotimarkkina||t *(sg)* domestic (home) market **-teollisuus** domestic manufacturing.

koti||matka home (return) journey; way back; ~**lla** on the (one's) way home; *(mer)* homeward bound; *lähteä* ~**lle** set out for home **-mie|s** *(lastenvahti)* baby-sitter; *olla* **-henä** keep watch over the house **-opettaja** [private] tutor **-opettajatar** governess **-ovi;** *jkn* ~ one's door[step] **-paikka** *(synnyinpaikka)* native place; *(lak)* domicile, [place of] residence; *(liik)* registered office; *(aluksen* ~*)* port of registry, home port **-puhelin** [private] telephone; private number **-rauha** *(lak)* domestic peace; ~**n rikkoja** trespasser; ~**n rikkominen** breach of domicile **-rouva** housewife **-sairaanhoitaja** visiting nurse.

kotiseutu home district *(sot* area); *(synnyinseutu)* native place ~**museo** museum of local history and culture, local arts-and-crafts museum.

koti||sisar trained home help, home aid **-takki** smoking jacket **-talo** one's parents' farm.

kotitalou|s 1 *(taloudenhoito)* housekeeping; *hoitaa* **-tta** do housekeeping, keep house (for *jkn*) **2** *(ruokakunta)* household **3** *(~oppi)* domestic science, *(Am)* home economics ~**kone** domestic appliance ~**opettaja** domestic science teacher, *(Am)* home economist ~**opettajaopisto** college for teachers of home economics ~**työ** domestic (household) work, housework.

koti||tarve; *-tarpeiksi* for own use **-tehtävä[t]** *(sg)* homework **-tekoinen** homemade **-teollisuus** home (cottage) industry; handicraft.

kotiut||taa 1 *(sot)* disband, demobilize (troops *joukkoja)*; discharge, demob (he was demobbed *hänet -ettiin)* **2** *(saattaa -umaan)* naturalize (an animal *eläin;* a

plant *kasvi;* a word into a language *sana kieleen)* **-taminen** *(sot)* disbandment, demobilization **-tamispäivä** *(sot)* day of discharge **-ua 1** begin to feel at home; make o.s. at home (in a new house *uuteen taloon); (tottua)* become familiar with **2** *(vakiintua ym)* become naturalized; *(juurtua)* take firm root; ~ *kieleen (us)* be accepted in a language **3** *(palata kotiin)* come (return) home (from hospital *sairaalasta).*

koti||väk|i; -eni my people (family, folks) **-vävy** living-in son-in-law **-äiti** full-time mother.

kotka eagle ~**nkatse** eagle eye ~**nnenä** aquiline nose ~**npesä** eagle's nest.

kotkata *(tekn)* clinch, clench.

kotkot||taa cackle, cluck **-us 1** cackle, cluck **2** *(ark); (tav)* **-ukset** *(sg)* blathering, tittle tattle.

kotletti cutlet.

koto||a from home **-i|nen 1** domestic (chores *-set askaret);* ~ *tuotantomme* our own (home) produce **2** *(tuttu)* familiar (dialect *murre); tuntuu -selta* it's familiar (like home) **3** = **-isa** cosy, homely; homelike; *..on* ~*a* it's nice and comfortable **-isin;** *jstk* ~ from*;* a native of; *olla jstk* ~ be (come) from, belong to; *se ei ole mistään* ~ it isn't worth much, it doesn't amount to much **-na** at home; *(kodissa)* in the home ▶ *ole kuin* ~*si!* make yourself at home! **olla** ~ be at home, be in; *olla [taas]* ~ be home (back [home]); *kuinka* ~ *voidaan?* how is your family? *yksin* ~ alone in the house.

kottarainen starling.

kottikärryt *(sg)* wheelbarrow.

koturni cothurn.

kotva; ~*n aikaa* [for] a while; *syntyi* ~*n hiljaisuus* there was a short silence.

koukata 1 hook *(m urh)* **2** *(sot)* outflank (the enemy *vihollisen selustaan).*

kouker||o 1 *(kiekura)* flourish; curlicue; twirl; scroll **2** *(mutka)* twist, curve (curves of a road *tien* ~*t)* **-oinen 1** flourishy, curlicued, twirly, scrolly (line *viiva);* ~ *käsiala* ornate (flourishy) handwriting **2** *(mutkainen)* curved, winding, tortuous, sinuous (path *polku)* **-rella** wind; *(joesta erik)* meander.

koukist||aa bend (one's arm *käsivarttaan);* flex (try to flex your leg *koeta* ~ *jalkaasi)* **-aja[lihas]** *(anat)* flexor **-ua** *(taipua)* bend; *(köyristyä)* crook, become crooked (bent);

(selästä) stoop -us *(voim ym)* bending.
koukk||aaminen *(urh)* hooking -aus *(sot)* outflanking -ia; ~ *ylös* fish up.

kouk|ku 1 hook *(m nyrkk); (ripustin)* hanger; *(puinen ~) (m)* peg **2** *(ark) (juoni)* trick, snag, catch, hitch ▶ **kouk|ussa** *(-uun)* bent, crooked; *polvet -ussa* with one's knees bent; **ripustaa** ~*un* hook; *(konkr, kuv)* **saada** ~*unsa* hook (a fish *kala);* **tarttua** ~*un* take the bait *(m kuv)*.

koukku||inen crooked (fingers *-iset sormet);* bent (knees *-iset polvet)* **-leuka** hooked chin **-nenä** hooknose **-nokkainen** hook-billed **-polvinen** crook-kneed **-päinen;** ~ *sauva* crook, crozier **-selkäinen** round-shouldered, bowed.

koukuta *(käsit)* crochet.

kouli||a 1 train, school, drill (one's voice *ääntään)* **2** *(puut)* transplant, line (prick) out; *-ttu taimi* transplant **-intu|a;** *-nut silmä* well-trained eye.

koulu 1 *(oppilaitos)* school (technical (state, private) school *tekni[lli]nen (valtion, yksityinen)* ~; the meeting was held in the school *kokous pidettiin* ~*ssa;* teach at a school *opettaa* ~*ssa)* **2** *(~työstä)* school *(ilman art)* (after school ~*n jälkeen;* school begins at eight ~ *alkaa kahdeksalta);* *(~tunnit m) (pl)* classes, lessons ▶ **koulussa** at *(Am* in) school; *(kuv)* **käydä kova** ~ go through a hard school, learn the hard way; **käydä** ~*a* go to (attend) school; *hän käy vielä* ~*a* he is still at school; ~*[j]a* **käynyt** learned; **mennä** ~*un* go to school; *lapset menevät nuorina* ~*un (m)* children start school early; **pinnata** ~*sta* play truant *(Am* hooky), cut classes; **olla poissa** ~*sta* be absent; **päättää** ~*nsa* leave school; **tänään ei ole** ~*a* we have a holiday today; **vaihtaa** ~*a* change schools.

koulu|- school (bus *-bussi;* age *-ikä;* experiment *-kokeilu;* course *-kurssi;* doctor *-lääkäri;* teaching *-opetus;* day *-päivä;* broadcast[ing] *-radio;* building *-rakennus;* report *-todistus;* reform *--uudistus).*

koulu||aika *(pl)* school days **-aine** *(oppiaine)* school subject **-ateria** school meal; *ilmaiset* ~*t* free school dinners **-auto** learner [car] **-esimerkki** typical (classic) example (of *jstk),* object lesson (in) **-hallitus** National Board of Education **-haluttomuus** dislike of school **-hammaslääkäri** school dentist; pedodontist

-hoitaja school nurse; *(m)* matron **-ikäinen** ..of school age, school-age **-jenvälinen** inter-school **-kasvatus** schooling; education **-kirja** schoolbook **-koti** approved *(Am* reform) school, reformatory **-kunta** school (of Plato *Platonin* ~) **-kypsyys** readiness for school **-lainen** pupil; school|boy, -girl; *-laiset* schoolchildren.

koulululais||kuljetus school transport; *(USA rotuerottelusta johtuva* ~*)* bus[s]ing **-lippu** school pupils' *(Am* students') season ticket **-vaihto** exchange of schoolchildren.

koulu||laitos school (educational) system **-laiva** training ship **-laukku** schoolbag **-maailma** the scholastic world **-maksu** school fee, tuition **-matka** *(-tie)* way to school **-mestarimainen** school-masterish, pedantic *(adv* ~*ally)* .

koulun||johtaja principal, head[master] **-johtajatar** head[mistress] **-käymätön** uneducated; *(täysin oppimaton)* illiterate **-käynti** school attendance; schooling (free schooling *maksuton* ~*); (us)* school (start (leave) school *aloittaa (lopettaa)* ~) **-käynyt** trained, schooled (chef *kokki)* **-opettaja** school|teacher, -master **-penk|ki** *(kuv)* school bench; *istua -illä* be at school.

koulu||nuoriso *(pl)* those of school age, schoolboys and -girls **-pakko** compulsory education **-piiri** school district, local education area **-pinnaus** truancy **-poika** schoolboy **-ratsastus** dressage **-sivistys** education **-talo** schoolhouse **-tehtävät** *(sg)* schoolwork, *(m)* homework **-tettava** *(sot ym)* trainee **-tiedot** scholastic attainments, *(sg)* knowledge acquired at school **-toim|i;** *-en johtaja* chief education officer; *-en tarkastaja* school inspector **-toveri** school|mate, -fellow, school friend.

koulut||taa 1 *(käyttää koulua)* educate, give an education to (one's children *lapsensa)* **2** *(opettaa)* train (a horse *hevonen);* soldiers *sotilaita;* one's voice *ääntään); (sot)* instruct (recruits *alokkaita); (kasvattaa)* school, tutor (o.s. to patience *itseään kärsivällisyyteen); (el m)* break [in] (a horse *hevonen);* ~ *uudelleen* retrain **3** *(puut)* transplant **-taja** *(sot)* trainer; instructor; drillmaster **-tamaton** untrained (voice *ääni).*

koulu||tunti lesson, class **-tus 1** *(kouluopetus)* education, schooling (he has no proper schooling *hänellä ei ole kunnon* ~*ta)* **2** *(harjoitus)* training; *(sot)* instruction; *(el m)* breaking-in.

koulutus||- training (period *-aika;* centre *-keskus;* course *-kurssi;* officer *-sihteeri)* **-ammatti** *(läh v)* profession **-upseeri** instructor [officer] **-yhteiskunta** qualification-conscious society.

koulu||**tyttö** schoolgirl **-vuosi** school year.

kour|**a 1** [hollow of the] hand **2** *(tekn)* grab, grapple; *(kahmari)* shovel, bucket; *(ankkurin ~)* palm ▶ *jnk* **kourissa** in the grip (clutches) of; *kohdella* **kovin** *-in* handle .. roughly, be rough with; **lain ~** the arm of the law; *tarttua jhk* **lujin** *-in* take strong measures (a strong line) against.

koura||**antuntuva** tangible (proof of *todistus jstk);* *(ilmeinen)* palpable, obvious (improvement *parannus)* **-ista** grasp, seize (a p.'s arm *jkta käsivarresta);* *tuska -isi sydäntä* the heart was seized with pain **-kauha** grab bucket **-llinen** handful *(m kuv)* (of *jtk).*

kourist||**aa;** *sydäntäni ~* it wrings my heart (to think.. *kun ajattelen..);* *vatsaani ~* I have [got] a griping pain in my stomach **-ella** writhe (in pain *tuskasta)* **-uksenomainen** spasmodic *(adv ~ally);* convulsive **-u**|**s** cramp; spasm; *-kset* convulsions **-uskohtaus** spasmodic fit; *saada ~* get a cramp **-tila** state of spasm.

kouru channel, flute; *(lasku~)* spout, chute, *(Am)* shoot; *(katto~)* gutter; *(uurre)* groove.

kov|**a 1** *(konkr)* hard (stone *kivi);* stiff (collar *kaulus);* firm (ground under one's feet *maa jalkojen alla)* **2** *(kuv)* hard (times *~t ajat;* competition *kilpailu);* *(ankara)* severe (on, towards *jklle);* heavy (blow *isku;* traffic *liikenne;* rain *sade);* *(tiukka)* strict (discipline *kuri),* tight (order *järjestys);* *(tyly)* stern (treatment *kohtelu);* harsh (colo[u]rs *~t värit);* *(voimakas)* strong (desire *halu),* *(raju)* violent, *(kiivas)* vehement; *(innokas)* eager (expectation *odotus),* intensive (study *opiskelu),* keen (competition *kilpailu);* great (demand *kysyntä;* with great enthusiasm *~lla innolla);* high (price *hinta;* fever *kuume);* loud (in a loud voice *~lla äänellä)* **3** *(ark)* tough (job *homma),* iron (constitution *kunto);* hot (name *nimi)* ▶ *(ks m ~a)* **~ kohtalo** hard lot; *hän on monta ~a kokenut* he has endured many hardships; *hän pani ~n* **kovaa** *vastaan* he was just as tough; **kovilla** *ks. lujilla;* olla *~*

jklle be hard on, treat .. harshly; olla *~* **tekemään** *jtk* be keen on; *olla ~* **lukemaan** be an eager reader; *puuttua -in* **ottein** *jhk* take strong measures (a strong line) against; *~n* **paikan** *tullen* when it comes to a tight place; *~* **ruokahalu** hearty appetite; *katsella* **silmä** *~na* watch like a lynx.

kova|- hard (concrete *-betoni;* metal *-metalli).*

kova||**a 1** *(voimakkaasti)* hard (hit (press) hard *lyödä (puristaa) ~)* **2** *(~ vauhtia)* fast (drive (run) fast *ajaa (juosta) ~)* **3** *(äänekkäästi)* loud; *puhu kovempaa!* speak louder! **-kantinen** hard-bound, hard-covered **-kourainen** heavy-handed; rough **-kouraisesti;** *kohdella jkta ~* be rough with **-ksikeitetty** hard-boiled **-kumi** hard rubber, vulcanite **-kuoriainen** beetle **-levy** *(rak)* hardboard **-luontoinen** cold-hearted, hard **-naama** tough [guy] **-naamainen** hard-faced **-onninen** ill-fated; unlucky **-osai**|**nen** sorely tried; *yhteiskunnan -set* the wretched (deprived) of society **-otteinen** hard-handed, rough **-panosammunta** *(sot)* live ammunition firing **-pintainen** *(kuv)* hard-boiled, tough **-päinen** dull[-witted], thick-headed.

kovasi|**n** whetstone; hone; *hioa -mella* whet.

kovasti 1 *(paljon)* [very] much **2** *(lujasti)* hard (hit (work) hard *iskeä (tehdä työtä) ~);* heavily (it is raining heavily *sataa ~);* *(äänekkäästi)* loud **3** *(tylysti)* harshly.

kova||**sydäminen** hard[-hearted], uncharitable **-ääni**|**nen I** *a* loud; noisy (quarrel *riita);* vociferous (demands *~set* väätimukset) **II** *s* loudspeaker.

kovemmin harder *(jne; ks kovasti).*

koven||**nettu;** *~ rangaistus* strict regime **-taa 1** make .. louder, heighten (one's voice *ääntään);* increase (the speed *vauhtia)* **2** *(tehostaa)* intensify; *(tiukentaa)* tighten (the discipline *kuria;* the hold *otetta);* *~ rangaistusta* aggravate the penalty.

kover||**a** concave (lens *linssi);* hollow **-taa** hollow [out], scoop out; *(uurtaa)* gouge **-uus** concavity (of a lens *linssin ~).*

kove||**ta** *(rinn -ntua)* **1** *(-ttua)* harden, become hard; *(jähmettyä)* become solid, set **2** *(kuv)* become more acute (severe, intense, fierce); increase (the noise (speed) increased *melu (vauhti) -ni);* *peli -ni* the game grew tougher **3** *~ jklle* take a p. to task **-ttaa** harden *(m kuv);* *~ vatsaa* constipate **-ttuma** *(känsä)* callus, callosity;

induration.

kovike 1 *(jäykiste)* stiffener **2** *(kovete)* hardener ∼**kangas** buckram.

kovin very (eager *innokas;* long *kauan;* much *paljon);* [very] much (obliged to you *kiitollinen sinulle;* afraid *peloissaan);* most (useful *hyödyllinen),* highly (dangerous *vaarallinen); ei* ∼*kaan* not particularly; *ei* ∼*kaan kauan sitten* not so long ago.

kovis *(ark)* tough guy.

kovist‖**aa, -ella;** ∼ *jkta* bring pressure to bear upon, pressure a p.; take .. to task.

kov‖**ittaa** starch (a collar *kaulus*) **-uus** *(konkr ja kuv)* hardness; *(ankaruus)* severity; *(äänen* ∼*)* loudness.

kraatteri crater.

krak‖**ata** *(tekn)* crack **-eloida** craze, crackle **-kaus** cracking.

kramppi cramp.

kranaatti‖**inheitin** grenade thrower, [trench] mortar **-inkuoppa** shell crater, grenade pit **-insirpale** shell splinter **-ti** shell; *(käsi*∼*)* grenade.

kra‖**pu 1** *(el)* = *rapu* **2** *K*∼ *(astr)* Cancer, the Crab; *K-vun kääntöpiiri* the Tropic of Cancer.

krapula hangover; *moraalinen* ∼ *(pl)* pangs of remorse ∼**inen** crapulous ∼**ryyppy** a hair of a dog.

krassi 1 cress **2** = *koristekrassi.*

kravatti tie.

kredit‖**iivi** letter of credit **-saldo;** *tilillä on* ∼ the account is in credit.

Kreeta Crete **k**∼**lainen** *a ja s* Cretan; ∼ *kulttuuri* Cretan (Minoan) culture.

kreikankielinen Greek.

Kreikka 1 Greece **2** *k*∼ *(kieli)* Greek **k**∼**lainen I** *a* Greek; Grecian (profile *profiili)* **II** *s* Greek.

kreikkalais‖**katolinen** Greek Catholic (Orthodox); ∼ *kirkko* the Greek (Eastern Orthodox) Church **-roomalainen** Gr[a]eco-Roman (wrestling *paini)* **-tyylinen** Grecian **-uus** Gr[a]ecism.

kreivi count; *(Brit)* earl; ∼*n aikaan* just at the right time ∼**kunta** county ∼**narvo** *(Brit)* earldom; *antaa jklle* ∼ create a p. a count (an earl) ∼**tär** countess.

krematorio cremator‖ium, -y.

Kreml the Kremlin **k**∼**ologi** Kremlinologist, Kremlin-watcher.

kreoli *(henk ja kiel)* Creole.

kreppi *(tekst, keitt)* crepe, crêpe ∼**nailon** stretch nylon ∼**paperi** crepe paper.

kretonki, ∼**nen** cretonne.

kriikuna bullace (damson) plum ∼**puu** bullace; damson.

kriisi *(eri merk)* cris‖is *(pl* -es) ∼**altis** ..prone to crises ∼**tilanne** crisis, critical situation.

kriit‖**ikko** critic; *pikkumainen* ∼ criticaster **-tinen** critical (of, about *jnk suhteen);* ∼ *kohta (m)* turning point.

kriketti cricket.

Krim the Crimea; ∼*in* Crimean (War *sota).*

kriminaali‖**huolto** correctional treatment **-politiikka** penal (criminal) policy **-psykologia** criminal psychology.

kriminalisoida make .. a criminal offence.

krimin‖**kangas** *(tekst)* imitation astrakhan **-nahka** Persian lamb, krimmer.

krimiturkki Persian lamb coat.

krinoliini crinoline.

kristalli crystal; *(*∼*lasi)* cut glass ∼**nkirkas** crystal[-clear], crystalline *(m kuv);* translucid (water *vesi)* **K**∼**palatsi** the Crystal Palace.

kristalloitua crystallize.

kristi‖**kunta** Christendom (all Christendom *koko* ∼) **-llinen** Christian (era *ajanlasku;* art *taide); (-nuskon hengen mukainen m)* Christianly; ∼ *tasajako* fair division.

kristillis‖**demokraattinen** *(pol)* Christian Democratic **-esti** in a Christian way, Christianly **-yys** Christianity.

kristin‖**oppi** Christian doctrine; Christianity **-usko** the Christian Faith, Christianity; *käännyttää* ∼*on* convert .. to Christianity; ∼*n vastainen* antichristian.

Kristoffer Christopher (Columbus *Kolumbus).*

kristuksenkuva figure of Christ.

Kristu‖**s** Christ (in the name of Christ *-ksen nimeen)* ▶ *ennen* ∼*ta* before Christ, *(lyh)* B.C.; *jälkeen* ∼*ksen* after Christ, Anno Domini, *(lyh)* A.D.; *-ksen* **syntymä** the birth of Christ, the Nativity; *-ksen* **toinen** *tuleminen* the Second Advent.

kristus‖**lapsi** the Infant Christ **-monogrammi** Christogram.

kriteeri criteri‖on *(pl* -a).

kriti‖**ikitön** uncritical, indiscriminat‖e, -ing **-ikki 1** criticism (above criticism *-ikin yläpuolella);* critique (on *jhk kohdistuva* ∼*); (moittiva arvostelu)* censure (cause censure *herättää* ∼*ä)* **2** *(san) (arvostelut)* review **-soida** criticize; *(moittia)* censure **-soija** critic, censurer.

kroa‖**atti** Croat[ian] **K-tia** Croatia

-**tialainen** *a ja s* Croatian.
Kroisos Croesus.
kroketti croquet ~**nuija** mallet.
krokotiili crocodile ~**nkyynelet** crocodile (false) tears ~**nnahka** crocodile (genuine crocodile *aitoa* ~*a*).
krom||aattinen chromatic (*adv* ~ally) (scale *asteikko*) -**ata** chromium-plate, chromeplate -**i** chromium; -*i*|- chrome (yellow *keltainen;* leather -*nahka*).
kromosomi chromosome ~**luku** chromosome number.
kronik||ka chronicle; *(aikakirjat) (pl)* annals **oitsija** chronicler, annalist.
krono||loginen chronological -**metri** chronometer.
krookus crocus.
krool||ata, -i *(urh)* crawl.
krooni||kko, -nen chronic -**suus** chronicity; *jnk* ~ the chronic character of.
krossi gross.
krusifiksi crucifix.
kruuna; ~ *vai klaava?* heads or tails? ~**amaton** uncrowned ~**jaiset** *(sg)* coronation [ceremony] ~|**ta** crown (a p. king *jku kuninkaaksi*); *ponnistukset -si täydellinen menestys* the efforts were crowned with complete success ~**us** crowning, coronation.
kruunu 1 *(konkr, kuv, her)* crown (of England *Englannin* ~; imperial crown *keisarin* ~; royal crown *kuninkaan* ~; wear the crown *kantaa* ~*a*); *(aatelis*~*)* coronet **2** *(valtiovalta)* the Crown **3** *(hammasl)* [artificial] crown, cap **4** *(katto·)* chandelier, *(kristalli*~*)* lustre ▶ **kaiken** ~*ksi* to crown everything; *syödä* ~*n* **leipää** have a civil-service job; *olla* ~*n* **leivissä** *(asepalveluksessa)* wear the King's coat; *(vankilassa)* work for H.M. Government; *(Am)* work for Uncle Sam; **riistää** *jklta* ~ discrown a p.; ~*n* **omaisuus** State (Crown, Government) property.
kruunu||korkki crown cap -**kynttilä** straight [white] candle.
kruunun||- crown, Crown (jewels -*kalleudet;* Princess -*prinsessa*); △ government (granary -*jyvästö;* estate -*talo*); △ state (forest -*metsä*) -**juristi** law officer of the Crown; *(Brit)* Attorney-General -**perillinen** heir to the throne, heir apparent -**perimys** succession [to the Throne] -**prinssi** Crown Prince; prince royal; *(Brit)* Prince of Wales -**tavoittelija** pretender, claimant to the

Throne -**tila** government estate, state-owned farm -**vouti** *(hist)* bailiff, warden.
kruunupää crowned head.
krypta crypt.
krysanteemi chrysanthemum.
krääsä *(ark)* rubbish, trash, junk.
ks *(lyh = katso)* see (page 20 *sivu/lta]* 20).
kserokopio [xerographic] copy, xerogram.
ksylitoli xylitol.
kubis||mi cubism -**ti** cubist -**tinen** cubist[ic] (*adv* ~ically).
ku|de weft, woof, filling; *panna kangas -teille* set up a loom, loom a web ~**lanka** weft thread; pick ~**lma 1** *(~työ)* [piece of] knitting; *(maton ym* ~*)* weaving **2** *(kudos)* texture, fabric, weave ~**silkki** weft silk, tram.
kudin knitting.
kudoksensiirto transplantation.
kudonnai|nen textile [fabric]; -*set* textiles.
kudos 1 fabric, texture *(m kuv)*; *(kangas)* fabric **2** *(anat)* tissue.
kudos||- *(lääk)* tissue (change -*muutos;* fluid -*neste;* culture -*viljely)* -**näyt|e** *(lääk)* tissue sample; -*teen ottaminen* biopsy.
kuha pike perch ~**nkeittäjä** [golden] oriole.
kuher||rella *(kuv)* bill and coo -**rus** cooing (of a pigeon *kyyhkysen* ~) -**ruskuukausi** honeymoon -**taa** coo -**telu** flirtation.
kuhilas shock, stook.
kuhi||na swarming -**sta** *(vilistä)* swarm; *(~ jtk)* be alive (swarming) with (people *väkeä*); *kaloja on niin että* ~*-see* the sea is seething with fish
kuhmu 1 bump (on the forehead *otsassa*), lump, swelling **2** *(lommo)* dent, depression ~**inen** battered, dented (kettle *kattila*) ~**rainen** *(möykkyinen)* bumpy, lumpy (mattress *patja*); gnarled (oak *tammi*).
kuhn||aileva *(m)* dilatory -**ailija** *(vitkastelija)* laggard, sluggard -**ail||la** dawdle, dillydally; *(vitkastella)* lag; -*ematta* without losing time -**ailu;** ~ *asiassa (m)* trifling with a matter -**uri** *(el)* drone.
kuidu||nsuuntainen with the grain -**ton** fiberless.
kuihdutta|a *(lakastuttaa)* make .. wither; wilt, wither [up] *(m kuv); (riuduttaa)* waste (a body wasted by disease *taudin -ma ruumis*).
kuihtu||a *(lakastua)* wither [away], wilt, fade (in autumn *syksyllä; (m kuv)* her beauty faded *hänen kauneutensa -i*);

(riutua) pine (waste) away; *(lihaksista)* wither [away] **-maton** unfading (love *rakkaus*); everlasting (flower *kukka*) **-nut** withered, faded.

kuikka *(el)* diver.

kuilu gulf; *(halkeama)* cleft; *(rotko)* ravine, gorge, chasm **2** *(kuv)* gap (generation gap *sukupolvien välinen* ~), gulf, chasm (between us *välissämme*); *(syvä* ~) abyss **3** *(kaivost, rak)* shaft (lift (mine) shaft *hissi-(kaivos)*~) ▶ ~*n* **partaalla** at the edge of the precipice; **pohjaton** ~ bottomless pit, *(pl)* depths; **välissämme on ylipääsemätön** ~ *(m)* we are miles apart.

kuin 1 *(ilm erilaisuutta)* than (better than before *parempi* ~ *ennen;* he is older than I *hän on vanhempi* ~ *minä;* I had no other choice than.. *minulla ei ollut muuta mahdollisuutta* ~..) **2** *(ilm samanlaisuutta)* as (not so big as *ei niin suuri* ~; as soon as *niin pian* ~; the same as *sama* ~) **3** *(ilm samankaltaisuutta)* like (she is like her mother *hän on [aivan]* ~ *äitinsä;* he speaks French like a native *hän puhuu ranskaa* ~ *syntyperäinen ranskalainen)* ▶ *se on* **aivan** ~ *kultaa* it looks like gold; **erilainen** ~ different from (what I thought *luulin*); **mies** ~ **mies** every man, everybody; *ei* **muuta** ~ nothing but; *hän* **teki** ~ **tekikin** *sen* he did it after all.

-kuinen *(yhdyss);* seitsen~ *lapsi* seven-month-old child; *viime*~ last month's (salary *palkka*).

kuinka 1 *(miten)* how **2** *(miksi)* why ▶ *ota* ~ *monta* **haluat** take as many you like; ~ **hyvänsä** *(tahansa, vain) haluatte* however you wish; ~ *hän* **koettikin** no matter how much he tried; **kävi** ~ **kävi** come what may; ~ **minä** *hämmästyinkään (m)* imagine my surprise; ~*s* **muuten** of course; ~ **niin?** why [then]? how so? **näimme** ~ *laiva vajosi yhä syvemmälle* we watched the ship sink deeper and deeper; ~ **ollakaan** as it was, *(m iron)* surprisingly enough; *[sehän on tarkoituksesi]* **vai** ~? [that's what you mean] isn't it?

kuinkaan; *ei* ~ in no way.

kuisk||**aaja** *(teatt)* prompter **-aajankoppi** prompt box **-ailla** whisper (in a p.'s ear *jkn korvaan);* ~*an että* there is a rumo[u]r going about that.. **-ata** whisper; *(teatt, koul)* prompt (a p. *jklle);* -*aten* in whispers, in a whisper **-aus** whisper[ing] **-utu**|**s;** *kuunnella jkn* -*ksia (m)* listen to a p.'s insinuations.

kuisma *(kasv)* John's wort.

kuisti porch; *(veranta)* veranda[h].

kuitat|**a 1** *(liik ym)* receipt (receipted bill -*tu lasku)* **2** *(us kuv)* [a]quit, settle (a matter *asia;* with *jllak);* meet (a remark with a smile *huomautus hymyllä)* ▶ ~*an* **maksetuksi** payment received; paid; *asia on* **sillä** -*tu* that squares (settles) the matter; ~ **vastakkain** cancel out, set off.

kuiten||**kaan;** *ei* ~ not .. anyway (however); *[mutta] ei* ~ but (however) not (more than *enempää kuin);* ei sitä ~ *kukaan uskoisi* nobody would believe that anyway **-kin** *(kaikesta huolimatta)* however (if you tried however *jospa* ~ *yrittäisit),* any|way, -how; *(siitä huolimatta)* nevertheless, in spite of that; *[mutta]* ~ still, yet (unbelievable yet true *uskomatonta mutta* ~ *totta);* **kiitoksia** ~ thank you just the same.

kuittaus receipt[ing]; *(vastakkain* ~) set-off; ~ **tähän!** sign here!

kuit|**ti** *(liik ym)* receipt; *(~ vastaanottamisesta)* acknowledg[e]ment; *(~ täydestä suorituksesta)* [a]quittance; *kirjoittaa* ~ make out a receipt; *(ark) olemme* -*it* we are quits **~lomake** receipt form.

kuitu fib|re, -er; *(ohut* ~) filament; *(puun ym* ~) grain; *runsaasti* ~*ja sisältävä ruoka* food containing plenty of roughage ~**kangas** non-woven [fabric] ~**kasvi** fibre[-yielding] plant ~**levy** fibreboard, *(Am)* fiberboard; insulating board ~**pellava** flax, *(Am)* fiber flax ~**pitoinen;** ~ *ruoka* food containing roughage ~**puu** *(puuteoll)* pulpwood, paperwood.

kuiv|**a 1** *(konkr)* dry; *(-unut)* parched (soil *maa);* dried up, drained; *(kuihtunut)* withered, dead (leaves ~*t lehdet);* *(hedelmätön)* arid (region *seutu);* torrid (zone *vyöhyke)* **2** *(kuv)* dry (humo[u]r *huumori); (ikävystyttävä)* dull (occasion *tilaisuus),* boring, tedious (person *ihminen)* ▶ -*in* **jaloin** with one's feet dry; **kuiviin, kuivill**|**a,** -e, **kuiviltaan** *ks. hakus.;* **pyyhkiä** ~*ksi* [wipe] dry; -*in* **suin** without food or drink; **säilytettävä** ~*na!* to be stored in a dry place! ~*t* **tosiasiat** *(m)* plain facts.

kuiva||**-aine** dry substance, solid matter, *(pl)* solids **-aja** dryer, *(erik Am)* drier **-este** *(urh)* [steeplechase] hurdle **-hiiva** dried yeast **-htaa** dry up **-kiskoinen** dry, dull, uninteresting **-käymälä** earth closet

-lastialus *(mer)* dry (bulk) cargo carrier **-mustekynä** ball-point pen **-neulapiirros** *(kuvat)* drypoint **-pesu** dry cleaning **-sti** dryly, drily.

kuiva‖ta *(pyyhkiä)* dry; dry off (o.s. *itsensä*); wipe (the dishes *astiat*); *(haihduttaa vesi)* dehydrate, desiccate (desiccated fruit *-ttuja hedelmiä*); ~ *hiki otsaltaan* mop one's forehead; *kurkkuani -a* my throat feels dry (parched), I'm thirsty **-telakka** dry dock **-ttaa** 1 dry; *(antaa kuivua)* let .. dry; dry up (the drought dried up the wells *kuivuus -ti kaivot*) 2 *(maat)* drain (bogs *soita*) **-tus** *(maat)* drainage, draining; *-tus‖-* drainage (area *-alue*).

kuivaus drying; *(lämmin~)* airing (of clothes *vaatteiden ~*); *(veden poistaminen)* dehydration, desiccation ~**kaappi** draining cupboard ~**linko** spin dryer (drier) ~**rumpu** drying drum ~**teline** drying rack.

kuivettu‖a dry up; *(korventua)* become parched; *(kuihtua)* wither **-nut** wizened (tree *puu*).

kuivi‖in; *haihduttaa* ~ evaporate; *(kuv)* *imeä* ~ drain; *kiehua* ~ boil dry; *vuotaa* ~ run out **-ke** *(maat)* litter, bedding **-ll‖a** *(-e)* *(kuivalla maalla)* on (to) dry land; *joki on ~[an]* the river has dried up; *(kuv) olla ~(päästä)* ~ *(-e) (alkoholistista ym)* kick the habit **-ltaan** without water.

kuivu‖a dry; *(~ aivan kuivaksi)* dry up; *(ehtyä)* run dry; drain; get (become) parched (the earth got parched *maa -i*); *(kuv) ~ [kokoon]* come to nothing **-ri** *(erik maat)* dryer, drier **-us** dryness; *(maant)* aridity, aridness (of climate (soil) *ilmaston (maaperän) ~*); *(kuiva kausi)* drought.

kuja lane (form a lane *muodostaa ~*); *(lehti~)* alley; *(kävely~)* walk.

kuje prank, trick, hoax, *(harmiton ~)* lark ~**ellinen** arch (smile *hymy*); *(ilkikurinen)* mischievous ~**ilija** *(veijari)* rogue ~**illa** joke, lark; *(pilailla)* be in jest; play tricks (pranks, practical jokes) (on *jkn kustannuksella*) ~**ilu** mischief; *(pl)* tricks ~**ilunhaluinen** mischief-loving.

kujer‖rus cooing **-taa** coo *(m kuv)*.

kuka 1 *(kys)* who *(pl* who *ketkä; (akk, prep kanssa)* whom; *(gen)* whose *kenen, keiden)* 2 *(joka)* who (there is no one whom I could trust *ei ole ketään kehen voisin luottaa)*; *(se joka)* he (the one) who, *(jokainen joka)* anyone (everyone) who 3 *(~ ikinä)* whoever (give it to whoever you

like *anna se kenelle tahdot*) ▶ ~ **heistä?** which of them? **kenelle** *annoit sen?* to whom did you give it? *(ark)* who did you give it to? **keneltä** *sait sen?* from whom did you get it? **kuka** *tiesi* **kuka** *ei* some knew some didn't; ~ **tahansa** anybody (can do it *osaa tehdä sen*); no matter who (does it .. *sen tekeekin..*); *ketkä tahansa* any people; ~ *tahansa ihminen (koulupoika)* any man (schoolboy); *hän ei ole ~ tahansa* he is not just anybody; *tulkoon ~ tahansa* no matter who calls; ~ **tahansa joka** any‖body (-one) who, whoever.

kukaan any‖body, -one; *ei ~* nobody, no one; *ei ~ ihminen* no man, nobody; *ei ~ muu* nobody else, no other man.

kukallinen *(kukikas)* flower‖ed, -y (gown *leninki*).

kukin *(adj ja sb)* each (in each month *kussakin kuussa*); each of us ~ *meistä*); *(sb)* each one, *(jokainen)* every‖one, -body ▶ *kullakin on* **huolensa** we all have our worries; *itse* ~ each one, each and everyone; *..joista* ~ *painaa 5 kg ..*weighing 5 kg each; *he lähtivät ~* **taholleen** they went their several ways; **vähän** *kutakin* a little of everything.

kukint‖a 1 *(kukkiminen)* flowering, blooming 2 *(kukat)* flowerage, bloom **-o** inflorescence.

kukist‖aa 1 *(tukahduttaa)* suppress, put down, quell (a rebellion *kapina*); *(nujertaa)* subdue (the rebels *kapinalliset*) 2 *(voittaa)* vanquish, conquer, defeat 3 *(kaataa)* overthrow, subvert **-ua** fall; be overthrown **-umaton** unconquerable, invincible **-uminen** fall, overthrow.

kukit‖taa; *hänet -ettiin* she was given flowers; she got a floral tribute.

kuk‖ka flower; *(puun ~)* blossom; *(koll)* *-at* bloom, *(puun ~)* blossom; *-kien* **kasvattaja** floriculturist; *olla* **kukassa** be in bloom; *(puista)* be in blossom; *täydessä -assa* in full bloom; *-at* **kukkivat** the flowers are out; **puhjeta** *~an* come into flower, burst into bloom (blossom).

kukka‖- flower (motif *--aihe;* basket *-kori;* bed *-penkki;* garden *-tarha)* **-kaali** cauliflower **-kauppa** florist's [shop] **-kauppias** florist **-kimppu** bunch of flowers, bouquet; *(pieni ~)* nosegay **-koristeinen** *(m)* flowered **-köynnös** garland, festoon **-laite** flower arrangement **-maa** flower bed **-maljakko** vase.

kukkaro purse ▶ **elää** *kuin Herran ~ssa* be

in clover; **hellittää** ~*n nyörejä* loosen the purse strings; *jos* ~ *sallii* if I can afford it; **sopia** *joka* ~*lle* suit every pocket.

kukka||**ruukku** flowerpot; *(suuri koristeellinen* ~*)* jardiniere **-seppele** wreath; garland.

kukkas||**kansa** flower people, *(pl)* hippies **-kieli** flowery language.

kukka||**tee** blossom tea **-tervehdys** floral tribute.

kukke||**a** flourishing; florid, fresh, rosy (skin *iho*); -*immassa iässä* in her prime; *olla* -*immillaan* be in full bloom **-us** [full] bloom.

kukki||**a** bloom, be in flower; *(puista)* [be in] blossom; *huumori* -*i* jokes are flying **-enhoito** floriculture **-va** blooming; florescent; ~*t niityt* fields gay with flowers.

kukko cock (crows *kiekuu*), *(Am)* rooster ▶ *hänelle ei* **kunnian** ~ *laula* he may get into trouble; *(kuv)* **punainen** ~ the fire fiend; *olla* ~*na* **tunkiolla** rule the roost.

kukko||**illa** boast, brag (of *jllak*); parade **-kiekuu** cock-a-doodle-doo **-pilli** *(läh v)* ocarina **-poika[nen]** cockerel; *(keitt)* spring chicken **-tappelu** cockfight[ing].

kukku|**a** call (a cuckoo called three times *käki* -*i kolme kertaa*), cuckoo.

kukkul|**a** hill, eminence, elevation; *maineensa* -*oilla* at the height of fame, in one's glory; *onnensa* -*oilla* on top of the world; *vallan* -*oilla* at the height of one's power.

kukkuluuruu *(last)* peekaboo.

kukkura heaped (good) measure; *kaiken* ~*ksi* to crown the lot (it all); ~ *lusikallinen* heaped spoonful ~*inen* heaped ~**kaupalla** abundantly, more than enough.

kukoist||**aa** 1 *(olla elinvoimainen)* flourish, thrive, prosper (his business prospered *hänen liikeyrityksensä* -*i)*, do well; bloom, flower (art and science were flowering *tieteet ja taiteet* -*ivat)* 2 *(kukkia)* bloom, blossom; *ruusut* -*avat* the roses are in full bloom **-ava** 1 *(elinvoimainen)* flourishing, prospering, thriving; prosperous (city *kaupunki)* 2 *(hyvinvoiva)* fine and healthy, ..radiant with health; *näyttää* ~*lta (m)* be the very picture of health 3 *(kukkiva)* blooming **-us** *(erik kuv)* bloom; *(~aika)* florescence; *nuoruuden* ~ the prime; *puhjeta* -*ukseen[sa]* flourish, prosper **-uskausi** time (period) of prosperity; *(erik*

taid) golden age.

kukon||**askelkuvio** *(tekst)* houndstooth check **-harja** cockscomb **-laulu** cockcrow.

kukunta; *käen* ~ call of the cuckoo.

kulau||**s** gulp, draught; *yhdellä* -*ksella* at one gulp **-ttaa;** ~ *kurkkuunsa* gulp down, quaff.

kulho *(malja)* bowl, basin; *(vati)* dish.

kuli coolie.

kulina||**arinen** culinary **-risti** gourmet, gastronome.

kulissi *(tausta~)* flat; *(sivu~)* wing, slip; *(lavaste)* set piece; ~*t (sg)* set[ting], scenery, coulisse ▶ **Potemkinin** ~*t* Potemkin villages; ~*en* **takainen** backstage; ~*en* **takana** *(kuv)* behind the scene.

kuljeksi||**a** 1 *(kulkea)* wander, roam, stroll, rove, ramble; ~ *joutilaana* idle, loaf, loiter 2 *(ajelehtia)* drift; *hänen tavaransa* -*vat milloin missäkin* his things drifted along **-va** wandering; ~ *elämä* life of a tramp, vagrancy.

kuljetin conveyor.

kuljettaa 1 transport (goods by lorry *tavaroita kuorma-autolla)*; *(viedä)* take (by car *autolla)*; *(us kantaa)* carry (mail *postia)*; convey (passengers and goods *matkustajia ja tavaroita)*; *(liik)* transfer (from .. to *jstk jnnk)*; *(~ maitse, raut)* haul; *(mer ja Am)* ship, freight; *(tuoda)* bring; *(siirtää)* move; *(~ pois)* remove (snow from the streets *lumi kaduilta)* 2 *(ohjata; panna liikkeelle)* drive (a car *autoa;* this vessel is driven by steam *höyry* ~ *tätä alusta)* 3 *(ohjailla)* lead (a p. by the arm *jkta käsivarrasta)*; conduct, guide 4 *(urh)* dribble (the puck *kiekkoa)*.

kuljettaja *(auton~)* driver; *(ammatti~)* chauffeur; *(veturin~)* engine driver; *(bussin ym* ~ *m)* conductor ~**ntutkinto** driving test.

kuljetus 1 *(erik liik)* transport, *(Am)* transportation; carriage, conveyance, haulage; *(siirto)* transfer; *(kautta~)* transit 2 *(urh)* dribbling ~**alus** *(mer)* freighter, cargo ship, carrier ~**hihna** conveyor belt ~**kalusto** hauling equipment ~**kustannukset** transport charges (costs) ~**[lento]kone** transport aircraft ~**liike** transport business; *(pl)* carriers, hauliers ~**maksu** carriage, haulage; *(rahti)* freight.

kul|**kea** 1 go (by car (train) *autolla (junalla)*; backward *taaksepäin)*; *(matkustaa)* travel; *(kävellä)* walk (briskly *reippaasti)*; *(olla liikkeessä)* be in motion, move; *(matkata)* make (100 km an hour *100 km/h;* we have made 600 km today *olemme -keneet tänään 600 km);* *(~ jstk t. jtk kautta)* pass (through a village *kylän läpi);* *(liikennöidä)* traffic, run, ply (ships that ply the Mississippi *Mississippillä -kevat laivat)* **2** = *-jeksia* **3** *(tulla -jetetuksi)* be carried; *(-keutua)* drift (with the current *virran mukana)* **4** *(saada käyttövoimansa)* be driven, go (by steam *höyryllä)* **5** *(olla jatkuvasti t. usein)* go (armed *aseistettuna;* in rags *ryysyissä);* be (in constant fear *jatkuvassa pelossa)* **6** *(olla jssk, mennä)* go (the strap goes over the shoulder *hihna -kee olan yli);* *(johtaa)* lead (the road leads through the forest *tie -kee metsän läpi);* run (the street runs east and west *katu -kee idästä länteen)* ▶ ~ **eteenpäin** move on; ~ **jalan** walk, go on foot; ~ **kohti** *vaikeita aikoja* be approaching hard times; **kuljettu** *matka* the distance covered; ~ **ohi** pass (go) by; **ovissa** *-jettiin koko ajan* there was a constant traffic through the doors; ~ **pyörillä** run on wheels; ~ **toista reittiä** *(tietä)* take another route; ~ *[omaa]* **tietään** take one's own course; ~ *jnk* **ylitse** *(poikki)* cross.

kulkeutua be carried; drift, be driven (with the wind *tuulen mukana);* spread (with the insects *hyönteisten mukana);* ~ *jhk* get into.

kulkij|a *(vaeltaja)* wanderer; *(kulkuri)* vagabond; *tie on täynnä -oita* the road is full of comers and goers.

kulku going; *(kävely)* walking; run (of a train *junan ~);* course (of time *ajan ~;* of one's thoughts *jkn ajatusten ~;* of the river *joen ~);* *(läpi~)* passage; *(kierto~)* circulation ▶ **asian** ~ *oli seuraava* it happened in the following way; **junien** ~ train service; *(m)* the train schedules; **kehityksen** ~ [march of] progress; **kulkea** *[omaa] ~aan* follow (run) one's course.

kulkue procession; *(historiallinen ~)* pageant; *järjestäytyä ~eksi* form a procession.

kulku||kauppa pedlary, peddling **-kauppias** pedlar, peddler, hawker, huckster **-kelpoinen** passable (road *tie),* trafficable; *(purjehduskelpoinen)* navigable **-kelvoton** impassable; unnavigable **-kissa** stray cat **-koira** stray dog **-lupa** pass.

kulku|nen sleigh (little) bell; *-sten kilinä* jingle of sleigh bells.

kulku||neuvo vehicle, conveyance; *yleiset ~t* public services (communications) **-nopeus** [rate of] speed **-reitti** route.

kulkuri tramp, vagabond, vagrant; *(Am m)* hobo **~elämä** vagrancy, roving life.

kulku||sirkka *(el)* migratory locust **-suunta** direction; *(mer)* course; *istua ~an* sit facing forward (the front, *(raut)* the engine) **-syvyys** *(mer)* [keel] draft **-tau|ti** epidemic; *levitä -din tavoin* spread like a pest **-tautisairaala** isolation hospital **-valot** *(mer)* navigation lights **-vuoro** service; *junien ~t* train schedules **-väline** means of transport, conveyance, vehicle **-väylä** *(mer)* fairway, navigable waterway; *(läpi~)* passage, thoroughfare; *(liikenneväylä)* traffic route **-yhtey|s** communication; *-det (m)* services.

kullan||arvoinen golden (opportunity *tilaisuus)* **-etsintä** prospecting [for gold] **-himo** thirst for gold **-huuhdonta** gold washing **-kaivaja** gold digger, prospector **-keltainen** golden [yellow] **-muru** *(kuv)* darling; *(puhutt)* [my] love, [my] dear **-tekijä** alchemist **-värinen** golden; gold-colo[u]red.

kullat||a gild *(m kuv);* gold-plate (a frame *kehys)* **-tu** gilt, gilded, gold-plated.

kullero *(kasv)* globeflower.

kulloin||enkin ..at a (at any) given time; *(m)* respective **-kin** each time; *kuka ~ sattuu kotona olemaan* whoever happens to be at home.

kulm|a 1 angle (right (acute, obtuse) angle *suora (terävä, tylppä) ~;* at an angle of 30° degrees *30 asteen ~ssa)* **2** *(nurkka)* corner (at the corner of the street *kadun ~ssa)* ▶ *katsoa* **alta** ~in look askance; *maailman* **kaikilta** *-ilta* from all parts of the world; *~t* **kurtussa** with puckered brows; **kääntyä** *ensimmäisestä ~sta vasemmalle* take the first turning left; **meidän** *-illamme* in our neighbo[u]rhood, in these parts; **rypistää** *-iaan* frown (at *jllk); [aivan] ~n* **takana** [just] round the corner.

kulma||- corner (room *-huone;* kick *-potku;* house *-talo);* △ angle (joint *-liitos;* bar, iron *-teräs)* **-hammas** canine tooth, eyetooth.

-kulmainen *(yhdyss)* -angled (acute-angled *terävä~);* -cornered (three-cornered *kolmi~).*

kulma||karv|a eyebrow; *kohottaa (rypistää) -ojaan* raise (knit) one's brows **-kisko**

angle bar, L bar **-kivi** cornerstone **-kun|ta** neighbo[u]rhood; *tällä -nalla (us)* in these parts **-mitta** rule **-us** corner (street corner *kadun~*) **-viivoitin** set square.

kulmik||as angulate[d] (form *muoto*); angular *(m kuv)*; square (face *-kaat kasvot*); ~ *luonne* awkward character **-kuus** angularity.

kulmin||oida, -oitua culminate.

-kulmio *(yhdyss)* -gon (hexagon *kuusi~;* polygon *moni~*).

kulm||ittain cornerwise; *(vinosti)* diagonally (opposite to *jtk vastapäätä*) **-uri** *(urh)* corner [kick].

kulo forest (brush) fire; *(~valkea)* surface (ground) fire **~hälytys** [forest] fire danger alarm **~hälytystila** close[d] fire season **~rastas** *(el)* mistle thrush **~ttaa** burn broadcast (over) **~ttua** be [sun] scorched **~valkea** *(kuv)* wildfire; *levitä ~n tavoin* spread like wildfire.

kulta 1 gold ([of] pure gold *puhdasta ~a*) **2** *(rakas)* darling, sweetheart; *(puhutt)* dear (my dear *~ni;* my dear child! *lapsi ~!);* love (my love *~ni*) **3** *(her)* or ▶ **huuhtoa** *~a* pan (wash) for gold; *maksaa* **painonsa** *~a* be worth its weight in gold; *(urh)* **saada** *~a jssk* win the gold medal in.

kulta|- gold (clause *-ehto;* tooth *-hammas;* watch *-kello;* field *-kenttä;* fever, *(Am hist)* rush *-kuume;* medal *-mitali;* lace *-punos;* ring *-sormus;* reserve *-varanto*); △ golden (lustre *-hohde;* wedding *-häät*).

kulta||-aika golden age; *(kuv m)* very good time; *se oli keinottelijoiden ~a* they were palmy days for speculators **-esine** article of gold **-harkko** gold ingot, bullion **-hippu** [gold] nugget.

kultai|nen 1 *(erik kuv)* golden (crown *kruunu;* section *leikkaus;* rule *sääntö;* calf *vasikka;* in golden letters *-sin kirjaimin*); *(konkr tav)* gold, *..of* gold; *(kullattu)* gilded (cage *häkki;* youth *nuoriso*); *(ihana, huoleton)* happy (days of youth ~ *nuoruus*); *-set ajat (m)* palmy (halcyon) days **2** *(henk)* sweet; *hän on niin ~!* [s]he is such a darling!

kulta||juoni auriferous vein **-jyvä** grain of gold; *tiedon ~t* pearls of wisdom **-kaivos** gold mine *(m kuv)* **-kala 1** *(el)* goldfish **2** *(ark leik)* good catch **-kan|ta** *(tal)* gold standard; *luopua -nasta* go off the gold standard **-kirjai|n** gold (gilt) letter; *-min in* letters of gold **-kutri** *(henk)* goldilocks **-lammas[turkki]** *(vaat)* beaver lamb **-maa**

(kuv) Eldorado **-nen;** *-seni* my darling **-piisku** *(kasv)* goldenrod **-pitoinen** auriferous, gold-bearing (ore *malmi*) **-pitoisuus** gold content **-raha** gold coin **-reunai|nen** *(tal)* gilt-edged (securities *-set arvopaperit*) **-rinta** *(el)* icterine warbler **-sade** *(kasv)* golden chain **-sankainen** gold-rimmed **-sep|pä** goldsmith; *-än leima* hallmark **-sepänliike** jeweller's **-tuoli** *(kuv)* lady chair **-us** gilding; *(-silaus)* gilt.

kultiv||aattori cultivator **-oitunut** cultured, refined, cultivated.

kultti cult; *(palvonta)* worship.

kulttuuri 1 *(sivistys)* civilization (Western civilization *länsimainen* ~); culture (vanished (ancient) cultures *kadonneet (muinaiset)* ~t) **2** *(hengenviljely)* culture (centre of culture *~n keskus*); *(pl)* arts **3** *(hienostus)* refinement, cultivation.

kulttuuri||- cultural (life *-elämä;* crisis *-kriisi;* heritage *-perintö;* fund *-rahasto;* achievement *-saavutus;* secretary *-sihteeri*); △ culture (centre *-keskus*); △ civilized (nation *-kansa;* country *-maa*) **-henkilö** *(läh v)* man of letters; prominent personality in cultural life **-historia** history of civilization, cultural history **-kiel|i;** *maailman suuret -et* the principal languages of the civilized world **-kriitikko** arts commentator **-maisema** manmade landscape **-poliittinen** ..[in the field] of cultural policy **-toimitus** *(san)* arts department **-vallankumous** *(Kiinan hist)* the Cultural Revolution.

kulu 1 ks. *~t* **2** *(ajan ~);* aikani *~ksi* to pass the time.

kulu|a 1 *(~ käytössä [loppuun])* wear out (children's clothes wear out quickly *lasten vaatteet -vat nopeasti*); get worn out, be wearing out; wear down (the heels were worn down *kengänkannat olivat -neet*); *(hankautua)* corrode, fret; *(erik geol)* abrade **2** *(huveta)* go (all my money went on it *kaikki rahani -ivat siihen*); be used (consumed) (plenty of food was consumed *ruokaa -i paljon*); *(vähetä)* decrease, grow less, diminish (our supplies are diminishing rapidly *varastomme -vat nopeasti*); ~ *[loppuun]* (*varastosta ym*) run out **3** *(ajasta)* pass, elapse, go [by] (years went by *vuodet -ivat*); go on (as time went on.. *ajan -essa..*) ▶ *(ks m hakus -essa, -nut, -ttua, -va)* siihen *-u* aikaa *kun..* it takes time to..; ~ **hukkaan** be wasted, go for nothing; *aikani -u* **hyvin**

lukiessa I like to pass the time reading; **kulumassa** *oleva vuosi* the present year, this year; ~ **loppuun** *(ajasta)* come to an end, draw to a close *(ks m 1, 2)*; *[meiltä] -i paljon* **rahaa** we spent a lot of money; ~ **umpeen** *(ajasta)* expire; *aika on -nut umpeen* the time is up; *ennen kuin vuosi oli -nut [umpeen]* within a year; *aika on -massa* **vähiin** time is running out.

kulu||**essa** during (the trip *matkan* ~; the day *päivän* ~); in the course of (this year *tämän vuoden* ~); in (a few days *muutaman päivän* ~), within **-laskelma** *(liik)* expense sheet **-ma** *(lääk)* degenerative arthritis **-minen** wear [and tear], wearing; *(geol)* erosion; *ajan* ~ lapse of time **-mispinta** wear surface **-missairaus** degenerative disease.

kulun|**ki;** *(tav)* **-git** costs, expenses, *(sg)* expenditure ~**tili** miscellaneous account.

kulun|**ut 1** worn; well-worn (book *kirja*); *(loppuun* ~*)* worn-out; *(nukkavieru)* shabby, threadbare, shiny (elbows *-eet kyynärpäät*); frayed (nerves *-eet hermot*) **2** *(kuv)* banal, commonplace, hackneyed, trite (expression *ilmaus*); ~ *fraasi* stock phrase, cliché **3** *(mennyt)* the (this) past (year *vuosi*); last (week *viikko*); ~ *päivä* this (the) day.

kulu|**t** cost[s], expense[s], charges; *(sg)* expenditure (estimated expenditure *arvioidut* ~) ▶ *hänelle* **aiheutui** *-ja* he incurred expenses; **ilman** *-ja* free of charge; **mahdolliset** ~ costs if any; *-jen* **peittämiseksi** to cover costs (expenses); **satunnaiset** ~ incidentals; **vastaanottaja** *maksaa* ~ charges forward.

kulutta|**a 1** *(käyttää)* spend, consume (time (money) on (in) *aikaa (rahaa) jhk*), use (the engine uses very little oil *moottori* ~ *hyvin vähän öljyä*); expend; *(ajasta m)* pass (one's time *aikaansa;* in *jhk*); ~*[loppuun]* use up, deplete (energy *energia;* supplies *varastot*); exhaust (food supplies *ruokavarastot*) **2** *(tuhlata)* spend (all one's money *kaikki rahansa;* on *jhk*); *(haaskata)* waste, squander **3** *(~ huonoksi t. loppuun)* wear [out] (a lot of clothes *paljon vaatteita*); wear down (tyres *renkaita*) **4** wear away (rocks *kallioita;* the steps *portaita*); *(geol ym)* erode; *(kuv)* undermine (a p.'s health *jkn terveyttä*) ▶ ~ **itsensä** *loppuun* wear o.s. out, exhaust o.s.; *auto* ~ **10 litraa** *sadalla kilometrillä* the car does a hundred to ten litres; ~

loppuun wear out; ~ **turhaan** *(hukkaan)* *aikaansa* waste one's time; *..on -nut kaikki* **voimani** ..has taken all my energy.

kuluttaja *(tal)* consumer.

kuluttaja||**-** consumer (ombudsman *--asiamies;* price index *-hintaindeksi;* guidance *-neuvonta;* information *-valistus*) **-hinta** consumer['s] (retail) price.

kuluttava consuming (fire *tuli*); *(hivuttava)* wasting; *(väsyttävä)* tiring, fatiguing; exhausting (occupation *ammatti*); *(syövyttävä)* corrosive.

kuluttua after (a month (a year) *kuukauden (vuoden)* ~); in (an hour['s time] *tunnin* ~); *hetken* ~ in a while; *viikon* ~ this day week.

kulutus 1 *(tal ym)* consumption; expenditure (of energy *energian* ~); *(käyttö)* use; *(rahan* ~*)* spending **2** *(vaat ym)* wearing, wear and tear; *(geol ym)* erosion, wear ▶ **kestää** *[kovaa]* ~*ta* wear well; ~*ta* **kestävä** wear-proof, wear-resistant.

kulutus||**hyödyke** commodity **-kestävyys** durability, wear resistance **-osuuskunta** consumers' cooperative society **-pinta** *(aut)* [tyre] tread **-tavarat** consumer goods; *lyhytaikaiset* ~ *(m)* non-durables **-tottumukset** consumer habits.

kuluva current, present (month *kuu;* year *vuosi*); ~ *vuosi (m)* this year.

kumah||**della** *(kumista)* boom, resound; *(askelista m)* re-echo, ring [out] dull sound, boom; *(kellon* ~*)* toll **-taa** = *-della*.

kumar|**a** round-shouldered, stooped; *(tunut)* bent, bowed, *istua* ~*ssa* sit hunched [up]; *mennä (painua)* ~*an* stoop.

kumar||**rella** *(kuv)* bow and scrape **-rus** bow (a low *syvä* ~) **-rusmatka** propitiatory visit **-taa 1** bow, make a bow (to *jklle*); ~ *nöyrästi jklle (m)* make obeisance to; ~ *syvään* make a low bow **2** *(kuv)* worship (false gods *epäjumalia*); bow down (before *jtk*) **-tua** bend, stoop (over *jnk yli*); bend (stoop) down (to pick up *ottamaan jtk*).

kumauttaa bang (one's head on the ceiling *päänsä kattoon*); *[iskeä]* ~ knock (a p. on the head *jkta kalloon*).

kumea hollow, dull (sound *ääni*).

kumi 1 rubber; *(kasv)* gum **2** *(pyyhe~)* [india] rubber, *(erik Am)* eraser **3** *(aut ym) (sisä~)* [inner] tube; ~ *puhkesi* the car got a flat tyre (tire).

kumi||**-** rubber (glove *-hansikas;* boot *-jalkine;* glue *-liima;* ball *-pallo*) **-kangas**

rubber[ized] cloth **-lautta** pneumatic (air) raft.

1 kumina *(kumu)* boom[ing]; *rumpujen kaukainen* ~ distant sound of drums.

2 kumina *(kasv)* caraway; *(keitt)* caraway [seed].

kumi|nauha elastic [band]; *(-lenkki)* rubber band.

kumi||nen [..of] rubber **-patja** air (inflatable) mattress **-pohjainen** rubber-soled **-puu** gum [tree] **-saap|as** rubber boot; *-paat (Br m)* wellingtons.

kumist||a *(jyristä)* boom; *(kaikua)* resound **-in** gong.

kumi||tossu rubber-soled (canvas) shoe; *(tennistossu)* gym shoe, *(Br)* plimsoll, *(Am)* sneaker **-vene** inflatable (rubber, pneumatic) boat.

kumm|a odd, strange (thing *juttu)*; *(hämmästyttävä)* amazing, surprising ▶ ~ **että** I wonder why.., funny that..; ~*ko* **jos..** no wonder if (that)..; *kas* ~*a!* oddly (strangely) enough; *katsella* -*issaan* watch with amazement; *kuka* ~ *hän on?* I wonder who he can be (he is); **kuulin** ~*kseni että* I was surprised to hear that..; ~ **kyllä** oddly (curiously, strangely) enough; *mitä* ~*a sinä teet?* what ever are you doing? *hän ei ole* **muita** *-empi* he is no better than anyone else; *hänelle ei käynyt* **sen** *-emmin* he suffered no serious consequences; **sepä** ~*a!* how odd (strange)! ~ **tyyppi** odd chap; strange character.

kumma||jainen *(ark)* oddity **-lli|nen** *(outo)* strange, curious (habit *tapa)*; odd, queer (hat *hattu)*; *(omituinen)* peculiar (smell *haju)*; *-sta kyllä* oddly enough.

kummast||ella *(ihmetellä)* wonder (at *jtk)*, *(hämmästellä)* be surprised (astonished) (at *jtk)* **-ua** be[come] amazed (astonished) (at *jstk)*, be surprised (at *jstk)* **-us** amazement, astonishment, surprise (to my great surprise *suureksi -uksekseni)* **-uttaa** fill .. with wonder; *minua* ~ *että* I'm surprised that..

kummi godparent; sponsor *(m kuv)*; *(~setä)* godfather; *(~täti)* godmother; *olla jkn* ~*[na]* be godfather to; *(kuv) olla jnk* ~*[na]* [stand] sponsor [to] ~**kunta** *(läh v)* adopted (twin) town ~**lapsi** godchild ~**lusikka** christening spoon.

kummin|kaan, -kin *= kuiten|kaan, -kin.*

kummi||nlahja christening gift; *(kuv)* endowment; *(kuv) hän oli saanut* ~*na..* nature had endowed him with.. **-poika**

godson.

kummit||ella haunt (a place *jssk)*; walk (every night *joka yö)*; *(kuv) asia -telee yhä hänen mielessään* he hasn't got that out of his head yet; *täällä -telee* this place is haunted **-telu** haunting; *(leik)* playing the spook **-us 1** *(haamu)* ghost, phantom, spectre, apparition; *(ark)* spook; *(kuv) nähdä -uksia keskellä päivää* conjure up imaginary terrors **2** *(pelätin)* scarecrow, *(Br)* guy **3** *(kuv) (peikko)* spectre, bog[e]y, bugbear.

kummitus||juttu ghost story **-laiva** phantom ship **-talo** haunted house.

kummityttö goddaughter.

kum|muta well forth (from *jstk)*; *kyynelet -puavat silmiin* tears well up in the eyes.

kumoam||aton irrefutable, incontestable; *(kieltämätön)* undeniable **-attomuus** irrefutability; *(peruuttamattomuus)* finality **-inen 1** *(erik lak)* repeal, abrogation (of a law *lain* ~); *(mitättömäksi tekeminen)* annulment; abolition, removal (of restrictions *rajoitusten* ~); reversal (of a sentence *tuomion* ~); revocation (of a will *testamentin* ~); rebutment, refutation of a rumo[u]r *huhun* ~) **2** subversion (of the monarchy *monarkian* ~).

kumoll||aan *(-een)* upside down, overturned; *(mer)* capsized; *kääntää -een* turn (tip) over.

kumo||on down (run (knock) a p. down *ajaa (töytäistä) jku* ~; vote down *äänestää* ~); over (tip (turn) over *kääntää (mennä)* ~); *kaataa (kaatua)* ~ upset, overturn; *keikahtaa* ~ capsize, turn (keel) over; *(kuv) mennä* ~ fail **-ssa** [upside] down, overturned; *(ark)* bottomside up.

kumo|ta 1 *(erik lak)* repeal, abrogate (a law *laki)*; *(tehdä mitättömäksi)* nullify, abolish, annul (the election *vaali)*; reverse (a sentence *tuomio)*; *(kieltää)* refute (a rumo[u]r *huhu)*; disprove (a theory *teoria)*; *uutinen -ttiin* the news was declared false **2** *(kukistaa)* overthrow, subvert (the prevailing social order *vallitseva yhteiskuntajärjestys)* **3** *(tehdä tyhjäksi)* compensate, neutralize (the effect of *jnk vaikutus)* **4** *(konkr)* overturn, tip over (a load *kuorma)*; *(keitt)* turn [out]; ~ *[kurkkuunsa]* empty (a glass *lasi[llinen])*.

kumou||ksellinen I *a* subversive (activity *toiminta)*; revolutionary *(m kuv)* **II** *s*

revolution|ary, -ist -s subversion; *(vallan~)* revolution *(m kuv)*; *(äkillinen muutos)* radical change, upheaval **-shanke** revolutionary plot **-tua** be reversed (abolished); *(osoittautua vääräksi)* turn out to be false, be disproved.

kumpare mound; *(mäen~)* hillock, elevation **~inen** hillocky.

kumpi *(adj ja sb)* which (of them *heistä;* hand *käsi;* which is larger ~ *on suurempi?); (henk itsen)* which of us (you etc.) (which of us will do it? ~ *tekee sen?); ota ~ kirja tahansa* take whichever [book] you like; ~ *tahansa* either [one] (will do *kelpaa)* **~kaan** *(kielt ja kys)* either; *(henk itsen m)* either one; *ei* ~ neither; *ei* ~ *puolue (m)* neither of the two parties **~kin** *(adj ja sb)* each (of them *heistä;* boy *poika);* (*pl*) both (of us ~ *meistä;* boys *poika)* ▶ **kummatkin** both (are good *ovat hyviä); kummassakin* **tapauksessa** in either case, in both cases; *kummallakin* **tavalla** both ways, either way.

kumpp. *(liik)* Co. (= Company).

kumppan||i companion; *(työtoveri)* mate; *(liike~)* partner **-ukset** companions; *(ark)* pals **-uus** companionship, fellowship; *(liike~)* partnership.

kumpu 1 hillock, mound, knoll **2** *(hauta~)* grave **~ileva** hillocky; gently rolling (country *maasto)* **~illa** be hilly (undulating) **~pilvi** cumulus (*pl* ~).

kumu rumble (distant rumble *kaukainen* ~), din.

kumuloitua [ac]cumulate.

kun 1 *(ilm aikaa)* when; △ *[juuri]* ~, *[samanaikaisesti]* ~ as (as he grew older he became wiser *hän viisastui* ~ *hän tuli vanhemmaksi);* △ *[sillä aikaa]* ~ while, whilst; △ *[heti]* ~, *[niin pian]* ~ as soon as, *(Br ark)* directly; △ *[sen jälkeen]* ~, *[sitten]* ~ *(m)* after (after coming home I.. ~ *olin tullut kotiin minä..)* **2** *(korrelatiivisena)* that *(t. jätetään kääntämättä)* (every time [that] I see you *joka kerta* ~ *näen sinut;* the moment I saw you *sillä hetkellä* ~ *näin sinut)* **3** ~ *[taas]* while, whereas (some people like fat meat whereas others hate it *jotkut pitävät rasvaisesta lihasta* ~ *[taas]* toiset vihaavat sitä)* **4** *(koska)* since, as, because ▶ *siihen* **aikaan** ~ *olimme nuoria* when we were young; *siihen* **asti** ~ until; ~ **he** *saapuivat me..* on their arrival we.., when they had arrived we..; *olin iloinen* ~

kuulin sen I was glad to hear that; **kuulin** ~ *ovi kävi* I heard the door go; **nyt** ~ now that; *siitä* **saakka** ~ since; **voi** ~*/pa] tietäisin!* if I only knew!

kundi 1 *(asiakas)* customer **2** *(sl) (poika) (Br)* chap, *(Am)* guy.

kunin|gas king *(m kuv ja pelit)* (King Henry IV ~ *Henrik IV;* be king of (over) *olla jnk ~);* **-kaan** royal; *viulu soitinten* ~ the violin the noblest of instruments **~ajatus** leading idea **~huone** royal house (family) **~kalastaja** *(el)* kingfisher **~kunta** kingdom **~mielinen** royalist **~pari** King and Queen; royal couple **~perhe** royal family **~suku** dynasty.

kuningatar queen; *(hallitseva* ~*)* queen regnant; *(hallitsevan kuninkaan puoliso)* queen consort **~mainen** queenlike, queenly **~äiti** [the] Queen Mother.

kuninkaalli||nen 1 royal; *(kuninkaalle ominainen)* regal (splendo[u]r *loisto); Hänen* ~ *korkeutensa* His (Her) Royal Highness *(lyh H.R.H);* -sta *verta* of the blood royal **2** *(kuv)* princely, splendid, [right] royal (feast -*set pidot)* **-set** [the] royalties; *(-nen perhe) (sg)* the royal family **-suus** royal dignity, royalty.

kuninkaan||kruunu royal (king's) crown **-linna** royal castle *(nyk tav* palace) **-poika** king's son, prince.

kuninkuus kingship, royalty **~ajot, ~ravit** *(läh v)* trotting championships.

kunnalli|nen local [government]; *(kaupunkikunnasta)* municipal; communal (pension institute *eläkelaitos);* ~ *itsehallinto* local autonomy, **-set** *asuintalot* local authority dwellings, council houses; -*set laitokset* [public] utilities.

kunnallis||hallinto local government **-koti** local authority home **-laki** Local Government Act **-poliitikko** municipal (local) politician **-politiikka** local politics **-taa** municipalize, communalize **-tekniikka** municipal engineering **-vaalit** *(sg)* municipal (local) election **-vero** communal tax, municipal tax (rate) **-verotus** *(pl)* local taxes.

kunnan||johtaja municipal *(Am* town) manager **-lääkäri** municipal officer of health **-valtuusto** local council **-valtuutettu** municipal (parish) councillor.

kunnes till, until (further notice *toisin ilmoitetaan).*

kunnia hono[u]r (a man of hono[u]r ~*n*

mies; I have the hono[u]r to be.. *minulla on ~ olla..*); glory (of the world *maailman ~;* for the glory of God *Jumalan ~ksi*); credit (he took the credit for it *hän otti siitä ~n [itselleen]*) ▶ *minulla ei ole ~ tuntea häntä* I haven't the privilege of knowing him; *selviytyä kaikella ~lla* pass with hono[u]r; *~ni kautta!* upon my word! *~ni ja omantuntoni kautta* on my hono[u]r and conscience; **kieltäytyä** *~sta* refuse (turn down) the hono[u]r; *jkn (jnk)* **kunniaksi** in hono[u]r of; *annoin hänen* **kuulla** *~nsa* I gave him a piece of my mind; *se kävi hänen ~lleen* it wounded his pride; *~a loukkaava* libellous, defamatory; **pitää** *jtk suuressa ~ssa* hold .. in great hono[u]r (high esteem); *hänen ~kseen on* **sanottava** *että* it must be said to his credit that; **tehdä** *~a* salute; *(asein)* present arms; **tuottaa** *~a jklle* be a credit to, do a p. credit.

kunnia||- honorary (member *-jäsen;* citizen *-kansalainen, -porvari;* consul *-konsuli*); △ ..of hono[u]r (seat *-istuin, -paikka;* (urh) lap *-kierros;* guard *-komppania;* duty *-tehtävä;* guard *-vartio;* debt *-velka;* guest *-vieras*) **--asia** point (matter) of hono[u]r (to *jklle*); *pitää ~naan* consider .. a point of hono[u]r **-kas** glorious, illustrious (career *ura*); hono[u]rable (peace *rauha*) **-kirja** [honorary] diploma **-kuja;** *muodostaa ~* form a guard of hono[u]r, be lined up (in hono[u]r of *jklle*) **-laukaus** salute; *ammuttiin 21 ~ta* a salute of twenty-one guns was fired **-legioona** the Legion of Hono[u]r.

kunnialli||**nen** hono[u]rable (intentions *-set tarkoitukset*), honest (man *mies*); respectable (hotel *hotelli*); decent (girl *tyttö*); *(hyvämaineinen)* reputable (firm *firma*); fair (terms *-set ehdot*) **-suus** hono[u]rableness, honesty; respectability; decency.

kunnia||**maininta** hono[u]rable mention **-merkki** decoration; *(mitali)* medal; *saada ~* be decorated.

kunnian||**arvoinen** venerable, worthy; *(arvonimenä)* reverend (*lyh* Rev.) **-arvoisa** (Brit arvonimissä) honourable (*lyh* Hon.) **-himo** ambition[s]; *(pl)* aspirations **-himoinen** ambitious, aspiring **-loukkaus** defamation; *(lak) (suullinen ~)* slander; *(kirjallinen ~)* libel **-osoitus** [mark of] hono[u]r; distinction (on *jklle*); homage **-tunto** [sense of] hono[u]r.

kunnia||**palkinto** honorary award; highest hono[u]rs **-portti** triumphal arch **-sana** word of hono[u]r; *(erik sot)* parole; *annan siitä ~ni* you can take (have) my word for it; *(ark) ~lla!* honestly! hono[u]r bright! *(erik sot) ~a vastaan on* parole **-sija;** *olla ~lla* hold the place of hono[u]r **-tohtori** doctor honoris causa; *hänet vihittiin ~ksi* he received (was given) an honorary doctorate **-ton** dishono[u]rable (peace *rauha*); discreditable (act *teko*); *(halpamainen)* infamous **-ttomuus** *(häpeä)* disgrace; *(huono maine)* infamy.

kunnioitett||**ava** 1 hono[u]red, respected, esteemed; *(kunnioitusta ansaitseva)* estimable, [respect-]worthy (adversary *vastustaja*); venerable (age *ikä*) 2 *(huomattava)* considerable (amount *määrä*) **-u** hono[u]red, respected; *korkeasti ~* highly esteemed.

kunnioitta||**a** 1 respect (a p. *jkta;* law and order *lakia ja järjestystä*), hold .. in respect; have respect (regard) for (a p.'s convictions *jkn vakaumusta*); *(pitää suuressa arvossa)* esteem [highly]; hono[u]r (a ruler *hallitsijaa*); *(kirjeessä) -en* Yours faithfully 2 *(osoittaa jllk kunnioitusta)* hono[u]r (the occasion with one's presence *tilaisuutta läsnäolollaan*); pay (do) homage to **-va** respectful; reverent (silence *hiljaisuus*).

kunnioituksenosoitus homage, tribute (to *jklle*).

kunnioitu|**s** respect (for *jnk ~*); *(arvonanto)* esteem, regard; *(syvä ~)* reverence, veneration; *(pelonsekainen ~)* awe ▶ *~ta herättävä* imposing (sight *näky*); **kaikella** *-ksella jtk kohtaan* with all deference to; **saavuttaa** *kaikkien ~* win respect; **tunnen** *suurta ~ta häntä kohtaan* I have great respect for him.

kunnolla properly; *(hyvin)* well; thoroughly (get thoroughly wet *kastua ~*) ▶ **käyttäydy** *~!* behave yourself! **peseytyä** *~* have a good (proper) wash; *~* **pukeutunut** properly dressed.

kunnolli||**nen** *(kunnon)* respectable; *(säädyllinen, sopiva)* decent (suit *puku*); good (job *työpaikka*); proper (tools *-set työkalut*); *(perusteellinen)* thorough, sound (beating *selkäsauna*) **-sesti** properly.

kunno||**n;** *~ ateria* a proper meal; *~ juhlat* a real party; *~ mies* a fine fellow, a good (decent) sort **-ssa** *ks.* **kunto** → **-ssapito**

maintenance, upkeep.
kunnost∥aa repair (a road *tietä*); trim, fix
(a tool *työkalu*); overhaul (a car *auto*);
(uusia) restore, do up **-autua** distinguish
o.s., make one's mark (as *jnak*), excel (in,
at *jssk*) **-us** repair, reparation.
kunnoton good-for-nothing; wretched; ~
mies good-for-nothing.
kunpa if only, oh that (it were summer!
olisi kesä!); ~ *hän tulisi!* I wish he would
come!
kun∣ta 1 *(alueesta)* municipality; commune;
(Am) township; *(maalais~)* rural district
(township) **2** *(viranomaisista)* local
authority (goverment); *-nan palveluksessa*
employed in the local government service
3 *(mat)* field **~invälinen** intermunicipal
~lainen inhabitant of a [rural] district.
kun∣to *(tila)* condition; state, shape;
(järjestys) order; *(terveydentila)* state of
health; *(urh)* form ▶ **huonossa** *-nossa* in
bad condition (shape, *(rakennuksesta)*
repair); **hyvässä** *-nossa* in good condition
(order); *(urh)* in good form; *(henk)* in good
fit; **kohottaa** *~aan* improve one's
condition, train; **kunno∥lla, -n** *ks. hakus.*;
kone on **kunnossa** the machine is in
working (running) order; *hänen ~nsa on*
laskussa (nousussa) he is getting out of
shape (into shape, fitter); **panna** *~on* put
.. in order; *(korjata)* put .. right; fix;
pitää *itsensä -nossa* keep fit.
kunto∥harjoitus *(urh)* conditioning,
form-building exercise, keep-fit training
-ilija keep-fit enthusiast **-illa** take exercise,
do keep-fit exercises
-kuntoinen *(yhdyss)* in .. condition (in good
condition *hyvä~*).
kuntoisuus condition, fitness **~koe** ability
test **~loma** *(sot) (läh v)* extra leave.
kunto∥jumppa *(ark); (pl)* keep-fit exercises
-koulu training (health) centre **-pyörä**
exercise cycle **-urheilu** fitness training.
kuntout∥taa rehabilitate (an invalid
invalidia) **-ua** *(urh)* get into shape (form),
shape up **-us** rehabilitation.
kuohaht∥aa seethe (with anger *kiukusta*),
boil (make a p.'s blood boil *saada jkn veri*
-amaan), surge up (his feelings surged up
hänen tunteensa -ivat); *hänessä -i* he
flared up; *kahvi -i liedelle* the coffee
boiled over.
kuohi∥las castrate; eunuch **-nta** castration,
gelding **-ita** castrate, geld; *-ttu hevonen*
gelding.

kuohkea loose, light (soil *maaperä*); light
(batter *taikina*); spongy (cake *kakku*);
(huokoinen) porous.
kuohu foam; *(hyrsky)* surge *(kuv* of
emotions *tunteiden* ~) ~∣**a** foam;
(hyrskytä) surge; *(kiehua)* boil; *(kuplia)*
bubble; *(viinistä)* sparkle; *Afrikassa -u*
there is unrest in Africa **~kerma** heavy
(double) cream **~ksissa** *(~ksiin); olla*
~ksissa be agitated (stirred up); *saada*
~ksiin inflame (feelings *tunteet*) **~nta**
(kuv) agitation **~päinen;** ~ *aalto* foamy
wave, whitecap **~ttaa 1** make..foam **2**
(kuv) inflame, stir up (emotions *tunteita*);
(kiihdyttää) agitate; *mieliä* **~ttava**
agitating, exciting; *(törkeä)* outrageous
~viini sparkling wine.
kuokka hoe **~viera∣s** gatecrasher; *olla -ana*
häissä gatecrash a wedding.
kuokkia hoe (the field *peltoa;* up potatoes
perunoita).
kuola slobber, slaver, dribble **~imet** *(sg)* bit
~inen slobbery **~lappu** bib **~∣ta** dribble (a
baby dribbles *vauva -a*), slobber (a dog
slobbers *koira -a*), slaver.
kuolema death; *(kuv m)* end; *(m K~)*
Death, the Grim Reaper; *(kirj, lak)*
decease, demise ▶ *oli ~n* **hiljaista** it was
deathly quiet; *~an* **johtanut onnettomuus**
fatal accident; *en* **kuolemaksenikaan**
muista for the life of me I cannot
remember; *se on hänelle* **kuolemaksi** it will
be the death of him; ~ **petturille!** death to
the traitor! **tehdä** *~a* be dying (nearing
one's end, at death's door).
kuoleman∥jälkeinen posthumous
(publication *julkaisu*); ~ *elämä* life after
death (beyond the grave), afterlife **-kolari**
fatal [car] accident **-leiri** death camp
-pelko fear of death **-rangaistu∣s** capital
(supreme) punishment, death penalty;
-ksen uhalla on pain of death **-sairas**
mortally ill, dying **-synti;** *seitsemän ~ä* the
seven deadly (mortal) sins **-syy** cause of
death; *~n tutkija* coroner; *~n tutkinta*
coroner's inquest **-tapau∣s** death; *(lak)*
decease; *-ksen sattuessa* in case of death
-tuomio sentence of death, death sentence,
death warrant **-tuottamus** involuntary
manslaughter **-vaara;** *olla ~ssa* be in
mortal danger (in danger of one's life)
-vakava deadly (deathly) serious **-väsynyt**
dead tired; *(ark)* dead beat, dog tired.
kuolemat∥on immortal; *tehdä -tomaksi*
immortalize **-tomuus** immortality.

kuoletta||**a 1** *(liik)* amortize (a loan *laina*), pay off, liquidate; *(julistaa mitättömäksi)* declare .. invalid (null and void); cancel (a bankbook *pankkikirja*), extinguish (a mortgage *kiinnitys*) **2** *(jalkap)* kill, trap (the ball *pallo*) **-va** deadly (blow *isku;* poison *myrkky)*, mortal (injury *vamma)*, fatal (disease *tauti)*, lethal (dose *annos)* **-vasti** mortally, fatally (wounded *haavoittunut)* **-vuus** mortality (of (caused by) radiation *säteilyn* ~); lethality (of cancer *syövän* ~).

kuoletus *(liik)* amortization, liquidation, paying off (of a debt *velan* ~); cancellation, extinction; invalidation (of a document *asiakirjan* ~) **~erä** amortization [amount]; *vuotuinen* ~ annual instal[l]ment **~laina** amortization loan, instal[l]ment credit (loan).

kuole||**utua 1** *(puutua)* be[come] benumbed, become numb (insentive); *-utunut (m)* dead (fingers *-utuneet sormet)* **2** *(liik)* be amortized (cancelled) *(ks -ttaa 1)* **3** *(menettää joustavuutensa)* lose elasticity (resilience) **-vainen** *a ja s* mortal **-vaisuus** mortality **-vuus 1** *(lääk)* lethality **2** = *kuolleisuus.*

kuoliaa||**ksi** to death (freeze to death *paleltua* ~); dead (shoot dead *ampua* ~) **-na** dead.

kuolin||**apu** euthanasia **-hetki** hour of death **-ilmoitus** death (obituary) notice **-isku** *(konkr ja kuv)* deathblow (to *jllk)* **-kamppailu** death struggle **-kellot** *(konkr ja kuv) (sg)* passing (death) bell, [death] knell **-naamio** death mask **-pesä** estate [of a deceased person] (undistributed (unpartitioned) estate *jakamaton* ~) **-päivä** deathday, the day of a p.'s death; *(muistopäivä)* anniversary of a p.'s death; *~änsä saakka (m)* to his dying day **-todistus** death certificate, certificate of death **-tuskat** death throes *(m kuv)* **-vuode** deathbed.

kuolio 1 *(lääk)* necros|is *(pl -es) (m kasv)*, gangrene **2** *(ilm)* stall; *joutua ~on* [enter a] stall **~inen** necrotic, gangrenous.

kuol||**la 1** die (for *jnk puolesta;* from one's wounds *(overwork)* **haavoihinsa** *(liikarasituksesta);* a martyr *marttyyrina;* of hunger (cancer) *nälkään (syöpään);* happy *onnellisena);* △ *(euf)* pass away; *(erik lak)* decease **2** *(urh)* be out ▶ *häneltä -i äiti* he lost his mother, his mother died; *olla* **kuolemaisillaan** be dying (nearing

one's end, at death's door); *olla -emaisillaan pelosta* be dying of fright; *nauraa* **kuollakseen** be dying with laughter; *pelätä ~kseen* be scared to death; ~ **luonnollinen** *kuolema* die a natural death; ~ **nälkään** *(m)* starve to death; be dying with hunger, be starving; ~ **väkivaltaisesti** *(m)* meet a violent death.

kuolleisuus mortality (from heart disease *sydäntauti~)*, mortality (death) rate (infant death rate *imeväis~)*.

kuoll||**ut I** *a* dead **II** *s* **1** dead person (man, woman); *(vainaja)* the deceased, *(ylät)* the departed *(pl ~);* *-eet* the dead **2** *(urh)* out ▶ **elävänä** *tai -eena* dead or alive; *(liik)* ~ **kausi** slack season, seasonal lull, off-season; ~ **kirjain** dead letter; *jäädä -eeksi kirjaimeksi* become a dead letter; ~ **kulma** dead (shielded) angle; ~ **paino** deadweight, *(lyh)* DW; *(kuv) olla -eessa* **pisteessä** be at deadlock; ~ **rahti** dead freight, *(lyh)* DF; *-eena* **syntyminen** still birth; *-eena syntynyt* stillborn; *(kuv m)* abortive (plan *suunnitelma)*.

Kuollutmeri the Dead Sea.

kuolokohta *(tekn)* dead centre.

kuolon||**enkeli** angel of death **-kalpea** deathly pale **-kolari** fatal car accident **-uhri** victim (the accident claimed three victims *onnettomuus vaati kolme ~a);* **~en** *määrä (m)* the death toll.

kuomu hood; top (folding top *kokoonpantava* ~).

kuona 1 slag, dross; *(kivihiili- ym ~)* clinker, cinder **2** *(kuv) (pl)* dregs (of society *yhteiskunnan* ~), dross **~-aine** waste product **~inen** slaggy.

kuono muzzle (of a dog *koiran* ~), nose; snout (of a snake *käärmeen* ~); *koskea (töniä) ~llaan (m)* nuzzle **~inen** *(yhdyss)* -muzzled (long-muzzled *pitkä~)*, -nosed **~karvat** whiskers **~koppa** muzzle; *panna koiralle* ~ muzzle a dog **~rengas** nose ring.

kuontalo 1 *(tukko)* head (of flax *pellava~)* **2** *(ark) (tukka)* mop.

kuopata bury.

kuopia scratch, paw.

kuop||**pa** hole; *(iso ~)* pit; *(syvennys)* hollow; *(onkalo)* cavity; *(kaivanto)* excavation; *(erik tiessä oleva ~)* pothole, bump; *(leuassa ym oleva ~)* dimple; *-alla olevat posket* hollow (sunken) cheeks **~inen** ..full of holes, bumpy (road *tie)*.

kuopus youngest (last-born) child; *(leik)*

baby (of the family *perheen* ~).
kuore *(el)* smelt.
1 kuor|i 1 *(pehmeä ~)* skin (banana (onion) skin *banaanin- (sipulin)~;* on boiled milk *keitetyn maidon pinnalla)*, peel (orange (potato) peel *appelsiinin- (perunan)~);* *(perunan~ m)* jacket (boil the potatoes in their jackets *keittää perunat ~neen);* *(makkaran~)* skin, casing; *(kova ~)* shell (of a snail (an egg, a nut) *etanan (munan, pähkinän ~);* crust (of bread *leivän~;* the earth's crust *maan~);* *(puun~)* bark; *(siemenen ~)* husk, hull; *(kuoritut) -et (m)* peelings (potato peelings *perunan -et)*, parings **2** *(kirje~)* envelope, cover **3** *(tekn ym)* case; casing, [outer] covering; *kellon -et (sg)* watchcase **4** *(fys)* shell (electron shell *elektroni~)* **5** *(kuv)* shell (retire (go) into one's shell *vetäytyä (mennä) -eensa);* *(ulkokuori)* exterior.
2 kuori *(kirk)* chancel, choir.
kuori|a peel (a banana *banaani;* a potato *peruna);* skin (an onion *sipuli);* *(~ hedelmä m)* pare (an apple *omena);* shell (an egg *muna);* *(~ siemeniä)* husk, hull; *(~ puuta)* bark, rind; skim [off] (the cream from the milk *kerma maidosta;* skimmed milk *-ttu maito);* ~ *puu (m)* peel the bark off a tree; *(kosmet) ihoa -va voide* peeling cream.
kuori||ainen *(el)* beetle **-aita** *(kirk)* choir screen **-kerros** *(anat)* cort|ex *(pl* -ices) **-nta** *(kosmet)* peeling **-perunat** unpeeled [boiled] potatoes, potatoes [boiled] in their jackets (skins) **-poika** choirboy **-utu|a 1** peel off (skin peels off *iho -u)* **2** *(~ munasta ym)* hatch [out] (chickens hatch *kananpojat -vat;* from an egg *munasta).*
kuorma 1 load (of sand *hiekka~)* **2** *(kuv)* burden, load **3** = *kuormitus* **~-auto** *(Br)* lorry; *(Am)* truck; platform truck; ~**n** *kuljettaja* lorry (truck) driver, trucker ~**-autollinen** lorryload, truckload (of *jtk)* ~**-eläin** beast of burden ~**-hevonen** packhorse ~**-in** loader ~**kirja** waybill, delivery note ~**lava 1** pallet **2** = *lava 2* ~**peite** tarpaulin ~**sto** *(sot)* baggage train, *(pl)* supply vehicles; *(eläin~)* packtrain ~**stosotilaat** army service corps; *(Am)* maintenance and supply troops.
kuorma|ta 1 load (with coal *hiilillä)* **2** *(ottaa -a)* carry (two tons *kaksi tonnia)* .
kuormit||taa 1 load (a machine *konetta;* a circuit *virtapiiriä)*; ~ *liiaksi* overload **2** *(rasittaa)* strain (the heart *sydäntä);* load,

burden (the water system *vesistöä)* **3** *(kuv)* burden, saddle, encumber (a p. with too much work *jkta liialla työllä)* **-us** load[ing] (on a vault *holvin ~);* *(rasitus)* stress, strain; *suurin sallittu ~* the maximum load permissible.
kuoro choir; *(tausta~)* chorus; *huutaa (vastata) ~ssa* shout (answer) in chorus.
kuoro||laulaja chorus singer; *(erik kirk)* choir singer, chorister **-laulu** choir (choral) singing **-musiikki** choral music **-njohtaja** choir leader, director of a choir; *(erik kirk)* choirmaster **-tyttö** chorus girl.
kuorrut||taa ice, frost (a cake *kakku)*; coat (a th. with *jk jllak);* glaze (glazed ham *-ettu kinkku);* *(~ sokerilla)* candy; *(gratinoida)* gratinate; *-ettua kukkakaalia* cauliflower au gratin **-us** icing (sugar icing *sokeri~)*, frosting; coat; glaze.
kuorsa||ta snore **-us** snoring, snore.
kuosi 1 *(malli)* pattern, design (of a fabric *kankaan ~)* **2** *(muoto)* shape (lose its shape *menettää ~nsa)* **3** *(muoti)* fashion, style ~**kas** stylish, fashionable, tasteful.
kuovi *(el)* curlew.
kupari copper ~**kausi** Copper Age ~**kolikko** copper [coin] ~**nruskea** copper brown ~**painatus** copperplate printing ~**piirros** copper engraving, copperplate ~**seppä** coppersmith.
kuparoida copper, copperize.
kupata *(kansanparann)* cup.
kupera convex (lens *linssi)*, *(geom m)* reflex (angle *kulma)* ~**nkovera** convexo-concave.
kuperkeik|ka somersault; *(voim)* roll ▶ **heittää** ~**a** turn (throw) somersaults, *ennustukset heittivät* ~**a** the predictions proved false (were way off); **tehdä** ~ *(m)* somersault; *tehdä hurja ~* turn head over heels; *auto teki -an* the car turned over.
kuperuus convexity, convexness.
kupla bubble *(m kuv)* ~**folkkari** beetle, bug ~**halli** airhouse, airdome ~**pakkaus** bubble pack.
kupletti comic (revue, patter) song.
kupli||a a bubble; *(kuohua)* effervesce; *(muodostaa rakkoja)* blister **-kas, -va** bubbly, bubbling.
kupoli dome.
kuponki coupon; voucher ~**vihko** book of coupons (vouchers).
kuppa syphilis; *(ark)* pox ~**aja** *(kansanparann)* cupper ~**tautinen** *a ja s* syphilitic.
kuppi cup (of coffee *kahvia);* *(malja)* bowl;

dish ~**kunta** clique, coterie *(ransk); (erik pol)* faction ~**la** coffee bar, café.

kupru blister; bump, lump ~**illa** blister.

kupsahtaa tumble, fall; ~ *kumoon* topple (tumble) down (over); *kuolla* ~ kick the bucket, pop off.

kupu 1 *(yl)* cover 2 *(el)* crop, maw, craw (of a bird *linnun* ~) 3 *(kasv)* head 4 *(kupoli)* dome 5 *(lampun* ~*)* globe; *(hehkulampun* ~*)* bulb 6 *(hatun* ~*)* crown, top 7 *(liesi*~*)* hood ~**kaali** [head] cabbage.

kura mud ~**antua** get (become) muddy.

kuraattori *(valvoja)* welfare officer (school welfare officer *koulu*~).

kura||**housut** dungarees **-inen** muddy **-lätäkkö** mud puddle, mudhole.

kura||**ta** muddy, make .. muddy **-vesi** muddy water.

kurdi 1 Kurd 2 *(kieli)* Kurd[ish].

kurelanka drawstring.

kuri discipline (lax (strict) discipline *(höllä (tiukka)* ~ *)* ▶ *joka* ~*tta kasvaa se kunniatta kuolee* spare the rod and spoil the child; **pitää** ~*ssa* discipline, keep .. under discipline; *(kuv)* keep .. in check, keep a check on (a disease *tauti*); keep a curb (a tight rein) on, curb (the prices *hinnat*); **pitää kielensä** ~*ssa* hold one's tongue; **pitää [yllä]** ~*a* keep (maintain) discipline; **ruumiillinen** ~ corporal punishment; *(kuv)* **saada** ~*in* bring under control (a disease *tauti*); **totuttaa** ~*in* discipline, accustom .. to discipline; ~*in tottumaton* undisciplined.

kuriiri courier ~**posti**; ~*ssa* by courier's (diplomatic) pouch.

kurimu|**s** whirlpool, eddy; *(erik kuv)* maelstrom (in the maelstrom of war *sodan -ksessa).*

kurina rumble, rumbling.

kurin||**alainen** disciplined **-alaisuus** discipline **-palautus** restoration of discipline **-pidollinen** disciplinary.

kurinpito [maintenance of] discipline; ~*a koskeva* disciplinary ~**rangaistus** disciplinary punishment ~**rikkomus** breach of discipline ~**toimi** disciplinary measure.

kurinpitäjä disciplinarian.

kuriositeetti|**ti** curiosity; *(esineestä m)* curio *(pl* ~s); *mainita -in vuoksi* mention..as a matter of curiosity.

kurissapito discipline; *vankien* ~ keeping the prisoners under discipline *(ks m kuri → pitää kurissa).*

kurista rumble.

kurist||**aa** 1 strangle (by the throat *kurkusta); kurkkuani* ~ my throat is tight (feels constricted) 2 *(tekn)* choke, throttle **-ajakäärme** constrictor **-in** 1 *(aut)* choke 2 *(sähk)* choke coil, reactor **-ua** be strangled, strangle o.s. **-usot**|**e** stranglehold *(m kuv); pitää -teessa* have .. in a stranglehold.

kurit||**on** undisciplined; *(villi)* unruly (child *lapsi*); *(tottelematon)* disobedient, insubordinate **-taa** discipline; *(rangaista)* punish; *(ojentaa)* correct; *(antaa selkään)* thrash, whip **-tomuus** lack of discipline; unruliness.

kuritus [corporal] punishment; *(ojennus)* correction; *(selkäsauna)* thrashing, whipping ~**huone** house of correction; *(nyk)* convict prison; *(Am)* penitentiary ~**huonerangaistus** penal servitude, hard labo[u]r; *(Am)* imprisonment in a penitentiary; *kolmen vuoden* ~ *(m)* confinement for three years of hard labo[u]r ~**huonevanki** convict.

kurja 1 *(kehno)* miserable (conditions ~*t olot*), wretched (hovel *hökkeli;* job *työ*), poor (weather *sää;* in poor health ~*ssa kunnossa*); squalid (conditions ~*t olot*); *(ark)* nasty, lousy; *(säälittävä m)* pitiable, lamentable (sight *näky*) 2 *(halpamainen)* mean, dirty, vile, base (traitor *petturi*).

kurjen||**herne** milk vetch **-miekka** iris **-polvi** cranesbill.

kurjuu|**s** misery (live in misery *elää -dessa*), wretchedness; *(köyhyys)* poverty.

kurki crane ~**aura** wedge of cranes ~**hir**|**si** ridgepole, ridge beam; *(kuv) elää oman -ren alla* live under one's own rooftree.

kurkist||**aa** peep (round the door *oven takaa*), peek (at *jtk;* through a keyhole *avaimenreiästä*), take a peep; *(pilkistää)* peep out (the sun peeps out from behind the clouds *aurinko* ~ *pilvien takaa*) **-usleikki** bo-peep, peekaboo **-usreikä** peephole.

1 kurkku *(kasv)* cucumber.

2 kurk|**ku** *(anat)* throat (clear one's throat *selvittää* ~*aan); (kaula)* neck (wrap a scarf round one's neck *kietoa huivi* ~*nsa ympärille); (nielu)* gullet ▶ *juosta henki -ussa* run for all one is worth, run one's legs off; ~*ni on kipeä* I have a sore throat; **käydä** *jkn* ~*un* leap (fly) at a p.'s throat; *(kuv) hänelle meni* **luu** ~*un* it shut him up, he was cut short; *työntää jklle luu* ~*un* shut a p. up; *huutaa* ~ **suorana** shout at the top of one's voice (one's head off); *olla*

~*a myöten* **täynnä** *jtk* be fed up with; *mennä* **väärään** ~*un* go down the wrong way.

kurkku||**kipu** sore throats **-mätä** diphtheria **-tabletti** throat lozenge (pastille) **-torvi** windpipe.

kurkotta||**a** stretch (one's neck *kaulaansa;* one's arms up to reach the ceiling *kätensä kattoon*); (~ *saadakseen jtk*) stretch out (one's arm for a book *kädellä kirjaa*), reach out (for); ~ *kaulaansa (m)* crane one's neck **-utua** reach (across the table *pöydän yli*); ~ *varpailleen* stretch on one's toes.

kurkun||**kansi** epiglottis **-pää** laryn|x (*pl m* -ges).

kurla||**ta** gargle (one's throat *kurkkuaan*) **-us** gargle, gargling **-usvesi** gargle.

kurn||**ia** rumble; *nälkä -i vatsassani* my stomach is rumbling with hunger **-uttaa** croak (frogs croak *sammakot -uttavat*).

kuroa; ~ *kiinni* pucker (purse) up (a sack *säkki*); ~ *umpeen* stitch (sew) up (a hole *reikä*); ~ *etumatka kiinni* catch up with a p. (a th.).

kurpitsa pumpkin.

kurppa snipe.

kursail||**ematon** unceremonious, free and easy, offhand **-ematta** unceremoniously, without [any] ceremony **-eva** ceremonious **-la** stand upon ceremony; *hän ei -e ketään* he doesn't make a fuss of anybody **-u** ceremony.

kursia stitch (sew) up [hastily].

kursi||**ivi** (*pl*) italics (in italics ~*lla*) **-voida** italicize **-voin**|**ti** italicization· -*nit kirjoittajan* author's italics, italics supplied.

kursorinen cursory.

kurss|**i** 1 *(suunta)* course 2 **a)** *(oppimäärä)* course (four-year course *neljän vuoden* ~), curricul|um (*pl m* -a); **b)** *(opintojakso)* (*us* ~*t*) course (first aid course *ensiapu~[t]*); (*pl*) classes (take classes in cookery *käydä ruoanlaiton -eilla*); **c)** (~*n osanottajat*) class (the class of 1980 *vuoden 1980* ~) **3** *(tal) (valuutta~)* rate [of exchange] (for the pound *punnan* ~); (*arvopaperin* ~) quotation, value; *(markkinahinta)* market price ▶ *(asiasta)* olla **huonossa** ~*ssa* be at a discount; *olla* **korkeassa** ~*ssa* be in great favo[u]r (high repute); be at a premium; *(mer, ilm) olla* **kurssissaan** *(poissa* ~*staan*) be on (off) course; **käydä** *-eilla* attend a course, take classes; *(mer, ilm)* **pysyä**

~*ssa[an]* keep its course; **päivän** ~*in* at the current (today's) rate.

kurssi||**keinottelu** price speculation **-keskus** residential [adult education] college **-kirja** course (prescribed, set) book; ~*t (m) (sg)* required reading **-nmuutos** 1 *(mer, ilm)* alteration of course; *(kuv m)* change of course (policy) **2** *(tal)* alteration in prices (rates, quotations) **-noteeraus** market (exchange) quotation **-tappio** loss on exchange **-toiminta** *(pl)* [educational (training)] courses; extramural studies, adult education program[me].

kurtisaani courtesan.

kurt||**istaa;** ~ *kulmiaan* pucker (wrinkle) up one's brows **-istua** wrinkle, crumple.

kurttu wrinkle, pucker ~**i**|**nen** wrinkled (skin *iho;* coat *takki*), crumpled (clothes *-set vaatteet*).

kurt|**ussa** *(-tuun); mennä -tuun* wrinkle, crumple; *olla -ussa* be wrinkled (crumpled).

kurvi 1 *(mutka)* curve, bend **2** ~*t (muodot)* curves (of a film star *filmitähden* ~*t*) ~**kas** curvaceous, curvy (girl *tyttö*).

kustanne publication.

kustannu|**s** 1 *(kustantaminen)* paying *(jne)* (*ks kustantaa*) **2** *(kirjan~)* publication, publishing **3** *-kset* cost[s] (at the lowest cost possible *mahdollisimman alhaisin -ksin*), expense[s] (heavy expense[s] *suuret -kset*), *(sg)* expenditure (on *jnk -kset*); outlays ▶ **kiinteät** *-kset* fixed costs; *jnk* **kustannuksella** *(vahingoksi)* at the expense (cost) of (one's health *terveytensä -ksella*); *jkn -ksella (varoilla)* at a p.'s onponoo; *elää jkn -ksella (m)* live on a p.; *pitää hauskaa jkn -ksella* have fun at a p.'s expense, make fun of; *valtion -ksella* at the public expense.

kustannus||**arvio** cost estimate **-laskelma** cost estimate, statement of costs; *(rak)* bill of costs **-laskenta** cost accounting **-liike** *(kust)* publishing firm (house), *(pl)* publishers **-oikeus** copyright, publishing right[s] **-osakeyhtiö** publishing company **-sopimus** publishing contract **-taso** cost level.

kustanta||**a** 1 *(maksaa)* pay for (a p.'s schooling *jkn koulunkäynti*); pay (*erik liik* defray) the expense[s] (cost[s]) (of *jk*); sponsor (a television program[me] *televisio-ohjelma*) **2** *(kust)* publish (books *kirjoja*) **-ja** *(kust)* publisher **-mo** publishing company (firm, house, business).

kuta; ~.. *sitä* the.. the (the more the better ~ *enemmän sitä parempi)* **~kuinkin 1** *(melko[isen])* fairly, moderately, tolerably (comfortable *mukava)* **2** *(melkein)* almost.

kutea *(el)* spawn.

kuten 1 as (we all know *kaikki tiedämme;* usual *tavallista)* **2** *(~ esimerkiksi)* such as (wild animals such as the tiger *villieläimet ~ tiikeri); (ark)* like **3** *(jnk tavoin)* like (behave like children *käyttäytyä ~ lapset)* **4** *(~ myös)* as well as (the horse as well as other hooved animals *hevonen ~ muutkin kavioeläimet).*

kuti‖aa tickle (he tickles easily *hän ~ helposti); (syyhytä)* itch (the scalp itches *päänahka ~)* **-ava** itchy (rash *ihottuma); helposti ~* ticklish **-na** tickle; itch[ing] **-sta** itch (my scalp is itching *päänahkani -see).*

kutist‖aa 1 shrink, make.. shrink; *(tekst)* **-ettu** pre-shrunk **2** *(lääk)* contract **-ua** shrink; *(kuv m)* dwindle (production has dwindled *tuotanto on -unut); (lääk ja tekn)* contract; *(kuv) ~ olemattomiin* shrink away (up to nothing) **-uminen** shrinkage; contraction **-umaton** unshrinkable, shrinkproof **-umisvara** allowance for shrinkage.

kutittaa 1 tickle (a p.'s feet *jkn jalkapohjia;* under the arm *kainalosta)* **2** *(yksip)* tickle (my palm tickles *kämmentäni ~); (syyhytä)* itch; *minua ~ joka puolelta* I feel itchy all over.

kutkutta‖a tickle (a p.'s vanity *jnk turhamaisuutta)* **-va** titillating, thrilling (situation *tilanne).*

kuto‖a 1 weave (a fabric *kangasta)* **2** *(neuloa)* knit (a sock *sukkaa)* **3** *(el)* spin, weave (a web *verkkoa)* **-ja[tar]** weaver; knitter.

kutoma‖kone weaving (knitting) machine, knitter **-teollisuus** weaving industry **-tuote** weave, fabric, textile [fabric], tissue.

kutomo weaving mill, textile factory.

kutrit locks, curls [of hair].

kutsu 1 call (meet at the call of *kokoontua jkn ~sta),* summons *(pl ~ t. ~es)* (to take up arms *aseisiin),* notice (to attend a meeting *saapua kokoukseen)* **2** *(pyyntö)* invitation (wedding invitation *hää~;* to a dinner *päivällis~); (kuv)* call (of the desert *erämaan ~)* **3** *(teletekn)* call **4 ~t** *(sg)* party (give a party *pitää ~t;* at a tea party *tee~illa).*

kutsu‖a 1 call (a dog *koiraa;* a p. in *jku*

sisään) **2** *(kehottaa saapumaan)* summon (to arms *aseisiin;* to a meeting *kokoukseen)* **3** *(~ vierailulle)* invite, ask (a p. to one's house (to dinner) *jku kotiinsa (päivälliselle))* **4** *(~ avuksi)* send for (a doctor *lääkäri),* call (the police *poliisi)* **5** *(nimittää)* call (he is called John *häntä -taan Johniksi)* ▶ **~ kokoon** convene, convoke, summon, call [..together] (a meeting *kokous); (dipl) ~* **kotiin** *(takaisin)* recall; *(sot) ~* **palvelukseen** call .. up; **velvollisuudet** *-vat* duty calls.

kutsu‖huuto call (of a bird *linnun ~)* **-kilpailut** *(sg)* invitation[al] tournament (race etc.) **-kirje** letter of invitation **-kortti** invitation card **-maton** uninvited **-mus** calling, vocation (for *jhk)* **-musammatti** vocation **-työ** mission [in life].

kutsun‖ta *(sot) (tav -nat) (sg)* call-up, conscription; *(Am m)* draft **~lautakunta** call-up *(Am* draft) board **~tilaisuu‖s** call-up (at the call-up *-dessa).*

kutsu‖vasti invitingly **-vieras** [invited] guest.

kutteri *(mer ja tekn)* cutter.

kutu spawn **~aika** spawning season.

kutunjuusto goat's milk cheese.

kuu 1 moon; *kuu|-,* **~n** lunar (landscape *maisema)* **2** *(~kausi)* month ▶ **~ kasvaa** *(vähenee)* the moon is on the wax (wane); **ensi** *(tässä)* **kuussa** next (this) month; **kerran** *~ssa* once a month, monthly; *sata puntaa ~ssa* £100 a month; **luvata** *jklle* **kuu taivaalta** promise a p. the moon; **tavoitella** *~ta taivaalta* cry for the moon.

kuu‖alus lunar vehicle, mooncraft *(pl ~),* moonship **-auto** moon buggy (rover).

Kuuba Cuba **k~lainen** *a ja s* Cuban.

kuudennes sixth [part]; *viisi ~ta* five sixths.

kuudes [the] sixth *(vrt kahdeksas)* **~kymmenes** [the] sixtieth **~sadas** [the] six hundredth **~tilaukeava** six-shooter **~toista** [the] sixteenth **~toistaosanuotti** semiquaver; *(Am)* sixteenth note.

kuu‖hullu lunatic **-hulluus** lunacy.

kuukaudenpäivä; *mikä ~ tänään on?* what day of the month is it today?

kuukau‖si month ▶ *-den* **kestävä** month-long, ..lasting for a month; *hän on viidennellä* **kuukaudella** *[raskaana]* she is in her fifth month, she is four months pregnant (gone); *kerran* **kuukaudessa** once a month, monthly; *kerran -dessa ilmestyvä (tapahtuva)* monthly; *sata* *puntaa -dessa* £100 a month; *-den* **väliajoin** at monthly intervals.

kuukausi‖- monthly (publication *-julkaisu;* income *-tulot*) **-lippu** monthly (one-month) season *(Am* commutation) ticket **-palk**‖**ka** monthly salary; *olla -alla* be paid by the month **-ttain** monthly, by the month (pay by the month *maksaa ~); (kerran kuukaudessa)* once a month **-ttainen** monthly.

kuukautis‖**et** *(sg)* menstruation; period **-kierto** menstrual cycle **-suoja** feminine (sanitary) towel **-vuoto** menstrual flow (discharge).

kuula 1 *(tekn ym)* ball **2** *(urh)* shot (put the shot *työntää ~a)* **3** *(luoti)* bullet.

kuulak‖**as** clear, bright (morning *aamu);* limpid (pond *lampi); (läpinäkyvä)* transparent; *(kuv)* lucid (style *tyyli)* **-kuus** clearness, brightness; limpidity; lucidity.

kuula‖**[kärki]kynä** ballpoint [pen], ball pen; *(Br m)* Biro *(rek)* **-laakeri** ball bearing **-ntyöntäjä** shot-putter **-ntyöntö** *(lajina)* shot put; *(-n työntäminen)* shot-putting.

kuulem‖**a; ensi** *~lta* at first hearing; *~ni mukaan* according to what I have heard, from what I heard; *sitten viime ~n* since I last heard of it **-iin** *(puh)* good-bye **-ma; hän on ~ sairas** I hear he is ill, they say he is ill, I have heard [say] that he is ill.

kuulento moonlight, flight to the moon.

kuuliai‖**nen** obedient (to *jklle)* **-suudenvala** oath of allegiance **-suus** obedience; *(~ hallitsijalle ym)* allegiance.

kuulija listener; hearer (of *jnk); ~t (m) (sg)* audience; *arvoisat ~t!* ladies and gentlemen! *~kunta* audience.

kuul‖**la 1** hear (a noise *melua;* did you hear him go out? *-itko hänen menevän ulos?)* **2** *(saada tietää)* hear (a th. from *jtk jklta;* I have never heard of it *en ole koskaan -lutkaan siitä);* learn (from a p. that *jklta että;* of, about *jstk)* **3** *(lak) (kuulustella)* hear, question (a witness *todistajaa)* **4** *(~ jkn mielipidettä)* consult; *~ jkta* hear what a p. has to say ▶ *puhu lujempaa —* **en** *-e!* speak louder — I can't hear you; *~ huonosti* be hard of hearing (in the right ear *oikealla korvalla); hän -ee huonosti (m)* he can't hear properly; **kaikkea sitä** *-eekin!* would you believe it? **kuule[han]!** listen! look here! *-ehan nyt!* come! come! now come on! *-ehan tätä!* listen to this! *hän ei ollut* **kuulevinaankaan** he pretended not to hear; *olin -evinani* I thought I

heard; *jkn* **kuullen** in the hearing of; in front of (don't swear in front of the children! *älä kiroile lasten -len!); olen -lut* **sanottavan** *että..* I have heard [it said] that.., I have heard say that..; **satuin** *-emaan että* I overheard that, I happened to hear that; *~* **väärin** *(m)* mishear; *hänen* **äänestään** *-ee että* you can tell (hear) from (by) his voice that.

kuullot‖**taa** glaze **-usmaali** glaze.

kuulo [sense of] hearing ▶ *[se]* **ei tule** *~onkaan* it is [quite] out of the question; *hänellä on* **huono** *~* his hearing is poor, he is hard of hearing; *hänellä on* **tarkka** *-* he is sharp of hearing, he has a sharp (keen) ear; *~oni on* **tullut** *että* it has come to my ears that.

kuulo‖**aisti** sense of hearing, auditory sense **-elin** organ of hearing, auditory organ **-etäisyy**‖**s;** *-dellä (-den ulkopuolella)* within (out of) hearing (earshot) **-harha** auditory illusion **-ke 1** *(puh)* receiver (pick up the receiver *nostaa ~);* handset; *(ark)* phone **2** *(rad)* ear‖phone, -piece; **-kkeet** [pair of] headphones; *(sg)* headset **-keskus** *(anat)* acoustic centre **-koje** hearing aid; *(Br ark)* deaf-aid **-puhe** *(us ~et)* hearsay *(vain sg)* (by hearsay *~iden perusteella);* report.

kuulost‖**aa** sound (that sounds better *tuo ~ [jo] paremmalta;* it sounds [like] a good idea *se ~ hyvältä [ajatukseltal); ~ siltä kuin..* it sounds [to me] as if.. **-ella** listen (for *jtk); (tiedustella)* find out.

kuulo‖**suojain** hearing protector **-vamma** hearing defect (handicap) **-vammainen** ..with (having) impaired (defected) hearing; *-set* those with impaired hearing.

kuultaa be dimly to be seen (visible); *(hohtaa)* shine, gleam; *hänen katseestaan ~ ylpeys* his pride shows itself in his eyes.

kuultava *(kuuluva)* audible.

kuulto gleam, shine, shimmer *~kuva* transparency, slide; diapositive *~paperi* tracing paper.

kuulu‖**a 1** *(äänestä)* be heard (a shot was heard *-i laukaus);* be audible; *viereisestä huoneesta -i naurua* we (I) could hear laughter from the next room **2** *(~ jhk t. jllk)* belong (to a club *kerhoon;* to me *minulle;* where does this belong? *mihin tämä -u?;* this chair belongs in the kitchen *tämä tuoli -u keittiöön); (~ jhk joukkoon)* be one of (those who.. *niihin jotka..),* be among; *(kirj)* pertain to; vest in (power that vests in the president *presidentille -va valta)* **3** *(sisältyä jhk)* include (the price includes two meals a day *hintaan -u kaksi ateriaa päivässä)* **4** *(~ jkn tehtäviin)* rest (lie) with (legislation rests (lies) with Parliament *lainsäädäntä -u eduskunnalle)* **5** *(täytyä)* have to; be one's duty *(ark business)* (it is your duty to do it *teidän -u tehdä se)* **6** *(olla jnklainen)* run (how does the first line of the poem run? *kuinka -u runon ensimmäinen säe?),* go (it goes like this *se -u näin);* be (what is the genitive of the word horse? *kuinka -u genetiivi sanasta hevonen?)* ▶ **anna[han]** ~! out with it! speak up! *-u asiaan että..* it is only right that.., it is the right thing that..; *(ark) se -u asiaan* it is part of the show; *se ei kuulu asiaan* it is beside the point; *puhu kovempaa tänne* **ei kuulu!** speak louder I (we) can't hear you! **hänestä** *ei ole -nut mitään* I have not heard from him, I have not had any news from him; *hänen äänensä -u* **kauas** his voice carries far (can be heard from far away); *mitä /sinulle/ -u?* how are you [getting on]? how are you doing? *mitä se sinulle -u!* it is none of your business! mind your own business! *hän -u olevan rikas* he is said to be rich, they say he is rich, I have heard [say] that he is rich; *sairaus ja köyhyys -vat usein* **yhteen** disease and squalor often go together; *hänen* **äänestään** *-u että..* you can hear (tell) from (by) his voice that..

kuuluis||a famous, noted, famed, renowned, well-known (for *jstk); (pahamaineinen)* notorious (for crime *rikollisuudesta)* **-uus 1** fame, renown, celebrity; *(pahamaineisuus)* notoriety **2** *(-a henkilö)* celebrity.

kuulum||aton inaudible (whisper *kuiskaus);* **-attomiin** die away; *-attomissa* out of hearing **-is|et** *(sg)* [latest] news (from town *-ia kaupungista).*

kuuluotain lunar probe.

kuulust||elija examiner; *(lak m)* interrogator, questioner **-ella 1** *(lak ym)* question; interrogate (a suspect *epäiltyä);* examine **2** *(koul, yliop)* examine (pupils in English *oppilaita englanninläksyjä),* test, hear (the homework *kotiläksyt)* **-eltava** *s (lak)* examinee **-elu 1** *(lak)* questioning, examination; hearing; interrogation **2** *(tentti)* examination **-elupöytäkirja** examination record *(pl minutes).*

kuulut||taa 1 announce, give notice of;

proclaim; *(~ sanomalehdessä)* advertise; ~ *että.. (m)* make it known that.. **2** ~ *[avioliittoon]* call (publish, put up) the banns (of *jku);* **heidät** *-ettiin viime sunnuntaina* they had their banns called last Sunday **3** *(rad, TV)* announce (a program[me] *ohjelma)* **-taja** *(rad, TV)* announcer **-us 1** announcement, notice; proclamation **2** *(avioliitto~) (pl)* banns [of marriage]; publication of the banns; *(siviiliavioliittoon ~)* notice of an intended marriage.

kuuluv||a 1 *(kuultava)* audible **2** *(äänekäs)* loud (in a loud voice ~*lla äänellä)* **-iin** *(-illa, -ille, -ilta, -issa);* päästä pois toisten *-ilta* get out of hearing (earshot); *saada äänensä -iin (-ille)* make o.s. heard; *(kuv m)* gain (get) a hearing **-uus** audibility; *(rad)* reception (poor reception *huono ~).*

kuum||a hot ▶ ~ **keskustelu** heated discussion; *kampanjan ollessa* **kuumimmillaan** in the heat (hottest part) of the campaign; *taistelun ollessa* **kuumimmillaan** in the thick of the fight; *tunteet* **kävivät** *-ina* feelings ran high; **minulla** *on* ~ I am (feel) hot; *hänellä oli* ~*t* **paikat** *(oltavat)* it was a hot time for him, things were hot for him; **puhelin** *on* ~*na* the lines are hot (humming).

kuumailma|- hot-air (balloon *-pallo).*

kuuma||käsitellä hot-work **-narka** heat-sensitive **-nkestävä** heat-resistant, heatproof **-nvedenvaraaja** water-heater, geyser, hot-water boiler **-verinen** hot-blooded, passionate, ardent **-vesi|-** hot-water (pipe *-johto;* bottle *-pullo)* **-vesihana** hot-water tap *(Am* faucet), hot tap.

kuume 1 temperature (of 40 degrees *40 asteen* ~; take a p.'s temperature *mitata jklta* ~), fever (he has a high fever *hänellä on korkea* ~); *hänellä on* ~*tta* he has (is running) a fever (a temperature); *tulla* ~*eseen* be taken with fever, fall ill *(Am* sick) with fever **2** *(~tauti)* fever (yellow fever *kelta~)* ~**inen 1** feverish; *(lääk)* febrile **2** *(kuv)* feverish, febrile (haste *kiire),* hectic (times ~*iset ajat)* ~**isesti** feverishly, hectically ~**mittari** [clinical (body-temperature)] thermometer.

kuumen||nin heater **-taa** heat [up] (water *vettä;* a p.'s feelings *jkn tunteita),* make.. hot; ~ *liikaa* overheat **-tua** heat [up], become hot; ~ *liikaa* overheat; *-tunut* *tilanne* heated situation.

kuume||**potilas** fever patient **-ta** heat [up], become hot; *(kuv) (kiivastua)* get hot (excited) (over *jstk*), fire up (at *jstk*); *tunteet -nevat* feelings become heated ~**tauti** fever.

kuumoduuli lunar module.

kuumoittaa; *poskiani* ~ my cheeks are burning.

kuumottaa *(kajastaa)* shimmer, glimmer, gleam.

kuumuu||**denkestävä** heat-resistant, heat-proof **-s** heat; hotness; *(tukahduttava* ~*)* sultriness.

kuunari schooner.

kuun|**nella 1** listen (to *jtk*) **2** *(ottaa huomioon)* listen (to reason *järkipuhetta*), hear (he refused to hear me *hän kieltäytyi -telemasta minua*); pay attention to, *(kirj)* take heed of (a p.'s advice *jkn neuvoja*) **3** *(lääk)* auscultate, sound, stethoscope (the lungs *keuhkoja*) **4** *(puh)* *(~ salaa)* listen in (to a telephone conversation *puhelinkeskustelua*); tap (his phone is being tapped *hänen puhelintaan* ~*an*) ▶ *(rad)* **kuuntelen!** over! ~ *jkta* **loppuun** *asti* hear a p. out; ~ **salaa** eavesdrop (on a conversation *keskustelua*) (ks m kohta 4).

kuunnelma radio play (sketch).

kuun||**paiste** moonshine **-paisteinen** moonshiny **-pimennys** eclipse of the moon **-silta** moonpath **-sirppi** crescent **-valo** moonlight.

kuuntel||**ija** listener **-ijakunta** audience **-uasema** *(sot)* listening station **-laite** sonic detector, acoustic detecting apparatus.

kuuntutkija moon (lunar) scientist; moon explorer.

kuuppa *(kauha)* scoop, ladle.

kuura hoarfrost, [white] frost; *(kirj)* rime [frost]; *olla* ~*ssa* be covered with [hoar]frost ~**inen** frosty, frosted.

kuuraketti moon rocket.

kuurata scrub (the floor *lattiaa*), scour [out] (a saucepan *kattila*).

kuuri [course of] treatment (penicillin treatment *penisilliini*~), cure, course; *olla penisilliini~lla* be on a course of penicillin.

1 kuuro I *a* deaf (child *lapsi;* to all warnings *kaikille varoituksille*); *hänen toinen korvansa on* ~ he is deaf in one ear; *kaikua (puhua) ~ille korville* fall on (talk to) deaf ears **II** *s* deaf person (man, woman); ~*t* the deaf, deaf people; ~*jen*

koulu school for the deaf.

2 kuuro *(sade- ym* ~*)* shower (scattered showers *ajoittaisia* ~*ja*) ~**ittainen** showery (rain *sade*).

kuuro||**mykkyys** deaf|-mutism, -muteness **-mykkä** *a ja s* deaf-mute **-sokea** *a ja s* deaf-blind **-us** deafness **-utua** become deaf.

kuurupiilo; *leikkiä* ~*a* play hide-and-seek.

kuusama honeysuckle.

kuusen|- spruce, fir (twig *-havu;* cone *-käpy*).

1 kuus|**i 1** *(kasv)* spruce; *(jalo*~*)* fir **2** *(puuaine)* spruce [wood]; *(liik)* whitewood **3** *(joulu*~*)* Christmas tree.

2 kuusi *lukus* six *(vrt kahdeksan).*

kuusi|- six|- (–armed *-haarainen;* –stringed *-kielinen* (vrt kahdeksan-).

kuusi||**aita** spruce (fir) hedge **-kko** clump of spruces, spruce copse **-kulmainen** hexagonal **-kulmio** hexagon **-kymmentä** sixty; ~**viisi** sixty-five **-metsä** spruce (fir) wood **-nkertainen** sixfold; sextuple.

kuusiokoloavain hex wrench, allen key (wrench).

kuusi||**peura** fallow deer **-pistiäinen** spruce sawfly **-sataa** six hundred **-tahokas** hexahedr|on *(pl m* -a) **-toista** sixteen *(vrt kahdeksantoista ja yhdyss).*

kuutamo moon|light, -shine; ~*lla* *(~ssa)* in the moonlight; *on [kirkas]* ~ there is a [bright] moon ~**urakointi** moonlighting.

kuutio 1 cube **2** *(~metri)* cubic metre.

kuutio||- cubic (metre *-metri*); centimetre *-senttimetri*) **-juuri** cube root **-mainen** cubic[al], *(-nmuotoinen)* cubiform **-tilavuus** cubic content[s] (volume); cubic capacity.

kuv|**a 1** picture (draw a picture of *piirtää* ~ *jstk*); *(havainnollistava* ~*)* figure (figure 7 shows that ~*sta 7 näkyy että..*); illustration **2** *(koho~, veistos)* image (worship images *palvoa -ia*); *(erik jumalan~)* idol; figure (plaster figure *kipsi~*); *(erik kolikossa oleva* ~*)* effigy **3** *(valo~)* photograph (take a photograph of *ottaa* ~ *jstk*); photo *(pl* ~s), picture, snapshot **4** *(jstk heijastuva* ~*)* image *(m opt)* (see one's image in a mirror *nähdä* ~*nsa peilistä*); refle|ction, *(Br m)* -xion **5** *(kuv) (mieli~; imago)* image **6** *(käsitys)* picture (the book gives a good picture of *kirja antaa hyvän* ~*n jstk*); idea (he has no idea of it *hänellä ei ole siitä minkäänlaista* ~*a*), conception; *(vaikutelma)* impression (he got the wrong impression of it *hän sai siitä väärän* ~*n*);

(näkemys) view **7** *(elo~)* picture (war picture *sota~*); *(erik Am)* movie ▶ **kaunis** *kuin ~* [as] pretty as a picture; *(ark) olla ~ssa* **mukana** *(poissa ~sta)* be in (out of) the picture; *astua (tulla) ~an mukaan* come in (where do I come in? *missä minä astun ~an mukaan?*), come (get) into the picture; **ottaa** *~ jstk (m)* photograph; *(ark)* snap; *yksi ~* **puhuu** *enemmän kuin tuhat sanaa* one picture is worth a thousand words.

kuva‖**-aihe** pictorial motif **-aja 1** *(taid)* describer, delineator, portrayer **2** *(elok, TV)* cameraman **3** *(valok)* photographer.

kuvaama‖**taide** = *kuvataide* **-taidonopettaja** art teacher, drawing‖-master, *(fem)* -mistress **-taito** drawing.

kuvaamo 1 *(elok)* film studio **2** *(valok)* photographic studio.

kuvaannolli‖**nen** figurative; *-sessa merkityksessä* in a figurative sense, figuratively.

kuva-arvoitus picture puzzle, rebus.

kuva‖**ava 1** *(-ileva)* descriptive **2** *(ominainen)* characteristic, typical, illustrative (of *jllk*) **-elma** scene; *(tilannekuva)* tableau *(pl m ~x)* [vivant] **-ileva** descriptive (that *tutkimus*) **-illa** describe (a th. to (for) *jtk jklle*), depict, portray; *(hahmotella)* outline, sketch; delineate **-inpalvonta** image worship, iconolatry **-inraasto** image breaking, iconoclasm **-jainen** *(heijastus)* [reflected] image **-kasetti** videocassette, videotape cassette **-kertomus** pictorial report, photoreport **-kieli** imagery, figurative (metaphorical) language **-kirja** picture book **-kirjoitus** picture writing, pictography **-kortti** *(korttip)* picture card; *(Br m)* court card; *(Am m)* face card **-kudos** [piece of] tapestry **-laatta** *(kirjap)* cut, [printing] block *(erik Am* plate) **-lehti** pictorial [magazine] **-nauha 1** *(TV)* videotape **2** *(elok)* filmstrip, slidefilm, stripfilm **-nauhoittaa** videotape **-nauhoitus** videotape recording, *(lyh)* VTR **-nauhuri** videotape recorder, *(lyh)* VTR, videocassette recorder.

kuvan‖**heitin** [picture (slide)] projector **-kaunis** ..[as] pretty as a picture **-sekoittaja** *(TV)* vision mixer **-siirto** picture transmission **-tarkkailija** *(TV)* video controller (engineer) **-veisto[taide]** sculpture; *kuvanveisto*‖- sculptural **-veistäjä** sculpt‖or, *(fem)* -ress.

kuva‖**patsas** statue, sculpture **-puoli** picture side; obverse [side] (of a coin *kolikon ~*); face (of a card *kortin ~*) **-postikortti** picture postcard **-putki** television (picture) tube **-ristikko** illustrated crossword puzzle **-ruutu** [television (TV, viewing)] screen.

kuvast‖**aa** reflect, mirror **-1(jastua)** be reflected (mirrored); *hänen kasvoistaan -uu onni* his face reflects happiness; *pilvet -uvat järven pinnasta* the lake mirrors the clouds **2** *(piirtyä)* stand out (against the sky *taivasta vasten*), be silhouetted **-us** reflection, image.

kuva‖**ta 1** picture, portray (the artist pictured him as a shepherd *taiteilija -si hänet paimenena*), depict, delineate; *(maalata)* paint; *(piirtää)* draw **2** *(esittää)* represent (the curve represents changes in the temperature *käyrä -a lämpötilan muutoksia*), depict; *(olla vertauskuvana)* symbolize **3** *(kuvailla)* describe (a p.'s looks *jkn ulkonäköä*); delineate; *(luonnehtia)* characterize **4** *(elok)* film (the Queen's arrival *kuningattaren saapuminen*); shoot (the film was shot in Lapland *elokuva -ttiin Lapissa*) **5** *(valok)* photograph, take a photograph (photographs).

kuva‖**taide** *(pl)* the visual arts **-taiteilija** artist; painter **-tarkkailija** video controller (engineer) **-tarkkaamo** vision (video) control room, monitoring room **-teksti** caption, legend **-teos** illustrated work (book) **-tus** *(ark)* sight, fright; hulking creature **-uksellinen** picturesque; *(valok)* photogenic.

kuvaus 1 description (give a description of *antaa ~ jstk*), depiction, portrayal, delineation **2** *(elok)* filming; shooting **3** *(valok)* photographing **~sihteeri** script girl, producer's assistant.

ku‖**ve 1**; **-peet** loins; *(erik eläimen ~)* flank; *kantaa miekkaa* **-peellaan** carry a sword at one's side **2** *(sivu)* side; flank (of a mountain *vuoren ~*) **3** *(vieri)*; *jnk* **-peella** *(-peessa)* beside, by, at (by) the side of; *(jnk lähellä)* close to (by).

kuvern‖**ementti** government **-ööri** governor.

kuvio figure; *(kankaan ym ~ m)* pattern, design; *(kaavio)* diagram **~aihe** pattern motif **~ida** pattern **~kudos** fancy weave **~llinen** patterned, figured (fabric *kangas*) **~luistelu** *(pl)* compulsory figures.

kuvit‖**ella** imagine (that *että;* I imagined him quite different **-telin** *hänet aivan* *toisenlaiseksi*); fancy (just fancy how I felt! *-tele miltä minusta tuntui!*), fancy o.s. ([as] the best singer *olevansa paras laulaja*); *(vain kielt)* think (you can't think how glad I am *et voi ~ kuinka iloinen olen*) ▶ *vaikein* **kuviteltavissa oleva** *tilanne* the most difficult situation imaginable (conceivable); **kuvittele!** [just] imagine [it]! just fancy! ~ **mielessään** *(m)* picture (figure) to o.s.; ~ **suuria** *itsestään* have too high an opinion of o.s.

kuvitel||ma fancy, fantasy; image (of happiness *onnesta*); *(harha~)* illusion (about *jstk*) **-tu** imaginary, imagined, fancied; *(fiktiivinen)* fictional.

kuvitta||a illustrate **-ja** illustrator.

kuvitte||ellinen imaginary, imagined, fancied, fanciful; *(keksitty)* fictitious (character *henkilö*); *(fiktiivinen)* fictional; *(mielikuvitusta käyttävä)* imaginative **-lu** imagination, fantasy, fancy (it is nothing but fancy *se on pelkkää ~a*); fiction (fact and fiction *totuus ja ~*); *(harha~)* illusion **-lukyky** imaginativeness, imaginative power.

kuvitus illustration[s] (of a book *kirjan ~*).

kuvot||taa; *minua ~* I feel sick; *jo sen näkeminenkin ~* the mere sight of it makes me feel sick **-tava** sickening, nauseating, nauseous (smell *löyhkä*) **-us** nausea.

kvaliteetti quality.

kvantiteetti quantity.

kvanttiteoria quantum theory.

kvartett||i quartet[te] **-o** quartetto *(pl ~s)*.

kvartsi quartz; *kvartsi-* quartz (watch (clock) *-kello;* crystal *-kide*).

kvasaari quasar.

kveekari Quaker, Friend.

kvintett||i quintet[te] **-o** quintetto *(pl ~s)*.

kybernetiikka *(sg)* cybernetics.

kydönpoltto burnbeating.

ky|etä be able to (do *tekemään*), be capable of (doing *tekemään*); *(voida)* can; be in a position to (do *tekemään*); *(olla pätevä)* be competent to (teach languages *opettamaan kieliä*); *hän ei -kene tekemään sitä (m)* he is unable to do (incapable of doing) it.

kyhjöttää crouch, cower, huddle [up], hunch.

kyhmy lump (on the forehead *otsassa*); *(erik puun ~)* knob, knot, gnarl; *(lääk, kasv)* node, nodule, protuberance **~inen** lumpy, knobby (fingers *~iset sormet*); knotty, gnarled (tree *puu*) **~joutsen** mute

swan.

kyhnyttää rub (o.s. against *itseään jtk vasten*); scratch.

kyhä||elmä *(kirjoitelma)* scribble **-tä;** ~ *[kokoon]* **1** *(rakentaa)* put (knock) up (a shelter *suoja*), put together **2** *(sepustaa)* scribble, put together (a novel *romaani*), knock (dash) off, throw..together (an article *artikkeli*).

kykene||mättömyys inability (to do *tekemään*), incapability (of *jhk*), incapacity (for *jhk;* to do *tekemään*); *(sukupuolinen ~)* impotence **-mätön** unable (to do *tekemään*), incapable (of *jhk*) **-vyys** ability, capability **-vä** able (to do *tekemään;* nurse *hoitajatar*), capable (of *jhk;* teacher *opettaja*); *(pätevä)* competent.

kyklooppi Cyclo|ps *(pl -pes)*.

ky|ky 1 a) ability (to do *tehdä;* a job suited to his abilities *hänen -vyilleen sopiva työ*), capability (develop one's capabilities *kehittää ~jään*), capacity; faculty (mental faculties *henkiset -vyt*); power (to see in the dark *nähdä pimeässä*); *parhaan ~nsa mukaan* to the best of one's abilities; **b)** *(lahja[kkuus])* gift (of speaking well *puhua hyvin*), talent (he has a natural talent for it *hänellä on luontaista ~ä siihen*); *(taipumus)* aptitude (for *jhk*); *hänellä on taiteellisia ~jä* he has a gift (talent) for art **2** *(lahjakas ihminen)* talent (young talents *nuoria ~jä*).

-kykyinen *(yhdyss)* ..able to (he is [a man] able to work *hän on työ~ [mies]*), ..capable of (appearing in public *esiintymis~*); ..having the faculty (power) of (speech *puhe~*).

kykyjenetsijä talent scout (spotter).

kyljys chop (pork chop *porsaan~*).

kyl|ki 1 side (turn on one's side *kääntyä -jelleen*); *(eläimen ~ m)* flank **2** *(sivu[sta])* side (of a triangle *kolmion ~*); flank (of a mountain *vuoren ~*); face (of an apple *omenan ~*) **3** *(keitt)* side (of bacon *sian~*); *(pl)* spareribs ▶ ~ **edellä** *(-jittäin)* sideways, with the side first; **kyljessä** *(-keen) (vieressä)* beside, by, at (to) the side of; ~ *kyljessä* side by side; **kääntää** *-keä* turn to the other side, turn around (over); *tönäistä jkta -keen* poke a p. in the ribs.

kylki||luu rib **-rakennus** wing, annex[e] **-uinti** sidestroke **-äinen** *(kaupanpäällinen)* free gift, giveaway, premium; *(sivutuote)* by-product, spin-off.

kylliks|i 1 enough (money *rahaa;* to do *tekemistä*), sufficiently (we have worked sufficiently *olemme työskennelleet* ~) **2** = *kyllin* ▶ **enemmän** *kuin* ~ more than enough, enough and to spare; *en voi häntä siitä* ~ **kiittää** I can't thank him too much for it; **saada** *-een jstk* have enough of; **syödä** *-een* eat one's fill.

kyllin enough (old enough to understand ~ *vanha ymmärtämään*), sufficiently (large *suuri*); ~ *pitävä ote* a hold strong enough, a strong enough hold.

kyllyy|s fullness (a feeling of fullness *-den tunne*).

kyllä 1 *(myönt vast)* yes **2** *(tosin)* to be sure (he is rich but.. *hän on* ~*[kin] rikas mutta..*), it is true (it costs quite a lot *se* ~ *maksaa aika lailla*), indeed (he is somewhat deaf indeed but.. *hän on* ~*[kin] hieman kuuro mutta..*), though (that is not quite correct though *tuo ei* ~*[kään] ole aivan oikein*), enough (that is true enough *se on* ~ *totta*) **3** *(todellakin)* really (it was really a curious event ~*[pä] oli kummallinen tapaus*), certainly, surely ▶ ~ **kai** I [should] think so, I suppose so; *(erik Am)* I guess so; *(iron)* ~ **kai!** sure! nonsense! ~ *kai tulet?* you'll come surely (won't you)? **kumma|[llista]** ~ oddly (curiously, strangely) enough; **kyllä** *hän [varmasti] tulee* he'll come all right, I'm sure he'll come, he'll be sure to come; ~ **vain!** oh yes! yes indeed! [why] certainly!

kylläi|[nen replete (feel replete *olla* ~ *olo*); *(ark)* full (stomach *vatsa*); *en tullut siitä -seksi* it was not enough for me, it did not fill me; *olen* ~ I have had enough, I am full [up]; *syödä itsensä -seksi* eat one's fill **-syys** fullness; *(yltä~)* repletion, satiety.

kyllä|[kin *(-kään)* = *kyllä 2* **-pä** = *kyllä 3.*

kylläste impregnant, impregnating agent ~**tty** impregnated; *(kem)* saturated.

kyllästy|[nyt weary, tired (of *jhk*); *(ark)* sick [and tired] (of *jhk*), fed up (with *jhk*) **-s 1** weariness, tiredness, boredom **2** *(tekn)* impregnation **3** *(kem, sähk)* saturation **-ttää** bore, weary, tire (a p. *jkta*); *minua* ~ *[lukea]* I am bored [by (with) reading] **-ä** tire, weary (of *jhk*), get tired (weary) (of *jhk*), be bored (with, by *jhk*); *(ark)* get sick [and tired] (of), get fed up (with); have enough (of).

kyllästä|[mätön unimpregnated; unsaturated **-ä 1** *(puuteoll ym)* impregnate

2 *(kem, sähk)* saturate **3** *(kuv)* impregnate, saturate (impregnate with pessimism *pessimismin -mä)*.

kylme|[ntää make..cold[er]; *(viilentää)* make..cool[er], cool, chill **-ttyä** catch a cold (chill) **-tys** cold, chill **-[ty]ttää** chill (one's toes *varpaansa*), freeze; ~ *itsensä* catch a cold (chill) **-tä** get cold[er]; get chilly; *(kuv m)* cool down (off) (the relations are cooling down *suhteet -nevät*).

kylmi|[ltään *(valmistautumatta)* unpreparedly, without preparation; extempore **-ssään;** *olla* ~ be (feel) cold, be freezing **-ä;** *jalkojani -i* my feet are cold **-ö** cold-storage room, cold store, cooler.

kylmyys 1 coldness (of the weather *sään* ~); *(pakkanen)* cold (the cold of winter *talven* ~); *(viileys)* chill[iness] **2** *(kuv)* coldness, coolness, chilliness (towards *jkta kohtaan)* **3** *(sukupuolinen* ~) frigidity.

kylmä I *a* **1** cold (weather *ilma;* glance *katse;* towards *jkta kohtaan);* *(jäätävä)* frigid; *(viileä)* chilly **2** *(sukupuolisesti* ~) frigid, cold **II** *s* cold (shiver with cold *hytistä -stä;* stand outside in the cold *seistä ulkona ~ssä);* *(kylmyys)* coldness ▶ **ikkunasta** *tulee* ~*ä* the window lets the cold in; ~ *kuin kivi* [as] cold as charity (a stone); **kohdella** ~*sti (m)* give..the cold shoulder; ~*n* **laskelmoivasti** with cold calculation; **minulla** *on* ~ I am (feel) cold; *pitää* **päänsä** ~*nä* keep a cool head, keep cool; ~*n* **rauhallisesti** coolly; **saada** ~*ä* get a chill; catch a cold; ~ **sota** the Cold War; *se oli hänelle* ~ **suihku** it was a cold shower (a dash of cold water) to him; **säilyttää** ~*ssä* keep..cool (in a cool place); **ulkona** *(tänään) on* ~ it is cold outside (today).

kylmä|[hermoinen steady nerved, ..with nerves of steel **-huone** cold[-storage] room, cold store, cooler **-kaappi** cold store, cooler **-kalusteet** *(sg)* refrigeration equipment **-kiskoinen** cold, cool, chilly (towards *jkta kohtaan);* indifferent, unresponsive **-komero** pantry **-kuljetusauto** refrigerator (cold-storage) lorry (van, *Am* truck) **-käynnistys** cold start **-laukku** cool bag (box).

kylmän|[arka ..sensitive to cold **-hiki** cold sweat **-kestävä** cold-resistant; *(erik kasv)* hardy **-kyhmy** chilblain **-väreet** cold shivers, *(sg)* chill (a chill ran up and down his spine ~ *kulkivat pitkin selkäpiitä)*.

kylmä|[päinen cool[-headed]   **-pöytä**

refrigerated display cabinet **-savustus** cold smoking **-sydäminen** cold-hearted **-tekniikka** refrigerating technique, refrigeration -|**tä;** *jalkojani -ä* my feet are cold; *sydäntäni -si* my heart ran cold **-varasto** cold store **-varastointi** cold storage **-verihevonen** coldblood[ed horse] **-verinen** *(konkr ja kuv)* cold-blooded **-verisesti** in cold blood **-vesihana** cold-water tap *(Am* faucet), cold tap.

kylp||**eä 1;** ~ *[saunassa]* have (take) a sauna bath; go to sauna; ~ *[kylpyammeessa]* have (take) a bath, *(Br m)* bath **2** *(kuv)* be bathed (in sunshine *auringonvalossa;* in sweat *hiessä)* **-ijä** bather.

kylpy bath (take (have) a bath *mennä ~yn)* ~**amme** bath; *(erik Am)* bathtub; *(ark)* tub ~**huone** bathroom **-laitos,** ~**lä** bathing establishment; baths ~**lähotelli** spa (resort) hotel ~**läkaupunki** [health] resort ~**pyyhe** bath towel ~**suola** *(pl)* bath salts ~**takki** bathrobe.

kyltti sign[board].

kyltymät||**tömyys** insatiety, insatiableness **-ön** insatiable, insatiate.

kylvettää *(Br)* bath (the baby *vauva); (Am)* bathe; give a bath to.

kylvää sow (clover *apilaa;* the field with rye *pelto rukiille;* dissension *eripuraisuutta);* seed (beets *juurikkaita); (levittää)* spread (fertilizer over the soil *apulantaa maahan;* terror *kauhua);* scatter, strew (sand on *hiekkaa jhk);* ~ *rahaa ympärilleen* scatter money about.

kylvö sowing, seeding.

kylvö||- sowing (depth *-syvyys;* basket *-vakka);* seed (furrow *-vako)* **-aika** seedtime, sowing time **-kone** sowing machine, seeder **-lava** seedbed **-mies** seedsman, sower.

kylä 1 village; *(pieni ~)* hamlet **2;** *käydä ~ssä jkn luona* pay (go on) a visit to, visit, call [up]on, go (come) to see; *olla ~ssä* be on a visit to *jkn luona).*

kylä||- village (meeting *-kokous;* community *-[yhdys]kunta, -yhteisö)* **-läinen** villager; *-läiset (m)* the village folk (people) **-nhullu** village idiot **-nvanhin** village elder (senior).

kymmen; ~**et** tens (the units and the tens *ykköset ja ~et);* muutamia *~iä* some twenty or thirty, a few dozen; *hän on viisissä~issä* he is about fifty; *olla viidennellä ~ellä* be in one's fourties;

vuosisadan ensimmäisillä ~illä during the first decades of the century.

kymmen|**en** ten; *-iä kertoja (osanottajia)* dozens of times (participants); *-iä tuhansia ihmisiä* tens of thousands of people *(vrt kahdeksan)* ~**nes** tenth [part] (of *jstk)* ~**tuhatta** ten thousand.

kymmenes [the] tenth *(vrt kahdeksas)* ~**osa** tenth [part]; *kolme ~a* three tenths; *kaksi kokonaista viisi ~a* two point five ~**tuhannes** [the] ten thousandth.

kymmen||**ittäin 1** dozens of (examples *esimerkkejä)* **2** *(kymmenen kerrallaan)* by tens **-järjestelmä** the decimal system **-kertainen** tenfold, decuple **-kulmio** decagon **-kunta;** ~ *markkaa* some (about) ten marks, ten marks or so; *(ark)* ten odd marks.

kymmen||**luku 1** ten; *pyöristää tasaiseksi -luvuksi* round off to the nearest ten **2** *(vuosikymmen)* decade **-murtoluku** decimal [fraction] **-ottelija** decathlete, decathlonist **-ottelu** decathlon **-vuotias, -vuotinen** *ks. kahdeksan-.*

kymmeny|**s 1** decimal; *kolmen -ksen tarkkuudella* to three decimal places (decimals) **2** *(hist) -kset* tithes ~**pilkku,** ~**piste** decimal point.

kyni|**ä** pluck (a hen *kana;* one's eyebrows *kulmakarvojaan); (kuv)* fleece, skin, bleed (a p. of his money *jklta rahat);* minulla on *hänen kanssaan kana -mättä* I have a bone to pick with him; ~ *jku puhtaaksi* bleed a p. white; *[lyhyeksi] -tty tukka* close-cropped hair.

kynnen||**alu**|**s** nail bed; *likaiset -kset* black nails **-jälki** scratch **-pätkät** nail parings.

kynny|**s 1** threshold (cross the threshold *astua -ksen yli),* doorsill; *(erik ulko~)* doorstep **2** *(kuv)* threshold (of pain *kipu~;* on the threshold of a new era *uuden ajan -ksellä);* joulun *-ksellä* [just] before Christmas; *sodan (vaalien) -ksellä* on the eve of the war (the elections) ~**kivi** doorstone ~**matto** doormat.

kyn|**si 1** nail **2** *(eläimen ~)* claw *(m kuv); (petolinnun ~) (m)* talon (seize in its talons *siepata ~insä)* ▶ *pitää -tensä* **erossa** *jstk* keep one's fingers (hands) off a.; *~n* **hampain** tooth and nail; *iskeä -tensä jhk* strike one's claws into, pounce [up]on; *joutua jnk ~in (päästä jnk ~stä)* get into (out of) the clutches of; *(kuv)* **näyttää** *(paljastaa) -tensä* show one's mettle (claws); **saada** *~insä* get..into one's clutches; *hänen -tensä* **syyhyävät** his fingers itch (to do *jnk tekemiseen*).

kynsi|**-** nail (brush *-harja;* clippers *-leikkuri;* scissors *-sakset;* file *-viila*) **-lakanpoistoaine** nail varnish (polish) remover **-lakka** nail varnish (*erik Am* polish, enamel) **-laukka** garlic **-nauha** cuticle **-ä** claw (at *jtk*); scratch; ∼ *korvallistaan* scratch one's head (neck).

kynte *(puus)* rebate, rabbet.

kynteli summer savory.

kynttelikkö candelabr|um (*pl* -a); *(katto∼)* chandelier.

kynttilä candle; *(ohut ∼ m)* taper; *panna ∼nsä vakan alle* hide one's light under a bushel; *polttaa ∼änsä molemmista päistä* burn the candle at both ends **∼njalka** candlestick **∼npäivä** Candlemas **∼nvalo** candlelight (by candlelight *∼ssa*) **∼sakset** *(sg)* [candle]snuffer.

kynt|**äjä** ploughman, *(Am)* plowman; plougher, plower **-ää** plough, *(Am)* plow; *laiva ∼ merta* the ship ploughs [through (across)] the sea **-ö** ploughing, *(Am)* plowing.

kynä *(yl)* pen; *(lyijy∼)* pencil; *elättää itsensä ∼llä* make a living with one's pen; *(kuv) tarttua ∼än* take up one's pen, put (set) pen to paper **∼ilijä** writer; penman; *(halv)* scribbler, penpusher **∼illä** write; *(halv)* scribble **∼kaukalo** pen[cil] case **∼kotelo** pencil box **∼lamppu** penlight, penlite.

kynän|**pätkä** stump of a pencil, pencil stump **-teroitin** pencil sharpener **-terä** *(muste∼)* [pen] nib **-varsi** penholder **-veto** pen stroke, stroke of a pen.

kynä|**sota** literary controversy, [war of] polemic **-teline** pen|holder, -rack **-veitsi** penknife.

Kypros Cyprus **k∼lainen** *a ja s* Cypriot.

kypsentä|**mätön** uncooked; *(raaka)* raw **-ä** cook (a fish *kala;* meat *lihaa*); *(∼ uunissa)* bake; *(paahtaa)* roast.

kypsy|**minen** maturation **-mättömyys** immaturity **-mätön** unripe; *(erik kuv)* immature **-neisyys** maturity, matureness, ripeness **-tellä** [slowly] mature (one's plans *suunnitelmiaan*) **-ttää** ripen, mature, mellow, bring .. to maturity; age (cheese *juustoa;* wine *viiniä*) *(vrt kypsentää)* **-ys** ripeness, mellowness; *(erik kuv)* maturity (mental maturity *henkinen ∼*) **-ä** 1 ripen, mature, mellow 2 *(keitt)* cook; bake (in the oven *uunissa*) 3 *(kuv)* mature (an idea (a

child) matures *ajatus (lapsi -y),* ripen (into a woman *naiseksi*).

kyps|**ä** 1 ripe (berry *marja;* the time is not yet ripe *aika ei ole vielä ∼;* for doing *tekemään*), mature (age *ikä*); *(täyteläisen ∼)* mellow (peach *persikka*) 2 *(keitt)* well-done (roast *paisti*), completely (thoroughly) cooked; *(valmis)* ready, done (the potatoes are done *perunat ovat -iä*) 3 *(ark) (uupunut)* [all] done up, worn out.

kypärä helmet **∼ntöyhtö** plume, panache **∼päinen** helmeted.

kyrmy|**ssä** *(-yn);* istua niska ∼ sit hunched up (stooped); *vetää niskansa (hartiansa) -yn* hunch o.s. up.

kyräillä cast sullen (sulky) glances (at *jkta*).

kyse ▶ *juuri siitä on* **kyse** that is the question (point); *mistä on ∼?* what is this (it) all about? *(ark)* what's up? *∼ on siitä tuleeko hän vai ei* the question is whether he comes or not; *oli ∼ minuuteista* it was a matter of minutes; *siitä ei ole ∼* that is not the question (point), that is beside the question; *jstk* **kyseen ollen** when it comes to, concerning, with regard to, as to; *tulla* **kyseeseen** come into question; *se ei tule ∼seen[kään]* it is [entirely] out of the question, there is no question of it; *nyt on tosi ∼essä* it is a matter of life and death; *∼essä oleva asia* the matter in question (concerned, referred to).

kyse|**enalai**|**nen** questionable; *asettaa -seksi* question, call..into question **-inen** ..in question, ..concerned, ..referred to.

kysel|**lä** 1 be (keep) asking (a p. about *jklta jtk;* the price of *jnk hintaa*), be questioning; ask questions (children ask a lot of questions *lapset -evät paljon*); *(tiedustella)* inquire (of *jklta;* about *jtk;* somebody inquired for you *joku -i sinua*); *∼ jkn vointia* ask (inquire) after a p.'s health; *∼ kuulumisia* ask for the news (the latest) 2 *(hakea)* be (keep) looking [about] for (an apartment *asuntoa*).

kysely questioning; inquiry, enquiry (make inquiries about *suorittaa ∼jä jstk*) **∼kaavake** questionnaire, inquiry form **∼tunti** *(parl)* question time.

kyssäkaali kohlrabi, turnip cabbage.

kysymy|**s** 1 question (answer a question *vastata -kseen);* *(tiedustelu)* inquiry, query; *tehdä jklle ∼* put a question to a p., put a question to 2 *(asia)* question, issue (political issue *poliittinen ∼*), matter (of principle *periaatteellinen* ~); *(ongelma)* problem (the Ireland problem *Irlannin* ~) **3** *ei tule -kseenkään että lähtisit nyt* there is no question of your leaving now; *se ei tule -kseenkään* it is [totally] out of the question *(ks m kyse)* ~**lause** interrogative sentence (clause); *[epä]suora* ~ [in]direct question ~**merkki** question mark *(m kuv)* ~**sana** interrogative.

kysymä; *kiitos* ~*stä!* thank you for asking! thank you for your interest!

kysyn|tä demand (for timber *puutavaran* ~); *-nän ja tarjonnan laki* the law of supply and demand.

kysytt|y sought-after (product *tuote*); *(pred)* ..[much] sought after, ..in demand **-ävä;** *onko teillä* ~*ä?* have you any questions to ask (anything to ask)?

kysyvä inquiring, questioning (look *katse*); *(kiel)* interrogative; *katsoa* ~*n näköisenä* look inquiringly at.

kysy|ä 1 ask (a p. a th. (about a th.) *jklta jtk (jstk))* **2** *(tiedustella)* ask (has anyone asked for me? *onko kukaan -nyt minua?),* inquire, enquire (of *jklta;* how to do a th. *kuinka jk tehdään;* for a book in a shop *kirjaa kaupasta)* **3** *(vaatia)* call for, require (it calls for strength *se -y voimia)* ▶ *se -y aikaa* it takes time; *tätä* **artikkelia** *-tään paljon* this article is in great demand, there is a great demand for this article; **kaikkea** *sinä -tkin!* what a question [to ask]! ~ *jklta* **neuvoa** ask a p.'s advice, ask a p. for advice, consult a p.; *sinua -tään* **puhelimessa** you are wanted on the phone, there is a call for you ; *(iron) miksi? jos* **saan** ~ why? if I may ask; *sitä* **sopii** ~ you may well ask; ~ *jkn* **vointia** ask (inquire) after a p.'s health.

kyteä *(konkr ja kuv)* smo[u]lder.

kytkentä coupling, connection ~**kaavio** circuit (wiring) diagram.

kytke||ytyä 1 be coupled (together *toisiinsa);* *(sähk)* be connected (switched on) **2** *(kuv)* be connected, connect (it connects with a larger whole *se -ytyy laajempaan kokonaisuuteen),* be associated (with *jhk),* be linked (to *jhk),* tie in with; ~ *toisiinsa* link up (together) **-ä 1** *(sähk)* connect (in parallel *rinnan);* switch on (the current *virta);* ~ *irti* disconnect, switch off; *virta on -ttynä* the current is on **2** *(tekn)* couple (the engine to the train *veturi junaan);* ~ *irti* uncouple **3** *(kiinnittää)* tie [up], hitch (the dog to a

tree *koira puuhun),* fasten; *pitää koira -ttynä* keep the dog on the lead **4** *(kuv)* connect (a th. with *jk jhk),* link, link up (one question with another *kaksi asiaa toisiinsa).*

kytkin 1 *(aut)* clutch (release the clutch *nostaa* ~) **2** *(sähk, atk)* switch **3** *(tekn)* coupler, coupling.

kytkin||- clutch (disc *-levy;* pedal *-poljin)* **-taulu** *(sähk)* switchboard.

kytkykauppa tie-in (bundle) sale.

kytky|t [cattle] tie, leash; *panna -een* tie, leash; *päästää -estä* untie, unleash.

kyttyrä hump, hunch ~**selkä[inen]** humpback[ed], hunchback[ed].

kyt|ätä 1 *(vaania)* lie in wait (a cat lying in wait for a mouse *hiirtä -täävä kissa),* lurk **2** *(kärkkyä)* wait (for an opportunity *tilaisuutta);* hanker (after an inheritance *perintöä).*

kytöviljely cultivation of land by burnbeating.

kyvy||kkyys *(pl)* abilities (to do *tehdä),* capabilities (for *jhk;* artistic capabilities *taiteellinen* ~) **-käs** able, capable (lawyer *lakimies);* *(lahjakas)* gifted, talented **-ttömyys** inability (to do *tehdä),* incapability, incapacity; *(sukupuolinen* ~) impotence **-tön 1** ungifted, untalented; *(pred)* unable (to do *tekemään),* incapable (of doing *tekemään)* **2** *(sukupuolisesti* ~) impotent.

kyy adder, common [European] viper.

kyydit||ys transportation; *(bussi~)* bussing **-yslaitos** *(hist)* stagecoach service **-ä** drive (a p. to *jku jnnk);* ~ *jku jnnk (m)* give a p. a lift to.

kyyhky||[nen] dove *(m kuv);* *(erik kesy~)* pigeon ~**slakka** dovecot[e], dovehouse, pigeon house.

kyyhöttää hunch; *(istua* ~) crouch, cower, huddle.

kyykistyä crouch [o.s. down], squat [down].

kyyk|ky squat, knee bend (deep knee bend *syvä* ~); *olla (istua) -yssä* crouch, squat, sit on one's heels; *mennä* ~*yn* crouch [o.s.] down, squat down.

kyykäärme viper *(m kuv).*

kyynel tear ▶ *heltyä* ~*iin* be moved to tears; ~*et kihosivat hänen silmiinsä* tears welled up in her eyes; **kuivata** *(pyyhkiä)* ~*ensä* dry (dash away) one's tears; **niellä** ~*ensä* swallow one's tears; **silmät** ~*issä* [with one's eyes] in tears.

kyynel||- lacrimal, lachrymal (sac *-pussi;*

gland *-rauhanen*) **-ehtivä** tearful **-ehtiä** shed tears; *(itkeä)* weep **-ei|nen** tearful, ..filled with tears (eyes *-set silmät*) **-helmi** teardrop **-kaasu** tear gas.

kyyni||kko cynic **-nen** cynical **-syys** cynicism.

kyynär||- elbow (bone *-luu;* joint *-nivel*), ulnar (nerve *-hermo*) **-noja** elbowrest **-pä|ä** elbow; *(konkr ja kuv) käyttää -itään* use one's elbows; *nojata -ihinsä* lean (rest) on one's elbows.

kyynär||päätaklaus elbowing **-suojus** elbow pad (guard) **-taive** crook (bend) of the (one's) arm **-varsi** forearm.

kyynärä *(pituusmitta)* ell.

kyyrist||yä crouch [o.s. (down)] (over the starting block *lähtötelineisiin*), hunch, stoop (to pick a th. up *ottamaan maasta jtk*); duck (to avoid a blow *välttääkseen iskun*); *(~ pelosta ym)* cower **-ää** hunch (one's back *selkäänsä*)), stoop (one's head *päätänsä*), bend.

kyyry|ssä *(-yn); hartiat ~* with one's shoulders hunched up; *istua ~* sit in a crouch (hunched up); *kulkea [selkä] ~* walk with a stoop; *mennä -yn* crouch [o.s. (down)], hunch.

kyy|ti lift (get a lift to *saada ~ jnnk*), ride; ▶ **aika** *(hurjaa) ~ä* at a good (furious) speed; **antaa** *~ä jklle* give a p. a scoulding; *(ajaa tiehensä)* drive..away, send..packing; **hyppää** *~in!* hop in! **ottaa** *jku ~in* give a p. a lift; **yhtä** *~ä* without stopping (a break), at a stretch.

kyyti||asema *(hist)* relay station, stage **-maksu** fare **-mies** driver **-väli** stage.

kyömynenä aquiline nose, hooknose **~inen** hook-nosed.

käden||lyönti handshake, handclasp **-ojennus** *(kuv)* friendly gesture (to *jklle*) **-puristus** handshake (firm handshake *luja ~*) **-selkä** back of the hand **-sija** handle **-vääntö** arm (Indian) wrestling.

kädestäennusta||ja palmist, handreader **-minen** palmistry, handreading, chiromancy.

käen||kaali wood sorrel **-piika** wryneck **-poika[nen]** young cuckoo.

käher||ryssakset curling tongs (irons) **-tyä** curl, frizzle [up] **-tää** curl; frizz.

kähe||ys hoarseness, huskiness **-ä** hoarse, husky (voice *ääni*); *huutaa äänensä ~ksi* shout o.s. hoarse **-ä-ääninen** hoarse-voiced, hoarse.

kähi||nä wheeze **-stä** wheeze; speak in a

hoarse (husky, raucous) voice.

kähmiä *(kopeloida)* grope.

kähveltää pilfer, pinch, filch.

kähärä crisp, frizz[l]y, kinky (hair *tukka*); *mennä ~än* frizzle up **~tukkainen** frizzy-haired.

käki cuckoo (the cuckoo calls *~ kukkuu*) **~kello** cuckoo clock.

käkkyrämänty gnarled (twisted) pine.

käkättää; *nauraa ~* cackle.

käly sister-in-law (*pl* sisters-in-law).

kämmekkä orchid.

kämmen palm, flat of the hand **~luu** metacarpal [bone] **~lyönti** forehand [stroke] **~selkä** back of the (one's) hand **~syrjä** side of the (one's) hand.

kämppä 1 *(työmaa~)* bunkhouse, barrack[s] 2 *(maja)* [log] cabin 3 *(boksi) (pl)* dig[ging]s; place **~kaveri** roommate.

känni; *olla ~ssä* be tight, be under the influence.

känsä call[o]us, wart; *(varpaan ~)* corn **~inen** callous[ed], warty.

käperty|ä shrivel [up] (bark shrivels up *tuohi -y*); curl up (under a p.'s arm *jkn kainaloon*); *~ kokoon* curl up.

käppyrä; *mennä ~än* curl (roll) up; *(kurtistua)* shrivel; *olla ~ssä* be curled (rolled) up; *äijän ~* wizened old man **~inen** twisted, gnarled (pine *mänty*).

käpristellä curl (one's toes *varpaitaan*); *(kiemurrella)* wriggle.

käpy 1 *(kasv)* cone 2 *(käsit ym)* shuttle **~lintu** crossbill **~lisäke** pineal body (gland) **~tikka** great spotted woodpecker.

käpälä paw; *~t irti!* paws off! **~lauta;** *jäädä ~an* be caught in a trap **~mäk|i;** *ajaa -een* put..to flight; *lähteä -een* take to one's heels.

käpälöidä paw [about].

kärhi *(kasv)* tendril.

kärhämä *(riita)* squabble, wrangle; *(kahakka)* scuffle.

käri||nä frizzle, sizzle **-stä** frizzle (in the pan *pannussa*), sizzle **-stää** fry, frizzle (bacon *pekonia*); sauté (onions *sipulia*).

kärjekäs *(konkr ja kuv)* pointed; *(pureva)* biting, sharp, cutting, caustic (remark *huomautus*).

kärjist||yä come to a head (the situation came to a head *tilanne -yi*), become critical (acute), reach an acute stage; *(huipentua)* culminate **-ää** bring .. to a head, aggravate, exacerbate; *(esittää -etyssä muodossa)* present .. in a pointed

way.
kärkev||yys pungency, poignancy **-ä**
pointed, poignant, pungent (remark
huomautus); *(pureva)* biting, cutting,
sharp (criticism *arvostelu*) **-äkielinen**
sharp-tongued.
kär|ki 1 point (of a pen (needle) *kynän
(neulan)* ~); tip (of the tongue *(a* wing)
kielen (siiven) ~); *(sukan, kengän* ~) *(m)*
toe; *(pää)* [narrow] end (of a wedge *kiilan*
~; at the end of a cape *niemen -jessä*),
head (of an arrow *nuolen* ~); *(huippu)* top
(at the top of the list *listan -jessä*) **2**
(geom) ap|ex *(pl m* -iccs) *(uf* a triangle
kolmion ~), vert|ex *(pl m* -ices) **3** *(kasv.
lääk)* ap|ex *(pl m* -ices) (of a leaf *(lung/
lehden (keuhkon)* ~) **4** *(kuv) (ydin)* point
(of a remark *huomautuksen* ~);
(purevuus) sting, pungency, bite ▶ *(kuv)*
katkaista ~ *jltk* take the sting out of;
kehityksen *-jessä* in the van of
development; **kulkea** *jnk* *-jessä*
(etunenässä) walk at the head of, head,
lead the way for; *(urh ym)* **mennä** *-keen*
take the lead, go on top; **olla** *-jessä
(johtaa)* lead, be in the lead (on top), have
the first place; *olla listan -jessä (m)* top
(head) a list.
kärki||aika the best time **-harppi** [a pair of]
dividers **-joukko** *(sot ja kuv)* vanguard,
spearhead; *(urh)* leading group; *(pl)*
leaders; *hän kuuluu pianistiemme* ~*on* he
is one of our leading pianists **-kappale**
(tekn) endpiece.
-kärkinen *(yhdyss)* -pointed (sharp-pointed
terävä~), with a..point (tip).
kärki||partio *(sot)* van[guard], advance
party **-pää;** *jonon* ~ the head (top) of the
queue; *hän on luokallaan* ~*ssä* he is at
the top end of his class; *sijoittua
kilpailussa* ~*hän* come out top in a race
-väli *(sähk)* spark gap; *(ilm, el)* *siipien* ~
wingspan, wingspread.
kärkkyä wait for (an opportunity
tilaisuutta); be after, be out for (a p.'s
money *jkn rahoja*); aspire to (a post
virkaa), hanker after (an inheritance
perintöä).
kärkäs ready (to find fault *arvostelemaan*);
eager (for *jhk;* to do *tekemään*).
kärppä ermine; *(erik kesäturkissaan)* stoat
~**mäinen** weasellike.
kärpä|nen 1 fly **2** *(harraste)* bug (the
collecting bug *keräily*~), hobby ▶ *tehdä
-sestä* **härkänen** make a mountain out of a

molehill; *saada* **kaksi** *-stä yhdellä iskulla*
kill two birds with one stone; *-sten* **likaama**
flyblown; *saada lainelauta-sen* **purema** get
(be bitten by) the surfing bug.
kärpännahka ermine [fur].
kärpäs||enjälki flyspeck **-huisku** fly whisk
-lätkä [fly]swatter, flyswat **-paperi**
flypaper **-sarja** flyweight; *kevyt* ~ light
flyweight **-sarjalainen** flyweight **-sieni;**
punainen ~ fly agaric (amanita,
mushroom); *valkea* ~ destroying angel
-verkko fly net[ting].
kärry||npyör|ä cartwheel *(m voim); (voim)*
tehdä -iä turn cartwheels, cartwheel **-|t**
(erik hevos~) *(sg)* cart, waggon, *(Am)*
wagon; *(käsi*~) *(sg)* barrow, pushcart; *en
oikein pysynyt -illä* I didn't quite follow
[you]; *oletko vielä -illä?* are you still with
me? *putosin -iltä* I lost the thread (track);
päästä ~*ille* catch the drift (of *jstk*),
catch on ~**tie** cart|track, -way.
kärrätä cart; *(~ käsikärryllä m)* wheel.
kärsimy|s suffering[s]; *(erik henkinen* ~)
affliction, distress; *(kipu)* pain; *lopettaa
jkn -kset* put a p. out of his pain; *tuottaa
jklle* ~*tä (m)* afflict a p. ~**näytelmä** *(kirk)*
Passion play ~**viikko** Holy (Passion) Week.
kärsimät||tömyys impatience **-ön** impatient
(at *jnk johdosta*).
kärsivälli||nen patient (with *jkta kohtaan*);
(pitkämielinen) forbearing, long-suffering
-sesti *(m)* with patience **-syy|s** patience;
forbearance; *-teni on lopussa* my patience
at an end; *menettää -tensä* lose [one's]
patience.
kärsi|a 1 *itr (~ jstk)* suffer (from an illness
sairaudesta; your health will suffer if..
terveytesi -i jos..), be afflicted with
(rheumatism *reumatismista)* **II** *tr (~ jtk)*
1 suffer (from hunger *nälkää;* defeat
tappio; damage *vaurioita;* wrong
vääryyttä) **2** *(kielt ja kys) (sietää)* suffer
(he can't suffer criticism *hän ei kärsi
arvostelua*), bear, endure (he can't bear to
see (seeing) it *hän ei kärsi nähdä sitä*),
stand **3** *(sovittaa)* serve (a sentence
tuomio), suffer (punishment *rangaistus*) ▶
~ *jnk* **puutteesta** *(m)* be short (in want) of;
saat vielä ~ *tästä!* you'll smart (pay) for
this! *(liik)* ~ **tappiota** suffer (incur,
sustain) a loss; ~ **vaurioita** *(m)* be
damaged.
kärsä snout (of a pig *sian* ~); *(norsun* ~)
trunk.
kärttyi|nen, -sä irritable (in an irritable

mood *-sällä tuulella;* old man *ukko),* peevish, petulant, surly; fretful.
kärvent||yä scorch (in the sun *auringossa);* burn *-ää* scorch, singe (one's hair *hiuksensa); (auringosta ym m)* parch.
käry smoky smell, smoke; burnt smell, smell of burning; *haistaa palaneen ~ä* smell a rat; *ilmassa oli skandaalin ~ä* there was a hint of scandal in the air *~inen* smoky *~ttää* **1** *~ piippua* puff [away] at a pipe **2** *(maat, metsh)* fumigate *~tä* smoke (the lamp is smoking *lamppu ~ää);* smell of burning.
kärähtää scorch.
käräjä||asia lawsuit *-sali* [district court] sessions hall; courtroom.
käräjä|ät 1 district court sessions; *(Brit)* assizes; *haastaa jku -ille* summon a p. before the district court, go to law against **2** *(hist) (sg)* popular (general) assembly; *(Skandinaviassa)* t[h]ing.
käräjöi||dä *(riidellä)* be in litigation (with *jkn kanssa;* about *jstk),* carry on a lawsuit (against *jkta vastaan)* **-nti** litigation (over *jstk).*
kä|si 1 hand **2** *(~varsi)* arm (wave one's arm *heiluttaa -ttään)* ▶ **ankaralla** *-dellä* with a heavy hand; *ojentaa jklle* **auttava** *-tensä* give (lend) a p. a [helping] hand; **hyvissä** *~ssä* in good hands; **joutua** *jkn ~in* fall into a p.'s hands (into the hands of); *joutua vääriin ~in* fall into the wrong hands; *palkastani* **jää** *-teen 50 puntaa* **1** get £50 clear (in hand), I take home £50; *-teen jäävä palkka* take-home [pay]; *~n* **kosketeltava** tangible; palpable; **kulkea** *(siirtyä) -destä -teen* pass from hand to hand (through many hands); *(konkr ja kuv) ~* **kädessä** hand in hand (with *jkn kanssa);* **käsill|ä** *(-e) ks. hakus.* **käsin** *ks. hakus.; jkn* **käsissä** at (in) the hands of; **käydä** *~ksi* lay hands on (a p. *jkh); (kuv)* get down (set one's hand) to (work *työhön),* go at, set about, get (come) to grips with, tackle (a problem *ongelmaan); -den* **kääntessä** in no time, in a twinkling [of an eye]; *(kuv)* **liata** *-tensä* soil one's hands; **lyödä** *-ttä* shake hands; *mennä* **läpi** *~en* slip through one's fingers; *(jkn)* **oikea** *~* right hand, right-hand man; **oman** *-den oikeus* self-help; *saada surmansa oman -den kautta* die by one's own hand; **omin** *~n* by oneself, on one's own, single-handed; **ottaa** *jkta -destä* take a p. by the hand (a p.'s hand); *ottaa toisiaan*

-destä take each other's hands, join hands; **paljain** *~n* with bare hands; **panna** *käsineet -teensä* put one's gloves on; *(kuv)* **pestä** *-tensä jstk* wash one's hands of; **pitää** *-dessään* hold..in one's hand; *pitää jkta -destä* hold a p.'s hand; *pitää toisiaan -destä* hold hands; **puristaa** *jkn -ttä* shake hands with, shake a p.'s hand; **pyytää** *jkn -ttä* ask a p.'s hand [in marriage]; **päästä** *~ksi jhk* get at, get one's hands on; *(kuv)* **riistäytyä** *~stä* get out of hand; **saada** *jk ~insä* get hold of (a p. by phone *jku puhelimella),* lay (get) one's hands on; *saada ~stään* get..off one's hands; get.. done (finished); **seisoa** *~llään* do a handstand; *(kuv) -teni ovat* **sidotut** my hands are tied; **elää** *-destä* **suuhun** live from hand to mouth; *joutua (siirtyä)* **toisiin** *~in (m)* change hands; *(kuv)* **tyhjin** *~n* empty-handed, with [a pair of] empty hands; *(kuv) hänellä on -det* **täynnä** *[työtä (tekemistä)]* he has his hands full; *-den* **ulottuvilla** within [arm's] reach, to hand, [ready] at hand; **vapaalla** *-dellä* freehand; *vapaalla -dellä piirretty (m)* freehand (sketch *luonnos);* *ampua* **vapaalta** *-deltä* shoot offhand; *antaa jklle* **vapaat** *-det* give a p. a free hand; **yhdellä** *-dellä (m)* one-handed; *-det* **ylös!** hands up! put them up!
käsi||ala handwriting (a clear handwriting *selvä ~);* *hänellä on huono (hyvä) ~* he writes a bad (good) hand **-alantutkimus** graphology **-ase** hand[held] weapon; *(-tuliase)* handgun **-jarru** handbrake **-kauppa** *(farm) (pl)* over-the-counter sales **-kirja** handbook, manual; *(hakuteos)* reference book.
käsikirjoittaja scriptwriter, scenarist.
käsikirjoitus 1 *(kirjan ym ~)* manuscript; *(koneella kirjoitettu ~ m)* typescript **2** *(teatt ym)* script, scenario *(pl ~s); (elok m)* screenplay *~liuska* manuscript page *~vaihe; ~essa* in manuscript.
käsi||kkäin *(konkr ja kuv)* hand in hand **-kouk|ku;** *kulkea ~a* go arm in arm; *taluttaa jkta -usta* lead a p. by the arm **-kranaatti** hand grenade **-kähmä** scuffle, scrimmage, brawl, set-to; *joutua ~än* come (get) to [hand]grips, come to blows **-kärryt** *(sg)* handcart, [hand]barrow, pushcart **-laukku** handbag; *(Am)* purse.
käsill|ä *(-e)* **1** *(saatavilla)* [close (near)] at hand, [ready] to hand, handy (keep one's tools to hand *pitää työkalunsa ~),* on

hand **2** *(esillä)* in hand (the matter is in hand *asia on* ~) **3** *(ajasta)* [near] at hand.

käsi‖matkatavara hand luggage *(Am* baggage), carry-on [luggage] **-merkki;** *antaa* ~ give (make) a sign with one's hand.

käsin I *adv* by hand (made by hand *tehty* ~); manually **II** *postp (jstk* ~) from (the south *etelästä* ~).

käsin‖- hand *(composition -ladonta);* hand‖- (-written *-kirjoitettu;* -woven *-kudottu;* -made *-tehty).*

käsine glove ~**pari** pair of gloves.

käsi‖noja arm, elbow rest **-nseisonta** handstand **-nukke** hand puppet, glove doll **-pallo** handball **-peili** handmirror **-pesu** hand wash **-puol‖i 1** *(yksikätinen)* one-armed [person] **2;** *kulkea jkn -essa* go arm in arm with; *tarttua jkta -esta* take a p. by the arm **-pyyhe** hand towel **-pyyk‖ki** *(pl)* smalls; *pestävä -issä* hand wash **-raha** earnest money, deposit, down payment; *maksaa [50 punnan]* ~ *jstk* pay a [£50] deposit on, put £50 down on **-raudat** [a pair of] handcuffs; *panna jklle* ~ put handcuffs on a p., handcuff a p. **-ssä** *(-llä)* [near] at hand (the departure is near at hand *lähtö on* ~), near **-suihku** hand shower.

käsite concept, notion, idea; *N.N. on jo* ~ N.N. has already become a concept.

käsit‖ellä 1 handle (a gun *asetta);* manage (money *rahaa);* treat (clients tactfully *asiakkaita tahdikkaasti;* glass must be treated with care *lasia on -eltävä varoen);* *(kohdella m)* deal with **2** *(tai kustella)* treat (a subject *aihetta;* the applications *hakemukset,* deal with, handle (a matter *asiaa);* consider (the matter will be considered at the next meeting *asia ~än seuraavassa kokouksessa); (keskustella jstk)* discuss (a subject *aihetta),* debate (a bill *lakiesitystä)* **3** *(kosketella)* deal with (the book deals with.. *kirja -telee..),* be about, be concerned with; *(kirj)* treat of **4** *(tekn)* treat (with insecticide *hyönteismyrkyllä);* process (leather *nahkaa;* data *tietoja); (työstää)* work ▶ **jättää** *asia kokouksen -eltäväksi* submit the matter to the meeting; **käsiteltävä‖nä/** *oleva* ..under consideration, ..in hand; ~ **loppuun** settle [finally]; *asia on loppuun -elty* the matter is closed; that's final; **mahdoton** ~ *(m)* unmanageable; **ottaa** *-eltäväksi* take .. up for discussion; *(parl)*

ottaa lakiehdotus -eltäväksi submit a bill for discussion, *(Br m)* table a bill; *asia* **tulee** *kokouksen -eltäväksi ensi viikolla (m)* the matter will come before the assembly next week; *-eltävä* **varoen!** handle with care!

käsiteltävyys manageability.

käsiteollisuus handicraft [industry].

käsitettäv‖yys comprehensibility; intelligibility **-ä** comprehensible.

käsitteelli‖nen conceptual, conceptional; abstract **-syys** conceptual (abstract) nature (of *jnk).*

käsittelemätön untreated (wood ~*tä puuta).*

käsittely 1 handling (of a gun *aseen* ~); treatment; management (of a horse *hevosen* ~) *(vrt käsitellä)* **2** *(parl)* reading **3** *(lak)* hearing (of a case *jutun* ~) **4** *(atk)* processing.

käsittämät‖ön incomprehensible, inconceivable; unintelligible, unthinkable; *-tömän typerä* incomprehensibly stupid.

käsit‖tää 1 *(ymmärtää)* understand (I can't understand why.. *en -ä miksi..);* see (do you see what I mean? *-ätkö mitä tarkoitan?); (tajuta)* realize, comprehend, grasp (I grasped the main points of the speech *-in puheen pääkohdat); (ark)* get it (the message) **2** *(sisältää)* contain (the collection contains forty poems *kokoelma* ~ *neljäkymmentä runoa); (olla kokoonpantu)* consist of (ten members *kymmenen jäsentä),* comprise; comprehend, include; *(koskea)* cover (the research covers the whole country *tutkimus* ~ *koko maan*) ▶ *hän -ti sen* **jksk** he took it for (as meaning, to mean); **käsittääkseni** as far as I can see; *hän ei* **pysty** *sitä -tämään (m)* it is beyond him (his grasp); *viisi henkeä -tävä* **ryhmä** a group of five [persons]; ~ **väärin** misunderstand.

käsi‖tuki handrest **-tuliase** hand‖gun, -arm; ~*et* small arms.

käsity‖s 1 *(mielikuva)* idea (he has no idea of it *hänellä ei ole siitä minkäänlaista* ~*tä;* vague idea *hämärä* ~); picture (give a good picture of *antaa hyvä* ~ *jstk)* **2** *(vaikutelma)* impression (get an unfavo[u]rable impression of *saada epäedullinen* ~ *jstk);* understanding (my understanding of the matter *minun -kseni asiasta)* **3** *(mielipide)* opinion (form an opinion of (about) *muodostaa* ~ *jstk),* idea (on, about *jstk); (näkemys)* view (his view

of the matter *hänen -ksensä asiasta*) ▶
olla **huono** ~ *jstk* have a bad (low) opinion
of, think badly of; *olla* **hyvä** ~ *jstk* have a
good (high) opinion of, think well (highly)
of; *-kseni* **mukaan** in my view (opinion), to
my mind (thinking); *minulla on* **se** ~ *(olen
sitä mieltä) että..* I think that.., my
opinion is that.., I am of the opinion that
.., it is my view that..; *(luulen että..)* I
am under the impression that.., it is my
impression that..; *sain sen -ksen että..* I
understood that.., I got the impression
that..
käsitys||**kanta** point of view, viewpoint,
standpoint   **-kyky** [power of]
comprehension,   apprehension,
understanding **-piiri** comprehension; ~*ni
ulkopuolella* beyond my comprehension.
käsitysten hand in hand.
käsit|**yö** 1 *(käsin suoritettava työ)*
hand[i]work   (Finnish   hand[i]work
suomalaista ~*tä*), handicraft; *tämä esine
on* ~*tä* this article is handmade
(handworked, made by hand) 2 *(käsit)*
needlework (do needlework *tehdä -öitä*),
needlecraft 3 *(käsin tehty esine) (sg ja pl)*
handiwork (examples of the pupils'
handiwork *näytteitä oppilaiden -öistä*);
(neule ym) [piece of] needlework, knitting;
~*t (m)* handicraft 4 *(koul) (oppiaine)*
craft,   manual   training   ~**läinen**
[handi]craftsman,   artisan   ~**nopettaja**
[handi]craft   teacher,   teacher   of
handicrafts.
käsi||**valaisin** hand torch; *(Am)* flashlight
-var|**si** arm (carry .. in one's arms *kantaa*
~*llaan*); *-rella (m)* in the crook of one's
arm **-varsinauha** armband, brassard **-voide**
hand lotion (cream) **-voima** manual power,
handpower; *hänellä on hyvät* ~*t* he is
strong in the arms; *se toimii* ~*lla* it is
worked by hand (manually) **-välitteinen**
(puh) manual.
käske||**vä** commanding, authoritative (tone
of   voice   *äänensävy*),   imperious,
imperative, masterful (gesture *ele*) -|**ä** 1
order (a p. to do *jkta tekemään*);
(kehottaa) tell (a p. to do *jkta tekemään*);
(komentaa) command; *(kirj)* bid 2
(käyttää käskyvaltaa) command (who
commands here? *kuka täällä -e?*), give
orders 3 *(kutsua)* invite (a p. to one's
house (for tea) *jku kylään (teelle)*); ask (a
p. in *jku sisään*); tell (I was told to come
in *minut -ttiin sisään*).

käsky 1 order[s] (give orders to do *antaa
~ tehdä;* carry out an order *täyttää
~*); *(erik sot)* command (obey a command
noudattaa ~ä); *(virallinen ~)* ordinance
(royal ordinance *kuninkaallinen ~*); *jkn
~stä* at a p.'s command (bidding), by a
p.'s orders, by order (the orders) of; *kenen
~stä?* on whose orders? 2 *(raam)*
Commandment (the Ten Commandments
kymmenen ~ä) 3 *(tekn, atk)* instruction
~**kirje** *(monarkin ~)* edict; *(paavin,
keisarin ~)* rescript ~**läinen** *(us halv)*
inferior,   underling;   vassal   ~**nalainen**
subordinate ~**nhaltija** governor ~**njako**
issue (issuing) of orders, briefing ~**val**|**ta**
authority (over *jkh nähden*), command (be
under a p.'s command *olla jkn -lan
alainen*).
kätei|**nen**; ~ *[raha]* cash (I have no cash on
(with) me *minulla ei ole -stä mukanani*);
ready money; ▶ **maksaa** *-sellä* pay [in]
cash, pay cash down (by cash); **muuttaa**
-seksi cash [in]; **myydä** *(ostaa) -sellä* sell
(buy) for cash (ready money).
käteis||- cash (price *-hinta;* sale *-myynti*)
-alennus discount for cash (allow two per
cent discount for cash *myöntää kahden
prosentin ~*), cash discount **-maksu** cash
payment; ~*a vastaan* for [payment in]
cash, for ready money **-varat** cash reserves
(funds), cash in hand, ready money.
kätellä shake hands (with *jkta*).
kätev||**yys** handiness, dexterity **-ä** 1 *(henk)*
handy, dext[e]rous (in *jssk*); clever (at
jssk; with one's hands *käsistään*);
(näppärä) deft, adroit 2 *(esineestä ym)*
handy (tool *työkalu*); convenient (way of
travel[l]ing *matkustustapa*).
kätilö midwi|fe *(pl -ves)*.
-kätinen *(yhdyss)* -handed (left-handed
vasen~).
kätke||**ytyä** 1 hide [o.s.], conceal o.s.
(behind a tree *puun taakse*) 2 *(olla
piiloutuneena)* be hidden (concealed) (a
well-known writer is hidden behind this
name *tämän nimen taakse -ytyy kuuluisa
kirjailija*) **-ä** 1 hide (one's feelings
tunteensa; from jklta); conceal; cache; ~
kasvonsa käsiinsä hide (bury) one's face
in one's hands; *(lak)* ~ *varastettua tavaraa*
receive stolen goods 2 *(panna talteen)*
store [up] (a bottle in a cupboard *pullo
kaappiin*), put..aside (up); ~ *sydämeensä*
conceal (treasure) in one's heart.
kätkyt cradle ~**kuolema** cot *(Am* crib)

death.

kätkö 1 *(piilopaikka)* hiding place, cache **2** *(kätketty tavara)* cache (arms cache *ase~*); *(varasto; vanha raha- ym ~)* hoard ▶ **maan** *~/i/ssä* in the bowels of the earth; **metsän** *~/i/ssä* in the depth[s] of the forest; **olla** *~ssä* be hidden; **panna** *~ön* hide [away]; **sydämen** *~/i/ssä* in the depth (innermost recesses) of the heart.

kätköpaikka hiding place, cache.

kättely shaking of hands, handshake; *vieraiden ~* shaking hands with the guests; *heti ~ssä* right away, straight off.

kättentaputus applause (tumultuous applause *myrskyisä ~*), clapping [of hands].

kätyri henchman, hireling, cat's paw, minion.

kävellä walk ([for] five kilometres *viisi kilometriä*).

kävel|y walk *(m urh)*; *(-eminen)* walking; *käydä ~llä* take (have) a walk; *mennä ~lle* go for a walk (stroll), take a walk, go walking; *olla ~llä* be having a walk.

kävely||- walking (shoe *-kenkä;* stick *-keppi;* dress, costume *-puku;* tour, trip *-retki*) **-kansi** *(mer)* promenade deck **-katu** pedestrian street **-matka** walk; *asemalle on täältä lyhyt ~* the station is a short walk from here, it is a short walk to the station from here; *asemalle on kymmenen minuutin ~* it is ten minutes' walk to the station **-silta** footbridge, pedestrian bridge **-ttää** walk (a dog *koiraa*) **-vauhti;** *~a* at walking pace.

kävijä visitor (to a museum *museossa ~*); *ahkera ~ jssk* frequent visitor to, frequenter of.

käväis||tä drop in (on a p. *jkn luona*), look in (on a p. *jkn luona*); call [in] (at a café *kahvilassa*), drop into (a pub *pubissa*), look into (a shop *kaupassa*); *(ark)* pop (I'll just pop out *-en vain ulkona*); *epäilys -i mielessäni* a misgiving flitted through my mind *-y* short visit (to *jkn luona, jssk*), brief call *on jkn luona;* at *jssk*).

käy|dä 1 *(~ jssk)* **a)** go (to the cinema *elokuvissa); (m)* come (he often comes here *hän käy täällä usein*); visit (Rome *Roomassa;* I'm only visiting *olen [täällä] vain -mässä); (impf)* be (he was here yesterday *hän kävi täällä eilen*); **b)** *(vain perf ja pluskv)* be to (have you ever been to India? *oletko koskaan -nyt Intiassa?*) **2** *(toimia)* run (on petrol *bensiinillä;*

smoothly *tasaisesti;* by electricity *sähköllä*); be worked (driven), work (by steam *höyryvoimalla*); go (is your watch going? *-kö kellosi?*) **3** *(tapahtua)* happen (it happened that.. *kävi niin että;* I knew that would happen *tiesin että niin kävisi*); *(sujua)* go (if all goes well *jos kaikki käy hyvin*) **4** *(sopia)* fit (the key doesn't fit the lock *avain ei käy lukkoon*); go; suit; match *(ks hakus sopia)* **5** *(soveltua, kelvata)* suit (Thursday suits me very well *torstai käy minulle oikein hyvin*); do (will next Saturday do? *-kö ensi lauantai?* this room will do me well *tämä huone käy minulle hyvin*) **6** *(~ jstk)* pass for (he passes for a learned man *hän käy oppineesta miehestä*); serve as, do for (this box will serve as (do for) a seat *tämä laatikko käy istuimesta*) **7** *(tulla jksk)* become (weak *heikoksi*), grow, get (old *vanhaksi*), turn (pale *kalpeaksi*) **8** *(kem)* ferment ▶ *kävipä* **hyvin** *(huonosti)!* that was lucky (unlucky)! *miten* **hänen** *on -nyt? (m)* what has become of him? *~* **kahvilla** [go and] have a cup of coffee; *~* **kalassa** *(metsällä)* go fishing (hunting); *~* **kiinni** go at (a p. *jkh;* one's studies *opintoihinsa*); seize (by the collar *kauluksesta*), take (by the throat *kurkusta*); clutch (at *jhk*); turn on (a p. *jkh*); *kello käy* **kuu[de]tta** it is past five; *poika käy kuudetta* the boy is over five; *~ (jkn)* **luona** go (come) to see, visit (pay a visit to), call on (a p.); *jäki* **miten** *kävi* come what may, no matter what; whatever happens, for better and [for] worse; *~* **taistelu** *(kaksintaistelu)* fight a battle (duel); *~* **voimille** tell on one's strength; *se käy voimille (m)* it takes it out of you.

käyminen *(kem)* fermentation.

käymis||pullo fermentation jar (bottle) **-tila** [state of] fermentation; *(kuv)* [state of] ferment.

käymäjalkaa at a walk[ing pace].

käymälä lavatory; toilet; *(leiri- ym ~)* latrine; *yleinen ~ (pl)* public conveniences (lavatories).

käymätön unfermented (wine *~tä viiniä*).

käynnistin starter [device], starting apparatus.

käynnist|ys *(tekn)* start; *(-äminen)* starting; *käynnistys-* starting (crank, lever *-kampi;* motor *-moottori*) *~nappula* start button, starter *~poljin* starting pedal; *(moottoripyörän ~)* kick start[er].

käynnist||**yä** 1 start [up] (the car won't start *auto ei -y*) 2 *(alkaa)* [get] start[ed], begin; ~ *huonosti (hyvin)* get off to a bad (good) start **-ää** 1 start [up] (a car *auto*), set .. going, put (set) .. in motion (a machine *kone*) 2 *(panna alulle)* start [up] (a collection *keräys;* a conversation *keskustelu*); get .. started (the rescue operations *pelastustoimet*); launch (an attack *hyökkäys*); *(aloittaa)* begin.

käyn|**ti** 1 *(astunta)* gait (he has an upright gait *hänellä on ryhdikäs* ~); walk *(m rats)* 2 *(vierailu)* visit (to *jkn luona, jssk*); *(lyhyehkö* ~) call (on *jkn luona;* at *jssk*) 3 *(tekn)* run[ning] (of a machine *koneen* ~), working (smooth working *tasainen* ~) ► *kone on* **käynnissä** the machine is running (working, in operation, in motion); *neuvottelut ovat -nissä* the negotiations are under way (going on); **lähteä** ~*in* = *käynnistyä;* **panna** ~*in* start [up] *(m kuv;* a collection *keräys),* get..started (going), put (set)..in motion; *en saa autoa* ~*in* I can't start the car, I can't make the car start.

käynti|**aika** *(tekn)* running (operating) time **-häiriö** breakdown, failure [of operation], functional trouble **-inlähtö** start, starting [up] **-ker**|**ta** call (charge for each call *laskuttaa joka -rasta*) **-kortti** [visiting] card; *(Am m)* calling card **-tarkkuus** accuracy **-varmuus** dependability, reliability [in operation (of service)].

käypä 1 *(käytössä oleva)* current (money ~*ä rahaa*); *(voimassa oleva)* valid; ~*än hintaan* at current price 2 *(kaupaksi käyvä)* [readily] marketable, sal[e]able.

käyrist||**yä** bend; curve; *(vääntyä)* warp (the boards have warped *laudat ovat -yneet*) **-ää** bend; curve; *(vääristää)* warp.

käyrä I *a* curved, bent (beak *nokka*), *(koukkuinen)* crooked (branch of a tree *puunoksa*) II *s (mat ym)* curve ~**sapeli** scimitar ~**sauva** crook; *(piispan ym* ~*)* crosier ~**torvi** French horn.

käyte[**aine**] ferment, enzyme.

käyt||**ellä** handle (a tool *työkalua*); manage (money *rahaa*); *(käyttää)* use **-etty** *(vanha)* secondhand, used (car *auto;* clothes ~*jä vaatteita*); ostaa ~*nä* buy secondhand; ~*jen tavaroiden kauppias* secondhand dealer **-ettäv**|**ä**; *antaa jkn* ~*ksi* place (put) .. at a p.'s disposal; *olla jkn -issä* be at a p.'s disposal; *olen -issänne (m)* I am at your service; *hänellä on -issään* he has..at

his disposal; *-issä oleva* available, ..in hand (money *raha*) **-täjä** user; operator (of a machine *koneen* ~) **-tämätön** unused, not in use.

käyttäytyminen behavio[u]r *(vrt m käytös).*

käyttäytymis||**häiriö** behavio[u]ral disturbance, behavio[u]r problem **-kaava** behavio[u]r pattern, pattern of behavio[u]r **-rangaistus** *(jääkiekossa)* misconduct penalty **-sään**|**tö** rule of behavio[u]r (conduct), behavio[u]ral rule; *[seuraelämän] -nöt (sg)* etiquette **-tieteet** behavio[u]ral sciences.

käyttäyty|**ä** 1 behave (badly *huonosti;* like a gentleman *kuin herrasmies;* to[wards] *jkta kohtaan*); *(kirj)* conduct (bear, comport) o.s. (with dignity *arvokkaasti*); ~ *huonosti (m)* misbehave; ~ *hyvin (tav)* behave [o.s.]; have manners 2 *(toimia)* act (foolishly *typerästi*) 3 *(reagoida)* behave (the car behaves well in curves *auto -y hyvin kaarteissa*), react.

käyt|**tää** 1 use; *(väh kirj)* employ (force *väkivaltaa*) 2 *(kuluttaa)* use, consume (energy *energiaa*); spend, expend (time *aikaa;* money *rahaa;* on *jhk*) 3 *(pitää yllään yms)* wear (perfume *hajuvettä*; spectacles *silmälaseja;* a necktie *solmiota*) 4 *(~ säännöllisesti)* take (the bus *bussia;* do you take sugar? *-ätkö sokeria?*) 5 *(soveltaa)* apply (a p.'s knowledge *jkn tietoja;* to *jhk, jssk*) 6 *(tekn)* a) *(henk)* run (the motor at idle *moottoria joutokäynnillä*); operate, work (a machine *konetta*); b) *(olla -tövoimana)* drive (the pump is driven by an electric engine *pumppua* ~ *sähkömoottori*), run 7 *(kem)* ferment, make..ferment 8 *(viedä)* take (the dog out *koiraa ulkona*) ► ~ **arvovaltaansa** *(vaikutusvaltaansa)* *(m)* exercise (exert) one's authority (influence); ~ **hyväkseen a)** *(hyödykseen)* take advantage of, use, *(kirj)* avail o.s. of (an opportunity *tilaisuutta*); exploit, utilize, make use of, turn (put) .. to [good] account (natural resources *luonnonvaroja*); draw on (a p.'s experience *jkn kokemusta*); ~ *hyväkseen parhaalla mahdollisella tavalla* make the most of; **b)** *(häikäilemättä)* take [undue (unfair)] advantage of, use, exploit (a p.'s distress *jkn hädänalaista tilaa;* one's friends *ystäviään*); trade on (a p.'s credulity *jkn herkkäuskoisuutta*); ~ **hyödyllisesti** make good use of, put..to [a] good use;

-*ettäväksi* **kelpaava** usable, . .fit for use; ~ **loppuun** use up, exhaust, expend; finish up (all the paint *kaikki maali*); ~ *(jakaa)* **oikeutta** dispense justice; ~ *oikeuttaan* exercise (use) one's right (to do *tehdä*); ~ **väärin** *(m)* abuse (one's authority *arvovaltaansa*), misuse (one's position *asemaansa;* a word *sanaa*); misapply (public funds *julkisia varoja*).

käyt|tö 1 use (he gave it to my use *hän antoi sen minun* ~*öni;* in daily use *päivittäisessä* -*össä;* it has many uses *sillä on monta* ~*ä;* of electricity for lighting *sähkön* ~ *valaisemiseen*); employment (of spare time *vapaa-ajan* ~); *(~tapa) (m)* usage (wear out in rough usage *kulua kovassa* -*össä*) **2** *(kulutus)* consumption **3** *(vaatteiden ym* ~*)* wear (for everyday wear *jokapäiväiseen* ~*ön*) **4** *(soveltaminen)* application (of a new discovery to industry *uuden keksinnön* ~ *teollisuudessa*) **5** *(kiel)* usage (the word is in common usage *sana on yleisessä* -*össä*) **6** *(tekn)* running, operation (of a machine *koneen* ~); run (trial run *koe*~); *(~voima, veto)* drive (belt drive *hihna*~) ▶ **antaa** *jkn* ~*ön (m)* place (put) . . at a p.'s disposal, give a p. the use of; **jäädä** *pois* -*östä* go (pass) out of use, fall into disuse; *minulla ei ole sille enää* **käyttöä** I have no further use for it; *se ei enää ole* **käytössä** it is no longer in use (used), it is out of use; *hänellä on omassa* -*össään kaksi autoa* he was two cars for his own use (at his disposal); **ottaa** ~*ön* bring (put) . . into use; introduce (a method *menetelmä;* into *jssk*); **poistaa** -*östä* take . .out of use; withdraw [. .from circulation]; discard; dispose of; -*östä poistettu (m)* disused (mine *kaivos*); *hän* **sai** *auton* ~*önsä* he had the use of a car, a car was placed (put) at his disposal; **tulla** ~*ön* come into use; *uusi menetelmä tuli* ~*ön tehtaassa* a new method was introduced into the factory.

käyttö||ala field of application, *(pl)* applications; range of use -**arvo** use (practical) value (of a discovery *keksinnön* ~); functional (service) value (of a machine *koneen* ~) -**aste** *(tekn)* used capacity -**esine** utility article, article for daily use -**hihna** driving belt -**häiriö** breakdown, functional trouble, failure [of operation] -**ikä** [service] life *(*of a car *auton* ~), useful life.

-**käyttöinen** *(yhdyss)* -driven (petrol-driven

bensiini~), -operated (diesel-operated *diesel*~), -powered (atom-powered *atomi*~).

käyttö||insinööri production (*Am m* plant) engineer -**kelpoinen** usable, serviceable, . .fit for use; *(vaatteista ym m)* wearable; practicable (method *menetelmä*); useful; feasible, viable (plan *suunnitelma*) -**kelvoton** useless, unusable, unserviceable, . .unfit for use; impracticable; *(pred)* . .of no use -**koira** working dog -**koneisto** driving mechanism (gear) -**kun|nossa** *(-toon)* in working (running) order; *panna toon* put. .in working order; *se ei ole* ~ *(m)* it is out of working order -**kustannukset** operating (working, running) costs (expenses) -**maksu** *(tien ym* ~*)* toll -**ohje[et]** *(pl)* directions (instructions) [for use]; *(tekn m)* operating (service) directions -**omaisuus** *(tal) (pl)* fixed (capital) assets -**pääoma** working (floating) capital -**taide** everyday (popular) art -**tapa** method of application; use -**tarkoitu|s** use (it has many uses *sillä on monia* -*ksia*) -**tili** cheque (*Am* check) deposit account -**valmis** . .ready for use (working, operation) -**varat** available funds -**varma** dependable, reliable -**varmuus** [operational] dependability, reliability [in operation (of service)] -**voima** motive (driving, moving) power (force); *(kuv)* driving force -**önotto** introduction (of a new method *uuden menetelmän* ~).

käytännölli||nen practical -**sesti;** ~ *katsoen* practically [speaking], virtually -**syys** practicality.

käytän|tö 1 *(vastak teoria)* practi|ce *(Am* -se) (will show how. . *osoittaa kuinka*. .); -*nön* practical (experience *kokemus;* man *mies*) **2** *(vakiintunut tapa)* practi|ce *(Am* -se) (follow the usual practice *noudattaa tavanomaista* ~*ä*), usage; custom (it is the custom to. . *täällä on* ~*nä että*) ▶ **kokeilla** -*nössä* test. .practically (in practice, in actual service), put . . to practical tests; *paneutua* -*nön* **kysymyksiin** get down to practicalities; **käytännössä** in practice, as a matter of practice; *(-nöllisesti katsoen)* practically, virtually; **soveltaa** ~*ön* put. . into practice.

käytävä 1 *(puisto- ym* ~*)* walk, path[way]; *(puiden reunustama* ~*)* alley **2** *(rakennuksen, junan* ~*)* corridor; *(erik yhdistävä* ~*)* passage[way] **3** *(bussin, katsomon* ~*)* gangway; *(erik Am)* aisle;

~**llä** *eteenpäin!* gangway! move along please! **4** *(kirkon ~)* aisle (walk up (down) the aisle *kävellä ~ä pitkin*) **5** *(maanalainen ~)* gallery (the galleries of a mine *kaivoksen ~t*) **6** *(eläimen tekemä ~)* tunnel, gallery **7** *(anat)* duct (acoustic duct *korva~*), canal; meatus **8** *(pol, sot)* corridor (the Polish corridor *Puolan ~*) ~**politiikka** lobbying, lobbyism.

-**käytöksinen** *(yhdyss)* -behaved (roughly-behaved *karkea~*), -mannered.

käytös behavio[u]r (bad behavio[u]r *huono ~;* towards *jkta kohtaan*), conduct (show good conduct at school *osoittaa hyvää ~tä koulussa*); *(~tavat) (pl)* manners (he has good manners *hänellä on hyvä ~*); *huono ~ (m)* misbehavio[u]r, misconduct ~**häiriö** *(psyk)* behavio[u]r disorder ~**ta**|**vat** manners (he has no manners *hänellä ei ole minkäänlaisia -poja*).

käämi 1 *(sähk)* coil, winding **2** *(tekst ym) (puola)* spool, bobbin.

-**kään** *(pääte) ks.* -**kaan**.

kään|**ne 1** *(hihan~)* cuff; *(lahkeen~)* turnup, *(Am)* cuff; *(kaulus~)* lapel **2** *(mutka)* turn, bend, curve **3** *(muutos)* turn, change (for the worse (the better) *huonompaan (parempaan) [päin]*); *(lääk) (taudin~)* cris|is *(pl* -es) **4** *(sana~)* [turn of] phrase ▶ **nopea** -*teissään (liikkeissään)* quick in one's movements; *asiat* **saivat** *yllättävän* -*teen* the affairs took a surprising turn; *hänen tilassaan* **tapahtui** *ratkaiseva ~* his condition took a decisive turn; *hänen tilassaan tapahtui ~ huonompaan (m)* his condition turned for the worse.

käännekohta turning point (in one's life *elämän ~*); *(lääk)* cris|is *(pl* -es).

käänny|**nnäinen** *(usk ym)* convert, proselyte -**ttää 1** convert (to the Christian faith *kristinuskoon*), proselytize **2** *~[pois (takaisin)]* turn (a beggar from one's door *kerjäläinen oveltaan*), turn (send).. away; turn.. back (he was turned back at the frontier *hänet -tettiin rajalla takaisin*) -**tys** conversion, proselytism.

käännäh|**dellä** be (keep) turning [over] -**dys** turn -**tää 1** *[suddenly]* turn (back *takaisin;* around *ympäri*).

käännö|**s 1** *(kääntyminen)* turn; *(sot) ~ oikeaan päin!* right face! **2** *(kiel)* translation (from English into Finnish *englannista suomeen*), rendering (an English rendering of a poem *runon englanninkielinen ~*); *olen lukenut sen vain -ksenä* I have only read it in translation.

käännös||- translation (fee, charge -*palkkio;* bureau, agency -*toimisto*) -**kirjallisuus** translated books (literature) -**laina** loan translation -**virhe** mistranslation, translation error.

käänteentekevä epoch-making (event *tapaus*); epochal.

kääntei|**nen** *(mat ym)* inverse; reverse[d] (in reverse order -*sessä järjestyksessä*); ~ *sanajärjestys* inverted order, inversion -**sesti;** ~ *verrannollinen* inversely proportional, in reverse ratio (to *jhk*) -**sluku** inverse.

kääntelehtiä be tossing and turning, be tossing about (in bed *sängyssä*).

kääntyminen; *oikealle ~* **kielletty** no right turn.

kääntymis||**kaista** turning lane -**paikka** *(liikenn)* turnaround.

kääntyy||**mys** conversion (to *jhk*); *tulla* -**mykseen** be converted, undergo conversion -**nyt** *s* convert (to Christianity *kristinuskoon ~*).

kääntyväsiipinen; ~ *lentokone* swing-wing aircraft.

kääntyy|**ä 1** turn (to look at *katsomaan jtk;* [to the] right *oikealle;* luck turns *onni -y;* towards *jhk päin*) **2** *(usk)* turn to, convert to, embrace (Christianity *kristinuskoon*) ▶ *kaikki -y vielä* **hyväksi** everything will turn out well one day; ~ **kulmasta** turn [round] a corner, round a corner; *olla* **kääntyneenä** *jhk* face; ~ **parempaan** *[suuntaan]* turn (take a turn) for the better; ~ *jkn* **puoleen** turn (appeal) to a p.; ~ *asianajajan puoleen* consult a lawyer; *(kuv) en saanut hänen* **päätään** -*mään* I couldn't make him change his mind; **tie** -*i äkkiä vasemmalle* the road took a sudden turn to the left; **tuuli** -*y [pohjoiseen]* the wind is shifting (turning, veering) [to the north].

kääntäjä *(kiel)* translator.

kään|**tää 1** turn (one's thoughts to *ajatuksensa jhk;* the car into a narrow street *auto kapealle kadulle:* one's collar up *kauluksensa pystyyn;* soil *maata*); *(vääntää)* wind (a handle *kahvasta*) **2** *(kiel)* translate, render (from English into Finnish *englannista suomeen*) **3** *(mat)* invert (a ratio *suhde*) ▶ ~ **katseensa** turn one's eyes (to *jhk;* from *jstk*); ~ **keskustelu**

uusille urille give a new turn to the conversation; ~ *historian* **kulku** reverse the process of history; **käännä!** please turn over, *(lyh)* PTO; ~ *jkn ajatukset (huomio)* **pois** *jstk* distract (divert) a p.['s thoughts (attention)] from; *(kuv) en saanut hänen* **päätään** *-netyksi* I couldn't make him change his mind; *-netty* **sanajärjestys** inverted order, inversion; *-täen* **verrannollinen** inverse[ly proportional], in inverse relation, in reverse ratio (to *jhk*).

kääntö||**kulma** *(pyörien ym ~)* angle of turning **-lava** *(raut ym)* turntable **-piiri** tropic; *Eteläinen (Kauriin)* ~ the Tropic of Capricorn; *Pohjoinen (Kravun)* ~ the Tropic of Cancer **-puoli** reverse [side]; back **-silta** swing bridge **-säde** *(aut)* turning radius **-takki** reversible coat (jacket).

kääpiö dwarf; *(erik ~kansan jäsen)* pygmy, pigmy *(m kuv halv); (sirkus- ym ~)* midget ~**kamera** subminiature camera ~**kana** bantam ~**kansa** pygmy tribe (people) ~**kasvuinen** *(erik lääk)* dwarfed, nanitic **-sarja[lainen]** *(urh)* bantamweight **-snautseri** miniature schnauzer **-tähti** dwarf [star] **-valtio** mini[ature] (tiny) state.

kääpä shelf (bracket) fungu|s *(pl* -i).

kääre 1 *(päällys)* wrapping, wrapping[s], wrap **2** *(lääk)* pack (hot pack *kuuma* ~); *(haude)* compress; *(side)* bandage ~**paperi** wrapping paper ~**torttu** swiss roll, *(Am)* jelly (jam) roll.

kääri||**nliina** shroud, winding sheet; ~*t (m)* graveclothes **-ytyä** wrap (roll) o.s. [up] (in a blanket *huopaan); (kiertyä)* wind itself; ~ *salaperäisyyden verhoon* be shrouded (wrapped [up]) in mystery **-ä** wrap (in paper *paperiin;* a handkerchief round one's finger *nenäliina sormensa ympärille); (kiertää)* wind (wool into a ball *lanka kerälle),* roll (a cigarette *savuke*) ▶ ~ **auki** unwrap; unroll; ~ **hihansa** *[ylös]* roll up one's sleeves; ~ *hihansa alas* roll down one's sleeves; ~ **kokoon** *(kerälle)* roll up.

käärme snake *(m kuv); (kirj, kuv)* serpent; *elättää* ~*ttä povellaan* nourish a snake (viper) in one's bosom.

käärmeen||**lumooja** snake charmer **-myrkky** snake venom **-nahka** snakeskin; *(luotu* ~ *m)* slough **-nahkainen** snakeskin (belt *vyö)* **-pesä** snake's *(kuv* serpent's) nest **-purema** snakebite.

käärme||**ihminen** ~ *(-nainen)* contortionist

-**issään;** *olla* ~ be annoyed (mad, vexed) (with *jklle;* at *jstk*) **-seerumi** snake [anti]serum (antivenin).

kääryle roll (cabbage roll *kaali*~); *(liha~ m)* roulade.

käärö 1 *(rulla)* roll; *(kirja*~) scroll (papyrus scroll *papyrus*~); *rullata* ~*ksi* roll up **2** *(mytty)* bundle, pack.

köhi||**nä** rasp[ing] **-stä** rasp **-ä** cough.

köhä [dry] cough.

köli keel ~**ruuma** bilge ~**vesi 1** *(mer)* bilge [water] **2** *(vanavesi)* wake.

Köln Cologne **k~invesi** cologne [water], cau de Cologne.

kömmähdys blunder, clanger, *(Am)* boner.

kömpel||**ys** clumsy lout **-yys** clumsiness, awkwardness.

kömpelö clumsy (behavio[u]r *käytös;* in one's work *työssään;* forgery *väärennös),* awkward (in one's movements *liikkeissään); (henk m) (halv)* ungainly; *(epämukava m)* cumbersome ~**kätinen** clumsy; *(ark) hän on* ~ he is a butterfingers ~**liikkeinen** clumsy [in one's movements] ~**rakenteinen** . .of clumsy (awkward) build.

kömpiä crawl (into bed *sänkyyn),* scramble (to one's feet *jaloilleen;* up a slope *ylös rinnettä).*

köntti lump (of clay *savi*~); chunk, hunk ~**summa** lump sum.

köntys clumsy fellow; *iso miehen* ~ a great lubberly fellow ~**tää** plod along (about).

köpittää dodder [along].

köriläs; *miehen* ~ a big hulk of a man; *ahven oli aikamoinen* ~ the perch was a real whopper.

körttiläinen Pietist.

köröttää trundle along (in an old car *vanhalla autolla).*

köyden||**punoja** ropemaker **-punomo** ropeworks, ropery **-punonta** ropemaking **-veto** tug-of-war *(pl* tugs-of-war) *(m kuv).*

köyh||**dyttää** impoverish; make poor; reduce to poverty **-tyneisyys** impoverishment, poverty, poorness **-tyä** become poor[er]; be impoverished (the soil is impoverished *maaperä -tyy)* **-yy**|**s** poverty (live in poverty *elää -dessä;* of imagination *mielikuvituksen* ~); *(kuv m)* impoverishment (spiritual impoverishment *henkinen* ~; of the flora *kasviston* ~).

köyhä I *a* poor (home *koti;* soil *maaperä;* in minerals *mineraali*~); *(puutteenalainen)* needy **II** *s* poor man (person); *rikkaat ja*

köyhälistö the poor; proletariat ~**kortteli** slum[s].

köykäi|nen 1 *(kevyt)* light 2 *(heppoinen)* flimsy (argument *todiste*); *(pinnallinen)* slight, superficial (knowledge *-set tiedot*).

köynnö|s 1 *(koriste~)* festoon; *(kukka~ m)* garland; *koristaa -ksin (m)* festoon 2 = *seur.* ~**kasvi** climbing plant (the liana is a climbing plant *liaani on* ~), climber, creeper; vine (the ivy and other vines *muratti ym ~t)* ~**ruusu** climbing rose.

köyrist||yä bend, get crooked **-ää** arch (the cat arches its back *kissa ~ selkäänsä*); bend [down], stoop (bent down (stooped) with age *vanhuuden -ämä*); hunch (one's shoulders *hartiansa*).

köyry humped (neck *niska*); crooked, hooked (nose *nenä*); stooped (shoulders ~*t hartiat*); *istua selkä ~ssä* hunch, sit humped; *kävellä (seisoa) hartiat (niska)* ~*ssä* stoop ~**selkäinen** crookbacked, hunchbacked.

köy|si rope; *(mer m)* line ▶ **antaa** *jklle -ttä (liikkumavaraa)* give a p. [plenty of] rope; **erottaa** *-dellä* rope off (one end of the room *huoneen toinen pää*); olla **köysissä** *(köytettynä)* be tied up (bound); **panna** ~*in* tie up, bind; **vetää** *-ttä* have (engage in) a tug-of-war; *(kuv)* **vetää** *yhtä -ttä* pull together.

köysi||aita rope [guard]; *erottaa -aidalla* rope off **-luuta** *(mer)* swab, swob **-ra|ta** *(riippu~)* cableway, ropeway; *(kisko~)* cable railway, mountain railway *(Am* railroad); funicular [railway]; *-dan vaunu* cabin, gondola; *(kisko-dan)* car **-silta** rope bridge **-tikkaat** *(sg)* rope ladder.

köyttää rope, tie (bind) [..with [a] rope].

Kööpenhamina Copenhagen **k~lainen** *s* Copenhagener.

L

l, L *(kirjain)* l, L *(pl* ls, l's, Ls, L's).
laadinta preparation; drawing up; composition; working out; elaboration; compilation *(vrt laatia).*
laadu‖kas ..of [a] good quality, good-quality; ~*ta tavaraa (m)* goods of [first-rate] quality **-llinen** qualitative **-llisesti** *(laadultaan) (m)* in quality (better in quality ~ *parempi)* **-ntarkkailu, -nvalvonta** quality control.
laaha‖ava dragging (tempo *tempo);* ~ *puhetapa (m)* drawling speech **-ta** drag; trail (her skirt is trailing along the floor *hänen hameensa -a lattia);* *(hilata)* haul (logs *tukkeja);* ~ *jalkaansa* limp; ~ *jalkojaan* scuff (shuffle) [one's feet], drag one's feet; ~ *maata* drag on (along) the ground; *hame -a maata (m)* the skirt sweeps the floor **-utua** be dragged (along with *jnk mukana);* drag o.s. (home *kotiin).*
laahuksenkantaja trainbearer.
laahus train, trail ~**ankkuri** floating (drag) anchor, drogue ~**nuotta** dragnet, trawl ~**taa** shuffle along; drag [along].
laaj‖a wide (plain *tasanko;* knowledge ~*t tiedot;* in wide circles *-oissa piireissä);* broad (concept *käsite);* large (front *rintama;* powers ~*t valtuudet);* vast (desert *autiomaa);* extensive (tour *kiertue;* volume *teos);* expansive (outlook *näköala);* far-reaching (forest *metsä;* consequences ~*t seuraukset); (avara)* spacious; ample (chest *rintakehä;* powers ~*t valtuudet);* comprehensive (study *tutkimus)* ▶ ~*lle* **levinnyt** widely spread, widespread (plant *kasvi);* widely distributed; prevailing, general (custom *tapa);* prevalent; **levitä** ~*lle* spread widely, become widespread; ~*t* **opinnot** comprehensive (wide-ranging) studies; ~ **tutkimus** investigation of wide scope.
laaja‖-alainen wide, vast, expansive, extensive; ~ *ääni* voice of wide range (compass) **-kaista‖-** *(rad)* wideband,

broad-band (antenna *-antenni)* **-kangas** wide screen **-kantoi‖nen** far-reaching (consequences *-set seuraukset);* extensive (reform *uudistus);* sweeping (change *muutos); (tärkeä) (m)* ..of great importance (consequence) **-kulmaobjektiivi** wide-angle lens **-levikkinen** ..with a wide circulation; widely-read; widely-sold (article *myyntiartikkeli)* **-lti** widely; extensively; *matkustella* ~ travel far and wide; *puhua* ~ *jstk* speak at great length about **-mittainen** large-scale; ..on a large scale **-pohjainen;** ~ *hallitus* broadly-based government, government with a broad base **-ulotteinen** far-reaching, far-extending, far-embracing, wide-ranging (activities *toiminta).*
laajenem‖aton non-dilatable **-inen** distension, *(Am)* distention (of an artery *valtimon* ~); *(silmäterän ym* ~) dilatation (heart dilatation *sydämen* ~), dilation; expansion (of gas *kaasun* ~); *sodan* ~ *(m)* escalation of war *(ks m laajennus).*
laajenemis‖‖politiikka policy of expansion, expansionist policy, expansionism **-pyrkimys** *(pl)* expansionist tendencies.
laajenn‖ettu; ~ *painos* enlarged edition *(ks laajentaa)* **-os** enlargement, extension (to a hospital *sairaalan* ~) **-us** extension (of a factory *tehtaan* ~); expansion (of territory *maa-alueen* ~); enlargement (of one's business *liiketoimien* ~); increase (of imports *tuonnin* ~); widening [out] (of a road *tien* ~); broadening.
laajent‖aa extend (the building *rakennusta;* one's knowledge *tietojaan);* expand (one's power *valtaansa;* production *tuotantoa);* enlarge (one's fortune *omaisuuttaan); (lisätä)* increase; broaden [out] (one's conception of *käsitystään jstk;* the basis of the government *hallituspohjaa);* widen (trade *kaupankäyntiä);* ~ *rakennusta (m)* add to a building **2** *(lääk, fys)* distend (veins *verisuonia);* dilate (the pupil of the

eye *silmäterää); (fys m)* expand (heat expands metals *kuumuus ~ metalleja)* **-ua** = *laajeta* **-uma** expansion; dilation; enlargement (of the heart *sydämen ~)* **-uminen** *ks. laajeneminen.*

laaje|ta 1 enlarge, become enlarged; widen [out], become wider (a concept becomes wider *käsite -nee);* expand (production expands *tuotanto -nee);* extend; broaden [out] (a river broadens *joki -nee),* become broader, be broadened **2** *(lääk, fys)* dilate, become dilated, distend (the pupil of the eye dilates *silmäterä -nee).*

laajuinen; *kirja on 300 sivun ~* the book comprises (has) 300 pages, the book is 300 pages long; *10 mailin ~* ten miles wide; *10 m²:n ~ ala* an area of 10 square metres; *Helsingin ~* as large as Helsinki.

laajuu|s 1 expanse, immensity, spread, vastness, wideness, width; extent (of knowledge *tietojen ~);* breadth, broadness; *(kuv m)* comprehensiveness; range **2** *(fys ym) (heilahdusten ~)* amplitude ▶ **katastrofin ~** the scope *(pl* dimensions of) a catastrophe; **kaupan ~** *(määrä)* volume of trade; **koko** *-dessaan* in its whole (full) extent, in all its scope; **2 km:n** *-delta* to the extent (within a radius) of two kilometres.

laaka||kivi [stone]slab, flag[stone] **-ovi** flat [panel] door, flush door **-paino** *(kirjap)* **1** *(menetelmä)* offset (flatbed) printing, lithoprinting **2** *(laitos)* offset printing press **-pallo** *(urh)* low ball.

laakea *(pinnasta)* flat (country *maa);* even; level; *(kappaleista) (matala)* shallow, flat.

laaker|i 1 *(kasv)* laurel, bay **2** *~t (~seppele)* bays, laurels; laurels (of victory *voiton ~t);* *levätä -eillaan* rest on one's laurels (oars); *niittää -eita* win (gain) laurels; *seppelöidä -ein* crown with laurels **3** *(tekn)* bearing **~metalli** *(tekn)* bearing metal (alloy) **~nlehti** laurel lea|f *(pl* -ves) *(keitt)* bay leaf **~nlehvä** sprig of laurel **~seppele** laurel crown (wreath), wreath of laurel, *(pl)* bays **~öljy** *(kasv)* oil of laurel [leaves].

laakio; *Venäjän ~* the Russian basin **~maa** tableland, plateau *(pl m* ~x) **~vuori** table mountain.

laakso valley; *(run)* vale, dale ▶ *(kuv)* **huiput** *ja ~t* the peaks and the valleys; *(konkr) ~n* **pohja** valley floor (bottom); **Reinin ~** the Rhine Valley.

1 laama *(el)* llama *(pl m ~).*

2 laama *(rinn lama) (usk)* Lama **~lainen I** *a* Lamaist[ic] **II** *s* Lamaist, Lamaite

~laisluostari lamasery **~laisuus** Lamaism.

laantu|a abate (noise (pain) abates *melu (tuska) -u);* subside; calm down (anger (gale) calms down *viha (myrsky) -u);* quiet down, die away (noise dies away *melu -u);* *(asettua)* settle (wait until the excitement has settled *odottaa kunnes kiihtymys on -nut).*

laapis *(lääk)* lunar caustic, argentic nitrate; *(erik kem)* nitrate of silver.

laardi lard.

laari bin (grain bin *vilja~).*

laastari [sticking] plaster (put a plaster on a cut *panna haavaan ~);* *(Am m)* bandaid *(rek);* (ilman haavatyynyä) adhesive tape **~lappu** plaster; bandaid.

laasti mortar; *(kipsi~)* plaster **~kauha** [mortar] trowel **~mylly** mortar mill (mixer), pug mill.

laatia 1 *(kirjoittaa)* draw up (a document *asiakirja;* a list *luettelo;* a contract *sopimus);* make out (in triplicate *kolmena kappaleena),* write out (a receipt *kuitti);* *(panna kokoon)* compile (an index *hakemisto);* compose (a speech *puhe);* make up (a list *lista)* **2** *(luonnostella)* draft (a Parliamentary Bill *lakiehdotus);* *(valmistella)* prepare; *(kehitellä)* frame (a theory *teoria);* work out (a plan *suunnitelma);* (~ *täsmällisesti)* elaborate, formulate (rules *säännöt)* ▶ *hyvin* **laadittu** *(m)* well worded (formulated); **laatinut..** compiled by..; *~* **lakeja** make (enact) laws; *(liik) ~ jkn* **nimelle** make out in the name of.

laatija *(kirjoittaja)* writer, *(artikkelin ym) (m)* author; *(kokooja)* compiler; draftsman.

laatikko 1 box; *(kehikko)* crate (of fruit *hedelmä~);* *(pakka~ m)* case; *(iso ~)* chest; *(raha~)* till **2** *(veto~)* drawer **3** *(tekn) (suojus)* box, case, casing **4** *(keitt)* casserole, dish au gratin **~kamera** box camera.

laatoit||taa tile, pave [with tiles (flags)] **-us** tiling.

Laatokka [Lake] Ladoga.

laatta 1 slab (concrete (stone) slab *betoni- (kivi)~);* *(~kivi)* flag[stone]; *(erik metalli~)* plate; *(pyöreä~)* disc, disk; *(ohut)* sheet; *(kaakeli~)* tile **2** *(kirjap)* stereotype (printing) plate **3** *(muisto~ ym)* plaque, tablet **~kiveys** flag[stone] pavement (paving).

laa|tu 1 *(ominaisuus)* quality, grade (of

goods *tavaran* ∼) 2 *(erik hyvä* ∼) quality (aim at quality *pyrkiä -tuun)* 3 *(luonne)* nature, character (of work *työn* ∼) 4 *(laji, lajike)* kind; *(erik liik)* brand, description, sort ▶ *-dultaan* **hyvä** *(huono)* ..of good (poor) quality; *-tuun* **katsomatta** without considering the quality; **paras** *(ainoa) -tuaan* the best (only one) of its kind.

laatu‖ero difference in quality; deviation from [the usual] quality **-inen;** *kaiken*∼ of every kind, every kind of; *minkä*∼? of what kind, what kind of? **-isa** 1 *(sovelias)* fit (company *seura);* proper (behavio[u]r *käytös)* 2 *(sopuisa)* good-natured, genial, sociable (man *mies)* **-kuva[maalaus]** *(taid)* genre-painting **-luokittelu** grading, quality classification **-luokka** quality class (grade); ∼*a* ..of good (first-rate, high) quality **-palkkio** quality bonus **-piiri** quality circle **-takuu** quality guarantee **-tavara** quality product, high-class (first-class) article **-unkäypä** acceptable (proposal *ehdotus); (mukiinmenevä)* ..good enough; passable; satisfactory.

laava lava ∼**kenttä** lava field ∼**kivi** lava stone (rock); *(hohkakivi)* pumice stone ∼**virta** stream (river) of lava, lava flow.

laavu *(läh v)* lean-to.

labiaalivokaali labial vowel.

labor‖aattori laboratory supervisor **-antti** laboratory assistant (worker) **-atorio** laboratory, *(ark)* lab.

labradorinnoutaja Labrador retriever.

labyrintti labyrinth; maze.

ladat‖a 1 load (a gun *ase;* a pipe *piippu;* a camera *kamera);* charge (a gun *ase)* 2 *(sähk)* charge 3 *(maat)* run over .. with a clod-crusher, crush clods **-tava** *(sähk)* rechargeable.

ladel‖la 1 *(latoa)* put (line) up, set, arrange (books on a table *kirjoja pöydälle)* 2 *(lasketella)* rattle (reel, patter) off (insults *ilkeyksiä)* **-ma** *(kirjap)* composition, [type] matter.

ladonta *(kirjap)* composing, composition, type-setting, setting ∼**virhe** compositor's (typesetter's) error (mistake).

laguuni lagoon, lagune.

lahdata butcher, slaughter.

lahdeke cove; *(kapea* ∼) creek, inlet; *(leveäsuinen* ∼) bight; bay.

lahj‖a 1 present (be given a great many presents *saada paljon -oja),* gift; *(avustus)* contribution; *(lahjoitus)* donation; *antaa jklle jtk* ∼*ksi* give a th. to a p. as (for) a

present (gift); *saada jtk* ∼*ksi* have (get) a th. as (for) a present (gift), be presented with..; *taivaan* ∼ gift from heaven (the gods) 2 *(lahjakkuus) (tav pl);* talent, gift (intellectual gifts *henkiset* ∼*t);* aptitude, turn, *(pl)* endowments (for *jhk);* **kehittää** *-ojaan* develop one's talent; *huumorin* ∼ gift of humo[u]r ∼**esine** gift article, present ∼**hevo‖nen;** *ei -sen suuhun katsota* never look a gift-horse in the mouth ∼**inen** *(yhdyss)* gifted, talented, endowed (poorly (richly) gifted *heikko- (runsas)*∼) ∼**kappale** presentation (gift, complimentary) copy (of a book *kirjan* ∼) ∼**kas** gifted, talented, ..of great talent; ∼ *oppilas (m)* a bright pupil; *musiikillisesti* ∼ *(m)* musically minded; *olla kielellisesti* ∼ have a gift for languages ∼**kkuus** 1 talent[s], gift[s]; *(luonnon*∼) *(pl)* endowments 2 *(lahjakas ihminen)* gifted (talented) person, talent ∼**kortti** gift certificate; *(Br)* gift token ∼**kuponki** gift coupon ∼**näytäntö** benefit performance ∼**paketti** gift parcel (package) ∼**pakkaus** gift wrapping ∼**šekki** gift cheque *(Am* check) ∼**ton** untalented, ungifted ∼**ttomuus** lack of talent ∼**vero** gift tax.

lah‖je *(trouser)* leg; trouser bottom (roll up one's trouser bottoms *kääriä -keet ylös).*

lahjo‖a bribe, corrupt, buy [over]; *(ark)* grease (oil) a p.'s hand (palm); *olla -ttavissa* be corruptible (bribable, open to bribery).

lahjoitta‖a present (a p. *jklle)* with (a work of art *taideteos);* donate (a collection to the university *kokoelma yliopistolle, (lääk)* a kidney to *munuainen jklle); (*∼ *avustuksena)* contribute (funds to the Red Cross *varoja Punaiselle Ristille);* grant; ∼ *varoja koululle* endow a school [with funds] **-ja** giver; donor, *(lak m)* donator.

lahjoitus donation, gift (to *jllk); (lak m)* bestowal; *(avustus)* contribution; *(testamentti*∼) bequest; *(*∼ *laitokselle ym)* endowment ∼**var|at** donations, donated funds (build a hospital with donations *rakentaa sairaala -oilla).*

lahjoma bribe (accept a bribe *ottaa vastaan* ∼) ∼**nantaja** giver of a bribe (bribes) ∼**nottaja** receiver of a bribe (bribes) ∼**ton** incorrupt[ible] (politician *politiikko);* unbribable; *(kuv)* unyielding, stern (taskmaster *työnjohtaja);* just, upright (criticism *arvostelu)* ∼**ttomuus** incorruptibility, incorruptness.

lahjo||**nta** bribery, corruption -**ttavuus** corruptibility.

lahjus = *lahjoma.*

lahko 1 *(usk)* sect, denomination **2** *(el, kasv)* order ~**lainen** sectarian, denominationalist, dissenter; *(erik Engl)* non-conformist ~**laisuus** sectarianism, denominationalism; *(erik Engl)* non-conformism.

lahna bream *(pl* ~*).*

laho I *a* decayed (tree *puu;* tooth *hammas*); *(mätä)* rotten (boat *vene*); rotted, decomposed (wood ~*a puuta*); *(maatunut)* mo[u]ldered; *(ränsistynyt)* dilapidated **II** *s* (~*uma*) decay, rot, dote ~**aminen** decay, decomposition, rot ~**ntorjunta** protection against decay ~**suoja-aine** rot-resistant (anti-fouling) agent ~**suojaus** impregnation against rot ~**ta** rot, decay *(m kuv);* decompose; dote, doat; *(maatua)* mo[u]lder ~**ttaa** rot, decay, decompose, produce decay.

lah|**ti** bay; *(meren* ~ *m)* gulf; *(lahdeke)* cove; *-den suussa (perukassa)* at the mouth (head) of a bay; *-della* on the bay.

laidatusten side by side.

laide *(sivu)* side; *(reuna)* edge, border ~**mmaksi,** ~**mpana** further toward the edge (border), closer to the edge (side).

lai|**dun** pasture [ground], pasturage, grazing ground, *(Am m)* range; *ajaa -tumelle* drive to pasture; *lehmät ovat -tumella* the cows are grazing (out in the pasture) ~**haka** [grazing] paddock, enclosed pasture ~**maa** pasture, pasturage, grassland, *(Am m)* ranging land ~**taa** graze, pasture (cattle (a meadow) *karjaa (niittyä)*); *(pitää laitumella) (m)* put..out to pasture; *(olla -tumella)* graze, pasture, feed, be at grass ~**talous** pasture farming, grazing *(Am m* ranging) management.

laiha 1 *(henk ym)* lean, thin, spare, meag|re (-er); *(luiseva)* skinny, bony, emaciated (fingers ~*t sormet*); *(hoikka)* slender, slim **2** *(laimea)* thin, weak, watery (coffee ~*a kahvia*); dilute (solution *liuos*) **3** *(niukka)* meag|re (-er), scanty, spare (harvest *sato*), poor **4** *(huonokasvuinen)* barren, infertile, poor, thin (soil *maaperä*) ▶ ~**a lihaa** lean meat; ~ **lohdutus** cold comfort, poor consolation; ~ *kuin* **luuranko** nothing but skin and bone, a mere skeleton; ~ **saalis** poor catch; ~ **tulos** barren result; ~*t* **vuodet** lean years.

laihdutta||**a 1** diet [o.s.], reduce, slim; *pitkän sairauden -ma* emaciated by long illness **2** *(maat ym)* deplete, impoverish (the soil *maaperä*); make..barren (poor) -**ja** dieter, weight-watcher.

laihdutus reducing, slimming ~**kuuri** reducing (slimming) diet (cure, treatment); *olla* ~*lla* reduce, slim, be on a [reducing] diet.

laihentaa make..thinner; *(tekn)* dilute.

laiho growing (standing) crop[s]; *rukiin* ~ growing rye [crop].

laihtua 1 become (grow, get) thin[ner], lose weight; reduce, slim; *(riutua)* waste away, emaciate; *(eläimistä)* become lean[er], lose flesh; ~ *10 kiloa* lose ten kilos **2** *(maat ym)* become exhausted (impoverished).

laikka *(tekn)* wheel, disk.

laikku blotch (on the face *kasvoissa*), patch (of colo[u]r *väri*~); *(täplä)* spot, fleck; *(pieni* ~) speck[le]; *(lika*~) stain; *(väri*~) *(m)* discoloration, mottle; *(lääk)* macula *(pl m* ~e).

laiku|**kas, -llinen** blotchy, blotched; spotty, spotted; *(lääk m)* maculate; mottled (marble *marmori*).

lailla ▶ **aika** ~ quite a bit (a lot); a good (great) deal (of money *rahaa*); a good many (quite a few) (people *ihmisiä*); **eri** ~ in another (a different) way; *jkn* ~ like.., in the manner of; *jolla[k]in* ~ in some way; *(tavallaan)* in a way; *(jotenkuten)* somehow; *millä* ~? [in] what way? how? **millään** ~ in any way; *ei millään* ~ in no way, by no means; *(ei lainkaan)* not at all, not in the least; *sillä* ~ *että..* in such a way that.., so that..; **tällä** *(tuolla)* ~ [in] this (that) way, like this (that).

lailli|**nen** legal (impediment *este;* government *hallitus;* right *oikeus*); *(lakimääräinen)* statutory (age limit *ikäraja*); *(luvallinen)* lawful (marriage *avioliitto;* means -*set keinot*); *(oikeutettu)* legitimate, rightful (heir *perillinen*); *(-sesti pätevä)* valid ▶ *tulla -seen* **ikään** come of age, attain [the year of] one's majority; *olla -sessa iässä* be of age; *-sessa* **järjestyksessä** according to the regulations prescribed by the law, in due order; ~ **perillinen** *(m)* heir at law; *ryhtyä -siin* **toimenpiteisiin** take legal proceedings (steps, measures).

laillis||**esti** legally (binding *sitova*); lawfully (acquired *hankittu*); ..according to the law; ~ **pätevä** legal[ly valid], valid -**taa** legalize; legitimate, legitim[at]ize; *(tehdä* *päteväksi)* validate (a marriage *avioliitto);* *(antaa lailliset oikeudet)* certify, certificate; *(vahvistaa)* authenticate; *-tettu lääkäri* certified (registered) physician, authorized medical practitioner **-uus** legalization; legitimation; validation (of a contract *sopimuksen* ~); certification; authentification.

laillisuus legality; lawfulness; legitimacy, legitimateness; validity *(ks laillinen)* ~mies advocate of law and order.

laimea 1 mild, weak (coffee ~*a kahvia);* dilute (solution *liuos);* faint (smell *tuoksu);* dull, pale (colo[u]r *väri)* **2** *(kuv)* lukewarm, halfhearted (attitude *suhtautuminen);* faint, feeble, listless (attempt *yritys);* poor (turn-out of the elections *osanotto vaaleihin); (vähäinen)* slack, stagnant, inactive (trade *kaupankäynti); (lattea)* dull, flat, tame (conversation *keskustelu).*

laimenn‖e *(-usaine)* thinner; *(kem)* diluent **-os** dilution **-us** dilution (of juice *mehun* ~); thinning [out] **-ussuhde** dilution ratio.

laime‖ntaa 1 weaken (coffee *kahvia);* thin (varnish *lakkaa);* dilute (with *jllak);* water..down; cut, *(Am m)* split (whisky with water *viskiä vedellä);* **-nnettu happo** diluted acid, acid solution **2** *(kuv)* weaken, slacken (interest *mielenkiintoa); (vähentää)* lessen, cool [down], calm [down] (enthusiasm *intoa)* **-ntamaton** undiluted, unthinned **-ta 1** become thin[ner], thin, dilute **2** *(vähetä)* slacken (enthusiasm slackens *innostus -nee),* fall off; *(laantua)* abate, calm (cool) down; *(heiketä)* become weaker, weaken; *(latistua)* flag; decline, drop off (demand is dropping off *kysyntä -nee).*

laiminlyö‖dä 1 neglect (oneself *itseään;* one's duty *velvollisuutensa;* to do, doing *jnk tekeminen);* be neglectful (of *jtk);* disregard, slight (one's guests *vieraansa);* *(olla huolimaton)* be negligent (in, of *jtk),* be remiss (in one's work *työnsä),* slack [off]; ~ *velvollisuutensa (m)* shirk one's duty; *-ty lapsi* neglected (uncared-for) child **2** *(jättää tekemättä)* fail (to do *jnk tekeminen);* omit (to do, doing *jnk tekeminen)* **3** *(jättää käyttämättä hyväkseen)* miss, let..slip [by], leave..out (a good opportunity *hyvä tilaisuus)* **4** *(liik ja lak)* default (on a payment *maksu)* **-nti 1** neglect; *(huolimattomuus)* negligence (of dress *vaatetuksen* ~) **2** *(tekemättä*

jättäminen) failure (in one's obligations *velvollisuuksien* ~) **3** *(liik ja lak)* default; *(maksun* ~) non-payment.

laina loan ▶ **annoin** *hänelle pyöräni* ~ksi I lent him my bicycle; **kiitos** ~sta thank you for the loan, thank you for lending me..; **myöntää** *(antaa)* ~ grant (make) a loan; **olla** ~ssa *jklla* be out on loan to a p.; **ottaa** ~ raise (take up) a loan; **saada** ~ksi have a (a th. *jtk)* on loan (from *jklta t. jstk); saanko pyöräsi* ~ksi? may I borrow your bike?

laina‖ja *(antaja)* lender; *(ottaja)* borrower; *(siteeraaja)* quoter **-minen** *(siteeraaminen)* quotation, quoting; citation, citing.

laina‖-anomus loan application **-kirjasto** public (lending) library **-korko** loan interest.

lainalai‖nen ..regulated by law, .. conforming to law*; (säännöllinen)* regular, fixed (course of events *tapahtumien* ~ *kulku)* **-suus** conformity to law; *(säännöllisyys)* regularity.

laina‖lause quotation, citation **-nantaja** lender **-nanto** lending, lending operation[s], *(Am m)* loaning **-nsaaja** borrower **-sana** *(kiel)* loan[word], borrowing **-ta 1** *(antaa lainaksi)* lend, *(Am m)* loan (to *jklle)* **2** *(ottaa lainaksi)* borrow (from *jklta (jstk))* **3** *(siteerata)* quote (the Bible *raamattua;* a sentence from a book *virke kirjasta);* cite (a p.'s words *jkn sanoja);* *(esittää omanaan)* plagiarize; ~ *väärin* misquote **4** *(mat)* borrow (from the tens *kymmenistä).*

lainaus 1 *(lainan antaminen)* lending, granting of a loan **2** *(lainan ottaminen)* borrowing **3** *(sitaatti)* quotation; citation ~merkk‖i quotation mark, inverted comma (put..in quotation marks *panna -eihin);* *(ark)* (-merkit) quotes.

laine wave; *(pieni* ~) ripple, ruffle; *(iso* ~) billow; *(voimakas* ~) surge; *laittaa hiuksensa* ~ille wave one's hair ~hti‖a wave, billow, heave (heaving crowd ~*va väkijoukko);* fluctuate, undulate; *lattia -i [vettä]* the floor is covered with water ~ikas wavy ~ittaa wave (one's hair *hiuksensa)* ~lauta surfboard ~lautailija surfer, surfboarder ~lautailu surfing, surfboarding; *harrastaa* ~*a* surf[board].

1 [-]lai‖nen 1 *(kaltainen)* like; *Einsteinin* ~ *nero* a genius like Einstein; *se on juuri hänen-staan* it is just like him, it is him all over; *ei ole hänen-staan myöhästyä* it is unlike him to be late; *teidän-senne* the likes of you, people like you **2** *(jnk lajinen)* ..of..kind[s]; *kahden~* ..of two kinds **3** *(-puoleinen)* rather (small *pienen~).*

2 -lainen *(jnk asukas)* inhabitant (of Stockholm *tukholma~);* *(syntyperäinen asukas)* native (of Vaasa *vaasa~);* ..from (Karelia *karja~).*

lainhuudatus registration of one's title to a property; legal confirmation of possession; entry into the land register.

lainkaan; *ei ~* not at all, by no means; *(vastauksena m)* nothing of the kind.

lain‖kuuliainen law-abiding **-kuuliaisuus** obedience to the law **-käyttäjä** administrator of law (justice) **-käyttö** administration of law (justice), jurisdiction **-laadinta** legislation, law-making, passing of legislation **-laatija** legislator, lawmaker **-mukainen** ..according to law, ..fixed (prescribed) by law *(ks m laillinen)* **-mukaisuus** conformity to law **-muutos** amendment [of a law].

lainoit‖taa 1 *(myöntää lainaa)* lend money, grant a loan; advance funds (on an enterprise *yritys); (rahoittaa)* finance; provide capital (for *jk);* *valtion -tama talo* house financed by Government loans **2** *(ottaa lainaa)* borrow money; raise a loan (on one's business *liiketoimensa).*

lain‖opillinen legal (adviser *neuvonantaja);* juridical; juristic **-oppinut I** *a* ..learned in the law, legally trained **II** *s* **1** jurist, legal scholar **2** *(raam)* scribe **-rikkoja** lawbreaker, offender, violator of the law **-rikkomus** legal offence *(Am* offense), breach of the law **-suoja** legal protection **-suojat‖on I** *a* outlawed, proscribed; *(rauhoittamaton)* unprotected (animal *eläin)* **II** *s* outlaw; *julistaa -tomaksi* outlaw **-säädännöllinen** legislative **-säädäntä** lawmaking, lawgiving, legislation.

lainsäädäntö 1 *(oikeusjärjestys)* legislation; *lainsäädäntö|-* legislative (process *-menettely;* power *-valta)* **2** = *lainsäädäntä* **~elin** legislative body, legislature.

lain‖säätäjä legislator, lawmaker **-taulu** *(raam)* table of testimony **-uudistus** legislative reform **-valmistelukunta** law-drafting committee **-valvoja, -vartija** guardian of law and order; *(ark) (poliisi); ~t* the minions *(sg* the arm) of the law **-vastainen** ..contrary to law; *(laiton)*

illegal, unlawful, wrongful *(ks m laiton)* **-voima** legal force, [legal] validity; *saada ~* gain legal force **-voimainen** final.

laipio 1 *(sisäkatto)* ceiling **2** *(mer)* bulkhead.

laippa flange; pad, shoulder.

laiska lazy; *(toimeton)* idle, inactive; *(verkkainen)* slow, sluggish (pace *käynti); jäädä ~an (olla ~ssa)* be kept in [after school] **~nlinna** easy chair **~nläksy;** *saada ~ä* have to do one's homework again.

laiskiainen *(el)* sloth.

laisk‖imus sluggard **-istaa** make..lazy **-otella** laze (all day *koko päivän),* have a lazy time, idle [away one's time]; lounge **-ottaa;** *minua ~* I feel lazy **-uri** idler, *(ark)* lazybones; *(tyhjäntoimittaja)* do-nothing; drone **-uus** laziness; *(toimettomuus)* idleness.

lai‖ta 1 *(astian ym ~)* brim, rim (of a glass *lasin ~);* board (boards of a boat *veneen -dat);* side (sides of a pool *altaan -dat);* brink (on the brink of a precipice *jyrkänteen -dalla)* **2** *(alueen ym syrjä)* edge (of a forest (table) *metsän (pöydän) ~);* border, fringe; side (the left side of the road *tien vasen ~);* margin (of a page *sivun ~); (pl)* outskirts (on the outskirts of the town *kaupungin -doilla); (kuv ja urh)* wing (the right wing of a party *puolueen oikea ~ ;* play the left wing *pelata vasenta ~a)* ▶ **A** *(puoli) (kuv)* tutkia kysymystä kaikilta *-doilta* study all sides of a question; ▶ **B** *(reuna) -tojaan myöten* täynnä full to the brim; *heittää* yli *-dan (m kuv)* throw overboard; *kiehua yli -dan* boil over; *mies yli -dan!* man overboard! ▶ **C** *(tila[nne])* **asian ~** state of affairs; *asian ~ on niin että* the fact is that..; *jos asian ~ on niin* if that is the case, in that case; *niin on asian ~* that's how it is; **miten** *hänen -tansa on?* how is he? how is it with him? ▶ **D** *(olla ~a)* **ei** *ole ~a että* it is not fit (right, reasonable) that..; **onko** *tuo nyt enää ~a?* is there any sense in that?

laita‖hyökkääjä *(urh)* wing forward, forward; *vasen (oikea) ~* left (right) forward **-inen** *(mer); ~ tuuli* side wind **-katu** back street **-kaupunki** *(pl)* outskirts (outer parts) of the town **-ma** border, fringe[s]; *(pl)* outskirts (on the outskirts of the town *kaupungin -milla)* **-mies** *(urh)* wing **-myötäi‖nen** *(mer); ~ tuuli* quartering wind; *purjehtia -sessä* [sail with the wind on the] quarter **-tuuli** *(mer)* side wind;

(ilm) cross wind **-vastai|nen;** *purjehtia -sta* sail by the wind.

lait|e device, apparatus; appliance (household appliances *kotitalouden -teet*); instrument; *(vehje)* gadget; *-teet (sg)* equipment; installations (of a factory *tehtaan -teet*); fittings (lighting fittings *valaistus~*); *(lisä~)* accessories.

laitimmainen . . nearest the edge (border).

lait|on illegal; *(luvaton)* unlawful, lawless (hunting *metsästys*); illicit (liquor traffic *alkoholikauppa*); *(epäoikeutettu)* wrongful (occupation *hallussapito*); *julistaa -tomaksi* illegalize; illegitimatize.

laitos 1 establishment (manufacturing establishment *teollisuus~*); institution; *(oppi- t. tutkimus~)* institute; *(yliop m)* department (of German *saksalainen ~*); *(tuotanto- ym ~)* plant, works (power plant *voima~;* gas works *kaasu~*); *(julkinen ~)* service (postal service *posti~*); *(hoito~)* home, asylum; *(säätiö)* foundation 2 *(yhteiskunnallisen elämän muoto)* institution (marriage is a social institution *avioliitto on sosiaalinen ~*); system (caste system *kasti~*) 3 *(kirjap) (painos)* edition **~hoito** institutional care (treatment) **~mies** [works] repairman, maintenance man **~tua** be institutionalized.

laittaa 1 *(valmistaa)* make (coffee *kahvia*), prepare (food *ruokaa*); *(rakentaa)* build, construct 2 *(järjestää)* arrange (one's affairs *asiansa kuntoon*); *(korjata)* mend, repair, *(Am m)* fix (a broken window *särkynyt ikkuna kuntoon*) 3 *(lähettää)* send (the children to school *lapset kouluun*) 4 *(ark) (panna)* put (milk in one's tea *maitoa teehensä*); set; *(asettaa)* place ▶ *~* **kuntoon** *(järjestykseen) (m)* put (set) . . in order, do (one's hair *hiuksensa;* the bedroom *makuuhuone*); *~ itsensä kuntoon* make o.s. ready; *~* **ruokaa** cook, do [the] cooking; *~ itse ruokansa* do one's own cooking.

laittautua get (make o.s.) ready (for the trip *matkalle*); *(varustautua)* prepare [o.s.].

laitteisto equipment; *(pl)* installations (of a factory *tehtaan ~*); gear (steering gear *ohjaus~*); *(koneisto)* machinery; mechanism; *(atk)* hardware.

laittomuu|s illegality; unlawfulness; illicitness; wrongfulness; illegitimacy; *(~tila)* lawlessness, *(sekasorto)* anarchy; *harjoittaa -ksia* perpetrate illegal acts *(vrt laiton).*

laituri 1 *(mer) (lastaus~)* whar|f *(pl m -ves)*, dock, quay; *(pitkä ~)* pier; *(pieni ~)* jetty; *(uiva ~)* landing-stage; *~t (m)* wharfing (of a harbo[u]r *sataman ~*); *kiinnittää laiva ~in* moor a ship to a dock, berth a ship alongside a quay; *laskea ~in* dock, come in to the wharf; *olla ~ssa* be at the quay 2 *(asema~)* platform **~lippu** *(raut)* platform ticket **~maksu** *(liik)* quayage, wharfage **~tila** *(mer)* quayage.

laiva 1 ship; *(pieni ~)* boat; craft *(pl ~); (alus)* vessel; *(höyry~)* steamer; *(valtameri~)* liner 2 *(rak)* nave; *(sivu~)* aisle; *kirkossa on kolme ~a* the church has three aisles ▶ **aavikon ~** the ship of the desert; **astua** *~an* go on board [a ship], go aboard, board a ship, embark; **matkustaa** *~ssa (~lla)* travel (go) by ship (boat), take ship (to *jhk*); sail; **olla** *~ssa* be aboard; **poistua** *~sta* go on shore (ashore), disembark.

laiva||aja *(liik)* shipper, consign|or, -er **-juna** boat train **-kauppias** *(liik)* ship['s] chandler (outfitter) **-kirjat** ship's documents (papers) **-korppu** hardtack, ship['s] biscuit **-kuljetus** sea (marine) transport[ation] **-laituri** *ks. laituri 1* **-lasti** [ship's] cargo, shipload **-liikenne** boat (ship) traffic; *(liik)* shipping **-linja** shipping line **-lippu** *(matkalippu)* boat ticket; *varata ~ New Yorkiin* book a passage to New York **-matka** boat trip, sea voyage; *(risteily)* cruise **-matkailu** ship[board] travel; cruising **-mies** [ordinary] seaman **-moottori** marine (ship's) engine.

laivan||isännistö[yhtiö] shipping company **-rakennus** shipbuilding **-rakentaja** shipbuilder, shipwright; naval constructor **-selvittäjä** shipbroker **-selvitys** clearance **-varustaja** shipowner **-varustamo** shipping company **-varustus** shipping, shipping business (trade); *harjoittaa ~ta* be in the shipping trade.

laiva||poika shipboy, ship's (cabin) boy **-päiväkirja** log[-book] **-ranta** *(pl)* docks; *(satama)* harbo[u]r, port; *mennä ~an* go down to the docks **-reitti** sea-lane, shipping lane, [navigation] route **-saattue** convoy **-silta** *(maihinnoususilta)* gang|plank, -board.

laivasto 1 *(kauppa- ym ~)* fleet 2 *(sot)* navy; *(laivue)* flotilla; *palvella Kuninkaallisessa ~ssa* serve in the Royal Navy

laivasto||- naval (station *-asema;* base *-tukikohta;* visit *-vierailu*) **-nsininen** navy-blue.

laivata 1 *(lähettää)* ship, send .. by ship **2** *(lastata)* ship, put .. on board; take .. aboard; *(~ ihmisiä)* embark.

laivaus shipment; *(lastaaminen)* loading (of timber on board a vessel *puutavaran ~*), shipping ~**satama** port of shipment.

laiva||**vene** ship's boat, launch **-vuoro** sailing, departure **-väki** ship's company; *(miehistö)* crew **-väylä** [shipping, navigable] channel, fairway, waterway **-yhteys** ship (boat) connection (service) (a direct boat service to Stockholm *suora ~ Tukholmaan).*

laivue *(sot)* squadron; *(ryhmä samantyyppisiä aluksia)* flotilla.

laivuri shipper, [ship]master, *(ark)* skipper ~**nkirja** master's certificate.

laji 1 sort, kind; *ainoa ~aan* the only one of its kind, unique **2** *(kaup)* brand (brand of coffee *kahvi~*), description, line **3** *(biol)* species *(pl ~); ~en synty* the origin of species **4** *(urh)* sport (all the sports of the world *maailman kaikki [urheilu]lajit);* *(kilpailuissa)* event (running event *juoksu~;* act for an event *ilmoittautua jhk ~in)* **5** *(kirjall)* genre ~**ke** variety; *(alalaji)* subspecies *(pl ~)* ~**rikas** .. rich in species ~**sto** *(pl)* species (plant species *kasvi~).*

laji||**tella** sort [out] (letters *kirjeitä); (valikoida)* assort (clothes before washing *vaatteet ennen pesua); (luokitella)* grade, classify; *(~ koon mukaan m)* size; *(kaivost, pap ym)* screen; *-teltua tavaraa* assorted goods **-telma** assortment; *(valikoima)* selection, range; *(kokoelma)* collection; *(sarja)* set **-ttelija** sorter (of mail *postin ~);* grader.

lajittelu sorting, assorting; *(luokittelu)* classifying, grading, sizing; *(kaivost, pap ym)* screening ~**kone** sorting (grading) machine, sorter ~**pöytä** *(post ym)* sorting table; *(kaivost ym)* picking table.

lakais||**ematon** unswept **-ta** sweep (the floor *lattia;* the snow off the stairs *lumi rappusilta); ..-i häneltä jalat alta* he was swept off his feet by.. **-ukone** street cleaner, street-cleaning lorry.

lakana sheet; ~*t (m)* bed linen; *vaihtaa [sänkyyn] ~t (m)* change the bed ~**kangas** sheeting.

lakastu||**a** *(konkr ja kuv)* wither [away];

fade [away] (faded flowers *-neita kukkia);* wilt (wilted leaves *-neita lehtiä)* **-maton** unfading, unwithering; *(kuv)* everlasting (love *rakkaus)* **-ttaa** wilt, wither, fade.

1 lak||**ata 1** *(herjetä)* cease (to exist *olemasta;* the fire ceased *tulitus -kasi),* stop (the phone stopped ringing *puhelin -kasi soimasta); (loppua)* come to an end; *sade on -annut* the rain has stopped, it has stopped (ceased) raining **2** *(lopettaa)* stop (talking *puhumasta),* cease [from] (working *työskentelemästä);* leave off; *(luopua)* give up, quit (smoking *tupakoimasta)* ▶ *lehti -kaa* **ilmestymästä** the magazine will discontinue (cease to appear); *(liik)* **liike** *-kaa* the firm ceases (is dissolved); *(lak)* **oikeus** *jhk -kaa* a right to a th. lapses; *(liik)* **sopimus** *-kaa* a contract terminates (expires).

2 lakat||**a 1** varnish (a piece of furniture *huonekalu;* one's nails *kynsiään),* lacquer; *-ut esineet* lacquer ware, lacquerwork.

lakea *(aava)* open (plain *tasanko); (tasainen)* flat, level, plane.

lakeija lackey, lacquey *(m kuv),* footman; *(halv)* flunk[e]y.

lakeus plain, flat land; expanse (of snow *lumi~).*

1 la||**ki 1** *(käsitteenä)* the law (observe (break) the law *noudattaa (rikkoa) -kia)* **2** *(parl ja lak)* **a)** *(yksittäinen ~)* law (make laws *laatia -keja);* act [of Parliament, *(Am* of Congress)]; *(~ jstk)* the.. Act (the Companies Act *~ osakeyhtiöistä); (asetus)* statute, enactment; **b)** *(~kokoelma)* code (penal code *rikos~)* ▶ *tasa-arvoisuus -in* **edessä** equality before (in the eye of) the law; *~ ja* **järjestys** law and order; *-issa* **kielletty** *(säädetty)* ..prohibited (prescribed) by law; **kiertää** *~a* evade the law; *-in* **kirjain** the letter of the law; *-in* **käsi** the arm of the law; *-in* **mukaan** by (according to) law, as prescribed by law; **opiskella** *~a* study *(Br m* read) law; **Suomen** *~ (kirja)* the Statute Book of Finland; *Suomen -in mukaan* according to Finnish law.

2 la||**ki** top (at the top of a hill *kukkulan -ella),* summit, crest; *(huippu)* peak.

laki||**aloite** [private] bill **-asiaintoimisto** law (lawyer's) office (firm) **-asäätävä** legislative (assembly *kokous)* **-ehdotus** [proposed (draft)] bill, law proposal, draft [law]; *tehdä ~* introduce a bill; *hyväksyä ~* pass a bill **-esitys** Government bill (proposal); *antaa eduskunnalle* ~ present (submit) a [Government] bill to Parliament (for *jstk*) **-kieli** legal language (terminology) **-kirja** Statute Book, Code of Laws **-kivi** *(rak)* keystone **-kokoelma** body of laws; code **-korkeus** *(ilm)* ceiling **-mie|s** lawyer; *(lainoppinut)* jurist; *-het (m) (sg)* the legal profession **-määräinen** ..fixed (prescribed) by law; statutory *(meeting kokous)*; legal **-osa** *(lak)* lawful (legitimate) [inheritance] portion (share) **-piste 1** highest point; *(kuv)* culmination, climax **2** *(fys)* summit of trajectory, vert|ex *(pl* ~es *t.* -ices) **3** *(astr)* zcnith **-pykälä** section (paragraph) of a law (statute) **-sääteinen** *ks.* *-määräinen* **-tupa** *(ark);* courtroom, lawcourt; *haastaa jku* ~*an* summon a p. before the court, sue a p. **-valiokunta** standing committee on law-procedure.

1 lakka 1 *(puus)* varnish, lacquer; *(japanin*~*)* japan, Japanese lacquer **2** *(sinetti*~*)* sealing-wax **3** *(hius*~*)* [hair] lacquer; *(kynsi*~*)* [nail] varnish (polish, *Am* enamel).

2 lakka *(muurain)* cloudberry.

3 lakka *(kyyhkys*~*)* dovecot[e], pigeon house.

1 lakkaamaton incessant (rain *sade*), ceaseless (noise *meteli*), unceasing (war *sota*); *(alituinen)* perpetual (chatter *lörpötys*), continual; *(jatkuva)* continuous; *(keskeytymätön)* unbroken, uninterrupted. **2 lakkaamaton** *(ei lakattu)* unvarnished (floor *lattia*), unlacquered.

lakkaamatta incessantly (toil incessantly *ahertaa* ~), ceaselessly (talk ceaselessly *puhua* ~), without cease; without stopping (a pause, a break).

lakkaaminen 1 cessation (of hostilities *vihollisuuksien* ~), ceasing *(ks lakata)* **2** *(lak, liik ym)* discontinuance (of a shop *liikkeen* ~); termination (of membership *jäsenyyden* ~); lapse (of a right *oikeuden* ~); expiry (of a patent *patentin* ~).

lakka||bensiini white (mineral) spirits **-hillo** cloudberry jam **-maali** enamel paint **-työ** *(taid)* lacquer ware *(pl* ~*)*, lacquerwork **-us** lacquering, varnish.

lakkaut||taa 1 *(lopettaa)* suppress (a party *puolue;* a newspaper *sanomalehti)*, discontinue (a school *koulu)*, *(sulkea)* close **2** *(peruuttaa)* withdraw (a grant *määräraha)*, call in, stop; *(poistaa)* abolish (a system *järjestelmä)*, do away with (an

office *virka)*; repeal (a tax *vero)*; *(*~ *tilapäisesti)* suspend **-us** suppression; suspension; abolition; withdrawal; discontinuance.

lakki 1 cap (take off one's cap *ottaa* ~ *päästä)*; *(lipaton* ~*)* bonnet; beret **2** *(sienen* ~*)* cap ~**aiset** *(koul) (sg)* school-leaving ceremony.

lak|ko strike (postal strike *posti*~) ▶ **julistaa** ~ call a strike; **lopettaa** ~ call off a strike; **mennä** ~*on* go out on strike; **olla** *-ossa* be [out] on strike; *(kuv)* moottori **teki** *-on* the engine packed up (conked out).

lakko||avustus strike benefit (pay) **-illa 1** strike (for *jnk puolesta)*, be out [on strike] **2** *(reistailla)* fail; be out of order, refuse to operate (work) **-ilu** striking **-kassa** strike fund **-kielto** prohibition of (ban on) strikes; *määrätä* ~ put a ban on strikes **-lainen** striker **-oikeus** right to strike **-vahti** picket; *olla* ~*na* picket **-varoitus** strike warning (notice) **-vartio** picket line; *asettaa* ~*ita* place strikers on picket duty, place pickets.

lakmus litmus ~**paperi** litmus paper; test (reagent) paper.

lakonalainen strike-bound (factory *tehdas)*; ~ *työ* blacked work; strikebreaker's work.

lakoni||nen laconic *(adv* ~ally) **-suus** laconi[ci]sm.

lakon||johtaja strike leader **-murtaja, -rikkoja** strikebreaker; *(halv)* blackleg, scab.

la|koon *(-ossa); mennä* ~ be flattened (beaten down); *olla -ossa* lie flat; *sade lyö viljan* ~ the rain flattens the crop.

lakrits|i *(-a)* liquorice, *(Am)* licorice ~**patukka** liquorice stick (bar).

lak||satiivi laxative **-taasi** lactase **-toosi** lactose.

1 lama 1 *(tal)* depression; slump; *(taantuma)* recession; dullness (of the market *markkinoiden* ~); decline in business, *(Am m)* downswing **2** *olla* ~*ssa (masennuksissa)* be depressed (downhearted, low-spirited); *(toiminta-kyvytön)* be enervated; *kauppa on* ~*ssa* business is depressed (dull, slack, stagnant); *toiminta on* ~*ssa (m)* activity is at a [virtual] standstill.

2 lama *ks.* 2 *laama.*

lamaan||nus depression (mental depression *henkinen* ~*;* of business *kaupan* ~), paralysis; slackness (of the market *markkinoiden* ∼), stagnation; *(masennus)* depressed state of mind, dispiritedness, low-spiritedness **-nuttaa** = *lamauttaa* **-tuneisuus** *(lääk)* enervation.

lama‖kausi period (time) of depression **-uttaa** paralyse (strikes paralyse industry *lakot -uttavat teollisuuden;* paralysed with fear *pelon -uttama*); depress, cripple; enervate (heat enervates people *kuumuus* ∼ *ihmiset*); *(masentaa)* discourage, dishearten, dispirit, deject; stun **-utua** become paralysed (with *jstk); (masentua)* become depressed (disheartened, discouraged).

lamee lamé, tinsel.

lamelli lamina *(pl m* ∼e), lamel[la]; sheet.

lamin‖aatti, **-oida** laminate **-ointi** lamination.

lammas 1 *(el)* sheep *(pl* ∼); *(nuori* ∼) lamb **2** *(keit)* mutton, lamb ∼**haka** sheepfold ∼**kaali** *(keitt)* mutton and cabbage stew ∼**karsina** sheep|fold, -pen ∼**koira** sheep dog ∼**lauma** flock of sheep ∼**navetta** sheep|house, -cot[e] ∼**paimen** shepherd, *(Am m)* sheepherder.

lammikko *(erik keinotekoinen* ∼) pond (fish pond *kala*∼); pool (of blood (water) *veri-(vesi)* ∼); *(lätäkkö)* puddle ∼**viljely** *(kal)* pond-farming.

lampaan‖hoito sheep|farming, -breeding **-juusto** sheep-milk cheese **-liha** mutton, lamb **-nahka** sheepskin **-nahkaturkki** sheepskin coat **-paisti** *(keitt)* roast mutton (lamb) **-reisi** *(keitt)* leg of mutton; gigot.

lampetti sconce, bracket candlestick (lamp).

lampi pond, small lake; *(vuoristo*∼) tarn.

lamppu 1 *(hehku*∼) [light] bulb, electric lamp; ∼ *on palanut* the bulb has blown, the light has fused; *60 watin* ∼ 60-watt light bulb **2** *(valaisin ym* ∼) lamp ∼**öljy** lamp oil.

lampun‖jalka lampstand **-kanta** base [of a light bulb] **-pidin** electric light socket, lamp holder **-valo** lamplight (by lamplight ∼*ssa*) **-varjostin** lampshade.

lana *(maat)* clod crusher, float; drag *(m tierak)* ∼**ta** crush clods; *(tierak)* drag.

langa‖llinen wired **-npää;** *(kuv) saada jku* ∼*hän* get (have) a p. on the line; *(kuv) saada kiinni* ∼*stä* gather up the threads of **-ton** wireless (telegraph *lennätin*).

lan‖geta 1 *(kaatua)* fall (on one's knees *polvilleen*); *(heittäytyä)* prostrate o.s. (before *jkn jalkoihin*) **2** *(hairahtua)* lapse (into vice *syntiin*), fall (into crimes

rikoksiin; fallen angel *-gennut enkeli*), sink (into *jkh*); ∼ *uudestaan* relapse (into *jhk)* **3** *(tulla jkn osaksi)* fall (the lot (responsibility) fell on him *arpa (vastuu) -kesi hänelle),* go (the inheritance went to *perintö -kesi jklle);* devolve; *(lak)* revert (his property will revert to the state *hänen omaisuutensa -keaa valtiolle); se -keaa luonnostaan* it is a matter of course, it goes without saying **4** *(erääntyä)* fall (be, become) due (for payment *maksettavaksi),* mature **-gettaa;** ∼ *tuomio* pass (pronounce) a sentence.

langoit‖taa wire (wired glass *-ettu lasi)* **-us** wiring, wire netting.

lan‖ka thread (a needle and thread *neula ja* ∼*a); (neule*∼) yarn; *(puuvilla*∼) cotton; *(villa*∼) wool; *(metalli-, pyydys*∼) wire; *(naru)* string ▶ *[puhelin]-gat ovat kuumina* the lines are hot (humming); *(kuv)* mennä ∼*an* fall in it; *(kuv)* pitää *jnk -gat käsissään* hold the strings (reins) of..in one's hands, pull the strings (wires) of; *(kuv)* punainen ∼ the [main] thread, the connecting thought; *olla kertomuksen punaisena* ∼*na* run all through the story, thread through the whole story; *(puh)* saada *jku -gan päähän* get a p. on the line.

lanka‖kerä ball of wool **-ohjatt|ava, -u** *(sot)* wire-guided **-rulla** reel (spool) of thread (cotton); *(tyhjä* ∼) cotton reel (spool) **-suora** *(kuv)* ..[as] straight as a die (an arrow) **-vyyhti** skein (hank) of wool (yarn); *keriä* ∼ *(kerälle)* wind a hank of wool into a ball.

lankeemus fall.

lankku 1 plank, *(liik)* deal **2** *(urh) (ponnistus*∼) [take-off] board ∼**aita** deal fence ∼**lattia** plank[ed] (timbered) floor ∼**pihvi** planked steak, steak on a board ∼**saha** pit saw.

lanko brother-in-law *(pl* brothers-in-law) ∼**us[suhde]** affinity, relationship by marriage.

lan‖ne; -teet loins; *(lonkka)* hip; *keikutella -teitaan* swing (sway) one's hips; *kädet -teilla* with one's hands on one's hips ∼**hermo** lumbar nerve ∼**vaate** loincloth ∼**vanne** Hula-Hoop *(rek).*

lannist‖aa 1 *(masentaa)* discourage (discouraged by misfortunes *vastoinkäymisten -ama),* dishearten, depress **2** *(lamauttaa)* paralyse, stun **3** *(kukistaa)* subdue, beat, put down (the enemy *vihollinen); (tukahduttaa)* check (the resistance *vastarinta*), suppress, break down; damp[en], curb (a p.'s pride *jkn ylpeys*) **-ua 1** *(masentua)* be discouraged (disheartened, depressed) (by *jstk*); *älä -u!* don't give up! don't lose courage! **2** *(lamautua)* be paralysed (stunned) (by *jstk*) **3** *(antaa periksi)* give in, yield; be beaten **-umaton 1** indomitable (courage *rohkeus*), undiscourageable (spirit *mieli*) **2** *(periksiantamaton)* unyielding, resolute (leader *johtaja*), dauntless, undaunted; obstinate (resistance *vastarinta*); *(uupumaton)* indefatigable.

lannoit‖le fertilizer **-in** fertilizer (manure) spreader **-taa** fertilize; *(~ lannalla)* manure **-us** fertilization.

lanoliini lanolin[e] **~saippua** lanolated soap.

lanseerata introduce (new ideas *uusia ideoita*), launch (a new product *uusi tuote markkinoille*).

lansetti *(lääk)* lancet.

lanta manure (cart manure *ajaa ~a*), dung, muck, *(pl)* droppings **~patteri** manure heap (pile) **~talikko** dung (manure) fork **~tunkio** dunghill; dung (manure) yard.

lantio pelv‖is *(pl* -es) **~housut** hipsters, hipster trousers; *(Am tav)* hip-huggers **~npohja** *(anat)* pelvic diaphragm (floor) **~pituinen** hiplength (coat *takki*).

lantti coin.

lanttu Swedish turnip, swede, *(Am m)* rutabaga **~laatikko** swede casserole.

la|ota *(maat ym)* ks. *-koon; väkijoukko -kosi syrjään* the crowd fell back.

lapa 1 *(anat ym)* shoulder (of mutton *lampaan~*) **2** *(kasv)* blade (of a leaf *lehden ~*) **3** blade (of an oar (a propeller) *airon (potkurin) ~*) **~kko** *(kasv)* ax‖is (*pl* -es) **~luu** shoulder blade (bone), scapula (*pl m* ~e) **~mato** fish tapeworm **~nen** mitt[en].

lape 1 flat (of a sword *miekan ~*) **2** *(luiska)* slope (of a roof *katon ~*).

lapikas *(läh v)* shoepac[k].

lapin‖kielinen Lapp, Lappi‖sh, -c **-leuku** Lapp knife.

lapio *(kaivuu~)* spade; *(lumi- ym ~)* shovel; *(pieni puutarha~)* trowel; *(jauho- ym ~)* scoop **~ida** shovel; spade (a trench *oja*); scoop; *~ hauta umpeen* shovel the earth back into (fill in) the grave **~llinen** shovelful, spadeful **~mies** shovelman, shovel[l]er, spade[s]man **~työ** shovel-, spade|work.

lappalainen I *a* Lapp, Lappish **II** *s* Lapp,

Laplander, Lappish *(pl ~).*

lappalais‖|- Lapp (woman *-nainen;* population *-väestö).*

lappeell|aan, -een flat; ..with the flat side down.

Lap|pi Lapland; *l-in kieli* Lapp[ish].

lappo siphon, syphon.

lap|pu 1 piece, bit, scrap (of paper (cloth) *paperi- (kangas)~*), patch; *(paperi~ m)* slip; *(kuv) -ut silmillä* ..blinkered, ..wearing blinkers **2** *(hinta- ym ~)* tag, ticket; *(nimi- ym ~)* label; *panna ~ luukulle (lopettaa)* shut up shop **~haalarit** bib overalls **~liisa** meter maid; *(yleisk)* traffic warden.

lapse‖|kas *(-nomainen)* childlike, childish; *-kkaan sinisilmäinen* naively trusting *(vrt -llinen)* **-kkuus** childishness **-llinen 1** *(typerä)* childish (don't be childish! *älä ole ~!*); puerile; infantile; babyish; naïve, naive **2** = *lapsekas* **-llisuus** childishness, puerility; naive|ty, -té.

lapsen‖|hoitaja nurse[maid] **-hoito** child (baby) care **-kasvoinen** baby-faced **-kengissä;** *hän on vielä ~* he is still in his swaddling clothes; *liike on vielä ~* the business is still in its infancy; *~ oleva terästeollisuus* infant steel industry **-kina** *(lääk)* vernix [caseosa] **-laps|i** grandchild (*pl* ~ren); *-en lapsi* great grandchild **-mielinen** childlike; *olla ~ (m)* be a child at heart *(ks m lapsekas)* **-murha** infanticide, child-murder **-omainen** = *lapsekas* **-ryöstäjä** kidnapper **-ryöstö** kidnapping; *(lak)* abduction, child-stealing **-sääti** having (giving birth to) a child (baby) **-tajuinen** ..comprehensible to children **-vahti** [baby-]sitter; *(Br m)* childminder.

lapse‖|ton childless **-ttaa;** *jkta ~* be childish, behave like a child (baby) **-ttomuus** childlessness.

la|psi child (*pl* ~ren); *(syli~)* baby, infant *(m lak); (ark)* kid; *(alaikäinen)* minor ▶ *hän oli aikansa ~* he was a child (product) of his time; *(sananp)* heittää *~ pesuveden mukana* empty the baby out with the bathwater; *se on -sten leikkiä* it is mere child's play; *[jo] -psena ollessaan* [even] as a child, when a child; *ottaa -pseksi* adopt; *-psesta saakka* from (since) childhood, from a child; *saattaa ~a maailmaan* bring children into the world.

lapsi‖|- child (actor, actress *-näyttelijä;* psychology *-psykologia;* labo[u]r

-työvoima) **-halvaus** polio[myelitis] **-kaste** infant baptism **-kuolleisuus** infant mortality **-kuoro** children's choir **-lisä** child benefit **-perhe** family with [dependent] children **-puol**|i stepchild; *(kuv)* jäädä *-en asemaan* play second fiddle **-rakas** ..fond of children *(lääk)* amniotic fluid, *(ark)* water **-vuo**|**de** childbed; *olla -teessa (m)* be lying in (confined); *(synnyttäminen)* childbirth (die in childbirth *kuolla -teeseen*).

laps|**onen, -ukainen;** *mikä herttainen ~!* what a nice little thing (child)!

lapsus lapse, lapsus *(pl ~)*, slip.

lapsuuden|**aika** *(pl)* the days (years) of childhood, childhood **-aikai**|**nen** ..of one's childhood (friend *ystävä*), childhood (experiences *-set kokemukset*) **-koti** childhood (parental) home **-muistot** childhood memories **-ystäv**|**ä** friend of one's childhood; *olemme -iä* we knew each other as children, we know each other from childhood.

lapsuu|**s** childhood; *(varhais~)* infancy, babyhood; *-tensa aikana* in (during) his childhood [days (years)]; *-desta asti* from childhood, [ever] since one's childhood.

laser laser **~levysoitin** CD-player, compact-disc player **~säde** laser beam.

lasi 1 glass (of milk *maitoa;* ..made of glass *~sta tehty*); *(jalaton ~) (m)* tumbler; goblet; *(kellon ~) (Am m)* crystal 2 *(ikkuna~)* [window] pane, glass 3 *~t (silmä~t)* glasses, spectacles ▶ **kilistää** *~a jkn kanssa* touch glasses with a p.; **kohottaa** *~nsa jkn kunniaksi* toast a p.; *~t ja* **posliinit** glass[ware] and china; **puhaltaa** *~a* blow glass; **viljellä** *~n alla* cultivate .. under glass; *keskustella jstk ~n* **ääressä** discuss a th. over a glass [or two].

lasi|**ainen** *(anat)* vitreous humo[u]r **-astia** glass dish (vessel); *~t (m)* glassware **-esine** glass article; *~et (m)* glass|ware, -work **-hiomo** glassgrinding works **-kaap**|**pi** glass cabinet (cupboard) *(ks m -kko); (kuv) pitää -issa* keep .. under glass **-kko** show (display, exhibition) case **-kuitu** fibreglass, *(Am)* fiberglass **-kuitumuovi** fibreglass-reinforced plastic **-kupu** glass cover **-llinen** glass[ful] (of water *vettä*) **-maalau**|**s** 1 *(kuva)* stained-glass picture; *-ksin koristeltu ikkuna* stained-glass window, stained glass; *-kset (m)* stained glass 2 *(~taide)* glass painting, staining **-mainen** glassy (look *katse*); *(~nkaltainen)*

glasslike, vitreous **-massa** melted glass **-mestari** glazier **-nalainen;** *~ viljely* greenhouse cultivation, under-glass cultivation **-nen** ..[made] of glass, glass (vase *maljakko*).

lasin|**hioja** glass grinder **-kirkas** ..as clear as glass; limpid **-leikkaaja** glass cutter, glazier **-leikkuri** glass cutter **-puhallus** glassblowing **-puhalluspilli** blowpipe, blowing pipe **-puhaltaja** glassblower **-pyyhin** *(aut)* wind|screen *(Am* -shield) wiper **-sirpale, -siru** fragment (piece) of glass; *-sirpaleet (sg)* broken (shattered) glass.

lasi|**ovi** glass door; *(ransk ikkuna)* French windows, *(Am)* French doors **-ruutu** pane **-silmä** glass eye **-taiteilija** glass designer **-tavara** glass|ware, -work.

lasi|**te** glaze, glazing **-tehdas** glassworks **-ttaa** glaze **-ttaja** 1 glazer (of pottery *saviastioiden ~*) 2 glazier (of windows *ikkunoiden ~*), glassworker **-ttua** glaze **-tusliike** glazier's [shop] **-veranta** glass (glassed-in) veranda[h] **-villa** glass wool.

1 lask|**ea I** *tr* 1 *(~ alas[päin])* lower (the prices *hintoja;* a flag *lippu*); *(vetää alas)* haul down 2 *(asettaa)* lay (a wreath on a p.'s grave *seppele jkn haudalle*), put, set, place; let .. down, put .. down (put one's hand down *~ kätensä alas*) 3 *(päästää)* let (the air out of the tyres *ilma renkaista*); run (water into the bathtub *vettä kylpyammeeseen*); *(juoksuttaa m)* draw, tap [off] (beer from a cask *olutta tynnyristä*) 4 *(päästää menemään)* let .. go; *(~ vapaaksi)* release, let .. off 5 *(tierak)* pave (with cobblestones *mukulakivillä*) II *itr* 1 *(aleta)* fall (the curtain (blood pressure) falls *esirippu (verenpaine) -ee;* rising and falling sound *nouseva ja -eva ääni*), decline (temperature (birthrate) declines *lämpötila (syntyvyys) -ee*); go down (the consumption (swelling) goes down *kulutus (turvotus) -ee*); drop (prices drop *hinnat -evat;* the water has dropped *vesi on -enut*), lower; *(vähentyä)* decrease, diminish 2 *(viettää)* descend, slope (slant) down 3 *(joesta); ~ jhk* empty into, flow (discharge itself) into 4 *(auringosta ym)* set ▶ *(ks m verbin määritteinä olevia hakus)* ~ **alleen** wet the bed; ~ **ankkuri** let go (cast, drop, lower) [the] anchor; *osakkeiden* **arvo** *-ee* stocks lower in value; ~ *jnk* **hintaa** *(m)* reduce the price of; ~

housuihinsa wet one's pants; ~ **irti** let .. loose (the dog *koira*); release the hold of (a rope *köysi*); ~ **karkuun** set (let) loose; **painoni** *on -enut* I have lost weight; ~ **sisään** *(ulos)* let (allow)..in (out).

2 lask|ea 1 count (from one to ten *yhdestä kymmeneen;* one's money *rahansa*); *(~ laskutehtäviä)* do arithmetic (sums, problems) **2** *(suorittaa laskelmat)* calculate (how much.. *kuinka paljon..*), reckon [up] (the cost *kulut*); *(kirj)* compute; work out, figure [out (up)] (the expenses *kulut*) **3** *(arvioida)* estimate (the charges *kustannukset;* one's strength wrong *voimansa väärin*), calculate, *(erik Am)* figure (he figured there was no use doing it *hän -i ettei sitä kannattanut tehdä*); *(odottaa)* expect ▶ ~ *jkn* **ansioksi** regard..as a credit to; *olla* **hyvä** *-emaan* be good at figures (sums); ~ **joksikin** count..as; ~ *jk jkn* **kunniaksi** consider a th. an hono[u]r to; ~ *jk jhk* **kuuluvaksi** consider a th. to belong to, count (class, reckon, rank) a th. among; *jstk* **laskien** from, counted [as] from; ~ **mukaan** include, count (reckon, add)..in (did you count me in? *laskitko minut mukaan?*); take..into account; ~ **päässä** figure (work out, do a sum) in one's head, do mental arithmetic; **rahaksi** *-ettuna* in terms of money; ~ **takaperin** *[kymmenestä yhteen]* count down [from ten to one]; *(nyrkk)* ~ **ulos** *kehästä* count..out; ~ **uudestaan** recount; recalculate; ~ *sen* **varaan** *että* count (bank) on; ~ *[luvut]* **yhteen** count (add, sum) up [the figures].

laskelm||a calculation (make a calculation of *tehdä* ~ *jstk*), reckoning; *(arvio)* estimate (of *jstk*); *(erik liik) (selvitys)* statement; *erehtyä -issaan* miscalculate; *ottaa -issaan huomioon* take .. into account; *seota -issaan* be out in one's calculations **-oida** calculate, make calculations; *-oiden* calculatingly, with calculation; *-oitu* calculated **-ointi** calculation **-oiva** calculating.

laskennallinen calculatory.

laskenta calculation; *(mat)* calcul|us *(pl m -i)* (differential calculus *differentiaali~*); *(erik tilast)* census; *(lähtö~)* countdown ~**keskus** computing (calculating) centre ~**osasto** accounting department.

laskento arithmetic.

lasket||ella 1 reel (rattle, patter) off (poems *runoja*); ~ **omiaan** stretch the truth, *(ark)*

tell fibs **2** *(~ suksilla)* ski downhill; do slalom skiing, ski slalom **-telu** downhill skiing (racing); *(kelkalla ~)* tobogganing **-telurinne** ski slope; slalom slope.

laskeuma 1 *(geol ym)* depression, hollow **2** *(lääk)* prolapse; *(veren ~)* sedimentation rate **3** *(saaste~)* fallout; *(sakka)* sediment; deposit.

laskeutu|a 1 descend (into the cellar *kellariin;* the stairs *portaita*); get down (from a platform *korokkeelta;* a ladder *tikkaita*); go down; step down (from *jstk*); come down (from *jstk*); climb down (a tree *puusta* **2** *(~ ajoneuvosta ym)* get off (a horse (train) *hevosen selästä (junasta)*), descend; dismount, alight from (a horse *hevosen selästä*) **3** *(ilm)* land, touch down, put down; *(linnusta ym)* settle (on a branch *lintu -i oksalle*); *(avaruus-aluksesta)* *(~ veteen)* splash [down] **4** *(painua)* settle (dust settles *pöly -u;* dregs settle *sakka -u*), fall (dew falls on the ground *kaste -u maahan;* darkness fell upon the scene *pimeys -i maiseman ylle*) **5** *(viettää)* descend, slope down, fall away **6** *(pudota)* fall, hang (the cloak hangs beautifully *viitta -u kauniisti*).

laskeutumisarvo *(lääk)* sedimentation rate.

laskiainen Shrovetide; Shrove Tuesday.

laskiais||päivä Shrove Tuesday **-sunnuntai** Shrove Sunday **-tiistai** Shrove Tuesday, *(ark)* Pancake Day, *(erik Am)* Mardi gras **-viikko** Shrovetide week.

laskimo vein ~**nsisäinen** intravenous ~**veri** venous blood.

laskin calculator, calculating machine.

lasko *(lääk)* sedimentation rate.

laskos fold; *(vaat)* pleat; *(kiinni ommeltu ~)* tuck ~**hame** pleated skirt ~**taa** fold; pleat; tuck ~**tua** pleat.

1 lasku 1 *(väheneminen)* fall (in the prices *hintojen ~*), drop (in the temperature *lämpötilan ~*); decline, decrease (in production *tuotannon ~*) **2** *(painuminen)* fall (fall of the tide *vuoroveden ~*) **3** *(kaltevuus ym ~)* descent, slope, slant, dip; incline **4** *(urh)* run (his first run failed *hänen ensimmäinen ~nsa epäonnistui*), descent ▶ **kääntyä** ~*un* turn downwards, develop a downward trend; **lentokoneen** ~ landing of an aircraft; *elämän* **nousut** *ja* ~*t* the ups and downs of life; *olla* ~*ssa* be on the decrease.

2 lasku 1 *(ravintola- ym ~)* bill (for £50 *50 punnan ~;* can I have the bill please?

saisinko ~n?), *(Am)* check **2** *(liik)* **a)** *(tavara~)* invoice; **b)** *(tili[/~])* account (for *jstk;* buy for the company's account *ostaa yhtiön ~un*) **3** *(mat)* *(~tehtävä)* sum (do a sum *laskea ~*); *(vaikeahko ~)* [mathematical] problem **4** *(laskelma)* calculation (according to my calculations *minun ~jeni mukaan*), reckoning; *(arvio)* estimate ▶ **jättää** *pois ~ista* leave .. out of account, take no account of, count .. out, rule out; **maksaa ~** pay (settle) an account (a bill); **merkitä** *(panna) jkn ~un* charge .. to; put..down to a p.'s account; *(kuv)* tehdä jtk **omaan** *~unsa* do .. on one's own account; **ostaa** *~un (luotolla)* buy on credit; **talon** *~un* on the house.

lasku||aukko outlet, discharge hole **-hana** drain cock **-joki** outlet **-kausi** *(tal)* recession, *(Am m)* downswing; *(kuv)* period of decline **-kone** calculator, calculating machine; *(yhteen~)* adding machine **-lomake** *(liik)* blank bill, bill (invoice) form **-oja** outlet (drainage) ditch **-opillinen** arithmetic[al] **-oppi** arithmetic **-portaat** *(mer)* *(sg)* gang|plank, **-board -putki** *(tekn)* drainpipe, outlet pipe **-pää;** *hänellä on hyvä ~* he is good at figures **-ri** counter, meter **-siiveke** *(ilm)* landing flap **-silta** drawbridge **-suhdanne** [trade] recession, *(pl)* times of receding trade **-suunta** downward trend; *(tal m)* price decline, falling market; downtrend **-tehtävä** [mathematical] problem, exercise; *(yksinkertainen ~)* sum **-teline** *(ilm)* landing gear, undercarriage **-tikku** slide rule **-toimitus** calculation, mathematical operation **-toimitusmerkki** mathematical sign.

laskut||taa invoice, bill (a p. for *jkta jstk*); *(veloittaa)* charge (a p. 100 marks an hour for the repair *jkta korjauksesta 100 markkaa tunnilta*) **-us** invoicing, billing **-usosasto** invoicing (billing) department.

laskuvarjo parachute; *hypätä ~lla* parachute, jump with a parachute, *(hätätilanteessa)* *(m)* bale out **~hyppy** parachute jump **~hyppääjä** parachutist, parachute jumper, *(Am)* parachuter **~joukot** parachute troops, paratroops **~jääkäri** paratrooper.

lasku||vesi low tide (water), ebb [tide]; *-veden aikaan* at low water, when the tide is [going] out (is on the ebb) **-virhe** miscalculation *(m kuv)*; calculating error (mistake); *tehdä ~ (m)* miscalculate.

lassie collie.

lasso lasso[o] **~ta** lasso[o], catch .. with a lasso.

last|a|1 *(lääk)* splint (put in splints *panna -oihin*) **2** *(keittiö- ym ~)* spatula; *(paistin~)* [kitchen] turner; *(muuraus~)* trowel; *(kitti~)* [putty] knife; *(taidemaalarin ~)* palette knife; *(ikkunan-ym kuivain)* squeegee, squil[la]gee; *pyyhkiä ~lla* squeegee.

lastain *(lääk)* spatula.

lasta|ta load (into a car *autoon;* on to a cart *kärryille;* a ship with timber *laiva puutavaralla*); *laiva -a (ottaa lastia)* the ship is loading (taking in freight); *laiva -a 2 000 tonnia* the ship carries 2000 tons; *laivaan -taan malmia* the ship is taking on a cargo of ore.

lastaus loading **~laituri** *(mer)* loading whar|f *(pl -ves)* (dock); *(raut ym)* loading platform **~satama** port of loading.

lasten||apu; *Kansainvälinen -avun rahasto* (UNICEF) the United Nations Children's Fund **-hoitaja** [child's (children's)] nurse, nursemaid, *(ark)* nanny **-hoito** child care, nursing **-huolto** child welfare **-huone** nursery **-kirja** children's book, book for children **-koti** children's home; *(orpokoti)* orphanage **-lapset** grandchildren **-leikki** *(kuv)* child's play **-lippu** child's ticket, half[-price] ticket; *(ark)* half **-lääkäri** p[a]ediatrician, children's specialist **-neuvola** child welfare clinic, child health centre **-rattaat** *(sg)* pushchair; *(Am)* stroller; go-cart **-saippua** baby soap **-sairaala** children's hospital **-seimi** day nursery, crèche **-sänky** child's bed; *(Br)* cot; *(Am)* crib **-tajuinen** ..comprehensible to children **-tarha** nursery school, kindergarten **-tarhalainen** kindergart[e]ner **-tauti** children's disease **-tautioppi** *(sg ja pl)* p[a]ediatrics **-vaunut** *(sg)* pram; *(Am)* baby carriage, *(ark)* [baby] buggy.

lasti load; *(laivan ~)* cargo; *(rahti)* freight; *olla täydessä ~ssa* be fully loaded, carry a full load; *ottaa ~a* load, take a cargo; *purkaa laivan ~* unload a ship **~alus** cargo ship, freighter **~luettelo** freight list **~luukku** cargo hatch **~ruuma** hold, cargo space.

lastoittaa splint, put .. in splints.

lastu chip; *(höylän~)* shaving *(tav pl); (hiutale)* flake (almond flake *manteli~); keinua kuin ~ laineilla* float [about] like a cockleshell **~levy** chipboard **~villa**

wood-wool, *(Am m)* excelsior.
lata *(maat)* clod crusher, drag.
lataamaton unloaded (gun *ase*); uncharged (accumulator *akku*).
latau‖**ma** *(rinn -tuma)* charge.
lataus 1 *(lataaminen)* charging **2** charge (of a battery *pariston* ∼; nuclear charge *ydin*∼).
latautu‖**a 1** *(sähk)* be charged, charge up **2** *(valmistautua)* get ready (set) (for *jhk*); *tunnelma on -nut* the atmosphere is charged (electric).
lateksimaali latex paint.
laten‖**ssi** latency -**ntti** latent.
latina Latin ∼**lai**‖**nen** *a* Latin (alphabet -*set aakkoset;* name *nimi*); *L*∼ *Amerikka* Latin America ∼**laisamerikkalainen** Latin-American ∼**nkielinen** Latin.
latist‖**aa** *(kuv)* make .. commonplace (banal) -**ua** flag (the atmosphere was flagging *tunnelma -ui*).
latitudi latitude.
latkia lap (lick) up (milk *maitoa*).
lato barn.
lato‖**a 1** line up, set, arrange (books on the table *kirjoja pöydälle*); *(pinota)* pile [up], stack, heap [up] **2** *(kirjap)* set [up], compose, put .. in type -**ja** typesetter, compositor -**makone** typesetter, typesetting (composing) machine -**mo** composing room.
latta *(maanmitt)* [level[l]ing] staff (*Am* rod) ∼**jalkainen** flat-footed.
lattea 1 *(litteä)* flat **2** *(laimea)* flat, dull; *(mitäänsanomaton)* empty, banal, trite, uninteresting.
lattia floor ▶ **iskeä** *jku* ∼*an* hit a p. to the floor; floor a p.; ∼*sta* **kattoon** from floor to ceiling, from top to bottom; *(kuv)* **mittailla** ∼*a* pace the floor.
lattia‖**-** floor (space, area --*ala;* brush -*harja;* lamp -*lamppu;* joist, beam -*palkki;* polish, wax -*vaha*); △ flooring (felt -*huopa*) -**kaivo** floor drain -**laatta** floor[ing] tile; *(kivinen* ∼*)* floor slab -**lauta** floorboard -**luukku** trapdoor -**lämmitys** underfloor heating -**nkiillotuskone** floor polisher -**tyyny** pouffe, floor cushion -**vaihde** floor-mounted gear|shift, -lever, floor shift.
latu [ski] track; *(kilpailurata)* course ▶ **antaa** ∼*a* give way; **aukaista** ∼*a* open [up] the track; *(kuv)* **aukoa uusia** ∼*ja* blaze a trail (new trails); *(kuv)* **kulkea vanhaa** ∼*a* keep to the beaten track.

laturi *(aut)* battery charging generator, dynamo.
latva 1 *(puun*∼*)* top ; *(-us)* crown **2** *[joen]* ∼*t (sg)* upper course; headwaters ∼**-artisokka** globe artichoke ∼**purje** *(mer)* topsail ∼**vedet** *(joen* ∼*)* headwaters.
Latvia 1 Latvia **2** *l*∼ *(kieli)* Latvian **l**∼**lainen** *a ja s* Latvian.
latv‖**oa** pollard, poll, top, head -**us** crown, top -**usto** canopy (the dense canopy of a forest *metsän tiheä* ∼).
lauantai Saturday *(vrt keskiviikko)*.
laudoit‖**taa** board, line (cover) .. with boards; *(paneloida)* panel; ∼ *umpeen* board up (a window *ikkuna*) -**us** boarding; *(betoni*∼*)* shuttering, formwork.
lau‖**eta 1** go off (a trap (gun) goes off *ansa (ase) -keaa*); *(räjähtää)* explode; *(kirvota)* spring back (a bow springs back *jousi -keaa*) **2** *(kuv)* ease [off] (the situation eased off *tilanne -kesi*), relax (tension relaxes *jännitys -keaa*).
lauha mild (winter *talvi*); *(run)* gentle, balmy; *(lauhkea)* temperate (climate *ilmasto*).
lauh‖**de** *(tekn)* condensate -**devesi** condensation (condensing) water -**dutin** condenser -**duttaa 1** temper, make.. mild[er] (more temperate) (the climate *ilmastoa*) **2** *(lepyttää)* appease, soothe (a p. *jkta (jkn mieltä)*; a p.'s anger *jkn vihaa*); calm..down, pacify, placate **3** *(tekn)* condense -**kea 1** *(säästä)* temperate (zones ∼*t vyöhykkeet*); mild, gentle (weather *sää*) **2** *(lempeä)* gentle (nature *luonne*), mild; *(säyseä)* docile, meek (horse *hevonen*); ∼ *kuin lammas* as meek as a lamb -**tua** *(säästä)* get (grow, become) milder; *pakkanen -tuu (m)* the cold is abating **2** *(leppyä)* be appeased (he (anger) was appeased *hän (kiukku) -tui*), be allayed (soothed); *(rauhoittua)* calm (cool) down.
laukais‖**in** *(tekn)* release -**ta 1** fire (a gun (a charge of explosive) *ase (räjähdyspanos)*), discharge, shoot off (a pistol *pistooli*); *(päästää pingotuksesta)* release (a bow *jousi*); spring (a trap *ansa;* a mine *miina*); launch (a spacecraft into space *avaruusalus avaruuteen;* a missile *ohjus*); ∼ *kamera* press the button, snap the picture **2** *(kuv)* ease, relax, relieve (the tension *jännitys*) **3** *(puheesta)* shoot out (a sudden question *yllättävä kysymys*) **4** *(urh)* shoot.

laukaisu firing, discharging; launching; *(laukaus)* shot ~**alusta** *(avarl ym)* launch[ing] pad ~**koneisto** release (trip) gear, releasing mechanism; triggering device (of a bomb *pommin* ~) ~**teline** *(ohjuksen ym* ~*)* launcher ~**valmis** .. ready to be fired *(ks laukaista); (aseesta m)* at the ready.

lauk|ata gallop; *-kaava inflaatio* galloping (rampant) inflation.

laukaus shot (fire a shot *ampua* ~); *(pamaus)* report [of a gun]; *(tekn)* round (650 rounds per minute *650* ~*ta minuutissa*); ~ *pamahti* a gun (shot) was fired, a shot went off ~**tenvaihto** exchange of fire (shots), shooting, firing.

laukka gallop ▶ **ajaa** ~*a* ride at a gallop, gallop; **lyhyt** ~ hand gallop, canter; **ottaa** ~ break into a gallop; **täyttä** ~*a* at full gallop, at a breakneck speed.

laukka||hevonen racing horse **-rata** horseracing (flat racing) track.

laukku bag; *(kartta- ym* ~*)* case; *(koulu~)* satchel.

laukoa 1 *(ampua)* be (keep) firing (shooting off) (one's gun *asettaan*); *(urh)* shoot at (a goal *maali*) **2** *(puheesta)* shoot out (questions at a p. *kysymyksiä jklle*); ~ *takaisin* shoot back.

laula|a sing (a p. a song *jklle laulu;* tenor *tenoria;* the baby to sleep *lapsi uneen*); *(ylät)* chant, intone (a hymn *virttä*); *(linnusta m)* warble ▶ *(ark)* ~ *(laverrella)* **poliisille** sing to the police; ~ *jkn urotöistä* sing [of] (chant) a p.'s exploits; *mikä -en tulee se* **viheltäen** *menee* easy come easy go; *puhua -valla* **äänellä** talk in a singing (sing-song) voice.

laula||ja singer; *(laulusolisti)* vocalist; *(runoilijasta)* poet, songster **-ttaa;** *minua* ~ I feel like singing.

laulelma tune, melody, ditty.

laulu 1 song; *(laulelma)* tune, melody, ditty; *(virsi ym* ~*)* chant; *(joulu~)* carol **2** *(laulaminen)* singing (singing and playing ~ *ja soitto*); song (of the nightingale *satakielen* ~*ksi*); burst into song *panna* ~*ksi*; *(linnun~ m)* warble, warbling; *(kukon~)* crow[ing] **3** *(runo)* song; canto (the cantos of the Divine Comedy *Jumalaisen näytelmän* ~*t*); book (the 24 books of the Iliad *Iliaan 24* ~*a*).

laulu||- singing (festival *-juhla[t];* lesson *-tunti;* voice *-ääni*); △ song (contest *-kilpailu[t];* number *-numero*); △ vocal

(music *-musiikki*) **-joutsen** whooper [swan], hooper **-kirja** songbook **-kuoro** choir, choral society **-lintu** songbird *(m kuv),* singing bird, songster, warbler **-nopettaja** singing teacher, singing master *(fem* mistress) **-npätkä** snatch of song **-ntekijä** songwriter **-näytelmä** musical [comedy] **-rastas** song thrush **-runous** lyric[al] poetry **-solisti** vocalist **-sävellys** composition of vocal music; lied *(pl* ~er) *(saks).*

laum|a 1 a) *(eläin~)* herd (of horses *hevosia*); drove (of cattle *karja~*); troop (of monkeys *apinoita*); flock (of sheep *lampaita*); pack (of wolves *susia*); *keräytyä -oihin* herd (flock) together, troop; **b)** *(ihmis~)* crowd, host; *(parvi)* swarm (of children *lapsi~*); *(paimentolais-ym* ~*)* horde (of Huns *hunni~*) **2** *(ihmismassa) (pl)* the masses; the multitude; *kulkea* ~*n mukana* follow the herd, go with the crowd (stream) ~**eläin** gregarious animal ~**ihminen,** ~**sielu** mass man ~**vaisto** herd instinct.

laumoittain *(laumoi|na, -ssa)* in herds (live in herds *elää* ~*)* *(vrt lauma); (laumamäärin)* herds of (animals *eläimiä*); crowds of (people *ihmisiä*); *heitä tuli* ~ they came in crowds.

laupeuden||sisar Sister of Mercy (Charity) **-teko, -työ** act (work) of mercy (charity).

laup||eus mercy, mercifulness; charity; compassion *(ks -ias); harjoittaa -eutta* practise charity, perform acts of charity; *osoittaa -eutta jkta kohtaan* show mercy to a p., have compassion on a p. **-ias** *(armelias)* merciful; *(auttavainen)* charitable; *(säälivä)* compassionate (to *jkta kohtaan*); ~ *taivas!* for mercy's sake!

lausah||dus utterance **-taa** utter, say; *(~ vastaukseksi)* reply.

lause 1 *(kiel)* clause; *(virke)* sentence **2** *(log, mat)* theorem **3** *(atk)* statement ~**enjäsen** constituent part of a sentence, sentence constituent ~**enjäsennys** sentence analysis, parsing ~**envastike** participial phrase (construction) ~**ke** *(klausuuli)* clause ~**käänne** locution, expression, [turn of] phrase, mode of expression ~**lma** *(lausunto)* statement, declaration; *(virallinen* ~*)* pronouncement ~**opillinen** syntactic[al] ~**oppi** syntax ~**parsi** idiom, idiomatic expression, phrase, mode (turn) of expression; *(kulunut* ~*)* cliché ~**yhteys** context.

lausu‖a 1 utter (a few words *muutamia sanoja*), say; *(mainita)* state (one's views on *kantansa jstk*); *(ilmaista)* express (one's joy at *ilonsa jstk*); ~ **mielipiteensä** *jstk (m)* give one's opinion of (about) **2** *(~ runoja ym) (~ ulkoa)* recite, repeat (a poem *runo*); *(~ kirjasta ym)* read [aloud] **3** *(ääntää)* pronounce; *(~ [selvästi])* articulate; ~ **väärin** *(m)* mispronounce **-ja** *(runon- ym ~)* reciter; reader **-ma 1** *(lausahdus)* utterance **2** *(-nto)* statement, announcement; *(lak m)* testimony, evidence **-maton** unspoken, unuttered; unexpressed (thought *ajatus*) **-minen** *(ääntäminen)* pronunciation; articulation.

lausunta *(runon~)* recitation; reading ~**esitys** recitation ~**ilta** recital [evening] ~**taide** art of recitation ~**taiteilija** elocutionist.

lausunto statement (make a statement about *antaa ~ jstk*), announcement; *(virallinen ~)* pronouncement, [formal] report (on *jstk*); *(asiantuntija~)* opinion (get a lawyer's opinion on *hankkia lakimiehen ~ jstk*); *(todistus)* testimony (the witness's testimony *todistajan ~*), evidence; *antaa [asiantuntijan]~ jstk* render (deliver) an [advisory] opinion on.

lau‖ta board (2-inch board *kahden tuuman ~;* diving board *ponnahdus~;* chessboard *šakki~*); *(ark)* ajaa nasta *-dassa* drive with one's foot on the floor; *hypätä ~a* [play at] seesaw; *lyödä -dalta (voittaa)* cut .. out ~**aita** board fence; *(väliaikainen ~)* hoarding ~**kunta** board; *(komitea)* committee, commission ~**miehistö** *(lak)* panel [of lay assessors], jury ~**mies** lay member; juror, juryman.

lauta‖nen 1 plate (eat from a plate *syödä -selta*); *(teevati)* saucer; *(palkinto- ym ~)* salver; *matala ~* dinner plate; *syvä ~* soup plate **2** *(mus)* cymbal **3** *[hevosen] -set* hindquarters, *(sg)* croup **4** *(levy~)* turntable.

lautapeli board game.

lautas‖antenni dish antenna **-ellinen** plate[ful] (of *jtk*) **-hylly** platerack **-liina** [table] napkin, *(erik Br m)* serviette **-liinarengas** napkin ring.

lautata 1 *(kuljettaa lautalla)* ferry, raft (across a river *joen yli*) **2** *(kuljettaa lauttoina t. koota lautoiksi)* raft (logs *tukkeja*).

lautatarha timberyard; *(Am)* lumberyard.

lauteet; *[saunan] ~* sauna benches (platform).

laut‖ta 1 raft *(m puuteoll)*; *kuljettaa (kulkea) -alla* raft **2** *(liikenneväline)* ferry[boat] (passenger ferry *matkustaja~*); *kuljettaa -alla* ferry **3** *(kelluva massa)* raft (of seaweed *merilevä~*); *(neste~)* slick (oil slick *öljy~*).

lautta‖- ** ferry (berth *-laituri;* traffic *-liikenne;* way, road *-väylä;* service, connection *-yhteys*) **-maksu ferriage **-us** *(uitt)* rafting (of logs *tukkien ~*).

lautturi ferryman.

lava 1 *(esiintymis-, kuormaus- ym ~)* platform; *(puhuja~)* stand; rostr‖um *(pl m -a)*; *(soitto~)* bandstand; *(tanssi~)* [open-air] dancefloor **2** *(kuorma-auton ~)* [loading] platform; *(kääntyvä ~)* tipping (dump) body; ~*lla (m)* on the [back of] the lorry **3** *(näyttämö)* stage **4** *(kasvi~)* bed; *kylmä ~* cold frame; *lämmin ~* hotbed.

lavantauti typhoid [fever]; *lavantauti‖- typhoid[al]* (vaccine *-rokote*) ~**rokotus** vaccination against typhoid.

lavast‖aa 1 *(teatt ym)* stage (a film *elokuva*); stage-manage **2** *(kuv)* engineer (engineered election *-etut vaalit*), stage (an accident *onnettomuus*), fake, sham (a murder *murha*) **-aja** set (scenic) designer, set decorator **-amo** stage property room **-e** prop; ~*et (m)* = seur. **-us** *(teatt)* staging, [stage] setting, set design.

lava‖tanssit open-air dance **-viljely** frame cultivation.

lavea wide; extensive; *(kuv)* ~ *tie* the primrose way *(ks m laaja)*.

laveerata wash, tint.

laventaa 1 = *laajentaa* **2** *(mat)* convert .. to higher terms.

laventeli lavender ~**öljy** lavender oil, oil of lavender.

laveri *(makuu~)* bunk.

laver‖rella *(lörpötellä)* jabber, chatter, blab; *(kieliä)* blab (babble) out (he blabbed it out to the police *hän -teli siitä poliisille*) **-televa** *(m)* chatty **-telija** chatterbox **-telu** chatter, jabber.

lavetti *(sot)* gun carriage (mount).

lavitsa bench.

lavuaari washbasin, washbowl.

legenda *(eri merk)* legend; ~ *jo eläessään* a legend in one's [own] lifetime, living legend ~**arinen** legendary.

legioona legion ~**lainen** legionary.

leguaani iguana.

lehah||**della** *(lennähdellä)* flutter (fly, flit) about; *(liehua)* wave (flags are waving in the breeze *liput -televat tuulessa*); flare, fan **-dus** waft **-taa** *(tuulahtaa)* waft; ~ *lentoon* take flight (wing); ~ *liekkiin* burst into flames; ~ *punaiseksi* flush up (red).

lehden||**jakaja, -kantaja** paper|boy, -girl; [newspaper] carrier **-myyjä** news|vendor, *(Am)* -dealer; *(lehtipoika)* news[paper]boy, *(erik Am)* paperboy.

lehdetön leafless, bare, naked (tree *puu*).

lehdistö 1 the press; *kirja sai hyvän vastaanoton ~ssä (m)* the book had a good press; *keltainen ~* the yellow press; *~n vapaus* freedom of the press **2** *(kasv)* foliage, *(pl)* leaves.

lehdistö||- press (box *-aitio;* centre *-keskus;* card *-kortti;* gallery *-parveke;* release *-tiedote;* conference *-tilaisuus;* reception *-vastaanotto)* **-avustaja** press agent (officer); *(dipl)* information officer **-päällikkö** public relations (press) officer.

lehdykkä *(kasv ym)* leaflet; *(mus)* reed.

lehmus lime [tree], linden; *(Am m)* basswood.

lehmä cow; *hänellä on oma ~ ojassa* he has an axe to grind; *pyhä ~ (m kuv)* sacred cow **~kaupp**|**a** *(ark, pol)* horse trade; logrolling; *tehdä -oja* horse-trade, practise horse trading **~nkäännös** *(kuv)* volte-face *(ransk)* **~nmaito** cow's milk **~nnahka** cowskin.

lehteri gallery, stand **~yleisö** the gallery.

lehtevä leafy (tree *puu*).

leh|**ti 1** *(kasv)* lea|f *(pl* -ves); *[kasvavat] -det (m) (sg)* foliage **2** *(kirjan ym ~)* lea|f *(pl* -ves); *(arkki)* sheet (map sheet *kartta~*) **3** *(sanoma- ym ~)* [news]paper; *(aikakaus~)* magazine; periodical; journal **4** *(ohut levy)* lea|f *(pl* -ves), foil; sheet **5** *(mus)* reed **6** *(avaimen ~)* bit ▶ *-dissä kerrotaan että* the papers write that..; **kirjoittamaton** ~ blank page, clean sheet; ~ *on* **kääntynyt** the tide has turned; *puu* **on lehdessä** the tree is in leaf; **puhjeta** *-teen* come (burst) into leaf, put out leaves; *~en* **putoaminen** fall of the leaves, defoliation; *jäädä -dellä* **soittelemaan** be left empty-handed; *kääntää* **uusi** ~ turn over a new leaf; *uusi ~ jnk historiassa* a new era in the history of.

lehti||**hanka** *(kasv)* axil **-harava** lawnrake, leafrake **--ilmoitus** newspaper ad[vertisement] **-kaali** kale, kail **-kanta** *(kasv)* leaf base **-kasvi** leaf (foliage) plant

-kato *(kasv)* defoliation **-katsaus** press review (survey, summary) **-kioski** newsstand, newspaper kiosk **-kirjoitus** newspaper article **-kirva** aphid, plant louse **-kulta** gold leaf (foil), leaf gold **-kuusi** larch; *(Am)* tamarack **-kuvaaja** press photographer **-laita** *(kasv)* leaf margin **-lapa** *(kasv)* leaf blade **-leike** scrap, newspaper clipping, press cutting **-metsä** broadleaf (leaf-tree, deciduous) forest; *(Am)* hardwood forest **-mies** newspaperman, journalist; *(Br m)* pressman **-miesta**|**pa;** *hyvän -van mukaan* in accordance with good journalistic principles **-muoto** *(kasv)* leaf form **-myymälä** newsstand, bookstall **-nainen** newspaperwoman **-poika** news[paper]boy, paperboy **-puu 1** broad-leaved (broadleaf, deciduous) tree, leaf tree **2** *(puuaines)* hardwood; *(erik Br)* leafwood **-ruoti** leaf stalk, petiole **-salaatti** lettuce **-silmu** *(kasv)* leaf bud **-suoni** vein, nerve, rib **-tieto;** *~jen mukaan* according to press reports **-uutinen** news item, piece of press news **-vihannekset** leafy vegetables **-vihreä** chlorophyl[l], leaf green **-vihreähiukkanen** chloroplast.

lehtiö *(kirjoitus~)* pad, tablet, block; *(piirustus~)* sketchbook, [drawing] pad **~taulu** flap board.

lehto grove **~kurppa** woodcock **~lapsi** illegitimate child **~metsä** deciduous woodland **~pöllö** tawny owl.

lehtori 1 *(koul)* master *(fem* mistress); *(Am)* high school teacher **2** *(yliop)* lecturer; lector *(ei Brit ja Am).*

lehv||**ikko, -ikkö** leafy grove **-istö** foliage, leafage, *(pl)* leaves **-ä** spray, sprig (of laurel *laakerin~*), leafy branch.

leija kite (fly a kite *lennättää ~a)* **~il**|**la** hover (a hawk (smoke) hovers *haukka (savu) -ee);* soar, float (a balloon (dust) is floating *ilmapallo (pöly) -ee);* waft about (the scent of perfume wafts about *hajuveden tuoksu -ee); (lennellä)* fly about.

leijona lion; *(naaras~)* lioness; ~ *eläinten kuningas* the Lion the King of Beasts.

leijonan||**harja** lion's mane; *(kuv)* [leonine] mane [of hair] **-kesyttäjä** lion tamer **-kita;** *mennä suoraan (pistää päänsä) ~an* go into (put one's head in) the lion's mouth **-kyn**|**si;** *näyttää -tensä* show one's mettle **-osa** the lion's share (of *jstk)* **-pentu** lionet, lion cub.

leij|ua; *sodan uhka -uu maan yllä* threat of war is hanging over the country *(ks -ailla).*

leik|ata 1 cut *(short lyhyeksi;* a hedge *pensasaita;* one's finger with a knife *sormeensa veitsellä;* the knife cuts well *veitsi -kaa hyvin*); △ *(~ erik saksilla)* clip; shear (sheet metal *peltiä)* **2** *(keitt)* cut (into cubes *kuutioiksi;* bread *leipää*); *(~ kypsää lihaa)* carve; *(~ viipaleiksi) (m)* slice **3** *(lääk)* operate (on a p. for cancer *jklta syöpä;* a malignant growth *pahanlaatuinen kasvain;* the patient must be operated on *potilas täytyy ~*); *(poistaa -kaamalla)* remove [by operation] (he had his appendix removed *häneltä -attiin umpisuoli); häneltä -attiin sappikivet (m)* he had an operation for gallstones; *hänen silmänsä -attiin* he had an operation on his eye **4** *(~ ruohoa ym)* mow (the lawn *nurmikko*); cut (wheat *vehnää*); *(korjata)* reap, harvest **5** *(veistää)* carve (a th. out of (from) wood *jtk puusta;* figures in granite *kuvioita graniittiin*), cut, incise (a th. in wood *jtk puuhun*) **6** *(geom ym)* intersect, cut; cross **7** *(käsit)* cut out (a coat *takki*) **8** *(kuohita)* castrate; *(~ koiras m)* geld, emasculate; *(~ naaras m)* spay **9** *(kuv) (pienentää)* cut, lower, diminish (the pensions *eläkkeitä*) **10** *(laimentaa)* cut, *(Am m)* split (wine with water *viiniä vedellä*), blend (blended cognac *-attua konjakkia*) ▶ *~ elokuva* cut (edit) a film; *juustoa on* **helppo** *~* cheese cuts easily (is easy to cut); *(ark) hänellä -kaa* **[järki]** *hyvin* he is quick on the uptake; *hänellä ei oikein -kaa* he is slow on the uptake; *~* **kyntensä** *(m)* pare one's nails; *(tekn)* **moottori** *-kaa* the engine seizes [up]; *-attua* **tupakkaa** cut tobacco; **valonsäde** *-kaa pimeyttä* a ray of light pierces the darkness; *kimeä* **ääni** *-kasi ilmaa* a shrill sound pierced the air.

leike 1 *(lehti~)* scrap, cutting, clipping **2** *(keitt)* escalope (of veal *vasikan~*); scallopini **~kirja** scrapbook **~llä** *(anat)* dissect.

leiki||llinen playful, jocular, waggish; facetious (remark *huomautus)* **-llä[än]** *(for (in) fun (he said it only for fun *hän sanoi sen vain ~*), in play (jest, joke), for a joke.

leikin||laskija joker, wag **-lasku** joking, fun, waggery, pleasantry **-ohjaaja** playleader, play organizer **-teko** child's play (it is mere child's play for him *se on hänelle ~a*).

leikit|ellä trifle (with a p.'s affections *jkn tunteilla;* he is not a man to be trifled with *hänen kanssaan ei ole -telemistä*), dally, toy (with an idea *ajatuksella*), play (with *jllak*).

leikkaa||ja 1 *(vaat, elok ym)* cutter; *(elok m)* editor **2** *(geom)* secant **-mo** *(elok, vaat)* cutting room.

leikkaus 1 *(lääk)* [surgical] operation (on a patient *potilaan ~;* for gallstones *sappikivi~*); section (caesarean section *keisarin~*); *hänelle tehtiin ~* he underwent an operation (surgery), he was operated on **2** *(elok)* cutting, editing **3** *(geom)* section (the golden section *kultainen ~*), intersection **4** *(vaat)* cut (of a coat *takin ~*) **5** *(koriste~)* carving (wood carving *puu~*), cut **6** *(tierak ym)* cutting, cut, excavation **7** *(~kuva)* profile; section **~arpi** operation scar **~hoitaja** operations nurse, surgical nurse **~hoito** surgical treatment **~kuolleisuus** operating table mortality **~kuva** profile **~osasto** surgical ward **~piste** *(mat)* intersection[al point] **~pöytä** operating table **~sali** operating room (theatre) **~veitsi** scalpel, operating knife.

leikkaut||taa; *~ hiuksensa* have one's hair cut, have a haircut **-ua 1** *(katketa)* be cut (in two *kahtia*); *(painua)* cut (deep into *syvälle jhk*) **2** *(piirtyä)* stand out, be outlined (against *jtk vasten*) **3** *(tekn); ~ kiinni* seize [up].

leikkele; *~et* cold cuts **~lautanen** *(pl)* assorted cold cuts; plate of delicatessen **~myymälä** delicatessen shop.

leik|ki 1 game (play games *leikkiä -kejä*), play *(m kuv)* (of light and shadow *valon ja varjon ~*) **2** *(-inlasku)* joke (he cannot take a joke *hän ei ymmärrä ~ä*), joking, jest[ing], game (it was only a game *~ä se vain oli)* ▶ *se ei ole -in* **asia** it is no trifling (joking) matter; *ottaa jk -in* **kannalta** take a th. lightly; *siitä on ~* **kaukana** it is no laughing matter; *työ sujuu* **kuin** *~* the work went like a dream; **kääntää** *asia -iksi* turn a thing into a joke; **laskea** *~ä* joke, jest; *(ark)* kid; **luopua** *-istä* give [the game] up; *~* **sikseen!** joking (jesting) apart (aside)!

leikki||- toy (car *-auto;* gun *-pyssy*); play|- (-time *-aika;* -room *-huone;* -pen *-kehä;* -ground *-kenttä;* -fellow, -mate *-toveri;* -house *-mökki*) **--ikä** preschool age **--ikäinen** *s* preschooler **-kalu** toy, *(kirj)* plaything *(m kuv)* **-kalukauppa** toyshop **-koulu** playschool, kindergarten, nursery school **-sota** sham fight, pretend war.

leikkisä 1 playful **2** *(leikkiä laskeva)* jesting, joking, jocular (old man *ukko*), playful (in a playful mood ∼*llä tuulella*).

leikki|ä 1 play *(m kuv)*; *lapset -vät (m)* the children are at play; *(ark) mitä sinä oikein leikit!* what do you think you're playing at? **2** *(olla olevinaan) (lapsista)* play (house *kotia;* pirates *merirosvoja*), play at (keeping [a] shop *kauppaa;* cops and robbers *rosvoa ja poliisia*); pretend, make believe (the boys pretended (made believe) that they were explorers *pojat -vät tutkimusmatkailijoita;* let's pretend we're father and mother! *leikitään isää ja äitiä!*); *(teeskennellä m)* feign (to be a millionaire (asleep) *miljonääriä (nukkuvaa)*); make out to be (a sixteen-year-old *kuusitoistavuotiasta*), sham (dead, death *kuollutta*) **3** *(leikitellä)* play (with fire *tulella*), trifle, toy (with *jllk*) *(ks m leikitellä)* **4** *(laskea leikkiä)* joke, jest.

leikkokukka cut flower.

leikkuri 1 *(tekn)* cutting (shearing) machine, cutter **2** *(hiusten-, kynsi- ym ∼) (pl)* clippers.

leikkuu||aika *(maat)* harvest [time], reaping time **-kone** *(maat)* reaping machine, reaper **-lauta** *(keitt)* chopping board; carving board **-mies** *(maat)* harvester, reaper **-puimuri** combine [harvester], harvester-thresher **-veitsi** chopping (carving) knife.

leili bottle; skin; flask of wood.

leima 1 *(konkr ja kuv)* stamp (impress a stamp on *painaa ∼ jhk*), mark (of authenticity *aitous∼*), impress; cachet; *(kuv halv)* brand (of disgrace *häpeän ∼*); *antaa ∼nsa jllk* characterize, stamp itself on; *lyödä (jättää) ∼nsa jhk* impress (leave) its mark on, put its imprint on **2** *(posti∼)* postmark **3** *(kulta- ym ∼)* hallmark **4** *(metsh)* blaze, [hammer] mark.

leimaa-antava characteristic (of *jllk*).

leimah||dus flash, flare **-taa** flash (a gun (lightning, light) flashes *ase (salama, valo) ∼;* her eyes flashed with anger *hänen silmänsä -tivat suuttumuksesta*); flame; ∼ *liekkiin* burst into flames, flare (blaze) up.

leima||merkki revenue stamp **-sin** stamp (rubber stamp *kumi∼*) **-sintyyny** stamp[ing] pad **-sinväri** stamp[ing] ink **-ta**

1 stamp (a ticket *matkalippu;* one's name on an envelope *nimensä kirjekuoreen*); mark (a th. on *jtk jhk*); *(kuv, halv)* label ([as] a thief *varkaaksi*), brand (as a traitor *petturiksi*); *olla jnk -ama* be characterized by (marked with) **2** *(post)* postmark (a letter *kirje*); *(mitätöntää)* cancel (a stamp *postimerkki*) **3** *(∼ kultaa ym)* hallmark **4** *(metsh)* mark, blaze (trees *puita*) **-us 1** *(-aminen)* stamping, marking *(ks ed)* **2** *(-hdus)* flash, flare; *kuin tuli ja ∼* like a flash of lightning **-vero** stamp duty (tax).

leimu flame (of sunset glow *iltaruskon ∼*), blaze, flare ∼|**ta** flame (fire is flaming *tuli -aa;* with anger *vihasta*), blaze, glow.

leini fibrositis; *(reumatismi)* rheumatism.

leinikki buttercup.

lei||poa bake (bread *leipää*); *hän -poo kaksi kertaa viikossa* she makes bread twice a week; *kotona -vottu* homemade; ∼ *jksta mestari* make a champion of.

leipo||mo bakery; *(∼liike) (m)* baker's [shop] **-mukset** *(sg)* pastry; pastries.

leipuri baker.

lei||pä bread (fresh (stale) bread *tuoretta (vanhaa) -ä*); *(limppu)* loa|f *(pl -ves)* [of bread]; *(∼viipale)* slice of bread; *(voi∼)* slice of bread and butter; [open] sandwich ▶ *(kuv)* **ansaita** ∼*nsä* earn one's bread [and butter] (as a teacher *opettajana*); *(last)* **heittää** */voi/-piä* play ducks and drakes; **jokapäiväinen** ∼ one's daily bread; *toisen* **kuolema** *on toisen* ∼ one man's loss is another man's gain; *tämä työ ei* **lyö** *-ville* this work does not pay; *olla jnk -vissä* work for a p., be on a p.'s payroll.

leipä|| bread|- (-flour *-jauhot,* ∼bin *-laatikko;* -board *-lauta;* -knife *-veitsi* **-kauppa** baker's [shop], bakery **-kortti** bread ticket, bread-rationing card **-laji** *(urh)* best (regular, strongest) event **-laplo** [baker's] peel **-työ** bread-and-butter job, meal ticket **-vilja** bread|grain, -corn, *(pl)* bread cereals.

leiri 1 camp (strike (break up) camp *purkaa ∼;* pitch a camp *pystyttää ∼*); encampment (fortified encampment *linnoitettu ∼*); *(tilapäinen sotilas∼)* bivouac **2** *(kuv)* camp (political camp *poliittinen ∼*), party; *vaihtaa ∼ä* switch camps ∼**elämä** camp life; *viettää ∼ä (m)* camp ∼**läinen** camper ∼**ntä** camping ∼**ntäalue** campsite, campground, camping ground (site) ∼**tuli** campfire ∼**ytyä** camp

[out], encamp; *(sot) (~ tilapäisesti)* bivouac.

leisk‖ahdus flash, flame, flare **-ahtaa** flash, flame, blaze; *(kuv)* flare (blaze) up **-ua** flash (lightnings (eyes) are flashing *salamat (silmät) -uvat)*, flare, blaze; *(hulmuta)* float, stream, wave.

leivin‖jauhe baking powder **-lauta** pastry board **-paperi** greaseproof paper **-uuni** [baking] oven.

leiviskä talent.

leivittää bread, crumb.

leivo[nen] skylark

leivo‖nnaiset *(sg)* pastry, confectionery; pastries **-s** [little] cake, pastry.

leivän‖kannikka crust of bread; *(reunaosa)* heel of a loaf **-kuori** bread crust **-muru[nen]** breadcrumb **-paahdin** toaster **-viipale** slice of bread; *(paksu ~)* chunk.

lejeerinki alloy.

leka sledge[hammer].

lekkeri [small] keg.

lekotella sprawl, lie; ~ *auringossa* bask in the sun[shine].

leksikaalinen *(kiel)* lexical.

lelli‖kki pet, fondling **-tellä, -ä** pet, pamper, coddle; baby.

lelu toy **~kauppa** toyshop **~koppa** playbox.

lemah‖dus smell, odo[u]r **-taa** smell (bad *pahalta;* of beer *oluelta*); *(löyhkätä)* stink, reek (of *jltk*); *tupakan haju -ti vastaani* I was met by a smell of tobacco.

lemmen‖- love (potion, philtre *-juoma;* song *-laulu*) **-jumala** love god, god of love **-kipeä** lovesick **-leikki** flirtation; *(rakastelu)* lovemaking **-tuskat** pangs of love.

lemmikki 1 pet, darling (father's darling *isän ~*); *(suosikki)* favo[u]rite 2 *(kasv)* forget-me-not **~eläin** pet **~koira** pet dog **~lapsi** favo[u]rite child.

lemmi‖skellä pet **-tty** love[d one], sweetheart, darling.

lempe‖ys gentleness, mildness, sweetness, lenienc|e, -y **-ä** gentle (look *katse*), mild; sweet (voice *ääni*); *(hellä)* affectionate, fond (mother *äiti*); *(sävyisä)* meek; *(ei ankara)* lenient (judge *tuomari*) **-äluonteinen** sweet-tempered, gentle.

lempi‖- favo[u]rite (author *-kirjailija;* dish *-ruoka*); pet (idea *-aate;* name *-nimi;* wife *-vaimo*).

lempiä 1 *(run)* love 2 *(rakastella)* make love.

lemu stench, stink, reek (of tobacco

tupakan ~) **~ta** stink, reek, stench (of *jllk t. jltk*).

leninki dress, gown **~kangas** dress material **~ompelija[tar]** dressmaker.

lenkkeil‖lä jog **-y** jogging (suit *~puku*).

lenk‖ki 1 loop, link; *(rengas)* ring; *(kiinnitys~)* fastening 2 *(urh) (juoksu~)* run (go for a run *lähteä -ille*); *(kävely~)* walk, stroll **~tossut** jogging (running) shoes.

len‖nellä *(tuulessa)* blow [about] (my papers were blowing about *paperini -telivät ympäriinsä*) *(ks m -tää)* **-ninräpylä** *(el)* flying membrane.

lennok‖as lively, spirited, vivid (conversation *keskustelu*); *(korkea-lentoinen)* eloquent, winged (speech *puhe*); *(ylevä)* lofty, elevating **-ki** model [aero]plane **-kuus** liveliness, vividness; loftiness; eloquence.

lennon‖johtaja [air-]control officer, air-traffic controller **-johto** ground control, air-traffic (flight) control **-johtotorni** control tower **-opettaja** flight (flying) instructor **-selvitys** flight dispatch.

lennosto *(sot ilm)* wing.

lennäht‖ää fly (the door flew open *ovi -i auki*).

lennätin telegraph; *lennätin|-* telegraph (wire, line *-lanka;* pole *-pylväs*); *(m)* telegraphic[al] (address *-osoite*) **~tekniikka** telegraphy **~virkailija** telegrapher, telegraph operator.

lennätt‖ää 1 fly (a kite *leijaa*); *(kuljettaa)* drive (the wind is driving leaves *tuuli ~ lehtiä*) 2 *(heittää)* throw (a p. to the ground *jku maahan*); *(singota)* sling, fling; ~ *hujan hajan* send .. flying 3 *(kiidättää)* speed (the car sped him to the station *auto -i hänet asemalle*); hurry (a word to *sana jllk*) 4 *(lähettää -imellä)* telegraph, send .. by telegraph.

len‖to flight (a non-stop flight to New York *suora ~ New Yorkiin*); *lähteä ~on* take wing; *(ark) saada taksi -nosta* get a taxi on the move, flag a taxi down.

lento‖- air (arm, force *-ase;* transport *-kuljetus;* route, lane *-reitti;* terminal *-terminaali;* reconnaissance *-tiedustelu;* base *-tukikohta;* safety, security *-turvallisuus*); △ flying (time *-aika;* altitude *-korkeus;* lights *-valot;* speed *-nopeus;* weather *-sää*); △ flight (deck *-kansi;* kilometre *-kilometri,* bag *-laukku;* formation *-muodostelma)*; △ aerial (photograph -*kuva;* bomb -*pommi*) **-asema** airport, aerodrome, *(Am)* **-bensiini** aviation (aircraft) fuel **-emäntä** air hostess, flight attendant **-hiekka** [a]eolian sand, driftsand **-hyökkäys** aerial attack; *(-pommitus)* air raid **-kala** flying fish **-kapteeni** [flight] captain, airline (aircraft) captain **-kenttä** airfield, flying field; *(-asema)* airport; *(sot ym) (erik tilapäinen* ~) airstrip, landing strip.

lentokone *(sg ja pl)* [aero]plane, *(Am)* [air]plane ~**kaappari** [aircraft, aerial] hijacker, skyjacker ~**kaappaus** hijack[ing], skyjack[ing] ~**moottori** aeroengine, aircraft engine ~**suoja** hangar, aircraft shed.

lento||**laivue** *(sot)* [flying] squadron **-lehti**|[nen] handbill, leaflet (hand out leaflets *jakaa -siä*) **-linja** air|line, -way **-lippu** air (plane, aircraft) ticket **-matkustaja** air[line] passenger **-mekaanikko** air[craft] mechanic **-muurahainen** winged ant **-näytös** air show; aircraft exhibition **--onnettomuus** flying (aviation) accident, air crash **-pallo** volleyball **-perämies** second pilot, copilot **-posti;** ~*tse* by airmail **-postikirje** airmail letter **-rata** trajectory (of a bullet *luodin* ~); flight path (of a spacecraft *avaruusaluksen* ~) **-satama** air harbo[u]r, [marine] airport **-sotakoulu** airwar college **-suukko;** *heittää jklle* ~ blow a p. a kiss **-teitse** by air (plane); *(post)* by airmail **-tukialus** aircraft carrier **-vene** flying boat **-yhteys** plane connection, air[line] service **-yhtiö** airline.

lent||**ue** *(sot)* flight **-äjä** *(ohjaaja)* pilot; airman; flyer, flier **-ävä** flying *(saucer lautanen; (urh)* start *lähtö);* ~ *lause* tag; cliché; ~ *matto* magic carpet **-ää** fly; *aika kuluu -äen (-ämällä)* time flies; ~ *jkn kaulaan* throw one's arms around a p.'s neck; ~ *Atlantin yli* fly [across] the Atlantic.

leopardi leopard, panther.

lepakko bat ~*hiha (vaat)* dolman sleeve ~*tuoli* sling chair.

lepatta|**a** flutter (a flag flutters in the wind *lippu* ~ *tuulessa),* flap (the bird is flapping its wings *lintu* ~ *siipiään;* the sails are flapping *purjeet -vat);* flicker (a candle flickers *kynttilä* ~); *lentää* ~ flap.

leper||**rellä** prattle (to a baby *vauvalle;* a baby prattles *vauva -telee),* babble **-tely** prattle, babble.

lepinkäinen shrike, butcherbird.

le|**po** rest; *(kirj)* repose ▶ *(sot)* **lepo!** [stand] at ease! *olla* **levossa** be at rest; *-vossa oleva tulivuori* a dormant volcano; **mennä** *-volle* go to rest (bed); **olla** *-volla* be in bed; *(sot)* **seistä** *-vossa* stand at ease; *saattaa* **viimeiseen** ~*on* lay..to rest.

lepo||**asen**|**to** resting (relaxed) position; *(tekn)* rest position, position of repose; *-nossa (m)* at rest **-hetki** [hour of] rest; *(ark)* breather **-huone** rest room **-kausi** *(biol)* dormancy, dormant period **-koti** rest (convalescent) home **-paikka** resting place **-pulssi** resting pulse **-päivä** rest day, day of rest **-sohva** couch **-tauko** rest, pause, break; *pitää* ~ take (have) a rest, make a pause **-tila** 1 *(fys ym)* state of rest; ~*ssa (m)* at rest 2 *(biol)* dormancy; ~*ssa oleva* dormant.

leppeä gentle (nature *luonne);* mild.

leppoi||**nen, -sa** genial (man *mies;* atmosphere *tunnelma),* amiable (character *luonne);* *(lupsakka)* jovial **-suus** geniality, amiability; joviality.

leppy||**mätön** implacable, unappeasable (hatred *viha;* enemy *vihollinen),* relentless (battle *taistelu); (henk m)* irreconcilable **-ä** be appeased (conciliated, soothed); *(heltyä)* relent; ~ *jklle* be reconciled with.

leppä alder ~**kerttu** lady|bird, *(Am)* -bug ~**lintu** redstart.

lepra leprosy ~**tautinen** *s* leper.

lepsua hang loose[ly].

lepuuttaa rest (one's feet *jalkojaan),* give rest (to *jtk);* ~ *hermojaan* take it easy; ~ *silmiään jssk* rest one's eyes on.

lepyt|**ellä, -tää** conciliate, appease, placate, pacify (a p. *jkta);* propitiate (the gods with sacrifices *jumalia uhreilla).*

lerpallaan; *olla* ~ hang loose[ly]; *(kasvista, korvista ym m)* droop.

lesbolainen *a ja s* lesbian ~**laisuus** lesbianism.

lese||**et** *(sg)* bran **-mätön;** ~ *jauho* unbolted flour, wholemeal.

leskenlehti coltsfoot *(pl* ~s).

leskeys widowhood; *(miehen* ~) widowerhood.

lesk|**i** widow; *(~mies)* widower; *jäädä -eksi* be left a widow[er], be widow[er]ed ~**kuningatar** queen dowager ~**mies** widower ~**rouva** widow; *(ylhäinen* ~) dowager.

lesti 1 *(jalk)* last; *suutari pysyköön* ~**ssään** let the cobbler stick to his last **2**

(säilytyslesti) shoetree.

lest|**ä** bolt (bolted flour *-yt jauhot*).

letittää plait, braid (a p.'s hair *jkn tukka*).

letkau|**s** quip, gibe **-ttaa** quip, gibe (at *jklle, jkta;* for *jstk*).

letku hose[pipe]; *(kumi~)* tube **~ruokinta** *(lääk)* tube-feeding.

letti plait, *(erik Am)* braid; *(ark)* pigtail; *hänellä on tukka -illä* she wears [her hair in] a plait (plaits) **~nauha** hair ribbon **~päinen** . . wearing plaits, pigtailed.

letto [rich] fen.

lettu [thin] pancake.

leuanveto pull-up, chin-up.

leuhk|**a** boastful, bragging; *~ tyyppi (m)* boaster, braggart **-ia** boast, brag (about, of *jllk*), talk big (about *jllk*).

leu|**ka 1** *(-anpää)* chin (well-shaven chin *hyvin ajeltu ~;* stroke one's chin *hivellä ~ansa); (~pieli)* jaw (lower (upper) jaw *ala- (ylä)~;* crocodile's jaws *krokotiilin -at)* **2** *(-anveto)* chin-up, pull-up; *vetää ~a* do chin-ups, chin o.s. (the bar) **3** *(tekn)* jaw **~hihna** chinstrap **~kuoppa** dimple [in the chin] **~lappu** bib **~luu** jawbone **~pielet** *(sg)* jaw (strong jaw *lujat ~).*

leukoija stock, gillyflower.

leuto mild (winter *talvi*); gentle (wind *tuuli*); soft (weather *sää*); *(lauhkea)* temperate.

leveillä make o.s. important, throw one's weight about; brag, boast (of, about *jllak*), show off (a th. *jllak*).

leve|**ntää** broaden, widen, make . . broader **-tä** broaden, widen, become broader (wider) **-ys 1** breadth; width; broadness; *-ydeltään kaksi metriä* two metres in breadth (width) **2** *(maant)* latitude (30 degrees northern latitude *30 astetta pohjoista -yttä*) **-ysaste** [degree of] latitude; *näillä ~illa* in these latitudes; *50:nnellä ~ella [pohjoista leveyttä]* in latitude 50 degrees north **-yspiiri** parallel [of latitude].

leveä broad (shoulders *~t hartiat;* a river ten metres broad *kymmenen metriä ~ joki*); wide; *kolme metriä ~ (m)* three metres in breadth (width).

leveä|**|-** broad|- (–shoulders *-harteinen;* –hipped *-lanteinen;* –brimmed *-lierinen;* –striped *-raitainen; (raut)* –gauge[d] *-raiteinen)* **-lahkeiset;** *~ housut* bell-bottoms, bell-bottom[ed] trousers **-sti** broadly (smile broadly *hymyillä ~*); *elää ~* live high.

levikki circulation (wide circulation *laaja ~*); *lehden ~ on 50 000 kpl* the paper has a circulation of 50 000 [copies].

levinneisyys distribution (of a plant *kasvin ~;* wide distribution *laaja ~*); prevalence (of crime (a disease) *rikollisuuden (taudin) ~*); diffusion (of a doctrine *opin ~*) **~alue** area of distribution, range (of an animal *eläimen ~*).

levit|**|e** *(keitt)* spread **-ellä** spread (a rumo[u]r *huhua;* [out] one's arms *käsiään) (ks m -tää)* **-in** spreader **-täjä** spreader (of a disease *taudin ~*); propagator (of a doctrine *opin ~*) **-täyty**|**ä** spread out (the search party spread out in the forest *etsintäpartio -i metsään;* the wide fields spread out in front of him *laajat pellot -ivät hänen edessään*); fan out.

levittä|**ä 1** spread (fertilizer over the soil *apulantaa maahan;* flies spread diseases *kärpäset -vät tauteja;* butter on bread *voita leivälle); (avata)* spread [out] (a newspaper on the table *sanomalehti pöydälle*) **2** *(kuv)* spread (terror *kauhua;* knowledge *tietoja*), circulate (a rumo[u]r *huhua;* literature *kirjallisuutta*), propagate, *(kirj)* disseminate (a doctrine *oppia*); diffuse (learning *oppineisuutta*).

levitys|**kone, -tela** spreader.

levi|**|tä 1** spread (settlement (a revolt, fire) spreads *asutus (kapina, tuli) -ää*); *tavarat -sivät kadulle* the things [were] scattered all over the street **2** *(kuv)* spread (a rumo[u]r spreads *huhu -ää*), circulate (the news circulated round the town *uutinen -si ympäri kaupunkia*) **3** *(ulottua laajalle)* spread out (a wide desert spread out in front of us *edessämme -si laaja autiomaa*), stretch [away], extend (as far as the eye can see *silmän kantamattomiin*) **4** = *levetä* **-äminen** spread[ing] (of settlement *asutuksen~*); *(kuv)* propagation, dissemination, diffusion (of a doctrine *opin ~*).

levo|**|llinen** calm (about *jnk suhteen*), restful (person *ihminen*); *(rauhallinen)* peaceful **-ton 1** *(huolestunut)* uneasy, anxious, worried (about *jstk*), troubled (look *katse*) **2** *(rauhaton)* restless (child *lapsi;* spend a restless night *viettää ~ yö*), uneasy, unquiet (times *-ttomat ajat*), troubled (the troubled corners of the world *maailman -ttomat kolkat); (ark)* puhua *-ttomia* talk [stuff and] nonsense **-ttomuu**|**s**

1 *(huolestuneisuus)* uneasiness, anxiety, worry (about *jstk*); disquiet; *-tta herättävä* alarming, disquieting (news *uutinen*) **2** *(rauhattomuus)* restlessness, uneasiness; *(poliittinen, sosiaalinen ~)* unrest **3** *(tav)* *-det* trouble[s] (there has been a lot of trouble in the country *maassa on ollut paljon -ksia)*, *(sg)* unrest (student unrest *opiskelija-det)*, disturbances (political disturbances *poliittiset -det)*, disorders; *(sg)* commotion; *(mellakat)* riots **-ttomuuskeskus** trouble spot.

levy 1 *(metalli-, lasi- ym ~)* plate, sheet, slab; *(pyöreä ~)* disc, *(Am)* disk **2** *(puuym ~)* board (chipboard *lastu~)* **3** *(ääni~)* record (play records *soittaa ~jä)* **4** *(keitto~)* [hot] plate **5** *(valok)* plate **6** *(atk)* disk **7** *(mus)* ~t cymbals.

levy||asema *(atk)* disk unit (drive) **-automaatti** jukebox **-inen** *(jnk ~)* ..[of] the breadth of a street *kadun ~)*, ..as wide as; *eri ~* ..of a different breadth (width); *metrin ~* one metre in breadth (width), one metre broad (wide); *saman ~* ..of the same breadth **-jarru** disc *(Am* disk) brake **-ke** *(atk)* diskette **-lautanen** turntable **-muisti** *(atk)* disk memory (storage) **-pallo** *(urh)* rebound **-seppä** plater, sheet metal worker **-soitin** record player; *(Br m)* gramophone; *(Am m)* phonograph; *(stereoyhdistelmän osana)* turntable **-te** [gramophone] recording **-ttää** *(äänitekn)* record **-tuottaja** record producer **-tys** [gramophone] recording.

levä alga *(pl ~e)*.

levähdys rest, pause *~merkki (mus)* pause, hold, fermata *~paikka* resting place.

levähtää rest, take (have) a rest *(ark* breather); *(hengähtää)* take (draw) breath.

levällään *(-een)* **1** *(hajallaan)* scattered [about] (the toys are scattered about all over the floor *lelut ovat ~ lattialla)* **2** *(ovesta ym) (auki)* wide open ▶ avata *-een* open .. wide; **jalat** *(haarat)* ~ with one's feet wide apart; *istua (maata) jalat ja kädet ~ (m)* sprawl; **kädet** *(siivet)* ~ with one's arms (its wings) spread out, with outspread arms (wings); **silmät** ~ with one's eyes wide open, wide-eyed; **tukka** ~ with one's hair hanging loose.

leväperäi||nen negligent (in one's work *työssään;* of one's duties *tehtäviensä suorittamisessa)*; neglectful (person *henkilö)*; *(huolimaton)* careless (in, of *jssk, jnk suhteen)* **-sesti** *(m)* with neglect

-syys negligence, neglect[fulness].

le||vätä 1 rest; take (have) a rest **2** *(olla haudattuna)* rest, repose, lie (here lies.. *tässä -pää..)* ▶ **antaa** *asian* ~ let the matter lie (stand) [over]; let the matter rest; *suvun yllä -pää* **kirous** a curse is lying over the family, there is a curse on the family; *hänen* **kätensä** *-pää pojan olalla* she is resting her hand (her hand is resting) on his shoulder; *jättää* **lakiesitys** *-päämään vaalien yli* leave a bill in abeyance *(Am* table a bill) till after the elections; *siinä ihan* **silmä** *-pää* it is a joy to look at, it is a sight for sore eyes.

leyh||ytellä fan **-yä** fan (in the breeze *tuulessa)* **-ähtää** waft.

liaani liana, liane.

liata 1 dirty, *(kirj)* soil (one's hands *kätensä)*, make .. dirty; *(ark)* muck up (one's clothes *vaatteensa)*; *(tahria)* stain (the tablecloth *pöytäliina)*; *(erik ~ ulosteilla)* foul; *~ itsensä (m)* get dirty *(ks m tahrata)* **2** *(kuv)* sully, foul, tarnish (one's reputation *maineensa)*.

Libanon Lebanon **l~ilainen** *a ja s* Lebanese *(pl ~)*.

libera||ali I *a* liberal **II** *s (pol)* Liberal **-alistaa** liberalize **-alisuus** liberalism **-lismi** Liberalism.

libret||isti librettist **-to** librett|o *(pl ~s t.* -i).

libristi book|shop *(Am* -store) assistant.

Libya Libya **l~lainen** *a ja s* Libyan.

liehah|della, **-taa** wave.

liehakoi||da fawn (on a rich relative *rikasta sukulaista)*; *(ark)* make up to (a p. *jkta)* **-tsija** fawner.

liehauttaa wave (the wind waves the flag *tuuli ~ lippua)*.

liehit||ellä 1 court, *(kirj)* pay court to (a girl *tyttöä)*; flirt, carry on a flirt[ation] (with *jkta)* **2** = **liehakoida** **-telijä** flirt; fawner.

liehu||a wave, float (a flag waves (floats) *lippu -u)*, stream (in the wind *tuulessa)* **-ladonta** *(kirjap)* unjustified setting **-ttaa** wave (a flag *lippua)*.

lieju 1 *(geol)* sludge, mud **2** *(yl muta ym)* mud (the car stuck in the mud *auto juuttui ~un)* **-inen** muddy (road *tie)*.

lieka tether; *panna ~an* tether.

liekehti||vä flaming (red flower *~n punainen kukka)* **-ä** flame (the evening sky flamed with red *iltataivas -i punaisena;* his eyes were flaming with anger *hänen silmänsä -ivät vihasta)*; blaze (fire is blazing *tuli -ii*); be in flames.

liekinheitin *(sot)* flamethrower.

lieki|tää *(keitt)* flame; *-etty (m)* flambé[ed].

liek|ki flame; *leimahtaa -keihin* burst into (go up in) flames; *olla -eissä (~en vallassa)* be in flames, be [all] ablaze **~meri** sea of flames (fire), fiery ocean.

liem|i 1 *(keitto)* soup; *(kirkas ~)* consommé, bouillon; clear soup; *(neste)* liquid; *(keitin~)* stock, broth; *(paisto~)* gravy; *(mehu)* juice (pineapple in its own juice *ananasta omassa -essään*); *(etikka-ym ~)* liquid, juice **2** *(ark); joutua -een* get into a mess, get o.s. into a fix; *olla -essä* be in a [nice] mess (in a [real] fix, in the soup) **~kauha** [soup] ladle **~kulho** [soup] tureen, soup bowl **~kuutio** stock cube.

liene|e; *hän ~ jo tullut* he may have come, he has probably come; *~t oikeassa* you may be right, I suppose you are right; *~kö se totta?* I wonder if it is true.

lien|nyttää ease, relax, slacken (the tension *jännitystä*) **-nytys** *(pol)* détente, relaxation of tension **-nytyspolitiikka** policy of détente **-tyä** abate (pain anger) abates *tuska (viha) -tyy*); ease [off] (the tension has eased off *jännitys on -tynyt*).

liepeil|lä *(-le)* close to (by) (the church *kirkon ~*); *(ympärillä)* around; *kaupungin ~ (m)* on the outskirts of the town; *kirkon -tä* from by the church.

lieri brim **~hattu** brimmed hat, hat with a brim.

lieriö cylinder **~mäinen** cylindrical.

liero earthworm, angleworm.

liesi *(erik Br)* cooker (electric cooker *sähkö~*), stove; [kitchen] range; *(tulisija)* hearth **~tuuletin** [cooker] hood.

lieska [big] flame.

liete 1 sludge *(m jäte~)* **2** *(tulvaveden tuoma ~)* silt.

lietsoa stir up, foment (war *sotaa;* hatred *vihaa*); *~ tulta* blow the fire.

lietteinen sludgy; silty.

Liettua Lithuania **l~lainen** *a ja s* Lithuanian.

liettyä [form] sludge; [be] silt[ed] up *(vrt liete).*

lie|ve 1 *(helma)* hem (of a skirt *hameen ~*); *(takin~)* skirt **2** *(reuna)* border, edge *(ks m -peillä)* **~ilmiö** side effect, byproduct.

lieven|nys relief, alleviation; mitigation **-tyä** abate (pain abates *kipu -tyy*); be eased (softened, lightened); be relieved

(alleviated, mitigated etc.) *(vrt -tää)* **-tää 1** *(helpottaa)* relieve, ease (the food shortage *elintarvikepulaa;* pain *kipua*), alleviate (a p.'s sorrow *jkn surua;* unemployment *työttömyyttä*); *(kirj)* mitigate, assuage, allay (a p.'s bitterness *jkn katkeruutta*); abate, soothe (pain *kipua*); *(vähentää)* lessen (the effect of *jnk vaikutusta*) **2** *(keventää)* lighten, alleviate, ease (taxation *verotusta*); soften (the regulations *määräyksiä*); moderate (one's terms *ehtojaan*); *(silotella)* tone down (an expression *ilmaisua*); *lausunnon -netty muoto* the toned-down version of the statement **3** *(lak)* mitigate (a sentence *tuomiota*); *-tävät asianhaarat* mitigating (attenuating, extenuating) circumstances.

lievi||ke relief; alleviation (of *jhk*) **-ttää** relieve, alleviate (pain (sorrow) *kipua (surua)*); abate, soothe (pain *kipua*) **-tys** relief (give relief from *tuoda ~tä jhk*), alleviation.

liev||yys slightness (etc.); lenienc|e, -y (of the punishment *rangaistuksen ~) (vrt -ä)* **-ä** slight (pain *kipu;* cold *vilustuminen*); light (sentence *tuomio*); mild; *(heikko)* faint (smell *tuoksu*); *~t ehdot* easy (moderate) terms; *~ rangaistus (m)* lenient punishment **-ästi** slightly (ill *sairas*); *~ sanoen* to put it mildly, to say the least of it.

lift||ari hitchhiker **-ata** hitch[hike] (all over Europe *ympäri Eurooppaa*); thumb a lift **-i** lift; *saada ~ jnnk* get (hitchhike) a lift to, hitch a ride to.

ligamentti *(lääk)* ligament.

liha 1 *(keitt)* meat **2** *(anat)* flesh; *~a syövä* flesh-eating, carnivorous **3** *(kuv)* flesh (my own flesh and blood *omaa ~ani ja vertani;* the lusts of the flesh *~n himot)* **~hyytelö** meat in aspic, jellied veal **~inen** meaty (soup *keitto*); fleshy (piece of lamb *lampaanpala*) **~karja** beef cattle **~kauppa** butcher's [shop]; *mennä ~an* go to the butcher's **~keitto** meat soup **~kirves** cleaver, [butcher's] chopper, meat-axe **~ksensisäinen** intramuscular **~ksikas** muscular (body *vartalo*) **~ksinen** *(yhdyss)* -muscled (strong-muscled *voimakas~*) **~ksisto** musculature, muscular system, *(pl)* muscles **~ksitulo** *(usk)* incarnation **~kärpänen** flesh fly **~liemi 1** *(lihan keitinliemi)* beef stock **2** *(ruokalaji)* consommé, clear soup; bouillon **~liemikuutio** stock (bouillon) cube, meat stock cube ~lli|nen 1 *(ruumiillinen)* fleshly, bodily, corporeal 2 *(aistillinen)* carnal, fleshly (desires *-set himot*); sensual (pleasures *-set nautinnot*) ~mylly *(Br)* mincer, mincing machine; *(Am)* meat grinder (chopper).

lihan||- meat (processing *-jalostus;* inspector *-tarkastaja*) -kidutus *(usk)* ascetism -punainen flesh red (pink) -syöjä *(el)* carnivore, carnivorous (flesh-eating) animal -syöjäkasvi carnivore, carnivorous plant -värinen flesh-colo[u]red.

liha||nuija steak (meat) hammer -pasteija [small] meat pasty -pa|ta hotpot, meat (steak) casserole; *(kuv)* -dat fleshpots -piirakka meat pie (pasty) -pyörykkä meat ball.

liha|s muscle (develop one's muscles *kehittää -ksiaan*).

lihas||- muscular (rigidity *-jäykkyys;* pain *-kipu;* tissue *-kudos;* action *-toiminta;* fatigue *-väsymys*) -haava flesh wound -jännitys tension of a muscle -kimppu bundle (fascicle) of muscles; *(ark)* hän on oikea ~ he is all muscles, he is a real muscleman -kouristus muscular cramp (spasm) -voima muscular strength, muscle.

lihasäilyke preserved meat; tinned *(erik Am* canned) meat.

lihav||a 1 fat; *(pyylevä)* stout; *(pullea)* plump; corpulent; *(kirj)* obese 2 *(kirjap)* painaa ~lla print in boldface 3 *(maaperästä)* rich, fat, fertile -oittaa, -oitua fatten [up] -uus fatness; corpulence; richness.

liho||a put on weight (he has put on quite a lot of weight *hän on -nut melkoisesti*), become (get) fat[ter]; *(erik eläimestä)* fatten [up]; ~ kaksi kiloa put on two kilos -ttaa fatten [up] (cattle *karjaa*); make.. fat[ter] (greasy food makes you fat *rasvainen ruoka ~*); be fattening.

liialli||nen excessive (use of alcohol *alkoholinkäyttö*); *(m)* too much; *(kohtuuton)* immoderate, inordinate (demands *-set vaatimukset*); *(liioiteltu)* exaggerated -suu|s excess; mennä *-ksiin* go too far (to extremes); *(henk m)* carry things too far, overdo it; exaggerate; *tämä menee -ksiin* this is a bit much, that's going a bit far; *mennä jssk -ksiin* carry a th. to [an] excess.

liian too (hot [a day] *kuuma [päivä];* fast *nopeasti;* all (far, much) too quickly *aivan ~ nopeasti;* none too early *ei yhtään ~*

aikaisin); excessively; over|- (–eager *innokas;* –ripe *kypsä;* –cautious *varovainen*) ~kin all too (well *hyvin*); [possibly] even too (big *suuri*).

lii||dellä soar (an eagle soars *kotka -telee*); glide -dokki [model (toy)] glider.

liidu||nvalke|a ..as white as chalk; *hänen kasvonsa valahtivat -iksi (m)* his features (face) blanched -ta chalk; rub..with chalk.

liidättää ks. *lennättää.*

lii|etä; *minulta ei -kene aikaa jhk* I can't spare the time for (to do); *-keneekö sinulta muutama markka?* can you spare me a few marks?.

liiga 1 *(urh, hist)* league 2 *(rikollis~)* gang.

liihotella flit (from flower to flower *kukasta kukkaan);* (liikua) glide *(ks m leijailla).*

lii||ka I *a 1 (liiallinen)* too much (spoil the soup with too much salt *pilata keitto -alla suolalla;* we haven't too much time *meillä ei ole -koja aikoja*); excessive (rainfall *sade*) 2 *(ylimääräinen)* surplus (wheat *vehnä*), excess, superfluous 3 *(tarpeeton)* unnecessary (throw off unnecessary clothes *heittää -at vaatteet yltään*) II *s (tarpeeton osa)* overage (cut away the overage *leikata ~ pois); (loput)* the rest ▶ liikoja hätäilemättä without fussing too much; *kuvitella -koja itsestään* think highly (too much) of o.s.; *häneen ei ole -koja luottamista* you can't trust him too far; *~ on aina* liikaa there is a limit to everything; enough is enough.

liikaa 1 *(liian paljon)* too much (work *työtä;* ten marks too much *kymmenen markkaa ~;* eat too much *syödä ~); (kohtuuttomasti)* to excess; excessively; over|- (–heat *kuumentaa ~;* –strain *rasittaa ~*) 2 *(liian monta)* too many (participants *osanottajia;* there are two pens too many *tässä on kaksi kynää ~*) ▶ *hän tunsi olevansa siellä ~* he felt he was one too many there; *siinä on* puolet *~* there is too much by half; tämä *on jo ~!* that's the limit! this is too much [for me]!

liika||hakkuu *(metsh)* overcut, excessive cutting -happoisuus hyperacidity.

liikahd||ella be (keep) stirring -us stir.

liikaherkk||ä hypersensitive, oversensitive; *(allerginen)* allergic (to *jllk*) -yys hypersensitiv|eness, -ity, oversensitiveness; *(allergia)* allergy (to *jllk*).

liikahta|a stir (without stirring *-matta*), move (not a leaf moved *lehtikään ei -nut*);

(ark) budge; *-matta (m)* motionless; *en saa sitä -maankaan* I can't budge it.

liika∥kansoittunut overpopulated **-kuormittaa** overload **-lihava** obese **-lihavuus** obesity **-nimi** nickname; *(hallitsijan ym ~)* epithet **-pyyn∥ti** excessive hunting (fishing); *järvi on joutunut -nin kohteeksi* the lake has been overfished **-rasitus** over∣strain, -exertion **-tuotanto** overproduction **-uttaa** stir, move (I can't even stir (move) my leg *en voi ~kaan jalkaani*) **-var∣vas** corn; *(leik) astua jkn -paille* tread on a p.'s corns **-väestö** excess (surplus) population.

1 liik∣e 1 movement (his movements are getting slower and slower *hänen -keensä käyvät yhä hitaammiksi;* there is little movement in the streets *kaduilla on vähän ~ttä;* △ motion (the swaying motion of the train *junan keinuva ~;* make motions with one's hands *tehdä -keitä käsillään)* **2** *(fys)* motion **3** *(sot)* movement (place the troops by rapid movements *sijoittaa joukot nopeilla -keillä); -keet (manööverit)* manoeuvres (fleet manoeuvres *laivaston -keet),* *(Am)* maneuvers ▸ *väkijoukossa syntyi liikettä* the crowd stirred; *autoa ei saatu* **liikkeelle** they couldn't get the car started (put the car in motion); *lähteä -keelle* start (move) off, begin to move; *panna -keelle* circulate (a rumo[u]r *huhu);* put .. about (false stories *perättömiä juttuja); panna -keelle koko tarmonsa* mobilize all one's energy; *-keelle paneva voima* the prime mover; *koko kaupunki oli* **liikkeellä** the whole town was out and about; *-keellä on sellainen huhu että* there is a rumo[u]r [going around] (circulating) that..; *-keellä on flunssaa* there is a lot of flu about; *olen ollut -keellä aamusta iltaan* I've been on the go from morning to night; *vihollinen on -keellä* the enemy are on the move; *laskea* **liikkeeseen** put .. into circulation, issue (stamps *postimerkkejä);* **liikkeessä** *olevat setelit* the banknotes in circulation; *poistaa* **liikkeestä** withdraw .. from circulation.

2 liike *(~yritys)* [commercial] business (set up a business *perustaa ~);* [business] firm (establishment), [commercial] house; *(myymälä)* shop, *(Am)* store.

liike∥aika business hours **-ala** business; *antautua ~lle* go into business; *hän on ~lla* he is in business **-apulainen** *(Br)* shop

assistant; *(Am)* [sales]clerk **-asi∣a** *~t (sg)* business; affairs; *hän on täällä -oissa* he is here on business **-elämä** business [life]; *olla ~n palveluksessa* be in business **-hdintä** movement; *(pl)* movements, motions (the graceful motions of a dancer *tanssijan siro ~); (kuv)* stir (it caused a stir among the workers *se aiheutti ~ä työläisten keskuudessa)* **-hermo** *(anat)* motor nerve **-hti∣ä 1** move (restlessly *levottomana);* shift (impatiently in one's chair *kärsimättömänä tuolillaan); (m kuv)* stir (the workers are beginning to stir *työläiset alkavat ~);* become restless; *väkijoukko -i levottomana (m)* the crowd is in a stir **2** *(sot)* manoeuvre (the fleet is manoeuvring off the coast *laivasto -i rannikon edustalla),* *(Am)* maneuver **-huoneisto** *(pl)* business premises; *(konttori)* [business] office **-kannall∣a, -e 1** *(sot);* joukot ovat *~* the troops are being mobilized; *saattaa -e* mobilize **2** *(ark)* on the move **-kannallepano** mobilization **-katu** shopping street **-keskus 1** *(liik)* business (shopping) centre **2** *(fysiol)* motor centre **-kirjanpito** commercial bookkeeping **-kirje** business letter **-kumppani** business associate, partner **-lahja** business gift **-laitos** business firm (company, concern, enterprise), commercial enterprise; *(kunnan, valtion ~) (pl)* public utilities **-laskenta** cost accounting **-lounas** business lunch **-maailma** the business world (community), the commercial world **-matka** business trip; *hän on ~lla* he is on a business trip; *~lla New Yorkissa* in New York on business **-mie∣s** businessman; *ryhtyä -heksi* go into business, settle down in business **-miesta∣pa;** *hyvän -van vastainen* contrary to equitable business principles **-nainen** businesswoman **-nevä** available, ..in hand (money *raha);* spare (time *aika)* **-nimi** trade (business) name.

liiken∣ne traffic (a lot of traffic *paljon ~ttä);* service (bus service *bussi~); keskellä pahinta ~ttä* in the [very] thick of the traffic; *ottaa pois -teestä* take out of service **~este** traffic obstacle (interruption) **~huippu** traffic peak, peak traffic **~ilmailu** *(pl)* commercial air services; civil aviation **~kasvatus** traffic training, training in road sense **~kolari** collision **~koroke** traffic island; *(Br m)* refuge; *(Am m)* safety island **~kuntoinen** *(ajoneuvosta)* roadworthy; airworthy; seaworthy

~**kuolema** traffic (road) casualty ~**laitos** *(pl)* traffic services, [public] transport services ~**laskenta** traffic census (count) ~**lentokone** commercial plane (aircraft), airliner ~**lentäjä** airline (commercial) pilot ~**lupa** operating permit ~**merkki** traffic sign ~**ministeriö** Ministry of Communications (Transport) ~**onnettomuus** traffic (road) accident ~**poliisi** traffic policeman; *(Br m)* pointsman, policeman on point duty; *(ark)* traffic cop ~**ratsia** stop check; *(m)* speed trap ~**rikkomus** traffic offen|ce *(Am* -se) ~**ruuhka** traffic jam *(Br m* block) ~**säännöt** traffic regulations ~**turvallisuus** road (traffic) safety, safety of traffic ~**tutka** [road traffic] radar ~**valot** traffic lights ~**väline** *(kulkuneuvo)* vehicle; julkiset ~*et (sg)* public transport (conveyance) ~**väylä** traffic route (lane) ~**yhteys** communication, service ~**ympyrä** *(Br)* roundabout; *(Am)* traffic circle, rotary.

liikennöi||**dä** 1 *(kulkuneuvosta)* ply, run, maintain a [regular] service; operate (between A and B *A:n ja B:n välillä)*; vilkkaasti -ty katu busy street 2 *(yhtiöstä ym)* work, operate (N. operates the line between A and B *N. liikennöi A:n ja B:n välistä linjaa)* -**tsijä** traffic contractor; *(linja-auto~ m)* bus company owner.

liikenteen||**jakaja** traffic divider, divisional island; traffic island (pillar) -**ohjaus,** -**valvonta** traffic control.

liike||**pankki** commercial bank -**pääoma** working (trading) capital -**rata** *(fys)* course, path -**salaisuus** business (trade) secret -**suh**|**de** business connection (relation); olla -teissa jnk kanssa have business relations with, do business with; ryhtyä -teisiin jnk kanssa enter into business relations with -**talo** commercial building, office block -**taloudelli**|**nen;** -sesti kannattamaton economically unviable -**taloustiede** business economics -**toimi** transaction -**toiminta** business [activity] -**tuttava** business friend (connection) -**vaihto** turnover, *(pl)* sales -**vaihtovero** *(Br)* purchase (turnover) tax; *(Am)* sales tax -**voima** impetus -**voitto** business profit (gain) -**yhteys** business connection -**yritys** commercial (business) enterprise, business [firm (company)].

liikkeen||**harjoittaja** tradesman, businessman; *(kauppias)* shopkeeper; *(Am)*

storekeeper -**hoitaja** shop manager -**hoito** management, operation of a business -**johdollinen** managerial -**johto** [business] management (administration).

liikku|**a** 1 move; *(liikahtaa)* stir 2 *(kulkea)* go (armed aseistettuna); *(matkata)* travel (by train junalla) ▶ sinun täytyy ~ enemmän you must take more exercise; siellä -i kaikenlaisia **juttuja** there were all sorts of stories going around there; *(mer ym)* lasti on -nut the cargo has shifted; mielessäni -u kaikenlaisia asioita all sorts of things cross my mind.

liikkuma||-**ala** -**tila** 1 *(konkr)* space [to move], [elbow-]room, room to move 2 *(kuv)* latitude (allow a p. more latitude in antaa jklle enemmän ~a jssk), elbowroom; free play (scope) (give free play to one's fancy antaa mielikuvitukselleen ~a) -**ton** motionless, immobile -**vapaus** latitude; liberty of action; freedom in expression -**vara** 1 *(kuv)* freedom of action, latitude; antaa jklle ~a *(m)* give a p. [plenty of] rope 2 *(tekn)* slack, play.

liikkumisvapaus *(pol)* freedom of movement.

liikkuva moving (parts of a machine koneen ~t osat); mobile; *(liikuteltava)* movable ▶ ~**lta** alustalta ammuttava ohjus mobile missile; *(raut)* ~ **kalusto** rolling stock; ~t pyhät movable feasts; ~ **väestö** floating population.

liikkuv|**ai**|**nen** mobile (people -sta väkeä) -**uus** mobility (of labo[u]r työvoiman ~).

liikunnan||**ohjaaja** physical education instructor -**opettaja** physical training master.

liikunta [physical (bodily)] exercise; *(koul)* physical education; harrastaa ~a take exercise ~**estein**|**en** disabled, [physically] handicapped, motion-handicapped; -set the disabled ~**kasvatus** physical education (training) ..**kyvytön** ..incapable of moving, ..unable to move ~**terapia** kinesitherapy, therapeutic exercise ~**tiede** [the study of] physical training (education) ~**vammainen** = ~esteinen ~**voimistelu** physical (gymnastic) exercise[s].

liiku||**skella** move about -**tella** move (one's hands käsiään); stir (the breeze stirred the branches tuuli -tteli puun oksia), *(sot)* manoeuvre (the troops joukkoja), *(Am)* maneuver -**teltava** movable -**ttaa** 1 *(konkr)* move; *(~ hiljaa) (kuv)* move, touch (the story touched me deeply *kertomus -tti minua syvästi*) **3** *(koskea jkta)* concern (it doesn't concern us at all *se ei -ta meitä vähääkään*); *ei se minua -ta (m)* it is no business of mine; *mitä se sinua ~?* what has that got to do with you? **-ttava** moving, touching (sight *näky*) **-ttua** be moved (touched) (by *jstk;* to tears *kyyneliin asti*), be affected (by *jstk*) **-ttun|ut** moved (deeply moved by *syvästi ~ jstk*), touched, affected; *syvästi -eena (m)* with deep emotion **-tus** emotion (his voice was shaking with emotion *hänen äänensä värisi -tuksesta*).

liila lilac; *vaalean ~* pale lilac.

liima glue; gum (of a stamp *postimerkin ~*) **~inen** gluey, gummy **~nauha** gummed [sealing] tape, adhesive tape **~paperi** gummed paper **~sin** *(filat)* [stamp] hinge, mount **~ta** glue (together *yhteen*); *(erik ~ paperia)* gum; *(~ liisterillä)* paste [up] (posters on *julisteita jhk*); stick (a stamp on an envelope *postimerkki kirjekuoreen*); *~ kirjekuori kiinni* stick down an envelope; *~ rikkinäinen maljakko* stick [the broken pieces of] the vase together *~|us (~kohta)* glue joint; *irrota -uksistaan* come unstuck **~uspuristin** [screw] clamp, cramp **~utu|a** stick (the wet shirt stuck to his back *märkä paita -i hänen selkäänsä*); adhere; *hänen katseensa oli -nut siihen* his eyes were glued to it.

liina 1 *(vaat)* scar|f *(pl m -ves)* (put a scarf round one's neck (over one's head) *panna ~ kaulaansa (päähänsä)*) **2** *(pöytä~)* [table]cloth **3** *(pyyhkimis- ym ~)* [piece of] cloth **4** *(mer)* line **~tukkainen** flaxen-haired **~vaatekaappi** linen cupboard *(Am* closet) **~vaatteet** linen[s].

liioit||ella exaggerate; *(suurennella)* magnify (one's troubles *vaikeuksiaan*); *-telematta voi sanoa että* it is no exaggeration to say that **-ellusti** with exaggeration **-televa** exaggerating; *~ ilmaus (m)* overstatement **-televasti** exaggeratingly **-telu** exaggeration.

liipaisin trigger; *painaa ~ta* squeeze (pull) the trigger **~sormi** trigger finger; *hänellä on herkkä ~* he is quick on the trigger.

liir||to *(aut)* skid, sideslip; *joutua ~on* go into a skid **-tää** skid, sideslip.

liister||i paste (wallpaper paste *tapetti~*); *(tekst)* size, sizing; *(ark)* joutua ~in get into a mess **-öidä** paste; *(tekst)* size.

liit|e 1 *(asiakirjan ym ~)* appendi|x *(pl m*

-ces), appendage (to an application *hakemuksen ~*); *-teenä oleva* accompanying **2** *(kirjeen ~)* enclosure; *-teenä lähetämme..* we enclose.., enclosed please find.., attached you will find..; **3** *(kirjan ~)* appendi|x *(pl m* -ces); addend|um *(pl -a)* **4** *(sanomalehden ym ~)* supplement (Sunday supplement *sunnuntai~*); *(irrotettava ~)* pull-out [supplement].

liiteri shed.

liitin 1 *(tekn)* coupler, coupling **2** *(paperi~)* clip.

liit|to glide; *olla -dossa* be gliding **~kala** flying fish **~kone** glider **~lento** gliding.

liitonarkki the Ark of the Covenant.

liito-orava flying squirrel.

liito|s joint (wood joint *puu~*); *irrota -ksistaan* loosen at the joints, come out of joint; *(us kuv)* natista -ksissaan creak at the joints **~alue** annexed (incorporated) area **~kappale** *(tekn)* joint, binding piece **~kohta** joint, junction, juncture; *(sauma)* seam.

liit|to 1 *(pol)* alliance, league, union, confederation, confederacy; *olla -ossa jnk kanssa (jkta vastaan)* be in alliance (allied) with (against); *oppilaat tekivät -on opettajaa vastaan* the pupils ganged up against the teacher; *solmia ~ jnk kanssa (m)* enter into an alliance with **2** *(järjestö)* federation; *(erik ammatti~)* union (the metal workers' union *metallityöväen ~*), league **~hallitus 1** *(valt)* Federal government **2** *(liiton ~)* executive [national] committee **~kansleri** Federal Chancellor; *~ N.N.* Chancellor N.N. **~kohtai|nen** *käydä -sia neuvotteluja* have talks with the separate unions; *~ lakko* industry-wide strike **~lainen** ally **~laisuus** alliance **~laisvaltio** allied state **~presidentti** Federal President **~päivät** *(parl)* the Bundestag [of the Federal Republic] **~tasavalta** federal republic; *[Saksan] ~* the Federal Republic [of Germany]; *(tav)* West Germany.

liittoutu||a 1 *(pol ym)* ally [o.s.] (with *jkn kanssa;* against *jtk vastaan*), league together (against *jtk vastaan*), enter into alliance (with *jnk kanssa*) **2** *(lyöttäytyä yhteen)* gang up, band together (against *jtk vastaan*) **-ma** alliance **-maton** unallied **-neet** the Allies, the Allied Powers.

liitto||valtio federation, federal state; *~n* federal (taxation *verotus*) **-valtuusto**

central council.

liittymismaksu 1 *(seuran ym ~)* initiation fee, entrance money **2** *(puh)* installation charge.

liittymä 1 *(liikenn)* intersection, junction **2** *(anat)* juncture **3** *(puh)* extension ~koh|ta **1** *(konkr)* junction (at the junction of *jnk -dassa); (erik teiden ~)* junction point **2** *(kuv)* point in common (these questions have many points in common *näillä asioilla on monta ~a),* connecting point **3** *(erik anat)* juncture (between two bones *kahden luun ~)* ~**tie** access road; *(Br m)* slip road.

liitty|ä 1 *(kiinnittyä)* be joined (linked) (to *jhk;* together *toisiinsa),* be connected (bones are connected to (with) each other by means of joints *luut -vät toisiinsa nivelillä),* link (to *jhk)* **2** *(~ jäseneksi ym)* join (the EEC *EEC:hen)* **3** *(~ jksk)* unite (join together) to form (one state *yhdeksi valtioksi)* **4** *(kuv)* be linked (with *jhk;* together *toisiinsa),* be connected (with *jhk;* his visit was in no way connected with you *hänen käytinsä ei millään tavalla -nyt sinuun),* connect (how does it connect with this? *kuinka se tähän -y?),* link up (with *jhk);* tie in (somehow this ties in with what happened yesterday *jollakin tavalla tämä -y siihen mitä eilen tapahtui); (koskea)* be related (to, with *jhk),* relate (to *jhk)* **5** *(kuuluu lisänä jhk)* accompany (the pictures are accompanied by a bilingual text *kuviin -y kaksikielinen teksti);* go with (crime does not always go with poverty *rikollisuus ei aina liity köyhyyteen);* attach (to *jhk)* ▶ ~ *kerhon* **jäseneksi** join (become a member of) a club; *siihen* **liittyvät** *kysymykset (m)* the related (connected) questions; *tapahtumaan ei -nyt* **rikosta** no crime was committed; ~ *jkn* **seuraan** join a p.; ~ **sotaan** join (enter) a war; *asiat eivät liity* **toisiinsa** *(m)* the questions are not connected; *yritykseen -y* **vaaroja** the attempt involves risks; *(kuv)* ~ **yhteen** unite, join [together (up)], combine.

liit|tää 1 *(konkr)* join [up] (to *jhk;* with glue *liimalla),* connect *(m sähk);* link [up] **2** *(~ jk alue jhk)* incorporate (Finland was incorporated into Russia *Suomi -ettiin Venäjään),* annex (to *jhk)* **3** *(oheistaa)* attach, annex, subjoin (to a document *asiakirjaan);* ~ *kirjeeseen* enclose .. with a letter **4** *(kuv)* link (his name is often

linked to *hänen nimensä -etään usein jhk),* connect (with *jhk);* associate (with *jhk).*

liitu 1 chalk **2** *(liidunpala)* [piece of] chalk; *(väri~)* crayon ~**kallio** chalk cliff ~**kausi** the Cretaceous period ~**paperi** art *(Am* enamel) paper; *(filat)* chalky paper ~**raita** *(tekst)* pinstripe, *(leveämpi)* chalk stripe ~**raitapuku** pinstripe (chalk-stripe) suit.

liitynnäisjäsen associate member.

liitäntä *(sähk)* connection ~**johto** cord, *(Br)* flex; connection lead (wire).

liitää glide.

liivate gelatin[e].

liivi 1 *(tav)* ~**t** *(sg)* waistcoat (coat and waistcoat *takki ja ~t), (Am) (sg)* vest; *(pujo-, neule~) (sg)* slipover **2** *(alusvaate) (tav)* ~**t** *(sg)* girdle; *(korsetti)* corset **3** *(kansallispuvun ym ~)* bodice ~**hame** *(Br)* pinafore dress; *(Am)* jumper ~**ntaskukokoinen** vest-pocket ~**puku** three-piece suit.

li|ka dirt; *(ark)* filth; *-assa (-an peitossa)* covered with (in) dirt ~**antua** get dirty ~**i|nen** dirty (story *juttu;* hands *-set kädet;* mind *mielikuvitus); -sen työn lisä* dirty work bonus ~**isen|-** dirty (yellow *-keltainen)* ~**kaivo** cess|pit, -pool ~**pilkku** speck (spot) of dirt, smudge ~**pyykki** [dirty] washing, laundry; *(kuv)* pestä ~**nsä** *julkisuudessa* wash one's dirty linen in public ~**sanko** waste bin; *(likavesi- ym sanko)* slop bucket ~**vaatekori** laundry (washing) basket ~**vesi** sewage; *(pl)* slops ~**viemäri** sewer, sewage (waste) pipe.

like|inen, -llä = *lähe|inen, -llä.*

lik|i 1 *(lähell|e, -ä)* near, close to (a th. *jtk); (ark) -eltä* piti *(liippasi) [etten kaatunut]* that was a close call (shave) [I nearly fell] **2** *(lähes)* nearly, close to (80 years *80 vuotta)* ~**arvo** approximation, approximate value ~**arvoinen** approximate ~**main[kaan]** = *lähes[kään]* ~**määrin** approximately ~**määräinen** approximate ~**näköinen** shortsighted, *(erik Am)* nearsighted ~**näköisyys** shortsightedness, nearsightedness.

likist||ellä squeeze, cuddle; *(m)* hug and kiss *-y|s; jalkani jäi -ksiin oven rakoon* I got my foot caught in the door[way]; *olla -ksissä* be squeezed (jammed) (between *jnk välissä)* **-äytyä** squeeze (against *jtk vasten)* **-ää** *(puristaa)* squeeze; *(halata)* hug, give .. a hug; *nämä kengät -ävät* these shoes pinch [me].

likomär|kä soaking (clothes *-ät vaatteet);*

(pred m) soaking (dripping) wet, wet through, drenched (with sweat *hiestä* ~); *kastella -äksi* soak [..through]; *kastua -äksi* get soaked through, get wet through.

li|koon, -ossa; *olla -ossa* be in soak, be soaking; *(kuv) kaikki rahani ovat -ossa* all my money is at stake; *(konkr) panna (jättää) -koon* let .. soak, leave .. to soak; *(kuv) panna rahansa -koon jhk* stake one's money on.

likvid||iteetti liquidity **-oida** liquidate.

likööri liqueur.

lilja lily.

lima 1 *(fysiol)* mucus, phlegm; *~a irrottava [lääke]* expectorant 2 *(el)* slime, mucus 3 *(kasv)* slime, mucilage **~inen** mucous, phlegmy; slimy **~kalvo** mucous membrane; mucosa *(pl m ~e)* **~neritys** secretion of mucus (phlegm) **~pussi** *(anat)* mucous bursa *(pl m ~e).*

limetti lime.

limi||saumainen *(mer)* clinker-built **-ttyä** overlap *(m kuv)* **-täin;** *asettaa ~* [over]lap; *olla ~* overlap [one another], lap over **-täinen** overlapping **-tys** 1 overlap 2 *(tiilien ~)* bond.

limona|ati, -di fizzy [soft] drink; *(Am)* soda (orange soda *appelsiini~*); *(erik sitruuna~)* lemonade; *(ark)* pop.

limppu loa|f *(pl -ves)* [of bread].

lineaarinen linear.

lingota 1 *(heittää [lingolla])* sling (a stone at *kivi jhk*); *(yl heittää m)* fling, hurl 2 *(tekn)* centrifuge 3 *(~ pyykkiä)* spin-dry.

lingvisti linguist **~ikka** *(sg)* linguistics.

linj|a linc (the lines of a car *auton ~t;* telephone line *puhelin~;* the enemy lines *vihollis~t*); *(liikenne~ m)* route; *(tyyli m)* look (a new look in coats *takkien uusi ~*) ► *lehti* **hakee** *vielä ~ansa* the paper is still looking for its identity; **huolehtia** *-oistaan* watch one's figure; **kautta** *~n* all along the line; **kovan** *~n poliitikko* hard-liner; **ulkopoliittinen** *~* foreign policy.

linja||-auto coach; *(bussi)* bus; *~lla* by coach (bus); *-auto|-* coach, bus (station *-asema)* stop *-pysäkki)* **-laiva** 1 *(vuorolaiva)* liner 2 *(sot hist)* ship of the line **-nveto** *(pol ym)* definition (clarification) of policy (of the party line) **-ta** *(maanmit ym)* stake [out] **-tuomari** *(urh)* linesman.

linkki *(teletekn, kuv)* link **~torni** relay station **~yhteys** linkup (with *jhk*).

linkku *(oven ym ~)* latch; *(ark) (henk)*

mennä ~un jackknife **~veitsi** pocketknife, penknife; *(erik moniteräinen ~)* jackknife, clasp knife.

linko 1 *(heittoase)* sling 2 *(tekn)* centrifuge, extractor 3 *(pyykki~)* spin-dryer.

linkuttaa *(nilkuttaa)* limp, hobble.

linna 1 castle; *(hallitsijan ym ~)* palace (royal palace *kuninkaan~*) 2 *(ark) (vankila)* jail, *(Br m)* gaol (be put in jail *joutua ~an);* saada kaksi vuotta ~a get two years in jail **~ke** fort; *(kuv)* bastion.

linnan||herra, -isäntä lord of the castle **-neito** young lady of the castle **-piha** castle yard **-rouva** lady of the castle, chatelaine **-vouti** 1 *(hist)* castellan, governor of a castle 2 *(nyk)* warden of a castle (palace).

linnoit||e fortification **-taa** fortify **-tautua** entrench o.s. *(m kuv;* behind one's prejudices *ennakkoluulojensa taakse)* **-us** fortress, fortification[s].

linnun||laulu bird song, singing of birds **-muna** bird's egg *(pl birds' eggs)* **-pelätin** scarecrow *(m kuv)* **-pesä** bird's nest *(pl bird's nests)* **-poikanen** young bird, chick; *(vielä pesässä oleva ~)* nestling **-pönttö** nesting box, bird box **-ra|ta** galaxy; *(erisn) L~* the Milky Way, the Galaxy; *-dan* galactic **-ruoho** milkwort **-siemen** birdseed **-tietä;** *sinne on 5 km ~* it is 5 km as the crow flies; *Helsinkiin on 50 km ~* we are 50 km from Helsinki as the crow flies.

linnust||aa fowl, catch fowl (birds) **-aja** fowler **-o** avifauna; *(pl)* birds.

linoleumi linoleum, *(Br m)* lino **~lattia** linoleum carpet.

linssi 1 *(opt, anat)* lens 2 *(keitt)* lentil **~lude** *(leik)* lens louse.

lintassa *(kengistä)* down at heel.

lintsa||ri *(ark)* shirker, skiver **-ta** shirk (one's work *työstään*), skive [off]; *(koul m)* cut (school *koulusta;* a class *tunnilta*); *~ [koulusta] (m)* play truant.

lin|tu 1 bird; *[riista]-nut* fowl 2 *(keitt)* fowl; *kuin häkkiin teljetty ~* like a caged bird; *vapaa kuin taivaan ~* [as] free as a bird (the air) **~häkki** birdcage **~jentarkkailija** birdwatcher **~koira** gundog; *(Am m)* bird dog **~lauta** bird feeder (table) **~perspektiivi;** *näköala ~stä* bird's eye view; *~stä nähtynä* seen from above **~pyssy** fowling piece **~tiede** ornithology.

liossa *ks. likoon.*

liot||a soak (let the peas (clothes) soak *antaa herneiden (vaatteiden) ~*), steep **-taa** soak, steep (the dirt off the clothes *lika*

vaatteista) **-usaine** soaking agent.
lipaista lick (one's lips *huuliaan*), give..a lick (the ice cream *jäätelöä*).
lipas 1 case, casket, box **2** *(sot) (aseen ~)* magazine, clip.
lipasto chest of drawers; *(kirjoitus~)* secretaire, bureau.
liperi *(vaat); ~t* bands.
lipevä smooth, slick (man *mies;* manners *käytös*), glib (tongue *kieli*); *(henk m)* oily, smooth-mannered **~kielinen** smooth|-tongued, -spoken.
lipeä lye **~kala** stockfish [soaked in lye solution], lutefisk *(norj)* **~kivi** caustic soda.
liplat||**taa, -us** lap.
lipoa lick (one's lips *huuliaan (kieltään)*).
lippa 1 *(vaat)* peak, visor **2** *(kal)* spinner **~lakki** peaked cap.
lip|**pu 1** flag (the Finnish flag *Suomen ~*); *(mer ja sot m)* ensign; *(sot m) (pl)* colo[u]rs (salute the colo[u]rs *tervehtiä ~a*); *(seremonia~; kuv)* standard (the royal standard *kuninkaan ~;* the standards of revolt *kapinan -ut*); *(erik kuv)* banner (of freedom *vapauden ~*) **2** *(matka- ym ~)* ticket (bus (cinema) ticket *bussi- (elokuva)~*) **3** *(lappu)* ticket; *kaikenlaisia ~ja ja lappuja* [all sorts of] odd scraps of paper ▶ *(kuv) jnk -un* **alla** under the banner of; *purjehtia Suomen -un alla* sail under the Finnish flag, carry (fly) the Finnish flag; **Englannin** *(Ison-Britannian)* ~ *(m)* the Union Jack; **koristaa** *(reunustaa) -uilla (m)* flag (a street *katu*); *(kuv)* **pitää** ~ **korkealla** keep the flag flying; *tehdä -ulla* **kunniaa** dip the flag; **laskea** ~ lower a flag; *-ut liehuen (ja torvet soiden)* with flags flying and drums beating; **nostaa** ~ *[tankoon]* raise (hoist, run up) a flag; **valkoinen** ~ white flag.
lippu||**juhla** *(läh v)* flag day **-kassa 1** *(teatt ym)* box office, *(Am m)* ticket office **2** *(raut ym) (Br)* booking office, *(Am)* ticket office **-kunta** troop **-laiva** flagship **-laulu** flag song **-luukku** ticket window **-tanko 1** flagpole **2** *(kannettava ~)* flagstaff **-vartio** *(sot ym)* colo[u]r guard **-äänesty**|**s** ballot; *-ksellä* by ballot.
lipsah||**dus** *(konkr ja kuv)* slip (of the memory *muistin ~*); *(~ puheessa) (m)* slip of the tongue **-t**|**aa** slip (my foot slipped *jalkani -i;* the name slipped from his lips *nimi -i hänen huuliltaan;* a few errors have slipped into the text *tekstiin on -anut muutama virhe*); *suustani -i.. (m)* I let

slip..
lipsu||**a** *(suksesta)* [tend to] slide backwards **-ttaa;** ~ *kieltään* flicker one's tongue.
lipua glide.
lipuke *(nimi- ym ~)* label, tag, ticket; *(kuponki)* coupon; *(jstk irrotettava ~)* tag, portion.
lipun||**kantaja** standard-bearer *(m kuv)*; flag-bearer; *(sot m)* colo[u]r-bearer **-myyjä** ticket seller; *(raut ym)* booking clerk.
liput||**taa 1** *(pitää lippua salossa)* fly a flag (flags), put out flags; *koko kaupunki oli -ettu* the whole town was flagged **2** *(viestittää lipu[i]lla)* flag **-uspäivä** official flag-raising day.
liri||**nä, -stä** ripple.
lirkutella coo (to the baby *vauvalle*).
lisensiaatti licentiate; *filosofian* ~ Licentiate in Philosophy.
lisens||**[i]oida** licen|se, -ce, grant a licence (for *jk*).
lisenssi licence, *(Am)* license (apply for a licence *hakea ~ä;* for *jllk*); *valmistaa [ruotsalaisella] ~llä* manufacture under [Swedish] licence **~nhaltija** licensee, licence-holder **~virasto** export and import permits office.
lisko 1 *(el)* lizard, saurian **2** *(kasv)* pod.
Lissabon Lisbon.
1 lista *(rak)* lath, cleat, fillet.
2 lista *(luettelo)* list (of participants *osanottajien ~;* put one's name on the list *merkitä nimensä ~an*).
listiä top (carrots *porkkanoita*); ~ *jklta pää* behead a p.
lisuk|**e** *(keitt)* accompaniment; *-keet (m)* trimmings, side dishes.
lisä 1 *(lisäys)* addition (valuable addition to *arvokas* ~ *jhk*) **2** *(~palkkio)* bonus, allowance; *vaarallisen työn* ~ danger money.
lisä||**-** additional (condition *-ehto;* price, charge *-hinta;* work *-työ*); △ supplementary (compensation *-korvaus;* loan *-laina;* vote, grant *-määräraha*); △ *(ylimääräinen)* extra (costs *-kustannukset*); △ further (education *-koulutus;* treatment *-käsittely*) **-aika 1** extension of time **2** *(urh)* extra time **-aine** *(elintarvikkeiden ym ~)* additive **-ansiot** *(sg)* extra (additional) income; perquisites, *(ark)* perks **-arvonvero** value-added tax, *(lyh)* VAT **-budjetti** supplementary budget *(pl* estimates) **-etu** additional advantage; *(palkan lisäksi tulevat)* *-edut* fringe

benefits **-joki** tributary **-joukot** reinforcements **-jun|a** extra (relief) train (put on extra trains *asettaa -ia liikenteeseen*) **-ke** appendage; *(jatke)* adulterant (coffee adulterant *kahvin ~*).

lisäksi I *postp (jnk ~)* besides (there were five of us besides John *Johnin ~ meitä oli viisi*), in addition to; over and above (good tips over and above the wages *hyvät juomarahat palkan ~*); *(paitsi)* apart from (who else is coming apart from your brother? *kuka muu tulee veljesi ~?*); *kaiken ~* on top of that (it all) II *adv* **1** *(edelleen)* further[more] (further I should like to point out that.. *~ haluaisin huomauttaa että*) **2** *(sitäpaitsi)* besides (the play is good and besides the tickets cost little *näytelmä on hyvä ja ~ liput maksavat vähän*), moreover, in addition **3** *(myös)* as well [as].

lisä||laite accessory **-maksu** extra (additional) charge, extra; *(erik post)* surcharge; *10 markan ~sta* on payment of an additional 10 marks **-maku** extra flavo[u]r, relish (add relish to *antaa ~a jllk* **-merkitys** secondary meaning **-munuainen** adrenal gland **-nimi** *(hallitsijan ym ~)* epithet **-painama[merkki]** *(filat)* overprint **-painos** *(kirjap)* reprint, reissue, new print **-rakennus** addition, annex, extension **-tie|dot** *(sg)* further information, further details (particulars); *-toja antaa..* for further particulars apply to.., further information may be obtained from..

lisä|tä 1 *(~ jtk jhk)* add (some wood to the fire *~ puita takkaan;* water to *vettä jhk*) **2** *(~ jtk)* add to (this adds to the expenses *tämä -ä kuluja*), increase (production *tuotantoa*); *(nostaa)* raise (the value of *jnk arvoa*); *(kohottaa)* heighten (the effect of *jnk tehoa;* a p.'s anger *jkn kiukkua*); enhance (the power of *jnk valtaa*) **3** *(konkr)* put on [more] (steam *höyryä;* pressure *painetta*); increase (speed *nopeutta*) **4** *(puut)* propagate.

lisä||valo *(kuv); tuoda ~a jhk* shed [a] new light on **-varuste** accessory **-vero** surtax, additional tax **-voimat** *(erik sot)* reinforcements **-väri;** *antaa ~ä jllk* add [a] zest (relish) to **-ys 1** *(lisä)* addition (to *jhk*); *(kasvu)* increase (in production *tuotannon ~*); *(kirjan)* *-ykset ja oikaisut* addenda and corrigenda **2** *(erik lak)* amendment (to a law *lakiin*).

lisää more (time *aikaa;* two more marks *kaksi markkaa ~;* would you like some more [tea]? *haluaisitko [vähän] ~ [teetä]?*).

lisääntyminen 1 *(biol)* reproduction (sexual reproduction *suvullinen ~*), propagation; *(el m)* breeding; *neitseellinen ~* parthenogenesis **2** *(eneneminen)* increase (in *jnk ~*); *(kasvu)* growth (of authority *vaikutusvallan ~*); *(nopea ~, leviäminen)* proliferation (of nuclear weapons *ydinaseiden ~*).

lisääntymis||elin reproductive organ **-kyky** capacity for (power of) reproduction **-kykyinen** reproductive, ..capable of reproducing.

lisäänty|ä 1 *(biol)* reproduce (propagate) [itself] (by eggs *munista*); *(el m)* breed (rabbits breed rapidly *kaniinit -vät nopeasti*), multiply, procreate **2** *(enentyä)* increase (productivity (the number of the unemployed) has increased *tuottavuus (työttömien määrä) on -nyt;* by 10 per cent *10 prosenttia*); *(kasvaa)* grow (his power has grown *hänen valtansa on -nyt*); *kysyntä on -nyt (m)* there has been an increase in demand; *-mässä (-mään päin)* on the increase; *[yhä] -vässä määrin* increasingly, to an increasing degree.

litania litany; *(kuv m)* rig[a]marole; jeremiad.

litist||yä flatten [out] **-ä** squelch **-ää** flatten [out].

litk||iä lap [up] (milk *maitoa*); *(ark) ~ olutta* sup beer **-u** *(halv)* dishwater.

litografia lithography.

litra *(Br)* litre, *(Am)* liter (of *jtk*); *litran|-litre* (measure *-mitta;* bottle *-pullo*).

litter||a 1 *(järjestyskirjain)* letter **2** *(sot) (läh v)* forces ticket **-oida 1** letter **2** *(kiel)* transcribe.

litteä flat (as flat as a pancake *~ kuin pannukakku*); *painautua ~ksi jtk vasten* flatten o.s. against.

litu *(kasv)* silique, siliqua *(pl ~e)*.

liturgi||a liturgy **-nen** liturgical.

liuden||nus *(fon)* palatalization **-tua** be palatalized.

liue||ntaa dissolve **-ta** dissolve (in water *veteen*) *(ks m -keneva)*.

liuk|as 1 *(konkr)* slippery **2** *(nopea)* nimble (mind *järjenjuoksu*); agile, quick (in one's movements *liikkeissään*) **3** *(lipevä)* smooth, glib (tongue *kieli*); sleek, oily (schemer *juonittelija*), slippery (as an eel *kuin ankerias*), slick (salesman *kaupustelija*) ~**kielinen** smooth-|tongued, -spoken ~**liikkeinen** nimble, agile, quick-moving.

liukast||**e** lubricant **-ua 1** slip (on a banana skin *banaaninkuoreen*) **2** *(tulla liukkaaksi)* become slippery.

liukene||**maton** insoluble (in water *veteen* ~) **-va** soluble; *veteen* ~ water-soluble, soluble in water **-vuus** solubility.

liukkaus slipperiness, slippery condition (of the roads *teiden* ~).

liukoi||**nen** soluble (matter *aine;* spirit-soluble *alkoholi*~) **-suus** solubility.

liuku slide; glide ~|a slide (down the slope *alas mäkeä*); *(lipua)* glide *(m ilm);* *(liirtää)* skid; *keskustelu -i politiikkaan* the conversation passed on to politics; *(kuv) puolue on -nut vasemmalle* the party has edged to the left ~**esterengas** *(aut)* studded tyre ~**hihna** convey|er, -or [belt]; *(kuv) kuin* ~*lta* in a steady stream ~**hihnatuotanto** line production ~**ikkuna** slide window; *(ylös- ja alaspäin liukuva* ~*)* sash window ~**kisko** slide rail ~**käytävä** travel[l]ator, moving walkway ~**lento** power-off glide, passive flight ~**objektiivi** zoom lens ~**ovi** sliding door ~**portaat** *(sg)* escalator ~**rata** slide; *(tekn m)* chute ~**säädin** slide control ~**taklaus** sliding tackle ~**työ** flow (assembly line) production ~**va;** ~ *palkka-asteikko* sliding wage (pay) scale; ~ *työaika* flex[i]time, flexible working hours.

liuo||**s** solution **-ta** dissolve **-te, -tin** [dis]solvent **-ttaa** dissolve (in water *veteen;* water dissolves sugar *vesi* ~ *sokeria*) **-ttava** [dis]solvent **-tteinen** *(yhdyss)* -soluble, ..soluble in.

liuska 1 *(kaistale)* strip, slip (of paper *paperi*~); *(ohut levy)* flake **2** *(konekirjoitus- ym* ~*)* sheet [of paper], page **3** *(tietokone*~*)* printout **4** *(kasv)* lobe **5** *(anat)* lobule ~**inen** *(kasv)* lobed, lobate.

liuske *(geol)* schist, slate; *(savi*~*)* shale ~**inen** schist|ose, -ous, slaty ~**kivi** slate [stone] ~**savi** slate clay, shale ~**öljy** shale (schist) oil.

liuta swarm (of children *lapsia*).

livahtaa slip, slide (away *tiehensä*); *(~ salaa)* steal, slink (into the room *huoneeseen*).

livauttaa; *[lyödä]* ~ slap, smack; ~ *lantti taskuunsa* slip a coin into one's pocket.

liver||**rellä** *(henk)* coo (to *jklle*) **-rys** trill,

warble (of a bird *linnun* ~) **-tää** trill, warble.

livet||**tää;** *tie* ~ the road is slippery **-ä** slip.

livistää; ~ *[tiehensä]* make off; *(puikkia)* scurry off.

livree livery ~**pukuinen** liveried, ..in livery.

logaritmi logarithm ~**paperi** logarithmic paper ~**taulukko** table of logarithms, logarithmic table.

logiikka logic.

logo logo *(pl* ~s*)* ~**nomi** *(läh v)* speech teacher ~**pedi** speech therapist, logop[a]edist ~**pedia** *(sg)* logop[a]edics, speech therapy ~**tyyppi** logotype.

lohdu||**ke** consolation, comfort (for *jhk*) **-llinen** consoling, comforting (news *uutinen*) **-ton** hopeless (situation *tilanne*); desperate (man *mies*); *(masentava)* desolate (sight *näky*); ~ *suru* inconsolable grief **-ttaa** console, comfort (a p. for his grief *jkta hänen surussaan*); *(kirj)* solace; give consolation (comfort) (to *jkta*) **-ttautua** console o.s. (with *jllk*) **-tu**|**s** consolation (seek consolation for *hakea* ~*ta jhk*), comfort (word of comfort *-ksen sana*); *(kirj)* solace; *(-ttaminen)* consoling **-tuspalkinto** consolation prize.

lohen||**kalastus** salmon fishing; *harjoittaa* ~*ta* fish for salmon **-punainen** salmon [pink].

lohi salmon *(pl* ~*)* ~**käärme** dragon ~**portaat** *(sg)* salmon leap (ladder, stair).

loh||**jeta** cleave, split; rift; *lautasesta -kesi pala* a piece broke off the plate; *häneltä ei -jennut sanaakaan* you couldn't get a word out of him **-kais**|**ta** cleave, split (in two *kahtia*); *maatilasta -tu tontti* a piece of land split from the farm; ~ *pala jstk* break (chip) a piece off a th.; *vuokra -ee palkasta suuren osan* the rent takes a large slice out of the wages.

lohkare block; *(erik geol)* boulder.

lohke||**ama** split, crack, break; *(~ kalliossa)* cleft **-illa** peel off (the paint is peeling off *maali -ilee)*.

lohko 1 segment; section (an important section of the timber industry *tärkeä puuteollisuuden* ~); *(konkr m)* *(pala)* piece; *(kuv m)* sector (sectors of economy *talouselämän* ~), field **2** *(palsta)* parcel **3** *(anat)* lobe **4** *(urh)* *(läh v)* division **5** *(atk)* block (storage block *muisti*~) ~**a 1** split, cleave; cut (blocks off the rock *lohkareita kalliosta*) **2** *(maanmitt)* parcel out, dismember ~**kaavio** *(atk)* block diagram.

lohtu consolation, comfort; *(kirj)* solace.
loih|tia conjure (a rabbit out of a hat *hatusta kaniini*); conjure up (a delicious meal in no time *hetkessä herkullinen ateria;* visions of the past *mieleen kuvia menneisyydestä*); ∼ *jku jksk* turn a p. into; *-dittu prinssi* bewitched prince.
loik||ata 1 stride (over a ditch *ojan yli*), leap (over a fence *aidan yli*); *(hypätä)* jump; ∼ *jnk yli (m)* leap (jump) a th. **2** *(pol)* defect (to the West *länteen*); go over (to a party *jhk puolueeseen*) **-ka** stride (with long strides *pitkin -in*), leap (in two leaps *kahdella -alla*), bound; *(hyppy)* jump **-kari** *(pol)* defector **-kaus** defection **-kia** bound, stride.
loikoilla sprawl, lounge, loll.
loimi 1 *(tekst)* warp **2** *(hevosen* ∼*)* rug, blanket ∼**lan|ka** warp yarn; *-gat (sg)* warp.
loimu blaze, flare, flame[s], glow (of sunset *iltaruskon* ∼) ∼|**ta** *(konkr ja kuv)* blaze (blazing fire *-ava tuli*), flare, flame.
loinen *(biol, kuv)* parasite.
lois||eläin parasitic animal, parasite **-eläjä** *(halv)* parasite **-ia** be parasitic, live as a parasite (in, on *jssk*); parasitize (an animal *jssk eläimessä*) **-iminen** parasitism.
loiskah||della, -dus, -taa splash.
loiskasvi parasitic plant, parasite.
loisk||e, -ia, -ua, -uttaa splash.
loismato parasitic worm.
loist|aa shine (a light was shining from the window *ikkunasta -i valo;* his face shone with joy *hänen kasvonsa -ivat ilosta*); *(säihkyä)* sparkle; *(hehkua)* glow; *(*∼ *häikäisevästi)* glare; ∼ *poissaolollaan* be conspicuous by one's absence.
loistauti parasitic disease; parasitos|is *(pl -es).*
loistava 1 shining; *(kirkas)* brilliant (sunshine *auringonpaiste*), bright; ∼*n punainen* brilliant red **2** *(kuv)* splendid (idea *ajatus*), bright (future *tulevaisuus*), brilliant (speaker *puhuja;* victory *voitto*); *(suurenmoinen)* magnificent; great (party ∼*t juhlat*); *(maineikas)* glorious (career *ura*); *(yllellinen)* sumptuous (feast ∼*t juhlat*); ∼*ssa kunnossa* in excellent condition, in great (fine) form; ∼*lla tuulella* in high spirits.
loiste shine; *(kiilto)* brilliance, lustre (of a jewel *jalokiven* ∼); *(valo)* light (of the moon *kuun* ∼); *silmien* ∼ sparkle in (of) the eyes ∼**lamppu,** ∼**putki** fluorescent lamp (tube), fluorescent strip light ∼**lias** =

loistava 2.
loisto 1 shine; lustre, brilliance **2** *(kuv)* splendo[u]r, magnificence, brilliance (of the court *hovin* ∼); *(kukoistus)* glory (in all its glory *koko* ∼*ssaan*), *(pl)* glories (of ancient Rome *antiikin Rooman* ∼); *(yllellisyys)* pomp, luxury (live in luxury *elää* ∼*ssa*) **3** *(mer)* light, beacon.
loisto||- luxury (car *-auto;* hotel *-hotelli*) splendid (example *-esimerkki;* performance *-suoritus*) **-aika** heyday (in the heyday of the steamships *höyrylaivojen* ∼*na*); epoch of glory (for the arts *taiteiden* ∼), golden age (of *jnk* ∼) **-painos** *(kirjap)* de luxe edition.
loito||lla, -lle far away (from *jstk*); pitää ∼ keep..off (the gnats *hyttyset*), keep (hold) ..at bay (the enemy *vihollinen*); pysyä ∼ *jstk* keep away from; stand (keep) aloof from; *pysykää -a!* keep back! **-mpaa** from farther off, from a longer distance **-mpana** *(-mmaksi, -mmalle)* farther [away]; *siirtykää -mmalle!* move back! **-ntaa 1** remove farther; take farther away **2** *(kuv)* *(vieraannuttaa)* estrange (from *jstk*) **-ntamissopimus** *(sot)* disengagement agreement **-ta 1** draw away (from *jstk*); ∼ *toisistaan* draw apart **2** *(vieraantua)* become estranged (from each other *toisistaan*), grow away (from one's parents *vanhemmistaan*); dis[as]sociate o.s. (from the party line *puolueen linjasta*); ∼ *toisistaan (m)* drift (draw) apart.
loits||ia recite spells (charms, incantations) **-inta** incantation **-u** spell, charm (recite a charm *lukea* ∼), incantation **-uruno** magic verse.
loiva gentle (curve *kaarre;* slope *mäki*); gently sloping (roof *katto*).
lojaali loyal (to *jtk kohtaan*) ∼**suus** loyalty.
lojua lie (in prison *vankilassa*); *(loikoa)* sprawl, lounge.
lo|ka mud; *-assa* covered in mud; *(kuv)* heittää ∼*a jkn kasvoille* throw mud (dirt) at; vetää ∼*an jkn nimi* drag a p.'s name through the mire ∼**inen** muddy ∼**kuu** October *(ks elokuu)* ∼**suoja** mudguard, *(Am m)* fender.
loker||ikko *(*∼ *papereille ym) (pl)* pigeonholes **-o** compartment; *(*∼ *papereille ym)* pigeonhole; *(lukittava* ∼*)* locker **-oida** *(erik kuv)* compartment[alize].
lokikirja log[book] ∼**liina** *(mer)* log line.
lok|ki gull (gulls screech *-it kirkuvat*); sea gull.

loks||**ahtaa;** *ovi -ahti lukkoon* the door snapped (clicked) shut; *suu -ahti auki* his mouth fell open, his jaw dropped **-auttaa** snap **-ua** click, clack.

1 loma 1 holiday[s] (Christmas holidays *joulu~;* you really need a holiday *olet todella ~n tarpeessa*); *(Am; yliop)* vacation, *(ark)* vac **2** *(sot)* leave **3** *(parl)* recess (in recess *~lla*) ▶ **lomalla** on holiday (one's holidays, vacation, leave); **lähteä** *~lle* go on holiday (vacation); **pitää** *kuukauden ~* take a month's holiday; **viettää** *~a (m)* holiday; *(Am)* vacation (in Spain *Espanjassa*).

2 loma *(väli)* gap; *(lomakkeen tyhjä tila)* blank.

loma||- holiday, *(Am)* vacation (period, season *-aika;* resort *-keskus;* destination *-kohde;* month *-kuukausi;* camp *-kylä;* reading *-lukeminen;* trip *-matka)* **-ilija** holidaymaker, holidayer; *(Am)* vacation|ist, -er **-illa** holiday; *(Am)* vacation; spend one's holiday (vacation) (in *jssk*) **-ilu** holidaymaking **-ke** form; *(Am m)* blank **-lainen** = *-ilija* **-nvietto** holidaymaking **-paketti** package holiday **-päivä** holiday, day of one's holidays (vacation) **-ssa** *(-sta, -an)* between; *keskustelun (työn) ~* while talking (working); *pilvien -sta* from between (among) the clouds **-todistus** *(sot)* [leave] pass, leave certificate (permit) **-uttaa** lay off (workmen *työntekijöitä*), dismiss temporarily **-utus** lay-off.

lomi||**tse** between; from between **-ttaa 1** *(asettaa -ttain)* place .. at intervals; intersperse **2** *~ jkta* substitute for.. [during the holidays (vacation)] **-ttain** interlocked **-ttaja** holiday (vacation) substitute.

lommo dent; *mennä ~[i]lle* be[come] dented; *olla ~[i]lla* be dented **~inen** dented.

lompakko wallet; *(Am m)* billfold.

lonkero 1 *(el, kuv)* tentacle **2** *(kasv)* *(rönsy)* runner; *(kärhi)* tendril **~inen** *(koukeroinen)* twisted, winding, tortuous.

lonk|**ka** hip; haunch *(m el); (ark) tehdä jtk -alta* do a th. in an offhand way (off the cuff) **~hermo** sciatic nerve **~luu** hipbone **~särky** pain in the hip.

lonksu||**a** rattle **-ttaa** clonk, clack; rattle (the wind rattles the window *tuuli ~ ikkunaa*).

Lontoo London **l~lainen** I *a* London (a

London newspaper *~ sanomalehti); (pred)* of (from) London **II** *s* Londoner.

loogi||**nen** logical **-suus** logical|ness, -ity.

loosi 1 *(ravintolan ym ~)* booth, box **2** *(vapaamuurari~)* lodge.

lootus lotus **~asento** lotus position.

lopen; *~ uupunut (väsynyt)* tired out.

lopetta|**a 1** *(saattaa loppuun)* finish (one's work *työnsä;* have you finished eating? *oletko -nut syömisen?*), end [off] (a letter *kirje;* let's end this quarrel *-etaan tämä riita*); *(tehdä loppu jstk)* put an end to (the abuses *väärinkäytökset); (päättää)* conclude (one's speech *puheensa*) **2** *(lakata tekemästä)* stop (talking *puhuminen;* stop that noise! *-kaa tuo meteli!*), cease, leave off (they leave off work[ing] at four o'clock *he -vat työt neljältä); (luopua jstk)* give up (smoking *tupakanpoltto*); discontinue (the bus service between A and B *A:n ja B:n välinen bussiliikenne); (ark)* quit (doing *jnk tekeminen)* **3** *(tappaa)* finish off, destroy; *(ark)* put down (away) (a wounded animal *haavoittunut eläin)* **4** *(~ jnk toiminta)* close down (a firm *liike)*.

loppiai||**nen** Epiphany, Twelfth Day **-saatto** Twelfth Night.

lop|**pu 1** end (before the end of the year *ennen vuoden ~a;* this is the end of all *tämä on kaiken ~); (kertomuksen ym ~) (m)* ending (a happy ending *onnellinen ~); (päättyminen)* termination (of the Middle Ages *keskiajan ~); (erik urh)* finish (close finish *tiukka ~)* **2** *(jäljellä oleva osa) (us) -ut (sg)* the rest (of the roast *paistin ~;* I'll take care of the rest *minä pidän huolen -usta;* keep the rest! *pidä -ut!)* ▶ *hän on* **alusta** *~un huijari* he is an out-and-out swindler; *valhetta alusta ~un* a lie from start to finish; *[aivan] ~un* **asti** to the [very] end; *-uksi* **iäkseen** for the rest of his life; *vuosi on* **lopuillaan** the year is drawing to its end; **lopuksi** *ks. hakus.;* **jnk lopulla** at the end of; *kesän -ulla (m)* in late summer; *tämän kuun -ulla* late this month; *vuoden -ulla* towards the end of the year; *vuosisadan -ulla* towards the close of the century; *80-luvun -ulla* in the late eighties; at the close of the 80's; **lopulta** *ks. hakus.;* **lopussa** *ks. hakus.; neljäs* **lopusta** *lukien* the last but three; **lukea** *(kirjoittaa) kirje ~un* finish [reading (writing)] a letter; **saada** *jk ~un* finish, get .. finished; *saada surullinen ~* come to a sad end; *se oli sen [asian (lorun)]* ~ that was the end of it (that); **suorittaa** *(saattaa)* ~un finish, complete; **tehdä** ~ *jstk* put an end to, make an end of; *sairaus oli tehdä hänestä -un* the illness nearly finished him off; *tehdä työnsä ~un* finish one's work; *siitä ei ollut tulla ~a* there seemed to be no end to it; *tästä on tultava ~!* there must be an end to this! **viedä** ~un carry through (one's plan *suunnitelmansa).*

loppu|- 1 *(viimeinen)* final *(*draw *-arvonta;* inspection *-tarkastus;* stage, phase *-vaihe; (urh)* whistle *-vihellys)* **2** *(jäljellä oleva osa)* the rest of (one's life *-ikä;* the trip *-matka).*

loppu|a 1 *(päättyä)* end (how does the story end? *kuinka kertomus -u?* the play ends with the hero's death *näytelmä -u sankarin kuolemaan;* the work ends in a consonant *sana -u konsonanttiin);* finish (what time does the concert finish? *mihin aikaan konsertti -u?)* **2** *(huveta)* run out (short) (provisions are running out *elintarvikkeet -vat),* give-out (his patience gave out *hänen kärsivällisyytensä -i)* **3** *(lakata)* stop (the rain has stopped *sade on -nut); (tauota)* cease (work ceases at four o'clock *työt -vat neljältä)* ▶ *häneltä -i jk* he ran out (short) of; **kirja** *on -nut kustantajalta* the book is out of print; *kahvi on* **loppumaisillaan** we are running short of coffee; *lukukausi on -maisillaan* term is drawing to an (its) end; *kahvi on* **loppunut** *(m)* we are out of coffee.

loppu||aika *(urh)* [finish] time **-huipennus** climax **-huomautus** final remark (comment) **-kesä** late (the latter part of) summer; ~*llä,* ~*stä* late in the summer **-kilpailu** final; *päästä* ~*un* get in (reach) the final[s] **-kiri** spurt *(m kuv),* sprint; *ottaa* ~ put on a [final] spurt **-koe** = *-tentti* **-kohtaus** final (closing) scene **-konsonantti** final consonant **-lause** *(pl)* concluding (closing) words **-maton** endless, never-ending; *(erik halv)* interminable (flow of words *sanatulva)* **-mattomiin** endlessly **-nousu** *(kuv)* climax **-näytös** final (last) act; *(epilogi)* epilogue **-osa** the latter part (of a book *kirjan ~); (loput)* the rest (of the price *hinnasta); (-pää)* end **-ottelu** *(urh)* final **-peli** *(šakk, kuv)* end game **-piste 1** *(päätekohta)* terminal point, end **2** *(urh)* ~*et* the final points *(sg* score); ~*issä Suomi sijoittui kolmanneksi* in the final placing Finland came third **-puol|i** the

latter part (of a speech *puheen ~); ensi viikon -ella* late next week; *tammikuun -ella* late in January **-puolisko** the latter half **-päivä** the rest of the day **-pää** end; tail end *(m kuv)* **-ratkaisu** *(teatt ym)* denouement **-sanat** concluding (closing) words **-silaus** *(erik kuv);* finish; *(pl)* finishing touches; *antaa jllk* ~ give .. a (the [last]) finish, put the finishing touches to **-soinnullinen** rhymed **-sointu** [end] rhyme, *(Am m)* rime; *muodostaa* ~ *jnk kanssa* rhyme with **-summa** [sum] total, total amount; *sen* ~ *on 50* it totals 50 **-suora** the final (home) straight; *(erik Am, kuv)* homestretch; ~*lla* in the final straight; on the homestretch **-tarkastus** final inspection **-tentti** final examination; *(pl)* finals; *mennä* ~*in* take (sit) one's finals **-tili** payoff; *antaa* ~ pay..off; *ottaa* ~ give one's notice; *saada* ~ be paid off, *(Br ark)* get one's cards **-tulo|s 1** outcome (of a study (an election) *tutkimuksen (vaalien) ~),* [final] upshot (of a discussion *keskustelun ~),* end product; *(seuraus)* [final] result (the result was that.. *-ksena oli että); (johtopäätös)* conclusion (come to the conclusion that.. *tulla siihen -kseen että)* **2** *(urh)* final score (result); *-kset* final results **-tuote** final product **-tutkinto 1** *(oppiarvotutkinto)* degree; *akateeminen* ~ university degree **2** = *-tentti* **-työ** diploma work.

loppuun||ajettu, -kulunut *(konkr ja kuv)* worn-out **-myydä** *ks. myydä* → **-myynti** clearance sale; *(Am)* closeout sale **-myy|ty** sold out (the concert is sold out *konsertti on* ~*); (liik m)* out of stock; *(teatt ym)* ~*!* house full; *(Am)* full house; *esiintyä -dylle katsomolle* give a performance to a full house.

loppu||viik|ko; *-olla* towards (at) the end of the week **-vuo|si** the latter part of the year; *jnk -det* the last few years of; *-desta 1980* towards the end of 1980.

lopuksi 1 *(viimeiseksi)* lastly, finally, in conclusion (I would like to point out that.. *haluaisin huomauttaa että)* **2** *[loppujen]* ~ *(kuitenkin)* after all; in the final analysis; *(vihdoin viimein)* finally, in the end.

lopulli||nen final (form *muoto;* decision *päätös;* answer *vastaus);* definitive (victory *voitto); (perimmäinen)* ultimate (goal *päämäärä)* **-suus** finality; definitiveness; ultimateness.

lopulta 1 ~*[kin] (vihdoinkin)* at [long] last, finally **2** *(lopuksi)* in the end, finally; eventually **3** *(pohjimmiltaan)* ultimately, after all (my aims are the same as yours *päämääräni ovat* ~*[kin] samat kuin sinun*); *en* ~*kaan tiedä mistä on kysymys* I still don't know what it is about.

lopussa; *jnk* ~ at the end of (the month *kuun* ~); *aika on* ~ time is up; *kahvi on* ~ the coffee is finished (out), there is no more coffee; *kärsivällisyyteni on* ~ I am at the end of my patience, my patience is at an end; *(ark) olen aivan* ~ I'm finished; *ruoka alkaa olla* ~ food is running out (short), we are running out (short) of food; *voimani ovat* ~ my strength is out.

loput‖on endless, unending, never-ending, ..without end; *(erik halv)* interminable (flow of words *sanatulva*); *(lakkaamaton)* ceaseless, incessant; *(kuv m)* infinite (kindness *ystävällisyys*); *-toman kärsivällinen* extremely patient **-tomiin** endlessly (talk endlessly *puhua* ~*)*, incessantly, ceaselessly; *sitä jatkui* ~ it went on for ever and ever (for hours (days, years) on end).

lordi lord ~**kansleri** *(Brit)* Lord [High] Chancellor.

lori‖na gurgle, purl **-sta** gurgle, purl, burble.

loru nonsense poem (rhyme); *(lasten*~*)* nursery rhyme; *(pötypuhe)* nonsense, rubbish; *lasketella* ~*ja* talk nonsense (rubbish); *se oli sen* ~*n loppu* that was end of it.

lorv‖ailla idle about, idle away one's time; slouch **-i** idler, sluggard.

loska slush ~**inen** slushy.

lossi ferry[boat]; *kuljettaa* ~*lla (m)* ferry ~**maksu** ferriage ~**nkuljettaja** ferryman.

loti‖‖na squelch[ing] **-sta** squelch.

lotja barge, lighter.

lotta member of the women's auxiliary [defence] services.

lotto Lotto (number-guessing pool).

louh‖e *(pl)* blast stones, broken rocks **-ia** quarry (marble *marmoria); (tehdä louhimalla)* excavate; dig (a tunnel *tunneli*) **-ikko** [mound of] rocks **-ikkoinen** rocky, rockbound **-imo, -os** quarry.

louk‖ata 1 *(satuttaa)* hurt (o.s. *itsensä;* one's back *selkänsä;* on *jhk*), injure (one's arm *käsivartensa*) **2** *(kuv)* hurt, injure (a p. *jkta;* a p.'s feelings *jkn tunteita*); offend, give offence *(Am* offense) to (a p.

jkta); (häpäistä) affront; *(solvata)* insult; ~ *jkn kunniaa* wound a p.'s hono[u]r; *se -kaa korvaa* it offends (it is an offence to) the ear **3** *(menetellä jnk vastaisesti)* violate (the air space of a country *maan ilmatilaa;* a p.'s rights *jnk oikeuksia);* offend against (good manners *hyviä tapoja); (kirj)* encroach [up]on, infringe [up]on (the liberty of the individual *yksilönvapautta); (rikkoa)* break (the law *lakia); (kirj)* transgress (an agreement *sopimusta); (lak) -attu osapuoli* offended (injured) party.

loukkaa‖ja violator **-maton** inviolable (right *oikeus)* **-mattomuus** inviolability; sanctity (of boundaries *rajojen* ~); *(koskemattomuus)* integrity (territorial integrity *alueellinen* ~); diplomaattinen ~ diplomatic immunity **-ntu‖a 1** *(konkr)* be injured (hurt); *kyynärpääni -i* I hurt (injured) my elbow; ~ *päähän* hurt one's head, be hurt in (on) the head **2** *(kuv)* be hurt (injured) (by, at *jstk*); be offended (by, with *jkh, jklle;* at, by *jstk*); take offence *(Am* offense) (at *jstk;* he is quick to take offense *hän -u herkästi); hän -i kuullessaan että (m)* his feelings were hurt when he heard that.. **-ntun‖ut** *(konkr ja kuv)* hurt (at, by *jstk;* look *katse),* injured (in an injured voice *-eella äänellä); (kuv m)* offended (at, by *jstk); (konkr) (sb) -eet* the injured [people] **-va** insulting, injurious (language *kielenkäyttö*); offensive (remark *huomautus;* to decency *säädyllisyyttä* ~).

loukkau‖s insult (he took it as a personal insult *hän käsitti sen henkilökohtaiseksi -kseksi),* offen|ce, *(Am)* -se (to *jkta kohtaan)* **2** *(jnk vastainen teko)* violation (of human rights *ihmisoikeuksien* ~), offen|ce, *(Am)* -se (against *jtk vastaan); (kirj)* infringement; *(karkea* ~*)* outrage (upon decency *säädyllisyyden* ~).

louk‖ko corner, nook, cranny; *hän kolusi joka -on* he searched [in] every nook and cranny.

loukku *(ansa)* trap.

lounainen I *a* southwesterly, southwest[ern] **II** *s* the southwest, *(lyh)* SW.

lounais‖‖- southwest[ern] (coast *-rannikko)* **-myrsky** southwester **-tuuli** southwest[erly] wind; *(voimakas* ~*)* southwester.

louna‖s 1 *(ilmansuunta)* the southwest, *(lyh)* SW; *-aseen* southwestward[s], to[wards] the southwest, southwest; *tuulee*

-asta the wind is in the southwest **2**
(ateria) lunch; *(erik virallinen ~)*
luncheon; *olla -alla* be at lunch; *syödä*
~ta lunch, have (eat) [one's] lunch; *söin*
kalaa -aksi I had fish for lunch; *tarjota*
jklle ~ (m) lunch a p.

lounas||- lunch (break *-tauko;* hour *-tunti)*
-aika lunchtime, lunch hour **-paikka** place
for lunch; *(~ravintola)* lunchroom, *(Am m)*
luncheonette **-seteli** luncheon voucher;
(lyh) LV; *(Am)* meal ticket.

louskutella; ~ *hampaitaan (leukojaan)*
champ one's teeth (jaws).

lov||eta notch **-i** *(yl)* cut (make a cut in
tehdä ~ jhk); *(V:n muotoinen ~)* notch,
nick; *(~ lautasessa ym)* chip; *(nuolen ~)*
nock; *langeta -een* fall (go) into a trance;
se teki pahan -en kukkaroon it made a
hole in his savings.

LP-levy LP, long-playing record, album.

lude bedbug.

luennoi||da lecture, give a lecture (lectures)
(m ark kuv) (on, about *jstk;* to *jklle)* **-tsija**
lecturer.

luen|to lecture (on *jstk;* Latin lecture
latinan ~); *käydä -noilla* attend (go to)
lectures; *pitää ~ = luennoida* **~lakko**
lecture boycott **~lehtiö** lecture (note) pad,
notebook **~moniste** handout **~sali** lecture
room (hall).

luetel|la 1 list, enumerate; give (give the
capitals of these countries! *-kaa näiden*
maiden pääkaupungit!); *(nimetä)* name **2**
(liik) list, itemize (the goods itemized
below *alla -lut tavarat).*

luettav||a 1 *[helposti]* ~ readable, legible **2**
(lukemisen arvoinen) readable, ..worth
reading **-uus** readability; legibility.

luettelo catalog[ue]; *(nimi-, osoite- ym ~)*
directory (telephone directory *puhelin~);*
(lista) list; *(omaisuus~)* inventory **~hinta**
(liik) list price **~ida** catalog[ue]; list.

luet|tu; *[laajalti]* ~ widely-read; *maailman*
-uin aikakauslehti the most-read
magazine in the world.

luhist||aa *(konkr ja kuv)* collapse;
(murskata) crush, shatter (a p.'s hopes *jkn*
toiveet) **-u|a** *(konk ja kuv)* collapse;
tumble [down] (the empire (shed) tumbled
[down] *keisarikunta (vaja) -i);* *(murtua)*
be shattered (crushed) (his illusions were
crushed *hänen harhakuvitelmansa -ivat),*
(konkr m) fall in (the roof (house) fell in
katto (talo) -i), give way; *(kuv m)* break
down **-uminen** collapse.

luhta flood meadow.

luhti loft **~talo** gallery access house,
balcony access block.

luihu *(kavala)* deceitful; *(salakähmäinen)*
furtive; *(viekas)* guileful, wily, sly.

luiker|rella wriggle ([one's way] through
the crowd *väkijoukon läpi;* a worm
wriggles *mato -telee);* wind (the path
winds through *polku -telee jnk halki);*
twist (out of a p.'s grip *irti jkn otteesta);*
jkn suosioon wind o.s. into a p.'s affections
(favour); ~ *[eroon] kiusallisesta*
tilanteesta wriggle out of an awkward
situation.

luikkia *(puikkia)* scurry; ~ *tiehensä* make
(bundle) off.

luimia lash (the horse *hevosta).*

luim||istaa; ~ *korviaan* put (lay) back its
ears **-ussa;** *korvat* ~ with its ears put (laid)
back.

lui||nen ..[made] of bone, bone (button
nappi) **-seva** bony (fingers *~t sormet);*
(erik halv) skinny.

luiska *(ajo- ym ~)* ramp; *(ojan ym ~)* slope.

luiskaht||aa slip (out of place *sijoiltaan;* out
of a p.'s hand *kädestä);* *hänen solisluunsa*
-i sijoiltaan (m) he dislocated his
collarbone; *(lääk)* ~ *esiin* prolapse; *-anut*
välilevy slipped disc.

luista||a 1 slide; *(lipua)* glide; *(livetä)* slip
(the clutch (knot) slips *kytkin (solmu) ~)*
2 *(sujua)* progress, get on; *heillä juttu* ~
they are not short of something to talk
about; *työnteko ei ottanut ~kseen* he
couldn't get on with the job **-va 1** *(konkr)*
sliding; ~ *keli* good (fast) going **2** *(sujuva)*
fluent, smooth.

luistel||ija skater **-la** skate **-u** skating.

luisti slide [valve].

luistin skate **~rata** skating rink.

luisu 1 *a (viettävä)* slanting, sloping **II** *s*
(mäki) slope; *(aut ym)* joutua *~un*
(liirtoon) go into a slide (skid) *~|a* slide;
(aut ym m) skid; *(kuv)* ~ *käsistä* slip out
of one's hands.

luj||a firm (nerves *~t hermot;* character
luonne; material *materiaali;* hold *ote);*
(vankka) solid (build on solid foundations
rakentaa ~lle perustalle), steady; stout
(chain *ketju:* resistance *vastarinta);* strong
(blow *isku;* will *tahto;* conviction
vakaumus); hard (push *työntö);* *(vakaa)*
stable; fast (hold *ote)* ▶ *hallita ~lla*
kädellä rule with a heavy hand; *ohjata jtk*
-in ottein keep a firm hand on; **pysyä** *~na*

stand firm; *pysyä ~na uskossaan* hold firm to one's beliefs; *~a* **vauhtia** , *~lla* **äänellä** *ks seur.*

luj|aa 1 *(kovaa vauhtia)* fast (run fast *juosta ~),* at [high] speed **2** *(voimakkaasti)* hard (hit hard *lyödä ~)* **3** *(kovalla äänellä)* in a loud voice, loud (speak louder! *puhukaa -empaa!).*

luja||hermoinen steady- (steel-)nerved **-kätinen** heavy-handed (ruler *hallitsija)* **-ll|a** *(-e) (tiukalla)* tight **-luonteinen** . .of solid (firm) character, strong-minded **-otteinen** = **-kätinen -rakenteinen** strongly built, solid **-ssa** *(-an)* fast (the post is fast [in the ground] *seiväs on [maassa] ~);* firmly fixed; *olla ~ (m)* stick fast; *työ on ~* jobs are hard to come by **-sti** *(m)* fast (aground *karilla;* hold fast to one's rights *pitää ~ kiinni oikeuksistaan); (kovasti)* hard (work hard *tehdä ~ töitä)* **-tahtoinen** strong-|willed, -minded; purposeful **-tekoinen** solid, firm, . .of solid make.

lujike reinforcement.

lujill|a, -e *(kovilla); olla ~* have a hard time, be hard pressed, be hard put to it; *panna jku -e, pitää jkta ~* be hard on; *se otti -e* it was a tough job.

lujitt||aa strengthen; reinforce; *(kuv m)* consolidate (one's position *asemaansa),* cement (a friendship *ystävyyttä)* **-ua** become firm[er]; *(vahvistua)* strengthen; *(kuv m)* consolidate, be cemented.

lujuus firmness; solidness, solidity; strength *(m fys).*

lukaista skim through, read quickly, scan.

lu|kea 1 read (a story to *kertomus jklle;* a meter *mittari; (Br)* French at the university *ranskaa yliopistossa); (opiskella m)* study **2** *(yksip); kirjassa (pullon kyljessä) -kee että* it says in the book (on the bottle) that. .; *mitä siinä -kee?* what's written on (in) it? *kyltissä -ki* . . the sign said. . ► ~ *jtk kuin avointa kirjaa* read . .like a book; ~ **julki** *(ääneen)* read out; ~ *jhk* **[kuuluvaksi]** consider. .to belong to, count (class, reckon, rank). . among; *(pitää jnak)* regard. .as; *»kaksi metriä»* **lue:** *»kaksitoista metriä»* for two metres please read twelve metres; *päiväsi ovat* **luetut** your days are numbered; ~ **läpi** read. .through (over); **mahdoton** *(vaikea)* ~ unreadable, illegible; ~ **tentti|ä** *(-in)* read for an examination; ~ *jk jkn* **tiliin** *(ansioksi, syyksi)* attribute (ascribe). .to; ~ **uudestaan** reread; ~ **väärin** misread.

luke||ma 1 reading (on a meter *mittarin ~;* temperature readings *lämpötila~t)* **2 ensi** *~lta* on [a] first reading, after reading it once **-mat|on 1** innumerable, countless, uncounted, untold; *-tomia kertoja (m)* times without number **2** *(jota ei ole luettu)* unread **-mi|nen** reading (suitable reading for children *lapsille sopivaa -sta); (huolellinen ~)* perusal **-misto** reader **-neisuus** [wide] reading **-nut** well-read, . .of wide reading; *vähän ~* unread **-utua;** ~ *jhk* [be] count[ed] among, be classed as (with), be reckoned among; be one of, be among (the most popular sports *suosituimpiin urheilulajeihin).*

lukien 1 *(jstk ~)* from (the first of January *tammikuun 1. päivästä ~;* the second from the left *toinen vasemmalta ~)* **2** *(jk) mukaan* including, inclusive of; *(jk) pois* ~ excluding, exclusive of.

lukija reader *~kunta* [circle of] readers; *(lehden ~) (m)* readership.

lukio [upper] secondary school; *(Brit)* sixth form, senior school; *(USA)* senior high school *~lainen (läh v)* secondary school student; sixth former; senior high school scholar.

lukita lock.

lukkari *(läh v)* parish clerk *~nrakkaus* penchant (for *jkta kohtaan).*

lukki *(el)* phalangid; harvestman .

lukkiutu||a a lock (the wheels locked *pyörät -ivat); (kuv)* neuvottelut ovat *-neet* the talks are at (have reached, have come to) deadlock **-ma** *(atk)* deadlock.

luk|ko lock *(m aseen ~); (riippu~)* padlock; *(kaulaketjun ym ~)* clasp ► **avata** *-osta* unlock; **lukossa** locked; *korvani ovat -ossa* my ears are blocked; **lyödä** *~on* settle (a bargain *kauppa;* the day *päivämäärä);* **mennä** *~on* lock; *korvani menivät ~on* my ears became blocked, I was deafened; **panna** *~on* lock; *panna ~jen* **taakse** lock . . up, put . . under lock and key.

lukko||laite locking device **-mutteri** locknut **-seppä** locksmith.

luksus luxury.

lu|ku 1 *(mat, kiel)* number (of six figures *kuusinumeroinen ~)* **2** *(tilast ym)* figure (figures of a table *taulukon -vut;* unemployment figures *työttömyys-vut)* **3** *(kirjan ym ~)* chapter *(m kuv)* **4** *(opiskelu) -vut* studies ► *1900-luvulla* in the 20th century, in the nineteen hundreds; *[19]80-luvulla* in the [nineteen] eighties, in the [19]80's; *(kirjan)* **ensimmäinen** ~ chapter one; **ottaa** ~*un (huomioon)* take .. into account; *ottaen* ~*un* considering, taking .. into account; ~*un ottamatta* except [for], exclusive of, ..not included; *(nyrkk) ottaa* ~*a [yhdeksään]* take a count [of nine]; **pitää** ~*a jstk* keep account of; *se on* ~ **sinänsä** it is another story completely.

luku|aine *(koul)* theoretical subject **-etäisyys** reading distance **-hetki;** *viettää rauhallinen* ~ have a quiet read **-isa** ..great in number, large, multitudinous (crowd *joukko*); ~*t* numerous (people *ihmiset;* times *kerrat*); *olla* ~*mpi kuin* outnumber **- ja kirjoitushäiriöt** difficulties in reading and spelling; dyslexia **-järjestelmä** *(mat)* number system **-järjestys** *(koul Am)* timetable, *(erik Am)* schedule **-kappale** reading passage; lesson **-kausi** term; *(Am yliop m)* semester **-kirja** reading book; *(lukemisto)* reader **-lamppu** reading lamp **-lasit** reading glasses **-määrä** number (of *jnk*); ~*ltään* in number **-määräinen** numerical; ~ *ylivoima (m)* superior numbers **-pää 1** *(atk)* read head **2** *hyvä* ~ a good head for study[ing] **-sali** reading room **-sana** *(kiel)* numeral **-suunnitelma** syllab|us *(pl m* -i), curricul|um *(pl m* -a) **-taidot|on** ..unable to read; *(luku- ja kirjoitustaidoton)* illiterate, analphabetic; *(sb)* **-tomat** illiterates, analphabetics **-taidottomuus** illiteracy **-taito** ability to read; *luku- ja kirjoitustaito* literacy **-toukka** *(leik)* bookworm **-vuosi** school year; *(yliop)* academic year.

lumentulo snowfall; *voimakas* ~ *(m)* a heavy fall of snow.

lum|i snow (perpetual snow *ikuinen* ~) ▶ *jäädä* **-en keskelle** be snowed up; **peittyä** *-een (m)* be snowed under; *-en saartama (m)* snowbound; **sataa** *lunta* it is snowing; *menneen talven -et* last year's snow.

lumi||- snow|- (-plough, -plow *-aura;* -drift *-hanki;* -flake *-hiutale;* --capped *-huippuinen;* -field *-kenttä;* -bank *-kinos;* -blower *-linko;* -house *-maja;* --covered *-peitteinen;* -blind[ed] *-sokea;* -blower *-tykki;* -man *-ukko;* --white *-valkoinen*); △ snow (crystal *-kide;* pusher *-kola;* shower *-kuuro;* shovel *-lapio;* castle *-linna;* line *-raja;* blindness *-sokeus*) **-jää** *(geol)* firn [snow], névé **-kenkä** snowshoe **-ketjut** *(aut)* snow (tyre, *Am* tire) chains **L-kki** Snow

White **-kko** weasel **-marja[pensas]** snowberry **-mies** [abominable] snowman, yeti **-myrsky** snowstorm, blizzard **-nen** snowy **-paakku** lump of snow **-pallo** snowball; *heittää* ~*ja (jtk* ~*lla) (m)* snowball **-puku** *(sot)* snowsuit, snow camouflage **-pyry 1** scurry (flurry) of snow, snowstorm **2** *(TV)* snow **-sade** snowfall, fall of snow **-sota** snowball fight; *leikkiä* ~*a* have a snowball fight **-vyöry** snowslide, avalanche; *(kuv) kasvaa kuin* ~ snowball.

lumme water lily.

lumo enchantment[s] (of a summer night *kesäyön* ~); *joutua jnk* ~*ihin* fall under the spell of; *pitää* ~*issaan* hold .. spellbound; *saada (temmata)* ~*ihinsa* enchant, fill .. with enchantment ~**ava** enchanting, bewitching (smile *hymy*); *(hurmaava)* charming, fascinating ~**oja** enchanter ~**ojatar** enchantress ~**|ta** enchant (enchanted wood *-ttu metsä*), bewitch (with one's smile *hymyllään*), charm; *(taikoa jk m)* put a spell (charm) on ~**us** enchantment, bewitchment, charm, spell (break the spell *särkeä* ~) ~**usvoima** enchantment, charm, magic power ~**utua** fall under the spell (of *jstk*), be enchanted (charmed) (with *jstk*).

lumpeenlehti lily pad (leaf).

lump|pu; *(tav)* **-ut** rags ~**ri** ragman, rag-and-bone man.

lunaario *(astr)* lunarium.

lunast||aa 1 redeem (one's promise *lupauksensa;* a pledge *pantti); (maksaa)* pay; *(ostaa)* buy (a ticket *lippu*); claim (a parcel *paketti;* the winnings *voitot*); ~ *takaisin* redeem; ~ *tilatut liput* collect reserved tickets; *N. lunasti häneen kohdistetut toiveet* N. fulfilled the hopes in him **2** *(liik)* hono[u]r (a draft *asete*); ~ *shekki* pay a cheque; ~ *vekseli* hono[u]r (pay, meet) a bill **-aja** *(usk)* the Redeemer **-us** redemption *(m usk);* hono[u]ring, payment.

lunna|at *(sg)* ransom (pay a large ransom *maksaa suuret* ~; for *jstk*); **vaatia** jksta *-ita* hold a p. to ransom; **vapauttaa** *-ita vastaan* ransom.

lunt||ata *(koul)* cheat; crib **-tilappu** crib [sheet].

luo|da 1 create (opportunities for *edellytykset jhk;* God created the world *Jumala loi maailman); (tehdä)* make (history *historiaa;* a name for o.s. *itselleen* *nimi)* **2** *(el)* shed, cast (its skin *nahkansa)* **3** *(~ valoa ym)* shed (warmth *lämpöä),* cast *(*a shadow on *varjo jhk)* **4** *(lapioida)* shovel *(*snow *lunta)* ► ~ *tie* **auki** clear the road [of snow]; ~ **kangasta** warp [fabric]; ~ *vihainen* **katse** *jhk* cast (throw) an angry look at; *olla kuin* **luotu** *jhk (jksk)* be cut out for (to be); *hän on kuin -tu opettajaksi (m)* she is a born teacher; *he ovat kuin -dut toisilleen* they seem to have been made for each other; ~ **pohja** *jllk* lay a foundation for, lay the foundation of; ~ *loistavat* **puitteet** *jllk* provide a splendid setting for; ~ **kuoppa** **umpeen** fill in a hole.

luodata *(mer)* sound; *(kuv)* plumb (the mysteries of man's mind *ihmismielen salaisuuksia);* ~ *jtk syvältä* plumb the depths of, sound the depth of.

luo|**de 1** the northwest; *(lyh)* NW; *-teeseen* northwestward[s], to[wards] the northwest, northwest; *tuuli puhaltaa -teesta* the wind is in the northwest **2** *(pakovesi)* ebb; *-teen aika* ebb tide.

luodikko rifle.

luodin||**kantama;** *~n päässä* within gunshot, [with]in range; *~n ulkopuolella* out of gunshot, out of (beyond) range **-kestävä** bulletproof, bullet-resistant **-reikä** bullet hole.

luoja creator; *(usk)* the Creator, the Maker; ► *~n* **kiitos!** thank God (Heaven)! *kiitä ~asi että* thank your lucky stars that..; *kaikki ~n* **luomat** all God's creatures, all creation; ~ **ties** *kuinka kauan* God (Heaven) knows how long; *~n tähden* for God's (Heaven's) sake; **voi** *~!* Oh God, My (Good) God!

luokan||**opettaja** class teacher **-valvoja** form master *(fem* mistress); *(Am)* homeroom teacher.

luokit||**ella** classify (as *jksk;* by subjects *aihepiirin mukaan),* class; put .. into class[es]; *(ryhmitellä)* group; *(erik liik)* grade (by size) **-us** classification; grading.

luok|**ka** class *(eri merk; paitsi 1 b) (m)* **1** *(koul)* **a)** *(Br)* form (go into the first form *mennä ensimmäiselle -alle);* *(Am)* grade **b)** *(~huone)* classroom; *(Br m)* form room **2** *(liik ym)* grade (grade A goods *ensimmäisen -an tavara)* **3** *(kategoria)* category *(m urh)* ► **ensimmäisen** *-an* hotelli *(lippu, matkustaja)* first-class hotel (ticket, passenger); *matkustaa ensimmäisessä -assa* travel first-class; *aivan* **eri** *~a* ..of quite a different order,

..not in the same class; *(koul)* **jäädä** *-kalle[en]* be kept down a year, have to repeat a year; *jäädä kolmannelle -alle* be kept down in the third year, have to repeat the third form; *tuhannen* **markan** *~a* of the order of (in the range of) 1 000 marks; *aivan* **omaa** *~ansa* in a class by o.s. (itself); in a class of its own; *(koul)* **päästä** *-alta* be moved up; *(Am)* be promoted; *ongelma on jo* **sitä** *~a* **että** the problem has already reached such proportions that ..; **suuren** *-an* major (project *hanke);* **toisen** *-an* second-class (hotel *hotelli;* citizen *kansalainen); (halv m)* second-rate; **vaatimatonta** *~a* indifferent, moderate.

luokka||- *(pol ja koul)* class (distinction *-ero;* reunion *-kokous;* conflict *-ristiriita;* ring *-sormus;* struggle *-taistelu;* consciousness *-tietoisuus;* society *-yhteiskunta)* **-huone** classroom; *(Br m)* form room **-lainen** *(yhdyss) (koul) (Br)* [-]former, *(Am)* grader (fourth grader *neljäs~)* **-tietoinen** class-conscious **-toveri** class|mate, -fellow.

luo[**kse**] to (he went back to his car *hän palasi autonsa ~);* *jäädä portin* ~ stay at the gate; *jäädä toisten* ~ stay with the others; *kutsua* *~en (kotiinsa)* invite to one's place (home); *ottaa* *~en [asumaan]* take in *~***pääsemätön** **1** *(kuv)* unapproachable (person *henkilö)* **2** *(konkr)* inaccessible.

luola 1 cave; *(suuri* ~) cavern; *(erik keinotekoinen* ~) grotto *(pl* ~[e]s) **2** *(eläimen* ~; *m kuv)* den; lair.

luola||- cave (dwelling *–asumus;* animal *-eläin)* **-ihminen** cave dweller, caveman **-karhu** cave bear **-koira** burrow dog **-maalau**|**s** cave painting; *-kset (m) (sg)* cave art **-mies** caveman **-ntutkija** cave explorer, spel[a]eologist.

luomakun|**ta** the creation; *-nan herra* the lord of the creation.

luomi 1 *(syntymämerkki)* mole, birthmark **2** *(silmä~)* [eye]lid.

luomi|**nen** creation; *maailman -sesta lähtien* since the creation.

luomipuuteri powder (brush-on) eye shadow.

luomis||- creative (period *-kausi;* work *-työ;* power *-voima)* **-kertomus** *(usk)* [hi]story of the creation **-kyky** creativ|ity, -eness, creative ability (power) **-oppi** creationism.

luomiväri eye shadow.

luomu|**s** creation (the newest creations from Paris *Pariisin uusimmat -kset).*

luona at (the window *ikkunan* ~), by (the church *kirkon* ~); *(lähellä)* near, close to; *asua jkn* ~ live (stay) with a p.; *pitää ~an* harbo[u]r (stray cats *kulkukissoja*); *tapasin hänet Johnin* ~ I met him at John's [home (place)].

luon|ne 1 character; *(mielenlaatu)* disposition; nature **2** *(asiasta ym)* nature (the nature of the problem *ongelman* ~) ▶ *kova työ* **kasvattaa** *~tta* hard work builds up character; *hänen -teeseensa* **kuuluu** *olla* .. it is [in] his character to be..; *hänellä on* **luonnetta** he has character, he is a man of [strong] character; *sen tekeminen kysyy ~tta* it takes character to do it; **luonteeltaan** *ylpeä* proud by nature; *kysymys on -teeltaan poliittinen* the issue is of a political nature; *keskustelu sai poliittisen -teen (m)* the conversation took on a political flavo[u]r; *näyttää* **todellinen** *-teensa* show one's true character (colo[u]rs).

luonne||- ** character *(disorder -häiriö;* sketch, drawing *-kuva[us]);* actor *-näyttelijä;* study *-tutkielma)* **-hdinta characterization **-htia** characterize (as *jksk); hänen runouttaan -htii syvä pessimismi* his poetry is characterized by deep pessimism **-vikainen I** *a* psychopathic **II** *s* psychopath[ic] **-vikaisuus** psychopathy.

luonnist|aa, -ua turn out well, go (come) off well; *häntä aina* ~ he is always lucky; *häneltä se -uu* he has the knack of it.

luonnolli||nen natural *(lak person henkilö;* smile *hymy;* death *kuolema); (teeskentelemätön) (m)* unaffected, artless; *-sta kokoa oleva* life-size[d] **-sesti** naturally *(erik merk)* **-suus** naturalness.

luonnon||antimet gifts of nature **-este** natural obstacle **-filosofia** natural philosophy **-historia** natural history **-hiu|s;** *-ksista tehty* made of real hair **-ihme** natural wonder **-ilmiö** natural phenomenon; *~t (m)* the phenomena of nature **-kansa** primitive people **-kasvi** wild[-growing] plant **-kaunis** ..of great natural beauty; ~ *paikka (m)* beauty spot **-kihara;** ~ *tukka* naturally curly hair **-kuitu** natural fibre **-lahjat** natural gifts **-laki** law of nature **-lapsi** child of nature **-menetelmä** *(kiel ym)* direct (nature) method **-mukainen** natural, ..true to nature **-mullistus** [natural] catastrophe, convulsion of nature, cataclysm **-oikku** freak [of nature] **-olot** natural conditions **-palvonta** nature worship **-parannus** naturopathy, nature cure **-parantaja** nature healer, naturopath[ist] **-puisto** nature park **-raikas** fresh **-rauha** the peace of the countryside **-rikkaus** natural wealth; *(pl)* natural resources **-silkki** real silk.

luonnonsuojel||ija conservationist **-u** nature conservation, protection (conservation, preservation) of nature **-ualue** nature reserve, preservation area, natural conservation area **-ullinen** conservational.

luonnon||tiete|t the natural sciences; *-iden kandidaatti (läh v)* Bachelor of Sciences, *(lyh)* B.Sc. (Nat.Sci.) **-tieteellinen** ..on (concerning) natural history; ~ *museo* museum of natural history **-tletellijä** natural scientist **-tieto** natural history **-tila;** *~ssa* in its natural state **-tuot|e** natural product; *maksaa -teissa* pay in kind **-tutkija** student of nature, naturalist **-valinta** *(biol)* natural selection; *(m)* survival of the fittest **-varainen** wild, natural (flower *kukka*); virgin (forest *metsä*) **-varat** natural resources **-vastainen** unnatural, ..contrary to nature; *(epänormaali)* abnormal, perverted **-voim|at** the elements, the natural forces, the forces of nature; *-ien armoilla* exposed to [the fury of] the elements, at the mercy of the forces of nature.

luonnos outline; *(kuvat ym)* sketch (for *jnk* ~); *(erik kirjallinen* ~) *(m)* draft **~kirja** sketchbook **~lehtiö** sketch|pad, -block, -book.

luonnostaan naturally (red cheeks *punaiset posket); (henk)* by nature (kind by nature ~ *ystävällinen); (kirj)* inherently (wicked *ilkeä); hän on* ~ *antelias (m)* it is his nature to be generous; *se lankeaa* ~ it is a matter of course; ~ *lankeava* matter-of-course.

luonnostella outline (in a few strokes *muutamalla vedolla;* a plan *suunnitelmaa); (kirjoittaa m)* draft, make a draft of; *(piirtää m)* sketch, make a sketch of.

luonnot|on unnatural; *(epänormaali)* abnormal (situation *tilanne);* monstrous (proportions *-tomat mittasuhteet;* it is monstrous to charge such prices *on ~ta pyytää sellaisia hintoja); (epätavallinen)* unusual; *-toman iso* unnaturally large.

luontai|nen natural (leader *johtaja;* it is natural to him *se on hänelle -sta); (synnynnäinen)* inborn, native (abilities

kyvykkyys), innate.
luontais||tuot|e natural (biodynamic) product; *-teet (m)* health (natural) food **-tuotekauppa** health food shop (store) **-viljely** biodynamic [agri]culture.
luonteen||heikkous weakness of character **-kuvaus** character sketch (drawing) **-laatu** disposition; temperament (excitable temperament *kiivas ~*); *(luonne)* character **-lujuus** firmness of character **-omainen** characteristic (of *jllk;* trait *piirre*) **-ominaisuus, -piirre** characteristic, trait [of character], quality.
luonte||eton *(halv)* characterless **-ikas** characterful (interpretation *tulkinta*).
[-]luonteinen 1 *(henk)* ..of..character (of strong character *luja~*), ..of..nature (of evil nature *ilkeä~*) **2** *(asiasta)* ..of a..nature (of a temporary nature *tilapäis~*), ..in nature (political in nature *poliittis~*); *käskyn ~ pyyntö* a request in the nature of a command.
luonteva natural, *(teeskentelemätön)* unaffected, unforced, unstudied; *selityksesi tuntuu ~lta* your explanation sounds plausible.
luon|to nature (back to nature *takaisin ~on*) ▶ *-non helmassa* in the bosom (lap) of nature; *pitää ~nsa* **kurissa** keep control of o.s.; *kävi -nolle nähdä..* it turned the stomach to see..; *maksaa* **luonnossa** pay in kind; *nähdä -nossa* see .. in the wild (an animal *eläin*); see .. in the flesh (a p. *jku*); *hänellä ei ollut* **luontoa** *valehdella* it went against the grain for him to tell lies; **rohkaista** *~nsa* take (pluck up) courage; **Suomen** *~* the Finnish countryside, nature in Finland.
luontoemo Mother Nature.
[-]luontoinen *ks. [-]luonteinen.*
luontois||edut benefits in kind, perquisites; *(ark)* perks **-talous** barter economy.
luonto||kappale creature **-polku** nature trail.
luontua 1 *(sopia)* fit (a th. *jhk*); *(soveltua)* be suited (to, for *jhk*); *~ lopulliseen muotoonsa* take its final shape (form); *~ hyvin yhteen* go together well **2** *(luonnistua)* turn out (well *hyvin*).
luopio renegade, apostate.
luopua give up (the search *etsinnöistä;* one's principles *periaatteistaan*); abandon (all hope *kaikesta toivosta;* one's claims *vaatimuksistaan*); renounce (one's faith *uskostaan*); part with (one's pet (right) *lemmikkieläimestään (oikeudestaan)*);

drop (a project *hankkeesta*); *(kirj)* relinquish ▶ *~* **asemastaan** resign one's position; *~* **kilpailusta** withdraw from the competition; *~* **kruunusta** abdicate, give up the throne; *~* **leikistä** give [the game] up; *~ toivosta jkn suhteen* give a p. up.
luopuminen abandonment; renunciation; relinquishment.
luostari *(munkki~)* monastery; *(nunna~)* convent; *mennä ~in* enter the monastery (convent); *(naisesta m)* take the veil *~koulu* monastic (monastery) school; convent school *~laitos* monasticism, the monastic system *~lupaus (pl)* monastic vows; *tehdä ~* take the vows *~veli* monk, friar.
luota from; *lähteä jkn ~* leave a p.['s house]; *työntää ~taan* push .. away *~antyötävä* forbidding (appearance *ulkonäkö*); *(vastenmielinen)* repellent, repulsive.
luota||illa *(kuv)* sound (the atmosphere *ilmapiiriä*) **-in** sounder; *(avaruus~)* probe **-us** sounding.
luoteinen I *a* northwest[erly] (air current *ilmavirtaus*), nortwest[ern] (section of the town *kaupunginosa*) **II** *s* the northwest; *(lyh)* NW.
luoteis||- northwest[ern] (coast *-rannikko*) **-myrsky** northwester **-tuuli** northwest[erly] wind; *(voimakas ~)* northwester **L-väylä** the Northwest Passage.
luotella *(käsit)* over|cast, -sew, sew overhand.
luotettav||a reliable (car *auto;* man *mies*), trustworthy; dependable (ally *liittolainen*); credible; *olemme ~lta taholta saaneet tietää että* we are reliably informed that..; *-ista lähteistä* from a reliable source (on good authority) **-uus** reliability, trustworthiness; dependability; credibility.
luotettu trusted (man *mies;* friend *ystävä*).
luo|ti 1 bullet; *saada surmansa kiväärin (sala-ampujan) -dista* be killed by a rifle (a sniper's) bullet **2** *(mer)* [sounding] lead, plummet **3** *(rak)* plumb [bob], plummet *~lanka (rak ym)* plummet, plumb line *~liina (mer)* sounding line *~suora* plumb.
luoto islet [rock], rock, rocky islet.
luoton||antaja credit grantor, lender, creditor **-anto** granting of credit[s], making of loans **-ottaja** borrower, debtor **-otto** borrowing **-tarve** credit requirement[s].
luotsa||ta pilot **-us** pilotage, piloting

-usmaksu pilotage.
luotsi pilot; *luotsi|*- pilot (station *-asema;* flag *-lippu;* boat *-vene*) ~**laitos** pilotage service.
luottaa 1 trust (a p. *jkh*), rely [up]on (a p.'s honesty *jkn rehellisyyteen*), count (depend) [up]on (a p.'s help (word) *jkn apuun (sanaan)*) **2** *(uskoa jhk)* [put one's] trust in (one's leader *johtajaansa;* one's abilities *kykyihinsä*), have confidence in, put confidence in ▶ **ei** ~ *(m)* mistrust, distrust; ~ **muistiinsa** trust to one's memory; ~ **onneensa** *(vaistoihinsa)* trust to luck (instinct); *voit* ~ **siihen että** *hän tekee sen* you may rely (count, depend) [up]on his doing it ([up]on him to do it), you may rely [up]on it that he will do it; *luotamme* **täysin..** we have every confidence in..; *luotan täysin siihen että* I am confident that.
luottamukselli||nen confidential **-sesti** *(m)* in [strict] confidence **-suus** confidentiality.
luottamu|s confidence (in *jhk;* win a p.'s confidence *saavuttaa jkn* ~); *(usko)* trust (in God *Jumalaan*) ▶ *-ksen* **arvoinen** worthy of trust (confidence), trustworthy; **herättää** *[jkssa]* ~*ta* inspire [a p. with] confidence; *(pol)* ~*ta* **lisäävät** *toimet* confidence-building measures; **luottamuksella** confidentially, with confidence; **menettää** *-ksensa jhk* lose confidence (one's trust) in; *hallitus* **nauttii** *eduskunnan* ~*ta* the cabinet enjoys (has) the confidence of the parliament; **palauttaa** ~ *jhk* restore confidence in; **panna** *-ksensa jhk* put one's trust (faith) in; **pettää** *jkn* ~ let a p. down, betray a p.'s confidence.
luottamus||henkilö person elected to a position of trust, elected official **-lause** *(parl)* vote of confidence **-mies** shop steward **-pula** lack of confidence, confidence gap **-tehtävä** position of trust, confidential post.
luottavai||nen 1 *(hyväuskoinen)* trustful (mind *mieli*), trusting, confiding **2** *(itseensä luottava)* confident (in a confident voice *-sella äänellä*) **-sesti** *(-sin mielin)* with confidence.
luotti *(kasv)* stigma *(pl m* ~ta).
luot|to credit (get credit *saada* ~a); *-olla* on credit *(ark* tick); *1 000 markan* ~ a credit for 1000 marks.
luotto||- credit (terms, conditions *-ehdot;* sale, business *-kauppa;* institution, bank

-laitos; purchase *--osto*) **-kelpoinen** creditworthy **-kelpoisuus** creditworthiness, credit standing **-kort|ti** credit card; *-illa* by credit card **-politiikka** credit policy; *kireä* ~ *(m)* credit squeeze **-tiedot** *(sg)* credit (status) information (report) **-tili** credit account; *(Am)* charge account **-vanki** trusty.
luova creative (art *taide*); *(leik) pitää* ~ *tauko* take five (ten).
luovia 1 *(mer);* ~ *[vastatuuleen]* tack, beat to windward **2** *(kuv)* zigzag (through the crowd *ihmisvilinässä*).
luovutt||aa 1 give up (one's seat to *istumapaikkansa jklle*); deliver up (over) (a town to the enemy *kaupunki viholliselle*); yield; *(siirtää jtk jklle)* hand over (the command (power) to *komento (valta) jklle*); *(erik* ~ **maata)** cede, surrender; *(jättää tyhjäksi)* vacate (one's hotel room *hotellihuoneensa*) **2** *(liik, lak)* hand over (against a receipt *kuittia vastaan)*; deliver (the goods *tavarat*); surrender (one's rights *oikeutensa*); assign, relinquish (one's property to *omaisuutensa jklle*); convey (land to *maata jklle*); *(siirtää)* transfer **3** *(lak) (*~ *rikollinen)* extradite **4** *(antaa)* give away, present, distribute (a prize *palkinto*) **5** *(urh ym)* retire; *(antaa periksi)* give up **6** *(lääk)* donate (to *jklle*) **7** *(kem, fys) (tuottaa)* produce, give off, release (oxygen *happea*); emit (heat *lämpöä*) **-aja** *(lääk)* donor (blood donor *veren*~).
luovutus delivery; cession; assignment; conveyance; transfer; *(rikollisen* ~*)* extradition ~**voitto;** *saada* ~ *jksta* win through the opponent's resignation.
luovuus creativ|eness, -ity.
lu||pa 1 permission (for *jhk;* to do *tehdä*); *(erik virall* ~*)* authorization **2** *(~kirja)* permit (fishing permit *kalastus*~); licen|ce, *(Am)* -se (television licence *televisio*~) **3** *(koul)* day (an afternoon etc.) off; *(~päivä)* holiday ▶ antaa *jklle* ~ give a p. permission (for *jhk;* to do *tehdä*), antaa *jklle* ~ *tehdä (m)* allow a p. to do; *tänään on* **koulusta** ~*[a]* there is no school today, we have a day off (holiday from school) today; *saada tunti* ~*a* get an hour (a lesson) off; *jkn* **luvalla** with (by) a p.'s permission, with permission of; *-vallanne* with your permission; *kenen -valla?* by whose permission? on whose authority? *(liik ym) jkn* **suosiollisella** *-valla* by

courtesy of; **omin** *-vin* without permission; on one's own authority; *hänellä on [jkn] ~ tehdä* he has [a p.'s] permission to do; *(liik ym)* he is licensed (authorized) [by a p.] to do; **pyytää** *[jklta]* ~ *jhk (tehdä)* ask [a p.'s] permission for (to do), ask a p. for permission for (to do); **saada** *[jklta]* ~ *jhk (tehdä)* get (have) [a p.'s] permission for (to do); *saanko -van?* may I have the pleasure [of this dance]? may I have the next dance? *saanko van esittäytyä* may I (let me) introduce myself; *siihen saimme -van tyytyä* we had to be content with that.

lupa‖ava promising (start *alku; young pianist nuori pianisti*); ..full of promise, ..of great promise **-kirja** permit, licen|ce, *(Am)* -se **-maksu** licence fee **-päivä** *(koul)* day off; *kaksi ~ä* two days off **-tarkastaja** licence inspector **-us 1** promise (of assistance *avunannosta;* to do *tehdä jtk;* give (make) a promise *antaa (tehdä) ~*; keep (carry out, fulfil, break) one's promise *pitää (toteuttaa, täyttää, rikkoa) -uksensa*); *(juhlallinen ~)* vow (of loyalty *uskollisuuden ~*); *(kirj)* pledge **2** *(lupaava henkilö)* prospect (young prospects *nuoria -uksia*) **-utua** [make a] promise (to do *tekemään jtk*); *(sitoutua)* engage [o.s.] (to do); *olen -utunut muualle* I have a previous engagement.

lupiini *(kasv)* lupin[e].

luppakorvainen floppy-eared, lop-eared.

lupsakka genial, jovial.

lurjus scoundrel, rogue ~**mainen** roguish.

lurpa‖llaan, -ssa; *korvat ~* with the ears hanging loosely.

lusik‖allinen spoon[ful] (of *jtk*) **-ka** spoon **-karuoka** spoon food **-oida** spoon up (out) (soup *keittoa*).

lusto 1 *(kasv)* annual (growth) ring **2** *(geol)* varve.

luterilai‖nen *a ja s* Lutheran; ~ *kirkko* the Lutheran Church; *L~ maailmanliitto* the Lutheran World Federation **-suus** Lutheranism.

lutikka 1 *(el)* cimicid **2** *(ark)* = *lude*.

lutka *(halv)* slut, hussy.

lu‖u 1 *(anat ym)* bone (gnaw a bone *jyrsiä ~ta;* made of bone *~sta tehty*); *pelkkää ~ta ja nahkaa* all skin and bones; *viima meni -ihin ja ytimiin* I was chilled to the bones (frozen to the marrow) **2** *(hedelmän kivi)* stone, pit.

luuda‖nvarsi broomstick **-s** twig.

luu‖hiili bone black (char), animal black **-kalvo** *(anat)* perioste|um *(pl -a),* bone skin.

Luukas [Saint] Luke.

luu‖kasvain osteoma *(pl m ~ta)* **-keitto** bonemarrow soup **-kilpi** *(el)* bony plate.

luuk‖ku hatch (open the hatch *avata ~;* through a hatch *-un kautta*); door (oven door *uunin~*); *(lattia~ m)* trapdoor; *(ikkuna~)* shutter; *(lippu~)* ticket window; *(pato~)* gate.

luul‖la think (I think [that].. *-en että;* what do you think you are? *mikä oikein -et olevasi?* what do you think about it? *mitä siitä -et?*); *(uskoa)* believe (I believe he has come *-en että hän on tullut*); *(arvella)* suppose (what do you suppose he wanted? *mitä -et hänen halunneen?*); *(kuvitella)* imagine; *(ark)* reckon, *(erik Am)* guess ▶ *-in häntä* **isäksesi** I thought he was your father, I [mis]took him for your father; **miksi** *te minua oikein -ette?* (m) what do you take me for? *-en niin* I think (believe, suppose) so; *-isin niin* I should think so; *niinhän sitä -isi* that's what you'd expect; *älä -ekaan että* don't imagine that..

luulo supposition (based on supposition *~on perustuva*), presumption (false presumption *väärä ~*); *(usko)* belief (common belief *yleinen ~*); *(kuvittelu)* imagination; *(harhaluulo)* illusion ▶ *olin* **siinä** *~ssa että* I was under the impression that..; *tein sen siinä ~ssa että* I did it on the supposition that..; *hänellä on* **suuret** *~t itsestään* he has a high opinion himself; *ottaa jklta* **turhat** *~t pois* cut a p. down to size.

luulo‖sairas I *a* hypochondriac[al] **II** *s* hypochondriac **-sairaus** hypochondria; imaginary illness **-tella 1** *(kuvitella)* imagine; ~ *olevansa rikas* imagine o.s. rich **2** *(uskotella)* ~ *jklle jtk* try to make a p. believe a th. **-teltu** imaginary **-ttelu** imagination.

luultava probable (it is probable that.. *on ~a että*), presumable; *on hyvin ~a että (m)* it is highly likely that.. ~**sti** probably, presumably.

luu‖mainen bony, bonelike; osseous **-marja** drupe, stone fruit.

luumu plum; *(kuivattu ~)* prune ~**puu** plum tree.

luu‖mätä osteomyelitis, caries **-nappi** *(kuv)* fillip (give a p. a fillip on *antaa jklle ~ jhk*) **-nmurtuma** fracture **-nsiru** splinter of

bone, bone splinter.
luuppi *(suurennuslasi)* loupe.
luuranko skeleton *(m kuv)* (human skeleton *ihmisen ~); (kuv) ~ kaapissa* skeleton in the cupboard *(Am* closet) **~mainen** skeletal.
luuri *(puh)* receiver; *paiskata ~ jkn korvaan* hang up on a p.
luu‖sto *(pl)* bones; skeletal structure; *(luuranko)* skeleton **-syöpä** bone cancer.
luu‖ta broom; *(varvuista tehty ~ m)* besom; *uudet -dat lakaisevat hyvin* new brooms sweep clean.
luutnant|ti *(sot)* **a)** *(maavoimat)* Lieutenant; *(Am)* First Lieutenant; **b)** *(ilm)* Flying Officer; *(Am)* First Lieutenant; **c)** *(mer)* Sub-Lieutenant; *(Am)* Lieutenant [Junior Grade]; *-in arvo* lieutenancy.
1 luuttu *(mus)* lute.
2 luuttu *(ark);* floor cloth.
luu‖tua ossify *(m kuv)* **-tum|a, -inen** ossification **-ydin** [bone] marrow.
luvallinen permissible (means *-set keinot)*, allowable, admissible; *(laillinen)* legal, lawful.
luvan‖haltija licence-holder, licensee **-varainen** ..subject to licen|ce *(Am* -se).
lu|vata promise *(m kuv)* (a th. to a p., a p. a th. *jklle jtk;* that *että;* to do *tehdä jtk*); *(~ juhlallisesti)* vow, pledge ▶ *tämä ei -paa hyvää* this doesn't promise well; *~ kuuliaisuutta jklle* vow obedience to; *(raam, kuv)* **luvattu** *maa* the Promised Land; *-paan ja* **vannon** I solemnly swear.
luvat|on *(laiton)* illegal, unlawful (possession of *jnk ~ hallussapito)*, illicit (sale of liquor *alkoholinmyynti)*; *(kielletty)* forbidden (relationship *suhde)*; unlicensed (fisher *kalastaja)*; unauthorized (presence in an area *oleskelu alueella)*; *-toman paljon virheitä* an inexcusably great number of mistakes.
lyh|de shea|f *(pl* -ves); *sitoa -teiksi* bind into sheaves.
lyhenne abbreviation *(lyh* abbr[ev].) (of *jstk);* »phone» *on ~ sanasta* »telephone» *(m)* »phone» is short for »telephone» **~llä** *(~ kirjaa ym)* abridge, abbreviate **~lmä** abridgement, abridged version; *(tiivistelmä)* abstract (of a speech *puheen ~)*, summary, résumé **~luettelo** list of abbreviations.
lyhenny|s 1 *(lyhentäminen)* shortening **2** *(liik)* instal[l]ment (annual instal[l]ments *vuotuiset -kset)*, partial payment **3** =

lyhenne.
lyhent‖yä = *lyhetä* **-ämät|ön; ~** *painos* unabridged edition; *saada palkkansa -tömänä* receive one's pay without deductions **-ää 1** shorten (by two centimetres *kaksi senttiä)*; make..shorter; curtail (one's speech *puhettaan)*; reduce (working hours *työaikaa)*; *lyhennetty työaika* short time **2** *(~ teosta)* abridge (an abridged edition *lyhennetty painos)*; *(~ sanaa)* abbreviate; *January lyhennetään Jan.* January is abbreviated to Jan. **3** *(~ velkaa ym)* pay off [by instal[l]ments].
lyhe|tä shorten, get (become) shorter; be reduced (the distance was reduced by 10 kilometres *välimatka -ni 10 kilometrillä)*.
lyhty 1 lantern **2** *(auton ym ~, katu~)* lamp, light **~pylväs** lamppost.
lyhyen‖läntä shortish, rather short **-päivänkasvi** short-day plant.
lyhyesti shortly (speak shortly *puhua ~)*, briefly (answer briefly *vastata ~)*; *puhu ~! (m)* be brief! *~ sanottuna* in brief (short), briefly, to cut a long story short.
lyhy|t short (man *mies;* memory *muisti;* in a short time *-essä ajassa;* a short way off *-en matkan päässä)*; brief (letter *kirje;* visit *vierailu)*; *-en aikavälin (tähtäimen)* short|-term, -range, -time (planning *suunnittelu)*; *lopettaa -een* cut short.
lyhyt‖aalto|- shortwave (range *-alue;* station *-asema;* transmitter *-lähetin)* **-aikainen** ..of short (brief) duration (rainshower *sadekuuro)*; *(lyhyt)* short, brief (illness *sairaus)*; *(-ikäinen)* short-lived (government *hallitus)*; *(erik liik)* short-term (loan *laina)*; *(ohimenevä)* transient (happiness *onni)*; *~ obligaatio* short-dated bond **-filmi** short film *(Am* subject); *(ark)* short **-hihainen** short-sleeved **-ikäinen** short-lived (government *hallitus;* insect *hyönteinen)* **-jänteinen** shortsighted; *(henk)* ..with a short attention span **-kasvuinen** short; *(henk m)* ..short of stature; *(kasvista ym m)* ..short in growth **-näköinen 1** *(kuv)* shortsighted (policy *politiikka)* **2** = *likinäköinen* **-ohjelma** *(taitoluist)* short program[me] **-sanainen** short-spoken, curt **-säärinen** short-legged **-tavara** *(Br)* haberdashery; *(Am) (pl)* notions **-tavarakauppias** haberdasher **-tavaraliike** haberdashery, haberdasher's [shop].
lyhyys shortness, brevity, briefness.

lyijy lead *(eri merk)* (the lead of the pencil is broken *kynästä on ~ poikki)*.

lyijy||- lead (accumulator *-akku;* mine *-kaivos;* water *-vesi)* **-inen** lead[en]; plumbeous **-kaapeli** lead-covered cable **-ke** *(-sinetti)* lead seal **-kynä** [lead] pencil; *~llä kirjoitettu (m)* written in pencil **-myrkytys** lead poisoning *(m ark kuv)* **-mönjä** red lead paint ..**-nharmaa** leaden, lead-grey **-pitoinen** ..containing lead; plumbiferous **-täytekynä** propelling *(Am* mechanical) pencil.

lyk|ky *(ark); hyvässä -yssä ehdimme junaan* if we're lucky we'll catch the train; *oli luojan ~ että tulit* thank God you came; *~ä tykö!* good luck!

lykkä||ys 1 postponement, delay; *(erik lak)* adjournment; *(maksuajan pidennys)* respite, extension [of time] **2** *(sot)* deferment; *saada ~tä* receive a deferment, be deferred; *hän sai ~tä jhk asti (m)* his military service was deferred until **-ytyä** be put off (postponed etc.) *(vrt lykätä 2).*

lyk|ätä 1 *(työntää)* push (aside *syrjään); (sysätä)* shove; thrust; *kasvi -kää uusia versoja* the plant is putting out new shoots; *~ syy jkn niskoille* put (lay) the blame on **2** *(siirtää tuonnemmaksi)* put off (one's departure *lähtöään;* till (until) Friday *perjantaihin;* for a week *viikolla);* postpone, adjourn (to a later date *myöhäisempään ajankohtaan),* defer (making a decision *päätöksentekoa),* delay (one's holiday *lomaansa).*

lyller||tää; *[kävellä]* ~ waddle **-ö** dumpling, roly-poly.

lymy||paikka hiding place **-tä** hide.

lynk||ata lynch **-kaus** lynching.

lypsy milking; *mennä ~lle (olla ~llä)* go and milk (be milking) the cows *~karja (pl)* dairy cattle *~kone* milking machine, milker *~lehmä* milk[ing] cow, dairy cow, milker (a good milker *hyvä ~),* milch cow *(m kuv).*

lypsä|ä milk (the cows *lehmät; (kuv)* a p. of his money *jklta rahat;* information from *tietoja jklta);* *lehmät -vät hyvin* the cows milk well.

lyriikka 1 *(run)* lyric poetry **2** *(lyyrisyys)* lyricism.

lyseo lyceum; lycée *(ransk).*

lysoli Lysol *(rek).*

lysti *(ark)* ▶ *se on* **kallista** *~ä* it costs a pretty penny; **lystikseen** for fun, for the fun of it; *meillä* **oli** *~ä* we had a good

time; **pitää** *~ä jkn kustannuksella* make fun of.

lysti||käs funny (story *juttu;* man *mies);* jovial (old man *ukko)* **-npito** merrymaking.

lysy|ssä, -yn; *hartiat* ~ [with one's shoulders] hunched up; *painaa hartiansa -yn* hunch one's shoulders.

lysähtää drop, sink (to the ground *maahan);* flop (into a chair *tuoliin);* slump (down to the floor *lattiaan);* ~ *kasaan* collapse.

lytist||yä be flattened **-ää** flatten.

lyt|yssä *(-tyyn); lyödä -tyyn* beat flat; squash [flat] (a hat *hattu);* painaa *-tyyn* press flat.

lyyhist||yä drop, sink (to the groud *maahan); (luhistua)* collapse **-ää** knock down.

Lyypekki Lübeck.

lyyra lyre.

lyyri||kko lyric poet, lyricist **-nen** lyric[al] *(eri merk)* **-syys** lyricism.

lyö|dä 1 hit (a p. *jkta;* a ball *palloa); (kolauttaa)* knock (one's head against (on) *päänsä jhk); (iskeä)* strike; bang (one's fist on the table *nyrkkinsä pöytään;* the door shut *ovi kiinni)* **2** *(erik kuv ym)* beat (a record *ennätys;* a p. at tennis *jku tenniksessä;* a drum *rumpua);* he looked tired and beaten *hän näytti väsyneeltä ja -dyltä;* the heart is beating *sydän lyö);* **3** *(urh)* hit, strike; *(pesäpallossa ym)* bat ▶ ~ *vihollisjoukot* **hajalle** scatter (disperse) the enemy troops; **kello** *löi kaksitoista* the clock struck twelve; ~ **kortti** *pöytään* play a card; ~ *itsensä* **läpi** make one's (its) breakthrough; ~ **maahan** knock (beat) down (to the ground); ~ **mitali** strike a medal; ~ **naula** *jhk* drive a nail into; ~ **palasiksi** *(sirpaleiksi)* break .. into pieces (splinters); *kuin* **puulla** *päähän -ty* struck (knocked) all of a heap, flabbergasted; ~ **rahaa** *(kolikoita)* mint (strike) coins; ~ **rikki** break, smash; *hyökkäys -tiin* **takaisin** the attack was beaten off (back); **älä lyö** *-tyä* don't hit a man when he's down.

lyöjä *(pesäp)* batter.

lyömä||ase striking weapon **-soit|in** percussion instrument; *-timet (orkesterissa)* the percussion **-tön** *(erik urh)* unbeaten.

lyön|ti 1 *(isku)* hit, knock, blow (a heavy blow *kova ~); (urh, konekirj, kellon ~)* stroke; *(erik nyrkk)* punch; *-nilleen kello 12 on* (at) the stroke of 12 **2** *(sydämen~)* [heart]beat, stroke *~laukaus (jääkiekossa)* slapshot ~nopeus *(konekirj)* typing speed ~tiheys *(sydämen ~)* heart rate ~virhe *(konekirj)* typing error.

lyöttäytyä; ~ *jkn seuraan* impose o.s. (one's company) on, intrude upon; ~ *yhteen* join together.

lyöttää; ~ *mitali* strike a medal, have a medal struck.

läh|de 1 spring; *Niilin -teet* the sources of the Nile **2** *(kuv)* source (of information (protein) *tieto- (valkuais)~;* from a reliable source *luotettavasta -teestä)* ~aineisto source material[s]; *(pl)* sources ~joki headstream ~kieli *(kiel)* source (original) language ~kirja source book ~luettelo list of sources (references); bibliography.

lähdettä||minen *(lääk); sikiön ~* abortion **-ä;** ~ *sikiö* abort a foetus.

lähde||vero tax at [the] source [of income] **-vesi** springwater **-viite** [source] reference.

lähei||nen 1 nearby (village *kylä),* ..[situated] near (close) by; *(naapuri-)* neighbo[u]ring (towns *-set kaupungit)* **2** *(kuv)* near (relations *-set suhteet;* relative *sukulainen),* close (to *jklle;* friend *ystävä;* in [a] close contact with *-sessä kosketuksessa jhk);* intimate (friend *ystävä); he ovat -stä sukua* they are closely related; *hänen -sensä* his next of kin; ~ *tuttavuus (ystävyys, -set suhteet) (m)* intimacy (with *jkn kanssa)* **-sesti** closely (be closely related to *liittyä ~ jhk)* **-syy|s** nearness; vicinity, proximity; neighbo[u]rhood; *(kuv m) (uhkaava ~)* imminence (of death *kuoleman ~); jnk -dessä* near [to], close to (hy), *(kirj)* in the vicinity of; *jnk välittömässä -dessä* in the immediate vicinity of.

lähekkäi||n near (close to) each other; close together (their birthdays (houses) are close together *heidän syntymäpäivänsä (talonsa) ovat ~); hänen silmänsä ovat ~* his eyes are close-set **-nen** ..situated near (close to) each other **-syys** proximity.

lähel|lä *(-le, -tä)* **I** *adv* near (the office is quite near *toimisto on aivan ~;* Christmas is near *Joulu on ~),* near (close) by **II** *postp, prep* near [to] (the station *aseman ~;* near midnight ~ *keskiyötä;* the calculation was very near the right one *laskelma oli hyvin ~ oikeata);* close to (by) (the church *kirkon ~)* ▶ **ampua** *-tä* shoot at short (close) range; *rauhanaate on aina ollut* **häntä** ~ the cause of peace has

always been important to him (close to his heart); **katsoa** *-tä* look at close quarters (from near (close) by); *-tä ja* **kaukaa** from far and near; *-tä* **piti** *etten kaatunut* that was a close thing (call, *ark* shave) — I nearly fell.

lähem||min more closely (examine more closely *tutkia ~); asiaa ~ ajateltuani* after close[r] consideration; *asiaa ~ tarkasteltaessa* on close[r] examination; *tutustua jkh ~* become better acquainted with **-pi** closer (examination *tarkastelu); ~ä tietoja antaa..* further particulars (information) may be obtained from, for further information inquire from (at).

lähem|pänä *(-pää, -mäksi, -mäs)* **I** *adv* nearer (come nearer! *tule -mäs!),* closer; more closely (look moor closely *katso -pää)* **II** *postp, prep* nearer [to] (I live nearer [to] the station than you *asun ~ asemaa kuin sinä),* closer to (Italian is closer to Latin than to French *italian kieli on ~ latinaa kuin ranskaa); -mäs 50 henkeä* close to ([up]on) 50 people.

lähen||nellä 1 *(~ jkta)* make advances (approaches) (to *jkta); (ark)* make a pass at a p.; *(ahdistella)* molest **2** *(kuv)* come close to (near [to]) (the truth *totuutta;* the result comes close to the world record *tulos -telee maailmanennätystä);* approach (perfection *täydellisyyttä);* border (verge) [up]on (this borders on chaos *tämä -telee kaaosta);* kello *-telee kymmentä* it is getting on for ten **-tely[t]** *(pl)* advances (refuse a p.'s advances *torjua jkn ~),* approaches.

lähentyminen *(pol)* rapprochement (with a country *jhk maahan).*

lähent||yä *(erik kuv)* come closer (nearer) (the countries have come closer to each other *maat ovat -yneet toisiaan),* approach *(vrt lähetä)* **-ää** *(erik kuv)* bring closer (nearer).

lähes .. early (every year *joka vuosi;* perfect *täydellinen);* close to ([up]on) (fifty persons *viisikymmentä henkeä); (melkein)* almost **~kään;** *ei* ~ nowhere (not anywhere) near (as good as *niin hyvä kuin); (ark)* not near[ly] (ready *valmis)* **~tulkoon[kaan]** = *lähes|kään]* **~tyminen** approach (of winter (the enemy) *talven (vihollisen) ~).*

lähestymis||suunta direction of approach **-valot** *(ilm)* [runway] approach lights.

lähesty|ä approach *(m kuv)* (a problem

ongelmaa; the town *kaupunkia;* he is difficult to approach *häntä on vaikea ~;* summer is approaching *kesä -y*); near (the coast *rannikkoa*), draw (come) near[er] (close[r]) (Christmas is drawing closer *joulu -y;* I heard the steps come nearer *kuulin askelten -vän*).

lähete 1 *(yl saate)* covering (accompanying) letter (note) **2** *(liik) (remissi)* remittance **3** *(lääkärin ym antama ~)* [physician's] referral; admission note.

lähetti 1 *(sanansaattaja)* messenger, envoy **2** *(liikkeen ym ~)* messenger [boy (girl)], office boy (girl), errand boy **3** *(sot)* orderly, messenger **4** *(šakk)* bishop **~läs** *(dipl)* envoy, minister; *(suur~)* ambassador; *(paavin ~)* legate; *(nuntius)* nuncio *(pl ~s*); *hyvän tahdon ~* goodwill ambassador, ambassador of goodwill; *Suomen Haagin–~* the Finnish envoy (minister) to the Hague.

lähetyvil‖lä *(-le, -tä)* **I** *adv* near (close) by, in the neighbo[u]rhood; near **II** *postp (jnk ~)* near [to], close to (by) (keep close to the coast *pysytellä rannikon ~*); in the neighbo[u]rhood of (the station *aseman ~*).

lähettä‖jä 1 sender; *(liik) (tavaran ~)* consign‖or, -er **2** *(urh)* starter **-minen** *(m)* dispatch (of a telegram *sähkeen ~*); *(liik)* consignment.

lähettää 1 send (a letter to *kirje jklle*); dispatch (an invitation *kutsu*); *(~ postitse m)* send off (out); *(avarl)* launch (a rocket into space *raketti avaruuteen*); *~ edelleen* forward, send on (to the new address *uuteen osoitteeseen*); *~ hakemaan jkta* send for; *~ takaisin (m)* return **2** *(liik)* consign, ship (by rail *rautateitse*), forward **3** *(rad, TV)* broadcast (a program[me] *ohjelma*), transmit.

lähetys 1 *(tavaraerä)* consignment, shipment (of coffee *kahvi~*) **2** *(rad, TV)* broadcast, transmission **~asema 1** *(rad, TV)* broadcasting (transmitting) station **2** *(kirk)* mission [station], missionary station **3** *(liik)* station of dispatch, forwarding station **~kirkko** mission church **~lista** *(liik)* dispatch note **~saarnaaja** missionary **~seura** missionary society **~työ** *(kirk)* missionary work **~työntekijä** missionary [worker].

lähetystö 1 *(valtuuskunta)* delegation, deputation; *(erik ulkomaille lähetetty ~)* mission **2** *(dipl)* legation; *(suur~)* embassy

~avustaja attaché **~sihteeri** Secretary of Legation.

lähe‖tä 1 approach (the storm is approaching *myrsky -nee*), near, draw (come) near[er] (close[r]) (the sound came nearer *ääni -ni*) **2** = -*nnellä 2.*

lähi‖‖- *(ajasta)* the next few (weeks -*viikot;* years -*vuodet*) **-aika;** *-aikoina* soon, in a short time; in the near future; *(viime aikoina)* lately, recently; *-ajan tavoitteet* short-term objectives **-demokratia** close-range democracy **-etäisyy‖s;** *-dellä* in the near distance; *ampua -deltä* shoot at short (close) range **-historia** recent history **L--itä** the Middle East; *--idän* Middle East[ern] **-kuva** close-up *(m kuv); jk ~ssa* close-up of **-lasit** reading glasses **-liikenne** short-distance (local, suburban) traffic **-maasto** surrounding terrain; *(pl)* surroundings **-menneisyys** the immediate past **-mmäinen** fellowman, fellow creature, neighbo[u]r *(m raam)* **-mmäisenrakkaus** love for one's neighbo[u]r **-mpänä** nearest; *jtk ~* nearest [to], closest to **-myymälä** neighbo[u]rhood (local) shop **-n** the nearest (postbox *postilaatikko*), the closest (friend *ystävä*); *~ esimies* immediate superior; *hänen -mpänsä* his next of kin (nearest relatives) **-naapuri** next-door neighbo[u]r **-nnä 1** *(etupäässä)* chiefly, mainly; *(ensi sijassa)* first of all, in the first place, primarily; *(ennen muuta)* above all **2** = *lähimpänä* **-näkö** *(opt)* near vision **-omainen** next of kin; near relation (relative) **-osoite** street address **-ottelu** infighting **-piiri;** *kuulua jkn ~in* belong to a p.'s immediate circle **-päiv‖ät** the next few days; *-inä (m)* one of these days **-seutu** [immediate] neighbo[u]rhood; surrounding country **-stö** neighbo[u]rhood; *[jnk] ~llä* in the neighbo[u]rhood [of], near [to]; *pysytellä ~llä* keep near (close) by, *(ark)* stick around **-suku** immediate family **-sukulainen** near relative **-taistelu** *(sot)* close combat, hand-to-hand fighting **-tulevaisuu‖s** the near future; *joskus -dessa (m)* in the not too distant future **-tuntuma;** *jnk ~ssa* near [to], close to **-valo‖t** dim[med] lights, dip[ped] lights, low beam; *ajaa -illa* drive on dipped headlights; *kytkeä ~* dip *(Am* dim) the headlights (one's lights) **-ympäristö** immediate surroundings.

lähiö housing estate *(Am* development).

lähte‖‖mätön indelible (stain *tahra;*

impression on *vaikutus jhk*), ineffaceable **-vä;** ~ *posti* outgoing post.

läh|teä 1 *(mennä)* go (to *jnnk;* shopping *ostoksille;* let's go! *-detään!*); leave (for *jnnk;* a place *jstk;* the bus leaves from platform 2 *bussi -tee laiturilta 2*); *(~ matkaan)* start [out (off)] (early *aikaisin*); set out (on the last stage of the race *kilpailun viimeiselle osuudelle*); *(erik junasta)* depart (for *jnnk*); *(ilm)* take off; *(mer)* sail **2** *(irrota)* come out (the stain won't come out [of] *tahra ei -de [jstk];* one of my stoppings has come out *minulta on -tenyt paikka hampaasta*); come off (the skin comes off easily *kuori -tee helposti;* a button came off my coat *takistani -ti nappi*); fall out (his hair is falling out *hänen hiuksensa -tevät*); shed (it sheds fluff *siitä -tee nukkaa*) **3** *(jstk -tee j[t]k)* give off (it gives off a curious smell *siitä -tee kummallinen haju*); send out (it sent out a dim light *siitä -ti himmeä valo*) **4** *(alkaa)* start, begin (the railway line starts from the coast *rautatie -tee rannikolta*); *asemalta -tee tie meille* there is a road from the station to our house **5** *(erkaantua)* leave (the nerves that leave the spinal cord *selkäytimestä -tevät hermot*); branch; separate **6** *(tulla)* come (where did the shot (sound) come from? *mistä se laukaus (ääni) -ti?*) ► **jäät** *-tevät* the ice is breaking up; ~ *jkn* **luota** leave a p.; *en* **saa** *tätä tahraa -temään* I can't get this stain out; *-demme* **siitä että** we start from the assumption that, we are assuming (presuming) that; *minun* **täytyy** *nyt* ~ I must go (be going, leave, be off, be on my way) now; *koneesta -ti kummallinen* **ääni** the engine made a curious sound.

lähtien; *jstk* ~ from (that day [onward] *siitä päivästä ~*); since (yesterday *eilisestä ~;* since when? *mistä ~?*); *huomisesta ~ (liik ym)* as of (as from) tomorrow; *siitä ~* from then (that time) on, ever since, since then; *siitä ~ kun* [ever] since, from the time when; *tästä ~* from now on.

lähtijä *(urh)* starter; *Amerikkaan ~t* those leaving for America; *kaikki ~t ja tulijat* all the comers and goers.

läh|tö 1 leaving, going [away]; departure (for *jnnk;* from *jstk;* the departure of the train was delayed *junan ~ viivästyi; (ylät)* the time of my departure has come *~ni hetki on tullut); (mer m)* sailing; *(ilm m)* takeoff; *olla -dössä, tehdä ~ä* be just on the way, be about to leave; *olla -dössä jnnk (m)* be bound for **2** *(urh)* start (from start to finish *-döstä maaliin*); *saada hyvä* ~ get [off to] a good start **3** *(sähk)* output.

lähtö||- *(urh)* starting (order *-järjestys;* point, place *-lava;* flag *-lippu;* number *-numero*) **-aika** *(raut ym)* time of departure, departure time; *(mer m)* time of sailing; *(ilm)* time of takeoff **-alusta** *(raketin ym ~)* launch[ing] pad **-asema** *(raut)* station of departure; *(kuv) antaa jklle hyvät ~t* give a p. a good start (in *jhk*) **-hinta** *(liik)* initial price.

lähtöisin; *olla jstk* ~ come from (a good family *hyvästä perheestä*); originate (this style originates in China (with Picasso) *tämä tyyli on ~ Kiinasta (Picassolta)*); be native to (this animal is native to America *tämä eläin on ~ Amerikasta*).

lähtö||kohta *(konkr ja kuv)* starting point, point of departure (origin) (for); *(kuv m)* basis (for); *tutkimuksen ~na oli..* the study was based on.. **-kun|nossa, -toon** ..ready to start; *panna -toon* make ready **-laskenta** *(avarl)* countdown **-laukaus** *(urh)* starting shot *(m kuv);* ~ *pamahti* the pistol went off **-malja** farewell toast **-nopeus** *(fys)* initial velocity; *(ammuksen ~)* muzzle velocity **-passit** *(ark); antaa jklle* ~ send a p. packing; *(työpaikasta)* give a p. his marching *(Am* walking) orders **-piste** starting point; *(kuv) palata takaisin ~eseen* go back to square one **-päivä** day of departure *(mer m* sailing) **-satama** port of departure **-selvitys 1** *(mer) (laivan ~)* outward clearance **2** *(matkustajien ~)* check-in **-tellneet** *(urh) (sg)* starting block **-valmis** ..ready to start.

läike *(välke)* gleam, glitter **~htiä** gleam, glimmer; *(loimuta)* blaze, flare **~kangas** moiré *(ransk).*

läikikäs blotchy; spotted, flecked.

läikky|ä 1 *(~ yli)* spill (the coffee spilt on the table *kahvi -i pöydälle*), slop (some water slopped over the side of the pail *ämpäristä -i vähän vettä); (hölskyä)* slop about, slosh [about] **2** *(väikkyä)* gleam, glimmer; shine.

läikkä patch (of light *valo~*) *(ks m läiskä).*

läikyttää spill, slop (milk on the table *maitoa pöydälle*).

läimä|httää slam, bang (shut *kiinni); ruoska -hti* the whip cracked **-ys** slam, bang; slap, smack; *(piiskan ~)* crack **-yttää** slam, bang (a p. in the face *jkta* *kasvoihin;* the book on the table *kirja pöytään;* the door shut *ovi kiinni*); slap (a p. on the back *jkta selkään*), smack (the child's bottom *lasta takapuoleen*); *(~ piiskalla)* lash.

läisk||**iä** splash; slap (o.s. with birchtwigs *itseään vihdalla;* cards on the table *kortteja pöytään*) **-yttää, -yä** splash.

läiskä blotch (on the skin *ihossa;* of ink *muste~*); patch (of blue *sininen ~; a* wet patch *märkä ~*); *(pieni ~)* fleck (of colo[u]r *väri~*), spot **~htää** splash (into the water *veteen*) *(vrt läimähtää)* **~ys** splash.

läj||**ittäin;** *~ jtk* heaps of **-ä** heap (of sand *hiekka~*) **-ätä** heap [up].

läjäyttää *ks läimäyttää.*

läkki||**pelti** tinplate **-seppä** tinsmith.

läksiäis||**et, -juhla** *(sg)* farewell party **-puhe** farewell speech (address).

läksy||**[t]** *(koul) (sg)* homework (a lot of homework for Monday *paljon -jä maanantaiksi); (erik Br)* lessons; *antaa (saada) jtk -ksi* give (get) .. for homework; *lukea (tehdä) -nsä* do one's homework **-kirja** schoolbook **-ttää;** *~ jkta [jstk]* lecture a p., give a p. a lecture, give a scolding to a p. **-ty**|**s** lecture, telling-off (he needs a good telling-off *hän tarvitsee kunnon -ksen*), scolding.

läkäh||**dyksissä[än]** *(-dyksiin)* out of breath, breathless (from *jstk*) **-dyttä**|**ä** stifle (stifling heat *-vä helle*), suffocate **-ty**|**ä** stifle, suffocate; *hän nauroi niin että oli ~* he was splitting his sides with laughter; *olla -mäisillään janoon* be dying of thirst; *tännehän -y!* I'm stifling in this heat!

läm||**metä** warm [up] *(m kuv)*; become (get) warm[er] (the weather became warmer *sää -peni); (kuv) ~ jllk* warm to (an idea *ajatukselle*) **-mik**|**e;** *ota kuppi kahvia -keeksi!* have a cup of coffee to warm you up!

läm|**min** warm *(konkr ja kuv)* ▶ *ellen oli viisi* **astetta** *~tä* it was five [degrees] above zero yesterday; *~* **ateria** hot meal; *juoda kuppi kahvia* **lämpimikseen** have a cup of coffee to warm [o.s.] up; *minulla* **on** *~* I am warm; *ulkona on ~* it is warm outside; *istua* **sisällä** *-pimässä* stay indoors where it's warm; *~ ja kylmä* **vesi** hot and cold water.

lämmin||**henkinen** warm (occasion *tilaisuus*) **-ilma**|**-** hot-air (fan *-puhallin*) **-ruoka** main dish (course) **-sydäminen** warmhearted **-verihevonen** warmblood;

thoroughbred **-verinen** warm-blooded, warmblood, thoroughbred **-vesi**|**-** hot-water (pipe *-johto;* tank *-säiliö*) **-vesihana** hot-water tap *(Am* faucet), hot tap.

lämmit||**ellä 1** warm (one's hands *käsiään); (~ itseään)* warm o.s. (by the fire *tulen ääressä)* **2** *(urh)* warm up (before the race *ennen kilpailua)* **-in** *(tekn)* heater, heating apparatus **-teinen** *(yhdyss)* **-heated;** *(uunista ym)* -burning **-tely** *(urh)* warm-up **-täjä 1** *(mer)* stoker **2** *(raut)* stoker, fireman **3** *(~ tehtaassa)* furnaceman, stoker **4** *(kiinteistön ~)* boiler-man **-tää** warm [up] (a room *huone;* soup *keittoa; a* hot drink warms *kuuma juoma ~;* it warms the mind *se ~ mieltä); (konkr m)* heat [up] (the cold food *kylmä ruoka; a* house *talo); (antaa lämpöä)* give off heat; *~ uudelleen* warm up *(Am* over), heat up, reheat (the soup *keitto); (kuv) uudelleen lämmitetty* warmed-over.

lämmitys heating (turn the heating off *sulkea ~)* **~kattila** boiler **~kausi** heating season **~laite** heater, heating appliance **~laitos** heat[ing] plant.

läm|**mitä** warm [up] (the soup (sauna) is warming [up] *keitto (sauna) -piää*), get warm[er], heat up; *panna sauna -piämään* start the sauna heating (warming up).

lämmön||**eristys** thermal (heat) insulation **-hukka** thermal loss, loss of heat **-johtokyky** thermal (heat) conductivity **-kestävä** heat-resistant, heatproof **-nousu** *(lääk)* slight fever, temperature **-pitävä** heat-retaining **-siirto** heat transfer, transmission of heat **-säädin** heat (temperature) regulator **-säätely** *(fysiol)* thermoregulation **-vaihtelu** variation of (in) temperature.

lämpim||**yys** warmth **-ästi** warmly.

lämpiö lobby, foyer *(ransk).*

läm|**pö 1** heat (of the sun (oven) *auringon (uunin) -·); (lämpimyys)* warmth *(m kuv)* (warmth and affection *~ ja hellyys); (~tila)* temperature (at a low temperature *alhaisessa -mössä)* **2** *(kuume)* temperature (he has a temperature *hänellä on ~ä); mitata jklta ~* take a p.'s temperature.

lämpö||**-** thermal, heat (energy *-energia;* expansion *-laajeneminen);* △ thermal *(relay -rele;* pollution *-saaste)* **-aalto** heat (hot) wave **-alusta** *(puut)* hotbed **-arvo** *(fys)* heating value, calorific value (power) **-aste** degree of heat; *viisi ~tta* five degrees above freezing point (zero) **-asteikko**

temperature scale **-ennätys** record temperature **-eristää** [heat-]insulate; lag (a pipe *putki*) **-hakuinen** *(sot);* ~ *ohjus* heat-seeking missile **-halvaus** heatstroke **-hoito** *(lääk)* thermotherapy **-inen** warm **-istuin** *(aut)* seat heater **-johto** heating pipe **-kaappi** warming (hot) cupboard; *(keskoskehto)* incubator **-keskus** [district] heating plant (station) **-kirjoitin** *(atk)* thermal printer **-käsitellä** *(tekn)* heat-treat **-käsittely** *(tekn)* heat treatment **-käyrä** *(meteor)* isotherm[al line] **-lamppu** heat (infrared) lamp **-lautanen** hotplate **-lava** *(puut)* hotbed **-levy** hotplate, warming tray **-mittari** thermometer; ~ *näyttää 20 astetta* the thermometer reads (registers) 20 degrees **-patteri** radiator **-sähkö** thermoelectricity **-säteily** radiation of heat, thermal radiation **-tila** temperature (low (high) temperature *alhainen (korkea)* ~*; at a temperature of* 80 degrees *80 asteen* ~*ssa)* **-tyyny** [electric] heating pad, electric cushion **-voima** thermal power **-voimala** heating plant **-ydin|-**thermonuclear (reactor *-reaktori*) **-yksikkö** unit of heat, thermal (caloric) unit.

länget *(hevosen* ~*) (sg)* collar.

länki||harppi [pair of] outside cal[l]ipers **-sääret** bandy legs **-säärinen** bandy-legged, bow-legged.

lännempänä *(-mäksi)* farther [in the] west.

lännen||filmi western **-puoleinen** west (door *ovi*) **-sarja** western (cowboy) serial (series).

län|si 1 west *(lyh* W) (the sun sets in the west *aurinko laskee -teen)* **2** *(m L~) (pol ym)* the West; *(erik hist)* the Occident ▶ **idän** *ja -nen väliset neuvottelut* the talks between East and West; *tuuli on* **lännessä** the wind is in the west; **länteen** *[päin]* west, to[wards] the west, westwards; *Helsingistä -teen* to [the] west of Helsinki.

länsi||- western (dialect *-murre;* boundary *-raja;* Finland *L--Suomi)* **L--Eurooppa** Western Europe **-eurooppalainen** *a ja s* West European **-gootti** Visigoth, West Goth **L--Intia** the West Indies **-liitto** the Western Alliance **-liittoutuneet** the Western allies **-lounas** west-southwest *(lyh* WSW) **-luode** west-northwest *(lyh* WNW) **-maalainen** *s* Westerner **-maat** the Western countries, *(sg)* the West; *(erik hist) (sg)* the Occident **-mainen** Western **-maalaistua** be westernized **-myrsky** *(erik mer)* westerly gale **-osa** western part; west side (of a town *kaupungin* ~); west (in the west

of Finland *Suomen* ~*ssa)* **-puoli** west side; *jnk -puolella, -puolinen* ..[to the] west of **-rannikko** west coast; *(USA:n* ~) the West Coast **L-ranta** *(Jordanin* ~) the West Bank **L--Rooma** *(hist)* the Western [Roman] Empire **-ryhmä** *(pol)* the Western bloc **L--Saksa** West Germany **-saksalainen** *a ja s* West German **-tuuli** west[erly] wind **-vallat** *(pol)* the Western powers **-valuutta** western currency.

länti||nen western (the western world (sky) ~ *maailma (taivas)*); *(lännenpuoleinen)* west (door *ovi*); occidental (culture *kulttuuri)* **-sin** westernmost.

läntti patch.

läpeensä through and through, all through; thoroughly (rotten *lahonnut*), to the core (a Frenchman to the core ~ *ranskalainen*); *vuorokaudet* ~ round the clock; *yöt* ~ through the nights.

1 läpi *(reikä)* hole (in *jssk*); *(ark) puhua* ~*ä päähänsä* talk through one's hat.

2 läpi *prep, adv* through (the window *ikkunan* ~*;* go through a th. *mennä* ~ *jstk)* ▶ **ajaa** *ehdotus* ~ *[kokouksessa]* push a proposal through [the meeting]; ~ *koko* **kesän** the whole summer through; **käydä** ~ go through (a list *lista;* several stages *useita vaiheita;* a difficult disease *vaikea sairaus);* run through (one's mail *postinsa);* **lukea** *(vilkaista)* ~ read (skim) through (a magazine *lehti); (kuv)* **mennä** ~ go (get) through (Parliament *eduskunnassa),* pass (the censor *sensuurista); (kuv)* **päästä** ~ get through, pass (an examination *tentistä); (kuv)* **päästää** *jku* ~ *tentistä* pass a p. in an examination; *(kuv)* **viedä** ~ carry out (through) (a plan *suunnitelma);* ~ **vuoden** all the year round, all through the year; ~ **vuosisatojen** through the ages, throughout the centuries; ~ **yön** [all] through the night, all night long.

läpi||ajo; ~ *kielletty!* no thoroughfare! **-kotainen** thorough (search *tarkastus;* reform *uudistus); (kuv m)* sweeping, radical (change *muutos)* **-kotaisin** thoroughly **-kulku** through passage; ~ *kielletty!* no passage! **-kulkuliikenne** through traffic **-kuultamaton** opaque **-kuultamattomuus** opacity **-kuultava** translucent **-kuultavuus** translucenc|e, -y **-kypsä** *(keitt)* thoroughly done, cooked through, well done **-käydä** ks. 2 *läpi* → **-leikkau|s** [cross] section *(m kuv)* (of *jstk*);

-*kseltaan* in section **-mit|ta** diameter; **-altaan** in diameter **-murto** *(sot, kuv)* breakthrough (make a breakthrough in *tehdä ~ jllk alalla*) **-mär|kä** soaking wet; *(pred m)* wet (soaked) through, soaking (dripping) wet, drenched (with sweat *hiestä);* kastua *-äksi* get wet through; *sade* kasteli hänet *-äksi* the rain soaked him through **-näkymätön** non-transparent, opaque **-näkyvyys** transparenc|e, -y **-näkyvä** transparent *(m kuv;* excuse *veruke); (ark)* see-through (nightdress *yöpaita)* **-painopakkaus** bubble pack **-pääsemät|ön** *(konkr ja kuv)* impenetrable (jungle *viidakko;* difficulties *-tömät vaikeudet); (konkr m)* impassable **-syöttö** *(tenn)* ace **-tunkema** *(kuv); jnk ~* imbued (saturated) with (nationalism *kansallistunteen ~)* **-tunkeva** piercing (glance *katse;* cold *pakkanen;* sound *ääni)*; penetrating (smell *haju;* look *katse); ~ viima* piercingly cold wind **-valaista** *(lääk)* transilluminate; fluoroscope **-valaisu** transillumination, radioscopy; *(röntgen~)* fluoroscopy **-valaisulaite** transilluminator, radioscope; fluoroscope **-veto** draught; *(Am)* draft **-vuotinen** all-year-round.

läppä 1 *(tekn, anat)* valve **2** *(kangas- ym ~)* flap (of an envelope *kirjekuoren ~)* **3** *(puhallinsoittimen ~)* key **4** *(kellon kieli)* clapper *~silta* bascule bridge; drawbridge *~vika (lääk)* valvular disorder.

läpäise||mätön; *jtk ~* impervious to (liquids *nesteitä ~),* impermeable to (water *vettä ~)* **-mättömyys** imperviousness, impermeability; impenetrability **-vyys** perviousness; permeability *(vapo[u]r* permeability *höyryn~)* **-vä;** *jtk ~* pervious to (heat *lämpöä ~),* permeable (to water *vettä ~;* oxygen-permeable *happea~).*

läpäis||tä 1 pierce, penetrate (the darkness *pimeys;* the enemy's defences *vihollisen puolustus);* go (pass) through; *(fys ym)* permeate [through] (water permeates the soil *vesi -e maaperän);* savi ei *-e* vettä clay is impermeable to water **2** *(kuv)* pass, get through (an examination *tentti;* the customs *tulli)* **-ykyky** penetration [power].

läpättää flutter (the heart flutters *sydän ~).*

läpäyttää slap; *~ jkta sormille* give a p. a rap on the fingers.

läski fat *~maha (halv)* potbelly; *(henk m)* fatty *~nen* fatty *~pohjakenkä* crepe [soled] shoe.

läsnä present (at *jssk); jkn ~ ollessa* in the

presence of, in a p.'s presence *~oleva;* kokouksessa *~t* jäsenet the members present at the meeting; *kaikkialla ~ (kirj)* omnipresent *~olija;* ainoa *~* the only person present; *~t* those present *~olo* presence; *kunnioittaa tilaisuutta ~llaan* hono[u]r the occasion with one's presence.

lätti *(siko~)* [pig]sty.

lätty *(keitt)* [thin] pancake.

lättä||jalka flat|foot *(pl -feet) (m halv poliisista)* **-jalkainen** flat-footed **-nenäinen** flat-nosed.

lätäkkö puddle.

lävikkö *(keitt)* colander, cullender.

lävist||e perforation[s] **-in** perforator; *(-yspuikko, paperin~)* punch **-ys** perforation **-äjä** *(mat)* diagonal **-ää 1** pierce (with a needle *neulalla),* penetrate *(kuv* penetrating glance *-ävä katse); (pistää reikä jhk)* puncture; punch (a ticket *matkalippu;* a hole in *reikä jhk); ~ jku miekalla* run the sword through a p. **2** *(kulkea jnk läpi)* cross.

lävitse = *2 läpi.*

läähättää pant (from exertion *ponnistuksesta); (huohottaa m)* puff, gasp.

lääk|e 1 medicine; drug (for *jhk, jtk* vastaan); *(~valmiste)* medicament, medicinal preparation; *(kuv)* antaa *jkn* maistaa omia *-keitään* give a p. some (a taste) of his own medicine; hän käyttää liian paljon *-keitä* he takes too much medicine **2** *(kuv)* remedy, cure (for unemployment *työttömyyttä vastaan) ~aineoppi* pharmacology *~annos* dose of medicine *~hoito* medical treatment (care) *~humala* drug intoxication; *~ssa* drugged *~kaappi* medicine cabinet (cupboard) *~kasvi* medicinal (officinal) plant *~määräys* prescription *~pullo* medicine bottle, bottle of medicine; *(pieni ~)* phial *~saippua* medicated soap *~shampoo* medicated shampoo *~tehdas* drug (pharmaceutical) plant *~tie|de* medicine; *-teen opiskelija* medical student, student of medicine; *(ark)* medic; *-teen tohtori* Doctor of Medicine *~tieteellinen* medical; *~ tiedekunta* Faculty of Medicine, Medical Faculty *~tieteilijä* medical scientist *~valmiste* medicinal (pharmaceutical) preparation *~yrtti* medicinal (officinal) herb.

lääkinnällinen medicinal, medical.

lääkintä medical treatment (cure), medication; *lääkintä|-* medical (staff, personnel *-henkilöstö;* corps *-joukot)* ~**mies** *(sot)* medical orderly, *(ark)* medic ~**vahtimestari** orderly; male nurse ~**viranomaiset** public health authorities ~**voimistelija** physiotherapist, physical therapist ~**voimistelu** physiotherapy, physical therapy.

lääkintöhallitus National Board of Health.

lääkit‖ys medication **-ä** medicate (a wound *haava[a];* a patient *potilasta),* treat medically.

lääkäri [medical] doctor, physician; *(kutsunta~, vakuutusyhtiön ~)* medical examiner; *(laitoksen ym ~)* medical officer; *käydä ~ssä, menna ~in* go to the doctor; *~n määräyksestä* on [the] doctor's orders.

lääkäri‖- medical (congress *-kongressi;* training *-koulutus;* association *-liitto)* **-asema, -keskus** private clinic, medical reception centre; group practice **-kirja** medical book, manual of medicine **-kunta** the medical profession.

lääkärin‖ammatti; *harjoittaa ~a* practise medicine **-apu** medical assistance (aid) **-hoi‖to** medical care, medical attendance (attention, treatment); *-dossa* under medical treatment (care) **-lausunto** medical (doctor's) certificate; medical [expert's] opinion; medical report **-palkkio** medical (doctor's) fee **-tarkastus** medical (physical) examination; checkup (annual checkup *vuotuinen* ~); *(ark)* medical **-todistus** medical certificate **-tutkimus** medical examination.

lääkäripäivystys; *sairaalassa on jatkuva ~* there is always a physician on duty at the hospital.

lääni *(läh v)* province; county.

läänin‖- provincial, county (administrative board *-hallitus;* administrative court *-oikeus;* prison *-vankila)* **-herra** *(hist)* liege [lord], feudal lord, suzerain.

läänittä‖minen *(hist)* enfeoffment **-ä** enfeoff (a p. with *jklle jtk).*

läänity‖s *(hist)* fief, feoff, [feudal] fee, enfeoffment; *-ksen antaja* feoff|or, -er; *-ksen saaja* feoffee ~**aatelisto** feudal nobility ~**laitos** the feudal system, feudalism.

lääppiä paw (stop pawing me! *älä lääpi!).*

lääpällään *(ark)* bowled over (by *jstk).*

löhö[t]tä sprawl, lounge, slouch.

lököttää *(housuista)* be baggy (at the knees *polvista).*

löntys slob, clodhopper, lubber ~**tää** lumber, shamble along, clump around.

lörp‖pö blabbermouth **-öttää** babble ([out] nonsense *puuta heinää).*

lössi 1 *(maaper)* loess; *lössi|-* loess[i]al **2** *(sl) (sakki)* band, gang ~**maa** loessland.

löydös 1 *(arkeol ym)* find[ing] (uranium find *uraani~)* **2** *(lääk)* finding.

löyhentää slacken [up (off)] (the reins *ohjaksia),* loosen (discipline *kuria);* relax (one's hold on *otettaan jstk).*

löyhkä stench, stink, reek ~**tä** stink, reek (of *jllk).*

löyhty‖ä slacken [up (off)] (his grip slackened *hänen otteensa -i),* relax (the discipline relaxed *kuri -i),* loosen.

löyh‖yys looseness, slackness; laxness, laxity **-ä** *(konkr ja kuv)* loose (joint *liitos;* grip *ote),* slack (control *kontrolli;* knot *solmu);* *(erik kuv)* lax (discipline *kuri);* ~**ssä** *[oleva]* loose (tooth *hammas);* *ohjakset ~llä* with loose reins.

löyhä‖moraalinen ..lax in morals **-otteinen** slack (in one's work *työssään)* **-päinen** *(ark)* soft-headed **-suinen** loose-mouthed.

löyly *(kuumuus)* heat; *(höyry)* steam; *istua ~ssä* sit in the steam (hot sauna); *heittää ~ä* throw water on the heated stones; *ottaa kovat ~t* take a really hot sauna ~**huone** steam room ~**nlyömä** *(hassahtanut)* cracked ~**ttää** *(ark);* ~ *jkta* give a p. a good thrashing ~**tys** thrashing, dressing-down.

löystyä slacken [up (off)] (the screw has slackened *ruuvi on -nyt),* loosen.

löys‖ä 1 runny (butter *voi), (pehmeä)* soft; *(vetelä)* watery **2** *(höllä)* slack, loose (discipline *kuri;* knot *solmu)* ▶ ~ **kananmuna** soft[-boiled] egg; *mutteri on löysällä* the nut is slack (loose); *köysi on liian ~llä (m)* there is too much slack in the rope; *hänen vatsansa on ~llä* his bowels are loose.

löysätä 1 *(konkr)* slacken [up (off)] (the rope *köysi),* loosen (the screw *ruuvia;* the belt *vyötä)* **2** *(ark kuv);* ~ *[tahtia]* slow down.

löytymättömi‖ssä *(-in)* nowhere to be found; *kadota -in* vanish into thin air (without a trace).

löyty‖minen *(m)* discovery (of oil *öljyn ~)* **-ä** be found; *(~ sattumalta)* turn up (the missing bag turned up in the lake *kadonnut laukku -i järvestä); mistä se -i?* where did you (they) find it? where was it

found?
löytäjä finder; discoverer (of America *Amerikan* ~).
löy|tää find (a treasure *aarre;* a solution to *ratkaisu jhk;* I can't find my shoes *en -dä kenkiäni;* where did you find it? *mistä -sit sen?*); *(~ jtk sattumalta)* come across (upon) **2** *(keksiä)* discover (Columbus discovered America *Kolumbus -si Amerikan; (kuv)* he was discovered in drama school *hänet -dettiin jo teatterikoulussa*) **3** *(osata jnnk)* find one's (the) way (to *jnnk;* home *kotiin*), know the way (to *jnnk*) ▶ ~ **itsensä** find o.s.; ~ *jnnk* **kyselemällä** ask one's way to; ~ **onnensa** find happiness; *hän ei -tänyt oikeita* **sanoja** *(m)* words failed him; *ei* **tänne** *kukaan -dä* nobody will be able to find his

way here, nobody will find this place; *-simme* **yhteisymmärryksen** we came to an understanding.
löytö find (this book is a real find *tämä kirja on todellinen* ~); finding (archaeological finding *arkeologinen* ~); discovery ~**lapsi** foundling ~**palkkio** [finder's] reward ~**retkeilijä** explorer ~**retkeily** exploration ~**retki** journey of exploration; *(meritse tehty* ~*)* voyage of discovery; *(kuv)* journey (into literature *kirjallisuuteen*); ~*en aika* the Age of Discovery (Exploration) ~**tavara** article found; lost (found) article; ~*t (sg)* lost property ~**tavaratoimisto** lost property office; *(Am)* lost and found [desk (counter)].

M

m, M *(kirjain)* m, M *(pl* m's, ms, M's, Ms).
maa 1 *(~npinta)* ground (fall to the ground
kaatua ~han; deep under the ground
syvällä ~n alla); △ earth (the earth
quakes ~ *järkkyy;* water soaks into the
earth *vesi imeytyy ~han);* △ *(~perä)* soil
(fertile soil *hedelmällistä ~ta);* △ land
(stony (arable) land *kivikkoista
(viljelykelpoista) ~ta;* buy [a piece of]
land *ostaa [palanen] ~ta);* △ *(maasto m)*
country (hilly country *mäkistä ~ta)* **2**
(vastak vesi) land (they saw land *he
näkivät ~ta;* on land and sea *~lla ja
merellä)* **3** *(vastak taivas)* earth (heaven
and earth *taivas ja ~)* **4** *(~pallo)* the
earth, *(M~)* [the] Earth (the Moon
revolves round the Earth *Kuu kiertää
M~ta)* **5** *(valtakunta)* country (the whole
country was in turmoil *koko ~ oli
kuohumistilassa;* in foreign countries
vieraissa maissa); *(run ym)* land (the land
of my forefathers *esi-isieni ~;* the Holy
Land *Pyhä ~)* **6** *(~seutu);* *~lla* in the
country; *~lle* to the country[side]; *~lta*
from the country **7** *(korttip)* suit ▶ *mennä
~n* **alle** go underground; *olisin halunnut
vajota ~n alle* I was ready to sink into the
ground; **ei kenenkään** ~ no man's land;
tunnettu **kautta** *~n* known all over [the
country]; *heittäytyä (kaataa)* **maahan** *(m)*
throw o.s. (knock) down; *jkn* **maalla** on a
p.'s land (property); **maamme** this country;
(ylät) this land of ours; **maihin** on land
(the sailors went on land *merimiehet
menivät maihin);* on shore (swim on shore
uida maihin), ashore (be washed ashore
ajautua maihin); *astua (nousta) maihin* go
ashore, disembark, land (at *jssk); aurinko
laskee* **mailleen** the sun is setting; **main** *ks.
hakus.;* **maissa** *(konkr)* on land (ks *m
hakus); saada ~ta* **näkyviinsä** see (sight,
come in sight of) land; *(mer)* make land;
~ta näkyvissä! land in sight! land ho! *~n*
päällä on earth; *luvata ~t ja* **taivaat**

promise the moon and stars; *~ssa ~n*
tavalla *[tai ~sta pois]* when in Rome do as
the Romans do; *~n* **ääriin** to the ends of
the earth.
maa‖-alue area; territory; *(tilus)* domain;
(valtion ~) land territory **--antenni** ground
antenna, earth aerial **-doittaa, -doitus** =
maatt|aa, -o.
maaginen magic[al].
maahan‖hyökkäys invasion **-laskujoukot**
air-borne troops **-muuttaja** immigrant
-muutto immigration **-syöksy** crash (of an
aeroplane *lentokoneen ~)* **-tulo** arrival
-tulolupa visa **-tunkeutuja** invader **-tuoja**
importer **-tuonti** import[s]; *(-tuominen)*
importation.
maaherra [county] governor.
maahockey field hockey.
maailma world (a journey round the world
matka ~n ympäri; the world of art *taiteen
~)* ▶ **koko** ~ the whole world; **maailmalle**
out into the wide world; **maailman** *paras*
the best in the world; **maailmassa** in the
world; *ei mikään mahti ~ssa* nothing in
the world (on earth); *ennen ~ssa* in the old
days; *kaikkialla ~ssa* all over the world,
the world over; *~n* **ääriin** to the world's
end.
maailmallinen worldly; ~ *hyvä (pl)* the
worldly goods.
maailman‖- world (trade *-kauppa;* power
-valta) **-ennätys** world['s] record **-historia**
world (universal) history; the history of the
world **-kaikkeus** the universe **-kansalainen**
cosmopolitan **-kartta** world atlas
-katsomuksellinen ideological **-katsomus**
outlook on life, philosophy of life;
(ideologia) ideology **-kaupunki** metropolis
-kieli world (universal) language **-kuulu**
world-famous; *(pred)* famous all over the
world **-kuva** picture (conception) of the
world; *(-katsomus)* outlook on life
-laajuinen world-wide (movement *liike);*
global (war *sota)* **-lop|pu** end of the world;

-un *ennustaja* doomwatcher **-maine** world[-wide] fame **-matkaaja** globe-trotter **-mestari** world champion, champion of the world **-mestaruus** world championship; *jalkapalloilun* ~ world football championship **-mestaruuskilpailut** world championships (in swimming *uinnin* ~) **-mies** man of the world **-nainen** woman of the world, lady of fashion **-näyttely** world['s] fair **-parantaja** utopian; *(ark)* do-gooder **-politiikka** *(sg ja pl)* world politics **-pyörä** Ferris wheel **-rauha** world (universal) peace **-sota** world war; *ensimmäinen* ~ the First World War, *(erik Am)* World War I **-talous** world economy **-tilanne** world situation, state of international affairs **-ympärimatka** journey round the world **-ympäripurjehdus** circumnavigation of the earth; *(purjehdusmatka)* sailing round the world.

maa||joukkue international team; *Suomen* ~ *(tav)* the Finnish team **-kaasu** natural gas **-kerros** layer of earth (soil) **-keskinen** geocentric **-kotka** golden eagle **-krapu** *(leik)* landlubber **-kuljetus** inland transport[ation], transport by land **-kunnallinen** provincial (self-government *itsehallinto)* **-kunta** province.

maalaamaton unpainted.

maalai|nen peasant; *-set* country people.

maalais||- country (life *-elämä;* cousin *-serkku)*; rural (scene *-maisema;* population *-väestö)* **-isäntä** farmer **-kunta** rural commune **-mainen** provincial, rustic **-talo** farm-house **-voi** farm butter.

maalaji soil.

maalari painter ~**mestari** master painter ~**nkelkka** [painter's] cradle ~**nteippi** masking tape.

maala|ta paint (a p.'s portrait *jkn muotokuva;* the walls green *seinät vihreiksi); -ttu!* wet paint! ~ *uudelleen* paint .. over again, re-paint.

maalauksellinen picturesque.

maalaus painting (of the ceiling *katon* ~; there are four paintings on the wall *seinällä on neljä* ~*ta)* ~**taide** [art of] painting ~**teline** easel.

1 maali *(väri)* paint.

2 maali 1 *(kohde)* target (aim at a target *tähdätä* ~*in)* **2** *(urh)* goal (score a goal *tehdä* ~; win by three goals *voittaa kolmella* ~*lla); (loppu)* finish (at the finish ~*ssa)* ~**alue** *(jalkap)* goal area.

maaliinammunta target practice.

maali||kamera photo-finish camera **-nauha** tape (break the tape *katkaista* ~).

maaliskuu March *(ks elokuu).*

maali||suora final (home) straight **-taulu** target; ~*n keskipiste* bull's eye; *(urh)* the gold **-vahti** goalkeeper **-viiva** goal line; *ylittää* ~ cross the line.

maallik|ko layman; *-on (m)* lay (opinion *mielipide); -ot (m)* lay people, *(sg)* the laity ~**saarnaaja** lay preacher.

maalli||nen earthly (life *elämä;* possessions *omaisuus); (maailmallinen)* worldly (goods *hyvä;* happiness *onni)*, mundane (affairs *-set asiat); (ajallinen)* temporal (power of the Pope *paavin* ~ *valta); (vastak kirkollinen)* secular (music *musiikki)*, *(profaani)* profane (literature *kirjallisuus)* **-stunut** secularized **-stuminen** secularization **-suus** worldliness; secularity.

maaltapako rural depopulation, migration from country to town.

maa||magnetismi terrestrial (earth) magnetism, geomagnetism **-merkki** landmark **-metallit** earth metals, metallic earths **-mies** farmer **-mieskoulu** farm school **-myyrä** common mole.

maanalainen underground *(m kuv;* organization *järjestö)*, subterranean (passage *käytävä);* ~ *[rautatie] (Br)* [the] underground, *(ark)* the tube; *(Am)* the subway.

maanantai Monday *(ks keskiviikko).*

maanis-depressiivinen; ~ *mielitauti* manic-depressive psychosis.

maanjäristys earthquake ~**alue** seismic area; *(tuhoalue)* area stricken by an earthquake.

maan||kamara surface of the earth (ground) **-kiertäjä** tramp, vagabond, *(Am m)* hobo **-kuori** earth's crust **-kuulu** widely known; famous **-lähei|nen** earthy (colo[u]rs *-set värit);* down-to-earth (description *kuvaus)* **-mies** fellow countryman.

maanmitta||ri surveyor; *(m)* chartered surveyor; *(Am)* registered land surveyor **-us** surveying; *(~oppi)* geodesy.

maan||omistaja land (estate, property) owner, landed proprietor **-omistus** land ownership **-osa** continent **-pako** exile (go into exile *lähteä* ~*on); karkottaa* ~*on* send into exile, *(m)* exile, banish [from the country]; *olla -paossa* live (be) in exile **-pakolainen** exile **-pakolaisuus** exile, banishment **-petoksellinen** treasonable (acts *toiminta)* **-petos** [high] treason

-petturi traitor [to one's country]; *(fem)* traitress **-pin|ta** surface of the earth; *(maa)* ground (near to the ground *lähellä* ~*a*); ground level **-puolustus** national defence (*Am* defense) **-päälli|nen** superterranean (parts of a plant *kasvin -set osat*); ..above ground level (floors *-set kerrokset*); ..on earth (hell *helveti*) **-siirtokone** earthmover **-suru** national (public) mourning **-teitse** by road **-tie** highway (on the highway ~*llä*), [main] road.

maantiede geography.

maantie||gangsteri hit-and-run driver **-kuljetus** road transport **-noja** ditch; gutter **-pyöräily** road racing **-rosvo** highwayman.

maantieteellinen geographical (map *kartta*).

maanviljel||ijä farmer **-y** farming, agriculture.

maanviljely[s]||kone agricultural machine **-koulu** farm school **-oppi** agronomy.

maan||vuokra ground rent, rent on land; *(lak)* tenancy, lease **-vuokraaja** tenant, leaseholder, lessee **-vuokralaki** law of tenancy **-vyörymä** landslide.

maa||omaisuus landed property, property in land **-orja** serf **-orjuus** serfdom **-ottelu** international [match] **-pallo** globe (in different parts of the globe *eri puolilla* ~*a*) **-palsta** piece (parcel) of land **-perä** soil (sandy soil *hiekkainen* ~; fertile soil for *hedelmällinen* ~ *jllk;* on Finnish soil *Suomen* ~*llä*); *tunnustella* ~*ä* see how the land lies; *valmistaa* ~*ä jllk* prepare the ground for **-pähkinä** peanut **-rata-ajot** dirt-track races **-seu|tu** country[side]; *-dulla* in the country[side]; *-tu|-* country (town *-kaupunki*), provincial (theatre *-teatteri*), rural (population *väestö*) **-silta** viaduct.

maassamuutto internal migration.

maasta||karkotus deportation, expulsion, banishment **-muuttaja** emigrant **-muutto** emigration **-poistumislupa** exit permit **-vienti** export[s]; *(-vieminen)* exportation.

maasto terrain; *maasto|-* cross-country (march *-marssi;* riding *-ratsastus*) ~**ajo** *(nopeusajo)* motocross; *(taitoajo)* trial ~**auto** cross-country vehicle; jeep ~**harjoitus** field practice ~**hiihto** Nordic cross-country; cross-country skiing ~**puku** *(sotilaan* ~) camo[uflage] suit.

maasälpä fel[d]spar.

maata 1 lie (in bed *vuoteessa*); *(nukkua)* sleep; *käydä makaamaan* lie down **2** (~ *sairaana*) be ill (*ark* down) with (a fever

kuumeessa); be in bed (for six weeks *kuusi viikkoa*).

maa||talo farmhouse **-taloudellinen** agricultural **-talou|s** agriculture, farming; *harjoittaa -tta* be engaged in agriculture **-talous|-** agricultural (machine *-kone;* show *-näyttely*); farm (product *-tuote*) **-talous- ja metsätiete|et** agriculture and forestry; *-iden kandidaatti* Master of Agriculture and Forestry (*lyh* M.Sc. (Agr. For.)).

maatiaisrotuinen homebred, ..of a native stock (breed).

maatila farm; *(suuri* ~) [landed] estate ~**nomistaja** farm (estate) owner.

maa||tilkku piece of land, plot **-ton** landless, ..without land property, unpropertied.

maat||taa *(sähk)* earth; *(Am)* ground **-to** earth (ground) connection; *(Am m)* grounding.

maatua mo[u]lder, decompose.

maa||työläinen farm worker (labo[u]rer) **-uimala** open-air (outdoor) swimming pool.

madalt||aa lower (the ceiling *kattoa;* one's voice *ääntään*) **-ua** become lower; *(äänestä m)* drop.

made burbot.

madella crawl, *(ryömiä)* creep (the traffic was creeping along slowly *liikenne mateli hitaasti eteenpäin*); ~ *jkn edessä* crawl to, cringe before.

madonna[nkuva] Madonna.

madonsyömä worm-eaten.

mafia the Maf[f]ia.

magia magic.

magma||attinen magmatic **-kivilaji** eruptive rock.

magneetti magnet; *magneetti|-* magnetic (field *-kenttä;* disk *-levy*) ~**nen** magnetic (*adv* ~ally).

magnetismi magnetism; *poistaa* ~ demagnetize.

magnetofoni tape recorder.

magnetoi||da magnetize; *(sähk)* excite **-nti** magnetization; *(sähk)* exciting.

maha stomach *(m anat);* *(ark)* belly; *(last)* tummy; ~**ani koskee** I have stomachache (a pain in my stomach); ~ *murisee* the stomach is rumbling; *syödä* ~**nsa täyteen** eat one's fill ~**haava** gastric ulcer ~**katarri** catarrh of the stomach, gastric catarrh ~**kipu** stomachache ~**lasku** belly landing; *tehdä* ~ belly-land ~**laukku** stomach ~**neste** gastric juice ~**syöpä** cancer of the stomach.

mahdolli|nen possible (by every possible means *kaikin -sin keinoin;* if possible *mikäli -sta;* the best possible *paras ~*); *(tuleva)* prospective (customer *asiakas*), potential (leader of a party *puolueen ~ johtaja*) ▶ *on* **hyvin** *-sta että* it is very likely that; *tehdä* **kaikki** *~* do everything in one's power; *~ käytännössä (toteuttaa)* feasible, practicable; **mahdollisimman hyvin** as well as possible; **onko** *-sta että (m)* can it be that..; **sadekuurot** *ovat huomenna -sia* there may be scattered showers tomorrow.

mahdollis||esti possibly; *~ olen väärässä* I may be wrong **-taa** make (render) .. possible; enable **-uu|s 1** possibility (they had two possibilities *heillä oli kaksi -tta*) **2** *(m -det)* chance (he has no chance of winning *hänellä ei ole mitään -ksia voittaa;* this is your last chance *tämä on viimeinen -tesi*), *(tilaisuus)* opportunity (for *jhk;* to do, of doing *tehdä jtk;* he lacks opportunities *häneltä puuttuu -ksia*) ▶ *minulla* **ei ollut** *-tta tulla* it was impossible for me to come, I had no chance (opportunity) of coming (to come); **elämäsi** *~* the chance of a lifetime; *hänellä on* **hyvät** *-det onnistua* he has a fair chance (every chance, every prospect) of success, his chances are good; *-ksien* **mukaan** as far as possible; *ei ole* **muuta** *-tta* there is no alternative; *minulla ei ole muuta -tta* I have no other choice; *-ksien* **rajoissa** within the bounds (range) of possibility.

mahdot|on 1 impossible (task *tehtävä;* nothing is impossible *mikään ei ole ~ta*), *(kohtuuton)* unreasonable (demand *vaatimus*); *(~ toteuttaa)* infeasible, impracticable (scheme *suunnitelma;* economically impracticable *taloudellisesti ~*) **2** *(ark)* impossible (you are quite impossible! *olet ihan ~!*); *(mieletön)* absurd (idea *ajatus;* suggestion *ehdotus*); *(tavaton)* huge (powers *-tomat voimat*) ▶ **ei ole** *~ta että (m)* it is not at all unlikely that; **mahdottoman** *suuri* huge, enormous; **osoittaa** *jk -tomaksi* prove the impossibility of; **tehdä** *-tomaksi* make .. impossible, *(m)* prevent; **vaatia** *-tomia* demand the impossible, cry for the moon.

mahdottomuu|s impossibility; impracticability; *(mielettömyys)* absurdity; *mennä -ksiin* go too far, get out of hand; *se on sula ~* it's absolutely impossible.

mahla sap; *juoksuttaa ~ jstk* sap.

mahonki mahogany.

mah|taa; asialle ei -da mitään it can't be helped; *kuka se -toi olla?* I wonder who it was; *minkä sille ~?* what can you do?

mahtail||eva domineering; boastful (words *~t sanat*); arrogant; high and mighty **-la** talk big (about *jllak*); *käyttäytyä -len* behave boastfully.

mahtav||a 1 *(voimakas)* powerful (ruler *hallitsija;* empire *valtakunta;* voice *ääni*); mighty (power *voima*) **2** *(valtava)* enormous (waves *~t aallot*), huge, lofty (mountain *vuori*) **3** *(vaikuttava)* imposing (view *näky*), impressive (experience *kokemus*); *(komea)* grand (structure *rakennelma*), magnificent (feeling *tunne*) **4** *(mahtaileva)* grand (gestures *~t eleet*); *maan ~t* the mighty (great) ones **-uus** mightiness; *(voima)* power; *(vaikuttava ~)* loftiness, grandeur, magnificence; *(ylimielisyys)* arrogance.

mahti power; *(run)* might (of love *rakkauden ~*); *ei mikään ~ maailmassa* no power (nothing) on earth **~pontinen** bombastic; pompous (style *tyyli*) **~pontisuus** bombast, grandiloquence; pomposity.

mahtu|a 1 *(mennä jhk)* go in (will it go in? *-uko se [siihen]?* through the door *ovesta;* the piano won't go in the room *piano ei mahdu huoneeseen); (sopia)* fit (the key doesn't fit the lock *avain ei mahdu lukkoon;* the coat doesn't fit me *takki ei mahdu minulle*) **2** *(jhk -u jtk)* hold (the vessel holds two litres *astiaan -u kaksi litraa*), *(olla tilaa)* accommodate (the hotel can accommodate 500 guests *hotelliin -u 500 henkeä*); take (the car takes five [people] *autoon -u viisi henkeä*), *(~ istumaan)* seat (the table seats eight [people] *pöytään -u kahdeksan henkeä*); *(~ nukkumaan)* sleep (the cottage sleeps six *mökkiin -u kuusi henkeä*) ▶ **kenkä ei mahdu** *jalkaan* the shoe won't go on; the shoe does not fit; *sinne ei mahdu kovin monta henkeä* there isn't room for very many people there; **saliin** *-u 2 000 henkeä* the hall has a seating capacity of 2,000 [people].

maihin *ks.* maa → **~meno** disembarkation **~nousu** landing.

maila *(pesäpallo- ym ~)* bat; *(jääkiekko~)* stick; *(tennis~)* racket; *(golf~)* club; *(kroketti~)* mallet.

maili mile.

main; *niillä* ~ thereabouts, . .or so.

maine reputation (good (bad) reputation *hyvä (huono)* ~; lose one's reputation *menettää* ~*ensa*); *(kuuluisuus)* fame (seek fame *etsiä* ~*tta;* at the pinnacle of one's fame ~*ensa kukkuloilla*) ▶ **huono** ~ *(m)* bad (evil) repute, ill fame, disrepute; *saattaa jku huonoon* ~*eseen* bring . . into disrepute, bring discredit on, discredit a p. (with *jkn silmissä*); *olla hyvässä* **maineessa** have a good reputation; *hän on hyvän lääkärin* ~*essa* he has a high reputation as a doctor; *hän on* ~*ttaan* **parempi** he is not so black as he is painted; **saavuttaa** ~*tta* win fame (as a poet *runoilijana*); *olla* ~*ensa* **veroinen** be equal to its (one's) reputation; *(henk m)* live up to one's reputation.

maineik||**as** celebrated, famous (scientist *tiedemies*); illustrious (traditions *-kaat perinteet*); ~ *mies* a man of high reputation (repute, renown) **-kuus** fame, celebrity, illustriousness.

mainen earthly (fame *kunnia*); worldly (happiness *onni*).

-mainen, -mäinen -like (beastlike *peto*~); -ish (boyish *poika*~).

maingit 1 *(mer) (sg)* [ground-]swell; *korkeat* ~ a heavy swell **2** *(kuv) (sg)* surge (of anger *vihan* ~); *(jälki*~) repercussions, *(sg)* aftermath (of the war *sodan* ~).

mainin||**ta** mention (of *jstk*); *(lausunto)* statement (about *jstk*); *-nan arvoinen* . .worth mentioning.

mainio excellent; ~*ta!* excellent! fine! ~*sti; voida* ~ be fine (first-rate), be doing splendidly.

mainit|**a** mention (briefly *lyhyesti;* by name *nimeltä;* I mentioned it to him *-sin sen (siitä) hänelle*); *(viitata jhk)* refer to, make reference to; *(todeta)* state (as I stated earlier *kuten edellä -sin*); *(*~ *esimerkki)* quote, cite (several examples of similar cases *useita esimerkkejä samanlaisista tapauksista*) ▶ *kuten* **edellä** *-tiin (on -tu)* as mentioned before; **jättää** *-sematta* pass . . over in silence; **jäädä** *-sematta* be omitted, be passed over; **mainittakoon** *että* it may (should) be mentioned that; *hän ei maininnut siitä* **sanaakaan** he made no mention of it, he didn't mention it at all, he passed it over in silence.

mainit||**tava** . .worth mentioning, remark-

able (achievement *saavutus*), notable (event *tapaus*); *ei mitään* ~*a* nothing particularly noteworthy, nothing to speak of **-tavasti** appreciably; *tilanne ei ole* ~ *muuttunut (m)* there has been no appreciable change in the situation **-tu** the said (person *henkilö*); mentioned (by name *nimeltä* ~); *edellä* ~ above-mentioned, . .stated above; *viimeksi* ~ last-mentioned; *(jälkimmäinen)* the latter.

mainonta advertising; publicity.

mainos 1 *(ilmoitus)* advertisement (for *jnk* ~); *(ark)* ad, *(Br m)* advert; *(TV)* commercial; *(Am)* spot **2** *(mainonta)* advertising, *(julkisuus)* publicity (it was good publicity for our country *se oli hyvää* ~*ta maallemme*).

mainos||**ala** advertising (work in advertising *työskennellä* ~*lla*) **-kampanja** advertising campaign, publicity drive; *(*~ *päivälehdissä)* press campaign **-kieli** language of advertising **-kilpi** [advertising] sign; *(näyteikkunassa)* showcard; *(-taulu)* hoarding, billboard **-lehtinen** handbill, leaflet; *(Am m)* dodger; *(esite)* brochure (on *jstk*) **-mies** publicity man **-piirtäjä** advertising (commercial, advertisement) designer **-päällikkö** publicity director (manager) **-taa** advertise (a book *kirjaa;* in the newspapers *sanomalehdissä*), give publicity to, publicize (a new product *uutta tuotetta*); *(erik rad, TV)* plug (a record on a radio program[me] *levyä radio-ohjelmassa*) **-taja** advertiser; *(TV)* sponsor **-teksti** [advertising] copy **-televisio** commercial television **-toimisto** advertising agency **-toimittaja** copy (advertising) editor; *(tekstimies)* copywriter **-tus** advertising (for *jnk* ~); publicity **-valot** neon lights (signs).

maire||**a** honeyed, sugary (smile *hymy*), affected **-asti** affectedly (smile affectedly *hymyillä* ~) **-us** sugariness; *(käytöksen ym* ~*)* affectation.

mairit||**ella** flatter; *(*~ *jkta) (ark m)* butter [. .] up **-televa** flattering; *vähemmän* ~ unflattering, uncomplimentary **-telu** flattery; *(ark)* soft soap, blarney.

maisem|**a 1** landscape (a picturesque landscape *maalauksellinen* ~; landscapes by Turner *Turnerin* ~*t*); ~*n pilaaja* blot on the landscape **2** *(m* ~*t)* scenery (admire the scenery *ihailla -ia*); *(näkymä)* view (a lovely view opened up before me *ihana* ~ *avautui silmieni eteen*) ~**-arkkitehti**

landscape architect ~**konttori** open-plan (landscaped) office ~**kortti** picture postcard ~**kuv**|**a** landscape (paint landscapes *maalata -ia*); ~ *Lontoosta* a view of London ~**maalari** landscape painter, landscapist ~**maalau**|**s 1** landscape painting (study landscape painting *opiskella* ~*ta*) **2** (~*taulu*) landscape [scene] (landscapes by Constable *Constablen -kset*) ~**nsuojelu** landscape protection (conservation) ~**suunnittelu** landscape architecture ~**taulu** landscape [painting (scene)].

maisemoi||**da** landscape -**nti** landscaping, landscape gardening.

maiskut|**taa** smack (one's lips *huuliaan, suutaan*); ~ *kieltään* click one's tongue; *älä -a [syödessäsi]!* don't eat so noisily!

maissa *(kuv) (ajasta)* about (six o'clock *kuuden* ~); *(erik Am m)* around (Christmas *joulun* ~).

maissi corn; *(Br m)* maize; *(keitt)* sweet corn ~**hiutaleet** cornflakes ~**jauhot** *(sg)* cornflour; *(Br m)* maize flour; *(Am)* cornstarch ~**ntähkä** corn-cob, ear of corn; *(keitt) keitetyt* ~*t (sg)* corn on the cob ~**öljy** maize *(Am* corn*)* oil.

maist|**aa** taste (the soup *keittoa; (kuv)* freedom *vapautta;* I can't taste anything *en -a mitään*) *(kokeilla)* try, sample (just sample this wine! -*apa tätä viiniä!*); *saanko* ~ *[sitä]?* let me have a taste [of it]!

maisteri Master of Arts *(lyh* M.A.*)*; *(luonnontieteissä)* Master of Science *(lyh* M.Sc.*)*.

maistraatti city administrative court.

maist|**ua** taste (sweet *makealta;* this doesn't taste of anything *tämä ei -u miltään*), have a taste (of garlic *valkosipulilta*); ~ *hyvältä* taste good (nice), have a nice taste; *-uisiko kuppi kahvia?* would you like a cup of coffee? *miltä se -uu?* what does it taste like? *sairaalle ei -unut ruoka* the patient has lost his appetite.

maiti milt ~**aisneste 1** *(kasv)* latex **2** *(fysiol)* chyle.

maito milk ~**hammas** milk tooth *(pl* teeth*)*; deciduous tooth ~**happo** lactic acid ~**happokäyminen** lactic fermentation ~**horsma** rosebay willowherb; *(Am m)* fireweed ~**jauhe** milk powder ~**kauppa** dairy ~**lasi** *(tekn)* milk (frosted) glass ~**lava** milk bay, platform for milk churns ~**mainen** milky, milk-like; lacteal ~**pullo**

(vauvan ~*)* baby (feeding, nursing) bottle ~**pystö** milk can *(erik Br* churn*)* ~**rahka** curd [cheese], *(erik Am)* cottage cheese ~**rasva** milk fat, butterfat ~**rupi** milk crust (scall), infantile eczema; *(Am)* cradle cap ~**sokeri** milk sugar, lactose ~**suklaa** milk chocolate ~**tiehyt** milk duct; galactophore ~**tiiviste** condensed milk; *(sokeroimaton* ~*)* evaporated milk ~**tuote** milk (dairy) product.

maitse by land.

maitta||**a; *hänelle ei maita ruoka*** he has no appetite **-va** delicious, tasty.

maittain by countries, according to the country.

maja hut; *(mökki)* cabin; lodge ~**illa** lodge, *(Am m)* room, *(oleskella)* stay (at *jssk;* with *jkn luona*).

majakanvartija lighthouse keeper.

majakka lighthouse; beacon ~~**-alus** lightship, beacon boat.

maja||**paik**|**ka** *(pl)* quarters (at *jssk*); lodging[s] (did you find [a] lodging for the night? *löysitkö -an yöksi?*); *antaa jklle* ~ *(m)* give .. shelter **-talo** inn; ~**n pitäjä** inn-keeper.

majava, ~**nnahka** beaver.

majesteetti majesty; *Hänen* ~*nsa kuningas* His Majesty the King; *Teidän* ~*nne* Your Majesty ~**nen** majestic ~**rikos** lese-majesty; high treason.

majoit||**taa 1** house, *(ark)* put .. up (at a hotel *hotelliin;* with relatives *sukulaisten luo*); lodge (they were lodged in a school *heidät -ettiin koululle*); ~ *jku jkn luo* find lodgings (a lodging, quarters) for a p. with **2** *(sot)* quarter, billet (in *jhk;* on a p. *jkn luo*); ~ *telttoihin* lodge .. in tents, *(Am m)* tent **-tua** take lodgings (a room) (in a hotel *hotelliin;* with *jkn luo*) **-us** accommodation; *(sot)* quartering, billeting; *(pl)* quarters; *(väliaikainen* ~*)* billet[s].

majoneesi mayonnaise.

majoriteetti majority.

majuri Major *(lyh Br* Maj; *Am* MAJ*)*; *(Brit ilmavoimissa)* Squadron Leader *(lyh* Sqn Ldr*)*.

makada||**ami** macadam **-moida** macadamize.

makaroni *(m* ~*t)* macaroni; pasta.

makasiini 1 *(varasto)* storehouse **2** *(aseen* ~*)* magazine.

makea 1 sweet (taste *maku;* wine *viini*) **2** *(kuv)* sugary, saccharine (smile *hymy;* voice *ääni*) ▶ *viettää* ~*a* **elämää** lead the

life of luxury, have an easy life; ~ **nauru** a good (hearty) laugh; **pitää** ~*sta* have a sweet tooth; ~ *(suolaton)* **vesi** fresh water.

makeis||**et** sweets; *(Am) (sg)* candy **-kauppa** sweet shop, confectioner's; *(Am)* candy store.

makeu||**s** sweetness **-te** sweetener, sweetening [agent] **-ttaa** sweeten.

makkara sausage.

makrilli mackerel.

makro||**kieli** *(atk)* macro language **-kosmos** macrocosm **-käsky** macro instruction **-molekyyli** marcomolecule **-skooppinen** macroscopic *(adv* ~ally).

maksa *(unat, keltt)* liver.

maks||**aa** 1 pay (in cash *käteisellä;* a bill *lasku;* by cheque *šekillä*); *(~ jstk)* pay for (he paid [me] £2 for it *hän -oi [minulle] siitä kaksi puntaa*); *(~ kokonaan)* pay off (a loan *laina*); *(liik m)* settle (an account *lasku*), discharge (a debt *velka*); defray (the expenses *kulut*); take up, protect (a bill of exchange *vekseli*), hono[u]r (a cheque *šekki*) 2 *(olla hintana)* cost (the book costs £5 *kirja ~ viisi puntaa; (kuv)* it cost him his life *se -oi hänen henkensä*) ▶ ~ **ennakolta** pay in advance, prepay; advance (a p. £5 *jklle viisi puntaa*); ~ **kalliisti** *jstk* pay dear[ly] for; **mitä** ~? how much is it? *-oi* **mitä maksoi** at all costs; come what may; **saisinko** ~? *(ravintolassa)* can I have the bill please? ~ **takaisin** pay back, repay, refund; *ei -a* **vaivaa** it's not worth the trouble; ~ **vähittäin** pay by instalments.

maksaja payer.

maksakirroosi cirrhosis of the liver, hepatic cirrhosis.

maksamaton unpaid (debt *velka*), unsettled, outstanding (bill *lasku*).

maksa||**pasteija** liver paste **-ruoho** stonecrop **-sairaus** liver disease (complaint) **-sammal** liverwort **-syöpä** hepatic cancer **-tulehdus** inflammation of the liver; hepatitis **-täplä** liver spot; chloasma *(pl* ~ta).

maksimaali[nen] maximum.

maksimi maximum (and minimum *ja minimi*) ~**annos** maximum dose ~**lämpötila** maximum temperature ~**määrä** maximum [amount].

maksimoi||**da** maximize **-nti** maximization.

maksoittu||**a** coagulate **-minen** coagulation.

maksu 1 *(maksaminen)* payment (of expenses *kulujen* ~; of a bill *laskun* ~); *(suoritus)* settlement (of a loan *lainan* ~);

liquidation (of a debt *velan* ~) 2 *(suoritettava* ~) payment (stop payments *lakkauttaa* ~*t;* make a payment *suorittaa* ~); *(koulu-, pysäköinti- ym* ~) fee (membership fee *jäsen*~); *(veloitus)* charge (hospital charges *sairaala*~t); *(taksa)* fare; *(hinta)* price; *(korvaus)* remuneration (of services *palveluksista*); pay (demand pay for overtime work *vaatia* ~*a ylityöstä*) ▶ **maksuksi** *jstk* in payment for; **maksusta** for payment; *vähäisestä* ~*sta* for a small charge; **maksut** *(m)* dues; disbursements; **maksutta** free [of charge]; **ottaa** ~ *jstk* charge for.

maksu||**aika** term of payment; *kuuden kuukauden -ajalla* on six month's credit; *lainan* ~ *on viisi vuotta* the loan is repayable over five years **-ehdo**|**t** terms [of payment]; *edullisilla -illa* on favo[u]rable terms **-erä** instal[l]ment **-kyky** solvency **-kykyinen** solvent **-kyvyttömyys** insolvency **-määräys** payment order **-nsaaja** payee, beneficiary **-osoitu**|**s** payment order; assignment; *-ksen antaja* remitter, assignor; *-ksen saaja* assignee **-palvelusopimus** standing order (to a bank *jssk pankissa*) **-päivä** date (day) of payment; *(eräpäivä)* maturity (due) date **-tase** balance of payments; ~*en tasapaino* balance of payments equilibrium **-ton** free; ..free of charge; ~ *oikeudenkäynti* costfree proceedings; *tilaisuus on* ~ admission free *(valmius)* liquidity (of a company *yhtiön* ~), cash position **-velvollisuus** liability to pay **-väline** means of payment; *laillinen* ~ legal tender, *(Am)* lawful money.

maku *(konkr ja kuv)* taste (good (queer, unerring) taste *hyvä (outo, varma)* ~; of onion *sipulin* ~); *(~vivahde)* flavo[u]r (of coffee *kahvin* ~); savo[u]r (of mustard (garlic) *sinapin (valkosipulin)* ~; there was a savo[u]r of irony in his speech *hänen puheessaan oli ironian* ~; it has lost its savo[u]r *se on menettänyt* ~*nsa*) ▶ *jkn* **makuun** to the taste of; *se ei ole minun* ~*uni* it is not to my taste, *(ark)* it's not my cup of tea; *lisää sokeria* **maun mukaan** add sugar to taste; ~*ja on* **monenlaisia** tastes differ, everyone to his taste; *se* **osoitti** *huonoa* ~*a* it was in bad (poor) taste; **päästä** *jnk* ~*un* acquire (develop) a taste for; *(maistaa)* have a taste of (power *vallan* ~*un*), taste (blood *veren* ~*un*).

maku||**aisti** [sense of] taste **-asi**|**a** a matter of taste; *-oista ei pidä kiistellä* there's no disputing about tastes **-hermo** gustatory nerve; ~*ja kiihottava tuoksu* appetizing smell.

[-]makuinen -flavo[u]red (chocolate-flavo[u]red *suklaan*~); *jnk* ~ with .. taste; *minkä* ~ *se on?* what does it taste like?

makulatuuri[paperi] waste [paper].

makuloida cancel, invalidate.

makupala titbit; *(kuv m)* treat (a real treat for *oikea* ~ *jklle*).

makuu‖asen‖to prone position; *-nossa (m)* in a lying (recumbent) position **-haava** bedsore **-huone** bedroom **-lla, -lle, -lta;** *(urh)* ampua *-lta* shoot in a prone position; *asettua -lle* lie down; *(mennä nukkumaan)* go to bed; *nousta -lta* stand up; *(vuoteesta)* get up; *olla -lla* be lying down; *(vuoteessa)* be in bed **-paikka** berth; *varata* ~ *[junasta]* book a sleeper **-parvi** sleeping gallery **-pussi** sleeping bag; *(vauvan* ~*)* bunting **-vaunu** sleeping car (carriage), sleeper, *(Am m)* Pullman [car].

Malakan‖ niemimaa the Malay Peninsula **-salmi** the Strait of Malacca.

Malediivit the Maldive Islands.

maleksia loaf, hang about (at street corners *katujen kulmissa*); loaf around; *(lorvia)* loiter [about].

Malesia Malaysia.

malja 1 *(kulho)* bowl (glass bowl *lasinen* ~) **2** *(*~ *jkn terveydeksi)* toast (to *jkn* ~) ▶ **ehdottaa** *jkn* ~*a* propose a toast to; **juoda** ~ *jkn kunniaksi* drink [to] a p.'s health, toast a p.; **kilistellä** *maljoja* clink (touch) glasses (with *jkn kanssa*); **maljanne!** Your health! ~*t* **pohjaan!** bottoms up!

maljakko vase.

malka beam.

mal‖las; *-taat (sg)* malt ~**juoma** malt liquor.

malli model (use as a model *käyttää* ~*na;* artist's model *taiteilijan* ~*;* for a statue *veistoksen* ~*;* a 1978 model *vuoden 1978* ~*);* *(kaava)* pattern (behavio[u]r pattern *käyttäytymis*~*;* cut a pattern *leikata [paperista]* ~*;* form after a pattern *muodostaa* ~*n mukaan*); *(näyte) (m)* sample (of cloth *kangas*~*);* *(kuosi)* design (registered design *rekisteröity* ~) ▶ *asiat ovat* **hyvässä** *~ssa* things are looking good (going well); ~*ksi* **kelpaava** exemplary (achievement *suoritus*), model (behavio[u]r *käytös*); *jnk* ~*n* **mukaan** on the model (pattern) of, on the .. model

(on the Finnish model *suomalaisen* ~*n mukaan*); *tehdä jnk* ~*n mukaan* model after a th.; *olla* ~*na* model, pose (for an artist *taiteilijan* ~*na*); **piirtää** ~*n mukaan* draw from a model; **työskennellä** ~*na (m)* model, do modelling.

malli‖esimerkki model example (of *jstk*); *(esikuva m)* model, pattern; type (the very type of *todellinen* ~ *jstk*) **-kelpoinen** exemplary (worker *työntekijä*), model (behavio[u]r *käytös*); *(ihanteellinen)* ideal (home *koti*) **-lehti** *(käsit)* pattern book **-ne** *(tekn)* template, pattern; *(muotti)* mo[u]ld, form; *(malli)* model **-nen** *(jnk tyylinen)* of .. style (type) (of the same style *saman*~*);* *(muotoinen)* -shaped (ball-shaped *pallon* ~*);* *minkä* ~*?* what shape? **-neule** pattern knitting **-nukke** dummy **-suunnittelija** fashion (clothes) designer **-tilkku** sample.

Mallorca Majorca.

malmi ore ~**pitoinen** ore-bearing, .. containing ore, metalliferous ~**suoni** ore (metalliferous) vein, lode.

maltalainen *a ja s* Maltese *(pl* ~).

maltilli‖nen 1 *(rauhallinen)* calm, collected, *(hillitty)* composed (by nature *luonteeltaan*); *(järkevä)* sensible (attitude *suhtautuminen*) **2** *(pol ym)* moderate (party *puolue;* foreign policy *ulkopolitiikka*) **-suus** calmness, composure; *(pol ym)* moderation.

malto flesh, pulp ~**inen** succulent.

maltoosi *(kem)* maltose, malt sugar.

malttaa; ~ *mielensä* keep one's temper; control o.s.

malttamat‖on impatient **-tomuus** impatience.

maltti presence of mind, composure; *(itsehillintä)* self-possession; *(kärsivällisyys)* patience; *menettää* ~*nsa* lose one's temper (head); *säilyttää* ~*nsa (m)* keep one's temper, control o.s.

malva mallow ~**nvärinen** mauve.

mammona mammon; *maallinen* ~ earthly wealth.

mammutti mammoth.

mana; ~*lle menneet* the departed (deceased).

manaaja *(henkien* ~*)* raiser of spirits; *(pois*~*)* exorcist.

manala abode[s] of the dead, the Underworld; Hades.

mana‖ta 1 a) ~ *[esiin]* conjure up, call up (the Devil *paholainen esiin*); ~ *henkiä (m)* raise spirits; **b)** ~ *[pois]* exorcize (an evil spirit *paha henki*); ~ *pahat henget pois jstk* exorcize **2** *(kirota)* curse (one's bad luck *huonoa onneaan*) **-us** conjuration; *(loitsu)* charm, spell (drive away by spells *karkottaa -uksin*); *henkien* ~ *(m)* raising of spirits; *(pois~)* exorcism.

mandaattialue mandate[d territory].

mandariini mandarin; *(hedelmä m)* tangerine.

mandoliini mandolin[e].

maneeri mannerism.

maneesi man|ege, -ège.

maneetti jellyfish.

mangaani manganese.

manifest||i manifesto *(pl* ~[e]s) **-oitua** manifest [itself] **-oituminen** manifestation.

maniky||risti manicurist **-yri** manicure.

manilla||hamppu manil[l]a [hemp] **-köysi** manil[l]a rope.

manipul||aatio manipulation **-oida** manipulate.

mankel||i, -oida mangle.

mankua whine.

mannaryynit *(sg)* *(Br)* semolina; *(Am)* farina.

mannekiini model ~**näytös** fashion show.

man|ner 1 mainland (a ferry between an island and the mainland *saaren ja -tereen välinen lautta*) **2** *(~maa)* continent (ancient continent *vanha* ~) **M~Eurooppa** the Continent [of Europe] ~**ilmasto** continental climate ~**jalusta** continental shelf ~**jää[tikkö]** ice sheet, continental glacier ~**maa** continent (on the continent ~*lla*); *Euroopan* ~ *(tav)* the Continent ~**mainen** continental ~**tenvälinen** intercontinental.

mansetti 1 *(kalvosin)* cuff **2** *(kynttilän ~)* candle-ring.

mansikka strawberry; *oma maa* ~ *muu maa mustikka* east west home is best.

manteli almond ~**puu** almond tree.

mantšu *(henk ja kieli)* Manchu. ~*t* the Manchu.

manttaali assessment unit of land.

mantteli cloak; *(sotilaan ~)* greatcoat.

manuaali, ~nen manual.

man||öv[e]roida, -ööveri manoeuvre, *(Am)* maneuver.

maolai||nen Maoist **-suus** Maoism.

map||ittaa file (the letters *kirjeet*) **-pi** *(kansio)* folder, *(Am m)* *(pl)* binders; *(asiakirja-, säilytys~)* file.

marakatti 1 *(el)* guenon **2** *(kuv)* monkey.

maraton||[juoksu], -kilpailu marathon.

marenki meringue.

margariini margarine.

marginaali margin (narrow margins *kapeat* ~*t;* of 10 per cent *10 %:n* ~) ~**vero** marginal rate of tax; marginal rate.

marhaminta halter strap.

marianpäivä Lady Day; Annunciation Day.

marihuana marijuana.

marin||adi marinade **-oida** marinate.

marionetti marionette; puppet *(m kuv)* ~**hallitus** puppet government.

maris||ta whine (about *jstk;* at *jklle*), whimper (stop whimpering! *lakkaa -emasta!*); *(valittaa)* grumble (about).

marja berry; *kuin kaksi* ~*a* as like as two peas; *mennä* ~*an* go berrying ~**hillo** jam ~**puuro** berry pudding; ~*n punainen* light mauve ~**staa** pick berries ~**terttu** cluster of berries.

markiisi 1 *(arvonimi)* marquis **2** *(ulkokaihdin)* sun blind, awning ~**kangas** canvas ~**tar** marchioness; *(muualla kuin Brit)* marquise.

markka mark *(lyh* mk); *Suomen* ~ Finnmark *(lyh* Fmk).

markkina||-alue market **--arvo** market value **-hinta** market price **-katsaus** market survey **-kelpoinen** marketable (product *tuote)* market stall.

markkin|at 1 *(liik)* *(sg)* market (unstable market *epävakaat* ~*;* put on the market *laskea -oille;* seller's market *myyjän* ~) **2** *(-atilaisuus)* *(sg)* market (buy at the market *ostaa -oilta),* fair (at the fair *-oilla)* ▶ *hiljaiset (laimeat)* ~ slack (dull) market; *muokata -oita jllk tuotteelle* work up (create) a market for a product, push an article [on the market]; **tuoda -oille** introduce (bring) into the market, launch in (on) the market; **vilkkaat** ~ lively (active, strong) market.

markkina||talous market economy (free market economy *vapaa* ~) **-talousmaa** market economy country **-tutkimus** market research.

markkinoi||da market (a product *tuotetta;* through *jnk välityksellä); (tuoda markkinoille)* introduce (bring) .. into the market **-nti** marketing; *markkinointi|-* marketing (director *-johtaja;* consultant *-konsultti;* department *-osasto;* manager *-päällikkö).*

marmeladi 1 *(makeinen)* jelly sweet **2** *(keitt)* marmalade (orange marmalade *appel-*

siini~).
marmori marble ~**nen** [..made of] marble
(statue *patsas*).
marmoroida marble.
Marokko Morocco ~**lainen** *a ja s*
Moroccan.
marraskesi scarfskin, horny layer of
epidermis.
marraskuu November *(ks elokuu)*.
mars march (forward march! *eteenpäin ~!*);
~ *matkaan!* off you go!
Mars Mars; ~*in* Martian.
marsalkka marshal; *(juhla-airut m)* usher.
marseljeesi the Marseillaise.
marsilainen Martian.
marsipaani marzipan.
marssi march (of 30 kilometres *30 km:n ~;*
the marches of Sousa *Sousan ~t*); ~*n*
tahdissa in march[ing] step (time) ~**a**
march (in file *jonossa;* in a procession
kulkueessa; into the town *kaupunkiin*)
~**käsky** *(pl)* marching orders; *(Am)* march
order ~**ttaa** march.
marsu guinea pig.
marttyyri martyr (die a martyr *kuolla ~na;*
(kuv) make a martyr of o.s. *näytellä ~a*)
~**kuolema** martyr's death; *kärsiä ~* suffer
martyrdom ~**us** martyrdom.
maruna wormwood.
marxi‖lainen *a ja s* Marxist -**smi-leninismi**
Marxism-Leninism.
masennu‖s depression; *olla -ksissa* be
depressed, *(ark)* be down (blue) ~**kausi,**
~**tila** depression.
masen‖taa discourage, dishearten (his
failure disheartened him completely
epäonnistuminen -si hänet täysin); depress
(the news depressed him *uutinen -si
häntä*) -**tava** discouraging, disheartening
(sight *näky*), depressing; *mieltä ~*
depressing -**tua** be discouraged (by the
failure *epäonnistumisesta*); get depressed
(easily *helposti*) -**tuneisuus** depression
-**tunut** depressed.
masinoida fix.
maskara mascara.
maski 1 *(naamari)* mask **2** *(ehostus)*
make-up **3** *(aut)* grill[e], radiator screen **4**
(valok) mask.
maskotti mascot.
maskuliini masculine (and feminine *ja
feminiini*) ~**muoto** masculine form ~‖**nen**
masculine (qualities *-set ominaisuudet;*
noun *substantiivi*).
masokis‖mi, -ti, -tinen maso|chism, -chist,

-chistic *(adv ~ally)*.
mass‖a 1 mass (of a body *kappaleen ~;*
firm mass *kiinteä ~*); *(suuri ~)* bulk,
volume **2** *(aines)* substance; *(tekn)* paste;
(lattia~) composition **3** *(pap)* pulp (dry
pulp *kuiva ~*), stuff (soft stuff *pehmeä ~*)
4 *(ihmisjoukko);* ~*t* the masses (he knows
how to treat the masses *hän osaa käsitellä
-oja*).
massa‖‖liike mass movement -**muisti** *(atk)*
mass storage -**piste** *(fys)* mass point
-**psykoosi** mass psychosis -**tavara**
mass-produced article; bulk article *(pl*
goods) -**tiedotusväline** mass medi|um *(pl*
-a) -**tuotanto** mass (volume, large-scale)
production, wholesale production
(manufacturing), production in bulk -**tuote**
mass-produced article -**turismi** mass
tourism -**voima** *(fys)* inertia force -**yksikkö**
mass unit, *(lyh)* MU.
massiivinen massive; *(jykevä)* solid ~**suus**
massiveness; solidity.
masto mast; *(radio~ m)* mooring-mast.
-**mastoinen** -masted (four-masted *neli~*).
masto‖‖nhuippu masthead -**valo** mast
light.
masturbaatio masturbation.
masuuni blast furnace.
matadori matador.
matal‖a I *a* **1** *(vastak korkea)* low (wall
aita; temperature *lämpötila;* wages
palkka; pulse *verenpaine;* voice *ääni*) **2**
(vastak syvä) shallow (dish *astia;* river
joki) **II** *s* **1** *(mer)* *(-ikko) (pl)* shallows **2**
(meteor) depression, low [pressure area] ▶
kyyristyä *(mennä)* ~**ksi** stoop (squat)
down; **panna** ~**ksi** put .. down *(m kuv);* ~
vesi shallow water; ~*n veden aikana* at low
water (tide); ~*lla* **äänellä** in a low voice,
low.
matala‖‖hyökkäys low-level (ground) attack
-**kantai‖nen;** *-set* **kengät** flat shoes
-**korkoinen** ..with low interest (loan *laina*)
-**laitainen** shallow (dish *astia*) -**lento**
low-flying -**lla, -lle, -lta** low -**oktaaninen**
low-octane -**paine 1** *(fys)* low pressure,
(lyh) LP **2** *(meteor)* depression (deep
depression *syvä ~*), low; cyclone; ~*en* **alue**
low [pressure] area; ~*en* **keskus** centre of
depression, low-pressure centre **3** *(kuv)*
depression -**palkka-ala** low-income trade,
low-wage branch -**palkkainen** lowly paid
(trade *ala;* worker *työmies*); low-|pay,
-wage -**suhdanne** depression, slump -**vesi;**
-veden aikana at low water (tide)

-viritteinen *(tekn)* low-current **-ääninen** low-voiced, deep-voiced (man *mies*); *(hiljainen)* low.

matalik|ko shoal, *(pl)* shallows; *aja[utu]a -olle* run aground.

matara bedstraw.

mate||leva crawling; *(kuv m)* servile, cringing **-lija** *(el)* reptile **-lu** creeping; crawl[ing]; *(kuv)* grovel[l]ing, servility **-lukaista** slow-traffic lane, *(Am)* creeper lane.

matemaat||ikko mathematician **-tinen** mathematical (formula *kaava*) **-tistaa, -tistua** mathematicize.

matematiikka *(sg ja pl)* mathematics; *(ark)* maths, *(Am)* math.

materia matter (mind and matter *henki ja* ~); *(pl)* material things.

materiaali 1 *(aine)* material (durable material *kestävää* ~*a*); *(raaka-aine) (pl)* materials; *(m)* substance (tough substance *sitkeä* ~) **2** *(aineisto)* material (collect material for a dissertation *kerätä* ~*a väitöskirjaa varten*); *(atk, tilast, ym)* data (the data is ready for processing ~ *on valmista käsittelyä varten*) **-nen** material; *(lak) (m)* substantive (law *laki*).

materialis||mi materialism **-oida, -oitua** materialize **-ti** materialist **-tinen** materialistic *(adv* ~ally); ~ *historiankäsitys* materialistic view of history; *(m)* materialism **-tisuus** materialism.

matinea matinée.

matk|a 1 *(erik maa~)* journey (to Helsinki *Helsinkiin;* break one's journey *keskeyttää* ~*nsa*); *(lyhyt* ~) trip (to the country *maalle;* make a trip to London *tehdä* ~ *Lontooseen);* *(meri~)* voyage (from London to New York *Lontoosta New Yorkiin);* *(~ jnk yli)* crossing, passage (from Helsinki to Lübeck *Helsingistä Lyypekkiin);* *(kierto~)* tour (round Italy *Italiassa);* *(lento~)* flight; *(ajo~)* drive; ~*t (m)* travels (he told us about his travels in China *hän kertoi meille -oistaan Kiinassa)* **2** *(etäisyys)* distance *(m urh)* (shoot over a distance of 50 metres *ampua 50 m:n* ~*lta;* from the window to the door *ikkunalta ovelle;* what is the distance to London *kuinka pitkä* ~ *on Lontooseen?)* **3** *(sl) (huume~)* trip ▶ *hyvää* ~*a!* have a nice journey (trip)! *jatkaa* ~*a (m)* travel on; *kuinka pitkä* ~ *on.. (tav)* how far is it to..; *lähteä* ~*lle (-oille)* go (set off) on a

journey (round the world *maailman ympäri*), take a trip (to *jnnk*); *lähteä parin päivän* ~*lle* go away for a few days; *lähteä (käydä)* ~*an* set out (at dawn *aamun koitteessa);* *lähteä (mennä) -oihinsa* get (go) on one's way; **matkalla** on the (one's) way (home *kotiin;* from Lahti to Helsinki *Lahdesta Helsinkiin);* *(~n aikana)* on (during) the journey; en route, *(mer)* bound (for *jnnk*); *(liik ym)* in transit (the goods have been lost in transit *tavarat ovat kadonneet* ~*lla);* *olla* **matkoilla** be away, *(liik m)* be away on business; *(ulkomailla)* be abroad; *minne* ~*?* where are you going? *kuinka* ~*si onnistui ?* how was your journey (trip)? ~*n päässä (päästä)* at a distance; *jonkin (hyvän)* ~*n päässä* some (a good) distance away; *pienen* ~*n päässä* a short distance away; *pitkän* ~*n päässä* a long way off, a great distance off; **sinne** *on pitkä* ~ it is a long way off; *sinne on tunnin* ~ it is an hour's journey from here.

matka||-aika travel time **--apuraha** travel[l]ing scholarship **--arkku** trunk **-huopa** travel[l]ing rug.

matkail||ija tourist **-la** tour, travel.

matkailu tourism; travel[l]ing ~**elinkeino** tourist industry (trade) ~**esite** [travel] brochure (on *jstk*) ~**keskus** tourist centre ~[**perä**]**vaunu** caravan ~**toimisto** tourist information office ~**yhdistys** tourist (travel) association; tourist club.

matka||kirja travel book, book of travels **-kirjoituskone** portable typewriter **-krediitiivi** travel[l]er's (circular) letter of credit **-kulut** travel[l]ing expenses **-kumppani** fellow travel[l]er, travel[l]ing companion **-kuvaus** account of a journey; *(-kirja)* travel book **-lasku** travel[l]ing-expenses account **-laukku** suitcase **-lippu** ticket; *edestakainen* ~ *(Br)* return [ticket]; *(Am)* round trip **-mittari** mileometer; *(ark)* clock **-muisto** souvenir **-njohtaja** tour conductor (leader); guide **-nopeus** cruising speed **-ohjelma** trip schedule (program[me]) **-opas 1** *(henk)* guide **2** *(opaskirja)* guide-book, [tourist] guide **-osuus** *(urh)* stage **-pahoinvointi** travel sickness **-puhelin** mobile telephone **-radio** portable (transistor) radio [set] **-reitti** route **-šekki** traveller's cheque, *(Am)* travelers' check **-ta** travel; journey **-tavarahylly** luggage *(Am* baggage) rack **-tavarasäilö** cloak-room, left-luggage office, *(Am)* checkroom **-tavarat** *(sg) (Br)* luggage, *(Am)* baggage **-tavaratila** *(Br)* boot, *(Am)* trunk **-tavaratoimisto** luggage *(Am* baggage) office **-tavaravaunu** luggage van, *(Am)* baggage car (wagon) **-televisio** portable TV-set **-toimisto** travel agency (bureau), tourist agency **-toimistovirkailija** travel agent **-vakuutus** travel insurance.

matki‖a imitate (a p.'s behavio[u]r (voice) *jkn käytöstä (ääntä)*); *(jäljitellä)* copy, *(parodioida)* mimic (a p.'s gestures *jkn eleitä*); *(apinoida)* ape (a p.'s manners *jkn käytöstä*); **-malla** *(m)* by imitation **-miskyky** imitative ability.

matkusta‖a travel (by ship *laivalla;* on business *liikeasioissa;* round the world *maailman ympäri;* a long way *pitkä matka*); *(~ jnnk)* go (by train *junalla;* abroad *ulkomaille;* to France for holidays *lomalle Ranskaan*); *(lähteä)* leave (for *jnnk;* when are you leaving? *milloin -tte?*); *(tehdä matka)* make (take) a trip (to America *Amerikkaan*); ~ *Helsingistä Tukholman kautta Kööpenhaminaan* travel from Helsinki to Copenhagen via Stockholm; *Suomessa -essani* when travel[l]ing in (when touring) Finland, during my travels in Finland.

matkustaja passenger (passengers on an aeroplane *lentokoneen ~t); (liik)* travel[l]er; *matkustaja*|- passenger (traffic *-liikenne;* list *-luettelo*) **~koti** boarding (guest) house, lodging-house **~laiva** passenger ship (steamer, liner) **~[lento]kone** passenger plane (aircraft, liner) **~vaunu** passenger coach (carriage, *(Am)* car).

matkusta‖minen travel[ling] **-mo** cabin (of an aircraft *lentokoneen ~*).

matkustel‖la travel; *(kierrellä jssk)* tour [in]; *(ark)* knock around; *paljon -lut* widely travel[l]ed **-u** travel[ling].

mato worm; *(toukka)* maggot **~inen** wormy, ..full of worms; *(esim liha)* maggoty; *(madonsyömä)* worm-eaten (apple *omena*) **~kuuri** worm treatment **~lääke** vermifuge, anthelmintic **~mainen** worm-like; *umpisuolen ~ lisäke* vermiform appendix.

matonkuteet carpet rags.

matriisi matri‖x *(pl m* -ces) **~kirjoitin** matrix printer.

matrikkeli register, roll; *merkitä ~in* register.

matruusi 1 *(mer)* able-bodied seaman 2 *(sot) (Brit)* junior seaman; *(USA)* seaman apprentice.

matta matt (surface *pinta;* colo[u]r *väri*); *(lasista m)* frosted, *(hiottu)* ground **~pintainen** matt-finished; matt (metal *metalli*).

matti *(šakk)* [check]mate; *tehdä ~* checkmate.

matto carpet; *(pieni ~)* rug; *(kynnys- ym ~)* mat; *(pitkä kapea ~)* runner **~kauppias** rug and carpet dealer **~suutin** *(pölynimurin ~)* carpet beater nozzle **~tuomari** mat chairman.

maukas savo[u]ry, *(ark)* tasty; appetizing; *(herkullinen)* delicious (meal *ateria*).

maurilainen I *a* Moorish II *s* Moor.

mausoleumi mausoleum.

maust‖aa season (the soup with salt *keitto suolalla*), spice *(m kuv;* one's speech with wit *puhettaan huumorilla);* flavo[u]r (the cake with lemon *kakku sitruunalla*); **voimakkaasti -ettu** heavily spiced, spicy, *(m)* hot (dish *ruokalaji*) **-amaton** unseasoned; ~ *viina* unblended spirit.

mauste *(m ~et) (kasvista saatava ~)* spice (cinnamon and other spices *kanelia ja muita ~ita);* *(makua parantava aine)* seasoning (salt and pepper are seasonings *suola ja pippuri ovat ~ita);* *(makuaine)* flavo[u]ring **~hylly[kkö]** spice-rack **~ikko** condiment set **~inen** spiced; spicy **~kastike** sauce, relish; *(kirpeä kastike)* piquante sauce **~kasvi** aromatic herb **~liem‖i** marinade; *kurkkuja -essä* pickled cucumbers (gherkins) **~mylly** spice mill **~pippuri** allspice **~sekoitus** *(pl)* mixed spices **~suola** aromatic (seasoned) salt **~vihannes** [aromatic] herb; *(juures)* pot-herb **~yrtti** sweet (aromatic) herb.

maut‖on tasteless; *(kuv m)* tactless (remark *huomautus); (pred)* in bad taste (that was in bad taste *tuo oli ~ta*) **-tomuu‖s** tastelessness; lack of taste; *(tahdittomuus)* tactlessness; **-det** *(m)* tactless (tasteless) remarks.

maya Maya; **~t** the Maya[s] **~kielet** Mayan languages.

me we (ourselves *itse;* Finns *suomalaiset*); ~ *kaksi* the two of us ▶ a) *(suom gen)* **meidän** our (car *automme*); *(itsen)* ours (it is ours *se on ~idän*); *(prep yht)* us (because of us *~idän tähtemme*); b) *(akk ym sijoissa)* **meidät, meitä** us; *meillä (maassamme)* in this country *(vrt hakus he → b)).*

medaljonki 1 *(koru)* locket 2 *(keitt)* medaillon.

mediaani, ~**nen** median.
medit||**aatio** meditation **-oida** meditate.
meduusa 1 (~*vaihe*) medusa (*pl* ~*e*) (polyp and medusa *polyyppi ja* ~) **2** (*el*) jellyfish.
meedio medium.
meetvursti Bologna sausage; salami.
mega||**foni** megaphone **-hertsi** megaherz (*lyh* MHz) **-voltti** megavolt **-watti** megawatt (*lyh* MW).
mehevä juicy (orange *appelsiini*); ~ *juttu* racy (spicy) story; ~*t värit* rich (mellow) colo[u]rs.
mehikasvi succulent.
mehiläinen bee.
mehiläis||**hoitaja** beekeeper, apiarist **-hoito** beekeeping, apiculture **-kenno** cell [of a honeycomb] **-kuhnuri** drone [bee] **-kuningatar** queen [bee] **-parvi** swarm of bees **-pesä** bee-hive **-vaha** beeswax **-yhteiskunta** colony [of bees].
mehu juice (squeeze the juice out of a lemon *puristaa* ~ *sitruunasta*); (~*tiiviste*) [fruit] syrup (raspberry syrup *vadelma*~); (*Br m*) squash (orange squash *appelsiini*~); *keittää* ~*a* make fruit syrup (out of *jstk*); (*kuv*) *viedä* ~*t jksta* take the fight out of a p. ~**jäätelö** ice lolly, (*Am*) popsicle ~**kas** juicy ~**linko** liquidiser ~**npuristin** juice extractor (press), juicer ~**tiiviste** juice concentrate, concentrated juice.
meijeri dairy; (*erik Am*) creamery ~**kkö** dairymaid ~**sti** dairyman ~**voi** dairy butter.
meik||**ata** make up **-ki** make-up **-kilaukku** toilet bag.
meikäläinen one of us; *Mutti M*~ A.N. Other; (*Am*) John Doe.
meirami marjoram.
meis||**lata, -seli** chisel.
meist||**i** punch, stamp[er] **-ää** press, punch.
mekaani||**kko** mechanic; (*ilm*) aircraftman **-nen** mechanical **-staa** mechanize.
mekaniikka (*sg ja pl*) mechanics.
mekanismi mechanism; (*kellon* ~ *m*) (*pl*) works; (*pianon ym* ~) action; *vallankäytön* ~*t* (*sg*) the machinery of power.
mekast||**aa** make a noise, romp **-us** racket.
Mekka Mecca.
mekkala hullabaloo, hubbub (it caused a great hubbub *siitä nousi kova* ~).
mekko dress.
meklari 1 (*liik*) [stock]broker; ~*n ammatti* broking **2** (*huutokauppa*~) auctioneer.
Meksiko Mexico **m**~**lainen** *a ja s* Mexican

~**nlahti** the Gulf of Mexico.
mela paddle.
mela||**miini** melamine **-niini** melanin **-niitti** melanite.
melankoli||**a** melancholy, (*psyk*) melancholia **-nen** melancholy.
melkein almost (too big *liian iso;* impossible *mahdotonta;* better *parempi;* certain *varma*); nearly (200 people *200 ihmistä;* it's nearly six o'clock *kello on* ~ *kuusi*); (*käytännöllisesti katsoen*) practically (the holidays were practically over *loma oli* ~ *lopussa*); (*ark*) pretty much (the same *sama[nlainen]*), pretty nearly; *se on* ~ *sama asia* it's much the same [thing]; ~ *yhtä iso* almost as big (equal in size), much the same size (as *kuin*) ~**pä** almost, rather.
melko fairly, (*ark*) pretty (well *hyvin;* certain *varma*); (*aika*) quite (good *hyvä;* a lot [of people] *paljon [ihmisiä]*); (*jokseenkin*) rather (poor *huono;* expensive *kallis;* cold *kylmä*); ~ *pitkän aikaa* quite a while (a long time).
melkoi||**nen** considerable (difference *ero;* amount of *määrä jtk;* distance *välimatka*), substantial (improvement *parannus;* sum of money *summa rahaa*); sizeable (proportion of *osa jstk*); *siinä on* ~ *ero* it makes all the difference; *-sessa määrin* to a considerable extent; *-sella varmuudella* with reasonable certainty **-sesti** (*paljon*) a great deal.
mellak||**ka** riot (put down a riot *tukahduttaa* ~); *panna toimeen* ~ create a disturbance, (*m*) run riot **-kapoliisi** riot policeman **-olda** riot; *alkaa* ~ run riot **-oija** rioter **-oiva** riotous.
mellastaa make a noise, be noisy; (*telmiä*) romp [about].
mellot||**taa** refine; (*putlata*) puddle **-us** refining (of cast-iron *raakaraudan* ~).
meloa paddle; canoe; scull.
melod||**ia** melody; (*sävelmä*) tune (hum a tune *hyräillä* ~*a*) **-inen** melodic; (*laulunomainen*) melodius, tuneful (music *musiikki*).
melodra||**ama** melodrama **-maattinen** melodramatic (*adv* ~ally).
meloja canoeist.
meloni melon.
melonta canoeing ~**kilpailu** canoe sprint race.
melskata make a noise; (*peuhata*) romp [about], carry on.

melske 1 *(melu)* noise, racket (the children were making a dreadful racket *lapset pitivät hirveää ~ttä)* 2 *~[et]* tumult[s] (of the revolution *vallankumouksen ~et),* turmoil[s] (in the turmoils of war *sodan ~issä).*

melto‖rauta malleable iron **-teräs** wrought iron, forging [grade] steel.

melu noise (an earsplitting noise *korvia huumaava ~;* of the traffic *liikenteen ~;* make a loud noise *pitää kovaa ~a); (jylinä)* din (of machines *koneiden ~); asiasta nousi kova ~* it caused a great hubbub **~ava** noisy, boisterous **~haitta** noise problem **~isa** noisy, boisterous **~ntorjunta** noise abatement (control) **~saaste** noise pollution **~ta** make a noise.

menehtyä perish (in the flames *liekkeihin); (kuolla)* die (without regaining consciousness *tajuihinsa tulematta;* of one's injuries *vammoihinsa);* succumb (to an illness *tautiin); ~ verenvuotoon* bleed to death.

meneillään in progress; *oli ~ vuosi 1863* it was [in] the year 1863.

menekki sale (these goods have a large sale in England *näillä tavaroilla on suuri ~ Englannissa), (pl)* sales (sales are not high *~ ei ole suuri),* market (the goods have a ready (slow) market *tavaroilla on hyvä (heikko) ~); (kulutus)* consumption (the annual consumption of coffee *kahvin vuotuinen ~); tuotteella on (ei ole) ~ä* the product will (will not) sell well **~artikkeli** fast-seller, fast-selling article **~teos** best seller (of the year *vuoden ~).*

menestyksekäs successful.

menesty‖s success (I wish you every success *toivotan sinulle parhainta ~tä;* with varying success *vaihtelevalla -ksellä)* ▶ **huonolla** *-ksellä* with little (no) success, unsuccessfully, without success; **hyvällä** *-ksellä* with [great] success, successfully; **saavuttaa** *~tä* achieve success (in one's career *urallaan),* be a success (as an actor *näyttelijänä);* become popular (with *jdk keskuudessa); näytelmästä* **tuli** *~* the play was a success (went down well).

menestyvä successful, prosperous (businessman *liikemies),* flourishing, thriving (business *liike); heikosti ~* unsuccessful, unprosperous.

menesty‖ä 1 *(onnistua)* succeed (in one's career *urallaan);* do well (at school *koulussa);* be successful (in a competition *kilpailuissa);* be a success (he was not a success as a teacher *hän ei -nyt opettajana); (vaurastua)* prosper (the business is prospering *liike -y),* flourish, thrive; *hän -y hyvin* he is doing well (getting on nicely); *hän -y huonosti* he is doing poorly; *hän -i paremmin* he came off the better 2 *(viihtyä)* thrive (this plant will thrive in shade *tämä kasvi -y varjossa);* do well (on sandy soil *hiekkaisessa maaperässä);* succeed (this crop will succeed in the north *tämä viljalaji -y pohjoisessakin).*

menet‖ellä 1 *(toimia)* act (wisely in *viisaasti jssk);* proceed (how should we proceed? *miten meidän tulisi ~?); (käyttäytyä)* behave (unfairly towards *kierosti jkta kohtaan); (tehdä)* do (as one pleases *mielensä mukaan;* you did wrong to say so *-telit väärin sanoessasi niin);* miten tämän tapauksen suhteen on *-eltävä?* how should this case be dealt with? *~ ohjeiden mukaisesti* follow the instructions 2 *(kelvata)* do (behavio[u]r like that won't do *tuollainen käytös ei -tele); -telee!* not too bad!

menetelmä method (scientific method *tieteellinen ~); (valmistus~)* process (a new process to make glass *uusi ~ lasin valmistamiseksi)* **~oppi** methodology; *(pl)* methodics.

menetet‖ty lost (opportunity *tilaisuus);* ruined (health *terveys);* forfeited (rights *-yt oikeudet);* julistaa valtiolle *-yksi* declare .. forfeited, confiscate.

menettely action; *(~tapa)* procedure; hänen *~nsä* the way he acted **~tapa** manner of proceeding; course of action; policy (sound policy *järkevä ~);* procedure (scientific procedure *tieteellinen ~); (menetelmä)* method (follow a method *noudattaa jtk ~a).*

menet‖tää lose (one's life *henkensä;* one's reason *järkensä;* one's temper *malttinsa;* one's husband in the war *miehensä sodassa;* the game *peli;* one's money *rahansa;* one's heart to *sydämensä jklle;* one's balance *tasapainonsa;* one's job *työpaikkansa;* one's faith in *uskonsa jhk;* blood *verta;* all is lost *kaikki on -etty;* we've got nothing to lose *meillä ei ole mitään -ettävänä);* △ *(kuv m)* miss (a favo[u]rable opportunity *edullinen tilaisuus;* you didn't miss much *et -tänyt paljon);* △ *(kirj ja lak)* forfeit (one's property *omaisuutensa;* one's health *terveytensä)* ▶ *(ark)* ~ **kasvonsa** lose face; *asia on jo -tänyt* **merkityksensä** it is no longer of any importance; ~ **mielenkiintonsa** *[jhk]* lose interest [in]; ~ **otteensa** lose hold (of *jstk*); *(kuv)* lose one's grip (over).

menetys loss.

menevä 1 *(puuhakas)* energetic; busy; ~ *mies* go-getter, go-ahead man **2** *(hyvin kaupaksi käyvä)* selling (ks m mennä).

menneisyy|s [the] past (a chequered past *kirjava* ~; in the past *-dessä*).

mennessä; *jhk* ~ by (Wednesday *keskiviikkoon* ~; one o'clock *klo yhteen* ~, then *siihen* ~); *tähän* ~ up to now, so far.

menninkäinen earth sprite, gnome.

menn|yt gone (he is gone *hän on* ~; his reputation is gone *hänen maineensa on* ~*tä*); *(ajasta ym)* past (time *aika;* generations *-eet sukupolvet);* *(viime)* last (summer *kesä;* during the last few weeks *-einä viikkoina*) ▶ *(kiel)* ~ **aika** past tense, the past; *-einä* **aikoina** in times past; **kaikki** *on* ~*tä* all is lost; *hän on* ~*tä* **miestä** he's had it, he is a goner; **muistella** *-eitä* be thinking of times gone by; *ei muistella -eitä!* let bygones be bygones; *se on* **olluttu** *ja* ~*tä* it is past and gone; ~ **vuosi** the past year; *-einä* **vuosina** in years gone by.

men|nä go (by car *autolla;* to London *Lontooseen;* out of fashion *pois muodista;* out *ulos;* into details *yksityiskohtiin;* the stair goes to the attic *raput -evät ullakolle;* five goes into 20 four times *viisi -ee 20:een neljä kertaa);* △ (~ *ohi; kulua)* *(m)* pass (the time passed pleasantly *aika -i mukavasti;* the bus passed three minutes ago *bussi -i kolme minuuttia sitten*), go by (five years went by *-i viisi vuotta)* (*ks m verbin määritteinä olevia hakus; esim* ~ **kihloihin** *(liiallisuuksiin, täydestä)* ks *kihloissa, liiallisuus, täysi*) ▶ *siihen -ee paljon aikaa* it takes a long time; **astiaan** *-ee kaksi litraa* the vessel holds two litres; ~ **hakemaan** go and get (collect) (the tickets *liput);* go for (a doctor *lääkäriä);* **heittää** *-emään* throw away; *hänellä -ee* **hyvin** he is doing well; **hänellä** *-e* **näkö** he lost his eyesight; ~ **kalpeaksi** *[kasvoiltaan]* turn pale; ~ **kaupaksi** go off (rapidly *nopeasti);* sell (well *hyvin);* ~ **kiinni** shut (the door won't shut *ovi ei -e kiinni);* close (the shop closes at six *kauppa -ee kiinni kuudelta);* ~ **kävelylle**

go for a walk; *etelään* **menevä** *juna (m)* southbound train; *Lontooseen -evä juna* the London train; *mikä sinuun on -nnyt?* what's the matter with you? **miten** *-ee?* how's things? ~ **ohi** pass (a shop *kaupan ohi*), pass [off] (his anger passed [off] *hänen vihastuksensa -i ohi);* pass by (he passed by *hän -i ohi);* *se -ee pian ohi* it will soon be over; *(ark)* se *-i minulta ohi [korvien]* I missed it; ~ **ostoksille** go shopping; **panna** *-emään* waste (one's property *omaisuutensa),* spend (all one's money *kaikki rahansa);* ~ **pois** go away, leave, depart; *hänen* **rahansa** *-evät kirjoihin (velkoihin)* his money goes on books (in debts); *häneltä -ee paljon rahaa kirjoihin* he spends a great deal on books; *sodassa -i 2 000 miestä* 2,000 men died (got killed) in the war; ~ **uimaan** go for (take, have) a swim; ~ *jnk* **yli** go over (a bridge *sillan yli);* *(ylittää)* go across, cross (a street *kadun yli).*

meno 1 *(meneminen)* going (the going was hard ~ *oli vaivalloista);* *(vauhti)* speed (at a wild speed *hurjaa* ~*a)* **2** *(kulku)* course (of life *elämän* ~) **3** *(meininki)* *(pl)* goings-on (queer goings-on *merkillistä* ~*a)* **4** ~*t (juhla~t)* ceremonies (religious ceremonies *uskonnolliset* ~*t)* **5** ~*t (kulut)* expenses (running expenses *juoksevat* ~*t),* expenditure[s] (public expenditure *julkiset* ~*t;* income and expenditure *tulot ja* ~*t;* his expenditure[s] amounted to.. *hänen* ~*nsa kohosivat..);* *(liik m)* outlays (for *jstk*) ▶ *kaikki menee* **entistä** ~*aan* everything is going on as usual (along the old lines); *se* **koitui** *hänen* ~*kseen* it was the ruin of him, it ruined him; **maailman** ~ the way of the world; **mennä** ~*jaan* go off; *(hävitä)* disappear; *antaa asioiden mennä* ~*aan* let the things take (run, follow) their course; **menossa** *(matkalla)* on the way (home *kotiin);* *hän on aina* ~*ssa* he is always on the go; *oli* ~*ssa vuosi 1718* it was [in] the year 1718; *diskossa oli kova* ~ **[päällä]** the disco was in full swing; *punoa juonia jkn* **pään** ~*ksi* plot a p.'s downfall; **yhteen** ~*on* at a stretch, without stopping.

meno||arvio estimate of expenditure, expenditure estimate **-erä** expense; *(liik ja lak)* item of expenditure, expense item **-liikenne** outgoing traffic **-lippu** single *(Am* one-way) ticket **-matka** the journey there; the way there **-paluulippu** *(Br)* return [ticket], *(Am)* two-way ticket **-suunta** direction of travel; *istua selkä* ~*an* sit with one's back to the engine.

menstruaatio menstruation.

mentaalihygienia mental hygiene.

mentaalinen mental.

mentoli menthol ~**pastilli** menthol lozenge ~**savuke** menthol cigarette.

menuetti minuet.

merellinen *(meri-)* sea, marine, maritime.

meren‖**alainen** submarine; ~ *luoto* submerged rock **-haltija** merman **-jumala** sea god **-kulkij**‖**a** mariner; *(merimies)* sailor; *tiedotuksia -oille* notices to mariners **-kulkijakansa** seafaring nation.

merenkul‖**ku** (~*taito*) navigation (a handbook of navigation *-un käsikirja*); *(meriliikenne)* shipping (engage in shipping *harjoittaa* ~*a*) ~**museo** maritime museum ~**oppi** science of navigation ~**säännöt** rules of the road at sea; *kansainväliset* ~ international regulations for preventing collisions at sea ~**taito** navigation.

meren‖**kävijä** sailor (experienced sailor *kokenut* ~); navigator (ancient navigators *muinaiset* ~*t*) **-käynti** sea (rough sea *ankara* ~) **-lahti** bay, gulf; *(pieni* ~*)* inlet **-mittaus** hydrographical surveying **-neito** mermaid **-pin**‖**ta** sea level (above sea level *-nan yläpuolella*) **-rannik**‖**ko** sea coast; *-olla sijaitseva kaupunki* seaside town, a town on (by) the sea **-ran**‖**ta** seaside (spend one's holidays at (by) the seaside *viettää lomansa -nalla*); *lähteä -nalle (m)* go to the sea *(ks m meri* →*)* **-rantakaupunki** seaside town; *(lomakaupunki)* seaside resort **-sininen** I *a* sea-blue II *s* marine [blue] **-takai**‖**nen** overseas (countries *-set maat*) **-tutkimus** oceanography, marine research.

mer‖**i** sea ▶ *aavalla* -*ellä* on the open sea; *heittää (hypätä, pudota) [laivasta] -een* throw (jump, fall) overboard; **lähteä** ~*lle* go to sea; **merillä** at sea; **olla** *-ellä* be at sea; *-en* **rannalla** by the sea (live in a villa by the sea as *asua huvilassa -en rannalla*); on the sea (Brighton is on the sea *Brighton sijaitsee -en rannalla*); by (at) the seaside (spend one's holidays at the seaside *viettää lomansa -en rannalla*).

meridiaani meridian.

meri‖**eläin** sea animal **-elämä** life at sea **-herruus** naval supremacy, mastery of the sea; *Englannilla oli* ~ England was

mistress of the seas **-hevonen** sea horse **-hätä** distress (get into distress *joutua* ~*än*); *-hädässä [oleva]* [..] in distress **--ilma** sea air **--ilmasto** marine climate **-jalkaväki** *(pl)* marines; *Englannin* ~ Royal Marines; *Yhdysvaltain* ~ United States Marine Corps **-kadetti** naval cadet **-kapteeni** master mariner, [sea] captain **-kartta** [nautical] chart **-kasvi** marine plant **-kelpoinen** seaworthy **-kotka** white-tailed eagle **-leijona** sea lion **-levä** seaweed **-liikenne** sea-traffic, marine traffic **-lohi** salmon **-maisema** sea view, seascape **-matka** voyage; *(ylitys)* crossing, passage.

merimie‖**s** sailor; *ruveta -heksi (m)* go to sea ~**eläke** seafarer's pension ~**elämä** seaman's (sailor's, mariner's) life ~**juttu;** *kertoa* ~ spin a yarn ~**kapakka** sailor's bar ~**kaulus** sailor collar ~**laulu** shant[e]y, chant[e]y ~**pappi** seamen's chaplain ~**passi** seaman's passport ~**puku** sailor suit.

meri‖**näköala** sea view **-onnettomuus** accident (disaster) at sea **-pelastusasema** life saving station **-peninkulma** sea (nautical) mile **-pihka** amber **-pihkahappo** succinic (amber) acid.

merirosvo pirate ~**laiva** pirate ship ~**lippu** Jolly Roger ~**radio** pirate radio[-station].

meri‖**sairas** seasick **-satama** seaport **-selitys** ship's (captain's, sea) protest; *antaa* ~ make a sea protest **-sodankäynti** naval warfare **-sota** maritime war **-sotakoulu** naval academy **-sotilas** naval seaman; *(jalka-, tykkimies)* marine **-suola** sea salt **-taistelu** naval battle **-teitse** by sea (water) **-tiede** oceanography **-tähti** star-fish **-upseeri** naval officer **-vahinko** average; sea damage **-valta** naval (maritime, sea) power **-valtio** maritime state **-vartioasema** coastguard station **-vesi** seawater, salt water **-virta** sea (ocean) current **-voimat** naval forces, *(sg)* navy; *(jalkaväki)* marines; *(Brit)* Royal Navy; *(USA)* United States Navy **-väylä** sea route (track).

merkantilis‖**mi** mercantilism, the mercantile system **-tinen** mercantilist *(adv* ~*ically)*.

merkille pantava notable, noteworthy; *on* ~*a että* it is to be noted that, it is significant (worth noting) that.

merkilli‖**nen** strange, funny; *(kummallinen)* peculiar; *(outo)* odd; *sepä -stä!* how odd (extraordinary)! that's odd (funny)! **-syys** strangeness, peculiarity.

merkinanto signal[l]ing ~**järjestelmä** signal[l]ing system; *kansainvälinen* ~ the International Code of Signals ~**laite** signal[l]ing device.

merkin|tä 1 *(merkitseminen)* marking; *(leimaaminen)* stamping; branding; *(~ nimilipuilla)* label[l]ing; *(osakkeen~)* subscription **2** *(merkintö)* note (make notes of *tehdä -töjä jstk*); *(~ rekisteriin ym)* entry; notation; *(selittävä ~)* indication (of the contents *sisällöstä*) **3** *(liik ym)* marking; *(muistiinpano)* record (of *jstk*); *(vienti)* entry (into a book *kirjaan*) ~**todistus** subscription certificate.

merkitsevä significant (of *jtk* ~; smile *hymy*), meaning (look *katse*).

merkittä||vyys significance; *(tärkeys)* importance **-vä** notable (person *henkilö;* increase *kasvu;* event *tapaus*); remarkable (achievement *saavutus*); considerable (difference *ero*); outstanding (work *teos;* result *tulos*); *(kuuluisa)* prominent (position *asema;* figure *henkilö*); *(tärkeä)* important (book *kirja;* decision *päätös;* effect on *vaikutus jhk*).

merkitykse||llinen significant; important **-tön** insignificant, unimportant; ..of no importance.

merkity|s 1 meaning (of gestures *eleiden ~;* of a traffic sign *liikennemerkin ~;* the original meaning of a word *sanan alkuperäinen ~*); *(sanan ~ m)* sense (in the broadest sense of the word *sanan laajimmassa -ksessä*); *(merkityksellisyys)* significance (of death *kuoleman ~*) **2** *(tärkeys)* importance (the importance of forestry to Finland *metsätalouden ~ Suomelle*) ▶ *sillä* **ei ole** ~*tä* it doesn't matter, it doesn't make any difference; **menettää** *-ksensä* lose its meaning; *asialla on [hänelle]* **suuri** ~ the matter is of great importance (significance) [to him]; *sanan* **varsinaisessa** *-ksessä* in the literal (strict) sense of the word; *sillä on* **vähän** ~*tä* it is of little consequence.

merkitysoppi semantics.

merkit|ä 1 *(panna merkki)* mark (with chalk *kalkkiviivoin;* the boxes with numbers *laatikot numeroilla*); *(~ leimalla)* stamp (the title in gold *nimi kultakirjaimin*); *(~ nimilipuilla)* label (one's luggage *matkatavaransa*); *(~ polttomerkillä)* brand (cattle with earmarks *karjaa korvamerkillä; (kuv)* a p. for life *jku eliniäkseen*); *(rastia)* tick [off];

(~ jnk rajat) mark out (the football pitch with white lines *jalkapallokenttä valkoisin viivoin*); mark off (an area as a car-park *alue pysäköintialueeksi*) **2** *(kirjoittaa muistiin)* write down, put (one's name *nimensä*) down (in a list *listaan*), mark down (in a notebook *vihkoon*) **3** *(~ asiakirjaan)* enter (a p.'s name in *jkn nimi jhk*); *(~ luetteloon m)* list (the books in the catalog[ue] *kirjat luetteloon*) **4** *(~ osakkeita ym)* subscribe (for shares *osakkeita*) **5** *(tarkoittaa)* mean (what does all this mean? *mitä tämä kaikki -see?*), be a sign of (severe illness *vakavaa sairautta*); mark (the end of an era *erään aikakauden loppua*); *(ilmaista)* denote (x and y denote unknown quantities *x ja y -sevät tuntemattomia suureita*); *(symboloida)* symbolize **6** *(atk)* code, mark, post ▶ ~ *jku* **jäseneksi** enrol[l] a p. as a member; ~ **kirjoihin** record, enter up, make an entry; register (with the police *poliisin kirjoihin;* at the university *yliopiston kirjoihin*), enrol[l] (in a school *koulun kirjoihin*); ~ **luetteloon** list, catalog[ue]; **merkitty** *mies* a marked man; ~ **muistiin** note down, make a note of, write down; ~ **pöytäkirjaan** record the minutes.

merk|ki 1 mark (on a map *kartalla;* on the arm *käsivarressa;* put a mark against *panna* ~ *jhk*) **2** *(annettu ~)* sign (wait until I give the sign *odota kunnes annan -in); (erik ääni- t. valo~)* signal **3** *(rinta~)* badge; *(ommeltava ~)* patch; *(~lappu)* label (manufacturer's label *valmistajan ~*) **4** *(posti- ym ~)* stamp **5** *(tavara~)* brand (of soap *saippua~*); make (what make is your new car? *mitä ~ä uusi autosi on?*) **6** *(kiel, mat ym)* sign (signs of the zodiac *eläinradan -it;* linguistic (mathematical) signs *kielelliset (matemaattiset) -it); (symboli)* symbol (H_2O is the symbol for water H_2O *on veden [kemiallinen]* ~) **7** *(jälki)* trace (traces of an ancient civilization *-kejä muinaisesta kulttuurista*); sign, mark (there were no marks of violence on the body *ruumiissa ei ollut väkivallan -kejä*) **8** *(kuv)* sign (not the slightest sign of life *ei pienintäkään elon* ~*ä;* show signs of improvement *osoittaa paranemisen -kejä;* it is a sign of weakness *se on* ~ *heikkoudesta*); token (a white flag is a token of surrender *valkoinen lippu on antautumisen* ~);

(vertauskuva) symbol (symbols of power *vallan -it)*; *(ilmaus)* indication (there are clear indications that *on olemassa selviä -kejä siitä että)* **9** *(ennus~)* sign (a good sign *hyvä[n] ~;* first signs of spring *kevään ensimmäiset -it)* **10** *(atk)* character; mark; sign ▶ **ajan** ~ a sign of the times; **antaa** *jklle* ~ signal [to] a p., make a sign to, motion [to] a p.; **kaikki** *-it viittaavat siihen että* all the signs are that, there is every indication that, the indications are that; *jnk* **merkeissä** in a spirit (an atmosphere) of (cooperation *yhteistyön -eissä)*; **hän** *on syntynyt Leijonan -[e]issä* he was born under the sign of Leo; **merkiksi** *jstk* as a mark (sign, token) of; *nyökätä hyväksymisen -iksi* nod a sign of approval; *vaitiolo on* **myöntymisen** ~ silence gives consent; **olla** ~ *jstk (m)* indicate a th., be indicative of a th.; **panna** *-ille* note, notice; make a note of; *jos* **vanhat** *-it paikkansa pitävät* if we a∙e not mistaking the signs.

mer∙∙ki‖henkilö prominent person; *(-mies)* man of mark **-järjestelmä** system of signs; signal code **-kirjoitin** *(atk)* character printer **-kieli** sign language.

[-]merkkinen; *Ford-~ auto* a Ford car; *minkä ~?* what brand (make)?

merkki‖päivä memorable (special) day; *onnittelut ~näsi!* many happy returns of the day! **-tapaus** memorable event **-tavara** brand, branded article **-teos** outstanding work **-tiheys** *(atk)* character pitch **-tuli** beacon **-valo** signal light; beacon; *(lieden ym ~)* pilot light **-vuosi** memorable year.

merkonomi graduate of a [Finnish] commercial institute.

Merkurius Mercury.

merseroida mercerize.

mer‖ta [fish] trap, wire cage; *(rapu~ m)* [lobster (crayfish)] pot; *nyt on piru -rassa* the fat is in the fire.

mesi nectar; honey ~**marja** arctic bramble.

meskaliini mescaline.

messi messroom.

Messias Messiah.

messinki brass.

messu 1 *(kirk ja mus)* Mass (go to Mass *käydä ~ssa;* in B minor by Bach *Bachin h-molli-~)* **2** *~t (sg)* fair (at the Frankfurt Fair *Frankfurtin ~illa)* ~**emäntä** fair (exhibition) hostess ~**halli** exhibition hall ~**kasukka** chasuble ~**ta** chant; *(kat kirk)* say mass ~**vieras** fairgoer, *(Am m)*

showgoer.

mestari 1 master (of the pen *kynänkäytön ~;* the great masters of the Renaissance *renessanssin suuret ~t;* a real master at *todellinen ~ jssk)*; *(ammattiarvo)* master craftsman; *(vastaava ~) (m)* foreman, supervisor; *[todellinen]* ~ past master (of intrigue *juonittelun ~;* at lying *valehtelemaan)*, adept (in the art of stealing *varastamisessa)*; virtuoso (on the violin *viulunsoitossa)*; artist (in cooking *ruoanlaitossa)* **2** *(urh)* champion; *Suomen* ~ *painissa* the Finnish wrestling champion.

mestari‖- master (cook *-kokki;* player *-pelaaja)*; masterly (achievement *-saavutus)*; *(m)* very good (producer *-ohjaaja)*, top (athlete *-urheilija)* **-joukkue** champion team **-llinen** masterly; *(loistava)* brilliant **-llisesti** in a masterly way; brilliantly; *(m)* with virtuosity **-luokka** champion class **-narvo** rank of master **-näyte** masterpiece **-teos**, **-työ** master‖piece, -work.

mestaruus 1 *(taidokkuus)* mastery, virtuosity **2** *(urh)* championship (win a championship *voittaa ~)* ~**kilpailut** championships (the World Skiing Championships *hiihdon maailman~)*; *Euroopan* ~ the European Games.

mesta‖ta behead, execute **-us** beheadning; execution **-uslava** scaffold **-uspölkky** block.

metaani methane.

meta‖bolismi metabolism **-fora** metaphor **-fyysikko** metaphysician.

metakka row (kick up an enormous row about *nostaa kova ~ jstk)*.

metalli metal ~**arvo** metal value; *(rahan ~)* intrinsic value ~**kanta** *(tal)* metallic currency (standard) ~**lanka** [metal] wire; *(hieno ~)* metal filament ~**lankaverkko** wire netting; *(hieno ~)* metal gauze ~**nen** metal (dish *astia)*; metallic (voice *ääni)* ~**njalostus** metal industry ~**ntyöstö** metal working ~**pitoinen** metalliferous, metalline; ..containing metal ~**pitoisuus** metal content, percentage of metal (in *jnk ~)* ~**raha** coin ~**seos** alloy; metal ~**teollisuus** metal industry.

metallurgia metallurgy.

meta‖morfoosi metamorphos‖is *(pl -es)* **-staasi** metastas‖is *(pl -es)*.

metel‖i noise (make a noise *pitää ~ä)*; *(mekkala)* racket (kick up a terrible racket *nostaa kauhea ~)*, hullabaloo *(m* *kuv;* it will raise a great hullabaloo *siitä nousee kova ~); nostaa [kova]* ~ *(m)* raise hell (the devil) **-öidä** make a noise; be noisy; riot; *alkaa* ~ raise a row (racket).

meteori meteor, shooting star **~itti** meteorite.

meteorologi meteorologist **~a** meteorology **~nen** meteorological.

metku *(temppu)* trick; *(päähänpisto)* whim (full of whims *täynnä ~ja); (koukku)* wrinkle (know all the wrinkles of *tuntea jnk kaikki ~t);* ~*t mielessä* up to mischief.

metodi method.

metodi||ikka *(pl)* methodics; *(-oppi m)* methodology **-nen** methodological.

metodis||mi Methodism **-ti** Methodist.

metri metre, *(Am)* meter *(lyh* m) **~järjestelmä** metric system **~nen** metric (geometry *geometria;* form of a poem *runon ~ muoto); (metrin pituinen)* ..one metre long; *(yhdyss) viisi~* five metres long.

metro *(Br)* underground, *(ark)* Tube; *(Am)* subway; ~*lla* by (on) the underground **~asema** underground (tube, subway) station **~liikenne** underground (tube, subway) traffic.

metronomi metronome.

metro||poli metropolis **-poliitta** metropolitan.

metsikkö wood[s].

metsi||ttyminen afforestation; *(kuv)* barbarization **-ttyä** revert to forest; *(metsh)* become wooded; *(kuv ihmisestä)* become uncivilized **-ttää** reforest, establish forest.

metso capercaillie, *(Br m)* wood grouse.

metsuri forest worker.

metsä forest; *(pienempi ~)* wood[s]; *(~maa)* woodland ▶ **kaataa** ~*ä* fell trees; **lähteä** ~*lle* go hunting; *hän ei* **näe** ~*ä puilta* he cannot see the wood for the trees; ~*n* **peittämä** wooded, forested.

metsä||inen forested, wooded **-kana** willow grouse **-kauris** roe[deer] **-kukka** wild flower **-lintu** forest (woodland) bird **-maa** forest land; woodland **-mies** hunter; sportsman **-mökki** forest cottage, cottage (cabin) in the woods.

metsän||arvioiminen assessment, forest survey[ing], *(Am)* timber cruising (cruise) **-haaskaus** deforestation; wasteful utilization of forests **-hakkuu** cutting, felling **-haltija** el||f *(pl* -ves), fairy **-hoitaja**

Master of Forestry *(lyh* M. For.), Bachelor of Forestry *(lyh* B.Sc. (For.)) **-hoi||to** forestry, silviculture; *-don* silvicultural **-istutus** [tree] planting, afforestation **-leimaus** timber marking, marking of a forest **-raja 1** *(vuorilla ym)* timber line **2** *(-reuna)* edge of a forest; *aurinko laski ~n taa* the sun set behind the forest **-reuna** edge (fringe, border) of a forest **-riista** game **-tutkimus** forestry research **-tutkimuslaitos** forest research institute **-vartija** forester; *(Am)* forest ranger.

metsä||orvokki common dog violet **-palo** forest (bush) fire **-palsta** wood lot **-peitteinen** wooded **-sika** badger.

metsastys hunting (and fishing *ja kalastus); (ampuminen)* shooting; *(takaa-ajo)* hunt (tiger hunt *tiikerin ~); (kuv m)* pursuit (of fame *suosion ~)* **~ase** hunting weapon **~haukka** falcon **~kausi** shooting season **~kivääri** rifle, sporting gun **~koira** sporting dog, hound **~ma||a** hunting ground[s]; shooting; *siirtyä autuaammille -ille* go to the happy hunting grounds **~maja** hunting lodge **~torvi** hunting horn.

metsästäjä hunter, huntsman; sportsman.

metsästä||ä hunt (hares *jäniksiä; (kuv)* the criminal *rikollista); (~ ampumalla)* shoot; *(~ hirviä ym)* stalk; ~ *luvattomasti* poach (on a p.'s land *jkn mailla);* olla *-mässä* be out hunting (shooting).

metsä||talous forestry, forest economy **-talousalue** forest management area **-teknikko** forest technician *(Am* ranger) **-teknologia** forest technology (engineering) **-teollisuus** wood[-working] industry **-tiede** forestry [science] **-tyyppi** forest type, type of forest **-tyomaa** lumbering (logging, forest working) site **-työmies** forest (timber) worker; *(Am m)* lumberjack **-työnjohtaja** forest *(Am* woods) foreman **-tön** treeless, unwooded, ..devoid of forest[s].

metyleeni methylene.

metyyli methyl **~alkoholi** methanol, methyl alcohol.

midi[-] midi (skirt *-hame).*

miedon||nus dilution **-taa** dilute (with *jllak).*

miehek||kyys man||liness, -fulness **-käästi** in a manly manner, like a man **-äs** manly, manful (behavio[u]r *käytös);* masculine (firmness *päättäväisyys).*

miehennimi man's (male) name.

miehi||nen 1 *(miehelle ominainen)* masculine (qualities *-set ominaisuudet*); *(miehekäs)* manly (bearing *olemus;* strength *voima); (miehen)* male (occupations *-set ammatit)* **2** *(miespuolinen)* male (population *väestö*) **3** *(yhdyss); kolmi~* three-man (team *joukkue); kolmi~ toimikunta (tav)* a committee of three **-styä** grow up; become a man.

miehistö *(pl)* men; *(mer, ilm)* crew; *(mer m) (pl)* hands; *(sot)* rank and file, *(pl)* the ranks; *lentokoneen ~* air crew; flight crew; *neljä ~ön kuuluvaa* four crew; *(mer) päällikkö ja ~* master and seamen.

miehisyys manliness; masculinity, virility.

miehit||**etty** occupied (country *maa*); manned (space shuttle *avaruussukkula*) **-täjä** occupier; *~t* occupying forces **-tämätön** unoccupied; unmanned **-tää** **1** *(varustaa miehistöllä)* man (a ship *alus*) **2** *(vallata)* occupy (a country *maa*), take possession (of a town *kaupunki*).

miehitys 1 *(miehittäminen)* manning; *(sot)* occupation **2** *(miehistö)* crew (of a ship *aluksen ~); (pl)* men **~alue** occupied area (territory, zone) **~joukot** troops of occupation, occupation forces.

miehusta front (of a shirt *paidan ~*).

miehuulli||**nen** manly, manful (act *teko); (rohkea)* brave, courageous **-sesti** in a manly manner, manfully **-suu**|**s** man|liness, -fulness; *(rohkeus)* bravery, valo[u]r (display valo[u]r in the battle *osoittaa -tta taistelussa).*

miehuu|**s** manhood; adulthood; *(rohkeus)* [manly] courage, valo[u]r; *-den kynnyksellä* on the threshold of manhood; *parhaassa -den iässä* in one's prime **~ikä** manhood (reach manhood *tulla ~än*) **~koe** ordeal of initiation **~vuo**|**det** [years of] manhood; *parhaina -sinaan* in the prime (best years) of life.

miekan||**isku** sword-cut; *(kuv) ~tta* without striking a blow **-mittely** swordplay **-nielijä** sword-swallower **-pisto** [sword] stab; *saada ~ jhk* be stabbed in **-terä** blade of a sword.

miekka sword (draw the sword from its sheath *vetää ~ tupesta*) **~ilija** fencer; *hyvä ~ (m)* good swordsman **~illa** fence **~ilu** fencing **~kala** swordfish **~mainen** ensiform, gladiate (leaf *lehti*) **~tanssi** sword dance **~valas** killer whale.

mieleen||**painuva** impressive; *(unohtumaton)*

unforgettable **-palauttaminen** *(psyk)* reproduction.

miele||**inen** pleasing; *minun -iseni* ..to my liking (taste); *valitse -isesi* choose the one you like best **-käs** meaningful (work *työ); (järkevä)* sensible (answer *vastaus); ei ole ~tä*.. there is no sense in..

mielellä|**än 1** *(mielihyvin)* willingly (he did it willingly *hän teki sen ~*), with pleasure **2** *(mieluummin)* preferably (after six o'clock *kello kuuden jälkeen*) ▶ **haluaisin** *-ni* I should (would) like to; *hän lukee ~* he likes (is fond of) reading; **mielelläni!** with pleasure! **teen** *sen -ni* I'll be glad (happy, pleased) to do it.

mielen||**häiriö** mental aberration (disturbance); brainstorm (have a brainstorm *joutua ~ön); ~ssä* while mentally disordered, while of unsound mind **-järkytys** shock **-kiinto** interest; *herättää ~a* arouse (attract) interest; *(jkssa)* interest a p., be of interest to; *tuntea ~a jhk (jtk kohtaan)* be interested in, take an interest in; *yleistä ~a herättävä* ..of general interest **-kiintoinen** interesting; *erittäin ~ (m)* ..of great interest **-laatu** turn of mind; *(luonteenlaatu)* disposition **-liikkeet** emotions; *(tunteet)* feelings **-lujuus** strength (firmness) of mind; resolution **-masennus** depression **-osoittaja** demonstrator, *(m)* protest marcher **-osoituksellinen** demonstrative; ostentatious (behavio[u]r *käytös*) **-osoitus** demonstration **-osoitusmarssi** protest march, demonstration **-rauha** peace of mind **-terveys** mental health **-tila 1** *(mieliala)* state of mind; *kiihtyneessä ~ssa* in a state of excitement (agitation) **2** *(psyykkinen terveydentila)* mental condition **-tilatutkimus** mental examination **-vikainen** insane, mentally disturbed (deranged) **-vikaisuus** insanity, mental derangement **-ylennys** *(usk)* edification.

mielet||**tömyy**|**s** absurdity; *mennä -ksiin* go to extremes **-tömän** absurdly (rich *rikas*); madly (jealous *mustasukkainen;* in love *rakastunut); ~ onnellinen* mad with happiness; *~ suuri* huge, vast **-tömästi; ~ rahaa** lots (heaps) of money; *suuttua ~* get (be) furious **-ön** mindless (violence *väkivalta*); absurd (price *hinta*), crazy (idea *päähänpisto); (kauhea)* awful (lot of money *summa rahaa*).

miel|**i 1** mind (open mind *avoin ~;* change

one's mind *muuttaa -tään;* bear in mind *pitää -essä* **2** *(∼ala)* mood (in a happy mood *iloisella -ellä), (pl)* spirits (in low spirits *apealla -ellä)* **3** *(tarkoitus; järki)* sense (in a sense *jossakin -essä;* there is no sense in it *siinä ei ole mitään -tä)* ▶ **A** *(mieleen)* **jäädä** *(painua) jkn -een* stick in a p.'s mind, be stamped in a p.'s memory; *se* oli **hänelle -een** he liked it, he was pleased with it, it pleased him; **painaa** *-eensä* take note of; *paina tämä -eesi!* remember this! don't forget! **palauttaa** *-eensä* call to mind, recall; **tulla** *jkn -een* come to a p.'s mind, occur to a p., cross a p.'s mind; **tuoda** *-een* bring to mind; *hän tuo -een isäni* he reminds me of my father, he puts me in mind of my father; ▶ **B** *(mielellä)* **hyvällä** *-ellä* in high (good, cheerful) spirits, in a cheerful mood; *(tyytyväisenä)* contented; happy, cheerful; ▶ **C** *(mieleltään)* **nuori** *-eltään* young at heart; *-eltään* **terve** sound in mind, mentally healthy, in one's right mind; ▶ **D** *(miele|n, -ni, -si, -nsä)* **malttaa** *-ensä* keep one's temper; control o.s.; *jkn -en* **mukaan** according to a p.'s wishes; **[oman]** *-ensä mukaan* at will, at one's own discretion; **tehdä** *(olla) jkn -en mukaan* please a p., make a p. happy; ▶ **E** *(mielessä)* **monessa** *-essä* in many ways; in several senses; *minulla oli* **muuta** *-essäni* I had something else in mind, I was thinking of something else; *mitähän hänellä* **on** *-essään?* I wonder what he is up to; *hänellä on* **pahat** *-essä* he means mischief; ▶ **F** *(mielestä)* **jkn** *-estä* in (according to) a p.'s opinion; **minun** *-estäni* to my mind, in my opinion (view); **[omasta]** *-estään* in his own estimation; *onko se* **sinun** *-estäsi kaunis?* do you think it is beautiful? ▶ **G** *(mieli)* **jos** *∼* *saada jotakin aikaan* if anything is to be accomplished, if we are to get anything done; *hänelle tuli siitä* **paha** *∼* he felt bad about it; his feelings were hurt; *[minun]* **tekee** *∼* I would like (to go *lähteä;* a new car *uutta autoa);* I have a good mind (to tell you *kertoa sinulle);* I have a yen (for pizza *pizzaa);* *tee mitä ∼* **tekee!** do what you want (like)! ▶ **H** *(mielik|si, -seni, -sesi, -seen)* **minun** *∼kseni* to please me; *∼kseni huomasin että* to my pleasure I noticed that..; **tehdä** *∼ksi jklle* please a p.; ▶ **I** *(mielin)* **hyvillä** *(pahoilla)* *∼n* in high (low) spirits; *[koettaa]* **olla** *∼n* **kielin** *jklle* toady (crawl) to, curry favo[u]r with; *∼n* **määrin**

[as much] as one pleases (likes), at will, to a p.'s heart's content; ▶ **J** *(mieltä)* **olla eri** *-tä* disagree (on *jstk;* with *kuin);* **mitä** *-tä olet siitä?* what is your opinion? what do you think about (of) it? **osoittaa** *-tään* show (demonstrate) one's opinion (feelings); **olla samaa** *-tä jkn kanssa* agree with (on *jstk),* be of one mind with; **olen sitä** *-tä että* I am of the opinion that, I think [that]..; **yhtä** *-tä* of one mind (on, about *jstk);* at one (with *jkn kanssa);* **olla** *yhtä -tä (m)* agree.

mieli||- *(lempi-)* favo[u]rite (subject *-aine;* book *-kirja;* dish *-ruoka;* colo[u]r *-väri)* **-ala** mood (his mood changes very quickly *hänen ∼nsa vaihtuvat nopeasti); (pl)* spirits (his spirits rose *hänen ∼nsa kohosi); (erik sot)* morale (was high *oli korkealla); (tunnelma)* atmosphere (there was a gloomy atmosphere in the house *talossa vallitsi synkkä ∼)* **-halu** desire (satisfy one's desires *tyydyttää ∼jaan),* whim, fancy (he has peculiar fancies *hänellä on kummallisia ∼ja)* **-harmi** worry (cause worry *aiheuttaa ∼a),* annoyance **-hyvin** with pleasure, gladly **-hyvä** pleasure, delight (give delight to *tuottaa ∼ä jklle); (tyydytys)* satisfaction (feel satisfaction at having succeeded *tuntea ∼ä onnistumisestaan)* **-joh|de** impulse; whim, *(päähänpisto)* fancy; *hetken -teesta* on the spur of the moment, on impulse.

mieli||kuva image (of a place *jstk paikasta);* idea (I have an idea that *minulla on sellainen ∼ että)* **-kuvituksekas** imaginative (writer *kirjailija)* **-kuvitukselli|nen** imaginative (idea *ajatus); (satumainen)* fantastic (the most fantastic rumo[u]rs *mitä -simpia huhuja)* **-kuvitukseton** unimaginative **-kuvitus** imagination (vivid (diseased) imagination *eloisa (sairas) ∼;* use your imagination! *käytä ∼tasi!); (kuvittelu)* fancy (was it fact or fancy? *oliko se totta vai ∼ta?);* *se on pelkkää ∼ta* it is nothing but fancy, it is pure imagination (fantasy) **-kuvitusolento** imaginary creature (being) **-lause** motto.

-mielinen -minded (narrow-minded *ahdas∼);* disposed (kindly disposed *ystävällis∼).*

mieli||paha displeasure; *(suru)* grief, sorrow; *(-harmi)* annoyance; *∼kseni kuulin..* I heard with regret.., I was sorry to hear..; *tuottaa ∼a jklle* cause grief to **-pi|de**

opinion (of, about *jstk;* public opinion *yleinen* ∼; that's my opinion *se on minun -teeni*), view (on, about *jstk*); *(ajatus)* idea (I have my own ideas about is *minulla on siitä omat -teeni*) ▶ **lausua** *-teensä* express (tell) one's view[s] (on *jstk*); *(m)* speak one's mind; *hän on* **mielipiteiltään** *liberaali* he has (holds) liberal views; *-teeni* **on** *että* I think [that]; *-teet käyvät* **ristiin** opinions differ (are divided); there are conflicting views (as to *jnk suhteen*); *-teiden* **vaihto** exchange of views (ideas); **yhtyä** *jkn -teeseen* share a p.'s opinion; *-teet kävivät täysin* **yksiin** there was a complete consensus of opinion.

mielipide‖**-ero** difference of opinion **-tutkimus** [public] opinion poll (survey); Gallup poll **-vanki** political prisoner.

mielipiteen‖**ilmaisu** expression (statement) of opinion; manifestation, declaration **-muokkaus** indoctrination.

mieli‖**puoli** lunatic, madman **-puolinen** absurd, mad (plan *suunnitelma*) **-puolisuus** lunacy, madness **-sairaala** mental hospital **-sairaanhoitaja** mental [health] (psychiatric) nurse **-sairaanhoito** psychiatric treatment **-sairas** insane, mentally ill; ∼ *henkilö* mental patient **-sairaus** mental illness (disease).

mielissään pleased (with *jstk*).

mielistel‖**evä** ingratiating; ∼ *käytös,* ∼*t sanat (m) (sg)* flattery **-ijä** bootlicker, flatterer, yes-man **-lä** flatter, *(ark)* butter up (a p. *jkta*); *(hännystellä)* fawn ([up]on the king *kuningasta*) **-y** flattery; fawning.

mielitauti mental disease (illness) ∼**lääkäri** psychiatrist ∼**oppi** psychiatry.

mieli‖**teko** desire; *(voimakas* ∼*)* craving; *(ark)* fancy **-tietty** sweetheart **-valta** despotism **-valtainen** arbitrary (symbol *merkki;* decision *päätös); (omavaltainen)* high-handed (treatment *kohtelu); (despoottinen m)* despotic (ruler *hallitsija).*

mielle mental image (idea) ∼**yhtymä** association.

miellyttä‖**vä** pleasant (behavio[u]r *käytös;* young man *nuori mies;* surprise *yllätys),* pleasing (view *näky);* agreeable (voice *ääni)* **-ä** please; *(viehättää)* attract; appeal (to *jkta); paikka miellytti minua heti* I liked (took to) the place immediately; ∼*kö se sinua?* do you like it? *teen mitä* ∼ I do what I please (like).

mielty‖**mys** liking (have a liking for *tuntea*

∼*tä jhk);* affection (for, towards *jkta kohtaan); voimakas* ∼ *jhk* fondness for **-ä;** ∼ *jhk* take [a fancy] to.

mielu‖**inen, -isa** *(tervetullut)* welcome (guest *vieras); (miellyttävä)* pleasant (surprise *yllätys); (rakas)* cherished (memory *muisto)* **-iten** best of all **-ummin 1** rather, sooner (I'd rather stay at home *jäisin* ∼ *kotiin);* kävelen ∼ *(m)* I prefer to walk **2** preferably (after six o'clock *kello kuuden jälkeen).*

mie‖**s 1** man *(pl* men) (be a man! *ole* ∼*!* 4,000 men *4 000* ∼*tä); (työ*∼*, apu*∼ *m)* hand *(m mer;* all hands on deck! *kaikki -het kannelle!); (herras*∼*)* gentleman (there is a gentleman waiting for you *joku* ∼ *odottaa sinua); (ark)* fellow (fine fellow *kelpo* ∼) **2** *(avio*∼*)* husband **3** *(tilast ym)* male (sex: male *sukupuoli:* ∼) ▶ *kaksi puntaa* **mieheen** two pounds each, two pounds per person (man, [a] head); *[kaikki]* **miehissä** to a man, all together; *mikä hän on* **miehiään?** what kind of a man is he? **miesten** *(liik)* men's (department *osasto);* ∼*ten pukuja* men's suits, *(sg)* men's clothing, menswear; ∼*ten mies* a real man, a splendid fellow, one in a thousand; *onko sinussa* **miestä** *siihen?* are you man enough for that? ∼ *ja* **vaimo** husband and wife; *taistella* ∼ ∼*stä* **vastaan** fight man to man; **viimeiseen** *-heen* to the last man; **yhtenä** *-henä* as one man, to a man; ∼ *ja* **ääni** *-periaate* the principle of one man one vote.

mies‖**henkilö** man; *(herrasmies)* gentleman **-hukka** *(pl)* losses, casualties **-ihanne** ideal man, male ideal **-kuoro** male (men's) choir **-kvartetti** male quartet[te] **-laulaja** male singer **-lu**‖**ku** *(pl)* numbers; strength; *-vun mukaan* per head; *suurempi* ∼ superior number; *olla -vultaan suurempi kuin* outnumber **-muisti;** ∼*in* [with]in living memory; *(pitkään aikaan)* for ages **-mäinen** masculine; *(naisesta m)* mannish **-opettaja** male teacher **-palvelija** manservant *(pl* menservants); *(henkilö-kohtainen* ∼) valet **-polvi** generation **-potilas** male patient **-puolinen** male **-suku** *(pl)* males, men **-sukupuoli** male sex **-tappo** manslaughter, homicide **-ten-huone** men's [room]; *(ark)* gents; *(Am)* men's restroom **-tenvihaaja** man-hater **-tunti** man-hour **-työpäivä** man-day **-vahvuus** strength (of 10,000 men *10 000 miehen* ∼) **-voim**‖**a** strength; *-in* by main force **-voittoinen** male-dominated **-väestö** male population **-väki** (pl) men; menfolk **-ystävä** male friend **-ääni** male (man's) voice.

miet|e; -teitä reflections, meditations (on jstk); olla -teissään be lost in thought (reflection, reverie) ~**lause** aphorism.

mietintö report.

mietiskel||lä meditate, ponder (on jtk) **-y** meditation, reflection.

mieto mild (drink juoma; taste maku; cigarette savuke); (kevyt) light (scent tuoksu; wine viini); (laimea) weak (solution liuos).

mietteliäs thoughtful (expression ilme), pensive; meditative.

mietti|minen (m) reflection, meditation; pitkän -misen jälkeen after much thought.

miet|tiä think (about, of jtk; what are you thinking about? mitä -it?); (harkita) consider (I'll consider the matter -in asiaa); (pohtia) ponder (on jtk); (mietiskellä) muse (over jtk), meditate (on jtk) ▶ -i asiaa! think it over! think about it! ~ mielessään ponder (on, over jtk; what to do mitä tehdä); think over; se **panee** -timään it makes you (one) think; olen usein -tinyt miksi.. I have often wondered why..

migreeni migraine; (m) sick headache.

mihin (ilm paikkaa) where (are you going? olet menossa?); ~ hyvänsä (tahansa) anywhere (ks m mikä →) ~**kään;** ei ~ nowhere; hänestä ei ole ~ he's good for nothing; siitä ei ole ~ (m) that's no good, it's no use at all.

miilu charcoal pit ~**npolttaja** charcoal burner.

miimi||kko mime artist **-nen** mimetic.

miina mine; ajaa ~an strike (run on) a mine; purkaa ~ disarm (dismantle) a mine; miina|- mine (detector -harava; carrier -laiva) ~**nlaskija** minelayer ~**nraivaaja** minesweeper ~**nraivaus** mine clearing (lifting).

miinoit||taa mine; (laskea miinoja) lay mines **-us** mine laying, mining.

miinu|s minus (five minus three equals two viisi ~ kolme on kaksi); ~ kuusi astetta minus six [degrees], six degrees below zero; se katsottiin hänelle -kseksi it counted against him ~**merkki** minus [sign] ~**piste** point off; saada ~**itä** lose points.

mikro||[aalto]uuni microwave oven **-auto** [go-]kart **-bi** microbe **-biologia** micro-

biology **-foni** microphone; (ark) mike **-kieli** microlanguage **-kosmos** microcosm **-käsky** microinstruction **-skooppi** microscope **-skooppinen** microscopic (adv ~ally) **-tietokone** microcomputer **-tuloste** microform output.

miksi why, for what reason? (ark m) what .. for? ~[pä] ei why not.

mikstuura mixture.

mi|kä 1 (kys) what (pl ~) (what book? ~ kirja? what do you want? -tä haluat?); (~ jstk tietystä ryhmästä) which (pl ~) (which book? ~ kirja? which of them ~ niistä? which do you choose? -nkä valitset?) **2** (rel) which (in which case -ssä tapauksessa); (se ~) what (I'll do what I can teen -nkä voin); (josk) (superlatiivin ym yht) that (tai jää kääntämättä) (everything [that] you say is true kaikki -tä sanot on totta; it is the best thing that ever happened to me se on parasta -tä minulle on sattunut) ▶ ~ **ihana aamu!** what a wonderful morning! -tähän jos.. what if..; -tähän jos menisimme elokuviin? what about going to the cinema? ja ~ **pahinta..** and what's worse, and to make the matters worse; ~**pä[s]** siinä [voinhan sen tehdä] why not I can do it, I don't mind [doing it]; ~ **tahansa** (hyvänsä) any (of them niistä), no matter which; ottakoon -tä tahansa let him take whatever he likes; -nkä **takia?** for what reason? why? -hin **tarvitset** sitä? what do you want (need) it for? ~ **sinua vaivaa?** what's the matter with you? what's bothering you?

mikäli as far as, (siinä määrin kuin) in so far as; (jos) if; ~ tiedan as (so) far as I know, for all I know.

mi|kään I s anything (do you know anything about it? tiedätkö siitä -tään?); any (is it any of these? onko se ~ näistä?) **II** a any (is there any news? onko -tään uutisia?) ▶ **ei** ~ no (ordinary man tavallinen mies); ei -tään nothing (to say sanottavaa; new uutta); ~ ei voi **estää** häntä there is nothing to stop him; siitä ei **tule** -tään it's no good, nothing will come of it; onko sinulla -tään sitä **vastaan** että ..? do you mind if..? asialle ei **voi** -tään that can't be helped; there's no going back on it.

Milano Milan m~**lainen** a ja s Milanese.

miliisi (sotaväki) militia; (henk) militiaman.

militaris|mi, **-ti,** **-tinen** militar|ism, -ist,

-ist[ic] *(adv* ~ically).

miljardi *(Br)* milliard; *(Am)* billion.

miljonääri millionaire.

miljoon|a million (two millions *kaksi* ~*a;* two million pounds *kaksi* ~*a puntaa;* millions of people -*ia ihmisiä)* ~**kaupunki** metropolis, great city ~**s** [the] millionth ~**sosa** millionth [part].

miljoonittain by the million; millions (of *jtk).*

miljöö milieu, setting (of a novel *romaanin* ~); *([elämän]ympäristö)* environment.

millainen what kind of, *(ark)* what sort of; ~ *hän on?* what is he like? ~ *tahansa* [of] any kind; *tulen olkoon sää* ~ *tahansa* I'll come no matter what the weather's like.

milli||gramma milligram -**litra** millilit|re, -er -**metri** millimet|re, -er.

milloin when; *(mihin aikaan)* [at] what time? ▶ **aina** ~ when, whenever; *(joka kerta kun)* every time [when]; **milloin** — **milloin** now — now, sometimes — sometimes; ~ **tahansa** any time; no matter when; whenever.

milloinkaan ever (better than ever *parempi kuin* ~); *ei* ~ never.

milloinkin; *missä* ~ now here now there.

millänsäkään; *hän ei ollut* ~ he didn't care (about *jstk);* he didn't turn a hair.

millään possibly (I can't possibly help you *en voi* ~ *auttaa sinua).*

mimeografi mimeograph.

mimiikka *(pl)* facial expressions; play of expressions.

mimoosa mimosa.

minareetti minaret.

mineraali mineral.

mineralogi||a mineralogy -**nen** mineralogical.

miniatyyri miniature ~**maalari** miniaturist ~**muotokuva** miniature [portrait].

mini[-] mini (skirt -*hame).*

mini|maalinen minimal -**mi** minim|um *(pl* -a) (reduce to a minimum *vähentää* ~*in)* -**miarvo** minimum value -**moida** minimize.

ministeri minister; *(valt m)* Minister of State; *(Brit m)* Cabinet Minister; *(USA m)* Secretary; *salkuton* ~ minister without portfolio ~**stö** cabinet, government.

ministeriö ministry; government department; *(Brit m)* Department of State; Office; *(USA m)* Department.

miniä daughter-in-law *(pl* ~s-in-law).

minkki mink ~**tarha** minkery ~**turkki** mink coat.

minkäänlai|nen; *ei* -*sia mahdollisuuksia* no chance whatever.

minne where [.. to] (where are you going [to]? ~ *olet menossa?);* ~*[päin]? (m)* in what direction? which way? ~ *tahansa* wherever, no matter where ~**kään** *ks. missään.*

minoriteetti minority.

minttu mint.

minuut|ti minute *(lyh* min) (five minutes past five *viisi* ~*a yli viisi;* a five minute's walk *viiden* -*in kävelymatka;* at the last minute *viimeisellä* -*illa);* -*illeen* to the minute; -*issa* in a minute; *(*~*a kohti)* per minute; *neljäkymmentä astetta viisitoista* ~*a* (40° 15′) forty degrees fifteen minutes ~**osoitin** minute hand.

min|ä I *pers pron* I (here I am *tässä* ~ *olen)* **II** *s (oma itse)* the self (the conscious self *tietoinen* ~) ▶ **a)** *(suom gen)* **minun** my (it's my business *se on -un asiani); (itsen)* mine (that house is mine *tuo talo on -un); (prep yht)* me (with me -*un kanssani);* **b)** *(akk ym sijoissa)* **minut, minua** me; **minulla** *on nälkä* I am hungry; **minulle** to (for) me; **minulta** from me, of me; **minusta** of (about) me; *(minun mielestäni)* in my opinion (view); -*usta hän on oikeassa* I think he is right; -*usta on vaikeaa..* I find it difficult to..; *mitä sinä tekisit* **minuna?** what would you do if you were me? *mitä* **minuun** *tulee..* as far as I am concerned.. as for me..; *älä koske -uun!* don't touch me! *(vrt m hakus he → b)).*

minä||keskeinen egocentric *(adv* ~ally) -**keskeisyys** egocen|tricity, -trism.

mirha[mi] myrrh.

misantropia misanthropy.

missä 1 *(kys)* where (is he? *hän on?)* **2** *(rel) (jossa)* where (the place where we live *paikka* ~ *asumme)* ▶ **hyvänsä** *(tahansa)* anywhere; *(konj)* wherever; ~ **ihmeessä?** where on earth; **missä** — **missä** here — there; ~ **päin** where[abouts]? *siellä* ~ *asun on..* where I live there are.. *(ks m mikä* →*).*

mi|ssään (-*nnekään,* -*stään)* anywhere; *ei* ~ nowhere.

misteli mistletoe.

mistä from where? ▶ ~ **johtuu** *että..?* how (why) is it that..? *(ark)* how come that..? ~ **löysit** *sen?* where did you find it? ~ **olet** **kotoisin?** where do you come from? ~ **olet** **tulossa?** where are you coming from? ~ *sen* **tiedät?** how do you know that?

mistään *ks.* **missään.**

mitali medal; *(kuv)* ~n toinen puoli the other side of the coin.

mit|ata measure (the height (speed) of *jnk korkeus (nopeus);* by the metre *metreinä);* *(annostella -taamalla)* measure out (a dose of medicine *lääkeannos);* measure off (three metres of cloth *kolme metriä kangasta);* *(~ tarkkaan m)* gauge, *(Am m)* gage (the rainfall *sademäärä; (kuv)* a p.'s success *jkn suosio);* *(~ maata)* survey; ~ *askelin* pace out, pace off (a distance of ten metres *kymmenen metrin matka);* ~ *kuumetta jklta* take a p.'s temperature; ~ *reilusti (vajaasti)* give full (short) measure.

mitellä measure (swords (one's strength) with *miekkoja (voimiaan) jkn kanssa).*

miten how *(ks kuinka 1, →)* ~kuten somehow [or other] ~kä; ~ niin? why? *(ark m)* how come? ~ *[sanoitte]?* I beg your pardon? excuse me? ~kään possibly (if I possibly can *jos ~ voin);* ei ~ *(m)* in no way; by no means.

mitoit||taa *(tekn)* dimension **-us 1** *(tekn)* dimensioning **2** *(vaat)* fitting (slim fitting *hoikka* ~).

mit|ta 1 measure (in metres *metreinä;* standard measure *normaali* ~) **2 -at** measurements (the measurements of the room are 4 × 6 *huoneen -at ovat 4 × 6);* dimensions **3** *(pituus)* height (grow to one's full height *kasvaa täyteen ~ansa);* *(koko)* size **4** *(kuv)* standard (of value *arvon* ~; be up to the standard *täyttää* ~) **5** *(runo~)* met|re, -er (free metre *vapaa* ~) ▶ ~ *kasvaa miehen ~an (m kuv)* grow up; *vaikka millä -alla* scads of (money *rahaa);* *jnk* **mittaan** in the course of, during (the years *vuosien ~an);* *ajan* ~an in the long run; *-tojen* **mukaan** *tehty* made to measure, *(Am)* custom-made, made-to-order; **ottaa** *jkn -at* take a p.'s measure[ments], measure a p. (for a suit *pukua varten);* ottaa ~a *jksta* take a p.'s measure, get the measure of; *-at ja* **painot** weights and measures; *maksaa jklle* **samalla** *-alla* pay a p. in his own coin; ~ni on **täysi** that was the straw that broke the camel's back; *yhtä* ~a constantly, all the time.

mitta||amat|on *(loppumaton)* immeasurable (universe *avaruus);* *(rajaton)* limitless (possibilities *-tomat mahdollisuudet)* **-amattomuus** immeasurability **--asteikko** scale **--astia** measure.

mittai||lla measure; *(kuv)* pace (the floor with lengthy steps *lattiaa pitkin askelin);* ~ *jkta katseellaan* measure a p. up with one's eye **-nen** ..in length, ..long (ten centimetres long *kymmenen sentin* ~); *(henk)* ..tall (he is 1.80 metres tall *hän on 180 cm:n* ~); *minun -seni* [..]of my height.

mitta||järjestelmä system of measurement; *metrinen* ~ the metric system **-kaava** scale (on the scale of 1 to 15,000 ~ssa *1 : 15 000); (kuv) suuressa* ~ssa on a large scale **-keppi** measuring stick **-lasi** measuring glass **-nauha** measuring tape, tape measure **-puku** made-to-measure suit, *(Am)* custom-made suit **-pullo** measuring bottle **-puu** *(kuv)* standard[s] (by the standards of the time *sen ajan ~n mukaan);* yardstick (measure by one's own yardstick *mitata oman ~nsa mukaan).*

mittari *(sähkö-, kaasu- ym* ~) meter; *(mittausväline)* ga[u]ge; *(kuv) (ilmaisin)* indicator ~**lento** instrument flying (flight) ~**mato** looper, measuring worm, inchworm ~**perhonen** geometer.

mitta||suhte|et dimensions, proportions; *-iltaan valtava* of huge proportions **-työ;** ~**nä valmistettu** ..made to measure; *(Am)* ..made to order, custom-made.

mittau|s measurement, measuring; gauging; *suorittaa -ksia* survey, take measurements ~**tekniikka** measurement (measuring) technique[s] (technology, engineering) ~**väline** measure, measuring instrument (device); gauge; ~*et (m) (sg)* measuring equipment.

mitta||va noteworthy (work *teos);* massive (lifework *elämäntyö)* **-yksikkö** [standard] measure, unit of measure[ment].

mitä 1 what (what are you going to do? ~ *aiot tehdä?)* **2** *(superl ed)* most (a most interesting book ~ *mielenkiintoisin kirja)* **3** — *sitä* the — the (the sooner the better ~ *pikemmin sitä parempi)* ▶ *(ks m mikä 2, →)* ~hän *jos..* what if.., imagine if.., suppose..; ~ **kuuluu?** what's new? *(kuinka voitte?)* how are you? ~hän *se* **merkitsee?** I wonder what it means; ~ **pikimmin** as soon as possible; ~ **turhia!** nonsense! ~ **varovaisimmin** *(huolellisimmin)* with the utmost care.

mitättömyys insignificance, unimportance; triviality (of the matter *asian* ~).

mität||öidä 1 *(liik ym)* invalidate (a will

testamentti; an election *vaalit*); cancel (a cheque *šekki*), void (a passport *passi*) **2** *(kuv)* declare .. [null and] void (a marriage *avioliitto;* a treaty *sopimus*); *(kieltää)* revoke (the previous decision *edellinen päätös*), negate **-öinti** invalidation, nullification **-ön** **1** insignificant, inconsiderable, paltry (sum of money *rahasumma*), unimportant; *(joutava)* trivial (matter *asia;* detail *sivuseikka*); *-tömän pieni* infinitesimal (difference *ero*), negligible (amount *määrä*), tiny **2** *(lak, liik)* invalid, [null and] void; annuled; *julistaa -tömäksi* declare .. invalid (null and void) (a marriage *avioliitto*), *(m)* cancel, annul; *tehdä -tömäksi* nullify (a contract *sopimus*), annul (a draft *vekseli*), invalidate.

mitäänsanomaton empty (play *näytelmä*), trivial; meaningless, insignificant.

mm *(lyh)* among other things (persons); *läsnä olivat mm..* among those present were.., those present included..

mnemo||tekniikka *(sg)* mnemonics **-tekninen** mnemonic (*adv* ~ally).

mobilisoi||da mobilize **-nti** mobilization.

modaali modal.

modaalinen modal (adverb *adverbi*).

moderni modern ~smi modernism ~[su]us modernness, modernity.

modifi||kaatio modification **-oida** modify **-ointi** modification.

modisti milliner.

modul||aatio modulation **-aattori** modulator **-oida** modulate.

moduuli module; *(mat)* modulus.

mohikaani Mohican; *viimeinen* ~ the last of the Mohicans.

moi|nen such (I won't believe such a story *en usko -sta juttua*); *en ole ennen -sta kuullut* I never heard anything like that before.

moiskis smack.

moit|e **1** reproach, criticism; *(valitus)* complaint (in writing *kirjallinen* ~); *-teet (m)* rebukes, reproofs; *antaa -teita jklle* rebuke (reprimand) a p. (for *jstk*); *saada -teita* be censured (for *jstk*); *siinä ei ole -teen sijaa* it is above (beyond) reproach **2** *(lak)* contest; protest; *(testamentin ym* ~*)* contestation; *(~kanne)* action for annulment.

moitittava reprehensible, blame|worthy, -ful.

moitteen||alainen *(lak)* contested **-varainen** voidable.

moitteet||on irreproachable, impeccable (behavio[u]r *käytös*); *(virheetön)* faultless (performance *esitys*); blameless (lead a blameless life *viettää* ~*ta elämää*); *-tomassa kunnossa* in perfect condition **-tomasti;** ~ *pukeutunut* impeccably dressed; *toimia* ~ work flawlessly, run smoothly **-tomuus** impeccability.

moitti||a criticize, find fault with (a p.'s work *jkn työtä*), censure (a p. for being late *jkta myöhästymisestä*); *(syyttää)* blame (I don't blame him [for doing that] *en moiti häntä [siitä että hän teki niin]*); *(nuhdella)* reproach (a p. with laziness (for being lazy) *jkta laiskuudesta (laiskaksi)*); *(lak)* ~ *testamenttia* contest (dispute) a will **-mi|nen;** *ei ole -sta* I have nothing to complain of; *löytää -sen aihetta jstk* find fault with **-va** reproachful (look *katse*).

mokka suède [leather] ~**jäätelö** coffee ice cream ~**kahvi** mocha [coffee] ~**kuppi** demitasse ~**siini** moccasin ~**takki** suède coat (jacket).

mokom|a; *kaikin -in* by all means; *onko* ~*a ennen kuultu!* did you ever hear anything like that before? *kuka olisi* ~*a uskonut!* you'd never have thought!

moksiskaan; *hän ei ollut siitä* ~ he didn't care a bit.

molaari||nen molar **-suus** molarity.

molekyyli molecule; *molekyyli|-* molecular (energy *-energia;* formula *-kaava*).

molemm||at both; *me* ~ we both, both of us, the two of us; *-in puolin* on both sides, on either (each) side (of *jnk*) **-inpuoli|nen** *(keskinäinen)* mutual (agreement *suostumus*); *(vastavuoroinen)* reciprocal (aid *avunanto;* claims *-set vaatimukset*); bilateral (treaty *sopimus*); ~ *halvaus* bilateral paralysis, diplegia; ~ *riippuvuus* [mutual] interdependence **-inpuolisuus** mutuality; reciprocity.

molli *(mus)* minor [key]; *C-*~ C minor.

momentti **1** *(lak)* subsection; clause **2** *(fys)* moment.

monark||ia monarchy **-isti, -istinen** monarchist **-ki** monarch.

monen||- *(us)* ..of various (prices *-hintainen*) **-keskinen** multilateral **-lai|nen;** *-sia* many kinds of, ..of various kinds, ..of many kinds.

mone|s; *kuinka* ~ *päivä tänään on?* what

date is it today? ~**ti** many times; *(usein)* often.

moneta||**arinen** monetary **-rismi** monetarism.

monger||**rus** gibberish, gobbledygook **-taa** gobble, jobber.

mongoli 1 *(henk)* Mongol **2** *(kieli)* Mongolian ~**di[nen]** Mongoloid ~**smi** mongolism, Down's syndrome.

mongoloidi mongol[oid].

mon|**i** many (of them *heistä;* many times *-ta kertaa;* how many are we? *kuinka -ta meitä on?*) ▶ **-en -ta kertaa** over and over again; *(ark)* heaps of times; ~ **mies** many a man; **monet** many (things *asiat;* many believe that.. *-et uskovat että..*); *-in* **verroin** *parempi* far better; *-een* **vuoteen** for years.

moni||**-** multi||**-** (-millionaire *-miljonääri; -vitamin -vitamiini*); ..with many (branches *-haarainen*) **-arvoinen** pluralistic (*adv* ~ally) **-arvoisuus** pluralism **-avioinen** polygamous **-avioisuus** polygamy **-haarainen** ramified **-jumalaisuus** polytheism **-jäseninen;** ~ *komitea* a committee consisting of many members, a large committee **-kansallinen** multinational, transnational; ~ *sopimus* multilateral treaty **-kerroksinen** multi-stor[e]y **-kielinen** multilingual, polylingual.

monik|**ko** plural (in the plural *-ossa*).

moni|**kulmio** polygon **-lukuinen** numerous **-merkityksinen** ambiguous **-muotoisuus** *(biol)* polymorphism; *(kuv)* multiplicity **-mutkainen** complicated **-mutkaistaa** complicate **-mutkaisuus** complexity **-nainen** various, manifold.

moninkertai||**nen** multiple, manifold **-sesti** many times; *lisääntyä* ~ increase manifold.

moni||**numeroinen;** ~ *luku* multiple number, number of several figures (digits) **-ottelu** composite athletic event **-puolinen** many-sided (topic *aihe;* man *mies*); versatile; all-round (view *näkemys;* sportsman *urheilija*); ~ *kokemus* wide experience **-puolisuus** versatility, manysidedness **-puoluejärjestelmä** multi[ple-]party system **-sanainen** wordy, verbose **-selitteinen** ambiguous; *se on* ~ *(m)* it admits several interpretations **-selitteisyys** ambiguity.

monist||**aa** duplicate; mimeograph *(vrt valokopioida)* **-e** stencil; *(luento- ym* ~) hand-out **-in** duplicating machine.

monistus duplication ~**kone** duplicator, duplicating machine ~**paperi** duplicating paper.

moni||**säikeinen 1** multifilament (yarn *lanka*); *(tekn)* multicore **2** *(kuv)* complicated (problem *ongelma*) **-särmäinen** many-sided (crystal *kide*), multifaceted **-tahkoinen** polyhedral **-tahokas** polyhedron **-tavuinen** polysyllabic; ~ *sana (m)* polysyllable **-toimikone** food processor **-tori** monitor **-tyydyttymät**|**ön; -tömät** *rasvahapot* polyunsaturates **-vaiheinen** multi|stage, -phase; *(kuv)* eventful (life *elämä*) **-vammainen** multihandicapped [person] **-vuotinen** many years' (experience *kokemus*); ~ *kasvi* perennial; ~ *ystävyys* friendship of many years' standing **-värinen** multi-colo[u]r[ed] **-väripainanta** [multi-]colo[u]r printing **-ääninen** polyphonic; ~ *laulu* part-song **-äänisesti;** *laulaa* ~ sing in parts **-äänisyys** polyphony.

mono ski boot.

mono||**fonia** monophony **-foninen** monophonic; *(ark)* mono **-ftongi** monophthong **-gamia** monogamy **-grafia** monograph **-grammi** monogram **-kkeli** monocle, eye glass **-ksidi** monoxide **-liitti** monolith **-logi** monolog[ue] **-mi** monomial **-nukleoosi** infectious mononucleosis, glandular fever **-poli** monopoly; ~*n haltija* monopolist **-polisoida** monopolize **-teismi** monotheism **-toninen** monotonous.

monsuuni monsoon.

montaasi montage.

monument||**aalinen** monumental **-ti** monument.

moottori *motor; (erik auton ym* ~) engine ~**ajoneuvo** motor vehicle ~**juna** motor-coach train ~**kelkka** snow mobile, motor sledge ~**käyttöinen** motor[-]driven; powered ~**laiva** motorship (*lyh* M/S, M.S.) ~**liikenne** motor traffic (transport) ~**pyörä** motorcycle ~**pyöräurheilu** motorcycle racing ~**rata** motor-racing track ~**saha** power (*Am* chain) saw ~**tie** *(Br)* motorway; *(Am)* motor highway, superhighway, express way, freeway; *(4-kaistainen* ~) double carriageway ~**vene** motor boat; *(suurempi* ~) motor launch (yacht) ~**veneurheilu** powerboat racing ~**veturi** motor locomotive ~**vika** engine trouble, breakdown; *autoon tuli* ~ the car broke down.

moottoroi||**da** motorize **-nti** motorization.

mopedi, mopo moped.
mopsi pug[-dog].
moraali 1 *(pl)* morals (strict morals *ankara ~*); *(~suus)* morality (public morality *yleinen ~*); *(sot)* morale **2** *(kuv)* moral (the moral of the story is.. *kertomuksen ~ on* ..) *~nen* moral (life *elämä;* man *mies*); *(eettinen)* ethical **~nvartija** sermonizer, moralizer **~saarna** [moral] lecture, sermon; *pitää jklle ~ jstk* give a p. a sermon on *~sesti* morally; *~ hyvä (oikea) (m)* ethical *~suus* morality *~ton* immoral; *(henk m)* ..of loose morals; *hän on täysin ~* he has no morals *~ttomuus* immorality.
moralis‖mi moralism **-oida** moralize **-ointi** moralization, moralizing **-ti** moralist.
moreeni moraine, glacial till; *(erik Am)* boulder clay.
morfi‖ini morphia, morphine **-nisti** morphine addict.
mormoni Mormon.
morseaakkoset *(sg)* the Morse alphabet.
morsi‖an bride; *(kihlattu)* fiancée **-shuntu** bridal veil **-usneito** bridesmaid **-uspari** *(pl)* bride and bridegroom **-uspuku** bridal dress, wedding gown (dress).
mosaiikki mosaic.
Mosambik Mozambique **m~ilainen** *a ja s* Mozambiquean.
Mosel the Moselle.
moskeija mosque.
moskiitto mosquito.
Moskova Moscow **m~lainen** *a ja s* Muscovite.
motelli motel, motorists' hotel.
motetti motet.
motiivi 1 *(vaikutin)* motive (for the crime *rikoksen ~*) **2** *(taid)* motif; theme.
motiv‖aatio motivation **-oida** motivate.
motkottaa carp, *(nalkuttaa)* nag (at *jklle;* about *jstk*).
motori‖ikka motor coordination **-nen** motor (nerve *hermo*), motive; motoric *(adv ~ally)*.
motti 1 *(sot)* encirclement; *jäädä ~in* be encircled **2** *(halko~)* a cubic metre of firewood.
moukar‖i 1 *(leka)* sledge[-hammer] **2** *(urh)* hammer **-inheitto** hammer; hammer throwing **-inheittäjä** hammer thrower.
moukka lout, boor *~mainen* loutish, boorish.
MS-tauti multiple sclerosis.
muassa; *eräs syy oli muun ~..* one reason [among many] was.., one of the reasons was.. *(ks m hakus mm).*

muhamettilai‖nen *a ja s* Muslim, Moslem, Mohammedan **-suus** Muhammadanism, Islam.
muhen‖nos stew **-taa** *(~ keittämällä)* stew; *(~ kermaan)* cream; *(~ nuijalla)* mash; *-nettu* stewed, sautéed.
muhkea stately, impressive, imposing; massive.
muhkur‖a lump; knob (on a tree trunk *puun rungossa*) *~inen* *(patjasta)* lumpy; *(sormista, puista)* knobbly, gnarled.
muhvi 1 *(käsipuuhka)* muff **2** *(tekn)* muff[le]; sleeve; socket; *(kytkin~)* coupling box *~liitos* sleeve (socket) joint.
muija old woman.
muikistella; *~ huuliaan (suutaan)* pucker up one's lips.
muik‖ku vendace; *(keitt)* *paistetut -ut* fried whitefish.
muinai‖nen ancient (Greeks *-set kreikkalaiset*); *(ikivanha)* old; *(esihistoriallinen)* prehistoric; *-sina aikoina* in ancient (olden) times; *-sista ajoista asti* from time immemorial.
muinais‖‖aika *(pl)* ancient times; *-aikoina (m)* in olden days (times); *-aikojen, -ajan* ancient (man *ihminen*), old (customs *tavat*); prehistoric (dinosaurs *hirmuliskot*) **-englanti** Old English, Anglo-Saxon **-jäännös** [prehistoric] relic **-löytö** ancient (prehistoric) find; archaeological find **-suomalainen I** *a* old Finnish **II** *s* ancient Finn **-tiede** arch[a]eology **-tieteellinen** arch[a]eological **-tieteilijä** arch[a]eologist **-uu‖s** past, *(kirj)* antiquity (in remote antiquity *kaukaisessa -dessa*); *hämärässä -dessa* in a dim and distant past.
muinoin; *[ennen] ~* in the old days; *(kauan sitten)* long ago.
muist‖aa remember (a p.'s name *jkn nimi;* clearly *selvästi;* to do *tehdä jtk;* I remember having heard *-an kuulleeni*) ▶ **-en** *-a hänen nimeään (m)* I forget his name; **mikäli** *-an* as far as I can remember; **muista** *kirjoittaa!* don't forget to write! **olen** *-avinani että* I seem to remember that; **on** *-ettava että* it should be borne in mind that; *siitä -ankin että..* that reminds me..
muiste‖‖lla remember (try to remember where you put it *yritä ~ mihin panit sen*), look back on (the good old days *vanhoja hyviä aikoja*); *~ menneitä* recall past memories; *ei ~ menneitä!* let bygones be bygones **-lm‖a;** *-ia* recollections (of

childhood *lapsuudesta*); ∼t memoirs (write one's memoirs *kirjoittaa* ∼*nsa*) **-lma-kirjailija** memoirist **-ttava** memorable (event *tapaus*); *helposti* ∼ easy to remember; *historiallisesti* ∼ historic.

muisti 1 memory (good memory *hyvä* ∼) **2** *(atk)* storage, store; *(taskulaskimen* ∼*)* memory (clear the memory *tyhjentää* ∼) ▶ *(mat)* kaksi **muistiin** carry two; **muistista** from memory; *pitää* ∼*ssa* keep in mind; *vielä* **tuoreessa** ∼*ssa* still fresh in memory.

muistiinpano|t; *tehdä -ja* take notes.

muisti||jakso *(atk)* storage cycle **-katko** memory block **-kirja** notebook **-kuva** recollection (a clear recollection of *selvä* ∼ *jstk*), memory; *minulla on sellainen* ∼ *että* I have the idea that **-lehtiö** notebook, *(ark)* memo pad **-lista** memo (check) list; *(ostoslista)* shopping list **-nmenetys** loss of memory; amnesia; *(lyhytaikainen* ∼*)* fugue **-o** memorand|um *(pl m -a)*, Memo **-tieto** tradition **-vihko** note (memo) pad **-virhe** slip of the memory.

muisto 1 memory (hono[u]r a p.'s memory *kunnioittaa jkn* ∼*a;* memories of childhood *lapsuuden* ∼*t*); *(muistikuva)* recollection (it brought many recollections to my mind *se toi mieleeni monia* ∼*ja*); *jkn* ∼*ksi* in memory of; *patsas on* ∼*na Lontoon palosta* the statue commemorates the Fire of London **2** *(∼esine)* remembrance, keepsake (give for a keepsake *antaa* ∼*ksi*), memento (keep as a memento of *pitää* ∼*na jstk*).

muisto||juhla commemoration, memorial ceremony; *viettää jnk 100-vuotis∼a* commemorate the centenary of **-ju-malanpalvelus** memorial (commemorative) service **-kirjoitus** obituary **-merk|ki** monument (erect a monument in hono[u]r of *pystyttää* ∼ *jkn kunniaksi*); memorial (historical memorials *his-torialliset -it*) **-mitali** commemorative medal **-patsas** monument **-puhe** commemorative speech **-päivä** commemoration day; anniversary **-raha** commemorative coin **-rahasto** memorial fund.

muistu||a; ∼ *jkn mieleen* come to a p.'s mind, occur to; *mieleeni -u..* I remember.. **-ttaa 1** remind (a p. of a promise *jkta lupauksesta*); *(huomauttaa)* point out (a mistake *erehdyksestä; that siitä että*); *-ta minua että soitan hänelle* please remind me to call him **2** *(moittia)* complain (of poor quality *kehnosta*

laadusta); *onko Teillä jotakin -ttamista?* have you any objections? **3** *(olla jnk kaltainen)* resemble (he resembles his father *hän* ∼ *isäänsä*); *(asiasta)* be suggestive of (the scene was suggestive of an Eastern bazaar *näky -tti itämaista basaaria*) **-tus** reminder; *(vastaväite)* objection; *(moite)* reproof, rebuke; *saada* ∼ *jstk* be reminded of (an impending danger *uhkaavasta vaarasta*); *(saada moitteita)* be reproved (rebuked) for, *(koul)* be entered for.

muka; *hänellä ei* ∼ *ollut aikaa* he said he didn't have time; *sitä* ∼*a kuin* in proportion as, [according] as.

mukaan I *adv* along (come along! *lähde - !*); *ota minut* ∼*!* take me with you! **II** *postp (jnk mukaisesti)* according to (the plan *suunnitelman* ∼); in accordance with (his wishes *hänen toivomustensa* ∼); under (Finnish law *Suomen lain* ∼); *(liik)* as per (your invoice *laskunne* ∼); by (law *lain* ∼) ▶ **kuulemani** ∼ according to what I have heard; ∼ **luettu[i]na** including, inclusive of, ..included; *elokuun 10. ja 15. päivän välisenä aikana molemmat päivät* ∼ *luettuina* from August 10th to 15th inclusive; **sen** ∼ **kuin** as far as, insofar as.

mukaansatempaava compelling (novel *romaani*); stirring (speech *puhe*).

mukaantulo entry, entrance (into *jhk*).

muka||elma imitation (of *jstk*); adaptation **-il|la** imitate; adapt; **-tu** adapted (from the French *ranskan kielestä*).

mukai||nen; *jnk* ∼ in accordance (agreement) with; *jkn mielen* ∼ to a p.'s liking; *olla jnk* ∼ conform to, correspond with, agree with; *se ei ole etujemme sta* it is not compatible with our interests; it is in conflict with out interests **-sesti;** *jnk* ∼ according to (the plan *suunnitelman* ∼); in accordance with (a p.'s wishes *jkn toivomusten* ∼), in compliance with (the agreement *sopimuksen* ∼); *sen* ∼ accordingly.

mukana with (the others *muiden* ∼*;* I haven't got any money with me *minulla ei ole rahaa* ∼*[ni]*) ▶ **iän** ∼ as one grows older; with the years; *Pohjoismaat ja* **niiden** ∼ *Suomi* Scandinavia including Finland; **olla** ∼ *jssk* take part in; *(yhdistyksessä)* be a member of; *(olla läsnä)* be present at; *käyttöohje* **seuraa** ∼ instructions are enclosed; ∼ **seuraava** accompanying; enclosed, attached; **tuoda**

~*an* bring along; *(kuv)* bring in its train, involve; *(aiheuttaa)* cause.

mukatieteellinen quasi-scientific (*adv* ~ally).

mukau∥ttaa adjust, adapt (to new conditions *uusiin oloihin*); accommodate; *(~ ilmastoon)* acclimatize -tu∣a **1** adapt [o.s.], adjust [o.s.] (to the situation *tilanteeseen*); conform (to the rules *sääntöihin*); accommodate (the eye accommodates to different distances *silmä -u eri katseluetäisyyksiin*); *(~ ilmanalaan)* acclimatize **2** *(kiel)* agree (the adjective agrees with the noun *adjektiivi -u substantiivin mukaan*); *(assimiloitua)* be assimilated (into *jksk*) -[tu]ma modification -tuminen **1** adjustment, acclimation (to a new environment *uuteen ympäristöön*); accommodation, adaptation **2** *(kiel) (kongruenssi)* concord, agreement; *(assimilaatio)* assimilation -tumiskyky adaptability, ability to adapt o.s.; *(silmän ~)* accommodation -tuva adaptable, flexible -tuvuus adaptability.

mukava 1 comfortable (shoes ~*t kengät*); cosy, *(Am)* cozy (chair *tuoli*); *(sopiva)* convenient (connections ~*t kulkuyhteydet*); *tuntea olonsa* ~*ksi* feel comfortable, feel at ease **2** *(hauska)* pleasant, nice (it was nice to talk *oli* ~ *jutella*), easy-going (person *ihminen*); ~ *summa rahaa* a tidy sum of money.

mukavuu∣s comfortableness; comfort (personal comfort *henkilökohtainen* ~); convenience (all [the] modern conveniences *kaikki nykyajan -det*); -tta *rakastava* comfort-loving ~laitos [public] convenience ~lippulaiva ship sailing under a flag of convenience.

muki mug.

mukiinmenevä tolerable, *(pred)* not bad.

mukiloida beat [..] up, knock .. about; ~ *kuoliaaksi* beat to death; ~ *ja ryöstää (m)* mug.

muksu kid.

mukula tuber (of potato *perunan* ~); *(juuri)* corm (of a crocus *krookuksen* ~) ~kasvi tuber-bearing plant ~kivi cobble[-stone].

mulatti mulatto (*pl* ~[e]s).

mulko∥illa glare, glower (at each other *toisiaan*), look (at *jkta*) with a glare -silmäinen ..with bulging (protruding) eyes.

mulla∥s humus -ta cover, earth over; *(~*

perunaa) earth up.

mulli[kka] bull cal∣f (*pl* -ves).

mullin mallin topsy-turvy; helter-skelter.

mullist∥aa *(kuv)* revolutionize (a p.'s life *jkn elämä*) -ava revolutionary (process *menetelmä*; effect on *vaikutus jhk*), *(käänteentekevä)* epoch-making (discovery *keksintö*) -avasti; *vaikuttaa* ~ *jhk* revolutionize a th. -us upheaval (political upheavals *poliittiset -ukset*); revolution (cause a complete revolution in *aiheuttaa täydellinen* ~ *jssk*); *saada aikaan suuria -uksia jssk (m)* revolutionize a th.

mulperipuu mulberry.

mul∣ta soil, earth; *(puut)* compost; *muuttua -laksi* moulder, turn into dust ~pitoinen humous ~sieni truffle ~us covering with soil; earthing up ~uttaminen composting ~utua moulder ~va humous (soil *maa*); ..rich in humus.

multi∥lateraalinen multilateral -ppeli multiple; ~ *skleroosi* multiple sclerosis.

mumi∥na murmur -sta murmur; mumble (away to o.s. *itsekseen*).

mummo 1 *(vanha nainen)* old woman (lady) **2** *(isoäiti)* grandmother.

muna egg; *(tiet)* ovum (*pl* ova) ~kas omelette ~koiso eggplant, aubergine ~kokkeli (*pl*) scrambled eggs ~kuppi egg cup ~lukko padlock.

munan∥johdin Fallopian tube -keltuainen egg yolk; *(tiet)* vitellus -kuori eggshell -muotoinen egg-shaped; oviform, ovate -valkuainen egg white; *(tiet)* albumen.

muna∥sarja *(anat)* ovary -solu **1** *(anat)* egg cell; *(tiet)* ovum (*pl* ova); ~*n irtoaminen* ovulation **2** *(kasv)* oosphere -ta; ~ *[itsensä]* put one's foot in it -torvi Fallopian tube -us blunder, howler.

muni∣a 1 *(el)* lay; *hyvin -va kana* a good layer **2** *(munata)* [make a] blunder; *(viivytellä)* fool around.

munkki 1 *(usk)* monk; *(kerjäläis~)* friar **2** *(keitt)* doughnut ~kunta [monastic] order ~latina monastic (mediaeval) Latin ~likööri Benedictine ~luostari monastery.

munuainen kidney.

munuais∥ensiirto kidney transplantation -kivi kidney stone; renal calculus, nephrolith -koje artificial kidney -tauti disease of the kidneys, renal disease -tulehdus inflammation of the kidneys.

muodi∥kas fashionable, *(ark)* trendy; up-to-date -staa alter, refashion.

muodokas buxom, well-proportioned.

muodolli||nen formal (letter *kirje;* subject *subjekti;* occasion *tilaisuus)* **-suu|s** formality; *ilman -ksia (m)* without ceremony, informally.

muodonmuutos change of form, transformation (undergo a complete transformation *kokea täydellinen ~*); *(kuv m)* metamorphos|is *(pl* -es) (from *jstk;* into *jksk).*

muodostaa form (a government *hallitus;* an opinion of *mielipide jstk;* the plural of a word *sanan monikko;* a complete whole *yhtenäinen kokonaisuus)* **1** *(perustaa m)* establish (a company *yhtiö);* build up (an army *armelja)* **2** *(olla)* constitute (twelve months constitute a year *12 kuukautta ~ vuoden);* be (it is a serious risk to life *se ~ suuren vaaran terveydelle);* make up; *12 henkilöä ~ valamiehistön* the jury consists (is composed) of 12 people.

muodostelma *(sot)* formation (fly in formation *lentää ~ssa).*

muodostu||a 1 form (into *jksk;* steam forms when water boils *veden kiehuessa -u höyryä);* be formed (of different parts *erilaisista osista); (kehittyä)* develop (it has developed into a large city *siitä on -nut suuri kaupunki)* **2** *(tulla jksk)* become (it became a problem to him *siitä -i hänelle ongelma),* turn (the situation turned dangerous *tilanne -i vaaralliseksi)* **3** *(koostua jstk)* consist of (the committee consists of five members *komitea -u viidestä jäsenestä)* **-ma** formation.

muodot|on shapeless, amorphous, formless; *tehdä -tomaksi* deform.

muokata 1 *(konkr)* work [up], treat (metal *metallia);* dress, curry (leather *nahkaa)* **2** *(maat)* cultivate (a field *peltoa),* till, break up **3** *(~ tieteellistä materiaalia ym)* work up (one's notes into a book *muistiinpanonsa kirjaksi);* edit, revise (a manuscript *käsikirjoitusta);* recast (a novel as a play *romaani näytelmäksi), (kirjoittaa uudelleen)* rewrite (a poem *runoa); (valmistella)* prepare (for publication *julkaisukuntoon); (rad, TV)* adapt (a novel for the stage *romaani näyttämölle).*

muokkaus 1 *(maan ~)* soil cultivation (preparation), tilling, preparation of soil **2** *(kirjan ym ~)* revising, revision; *(näyttämölle ym ~)* adaptation, recast; *mielipiteen ~* opinion formation, indoctrination.

muona food; *(pl)* provisions, supplies **~-annos** ration **~vahvuus** feeding strength.

muonit||taa supply with provisions **-us** provisioning; catering.

muorinkukka peperomia.

muo|ti fashion (dress in the latest fashion *pukeutua viimeisen -din mukaan),* style (of the 50's *50-luvun ~); olla -dissa* be in fashion (vogue).

muoti||- fashion (magazine *-lehti;* show *-näytös;* designer *-suunnittelija);* fashionable (hobby *-harrastus;* dance *-tanssi)* **-liike** *(pl)* ladies' outfitters; *(hattuliike)* milliner's [shop] **-sana** vogue word **-tietoinen** fashion-conscious; *(Br ark m)* trendy **-virtau|s** [trend in] fashion (literary fashions *kirjalliset -kset).*

muo|to form (form and content *~ ja sisältö;* in liquid form *nestemäisessä -dossa);* shape (size and shape *koko ja ~;* keep shape *säilyttää ~nsa)* ▶ **ei millään** *~a* by no means; under no circumstances; **muodoltaan** *nelikulmainen* square in shape; *jnk* **muodossa** in the shape of; in the form of; **niin** *-doin (siksi)* therefore; *-don* **vuoksi** for form's sake, as a matter of form.

muotoil||ija designer **-la 1** *(antaa muoto)* shape (rolls from dough *taikinasta sämpylöitä); (suunnitella)* design (designed by N. *N:n -ema)* **2** *(laatia)* formulate (a reply to a question *vastaus kysymykseen),* frame (a theory *teoria); selkeästi -tu* clearly worded **3** *(atk)* edit, format **-u** design (modern in design *nykyaikainen ~ltaan).*

muotoi|nen; *jnk ~* in the shape (form) of (a square *neliön -·),* shaped like, like .. in shape; *minkä ~ se on?* what shape is it? *tämän ~* similar to this in shape.

muoto||kuva portrait **-kuvamaalari** portrait painter **-kuvamaalaus** portrait **-laskos** dart **--oppi** morphology **-puoli** *(epäsymmetrinen)* unsymmetrical; *(muodoton)* deformed, shapeless **-seikka** matter of form (it's a mere matter of form *se on pelkkä ~), (muodollisuus)* formality.

muotoutu||a take shape (the idea began to take shape in his mind *ajatus alkoi ~ hänen mielessään); ~* lopulliseen asuunsa take [on] its final form **-ma** formation; form.

muotti mo[u]ld; *(tekn m)* matri|x *(pl* -ices), die.

muovail||la mo[u]ld, model (a figure out of

clay *veistos kipsistä); (kuv)* modify (the structure of *jnk rakennetta)* **-uvaha** model[l]ing clay.

muova||**ta** shape, model (in clay *savesta);* mo[u]ld (in, out of *jstk; (kuv)* a p.'s character *jkn luonnetta)* **-utua** form (shape) itself (into *jksk)* **-u[tu]ma** modification **-utuva** plastic.

muovi plastic (made of plastic *valmistettu ~sta;* this plate is plastic *tämä lautanen on ~a)* **~liima** synthetic glue **~pussi** polythene (plastic) bag.

murah||**dus, -taa** growl.

muratti ivy **~aralia** tree ivy.

murea tender (meat *liha);* crisp (biscuit *keksi).*

murehtia 1 *(surra)* grieve (about one's misfortunes *kovaa kohtaloaan)* **2** *(olla huolissaan)* be anxious, worry (about one's children *lapsistaan).*

mureke meat loaf; forcemeat.

muren||**eva** crumbling (bread *~a leipää); helposti ~* crumbly **-taa** crumble (bread for the birds *leipää linnuille; (kuv)* a p.'s hopes *jkn toiveet); ~ hienoksi* crush up.

mure|**ta** crumble (the biscuits crumble easily *keksit -nevat helposti);* his hopes crumbled to nothing *hänen toiveensa -nivat tyhjiin);* disintegrate (rock disintegrates gradually *kallio -nee vähitellen).*

murha murder (commit [a] murder *tehdä ~); (lak m)* homicide; *(sala~)* assassination (of Kennedy *Kennedyn ~); syyttää jkta jkn ~sta* charge a p. with the murder of; *tuomita ~sta* convict of murder **~aja** murderer; *(sala~)* assassin **~-ase** murder weapon **~ava** murderous, withering (glance *katse)* **~mies** murderer **~nhimoinen** bloodthirsty; murderous **~poltto** arson **~ryhmä** murder division (squad) (of the police *poliisin ~)* **~ta** murder; *(sala~)* assassinate **~yritys** attempted murder; *tehdä ~ jkta vastaan* make an attempt on a p.'s life.

murhe sorrow (cause sorrow to *tuottaa ~tta jklle);* grief (feel deep grief over *tuntea syvää ~tta jstk);* distress (it was a great distress to his mother *se oli suuri ~ hänen äidilleen); (huoli)* trouble (he has had many troubles *hänellä on ollut paljon ~ita); murheekseni huomasin.. (m)* I noticed with regret..; *jätä se minun ~ekseni* leave it to me; *~en murtama*

grief-stricken.

murhe||**elli**|**nen 1** *(surullinen)* sad (thoughts *-set ajatukset;* look sad *olla -sen näköinen);* sorrowful (expression *ilme); -sin mielin* feeling sad, sadly **2** *(valitettava)* sad, sorry, pitiful (sight *näky);* deplorable (event *tapaus)* **-issa**|**an;** *olla ~* feel (be) sad; grieve (over a p.'s death *jkn kuolemasta); (huolissaan)* be worried, worry (about *jstk)* **-näytelmä** tragedy.

muri||**na** growl[ing], snarl[ing] **-sta** growl, snarl; *(~ tyytymättömästi) (m)* grumble (about *jstk).*

murjaani blackamoor.

murj||**aista; ~ *jkta nyrkillä leukaan* smash a p.'s face in; *~ vitsi* crack a joke **-oa** maul; mangle; *maailman -oma* ill-used by life (the world); *~ mustelmille* beat black and blue.

murjottaa sulk, mope (about *jstk);* have the sulks; *alkaa ~ jklle jstk* get sulky with a p. about.

murju poky hole.

murkina grub; *(Am m)* fodder, chow.

murmeli marmot.

muro||**t (*riisi~)* rice crispies **-taikina** short crust pastry.

murre dialect **~tutkimus** dialectology.

murros 1 *(murtuma)* rupture (in the earth's crust *maankuoressa)* **2** *(kuv)* revolution (ideological revolution *aatteellinen ~);* crisis (go through a religious crisis *kokea uskonnollinen ~); suurten ~ten aika* age of transition, time of great unrest (changes) **~**|**ikä** adolescence; [age of] puberty; *-iässä* in adolescence; at puberty **~ikäinen** *a ja s* adolescent **~kausi** crisis, critical period **~tila** crisis, critical state; transitional stage.

murska; *lyödä ~ksi* dash to pieces, smash to bits (atoms) **~amo** breaking (crushing) plant, crushed stone plant **~ava** crushing (blow *isku;* defeat *tappio);* scathing, mordant (cricitism *arvostelu); ~ ylivoima* overwhelming majority **~ta** crush (stones *kiviä;* a p.'s hopes *jkn toiveet;* opposition *vastarinta);* smash (to pieces *kappaleiksi),* shatter (a p.'s illusions *jkn unelmat);* pulverize (one's opponent *vastustajansa);* break (hearts *sydämiä)* **~us** crushing, breaking **~utu**|**a** be crushed (under the wheels *pyörien alle);* smash (on the floor *lattialle;* the aeroplane was smashed against the cliff *lentokone -i kallioon)*

~**tappio** crushing defeat ~**voitto** smashing victory.

mursu walrus.

murta|a break (open *auki;* the ice *jää (m kuv);* a strike *lakko;* a p.'s heart *jkn sydän;* the resistance *vastarinta*) ▶ ~ **ovi** break open a door; **puhua** *[englantia]* **saksaksi** *-en* speak [English] with a German accent; *kuolla pitkällisen* **sairauden** *-mana* die after a long illness; **surun** *-mana* weighed down with sorrow, grief-stricken.

murtautua break (into *jhk;* out of *ulos jstk*); ~ *taloon (m)* burgle a house; break in.

murte||ellinen dialectal -**entutkimus** dialectology.

murto house-breaking; break-in; *(erik yöllä tehty ~)* burglary; *(näyteikkuna~)* smash-and-grab raid (burglary) ~**hälytin** burglar alarm ~**luku** fraction ~**maahiihto** = *maastohiihto* ~**osa** fraction[al part] ~-**osasekunti** split second ~**vakuutus** insurance against burglary and house-breaking ~**varas** burglar ~**varkaus** burglary ~**varma** thief-proof, burglar-proof (safe *kassakaappi*) ~**viiva** horizontal line.

murtu||a break (under a heavy load *raskaan kuorman alla;* his voice broke with emotion *hänen äänensä -i liikutuksesta*); *(padosta ym)* burst; crack (the ice cracked *jää -i*); crack up (he cracked up completely *hän -i täysin*); *(kuv m)* break down (his health broke down *hänen terveytensä -i*), collapse, crumple [up] (the resistance crumpled [up] gradually *vastustus -i vähitellen*); *häneltä -i jalka* he broke (fractured) his leg; *olla -maisillaan* be near the breaking-point -**ma** break; fracture; *(putkessa m)* burst; *(pahvissa ym)* cracking -**maton** break-proof, non-breakable; ~ *tahto* unvincible (unbreakable) will -**nut** broken (man *mies;* in a broken voice *-neella äänellä*); fractured; *-nein mielin* with a broken heart.

muru piece (a small piece of sugar *pieni ~ sokeria*); bit (there's not a bit of bread *ei ole ~akaan leipää*); *(leivän~)* crumb; *pieninä ~ina* in bits and pieces.

museo museum ~**esine** exhibit, museum piece ~**nintendentti** museum curator.

muserta||a crush *(m kuv;* a p.'s power *jkn valta),* pulverize (the enemy *vihollinen*)

-**va** crushing (criticism *arvostelu*); overwhelming (superiority *ylivoima*).

musiikin||harrastaja music lover, lover of music -**historia** [the] history of music -**opettaja** music teacher; *(Brit koul)* music master *(fem* mistress).

musiikki music; *musiikki|-* music (critic *-arvostelija;* review *-arvostelu;* festival *-juhlat*); △ musical (life *-elämä;* performance *-esitys;* term *-termi*) ~**akatemia** academy of music; *(m)* conservatoire ~**elokuva** musical film *(Am m* motion-picture) ~**korva;** *hyvä* ~ a good ear for music ~**näytelmä** musical [comedy]; operetta ~**opisto** college (academy) of music; conservatoire ~**oppi** [theory of] music ~**terapia** musicotherapy ~**tiede** musicology.

musikaali musical ~**nen** musical ~**suus** musicality.

muskettisoturi musketeer.

muskotti||kukka mace -**pähkinä** nutmeg.

musliini muslin.

muslimi Muslim, Moslem.

must|a black (coffee *kahvi;* cat *kissa;* bread *leipä;* dressed in black *pukeutunut -iin*); *(tumma)* dark (rings round the eyes ~*t renkaat silmien alla;* eyes ~*t silmät*); ~*t [ihmiset]* the blacks ▶ ~*[lla]* **lista***[lla]* [on] the black list; **maailma** meni ~**ksi** *[silmissäni]* everything went black; ~ **Maija** *(poliisiauto)* Black Maria; *(korttip)* Old Maid, Pink Lady; ~ **pörssi** black market; ~*n pörssin kauppias* black marketeer; *lyödä jklta* **silmä** ~**ksi** give a p. a black eye.

musta||aminen mud-slinging; defamation (of *jkn ~*) -**herukka** black currant -**häntäpeura** mule deer -**ihoinen** black[-skinned], dark-skinned -**juuri** black salsify, viper's-grass -**karhu** black bear.

mustalai||nen gypsy, gipsy -**skieli** Romany.

mustamaala||ta paint .. in black [colo[u]rs]; defame (a p. *jkta*); ~ *jkta (jkn nimeä)* blacken a p.'s character -**us** defamation, denigration (of *jkn ~*).

Mustameri the Black Sea.

mustangi mustang.

mustan||kipeä jealous (of *jksta*) -**merenruusu** Cupid's bower, hot water plant.

musta||pippuri black pepper -**pää** blackhead -**rastas** blackbird -**silmäinen** black-eyed -**sukkainen** jealous (of *jstk*) -**sukkaisuus** jealousy -**ta** blacken; *(kuv)* smear (a p.

jkta), throw mud (at *jkta*) **-valkoinen** black and white.

muste ink; ~*ella* in ink ~**kala** cuttlefish; octopus; *(keitt)* squid ~**kynä** pen; *(~täytekynä)* fountain-pen.

mustelm|a bruise; *-illa* bruised; *lyödä otsansa -ille* bruise one's forehead; *piestä -ille* beat .. black and blue.

mustesieni inky cap.

muste|ta blacken; grow black; *maailma -ni [silmissäni]* everything went black for me.

mustikka *(Br)* bilberry, whortleberry; *(Am)* blueberry; *lähteä* ~*an* go picking bilberries.

mustu||a turn (grow) black, blacken; *(hopeasta ym)* tarnish **-ainen** *(silmän ~)* pupil.

muta mud.

mutaatio mutation.

muta||inen muddy **-kylpy** mud bath.

mutantti mutant; mutation.

muti||na mutter[ing]; mumbl|e, -ing **-sta** mutter, mumble (to o.s. *itsekseen*); murmur (charms *loitsuja*); *-sematta* without a murmur; ~ *vastaan* grumble.

mutk|a bend (of a river *joen* ~; a sharp bend in the road *jyrkkä* ~ *tiessä*), *(kaarre)* curve (a dangerous curve in the road *vaarallinen* ~ *tiessä*); turn; ~*t ja metkut* the ins and outs; *kulkea* ~*n kautta* go a roundabout way; *muitta -itta* without further ado, *(siekailematta)* straight away; without beating about the bush ~**inen** winding, meandering, tortuous ~**llinen** complicated (question *kysymys*); intricate (matter *asia*); *(ark)* tricky ~**ton** uncomplicated, simple, plain (matter *asia*); straightforward (person *ihminen*).

mutki||kas 1 *(mutkainen)* winding, curved (road *tie*); tortuous (path *polku*); *(-tteleva)* twisting, meandering (river *joki*) **2** *(kuv)* complicated (machinery *koneisto*); question *kysymys*); tangled (affair *juttu*); tricky (problem *ongelma*); *(monimutkainen)* involved, complex; intricate (plot *juoni*); *se tekee asian -kkaaksi* it complicates matters **-tella** wind; *(joesta ym)* meander; *(kilpapyöräilyssä)* topple; *sanoa -ttelematta* speak in plain words (frankly) **-tteleva** winding, curving (road *tie*); meandering (river *joki*).

mutr|ussa *(-uun); suu* ~ with pursed-up lips; *vetää huulensa -uun* purse [up] one's lips.

mutta but; *(~ kuitenkin)* [and] yet; still.

mutteri nut ~**avain** spanner ~**ruuvi** bolt.

mutua||ali[nen] mutual **-lismi** mutualism.

mutustaa; *[syödä]* ~ munch.

muu 1 *(adj) (toinen)* other (some other day *jonakin* ~*na päivänä;* there is no other way *ei ole* ~*ta keinoa*) **2** *(sb)* else (somebody (something, anything) else *joku (jokin, mikään)* ~) ▶ **ei** ~*ta [tällä kertaa]* that's all [for now]; *kiitos ei* ~*ta!* nothing else thank you! *ei kukaan* ~ *kuin hän* none other than he, nobody besides him; *ei mitään* ~*ta* nothing else; *ei mitään* ~*ta kuin* nothing but; **ennen** ~*ta* in the first place, above all; **ilman** ~*ta* straight away; *(totta kai)* naturally, of course; **kaikkea** ~*ta kuin halpa* far from cheap, anything but cheap; **kuka** ~ *(kuin)?* who else (but)? **mitä** ~*ta?* what else? *mitä* ~*ta saisi olla?* [do you want] anything else? »**muuta**» *(sekalaista)* miscellaneous; ~*n* **muassa** among other things *(ks hakus mm)*; **muut** the others; *(loput)* the rest; *kaikki* ~*t* all the others, *(sg)* everybody else; *me* ~*t* the rest of us; *en voi* **muuta kuin..** I cannot but..; *ei voi* ~*ta kuin odottaa* all we can do is wait; *hän ei tee* ~*ta kuin itkee* she does nothing but cry; ~*ssa* **tapauksessa** otherwise; *millä* ~*lla[kaan]* **tavalla?** how else? ~*lla* **tavoin** in another way; **..ynnä** ~*ta* ..and the like, ..and things like that.

muual||la, -le elsewhere; *ei missään (jossakin, missä) -la* nowhere (somewhere, where) else; *enemmän kuin missään -la* more than anywhere else; *kaikkialla -la paitsi Suomessa* everywhere [else] but in Finland **-ta** from elsewhere.

muuan a[n] (an Englishman *englantilainen;* a famous scientist *kuuluisa tiedemies*); *(eräs tietty)* a certain (Mr Smith *herra Smith*).

muukalai||nen stranger **-slegioona** foreign legion **-spassi** alien's passport.

muuli mule.

muulloin at another time; *ei koskaan* ~ at no other time; *joskus* ~ some other time.

muumi Mumin.

muumio mummy ~**ida,** ~**itua** mummify.

muunnel||la vary (the flavo[u]r *makua; (mus)* a theme *teemaa)*; *(muutella)* modify (the plan *suunnitelmaa)*; *(sovitella)* adapt (to meet new requirements *uusia vaatimuksia vastaavaksi)* **-ma** modification (of last year's model *viime vuoden mallista)*; version (of a folk song *kansanlaulun* ~; a modern version of *nykyaikainen* ~ *jstk*); *(mus)* variation (on a theme *teemasta*).

muunnos *(muunnelma)* modification; *(erik kirjallinen* ~*)* version; *(toisinto)* variant.

muunta‖**a** convert (pounds into dollars *punnat dollareiksi*); *(tekn)* transform (into *jksk*) **-ja** transformer **-minen** conversion; *(tekn)* transformation **-mo** transforming station.

muurahainen ant; *ahkera kuin* ~ busy as a bee.

muurahais‖**happo** formic acid **-keko** ant hill **-kuningatar** queen [ant].

muurain cloudberry.

muura‖**ri** mason, bricklayer **-ta** do mason's (bricklayer's) work; build up (a wall *seinä*), build .. of stone (brick), *(~ tiilistä)* brick (a fireplace *takka*); ~ *kiinni (umpeen)* wall up; *(tiilillä)* brick up **-us** brickwork, masonry **-uslapio** trowel.

muuri wall (the walls of a city *kaupungin* ~*t; (kuv)* of silence *hiljaisuuden* ~); *Kiinan* ~ the Great Wall of China; *vaiti kuin* ~ blank as a brick wall.

muusa muse.

muusikko musician.

muutam‖**a** some (in some cases *-issa tapauksissa*); a few (for a few days ~*ksi päiväksi*) ▶ **muutamat** some, a few; ~*t ihmiset* some [people]; *-ia vuosia sitten* some years ago; *vain* ~ only a few; *vain* ~ *ihminen tietää että* [only a] few people know that..; ~*n minuutin* **välein** every few minutes.

muuten **1** otherwise (weak but otherwise quite well *heikko mutta* ~ *terve*); *(tai* ~*)* or [else] (hurry up or [else] you'll be late *pidä kiirettä* ~ *myöhästyt*) **2** *(ohimennen sanottuna)* by the way, incidentally ▶ **ei mitenkään** *(jotenkin)* ~ in no (some) other way; **kuinkas** ~*!* *(tietysti)* naturally, of course; **miten** ~*?* how else? ~ **vain** for no particular reason; *(huvikseen)* just for fun.

muuto‖**s** **1** change (for the better *parempaan päin;* of course *suunnan* ~*;* social change *yhteiskunnallinen* ~; cause a change in *saada aikaan* ~ *jssk*); △ alteration, modification (make modifications to *tehdä* ~*-ksia jhk*); △ *(korjaus)* amendment (of law *lain* ~; to the contract *sopimukseen*); oikeus *-ksiin pidätetään* subject to alteration; *siinä on tapahtunut suuria -ksia* it has undergone great changes **2** *(~ päätökseen ym)* appeal; *hakea* ~*ta* appeal (against a

decision *päätökseen*).

muut‖**taa** **1** change (one's idea of *käsitystään jstk;* one's statement *lausuntoaan;* one's opinion *mielipidettään*); one's plans *suunnitelmiaan*); *(tehdä muutoksia)* alter (the schedule *aikataulua;* one's decision *päätöstään;* one's will *testamenttiaan*); modify (the original plan *alkuperäistä suunnitelmaa;* terms of contract *sopimusehtoja*) **2** *(~ lakia ym)* amend (the constitution *perustuslakia;* the rule *sääntöä*), *(tarkistaa)* revise (a law *lakia*); *(~ tuomiota)* commute (the sentence into a fine *tuomio sakoksi*) **3** *(~ jk jksk)* change (one's name to *nimensä jksk*); turn (a park into a parking lot *puisto paikoitusalueeksi*), transform (heat into energy *lämpö energiaksi*), convert (the kitchen into a sitting-room *keittiö olohuoneeksi*) **4** *(~ asuntoa)* move (to the country *maalle;* into a new flat *uuteen asuntoon*); move [house] (I'm moving [house] on Saturday *-an lauantaina*); *(~ [asumaan] jnnk)* go to live (abroad *ulkomaille;* together *yhteen*); *(~ maasta)* emigrate (Australia *Australiaan*) **5** *(el)* migrate ▶ *se* ~ **asian** that alters matters (the case); *se ei -a asiaa (mitään)* it doesn't change anything, that makes no difference; ~ **mielensä** change one's mind; ~ **muotoaan** change its form; transform (into *jksk*); ~ **pois** move away; *(m)* leave (the country *maasta*); ~ **päinvastaiseksi** reverse (one's decision *päätöksensä*); ~ **suuntaa** change one's (its) course.

muutto moving; removal; migration (to the suburbs *esikaupunkeihin;* of the birds *lintujen* ~) ~**auto** removal[s] (furniture) van ~**liike** **1** *(väestön* ~) migration **2** *(muuttoja suorittava liike)* removal[s] firm ~**lintu** migratory bird, migrant.

muuttu‖**a** change ([in]to *jksk;* for the better *paremmaksi;* my plans have changed *suunnitelmani ovat -neet*); alter (the town has not altered at all *kaupunki ei ole -nut yhtään*); *(~ jksk)* turn ([in]to *jksk;* love turned to hate *rakkaus -i vihaksi*), *(tulla jksk)* become (the weather has become colder *sää on -nut kylmemmäksi*); *(tekn)* convert, be converted ([in]to *jksk*); *(vaihdella)* vary (the prices vary with the season *hinnat -vat vuodenajan mukaan*); ~ *muodoltaan* change [in] form **-ja** variable **-mat**‖**on**

unchanging (traditions *-tomat perinteet*); *(entisellään)* unchanged (remain unchanged *pysyä -tomana*), unaltered **-va** variable; *(säästä m)* changeable.

myhäillä: ~ *[tyytyväisenä]* smile [contentedly], give a pleased smile; ~ *partaansa* laugh up one's sleeve.

mykerökukkainen composite.

mykist||**yä** be struck dumb (with astonishment *hämmästyksestä*), be dumbfounded **-ävä** stunning **-ää** strike .. dumb.

mykiö lens.

mykkä dumb (with amazement *hämmästyksestä;* deaf and dumb *kuuro ja* ~*); (äänetön) (m)* silent; ~ *kuin kala* as mute as a mackerel; ~*nä kauhusta* struck dumb with horror ~**filmi** silent [film].

myller||**rys** tumult (of struggle *taistelun* ~*;* of feelings *tunteiden* ~); *meren* ~ surge (roar) of the sea; *sodan -ryksessä* in the turmoil of war **-tää** turn .. upside-down; churn [up] (the sea was churned by the storm *myrsky -si meren;* ideas churned in his head *ajatukset -sivät hänen mielessään);* *myrskyn -tämä meri* storm-beaten sea; *sodan -tämä Eurooppa* war-wracked Europe.

mylly 1 mill; *(jauho~ m)* flour mill **2** *(voim)* mill circle ~**nkivi** millstone ~**teollisuus** flour-mill (milling) industry.

mylläkkä tumult; *(sekasorto)* confusion, chaos.

mylläri miller.

myllätä grub, turn; *(~ jssk)* poke about (in a drawer *laatikko ylösalaisin) (vrt myllertää).*

mylvi|**ä** bellow (at *jklle;* a bull bellows *härkä -i);* *myrsky -i* the tempest roars (howls).

München Munich.

myooma myoma *(pl m* ~ta).

myrkky poison (lethal poison *kuolettava* ~*; (kuv)* of hatred *vihan* ~); *(käärmeen ym* ~*)* venom; *(bakteeri~)* toxin ~**hammas** fang ~**kaasu** poison gas; toxic gas ~**nuoli** poison[ed] arrow ~**sieni** toadstool, poisonous mushroom.

myrkylli||**nen** poisonous (plant *kasvi);* venomous (snake *käärme); (kuv m)* malicious (remark *huomautus);* toxic (chemical *kemikaali;* effect *vaikutus)* **-syys** poisonous character; *(kuv)* venom, malice; *(lääk)* virulence.

myrkyt||**tää** poison; *(kuv m)* envenom (the

relations between *jdk väliset suhteet);* ~ *omenapuita* spray the apple trees with pesticide **-ys** poisoning; intoxication **-ysoire** toxic symptom.

myrsky 1 storm (a heavy storm was raging outside *ulkona raivosi kova* ~*; (kuv)* of protests *vastalauseiden* ~) **2** *(meteor)* strong gale ▶ ~*n* **kourissa** caught in the midst of a storm; **tyyntä** ~*n edellä* the calm (lull) before the storm; ~*n* **velloma** storm-beaten, storm-tossed; ~ **vesilasissa** a storm in a teacup, *(Am)* a tempest in a teapot.

myrsky||**inen 1** stormy (voyage *matka;* night *yö*), rough (sea *meri*), tempestuous (weather *sää)* **2** = *seur.* **-isä** stormy (discussion *keskustelu*); rough (marriage *avioliitto);* uproarious, thunderous (applause ~*t suosionosoitukset); (kiihkeä)* tempestuous (feelings ~*t tunteet;* years ~*t vuodet)* **-keskus** storm centre **-lyhty** storm lantern, hurricane lamp **-npuuska** squall **-sää** stormy weather **-tuuli** gale [of wind] **-tä** storm; *-ää* a storm is raging, a gale is blowing; *meri -ää* the sea is raging; *tunteet -ävät rinnassa* stormy emotions are raging in the breast **-varoitus** gale warning **-ävä** stormy, tempestuous.

myrtti myrtle.

myski musk ~**härkä** musk-ox *(pl* ~en).

mysteeri mystery.

mysti||**ikka 1** *(usk)* mysticism **2** *(salaperäisyys)* mystery (wrapped in mystery *-ikan verhoama)* **-kko** mystic **-nen 1** *(usk)* mystical (experience *kokemus;* religion *uskonto)* **2** *(salaperäinen)* mysterious (smile *hymy;* event *tapaus); (pred m)* full of mystery; *(arvoituksellinen)* enigmatic *(adv* ~ally) (circumstances *-set olosuhteet)* **-syys** mysticality, mysticalness; *(salaperäisyys) (m)* mystique (of science *tieteen* ~); mystery (of the smile *hymyn* ~).

mytologi||**a** mythology **-nen** mythological.

mytty bundle (under one's arm *kainalossa*); *suunnitelma meni* ~*yn* the plan fell through.

myy|**dä** sell (for $10 *10 dollarilla;* at a price *jhk hintaan;* cheap (dear) *halvalla (kalliilla);* at a profit *voitolla); (panna menemään)* dispose of (a piece of land *maapala)* ▶ ~ **loppuun** sell out, *(Am m)* close out, sell off; *hän oli täysin* **myyty** he was completely sold, he was lost (gone); *-ty mies* goner; **myytävänä** for sale, *(Am)*

on sale.
myyjä 1 *(liik)* seller (seller's market ~*n markkinat*); *(lak m)* vendor (and purchaser *ja ostaja*) **2** *(liikeapulainen) (Br)* shop assistant; *(Am)* sales clerk; *(mies~ m)* salesman; *(~tär m)* saleswoman; *(koll) ~t (m) (sg)* sales staff, salespeople ~**iset** *(sg)* bazaar; *(Br m)* sale of work ~**tär** saleswoman, sales lady.
myymälä *(D₁)* shop; *(Am)* store ~**apulainen** *(Br)* shop assistant; *(Am)* store clerk ~**auto** mobile shop, shopmobile ~**etsivä** store detective ~**henkilökunta** sales staff ~**nhoitaja** [shop] manager ~**varas** shoplifter ~**varkaus** shoplifting.
myynninedistäminen sales promotion (*lyh* S.P.).
myynti 1 *(pl)* sales (sales of colo[u]r-TV's have increased *väritelevisioiden ~ on lisääntynyt); (myyminen) (m)* sale (of securities *arvopapereiden ~*; put up for sale *panna ~in*), selling, disposal (of a house *talon ~*) **2** *(liikevaihto)* turnover, trade, *(pl)* sales.
myynti||- sales (staff *-henkilöstö;* campaign *-kampanja;* department *-osasto;* contract *-sopimus*), △ selling (price *-hinta;* expenses *-kustannukset*) **-arvo** sale (selling, market) value **-edustaja** [sales] agent, *(m)* representative **-ehdot** [terms and] conditions of sale **-johtaja** sales director, director of sales **-koju** stall, stand **-mies** travel[l]er (for a firm *jnk liikkeen ~*), salesman **-näyttely** *(pl)* show rooms **-piste** sales office **-päällikkö** sales manager **-tutkimus** market research **-voitto** profit from sales.
myyrä mole ~**nkolo** hole; mole-hill, mound.
myyt|ti myth (Greek myths *kreikkalaiset -it;* it's a mere myth *se on pelkkä ~*) ~**nen** mythical ~**syys**; *jnk ~ (m)* the mythical character of.
myöhem||min later (in the afternoon *iltapäivällä;* much later *paljon ~*), *(jälkeenpäin)* later on (a few years later on *muutamia vuosia ~*), afterwards (he told me afterwards that *hän kertoi minulle ~ että*); *ennemmin tai ~* sooner or later; *vuotta ~* a (one) year later, the following year **-pi** later (generations *-mät sukupolvet*), subsequent (events *-mät tapahtumat*); *-mällä iällä* in later life (years); *-pänä ajankohtana* at a later date (time); *siirtää -mäksi* put off, postpone.
myöhä late; *alkoi olla ~* it was getting late;

~än yöhön far into the night ~**inen** late ~**iskesä** late summer; ~*llä* in the late summer, late in [the] summer.
myöhässä late (the train was [10 minutes] late *juna oli [10 minuuttia] ~;* you're late again! *olet taas ~!); (junasta ym m)* delayed, behind; overdue (the payments are two weeks overdue *maksut ovat kaksi viikkoa ~); ~ aikataulusta* behind schedule.
myöhäst||yminen *(liik)* delay (in delivery *toimituksen ~*) **-yn|yt** overdue (payment *maksu); -eet onnentoivotukset* belated congratulations **-yä** be late (for school *koulusta*); come (arrive) [too] late; *(~ jstk)* miss (the train *junasta); (viivästyä)* be delayed (the dispatch will be delayed for a few weeks *tavaralähetys -yy muutamia viikkoja*).
myöhään late; *parempi ~ kuin ei milloinkaan* better late than never.
myönnyty|s concession (make concessions to *tehdä -ksiä jklle*).
myöntei||nen positive (attitude to *asenne jhk;* experience *kokemus);* (*edullinen*) favo[u]rable (report *lausunto;* impression *vaikutelma;* effect on *vaikutus jhk); (myötämielinen)* sympathetic (to the idea of *jllk ajatukselle;* atmosphere *tunnelma*) **-sesti;** *asia ratkesi ~* the outcome was favo[u]rable; *suhtautua ~ jhk* be sympathetic to[wards], be in favo[u]r of **-syys** favo[u]rableness; *(jkn -nen luonne)* sympathetic disposition (to[wards] *jtk kohtaan*).
myönty||mys consent, assent; *nyökätä -myksen merkiksi* nod assent (approval) **-mätön** unyielding, unaccommodating; *(pol)* intransigent **-mättömyys** intransigence **-vä|inen** compliant (with, to *jhk*), yielding.
myöntyä consent (to a proposal *ehdotukseen);* give one's consent (to *jhk); (suostua)* agree (to a request *pyyntöön*); accept (a p.'s proposal *jkn kosintaan); ei ~* refuse one's consent (to *jhk*).
myöntävä affirmative (sentence *lause); vastaus on ~* the answer is yes.
myön|tää 1 admit (one's mistake *erehdyksensä;* having done *tehneensä jtk); (olla samaa mieltä)* agree (you will agree that..? *-nät kai että..?); (tunnustaa)* confess (I must confess that.. *[minun] täytyy ~ että..); -nettäköön että hän..* it must be admitted (granted, confessed)

that he.., admittedly he..; *[minun] täytyy ~ että.. (m)* I must say [that]..; *-nä pois!* come off it! own up! **2** *(antaa)* grant (a pension *eläke;* an interview *haastattelu;* a sum of £200 to *200 punnan summa jhk;* a doctor's degree to *tohtorin arvo jklle);* give, award (he was awarded the Nobel prize *hänelle -nettiin Nobelin palkinto); (~ määrärahoja) (m)* appropriate (5 mmks for building hospitals *5 Mmk sairaaloiden rakentamiseen); (~ arvonimi ym) (m)* confer (the degree of professor on *jklle professorin arvo); ~ jklle ero [virasta]* release a p. from a post **3** *(liik)* grant (a loan *laina;* an export licence *vientilupa);* allow (a discount of 2 per cent *2 %:n alennus);* issue (a licence for *lisenssi jllk).*

myös too (he speaks English, too *hän puhuu ~ englantia),* as well (he is studying French as well *hän opiskelee ~ ranskaa),* also (I was also there *~ minä olin siellä); ei ainoastaan — vaan ~* not only — but also *~kään; ei ~* not .. either.

myöten 1 *(pitkin)* along (the road *tietä ~)* **2** *(jhk asti)* to (wet to the skin *ihoa ~ märkä;* to the last man *viimeistä miestä ~);* up to (one's knees in water *polviaan ~ vedessä);* down to (the bottom *pohjaa ~)* **3** *(aina jtk ~)* as far as (he has travel[l]ed as far as China *hän on matkustellut Kiinaa ~); (jk mukaan luettuna)* including (all Finland including Lapland *koko Suomi Lappia ~)* ▶ **aikaa** ~ in time, as time goes on; **antaa** ~ yield, give way (under a p.'s feet *jkn jalkojen alla); (antaa periksi)* give in (to a p.'s demands *jkn vaatimuksille); (sallia)* permit (if the circumstances permit *jos olosuhteet antavat ~); talo paloi* **perustuksiaan** ~ the house burnt to the ground; **sitä** ~ **kuin** in proportion as; **ääriään** ~ **täynnä** full up to the brim.

myötä; *iän (vuosien)* ~ with the years.

myötä | |**elämi** | **nen** empathy; *-sen kyky* empathy **-elää** empathize **-ilijä** follower, sympathizer; *(pol)* fellowtravel[l]er **-il** | **lä 1** *(noudatella)* follow, run along (the river *joen vartta); vartaloa -evä* tight-fitting, clinging **2** *(kuv)* accompany (gestures accompanying a speech *puhetta -evät kädenliikkeet); ~ jkn mielipiteitä* adopt a p.'s opinions *-inen* favo[u]rable (wind *tuuli); onni oli* ~ luck was with us; *tiiviisti vartalon* ~ close-fitting, tight, clinging

-juoksija fellow-travel[l]er, yes-man **-jäiset** *(sg)* dowry **-maa** downhill slope **-mielinen** favo[u]rable, sympathetic (to *jllk); ~ jtk kohtaan (m)* favo[u]rably disposed towards **-mielisesti;** *suhtautua ~ jhk* sympathize (be in sympathy) with, be in favo[u]r of **-mielisyys** sympathy (towards *jtk kohtaan);* good will **-päivään** clockwise (and counterclockwise *ja vastapäivään)* **-syntyinen** inborn.

myötätunto sympathy (for *jkta kohtaan); (pl)* sympathies (my sympathies are with him *~ni on hänen puolellaan); osoittaa (tuntea) ~a jkta kohtaan (m)* sympathize with, feel sympathetic to[wards] *~inen* sympathetic (towards *jkta kohtaan) ~isesti* with sympathy; *suhtautua ~ jkh* sympathize with *~isuus* sympathy; sympathetic attitude, fellow-feeling *~lakko* sympathetic strike; *ryhtyä ~on* come out in sympathy.

myötä | |**tuul** | **i** following (fair, leading) wind; *hanke on -essa* the project is doing well; *purjehtia -essa* sail before the wind, sail with a fair wind **-vaikuttaa** contribute (to *jhk);* play a part (role) (in *jhk); (henkilöstä) (m)* co-operate, assist (in stopping the strike *lakon lopettamiseen)* **-vaikutu** | **s** co-operation; assistance; *jkn* **-ksella** with the co-operation of, assisted by; *(yhteistyössä jkn kanssa)* in co-operation (collaboration) with **-virta** favo[u]rable current; *~an* downstream.

mädän | |**näisyys** corruption, decay (of society *yhteiskunnan ~); (turmelus)* depravity, rottenness **-tyminen** putrefaction **-tynyt** rotten, putrid **-tyä** = *mädätä.*

mädä | |**ttää** putrefy, decay, rot (the rain has rotted the roof *sade on -ttänyt katon; (kuv)* power rots the mind *valta ~ mielen)* **-tä** putrefy, decay (meat decays quickly in the heat *liha mätänee nopeasti kuumassa ilmassa);* become rotten; rot.

mäen | |**lasku** ski jumping **-nyppylä** hillock *(kumpu)* mound **-rin** | **ne** hillside, slope (on a steep slope *jyrkässä -teessä).*

mäisk | |**e** hammering, drumming **-is** crack! crash! **-ähtä** | **ä** bang, slam (shut *kiinni); -en* with a bang **-äys** slap, smack **-äyttää** *(lyödä ~)* slam.

mäjä | |**[hd]ys** thump, thud **-htää** thump; *(läjähtää)* bang, slam **-yttää** bang, slam (the door shut *ovi kiinni).*

mä | **ki 1** hill (a steep hill *jyrkkä ~;* at the top (foot) of a hill *-en päällä (alla);*

(rinne) (m) slope; hillside; *(ylä~)* uphill; *laskea -keä* slide down a hill; toboggan; *-keä ylös (alas)* up (down) a slope, uphill (downhill) **2** *(hyppyri~)* [jumping] hill **~hyppy** ski jumping **~hyppääjä** ski jumper **~kilpailu[t]** *(sg)* ski jumping competition **~nen** hilly **~vaihde** hill-climbing gear.

mäkärä blackfly; *(Am m)* buffalo gnat.

mäkättää bleat.

mälli *(purutupakka)* quid [of tobacco].

mämmikoura; *hän on ulkea ~ he is all* thumbs; *senkin ~!* you butterfinger!

männi|kkö, -stö pine stand (forest).

männyn||havut pine twigs (branches) **-havuöljy** pine-needle oil **-käkkärä** dwarfed (stunted) pine **-käpy** [pine] cone **-neulanen** pine needle **-taimi** pine-shoot.

mänty 1 pine [tree]; *mennä päin ~ä* go all wrong, flop, bomb **2** *(puuaine)* pine, pinewood **~inen** [..made of] pine **~metsä** pine forest, pinery **~suopa** [soft] pine soap.

män|tä piston (of an engine a pump) *moottorin (pumpun) ~)*; *(uppo~)* plunger; *-nän* piston (stroke *isku;* ring *rengas;* pin *tappi;* rod *varsi).*

märehti||jä ruminant **-ä 1** *(el)* chew the cud; ruminate **2** *(ark kuv)* chew (over the same things *samoja asioita).*

märki||minen suppuration; maturation **-vä** suppurant, purulent (wound *haava*) **-ä** fester; *(lääk)* suppurate; maturate.

märkä I *a* wet; *hiestä ~nä* wet with perspiration; *kuin ~ rätti* worn out **II** *s (lääk)* pus (discharge pus *vuotaa ~ä),* matter **~inen** *(lääk)* purulent, suppurative; discharging, mattery **~luja** water strength (paper *paperi*) **~mäinen** puruloid, puriform **~näppylä** acne **~paise** boil **~pesäke** abscess.

märssy *(mer)* top **~purje** topsail.

mäsk||i, -ätä mash.

mässäil||ijä gormandizer, gourmand **-lä** feast (drink and feast *juoda ja ~*); gorge [o.s.] (on, with *jllak*); *(kuv)* wallow (in violence *väkivallalla*) **-y** gormandizing.

mäsä; *iskeä ~ksi* smash to bits, crash; *mennä ~ksi* break [down], go phut (the telly went phut *telkkari meni ~ksi*); *olla ~nä* be all smashed; *(epäkunnossa)* be out of order.

mäti spawn; *(keitt)* roe; *laskea ~nsä* spawn.

mätkä||htää thump; flop [down]; *kaatua (pudota) ~* fall with a thump **-ys** thump; *(läiskäys)* slap **-yttää** thump (on to the floor *lattialle*).

mättää cram (food into one's mouth *ruokaa suuhunsa*), pack (one's bag with *kassiinsa jtk*); *(kauhoa)* scoop (sand *hiekkaa;* into *jhk;* out of *jstk*); *~ vettä veneestä* bail (bale) out a boat.

mä|tä I *a* **1** *(mädäntynyt)* rotten (tomato *tomaatti*), bad (egg *muna*); decayed (vegetables *-tiä vihanneksia*) **2** *(kuv)* rotten (to the score *läpikotaisin ~*); corrupt (system *järjestelmä*); *(sl)* lousy; *upillin wth avinssa on itk ~ä* suspect monkey business; *tässä on jtk ~ä!* there is something fishy about this! **II** *s* **1** rot; decay **2** *(lääk)* pus, matter (the wound is full of matter *haavassa on ~ä*) **~inen** *(lääk)* purulent, suppurative; mattery **~neminen** putrefaction, corruption **~nemistila** state of decay (decomposition) **~nevä** rotting (corpse *ruumis*); decomposing (meat *liha*); putrescible (matters *~t aineet*); helposti **~** putrescent **~paise** *(kuv)* cancer (in society *yhteiskunnassa*), rankling sore, canker.

mätäs tussock, hummock.

mäyrä badger **~koira** dachshund, *(m)* badger dog.

määkiä bleat, *(lampaasta m)* baa.

määre *(epiteetti)* epithet; *(josk) (määrite)* adjunct; qualifier.

määrit||e adjunct (to a verb *verbin ~*); qualifier **-ellä** define (a concept *käsite;* the limits of *jnk rajat*); *(~ tarkasti)* specify (one's aims *tavoitteensa* (vrt *määrittää*) **-elmä** definition **-telemätön** undefined; *(jota ei voi määritellä)* indefinable **-tely** definition (of a concept *käsitteen ~*), determination (of the meaning of a word *sanan merkityksen ~*) **-tää 1** determine (the weight *jnk paino;* the position of a star *tähden sijainti*); fix (the price *hinta*); *(määritellä)* define (one's view *kantansa;* the powers of *jkn valtuudet*), *(~ tarkasti)* specify (the uses of *jnk käyttötarkoitukset*); *(~ tauti)* diagnose (an illness as *tauti jksk*) **2** *(kiel)* qualify (the verb is qualified by an adverb *adverbi ~ verbiä*), modify **-ys** determination, definition.

määr|ä 1 *(paljous)* quantity (large quantities of *suuria -iä jtk;* prefer quality to quantity *pitää laatua ~ä parempana*); amount (a considerable amount [of money] *huomattava ~ [rahaa];* a vast amount of experience *valtava ~ kokemusta*); *(liik m) (volyymi)* volume (of exports *viennin ~)* **2** *(luku~)* number (a large number [of books] *suuri ~ [kirjoja];* there were quite a number of them *niitä oli melkoinen ~)* **3** *(raha~)* amount (in letters (figures) *kirjaimin (numeroin);* of invoice *laskun ~); (summa)* sum (debit a p. with a sum *veloittaa jkta jllak ~llä) (šekin, vekselin ~)* denomination ▶ *hänen ahneudellaan ei ole* **mitään** *~ä* there is no end (limit) to his greediness; *jossain* **määrin** to some (a certain) extent; *runsain (suurin) -in* in large (great) quantities, in great numbers; *siinä -in että* to the extent that; *suuressa (huomattavassa) -in* to a great (considerable) extent; **määrältään** *..in* number; **nousta** *jhk ~än* amount to; *minun* **on** *~ tavata hänet klo 5* I am to meet him at 5; *laivan on ~ saapua* the ship is scheduled to arrive, the ship is due; **suuret** *~t jtk (m)* quantities of (snow *lunta);* numbers of (people *ihmisiä); (ark)* lots of; **suurin** *(pienin) [sallittu] ~* maximum (minimum) [amount].

määrä|aika term (fix a term *asettaa ~);* time limit, *(ehdoton ~)* deadline (meet the deadline *noudattaa ~a)* ▶ *-ajan* **kuluessa** within the time fixed (prescribed, stipulated, specified), within the time limit; *-ajan* **kuluttua** after the period of time has expired (elapsed); *~* **menee umpeen** *30.6. (m)* closing date 30th June, *(Am)* deadline June 30; *~an* **mennessä** by the appointed time, by the time fixed.

määrä||aikaan *(ajoissa)* on time, at the appointed time **-aikainen** ..held at stated (regular) intervals; *(säännöllinen)* regular, periodic (check-up *lääkärintarkastus); ~ sopimus* a contract of definite duration **-asema** destination **-enemmistö** qualified (stipulated) majority **-ilevä** domineering, *(ark)* bossy **-illä** order .. about, domineer [over], *(ark)* boss .. about **-inen 1** *(jnk suuruinen)* ..in denomination; *jnk -isenä* in the amount (sum) of; *200 punnan ~ šekki* a cheque for £200 **2** *(kiel)* definite (article *artikkeli)* **-llinen** quantitative **-llisesti;** *~ ylivoimainen* superior in number[s] **-npää** destination (arrive at one's destination *saapua ~hänsä); (tavoite)* goal **-paikka** [place of] destination (reach the destination *saapua ~an)* **-päivä** fixed (appointed) day; fixed date **-rah|a** *(m ~t)* appropriation (for *jtk tarkoitusta varten;* apply for an appropriation *anoa ~a); (valtion*

myöntämä ~) grant; *(vuotuinen ~)* allowance; *myöntää ~t jhk* grant (approve) an appropriation for; *supistaa -oja* cut an appropriation **-tietoinen** purposeful (person *ihminen;* look *katse);* single-minded; goal-directed; *olla ~ (m)* have a fixed purpose **-tietoisuus** purposefulness; *(jkn ~) (m)* devotion to a [set] purpose.

määrät|ty fixed (at fixed intervals *-yin väliajoin);* particular (for a particular purpose *~ä tarkoitusta varten);* set (rules *-yt säännöt); (tietty)* certain (sum *summa;* in certain circumstances *-yissä olosuhteissa); (kiel ja mat)* definite (article *artikkeli;* integral *integraali); laissa ~* provided (prescribed) by law.

määrä|tä 1 *(sanoa tarkasti)* determine (the time and place *aika ja paikka);* △ set (a price for *hinta jllk;* limits to *rajat jllk;* a p. a task *tehtävä jklle;* Thursday as the deadline *torstai viimeiseksi päiväksi);* △ *(erik Am m)* fix (a place *paikka;* a fee [at $5] *palkkio [5 dollariksi])* **2** *(lak)* impose (a fine of £10 on *10 punnan sakko jklle);* △ assess (a new tax on *uusi vero jllk);* △ charge (a tax on an income *vero tulosta);* prescribe (a penalty for an offence *rangaistus rikoksesta;* as prescribed by law *kuten laissa on -tty);* △ inflict (a penalty on *rangaistus jklle);* △ provide (the agreement provides that.. *sopimus -ä että..)* **3** *(vaikuttaa ratkaisevasti jhk)* set (Paris sets the fashion *Pariisi -ä muodin);* △ be determined by (the course of his life was determined by this event *tapaus -si hänen elämänsä suunnan)* **4** *(nimittää)* appoint (a p. a substitute for *jku jkn sijaiseksi;* to a post *jhk toimeen);* △ appoint .. to serve (on a committee *komitean jäseneksi)* **5** *(käskeä)* order (a p. to do *jku tekemään jtk;* new elections *uudet vaalit;* he was ordered [to go] to Cairo *hänet -ttiin Kairoon);* △ give orders (orders were given that the work should be started immediately *työ -ttiin aloitettavaksi heti);* △ command (it is I who command here *täällä -än minä);* △ *(määräillä)* dominate [over] (the strong dominate [over] the weak *vahvat -ävät heikkoja)* **6** *(säätää)* ordain (all that the laws ordain *kaikki mitä laki -ä;* ordained by fate *kohtalon -ämä;* the king ordained that.. *kuningas -si että..);* △ *(päättää)* decide (destiny decides man's fate *sallimus -ä ihmisen kohtalon);* △ *(~ lopullisesti)* destine (this was destined to happen *tämä oli -tty tapahtuvaksi)* **7** *(lääk)* prescribe (penicillin *penisilliiniä), (m)* order (the doctor ordered the patient a complete rest *lääkäri -si potilaan täydelliseen lepoon)* **8** *(kiel)* = *määrittää* **2 ▶** ~ *jnk* **arvo** assess (a house at £20,000 *talon arvo 20 000 punnaksi); sinä* **et** *minua -ä!* I'm not going to take orders from you! ~ **pidettäväksi** *(m)* schedule (the meeting on May 10 *kokous pidettäväksi 10. toukokuuta).*

määrätön boundless, endless; *(suunnaton)* untold.

määräy|s 1 *(käsky)* order[s] (a written order *kirjallinen ~;* obey orders *noudattaa -ksiä;* by order of *jkn -ksestä;* it's doctor's orders *se on lääkärin ~);* command (at the King's command *kuninkaan -ksestä); tein ~ten mukaisesti* I did as directed **2** *(lak) (asiakirjan ym ~)* stipulation (comply with the stipulations *noudattaa -ksiä),* provision (according to the provisions of the contract *sopimuksen ~ten mukaan),* regulation (rules and regulations *säännöt ja -kset); (lauseke)* clause; *antaa jklle ~ tehdä jtk* instruct a p. to do **3** *(~ jhk virkaan)* appointment, commission **4** *(kiel)* = *määrite* ~**val|ta** authority (under the authority of *jkn -lan alaisena).*

määräytyä; ~ *jstk (jnk mukaan)* be determined by.

määrää||minen determination, fixing; *(arviointi)* assessment; *(nimittäminen)* assignment **-mät|ön** indefinite *(m kiel ja mat)* (for an indefinite time *-tömäksi*

ajaksi) **-vä 1** *(ratkaiseva)* determining, decisive (factors ~*t tekijät); (johtava)* leading (principles ~*t periaatteet); (olennainen)* essential (feature *piirre)* **2** *(hallitseva)* dominant (in a dominant position ~*ssä asemassa)* **3** *(määräilevä)* domineering (in a domineering tone ~*llä äänellä)* **4** *(kiel)* definite (article *artikkeli).*

möhkäle lump, chink.

mohl||la, -ata blunder, bungle, put one's foot in it **-äys** blunder, bloomer, *(Am)* boner.

möhömaha potbelly.

mökki cottage ~**höperö;** *tulla* ~*ksi* be climbing the walls ~**kylä** holiday village ~**pahanen** hovel.

mökä hullabaloo.

mököt||täjä mope **-tää** sulk, be in the sulks.

möli||nä bellowing, roaring; *(epäselvä puhe)* gabble **-stä** bellow, roar, howl.

möly roar[ing], bellow[ing]; *(melu)* noise ~**apina** howling monkey ~|**tä** make a noise; *-ävä* howling, riotous.

mönjä minium, red lead.

mönkään; *mennä* ~ go phut.

mör||eä harsh **-inä** growl[ing] **-istä** growl.

mörkö bugbear, bog[e]y.

mörskä poky hole.

mörökölli grouch.

möyhe||nnin hand cultivator **-ntää** loosen (soil *maata)* **-ä** loose; *(huokoinen)* porous.

möykky lump; *(multa- ym ~)* clod.

möykätä make a noise (racket).

möyriä turn .. upside down, *(kaivaa)* dig; *(eläimistä)* burrow.

N

n, N *(kirjain)* n, N *(pl* ns, n's, Ns, N's).
n *(lyh)* (= *noin)* ca, c *(ks m hakus 2 noin).*
naakka jackdaw.
naali arctic (white) fox.
naama face; *hän ei kehdannut näyttää naamaansa siellä* he didn't have the nerve (didn't dare) to show his face there; *(kuv) päin ~a* point-blank; *sanoa jklle totuus päin ~a (m)* tell a p. the truth to his face **~lihas** facial muscle **~ri** mask (wear a mask over one's face *pitää ~a kasvoillaan).*
naamiais||**et** *(sg)* fancy dress party, costume party; masquerade, masked ball **-puku** fancy dress.
naamio 1 *(naamari)* mask (ritual mask *rituaali~)* **2** *(teatt)* makeup **3** *(kosmet)* [face] pack, [cosmetic] mask **4** *(kuv)* disguise, cloak, mask; *riisua ~nsa* throw off one's mask **~ida 1** mask; *(erik sot)* camouflage; *(erik kuv)* disguise (one's sorrow beneath a cheerful appearance *surunsa iloisen olemuksen taakse)* **2** *(teatt)* make..up **~ija** makeup artist **~inti** masking; *(sot)* camouflage; *(teatt)* makeup **~itu** masked (bandit *rosvo)* **~itu**|**a** mask o.s. (as *jksk); (erik sot)* camouflage o.s.; *(pukeutua jksk)* dress o.s., masquerade (as *jksk);* disguise o.s. (as *jksk); jksk -nut* ..dressed up as; *(teatt)* ..made up as.
naapuri neighbo[u]r; *~ssa, ~in* next door (to *jkn ~).*
naapuri||- neighbo[u]ring (town *-kaupunki;* state *-valtio)* **-apu** neighbo[u]rly help[fulness] **-maa** neighbo[u]ring country; *läntinen ~mme* our neighbo[u]r in the west **-n**|- ..next door (the girl *-tyttö)* **-sopu** [good] neighbo[u]rship **-sto** neighbo[u]rhood.
naapuruu|**s** neighbo[u]rhood; *jnk -dessa* in the neighbo[u]rhood of.
naara grapnel, grappling iron, drag.
naaras female; *(riistalintu~ m)* hen; *(hirvi~) (m)* doe.

naaras||- female (elephant *-norsu);* she|- *(--cat -kissa; --wolf -susi) (ks m eläinten nimistä)* **-kasvi** female **-leijona** *(m)* lioness **-pistoke** *(sähk)* female plug **-pontti** *(puus)* groove **-puolinen** female **-tiikeri** *(m)* tigress.
naarata drag (the river for the body *ruumista joesta).*
naarmu scratch; *~illa* covered with scratches **~inen** ..covered with scratches, ..scratched up **~ttaa** scratch; score **~ttua** be[come] scratched (scored).
naatti *(pl)* tops (turnip tops *nauriin ~).*
naava beard lichen (moss).
nafta naphtha **~leeni** naphthalene **~liini** naphthalene; *panna vaatteet ~in* put one's clothes away in mothballs
nahan||**luonti** *(el)* mo[u]lt, exuviation **-muokkaus** leather dressing.
nahi||**na** squabble (about, over *jstk)* **-stella** [have a] squabble (about, over *jstk); tapella ~* scrap (over *jstk).*
nahistua wilt.
nahjus good-for-nothing, idler **~tella** dawdle, idle [about].
nah|**ka 1** skin (squirrel skin *oravan~); (vuota m)* pelt, hide **2** *(nahk)* leather (made of genuine leather *aidosta -asta tehty)* ▶ *selvitä jstk ehjin -oin* escape unhurt (safe and sound) from; *myydä ~nsa kalliisti* sell one's life dearly; *pelastaa ~nsa* save one's skin (hide).
nahka||- leather (strap *-hihna;* trousers, breeches *-housut;* shoe *-kenkä;* sole *-pohja;* jacket, coat *-takki;* industry *-teollisuus)* **-huonekalut** *(sg)* leather-covered (leather-upholstered) furniture **-inen** leather **-kantinen** *(kirjap)* leather-bound **-tavarat** leather goods; *(sg)* leatherware.
nahkea leathery (leaf *lehti); (tahmea)* tacky, sticky.
nahkiainen lampern, river lamprey.
nahkuri tanner, leather-dresser **~nverstas**

tannery.
nai|da marry (a p. *jku; (kuv)* money *rahaa*); *(ylät, san)* wed; take..in marriage; *-tu nainen* married (wedded) woman; ~ *säätynsä alapuolelta (yläpuolelta)* marry beneath (above) o.s. (one's class).
naiivi naive, naïve ~**us** naiveté, naïveté, naivety.
naikkonen trollop.
nailon nylon; *nailon|*- nylon (rope *-köysi;* shirt *-paita;* stocking *-sukka)* ~**li** [pair of] nylons.
naima||hankkeet marriage plans **-ikäinen** ..of marriageable age, marriageable **-kelpoisuus** marriageability **-tarjous** proposal, offer of marriage **-ton** unmarried, single; *(erik usk)* celibate **-ttomuus** singleness, single life; celibacy.
naimisi||ssa *(-in); mennä -in* get married (to *jkn kanssa*), marry (a p. *jkn kanssa*); late in life *myöhäisellä iällään); (kirj, san)* wed (a p. *jkn kanssa); he menivät -in nuorina (m)* they were married young; *mennä rikkaisiin -in* marry [into] money, marry into a rich family; *mennä uusiin -in* remarry; *olla* ~ be married (to *jkn kanssa); olla* ~ *työnsä kanssa* be married (wedded) to one's work; ~ *oleva* married; *rynnätä suinpäin -in* rush into marriage.
naimiskaup|pa marriage, match; *tehdä hyvät -at* make a good match.
nai|nen woman (*pl* women); *(hieno* ~) lady; *-set (yleensä) (m)* womanhood, *(kirj)* womankind ▶ **hyvät** *-set ja herrat!* Ladies and Gentlemen! **juosta** *-sten perässä* chase [after] women; *olla -siin menevä* be a real lady-killer; **naisen** feminine (logic *logiikka;* intuition *vaisto*); womanly (modesty *kainous*); **naisten** women's (work *työt;* lib[eration movement] *vapautusliike);* ladies' (clothing, wear *vaatteet*); lady's (bicycle *polkupyörä*); *-sten äänioikeus* woman (female) suffrage.
nais||- women's (organization *-järjestö;* choir *-kuoro;* prison *-vankila*); △ *(naispuolinen)* woman (writer *-kirjailija* (*pl* women writers); doctor *-lääkäri*); △ female (member *-jäsen;* sex *-sukupuoli;* labo[u]r *-työvoima*) **-[asia]liik|e** women's rights (feminist) movement **-asianainen** feminist; *(hist)* suffragette.
naiselli||nen 1 feminine, womanly 2 = *naismainen* **-suus** femininity, womanliness.
nais||enemmistöinen ..with a majority of women, ..with a feminine majority

-henkilö woman (*pl* women), female **-hormoni** female hormone **-istua** *(tulla -valtaiseksi)* be feminized **-kauneus** feminine beauty **-mainen** womanish, effeminate (walk *kävelytapa*) **-maisuus** womanishness, effeminacy **-pappeus** ordination of women **-poliisi** policewo|man (*pl* -men), woman police officer (*pl* women police officers) **-puolinen** female **-sankari** lady-killer, ladies' man; wolf **-seura** female company; ~*ssa* in the company of (with) a lady; *(naisten kesken)* among the women.
naisten||huone ladies[' room]; powder room **-lehti** women's magazine **-mies** ladies' (lady's, woman's) man **-osasto** *(sairaalan* ~) women's ward; *(tavaratalon -)* department **-satula** sidesaddle **-tanssit** ladies' choice **-tauti** women's (gyn[a]ecological) disease **-tautioppi** gyn[a]ecology.
nais||valta petticoat government (rule); gyn[a]ecocracy **-valtainen** ..dominated by women **-väki** womenfolk **-ystävä** woman friend.
naittaa marry [off] (one's daughter *tyttärensä;* to *jklle*); give .. in marriage (to *jklle*).
naivis||mi naïvism, primitive art, primitivism **-ti** primitivist **-tinen** primitivistic (*adv* ~ally).
nakella; ~ *niskojaan* toss one's head, bridle.
nakertaa gnaw (at *jtk*); *(näykkiä)* nibble (at *jtk*).
nakki frankfurter; *(Am)* wiener, wienie ~**kioski** hot-dog stand ~**sämpylä** hot dog roll.
naksa||htaa, -us, -uttaa click.
naksu|a, -ttaa crack (the joints *nivelet -vat*).
nakuttaa tap (one's pencil on the table *kynällä pöytään;* a woodpecker is tapping at a tree *tikka* ~ *puuta); (moottorista)* knock; *(vasaroida)* hammer; *(konekivääristä ym)* clatter.
naljailla rag (a p. about *jklle jstk*); needle (a p. about *jklle jstk*).
nalkutta||a nag (at *jklle;* about *jstk*), *(motkottaa)* carp (about *jstk*) **-ja** nag.
nalle teddy [bear].
nalli *(tekn)* primer, percussion cap; *(leikkipyssyn* ~) cap; *kuin* ~ *kalliol|a, -e* high and dry ~**pyssy** cap gun.
namibialainen *a ja s* Namibian.
napa 1 *(anat)* navel; *tuijottaa omaan* ~*ansa* contemplate one's [own] navel 2 *(maant,*

astr, fys, sähk, mat) pole; *(sähk m)* terminal **3** *(pyörän ym* ~*)* hub (propeller hub *potkurin* ~*)* **4** *(kuv)* hub, navel (of the world *maailman* ~); cent|re, -er.

napa‖- *(maant, mat ym)* polar (climate *-ilmasto;* ice *-jää;* continent *-manner;* explorer *-retkeilijä;* exploration *-tutkimus).*

napakka brisk, vigorous.

napakymppi bull's eye (score (make) a bull's eye *ampua* ~).

napalm[pommi] napalm [bomb].

napa‖maat circumpolar regions; *pohjoiset (eteläiset)* ~ the Arctic (Antartic) [zone] **-nuora** umbilical cord **-piiri** polar circle; *pohjoinen (eteläinen)* ~ the Arctic (Antartic) Circle **-pohjoinen** geographic north **-seu|tu** polar region; *-dun* polar (weather *sää);* eteläisen *-dun* antarctic; *pohjoisen -dun* arctic.

nap|ata *(siepata)* snatch (from *jklta),* grab; *(saada kiinni)* catch, pick up (the police picked up the thief *poliisi -pasi varkaan)* ▶ *hän -pasi* **kultaa** he picked up (captured) a gold; *kala -pasi* **onkeen** the fish bit; he had a bite; ~ **valokuva** snap a picture (of *jstk);* **yrittää** ~ *jtk (m)* snatch (make a snatch) at.

napa‖tanssi belly dance **-tanssija** belly dancer **-tähti** polestar.

napau‖s, -ttaa snap.

napero *(ark)* tiny tot.

napina grumble (about *jstk),* grumbling, complaining.

napinläpi buttonhole.

napis‖ija grumbler **-ta** grumble (at *jklle;* about, over *jstk),* gripe (at *jklle;* about *jstk);* murmur (at, against *jstk);* **-ematta** without a murmur.

napittaa button [up] (one's coat *takkinsa); tämä takki -etaan selästä* this jacket buttons down the back.

Napoli Naples; *nähdä* ~ *ja kuolla* see Naples and die **n~lainen** *a ja s* Neapolitan.

napostella munch.

nappa[nahka] nap[p]a [leather].

nap|pi button; *(paino~) (m)* push button ▶ **avata** ~ undo a button; *avata takkinsa -it* unbutton one's coat; *panna* ~ **kiinni** do up a button, button [up] a button; *panna takin -it kiinni* button one's coat; *(ark)* **osua** *(mennä)* ~*in* hit the bull's-eye; *-in* **painalluksella** *(*~*a painamalla)* with (at) the push (press) of a button; *ei meillä -illa*

pelata we are not playing for peanuts.

nappi‖kauppa *(kuv)* small-time business **-silmäinen** beady-eyed.

nappula 1 *(sähkö- ym* ~*)* switch; *(nappi)* button (push a button *painaa* ~*a*) **2** *(puutappi)* peg, pin **3** *(peli~)* piece, counter; man **4** *(pikkupoika)* little fellow (lad); *(Br m)* nipper ~**takki** duffel coat.

napsa‖htaa, -us, -uttaa snap (one's fingers *sormiaan;* the lid snapped shut *kansi -hti kiinni).*

napsia */syödä/* ~ pop .. into one's mouth.

naputtaa tap (one's foot on the floor *jalallaan lattiaa;* a typewriter *kirjoituskonetta).*

narah‖dus, -taa creak.

nari‖na creak, squeak **-seva** *(m)* creaky (stairs ~*t portaat;* voice *ääni);* squeaky **-sta** creak, squeak; *(kirskua)* grate **-suttaa** creak.

narko‖maani drug (narcotics) addict **-mania** narcotic addiction.

narkoosi narcos|is *(pl* -es) ~**lääkäri** = *nukutuslääkäri.*

narkootti|nen narcotic; *-set aineet* narcotics.

narra|ta; ~ */jkta/* pull a p.'s leg, fool (don't fool me! *älä -a!),* kid (a p. into doing *jku tekemään);* ~ *jklta rahat* fool a p. out of his money.

narri 1 *(hist)* fool, jester **2** *(kuv)* [tom]fool; *pitää jkta* ~*naan* make a fool of, poke fun at; *tehdä itsestään* ~ make a fool of o.s. ~**mainen** foolish, tomfool[ish] ~**maisuus** [tom]foolery ~**nhiippa** foolscap.

narsis‖mi narci[ssi]sm **-si** narciss|us *(pl m* -i); *(kelta~)* daffodil **-ti** narci[ssi]st **-tinen** narci[ssi]stic *(adv* ~ally).

narsku‖a crunch (the snow crunches *lumi -u),* make a crunchy noise; grate (footsteps grate on the gravel *askelet -vat sorassa)* **-ttaa;** ~ *hampaitaan* grate (grind, gnash) one's teeth.

narttu bitch *(m halv).*

naru string; *(paksumpi* ~*)* cord; *(pyykki~)* [clothes]line; *hypätä* ~*a* skip rope; *(kuv) vetää oikeasta* ~*sta* pull the right strings.

nasaalivokaali nasal vowel.

Nasaret Nazareth **n~ilainen;** *Jeesus* ~ [Jesus Christ] the Nazarene.

naseva apt, apposite, telling (remark *huomautus); (pred m)* ..to the point.

naskali awl; *(kirjap)* bodkin.

nasta 1 *(paino~)* drawing pin, *(Am)* thumbtack **2** *(koriste- ym* ~*)* stud (of a tyre (football boot) *autonrenkaan* *(jalkapallokengän)* ~) **3** *(tekn)* pin, peg **4** *(ark aut);* ~ **laudassa** with one's foot to the floor; *painaa* ~ *lautaan* step on it ~**hammas** pivot tooth (crown) ~**rengas** stud[ded] tyre *(Am* tire).

nastoittaa stud.

nata *(kasv)* fescue [grass].

natina ks. *narina.*

nationalis|mi, -ti, -tinen national|ism, -ist, -istic *(adv* ~ally).

natista ks. *narista.*

natrium sodium ~**lamppu** sodium[-vapo[u]r] lamp.

natsa 1 *(tupakan~)* [cigarette] stub (butt); *(Br)* fag-end; **2** *(sot)* stripe, chevron.

natsi Nazi; *natsi|*- Nazi (Germany *-Saksa;* salute *-tervehdys)* ~**smi** Nazism.

naturalis||mi naturalism **-ti** naturalist **-tinen** naturalist[ic] *(adv* ~ically).

naturalisoi||da *(lak)* naturalize **-nti** naturalization.

naudan||liha beef **-paisti** roast of beef.

nauha 1 *(koriste- ym* ~) ribbon (silk ribbon *silkki~);* tape (insulating tape *eristys~);* band (armband *käsivarsi~); (kengän~)* [shoe]lace; *(Am m)* [shoe]string; *[esiliinan]* ~ [apron] string; *[kirjoituskoneen]* ~ [typewriter] ribbon **2** *(magnetofoni-, laskukoneen ym* ~) tape; *ottaa ~an (~lle)* [record .. on] tape, take .. on tape ~**-asema** *(atk)* tape unit (drive) ~**ke** ribbon ~**kasetti** tape cassette ~**kaupunki** ribbon development ~**kenkä** lace-up shoe.

nauhoit||taa *(äänitekn)* [record .. on] tape, tape-record; *(~ etukäteen)* prerecord **-e, -us** tape *(recording).*

nauhuri tape recorder; *(vahvistimeen kytkettävä* ~) tape deck.

nauk||kailla swig (whisky *viskiä)* **-ku** nip, swig (of *jtk;* take a swig at the bottle *ottaa pullosta* ~).

naukua 1 *(kissasta)* miaow, mew **2** *(ark) (mankua)* whine.

naula 1 nail; *(ark kuv) lyödä* ~ *jkn ruumisarkkuun* drive a nail into a p.'s coffin; *osua ~n kantaan* hit the nail on the head **2** *(vaate~)* peg (hang one's coat on a peg *panna takki ~an)* **3** *(painomitta)* pound *(lyh* lb) ~**kko** [coat]rack ~**nvedin** nail puller ~**ta** nail; ~ *irronnut lauta kiinni* nail down a loose board ~**tehdas** nailery ~**u|s;** *irrota -ksesta* come unnailed.

nauli|ta nail; ~ *katseensa jhk* nail (rivet) one's eyes on; *kuin -ttuna [paikalleen]* [as

if] riveted (rooted) to the spot.

naur|aa laugh (at *jllk, jtk, jklle;* to o.s. *itsekseen)* ▶ ~ **katketakseen** laugh one's head off, split one's sides laughing (with laughter); ~ **makeasti** have a good (hearty) laugh; **nauraen** *(m)* laughingly; *yritin olla* **nauramatta** *(m)* I tried to keep a straight face; *se* **parhaiten** ~ *joka viimeksi* ~ he laughs best who laughs last; ~ **partaansa** laugh up one's sleeve (in one's beard); *hänet -ettiin* **ulos** *(penkin alle)* he was laughed out (down).

naura||hdus laugh **-hta|a** give a laugh, laugh shortly; **-en** with a [short] laugh; ~ **hermostuneesti** give a nervous laugh **-mi|nen;** *ei siinä ole mitään -sta* it is no laughing matter, there's nothing to laugh about **-ttaa** *(saada nauramaan)* make .. laugh (what's making you laugh? *mikä sinua* ~? don't make me laugh *älä -ta); minua* ~ I feel like laughing **-vainen** laughter-loving, ..always ready to laugh.

naure||skella laugh [away] **-ttava** ridiculous, laughable; ~*n helppo* ridiculously easy; *tehdä itsensä* ~*ksi* make a fool of o.s.

nauris turnip ~**öljy** rape (colza) oil.

nauru laughter ▶ *se ei ole* ~*n asia* it is no laughing matter; *puhe* **hukkui** ~*un* his speech was lost (drowned) in laughter; *siinä oli* ~*ssa* **pitelemistä** it was hard to keep a straight face; **purskahtaa** ~*un* burst out laughing, burst into laughter; **suu** ~*ssa* laughingly; **ulvoa** *(hytkyä)* ~*sta* roar (shake) with laughter.

nauru||kohtaus fit of laughter (have a hysterical fit of laughter *saada hysteerinen* ~) **-lokki** black-headed (laughing) gull.

naurun||aihe laughing stock (of the whole town *koko kaupungin* ~) **-alai|nen, -saattaa -seksi** make fun of, subject .. to ridicule; *tehdä itsensä -seksi* lay o.s. open to ridicule **-remakka** roar of laughter.

naurupommi barrel of laughs (laughter).

nau|ta bovine; *(maat) -dat* [neat] cattle; *50* ~*a* 50 [head of] cattle ~**eläin** bovine animal ~**karja** *(pl)* [neat] cattle ~**karjanhoito** cattle breeding.

nautinnollinen enjoyable.

nautinnon||halu love of pleasure (enjoyment), self-indulgence **-haluinen** pleasure|-seeking, -loving, self-indulgent, epicurean.

nautintaoikeus *(lak)* usufructuary right.

nautin|to pleasure; delight; *katsella jtk*

-nokseen take pleasure in watching, watch .. with pleasure (delight); *oli* ~ *katsella..* it was a pleasure to watch.. **~aine** stimulant.

nautiskelija pleasure-lover; epicurean.

naut|tia 1 *(syödä ym)* take (refreshments *virvokkeita;* to be taken internally *-ittava suun kautta*); have (fish for dinner *päivälliseksi kalaa*); *(syödä)* eat; *(juoda)* drink **2** *(~ jstk)* enjoy (a th. *jstk; doing jnk tekemisestä;* we enjoyed it very much *-imme siitä suuresti*), take [great] pleasure (in *jstk*) **3** *(saada osakseen)* enjoy (the esteem of *jkn arvonantoa;* a good salary *hyvää palkkaa;* civil rights *kansalaisluottamusta*); receive (a pension *eläkettä;* instruction *opetusta*).

navakka *(meteor);* ~ *tuuli* fresh breeze; *(puhekielessä)* sharp wind.

navetta cow|shed, -house **~ruokinta** indoor feeding.

navigaatio navigation **~satelliitti** navigation satellite.

navigoi||da navigate **-ja** navigator **-nti** navigation.

ne they; *(nuo)* those (in those days *niihin aikoihin)* ▶ **a)** *(suom gen)* **niiden** their; *(prep yht)* them; **b)** *(akk ym sijoissa)* **ne,** **niitä** them; *(henk)* ~ **jotka** those who; *oli niitäkin jotka sanoivat..* there were those who said..; ~ *talot jotka näit..* the (those) houses [that] you saw..; *juttelimme* **niitä näitä** we were talking about this and that (about this that and the other thing) *(vrt he).*

neekeri *(tav)* black; *(rotuopissa; halv)* Negro; *neekeri|-* Negro (languages *-kielet;* slave *-orja)* **~laulu;** *hengellinen* ~ negro spiritual **~nainen** black woman; Negro woman, Negress *(vrt neekeri)* **~rotu** Negroid race.

negatiivi negative **~nen** negative.

neilikka 1 pink; *(puutarha~)* carnation **2** *(keitt)* clove.

nei|ti miss (or Mrs? *vai rouva?*); young lady (there's a young lady here who.. *täällä on eräs* ~ *joka..*); *neiti N.* Miss N; *-dit N.* the Misses N., the Miss Ns; *talon nuori* ~ the young lady of the house **~|nen;** *-seni* my dear young lady.

neito maid[en]; *(run, leik)* damsel **~nen** young girl (of seventeen *17-vuotias* ~).

neitseelli||nen virginal, maiden[ly]; *(biol)* ~ *lisääntyminen* parthenogenesis **-syys** virginity.

neitsyt 1 virgin; *Orleansin* ~ the Maid of Orleans, Joan of Arc; *Pyhä N*~ the Holy Virgin **2** *(horosk)* Virgo **~kuningatar** the Virgin Queen **~matka** maiden (virgin) voyage *N~saaret* the Virgin Islands.

neitsyys virginity.

nekku sugar candy.

nektari nectar.

neli *(rats)* gallop; *täyttä* ~*ä* at full gallop.

neli||- four|- (--lane[d] *-kaistainen;* **--engine[d]** *-moottorinen;* **--dimensional** *-ulotteinen) (ks m yhdyss kaksi-, kolmi-)* **-apila** four-leaved clover **-jalkainen** *s (el)* quadruped **-jono;** ~*ssa* four across **-kanavainen** quadraphonic **-kulmainen** quadrangular **-kulmio** quadrangle **-kätisesti** *(mus)* four-handedly **-nkertainen, -nkertaisesti** fourfold, quadruple **-nkertaist||aa, -ua** quadruple **-nkontin** on all fours **-npeli** *(tenn ym) (pl)* doubles, doubles match **-pyörä|-** four-wheel (steer *-ohjaus;* drive *-veto)* **-sin** in a group of four; *he menivät sinne* ~ they went there the four of them **-sivuinen** *(geom)* quadrilateral **-skulmainen** *(neliömäinen)* square; *(suorakulmainen)* rectangular.

nelistää [ride at full] gallop.

neli||säe *(run)* quatrain **-tahokas** tetrahedron **-tahtimoottori** four-stroke *(Am* four-cycle) engine **-tavuinen** quadrisyllabic; ~ *sana* quadrisyllable **-ttäin** by fours **-valjakko** four-in-hand; *(kuv)* foursome, quartet[te] **-värikuva** four-colo[u]r picture (illustration).

neliö *(geom, mat)* square; *korottaa* ~*ön* square, raise to the second power; ~*n muotoinen* square [shaped] **2** *(~metri)* square met|re (-er) **~hinta** price per sq m **~juuri** square root **~kilometri** square kilomet|re, -er *(lyh* sq km, km²) **~metri** square met|re, -er *(lyh* sq m, m²) **~mäinen** square, quadrate.

neljä four *(vrt kahdeksan)* **~kymmentä** forty; ~*viisi* forty-five; *(tenn) 40–40* deuce, forty all.

neljännes quarter (the first quarter of the year *vuoden ensimmäinen* ~); *kello on* ~*tä vailla kuusi* it is [a] quarter to *(Am m* a quarter of) six; *kello on* ~*tä yli kuusi* it is [a] quarter past *(Am m* a quarter after) six **~arkki** quarter sheet **~koko** quarto *(pl* ~s) **~maileri** quarter-miler **~tauko** *(mus)* crotchet *(Am* quarter) rest **~tunti** quarter of an hour, quarter hour **~vuosi** quarter [of a year] **~vuosittain** quarterly; ~ *ilmestyvä* *aikakauslehti* quarterly **~välierä** quarterfinal.

neljäs [the] fourth; *~ sääty (valtiomahti)* the Fourth Estate.

neljäsataa four hundred.

neljäs||kymmenes [the] fortieth **-osanuotti** crotchet; *(Am)* quarter note **-sadas** [the] four hundredth **-ti** four times **-toista** [the] fourteenth.

neljätoista fourteen *(vrt kahdeksantoista ja yhdyss).*

nelo||nen [the number (figure)] four **-set** *(neljä lasta)* quadruplets; *(ark)* quads.

nenä nose (fall flat on one's nose *kaatua ~lleen*) **2** *(kärki)* end (at the end of a cape (stick) *niemen (tikun) ~ssä*) ▶ *(kuv)* **antaa** *jkta ~lle* teach a p. a lesson; *[aivan] ~ni* **edessä** [right] under my very nose; *juna lähti ~ni edestä* the train went off before my very nose; *paiskata ovi kiinni jkn ~n edes|tä (-sä)* slam the door in a p.'s face; **kaivaa** *~änsä* pick one's nose; *istua* **kannon** *~ssä* sit on a stump; *~ kiinni* **kirjassa** with one's nose in a book; *(ark)* antaa jkta **neniin** beat a p. up; *mennä sinne mihin ~* **näyttää** follow one's nose; **pidellä** *~änsä* hold one's nose; **pistää** *~nsä jhk* poke (stick, put) one's nose into, interfere in; *hän ei pistänyt ~änsä ulos koko päivänä* he did not stick his nose out [of] the door all day; *hän ei näe ~änsä pitemmälle* he sees no further than [the end of] his nose; *saada* **pitkä** *~* laugh on the wrong (other) side of one's face; *näyttää jklle pitkää ~ä (erik Br)* cock a snook at; *(erik Am)* thumb one's nose at; make a long nose at; **puhua** *~änsä* speak through one's nose (with a twang); *~* **pystyssä** with one's nose in the air; *hänellä on* **tarkka** *~* he has a good nose (for *jhk*); **vetää** *jkta ~stä* take a p. in, dupe (fool) a p.; *~ni* **vuotaa** my nose is running; *(ark)* I have a runny nose; *~ni vuotaa verta* my nose is bleeding.

-nenäinen *(yhdyss)* -nosed (long-nosed *pitkä~).*

nenäk||kyys impertinence, pertness; *(ark)* cheekiness, sauciness **-käs** impertinent, flippant, *(ark)* cheeky, saucy; *(vähän vanh)* pert (young woman *nuori nainen).*

nenä||käytävä nasal meatus *(pl m ~)* **-lasit** *(sg)* pince-nez *(pl ~)* **-liina** handkerchief; *(ark)* hank|ie, -y **-luu** nasal bone **-lääkäri** rhinologist **-npieli** side (wing) of the nose **-npää** tip of the nose **-nreikä** nostril **-nselkä** bridge of the nose **-nvar|si** bridge of the

nose; *katsoa [jtk] pitkin -ttaan* look down one's nose [at] **-ontelo** nasal cavity **-rengas** nose ring **-rusto** nasal cartilage **-suihke** nose spray **-tautioppi** rhinology **-tysten** face to face **-verenvuoto** nosebleed **-ään|i** nasal voice, twang; *puhua -ellä* speak with a twang **-äänne** nasal.

neo|**|-** neo|- *(-realism -realismi)* **-liittinen; ~** *kivikausi* the Neolithic period.

neon neon; *neon|-* neon (tube, lamp *-putki).* light *-valo;* sign *-valomainos).*

nepalilainen *a ja s* Nepalese *(pl ~).*

neppari *(Br)* popper; *(yleisk)* press-stud; *(erik Am)* snap [fastener].

nero genius (a mathematical genius *matemaattinen ~);* *hän on kieli~* he has a genius for languages **-kas** brilliant (idea *ajatus;* scientist *tiedemies);* *(näppärä)* ingenious (device *laite);* *~ mies (m)* man of genius **-kkuus** brillianc|e, -y; ingeniousness, ingenuity; *(nerous)* genius **-nleimaus** flash (stroke) of genius; *(Br m)* brainwave; *(Am m)* brainstorm **-patti** genius, mastermind, *(Br)* bright spark **-us** genius.

neste liquid; *(biol)* fluid **~hukka** dehydration **~jarru** hydraulic (liquid) brake **~kaasu** liquefied petroleum gas *(lyh* LPG), bottled gas, LP gas; Calor gas *(rek)* **~kide[näyttö]** liquid crystal [display] **~lukko** *(tekn)* liquid seal **~mitta** liquid measure **~mäi|nen** liquid; *-sessä muodossa* in liquid form **~saippua** liquid soap **~tasapaino** *(fysiol)* fluid balance **~vajaus** *(fysiol)* dehydration **~ytin** *(tekn)* liquefier; condenser **~yttää, ~ytyä** liquefy; *(tiiv|st|dä, -yä)* condense.

netto net; *1 000 kiloa (markkaa) ~* 1000 kilos (marks) net.

netto|**|-** net (price *-hinta;* national income *-kansantulo;* national product *-kansantuote;* register ton[nage] *-rekisteritonni[sto];* income, earnings *-tulot)* **-palkka** net pay (salary), take-home pay.

neul|a needle; *(nuppi~)* pin; *(levysoittimen ~ m)* stylus; *~ heinäsuovassa* a needle in a haystack; *istua kuin -oilla* be on pins and needles **~nen** needle (spruce needle *kuusen~)* **~nsilmä** eye of a needle **~pohjoinen** magnetic north **~raha[t]** *(leik)* pin money **~tyyny** pincushion.

neule 1 *(tekst)* knit (tight knit *tiukka ~)* **2** *(liik) ~et (sg)* knitwear; knitted garments; *(Am m)* knit goods **3** *(kudin)* knitting.

neule||- knitting (machine -*kone;* yarn, wool -*lanka*); knitted (jacket -*takki*) **-kangas** knit[ted] fabric.

neulo||**a 1** *(kutoa)* knit (a sweater *villapuseroa*) **2** *(ommella)* sew (on a button *nappi kiinni*) **-ja** knitter **-makone** knitting machine **-mo** dressmaker's [workshop].

neuralgi||**a** neuralgia **-nen** neuralgic.

neuro||**kirurgi** neurosurgeon **-kirurgia** neurosurgery **-logia** neurology.

neuroo||**si** [psycho]neuros|is (*pl* -es) **-tikko** neurotic **-ttinen** neurotic (*adv* ~ally) **-ttisuus** neuroticism.

neutraali neutral ~**us** neutrality.

neutralisoi||**da** neutralize **-nti** neutralization **-tua** neutralize.

neutri[sukuinen] *(kiel)* neuter.

neutroni neutron ~**pommi** neutron bomb.

neuvo piece of advice; ~*t (sg)* advice (a lot of advice *paljon* ~*ja*); *(kirj)* counsel (give a p. good counsel *antaa jklle hyviä* ~*ja*) ▶ **hyvä** ~ **a** a piece of good advice; **kysyä** *jklta* ~*a* ask a p.'s advice, ask a p. for advice; consult a p.; *ei ole* **muuta** ~*a kuin*.. the only thing we can do is to..; *muuta* ~*a ei ole* there is no other way [out]; *jkn* **neuvosta** on a p.'s advice; **noudattaa** *jkn* ~*a* take (follow) a p.'s advice; **omin** ~*in* on one's own, [all] by o.s.

neuvo|**a 1** *(kehottaa)* advise (he advised me to start (my starting) early *hän -i minua lähtemään aikaisin;* I will do as you advise *teen niin kuin -t*); *(kirj)* counsel (a p. to do *jkta tekemään jtk*) **2** *(näyttää)* show (a p. the way to *jklle tie jnnk;* he showed me how to use it *hän -i minua käyttämään sitä*); *(kertoa)* tell (tell me the best way to.. *neuvo minulle paras tapa*..).

neuvo|**a antava** advisory, consultative; ~ *kansanäänestys* consultative referendum **-ja** advis|er, -or; counsel[l]or **-kas** resourceful; inventive; ~ *mies (m)* man of resource **-kkuus** resource[fulness]; inventiveness.

neuvola guidance cent|re, -er, advice bureau; *(lasten~)* child welfare clinic, child health centre; *(äitiys~)* maternity [welfare] clinic.

neuvon||**antaja** advis|er, -or (to the King *kuninkaan* ~*;* national-security adviser *turvallisuus*~), counsel[l]or **-pito** negotiation[s], deliberation.

neuvon|**ta 1** guidance (marriage guidance

avioliitto~), advise (family planning advise *ehkäisy*~); *(opetus)* instruction **2** (~*toimisto ym)* information office (desk) (ask at the information office *kysyä* -*nasta*) ~**toimisto** information bureau (office), inquiry office.

neuvos *(läh v)* Counsel[l]or ~**to 1** council; board **2** *(NL)* soviet.

neuvosto||- *(NL)* Soviet (leadership -*johto;* communism -*kommunismi*) **-armeija** Soviet (Red) Army N-**liit**|**to** the Soviet Union; *-on* Soviet, Russian (foreign policy *ulkopolitiikka*); *-on tuntija* sovietologist **-liittolai**|**nen I** *a* Soviet; *(tav)* Russian **II** *s* Soviet citizen; *(tav)* Russian; *(koll)* -*set* the Soviets, the Russians **-tasavalt**|**a** Soviet Republic; *Sosialististen -ojen liitto* the Union of Soviet Socialist Republics, *(lyh)* the U.S.S.R. **-vastainen** anti-Soviet **N--Venäjä** Soviet Russia.

neuvotella negotiate (with *jkn kanssa;* on, over, about *jstk*); discuss (a th. *jstk;* with *jkn kanssa*); talk (concerning *jstk*); *(keskustella)* confer (with *jkn kanssa;* on, about *jstk*); deliberate (upon, about *jstk*); *(erik työmarkkinaneuvotteluista)* bargain (over *jstk*); *(pyytää jklta neuvoa)* consult (I must consult my lawyer *minun täytyy* ~ *lakimieheni kanssa*); have consultations; *saada -telemalla aikaan* negotiate (a peace treaty *rauhansopimus*); *sopimuksesta* ~*an (m)* the contract is under negotiation.

neuvoton irresolute, indecisive; *(hämillään oleva)* perplexed, puzzled; *(pred m)* at a loss.

neuvottel||**eva** consulting, consultative (member *jäsen*) **-ija** negotiator.

neuvottelu 1 ~*t* negotiations, talks (arms-limitation talks *aserajoitus*~*t*); *(erik työmarkkina*~) *(sg)* bargaining; *käydä* ~*ja* negotiate, carry on negotiations (on, over *jstk*); *ryhtyä* ~*ihin* enter into (open) negotiations **2** *(keskustelu)* discussion (about *jstk;* the discussions between the heads of state *valtionpäämiesten väliset* ~*t*); consultation; conference (the director is in conference *johtaja on* ~*ssa*); deliberation (the deliberations were held in secret ~*t käytiin salassa*) ~**asem**|**a;** *hyvissä -issa* in good bargaining positions ~**kunta** consultative (advisory) committee ~**päivät** *(sg)* conference, meeting ~**pöytä** negotiating (bargaining) table ~**ratkaisu** negotiated solution (settlement) ~**teitse** by

negotiation, through negotiations.
neuvottomuus irresolution, indecisiveness.
neva open (treeless) bog.
newyorkilainen *s* New Yorker.
nicaragualainen *a ja s* Nicaraguan.
nide = *nidos*.
nido‖s 1 *(kirja)* volume; *(sidos)* binding **-ttu;** ~ *kirja* soft-cover (paperbound) edition, paperback.
nielais‖ta swallow; *(ahmaista)* gulp down, devour; *(kuv)* swallow up (the earth seemed to swallow them up *maa näytti -evan heidät)*; *meri -i hänet* the sea engulfed him; ~ *tyhjää* gulp **-u** swallow; gulp; *yhdellä -ulla* at one swallow (gulp).
niel‖lä swallow (one's anger (food) *kiukkunsa (ruokansa)*); *(~ ahmien)* gulp down, devour; *(kuv)* swallow up (as if swallowed up by the earth *kuin maan -emänä)*; *(kuv m)* choke back (one's indignation (tears) *harminsa (kyynelensä)* ▶ *(ark) ei hän puremattu -e* he won't bite you; *kuin seipään -lyt* stiff as a ramrod; *hän -i jutun sellaisenaan* he swallowed the story whole.
nielu 1 *(anat)* throat; pharynx; *nielu‖*-pharyngeal **2** *(kuv)* chasm, abyss (of a crater *kraatterin ~)*; *(suu)* mouth **~aukko** *(mer)* scupper **~risa** [pharyngeal] tonsil; ~n tonsillar[y]; ~n poisto tonsillectomy **~risatulehdus** tonsillitis.
niemi cape, headland; *(pieni ~)* spit; *(kapea ~)* point [of land] **~maa** peninsula.
nieriä *(el)* arctic charr.
nietos *(kinos)* drift, bank.
nigeri‖alainen *a ja s* Nigerian **-läinen** *a* Niger.
nihilis‖mi nihilism **-tinen** nihilist[ic].
nihkeä *(kylmä ja kostea)* clammy (hands ~t kädet; atmosphere *tunnelma)*; *(kuuma ja kostea)* muggy (weather *sää)*; *(kostea)* damp, moist; *(tahmea)* tacky (surface *pinta)*.
niia‖ta curts[e]y (to *jklle)*, make (drop) a curts[e]y (to); *(pikkutytöstä m)* bob, bob a curts[e]y (to) **-us** curts[e]y (low curts[e]y *syvä ~)*; bob.
niikseen; *jos ~ tulee* if it comes to that.
Niili the Nile.
niin 1 a) *(itsen)* so (I think so *luulen ~)*; *(ark)* that's what (how) (that's what he said ~ *hän sanoi;* that's how he did it ~ *hän sen teki)*; **b)** *(adj ja adv edellä)* so (he is so young [that] *hän on ~ nuori [että])*; as..as that (as far as that ~ *kauas)*; *(ark)*

that (I can't walk that far *en pysty kävelemään ~ pitkälle)*; **c)** *(adj + sb edellä)* such (I've never seen such enormous apples *en ole koskaan nähnyt ~ valtavia omenoita;* in such a short time ~ *lyhyessä ajassa)* **2** *(sillä tavalla)* like that (don't do it like that! *älä tee sitä ~!),* [in] that way; *(kirj)* so **3** *(lauseita liittämässä)* **a)** *(jää tav kääntämättä)* (if I knew I'd tell you *jos tietäisin ~ kertoisin)*; **b)** *(ilm seurausta)* and (come here and I'll give you something *tule tänne ~ annan sinulle jtk)* **4** *(interj)* well; *(mitä?)* yes (yes John? ~ *[John]?)* ▶ **eikö** ~? don't you think? isn't it (that) so? *se oli veljesi eikö ~?* it was your brother wasn't it? ~ **että** so that; *ei ~ että* not that; *hänellä oli ~ kiire että* he was in such a hurry that; *räjähdyksen voima oli ~ suuri että* such was the force of the explosion that; ~ **ja** ~ *suuri* so and so big; ~ **ja** ~ *monta (paljon)* so many (much); *hän on köyhä* **ja** ~ *olen* **minäkin** he is poor and so am I; *hän sanoo että olen köyhä ja* ~ *minä olenkin* he says I am poor and so I am; ~ **kuin** *(kuten)* as (do as I tell you *tee ~ kuin sanon)*; like (all the rest *kaikki muutkin)*; *(ark) (ikään kuin)* as if (it seems as if it was beginning to rain *näyttää ~ kuin alkaisi sataa;* as if you didn't know ~ *kuin et [muka] tietäisi)*; *ei ~ iso [poika] kuin* not so big [a boy] as; ~ *väsynyt kuin olinkin..* tired as I was..; ~ *pian (kauan) kuin mahdollista* as soon (long) as possible; *se koskee ~ sinua kuin minuakin* it concerns both you and me; **niin[hän]** *se on* that's right; that's how it is; ~*hän sitä luulisi* that's what one would think; *ei* **niinkään** *pieni* not so [very] small; **niinkö?** is that so? [oh] really? ~*kö hän sanoi?* is that what he said? **niinpä** *he sitten..* and so they..; *on* ~ *ja* **näin** *ehdimmekö junaan* we may just make the train; *olipa asia* ~ *tai näin* whatever the truth, whatever (no matter what) you say; ~ **ollen** in that case; *jos* ~ *on* if so, if that is the case, if that is so; ~ **sanot‖tu** *(kutsuttu)* ..what is called, so-called *(m halv;* your so-called friends *-ut ystäväsi)*; ~ **sanotusti** so to speak (say); *et sinä voi* ~ **vain lähteä** you can't leave just like that.
niini bast; *(erik lehmuksen ~)* bass **~puu** small-leaved lime (linden).
niisi heddle, *(Br m)* heald.
niis‖kuttaa; *[itkeä]* ~ sob; ~ *[nenäänsä]*

snuffle, sniff[le] **-tää 1** ~ *nenänsä* blow one's nose; ~ *lapsen nenä* wipe the child's nose **2** ~ *kynttilä* snuff a candle.

niit||**ata, -ti** rivet.

niitto mowing ~**kone** mower, mowing machine ~**mies** mower ~**nurmi** lea, ley, grassland ~**silppuri** *(Br)* mower (cutter) chopper, *(Am)* field chopper.

niit|**ty** meadow (in the meadow *-yllä)*; *(run)* mead ~**kirvinen** meadow pipit ~**leinikki** meadow buttercup.

niittää 1 mow (oats *kauraa;* a field *pelto);* cut (hay *heinää)* **2** *(saavuttaa)* win, gain, achieve (eminence *kunniaa, mainetta).*

nikama vertebra *(pl* ~e); *nikama|-* vertebral.

nikkel||**i** nickel **-ipitoinen** nickeliferous, nickelous **-öidä** nickel[-plate] **-öinti** nickelage.

nikot|**ella 1** hiccup, hiccough **2** *(ark) (takellella)* stammer; *sano äläkä -tele!* cough it up! *-telematta* without a murmur.

nikotiini nicotine; ~**n** *tahraama* nicotined ~**myrkytys** nicotine poisoning ~**pitoinen** nicotinic, . . containing nicotine.

nikotinisti hard smoker.

nikottaa; *minua* ~ I have the hiccups; *minua alkoi* ~ I got the hiccups.

niksah|**dus, -taa** snap.

niksi *(kikka)* trick, gimmick, dodge; *siinä on oma* ~*nsä* there's a knack in it; *siinähän se* ~ *onkin* that's the point.

nila *(kasv)* phloem, sieve tissue.

nilja|**inen, -kas** slimy *(m kuv halv); (liukas)* slippery.

nilk|**ka** ankle; *-koja myöten* up to one's ankles, ankle-deep (in *jssk); -koihin ulottuva vesi* ankle-deep water; *-koihin ulottuva hame* ankle-length skirt; *housut -oissa* with one's pants down ~**imet** [a pair of] spats (gaiters) ~**kenkä** ankle boot **-luu** tarsal [bone] ~**pituinen** *(vaat)* ankle-length; *(jalk)* ankle-high ~**remmikenkä** anklet ~**rengas** anklet, ankle ring (bracelet) ~**sukka** ankle sock, *(Am)* anklet.

nilkuttaa limp, hobble, walk with a limp; ~ *vasenta jalkaansa* limp with one's left leg.

nilviäinen mollusc, *(Am m)* mollusk.

nimekäs noted; *(tunnettu)* well-known; *(kuuluisa)* famous, renowned.

nimellinen nominal (ruler *hallitsija).*

nimellis||- nominal (income *-tulot); (tekn)* rated (voltage *-jännite)* **-arvo** par (nominal, face) value; ~*on* at par; *alle* ~*n* below par, at a discount; *yli* ~*n* above par,

at a premium **-esti** *(m); /vain/* ~ in name only, nominally **-kurssi** = *parikurssi* **-palkka** *(pl)* nominal (money) wages.

nimenhuuto roll call; *pitää* ~ call the roll, have a roll call.

nimenoma||**an** expressly (you were expressly forbidden to . . *sinua kiellettiin* ~. .); explicitly; specifically (you were specifically warned of it *sinua* ~ *varoitettiin siitä); (etenkin)* [e]specially, in particular (it concerns you in particular *se koskee* ~ *sinua)* **-inen** express (it was his express wish that *hänen* ~ *toivomuksensa oli että);* specific, explicit (order *käsky); (erityinen)* particular (in this particular case *tässä -isessa tapauksessa).*

nimettömyys anonymity.

nimetä 1 name; *(mainita)* mention **2** *(~ jhk tehtävään)* nominate (candidates *ehdokkaita;* for *jhk);* ~ *jku ehdokkaaksi jhk* nominate a p. for.

nimet|**ön I** *a* **1** nameless **2** *(nimeään ilmoittamaton)* anonymous (letter *kirje;* he wishes to remain anonymous *hän haluaa pysyä -tömänä);* **-tömänä** esiintyvä *kirjailija* anonymous author **II** *s* **1** *(~ sormi)* ring finger **2** *-tömät (vaat ark)* unmentionables.

nimeäminen nomination (of candidates *ehdokkaiden* ~).

nim|**i** name; *(kirjan ym* ~ *m)* title ▶ **antaa** *jllk* ~ give a name to, name (after, *(Am m)* for *jnk mukaan);* **luoda** *itselleen* ~ make a name for o.s., make one's name (as *jkna);* *vannoa jkn* **nimeen** swear by a p.; *laatia jkn* **nimelle** make out in the name of. .; *hänet tunnetaan* **nimellä** *N.* he is known by (he goes under) the name of N.; *hän kirjoittaa -ellä N.* he writes under the name of N.; *kutsua (tuntea)* **nimeltä** call (know) by name; *kirja -eltä. .* a book entitled. .; *hän on -eltään N.* his name is N., he is called N.; *mies -eltä[än] N.* a man called (by the name of) N.; *eräs -eltä* **mainitsematon** *henkilö* a certain person who shall be nameless; *ei missään* **nimessä** on no account; under no circumstances whatever; *ihmisyyden -essä* in the name of humanity; *oman etusi -essä* for your own sake; *älä missään -essä tee sitä* don't on any account do that; *ottaa* **nimiinsä** take over (the debt *velka;* the firm *yritys);* *ottaa ennätys* ~**insä** take the record; *toimia jkn* **nimissä** act in a p.'s name (on *(Am m* in) behalf of); *hänen* ~**ssään on**

100 metrin ennätys he holds the record for the 100 metres; *yritys on hänen vaimonsa ~ssä* the business is under his wife's name; *kutsua asioita niiden* **oikeilla** *~llä* call a spade a spade; **ottaa** *itselleen uusi ~* assume (take) a new name; *(ark)* **saada** *-ensä jkn mukaan* be named after *(Am m* for); *hän sai -ekseen N.* he was named N.; *saada -eä* win (make) a name for o.s. (as *jkna).*

nimi||**henkilö** *(kirjan ym ~)* title character **-ke** *(tulli~)* tariff heading, tariff [classification] number, item **-kilpi** nameboard, signboard **-kirjain** initial; *varustaa -milla* initial, mark .. with [one's] initials **-kirjoitu|s** *(allekirjoitus)* signature; *(omakätinen ~)* autograph (collect autographs *kerätä -ksia*); *varustaa -ksellaan* sign [one's name on]; autograph **-kirjoitusnäyte** specimen signature **-kkeistö** nomenclature **-kkokirkko;** *jkn ~* church dedicated to **-kkopyhimys** patron saint **-koida** *(käsit)* mark (linen *liinavaatteita),* work one's initials on **-kortti** card **-laatta** nameplate; *(ovessa oleva ~) (m)* doorplate **-lappu** name tag, label **-merk|ki** pseudonym, pen name, nom de plume *(pl* noms de plume); *kirjoittaa -illä N.* write under the pseudonym of N.; *-illä kirjoittava* pseudonymous **-mies** *(erik urh)* big (famous) name **-muisti** memory for names **-nen;** *en tunne ketään sen -stä* I don't know anybody of (by) that name; *oudon~ ..*with a strange name; *Pekka-~ poika* a boy named (called) Pekka; *Smith-~ henkilö* a person of the name of Smith, a Mr Smith **-novelli** title story (piece) **-osa** title role, name part **-päivä** name day **-sana** *(kiel)* noun, substantive.

nimismies *(läh v)* rural police chief *~piiri* police district.

nimistö nomenclature *~ntutkimus (sg)* onomastics.

nimit||**ellä;** *~jkta* call a p. names **-täin 1** *(jää us kääntämättä)* **2** *(kääntyy kaksoispisteellä)* **3** *(josk) (yl luettelon edellä)* that is [to say]; *(kirj)* namely, *(lyh)* viz. (lue namely), i.e. *(lue* that is) **4** *(koska) (jää us kääntämättä)* (I can't come I have no time *en voi tulla minulla ei ~ ole aikaa); (josk)* because (I can't come because I'm ill *en voi tulla olen ~ sairas)* **-täjä** *(mat)* denominator; *pienin yhteinen ~* the lowest (least) common denominator; *(lyh* l.c.d.); *(kuv) yhteinen ~*

common denominator **-täminen** nomination, appointment **-tää 1** nominate, appoint (a p. [as] chairman *jku puheenjohtajaksi);* name (a p. [as (to be)] *jku jksk);* designate (a p. [as] one's successor *jku seuraajakseen)* **2** *(kutsua jksk)* call (she is called Liisa *häntä -etään Liisaksi)* **3** *(antaa nimeksi)* name (after *jkn mukaan)* **-ys 1** nomination (for the post of secretary *sihteerin virkaan),* appointment (the appointment of N. as (to be) chairman *N:n ~ puheenjohtajaksi);* designation (as *jksk)* **2** *(nimi)* name; appellation; *(termi)* term.

nimiö||**idä** *(atk)* label **-lehti, -sivu** *(kirjap)* title page.

nipin napin [only] just (we only just got there in time *ehdimme sinne ~);* *hän pelastui ~* he had a narrow escape.

nipist||**in** clip; *(pienet pihdit)* [a pair of] tweezers **-ys** pinch, nip **-ää** pinch, nip (a p.'s arm *jkta käsivarresta;* off the buds from *nuput pois jstk); ~ jkta poskesta (m)* give a p. a nip (pinch) on the cheek.

nippu bundle (of letters (logs) *kirjeitä (tukkeja));* bunch (of keys (flowers) *avaimia (kukkia));* shea|f *(pl* -ves) (of arrows *nuolia)* *~ratkaisu (pol)* package deal.

nipukka tip (of the nose *nenän~).*

niputtaa 1 *(konkr)* bundle up (together); bunch up (together); make (tie, gather) in[to] a bundle (a bunch, bundles, bunches) **2** *(kuv)* lump together.

nirpa|**ssa** *(-lla); nenä ~* with one's nose wrinkled up.

nirppa|**nenä, -nokka** [proud] minx.

nirsku||**a** crunch (the snow crunches *lumi -u),* grate (the gate grates on its hinges *portin saranat -vat)* **-ttaa;** *~ hampaitaan* grind one's teeth [together].

nirso fastidious, particular, *(ark)* choos[e]y, fussy (about one's food *ruokansa suhteen);* *(erik Am)* picky *~illa* be fastidious (about *jnk suhteen).*

nisk|**a** back (nape) of the (one's) neck ▶ *(takaa-ajajasta ym)* **hengittää** *jkn ~an* breathe down a p.'s neck; **kosken** *~ssa* above the waterfall; *(ark) tehdä töitä ~* **limassa** keep one's nose to the grindstone, work like a dog; *hyökätä jkn* **niskaan** fall on a p.; *saada poliisi ~ansa* bring down the police on o.s.; *lykätä syy jkn* **niskoille** put (lay) the blame on a p.['s shoulders], fasten the blame on; *ottaa -oilleen* shoulder, take on one's shoulders (the blame *syy;* the responsibility *vastuu*); *sälyttää (jättää) jk jkn -oille* saddle a p. with; *häneltä meni ~t* **nurin** he broke his neck; *vääntää jklta ~t nurin* wring a p.'s neck; *olla ~n* **päällä** have the upper hand [over a p.]; *päästä ~n päälle* get the upper hand [over a p.]; *hänellä on silmät ~ssakin* he has eyes at the back of his head; *heittää takki ~ansa* throw on one's coat; *tarttua itseään ~sta kiinni* pull o.s. together.

-niskainen *(yhdyss)* -necked.

niska‖karv|at hackles; *koira nosti ~t pystyyn* the dog bristled up, the dog's bristles rose, the dog's hackles rose; *nostaa kissaa -oista* pick up the cat by the scruff of the neck; *se sai hänen -ansa nousemaan pystyyn* it made his hackles rise **-luu** occipital bone **-ote** headlock **-puu** *(rak ym)* girder **-tuki** headrest, neck rest **-tukka** back hair **-tyyny** neck support cushion **-vill|at** *(ark); tarttua jkta -oista* take a p. by the scruff of the neck.

niskoit‖ella be refractory (recalcitrant, insubordinate), recalcitrate **-televa** refractory, recalcitrant, insubordinate **-telija** refractory person, insubordinate [person] **-telu** refractoriness, recalcitrance; insubordination *(m sot).*

nisä mamma *(pl ~e); (ihmisen ~)* breast; *(lehmän ~)* udder; *(muun nisäkkään ~)* dug **~käs** mammal.

niti‖nä squeak[ing], creak[ing] **-stä** squeak, creak.

nitistää kill; snuff out; *(voittaa)* beat.

nito‖a 1 *(kirjap)* sew, stitch **2** *(~ nitojalla)* staple (the papers together *paperit yhteen*) **3** *(sitoa)* bind **-ja 1** *(kirjap) (henk)* stitcher, sewer **2** *(nitomalaite)* stapler.

nitr‖aatti nitrate **-idi** nitride.

nitroglyser|iini, -oli nitroglycerin[e].

niuka‖lti, -sti [very] little; *aikaa on ~ (m)* we are pressed for (short of) time; *voittaa -sti* win by a narrow margin.

niukentaa reduce (the rations *ruoka-annoksia*).

niukka scanty (ration *annos;* clothing *vaatetus*); *(laiha)* meag|re, -er (meal *ateria*); insufficient, barely sufficient; *(täpärä)* narrow (victory *voitto*); *(ateriasta m)* frugal; *~ valaistus* dim lighting **~eleinen** *(kuv)* bare, economical **~ravinteinen** ..of low food value, ..low in nutrients **~sanainen** curt, short-spoken

(man *mies*); terse (statement *lausunto*); scantily (curtly) worded (communiqué *tiedonanto*); *~ mies (m)* a man of few words.

nivel 1 *(anat, kasv)* joint, articulation; *(kasv m)* node **2** *(tekn)* joint **~bussi** articulated bus **~ikäs** jointed, articulate[d] **~jalkainen** *(el)* arthropod **~kierukka** menisc|us *(pl m -i)*, [inter]articular disc **~kuoppa** joint cavity **~liitos** articulation; *(tekn)* articulated joint **~nasta** [articular] condyle **~pussi** articular (joint) capsule **~raitiovaunu** articulated tram[car] *(Am* streetcar) **~reuma[tismi]** rheumatoid arthriti|s *(pl -des)*, articular rheumatism **~side** ligament **~särky** arthralgia **~tulehdus** inflammation of a joint; arthritis **~tää** *(konkr ja kuv)* articulate (with *jhk*); *(konkr m)* unite (connect) by joints (by means of a joint).

nivoutua; *~ toisiinsa* be [inter]related (linked).

nivus‖- inguinal (hernia *-tyrä*) **-et** *(sg)* groin, *(tiet)* ingu|en *(pl -ina); oikeassa nivuksessa* on the right side of the groin **-taive** [flexure of the] groin.

Nizza Nice.

NMKY *(lyh)* Y.M.C.A.

NNKY *(lyh)* Y.W.C.A.

no well (well all right I'll come *~ olkoon minä tulen*) ▶ *~ entäs sitten* so what? *~* **jaa** [oh] well; *~* **niin** *mitäs täällä tapahtuu?* now then what's going on here? *~ niin sainhan minä moottorin käyntiin* there now I got the engine started; *~* **oletpas** *sinä kasvanut!* my [my] how you've grown!

Nobel; *~in fysiikanpalkinto* the Nobel Prize in physics; *~in kirjallisuuden-palkinto* the Nobel Prize for Literature; *~in rauhanpalkinto* the Nobel Peace Prize **n~isti** Nobel Prize winner.

noet‖a [cover with] soot; *-tu lasi* smoked glass.

noidan‖kattila witches' cauldron **-kehä** vicious circle **-nuoli** *(lääk)* lumbago *(pl ~s)*.

1 noin *(tuolla tavalla)* like that, in that way; *(niin)* so, *(ark)* that (I can't eat that much *en jaksa syödä ~ paljon*) ▶ *~* **suuri** *talo* such a big house, a house as big as that; **tuolla** *(tuonne) ~* over there; *~* **vain** just like that.

2 noin *(suunnilleen)* about, *(Am m)* around (six o'clock *kello kuusi*), approximately, roughly; some (twenty years ago *kaksikymmentä vuotta sitten*); something like (50 marks *50 markkaa*); *(erik vuosilukujen yhteydessä)* circa (circa 1500 ~ *vuonna 1500*), *(lyh)* ca, c.

noi|ta witch; *(miehestä)* warlock; sorcerer, *(fem)* sorceress; *(šamaani)* shaman (Lapp shamans *Lapin -dat*); *(velho)* wizard ~**-akka** witch ~**keino|t** *(sg)* witchcraft; *-in* by witchcraft ~**rovio;** *polttaa jku ~lla* burn a p. as a witch, burn a p. at the stake ~**vaino** witch-hunt.

noitu||a 1 ~ *jku* bewitch (cast a spell on) a p.; ~ *jku jksk* turn a p. into **2** *(kiroilla)* curse, swear (at *jkta)* **-us** witchcraft, sorcery.

noja 1 *(tuki)* support; *(käsi- ym ~)* rest; *tuolin ~* the back of a chair **2** *(voim)* rest, support.

nojalla; *jnk ~* by (in) virtue of (an article (one's authority) *artiklan (valtuuksiensa)* ~); by right of (marriage *avioliiton ~*); on the basis of (the research material *tutkimusaineiston ~*); *sen ~ että* on the grounds that.

nojall|aan, -een; *olla ~ jtk vasten* be leaning against; *panna jk -een jtk vasten* lean (rest) a th. against.

nojapuut *(voim)* parallel bars.

noja|ta 1 lean (on a stick *keppiin;* against a wall *seinään*); *asettaa jk -amaan jtk vasten* lean (rest) a th. against, prop a th. [up] against; ~ *kyynärpäillään pöytään* lean (rest) one's elbows on the table; ~ *päätään käsiinsä* rest one's head on one's hands **2** *(kuv)* = *-utua 1.*

nojatuoli armchair ~**matka** armchair travel.

nojautu|a 1 *(kuv);* ~ *jhk* be based (grounded, founded) on (facts *tosiasioihin*); *hän -u lausunnossaan omiin kokemuksiinsa* he bases (grounds) his statement on his own experience **2** = *nojata 1.*

nokare dab, pat (of butter *voi~*); small lump of clay *savi~*).

no|ki 1 soot; *(moottorin ym ~)* carbon; *olla -essa* be sooty (covered with soot) **2** *(kasv)* smut, blight ~**kana** coot ~**kolari** *(ark)* sweep; *(yleisk)* chimneysweep[er] ~**nen** sooty; *(kasv)* smutted, smutty ~**tahra** smut of soot.

nokitusten *(ark);* face to face.

nokivaris carrion crow.

nok|ka 1 *(el)* bill, beak **2** *(astian ~)* spout **3** *(auton ym ~)* nose **4** *(kärki)* end (at the end of a cape (stick) *niemen (tikun) -assa*)
▶ **ottaa** *-kiinsa* take a th. personally, take offence at; **omin** *-kin* [all] by o.s.

nokka||-akseli *(tekn)* camshaft **-huilu** recorder **-inen** *(yhdyss)* -billed (short-billed *lyhyt~*) **-karhu** coati **-kolari** head-on collision (crash) **-mies 1** *(etumies)* foreman **2** *(pamppu)* top figure, bigwig, big wheel **-pyörä 1** *(tekn)* cam **2** *(lentokoneen ~)* nosewheel **-unet** *(sg)* nap, snooze; *ottaa ~* take (have) a nap, have a snooze.

nokkela *(kekseliäs)* inventive, ingenious; *(näppärä)* clever (invention *keksintö;* boy *poika;* trick *temppu*); *(neuvokas)* resourceful, smart; *(nopeaälyinen)* witty, quick-witted; ~ *ratkaisu* ingenious (clever) solution; ~ *vastaus* witty (quick-witted) answer.

nokki||a peck (at *jtk*); *(~ maasta m)* pick up; pick (grain *jyviä*) **-misjärjestys** pecking order.

nokkonen nettle.

nokkos||ihottuma nettle rash, *(sg ja pl)* hives, urticaria **-keitto** nettle soup **-perhonen** small tortoiseshell.

nolata embarrass, humiliate; make a fool of (o.s. *itsensä;* a p. *jku*).

nolla 1 *(mat)* **a)** nought, *(erik Am)* zero *(pl m ~s)*; **b)** *(~piste)* zero **2** *(puh, kellonajasta)* 0 *(lue* ou) **3** *(asteikoissa ym)* zero (five degrees below zero *viisi astetta ~n alapuolella)* **4** *(urh) (Br)* nil (win two nil *voittaa kaksi ~*), *(erik Am)* zero, nothing (one [to] nothing *yksi ~*); *(tenn ym)* love ▶ *(kuv)* **aloittaa** ~*sta* start from scratch (zero, nothing); ~ **kokonaista** *viisi kymmenesosaa* nought *(erik Am* 0) point five; ~ **kokonaista** *viisi sadasosaa* point nought (0) five; **lämpötila** *laski ~an (on ~ssa)* the thermometer fell to zero (is at zero); *hän on* **täysi** ~ he is just a nobody (an absolute nonentity).

nolla||- zero (growth *-kasvu;* angle *-kulma)* **--asento** *(tekn)* neutral (zero) position **--asteinen** zero-degree (water *vesi);* ..at freezing temperature **-johdin** *(sähk)* zero (neutral) conductor **-piste** zero (absolute zero *absoluuttinen ~)* **-raja;** *elää ~n alapuolella* live at the subsistence level **-sarja** *(liik)* trial (pilot) production series **-ta 1** *(~ mittari ym)* zero, [re]set (adjust) to zero **2** *(sähk)* neutralize, zero-ground **-tutkimus** trivial research **-vaihtoehto** *(pol ym)* zero option.

nolo 1 embarrassed (he was so embarrassed

by it that *hän meni siitä niin ~ksi että*), mortified **2** *(nolostuttava)* embarrassing (in an embarrassing situation *~ssa asemassa*); *asia sai ~n lopun* the matter came to a sorry end; *tekipä ~n tempun* that was a nasty trick he did *~stua* be embarrassed (by *jstk*).

nomina||**ali**[**nen**]- nominal (form *-muoto*) **-tiivi** the nominative [case].

non||**figuratiivinen** non|figurative, -objective **-konformisti** Nonconformist **-parelli;** *~t (keitt) (Br)* hundreds and thousands; *(Am)* nonpareils.

Nooa Noah; *~n arkki* Noah's Ark.

noodi *(astr, kiel ym)* node.

nootti note *~envaihto (dipl)* exchange of notes.

nope|**a** quick (to learn *oppimaan;* service *palvelu;* worker *työntekijä;* answer *vastaus;* with quick steps *-in askelin*); △ fast (car *auto;* shot *laukaus;* music *musiikki;* the fastest road to *-in tie jnnk*); △ rapid (growth *kasvu;* progress *kehitys*); swift (horse *hevonen;* of foot *jaloistaan;* reply *vastaus*); *(pikainen)* speedy (recovery *toipuminen*); *(~ ja täsmällinen)* prompt (aid *apu;* action *toiminta*) *~jalkainen* swift-footed *~kulkuinen* fast[-moving] (boat *vene*); fast (road *tie*); *~ maasto* easy terrain *~liikkeinen* quick-moving, nimble *~sti* quickly, *(lujaa)* fast (run (speak) fast *juosta (puhua) ~*); *liian ~ tehty päätös (m)* hasty decision *~tehoinen,* *~vaikutteinen* quick-acting (medicine *lääke*) *~älyinen* quick-witted.

nopeuden||- speed (control, regulator *-säädin*).

nopeu|**s 1** fastness; quickness; rapidity *(vrt nopea)* **2** *(vauhti)* speed (of a car *auton ~;* at a speed of 80 km an hour *80 km:n -della (tunnissa)*); *(tekn, fys)* velocity (at the velocity of light *valon -della*); *suurin sallittu ~* maximum speed, speed limit.

nopeus||**ennätys** speed record **-mittari** speedometer; *(ark)* speedo *(pl ~s)*; *(tekn)* velocimeter **-rajoitus** speed limit.

nopeut||**taa** speed up (production *tuotantoa*), quicken (one's steps *askeliaan*); accelerate (progress *kehitystä*); *(elok)* näyttää *-ettuna* show in fast motion **-ua** speed up; quicken (his pulse quickened *hänen pulssinsa -ui*).

noppa dice *(pl* dice); *pelata ~a* play dice *~peli* [game of] dice.

nopsa *(ketterä)* nimble; *(nopea)* quick.

nordistiikka Scandinavian philology.

norja = *notkea.*

Norja 1 Norway **2** *n~ (kieli)* Norwegian **n~lainen** *a ja s* Norwegian *~nmeri* the Norwegian Sea.

norkko catkin, ament[um].

norkoilla *(lorvailla)* hang around; *~ jklta jtk* cadge a th. from.

normaali I *a* normal; *(normin mukainen)* standard (spelling *kirjoitustapa*); *~a huonompi (suurempi)* below (above) normal **II** *s (kohtisuora)* perpendicular; *(tangentin ~)* normal.

normaali||- normal (load *-kuormitus; pressure -paine*); △ *(normien mukainen)* standard (voltage *-jännite;* size *-koko*) **-aika** standard (mean) time **-lämpötila** normal (mean) temperature **-olo**|**t;** *-issa* normally, under normal circumstances **-raiteinen** standard-gauge[d] **-staa, -stua** normalize **-us** normality, *(Am m)* normalcy.

normalisoi|**da, -tua** normalize.

Normandia Normandy.

normanni, *~lainen* Norman.

normatiivinen normative.

norm|**i** norm; *(vaatimus)* standard; *työ ei täytä -eja* the work is below (is not up to) standard *~ttaa* standardize.

noro trickle; *kyynelet valuivat ~ina poskia pitkin* the tears were trickling down her cheeks.

norppa ringed seal.

norsu elephant; *(kuv) ~n muisti* elephantine memory *~nluinen* [. .made of] ivory.

norsunluu ivory *~nvalkoinen* ivory[-colo[u]red] **N~rannikko** the Ivory Coast *~torni (kuv)* ivory tower *~veistos* ivory.

norua trickle.

nost|**aa 1** raise (prices *hintoja;* a wreck to the surface *hylky pinnalle;* a p. to his feet *jku jaloilleen;* one's hand *kätensä;* the car raised a cloud of dust *auto -i pölypilven*); △ put up (the rent *vuokraa;* by 50 marks *50 markalla;* one's hand *kätensä*); *(lisätä)* increase (production *tuotantoa*) **2** *(konkr)* lift [up] (a stone *kivi [maasta];* the dog lifted its ears *koira -i korvansa pystyyn*); *(~ köydellä ym)* hoist (the cargo aboard *lasti laivaan;* a sail *purje*); *(~ maasta)* pick up **3** *(ottaa tililtä ym)* [with]draw (money from the bank (one's account) *rahaa pankista (tililtään);* draw out (one's savings *säästönsä*) ▶ ~ **arpa** draw a ticket; ~ **eläkettä** have (get) a pension; ~ *kysymys* **esiin** bring up (raise) a question; ~ **katseensa** look up (from *jstk;* at *jhk*); raise one's eyes (to *jhk*); ~ **laatua** improve the quality; ~ **maasta** pick up; ~ *kova* **meteli** *jstk* raise Cain (hell) about; make a terrible fuss (about *jstk*); ~ **perunoita** lift potatoes; *(konkr ja kuv)* ~ **päätään** raise one's (its) head; ~ **vettä** *kaivosta* draw water from a well.

nostalgi∥a nostalgia (for one's youth *nuoruuden* ~) **-nen** nostalgic *(adv* ~ally).

nostattaa raise (a cloud of dust *pölypilvi;* an objection *vastustusta*); *(kuv)* call forth (protests *vastalauseita*); ~ *kansa kapinaan* arouse the people to rebellion.

nostella lift (weights *painoja*).

nosto lift[ing]; raise; *(rahojen* ~*)* withdrawal.

nosto∥- lifting (hook *-koukku;* power *-voima*) **-kone** lifting machine, hoist engine **-kurki** crane **-kölivene** centreboard[er] **-köysi** lifting *(erik mer* hoisting) rope **-laite** hoist[ing apparatus], lifter, lifting mechanism **-silta** lift bridge **-trukki** lift truck **-väki** *(läh v)* militia, home reserve.

nosturi crane ~**auto** crane truck ~**nkuljettaja** craneman, crane operator.

notaari [recording] clerk, notary; *julkinen* ~ notary public (*pl* notaries public); ~*n vahvistama* notarized.

noteera∥ta 1 *(pörss)* quote (at *jhk*) **2** *(arvostaa)* rate (a th. highly *jk korkealle;* as the best sportsman *parhaaksi urheilijaksi*); *(panna merkille)* note **-us** quotation.

notkah∥della; *-televa lattia* springy floor **-taa;** *hänen polvensa -tivat* his knees gave way.

notkea supple (limbs ~*t jäsenet*); *(taipuisa)* pliable, flexible; *(nesteestä)* viscous; *(voista ym)* soft ~**liikkeinen** nimble, agile.

notkeus suppleness; pliability, flexibility; viscosity.

notkist∥aa 1 *(taivuttaa)* bend (one's knee *polveaan*) **2** *(tehdä notkeaksi)* [make] supple; ~ *jäseniään* limber up; *-ettu voi* creamed butter.

notk∥o 1 *(-elma)* depression, hollow **2** *(~ katossa ym)* sag ~**lla,** ~**lle,** ~**on;** ~ *oleva katto* sagging roof; *painua* ~*lle,* ~*on* sag, sink in the middle ~**selkäinen** hollow-backed; *(hevosesta)* swaybacked ~**selkäisyys** *(lääk)* lordosis.

notku∥a bend; give way; *(keinua)* sway; *pöytä -i herkkuja* the table was groaning with good things **-va** springy (floor *lattia;* with a springy step *-vin askelin*).

noudatella follow (the latest trends *uusimpia virtauksia*).

noudatta∥a follow (a p.'s order *jkn käskyä;* a plan *suunnitelmaa;* old customs *vanhoja tapoja*); observe (a strict diet *ankaraa ruokavaliota;* the law *lakia*); comply with (the formalities *muodollisuuksia;* a p.'s request *jkn pyyntöä*); *(totella m)* obey (orders *määräyksiä*); *(pitää kiinni)* keep to, adhere to (the schedule *aikataulua;* a certain order *jtk järjestystä*) ▶ *(lak) jnk -matta* **jättäminen** non-compliance with; ~ **kohtuutta** show moderation; ~ **kutsua** accept an invitation; ~ *hetken* **mielijohdetta** act on the spur of the moment; ~ *puolueettomuus*politiikkaa follow (pursue, practise) a policy of neutrality; **verbin** *täytyy* ~ *subjektin lukua* the verb must agree with its subject in number.

noudattaminen; *jnk* ~ *(m)* compliance with, observance of.

noukkia pick (berries *marjoja*); pick up (the litter [from the ground] *roskat maasta*).

nouseva rising (generation *sukupolvi;* sound *ääni);* ascending *(atk ym* order *järjestys;* scale of notes *sävelasteikko*); ~*n auringon maa* the Land of the Rising Sun.

nous∥ta 1 rise (into the air *ilmaan;* in revolt *kapinaan;* from a chair *tuolista;* the value (sun, price, road, voice) rises *arvo (aurinko, hinta, tie, ääni) -ee*); △ go up (rents go up *vuokrat -evat*); ascend (the path ascends *polku -ee*); *(kiivetä)* climb (the road climbs steeply *tie -ee jyrkästi*); *(kuv)* arise (a storm of protest arose *-i vastalausemyrsky*); *(lisääntyä)* increase (the number increases *lukumäärä -ee*); *(parantua)* improve (the quality has improved *laatu on -sut*) **2** *(henk)* ascend, go up (the river *jokea;* the stairs *portaat;* a mountain *vuorelle*); mount (a platform *korokkeelle;* (kiivetä)* climb (to the top of a hill *mäen päälle;* [up] a tree *puuhun*); *(astua)* step (on a chair *tuolille*) **3 a);** ~ *[ajoneuvoon]* get on (the bus *bussiin;* a bicycle *polkupyörän selkään*); get into (a taxi *taksiin*); *(erik mer, ilm, raut)* [get (go) on] board (the train) *junaan*); *(~ jnk selkään)* mount (a horse *hevosen selkään*);

b); ~ pois *[ajoneuvosta]* get off (the train *junasta;* the bike *pyörän selästä*); get out (of a car *autosta*); dismount ([from] the horse *hevosen selästä*) **4** *(~ esiin, maasta)* come up (the carrots haven't come up yet *porkkanat eivät ole vielä -seet*); rise **5** *(~ vuoteesta)* rise, get up (early *aikaisin*) **6** *(ilm, avarl) (lähteä)* take off; *(lisätä korkeutta)* climb **7** *(~ jhk määrään)* amount to (his debts amount to 1000 marks *hänen velkansa -evat 1 000 markkaan*), reach (millions *miljooniin*), total ([up to] *jhk*), add up to ▶ *hän -ee* **aikaisin** *(m)* he is an early riser; *(urh)* ~ ensimmäiseen **divisioonaan** make the first division; ~ **istumaan** sit up; ~ **jaloilleen** rise to one's feet; **lohi** *-ee* the salmon are running; *asiasta -i aikamoinen* **meteli** the issue made quite a stir (aroused quite an argument); **nouseva** ks. *hakus.;* **painoni** *on -sut* I have put on weight; ~ **pöydästä** rise from [the] table, get up from (leave) the table; ~ **seisomaan** stand up, rise, get up; *kaikkialle -ee uusia* **taloja** new houses are rising (going up) everywhere; **tuuli** *(myrsky) -ee* the wind (storm) is rising; ~ **valtaan** ascend (rise) to power; ~ *jkta* **vastaan** *(vastustamaan)* rise against; **vesi** *-ee* the water [level] is rising; *vesi on -sut joessa* the river has risen.

nousu 1 rise (in prices *hintojen* ~*;* the rise and fall of *jnk* ~ *ja lasku (tuho)*); ascent (of six degrees *kuuden asteen* ~*;* of a mountain *vuorelle* ~); *(kiipeäminen)* climb (to the top *huipulle*); *(lisääntyminen)* increase; ~*n aika* time of growth, rising prosperity; *olla* ~*ssa* be on the rise (increase) **2** *(ilm) (lähtö)* take-off; *(kohoaminen)* climb.

nousukas upstart, parvenu; *(Br m)* self-made man ~**henki** parvenuism ~**mainen** upstart, parvenu (politician *poliitikko*).

nousu‖**kausi** boom, *(Am m)* upswing **-kierre** upward spiral **-kohta** *(kuv)* climax **-korkeus** *(ilm)* height of climb **-kulma 1** *(ilm)* angle of climb **2** *(tekn)* angle of inclination **-nopeus** *(ilm)* rate of climb **-suhdanne** [business (trade)] boom, [period of] business prosperity **-suunta** *(tal)* upward tendency, upbeat *(m kuv)* **-ve**‖**si** rising (high) tide; *(konkr)* tidewater; *-den aikaan* at high tide; *on -den aika* it is high tide, the tide is in; *tulee* ~ the tide is coming in.

nouta‖**a 1** fetch (from *jstk*); call for, collect (the tickets *liput;* at *jstk*) *(vrt hakea 1)* **2** *(mets) (koirasta)* retrieve **-ja 1** *(koira)* retriever **2** *(kuolema)* the [Grim] Reaper.

nouto *(m)* collection (of a parcel *paketin* ~) ~**tukku** cash-and-carry [wholesalers].

novelli short story ~**kirjailija** short-story writer.

noviisi novice ~**aika** novitiate.

nudis‖**mi** nudism **-ti** nudist **-tileiri** nudist camp.

nuha cold (he has a cold *hänellä on* ~), head cold, common cold; *(lääk)* nasal catarrh; *saada* ~ get a cold [in the head] ~**inen**; *hän on hieman* ~ he has a slight cold; ~ *ääni (läh v)* stuffed nose ~**sumutin** nasal spray ~**tipat** nose drops.

nuh‖**de** *-teet* **1** *(sg)* reprimand (for *jstk*) **2** *(torut)* *(sg)* scolding (give a scolding *antaa -teet;* for *jstk*), admonition ~**lla 1** reprimand (publicly *julkisesti;* for *jstk*), reprehend **2** *(torua)* scold, chide, admonish (for *jstk*) ~**saarna;** *pitää* ~ *jklle* give a p. a sermon.

nuhruinen shabby.

nuhteeton blameless, impeccable, irreproachable, faultless, immaculate.

nuhtelu reprimand *(vrt nuhdella).*

nuija 1 club, cudgel, *(sot hist)* mace; *(puusepän puu~)* mallet; *(puheenjohtajan ym ~)* gavel; *(ark)* heilutella ~*a* act as chairman **2** *(ark)* moron, half-wit.

nuijia 1 club (to death *kuoliaaksi*) **2** *(keitt)* pound (meat *lihaa*).

nuiva *(nyrpeä)* sour; *(kylmäkiskoinen)* cold, cool; indifferent; ~ *arvostelu* uncomplimentary review.

nujak‖**ka** scuffle, scrimmage, set-to; *(nahina)* squabble **-oida** scuffle, scrimmage.

nujertaa suppress, put down (a rebellion *kapina*), down (the opposition *oppositio*); *(murskata)* break [down] (the resistance *vastarinta*), crush; *(lyödä)* beat; *(lannistaa)* dishearten, discourage.

nukahtaa fall asleep, go to sleep; *(uinahtaa)* doze *(ark nod)* off; ~ *hetkeksi* have a short sleep; ~ *istualleen* fall asleep sitting up (in one's chair); ~ *seisaalleen* fall asleep on one's feet; *-nut tunnelma* drowsy (sleepy) atmosphere.

nukata 1 *(tekst)* nap **2** *(päästää nukkaa)* shed fluff (lint).

nuken‖**vaatteet** doll['s] clothes **-vaunut** doll's pram; *(Am)* doll carriage.

nuk nukka – nuolipyssy **424**

nukka 1 *(nöyhtä)* fluff, lint **2** *(tekst)* nap; *(maton, sametin ym ∼)* pile; *(ryijyn ∼)* tuft **3** *(kasv, kuv)* down.
nukka‖- *(tekst)* pile (carpet -*matto*) -**inen** fluffy; nappy; downy -**sihti** lint filter -**vieru** threadbare, shabby.
nukke doll; *(last)* dolly; *(teatt, halv)* puppet ∼**hallitus** puppet government ∼**teatteri** puppet theatre ∼**koti** doll's house, *(Am)* dollhouse.
nukku|a sleep; *(olla nukuksissa)* be asleep; *(nukahtaa)* fall asleep; go to sleep ▶ *nukuin huonosti (m)* I had a bad night; *huonosti nukutun yön jälkeen* after a bad night's rest; **mennä** -*maan* go to bed [to sleep]; *(ark) (Br)* turn in; ∼ *liian myöhään* oversleep; *olla* **nukkuvinaan** pretend to be asleep; *nuku* **nyt** go to sleep now; **panna** -*maan* put..to sleep (bed); **parantaa** -*malla* sleep off (a hangover *krapula*); *en* **saanut** *nukutuksi viime yönä* I couldn't [get to] sleep last night; ∼ *kuin* **tukki** sleep like a log.
nukku‖maanmenoaika bedtime -**malähiö** dormitory [suburb], *(Am m)* bedroom town -**matti** *(last) N∼* the sandman -**va;** -*vien puolue (pl)* non-voters; *älä herätä* ∼*a karhua* let sleeping dogs lie.
nukuksi|ssa *(-in); itkeä itsensä (tuudittaa)* -*in* cry o.s. (lull) to sleep; *olla* ∼ be asleep.
nukutta‖a 1 lull .. to sleep (the baby *vauva[a]*) **2** *(lääk)* an[a]esthetize **3;** *minua* ∼ I feel (am) sleepy -**va** sleepy, soporific (music *musiikki*).
nukutu|s *(lääk)* an[a]esthesia; *antaa jklle* ∼ an[a]esthetize a p.; *herätä* -*ksesta* come out of anaesthesia ∼**ainé** an[a]esthctic ∼**hoitaja** nurse an[a]esthetist; *(Am)* anesthetist ∼**lääkäri** an[a]esthetist; *(Am)* anesthesiologist.
nulikka [young] rascal, scamp ∼**ikä** the awkward age ∼**mainen** rascally.
nuljahtaa slip.
numeerinen numeric[al]; digital.
numeraali numeral.
numero 1 number *(lyh* no.; *pl* nos.); *(kirjoitusmerkki m)* figure (in words and figures *kirjaimin ja* ∼*in*), digit **2** *(vaat)* size (two sizes too large *kaksi* ∼*a liian iso;* I take size seven in shoes *käytän* ∼ *seitsemän kenkiä*), number **3** *(san)* issue; *(aikakauslehden* ∼*) (m)* number (the January number *tammikuun* ∼*)* **4** *(ohjelma*∼*)* number (for my next number I will sing.. *seuraavana* ∼*na laulan..*);

item; *(erik sirkus*∼*)* act (the next act will be a snake charmer *seuraavassa* ∼*ssa esiintyy käärmeenlumooja*) **5** *(koul)* mark (get a good mark for *saada hyvä* ∼ *jstk*); *(Am)* grade ▶ **arabialaiset** *(roomalaiset)* ∼*t* Arabic (Roman) numerals; **soittaa** ∼*on 005* dial 005; *soittaa väärään* ∼*on* dial the wrong number; **tehdä** *suuri* ∼ *jstk* make a great fuss of.
numero‖asteikko numerical scale -**ida** number; ∼ *jnk sivut (m)* paginate -**imaton** unnumbered -**inen** *(yhdyss;) kuusi*∼ six-figure, ..of (with) six figures (digits) -**järjesty|s;** -*ksessä* in numerical order -**kilpi** number sign -**laatta** *(rekisterikilpi)* numberplate, *(Am)* license plate -**lappu** *(jonotuslappu)* queue [number] ticket; *(vaatesäilön* ∼*)* cloakroom ticket, check -**llinen** numerical; *(numeroitu)* numbered -**merkki** numeral, numerical symbol -**muisti** memory for figures -**nsuojauskone** checkwriter -**näyttö** digital display -**näyttöinen** digital[-display] -**tiedotus** *(puh)* directory inquiry service, information -**tiedot** numerical data, figures -**yhdistelmä** number combination.
numisma‖atikko numismat[olog]ist -**attinen** numismatic -**tiikka** *(sg)* numismatics.
nummi heath, moor[s].
nunna nun; ∼*n asema (*∼*na oleminen)* nunhood; *ryhtyä* ∼*ksi* take the veil ∼**luostari** convent, nunnery ∼**lupaus** *(pl)* vows (take one's vows [as a nun] *tehdä* ∼).
nuntius *(dipl)* nuncio *(pl* ∼s).
nuo those.
nuoho‖oja chimneysweep[er]; *(ark)* sweep -**ta 1** sweep (the chimney *savupiippu*) **2** *(koluta)* ransack, search [through] (every nook and cranny *joka nurkka*); *(siivota)* clean.
nuokku|a a nod (at the wheel *ratissa;* the flowers are nodding *kukat -vat*); droop.
nuolais|ta lick, give .. a lick (the ice cream *jäätelö*); *älä -e ennen kuin tipahtaa* don't count your chickens before they are hatched.
nuolen‖heitto *(sg)* darts -**kantama;** ∼*n päässä* within bowshot -**kärki** arrowhead -**pääkirjoitus** cuneiform [writing].
nuol|i 1 arrow (shoot an arrow at *ampua* ∼ *jhk;* showing direction *suuntaa osoittava* ∼); *(puhallusputken* ∼*) (m)* dart **2** *(tikka)* dart; *heittää -ta* play darts ∼**haukka** hobby -**juuri** arrowroot -**kotelo** quiver -**mainen** arrowlike; *(kasv)* sagittate -**pyssy** bow

-siipi *(ilm)* swept-back wing.
nuol||la lick **-ukivi, -upaikka** [salt] lick.
nuora cord; string; *(köysi)* rope; *(pyykki~)* line; *(kuv) taluttaa jkta ~sta* have a p. on a string; *tanssia ~lla* dance (walk) on a tightrope **~llakävely** tightrope walking, ropedancing **~llatanssija** tightrope walker, ropedancer **~tikkaat** *(sg)* rope ladder.
nuore||**hko** youngish **-kas** youthful **-mmuuttaan** being younger (the youngest).
nuorennusleikkaus *(lääk)* rejuvenation operation.
nuorent||**aa 1** make younger, rejuvenate; *~ henkilökuntaa* build up a younger staff; *nuo vaatteet -avat häntä* those clothes make her look younger **2** *(metsh)* regenerate, restock; *(puut)* rejuvenate **-ua** become (grow) young[er]; *tunnen että olen -unut 10 vuotta* I feel 10 years younger.
nuor|**i I** *a* young **II** *s* young person; *(murrosikäinen)* adolescent; *-et* young people, the young; *(nuoriso) (sg ja pl)* [the] youth ▶ *~* **Goethe** the young Goethe, Goethe in his youth; *näyttää -elta ikäisekseen* look young for one's age (years); *Nuorten Miesten (Naisten)* **Kristillinen** *Yhdistys* Young Men's (Women's) Christian Association; *N.N.* **nuorempi** N.N. the younger, the younger N.N.; *(erik Am)* N.N. Junior *(lyh* Jnr., Jr.); *-empi lehtori* junior lecturer; *-empi veljeni* my younger brother; *hän on kaksi vuotta minua -empi* he is two years younger than me, he is my junior by two years; *viisitoista vuotta -emmat lapset* children under fifteen [years of age]; **nuorena** *[ollessaan]* as a young man, when [he was] young, in his young days; *-et ja* **vanhat** young and old [alike].
nuori||**emäntä** young farmer's wife; *(miniä)* daughter-in-law **-herra** young master **-isäntä** young farmer, farmer's son **-mies** young man **-mmainen;** *perheen ~* the youngest of the family **-pari** young couple; newly married couple.
nuoriso *(sg ja pl)* the youth (of today *tämän päivän ~)*; *(nuoret) (pl)* the young, young people.
nuoriso||- youth (festival *-festivaali;* culture *-kulttuuri;* riot *-mellakka;* leader *-ohjaaja;* centre *-talo)* **-asema** short-term treatment centre for young drug-abusers **-hotelli** youth hotel, hostel **-järjestö** youth organization *(erik pol* league) **-kirjallisuus** *(pl)* juvenile books, books for the young

-liitto youth association (club); *(erik pol)* youth league **-musiikki** teenage (young people's) music **-nhuolto** youth welfare [service] **-rikollinen** juvenile delinquent, young offender **-rikollisuus** juvenile delinquency **-seura** youth association **-säästäminen** young people's savings plan **-toimenjohtaja** youth work director **-tuomioistuin** juvenile court **-työntekijä** youth worker (leader) **-työttömyys** young people's unemployment, unemployment of the young **-vankila** youth prison.
nuorkauppakamari junior chamber [of commerce]; *Kansainvälinen N~* the Junior Chamber International, *(lyh* JCI).
nuorukainen young man, youth; lad.
nuoruuden||- ..of one's youth (dream *-haave;* memory *-muisto)* **-kausi** *(taiteilijan ~)* early period **-kukkeu**|**s;** *parhaassa -dessaan* in the prime of youth **-kuva** photograph (portrait) of a p. in his youth (as a young man) **-lähde** fountain of youth **-päiv**|**ät;** *-inäni* in [the days of] my youth **-teo**|**s** *(kirjall ym)* early work; *-kset (m) (sg ja pl)* juvenilia **-ystäv**|**ä** friend of one's youth; *olemme -iä* we knew each other as young men (women).
nuuruu|**s 1** youth; *-desta lähtien* from [one's] youth; *minun -dessani* in my youth, when I was young **2** *(nuori ikä)* young age; *(m)* recent origin; *-destaan huolimatta kookas poika* a tall boy in spite of his [young] years **~aika** [the days of one's] youth **~vuodet** early years.
nuoska; *~ lumi* [wet and] sticky snow *~*[keli], *~*[sää] thaw, mild weather; *nyt on ~* the thaw has set in.
nuotintaa notate, write down in notes.
nuotio [camp]fire.
nuotta seine; *vetää ~a* [fish with a] seine **~kunta** seine gang **~vene** seiner.
nuot|**ti 1** note (stem (head, hook) of a note *-in kaula (pää, väkä); (kirjoitetut) -it (sg)* music (he forgot his music at home *hän unohti ~nsa kotiin)* **2** *(puhemelodia)* intonation; *(äänensävy)* tone (in a commanding tone *käskevällä -illa)* ▶ **lukea** *-teja* read music; *kaikki sujui ~en* **mukaan** everything went off like clockwork (without a hitch); *laulaa (soittaa)* **nuoteista** sing (play) from music; *laulaa (soittaa) suoraan -eista* sight-read; *löytää* **oikea** *~* strike the right note; *-in* **vierestä** out of tune, off key.
nuotti||- music (paper *-paperi;* stand, rack

-teline; book *-vihko*) **-avain** clef **-kirjoitus** notation **-lehti** sheet of music **-viiva** [staff] line **-viivasto** staff (*pl* staves), stave.
nupi[naula] tack.
nupopää *s* pollard.
nuppi knob; *(radion ym ~) (m)* button; *(kellon veto~)* winder *~neula* pin *~päinen* knobbed (stick *keppi*).
nup|pu bud; *(kuv) jäädä ~unsa* die in the bud; *olla -ulla, -ussa* be in bud, be budding; *(kuv) -ussaan oleva* budding; *tulla -ulle* come into bud.
nupu||kiveys set[t] paving **-kivi** [paving] set[t], rectangular paving stone.
nurin 1 *(nurja puoli ulospäin)* inside out (turn a coat inside out *kääntää takki ~*), the wrong side out **2** *(ylösalaisin)* upside down; *(kumoon)* over (push over *työntää ~*), down (knock down *tönäistä ~;* vote a bill down *äänestää lakiehdotus ~*) ▶ *~* **kurin** the wrong way; **kääntää** *~ (kumoon)* overturn, upset, tip over; *varkaat käänsivät koko talon ~* the thieves turned the whole house upside down; **mennä** *~* overturn; *(veneestä ym m)* capsize; *yritys meni ~* the business folded up; *~* **niskoin** head over heels.
nurinkuri||nen preposterous, absurd, illogical **-sesti** *(m)* the wrong way.
nuris|ta grumble (at *jklle;* about, over *jstk*); *-ematta (m)* without a murmur.
nurj|a *(kuv)* adverse (fate *kohtalo*) ▶ *luoda -ia* **katseita** *jkh* glance angrily at, throw dark glances at; *neuloa ~a* purl, knit in purl stitch; *~* **puoli** wrong side, reverse [side]; *elämän ~ puoli* the seamy side of life.
nurjamielinen jaundiced (against *jtk kohtaan*); *(pred)* unfavo[u]rably disposed (towards).
nurkittain 1 corner to corner **2** *(vinoittain)* diagonally (fold diagonally *taittaa ~*).
nurk|ka corner ▶ **ahdistaa** *~an* [drive into a] corner; *nuuskia* **joka** *~* search every nook and cranny; **joutua** *~an (häpeämään)* be put in the corner; *kello viiden* **nurkilla** round [about] five o'clock; *-an* **takana** *(takaa, taakse)* round the corner.
nurkka||- corner (shelf *-hylly;* shop *-kauppa; (raut ym)* seat *-paikka)* **-inen** *(yhdyss)* -cornered (sharp-cornered *terävä~*) **-kapakka** local [pub], neighbo[u]rhood bar, *(Am)* corner bar **-kivi** cornerstone *(m kuv)* **-kunta** clique, coterie; *(erik pol)* faction **-kuntainen** cliquish,

cliqu[e]y; *(erik pol)* factious, factional **-kuntaisuus** cliquism, cliquishness; *(erik pol)* factionalism **-patriootti** localist, local patriot **-us** corner; *(kirj)* nook.
nurku|a grumble (about, over *jtk*), complain (about *jtk*); *-matta* without a murmur.
nurmettua be overgrown with grass.
nurmi grass; *(~kko m)* lawn *~kasvi* grass *~kenttä* lawn *~kko* lawn (mow the lawn *leikata ~*); grass, grassplot; *älä tallaa ~a* keep off the grass.
nuti||[päinen] polled, hornless **-pää** *s* pollard.
nutria *(el)* nutria, coypu.
nuttu jacket; *(vauvan~) (erik Br)* coatee.
nuttura bun, knot [of hair]; chignon; *kammata hiuksensa ~lle* comb one's hair into a bun *~kampaus* chignon [hairstyle (hairdo)].
nuudeli noodle.
nuudu||ksissa wilting; *(henk)* worn out **-tt|aa** wilt (the hot sun wilted the plants *kuuma auringonpaiste -i kasvit); (uuvuttaa)* enfeeble, weaken, exhaust; make listless.
nuuhkia sniff (the air *ilmaa;* [at] a flower *kukkaa*).
nuuka 1 *(kitsas)* skimpy, stingy (man *mies;* portion *annos); (henk m)* tight[-fisted], close (with *jnk suhteen); (säästeliäs)* parsimonious **2** *(pikkutarkka)* finicky, finical (about *jnk suhteen*).
nuuska snuff; *lyödä [tuusan] ~ksi* smash [up], smash to bits (dust) *~ista* sniff ([at] a th. *jtk) ~rasia* snuffbox **-ta** [take] snuff.
nuuski||a 1 sniff ([at] a lamppost *lyhtypylvästä;* the ground *maata)* **2** *(tutkia)* search (every nook and corner *joka nurkka;* through a p.'s belongings *jkn tavaroita*); *~ jkn asioita* pry (spy, snoop) into a p.'s affairs **-ja** snooper.
nuutua 1 *(lakastua)* wither, wilt, fade **2** *(uupua)* become exhausted (weary), grow (become) listless; *(~ henkisesti)* grow dull.
nyanssi nuance, shade [of difference].
nyhjäistä twitch ([at] a p.'s sleeve *jkta hihasta*); *tyhjästä on paha ~* you cannot get blood out of a stone.
nyhtä||istä pluck (at a p.'s sleeve *jkta hihasta;* a hair from one's head *hius päästään*); twitch; *(vetäistä)* pull **-ä** pluck (out (up) weeds *rikkaruohoja); (vetää)* pull; *~ pahat tavat jksta* eradicate a p.'s bad habits; *~ totuus jksta* wring the truth out of.

nykerönenäinen snub-nosed.

nyki‖**vä** jerky **-ä 1** twitch (nervously at *hermostuneesti jtk*), pluck [at]; *(vetää)* pull, tug (at *jtk*) **2** *(lihaksista ym)* twitch (his face is twitching *hänen kasvonsa -vät*); *hänen suupielensä -vät (m)* he has a twitch round the corners of his mouth **3** *(kalasta)* bite **4** *(liikkua -en)* move with jerks (jerkily).

nyky‖**-** present (leadership *-johto;* generation *-polvi*); △ *(kiel)* Modern (Greek *-kreikka*) **-aika** the present [time]; *-ajan* ..of today, today's (young people *nuoret*); present-day, contemporary (writers *kirjailijat*); *(moderni)* modern; ∼*na* nowadays, today, at the present time **-aikainen** modern **-aikaistaa** modernize **-aikaistaminen** modernization **-aikaisuus** modernity **-hetk**‖**i** the present [moment (time, day)] (up to the present day *-een saakka*); *-ellä* at present; at this time; now; *-en* present **-ihminen** modern man.

nykyi‖**nen** present (prime minister *pääministeri;* situation *tilanne*); present-day **-sellään** *(-selleen, -sestään);* *tuomiokirkko* ∼ the cathedral as it is now (in its present state); *väkiluku kaksinkertaistuu -sestään* the population will double from its present size **-sin** at present, at the present time, today, nowadays, currently; [in] these days; now (where are you living now? *missä päin asustat* ∼?) **-syys** the present [time (age)].

nyky‖**kieli** *(suomen* ∼*)* contemporary (current) Finnish; modern Finnish **-maailma** the world of today, today's world **-muoti** *(pl)* present-day (contemporary) fashions **-musiikki** modern music **-olo**‖**t;** *-issa* under existing conditions, in present conditions **-päiv**‖**ä;** ∼*n, -ien* present-day, ..of today, ..of our day, contemporary; *-iin asti* to the present day **-suomalainen I** *a* modern Finnish **II** *s* modern Finn **-taide** modern art **-ään** nowadays, at present, currently; now; *(viime aikoina)* [in] these days.

nykä‖**istä 1** twitch ([at] a p.'s sleeve *jkta hihasta*); pluck (a p.'s beard *jkta parrasta*); *(kiskaista)* pull (the door open *ovi auki*), tug ([at] the door *ovesta*), give .. a tug, give a jerk (to *jstk*); *(riuhtaista)* wrench, give .. a wrench; ∼ *housujaan ylemmäksi* hitch up one's trousers; *pysähtyä -isten* stop with a jerk, jerk to a stop **2** *(urh)* put a [sudden] spurt on, spurt

-isy 1 twitch, pluck, pull, tug; *(äkkiliike)* jerk (I felt a jerk as the train started *tunsin -isyn kun juna lähti*) **2** *(urh)* spurt **-yksittäin** jerkily, by jerks.

nyl‖**keä 1** skin (a rabbit *kaniini*) **2** *(kuv)* skin, fleece (a p. of his money *jklta kaikki rahat*); *(riistää)* exploit; *hänet -jettiin korttipelissä putipuhtaaksi* he was cleaned out at cards.

nymf‖**i** nymph **-omaani** nymphomaniac; *(ark)* nympho *(pl* ∼s) **-omania** nymphomania.

nynny *a ja s* namby-pamby; *s* sissy, crybaby.

nypelöidä fiddle about, fumble (with *jtk*); twiddle (a th. *jtk sormissaan*).

nyplä‖**tä;** ∼ *pitsiä* work (make) lace **-ys** lace-making.

nyppiä *(noukkia)* pick; *(kyniä)* pluck (one's eyebrows *kulmakarvojaan*).

nyppy *(∼ ihossa)* pimple; *(∼ kankaassa ym)* nub[ble] **-inen** pimply; nubbly ∼**lä** *(∼ maastossa)* hillock.

nyre‖**ä** sullen, sulky; *(hapan)* surly; *olla -issään* be sulky (with *jklle;* about *jstk*), be in the sulks.

nyrjä‖**ht**‖**ää;** *ranteeni -i* I sprained (twisted) my wrist **-yttää** sprain, twist (one's ankle *nilkkansa*).

nyrki‖**llinen** fistful (of *jtk*) **-nisku** punch.

nyrkkeil‖**ijä** boxer; *(m)* fighter **-lä** box (with, against *jkn kanssa, jkta vastaan*) **-y** boxing; ∼*t (sg)* boxing contest.

nyrkkeily‖**-** boxing (glove *-käsine;* shoe *-tossu*) **-kehä** [boxing] ring **-pallo** punchball.

nyrk‖**ki** fist ▶ *panna* ∼*nsä heilumaan* start a fistfight; *lyödä -illä* punch (on the jaw *leukaan*); *kädet nyrkissä* with one's fists clenched; *paljain -ein* with bare fists; with one's bare hands; *puristaa kätensä* ∼*in* clench one's fist (hand); *puristaa jtk -issään* clench a th. in one's hand.

-nyrkkinen *(yhdyss)* -fisted (strong-fisted *luja*∼).

nyrkki‖**rauta** knuckle-duster, *(Am)* brass knuckles **-sankari** rowdy **-sääntö** rule of thumb **-tappelu** fistfight.

nyrpeä = *nyreä.*

nyrpistää; ∼ *nenäänsä* turn up one's nose (at *jllk*), sniff (at).

nysty *(anat)* papilla *(pl* ∼e) *(ks m* ∼*rä)* ∼**inen** papillary.

nystyrä knot, lump, bump; *(kasv)* nodule; *(lääk, anat)* tubercle ∼**inen** knobby

(branch *oksa*); nodulous; tuberculate.
nyt now ▶ ~ **heti** right now (away); **juuri** ~ just now, at this [very] moment; ~ **kun** now [that]; **nythän** *on niin että* the fact is that; **vasta** ~ only now.
nytk||**yttää** shake **-yä** shake; *(huojua)* sway **-ähdys** jolt, jerk **-äht**|**ää** [give a] jerk, give a jolt (the train gave a jolt and started off *juna -i liikkeelle*); *(hytkähtää)* shake; *pysähtyä -äen* stop with a jerk, jerk to a stop.
nyttemmin now; *(nykyään)* nowadays.
nyyhky||**filmi** tearjerker, *(Br m)* weepy **-kertomus** sob story **-ttää** sob; *(vetistellä)* snivel **-tys** sobbing.
nyyt|**ti** bundle; *sitoa -iksi* bundle up, make into a bundle **~kestit** *(sg)* bring-a-dish party, Dutch treat.
nyök||**käys** nod [of the head] **-ytellä** nod (one's head *päätään*) **-ähdellä** nod back and forth **-ätä** nod [one's head]; ~ *jklle* nod to a p., give a p. a nod; ~ *hyväksymisen merkiksi* nod [in (one's)] approval; *tervehtiä (vastata) -käämällä* greet (answer) with a nod.
nyöri string, cord; *pitää kukkaron ~t tiukalla* keep the purse strings tight.
näemmä; *se on ~ valmis* it seems to be ready.
näennäinen apparent, seeming; ostensible.
näennäis||- apparent (power *-teho*); △ *(atk)* virtual (memory *-muisti;* address *-osoite*) **-esti** seemingly, ostensibly, apparently, in appearance **-lääke** placebo *(pl* ~[e]s) **-sanoma** *(atk)* liaison.
näöt you see (know), in fact.
nähden; *jhk* ~ **1** *(jnk suhteen)* with respect to (the position of the moon with respect to the earth *kuun asema maahan* ~) **2** *(jnk puolesta)* with respect of (good in respect of quality *laatuun* ~ *hyvä*), with regard to, concerning **3** *(jhk verrattuna)* compared to (with), in comparison with, by the side of **4** *(ottaen huomioon)* considering (his age *ikäänsä* ~), in view of (the circumstances *olosuhteisiin* ~); *siihen* ~ *että* considering (seeing) that.
nä|**hdä** see ▶ *kaupunki* **ilmasta** *-htynä* the town seen from the air (above); a bird's-eye view of the town; **kasvoistasi** *-kee että* one can tell by your face that; ~ **maailmaa** see life; *jkn* **nähden** in full view of, in front of, in the presence of; *jnk* **nähdessään** *(m)* at the sight of; **nähdäkseni** as far as I can see; *ei minun* ~*kseni* not

that I can see; **nähdään** *[sitten]!* [I'll] see you [later], [I'll] be seeing you! **nähkääs**, *nääs* you see; *asettaa* **nähtäville** display, expose; place in view; **nähtäv**|**illä** *(-issä, -änä)* on view; **nähtäväksi** *jää..* it remains to be seen..; *kenenkään* **näkemättä** *(m)* unseen; *hän ei ollut* **näkevinäänkään** *meitä* he pretended not to see us, he cut us dead; *olin -kevinäni* I thought I saw; **saa** ~ *tuleeko hän* we'll see if he comes; *saa nyt* ~ I'll have to see; **siitä** *-kee kuinka vähän tiedät* that shows how little you know; *hän -kee huonosti oikealla* **silmällään** he sees poorly with (in) his right eye; ~ **tarpeelliseksi** *tehdä* find it necessary to do.
nähtävi||**llä** *(-lle, -ssä) ks.* nähdä →.
nähtävyy|**s** sight; *katsella kaupungin -ksiä* see the sights of the town; go sightseeing in the town.
nähtävä; *paljon ~ä* a lot to be seen **~sti** apparently; it would appear that..; probably.
näin 1 *(tällä tavalla)* [in] this way, like this **2 a)** *(adj ja adv edellä)* as..as this (as much as this ~ *paljon*), this (about this high *suunnilleen ~ korkea*); **b)** *(adj + sb edellä)* such (in such a short time ~ *lyhyessä ajassa*) ▶ ~ *ei voi* **jatkua** this can't go on (continue); ~ **ollen** such being the case, under the circumstances; consequently; **tämä** ~ this one here.
näivett||**yä 1** *(lakastua)* wither, fade, wilt, shrivel (shrivel[l]ed whim (carrot) *-ynyt iho (porkkana)* **2** *(lihaksista ym)* atrophy; *(riutua)* waste [away]; *vanha ja -ynyt* old and shrunken **-ää 1** wither, wilt **2** *(~ lihaksct ym)* atrophy; *(riuduttaa)* waste.
näkemi||**in** goodbye **-nen** seeing; *jo sen pelkkä ~* the mere sight of it.
näkemy||**ksellinen** fundamental; ideological; doctrinal **-s** outlook (on *jstk*), view (on *jstk); (katsomus)* opinion, idea (on *jstk); (mielikuva)* conception (of *jstk); (sisäinen ~)* intuition **-sero** difference in views.
näkemä 1 *(liikenn)* sight distance **2** *ensi* ~*ltä* at first sight; *sitten viime* ~*n* since I last saw you (it etc).
näkijä 1 *(ennustaja)* prophet, seer **2** *(silmin~)* eyewitness.
näkinkenkä *(kuori)* [mussel] shell; *(simpukka)* mussel.
näkkileipä ryecrisp, ryvita *(rek).*
nä|**ky 1** sight (a familiar sight *tuttu ~*); scene; *(vaikuttava ~)* spectacle **2** *(ilmestys)* vision (God came to him in a

vision *Jumala ilmestyi hänelle -yssä*); *nähdä ~jä* see (have) visions; *(ark)* be seeing things; *-jen näkijä* seer [of visions], visionary.

näkym|ä 1 view (from the window *ikkunasta;* of the river *joelle;* over the lake *järvelle*), outlook (over *jnnk*), scene **2** *~t (tulevaisuuden~t) (sg)* outlook (gloomy outlook for exports *synkät vienti~t*), prospects (for *jnk ~t;* employment prospects *työllisyys~t*); *näillä -in* as matters stand, under the circumstances.

näkymät||tömi|ssä *(-in)* out of sight (view); hidden from sight; invisible; *kadota -in* disappear from view, go out of sight, pass out of view **-tömyys** invisibility **-ön** invisible.

näkyvi|ssä *(-stä, -in, -llä, -ltä, -lle)* in sight (view) ▶ *tulla* **näkyviin** come into [a p.'s] view; appear; *saada -in[sä]* come into view of; catch sight of, have (get) a sight of; *asettaa* **näkyville** put (place) on view (*näytteille* on display); display; **näkyvillä** in sight (view); *pysytellä -llä* keep within sight; *poissa* **näkyviltä** *(-stä)* out of sight; *kadota* **näkyvistä** disappear from view, vanish from sight, pass out of view; *kadottaa -stään* lose sight of; *pysytellä poissa [jkn] -stä* keep out of [a p.'s] sight; *päästää -stään* let .. out of one's sight.

näkyvyys 1 visibility **2** *(TV)* reception (poor reception *huono ~*) **~alue** *(TV)* coverage area.

näkyv|ä visible; *(selvä)* obvious (no obvious effect *ei ~ä vaikutusta*); *(havaittava)* perceptible; *(tärkeä)* prominent, important; *(silmäänpistävä)* conspicuous; *saada aikaan -iä tuloksia* achieve visible results; *työstä ei tullut ~ä jälkeä* they had nothing to show for their efforts.

nä|kyä be seen (it cannot be seen from here *se ei -y täältä (tänne)*); be visible (to the naked eye *paljain silmin*); △ show (your slip is showing *alushameesi -kyy*); show itself (the consequences are beginning to show themselves *seuraukset alkavat ~*) ▶ *onko* **häntä** *-kynyt täällä?* has he been around lately? **ikkunasta** *-kyy järvelle* you can see the lake from the window; the window overlooks the lake; *hänestä ei -kynyt* **jälkeäkään** there wasn't a trace (sign) of him; *lika ei -y tummassa puvussa* a dark suit will not show the dirt; *tämä pusero -kyy* **läpi** this blouse can be seen through; *hän -kyy* **olevan**.. he appears

(seems) to be..; *kuten* **raportista** *-kyy..* as appears from the report..; *tuolla -kyy talo* I can see (there is) a house over there.

nä|kö [eye]sight (he has poor sight *hänellä on huono ~*); *(kirj)* vision; *tuntea -öltä* know by sight; *-ön vuoksi* for the sake of appearances, just for the look of it **~aisti** [sense of] sight; vision **~aistimus** visual sensation.

näköal|a 1 view (from *jstk;* of (over) the valley *laaksoon*), outlook; *huoneesta on ~ puistoon* the room looks on to (gives a view of, overlooks) the park **2** *(kuv)* vista (open up new vistas *avata uusia -oja*), prospect (promising prospects *lupaavia -oja*), perspective **~ikkuna** picture window **~kahvila** lookout café **~paikka** lookout spot.

näkö||elin organ of sight **-este** visual obstruction; *puut ovat ~enä* the trees shut out the view; the trees screen us from view **-etäisyy|s** seeing distance; *-dellä* within sight, [with]in eyeshot (of *jstk*); *-den ulkopuolella* out of sight, out of (beyond) eyeshot **-harha** optical illusion **-havainto** visual perception **-hermo** optic nerve.

[-]näköi|nen 1 -looking (suspicious-looking *epäilyttävän~*), ..in appearance **2** -sighted (weak-sighted *huono~*) ▶ *kuva on aivan -sesi* the picture is a perfect likeness, it looks just like you; *minkä ~ se on?* what does it look like? *olla jnk ~* look (happy *onnellisen ~*; like one's mother *äitinsä ~*); *he ovat aivan toistensa -set* they look very much alike; *hän on sen ~* **kuin** *aikoisi sanoa jtk* he looks as if he were going to say something.

näköispain|ate, -os facsimile.

näkö||jään; *hänellä on ~ paljon ystäviä* he seems to have many friends **-kan|ta** point of view, viewpoint, standpoint; *(asenne)* attitude; *minun -naltani katsottuna* from my point of view **-kenttä** visual field, field of vision **-koh|ta** consideration (economic considerations *taloudelliset -dat*); factor (safety factors *turvallisuus-dat*); aspect **-kulma 1** *(opt)* visual (optic) angle **2** *(kuv)* point of view, viewpoint (from a different viewpoint *eri ~sta*), standpoint (from the standpoint of the ordinary man *tavallisen ihmisen ~sta katsottuna*), angle (from a journalist's angle *lehtimiehen ~sta*) **-kuulo** lipreading **-kyky** sight, [faculty of] vision **-muisti** visual (sight) memory **-piiri** range of vision; *(horisontti)* horizon; *laajentaa*

~**ään** enlarge one's horizon; ~**ssä** [with]in sight (view); *(kuv) (m)* on the horizon; *tulla* ~**in** come into sight **-puhelin** video[tele]phone, picture telephone **-tarkastus** sight test (check-up) **-torni** lookout (observation) tower **-vamma** defect of vision, visual defect (handicap) **-vammai|nen** visually handicapped (disabled) [person]; *-set* the visually impaired **-vika** visual defect **-yhteys** eye contact.

nälissään; *olla* ~ go (be) hungry.

nälkiin|nyttää, -tyä starve; *-tynyt* starving, famished.

näl|kä hunger *(kuv;* for love *rakkauden* ~) ▶ **nähdä** ~*ä* starve (I'd rather starve than *ennemmin näen* ~*ä kuin*), suffer from hunger; *minulla* **on** ~ I am hungry; *minulla on hirveä* ~ I'm starving (famishing, famished); **pitää** *-ässä* starve; *minulle* **tuli** ~ I got hungry.

nälkä||inen hungry; ~ *kuin susi* hungry as a hunter (wolf) **-kuolema** death from starvation **-lakko** hunger strike **-marssi** hunger march **-palk|ka** *(pl)* starvation wages; *tehdä töitä -alla* work for a mere pittance **-raja** hunger line **-taiteilija** starveling artist **-vuosi** year of famine **-vyö;** *kiristää* ~**tään** tighten one's belt.

nälviä carp (at *jkta*), cavil, pick (on *jkta*); *(Br m)* rag (a p. *jkta;* about *jnk takia*).

nälä||nhätä famine **-ttää;** *minua* ~ I am hungry.

nämä these; *(he, ne)* they *(vrt tämä).*

nänni nipple, mam[m]illa *(pl* ~e); *(el) (vedin)* teat.

näperrellä fiddle, tinker *(with jtk).*

näpist||elijä pilferer **-ys** pilferage; *(lak)* petty larceny **-ää** pilfer, *(ark)* pinch, filch.

näp|pi finger[tip]; *-it irti! hands off! jäädä -pejään nuolemaan* end up empty-handed; *pitää* ~**nsä** *erossa jstk* keep one's hands off a th.; *polttaa* ~**nsä** get one's fingers burnt.

näppy||[lä] pimple, spot **-[lä]inen** pimpled, pimply; *(ark)* spotty.

näppäillä pluck, *(Am m)* pick (a guitar *kitaraa*); *(*~ *näppäimiä)* tap (one's calculator *laskintaan*); ~ *kuvia jstk* snap pictures of.

näppäimistö keyboard; *(television ym* ~) *(pl)* push buttons, knobs.

näppäi|n **1** key (of a typewriter *kirjoituskoneen* ~); *(painonappi)* push button; *-met (m) (sg)* keyboard **2** *(mus)*

plectr|um *(pl m* -a), plectron; *(ark)* pick ~**puhelin** push-button [tele]phone ~**pöytä** keyboard.

näppär||yys handiness, cleverness, dexterity, deftness **-ä** handy (tool *työkalu*); *(nokkela)* clever (with one's hands *käsistään;* at making.. *tekemään*); deft (with one's fingers *sormistaan*), dext[e]rous (helper *apuri*).

näp[s]äkkä trim; neat.

näpä||tä rap (a p.'s fingers *jkta sormille*); *(napauttaa)* snap; ~ *valokuva* snap a picture (of *jstk*) **-ys** flick, rap; *hän sai terveellisen -ksen* it was a good lesson for him **-yttää 1** flick (with a whip *piiskalla*), flip (a p. on the nose *jkta nenälle*), rap (a p.'s fingers *jkta sormille*) **2** *(pesäpallossa)* bunt.

närhi jay.

närkästy||nyt indignant (with *jklle;* at, about, over *jstk*), irritated (with *jstk*), annoyed (at, about); resentful (at, about *jstk*) **-s** indignation, resentment **-ttää** annoy, irritate **-ä;** ~ *jstk* resent a th., be[come] indignant at.

närä *(kauna)* grudge, rancour.

näräst||ys heartburn; cardialgia **-ää;** *minua* ~ I have heartburn.

näsiä mezereon.

näsäviisas cheeky, saucy, flippant, impertinent.

nätti pretty (sum *summa;* girl *tyttö*).

näyk||kiä 1 snap (at the bait *syöttiä*); nibble ([at] one's food *ruokaansa*) **2** = *nälviä* **-käistä, -ätä** snap (at *jstk*).

näynomainen visionary.

näyt|e 1 sample (free sample *ilmainen* ~); *(erik analysöitävä* ~*)* specimen (of a p.'s handwriting *jkn käsialasta;* urine specimen *virtsa*~); *(esimerkki)* example (of *jstk*), instance **2** *(osoitus)* proof (give a proof of one's skill *antaa* ~ *taidoistaan*), demonstration; show, display (of strength *voiman*~) **3** *(opin*~*)* *(us -teet) (sg)* demonstration.

näyte||- sample (package *-pakkaus*) **-ikkun|a** shop *(Am m* show, store) window; *(iso* ~ *m)* display window; *katsella -oita* window-shop **-kaappi** showcase **-kappale** sample, specimen; *(kirjan* ~*)* specimen (sample) copy.

näytellä 1 act (the part of *jkn osaa;* the experienced man *kokenutta miestä*), play (Hamlet *Hamletia; (kuv)* an important part in *tärkeätä osaa jssk*); *(teeskennellä* *m)* playact; ~ *liioitellusti* overact **2** *(näyttää)* show; *(~ ylpeillen)* show off (one's new clothes *uusia vaatteitaan),* display.

näytelmä 1 play, drama; *sovittaa* ~*ksi* dramatize **2** *(kuv)* spectacle, scene, sight ~**kerho** [amateur] drama club ~**kirjailija** playwright ~**kirjallisuus** drama, dramatic literature ~**llinen** dramatic ~**musiikki** incidental music ~**sovitus** dramatization.

näytevihko *(kirjasarjan ym* ~*)* prospectus.

näytin *(näyttölaite)* indicator.

näytteillepan||**ija** exhibitor -**o** display.

näytteill|**ä** *(-e)* on show (view, display, exhibition); *asettaa (panna)* -**e** display, expose (in the window *ikkunaan),* exhibit (the paintings *maalaukset).*

näyttelijä actor, *(fem)* actress; *(teeskentelijä)* playactor; *ruveta* ~*ksi* go on the stage ~**seurue** company (troupe) of actors, theatre company, theatrical troupe ~**suoritus** performance.

näyttely exhibition, exposition (industrial exposition *teollisuus*~), *(ark)* expo *(pl* ~s); show (car (flower) show *auto- (kukka)*~); *(messut)* fair.

näyttely||- exhibition (grounds *-alue;* space *-tila)* -**esine** exhibit.

näyttämä *(lukema)* reading.

näyttämö stage; *(tapahtumapaikka)* scene, theatre (of war *sota*~) ~**koneisto** stage machinery ~**mestari** stage manager ~**musiikki** incidental music ~**nvaihdos** change of scene, scene change ~**sovitus** dramatization ~**taide** dramatic art ~**teatteri** the legitimate (living) theatre ~**tekniikka** stagecraft ~**työntekijä** stagehand.

näyttävä *(vaikuttava)* impressive; *(upea)* splendid.

näyttäy|**tyä** show o.s., appear (to the public *kansalle),* make an appearance (on the balcony of the palace *palatsin parvekkeella); älä -dy täällä enää!* don't show your face here anymore!

näyt|**tää 1** show (a th. to *jtk jklle;* a film *elokuva); (osoittaa)* point **2** *(~ jltk)* look (tired *väsyneeltä;* it looks suspicious to me *se* ~ *minusta epäilyttävältä;* it looks like salt *se* ~ *suolalta);* have the look of; *(tuntua)* seem (it seems [to be] easy *se* ~ *helpolta),* appear (sad *surulliselta;* he appears to have many friends *hänellä* ~ *olevan paljon ystäviä)* ▶ **aika** ~ time will

tell (show); *ei* **hyvältä** -*ä* it doesn't look [so] good; ~ **ikäiseltään** look one's age; **näytä!** show me! *-ä minulle uutta pyörääsi* let me have a look at your new bicycle; **siltä** ~*!* so it seems! so I see! *[minusta]* ~ *siltä että* it seems (appears) [to me] that; *[minusta]* ~ *siltä kuin* it looks [to me] as if; ~ **sormella** *jtk* point one's finger at; ~ **tulevan** *kaunis päivä* it looks like being a fine day; ~ *tulevan sade* it looks like rain; *kyllä minä teille vielä -än!* I'll show you!

näyttö 1 *(lak)* evidence (produce evidence *esittää* ~*ä;* of *jstk),* proof **2** *(atk)* display **3** *(näyte)* proof (give a proof of one's skill *antaa* ~ *taidoistaan),* demonstration, display, show ~**laite** *(atk)* display unit ~**pääte** display terminal.

näytäntö *(teatt ym)* performance.

-**näytöksinen** *(yhdyss) (teatt);* viisi~ ..in five acts.

näytös 1 *(teatt)* act; *viides* ~ Act 5 **2** *(esitys)* display (dancing display *tanssi*~), demonstration, show (fashion show *muoti*~); exhibition (judo exhibition *judo*~) ~**ottelu** exhibition match.

näädännahka marten; *(vaat)* sable.

näännyksi||**ssä** *(-in)* exhausted, tired out, worn out (by *jstk);* ajaa *hevonen -in* wear out the horse, drive the horse to exhaustion; *raataa itsensä -in* exhaust o.s.

nään||**nyttää** exhaust, tire out; ~ *nälkään* starve..out -**nytyssota** war of attrition -**tymys** exhaustion -**ty**|**ä** be exhausted (by *jhk); -nyt* exhausted, tired out; ~ *nälkään* starve to death; *olla -mäisillään* be at the point of exhaustion, be ready to drop.

näärännäppy sty[e]; hordeol|um *(pl* -a).

näätä pine marten.

näön||**tarkkuus** visual acuity, sharpness of vision -**tarkastus** sight test.

nöyhtä fluff ~**inen** fluffy.

nöyristel||**evä** cringing, servile; obsequious -**lä** cringe (before, to *jkn edessä); (liehakoida)* fawn (on *jklle).*

nöyr||**tyä** humble o.s. (before *jkn edessä)* -**yys** humility, humbleness -**yttävä** humiliating (peace terms ~*t rauhanehdot)* -**yttää** humiliate (one's enemies *vihollisensa);* humble (o.s. *itsensä)* -**yytys** humiliation.

nöyr|**ä** humble (towards *jkta kohtaan); -in palvelijanne* your humble servant ~**sti** humbly.

O

o, O *(kirjain)* o, O *(pl* os, o's, Os, O's).
oas thorn, spine.
obeliski obelisk.
objekti object.
objektiivi *(valok tav)* lens; *(opt)* objective
~nen objective ~suus objectivity.
objekti||kieli *(kiel)* object language -sija
(kiel) object case.
obligaatio bond; ~n haltija bondholder
~korko interest on bonds, bond interest
rate ~laina bond loan ~salkku bond
portfolio *(pl* ~s).
obo||e oboe -isti obo[e]ist.
observ||aatio observation **-atorio**
observatory -oida observe.
odelma *(maat)* aftermath, rowen[s].
odotell|a be waiting (for *jtk*); -essani while
waiting.
odotet||tu expected; predictable (reaction
reaktio); ~a enemmän more than
expected; *kauan* ~ long-expected -usti as
expected, according to expectations,
predictably.
odot|taa 1 wait (for a p. [to come] *jkta
[tulevaksi];* until *kunnes, jhk saakka;*
wait here while.. *a täällä sen aikaa kun
..*); △ *(kirj)* await (a warm welcome
awaits you *sinua* ~ *lämmin vastaanotto;* I
am awaiting your reply *-an vastaustanne*)
2 *(~ jtk tapahtuvaksi, toivoa)* expect (a p.
home by six o'clock *jkta kotiin kuuteen
mennessä;* a letter from *jklta kirjettä;* you
are expecting too much of him *-at häneltä
liikaa;* we expect that he will do his duty
-amme hänen täyttävän velvollisuutensa);
△ look for (it is too early to look for results
on liian aikaista ~ *tuloksia*); *(aavistaa
tapahtuvaksi)* anticipate; *(~ innokkaasti)*
look forward to (the Christmas holidays
joululomaa; I am looking forward to
meeting you next week *-an tapaamis-
tamme ensi viikolla*) ▶ antaa *jkn* ~ keep a
p. waiting; ~ **[lasta]** be expecting [a baby],
be pregnant; *hän* ~ *kolmattaan* she

is expecting her third; *odotahan kun..!*
just you wait till..! **odotettavissa** *sumua ja
sadetta* outlook fog and rain; *(puh) linja
on varattu* — **odotatteko?** the line is
engaged — will you hold? ~ **suuria** *jksta*
have great expectations of; ~ **tilaisuutta
tehdäkseen** *jtk* wait for an opportunity to
do; ~ **vuoroaan** wait one's turn.
odottamat||on unexpected (obstacle *este;*
pleasure *ilo;* guest *vieras*); unlooked-for
(situation *tilanne*); *(aavistamaton)*
unforeseen (delay *viivästys*); *(jota ei voi
odottaa)* unforeseeable (effect *vaikutus*)
-ta unexpectedly.
odottava; *jäädä* ~lle *kannalle* wait and see,
adopt a waiting attitude; ~ *katse*
expectant look; ~ *äiti* expectant mother,
mother-to-be *(pl* ~s-to-be).
odotu|s 1 wait (a week's wait *viikon* ~),
waiting 2 *(toive)* expectation ▶ **asettaa
suuret -kset** jtk set (place) great hopes
on; ~*ten* **mukaisesti** according to
expectations, as expected; ~*ten* **vastaisesti**
contrary to [all] (against all)
expectation[s]; **vastata** -ksia come up to
one's expectations; *se ei vastannut hänen
-kstaan* it didn't come up to his
expectations; **yli** ~*ten* beyond [all]
expectation[s].
odotus||aika 1 wait[ing time], time (period)
of waiting 2 *(raskaudenaika)* pregnancy
-huone, -sali waiting room.
odotuttaa; ~ *itseään* keep a p. waiting.
Odysseia the Odyssey.
offset|- offset ([printing] machine
-painokone).
ohdak||e thistle; -keen *villa* thistledown
-keinen thistly.
oheen *ks. ohessa.*
ohei|nen attached, enclosed (price list
hinnasto), accompanying; *(vieressä oleva)*
adjoining (table *taulukko*); -sena *lähetän
Teille..* I send you herewith..; -sena *seu-
raa..* attached you will find.., attached

(*kirjeessä* enclosed) please find..; *(alla oleva)* below; *(yllä oleva)* above.

oheis||laitteisto *(atk)* peripheral equipment **-lukeminen** supplementary reading **-taa** attach (to *jhk*), enclose (a th. with a letter *jtk kirjeeseen*); *-tettu* accompanying.

ohella; *jnk* ~ *(jnk kanssa)* [together] with; *(jnk lisäksi)* in addition to (one's regular job *varsinaisen työnsä* ~); *(paitsi)* besides (this *tämän* ~).

ohenne thinner; *(kem)* diluent.

ohennus thinning; *(laimennus)* dilution *(m kem)*.

ohent||aa make thinner; *(~ maalia ym)* thin [down] (with *jllk*); *(harventaa)* thin out (a p.'s hair *jkn tukkaa*); *(laimentaa)* dilute, weaken (acid *happoa*); *(tekn) (~ ilmaa ym)* rarefy **-einen** *(yhdyss)* -dilutable (water-dilutable *vesi*~) **-u|a** [become (get)] thin[ner] (air became thinner *ilma -i;* his hair is getting thin on top *hänen tukkansa alkaa* ~ *päälaelta;* the fog is thinning *sumu -u*); *(harventua m)* thin out.

ohe||ssa *(-en);* liittää -en attach, (kirjeeseen) enclose; ~ *oleva taulukko* the adjoining table, the table above (below); *tien* ~ by the roadside; *työnsä* ~ *hänen täytyy..* in addition to his work he has to..

ohi 1 past (run past [the house] *juosta [talon]* ~), by (he passed by [me] without noticing me *hän kulki* ~*[tseni] huomaamatta minua;* please let me [get] by *päästäisittekö minut* ~) 2 *(lopussa)* over (the summer is over *kesä on* ~) ▶ **ampua** *(lyödä jne)* ~ miss (a th. *jstk, jnk* ~); **mennä** ~ *(luodista ym)* miss (a th. *jstk;* by one centimetre *sentin*); *mennä (kulkea, ajaa)* ~ *(m)* pass (a th. *jnk* ~); *(mennä edelle) (m)* overtake; *(kuv)* hän on *mennyt muista* ~ he has gone past the others (in *jssk*); ~ *meni!* you missed! *tilaisuus meni minulta* ~ I missed the opportunity.

ohi||heitto *(urh ym)* miss **-kiitävä** *(kuv)* fleeting (moment *hetki*) **-kulkija** passer-by (*pl* passers-by) **-kulkutie** bypass, relief road **-laukaus, -lyönti** miss **-marssi** march-past **-menevä** *(kuv)* passing (fancy *ihastus*), transitory, transient, *(hetkellinen)* momentary **-mennen** in passing (mention in passing that.. *mainita* ~ *että*); *poikkesin vain* ~ *tervehtimään* I just dropped in to say hello; ~ *sanoen* by the way.

ohimo temple; *ohimo|*- temporal (bone

-*luu*).

ohitt|aa pass (on the right *oikealta puolelta*); △ *(ajaa edelle) (m) (erik Br)* overtake (don't overtake — there's a car coming the other way *älä ohita* — *vastaan tulee auto*).

ohitus passing, *(erik Br)* overtaking; ~ *kielletty* no overtaking (passing) ~**kaista** overtaking (passing) lane; *(Br m)* fast lane ~**kolari** overtaking accident ~**leikkaus** bypass surgery (operation).

ohjaaja 1 driver; *(moottoripyörän ym* ~*) (m)* rider 2 *(ilm)* pilot 3 *(elok ym)* director; *(Br teatt m)* producer 4 *(neuvoja)* instructor; advisor.

ohjaamo 1 *(ilm)* cockpit; *(suuren koneen* ~*)* flight deck 2 *(aut ym)* cab (of a crane *nosturin* ~).

ohjai|n 1 *-met* controls (of an aircraft *lentokoneen -met;* at the controls *-missa*) 2 *(tekn)* guide 3 *(atk)* controller, control unit.

ohja|s; *-kset* reins *(m kuv)* (hold the reins tightly *pitää -kset kireällä*) ▶ **olla** *yrityksen -ksissa* be at the helm (hold the reins) of the firm; **ottaa** *jnk -kset käsiinsä* take over the reins of; **pitää** *[jnk] -kset käsissään* hold the reins [of]; *pitää jtk -ksissa* keep a tight rein on; **päästää** *-set käsistään* drop the reins.

ohjat *(ilm kuv)* reins *(ks m ohjas).*

ohja|ta 1 steer (a car *autoa*); *(ilm)* pilot; *(ilm, mer m)* navigate 2 *(suunnata)* direct (one's steps towards *askelensa jnnk*); steer (the conversation into one's favo[u]rite subject *keskustelu mieliaiheeseensa*); guide (a missile to its target *ohjus maaliinsa*); *(johtaa)* lead (the water into canals *vesi kanaviin*); channel (money to a target *rahaa jhk tarkoitukseen*) 3 *(opastaa)* direct (the traffic *liikennettä;* the building of a new bridge *uuden sillan rakentamista*); guide (a p.'s studies *jkn opintoja*); tutor 4 *(~ jku jnnk)* guide, direct, conduct (a p. to *jku jnnk*); lead (the sound led us to the right place *ääni -si meidät oikeaan paikkaan*); show (a p. to his seat *jku paikalleen*); see (a p. out *jku ulos*) 5 *(elok ym)* direct (a play *näytelmä*) 6 *(atk)* control.

ohjattav||a steerable, dirigible (balloon *ilmapallo*) **-uus** steerability, dirigibility.

ohjau|s 1 *(kulkuneuvon* ~*)* **a)** steering; piloting; navigation; **b)** *(tekn)* control (automatic control *automaattinen* ~;

remote control *kauko-~*); steer (four-wheel steer *nelipyörä~*) **2** *(opastus)* direction, guidance (vocational guidance *ammatinvalinnan ~*); tuition; *(valvonta)* control (traffic control *liikenteen~*); jkn *-ksessa* under a p.'s direction, under the guidance of **3** *(elok ym)* direction; *~ N.N.* directed by N.N.

ohjaus||**-** *(atk, tekn)* control (room *-huone;* panel *-pöytä*); △ *(aut ym)* steering (lock *-lukko;* column, post *-pylväs*); △ *(tekn)* guide (bar, rail *-kisko*) **-hytti** *(mer)* pilot house, wheelhouse **-kyvytön** ..out of control, unmanageable **-laitteet** *(sg)* steering gear; controls **-moduuli** *(avarl)* command module **-pyörä** steering wheel **-sauva** *(ilm)* control column (stick) **-tanko** *(polkupyörän ym ~)* handlebar[s] **-tehostin** power steering.

ohje 1 *(tav)* *~et* directions ([as to] how to use the machine *koneen käyttöä koskevat ~et*), instructions; *antaa ~ita (m)* instruct (a p. *jklle;* [in] how to do *jnk tekemisessä*), direct; *~iden mukaisesti (m)* as instructed **2** *(kuv)* precept (the main precept of his life has been.. *hänen elämänsä ~ena on ollut..*), guideline, guiding principle; *(sääntö)* rule (he makes it a rule to do.. *hän pitää ~enaan sitä että*) *~ellinen* directive; normative *~hinta* standard (target, guiding) price *~kirja[nen]* instruction book, book of instructions, manual; *(opas[kirja])* guide (to *jnk ~*) *~lause* precept, motto *(pl ~[e]s)*.

ohjelma programme, *(erik Am ja atk)* program (of a meeting *kokouksen ~;* busy programme *tiivis ~*); △ *(kurssin ~) (m)* syllab|us *(pl m -i)*; *(toimintasuunnitelma) (m)* schedule; *(poliittinen ~) (m)* platform.

ohjelma||**-** program[me] (director *-johtaja;* module *-moduuli;* music *-musiikki;* policy *-politiikka;* editor, producer *-toimittaja)* **-julistus** *(pol)* manifesto *(pl ~[e]s)* **-lehtinen** program[me] **-numero** number, item.

ohjel||**misto 1** *(teatt ym)* repertoire **2** *(atk)* software **-moida** *(atk ym)* program; *-tu opetus* programmed instruction **-moija** programmer **-mointi** programming.

ohje||**neuvo** directive **-nuora** guiding principle, guide (take as a guide *ottaa ~kseen*), precept **-sään**|**tö** *(pl)* regulations; *-nön mukainen (vastainen)* ..in accordance with (contrary to) [the]

regulations **-vähittäishinta** suggested retail price, recommended price.

ohjus missile; *ohjus|-* missile (silo *-siilo;* base *-tukikohta;* carrier *-vene)* *~tentorjuntaohjus* antimissile [missile].

ohmi ohm *~mittari* ohmmeter.

ohra barley *~hiutaleet* rolled barley *~leipä* barley bread *~njyvä* barleycorn.

ohue||**lti;** *maassa on ~ lunta* there is a thin covering of snow on the ground; *sivellä voita ~* spread the butter thin[ly] **-sti** thinly *(clad pukeutunut)*.

ohukai|**nen** [thin] pancake; *(erik täytetty)* crepe; *liekitetyt -set* crêpes suzette[s].

ohu|**t** thin; *(hoikka)* slender (waist *vyötärö*), delicate (fingers *-set sormet)*, *(hieno)* fine (silk thread *silkkilanka*); *(ilmasta m)* rarefied; *leikata leipä -iksi viipaleiksi* slice (cut) the bread thin *~suoli* small intestine.

ohuus thinness; slenderness.

oi *interj* oh.

oidipuskompleksi Oedipus complex.

oieta straighten [out]; get straight.

oikais|**ta 1** *(suoristaa)* straighten (a nail *naula;* one's tie *solmiotaan)*; *(taivuttaa suoraksi)* bend..straight; *(ojentaa)* stretch (one's legs *jalkansa [suoriksi]*) **2** *(mennä oikotietä)* take a shortcut, cut (through the woods *metsän halki*) **3** *(korjata)* correct, rectify (an error *erehdys*), redress (a grievance *epäkohta*), amend *(liik* an invoice *lasku)* **4** *(mat, valok)* rectify ▶ **-itsensä** */pitkälleen/* stretch [o.s.] out; *(ark)* *~ koipensa (kuolla)* kick the bucket; *(ilm)* *~ kone [vaakalentoon]* level off (out); *~* **selkänsä** straighten [o.s.] up, straighten one's back; *uusi tie -ee kolme kilometriä* the new road will shorten the distance by three kilometres.

oikaisu *(korjaus)* correction, rectification, amendment, redress *~hoito (lääk)* orthop[a]edic treatment.

1 oikea *(vastak vasen)* **I** *a* right **II** *s (nyrkk)* right (punch with one's right *lyödä ~llaan)* ▶ *~n jalan saapas* right[-foot] boot; *~ käsi* right hand (arm); *~n käden* right-hand[ed] (scissors *sakset*); *~n käden käsine* right glove, right-hand[ed] glove; **oikea**|**lla** *(-lta, -lle) ks. m hakus.; kadun ~lla* **puolella** on the right[-hand] side of the street; *~lla puolellamme* on our (the) right; *istua jkn ~lla puolella* sit on a p.'s right (at a p.'s right side); *sijaita jnk ~lla puolella* be situated to the right of.

2 oikea *(vastak väärä)* **1** right (side of a material *kankaan ~ puoli;* answer *vastaus;* in the right place at the right moment *~ssa paikassa ~an aikaan);* △ *(virheetön)* correct (grammatically correct *kieliopillisesti ~)* **2** *(aito)* real (flower *kukka;* name *nimi);* true (Christian *kristitty;* give a true idea of *antaa ~ käsitys jstk);* genuine (pearl *helmi)* **3** *(sopiva)* proper (diet *ruokavalio;* find the proper words *löytää ~t sanat)* **4** *(oikeudenmukainen)* just (decision *ratkaisu),* fair (judgement *tuomio)* **5** *(ark)* proper (he is a proper nuisance *hän on ~ kiusankappale), (todellinen)* real, true (gentleman *herrasmies),* quite a (beauty *kaunotar)* ▶ *osua* **oikeaan** hit the nail on the head; *panna kello ~an* put a watch right, correct a watch; set one's clock (by the time signal *aikamerkin mukaan); olet* **oikeassa** you are right (in doing *tehdessäsi); kello on ~ssa* the clock is right; *mikäli saamani* **tiedot** *ovat oikeita .. if* I am rightly informed..

oikea‖kielinen grammatically correct **-kätinen 1** *(henk)* I *a* right-handed II *s* right-hander **2** *(tekn)* right-hand[ed] (door *ovi).*

oikea‖lla *(-lta, -lle)* ▶ *ajaa* **oikealla** keep [to the] right, drive on the right side of the road (street); *~ näette..* on your (the) right you [can] see..; *katsoa* **oikealle** look [to the] right; *kääntyä -lle* turn [to the] right; *kääntykää seuraavasta kulmasta -lle* take the first turning (road, street) on the right; *ohittaa* **oikealta** pass on the right.

oikea‖mielinen righteous, upright (judge *tuomari)* **-mmin;** *~ sanoen* to put it more exactly **-npuoleinen** right-hand (traffic *liikenne;* top right-hand drawer *~ ylälaatikko);* right (lung *keuhko)* **-oppinen** orthodox **-oppisuus** orthodoxy **-peräinen** authentic .

oikeastaan actually (what do you mean actually? *mitä ~ tarkoitat?);* as a matter of fact, in fact; really (it was really not my fault *~ se ei ollut minun syyni);* anyway (whose side are you on anyway? *kenen puolella ~ olet?); (täsmällisesti puhuen)* strictly (properly) speaking (it is not allowed but *~ se ei ole luvallista mutta); (loppujen lopuksi)* after all (what does it matter? *mitä väliä sillä ~ on?); mitä ~ tarkoitat* what exactly do you mean by

that? *tai ~* or rather.

oikeauskoinen orthodox.

oikeelli‖nen authentic, legally valid **-suus** authenticity.

oikein 1 right (guess (hear) right *arvata (kuulla) ~;* it is not right that (to do) *ei ole ~ että (tehdä));* △ *(oikealla tavalla)* in the right way; *(virheettömästi)* correctly (spell correctly *kirjoittaa ~;* did I hear you correctly? *kuulinko ~?); (asianmukaisesti)* properly (dressed *pukeutunut)* **2** *(oikeudenmukaisesti)* fairly (judge fairly *tuomita ~),* justly, rightly, rightfully **3** *(erittäin)* very (well *hyvin;* small *pieni), (todella)* really, *(Am ark)* real (nice *mukava);* truly (beautiful *kaunis),* quite (happy *onnellinen)* **4** *(täysin)* quite (I don't quite understand what.. *en ~ ymmärrä mitä..)* **5** *(oikeastaan)* exactly (what do you want exactly? *mitä sinä ~ haluat?* exactly how did it happen? *kuinka se ~ tapahtui?)* **6** *(kovasti)* [very] hard (if you try hard *jos ~ yrität niin..)* ▶ **aivan** *~* quite right, exactly, *(Br)* quite so; *he aivan ~ olettivat että* they [quite] rightly assumed that..; *[olkoon] ~ tai* **ei** rightly or wrongly; *se on hänelle ~* it serves him right; *käykö* **kello** *~?* does the clock keep proper time? *(käsit) kaksi ~ kaksi* **nurin** knit two purl two; *~* **päin** the right side up; *(vaatteesta ym) [the] right side out;* **tehdä** *~ (m)* do the right thing; *teit ~ kun päätit olla menemättä* you were right in deciding not to go.

oikeinkirjoitus [correct] spelling, orthography **~sääntö** spelling rule **~virhe** misspelling, spelling mistake.

oikeisto *(pol)* the Right, the right wing; the conservatives.

oikeisto‖- right-wing (government *-hallitus;* party *-puolue),* rightist **-lai‖nen** I *a* rightist, *(attr m)* right-wing (views *-set näkemykset)* II *s* rightist, right-winger **-laisuus** rightism; conservatism, conservative ideology.

oikeudellinen judicial, juridical; legal.

oikeudenkäynti trial; *(pl)* legal proceedings; litigation; *panna vireille ~ [jkta vastaan]* take (start) [legal] proceedings [against]; *maksuton ~* free legal proceedings **~avustaja** counsel **~järjestys** code of procedure **~kulut** legal expenses, court costs **~menettely** procedure, *(pl)* proceedings.

oikeuden||**käyttö** jurisdiction, administration of justice **-mukainen** just, fair (to *jkta kohtaan;* decision *päätös*), fair-minded; *(henk m)* righteous; *(ei henk m)* rightful **-mukaisesti** *(m)* with justice **-mukaisuus** justness, fairness; justice **-omistaja** beneficiary **-palvelija** bailiff, court usher **-tunto** sense of justice **-tuntoinen** righteous, upright; *(-mukainen)* just, fair.

oikeudeton *(oikeudenvastainen)* unlawful, illegal; *(epäoikeudenmukainen)* unjust, unrighteous, inequitable.

oikeu|s 1 right (he has a [perfect] right to it (to do) *hänellä on [täysi] ~ siihen (tehdä);* equal rights *yhtäläiset -det)* **2** *(~järjestys)* law (international law *kansainvälinen ~)* **3** *(oikeudenmukaisuus)* justice (law and justice *laki ja ~;* dispense justice *jakaa -tta)* **4** *(tuomioistuin)* court [of law] (court decision *-den päätös;* the court found him guilty *~ totesi hänet syylliseksi),* court of justice (the dispute was settled in a court of justice *riita ratkaistiin -dessa),* lawcourt ▶ **asettaa** *-den eteen* bring .. to (up for) trial, take .. to court; sue; **käydä** *-tta* carry on a lawsuit (over *jstk);* litigate; **lailliset** *-det omaava* licensed, *(Am)* licenced; **millä** *-della teet näin?* what gives you the right (what right have you) to do this? *-den* **nimessä** *(-tta myöten)* in justice; *(lain nimessä)* in the name of the law; **oikeudessa** in court; *hänellä* **on** *~ (m)* he is entitled to *(to jhk;* to do *tehdä);* hänellä ei ole *-tta* he has no right (to do *tehdä);* kaikki *-det* **pidätetään** all rights reserved; **päästä** *-ksiinsa* come into one's (its) own; *(henk m)* do o.s. justice (as *jnak;* in *jssk);* **saapua** *-teen [kuultavaksi]* appear before the court; **saattaa** *(viedä) asia -teen* bring a matter before the court, take a matter to court; *~* **tapahtui** justice was done; **tehdä** *[täyttä] -tta jllk* do [full] justice to; **täydet** *-det omaava ravintola (pl)* licensed premises; *~* **voittaa** justice will prevail.

oikeus||**apu** legal aid (assistance) **-aputoimisto** legal aid office **-asiamies;** *eduskunnan ~* Parliamentary Ombudsman **-aste** instance; *alempi (ylempi) ~* lower (higher) court; *ensimmäisessä ~essa* in the [court of] first instance; *ylin ~* the highest court of justice, the last instance **-avustaja 1** *(-aputoimiston ~)* legal adviser **2** *(oikeudenkäyntiavustaja)* counsel **-henkilö** juristic (artificial) person **-istuin**

court [of law (justice)], lawcourt **-juttu** case, action, [law]suit; *nostaa ~ jkta vastaan* take legal action against **-järjestelmä** legal system **-järjestys** judicial system; law **-kansleri** Chancellor of Justice; *(Br ja Am läh v)* Attorney General **-käsittely** *(pl)* court proceedings **-käytäntö** legal usage **-laitos** judicial system **-lääketiede** forensic medicine **-ministeri** Minister of Justice; *(Br)* Lord Chancellor; *(Am)* Attorney General **-ministeriö** Ministry of Justice **-murha** judicial murder **-oppinut** jurist, legal scholar **-sali** courtroom **-teitse** in court, by means of legal proceedings **-tie**|**de** jurisprudence, legal (forensic) science; *-teen kandidaatti (läh v)* Master of Laws; *-teen tohtori* Doctor of Laws; *-teen ylioppilas* law student, student of law **-tieteellinen** jurisprudential; *~ tiedekunta* faculty of law **-tieteilijä** legal scholar **-toimi** legal (juristic) act **-turva** legal protection, protection of law **-valtio** constitutional[ly governed] state.

oikeut||**ettu 1** just, rightful (claim *vaatimus);* justified (in doing *tekemään);* righteous, justifiable (indignation *suuttumus);* legitimate; *(perusteltu)* well-founded **2** *jhk ~* entitled to (a pension *eläkkeeseen;* do *tekemään)* **-etusti** *(m)* with reason **-taa 1** entitle (his age entitles him to a pension *hänen ikänsä ~ hänet eläkkeeseen;* the ticket entitles you to *lippu ~ sinut jhk);* give a (the) right (to *jhk);* *(valtuuttaa)* empower, authorize **2** *(tehdä oikeutetuksi)* justify **-ukseton** unjustifiable **-us 1** *(oikeus)* right (to *jhk);* entitlement; *(valtuus)* authorization; *virkansa suomalla -uksella* by means of the authority vested in him **2** *(puolustettavuus)* justification.

oikku whim, caprice **~ileva** capricious *(m kuv;* weather *sää)* **~illa** = *oikutella.*

oikoa 1 straighten; *~ jäseniään* stretch o.s. (one's legs) **2** *(kuv)* correct, put .. right (mistaken ideas *vääriä käsityksiä); (kirj)* rectify.

oiko||**kulma** straight angle **-luku** = *korjausluku* **-mishoito** *(hammasl) (sg)* orthodontics, dental orthop[a]edics **-päätä** straightaway, straight off **-sulku 1** *(sähk)* short circuit; *kytkeä ~un* short-circuit **2** *(ark) minulle tuli ~* it's on the tip of my tongue **-teitse** by a shortcut **-tie** shortcut *(kuv* to success *menestykseen);* käyttää

~**tä** take a shortcut -**valinta** *(atk)* direct calling -**vedos** = *korjausvedos.*

oiku||**kas** capricious *(m kuv;* weather *sää)* -**kkuus** capriciousness -**tella** be capricious; *(ark) moottori -ttelee* the engine is playing up -**ttelu** caprice, capriciousness, *(pl)* whimsicalities; *(pl)* vagaries *(m kuv;* of fashion *muodin* ~*t).*

oinas 1 *(el)* wether **2** *(horosk)* Aries.

oire symptom (of *jstk, jnk* ~); *(merkki)* sign (of *jstk*); indication ~**elli**|**nen** symptomatic *(adv* ~ally); *(kuv m)* indicative (it is indicative that.. *on -sta että)* ~**enmukainen** symptomatic ~**yhtymä** syndrome, symptom complex.

oiva[**llinen**] excellent, very good.

oivallus 1 realization, [sudden] perception (understanding); *(psyk)* insight **2** = *seur.* ~**kyky** perception, insight.

oivaltaa realize, become aware of.

oja ditch, trench; *(maat ym)* drain ~**npenkka** edge of a ditch, ditch bank ~**vesi** ditchwater.

ojen||**nella** stretch (o.s. *itseään;* one's arms *käsiään)* -**nu**|**s 1** *(suoristaminen)* straightening, extension **2** *(nuhtelu)* correction; *panna lapset -kseen* get the children to behave; *saada* ~*ta jklta* be rebuked by, get a telling-off from -**ta**|**a 1** stretch [out] (one's legs *jalkansa [suoriksi]),* extend (one's arm *käsivartensa*); *(kurkottaa)* reach out (one's hand *kätensä;* for *saadakseen jtk)* **2** *(~ jtk jklle)* hand (a letter to *kirje jklle);* present (a prize to *palkinto jklle);* pass (please pass me the sugar *-isitko minulle sokerin*), reach; ~ *kätensä jklle* hold out (extend) one's hand to **3** *(suunnata)* point **4** *(nuhdella)* correct (for *jnk vuoksi),* reprimand, admonish -**tautua;** ~ *pitkälleen* stretch [o.s.] out (on *jhk)* -**tua** *(suoristua)* straighten out.

ojit||**taa** ditch, trench (a field *pelto);* drain (a swamp *suo)* -**us** ditching, trenching, drainage.

ojo|**ssa** *(-on); kädet* ~ with outstretched arms; *nyrkit* ~ fists up; *pistimet* ~ with charged (level[l]ed) bayonets.

oka thorn; spine *(m el),* prickle ~**inen** thorny; spiny, prickly.

okkultismi occultism.

okra[**nvärinen**] och|re, -er.

oksa 1 branch; *(rungosta lähtevä* ~ *m)* bough, limb; *(pieni* ~) twig; *(~ lehtineen ja kukkineen)* spray; *(pensaan ym* ~) sprig

(of heather (parsley) *kanervan- (persiljan)*~) **2** *(~ puutavarassa)* knot ~**inen 1** *(puutavarasta)* knotty **2** = *seur.* ~**kas** branchy; twiggy (tree *puu)* ~**nhaara** crotch [of a tree], fork ~**nreikä** knothole ~**s** *(puut)* graft ~**saha** pruning saw ~**staa** graft (on[to] *jhk)* ~**sto** *(pl)* branches.

okse||**nnus** vomit -**ntaa** vomit; *(Br)* be sick; *(ark)* throw up (a th. *jtk); (sl)* puke -**ttaa;** *minua* ~ I feel like vomiting; *(Br m)* I feel sick, I am going to be sick; *(ark kuv)* I am sick [and tired] (of *jk)* -**ttava** sick (smell *haju),* sickening, nauseous -**tus** vomiting -**tusaine** emetic.

oksia prune, lop, trim (trees *puita).*

oksidi oxide.

oktaani octane ~**luku** octane number (rating).

-**oktaaninen** *(yhdyss)* -octane (92-octane *92-*~).

okt||**aavi** octave -**aavo**[**koko**] octavo, eightvo -**aedri** octahedron -**ett**|**i, -o** octet[te].

okulaari eyepiece, ocular.

olake *(tekn)* shoulder.

olankohautu|**s** shrug [of the shoulders]; *kuitata -ksella* shrug off.

olas *(suksen* ~) groove.

oleanteri oleander, rosebay.

oleellinen = *olennainen.*

oleil||**la** spend one's time (in the open air *ulkosalla); (asustaa)* stay (with a p. *jkn luona); tiedätkö missä hän -ee?* do you know his whereabouts?

olemassa|| **oleva** existing (the biggest existing.. *suurin* ~ ..); ..in existence; *(jäljellä oleva)* extant (the earliest extant manuscript *varhaisin* ~ *käsikirjoitus)* -**olo** existence; ~*n oikeus* the right to exist; ~*n tarkoitus* raison d'être *(ransk),* reason for existing.

olemat||**on** nonexistent; *(vähäinen m)* very small, infinitesimal; *hävittää -tomiin* destroy completely, annihilate; *huveta -tomiin* shrink to nothing; *kadota -tomiin* vanish into thin air -**tomuus** nonexistence; nothingness.

olemu|**s 1** being (his whole being *hänen koko -ksensa),* essential nature; bearing (soldierly bearing *sotilaallinen* ~); *(ulkonäkö)* appearance; *(luonteenlaatu)* disposition; *-kseltaan* in appearance; by nature; *hän keskittyi osaan koko -ksellaan* he put his whole being into the part **2** *(asiasta) [sisin]* ~ essence (of religion *uskonnon* ~).

olennai‖nen essential (part of *osa jskt*); fundamental (difference *ero*); ~ *osa jstk (m)* an integral part of, part and parcel of; *-set seikat (piirteet) (m)* essentials **-suus** essentiality.

olennoi‖da personify **-tua** be personified (as, in the character of *jksk*) **-tuma** personification.

olento being, creature (frightful (charming) creature *hirveä (ihastuttava)* ~).

oleskel‖la stay (abroad *ulkomailla*); *(viettää aikaansa)* spend one's time (in the garden *puutarhassa*); *(asua)* live; *tiedätkö missä hän -ee?* do you know his whereabouts?

oleskelu stay (two week's stay in *kahden viikon* ~ *jssk;* with *jkn luona*) **~huone** lounge **~lupa** permit of residence.

olet‖‖ettava; *on ~a että* it is presumable that..; it is to be supposed that.. **-ettavasti** supposedly, presum|ably, -edly **-taa** suppose (let us suppose that.. *-takaamme että*), assume (it is generally assumed that.. *yleisesti -etaan että*), presume; *-an että (m)* I take it that.. **-tamu‖s** supposition (on mere supposition *pelkän -ksen perusteella*), assumption, presumption (false presumption *väärä* ~); hypothes|is *(pl -es)*.

olevinaan; *mitä tämä on ~?* what is this supposed to be (mean)? *olla ~* put on (give o.s.) airs; *olla ~ sairas* pretend to be ill.

oliivi olive **~nvihreä** olive green **~puu** olive tree **~öljy** olive oil.

olinpaikka 1 *(sg ja pl)* whereabouts; *(asu|npaikka)* [place of] residence. **2** *(el)* habitat.

olio creature, being; thing.

oljenkor‖si; *hukkuva tarttuu vaikka -teen* a drowning man will clutch at a straw.

ol‖ka shoulder ▶ **kohauttaa** ~*ansa* shrug [one's shoulders]; **nostaa** *(heittää) kantamus -alleen (m)* shoulder a pack; *(ark) -an* **takaa** with all one's might; *katsoa jkta -kansa* **yli** look down on a p.

olka‖‖- shoulder (bag *-laukku;* pad *-toppaus)* **-hihna, -in** shoulder strap **-luu** humer|us *(pl -i)* **-pä‖ä** shoulder; *kohauttaa -itään* shrug [one's shoulders] **-valtimo** brachial artery **-varsi** upper arm.

ol‖ki straw; *(koll) -jet (sg)* straw **~auma** straw stack **~hattu** straw hat **~katto** thatched roof **~kattoinen** thatched **~patja** straw mattress, palliasse.

ol‖la I *(pääv)* **1** *(yl)* be; *(~ jssk asemassa, tilassa ym) (m)* stand (godmother to *jkn kummina;* in need of *jnk tarpeessa)* **2** *(~ jklla, omistaa)* have [got] (he has [got] blue eyes *hänellä on siniset silmät;* how many books have you (*erik Am* do you have)? *montako kirjaa sinulla on?)* **3** *(jssk on jtk)* there is (are) (there are some books on the table *pöydällä on kirjoja*); △ have (this food has a peculiar taste *tässä ruoassa on kummallinen maku*); △ *(koostua jstk)* consist of (a soccer team consists of 11 players *jalka-pallojoukkueessa on 11 pelaajaa*) **4** *(~ olemassa)* there is (are) (there are people who.. *on ihmisia jotka..*), exist **5** *(sijaita)* be; lie (the town lies north of us *kaupunki on meistä pohjoiseen*); be situated; stand **6** *(oleskella)* stay (we stayed two weeks with a p. (in Spain) *-imme kaksi viikkoa jkn luona (Espanjassa)*; *(viettää aikaa)* spend (he spent a week in the country *hän -i viikon maalla)* **7** *(tapahtua)* be (my birthday was yesterday *syntymäpäiväni -i eilen*); take place (the wedding took place last week *häät -ivat viime viikolla*) **8** *(~ kotoisin jstk)* come from (Helsinki *Helsingistä;* a good family *hyvästä perheestä*); be from; *(~ peräisin)* date from (back to) (the church dates back to the 13th century *kirkko on 1200-luvulta)* **9** *(~ tehty jstk)* be [made] of (the ring is [made] of gold *sormus on kultaa (kullasta))* **10** *(ajasta, säästä ym); on* it is (morning *aamu;* too early *liian varhaista;* dark *pimeä[ä]*) **11** *(kuulua jhk)* belong to (the Åland Islands belong to Finland *Ahvenanmaa on Suomea*), be part of **12** *(mat)* (~ *yhtä kuin)* equal (8 divided by 2 equals 4 *8 jaettuna 2:lla on 4*); make (2 and 2 make[s] 4 *2 plus 2 on 4*); be (1 and 2 is (are) 3 *1 plus 2 on 3)* **13** *(täytyä)* have [got] to (do you have to go, have you [got] to go? *onko sinun mentävä?*); *(kys ja myönt prees)* must (you must do as you're told *sinun on tehtävä niin kuin käsketään*); be to (when am I to leave? *milloin minun on lähdettävä?)* **14** *(~ sopiva jhk, jksk)* be fit (he is not fit for the job *hänestä ei -e siihen työhön*), be suited, be cut out (he is not suited to be a teacher (for teaching) *hänestä ei -e opettajaksi (opettamiseen)*); be suitable **II** *(apuv)* have (have you finished? *-etko* *lopettanut?* no I haven't *en -e*); *(ilm tilaa)* be (the work is done *työ on tehty*) ▶ **anna** *hänen (sen) ~!* let him (it) be (alone)! *on* **helppoa** *(vaikeata) tehdä jtk* it is easy (difficult) to do; *hänen -i* **kuin** *koko luonto -isi nukkunut* it was (seemed) as if all of nature were asleep; *-in lukemassa kirjaa kun.*. I was reading a book when..; *meitä -i kymmenen* there were ten of us; **mikä** *sinun on?* what's the matter with you? what's troubling (bothering) you? *-i* **miten** *-i* be that as it may; *onko kummituksia* **olemassa?** do ghosts exist? *on olemassa [sellainen] vaara että* there is a risk that..; *sellainen kapine on hyvä ~ olemassa* a gadget like that is good to have around; **olipa** *se kuka (mikä, missä jne) tahansa* no matter who (what, where etc.) it was; **olkoon** *[niin]!* all right then! so be it! *-koon hän kuinka rikas tahansa.*. no matter (it doesn't matter) how rich he is; **ollako** *vai ei ~ siinä pulma* to be or not to be that is the question; **ollakseen** *ulkomaalainen hän.*. for a foreigner he..; **ollessaan** *sairaalassa hän.*. while [he was] in hospital he..; **onpa** *suuri talo!* what a big house that is! *-in pudota* I almost (very nearly) fell; *-in putoamaisillani* I was [just] about to fall; **siihen** *on vielä viikko* it is still a week off, there is still a week's time; **siitä** *on jo kaksi vuotta* that was two years ago; *siitä on jo kaksi vuotta kun viimeksi .*. it is two years since I last..; *~* **tekevinään** *jtk* pretend (feign) to do; *en* **voinut** *~ tekemättä* I couldn't help (keep from) doing.

ollenkaan; *ei ~* not at all; *ei ~ hullumpi* not at all bad, *(Br ark)* not half bad.

olo 1 *(oleminen)* being (in hospital (on one's guard) *sairaalassa (varuillaan) ~)* **2** *(tuntu)* feeling (of discomfort *epämukava ~)* **3** *~t* conditions (weather conditions *sää~t*); circumstances (under (in) these circumstances *näissä ~issa)* ▶ **elää** **hyvissä** *~issa* be in easy (good, comfortable) circumstances, live well (comfortably); **minulla** *on huono (hyvä, parempi) ~* I feel bad (good, better); *tehdä ~nsa* **mukavaksi** make o.s. comfortable; *antaa jkn olla* **omissa** *~issaan* let (leave) a p. alone; *pysytellä omissa ~issaan* keep [o.s.] to o.s.

olo||asu *(haalarit)* jumpsuit **-huone** living room; *(erik Br m)* sitting room, lounge **-muo|to 1** *(fys)* state [of

aggregation] (in the solid state *kiinteässä -dossa);* condition **2** *(olemassaolomuoto)* form of existence; form (change one's form *muuttaa ~aan)* **-suh|de;** *-teet* circumstances (permitting *-teiden salliessa),* conditions (under ideal conditions *ihanteellisissa -teissa);* *hän voi -teisiinsa nähden hyvin* he is well considering [the circumstances]; *(lak) lieventävissä -teissa* under mitigating circumstances; *näissä (vallitsevissa) -teissa* under (in) these (the existing, the present, the prevailing) circumstances, as matters stand; *-teiden pakosta* by force of circumstances **-tila 1** *(asiaintila)* state of affairs (things) **2** = *-muoto 1.*

oluenpano brewing, brewage.

olu|t beer; *haista -elle* smell beery; *-elle haiseva* beery (breath *hengitys);* *laskea tynnyristä ~ta* draw (tap [off]) beer from a cask.

olut||- beer (case, crate *-kori;* bottle *-pullo;* cask, barrel *-tynnyri;* can *-tölkki)* **-kolpakko** beer mug, tankard, stein **-panimo** brewery **-tupa** beerhouse, beer hall.

olympia||- Olympic (record *-ennätys;* team *-joukkue;* gold [medal] *-kulta;* village *-kylä;* event *-laji;* medal *-mitali;* stadium *-stadion;* flame, fire *-tuli;* champion, winner *-voittaja;* victory *-voitto)* **-edustaja** Olympic competitor (athele) **-kisat, -laiset** the Olympic Games, the Olympics **-komitea;** *Kansainvälinen* *~* the International Olympic Committee (*lyh* IOC).

om|a *(gen ja poss suff kanssa)* own (this is my own house *tämä on minun ~ taloni;* this house is my own *tämä talo on minun ~ni);* △ *(ilman gen ja poss suff)* .. of one's own (he has a house of his own *hänellä on ~ talo;* has she any children of her own? *onko hänellä -ia lapsia?);* △ *(painottomana)* mine, yours (etc.) you take that book I'll take mine *ota sinä tuo kirja minä otan ~ni);* *(henkilökohtainen)* private (entrance *sisäänkäynti);* *(erillinen)* separate ▶ *olla ~* **itsensä** be o.s. (one's own self); *se on aivan ~* **maailmansa** it is a world of its own; *antaa (saada)* **omaksi** give (get, have) for one's [very] own; *olla* **omiaan** *jhk* be suitable for; be ideal (perfect) for; *tulla toimeen* **omillaan** manage by o.s. (on one's own); *päästä (jäädä)* **omilleen** break even; **puhua**

(lasketella) *-iaan* talk through one's hat; *-in* **päin** on one's own, [all] by o.s.; *meillä on perunat ~sta* **takaa** we grow our own potatoes, we get our own potatoes from our own farm (garden); *siinä on ~* **viehätyksensä** it has a charm all its own.

oma‖-aloitteinen ..done (started) on one's own initiative, unprompted; spontaneous **--aloitteisesti** on one's own initiative; spontaneously **--aloitteisuus** initiative **-elämäkerrallinen** autobiographic[al] **-elämäker|ta** autobiography; *-ran kirjoittaja* autobiographer **-hyväinen** self-satisfied, [self-]complacent, smug; *(itserakas)* [self-]conceited; *(mahtaileva)* self-important, pompous **-hyväisyys** self-satisfaction, [self-]complacenc|y, -e, smugness; [self-]conceit; self-importance.

omai|nen [close (near)] relation, relative; *-set (m)* immediate family; *lähin ~* nearest relation (relative); *(erik lak)* *lähin ~, lähimmät -set* one's next of kin.

omaisuu|s *(yl)* property; *(pl)* possessions; *(irtain ~)* goods, *(kirj)* effects; *(rikkaus)* wealth (acquire wealth *hankkia -tta*); *(erik kuv)* fortune (he made a fortune with it *hän hankki sillä -den;* be worth a fortune *olla -den arvoinen); (erik lak)* estate; *(liik) (varat) (pl)* assets ▶ **julkinen** *(yksityinen)* ~ public (private) property; **koota** *(luoda) itselleen ~* make a (one's) fortune; *se* **maksoi** *[pienen (kokonaisen)] -den* it cost a small fortune; *se on* **valtion** *-tta* it is government property, it is owned by the state.

omaisuus‖rikos crime against property **-vahinko** damage to property **vero** property (capital) tax **-verotus** taxation on property.

oma‖kohtainen personal; *(subjektiivinen)* subjective **-kotitalo** one-family (detached) house.

omaksu|a 1 adopt (a view *mielipide); (ruveta kannattamaan)* embrace (a religion *(jk)* uskonto), espouse (a doctrine *oppi); ennakolta -ttu mielipide* preconceived opinion **2** *(sisäistää)* take in, absorb (what one's has read *lukemansa*), assimilate.

oma‖kustanne author's edition **-kustannushin|ta** cost price; *myydä ~an (alle -nan)* sell at (below) cost [price] **-kuva** self-portrait **-käti|nen** ..in one's own hand[writing]; *~ nimikirjoitus* personal signature; *(taiteilijan ym)* autograph;

tekijän -sellä nimikirjoituksella varustettu autographed **-kätisesti** with one's own hand[s]; *~ allekirjoitettu* signed with one's own hand **-laatuinen 1** *(erikoislaatuinen)* peculiar (sense of humo[u]r *huumorintaju);* singular; original (invention *keksintö); [aivan] ~* unique **2** *(omituinen)* peculiar; strange, curious (habit *tapa); (outo)* odd; *(epätavallinen)* unusual **-laatuisuus** peculiarity; originality; strangeness **-leimainen** individual; distinctive; characteristic.

omanarvontunto self-esteem (his self-esteem suffered when.. *hänen ~nsa sai kolauksen kun..*), self-respect **~inen** self-respecting.

omankädenoikeus self-help.

omantunnon‖arka scrupulous, conscientious **-rauha** peace of conscience **-sy|y; -istä** for reasons of conscience; *-istä aseista kieltäytyminen (kieltäytyjä)* conscientious objection (objector) **-tarkka** scrupulous, conscientious **-tuska** compunction (without the slightest compunction *ilman pienintäkään ~a); ~t* qualms [of conscience], torments of conscience.

omanvoitonpyyn‖tö self-interest; *toimia -nöstä* act out of self-interest **-töinen** self-interested.

oma‖paino dead load (weight) **-peräinen 1** *(-laatuinen)* original, individual **2** *(alkuperäinen)* indigenous (flora of a country *maan ~ kasvisto);* original **-päinen** self-willed, wil[l]ful; obstinate, stubborn **-päisyys** self-will[edness], obstinacy, stubbornness **-rahoitteinen** self-financed.

oma|ta have; *hyvät suositukset -ava* ..with good testimonials.

oma‖tekoinen ..made by o.s., ..of one's own making; home-made **-toiminen** independent; active **-toimisesti** on one's own initiative **-toimisuus** independent initiative.

oma|tunto conscience (my conscience is clear *~ni on puhdas)* ▶ **huono** *(paha) ~* guilty (bad) conscience (about *jstk);* **hyvällä** *-llatunnolla* with a clear conscience; *hänellä on rikos* **omallatunnollaan** he has a crime on his conscience; *-ntunnon* **pistos** twinge (prick) of conscience; **rauhoittaa** *-atuntoaan* satisfy (soothe, quiet) one's conscience; *~ni* **soimaa** my conscience bothers me; *-ntunnon* **ääni** the voice *(pl* promptings) of conscience.

oma||**valintainen** optional; ~ *oppiaine* optional *(Am* elective) subject **-valtainen** arbitrary; high-handed (behavio[u]r *käytös)* **-valtaisuu**|**s** arbitrariness, high-handedness; *-det* arbitrary acts (actions) **-varainen** *(tal)* self-sufficient (in oil *öljyn suhteen),* self-sustaining, autarchic **-varaisuus** self-sufficiency.

omeletti omelet[te].

omena 1 apple; *ei ~ kauas puusta putoa* like father like son 2 *(valtakunnan~)* orb.

omena||**-** apple (juice *-mehu;* pie, tart *-piirakka;* corer *-pora;* orchard *-tarha;* brandy *-viina)* **-happo** malic acid **-nkukka** apple blossom **-nraato** apple core **-puu** apple tree **-viini** cider, *(Am)* hard cider.

omia take.

ominainen characteristic (of *jllk);* peculiar (to *jllk); (tyypillinen)* typical (of *jllk).*

ominais||**haju** characteristic odo[u]r (smell) **-lämpö** *(fys)* specific heat **-paino** specific gravity (of gold *kullan ~);* specific weight **-piirre** [distinctive] characteristic.

ominaisuu|**s** 1 quality; *(aineen ym ~)* property (healing properties *parantavat -det); (ominaispiirre)* characteristic, trait; *opettajan -dessa* in one's capacity as a teacher, in the capacity of a teacher 2 *(biol)* character.

omintakeinen 1 *(omaperäinen)* original (style *tyyli);* idiosyncratic 2 *(itsenäinen)* independent.

omista|**a** 1 own, possess, be in possession of; be the owner of; *valtion -ma* state-owned 2 *(~ jk jllk)* dedicate (one's life to *elämänsä jllk;* a buuk to *kirja jklle);* devote (one's spare time to *vapaa-aikansa jllk); ~ elämänsä jllk (m)* give one's life to.

omistaja owner; possessor; *(liikkeen ym ~)* proprietor, *(fem)* proprietress (of a hotel *hotellin ~); talo vaihtoi ~a* the house changed hands **~johtaja** owner-manager **~nvaihdos** change of ownership.

omistautu||**a** devote (dedicate) o.s. (to one's family *perheelleen),* devote (dedicate, give) one's life (to *jllk); hän on -nut lapsilleen* she devotes herself to her children **-minen** devotion, dedication.

omistava; *~ luokka* the propertied class.

omistu|**s** 1 possession; ownership; *hankkia jtk -kseensa* acquire the possession of; *joutua jkn -kseen* pass into a p.'s possession; *olla jkn -ksessa* be in a p.'s possession; *saada jtk -kseensa* come into

possession of; *olla valtion -ksessa* be state-owned; *yksityisessä -ksessa* in private possession (ownership) 2 = *~kirjoitus* **~asunto** owner-occupied flat (house) **~halu** possessiveness **~haluinen** possessive (wife *vaimo)* **~kirjoitus** dedication **~liite** *(kiel)* possessive suffix **~oikeus** ownership, proprietorship (of *jhk);* proprietary right, title (to *jhk); kirjallinen ~* copyright **~suhteet** *(sg)* ownership.

omitui||**nen** strange, peculiar (put o.s. in a peculiar light *saattaa itsensä -seen valoon),* curious, odd (how odd! *onpa -sta!),* queer (story *juttu);* singular (person *ihminen); (eriskummallinen)* eccentric (person *henkilö); ~ ihminen (m)* eccentric; *(ark)* oddball; *-sta kyllä* strangely (oddly) enough **-suu**|**s** peculiarity (people's little [personal] peculiarities *ihmisten pikku -det);* oddity; eccentricity.

ommel 1 *(käsit)* stitch [pattern]; *(sauma)* seam 2 *(lääk)* suture, seam **~la** sew (a button onto a shirt *nappi paitaan); (m)* stitch; *(~ vaatteita) (tav)* make (she makes her own clothes *hän ompelee omat vaatteensa); ~ haava [umpeen]* sew (stitch) up a wound; *~ koneella* sew on the machine; *(koneellisesti)* sew by machine.

ompeli||**ja** sewer; *(puku~)* dressmaker; *(liinavaate- ym ~)* seamstress, *(Br m)* sempstress **-mo** dressmaker's [shop (workshop)]; *(tehtaan ~)* dressmaking department.

ompelu sewing; needlework **~kone** sewing machine **~kori** work|basket, -box, sewing basket **~lanka** sewing cotton (thread) **~s** sewing; *(m)* work **~seura** sewing circle.

ongelm|**a** a problem (he has problems with *hänellä on -ia jssk)* **~hiukset** problem hair **~iho** problem skin **~jätelaitos** hazardous waste disposal plant **~käyttö** problem drinking; *huumeiden ~* drug abuse **~lapsi** problem child **~llinen** problematic *(adv ~ally)* **~nasettelu** formulation of the problem **~nuori** problem (difficult) teenager (adolescent).

ongen||**koho** float **-koukku** fishhook **-vapa** fishing pole.

onginta 1 *(kal)* angling 2 *(lasten ohjelmanumero)* lucky dip; *(Am)* grab bag.

onkalo hollow, cavity, cave.

on|**ki** hook and line (bait), rod and line; *kala käy -keen* the fish are taking (biting); *mennä -gelle* go angling; *(m)* go fishing;

ottaa onkeensa keep..in mind (a warning *varoitus*) ~a angle (for perch *ahvenia*); *(kuv)* fish (dig) out (a th. from one's bag *jtk laukustaan*) ~ja angler ~mato fishworm, angleworm ~neuvot *(sg)* fishing tackle ~vapa fishing pole (rod).

onne‖kas lucky, fortunate; happy (choice *valinta*); *(onnistunut)* successful (journey *matka*); **-kkaan sattuman ansiosta** by a lucky chance **-la** Eldorado, paradise **-lli‖nen** happy (about *jstk*); *(suotuisa m)* fortunate (circumstances *-set olosuhteet*); *(onnekas)* lucky; *elää -sessa avioliitossa* be happily married; *he elivät -sina elämänsä loppuun saakka* they lived happily ever after; *olen siinä -sessa asemassa että voin..* I am fortunate (lucky) enough to be able to.. **-llisesti;** *hän pääsi ~ kotiin* he got home safely **-llisuus** happiness.

onnen‖- lucky (penny *-kolikko;* number *-luku*) **-kalu** [lucky] charm **-kaup‖paa, -alla;** *oli pelkkää -kauppaa että* it was a stroke of luck (a mere chance) that.. **-onkija** adventurer; *(pol)* opportunist; *(rikasta vaimoa havitteleva)* fortune-hunter **-pekka** lucky fellow **-potkaus** stroke of luck, fluke, lucky hit **-pyörä** wheel of fortune **-soturi** soldier of fortune **-toivottaja** congratulator **-toivotu‖s** congratulation; *esittää jklle -ksensa* offer a p. one's congratulations ([up]on *jnk johdosta)*.

onnetar *(O~)* [Dame] Fortune.

onnet‖on 1 unhappy (childhood *lapsuus*); *(huono-onninen)* unlucky, unfortunate; ~ *rakkaus* unrequited love **2** *(epäonnistunut)* unhappy (choice *valinta*), unfortunate; *(kohtalokas)* ill-fated (campaign *sotaretki*), fateful; *(turmiollinen)* disastrous **3** *(kurja)* miserable (conditions *-tomat olot*), wretched **-tomasti;** *päättyä ~* come to a bad end; *(kertomuksesta ym)* have an unhappy (a sad) ending.

onnettomuu‖s 1 accident (railway accident *juna~*); *(suuri ~)* disaster (mine disaster *kaivos~*) **2** *(turmio)* disaster (national disaster *kansallinen ~*); misfortune, evil (bad) fortune (sign of bad fortune *merkki -desta*) ▶ **-den luku** unlucky number; **onnettomuudeksi** as luck would have it, unfortunately, unluckily; *hänelle sattui ~* he had (met with) an accident; *tämä tietää [hänelle] -tta* this augurs (bodes) [him] ill for the future.

onnettomuus‖altis accident-prone **-alue** *(katastrofialue)* disaster area **-hetk‖i;** *-ellä* at the time of the accident **-paikka** scene of the accident.

onn‖i 1 happiness; *(kirj)* felicity; *(autuus)* bliss **2** *(onnetar)* Fortune (favo[u]rs the brave *suosii rohkeaa*) **3** *(tuuri)* luck (the luck of the hunt *metsästys~;* I never have any luck *minulla ei koskaan ole -ea*); [good] fortune; *(sattuma)* chance ▶ **etsiä** *-eaan* seek one's fortune; **huono** ~ bad (hard) luck, misfortune; *jklla on huono ~* have bad luck, be unlucky; **hyvä** ~ good luck (fortune); *hänellä oli hyvä ~ (m)* he was lucky; *hyvällä -ella* with luck; *saat* **kiittää** *-easi että* you may thank your lucky stars that..; **koettaa** *-eaan* try one's luck (at *jssk*); **kovan** *-en* unlucky (man *mies*), unfortunate (day *päivä*); *(kohtalokas)* ill-fated, fateful; *meillä oli ~* **myötä** luck was with us, we were lucky; *jättää jku oman -ensa* **nojaan** leave (abandon) a p. to his fate; leave a p. to his own devices; **oli** ~ *että* it was lucky (fortunate, a good thing) that; *oli hänen -ensa että* it was his luck (good fortune) that; **onnea** */matkalle]!* good luck! *[kaikeksi]* **onneksi** fortunately, luckily; *[minun] -ekseni* fortunately (luckily) for me; *-eksi et kaatunut* it was lucky you didn't fall; *-eksi olkoon!* congratulations! *(on jnk johdosta);* *(syntymäpäivä-onnitteluna) (m)* happy birthday! many happy returns [of the day]! *pahaksi -eksi* unfortunately; *se on taas* **ta-vanomaista** *huonoa -eani* [that's] just my [usual] luck; **toivottaa** *jklle -ea (matkaan yms)* wish a p. [good] luck; *(syntymäpäivänä)* wish a p. many happy returns.

onnist‖aa; *häntä -i* he was lucky (fortunate) (at cards *kortinpeluussa;* to find work *työnhaussa)* **-u‖a** succeed (in doing *tekemään;* in life *elämässä;* the attack succeeded *hyökkäys -i*); be successful; be a success; △ come out (he comes out well in photographs *hän -u hyvin valokuvissa;* the cake came out well *kakku -i [hyvin]*); *(ark) (asiasta)* work, come off (the trick didn't come off *temppu ei -nut);* *(kyetä)* manage (to keep one's temper *hillitsemään luontonsa*); *juhlat eivät -neet (m)* the party was a failure; *mikään ei ottanut ~kseen* nothing seemed to work **-umi‖nen** success;

succeeding (chances of succeeding *-sen mahdollisuudet*) **-unut** successful; *(osuva)* happy (choice *valinta*); ~ **valokuva** good photo.

onnit||**ella** congratulate (a p. [up]on *jkta jnk johdosta*); *-telen!* [my] congratulations! **-telu** congratulation (send a p. one's warmest congratulations *lähettää jklle sydämelliset ~nsa*); *-telu*|- congratulatory (card *-kortti;* visit *-käynti*).

ontelo hollow, cavity *(m anat).*

ont|**to** hollow; *kovertaa -oksi* hollow out.

ontu|**a** limp (with one's left leg *vasenta jalkaansa;* the comparison limps *vertaus -u);* *(konkr m)* walk with a limp.

oodi ode (to *jllk).*

oopiumi opium ~**luola** opium den ~**unikko** opium poppy.

ooppera opera; *mennä ~an* go to the opera; *ooppera*|- opera[tic] ~**laulaja** opera singer ~**talo** opera house.

opaali opal.

opas 1 *(henk)* guide **2** *(~kirja)* guide (to heraldry *heraldiikan ~);* manual; *(matkailu~)* guide[book] (to Italy *Italian ~)* ~**koira** guide dog ~**taa** guide (a p. to *jku jnnk;* a p. in his studies *jkta opinnoissa*); conduct (a p. to *jku jnnk;* a tour *matka*); *(johdattaa)* lead ~**te** *(raut ym)* signal; *(reitti- ym ~)* guide, sign[post] ~**tu**|**s** guidance; *jkn -ksella* under the guidance of; *kartan -ksella* guided by (with the aid of) a map.

operaatio operation.

opera||**attori** *(mat, atk)* operator **-tiivinen** *(sot ym)* operational; *(lääk)* operative.

operetti operetta, light opera ~**säveltäjä** operettist.

operoida operate (with *jllk).*

opet||**ella** learn ([how] to read *lukemaan)* **-taa** teach (a p. [how] to read *jkta lukemaan;* a p. singing (the piano, French) *jklle laulua (pianonsoittoa, ranskaa);* a p. [how to do] a trick *jklle temppu); (antaa opetusta) (m)* instruct (a p. [in] how to do *jkta tekemään),* give instruction (in *jssk); (kouluttaa)* train (a dog *koiraa).*

opettaja teacher; *(koulun~) (m)* school|master, *(fem)* -mistress; *(ammattiym ~)* instructor (ski instructor *hiihdon~); (oppi-isä)* master, teacher ~**inhuone** teachers' (staff) room ~**kokous** staff (teachers') meeting ~**nkoroke** dais, rostrum ~**nkoulutuslaitos** teacher training college (institution).

opettava[**inen**] moral (story *kertomus*); educational (example *esimerkki*), instructive (experience *kokemus*); didactic (sermon *saarna*).

opetuksellinen educational.

opetu|**s 1** teaching; instruction (give (receive) instruction in *antaa (saada) ~ta jssk); (kasvatus)* education (adult education *aikuis~)* **2** *(neuvo)* teaching (the teachings of Christ *Kristuksen -kset);* lesson; moral (the moral of the story *kertomuksen ~); (varoitus)* warning; *antaa jklle pieni ~* teach a p. a lesson.

opetus||- teaching (material[s] *-aineisto;* hospital *-sairaala;* aid *-väline);* △ educational, instructional (film *-elokuva;* method *-menetelmä;* television *-televisio)* **-harjoittelija** student teacher, teacher trainee **-kieli** language of instruction **-laitos** educational system **-lapsi** disciple **-ministeri** Minister of Education **-ministeriö** Ministry of Education **-ohjelma 1** *(rad, TV)* educational program[me] **2** *(koul ym)* teaching program[me] **-suunnitelma** curricul|um *(pl m -a), (erik kurssin ~)* syllab|us *(pl m -i)* **-toimi** education[al system].

opillinen *(oppisuuntaa koskeva)* doctrinal (dispute *riita).*

opin||**ahjo** seat of learning **-ala** discipline, branch of learning **-haluinen** ..ready (eager) to learn **-kappale** dogma *(pl m ~ta),* doctrine; tenet (ideological tenets *ideologiset ~et); ~et (m) (sg)* dogma, doctrine **-käynyt** trained, skilled.

opin|**not** studies; *harjoittaa -toja* study.

opinto||- study (circle, group *-kerho;* loan *-laina)* **-keskus** study centre; centre for studies in.. **-matka** study trip (tour), educational visit **-neuvoja** student adviser **--ohjaaja** tutor, supervisor of studies **--ohjelma** curricul|um *(pl m -a),* syllab|us *(pl m -i)* **-päivät** *(sg)* seminar, conference **-suunnitelma** curricul|um *(pl m -a)* **-suunta** branch of study **-tuki** financial aid to students.

opiskelija student ~**asuntola** student village; hall of residence; *(Am)* dormitory ~**vaihto** student exchange.

opiskella study (English *englantia;* to be a doctor *lääkäriksi).*

opiskelu study (of history *historian ~)* ~**aika;** *~naan* in his student days ~**paikka** student (university) place ~**toveri** fellow-student ~**vuodet** student years.

opisto college, institute.

oppi 1 *(~neisuus)* learning, scholarship; *(kirj)* erudition; *(koulutus)* education **2** *(~järjestelmä)* doctrine (of the Catholic Church *katolisen kirkon ~*), dogma; *(opetus)* teaching; *(usko)* faith (the Jewish faith *juutalaisten ~*); *(teoria)* theory (of evolution *kehitys~*) ▶ *olkoon tämä sinulle* **opiksi** let this be a lesson (warning) to you; *olla jkn* **opissa** be apprenticed to, serve one's apprenticeship with; *ottaa ~a jstk* learn from; *ottaa jksta ~a (m)* follow a p.'s example; **panna** *puusepän ~in* apprentice .. to a carpenter; **saada** *~a jssk* receive instruction in.

oppi|a learn ([how] to do *tekemään;* a th. from *jtk jklta;* from other people's mistakes *muitten virheistä*) ▶ *hän -i* **hitaasti** *(nopeasti) (m)* he is a slow (quick) learner; ~ **kokemuksesta** learn by experience; ~ **pitämään** *jstk* grow (learn, come) to like a th.; ~ **tuntemaan** *jku [paremmin]* come (get) to know a p. [better]; *tästä* **opimme että..** this goes to show that..

oppi||aika apprenticeship **-aine** subject [of instruction] **-arvo** degree **--isä** master, teacher; spiritual father; apostle; *(ark)* guru **-jakso** course **-kirja** textbook **-laitos** educational establishment; college.

oppilas 1 pupil; *(opiston ym ~)* student; *(ammatti~)* apprentice; *(harjoittelija)* trainee **2** *(kuv)* disciple, follower **~asuntola** hall of residence; *(Am)* dormitory **~kunta** student body, students' union.

oppi||maton unlearned, unlettered, uneducated; *(halv)* ignorant **-mestari** master **-määrä** course, syllab|us *(pl -i)* **-neisto** *(pl)* educated circles, learned people **-neisuus** learnedness, scholarship, *(kirj)* erudition **-nut I** *a* learned (man *mies*); scholarly, *(kirj)* erudite; ~ *mies (m)* man of great learning **II** *s* learned person; *(humanistista m)* scholar **-poika 1** apprentice; *olla ~na jssk* serve one's apprenticeship with a p.; be apprenticed to a p. **2** *(aloittelija)* beginner, tyro, novice **-riita** doctrinal dispute **-sana** term, technical term **-sanasto** terminology **-sopimus** *(pl)* indentures; apprenticeship contract **-suunta** school [of thought]; doctrine, dogma **-tunti** lesson (English lesson *englannin ~*), *(Am)* class; [teaching] period (16 teaching periods a week *16 ~a viikossa*), lesson period **-tuoli** chair,

professorship **-vainen** ..quick to learn **-velvollisuus** compulsory education (school attendance) **-vuosi** year of apprenticeship.

oppositio opposition (in opposition *~ssa;* to *jtk vastaan)* **~puolue** opposition party.

opti||ikka 1 *(valo-oppi) (sg)* optics **2** *(tekn)* optical system, *(pl)* optics (of an instrument *laitteen ~*) **-kko** optician.

optimaalinen optimum.

optimis||mi optimism **-ti** optimist (confirmed optimist *ikuinen ~*) **-tinen** optimistic[al].

optimoi||da optimize **-nti** optimization.

optinen optical.

opus 1 *(mus)* opus *(pl* opera) **2** *(kirja)* book, tome.

oraakkeli oracle **~mainen** oracular.

oraalinen oral.

oranki orangutan[g].

oranssi[nvärinen] orange.

ora||paatsama buckthorn **-pihlaja** hawthorn **-pihlaja-aita** [haw]thorn hedge.

ora|s *(m -at)* new (tender) crop; *nousta -alle* sprout, spring up **~taa 1** sprout, spring up, germinate **2** *(kuv)* dawn; emerge; take form, develop (the plan began to develop in his mind *suunnitelma alkoi ~ hänen mielessään),* germinate **~tava** *(kuv)* dawning (civilization *kulttuuri),* emerging; budding (love *rakkaus)* **~tus** dawn[ing] (of a new age *uuden ajan ~*); emergence.

oratuomi blackthorn.

orava squirrel **~nmarja** May lily **~nnahka** squirrel [skin] **~pyörä** treadwheel; *(kuv m)* rat race.

ordinaatta ordinate.

orgaaninen organic (adv *~ally).*

organis||aatio organization; *organisaatio|-, ~n* organizational **-aatiokaavio** organization chart **-aattori** organizer **-mi** organism **-oida** organize **-oimaton** unorganized **-oitu|a** organize, get organized; *-nut* organized (crime *rikollisuus).*

orgasmi orgasm.

orgiat *(sg)* orgy.

ori stallion.

orientoitu||a orientate (in, with regard to *jhk)* **-minen** orientation.

orientti the Orient.

originaali original; *asiakirjan ~* the original document **~nen** original **~suus** originality.

originelli original; ~ *[ihminen]* eccentric.

orivarsa colt.

orj|a slave ▶ **alkoholin** *(intohimon)* ~ slave to drink (passion); **huumeiden** ~ drug addict, slave to drugs; **myydä** ~*ksi* sell.. into slavery; sell..as (for) a slave; *olemme* **tapojemme** *-ia* we are the slaves (creatures) of habit.

orja||- slave (market *-markkinat;* driver *-piiskuri (m kuv);* labo[u]r *-työ)* **-kaup|pa** slave trade (traffic); *valkoinen* ~ white slavery; *valkoisen -an harjoittaja (uhri)* white slaver (slave) **-kauppias** slave trader **-laiva** slave ship, slaver **-llinen** slavish (translation *käännös)* **-mainen** slavish; *(nöyristelevä)* servile **-ntappurakruunu** crown of thorns **-tar** female slave; *(raam)* bondmaid; *(haaremin* ~*)* odalisque.

orjuu||s slavery (in slavery to *jnk -dessa)* *(kirj)* servitude, bondage (of the Israelites in Egypt *israelilaisten* ~ *Egyptissä)* **-ttaa** enslave, reduce .. to slavery **-tus** enslavement.

orkesteri orchestra; *(yhtye)* band.

orkesteri||- orchestral (music *-musiikki;* player *-muusikko)* **-njohtaja** conductor **-syvennys** [orchestra] pit, orchestra.

orkidea orchid.

ornamentti ornament.

or|po *a ja s* orphan (child *lapsi)*; *jäädä -voksi* be orphaned; *tuntea itsensä -voksi* feel forsaken (abandoned) **~koti** orphanage, orphan asylum (home) **~us** orphan|hood, -age.

or|si 1 *(rak)* beam, balk **2** *(linnun* ~*)* perch; *(kanan* ~*)* roost (at roost *-rella)*; *kuin kanat -rella* cheek by jowl.

ortodoksi; *hän on* ~ he belongs to (is a member of) the Orthodox Church; ~*t* the Orthodox **~a** orthodoxy **~nen** orthodox; *(usk)* Orthodox; ~ *kirkko* the Orthodox Church **~suus** Orthodoxy.

ortopedia *(sg)* orthop[a]edics.

orvaskesi epidermis; *orvaskesi|-* epidermal.

orvokki violet.

os|a 1 part (divide into parts *jakaa -iin;* [a large] part of the country *[suuri]* ~ *maasta)*; △ *(osuus)* share (I want my share *haluan oman* ~*ni)* **2** *(jotkut)* some (of them *heistä;* some [of the] boys went out and some stayed indoors ~ *pojista meni ulos ja* ~ *jäi sisälle)* **3** *(koneen ym* ~*)* part (motorcar parts *auton*~*t)*, component [part]; piece (buy a table in pieces *ostaa pöytä -ina)*; *(*~*nen)* bit **4** *(kohtalo)* lot (his lot is not a happy one *hänen* ~*nsa ei ole helppo)* **5** *(rooli)* part (of the hero

sankarin ~*)*, role (play the role of *esittää jtk* ~*a)* **6** *(nidos)* volume (volume IX ~ *IX)* **7** *(mus)* **a)** *(sinfonian ym* ~*)* movement (the first movement *ensimmäinen* ~*)*; **b)** part (flute part *huilu*~*)* ▶ *minulla ei ole siihen* ~*a eikä* **arpaa** I have no share in it; *(kuv)* **esittää** *tärkeätä* ~ *jssk* play an important part in; **hajottaa** *(purkaa) -iin* take..apart (to pieces); **olla** ~ *jstk* form (be) part of; **osaksi** *(osin)* partly, in part; **osaltaan** *edistää jtk (vaikuttaa jhk)* contribute to, have a contributory influence on; *omalta* **osaltani** for my part, as far as I am concerned; *joiltakin (kaikilta)* **osin** in some (all) respects (parts); *niiltä -in kuin* as concerns, in so far as; **ottaa** ~*a jhk* take part in; participate (partake) in; *ottaa* ~*a kustannuksiin* [take a] share in the expenses; *ottaa* ~*a jkn iloon* share [in] a p.'s joy; *ottaa* ~*a jkn suruun* sympathize with a p. in his sorrow; *otan* ~*a* please accept my condolences; **saada** ~*kseen* receive (attention *huomiota)*; meet with (hospitality *vieraanvaraisuutta)*; be the butt of (mockery *pilkkaa)*; **suureksi** ~*ksi* for the most part, mostly; in large part; **suurin** ~ *jstk* the greater part of; most of (them *heistä;* the summer *kesästä)*, the majority of (the people *ihmisistä)*; the bulk of (the money *rahasta;* the work *työstä)*; **tulla** *jkn* ~*ksi* fall to a p.'s lot.

osa||-aikatyö part-time work (job); *tehdä* ~*tä* work part-time **--alue** field, sector; division.

osaaottava[inen] sympathetic *(adv* ~*ally)* (look *katse)*, sympathizing.

-osainen *(yhdyss)* ..in..parts *(mus;* fugue in four parts *neli*~ *fuuga)*, -part (twenty-part *kaksikymmen*~*)*; *(kirja-sarjasta)* ..in..volumes (an encyclopedia in 20 volumes *20-*~ *tietosana-kirja)*; *(mus)* neli~ *sinfonia* a symphony in four movements.

osa||jako *(teatt)* casting **-joukko** *(mat, atk)* subset.

osak||as shareholder; *(yhtiökumppani)* partner; *ryhtyä* *-kaaksi* enter into partnership *-e* **1** share (subscribe to shares *merkitä -keita)*; *-keet (m) (sg)* stock; *(kuv)* *hänen -keensa ovat korkealla* he is high in favo[u]r; *nostaa -keitaan* improve one's standing **2** = *huoneisto.*

osake||anti share (stock, capital) issue, issue of shares **--enemmistö** majority of shares; *yhtiön ~ on N.N:n hallussa* N.N. has a controlling interest in the company **-huoneisto** owner[-occupied] flat (apartment) **-markkinat** stock market **-pankki** limited (joint stock) banking company; *(Am)* incorporated bank **-pääoma** share capital; *(Am)* capital stock **-yhtiö** limited (joint stock) company, *(lyh* Ltd.); *(Am)* [stock] corporation, incorporated company, *(lyh* Inc.).

osakk∥eenomistaja *(liik)* shareholder, *(erik Am)* stockholder **-uus** partnership.

osakunta *(läh v)* students' club.

osalli∥nen; *olla -sena jssk* have a share in, *(osallistua jhk)* take part in; *olla -sena rikokseen* be implicated in a crime; *rikokseen ~* party to a crime; *päästä -seksi jstk* get one's share of; *-set* those concerned **-stua;** *~ jhk* take part in, participate in; *~ kustannuksiin* take a share (share [in]) the expenses **-stuminen** participation (in *jhk)* **-stuva** *(kantaa ottava)* committed, engaged (literature *kirjallisuus)* **-suus** share, part (in *jhk);* *(lak)* complicity, implication (in a crime *rikokseen).*

osamaksu; *~lla* on hire purchase, *(Am)* on the installment plan; *(ark)* on the never-never **~erä** instal[l]ment, part payment **~hinta** hire-purchase price **~kauppa** hire purchase [system], *(lyh* H.P.); *(Am)* the installment plan.

osa∥määrä *(mat)* quotient **-nen** [small] piece, bit; *(hiukkanen)* particle.

osanottaja participant (in *jnk ~);* *(urh m)* entrant, competitor; *(jäsen)* member **~maa** participating country.

osanotto 1 participation (in *jhk);* *(läsnäolo)* attendance (large attendance at a meeting *suuri ~ kokoukseen);* *vaaleissa oli laimea (vilkas) ~* the poll was light (heavy); *(Am)* voting activity was poor (lively) **2** *(myötätunnonosoitus)* sympathy; *(pl)* condolences; *ilmaista ~nsa jklle* condole with a p. (on *jnk johdosta),* express one's sympathy to.

osapuol∥i party (the guilty party *syyllinen ~);* *(lak)* **-et** the parties involved; *sopimuksen -et* the parties to the contract.

osapäivä∥- part-time (student *-opiskelija)* **-toiminen** part-time **-toimisesti** on a part-time basis **-työ** part-time work; *(työpaikka)* part-time job; *tehdä ~tä* work part-time, do part-time work **-työntekijä** *(m)* part-timer.

osasto 1 department (furniture (accounting) department *huonekalu- (laskenta)~);* *(jaosto)* division; *(näyttelyn ~)* stand, pavilion **2** *(sairaalan, vankilan ~)* ward **3** *(raut)* compartment **4** *(san)* section (sports section *urheilu~),* column (fashion column *muoti~),* page[s] **5** *(sot)* detachment, detail **6** *(lokero)* compartment **~nhoitaja 1** *(sairaalan ~)* [ward] sister; *(miehestä)* charge nurse; *(Am)* head nurse **2** *(liik ym)* departmental head **~päällikkö** department[al] head (chief), departmental manager.

osa∥suoritus 1 *(liik)* part[ial] payment, instal[l]ment **2** *(elok ym)* performance **-syy** contributory cause (of *jhk);* *olla ~nä jhk (m)* contribute to, have a share in **-syyllinen;** *olla ~ jhk* be partly to blame for, share the blame for (the guilt in).

osa∥ta 1 can (he can play the piano *hän -a soittaa pianoa);* △ be able to (next year you will be able to do it *ensi vuonna -at tehdä sen);* know how to (play chess *pelata shakkia;* I would have done it but I didn't know how to *olisin tehnyt sen mutten -nnut)* **2** *(tietää)* know (one's lessons *läksynsä;* foreign languages *vieraita kieliä)* **3** *(~ jnnk)* know the way (to *jnnk);* find one's (the) way (to *jnnk;* he couldn't find his way back *hän ei -nnut takaisin)* ▶ *kukapa olisi -nnut* **aavistaa** *että* who would have thought that..; *en -nnut aavistaakaan että* little did I think that..; *en -nnut* **odottaa** *sinua näin aikaisin* I wasn't expecting you so soon; *hän -a [puhua]* **ranskaa** he knows (can speak) French.

osa∥tekijä [contributory] factor (in *jnk ~),* contributor (to); component; *olla ~nä jhk (m)* contribute to **-tentti** part examination **-ton;** *jäädä -ttomaksi jstk* be left without [any share in]; *yhteiskunnan -ttomat* the deprived (underpriviledged, have-nots) of society **-totuus** one side of the truth, partial truth **-valtio** state; *~iden välinen* interstate **-vastuu;** *olla ~ssa jstk* be in part responsible for.

Oseania Oceania; *~n* Oceanic.

osingonjako distribution of dividend.

osinko dividend; *jakaa ~a* pay a dividend **~lippu** dividend warrant.

osittaa divide [into portions]; *(lak)* partition; *~ maata* lot [out] (parcel) land.

osittain partly, in part; partially **~en** partial.

ositus division; partition.

osmankäämi bulrush, reed mace.

osoit|e address; *lähetä se -teeseen..* send it to.. **~lappu** address label; *(matkatavaroissa)* luggage (*Am* baggage) label (tag) **~lla** point (it is rude to point *on rumaa ~*) **~[posti]toimipaikka** post office of destination, receiving post office.

osoitin pointer, indicator; *(kellon ym ~)* hand (minute hand *minuutti~*); *(kuv)* index (of the standard of living *elintason ~*).

osoit|taa 1 point (to the door *ovea;* the needle of the compass points to the north *kompassin neula ~ pohjoiseen*); *(~ joukosta)* point out (could you point me out the man you suspect *-taisitteko minulle epäilemänne miehen*); indicate (the arrow indicates the right direction *nuoli ~ oikean suunnan*); **~ sormellaan** *jtk* point [one's (a) finger] at; *(kuv) ~ jkta sormella* point the finger [of scorn] at **2** *(suunnata)* direct (one's thanks (a letter) to *kiitoksensa (kirje) jklle*), address (a letter to *kirje jklle*); **~ sanansa** *jklle* address (direct) one's words to **3** *(näyttää)* show (signs of *merkkejä jstk;* interest in *mielenkiintoa jhk;* great courage *suurta rohkeutta*); display (one's ignorance *tietämättömyytensä*); indicate (this indicates that.. *tämä ~ että*); *(~ selvästi)* manifest (he didn't manifest much desire for *hän ei -tanut paljonkaan halua jhk*) **4** *(todistaa)* prove (one's competence *pätevyytensä*); show **5** *(~ jhk tarkoitukseen)* allot (a th. to a p. *jtk jklle;* they were allotted a house to live in *heille -ettiin talo jossa he voisivat asua*), allocate (funds to *varoja jhk*); assign; *(parl)* vote, appropriate (two million marks for *kaksi miljoonaa markkaa jhk*); **~** *jklle työpaikka* provide work for.

osoittaja 1 *(mat)* numerator **2** *(ilmaisin)* indicator.

osoittautu|a prove [to be] (useless *hyödyttömäksi;* he proved [himself] to be a coward *hän -i pelkuriksi*), show o.s. (itself) [to be]; turn out [to be] (a success *menestykseksi*); *-i että..* it turned out that..; *-i että hän oli väärässä* he turned out to be wrong.

osoitu|s 1 indication (of *jstk;* a clear indication that.. *selvä ~ siitä että*), manifestation; *(ilmaus)* expression (of loyalty *uskollisuuden ~*); *(merkki)* token (as a token of friendship *-ksena*

ystävyydestä), sign (of *jstk*); *(todiste)* proof (as [a] proof of regard *kunnioituksen ~ksena*); olla *-ksena jstk (ks m todistaa 4)* **2** *(maksu~)* assignment.

ostaa buy (from *jklta;* for *jklle;* with *jllak;* at a price *jhk hintaan;* cheap *halvalla;* dear *kalliilla;* new *uutena*); *(kirj, liik)* purchase; *(~ varastoon)* buy in (enough food for the weekend *tarpeeksi ruokaa viikonlopuksi*); *(~ kaikki)* buy up (the whole stock *koko varasto*) ▶ *~ jk 100* **markalla** buy a th. for 100 marks; *~ jtk 100 markalla (m)* buy 100 marks' worth of; *~ jku* **puolelleen** buy over a p.; *rahalla ei voi ~ rakkautta* money can't buy love; *~* **takaisin** buy back; *(liik)* repurchase.

ostaja buyer; purchaser **~kunta** *(pl)* buyers, customers; clientèle.

osteri oyster **~matalikko** oyster bed (bank, park) **~nviljelijä** oyster farmer **~nviljely** oyster culture **~viljelmä** oyster farm.

osto purchase **~haluttomuus** *(liik)* sales resistance **~hinta** purchase price **~hyvitys** rebate **~- ja myyntiliike** second-hand shop **~kurssi** buying rate **~merkki** trading stamp **~pakko** obligation to buy.

osto|s purchase; *-kset (m) (sg)* shopping; *mennä -ksille* go shopping; *tehdä -ksia* do one's shopping.

ostos||- shopping (centre *-keskus;* street *-katu;* list *-lista*) **-kassi** shopping bag, shopper **-kärry[t]** [shopping] trolley; *(Am)* pushcart.

osto||tottumus buying habit **-voima** purchasing power.

osu|a hit (he was hit by a bullet *häneen -i luoti;* he (the shot) hit the target *hän (laukaus) -i maaliin*); *(iskeä m)* strike (the tree was struck by a lightning *puuhun -i salama*); *(sattua)* [happen to] fall [up]on (the lot (choice) fell upon him *arpa (valinta) -i häneen;* his eye[s] fell upon *hänen katseensa -i jhk*) ▶ *hän (nuoli)* **ei** *-nut [maaliin] (m)* he (the arrow) missed [the target]; *~* **oikeaan** hit upon the right thing, hit the nail on the head; *vastauksesi -i oikeaan* you hit upon the right answer; *hänen* **päänsä** *-i jhk* he hit his head on (against).

osuma hit; *(urh) saada ~* score a hit; *hän sai ~n jalkaansa* he was hit in the leg.

osuu|s 1 share (of, in *jstk;* I have no share in this matter *minulla ei ole mitään -tta tähän asiaan*); *(suhteellinen ~)* proportion; *(osa)* part (it has an important part in *sillä* on tärkeä ~ *jssk*); *(lak ym)* interest (buy out a p.'s interest in the company *ostaa jkn ~ yhtiöstä)* **2** *(jakso)* section (of a road *tie~)*; *(urh)* stage.

osuus||- *(tal)* cooperative (dairy -*meijeri)* **-kauppa** cooperative retail society; *(myymälä)* cooperative shop (store), *(lyh)* coop **-kunta** cooperative [society] **-pankki** cooperative bank **-pääoma** subscribed capital **-toiminnallinen** cooperative **-toiminta** cooperation, cooperative system.

osuva *(kuv)* apt, telling, *(kirj)* apposite (remark *huomautus)*; *(pred)* ..to the point.

osviitta *(vihje)* clue; indication.

otaksu||**a** suppose (I suppose that.. -*n että)*, presume, assume; -*en että* on the supposition that.. **-ma** supposition, presumption, assumption **-ttava;** *on ~a että* it is presumable that.. **-ttavasti** supposedly, presumably.

otanta *(tilast)* sampling.

Otava the Plough, Charles's Wain; *(Am)* the Big Dipper.

ot|**e 1** hold (lose one's hold on *menettää* -*teensa jstk)*; grip (the correct grip on the club *oikea ~ mailasta;* a good grip on one's audience *hyvä ~ kuulijoihin)*; *(luja ~)* grasp, clutch; *(kuv m)* control (over *jstk)* **2** *(tekstin~)* extract (from the minutes *pöytäkirjan ~)*, excerpt **3** -*teet* measures (take harsh measures *käyttää kovia* -*teita)* **4** *(mus)* chord ▶ **irrottaa** -*teensa jstk* let go (release) one's hold of, let go one's grip on; *hänen -teensa köydestä irtosi* he lost his grip on the rope; *inflaatio* **kiristää** ~*ttaan* inflation is tightening its stranglehold; **pariin** -*teeseen* a few times; **pitää** *jtk* -*teessaan* keep a hold on; **saada** ~ *jstk* get hold of, get a grip on; **useaan** -*teeseen* on several occasions, repeatedly.

otelauta *(mus)* fingerboard.

otella fight (against *jkta vastaan;* for *jstk)*; *(kilpailla)* contend (against *jkta vastaan)*, compete (for the medals *mitaleista)*.

otollinen favo[u]rable (opportunity *tilaisuus)*; convenient (time *aika)*, suitable (place for *paikka jllk)*; *(ajasta m)* opportune.

otos 1 *(elok, valok)* shot; *(nauhoitustekn)* take **2** *(tilast)* [random] sample.

otsa forehead; brow (wipe the sweat off one's brow *pyyhkiä hikeä ~ltaan)*; *hänellä oli ~a tehdä..* he had the cheek *(ark*

nerve) to do..; *rypistää* ~*nsa* frown (at *jklle)*; ~ *rypyssä* with a frown.

otsa||- *(anat)* frontal (lobe -*lohko;* bone -*luu)* **-ke** = *otsikko* **-kihara** forelock **-lamppu** head (frontal) lamp **-nauha** headband **-peili** head (frontal) mirror **-ripa** diadem, frontlet **-tukka** fringe; *(Am) (pl)* bangs.

otsik|**ko** title; head[ing]; *(san)* headline (he just glanced at the headlines *hän lukaisi vain -ot);* *mietinnön* ~*na oli..* the report was headed..

otsonikerros *(ilmakehän ~)* ozonosphere, ozone layer.

ot|**taa** *(yl)* take (a th. |away| from *jtk jklta;* a th. out of *jk jstk;* a step forward *askel eteenpäin;* a p. by the hand *jkta kädestä;* a glass of *lasillinen jtk;* as one's own *omakseen;* a p. as one's wife *jku vaimokseen)* **1** *(hyväksyä jhk)* admit (100 pupils will be admitted to the school *kouluun -etaan 100 oppilasta)* **2** *(sisällyttää jhk)* include (a th. in one's programme *jtk ohjelmaansa)* **3** ~ *[itselleen]* assume (the role of leader *johtajan rooli;* a new name *uusi nimi)* **4** *(~ pöydästä ym)* take; help o.s. to (the fruit *hedelmiä;* another cake *toinenkin leivos);* have (have some more! -*a lisää!* have a cigarette! -*a savuke!)* **5** *(~ palvelukseen)* take on (new workers *uusia työntekijöitä);* engage, employ **6** *(ark); (juoda alkoholia)* drink (he drinks far too much *hän ~ aivan liian paljon);* *hän on hieman -tanut* he's had one or two **7** *(koskettaa)* touch (the branches touch the ground *oksat -tavat maahan)* ▶ ~ *kasvoilleen viaton* **ilme** put on an air of innocence; -*a tai* **jätä!** take it or leave it! -*atko* **kahvia vai teetä?** will you have (take) coffee or tea? ~ *jk leikin* **kannalta** take a th. as a joke; ~ **kiinni a)** catch (a p. cheating *jku lunttauksesta;* a ball *pallo;* a thief *varas);* capture, seize (a thief *varas); (saavuttaa) (konkr ja kuv)* catch up with (the other runners *toiset juoksijat);* (take) *varas kiinni!* stop thief! **b)** *(tarttua)* ~ **kiinni** *jstk* take (a p. by the hair *jkta tukasta);* take (seize) hold of, *(lujasti)* grip, grasp, grab (a rope *köydestä);* ~ *100* **markkaa** *jstk* charge (take) 100 marks for; ~ **mukaan[sa]** take .. with one; *(sisällyttää)* include (a th. in *jk jhk);* ~ *jk laskuissa mukaan* count .. in; *(ark)* olla **otettu** *jstk* be taken with, be tickled pink about; ~ **[pois]** take away (from *jklta*); take off (one's coat *takkinsa*), remove (one's hand from a p.'s shoulder *kätensä jkn olalta*); extract (a cork from a bottle *korkki pullosta*); withdraw (from circulation *liikkeestä*); *(tilapäisesti)* suspend; ~ **rahaa** *tililtään* [with]draw money from one's account; ~ **takaisin** take back (from *jklta;* one's husband *miehensä; (kuv)* one's words *sanansa*); *(kuv m)* withdraw; ~ *takaisin menetetty aika* make up for lost time; ~ *vahinko takaisin* make up for lost opportunities; ~ **tehdäkseen** take on (a job *jk työ;* too much *liian paljon*); ~ **tehtäväkseen** undertake (to improve the conditions *olojen parantaminen*); *hän ei -tanut* **uskoakseen** *sitä* he wouldn't believe it; ~ *jk* **vakavasti** *(tosissaan)* take a th. seriously (in earnest);   **vastaan** receive (a gift *lahja;* a service *syöttö;* guests *vieraita*); take (orders from *käskyjä jklta;* a bribe *lahjus*); *(hyväksyä)* accept (an invitation *kutsu*); *(sot)* review (the troops *joukot*); ~ *ehdotus vastaan lämpimästi* welcome a proposal warmly; *hän ei -tanut vastaan* he refused (the money *rahaa*); ~ **voimille** *(hermoille)* tell on one's strength (nerves); ~ **yhteen** clash (with *jkn kanssa*).

ottelija contestant; *(nyrkk m)* fighter.
ottelu match; contest; *(nyrkk m)* fight, bout ~**pallo** *(tenn ym)* match point.
ottimet servers (salad servers *salaatin~*).
otto 1 *(tililtä~)* withdrawal 2 *(elok, äänitekn)* take.
otto|- adoptive (son *-poika;* parents *-vanhemmat*).
otus 1 *(elukka)* creature, animal; *(kirj)* beast 2 *(olio)* creature, being.
oudoksu||**a, -ttaa;** *-mme sitä että* we find it rather odd (peculiar) that.. **-ttava** = *outo 2.*
ounastella have a feeling (that *että*); *(epäillä)* suspect; *(otaksua)* [half] expect.
ou|**to** 1 *(vieras)* strange (to *jklle;* in a strange country *-dossa maassa*);

unfamiliar (face *-dot kasvot*); ~ *[ihminen]* stranger 2 *(omituinen)* strange, odd; peculiar (I find it rather peculiar that.. *minusta on aika ~a että*), curious, queer; *(ark)* weird; *(ark)* ~ *tyyppi* oddball; weirdie ~**us** strangeness, unfamiliarity; odd|ness, -ity, peculiarity, queerness.
ovel||**a** cunning (man *mies;* trick *temppu*), crafty (politician *poliitikko*); *(kavala)* sly; underhand[ed] (scheme *suunnitelma*); *(nokkela)* clever; ~ *kuin kettu* [as] cunning as a fox **-uus** cunning, craft.
oven||**kahva** doorhandle **-karmi, -kehys** door|frame, -case **-kolkutin** [door]knocker **-piel**|**i** door|jamb, -post; *seistä -essä* stand in the doorway **-pysäytin** doorstop[per] **-ra**|**ko** chink [of the door]; *kurkistaa -osta* peep from the door **-suljin** door check **-suu** doorway (stand in the doorway *seistä* ~*ssa*) **-vartija** doorman; *(erik Br)* porter.
ov|**i** door; *(kuv m)* doorway, gateway (to freedom *vapauteen*) ▶ **osoittaa** *jklle -ea* show a p. the door; **ovella** at the door; *Joulu on -ella* Christmas is near (*ark* just [a]round the corner); **ovelta ovelle** from door to door; *-elta -elle -myyjä* door-to-door salesman; *avain on* **ovessa** the key is in the lock; *tulla -esta* **sisään** come in [through] the door; **suljettujen** ~*en takana* behind closed doors; *koulu* **sulkee** *-ensa kesäksi* the school shuts up for the summer; *kaikki -et* **sulkeutuivat** *häneltä* all doors closed on him; *sormeni jäivät -en* **väliin** I pinched (caught) my fingers in the door[way].
ovi||**aukko** doorway; door (block the door *tukkia* ~) **-kello** doorbell; *soittaa* ~*a* ring the doorbell; give a ring at the door **-kilpi** doorplate **-matto** doormat **-mies** doorman **-naapuri** next-door neighbo[u]r.
-ovinen *(yhdyss)* door (four-door *neli~*). -doored (wide-doored *leveä~*).
ovi||**silmä** spyhole, peephole **-verho** portière *(ransk),* door curtain.
ovulaatio ovulation.

P

p, P *(kirjain)* p, P *(pl* ps, p's, Ps, P's).
-pa *(-pä)* *(loppuliite)* **1** *(jää us
kääntämättä)* (let's go! *lähdetäänpä[s]!*
that's why he did it *siksipä hän sen
tekikin)* **2** *(toivomuksissa)* if only, I wish,
oh that (I were younger! *olisinpa
nuorempi!)* **3** *(myönnytyksissä)* no matter
[what (who, where, how)] (what he says
sanoipa hän mitä tahansa) **4**
(kehotuksissa) just (tell me *sanopa[s]
minulle)* **5** *(sanontaa lieventämässä)* I
think (I don't come *enpähän taida tulla)*
▶ **enpä** *tiedä!* oh I don't know! **mikäpä**
siinä! why not! **onpas!** *(eipäs!)* but it is
(isn't)!
paaduttaa harden (one's heart *sydämensä).*
paah∥de heat (of the sun *auringon ~)* **-din**
(leivän~) toaster; *(kahvin- ym ~)* roaster,
roasting grid **-taa 1** burn (the sun was
burning in the clear blue sky *aurinko -toi
pilvettömältä taivaalta); (korventaa)*
scorch, parch; *päivän -tama iho*
[sun-]tanned skin **2** *(keitt)* roast (coffee
beans *kahvia;* meat *lihaa);* toast (bread
leipää); (~ vartaassa) barbecue **3** *(ark
koul)* grind away (at *jnk kimpussa)* **-timo**
roasting house, roastery; *(pl)* roasters.
paahto *(keitt)* roast[ing] **~leipä** toast **~paisti**
roast beef **~vanukas** caramel custard.
paahtua be (get) heated (scorched, roasted).
paakku *(maa~)* clod; lump (of snow
lumi~); (juuri~) ball **~taimi** balled
transplant, ball seedling **~untu∣a** get
lumpy (cloddy); clod; cake (caked snow
-nut lumi).
paal∥ain *(maat)* baling press, baler **-i** bale,
pack; **-eittain** in bales **-ittaa** bale; pack in
bales.
paalu 1 pole, post *(m urh); (pieni ~)* pale;
(merkki~) stake, picket **2** *(rak)* pile (drive
piles into ground *lyödä ~ja maahan)*
~aita paling, fence of piles **~juntta** pile
driver **~paikka** *(autourh)* pole position
~rakennus *(arkeol)* lake (pile, lacustrine)

dwelling **~solmu** bowline [bend] **~ttaa 1**
(maanmitt) stake (lay, peg) out, mark by
pickets **2** *(rak)* drive piles (down) **~tus 1**
(konkr) pilework; paling **2** *(maanmitt)*
staking, laying out **3** *(rak)* pile driving
~varustus palisade.
paanne *(läh v)* sheet ice; ice-coated road.
paanu [roofing] shingle **~katto** shingle roof.
paapuuri *(mer)* port; **~n** *puolella* on the
port side.
paari∥liina pall **-nkantaja** stretcher-bearer
-t *(sg)* **1** *(sairas~)* stretcher, litter **2**
(ruumis~) bier; *jkn -en äärellä* by the bier
of **3** *(kanto~)* [hand]barrow.
paarma horsefly, gadfly **~lintu** flycatcher.
paasa∣ta, -us *(ark)* rant.
paasi *(kallio~)* bench (ledge) of rock;
(kivi~) flag[stone], stone slab.
paasto 1 *(~aminen)* fast **2** *(kirk) (~naika)*
Lent **~naikainen** *(kirk)* Lenten; *l. ~
sunnuntai* the first Sunday in Lent **~∣ta**
fast; *laihduttaa -amalla* reduce by fasting.
paato∥ksellinen bathetic *(adj ~*ally), ..full
of pathos **-s** pathos; *täynnä ~ta* full of
rhetorical eloquence.
paatsama buckthorn.
paatu∥a be[come] hardened **-neisuus**
hardness, obduracy; *(erik usk)*
impenitence **-nut** hardened (criminal
rikollinen).
Paavali; *apostoli ~* St. Paul **p~nkukka**
African violet.
paavi pope; **~n/-/** papal (legate *lähettiläs;*
election *-vaali)* **~llinen** papal, apostolic,
pontifical.
paavin∥istuin Apostolic (Holy) See **-kirje**
[papal] brief **-usko** popery, papistry **-valta**
papacy, popedom **-vastainen** antipapal.
padota 1 dam [up] (a river *joki);*
(pengertää) embank, bank [up] **2** *(kuv)*
hold up, suppress (one's feelings
tunteensa).
pa∣eta 1 *(lähteä pakoon)* flee (a th., before,
from *jtk),* run away (from danger *vaaraa);*

(lähteä karkuun) take [to] flight **2** *(päästä pakoon)* escape (from prison *vankilasta;* try to escape reality *yrittää ~ todellisuutta)*, get away (in a stolen car *varastetulla autolla)* **3** *(us kuv) (kadota)* flee, vanish ▶ ~ **jhk** take refuge in, flee to; *(kuv)* escape into, seek refuge in; ~ **maasta** flee the country; **meri** *-kenee* the sea is receding; **väri** *-keni hänen kasvoiltaan* he turned white as a sheet.

pah|a I *a (yl)* bad *(komp* worse, *superl* worst; *ks hakus* -empi, -in); *(ilkeä)* evil (thoughts *~t ajatukset;* in an evil hour *~lla hetkellä)*, wicked (person *ihminen)*; *(tuhma)* naughty (boy *poika)*; nasty (wound *haava;* weather *ilma)*; *(huono)* ill (repute *maine)*; *(vakava)* serious (conflict *selkkaus)*, severe (headache *päänsärky)* **II** *s* evil (the lesser of two evils *pienempi kahdesta ~sta)*; *(paholainen)* the Evil One ▶ *erehtyä ~n* **kerran** be totally wrong, be badly mistaken; *ei* **millään** *~lla* I didn't mean it unkindly; *älä* **muistele** *~lla!* no hard feelings! **olla** *~ksi* have a bad effect; **pahoillaan, pahoin** *ks hakus.;* **panna** *~kseen* be offended (at *jk*); **puhua** *~a jksta* speak evil of; *hän ei antanut minulle ~akaan* **rauhaa** he didn't leave me alone for a minute; *asiat ovat menossa ~an* **suuntaan** things are in a bad way; *olla ~* **suustaan** have a malicious tongue; **tehdä** *jklle ~a* hurt (harm) a p.; **tietää** *~a* bode ill, be an ill omen.

-paha *(yhdyss)* wretched (cottage *mökki~);* *tyttö~* poor girl.

paha||a aavistamaton unsuspecting **-enteinen** ominous (silence *hiljaisuus)*; sinister (look *katse)*; *(huonoenteinen)* ill-omened, ill-boding **-inen** poor; *(kehno)* shabby, miserable; *vain ~* **poika** a mere boy **-maineinen** notorious (for *jstk)* **-maineisuus** notoriety; ill repute.

pahan||hajuinen bad-smelling; foul (breath *hengitys)*; *(löyhkäävä)* stinking **-ilkinen** spiteful, wicked, malicious; *(ilkikurinen)* mischievous **-ilkisyys** malice, malevolence **-ilmanlintu** bird of ill omen **-kurinen** mischievous; unruly **-laatuinen** *(lääk)* malignant **-laatuisuus** malignancy **-näköinen** bad-looking; *(ruma)* ugly (wound *haava)* **-päiväisesti** *(pahoin)* badly; *(perusteellisesti)* soundly, thoroughly; *säikähtää ~* get a bad scare **-sisuinen** ill-natured, bad-tempered; *(äksy)* vicious; *~ akka* vixen **-suopa** malevolent; *(ilkeä)*

malicious **-suopuus** ill will, malevolence **-tapainen** ill-mannered; *(paha)* wicked; *(paheellinen)* vicious **-tekijä** malefactor; *(rikollinen)* offender; *(usk ym)* evil-, wrong|doer **-te|ko** *(ilkivalta)* mischief; harm, damage; *olla -ossa* do mischief **-tuulinen** ill-humo[u]red; *olla ~* be out of humo[u]r **-tuulisuus** bad humo[u]r.

pahasti *(us = pahoin)* badly; *se oli aika ~ sanottu* that was rather nasty.

pahast||ua be offended, take offence (at *jstk)*; take it ill; *jollet -u niin sanon että* I hope you don't mind my saying.. **-uttaa** offend; displease.

paha||suinen sharp-tongued, shrewish **-tapainen** ill-mannered; vicious.

pahe vice; *(paha tapa)* bad habit; *vajota ~isiin* sink into vice.

paheelli||nen dissolute (life *elämä)*; *(turmeltunut)* depraved; wicked (woman *nainen)*; *(moraaliton)* profligate **-suus** depravity; profligacy.

paheks||a disapprove (of *jtk)*; *(ilmaista -ntansa)* deprecate; *(arvostella)* find fault with, censure **-nta** disapproval (of *jnk ~)*; disapprobation; *herättää ~a* arouse indignation, call forth criticism **-ttava** objectionable.

pahem||min worse (than ever *kuin koskaan)* **-pi** worse ▶ *olen ollut -missakin* **paikoissa** I've seen (been through) worse; *eikö se ollutkaan sen -paa?* is that all? **sitä** *~!* all (so much) the worse! *..tai* **vieläkin** *-paa* ..or worse.

pahen||nus offence; *~ta herättävä* offensive; scandalous; *herättää ~ta* give offence **-taa** make .. worse; aggravate; *(huonontaa)* impair; *se vain ~ asiaa* it only makes matters worse **-tua** 1 *(rinn paheta)* get (grow) worse, be aggravated **2** *(pilaantua)* go bad, spoil (let the food spoil *antaa ruoan ~)* **-tun|ut** *(keitt)* spoiled; rotten (egg *muna;* potatoes *-eet perunat)*.

pahi||mmillaan at its worst **-n** worst; *juuri -mmalla hetkellä* at the worst possible (a most inopportune) moment; *mikä ~ta hän..* worst of all he..; *-mmassa tapauksessa* in the worst case, if [the] worst comes to [the] worst; *~ta on että* the worst of it is that.. **-tteeksi;** *ei olisi ~ jos* it wouldn't do any harm if.

pahka *(puun ~)* gnarl, burl; *(kyhmy)* protuberance, node **-a;** *päätä ~* head over heels; *(suin päin)* precipitately *~sika (el)* warthog.

pahn||**a;**   ~*t*   *(sg)* litter, straw **-anpohjimmainen** *(leik)* the last shake of the bag, benjamin **-ue** litter, farrow.

pahoill|**aan** *(-een); olla* ~ be sorry (about *jstk;* for *jnk tähden); (pahoitella)* regret (we deeply regret that.. *olemme hyvin -amme että); tulla -een* feel sad (hurt) (about *jstk).*

pahoin badly (damaged *vahingoittunut);* severely, seriously (ill *sairaana);* **pelkään** ~ *että* I'm very much afraid that..; *voida* ~ *(Br)* feel (be) sick, *(Am)* feel nauseous; *voin* ~ *kun ajattelenkin sitä* it makes me sick to think of it ~**pidellä** handle .. roughly; *(mukiloida)* batter; *(lak)* assault; *(kuv)* maltreat; treat .. badly ~**pitely** *(lak)* assault; *(erik kuv)* maltreatment.

pahoinvointi nausea, sickness; *tuntea* ~*a* feel sick ~**nen** sick; indisposed, unwell; *olen* ~ I don't feel well.

pahoi||**tella** be sorry (for, about *jtk),* regret (having done.. *sitä että teki..); (kirj)* deplore **-ttaa;** ~ *jkn mieltä* give offence to, hurt a p.'s feelings; ~ *mielensä* be offended (about *jstk); mieltäni* ~ *kuulla..* I am very distressed to hear.. **-ttelu** regret.

paholainen devil; *(usk)* the devil, the Evil One; *(paha henki)* demon, evil spirit.

pahu||**ksenmoinen** a hell (devil) of a (noise *meteli)* **-s;** ~*!* damn [it]! *kuka* ~ who the hell; *-ksen* confounded, darned, blasted (flies *kärpäset); (kirotun)* damned (angry *vihainen),* bloody (well *hyvin).*

pahuu|**s** badness, evil[ness], wickedness; *(ilkeys)* malevolence, malignance; *(ark) tehdä jtk -ttaan* do a th. for the fun of it.

pahvi [paste]board, paperboard; *(kartonki)* cardboard ~**kantinen;** ~ *kirja* book in boards ~**laatikko** carton ~**lautanen** paper plate.

paidan||**-** shirt (sleeve *-hiha;* collar *-kaulus)* **-nappi** shirt button; *(juhlapaidan irrallinen* ~*)* dress stud.

paika||**lla** *(-lle, -lta)* **1** at the place; on the spot (be the first on the spot *olla ensimmäisenä* ~*); (siellä)* there; ~ *olijat* those present; *poistua -lta* leave the scene **2** *(jnk tilalla)* in place of **3** *[heti]* ~ at once, immediately, right away; then and there **-llaan** *(-lleen)* in place ▶ *pieni selitys lienee* ~ a small explanation might be a good idea; *poissa -ltaan* out of place; ~ **pysyvä** *(seisova)* standing still, stationary *(m kuv);* stagnant (water *vesi); se oli -lleen*

sanottu that was a word in season (a right thing to say).

paikalli|**nen** local (time *aika;* inhabitants *-set asukkaat).*

paikallis||**-** local (government *-hallinto;* newspaper *-lehti;* branch *-osasto;* call *-puhelu; (kiel)* case *-sija)* **-juna** local (stopping) train **-liikenne** local traffic; *(Am)* public transit **-puudutus** topical (local) an[a]esthesia **-taa 1** *(rajoittaa jhk paikkaan)* localize **2** = *paikantaa* **-tua** be localized, localize **-tuntemus** local knowledge; *hänellä on hyvä* ~ he is [well] acquainted with the locality **-vaisto** sense of direction (locality) **valaistus** spot lighting **-väestö** local (resident) population, *(pl)* the locals.

paikan||**hakija** applicant [for a job] **-määritys** location, fix **-nimi** place-name; toponym **-nus** = *-määritys* **-näyttäjä** *(teatt, elok)* usher **-taa** *(mer ym)* locate, take the bearings (of *jk)* **-vaihdos** *(ympäristön)* change of scene **-varaus** seat reservation, booking **-välitystoimisto** *(yksityinen* ~*)* employment agency.

paikata 1 *(konkr)* patch (the trousers *housut);* patch up; mend (the roof *katto;* shoes *kenkiä);* fix, repair; *(erik hammasl)* fill (a tooth *hammas); (tukkia)* stop (a hole *reikä)* **2** *(kuv)* mend (matters *asioita);* patch up (one's reputation *mainettaan);* ~ *aukkoja tiedoissa* fill the gaps in one's knowledge **3** *(teatt, urh)* stand in for, take a p.'s place.

paik|**ka** *(us)* place (in the country *maalla;* at the table *pöydässä;* in society *yhteiskunnassa;* time and place *aika ja* ~*) (m)* **1** *(kohta)* spot (a charming spot by the river *viehättävä* ~ *joen rannalla); (tarkka kohta)* point; *(tapahtuma~)* scene (quit the scene *poistua -alta)* **2** *(sijainti)* position, situation, location; *(alue, tila)* space (an open space *avoin* ~*)* **3** *(istuin)* seat (is this seat taken? *(m parl ym)* the party gained six seats *puolue voitti kuusi* ~*a)* **4** *(työ*~*)* post, position (a permanent position *vakituinen* ~*);* job **5** *(korjaus*~*)* patch; *(hampaan* ~*)* filling ▶ *(konkr)* **asettua** *-alleen, ottaa* ~*nsa* take [up] one's stand; *joka -assa* everywhere, in every place; *-assa jossa..* [in the place] where..; *hallitus* **jätti** ~*nsa* the Government resigned; *salissa* **on** *-at 2 000 hengelle* the hall seats (accommodates) 2 000 people; **paik**|**alla, -allaan, -oillaan, -oin** *ks. hakus.;*

pitää ~*nsa* be true, hold good; *ei pidä* ~*ansa!* it isn't true! not true! **siinä** *-assa (heti)* there and then, right away; **sijaita** *hyvällä -alla* have a good location; **viimeistä** ~*a myöten täynnä* filled to capacity.

paikka||kunnallinen local *-kun|ta* locality, place; *(seutu)* neighbo[u]rhood, region, *(pl)* parts; *muuttaa toiselle -nalle* move away **-kuntalai|nen** local; *-set* local people **-kuntaluokka** cost-of-living index region **-lippu** seat ticket.

paikkansapitä||mätön untenable (prove untenable *osoittautua -mättömäksi*); false, misleading (piece of news *uutinen*); invalid; unsound (theory *teoria*); *teoria on* ~ *(m)* the theory does not hold good **-vyys** accuracy, correctness; *(luotettavuus)* reliability; *(erik tiet)* validity **-vä** accurate, correct; *teoria on* ~ the theory holds good.

paikka||sidonnainen *(atk ym)* positional **-tilkku** patch **-varaus** booking.

paikkeill|a *(-e)* about, round about, *(erik Am)* around; somewhere about (around) (a thousand marks *tuhannen markan* ~); *katsojia oli kahden tuhannen* ~ there were some two thousand spectators.

paikoi||llaan in place (position); *pysy -llasi!* stay where you are! **-n** in places; *..tai niillä* ~ *..or* something like that, *..or* thereabouts **-tellen** in [some] places (parts); here and there.

paikoitus parking ~**alue** parking place (*Am* lot); car park ~**talo** multi-storey car park; *(Am)* parking garage ~**tila** parking space.

paimen *(lammas~)* shepherd *(m raam, kuv)*; *(karja~)* herdsman ~**huilu** *(mus)* panpipe[s] ~**idylli** *(taid)* pastoral ~**kirje** *(kirk)* pastoral [letter] ~**koira** sheepdog, shepherd ~**runo** pastoral [poem] ~**sauva** *(kirk)* crosier ~**taa** *(konkr)* tend (cattle *karjaa*); *(tav kuv)* shepherd (a flock *laumaa*) ~**tolainen** nomad.

paimentolais||- nomadic *(lile -elämä;* tribe *-heimo)* ~**kansa;** ~*t (m)* the nomads.

paimentyttö *(run)* shepherdess.

pain|aa 1 press (the button *nappia;* to one's breast *rintaansa vasten;* together *vastakkain);* △ *(työntää)* push (the bell *soittokelloa;* under the water *veden alle;* push the door shut! *-a ovi kiinni!);* △ force (the air into a tyre *ilmaa renkaaseen);* △ *(panna)* put (a cap on one's head *lakki päähänsä)* **2** (~ *jk jhk)* impress (a seal on wax *sinetti vahaan*), imprint; *(tehdä)* make

(a hole in the wall *reikä seinään*) **3** *(kirjap, tekst)* print (a book *kirja;* printed cloth (word) *-ettu kangas (sana))* **4** *(olla jnk painoinen)* weigh (very little *hyvin vähän;* the salmon weighed three kilos *lohi -oi kolme kiloa);* be (my etc.) weight (what is your weight? *paljonko -at?);* *(olla -ava)* be heavy (on one's back *jkn selkää)* **5** *(kuv)* weigh [heavily] on (a p. *jkta;* a p.'s mind *jkn mieltä*), weigh down (he was weighed down by cares *huolet -oivat häntä*), lie heavy on (a p.'s shoulders *jkn harteita*) ▶ *se ei häntä juuri -anut* it weighed lightly upon him; ~ **katseensa** *alas* lower one's eyes; ~ **leimansa** *jhk* leave its mark on, put its seal on; *se -oi hänen* **mielensä** *matalaksi* it oppressed him; *mikä* **mieltäsi** ~*?* what have you on your mind? what is worrying you? **painettavana** being printed, in [the] press; **painettuna** *(kirjap)* in print; ~ **paljon** *(konkr)* be heavy; *(kuv)* carry [great] weight; ~ **päähänsä** commit to one's memory, memorize; ~ **päänsä** *alas* bow (bend) one's head; *(kuv)* ~ *enemmän* **vaakakupissa** be more important, weigh more heavily (than *kuin*).

painajai||nen nightmare *(m kuv);* nähdä *-sia* have nightmares (bad dreams) **-smainen** nightmarish **-suni** nightmare.

paina||llus press, push; *pelkällä napin -lluksella* at the push of a button **-ltaa** run; ~ *pakoon* take to one's heels **-ma** *(jälki)* [im]print, impression **-nne** *(notko)* depression, hollow; *(-ma)* impression **-te;** *-tteet (sg)* printed matter **-ttaa** have .. printed **-tuksellinen** typographical.

painatu|s printing; *(-ksen tulos)* impression.

painau||ma *(lommo)* dent; *(jälki)* impression; *(painuma)* depression **-tu|a** press (close against *lujasti jtk vasten);* ~ *jkta (jkn rintaa) vasten* press up to a p., nestle against a p.; *jtk vasten -neena* close up to; ~ *toisiinsa* huddle together.

painav||a heavy; *(kirj ja kuv)* weighty (reason *syy);* grave (argument *peruste);* important (work *teos);* olla yhtä ~*[t]* be the same weight; *-ista syistä* for good reasons **-uus** *(kuv)* weight[iness].

paine 1 *(fys, tekn)* pressure (reduce pressure *alentaa* ~*tta;* the gas pressure *kaasun* ~); compression; *(kuormitus~)* load **2** *(kuv)* *(ulkoinen* ~*)* pressure; press (of work *työn* ~); *(rasitus)* strain; *(sisäinen* ~*)* stress; *aiheuttaa* ~*ita jklle* be a strain on.

paine||- pressure (difference *–ero;* cooker *-keitin;* chamber, tank *-säiliö*); △ compression (spring *-jousi*); △ hydraulic (jack *-nosturi*) **-aalto** pressure wave, blast.

paineentasaus pressure balancing ~**kammio** decompression chamber.

paineilma compressed air; *toimia ~lla* be pneumatically operated.

paineilma||- pneumatic (brake *jarru;* drill *-pora*) **-säiliö** air bottle, blast tank.

paine||**istaa** pressurize **-kammio** discharge chamber **-kattila** *(tekn)* autoclave **-kyllästetty** weatherproofed (timber *puutavara*) **-kyllästys** pressure treatment (impregnation).

paineluelvytys *(lääk)* cardiac massage.

paini wrestling ~**a** *(urh, kuv)* wrestle; *(painiskella)* grapple (with a difficult problem *vaikean ongelman kimpussa*) ~**ja** wrestler.

painik|**e** *(kahva)* handle; *vettä palan -keeksi* water to wash it down with.

painimatto *(urh)* mat.

paininjalka presser foot (of a sewing machine *ompelukoneen* ~).

paini||**ote** hold **-skella** wrestle (with *jnk kanssa*); grapple, struggle.

paino 1 weight (of a bridge *sillan ~; (urh)* lift weights *nostella ~ja*); *(kuorma)* load **2** *(kuv) (merkitsevyys)* weight, importance, significance (of a p.'s words *jkn sanojen ~*); *(~tus)* emphasis **3** *(kiel)* stress, accent (on the first syllable *ensimmäisellä tavulla*) **4** *(kirjap)* [printing] press **5** *(kal)* sinker ▶ ~*n alla (puristuksessa)* in the press; *se antoi asialle enemmän ~a* it lent more weight to the matter; **ilmestyä** *[ensi kertaa] ~sta* [first] appear in print; *hänen ~nsa on* **noussut** *(pudonnut)* he has gained (lost) weight; *(kirjap)* **olla** ~*ssa* be being printed, be in [the] press; *(kuv)* **omalla** ~*llaan* of itself; **panna** ~*a jllk* lay stress on, put emphasis on, *(painottaa)* emphasize; *panna suurta* ~*a jllk* attach great importance to; *hänen* **sanoillaan** *on paljon* ~*a* his words weigh a great deal.

paino||**arkki** *(kirjap)* [printed] sheet **-asu** *(kirjap)* typography.

painoinen; *jnk* ~ weighing (5 kilos *viiden kilon* ~).

paino||**jälki** *(kirjap)* impression, imprint **-kanne** *(lak)* action for libel **-kas** emphatic **-kirjai**|**n** block letter; *-min! (m)* please print **-kkaasti** emphatically; with emphasis **-kkuus** emphasis, stress **-kone** printing

machine; ~*essa* being printed, in the press **-kun**|**nossa** *(-toon)* ready for the press **-kuva 1** print[ed picture], reproduction **2** *(siirtokuva)* transfer **-laki** *(fys)* law of gravity **-lasti** *(mer, kuv)* ballast **-llinen** *(fon)* stressed, accented **-lupa** *(sensuurin* ~*)* imprimatur, printing licence **-muste** printer's (printing) ink **-nappi 1** *(neppari)* press fastener; *(Am)* snap **2** *(sähk)* push button.

painon||**lisäys** increase in weight **-menetys** loss of weight **-nostaja** weightlifter **-nosto** *(urh)* weightlifting.

paino||**paikka** place of printing **-piste 1** *(fys)* centre of gravity **2** *(kuv)* emphasis (*pl -cs*) (on *jssk*); focus (of our production *tuotantomme* ~) **-rehu** *(maat)* [en]silage.

painos edition (of 5000 copies *5 000 kappaleen* ~; the evening edition of a newspaper *sanomalehden ilta*~); *(muuttamaton* ~*)* impression; *uusi* ~ reprint; *(kuv)* parannettu ~ improved version ~**määrä** *(san)* circulation [figures].

painost||**aa 1** press (a p. to do *jkta tekemään;* a p. for a decision *jkta tekemään päätös*); ~ *jkta* put pressure on, bring pressure to bear on **2** *(urh, sot)* push, drive (hard *kovasti*) **3** *(masentaa)* [op]press (a p. *jkn mieltä*) **-ava** oppressive (atmosphere *tunnelma*); *(tukahduttava)* sultry; close, stuffy (air *ilma*) **-us** pressure; *(urh)* aloittaa kova ~ begin (start) a hard drive; *harjoittaa* ~*ta* bring pressure to bear (on *jkta kohtaan*) **-usryhmä** pressure group.

paino||**ton 1** *(fys)* weightless **2** *(fon)* unstressed, unaccented **-ttaa 1** emphasize (every word *joka sanaa*); stress (a syllable *tavua;* that.. *sitä että*); *(panna paino jhk)* accentuate (words *sanoja*); *(kuv m)* point out **2** *(tilast)* weight; *-tettu* weighted (average, mean *keskiarvo*) **-ttu**|**a** *(kuv)* be emphasized (weighted, stressed, accentuated); *käytännöllisesti -nut* ..with the main stress on the practical side **-tuote** printed matter **-työ** presswork, printing **-valmis** ready for press **-vapaus** freedom of the press **-virhe** printer's error, misprint; ~*iden luettelo (pl)* errata, corrigenda **-voima** *(fys)* gravity, gravitation **-voimalaki** law of gravitation **-vuosi** year of publication **-yksikkö** unit of weight.

painu|**a 1** *(vaipua)* sink (down *alas;* into oblivion *unhoon*); under the water *veden alle*); droop; *(viettää) (m)* fall (toward[s] the river *kohti jokea*) **2** *(antaa myöten)* yield (the floor yielded under my feet *lattia -i jalkojeni alla*); *(painua notkolle)* sag **3** *(tunkeutua)* penetrate (the cat's claws penetrated into my flesh *kissan kynnet -ivat lihaani*); *(tunkeutua jnk läpi)* permeate (water permeates sand *vesi -u hiekkaan*) **4** *(painautua)* [be] press[ed] (against *jtk vasten*) **5** *(äänestä) (sortua)* get hoarse; *(madaltua)* fall **6** *(ajautua)* drive (ashore *rantaan*); be drifted **7** *(ark) (mennä)* go (to hell! *painu helvettiin!*) ▸ **antaa** *päänsä* ~ hang (droop) one's head; *painu* **hiiteen!** get lost! *hänen* **katseensa** -*i* her eyes fell, she looked down; ~ **kiinni** *(umpeen)* close, shut; ~ **kokoon** be compressed; shrink; *(lysähtää)* collapse; ~ **mieleen** impress itself on (sink into, stick in) a p.'s mind; *se on -nut heidän* **muistiinsa** it is imprinted on their memories; ~ **pohjaan** sink, go down; -*kaa* **tiehenne** *täältä!* get out of here! ~ **veden** *(pinnan) alle* submerge.

painu‖ksi‖ssa *(-in); hänen äänensä oli ~ (meni -in)* he had (got) a hoarse voice, his voice was (had turned) hoarse; *pää* ~ with a drooping head; *mieliala oli* ~ there was a depressed atmosphere -**ma** depression.

paise boil, furuncle; *(ajos)* abscess ~**rutto** *(lääk)* bubonic plague.

paiskata *(sinkauttaa)* fling, sling, hurl (a stone at *kivellä jtk*); send .. flying; *(heittää)* throw; *(viskata)* toss ▸ ~ *ovi* **auki** fling a door open; ~ *ovi* **kiinni** bang (slam) a door shut, shut a door with a bang; ~ **kättä** shake hands (with *jklle*); ~ **rikki** smash (dash) .. to pieces; *(kuv)* ~ **vasten** *kasvoja* fling .. at a p., throw .. into a p.'s face.

paisk‖autua be dashed (against *jtk vasten*); be thrown (on the ground *kumoon*) -**ella**, -**ia** slam, bang (doors *ovia*); ~ *töitä* work hard.

paist‖aa 1 *(loistaa)* shine (the sun was shining *aurinko -oi*); *(kuv) (näkyä)* show (from under his shirt *hänen paitansa alta*) **2** *(keitt) (~ pannussa)* fry; *(paahtaa)* roast (thoroughly *kypsäksi*; meat *lihaa*); *(~ uunissa)* bake (bread *leipää*); *(~ padassa)* [brown and] braise; *(~ avotulella)* grill, broil ▸ **paistettu** ks. hakus.; *aurinko -oi* **täydeltä terältä** the sun was blazing away.

paist‖attaa; ~ *päivää* bask [in the sun], sun o.s. -**e** *(loiste)* shine; heat (of a fire *tulen* ~); *auringon* ~*essa* in the sunshine -**ettu**

(keitt) fried (eggs -*etut munat*); roast[ed] (pork *sianliha*); *(uunissa)* baked; *kypsäksi* ~ well done; *liian vähän* ~ underdone; *puolikypsäksi* ~ medium.

paisti *(keitt)* roast; *(~pala)* joint (of beef *härän* ~) ~**haarukka** carving fork ~**jauheliha** ground steak.

paistin‖‖kastike gravy -**kääntäjä** turnspit; rotisseur -**lasta** kitchen turner -**lämpömittari** roasting thermometer -**pannu** frying pan -**rasva** frying fat -**uuni** oven -**var‖ras** spit (on a spit -*taassa*).

paisti‖‖rasva *(paistista valuva ~) (pl)* drippings -**veitsi** carving knife, carver.

paisto baking *(m tekn)* ~**kelmu** baking wrap ~**pussi** roasting bag ~**s** pie; *(vuoka)* oven-baked dish.

paistu‖a *(erik keitt)* fry, roast, bake (in the oven *uunissa*); be roasted (roasting) (etc.); *kypsäksi -nut* well done; *(kuv) täällähän -u!* it's too hot here! I'm roasting!

paisu‖‖a swell (buds swell *silmut -vat;* the firm has swelled into a giant corporation *liike on -nut suureksi yritykseksi*); swell with pride ~ *ylpeydestä*); *(laajeta)* expand (into *jksk*); *(lisääntyä)* increase (increasing bureaucracy -*va byrokratia*) -**ma** swelling.

paisunta‖‖- *(tekn)* expansion (tank -*säiliö;* valve -*venttiili*).

paisu‖‖nut swollen (ankle *nilkka*); *(muodottomaksi turvonnut)* bloated; *(kuv)* [much] increased, expanded -**tella** *(kuv)* magnify, exaggerate (one's problems *ongelmiaan*) -**ttaa** swell; swell out (up); *(laajentaa)* expand; *(liioitella)* exaggerate; *menoja on -tettu liiaksi* the expenses have been allowed to grow too much.

paita shirt; *(alus~) (Br)* vest, *(Am)* undershirt; *(naisen ~ m)* chemise; *kuin ~ ja peppu* thick as thieves ~**hihasillaan** in one's shirtsleeves ~**kangas** shirting ~**puku** shirt-dress, *(Am)* shirtwaist dress ~**pusero** shirt blouse, *(Am)* shirtwaist ~**sillaan** in one's shirt[tails].

paitsi 1 except (that *että; if jos;* all except me *kaikki ~ minä*); but (all but you *kaikki ~ sinä*); except for (the fact that.. *sitä seikkaa että*); ~ *että (m)* only **2** *(jnk lisäksi)* besides (being beautiful she is [also] clever *hän on ~ kaunis myös viisas*); *jota* ~ besides which; *sitä* ~ besides.

paitsio *(urh)* offside; *olla* ~*ssa* be offside; *(kuv)* be out in the cold.

paja 1 smithy, forge **2** *(työ~)* workshop.
pajari *(hist)* boyar.
pajatso 1 *(ilveilijä)* clown, buffoon **2** *(raha-automaatti)* slot machine.
paju *(kasv)* willow; *(~pensas)* osier; *~sta punottu* [made of] wicker **~kori** wicker basket **~lintu** willow warbler.
pajun||**kissa** [willow] catkin, pussy **-köy**|**si;** *syöttää jklle -ttä* feed .. a line.
paju||**pilli** willow whistle **-sirkku** *(el)* reed bunting **-vitsa** wicker, osier.
pakah||**duttava** oppressive (heat *helle*) **-tua** burst, be bursting (with envy *kateudesta*); *nauraa ~kseen* split (burst) one's sides with laughter; *sydämeni oli ~* I thought my heart would break.
pakan|**a** heathen (convert the heathen to Christianity *kääntää -oita kristinuskoon*); pagan (a hardened pagan *paatunut ~*); *(ark) pojan ~t* those damned boys **~kansa** heathen people; *~t (koll m)* heathendom **~lli**|**nen** heathen; pagan (gods *-set jumalat)*; *(kuv)* unregenerate (joy *ilo)* **~lähetys** *(kirk)* mission to the heathens, the Foreign Missions **~maa** heathen country **~maailma** heathendom.
pakanuus heathenism, paganism.
pakara; *(tav) ~t* buttocks.
pakasta|**a 1** *(keitt)* [deep-]freeze, quick-freeze **2** *(yksip)* freeze (it was freezing last night *yöllä on -nut)*.
pakaste; *~et* [quick-]frozen foods **~arkku** freeze box, chest freezer **~kaappi** upright freezer **~kuivata** freeze-dry **~lokero** freezing box.
pakast||**in** [home] freezer **-uskelmu** freezer wrap.
pakata 1 pack [up] (in boxes *laatikoihin;* one's things *tavaransa)*; *(paketoida)* wrap [up] (the loaves in plastic film *leivät muovikelmuun)*; *olla helppo ~* pack easily **2** *(ahtaa)* pack, cram (people into a room *ihmisiä huoneeseen)*, stuff **3** *(ark) (tupata)* have the habit of (being late *myöhästymään)*, be inclined (likely) to (come to an end *loppumaan)*.
pakeneva flying, fugitive; *(kuv)* transi|ent, -tory (moment *hetki)*.
paketoi||**da** wrap [up] **-nti;** *peltojen ~ (pl)* acreage reductions.
paket||**ti 1** parcel, *(erik Am ja kuv)* package; *(pieni käärö)* pack (of cigarettes *savukkeita)*, *(Am)* pack **2** *(atk)* packet ▶ **avata ~** unwrap; **paketissa** wrapped up, packed; *pellot -issa* fields out of cultivation; **panna** *jk ~in* parcel (wrap) up.
paketti||**auto** delivery van; *(avo~)* pickup [truck] **-hinta** package (all-in) price **-kortti** *(post)* dispatch note **-osoitekortti** *(post)* parcel bill **-posti** parcel post; *(Am)* fourth-class **-ratkaisu** package deal **-teline** luggage (baggage) carrier.
pakina 1 *(san ym)* causerie, light article **2** *(harv) (pakiseminen)* chat[ting], talking.
pakinoi||**da 1** *(san)* write causeries (light articles) (on *jstk)* **2** = *pakista* **-tsija** *(san)* *(läh v)* columnist, feuilletonist **-va** informal, chatty (style *tyyli)*.
pakista chat, talk.
Pakistan Pakistan **p~ilainen** *a ja s* Pakistani *(pl ~[s])*.
pakka 1 pack[age]; *(nippu)* bundle **2** *(kangas~)* roll **3** *(korttip)* pack [of cards] **~huone** *(tulli~)* customs warehouse.
pakka|**nen** cold (intense cold *kova ~;* in the cold *-sessa)*; *(halla)* frost; *(-ssää)* cold (subzero) weather ▶ *-sta on kolme* **astetta** the temperature is three degrees below zero; *~* **kiristyy** it is getting colder; *~* **lauhtuu** the frost is breaking; *nyt on ~ (-sta ilmassa)* it is freezing.
pakkas|- cold *-aalto;* morning *-aamu)*; △ frosty (weather *-ilma)*; △ frost (injury *-vaurio)* **-aste;** *10 ~tta* ten degrees below zero (the freezing point) **-enpurema** frostbite **-kausi** frost (cold) period; *(-jakso)* freeze, cold spell **-neste** antifreeze **-voide** *(kosmet)* protective cream.
pakkau|**s** *(liik ym)* packing, package (in its original package *alkuperäisessä -ksessaan)*; pack; *(kääre)* wrapping; *(kotelo)* case, casing; *(valmis ~)* prepack[age] **2** *(sot ym)* pack, kit **3** *(ark henk)* type, *(Am)* package.
pakkaus||- packing (material *-tarvikkeet)* **-laatikko** packing box (case); crate **-paperi** packing (wrapping) paper.
pakkautu|**a** pack; *(ahtautua)* crowd (people crowded into the room *väkeä -i huoneeseen)*.
pak|**ki** *(ark)* **1** *(aut)* reverse, back up gear; *ottaa ~a* back up **2** *(kuv)* refusal (have a refusal *saada -it)* **3** *(urh) (puolustaja)* back **4** *(sot ym) (kenttä~)* mess kit; *(työkalu~)* tool box.
pak|**ko 1** compulsion (inner compulsion *sisäinen ~)*; *(pakote)* constraint; *(pakottaminen)* coercion; *(voima[keinot])* force (use force *käyttää ~a)* **2**

(välttämättömyys) necessity (there is no necessity to .. *ei ole ~.* .) ▶ **ehdoton ~** must; *sinun* **ei ole** *mikään ~* you need not (do it *tehdä sitä*), there is no necessity for you (to do *tehdä*); *on ~* **myöntää** *että* I must confess that..; *minun* **on** *~* .. I'm obliged (forced) to.., I have to..; **pakolla** by compulsion; **pakosta** under compulsion; *jkn -osta* by force of; **pakostakin** *tuli mieleeni että* I couldn't help thinking that..

pakko∥- compulsory (quartering *-majoitus*); △ forced (circulation *-kierto;* feeding *-ruokinta*) **-huutokauppa** compulsory auction, [en]forced sale **-keino**∥**[t]** *(sg ja pl)* coercive means; *-in* by force; *käyttää -ja* employ force **-lasku** *(ilm)* emergency (forced) landing; *tehdä ~* force-land **-liike** *(lääk)* compulsive movement.

pakkoloma lay-off *~uttaa* lay off *~utus* lay-off.

pakkolunast∥**aa** expropriate (a p. of *jklta jtk*); *~ maata valtiolle* take land by the power of eminent domain **-us** expropriation, compulsory purchase; *(Am)* taking under eminent domain **-usoikeus** right to expropriate, *(Am)* right of eminent domain.

pakko∥**mielle** obsession, obsessive idea **-naiminen** *(ark)* shotgun marriage **-neuroosi** compulsive neurosis **--otto** *(sotaväen ~)* impressment, compulsory recruiting; *(-luovutusmääräys)* requisition **-paita** *(lääk, kuv)* straitjacket **-peli** *(urh)* power play **-syöttö** forced feeding *(m kuv)* **-tila** *(lak)* necessity; *(hätätila)* emergency; *~ssa* under constraint (coercion) **-tilanne** constraining position **-toimenpi**∥**de** coercive measure; *ryhtyä -teisiin* adopt coercive measures.

pakkotyö penal servitude, hard labo[u]r *~laitos* penitentiary, workhouse *~leiri* forced labo[u]r camp.

pakko∥**valta** dictatorship **-vero** *(sot hist)* contribution.

paklata *(maal)* putty.

pa∥**ko** flight (into *jhk;* from *jstk*); *(~onpääsy)* escape ▶ **ajaa** *~on* put .. to flight; **auttaa** *~on* help .. to escape; **lähteä** *~on* take to flight; *olla jtk -ossa* be fleeing (hiding) from; **päästä** *~on* escape, get away *(onnistua välttämään)* evade.

pako∥**illa** be [in] hiding; *(vältellä)* evade (the police *poliisia*); [try to] avoid (the

responsibility *vastuuta*); *~ ihmisiä* shun people **-kaasu** exhaust gas **-kauhu** panic; *~n vallassa* panic-stricken; *joutua ~n valtaan* panic **-kauhui**∥**nen** panicky (feeling *tunne*); panic-stricken (people *-set ihmiset*).

pakolai∥**nen** *(erik pol)* refugee; *(maan~)* exile; *(pakkosiirtolainen)* displaced person; *(karkulainen)* fugitive **-sapu** aid to displaced persons (refugees) **-shallitus** government in exile **-sleiri** refugee camp.

pakolli∥**nen** obligatory (on *jklle*), compulsory (for *jklle; (koul)* subjects *-set aineet*); *(pakko-)* enforced; *(välttämätön)* necessary (evil *paha*); *(erik lak)* mandatory (penalty *rangaistus*).

pako∥**matka** flight **-nomainen** compulsive (need *tarve*) **-onpääsy** escape **-paikka** [place of] refuge; *(turvapaikka)* shelter **-putki** *(aut)* exhaust pipe **-sall**∥**a** *(-e); ajaa -e (erik sot)* [put .. to] rout.

pakot∥**e** *(valt)* sanction; *käyttää -teita jtk vastaan* impose sanctions against.

pakotie escape route; *(kuv)* escape, way out.

pakot∥**on** 1 unconstrained, unforced, unaffected (style *tyyli*) 2 *(vapaaehtoinen)* voluntary; free (movements *-tomat liikkeet*).

pakot∥**taa** 1 compel (a p. to *jku jhk*), force (a p. to do *jku tekemään*); *(väkisin ~)* coerce (into *jhk*), constrain (a p. to do *jku tekemään*); oblige (poverty obliged her to live a hard life *köyhyys -ti hänet kovaan elämään*) 2 *(tekn)* chase (silver *hopeaa*), emboss, beat 3 *(särkeä)* ache (my head aches *päätäni ~*) ▶ **olla** *-ettu tekemään* be obliged to do; *~ jku* **tottelemaan** make a p. obey; *~ jku* **tunnustamaan** extort a confession from.

pakott∥**aminen** *(lak)* *(~ uhkaamalla)* intimidation **-autua** force o.s. (to do), bring o.s. (to say *sanomaan*) **-ava 1** *(velvoittava)* compelling, cogent (reason *syy*); *(erik lak)* imperative (law *laki*) 2 *(polttava)* urgent, pressing (need *tarve*) 3 *(pakonomainen)* compulsive (urge *halu*) 4 *(särkevä)* aching (tooth *hammas*) **-omasti** freely, spontaneously **-omuus** unconstraint; ease (of style *tyylin ~*).

pakotus 1 compulsion, coercion; *(painostus)* pressure 2 *(tekn)* chasing, embossing, boss 3 *(särky)* ache, pain *~työ* embossment *~vasara* chasing hammer.

pako∥**venttiili** escape (exhaust) valve **-vesi** ebb, low tide **-yritys** attempted escape.

paksu *(eri merk)* thick; *(syvä)* deep (layer of snow *lumikerros*); *(vahva)* heavy (wall *seinä;* clothes ~*t vaatteet); (pullea)* plump, fat; *(tiheä)* dense (fog *sumu*); ~*na savusta* thick with smoke.

paksu||inen thick (two-metre thick *kahden metrin* ~); *sopivan* ~ of (in) a proper thickness **-kainen** *(halv)* fatty **-kuorinen** thick-skinned; thick-shelled (egg *muna*); thick-barked (tree *puu*) **-nahkainen** *(kuv)* thick-skinned **-ntaa** thicken **-pohjainen** *(jalk)* thick-soled, heavy-soled; *(keitt)* heavy-|bottomed,   -based   **-päinen** thick-headed, thick-witted **-suoli** *(anat)* large intestine, colon.

paksuus 1 thickness *(eri merk)* **2** *(läpimitta)* diameter; gauge (of the wire *rautalangan* ~).

pala 1 piece; *(pieni* ~*)* bit (every bit *joka* ~); scrap (just a scrap of paper *vain* ~ *paperia); (sirpale)* fragment; lump (of sugar ~ *sokeria; (kuv)* a lump in the throat ~ *kurkussa*); slice (of bread *leipää*), cut (of beef *paistia); (kimpale)* [c]hunk **2** *(suu*~*)* bite (he hasn't had a bite [to eat] *hän ei ole pannut* ~*akaan suuhunsa); (herkku*~*)* morsel ▶ *se oli hänelle* **liian** *iso* ~ *purtavaksi* he bit off more than he could chew; ~*n* **paineeksi** ..to wash down the food; ~ **palalta** bit by bit, piece by piece, piecemeal; **parhaat** ~*t* all the choice morsels (choicest bits); *(kuv)* the best (of *jnk*); **pientä** ~*a* a snack (bite), something to eat.

pal|aa 1 a) burn (to ashes *tuhkaksi;* be burning with curiosity ~ *uteliaisuudesta); (olla tulessa)* be on fire (in flames); *(*~ *loppuun)* burn down, burn out; *(*~ *kokonaan)* burn up; **b)** *(erik sähkövalosta)* be on (the light was on all night *valo -oi koko yön*); **c)** *(us kuv) (loimuta)* flame, blaze (with anger *kiukusta)* **2** *(kem)* burn, undergo combustion **3** *(urh; peleissä)* be out **4** *(koul ym ark)* be caught (for *jstk*) ▶ ~ **kuoliaaksi** be burnt to death; *hänen* **kätensä** *-oi* he burnt his hand; *huoneessa -oi* **lamppu** there was a lamp lit in the room; *hänen* **mielensä** ~ *merelle* he longs (yearns) to go to sea; **palanut, -ava** *ks. hakus.;* ~ **poroksi** be burnt out; *jättää* **valo** *-amaan* leave the light on.

pala-antilooppi *(el)* impala *(pl* ~[s]*)*.

palam||aton *(ei palanut)* unburn|ed, -t; *(joka ei pala)* incombustible, non-combustible; *(syttymätön)*

non-flammable (material *materiaali*) **-inen** burning; *(tekn, fys, kem)* combustion; rotting (of manure *lannan* ~).

palamis||- combustion (temperature *-lämpötila*); △ ..of combustion (residue *-jäte;* rate *-nopeus)* **-kaasut** fire (combustion) gases.

pala|nen bit; piece (of cake *kakkua*); fragment *(m kuv); (siru)* shiver; *lyödä -siksi* knock .. to pieces, smash; *särkyä -siksi* come to pieces; *-sina* in pieces.

palanpainik|e; *olutta -keeksi* beer to wash the food (it) down.

palan|ut burned-out, burnt-out (lorry *kuorma-auto*); rotted (manure *lanta); -een haju (muku)* a burnt smell (flavo[u]r).

pala||paisti beef stroganoff **-peli** [jig-saw] puzzle **-sohva** sectional sofa **-sokeri** lump sugar.

pala|ta *(konkr ja kuv)* return; *(tulla takaisin)* come back (to *jhk;* from *jstk); (mennä takaisin)* go back (for *hakemaan jtk*); get back (when did you get back? *milloin -sit?); (kääntyä takaisin)* turn back; *(kuv, lak) (palautua)* revert to the subject *aiheeseen); (tulla uudelleen)* re-enter (the earth's atmosphere *maan ilmakehään*) ▶ ~ *jhk* **aikaan** *(ajassa taaksepäin)* go back to; *(liik)* ~ -*amme* **asiaan** you will hear from us again; ~ **kotiin** return (come, go) home; *se -si hänen* **mieleensä** it came back to him; ~ **paikalleen** resume one's seat; *olen* **palannut** I am back; **palatessani** on my return; **palattuani** after my return, when I am (was) back again; **rauha** *-si maahan* peace was restored to the country; ~ **hoitamaan tehtäviään** resume one's duties; ~ **työhön** resume (take up again) work; ~ **asiaan yhä uudelleen** harp on a th.

palatsi palace **-mainen** palatial, palacelike.

palatuoli section (modular unit) [of a sofa].

palaut||e feedback **-in** *(tekn)* reset.

palauttaa 1 *(toimittaa takaisin)* return; *(tuoda, viedä, lähettää, antaa) takaisin* bring (take, send, give) back; restore (the territories *alueet;* a p. to his rights *jklle hänen oikeutensa;* law and order *laki ja järjestys)* **2** *(maksaa takaisin)* refund, repay (a sum *summa*) **3** *(atk)* reset ▶ ~ **entiselleen** restore [to its former condition], restitute; ~ **kotimaahan** repatriate (a p. *jku*); ~ **mieleen[sä]** recall, call to mind; ~ *jk jkn* **mieleen** remind a p. of.

palau||ttaminen return[ing]; restoration (of

public order *yleisen järjestyksen* ~); re-establishment (of a system *järjestelmän* ~); *(lak)* restitution (of rights *oikeuksien* ~) -tu|a 1 *(palata)* return; ~ *kruunulle* escheat 2 *(~ ennalleen)* be restored; *elämä -i entiseen uomaansa* life resumed its former course 3 *(urh)* recover -tuminen *(urh)* recovery.

palautu|s return (of bottles *pullojen* ~; of taxes *veron*~); *(liik)* -kset sales (purchase) returns ~merkki *(mus)* natural ~pullo returnable (deposit) bottle.

palautuva *(kem, fys)* reversible; *(toistuva)* recurrent (state *tila*).

palava 1 burning; *(kuv)* glowing (enthusiasm *innostus*); *(kiihkeä)* ardent (desire *halu*); fervent (prayer *rukous*) 2 *(tulenarka)* combustible, [in]flammable ▶ ~t aineet combustibles; ~ into fervo[u]r; ~ kiire great hurry.

palava|| pensas *(kasv)* burning bush, fraxinella, dittany -sieluinen passionate, ardent, enthusiastic *(adv* ~ally).

palaveri meeting, discussion.

palel||eva cold, chilled (hands ~t *kädet*); ..sensitive to cold -la be cold; *(~ kovasti)* be freezing; *(hytistä)* shiver with cold; *minua -ee* I am cold (freezing) -luttaa freeze -tu|a freeze, get frostbitten; *(kasveista m)* be killed by the frost; *hänen poskensa -ivat* he got his cheeks frostbitten -tuma frostbite -tunut frostbitten, ..injured by frost.

Palestiina Palestine p~lainen *a ja s* Palestinian.

paletti palette.

palho *(kasv)* filament.

palikka 1 *(rumpu- ym* ~) stick 2 *(rakennus*~) building block, brick.

paliskunta reindeer-grazing (reindeer owners') association.

paljaaltaan *(sellaisenaan)* as such, by itself; *(laimentamattomana)* undiluted; *juoda viski* ~ take a whisky straight.

palja|s 1 bare (head *pää*); *(alaston)* naked *(m kuv* truth *totuus;* with the naked eye -alla *silmällä*); *(kalju)* bald (patch *paikka*); *(avoin)* barren (hillside *vuorenrinne*); *(peittämätön)* uncovered; *(puhdas)* clean (paper *paperi*); *(tyhjä)* empty; *(lumeton)* snowless (road *tie*) 2 *(karvaton)* glabrous; *(kasv)* hairless (stem *varsi*); *(höyhenetön)* callow 3 *(pelkkä)* mere, pure, plain; nothing but, bare (bread

~ta leipää) ▶ **ajella** *jkn pää -aksi* shave a p.'s head; *(metsh)* **hakata** -aksi clear-cut; *(mat)* -at **luvut** abstract numbers; **paljaana** *jstk* bare of (trees *puista*); *-in* **päin** bareheaded, uncovered.

paljasjalkainen barefoot[ed]; *hän on* ~ *helsinkiläinen* he is born and bred in Helsinki.

paljast||aa *(konkr ja kuv)* uncover (one's head *päänsä;* a p.'s criminal activities *jkn rikolliset toimet*), bare; reveal (one's intentions *aikeensa;* a secret *salaisuus*); *(tav konkr)* unveil (a statue *patsas*); *(tav kuv)* disclose (don't disclose her name *älä -a hänen nimeään*); lay bare (open) (the conspiracy *salaliitto*); unearth; unmask (a plot *salajuoni*), expose (a lie *valhe*), show up (an impostor *huijari*); show (one's teeth *hampaansa;* one's feelings *tunteensa*); *(ilmaista)* detect (an error *virhe*); *(antaa ilmi)* betray (one's ignorance *tietämättömyytensä*), give .. away (don't give away my secret *älä -a salaisuuttani*); *(tuoda julki)* bring .. to light; *(päästää julki)* divulge, let out (a secret to *salaisuus jklle*) ▶ ~ **aseensa** draw one's weapon; ~ **itsensä** *(kuv)* give o.s. away; ~ **korttinsa** show one's hand; *pakottaa jku -amaan korttinsa* force a showdown.

paljast||aminen revelation, disclosure, exposure; *(konkr) itsensä* ~ exposing the person, flashing -ava; *olla liian* ~ reveal too much -u|a be uncovered (revealed); *(tulla ilmi m)* show up; *myöhemmin -i että (m)* it was found out later on that -uminen revelation (of a secret *salaisuuden* ~); disclosure (of a plot *salajuonen* ~).

paljastu|s 1 unveiling (of a statue *patsaan* ~) 2 disclosure (a sensational disclosure *sensaatiomainen* ~); exposure; revelation (make revelations *tehdä* -ksia), divulgation.

pal|je (-keet) (sg ja pl) bellows *(m mus); painaa* ~tta blow the bellows ~ovi folding (accordion) door.

paljet|ti spangle, paillette; *-it (sg)* tinsel.

paljo a great amount of (reading *lukeminen*); *asia ei ole* ~n[kaan] *arvoinen* the matter is not worth much; *saan kiittää häntä* ~sta I owe him a lot (a great deal) ~ksua; ~ *hintaa* consider the price too high ~lti; *kysymys on* ~ *siitä että* what's basically involved is that..

paljo|n *(kielt us -a)* 1 a) *(sg kanssa)* *(aika* ~) a great (good) deal of (discussion

keskustelua; money *rahaa*); a large amount of, a great quantity of; plenty of (time *aikaa;* money *rahaa*); *(ark)* a lot of, lots of; *(erik vahvistussanan edeltämänä; partis määreenä; kielt ja kys laus)* much (very much *hyvin* ∼; much used ∼ *käytetty;* how much money do you need? ∼*ko rahaa tarvitset?*); **b)** *(pl kanssa)* many (thoughts *ajatuksia;* people *ihmisiä*); a great many (number of), quite a number of, numbers of; plenty of; *(ark)* a lot of, lots of (people *ihmisiä*); **c)** *(yksin käytettynä)* a great (good) deal; much ([not] too much *[ei] liian* ∼); *(monia)* many; *(ark)* a lot (drink a lot *juoda* ∼) **2** *(vahvistussana) (us komp kanssa)* much (more *enemmän;* before us *ennen meitä;* better *parempi); (pl kanssa)* many (more books *enemmän kirjoja*); far (better *parempi;* above *jnk yläpuolella*) ▶ **aika** ∼ quite a lot; *hänessä* **ei** *ole* ∼*kaan taiteilijaa* he is not much of an artist; ∼*ko* **kello** *on?* what time is it? **maksaa** ∼ cost a lot of money; *sillä ei ole -akaan* **merkitystä** that's of no great importance; ∼ **näkemistä** many things to see.
paljonpuhuva meaning, significant (look *katse).*
paljous *(määrä)* amount, quantity; *(runsaus)* plentifulness; volume; *lukumäärä)* number (immense number[s] of people *valtava väen* ∼); *sellainen rahan* ∼ so much money.
palkallinen paid (work *työ);* ∼ *loma* vacancy with pay.
palkan‖**ansaitsija** wage (salary, pay) earner **-korotus** rise *(Am* raise) in wages (salary), wage increase; *saada* ∼ have a rise *(Am* raise) **-korotusvaatimus** wage claim **-maksukausi** pay period **-maksupäivä** payday **-nauttija** = *-ansaitsija.*
palkanpidätys payroll deduction, deduction from wages (salary) ∼**taulukko** tax table ∼**todistus** withholding certificate.
palkansaaja; ∼*t* wage and salary earners ∼**järjestö** employee organization.
palkat‖**a** engage (a lawyer *lakimies;* for a job *jhk työhön*), employ (the firm employed a new secretary *firma palkkasi uuden sihteerin); (Am* hire (workers *työntekijöitä); (∼ toimeen)* appoint **-on** unpaid (work *työ);* unsalaried (position *toimi)* **-tomasti** without pay **-tu** paid; salaried; *(us halv)* hired (murderer *murhaaja).*

palkee‖**nkieli** tear, rip **-t** *ks. palje.*
palkinnonsaaja prize winner.
palkin‖**to** prize (give away the prizes *jakaa -not*), award; *(korvaus)* reward (as a reward for *-noksi jstk); saada* ∼ win (carry off) the prize ∼**jenjako** distribution of prizes; *(urh)* victory ceremony ∼**koroke** *(urh)* winners' rostrum ∼**lautakunta** judging committee ∼**sij**‖**a;** *päästä -oille* place ∼**tuomari** judge.
palkit‖**a** reward (he was rewarded for his services *hänen palveluksensa -tiin);* award a price (to *jk); (korvata)* recompence, repay (it repayed him for his trouble *se -si hänen vaivansa).*
palk‖**ka 1** *(erik viikko∼)* wage[s]; *(kuukausi∼)* salary (a fixed salary *vakituinen* ∼); *(väh ark)* pay (take-home pay *käteen jäävä ∼); (∼taso)* rate (starting rate *alku∼)* **2** *(korvaus)* recompense, reward (as a reward for his services *-aksi palveluksistaan); (palkkio)* remuneration ▶ *hän tuo koko* ∼*nsa* **kotiin** he brings all his earnings home; **paha** *saa* ∼*nsa* the wicked are punished; *(kuv)* **palkaksi** *jstk (m)* in return for; **palkat** salaries and wages; **tehdä** *työtä* *suuremmalla (pienemmällä) -alla* work for more (less); ∼ *jolla tulee* **toimeen** a living wage.
palkka‖**-** wage (differentials *-erot;* settlement *-ratkaisu;* dispute *-taistelu);* △ pay (advance *-ennakko;* policy *-politiikka;* envelope *-pussi)* **--asteikko** wage scale **-edut** emoluments **-ehdot** terms of remuneration, wage (pay) conditions **-joukot** *(sot)* hired troops, mercenaries **-konttori** pay office, *(Am)* payroll department **-kuop**‖**pa;** *olla -assa* be underpaid **-lainen** hired man **-laskelma** wage slip **-list**‖**a** pay sheet, *(Am)* payroll; *olla jnk -oilla* be employed by, work for **-luokka** *(-usluokka)* salary grade; *(-ryhmä)* wage class **-murhaaja** hired murderer **-pyyntö** salary requested **-päivä** payday **-renki** *(halv)* hireling **-soturi** mercenary **-taso** level of wages **-tulo** earned income **-työläinen** paid labo[u]rer, work[ing]man, wageworker, wage earner **-us 1** *(-aminen)* engaging, employment **2** *(-edut)* salary, *(pl)* wages; payment **-vaatimus** wage claim (demand); *(-toivomus)* salary requirement; *ilmoittaa -vaatimuksensa* state [the] salary required.
palkki 1 beam; *(parru)* ba[u]lk **2**

(kannatin~; teräs~) girder, bar; *(lattia~)* joist; *(katto~)* rafter.

palkkio 1 *(korvaus)* reward, recompense, compensation (for *jstk*) **2** fee (lawyer's (doctor's) fee *asianajajan (lääkärin)* ~); remuneration (without remuneration ~*tta*); *(johtokunnan jäsenen* ~*)* emolument; *(tekijän~)* royalty **3** *(liik) (välitys~)* commission **4** *(lisä~)* premium, bonus.

palko pod, legume ~**kasvi** leguminous plant.

palkollinen hired man; servant.

palle 1 hem; *(reunus)* border, edge.

pallea diaphragm, midriff ~**hengitys** abdominal breathing ~**tyrä** *(lääk)* diaphragmatic hernia.

pallero 1 *(pikkulapsi)* tot, toddler **2** *(pallo)* ball.

palli [foot]stool; *(polvistumis~)* hassock.

pallo 1 ball; *(pieni sormissa pyöritetty* ~*)* pellet; *(kartta~, maa~)* globe; *(ilma~)* balloon; *(keila~)* bowl; *(kuv)* ~ *on nyt teillä* the ball is in your court, it's your move **2** *(geom)* sphere ~**bakteeri** *(biol)* cocc|us *(pl* -i) ~**illa** play ball ~**kartta** globe ~**kas** *(mer)* balloon sail, spinnaker ~**mainen** ball-shaped; spherical ~**nivel** *(tekn)* ball[-and-socket] joint ~**npuolisko** hemisphere (in the northern hemisphere *pohjoisella* ~*lla*) ~**salama** ball lightning, fireball ~**tella** play ball (catches); *(erik kuv)* bandy; ~ *asiaa edestakaisin* toss the ball back and forth.

palmikko 1 braid, plait; *(kiinalaisen* ~*)* queue **2** *(punos)* twist, plait ~**neule** *(käsit)* cable stitch.

palmikoida 1 braid, plait (one's hair *hiuksensa)* **2** *(punoa)* twist (a rope *köyttä)*.

palmu palm [tree] ~**nlehti, ~noksa** palm [leaf] ~**sunnuntai** Palm Sunday.

palo 1 *(palaminen)* burning; *(tuli[~])* fire; *(suuri* ~*)* conflagration (world conflagration *maailman~)* **2** *(urh)* out.

palo||- fire (bell, alarm -kello; door -ovi; escape -portaat; pump -ruisku; inspection -tarkastus; ladder -tikkaat; insurance -vakuutus) -asema fire station, engine house; *(Am)* firehouse **-auto** fire engine **-haava** = -vamma **-hälytys** fire alarm [signal].

paloit||ella, -taa 1 *(keitt ym)* cut .. up (into pieces *paloiksi)*; *(hienontaa)* chop [up] (meat *lihaa)*; *(silpoa)* dismember (the body *ruumis)*; disjoint (a chicken *kananpoika)* **2** *(kuv)* divide .. up;

(palstoittaa) parcel [out] **-tain** piecemeal **-telu** cutting up; *(silpominen)* dismemberment.

palo||kalusto fire-fighting equipment **-kunta** *(Br, Am vapaaehtoinen* ~*)* fire brigade, *(Am)* fire department **-kuntalainen** fireman, fire fighter **-kärki** *(el)* black woodpecker **-mies** fireman **-muuri** fireproof wall.

palon||- fire (extinguisher *-sammutin)* **-sammutusalus** fire boat.

palo||paikka scene of the fire **-pommi** incendiary bomb **-posti** fire plug, hydrant **-puhe** inflammatory speech **-puhuja** agitator; rabblerouser, demagog[ue] **-päällikkö** fire chief **-sireeni** fire [alarm] siren **-turvallinen** fireproof **-vakuuttaa** insure .. against fire.

palovakuutus[-] fire insurance (company *-yhtiö)*.

palo||vamma burn; scald **-vartija** fire guard **-viina** [cheap] spirits **-öljy** photogen, *(Am)* kerosene.

palsam||i 1 balsam, balm *(m kuv)* **2** *(kasv)* garden balsam **-oida** embalm.

palsta 1 *(maa~)* parcel, *(erik Am)* lot, plot [of land] **2** *(puutarha~)* allotment; *(~tilkku)* patch **3** *(san, kirjap)* column ~**ntäyte** *(san)* filler, padding ~**tila 1** *(läh v)* small farm **2** *(san)* space (waste space *tuhlata* ~*a)* ~**vedos** *(kirjap)* galley (first) proof.

palsternakka parsnip.

palstoittaa parcel [out], lot [out].

palttaa *(käsit)* hem.

palttina 1 thin (fine) linen **2** *(~sidos)* plain weave ~**inen** linen.

palttu black pudding; *(kuv) annoin sille ~a* I didn't give a hoot about it.

palturi *puhua ~a* tell lies; *se on pelkkää ~a!* that's nonsense!

paluu return; *milloin voimme odottaa ~tanne?* when may we expect you back?

paluu||- return (flight *-lento;* ticket *-lippu);* △ *(erik tekn)* back (running *-käynti;* water *-vesi)* **-liikenne** return[ing] traffic **-lähetys** *(liik)* return **-matka** return journey; ~*llaan hän.*. on his way back he..; *(mer)* ~ *oleva* homeward (inward) bound **-muutto** remigration **-posti;** ~*ssa* by return [of post] **-tie** way back; *(kuv)* ~*tä ei ole* there is no turning back.

palvat|a cure; *-tu kinkku* smoked ham.

palvel||evainen obliging, willing; *(pred)* willing (eager) to help **-ija 1** servant;

domestic [servant]; *(henkilökohtainen mies~)* valet; *kirkon* ~ minister of the Church **2** *(palvoja)* worshipper **-ijatar** maid [servant].

palvel|la *(eri merk)* serve (in the army *armeijassa;* a customer *asiakasta;* God *Jumalaa;* a need *tarvetta)* (m) **1** *(olla palvelijana)* be in service (at a p.'s house, be in a p.'s service ~ *jkta);* attend to (a customer *asiakasta);* wait on (the table *pöydässä);* be in attendance (waiting) (on the king *kuningasta);* service (the whole district *koko seutua)* **2** *(tyydyttää)* meet, satisfy, supply, provide for (a p.'s interests *jkn etua)* **3** *(palvoa)* worship ▶ ~ **hyvin** do good service; ~ **jnak a)** *(henk)* serve as (a housemaid *sisäkkönä);* **b)** *(esineestä)* serve for (a seat *istuimena);* ~ **loppuun** serve one's time; *(liik)* olemme **valmiit -emaan teitä** we are at your service; **kuinka voin ~?** can I help you?

palvelu service (quick service *nopea ~);* **~t** (m) facilities (one of our facilities *eräs ~istamme).*

palvelu||- service (occupation *-ammatti;* point *-piste)* **-altis** helpful, willing **-elinkeino** service trade (industry).

palvelukseenastumis||määräys *(sot)* call-up order **-päivä** calling-up day.

palveluraha tip, gratuity; ~ **sisältyy hintaan** service included.

palvelu|s 1 service (in a p.'s service *jkn -ksessa);* *(virantoimitus)* duty (on duty *-ksessa);* employment (in our employment *-ksessamme)* **2** *(us -kset)* service (offer one's services to *tarjota ksiaan jklle);* office (do a p. a good office *tehdä jklle hyvä ~;* *(kirk)* the last office *viimeinen ~);* favo[u]r (will you do me a favo[u]r? *teetkö minulle -ksen?)* ▶ *(san) -kseen* **halutaan** situations vacant; *(sot)* **ilmoittautua** *-kseen* report for duty; **olla** *jkn -ksessa* be in a p.'s service, be employed by; **ottaa** *-kseensa* engage, employ, take .. into one's employ; hire (labo[u]r *työvoimaa);* **tehdä** *jklle* ~ do a p. a favo[u]r; **vapaana** *-ksesta* off duty.

palvelus||kelpoinen *(sot)* fit for service **-koira** working dog **-kunta** staff of servants, domestic staff **-paikka** situation, place **-todistus** testimonial **-tyttö** maid **-vuoro;** *olla ~ssa* be on duty; *~ssa oleva* duty (officer *upseeri)* **-väki** *(pl)* servants.

palvelu||talo block of service flats **-yhteiskunta** post-industrial society.

palvikinkku cured (smoked) ham.

palvo||a worship (God *Jumalaa);* *(jumaloida)* adore, idolize **-ja** worship[p]er; *(jumaloija)* adorer; ~**t** (m) members of a cult **-nta** worship; *(kultti)* cult; *(jumalointi)* adoration.

pam *interj* bang ~**ahdus =** ~*aus* ~**aht|aa** bang (the door banged *ovi -i),* slam; *(poksahtaa)* pop; *(aseesta)* crack, give a loud report ▶ *ovi -i* **kiinni** the door banged shut, the door shut with a bang; **laukaus** *-i* a gun was fired; ~ **rikki** burst with a bang.

pamau||s *(oven ~)* bang, slam; *(poksaus)* pop; *(pyssyn ~)* report; *(räjähdys)* detonation, explosion **-ttaa** bang, slam; *[ampua]* ~ fire off; ~ **nyrkillä** punch; ~ *jklle päin naamaa* tell a p. point-blank.

pamfletti pamphlet.

pamppail||la throb, beat (with a throbbing (beating) heart *-evin sydämin).*

pamppu 1 truncheon, baton; *(Am ark)* billy [club], nightstick **2** *(ark)* *(porho)* tycoon, big shot (wheel).

pan|- *(pol)* Pan|- (--American *-amerikkalainen;* --Slavism *-slavismi).*

Panama Panama **p~lainen** *a ja s* Panamanian.

paneeli 1 *(rak)* panel[ling], wainscot **2** *(kojelauta)* panel board **-keskustelu** panel [discussion]; ~**n** *osanottaja* panel[l]ist ~**laudoitus** panelwork.

paneloida panel, wainscot.

panet||ella slander, calumniate; speak ill (of *jkta);* *(~ selän takana)* backbite **-telija** slanderer **-telu** slander; *pelkkää ~a* nothing but a wicked slander.

paneutua; ~ *jhk* go (enter) into (details *yksityiskohtiin)* ▶ ~ **asiaan** attend to a matter carefully, go into a matter; ~ **pitkälleen** lie down; ~ **vuoteeseen** take to one's bed.

paniik|ki panic; *joutua -in valtaan* panic, be panic-stricken; *he joutuivat -in valtaan* they panicked; *-in vallassa* in panic ~**mainen** panicky.

panimo brewery ~**teollisuus** brewing industry.

pankin||johtaja [bank] manager **-konttori** bank[ing] office.

pank|ki bank (draw money from the bank *nostaa rahaa -ista;* blood bank *veri~);* *olla tili -issa* have an account with a bank.

pankki||- bank (rate *-korko;* loan *-laina;* robbery *-ryöstö;* employee *-toimihenkilö;* clerk *-virkailija);* △ banking (transactions, *(sg)* business -*asiat;* world -*maailma*) **-ala** banking **-automaatti** [automatic] cash dispenser **-holvi** bank vault[s], strongroom.

pankkiiri banker ~**liike** banking house.

pankki∥kirja passbook, *(Am)* bankbook **-kortti** *(läh v)* cash card **-mies** banker **-pääte** banking terminal **-siirto** bank giro (transfer) system (service); ~*na* by bank transfer **-suh|de;** *olla -teessa jhk (pankkiin)* bank with **-talletus** deposit **-tili** bank account; *maksaa ~lle* pay into a bank account **-valtuusmiehet** *(Suom)* Parliamentary Trustees (Governors) of the Bank of Finland.

1 pan|na 1 *(asettaa)* put (the book on the shelf *kirja hyllyyn;* in the right order *oikeaan järjestykseen;* the boy to school *poika kouluun;* one's money into *rahansa jhk);* △ *(laittaa)* set (a high price on *jllk kova hinta);* △ *(laskea)* lay (a book on the table *kirja pöydälle;* one's head on the pillow *päänsä tyynnyn;* a tax on *vero[a] jllk);* △ *(sijoittaa)* place (where shall I place it? *mihin minun pitää ~ se?);* △ *(asetella)* settle (one's feet in the stirrup *jalkansa jalustimiin);* △ *(asettaa tukevasti)* plant (policemen in every corner *poliiseja joka kulmaan);* △ *(kiinnittää)* fix (a shelf on the wall *hylly seinään);* △ *(ark) (pistää)* stick (one's hands i. one's pockets *kädet taskuun)* **2** *(~ t. saada jku tekemään jtk)* make (what makes you think so (come here)? *mikä -ee sinut ajattelemaan niin (tulemaan tänne)?);* set (it set him thinking *se -i hänet ajattelemaan*) **3** *(hallasta)* damage, spoil, ruin ▶ *~ kello oikeaan* **aikaan** set a clock; *(kuv) ~ jkn* **kannettavaksi** impose on a p.; *~* **kiinni** *(sulkea)* shut; *(lukita)* close; *(kiinnittää)* fasten [down]; *~* **paikalleen** (a broken bone *katkennut luu);* *~* **paikoilleen** put .. in its place; *~* **pois** put away; *~* **sisään** put in; insert, *~* **ylleen** *(jalkaan, käteen, päähänsä)* put .. on.

2 panna *(kirk, kuv)* ban; *(kirk)* excommunication, anathema; *julistaa ~an* put under a ban; excommunicate; *(kuv)* ban (smoking *tupakanpoltto);* ~*ssa* under a ban; *päästää ~sta (kuv)* lift the ban on ~**anjulistus** *(kuv)* banning of *(jnk ~).*

pannu 1 pan (frying pan *paistin~;* roaster pan *uuni~);* pot (coffee pot *kahvi~);* *(vesi~)* kettle **2** *(tekn) (höyrykattila)* boiler ~**huone** boiler room ~**kakku 1** pancake **2** *(ark)* fiasco; *siitä tuli täysi ~* it fell flat

~**myssy** coffee pot warmer, teacosy ~**pihvi** pan-fried meat patty.

pano *(pankk)* deposit; ~*t ja otot* deposits and withdrawals.

pano|s 1 *(lataus)* charge; *(patruuna)* cartridge, round **2** *(pelit)* stake; bet **3** *(tal)* input **4** *(kuv)* contribution, share **5** *(tekn)* *(satsi)* set, batch; *(lataus)* charge, shot ▶ *antaa -ksensa jhk* contribute to; **kovat** *-kset* live cartridges; *(kuv) olla* **panoksena** be at stake; *nuorten ~* **työelämässä** the role of the young in working life.

panos∥taa 1 *(ladata)* load; *(tekn)* charge **2** *(pelit)* stake; place one's bets **--tuotos-∣-**input-output (analysis *-analyysi).*

panssari 1 *(sot, el, kuv)* armo[u]r; *(tekn m)* steel jacket **2** *(~vaunu)* tank.

panssari∥- armo[u]red (car *-auto;* troops *-joukot;* cruiser *-risteilijä);* △ *(erik tekn)* armo[u]r (plate *-levy)* **-alus** ironclad **-este** *(sot)* tank barrier **-lasi** bulletproof glass **-liivi** bulletproof jacket, body armo[u]r **-maali** *(maal)* rustproof paint **-ntorjunta** anti-tank defence; *-ntorjunta∣-* anti[-]tank (rocket *-ohjus;* gun *-tykki)* **-paita** *(hist)* coat of mail **-vaunu** tank.

panssaroi∥da armo[u]r, plate **-tu** armo[u]red, armo[u]r-clad, ironclad **-tua** *(kuv)* arm o.s. (against *jtk vastaan).*

pantat|a 1 pawn (one's watch *kellonsa);* *(Am ark)* hock; *-tuna* in pawn **2** *(liik, lak)* pledge (the shares *osakkeet);* *(kiinnittää)* mortgage **3** *(ark)* withhold (knowledge *tietoja),* keep .. back (from *jklta).*

panteistinen pantheistic[al].

pantomiimi dumb show, pantomime ~**näyttelijä** pantomimist.

panttaus pawning, pawnage; pledge.

pantteri panther, leopard.

pant|ti 1 pledge; *(vakuus)* security; pawn; *(kiinnitetty velkakirja)* mortgage **2** *(~maksu)* deposit (pay a deposit on a bottle *maksaa ~ pullosta)* **3** *(~leikissä)* forfeit ▶ *antaa -iksi* give .. as a pledge (security); *olla lainan ~na* lie in pledge on a loan; *panen siitä* **pääni** *-iksi* I'll stake my life on that.

pantti∥kuitti pawn[broker's] ticket **-lainaamo, -lainakonttori** pawnbroker's office, pawnshop **-leikki** *(pl)* forfeits **-van|ki** hostage; *ottaa -giksi* take .. [as a] hostage.

papanat droppings.

paper|i 1 paper (squared (ruled) paper *ruudullinen (viivallinen) ~*) **2 a)** *(asia~)*

document (against documents *-eita vastaan*), paper (put your name on this paper *pane nimesi tähän ∼in*); **b)** *∼t* papers (have you got any papers on you? *onko teillä mitään -eita?*) ▶ *puhua* **ilman** *-eita* speak without notes; **lukea** *∼sta* read at sight; *hänellä on* **maisterin** *∼t (m)* he has his M. A.; **panna** *∼lle* write .. down, commit .. to paper; **paperilla** on paper; *hänellä on* **puhtaat** *∼t* he has a clean record; *panna* *∼t* **vetämään** send in one's application.

paperi||- paper (plate *-lautanen;* handkerchief *-nenäliina;* bag *-pussi;* towel *-pyyhe;* mill *-tehdas;* industry *-teollisuus;* tiger *-tiikeri;* knife *-veitsi* **-arkki** sheet of paper **-kauppa** stationer's, stationery shop **-kauppias** stationer **-kone** paper[-making] machine **-kori** wastepaper basket; *joutua ∼in* get thrown away **-lakana** disposable sheet **-lappu** slip of paper **-lyhty** paper (Chinese) lantern **-massa** pulp **-nen** paper (napkin *lautasliina*), ..of paper.

paperin||- paper (manufacture *-valmistus*) **-keräys** waste paper collection **-pala** bit (scrap) of paper.

paperi||**puu** pulpwood, paperwood **-raha** paper money (currency) **-sota** *(ark)* red tape **-tavara** stationery.

paperoida paper (a room *huone;* a shelf *hylly*).

papiksi vihkiminen ordination.

papiljotti curler, [hair] roller.

papillinen priestly (tone *sävy*); *(papin)* clerical (dress *puku*).

papin||**kaapu** [clergyman's] gown, robe **-kauhtana** *(room kat)* cassock, soutane **-kaulus** *(pl)* clerical bands; *(Brit)* collar **-kirja, -todistus** extract from the parish register; *(syntymätodistus)* birth certificate **-vala** ordination oath, vow **-virka** ministry; *asettaa ∼an* ordain.

papisto clergy; *(papit)* priesthood, *(pl)* priests *∼napulainen* curate.

papitar priestess.

pappa 1 *(läh v)* old man; *(puhutt)* Dad **2** *(isä)* pa[pa]; *(isoisä)* grandpa.

pappe||**inkokous** ministerial convention **-us** priesthood.

pap|**pi** clergyman, *(ark)* parson; *(erik kat ja ant)* priest; *(Skotl ja lahkolais∼)* minister; *(kirkonmies)* ecclesiastic; *-it (koll)* the clergy ▶ *hän ei ollut ensi kertaa ∼a* **kyydissä** he was no novice; *hänestä* **tuli** *∼* he entered the church; *antaa* **vihkiä**

itsensä -iksi take holy orders.

pappila parsonage; *(Brit)* rectory, vicarage; *(Skotl)* manse; *(kat)* presbytery; *pitää [hyvänä] kuin piispaa ∼ssa* kill the fatted calf.

pappis||- *(us)* clerical (member *-jäsen)* **-kokelas** candidate for ordination **-mies** clergyman, ecclesiastic **-seminaari** seminary, college for priests **-sääty** the clergy **-vihkimy**|**s** ordination; *-ksen saanut* ordained.

paprika pepper *∼jauhe* paprika.

papu bean.

papualainen *a ja s* Papuan.

papukaija parrot; *(undulaatti)* par[r]akeet, lovebird *∼mainen* parrot|y, -like.

papupata *(henk)* chatterer, blatherskite.

papurikko dapple grey [horse].

papyruskäärö papyrus roll, scroll.

paraati parade; *(katselmus)* review; *osallistua ∼in* parade; *paraati*|- parade (march, drill *-marssi;* uniform *-puku*).

paradigma *(kiel)* paradigm *∼attinen* paradigmatic[al].

paradoks||**aalinen** paradoxic[al] **-i** paradox.

parafiini paraffin[e]; paraffin wax *∼öljy* paraffin oil.

parafoida *(dipl)* initial.

Paraguay Paraguay **p∼lainen** *a ja s* Paraguayan.

parahdus [out]cry; *(valitus)* groan, moan.

parahi||**ksi;** *[juuri]* ∼ just right; *hän tuli [juuri]* ∼ he was just in time; *se on hänelle* ∼ it serves him right **-n** dear (friend *ystävä*).

parahtaa [give a] cry (of pain *tuskasta*); ∼ *itkuun* start crying.

parai- *ks. parhai-.*

paraikaa just [now (then)].

parakki hut; *(työmaan ∼)* workmen's cabin *∼kylä* hutment, settlement of huts.

paranem|**aton, -inen** = *parantum*|*aton, -inen.*

parannella make .. better, improve on (the story *kertomusta*); *(korjailla)* revise, amend; touch up (a photograph *valokuvaa*); *(kuv)* ∼ *haavojaan* lick one's wounds.

parannuksentek||**ijä** *(usk)* penitent **-o** penance.

parannu|**s 1** *(parantaminen)* improvement (several improvements have been made *on tehty useita -ksia*), *(uudistus)* reform **2** *(moraalinen ∼)* reform; *(usk)* repentance, penitence **3** *(∼keino)* cure

(find a cure for *löytää* ~ *jhk*), remedy ▶
saada *aikaan* ~ *asiassa* remedy a matter;
saarnata ~*ta* preach penance; **tehdä** ~
(usk) repent; *tehdä -ksia jssk* make
improvements on.
parannus||**keino** cure, remedy (for *jhk*)
-taito healing art.
paranooi||**kko, -nen** paranoi[a]c.
paran|**taa 1** improve (the quality *laatua;*
one's knowledge *tietojaan*), better (the
conditions of the workers *työläisten
asemaa*), ameliorate (the situation
tilannetta); *(korjata)* [a]mend; remedy (a
matter *asiaa*) **2** *(hoitaa)* cure (of *jstk*),
heal ▶ *se ei -na* **asiaa** that won't mend
(help) matters; **parannettavissa** *[oleva]*
curable; ~ **tapansa** mend one's ways; *siinä
on vielä -tamisen* **varaa** there is room for
improvement, it could be better.
parant||**aja** healer; *yhteiskunnan* ~
reformer **-ava** curative (power *vaikutus*);
~ *lääke* curative **-ola** sanatorium.
parantu||**a** *(rinn parata)* **1** *(tulla
paremmaksi)* improve, get better **2** *(tulla
terveeksi)* get well, *(toipua)* recover (from
an illness *sairaudesta*); *(haavasta)* heal
[up]; *hän on -nut* he is [quite] well now;
hän paranee päivä päivältä he is getting
better every day **-maton 1** incurable,
..past recovery (disease *tauti*) **2**
(korjaamaton) incorrigible, irremediable
(damage *vika*), *(auttamaton)* inveterate
(optimist *optimisti*); *(toivoton)* hopeless
-mattomasti; ~ *sairas* past recovery **-minen**
1 *(parannus)* improv|ing, -ement **2**
(toipuminen) recovery.
parapsykologia parapsychology.
par|**as** *(rinn -hain)* best (the best pupil ~
oppilas; the best of its kind ~ *laatuaan;*
he is best at mathematics *matematiikka
on hänen* ~ *aineensa)* ▶ *sen* ~ **aika** on ohi
it is past its prime; *mitä -haimmassa*
järjestyksessä in perfect order; ~*ta*
kaikesta the best of it all; ~*ta* **laatua** of
[the] finest (highest) quality; *mitä -hain*
very good, excellent; *sinun olisi* ~ *mennä
(olla menemättä)* you had better go (not
go); **panna** ~*taan* try one's best; **parasta**
mitä tiedän the best thing I know; *jkn*
parhaaksi for a p.'s [own] good; *kaikkien
-haaksi* for the common good; *kääntyä
-hain* **päin** turn out well; **tehdä** *-haansa* do
one's [very] best; *-haisiin* **tuloksiin**
pääsemiseksi for [the] best results;
olemme -haat **ystävät** we are the [very]
best of friends.
parastaikaa just now (then).
paratiisi paradise; *maallinen* ~ heaven on
earth, earthly paradise ~**lintu** bird of
paradise ~**llinen** paradisiac[al]; *(kuv m)*
heavenly.
paratkoon; *herra* ~*!* Heaven forbid!
paratyyfus paratyphoid [fever].
paremm||**in** better (than *kuin;* I feel better
today *voin* ~ *tänään*); *(~ sanottuna)*
preferably; *kävi* ~ *kuin hyvin* we were
very lucky; *se on* ~*kin poikkeus kuin
sääntö* it is the exception rather than the
rule **-uus** superiority (of a th. to another
jnk ~ *toiseen nähden*); better (superior)
quality **-uusjärjesty**|**s** order [of quality];
panna -kseen list in order from best to
worst.
parem|**pi** better (than *kuin;* one's better self
jkn ~ *minä*); superior (to *kuin*); preferable
(to *kuin*) ▶ **olla** *jkta* ~ surpass, excel, be
superior to; *hän on minua* ~ *(m)* he is my
better (in *jssk*); **pitää** *jtk -pana kuin*
prefer a th. to; *muutos -paan* **päin** a
change for the better; **sitä** ~ so much the
better; *minulla on -paakin* **tekemistä** I
have more important things to do.
parempi||**osai**|**nen** *(pred)* better off; *-set*
those better off **-palkkainen** better[-]paid
(job *työ*).
parfy||**moi**|**da** perfume; *-tu saippua* scented
soap **-ymi** perfume.
parha||**astaan** mostly, for the most part;
chiefly **-illaan** this very moment; *(silloin)*
[just] then; at the moment; *hän oli* ~
lounaalla he was [just] having lunch
-immillaan at its (one's) best **-immisto**
élite, elite; *jnk* ~ the pick (flower, cream)
of **-iten** best; *niin kuin* ~ *taisi* as best he
could.
pari 1 pair (of trousers *housuja;* two pairs
of socks *kaksi* ~*a sukkia*); *(henk, fys ym)*
couple **2** *(toinen kahdesta);* *jkn* ~ partner;
mate (to this glove *tämän hansikkaan* ~)
3 *(muutama)* a couple of (apples *omenaa*),
a few (days later *päivää myöhemmin)* ▶
nämä kengät ovat **eri** ~*a* these are odd
shoes; **hansikkaan** ~ the other (matching)
glove; **kerran** ~ *[vuodessa]* once or twice
[a year]; ~ **kolme** two or three, a few; **olla**
jkn ~*[na]* be paired [off] with.
paria *(Int, kuv)* pariah.
pariarvo *(tal)* par (face) value; *alle* ~*n*
below par; *yli* ~*n* above par.
parihevoset *(sg)* team (span) of horses.

Pariisi Paris **p~lainen** *a ja s* Parisian.
pari‖jono double file **-kki** *(toinen parista)* mate; *(kaksonen)* twin.
parikurssi *(tal);* **~in** at par.
parikymmentä about twenty.
parila *(halstari)* gridiron; grill.
parilli|nen 1 *(mat)* even (number *luku)* **2** ..forming a pair, paired (organs *-set elimet).*
pariloida broil, grill.
pari‖luistelu pair skating **-ovi** double door **-sataa** a couple of hundred, about two hundred **-sen** two or three, a couple of (weeks *viikkoa)* **-skunta** [married] couple **-ssa** *(-in)* with (one's books *kirjojensa ~);* *(keskellä)* amidst; among (people *ihmisten ~); palata jnk -in* return to.
paristo battery **~käyttöinen** battery-operated.
pari‖sänky double bed **-talo** semi-detached house **-tella** *(el)* mate, pair, copulate **-ton** odd (glove *hansikas);* ~ *luku* odd (uneven, unequal) number.
paritta‖a 1 *(~ eläimiä)* mate, pair **2** *(toimia -jana)* procure, pander (for *jku)* **-ja** procurer; pimp.
parittelu *(el)* copulation, pairing; *(erik linnuilla)* mating **~aika** mating season **~elin** *(biol)* sexual organ.
pari|ttua *(rinn -utua) (el)* pair [off], mate, copulate.
parivaljakko carriage and pair, span [of horses].
parja‖ava defamatory **-ta** defame, abuse; malign (one's neighbo[u]r *naapuriaan),* slander, backbite **-us** slander **-uskirjoitus** lampoon; libel[lous article].
parka poor (fellow, man *mies~);* poor thing; *lapsi ~* poor little thing.
parkais‖ta cry [out]; *(kirkaista)* [give a] scream **-u** [out]cry; scream.
parketti 1 parquet[ry] **2** *(tanssilattia)* danc|e (-ing) floor **~lattia** parquet[ed] floor.
parkit‖a tan **-sematon** untanned (hide *vuota).*
parkkeerata *(ark);* park.
1 parkki *(puun kuori)* bark.
2 parkki *(mer)* bark, barque.
parkkihappo tannic acid, tannin.
parkkiintu‖a *(kuv)* be hardened, toughen [up] **-nut** *(kuv)* hardened (conscience *omatunto);* toughened; *(kokenut)* experienced; *(paatunut)* case-hardened.
parkki‖paikka *(ark)* parking place **-valo[t]**

(ark) parking light[s].
parku cry[ing]; *(kova ~)* bawling; howl[ing] **~a** cry; bawl; howl; ~ *täyttä kurkkua* bawl at the top of one's lungs.
parlamenta‖arikko parliamentarian **-arinen** parliamentary; ~ *hallitustapa* system of representative government **-rismi** parliamentarism, parliamentary system.
parlament|ti parliament; *(Brit)* Parliament; **-ti|-** parliamentary (election *-vaalit);* **-in** *jäsen (Brit)* Member of Parliament, *(lyh)* M.P.; ~ *on koolla* Parliament is up (in session) **~talo** parliament building; *(Brit) (pl)* the Houses of Parliament.
parnasso Parnassus **~lainen** *(kirjall)* Parnassian.
parodi‖a parody; burlesque, skit (of, on *jstk)* **-nen** parodic[al], parodistic **-oida** parody.
paroni baron; ~*n arvo* baronage **~tar** baroness.
parrakas bearded.
parran‖ajo shaving; shave; *-ajo|-* shaving (outfit, things *-vehkeet)* **-ajokone** safety razor; [electric] shaver **-kasvu** growth of beard **-sänki** stubble.
par|ras edge (at the water's edge *veden -taalla);* brink (of the river *joen ~);* *(mer)* gunwale; *(~kaide)* rail[ing] ▶ *jnk* **partaalla** on the brink (verge) of; *olla epätoivon (itkun, itsemurhan) -taalla* be on the verge of despair (tears, suicide); *vararikon -taalla (m)* near bankruptcy.
parras‖laita *(mer)* bulwark **-valo|t** footlights; *(kuv) (sg)* limelight; *-issa* on the stage.
parr‖aton beardless, barefaced **-oittua** become bearded; get a beard.
parru *(mer ym)* ba[u]lk; spar; *(katto~)* beam; rafter; ~*t (sg)* square timber.
parsa asparagus **~kaali** broccoli **~nnuppu** *(keitt)* asparagus tip.
parsia darn, mend (socks *sukkia); yrittää ~ aukkoja tiedoissaan* try to fill in the gaps in one's knowledge.
parsin‖- darning (foot *-jalka;* yarn, wool *-lanka)* **-neula** darning needle, darner **-sieni** darner.
par|ta beard; *ajaa ~nsa* shave [one's beard]; *ajaa jkn ~* shave a p.; *ajattaa ~nsa* have a shave, get shaved; *vanhat -rat* old timers, greybeards **~haivenet** *(sg)* downy beard, down **~koneenterä** [razor] blade **~saippua** shaving soap **~sieni** *(lääk)* barber's itch **~suti** shaving brush **~suu** *a*

ja s bearded [man] ~**vaahdoke** shaving cream (foam) ~**veitsi** razor ~**vesi** after-shave lotion.

partikkeli *(kiel)* particle.

partio 1 *(sot)* patrol; *liikkuvan poliisin* ~ patrol squad **2** *(~liike)* scout movement; *kuulua* ~*on* be a scout.

partio∥- scout (organization *-järjestö;* camp *-leiri;* uniform *-puku;* greeting *-tervehdys)* **-alus** *(sot mer)* patrol vessel (boat) **-ida** patrol; *(tiedustella)* scout **-johtaja** scoutmaster; *(ylin* ~*)* chief scout **-lainen** scout **-lento** patrol flight **-lippukunta** boy scouts (girl guides) association **-njohtaja** *(sot)* patrol leader **-poika** boy scout **-retki** *(sot)* reconnaissance (scouting) expedition; *(hävitysretki)* raid **-tyttö** girl guide *(Am* scout) **-työ** scouting.

partisaani parti|san, -zan.

partisiip∥pi participle; *-in perfekti* past participle; *-in preesens* present participle.

partit∥iivi *(kiel)* partitive [case] **-uuri** *(mus)* score.

partur∥i barber; *mennä* ~*in* go to the barber's **-inliike** barber['s] shop **-oida** shave *(m kuv);* barber (forests *metsiä).*

parveil∥la swarm (swarming people (mosquitoes) *-evat ihmiset (hyttyset);* *(kaloista)* shoal; *(linnuista)* flock; *(mehiläisistä) lähteä -emaan* hive off **-uitiö** swarm spore, zoospore.

parvek∣e balcony; *(katettu t. sisä~)* gallery; *(terassi)* terrace; *-e∣-* balcony (flower *-kukka;* seat *-paikka).*

1 parvi swarm (of mosquitoes *hyttysiä;* of children *lapsi~);* *(lintu~)* flock; bevy (of girls *tyttö~);* *(lennossa oleva* ~*)* flight; *(kala~)* school, shoal; *(vain henk)* crowd; cluster (of tourists *turistien* ~); *kerääntyä* ~*ksi* flock together.

2 parvi loft (hay loft *heinä~;* organ loft *urku~);* *(ullakko)* attic; *saunan* ~ sauna shelf **2** *(teatt)* circle; balcony; *ensimmäinen (toinen)* ~ dress (upper) circle; *ylin* ~ gallery.

pasaatituuli trade wind.

pasianssi patience, *(Am)* solitaire.

pasifis∥mi pacifism **-ti** pacifist **-tinen** pacifistic *(adv* ~ally).

paska *(alat)* shit ~**ntärkeä** self-important, bumptious.

paskiainen *(halv)* shithead, son of a bitch, bastard.

pasma *(tekst)* skein, lea; *sekoittaa jkn* ~*t* upset a p.'s apple cart.

passata *(ark)* **1** *(palvella)* serve (the guests *vieraita)* **2** *(sopia)* suit (me *minulle)* **3** *(urh) (syöttää)* pass.

passi 1 passport (issue (renew) a passport to *antaa (uusia) jklle* ~; travel on a passport *matkustaa jllak* ~*lla); (kulkulupa)* pass **2** *(~paikka) (mets)* stand; *(yl) olla* ~*ssa* keep a look-out.

passiivi the passive [voice] ~**muoto** passive [form] ~**nen** *(eri merk)* passive; *(psyk m)* inactive ~**suus** passiveness, passivity; inactivity.

passi∥kuva passport photograph **-nhaltija** holder of a passport **-ntarkastus** examination of passports.

passio∥hedelmä granadilla, passion fruit **-näytelmä** passion play.

passi∥paikka *(mets ym)* stand, station **-pakko** compulsory passport system **-poliisi** beat policeman, policeman on duty, *(Am)* patrolman **-toimisto** passport office **-ttaa** send (back home *takaisin kotiin);* ~ *maasta* deport; ~ *vankilaan* commit (send) .. to prison **-tus** *(lak)* [warrant of] commitment.

passivoida make .. passive.

past∥a paste **-amainen** pasty **-eija** pasty, pie, patty; paste (liver paste *maksa~).*

pastelli *(kuvat)* pastel ~**maalari** pastel[l]ist ~**työ** pastel [picture] ~**väri** pastel [colo[u]r].

pastilli lozenge, pastil[le].

pastori *(protest kirk)* minister; pastor; *(angl kirk)* curate, vicar; *(pappi)* clergyman, parson.

pastöroida pasteurize.

pasut∥taa calcin[at]e **-usuuni** calciner, roasting kiln.

pasuuna 1 *(mus)* trombone **2** *(raam, kuv)* trumpet; *tuomion* ~ the last trump[et] ~**npuhaltaja** trombonist.

pata 1 *(keitt ym)* **a)** pot, stew|pot, -pan; *(suuri* ~*)* ca[u]ldron; **b)** *(~ruoka)* stew; *(kuv) hyvää* ~*a jkn kanssa* on friendly terms with **2** *(tekn)* chamber; digester **3** *(korttip)* spade ~**laiska** bone lazy ~**lakki** skullcap ~**lappu** kettle holder.

pataljoona battalion.

pata∥luhaksi; *haukkua (panna)* ~ haul .. over the coals, blow up; tear to pieces (a play *näytelmä)* **-paisti** pot roast, braised beef **-rouva** queen of spades **-rum∣pu** *(mus)* kettledrum; *-mut* the timpani **-suti** scourer **-valmis** *(keitt)* ready-to-cook, oven-ready **-vanhoillinen** *a ja s* die-hard [conservative]

-ässä ace of spades.
pateetti||**nen** *(mahtipontinen)* . .full of bathos, throbbing (speech *puhe*) **-suus** grandiloquence.
patentin||**hakija** applicant for a patent **-haltija** patentee.
patent||**oida** patent (an invention *keksintö*) **-ti** patent (on *jllk*) ▶ ~*a* **haettu** patent pending (applied for); **myöntää** *(saada)* ~ grant (obtain) a patent; *hänellä* **on** ~ he owns (holds) a patent.
patentti||- patent (application *-hakemus;* law *-laki;* office *-virasto*) **-kirja** *(pl)* letters patent **-konsti** *(ark)* panacea, gimmick **-korkki** swing stopper, lever lock **-lääke** patent medicine *(m kuv); (yleis~)* cure-all **-neule** *(käsit)* raised ribbing **-ratkaisu** formula, panacea.
patik||**karetki** hiking tour **-oida** walk, go on foot; *(olla -karetkellä)* hike, *(Am)* backback.
patin||**a** *(kem, kuv)* patina; *saada ajan* ~*a* mellow with time **-oida** patinate; *ajan -oima* patinated.
patist||**aa, -ella** *(hoputtaa)* urge; hustle (the children *lapsia*).
patja 1 mattress; pad; bed 2 *(geol)* bed, layer, stratum ~**kangas** ticking.
pato *(sulku~)* dam; *(kastelu- ym ~)* barrage; *(ranta~)* dike, dyke, *(penger)* embankment ~**aukko** spillway, outlet.
patologi pathologist ~**a** pathology ~**nen** pathological.
patoluukku sluice[gate], floodgate.
patonki [long thin loaf of] French bread, bread stick.
pato||**utua** *(konkr)* be dammed up; *(kuv)* be bottled (checked, dammed) up; *(kasaantua)* accumulate **-u[tu]ma** *(psyk)* repression **-utunut** *(kuv, psyk)* pent-up, repressed **-vesi** backwater.
patriark||**aalinen** patriarchal **-ka** patriarch.
patriisi patrician; *patriisi*|- patrician (family *-perhe*).
patrio||**otti** patriot **-ottinen** patriotic *(adv* ~ally) **-tismi** patriotism.
patruuna *(sot ym)* cartridge ~**vyö** cartridge (ammunition) belt.
patsas 1 *(pylväs)* pillar (stone pillar *kivinen* ~; of smoke (fire) *savu- (tuli)*~); column (of mercury *elohopea*~; of smoke *savu*~); *(tekn)* upright 2 *(kuva~)* statue.
patteri 1 *(sot, fys)* battery 2 *(lämpö~)* radiator ~**sti** *(mus)* drummer ~**sto** *(sot)* artillery battalion.

patti 1 *(eläinl)* spavin 2 *(ark)* knob; knot 3 *(šakk)* stalemate.
patukka 1 *(poliisin* ~*)* truncheon, *(Br)* baton, *(Am)* billy [club] 2 *(ent koul)* cane, rod 3 *(makeis~)* stick, bar (of chocolate *suklaa*~).
pauh||**aava** roaring (waterfall *koski;* sea *meri*) **-ata** roar; *(jymistä)* rumble; *myrsky -aa* a storm is raging, it is storming; *urut alkoivat* ~ *kirkossa* the sound of the organ swelled through the church **-ina, -u** roar; rumble; *(melu)* din, noise; *myrskyn -ina* raging of the storm.
paukah||**della** = *paukkua* **-dus** = *pamaus* **-taa** = *pamahtaa.*
paukama lump, swelling.
pauke cracking (of rifles *pyssyjen* ~); banging, slamming (of doors *ovien* ~); *kuului kovaa* ~*tta* there was a loud noise (a din); *tykkien* ~ booming of guns, cannonade.
pauk|**ku** *(ark)* 1 *(pamaus)* blast; *(panos)* charge 2 *(konkr ja kuv) (isku)* blow (it was a hard blow for him *se oli hänelle kova* ~); *(yllätys)* sensation 3 *(ryyppy)* dram, *(Am)* bracer; *otetaanpas -ut!* let's have a quick one! ~|**a** slam, bang; crack (the rifles cracked *pyssyt -ivat*); *(jyristä)* thunder, boom ▶ *pian alkoi taas* ~ soon the shooting began again; **palaa** *-en* burn with a crackle.
paukku||**panos** blank cartridge **-pommi** *(kuv)* sensation.
paukura knob.
paukuttaa bang, slam (doors *ovia*); crack (a pistol *asetta*); *(~ vasaralla ym)* beat, knock, hammer; ~ *käsiään* clap [one's hands].
paul||**a** 1 *(nyöri)* string; *(kengän ym ~)* lace 2 *(mets)* snare, springe 3 *(kuv)* net, trap, *(pl)* toils; *joutua jkn -oihin* get caught in a p.'s toils; *olla jnk -oissa* be ensnared by; *saada -oihinsa* ensnare.
paussi = *tauko.*
paviaani baboon.
paviljonki pavilion.
pedaali pedal.
pedagogi pedagog[ue] ~**ikka** *(sg)* pedagog|**y, -ics.**
pedantti||**nen** pedantic *(adv* ~ally), meticulous.
peesata *(ark) (urh)* pace; *(liikenn)* tailgate.
peeveli *voi* ~*!* damn it! ~**nmoinen** deuced, devilish.
pehk|**u[t]** *(sg)* litter; *(ark) painua -uihin* hit

the hay (sack).

pehme||**nnys 1** softening (of the brain *aivojen* ~) **2** *(kevyt permanentti)* body permanent **-ntää** make .. soft[er], soften *(m kuv)* **-tä** become soft[er], soften *(m kuv)*.

pehme|**ä** *(eri merk)* soft; *(silkin~)* silky; *(sametin~)* velvety (skin *iho*); mellow (glow *loiste*); *(murea)* tender; *(löysä)* loose (soil *maa[perä]*); *(tasainen)* smooth (running *käynti*) ▶ *(kirjan)* ~t **kannet** limp covers; *tehdä* ~ **lasku** make a soft landing, soft-land; ~**n linjan poliitikko** soft-liner; **puhua** *-itä* talk rubbish.

pehmeä||**luontoinen** soft[-hearted] **-piirteinen** gentle-featured **-turkkinen** soft-coated.

pehm||**ike** cushion, pad[ding] **-ittää 1** *(konkr)* make .. soft[er], soften; *(kuv)* *(sulattaa)* melt (a p.'s heart *jkn sydän*) **2** *(piestä)* beat, give .. a beating, *(ark)* lick **-opaperi** [soft] tissue **-ustaa** pad, cushion; upholster (furniture *huonekaluja*) **-uste** pad[ding].

pehtori manager [of an estate], steward, bailiff.

peijakas the deuce (dickens).

peikko 1 *(menninkäinen)* [hob]goblin; *(paha* ~*)* bugbear; *(vuoren~)* troll **2** *(kuv)* spect|re, -er (of war *sodan* ~).

peila||**ta** *(mer)* take [the] bearings (of), fix **-utua** be reflected (mirrored) (in *jssk)*, reflect *(m kuv)*.

peili 1 mirror; *(kuvastin)* *(Br)* [looking-]glass; *(veden pinnasta) sileä kuin* ~ [as] smooth as glass **2** *(rak)* panel ~**kirkas** glassy (ice *jää*) ~**kuva** mirror (reflected) image ~**lasi** plate glass ~**ovi** panel door ~**pöytä** dressing (toilet) table ~**tyyni** ..smooth as glass, unrippled.

peippi *(kasv)* dead nettle.

peippo[nen] chaffinch; *iloinen kuin* ~ as gay as a lark.

peitata 1 *(värjäyksessä)* mordant **2** *(nahk)* bate **3** *(maat)* disinfect, treat [with disinfectants].

peite 1 *(yl)* cover[ing] (put a covering on (over) *panna* ~ *jnk päälle)*; *(päällyskerros)* coating (of snow *lumi~*) **2** *(täkki)* quilt, *(Am)* comforter; *(huopa)* blanket ~**kerros** *(tierak)* overlay, blanket ~**laatta** *(rak)* cover plate ~**lakka** covering varnish.

peite||**llä 1** cover; ~ *vuoteeseen* tuck up **2** *(kuv)* *(salata)* conceal, hide; *(peittää)*

cover up (one's lack of knowledge *tietämättömyyttään)*; disguise (one's feelings *tunteitaan)*; **-llen** in a roundabout way; **-lty uhkaus** veiled threat **-maali** final coat **-nimi** code name.

peitinhöyhen deck (contour) feather.

peitota beat .. soundly; thrash *(m kuv erik urh)*.

pei||**tsi** lance; *taittaa -stä jkn puolesta* break a lance (take up the cudgels) for.

peitta[usaine] *(tekn)* mordant; bate.

peitte||**inen** covered *(m yhdyss;* with snow *lumi~)*; ~ **kieli** coated tongue **-lemättä** frankly, openly; *sanoa* ~ be very outspoken **-lemätön** undisguised, plain.

peit||**to** cover[ing]; *(vuode~)* quilt ▶ **jäädä** *jnk* ~**on** be[come] covered (hidden) with; **lumen** *-ossa* snow-covered; **olla** *jnk -ossa* be covered with (by, in); **pilvien** *-ossa* clouded over.

peitt||**yvä** *(biol)* recessive (character *ominaisuus)* **-yä** be[come] covered (with, in *jhk, jllak)*; *(~ kokonaan)* be covered up; be wrapped [up] (in smoke *savuun)*; *(~ näkyvistä)* disappear, be hidden (behind *jnk taakse)* **-ää 1** cover (with a lid *kannella)*; put .. on (over) (put a cloth on the table ~ *pöytä liinalla)*; cover over (up) (the plants for winter *kasvit talveksi)* **2** *(olla jnk -eenä)* cover; *(verhota)* veil, blanket (a thick fog blanketed everything *tiheä sumu -i kaiken)* **3** *(kätkeä, salata)* conceal, hide (try to hide one's purpose *yrittää ~ tarkoituksensa)* **4** *(kattaa)* cover (the costs *kulut)* **5** *(~ suojakerroksella)* coat; *(päällystää)* lay (the floor with carpets *lattia matoilla)* ▶ ~ *jk* **näkyvistä** prevent seeing a th.; ~ **osittain** overlap.

pek||**ka** ▶ **kahteen** ~*an* the two of us; *-at ja* **paavot** every Tom Dick and Harry; *hän ei tahtonut olla* ~*a* **pahempi** he wanted to keep up with the others.

pekoni bacon.

pelaaja *(erik urh)* player ~**-aitio** *(pl)* team benches.

pelargoni geranium.

pelast|**aa 1** *(yl)* save (from *jstk;* a p.'s life *jkn henki;* the situation *tilanne)*; *(~ vaarasta yms)* rescue (a p. from *jku jstk)*; *(vapauttaa)* free, deliver **2** *(mer, vak ym)* salvage (from a shipwreck (fire) *haaksirikosta (tulipalosta)* **3** *(usk)* save, redeem ▶ *häntä* **ei voida enää** ~ he is beyond help; *koettaa* ~ *mitä* **pelastettavissa** *on* salvage what you can; ~

jku **pulasta** get .. out of a difficulty; **tulla** *-amaan jku* come to a p.'s rescue.

pelast||aja rescuer; saviour (of one's country *maansa ~*); *(usk)* P*~* Saviour **-autua** save o.s.; escape **-ava;** *~ enkeli* an angel to the rescue; *ojentaa ~ kätensä* come to the rescue *~ saved (m usk)*; escape (with one's life from *hengissä jstk;* drowning *hukkumasta*); *~ töin tuskin* have a narrow escape.

pelast|us **1** rescue (from death *kuolemasta*); *se oli hänen -uksensa* that was the saving of him (his salvation) **2** *(~·kcino)* way out, escape **3** *(usk)* salvation **4** *(mer, vak)* salvage **5** *(urh)* save **~alus** rescue boat **~armeija** Salvation Army **~kalusto** life-saving (rescue, salvage) equipment **~keino** [means of] rescue; *(pakotie)* way out, escape, resort (as a last resort *viimeisenä ~na*) **~köysi** life line **~lautta** life raft **~liivi** life jacket **~miehistö** rescue team *(pl* workers) **~operaatio** rescue [operation] **~purje** life net **~rengas** life buoy **~tikkaat** escape ladder **~vene** life boat.

pela|ta **1** play (football *jalkapalloa;* [at] cards *korttia*); *(~ uhkapeliä)* gamble **2** *(ark)* (*sujua*) work out (the system didn't work out *systeemi ei -nnut*) ▶ *musiikki -si* there was music playing; *~ omaisuutensa* gamble away one's fortune; *(ark) ~ jkn pussiin* play a p.'s game.

pelehtiä fool around; play the fool.

pel|i **1** game (what game is this? *mitä ~ä tämä on?* play a game *pelata jtk ~ä*); *(ottelu)* match, *(...)* play (I watched their play *katselin heidän ~ään*) *(ark) (laite, vehje)* contraption, gadget; *(soitto~)* instrument ▶ *se on ~n henki* that's the name of the game; *(erotuomarista)* **katkaista ~** stop play; **likaista ~ä** foul play; *~ on* **menetetty** the game is up; *he olivat jo menettämässä ~n kun* they were playing a losing game when; *(kuv)* **olla ~ssä** be at stake; **panna ~in** stake, risk; **pitää ~ään** play one's [little] game; *(kuv)* **poissa ~stä** out of play; *(urh)* **puhdas ~** a clean slate; *(ark)* **hänellä on ~t ja vehkeet** he has every possible contraption.

peli||aika *(urh)* playing time **-erä** round **-himo** passion for gambling; *olla ~n vallassa* be a compulsive gambler.

pelikaani *(el)* pelican.

peli||kasino casino *(pl ~s)* **-katko** *(urh)* time-out **-kenttä** *(jalkap)* field; *(tenn)*

court **-kielto** suspension **-kortti** [playing] card **-lauta** board **-luola** gambling den.

pelimanni [folk] musician.

peli||markka chip, counter, jeton **-nappula** *(pelit)* man, piece; *pelkkä ~* a pawn in the game **-navaus** *(kuv)* opening gambit (move) **-pöytä** card table; *(uhka~)* gambling table **-säännöt** rules of the game **-tuomari** *(urh)* umpire; referee **-vara** *(ark)* play; *(kuv m)* scope **-velka** gambling debt **-voitto** *(pl)* winnings at cards.

pelkist||etty *(kuv)* reduced (lines *-etyt linjat*), simplified **-yä** *(kem, kuv)* be reduced (to *jksk*) **ää** *(kem ja kuv)* reduce; *(yksinkertaistaa)* simplify.

pelkkä mere; *(puhdas)* pure, sheer; *(vain)* nothing but (harm *~ä harmia*), but, only; *(paljas)* bare; *hän oli ~nä korvana* she was all ears; *se on ~ä kateutta* it's envy pure and simple.

pel|ko **1** fear (of *jnk ~*); fright; *(kauhu)* dread; *(kunnioittava ~)* awe (of *jkta kohtaan*); *(paha aavistus)* apprehension **2** *(-okkuus)* timidity ▶ *-on* **aihe** anxiety; *[siitä]* ei *ole ~a!* no fear! *sateesta ei ole ~a* there is no fear (danger) of rain; **herättää ~a** *jkssa* inspire a p. with fear; *~a herättävä* frightening, alarming; **olla peloissaan** be frightened; be afraid (of *jstk*); *jnk* **pelo|ssa** *(-sta)* for fear of; *-on* **tuntein** with some apprehension; *yrittää* **voittaa ~nsa** try to get over one's fears.

pelkur||i coward; *(ark)* chicken, milksop, sissy **-imainen** cowardly; chickenhearted, lily-livered **-imaisuus** cowardliness **-uus** cowardice.

pelkästään merely, only (his fault only *~ hänen syynsä*); *~ nähdäkseen hänet* for the sole purpose of seeing him; *~ siksi että* simply because.

pelkäämättä without fear, fearlessly; *jtk ~* fearless of.

pellava **1** *(kasv)* flax **2** *(tekst)* linen.

pellava||- flax (mill *-kehräämö;* brake *-loukku*); △ linen (cloth *-liina*) **-inen** linen; *(kuv)* flaxen (hair *tukka*) **-nsiemen** flaxseed, linseed **-pää** flaxen-haired child **-öljy** linseed oil.

pelle clown, buffoon; *tehdä itsestään ~* make a fool of oneself **~ilijä** wag, joker **~il||lä** clown; fool about; *älä -e!* stop fooling! **~ily** larking; *mennä ~ksi* turn into a farce.

pel[l]eriini *(vaat)* cape, pelerine.

pelok||as timid, timorous (creature *olento*);

fearful (look *katse*); apprehensive (expression *ilme*); *(arka)* shy **-kuus** timidity; fearfulness.

pelo||**nsekainen** ..mingled with fear **-tella** frighten, scare (children *lapsia;* by *jllak*); intimidate; *hän ei antanut ~ itseään* he refused to be intimidated **-tin** *(erik lak)* deterrent **-ton** fearless, undaunted, *(urhea)* intrepid; *(rohkea)* daring.

pelott||**aa 1** *minua ~* I feel frightened; *jk ~ minua* I am afraid of, I am frightened (scared) by **2** *(säikyttää)* frighten, scare; *(lannistaa)* daunt **-ava** frightening, terrifying; *(huolestuttava)* alarming, disquieting; *(kauhea)* terrible, frightful, dreadful; *~n nuori* terrifyingly young **-elu** scaring; *(uhkailu)* intimidation; *(tuholla yms ~)* alarmism **-omuus** fearlessness; *(rohkeus)* daringness.

pelotus||**ase** deterrent weapon **-keino** [means of] intimidation; *(lak)* deterrent.

pel|**ti 1** *(levy)* plate; sheet metal **2** *(esineistä) (leivin~)* baking plate, *(Am)* cookie sheet; *(savu~)* damper; *-lit auki* at full speed **~astia** tin container (can) **~katto** tin roof **~kolari** minor accident **~rasia** tin, *(Am)* can **~seppä** tinsmith; sheet iron worker **~sepänliike** sheet metal workshop.

pel|**to** field (in the field *-lolla*); *(viljelysmaa)* arable land; *ajaa (heittää) -lolle* throw (chuck) .. out **~ala** area under cultivation **~herne** field pea **~hiiri** striped field mouse **~maa** arable land **~myyrä** short-tailed vole **~py**|**y** partridge; *parvi -itä* covey of partridges **~tie** farm road **~tilkku** patch **~**|**työ**; *olla -töissä* be working out in the fields.

peluri gambler.

pelästy||**nyt** frightened; *(säikähtänyt)* startled **-s** fright, scare; *-ksissään hän..* she was so frightened that she.. **-ttää** frighten (a p. out of his wits *jku suunniltaan*); scare; *(säikäyttää)* startle **-ä** be (get) frightened (by *jstk*), be scared, take fright (at *jtk, jstk*); *(hätkähtää)* startle; *ei kannata ~* there is no cause for alarm.

pelätin fright, scarecrow.

pel|**ätä 1** be afraid (of going, to go *~ mennä;* of the dark *pimeää;* are you afraid? *-käätkö sinä?*); fear (mice *hiiriä;* for a p.'s safety *jkn turvallisuuden puolesta*); *(~ suuresti)* dread **2** *(tuntea kunnioittavaa -koa)* stand in fear, be in

awe (of *jtk*) **3** *(olla varovainen)* be shy of (saying more *sanoa enempää*); *(karttaa)* shun ▶ **pelkään[pä]** *että* I am afraid that..; **pelkäämättä** *ks. hakus.;* *sitä -käsinkin!* I feared so much!

pen|**ger** *(tasanne)* terrace, platform; *(~rys, valli)* embankment, bank; *ojan -kereellä* by [the edge of] the ditch **~mä** terrace **~retty** terraced **~rys** embankment **~tää** embank, bank up; terrace.

penikka 1 *(koiran~)* pup[py], whelp **2** *(halv) (kakara)* brat; *(nulikka)* cub **~mainen** puppyish *(m kuv)* **~tauti** *(eläinl)* distemper.

penikoida whelp, pup.

peninkulma *(pl)* ten kilometres; *(läh v)* league; *seitsemän ~n saappaat* seven-league boots.

penisilliini penicillin.

penkereinen terraced; *(porrastettu)* stepped.

penk|**ki 1** *(istuin)* bench; seat; *(kirkon ~)* pew **2** *(puut)* bed (flower bed *kukka~*) ▶ *mennä -in alle* fail, be a dead failure; *koulun -illä* at school; *istua syytettyjen -illä* be accused.

penkki||**-** *(tekn)* bench (lathe *-sorvi*) **-järjestys** *(hist)* pew order **-rivi** row **-urheilija** sports fan **-urheilu** spectator sports.

penkoa rummage, grub [up], root (in a drawer *laatikkoa;* for *löytääkseen jtk*); *(erik kuv)* rummage (dig) out (old stories *vanhoja juttuja*); *~ asiaa* go (dig) into the matter; *~ esiin* fish out; *~ taskujaan* fumble in one's pockets.

penni *(Suom rahayksikkö)* penni; *(kuv)* penny *(pl pence)*, farthing, *(Am)* cent ▶ *ei ~nkään* **arvoinen** not worth a [brass] farthing *(Am* a nickel); *minulla ei ole ~äkään* **taskussani** I haven't got a halfpenny *(Am* cent) on me; *pitkä ~* a pretty penny; *viimeistä ~ä myöten* to the last farthing *(sou) (vrt penny).*

pennitön penniless.

penny *(Brit rahayksikkö)* penny *(pl arvosta)* pence, *(kolikoista)* pennies); *kahden ~n arvosta jtk* twopennyworth of; *maksaa kaksi (kolme) ~ä* cost twopence (threepence); *puoli ~ä* a halfpenny.

pensaikko bush[es], *(Am, Austr)* brush; *(tiheikkö)* thicket **~inen** bushy.

pensa|**s** bush; shrub; *panna päänsä -aseen* bury one's head in the sand **~aita** hedge **~sakset** hedge clippers **~taa** grow in bushlike fashion.

pense‖ys lukewarmness; unenthusiastic (negative) attitude **-ä** lukewarm (attitude *asenne*), halfhearted **-ästi;** *suhtautua ~ jhk* take up a negative attitude towards.

pens‖lata *(lääk)* paint (a p.'s throat *jkn kurkku*) **-seli** [paint] brush.

pentele the deuce (dickens).

pentu 1 *(koiran~)* pup[py], *(penikka)* whelp; *(kissan~)* kitten; *(karhun~, ketun~, leijonan~, suden~, valaan~)* cub; *saada ~ja* bring forth young, litter; *teettää koiralla ~ja* breed a dog **2** *(lapsi)* kid; *(nulikka)* cub **~e** litter **~mainen** puppyish; *(lapsellinen)* kiddish.

penätä 1 *(inttää)* insist (on *jtk;* that *että*); *~ vastaan* argue (with *jklle*) **2** *(vaatia)* urge, demand; *~ jklta saataviaan* press a p. for his debt.

pepitaruutu[inen] *(tekst)* shepherd's check.

peppu *(ark)* bottom.

perata 1 *(keitt)* clean (a fish *kala;* mushrooms *sieniä*); pick over (berries *marjoja*); string (peas *herneitä*) **2** *(metsh, maat)* clean [out] (ditches *ojia*); *(raivata)* clear (forest *metsää*); *(~ rikkaruohoista)* weed.

pereh‖dyttää initiate (into *jhk*); make .. familiar (acquainted), familiarize (with *jhk*) **-tymättömyys** unfamiliarity, lack of acquaintance (with *jhk*) **-tymätön;** *jhk ~* unfamiliar (unacquainted) with, ..not conversant with; *asiaan ~* uninitiated **-tyneisyys** familiarity (with *jhk*), intimate knowledge (of *jhk*) **-tynyt;** *olla ~ jhk* be familiar (well acquainted, conversant) with, be versed in; *jhk hyvin ~* well-informed on; *hän on siihen hyvin (huonosti) ~* he knows all (doesn't know very much) about it **-tyä** get acquainted, make o.s. familiar (with *jhk*); go into (the matter in greater detail *tarkemmin asiaan*); *~ olosuhteisiin* orientate o.s.

perenna[kasvi] perennial.

perfekti perfect [tense].

pergamentti parchment **~käärö** roll of parchment.

pergamiini pergamyn, glassine [paper].

perhana the deuce.

perhe family (a family of five *viisihenkinen ~*); *Brownin ~* the Brown family, *(pl)* the Browns; *kaikki ~emme jäsenet ovat..* our family are..

perhe‖- family (album *-albumi;* doctor *-lääkäri;* enterprise *-yritys*); △ domestic (trouble[s] *-huolet;* scene *-kohtaus;*

happiness *-onni*).

perhe‖asia domestic (family) affair; *hänen ~nsa ovat kunnossa* his private affairs are in order **-ellinen;** *~ mies* man with a family, family man **--elämä** family (domestic) life.

perheen‖emäntä homemaker, housewi|fe *(pl* -ves) **-huoltaja** breadwinner **-isä** father of the (a) family **-jäsen** member of the family **-lisäys** addition to the family.

perhe‖hotelli private hotel **-kalleus** heirloom **-kasvatus** *(läh v)* homemaking **-keskeinen** family-oriented, family-- centered **-kunta** household; family **-pakkaus** family size, economy size **-piiri;** *~ssä* in the family circle **-pinnari** alimony shirker **-päivähoitaja** private caretaker **-suunnittelu** family planning, birth spacing.

perhe‖tapahtuma; *iloinen ~* a happy event **-tuttava** [old] family friend **-tyttö** girl of good family **-yhtiö** family-owned company.

perho *(kal)* [artificial] fly **~nen** butterfly; *(yö~)* moth **~-onki** fly hook.

perhos‖koira papillon **-uinti** butterfly [stroke].

periaat‖e principle; *(ohjenuora)* maxim ▶ **-teen mies** man of principle; *hänellä ei ole mitään -teita* he is absolutely unprincipled; *tietyn -teen* **mukaan** on a certain principle; **periaatteessa** *olen kanssasi samaa mieltä* I agree with you in principle; *-teessa sama asia* essentially the same thing; *-teen* **vuoksi** on principle.

periaate‖kysymys matter of principle **-ohjelma** *(pol)* basic program[me].

periaattee‖llinen ..of (in) principle **-llisesti** in principle **-ton** unprincipled **-ttomuus** lack of principle.

perijä 1 heir (to *jnk ~*), *(Am)* inheritor **2** *(liik)* *(laskujen ym ~)* collector **~tär** heiress.

perika‖to ruin (on the brink of ruin *-don partaalla*); destruction (lead to destruction *johtaa ~on*); *joutua ~on* be ruined; *saattaa ~on* ruin; *~on tuomittu* doomed.

peri‖ksi; *antaa ~* yield; *(kuv m)* give in **-kunta** *(pl)* the heirs; *(kuolinpesä)* estate **-kuva** prototype, archetype (of *jnk*); *(esikuva)* paragon, model.

perille there (get there *päästä ~*); to the destination ▶ *~ asti* all the way; *(kuv)* **mennä** *~* hit home, be understood; *päästä ~ jstk* find out; *saapua ~* reach one's destination, arrive; **toimittaa** *~* deliver.

perilli‖nen 1 heir (sole heir *ainoa ~*), *(Am)*

inheritor; *kuolla ilman -stä* die without issue **2** *(kuv)* heir, successor **3** *(leik)* offspring *(pl ~)* (they have no offspring *heillä ei ole -siä)*.

perillä 1 at the destination, there **2** ~ *jstk* familiar with, well-informed on ▶ **asioista** *[hyvin]* ~ *olevat (m)* those in the know; *asioista* ~ *olevien lähteiden mukaan* according to informed sources; **olla** ~ *jstk (m)* know about a th.; ~ **ollaan!** here we are!

perimiskulut collection costs.

perimm||**äinen 1** *(takimmainen)* back; *(kirj)* hindmost; farthest, farthermost; *(äärimmäinen)* utmost; remotest (corner *nurkka)* **2** *(kuv)* basic, fundamental (reason *syy)*; final (purpose *tarkoitus)*; *elämän* ~ *tarkoitus* meaning of life **-ältään** *(pohjimmiltaan)* basically, actually.

perimys succession (to a p.'s estate *jkn omaisuuteen kohdistuva ~).*

perimä *(biol)* genotype ~**tapa** established custom; tradition ~**tieto** tradition ~|**tön** *(liik)* uncollected; *-ttömät saatavat* outstanding debts, arrears.

perin very (rarely *harvoin)*, extremely, exceedingly, highly (important *tärkeä[ä]);* *alun* ~ originally; ~ *juurin (pohjin)* thoroughly, completely; *(juurta jaksain)* root and branch.

perin|**ne** tradition (cultivate (keep up) traditions *vaalia -teitä)* ~**tutkija** folklorist.

perinnäi||**nen** traditional **-stapa** traditional custom.

perinnölli||**nen 1** *(biol)* hereditary; heritable, [in]heritable; *se on -stä (m)* it runs in the family **2** *(lak)* inheritable, hereditary (title *arvonimi)*.

perinnöllisyys heredity ~**laki** genetic law ~**tiede** *(sg)* genetics.

perinnön||**jako** distribution of an estate, partition of inheritance **-tavoittelija** legacy hunter.

perinnö|**tön;** *tehdä -ttömäksi* disinherit.

perinpohjai||**nen** thorough (knowledge of *jnk* ~ *tuntemus)*, thorough-going (person *ihminen)*; *(täydellinen)* complete, exhaustive; *(seikkaperäinen)* circumstantial, detailed; radical (change *muutos)* **-sesti** thoroughly **-suus** thoroughness; *(tarkkuus)* circumstantiality, particularity.

perinte||**ellinen** = *-inen* **-ikäs** ..rich in tradition **-inen** traditional.

perintä *(liik)* collect|ion, -ing.

perin|**tö 1** *(lak)* inheritance (by inheritance from ~*nä jklta)*; *(testamenttilahjoitus)* legacy (receive a legacy *saada ~)* **2** *(kuv)* heritage (cultural heritage *kulttuuri~);* legacy (leave a rich legacy to posterity *jättää rikas* ~ *jälkipolville)* ▶ **jättää** *-nöksi jklle* leave to; **luopua** *-nöstä* renounce an inheritance; **mennä** ~*nä* be handed down (passed on); *mennä* ~*nä isältä pojalle* descend from father to son; **saada** ~*nä* inherit (from *jklta); (kuv) se kulkee* ~*nä* **suvussa** it runs in the family; **yhteinen** ~ *(kuv)* common (shared) heritage.

perintö||**kaari** *(pl)* laws of inheritance **-kalleus** heirloom **-osa** *(kuv)* inheritance, heritage **-osuus** share of estate; *laillinen* ~ intestate share **-prinsessa** crown princess; *(missikisoissa)* runner-up **-prinssi** crown prince; heir-apparent **-tekij**|**ä** *(biol)* gene; *-öiden* genic **-tila** family estate **-vero** inheritance duty (tax); *(Br) (pl)* death duties.

periodi period.

periskooppi periscope.

peri||**synti** original sin **-vihollinen** archenemy.

periyt||**yminen** descending, passing on (from *jklta;* to *jklle);* inheritance; *(biol)* transmission **-yvä** hereditary (title *arvonimi);* genetically transmitted (disease *tauti)* **-yä 1** be handed down (from generation to generation *sukupolvelta toiselle),* descend **2** *(biol)* be hereditary; be transmitted (to *jklle)* **3** ~ *jstk* come from; *(~ jltk ajalta)* date back to.

peri|**ä 1** *(saada -ntönä)* inherit (from one's uncle *setänsä;* blue eyes *siniset silmät);* come into (a fortune *[suuri] omaisuus);* succeed to (the throne *valtaistuin)* **2** *(~ saatavia)* collect (the bill *lasku;* rents *vuokria);* levy (a duty *tullia;* on *jstk); (~ oikeusteitse)* recover (a debt *saatava)* **3** *(veloittaa)* charge ▶ *isiltä -ttyyn tapaan* like our fathers before us; **paha** *minut -köön jos* I'm damned if.

perjantai Friday (on Friday ~*na) (vrt keskiviikko).*

perk||**aus** cleaning; weeding *(ks perata)* **-eet** *(kalan~)* guts, entrails.

perkele the devil; ~*en keksintö[ä]* the devil's [own] invention[s] ~**enmoinen** devilish, a hell of a (lie *vale)* ~**esti** like hell.

permanent‖ata give .. a permanent; *(Br ark)* perm **-ti** perm[anent wave]; *ottaa ~* have one's hair permed.

permanto 1 floor **2** *(teatt) (Br) (etu~) (pl)* stalls; *(taka~)* pit; *(Am)* main floor, orchestra (parquet) circle **3** *voi ~!* darn it! *~paikka (teatt) (Br)* seat in the stalls, stalls seat, *(Am)* orchestra seat.

perna spleen; *(harv el)* milt *~rutto (eläinl)* anthrax.

perseennuolija *(halv)* bootlicker, lickspittle.

Persia Persia **p~lainen** *a ja s* Persian *~nlahti* the Gulf of Persia.

persikka peach *~iho* peaches-and-cream complexion *~puu* peach [tree].

persilja parsley *~silppu (keitt)* chopped parsley.

perso greedy (of, for *jllk*); *~ jllk (m)* fond of.

personoi‖da personify, impersonate **-tuma** personification.

persoona person *(m kiel); omassa ~ssaan* in person, *(itse)* him- (her)self *~llinen* personal *~llisuus* personality; *(ark)* character (he is quite a character *hän on aikamoinen ~) ~llisuustyyppi* personality type.

persoona‖muoto finite form (of a verb *verbin ~*) **-pronomini** personal pronoun **-ton** impersonal **-ttomuus** impersonality.

perspektiivi perspective *(m kuv)*.

peru; *olla jtk ~a* come from; *olla vanhaa ~a* be of old origin; *se on hänen äitinsä ~[j]a* he inherited it from his mother; *se on edellisen vuokralaisen ~ja* it was left here by the former tenant.

Peru *(maant)* Peru.

perua 1 *(ottaa takaisin)* take back (one's promise *lupauksensa*); back out (you mustn't back out now! *et saa ~ nyt!)* **2** *(ark) (peruuttaa)* cancel (one's journey *matkansa*).

peru‖asu *(biol)* genotype **-kirja** estate inventory deed.

perulainen *a ja s* Peruvian.

peruna potato (boiled (jacket, fried) potatoes *keitetyt (kuorimattomat, paistetut) ~t*).

peruna‖- potato (storage *-kellari;* field *-maa;* blight *-rutto*) **-jauho** potatoflour, starch, *(Br m)* farina **-lastut** *(Br)* [potato] crisps, *(Am)* chips **-muhennos** *(pl)* mashed potatoes.

perunan‖kuori potato peel; *(keitetty ~)* [potato] jacket **-nosto** potato lifting

-siemen seed potato.

perunkirjoitus inventory of the estate of a deceased person, estate inventory.

perus‖- basic (idea *-aate;* Basic English *-englanti;* training *-koulutus;* character *-luonne;* principle *-periaate;* industry *-teollisuus;* requirement *-vaatimus;* colo[u]r *-väri;* unit *-yksikkö*); △ fundamental (quantity *-suure;* truth *-totuus*); △ primary (question *-kysymys;* cause *-syy*).

perus‖aine base material; element **-aineenvaihdunta** basal metabolism **-ajatus** basic (leading) idea **-asen‖to** attention; *-nossa* at attention **-aste;** *~en koulutus* basic education **-edellytys** fundamental condition (of *jnk*), prerequisite (for *jllk*) **-elintarvikkeet** staples, staple foodstuffs **-ero[avuus]** main difference **-kallio** bedrock, basement **-kirja** *(-tamiskirja)* charter **-kivi 1** foundation stone **2** *(kuv)* cornerstone **-korjaus** renovation **-koulu** basic school; comprehensive school; *~n ala-aste (yläaste)* junior (senior) grades of the basic school **-laskutapa;** *neljä ~a* the four fundamental arithmetical operations **-luku** cardinal number; *(mat)* digit **-luonteinen** fundamental **-malli** prototype **-metalli** base metal **-muoto** *(kiel ym)* basic form **-nopeus** base speed **-palkka** base salary **-piirre** essential feature; fundamental characteristic **-pääoma** original capital, first stock **-sävel** *(mus)* keynote.

perusta 1 *(pohja)* ground; *(ulusta)* footing, base **2** *(kuv)* bas‖is *(pl -es)*; foundation.

perust‖aa 1 found (a city *kaupunki;* a company *yhtiö*), establish (a firm *liike*); set up; *(liik m)* start, open (a branch *sivuliike*); *(luoda)* create (new posts *uusia virkoja*) **2** *(laskea -us jllk)* lay the foundation of, found (on rock *kalliolle*) **3** *(kuv)* base (one's hopes on *toiveensa jhk*) **4** *(välittää)* care (I don't care about it *siitä en ~a*).

perusta‖jajäsen founder (charter) member **-minen** foundation *(m rak);* establishment (of an organization *järjestön ~*).

perustamis‖kustannukset initial costs **-vuosi** year of foundation.

perustava constitutive (meeting *kokous*); basic (work *työ*) *~nlaatuinen* fundamental.

peruste 1 ground[s] (for *jnk ~*), reason (for *jnk ~*); *(aihe)* cause (sufficient cause *riittävä ~*); *(väite)* argument (weighty arguments *painavia ~ita* **2** *(pohja jllk)* basis (in law *laillinen ~*); *~et* criteria (of taxation *verotuksen ~et*) ▶ *jnk* **perusteella** on grounds of; *sen ~ella* on that account, for that reason; *sillä ~ella että* on the grounds that; *tällä ~ella* on this basis.

perustee||lli|nen 1 thorough (knowledge of *jnk ~ tuntemus*); thorough-going (search *etsintä*); careful (consideration *harkinta*); *(syvällinen)* profound (studies *-set opinnot*) **2** *(perusluonteinen)* fundamental, radical (change *muutos*) **-llisesti** thoroughly; *(täysin)* completely (mistaken *erehtynyt*) **-ton** unfounded, ill-founded; *(aiheeton)* groundless.

peruste||illa; *olla ~* be under formation **-lematon** unaccounted[-]for.

perustel||la; *~ jtk* give (state) reasons for; justify (one's behavio[u]r *käytöstään*); argue (one's point cleverly *kantaansa taitavasti*); *(todistella)* produce evidence for, prove (one's theory *teoriaansa*) **-lusti** with good reason, with justice **-tu** reasonable; justifiable, justified (it is quite justified to *on täysin ~a..*); *heikosti ~* poorly grounded **-u** [statement of the] reason[s]; *(selitys)* explanation; *(puolustava ~)* justification; *esittää ~nsa* give one's reasons (grounds) (for *jhk*).

perus||tiedot; *hänellä on hyvät ~* he has [a] good grounding, he is well grounded (in *jssk*) **-tu|a;** *~ jhk* be based (founded, grounded) [up]on, rest [up]on; *tosiasioihin -va* based on fact[s] **-tu|s 1** *(rak)* foundation; base, footing; *(pohja)* ground, bed; *palaa -ksiaan myöten* burn down (to the ground) **2** *(kuv)* foundation, basis; *(pohja)* groundwork; *laskea jllk ~* lay foundation[s] of, found.

perustuslailli||nen constitutional (government *hallitusmuoto*) **-suus** constitutionality.

perustusla|ki fundamental (basic) law; *(valtiosääntö)* constitution; *-in vastainen* unconstitutional **~valiokunta** committee for constitutional law, constitutional committee.

perusvirhe principal (chief) error.

peruukki wig; *(halv) vanha ~* old fog[e]y.

peruutta||a 1 back (a car *auto[a]*), back up, reverse (a car into the carage *auto talliin*) **2** *(kuv)* cancel (a deal *kauppa;* a meeting *kokous*), call off (a match *ottelu*); withdraw (one's application *hakemuksensa*); take back (one's words

sanansa); revoke (a driving licence *ajokortti*); recall (a promise *lupaus*); *~ toistaiseksi* suspend **3** *(kumota)* deny (a report *tiedonanto*) **-maton** irrevocable **-mattomasti** *(m)* positively (the last time *viimeinen kerta*).

peruutu|a be cancel[l]ed; *kauppa on -nut* the deal is off.

peruutus 1 *(aut ym)* backing, reversing **2** *(kuv)* cancellation, withdrawal, revocation, countermand, nullification (of *jnk ~*) **3** *(kumoaminen)* denial *(vrt peruuttaa)* **~peili** rear [view] mirror **~vaihde** reverse, reversing gear **~valo** reversing (back up) light.

perverssi perverted, perverse.

perä 1 rear (of a car *auton ~; m henk*); back [end]; *(häntäpää)* tail; *(pää)* end (the ends of the reins *ohjasten ~t*); *(pyssyn ~)* butt [end] **2** *(mer)* stern **3** *(kuv)* foundation (without foundation *~ä vailla*) ▶ *jutussa taitaa olla* **hiukan** *~äkin* I think there is some truth in it; *siinä ei ole* **mitään** *~ä* is not true, it has no foundation; *jnk* **perällä** in the rear of; *huoneen ~llä* at the far end of the room; *pitää ~ä (ohjata)* steer; *(olla viimeinen)* bring up the rear.

perä||airo stroke oar **-aukko** *(anat)* anus, anal aperture **-hytti** aft[er] cabin.

-peräinen ..of .. origin (of Christian origin *kristillis~*); derived from (Latin *latinalais~*).

peräisin; *olla ~* come; *(erik kiel)* [be] derive[d] from (Latin *latinasta*); *(ajasta)* date from, go back to; *olla ~ Suomesta (m)* be of Finnish origin.

perä||kanaa *(ark)* on the trot; *kulkea ~* go in single file **-kansi** *(mer)* after deck; *(koroke~)* poop, quarter deck.

peräkkäi||n one after another; in succession; *(yksitellen)* one by one; *kolmena päivänä ~* [for] three days running, for three successive days **-nen** successive, consecutive (numbers *-set numerot*).

perämie||hellinen *(soudussa)* coxed **-hetön** coxless **-s 1** *(mer)* mate (second mate *toinen ~*); navigating officer; *ensimmäinen ~* [first] mate, first officer **2** *(purjeveneen ~)* steersman, helmsman **3** *(soudussa)* cox[swain] **4** *(ilm)* co-pilot, second pilot.

perämoottori outboard motor.

perän||pito *(mer)* steering **-pitäjä 1** *(mer)* helmsman, steersman **2** *(joukon viimeinen)* tailender; *olla ~* bring up the rear **-puolell|a** *(-e)* astern (of the ship *laivaa*).

perä||osa rear; *(laivan ~)* after body **-penkki** back seat **-porttialus** stern port vessel **-puikko** suppository **-pukama** h[a]emorrhoid, pile **-ruiske** enema; *antaa jklle ~* give a p. a douche **-ruisku** enema syringe, douche.

peräsi|n *(mer, ilm)* rudder; *(mer, kuv)* *(ruori)* helm (at the helm *-messä);* answer the helm *totella ~tä); tarttua -meen* take the helm *(m kuv); (kuv m)* take over.

perässä 1 *(takana)* behind (be behind *olla ~ (m kuv)); (jäljessä)* after (follow after *seurata ~); (kannoilla)* on (at) [a p.'s] heels **2** *(takaosassa)* at (in) the rear; *(mer)* aft, astern, abaft ▶ **juosta** *tyttöjen (rahan)* ~ chase (run after) girls (money); **pysyä ~** follow; **tehdä** *jkn ~* do .. [in] the same [way] as.

perä||stä 1 *(kuluttua)* after (a while *hetken ~);* *jonka ~* after which, whereupon **2** *(takaosasta)* from the rear (back) **-stäpäin** afterwards; later **-suoli** rectum **-ti 1** *(perin)* very, extremely **2** *(jopa)* even; actually (three times *kolme kertaa)* **-tila** *(lääk)* breech [presentation]; *olla ~ssa* present as a breech **-ttäin[en]** = *-kkäin[en].*

perättömyys groundlessness; *(vääryys)* falsity.

perä||tysten = *-kkäin* **-tä** inquire (for *jtk);* *~ saataviaan* try to get one's money (out of *jklta)* **-tön** groundless, baseless (rumo[u]r *huhu);* false (information *-ttömiä tietoja); ~* **ilmianto** malicious accusation; *~ juttu* made-up story; *puhua -ttömiä* tell stories **-vaunu** *(aut)* trailer, *(Br)* caravan **-ytyä** = *äntyä.*

perään after (run after a p. *juosta jkn ~;* night after night *ilta illan ~); antaa ~* give way (to *jllk),* yield, give in **~ajo** rear-end collision **~antamaton** unyielding; *(sitkeä)* stubborn, tenacious (resistance *vastarinta);* uncompromising (attitude *asenne)* **~antava[inen]** *(kuv)* compliant **~antavaisuus** compliance.

peräänty||mistie *(sot)* retreat route; *(kuv)* way out **-ä 1** *(konkr)* (erik *sot)* retreat; *~ pari askelta* take a few steps back[wards] **2** *(kuv)* go back (on *jstk), (vetäytyä)* withdraw.

pese||ttää have .. washed **-ytyä** wash [o.s.], have a wash.

pesijä washer **~tär** washerwoman, laundress.

pesimä||aika nesting time **-paikka** nesting place **-pönttö** nest[ing] box, birdhouse.

pesi||ytyä establish itself (in *jhk),* gain a foothold (in *jhk)* **-ä** nest; breed (disease breeds in dirt *tauti -i liassa).*

pessimisti pessimist **~nen** pessimistic *(adv ~ally).*

pesta||ta hire, engage; ship (a new crew *uusi miehistö); (sot)* enlist, recruit, enroll; *~ väkisin* crimp **-us** hiring; *(sot)* enlistment **-utua** hire o.s. out; *(mer)* sign on, ship; *(sot)* enlist.

pesti hire; *ottaa ~ laivaan* sign on [a ship].

pestä 1 wash (one's hands *kätensä (m kuv));* wash down, give .. a wash (a car *auto);* clean (windows *ikkunoita);* scrub (the floor *lattia); (pesaista)* wash out ▶ *~* **astiat** wash [up] the dishes, wash up, do the washing up; *~* **hampaansa** brush one's teeth; *~* **kemiallisesti** dry-clean.

pestävä washable.

pesu washing; wash (shrink in the wash *kutistua ~ssa); väri lähtee ~ssa* the colo[u]r will wash off **~aine** detergent, washing agent **~allas** washbasin; *(tiskiallas)* sink **~amme** washtub.

pesue = *poikue.*

pesu||huone washroom **-istuin** bidet **-jauhe** washing powder **-karhu** *(el)* raccoon **-kone** washing machine, washer **-la, -laitos** laundry; *(itsepalvelu~)* launderette; *kemiallinen ~ (pl)* [dry-]cleaners **-liuos** detergent solution **-mokka** chamois, chammy **-nkestävä 1** washable **2** *(kuv)* genuine, true (Finn *suomalainen ~)* **-ohje** *(pl)* washing instructions **-pöytä** washstand, commode **-sieni** sponge **-soikko** washtub **-tupa** washhouse, laundry **-vati** washbasin.

pesä 1 nest (a bird's (wasp's) nest *linnun- (ampiais)~);* foul one's own nest *liata oma ~nsä); (kotkan ym ~)* aerie **2** *(eläimen kolo)* lair (of a bear *karhun ~), (luola)* den (thieves' den *varkaiden ~),* hole (of a fox *ketun ~)* **3** *(kuolin~)* estate **4** *(uuni)* stove; *(tuli~)* furnace **5** *(lusikan ~, piipun ~)* bowl **6** *(urh)* base ▶ **jakamaton** *~* undivided possession of the estate; **paheiden** *~* hotbed of vice; *panna* **puita** *~än* add wood to the fire.

pesäero *(lak)* separation of property; *tehdä selvä ~ jkh* break away from.

pesäke 1 *(sot, kuv)* nest; hotbed (of rebellion *kapina~); (keskus)* cent|re, -er (of resistance *vastarinta~)* **2** *(lääk)* focus, seat (of disease *tauti~);* colony (bacteria colony *bakteeri~)* **~kovettumatauti;**

keskushermoston ~ multiple sclerosis.

pesä∥kolo nest hole **-luettelo** estate inventory, inventory of property **-muna** nest egg.

pesän∥hoitaja *(konkurssi~)* [official] receiver **-jako** distribution of an estate **-selvittäjä** *(lak)* administrator, executor **-selvitys** winding-up of the estate of a deceased.

pesä∥paikka haunt (of criminals *rikollisten* ~); *(tyyssija)* nest, seat **-pallo** Finnish baseball **-puu** nesting tree.

petata *(ark)* **1** make a bed **2** *(kuv)* prepare (for *jtk varten*).

petiit∥ti *(kirjap)* brevier, 8-point; *-illä* in brevier.

petkel[e] *(keitt)* chopper.

petkut∥taa deceive, take .. in; *(huijata)* cheat, swindle, fool (a p. out of his money *jklta rahat*) **-taja** *(huijari)* swindler, cheat; impostor **-us** swindle, cheat[ing]; *(petollinen menettely)* fraud.

pe∣to ∣ to *(~eläin)* [wild] beast; *peto-, -don* predatory (instinct *vaisto*); *metsän -dot* wild beasts **2** *(kuv)* beast; *(raakalainen)* brute; *(ark) [aika]* ~ shark, whizz, dab (at *jssk*) **~eläin** beast of prey **~kala** predatory fish **~lintu** bird of prey.

petolli∥nen 1 fraudulent (by fraudulent means *-sin keinoin*); deceitful (words *-set sanat*); false (to *jkta kohtaan;* friend *ystävä*); *(uskoton)* faithless, perfidious (lover *rakastaja*) **2** *(salakavala)* treacherous (ice *jää;* memory *muisti*); *(harhaanjohtava)* deceptive; *(pettävä)* illusory, delusive (hopes *-set toiveet*) **-suus** fraudulence; deceit[fulness]; faithlessness; treacherousness.

petomai∥nen *(raaka)* bestial, brutal; *(julma)* cruel, atrocious **-suus** bestiality, brutality.

petopunkki predatory mite

peto∣s deception, deceit; *(lak)* fraud; *(kavallus)* treachery; *(huijaus)* swindle, cheat; *se on pelkkää valhetta ja ~ta* it's all lies and falsehood; *valheella ja -ksella* with fraud and falsehood.

petro∥kemiallinen petrochemical (industry *teollisuus*) **-li** paraffin [oil], *(Am)* kerosene.

pets∥ata, -i *(puus)* stain.

pettur∥i traitor (to one's country *maan~*); betrayer **-uus** traitorousness; betrayal.

petty∥mys disappointment (to *jklle;* to his great disappointment *hänen suureksi*

-myksekseen); *(-myksen tunne)* frustration; *aiheuttaa* ~ *jklle* disappoint a p.; *~tä tuottava* disappointing; frustrating; *minun on tuotettava sinulle* ~ I must let you down **-nyt** disappointed (at *jstk;* in, with *jnk suhteen*); **-neet toiveet** disappointed (frustrated) hopes **-ä** be disappointed (in *jssk;* at, about *jstk*); *(joutua petetyksi)* be deceived (in *jssk*); *(erehtyä)* be mistaken (in, as to, about *jnk suhteen*).

pettä∥jä betrayer (of the company *seuran* ~); traitor (to one's country *maansa* ~); deceiver (of women *naisten* ~) **-mättömyys** infallibility, certainty **-mättömästi** certainly; unfailingly **-mätön** infallible (sign *merkki*), certain, sure; unerring (taste *maku;* memory *muisti*); unfailing (courage *rohkeus*); ~ *menetelmä* foolproof method **-vä 1** *(kuv)* deceptive (memory *muisti*); deceitful; fallacious, false (hopes *~t toiveet*) **2** yielding (ground *alusta*); treacherous (ice *jää*).

pet∣tää 1 deceive (o.s. *itseään;* he was deceived by a th. *jk -ti hänet*); *(johtaa harhaan)* delude, mislead **2** *(huijata)* cheat (at *jssk;* let o.s. be cheated *antaa* ~ *itseään*), swindle; *(erik lak)* defraud **3** *(kavaltaa)* betray (one's country *maansa*) **4** *(jättää pulaan)* let .. down (don't let me down! *älä -ä minua!*); fail (her memory (deodorant) failed her *hänen muistinsa (deodoranttinsa) -ti*), desert (his courage deserted him *hänen rohkeutensa -ti*) **5** *(olla uskoton)* deceive, play .. false **6** *(konkr)* yield, give way; break (the ice broke *jää -ti*); fall down (the wall fell down *seinä -ti*) ▶ ~ *lupauksensa* break (go back on) one's promise; *mikäli* **muistini** *ei -ä* if my memory serves me right; **suunnitelmat** *-tivät* their plans went wrong; ~ *jkn* **toiveet** disappoint a p.'s hopes; **ulkonäkö** ~ appearances are deceptive.

peuhata romp; be noisy.

peukalo thumb; *hänellä on* ~ *keskellä kämmentä* his fingers are all thumbs **~ida** *(kuv)* tamper, meddle (with *jtk*); doctor (the results *tuloksia*) **~inen 1** hop-o'-my-thumb; *P~* Tom Thumb **2** *(el)* wren **~kyy∣ti** lift; *matkustaa -dillä* hitchhike; *pyytää ~ä* thumb a ride (lift) **~kyytiläinen** hitchhiker, thumber **~ruuvi** thumbscrew **~sääntö** rule of thumb.

peuk∥ku thumb (thumbs up! *-ut pystyyn!*); *painoimme ~a* we were agreed; *pitää ~a jklle* keep one's fingers crossed for.

peura [wild] reindeer *(pl* ~*); (Am)* caribou.

pia‖kkoin soon, shortly; *(liik)* at an early date; *(ennen pitkää)* presently **-n 1** soon; *hyvin* ~ very soon, in no time [at all]; *niin* ~ *kuin mahdollista* as soon as possible; *(liik)* at the earliest possible date, at your earliest convenience; ~ *sen jälkeen* soon afterwards, shortly after [that] **2** *(melkein)* almost (it's almost two o'clock *kello on* ~ *kaksi)*.

pian‖isti pianist **-o** [upright] piano *(pl* ~s); *soittaa* ~*a* play the piano; ~*n säestyksellä* accompanied at the piano.

piano‖- piano *(recital -ilta, -konsertti;* concerto *-konsertto;* stool *-tuoli)* **-kappale** piece of piano music, composition for [the] piano.

pianon‖- piano (string *-kieli;* key *-kosketin;* player *-soittaja)* **-soitto** playing the piano, piano playing; *opiskella* ~*a* study [the] piano.

piano‖sovitus arrangement for the piano **-taiteilija** pianist.

pidell‖ä 1 hold (a gun *asetta;* a p. by the coat *jkta takinliepeestä)* **2** *(pidätellä)* hold back (nothing could hold the children back *mikään ei -yt lapsia)* **3** *(käsitellä)* handle; *(kohdella)* treat (a p. badly *jkta pahoin);* ~ *pahoin (m)* maltreat, maul.

piden‖nys 1 *(liik, lak)* prolongation (of the term *määräajan* ~), extension (of a licence *lisenssin [voimassaoloajan]* ~); *(jatkaminen)* renewal (of a contract *sopimuksen* ~), continuation (of a loan *lainan* ~); *maksuajan* ~ respite [for payment] **2** *(jatke)* extension **3** *(-täminen)* lengthening (of a skirt *hameen* ~) **-tää** lengthen, make longer; extend (a p.'s holiday *jkn lomaa); (jatkaa)* prolong (a contract *sopimusta).*

pidetty popular (person *henkilö); hän on hyvin* ~ *työpaikallaan (m)* he is very popular with his colleagues.

pidetä lengthen, become (grow) longer; *(ajasta m)* be prolonged.

pidi‖ke, -n holder (lamp holder *lampun*~); *(kiinnike)* catch; *(sinkilä)* clamp; *(kanta)* socket.

pidot *(sg)* feast, banquet; *(kutsut) (sg)* party.

pidäk‖e 1 *(este, jarru)* check, clog; *(hillike)* rebuff; *(erik psyk)* restraint **2** *(mus)* hold, fermata **-keetön** *(estoton)* uninhibited (behavio[u]r *käytös).*

pidät‖ellä hold back (one's horse

hevostaan); keep back (one's laughter *nauruaan); (estää)* restrain, [try to] prevent (a p. from *jkta jstk);* suppress (a yawn *haukotustaan); henkeään -ellen* with bated breath; *yrittää* ~ *itkua* try not to cry **-etty** arrested person; *-etyt* the arrested; *olla* ~*nä* be under arrest.

pidätty‖minen abstaining, restraint (from *jstk); äänestämästä* ~ abstention **-vyys 2** *(varautuneisuus)* reserve[dness] *(kohtuus)* moderation, temperance; *(erik sukupuolinen* ~) continence; *(*~ *ruoan ja juoman suhteen)* abstemiousness, *(erik alkoholin suhteen)* abstinence **-vä[inen] 1** *(varautunut)* reserved; *(etäinen)* distant (manner *käytös);* ~ *asenne* an attitude of reserve; *olla* ~ *(m)* keep one's distance **2** *(kohtuullinen)* temperate, abstinent, abstemious, moderate (consumption of alcohol *alkoholin* ~ *käyttö); (sukupuolisesti* ~) continent; *jstk -vä* restraining from **-ä;** ~ *jstk* refrain from; abstain from (alcohol *alkoholista;* food *ruoasta);* ~ *sukupuoliyhteydestä (m)* be continent; ~ *äänestämästä* abstain.

pidättä‖minen *(lak)* reservation (of rights *oikeuksien* ~) **-ytyä** = *pidättyä.*

pidät‖tää 1 = *pidätellä; (m)* hold (one's breath *henkeään); (viivyttää)* keep, hold up **2** *(varata)* reserve (a th. for *jk jklle;* the right to *oikeus jhk); (*~ *hallussaan)* retain; withhold (a fee *maksu);* keep back (a p.'s wages *jkn palkka)* **3** *(*~ *jku)* arrest, detain (for questioning *kuulusteluja varten)* ▶ *häntä ei [siitä]* **mikään** *-ä* there is nothing to prevent him [from it]; *hän ei voinut* ~ **nauruaan** he couldn't help laughing; *hän saattoi tuskin* ~ *nauruaan* he could hardly keep from laughing; *kaikki* **oikeudet** *-etään* all rights reserved; ~ **palkasta** deduct from wages; ~ *30 % jkn palkasta* stop 30 per cent out of a p.'s salary.

pidätys 1 *(palkan* ~) stoppage; *(ennakon*~) [tax] withholding; ~ *virantoimituksesta* suspension **2** *(vangitseminen)* arrest, detention **~kyky** *(fysiol)* continence **~määräys** warrant, detainer.

piehtaroida roll over and over, tumble [about]; *(kuv)* wallow (in self-pity *itsesäälissä),* welter (in money *rahassa).*

piel‖i post (window (door) post *ikkunan (oven)* ~); *(rak)* jamb; *-et (m) (sg)* frame (door frame *oven -et); (ark)* mennä *-een* go [all] wrong, go to the devil; *seistä oven*

-essä stand by the door; *tänään on kaikki -essä* this is an off day for me, this is one of those days.

pielus pillow; *(pitkä tyyny)* bolster; *(sohvatyyny)* cushion.

pien|- small *(craft -alus, -kone;* stockholder *-osakas;* business *-yritys).*

piena fillet, listel, mo[u]lding; *(ruode)* rib; *(tuolin ym ~)* stretcher; *(kiinnitys~)* crossbar, slat.

pien||aakkonen *(kirjap)* lower case letter, minuscule **-asunto** small flat **-eliö** micro-organism **-eläinklinikka** pet clinic **-eläjät** humble folk[s].

pienempi smaller; *(vähäisempi)* [the] less, *(attr m)* lesser (evil *paha);* minor (a broken leg and minor injuries *murtunut jalka ja ~ä vammoja).*

pienen||eminen decrease, fall in size, diminution (of, in *jnk)* **-evä** diminishing **-nös** reduction (of a map *kartan ~)* **-tyä** = *pienetä* **-tää 1** make .. smaller; reduce (the scale of *jnk mittakaavaa); (vaat)* take in 2 *(vähentää)* diminish, lessen, reduce, decrease the value of *jnk arvoa);* cut down (expenses *kuluja); (alentaa)* lower (the voltage *jännitettä)* **3** *(pilkkoa)* chop; *(keitt)* cut .. up, mince.

Pienet-Antillit the Lesser Antilles.

piene|tä become (get) smaller; *(aleta)* decrease (decreasing demand *-ntynyt kysyntä); (vähetä)* lessen, diminish, become less; *olla -nemään päin* be on the decrease.

pien|i 1 *(konkr ja kuv)* small (car *auto;* nation *kansakunta;* children *-et lapset); (us tunneväritteisesti)* little (her little room *hänen ~ huoneensa;* such a little thing *sellainen ~ asia)* **2** *(vähäinen)* slight (difference *ero); (-ehkö)* minor (operation *leikkaus);* (*merkityksetön)* insignificant, trifling (matter *asia)* **3** *(hyvin ~)* tiny; minute (detail *yksityiskohta)* **4** *(lyhyt)* short (man *mies;* distance *[väli]matka); (matala)* low (with a low flame *-ellä liekillä);* slow (speed *nopeus)* ▶ *häviävän ~* infinitesimal; *koko -en* **ikäni** all my life; **jo** *-enä* even as a child; *häneltä on takki* **jäänyt** *-eksi* he outgrew his coat; *-et* **lapset** young children; *-essä* **mittakaavassa** *oleva* small-scale; **pienempi** *ks. hakus.;* **pienin** *ks. hakus.;* *-estä* **pitäen** since I (he) was a child.

pieni||kasvuinen *(henk)* small [of stature]; *(kasv)* low **-kokoinen** small[-sized]; *(hyvin*

~) miniature.

pienilmasto microclimate.

pienimuotoinen; ~ *sävellys* brief composition; ~ *veistos* statuette.

pieni|n *(erik konkr)* smallest; *(vähäisin)* least, slightest; *ei -mmässäkään määrin* not the least [bit], not ..in the least; ~ *mahdollinen [määrä]* minimum.

pieni||numeroinen; ~ *luku* low figure **-palkkai|nen** poorly paid; low-|wage (-pay, -salary); *-set* low-pay group[s]; small wage-earners **-ruutuinen** small-checked **-tehoinen** weak[-powered] (engine *moottori)* **-tuloi|nen** low-income; *-set* low-income groups (families).

pieniä *(pilkkoa)* chop; cut .. up; *(murentaa)* crumble.

pien||jännite low tension **-kuluttaja** small[-scale] consumer.

pien|nar 1 edge (on the edge *-tareella),* bank (ditch bank *ojan ~), (Am)* berm; *(pellon ~)* headland, ba[u]lk **2** *(tierak)* verge, *(Am)* shoulder.

pienoi|nen *(pieni)* [wee] little, small, tiny; *(vähäinen)* slight; vague (smile *hymy); (sb) -seni* my little one, my babe; *se oli ~ yllätys* it was quite a surprise.

pienois||- miniature (copy *-jäljennös;* railway *-rautatie);* mini|- (-car *-auto);* short (play *-näytelmä;* novel *-romaani)* **-bussi** minibus, kleinbus **-golf** minigolf **-kivääri** small-bore rifle **-ko|ko;** *-ossa* in miniature **-kuva** miniature **-malli** scale model **-röntgen[kuvaus]** chest x-ray **-veistos** miniature sculpture, statuette.

pienokai|nen baby; little one; *-set* the little ones.

pien||talo one-family house **-taloalue** small-house area, residental area of single-family houses **-teollisuu|s** *(pl)* small industries; small-scale industry; *P-den keskusliitto* Central Federation of Handicrafts and Small Industries **-tietokone** minicomputer **-tila** small property *(erik Br* holding).

pienuus smallness; small size.

pienviljel||ijä small farmer, smallholder, *(Brit m)* crofter **-mä** small farm (holding); *(Brit m)* croft.

pieru; *päästää ~ (ark)* let one go, break wind.

piestä whip; *(ruoskia)* lash; *(hakata)* beat; *(antaa selkään)* flog (a p. *jku); ~ suutaan* wag one's tongue.

Pietari *(raam)* [St.] Peter, Simon Peter; *~n*

istuin Holy See ∼**nkirkko** St. Peter's [Church].

pietaryrtti tansy.

pieteetti piety; *(kunnioitus)* reverence.

pietis∥**mi** *(usk)* pietism **-ti** pietist **-tinen** pietistic[al].

pietä pitch, coat .. with pitch.

pigmentti pigment ∼**solu** pigmentophore.

piha yard (in (into) the yard ∼*lla* (∼*lle)*); *(erik umpi∼)* court[yard] (of a castle *linnan∼*); *(maatalon* ∼*)* farmyard.

pihah∥**dus** hissing sound, hiss **-taa** hiss.

piha∥**katu** mixed-use street **-maa** courtyard; *(koulun* ∼*)* playground **-npuoleinen;** ∼ **huone** room facing the yard, back room **-ratamo** greater plantain.

pihdata *(ark)* skimp (on everything *kaikessa).*

pih∥**dit** [pair of] tongs; *(kärki∼)* pliers; *(katko∼)* nippers; *(erik lääk)* forceps; *(lävistimet) (sg)* punch; *(kiristys∼) (sg)* clamp; *pitää jkta* **-deissään** keep .. in one's grip.

pihi mingy, stingy, mean.

pihi∥**nä** fizz[ing] (of soda water *soodaveden* ∼); hiss[ing]; *vain pientä* ∼*ä* only a wheeze **-stä** fizz; hiss; *(kihistä)* splutter.

pihist∥**ää** *(ark)* **1** *(kähveltää)* pinch **2** *(-ellä)* skimp (on *jssk).*

pihka resin; gum; *olla* ∼*ssa jkh* be stuck (sweet, gone) on, *(Am)* have a crush on ∼**inen** resinous.

pihlaja rowan [tree], mountain ash ∼**nmarja** rowanberry.

pihti forked stick; *(haarukka)* fork, crotch, crutch ∼**liike** *(sot)* pincer movement ∼**pieli** doorpost ∼**polvi**∥**nen** knock-knee[d] ∼**synnytys** *(lääk)* forceps delivery.

pihvi [beef]steak; *(jauheliha∼)* patty; *(vihannes- ym* ∼*)* cutlet; *pihvi*∥- beef (cattle *-karja;* tomato *-tomaatti).*

pii 1 *(kem)* silicon **2** *(∼kivi)* flint **3** *(mat)* pi ∼**happo** silicic acid ∼**happoinen** siliceous.

piika servant girl, maid; *(Am)* hired girl.

piiki∥**käs 1** spiny, prickly, thorny (rose *ruusu)* **2** *(kuv)* sarcastic, cutting (remark *huomautus)* **-tellä** taunt (a p. with *jkta jstk).*

piikivi flint.

piikkari *(urh)* track shoe.

piikki 1 *(kasv, el)* thorn (of a rose *ruusun* ∼*; (kuv)* in the flesh *lihassa)*, prickle; spine (of a cactus (hedgehog) *kaktuksen (siilin)* ∼*); (myrkky∼)* sting; *(sarven* ∼*)* tine **2** *(naula)* spike; *(hammas)* tooth (of a

comb *kamman* ∼*);* prong (of a fork *haarukan* ∼*)* **3** *(pistosana)* prick, sting; *se oli* ∼ *sinulle* that was one for you **4** *(ark) (pistos)* injection; *(erik huume∼)* shot ∼**hakku** pick ∼**herne** gorse, furze ∼**kampela** turbot ∼**korko** spike[d] *(Br* stiletto*)* heel ∼**kärkinen** sharp-pointed (shoe *kenkä)* ∼**lank**∥**a** barbed wire; *-a*∣- barbed-wire (fence *--aita;* entanglement *-este)* ∼**nen 1** thorny, prickly (plant *kasvi)* **2** *(yhdyss)* -pronged (five-pronged *viisi∼*) ∼**sika** *(el)* porcupine ∼**suora** dead straight (hair *tukka).*

piiko∥**n;** *olla -massa* work as an au pair, [work] au pair (in England *Englannissa).*

piile∥**ksiä, -skellä** hide, be hiding (from the police *poliisia)*, keep (be) in hiding; *(erik rikollisesta)* lie low; skulk (in the bushes *pensaikossa)* **-vyys** *(lääk ym)* latency.

1 piilevä *(lääk ym)* latent; hidden (irony *iva)*; dormant (talent *lahjakkuus).*

2 piilevä *(kasv)* diatom.

piilipuu *(kasv)* crack (brittle) willow.

piil∥**lä** be hidden (concealed) (in *jssk)*; *siinä -ee jotakin* there is something in it; *siinä -ee suuri vaara* a great danger lurks there.

piilo hiding place; ∼*ssa* (∼*on,* ∼*osta) ks. hakus.* ∼**kamera** candid camera ∼**karsastus** dynamic (latent) squint ∼**kives** undescended testis ∼**konttori** dwelling illegally converted into office use ∼**kuva** puzzle picture ∼**lasit** contact lenses ∼**paikka** hiding place; *(Am ark)* hideout, hideaway; *(kätkö)* secret place; *(erik eläimen* ∼*)* cover[t] ∼**pirtti** *(läh v)* hideaway, refuge ∼**silla;** *olla* ∼ play [at] hide-and-seek.

piilo∥**ssa** *(-on, -sta);* ∼ *[oleva]* hidden, concealed ▸ **mennä** *-on* hide; *(kätkeytyä)* go into hiding; **olla** ∼ be hidden; *hän oli* ∼ he was [in] hiding; **panna** *-on* hide [away]; **pysyä** ∼ keep out of sight.

piilotaju∥**inen** un-. sub∣conscious **-nta** the unconscious.

piilo∥**ttaa** hide [away], conceal **-työttömyys** disguised unemployment **-utu**∣**a** hide (conceal) o.s., hide away; *olla -neena* be hidden (behind a signature *nimimerkin taakse)* **-vaikuttaminen** covert indoctrination.

piilu[kirves] hatchet.

piilukkopyssy flintlock [gun].

piimaa diatomaceous earth (soil), kieselguhr.

piim∥**iä** curdle, set **-ä** sour (curdled) milk;

(kirnu~) buttermilk.

piina *(tuska)* pain, torment[s]; *(kärsimys)* suffering, anguish, agony ~**llinen** *(kiusallinen)* awkward, painful; embarrassing (situation *tilanne)* ~**penk**|**ki** rack; *pitää -issä* keep .. on the rack ~**ta** *(tav kuv)* torture, torment ~**viikko** Holy (Passion) Week.

piinkova flinty.

piinty|**nyt** **1** embedded (dirt *lika*), ingrained; deep-seated (belief *usko*), deep-rooted (prejudice *ennakkoluulo*); inveterate (dislike *vastenmielisyys*); ~ *tapa* confirmed (fixed) habit **2** *(henk)* confirmed (bachelor *vanhapoika)* **-ä** *(tarttua lujasti)* get embedded; *(kuv)* become fixed; *olla -nyt jhk* cling to (one's ways *tapoihinsa*).

piipah|**dus** short (flying) visit (to *jnnk)* **-taa** pop (drop) in (on *jkn luona*); drop (into *jssk).*

piipit|**tää** peep; *(linnunpojista)* cheep, tweet; *(hakulaitteesta)* bleep; *-tävällä äänellä* with a squeaky voice **-ys** peep; peeping sound; *(linnun ~)* cheep, tweet.

piippolakki pointed cap.

piippu 1 pipe (smoke a pipe *polttaa ~a)* **2** *(pyssyn ~)* barrel **3** *(savu~)* chimney; *(mer m)* funnel **4** *(ark); ajaa jku ~un* tire a p. out; *asiat menivät ~un* everything was stuck; *vetää itsensä ~un* wear o.s. out, take it out of o.s. ~|**hylly 1** *(teatt ark)* gallery **2** *(-teline)* pipe rack ~**inen** *(yhdyss)* -barrel[l]ed (two-barrel[l]ed shotgun *kaksi~ haulikko)* ~**tupakka** pipe tobacco.

piipun|**-** pipe (bowl *-pesä;* smoking *-poltto)* **-nysä** short-stemmed pipe, *(Skotl m)* cutty.

piira|**kka** pasty; *(-s)* pie; *(torttu)* tart **-s** pie.

piir|**i 1** *(mat)* circle; *(erik ympyrän kehä)* circumference **2** *(kehä)* circle, ring (in a circle (ring) ~*ssä)*; round (dance in a round *tanssia ~ssä)* **3** *(virka~)* district (electoral district *vaali~); (erik poliisi~)* precinct **4** *(kuv)* sphere (of influence *vaikutus~);* field; range (within (out of) range of *jnk ~ssä (~n ulkopuolella))*, compass (be within the compass of *kuulua jnk ~in)* **5** *(yhteen kuuluvien ihmisten ~)* circle (literary circles *kirjalliset ~t); (joukko)* group (form a group *muodostaa ~)* ▶ **asiantuntevissa** *-eissä* in competent quarters, among experts; **kuulua sairausvakuutuksen** *~in* come under the health insurance; *koko* **maan** *~n käsittävä* global; **pieni** ~ *(kuv m)* a select few; *jnk*

(jdkn) **piirissä** *(~in)* among (the people *kansan ~ssä).*

piiri|**-** district (agent *-edustaja;* engineer *--insinööri;* organization *-järjestö;* office *-toimisto)* **-jako** division into districts **-kunta** [administrative] district **-leik**|**ki** round game; *mennä -iksi* turn into a game **-metsänhoitaja** district (regional) forest[ry] officer **-myyjä** authorized dealer.

piirit|**tää 1** *(sot)* besiege, beleaguer, beset, lay siege to (a town *kaupunkia)* **2** *(ympäröidä)* surround; *(saartaa)* blockade; ~ *tyttöä* try to win the favo[u]r of a girl, besiege a girl **-ys** siege (raise (withstand) siege *aloittaa (kestää) ~)* **-ystila** state of siege.

piironki chest of drawers, *(Am)* bureau, dresser.

piir|**re 1** feature; *(erikois~)* characteristic [feature], special feature; aspect (one interesting aspect of the case *asian eräs mielenkiintoinen ~); suurin -tein* on the whole **2** *(luonteen~)* trait; *(suku~)* strain **3** *(kasvon~)* **-teet** features (regular features *säännölliset -teet)*, lines **-rin** drawing pen; *(kojeen ~)* pointer, tracing point; *(atk)* stylus **-roksellinen** graphic.

piirros 1 drawing **2** *(luonnos)* design, sketch; draft, outline (of *jstk)* **3** *(kaaviokuva)* diagram, figure, graph ~**filmi** [animated] cartoon, animation.

-piirteinen *(yhdyss)* -featured (sharp-featured *terävä~).*

piirto stroke (of a pen *kynän ~; m atk); (jälki)* mark, score; *viimeistä ~a myöten* in every detail ~**heitin** overhead projector ~**kalvo** transparency.

piirt|**uri** recorder, plotter **-yä** be delineated (depicted) *(m kuv); ~ taivasta vasten* be outlined against the sky **-äjä** drawer; *(erik tekn)* draughtsman; *(Am)* draftsman; *(taid)* graphic artist.

piirtää 1 draw (a map *kartta;* a picture *kuva;* from a model *mallin mukaan); (luonnostaa)* sketch [out], outline, deliniate **2** *(arkkit)* design (a building *rakennus)* **3** *(mat)* describe (a curve *käyrä)* ▶ ~ **kuva** *jstk* make a picture of; *(kuv)* depict, describe; ~ **läpi** trace.

piiru *(mer)* point.

piirust|**aa** = *piirtää 1* **-us** drawing; *(luonnos)* sketch; *(piirros)* draft; *(rak, tekn)* **-ukset** *(sg)* design, plan (for a building *rakennuksen -ukset); (kuv)* ~**ten** *mukaan* according to plan.

piirustus||- drawing (pen[cil] *-kynä;* table *-pöytä)* **-hiili** charcoal **-kartonki** cartridge paper **-lauta** drafting (drawing) board **-lehtiö** drawing (sketch) block **-nasta** drawing pin, *(Am)* thumbtack **-sali** *(koul)* art room **-taito** draft-, draughts|manship.
piisami muskrat.
piiska 1 whip (crack of a whip *~n sivallus); (vitsa)* rod, switch; *(raippa)* [the] birch; *antaa ~a* give .. a birching, birch; *saada ~a* get a taste of the birch **2** *(matto~)* carpet beater **~-auto** radio patrol car **~nisku** lash [with a whip] **~nsiima** lash, thong **~ta 1** whip, lash (a horse *hevosta); (piestä)* switch; *~ mattoja* beat carpets **2** *(sateesta ym)* lash, beat (against the window *ikkunaa)* **3** *(kuv) (ajaa eteenpäin)* drive on, urge on.
piiskuri 1 *(pol)* whip[per-in], *(Am)* floor leader **2** *(ark kuv)* slave driver.
piispa bishop; *(puhutt)* Right Reverend; *~n* episcopal **~llinen** episcopal.
piispan||**hiippa** mit|re, -er **-istuin** bishopric, [episcopal] see **-sauva** cro|sier, -zier **-tarkastus** visitation **-virka** episcopate.
pii|**ssä** *(-hin) (mer); asettua -hin* heave to, bring to; *olla ~* be hove.
piit|**ata** *(tav kielt t. kys)* care (about *jstk);* concern (trouble) o.s.; *kuluista -taamatta* regardless of expense.
piittaamat||**on** indifferent (attitude *asenne;* to *jstk),* unconcerned (about *jstk); (vastuuton)* reckless (driving *ajotapa;* of the danger *vaarasta ~),* careless **-tomuus** indifference, lack of consideration.
pika|- quick (meal *--ateria;* service *-palvelu);* △ express (bus *-bussi, -vuoro);* △ instant (flakes *-hiutaleet;* coffee *-kahvi).*
pikaa; *tuota ~* in no time; *(pian)* soon, shortly.
pika||**-arpa** raffle ticket **-baari** snack bar.
pikai||**nen 1** quick; speedy (recovery *parantuminen);* hasty (glance *silmäys); ~ luonne* quick (hot) temper; *saada ~ loppu* come to a sudden end **2** *(liik)* prompt (delivery *toimitus); ~ vastaus* early reply, reply by return **-stua** flare up, lose one's temper **-stu**|**s** fit of temper; *-ksissa[an]* in one's anger; *(lak)* without premeditation.
pika||**jakelu** *(post)* special delivery **-juna** fast train, express [train] **-juoksija** sprinter **-kelaus** fast forward; *(takaisin~)* [rapid] rewind **-kirje** express *(Am* special-delivery) letter.
pikakirjoit||**taa** write (take down in)

shorthand, stenograph **-taja** shorthand writer, *(Am)* stenographer; *pika- ja konekirjoittaja* shorthand typist **-us** shorthand, stenography **-usmerkki** shorthand sign, stenograph.
pika||**kivääri** light machine gun; rapid-fire rifle **-kurssi** crash course **-käynti** quick call **-levy** *(keitt)* super-fast hot plate **-liitin** *(tekn)* bayonet catch **-luistelija** speed skater **-luistelu** speed skating **-luku** speed reading **-lähetti** express messenger; courier **-marssi** *(sot)* forced march, *(Am)* double time **-matka** *(urh)* sprint distance **-moottori** = *-vene.*
pikantti piquant; *~ maku* piquancy.
pika||**ohjelma** crash program **-oikeus** *(sot)* [drumhead (summary)] court martial **-pesu** *(aut)* while-you-wait car wash **-pesula** launderette **-puhelu** priority call.
pikari goblet; *(kristalli~)* glass; *(malja)* cup.
pika||**sakko** on the spot fine **-side** *(lääk)* first-aid dressing; bandaid *(rek)* **-suutari** while-you-wait repair *(autourh)* fast section **-tie** motor highway, *(Am)* expressway **-vene** speedboat **-vihainen** quick-tempered.
pikee *(tekst)* piqué.
pikemmin sooner (than I thought *kuin luulinkaan); ~[kin]* rather; *luulen ~kin että* I'm more inclined to think that..; *..on ~kin lisääntynyt* ..is — if anything — increased.
piki pitch; *(suutarin ~)* cobbler's wax **~lanka** waxed (cobbler's) thread.
pikimm||**in;** *mitä ~* as soon as possible **-iten** at an early date.
piki||**musta** pitch-black; jet-black (hair *tukka)* **-nen** pitchy **-pata** cresset **-silmäinen** dark-eyed **-soihtu** cresset.
pikkarainen tiny [little].
pikkelsi *(keitt)* [mixed] pickles.
pikku 1 *(~inen)* little (girl *tyttö); ~ pikku* tiny (wee) little **2** *(pieni)* small (sum of money *summa rahaa);* trivial, trifling (matter *juttu).*
pikku|- small (animals *-eläimet;* parts *-osat;* feature *-piirre;* state *-valtio);* △ petty (average *-haveri;* offender *-rikollinen;* official *-virkamies);* △ minor (teatt part *-osa;* holidays *-pyhät;* injury *-vamma;* error *-virhe);* △ trivial, trifling (sum *-summa;* damage *-vahinko).*
pikku||**aivot** *(sg)* cerebellum, little brain **-asia** trifle, trifling matter, triviality

-askareet odd jobs **-auto** [private] car **-bussi** minibus **-esineet** *(sg)* bric-a-brac, knickknacks; *(rihkama)* odds and ends **-housut** briefs, underpants **-huilu** piccolo *(pl* ~s) **-isen** a little; not much **-joulu** 1 Advent 2 Christmas party **-kalat** *(m) (sg)* [small] fry **-kauppias** shopkeeper, small retailer **-kaupun|ki** small (provincial, country) town; *-gin* small-town **-kaupunki[lais]mainen** *(halv)* provincial, parochial **-laps|i** baby, infant; *-et* little (young) children **-leipä** biscuit, *(Am)* cookie **-lusikka** teaspoon **-lämmin** *(keitt)* hot titbit.

pikkumai||nen 1 *(pikkutarkka)* pedantic *(adv* ~ally); meticulous (with meticulous care *-sen tarkasti)* 2 *(pikkusieluinen)* petty; small[-minded] **-sesti** *(m)* meanly **-suus** pedantry; meanness.

pikku|menot out-of-pocket expenses **-neiti** *(leik)* young lady **-piru** imp **-planeetta** asteroid, minor planet.

pikkuporvari petty bourgeois *(pl* ~) ~**llinen** lower middle-class; petty-bourgeois *(m halv)*.

pikku||pyykki hand washing **-raha** [small] change **-riikkinen** tiny (wee) little, teeny-weeny **-riikkisen** just a little **-ruutuinen** small-checked **-seikk|a** trifle; *takertua -oihin* stick at trifles **-serkku** second cousin **-sieluinen** petty, small-minded **-sievä** prettyish **-sikari** cigarillo *(pl* ~s) **-sorm|i** little finger; *(Am, Skotl m)* pinkie; *kiertää jku -ensa ympäri* twist a p. round one's little finger **-takki** jacket **-tarkka** meticulous, careful **-tavara[t]** small articles; notions **-tila** = *pientila* **-tunn|it** the small hours; *-eilla* in the small hours, past midnight **-tuoli** chair **-tärkeä** officious, pompous **--ukko;** *nähdä* ~*ja* see pink elephants **-vaihde** *(aut)* low gear **-vanha** precocious **-varvas** little toe **-vauva** [little] baby **-veli** little (younger) brother **-väki** little folk.

pila joke (funny (bad) joke *hauska (huono)* ~), jest; *(~ilu)* sport, fun ▶ *jatkuva* ~*n aihe* a standing jest; **piloillaan** for (as) a joke; for the fun of the thing, in sport; *tehdä* ~*a jstk* joke about, make fun of; *sehän oli vain* ~*a* I was only joking.

pilaantu||a 1 *(keitt)* go bad (off) 2 *(saastua)* be contaminated (by *jstk)* **-maton** unspoiled, untainted; good *(fruit hedelmä); (saastumaton)* uncontaminated **-minen** *(turmeltuminen)* deterioration;

(saastuminen) contamination (water contamination *veden* ~) **-nut** 1 *(pahentunut)* spoiled, spoilt 2 *(saastunut)* polluted, contaminated; *(huono)* foul (air *ilma)* **-va;** *[helposti]* ~ perishable (goods *tavara)*.

pilail||la joke, jest (about *jstk);* ~ *jkn kustannuksella* make fun of, pull a p.'s leg; *-len* jokingly **-u** 1 joking; banter, chaff 2 *(teatt)* burlesque, farce **-uväline** joke (trick) article.

pila||juttu funny story; *(kasku)* anecdote **-kuva** caricature; *(pol, san)* cartoon **-lehti** comic [paper].

pilall|a *(-e); mennä -e, olla* ~ be spoilt (ruined); be damaged; *-e hemmoteltu lapsi* spoilt child; *silloin kaikki olisi* ~ that would spoil everything.

pilan||päiten for fun; *(leikillään)* for a joke **-teko** joking; *(pelleily)* fool|ery, -ing.

pila||piirros cartoon **-piirtäjä** cartoonist; caricaturist **-puhe** joking.

pilari *(tuki~)* pillar, *(tekn)* support; *(pylväs)* column ~**käytävä** portico *(pl* ~[e]s) ~**sto** colonnade.

pila|ta *(tav)* spoil; *(turmella)* ruin (one's reputation *maineensa);* one's health *terveytensä); (tärvellä)* mar; *(vahingoittaa)* damage; *(saastuttaa)* contaminate, pollute (the air *ilma;* the water *vesi);* **hän ei ole ainakaan kauneudella -ttu** she is no beauty.

Pilatus; *[Pontius]* ~ [Pontius] Pilate.

pilkah||dus glimpse; *(kuv m)* gleam, glimmer, flicker (of hope *toivon* ~), trace (of a smile *hymyn* ~) **-taa** *(~ esille)* peep out; *nähdä jnk -tavan* get a glimpse of.

pilkalli||inen scornful, sneering, mocking; *(ivallinen)* derisive; ~ *hymy (m)* sneer **-isesti;** *hymyillä* ~ *(m)* sneer (at *jllk)*.

pilk||anteko mockery, mocking, ridicule **-ata** mock, scoff ([at] a th. *jtk); (ivata)* deride, ridicule (a p. *jkta);* **he -kasivat häntä** they made a mock of him; ~ *Jumalaa* blaspheme; *Jumalaa* **-kaava** blasphemous.

pilk||e glimmer; glint (in one's eye *silmän* ~)*; huumorin* ~ *silmäkulmassa* a twinkle of humo[u]r in one's eye **-ist|ää** peep [out] (the sun was peeping through the clouds *aurinko -i pilvien lomasta); (näkyä)* show.

pilk|ka 1 mockery, scoffing, ridicule (despite the ridicule of his neighbo[u]rs *naapuriensa -asta huolimatta); (iva)* derision; *joutua -an kohteeksi* become a laughingstock (an object of derision); *pitää* *~naan* hold in derision, make game of; *tehdä ~a jstk* jeer at, ridicule, mock, gibe **2** *(metsh) (rasti)* blaze, mark **3** *(maalitaulu)* target **~aja** mocker; *(jumalan~)* blasphemer **~hin|ta** ridiculously low price; *myydä ~an* sell at bargain prices, bargain away; *ostaa -nalla* buy for a song (at a great bargain) **~huudot** sneers, jeers, hoots **~kirves** joker, wag **~nauru** scornful laughter, sneer **~runo** lampoon **~sana** abusive word.

pilkkeet *(sg)* chopped firewood.

pilkki *(kal)* jig **~jä** jigger **~onginta** *(läh v)* ice fishing **~ä** jig *(cod turskaa).*

pilkko||a chop (wood *puita),* chop up (for firewood *polttopuiksi); (paloitella)* cut .. into pieces; *(halkoa)* split (split by *jnk -ma)* **-pimeä** pitch-dark; **~ssä** in pitch-darkness.

pilk|ku 1 *(läikkä)* spot; *(tahra)* speck **2** *(välimerkki)* comma; *(desimaali~)* point; *(kirjaimen ~)* dot (over an *i i:n ~);* -ulleen to a T, exactly **~kuume** typhus **~virhe** punctuation error.

pilkott|aa glimmer, gleam; shimmer (a faint light shimmered through the window *heikko valo -i ikkunasta);* show dimly; be [dimly (indistinctly)] seen; *(tulla paikoittain näkyviin)* appear here and there.

pilku||llinen dotted, spotted **-ttaa 1** *(täplittää)* dot, spot **2** *(varustaa välimerkein)* put [the] commas in, punctuate.

pillastu||a bolt; *(ark henk)* fly off the handle **-nut;** **~ hevonen** runaway [horse].

pilleri pill; *(eläinl)* bolus **~humala** speed **~rasia** pillbox.

pilli 1 *(putki)* pipe, tube; *(mehu~)* straw **2** *(vihellys~)* whistle **3** hooter, [steam] whistle (of a factory *tehtaan ~); (hälytys~)* siren **4** *(sienen ~)* pore ▶ *puhaltaa ~in* whistle; *pistää ~t pussiin* pack up and go; **~ soi neljältä** the siren goes at four.

pilli|ke *(kasv)* hemp nettle **-mäinen** tubular **-piipari** piper **-stö** *(urku~)* piping, *(pl)* pipes.

pillittä||jä crybaby **-ä;** *[itkeä]* **~** blubber.

pillitupakka Russian-style cigarette.

pilotti pilot.

pilsneri small beer.

pilt|ti; *äidin pikku -it* mother's chicks.

pilttuu stall, box.

pilven||hattara wisp of cloud, cloudlet **-korkuinen** towering, lofty **-lonka** stormcloud **-piirtäjä** skyscraper.

pilvet||ä cloud over **-ön** cloudless, clear.

pilv|i cloud ▶ **aurinko** *meni -een* the sun vanished behind [the] cloud[s]; **~ä hipova** ..reaching to the skies; *(kuv)* sky-high; *(kuv)* **leijailla ~ssä** have one's head in the clouds; *(sl)* **olla -essä** be high (stoned, spaced out); **~en peitossa** *(-essä)* clouded over, overcast; **taivas** *menee -een* the sky is clouding over; **ylistää ~in asti** praise (extol) to the skies.

pilvi||linna castle in the air (in Spain) **-nen** cloudy **-peite** cloud cover; **~ rakoilee** decreasing cloudiness **-syys** cloudiness; *lisääntyvää -syyttä* becoming cloudier.

pimahtaa *(ark) (raivostua)* blow up, boil over, let fly.

pimennys 1 *(sot)* blackout; *osittainen* **~** dimout **2** *(astr)* eclipse (solar (lunar) eclipse *auringon (kuun) ~).*

pime||nto; *metsän -nnossa* in the thick of the forest; *pitää jkta -nnossa* keep a p. in the dark **-ntää 1** darken (a room *huone),* obscure *(kuv* the truth *totuus); (~ kokonaan)* black out **2** *(sumentaa)* cloud, dim (a p.'s reason *jkn järki)* **-tä** grow (get) dark, darken; *ilta -nee* it is getting dark; *kuvaruutu -ni* the screen went blank; *silmissäni -ni* I blacked out; *taivas -ni* the sky clouded over **-ys** *(konkr ja kuv)* darkness, the dark (in the dark *-ydessä); (hämäryys)* obscurity; *-yden voimat* the powers of darkness; *yön -ydessä* in the dark of night.

pime|ä I *a* **1** dark (room *huone;* Middle Ages *keskiaika); (hämärä)* obscure (corner *nurkka);* black (night *yö;* deed *teko)* **2** *(laiton)* black (gasoline *bensiini);* illicit (trade *kauppa);* unreported (income *~t tulot)* **II** *s* dark (in the dark *~ssä); (-ys)* darkness ▶ **~n tullen** at nightfall; **~n tultua** after dark; **~n turvin** under cover of night; *(sl)* **~ tyyppi** crackbrain, freak.

pimeästi *(laittomasti)* illicitly; *tehdä* **~** *ylitöitä* moonlight.

pimi||ttää hide (one's income *tulojaan);* keep back (the news *uutinen); (kähveltää)* pinch (money *rahoja)* **-ö** *(valok)* darkroom.

pimput||taa, -us tinkle.

pimu chick, skirt, bird.

pinaatti spinach **~muhennos** creamed spinach.

pingot||ettu taut, tight, stretched (rope *köysi*) **-in** *(kankaan levitin)* temple **-taa 1** tauten (a rope *köysi*); stretch (a canopy *katos*); tighten (a spring *jousi*), strain *(m kuv;* one's nerves *hermojaan)* **2** *(olla kireällä)* be [too] tight **3** *(yrittää liikaa)* overdo it; *älä -a!* slack off a bit! **-taja** grind **-tua** tauten, be strecthed; *(kiristyä)* tighten **-tuneisuus** *(kuv)* tension, tenseness **-tunut** *(kuv)* strained, tense (person *ihminen*); edgy (atmosphere *tunnelma*); forced, stilted (smile *hymy*) **-us 1** tightness, tension, tautness **2** *(pinkominen)* cramming, swot.

pingviini penguin.

pinkais||ta run, dash (a hundred metres *sata metriä*); ~ *pakoon* scamper away **-u** spurt, dash.

pinkka *(pino)* pile, stack; *(nippu)* bundle; pack[et] (of cards *kortti~*).

pinko crammer, swot, grind ~**a 1** = *pinkaista* **2** *(koul ym)* cram, swot, grind [away].

pinna *(ark)* **1** spoke (of a wheel *pyörän ~*) **2** *(piste)* mark (he got good marks in the exam *hän sai hyvät ~t kokeesta*); *(urh ym)* point **3** *hänellä on* ~ *kireällä* his nerves are on edge.

pinnakkais|- *(valok)* contact (copy *-kopio;* print *-vedos*).

pinnalli||nen superficial (wound *haava;* person *ihminen*); *(halv m)* shallow (book *kirja*); skin-deep (differences *-set erot*) **-sesti** *(m)* skin deep **-suus** superficiality, shallowness.

pinnanmuodostus relief, contour; topography.

pinna||ri *(ark)* shirker, slacker **-ta** shirk (doing *jnk tekemisessä;* one's job *työssään*); ~ *[koulusta]* skip school, play truant (*Am ark* hook[e]y); cut (a class *tunnilta*) **-tuoli** *(läh v)* Windsor chair **-us** *(ark); (koul)* truancy.

pinnist||ellä exert o.s., make an effort (to be *ollakseen*) **-ys** tension; strain; *(ponnistus)* exertion **-ää** strain (one's ears *kuuloaan;* one's memory *muistiaan*); ~ *kaikki voimansa* exert all one's strength, strain every nerve.

pinnoittaa 1 *(päällystää)* coat **2** *(aut)* recap, retread, *(Br)* remould (a tyre *rengas*).

pino pile (of plates *lautasia*); stack (of planks *lautoja*) ~**ta** pile [up], stack ~**tavara** *(puukaup)* cordwood, stacked wood.

pinsetit tweezers.

pin|ta 1 surface (on the surface *-nalla, -nassa;* of a road *tien ~*); *(-nan korkeus)* level (of the sea *meren ~*); *(taso)* plane (inclined plane *kalteva ~*) **2** *(maali- ym ~)* coat **3** *(ark) (iho)* skin (bare skin *paljas ~*) ▶ **hermot** *-nalla* nerves on edge; *-nalta* **katsoen** on the surface, on the face of it; *kadota* **maan** *-nalta* disappear from the face of the earth; **nousta** *-nalle* come to the surface; *hiki nousi ~an* he was covered with sweat; **pitää** *~nsa* hold out, hold one's own (ground); *pidä ~si!* don't give in! *(kuv)* **pysyä** *(olla)* *-nalla* stay at the top, be popular; *(kuv)* **päästä** *-nalle* make one's way, succeed, make a name for o.s.; **rajan** *-nassa* close to the border; *(kuv)* ~*a* **syvemmällä** more than skin-deep; **tasoittaa** *jnk ~* face .. down; *(hiekkapaperilla)* sand down.

pinta||- surface (tension *-jännitys;* water *-vesi*) **--ala** area (in area ~*ltaan*); acreage (of a farm *tilan ~*) **-ilmiö** skin effect **-kasvillisuus** ground cover **-kiilto** veneer, gloss **-käsittely** finish[ing] **-liitäjä 1** hovercraft **2** *(henk)* swinger, one of the jet set **-maa** topsoil **-maali** paint finish **-mitta** square measure **-muoti** extreme of fashion, the latest fashion.

pintapuoli *(ulkopuoli)* outside, [outer] face; *(nahk)* grain side ~**nen** superficial, shallow ~**sesti** cursorily; *perehtyä ~* skim; *tutustua kirjaan ~* read the book cursorily ~**suus** superficiality.

pinta||puu *(metsh)* sapwood **-silaus** [final] polish **-solukko** epithelium **-viilu** *(puus)* face veneer, outer ply.

pinte|ssä *(-seen, -stä); joutua -seen* get into a fix; *olla ~* be in a fix (tight spot); *(rahapulassa)* be hard up; *päästä -stä* get out of a fix.

pioneeri 1 engineer, sapper **2** *(kuv)* pioneer, trailblazer **3** *(pol)* [Young] Pioneer.

pioneeri||- *(sot)* engineer (company *-komppania*) **-henki** *(kuv)* pioneer[ing] spirit **-joukot** *(sot)* [corps of] engineers **-työ;** *tehdä ~tä* break new ground.

pioni *(kasv)* peony.

pipar||juuri horseradish **-kakku** ginger snap; *(pehmeä ~)* gingerbread **-minttu** peppermint.

pipetti pipet[te], *(Am m)* dropper.

pipo cap (knitted cap *villan~*).

pippuri pepper; *(kokonainen ~)* peppercorn ~**mylly** pepper mill ~**nen** peppery; *pieni ja*

~ small and spunky.
pippuroida pepper.
pira‖**htaa** *(tippua)* drip; trickle; *silmästä -hti kyynel* a tear trickled down her cheek; *ovikello -i* the doorbell rang **-us 1** sprinkle; *itkun ~* a little cry **2** ring (of the doorbell *ovikellon ~*) **-uttaa;** *itkeä ~* shed a few tears, have a little cry; *(ark puh) -uta minulle* give me a call.
piripintaan to the brim (fill to the brim *täyttää ~*).
pirist‖**e** stimulant; *huivi puvun ~enä* a scarf to brighten (freshen) up a dress **-ys** bucking (cheering) up, stimulation.
piristys‖**lääke** stimulant; *(vahvistava lääke)* pick-me-up **-pilleri** pep pill **-ruiske** *(kuv)* shot [in the arm] **-ryyppy** pick-[me-]up.
piristyä 1 *(henk)* pick up, recover; *yritä ~!* buck up! cheer up! **2** *(vilkastua)* pick up, become more active (lively).
piristä *(soida)* ring, buzz.
piristä‖**ä 1** *(reipastuttaa)* cheer (buck) up; *(vaikuttaa -västi)* have a bracing effect, *(virkistää)* refresh; *(elvyttää)* enliven, liven up (the atmosphere *tunnelmaa*); stimulate (the money market *rahamarkkinoita*) **2** *(koristaa)* perk up (a dress with *pukua jllak*), brighten (liven) up.
pirskahtaa spurt, jet; spray.
pirskeet *(ark)* party, *(Br)* do (a big do *isot ~*).
pirskottaa sprinkle (water on *vettä jhk*); spray *(parfume hajuvettä)*; *(kirk) ~ vihkivettä* asperse (a th. *jhk*).
pirstale shiver, splinter (of wood *puun ~*); *(sirpale)* fragment *(m kuv); -et (m) (sg)* debris; *armeijan ~et* the scattered army; *mennä ~iksi* go to pieces, smash; *elämä oli ~ina* my life was shattered.
pirsto‖**a 1** break to shivers, smash **2** *(kuv)* split (a party *puolue*); *~ maatila* break up an estate; *olla jnk -ma* be divided by **-minen;** *maatilojen ~* splitting up of farms **-utu**‖**a** splinter (into *jksk*); *-neet toiveet* ruined hopes.
pirte‖**lö** ice-cream soda; milk shake **-ys** liveliness, briskness **-ä** *(vireä)* brisk; alert (child *lapsi*); lively (discussion *keskustelu*), spirited (description *kuvaus*); *(pred) (hereillä)* awake; *herätä ~nä* wake up refreshed and energetic; *tuntea itsensä ~ksi* feel fit; *uusi ~ kampaus* a new jaunty (perky) hairdo.
pirtti 1 *(tupa)* big farmhouse livingroom **2** *(mökki)* [log] cabin.

pirtu *(ark)* spirits **~trokari** *(ark)* bootlegger.
piru devil ► *~n* **konstit** *(sg)* devilry; **tietää** *~n hyvin (m)* know bloody well; *~ vieköön jos. .* I'm damned if. .
piruetti pirouette.
piru‖**illa** *(ark)* tease, needle (a p. *jklle*) **-lli**‖**nen** diabolic[al]; *(ark)* lousy, rotten (trick *temppu*); *-sta hommaa* a hell of a job; *~ hymy* sarcastic smile.
pirun‖**moinen** *(ark)* infernal, a hell of a (noise *meteli*) **-pihka** asaf[o]etida **P-saari** Devil's Island.
pisama freckle **~inen** freckl‖ed, -y.
pisara *(konkr ja kuv)* drop (a drop in the ocean (bucket) *~ meressä*) **~tartunta** *(lääk)* droplet (airborne) infection.
pisaroida fall in drops, dribble; be dripping; *(sateesta m)* sprinkle.
pisimmäll‖**ä** *(-e)* farthest, furthest; *-e päässyt* farthest advanced.
piski cur, tyke, *(Am)* pooch.
piss‖**a** *(ark)* pee; *(last)* wee-wee **-apoika** *(aut ark);* windshield washer **-iä** wee-wee.
piste 1 *(konkr ja kuv)* point (at point C *~essä C;* reach a certain point *saavuttaa tietty ~*) **2** *(välimerkki)* [full] stop, *(Am)* period **3** *(kirjaimen osa, morse~, rasteri~, mus)* dot (over an i *i:n ~;* dots and dashes *~et ja viivat*) **4** *(arvosteluasteikon ~)* (urh ym) point; *(koul)* mark **5** *(täplä)* spot ► *(kuv) olla ~enä* **i:n päällä** add the finishing touch; **kolme** *~ttä (tekstissä)* suspension points; *(kuv)* **panna** *~ jllk* put a stop (an end) to; *(urh)* **pisteet** *(sg)* score; **saada** *20 ~ttä* score twenty [points]; *hanke on yhä* **samassa** *~essä* the plan hasn't progressed at all; **voittaa** *~in 116–98* win [by] 116 to 98.
piste‖**kirjoitus** [the] Braille [system] **-lakko** selective strike **-lasku** *(urh)* scoring the points.
pisteliä‖**isyys** sarcasm, irony **-s** sarcastic *(adv ~ally);* cutting (remark *huomautus*).
pistel‖**lä 1** *(~neulalla ym)* prick (holes in the paper *reikiä paperiin*) **2** *(olla -evä)* prick[le]; *(kirvellä)* smart, sting **3** *(piikitellä)* pick (on *jkta*); be sarcastic.
piste‖**määrä** [number of] points; *(urh)* score **-sija** *(urh)* points winning place **-tilanne** *(urh)* score; *lopullinen ~ (pl)* final points **-tili;** *kartuttaa ~ään* pile up points **-viiva** dotted line **-voitto** *(urh)* win on points; *saada ~ jksta* outpoint a p.
pisti‖**n 1** *(sot)* bayonet **2** *(el)* sting **-äinen** *(el)* hymenopteron; sawfly.

pisto 1 prick (of a needle *neulan ~*); *(isku)* stab (of a dagger *tikarin ~*); *(puhkaisu)* puncture; *hän tunsi ~n omassatunnossaan* his conscience pricked him **2** *(myrkky~)* sting **3** *(käsit)* stitch **4** *(miekk)* pass, hit *~haava* stab *~kas (puut)* cutting, slip *~ko|e* sample (random) test; *tehdä -keita* spot-check *~miekka* rapier.

pistooli pistol *~nlaukaus* pistol shot.

pisto||puhe gibe, [sarcastic] crack **-raide** blind (dead-end) track **-rasia** wall socket; *kytkeä ~an* plug in.

pistos 1 = *pisto* **2** *(lääk)* injection; *(ark)* shot **3** *(pistävä kipu)* sharp pain; stitch (in the side *kyljessä*).

pisto||saha compass saw **-sana** dig, gibe, pointed remark **-tulppa** [contact] plug.

pistä||mätön *(ark kuv)* unbeatable, unsurpassable **-vyys** *(kirpeys)* pungency; *(kuv)* poignancy **-vä 1** *(kevyesti ~)* pricking; *(terävä)* sharp (needle *neula*), prickly (bush *pensas*) **2** *(kirpeä)* pungent, sharp (smell *haju;* taste *maku*); dazzling (light *valo*); stabbing, smart (pain *kipu*); piercing (eyes *katse*) **3** *(kuv)* cutting, sarcastic; *~ iva* sarcasm **-yty|ä;** *~ jssk* drop in[to], pop in (for a visit *jkn luona*); take a trip to (Paris *Pariisissa*); *hän vain -i [täällä]* she just popped in and out.

pist|ää 1 *(~ jllak terävällä)* prick (with a needle *neulalla;* one's finger *sormeensa*); *(iskeä)* stab (to death *kuoliaaksi;* with a dagger *tikarilla*); *(el)* sting; *(lävistää)* pierce, punch (a hole *reikä;* in *jhk*) **2** *(työntää)* stick (one's nose out of doors *nenänsä ulos;* a rose in one's buttonhole *ruusu napinläpeen*); thrust (a sword into its sheath *miekka tuppeen*); put (one's hands into one's pockets *kädet taskuunsa*) **3** *(us yksip)* minua *~ rinnasta* I feel a twinge in the chest **4** *(työntyä)* project, jut out (into the lake *järveen*) ▶ *~ esiin* protrude, project, jut out; *(työntää)* stick out (one's tongue *~ kielensä esiin*); *(pilkistää)* peep out; *~* **juoksuksi** *(lauluksi)* start running (singing); **mieleeni** *(päähäni) -i lähteä* it occurred to me to go; *~* **nenänsä** *jhk* stick (poke) one's nose into; *~* **reikä** *jhk* pierce, punch, puncture.

pitaali *(lääk)* leprosy *~nen* leprous.

pitemmäll|ä *(-e)* farther; *(erik kuv)* further; *(koul) -e edistynyt* advanced.

pitkin 1 along (walk along the road *kulkea tietä ~*); *(kautta)* by (by the main road *päätietä ~*); through (water comes through

the pipe *vesi tulee johtoa ~*); *(tiiviisti ~)* flat against (the earth *maata ~*); *(jnk päällä)* on (the water (surface) *vettä (pintaa) ~*) **2** *(joka paikassa)* all over (the room *huonetta*) **3** *(ajasta)* throughout, all .. round (the year *vuotta*), all .. [long] (all day (night) [long] *~ päivää (yötä)*) ▶ *~* **matkaa** all the way through, all along; *~* **pituuttaan** at full length; *tie kulkee ~ metsän reunaa* the road skirts the woods.

pitkitt||yä be prolong[at]ed (protracted, drawn out) **-äin** length|wise, -ways; longitudinally **-äinen** longitudinal; *(pysty-)* vertical (stripe *raita*).

pitkittäis||- longitudinal (esker *-harju;* direction *-suunta*) **-leikkaus** longitudinal section; *(piirros)* profile drawing.

pitkittä||minen prolongation; extension; *(lykkääminen)* delay, putting off **-ä 1** lengthen, prolong (the discussion *keskustelua*); extend (one's visit *oleskeluaan*) **2** *(viivyttää)* delay, keep putting off (one's decision *päätöstään*).

pitkospuut *(sg)* causeway.

pitkulainen oblong; *(soikea)* oval.

pitkä long; *(henk; korkea)* tall (mast *masto;* man *mies*); *(~än kestävä)* (m) lengthy, prolonged (meeting *kokous*); extended (visit *oleskelu*) ▶ *~n* **aikaa** for a long time; *~stä aikaa* after a long time; **liian** *(tarpeettoman) ~* long drawn out (discussion *keskustelu*); *5* **metriä** *~* five metres long (in length); *metrin pitempi·* longer by one metre; *~n* **tähtäyksen** long-range; **yhtä** *~t* equal in length.

pitkä||- long|-; *(--haired -karvainen;* --legged *-koipinen;* --stapled *-kuituinen;* --billed *-nokkainen;* --horned *-sarvinen*).

pitkäaikai||nen long, ..of long duration; ..of long standing (customer *asiakas*); *(liik)* long-term (credit *luotto;* contract *sopimus*); *~ sade* a long period of rain **-suus** [long] duration.

pitkä||hkö longish; considerable (times *~jä aikoja*) **-ikäinen** long-lived; *(kestävä)* lasting; *se ei ole ~* it won't last long **-ikäisyys** *(korkea ikä)* longevity **-jännitteinen** *(henk)* persevering **-jänteinen 1** *(kuv)* sustained, persistent (activity *toiminta*) **2** long-span (bridge *silta*) **-kalloinen** long-headed, dolichocephalic **-kasvuinen** tall **-kseen;** *mennä ~* lie down **-kyntinen I** *a* light-fingered **II** *s* thie|f *(pl -ves)*.

pitkäll||inen prolonged (drought *kuivuus*);

long (after a long wait *-isen odotuksen jälkeen*) **-ä** *(-e) (kaukana)* far (go far *mennä -e;* as far as *niin -e kuin*) ▶ **asiat menivät niin -e että** things came to such a pass that; *-e* **kehittynyt (kulunut)** far advanced; *tämä menee* **liian** *-e!* this is too much (the limit)! *-e* **menevä** far-reaching, far-going; **päästä** *-e [elämässä]* get on well, go far; *etumme ovat -e* **yhteneväiset** to a great extent our interests are similar; *-e* **yöhön** till late in the night.

pitkä||llään = *-nään* **-lti;** *jouluun on vielä ~* it's a long time to Christmas; *sinne on vielä ~ matkaa* it's far to go; *~ yli seitsemänkymmenen* well over seventy **-matkainen** ..from far away (guest *vieras*) **-mielinen** forbearing; tolerant (person *ihminen*); long-suffering   **-mielisyys** forbearance; *(sietokyky)* tolerance.

pitkän||lainen fairly long; [rather] lengthy (speech *puhe*); *~ matka* quite a distance **-matkan|-** [long-]distance (runner *-juoksija*); long-range (missile *-ohjus*) **-omainen** oblong, elongated.

pitkä||näköinen *(lääk ja kuv)* long-sighted, far-sighted **-nään;** *maata ~* be lying down, lie outstretched; *(vatsallaan)* lie prone **-perjantai** Good Friday **-piimäinen** long-winded, long-drawn-out; *(ikävystyttävä)* boring **-siima** boulter, trawl line **-sti** *ks. -lti, -än.*

pitkästy||tävä bore, tiresome **-ttää** bore, make .. tired; *minua alkoi ~* I began to get bored **-ä** get tired (bored) (of *jhk*).

pitkä||tukkainen long-haired; *(kuv)* bohemian **-vaikutteinen** *(lääk)* long acting **-varti|nen,** *-set saappaat* high boots, jackboots **-veteinen** long-winded; tedious, boring (film *elokuva*) **-vihainen** unforgiving; ..slow to forget; *olla ~* tend to bear a grudge.

pitkään *(kauan)* long; *(pitkälle)* far; *ajan ~* before long, as times go on; *katsoa jkta ~* take a good look at; *nukkua ~ aamuisin* be a late riser; *puhua ~ jstk* speak at great length about; *voisimme puhua siitä vaikka kuinka ~* we could go on talking about it for ever.

pito *(suksien, renkaiden yms ~)* grip.

-pitoinen *(yhdyss)* containing.., -bearing; *hopea~* containing silver, silver-bearing, *(tiet)* argentiferous.

pitoisuus content (ore with a high mineral content *malmi jonka mineraali~ on suuri*); *(rahan jalometalli~)* standard.

pito||palvelu catering service **-pöytä** *(läh v)* buffet table **-vaatteet** wearing clothes.

pitsi lace **~nnypläys** lace-making **~nvirkkuu** lace crocheting.

pittoreski picturesque.

pitui|nen; *jnk ~* ..long, ..in length (two metres long (in length) *kahden metrin ~*); *(sb yht)* ..of ..'s length (..of a finger's length *sormen ~*); *minun -seni* ..[of] my height; *olla viiden metrin ~* measure five metres; *sen ~ se (saduissa)* and they lived happily ever after.

pituu|s 1 *(erik mitattaessa)* length (the length of a skirt (training, the journey, a day) *hameen (koulutuksen, matkan, päivän) ~*); height (of a tree *puun ~;* what is your height? *mikä on sinun -tesi?)* *(kestoaika)* duration **2** *(suuri ~)* lengthiness (of a speech *puheen [suuri] ~*); tallness (the tallness of boy surprised me *pojan ~ hämmästytti minua*) **3** *(maant)* longitude (..of east longitude ..*itäistä -tta*) **4** *(fon)* length, quantity (of a wovel *vokaalin ~*) ▶ *(urh)* **hypätä** *-tta* long-jump, *(Am)* broad-jump; **kasvaa** *(työntää) -tta* shoot [up], sprout [up]; *ojentua* **koko** *-teensa* draw o.s. up to one's full height; *kaatua* **pitkin** *-ttaan* fall flat.

pituus||- longitudinal (axis *-akseli;* section *-leikkaus)* **-aste** [degree of] longitude **-hyppy** long jump, *(Am)* broad jump **-kasvu** growth in height **-mitta** measure of length, linear measure **-piiri** meridian **-suun|ta;** *-nassa, ~an* lengthwise, longitudinally **-suuntainen** longitudinal.

pitäen; *siitä ~* since then (that time); ever since.

pitäjä parish **~läinen** parishioner.

pitä||vä *(tiivis)* tight (vessel *astia);* *(kuv)* tenable (theory *teoria);* dependable (promise *lupaus)* **-ytyä; ~** *jhk* hold (keep, stick) to.

pi|tää 1 1 **a)** *(~ kädessään yms)* hold (let me hold it *anna minun ~ sitä;* a th. in one's hand (grip) *jtk kädessään (otteessaan));* **b)** *(~ itsellään)* keep (to o.s. *itsellään;* may I keep this? *saanko ~ tämän?);* **c)** *(~ jllak tavalla) (us lyhyehkön ajan)* hold (down *alhaalla;* one's hands to one's ears *kädet korvilla;* the door shut *ovea kiinni); (us [vähän] pitemmän ajan)* keep (a gun loaded *ase ladattuna;* alive *hengissä;* on hand *käsillä;* the door locked *ovi lukossa);* have (the curtains drawn all day *verhoja ikkunan*

edessä koko päivän); **d)** *(~ jk t. jtk)*
(konkr ja kuv) keep (one's promise
lupauksensa; servants *palvelijoita*); hold
(an auction *huutokauppa*); have (a rest
lepotauko) **2** *(olla pitävä, pidättää)* hold,
retain (water *vettä*) **3** *(säilyttää)* keep,
maintain (one's position *asemansa*) **4 a)** *(~
jnak)* consider (I consider him [to be] an
honest man *-dän häntä kunnon miehenä),*
take .. for (what do you take me for?
minä sinä minua -dät?), regard .. as (they
regarded his behavio[u]r as childish *he
-tivät hänen käytöstään lapsellisena),* look
upon .. as; *(m)* think (I think it is too
expensive *-dän sitä kalliina),* find (I find
it necessary *-dän sitä välttämättömänä);*
b) *(käyttää jnak)* keep (have) .. as (one's
slave *orjanaan)* **5** *(käyttää)* wear (an old
suit *vanhaa pukua)* **6** *(kohdella)* treat
(badly *huonosti;* well *hyvin)* **7** *(~ jstk)* like
(how do you like this? *mitä -dät tästä?)* **II**
yksip (täytyy) must (I must do it *minun ~
tehdä se),* have to (I have to go *minun ~
mennä);* *(olla pakko)* be compelled to;
(olla velvollisuus) be obliged to, shall (he
shall wait here *hänen ~ odottaa täällä);*
(olla määrä) be [supposed] to (I was
[supposed] to be at home by ten *minun -ti
olla kotona kymmeneen mennessä)* ▶ *~
jstk* **enemmän** *kuin* prefer a th. to, like ..
better than; **jarrut** *eivät -täneet* the brakes
failed [to grip]; *minun -ti* **juuri** *lähteä* I
was just about to leave (just leaving); *~*
kiinni *(konkr)* hold (tight *tiukasti); (kuv)*
stick to; stand by, hold to (one's promise
lupauksestaan); **mitä** *minun -tikään sanoa*
what was I going to say; *~* **mukanaan**
carry; **sinun** *ei -dä..* you shall (may, must)
not..; *sinun ei olisi -tänyt mennä* you
shouldn't have gone; *sinun -täisi..* you
should.., you ought to..

piuk|ka tight (trousers *-at housut);* taut
(smile *hymy).*

pivo; *parempi pyy ~ssa kuin kymmenen
oksalla* a bird in the hand is worth two in
the bush.

plagi||aatti plagiary, literary theft **-oida**
plagiarize; *(ark)* crib **-ointi** plagiarism.

plak||aatti placard, bill, poster **-etti**
plaquette.

planeetta planet; *planeetta|-* planetary
(system *-kunta;* gear[ing system]
-pyörästö) **~invälinen** interplanetary.

planetaario planetarium.

plantaasi plantation.

plasma *(verineste)* plasm[a].

plastiikka *(plastinen liikehdintä)* plasticity
~kirurgi plastic surgeon.

plasti||nen plastic *(adv ~ally); -set liikkeet*
graceful movements; *tehdä -seksi*
plasticize **-suus** plasticity.

platina platinum **~levy** *(äänilevy)* platinum
disk **~nvaalea;** *~ kaunotar* platinum
blonde.

Platon Plato **p~inen** platonic *(adv ~ally).*

plebeiji *(room hist)* plebeian; *~t* plebs.

pliisu *(ark)* [wishy-]washy, washed-out.

pliiseera||ta pleat **-us** permanent pleating.

plus *(mat, liik)* plus; *(lämpötilasta)* above
zero (the temperature is seven degrees
above zero *lämpötila on ~ seitsemän
astetta (+7°));* *(kuv)* tulos oli *~* **miinus**
nolla the result was [equal to] nil
~kvamperfekti pluperfect [tense] **~merkki**
plus [sign] **~piste** [plus] point **~puoli**
credit side.

plyysi plush **~matto** pile carpet.

pneumaattinen pneumatic *(adv ~ally).*

poetiikka *(sg)* poetics.

pohatta rich man, croesus; *(pamppu)*
magnate.

pohdi||nta *(ajattelu)* reasoning;
consideration; *(keskustelu)* discussion;
asia vaatii huolellista ~a the question
needs to be thought over carefully **-skella**
meditate (on *jtk);* *(~ etukäteen)* speculate
(on *jtk)* **-skelu** meditation; speculation.

pohj|a **1** *(konkr)* bottom (in the bottom of
the cup *kupin ~lla;* at the bottom of the
sea *meren ~ssa;* bottom upwards *~
ylöspäin); (mer m)* ground (touch ground
koskettaa ~a) **2** *(alusta)* ground,
bed[ding] (of concrete *betoni~)* **3** *(jalk)
(antura)* sole **4** *(tausta)* ground (red spots
on a white ground *punaisia täpliä
valkoisella ~lla); (erik her)* field **5** *(kuv)*
ground (on safe ground *varmalla ~lla),*
foundation (rest on a firm foundation *olla
lujalla ~lla),* footing; *(lähtökohta)* base
(as a base for *jnk ~na),* basis (of, for *jnk
~)* ▶ *(kuv) hänellä on* **hyvä** *~* he has a
good grounding (in *jssk);* **luoda** *~ jllk* lay
the foundation[s] of; **mennä** *~an* sink [to
the bottom], founder, go down; *~iaan*
myöten thoroughly; *tyhjentää -ia myöten*
drain to the dregs; *~n* **perillä** in the far
north; **pohjaltaan** at bottom,
fundamentally; *sydämeni ~sta* from the
bottom of my heart, with all my heart;
(kuv) **yhteinen** *~* common ground.

pohja|- bottom (well *-kaivo;* valve *-venttiili*); △ ground (flora, cover *-kasvillisuus*); △ basic (training *-koulutus;* salary, wages *-palkka*).

pohja||**hinta 1** *(alin hinta)* [rock-]bottom (lowest) price **2** *(alkuhinta)* basic (initial) price **-inen** *(yhdyss)* -bottomed (flat-bottomed *tasa~*) **-kerro**|**s** *(rak)* ground floor; *(kellarikerros)* basement; *(maaper)* substratum; yhteiskunnan *-kset* the lowest classes of society **-kunto** *(urh)* preliminary condition.

pohjalainen *a ja s* Ostrobothnian.

pohja||**lasti** ballast **-llinen** *(jalk)* insole **-maali** priming paint, first coat **-mu**|**ta** sludge; *(kuv) -dat* the dregs **-nahka** *(jalk)* sole leather.

Pohjan||**lahti** the Gulf of Bothnia **-maa** Ostrobothnia **-meri** the North Sea.

pohjanoteeraus *(kuv)* record low; *uusi ~* the lowest yet.

pohjan||**puoleinen** [..facing the] north (window *ikkuna*); *~ tuuli* north[erly] wind **-tähti** polestar; *(astr)* the North Star, Polaris.

pohja||**piirros** floor plan, plan **-ratkaisu** *(rak)* floor plan [design] **-sakka** sediment; *(viinin ~) (pl)* lees; *(pl)* dregs *(m kuv)* **-sävel** ground note **-sävy** keynote, *(m)* undertone.

pohja||**ta 1** *(jalk) (puoli~)* [re]sole **2** *(kuv)* base, found (on *jhk*); *(perustua)* be based (on facts *tosiasioihin*) **-tiedot** *(sg)* foundation; *hänellä on hyvät ~ jssk* he is well grounded in **-ton 1** bottomless (pit *kuilu*), abyssal; *(kuv)* abysmal; *~ kullu (m)* abyss **2** *(rajaton)* unfathomable (love *rakkaus*); *(kyltymätön)* insatiable (greed *ahneus*) **-tuuli** north wind **-vesi** groundwater **-virta** undercurrent *(m kuv)* **-väri** [back]ground colo[u]r.

poh|**je** cal|f *(pl -ves)* [rats] antaa *-keita* knee, give one's knees.

pohjimm||**ai**|**nen 1** [..nearest to the] bottom, lowest, lowermost; *-sena* at the [very] bottom, lowermost **2** *(kuv)* basic, fundamental **-iltaan** basically.

pohjoi|**nen I** *a* **1** northern (hemisphere *pallonpuolisko*); *(-s-)* north (wind *tuuli*); *(meteor m)* northerly; *(erik biol)* boreal **2** *(-smainen)* Nordic (race *rotu*) **II** *s* [the] north ▶ *-sen* **asukas** northerner; **pohjoiseen** [to the] north (of *jstk*); *matkalla -seen* northbound; *-seen menevät junat* trains going north; **pohjoisempana** farther north;

pohjoisessa in the north; **pohjoisin** northernmost.

Pohjoinen jäämeri the Arctic Ocean.

pohjois|- northern (slope *-rinne*); △ north (coast *-rannikko;* spar buoy *-reimari*); △ North|- (--African *-afrikkalainen;* --European *-eurooppalainen;* --Finnish *-suomalainen*).

Pohjois|- North (Africa *--Afrikka;* America *--Amerikka;* Yemen *--Jemen;* Korea *--Korea;* Vietnam *--Vietnam*); △ Northern (Asia *--Aasia;* Europe *--Eurooppa;* Ireland *--Irlanti;* Finland *--Suomi*).

pohjois||**kalotti** the Arctic area of the Nordic Countries **-koillinen** north-northeast **-luode** north-northwest **-maalai**|**nen** *(tav)* Scandinavian; *-set* Nordic people **-ma**|**at** the Nordic countries; *-iden neuvosto* the Nordic Council **-mai**|**nen** Nordic; *-set kielet* Nordic (Scandinavian) languages **-myrsky** northerly gale; *(Am m)* norther.

pohjoisnapa the North Pole *~***retkikun**|**ta** arctic expedition; *-nan jäsen* arctic explorer.

pohjois||**osa** northern part; *maamme -osissa (m)* in the north **-puol**|**i** north side; *jnk -ella* [to the] north of **-tuuli** north[erly] wind; *(Am m)* norther **-valtiot** *(USA)* the Northern States.

pohjola the North.

pohjuk||**aissuol**|**i** duoden|um *(pl -a)*; *-en* duodenal **-ka** bottom (at the bottom of the bay *lahden -assa*).

pohjus||**taa 1** *(maal)* ground, prime **2** *(kuv)* prepare [the ground (for *jk*)]; *(alustaa)* outline **-te** *(maal)* primer **-tus 1** *(maal)* first coat, priming **2** *(kuv); keskustelun ~* introduction discussion.

pohtia *(keskustella)* talk over, discuss; deliberate ([about (upon)] the question *kysymystä*), *(harkita)* debate; *(miettiä)* think over; *(~ julkisuudessa)* ventilate.

poiju buoy; *laskea ~* place a buoy.

poik|**a 1** *(yl)* boy; *(nuorukainen)* lad, youth, youngster **2** *(jkn oma ~)* son **3** *(kaveri, heppu) (Br)* chap, fellow; *(Am)* guy ▶ *hän on* **isänsä ~** he is like his father; *(ark) hän on* **kova ~** *tekemään työtä* he is a hard worker; *(ark)* olla mahtavaa **poikaa** feel one's oats; **pojat** *ovat -ia* boys will be boys; *kyllä tämä ~* **tietää!** you bet I know!

poika||**ikä** boyhood **-koti** approved (reform) school for boys **-koulu** boys' school **-kuoro**

boys' choir **-lapsi** male child; baby boy **-mainen** boyish; *(rasavilli)* tomboyish **-mies** bachelor, single man **-miesasunto** bachelor flat **-miestyttö** bachelor (single) girl.

poika|nen 1 little boy, laddie **2** *(linnunpoika)* young bird, fledgling; *(kananpoika)* chicken; *(kissanpoika)* kitten; *(valaan ym ~)* cub; *-set* young [ones]; *saada -sia* have young; breed **3** *(kuv)* hymyn ~ a vague smile; *syntyi pieni riidan ~* they had a little quarrel.

poika||nulikka young rascal, scamp **-puoli** stepson **-tyttö** tomboy **-vuodet** boyhood years.

poik|eta 1 turn off ([from] the road *tieltä*); *(~ jnnk)* turn (into *jhk*) **2** *(käydä jssk)* **a)** *(~ jhk)* stop off (at a shop *kauppaan*); *(mer)* call (touch, put in) at (Bristol *Bristoliin*); **b)** *(~ jkn luona)* drop in [to see a p.], call (a p. *jkn luona*) **3** *(kompassineulasta)* deviate **4** *(kuv)* deviate (from the truth *totuudesta*); turn aside, digress (from the subject *aiheesta*); depart (from one's plan *suunnitelmastaan*); diverge (from the beaten track *tavanomaisilta linjoilta*); stray (from the point *pääasiasta*) **5** *(olla erilainen)* differ, deviate (from the original text *alkuperäisestä tekstistä*), vary (from the type *tyypistä*) ▶ ~ **kurssista** deviate from the course; *jstk* **poiketen** as distinct (distinguished) from; *ne eivät -kea* **säännöstä** there is no exception to the rule; ~ **tavoistaan** go out of one's way, deviate from one's routine; ~ **toisistaan** differ, diverge; *ne eivät -kea toisistaan (m)* they are alike; *hän vain -kesi [meillä]* he just popped in and out.

poiki|a *(vasikoida)* calve; *(saada poikasia)* have (bring forth) young; *panna raha -maan* put one's money to work [for one].

poiki||n; *pitkin ja* ~ in all directions; *(sikin sokin)* helter-skelter; *matkata maata pitkin ja* ~ crisscross the country **-ttain** cross|wise, -ways (be crosswise *olla* ~), transversely; ~ **tiellä** across the road **-ttai|nen** transverse; *(-n kulkeva)* cross (traffic *liikenne*).

poikittais||- cross (vein *-juoni;* traffic *-liikenne*) **-aallokko** beam sea **-harju** transversal esker **-suun|ta** crosswise direction; *-nassa (mer)* abeam **-yhteys** *(liikenn)* crosstown connection.

poikiva parturient (cow *lehmä*).

poikkea||ma deviation; *(fys)* deflection; *(-minen)* departure (from a rule *säännöstä*) **-minen 1** *(~ jstk)* deviation (from the orders *määräyksistä*); digression (from the subject *aiheesta*); difference (of opinion *mielipiteen* ~) **2** *(~ jhk)* call (at a port *satamaan*) **-va 1** divergent, deviating (from *jstk*); *(erilainen)* different (from *jstk*) **2** *(epätavallinen)* aberrant, anomalous **3** *(sosiol)* deviant, deviate (behavio[u]r *käytös*); ~ *yksilö* a deviate **-vasti;** *käyttäytyä* ~ behave in a deviant manner **-vuus** divergence (of opinion *mielipiteen* ~); *(sosiol)* deviation.

poikkeukse||llinen exceptional, unusual **-llisesti** exceptionally **-tta** without exception; *(säännöllisesti)* invariably.

poikkeu|s exception (to the rule *säännöstä;* make an exception *tehdä* ~); *-ksena jhk* by way of (as an) exception to; *sillä -ksella että* with the exception of, except.

poikkeus||- exceptional (person *-ihminen;* phenomenon *-ilmiö;* permit *-lupa)* **-asema** special position **-laki** emergency (exceptive) law **-määräys** provisional order, emergency regulation **-olo|t;** *-issa* under the unusual (special) conditions **-tapau|s** exception, exceptional case; *vain -ksessa* only exceptionally **-tila** [state of] emergency; *(sot)* martial law; *~n aikana* under martial law.

poikki I *adv (kahtia)* in two; *(irti)* off **II** *postp* across (the road *tien* ~); through (the forest *metsän* ~) **III** *pred a (lopen uupunut)* dead tired; exhausted ▶ **mennä** ~ break; *(katketa äkkiä)* snap [in two]; *mennä jnk* ~ cross (the river *mennä joen* ~); *terä on* ~ the blade is broken; **panna** ~ cut off; *tie on* ~ the road is cut off.

poikki||hirsi crossbeam **-huilu** transverse (German) flute **-katu** cross street **-lakana** draw-sheet **-leikkaus** cross section *(m kuv)* **-nainen** broken **-puoli|nen;** *ei koskaan -sta sanaa* never a cross word **-puu** crossbar, crosspiece **-suunta** cross direction **-syin[en]** [..]across the grain **-teloin** *(kuv);* asettua ~ be obstructive (uncooperative) **-tie** cross|road, -way **-tieteellinen** = tieteidenvälinen **-viiva** cross line; *(mat)* transversal.

poikue litter; *(linnuista)* brood *(m halv kuv),* hatch; *(riistalinnuista)* covey.

poimi||a 1 pick (flowers *kukkia;* berries *marjoja);* *(koota)* gather; *(~ maasta yms)* pick up; *(valita)* pick out; *(tav kuv)* glean

2 *(tilast)* sample **-nto** *(ote)* excerpt (from *jstk)*; extract.

poimu 1 fold; *(laskos)* tuck; *(ryppy)* wrinkle, line (deep lines in the forehead *syvät ~t otsassa)* **2** *(geol)* fold **3** *(anat)* plica *(pl ~e)*; *(aivo~)* convolution **~inen** folded *(m geol)* **~ri** *(marjan~)* rake **~tet|tu** draped; full (sleeves *-ut hihat)* **~ttaa 1** *(käsit)* gather, drape; *(laskostaa)* fold **2** *(tekn)* corrugate **~ttua** *(erik geol)* fold **~vuoristo** *(geol) (pl)* fold[ed] mountains.

pois away (give (put) away *antaa (panna) ~;* go away! *mene ~!);* off (cut off *leikata [pala] ~;* hands off! *sormet ~!);* out (get out of *päästä ~ jstk;* out of my way! *~ tieltä!)* ▶ **lähteä ~** go away, leave; **sano ~** *[vain]!* [just] say it! go on! **usko ~!** I believe me! **viidestä ~** *kolme on kaksi* five minus three is two, three from five leaves two.

pois||jättö omission (of a word *sanan ~);* *(-sulkeminen)* exclusion **-jäänti** staying away; *(-saolo)* absence (from duty *palveluksesta)* **-mennyt** *(vainaja)* the deceased **-meno** *(kuolema)* death, departure **-päin** away (from *jstk);* *ja niin ~* and so forth; *kääntää katseensa ~* avert one's eyes; *kääntyä jstk ~* turn one's back on **-pääsy** *(kuv)* way out.

poissa 1 away (he is away *hän on ~);* *(mennyt)* gone (for ever *iäksi;* my headache is gone *päänsärkyni on ~);* *(kadoksissa)* lost, missing; *(koul ym)* absent; *(kuollut)* dead, departed; *minun ~ ollessani* during my absence; *se on ~ (hävinnyt)* it has disappeared **2** *~ jstk* away from (keep away from here! *pysy ~ täältä!);* out of (fashion *muodista;* sight *näkyvistä)* off (one's balance *tasapainosta)* **~ oleva 1** *(konkr)* absent; **~t** those absent **2** *(kuv)* absentminded **~olija** absentee.

poissaolo absence; non-attendance; *(lak)* non-appearance; *luvaton ~ (koul)* truancy; French leave **~todistus** *(koul)* excuse.

poissulke||a exclude, eliminate; *-ien jnk* to the exclusion of **-va** exclusive (of *jnk)*.

poistaa 1 *(konkr ja kuv)* remove (doubts *epäilykset;* the obstacles *esteet;* a lid *kansi;* from the agenda *päiväjärjestyksestä)* take out (a stain *tahra);* extract (a tooth *hammas);* *(sulkea pois)* eliminate; exclude; *(~ jk t. jstk) (us verbistä t. sb:sta* »de» *-alkuliitteellä; esim* de-ice *~ jää;* debark *~ kuori; ks →)* **2** *(lakkauttaa)* abolish (slavery *orjuus);*

(tehdä loppu jstk) do away with; *(jättää pois)* omit, leave out (a paragraph *pykälä)* **3** *(pyyhkiä yli)* strike off (a name from the list *nimi listalta);* delete (a word *sana)* **4** *(kirjanp)* write off (a bad debt *epävarma saatava)* **5** *(~ liikenteestä, ohjelmistosta ym)* take off; *(erik liik)* withdraw **6** *(lääk)* extirpate (a growth *kasvain)* ▶ **~ haju** deodorize; **~ huurre** defrost; **~ juurineen** extirpate; **~ karva[t]** dehair; **~ mielestään** banish (fear *pelko),* exclude; **~ rekisteristä** deregister; **~ vesi** dehydrate.

poist|o 1 *(-aminen)* removal (of *jnk ~);* extraction (of a tooth *hampaan ~);* *(~ tekstistä)* deletion **2** *(kirjanp)* writeoff, depreciation **~arvo** depreciated value **~aukko** *(tekn)* outlet **~hormi** discharge flue **~merkki** *(kirjap)* deletion mark **~putki** exhaust pipe **~venttiili** exhaust valve.

poistu|a 1 *(henk)* go away (from *jstk),* leave (the room *huoneesta;* the locality *paikkakunnalta);* *(~ nopeasti)* quit (the city *kaupungista);* *(vetäytyä)* withdraw **2** *(kadota)* disappear ▶ *hänen huolensa ovat -neet* his troubles are over; **~ junasta** get off the train; **käskeä** *jkta -maan* order a p. out, dismiss; **tahra** *-i tärpätillä* the spot was got out with turpentine.

poistum||a loss; *luonnollinen ~* natural wastage (loss) **-inen** *(konkr ja kuv)* exit **-iskielto** *(sot)* confinement to barracks.

pojan||naskali urchin **-poika** grandson **-tytär** granddaughter **-viikari** young rascal, scamp.

pokaali cup.

pokeri poker **~naama** poker face, deadpan.

pokka *(ark);* *olla ~na* keep a straight face; *~ petti* he couldn't keep a straight face.

pokkuroi||da bow and scrape (before *jklle);* *(kuv)* fawn (on *jkta),* toady (to *jkta)* **-nti** *(kuv)* crawling, toadyism.

poksa||htaa pop (the cork popped *korkki -hti),* go pop **-us, -uttaa** pop.

polar[is]oi||da, -tua polarize.

pole||eminen polemic *(adv* **~**ally), controversial **-miikki 1** *(väittely)* controversy **2** *(kiistakirjoitus)* polemic **-misoida** polemize.

poletti *(rahake)* dis|k, -c, counter.

poliisi 1 *(pl)* the police (are investing the matter *tutkii asiaa;* call the police *kutsua ~)* **2** *(~mies)* police|man *(pl* -men), [police] officer; *(Br)* constable; *(Am)* patrolman; *(ark) (Br)* bobby, *(Am)* cop; **~t**

(koll) police ▶ **liikkuva** ~ highway police; *(~n osasto)* highway patrol; **siviilipukuinen** ~ plain-clothes officer (man).

poliisi||- police (station, office *-asema;* cordon *-ketju;* dog *-koira;* investigation *-tutkinta;* state *-valtio)* **-auto** police (patrol) car **-komisario** [police] superintendent, *(Am)* commissioner **-konstaapeli** *(Br)* constable, *(Am)* patrolman **-kunta** police force **-kuulustelu** police interrogation; **joutua** ~**un** be examined by the police **-laitos** [city] police [department] **-mestari** police commissioner, *(Br)* chief constable **-tarkastaja** police inspector **-viranomaiset** police [authorities].

poliit||**ikko** politician **-tinen** political.

polikli||**ininen** outpatient (treatment *hoito)* **-nikka** outpatient department, policlinic **-nikkapotilas** outpatient.

poliorokote anti-polio vaccine.

politi||**ikka 1** *(sg ja pl)* politics (be in politics *olla mukana -ikassa;* party politics *puolue~);* **puhua** ~**a** talk politics **2** *(harjoitettu ~)* policy (open-door policy *avoimien ovien* ~; foreign policy *ulko~);* **noudattaa** *jtk* ~**a** pursue a policy **-koida** politicize; talk politics **-koitsija** [coffeehouse] politician **-soida** make .. political, politic[al]ize **-soitua** become political (politicized).

polje||**nnollinen** rhythmic[al] **-nta** tramping **-nto** rhythm **-ttu** *(kuv)* downtrodden, oppressed (people *kansa).*

poljin *(ajoneuvon* ~*; mus)* pedal; *(ompelukoneen t. kangaspuiden* ~*)* treadle.

polkais||**ta** stamp (on *jnk päälle);* tread (on a p.'s toes *jkn varpaille);* ~ **jalkaa** stamp [one's foot]; *(kuv)* ~ **maasta** conjure up **-u** stamp; kick; *(kaasupolkimen)* ~ **pohjaan** kickdown.

polkea 1 tread (on *jtk, jnk päälle);* *(tallata)* trample (on *jtk);* *(~ tömistäen)* stamp **2** treadle (a sewing machine *ompelukonetta;* a bicycle *polkupyörää);* *(~ polkupyörää)* pedal **3** *(kuv)* tread down, trample on (a p.'s rights *jkn oikeuksia)* ▶ ~ **hintoja** force down the prices; ~ **lokaan** crush down into the dust; *(kuv)* ~ **paikallaan** be getting nowhere, stagnate.

polkka polka; *tanssia* ~**a** [dance the] polka ~**tukka** bob[bed hair].

polku path *(m kuv);* footpath; *(metsä~)* trail; *(erik kuv)* track ~**auto** pedal car

~**hinta** underprice, cut-rate (giveaway) price ~**mylly** treadmill *(m kuv)* ~**myynti** *(liik)* dumping; *harjoittaa* ~**ä** dump.

polkupyörä [bi]cycle, *(ark)* bike; *ajaa* ~**llä** ride [on] a bicycle, cycle ~**ilijä** cyclist ~**laukut** pannier bags.

polku||**ratas** treadwheel **-retki** nature walk **-sin** treadle, pedal.

pollari *(mer)* bollard; *(laivassa)* bitt.

poloi||**nen** poor (poor you! *voi sinua -sta!);* *(kurja)* wretched, unlucky.

poloneesi polonaise.

polsk||**ahtaa** plop, plunge (into the water *veteen)* **-ia** [s]plash; dabble **-uttaa** dabble.

polte 1 *(palo)* burning; *(kuv)* fire (of love *rakkauden* ~) **2** *(polttava kipu)* smart[ing pain], sting; ache ~**t**|**tu** burnt; *-un maan taktiikka* the scorched earth policy; *(keitt)* ~ *sokeri* burnt sugar, caramel.

poltin burner ~**rau**|**ta** branding iron; *merkitä -dalla* brand.

poltt|**aa 1** *(tav)* burn; *(~ kuumalla vedellä)* scald **1** *(kirvellä)* smart, sting (my fingers were stinging *sormiani -i (m kuv));* *(maistua -avalta)* be pungent (stinging), have a bite **3** *(kärventää)* parch, scorch; ~ *[pohjaan]* let .. burn (the sauce *kastike)* **4** *(merkitä -omerkillä)* brand; *(lääk)* cauterize **5** *(-ohaudata)* cremate **6** *(tupakoida)* smoke (a cigarette *savuke;* do you smoke? *poltatko?)* ▶ ~ **lasia** anneal glass; **maa** *alkoi* ~ *[hänen jalkojensa alla]* the place was getting too hot for him; *hänen* **poskiaan** *-i* his cheeks were burning; **raha** ~ *hänen taskussaan* the money burns a hole in his pocket; ~ **sähköä** *(m)* have the lights on.

poltta||**ja** *(tupakan~)* smoker **-va** burning; scorching (heat *kuumuus),* parching (thirst *jano);* ~ *kipu* acute (stinging) pain; ~ *kysymys* burning issue, urgent question; *(kuv) olla* ~ be urgent; *tämä pippuri on aika* ~*a* this pepper has quite a bite.

polttimo 1 *(viinan~)* distillery; *(tiilen~)* brickworks **2** bulb (of a flashlight *taskulampun* ~).

polt|**to 1** burning; *(jätteiden ym* ~*)* incineration; *(tekn)* combustion; *(tiilen~)* baking **2** *(-tava kipu)* stinging pain **3** *(synnytys~)* labo[u]r pain; *-ot (sg)* labo[u]r; *-ot ovat alkaneet* she is in labo[u]r ~|**aine** fuel; *ottaa* ~**tta** refuel; *-aine|-* fuel (tank *-säiliö;* supply *-varasto)* ~**ainetäydennys** refuelling ~**haudata** cremate ~**hautaus** cremation ~**kammio**

combustion chamber ~**maalata** bake ~**merk|ki** brand *(m kuv); (kuv)* stigma; *merkitä -illä* brand ~**moottori** [internal] combustion engine ~**neste** liquid fuel ~**piste** focus, focal point; *olla jnk ~essä* be the focus of ~**puu[t]** firewood ~**rovio** stake, fire; *(hautarovio)* pyre ~**sprii** methylated spirits ~**turve** fuel peat ~**uhri** burnt offering ~**uuni** burning-in (baking) oven, kiln; *(jätteen~)* incinerator ~**väli** *(opt)* focal distance ~**öljy** fuel oil; *kevyt* ~ [domestic] heating oil; *raskas* ~ [industrial] fuel oil.

polve||illa wind, meander; *(mutkitella)* twist, zigzag **-ke 1** bend; *(joen ~)* meander, loop **2** *(tekn)* bend, knee, angle **-nkorkuinen** knee-high.

polveutu||a 1 *(~ jksta)* be descended from (the Greeks *kreikkalaisista*), be a descendant of; trace one's family back to; *(tulla jstk)* come of; *~ suoraan jksta* be in direct descent from **2** *(biol)* be derived from, descend (originate, come) from (the ape *apinasta*) **-minen** descent, origin **-misoppi** evolutionism.

polv|i 1 *(anat, vaat)* knee **2** *(mutka)* bend; *(erik tekn)* elbow, angle, knee **3** *(suku~)* generation ▶ *suoraan* **alenevassa** *-essa* in direct descent; **langeta** ~**lleen** *jkn edessä* kneel down to; ~**aan myöten** *vedessä* knee-deep in the water; **notkistaa** *-ensa jkn edessä* [be] kneel[ing] to, bend the knee to; **polvesta** *-een* from generation to generation; **polvillaan** on one's knees.

polvi||housut kneepants; breeches **-liitos** *(tekn)* elbow joint **-lumpio** kneecap **-nivel** kneejoint **-orsi** *(her)* chevron **-pituus** kneelength **-stua** kneel [down] (before *jkn edessä*) **-sukka** kneesock **-suojus** knee pad **-taive** ham.

polyteis||mi polytheism **-ti[nen]** polytheist[ic, -ical].

polyyppi 1 *(el)* polyp **2** *(lääk)* polyp[us].

pomeranssi||nkuori orange peel **-puu** sour (Seville) orange.

Pommeri Pomerania; ~*n sota* the Seven Years' War.

pommi 1 bomb **2** *(kuv)* bombshell; *vaikuttaa ~n tavoin* fall like a bombshell **3** *(ark); mennä ~in* fail; *nukkua ~in* oversleep.

pommi||- bomb (strike *--isku;* crater *-kuoppa*) **-hyökkäys** bombing raid **-kone** bomber **-nkestävä** bombproof **-nsirpale** bomb splinter **-suoja** bomb (air) shelter

-ttaa 1 *(sot)* bomb (the town *kaupunkia*); *(tykistöstä)* bombard, shell; *-tettu* bombed-out **2** *(käydä kimppuun)* assail, pelt (with stones *kivillä;* with questions *kysymyksillä); (kuv)* bombard **-tus** *(ilm)* bombing; bombardment *(m kuv)* **-tuslento** bombing run.

pomo *(ark) (Br)* boss, *(Am)* chief; *(pamppu)* tycoon.

Pompeiji Pompeii **p~lainen** *a ja s* Pompei[i]an.

pompottaa bounce.

pomppia be (keep) bouncing; *(hyppiä)* be jumping.

pompula pompon.

poni pony ~**nhäntä[kampaus]** ponytail.

ponkaista *(hypähtää)* spring, bounce, bound; *(loikata)* jump (far *pitkälle*), leap (into fame *maineeseen*).

ponnahdus bound, spring; *(takaisin~)* rebound ~**lauta 1** springboard, diving board **2** *(kuv)* springboard, stepping stone ~**lautahypyt** *(urh)* springboard events.

ponnahtaa bounce, bound, *(hypähtää)* spring (up *pystyyn*); *~ auki* fly (spring) open; *~ takaisin* rebound.

ponne||aine propellant **-kas** energetic; emphatic; strong **-kkaasti;** *esittää (sanoa) ~ jtk (m)* be emphatic about **-kkuus** energy; emphasis **-ton** feeble (attempt *yritys); (veltto)* slack.

pon|nin incentive, stimul|us *(pl -i)*, spur; *olla -timena jhk* be an incentive (a spur) to.

ponnistaa 1 exert o.s., try hard, make an effort; *(pyrkiä)* strive, struggle (for *saadakseen*) **2** *(työntää; m synnytyksessä)* push **3** *(hypätä)* jump (over a fence *aidan yli); (urh)* take off ▶ *~ kaikkensa* summon all one's strength, make every effort; *~ liikaa* overexert o.s., *(ark)* overdo it; *~ vastaan* push back; resist; *~ kaikki voimansa* exert all one's strength.

ponnist||autua exert o.s.; try hard, take pains (to do *tekemään jtk);* struggle (loose *irti*) **-ella** strive (for, after *saadakseen*), struggle (up the hill *mäkeä ylös);* try hard; *(uurastaa)* work hard, toil (for *jnk hyväksi;* at *jnk kimpussa); ~ eteenpäin* struggle along; *~ vastaan* [put up a] struggle, resist **-elu** struggle; *(vaivannäkö)* exertion; effort[s] **-u|s 1** exertion; effort (quite an effort *melkoinen ~); (pinnistys)* strain; *(pyrkimys)* endeavo[u]r **2** *(työntö)* push **3** *(urh)* take-off ▶ **ponnistuksitta**

easily, without any effort; **vaatia** *-ksia* require effort; *vain* **äärimmäisin** *-ksin* only by supreme effort.

ponnistus‖lankku *(urh)* take-off board **-lauta** *(voim)* springboard **-poltot** *(lääk)* second stage pains.

pon|si 1 *(kasv)* anther **2** *(parl ym)* resolution **3** *(kuv)* emphasis, stress; *antaa -tta sanoilleen* add emphasis to one's words; *hänessä on -tta* he has energy; *siinä ei ole -tta eikä perää* there is neither rhyme nor reason to it ~**ehdotus** proposed resolution ~**lause[lma]** resolution.

pontata *(puus)* [groove and] tongue; rabbet; match.

pontev‖a energetic (man *mies*), vigoro[u]s (attempt *yritys*); *(voimakas)* forcible; ~ *poika* strong [and healthy] boy **-uus** vigo[u]r[ousness]; energy.

pontikka moonshine; *keittää* ~*a* brew moonshine ~**tehdas** illicit still.

pontti *(puus)* groove [and tongue] ~**lauta** matched board.

ponttoni = *kelluke.*

poolo polo ~**kaulus** *(vaat)* polo neck, turtleneck.

pop *(ark)* pop[ular].

popliini *(tekst)* poplin ~**takki** *(läh v)* [gabardine] raincoat, burberry.

poppa‖konst‖i trick; *(kuv)* easy answer [up one's sleeve]; *-ein* by magic; *siihen eivät* ~*t auta* there's no easy remedy (panacea) **-mies** magician; *(afr)* witchdoctor, *(intiaanien* ~*)* medicine man; *(halv)* quack [doctor].

poppari *(ark)* swinger.

poppeli poplar.

poppoo *(ark)* gang.

popsi|a; ~ *[hyvällä halulla]* tuck in[to] (away), do justice to; ~ *suuhunsa* eat up.

populaari popular ~**staa** popularize, make popular.

pora 1 drill; *(kaira)* bore[r], auger **2** *(hammasl)* drill, burr; *(luu~)* trepan ~**-aukko** drill hole ~**kaivo** drill (artesian) well ~**kone** drilling (boring) machine ~**nreikä** drillhole ~**nterä** bit ~**ta** drill (into solid rock *kalliota;* oil *öljyä*); bore (a well *kaivo;* a hole in *reikä jhk*).

porau|s drilling; boring, bore; *suorittaa -ksia* bore ~**lautta** oil-drilling platform (rig) ~**reikä** bore[hole] ~**torni** rig.

pore bubble ~**ileva** *(ark)* fizzy ~**illa** *(kuplia)* bubble; effervesce; *(juomasta) (ark)* fizz; *(helmeillä)* sparkle ~**ilu** effervescence;

(ark) fizz ~**juoma** *(ark)* fizz ~**tabletti** effervescent tablet.

porhaltaa speed (past *ohi*).

porho magnate, big boss.

porista hum, sing, boil, be humming (singing, boiling) (on the stove *liedellä*); *(poreilla)* bubble.

porkka ski pole (stick).

porkkana carrot (*m kuv;* dangle a carrot in front of *heiluttaa* ~*a jkn nenän edessä*) ~**npunainen** carroty (hair *tukka*).

pormestari *(Brit, USA)* mayor; *(suuren kaupungin* ~*)* Lord Mayor (of London *Lontoon* ~); *(Skotl)* provost; *(Saks ym)* burgomaster.

porno porn; *porno|- (m)* porny (picture *-kuva*) ~**filmi** *(ark)* porn, skin flick, blue movie ~**grafia** pornography ~**grafinen** pornoraphic *(adv* ~*ally)*, obscene ~**lehti** porn magazine.

1 poro *(sakka) (pl)* lees, dregs; *(kahvin~) (pl)* grounds; *palaa* ~*ksi* be burnt to ashes; *polttaa* ~*ksi* burn to ashes (cinders).

2 poro *(el)* reindeer *(pl* ~*).*

poro‖- reindeer (corral *-aitaus;* round-up *-erotus;* herdsman, owner *-mies;* herd *-tokka*).

poron‖- reindeer (husbandry *-hoito;* meat *-liha;* antler *-sarvi;* fawn *-vasa*) **-jäkälä** reindeer moss.

poropeukalo bungler, botcher; *hän on oikea* ~ he is all thumbs.

poroporvari philistine, bourgeois *(pl* ~*)* ~**llinen** philistine, bourgeois, narrow-minded.

por‖ras 1 *(konkr)* **a)** *(askelma)* step (the bottom step *alin* ~); *(sisä~)* stair; **b)** *-taita* stair[s] (down (up) the stairs *alas (ylös) -taita); (sg)* staircase, *(Am)* stairway; *(ulko-taat)* steps **2** *(kuv)* step (the next step *seuraava* ~); rung (on the lowest rung of society *yhteiskunnan alimmalla -taalla); (taso)* level (lower administrative levels *hallinnon alemmat -taat); -taat (sg)* ladder (to success *menestykseen*).

porras‖kaide railing **-kuilu** stairwell **-käytävä** staircase, *(Am)* stairway **-mainen** stepped; terraced **-puu** footbridge, plank, duckboard ~**syöksy** *(rak)* flight of stairs **-taa 1** *(pengertää)* terrace **2** *(kuv)* stagger (working hours *työaikoja);* scale, grade (salaries *palkkoja)* **-tasanne** landing **-tettu;** ~ *työaika (pl)* staggered working hours.

porsaan‖kyljys pork chop **-paisti** roast[ed] pork **-reikä** *(kuv)* loophole.

porsas 1 [young] pig; *(keitt)* [young] pork **2** *(kuv) (sottapytty)* sloven; *(sika)* pig ~**tella** make a pig of o.s.

porsia *(maat)* farrow.

porskuttaa paddle, splash.

porstua porch, entrance [way].

portaat *ks. porras* ~**on** stepless; continuous (controller *säädin*) ~**tomasti;** ~ *säädettävä* steplessly adjustable.

portaikko stair|case, -way.

portieeri 1 *(hotellin* ~*)* receptionist, reception clerk **2** *(ovenvartija)* porter, *(Am)* doorman.

portin||pieli gatepost -**vartija** gatekeeper, porter.

portteri porter, stout.

port|ti 1 gate *(m kuv)* (through the gate -*ista*); *(kuv m)* gateway (to success *menestykseen*); *(sisäänkäynti)* entrance; *(kuv) avata (sulkea)* ~*nsa* open (close, shut) its doors **2** *(urh) (pujottelussa ym)* gate; *(krik)* wicket; *(kroketissa)* hoop ~**kiel|to** *(ark); antaa jklle* ~ refuse a p. admittance; -*lon saanut* banned [from the restaurant].

portto harlot, whore ~**la** brothel, house of ill repute.

Portugali 1 Portugal **2** *p*~ *(kieli)* Portuguese **p**~**lainen** *a ja s* Portuguese (*pl* ~).

portviini port[wine].

poru *(ark) (itku)* crying; *(parku)* bawling; *pitää* ~*a jstk* make a fuss over.

poruk|ka *(työ*~*)* gang; *(sakki)* bunch (it's a rather wild bunch *se on aika villiä* ~*a*), set; *(iso joukko)* crowd; *koko* ~ the whole lot; -*alla* [all] together.

porvari 1 *(hist)* citizen, townsman; *(*~*ssäädyn jäsen) (Brit)* burgess; *(muualla)* burgher **2** *(pol)* non-socialist; *(erik halv)* bourgeois; ~*t (m)* the right wing **3** *(hyvin toimeentuleva henkilö)* middle-class person; *elää kuin* ~ lead a soft (comfortable) life ~**lli|nen 1** middle-class; *(halv)* bourgeois (taste *maku)* **2** *(pol)* non-socialist (parties -*set puolueet)*; bourgeois (philosophy *maailmankatsomus)* **3** *(tavanomainen)* conventional (profession *ammatti)*; ~ *nimi* real name ~**llistuminen** *(sosiol)* embourgeoisement, bourgeoisification ~**noikeudet** *(hist)* civic rights, *(sg)* citizenship ~**puolue** non-socialist party ~**ssääty** *(hist)* estate of burgesses ~**sto 1** *(hist) (pl)* the burghers; citizenry **2**

(keskiluokka) bourgeoisie, middle-class **3** *(pol) (pl)* non-socialists.

poseerata pose (for *jklle)*.

posetiiv||ari organ grinder -**i** barrel organ, hurdy-gurdy.

positiivi 1 *(kiel)* the positive [degree] **2** *(valok)* positive ~**nen** *(eri merk)* positive; *(mat, fys m)* plus (pole *napa)*; *(myönteinen)* affirmative (answer *vastaus)*; *(rakentava)* constructive (criticism *kritiikki)*; *(suotuisa)* favo[u]rable (development *kehitys)*.

posk|i cheek ▶ *pistää* -*eensa* eat up; *(kuv)* ~ *poskessa* cheek by jowl; *tien* -*essa* at (by) the roadside.

poski||hammas molar [tooth] -**luu** cheek bone -**ontelo** *(anat)* maxillary sinus -**parta** *(pl)* side whiskers -**puna** *(kosmet)* rouge; blusher -**pää** cheekbone.

posliini porcelain; *(erik talous*~*)* china; ~*t (sg)* china[ware] ~**astiasto** [set of] china ~**kukka** *(kasv)* wax plant, porcelain flower ~**mainen** porcel[l]aneous; porcelain-like ~**nen** porcelain, [made of] china ~**nmaalaus** porcelain painting ~**nukke** porcelain (china) figure ~**savi** china clay, kaolin.

possessiivi|[nen] possessive (pronoun -*pronomini;* suffix -*suffiksi)*.

possu *(last)* pigg|y, -ie.

posti *(Br)* post, *(Am)* mail; *(*~*toimipaikka)* post office *(lyh* P.O.) ▶ *tänään ei* **kanneta** ~*a* there is no delivery today; *noudetaan* ~*sta* to be called for, *(Am)* general delivery; **panna** *kirje* ~*in* post (mail) a letter; *tulla* ~*ssa* come in the mail (by post).

posti||- postal (traffic -*liikenne;* district -*piiri; (parl)* vote -*ääni)* -**auto** mail van -**ennak|ko** cash *(Am* collect) on delivery, *(lyh)* C.O.D.; *toimittaa -olla* send C.O.D. -**injättöpäivä** date of posting (mailing) -- **ja telehallitus** *(Suom)* National Board of Post and Telecommunications -**konttori** post office -**kortti** postcard -**kulut** postage -**laatikko** letter box, *(Am)* mailbox; *(Brit m)* pillar box -**laitos** *(Brit)* the General Post Office *(lyh* G.P.O.); *(Am) (pl)* the mails; postal system (services) -**laiva** mail steamer -**laukku** mailbag, pouch -**leima** postmark; ~*n päivänä* date as postmark.

postilla book of homilies (sermons).

posti||lokero post-office (P.O.) box -**luukku** letter slit -**lähety|s** postal (mail) matter; -*ksenä* by mail order -**maksu** postage; ~

maksettu postage paid, postpaid *(lyh* P.P.); ~*tta* postage free **-merkkeilijä** stamp collector, philatelist **-merkkeily** philately.

postimerk|ki [postage] stamp; *-illä varustettu* stamped; *-ki|-* stamp (auction *-huutokauppa;* collection *-kokoelma;* issue *-sarja)* ~**automaatti** stamp[-vending] machine.

posti||mestari postmaster **-myynti** mail-order business; *-myynti|-* mail-order (catalog[ue] *-luettelo).*

postin||hoitaja postmaster; *(fem)* postmistress **-kantaja** postman, *(Am)* mailman **-kanto** delivery **-lajittelu** mail sorting.

posti||numero postal code [number]; *(Brit)* postcode; *(USA)* zip code **-osoite** mailing (postal) address **-osoitus** money order; postal order **-paketti** postal parcel; ~*na* by parcel post ~**pankki** postal [savings] bank **-ryöstö** mail robbery.

postisiirto postal (post-office) cheque service, postal giro ~**lomake** postal cheque [form] ~**tili** postal cheque account, giro account, P.O. account.

posti||säkki post-, mail|bag **-taksa** *(pl)* postage rates **-toimipaikka**, **-toimisto** post office **-tse** by post (mail) **-ttaa** post, *(Am)* mail **-vaunu 1** *(raut)* mail van *(Am* car) **2** *(hist)* ~*t* mail coach, stagecoach **-virkailija** post-office employee (clerk) **-äänestys** absentee voting.

post||positio *(kiel)* postposition **-uumi** posthumous (work *teos).*

potaska potash.

pote|a; ~ *jtk (kärsiä jstk)* suffer from; *(olla sairas)* be ill with, have (a flu *flunssaa);* *lapset -vat aina jtk* the children are always ailing.

potenssi 1 *(mat)* power (raise to a higher power *korottaa korkeampaan* ~*in*); *korottaa toiseen (kolmanteen)* ~*in* square (cube) **2** *(fysiol)* [sexual] potency ~**lääke** *(läh v)* aphrodisiac.

potentiaali, ~**nen** potential.

potero *(sot)* foxhole, dugout.

potila|s patient; *-at (sg)* the clientele (of *jkn)* ~**käynti** visit, [sick] call ~**paikka** *(sairaalassa)* bed.

potk||a *(keitt)* knuckle; *(härän* ~*)* shin **-ais|ta** kick; *(m)* give a kick (give the door a kick ~ *ovea);* *(aseesta m)* recoil, jerk; *kala -i* the fish flapped its tail; *onni on häntä -sut* he has had a lucky strike (hit); *(ark)* ~ *tyhjää* kick the bucket **-ia** kick;

(kalasta) flap; *(kuv)* ~ *päähän* kick in a p.'s teeth **-u** kick (from a horse *hevosen* ~*;* in the pants *takapuoleen*); *saada* ~*t* be fired, *(Br)* get the sack; *(koul)* be kicked out, *(Am)* get the ax[e].

potku||housut playsuit **-kelkka** kick sled **-lauta** scooter **-pallo** football.

potkuri propeller, screw; *(ilm m)* airscrew ~**kone** *(ilm)* propeller plane ~**nakseli** propeller (screw) shaft ~**nen** *(yhdyss); kaksi*~ with two propellers ~**nsiipi** propeller blade, fan ~**turpiinikone** turboprop aircraft.

potpuri *(mus)* medley.

potra; *syntynyt* ~ *poika* born a bouncing baby boy.

potta *(last)* pot[ty].

potti *(ark)* pot; *saada koko* ~ sweep the table.

poukama cove, recess.

poukkoil|la be bouncing; *hänen ajatuksensa -ivat sinne tänne* his mind was unable to fix on anything.

pouta dry weather; *pilvistä mutta enimmäkseen* ~*a* mostly dry but cloudy ~**inen** rainless ~**pilvi** light summer cloud.

pova||aminen fortunetelling; *(kuv)* speculation **-ri** fortuneteller; *(kädestä* ~*)* palmist **-ta 1** tell fortunes; ~ *jklle* tell a p.'s fortune; ~ *kädestä* read a p.'s hand **2** *(kuv) (ennustaa)* predict, prognosticate; *(arvata)* guess; speculate (on, about *jtk).*

pov||eton flat-chested **-i** bosom *(m kuv;* in the bosom of the earth *maan -essa); (rinta)* breast; *(naisen* ~ *m)* bust; *(ylät)* heart **-itasku** inside breast pocket.

PR-|- public-relations, *(lyh)* PR (man, officer *-mies).*

Praha Prague.

praktiikka practice (theory and practice *teoria ja* ~); ~*a harjoittava lääkäri* practising doctor.

prame||a showy, pretentious, ostentatious **-illa** show off, parade ([with] a th. *jllak),* flaunt (a th. *jllak)* **-us** ostentation, display; *(loisto)* luxury; *koko -udessaan* in full pomp.

predika||atintäyte complement **-atti** predicate **-tiivi** complement.

preeria prairie.

preesens *(kiel)* the present [tense].

prefiksi *(kiel)* prefix.

prelaatti prelate.

prelimin||aarinen preliminary **-äärit** *(koul)* mock finals.

preludi prelude.

prenik|ka *(ark)* decoration; *-at (koll) (Br)* old iron, *(Am)* fruit salad.

preparoida prepare; *(biol)* preserve.

prepata *(ark)* prep (for an exam *tenttiin*).

prepositio preposition ~**ilmaus** prepositional phrase.

presbyteerinen Presbyterian; ~ *kirkko* the Presbyterian Church.

presidentin||linna presidential residence (palace) **-rouva** *(Am)* first lady **-vaali** presidential election **-virka** presidency, office of president.

presidentti president (of the Republic *tasavallan* ~); *(lak m)* chief justice ~**ehdokas** presidential candidate ~**kausi** presidency.

pressu tarpaulin; *(~kangas)* canvas.

Preussi Prussia **p~lainen** *a ja s* Prussian.

priima first[-class], first-rate, finest, choice, prime [quality] ~**kunnossa** *(ark)* tiptop.

priimus *(koul)* head (top) of the class; *(Br m)* dux.

prikaati brigade.

priki brig.

prikulleen *(ark)* to a T.

primaarinen primary, first.

primadonna prima donna; *(teatt)* leading lady.

primitiivinen primitive.

prinsessa princess.

prinssi prince ~**hallitsija** prince regent ~**makkara** small frankfurter, wienie ~**puoliso** prince consort.

prisma prism.

proble||ema, -emi problem **maattinen** problematic[al].

produkti||ivinen productive **-o** production *(m teatt)*.

profeet||alli|nen prophetic (words *-set sanat*) **-ta** prophet; *suuret (pienet) -at* the major (minor) prophets.

profess||ori professor **-orikunta** professor[i]ate **-uuri** *(-orinvirka)* [professor's] chair, professorship; *hoitaa* ~*a* hold a chair; *(väliaikaisesti)* be acting professor.

proffa *(ark)* prof.

profiili profile ~**kuva**; *piirtää jkn* ~ draw a p. in profile.

profylaktinen prophylactic *(adv* ~ally).

prognoosi prognos|is *(pl -es)*.

pro gradu -työ *(yliop)* master's (graduate) thesis.

progressiivinen progressive; [progressively]

graduated (tax *vero*); ~ *verotus* graded taxation.

projekti[-] project (leader *-päällikkö;* group *-ryhmä)*.

proj||ektori projector **-is[i]oida** project (on[to] a screen *kankaalle)*.

proku||raattori procurator **-risti** signer, managing (signing) clerk **-ura** procuration, proxy; ~**lla** per procuration, *(lyh)* per pro.

proleta||ari, -arinen proletarian **-riaatti** proletariat[e].

promemoria memorandum, memo *(pl* ~s).

promenadi promenade.

promille per mil[le] ~**määrä** permillage, pro mille content.

promo||otio conferment of degrees; *(~juhla)* degree ceremony; *(USA)* commencement **-ottori** 1 *(yliop)* conferrer of degrees 2 *(urh)* promoter **-voida** confer a degree (on *jku*).

pronomini pronoun; *adjektiivinen* ~ pronominal adjective.

pronssaus bronzing.

pronssi bronze ~**kausi** the Bronze Age ~**nen** bronze ~**nvärinen** *(ihosta)* bronzed, deeply tanned.

proomu lighter; *(joki~)* barge.

proosa prose ~**kirjailija** prose writer ~**llinen** prosaic *(adv* ~ally); *(arkipäiväinen)* prosy, commonplace.

propagand||a propaganda; *tehdä* ~*a* make (carry on) propaganda (for *jstk)* **-isti[nen]** propagandist[ic] *(adv* -ically).

propri *(kiel)* proper noun (name).

propsi *(kaivospölkky)* pit (mine) prop; *(paperipuu)* pitwood, *(pl)* props.

prosaisti prose writer, prosaist.

prosent|ti per cent, *(Am)* percent; *(~määrä)* percentage; *-teina* in per cent; *viiden -in korolla* at an interest of five per cent ~**korotus** percentual increase ~**lasku** percentage calculation ~**liike** the one-percent movement ~**luku** percentage ~**palkkio** *(liik)* contingent fee, commission ~**yksikkö** percentage unit.

prosentuaalinen percentual; ~ *osuus (m)* percentage (of *jstk)*.

prosessi 1 process (a long process *pitkä* ~); procedure 2 *(lak)* action [at law], *(pl)* [legal] proceedings; *(oikeusjuttu)* [law]suit, litigation, case.

prospekti prospectus, brochure.

prostitu||oitu *s* prostitute **-utio** prostitution.

proteesi prosthes|is *(pl -es)*, artificial limb; *(hammasl)* denture ~**paja** prosthetic

devices workshop, limb center.
proteiini protein.
protektionismi protectionism.
protestantti, ~**nen** Protestant ~**suus** Protestantism.
protesti protest ▶ **esittää** *(tehdä)* ~ lodge (enter) a protest (with *jklle*); **vekseli menee** ~*in* the bill is protested for non-payment; **protestiksi** in protest; *(urh)* **tehdä** ~ lodge an appeal.
protesti||- protest (singer *-laulaja;* song *-laulu;* movement *-liike;* list *-lista;* election *-vaalit*).
protestoida 1 protest (against *jtk vastaan*); object, complain (about *jstk*); *(tehdä protesti)* enter (lodge) a protest 2 *(liik, lak)* protest, note, dishono[u]r (a bill *vekseli*).
protokolla *(dipl)* protocol; *protokolla-protocolar[y];* ~ *vaatii että* proper etiquette demands that.. ~**päällikkö** Chief of Protocol.
prototyyppi prototype.
proviisori *(läh v)* head dispenser, qualified chemist.
provinssi 1 province 2 *(ark); (maaseutu)* *(pl)* the provinces; ~*ssa (m)* in the country.
provisio commission (on *jstk*).
provo||kaatio provocation **-kaattori** provoker; *(pol)* provocateur **-katiivinen** provocative **-soida** provoke.
präss||i *(ark); housun* ~*t* trouser creases **-ätä** press *(eri merk).*
pröystäil||evä [vulgarly] ostentatious **-lä** swank, show off; ~ *jllak* boast about, plume o.s. on.
psalmi psalm ~**runoilija** psalmist.
pseudonyymi pseudonym[e]; *kirjoittaa* ~*llä* write under a pen name.
psoriaa||si psoriasis; *-si-* psoriatic **-tikko** psoriatic.
psykedeelinen psychedelic *(adv* ~ally).
psykiatri psychiatrist ~**a** psychiatry ~**nen** psychiatric.
psyko|- psycho|- (-drama *-draama;* -physical *-fyysinen*).
psykoanaly||soida, -ysi, -ytikko, -yttinen psychoanaly|ze, -sis, -st, -tic[al].
psykologi ~**a,** ~**nen** ~**[s]oida** psycholog|ist, -y, -ic[al], -ize.
psykoo||si psychos|is *(pl* -es) **-tikko, -ttinen** psychotic.
psykopa||atti, -attinen, -tia psychopath, ~ic, ~y.
psykosomaattinen psychosomatic.

psykoterap||eutti, -euttinen, -ia psychotherap|ist, -eutic[al], -y.
psyyk||e psyche, mind; soul **-enlääke** psychopharmaceutical drug **-kinen** psychic[al], mental.
ptolemaio||lainen Ptolemaic (cosmology *maailmankäsitys*) P-s Ptolemy.
puberteetti puberty ~**-ikä** [age of] puberty ~**-ikäinen** pubescent, puberty-aged, adolescent.
publikaani publican.
pudist||aa, -ella shake (a p.'s hand *jkn kättä;* a carpet *mattoa*); ~ **hihastaan** produce .. offhand (off the cuff); ~ *takaa-ajajat kannoiltaan* shake off one's pursuers.
pu|dota 1 fall (off the shelf *hyllyltä;* out of the window *ikkunasta;* into the lake *järveen;* on (to) the ground *maahan;* from a tree *puusta*); *(tipahtaa)* drop; *(irrota)* drop off; *(tulla alas)* come (fall) down; tumble off; *(luiskahtaa)* slip (out of one's hand *[jkn] kädestä*) 2 *(kuv)* fall, drop (the price (temperature) has fallen (dropped) *hinta (lämpötila) on -donnut*), go down ▶ ~ **hevosen** *selästä* fall off the horse; *minulta -tosi nenäliina* I dropped my handkerchief; *hän oli* **pudota** he nearly fell, he was about to fall; **pudotessaan** in falling.
pudot||taa *(tav)* drop (the prices *hintoja;* a cup on the floor *kuppi lattialle;* the tree dropped its leaves *puu -ti lehtensä*); *(kadottaa)* lose; *(antaa -a)* let .. fall; ~ *kannoiltaan* throw off, leave .. behind, shake .. off.
pudotus 1 dropping 2 *(putoama)* descent (a steep descent *jyrkkä* ~); *(lasku)* fall, drop; *(jyrkänne)* slope ~**kilpailu** elimination (knockout) competition.
puhal||lettava inflatable (liferaft *pelastuslautta*) **-lin** 1 *(tekn)* blast, blower; *(tuuletin)* fan 2 *(mus)* wind instrument; *-timet* the winds **-linorkesteri** brass band.
puhallus blow[ing] ~**elvytys** mouth-to-mouth (resuscitation) method ~**lamppu** blowtorch ~**soitin** wind instrument.
puhalta||a a blow *(m mus ja tekn)* (on *jhk;* out *sammuksiin;* a horn *torvea;* the fire *tuleen*); *(*~ *äänimerkki)* sound (a flourish *fanfaari*); *(mus)* play (the trumpet *trumpettia*); ~ *[ilmaa]* täyteen blow up, inflate; *uudet tuulet -vat* new ideas are in the air **-ja** blower (glass blower *lasin*~); *(mus)* wind player.

puh|das 1 clean (hands *-taat kädet;* shirt *paita*); pure (air *ilma;* gold *kulta;* colo[u]r *väri*); blank (sheet *arkki*); clear (complexion *iho;* road *tie*); *(-tautta harrastava)* cleanly **2** *(kuv) (virheetön)* pure (he speaks pure English *hän puhuu ~ta englantia*); *(oikea)* correct (pronunciation *ääntämys*); clean (lines *-taat linjat*); clear (conscience *omatunto*) **3** *(pelkkä)* pure (accident *sattuma*), mere (nonsense *~ta roskaa*), sheer (from sheer envy *-taasta kateudesta*) **4** *(liik)* clear (profit *voitto*), *(netto-)* net (yield *tuotto*) ▶ **kirjoittaa** *-taaksi* make a clean copy; *hän saa -taana* **käteen.**. his take-home pay is ..; **pitää** *-taana lumesta* keep clear of snow; *puhua* **suunsa** *-taaksi* speak one's mind, speak out.

puhdas||henkinen pure **-kielinen** correct **-kielisyys** purism **-oppinen** orthodox **-oppisuus** orthodoxy **-rotuinen** purebred; *(erik kotieläimistä)* thoroughbred **-sydäminen** pure in heart **-verinen** full-blooded, thoroughbred *(m kuv).*

puhdetyö[t] *(läh v)* hobby crafts.

puhdista||a 1 clean (the windows *ikkunat;* a dress *puku*); cleanse (a wound *haava*); clear (the street of snow *katu lumesta*); *(siivota)* tidy (clear) up; *~ rikkaruohoista* weed **2** *(kuv)* clear (the air *ilmaa;* one's reputation *maineensa*); purge (of (from) sin *synneistä*); purify (of *jstk*), cleanse (of guilt *syyllisyydestä*); clarify (the atmosphere *ilmapiiriä*) **3** *(tekn)* refine (sugar *sokeria*); purify (the air *ilma;* the blood *veri;* of, from *jstk*) **-maton** uncleaned; unrefined (sugar *sokeri*) **-mo** *(tekn)* refinery **-utua** clean o.s.; *(kuv)* clear o.s. (of guilt *syyllisyydestä*).

puhdist||e cleaner, cleanser, detergent **-ua** become clean (pure); be purified; *(kuv)* be cleared (of *jstk*) **-us** cleaning; cleansing (of the skin *ihon ~*); *(kuv)* purge *(m pol);* *(tekn)* refinement; purification.

puhdistus||aine = *puhdiste* **-jauhe** cleansing powder **-laitos** *(veden~)* sewage plant **-voide** *(kosmet)* cleansing cream.

puhe 1 *(puhuminen)* speech, speaking **2** *(~leminen)* talk (that's just talk! *se on pelkkää ~tta!*); *(keskustelu)* conversation (bring the conversation round to *kääntää ~ jhk*) **3** *(esitys)* speech (an after-dinner speech *päivällis~*); address (inaugural address *avajais~*), oration (a funeral oration *hautajais~*) ▶ **A** *(eri muotoja) ~en*

alkuun *päästyään.*. once he had started talking..; *hän ei välitä* **ihmisten** *~ista* he takes no notice of what people say; **johtaa** *~tta* preside (at, over *jssk*), [be in the] chair, be (act as) chairman; **kuten** *~ oli* as we [had] agreed; **kuulin** *~tta* I heard somebody speak[ing]; **mistä** *on ~?* what's the question? *hänen ~idensa* **mukaan** according to what he says; *jstk ~en* **ollen** speaking up..; **ottaa** *asia ~eksi* bring the matter up, introduce a subject; **pitemmittä** *~itta* without more ado, to make a long story short; **pitää** *~* make (give, deliver) a speech; **tulla** *~eksi* come up; **tällä** *~ella!* agreed! ▶ **B** *(puheis|sa, -iin)* **olla** *~issa jkn kanssa* talk with; **ryhtyä** *~isiin jkn kanssa* enter into conversation with; ▶ **C** *(puheill|a, -e)* **kutsua** *jku ~illeen* summon a p. [to one's office]; **käydä** *jkn ~illa* go to see a p.; **pyrkiä** *jkn ~ille* seek [an] audience with; **päästää** *jku ~illeen* receive a p. in audience.

puhe|- speech (disorder *-häiriö;* training *-opetus;* defect *-vika*); △ ..of speech (organ *--elin;* gift *-lahja;* freedom *-vapaus*).

puheen||aihe subject [of conversation], topic; *olla yleisenä ~ena* be the talk of the town; *vaihtaa ~tta* change the subject **-alainen** ..in question, ..under discussion **-johtaja** chairman (of the board *johtokunnan ~*); *(nyk m)* chairperson; *(erik Am)* president; *olla (toimia) ~na* be chairman (in the chair), preside (at, over *jssk*); *pyytää jkta toimimaan ~na* ask a p. to take the chair; *valita ~ksi* elect .. chairman, call to the chair; *~n ääni ratkaisee* the chairman shall have the casting vote **-joh|to;** *jkn -dolla* with .. in the chair **-parsi 1** *(sanonta)* phrase, saying **2** *(puhetapa)* speech, way of speaking **-pitäjä** speechmaker **-sorina** hum of voices **-vuoro** ▶ **antaa** *jklle ~* recognize a p.; **jakaa** *~ja* moderate, act as moderator; **käyttää** *~* take the floor, address the meeting; *hänellä on nyt ~* he has the floor now; **pyytää** *~a* ask permission to speak, ask for the floor; *(parl)* try to catch the Speaker's eye; **saada** *~* be given the floor.

puhe||filmi *(elok)* talking film, *(ark)* talkie **-häiriöoppi** *(sg)* logopedics **-illepääsy** audience **-ilmaisu** verbal (oral) expression **-kiel|i** spoken language; *~en* colloquial (word *sana*) **-kupla** balloon **-kyky** faculty (power) of speech; *saada takaisin ~nsä* recover one's speech.

puhelia||**isuus** talkativeness; loquacity; *(suulaus)* garrulity **-s** talkative, chatty; loquacious; *(suulas)* garrulous.

puheli|**n** telephone; *(ark)* phone ▶ **puhelimessa** on (over) the telephone; *[olen]* **-messa!** speaking! **puhelimitse** by telephone; **älkää sulkeko** ~*ta!* hold on (the line) please!

puhelin||- telephone (line *-johto;* exchange **-keskus;** apparatus *-kone;* subscription **-liittymä;** directory *-luettelo;* call *-soitto;* communication *-yhteys*) **-automaatti** coin-operated (slot) telephone **-herätys** alarm call **-kioski** telephone booth, *(Br)* call box, *(Am)* pay station **-kuuntelu** wiretapping **-laitos** telephone office; *(-yhtiö)* telephone company **-neuvottelu** conference call **-numero** telephone number; *salainen* ~ unlisted telephone number; *valita* ~ dial a number **-torvi** receiver, handset **-tyttö** call girl **-vastaaja;** *automaattinen* ~ automatic telephone responder.

puhel||**la** talk (to *jklle, jkn kanssa),* *(jutella)* chat **-u** 1 talking; chatting; conversation 2 *(puh)* [telephone] call; *lopettaa* ~ *(Am)* hang up, *(Br)* ring off **-unvälittäjä** [telephone] operator.

puhe||**miehistö** *(parl) (pl)* the Speakers; *(NL)* the Presidium **-mies** 1 *(parl)* Speaker; ~ *Mao* Chairman Mao 2 *(puolestapuhuja)* spokesman (for *jnk)* **-näytelmä** drama **-näyttämö** [dramatic] stage **-taito** rhetoric, oratory **-tapa** manner (mode) of speaking **-tekniikka** technique of speaking **-terapeutti** logop[a]edist, speech therapist **-terapia** *(sg)* logop[a]edics **-tilaisuus** *(pol)* rally **-torvi** 1 speaking trumpet, megaphone 2 *(kuv)* mouthpiece, *(äänitorvi)* voice **-tuul**|**i;** *olla -ella* be in a talkative mood **-valta** right to speak; voice (no voice *ei mitään ~a)* **-vikainen** ..with a speech defect **-ääni** [speaking] voice.

puhista puff, blow; *(huohottaa)* pant; ~ *kiukusta* snort with rage.

puh|**jeta** 1 burst (a balloon (boil, tyre) burst *ilmapallo (paise, rengas) -kesi);* *(avautua)* open; come out (the leaves have come out *lehdet ovat -jenneet)* 2 *(kuv)* break out (war (disease) broke out *sota (tauti) -kesi);* *(~ jhk)* burst into (tears *itkuun);* *(~ jksk)* blossom (bloom) into ▶ *hänen* **autostaan** *-kesi kumi* his car had a puncture; *lapsen* **hampaat** *-keavat* the baby is cutting his

teeth; **kukkaan** *-jennut* full-blown; *ruusut* **ovat** *-jenneet* the roses are out; ~ **puhumaan** break into words, begin to speak; **rajuilma** *-kesi* the storm broke; **sodan** *-jetessa* at the outbreak of war.

puhkais||**ta** 1 pierce (a hole in *reikä jhk),* *(pistää)* prick (a hole in a balloon *reikä ilmapalloon);* *(avata)* open, *(tehdä)* make (a tunnel in *tunneli jhk);* burst (with a pin *neulalla),* puncture; lance (an abscess *paise);* use the knife for *(m kuv);* ~ *reikiä jhk* perforate; ~ *jkn silmät* put out a p.'s eyes 2 *(tunkeutua jnk läpi)* penetrate, break through (a th. *jk),* pierce [through]; *(lävistää)* cut; *joki -i itselleen uuden uoman* the river forced a new passage **-u** *(väylän yms ~)* breakthrough; *(reikien ~)* perforation; *paiseen* ~ lancing an abscess.

puhkeam||**aton** *(kukasta)* unopen[ed], in the bud **-inen** outbreak (of war *sodan ~);* *hampaiden* ~ teething.

puhki ▶ **kulua** ~ wear out; **mennä** ~ burst, [be] puncture[d]; *miettiä* **päänsä** ~ beat (cudgel, rack) one's brains; **olla** ~ be worn out; *(vuotaa)* leak.

puhkoa pierce, puncture; ~ *reikiä jhk* punch holes in.

puhku|**a;** ~ *intoa* be full of eagerness **-isuus** *(lääk)* flatulence.

puhtaaksi||**hakkuu** clear cutting **-kirjoittaja** copyist, copying clerk; *(konekirjoittaja)* copy typist **-viljelty** *(kuv)* absolute, downright.

puhtaanapito public sanitation; *(jätehuolto)* waste collection and disposal ~**laitos** public sanitation department.

puhta||**asti** 1 *(virheettömästi)* correctly, properly; *(urh ym)* easily; *laulaa* ~ keep (sing) in tune; *selvittää* ~ clear 2 *(pelkästään)* purely; *(täysin)* completely **-us** 1 cleanness; *(-udenrakkaus)* cleanliness; purity (of air (water) *ilman (veden) ~;* *(kuv)* of thoughts *ajatusten ~;* of language *kielen ~);* *(met)* fineness.

puhti energy, dash, vigo[u]r; *(ark)* go, pep (put some pep into him *panna häneen vähän ~a);* *antaa ~a jllk* give an impetus (a push) to; *saada uutta ~a* be revived, take on new vigour.

puh|**ua** 1 speak (to *jklle, jkn kanssa;* for *jnk puolesta;* about, of *jstk;* on *jstk aiheesta;* in a low voice *matalalla äänellä);* *(m -ella)* talk (to *jklle, jkn kanssa;* about, of *jstk;* to o.s. *itsekseen;* sense *järkeä;* shop *liikeasioista);* tell (stories *omiaan;* the truth *totta;* lies *valhetta*); *(keskustella)* discuss (a th. *jstk asiasta*) **2** *(pitää puhe)* speak (before a large audience *suurelle kuulijakunnalle*), make a speech; address (the people *kansalle*) ▶ *-utko* **englantia?** can (do) you speak English? *ei -uta siitä* **enää!** we will say no more about it; **hyvin** *-uttu!* well said! *siitä ei* **kannata** ~ it's nothing to speak of; *he eivät -u* **keskenään** they are not on speaking terms; *hän ei tahdo* **kuulla** *-uttavankaan siitä* he will have none of it; *olen kuullut -uttavan siitä* I have heard of it; *anna minun ~* **loppuun!** let me finish! **puhu** *[suusi puhtaaksi]!* speak out! *jstk* **puhuen** on the subject of; *jstk* **puhumattakaan** to say nothing of; *(saati)* let alone; *mistä näytelmässä* **puhutaan?** what is the play about? *(puh) -utaanko?* have you finished speaking? are you through? ~ *asia* **selväksi** talk the thing over.

puhuja speaker (previous speaker *edellinen* ~); orator ~**koroke** platform, rostrum ~**matka** campaign tour ~**pönttö** speaker's stand.

puhum‖**aton** speechless, dumb (with amazement *hämmästyksestä*); *(vaiti oleva)* silent; *mennä -attomaksi* become speechless, lose one's tongue **-inen** speaking, talking; *(puhe)* speech; ~ *on hopeaa vaikeneminen kultaa* speech is silver silence is gold[en].

puhuri *(tuulenpuuska)* gust; *(kova tuuli)* gale.

puhut‖**ella 1** speak to, address (a p. *jkta*); ~ *jkta etu- (suku)nimellä* call a p. by his first (last) name **2** *(kutsua)* address (as *jksk;* how does one address him? *miten häntä on -eltava?*) **3** *(kuv)* get across to, speak to (the play spoke directly to me *näytelmä -teli minua*) **-telu 1** [form of] address **2** *(käskynjako)* briefing; *(nuhtelu)* reprimand; *joutua rehtorin ~un* be summoned to see the principal **-telusana** term of address.

puhuva meaning, significant (glance *katse*); expressive (gesture *ele*); *(selvä)* telling, striking (example *esimerkki*).

puhveli buffalo *(pl* ~[e]s) ~**nnahka** *(m)* buff.

puida thresh (the corn *viljaa*); ~ *asiaa* thrash out a problem; ~ *nyrkkiä jklle* shake one's fist at.

puijat‖**a** swindle, cheat (a p. out of his

money *jklta rahat*); trick, deceive (we have been deceived *meitä on -tu*).

puikea *(kasv)* ovate.

puikk‖**elehtia** zigzag (in and out the traffic *liikenteessä*); *(mutkitella)* wind **-ia** slink; ~ *pakoon (tiehensä)* run (bundle) off.

puik‖**ko 1** pin, stick (round stick *pyöreä* ~); rod (welding rod *hitsaus*~); *(keitt)* finger (fish finger *kala*~); *syödä -oilla* eat with chop sticks **2** *(käsit)* [knitting] needle.

puimakone threshing machine.

puinen 1 wooden; [made of] wood **2** *(puumainen)* woody.

puinti threshing; *(kuv)* thrashing.

puiseva 1 *(kuv)* dull (person *ihminen*), *(kuiva)* dry **2** *(puumainen)* woody.

puistat‖**taa;** *minua* ~ *(erik kylmästä)* I am shivering; *minua* ~ *ajatella. .* it makes me shudder to think.., I shudder at the idea of **-us** shudder, shiver.

puist‖**ikko** small park; *(kaupungissa tav)* square **-o** park; *(laaja* ~*alue)* parkland; *(pl)* grounds.

puisto‖**katu** boulevard, avenue **-nvartija** park-keeper **-tie** *(ajotie)* drive, avenue; *(kävelytie)* promenade **-täti** children's playground attendant.

puit|e ks. *-teet* ~**laki** skeleton law.

puitte|**et 1** *(kehys) (sg)* frame **2** *(kuv) (sg)* setting (provide a setting for *luoda* ~ *jllk); (rakenne) (sg)* framework, structure; *(ulkonaiset* ~*)* outward [external] circumstances (of his life *hänen elämänsä* ~); *jnk -issa* within [the framework of].

pujahta|**a** slip (into *jhk;* out of *jstk;* an error had slipped in *siihen oli päässyt -maan virhe); (erik salaa)* slink, sneak, steal (away *tiehensä*).

pujo mugwort ~**a** splice ~**liivi** slipover ~**parta** pointed beard ~**s** splice.

pujot‖**ella** *(urh)* do slalom skiing, slalom **-taa 1** thread (a needle *lanka neulansilmään*); string (beads *helmiä*) **2** *(työntää)* slip; pass (a rope through *köysi jstk läpi)* **-telija** slalom skier **-telu** slalom.

puka‖**ma** bump, protuberance; *(perä~)* h[a]emmorhoid **-ri** bully; *(rettelöitsijä)* troublemaker; rowdy **-ta** *(ark)* push; *(puskea)* butt; ~ *pallo päällään maaliin* head the ball home.

pu|**kea 1** dress; *(ylät ja kuv)* clothe (one's thoughts in words *ajatuksensa sanoiksi); (panna ylle)* put on **2** *(olla -keva)* be becoming, become; suit (red suits her *punainen -kee häntä)* ▶ ~ **hienoksi** dress

.. up; ~ **jksk** dress [up] as, disguise; *jhk* **puettu** dressed in; *olla lämpimästi -ettu* be warmly dressed, wear warm clothing; ~ **ylleen** dress [o.s.], get dressed, put one's clothes on.

puke|et; *olla [täysissä] -issa* be [fully] dressed.

pukeutu||a dress (well *hyvin;* for dinner *päivälliselle*); dress o.s., get dressed, put one's clothes on; *(kuv luonnosta)* clothe o.s.; *(~ jksk)* dress up, disguise o.s. (as a woman *naiseksi*); ~ *mustiin* wear black **-minen** dressing; *(ylät, leik)* toilet.

pukeva becoming (dress *leninki*).

puki||ja *(teatt)* dresser **-met** *(vaatteet)* clothes; *(sg)* clothing, dress; *(erik liik) (sg)* wear **-ne** garment, article (item) of dress.

pukin||jalkainen cloven-footed **-nahka** goatskin, buckskin **-parta** goatee **-sorkka** *(kuv)* cloven foot (hoof).

pukkaus push[ing]; *(pallon ~)* header; *(kuulan ~)* put.

puk|ki buck; *(vuohi~)* [he-]goat, billy-goat; *puhu -ille!* tell it to the marines! *terve kuin ~* as fit as a fiddle 2 *(halv) (huori~)* goat 3 *(teline)* trestle, stand; horse; *(nosto~)* jack; *nostaa auto -eille* jack up the car 4 *(voim)* buck 5 *(kuski~)* coachman's (driver's) seat 6 *(virheen merkki)* cross **~hyppy** buck vault; *(leikki)* leapfrog **~silta** trestle bridge **~sänky** camp bed.

puksipuu *(kasv)* box[wood].

puksuttaa *(junasta)* puff, chuff [along]; *(hinaajasta)* chug.

puku 1 clothing, *(pl)* clothes; *(run, kuv)* attire; *minkälainen ~ hänellä oli?* what was [s]he wearing? 2 *(miehen ~; kävely~)* suit; *(leninki)* dress; *(pitkä ~)* gown; *(teatt, kansallis~)* costume; *(virka~)* uniform **~huone** dressing room **~inen** *(yhdyss)* ..[dressed] in (blue *sini~*); *ilta~* ..in an evening dress **~juhla** fancy-dress ball **~kangas** [dress] material **~koppi** *(urh)* locker room; *(uimarannalla)* [beach] cabin **~näytelmä** costume play **~ompel|ija, -u** dressmak|er, -ing **~pussi** mothproof bag **~suoja** *(urh)* field house **~suunnittelija** fashion designer **~vuokraamo** costume rental.

pula 1 *(puute)* shortage, lack, scarcity (of *jstk*) 2 *(tal)* cris|is *(pl -es)* 3 *(tukala tilanne) (pl)* necessitous circumstances; *(ark)* scrape, pinch ▶ *joutua ~an* get into difficulties (trouble); *olla ~ssa* be in a

scrape (fix); *meillä* **on** *~a henkilökunnasta* we are understaffed; *päästää jku ~sta* help .. out of a fix.

pula-aika [time of] depression, slump; *(erik 1930-luvun alussa)* the Great Depression.

pulah||dus, -taa plop, dive (into the water *veteen*).

pulakausi depression, slump; *(lievä ~)* recession.

pulikoida [s]plash [about].

pulina gab, blather, chatter; *~t pois! (läh v)* shut up!

puli||päinen, -pää *(ark)* crew-cut.

pulisongit [side] whiskers, sideburns.

pulittaa come across with; cough up, fork out (the money *rahat*).

puliukko down-and out soak, lush; bum.

pulkka pulka; *(lasten ~)* sled **~mäki** slide.

pulla plain coffeebread; *(pikku~)* bun.

pullea plump, chubby **~mahainen** round-bellied (chest [of drawers] *lipasto*).

pullikoida; ~ *vastaan* kick against (a th. *jtk*).

pullist||aa distend, expand; *(~ puhaltamalla)* inflate; swell [out] (a sail *purje;* one's chest *rintaansa*) **-ella** *(kuv)* puff out; *(mahtailla)* puff o.s. up **-ua** *(laajeta)* distend; *(lääk ym)* expand; *(paisua)* swell [out] (the sails swelled out *purjeet -uivat*), bulge [out] (his eyes bulged [out] *hänen silmänsä -uivat*); *(purjeista m)* belly out; *(silmistä m)* protrude **-uma** swelling; bulge; bulb **-un|ut** bulging (sails *-eet purjeet;* eyes *-eet silmät*); *(paisunut)* swollen (veins *-eet suonet*); bloated (body of a drowned animal *hukkuneen eläimen ~ ruumis*).

pullo bottle; *(kem; litteä ~; termos~)* flask; *(pieni lääke~)* phial, vial **~lapsi** bottle[-fed] baby.

pulloll|aan *(-een)* bulging (with money *rahaa ~*); *(täpötäynnä)* crammed; *posket ~* with one's cheeks puffed up, with blown cheeks.

pullo||maito *(-ruokinnassa)* formula; *saada ~a* be on the bottle **-nkaula** bottleneck *(m kuv)* **-poskinen** chubby, round-faced **-posti** bottle message **-ruokin|ta** bottle feeding; *lapsi on -nassa* the baby is on the bottle.

pullo||ttaa 1 *(olla -llaan)* bulge out, be bulging 2 *(panna -ihin)* bottle.

pullukka roly-poly [child]; dumpling (of a girl *tytön ~*).

pulm|a problem (solve a problem *ratkaista ~;* that's no problem at all! *siinähän ei ole* *mitään ~a!);* difficulty, *(m ~t)* trouble (a lot of trouble *paljon -ia); (vaikea t. ratkaisematon ~)* dilemma; *siinähän se ~ onkin!* that's the snag, there's the rub **~llinen** difficult, hard [to solve]; awkward (situation *tilanne); (mutkikas)* complicated **~llisuus** difficulty; complexity.

pulmunen *(el)* snow bunting; *puhdas kuin ~* pure as the driven snow.

pulpah|taa well up (out) (from *jstk); (syöksähtää)* spurt out (the blood spurted out from the wound *veri -ti haavasta); ~ esiin (m kuv)* spring up; *~ pinnalle* come up.

pulpetti desk.

pulp||puileva *(kuv)* effervescent, bubbling-over **-uta** well forth (out, up), gush; *(solista)* gurgle; bubble [over] *(m kuv;* with ideas *ideoita)* **-uttaa** *(kahvista)* percolate; bubble quietly.

pulska sturdy, fine[-looking]; bouncing (baby boy *poika); (pullea)* plump.

pulssi pulse; *~n tiheys* pulse (heart) rate.

pult|ti bolt, peg; *(pieni ~)* pin; *-eilla kiinnitetty* bolted.

pulveri powder **~kahvi** instant coffee **~paperi** *(farm)* wafer.

pumm||ata 1 *(kerjätä)* cadge (out of *jklta),* sponge [off]; *~ jklta jtk (m)* touch a p. for **2** *(osua harhaan)* miss; *(epäonnistua)* fail; *(tentissä)* flunk **-i 1** *(henk)* bum **2** miss; flunk.

pumpata pump (water *vettä;* he tried to pump me *hän yritti ~ minulta tietoja); ~ täyteen* pump up, inflate.

pumpernikkeli *(läh v)* gingerbread.

pumppu pump; *(ark kuv)* hänen *~nsa reistaili* his heart was acting up.

pumpuli *(puuvilla)* cotton; *(vanu)* cotton [wool]; *(Am)* [absorbent] cotton; *(kuv) pitää jkta ~ssa* keep a p. wrapped in cotton wool; *pumpuli|-* cotton (boll *-hahtuva;* wad *-tukko)* **~nen** cotton.

pumpunmäntä pump piston.

puna 1 red[ness]; *(helakka ~)* scarlet; *(~stus)* blush, flush (of shame *häpeän ~); (terve ~)* ruddiness **2** *(~väri)* red; *(kosmet)* rouge.

puna||- red (cabbage *-kaali;* fox *-kettu;* pencil *-kynä;* flag *-lippu;* pepper *-pippuri)* **--ahven** redfish, ocean perch **--armeija** the Red Army **-hehkuinen** red-hot **-herkkä** *(valok)* panchromatic **P-hilkka** Little Red Riding Hood **-honka** red-hearted pine.

punai|nen 1 red (with anger *kiukusta;* paint red *maalata -seksi; (kuv)* see red *nähdä -sta); (tukasta m)* ginger, *(ark)* carroty; *(kirkkaan~)* scarlet; *(veren~)* crimson **2** *(pol)* red, Red (the Reds *-set)* ▶ **lehahtaa** *-seksi* turn red, blush scarlet; *-iset* **posket** rosy (ruddy) cheeks; *P~* **Risti** the Red Cross; *P~* **tori** [the] Red Square; *kuin ~* **vaate** like a red rag.

Punainenmeri the Red Sea.

puna||juuri beetroot **-kampela** plaice **-kka** florid (complexion *iho),* red-faced, ruddy[-faced] **-multa** red ochre **-nahka** redskin **-nenäinen** red-nosed, purple-nosed **-poskinen** red-cheeked, rosy-cheeked **-puu** redwood **-rinta** *(el)* robin, redbreast **-ruskea** reddish (ruddy) brown; *(hevosesta)* sorrel **-solu** red blood corpuscle.

punast||ella keep blushing, be shy **-ua** blush (up to one's ears *korviaan myöten),* flush [up], redden, colo[u]r.

puna||ta redden, make (colo[u]r, paint) .. red (the sun painted the peaks red *aurinko -si huiput); ~ huulensa* apply lipstick to one's lips; *veren -ama* stained with blood **-takki** redcoat **-tauti** dysentery, bloody flux **-tukkainen** red-haired **-tulkku** bullfinch **-viini** red wine; claret.

punehtua = *punastua.*

puner||rus red, glow (of the sky *taivaan ~)* **-taa** have a shade of red **-tava** ..tinged with red, reddish **-tua** redden, colo[u]r [up]; *puolukat -tuvat* the lingonberries are turning red.

punkka 1 *(ark)* (soikko) tub; low keg **2** *(sl)* bed.

punkki *(el)* mite; tick.

punner||rus, -taa *(voim)* press.

punnit||a 1 *(konkr)* weigh (o.s. *itsensä;* on the scales *vaa'alla); (mitata)* weigh out; *(urh)* weigh in (a boxer *nyrkkeilijä); vaaka -see tarkasti* the scale is accurate **2** *(kuv)* weigh (in one's mind *mielessään;* one's words *sanojaan);* balance (two things against each other *eri vaihtoehtoja);* ponder (a th., on, over *jtk); hän -si asiaa tarkoin* he took the matter under careful consideration **-us** weighing.

punnu|s weight (the weights are even *-kset ovat tasan).*

punoa 1 twist (into *jksk;* threads *lankoja yhteen); (ylät)* twine; twirl (one's moustache *viiksiään);* lay, make, weave (baskets *koreja;* mats *mattoja);* braid (a rope *köyttä); (kuv) ~ juonia* intrigue, plot;

~ *suunnitelmia* make plans 2 ~ *[yhteen]* twist together; *(kuv)* interlace, intertwine, interweave.

punoit‖**taa** be red (flushed); *(hehkua punaisena)* glow red; *(lääk)* flush; *haava* ~ the wound is red and infected **-tava** *(lääk)* erythematous, rubescent (rash *ihottuma*) **-us** *(lääk)* erythema, rubefaction.

puno‖**mo** *(köyden~)* ropery; *(nyörin~)* passementerie workshop **-ntatyö** braiding **-s** twine, cord; *(koriste~)* braid, lace (gold lace *kulta~*); **-ksin** *koristeltu* braided, gallooned **-utua** twine (into *jksk*); ~ *yhteen* plait together, interlace; *(kuv)* intertwine.

punssi punch.

punta pound, *(lyh)* £ (£2); *(kaup)* [pound] sterling; *(ark)* quid *(pl* ~*)*; *punta*|- sterling (area *--alue;* block *-ryhmä*).

puntar‖**i** steelyard; *(kuv)* barometer (a sensitive barometer of *jnk herkkä* ~); *(kuv) olla* ~*ssa* be [weighed] in the balance **-oida** *(kuv)* weigh, ponder.

punt‖**ti** 1 bundle; *(paketti)* packet (of matches *tulitikkuja*) 2 *(lahje)* leg (trouser legs *housun -it*).

puola 1 *(tekst)* bobbin; *(sähk)* coil; *(ompelukoneen rulla)* spool, reel 2 *(pinna)* spoke (of a wheel *pyörän* ~); *(poikki~)* rung.

Puola 1 Poland; ~*n käytävä* the Polish Corridor 2 *p~ (kieli)* Polish.

puolain spool holder, yarn winder.

puolalainen I *a* Polish II *s* Pole.

puola‖**puut** *(voim)* stall (wall) bars **-ta** spool, wind, reel.

puolee|**n;** *kääntyä (anomuksella) jkn* ~ approach (apply to) a p.; *kääntyä lääkärin* ~ consult a doctor; *hän kääntyi -ni ja sanoi* he turned to me and said; *vetää -nsa* attract ~*savetävä* attractive.

[-]puole|**inen** 1 *(jllak -lla oleva)* situated on the . . side; *(huoneesta, ikkunasta)* facing, looking [out] towards (the sea *meren~*) 2 *(melko)* rather (bad *huonon~*), -ish (longish *pitkän~*); fairly (good *hyvän~*).

puoleksi half (open *auki*), *(osittain)* in part (only in part *vain* ~); ~ *tajuissaan* semiconscious.

puolesta 1 *(jnk nimissä)* on behalf of (the board *johtokunnan* ~), in the name of , for (my wife and myself *omasta ja vaimoni* ~) 2 *(jnk hyväksi t. takia)* on behalf of, for (one's country *isänmaan* ~; be afraid for *pelätä jkn* ~) 3 as to (form *muodon* ~), in regard to, with respect to, as regards

▶ **meidän** ~*mme* as far as we are concerned, for our part; **minun** ~*ni!* it's all right with me! **minä** ~*ni* I for my part, as for me; *ei sen* ~ *että* not that (because)..; ~ *ja* **vastaan** for and against; ~ *ja vastaan puhuvat seikat* the pros and cons.

puolestapuhuja advocate; spokesman (for *jnk* ~).

puol|**i** I *lukus (m -et)* half (my time *-et ajastani;* [of] the book *-et kirjasta;* of them *-et heistä;* an hour *tuntia*) II *s* 1 *(sivu)* side (right (wrong) side *oikea (nurja)* ~); *(osa)* part; direction (from all directions *joka -elta*) 2 *(osa~)* side (listen to both sides *kuunnella kumpaakin -ta*); *(lak)* party 3 *(piirre)* feature (his best feature *hänen paras -ensa*); *(näkökohta)* aspect (the legal aspect of the matter *asian juridinen* ~) 4 *(urh)* end (change ends *vaihtaa* ~*a*) ▶ *(ks m hakus puol|een, -eksi, -esta, -iksi, -illaan)* A *(lukus)* *-ta* **enemmän** *(suurempi)* twice as much (large); *enemmän kuin -et* more than a half; the majority; *-ella* **hinnalla** at half-price; *-ta pienempi kuin* half the size of, smaller by half; *-en* **tunnin** *matka* a half hour's journey; ▶ B *(s)* **asialla** *on -ensa* there is more than one side to the matter; **heikko** *(huono)* ~ drawback, disadvantage; **hyvä** ~ advantage; *(henk) hyvät -et* good points; **meidän** *-essamme sanotaan*.. they say in our part of the country; **pitää** *jkn -ta* take (be on) a p.'s side; ▶ C *(puolel|la, -le, -ta)* **asettua** *jkn -elle* take a p.'s part, side with; *olen* **ehdotuksen** *-ella* I'm in favo[u]r of the proposal; **joka** *-elta* from every side (direction); *(kannalta)* from every angle; **keittiön** *-ella* in the kitchen; **oikealla** *(väärällä) -ella* on the right (wrong) side; *oikealla -ella[nne]* on your right; **saada** *jku -elleen* win .. over [to one's cause]; ▶ D *(puol|en, -in)* **kaikin** ~*n* in every way, in all respects; **molemmin** ~*n* on both sides (of the road *tietä*); *(molemminpuolisesti)* mutually; **päällisin** ~*n* superficially; **toiselta** *-en* on the other hand; ~*n ja* **toisin** on both sides, on either side; *aidan* **tällä** *-en* [on] this side of the fence; **tästä** ~*n* from now on.

puoli|- half‖[-] (--naked *-alaston;* --open *-avoin;* --orphan *-orpo;* --blind *-sokea;* --truth *-totuus;* --closed *-ummessa*); △ semi‖- (professional *-ammattilainen;* -automatic *-automaattinen;* -lingual

puo 			puoliaika – puolueellinen 		**506**

-*kielinen;* -nomad -*paimentolainen;* -trailer
-*perävaunu;* -colon 	-*piste;* 	-civilized
-*sivistynyt;* -vowel -*vokaali).*
puoli||**aika** *(urh)* half time; *ensimmäinen
(toinen)* ~ first (second) half **-apina**
lemur[oid] **-hoito** half-board, demipension
-huolimattomasti casually, quite carelessly
--**ilmaiseksi** for almost nothing, for a song.
puoliintumisaika *(ydinfys)* half-life.
puoli||**jalokivi** semiprecious stone **-jumala**
demigod **-karkea** medium-coarse **-kas** hal|f
(pl -ves) (of an apple *omenan* ~) **-kenkä**
[low] shoe **-kerros** *(rak)* mezzanine
-kielinen semilingual **-kova** medium hard.
puol||**iksi 1** in half (cut in half *leikata* ~);
(ark) fifty-fifty; *panna* ~ halve **2** = -*eksi.*
puoli||**kuollut** half dead (with *jstk)* **-kuu**
(astr) half-moon; crescent; ~*n muotoinen*
crescent [shaped] **-kypsä** half-ripe; *(keitt)*
medium.
puolill||**aan** *(-een)* half[-]full (of *jtk),*
half-filled (with *jtk);* *täyttää* -*een* fill ..
half full.
puoli||**maailmannainen** demimondaine
-matka; ~*ssa* half-way, midway; ~*n krouvi*
halfway house **-matruusi** ordinary seaman.
puolinai||**nen** half (promise *lupaus);*
(riittämätön) inadequate, insufficient;
jäädä -*seksi* be incomplete; -*set
toimenpiteet* half[-way] measures **-suus**
(erik) half-heartedness.
-**puolinen** -sided (two-sided *kaksi*~); *etelä*~
southern.
puoli||**nuotti** minim, *(Am)* half note **-pallo**
hemisphere **-pilvinen** partly clouded **-pimeä**
I *a* half-dark, semidark II *s* semidarkness
-pitkä *(vaat)* medium- (knee-)length;
(tukasta) shoulder-length; *(fon ym)*
half-long **-pohjata** *(jalk)* half-sole, resole
-pukeissa[an] half-dressed, in dishabille.
puol||**ipäivä** noon; *ennen -tapäivää (jälkeen
-enpäivän)* before (after) noon, *(lyh)* a. m.
(p. m.); *nukkua -eenpäivään* sleep until
midday **-ipäivä**|- half-day, part-time (job
-*toimi).*
puoli||**raaka** *(keitt)* rare; *(liian raaka)*
underdone **-sen** about half (a year *vuotta)*
-sko hal|f *(pl* -ves); *(osa)* part (the larger
part *suurempi* ~); *(oven yms* ~) lea|f *(pl*
-ves); *(leik) jkn parempi* ~ one's better
half.
puoliso *(aviomies)* husband; *(vaimo)* wi|fe
(pl -ves); *(kuninkaan ym* ~) consort; *(kirj)*
spouse.
puoli||**sotilaallinen** paramilitary **-sukka** sock

-suunnikas *(Br)* trapezium, *(Am)* trapezoid
-säilykkeet semipreserved foods **-tan**|**gossa**
(-koon) at half-mast **-tie**|**ssä** *(-hen)*
halfway, midway; *(kuv)* tulla -*hen vastaan*
meet halfway **-tieteellinen** semiscientific,
(m halv) quasi-scientific *(adv* ~ally).
puolitoista one and a half; ~ *vuotta* a year
and a half, eighteen months.
puoli||**ttaa 1** halve, divide in half (two) **2**
(geom) bisect **-ttain** half (ready *valmis);*
(osittain) partly **-ttaja** *(geom)* bisector
-turkki short fur coat **-tus** *(geom)*
bisection.
puoli||**vaiheilla;** *jnk* ~ about the middle of
(the century *vuosisadan* ~) **-valmis**
half-done; half-finished **-valmiste**
semifinished product **-valo** *(aut)* low beam,
dip light **-varjo** penumbra **-verihevonen**
halfbred **-verinen** half-blood[ed]; *(erik
intiaanista)* half-breed **-villainen** *(halv)*
shoddy, half-baked **-virallinen** semiofficial;
(dipl m) officious.
puolivuo||**sittainen** every six months,
half-yearly, semiannually **-tias**
six-month-old (baby *lapsi)* **-tinen**
six-month; half-yearly, semiannual **-tis**|-
half-year (plan -*suunnitelma).*
puoli||**väli** *(ajasta)* middle; ~*ssä* in the
middle (of his speech *puheensa* ~*ssä);*
~*ssä matkaa* halfway, midway (between
jdk paikkojen välillä); toukokuun ~*stä
kesäkuun* ~*in* from mid-May till mid-June
-ympyrä semicircle; ~*n muotoinen*
semicircular; ~*ssä* in a semicircle (round
jnk ympärillä) **-yö** midnight **-ääneen** half
aloud, in an undertone, under one's breath.
puolta||**a 1** recommend (a p. for an office
jkta virkaan); *(kannattaa)* support (the
theory *teoriaa);* plead, advocate; put in a
word for; speak (be) in favo[u]r of; ~
anomusta favo[u]r the granting of a
request **2** *(aut ym)* pull on one side; swerve
[out] (to the left *vasemmalle)* **-ja**
supporter, advocate (of *jnk* ~) **-va**
favo[u]rable (opinion *lausunto).*
puolto||[**lause**] recommendation **-ääni**
(yliop) point.
puolue party; *(ryhmäkunta)* faction; ~*en
jäsen (äänenkannattaja)* party member
(organ).
puolue|- party (leader -*johtaja;* executive
-*johto;* organization -*järjestö;* discipline
-*kuri;* politics -*politiikka;* secretary
-*sihteeri;* subsidies -*tuki).*
puolueelli||**nen** partial; bias[s]ed (decision

ratkaisu); (ennakkoasenteinen) prejudiced, prepossessed; *olla* ~ take sides **-sesti** partially, with partiality **-suus** partiality, bias.

puolueet||on 1 impartial, unbias[s]ed; *(lak)* disinterested (advice *neuvo*) **2** neutral (country *maa*) **3** *(pol)* independent, non-party **-tomasti** impartially **-tomuu|s 1** *(valt)* neutrality; *-den loukkaus* violation of neutrality **2** *(tasapuolisuus)* impartiality **-tomuuspolitiikka** policy of neutrality.

puolue||järjestelmä party system, partyism **-kanta** *(pl)* political views **-kiihko** party zeal, partisan spirit **-kiihkoilija** zealot **-kokous** party conference; *(erik Am)* convention **-lainen** *(jkn* ~*)* follower, adherent (of); *innokas* ~ strong party man **-ohjelma** party program[me]; *(Am)* platform; *~n kohdat* the planks of the platform **-poliittinen** party-political **-raj|a;** *yli -ojen* across party lines **-riita** split [within a party] **-ryhmä** faction **-toveri** member of one's own party, party colleague; *(erik kommunistista)* party member.

puolukka lingonberry, cowberry.

puolust||aa 1 defend (o.s. *itseään;* one's country (opinions, rights, thesis) *maataan (mielipiteitään, oikeuksiaan, väitöskirjaansa));* vindicate (one's hono[u]r *kunniaansa); (asettua jkn puolelle)* stand (speak) up for, take a p.'s part; *(taistella jnk puolesta)* fight for; maintain (one's position *kantaansa); (suojella)* safeguard (a p.'s rights *jkn oikeuksia)* **2** *(lak)* defend (a p. at court *jkta oikeudessa),* plead (for *jkta)* **3** *(tehdä oikeutetuksi)* justify **-aja 1** defender *(m lak); (puoltaja)* advocate **2** *(jalkap)* back, defender *(jääkiekossa)* defenseman **-autua 1** *(pitää puoliaan)* defend o.s.; put up a defence (against the accusations *syytöksiä vastaan);* ~ *sitkeästi* stand out **2** *(-ella itseään)* plead (a th. *jllak;* that *sillä että),* excuse o.s. (by saying *sanomalla)* **-ella** apologise (for *jtk),* make an excuse (for being late *myöhästymistään); hänen käytöstään ei voi mitenkään* ~ there is no excuse for his behavio[u]r **-ettavissa [oleva] 1** defensible (town *kaupunki)* **2** *(oikeutettu)* justifiable; *hänen käytöksensä ei ole* ~ his conduct is indefensible.

puolustu|s 1 defence (in defence of *jnk -kseksi), (Am)* defense; *(usk)* apology **2** *(lieventävä asianhaara)* excuse; *(oikeutus)* justification (in justification of *jnk -kseksi); sanoa -ksekseen (jkn -kseksi)* say for o.s. (for a p.).

puolustus||- defence, *(Am)* defense (mechanism *-mekanismi;* costs, expenditure[s] *-menot);* △ defensive (weapon *-ase;* attitude *-asenne;* play *-peli;* action *-taistelu)* **-asianajaja** counsel *(Am* attorney) for the defence, defence counsel **-kannall|a** *(-e); olla* ~ be on the defensive; *asettua -e* take up a defensive position **-keino** means of defence **-laitos** National Defence, defence (military) establishment; *(Brit) (pl)* the Services **-ministeri** minister of defence; *(Brit)* the Secretary of State for Defence; *(USA)* the Secretary of Defense **-ministeriö** *(Brit ym)* Ministry of Defence; *(USA)* Department of Defense **-puhe** [speech for the] defence; *(kuv)* apology **-valmius** defensive preparedness **-voima|t** defensive (armed) forces, fighting services; *-in esikunta* defence headquarters; *-in komentaja* Commander-in-Chief of the Armed Forces.

puomi 1 *(yl)* bar; *(tulli- ym* ~*)* barrier **2** *(mer, tekn)* boom **3** *(voim)* [balance] beam.

puoskar||i *(halv)* quack [doctor], charlatan; *(sikiönlähdettäjä)* abortionist, angel-maker **-oida** practise quackery (on *jkta)* **-ointi** quackery.

puosu *(mer)* boatswain.

puoti shop, *(Am)* store.

pupilli *(anat)* pupil.

pupu||[jussi] bunny [rabbit] **-tyttö** bunny [girl].

purais||ta bite; bite off (a piece of *pala jstk),* take a bite (from *jtk); (koirasta m)* snap (the dog snapped [at] me *koira -i [yritti ~] minua)* **-u** bite; snap.

pure||ksia = *pureskella* **-ma** bite **-nta** *(hammasl)* occlusion, bite **-skel|la** chew, *(kirj)* masticate; chew on (one's pencil *kynäänsä);* bite (one's nails *kynsiään); (hevosesta)* champ (at the bit *kuolaimiaan); (kuv) valmiiksi -tu tieto* predigested information.

purettava *(tekn)* de-, dis|mountable.

pure||utua; ~ *jhk (konkr ja kuv)* cling to; ~ *kiinni jhk* bite firmly on **-va 1** biting, sharp, bitter (wind *tuuli);* keen, nippy (frost *pakkanen)* **2** *(kuv)* sharp, cutting (remark *huomautus); (ivallinen)* caustic *(adv* ~ally); ~ *iva* sarcasm.

puristaa 1 press (the juice out of *mehu*

jstk); *(rutistaa)* squeeze (a sponge dry *sieni kuivaksi*; between one's fingers *sormiensa välissä*); *(kuristaa)* constrict; *(~ lujasti)* clench (one's fist *kätensä nyrkkiin*); *(~ kädessään)* clasp **2** *(~ kokoon)* compress (cotton into bales *puuvilla paaleiksi*); press, mould *(glass lasia)* **3** *(olla tiukka)* be too tight; *(kengästä)* pinch *(m kuv)*, hurt ▶ ~ *jkn* **kättä** clasp (shake) a p.'s hand; ~ **rintaansa** *vasten* clasp (press) .. to one's breast, embrace; ~ **yhteen** *(t. kiinni)* clamp [together].

purist||ava tight (collar *kaulus*); ~ *tunne sydänalassa* a constriction in the chest **-in** press, squeezer; *(ruuvi~)* clamp **-ua** be pressed (squeezed) (into *jksk*); press (against *jtk vasten*); ~ *kokoon* shrink together **-uma** compression **-us 1** pressing, squeezing; squeeze *(m kuv;* an economic squeeze *taloudellinen ~);* jam; *(kuv)* pressure, strain **2** *(tekn)* compression ▶ **joutua** *-uksiin* get jammed (squeezed); **olla** *köyhyyden* (*velkojien*) *-uksessa* be pinched with poverty (pressed by creditors).

puristus||- compression (chamber *-kammio;* rate *-suhde)* **-leuka** *(tekn)* clamp cheek **-muotti** press mould **-side** *(lääk)* compression bandage.

puritaani Puritan; *(kuv)* puritan ~**nen** puritan, puritanic[al].

purje sail ▶ **kulkea** ~*in,* olla ~*issa* be under sail; **laskea** ~ lower a sail; *laskea* ~*et* strike sail; **levittää** ~*et* make (spread) sail; **nostaa** ~ hoist a sail; *nostaa* ~*et* set sail; *(kuv) hänellä on* **tuulta** ~*issaan* he is riding on the crest of the wave; **täysin** ~*in* in full sail, all sails set; **vähentää** ~*ita* shorten sail.

purje||ala = *-pinta* **-alus** sailing vessel; *(-laiva)* sailing ship **-entekijä** sailmaker.

purjehdus 1 sailing; *(merenkulku)* navigation; *(urh)* yachting **2** *(~matka)* sailing tour (trip); *(risteily)* cruise; sail.

purjehdus||- sailing (trim *-kunto;* qualities *-ominaisuudet*); △ yachting (cap *-lakki;* trip *-retki)* **-kausi** navigation season; *(urh)* yachting season **-kelpoinen** *(väylästä)* navigable; *(aluksesta)* seaworthy **-kilpailu** yacht race; ~*t (sg)* regatta **-kuntoinen** ..ready for the sea **-seura** yacht club **-taito** *(m)* yachtmanship.

purjeh||tia *(mer ja kuv)* sail; *(ohjata)* navigate (a ship *laivaa*); *(kulkea)* run

(between two ports *kahden sataman välillä;* aground *karille*); *-dittu matka* distance sailed; *mennä -timaan* go yachting (sailing) **-tija** yachtsman; *(veneestä)* sailer.

purje||kangas sailcloth, canvas **-kerta** sail set **-laiva** = *-alus* [sail] twine **-lauta[ilija]** windsurfer **-lautailu** windsurfing **-lento** glider flying; *harrastaa* ~*a* go in for gliding **-[lento]kone** sailplane, glider; *lentää* ~*ella* sailplane, glide **-pinta[-ala]** spread of canvas, sail **-tuuli** fair wind **-vene** sailing boat, *(Am)* sailboat; yacht.

purjosipuli leek.

purkaa 1 a) *(~ osiin)* take .. to pieces (apart), break [up], resolve (into its component parts *osiinsa*); *(tekn)* dismantle (a machine *kone*); **b)** *(sähk ym)* discharge (a battery *akku*); defuse (a mine *miina*); **c)** *(atk)* unpack; **d)** *(käsit)* unravel (a knitting *neule[tta]*); *(ratkoa)* unpick, take out; **e)** *(konkr ja kuv) (selvittää)* disentangle (a skein *vyyhti*), clear; **f)** *(avata) (us verbeistä* "un" *-alkuliitteellä;* unpack ~ *pakkaus*); undo, open (a knot *solmu*); *(kiertää auki)* unwind (a bandage *side*); **g)** *(~ matkatavarat)* unpack **2** *(repiä alas)* pull (tear) down, demolish (a house *talo*); take down (the scaffolding *[rakennus]telineet*); strike (a camp *leiri*) **3** *(tyhjentää)* **a)** *(~ lasti)* unship, land; empty (a load *kuorma*); **b)** *(laskea)* empty (its waters into *vetensä jhk*); *(päästää)* let off (steam *höyryä*); **c)** *(kuv)* discharge (one's anger *kiukkuaan*), give vent to (one's temper *pahaa tuultaan*), take .. out on; *(keventää)* unburden (one's heart *sydäntään*) **4** *(lopettaa)* break off (an engagement *kihlaus*); call off (a deal *sopimus*); dissolve (a marriage *avioliitto;* a company *yhtiö*); *(mitätöidä)* annul (the contract *sopimus*) ▶ ~ **energiaansa** get rid of one's energy (on *jhk*); ~ **huoliaan** *jklle* unburden o.s. to; *(liik)* ~ **kauppa** go back on (cancel) a deal; *(aut ym)* ~ **varaosiksi** cannibalize.

purka||minen 1 *(hajottaminen)* demolition **2** *(mer ym)* discharge, unloading **3** *(lak, liik ym)* dissolution (of a marriage *avioliiton* ~*;* of partnership *yhtiön* ~); winding up (of a company *yhtiön* ~); *(peruuttaminen)* cancellation **-missatama** port (place) of discharge **-mo** *(aut ym)* stripper bay.

purkau||s 1 eruption (of a volcano *tulivuoren ~*); *(sähk)* discharge **2** *(kuv)* [out]burst (of rage *raivon ~*) **-saukko** *(tulivuoren ~)* crater **-tu|a 1** *(höltyä)* loosen, come (get) loose; *(~ kerältä yms)* unwind, untwist; uncoil; *(avautua)* open; *(käsit ym)* ravel out, unravel **2** *(tyhjentyä)* **a)** *(sähk)* discharge; *(tulivuoresta)* erupt; *(akusta m)* run down; **b)** *(erik joesta)* discharge [itself], empty (into the sea *mereen*); **c)** *(ihmisistä)* come (flow) out (of the door *ovesta*); **d)** *(kuv)* discharge (vent) itself, be vented (his anger was vented on us *hänen vihansa -i meihin*); burst (into *jksk*) **3** *(keventää sydäntään)* unburden o.s. (one's heart) (to *jklle*) **4** *(lak, liik)* [be] dissolve[d] (the marriage (company) was dissolved *avioliitto (yhtiö) -i*); *(peruuntua)* be cancelled; *jnk -essa* by the dissolution of; *kihlaus -i* the engagement was broken off **-tumaton** *(tekst)* non-run (knit *neule*) **-tuminen** *(lak ym)* dissolution **-tumistie** *(kuv)* outlet (find an outlet for *löytää ~ jllk*).

purk||inaukaisin can *(Br* tin) opener **-ittaa** *(rad, TV ark)* can.

purkki *(erik Am)* can, *(Br)* tin; *(tölkki)* jar, pot (of jam *hillo~*); *(apteekin ~)* gallipot; *(lääke~)* pillbox; vial.

purkutyö[t] *(rak)* demolition work.

purna||ta grouse, grumble **-us** *(sot)* insubordination.

purnukka pot.

puro brook, streamlet, *(Am m)* creek; *(m)* stream *(m kuv)*; pienistä *~ista* kasvaa suuri joki every beginning is small *~taimen* brown trout *~uitto* stream driving.

purppura purple *~i|nen* purple; purplish; taivas hohtaa *-sena* the sky glows crimson *~punainen* purple[-red]; crimson.

pur||ra 1 bite (into an apple *omenaa*); off a piece of *pala jstk*; this dog bites *tämä koira voi ~*) **2** *(leikata, pystyä)* bite (the saw bites well into wood *saha -ee hyvin puuta*), cut (his criticism cut deep *hänen kritiikkinsä -i*) ▶ *(kuv)* **alkaa ~** begin to bite (work), take effect; *(kuv)* siinä hänellä **on** *jtk -tavaa* there he has something to chew on; *(koirasta ym)* **yrittää ~** bite (snap) at.

purse *(met, muoviteoll)* burr.

purseri *(mer, ilm)* purser.

pursi boat, [small] sailing vessel; *(run)* bark; *(huvi~)* yacht *~mies* boatswain *~seura* yacht club.

pursk||a[hd]us spurt, squirt; *naurun ~* burst of laughter **-aht|aa 1** spurt [out] *(blood spurted [out] from the wound veri -i haavasta*) **2** *(~ jhk)* burst into (tears *itkuun*; laughter *nauruun*) **-ua** spurt [out], gush **-uttaa** *(huuhtoa)* rinse (well after brushing one's teeth *hyvin hampaitaan pesun jälkeen*); *valas -utti vesisuihkun* the whale spouted [water].

purso||tin *(keitt)* piping (forcing, pastry) bag [and tube], nozzle; *(paperinen ~)* cornet **-ttaa** pipe (cream on [to] the cake *kakun päälle kermaa*).

pursu||ava sparkling, bubbling (vitality *elinvoima*) **-ta** gush [out]; extrude; bubble *(m kuv;* with high spirits *hän -aa hyvää tuulta*); *~ [esiin]* press (squeeze) out, work loose; *~ yli* run over, overflow.

purtilo trough.

puru powder, dust (sawdust *sahan~*); *(hake)* *(pl)* chip[ping]s *~kasa* heap of sawdust *~kumi* chewing gum *~lelu* teether *~pinta* masticating surface *~rata* sawdust [running] track *~tupakka* chewing tobacco.

pusakka *(ark)* windcheater, [lumber]jacket.

pusero blouse; *(paita~)* shirt; *(neule~)* sweater, pullover, *(Br)* jumper; *(työ~)* smock.

puserr||in squeezer, press **-uksi||ssa** *(-in)* jammed, squeezed; *joutua -in* be squeezed **-us** squeeze, press.

pusert||aa press, squeeze (the juice out of *mehu jstk*); *(~ kasaan)* squash [flat]; *(~ kokoon)* compress; *~ rikki* crush **-ua 1** *(painua)* be crushed; be pressed; *(~ kasaan)* get squeezed, get squashed **2** *(~ ulos)* be pressed out (forth).

puska *(ark)* **1** *(pensas)* bush **2** *(kukkavihko)* bouquet *~radio* grape vine.

pusk||ea 1 *(eläimistä)* butt; *(~ vahingoittaen)* gore; *(sonnista)* toss **2** *(törmätä)* ram, bang (into, against *päin jtk*); *(työntää)* push (before one *edellään*); *(kuv)* *~ päänsä seinään* run one's head against a [brick] wall; *~ töitä* work hard **-eutua** thrust (into *jhk*) **-uliitos** *(puus)* butt joint.

puskuri buffer *(m kuv)*; *(aut ym)* bumper *~valtio* buffer state.

pusku||roida buffer **-traktori** bulldozer, caterpillar.

pussi 1 bag (paper bag *paperi~*) **2** *(el, kasv, henk)* pouch (of the kangaroo *kengurun ~*;

pouches under the eyes ~*t silmien alla*); *(anat, kasv)* sac (pleural sac *keuhko~*) ▶ **housunpolvet** ~*lla* baggy knees; *puhua* **itsensä** ~*in* say too much, give o.s. away; **maksaa** *omasta (yhteisestä)* ~*sta* pay out of one's own (the common) purse; *puhua* **omaan** ~*insa* speak for one's own benefit, have an axe to grind; **pistää** *jku* ~*in* pin a p. down.

pussi‖eläin marsupial **-housut** breeches **-karhu** koala [bear] **-keitto** [dehydrated] soup mix **-lakana** comforter, blanket (quilt) cover **-llinen** bagful, a bag of **-ttaa** *(urh ark)* (~ *juoksussa*) box in.

pusta Hungarian plain[s], puszta.

pusu *(ark)* kiss; *(äänekäs* ~) smack.

putata *(golf)* putt.

putiikki shop; boutique.

putipuh|das spotlessly clean, spic[k]-and-span; *hakata metsä -taaksi* raze the forest to the ground; *hänet ryöstettiin -taaksi* he was robbed of every penny he had.

putka jail; lockup; *joutua* ~*an* land in jail, be locked up.

putkahtaa; ~ *[esiin]* emerge; come up (to the surface *pinnalle*); *(tulla näkyviin)* appear, turn up (again *taas*).

putkakuolema cell death.

putk|i **1** tube (of toothpaste *hammastahna~;* test (glass) tube *koe~ (lasi~)*); *(johto)* pipe (water pipe *vesijohto~*); **-et** *(vesijohdot)* (koll) plumbing; *(ark urh ym)* mennä *-een* come off **2** *(rad, TV)* valve, *(Am)* tube **3** *(anat)* tube; *(tiehyt)* duct, canal ~ **asentaja** pipe layer (fitter), plumber ~**huonekalut** *(sg)* [steel] tubular furniture ~**johto** pipe line, conduit, piping ~**kasvi** umbelliferous plant ~**lo** *(tuubi)* tube ~**mainen** tubular ~**mies** plumber ~**posti** pneumatic mail (dispatch) ~**sto** pipe system, piping; *(vesijohdot)* plumbing ~**varsi** *(kasv)* hollow stem.

putoil|la be falling; be dropping off (leaves are dropping off *lehdet -evat puista*); *sanat -ivat harvakseen* now and then he dropped a word.

puto|us **1** *(vesi~)* waterfall, cataract, *(pl)* falls; *(pieni* ~*)* cascade **2** *(jyrkänne)* slope, descent **3** *(-amismatka)* fall, drop.

pu|u 1 *(kasvava* ~*)* tree **2** *(~aine)* wood (made of wood ~*sta tehty*); *(~tavara, tarve~)* timber, *(Am)* lumber **3** *(poltto~t)* *(sg)* [fire]wood ▶ **koskettaa** *maalaamatonta* ~*ta* knock (touch) wood;

alkaa **maistua** ~*lta* begin to lose its interest; **paina** ~*ta* take a seat! *-illa* **paljailla** empty-handed, penniless; *hän oli kuin* ~*sta* **pudonnut** he was flabbergasted (struck all of a heap).

**puu‖- ** *(puinen)* wooden (fence *-aita;* dish *-astia;* horse *-hevonen;* spoon *-lusikka;* floor *-lattia;* figure *-nukke*); △ wood (pile, stack *-kasa;* screw *-ruuvi;* product *-valmiste;* tar *-terva*); △ *(rak, liik)* timber (auction *-huutokauppa;* sales *-kaupat;* frame *-kehys;* joint *-liitos*).

puudu‖ksi|ssa *(-in); olla* ~ be numb, be stiff; *jalkani on* ~ my foot has gone to sleep **-te** *(lääk)* [local] an[a]esthetic **-ttaa** an[a]esthetize, give .. a local anesthetic; *(hammasl)* deaden, numb (a nerve *hermo*) **-tus** [local] an[a]esthesia.

puuha 1 *(työ)* job, work, business; *(tehtävä)* task **2** *(vaiva)* trouble; *(vaivannäkö)* effort **3** *(hanke)* undertaking; *(suunnitelma)* plan ▶ *se on* **mielenkiintoista** ~*a (m)* it's very interesting; *olla [kovassa]* ~*ssa* be [hard] at it (at work); *hänellä on* **paljon** ~*a* he has a lot [of things] to do; **ryhtyä** ~*an* set about (start in at) a task, get down to work.

puuha‖illa be busy, busy o.s. (with *jtk*); ~ *kaikenlaista* do many sorts of things; *siellä -iltiin jtk* something was going on there **-kas** active; *(touhukas)* live, energetic *(adv* ~*ally); (yritteliäs)* enterprising.

puuhake *(pl)* [wood] chips.

puuha‖kkuus activity; *(yritteliäisyys)* enterprising spirit **-mies, -nainen** worker for a cause; *(järjestelijä)* organizer, arranger.

puuhata 1 *(askaroida)* be busy (doing, with *jtk*), busy o.s. (with *jtk*); be doing (a th. *jtk*) **2** *(koettaa saada aikaan)* be planning (a journey *matkaa*); be organizing (a new party *uutta puoluetta*), make arrangements (preparations) for; ~ *jnk hyväksi* work for.

puu‖hiili charcoal **-hioke** mechanical wood pulp, groundwood pulp.

puuhka *(kaula~)* boa, fur collar; *(muhvi)* muff.

puu‖jal|ka *(proteesi)* wooden leg; *-at* stilts **-jalkavitsi** corny joke **-jaloste** manufactured (processed) wood product **-kaasu** gasogene, wood gas **-kaasutin** wood-gas generator **-kappale** piece of wood **-kemia** chemistry of wood **-kenkä** clog;

sabot.

puukko [sheath-]kni|fe (*pl* -ves).

puuko||**nisku** stab -**ttaa** knife, stab [with a knife].

puu||**laatikko 1** wooden box; (*iso* ~) crate **2** (*polttopuiden* ~) firewood bin -**laji** kind of wood; (*kasv*) tree species -**leikkaus** woodcut.

puuma cougar, mountain lion.

puu||**mainen 1** woody, ligneous **2** (*kasvutavasta*) treelike, arborescent -**massa** wood pulp -**merkki** mark, [criss]cross; sign; *jättää* ~*nsä jhk* leave one's signature on; *panna* ~*nsä jhk* make (place) one's mark on (against); (*kuv*) sign, put one's name to.

puun|- wood (carver -*leikkaaja;* fibre -*syy*); △ timber (exporter -*viejä*); △ (*kasv*) tree (root -*juuri;* top -*latva*).

puunaula nog, peg, dowel.

puun||**haara** fork [of a tree] -**hakkaaja** woodcutter; (*halonhakkaaja*) woodchopper.

puunilaissodat the Punic Wars.

puunjalostus wood processing, woodworking ~**teollisuus** wood processing industry.

puun||**kaato** felling -**kuori** bark, cortex -**leikkaus** (*taid*) wood carving -**oksa** branch -**runko** [tree] trunk.

puu||**palikka** block (brick) of wood -**piirros** woodcut, wood engraving, xylography -**pino** woodpile, pile of wood -**puhallin** (*mus*) woodwind -**pää** (*halv*) blockhead -**raja** (*maant*) tree limit; (*alpiininen* ~) tree line (above the tree line ~*n yläpuolella*).

puuro 1 (*keitt*) porridge (make porridge *keittää* ~*a*); cooked cereal; (*makea* ~) pudding **2** (~*mainen massa*) mush, pulp, mash (*m kuv*) ~**kattila** porridge pot ~**mainen** pulpy, mashy, mushy ~**utua** get thick (muddled), thicken; (*liikenteestä*) become (get) congested.

puurtaa toil (at one's work *töitä*); plod (on with a job *työn kimpussa*).

puu||**see** earth-closet; privy, (*Am*) outhouse -**seppä** joiner; (*kirvesmies*) carpenter; (*huonekalu*~) cabinetmaker.

puusepän||**tehdas** joinery (carpentry) shop; (*huonekalu*~) furniture factory -**työ** carpenter work, joinery, carpentry -**verstas** carpenter's [work-]shop.

puuska 1 (*tuulen*~) gust [of wind], blast; (*myrskyn*~) squall **2** (*kohtaus*) fit (of energy *energian* ~; of coughing *yskän*~), (*ark*) spell (of brooding *masennuksen* ~);

(*purkaus*) outburst (of rage *raivon* ~) ~**htaa** say [vehemently], snap ~**inen** gusty ~**ssa;** *kädet* ~ . . with hands on hips.

puuskittain by fits [and starts], fitfully; (*ajoittain*) at intervals ~**en** gusty; fitful (energy *tarmo*); (*kirj*) paroxysmal.

puuskuttaa puff (*m junasta*); pant (up the hillside *mäkeä ylös*); (*läähättää*) (*m*) puff and blow.

puu||**sto** tree stand; standing crop -**talo** wooden (timber) house; (*erik valmis*~) prefabricated [wooden] house -**tappi** peg, nog, dowel.

puutarha garden; (*hedelmätarha*) orchard; *perustaa* ~ lay out a garden.

puutarha||- garden (party -*juhla;* plant -*kasvi;* city -*kaupunki;* walk, path -*käytävä*); △ horticultural (adviser -*neuvoja;* college -*opisto;* producer -*tuottaja*) --**arkkitehti** landscape gardener -**koulu** gardening school -**maa** garden plot -**mansikka** strawberry.

puutarhan||**hoito** gardening, horticulture -**viljelijä** horticulturist, gardener.

puutarha||**näyttely** gardening (horticultural) exhibition; (*m*) flower show -**sakset** pruning shears -**suunnittelija** = --**arkkitehti** -**työ** gardening.

puutarhuri gardener; (*kauppa*~) (*Br*) market gardener, (*Am*) truck gardener.

puutavara timber, (*Am*) lumber.

puutavara||- timber, (*Am*) lumber (trade -*kauppa;* cargo -*lasti;* company -*yhtiö*) --**alus** timber-carrying vessel -**liike** timber firm, (*Am*) lumber company.

puut|**e 1** lack (of courage *rohkeuden* ~), want (of judgment *arvostelukyvyn* ~); (*täydellinen* ~) absence, loss (of appetite *ruokahalun* ~) **2** (*riittämättömyys*) shortage (of money *rahan* ~), scarcity; dearth (of food *ruoan* ~); (*lääk ym*) deficiency; (*erik psyk*) deprivation (of sleep *unen* ~) **3** (*vajavuus*) shortcoming (many shortcomings *paljon* -*teita*); (*vika*) fault, weakness, failing (we all have our little failings *meillä kaikilla on* -*teemme*); defect (find defects *huomata* -*teita*) **4** (*hätä*) need, want (be in need (want) *olla* -*teessa*), (*köyhyys*) poverty ▶ *kärsiä* ~*tta* be in need, suffer want; *olla jnk* -*teessa* be short of, lack a th.; *harjoittelupaikoista on* ~*tta* training places are short; *jnk* **puutteessa** for want of; in the absence (lack) of (anything better *paremman* -*teessa*); **puutteita** *tiedoissa* gaps in the knowledge.

puuteollisuus [mechanical] woodworking industry.

puuteri [face] powder ~**huisku** powder puff ~**lumi** powder [snow] ~**mainen** powdery ~**rasia** compact ~**sokeri** icing (*Am* confectioner's) sugar.

puuteroida powder (one's nose *nenänsä*).

puutos = *puute 3* ~**tauti** deficiency disease.

puutteelli‖**nen** defective; imperfect, *(virheellinen)* faulty; *(riittämätön)* insufficient (knowledge of *-set tiedot jstk*), deficient, inadequate (equipment *-set varusteet*); limited (vocabulary *sanavarasto*); *(huono)* poor (quality *laatu*); elää *-sissa oloissa* live in poor conditions (in want) **-suu**‖**s** defect (defects in the system *järjestelmän -det*); imperfection; insufficiency; defectiveness, inadequacy (of the law *lain* ~).

puutteenalainen needy, *(hädänalainen)* destitute; *(köyhä)* necessitous, poor.

puut‖**tua 1** *(jklta t. jstk -tuu j[t]k)* **a)** *(olla vailla)* lack (he lacks means (experience, qualifications, money) *häneltä -tuu keinot (kokemus, pätevyys, rahaa)*); be without (it's without foundation *siltä -tuu perusteet*), have no (the verb has no infinitive *verbiltä -tuu infinitiivi*); **b)** *(olla liian vähän)* be lacking (wanting, deficient) in (he is lacking in courage *häneltä -tuu rohkeutta*); fail in; be short (he is short of money *häneltä -tuu rahaa*); *(jtk -tuu)* be lacking (money is not lacking *rahaa ei -u*), be wanting **2** *(olla kateissa)* be missing; be absent (who is absent? *kuka -tuu?*) **3 a)** *(sekaantua)* interfere (in *jhk*), meddle (in *jhk*); *(ark)* butt in (on the technical side *tekniseen puoleen*); *(tulla väliin)* intervene (in a conflict *selkkaukseen*); **b)** *(korjata)* remedy (grievances *epäkohtiin*) ▸ ~ **asiaan** interfere; **jäädä** *-tumaan jtk* be (fall) short of; **minulta** *(häneltä) -tuu (m)* I haven't (he hasn't) (his energy *hänen tarmonsa*); *ei* **paljon** *-tunut ettei* it wasn't far short of; ~ **puheeseen** interrupt; put in a word [or two]; *se nyt* **vielä** *-tuisi* that would be the last straw; *se vielä -tui!* that was all we needed! ~ **yksityiskohtiin** go into details.

puuttumattomuuspolitiikka policy of non-intervention.

puuttu‖**minen 1** lack[ing], want (of *jnk* ~); *(poissaolo)* absence **2** *(jhk* ~*)* interference (in a p.'s affairs *jkn asioihin* ~);

(väliintulo) intervention **-va** missing (link *rengas*); *(poissaoleva)* absent; ~ **määrä** the rest, the remainder.

puutua 1 grow (go) numb, be benumbed; *(jäykistyä)* get stiff **2** *(kasv)* become woody, lignify.

puu‖**työ**[**t** *(sg)* woodwork, timberwork; *(-sepän työt)* joiner's work **-vaja** woodshed **-varsi** *(kasv)* woody stem **-veistos** sculpture in wood.

puuvilla cotton; *(raaka* ~ *m)* cotton wool; *puuvilla*‖- cotton (mill *-kehräämö*; fibre *-kuitu*) ~**inen** cotton ~**nsiemen** cottonseed ~**sametti** velveteen.

puvust‖**aa** *(teatt ym)* costume **-aja** costum[i]er **-o** stock of clothes, wardrobe **-onhoitaja** *(teatt)* wardrobe master (mistress).

pyh *interj* pooh, nonsense.

pyhiinvaellus, ~**matka** pilgrimage (go on a pilgrimage *lähteä* ~*lle*) ~**paikka** place of pilgrimage; shrine.

pyhiinvaeltaja pilgrim.

pyhimyksenkuva picture of a saint, image.

pyhimy‖**s** saint; julistaa *-kseksi* canonize ~**kehä** halo (*pl* ~[e]s) ~**taru** legend.

pyhi‖‖**n** *s (raam)* the holy place; *kaikkein* ~ the Holy of Holies **-ttää 1** *(raam, usk)* sanctify; hallow (hallowed be Thy name *-tetty olkoon Sinun nimesi*); ~ *lepopäivä* keep the Sabbath **2** *(kuv)* consecrate, devote, dedicate, give (one's life to art *elämänsä taiteelle*) **-tys** sanctification.

pyhyy‖**s** holiness; sacredness (of a memory *muiston* ~); sanctity (of human life *ihmiselämän* ~); *(puhutt)* hänen *-tensä (paavi)* His Holiness; *-den* **loukkaus** sacrilege.

pyh‖**ä I** *a* holy (book *kirja;* man *mies;* place *paikka*); *(-itetty)* sacred (cow *lehmä;* duty *velvollisuus;* is nothing sacred any more? *eikö mikään ole enää* ~*ä?*); sanctified; *(erik kuv)* hallowed **II** *s (~päivä)* holy day; *(sunnuntai)* Sunday (come to see us on Sunday *tule meille* ~*nä*) ▸ *(ks hakus pyhin)* ~*nä ja* **arkena** on weekdays and holidays; ~ **istuin** the Holy See; ~ **isä** the Holy Father; **joulun** ~*t* Christmas, the Christmas holidays; [**kuningas**] *Eerik P*~ St. (Saint) Eric; **liikkuvat** ~*t* movable feasts; *P*~ **maa** the Holy Land; *P*~ **Pietari** St. (Saint) Peter; *(ark)* **pyörtää** ~*t sanansa* go back on one's word; *(kat kirk)* ~ **vuosi** jubilee.

pyhäin‖‖**häväistys** sacrilege **-jäännös** relic

-jäännöslipas shrine -[miesten]päivä All Saints' Day, Allhallows, Hallowmass; ~n aatto Halloween.

pyhä||isin [on] holidays, [on] Sundays -kkö temple (m kuv); sanctuary, shrine -koulu Sunday school -pu|ku Sunday (better, best) suit; -vussaan in his Sunday best -päivä = pyhä II; pyhä- ja juhlapäivinä [on] Sundays and holidays -sti solemnly (promise solemnly luvata ~) -työkorvaus Sunday pay.

pyjama (Br) pyjamas, (Am) pajamas.

pyki||mä (lääk ym) fissure, chap, crack -ä chap.

pykni|kko, -nen pyknic.

pykälä 1 (lak) section; article, paragraph; (sopimuksen kohta) clause **2** (lovi) notch, dent **3** (kuv) (aste) degree, step (up ylöspäin) ~inen notched, jagged (edge ´euna), (hammastettu) indented ~merkki section [mark] ~viidakko red tape, legal bumf.

py:||istää; ~ jklle bare one's behind to -y bottom, behind, bum -ähdys tumbling down; (ark) pratfall -ähtää (~ nurin) tumble down; (ark) take a pratfall.

pylpyrä (mer) block.

pylväi|kkö, -stö colonnade; (pylväskäytävä) portico (pl ~[e]s); arcade.

pylväs 1 column (Doric (Ionic, Corinthian) column doorilainen (joonilainen, korinttilainen) ~; truncated column katkaistu ~; (rak) pillar; (tolppa) pole, post; (tukipilari) support; (sillan pilari) pier **2** (~kuvio; nestepatsas) column ~diagrammi (tilast) bar graph (chart) ~käytävä gallery, loggia ~pyhimys stylite, pillar saint ~rivi colonnade ~sänky four-poster.

pylvään||kanta pedestal -pää capital.

pynt||ätty dolled up, over-dressed; dressed to kill -ätä; ~ [hienoksi] doll up, dress up.

pyramidi pyramid.

Pyrene||et the Pyrenees; -iden Pyrenean -iden niemimaa the Iberian Peninsula.

pyrin|tö aspiration, effort; (us) -nöt endeavo[u]r[s], striving[s]; (harrastukset) pursuits, interests (cultural interests kulttuuri-nöt).

pyristel||lä 1 fluff [out] (the bird fluffed out its feathers lintu -i höyheniään) **2** (rimpuilla) struggle (to get free päästäkseen vapaaksi), wriggle (out of irti jstk); (kalasta) flounder **3** (kuv) ~ [vastaan] kick, [try to] resist; ei kannata

~ [vastaan] it's no use kicking against the pricks.

pyrki||jä aspirant, (ehdokas) candidate (for jhk); (koul ym) applicant [for admission] -my|s (us -kset) striving[s], aspiration[s] (for, after jhk); (kiihkeä ~) ambition (his ambition is to hänen -ksenään on..); (ponnistus) endeavo[u]r[s], effort **2** (päämäärä) aim (our aim is to serve well our customers -ksenämme on palvella hyvin asiakkaitamme), purpose; (tarkoitus) intention; päästä ~tensä perille reach one's goal **3** (taipumus) tendency (show a tendency to osoittaa ~tä jhk); (suunta) trend.

pyr|kiä 1 (konkr) (~ jhk) **a)** try (want) to come (in sisään), try to go (out ulos), try to get (away from pois jstk); try to reach (land rantaan); (ponnistella) struggle (towards kohti jtk); **b)** (kasv ym) turn, gravitate (to[wards] jhk päin); strive for (the light valoon) **2** (kuv) **a)** (yrittää) try to (get rid of [pääsemään] eroon jstk; do one's best tekemään parhaansa), endeavo[u]r (to do tekemään), make an effort (to be olemaan); (ponnistella) struggle, try hard (to); **b)** (tähdätä jhk) aim at (the thing we must aim at is.. se mihin meidän on -ittävä on..); strive for (after) (power valtaan), aspire to (after, at), pursue (fame maineeseen); seek (perfection täydellisyyteen); drive at (what are you driving at? mihin sinä -it?); (aikoa) intend to (leave early lähtemään aikaisin) **3** (olla taipuvainen) tend (to exaggerate liioittelemaan), have (show) a tendency to; be apt to (break murtumaan) ▶ kyselylomakkeet -ittiin jakamaan kaikkiin alueen talouksiin a copy of the questionnaire was distributed – as far as possible – to every household; ~ kouluun apply for admission in a school; minua -ki naurattamaan I had a mind to laugh; ~ jkn puheille seek an audience with; ~ päämäärään strive for (pursue) and end.

pyrkyr||i pusher, climber; careerist -yys pushi[ng]ness.

Pyrrho|s; -ksen voitto Pyrrhic victory.

pyrskähtää burst (into tears itkuun; into laughter nauruun).

pyrstö tail (of a fish (an airplane, a bird, a comet) kalan (lentokoneen, linnun, pyrstötähden) ~; wag[gle] its tail keikuttaa ~ään); (ark) lentää ~lleen take a tumble ~inen (yhdyss) -tailed (long-tailed *pitkä~*) **~sulka** tail feather **~täh|ti** comet; *-den* cometary.

pyry *(lumentulo)* snowfall; *~ssä* in whirling snow; *kovassa ~ssä* in a snowstorm *~ilma* snowstorm *~ttä|ä* snow, be snowing (it has been snowing for three days *on -nyt jo kolme päivää*); *(ajaa)* drive, *(kieputtaa)* whirl (the wind whirls the snow *tuuli ~ lunta*).

pyräh||dys 1 *(linnusta)* flutter, plunge; *pieni ~* a quick run **2** *(urh)* spurt; *(lyhyt juoksu)* dash (a 100-meter dash *sadan metrin ~*) **-tää 1** fly; *~ lentoon* take wing, fly away; *lapset -tivät sisään* the children came scampering in.

pyssy gun; *(kivääri)* rifle; *kuin ~n suusta* like a shot **~mies;** *hyvä ~* a good shot (marksman).

pyssyn||kantama; *~n päässä (ulkopuolella)* within (out of) gunshot **-laukaus** rifle shot **-perä** butt [end] **-piippu** gun barrel.

pysty upright; *(~suora)* vertical, perpendicular (handwriting *käsiala*); *~in päin (m kuv)* with one's head erect **~asento** upright (erect) position; *(erik urh)* standing [position]; *nousta ~on* stand up **~kaulus** stand-up collar **~korva** *(koirarotu)* spitz, Pomeranian **~leikkaus** vertical section **~metsä** *(metsh)* standing crop.

pystymät||tömyys incompetence; incapability **-ön** *(pätemätön)* incompetent; *(kykenemätön)* incapable (of it *siihen*), unable (to do *tekemään*); *tehtävään ~* unequal to the task; *työhön ~* unable (not able) to work.

pysty||nenäinen snub-nosed **-päin[en]** ..with one's head erect **-raitainen** ..vertically striped **-sarake** column.

pysty|ssä *(-yn, -stä)* up (jump (spring) up *hypätä -yn;* the patient is up again *potilas on taas ~*); *(~asennossa)* upright, erect; *(erik metsh, urh)* standing; *(oikein päin)* right side up; *(henk)* on one's feet ▶ *(urh)* **ampua** *-stä* shoot from a standing position; **kaulus** *~* with one's collar turned up; **nenä** *~* with one's nose in the air; **nostaa** *-yn* lift .. up, raise (a chair *tuoli*); *nostaa kätensä -yn* put one's hand up; **nousta** *-yn (seisomaan)* stand up; *(karvasta)* bristle; **panna** *-yn (perustaa)* found, establish; *(järjestää)* arrange; **pitää** *~ (konkr)* hold up; *(kuv)* keep up, sustain; **pysyä** *~* keep one's balance (on one's feet); *(säilyä)* stand; **pää** *-yn vain!* cheer up! keep your chin up! **sormi** *~* with one's finger lifted.

pystysuora vertical, upright; *(luotisuora)* plumb; *(äkkijyrkkä)* sheer (drop *pudotus*) *~|ssa (-an)* vertically; *(ristisanatehtävässä)* *-an* down.

pysty||ttää set up (camp *leiri*), erect (a mast *masto;* a statue to *patsas jklle*), *(rakentaa)* build (a house *talo*), pitch (one's tent *telttansa*); *(kirj)* raise (a monument *muistomerkki*) **-tukka** crew cut **-viiva** vertical [line].

pystyv||yy|s capability, ability, *(kirj)* competence (prove one's competence to *osoittaa -tensä jhk*); *(kyvykkyys)* capacity (for *jhk*); *(taito)* skill **-ä 1** capable (of *jhk*), able (to do *tekemään;* a very able man *hyvin ~ mies*), competent (he is not competent to *hän ei ole ~..*); *(harjaantunut)* skilled **2** *(terävä)* sharp (knife *veitsi*).

pyst|yä 1 be able (to walk *kävelemään*), *(voida)* can (can you sleep? *-ytkö nukkumaan?* as well as I can *niin hyvin kuin -yn*); *(olla kykenevä)* be capable of doing *tekemään*); be equal to (a difficult task *vaikeaan tehtävään*); be competent (to do *tekemään*) **2** *(tehota)* have effect (on *jhk*) **3** *(leikata)* cut ▶ *hän ei -y..* he is unable to (incapable of); *hän ei -y mihinkään* he is no good (good for nothing); *häneen (siihen) ei -y..* he (it) is proof against (flattery *imartelu;* rust *ruoste*); *näytä mihin -yt!* prove yourself! show what you can do!

pysyminen staying, remaining; *paikallaan ~* standing still; *(kuv)* stagnation.

pysyt||ellä keep (awake *hereillä;* quiet *hiljaa;* away *poissa*); *(pysyä jssk, jäädä)* stay (stay where you are *-tele alallasi*); *(~ muuttumattomana)* remain steady; hold o.s. (still *paikallaan;* upright *pystyssä*); *~ erossa jstk* refrain from; *~ sisällä* stay indoors, keep in; *~ valmiina* hold o.s. ready, be prepared **-tää** *(pitää)* keep (unchanged *ennallaan*); *(säilyttää)* maintain (discipline in *kuri jssk*); retain (in force *voimassa*).

pysyvä 1 *(vakituinen, jatkuva)* permanent (effect *vaikutus;* cause permanent damage *aiheuttaa ~ä haittaa;* remain permanent *jäädä ~ksi*); standing (invitation *kutsu;* joke *pila*); steady (customer *asiakas*); established (order of things *asioiden ~ olotila*); *(muuttumaton)* constant (problem *ongelma*); stable; *(kiinteä)* fixed (abode *asuinpaikka*) **2** *(pitävä)* fast (hold *ote;*

colo[u]r *väri); (luja)* firm ▶ ~ **käytäntö**
well-established practice; **olla** ~ *(m)* last;
saada ~ **sija** *jssk* gain a lasting (firm)
foothold in; *hän sai ~n vamman* he was
permanently injured.

pysyv||**[äis]yys** permanence; *(lujuus)*
fastness (of colo[u]r *värin* ~) **-ästi**
permanently.

pys|**yä 1 a)** *(olla jatkuvasti)* stay (at home,
in *kotona, sisällä;* hot *kuumana;* away
poissa; in bed *vuoteessa); (jäädä)* remain
(unchanged *ennallaan;* seated *istumassa,
paikallaan;* in power *vallassa); (olla
[yhä])* continue to be, be [still] (the same
samana); (säilyä) keep (well *terveenä);*
stand (firm *lujana);* **b)** *(~ kiinni)* hold
[fast]; stick **2** *(pysytellä; pitää kiinni jstk)*
keep (one's promise *lupauksessaan;* one's
course *suunnassa;* together *yhdessä),* keep
to (the time-table *aikataulussa);* hold to
(by) (one's story *kertomuksessaan);*
(pitäytyä jhk) stick to; *(~ tiukasti)* persist
in (one's opinion *mielipiteessään),*
persevere ▶ *hattu* **ei** *-ynyt hänen päässään*
he had trouble keeping his hat on; ~
järjestyksessä *(kunnossa)* be kept
(itsestään remain) in order (good
condition); ~ **kannallaan** maintain one's
ground; ~ **kiinni** *jssk* hang (hold) fast to,
cling to, stick to; ~ **koossa** hold together;
~ **mukana** keep up (with *jkn),* follow;
(henk) ~ **paikallaan** stay in one's place;
keep quiet (still), not stir (move); *-y
paikallasi!* stand still! don't move!

pysähdy|**s** *(pysähtyminen)* stop, halt (the
first stop ~ (halt) was in (at) ..
ensimmäinen ~ *oli ..ssa); (~ yöksi yms)*
stopover; *(seisaus)* stoppage, standstill;
([lepo]tauko) pause, let-up; *liikenne joutui
-ksiin* traffic came to a stop; *olla [täysin]
-ksissä* be at a standstill, *(seisoa)* stand
~**paikka** stop[ping place] ~**tila** *(tal, kuv)*
stagna|tion, -ncy; *olla* ~**ssa** be stagnant.

pysähdyttää = *pysäyttää;* ~ *jku
ajattelemaan* make a p. [stop and] think.

pysähtymis||**kielto** *(liikenn)* no stopping,
clearway **-merkki** stop sign[al].

pysäh|**tyä 1** *(konkr)* **a)** *(seisahtua)* stop (he
stopped there *hän -tyi sinne;* the clock has
stopped *kello on -tynyt); (raut, aut, sot)*
halt, come to a halt; *(aut, raut m)* pull
(draw) up (at a station *asemalla); (~
kokonaan)* come to a standstill (stop); **b)**
(~ matkalla) make a stop (we made two
stops on our journey *-dyimme kaksi*

*kertaa matkallamme); (viivähtää, pitää
tauko)* pause; *(viipyä)* stay (in a place for
a week *jnnk viikoksi)* **2** *(kuv)* **a)**
(keskeytyä) come to a stop (halt) (the
work came to a stop *työt -tyivät); (kirj)*
cease; *(alkaa polkea paikallaan)* stagnate,
be stagnant; **b)** *(keskeytyä)* break off (he
broke off in the middle of a sentence *hän
-tyi keskellä lausetta)* ▶ ~ **kasvussa** stop
growing; ~ **paikalleen** stand (stop) still; ~
puolitiehen stop halfway; *(kuv)* leave off in
the middle; **pysähtymättä** without a stop;
non-stop; *sydän -tyi* the heart ceased to
beat; ~ **äkkiä** stop short (dead), come to a
sudden stop.

pysäkki stop; stopping place.

pysäköi||**dä** park **-nninvalvoja** traffic warden
-nti parking.

pysäköinti||**-** parking (time *-aika;*
prohibition *-kielto;* fee *-maksu;* meter
-mittari) **-alue** car park, parking place
-paikka parking place **-talo** multi-level car
park, *(Am)* parking garage **-virhemaksu**
parking ticket.

pysäytt||**äminen** stopping; ~ **kielletty** no
stopping; *(Brit)* clearway **-ää** stop (a p.
jku; an engine *kone;* the traffic *liikenne);*
make .. stop; *(erik sot, raut)* halt; hold up
(the policeman held up the traffic *poliisi
-i liikenteen); (seisauttaa)* bring to a stop
(standstill, halt); stay (the progress of a
disease ~ *taudin eteneminen); (estää)*
check (the progress *kehitys); (ehkäistä)*
arrest (the natural growth *luonnollinen
kasvu); (saada loppumaan)* put a stop (an
end) to ▶ ~ **kone** cut off the engine; ~ *jku
rajalla* detain a p. at the border.

pytty 1 *(puu~)* [wooden] tub, cask **2** *(ark)*
(palkintopokaali) cup, trophy.

pyy *(el)* hazelhen.

pyy|**de** *(tav -teet) (tavoite)* ambition; *(halu)*
desire, wish (selfish wishes *itsekkäät
-teet); (erik) -teet* aspirations,
(pyrkimykset) strivings ~**llä** [keep]
ask[ing]; ~ **anteeksi** make (offer)
apologies.

pyydy|**s** trap (set a trap for *asettaa* ~ *jllk);
(ansa)* snare; *(erik kuv)* hook; *(kuv)* mennä
-kseen fall into the trap; *saada -kseen* trap
~**tys** catch[ing] ~**tää 1** fish (for trout
taimenia); catch (fish *kaloja); (metsästää)*
hunt (big game *suurriistaa);* ~ **ansoilla**
trap, snare; ~ **helmiä** dive for pearls **2**
(kuv) catch, net; hunt for (a husband
aviomiestä).

pyyh|e towel; *(riepu)* cloth; *(lääk)* **kylmät -keet** cold compresses **~kumi** [india] rubber, *(erik Am)* eraser **~liina** towel.

pyyh||in wiper (windshield wipers *tuulilasin -kimet*) **-kiytyä;** ~ *pois* be swept away.

pyyh|kiä 1 wipe (one's hands *kätensä;* dry *kuivaksi;* one's tears *kyynelensä;* the table *pöytä*); mop (the floor *lattia*); wipe out (the bath *amme*); *(kuivata)* dry; *(siivota)* wipe up (the spilt milk *kaatunut maito*) **2** (~ *pois*) *(kumilla)* erase *(m atk)*, rub out; (~ *yli*) strike (cross) out (a name from a list *nimi listalta*), cancel **3** *(sivellä)* stroke (with alcohol *spriillä*); apply (oil to *öljyllä jk*) **4** *(lakaista)* sweep (the searchlights swept the sky *valonheittäjät -kivät taivasta*) ▶ *(ark)* hänellä **-kii hyvin** he's doing well; ~ *jk* **mielestään** wipe .. out of one's mind; **tarpeeton -itään yli** delete as required.

pyyhkäis|tä wipe; *(sipaista)* pass one's hand over (one's forehead *otsaansa*), stroke; *(kuv)* sweep (a car swept past *auto -i ohi*); (~ *pois*) wipe out; *(kuv)* obliterate, blot out; ~ **mereen** wash overboard.

pyyhäl|tää speed, dash (by *ohi*); hän **-si pitkin katua** she darted up (down) the street.

pyykin||kuivausteline clotheshorse **-pesu** washing, laundering **-pesukone** washing machine.

pyykittää *(maanmitt)* demarcate, mark boundaries (to *jk*), set landmarks.

1 pyykki *(raja~)* boundary stone; *(maamerkki)* landmark.

2 pyyk|ki 1 wash[ing]; *-issä* in (at) the wash; *pestä ~ä* wash the clothes, do the washing **2** (*~vaatteet*) washing (colo[u]red washing *kirjava ~*), laundry (send one's laundry to be done *lähettää ~nsä pestäväksi*); *(valko~)* linen; *(pl)* clothes **~lauta** washboard **~nuora** [clothes]line **~poika** clothes peg, *(Am)* clothespin **~päivä** washday, washing day **~tupa** laundry [room].

pyykkäri washerwoman, laundress.

pyylev||yys plumpness; corpulence **-ä** plump, buxom (woman *nainen*); corpulent (man *mies*); *(lihava)* fat.

pyynti *(kal)* catching, fishing; *(mets)* hunting; shooting (duck shooting *sorsan~*); *(ansoilla ~)* trapping **~alus** fishing boat; *(valaan~)* whaler; *(hylkeen~)* sealer **~tuore** *(keitt)* fresh from the sea **~välineet** *(kal)* fishing tackle.

pyyn|tö request (make a request *esittää ~;* grant a request *suostua ~ön*); *(vetoomus)* appeal (for help *avun~*); *(harras ~)* entreaty; *(vaatimus)* demand; *(anomus)* petition; *(hakemus)* application (loan application *laina~*) ▶ **pyynnöstä** on request (application); *jkn -nöstä* at the request of; *yleisön -nöstä* by request; *minulla on* **sinulle** ~ may I ask you a favo[u]r.

pyytee||llinen self-interested **-tön** unselfish (joy *ilo*), *(omaa etua tavoittelematon)* disinterested.

pyytäjä *(pyydystäjä)* catcher; *(kerjäläinen)* beggar.

pyy|tää 1 (~ *jtk*) ask (a p. for *jklta jtk;* a p. to do *jkta tekemään;* for advice of *jklta neuvoa*); request (the audience is requested not to talk *yleisöä -detään olemaan hiljaa*); (~ *hartaasti*) beg, beseech; *(-tämällä ~)* entreat; *(hakea, anoa)* apply to; *(vaatia)* demand; *(lak)* move (for an adjournment *lykkäystä*) **2** *(kutsua)* ask, invite (to dinner *päivälliselle*) **3** catch (fish *kalaa*) ▶ **-dämme teiltä ehdotuksia** *(tarjouksia)* we invite (call for) your proposals (tenders); *kirjoittakaa* **ja -täkää luetteloamme** write for our catalogue; *kissa ~ ulos* the cat wants to go out; **pyydettäessä** on request; **pyydän** *ei mitään kohteliaisuuksia!* please no compliments! *-dän [saada] onnitella* may I congratulate; **pyytämättä** unasked.

pyältää notch.

pyökki beech **~nen** beech[en], beechy.

pyöre||ys roundness; *(ympyranmuotoisuus)* circularity; *(pulleus)* plumpness, rotundity; chubbiness (of cheeks *poskien ~*) **-ä 1** round *(m kuv;* sum *summa;* dozen *tusina*); *(ympyränmuotoinen)* circular; *(liereä)* cylindrical **2** *(pullea)* round, chubby; plump (small and plump *pieni ja ~*); *(täyteläinen)* full (bosom *povi*) **3** *(mitäänsanomaton)* non-committal (statement *lausunto*) ▶ *-in* **luvuin** in round figures, roughly; *tehdä -itä* **päiviä** work around the clock; *silmät -inä* wide-eyed; *täyttää -itä* **vuosia** have an important birthday.

pyöreä||kantainen buttonhead (screw *ruuvi*) **-sti** roughly, approximately.

pyörimi||nen rotation, revolving **-sliike** rotation, rotary movement.

pyörinä whirl; *hyörinä ja* ~ hustle and bustle.

pyörist||**ys** *(konkr)* rounded-off part; *(luvun ~)* rounding off **-yä** [become] round; grow plump **-ää 1** round; round off (the corners *kulmat)* **2** *(~ tasamäärään)* round off (the amount *summa;* to full figures *täysiin lukuihin)*; ~ *[alaspäin]* round .. off, knock off the odd penny; ~ *[ylöspäin]* round .. up.

pyörittää 1 a) *(kierittää)* roll (a ball *palloa)*; wheel (a hoop *vannetta)*; **b)** *(vääntää)* turn (a handle *kampea)*; **c)** *(kieputtaa)* whirl (a girl *tyttöä)*, swirl; **d)** *(~ akselinsa ympäri)* revolve; swivel (one's chair round *tuoliaan [ympäri])*; [make] rotate (what makes it rotate? *mikä sitä ~?)* **2** *(pitää käynnissä, hoitaa)* run, manage (a business *firmaa)*.

pyör||**ivä** *(tekn)* revolving, rotating, rotary (motion *liike)* **-iä 1** *(~ akselinsa ympäri)* revolve; rotate, turn, go round; *(kiertää ympyrää)* circle; gyrate **2** *(kieppua)* spin, twirl, whirl *(m kuv;* thoughts whirled in my head *ajatukset -ivät päässäni)* **3** *(henk)* **a)** *(tanssia)* dance (in a circle *piirissä)*; **b)** *(parveilla)* swarm (around him *hänen ympärillään)*; *(hyöriä)* make a fuss about (a p. *jkn ympärillä)* ▶ **elokuva -ii** Bristolissa the film is running at the Bristol; *(kuv)* homma on **lähtenyt** *-imään* hienosti the ball is really rolling now; *maailma -i* **silmissäni** my head was spinning.

pyöriäinen *(el)* porpoise.

pyör|re 1 *(m -teet)* whirl (of water *veden ~)*, swirl; *(veden ~ m)* whirlpool; *(pieni ~)* eddy; *(tuulen ~)* whirlwind; *(fys, kuv)* vort|ex *(pl -ices)*; *(us kuv)* maelstrom (of war *sodan -teet)*; *(kuv)* whirligig (of social life *seuraelämän -teet)*; *joutua tapahtumien -teeseen* be caught up in events **2** *(hius~)* whorl **~myrsky** whirlwind; *(Am m)* twister; *(sykloni)* cyclone **~patsas** tornado *(pl ~[e]s)*; *(vesipatsas)* waterspout **~tuuli** whirlwind **~virtaus** *(fys)* turbulence.

pyörry||**ksi**||**ssä** *(-in)* in a faint (swoon); *(päästään pyörällä)* dizzy, giddy (with *jstk)*; *puhua jku -in* talk a p. down **-ttävä** dizzy, giddy (height *korkeus)* **-ttää**; *minua ~* I feel dizzy (giddy); *päätäni ~* my head swims **-tys** dizziness, giddiness; *(lääk)* vertigo.

pyörteillä whirl, swirl; eddy.

pyörty||**miskohtaus** fainting fit **-mys** faint, swoon **-nyt** fainted; *(tiedoton)* unconscious **-ä** faint (from hunger *nälästä)*, swoon;

black out (at the sight of blood *nähdessään verta)*; pass out.

pyörtää 1 *(kääntyä takaisin)* turn (go) back; *(kaartaa)* take the curve; turn **2** *(peruuttaa)* take back (one's promise *lupauksensa)*.

pyöry||**kkä** *(keitt)* ball; quenelle **-lä** circle; *ei pennin ~ä* not a [brass] farthing, *(Am)* not a red cent.

pyör|**ä 1** wheel (the wheels of a car *auton ~t)*; *(huonekalun jalan ~)* castor **2** *(polku~, moottori~)* bike ▶ **ajaa** *~llä* cycle, bike; *-illä* **kulkeva** wheeled; *panna ~t* **pyörimään** set the wheels turning; **pyörällä** *ks. hakus.*

pyöräh||**dys** swing; *(~ akselin ympäri)* turn, rotation **-tää** *(~ ympäri)* swing (turn) [a]round; *(astr, tekn)* rotate, revolve (once *kerran)*; ~ **kantapäillään** turn on one's heel.

pyöräil||**ijä** [bi]cyclist **-lä** cycle, bike **-y** cycling.

pyörällä|**ä** *(-e); panna jkn pää -e* daze (bewilder) a p.; *päästään ~* confused, dazed.

pyörän||**akseli** axle[tree] **-kumi** tire, *(Am)* tyre **-raide** rut, wheelmark, wheel track **-vanne** rim.

pyörä|**stö** train of gears **-suksi** roller ski **-teline** bicycle stand **-tie** cycle path **-tuoli** wheelchair, invalid chair.

pyörö||**hirsi** round timber (log) **-horisontti** *(teatt)* cyclorama **-kaari** round (semicircular) arch **-näyttämö** revolving stage **-ovi** revolving door.

pyöveli executioner.

pähkinä *(kasv ja kuv)* nut; *(hassel~)* hazelnut; *(saksan~)* walnut; *(maa~)* peanut; *(kuv m)* task, problem; *kova ~ purtavaksi* a hard (tough) nut to crack **~nkuori** nutshell **~nruskea** hazel, nutbrown **~nsärkijä** nutcracker **~npensas** hazel [bush], hazelnut [tree] **~puu** *(puus)* walnut, nutwood.

pähkylä *(kasv)* achene, nutlet.

pähkähullu mad, crackbrained; *hän on ~* he is nuts (crackers); *olet ~!* you must be out of your mind!

päihde intoxicant.

päihdyttä||**vä** *(konkr ja kuv)* intoxicating, heady; ~ *juoma* intoxicant, intoxicating liquor **-ä** intoxicate, make .. drunk, *(kirj)* inebriate.

päihittää *(urh ym)* beat, defeat, outdo (I was outdone by him *hän -ti minut)*.

päihty∥mys[tila] intoxication, drunkenness **-nyt** intoxicated, drunk (with *jstk*); *-neenä autolla-ajo* drunk[en] driving **-ä** become intoxicated, get drunk (with *jstk*).

päily∥vä glimmering, shimmering (surface *pinta*) **-ä** shimmer, glimmer; *(heijastella)* be reflected (mirrored).

päin 1 a) *(jtk kohti)* towards (London *Lontooseen* ∼*;* me *minuun* ∼*),* to (with one's face to the wall *kasvot seinään* ∼); *(jhk suuntaan)* in the direction of; *(yhdyss)* -wards (homewards *kotiin* ∼); at (he throw a stone at the dog *hän heitti kiven koiraa* ∼); **b)** *(jhk)* into (drive into a tree *ajaa* ∼ *puuta*); against (run against a tree *juosta* ∼ *puuta*) **2** *(jstk* ∼*)* from (the sea *mereltä* ∼) **3** *(jllak suunnalla)* in (America *Amerikassa* ∼); somewhere near, in the neighbo[u]rhood of **4** *(jotenkin puolin)* [with] ..side out (up) (this side out (up) *näin* ∼) ▶ *ikkuna on kadulle (pohjoiseen)* ∼ the window gives on the street (faces the north); ∼ *kasvoja* [straight] to his face; *mihin* ∼ *he menivät?* which way did they go? *mistä* ∼ *olet kotoisin?* where[abouts] are you from? *olla* **paranemaan** ∼ be getting better; *ei* **sinne** ∼*kään* nothing of the kind; **väärin** ∼ the wrong way [round]; *(nurin* ∼*)* with the wrong side out; *(ylösalaisin)* upside down.

-päinen *(yhdyss)* -headed (two-headed *kaksi*∼); *(-kärkinen)* -pointed; *huivi*∼ wearing a scarf; *kymmen*∼ *joukko* a group of ten [people].

päin∥makuu *(voim)* prone lying **-sä;** *käydä* ∼ be possible; *(olla sopivaa)* be proper; *se ei käy* ∼ it can't be done **-vastai∥nen** opposite (in opposite directions *-siin suuntiin*), contrary (to the expectation *kuin oli odotettu*); *(käännetty)* reverse (order *järjestys*); *(itsen)* the opposite (of *kuin*); *antaa* ∼ *neuvo* advise to the contrary **-vastoin** on the contrary (no — on the contrary *ei* ∼); the opposite (of *kuin*); *aivan* ∼*!* quite the contrary! just the opposite! *asia on* ∼*!* it's the other way round; *..ja* ∼ and vice versa; ∼ *kuin veljensä* unlike his brother.

päissään; *olla* ∼ be drunk.

päist∥e *(maat)* balk, headland **-ikkaa** head first; headlong *(m kuv)*.

päitset *(sg)* headstall, halter.

päittäin *(päät vastakkain)* end to end; *(kuv) (tasoissa)* even (be even *olla (mennä)* ∼); ∼ *oleva* abutting.

päivemmällä later in the day.

päivet∥tynyt sunburnt, tanned **-tyä** get tanned (brown) (in the sun *auringossa*) **-tää** tan, bronze, make .. brown **-ys** sunburn, [sun] tan.

päivi∥neen ..and all (crew and all *miehistöineen* ∼) **-sin** in the daytime, by day.

päivitellä *(siunailla)* wag one's tongue; wonder (at *jtk*); *(voivotella)* complain, lament.

päivittä∥in daily, day by day; *(joka päivä)* every day; *kuluttaa 5 litraa maitoa* ∼ consume five litres of milk a day **-inen** daily, day-to-day **-istavara** *(liik) (pl)* perishables, perishable goods.

päivyri [wall (table)] calendar; *kellossa on* ∼ the watch shows the date.

päivystys duty; emergency duty; *(∼palvelu)* [emergency] service (24-hour service *24 tunnin* ∼) **∼poliklinikka** hospital emergency room **∼vuoro;** ∼*ssa* on duty.

päivystä∥vä ..on duty; ∼ **apteekki** pharmacy open; ∼ **lääkäri** doctor on duty (call); ∼ *upseeri* duty (orderly) officer, *(erik Am)* officer of the day **-ä** be on duty, be on call.

päiv∥ä 1 *(∼nvalon aika]; vuorokausi)* day (every day *joka* ∼*;* on the very day *juuri sinä* ∼*nä;* a short (warm) day *lyhyt (lämmin)* ∼*;* he works long days *hän tekee pitkiä -iä)* **2** *(∼määrä)* date (what date is it today? *monesko* ∼ *tänään on?* from this date *tästä* ∼*stä lukien)* **3** *(merkki∼)* Day (New Year's Day *uuden vuoden* ∼); *(vuosi∼)* anniversary (the fiftieth anniversary *viisikymmenvuotis*∼) **4** *(tav)* ∼*t* **a)** *(aika)* day[s] (in our day[s] *meidän -inämme), (sg)* time (of youth *nuoruuden* ∼*t);* **b)** *(neuvottelu- yms* ∼*t) (sg)* meeting, congress; *(juhlat) (sg)* festival (regional festival *kotiseutu*∼*t)* **5** *(aurinko)* sun ▶ **edellisenä** ∼*nä* the day before; **eräänä** ∼*nä* one day; *(liik)* ∼*n* **hintaan** at the current price; **[hyvää]** ∼*ä! (tav)* good morning (afternoon); *(tutustuttaessa)* how do you do; **jonakin** ∼*nä* one day; *(piakkoin)* one of these days; *(joskus)* some day; *tammikuun 5.* ∼*nä* on the fifth [of] January; *kirjeenne tammikuun 5.* ∼*ltä* your letter of January 5th; *mainitusta* ∼*stä* **lukien** on and after that date; ∼*t* **pitkät** days in day out, for days on end; **päivineen** *ks. hakus.;* **päivällä** by day, in the daytime; **päivän** the day's, today's (paper *lehti;* mail *posti)*; ∼*n annos* today's special; ~stä **päivään** *(toiseen)* from day to day, day after day; *[vielä]* **samana** ~nä the same day; **terveytensä** *-inä* when he still had his health; **tähän** ~än asti to this [very] day, till now; *tästä* ~stä *lähtien* from this day on; *tästä* ~stä viikon *päästä (Br)* this day week; *(Am)* a week from today; *vielä* **tänäkin** ~nä even today (now); *on jo* **täysi** ~ it is broad daylight; **vanhuutensa** *-inä* in his old age, when he was old; *kuin* **viimeistä** ~ä live like there's no tomorrow.

päivä|- day (care *-hoito; (raut)* coach *-vaunu;* shift *-vuoro).*

päivä||**eläin** diurnal animal **-hoitaja** childminder, dayminder **-hoitola** children's day-care center **-inen** *(yhdyss)* -day[s'] (two-day[s'] *kaksi~);* viisi~ *viikko* five-day week **-järjesty**|s daily program[me] (routine); *(esityslista)* agenda; *(parl ym)* order of the day; *ehdottaa siirtymistä yksinkertaiseen -kseen* rise to order; *(kuv) kuulua -kseen* be nothing out of the ordinary; *(kuv) saada asia pois -ksestä* remove an item from the agenda **-kahvi** afternoon coffee **-kau**|**si;** *-det* days through **-kirja 1** diary, journal **2** *(kirjanp)* journal, daybook **3** *(koul)* register (mark the register *kirjoittaa* ~an), classbook **4** *(ajo~, matka~)* logbook **-korvaus** *(vak)* daily allowance **-koti** day nursery; day-care center **-käsky** order of the day [newspaper] **-leima** date stamp, dater **-lleen** ..to a (the) day, exactly.

päivälli|**nen** dinner (at dinner *-sellä;* what did you have for dinner? *mitä söit -seksi?); (keskipäivän ateria)* midday meal; *syödä -stä* have dinner; dine (out *ravintolassa).*

päivällis||**aika** dinner time (at dinner time ~an) **-kutsu 1** invitation for dinner **2** ~t dinner [party] **-pöy**|**tä** dinner table; *-dässä* at dinner **-viera**|s dinner guest; *meillä oli -ita* we had guests for dinner.

päivä||**luotto** overnight (call) money **-läinen** day labo[u]rer **-matka** day's journey **-määrä** date.

päivän||**avaus** *(koul)* assembly **-kakkara** [oxeye] daisy, marguerite **-kohtainen** ..of current interest **-koitto** dawn, daybreak; *-koitteessa* at dawn **-korento** *(el)* mayfly **-paahtama** sunburnt **-paiste** sunshine; *hän oli pelkkää* ~tta he was radiating good humo[u]r **-paisteinen** sunny **-politiikka**

day-to-day politics **-polttava** ..of great immediate interest, highly topical; urgent (question *kysymys)* **-puoleinen** ..on the sunny side (room *huone)* **-sankari** birthday|girl, -boy **-seisaus** solstice **-selvä** obvious, self-evident, ..as clear as daylight **-sini** *(kasv)* morning glory **-säde** sunray; *(henk)* sunshine **-tapahtumat** current events **-tasaaja** equator; *(mer m)* the line; ~n equatorial **-tasaus** equinox (vernal (autumnal) equinox *kevät- (syys)~)* **-valo** daylight (in the daylight ~ssa); *(kuv) nähdä* ~ see the light; *saattaa* ~on bring .. to light; *tulla* ~on come to light, come out **-varjo** sunshade, parasol.

päivä||**näytäntö** matinée **-palkka** daily pay **-peite** bedspread, counterpane, coverlet **-perhonen 1** *(el)* butterfly **2** *(kuv) (henk)* social butterfly; *(hetken villitys)* passing fad **-raha** daily allowance **-saika** daytime; in [the] daytime **-sakko** day-fine **-tanssit** afternoon dance **-työ 1** daywork; *olla* ~ssä work by the day **2** *(-n työ)* day's work; *(kuv) (elämäntyö)* lifework **-työläinen** day labo[u]rer (worker).

päivät|ä date; ~ *aikaisemmaksi* ante-, pre-, back|date; *-ty* dated, under the date of (5th Jan *5. tammikuuta).*

päivä||**uni 1** afternoon nap **2** *(kuv)* daydream **-vaihto** *(liik)* daily turnover **-ys** date **-ämätön** undated, ..without date, ..bearing no date.

päkiä ball of the foot.

pälkäh||**tää;** ~ *jkn päähän* occur to, strike, come to a p.'s mind, enter a p.'s head; *kun hänen päähänsä* ~ *(m)* whenever he likes (feels like it) **-äs**|**sä** in a dilemma; *päästä -tä* get out of a scrape (fix).

pälpät|**tää, -ys** babble, prattle.

pälvi place where the snow is melted; bare spot.

pälyil|**lä;** ~ *ympärilleen* be glancing (peer) around one, look furtively around one; *-evä katse* furtive look.

päntätä; ~ *päähänsä* grind away (at *jtk);* ~ *jkn päähän* beat (hammer) into a p.['s head].

päre 1 *(lastu)* chip, splint; *(sytyke)* spill, kindling chip; *(ark kuv) polttaa* ~ensä fly off the handle, blow one's top **2** *(katto~)* shingle ~**katto** shingle roof ~**kori** chip basket.

pärinä roll[ing] (of a drum *rummun* ~); buzz[ing] (of an alarm clock *herätyskellon* ~); rumbling (of a motorcycle *moottoripyörän* ~) ~**poika** *(ark)* hell's angel; motorbike tough.

päris||**tin** rattle -**tä** roll (the drums roll *rummut -evät*); *(surista)* buzz; *(rämistä)* rattle -**yttää;** ~ *rumpua* roll a drum.

pärjätä *(ark)* do; *(~ hyvin)* do well (in *jssk*); manage, get on (without *ilman jtk*); *(tulla toimeen)* get along.

pärsk||**e** splashing (of waves *aaltojen* ~); *(roiske)* spatter; ~**et** *(sg)* spindrift -**iä;** *yskiä ja* ~ cough and sneeze -**yttää** splash; *(roiskuttaa)* spatter -**ähtää** *(roiskahtaa)* splash, spatter; squirt, splutter.

pärstä *(ark)* phiz, mug.

pässi ram ~**npää** *(kuv)* blockhead, numskull, ass.

pätemisentarve need (craving) for recognition, desire to assert o.s.

pätemät||**tömyy**|**s** 1 *(lak)* invalidity, voidness, nullity (of a will *testamentin* ~) 2 *(epäpätevyys)* incompetence, *(muodollinen* ~*)* lack of qualifications, disqualification 3 *(psyk)* inadequacy (feeling of inadequacy -*den tunne*) -**ön** 1 *(erik lak)* invalid, void 2 *(epäpätevä)* incompetent; *[muodollisesti]* ~ unqualified.

pätevyys 1 a) *(muodollinen* ~*)* *(pl)* qualifications; *antaa jklle* ~ *jhk* capacitate .. for; *hankkia* ~ *jhk* qualify [o.s.] for; b) *(pystyvyys)* competence (to do *jhk*); *(kyky)* ability, capacity (for *jhk*) 2 a) *(lak)* validity, *(lainvoimaisuus m)* force; b) *(paikkansapitävyys)* validity, tenability (of a theory *teorian* ~) ~**aste** *(pl)* merits ~**vaatimu**|**s** *(us -kset)* *(pl)* qualifications required.

pätevä 1 a) *(muodollisesti* ~*)* [duly] qualified (teacher *opettaja;* for a position *virkaan*); b) *(pystyvä)* competent (typist *konekirjoittaja*), *(hyvä)* good; *(kykenevä)* able, capable (of criticizing *arvostelemaan*) 2 *(voimassa oleva)* valid 3 *(jolla on oikeus)* authorized (to act *toimimaan*) 4 *(riittävä)* just, adequate, good (cause *syy*) 5 *(tehokas)* effective (measures *keinot*) 6 *(paikkansa pitävä)* tenable (theory *teoria*) ▶ *hän ei ole* ~ *jhk* he is unqualified (incompetent) for; ~ **este** valid excuse; ~ **syy** valid (good, just) reason (cause).

pätevöi||**dä** qualify, make .. competent (for *jhk*) -**tyä** become (make o.s.) competent, qualify [o.s.] (for *jhk*); acquire the qualifications required.

päteä 1 *(olla voimassa)* be valid; *(pitää paikkansa)* hold good, be true (even today *tänäkin päivänä*), hold true 2 *[yrittää]* ~ assert o.s.; *tarve* ~ need for recognition.

pätk||**ittäinen** fragmentary; broken [up] -**iä** cut [up] into pieces (bits) -**ä** bit; end (of a rope *köyden* ~); stump *(m henk); laulun* ~ snatch of a tune.

pätsi *(raam)* furnace (fiery furnace *tulinen* ~).

pää 1 head *(m kuv)* (the head of a family *perheen* ~*;* he has a good head *hänellä on hyvä* ~*;* go into a p.'s head *mennä jkn* ~*hän); (järki, äly) (pl)* brains 2 *(mielentila)* mood (when he was in that mood *kun hän oli sillä* ~*llä (sattui sille* ~*lle))*, humo[u]r (in a good (bad) humo[u]r *hyvällä (pahalla)* ~*llä)* 3 *(~puoli)* head (of a pin *nuppineulan* ~*); (loppu~)* end (of a rope *köyden* ~*); (kärki)* point; tip (of a tongue *kielen* ~) ▶ *saada* ~ **auki** set the ball rolling; ~ **edellä** head first (foremost); **hattu** ~*ssä* with one's hat on; *ottaa hattu* ~*stään* take one's hat off; *hänellä on* **huivi** ~*ssä* she is wearing a scarf; *200* ~*tä* **karjaa** 200 head of cattle; *minua* **ottaa** ~*hän* I'm fed up; *(kuv)* ~*tään* **pitempi** *muita* head and shoulders above the others; *olla jllak* **päällä** *ks. 2;* **saada** ~*hänsä* get [it] into one's head; **tyhmä** ~*stään* stupid; ~*t* **vastakkain** end to end.

pää||- main (hobby -*harrastus;* street -*katu;* library -*kirjasto;* speaker -*puhuja;* island -*saari;* entrance -*sisäänkäynti;* task -*tehtävä;* difficulty -*vaikeus*); △ principal (ingredient -*aines;* language -*kieli;* owncr -*omistaja;* heir -*perillinen;* nutriment -*ravinto*); △ chief (candidate -*ehdokas;* attention -*huomio;* librarian -*kirjastonhoitaja;* designer -*suunnittelija;* opponent -*vastustaja;* *(san)* organ --*äänenkannattaja*); △ *(ensisijainen)* primary (industry -*elinkeino;* language -*kieli*); △ leading (motive -*vaikutin*).

pää||**aine** *(koul, yliop)* main *(Am* major) subject; *opiskella* ~*enaan (Am)* major in (chemistry *kemiaa*) -**ajatus** main (leading) idea, keynote -**alttari** *(erik kat)* high altar -**ansio** 1 *(kuv)* principal merit 2 *(-tulo)* main income.

pääasia main (most important) thing; main question (point); ~*ssa* in the main; *(etupäässä)* chiefly, mainly; *[osata] erottaa* ~*[t] sivuasioista* be able to discriminate between essential and nonessential **~llinen** main, chief (cause of *jnk ~ syy*); *(tärkein)* principal **~llisesti** mainly, chiefly, principally; *(enimmäkseen)* mostly.

pää‖**esikunta** *(sot)* main headquarters; general staff **-filmi** feature [film] **-henkilö** principal character; *(sankari)* hero, *(fem)* heroine; *(kuv)* protagonist; *(seuran keskipiste)* centre of attention **-hine** *(koll)* headgear, head covering; *(us lakki)* cap; *(päänkoriste)* headdress **-hyve** cardinal virtue.

päähän‖**pinttymä** fixed idea, obsession **-pisto** notion, idea; *(mielijohde)* whim, fancy, caprice **-pälkähdys** sudden idea **-pänttäys** cramming, grinding.

pää‖**ilmansuunta** cardinal point **-jakso** *(el)* phyl|um *(pl -a)* **-jalkaiset** *(el)* cephalopods **-johtaja** director general; *(pankk)* chief general manager; *(Am)* president **-johto** *(tekn)* main [pipe] **-joukko** main body *(m sot)*.

pääkallo skull, *(tiet)* cranium; **~n** cranial; **~n kuva** skull and crossbones **~nmetsästys** headhunt[ing] **~npaikka 1** *(raam)* [Mount] Calvary **2** *(leik)* nerve centre, hub of activity.

pää‖**katkaisin** master (main) switch **-katsomo** grand stand.

pääkaupunki capital [city]; *(keskuspaikka)* cent|re, **-er ~lainen** inhabitant of the capital **~seutu** metropolitan area.

pää‖**kirja 1** *(kirjanp)* ledger **2** *(teatt)* prompt book **-kirjoitus** leading article, leader, *(Am)* editorial **-kohdittain;** *selostaa jk ~* give the main points (an outline) of **-kohdittainen** summary, cursory **-koh**|**ta** main (chief) point; *jnk -dat* an outline of **-konsuli** consul general **-konttori** head (main) office **-ksytysten;** *päivät ~* day after day **-kuori 1** *(anat)* braincase **2** *(kirk)* chancel **-kytkin** *(sähk)* main [line] switch **-la**|**ki** crown, top [of the head]; *(kuv)* *kääntää -elleen* turn upside down **-lause** *(kiel)* main (principal) clause (sentence) **-liikenneväylä** arterial road, major route, thoroughfare.

päälle on (a th. *jnk ~*); *(yli)* on top of, over (put a cloth on top of (over) a basket *panna liina korin ~*); *(yläpuolelle)* above ▶ **auto** *ajoi hänen ~en* he was run over by a car; **panna** *jk jnk ~* cover a th. with; *panna ~nsä* put on (a coat *takki*); *~ päätteeksi* over and above.

päälle‖**kkäin** one on [top of] the other;

asettaa *~* superimpose; *[osittain] ~ menevä* overlapping **-kkäinen** *(tilast ym)* overlapping, interpenetrating **-käyvä** *(kuv)* aggressive **-päsmäri** bully.

päällikk‖**yys** command (take (assume) the command of *ottaa jnk ~*); leadership **-ö 1** *(johtaja)* **a)** *(erik liik)* head, chief, manager; *(esimies)* superior, *(ark)* boss; **b)** *(heimon ym ~)* chief[tain]; leader (of a group *ryhmän ~*) **2** *(sot)* commander; *(linnoituksen ~)* commandant **3** *(mer)* master (of a ship *aluksen ~*); captain *(m ilm)*.

päälli‖**mmäinen** topmost, uppermost; *~ kysymys* the chief (most important) question **-nen I a 1** *(-skangas)* coating; *(jalk)* upper, vamp **2** *(huonekalun~)* cover; *(irto~)* slipcover; *(patjan~)* tick; *(tyynyn~)* case, slip; *(irtopeite)* spread, throw **II** *a (us yhdyss); jnk ~* ..on top of; *..above* (the ground *maan ~*), *-sin puolin* superficially **-tse** over (a th. *jnk ~*).

päällys 1 *(~te)* coat[ing], *(peite)* covering; *(kuori)* casing, *(kansi)* cover; *(kääre)* wrap[ping] **2** *(~tä)* top, surface **~kenkä** overshoe **~kumi** tire, *(Br)* tyre **~lakana** top sheet **~mies** foreman; *(ark)* boss **~paperi** wrapper **~rakenne** superstructure **~takki** overcoat.

päällyste 1 = *päällys 1* **2** *(tierak)* pavement, surfacing; *(pinta)* surface, top **3** *(keitt)* covering, filling; *juustoa voileivän ~enä* cheese on the bread **~inen** *(yhdyss)* -covered **~laatta** *(julkisivu- ym ~)* facing slab.

päällyst‖**ämätön** uncoated; unpaved (road *tie*) **-ää 1** cover (with (in) leather *nahalla*); coat (with paint *maalilla*); top (with chocolate *suklaalla*); *(~ julkisivu)* face (with); surface, pave (a road *tie*) **2** *(verhoilla)* cover, upholster; *~ uudelleen* re[-]cover **-ö** *(pl)* officers.

päällysvaatteet 1 outer garments, *(koll)* outdoor clothing; *(m)* coat [and hat] **2** *(vastak alusvaatteet)* outerwear.

pääl‖**lä** on (earth *maan ~; he had his coat on hänellä oli takki ~än*); on top of (a shelf *hyllyn ~*); *(yläpuolella)* above **-tä 1** *(yläpuolelta)* on the top; *(ulkopuolelta)* outside (and inside *ja sisältä*); *~ katsoen* externally, in outward appearance; *ottaa [vaatteet] ~än* take off one's clothes **2** *(jnk ~)* from, from the top of; *(pois jnk ~)* off (the table *pöydän ~*); from above (one's head *päänsä ~*); *oletko katsonut* kaapin ~? have you looked on top of the cupboard?

pää||lu|ku; *-vun mukaan* per capita, by heads **-luokka 1** *(hall)* estimate [of expenditure] **2** *(kiel)* voice **-luottamusmies** chief shop steward **-maali** final goal (end) **-maja** *(sg ja pl)* headquarters **-mies 1** head (of the family *suvun* ~) **2** *(lak, liik)* principal; *(asiakas)* client **-ministeri** prime minister, premier.

päämäär|ä *(tavoite)* goal; aim, object, end; *asettaa ~kseen* make .. one's goal, aim at; *ilman ~ä* aimlessly; *palvella jtk -iä* serve certain ends **~nasettelu** goal setting **~tön** aimless, purposeless; ~ *ihminen* *(m)* a drifter.

päänah||anmetsästäjä scalper **-ka** scalp (take a p.'s scalp *nylkeä jkn* ~).

pään||alunen pillow, cushion **-meno;** *koitua jkn ~ksi* cause a p.'s downfall **-nyökkäys** nod.

päänoja headrest.

pään||pudistus shake of the head **-silitys;** *antaa [jklle] ~tä* give a p. a pat on the back **-särky** headache **-särkylääke** headache remedy (pill); *(ark)* painkiller **-tie** *(vaat)* neck[line].

pää||numero *(ohjelman* ~) [main] feature **-nuppi** *(ark)* nut.

päänvaiva puzzle; *aiheuttaa jklle ~a* puzzle a p.

päänäyttämö *(kuv)* tapahtumien ~ main scene [of events].

pääoma capital; *(osake~)* capital stock; *(velan* ~) principal (payment of principal *~n kuoletus)*; *(varat m)* *(pl)* funds; money (need money *tarvita ~a)* ▶ **henkinen** ~ human capital; **muuttaa** *~ksi* capitalize; **oma** ~ own capital resources; **vieras** ~ borrowed (loan) capital.

pääoma||- capital (account *-tili;* –intensive *-valtainen)*.

pääoman||- capital (formation *-muodostus;* transfer *-siirto)* **-omistaja** *(pol)* capitalist.

pääomatulo income from capital; unearned income.

pää||os|a 1 main (principal) part; *(valtaosa)* bulk; *~ltaan, -iltaan* mainly, principally, mostly **2** *(teatt)* lead[ing role]; *-ien (~n)* esittäjä principal actor *(fem* actress), leading man *(fem* lady); *(elok)* *~ssa* starring **-ovi** front door; main entrance **-paino** main stress; *panna* ~ *jhk* lay the main stress on, emphasize particularly **-periaate** leading principle **-piir|re** main

feature; *-teissään* in broad outline **-postikonttori** main post office; *(Brit)* General Post Office *(lyh* G.P.O.) **-rakennus** main building; *(maatalon* ~) farmhouse; *(kartanon* ~) manor.

pääri peer **~narvo** peerage.

päärm|e, -ätä hem.

päärynä pear **~nmuotoinen** pear-shaped.

pää||sana *(kiel)* headword **-sihteeri** secretary general **-sisällys** essence, substance.

pääsiäi|nen Easter (at (for) Easter *-senä (-seksi);* (juutalaisten ~) Passover.

pääsiäis||- Easter (morning *-aamu;* egg *-muna;* witch *-noita)* **-aatto** Holy Saturday **-aika** Easter[time] **-lammas** paschal lamb **-lilja** Easter lily; *(narsissi)* daffodil **-päivä** Easter Sunday; *toinen* ~ Easter Monday **-viikko** Holy Week.

pääsky||[nen] swallow **-senpesä** *(keitt)* bird's nest **-sparvi** flight of swallows.

pää||ssä *(-hän)* at a distance of, ..away (five kilometres *viiden kilometrin* ~) ▶ **kuulomatkan** ~ within hearing; **kävelymatkan** ~ within walking distance; *muutaman metrin* ~ **toisistaan** a few metres apart.

päässälasku mental arithmetic.

1 päästä 1 *(ajasta)* after (a while *hetken* ~); *tunnin* ~ in an hour **2** *(paikasta)* at (from) a distance of (five kilometres *viiden kilometrin* ~); *pitkän matkan* ~ from far away.

2 pääs|tä 1 a) *(tulla t. mennä jnnk)* get (home *kotiin;* away from *pois jstk;* in *sisään,* back *takaisin;* across [the street] *[kadun] yli)*; *(saapua)* arrive (in, at *jnnk)*, reach (one's destination *perille)*; **b)** *(tulla -tetyksi)* be let (into a room *huoneeseen)*; be allowed (permitted) (to enter the room *huoneeseen)*; *(tulla hyväksytyksi jhk)* be admitted (to the school *kouluun)* **2 a)** *(~ jhk)* get (started *alkuun)*; *(saavuttaa)* reach (an age *jhk ikään)*, achieve (good results *hyviin tuloksiin)*; get to (sleep *uneen)*, manage (to come *tulemaan)*; **b)** *(voida)* can (he come along? *-eekö hän mukaan?)*; **c)** *(~ vahingossa tapahtumaan)* *(jää tav kääntämättä; esim: ~ne -i kaatumaan* the boat capsized) **3 a)** *(~ eroon jstk)* get rid (quit) of (a p. *jksta)*; get over (one's shyness *ujoudestaan)*; **b)** *(välttyä)* avoid (seeing *näkemästä jtk)*, escape (having to do *tekemästä jtk)*; *(~ tekemästä)* not have to (he didn't have to pay *hän -i maksamasta*); *(saada vapautus)* be excused (from coming *tulemasta*); *(säästyä jltk)* be spared (the trouble *vaivasta*); get off (with a fright *pelkällä säikähdyksellä; cheaply vähällä*) **4** *(~ [pois] jstk)* be released, be discharged [from]; *(~ ulos)* escape ([from] a p.'s lips *jkn suusta*); *(~ livahtamaan)* slip (out of my hands *käsistäni*) ▶ **häneltä** *-i huuto* she let out a scream; ~ **irti** get loose; *hän oli* **juuri** *-syt syömästä* he had just finished eating; *sinne -ee vain metsän* **kautta** the only access to the place is through the forest; **siitä** *ei -e mihinkään* there is no getting away from it.

päästäinen *(el)* shrew.

pääst|ää 1 a) *(~ jhk t. jstk)* let (a p. by *jku ohitse[nsa]; out of sight näkyvistään;* off *pois, ulos*); **b)** *(antaa tehdä t. tapahtua)* let (him come to see me! *-ä hänet katsomaan minua*); *(sallia)* allow (he allowed me to enter *hän -i minut sisään*), *(antaa lupa)* permit (to do *tekemään*); **c)** *(~ sisään t. läpi)* let in (the roof lets in water *katto ~ vettä*) **2 a)** *(~ irti (auki))* let . . go (loose) (a rope *köysi*); discharge, let off (steam *höyryä*); *(irrottaa)* release (one's hold *otteensa*); *(~ jstk)* *(us* "un"*-alkuliitteellä eri verbeistä)* come unchain ~ **kahleista**;) **b)** *(~ lähtemään)* let . . go (from *jstk;* let him go! *-ä hänet!*); *(~ sairaalasta, vankilasta)* discharge (the prisoner was discharged *vanki -ettiin vapaaksi); (kuv)* disengage (from a promise *lupauksesta*); **c)** *(~ suustaan)* give, utter (a sigh *huokaus*) **3** *(~ jllak)* let . . off (cheaply *helpolla;* with a fine *sakolla*) ▶ *-ä minut* **kuulemasta** *yksityiskohtia* spare me the details; ~ *ase* **laukeamaan** let a gun off; ~ **osalliseksi** *salaisuudesta* let in on a secret; ~ **päiviltä** kill, put . . out of the way; ~ **sisään** let . . in, admit (to *jhk*).

pääst|ö *(haitallinen ~)* discharge, emission (noxious emission *myrkky~*); *(-etty neste yms) (koll)* effluent ~**todistus** final report, leaving (school) certificate ~**tutkinto** school-leaving (final) examination.

pääsuunta *(kuv)* [major] trend.

pääsy 1 *(~ jhk)* access (to *jhk*); *(sisään~)* admittance (this ticket gives admittance to *tämä lippu oikeuttaa ~yn* ..), entrance (they were refused entrance *heiltä evättiin ~*); ~ *[asiattomilta]* **kielletty** no admittance [except on business]; *sinne on* **helppo** *(vaikea)* ~ it is of easy (difficult)

access; *vapaa* ~ admission (entrance) free **2** *(ulos~)* *(erik kuv)* way out (there is no way out *[tilanteesta] ei ole mitään ~ä*) ~**inen** *(yhdyss)* ..of access (easy of access *helppo~*) ~**koe** entrance examination; *(koul)* admission test ~**lippu** ticket [of admission] ~**maksu** entrance fee, admission ~**tie** *(kuv)* way out ~|**tutkinto** = *-koe* ~**vaatimu|s** term of admission; *(koul ym) -kset* entrance requirements.

pääsääntö chief (principal) rule ~**isesti** as a [general] rule, ordinarily.

päät|e 1 *(kiel)* ending, termination **2** *(atk)* terminal **3** *(loppu)* end; *puheensa -teeksi* to wind up his speech ~**asema** *(raut ym)* terminus, terminal [station] ~**kohta** end, terminal point; *(raut)* railhead ~**lait|e** *(-teet)* *(atk)* *(koll)* data terminal equipment.

päät||ellä come to a conclusion, draw conclusions; conclude, infer, judge (from *jstk*); *jstk -ellen* judging from; *kaikesta -ellen* to all appearances; *tästä voidaan ~ että* hence it may be concluded that **-elmä** conclusion, inference; *(johtamalla tehty ~)* deduction.

pääteos chief (principal, most outstanding) work (of *jkn*).

päätepiste final point, end; *(konkr)* terminal point.

päätie main (trunk, arterial) road.

päätoimi full-time job; *(tärkein toimi)* chief (main) occupation ~**nen** full-time; *olla ~ työntekijä* work full-time ~**sesti** on a full-time basis ~**sto** central office ~**ttaja** *(san)* editor-in-chief.

päätteenkäyttäjä *(atk)* terminal operator.

päättely reasoning, argumentation ~**kyky** power of deduction.

päättymi||nen 1 end[ing], termination (of a contract *sopimuksen ~*); *(lakkaaminen)* ceasing, cessation (of activities *toiminnan ~*); *kokouksen ~* closing of the meeting **2** *(umpeen kuluminen)* expir|ation, -y (of the time for applications *hakuajan ~*) **-saika** = *ed.* **2 -späivä** *(liik)* date of expiration; closing date (for applications *hakuajan ~*).

päätty||mätön endless, *(jatkuva)* continuous; *(kiel)* incomplete (action *tekeminen); (erik mat)* infinite (series *sarja*); ~ *desimaaliluku* recurring decimal **-nyt** ended, completed; *kokous on ~* the meeting is closed; *(kiel)* ~ *tekeminen* complete action; ~ *vuosi* the past year **-vä** ending (year *vuosi*); *(mat)* finite (series

sarja).
päät|tyä 1 a) *(loppua jhk)* end (in separation *eroon*); terminate; end up (with a song *lauluun*); *(~ jhk lopputulokseen)* result (in *jhk*); **b)** *(~ jillak tavalla)* end (the play ends with the hero's death *näytelmä -tyy sankarin kuolemaan*), turn out (well *hyvin*) **2 a)** *(loppua)* come to an end, finish (the music finished *musiikki -tyi*), terminate (the meeting terminated at eight *kokous -tyi kahdeksalta*); *(~ lopulta)* wind up; **b)** *(lakata)* cease, stop (the rain stopped at last *sade -tyi vihdoin*) **3** *(mennä umpeen)* expire (the contract expires on June the 1st *sopimus -tyy 1.6.*) **4** *(tulla valmiiksi)* be completed (accomplished) ▶ **hakuaika** *-tyy huomenna* the closing date for applications is tomorrow; ~ **huonosti** turn out badly, come to a bad end; ~ **hyvin** *(m)* have a happy ending; **kokous** *-tyi* the meeting closed (came to an end); *kokouksen -yttyä* after the meeting; *olla* **päättymässä** be drawing to and end; **päättynyt** *ks. hakus.*
päättäjä = *päätöksentekijä* ~**iset** *(sg)* closing ceremony *(m urh)* ~**ispäivä** *(koul)* breaking-up day; *(Br)* speech (prize) day; *(Am)* commencement.
päättäm||inen ending, completion; *(päätöksenteko)* decision[-making], deciding **-ättömyys** irresolut|eness, -ion, indecision **-ätön 1** *(epäröivä)* irresolute, indecisive, hesitating **2** *(keskeneräinen)* unfinished; unbalanced (account *tili*).
päättävä; ~ *elin* decision-making body (authority) ~**i|nen** resolute (be resolute *olla ~*); determined (woman *nainen*); firm (stand *asenne*); *-sen näköisenä* with determined look ~**isesti** determinedly; *asettua ~ vastustamaan* take a firm stand against ~**isyys** resolution; determination.
päät|tää 1 a) *(tehdä -ös)* decide (on *jstk;* to accept *hyväksyä*); determine (to start early *lähteä varhain*); *(tehdä -öksensä)* make up one's mind; **b)** *(kokouksesta)* resolve (it was resolved at the Board meeting that *johtokunnan kokouksessa -ettiin että*); *(lak)* hold; **c)** *(sopia)* conclude (we concluded not to go *-imme olla menemättä*), agree; **d)** *(sopia jstk)* conclude (a sale *kauppa*), close (a deal *kauppa*) **2** *(saattaa loppuun)* end, terminate (one's work *työnsä*); complete; *(saattaa -ökseen)* bring to a close (an end); *(lopettaa)* finish, end off (one's speech

puheensa) **3** *(olla viimeisenä jssk)* bring up (the procession *kulkue*) ▶ *asia on* **päätetty** that's settled; ~ **päivänsä** end one's days; die; *jstk* **päättäen** judging from; *kaikesta -täen* apparently, evidently; **sinun** *on se -ettävä* it's for (up to) you to decide; ~ **tilit** close the books.
päättömästi recklessly (drive recklessly *ajaa ~*); *(suin päin)* headlong; *toimia ~* act foolishly.
pää||tulo[lähde] principal source of income **-tuote** main product; leading article.
pääty *(rak)* gable ~**kolmio** pediment; *(ant)* tympanum ~**levy** end plate; *(koripallossa)* backboard ~**seinä** gable.
pääty|ä end up (in prison *vankilaan*); *(tulla jhk)* arrive at, come to (a result *tulokseen*); *(~ jhk lopputulokseen)* conclude.
päätä huimaava dizzy[ing], giddy.
päätäi head louse.
päätäntävalta [right of] decision; *(virkaan kuuluva ~)* authority.
päätä pahkaa headlong; *(hätiköiden)* precipitately, headfirst; *rakastua ~* fall head over heels in love.
päätöksen||tekijä decision-maker; *poliittiset ~t* *(tav)* politicians **-teko** decision[-making].
päät|ön 1 headless; *(tekn)* endless (belt *hihna*) **2** *(kuv)* senseless, absurd, mad, foolish (act *teko*); *puhua -tömiä* talk nonsense **3** *(hillitön)* panicky, headlong (flight *pako*).
päätö|s 1 decision (come to a (make) a decision *tehdä ~*); *(kokouksen yms ~)* resolution (pass a resolution *tehdä ~*); *(sopimus)* agreement **2** *(tuomioistuimen ~)* decree (of divorce *avioero~*; enter a decree *antaa ~*), order [of court]; *(tuomio)* judgment; *(valamiehistön ~)* verdict **3** *(loppu)* end[ing] (the sad end of the story *jutun surullinen ~*), conclusion (bring a matter to a conclusion *saattaa asia -kseen*) ▶ *olen* **tehnyt** *-kseni* I've made up my mind; *tulla jhk -kseen* arrive at a conclusion; **yhteisellä** *-ksellä (m)* by common consent.
päätös||asiakirja final act **-lasku** *(mat)* [rule of] proportion; rule of three **-lauselma** resolution **-valta** power of decision, authority **-valtainen** competent; *kokous on ~* the members present constitute a quorum **-valtaisuus;** *kokouksen ~* [presence of a] quorum.

pää||**valtimo** aorta, main artery **-verbi** *(kiel)* main verb; lexical verb **-voitto** first prize **-väylä** *(liikenn)* major road.

pöhkö *(ark)* **I** *a* silly, dumb, daft; *sinä olet* ∼*!* you're nuts! **II** *s* fool, idiot, duffer.

pöhöt||**tymä** swelling, inflation, tumefaction **-tyn**|**yt** swollen (eyes *-eet silmät*); puffy (face *-eet kasvot*); bloated (stomach *vatsa*) **-tyä** become swollen; *(turvota)* swell, bloat **-tää** bloat, make .. puffy **-ystauti** = *vesipöhö.*

pöker||**ryksi**|**ssä** *(-in)* dazed, stupefied; *(iskusta* ∼*)* stunned; *puhua jku -in* talk a p. into a stupor **-ryttää** stun, stupefy **-tyä** *(pyörtyä)* faint; ∼ *iskusta* be stunned by a blow.

pökk||**elö** rotten snag, dead and rotting tree; *(kuv henk)* stiff (rigid) person **-iä** *(pässistä)* push, butt.

pölis|**tä** *(pölytä)* be dusty; fly (the snow was flying *lumi -i)*; whirl.

pölkky block [of wood], log, stock; *(kaivos*∼*)* prop; *(rata*∼*)* sleeper ∼**pää** blockhead, fathead, oaf.

pölliä *(ark)* steal, lift.

pölly||**ttää** **1** make .. fly, whirl up (snow *lunta)* **2** ∼ *[tukasta]* pull a p.'s hair **-tä** *(pölistä)* whirl, fly, swirl up; *(tupruta)* belch [forth].

pöllähtää puff; belch [forth].

pöllö **1** *(el)* owl **2** *(typerys)* blockhead, dumbhead, idiot.

pöly dust (covered with dust ∼*n peitossa)*; *pyyhkiä* ∼*jä* dust, do the dusting ∼**hiukkanen** dust particle ∼**huisku** feather duster, whisk ∼**inen** dusty ∼**kapseli** hub cap, *(Am m)* wheel disc ∼**keuhko** *(lääk)* silicosis ∼**nimuri** vacuum-cleaner; *imuroida* ∼*lla* vacuum[-clean], *(Br m)* hoover ∼**pilvi** cloud of dust ∼**riepu** dustcloth, duster ∼**sokeri** *(Br)* icing sugar, *(Am)* confectioner's sugar.

pölyt||**tyä** **1** get dusty **2** *(kasv)* be pollinated **-tää** **1** *(nostaa pölyä)* make (raise) dust **2** dust (carpets *mattoja;* with an insecticide *-teellä)* **3** *(kasv)* pollinate **-ys** *(kasv)* pollination.

pöly||**tä** make (raise, stir up) dust **-ävä** dusty (road *tie)*.

pömpeli box; *(pieni rakennus)* shack.

pönk||**ittää** **1** *(konkr)* prop [up]; support; strut **2** *(kuv)* prop up; ∼ *jkn itsetuntoa* prop up a p.'s self-confidence, bolster a p.'s ego **-kä** prop, strut, stay; *(vinotuki)* brace.

pönttö can, tin; *(linnun*∼*)* nesting box, bird house; *(puhujan*∼*)* pulpit; *(allas)* bowl (toilet bowl *vessan* ∼).

pönäkkä stocky, thickset, squat.

pöperö *(ark)* **1** *(seos)* mash, pulp **2** *(huono ruoka)* lousy food; *(leik)* siellä oli hyvät ∼*t* the food was great.

pöpi *(ark)* nuts, crackbrained ∼**stä** mumble (to o.s. *itsekseen)*.

pöpperössä *(unen*∼*)* drowsy [with sleep].

pöpö bugbear, bugaboo; *nähdä* ∼*jä keskellä kirkasta päivää* conjure up imaginary terrors.

pörh||**eä** *(tuuhea)* bushy (tail *häntä);* *(villava)* furry, fleecy **-istyä** bristle [up], rise **-öllään, -össä;** *olla* ∼ stand on end, be bristling.

pör||**inä** buzzing **-istä** buzz **-riäinen** buzzer.

pörrö *(hius*∼*)* tousle ∼**häntä**[**inen**] bushy-tailed ∼**inen 1** fluffy; fleecy, woolly (teddy bear *nallekarhu)*, *(kiharainen)* frizzy, fuzzy (hair *tukka)* **2** *(sekaisin)* ruffled, rumpled, disshevel[l]ed (hair *tukka)* ∼**karvainen** furry; fluffy ∼**ttää** ruffle, rumple, tousle.

pörssi 1 *(arvopaperi*∼*)* stock exchange (quote on the stock exchange *noteerata* ∼*ssä);* *(erik Pariisin* ∼*)* bourse; ∼*ssä noteeratut arvopaperit* listed securities **2** *(*∼*n tapahtumista)* market (firm (dull) market *kiinteä (laimea)* ∼) ∼**hinta** exchange price ∼**keinottelija** speculator on the stock exchange, *(Br)* stock-jobber ∼**keinottelu** stock-jobbing ∼**kurssi** stock [exchange] rate ∼**lista** list of quotations ∼**meklari** [stock]broker ∼**romahdus** collapse of the stock exchange; *(vuoden 1929* ∼*)* the Crash **-**|**välittäjä** = *-meklari* ∼**yhtiö** exchange-listed company.

pötk|**iä;** ∼ *pakoon* take to one's heels, run for it; ∼ *tiehensä* bolt; *(luikkia)* slink off **-ö** bar; stick (licorice stick *lakritsi*∼).

pötsi *(el)* paunch, rum|en *(pl -ina)*.

pöty twaddle, nonsense, rubbish; *pelkkää* ∼*ä!* it's all nonsense!

pöydä||**llepano** *(kokouksessa)* shelving, *(Am)* tabling **-tä** *(korttip)* face (a card *kortti)*.

pöyheä puffy; fluffy (pillow *tyyny);* spongy (soil *maaperä)*.

pöyhi||**stellä** *(kuv)* swank **-stä**|**ä** *(kuv)* puff; *menestys on -nyt häntä* success has made him proud **-ä** fluff up, plump up (the cushions *tyynyjä);* *(erik kuv)* stir up.

pöyhke||**ilevä** showy, ostentatious; *(henk)*

pompous; *(tav pred)* stuck up, puffed up
-ilijä swank, boaster, braggart **-illä** preen
o.s. (on *jllak*), show off (with *jllak*);
swagger [about]; *(kerskailla)* swank
(about *jllak*) **-ys** *(omahyväisyys)* conceit;
(kopeus) arrogance; *(pröystäily)*
ostentation **-ä** conceited, puffed-up.
pöyhöttää fluff up.
pöyristy∥nyt shocked **-s** shock **-ttävä**
shocking, hair-raising, horrifying;
(vastenmielinen) revolting **-tt∣ää** shock,
horrify, appal; *minua* ∼ it shocks me, I'm
shocked (by, at *jk*); *minua -i kuullessani* I
was horrified to hear.
pöy∣tä *(m ruoka∼)* table (on the table
-dällä; sit at [the] table *istua -dässä;* lay
(clear) the table *kattaa (korjata)* ∼);
(kirjoitus∼) desk; *(tekn m)* platform ▶
käykää ∼*än!* dinner is served! *(parl ym)*
panna *-dälle* shelve, *(Am)* table; *lukea*

rahat ∼*än* pay cash [down].
pöytä∥- table (talk *-keskustelu;* salt *-suola;*
manners *-tavat;* knife *-veitsi)* **-astiasto**
dinner set **-astiat** *(koll)* tableware **-hopeat**
(koll) silverware **-kartta** seating plan **-kirja**
[official] record (for the record ∼*an
[merkittäväksi];* off the record ∼*n
ulkopuolella);* *(pl)* minutes (of a general
meeting *yhtiökokouksen* ∼; scrutinizers of
the minutes ∼*n tarkistajat);* merkitä ∼*an*
record in the minutes **-koriste** centrepiece
-kortti place card **-laatikko** drawer
-lamppu table (desk) lamp **-levy** table top;
(irtolevy) leaf **-liina** tablecloth;
(koristeliina) table cover (spread) **-puhe**
after-dinner speech **-rukous** grace (say
grace *lukea* ∼) **-tennis** table tennis;
-tennis∣- table-tennis (bat *-maila;* ball
-pallo).

R

r, R *(kirjain)* r, R *(pl* rs, r's, Rs, R's).
raadanta toil[ing], drudgery.
raadella 1 *(konkr)* tear .. to pieces; lacerate, maul, claw 2 *(kuv)* = **raastaa 3**.
raah‖ata drag, *(ark)* lug (out of the room *ulos huoneesta*); trail, haul (behind one *perässään*) **-autua** 1 drag o.s., trail, trudge (wearily back home *väsyneenä kotiin*) 2 *(~ jnk mukana)* be dragged along (by a car *auton alla*).
raaist‖aa brutalize, barbarize **-ua** be[come] brutalized (barbarized) **-uminen** brutalization.
raaja limb; ~t *(m)* extremities.
-raajainen -limbed (strong-limbed *vahva~*).
raajarik‖ko cripple (remain a cripple *jäädä -oksi;* mental cripple *henkinen ~*); *tehdä -oksi* cripple ~**inen** crippled, maimed, disabled.
1 raaka raw (meat *liha;* apple *omena;* steak *pihvi;* wind *tuuli*) 1 *(kypsymätön)* green, unripe (tomato *tomaatti*); *(pred m)* not ripe; *(kevyesti kypsennetty)* underdone (I like my steak underdone *haluan pihvin ~na*); *(laimentamaton)* neat, straight (gin *gini*) 2 *(jalostamaton)* crude (alcohol *alkoholi;* sugar *sokeri;* oil *öljy*); rough (gemstone *jalokivi*); *(käsittelemätön)* undressed (ore *malmi*) 3 *(karkea)* coarse (jest *pila*); rough (treatment *kohtelu*); *(julma)* cruel (murder *murha*), crude, brutal (man *mies*), savage, barbarous (habits *raa'at tavat*).
2 raaka *(mer)* yard.
raaka‖-aine raw material **-kumi** raw (crude) rubber; India rubber **-lainen** barbarian; savage, brute **-laismainen** barbarous; savage, brute, barbarity, savagery **-purje** square sail **-puu** yard **-rauta** cast (crude, pig) iron **-ravinto** raw (uncooked) food **-silkki** raw (crude) silk; pongee; *(m)* shantung, grège **-sokeri** raw (crude, coarse) sugar **-teräs** raw (crude, furnace) steel **-öljy** crude [oil], petroleum.

raakile green fruit; *omenan* ~ green apple.
raakkua *(variksesta)* caw; *(korpista)* croak.
raakuus rawness, crudity; *(julmuus)* cruelty; brutality, savagery.
raamat‖tu the Bible, *(pl)* the [Holy] Scriptures; *Pyhä R~* the Holy Bible **-ullinen** biblical.
raamatun‖historia Biblical (Bible) history **-käännös** translation (version) of the Bible **-lause** Bible quotation **-selitysoppi** *(sg ja pl)* exegetics.
raapais‖ta scratch (one's hand on a bush *kätensä pensaaseen*); graze, scrape (the boat scraped the bottom *vene -i pohjaa*); *(~ tulta)* strike (a match *tulitikku*) **-u** scratch, graze, scrape.
raap‖ia scratch (o.s. *itseään;* one's elbow on *kyynärpäänsä jhk, (kynsiä m)* claw (at the door *ovea*); scrape (the chair scrapes on the floor *tuoli -ii lattiaa*), score (the table *pöydän pintaa*); *(~ tulta)* strike (matches *tulitikkuja*); ~ *rahat kokoon* scrape together the money **-uttaa** scrape (paint from the door *maalia ovesta*); ~ *pois* rub .. out, erase.
raast‖aa 1 *(repiä)* tear (into pieces *hajalle;* one's hair *hiuksiaan*); *(kiskoa)* pull (a p. by the hair *jkta tukasta*); drag (a child from its mother's arms *lapsi äidiltään*) 2 *(keitt)* grate (cheese *juustoa*) 3 *(kuv)* tear (torn by doubts *epäilysten -ama*), tear apart (a country torn apart by war *sodan -ama maa*); rasp (a p.'s nerves *jkn hermoja*); *revittu ja -ettu* racked and ruined; *se* ~ *sydäntäni* it breaks my heart **-ava** racking (pain *tuska*); *hermoja* ~ *jännitys* nerveracking excitement; *korvia* ~ *musiikki* ear-splitting music.
raast‖e *(pl)* grated fresh vegetables **-in[rauta]** grater.
raastu‖pa courtroom; *haastaa jku* ~*an* sue a p. **-vanoikeus** city court; *(Brit)* magistrates' (police) court; *(USA)* municipal (town) court.

raa raataa – rahankeräys 528

raata||a work [hard], drudge (at *jnk kimpussa*), *(ark)* slave away (all one's life *koko elämänsä); (kuv m)* grind away (at *jnk kimpussa);* ~ *kuin orja* work like a slave.

raate||leva predatory (animal *eläin);* racking (pain *tuska*) **-lu** laceration, mauling.

raati 1 *(hist)* council **2** *(arvostelulautakunta)* jury ~**huone** town hall.

raato carcase, *(Am)* carcass; *(haaska)* carrion.

raavaanliha beef.

raavas I *a* strong, beefy (man *mies*) **II** *s (keitt)* beef.

radiaa||ni radian **-ttori** radiator.

radikaali 1 *a* radical (opinions ~*t mielipiteet;* student *opiskelija*) **II** *s* radical ~**staa** radicalize ~**stua** become [more] radical ~**suus** radicalism.

radikalismi radicalism.

radio radio (turn on (turn off) the radio *avata (sulkea)* ~*;* hear a th. on the radio *kuulla jtk* ~*sta*) ▶ **hakea** ~*sta jk asema (ohjelma)* tune in to; *mitä [ohjelmaa]* ~*sta tulee tänä iltana?* what is on the air tonight? ~ **pauhaa** the radio is on at full blast; **radiossa** on the radio, *(m)* on the air; ~ **soi** *(on auki)* the radio is on; **vääntää** ~*ta hiljemmälle* turn down.

radio||aktiivinen radioactive (deposit *esiintymä;* waste *jäte;* fallout *laskeuma;* radiation *säteily*) **-aktiivisuus** radioactivity **-asema** radio station **-ida** broadcast **-inti** broadcasting **-kemia** radiochemistry, nuclear chemistry **-kuuluttaja** announcer **-lähetin** radio transmitter **-lähetys** radio broadcast (transmission) **-masto** radio tower **-nauhuri** radio cassette recorder **-nkuuntelija** [radio] listener **-ohjelma** radio program[me] **-puhelin** radio[tele]phone; two-way radio; *(kannettava* ~*)* walkie-talkie **-puhelinyhteys** radio link **-sähköttäjä** radio operator **-teitse** over the radio **-vastaanotin** radio receiver (set).

rae 1 *(meteor)* hailstone; *rakeet (sg)* hail; *sataa rakeita* it is hailing **2** *(jyvänen)* grain (of sand *hiekan* ~) *(m valok, tekn);* granule (of sugar *sokerin* ~) ~**kuuro** shower of hail, hailstorm.

raffinoi||da refine **-nti** refining **-tu[nut]** refined.

rah|a 1 *(m* ~*t)* money (earn (change) money *ansaita (vaihtaa)* ~*a;* how much is

that in Finnish money? *paljonko se on Suomen* ~*ssa?* you'll get the money tomorrow *saat* ~*t huomenna); (varat) (pl)* funds (raise the necessary funds for *hankkia tarvittavat* ~*t jhk*) **2** *(kolikko)* coin (insert a coin in the slot *panna* ~ *aukkoon;* old coins *vanhoja -oja); (seteli) (Br)* note; *(Am)* bill **3** *(valuutta)* currency (in Finnish currency *Suomen* ~*na)* ▶ *hyötyä koko* ~*n edestä* get one's money's worth; **lyödä** ~*a* coin money; *lyödä (panna) -oiksi* coin it [in], strike it rich; **muuttaa** ~*ksi* convert into [ready] money; *(myydä)* realize; **olla** *-oissaan* be in the money; *olla vähissä -oissa* be short of money (cash, funds); *hänellä on* ~*a kuin roskaa* he has money to burn, he is rolling in money; *(ark)* **tehdä** ~*a* make money.

raha||-arpa lottery ticket **--arvo** money (monetary, cash) value, value in money **--asia|t** financial affairs; finances (the company's finances are sound *yhtiön* ~ *ovat kunnossa); hänen -nsa ovat huonosti (m)* he is financially embarrassed **--automaatti** slot machine **--avustus** financial aid (support); allowance **-huolet** financial worries **-järjestelmä** monetary system **-kanta** [monetary] standard (fixed standard *sidottu* ~) **-kas** moneyed; *(rikas)* wealthy **-ke** token, counter; *(kaasu*~*)* [gas-meter] disk **-kirstu** money chest; coffer[s] *(m kuv;* the state's coffers are empty *valtion* ~ *on tyhjä)* **-kokoelma** coin (numismatic) collection **-kukkaro** purse **-kulta** coinage (mint, standard) gold **-lahja, -lahjoitus** donation (to a foundation *jllk säätiölle*); money (pecuniary) gift; gratuity **-laitos** financial (monetary) institution **-liike[nne]** *(pl)* money (monetary) transactions (operations) **-llinen** pecuniary (advantage *etu;* loss *häviö*); financial (position *tila;* support *tuki);* ~ *arvo (m)* money (monetary) value, value in money; ~ *korvaus* compensation in money **-lähetys** remittance (for £200 *200 punnan* ~) **-maailma** financial world, world of finance **-markkinat** money market **-metalli** metal for coining (coinage), bullion **-mies** financier, capitalist; *(ark)* moneybags.

rahan||ahne money-grubbing, avaricious **-arvo** value of money; ~*n aleneminen* depreciation of money; *(inflaatio)* inflation; ~*a huonontava* inflatory **-keräys** collection (in aid of *jnk hyväksi;* for *jtk* *varten*), *(Am)* fund-raising campaign **-lainaaja** moneylender **-lyönti** coining [of money], coinage, minting **-lyöntioikeus** right of coinage **-niukkuus** *(liik)* shortage of money **-puute** shortage (lack) of money **-tarve** need of (demand for) money **-uudistus** currency reform **-vaihto** money exchange **-väärentäjä** counterfeiter.

raha‖paja mint **-politiikka** monetary policy (pursue an austere monetary policy *noudattaa tiukkaa ~a*); *(Am m)* fiscal policy **-pula** lack of money (funds); shortage of money, money stringency; *(liik m)* embarrassment; *olla ~ssa* be short of money, be hard up **-pussi** purse; *(lompakko)* wallet **-staa** collect fares **-staja** conductor; *(fem)* conductress **-sto** fund; *(säätiö m)* foundation **-stonhoitaja** treasurer **-stus** collection [of fares] **-summa** sum (amount) [of money] **-taloudelli‖nen** monetary (reform *uudistus*); **-set** *syyt* financial reasons **-talous** financial economy **-tiede** numismatics **-toimisto** finance department (office); *kaupungin ~* city treasury **-ton** penniless, moneyless **-vaikeu‖det** financial difficulties, money troubles; *joutua -ksiin* run short of money; *olla -ksissa (m)* be hard up **-valta** plutocracy **-valtainen** plutocratic **-varat** funds, means, financial resources.

rahd‖ata *(~ laiva)* charter; *(kuljettaa)* freight **-inkuljetus** carrying trade.

rahi‖na 1 rasp 2 *(lääk)* rale **-sta** rasp; *-seva* wheezy; scratchy; *äänilevy -see* the record is scratchy.

rahka *(maito~)* curd[s], curd cheese *~piirakka (läh v)* cheesecake *~sammal* sphagnum-moss, white moss *~suo* sphagnum bog.

rahoit‖taa 1 *(liik)* finance (an enterprise *yritys*); provide capital (for *jk*); *valtion -tama* financed by the state, state-supported 2 *(~ opinnot ym)* pay for, bear the cost of 3 *(~ televisiolähetys ym)* sponsor **-us** financing; *-uksen suunnittelu* financial planning.

rahta‖aja charterer, shipper; freighter **-us** *(laivan ~)* chartering, fixture; *(kuljetus)* freight[ing, -age **-uskirja** charter party *(lyh* C/P*)* **-usliike** chartering (freight) agency.

rah‖ti freight; *(Br raut)* carriage; *(mer m)* cargo; *~ maksetaan perillä* freight forward (collect); *~ maksettu (-ditta)* freight (carriage) paid *(lyh* Carr. pd.)

~alus freighter, cargo ship (vessel) *~kirja (raut)* consignment note; *(Am m)* freight warrant; *(lento~)* air waybill; *(mer)* bill of lading *~kulut (sg)* freight; freight (transport, shipping) charges (costs); *(sg)* [charge for] carriage *~laiva* freighter, cargo vessel *~lasku* bill of freight *~liikenne* freight traffic; *säännöllinen ~ Lontoon ja New Yorkin välillä* regular freight services between London and New York *~maksu* freight [rate] *~sopimus* freight contract; *(mer)* charter[party] *~tavara (pl)* goods; *(Am)* freight; *(laiva~)* cargo; *(lento~)* air freight; *lähettää ~na* dispatch as ordinary freight; *(raut)* send by goods train *~tavaratoimisto* goods office.

rahtu; *ei ~akaan* not a bit *~nen* touch (of bitterness in a p.'s voice *katkeruutta äänessä*); trace (of jealousy *mustasukkaisuutta*); streak (of vanity *turhamaisuutta*); *~ suolaa* a pinch of salt.

rahvaanomai‖nen vulgar (language *kielenkäyttö*), common **-suus** vulgarity (of manners *tapojen ~*), commonness.

rahvas *(maalais~)* *(pl)* country people; the peasantry; *tavallinen ~ (pl)* the common people.

raidallinen striped.

rai‖de 1 *(raut)* track, line; *(raitiovaunun ~ m)* *(Br)* tramline, *(Am)* streetcar line; *(pl)* *(kiskot)* rails; *juna saapuu -teelle 4* the train arrives at platform 4; *juna suistui -teilta* the train was derailed, the train went off the rails (track) 2 *(kuv)*; *-teet* rails (be off the rails *olla poissa -teiltaan*); *joutua väärille -teille* get on the wrong track 3 *(aut)* wheel track; *-teet (m)* wheelers, *(sg)* rut *~leveys* rail[way] (track) gauge *~opastin* signal [box] *~vaihde* switch.

raihnai‖nen feeble, frail; *vanha ja ~* old and infirm, decrepit with age **-suus** feebleness, frailty, infirmity.

raik‖as fresh (air *ilma;* breeze *tuulenhenki;* water *vesi*); refreshing (taste *maku*); *(viileä)* cool (autumn morning *syysaamu*), crisp (colo[u]rs *-kaat värit*), brisk (weather *sää*) **-tava** refreshing.

raiku‖a *(musiikista, laulusta ym)* ring out; *(kajahdella)* ring (with laughter *naurusta*), *(kaikua)* echo, resound **-va** ringing; *~ nauru (m) (pl)* peals of laughter; *~t suosionosoitukset (sg)* loud (thunderous) applause.

railakas easy-going (girl *tyttö*); *(ark)* hilarious (evening *ilta*).
railo crack; *(avattu ~)* open channel [in the ice].
raina film-strip **~heitin** film projector.
raion rayon.
raip||**anisku** lash **-pa** whip; *lyödä -alla* whip, lash with a whip; *saada -poja* get the lash, be whipped **-parangaistu**|s flogging, whipping; *tuomita -kseen* sentence .. to the lash.
raiska||**aja** rapist **-ta** rape (a woman *nainen*); *(kuv m)* destroy, ravage (a forest *metsää*) **-us** rape *(m kuv)*.
raisu boisterous (children *~ja lapsia*); rollicking (games *~t leikit*); *(varsasta)* mettlesome.
1 rai|**ta 1** *(säännöllinen ~)* stripe (the stripes of a zebra *seepran -dat*); *(koho~)* rib; *(epäsäännöllinen ~)* streak (a narrow streak of blue sky *kapea ~ sinistä taivasta*) **2** *(ääninauhan ym ~)* track.
2 raita *(kasv)* goat willow, great sallow.
-raitainen 1 -striped (blue-and-white-striped *sini-valko~*), with .. stripes; *se on puna~* it has red stripes **2** *(äänitekn)* -track (four-track *neli~*).
raitiotie *(Br)* tram|line, -way; *(Am)* streetcar line **~kisko** flange rail **~liikenne** tramway (*Am* streetcar) traffic **~linja** tramline.
raitiovaunu *(Br)* tram (go by tram *mennä ~lla*); *(Am)* streetcar **~nkuljettaja** tram driver **~nrahastaja** tram conductor **~pysäkki** tram stop.
rait|**is 1** *(raikas)* fresh (air *ilma*); *haukata ~ia ilmaa (m)* take the air **2** *(ei juopunut)* sober; *hän on ~ (tav)* he does not drink, he is a non-drinker; *hän on ollut jo vuoden -tiina* he hasn't touched drink for a year, *(ark)* he's been on the wagon for a year **~tu**|**a;** *hän on -nut* he has quit drinking.
raittius temperance; *ehdoton ~* total abstinence, teetotalism; *raittius|-* temperance (organization *-järjestö;* movement *-liike;* restaurant *-ravintola*).
raivaa||**ja** clearer (of a forest *metsän ~*) **-jahenki** pioneer[ing] spirit **-maton** uncleared.
raivata clear (stones from a field *kiviä pellosta;* a forest *metsää*) ▶ *~ pöytä [puhtaaksi]* clear [off] the table; *~ esteet tieltä[än]* remove (clear away) obstacles; *(kuv) ~ jku pois tieltä[än]* remove a p., put (clear) a p. out of the way, do away

with, eliminate a p.; *~ tiensä tungoksen läpi* force one's way through a crowd; *~ tietä jllk* pave (open) the way for; *~ tilaa jllk* make room for.
raivaus clearance; *(konkr m)* clearing **~traktori** bulldozer.
raivo I *s* rage (boil (tremble) with rage *kiehua (täristä) ~sta*); fury (in a blind fury *sokean ~n vallassa*); *(mieletön ~)* frenzy (work o.s. up into a frenzy *kiihtyä ~on*) **II** *a (~isa)* raging (bull *härkä*); *olla ~na* be furious (mad, wild) (at, about *jstk*) **~ava** raging (man *mies;* sea *meri*), raving (lunatic *mielipuoli*); furious (storm *myrsky*), enraged (crowd *väkijoukko*) **~hullu I** *a* raving mad **II** *s* raving lunatic **~hulluus** raving madness, maniacal fury **~isa** furious (storm *myrsky;* quarrel *riita*) **~issaan;** *olla ~* be furious (with *jklle;* about *jstk*), *(ark)* be hopping mad (with *jklle*) **~isuus** frenzy; wildness.
raivo||**kas** violent (resistance *vastarinta*), furious (attack *hyökkäys*) **-kkaasti;** *osoittaa ~ suosiotaan* applaud frantically; *taistella ~ jnk puolesta* fight furiously for **-kkuus** violence; *(m)* rage, fury (of the storm *myrskyn ~*) **-kohtaus** fit (outburst) of rage; *saada ~* become raving mad; *(ark)* fly into a [towering] rage, go off the deep end, fly off the handle **-npuuska** tantrum (sudden tantrum *äkillinen ~*) **-raitis** rabid teetotal[l]er.
raivostu||**a** become furious (with *jklle;* about *jstk*); flare up (at the least thing *pienimmästäkin asiasta;* then he flared up *silloin hän -i*); *~ silmittömästi* fly into a towering rage; *(ark)* hit the roof (ceiling), blow one's top **-nut** furious; mad **-ttaa** make .. furious, drive (make) .. mad; *minua ~* I am furious **-ttava** maddening, infuriating; *(ark)* aggravating.
raivo|**ta** rage (at *jklle;* the storm raged all night *myrsky -si koko yön*); rave (he ranted and raved like a madman *hän huusi ja -si kuin hullu*).
raivo||**tar** fury **-tauti** rabies, hydrophobia.
raj|**a 1** *(konkr ja kuv)* boundary (boundaries of a country *maan ~t;* between the imaginary and the real *kuvitellun ja todellisen välinen ~*); *(konkr m)* boundary line; *(erik kuv)* limit (the limits of our knowledge *tietämyksemme ~t*); border; *~t (kuv m)* bounds (pass beyond the bounds of decency *ylittää säädyllisyyden ~t*) **2** *(valtioiden välinen*

~) border (between England and Scotland *Englannin ja Skotlannin välinen ~;* escape over the border *paeta ~n yli); (~viiva)* borderline; frontier (close the frontier *sulkea ~)* **3** *(urh)* line (lines of a field of play *pelikentän ~t)* ▶ **asettaa** ~*[t] jllk* set a limit to; *hänen röyhkeydellään* **ei ole** *[mitään] ~a* there is no limit (are no bounds) to his impudence, his impudence knows no limits (bounds); ~*nsa* **kaikella** there is a limit to everything; *olla jnk* **rajoilla** be on the verge of, border on; *jnk* **rajoissa** within the bounds (limit) of; *mahdollisuuksien* -*oissa* within the bounds of possibility; *pysyä kohtuuden* -*oissa* keep within bounds (reasonable limits); *kaupungin* -*ojen* **sisäpuolella** within city boundaries (*Am* limits).

raja‖-aita barrier (social barriers *yhteiskunnalliset* --*aidat)* --*alue* border district; *(valtakunnan ~)* frontier; *(kuv)* border|land, -line; *[jnk tieteen]* ~*et* frontiers --**arvo** *(mat)* limit --**asema** frontier station -**heitto** *(urh)* throw-in -**hinta** *(tal)* marginal price -**hyöty** *(liik)* marginal utility -**joki** boundary river -**joukot** border troops -**kahakka** border incident -**kkain;** ~*[oleva]* adjoining; contiguous (to *jnk kanssa*); adjacent; *olla* ~ border each other, adjoin [each other] -**kustannus** marginal cost -**linja** boundary line, borderline, line of demarcation -**lli|nen** limited (resources -*set voimavarat)* -**lyönti** *(urh)* stroke-in -**ma|a** *(-seutu)* border district, borderland; *unen ja valvetilan* -*illa* somewhere between sleeping and waking -**merkki 1** boundary mark, landmark **2** *(atk)* separator, delimiter -**nkäynti 1** *(maanmitt)* demarcation [of boundaries], setting (fixing) of boundaries **2** *(kuv); ~ä eri tieteiden välillä* defining interdisciplinary boundaries -**nloukkaus** frontier (border) violation -**nylitys** frontier (border) crossing; *luvaton* ~ trespassing -**nylityspaikka** frontier crossing (transit) point, check point, port of entry.

raja‖pyykki boundary mark; landmark *(m kuv)* -**ta 1** mark off (a space as *jk ala jksk*), outline (a figure in ink *kuvio musteella*), mark the limits of (an area *jk alue); (kuv m)* define (the object of study *tutkimuksen kohde)* **2** *(valok)* crop (the edges *laidat)* -**tapaus** borderline case -**ton** limitless (space *avaruus;* the possibilities

are limitless *mahdollisuudet ovat* -*ttomat),* boundless (faith in *luottamus jhk); (suunnaton)* unbounded (admiration *ihailu);* infinite (space *avaruus;* goodness *hyvyys); (rajoittamaton)* unlimited (authority -*ttomat valtuudet),* unrestricted (freedom *vapaus);* absolute (power *valta); hänen riemunsa oli* ~ his joy knew no bounds; ~ **yksinvalta** absolute rule, absolutism -**ttomuus** *(m)* infinity -**tuomari** *(urh)* linesman -**tuotto** *(liik)* marginal revenue.

rajaus 1 *(kuv)* defining, definition, outline **2** *(valok)* cropping **3** *(tekn)* trimming **4** *(TV)* masking ~**kynä** *(kosmet)* eye [liner] pencil; liner crayon.

raja‖vartija border guard -**vartiolaitos** border guard service -**vartiosto** border guard detachment -**viiva** borderline, dividing line, line of demarcation -**vyöhyke** border (frontier) zone.

rajoitettu limited (number *lukumäärä);* restricted (area *alue).*

rajoitin *(tekn)* limiter.

rajoitt‖aa 1 *(supistaa)* limit (the expenses *kuluja),* set a limit (limits, bounds) (to *jtk);* restrict (the sale of alcohol *alkoholin myyntiä;* a p.'s power *jkn valtaa); (liik m)* confine (one's activities to *toimintansa jhk)* **2** *(olla jnk rajana)* border (the field is bordered by woods on every side *metsä* ~ *peltoa joka puolelta); Suomea* ~ *pohjoisessa Norja* Finland is bounded on the north by Norway -**amaton** unlimited, unrestricted -**ava** restrictive -**ua 1** *(olla rajakkain)* border (Finland borders on Sweden *Suomi -uu Ruotsiin;* the field is bordered by a forest *pelto -uu metsään); Suomi -uu pohjoisessa Norjaan (m)* Finland is bounded on the north by Norway **2** *(kuv)* be limited (to *jhk),* be confined (restricted) (to a certain field *tietylle alalle)* -**uneisuus** limitation[s], limited scope (of *jnk ~); jkn* ~ narrow outlook, narrowness; one-track mind -**unut** limited; *(henk)* narrow-minded; ~ *ajattelutapa* narrow outlook; one-track mind.

rajoitu|s limitation (on *jtk koskeva ~;* know one's own limitations *tietää omat -ksensa);* restriction (place restrictions on *asettaa -ksia jllk); eräin -ksin* with certain qualifications; -*ksitta* without restrictions, freely.

raju violent (attack *hyökkäys;* by nature

luonteeltaan; wind *tuuli*); fierce *(m kuv; outburst of passion tunteenpurkaus); (hillitön)* wild (party ~*t juhlat*); ~ *hinnannousu* sharp rise in prices ~**ilma** storm; ~ *on tulossa* a storm is brewing ~**myrsky** hurricane ~**us** violence *(m kuv;* of feelings *tunteiden* ~*);* fierceness; *(voima)* force.

rak|as dear; *(rakastettu)* beloved (my beloved mother ~ *äitini*); *-kaani* [my] darling ~**ta|a** love; *kaikkien -ma* beloved by all ~**taja** lover ~**tajatar** mistress ~**tava** loving, affectionate ~**tavaiset** lovers ~**tella** make love (to *jkta*), have sex (with *jkta*) ~**telu** love-making ~**tettava** amiable, lovable (child *lapsi*); charming ~**tettu** beloved, dearly loved; ~**ni** my beloved (darling) ~**tua** fall in love (with *jkh*) ~**tunut** ..in love (with *jkh;* madly in love *mielettömästi* ~*;* a woman in love ~ *nainen*).

rake||et *ks. rae* **-inen** granular **-istaa** granulate **-isuus** *(valok)* graininess.

raken|ne structure; *(koostumus m)* composition (of the soil *maaperän* ~); make-up (of a chemical *kemikaalin* ~); *(kiel m)* construction; *talo on -teilla* the house is under (in course of) construction ~**lma** construction ~**muutos** structural change ~**osa** constituent (of an atom *atomin* ~), component ~**työttömyys** structural unemployment ~**vika** design error, error (fault) in design.

rakennu|s 1 building; *(suuri* ~*)* edifice **2** *(~työmaa)* building site (work on a building site *olla työssä -ksella*) **3** *(rakentaminen)* building, construction (of a bridge *sillan* ~) ~**aine** building material ~**elementti** prefabricated (building) unit ~**insinööri** building (construction) engineer ~**kompleksi** group (complex) of buildings ~**liike** building (construction) firm ~**lupa** building permit ~**mestari** [building] contractor, [master] builder; building engineer (technician) ~**palikka** brick, block ~**sarja** assembly kit ~**taide** architecture ~**tarkastaja** building inspector ~**tekniikka** construction (structural) engineering ~**telineet** *(sg)* scaffolding ~**teollisuus** building (construction) industry ~**toiminta,** ~**tuotanto** construction industry ~**tyyli** [style of] architecture ~**työmaa** building site ~**työmies** building labo[u]rer (worker).

raken|taa build (of stone *kivestä; (kuv)*

castles in the air *pilvilinnoja*); construct (a bridge over a river *silta joen yli;* theories *teorioita*) ▶ **-nettu alue** built-up area; *yrittää* ~ **sovintoa** attempt conciliation; *(jdk välille)* try to bring about a reconciliation between; ~ **uudelleen** rebuild, reconstruct; *(muuttaa)* alter; ~ *jnk* **varaan** build (found) on; *sen varaan ei kannata* ~ *mitään* that is nothing to go on.

rakenta||maton unbuilt, *(m)* vacant **-va** constructive (criticism *kritiikki*).

rakente||ellinen structural **-illa** under (in course of) construction.

-rakenteinen with a .. construction; *(henk)* of .. [body] build (of slender [body] build *siro*~).

rakentua 1 *(perustua)* be based (founded) (on *jllk*) **2** *(muodostua)* be made up (of *jstk*).

raketti rocket; *(ohjus)* missile ~**ase** missile ~**käyttöinen** rocket-driven.

rakkauden||jumalatar goddess of love **-tunnustus** declaration of love.

rakkaudeton loveless, ..without love.

rakkau|s love (of one's country *isänmaahan;* for one's children *lapsiin;* to music *musiikkiin*); *(kiintymys)* devotion, attachment (for *jkta kohtaan;* to *jhk*); *(hellyys)* affection (feel affection towards *tuntea -tta jkta kohtaan*); *mennä naimisiin -desta* marry for love; *tehdä jtk -desta jhk* do a th. out of love for ~**avioliitto** love match ~**kirje** love letter ~**romaani** love story ~**suhde** [love] affair.

rakki[koira] cur, mongrel.

rak|ko 1 bladder; *tyhjentää* ~*nsa* urinate, relieve o.s. **2** *(rakkula)* blister; *hänen kätensä olivat -oilla* his hands were blistered ~**levä** bladder wrack.

rakkul|a blister; *(lääk m)* cyst, vesicle; *iho nousee -oille* the skin blisters ~**inen** blister|y, -ed ~**kasvain** cystic tumo[u]r, cyst.

rako 1 chink (peep through a chink in the fence *tirkistää aidan raosta*), narrow opening, slit; *(halkeama m)* crack (in a wall *seinässä*), crevice, cleft (in a rock *kalliossa*); *(aukko)* gap (in a queue *jonossa*), break (in the clouds *pilvissä*); *aurinko paistaa pilven raosta* the sun is shining from behind the clouds **2** *(urh) (välimatka)* distance; gap (between *jdk välillä*).

rakoil||la 1 crack (in every joint *liitoksistaan*); become fissured; *(hajota)* break [apart], part (the clouds began to part *pilvipeite alkoi ~*) **2** *(kuv)* break down (the marriage is breaking down *avioliitto -ee*); *(heiketä)* weaken, lose strength **-u 1** cracking (of earth *maankuoren ~*), cleavage, fissure formation **2** *(kuv)* splintering (of a strike front *lakkorintaman ~*).

rakovalkea slow-burning log fire.

raksah‖dus, -taa snap, click.

raksi *(takin ym ~)* tab.

raksut‖taa tick[ing].

1 rakuuna *(sot)* dragoon.

2 rakuuna *(kasv)* tarragon.

rallat‖ella; *[laulaa]* ~ sing [.. to o.s.] **-us** lilting.

1 ralli *(laulu)* song, catch.

2 ralli *(urh)* rally ~**ajaja** rally driver ~**urheilu** rallying, rally racing (driving).

ram‖pa crippled, disabled; *(ontuva)* lame; *hän jäi -maksi loppuiäkseen* he remained a cripple for life, he was lamed for life; *tehdä -maksi* cripple ~**uttaa** cripple, lame ~**utua** be crippled (disabled, maimed).

ramppi *(teatt)* apron [of the stage], front of the stage, forestage ~**kuume** stage fright ~**valot** footlights.

rangaista punish (for a crime *rikoksesta;* with (by) a fine *sakolla); (urh)* penalize (for *jstk*); ~ *[kahden vuoden] vankeudella (m)* sentence to [two years of] imprisonment ~**va** punishable, penal.

rangaistu‖s 1 punishment (for *jstk;* inflict a severe punishment on *määrätä ankara ~ jklle*) **2** *(lak)* penalty (heavy penalty *ankara ~*); punishment (legal punishment *laillinen ~*); *(tuomio)* sentence (serve one's sentence *kärsiä -ksensa*) **3** *(jääkiekossa)* penalty ▶ **määrätä** ~ *jstk* impose a penalty [up]on; make a th. penal, penalize a th.; *siitä on määrätty ankara* ~ that is severely punished, that is punished (punishable) with a severe penalty; **saada** ~ *jstk* be punished for; *hän tulee saamaan [ansaitsemansa] -ksen* he will suffer the penalty; *kielletty -ksen* **uhalla** prohibited under penalty [of the law].

rangaistus‖‖aika term [of punishment (imprisonment)]; *kärsiä ~nsa loppuun* serve (complete) one's sentence; *(ark)* do one's time **-aitio** *(urh)* penalty box **-alue** *(urh)* penalty area **-laitos** penal establishment (institution); *(Am)* penitentiary **-potku** *(urh)* penalty kick **-siirtola** penal colony **-vanki** convict,

prisoner.

rankaisu punishment ~**toimenpide** punitive measure.

rankka heavy (rain *sade),* hard (training *harjoittelu*).

ranne wrist ~**ke 1** *(kellon ~)* watch strap; *(metallinen ~)* watch bracelet **2** *(vaat)* cuff ~**kello** wrist watch ~**ketju** bracelet, wristlet ~**rengas** bangle; *(~koru)* bracelet.

rannik‖ko coast; *-olla* on the coast; *(-on edustalla)* off the coast ~**alus** coaster, coasting vessel ~**kalastus** inshore (coastal) fishing ~**kaupunki** coastal town; seaside town (resort) ~**puolustus** coast defence ~**tykistö** coast[al] artillery ~**vartiosto** coast guard.

Ranska France; ~*n–Saksan sota* the Franco–Prussian War.

ranska French ~**lai‖nen I** *a* French; *-set perunat* French-fried potatoes; *(m) (Br)* chips; *(Am)* French fries **II** *s* Frenchman; *(fem)* Frenchwoman; *-set* the French ~**laisystävällinen** pro-French; ~ *henkilö* Francophile ~**nkielinen** French (literature *kirjallisuus*); French-speaking, franco-phone (population *väestö*) ~**nleipä** French (white) bread ~**tar** French|woman *(pl -women).*

ran‖ta 1 *(meren t. järven ~)* shore (walk along the shore *kävellä pitkin ~a); (meren~ m)* seashore; *(äyräs)* bank (of a river *joen ~*) **2** *(uima~)* beach (be sunbathing on the beach *ottaa aurinkoa -nalla)* ▶ *(kuv)* **kautta** ~*in* in a roundabout way, indirectly; *joen (järven, meren)* **rannalla** by the river (lake, sea); *meren -nalla (m)* on the seashore; *(rannikolla)* by (at) the seaside.

ranta‖‖asu beach costume (suit); ~*t (sg)* beach wear **-kallio** cliff ~**katu** promenade **-käärme** ringed (grass) snake **-laituri** quay **-leijona** *(leik)* beefcake, Adonis **-sauna** lakeside sauna **-sipi** common sandpiper **-utua** go (come) ashore **-vahti** lifeguard; *(Br m)* life-saver **-valli** bank **-viiva** coast-line.

rao‖‖llaan *(-lleen)* ajar; *jättää ovi -lleen (m)* leave the door open a crack **-ttaa** open .. slightly; ~ *salaperäisyyden verhoa* lift the veil of secrecy.

ra‖pa *(kura)* mud, sludge; *(loka)* slush; *olla -vassa* be muddy (dirty, soiled all over) ~**kko** puddle; *(leik) (Atlantin valtameri)* herring pond, the Pond.

raparperi rhubarb.

rapa||ta plaster **-uttaa** weather, disintegrate **-utua** weather; *(kivestä, muurista m)* disintegrate; *(min)* effloresce **-utuminen** weathering; [surface] disintegration; *(min)* efflorescence.

rapea crisp[y] (crust *kuori*); crunchy (biscuit *keksi*).

rapi||na rustle (of paper *paperin* ~), rustling (of a mouse *hiiren* ~); *(kynän* ~) scratching **-sta 1** rustle; *(kynästä)* scratch **2** *(karista)* fall (peel) off (the paint was beginning to peel off *maali alkoi* ~), come down **3** = *ropista* **-stu|a** fall into decay, deteriorate; decay (from lack of repairs *korjauksen puutteessa); (henk kuv)* fade (she faded early *hän -i jo varhain); ranskankielentaitoni on -nut* my French is rusty **-stunut** dilapidated **-suttaa** rustle.

raport||oida report (a th. to *jtk jklle*) **-ti** report (on *jstk, jtk koskeva* ~; from New York *New Yorkista); (tiedotus)* statement; *antaa* ~ *jstk* report on.

rappaus plastering; *(karkea* ~) roughcast.

rappeut||tava degenerative (disease *tauti);* ~ *vaikutus (m)* demoralizing effect **-ua** fall into decay (the civilization fell into decay *kulttuuri -ui); (rakennuksesta m)* fall into disrepair, [become] dilapidate[d]; go to ruin; *(degeneroitua)* degenerate (mentally *henkisesti);* *(huonontua)* decline (the art (empire) declined *taide (valtakunta) -ui),* deteriorate, decay; be corrupted (the morals were corrupted *moraali -ui)* **-uminen** decay, decline (of civilization *kulttuurin); (rakennuksen* ~ *m)* dilapidation, disrepair; *(kuv, biol)* degeneration; *(huononeminen)* deterioration (of a tissue *kudoksen* ~); *(moraalinen* ~) corruption; *(erik tapojen* ~) decadence **-uneisuus** degeneration; *(siveellinen* ~) corruption; decadence; degeneracy (of youth *nuorison* ~) **-unut** decayed, dilapidated, ramshackle, tumbledown, *(Am m)* rundown; *(siveellisesti* ~) degenerate.

rappio decay (of civilization (an empire) *kulttuurin (valtakunnan)* ~), decline (intellectual (moral) decline *henkinen (moraalinen)* ~); decadence (of literature *kirjallisuuden* ~); degeneration (physical degeneration *fyysinen* ~); *(moraalinen* ~) *(m)* degeneracy, corruption; *joutua* ~*lle* fall into decay; *(ihmisestä)* go to the dogs, degenerate; *olla* ~*lla* be in [a state of] decay, be in a neglected condition;

(rakennuksesta m) be dilapidated ~**alkoholisti** meths drinker; dosser; *(Am m)* skid row alcoholic, Bowery bum ~**itua** fall into decay, go to ruin ~**tila 1** *(rappio)* decay (fall into decay *joutua* ~*an),* decline; degeneration (intellectual degeneration *henkinen* ~), decadence (of literature *kirjallisuuden* ~); *(moraalinen* ~) *(m)* degradation, [moral] degeneracy, corruption; ~*ssa* in [a state of] decay; ~*ssa oleva* decayed, dilapidated **2** *(rappiolla oleva maatila)* neglected farm.

rap|pu step (mind the step *varokaa* ~*a*); **-ut** stairs ~**käytävä** stair|case, -way.

rapsa||htaa, -us snap.

rapsi rape.

rapsodi||a rhapsody **-nen** rhapsodic[al].

ra|pu 1 *(el)* crayfish, *(Am)* crawfish; *-vun sakset* pincers of a crayfish **2** *(astr) R~* Crab; *(horosk)* Cancer.

rasah||della, -dus, -taa rustle.

rasavilli madcap, mischief-maker.

rasia box (of chocolates *suklaa~*; of matches *tulitikku~*); carton, tub (of margarine *margariini~*); *(säilytys~)* container; ~ *savukkeita* a packet *(Am* pack) of cigarettes.

rasis||mi racism **-ti[nen]** racist.

rasit|e 1 *(lak)* easement; encumbrance (on *jhk kohdistuva* ~); *(Am)* servitude **2** *(taakka)* burden (financial burdens *taloudelliset -teet);* charge (to the public *yhteiskunnalle).*

rasit|taa 1 *(konkr)* **a)** *(~ jtk)* strain (one's eyes *silmiään;* don't strain yourself! *älä -a itseäsi!);* **b)** *(olla -tavaa)* be a strain on (it is a strain on the heart *se* ~ *sydäntä),* try, be trying to; **c)** *(väsyttää)* tire (walking tired the patient *kävely -ti potilasta),* be strenuous (for *jkta);* exhaust, tire .. out (I'm not going to tire myself out [by walking home] *en aio* ~ *itseäni [kävelemällä kotiin])* **2** *(kuv)* **a)** *(~ jkta jllak)* burden (a p. with one's troubles *jkta huolillaan);* *(vaivata)* annoy, trouble (a p. with one's questions *jkta kysymyksillään);* **b)** *(jkta ~ jk)* be oppressed by (he is oppressed by many responsibilities *häntä -tavat monet velvollisuudet);* *(~ taloudellisesti)* be encumbered with; *(~ henkisesti)* put a strain on, be a strain to (a p. *jkta)* **3** *(lak)* encumber, burden; *taloa* ~ *kiinnitys* the house is encumbered with a mortgage ▶ ~ *itseään [liikaa]* overtax o.s. (one's strength), overexert o.s.;

overwork; *olen -tanut itseäni liikaa* I've been overdoing it; *älä -a sillä itseäsi!* don't worry (bother) about that! **minua ~ se että** what annoys (troubles, worries) me is that.. ; *huolten* **rasittama** burdened with cares; *velkojen -tama* encumbered (embarrassed) with debts; *verojen -tama* burdened with taxes.

rasitt‖ava strenuous, tiring (it is tiring to.. *on ~a..*); trying (child *lapsi*); exhausting, hard (day *päivä;* work *työ*); *..on ~a (m)* .. is a strain *(ark* hassle); *(ark) ~ tyyppi* nuisance **-ua** become exhausted; *(~ liikaa)* overstrain o.s., overexert o.s. (he overexerts himself easily *hän -uu helposti*); *(silmistä ym)* become overstrained **-un‖ut** [over]strained (eyes *-eet silmät*); *(väsynyt)* worn-out (mother *äiti*).

rasitu‖s 1 *(rasittaminen)* exertion (of a muscle *lihaksen ~*); *henkinen ~* strain, stress; *matkan -kset (sg)* the strain of the journey **2** *(lak)* encumbrance, charge (on an estate *kiinteistön ~*) **~vamma** stress injury.

raskaasti heavily (breathe heavily *hengittää ~*); *(m)* hard (drink (swear) hard *juoda (kirota) ~;* don't take it so hard *älä ota sitä niin ~*).

raska‖s heavy (meal *ateria;* blow *isku;* bag *laukku;* metal *metalli;* day *päivä;* with a heavy heart *-ain sydämin*); taxation *verotus*); *(kova)* hard (time *aika;* life *elämä;* work *työ*); *(vakava)* serious (crime *rikos*), grave (charge *syytös;* responsibility *vastuu*); ponderous (movements *-at liikkeet;* style *tyyli*) ▶ *~ (tunkkainen)* **ilma** stale air; **olla** *-ana* be pregnant; *(urh)* **~ sarja** heavyweight[class], *(pl)* the heavyweights; **tulla** *-aksi* get pregnant; conceive; **~ uni** sound (deep) sleep.

raskas‖mielinen melancholic *(adv ~ally);* *(masentunut)* depressed **-mielisyys** melan‖choly, -cholia.

raskaudenkeskeytys abortion.

raskaus 1 heaviness, weight; *(vakavuus)* seriousness, gravity (of an offence *rikoksen ~*) **2** *(lääk)* pregnancy **~myrkytys** toxemia of pregnancy, gestosis **~testi** pregnancy test.

raskautta‖a weigh on (a p.'s mind *jkn mieltä*), burden **-va** aggravating (circumstances *~t asianhaarat*).

rastas thrush; *(räkätti~)* fieldfare.

rasti 1 *(merkki)* tick; *(Am)* check; *merkitä*

~lla tick [off]; *(Am)* check off; mark with an X **2** *(urh)* control point.

rasva 1 fat; *(keitt m)* cooking fat; *(leipomiseen käytettävä ~)* shortening; *(paistista valunut ~)* dripping, grease; **~ssa keitetty** deep fried **2** *(tekn)* grease (put grease on a hinge *panna ~a saranaan*); **olla ~ssa** be greasy **3** *([iho]voide)* cream **~häntälammas** fat-tailed sheep **~inen 1** *(rasvaa sisältävä)* fatty (cheese *juusto*); greasy (food *ruoka;* cream *voide*) **2** *(pinnaltaan ~)* greasy (skin *iho*); *(rasvoittuva)* oily (hair *tukka*) **~kudos** fatty (adipose) tissue **~liukoinen** fat-soluble, liposoluble **~maksa** fatty liver **~nmuodostus** fat formation, accumulation of fat **~solu** fat cell; *(tiet)* lipocyte **~ta** grease, put (smear) grease on (the hinges *saranat*); *(öljytä)* oil, *(~ konetta m)* lubricate; *(~ ihoa)* rub .. with cream (one's skin *ihonsa*); *(tahria rasvalla)* smear (one's skirt with a sandwich *hameensa voileivällä*); **~ sukset** wax skis **~tahra** grease spot, smear; **saada ~ jhk** get a spot of grease on **~us** greasing; oiling, lubrication.

rasvoittu‖a become (get) greasy; *-vat hiukset (sg)* greasy (oily) hair.

ra‖ta 1 *(raut)* track (double track *kaksiraiteinen ~*); line (the main line *pää~*); *(rautatie)* railway; *(Am)* railroad **2** *(urh)* track; racetrack; *(juoksijan ~)* lane; *(moottoripyörä~)* course, *(kilpa-ajo~ m)* circuit **3** *(astr)* path, *(kierto~)* orbit (of a spacecraft *avaruusaluksen ~*); track (of a comet *pyrstötähden ~*); course (courses of the planets *planeettojen -dat*); **ampua** *-dalleen* put into orbit **4** *(ammuksen ~)* trajectory (of a missile *ohjuksen ~*) **5** *(kuv)* course; *elämä alkoi taas sujua entistä ~ansa* life went back to normal again.

rata‖-ajot *(sg)* circuit racing **-kilpailu** track race (event) **-kisko** rail.

ratamo plantain.

rata‖piha railway yard **-pyöräily** track racing **-pölkky** [railway] sleeper; *(Am)* railroad tie, crosstie.

ratas wheel **~laiva** paddle-steamer; *(Am m)* side-wheeler.

rata‖vaihde railway point **-vartija** railway guard, trackman.

ratifioida ratify.

rationaali‖-, -nen rational.

rationalis‖mi rationalism **-oida** rationalize;

rat *(liik us)* make .. more efficient **-ointi** rationalization; *(liik tav)* scientific management (reorganization) **-tinen** rationalist[ic] *(adv* ~ally).

ratista crackle; grind.

ratkaise‖mat‖on unsolved (problem *ongelma*); unsettled, *(avoin)* open (question *kysymys*), pending; *peli päättyi -tomana* the match was a draw **-va** decisive (step *askel;* battle *taistelu*); decided (change for the better *muutos parempaan päin*); definitive, conclusive (proof *todiste*); crucial (point in the negotiations *vaihe neuvotteluissa*); deciding, determining (factor *tekijä*); ~**lla hetkellä** at the critical moment; ~ **käänne** turning point; *sillä oli* ~ *merkitys* it was of crucial importance; *(pol)* ~ **ääni** the casting (deciding) vote **-vasti;** *tilanne muuttui* ~ there was a fundamental change in the situation; *vaikuttaa* ~ *jhk* influence .. decisively, contribute decisively to; determine (the course of a p.'s life *jkn elämän kulkuun*).

ratkais‖ta 1 *(päättää)* decide (by lot *arvalla;* the judge decided the case in favo[u]r of the plaintiff *tuomari -i jutun kantajan hyväksi*); *(~ lopullisesti)* settle (a matter *asia;* in a p.'s favo[u]r *jkn eduksi*); *(lak m)* pass (give) judgement (for *jkn hyväksi*) **2** *(olla -eva)* be decisive (his vote is decisive *hänen äänensä -ee*); *(määrätä)* determine (a p.'s fate *jkn kohtalo*) **3** *(selvittää)* solve (a puzzle *arvoitus;* a problem *ongelma*); settle (a quarrel *riita*) **4** *(mat)* solve (an equation *yhtälö*), work out (a problem *tehtävä*) ▶ **-in asian** *niin että* I decided to.., I am determined to..; *se -ee asian* that settles (decides) the matter; **jättää** *asia jkn* ~**vaksi** leave the matter to the decision of; **mahdoton** ~ insoluble, insolvable; *kysymys on* **ratkaisematta** the question is still open (remains unsettled); *teidän* **tehtäväksenne** *jää* ~ it is for you to decide.

ratkaisu 1 *(päätös)* decision (right decision *oikea;* come to a decision [about] *päätyä jhk* ~*un [jnk suhteen]*); *(lak m)* judgement; resolution; ~*n hetki* the critical moment; *päästä* ~*un jssk asiassa* get the matter settled, reach (arrive at) a decision **2** *(selvittäminen)* settlement (of a question *kysymyksen* ~); *(~tapa)* solution (find a solution *löytää* ~; to a problem *ongelmaan*), key (to a maths exercise *laskutehtävään*) ~**malli** solution, approach ~**valta** power of decision; authority.

ratke‖ama rip **-ta 1** *(konkr)* rip, come open (the seam has come open *sauma on -nnut*); *(haljeta)* split [open], burst (at the seams *saumoista*) **2** *(kuv)* be settled (the case was settled in his favo[u]r *juttu -si hänen edukseen*); *(selvitä)* be solved (the problem was solved by itself *ongelma -si itsestään*); be decided (it will be decided tomorrow.. *huomenna -aa..*); be determined (his fate will be determined soon *hänen kohtalonsa -aa pian*); *(päättyä)* end, come to an end (the situation came to an end in the afternoon *tilanne -si iltapäivällä*) ▶ ~ **itkuun** burst into tears, burst out crying; ~ **juomaan** take to drink[ing].

ratkiriemukas hilarious[ly funny].

ratko‖a 1 *(käsit)* unpick (a seam *sauma*), undo; take apart, take .. to pieces (a skirt *hame*); take .. out (take the lining out of the coat ~ *vuori takista*) **2** *(kuv)* solve (problems *ongelmia*) **-maveitsi** unpicker.

ratsai‖lla *(-lle, -lta);* *laskeutua -lta* get off a horse; dismount; *nousta -lle* get on a horse, mount [a horse]; *olla* ~ be on horseback.

ratsasta‖a ride (on a horse *hevosella*; go riding *käydä -massa;* at a walking pace *käymäjalkaa*); ~ *jkn aatteilla* exploit *(ark* cash in on) a p.'s ideas; ~ *ilman satulaa* ride bareback[ed] **-ja** rider; horseman; *(kilpa~)* jockey **-japatsas** equestrian statue **-va** *(m)* mounted.

ratsastus riding; *(~retki)* ride ~**halli** manège, riding house ~**housut** riding breeches ~**kilpailut** *(este~) (sg)* jumping competition; *(laukkakilpailut)* horse races ~**koulu** riding school *(Am* academy), manège ~**puku** riding dress; *(naisen* ~*)* riding habit ~**urheilu** riding; *(pl)* equestrian sports.

ratsia 1 raid; *tehdä* ~ *jhk* raid a place **2** *(liikenne~)* stop check.

ratsu 1 mount **2** *(šakk)* knight ~**hevonen** mount, saddle (riding) horse ~**joukot** mounted troops ~**mestari** [cavalry] captain ~**mies** cavalryman, horseman, trooper ~**piiska** riding whip ~**poliisi** mounted policeman, *(Am)* trooper; *(~kunta) (pl)* mounted police ~**vä‖ki** cavalry; *-en sotilas* cavalryman, trooper.

rattaat *(sg)* cart; carriage; *(lasten~) (sg) (Br)* push-chair; *(Am)* stroller.

rat‖ti *(ohjauspyörä)* wheel (at the wheel

-issa) ~**juoppo** drunken driver ~**juoppous** drunken driving ~**kelkka** bob|sled, -sleigh; *(urh)* toboggan.

ratto pleasure, joy ~**isa** enjoyable; pleasant ~**poika** playboy.

raudan||**luja** ..[as] hard as iron, iron (discipline *kuri);* ~ *ote* grip of steel **-puutosanemia** iron-deficiency an[a]emia.

raudikko *a ja s* chestnut; sorrel.

raudoit||**taa** mount (cover) .. with iron; *-ettu betoni* reinforced (armo[u]red) concrete, ferroconcrete **-taja** *(betoni~)* steel fixer, bar bender **-us** iron mounting (fitting).

rau|eta 1 *(jäädä sikseen)* be dropped (the matter was dropped *asia -kesi); (~ tyhjiin)* come to nothing, fall through, miscarry (the plan miscarried *suunnitelma -kesi),* fail (the attempt failed *yritys -kesi);* break down (the negotiations broke down *neuvottelut -kesivat; on jhk);* antaa asian ~ drop the matter 2 *(lakata olemasta voimassa)* lapse, become void (the contract will become void on Sept. 11 *sopimus -keaa 11. syyskuuta).*

rauha peace (of the countryside *maaseudun* ~; conclude peace *solmia* ~) ▶ ~*n* **aikana** in times of peace; **jättää** ~*an* leave .. in peace (alone), let .. alone; **kaikessa** ~*ssa* in peace [and quiet]; **neuvotella** ~*sta* negotiate terms of peace; **anna minun olla** ~*ssa!* leave me alone! **rauhassa** in peace (live in peace *elää -ssa;* in war and peace *sodassa ja* ~*ssa); (m)* at peace (with *jkn kanssa); en saa [ajatukselta]* ~*a* I can find no peace [of mind]; *en saa häneltä mitään* ~*a* he never gives me any peace; **tee** *se [kaikessa]* ~*ssa* take your time about it.

rauhaa rakastava peace-loving, peaceful (nation *kansa);* peaceable, mild (person *ihminen).*

rauhalli||**nen** peaceful (disposition *luonne;* demonstration *mielenosoitus;* coexistence *rinnakkaiselo); (hiljainen)* quiet (life *elämä;* area *seutu);* restful (holiday *loma;* music *musiikki);* tranquil (times *-set ajat;* at a tranquil pace *-sta vauhtia); (henk m)* calm (keep calm *pysyä -sena); -sin mielin* with a peaceful mind **-sesti** peacefully (die peacefully *kuolla* ~); *(rauhassa)* in peace; quietly; calmly (take things calmly *suhtautua asioihin* ~) **-suus** peacefulness; tranquillity; *jkn* ~ *(m)* peaceful nature of.

rauhan||**aate** pacifism **-aika** time of peace,

peace[time] **-ehdot** terms (conditions) of peace, peace terms (dictate peace terms *sanella* ~).

rauhanen gland.

rauhan||- **ja konfliktintutkimus** peace and conflict research **-julistus** declaration of peace **-kyyhky** dove of peace **-liike** peace movement; pacifism **-marssi** peace demonstration **-neuvottelut** peace negotiations (talks); *alustavat* ~ peace preliminaries **-omainen** peaceful (coexistence *rinnakkaiselo)* **-omaisesti** by peaceful means, peacefully **-palkinto;** *Nobelin* ~ the Nobel Peace Prize **-piippu** peace pipe **-politiikka** policy of peace **-rakentaja** peacemaker **-rikkoja** peacebreaker, disturber of the peace, aggressor **-sopimus** peace treaty (pact) **-tahto** desire for peace, *(pl)* pacific intentions **-tekijä** peacemaker **-tunnustelu** peace feeler **-tuomari** Justice of the Peace *(lyh* J.P.) **-turvajoukot** peacekeeping forces **-tutkimus** peace research **-ystävä** peace advocate, pacifist.

rauhas||**kudos** glandular tissue **-solu** gland cell **-tulehdus** adenitis.

rauhat||**on** *(levoton)* restless (patient *potilas;* grow restless *tulla -tomaksi);* unsettled (conditions *-tomat olot;* feel unsettled *tuntea olonsa -tomaksi);* troubled (political situation *poliittinen tilanne;* sleep *uni); -tomat ajat* troubled times 2 *(huolestunut jstk)* uneasy (grow uneasy at *tulla -tomaksi jnk vuoksi)* 3 *(meluisa)* noisy (area *alue);* rowdy (street *katu),* rough (quarter of the town *kaupungin osa); (kuumeinen)* hectic (city life *suurkaupungin elämä)* **-tomuus** restlessness; *(mielen* ~) uneasiness.

rauhoite *(lääk)* sedative, tranquil[l]izer.

rauhoit||**taa** 1 *(hillitä)* calm [.. down] (excited feelings *kiihtyneitä tunteita;* a riotous crowd *mellastavaa väkijoukkoa),* quieten *(Am* quiet) [.. down] (a crying baby *itkevää lasta)* 2 *(tyynnyttää)* soothe (one's feelings *tunteitaan;* this cream soothes sunburned skin *tämä voide* ~ *palanutta ihoa),* calm (the nerves *hermoja); (henk m)* calm .. down; *(vaikuttaa -tavasti jhk) (m)* settle (the stomach *vatsaa); (~ jkn mieltä)* reassure (the news reassured him *uutinen -ti häntä);* ~ *omaatuntoaan* appease (quiet) one's conscience; *se -ti hänen mieltään (m)* it set his mind at rest 3 *(~ kasvi, eläin)* place .. under protection, protect [.. by law] (game *riista*), preserve (a tree *puu*); *-ettu* protected, preserved; *-ettu alue* [nature] preserve **-tava** quieting, sedative (effect *vaikutus*); soothing (words ~*t sanat*); cream *voide*); *(vakuuttava)* reassuring; *(lohduttava)* comforting (news *uutinen*); *(lääk)* ~ *lääke* sedative, tranquil[l]izer **-tua 1** *(tyynnytä)* calm down; *-u!* calm yourself! **2** *(vakiintua)* settle down (marry and settle down *mennä naimisiin ja ~); tilanne alkaa ~* things are becoming normal.

rauhoitus *(riistan ~)* protection, preservation, defence ~**aika** close season, closed game season, *(pl)* defence months ~**alue** game preserve ~**lääke** tranquil[l]izer, sedative.

raukais|ta; *minua -ee* I feel tired.

raukea faint (smile *hymy*); listless (voice *ääni*); languishing (look *katse*); ~ *olo* lazy (drowsy) feeling.

raukeaminen *(sopimuksen ym ~)* avoidance; cancellation; *(umpeen kuluminen)* extinction, expiration *(ks m raueta).*

raukeus faintness; languor.

raukka poor creature (thing); *(miehestä)* poor fellow; *(pelkuri)* coward (what a coward you are! *millainen ~ sinä olet!),* lilyliver; *pikku ~* poor little thing; *tyttö ~* poor girl; *voi sinua ~a!* poor you! you poor thing! ~**mainen** cowardly; *älä ole niin ~!* don't be such a coward (milksop)! ~**maisuus** cowardice.

raunio 1 ~*t* ruins (of a city *kaupungin ~t*), remains (of an old castle *vanhan linnan ~t); olla ~ina* lie (be) in ruins **2** *(ihmis~)* wreck ~**ittaa** [lay .. in] ruin, wreck ~**itu|a** fall into ruin; *-nut* ruined, *(pred m)* in ruins ~**kaupunki** ruined city.

rausku ray.

rau|ta 1 iron **2** *-dat (kahleet)* irons (put a man in irons *panna mies -toihin*) **3** *(mets) -dat (sg)* trap (set a trap *asettaa -dat*).

rauta||esirippu the Iron Curtain **-hammas** permanent tooth **-inen** iron (discipline *kuri;* gate *portti*), .. of iron (nerves *-iset hermot;* will *tahto*); cast-iron (casserole *pata*) **-isannos** concentrated (massive) dose (of information *tietoa*) **-kanki** iron bar **-kauppa** *(Br)* ironmonger's [shop]; *(Am)* hardware store **-kauppias** *(Br)* ironmonger; *(Am)* dealer in hardware; *hän on* ~ he owns a hardware store **-kausi** Iron Age **-lanka** wire **-lankaverkko** wire netting

-naula nail **-osasto** ironware (hardware) department **-pitoinen** iron-bearing, ferrous **-pitoisuus** iron contents **-romu** iron scrap **-seos** iron alloy, ferroalloy **-sulfidi** ferrous sulphide **-tavara** hardware; ~*t* iron goods, *(sg)* ironmongery **-tehdas** ironworks **-teitse** by rail.

rautatie railway, *(Am)* railroad ~**aikataulu** time-table ~**asema** railway station; *(Am)* train (railroad) station ~**liikenne** rail[way] traffic (transport) ~**läinen** railwayman; *(~virkailija)* railway employee (clerk) ~**risteys** junction ~**vaunu** *(henkilövaunu)* railway carriage; *(Am)* railroad car; *(tavaravaunu)* wag[g]on ~**ylikäytävä** level *(Am* grade) crossing.

rautu arctic charr.

ravata trot.

ravi trot (at full trot *täyttä ~a*); ~*t (sg)* trotting-race ~**hevonen** trotter, trotting-horse.

ravinne nutrient.

ravinto nourishment; *(ruoka)* food; *(biol)* nutriment (plants draw nutriment from the soil *kasvit ottavat ~nsa maasta*) ~**arvo** nutritive (nutritional, alimentary) value ~**fysiologia** nutritional physiology ~**kemia** food chemistry.

ravintola restaurant; *(hotellin ~ m)* dining room; *(lähiö- ym ~)* pub, bar, tavern ~**lasku** *(Br)* bill; *(Am)* check ~**npitäjä** restaurant owner (proprietor) ~**vaunu** dining *(Br m* restaurant) car ~**yleisö** *(pl)* guests, patrons.

ravintoloitsija restaurant proprietor (keeper).

ravinto-oppi nutrition.

ravirata trotting-track.

ravist||aa shake; *(sekoittaa m)* shake up (a bottle of medicine *lääkepulloa*); *(lääkepullossa) -ettava* shake (to be shaken) before use **-ella** shake; *(~ vaatteita m)* shake out (bed linen *vuodevaatteet*); ~ *hereille* shake .. out of sleep, *(kuv)* shake .. up.

ravistu||a get leaky **-nut** leaky (boat *vene*).

ravit|a nourish, feed (on, with *jllak*); *hyvin -tu* well nourished.

ravitsemus||terapeutti dietician **-tila** nutritional state.

ravitseva nourishing (food *ruoka;* cream *voide*).

raviurheilu harness racing.

ravuri trotter, trotting-horse.

ravust||aa catch crayfish **-us** crayfishing.

reaali‖**aika** real time **-aikajärjestelmä** real time system **-aineet** humanities and natural sciences **-arvo** real (actual) value; *(rahan ~)* intrinsic value; *(arvopapereiden ~)* market (realizable) value **-linja** modern (non-classical) side **-luku** real number **-nen** real; *(tosiasiallinen)* actual. ˙

reago|**ida** 1 react (to *jhk;* to a drug *lääkkeeseen;* how did he react? *kuinka hän -i?*); respond (to *jhk;* with *jllak;* to a stimulus *jhk ärsykkeeseen*) 2 *(kem)* react (with *jnk kanssa*); *-iva aine* reactant; ~ *happamesti* show an acid reaction (to *jhk*).

reaktiivi‖**nen** reactive **-suus** reactivity.

reaktio (to *jhk;* against *jtk vastaan*) ~**moottori** *(ilm)* jet engine; *(sähk)* reaction motor ~**nopeus** rate of reaction ~**voima** reacting force.

reaktori reactor; *(ydin~)* nuclear (atomic) reactor.

realismi realism.

realisoi‖**da** realize; *(~ arvopapereita)* liquidate, convert .. into money **-nti** realization; *(arvopapereiden ~)* conversion.

reali‖**sti** realist **-stinen** realistic *(adv ~*ally) (estimate *arvio;* view *näkemys;* novel *romaani*) **-teetti** reality; *(tosiasia)* fact.

redundan‖**ssi** redundance **-tti** redundant (feature *piirre*).

reelinki rail.

reesustekijä Rh factor.

refer‖**aatti** summary (of a book *kirjasta*); *(lyhyt ~)* synops|is (*pl* -es) **-oida** give a summary (of *jtk*).

refleksi reflex.

refleksiivi- reflexive (verb *-verbi*).

reflek‖**sio** reflection **-toida** reflect **-tori** reflector.

reforma‖**atio** reformation **-torinen** reforma|-tive, -tory.

refor‖**mi** reform **-mistinen** reformist[ic] *(adv ~*ically) **-moi**|**da;** *-tu kirkko* Reformed Church.

regressio regression.

rehabilit‖**aatio** rehabilitation **-oida** rehabilitate.

rehelli‖**nen** 1 *(totuudenmukainen)* honest (person *ihminen;* answer *vastaus*); *(vilpitön)* sincere; *(suora)* straight 2 *(kunniallinen)* hono[u]rable (intentions *-set aikeet*); respectable (citizen *kansalainen*); ansaita toimeen-tulonsa *-sellä työllä* make an honest living; *-sin keinoin* by fair means, honestly **-sesti** honestly; *(avoimesti)*

frankly; *pelata ~* play fair (a square game); ~ *sanoen* honestly, frankly speaking, to be honest **-syys** honesty; *(vilpittömyys)* sincerity.

rehen‖**nellä** boast, swagger, *(ark)* talk big (about *jllak*) **-televä** boastful, swaggering **-telijä** boaster **-tely** boasting.

rehevyys luxuriant growth (of a tropical rain forest *trooppisen sademetsän ~*), luxuriance, exuberance.

rehev‖**ä** 1 luxuriant (vegetation *kasvillisuus;* prose *proosa*), exuberant; *(konkr m)* lush (nature *luonto*); *(tiheä)* thick (forest *metsä*) 2 *(henk)* plump, full (figure *~t muodot*); *(uhkea)* buxom (blonde *vaaleaverikkö*) **-öityminen** eutrophication **-öityä** *(järvestä ym)* become eutrophic.

rehkiä slave away (for *jkn hyväksi;* at *jnk kimpussa;* all day *koko päivä*).

rehotta|**a** 1 *[kasvaa]* ~ grow rank (the weeds are growing rank *rikkaruohot -vat*); *(kukoistaa)* flourish (the plants are flourishing *kukat -vat*) 2 *(olla vallalla)* be rife (evil is rife *paheet -vat*).

rehti honest, straightforward.

rehtori *(koulun ~)* head|master, *(fem)* -mistress, head; *(opiston t. ammattikoulun ~)* principal; *(yliopiston m)* *(Brit)* vice-chancellor; *(USA)* president; *(Skotl ja us Euroopan maissa)* rector ~**nvirka** headmastership; vice-chancellorship; presidency.

rehu feed; *(heinä~)* forage; *(erik korsi~)* fodder; *antaa karjalle ~a* feed the cattle ~**kakku** feeding (oil) cake ~**kaura** fodder oats ~**peruna** fodder (feeding) potato.

rehvaste‖**lija** bigmouth **-lla** swagger [about], strut; *(leuhkia)* boast, brag (of *jllak*) **-lu** boasting, bragging, swagger.

rei'it‖**tää** perforate; punch (a card *reikäkortti*); *-etty* perforated **-ys** perforation.

reikiintyminen *(hammasl)* caries.

reikä hole (in a tooth *hampaassa;* in a wall *seinässä;* (golf) win a hole *voittaa ~*); *(puhkaistu ~)* puncture; *(ratkeama m)* tear, rip (in a shirt *paidassa*); *(vuoto m)* leak (in the roof *katossa*); *(aukko)* opening, gap (in the fence *aidassa*); *(erik raha-aukko)* slot (put the money in the slot *pane raha ~än*); *(~ kankaassa ym)* eyelet (of a belt *vyön ~*); *takin kyynärpäässä on ~* *(tav)* the jacket is out at the elbow; *laitattaa reiät korviinsa* have one's ears pierced; *lyödä* ~ *jhk* punch (a ticket *lippuun*); pierce [a hole in] (the lid *kanteen*).

reikä‖kauha skimmer, skimming ladle **-kortti** punch card **-nauha** perforated [paper] tape, punch[ed paper] tape **-nauhanlukija** [paper tape] reader **-ommel** hem-stitch; *pakotettu* ~ pin stitch **-ompelu** drawn-thread work (embroidery) **-viiva** perforation; *repäise* ~*a pitkin!* tear along the dotted line!

reilu 1 *(rehti)* straightforward; sporting (offer *tarjous;* that was very sporting of you *se oli hyvin* ~*a sinulta*), sportsmanlike (behavio[u]r *käytös*); *(ark)* decent (about *jnk suhteen;* fellow *kaveri*); square (with *jkta kohtaan*); fair (play *peli;* that's not fair! *tuo ei ole* ~*a!*); ~ *kaveri (m)* a good (real) sport; ~ *menettely* a square deal **2** *(oikea)* proper (proper Finnish food ~*a suomalaista ruokaa*) **3** *(runsas)* generous (helping *annos*); ~ *ateria (m)* a good square meal, a hearty (substantial) meal; *hän oli* ~*n metrin muista edellä* he was a good metre ahead of the others ~**sti 1** *(m)* openly, frankly (admit frankly that.. *myöntää* ~ *että*); *menetellä* ~ play fair (the game); deal fairly (with *jkta kohtaan*), *(Am)* do right (by *jkta kohtaan*) **2** *(runsaasti)* well (past fifty *yli viidenkymmenen*); *(paljon)* plenty; *voittaa* ~ win easily, *(ark)* romp home to an easy victory **3** *(kitsastelematta)* generously (pay generously *maksaa* ~).

reimari spar-buoy.

Rein the Rhine.

reip‖as brisk (walk *kävely;* be brisk! *ole* ~*!* at a brisk pace *-paassa tahdissa*); sprightly (steps *-paat askeleet*); spirited (dance *tanssi*); *(toimelias)* active (he is still very active *hän on vielä varsin* ~); vigorous (youth *nuorukainen;* measures *-paat otteet*); *(eloisa)* lively (a lively and cheerful mind ~ *ja iloinen mieli;* the patient looks a little livelier today *potilas näyttää tänään hieman -paammalta*); *-pain mielin* in a cheerful mood, in high spirits; *[terve ja]* ~ *vanhus (m)* a hale and hearty old man (woman) **-astua** become livelier; *(potilaasta m)* regain one's strength, become stronger **-paasti** briskly (walk briskly *kävellä* ~); promptly (answer promptly *vastata* ~) **-pailla** go hiking (for a brisk walk).

reisi thigh ~**lihas** thigh muscle ~**luu** fem‖ur

(pl m -ora), thighbone.

reit‖ti route (of a bus *bussin* ~*;* from Helsinki to Stockholm *Helsingistä Tukholmaan;* he always takes the same route [through the town] *hän kulkee aina samaa* ~*ä [kaupungin läpi]*); *(kurssi)* course (go off course *eksyä -iltä*); *(väylä)* channel, fairway ~**lento** regular flight.

reki sleigh; *(pienempi* ~) sledge; *ajaa reellä* ride in a sleigh ~**retki** sleigh ride.

rekisteri register; *merkitä* ~*in* [enter .. in a] register ~**kilpi** number *(Am* licence) plate ~**numero** registration (licence) number.

rekisteröi‖dä 1 *(merkitä rekisteriin)* register (a car *auto;* registered trademark *-ty tavaramerkki*) **2** *(tallentaa)* record.

rekka *(puoliperävaunu)* semi-trailer ~**-auto** trailer lorry (truck) ~**kuski** truck driver.

rekki horizontal bar.

rekonstruoida reconstruct.

relatiivi‖lause relative clause **-pronomini** relative pronoun.

rele, ~**oida** relay.

reliefi relief.

relikti relict.

remah‖dus; *naurun* ~ burst (peal) of laughter **-taa** burst (into laughter *nauruun*).

remburssi letter of credit *(lyh* L/C), *(Br m)* [documentary] credit; *avata* ~ open a credit (with a bank *jssk pankissa*).

remont‖oida renovate, [re]decorate **-ti** [re]decoration, *(suuri* ~) *(pl)* renovations, repairs; *olla -issa* be under repair.

rempall‖aan *(-een)* in a bad way.

rempseä free and easy, easy-going.

remuava noisy, boisterous, rowdy.

renessanssi 1 the Renaissance; *(kirjall m)* the Revival of Learning **2** *(kuv)* revival (of the historical novel *historiallisen romaanin* ~), renaissance (enjoy a renaissance *elää* ~*aan*), rebirth.

ren‖gas 1 ring (metal ring *metallinen* ~*;* rings of Saturn *Saturnuksen -kaat;* it left a ring on the table top *siitä jäi* ~ *pöydän pintaan*); *(* ~ *ketjussa ym)* link *(m kuv;* missing link *puuttuva* ~) **2** *(aut) (Br)* tyre; *(Am)* tire **3** *(tal)* ring, pool ~**lehtiö** spiral note-book ~**lihas** sphincter ~**matka** round trip ~**rikko** puncture ~**taa** ring (birds *lintuja*); *(Am)* band; *(ympyröidä m)* circle (the right answer *oikea vastaus*) ~**tuma** ring, pool ~**tus** ringing, banding ~**vaurio** tyre *(Am* tire) failure.

renki hired man, farm-hand.
ren|to 1 relaxed (lie relaxed *maata ~na*); *(veltto)* limp (hang down limp *roikkua ~na*); *heittäytyä -noksi* let one's body go limp **2** *(kuv)* free and easy, easy-going **~utta|a** relax; *-va* relaxing **~utua** relax.
renttu rotter, bum, lout.
rentukka marsh marigold; *(Am)* cowslip.
repaleinen ragged, tattered.
repeillä *(pilvistä)* disperse, break up; *lakko alkoi ~* the strike began to crack.
repertoaari repertoire.
repe||yty|ä tear, rip; *-nyt* torn **-ämä 1** tear, rip (in a coat *takissa*); *(~ maassa m)* crack; *(~ kalliossa)* fissure, crevice **2** *(kuv)* split (in a party *puolueessa*) **3** *(lääk)* rupture.
rep|iä 1 *(konkr)* tear (open *auki;* off, out *irti;* to pieces, to bits *kappaleiksi, rikki;* up by the roots *ylös juurineen*); rip (down *alas, pois;* open an envelope *kirjekuori auki;* one's shirt on a branch *paitansa oksaan*); *(~ palasiksi)* tear (rip) up (a letter *kirje*); *(~ kahtia m)* tear (rip) .. across; *(purkaa)* pull down, tear .. down (a wall *seinä*) **2** *(kuv)* (~ *hajalle)* tear [.. apart] (a country torn by civil war *sisällissodan -imä maa)*; rend (the party was rent in two by the controversy *riita -i puolueen kahtia*).
repliikki *(pl)* lines.
report||aasi report **-teri** reporter.
reppu rucksack, *(Am)* backpack.
reproduktio reproduction.
republikaaninen republican.
reput; *saada ~* fail (in German *saksassa*), *(ark)* flunk **~taa 1** *(hylätä)* fail **2** *(saada reput)* fail (in *jssk*); fail an exam, *(sl)* [be] plough[ed].
repäis||evä sensational, thrilling; *(henk)* easy-going **-tä** tear (off, out *irti;* in two *kahtia;* a page out of a book *sivu kirjasta*); rip (open *auki;* in two *kahtia*).
reseda mignonette.
resepti 1 *(lääk)* prescription **2** *(keitt)* recipe (for a cake *kakun ~*) **3** *(kuv)* recipe, formula (for success *menestykseen*) **~lääke** drug sold (dispensed) on prescription.
reservaatti reservation (Indian reservation *intiaani~*); *(luonnonsuojelualue)* wild life reserve.
reservi 1 *(sot)* reserve[s]; *olla ~ssä* be in

(on) the Reserve **2** *(kuv, tal)* reserve **~upseeri** reserve officer, officer in (of) the reserve.
resessiivi[nen] recessive.
resignaatio resignation.
resiina inspection trolley; *(Am)* handcar.
resisten||ssi resistance **-tti** resistant (to *jllk*).
resitatiivi recitative.
reskontra personal (current account) ledger.
resonanssi resonance.
resori 1 *(jousi)* spring **2** *(käsit)* rib[-knit], rib-stitch.
respiraat||io respiration **-tori** respirator.
ressu[kka] poor thing; *voi sinua ~a!* poor you!
restaur||aatio the Restoration **-oida** restore **-ointi** restoration.
resurssit resources.
re|ti road[stead], roads; *olla -dillä* lie (be) in the roadstead (roads).
retiisi radish.
retikka black radish.
retkahtaa 1 *[kaatua]* ~ flop down, drop (into a chair *tuoliin*) **2** *(ihastua jhk)* fall for.
retkeil||ijä *(vaeltaja)* hiker; *(retkeläinen)* excursionist; *(päivän ~)* day-tripper **-lä** *(vaeltaa)* hike, go walking (he went walking in Scotland *hän lähti -emään Skotlantiin*); *(Am)* backpack.
retkeily *(vaeltaminen)* hiking; *(Am)* backpacking; *(telttailu)* camping; *(pl)* excursions, trips **~maja** youth hostel **~varusteet** *(sg)* camping equipment.
retk|i trip (take (go on) a trip to *tehdä ~ jnnk*); *(huvi~)* outing (for the seashore *meren rannalle*); picnic (go for a picnic *lähteä -elle*); excursion (to the countryside *maaseudulle*); *(päivän ~)* day-trip; *(kävely~)* walking tour; *(opastettu ~)* [conducted] tour; *(käynti)* visit (to *jhk*) **~kunta** expedition.
retkottaa hang loosely; *[istua (maata)]* ~ sprawl, loll (on the sofa *sohvalla*).
retku 1 *(vaatteesta)* rag **2** *(henk)* lout, rip, layabout.
retori||ikka rhetoric **-nen** rhetorical.
retoromaani *(kiel)* Rhaetian.
retro||aktiivinen retroactive **-spektiivinen** retrospective.
rettelö; *~t (sg)* trouble; *(mellakat)* riots **~idä** make trouble; *(riidellä)* quarrel (with *jkn kanssa*); *[alkaa]* ~ *(m)* kick up a row **~inti** troublemaking, quarrel[l]ing **~itsijä**

troublemaker.

retuperäll|ä *(-e)* in a bad way; *joutua -e* go to the dogs.

retusoida retouch; touch .. up.

retuuttaaaa drag (behind (after) one *perässään*); *(kantaa ~)* lug.

reuma rheumatism (articular rheumatism *nivel~*) **~atikko** rheumatic **~attinen** rheumatic **~sairaala** hospital for rheumatic diseases **~tismi** rheumatism **~otologia** rheumatology.

reun|a edge (of a cliff (plate, table cloth *kallion (lautasen, pöytäliinan) ~;* on the edge of a chair *tuolin ~lla*); *(reunus)* border (of a picture (handkerchief) *kuvan (nenäliinan) ~*); margin (of a page *sivun ~;* on the margin of a road (swimming-pool) *tien (uima-altaan) ~lla*); *(parras)* brink (on the brink of a precipice *jyrkänteen ~lla*); *(laita)* side (on the right-hand side of the road *tien oikealla ~lla*); *(astian [ylä]~)* brim (full to the brim *-oja myöten täynnä*), rim (of a bowl *maljan ~*); *jnk ~lla (~ssa) (m)* by (the ditch *ojan ~lla*); *metsän ~ssa* on the edge (fringe[s]) of the forest; *tie kulkee pitkin metsän ~a* the road skirts the forest; *vuotaa yli -ojen* overflow, brim (run) over **~huomautus** marginal note **~inen** -edged (black-edged *musta~*), ..with .. edges; -bordered (lace-bordered *pitsi~*), ..with .. borders **~merkintä** marginal note (comment) **~nauha** edging, trimming, band **~pitsi** lace border.

reunimmainen outermost.

reunus border; *(koriste~)* edging; trimming **~t|aa 1** *(muodostaa reuna jhk)* line (the trees lined the street *puut -ivat katua*) **2** *(panna reuna jhk)* edge (a handkerchief edged with lace *pitsillä -ettu nenäliina*); bind (the cuffs with leather *hihansuut nahalla*); *(koristaa m)* trim (a hat with fur *hattu turkiksella*) **~te** edging, trimming; border; *(kanttaus)* binding.

revalv|aatio revaluation, upvaluation **-oida** revalue, upvalue; *(Am)* revaluate **-ointi** revaluation.

revehtymä rupture.

re|vetä 1 tear (the paper tore [in two] *paperi -pesi [kahtia];* lace tears easily *pitsi -peää helposti*), rip (the sail ripped under the force of the wind *purje -pesi tuulen voimasta*), get a rip (the shirt got a rip *paita -pesi*); *~ irti* be torn (ripped) off; rip away (from *jstk*); *paitasi on -vennyt*

you've torn (ripped) your shirt **2** *(lääk)* rupture.

reviiri *(eläimen ~)* territory.

revinnäinen drawn-thread embroidery.

revisioni|mi, -ti revision|ism, -ist.

revolveri revolver.

revontulet Northern lights; aurora borealis; *(eteläisen pallonpuoliskon ~)* Southern lights; aurora australis.

revyy revue.

revä|htymä rupture, hernia **-ht|ää** rupture; *hänen silmänsä -ivät suuriksi* his eyes flew wide open **-yttää** sprain (one's ankle *nilkkansa*); strain (a muscle *lihas*); *~ selkänsä* strain (rupture) o.s.

R[h]odos Rhodes.

RH-tekijä Rh factor.

rieha happening **~annuttaa** stir up, send .. wild **~antua** get carried away (by *jstk*), go wild (over *jstk*); *(lapsista)* get out of hand **~kas** boisterous, rowdy; riotous, *(hillitön)* wild.

riehu|a rage (like a madman *kuin hullu*; the storm raged all night *myrsky -i koko yön*); run wild (don't let the children run wild *älä anna lasten ~*); *~ tarpeekseen (henk)* rage o.s. to a standstill, get over one's rage; *(myrskystä) (lakata -masta)* rage (rave) itself out, spend its fury **-nta** rage, raging.

riekale rag (be worn to rags *kulua ~iksi*), shred (tear to shreds *repiä ~iksi*); *~et (m)* tatters; *hänen hermonsa olivat ~ina* he was at his wit's end.

riekko willow grouse.

rlemastu|a 1 *(ilahtua)* be overjoyed (at, by *jstk*) **2** *(raivostua)* blow one's top **-ttaa** delight **-ttava** hilarious.

riemu joy (to the joy of *jkn ~ksi;* his joy knew no bounds *hänen ~llaan ei ollut rajoja*); delight (to his great delight *hänen suureksi ~kseen*) **~huu|to** shout of joy; *(-dot)* enthusiastic cheering **~issaan** delighted (at, by *jstk*) **~it|a** rejoice; triumph (over the victory *voitosta*); *-en* rejoicingly; exultantly, triumphantly **~itseva** jubilant, exultant, triumphant **~kaari** triumphal arch **~voitto** triumph.

riena|ta blaspheme **-us** blasphemy.

rien|not activities **-tää** hasten (away *matkaan*); hurry (home *kotiin*); *aika ~* time flies.

riepot|ella send .. flying, pull .. about (one's opponent *vastustajaansa*); *(kuv)* treat .. roughly *(vrt -taa)* **-taa** drag

[along] (behind o.s. *perässään*).
riepu cloth, rag.
riesa nuisance; worry.
rieska unleavened bread.
riet‖as lewd; lecherous; licentious; *(säädytön)* obscene, indecent **-taus** lewdness, lechery; indecency.
rihkama junk [jewellery]; *(pl)* knick-knacks ~**kauppa** fancy goods (*Am* novelty) shop ~**koru** trinket, junk (costume) jewellery.
rihla 1 *(aseen ~)* groove, rifle; ~*t (m) (sg)* rifling **2** *(tekn)* flute, groove; ~*t (m) (sg)* fluting ~**pyssy** rifle ~**ta** rifle; *(tekn)* flute.
rihma thread ~**rulla** reel of thread (cotton) ~**sto** myceli|um *(pl* -a).
riiata court, woo (a p. *jkta*).
riidan‖aihe cause of quarrel[ling], bone of contention **-alainen** disputed, ..in dispute; ~ *kysymys (m)* a controversial issue, a vexed question **-haluinen** quarrelsome **-ratkaisija** arbitrator.
riidaton indisputable, undisputed.
rii‖dellä quarrel (with *jkn kanssa;* about *jstk;* stop quarel[l]ing! *älkää -delkö!*); have a quarrel (a scene, words); *(kinastella)* squabble (the children are squabbling over the toys *lapset -televät leluista).*
riihi drying barn, kiln.
Riika Riga.
riikinkukko peacock.
riikinruotsi Swedish as spoken in Sweden.
riimi, ~**ttää** rhyme.
riimu halter ~**kirjoitus** runic writing (inscription) ~**kivi** runic stone.
riipais‖eva harrowing, heart-rending, distressing **-ta** tear (the sight tore my heart *näky -i sydäntäni).*
riip‖iä strip [.. off] **-oa** strip (tear) .. off; ~ *jkn sydäntä* tear a p.'s heart.
riippu‖a 1 *(konkr)* hang (from the ceiling *katosta;* on a p.'s arm *jkn käsivarressa;* the clouds were hanging low *pilvet -ivat matalalla);* dangle (from a chain *ketjusta)* **2** *(kuv)* depend on (it depends on you *se -u sinusta)* ▶ *se -u* **hänestä** *(m)* it is up to him; *(kuv)* ~ **ilmassa** hang in the balance; ~ **kiinni** *jssk (m kuv)* cling to; *jos se* **minusta** *-u* as far as I am concerned, if I can help it; *-en* siitä *onko..* depending on whether..
riippu‖kansio hanging file folder **-liito** hang-gliding **-lukko** padlock **-maton** independent (of *jstk);* muista ~ self-sufficient; *taloudellisesti* ~

independent, self-supporting **-matta;** *jstk* ~ regardless (irrespective) of; *muista (toisistaan)* ~ independently; ~ *siitä että* in spite of the fact that; ~ *siitä onko..* irrespective of whether.. **-matto** hammock **-mattomuus** independence **-rata** aerial cableway; duspended railway **-silta** suspension bridge **-vai‖nen 1** *[taloudellisesti]* ~ dependent (on one's parents *vanhemmistaan); olla* ~ *jstk* depend on; *toisistaan -set* interdependent [with each other] **2** *(lääk)* addicted; *tulla -seksi [jstk lääkkeestä]* form an addiction [to a drug] **-vuu‖s** dependence (on *jstk); (lääke~)* addiction; *-tta aiheuttavat lääkkeet* habit-forming drugs **-vuussuhde** interdependence, correlation.
riipuksissa; *olla* ~ droop, hang down; *pää* ~ with drooping head.
riipus pendant.
riiputtaa dangle (one's legs *jalkojaan),* let .. hang; hang (meat *lihaa);* ~ *jtk jaloista* carry (lift) by the feet.
1 riisi *(paperimitta)* ream.
2 riisi *(kasv)* rice ~**ryynit** *(sg)* rice ~**tauti** rickets ~**tautinen** rickety ~**viini** rice wine, sake.
riista game ~**-alue** game preserve ~**lin‖tu** game bird; *-nut (koll m)* wildfowl ~**nhoito** preservation of game ~**nvartija** game-keeper.
riist‖o exploitation (of poor countries *köyhien maiden ~); (työläisten* ~ *m)* sweating **2** *(menetys)* deprivation (of freedom *vapauden ~)* **-äjä** exploiter **-äytyä** tear o.s. away, wrench o.s. (from a p.'s clutches *jkn otteesta);* ~ *irti* break loose; ~ *valloilleen* break out; *(kuv)* ~ **käsistä** get out of hand **-ää 1** *(temmata)* wrench, wrest (out of a p.'s hands *jkn käsistä);* tear (the letter from *kirje jklta)* **2** (~ *jklta jtk)* deprive (a p. of freedom *jklta vapaus);* strip, divest (the king of all his power *kuninkaalta kaikki valta);* dispossess, despoil (a p. of his property *jklta omaisuus);* bereave (war bereaved her of her son *sota -i häneltä pojan);* ~ *itseltään henki* take one's own life **3** *(hyödyntää häikäilemättä)* exploit; *-etty* sweated (labo[u]r *työväki);* *-ävä luokka* the exploiting class.
riisu‖a (~ *yltään)* take off (one's coat *takki päältään);* strip .. off (one's clothes *vaatteensa);* (~ *jku)* undress, (~ *alasti)* strip (the child *lapsi); (poistaa)* remove

(the slipcover from the sofa *suojus sohvasta*); ~ *jku aseista* disarm; *riisuttu* stripped-down (version of *malli jstk*); ~ *vaatteet jkn yltä* undress (strip) a p.; ~ *vaatteet yltään* undress, strip down **-utua** undress, take off one's clothes, strip [off]; strip down (to one's underclothes *alusvaatteisilleen*).

riit|a quarrel (about *jstk;* with *jkn kanssa*); *(ark)* row (a terrible row about *kamala ~ jstk*); *(erimielisyys)* disagreement (over *jstk;* between *jdk välillä*); *(kiista)* dispute (settle a dispute *ratkaista ~*); *(kina)* squabble, wrangle (about *jstk*) ▶ **haastaa** ~a pick a quarrel (with *jkn kanssa*); be asking for trouble; **joutua** *-oihin* = **riitaantua; olla riidoissa** be at odds (loggerheads) (with *jkn kanssa*); **sopia ~** end a quarrel, make it up; *asiasta* **tuli** ~*[a]* it caused a quarrel; *heille tuli* ~*[a]* they started quarel[l]ing (about *jstk*).

riita||antu|a have a disagreement (with *jkn kanssa*); fall out (with *jkn kanssa;* over *jstk;* they fell out *he -ivat)* **-i|nen, -isa** quarrelsome; *-set suhteet* strained relations **-isuu|s** disagreement; *(riita)* dispute; conflict; *-det (m)* differences, *(sg)* controversy **-juttu** civil case (action) **-kapula** bone of contention **-kysymys** controversial subject **-pukari** trouble-maker; *(riitelijä)* quarrelmonger **-puoli** *(lak)* party **-sointu** dissonance, discord.

riit|e crust (thin coat) of ice; *olla -teessä* be covered with a thin crust of ice.

riitel||ijä quarrel[l]er; troublemaker **-y** quarel[l]ing; *(riita)* row.

riittoisa; *se on* ~*a* it will go a long way, it will last long.

riittämät||tömyys insufficiency, inadequacy **-ön** insufficient (for *jhk*), inadequate (resources *-tömät voimavarat*).

riittävä sufficient (sum of money for *rahasumma jhk*); adequate (for *jhk;* grounds ~*t perusteet*); ~*n usein* often enough; ~*n monta* a sufficient number of; enough; ~*n suuri* sufficiently big, big enough; ~*ssä määrin* sufficiently; *täysin* ~ [fully] satisfactory ~**sti** sufficiently; enough.

riit|tää be enough (for *jhk, jksk, jklle*), be sufficient (£25 will be sufficient [for expenses] *25 puntaa* ~ *[kuluihin]*); be adequate (for a p.'s needs *jkn tarpeisiin*) ▶ **[annos]** ~ *neljälle* serves four; **jo** *[saa]*

~*!* this is enough! *tämä ei -ä* **mihinkään** this won't go far (last long); *nyt* **minulle** ~*!* I've had enough! *se* ~ *minulle kuukaudeksi* it will last me a month; *saada* **rahat** *-tämään* make one's money do (go a long way), make the money go round; **riittäköön** *muutama sana selitykseksi* a few words may suffice for an explanation; **tämä** ~ *(m)* this will do; *varastot -tävät* **vuoden** *loppuun* our supplies will last out the year.

riiva||aja devil **-ta** possess (possessed by the devil *pirun -ama*); *mikä sinua -a?* what's bugging (the matter with) you?

rik|as rich; *(varakas)* wealthy; ~ *elämä* a full life; *olin jälleen yhtä kokemusta -kaampi* I was that much wiser ~**taa** concentrate, dress ~**tua 1** get rich, make money (a fortune) (by *jllak*); ~ *jkn kustannuksella* line one's pocket (feather one's nest) at a p.'s expense **2** *(kuv)* be enriched (by an experience *jstk kokemuksesta*) ~**tuminen** getting rich; enrichment (of spiritual life *henkisen elämän ~)* ~**tus** concentration, dressing ~**tushäviö** dressing loss ~**tuslaitos** dressing (concentration) plant ~**tuttaa** enrich.

rike [minor] offence *(Am* offense), misdemeano[u]r ~**maksu** on-the-spot fine.

rikka *(raam)* mote ~**kuilu** refuse *(Am* garbage) chute ~**lapio** dustpan ~**ruoho** weed; *kitkeä* ~*t [jstk]* weed.

rikkaus *(konkr ja kuv)* wealth, *(pl)* riches.

1 rikki 1 broken (the watch is broken *kello on ~);* *(palasina)* in pieces (the vase was in pieces *maljakko oli ~);* *(palasiksi)* to pieces (break the window to pieces *lyödä ikkuna ~)* **2** *(epäkunnossa)* out of order **3** *(kulunut)* worn out, ragged (at the cuffs *hihansuista);* *(repeytynyt)* torn, *(puhki)* out, through (at the knees *polvista)* ▶ **hissi** *on ~ (m)* the lift doesn't work; **kulua ~** wear out; **mennä ~** break, break to pieces; *(mennä epäkuntoon)* break down; go out of order; *(koneesta ym)* collapse, *(ark)* go phut (the car went phut *auto meni ~),* *(Am)* conk out; *sukka meni ~* I got a hole in my stocking.

2 rikki *(kem)* sulphur, *(Am)* sulfur; **rikki|**-sulphur (dioxide *-dioksidi;* pyrites *-kiisu;* spring *-lähde;* content *-pitoisuus*); △ sulphuric (acid *-happo*); △ sulphurous (acid *-hapoke*).

rikkinäi||nen 1 broken (chair *tuoli)* **2** *(repaleinen)* ragged, tattered (clothes *-set* *vaatteet*); *(kulunut)* worn out, *(repeytynyt)* torn (shirt *paita*) **3** *(kuv)* broken (home *koti*); shattered (family life *perhe-elämä*); *sisäisesti* ~ *ihminen* an inwardly fragmented person **-syys** *(hajaannus)* division, disunion; internal dissension.

rikki‖pitoinen ..containing sulphur, sulphur[e]ous **-vety** hydrogen sulphide **-viisas** smart, cocky, know-it-all; ~ *ihminen* smart-Aleck.

rikko‖a break (a dish *astia;* a record *ennätys;* the silence *hiljaisuus;* the law *lakia;* one's promise *lupauksensa;* an agreement *sopimus[ta]); (konkr m)* shatter, *(~ tahallaan)* smash, smash up (the furniture *huonekaluja); (murtaa)* break .. down, smash down (the door *ovi); (loukata)* violate, infringe (the regulations *määräyksiä); (~ jtk vastaan)* offend against (the law *lakia); (olla tottelematta)* disobey (the rules *sääntöjä);* ~ *lupaus (m)* go back on a promise; ~ *jkta vastaan* offend against, do .. injury **-maton** unbroken **-mattomuus** inviolability **-minen** breaking (of the law *lain* ~); breach (of the peace *rauhan* ~); violation (of an agreement *sopimuksen* ~), infringement (of the rules *sääntöjen* ~), transgression (against the regulations *määräysten* ~) **-mu‖s 1** offence, *(Am)* offense **2** *(urh)* violation (fouls and violations *virheet ja -kset*) **-utu‖**a be (get) broken; *heidän välinsä -ivat* they broke off their friendship; *(aviopuolisoista)* the marriage broke down, *rauha -i* peace was disturbed **-utumi‖nen** breakage (insure against breakage *vakuuttaa -sen varalta); (kuv)* break-up, breakdown (of a marriage *avioliiton* ~), disruption (of relations *suhteiden* ~) **-utunut** broken; *hänellä on takanaan kaksi ~ta avioliittoa (tav)* he has been divorced twice.

rikkuri blackleg, scab.

rikoksen‖tekijä criminal **-uusija** recidivist, habitual offender.

rikolli‖nen I *a* criminal (act *teko); (lainvastainen)* illegal (actions *toiminta)* **II** *s* criminal **-suus** crime (is on the increase *on lisääntymässä);* criminality (of an act *teon* ~).

rikos crime (commit a crime *tehdä* ~); *(törkeä* ~*)* felony **~etsivä** detective, plainclothesman; *(Br m)* detective constable **~ilmoitus** report of an offence **~juttu** criminal case **~kumppani**

accomplice **~lainsäädäntö** criminal legislation **~laki** penal code; criminal code **~museo** criminological museum **~oppi** criminology **~paikka** scene (place) of the crime **~poliisi** criminal investigation department, *(lyh)* C.I.D. **~rekisteri** criminal record; *hänellä ei ole ~ä* he has a clean record **~rekisterinote** extract from police records.

rima 1 *(rak)* lath, batten **2** *(urh)* [cross]bar (raise the crossbar *nostaa* ~*a;* knock off (clear) the bar *pudottaa (ylittää)* ~) **~kauhu;** *saada* ~ back out at the last minute.

rimpsu flounce; *(kapea* ~*)* ruffle.

rimpu‖illa struggle (in a p.'s arms *jkn otteessa;* to get free *päästäkseen vapaaksi),* thrash about; *(lapsista m)* kick about; ~ *vastaan* resist, make resistance **-ttaa;** *[soittaa]* ~ strum (a guitar *kitaraa).*

rinki circle.

rinkka backpack.

rinnakkain side by side; abreast (five abreast *viisi* ~); shoulder to shoulder; *(kuv)* asettaa ~ parallel, compare (with *jkn kanssa) (vrt rinnan).*

rinnakkainen parallel; *(samanaikainen)* simultaneous; *(vastaava)* corresponding, similar, analoguous (case *tapaus).*

rinnakkais‖ajo *(atk)* parallel run **-elo** coexistence **-ilmiö** parallel **-käsittely** *(atk)* parallel processing **-muoto** *(kiel)* variant [form].

rinnall‖a, -e 1 *(jkn vierellä)* beside, next to (sit next to one's sister *istua sisarensa -a);* by [the side of], by (at) a p.'s side (by my side *minun -ani)* **2** *(jnk ohella)* together with; along with; *(jnk lisäksi)* in addition to **3** *(jhk verrattuna)* beside (you look small beside your brother *näytät pieneltä veljesi -a),* by the side of; [as] compared with (you're still young compared with me *olet viela nuori minun ani)* ▶ **asettaa** *jnk -e (konkr)* place .. at the side of; *(kuv)* place .. on a level (on a par) with, rank .. among; *(kuv)* **nousta** *jnk -e* rise to the level of, equal a th.; **pysytellä** *jkn -a* keep up with; keep pace with; **seistä** *jkn -a (konkr)* stand beside a p. (at a p.'s side); *(kuv)* stand by a p.['s side].

rinnan; ~ *jnk kanssa* simultaneously (at the same time) with; *kulkea* ~ *jnk kanssa* run parallel with; *rinta* ~ side by side *(vrt rinnakkain).*

rinnan‖poisto[leikkaus] breast extirpation

-ympärys chest [measurement]; *(naisen ~)* bust [measurement].

rinnast∥aa draw a parallel (an analogy) (between two concepts *kaksi käsitettä*); *(verrata)* compare (with *jhk*); *(pitää samanlaisena)* consider .. equal (similar) (to *jhk*), consider .. on a par (with *jhk*), *(samastaa)* equate (with *jhk, jnk kanssa*); *olla -ettavissa* be comparable, compare (with *jhk; in jnk suhteen*); *sitä ei voi ~ tähän (m)* it won't (cannot) compare with this; *-ava konjunktio* co[-]ordinating conjunction; *-ettu lause* co[-]ordinate sentence **-us 1** *(vertaus)* comparison; parallel, analogy **2** *(kiel)* co[-]ordination.

rin∣ne slope (steep (gentle) slope *jyrkkä (loiva) ~;* the house stands on a slope *talo on -teessä*); *(mäen~)* hillside; *(vuoren~)* mountainside; *(alamäki)* descent; *(laskettelu~)* ski slope.

rinnu∣s front (of a shirt *paidan ~*); *tarttua jkta -ksista* take hold of a p. by the lapels.

rin∣ta 1 *(anat)* **a)** chest (a severe pain in the chest *kova kipu -nassa*); *(m)* breast (wounded in the breast *haavoittunut ~an*); **b)** *(naisen ~)* breast; *-nat (povi) (sg)* bust **2** *(sydän)* heart, bosom (her bosom was torn by sorrow *suru raastoi hänen ~ansa*) **3** *(el)* breast (of a bird *linnun ~*); *(hyönteisen ~)* thorax **4** *(keitt)* breast (of chicken *kanan ~*); *(naudan ~)* brisket ▶ **lyödä** *-toihinsa* thump one's chest, beat one's breast; **täysin** *-noin* heart and soul; *(innostuneesti)* with enthusiasm; *laulaa täysin -noin* sing at the top of one's voice; *painaa ~ansa vasten* clasp to one's breast, hold to one's bosom, fold in one's arms.

-rintainen -chested (flat-chested *lattea~*); -breasted (small-breasted *pieni~*).

rinta∥kehä chest; thorax **-kipu** pain in the chest **-koru** brooch **-kuva** *(veistos)* bust; *(maalaus)* half-length portrait **-käänne** *(takin ~)* lapel **-lapsi** suckling, nursling, infant at the breast **-lasta** breastbone; sternum **-liivit** *(sg)* brassière; *(tav)* bra.

rintama front (at the front *~lla;* warm front *lämmin ~*) **~hyökkäys** frontal attack **~karkuri** deserter **~linja** front line **~mies** ex-service man, veteran **~palvelus** service at the front, active service **~sotilas** frontline soldier **~sotilaseläke** veteran's pension.

rinta∥mus breast (of a coat *takin ~*); front (of a shirt *paidan ~*) **-neula** brooch

-perilli∣nen direct heir, heir of the body; *-set* heirs, *(sg)* [lawful] issue, offspring **-ruokinta** breast feeding **-suojus** breast protector **-syöpä** cancer of the breast; mammary carcinoma **-tasku** breast pocket **-uinti** breaststroke [swimming]; *uida ~a* do the breaststroke **-va** full-bosomed; *(ark)* bosomy; *~ jalka* high instep, arched foot **-varustus** *(linnoituksen ~)* parapet, breastwork **-ään∣i** chest note; *vakaumuksen syvällä -ellä* in a tone of deep conviction.

ripa handle; *(tekn)* rib.

ripaus pinch (of salt *suolaa*).

ripe∣ä rapid (development *kehitys*); swift (methods *~t toimenpiteet*); *(henk)* quick, energetic; *-in askelin* at a quick (brisk) pace **~liikkeinen** nimble, agile **~otteinen** prompt, energetic **~sti** briskly (move briskly *liikkua ~*); quickly, rapidly (progress rapidly *kehittyä ~*); *ryhtyä ~ toimeen* take immediate action, *(ark)* get down to work.

ripillepääsy confirmation.

ripilläkäynti [partaking of] communion.

ripit∥täytyä confess, confess one's sins **-tää 1; ~** *jku* confess a p., hear a p.'s confessions **2** *(läksyttää)* lecture, tell .. off (for *jstk*) **-ys 1** *(usk)* confession **2** *(läksytys)* telling-off, talking-to.

ripot∣ella 1 scatter, litter (around the room *ympäri huonetta*) **2** *(-taa)* sprinkle (the cake with sugar *kakun päälle sokeria*) **3** *(sateesta); -telee [vettä]* it's spotting with rain.

rippeet remnants, remains, scraps, *(sg)* rest; *menettää viimeisetkin uskon ~* lose whatever still remains of one's faith; *siitä on vain ~ jäljellä* very little is left of it.

rip∣pi confession; *käydä -illä* go to confession; *(ehtoollisella)* partake of Holy Communion; *päästä -ille* be confirmed **~isä** confessor **~kirkko** communion service **~koulu;** *käydä ~a* go to confirmation class[es]; *hän on käynyt ~n* he has been confirmed **~lapsi** confirmand, first communicant; *(kat kirk)* confessant, penitent **~salaisuus** seal of the confessional **~tuoli** confessional.

ripsi 1 *(silmä~)* [eye]lash **2** *(värekarva)* cili∣um *(pl -a)* **3** *(tekst) (~kangas)* rep[s], repp **~harja** eyelash brush **~väri** mascara.

ripsu fringe **~inen** fringed.

ripuli diarrh[o]ea.

ripust||**aa** hang (round one's neck *kaulaansa;* a lamp from the ceiling *lamppu kattoon;* one's coat on a hook *takki naulaan;* the clothes to dry *vaatteet kuivumaan*) **-autua;** ~ *jkh* cling to a p. **-in** clothes-hanger, coathanger **-uskoukku** [suspension] hook.

risa I *s (lääk)* ~*t* tonsils **II** *a (rikkinäinen)* broken ~**hdus,** ~**htaa** rustle ~**inen** tattered, ragged ~**tauti** scrofula ~**tautinen** scrofulous.

risiiniöljy castor oil.

risk|**i** risk (take risks *ottaa -ejä*).

riski *(voimakas)* strong, powerful.

riski||**nen** risky (enterprise *hanke*), hazardous **-pääoma** venture (equity, risk) capital **-ryhmä** group *(pl* persons) at risk **-tekijä** risk factor **-tön** safe, . . without [any] risk.

rispaantua fray.

risteil||**ijä** cruiser **-lä 1** cruise, go cruising **2** *(kulkea ristikkäin)* criss-cross; *maassa -ee rautateitä* the country is traversed by railways; *monenlaiset ajatukset -ivät hänen mielessään* various ideas revolved around in his mind.

risteily cruise (in the Caribbean *Karibianmeren* ~) ~**ohjus** cruise missile.

risteymä hybrid, cross[breed].

risteyi|s crossing (dangerous crossing *vaarallinen* ~); crossroads (he came to a crossroads *hän tuli -kseen*); junction, intersection (at the intersection of the streets *katujen -ksessä*); *tien -ksessä* at the crossroads ~**alue** intersection ~**asema** junction ~**merkki** cross roads (intersection) sign.

risteyt||**tää** cross[breed], hybridize; *(~ kasveja m)* cross-fertilize **-ys 1** *(-täminen)* crossbreeding, hybridization **2** = *risteymä* **-yä** hybridize, cross.

risti 1 *(eri merk)* cross **2** *(mus)* sharp **3** *(korttip)* club[s] **4** *(kirjap)* dagger, obelisk ▶ **jalat** ~*ssä* with legs crossed, cross-legged; **kädet** ~*ssä* with hands clasped; *kädet (käsivarret)* ~*ssä rinnalla* with folded arms; *istua kädet* ~*ssä* sit doing nothing; *panna kädet* ~*in* clasp one's hands; *olla* ~*nä jklle* be a burden to; *ei* ~*n sielua* not a living soul.

risti||**aallokko** cross-swell, choppy sea; *(kuv)* storm (of life *elämän* ~) **-holvi** cross-vault[ing].

ristiin crosswise ▶ *mennä* ~ cross (the letters crossed *kirjeet menivät* ~); *(olla*

ristiriidassa) contradict (the reports contradicted each other *kertomukset menivät* ~), be in contradiction (with *jnk kanssa*); *edut menevät* ~ interests conflict (clash); *mielipiteet menivät* ~ opinions differed (were divided); **puhua** ~ contradict o.s.; *todistajat puhuivat* ~ the witnesses gave contradictory statements; ~ **rastiin** here and there, in every direction; ~ *rastiin kulkevat polut* interlacing (crisscrossing) paths.

ristiin||**kääntäjä** *(atk)* cross compiler **-naulit**|**a** crucify; *-tu* the Crucified Christ, Christ on the Cross **-naulitseminen** the Crucifixion **-naulitunkuva** crucifix **-äänestys** cross-voting.

risti||**jousto** *(tal)* cross-elasticity **-kirkko** cruciform church **-kko** grating, grill[e] (on a door *oven edessä*); *(säle~)* lattice[-work]; *(erik kukka~)* trellis; *(kalterit) (pl)* bars **-kkoikkuna** lattice window **-kkäin** crosswise; ~ *kulkeva* interlacing, crisscross **-kkäinen** crossing, crosswise; *(päällekkäinen)* overlapping; *(kuv)* contradictory **-kukkai**|**nen** cruciferous; *-set* the crucifers **-kuningas** *(korttip)* king of clubs **-kuulustella** cross-examine **-kuulustelu** cross-examination **-käytävä** *(kirkon* ~) cross-aisle; *(luostarin* ~) cloister **-lukki** cross spider **-luu** rump-bone; *sacr*|*um (pl* -a) **-mänimi** Christian (first) name **-nmerkki;** *tehdä* ~ make the sign of the cross (on, over *jhk*); cross o.s. **-nmuotoinen** cross-shaped, cruciform; cruciate **-pisto**[**kirjonta**] cross-stitch [embroidery] **-retkeläinen** crusader **-retki** crusade *(m kuv;* against *jtk vastaan*).

ristirii|**ta** conflict (irreconcilable conflict *sovittamaton* ~; between *jdk välillä*); *(looginen* ~) disagreement (there is a clear disagreement between them *niiden välillä on selvä* ~); contradiction (he is full of contradictions *hän on täynnä -toja*); *(ero)* discrepancy, *(epäjohdonmukaisuus)* inconsistency; *olla -dassa jnk kanssa* be in conflict (contradiction, collision) with, be contradictory to, conflict (clash) with, be inconsistent with; *olla -dassa keskenään* be in contradiction, contradict each other ~**i**|**nen 1** conflicting (views (passions) *-set näkemykset (tunteet)*), contradictory (reports *-set tiedot*); inconsistent (statements *-set lausunnot*) **2** *(erimielinen)* discordant (marriage *avioliitto*); *(sisäisesti* ~) inconsistent (person *ihminen;*

personality *luonne)* ~**isuu|s** contradiction; *(sovittamattomuus)* incompatibility, incongruence; *(epäjohdonmukaisuus)* inconsistency (the book is full of inconsistencies *kirja on täynnä -ksia); jkn* ~ self-contradiction, inner inconsistency ~**tilan|ne** conflict situation; *joutua -teeseen* come into conflict.

risti||ritari Knight of the Cross **-rouva** *(korttip)* queen of clubs **-sanatehtävä** crossword **-selkä** small of the back, the lumbar region **-si|de** printed matter; *-teenä* as printed matter; *(kirjasta ym)* by book-post, by newspaper post **-siitos 1** *(risteyttäminen)* crossbreeding, interbreeding, hybridization; *(kasv)* cross-pollination **2** *(risteyte)* cross[breed], hybrid **-siittoinen** cross-fertilizing **-tuli** cross-fire **-verinen** *a ja s* brunette **-veto** draught.

ristiä *(kastaa)* christen; ~ *kätensä* clasp one's hands.

risu; ~*t* twigs, *(sg)* brushwood; *antaa lapselle* ~*a* give the child a birching ~**aita** fence of brushwood.

ritari knight; *lyödä* ~*ksi* [dub .. a] knight ~**kunta** order of knighthood, [knightly] order ~**laitos** chivalry ~**linna** knight's castle ~**llinen** chivalrous (gesture *ele)*; knightly (conduct *käytös;* deed *teko)*; *(kohtelias)* gallant ~**llisuus** chivalry; knightliness, gallantry ~**narvo** knighthood (confer a knighthood on *myöntää jklle* ~) ~**nkukka** amaryllis ~**perhonen** swallowtail ~**romaani** romance of chivalry ~**sääty** [order of] knighthood.

ritilä grating; *(keitt)* wire tray, [wire] rack.

riti||nä, -stä crackle.

ritsa catapult; *(Am)* slingshot.

rituaali, ~**nen** ritual.

riudutta|a tax, consume; *-va tauti* wasting disease.

riuht||aista wrench (o.s. free *itsensä vapaaksi);* the door open *ovi auki); (tempaista)* snatch (out of a p.'s hands *jkn kädestä); (kiskaista)* pull, tear (away, off *irti, pois);* ~ *itsensä irti* break (tear o.s.) away (from *jstk; m kuv),* break loose **-aisu** wrench; *(kiskaisu)* tug, pull (at *jstk)* **-oa** pull, tug (at the door *ovea auki); (rimpuilla)* struggle (in a p.'s arms *jkn käsissä).*

riuku pole ~**aita** rail fence.

riuska vigorous.

riutta reef; *(särkkä)* bank.

riutu||a pine [away] (from grief *surusta)* **-nut** wan (look wan *näyttää -neelta)* **-va** pining (look *katse).*

rivak||asti; käydä ~ *työhön* get down to work, tackle a task briskly **-ka** quick, brisk (pace *tahti); (riuska)* vigorous, energetic.

riv|i 1 line (of trees *puita;* march in a line *marssia* ~*ssä); (vierekkäisistä esineistä)* row (of books *kirjoja;* stand side by side in a row *seistä* ~*ssä rinnakkain); (*~ *ihmisiä) (m)* rank **2** *(sot ja kuv)* rank; ~*t* ranks (in our ranks *-eissämme;* join the ranks of *liittyä jnk -eihin)* **3** *(kirjan ym* ~*)* line (skip a line *hypätä* ~*n yli;* read between the lines *lukea* ~*en välistä)* ▶ **asettua** ~*in* form a line, line up, draw up in a line; **kansan** *syvät* ~*t (sg)* rank and file; the grass roots; **panna** ~*in* put .. in a row, line .. up.

rivi||kirjoitin line printer **-mie|s** *(-jäsen)* rank-and-file member; *-het (sg)* the rank and file; *(sot m)* the ranks; *tavallinen* ~ ordinary soldier, enlisted man **-stö** column **-talo** *(Br)* terraced house; *(Am)* row house **-väli** spacing.

rivo obscene; *(rietas)* indecent; lewd; *(karkea)* vulgar (language ~*a kieltä),* coarse, bawdy (joke *pila);* **puhua** ~*ja* talk smut ~**us** obscenity, indecency; vulgarity.

robotti robot.

rodullinen racial.

rohdoskauppa chemist's, *(Am)* druggist's, drugstore.

roh|jeta venture (I venture to to say that.. *-kenen väittää että..); (uskaltaa)* dare; *(ottaa vapaus)* take the liberty (to give one's opinion *esittää mielipiteensä).*

rohkais||eva encouraging; cheering **-ta** encourage (a p. [to try] *jkta [yrittämään];* in *jssk);* ~ *jkn mieltä* give a p. courage, *(ark)* cheer (buck) a p. up; ~ *luontonsa (mielensä)* pluck up courage, take one's courage in both hands **-tu|a** be (feel) encouraged, be heartened (by *jstk);* be emboldened (to do *tekemään jtk;* emboldened by *jstk -neena).*

rohkaisu encouragement.

rohkea 1 courageous (soldier *sotilas);* brave (deed *teko;* be brave! *ole* ~*!);* daring; *(ark)* plucky **2** *(kuv)* bold (plan *suunnitelma;* combination of colo[u]rs *väriyhdistelmä); (uskallettu)* daring (neckline *kaula-aukko), (Br ark m)* blue (film *elokuva); (Am)* off-color (joke *vitsi)* ~**puheinen** outspoken ~**sti;** *sanoa* ~

mielipiteensä speak out.

rohkeu|s courage (I don't have the courage to tell him *minulla ei ole -tta kertoa hänelle;* show great courage in battle *osoittaa suurta -tta taistelussa*); *(urheus)* bravery; boldness, daring (admire a p.'s daring *ihailla jkn -tta*); *(ark)* pluck, spunk (that takes a lot of spunk *se vaatii paljon -tta*); *kerätä -tensa* pluck up one's courage (heart, spirit); *menettää -tensa* lose heart (courage), be discouraged; *hänen -tensa petti* he lost his nerve; *rohkeutta!* buck up!

rohkia ripple (flax *pellavia*).

rohmuta hoard; hog.

rohtimet *(sg)* tow.

rohto medicine, drug.

rohtu||a chap, become chapped **-ma** chap; eczema.

roihahtaa; ~ *tuleen* burst into flame[s], blaze (flare) up.

roihu, ~**ta** flame, blaze *(m kuv).*

roikku|a 1 *(riippua)* hang [down] (from the ceiling *katosta;* on a nail *naulassa*); *(heilua m)* dangle **2** *(kuv)* cling (to a p.'s skirts *jkn helmoissa;* round a p.'s neck *jkn kaulassa*), hang (on a p.'s arm *jkn käsipuolessa*) ▶ *tukka -u* **silmillä** her hair is dangling (hanging) in her eyes; *hame -u* **takaa** the skirt is coming down (sagging) at the back; **vaatteet** *-vat jkn yllä* the clothes hang loosely on a p.

roina junk, rubbish.

roiska||htaa splash; *pudota ~* fall with a splash; *veri -hti haavasta* blood spurted from the wound **-us** splash **-uttaa** splash (mud on a p.'s coat *kuraa jkn takille*).

roisk||e splash[ing]; ~*et (sg)* splash, spray **-eläppä** *(aut)* splash guard, mud flap **-ia** splash **-is** splash! **-ua** splash; *(suihkuta)* spray (the water sprayed all over everyone *vesi -ui kaikkien päälle*); spatter; *takilleni -ui kuraa* my coat was spattered with mud **-uttaa** splash (stop splashing! *älä -uta!*), spatter (a p. with mud *kuraa jkn päälle*); grease on one's clothes *rasvaa vaatteilleen*).

roisto bastard (you bastard! *senkin ~!*), good-for-nothing; *(kuv)* villain (of a novel *romaanin ~*); *(rikollinen)* thug **~mainen** villainous; ~ *temppu* dirty trick **~maisuus** villainy.

rojahtaa flop (into a chair *tuoliin*); slump down (to the floor *lattialle*).

rojalis|mi, -ti, -tinen royal|ism, -ist, -ist[ic] *(adv* ~ally).

roju junk.

rokki rock, rock'n'roll.

rokko 1 *(märkärakkula)* pock **2** *(~tauti)* pox (smallpox *iso~*).

rokokoo rococo.

rokonarpinen pockmarked, pocked, pockpitted.

rokot||e vaccine **-taa** vaccinate (against *jtk vastaan*) **-us** vaccination **-ustodistus** certificate of vaccination.

rokuli; *nukkua ~in* oversleep.

1 romaani novel (historical novel *historiallinen ~*).

2 romaani Romany, gipsy.

romaani||henkilö character **-kirjailija** novelist **-kirjallisuus** the novel; [prose] fiction **-nen 1** *(kiel ym)* Romance (languages *-set kielet*) **2** *(arkkit)* Romanesque; *(Brit tav)* Norman **-sarja** series of novels.

romahdus 1 *(rysähdys)* crash **2** *(tal ja kuv)* failure, collapse; slump (in prices *hintojen ~*); *(pörssi~)* crash; *henkinen ~* nervous collapse (breakdown) **~mainen** catastrophic[al] **~maisesti;** *laskea ~* slump.

romah||taa 1 *(konkr)* collapse (the bridge collapsed *silta -ti*), cave in, fall down (on a p. *jkn päälle*); *(rakennuksesta m)* tumble (come) down, tumble to pieces; *(kaatua ~)* fall (come down) with a crash, crash down (be about to crash down *olla -tamaisillaan*) **2** *(kuv)* collapse (the plans broke down completely *hän -ti täysin*); break down (the plans broke down *suunnitelmat -tivat*); *hänen hermonsa -tivat* he had a [nervous] breakdown, *(ark)* he cracked up; *maailma -ti hänen ympäriltään* his whole world caved in; *hänen toiveensa -tivat (m)* his hopes were dashed (fell to the ground) **3** *(tal)* slump, tumble, plummet; collapse, fail **-taminen** collapse.

Romania 1 Rumania **2** *r~ (kieli)* Rumanian [language] **~lainen** *a ja s* Rumanian.

romanssi romance.

romant||iikka 1 romance (this lacks romance *tässä ei ole yhtään ~a*) **2** *(taid)* Romanticism; *-iikan* Romantic (period *aikakausi*) **-ikko** romantic; *(taid)* Romantic[ist] **-isoida** make .. romantic, romanticize **-tinen** romantic *(adv* ~ally) (old castle *vanha linna;* he is very romantic *hän on hyvin ~*); ~ *ihminen* romantic; ~ *tyylisuunta* Romanticism **-tisuus** romance; *jkn ~* the romantic nature of.

rommi rum ~**toti** rum toddy.

romu 1 *(rauta-, teräs- ym ~)* scrap; *ajaa auto ~ksi* crash (wreck) the car, *(ark)* write the car off **2** *(roina) (sg)* junk, *(Br m)* lumber; *(roska)* rubbish ~**kauppa** junkyard ~**kauppias** scrap dealer ~**luinen** large-boned ~**ttaa 1** *(konkr)* break up, discard **2** *(kuv)* scrap, wreck, destroy (a p.'s plans *jkn suunnitelmat*), dash (a p.'s hopes *jkn toiveet*); discard, throw out (a contract *sopimus;* old beliefs *vanhat uskomukset); (Am m)* junk ~**ttamo** scrap yard ~**ttu|a 1** *(konkr)* be wrecked; *hänen autonsa -i onnettomuudessa (ark m)* his car was written off in the accident, his car was a write-off after the accident **2** *(kuv)* fall flat; fall through (the plans fell through *suunnitelmat -ivat).*

rooli role, rôle; *näytellä Hamletin ~* play [the part of] Hamlet ~**ajattelu** role-typing ~**jako 1** *(teatt, elok)* casting **2** *(sosiol)* role differentiation ~**käyttäytyminen** role behavio[u]r.

Rooma Rome **r~lainen** *a ja s* Roman.

roomalaiskatoli||nen Roman Catholic **-suus** [Roman] Catholicism.

roosa pink.

roottori rotor.

ropi||na, -sta patter.

ropo mite (the widow's mite *lesken ~*); *antaa viimeinen ~nsa* give one's last penny.

roppakaupalla lots (of *jtk).*

roska 1 *(konkr) (m ~t)* rubbish (sweep the rubbish from the floor *lakaista ~t lattialta), (kirj)* litter (don't leave any litter here *älä jätä tänne ~a);* ~*t (jätteet) (Br) (sg)* refuse, *(Am)* garbage; *saada ~ silmäänsä* get something in one's eye **2** *(kuv)* rubbish, trash (it's just trash *se on pelkkää ~a);* nonsense (talk nonsense *puhua ~a), (sl)* garbage; *(ark) koko ~* the whole lot ~**inen** littered, untidy ~**joukko** mob ~**kirjallisuus** trashy (pulp) literature ~**kori** waste-paper basket; *(kadulla)* litter box, litterbin ~**lehdistö** the yellow press ~**lehti** pulp magazine ~**pussi** garbage bag ~**romaani** trashy novel ~**ta** litter ~**tunkio** dustheap, rubbish (refuse) heap ~**tynnyri** dustbin; *(Am)* garbage can, trash-can ~**väki** the rabble, mob, riff-raff ~**ämpäri** trash pail (bucket).

rosmariini rosemary ~**öljy** rosemary oil.

rosoinen rough (surface *pinta);* rugged

(rock *kallio).*

rosvo robber; *(maantie~)* highwayman; bandit ~**kopla** gang (band) of robbers ~**ta** rob (a p. of his money *jklta rahat)* ~**us** robbery, banditry.

rotan||loukku rat-trap **-myrkky** rat poison.

roteva robust; sturdy.

rotko gorge, ravine.

rotta rat.

rottinki rat[t]an, cane.

rotu 1 *(ihmis~)* race **2** *(eläin~)* breed, stock; *hyvää ~a [olevaa]* ..of good stock ~**ennakkoluulo** racial prejudice ~**erottelu** [racial] segregation; *(Et-Afr)* apartheid ~**hevonen** thoroughbred [horse] ~**hygienia** *(sg)* eugenics ~**koira** pedigree dog ~**mellakka** race riot ~**sorto** racial discrimination, racism.

rouh||e crushed grain, groats **-ia** crush (stone *kiveä;* almonds *manteleita); (~ malmia)* stamp; *(~ puuta)* chip **-in** crusher, crushing mill.

rousku milk cap.

rousku||a, -ttaa crunch.

rou|ta frost; *maa on -dassa* the ground is frozen ~**antua** freeze ~**vaurio** damage by frost.

rouva 1 *([naimisissa oleva] nainen)* married woman; lady (give your seat to this lady *anna paikkasi tälle ~lle);* eronnut ~ divorced woman, divorcee **2** *(puhutt)* **a)** *(ilman nimeä)* madam (yes madam! *kyllä ~!);* ~*t* ladies; **b)** *(nimen yht)* Mrs ([dear] Mrs Jones *[hyvä] ~ Jones)* **3** *(vaimo)* wi|fe *(pl -ves)* (his present wife *hänen nykyinen ~nsa)* **4** *(talon ~)* lady of the house; mistress (lord and mistress of the manor *kartanon herra ja ~)* **5** *(korttip)* queen (of spades *pata~).*

rovasti *(läh v)* dean ~**kunta** deanery.

rovio pyre; *polttaa ~lla* burn at the stake.

rubiini ruby.

ruhjevamm|a bruise, contusion; *saada -oja* sustain contusions.

ruhjo||a bruise, contuse (one's knee *polvensa); (murskata)* crush (the man was crushed by the train *juna -i miehen);* hän kuoli auton -mana he was crushed under a car; ~ *raajarikoksi* cripple, maim **-utu|a** be mangled (maimed) (a badly mangled body *pahasti -nut ruumis).*

ruho 1 *(teurastetun eläimen ~)* carcase, *(Am)* carcass; *paloitella ~* cut up the carcase **2** *(elävä ~)* body (the immense body of a whale *valaan valtava ~).*

ruhtinaalli||**nen** princely; *(kuv m)* royal; *(suurenmoinen)* magnificent, splendid; *(runsas)* generous, sumptuous (dinner *ateria*) -**sesti;** *elää* ~ live like princes (like a king); *palkita* ~ reward royally.

ruhtinas prince ~**kunta** principality ~**suku** royal house.

ruhtinatar princess.

Ruija Finnmark.

ruikut|**taa** whine, whimper; *(valittaa) (m)* complain, *(ark)* moan (stop moaning about nothing! *älä -a tyhjästä!*).

ruis rye; *ruis*|- rye (bread -*leipä;* field -*pelto*).

ruiskahtaa squirt, spurt.

ruiskaunokki cornflower.

ruiske injection; *(kuv) piristävä* ~ shot in the arm, fillip, boost.

ruisku 1 *(kastelu- ym* ~) sprayer; *(letku)* hose; *(palo~)* fire-engine 2 *(injektio~)* [hypodermic] syringe.

ruisku||**lakkaus** spraying, spray finishing -**maalaus** spray painting -**ta** spout, spurt, squirt, gush -**ttaa** 1 spray (fruit-trees *hedelmäpuita;* water on *vettä jhk*); squirt (a p. with a water pistol *jkta vesipyssyllä*); *(~ paloruiskulla)* play the hose (on *jtk*) 2 *(eläimistä)* spout (water into the air *vettä ilmaan*); squirt (the elephant squirted water over itself *elefantti -tti vettä päälleen*); inject (the snake injects poison into the wound *käärme* ~ *myrkkyä haavaan*) 3 *(lääk)* inject (a p. with *jkh jtk*); *(puhdistaa -ttamalla)* syringe (a p.'s ears *jkn korvat*).

ruisrääkkä corncrake.

rujo crippled; *(muotopuoli)* deformed, malformed.

rukiin||**jyvä** grain of rye -**tähkä** ear (head) of rye.

rukka poor (girl *tyttö~*).

rukka|**nen** mitt[en]; *antaa (saada) -set* give (get) the brush-off *(Am* the mitten), turn (be turned) down; *lyödä -set pöytään* throw up (in) the sponge, throw in the towel.

rukki spinning-wheel.

rukoil||**eva** praying; *(anova)* imploring (glance *katse*), pleading, beseeching (voice *ääni*) -**la** 1 pray (to God for help *Jumalalta apua;* let us pray -*kaamme*); say a prayer (for *jkn puolesta*); say one's prayers; ~ *hiljaa* offer a silent prayer; *polvistua -emaan* kneel down in prayer 2 *(anoa)* pray; beg (for mercy *armoa;* a p. to

do *jkta tekemään jtk*); beseech (a p. for *jklta jtk*).

rukou|**s** prayer; *(koul)* -*kset* prayers ~**huone** chapel, prayerhouse ~**kirja** book of prayers ~**matto** prayer carpet (rug, mat) ~**nauha** rosary.

ruletti roulette.

rulla 1 roll (of paper *paperi~*); *(tela) (m)* roller; *kääriä* ~*lle* roll up 2 *(filmi~, lanka~)* reel, spool ~**lanka** thread, sewing cotton ~**lauta** skateboard ~**luistim**|**et** roller-skates; *luistella -illa* roller-skate ~**portaat** escalators ~**sukset** roller skis ~**ta** 1 *(kääriä rullalle)* roll up 2 *(kuv)* roll along (things are rolling along *asiat -avat hyvin*); *hän ei saanut asioita -amaan* he couldn't get things going 3 *(ilm)* taxi 4 *(mer)* roll ~**tehdas** bobbin factory ~**tuoli** wheel chair ~**us** 1 *(tekn)* reeling 2 *(ilm)* taxing ~**ustie** *(ilm)* taxiway ~**verho** blind; *(Am)* shade.

rum|**a** 1 ugly (man *mies;* colo[u]rs ~*t värit*); *(Am m)* homely (child *lapsi*); *(Br m)* plain; *(kamala)* hideous (dress *leninki*); *(pahannäköinen)* nasty (cut *haava*) 2 *(säästä)* bad, nasty; *(ark)* lousy 3 *(käytöksestä)* bad; *(sopimaton)* improper; *on* ~*a..* it is bad (mean) to..; it is not nice to.. 4 *(kuv)* nasty (trick *temppu*), mean (thoughts ~*t ajatukset*); dirty (word *sana*); bad; *puhua -ia* use bad language ~**nnäköinen** ugly; *(erik henk)* unattractive, *(Am m)* homely; nasty (wound *haava*) ~**sti** in an ugly (a disagreeable) manner; *(huonosti)* badly; *se oli* ~ *tehty* that was a mean thing to do; *siinä teit* ~ that was mean of you.

rumentaa disfigure; spoil the look (beauty) (of *jtk*); ~ *maisemaa (m)* spoil the landscape.

rummut||**taa** drum -**us** drumming *(m kuv),* beating of drums.

rumpali drummer ~**poika** drummer-boy.

rumpu drum; *(sylinteri m)* barrel; *(pesukoneen* ~ *m)* tumbler; *(lingon* ~ *m)* rotary drier; *(revolverin* ~*)* drum magazine ~**palikka** drumstick ~**tuli** drumfire.

runko 1 *(puun* ~*)* trunk, stem, bole; *(kaadettu* ~*)* log 2 *(kehä)* frame (of a car *auton* ~*),* framework; body (of a camera (an aircraft) *kameran (lentokoneen)* ~*);* *(laivan* ~ *m)* hull; *(lentokoneen* ~ *m)* fuselage 3 *(kuv)* skeleton, outline (of a novel *romaanin* ~*);* *(perusta)* foundation, base (for a composition *sävellyksen* ~*);*

(ydin) kernel (form the kernel of *muodostaa jnk ~*).

run||nella knock about (the ship was knocked about by the storm *myrsky -teli laivaa*); *(vahingoittaa)* damage; *reuman -telemat jäsenet* limbs contorted (crippled) by arthritis; *sodan -telema maa* a country ravaged by war; *taudin -telema ruumis* a body mangled by disease **-noa;** ~ *läpi* jam .. through.

runo poem; ~*t (m) (sg)* poetry; *Kalevalan* ~*t* the runes of the Kalevala ~**ilija** poet; *(fem)* poetess ~**illa 1** *(kirjoittaa runoja)* write poetry **2** *(puhua omiaan)* talk through one's hat ~**jalka** foot ~**kieli** poetical language ~**kokoelma** collection of poems, anthology of poetry ~**lli|nen** poetic *(adv* ~ally) (language *-sta kieltä;* licence *vapaus*) ~**llisuus** poetry ~**mitta** met|re, -er ~**mittainen** ..in verse form; ~ *käännös* verse translation ~**nlaulaja** rune singer ~**ratsu** Pegasus ~**tar** muse ~**teos** poetical work; *(~kappale)* piece of poetry ~**tuotanto;** *jkn* ~ the poetry of ~**us** poetry (and prose *ja proosa;* lyric poetry *lyyrinen* ~) ~**usoppi** *(sg)* poetics.

runsaasti 1 ~ *jtk* plenty of (time *aikaa;* money *rahaa*), ..in plenty (water *vettä*); many (mistakes *virheitä*); rich in (protein *proteiinia*); ..in abundance, abundant (proof of a p.'s guilt *todisteita jkn syyllisyydestä*); *(lukuisasti)* copious ([a book with] copious examples *[kirja jossa on]* ~ *esimerkkejä*); *(yllin kyllin)* ample (space for three people *tilaa kolmelle*) **3** richly (illustrated *kuvitettu*); freely (water a plant freely *kastella kasvia ~;* sprinkle freely with parsley *ripotella pinnalle ~ persiljaa*) ▶ **olla** ~ *jtk (m)* abound in (the south abounds in good farming land *etelässä on* ~ *hyvää viljelysmaata;* this field abounds in opportunities *tällä alalla on* ~ *mahdollisuuksia*); *tähän aikaan vuodesta on* ~ *hedelmiä* fruit is plentiful at this time of year; ~ **puolet** *jstk* a good half of; *viime aikoina on* **satanut** ~ there have been heavy rains lately; ~ **tietoja** *(m)* a wealth of information.

runsa|s abundant, plentiful, bounteous (crop *sato*); heavy (snowfall *lumentulo*); *(liian* ~*)* profuse; *(reilu)* generous, handsome (tip *-at juomarahat*); substantial, sumptious (meal *ateria*) ▶ *-alla* **kädellä** generously, liberally; *-in* **mitoin** in abundance, abundantly; *-in*

määrin *(m)* amply, in ample measure; ~ **sato** *(m)* bumper crop; *hän viipyi -an* **tunnin** he stayed [well] over an hour; *se on -an tunnin matkan päässä* it is a good hour from here.

runsas||kätinen generous, liberal, open-handed **-lukuinen** numerous; ~ *kuulijakunta* large audience **-luminen** snowy (winter *talvi*) **-sanainen** verbose **-sateinen** rainy; wet.

runsaudensarvi cornucopia, horn of plenty.

runsau|s abundance; profusion; wealth; *-den* *pula* embarrass de richesses *(ransk).*

ruoan||laittaja cook (good cook *hyvä* ~) **-laitto** cooking **-laittotaito** art of cookery; cuisine; *jkn* ~ a p.'s culinary skill[s] **-sulatus** digestion; *huono* ~ poor digestion, indigestion; *(lääk)* ~*ta edistävä [aine]* digestive **-sulatuselimet** *(sg)* digestive system **-sulatushäiriö** dyspepsia; gastric disorder; *hänellä on* ~*itä* he suffers from indigestion **-sulatuskanava** alimentary tract **-tähteet** leftovers, scraps **-valmistus** cooking.

ruohikko grass; *(ruohokenttä)* lawn.

ruoho grass ~**aavikko** savanna[h] ~**aro** grassland; *(Pohj-Am)* prairie; *(Et-Am)* pampas; *(Venäjän* ~*)* steppe; *(Et-Afr)* veld[t] ~**inen** grassy, grass-grown ~**kasvi** herb; grass ~**kenttä** lawn ~**laukka** chives ~**njuuritaso** *(pl)* grass roots (at the grass roots ~*lla*) ~**nleikkuri** lawn-mower ~**sipuli** = ~**laukka**.

ruo|ka 1 food and drink *ja juoma;* plenty of good food *paljon hyvää* ~*a;* Finnish food *suomalainen* ~) **2** *(ateria)* meal (a hot meal *lämmin* ~) **3** *(~laji)* dish (all kinds of dishes *kaikenlaisia -kia;* meat dishes *liha-kia*); food (try to avoid sweet foods *yritä välttää makeita -kia*) ▶ **antaa** ~*a jklle* give a p. something to eat; **asunto** *ja* ~ board and lodging; ~ **ei pysy** *sisällä[ni]* I can't keep anything down; *siinä ravintolassa on* **hyvä** ~ the cooking is good at that restaurant, that restaurant has [an] excellent cuisine; *-aksi* **kelpaava** *(kelpaamaton)* edible (inedible); **laittaa** *(tehdä)* ~*a* cook [a meal]; do the cooking; *hän laittaa hyvää* ~*a* she is a good cook; ~ **sisältyy** *hintaan* the price includes meals; ~ on **valmista** dinner is ready.

ruoka||-aika meal-time (at meal-time ~*an*) **--annos** portion, helping, serving; *(sot)* ration **--astia** dish **--astiasto** dinner set (service) **-etikka** table vinegar **-halu**

appetite; *hänellä ei ole* ~*a* he hasn't much [of an] appetite; he is off his food; ~ *kasvaa syödessä* the appetite grows with what it feeds on; *syödä hyvällä* ~*lla* eat with relish; *viedä jklta* ~ spoil (take away) a p.'s appetite **-huone** dining room **-ilija** diner **-illa** have (take) one's meals **-ilutila** dining recess, *(Am)* dining room **-ilutottumukset** eating habits **-iluvälineet** *(sg)* cutlery **-isa** substantial, filling **-komero** larder; pantry **-kulttuuri** culinary art **-kun|ta** household; *-nan päämies* head of a household (family) **-kuponki** luncheon voucher **-la** lunch room; *(tehtaan* ~*)* canteen **-laji** course **-lappu** *(lapsen* ~*)* bib **-lautanen** dinner plate **-leipä** [plain] bread **-lepo** afternoon nap **-liina** napkin **-lista** menu **-lusikka** tablespoon; *kaksi* ~*a sokeria* two tablespoon[ful]s of sugar **-multa** top (humus) soil **-myrkytys** food poisoning **-ohje** recipe **-ostokset**; *tehdä* ~ do the shopping **-paikka** restaurant **-palk|ka;** *olla työssä -alla* work for one's board **-pöy|tä** dining table; *-dässä* at table **-raha** housekeeping money **-rukous;** *lukea* ~ say grace **-ryyppy** snaps *(pl* ~*)* **-sali** *(hotellin ym* ~*)* dining room; *(laitoksen* ~ *m)* lunch room; *(mer)* dining saloon; *(erik luostarin* ~*)* refectory **-salinkalusto** dining-room suite **-sieni** edible mushroom **-suola** table salt **-[tavara]kauppa** grocer['s shop], *(Am)* grocery store **-tavarat** groceries **-torvi** gullet; [o]esophag|us *(pl -i)* **-tun|ti** lunch hour; *hän on -nilla* he is out to lunch **-valio** diet **-varat** supplies of food, provisions **-öljy** cooking oil.

ruokinta feeding.

ruokki auk; razorbill.

ruokkia feed (on *jllak; (kuv)* a p.'s vanity *jkn turhamaisuutta).*

ruoko reed; *(bambu-, sokeri*~*)* cane ~**keppi** cane ~**matto** reed mat ~**pilli** reed pipe ~**sokeri** cane sugar.

ruokot||a *(siivota)* clean [out], tidy [.. up] **-on** *(epäsiisti)* unkempt, filthy; *(säädytön)* filthy; *(rivo)* rude; *puhua -tomia* tell smutty jokes.

ruop||ata dredge **-paaja** dredger **-paus** dredging.

ruori rudder; *olla* ~*ssa* be at the helm ~**mies** helmsman.

ruoska whip; *(kuv)* lash (of irony *ivan* ~*)* ~**nisku** lash, cut with a whip; *(kuv)* whiplash.

ruoski|a whip (a horse *hevosta),* lash *(m*

kuv); (piestä) flog (with a cane *kepillä);* *tuomita -ttavaksi* sentence to the lash.

ruoste rust; *(vasken* ~ *m)* verdigris; *(viljan* ~ *m)* smut, blight; *olla* ~*essa* be rusty; ~*en syömä* rust-eaten, corroded [by rust] ~**enestomaali** anti-rust (anticorrosive) paint ~**enpoistoaine** derusting agent, rust remover ~**envärinen** rust[-colo[u]red] ~**inen** rusty.

ruostu||a rust, become (get) rusty; ~ *kiinni* rust in; rust on (to *jhk);* *ranskantaitoni on -nut* my French is rusty **-maton** rustproof; stainless (steel *teräs)* **-nut** rusty, corroded.

ruoti *(sateenvarjon* ~*)* rib; shaft, rachis (of a feather *höyhenen* ~*);* *(lehti*~ *m)* stalk, petiole ~**a 1** bone (fish *kalaa)* **2** *(kuv)* analyze; *(arvostella)* take .. apart.

ruoto *(kalan* ~*)* bone; *(höyhenen* ~*)* shaft, rachis; *(lehden* ~*)* stalk, petiole; *(sateenvarjon* ~*)* rib; *(työkalun* ~*)* tang ~**inen** bony.

ruotsalainen I *a* Swedish II *s* Swede.

Ruotsi Sweden.

ruotsi *(kieli)* Swedish; ~*ksi* in Swedish ~**nkieli|nen 1** Swedish (paper *sanomalehti);* ..in Swedish (news *-set uutiset);* Swedish-language (broadcast *lähetys)* **2** *(ruotsia puhuva)* Swedish-speaking; *hän on* ~ he speaks Swedish; *se on -stä seutua* Swedish is spoken there.

rupatella [have a] chat (about *jstk).*

ru|pi scab; *(päänahassa)* scurf; *olla -vella* be scabby ~**nen** scabby ~**sammakko** toad.

rupla r[o]uble.

rusakko brown *(Am* European) hare.

ruset|ti bow (tie in a bow *sitoa -ille);* *(~solmuke)* bow tie.

rusikoida beat [.. black and blue], batter.

rusina raisin.

ruska forest glowing with autumn tints.

ruskea brown; *(keltaisen* ~*)* tan; *(päivettynyt)* tanned ~**silmäinen** brown-eyed ~**tukkainen** brown-haired; ~ *nainen* brunette.

rusket||taa tan, bronze (bronzed by the sun *auringon -tama)* **-tua** tan (she tans quickly *hän -tuu nopeasti),* get tanned (sunburnt) **-tunut** [sun]tanned **-us** tan.

ruskistaa *(keitt)* brown.

rusko||hiili lignite, brown coal **-levä** brown alga *(pl* ~e).

rusoposkinen rosy-cheeked.

rusto 1 *(anat)* cartilage **2** *(keitt)* gristle ~**inen 1** cartilaginous **2** gristly (meat *liha)*

~**mainen** cartilaginous ~**ttua** form cartilage.

rutiini routine *(m atk)*; *(tottumus)* experience, *(taito)* skill (in *jssk*).

ruti‖kuiva ..dry as dust **-köyhä** penniless.

rutinoitunut experienced, practised, *(Am)* practiced.

rutis‖ta 1 *(rusahdella)* crack (the ice cracked *jää -i*) **2** *(valittaa)* grumble (about *jstk*) **-taa** squeeze (a paper into a ball *paperi palloksi*); ~ *jkta* give a p. a squeeze (a hug).

rutivanhoillinen ultraconservative.

rut‖to [the] plague *(m kuv;* avoid like the plague *pelätä kuin ~a*); **-on** saastuttama plague-stricken, pestilential ~**paise**, ~**pesä** *(kuv)* plague spot.

ruudinkeksijä; *hän ei ole mikään ~* he is no genius.

ruudu‖llinen checked, checkered (fabric *kangas*); check (tablecloth *pöytäliina*); square-ruled, cross-ruled (paper *paperi*) **-tus** check, pattern of squares; *(kartan ~)* grid.

ruuhi flat-bottom rowboat, punt.

ruuhka 1 *(liikenne~)* traffic jam; *joutua ~an* get caught in the traffic **2** *(työ~)* backlog (of orders *tilausten ~*) ~**aika** rush hour[s], peak period *(pl* hours) (at peak hours ~**na**) ~**liikenne** rush-hour traffic ~**vuoro** rush hour bus (train, tram).

ruuk‖ku pot; jar; *vaihtaa kasville uusi ~* repot a plant **-kukasvi** potted plant, pot-plant **-unsirpale** potsherd **-untekijä** potter **-unteko** potmaking, pottery.

ruuma hold.

ruumiilli‖nen bodily (harm *haitta*); corporal (punishment *kuritus*); physical (violence *väkivalta*); ~ *työ* manual work; *-sen työn tekijä* manual worker, labo[u]rer **-stu‖a** be incarnated; *-nut paha* the embodiment of evil, the devil incarnate **-stuma** embodiment, personification (of evil *pahan ~*).

ruumiin‖avaus post mortem [examination] (perform a post mortem on *suorittaa ~ jklle*) **-haju** cadaverous smell **-jäsen** member of the body, limb **-kulttuuri** physical culture **-lämpö** body temperature, body (animal) heat **-osa** part of the body **-poltto** cremation **-rakenne** [body] build, physique; *hänellä on hento ~ (m)* he is slenderly built **-siunaus** funeral service **-tarkastus** personal (bodily) search; *suorittaa ~ jklle* search *(ark* frisk) a p.,

(riisumalla) strip and search a p. **-toiminto** bodily function **-vamma** bodily injury (harm); *aiheuttaa vaikea ~* do great bodily harm **-voim‖at** *(sg)* physical strength; *hyvissä -issa* in good condition.

ruumi‖s 1 *(kuollut ~)* corpse (the corpses were taken away *-it vietiin pois*); *(jkn ~)* [dead] body (they found his body in the river *he löysivät hänen -insa joesta*); *vain kuolleen -ini yli* [only] over my dead body **2** *(keho)* body (parts of the body *-in osat;* body and soul ~ *ja sielu*) ~**arkku** coffin; *(Am m)* casket ~**auto** [motor] hearse; *(Am m)* funeral car ~**huone** mortuary ~**saatto** funeral procession ~**vaunut** *(sg)* hearse.

ruuna gelding.

ruusu rose; *(lääk)* *(iho~ m)* erysipelas; *(vyö~)* shingles ~**i‖nen** rosy (dreams *-set unelmat*), rose-colo[u]red (view of näkemys *jstk*) ~**kaali** Brussels sprout ~**ke‖nen**; *Prinsessa R~* [the] Sleeping Beauty ~**nmarja** rose hip ~**nnuppu** rosebud ~**npunai‖nen** rose-red; *(kuv)* rosy (dreams *-set unelmat*); *katsella jtk -sten silmälasien läpi* look at a th. through rose-colo[u]red spectacles ~**pensas** rose bush ~**puu** rosewood ~**tarha** rose garden ~**tauti** erysipelas, *(m)* the rose, St. Anthony's fire ~**vesi** rose-water ~**öljy** attar [of roses], rose oil.

ruutana crucian carp.

ruuti [gun]powder ~**tynnyri** powder keg; *istua ~n päällä* be sitting on top of a powder keg.

ruu‖tu 1 *(neliö)* square (the black and white squares of a chessboard *šakkilaudan mustat ja valkoiset -dut*); *(~kuvio)* check (the red checks on a material *kankaan punaiset -dut*); *(irrallinen ~)* box (tick the box! *pane rasti ~un!*) **2** *(ikkuna- ym ~)* pane; *(ovessa ym)* panel **3** *(näyttö~)* screen; *(atk)* tuoda *-dulle* display **4** *(korttip) (pl)* diamonds **5** *hypätä ~a* play hopscotch ~**kuningas** king of diamonds ~**lippu** *(autourh)* chequered flag ~**paperi** cross-ruled paper.

ruuvata screw (a lock on the door *lukko oveen;* to the wall *seinään*); ~ *auki (irti)* unscrew, screw off.

ruuv‖i screw; *kiinnittää -eilla* fasten with screws; *hänellä on ~ löysällä* he's got a screw loose ~**avain** spanner; *(Am)* wrench ~**kierre** worm, [screw] thread ~**koukku** screw-in hook ~**meisseli** screwdriver ~**mutteri** nut ~**penkki** bench (screw) vice

~pihdit *(sg)* clamp.

ru|veta = *ryhtyä;* ~ *nukkumaan* go to sleep (bed); *-pesi satamaan* it started raining (to rain).

ryhdi||kkyys erectness [of carriage]; *[siveellinen]* ~ integrity, moral strength *(vrt ryhti)* **-käs** erect, straight, upright **-stäytyä** *(kuv)* pull o.s. together, get a grip on o.s., *(ark)* pull one's socks up; ~ *[siveellisesti]* *(m)* turn over a new leaf **-ttömyys** *(kuv)* lack of backbone **-tön** *(kuv)* spineless, ..with no backbone.

ryhmit||ellä group (into *jhk;* according to *jnk mukaan*); *(luokitella)* class[ify]; ~ **uudelleen** regroup **-tely** grouping; *(luokittelu)* classification **-tyminen** *(pol)* alignment **-tymiskaista** *(liikenn)* preselection line **-tymä** group; *(pol)* bloc; coalition; *(tal)* syndicate **-tyä 1** group [themselves], cluster, gather (around *jkn ympärille*), form groups; ~ *omaksi puolueekseen* form an independent party **2** *(liikenn)* get in lane, get into the proper line **-tää** group, classify (into *jhk;* according to *jnk mukaan*) **-ys** grouping; *(luokitus)* classification; *(liikenn)* diverging.

ryhmyinen knobbly, gnarled.

ryhm|ä 1 group (stand in groups [of five] *seistä [viiden hengen] -issä;* social groups *sosiaaliset ~t*); *(parvi)* *(m)* cluster (of tourists *turisteja*); party (reduced prices for parties *alennetut hinnat -ille*); *(työ~)* team **2** *(pol)* section, faction (split into factions *hajota -iksi*) **3** *(sot)* squad; *(Br m)* section **4** *(poliisin ~)* division; squad (crime squad *rikos~*); *(osasto)* department (homicide department *murha~*) **5** *(tilast ym)* group; *(luokka)* class, category.

ryhmä||henki team spirit **-kokous** group meeting **-kunta** clique, faction **-kuri** party discipline **-kuva** group; *(-valokuva)* group picture **-lento** *(sot)* formation flight **-njohtaja** group leader; *(sot)* section *(Am* squad) leader **-sana** collective noun **-sopimus** collective agreement **-teoria** theory of groups, group theory **-työ[skentely]** teamwork, group work.

ryhti posture (good posture *hyvä ~*); bearing (upright bearing *suora ~*), carriage (dignified carriage *ylväs ~*); *(kuv)* backbone (he has no backbone *hänessä ei ole ~ä*); *(kuv)* antaa *~ä jllk* give body to; *moraalinen (siveellinen)* ~ moral strength, morale.

ryhtyä 1 *(käydä)* start (a strike *lakkoon;* doing *tekemään jtk*); begin (to do *tekemään jtk*); set about (planning a th. *suunnittelemaan jtk*); undertake (repairs *korjaustöihin;* to improve the conditions *parantamaan oloja*) **2** *(antautua jhk)* enter into (correspondence (negotiations) with *kirjeenvaihtoon (neuvotteluihin) jkn kanssa*), engage in (transactions *liiketoimiin*); enter (embark) upon (an undertaking *yritykseen*); *(sekaantua jhk)* get involved in (I regret getting involved in it *kadun että ryhdyin siihen*), *(ark)* get mixed up with **3** *(~ harrastamaan jtk)* take up (photography (the violin) *harrastamaan valokuvausta (soittamaan viulua)*), go in for (collecting old coins *keräämään vanhoja rahoja*); take to (drink[ing] *juomaan* **4** *(~ jksk)* become (a doctor *lääkäriksi*); ~ *maanviljelijäksi (m)* take up farming; ~ *papiksi* go into the church ▶ *mihin aiot ~?* what are you going to do? *siihen en aio ~!* I don't want to get involved; ~ **harkitsemaan** *asiaa* enter into a matter; ~ **järjestämään** *jtk* make arrangements for; ~ **kirjoittamaan** *uutta romaania* start on a new novel; ~ **käsittelemään** *asiaa yksityiskohtaisesti* enter into details; ~ **ottamaan selvää** *jstk* find out about; go into a matter; ~ **sanoista** *tekoihin* proceed from words to deeds; *(kuv)* ~ **taisteluun** *jtk vastaan* take up the fight against; ~ **toimiin** take measures (action) (in a matter *jssk asiassa;* to prevent *jnk estämiseksi;* against *jtk vastaan*); ~ **työhön** get down to work; start on (set about) a task; ~ **uudelleen** resume (negotiations *neuvotteluihin*), take .. up again.

ryijy [Finnish] rug, rya [rug].

rykelmä cluster; group; *kerääntyä ~ksi jnk ympärille* cluster (group) round.

rykiä clear one's throat; *(yskiä)* cough.

rykment|ti regiment; *-in* regimental (commander *komentaja*).

rymi||nä, -stä rumble.

rynnis||tys [on]rush (towards *jtk kohden;* on *jtk vastaan*); *(hyökkäys)* attack, assault **-ää** rush, dash (forward *eteenpäin*); *(urh)* spurt.

rynnäk|kö assault; *käydä ~ön* launch an attack; *valloittaa -öllä* [take .. by] storm **~kivääri** assault rifle.

rynnätä rush (forward *eteenpäin;* to see *katsomaan;* at *jnk kimppuun;* out *ulos*);

(syöksyä) dash, dart (into a shop *kauppaan*), tear (out of the room *ulos huoneesta*); *(sot)* assault, charge.

rypeä wallow (in *jssk*); ~ *rahassa* be rolling in money.

rypist||ymätön creaseproof **-ynyt** creased, wrinkled **-yä** crease, get creased, wrinkle **-ää** crease, crumple up (a piece of paper *paperi*); ~ *kulmakarvojaan (otsaansa)* knit one's brows, wrinkle up one's forehead.

ryp|py wrinkle; *(~ kankaassa m)* crease; *(syvä ~)* furrow (in the forehead *otsassa*); *mennä ~yn* [get] crease[d]; *otsa -yssä* with one's brow knitted; *(vihaisena)* with a frown **~i|nen** wrinkled (face *-set kasvot;* shirt *paita*), creased, *(pred m)* full of creases.

rypsi turnip rape **~öljy** rape[-seed] (colza) oil.

rypyt||tää gather **-ys** gathering, *(pl)* gathers (in the neckline *kaula-aukossa*).

rypäle 1 *(terttu)* cluster **2** *(viini~)* grape **~mehu** grape juice **~raskaus** molar pregnancy **~sokeri** grape sugar; glucose, dextrose **~terttu** bunch (cluster) of grapes.

rysk||e crash, clatter; *(meteli)* din; *(pauhu)* roar; *taistelun* ~ tumult of battle **-yttää** pound (at the door *ovea*) **-yä, -ää** crash.

rysty|nen; *-set* knuckles.

rysä fyke [net]; *(poliisin ~)* speed trap; *tavata ~n päältä* catch red-handed.

rysä||htää crash (into a tree *päin puuta*); *(kaatua -htäen)* fall with a crash; *ovi -hti kiinni* the door banged shut **-ys** crash; *yhdessä -yksessä* at a go.

ryteikkö [entangled] thicket, tangle [of fallen trees].

ryti||nä, -stä crash, clatter.

rytmi rhythm **~häiriö** *(sydämen ~)* arrhythmia **~käs** rhythmic[al] **~taju** sense of rhythm.

rytäk|kä; *[tappelun]* ~ scuffle.

ryvett||yä, -ää dirty.

ryyni; *~t (sg)* hulled grain; grits, groats.

ryypiskellä drink; *(ark)* tipple, booze.

ryyppy 1 *(naukku)* drink; *(ark)* pull (take a pull at a bottle *ottaa ~ pullosta*) **2** *(ryypytin)* choke; *antaa ~* pull the choke out **~lasi** shot glass **~mies** drinker; *(ark)* tippler, boozer.

ryyp||ytin choke **-ätä 1** *(hörpätä)* drink; *(yhdellä kertaa)* toss off, drink .. off (in one gulp *yhdellä kulauksella*); ~ *lasinsa pohjaan* drink up, empty one's glass **2**

(juopotella) booze, tipple; *(juoda)* drink (o.s. to death *itsensä kuoliaaksi*); ~ *rahansa* drink one's money away; *ruveta -päämään* take to drink, hit the bottle.

ryystää drink .. noisily; *(Am)* slurp, slop.

ryysy||inen ragged; tattered **-läinen** ragamuffin, tatterdemalion **-t** rags, tatters.

ryytimaa herb garden.

ryömimiskaista climbing *(Am* creeper) lane.

ryöm|iä creep (the cat crept under the fence *kissa -i aidan ali*); *(kontata)* crawl (he crawled to the ditch *hän -i ojaan;* *(kuv)* the hours crawled slowly *tunnit -ivät hitaasti eteenpäin*); *(erik kuv)* grovel (at a p.'s feet *jkn jalkojen juuressa*); *lapsi osaa jo* ~ the baby can crawl; ~ *nelinkontin* crawl on all fours.

ryöppy shower, torrent (of abuse *parjausten* ~; the rain fell in torrents *sade tuli ~inä*); *(kuv m)* burst, storm (of protests *vastalauseiden* ~) **~ävä** gushing (waterfall *koski*).

ryöpsä||hdys; *yhtenä -hdyksenä* in a shower **-htää** shower; gush; *(roiskahtaa)* splash **-yttää** splash (water on *vettä jhk*).

ryöpytt||ää *(lennättää)* whirl [about]; *(kuv)* flay (a p. *jkta*).

ryöp|ytä pour [down] (water pours down the waterfall *vesi -pyää koskessa;* flood waters poured over the embankment *tulvavesi -pysi padon yli*); *(~ sisään)* pour [in], flood (water flooded into the boat *vesi -pysi veneeseen*); *(~ ulos)* gush (oil gushed out from the pipe *öljy -pysi putkesta*), pour out; *(lentää)* whirl, fly about (the snow flew about *lumi -pysi*).

ryöpätä blanch, parboil.

ryöstäytyä; ~ *käsistä* get out of hand.

ryöst|ää 1 rob (a p. of his money *jklta rahat;* a bank *pankki;* I've been robbed! *minut on -etty!*), hold up (a post-office *posti*); *(sl)* fleece (a p. of *jklta jtk*); *(mukiloida ja ~)* mug **2** *(siepata)* nick, run away with (a. a p.'s money *jkn rahat*); *(varastaa)* steal (a p.'s watch *jkn kello*); *(~ ihminen)* kidnap; abduct **3** *(hävittää ja ~)* plunder (a village *kylä*), loot (Rome was looted by Goths for three days *gootit -ivät Roomaa kolme päivää*), sack (a city *kaupunki*).

ryöstö robbery (armed robbery *aseellinen* ~), holdup (this is a holdup! *tämä on ~!*), *(mukilointi)* mugging; *(ihmis~)* kidnapping, abduction **~kalastus** overfishing, exhaustive fishing; *harjoittaa*

~*ta* fish out (the lake *järvellä*) ~**käyttö** ruthless exploitation, overexploitation ~**murha** robbery and murder, murder with robbery ~**retki** plundering expedition, raid ~**saalis** booty, loot, plunder ~**viljely** overexploitation of soils, soil exhaustion ~**yrity**|s attempted (attempt at) robbery; *joutua -ksen kohteeksi* be mugged (held up).

ryövä||**ri** thie|f (*pl* -ves); robber -**tä** rob -**ys** robbery.

rähi||**nä** row (kick up a row about *nostaa ~ jstk*), *(Am)* racket (there will be a terrible racket when.. *syntyy kauhea ~ kun..*); *(humalaisten ~)* brawl -**nöidä** brawl -**stä** *(humalaisista)* brawl; *(huutaa)* yell, howl, shout (at *jklle*); wrangle (on, about *jstk;* stop wrangling! *älä -se!*).

rähjä||**inen** dilapidated, tumble-down (hut *mökki*), ramshackle (old car *vanha auto*); ragged (tramp *kulkuri;* clothes -*iset vaatteet*) -**tä** = *rähistä.*

rähmä discharge; matter.

rähmäll|**ään** *(-een)* flat [on one's face].

räike||**ys** glaringness; glare; *(värin ~ m)* gaudiness; *(kuv m)* flagrancy -**ä** 1 glaring, garish; *(väristä m)* gaudy, loud, crude 2 *(äänestä)* strident, discordant; clashing, *(vihlova)* grating 3 *(kuv)* glaring (evil *epäkohta*), flagrant (injustice *vääryys*).

räikkä *(aut, mus)* ratchet.

räisk||**e** crackle; *revontulien ~* flashes of northern lights; *taistelun ~* tumult (din) of battle -**iä, -yttää** splash, spatter (a p. with water *vettä jkn päälle*) -**yvä** sparkling (temperament *luonne*); blazing (fire *tuli;* colo[u]rs ~*t värit*); ~*n hauska* hilarious[ly funny] -**yä** 1 *(rätistä)* crackle, rattle; *(kipinöidä)* sparkle; *(revontulista)* flash 2 *(roiskua)* splash (water splashed all over *vesi -yi joka puolelle*); spatter; *vettä -yi päälleni* I was spattered with water 3 *(kuv)* sparkle, bubble (with enthusiasm *intoa*).

räiskäle pancake.

räiskäyttää splash (water on the floor *vettä lattialle*), spatter (a p. with mud *kuraa jkn päälle*).

räjäh||**de** explosive -**dys** explosion; blast; *(paukahdus)* detonation -**dysaine** explosive -**dysmäinen** explosive (increase *kasvu*) -**dyspanos** explosive (blasting, bursting) charge -**dysvaara** danger of explosion -**tämätön** *(joka ei räjähdä)* unexplosive; ~ *ammus (suutari)* dud -**tävä** explosive;

herkästi ~ high-explosive -**tää** 1 explode (the bomb exploded *pommi -ti;* with rage *kiukusta;* into laughter *nauruun*); *(konkr m)* detonate (easily *helposti*); blow up (the bridge blew up *silta -ti [ilmaan]*); *(pamahtaa)* burst (the balloon burst *ilmapallo -ti*) 2 *(suuttua)* blow up (at *jklle*).

räjäyttää explode, detonate (a bomb *pommi*); *(~ ilmaan)* blow .. up (a ship *laiva*); *(~ kalliota)* blast, dynamite; *(~ miina)* spring.

räkä snot ~**inen** snotty, runny ~**nokka** snotty brat.

räkättirastas fieldfare.

räme pine swamp ~**ikkö** swampy tract, morass; quagmire *(m kuv).*

rämi||**nä, -stä, -syttää** rattle, clatter.

rämpiä flounder, wade.

rämpyttää strum (the guitar *kitaraa*); tinkle (the piano *pianoa*).

**rämä; *mennä* ~*ksi* go phut, go to pieces, smash; *vanha talon ~* ramshackle (rickety) old house; *auton ~ (m)* rattletrap.

rämä||**htää** fall with a crash (on the floor *lattialle*), clash -**pää** dare-devil.

ränni spout, gutter (drain) [pipe].

ränsisty||**nyt** ramshackle, dilapidated; *(rakennuksesta m)* ..in disrepair, tumbledown, *(Am m)* run-down -**ä** fall into decay, get dilapidated, deteriorate, *(Am m)* run down.

räntä sleet, wet snow; *sataa* ~*ä* it is sleeting.

räpistellä struggle, wriggle (in a net *verkossa*); *(lentää ~)* flutter about (in a cage *häkissä*); ~ *siipiään* flutter (flap) its wings.

räpsytellä flutter (one's lashes at *silmäripsiään jklle*).

räpylä 1 *(el)* web 2 *(uima~); ~t* flippers, fins 3 *(pesäpallo~)* catcher's glove ~**jalkainen** *(el)* web-|footed, -toed; *(tiet)* palmate.

räpyt||**ellä, -tää** flap (its wings *siipiään*), flutter; ~ *silmiään* blink.

räpäyttä|**ä**; *silmää -mättä* without blinking an eye (batting an eyelash).

rästi *(pl)* arrears; *jättää maksut* ~*in* leave the payments in arrears; *hänellä on kahden päivän työt* ~*ssä* he is two days behind with his work ~**kanto** *(verojen ~)* collection of tax arrears.

räsy||**matto** rag rug -**nukke** rag-doll.

räti||**nä** crackle (of rifles (log fire)

kiväärien *(takkatulen)* ~); *kirjoituskoneen* ~ clatter of a typewriter **-sevä** crackly (radio *radio*); crackling (fire *tuli*) **-stä** crackle; *(rasvasta ym)* sizzle, frizzle, sputter.

rätti cloth, rag; *väsynyt kuin märkä* ~ worn out.

rävä||**htää;** ~ *auki* fly open **-yttää;** ~ *auki* throw open; *[sanoa]* ~ *vasten kasvoja* throw .. in a p.'s face.

räyhä||**tä** brawl (in the street *kadulla*), make trouble; yell, shout, bawl (at *jklle*) **-äjä** brawler, troublemaker **-ävä** brawling (gang of drunken men *humalaisjoukko*); rowdy, clamorous (crowd *väkijoukko*).

räystä|**s** *(sg ja pl)* eaves (under the eaves *-än alla*) **~kouru** gutter **~lista** cornice **~pääsky** house martin.

rääkkyä croak; *(vaakkua)* caw.

rääkkäys ill-treatment, maltreatment; cruelty; *(kidutus)* torment, torture (of *jkn* ~).

rääk||**yä** squall; howl **-äistä** shriek, squall; squeal **-äisy** squall, scream.

rääk|**ätä 1** ill-treat, maltreat, treat .. badly (a horse *hevosta*); *(kiusata)* torment (a p. with *jkta jllak;* stop tormenting the cat! *älä -kää kissaa!*); ~ *jku kuoliaaksi* worry the life out of, worry .. to death; *(kuv)* drive a p. to his death **2** *(kuv)* murder (a language *kieltä*); maltreat (the piano *pianoa*).

rääp||**iä** make a mess (of *jtk*) **-peet** crumbs, *(sg)* rest (of a cake *kakun* ~).

rääpäle weakling.

rääsy; ~*t* rags, tatters **~inen** ragged, tattered.

räätäli tailor **~mestari** master tailor **~nammatti** tailoring; *harjoittaa* ~*a* be a tailor **~nliike** tailor's shop **~ntyö** tailor's

work (business), tailoring; *tehdä* ~*nä* tailor (to *jklle;* for a special purpose *tiettyä tarkoitusta varten*); ~*nä tehty* tailor-made *(m kuv),* tailored, *(Am m)* custom-made (suit *puku*) **~nverstas** tailor's workshop.

röhki||**nä, -ä** grunt.

röhönauru guffaw (give a [loud] guffaw *päästää [iso]* ~).

rökit|**tää** wallop (a team twelve – nil *joukkue 12 – 0*); *-än sinut jos..* I'll wallop you if..

rönsy *(kasv)* runner **~ilevä** creeping (plant *kasvi*); *(kuv)* entangled, complicated, meandering (plot *juoni*) **~illä 1** *(kasv)* produce runners **2** *(kuv)* meander (the plot started meandering *juoni alkoi* ~) **~leinikki** creeping buttercup **~lilja** spider plant.

röntgen||**hoito** X-ray therapy **-kuva** X-ray [photograph]; *ottaa* ~ *jstk* take an X-ray of **-ologi** roentgenologist **-ologia** roentgenology **-säde** X (Roentgen) ray.

rötköttää *(maata* ~) wallow; *istua* ~ sprawl about.

röttelö shack, hovel.

rötö|**s** [minor] offence, *(Am)* offense; *joutua kiinni* **-sistään** be caught.

röyhelö frill.

röyhistää; ~ *rintaansa* puff out one's chest.

röyhke||**ys** impudence (there is no limit to his impudence *hänen* -*ydellään ei ole rajoja;* this is the height of impudence! *tämä on* -*yden huippu!*) **-ä** impudent (behavio[u]r *käytös;* man *mies*); *(hävytön)* insolent (reply *vastaus*), insulting (to *jklle*); brazen, barefaced (lie *valhe*); *(ylimielinen)* arrogant (young man *nuorimies*).

röyhtä||**istä, -isy** belch, burp.

röykkiö pile, heap.

S

s, S *(kirjain)* s, S *(pl* s's, ss, S's Ss).

sa|ada 1 get (one's living by doing *elantonsa tekemällä jtk;* a funny idea *hassu ajatus;* [as] a present *lahja[ksi];* permission [to leave] *lupa [lähteä];* where did you get it? *mistä -it sen?* a whipping *selkäsauna;* a telegram *sähke;* a th. done *jk tehdyksi;* a victory *voitto)* **2** *(vastaanottaa) (m)* receive (a letter *kirje;* harsh treatment *töykeä kohtelu;* a message *viesti);* be given (treatment *hoitoa;* an enthusiastic reception *innostunut vastaanotto); (~ lainaa ym)* be granted (a scholarship *apuraha); (~ palkinto)* be awarded (the Nobel prize *Nobelin palkinto)* **3** *(~ omaksi)* have (may I have this? *-anko tämän?),* keep (you keep it! *-at sen!)* **4** *(saavuttaa)* obtain (good results *hyviä tuloksia;* a p.'s consent *jkn suostumus;* a position *toimi);* attain (a place at university *paikka yliopistosta); (kuv)* gain (benefit from *etua jstk;* experience *kokemusta),* win (recognition *tunnustusta;* a victory over the enemy *voitto vihollisesta);* find (I must find £200 by next Monday *minun on -atava 200 puntaa ensi maanantaiksi); (hankkia)* acquire (a bad reputation *huono maine;* by fraud *petoksella)* **5** *(~ tehdä jtk)* may (may I go to the cinema? *-anko mennä elokuviin?);* can (could I speak to Laura? *-isinko puhua Lauran kanssa?);* be allowed to, be permitted to (do *tehdä jtk)* **6** *(joutua tekemään)* have to (I had to do it several times before.. *-in tehdä sen monta kertaa ennen kuin..)* **7** *(~ jku tekemään jtk)* make (people believe that.. *ihmiset uskomaan että;* it made me think se *-i minut ajattelemaan)* **8** *(~ tehdyksi jtk)* be able to (show that.. *osoitetuksi että);* manage (to prevent a th. *jk estetyksi;* to save enough money for a car *säästetyksi tarpeeksi rahaa autoon)* ▶ *(ks m verbin määritteinä olevia hakus; esim*

~ käsiinsä, ~ rangaistus, ~ tietää ks *käsi, rangaistus, tietää)* hän **ei saa** he must not; *ei -a koskea!* do not touch! *et -a tehdä noin!* you mustn't do that! *~* **kiinni** catch (a mouse *hiiri;* a p. lying *jku valehtelemisesta); ~* **kiinni** *jstk* catch (get) hold of; *mitä -isi* **olla?** what would you like? *(kaupassa)* can I help you? *-isiko olla..?* would you like (a cup of tea *kuppi teetä)? mistä näitä -a* [**ostaa]?** where can you (one) buy these? *-ako täällä* **polttaa?** is smoking permitted here? *-anko polttaa?* do you mind if I smoke? *-anko* **puhua** *pari sanaa kanssasi?* can I have a word with you? *-anko puhua herra Smithin kanssa?* can I see Mr Smith? *olen* **saamassa** *sinulta 100 mk* you owe me 100 mks; *kirjaa ei enää ole* **saatavana** *(saatavissa)* the book is no longer obtainable; *-atavana oleva* available; *-atavana kaikista kirjakaupoista* for sale in all bookshops; **saatavilla** *(m)* at hand, handy; *jkn -atavilla (-atavissa)* accessible to; within a p.'s reach; **saisinko** *lasin vettä* could I have (I'd like) a glass of water please; *-isinko leipää?* could (would) you pass the bread please? *-isinko (voisinko ~) nähdä..?* I'd like to see..; *~* **sanotuksi** get it out; *tuskin hän oli -anut sen sanotuksi kun* he had scarcely said that when; *siitä -it!* that serves you right! *en -a sitä* **tehdyksi** I can't bring myself to do it; I can't get it done; *~* **valmiiksi** get .. finished, finish.

šaahi Shah.

saaja recipient; *(kirjeen ~)* addressee; *(lähetyksen ~)* consignee; *(lahjoituksen ym ~)* beneficiary; *(patentin ym ~)* grantee; *(šekin ~)* payee; *(palkinnon ~)* winner.

saakka 1 *(jhk asti)* to (this day *tähän päivään ~),* up to (then *siihen ~); (Am)* through (page 31 *sivulle 31 ~); (paikasta m)* as far as; *(ajasta m)* until, till **2** *(jstk lähtien)* since (Christmas (then) *joulusta*

(siitä) ~).
saaliinjako division of the spoils.
saali[kaulus] *(vaat)* shawl [collar].
saali|s 1 prey (the lion's prey *leijonan* ~; *(kuv)* an easy prey to *helppo* ~ *jklle*); joutua jkn -iksi fall prey to **2** *(ryöstö~)* booty, loot (of thieves *varkaiden* ~); haul *(m kuv;* have a good haul *saada hyvä* ~), spoil[s] (rich spoils *runsas* ~); jakaa ~ share the booty; divide up the spoils **3** *(pyynti~)* catch (a large catch of herring *suuri silli~*); haul; *(mets)* bag, quarry ~ta|a prey (on *jtk*); elää -malla live on prey; *lähteä -maan* go in search of prey; olla -massa be on the prowl.
saama||ton inefficient, incapable; ~ *tyyppi* dope, drip **-ttomuus** inefficiency **-vekseli** bill (note) receivable.
saame *(kieli)* Lapp[ish] ~**lai|nen I** *a* Lapp[ish] **II** *s* Lapp, Laplander; *-set* the Lapps.
saami|nen *(lak)* claim; *-set (m)* debts, accounts.
saanti supply (of water *veden* ~) ~**aika** *(atk)* access time ~**polku** access path ~**viive** latency time.
saap|as boot; *-paat jalassa* with boots on ~**housut** riding-breeches, jodhpurs.
saapu|a arrive (at the station (port) *asemalle (satamaan);* at (in) the town *kaupunkiin;* in London *Lontooseen;* at Oxford *Oxfordiin;* in France *Ranskaan);* come (to *jnnk);* (~ *perille)* reach (the town *kaupunkiin;* New York *New Yorkiin;* port satamaan); *(tiedosta, kirjeestä ym)* come in; *(päästä)* get (to Helsinki *Helsinkiin;* home *kotiin);* *(ilmaantua)* appear (before the court *oikeuteen)* ▶ ~ **asemalle** *(junasta)* pull in; *juna -u asemalle hetken kuluttua* the train is due to arrive in a few moments; ~ **maahan** enter a country; jkn **saapuessa** on the arrival of, on [a p.'s] arrival; **saavuttaessa** on arrival (at, in *jnnk).*
saapumi|nen 1 arrival (at, in *jnnk);* *(~ maahan)* entry (into Finland *Suomeen)* **2** *(liik)* receipt (payment within 30 days of receipt of order *maksu 30 päivän kuluessa tilauksen -sesta).*
saapuv||a arriving (train *juna);* incoming (mail *posti),* inbound (traffic *liikenne);* ~t *matkustajat* arrivals, passengers arriving **-ill|a, -ill|e;** *olla -a* be present (at *jssk),* attend (a meeting *kokouksessa);* tulla *-e oikeuteen* appear before the court.

saar|i island (on an island *-ella, -essa;* Greek islands *Kreikan -et);* *(erisnimissä)* Isle (the British Isles *Brittein -et;* of Capri *Caprin* ~) ~**sto** *(pl)* islands (the Greek islands *Kreikan* ~); skerries [off the coast]; archipelago; *saaristo-,* ~**n** island (climate *ilmasto;* population *väestö);* *Turun* ~ the Turku archipelago, the islands off Turku ~**stolainen** islander ~**stomer|i** sea studded with small islands, archipelago; *-en* archipelagic ~**valtakunta** island (insular) kingdom ~**valtio** island (insular) state.
saarna sermon (on *jstk);* *(kuv m)* lecture; *pitää* ~ preach, deliver a sermon; *(kuv)* lecture, sermonize (a p. *jklle)* ~**ava** preachy, didactic (style *tyyli)* ~**[s]tuoli** pulpit ~**ta 1** preach (the gospel *evankeliumia;* to *jklle;* on *jstk),* deliver a sermon (on *jstk)* **2** *(kuv)* preach (to, at *jklle;* about *jstk;* to deaf ears *kuuroille korville).*
saarni ash.
saarro|s blockade; *olla -ksissa* be surrounded (encircled); be blockaded ~**ta|a** envelop (enemy forces *vihollisen joukot);* *-va* encircling ~**tus** envelopment; encirclement.
saarta|a surround (an island surrounded by sea *meren -ma saari),* encircle (a camp encircled by enemies *vihollisten -ma leiri);* hem in (on all sides *joka puolelta);* *(sot m)* blockade (a port *satama),* enclose, invest (a fort *linnoitus).*
saarto 1 *(sot)* blockade (raise (run) a blockade *lopettaa (murtaa)* ~) **2** *(tal)* boycott; *julistaa* ~*on* put .. under a boycott.
saasta filth, dirt ~**inen** filthy, dirty ~**isuus** filth[iness]; impurity, sordidness.
saast||e pollutant; *saaste|-* polluted (area *-alue);* pollutant (cloud *-pilvi)* **-eentorjunta** pollution abatement **-ua** become polluted (contaminated) **-uminen** contamination (of the environment *ympäristön* ~), pollution (air pollution *ilman* ~) **-unut** polluted, contaminated **-utta|a** pollute (air *ilmaa),* contaminate; *(tartuttaa)* infect; taint *(m kuv); jnk -ma* infected (tainted) by; *-va [aine]* pollutant, contaminant **-uttaminen, -utus** contamination, pollution.
saatana Satan, the Devil; ~! God damn! ~**llinen;** ~ *meteli* a hell of a noise, a godawful racket.
saatav||a [credit] balance, outstanding

account; claim (collect outstanding claims *periä maksamattomia -ia*); ~*t* receivables **-illa, -issa** *ks. saada* →.

saatesanat *(sg)* preface, foreword (to *jnk* ~).

saati[kka];   ~   *[sitten]*   much   less; *(puhumattakaan)* let alone, to say nothing of, not to mention; ~ *sitten hän* to say nothing of him.

saat|taa 1 *(seurata)* accompany (a p. to the door *jku ovelle*), go with (I'll go with you *minä -an sinua*); see (a p. home *jku kotiin*); *(mennä -tamaan)* see .. off (will you come and see me off? *tuletko -tamaan minua?*); *(opastaa)* conduct (a p. out of the door *jku ulos ovesta*); *(~ suojaten)* escort, *(mer m)* convoy (across the Atlantic *Atlantin yli*) **2** *(viedä)* bring (a matter to a conclusion *asia päätökseen;* shame upon o.s. *itsensä häpeään;* into contact with *kosketukseen jkn kanssa;* to a p.'s notice *jkn tietoon;* disaster to *jk turmioon*); *(~ jhk tilaan)* drive (a p. to despair *jku epätoivoon*) **3** *(kyetä)* can (how could you [do that]! *kuinka -oit [tehdä niin]!*) **4** *(voi/da])* may (one might think that.. *-taisi luulla että;* he may come *hän ~ tulla*); *pahinta mitä kuvitella ~* the worst thing one (you) could imagine.

saattaja escort; *(seuralainen)* companion; *(opas)* guide.

saat|to; elämän *-ossa* in the course of life; *vuosien -ossa* with the years ~**alus** escort; *(mer m)* escort vessel, convoy ship ~**väki** *(vainajan ~)* *(pl)* mourners; cortège.

saattue convoy (sail under convoy *kulkea* ~*essa*); escort (under police escort *poliisi~essa*); *(arvohenkilön ~ m)* retinue, entourage.

saavi tub; *satoi kuin ~sta kaataen* it was pouring [with rain].

saavuttaa 1 *(konkr)* reach (the town at dawn *kaupunki aamunkoitteessa*); get (come) to, arrive at (the top of the hill *kukkulan huippu*) **2** *(kuv)* reach (its climax in *huippunsa jssk;* the five million mark *viiden miljoonan raja*); achieve (one's goal *päämääränsä*); attain (a decisive victory *ratkaiseva voitto*); obtain (good results *hyviä tuloksia*); *(voittaa)* win (fame *kuuluisuutta*); gain (prestige *arvonantoa*) **3** *(saada kiinni)* catch up with, *(Am m)* overtake (a country in technology *jk maa tekniikassa*).

saavut||tamat|on unattainable, utopistic;

[jkn] *-tomissa* out of [a p.'s] reach **-us** achievement (the greatest achievements of science *tieteen suurimmat -ukset*); *päästä parempiin -uksiin* arrive at better results.

sabot||aasi, -oida sabotage.

sadas the hundredth; *joka ~ vuosi* every hundred years ~**osa** the hundredth part; *kuusi ~a* six hundredths; *sekunnin ~* one hundredth of a second ~**tuhannes** hundred thousandth.

sadat||ella curse, swear (at *jtk*) **-telu** cursing, swearing.

sa|de rain (in the rain *-teessa;* heavy rains *kovat -teet;* the rain fell in torrents ~ *tuli ryöppyinä;* of arrows *nuoli~*); *(~kuuro)* shower; *-teella* in the rain, when it's raining; *näyttää tulevan ~* it looks like rain; *pitää ~tta jssk* seek shelter from the rain in ~**ilma;** ~*lla* in rainy weather ~**kausi** rainy season (period); *(erik trooppinen ~)* *(pl)* the rains ~**kuuro** shower [of rain], flurry; *(ankara ~)* downpour, squall of rain ~**lla** rain (blows rained down on him *iskuja sateli hänen selkäänsä*) ~**metsä** rain forest ~**määrä** rainfall ~**pilvi** rain cloud; *(meteor)* nimb[us *(pl m -i)* ~**pisara** raindrop ~**päivä** rainy (wet) day ~**takki** raincoat; mackintosh ~**vaatteet** waterproof clothes ~**vesi** rain water ~**viitta** rain cape.

sa|din trap; *joutua -timeen* fall into the trap; *olla -timessa* be caught in a trap; *saada -timeen* trap.

sadis||mi, -ti, -tinen sad|ism, -ist, -istic *(adv* ~ally).

sadoittain by the hundred, .. in hundreds; ~ *jtk* hundreds of; *niitä oli ~* there were hundreds of them.

sadonkorjuu harvest[ing]; ~*n aikaan* at harvest time ~**juhla** harvest festival.

sadun||hohteinen fabulous **-kertoja** story-teller.

saeta thicken.

safiiri sapphire.

saha 1 *(työkalu)* saw **2** *(~laitos)* sawmill ~**jauhot** *(sg)* sawdust ~**laitai|nen** sawed (edges *~set reunat*); serrate[d] (leaf *lehti*) ~**pukki** saw horse, *(Am)* [saw]buck ~|**ta** saw (logs *halkoja*); ~ *kappaleiksi* saw .. up; *-ttu* sawn (timber *tavara*) ~**tavara** sawn timber (wood), *(Am)* lumber ~**teollisuus** lumber (sawmill) industry ~**teräinen** serrated.

sahrami saffron.

sahti home-brew[ed] beer].

saippu||**a** soap **-a-astia** soap dish **-ainen** soapy **-oida 1** soap; *(~ vaahdolla)* lather **2** *(tekn)* saponify.

sairaala hospital **~-apulainen** orderly; maid **~hoito;** *joutua ~on* be hospitalized **~lääkäri** physician at a hospital, hospital physician.

sairaalloi||**nen 1** *(kivulloinen)* sickly (child *lapsi)*, unhealthy; infirm; *(pred m)* in poor (weak) health **2** *(epänormaali)* morbid (craving for *himo jhk)*; unhealthy; *(patologinen)* pathological (fatness *lihavuus;* fear *pelko)* **-suus** sickliness, poor health; morbidity.

sairaan||**hoitaja** nurse **-hoito** nursing **-hoito-opisto** School of Nursing **-kuljetusauto** ambulance.

saira|**s I** *a 1* sick (child *lapsi)*; ill *(komp* worse; *superl* worst) (mentally (seriously) ill *henkisesti (vakavasti) ~;* be ill *olla -ana;* feel ill *tuntea itsensä -aksi); (vioittunut)* diseased (tissue *kudos;* mind *mieli); tulla -aksi* be taken ill, fall sick **2** *(kuv)* sick (fancies *-at kuvitelmat)*; morbid (behavio[u]r *käytös)*, diseased (mind *mieli); (epäterve)* unhealthy (development *kehitys)* **II** *s* sick person; *(potilas)* patient (how's the patient? *kuinka ~ voi?)* **~auto** ambulance **~koti** nursing home **~käyn**|**ti** *(lääkärin ~)* visit, [sick] call; *käydä -nillä jkn luona* pay a visit to (a sick call on) a p. **~loma** sick leave (be on sick leave *olla ~lla); saada viikko ~a* be written sick for a week **~osasto** infirmary; *(laivan ~)* sick bay **~ta**|**a** be ill (he has been ill for many years *hän on -nut monta vuotta), (Am)* be sick (with *jtk); (poteu Jtk tautia)* suffer (from asthma *astmaa); ~ flunssaa* be down with the flu; *~ syöpää* have cancer **~tella** be sickly (ailing), be in poor health **~tu**|**a** become ill (he became seriously ill *hän -i vakavasti)*; fall (be taken) ill *(Am* sick) (with *jhk); (Am m)* get (take) sick; ~ *jhk* catch, get (the measles *tuhkarokkoon)*; contract (malaria *malariaan),* be stricken with (multiple sclerosis *MS-tautiin)* **~tupa** *(sot)* sick room **~voimistelu** physiotherapy **~vuo**|**de** sickbed; *maata -teella* be bedridden; be confined to one's bed; *-teen ääressä* by the bedside.

sairau|**s** illness (a serious illness *vakava ~); (tauti)* disease (an incurable disease *parantumaton ~); (häiriö)* disorder (disorders of the digestive system

ruoansulatuselinten -det) **~eläke** disability pension **~kertomus** case history **~kohtaus** fit (have a fit *saada ~)* **~korvaus** sick[ness] benefit **~vakuutus** sickness (health) insurance **~vakuutustoimisto** health insurance office.

sait||**a** stingy, mean **-uri** miser, skinflint **-uus** stinginess.

saivar||**rella** split hairs; be pedantic **-telija** hair-splitter, nitpicker **-telu** hair-splitting, pedantry, nitpicking.

SAK the Confederation of Finnish Trade Unions; *(Brit läh v)* TUC; *(USA)* AFL-CIO.

sakaali jackal.

sakara point (points of a star *tähden ~t); (ristin ym ~)* arm (arms of an anchor *ankkurin ~t); (haara)* branch, tine (of a deer's antlers *hirvensarvien ~); (hammas)* tooth (teeth of a tower *tornin ~t)*, merlon (of the cusp (horn) of the moon **~harjainen** crenel[l]ated, battlemented.

sakariini saccharin.

sakaristo vestry, sacristy.

sakata 1 *(mer)* drop astern **2** *(ilm)* stall. **šakata** check.

sakea thick (the air was thick with smoke *ilma oli ~na savusta)*; dense (fog *sumu)*.

saketti morning coat.

sakeu||**s** thickness, density; consistency **-tin** concentrator, thickener **-ttaa** thicken; *(kem m)* concentrate.

sakka sediment, *(pl)* dregs; *(viinin ~) (m) (pl)* lees; *(kahvin ~) (pl)* grounds; *(kem)* precipitatc, deposit **~inen** *(kem)* feculent **~isuus** feculence.

sakkalasku *(ilm)* pancake.

sakkar||**idi** saccharide **-oosi** saccharose.

sakkaus *(ilm)* stall[ing].

sakkaut||**taa, -ua, -uma** sediment.

sakki gang.

šakki chess (play chess *pelata ~a)* **~lauta** chessboard **~nappula** chess|man *(pl -men)* **~ruutuinen** chequered (cloth *kangas)* **~turnaus** chess tournament.

sak|**ko** *(m -ot)* fine (he was given a fine [of 700 mks] *hän sai [700 mk:n] -ot)*; penalty (a heavy penalty for *ankara ~ jstk)* ▶ **määrätä** ~ *jstk* impose a fine on; *siitä on määrätty 50 mk:n ~* it is punishable by a fine of 50 mks; **tuomita** *jku 500 mk:n ~on* fine a p. 500 mks (for *jstk)*, impose a fine of 500 mks on; *10 punnan -on* **uhalla** under [penalty of] a fine of £10; *pääsy* asiattomilta -on uhalla kielletty trespassers will be prosecuted.

sakottaa fine (a p. *jkta;* for *jstk*); ~ *jkta 500 mk/lla* impose a fine of 500 mks on a p.

sakraali[nen] sacral.

sakramentti sacrament.

Saksa Germany; ~*n* German; ~*n demokraattinen tasavalta* the German Democratic Republic (*lyh* GDR); ~*n liittotasavalta* the Federal Republic of Germany (*lyh* FRG).

saksa *(kieli)* German; ~*a puhuva* German-speaking ~**lainen** *a ja s* German ~**lais-ranskalainen** Franco-German; ~ *sanakirja* German-French dictionary ~**laisvastainen** anti-German ~**laisystävälli- nen** pro-German; ~ *[henkilö]* Germano- phile.

saksan||hirvi red deer **-kielinen** German (newspaper *sanomalehti*); German- speaking (population *väestö*) **-kuusi** common silver fir **-markka** [German] mark, Deutsche Mark (*lyh* DM) **-paimenkoira** German shepherd [dog], Alsatian [dog] **-pähkinä** walnut **-seisoja** German shorthaired pointer.

sakset 1 [pair of] scissors; *(suuret ~)* shears; *kahdet* ~ two pairs of scissors **2** *(painissa) (sg)* scissor grip.

saksofoni saxophone.

salaa secretly, in secret; *(varkain)* surreptitiously, clandestinely; *isältä* ~ without one's father's knowledge, without father knowing; *polttaa* ~ be a secret smoker; *katsoa jkta* ~ steal a glance at; *kuunnella* ~ eavesdrop.

sala||-ammattilainen shamateur **--ammattilaisuus** shamateurism **--ampuja** *(-metsästäjä)* [game] poacher; *(-murhaaja)* assassin.

salaatti *(lehti~)* lettuce; *(sekoitettu ~)* salad ~**kastike** salad dressing ~**lautanen** salad plate; salad platter.

sala||hanke plot (to murder the king *kuninkaan murhaamiseksi*); *(-liitto)* conspiracy (against *jkta vastaan*) **-ill|a** hide, keep .. secret; *(ark)* cover up; *hän ei -ut sitä (m)* he made no secret of it **-ilu** hiding; cover-up; secrecy **-inen** secret (agent *agentti;* document *asiapaperi;* negotiations *-iset neuvottelut;* agreement *sopimus*); *(-ttu m)* hidden (feelings *-iset tunteet*), concealed (treasures *-iset aarteet*); clandestine (love affair

rakkaussuhde); *(luottamuksellinen) (m)* confidential; *erittäin* ~ top secret, [strictly] confidential; ~ *palvelu* Secret Service **-isuu|s** secret (open secret *julkinen* ~; of happiness *onnen* ~; reveal a secret *paljastaa* ~); *(jnk) -det (m)* mysteries (of the sea *meren -det*); *se jäi [ikuiseksi] -deksi* it remained a secret (mystery) **-juon|i** plot (to assassinate the king *kuninkaan murhaamiseksi*); *(pl)* schemes (his schemes were discovered *hänen -ensa paljastui*); punoa ~*a* plot, scheme, intrigue (against *jkta vastaan*) **-kalastus** [fish-]poaching, illicit fishing **-kapakka** *(Am)* speakeasy **-kari 1** *(konkr)* sunken (submerged, hidden) rock **2** *(kuv)* pitfall (avoid the pitfalls of *väistää jnk* ~*t*) **-kauppa** illicit trade (trading, traffic); *harjoittaa* ~*a* traffic (in *jllak*); *huumeiden* ~ narcotics traffic; *viinan* ~ *(m)* bootlegging **-kavala** insidious (plot *juoni;* disease *tauti*); *(petollinen)* treacherous (actions *menettely*); sly (attack *hyökkäys*) **-kavaluus** insidiousness, treachery **-kiel|i** code, cipher (in cipher *kirjoitettu -ellä*); *-en avain* cipher key, key to a code; *kirjoittaa -ellä (m)* code, cipher; *kääntää -elle* [en]code, encipher; *kääntää kirje -estä selväkielelle* decipher (decode) a letter **-kirjoitus** cipher, code; *(~menetelmä)* cryptography; *selvittää* ~ decipher (break) a code.

salakka bleak.

sala||kuljettaa smuggle (arms into a country *aseita maahan*) **-kuljettaja** smuggler **-kuljetus** smuggling **-kuljetustavara** contraband **-kuunnel|la** tap (the telephone was being tapped *puhelinta -tiin*); *(Am m)* wiretap, *(sl)* bug **-kuuntelija** eavesdropper; *(rad)* pirate listener; *(puh)* wiretapper **-kuuntelu** eavesdropping; *(puh)* tapping; *(Am)* wiretapping **-kuuntelulaitteet** *(sg)* tap, bugging device, *(sl)* bug; *asentaa* ~ *huoneeseen (sl)* bug the room **-kähmäi|nen** underhand[ed] (dealings *-set puuhat*) **-kähmäisesti** covertly, clandestinely **-kähmäisyys** *(m)* mystery, secrecy **-käytävä** secret passage **-liitto** conspiracy (against *jkta vastaan;* discover the conspiracy *paljastaa* ~), plot **-liittolainen** conspirator **-lyhty** *(tekn)* dark lantern; bull's-eye.

salama 1 lightning; *(~nleimahdus)* flash of lightning; ~ *iski taloon* the house was struck by lightning; *kuin* ~ *kirkkaalta* *taivaalta* like a bolt from the blue **2** *(valok)* flash[light] ~**kuutio** flash cube ~**nisku** stroke of lightning ~**nleimaus** flash of lightning ~**nnopeasti** at lightning speed, like lightning (a flash); *uutinen levisi ~* the news spread like wildfire.

salamanteri salamander.

salamatkustaja stow-away; *matkustaa ~na* stow away.

salama[valo] flash[light] ~**laite** flashgun.

sala‖merk|ki cipher; *-ein kirjoitettu* in cipher **-metsästys** poaching **-metsästäjä** poacher.

salamo|ida; *-i* it is lightening, there is lightning; *hänen silmänsä -ivat* his eyes flashed fire, his eyes flashed [with anger].

sala‖murha assassination; *joutua ~n uhriksi* be assassinated **-murhaaja** assassin **-myhkäi|nen** *(henk)* secretive; *(arvoituksellinen)* mysterious; *-set puuhat* covert activities **-nimi** *(kirjailijan ~)* pseudonym; nom de plume *(ransk);* *(tekaistu nimi)* assumed name; *-nimellä* under a pseudonym **-oja** underdrain, covered (subsurface) drain **-ojittaa** [under]drain **-ojitus** subsurface drainage **-peräi|nen** mysterious (disappearance *katoaminen;* under mysterious circumstances *-sissä olosuhteissa;* stranger *vieras);* secretive (don't be so secretive! *älä ole niin ~!)* **-peräisyy|s** mysteriousness, mystery; secrecy *(m kuv;* the veil of secrecy *-den huntu)* **-poliisi** detective **-poliisikertomus** detective story, *(ark)* whodunit **-polttaja** *(viinan ~)* illicit distiller, *(ark)* moonshiner **-polttimo** illicit distillery **-poltto** *(viinan ~)* illicit distilling, *(ark)* moonshining **-seura** secret society.

salassa *(salaa)* in secret, secretly; *(salattuna)* hidden (be hidden from *olla ~ jklta),* concealed; *pysyä ~* remain [a] secret; *pitää ~* keep .. secret (from *jklta); se pidettiin häneltä ~ (m)* he was kept in the dark about it ~**pito** concealment.

sala‖ta hide (one's feelings *tunteensa);* without hiding anything *mitään -amatta);* conceal (the truth from *totuus jklta); (lak m)* suppress (evidence *todisteita); (pitää salassa)* keep .. secret (from *jklta),* keep .. dark (one's intentions *aikeensa);* hold .. back (information *tietoja),* keep .. back (from *jklta); (~ jklta m)* keep from (I don't want to keep it from you *en halua ~ sitä sinulta); (peitellä)* cover up (one's error *erehdyksensä);* *minulla ei ole*

mitään -ttavaa I have nothing to hide, I have no secrets; *hän ei -nnut sitä (sitä että)* he made no secret of it (of the fact that) **-tie|de** occultism; *-teet* the occult sciences **-ttu** hidden, concealed.

salava crack willow.

salavihkaa in secret, on the quiet; secretly; *vilkaista ~* throw a furtive glance at, steal a glance at.

saldo balance.

sali *(konsertti- ym ~)* hall; *(asunnossa)* drawing-room, *(Am)* parlor; *(sairaalan ~)* ward.

salisyylihappo salicylic acid.

salkku briefcase; portfolio (a minister's portfolio *ministerin ~).*

salko pole; *vetää lippu ~on* raise (hoist, run up) the flag ~**masto** pole mast.

salkuton; *~ ministeri* minister without portfolio.

sall‖ia 1 *(antaa lupa)* allow (a p. to do *jkn tehdä jtk),* permit; give .. permission; let (let me ask you a question *-i minun kysyä)* **2** *(antaa myöten)* permit (if time permits *mikäli aika -ii),* allow ▶ *hän* **ei** *-i minkäänlaisia vastaväitteitä* he won't suffer any contradiction; **jos** *-itte* if you will allow (permit) me, with your permission; if you don't mind; *jos sää -ii, sään -iessa* weather permitting.

sallimus fate, destiny; *(kaitselmus)* Providence.

sallittu 1 allowed, permitted (smoking is not permitted *tupakointi ei ole ~a); ~ määrä* the amount allowed; *suurin ~ nopeus on..* the speed-limit is.., the maximum speed is.. **2** *(tekn ym)* permissible (stress *rasitus),* admissible (load *kuorma),* allowable (voltage *jännite);* permitted.

salmi sound, strait[s].

salmiakki sal ammoniac.

salo *(pl)* wilds, backwoods; *(metsämaa)* woodland ~**maa** *(pl)* backwoods.

salonki salon; *(laivan ~)* saloon ~**komedia** drawing-room comedy; comedy of manners ~**kommunisti** parlo[u]r pink ~**vaunu** saloon car; *(Am)* parlor (palace) car.

salottisipuli shallot.

sal‖pa bolt; *(telki)* bar; latch (of a lock *lukon ~); ovi on -vassa* the door is bolted ~**uma** stagnation (of the circulation *verenkierron ~)* ~**us** *(lääk)* stas|is *(pl -es); (veri~)* stagnation ~**utu|a;** *hengitys -i* his breath stopped short (choked up); *liikenne -i* the traffic was jammed.

salpietari saltpetre, potassium nitrate.

salskea tall and wiry.

salva ointment, salve.

salv|aa 1 = *salvoa* **2** *(kuohita)* castrate, geld; *-ettu hevonen* gelding; *-ettu pässi* wether, castrated ram.

sal|vata bolt (the door *ovi*); *henkeä -paa* breathing is impeded; *pelko -pasi kieleni* I was speechless with fear; *se -pasi hänen hengityksensä* it took his breath away.

salvia sage.

salvoa; ~ *taloa* put up the framework of a house.

sama the same (as *kuin;* at the same time *~lla kertaa*); *(aivan ~)* identical (with, to *kuin*) ▶ *~an aikaan kuin* at the same time as (that, when), simultaneously with; *sattua ~an aikaan kuin* coincide with; *(sattua päällekkäin)* clash with; **aivan ~** the very same; *ne ovat ~a* **kokoa** they are of a size, they are the same size; *~* **mies** *(m)* the very man; *~* **missä** no matter where; *se* **on** *minulle aivan* ~ it's all the same to me, I don't mind; *~sta työstä* ~ **palkka** equal pay for equal work; *~na* **päivänä** [on] the same day; *~na päivänä kuin* [on] the day [that]; *jo ~na päivänä that very day; ~t* **sanat!** — **täällä!** same here! *hyvää joulua!* — **kiitos sitä** *~a! ...* the same to you! *~lla* **tavalla** in the same way, similarly; *(samoin)* alike, the same; **yksi** *ja* ~ one and the same; *se on yksi ja* ~ **asia** it amounts (comes) to the same thing.

šamaani shaman.

samalla at the same time; *~ kun* while.

sama|merkityksi|nen equivalent (to *kuin*); *(kiel)* synonymous; *-set sanat* synonyms **-munai|nen** monovular, uniovular, identical (twins *-set kaksoset*).

saman|aikainen 1 *(samalta ajalta oleva)* contemporary, contemporaneous **2** *(samaan aikaan tapahtuva)* simultaneous, synchronous (with *jnk kanssa*) **-aikaisesti** at the same time (as *kuin*); simultaneously; *tapahtua* ~ *jnk kanssa (m)* coincide with **-arvoi|nen** equal (before the law *lain edessä;* they are equal *he ovat -set*); ~ *kuin* equal (equivalent) to; *pitää -sena kuin (m)* consider .. on a par with, put .. on a level with **-arvoisuus** equality **-henkinen** congenial; like-minded **-hetkinen** simultaneous (with *kuin*) **-hintainen** ..of the same price **-ikäi|nen** [..of] the same age (as *kuin*); *he ovat -set* they are the

same age **-kaltai|nen** ..of the same kind (sort) (as *kuin*), similar (to *kuin;* experiences *-set kokemukset*); *(pred m)* alike (they are very [much] alike *he ovat hyvin -set*) **-kaltaisuu|s** similarity, likeness; *(rinnakkaisuus)* parallel (there is a certain parallel between them *niiden välillä on tiettyä -tta*) **-kokoi|nen** ..of the same size; *(henk)* ..of equal height; ~ *kuin* equal in size to, as large as; *ne ovat -set (m)* they are the same size (of a size) **-korkuinen** ..of the same height; ~ *kuin* as high as **-lai|nen** similar (to *kuin;* they are very similar *ne ovat hyvin -sia); (aivan ~)* the same (he is always the same *hän on aina* ~); identical (with, to *kuin;* they have identical voices *heillä on -set äänet); hän on* ~ *kuin isänsä* he is like his father; *minulla on* ~ I have one like this (like that); *ne ovat kaikki -sia* they are all the same (all alike) **-laisuus** similarity, resemblance, likeness (to *jnk kanssa;* between *jdk välillä*); identity (with) **-mieli|nen** like-minded; *-set* people of a like mind, those similarly disposed **-muotoinen** ..of the same shape (form), similar [in shape] **-nimi|nen** ..with (of) the same name; *-set murtoluvut* fractions with a common denominator **-näköi|nen** similar [in appearance]; *he ovat hyvin -set* they look (are very much) alike, they strongly resemble each other **-painoinen** [..of] the same weight, equal in weight (to *kuin*) **-pitui|nen** ..of the same length (as *kuin*), ..equal in length (to *kuin); (henk)* [..of] the same height; *he (ne) ovat -set* they are the same height (length), they are equally tall (long) **-suuntai|nen** parallel (streets *-set kadut); (kuv m)* similar (efforts *-set pyrkimykset*), ..to the same effect; ~ *ehdotus* a proposition along the same lines; *olla* ~ *jnk kanssa* run parallel to (with); parallel a th. *(m kuv); -set suorat (m)* parallels **-suuruinen** [..of] the same size (as *kuin*) **-sävyinen** ..in the same tone; *(konkr tav)* matching, matched **-tapai|nen** similar (to *kuin;* experiences *-set kokemukset); (pred m)* much the same **-tekevä** unimportant (to *jklle*); insignificant (person *henkilö); se on [minulle] ~ä* it's all the same to me, it doesn't make any difference, it doesn't matter; I don't mind, *(ark)* I couldn't care less **-tyyppinen** similar; ..of the same type (car *auto*) **-veroi|nen** equal (to *kuin;*

consider as equal pitää *-sena*) **-vertainen** equal **-vertaisuus** equality (before the law *lain edessä*) **-värinen** ..of the same colo[u]r, ..identical in colo[u]r.

samapalkkaisuus [principle of] equal pay for equal work.

samasanai‖**nen** ..with the same wording (documents *-set asiakirjat*), word-for-word (copies *-set kappaleet*); *(samanlainen)* identical.

samassa; *[siinä]* ∼ at that very moment.

samast‖**aa** identify (a th. with *jk jhk*) **-ua** identify (with *jkh*).

Sambia Zambia s∼**lainen** *a ja s* Zambian.

same‖**a** muddy (water *vesi;* colo[u]r *väri;* voice *ääni*), cloudy (beer *olut;* mixture *seos*), turbid (water *vesi*); *(kuv)* dim, dull, blear[y] (eyes *∼t silmät*) **-ntua** become muddy (turbid) **-ntuma** *(lääk)* opacity.

sametti velvet; *(puuvilla∼)* velveteen ∼**housut** *(vako∼)* corduroys ∼**jäätelö** soft ice.

sameus muddiness, cloudiness; turbidity.

sammakko frog; *uida* ∼*a* swim breaststroke ∼**mies** frogman ∼**perspektiivi;** ∼**stä** from a worm's-eye perspective.

sammakon‖**kutu** frog spawn **-poikanen** tadpole **-putki** marsh pennywort **-reisi** frog's leg.

sammal moss ∼**einen** mossy, moss-grown ∼**envihreä** moss-green ∼**oitua** become moss-grown.

sammaltaa lisp; *(sopertaa)* falter.

sammenmäti caviar[e].

sammio tub, vat.

sammu‖**a 1** go out (the lights went out *valot -ivat*); die (the motor died *moottori -i*); *(hiipua)* die down (the fire is dying down *tuli on -maisillaan*); *tuli oli -nut (m)* the fire was out; *tulipalo saatiin -maan* the fire was extinguished **2** *(kuv)* die (love had died long ago *rakkaus oli -nut kauan sitten*); be extinguished; fade (the smile faded from his face *hymy -i hänen kasvoiltaan*) **3** *(suvusta)* die out (with *jkh*) **-ksissa** *(-ksiin)* out (the lights are out *valot ovat* ∼; blow out the candles *puhaltaa kynttilät -ksiin*) **-maton** inextinguishable (hatred *viha*); unquenchable (thirst *jano*); insatiable (desire for knowledge *tiedonhalu*) **-minen** extinction **-nut** extinguished (fire *tuli*); dead (engine *moottori;* love *rakkaus;* cigarette *savuke*); extinct (volcano *tulivuori*); ∼ *tähti* fallen star.

sammut‖**in** [fire] extinguisher **-taa 1** put out (a candle (a cigarette, the lights) *kynttilä (savuke, valot)*); *(*∼ *tuli m)* extinguish **2** *(katkaista virta jstk)* turn out (a lamp *lamppu*), turn off (the radio *radio;* the oven *uuni*), switch off (the TV *televisio;* the lights *valot*).

sammutus extinction; *(tulipalon* ∼ *m)* fire fighting; *metsäpalon* ∼ fighting (extinguishing, extinguishment) of a forest fire ∼**kalusto** *(palokalusto)* fire-fighting equipment ∼**vaahto** fire foam.

samoil‖**la** ramble [about]; roam (the moors *nummilla*); *(vaellella)* wander; walk, go walking (in Lapland *Lapissa*) **-u** rambl‖e, -ing, roaming.

samoin in the same way; likewise; *kiitos* ∼*!* thanks! [the] same to you! ∼ *kuin* as, like; *(ja myös)* as well as.

sampi sturgeon.

sampo‖**noida, -o** shampoo.

samppanja champagne.

samuus sameness; identity.

san‖**a** word (keep one's word *pitää* ∼*nsa;* in other words *toisin -oin*); *(sanoma m)* message (leave a message for *jättää* ∼ *jklle*) ▶ **annan** ∼*ni siitä* I'll give my word for it, you have my word for it; **ei** ∼*akaan* not a word; *ei enää* ∼*akaan!* not another word! **laulun** ∼*t (m)* the lyrics of a song; **sanasta** ∼*an* word for word; *(sananmukaisesti)* literally; ∼*sta* ∼*an tosi* true to the letter; *antaa [jklle]* ∼ ∼*sta* give a p. tit for tat; ∼*lla* **sanoen** in a (one) word; in words of one syllable; **omin sanoin** in one's own words; *ylistävin -oin* in terms of [high] praise; *pysyä* ∼*nsa* **takana** be as good as one's word.

sana‖**harkka** argument; *(ark)* tiff; *joutua* ∼*an jkn kanssa* have words with **-inen** *(yhdyss)* worded (strictly worded *terävä*∼) **-jalka** bracken **-järjestys** word order; *epäsuora* ∼ *(m)* inversion **-kirja** dictionary (look up in a dictionary *katsoa* ∼*sta;* a Finnish-English dictionary *suomalais-englantilainen* ∼) **-korko** word accent **-käänte**‖**et** words, phrases; terms (in flattering terms *mairittelevin -ein*) **-leikki** pun; play on words **-liitto** phrase **-llinen** verbal **-luettelo** list of words; *(hakemisto)* index; *(sanasto)* vocabulary **-luokka** part of speech **-muoto** wording, formulation.

sanan‖**julistus** preaching [of the Word] **-lasku** proverb; *(raam)* S∼*t* Proverbs **-mukainen** literal, word-for-word (translation *käännös*) **-mukaisesti** literally, word for word, verbatim *(lat)* **-muodostus** word formation **-parsi** saying, *(lauseparsi)* proverbial phrase **-saattaja** messenger (the king's messenger *kuninkaan* ~); herald (of the gods *jumalien* ~) **-selitysoppi** etymology **-sija;** *hänellä ei ole tässä asiassa* ~*a* he has no say in this matter **-vaihto** exchange of words; *kiivas* ~ *(m)* altercation **-valinta** choice of words **-valta** say; voice (no voice in a matter *ei mitään* ~*a jssk asiassa*) **-vapaus** liberty (freedom) of speech.

sana||**pari** phrase; collocation **-ristikko** crossword [puzzle] **-sanainen** word-for-word, literal (translation *käännös*) **-sepite** coinage, neologism **-seppä** wordsmith; *(uudissanojen sepittäjä)* coiner of new words **-sokeus** word-blindness, alexia **-sota** argument **-sto** 1 *(-varasto)* vocabulary (of a language *kielen* ~); lexicon 2 *(-luettelo)* glossary, vocabulary 3 *(jnk alan [erikois/~)* terminology, *(pl)* terms, nomenclature **-stollinen** lexical **-sukkeluus** witticism **-tarkka** = *-sanainen* **-ton** wordless (language of nature *luonnon* ~ *kieli;* grief *suru*); speechless (with surprise *hämmästyksestä*); *jäädä -ttomaksi* be dumbfounded; ~ *sopimus* tacit agreement **-valmis** ..quick at repartee, quick-witted **-valmius** ready wit, repartee **-varasto** vocabulary.

sanda||**ali** sandal **-letti** sandalette.

saneera||**ta** 1 *(peruskorjata)* rebuild, renew, renovate 2 *(tal kuv)* reorganize **-us** 1 *(talon* ~*)* rebuilding, renovation; *(slummin* ~*)* slum-clearance 2 *(tal)* reorganization.

sanel||**la** dictate (a letter to a secretary *kirje sihteerille;* the peace terms *rauhanehdot*) **-u** dictation **-ukone** dictating machine, Dictaphone *(rek)* **-uratkaisu** dictate.

sanforoi|**da** sanforize; *-tu* sanforized.

sanga||**llinen** ..with a handle (handles) **-ton;** *-ttomat silmälasit* pincenez.

sangen very; ~ *hyvin (m)* perfectly well.

sangollinen bucketful, a bucket (of water *vettä*).

sangviinikko sanguine person.

sani||**ainen** fern **-kkainen** pteridophyte.

saniteettitilat sanitary facilities.

san|**ka** handle, bail; *silmälasien -gat* bows (earpieces) of glasses; *(kehykset) (sg)* the frame of glasses ~**i**|**nen** *(yhdyss)* **-rimmed** (gold-rimmed glasses *kulta-set silmälasit*).

sankari hero ~**hahmo** heroic figure ~**hauta** soldier's grave ~**kuolema** death of a hero; *kuolla* ~ die a hero's death ~**llinen** heroic *(adv* ~ally) ~**llisuus** heroism ~**tar** heroine.

sankaruus heroism.

sank|**ka** thick (forest *metsä*), dense (fog *sumu*); *-oin joukoin* in vast crowds.

sankkeri chancre.

sanko pail, bucket.

sanktio, ~**ida** sanction.

sannikas sandal.

sano|**a** 1 say (a th. *to jtk jklle;* yes *kyllä;* goodbye *näkemiin;* what did you say? *mitä -it?* did he say anything [about it]? *-iko hän mitään [siitä]?*) 2 *(kertoa)* tell (a p. one's name *jklle nimensä;* can you tell me where..? *voitteko* ~ *missä..?* don't tell anybody! *älä sano kenellekään!*) 3 *(lausua)* state, express (one's opinion *mielipiteensä*) 4 *(nimittää)* call (just call me Liisa *sano minua Liisaksi;* do you call this decent work? *-tko tätä kunnon työksi?*) ▶ **A** *(sano)* sano **mitä** *-t* say what you like; *sano kun riittää!* say when! sano *[minulle]!* say it! tell me! come off it! *jos et pidä siitä niin sano* if you don't like it please tell me (let me know); *sano* **suoraan!** speak out! *(ark)* shoot! ▶ **B** *(sanoa)* en **osaa** ~ I couldn't say (tell); *hän ei osaa* ~ *r:ää* he can't pronounce r; *se* **tahtoo** ~ *että..* that is [to say that]..; **täytyy** ~ *että..* I (one) must say (admit) that..; ~ **uudelleen** say .. again, repeat; *on* **vaikeaa** ~.. it is hard (not easy) to tell (say)..; ~ *[jklle]* **vastaan** answer [a p.] back; **voitteko** ~ *paljonko kello on?* could you tell me the time please? ▶ **C** *(sanoakseni)* **niin** ~**kseni** so to speak, as it were; **toden** ~**kseni** to tell you the truth, to be honest [with you]; ▶ **D** *(sanoen)* **lyhyesti** *-en* in short; **sivumennen** *-en* by the way; **suoraan** *-en* frankly (strictly) speaking; **tarkemmin** *-en* to be precise; **toisin** *-en* in other words; ▶ **E** *(sanoi, -in, -it)* hän *-i tulevansa* he said he would come; *hän -i että minun pitäisi tulla (m)* he told me to come; **minähän** *-in!* I told you so! *pam! -i* **pyssy** bang! went the gun; **sinäpä** *sen -it!* you said it! ▶ **F** *(sanokaamme (-taan)* [let's] say (at 6 o'clock *klo 6*); ▶ **G** *(sanomatta)* **sanaakaan** *-matta* without saying a word; *on -mattakin* **selvää** *että* it goes without saying that; ▶ **H** *(sanonut)* **kuka** *niin on -nut?* who said that? *(kuka kertoi sinulle?)*

who told you that (so)? ▶ **I** *(sanot) mitä -t* **ehdotuksestani** what do you think of my suggestion? *mitä -t* **siitä?** what do you say to that? ▶ **J** *(sanotaan) -taan* **että** .. it is said that.., they (people) say that..; **hänen** *-taan olevan rikas* he is said to be rich; **kuten** *-taan* as the saying goes; *mitä siinä -taan?* what does it say (about *jstk*)? **niinhän** *sitä -taan* so they say; ▶ **K** *(sanottava)* **hänellä ei ole mitään hyvää** *-ttavaa kenestäkään* he hasn't a good word to say for anybody; *olen* **kuullut** *-ttavan että* I have heard [it said] that; *ei -ttavaa* **merkitystä** not worth mentioning; *mitä sinulla on -ttavaa?* what have you got to say? *ei -ttavassa* **määrin** not appreciably; ~ **sanottavansa** say (have) one's say; ~ *-ttavansa lyhyesti* put it shortly (briefly), be short; ▶ **L** *(sanottu) -ttuina* **aikoina** at stated times; **ei ole** *-ttu* there is no telling (saying) (what will happen if.. *mitä tapahtuu jos..*), *(ei ole varmaa)* it's not sure (whether.. *onko..*); *ei ole -ttu että..* it does not follow (mean) that.., that is not to say that..; **helpommin** *-ttu kuin tehty* it is easier said than done; *-ttuna* **iltana** on the said evening; **kuten** *-ttu* as I said [before], as I told you; *se on* **liikaa** *-ttu* that is saying too much; **meidän kesken** *-ttuna* between you and me; **niin** *-ttu* so-called; **on** *-ttu että..* it has been said (claimed) that..

sanoin kuvaamaton indescribable, ..beyond description.

sanoit|taa write the words (for a hit *iskelmä*); *jkn -tama* words (lyrics) by *-us (pl)* words, lyrics.

sanojenkäsittely word processing ~**laite** word processor.

sanoma message (receive a message *saada* ~); *(pl)* tidings (good tidings *hyvä* ~); *(uutinen)* news (of *jstk*).

sanomalehdistö the press; ~*n edustaja* news reporter, journalist.

sanomaleh|ti newspaper, paper; *-den myyjä* newspaperman, newsvendor; *-den numero* copy (issue) of a newspaper; *-den tilaaja* subscriber to a newspaper; *-den toimittaja* newspaper editor; journalist, reporter; *-den toimitus* newspaper office; *(toimituskunta)* editorial staff ~**ala** journalism; *työskennellä* ~*lla* be in journalism, be a journalist ~**-ilmoitus** advertisement, *(ark)* ad ~**katsaus** press review ~**kirjoitus** newspaper article ~**paperi** newsprint ~**tyyli**

journalese ~**väri** news[paper] ink.

sanoma|liikenne *(atk)* electronic mail, *(pl)* message communications **-nvälitys** *(atk)* message switching.

sanomat||on; *-toman kaunis* beautiful beyond description **-tomasti;** *nauttia* ~ enjoy tremendously.

sanomi|nen; *hänellä on -sta joka asiasta* he always finds something to pick on; *sinulla ei ole mitään -sta tässä asiassa* you have no say in this matter.

sanon|ta 1 *(lauseparsi)* phrase (a hackneyed (telling) phrase *kulunut (sattuva)* ~*;* as the phrase goes *niin kuin* ~ *kuuluu)* **2** *(tyyli)* style (expressiveness of style *-nan ilmeikkyys*)

sanottava; *ks. sanoa* → **K** ~**sti;** *ei* ~ nothing to speak of.

sanoutua; ~ *irti* dissociate o.s., break away (from *jstk*); ~ *irti EEC:stä* withdraw from the EEC; ~ *irti kaikesta vastuusta* disclaim all responsibility; ~ *irti sopimuksesta* back out of an agreement; ~ *irti työpaikastaan* give notice, resign one's job.

santa sand.

santarmi gendarme.

santelipuu sandalwood.

saost||aa *(kem)* precipitate **-aminen** precipitation [process] **-in** precipitant **-u|a** [become] precipitate[d]; *-va* precipitable **-uma** precipitate **-uminen** precipitation.

saota *(keitt)* thicken.

saparo tail; *(hius~)* pigtail.

sapatti Sabbath ~**vuosi** sabbatical year.

sapek|as bilious, acrid; venomous (remark *huomautus*), virulent (words *-kaat sanat*).

sapeli sabre; *(käyrä* ~*)* scimitar.

sapettaa gall (it really galls me to think.. *kyllä [minua]* ~ *ajatella..*).

sapp|i *(~neste)* bile; *(eläimen* ~*)* gall; *(~rakko)* gall bladder; *hänen -ensa kiehui* his blood was up, he was boiling with rage; *purkaa -eaan jkh* vent one's spleen upon ~**kivi** gallstone ~**kivikohtaus** bilious attack ~**kivileikkaus** gallstone operation ~**rakko** gall bladder, bile cyst ~**tiehyt** bile duct, gallduct ~**vaivat** *(sg)* biliousness.

sapuska grub, chow.

sara sedge.

sarake column.

sarana hinge.

sarast||aa dawn; *aamu (päivä)* ~ *(m)* the dawn is breaking, the day is dawning; *aamun (päivän) -aessa* at dawn **-us**

dawn[ing].

sard||**elli** anchovy **-iini** sardine.

sarj|**a** **1** series *(pl ~)* (of concerts *konsertteja;* mathematical series *matemaattinen ~;* television series *televisio~;* produce in series *valmistaa -oina); (jono)* succession (of victories *voittojen ~),* sequence (of wars *sotia), (ketju)* chain (of events *tapahtumien ~); esittää ~na* serialize **2** *(täydellinen ~)* set (of books *kirja~;* a 5-piece set *viisiosainen ~)* **3** *(urh)* division; *(nyrkk)* class (lightweight (heavyweight) class *kevyt (raskas) ~); (painissa, painonnostossa)* category; *(liiga)* league **4** *(mus)* suite (the Karelia Suite *Karelia~).*

sarja||**filmi** [television] series (on *jstk),* serial **-julkaisu** serial [publication], series **-kamera** multiple (serial) camera **-kukkai**|**nen** umbelliferous; *-set* umbellifers **-kuva** comic strip, [strip] cartoon; *~t (m)* comics **-kuvalehti** comic [book] **-lippu** season ticket **-numero** serial number **-ottelu** league match **-pilleri** sequential contraceptive pill **-pöytä** nest of tables **-tuli** *(sot)* sustained fire **-tuotanto** serial (quantity, batch) production (manufacture), production (manufacture) in series **-valmisteinen** mass-produced.

1 sar|**ka 1** *(pellon ~)* strip, bed **2** *(kuv)* field (in the fields of science *tieteen -oilla).*

2 sarka *(tekst)* frieze.

sarkain tabulator.

sarkas||**mi, -tinen** sar|casm, -castic *(adv ~*ally).

sarkofagi sarcophag|us *(pl m -i).*

sarkooma sarcoma *(pl ~ta).*

sarveis||**aine** keratin **-kalvo** cornea; *~n tulehdus* keratitis **-kerros** cornified layer.

sarve||**llinen** horned; antlered **-ton** hornless.

sarv|**i 1** horn (horns of a goat *pukin -et); (hirven ym [haarainen] ~)* antler; *Afrikan ~* the Horn of Africa; *runsauden ~* horn of plenty, cornucopia **2** *(tunto~)* antenna *(pl ~e)* **-kuono** rhinoceros; *(ark)* rhino *(pl ~[s]).*

saslik[ki] *(keitt)* [shish] kebab.

sat|**a** hundred (one hundred and two ~ *kaksi;* two hundred marks *kaksi ~a; a* hundred marks *~ markkaa; a* few hundred people *muutamia -oja ihmisiä; a* hundred years later *~ vuotta myöhemmin)* ▶ *-oja* **kertoja** hundreds of times; **noin** *~ ihmistä* some (about a) hundred people; *viisi* **sadasta** five in (out of) a hundred; **tuhat** *~ a* (one)

thousand one hundred; **useita** *-oja* many hundred[s] (of *jtk);* *meitä oli useita -oja* there were several hundred of us.

sat|**aa** rain (it is raining today *tänään ~ [vettä]); -oi kaatamalla* it was pouring [with rain], the rain was pouring down; *-oi tai paistoi* [come] rain or shine.

sata||**-asteinen** centigrade (thermometer *lämpömittari)* **-kertainen** hundredfold **-kieli** nightingale **-kunta** about a hundred **-lu**|**ku;** *-vulla* in the second century A.D.

satama harbo[u]r; *(kauppa~)* port; *(kuv)* haven (of rest *rauhan ~); lähteä ~sta* sail from port; *poiketa ~an* call (put in) at a port; *saapua ~an* reach (make, arrive in) port, enter the harbo[u]r **-allas** dock **~-alue** harbo[u]r (dock) area **~kaupunki** port [city]; *(meri~)* seaport **~konttori** port (harbo[u]r[-master's]) office **~laituri** quay; *(laivalaituri)* pier; *(lastauslaituri)* whar|f *(pl m -ves)* **~lakko** dock strike **~luotsi** harbo[u]r pilot **~maksu** *(pl)* harbo[u]r (port) dues (charges) **~nsuu** entrance to a port **~poliisi** harbo[u]r (dock) police **~työläinen** docker, dockworker; *(erik Am)* longshoreman **~valvoja** harbo[u]r guard **~viranomaiset** harbo[u]r authorities, port officials **~väylä** harbo[u]r entrance, approach, channel.

sata||**prosenttinen** [one-]hundred-per-cent **-tuhatta** a (one) hundred thousand **-vuotia**|**s** hundred-year-old (church *kirkko), (pred)* a hundred years old; *(henk m)* ..of a hundred years [of age]; *(sb) -at* the hundred-year-olds; *elää -aksi* live to be a hundred **-vuotispäivä** the hundredth anniversary, centenary.

sateen||**kaari** rainbow **-suoja 1** shelter [from the rain]; *mennä ~an* take shelter **2** = *seur.* **-varjo** umbrella; *avata (sulkea) ~* put up (roll up) an umbrella; *(Am)* open (close) an umbrella.

sate||**eton** rainless; *(kuiva)* dry **-inen** rainy.

satelliitti satellite **~kaupunki** satellite town (city) **~lähetys** satellite transmission **~valtio** satellite [state].

satiainen groin louse *(pl lice).*

satiini satin; *(puuvilla~)* satinet[te].

satiiri satire (on *jstk)* **~kko** satirist **~nen** satirical.

sato *(vilja- ym ~)* crop (yield a good crop *antaa hyvä ~);* harvest *(m kuv)* (rich (this year's) harvest *runsas (tämän vuoden) ~); (viini~)* vintage; *(tuotto)* yield; *korjata ~* reap (gather in) the crop; harvest; *tämän* *vuoden* ~a [of] this year's growth (harvest *(m kuv)*) ~**isa** [high-]yielding, productive; abundant ~**isuus** productiveness ~**kausi** season ~**vahinko** crop failure ~**vuosi**; *hyvä* ~ a yielding year, *(m)* a good (rich) year.

sat|tua 1 *(tapahtua)* happen (a funny thing happened *-tui hassu juttu;* this must not happen again *tällaista ei saa enää* ~); come about (it came about that *-tui niin että*), occur (the accident occurred this morning *onnettomuus -tui tänä aamuna*) **2** *(tehdä sattumalta)* happen (I happened to be there when.. *-uin olemaan siellä kun ..*) **3** *(tehdä kipeää)* hurt (it hurts! *se -tuu!*) **4** *(osua)* hit (the target *maaliin;* a p.'s sore point *jkta arkaan paikkaan;* I hit my foot against a stone *jalkani -tui kiveen*); *(konkr m)* strike (the stone struck him on the head *kivi -tui häntä päähän*) *(kuv m)* fall on (Christmas falls on a Friday *joulu -tuu perjantaiksi*) ▶ *minulle -tui erehdys* I made a mistake; *jos* **hyvin** *-tuu* if all goes well; *-tuipa hyvin!* that was lucky! *jos hän -tuisi tulemaan* if he should come; *jos -tuisi satamaan (m)* in case it rains; *hänelle -tui* **onnettomuus** he met with an accident; *polveeni -tui* I hurt my knee; *tulipalon* **sattuessa** in case of fire; **sattuiko** *[sinuun]?* did you hurt yourself? **satutko** *tietämään..? (m)* do you know by any chance..?

sattuma chance (a whim of chance ~*n oikku;* it was a mere chance that *oli pelkkä* ~ *että*); *(yhteen~)* coincidence (curious coincidence *kummallinen* ~; what a coincidence! *mikä* ~*!*) ▶ **ei ole** *-että* it is not purely by chance that, it is no accident (coincidence) that; **jättää** ~*n* **varaan** leave .. to chance; ~*n* **kaupalla** by chance; *se oli* **pelkkä** ~ it was quite coincidental (accidental).

sattumalta by chance, by accident, accidentally; *aivan* ~ by pure chance, quite accidentally; *kuulin sen* ~ I heard it by accident; *hän oli* ~ *siellä* he happened to be there.

sattumanvarai|nen haphazard, casual; *(umpimähkäinen)* random; *on täysin -sta..* it is entirely a matter of chance..

sattuva striking (example of *esimerkki jstk*), telling (phrase *sanonta*), apt, apposite (remark *huomautus*), *(sopiva)* fitting (expression for *ilmaus jllk*); *olla* ~ be to the point.

satu fairy tale (about Cinderella

Tuhkimosta); *kerro* ~*!* tell me a story! ~**kirja** book of fairy tales, story-book.

satula saddle; *heittää* ~*sta* unseat, unhorse, *(m)* toss, fling (a rider *ratsastaja*); *ilman* ~*a* bareback; *nousta* ~*an (*~*sta)* mount into (dismount from) the saddle, *(m)* mount (dismount from) one's horse ~**katto** saddle roof, saddleback [roof] ~**loimi** saddle blanket ~**seppä** saddler, saddlemaker ~**vyö** girth.

satuloida saddle.

satu||maa, -maailma fairyland, wonderland **-mainen** fabulous, fantastic.

satunnai||nen occasional (showers *-sia sadekuuroja*); incidental (income *-set tulot*); *(sattumalta tapahtuva)* accidental; *(attr m)* chance (customer *asiakas;* meeting *kohtaaminen*), casual (passers-by *-set ohikulkijat*); *(umpimähkäinen)* random (a few random shots *muutamia -sia laukauksia;* sample *otos*), *(hajanainen)* sporadic (find *löytö*); *-set menot* incidentals; *(kirjanp)* sundries; *-set pikkutyöt* odd jobs ~**sesti** occasionally; sporadically; ~ **valittu** random.

satunnais||luku random number **-otos** random sample.

satu||näytelmä fairy play **-olento** fairy **-prinssi** fairy prince; Prince Charming *(m kuv).*

Saturnu|s Saturn; *-ksen* Saturnian.

satuttaa hurt (o.s. *itsensä*).

saukko otter.

saum|a 1 seam (come apart at the seams *ratketa -oista*) **2** *(tekn)* joint (welded joint *hitsattu* ~); *(rak m)* pointing; seam (seams of a boat *veneen* ~*t*) ~**nvara** *(käsit)* seam allowance ~**t|a 1** seam (by welding *hitsaamalla*); *(kuuma~)* heat-seal; *(liittää)* joint; *(syrjätä)* edge **2** *(rak)* point (pointed with cement *-tu sementillä*) ~**t|on** seamless (stockings *-tomat sukat*); *(kuv)* smooth (cooperation *yhteistyö*) ~**us** seaming; jointing; *(sauma)* joint.

sauna sauna; *käydä* ~*ssa* have (take) a sauna bath ~**palvattu** smoke-cured ~**vasta** bath whisk.

saunoa take a sauna bath; bathe.

sauva 1 staff; *(keppi)* stick; *(~n muotoinen esine)* rod **2** *(suksi~)* stick, *(Am m)* pole **3** *(marsalkan* ~*)* baton **4** *(piispan* ~*)* crosier **5** *(taika~)* wand ~**bakteeri** rod bacterium ~**kirkko** stave church.

sauvoa; ~ *venettä* push a boat along; punt a boat.

savanni savanna[h].

savenval‖**aja** potter **-anta** pottery; pottery making.

savi clay ~**astiat** (sg) earthenware, pottery, (Br) crockery ~**kiekko**[**ammunta**] (urh) clay pigeon [shooting] ~**kukko** toy ocarina ~**maa** clay, clay[ey] soil, loam ~**maja** mud hut; (savitiilistä rakennettu ~) adobe house ~**nen** clayey; (savesta tehty) clay, (m) earthen[ware] (pot astia) ~**ruukku** crock; earthen[ware] pot (jar) ~**tavara** pottery, crockery ~**teollisuus** pottery (ceramics) industry ~**työ**[**t**] ceramics.

savotta logging (forest working) site.

savu smoke; ei ~a ilman tulta [there's] no smoke without fire; haihtua ~na ilmaan go up in smoke.

savu‖**hattu** [chimney] cowl **-hormi** chimney (smoke) flue **-inen** smoky **-juova** [smoke-]trail **-ke** cigarette (light a cigarette sytyttää ~) **-kerasia** packet (Am pack) of cigarettes **-kinkku** smoked ham **-kvartsi** smoky quartz **-lasi** smoked glass **-merkki** smoke signal **-myrkytys** asphyxiation **-naamari** smoke mask **-patsas** column (pillar) of smoke **-piippu** chimney; (laivan ym ~) funnel **-pommi** smoke bomb **-sauna** chimneyless (smoke) sauna **-siika** smoked whitefish **-silli** smoked herring, kipper **-staa 1** (keitt) smoke; (~ lihaa m) smoke-cure, smoke-dry; -stettu smoked **2** (~ ulos) smoke .. out (smoke a p. out from his hiding place ~ jku ulos piilopaikastaan); (kuv) oust (a p. out of his job jku työpaikastaan) **3** (desinfioida -stamalla) fumigate, smoke **-stus** smoking; (ruokatavaroiden ~ m) smoke-curing; (desinfiointi) fumigation **-stuslaatikko** smoke oven **-sumu** smog **-ta** smoke (smoking chimneys -avat savupiiput); smo[u]lder (smo[u]ldering ruins -avat rauniot) **-ton** smokeless **-topaasi** smoky topaz **-torvi** chimney, flue; (Am m) smokestack **-ttaa** smoke **-verho** smoke screen.

Schwarzwald Black Forest.

se it (gen its) (it is a house ~ on talo; do you know anything about it? tiedätkö mitään siitä?); (tuo) that (at that time siihen aikaan; in that case siinä tapauksessa; that explains everything ~ selittää kaiken) ▶ (ks m hakus senkin, sentähden, siihen, siinä, siksi, sillä) ▶ **A** (se) herra ~ ja ~ Mr. So-and-so; ~ on that is, that is to say; ~**pä se!** that's it! exactly!

sinäkö ~ olet Laura? it that you Laura? onko ~ tämä? is this it? is it this one? ▶ **B** (sen) ~n ajan ihmiset people of the time (period); ~n **pituinen** ~ and that's all there is to it; teen ~n kuin voin I'll do what I can; ▶ **C** (siitä) onko siitä jo **kauan?** was it a long time ago? mitäs siitä! it doesn't matter, never mind! ei **puhuta** siitä! let's not talk about that! se siitä! that's that! so much for that! ▶ **D** (sillä) sillä **hyvä!** that's it! mitä sinä sillä **tarkoitat?** what do you mean by that? sillä ei ole **väliä** it doesn't matter; ▶ **E** (sinä) sinä ja sinä **päivänä** on such and such a day; sinä **vuonna** that year; sinä vuonna kun the year that (when); ▶ **F** (sitä) **juuri** sitä tarkoitin that's what I meant; sitä ja **tätä** this and that.

se|**assa** (-asta, -kaan); jnk ~ among; panna jtk jnk **-kaan** add .. to, mix .. with.

sedatiivi sedative, tranquillizer.

sediment‖**oitua, -ti** sediment.

seemiläi|**nen** Semitic; -set the Semites.

seepra zebra.

seerumi serum.

seesami[**nsiemen**] sesame [seed].

seest‖**einen** clear (weather sää); serene, tranquil (look katse; sky taivas) **-eisyys** serenity, tranquillity -ynyt tranquil, calm **-yä** clear up (the sky is clearing up taivas -yy); (kuv) calm [down].

segment‖**oida, -oitua, -ti** segment.

sei = seiti.

seik|**ka** matter (financial matters taloudelliset -at); circumstance (consider all circumstances tarkastella kaikkia -koja); (tosi~) fact; asiaan vaikuttavat -at relevant factors; nämä -at these points; se ~ että the fact that.

seikkail‖**ija** adventurer **-ijatar** adventuress **-la** (kierrellä) wander [about] (in a foreign country vieraassa maassa); lähteä -emaan go out in search of adventure.

seikkailu adventure ~**kas** adventurous, ..full of adventure ~**nhalu** love of adventure ~**nhaluinen** adventure-loving, ..fond of adventure, adventurous ~**romaani** story of adventure.

seikkaperäi‖**nen** detailed (instructions -set ohjeet), circumstantial, full (account of selvitys jstk); minute (regulations -set määräykset), exhaustive (investigation tutkimus) **-sesti** (m) in detail; hän käsitteli asiaa ~ he went into the matter in considerable detail; tutustua ~ jhk go into a matter; investigate a matter in detail (in depth) **-syys** minuteness [of detail]; circumstantiality.

šeikki sheik[h].

seimi 1 *(raam)* manger **2** *(lasten~)* day nursery, crèche.

seinus[ta] wall; *jnk ~lla* close to the wall of.

sein|ä wall ▶ **hyppiä** *-ille* be climbing the walls; *pysytellä* **neljän** *~n sisällä* keep indoors; *oli kuin olisi -ille* **puhunut** it was like talking to a brick wall; *mennä* **päin** *-iä* go all wrong (cockeyed); *iskeä* **päätään** *~än* bang one's head against a [brick] wall; *selkä ~ä* **vasten** with one's back to the wall; *joutua ~ä vasten* have one's back to the wall; *panna jku ~ä vasten* push . . to the wall, put . . up against a wall.

seinä||hullu raving mad **-inen** *(yhdyss)* -walled (high-walled *korkea~*), . .with . . walls (with brick walls *tiili~*) **-kaappi** wall cabinet **-kello** wall clock **-kirjoitukset** graffiti **-kukkanen** *(leik)* wallflower **-lehti** wall newspaper **-maalaus** wall (mural) painting; fresco **-mä** wall **-naapuri** next-door neighbo[u]r **-pallo** *(urh)* court handball, *(Am m)* wallball **-panelointi** wainscot[ing], panelling **-paperi** wallpaper; *panna ~t jhk* paper the walls of **-vaate** wall hanging (covering), tapestry.

seireeni siren.

seis stop!

seisaal|laan *(-leen, -taan)* standing; *nousta -leen* stand up, rise [to one's feet].

seisah||taa stop (to draw breath *vetämään henkeä*) **-tua** = *pysähtyä* **-tunut** sluggish, dull.

seisake halt, *(Am)* flag stop, whistle-stop.

seisau||s stop; standstill, stagnation (a complete stagnation *täydellinen ~*); *(keskeytys)* stoppage; *-ksissa* at a standstill; *(liikenteestä m)* blocked; *(tehtaasta, koneesta)* not running **-ttaa** = *pysäyttää.*

seisetila *(tal)* stagnation.

seiska *(korttip)* sevens, fan-tan.

seism||inen seismic[al] **-ografi** seismograph **-ogrammi** seismogram **-ologia** seismology.

seiso|a 1 stand (in a bus *bussissa;* on one's head *päällään;* I can't stand any longer *en jaksa enää ~;* the house stands on a hill *talo -o mäellä)* **2** *(olla liikkumatta)* be at a standstill (the traffic was at a standstill *liikenne -i),* be at a stop; *(olla käyttämättömänä)* be (lie) idle (the machines are idle *koneet -vat)* ▶ **järki** *-o*

my (his) mind isn't working; **jäädä** *-maan* remain standing; **kello** *-o* the watch has stopped; **moottori** *-o* the engine is not running; **nousta** *-maan* stand up.

seiso||allaan = *seisaallaan* **-kki** *(tehtaassa ym)* stoppage [of work], shut-down **-ma;** *siltä ~lta* straight away **-mapaik|ka** *(m -at) (sg)* standing room **-matyö** standing work.

seisonta||-aika *(mer) (pl)* lay days **-päivä** *(mer)* lay day **-valo** *(aut)* park[ing] light.

seiso||skella hang around (outside *jnk ulkopuolella)* **-va** standing *(urh* start *lähtö;* audience *yleisö);* stagnant (water *vesi); (ilmasta m)* stale, *(painostava)* sultry; *~* pöytä buffet [service], stand-up buffet; smorgasbord.

seistä = *seisoa.*

seiti saithe, coalfish.

seitinohut gossamer-like.

seitsemän seven *~***kymmentä** seventy *~***sataa** seven hundred *~***toista** seventeen *(vrt kahdeksantoista ja yhdyss).*

seitsemä|s [the] seventh *(lyh* 7th); *olla -nnessä taivaassa* be in seventh heaven; *(Am ark)* feel like a million dollars *(vrt kahdeksas)* *~***kymmenes** [the] seventieth *~***osa** seventh [part] *~***toista** [the] seventeenth.

seitsen||kertainen sevenfold, septuple **-kulmainen** heptangular **-kulmio** heptagon **-kymmenvuotias** *(m)* septuagenarian *(vrt kahdeksankymmenvuotias)* **-päiväinen** seven-day.

seitsikko *(mus)* septet.

seitti 1 *(hämähäkin ~)* cobweb, spider's web **2** *(kasv)* web.

seiväs pole; *(aidan~ m)* stake; *hypätä ~tä* do the pole vault, vault the pole *~***hyppy** *(urh)* pole vault *~***tää** *(lävistää)* pierce; *(~ keihäällä m)* spear.

sekaan *ks. seassa.*

sekaan||nus confusion (cause confusion *aiheuttaa ~ta); (erehdys)* mistake, *(ark)* mix-up (there was some mix-up *tapahtui jokin ~)* **-tua 1** *(puuttua jhk)* interfere (meddle) in (don't interfere in my affairs! *älä -nu minun asioihini!);* intervene in (the affairs of another country *toisen maan asioihin)* **2** *(sotkeutua jhk)* be (get) involved in (a crime *rikokseen;* war *sotaan), (ark)* be (get) mixed up in (I don't want to get mixed up in the quarrels of other people *en halua ~ toisten riitoihin)* ▶ **en halua** *~ siihen* I don't want to get involved; *hän -tuu* **kaikkeen** she is always meddling (interfering); ~ **keskusteluun** butt into a conversation, butt (cut) in; *älä -nu tähän!* don't interfere! *älä -nu asioihin jotka eivät kuulu sinulle!* don't meddle with things that are none of your business!

sekaantuminen interference (in a p.'s plans *jkn suunnitelmiin* ~); intervention (in *jhk*); involvement (in war *sotaan*); *alaikäiseen* ~ statutory rape; *eläimeen* ~ bestiality.

seka||-avioliitto mixed marriage; *mennä ~on* intermarry **-hedelmät** mixed (dried) fruits **-iho** combination skin **-inen 1** disorderly, untidy, *(ark)* messy (room *huone)* **2** *(yhdyss)* ..mixed with (sand *hiekan~)* **-isin 1** *(epäjärjestyksessä)* in disorder (confusion), in a muddle *(ark* mess); *(sotkeentunut)* tangled, in a tangle; *(sikin sokin)* higgledy-piggledy, helter skelter **2** *[päästään]* ~ confused, muddled, *(ark)* all mixed up **3** *(sekoitettuina keskenään)* mixed; in one heap ▶ **mennä** ~ get out of order, get in a muddle (muddled), be upset (my plans were upset *suunnitelmani menivät* ~); *mennä [päästään]* ~ get confused (muddled) *(tulla hulluksi)* go mad; *värit menivät pesussa* ~ the colo[u]rs have run in the wash; **onnesta** ~ distracted with happiness; **panna** ~ throw .. into disorder (confusion); make a muddle (mess) (of *jk*); *(kuv)* muddle, upset (a p.'s plans *jkn suunnitelmat); panna jkn pää* ~ confuse (bewilder) a p., mix a p. up; *hän on* **päästään** ~ he is not there (with it); he is nuts; *hänen* **vatsansa** *on* ~ he has a stomach upset.

seka||kieli mixed language, pidgin **-koosteinen** heterogenous **-kuoro** mixed choir **-lai|nen** miscellaneous; *-sia karamelleja* assorted sweets; *kokoelma -sia kirjoituksia (m)* miscellany; *-set kulut (menot)* sundries; *(san) -sta* miscellaneous **-lihavarras** mixed grill **-luku** *(mat)* mixed number **-melska** mess; *talossa oli hirveä* ~ the house was in a mess **-metsä** mixed forest **-muodoste** blend, portmanteau **-muoto 1** *(biol)* hybrid, cross[breed] **2** = **-muodoste -nelinpeli** *(urh)* mixed doubles **-päi|nen** distracted (with happiness *onnesta),* mad (go mad *tulla -seksi)* **-rotuinen** cross-bred, mongrel, hybrid; *(henk)* ..of mixed blood; ~ *koira* mongrel

-sikiö hybrid, cross; *(halv)* mongrel **-sor|to** disorder, confusion; chaos (in utter chaos *täydellisen -ron vallassa); (ark)* mess, shambles **-sortoinen** confused; chaotic, turbulent **-sortoisuus** state of chaos; *olojen* ~ *(pl)* chaotic conditions **-sotku** mess **-talous** mixed economy **-tavarakauppa** grocer[y], grocer's [shop]; general shop *(Am* store) **-työmies** general worker, labo[u]rer, unskilled worker **-uinti** *(urh)* individual medley **-va** confused (finances *~t raha-asiat;* in a confused state of mind *~ssa mielentilassa);* muddled (answer *vastaus);* chaotic (thoughts *~t ajatukset;* situation *tilanne);* tangled (case *juttu;* instructions *~t ohjeet),* involved (account of *selostus jstk);* incoherent (explanation *selitys); puhua -via* be incoherent; *-vin tuntein* with mixed feelings **-vuus** confusion; confused state; *(hajanaisuus)* incoherence.

šek|ki cheque, *(Am)* check (for 2,000 mks *2 000 mk:n ~;* pay by cheque *maksaa -illä)* **~tili** current account (with a bank *jssk pankissa)* **~vihko** cheque-book; *(Am)* checkbook.

sekoit||e mixture **-ekangas** mixed fabric, blend **-in** mixer; *(keitt m)* blender; *(-ushana)* mixer-tap **-taa 1** *(yhdistää -tamalla)* mix (sand and clay *hiekkaa ja savea;* mix well! *-a hyvin!); (valmistaa sekoitus)* blend (various sorts of tobacco *eri tupakkalajeja); (~ metalleja)* alloy (copper with tin *kuparia ja tinaa);* compound (a medicine *lääke)* **2** *(hämmentää)* stir (the sugar into the batter *sokeri taikinaan);* ~ *joukkoon* blend in, stir in **3** *(~ jku jhk)* mix .. up in (an affair *jhk juttuun),* get .. mixed up in, involve .. in (don't involve me in your quarrels! *älkää -tako minua riitoihinne!)* **4** *(~ toisiinsa)* mix .. up (don't mix things up! *älä -a asioita!),* get .. mixed up (the dates *päivämäärät);* confuse (Mary and her sister *Mary ja hänen sisarensa [toisiinsa]);* (~ *erehdyksessä)* mistake .. for (I mistook you for Anna *-in sinut Annaan)* **5** *(sotkea)* put (throw) .. in disorder (confusion); muddle (the storm muddled the waters *myrsky -ti veden);* muddle (mix) up, jumble up; *(ark)* mess .. up (a room *huone);* don't mess my things up! *älä -a tavaroitani!);* confuse (the arrangements *järjestelyt);* upset (a p.'s plans *jkn suunnitelmat),* make a mess (hash) of (you've made a mess of the whole job *olet -tanut koko jutun*); *(korttip)* shuffle (the cards *kortit*) **6** *(~ jkn ajatukset)* confuse (a p. by one's questions *jku kysymyksillään*), muddle (stop muddling me! *älä -a minua!*) **-tua** mix, blend (oil does not blend with water *öljy ei -u veteen*), intermingle, intermix (with *jhk*); ~ *toisiinsa* blend, intermingle **-tumaton 1** *(puhdas)* pure; unmixed **2** *(joka ei sekoitu)* non-mixing, immiscible **-us** mixture (of *jtk*), *(ark)* mix; *(tee-, tupakka- ym ~)* blend *(m kuv; of old and new *vanhaa ja uutta); (metalli~)* alloy; *(yhdiste)* compound.

sekretariaatti secretariat.

seksi sex **~kkyys** sexiness; *(jkn ~)* sex appeal **~käs** sexy.

seksologia sexology.

sekstantti sextant.

sekstett|i, -o sextet.

seksuaali||elämä sex[ual] life **-murha** sex murder **-nen** sexual **-suus** sexuality.

sektori sector.

sekula||arinen secular **-rismi** secularism.

sekunda *(pl)* seconds.

sekundaarinen secondary.

sekundaattori stopwatch.

sekundantti second.

sekun|ti second; *-nilleen* to the second **~kello** stopwatch **~osoitin** secondhand.

sekvenssi sequence.

sekä and; ~ – *että* both – and, as well as.

sela||illa scan (the newspaper *sanomalehti läpi*), leaf through (a book *kirjaa*), *(ark)* flick through *-ta = ed.; (atk)* scan.

seleeni selenium.

selektiivi||nen selective **-syys** selectivity.

selektio selection.

selibaat|ti celibacy; *elää -issa* be a celibate.

selin; *istua ~ jhk* sit with one's back towards; *kääntyä ~ jhk* turn one's back to.

selite *(kartan ym ~)* legend; caption **~llä** explain away (a th. *jtk;* the fact that *sitä että)*; make excuses (for being late *myöhästymistään*).

selittyä; ~ *jstk* find an explanation in, be explained by.

selittäin 1 = *selin* **2** = *seläkkäin*.

selittä||jä 1 interpreter (of dreams *unien ~*) **2** *(tilast)* predictor **-mät|ön** inexplicable, mysterious (disappearance *katoaminen*); unaccountable (for some unaccountable reason *jstk -tömästä syystä*); *(jota ei ole selitetty)* unexplained **-vä** explanatory

(note huomautus); (valaiseva) illustrative (example *esimerkki*); ~ *konjunktio* explanative conjunction.

selit|tää explain (a th. to *jtk jklle;* in detail *yksityiskohtaisesti;* can you explain [this]? *voitko ~ [tämän]?*); *(antaa selitys)* account for (this accounts for the fact that *tämä ~ sen että*); *(selvittää)* expound (one's views on *näkemyksiään jstk;* a theory *teoriaa*); *(~ huomautuksin)* comment on, make comments on (an old manuscript *vanhaa käsikirjoitusta*) ▶ *se ~ koko* **jutun!** that explains it; ~ *kaikki* **parhain päin** put a good face on it; **selitettävissä** *oleva* explicable, explainable; *asia on helposti -ettävissä* the matter is easily explained; *miten on -ettävissä että?* how do (can) you explain that..? how is it that..? = **unia** interpret dreams.

selity|s explanation (give an explanation for *antaa ~ jhk;* a few words by way of explanation *muutama sana -kseksi*); *(~ tekstissä m)* explanatory note; *(arvoituksen avain)* key (to a problem *ongelman ~*); *(syy)* excuse (he tried to think of an excuse *hän yritti keksiä -ksen*); *-kset (kartan ym -kset) (sg)* legend; caption (below a photograph *kuvan alla*); comments (on the text *tekstin -kset*), notes (on Shakespeare's "Othello" *Shakespearen »Othelloon»*); commentaries (on the Scriptures *raamatun -kset*); *saada -ksensä jstk* find an explanation in, be explained by (the fact that *siitä että*).

selja elder.

sel||jetä 1 *(kirkastua)* clear [up] (the sky cleared [up] *taivas -keni*); *ajoittain -kenevää* cloudy with bright intervals; *[ilma] alkaa ~* it is clearing up **2** *(tulla selväksi)* become clear (to *jklle*), *(valjeta)* dawn on (suddenly it dawned on him that *äkkiä hänelle -keni että*); *tilanne -keni* the situation cleared up **-keys** clearness, clarity; lucidity (of style *tyylin ~*) **-keytymätön** unclear, hazy, confused **-keytyä** clear up, become clear **-ke|ä 1** clear (sky *taivas*), bright, fair (weather *sää*) **2** *(selvä)* clear (picture of *kuva jstk*); distinct (handwriting *käsiala*); explicit (instructions *~t ohjeet;* in explicit terms *-in sanakääntein*); lucid (mind *ajatuksenjuoksu;* style *tyyli*).

selkkaus conflict.

selko ▶ *ottaa ~/a/ jstk* inquire (look) into; find out; **saada** *~/a/ jstk* find out about;

make out; *(ymmärtää)* understand; **tehdä** ~*a jstk* give an account of; account for; explain.

selkoseläll|ään *(-een)* wide open.

sel|kä 1 back (of a book (blouse) *kirjan (puseron)* ~; carry on one's back *kantaa -ässään)* **2** *(järven (meren)* ~) open lake (sea); *(vuoren* ~) ridge ▶ **antaa** *jklle* ~*än* give a p. a spanking (beating, licking); **kääntää** ~*nsä jklle* turn one's back on; **saada** ~*änsä* get a beating, get licked; **selälleen** *(-ällään)* on one's back; *ovi oli -ällään* the door was wide open; *jkn -än* **takana** behind a p.'s back; *Jumalan -än takana* at the back of beyond, in the middle of nowhere.

selkä|kipu backache **-liha** fillet **-nikama** vertebra *(pl* ~e) **-noja** back **-paisti** sirloin roast **-pii;** *kylmät väreet käyvät pitkin* ~*tä* a cold shiver (runs) down a p.'s back; ~*tä karmiva* spine-chilling **-puoli** back; *(takapuoli)* rear **-rangat|on 1** *(el)* *-tomat* invertebrates **2** *(kuv)* spineless (person *ihminen)* **-rangattomuus** *(kuv)* spinelessness, lack of backbone **-ranka** backbone; spine, spinal (vertebral) column **-rankai|nen;** *(el)* *-set* vertebrates **-reppu** rucksack, knapsack, backpack **-ruoto** backbone **-sauna** beating, hiding, spanking, thrashing **-särky** backache **-uinti** backstroke; *uida* ~*a* do the backstroke **-ydin** spinal cord; *-ydin|-* spinal (puncture *-punktio;* anaesthesia *-puudutus).*

sellai|nen 1 such (a book *kirja;* weather *sää;* such is the present situation ~ *on nykyinen tilanne),* . .like that (a little thing like that ~ *pieni asia);* . .of that kind *(ark* sort) **2** *(itsen)* **a)** *(esineestä)* one (I have one already *minulla on jo* ~); **b)** *(asiasta) (pl)* such things, things like that; such a thing, a thing like that ▶ **ei mitään** *-sta* nothing of the kind *(ark* sort), no such thing, nothing like that; *-sta on* **elämä!** such is life! that's life! **hän** *on [juuri]* ~ that's the way he is; ~ **ja** ~ such-and-such; *tai* **jotakin** *-sta* or something like that; ~ **kuin** such as, like (this *tämä*); *-set ihmiset kuin* such people as, people such as (like); *ja (ynnä)* **muuta** *-sta* and suchlike; and things like that; *en ole* **sanonut** *-sta (m)* I never said that; *-sta* **sattui** these (such) things will happen; *-sta sattuu joka päivä* that sort of thing happens every day; **sellaisenaan** as such, as it stands; *ja* **sen** *-sta* and such[like], and things like that,

(ark) and what have you; *(kaikenlaista)* this that and the other; *-sta ei olisi* **tapahtunut** *jos.* . such a thing would not have happened if. .

selleri celery; *(juuri~)* celeriac.

selli cell.

sellisti [violon]cellist.

sello [violon]cello *(pl* ~s).

sellofaani cellophane *(rek).*

sello||konsertti cello recital (by *jkn* ~) **-konsertto** cello concerto.

sellu chemical pulp **~liitti** cellulitis; *(kosmet)* flab **~loosa** cellulose, pulp **~loosavanu** wadding, cellu-cotton; cellulose wadding.

selonteko account (of *jstk),* report (on); *(selvitys)* explanation (of *jstk).*

selost||aa 1 give an account (of *jtk;* give a detailed account of the situation ~ *tilanne yksityiskohtaisesti),* report (on *jtk); (~ sanomalehdessä) (m)* cover (a trial *oikeudenkäyntiä);* ~ *lähemmin jtk* give [further] details about; ~ *näytelmän juoni* summarize the plot of the play **2** *(rad, TV)* cover; report, commentate (on the football match *jalkapallo-ottelua)* **3** *(selittää)* explain (how a machine works *kuinka kone toimii);* state (the reasons for *syitä jhk); (kuvata)* describe **-aja** reporter; *(radio~)* commentator **-e** caption, legend; *(tavara- ym* ~) specification **-us 1** report (on, of *jstk, jtk koskeva* ~); account (a full account of *perusteellinen* ~ *jstk); (lyhyt* ~) summary, abstract (of a p.'s speech *jkn puheesta); (~ sisällöstä)* synopsis; *(kuvaus)* description **2** *(radio~)* commentary (on *jstk).*

selusta 1 *(sot)* rear; *hyökätä vihollisen* ~*an* attack the enemy in the rear; *(kuv)* turvata ~*nsa* safeguard o.s. **2** *(selkänoja)* back.

selve||nnys clarification; *pyytäisin* ~*tä seuraavaan kohtaan* I should like to have the following point clarified **-ntävä** explanatory; illustrative **-ntää** make . . clear[er]; clarify (concepts *käsitteitä;* one's statement *lausuntoaan); (valaista)* illustrate (one's view on *näkemystään jstk)* **-tä** become clear[er]; ~ *jklle* dawn on *(vrt selvitä).*

selvike *(kahvin~)* clarifier.

selville; *käydä* ~ become clear; *edellä olevasta on käynyt* ~ it will be clear from the foregoing; *ottaa* ~ find out; *saada* ~ find out, discover; *(päästä perille)* make out.

selvillä; *olla* ~ be aware (of *jstk;* that *siitä että*); be clear (about *jstk*); *(tietää)* know; *hänen nimensä ei ole* ~ his name is not known; *olen täysin* ~ *siitä* it is perfectly clear to me.

selvitt‖ely 1 settling, settlement (of a dispute *riidan* ~) **2** *(liik)* clearing **-ämät|ön** unsolved (crime *rikos*); unexplained (phenomenon *ilmiö*); unsettled (dispute *riita*); ~ *kysymys* unsolved (open) question; *-tömät maksut* outstanding payments.

selvittää 1 *(konkr)* disentangle (a skein of yarn *lankavyyhti*); clear (one's throat *kurkkuaan*); clarify (the coffee *kahvi*); ~ *takkuinen tukka* comb the tangles out of one's hair **2** *(kuv)* clear (the situation *tilanne*), clarify (one's thoughts *ajatuksiaan*); clear up (a problem *ongelma;* a crime *rikos;* a mess *sotku*), *(ratkaista)* solve (a mystery *salaisuus*), unravel (the origin of *jnk alkuperä*); *(järjestää)* settle (a matter in court *asia oikeudessa;* a dispute *riita;* a debt *velka*), straighten out (involved affairs *sekaiset raha-asiat*); *(sovittaa)* reconcile (differences *erimielisyyksiä*); ~ *välinsä jkn kanssa* come to terms (to an understanding) with **3** *(selviytyä jstk)* clear, *(ark)* negotiate (the horse negotiated the fence in a bound *hevonen -ti aidan yhdellä hyppäyksellä*); cope (with *jk*) **4** *(selittää)* explain, make clear (you must make it clear to yourself *sinun täytyy* ~ *se itsellesi*); *(selventää)* clarify (one's statement *lausuntoaan*) **5** *(mer)* clear (a ship *laiva*) **6** *(lak)* liquidate (a business company *liike*), wind up (the estate *kuolinpesä*).

selvitys 1 settlement; *(rikosten* ~*)* detection; *antaa* ~ *jstk* give an account of, *(erik varojen käytöstä)* account for **2** *(lak)* liquidation; winding-up, settlement (of an estate *pesän* ~) **3** *(liik)* clearance (of the balance *saldon* ~) **4** *(mer)* clearance, clearing ~*mies (kuolinpesän* ~*)* administrator; *(konkurssipesän* ~*)* liquidator ~*tila (lak)* liquidation.

selvi‖tä 1 *(tulla selväksi)* become clear (to *jklle*); be cleared up (the matter was cleared up *asia -si*); *(ratketa)* be solved **2** *(ilmetä)* become clear, appear (it appears from the foregoing that *edellä olevasta -ää että*) **3** *(toipua)* recover (from an operation *leikkauksesta*), get over (a

shock *säikähdyksestä*); *(*~ *vaikeasta sairaudesta m)* pull through **4** *(*~ *humalasta)* sober up **5** *(selviytyä)* escape (alive *elävänä;* danger *vaarasta*); *(päästä)* get off (with a fine *sakoilla*); *(päästä jnnk)* get (home *kotiin*); *(suoriutua)* get over, cope with, overcome (difficulties *vaikeuksista*); get through (to the final *finaaliin;* an examination *kokeesta*); *(urh m)* qualify (for the next round *seuraavalle kierrokselle*) **6** *(tulla toimeen)* manage (I can't manage on this salary *en -ä tällä palkalla*), *(ark)* get by (on one's wits *älyllään;* you'll get by *kyllä sinä -ät*); get along (somehow *jotenkuten;* I can't get along without help *en -ä ilman apua*); get on (well in life *hyvin elämässä;* in the world *maailmassa*) ▶ *hän kyllä -ää! (m)* he'll do all right! he'll pull it off! **hänelle -si että *(m)*** it dawned on him that, he realized that; ~ **ilman** *jtk* do without; *kyllä* **kaikki** *vielä -ää!* everything will turn (work) out all right! *rakenne -ää* **kuviosta** *2* the structure is shown (illustrated) in figure 2; *(urh)* ~ **loppukilpailuun** reach the finals; be a finalist; **myöhemmin** *-si että* it turned out (was found out) later that; ~ **voittajana** come off victorious (the winner).

selviytyä = *ed. 5, 6.*

selviö axiom; *kauan on pidetty* ~*nä että* it has long been axiomatic that.

selvyy‖s clearness, clarity; distinctness; *(kirjoituksen ym* ~*)* legibility; *(järjen* ~*)* lucidity; *päästä -teen jstk* realize a th.; *asiasta ei saatu täyttä -ttä* the matter was never cleared up completely.

selv‖ä 1 *(kirkas)* clear (idea of *käsitys jstk;* instructions ~*t ohjeet;* answer *vastaus;* voice *ääni;* the way is clear *tie on* ~); distinct (handwriting *käsiala;* recollection of *muistikuva jstk;* smell of burning *palaneen haju;* voice *ääni*); *(kuv)* lucid (explanation *selitys;* style *tyyli;* the patient has some lucid moments *potilaalla on joitakin -iä hetkiä*); plain (facts ~*t tosiasiat;* in plain English ~*llä englannin kielellä*); *(ymmärrettävä)* intelligible (speech *puhe*); legible (handwriting *käsiala*) **2** *(ilmeinen)* obvious (error *virhe*); evident (lie *valhe*); distinct (difference *ero*), clear (improvement in *parannus jssk*); *(suora)* direct (hint to *viittaus jhk;* connection *yhteys*); plain (the meaning was plain *tarkoitus oli* ~); *(*~*sti*

havaittava) pronounced (taste of *jnk maku;* tendency to *suuntaus jhk*); decided (difference *ero;* change for the better *käänne parempaan)* **3** *(raitis)* sober ▸ **asia** *on ~! that's settled! puhua asia ~ksi* settle matters; **itsestään** ~ self-evident; *on itsestään ~ä* it goes without saying; *pitää itsestään ~nä* take .. for granted; **käydä** *~ksi* become clear (to *jklle;* that *että*); *hänelle kävi ~ksi että (m)* he realized that ..; **ottaa** *~ä* find out; *(jstk)* inquire about (the times of trains *junien lähtöajoista*); inquire (look) into (a matter *asiasta*); *~ä* **puhetta** plain talk; *luvut* **puhuvat** *~ä kieltä* the figures speak for themselves; **saada** *~ä [jstk]* make .. out (I can't make him out *en saa hänestä ~ä;* could you make out what he meant? *saitko ~ä mitä hän tarkoitti?*); *-in* **sanoin** in plain (explicit) ⁺erms; *sanoa ~t* **sanat** *jklle* tell a p. off; **selvill**||**ä** *(-e) ks. hakus.;* **selvä!** all right! **tehdä** *~ksi jklle* make it clear to; *tehdä ~ (ä jälkeä) jstk* make short work of, mop up (one's enemies *vihollisistaan*); *tehdä ~ä ,jstk (selittää)* explain (one's plans *suunnitelmistaan*); *(selostaa)* give an account of; *(tehdä selkoa)* account for; *~t* **todisteet** clear [and distinct] proof (of a p.'s guilt *jkn syyllisyydestä*).
selvä||**järkinen** clear-thinking, clear-headed; *(järkevä)* sensible **-kiel**|**i;** *kääntää -elle* decode, decipher **-kielinen;** ~ *teksti* clear text, text en clair **-näkijä** clairvoyant **-näköisyys** *(psyk)* clairvoyance **-päinen** clear-headed **-sanainen** frank, straight (person *ihminen;* answer *vastaus);* clear, clearly worded (statement *lausunto)* **-sanaisesti** clearly; in plain terms; *(suoraan)* frankly **-sti** clearly, distinctly; ~ *havaittava* noticeable, clear (difference *ero);* pronounced (symptom *oire)* **-tä** decode, decipher (a code *koodi).*
seläke *(keitt)* fillet.
selä||**kkäin** back to back **-llään** *(-lleen) ks. selkä →.*
selänne ridge.
selät||**tää** *(painissa)* force into a fall **-ys** fall.
semant||**iikka** *(sg)* semantics **-tinen** semantic *(adv ~ally).*
sement||**oida** cement; *(kem)* carburize **-ti** cement.
seminaari 1 seminar (literature seminar *kirjallisuus~;* on *jstk aiheesta)* **2** *(opettajainvalmistuslaitos)* teachers'

[training] college **3** *(pappis~)* seminary.
semm||**inkin** *(-inkään); ~ [kun]* especially [as] **-oinen** = *sellainen.*
senaatt||**i** senate **-ori** senator; *~n* senatorial.
senaikainen ..of the (that) time, ..dating from that time; *(samanaikainen)* contemporary.
senegalilainen *a ja s* Senegalese.
senhetkinen ..of the moment; prevailing.
seniili senile.
senikäinen ..of that age.
seni||**liteetti** senility **-ori** senior.
sen||**kaltainen** ..of that kind, such **-kin;** ~ *hölmö!* you fool!
senkka blood sedimentation, *(lyh)* ESR.
sen||**laatuinen** ..of that kind, such **-mukainen** corresponding **-mukaisesti** accordingly.
sensaatio sensation **~lehti** yellow paper **~mainen** sensational **~nnälkäinen** ..craving for sensation; *olla ~* be out for sensations.
sensitiivinen sensitive.
sensorinen sensory.
sensu||**aalinen** sensual **-alismi** sensualism.
sensuroi||**da** censor **-maton** uncensored **-nti** censoring, censorship.
sensuntainen such (as *kuin),* ..of that kind, ..like that.
sensuuri censorship.
sentapai||**nen** such (as *kuin),* ..of that kind, ..like that; *jotakin -sta* something like that.
sentimentaali||**[nen]** sentimental **-suus** sentimentality.
sentralis||**aatio** centralization **-mi** centralism **-oida** centralize.
sentti 1 = *~metri* **2** *(raha)* cent **~metri** centimetre.
sentähden therefore, that's why; *(siitä syystä)* for that reason, because of that; ~ *että* because.
sentään yet, still; *istu nyt ~!* do sit down!
seos mixture; *(kem)* compound; *(metalli~)* alloy **~taa** alloy **~te** alloy.
seota get muddled; *(~ päästään)* lose one's mind; go mad (with grief *surusta), (ark)* go round the bend; ~ *sanoissaan* get confused.
sepalus *(pl)* flies.
separ||**aattori** separator **-atismi** separatism **-atistinen** separatist[ic] *(adv ~ally)* **-oida** separate.
sepeli chip[ping]; *(pl)* coated chips; macadam; *päällystää ~llä* macadamize

~**päällyste** macadam surfacing, road metal surface.

sepelkyyhky wood pigeon, ring dove.

sepelvaltimo coronary artery ~**tauti** coronary disease ~**tukos** coronary thrombosis.

sepit||**e[lmä]** writing, [piece of] composition -**tää 1** write, make up (poems *runoja;* the lyrics to a song *sanat lauluun*); coin (new words *uusia sanoja*) **2** (*keksiä*) make up (he has made up the whole thing *hän on -tänyt koko jutun*).

sepivä stem-clasping, amplexicaul (leaf *lehti*).

seppel||**e** wreath; (*kukkas~*) garland -**öidä** adorn .. with a wreath, [crown .. with a] garland.

sepposen; ~ *selällään* wide open.

seppä [black]smith; *ei kukaan ole ~ syntyessään* no one is born a master; *oman onnensa ~* the architect of one's own fortune[s].

septett|**i, -o** septet.

septimi seventh.

serb||**i** Serb[ian]; (*kieli*) Serbian -**ialainen** *a ja s* Serbian -**okroaatti** (*kieli*) Serbo-Croatian.

seremonia ceremony ~**mestari** master of ceremonies, (*lyh*) M.C.

serenaadi serenade.

šeriffi sheriff.

serigrafia serigraphy, silk-screen printing.

serk|**ku** cousin; *he ovat -ukset* they are cousins.

sermi screen.

serologia serology.

serpentiini 1 (*paperinauha*) streamer **2** (~ *joessa*) meander **3** (*min*) serpentine ~**tie** serpentine road.

servietti table napkin.

servo|- (*tekn*) servo (system -*järjestelmä*); servo|- (-motor -*moottori*).

sesonki season ~**luonteinen** seasonal.

seteli [bank] note (a five-pound note *viiden punnan ~*), (*Am*) bill ~**automaatti** money (cash) dispenser ~**nanto-oikeus** note issuing privilege ~**nväärennys** bank-note forgery ~**paino** note printing press ~**pankki** bank of issue ~**paperi** bank-note (*Am* currency) paper.

setlementti settlement house.

setri cedar ~**puu** cedarwood.

setteri setter.

setti set.

setä uncle.

seula sieve; (*karkea ~*) riddle; (*hiekka- ym ~*) screen.

seulo||**a** sift (flour *jauhoja;* (*kuv*) information *tietoja*), (~ *erilleen m*) sieve out, sift out; (~ *soraa*) screen (*m kuv;* the candidates are carefully screened *ehdokkaat on -ttu huolella*); ~ *esiin (pois)* sieve out -**maton** unsifted.

seura 1 company (get into bad company *joutua huonoon ~an;* he is good company [for you] *hän on hyvää ~a [sinulle]*); (*seurue*) party **2** (*yhdistys*) society (geographical society *maantieteellinen ~*); association; (*kerho*) club **3** (*usk*) ~**t** (*sg*) devotional meeting ▶ ~ *tekee kaltaisekseen* like breeds like; **liittyä** [*jäseneksi*] *jhk ~an* join a society; *hän on* **miellyttävää** ~*a* he makes pleasant company; **pitää** ~*a jklle* keep a p. company; entertain a p.; *koira* **seuranaan** with a dog for company; *jkn* **seurassa** in a p.'s company; (*jkn saattamana*) accompanied by; **tehdä** ~*a [jklle]* join a p. (may I join you? *saanko tehdä ~a?*); come (go) with a p.; ~*n vuoksi* for company.

seuraa||**ja** successor (of (to) the president *presidentin ~*); *olla jkn ~ (m)* succeed -**mus** consequence -**va 1** (*järjestyksessä ~*) following (day *päivä*); next (in the next chapter ~*ssa luvussa;* the next five [years] ~*t viisi [vuotta];* next please! ~*!*); ~*n kerran* next time; ~*na päivänä* [the] next day, [on] the following day, the day after; *sitä ~* subsequent, ensuing **2** (~*nlainen*) [the] following (on the following conditions -*villa ehdoilla*); ~*ssa* in the following; (*edempänä*) below -**vaksi** next (best *paras;* I'll read this book next *luen tämän kirjan ~*) -**vanlainen** following; *hänen teoriansa on ~* his theory is as follows -**vasti** in the following way, as follows; (*näin*) like this; *se kuuluu ~* it runs (goes, reads) as follows (like this).

seura||**elämä** social life; *osallistua ~än* move in society -**ihminen** sociable (gregarious) person; *hauska ~* a good mixer; *hän ei ole mikään ~* he is not very sociable -**koira** pet dog.

seurakun|**ta** congregation; (*kirkkokunta*) church; (*vapaa~*) community; (*hallintoalue*) parish; -*nan jäsenet* parishioners ~**talo** church hall, parish hall (*Am m* house).

seura||**lainen** escort; -*laiset m. = seurue 2* -**leikki** party (parlo[u]r) game -**llinen**

sociable, companionable **-llisuus** sociability **-vaikutus** package tour **-mies; hän on hauska** ~ he is very good company, *(ark)* he is a good mixer **-neiti** [lady's] companion (to *jkn* ~) **-nkipeä** .. keen on company.

seurannais‖ilmiö consequence, sequel **-vaikutus** [resulting] effect.

seuranta[kokous] follow-up [meeting].

seura‖näytelmä amateur play **-piiri;** ~*t (sg)* society **S-saaret** the Society Islands.

seura|ta 1 *(~ jnk perässä; m kuv)* follow (the leader *johtajaa;* the tracks *jälkiä;* the development of *jnk kehitystä;* the fashion *muotia;* the instructions *ohjeita;* the news *uutisia)* **2** *(tulla jnk jälkeen)* follow (one's father as the manager of the firm *isäänsä yhtiön johtajana;* the storm was followed by beautiful weather *myrskyä -si kaunis sää),* succeed (a p. to the throne *jkta valtaistuimelle)* **3** *(~ jnk mukana)* go with, accompany (a p. [on a journey] *jkta [matkalle]),* follow (the king was followed by a large number of attendants *kuningasta -si suuri joukko palvelijoita); (olla ohessa)* be enclosed (attached) (the payment is enclosed with the order *maksu -a tilausta)* **4** *(olla seurauksena)* follow (from *jstk;* crime is followed by punishment *rikosta -a rangaistus);* be the consequence (what is the consequence of this? *mitä tästä -a?)* ▶ ~ **aikaansa** keep up with the times; ~ *jkn* **esimerkkiä** follow suit; *sota* **joka** *-si* the ensuing war; ~ *jkn* **jälkiä** *(konkr)* trace (track) a p. (to *jnnk); (kuv)* follow in a p.'s footsteps; **kirje** *-a* letter to follow; **kuolema** *-si välittömästi* death was instantaneous; ~ **luentoja** attend lectures; **mukana** *-a 200 mk:n šekki* a cheque for 200 mks is enclosed; *hänen mukanaan -si hänen sihteerinsä* he was accompanied by his secretary; *mukana -ava* accompanying; enclosed; attached; ~ *jkn* **neuvoja** *(m)* take a p.'s advice; **predikaatti** *-a subjektin lukua* the predicate agrees with the subject in number; **tästä** *-a että* it follows that.., consequently..; *tästä ei hyvä -a* this will lead to no good; *sitä -nneina* **vuosina** in subsequent years; *sotaa -nneina vuosina* in postwar years.

seurantanssi ballroom dance.

seurau|s consequence (serious consequences *vakavat -kset),* result (be the result of *olla* ~*[ta] jstk*) ▶ **olla** *jnk -ksena* result in; *olla* ~*ta jstk (m)* be due to; *siitä oli*

-*ksena että* the consequence was that..; *jnk* **seurauksena** *(jnk vuoksi)* in (as a) consequence of; *(-ksena jstk)* as a result of; -*ksena oli että* the result was [that]..; **sillä** *-ksella että* with the result that; **syy** *ja* ~ cause and effect; **vastata** *-ksista* take the consequences.

seurue 1 party; group; *kymmenen hengen* ~ a party of ten **2** *(ylhäisen henkilön* ~*)* retinue, entourage.

seurustel|la 1 *(pitää seuraa)* keep company (with *jkn kanssa),* associate, *(Br m)* mix (with); *(keskustella)* have a talk (with *jkn kanssa)* **2** *(kulkea yhdessä)* go with (he goes with Anna *hän -ee Annan kanssa), (ark)* knock about, date, go together; ~ *vakituisesti* go steady.

seurustelu 1 *(kanssakäyminen)* social life, [social] intercourse **2** *(nuorten* ~*)* courtship ~**säännöt** *(sg)* etiquette ~**taito** *(pl)* social talents, drawing-room accomplishments ~**tavat** manners.

seuruu = *seuranta.*

seu|tu region (a fertile region *viljava* ~*);* country (this is hilly country *tämä on mäkistä* ~*a); (alue)* area, district; neighbo[u]rhood (it is a beautiful neighbo[u]rhood *se on kaunista* ~*a); näillä -duilla* in these parts, round about here, in this area ~**kaavoitus** regional planning.

seutuvill|a *(-e)* **1** in the neighbo[u]rhood (of the station *aseman* ~*),* in the region (of 10,000 mks *10 000 mk:n* ~*;* of the heart *sydämen* ~*)* **2** *(ajasta)* [at] about (six o'clock *klo kuuden* ~*),* round about (May 25th *toukokuun 25. päivän* ~*); vuoden 1860* ~ about the year (round about) 1860.

sfinksi sphinx.

sfääri sphere.

shetlandin‖paimenkoira Shetland Sheepdog **S-saaret** Shetland Islands.

siamilainen *a ja s* Siamese.

Siaminlahti Gulf of Siam.

sian‖ihra lard **-kasvatus** pig *(Am* hog) breeding (raising) **-kärsämö** yarrow **-liha** pork **-nahka[inen]** pigskin **-puolukka** bearberry **-ruoka** pigwash, hog-wash **-saksa** pig Latin; *(mongerrus)* double Dutch, gibberish **-saparo** pig's tail **-sivu** pork loin; *savustettu* ~ bacon **-sorkka** pig's trotter *(keitt* foot) **-syltty** brawn; *(Am)* headcheese.

si|de 1 *(kääre)* bandage (on a finger

sormessa; cover a p.'s eyes with a bandage *peittää jkn silmät -teellä); (haava~)* dressing; *(kannatin~)* sling; *panna ~ jhk* bandage (an ankle *nilkkaan),* dress, bind up (a wound *haavaan)* 2 *(kuv)* bond (bonds of friendship *ystävyyden -teet),* tie 3 *(suksi~)* binding 4 *(anat)* ligament 5 *(terveys~)* sanitary towel *(Am* napkin) ~**harso** gauze ~**kalvo** conjunctiva; ~*n tulehdus* conjunctivitis ~**kudos** connective tissue ~**kudoskasvain** fibroma ~**kudossyöpä** sarcoma ~**sana** conjunction ~**taitos** gauze pad, swab ~**tarvikkeet** dressing (bandaging) materials, *(sg)* surgical dressing.

sidonnai‖nen *(tal)* bound, bonded **-suus** engagement, liability.

sidonta 1 *(sitominen)* binding; *(haavan ~)* bandaging; dressing; *kukkien ~* flower arrangement 2 *(mus)* ligature 3 *(fon)* liaison ~**paikka** dressing (first-aid) station.

sido‖s 1 bandage; dressing 2 *(kem)* link[age], bond[ing] 3 *(kirjap)* binding, cover; *(sidottu nidos)* volume 4 *(kuv); olla -ksissa jhk* be connected (bound up) with.

sidottu bound (energy *energia;* book *kirja;* to one's family *perheeseensä); (tekn)* combined (lime *kalkki); (~ jhk m)* tied (to one's work *työhönsä),* tied up (with *jhk);* tied down (by the children *lapsiin); vuoteeseen ~* confined to bed.

siedettävä tolerable.

siekail‖ematta without hesitation; frankly **-la;** *hän ei -lut tehdä..* he did not hesitate to do.., he had no scruples about doing..

siellä there, at that place; *~ ei ollut mitään* there was nothing there; *~ missä* where; *~ täällä* here and there ~**päin** thereabout[s].

sieltä from there, from that place; *hän lähti ~* he left [the place]; *~ hän nyt tulee!* there he comes (is)! *löysin sen ~* I found it there; *~ täältä* from various directions ~**päin** from that direction; *jostakin ~* thereabout[s].

sielu soul ▶ **koko** ~*llaan* with all one's heart; **kuolleiden** ~*t (m)* the spirits of the dead; **myydä** ~*nsa* sell one's soul; *ei* **ristin** ~*a* not a [living] soul; *tuntea* ~*jen* **sympatiaa** have a fellow feeling; **terve** ~ *terveessä ruumiissa* a sound mind in a sound body.

sielu‖kas soulful **-kellot** *(sg)* knell, passing bell **-llinen** mental; *(henkinen)* spiritual; *(psyykkinen)* psychic[al] (trauma *vamma)* **-messu** requiem.

sielun‖‖elämä mental (intellectual, spiritual) life; *(tunne-elämä)* emotional (inner) life **-hoitaja** physician of the soul **-hoito** care of souls, pastoral care **-kyvyt** [mental] faculties **-paimen** director of souls **-rauha** peace of mind **-taistelu** mental (spiritual) struggle **-tila** state of mind **-vaellus** transmigration of souls **-vaellusoppi** doctrine of reincarnation **-vihollinen** archfiend; the devil **-voim‖a** strength of mind; *täysissä ruumiin- ja -issa* in possession of one's faculties, sound in mind and body.

sielu‖‖tiede psychology **-ttaa** personify.

siema‖‖illa sip (beer *olutta)* **-ista** gulp down (a cup of tea *kupillinen teetä);* take a pull (at the bottle *pullosta)* **-us** draught, *(Am)* draft; pull, *(ark)* swig; *nauttia jstk täysin -uksin* enjoy .. to the full; *yhdellä -uksella (m)* at one gulp.

siemen seed; germ *(m kuv;* of an idea *jnk aatteen ~); (hedelmän ~ m)* pip (of an orange *appelsiinin ~); poistaa ~et jstk (m)* seed ~**aihe** ovule ~**etön** seedless ~**johdin** seminal (spermatic) duct ~**kauppa** seed[sman's] shop ~**kota** capsule, seed vessel, seedcase; *(hedelmän ~)* core (of an apple *omenan ~); poistaa ~ (hedelmästä)* core ~**neste** seminal fluid, semen, sperm ~**peruna** seed potato ~**tää** seed ~**vilja** seed-corn, seed grain ~**vuoto** emission.

sieni 1 *(erik syötävä ~)* mushroom; *myrkyllinen ~ (m)* toadstool; *nousta kuin ~ä sateella* spring up like mushrooms 2 *(kasv)* fung‖us *(pl -i)* 3 *(pesu~)* sponge ~**keitto** mushroom soup ~**muhennos** *(pl)* sautéed (creamed) mushrooms ~**myrkytys** mushroom poisoning; mycetism ~**mäinen** fungoid (growth *kasvannainen)* ~**rihmasto** mycelium ~**tiede** mycology, fungology.

siep‖‖ata 1 *(temmata)* snatch (a th. from *jtk jklta;* out of a p.'s hand *jkn kädestä); (ark)* grab (the money *rahat); (kaapata m)* kidnap, abduct (a p. *jku);* seize (a p. in one's arms *jku syliinsä:* power *valta),* catch (a prisoner *vanki); (~ matkalla)* intercept (a letter *kirje;* a messenger *lähetti;* a radio message *radiosanoma); yrittää ~* snatch (grab) at 2 *(ark); minua -paa* I am furious **-pari** *(pesäpallossa ym)* catcher **-paus** *(ydinfys)* capture.

sieppo flycatcher.

sierai‖n nostril; **-met** nostrils.

sieretty‖‖mä chap **-nyt** chapped (skin *iho)* **-ä** get rough (cracked), chap.

sieto||**[kyky]** tolerance *(m tekn)* **-raja** tolerance [limit].

sietämätön intolerable (heat *helle;* person *ihminen*), unbearable, unendurable; excruciating (pain *kipu, tuska*).

sie|**tää 1** *(kestää)* bear (pain *kipua*), stand (cold *kylmää*), endure (heat *lämpöä*) **2** *(us kielt ja kys laus;* can- *t.* will-*verbin yht)* a) stand (I can't stand him *en voi ~ häntä*), bear (I can't bear the idea of it *en -dä sitä ajatusta;* it won't bear the light of day *se ei -dä päivänvaloa); (kirj)* endure (I can't endure that woman *en -dä (voi ~) sitä naista*); b) *(suvaita)* tolerate (how can you tolerate that? *miten -dät sellaista?); (ark)* put up with (I'm not going to put up with your behavio[u]r *en aio ~ käytöstäsi*), stand for (I wouldn't stand for it *minä en -täisi sellaista*) ▶ hän ei -dä leikkiä he can't take a joke; *sinun -täisi hävetä!* you ought to be ashamed of yourself! *sitä ~ miettiä* it is worth thinking about; *-täisit [saada]* **selkääsi!** you deserve a beating; *en -dä sitä* **silmissäni** I can't stand the sight of it; *sellaista ei* **tarvitse** *~* that ought not to be tolerated (put up with); *vatsani ei -dä kahvia* coffee disagrees with me, coffee upsets my stomach; *kangas ~* **vesipesua** the material will wash (is washable); *hän (kasvi) ei -dä* **vetoa** he (the plant) is susceptible to draught; *asia ei -dä* **viivytystä** the matter admits of no delay; *hän ei voi ~ [sitä] että hänelle nauretaan* he can't bear being (to be) laughed at, *(m)* he hates being laughed at; *sellaista en voi ~ talossani (m)* I won't have it in my house.

sieventää *(mat)* simplify, reduce (an equation *yhtälö*).

sievikki *(sg ja pl)* baby blue-eyes.

sievist||**elevä** affected (manners *käytös;* woman *nainen;* style *tyyli*) **-ellä** *(kuv)* embellish, dress .. up (a story *kertomusta*) **-ely** affectation **-ää** make .. beautiful, beautify (a room *huonetta;* o.s. *itseään*).

sievoi|**nen** tidy (sum of money *summa rahaa;* income *-set tulot*); pretty (fortune *omaisuus*).

sievä pretty, *(Am m)* cute (face *~t kasvot;* dress *mekko;* little cottage *pieni mökki;* girl *tyttö*).

sifoni [soda-]siphon.

sifonki chiffon.

signaal|**i** signal; *antaa (lähettää) -eja (m)* signal *~***järjestelmä** signal[l]ing system.

signaloi||**da** signal, make (give) signals **-nti** signal[l]ing.

sihahtaa hiss; *~ hampaidensa välistä* give a hiss.

sihdata 1 *(seuloa)* sift, sieve (flour *jauhoja*) **2** *(tähdätä)* aim (at *jtk*).

sihi||**nä** hiss[ing] **-stä** hiss (the snake hissed *käärme -si;* hissing sound *-sevä ääni*).

sihteeri secretary; *~n (m) (adj)* secretarial *~***ntoimi** office of a secretary, secretarial post *~***stö** secretariat (the United Nations Secretariat *YK:n ~*).

sih|**ti** sieve (pour through a sieve *kaataa -din läpi), (siivilä)* strainer (tea-strainer *tee~); (tekn ym) (m)* screen, bolter, sifter; *(-tausrumpu)* sifting drum *~***levy** *(tekn)* strainer plate.

šiialais||**et** Shia[h]s **-uus** Shi'ism.

siideri cider.

siigeli *(pikakirjoitus~)* grammalog[ue], logogram.

siihen *(ilm paikkaa)* there (leave it there *jätä se ~); ~ asti* so far; *(ajasta m)* till (up to) then; *~ ei ole aikaa* there is no time for that; *~ mihin (missä)* where *(ks m se) ~***astinen** *(us)* previous; ..up to that day.

siika powan; *(Am)* lavaret; *(keitt)* whitefish.

siili hedgehog.

siilo silo *(pl ~s)*.

siima 1 line (of a fishing-rod *ongen ~); (ruoskan ~)* lash; *(kuv)* kauppa käy kuin *~a* business is brisk **2** *(biol)* flagell|um *(pl -a)* *~***eliö** flagellate *~***eliötauti** trichomonias|is *(pl -es)* *~***jalkainen** barnacle *~***[liko]eläin** flagellate *~***mainen** *(biol)* flagellate[d].

siime|**s** shade, shadow (in the shadow of a tree *puun -ksessä*); *metsän -ksessä* in the shelter of the forest.

siinnös *(biol)* zygote.

siin||**to** blue shimmer, gleam[ing] **-tää** be dimly seen (visible) (in the distance *kaukana*), loom (on the horizon *horisontissa); -tävä järven selkä* the blue waters of the lake; *taivas ~ sinisenä* the sky is gleaming (has a tinge of) blue.

siinä there ▶ *oli ~ ja ~ että..* it was touch and go whether..; *~* **kaikki!** that's all! *on ~kin* **kaveri** some fellow you are! *~* **kello** *viiden aikoihin* [at] about five o'clock; *eikä ~* **kylliksi** and what's more; *~* **missä** where; *~ olet aivan* **oikeassa** you are quite right there (about that); *mitä pahaa ~* **on?** what's wrong with that? *~pä se!* that's just it! ~ **teet** *oikein* you are right in doing so (that) *(vrt se).*

Siion Zion.

siipeil||ijä *(ark)* sponger **-lä** sponge.

sii|pi 1 *(el, ilm, kuv ym)* wing (of an angel (an aeroplane, a bird, a building) *enkelin (lentokoneen, linnun, rakennuksen)* ~; the left wing of an army (a football team, a party) *armeijan (jalkapallojoukkueen, puolueen) vasen* ~) **2** *(tekn ym)* blade (of an impeller (a rotor) *juoksupyörän (roottorin)* ~), vane (of a propeller (turbine, fan, windmill) *potkurin (turbiinin, tuulettimen, tuulimyllyn)* ~), wing, float (of a paddle wheel *siipirattaan* ~), paddle (of a water wheel *vesipyörän* ~); *(opastimen* ~) arm; *(auran* ~) mo[u]ldboard ▶ *(ark)* **elää** *jkn -vellä* live off a p., sponge on (off) a p.; *lentää korkeammalle kuin -vet* **kantavat** fly too high; *(kuv)* **koetella** ~ään try one's wings; *aika kului kuin -villä* the time seemed to fly; **laulun** *-vin* on the wings of song; *(ark)* ~ **maassa** depressed, droopy, downcast; *lentää* **mielikuvituksen** *-vin* soar on the wings of imagination; **nousta** *-villeen* take to the air, *(kirj)* take wing; **polttaa** *-pensä* get burned; *(kuv)* **saada** *-vet* take wings (time took wings *aika sai -vet*); *(kuv) hänelle kasvaa -vet* **selkään** his wings are sprouting, he is beginning to grow wings; *ottaa* ~**ensä suojaan** take .. under one's wing.

siipi||höyhen quill covert, wing feather **-karja** poultry **-karjanhoito** poultry farming (breeding) **-opastin** semaphore **-ratas** paddle wheel **-rataslaiva** paddle boat **-rik|ko** broken-winged (bird *lintu*); *(kuv)* **jäädä** *-oksi* be crippled for life **-sulka** wing quill, pinion **-väli** wingspan; *(linnun* ~ *m)* wingspread.

siirappi [black] treacle, *(Am)* molasses.

siirr||ettävä 1 *(liik)* negotiable, transferable (cheque *šekki*) **2** *(kannettava)* portable **-os** *(geol)* fault **-ännäinen** transplant, graft.

siir|to 1 *(-täminen)* transport[ation]; *(pois*~) removal (of *jnk* ~; from *jstk;* to *jhk*) **2** transfer (to the London office *Lontoon toimistoon;* of property *omaisuuden* ~; data transfer *tiedon*~); *(*~*merkintä)* endorsement (of a bill of exchange *vekselin* ~); *anoa* ~*a* apply to be transferred; *saada* ~ *jhk* transfer (be tranferred) to **3** *(kirjanp)* forward, *(lyh)* fwd. **4** *(pelit)* move *(m kuv;* what's our

next move? *mikä on seuraava* ~*mme?)* **5** *(lääk)* transplantation ~**kirja** deed of transfer, assignment ~**kunta** colony ~**la** settlement; *(leiri)* camp ~**lainen** emigrant; *(maahanmuuttaja)* immigrant ~**laisuus** *(maastamuutto)* emigration; *(maahanmuutto)* immigration ~**lapuutarha** allotment garden ~**leikkaus** transplantation, transplant (graft) surgery ~**lippu** transfer ticket ~**maa** colony; *-maa|-* colonial (policy *-politiikka;* style *-tyyli)* ~**maatavarakauppa** grocer's [shop] ~**merkintä** endorsement; *tehdä* ~ *jhk* endorse a th. ~**määräys** transfer; *(pankk)* giro transfer order ~**nopeus** *(atk)* transfer rate ~**piiri** data (transmission) circuit ~**saldo** balance brought (carried) forward ~**työläi|nen** migrant worker; guest worker; *-set (m) (sg)* foreign labo[u]r.

siirtyminen changing over, change-over (to a new system *uuteen järjestelmään);* transition; *(paikaltaan* ~) dislocation, shift[ing]; *(lykkääntyminen)* postponement (of a meeting *kokouksen* ~) *(ks siirtyä).*

siirtymä displacement; dislocation ~**vaihe** transitional stage.

siirty|ä 1 *(liikkua)* move (along *eteenpäin;* out of a p.'s way *pois jkn tieltä;* could you move a bit please! *voisitko* ~ *vähän!);* *(mennä)* go (from one town to another *kaupungista toiseen);* *(*~ *toisaalle)* transfer (from a bus to a train *bussista junaan),* be transferred (the office has been transferred from London to New York *toimisto on -nyt Lontoosta New Yorkiin);* *(*~ *paikaltaan)* shift **2** *(saada siirto)* be transferred (to new duties *uusiin tehtäviin),* transfer (to the London office *Lontoon toimistoon)* **3** *(vaihtaa)* change (to summer time *kesäaikaan),* change over (to a new system *uuteen järjestelmään);* go over, *(ark)* switch [over] (from *jstk;* to *jhk);* go on to (the four-day week *nelipäiväiseen työviikkoon);* *(edetä)* pass (go on) to the next subject *seuraavaan aiheeseen);* *(*~ *käsittelemään jtk)* proceed; enter into, go into (details *yksityiskohtiin)* **4** *(lykkäytyä)* be put off (the departure was put off till Monday *lähtö -i maanantaiksi),* be postponed (for a week *viikolla)* **5** *(*~ *jklle)* pass (into a p.'s ownership *jkn omistukseen);* go; be transferred (to *jklle);* *(lak m)* devolve [up]on ▶ ~ **ammattilaiseksi** turn professional; ~ **eläkkeelle** retire; ~

historiaan pass into history; **katse** *-i miehestä toiseen* the glance turned (passed) from man to man; ~ **kultakantaan** adopt the gold standard; **lämpö** *-y säteilemällä* heat is transmitted by radiation; ~ *jnk yhtiön* **palvelukseen** join the staff of a company; ~ **perintönä** be handed down (on) (to *jklle;* through the centuries *kautta vuosisatojen*); ~ *perintönä isältä pojalle* be passed [down] from father to son; ~ **pois** *maasta* leave the country; emigrate; ~ **syrjään** step aside, move out of way; make way (for *jnk tieltä*); ~ *ajassa* **taaksepäin** go back in time; ~ **tehtäväänsä** take up one's duties; *yhtiö on -nyt* **uudelle omistajalle** the company has passed into the hands of a new owner; ~ **uuteen aikakauteen** enter a new era.

siirtä||**jä** transferor, assigner; endorser (of a cheque *šekin* ~) **-minen** transfer (of shares *osakkeiden* ~); *(m)* conveyance, assignment; *(šekin* ~*)* endorsement; *(arvopaperin* ~*)* negotiation.

siir|**tää 1** *(liikuttaa)* move (the hands of a clock *kellon viisareita;* the talks from Helsinki to Stockholm *neuvottelut Helsingistä Tukholmaan;* out of the way *pois tieltä*), *(ark)* shift (the chair to the fire place *tuoli takan luo; (kuv)* the responsibility on to *vastuu jklle*); transfer (from *jstk;* to *jhk;* the office was transferred from London to New York *toimisto -rettiin Lontoosta New Yorkiin*); *(tekn)* transmit *(liik)* transfer (a share certificate to *osakekirja jklle;* money to an account *rahaa tilille*), assign, convey, make over (one's house to one's son *talonsa pojalleen*); alienate (rights to *oikeudet jklle*); endorse (a cheque to *šekki jklle;* a bill of exchange *vekseli*), negotiate **3** *(~ tehtäviä ym)* transfer (from *jklta;* to *jklle*), devolve (some of one's duties on one's subordinates *joitakin tehtäviä alaisilleen*); vest .. in (the rights in *oikeudet jklle*), delegate (one's authority to *valtuutensa jklle*) **4** *(kirjanp)* carry .. forward (over) (to new account *uuteen tiliin*); bring .. forward (from the previous year *edelliseltä vuodelta*) **5** *(lykätä)* put off (one's holiday till September *lomansa syyskuuhun;* going to the doctor *lääkäriin menoa*), postpone (the match has been postponed [till tomorrow] *ottelu on -retty [huomiseksi]*);

(aikaisemmaksi) advance (the date of the wedding *hääpäivää;* the date of the meeting was advanced from the 9th to the 4th of March *kokouspäivä -rettiin maaliskuun 9:nnestä maaliskuun 4:nteen päivään*) **6** *(lääk)* transplant; *(~ kudosta m)* graft **7** *(atk)* transfer, move, shift ▶ *lippua* **ei voi** ~ the ticket is not transferable; ~ **kelloa** *eteenpäin* put the clock forward; ~ *pois* **paikaltaan** put .. out of place, displace; ~ **verta** transfuse blood.

siis so; then; *(sen vuoksi)* therefore; *(niin muodoin)* consequently; *(toisin sanoen)* that is [to say].

siisteys cleanliness, tidiness; hygiene ~**kasvatus** toilet training.

siisti tidy (room *huone;* person *ihminen;* handwriting *käsiala*); neat (dress *leninki;* house *talo*); *(huoliteltu)* smart, trim, *(ark)* spruce (outfit *asu;* young man *nuorimies*); *(puhdas)* clean (cut *leikkausjälki;* clothes ~*t vaatteet*); cleanly (the cat is a cleanly animal *kissa on* ~ *eläin*); *(koirasta)* house-trained, *(Am)* housebroken; *(kuv m)* decent (language *kielenkäyttö*); ~*n näköinen* decent-looking ~**ytyä 1** *(siistiä itsensä)* tidy (smarten) o.s. up, *(ark)* spruce [o.s.] up **2** *(tulla siisti[mmä]ksi)* become tidy *(jne; ks siisti)* ~**ä** tidy .. up (o.s. *itseään*), clean out, clean .. up (the room *huonetta*); trim (the edges with a file *reunat viilalla*); ~ *sanojaan* clean up one's language.

siitepöly pollen ~**allergia** pollinos|is (*pl* -es), hay fever.

siitin pen|is (*pl* -es).

siitos breeding; *(hedelmöitys)* fertilization ~**ori** stud-horse, stallion.

siittiö spermatozo|on (*pl* -a).

siittää beget (a child by *lapsi jklle*); procreate, generate (offspring *jälkeläisiä*). **1 siitä** *adv* there; *(jää us kääntämättä; esim siirry pois* ~*!* make way!); ~ *missä* where *(ks m se* → *C).* **2 siitä** *vb* be conceived; *(el ja kuv)* breed.

siive||**käs** winged; *-kkäät sanat* winged words **-llinen** winged **-nisku** wing stroke (beat) **-nkärki** wing tip; ~*en väli* wing spread **-tön** wingless.

siivil||**ä** strainer; *(tekn m)* screen, gauze **-öidä** strain, put .. through a strainer; *(suodattaa)* filter; *(tekn m)* screen **-öityä** strain, filter (through *jnk läpi).*

siivo I *a (kunnollinen)* decent **II** *s*

(järjestys) order; *(huono ~)* disorder, *(ark)* mess (an awful mess *kauhea ~*) ~**oja** cleaner; cleaning woman (lady); *(laitos~)* *(m)* char|woman, -lady; *(hotellin kerros~)* chambermaid ~|**ta** clean, *(~ perin pohjin)* clean out, clean .. up (who is going to clean (this) up? *kuka -aa (tämän)?*); clear up (a mess *sotku*); tidy out (one's desk *kirjoituspöytänsä*); ~ *jälkensä* clean up; ~ *jkn jälkiä* tidy up after a p.; *oletko -nnut huoneesi?* have you done your room? ~ *puheensa (suunsa)* clean up one's language ~**t**|**on 1** *(epäsiisti)* untidy, *(ark)* messy; *-tomassa kunnossa* in disorder, *(ark)* in a mess **2** *(säädytön)* indecent; *puhua -tomia* talk smut **3** *(törkeä)* gross (it is gross.. *on ~ta..*); *-toman kallis* shamelessly expensive ~**ttomuus** untidiness; indecency.

siivous [house]cleaning ~**liike** cleaning firm ~**välineet** cleaning implements *(sg equipment)*.

sij|a 1 *(paikka)* place **2** *(kiel)* case ▶ **asettaa** *jk jnk* ~*an* substitute a th. for, replace a th. with; *epäilyksille* **ei jäänyt** ~*a* it left no room for doubts; *asettaa* **ensi** ~*lle* place .. first, give .. precedence; *ensi* ~*ssa* in the first place, first and foremost; *päästä* **ensimmäiselle** ~*lle* be placed first; *mennä -oiltaan* get dislocated; *hänen lonkkansa meni -oiltaan* he dislocated his hip; *panna -oilleen* reduce (a fractured bone *murtunut luu*); *olla* [**pois**] *-oiltaan* be out of joint; **saada** ~*a jssk* establish itself (o.s.) in (among); *jnk* **sijaan** *(~sta)* instead of; *sen* ~*an* instead; *kun sen* ~*an* whereas; *sen* ~*an että olisi mennyt..* instead of going..; *sinun* **sijassasi** in your place, if I were you.

sijai|nen substitute, stand-in, deputy; *(asianajajan, lääkärin, papin ~)* *(m)* locum; *(tuomarin, piispan ~)* surrogate; *toimia jkn -sena* substitute for, act as a substitute (deputy) for.

sijainti site, location; *maantieteellinen ~* geographical position.

sijais||**hallitus** regent **-hallitus** regency **-kärsijä** scapegoat **-näyttelijä** stuntman **-opettaja** substitute (stand-in) teacher **-uus** temporary post; locum-tenency *(vrt sijainen)*.

sijait|a be situated (by a lake *järven rannalla;* situated in *jssk -seva*); *(olla)* be, stand, lie.

sija||**luku** rank **-muoto** case **-pääte** case ending.

sija||**ta;** ~ *vuode* make the bed **-uspatja** mattress pad (cover).

sijoit||**taa 1** place; put; *(asettaa)* set; *(~ vartioon)* post, plant; station (troops at *joukkoja jnnk*); *käsikirjoitus voidaan ~ ajallisesti 1600-luvun lopulle* the manuscript can be dated to the end of the 17th century; *näytelmän tapahtumat on -ettu Roomaan* the play is set in Rome; ~ *uudelleen* relocate **2** *(~ rahaa)* invest (in shares *osakkeisiin*), place (£200 in *200 puntaa jhk*) **3** *(mat)* substitute; ~ *yhtälöön x:n tilalle 5* subsitute 5 for x in the equation **4** *(urh)* place, plant, lay on, slot **-tu**|**a** *(asettua)* place (settle) o.s.; *(urh)* [be] place[d] (first *ensimmäiseksi*); ~ *asemiin* take up one's position; *näytelmän tapahtumat -vat keskiaikaan* the action takes place in the Middle Ages **-us 1** *(sijoittaminen)* placing, placement; *(uudelleen~)* relocation (of refugees *pakolaisten ~*) **2** *(liik)* investment **3** *(mat)* substitution **4** *(urh)* *(piste~)* placing **-uslista** ranking list **-usyhtiö** investment company; *(Br m)* unit trust; *(Am m)* mutual fund.

sika 1 swine *(pl ~)*; pig (raise pigs *kasvattaa -oja*), *(Am)* hog; *ostaa ~ säkissä* buy a pig in a poke **2** *(keitt)* pork ~**humala;** ~*ssa* dead drunk ~**la** piggery, pig *(Am* hog) house **-mai**|**nen** beastly (prices *-set hinnat*); dirty (trick *temppu*); swinish (behavio[u]r *käytös*); *-sen kallis* outrageously expensive.

sikari cigar.

sikermä potpourri.

sikeä; ~ *uni* sound sleep ~**sti;** *nukkua ~* be sound asleep.

sikin sokin topsy-turvy, upside down, higgledy-piggledy; *kaikki oli ~* *(m)* everything was in a mess.

sikiäin ovary.

sikiö f[o]etus; *(alkio)* embryo *(pl ~s)* ~**asento** f[o]etal position ~**nlähdettäjä** abortionist ~**oppi** embryology.

siko||**lätti** pigsty **-paimen** swineherd **-tauti** mumps.

siksak zigzag.

sikseen; *jättää ~* give up, drop, abandon; *jäädä ~* be dropped; *asia saa jäädä ~* we'll drop the matter.

siksi 1 *(sen tähden)* therefore, that's why, *(niin[pä])* so; ~ *että* because, since, as; *juuri ~* that is [the reason] why **2** *(siinä määrin)* ..to such a degree (an extent) (that *että*); *(ark)* that (the matter is that important *asia on* ~ *tärkeä*) **3** *(siihen mennessä)* by then; ~ *kun* till, until (he comes *hän tulee*).

sikuri chicory.

sikäli; ~ *että* in the respect that; ~ *kuin* in so far as; as far as; *(jos)* if.

sikäläi|nen ..there (the population there ~ *väestö*), ..at that place, *(m)* local (conditions *-set olot*).

silakka Baltic herring.

sila||ta plate; ~ *kullalla (m)* gild **-us** plating; *antaa viimeinen* ~ *jllk* put the finishing touches to.

silava pork fat.

sileä smooth.

silika||atti silicate **-geeli** silica gel.

silikoni silicone.

silinteri top (silk) hat.

silit||tää 1 *(~ silitysraudalla)* iron; press; *(~ pois)* iron out (the creases in a dress *rypyt pois leningistä*); flatten (the seams *saumat*); *-tämättä siisti* drip-dry, wash-and-wear (shirt *paita*) **2** *(sivellä)* stroke (a cat *kissaa*) **3** *(oikoa)* smooth (a piece of paper with one's hand *paperi kädellään [sileäksi]*), smooth down **-ys** ironing, pressing **-yslauta** ironing board **-ysrauta** iron **-ä** smooth down; *(oieta)* straighten [out]; *itse siliävä* non-iron.

silkka pure (it's pure nonsense *se on* ~*a roskaa*), sheer, plain (folly ~*a hulluutta*).

silkki silk ~**huivi** silk scarf ~**kan|gas** silk fabric; *-kaat* silks ~**kenkä** satin shoe ~**paino** silk-screen [printing (process)], serigraphy ~**paperi** tissue paper ~**pensas** silk oak ~**perhonen** mulberry silkworm ~**pusero** silk blouse ~**tie** the Silk Road.

silkkiäis||puu mulberry [tree] **-touk|ka** silkworm; *-an kotelokoppa* cocoon.

sillaikaa [in the] meantime, meanwhile; ~ *kun* while.

silleen ks. *sillään*.

silli herring.

šillinki shilling.

silli||npyynti herring-fishing **-salaatti** salad of pickled herring and vegetables; *(kuv)* mishmash; hotchpotch.

silloin then; *(siihen aikaan)* at that time, at the time; *jo (vasta)* ~ as early (late) as that; ~ *kun* when; ~ *tällöin* now and then, occasionally, on and off.

silloi|nen ..of that (the) time; ~ *aika* those times; ~ *ministeri* the then minister; *-sissa oloissa* at the time.

silloit||taa bridge **-us** bridging.

sillä I *konj* for; *(koska)* because **II** *adv (sen tähden)* therefore, because; *ei* ~ *että minä siitä välittäisin* not that I would mind.

sill||ään *(-een)* unchanged; *antaa asian olla* ~ leave the matter as it is; *asia jäi -een* the matter was left at that.

silmikko *(kypärän* ~*)* visor.

silmikoi|da *(puut)* bud, graft; *(biol)* lisääntyä *-malla* reproduce by gemmation; *-va* gemmate.

silmin||nähden visibly, clearly **-nähtävä** marked (difference *ero;* improvement *parannus*); manifest (drawback *puute*), *(ilmeinen)* obvious, apparent, evident **-näkijä** eye-witness (to an accident *onnettomuuden* ~).

silmit||tömästi; ~ *rakastunut* head over heels in love, madly in love; *suuttua* ~ fly into a rage, go into a wild rage **-ön** blind (rage *raivo;* hate *viha*); *-tömän kauhun vallassa* panic-stricken; *-tömän raivon vallassa* in a violent rage, beside o.s. with rage.

silmu bud; *olla* ~*illa* bud.

silmuk||ka 1 loop (in a rope *köydessä*); *(juoksu*~; *hirtto*~*)* noose; *(verkon* ~*)* mesh; *(pieni* ~*)* eyelet **2** *(käsit)* stitch; *luoda -oita* cast on stitches **3** *(urh)* loop **4** *(tekn)* loop; *(tierak)* inner loop.

silm||ä 1 eye (open one's eyes *avata* ~*nsä;* of a needle *neulan* ~; he has an eye for beauty *hänellä on* ~*ä kauneudelle*) **2** *(silmukka)* mesh (of a net *verkon* ~); *(käsit)* stitch ▶ *aivan -ieni alla (edessä)* under (before) my very eyes; ~*t auki (kiinni)* with one's eyes open (closed); *pitää* ~*nsä auki* keep one's eyes open, *(kuv m)* have [all] one's eyes about one, be all eyes; *katsoa jtk hyvällä (pahalla)* ~*llä* look with favo[u]r (disfavo[u]r) on; *hyvät (huonot)* ~*t (m)* good (poor) eyesight; *iskeä* ~*ä jklle* wink at a p.; *katsoa jkta [suoraan] -iin* look a p. in the eye; *dollarin kuva -issä* with dollar signs glittering in one's eyes; *omin -in* with one's own eyes; *paljain -in* with the naked eye; *pistää* ~*än* be conspicuous; *pitää* ~*llä jtk* keep an eye on, have one's eyes on, give an eye to; *jtk* ~*llä pitäen* with a view to; *(jnk huomioon ottaen)* having regard to; taking into account; ~*llä pitäen sitä että..* considering.., bearing in mind that..; *pois -istäni!* get out of my sight! *sattua jkn* ~*än* catch (strike) a p.'s eye; *jkn* **silmissä**

in a p.'s eyes, in the eyes of; *katsoa jtk* **silmästä** ~*än* stand face to face with; *katsoa kuolemaa* ~*stä* ~*än* face death; **sitoa** *jkn* ~*t* blindfold a p., cover a p.'s eyes; **sulkea** *(ummistaa)* ~*nsä jltk* close (shut) one's eyes to, turn a blind eye to; *haukkua jku suut* ~*t* **täyteen** give a p. an earful; *(Am)* lay into a p.; *iskeä jklta* ~*t* **umpeen** bung up a p.'s eyes; give a p. a black eye; *nauraa jklle* **vasten** *-iä* laugh in a p.'s face; *valehdella jklle vasten -iä* tell a p. a barefaced lie.

silmä || **hermo** ophthalmic nerve **-illä** glance (at a book *kirjaa;* through the newspaper *sanomalehti läpi*); take (have) a glance (at *jtk*), scan, skim through (the notes *muistiinpanja*); ~ *jk nopeasti läpi (m)* glance one's eye down, run one's eye over **-inen** *(yhdyss)* -eyed (one-eyed *yksi*~), ..with .. eyes **-istä;** ~ *jk läpi* take a quick glance through **-kirurgia** ophthalmic (eye) surgery **-klinikka** ophthalmic (eye) hospital; *(Am)* eye clinic **-kulma** [eye]brow; *(-nurkka)* the corner of the eye; *veitikka* ~*ssa* a twinkle in one's eyes **-kuoppa** orbit, eye socket **-laput** blinkers, *(Am m)* blinders **-lasikäärme** spectacled cobra **-lasit** glasses, spectacles, *(Br ark)* specs; *uudet* ~ a new pair of glasses **-leikkaus** eye operation **-lihas** eye (ocular) muscle **-lläpi** | **to** supervision, superintendence; control; *olla jkn -don alaisena* be under a p.'s supervision (in a p.'s charge) **-luomi** [eye]lid **-lääkäri** eye specialist (doctor), ophthalmologist **-mit** | **ta** measure by the eye; *-alla* by eye; by rule of thumb **-muna** eyeball **-määrä** = *-mitta; pitää jtk* ~*nä* have .. in view **-nalu** | **s;** *mustat -kset* dark circles round (under) one's eyes **-neula** needle.

silmän || **kantamat** | **on** immense, vast (forests *-tomat metsät*); *(loputon)* boundless, limitless (plains *-tomat lakeudet*) **-kantamattomiin** out of sight, beyond eyeshot; *ulottua* ~ spread as far as the eye can reach **-kääntötemppu** conjuring trick **-lume** eyewash (it's all eyewash *se on pelkkää* ~*tta*) **-paine** intraocular tension; ~*en mittaus* ophthalmotonometry **-painetauti** = *viherkaihi* **-palvoja** eye-servant; hypocrite **-pohja** eyeground, back of the eye **-rajauskynä** eye liner **-ruoka** feast for the eye, pleasure to the eye **-räpäy** | **s** instant, moment; *-ksessä* in a moment, in a twinkling of an eye; *siinä*

-ksessä at that very moment **-sisäinen** intraocular **-täy** | **si;** *hän ei saanut nukutuksi -ttä* he didn't get a wink of sleep, he didn't sleep a wink **-valkuainen** white of the eye; sclera **-vilkutus** wink[ing] **-ympärys** = *-alus.*

silmä || **pako** ladder, *(Am)* run **-pankki** eye bank **-peli;** *pitää* ~*ä jkn kanssa* make eyes at **-proteesi** artificial eye **-puoli** one-eyed [person] **-ripsi** [eye]lash **-sairaus** eye disease **-suojaimet** eye protectors (shields, guards); *(suojalasit)* goggles **-tautioppi** ophthalmology **-terä** pupil; *(kuv)* the apple of a p.'s eye, a p.'s darling (pet) **-tikku;** *olla* ~*na* be a thorn in the flesh to; be a sore spot with; *pitää jkta* ~*an* pick on a p. **-tipat** eyedrops **-tulehdus** inflammation of the eye, ophthalmia **-tysten** face to face; *(kuv) olla* ~ *jnk kanssa* be faced with **-tä** glance (at *jtk;* through *läpi*) **-vamma** eye lesion (injury) **-voide** eye salve (ointment) **-ys** glance (cast a glance at *luoda* ~ *jhk*); *rakkautta ensi -yksellä* love at first sight **-änpistävä** conspicuous, striking **-ätekevä** bigwig, big bug (noise); VIP; *yhteiskunnan* ~*t* the high-ups.

silo || **inen** smooth **-kallio** glaciated rock **-poskinen** smooth-chinned **-te** putty **-tella;** ~ *sanojaan* rub the edge off one's words **-ttaa** smooth [out]; *(paklata)* putty **-valaat** right whales.

silpiä hull, pod (peas *herneitä*).

silpo || **a** mutilate, *(~ jäsen jäseneltä)* dismember **-herne** garden (green) pea **-minen** mutilation; dismemberment **-utua** be mutilated.

silp || **pu** chapped straw; *repiä -uksi* tear up (into pieces) **-puri** chaffcutter **-uta** chop (onions *sipuleita*); cut up (hay *heinää*).

sil | **ta** bridge; *(raitiovaunun ym* ~) platform; *polttaa -lat takanaan* burn one's boats; *rakentaa* ~ *jnk yli* bridge *(m kuv;* the gap between two views *eri näkemysten välille).*

silti still, yet; *(kuitenkin)* however, though; *(siitä huolimatta)* nevertheless, even so; anyway; *ei* ~ *[ettei]* .. not that..; *mutta* ~ still, [and] yet; ~ *pidän hänestä (m)* I like him all the same.

siluetti silhouette.

sima mead ~**ht** | **aa** conk out; *moottori -i* the engine went phut.

simpanssi chimpanzee.

simpuk || **ankuori** **1** [mussel] shell; *(näkinkenkä)* seashell **2** *(keitt)* [scallop] shell; *sieniä* ~*ssa* scalloped mushrooms

-ka 1 *(el)* bivalve, lamellibranch **2** *(keitt)* *(sini~)* mussel; *(kampa~)* scallop **3** *(anat)* cochlea *(pl m ~e)*; shell **4** *(aut)* steering gear (box).

simput||taa bully **-taja** bully; *(sot)* martinet **-us** bullying.

simul||aattori simulator **-oida** simulate **-ointi** simulation.

simultaani||nen simultaneous **-tulkkaus** simultaneous interpretation **-tulkki** simultaneous interpreter.

sinapinsiemen mustard seed; *(raam)* grain of mustard seed.

sinappi mustard.

siner||tyä become (turn) blue; *kylmästä -tyneet kasvot* a face blue with cold **-tävä** bluish **-tää** shade (fade) into blue; be bluish (blue).

sinet||ti seal; *sulkea -illä* seal; *jkn nimellä ja -illä vahvistettu* under a p.'s name and seal **-tilakka** sealing wax **-tisormus** seal (signet) ring **-öidä** seal (a letter *kirje; (kuv)* his fate was sealed *hänen kohtalonsa oli -öity*).

sinfoni||a symphony **-nen** symphonic.

sing||ahdella fly; hurtle **-ota 1** *(heittää)* hurl, fling (a stone through the window *kivi ikkunasta;* accusations at *syytöksiä jklle);* *(konkr m)* sling, throw, send .. flying; *(kuv m)* shoot (an angry look at *vihainen katse jklle); ~ ohjus taivaalle* project a missile into space **2** *(sinkoutua)* hurtle, fly (into the air *ilmaan;* the stick flew from his hand *keppi sinkosi hänen kädestään*).

1 sini [the] blue; blue colo[u]r; *(taivaan ~ m)* azure.

2 sini *(trigonometriassa)* sine.

sini||hai blue shark **-happo** prussic (hydrocyanic) acid **-homejuusto** blue cheese **-kello** bluebell **-keltainen** blue-and-yellow **-kettu** blue fox **-kopio** blue print **-lilja** squill **-mailanen** lucerne, *(Am)* alfalfa **-musta** blue-black; *(sininen ja musta)* blue and black **-punainen** purple; violet; *(vaalea ~)* lilac; *(sininen ja punainen)* blue and red **-ristilippu** the Finnish flag **-silmäinen** blue-eyed; *(kuv m)* starry-eyed, naive **-silmäisyys** *(kuv)* naivety, naiveté **-simpukka** common mussel **-sorsa** mallard **-valas** blue whale **-valkoinen** blue-and-white **-vihreä** bluish-green; *(m)* sea-green, aquamarine **-vuokko** hepatica.

sinkilä staple; *(puristin)* clamp.

sinkit|tää, -ä zinc, galvanize.

sinkkaus dovetail joint.

sinkki zinc; spelter.

sinko recoilless rifle; rocket launcher; *kevyt ~* bazooka **~il|la** fly [around] (in all directions *joka puolelle); salamat -ivat taivaalla* the lightnings flashed across the sky; *nuotiosta -i kipinöitä* the fire spat [out] sparks **~utu|a** be thrown; *(paiskautua)* be dashed; be hurled; *raketti -i taivaalle* the rocket hurtled into space.

sinne there ▶ *~ asti* as far as that; *~ mentäessä* on the way there; *~ missä* where; *~ ja takaisin* there and back; *~ tänne* here and there.

sinnepäin in that direction, that way; *ei ~kään!* nothing of the kind!

sinnik||kyys persistence, perseverance **-äs** persistent, persevering; *(sitkeä)* dogged; *(peräänantamaton)* unyielding; *olla ~* persist; persevere (in *jssk*).

sinologi sinologist **~a** sinology.

sinooperi cinnabar.

sinsilla chinchilla.

šintolaisuus Shinto[ism].

sintsi chintz.

sinu||nlaisesi ..like you (a man like you *~ mies)* **-tella;** *~ jkta* call a p. by his (her) first name; be on first name terms.

sinä you; *sinun* your; yours *(vrt m hakus he → b)).*

sinänsä as such, as it is; *(itsessään)* in itself.

sionis||mi, -ti, -tinen Zion|ism, -ist, -ist[ic] *(adv ~ically).*

sipais||ta touch .. lightly, stroke (a p.'s cheek *jkn poskea); (oikaista)* smooth down; *(hipaista)* graze, brush **-u** [light] touch, stroke.

Siperia Siberia; *~n rata* Trans-Siberian railway **s~lainen** *a ja s* Siberian **s~npystykorva** Siberian Husky.

sipsuttaa trip along.

sipuli onion; *(kasvi~)* bulb **~kasvi** bulb, bulbous plant **~kirkko** onion-domed church.

sireeni 1 *(hälytys- ym ~)* siren **2** = *syreeni.*

siri||nä, -stä chirp, chirr.

siristää; *~ silmiään* screw up one's eyes.

sirittää; *heinäsirkka ~* the cricket is chirping.

sirkka cricket **~lehti** cotyledon, seed leaf **~silmu** plumule, primary bud.

sirkkeli[saha] circular saw.

sirkku bunting.

sirkus circus; *pelkkää ~ta* mere (sheer)

farce.

sirkut||**taa** chirp -us chirping.

siro slender (limbs ~t jäsenet); (henk m) ..of slender figure; (hieno) delicate (features ~t piirteet); graceful (movements ~t liikkeet).

sironta scattering.

sirosteleva affected, mannered, precious (manners ~t tavat; style tyyli).

siro|**ta** (fys) scatter (scattered radiation -nnut säteily).

sirot||**e** [sprinkling] powder -ella sprinkle, scatter (ks sirottaa) -esokeri granulated sugar; (hieno ~) castor (caster) sugar -in sifter, shaker -taa sprinkle; strew (gravel on the path (the path with gravel) soraa käytävälle); (~ hajalle) scatter (m fys).

sirpale broken piece, fragment (fragments of a mirror peilin ~et); (siru) chip (of glass lasin ~), splinter; ~ina (m) in bits; särkyä ~iksi break to pieces, splinter ~enkestävä shatterproof ~kranaatti fragmentation grenade.

sirppi sickle; kuun ~ crescent moon.

sirri sandpiper.

siru chip (m atk), splinter; fragment.

sisar sister ~ellinen sisterly ~enpoika nephew ~entytär niece ~puoli half-sister, step-sister ~ukset brother[s] and sister[s]; he ovat ~ they are sisters; (tytöstä ja pojasta) they are brother and sister ~yhtiö sister (affiliated, associated) company.

siselöi||**dä** chase -nti chasing; chase work.

sisem||**mällä** (-mälle) farther (further) in -**pi** inner, interior.

sisen||**ne, -nys** indent -**tää** indent, draw in; -netty indented; -netty parveke recessed balcony.

Sisilia Sicily s~lainen a ja s Sicilian.

sisilisko lizard.

sisim||**mäinen** innermost -**mäll**|**ä** (-e) farthest (furthest) in -**mältään** at heart; (perimmältään) basically, at the core.

sisi|**n** innermost, (kuv m) inmost; -mmässään in one's inmost heart, deep down, in one's heart of hearts.

sisko sister ~kset sisters.

sissi guerilla; partisan ~liike guerilla movement ~päällikkö guerilla chief; partisan leader ~sota guerilla war[fare].

sisu perseverance; stamina, (ark) grit, (pl) guts ▶ ~ni ei antanut periksi tehdä sitä my pride wouldn't let me do it; hänen ~nsa kuohahti his gorge (temper) rose; käydä jkn ~lle rankle a p., stick in a p.'s

gizzard; **paha** ~ ill (bad) temper; ~ **petti** I (he etc.) lost courage; **purkaa** ~aan let off steam; give vent to one's temper.

sisu||**kas** persistent; (uppiniskainen) headstrong; hän on ~ he has plenty of grit (guts, stamina) -**kkuus** perseverance, stamina -**npurkaus** fit of temper.

sisu|**s 1** inside (of a box laatikon ~); interior; (täyte) filling; (tekn) core; -kset entrails, innards **2** (hedelmän ~) flesh; pulp (of a tomato tomaatin ~); -kset (m) (sg) heart **3** (erik ihmisen) -kset insides (the medicine scalded the insides lääke poltti -ksia), innards; entrails ~t|**aa** furnish (a luxuriously furnished home upeasti -ettu koti); fit up (a room as a library huone kirjastoksi); (vuorata) line (with silk silkillä); ~ alakerta liikehuoneistoiksi make shops of the groundfloor -**te** (vuori) lining; ~**et** (kiinteät kalusteet) fixtures, fittings, furnishings.

sisustus (huoneen ym ~) (pl) fittings, furnishings; (huonekalut) furniture ~**arkkitehti** interior decorator (designer) ~**työ**[**t**] (sg) decoration (of a study työhuoneen ~).

sisu||**ttaa**; minua ~ I am annoyed (by jk) -**untua** lose one's temper; get furious (at jstk).

sisäasiainministeri minister of the interior (for internal affairs); (Brit) Home Secretary, Secretary of State for the Home department; (USA) Secretary of the Interior, Minister for Home Affairs ~**ö** Ministry of the Interior; (Brit) Home Office; (USA) the Department of the Interior.

sisä||**asiat** internal (domestic, home) affairs -**eli**|**n** internal organ; -**met** (m) viscera, entrails; (keitt) offals -**filee** fillet of beef -**inen 1** internal (structure rakenne; bleeding verenvuoto; interfere in another country's internal affairs sekaantua toisen maan -isiin asioihin); (kuv) inner (compulsion pakko; voice ääni); inward (life elämä; peace rauha) **2** (us yhdyss) intra- (-governmental hallituksen ~; -uterine kohdun~) -**isesti** internally (united yhtenäinen); inwardly; ~ [nautittavaksi] for internal use -**istää** internalize, interiorize -**katto** ceiling -**kenttä** (urh) batting side -**kkäin** within each other, one within the other -**kkäinen** (atk) nested -**kkö** parlo[u]rmaid -**kohtaus** (elok) indoor scene, interior **-korva** inner (internal) ear **-kuva** indoor picture (scene); interior [view].

sisäll||**inen** internal, inner *(ks sisäinen)* **-issota** civil war **-yksetön** empty, vacuous **-ys** *(pl)* contents (of a box *laatikon* ~); *(kuv m)* content (of a book *kirjan* ~; form and content *muoto ja* ~); *kirje jonka* ~ *oli seuraava* a letter to the following effect; *puheen pääasiallinen* ~ the substance of the speech; *saada uutta* ~*tä elämäänsä* find new meaning (purpose) into one's life **-ysluettelo** table of contents, *(pl)* contents **-yttää** include (a th. in *jk jhk*).

sisäll|**ä** *(-e)* **I** *postp* **1** *(paikasta)* in (the house *talon* ~), inside (the limits of *jnk rajojen* ~); within *(m kuv)* (the city walls *kaupungin muurien* ~; certain limits *tiettyjen rajojen* ~) **2** *(ajasta)* within (24 hours *24 tunnin* ~), in, *(ark)* inside (two days *kahden päivän* ~) **II** *adv* in *(m urh)* (go in *mennä -e;* what's in there? *mitä siinä on* ~?); inside (go inside [the shop] *mennä -e [kauppaan]*); indoors ▶ **hänen** ~*än kiehui* he was boiling with rage; **pitää** ~*än* contain; *hän pitää kaiken* ~*än* he keeps everything bottled up; *(kuv)* **päästä** *-e jhk* get to know a th., become acquainted with.

sisälmykset entrails, viscera, *(ark)* guts (of a fish *kalan* ~); *poistaa* ~ *jstk* remove the entrails from, clean; *(kalasta)* gut; *(linnusta m)* draw *(vrt sisukset, sisäelimet)*.

sisäl|**tyä;** ~ *jhk* be included in (the price *hintaan*); be contained in (a contract *sopimukseen*); enter into; *(olla osa jstk)* be (form a) part of; *sopimukseen ei -ly..* the contract does not contain..

sisältä from inside (within); from, out of (the building *rakennuksen* ~); *maalata* ~ *ja ulkoa* paint .. inside and outside *(ks sisällä)* ~**päin** from within (the inside).

sisäl|**tää 1** contain (the book contains much useful information *kirja* ~ *paljon hyödyllistä tietoa;* the bottle contains water *pullo* ~ *vettä*); *hänen sanansa -sivät myös sen että..* his words also implied that.. **2** *(käsittää)* include (the price includes postage charges *hinta* ~ *postituskulut*); *(~ kokonaan)* comprise (the book comprises six plays *kirja* ~ *kuusi näytelmää*); *hinta on 69 mk ja se* ~ *postikulut* price 69 mks postage included (including postage).

sisältö = *sisällys* ~**inen;** *seuraavan* ~ ..*to* this (the following) effect; *(näin kuuluva)* ..reading like this (as follows).

sisä||**lähetti** office (messenger) boy (girl) **-lähetys** *(usk)* home (national) mission **-maa** interior, *(pl)* inland areas; inland; ~*n* inland (transport *liikenne*), interior (lake *järvi*); domestic (flights *lennot*); ~*ssa* in the interior, inland **S--Mongolia** Inner Mongolia **-oppilaitos** boarding school **-osa** interior (inner) part, interior (of a country *maan* ~) **-paisti** sirloin steak **-palvelus** *(sot)* *(Br)* *(pl)* indoor duties; *(Am)* barracks duty **-poliittinen** ..of domestic (home) policy, ..relating to domestic affairs; political (situation *tilanne*); ~ *kysymys* a question of internal policy, a question relating to domestic policy **-politiikka** domestic policy; *Suomen* ~ the internal policy of Finland **-puol**|**i** inside; *jnk -ella* within, inside [of] **-rata** *(urh)* inside lane; indoor track **-ren**|**gas 1** *(aut)* tube **2** *(kuv)* inner circle; *-kaan jäsen* insider **-satama** inland port **-seinä** inside (internal) wall **-ssä;** *jnk* ~ in, inside, within *(ks -llä)* **-syntyinen** endogenous **-tauti** internal disease **-tautilääkäri** specialist for internal medicine, *(Am)* internist **-tautioppi** internal medicine **-tautiosasto** medical ward **-vedet** inland waters; *-vesien kalat* freshwater fishes; *oppi -vesistä* limnology **-vesiliikenne** inland water transport[ation] **-vesisatama** inland port **-vuoro** *(urh)* inning: *olla* ~*ssa* be in.

sisään in (in and out ~ *ja ulos;* let me in! *päästä minut* ~!), inside (we went inside [the house] *menimme* ~ *[taloon]*); *(*~ *jnnk)* into (the room *huoneeseen*); *[astukaa]* ~! come in please; *ikkunasta* ~ in through the window ~**ajo** *(aut)* running-in ~**hengitys** inhalation ~**jättö** handing in, *(Am)* filing (of an application *hakemuksen* ~) ~**kirjaus** *(atk)* sign-on ~**kirjoitus** enrol[l]ment; *(* ~ *sairaalaan)* registration ~**kirjoitusmaksu** entrance fee; registration fee ~**käynti** entrance; access *(m tekn)* ~**lämpiävä** *(kuv)* cliquish, clannish ~**ostaja** buyer ~**otto** *(käsit)* intake ~**päin** inward[s]; ~ *kääntynyt henkilö* introvert ~**pääsy** admission, admittance; *vapaa* ~ admission free ~**rakennettu** built-in ~**tulo** entrance, entry; access *(m tekn)* ~**tulotie** drive[way] ~**vedettävä** retractable.

sit||**aatti** quotation **-eerata** quote.

siten so, thus; *(sillä tavoin)* in that way; ~ *että* so that; ~ *kuin* as.

sitke||**ys** toughness; viscosity; *(kuv)* perseverance, persistence **-ä** 1 *(konkr)* tough (material *aine*); *(lihasta m)* leathery; *(nesteestä)* viscous; glutinous (mass *massa*); tenacious (metal *metalli*) 2 *(kuv)* tough (opposition *vastustus*); unyielding, tenacious (character *luonne*); *(itsepintainen)* persistent (rumo[u]r *huhu;* cough *yskä*), persevering (attempt *yritys*); dogged, stubborn, obstinate (resistance *vastarinta*); *(pitkällinen)* prolonged (strike *lakko*); *vanhat uskomukset ovat ~ssä* old beliefs die hard.

sitkist||**yä** become tough[er], toughen; *(nesteestä)* become viscous **-ää** make .. tough[er], toughen [up] *(m kuv)*.

sitko[**aine**] gluten.

sito|**a** 1 *(konkr)* tie (a horse to a tree *hevonen puuhun;* one's shoelaces *kengännauhat;* a p.'s hands *jkn kädet;* tightly *tiukkaan*); bind (to *jhk;* with *jllak;* into *jksk;* together *kiinni, yhteen;* a wreath *seppele;* one's hair [with a ribbon] *tukkansa [nauhalla]*); *(~ kiinni)* tie .. up (the newspapers up into a bundle *sanomalehdet nipuksi*); bind (truss) up (the night guard *yövahti;* *(kiinnittää)* fasten (a string round *naru jnk ympäri*), fasten up (a box *laatikko*); *(solmia m)* knot (a rope [a]round *köysi jnk ympäri*) 2 *(kuv)* **a)** bind (to each other *toisiinsa;* bound by one's oath *valansa -ma*); tie (the illness tied him to bed for months *sairaus -t hänet vuoteeseen kuukausiksi*); tie .. down (the baby ties her down *lapsi -o häntä*); tie .. up (this will tie you up for a month *tämä -o sinut kuukaudeksi*); **b)** *(olla -va)* be binding (the agreement is binding [up]on both parties *sopimus -o molempia osapuolia*) 3 *(lääk)* bind up (a wound *haava*), bandage (a broken ankle *murtunut nilkka*); tie up (a p.'s head *jkn pää*); *(~ haava m)* dress; tie [off] (an artery *valtimo*); ~ *jku* dress a p.'s wounds 4 *(kirjap)* bind (a book [in leather] *kirja [nahkakansiin]*) 5 *(kem ym)* bind (eggs bind fat and flour *muna -o rasvaa ja jauhoja;* cellulose binds water *selluloosa -o vettä*) 6 *(nyrkk, jääkiekossa)* hold; *(miekk)* bind ▶ *se ei sido Teitä* **mihinkään** without any obligation on your part; **sidottu** *ks. hakus.;* **sitova** *ks. hakus.*

sito||**maton** unbound; ~ *[kirja]* ..in loose (flat, book) sheets, ..in sheets **-mo** *(kirjan~)* bindery.

sitou||**mus** engagement (meet an engagement *noudattaa ~ta*), commitment (fulfil a commitment *täyttää ~*); *(velvoite)* obligation; *-muksetta* without engagement, *(hinnasta m)* not binding **-tua** bind o.s. (by contract *sopimuksella*), engage [o.s.] (to pay back the money *maksamaan rahat takaisin*); *(~ kirjallisesti)* covenant; *(ottaa tehdäkseen)* undertake (to refund the expenses *korvaamaan kulut*); *(tehdä sopimus)* contract (to deliver the necessary materials *toimittamaan tarvittavat aineet*); *en -du mihinkään* I engage myself to nothing, I don't want to commit myself [to anything]; *olla -tunut tekemään jtk* be under contract to do **-tumat**|**on** uncommitted; *(kem)* unbound; [politically] independent; *-tomat maat* non-aligned countries.

sitova binding (agreement *sopimus;* [up]on both parties *molempia osapuolia ~*); ~*t todisteet (sg)* conclusive evidence.

sitra zither, zittern.

sitrushedelmä citrus fruit.

sitruuna lemon ~**happo** citric acid ~**mehu** lemon juice; *(tiivisteestä valmistettu)* lemon squash ~**nkuori** lemon rind ~**puristin** lemon squeezer ~**nviipale** slice of lemon ~**puu** lemon [tree].

sittemmin later on, afterwards.

sitten 1 then (first .. then *ensin .. ~;* then we went home ~ *lähdimme kotiin*); *(sen jälkeen)* after that; next (what happened next? *mitä ~ tapahtui?*) 2 *(aikaisemmin)* ago (many years ago *monta vuotta ~*) 3 *(jnk jälkeen)* since ([the year] 1969 ~ *vuoden 1969*) ▶ *aikaa ~* long ago, a long time ago; **entäs** ~*?* so what? ~ *kun* when, *(sen jälkeen kun)* after; **vasta** ~ *hän ymmärsi että..* it was only then that he realized..

sitten||**kin** still; *(siitä huolimatta)* nevertheless, all the same, after all (I like it after all *pidän siitä ~*); anyway; *heikkouksistaan huolimatta hän on ~..* with all his weaknesses he is.. **-kään;** *en taida ~ tulla* I don't think I'll come after all.

sittiäinen dorbeetle, dung beetle.

sitä; ~ *parempi* so much the better; *mitä pikemmin* ~ *parempi* the sooner the better; ~ *suuremmalla syyllä kun..* all the more because, the more so because.

siuna||ta bless (o.s. *itsensä;* a p. *jkta; (kuv)* a decision *päätös;* God bless you! *Jumala -tkoon sinua!*); *(pyhittää)* consecrate (the bread and wine *leipä ja viini;* a p. bishop *jku piispaksi);* ~ *ruoka* ask a blessing, say [a] grace; ~ *jku viimeiseen lepoon* commit .. to eternal rest **-ttu** blessed; *(kuv) olla ~ jllak* be blessed with; *-tussa tilassa* in the family way **-us** blessing; *(usk m)* consecration; *(ruumiin ~)* [burial] service, funeral **-uskappeli** cemetery chapel **-ustilaisuus** funeral service **-utu|a;** *heille on -nut paljon lapsia* they have been blessed with many children.

sival||lus lash (of a whip *ruoskan ~);* slap (in the face *vasten kasvoja);* *(isku)* stroke (of a sword *miekan ~)* **-taa** lash; slap (a p. in the face (on the cheek) *jkta kasvoihin (poskelle)*).

siveelli||nen moral (life *elämä;* principles *-set periaatteet);* decent (conduct *käytös); (eettinen)* ethical; *-sessä suhteessa* morally, from a moral point of view **-syys** morality, *(pl)* morals **-syyskäsitys** conception (idea, principle) of morality, moral belief **-syysrikos** sexual offence (*Am* offense); *(alaikäiseen kohdistuva ~)* child assault.

siveet||tömyys immorality, indecency; obscenity **-ön** immoral (life *elämä),* indecent (conduct *käytös);* obscene, pornographic (publication *julkaisu*).

sivel||lin brush; *(ohut ~)* hair pencil **-lä 1** *(levittää)* spread (paint thickly on *maalia paksulti jhk;* butter on bread *voita leivälle)* **2** *(silittää)* stroke (a p.'s cheek *jkn poskea)* **-timenve|to** stroke [of the brush] *(m kuv;* with bold strokes *rohkein -doin).*

siveys chastity, virtue, purity ~**käsite** moral concept ~**oppi** *(pl)* ethics.

siveä chaste, virtuous.

siviili 1 *(~henkilö)* civilian **2** *(~elämä)* civilian life, *(Br sl)* Civvy Street (get back to Civvy Street *päästä ~in).*

siviili||hallitus civil government **-henkilö** civilian **--ilmailu** civil aviation **-oikeus** civil law **-palvelu** civil alternative service **-palvelumies** conscientious objector, *(lyh)* c.o. **-pu|ku** *(pl)* civilian (plain, ordinary) clothes; *-vussa (m)* out of uniform; *(ark)* in mufti **-pukuinen;** ~ *poliisi* plain-clothes policeman **-rekisteri** civil register **-sääty** marital status **-tuomioistuin** civil court **-vihkiminen** civil marriage **-väestö** civilian

population.

sivilisaatio civilization.

sivisty||mättömyys lack of education; rudeness (of manners *tapojen ~)* **-mät|ön** uncultured, uncivil[ized] (person *ihminen);* uncultivated (behavio[u]r *käytös);* unpolished, unrefined, *(karkea m)* rude (manners *-tömät tavat),* coarse **-neistö** *(pl)* the educated [classes]; the intelligentsia **-neisyys** education **-nyt** cultivated (language *kielenkäyttö;* taste in *maku jnk suhteen),* cultured, educated (gentleman *herrasmies), (hienostunut)* refined (manners *-neet tavat);* civilized (country *maa); akateemisesti* ~ ..with an academic background, ..with a university education, university-educated; *[erittäin]* ~ *mies* a man of [wide] culture; *-neissä piireissä* in polite society.

sivistys *(koulu~)* education; *(sivilisaatio)* civilization; *(kulttuuri)* culture.

sivistys||- cultural (history *-historia); (sivistynyt)* civilized (country *-maa;* state *-valtio);* educational (pursuits *-pyrkimykset)* **-kiel|i** civilized (cultural) language; *suuret -et* the principal (most important) languages of the civilized world **-sanakirja** dictionary of foreign words [phrases and quotations] **-taso** standard of education, level of education (culture); *korkealla ~lla [oleva]* highly[-]educated, highly[-]civilized.

sivist||yä become civilized (cultured, educated) **-ää** civilize; educate; *(hienostaa)* refine (manners *tapoja).*

sivu I s 1 *(laita)* side; *~lla, ~lle, ~lta, ~ssa ks. hakus.* **2** *(kirjan ~)* page **II** *adv, postp* past, by.

sivu||aine *(yliop)* secondary (*Br* additional) subject; *(Am)* minor [subject] **-aja** *(geom)* tangent **-amispiste** *(geom)* tangent point, point of tangency **-asia** secondary (minor) matter; triviality **-elinkeino** subsidiary trade (industry), secondary occupation **-halkio** placket, side slit **-henkilö** minor character.

-sivuinen -sided (four-sided *neli~),* ..with .. sides; *(kirjasta)* ..with .. pages.

sivuit||se by, past **-tain 1** *(sivu sivulta)* page by page; by the page; *(sivumäärin)* page after page **2** = *sivuttain.*

sivu||joki tributary **-juoni** by-plot **-katu** side street **-kirjasto** branch library **-kirjoitin** page printer **-kohtaus** episode **-konttori** branch office **-kuva** side view; profile

-lause subordinate clause **-liike** branch [shop *(Am* store)] **-lla** by (on) the side (of *jnk* ~); *(lähellä)* by; *(vierellä)* beside **-lle** to the side (of *jnk* ~); to one side; *(~ päin)* sidewards, sideways; *vilkaista ~* glance sideways **-lli|nen** outsider; *(sivustakatsoja)* bystander; *-set* those not concerned **-lta** from the (one) side; *(~ päin)* sideways **-maku** flavo[u]r; smack; *(kuv m)* tinge **-mennen** in passing; *~ sanoen* by the way, incidentally **-mmall|a, -e** aside **-numero** page number **-osa** minor role (part) **-raide** sidetrack, siding, sideline **-raja** *(urh) (tenn ym)* sideline; *(jalkap ym)* touch line **-rajaheitto** *(jalkap)* throw in **-seikka** minor point, unessential [point]; *se on ~* that is not important.

sivu|ssa *(-sta, -un)* aside ▶ **jättää** *-un* set aside, leave .. out of consideration; *(jättää pois)* ignore, omit; *-sta katsoen näyttää siltä että* to an outsider it seems that; **pysytellä** *~ jstk* keep away from, keep out of; *tien ~* on the roadside, on the side of the road; *~ tiestä* away from the road, off the road; **vetäytyä** *-un* step aside.

sivusta flank; *hyökätä vihollisen ~an* attack the enemy in (on) the flank.

sivu||stakatsoja onlooker, bystander **-suun|ta;** *-nassa* sideways **-ta 1** *(mat)* touch, be tangent to (a curve at a point *käyrää jssk pisteessä)* **2** *(kuv)* touch [up]on (a matter *asiaa)* **-tie** side-road, by-road **-toim|i** secondary occupation; *(osa-aikatoimi)* part-time job; *tehdä jtk -enaan* do .. on the side **-toiminen** part time **ttaa** paginate; page **-ttaia** sideways **-tulot** *(sg)* additional (extra) income **-tuote** by-product.

sivuuttaa 1 *(konkr)* pass, go by **2** *(kuv)* pass over (a remark *huomautus)*; slide over, pass .. by, put .. aside, skate over (a problem *ongelma)*; *(jättää huomiotta)* ignore, disregard (a question *kysymys)*.

sivu||vaikutus side (secondary) effect **-vaunullinen;** *~ moottoripyörä* sidecar combination **-ääni 1** *(~ sydämessä)* heart murmur; *(rahina)* rale **2** *(~ moottorissa)* murmur.

skaala scale.

skandaali scandal **~mainen** scandalous.

skandina||avi[nen] *a ja s* Scandinavian **S-via** Scandinavia.

skepti||nen sceptical (about *jnk suhteen)*, *(Am)* skeptical **-sismi** scepticism, *(Am)* skepticism.

sketsi [comic] sketch.

skisma schism **~attinen** schismatic *(adv* ~ally).

skitso||freenikko, -freeninen schizophrenic **-frenia** schizophrenia.

skolasti||ikka Scholasticism **-kko, -nen** Scholastic.

skootteri scooter.

skorpioni scorpion; *(horosk)* Scorpio.

skotlannin||paimenkoira collie **-terrieri** Scottish Terrier.

Skotlan|ti Scotland; *-nin kieli (murre)* Scots **s~lai|nen I** *a* Scots, Scottish; *~ viski* Scotch **II** *s* Scot, Scots|man, -woman; *-set* the Scots, the Scottish.

skotti Scot.

slaavi Slav **~lainen I** *a* Slavic, Slavonic **II** *s* Slav.

slangi slang.

slavistiikka [study of] Slav[on]ic languages and literatures.

slov||akki Slovak **-eeni** Slovene; *(kieli)* Slovenian.

slummi slum **~utuminen** urban decay *(rot)*.

smaragdi emerald.

smetana sour cream.

smirgeli emery.

smokki dinner jacket, *(Am)* tuxedo.

šnautseri schnauzer.

snobi snob **~smi** snobbery.

snorkkeli snorkel.

sodan||aikainen wartime **-edellinen** prewar **-haluinen** warlike, bellicose **-julistus** declaration of war **-jälkeinen** postwar **-käynti** warfare **-lietsoja** warmonger **-uhka** threat of war **-vaara** danger (menace) of war, war risk **-vastainen** anti-war.

sofis||mi sophism **-tikoitunut** sophisticated.

sohia poke, prod (at *jtk)*.

sohjo slush; *(jää~)* sludge.

sohva sofa; *(pieni ~)* settee **~kalusto** set of a sofa and armchairs, suite **~pöytä** coffee table.

soi|da ring (the telephone rang *puhelin soi;* my ears are ringing *korvani -vat);* *(kirkonkelloista m)* peal, chime, toll; *(kilistä)* jingle; *(kuulua)* sound (the trumpet sounded [loudly] *trumpetti soi [lujaa]);* *(kaikua)* resound (the horn resounded *torvi soi)* ▶ **panna levy** *-maan* put on a record; *ovikello soi* there was a ring at the door; *sireeni soi* the siren is hooting (blaring); *soitto soi* the music is playing.

soi|din display, courtship; *ampua -timelta*

shoot .. at mating-time; *olla -timella* be displaying (courting) ~**menot** displays.
soihdunkantaja torchbearer.
soihtu torch ~**köynnös** lipstick vine ~**lilja** red-hot poker.
soija soya bean, soybean ~**kastike** soy sauce ~**öljy** soy[bean] oil.
soik||ea oval; elliptic **-io** oval; *(geom)* ellipse; ~**n muotoinen** elliptical.
soikko tub.
soilikki Cape primrose.
soima||ta reproach, reprimand (a p. for *jkta jstk*); *(syyttää)* blame (for *jstk*); *omatuntoni -a minua* my conscience bothers me, I have a bad conscience **-us** reproach, reprimand; blame; *omantunnon -ukset* qualms of conscience, twinges (pangs) of remorse.
soinen swampy, marshy, peaty.
soinni||kas melodious **-llinen** *(fon)* voiced **-ton** toneless; *(fon)* voiceless.
soinnu||kas melodious, sonorous; harmonious **-kkuus** melod|y, -iousness, sonority **-ton** toneless, tuneless, flat, dull **-ttaa** 1 *(mus)* harmonize 2 *(kuv)* match (colo[u]rs *värejä*) **-tus** *(mus)* harmonization.
sointi tone ~**sävy**, ~**väri** tone [colo[u]r].
sointu 1 *(mus)* chord 2 *(sointi)* tone *(m kuv)*; ring; *(ääni)* sound ~**|a**; ~ *[yhteen]* harmonize *(m kuv;* the colo[u]rs harmonize well with each other *värit -vat hyvin toisiinsa); (kuv m)* tone in with ~**isa** sonorous; *(melodinen)* melodious ~**oppi** *(sg)* harmonics, harmony ~**va** sonorous, melodious (voice *ääni*).
soistuminen bog formation; paludification.
soitannollinen musical.
soitin [musical] instrument ~**liike** music shop *(Am store)* ~**musiikki** instrumental music ~**taa** score, orchestrate; *(Am m)* instrument[ate] ~**yhtye** instrumental group.
soitonopettaja music teacher.
soit||taa 1 play (the flute *huilua;* in an orchestra *orkesterissa;* a record *äänilevy)* 2 *(~ kelloa ym)* ring (the doorbell *ovikelloa);* ~ *torvea* blow (sound) a horn; *(autoilijasta)* hoot 3 *(puh)* telephone (a p. *jklle)*, phone (for a taxi *taksi)*, ring [.. up], *(Am)* call [.. up] (the police *poliisi);* *(ark)* give .. a ring *(Am* call); ~ *uudelleen* ring (call) back **-taja** player; musician; *(~ soittokunnassa)* bandsman.
soitto music; playing; *(kellon ~)* ring[ing],

toll[ing]; *(puhelin/~)* call ~**kello** bell ~**kone** [mechanical] instrument ~**kunta** band; orchestra ~**lava** bandstand ~**-oppilas** music student ~**rasia** music[al] box ~**tunti** music lesson ~**ääni** *(puh)* ringing tone.
sojottaa stick (stand) out.
sokais||ta blind (a p. to *jku jltak)*, dazzle; ~ *jkn silmät* blind (dazzle) a p. **-tua** be blinded (dazzled) (by *jstk).*
sokea blind; *(kuv m)* implicit (trust in *luottamus jhk);* ~**t** the blind; *hänen toinen silmänsä on* ~ he is blind in one eye; *tulla* ~**ksi** go blind; be blinded (in the war *sodassa)* ~**inkirjoitus** braille ~**inkoulu** blind school, school for the blind.
sokel||lus slurred speech; *(juopuneen ~)* thick speech **-taa** slur one's words; *(juopuneesta)* talk thickly.
sokeri sugar ~**astia** sugar bowl *(Br m* basin) ~**herne** sugar pea ~**juurikas** sugarbeet ~**kakku** spongecake ~**kko** sugar bowl *(Br m* basin) ~**kuoriainen** bess beetle ~**kuorrutus** frosting, icing ~**leipomo** confectioner's [shop], confectionery ~**leipuri** confectioner ~**liemi** syrup ~**nmakea** *(kuv)* sugary; saccharine ~**npala** lump (cube) of sugar ~**pitoinen** ..containing sugar, sugary; *(kem)* sacchariferous ~**ruoko** sugarcane ~**tauti** diabetes ~**tautinen** *a ja s* diabetic ~**tehdas** sugar refinery; *(raaka~)* cane mill ~**ton** sugarless **-toukka** silver fish.
sokeroi||da sweeten [.. with sugar], add sugar (to *jk); (ripotella sokeria jhk)* sprinkle .. with sugar **-maton** unsweetened **-tua** crystallize.
sokeu||s blindness **-tua** go (become) blind; *hän -tui sodassa* he was blinded in the war.
sokka cotter [pin] ~**pultti**, ~**tappi** cotter bolt.
sokkeli plinth, base; *(lampun ~)* socket.
sokkelo labyrinth, maze ~**inen** labyrinthine.
šok|ki shock (in shock *-issa)* ~**hoito** shock treatment, electroshock therapy; *(lyh)* E.C.T.
sokko 1 ~**na** blindfold 2 *(leikki)* blind man's buff.
sola pass; *(kapea ~)* gorge, defile.
solaari||[nen] solar **-o** solarium.
solakka slim.
solidaari||nen loyal **-suus** solidarity.
solina murmur, ripple.
solis||lihas subclavian muscle **-luu** collarbone, clavicle.

solis|ta murmur, ripple *(m kuv;* rippling laughter *-eva nauru).*

solisti soloist.

solkata; ~ *suomea* speak broken Finnish.

sol|ki buckle (of a belt *vyön* ~), *(haka~)* clasp; *(hius~)* [hair-]slide, clip; *kiinnittää -jella (m)* buckle; *päästää -jesta* unbuckle.

solmia 1 *(konkr)* tie (one's shoelaces *kengännauhat;* a ribbon into a bow *nauha rusetille);* knot (a rope round *köysi jnk ympärille;* a tie *solmio);* *(kiinnittää)* fasten **2** *(kuv)* establish (relations with *suhteet jkn kanssa);* enter into (alliance with *liitto jkn kanssa);* ~ *avioliitto* enter into matrimony, *(ark)* tie the knot; ~ *rauha* conclude (make) peace; ~ *sopimus* conclude an agreement, enter into a contract.

solmio tie, *(erik Am)* necktie **~neula** tiepin.

solmu knot (in a rope *köydessä;* a speed of 20 knots *20* ~*n nopeus)* ▶ **avata** ~*sta* untie; **olla** ~*ssa* be tied in a knot; **panna** ~*un* tie .. in a knot; **tehdä** ~ *jhk* tie a knot in; knot; *sitoa tiukkaan* ~*un* knot .. tightly.

solmu||inen knotty **-ke** bow[-tie].

solu cell.

solu|a glide (down the river *alas jokea),* slip *(m kuv;* the years slipped by *vuodet -ivat ohi).*

solu||betoni cellular (air-entrailed) concrete **-hengitys** vesicular breathing **-kelmu** plasma (cell) membrane; pellicle **-kko** [cell] tissue **-kkoinen** cellul|ar, -ous **-kudos** cellular tissue **-kumi** cellular rubber **-lima** cytoplasm **-muovi** cellular (foamed) plastic **-myrkky** cyto|toxin, -cide **-neste** cell sap **-njakautuminen** cell division **-nmuodostus** cell formation **-nsisäinen** intracellular **-oppi** cytology **-ttaa, -ttautua** infiltrate (into *jhk)* **-ttautuminen** infiltration **-tuma** nucleus, cytoblast **-tus** infiltration.

solva||ta insult, affront; offer an affront (to *jkta);* *(parjata)* abuse, slander **-us** insult, affront; *-ukset (m) (sg)* abuse, slander.

soma pretty, sweet, nice.

somaattinen somatic *(adv* ~ally).

somali Somali **~alainen** *a ja s* Somalian.

somist||aa 1 *(~ ikkuna)* dress, *(Am m)* decorate, trim **2** *(koristaa)* decorate, adorn (with flowers *kukin)* **-aja** window dresser *(Am m* trimmer) **-e** decoration, ornament; *[ikkunan]* ~*eet (m) (sg)* window dressing **-us** decoration[s].

sommit||e *(atk)* layout **-ella** design (a

pattern for *malli jhk);* plan; *(laatia)* compose **-telu** composition; design; layout.

somnambulismi somnambulism.

sompa *(sauvan* ~) ring [on a ski stick].

sonaatti sonata.

sond||eerata, -i probe, sound.

sonetti sonnet.

sonni bull **~vasikka** bull calf.

sonorinen sonorous.

sonta dung, muck **~kasa** dunghill, muckheap.

sontiainen dorbeetle.

sooda soda, sodium carbonate **~vesi** sodawater.

soolo sol|o *(pl -os t. -i).*

sooni sone.

soopeli, ~nnahka sable.

sopertaa splutter (falter) [out] (an excuse *anteeksipyyntö);* *(änkyttää) (m)* stutter, stammer out; *(soperrella)* slur one's words.

sopeut||taa adapt, adjust (to *jhk, jnk mukaan)* **-taminen** adaptation, adjustment (of a p. to *jkn* ~ *jhk)* **-ua** adapt [o.s.] (to the climate *ilmastoon),* adjust [o.s.] (to a new environment *uuteen ympäristöön);* *(~ ilmanalaan m)* get acclimatized (to the heat *kuumuuteen);* *(hyväksyä)* accept (a th. *jhk);* *(alistua)* reconcile o.s. (to the idea of *jhk ajatukseen)* **-umaton** unadaptable; ~ *[henkilö]* a misfit **-uminen** adaptation (to *jhk)* **-uva** adaptable.

sopi|a 1 fit (these shoes fit well *nämä kengät -vat hyvin)* (ks m mahtua) **2** *(olla pukeva)* suit (black suits her *musta -i hänelle);* *(~ yhteen jnk kanssa)* match (the carpets match the curtains *matot -vat verhoihin),* blend in (with *jhk),* go with **3** *(~ jklle)* suit (the food didn't suit me *ruoka ei -nut minulle;* will Monday suit [you]? *-iko maanantai [sinulle]?);* be convenient; *(olla sopiva)* be suitable *(jklle)* **4** *(olla sovelias[ta])* be suitable (it is not suitable for a young girl *se ei sovi nuorelle tytölle)* **5** *(~ jhk)* fit (the description fits him *kuvaus -i häneen);* fit in with (does it fit in with your plans? *-iko se sinun suunnitelmiisi?);* suit (a p.'s mood *jkn mielialaan),* be suitable (for a purpose *jhk tarkoitukseen);* *(olla omiaan)* be fit; be appropriate (for *jhk),* be suited (the style is suited to the subject *tyyli -i aiheeseen)* **6** *(tehdä sopimus)* make an agreement, *(~ kirjallisesti)* make a contract (with *jkn kanssa;* about *jstk;* as to *jnk suhteen);* agree (on the terms *ehdoista;* it was agreed that.. *sovittiin [siitä] että); (määrätä)* fix (a date for a meeting *kokouspäivästä;* the wages *palkasta)* **7** *(tehdä sovinto)* settle (a matter *asia;* the differences *erimielisyydet),* fix up (a quarrel *riita);* make it up (with *jkn kanssa;* have they made it up? *ovatko he -neet?)* ▶ **A** *(ei sovi)* ei sovi **että** it is not fit that; **kahvi** *ei sovi minulle* coffee doesn't agree with me; *he eivät sovi* **keskenään** they do not get on [with each other]; *ei sovi* **luulla** *että* you mustn't think that..; **minulle** *ei -nut* it didn't suit me, it wasn't convenient for me; *sille ei sovi* **nauraa** it is no laughing matter; *hän ei sovi sille* **paikalle** he is not the man (is not suited) for the post; *sinun ei sovi.. (m)* you should not..; *(ei ole sinun asiasi..)* it is not for you to..; ▶ **B** *(sopia)* ~ **jksk** be suitable for; ~ **tapaamisesta** *jkn kanssa* arrange to meet a p., make an appointment with (to see) a p., arrange (fix) a meeting with; *sovimme tapaamisesta klo 8* we arranged to meet at 8; ~ **yhteen** *(asioista)* tally *(ark* square) with; *(väreistä ym)* match, go together; blend in (with *jhk); (henk)* suit each other, get on well together, *(parista m)* be well matched; ▶ **C** *(sopii) takki -i* **hyvin** *[hänelle]* the coat fits [him] perfectly, the coat is a perfect fit; *kun* **hänelle** *-i* when it suits him; *se -i* **mainiosti** it suits me fine; *hän -i* **opettajaksi** he is suited for teaching (to be a teacher); *jos* **sinulle** *-i* if it is convenient to you, if it's all right with you; *milloin* **teille** *vain -i* at your convenience; *-i* **toivoa** *että..* we may hope that..; ▶ **D** *(sovittu) sovittuun* **aikaan** at the time appointed (fixed); **etukäteen** *sovittu* prearranged; *sovittuun* **hintaan** at the price agreed upon; **kuten** *sovittu* as agreed (arranged); *sovitussa* **paikassa** at the agreed[-on] place; **sovittu!** agreed! it's a bargain! deal!

sopimat‖on 1 unsuitable (shoes *-tomat* kengät; for a task *jhk tehtävään)* unfit (land unfit for farming *viljelykseen* ~ *maa),* not fit (for food *ravinnoksi* ~); ~ *jhk työhön* unsuitable (unfit, not suited) for a job **2** *(ajan puolesta* ~*)* inconvenient (at an inconvenient time *-tomaan aikaan),* inopportune (at an inopportune moment *-tomalla hetkellä)* **3** *(epäasianmukainen)* inappropriate (to (for) an occasion *jhk tilanteeseen* ~); impertinent (question

kysymys); ill-placed (joke *pila);* improper, ill-timed, untimely (remark *huomautus);* *(jklle* ~*)* unsuitable (for *jklle),* unbecoming (conduct unbecoming to a soldier *sotilaalle* ~ *käytös)* **4** *(säädytön)* improper (suggestions *-tomat ehdotukset),* indecent, inappropriate; *puhua -tomia* talk smut; *se on* ~*ta (m)* it is in poor taste **-tomuus** unsuitability, unfitness (for *jhk); (ajankohdan* ~*)* inconvenience; impropriety, indecency.

sopimu‖s agreement (on *jstk;* between *jdk* välillä; mutual (secret) agreement *molemminpuolinen (salainen)* ~); *(kirjallinen* ~*)* contract (sign a contract *allekirjoittaa* ~); pact (peace pact *rauhan~),* treaty (ratify a treaty *ratifioida* ~); convention (bilateral convention *molemminpuolinen* ~) ▶ ~ **astuu voimaan** *1.3.1983* the contract is effective as from 1 March 1983; **luopua** *-ksesta* contract out of an agreement; *-ksen* **mukaan** according to agreement (contract), as agreed [upon]; by agreement; *(vastaanotosta)* by appointment; **päästä** *-kseen* reach (arrive at, come to) an agreement (on, about *jstk);* come to terms (an arrangement) (with *jkn kanssa);* come to (reach) an understanding (on a matter *jssk asiassa);* come to an arrangement (about, over *jstk);* ~ **päättyy** *31.5.* the contract expires on 31st May; **rikkoa** ~*/ta]* break (violate) an agreement (a contract), back out of (go back on) an agreement; **sanaton** ~ tacit agreement (understanding); **sanoa irti** ~ cancel a contract, give notice of an agreement; *(pol)* denounce a treaty (convention); **tehdä** ~ come to (reach) an agreement (on, about *jstk);* make (enter into) a contract (for *jstk;* with *jkn kanssa);* **täyttää** ~ fulfill a contract; **yhteisestä** *-ksesta* by common consent, by mutual agreement.

sopiv‖a suitable (for *jhk);* fit (for a purpose *jhk tarkoitukseen);* suited (for a manager *johtajaksi;* to the occasion *tilanteeseen* ~); convenient (time *aika),* opportune (at an opportune moment ~*lla hetkellä);* appropriate (take appropriate measures *ryhtyä -iin toimiin;* to (for) the occasion *tilanteeseen* ~); *(säädyllinen)* proper, decent (it would not be decent *se ei olisi* ~*a)* ▶ ~*an* **aikaan** at a convenient time; *jkn* **arvolle** ~ worthy of a p.; **ei ole** ~*a..* it is not fit (proper) to..; **huonekaluihin** ~*t*

verhot curtains which go well with the
furniture; *tämä kirja on* ~ **lahjaksi** *(m)*
this book makes a good gift; **olla** *~a jklle*
be becoming (befitting) to; *olla* ~ *jhk* be
suitable (suited, fitted, adapted) for,
(sopia) suit, fit; ~ **opettajaksi** fitted to be
(suitable as, suited to be, cut out to be) a
teacher; **sopivan hintainen** the right price;
~n pieni just small enough.

sopivaisuu|s propriety (within the bounds of
propriety *-den rajoissa*), decency.

sopiv||asti *(m)* just right; *(tarpeeksi)* just
enough; *tulla [juuri]* ~ come at the right
moment, be just in time; ~ *valittu*
well-chosen **-uus** suitability (of *jnk* ~; for
jhk, jksk), suitableness; *(asianmukaisuus
m)* appropriateness; *(jkn* ~ *m)* fitness (for
jhk); adequacy (as a teacher *opettajaksi*).

sop|pi 1 corner, nook; *etsiä joka -esta*
search in every nook and cranny **2** *(geom)*
polyhedral angle.

sopraano soprano.

so|pu harmony, concord, unity; *elää (olla)
-vussa jkn kanssa* live in harmony with, be
(live) at peace with; *päästä ~un* come to
terms (with *jkn kanssa*); *sulassa -vussa* in
perfect harmony ~**isa** peaceable,
compliant (man *mies*); harmonious.

sopuk|ka corner, nook; *sielunsa -oissa* in
one's heart of hearts, in the innermost
recesses of one's heart.

sopuli lemming.

sopu||sointu harmony; *olla -soinnussa jnk
kanssa* be in harmony with, harmonize
with **-sointuinen** harmonious **-sointuisuus**
harmony **-suhtainen** well-proportioned,
symmetric[al] (body *vartalo*); harmonious
(whole *kokonaisuus*) **-suhtaisuus**
symmetry, proportion; harmony.

sora gravel; grit.

sorahtaa grate, jar (on a p.'s ears *jkn
korviin*).

sora||inen gravelly; gritty **-kielisyys**
rhotacism **-kuoppa** gravel pit **-tie**
gravel[led] road **-uttaa;** ~ *r:ää* trill (roll,
burr) one's r's **-ääni** *(kuv)* discordant note.

sorbitoli sorbitol.

sordiino mute.

sorea graceful; *(sievä)* pretty; *(siro)* slender.

sori||na, -sta murmur, buzz.

sork||ka 1 *(eläimen* ~*)* cloven hoo|f *(pl m
-ves)*; *sian -at* pig's trotters **2** *(vasaran* ~*)*
claw ~**rauta** crowbar; *(murtovarkaan* ~*)*
jemmy, *(Am)* jimmy.

sorkkia 1 *(sohia)* poke, prod **2** *(sormeilla)*

pick (at a wound *haavaa*); tamper (with an
engine *moottoria*); *(penkoa)* meddle (in a
p.'s affairs *jkn asioita*).

sormeilla finger; *(hypistellä)* fiddle about
(with *jtk*).

sormen||jälki finger-mark; *[rikollisen]
-jäljet* fingerprints **-pää** fingertip.

sorm|i finger; *pitää -ensa irti jstk* keep
one's hands off; *katsoa jtk läpi ~en* wink
at, turn a blind eye to, close one's eyes to;
osoittaa jtk -ellaan point a finger at, point
.. out ~**aakkoset** *(sg)* manual alphabet
~**halkoinen** palmately lobed ~**harjoitus**
five-finger exercise ~**jakoinen** pedate ~**kas**
glove ~**kieli** finger spelling, dactylology
~**lauta** fingerboard ~**liuskainen** palmately
lobed ~**nen** *(yhdyss)* -fingered
(long-fingered *pitkä-*~; five-fingered *viisi*~)
~**tuntuma;** ~*lla* by rule of thumb;
instinctively ~**tus** *(mus)* fingering.

sormus ring ~**tin** thimble ~**tinkukka**
foxglove.

sorsa [wild] duck, mallard ~**npoikanen**
duckling ~**paisti** roast duck ~**poikue** brood
of ducks ~**stus** duck shooting.

sorsetti georgette [crepe].

sorta||a oppress, keep .. in subjection (a
people *kansaa*); tyrannize (over the weak
heikkoja); *sorretussa asemassa [oleva]*
oppressed **-ja** oppressor.

sorto oppression ~**järjestelmä** oppressive
regime ~**kausi** period of oppression
~**politiikka** policy of oppression, oppressive
policy ~**valta** tyranny.

sortsit shorts.

sortu|a 1 *(luhistua)* collapse, fall down,
cave in (on *jkn päälle*); *(seinästä ym m)*
come down, fall in; *(maasta m)* give way
(the riverbank gave way *joentörmä -i*);
(romahtaa) crash down **2** *(äänestä)* break
(with a broken voice *-neella äänellä*) **3**
(menehtyä) succumb (to grief and despair
suruun ja epätoivoon); *(kuolla)* perish, fall
(in war *sodan jalkoihin*) ▶ *(kuv)* ~
houkutukseen succumb to temptation; ~
huonoille teille fall into bad ways; ~
maahan collapse, crash (tumble) down;
sortumaisillaan *oleva* tumbledown,
dilapidated; ~ *raskaan* **taakan** *alle* break
[down] under a heavy burden; *hän -i*
vallanhimoonsa his greed for power was his
downfall.

sortum||a landslide, landslip, fall of earth
(rocks); *(*~ *kaivoksessa, tunnelissa)*
cave-in **-inen** collapse, fall.

sorva||**aja** turner, latheman **-ta** turn .. on a lathe; *hyvin -tut sanakäänteet* well-turned (well-worded) phrases.

sorvi lathe, turning machine **~penkki** lathe bed.

sose purée; *(peruna~)* mash **~mylly** food press **~uttaa** purée; *(~ perunoita ym m)* mash.

sosiaali||**avustus** social security; *saada ~ta* receive public assistance, be on social security, *(Am)* live on welfare (relief) **-demokraatti** Social Democrat **-demokraattinen** Social Democratic **-demokratia** Social Democracy **-hallitus** National Board of Social Welfare **-historia** social history **-hoitaja** social (welfare) worker **-huolto** social welfare *(pl* services) **-kuraattori** social welfare officer **-lautakunta** social welfare board (committee), public assistance committee **-ministeri** minister for social affairs **-nen** social (person *henkilö;* character *luonne;* reform *uudistus*) **-politiikka** social policy **-psykologia** social psychology **-staa** socialize **-s-taloudellinen** socio-economic **-toimisto** social welfare office **-turvamaksu** social security fee; *työnantajan ~t* social security contributions **-turvatunnus** social security number **-työntekijä** social worker.

sosialis||**mi** socialism **-oida** nationalize; *(erik Am)* socialize **-ointi** nationalization; *(erik Am)* socialization **-ti** socialist **-tinen** socialist *(adv ~*ically).

sosio||**ekonominen** socio-economic **-lingvistiikka** *(sg)* sociolinguistics **-logia** sociology, social science **-loginen** sociologic[al].

so||**ta** war; *(sodankäynti)* warfare; *(kuv m)* fight, struggle (against poverty *köyhyyttä vastaan*) ▶ *julistaa ~ jllk maalle* declare war [up]on a country; *käydä ~a jtk vastaan* wage (make) war against (on); *olla -dassa jnk kanssa* be at war with; *ryhtyä ~an jtk vastaan* go to (start a) war against; wage war on *(m kuv).*

sota||**-aika** wartime, time[s] of war; *~na* in wartime (times of war); *-ajan* wartime **-akäymätön** non-belligerent **-akäyvä** belligerent **--alus** warship, man-of-war *(pl* men-of-war) **-elokuva** war film **-harjoitus** manoeuvre, *(Am)* maneuver **-historia** military history **-huuto** warcry; *(intiaanin ~ m)* war whoop **-inen** warlike **-isuus** warlike disposition; militancy **-invalidi** disabled soldier **-joukko** army, *(pl)* troops

-kannall||**a** *(-e); olla ~ jtk vastaan* be at daggers drawn with; *saattaa -e* mobilize **-kieltotavara** contraband of war **-kirjeenvaihtaja** war correspondent **-kirve**|**s** battle-axe; *(intiaanien ~)* tomahawk; *(kuv)* *haudata -ensä* bury the hatchet **-koneisto** machinery of war **-korkeakoulu** war *(Br m* staff) college **-korvau**|**s** war indemnity; *-kset* reparations **-laiva** war (naval) vessel, man-of-war *(pl* men-of-war) **-laivasto** navy **-leski** war widow **-lippu** war flag; banner **-maalaus** warpaint *(m kuv)* **-marsalkka** Field Marshal **-mie**|**s 1** soldier; *tavalliset -het* the rank and file **2** *(korttip)* knave, jack **3** *(šakk)* pawn **-ministeri** minister of war; *(Brit)* Secretary of State for War, War Secretary; *(USA)* Secretary of War **-ministeriö** ministry of war; *(Brit)* War Office; *(USA)* Department of War **-museo** war museum **-oikeus** court-martial *(pl* courts-martial) **-palvelu**|**s** military (active) sevice; *kieltäytyä -ksesta* refuse to bear arms **-palveluskelpoinen** ..fit for active service **-pappi** [army] chaplain **-poliisi** military police **-päällikkö** military commander, general **-ratsu** war horse, charger, steed **-retk**|**i** campaign, military expedition; *lähteä -elle* take the field **-rikollinen** war criminal **-saalis** booty; *(meri- ja ilmasodassa)* prize of war **-sairaala** stationary [war] hospital **-sankari** war hero **-sokea** person blinded in the war **-suunnitelma** plan of campaign; *(kuv m)* stratagem **-syyllinen** war criminal **-taito** art of war, military strategy **-tarvikkeet** munitions, requisites for war; *(ampumatarvikkeet)* *(sg)* ammunition **-[tarvike]teollisuus** war (munition) industry **-tiede** military science **-tila** state of war **-tilalaki** martial law **-toimi** operation **-tuomioistuin** military court **-vammai**|**nen** disabled soldier (veteran); *-set (m)* the war-disabled **-vankeu**|**s** captivity; *joutua -teen* be taken prisoner of war **-vanki** prisoner of war, *(lyh)* POW **-varusteet** armaments **-veteraani** ex-serviceman; *(Am)* veteran **-voima** *(sotilaallinen voima)* military power; *~t* the armed (fighting) forces **-väenotto** recruiting **-väk**|**i** the army, *(pl)* the armed forces; *joutua -een* be called up for military service; *olla -essä* do one's military service **-ylioikeus** court martial appeal court, military high court **-ylituomari** judge advocate general.

sotia 1 be at war (with each other

keskenään); make (wage) war (on a country *jtk maata vastaan;* for freedom *vapauden puolesta); (taistella)* fight, struggle *(m kuv;* against poverty *köyhyyttä vastaan)* 2 *(kuv);* ~ *jtk vastaan* be contrary to, conflict with, be against (a p.'s principles *jkn periaatteita vastaan).*

sotilaalli|nen 1 military (discipline *kuri;* for military purposes *-siin tarkoituksiin)* **2** *(sotilaalle ominainen)* soldierly (bearing *ryhti),* soldierlike.

sotila|s soldier; *-an ammatti* military profession.

sotilas||- military (rank *-arvo;* attaché *-asiamies;* dictatorship *-diktatuuri;* regime *-hallitus;* hospital *-sairaala;* base *-tukikohta)* **-johto** *(pl)* officers; *ylin* ~ military high command **-karkuri** deserter **-koti** canteen; *(Brit) (lyh)* NAAFI (= Navy Army and Air Force Institutes); *(USA)* USO (= United Service Organization) canteen, PX **-[lento]kone** army plane **-lääkäri** army (military) doctor (medical officer) **-mainen** soldierlike, soldierly **-mestari** *(läh v)* Warrant Officer *(lyh* WO) **-puku** [military] uniform; *-puvussa* in uniform **-slangi** army slang **-ura** military career; *antautua ~lle (m)* join the army **-valta** military rule, militarism **-valtio** militaristic state.

sotisopa armo[u]r.

sotka pochard, scaup [duck].

sotke|a 1 *(liata)* [make ..] dirty, mess up **2** *(sekoittaa)* mix (wine with water *viiniin vettä) (ks m sekoittaa 3, 4, 5, 6); joutua -tuksi jhk* be entangled (caught up) in; get involved in; ~ *vyyhti* tangle a skein.

sotkeutu|a 1 *(mennä sekaisin)* get tangled, become entangled (in *jhk;* the ropes became entangled *köydet -ivat);* entangle (the bird entangled itself in the net *lintu -i verkkoon);* ~ *sanoissaan* stumble in one's words **2** = *sekaantua 1, 2* **3** *(joutua sotketuksi jhk)* be (get) caught up (in a crime *rikokseen),* be (get) involved (in an affair *jhk juttuun)* **4** *(vaihtua)* be confused (these concepts are easily confused *nämä käsitteet -vat helposti [toisiinsa]);* get mixed (with *jhk;* together *keskenään).*

sotku mess; muddle; mix-up, mess-up; *selvittää jk ~ista* straighten out the tangles in, disentangle a th. **~i|nen 1** *(konkr)* tangled (ball of wool *lankakerä); (sekainen)* disorderly, *(ark)* messy (room

huone) **2** *(kuv)* tangled (ideas *-set ajatukset);* confused (finances *-set raha-asiat);* muddled (situation *tilanne);* complicated, involved (business affairs *-set liikeasiat).*

šottiisi schottische.

soturi warrior.

sou|della be rowing about; *mennä -telemaan (m)* go for a row.

souta||a a row; *(~ jollaa m)* scull **-ja** oarsman *(m urh),* rower.

soutu *(urh)* rowing **~kilpailu** rowing-match, boat-race **~vene** row[ing]-boat.

soveliaisuus propriety, decency.

sovelias suitable (for *jksk),* fit (for a purpose *jhk tarkoitukseen);* appropriate (measure *menettelytapa); (säädyllinen)* proper, decent.

sovellus application (of *jnk ~;* to *jhk)* **~ohjelmisto** *(atk)* application software.

soveltaa 1 apply (a method *jtk menetelmää;* a rule to a case *sääntöä tapaukseen);* stipulate, enforce (a law *lakia)* **2** *(sovittaa)* adapt (the instructions to Finnish circumstances *ohjeet Suomen oloihin)* ► ~ **käytäntöön** put .. in practice, put (adapt) .. to use; *sovellettavissa oleva* applicable; **sovellettu** applied; *tätä sääntöä voidaan ~ tähän tapaukseen* this rule is applicable to this case.

sovel||tua 1 be suitable (for a purpose *jhk tarkoitukseen);* be suited (for, to *jhk;* he wasn't very well suited for a teacher *hän ei oikein -tunut opettajaksi);* suit (a p.'s needs *jkn tarpeisiin); (asioista m)* be adapted (for use in *käytettäväksi jssk)* **2** *(pitää paikkansa)* apply (to a situation *jhk tilanteeseen); sääntö ei -lu tähän tapaukseen (m)* the rule is inapplicable (does not hold [good]) in this case; ~ *yhteen jnk kanssa* be compatible with **-tumaton** ..unsuitable (for *jhk, jksk),* ..not suited (for (to) a job *jhk työhön),* ..unsuited (soil unsuited for cultivation *viljelykseen ~ta maata);* ..unfit, *(henk m)* ..unfitted (for *jhk, jksk)* **-tumattomuus** unsuitability (for *jhk, jksk)* **-tuv|a 1** suitable (for *jhk, jksk;* for a purpose *jhk tarkoitukseen);* suited (for (to) a job *jhk työhön),* fit (for); adapted (for *jklle;* to the needs of *jkn tarpeisiin; tarkoitukseen ~* suitable **2** *(-lettavissa oleva)* applicable (to *jhk ~); -in kohdin, -ilta osin* where (when, as) applicable **-tuvuus** suitability (for *jhk, jksk);* applicability (to) **-tuvuuskoe**

aptitude test.
šovinis||**mi** chauvinism **-ti** chauvinist.
sovinnai||**nen** conventional **-suus** conventionality.
sovinnolli||**nen** conciliatory, amicable; *(rauhaa rakastava)* peaceable; *-sessa hengessä* in a spirit of compromise **-suus** conciliatory spirit (disposition).
sovinnonhieroja peacemaker, conciliator.
sovin|**to** 1 reconciliation (bring about a reconciliation between *saada aikaan* ~ *jdk kesken*); *(~ työriidassa ym)* conciliation 2 *(sopu)* harmony (be in harmony with *olla -nossa jkn kanssa*) ▶ **päästä** ~**on** come to terms *(m kuv;* with o.s. *itsensä kanssa);* come to an agreement; **saattaa** ~*on* reconcile; bring .. together; **selvittää** *asia -nossa* settle a matter amicably; *erota* **sovinnossa** part friends; **tehdä** ~ be reconciled (with *jkn kanssa), (ark)* make it up.
sovinto||**ehdotus** proposal for a settlement (compromise) **-kuolema** *(usk)* expiatory (redeeming) death **--oikeus** arbitration court **-politiikka** policy of reconciliation (appeasement) **-tuomari** arbitrator; *toimia* ~*na jdk välillä* arbitrate between **-tuomioistuin** court of conciliation.
sovite fit; *(adapteri)* adapt|er, -or.
sovitel||**la** arbitrate; mediate (between *jdk välillä*) **-ma** *(mus)* arrangement.
sovitta|**a** 1 *(konkr)* fit (the pieces of a machine together *koneen osat yhteen*) 2 *(kuv)* a) *(järjestää)* arrange, *(ark)* fix (the journey for Tuesday *matka tiistaiksi); (~ väliin)* fit in (I'll try to fit my holidays in with yours *yritän* ~ *lomani sinun lomasi ajaksi);* b) *(muokata)* adapt (to *jnk mukaan),* adjust (one's expenditure to one's income *menonsa tulojen mukaan);* suit (one's speech to one's audience *puheensa kuulijoiden mukaan*) 3 *(~ radiolle ym)* adapt (a play for television *näytelmä televisiolle*) 4 *(mus)* arrange (for an orchestra *orkesterille;* arranged by.. *-nut..*) 5 *(~ vaatetta ym)* try [..] on; *(~ ompelijalla t. räätälillä)* fit (a p. with a dress *jklle leninkiä*) 6 *(~ riitaa)* settle, adjust (differences *erimielisyyksiä;* between *jdk välillä);* reconcile, bring .. together (the conflicting parties *riitapuolet*) 7 *(hyvittää)* expiate (a crime *rikos); (usk)* atone (for one's sins *syntinsä*).
sovitte||**lija** arbitrator, conciliator, mediator

-lu conciliation; *(työriitojen* ~*)* arbitration **-luehdotus** *(m)* draft settlement.
sovittu ks. *sopia* → D.
sovitu|**s** 1 *(näytelmän* ~*)* adaptation 2 *(mus)* arrangement (for the piano *piano*~); ~ *N.N.* arranged by N.N. 3 *(vaatteen* ~*)* fitting 4 *(rikoksen* ~*)* expiation (in expiation of one's crime *rikoksensa -kseksi)* 5 *(usk)* the Atonement; *(raam m)* reconciliation; propitiation ~**huone** fitting-room ~**kuolema** *(usk)* redeeming (expiatory) death, the Atonement.
sovjetologia Kremlinology, Sovietology.
spagetti spaghetti *(pl* ~*).*
spanieli spaniel.
spartalainen *a ja s* Spartan.
spas||**modinen** spasmodic[al] **-tikko** spastic.
speditööri forwarding agent[s].
spektaakkeli spectacle.
spektri spectr|um *(pl* -a).
spekul||**aatio** speculation **-oida** speculate (on, about *jllak;* in shares *osakkeilla).*
sperma sperm.
spesia||**ali**[**nen**] special **-listi** specialist (in *jllak alalla*).
spesifi||**nen** specific *(adv* ~ally) **-oida** specify.
spiraali spiral.
spirantti fricative, spirant.
spiritis||**mi** spiritualism; *(erik Am m)* spiritism **-ti** spiritualist **-tinen** spiritualistic; ~ *istunto* séance *(ransk).*
sponsor|**i**, **-oida** sponsor.
spontaani||[**nen**] spontaneous **-suus** sponta|neity, -neousness.
sporadinen sporadic[al].
sprii spirit[s].
staattinen static.
stabi||**ili** stabile, stable **-ilius** stability **-l[is]oida** stabilize.
stadion stadi|um *(pl m* -a).
stagflaatio stagflation.
stagnaatio stagnation.
stalinismi Stalinism.
standardi standard; ~*sta poikkeava* nonstandard ~**soida** standardize ~**sointi** standardization.
standartti standard *(lyh* std).
statisti supernumerary, *(ark)* super, extra.
statisti||**ikka** *(sg)* statistics **-nen** statistical.
steariini stearin[e] ~**happo** stearic acid.
step||**ata** tap-dance **-pi** tap (step) dance.
stereo; ~*t* stereos, *(sg)* stereo [set].
stereo||- stereo (equipment *-laitteet;* record *-levy;* broadcast *-lähetys;* tape recorder

-nauhuri) **-tyyppi** stereotype **-vastaanotin** stereo[phonic] radio-set (receiver).

steri‖ili sterile **-lisaatio** sterilization; *(miehen ∼)* vasectomy **-liteetti** sterility **-loida** sterilize **-lointi** sterilization.

steroidi steroid (anabolic steroids *anaboliset ∼t)*.

stetoskooppi stethoscope.

stigma stigma *(pl m ∼ta)* **∼tisaatio** stigmatization.

stiletti stiletto *(pl ∼s)*.

stilis‖oida style, stylize; *(∼ tekstiä)* edit **-ointi** styling, stylization **-ti** stylist; *(mainostekstien laatija)* copywriter **-tiikka** stylistics **-tinen** stylistic *(adv ∼ally)*.

stimul‖anssi, -antti stimulant **-oida** stimulate.

stipendi scholarship; *(Br m)* grant, award; *(tutkimus∼)* post-graduate scholarship, *(Am m)* fellowship; *saada ∼* win (be awarded) a scholarship, receive a grant **∼aatti** holder of a scholarship, scholar; fellow; scholarship student; *Fulbright-∼* Fulbright fellow.

stoalaisuus *(filos)* Stoicism; *(kuv)* stoicism.

stokastinen stochastic *(adv ∼ally)*.

stoola stole.

strategi‖a strategy; *(erik sot) (sg)* strategics **-nen** strategic (arms *-set aseet), (m)* strategical.

stratosfääri stratosphere.

strepto‖kokki streptococc|us *(pl -i)* **-mysiini** streptomycin.

stressa‖ta cause stress; *-ava* stressful **-utua** be under stress, suffer from stress.

stressi stress.

struktu‖raali[nen] structural **-ralismi** structuralism **-ralistinen** structuralist[ic] *(adv ∼ically)* **-uri** structure.

strutsi ostrich.

struuma goitre.

strykniini strychnine.

stuertti steward.

suahili *(henk ja kieli)* Swahili.

subjekti subject **∼ivinen** subjective **∼ivisuus** subjectivity.

subjunktiivi [the] subjunctive [mood].

sublim‖aatio sublimation **-oida, -oitua 1** *(kem)* sublime **2** *(psyk)* sublimate.

subsooninen subsonic *(adv ∼ally)*.

substantiivi noun, substantive **∼attribuutti** apposition **∼nen** substantiv|al, -e; *∼ adjektiivi* adjective used as a noun.

substitu‖oida substitute (a th. for *jk jllak)* **-utio** substitution.

subtrooppinen subtropical.

subvent‖io subsidy, subvention **-oida** subsidize.

sudanilainen *a ja s* Sudanese.

suden‖korento dragonfly **-kuoppa** pitfall *(m kuv)* **-pentu** wolf-cub.

suffiksi suffix.

suffragetti suffragette.

sugge‖roida influence .. by suggestion; *helposti -roitava* suggestible **-roitua** be hypnotized (by *jstk)* **-roiva** suggestive; hypnotic (stare *katse)* **-stio** suggestion.

suha‖hdella, -htaa whiz[z], zip, whistle; *(tuulesta m)* whine, howl **-[hd]us, -htelu** whiz[z], whistl|e, -ing; *(tuulen ∼ m)* howl, whining.

suhdanne trade *(Am* business) cycle, economic trend *(ks suhdanteet)* **∼herkkä** ..sensitive to economic fluctuations **∼jakso** business (trade) cycle **∼katsaus** review of business conditions **∼kehitys** business (economic) trend (development); *kansainvälinen ∼ (pl)* international economic developments; *yleinen ∼* general economic (business) trend **∼käyrä** economic trend **∼politiikka** counter-cyclical policy **∼teoria** theory of economic cycles **∼työttömyys** cyclical (seasonal) unemployment **∼vaihtelu** business fluctuation, *(pl)* fluctuations in the economic situation.

suhdanteet trade (trading, business) conditions, *(sg)* state of the market (economy); *heikot ∼ (sg)* trade depression, the slump; *hyvät ∼ (sg)* boom, prosperity.

suh‖de 1 relation (of a part to the whole *osan ∼ kokonaisuuteen;* between cause and effect *syyn ja seurauksen välinen ∼);* proportion, ratio (of a th. to *jnk ∼ jhk);* relationship (between *jdk välillä)* **2** *(henk)* **a)** *(m -teet)* relationship (with *jkh, jkn kanssa;* between *jdk välillä;* confidential (sexual) relationship *luottamuksellinen (seksuaalinen) ∼;* he has a good relationship with his parents *hänellä on hyvät -teet vanhempiinsa);* relation (of an individual to society *yksilön ja yhteisön ∼;* between mother and child *äidin ja lapsen välinen ∼;* mutual (close) relations *keskinäiset (läheiset) -teet;* break off all relations with *katkaista kaikki -teet jkh);* **b)** *(suhtautuminen)* attitude (to[wards] *jhk);* relation (to God *Jumalaan);* **c)** *(rakkaus∼)* affair **3** *-teet (yhteydet)* relations (friendly relations between two countries *ystävälliset -teet kahden maan välillä*); connections, *(Br m)* connexions (he has connections *hänellä on -teita*); *(liik m)* contacts (make contacts abroad *solmia -teita ulkomaille*) **4** *(mitta~); -teet* proportions (study the proportions of the human body *tutkia ihmisruumiin -teita*) **5** *(mat ym)* ratio (of a to b *a:n ja b:n ~*), proportion (in the proportion of 4 to 5 *-teessa 4 : 5*) ▶ **eräässä** *-teessa* in one respect; **joka** *-teessa* in every respect, in all respects; **missä** *-teessa?* in what respect? **monessa** *-teessa* in many respects; **samassa** *-teessa* in proportion (as *kuin*); **suhteessa** *jhk* in proportion (relation) to; proportional (proportionate) to; *olla jssk -teessa jhk* bear some relation to; *se ei ole missään -teessa siihen mitä arvioimme* it bears no relation to what we estimated.

suhde||luku ratio **-toiminta** *(pl)* public relations; PR-activity, publicity.

suhi||na *(tuulen ~)* whistling, singing; *(äänitekn)* noise; *korvien ~* ringing (buzzing) in the ears **-sta** whistle, sing; *korvissani -see* my ears are buzzing (ringing).

suhtautu|a take up (adopt) a .. attitude (take up a negative attitude towards *~ kielteisesti jhk*); take a .. view (take a serious view of *~ vakavasti jhk*) ▶ **kuinka hän -i siihen?** what was his reaction? how did he take it? how did he respond? *~ jkh kuin lapseen* treat .. like a child; *4 -u 8:an niin kuin 6 12:een* four is to eight as six [is] to twelve, as four is to eight so is six to twelve.

suhtautumi|nen attitude (to[wards] *jhk;* everything depends on your own attitude *kaikki riippuu omasta -sestasi*); *(-stapa) (m)* outlook (on life *elämään*).

suhteelli||nen relative (conception *käsite;* velocity *nopeus;* everything is relative *kaikki on -sta*); comparative (term *ilmaus, käsite*); proportional (representation *vaalitapa*); *~ enemmistö* relative majority (*Am* plurality) **-sen** relatively, comparatively; *(melko)* rather **-suu|s** relativity; proportionality; *-den taju* sense of proportion **-suusteoria** theory of relativity.

suhteen; *jnk ~* regarding, as regards, in regard to; *(jtk koskien)* concerning, as to.

suhteet||on ill-proportioned, unsymmetrical (body *vartalo*), asymmetrical; *(kohtuuton)* excessive, exorbitant, immoderate

(demands *-tomat vaatimukset*) **-tomuus** disproportion, lack of proportion.

suhteuttaa proportion (a th. to *jk jhk*).

suhuäänne sibilant.

suihke spray.

suihku 1 jet (of water *vesi~*), spout; *(ohut ~)* spray **2** *(kylpy~)* shower (take a shower *ottaa ~*) **~huone** shower [bath] **~hävittäjä** jet fighter **~kaivo** fountain **~[lento]kone** jet plane; *(ark)* jet **~lähde** fountain **~moottori** jet motor (engine) **~seurapiiri** the jet set **~|ta** spout, spurt (blood spurted from the wound *veri -si haavasta*), gush (oil gushed from the well *lähteestä -si öljyä*); squirt (water squirted from the hose *vesi -si letkusta*), jet, spray [out] (all over *joka puolelle*) **~tin** sprayer, sprinkler **~tt|aa 1** spray (fuel into the cylinder of an engine *polttoainetta moottorin sylinteriin*); squirt (oil into a lock *öljyä lukkoon*); spout (the whale spouted water into the air *valas -i vettä ilmaan*) **2** *(kastella -amalla)* spray (perfume on *hajuvettä jhk;* flowers *kukkia*), sprinkle (a th. with water *vettä jnk päälle*).

suikale strip (of *jtk;* tear into strips *repiä ~iksi*); *(keitt)* leikata *~iksi* shred, slice .. finely; *(lihasta)* cut .. into strips.

suin||kaan; *ei ~* by no means; *(ei tosiaankaan)* certainly not **-kin** *(vain)* only; *(mahdollisesti)* possibly (I'll do all I possibly can *teen kaiken minkä ~ voin*); *jos ~ on mahdollista* if possible; *niin pian kuin ~* as soon as possible.

suin päin head over heels.

suip||eta taper off **-istaa;** *~ suutaan* purse one's lips, pout **-po** tapering (end *pää*), pointed (tower *torni*) **~kaari** pointed arch **~kärkinen** pointed, peaked.

suistaa throw (down, over *kumoon*); *~ jku raiteiltaan* send .. off the rails; *~ juna kiskoilta* derail a train; *~ vallasta* overthrow.

suisto delta; *(estuaari)* estuary.

suistua fall (to the ground *maahan;* into the ditch *ojaan*) ▶ *~ hevosen selästä* fall off one's horse; *~ kiskoilta* leave the rails, be derailed; *~ raiteiltaan* go off the rails; *(autosta) ~ tieltä* run (bounce) off the road.

suitset *(sg)* bridle.

suitsu||ke incense **-ta** smoke; *-avat rauniot* smo[u]ldering ruins **-ttaa 1** vomit (smoke *savua*), belch [out] (fire *tulta*) **2** *(usk)* [burn] incense **-tusastia** censer, incensory

-tuspuikko joss stick.

suja||**htaa** slip (away *piiloon;* the weeks were slipping by fast *viikot -htivat nopeasti*); whiz[z], flash (the car flashed past *auto -hti ohi*) **-uttaa** slip (into *jhk*).

suju||**a** go (if all goes well *jos kaikki -u hyvin*), go off (as expected *odotetusti*), pass off; *(ark)* come off; *liikenne alkoi ~ normaalisti* the traffic began to flow normally; *miten työ -u?* how are you getting on with your work? *työ -u hyvin* the work is progressing well **-t** quits (with *jkn kanssa*) **-va** fluent (English *~a englantia*); easy, fluid (style *tyyli*); *hänellä on ~ kynä* he writes with ease **-vasti;** *puhua ~ englantia (m)* speak fluent English, be fluent in English **-vuus** fluency; ease.

suka *(hevos~)* currycomb.

sukaatti mixed peel, candied citron.

sukan||**terä** foot of a stocking (sock) **-varsi** stocking leg.

sukellu|**s** diving; dive, plunge; *mennä -ksiin* submerge; *olla -ksissa* be submerged; *~ tuntemattomaan* plunge into the unknown **~kypärä** diver's (diving) helmet **-laitteet** *(sg)* aqualung apparatus **~lasit** diver's goggles **~puku** diving suit **~vene** submarine; *(saksalainen ~)* U-boat.

sukelta||**a** dive (for pearls *helmiä;* from a jetty *laiturilta;* into the water *veteen*); *(sukellusveneestä m)* submerge; *(syöksyä)* plunge (headlong into the swimmingpool *pää edellä uima-altaaseen; (kuv)* into the crowd *väkijoukkoon*); take a dive (into the water *veteen*); *~ esiin* emerge (from the sea *merestä); (kuv m)* appear, turn up, *(henk m)* pop up **-ja** diver.

sukeutu|**a;** *asiasta -i vilkas keskustelu* the issue led to a lively discussion; *siitä -i suuri riita* it led to a sharp quarrel.

sukia; *~ hevosta* curry (groom) a horse; *~ hiuksiaan* brush (comb) one's hair; *~ partaansa* stroke one's beard.

sukka stocking; *(nilkka~)* sock **~housut** tights, *(sg)* pantyhose **~nauha** suspender; *(Am)* garter **S~nauharitarikunta** the Order of the Garter **~puikko** knitting needle **~sillaan** in [one's] stocking feet.

sukkela quick, swift; *(nokkela)* clever, bright (idea *tuuma*); witty (remark *huomautus*) **~sanainen,** **~älyinen** witty, quick-witted.

sukkeluu|**s** quick (ready) wit[s], wit[tiness]; *(sutkaus)* witty remark, stroke of wit;

(pila) joke (crack jokes *lasketella -ksia*).

sukkul||**a** shuttle **-oida** shuttle; *(ihmisistä)* commute (from *jstk;* to *jnnk;* between *jdk välillä*).

suklaa chocolate **~karamelli,** **~konvehti** chocolate **~levy** bar of chocolate **~nruskea** chocolate **~rasia** box of chocolates.

suksi ski **~sauva** ski stick **-side** ski binding.

suku 1 family (he comes from a wealthy family *hän on rikasta ~a;* all the family were present *koko ~ oli läsnä*); *(hallitsija~)* house **2** *(~juuri)* strain, stock (come of good stock *olla hyvää ~a*); line (the last of his line *~nsa viimeinen*); ancestry (be of noble ancestry *olla ylhäistä ~a*) **3** *(kasv, el)* gen|us *(pl* -era) **4** *(kiel)* gender ▶ **kuninkaallista** *~a* of royal blood; *olla ~a* be related (to *jklle, jllk;* on the father's side *isän puolelta*); *hän on minulle ~a (tav)* he is a relative of mine; *olla läheistä (kaukaista) ~a jklle* be closely (distantly) related to, be a close (distant) relative of; **omaa** *~a* Brown née (born) Brown; *hän on omaa ~a.. * her maiden name is..

suku||**hauta** family grave; *(-kappeli)* family vault **-historia** family history **-inen;** *jnk ~* related to; of .. stock (string, lineage) (of noble lineage *ylhäis~*) **-kieli** cognate (related) language **-kokous** family meeting (reunion).

sukulai|**nen** relative (a distant relative of *jkn kaukainen ~;* we are relatives *olemme -sia*), relation (by marriage *avioliiton kautta*); *lähin ~ (lähimmät -set) (m)* next of kin; *-set* relatives, relations; *(puolison set)* connections; in-laws

sukulais||**kansa** kinred nation **-kieli** kindred language **-sielu** kindred spirit **-uus** relationship; *(~ avioliiton kautta)* affinity; *(veri~)* consanguinity.

suku||**linna** ancestral castle **-luettelo** genealogy **-nimi** surname, family name **-polvenvuorottelu** alternation of generations **-polvi** generation; *~en välinen kuilu* generation gap.

sukupuoli sex **~elimet** sex[ual] organs, genitals; private (privy) parts **~elämä** sex life **~hormoni** sex hormone **~kasvatus** sex education **~kypsyys** sexual maturity **~kypsä** sexually mature **~nen** sexual **~suhde** sexual relationship **~tauti** venereal disease, *(lyh)* VD **~vietti** sex instinct, sexual drive **~yhdyntä** sexual intercourse.

suku||**puu** family (genealogical) tree;

(eläimen ~) pedigree **-puutto** extinction; *hävittää* ~*on* wipe out, kill off; *(tuhota)* exterminate; *hävitä (kuolla)* ~*on* become extinct, die out; ~*on kuollut* extinct **-rutsaus** incest **-tutkija** genealogist **-tutkimus** genealogy **-viha** family feud **-vika;** *se on* ~ it runs in the family.

sula 1 unfrozen (ground *maa*), *(pred m)* not frozen; *(avoin)* open (the sea is open *meri on* ~) **2** *(~nut)* molten (steel *teräs*); melted (butter *voi*); *(juokseva)* liquid (gold *kulta*), fluid **3** *(pelkkä)* sheer (it's sheer madness *se on* ~*a hulluutta*); *se on* ~ *mahdottomuus* it is utterly (absolutely) impossible.

sul|aa 1 melt (sugar melts in water *sokeri* ~ *vedessä*), *(~ pois)* melt away (the snow melted away *lumi -i*); *(metallista m)* fuse; *(~ jäästä) (m)* thaw (the ground had thawed *maa oli -anut*); *(~ nesteeksi)* liquefy (butter liquefies in heat *voi* ~ *kuumassa*); *(liueta) (m)* dissolve; *(ruoasta)* [be] digest[ed] **2** *(kuv)* melt (her heart melted with pity *hänen sydämensä -i säälistä*).

sula||ke fuse (the fuse has blown ~ *on palanut*) **-maton** infusible, non-fusible; heatproof; *(ruoasta)* undigested **-mispiste** melting point **-tejuusto** processed cheese, cheese spread **-ttaa 1** melt (the sun melts the ice *aurinko* ~ *jään*); *(~ metallia m)* fuse; *(~ malmia m)* smelt; *(liuottaa)* dissolve (in hot water *kuumaan veteen*); *(~ nesteeksi)* liquefy; *(~ jää jstk)* defrost (the refrigerator *jääkaappi*), thaw [out] (frozen foods *pakasteita*); *(~ ruokaa)* digest **2** *(kuv)* melt (the ice between *jää jdk väliltä*), soften (a p.'s heart *jkn sydän*); *(ymmärtää)* digest (it's difficult to digest all this at the same time *tätä kaikkea on vaikea* ~ *yhdellä kertaa*); *(sietää)* stomach, put up with (I can't put up with his behavio[u]r *en voi* ~ *hänen käytöstään*) **-tto** smelting plant (house) **-tus** melting; smelting; fusion; liquation **-tusuuni** smelting (melting) furnace; melting pot *(m kuv)* **-uttaa** *(liik)* merge (with *jhk;* into *jksk*); *(kuv)* fuse (into a cohesive whole *yhtenäiseksi kokonaisuudeksi*); *(liittää)* integrate, incorporate (into *jhk*); ~ *yhteen* fuse (melt) together; amalgamate, merge (two companies *kaksi yhtiötä*) **-utua** merge (into *jhk, jksk;* with a firm *jhk yhtiöön;* into the background *ympäristöön*);

(yhdistyä) be assimilated (incorporated) (into *jksk;* with the native population *alkuperäisväestöön*); ~ *toisiinsa* merge, melt *(väreistä m* blend) into each other **-utuma** *(liik)* merger **-va 1** *(kuv)* graceful (movements ~*t liikkeet*); elegant, *(miellyttävä)* pleasant (manners *käytös*) **2** *(ruoasta)*; *helposti* ~ easily digestible, *(pred m)* easy to digest; *huonosti* ~ indigestible; *suussa* ~ delicious **-vuus 1** *(kuv)* elegance, ease **2** *(tekn)* fusibility.

sulfa sulpha *(Am* sulfa) drug.

sulfaatti sulphate, *(Am)* sulfate ~**selluloosa** sulphate cellulose.

sulfidi sulphide, *(Am)* sulfide.

sulfiitti sulphite, *(Am)* sulfite ~**selluloosa** sulphite cellulose.

sulha||nen fiancé; *(häissä)* [bride]groom **-spoika** page.

sulje bracket *(ks* sulkeet*)*.

suljet|tu closed; *(lak)* -*uin ovin* behind closed doors, in private; -*un paikan kammo* claustrophobia; *ulkomaalaisilta* ~ *maa* a country closed to foreigners.

suljin *(valok)* shutter.

sulka feather; *(strutsin* ~*)* plume ~**hattu** plumed hat ~**kynä** quill [pen] ~**mainen** plum[ul]ate ~**pallo** badminton ~**palmu** fan[leaf] palm ~**sato** mo[u]lt[ing].

sul|kea 1 *(panna kiinni)* close (a window *ikkuna;* a letter *kirje;* a school *koulu;* for holidays *loman ajaksi;* one's eyes *silmänsä*); shut (a book *kirja;* a gate *portti*), shut up (a shop *liike*); liikkeet -*jetaan klo 18* the shops close at 6 p.m. **2** *(~ esteellä)* bar (a street for traffic *katu liikenteeltä*); *(tukkia)* block (the harbo[u]r was blocked by ice *jäät -kivat sataman*); *(estää)* obstruct **3** *(katkaista)* shut off (the gas *kaasu*), turn off (the electricity *sähkö*); disconnect the telephone *puhelin*); cut off (a p.'s escape route *jkn pakotie*); *(~ radio ym)* switch off (the television set *televisio*) **4;** ~ *[pois]* exclude, bar (a p. from the club *jku kerhosta*); *(urh)* ~ *kilpailusta* disqualify.

sulke|et brackets (in brackets -*issa*); *(Am m)* parentheses.

sulkeutu||a close, shut; shut o.s. up (he shut himself up in his room *hän -i huoneeseensa*); ~ *kuoreensa* withdraw into o.s.; ~ *lukkojen taakse* lock o.s. in, shut o.s. up **-neisuus** uncommunicativeness; reserve; *(jkn* ~*)* reserved nature **-nut** withdrawn (child *lapsi*), uncommunicative; *(pidättyvä)* reserved.

sul|ku 1 *(kanavan ~)* lock; *(~portti)* sluice, floodgate **2** *(katu- ym ~)* barricade; block (road block *tie~*); *(este)* barrier (across the road *tiellä*); *asettaa ~ jhk* barricade **3** *(kuv)* stop, check; *panna ~ jllk* put a stop to, put an end to **4** *(~merkki)* bracket (put in brackets *panna ~ihin*); *-uissa oleva* bracketed, ..in parentheses **5** *(sot)* barrage **6** *(kauppa~)* embargo **7** *(työn~)* lockout **~lauseke** *(mat)* parenthetical expression **~puomi** road barrier **~viiva** barrier line.

sullo|a cram, pack; jam, bundle (into *jhk*) **-utua** pack (into the train *junaan*), bundle, squeeze, crowd (into *jhk*).

sulo|inen sweet **-stuttaa** sweeten **-t** charms.

sulttaani sultan **~kunta** sultanate **~tar** sultana, sultaness.

suma jam.

sumea misty, hazy; *mennä ~ksi* mist over.

sumeilematta without [any] scruples.

sumen|taa cloud; *(konkr m)* mist, fog; *(~ silmät m)* dim, blur, blear **-tua** become misty (clouded).

summa sum; *(loppu~ m)* [sum] total; *nousta jhk ~an* amount to; *~ssa (umpimähkään)* at random **~mutikassa** at random.

summeri buzzer.

summittainen rough (estimate *arvio*).

sumppu fish chest (well).

sumu fog (the fog is lifting *~ hälvenee*); *(usva)* mist *(m kuv;* as if through a mist *kuin ~n läpi); (utu)* haze; *(tähti~)* nebula *(pl ~e)* **~inen** foggy, misty **~sireeni** fog siren **~ttaa** spray (liquid on *nestettä jhk*); *(kuv) ~ jkta* throw dust in a p.'s eyes.

sunnuntai Sunday *(ks keskiviikko).*

suntio verger.

suo bog, swamp, *(neva)* marsh, *(räme)* fen; *(kuv)* quagmire.

suo|da *(antaa)* give; *(sallia) (m)* allow (o.s. a th. *itselleen jtk*); *(myöntää) (m)* grant, accord (permission to do *lupa tehdä jtk*); bestow, confer (a title on *arvonimi jklle*) ▶ *suo|kaa|* **anteeksi!** excuse me! *jos* **Jumala** *suo* God willing, please God; *-koon Jumala että..* would to God that..; *-n* **mielelläni** *hänelle hänen menestyksensä* I don't grudge him his success; *soisin että niin olisi* I wish it were so.

suodat|in filter **-inpaperi, -inpussi** filter paper **-insavuke** filter tip, filter-tipped cigarette **-taa** filter (coffee *kahvia;* the light *valoa); (tekn m)* filtrate **-tu|a** percolate (through the soil *maahan); (imeytyä)* soak (into *jhk); (siivilöityä)* filter (light filtered through the curtains into the room *valo -i verhojen läpi huoneeseen)* **-us** filtration; percolation.

1 suoj|a 1 protection (against *jtk vastaan;* from *jltk);* shelter (take shelter from the rain *mennä sateen ~an*); cover *(m sot); (pakopaikka)* refuge **2** *(~rakennus)* shelter (wooden shelter *puinen ~); (vaja)* shed ▶ **antaa** *~a jklle* give a p. shelter; *(rakennuksesta)* be a refuge for; **etsiä** *~a* seek protection, seek (take) refuge (in *jstk;* with *jkn luota),* seek (take) shelter (under a tree *puun alta);* shelter, take cover (from *jltk);* **ottaa** *-iinsa (siipiensä ~an)* take .. under one's protection (one's wing); **pimeän** *-issa* under cover of darkness; *(mer) ~n* **puolella** leeward; **suojassa** under shelter; *olla ~ssa jltk* be sheltered (protected) from; *puiden ~ssa* in the shelter of the trees, sheltered by the trees; *tuulen ~ssa* sheltered from the wind[s].

2 suoja *(~sää)* thaw; *on ~* it is thawing; *tulee ~* there'll be a thaw.

suoja|amaton unprotected **-ava** protective; covering **-inen** sheltered **-kaide** safety fence, guard rail **-kansi** *(kirjan ~)* jacket **-katos** shelter; *(kankainen ~)* canopy; awning **-keino** safety measure; safeguard (against *jtk vastaan); (lääk)* prophylactic **-kerroin** *(aurinkovoiteen ~)* protective factor **-koroke** traffic island, refuge; *(Am)* pedestrian island **-kypärä** crash helmet **-lasit** goggles **-muuri** protecting wall, *(pl)* ramparts; *(linnoituksen ~)* breast wall; *(kuv)* bulwark (against *jtk vastaan)* **-naamari** mask **-npuoli** lee, leeward side **-paikka** shelter; *(turvapaikka)* refuge **-peite** tarpaulin **-puku** *(pl)* overalls; boilersuit; *(lapsen ~)* snowsuit.

suoja|ta protect (o.s. from a blow *itseään iskulta;* against the cold *kylmältä;* a country against attacks *maata hyökkäyksiltä),* shelter (from direct sunlight *suoralta auringonvalolta); (varjostaa)* screen (one's eyes with one's hand *kädellä silmiä;* the trees screen the garden from the wind *puut -avat puutarhaa tuulelta);* shield (from radiation *säteilyltä);* [safe]guard (against disease *taudeilta)* **-tie** zebra (pedestrian) crossing; *(Am)* crosswalk **-toimi** protective measure, safeguard (against *jnk varalta)* **-tti** protegé; *(fem)* protegée **-ttu** protected (by law *lailla*); sheltered (trade *elinkeino;* life *elämä*); säilytettävä valolta ~*na* to be kept away from light **-tulli** protective duty **-us** protection; *(tekn m)* shielding, screening **-utua** protect o.s. (from the cold *kylmältä*), shield o.s. (from a blow *iskulta*); shelter (from *jltk;* in *jhk*); take safeguards (against *jltk, jnk varalta*); *(sot)* take cover **-verkko** safety net **-voide** protective ointment (cream) **-väri 1** *(biol)* protective colo[u]ring **2** *(sot)* camouflage [paint]; *(laivan ~) (m)* baffle paint.

suojel||**eva** protective; *(alentuvan ~)* patronizing **-ija** protector, patron **-la** protect (o.s. from a blow *itseään iskulta;* against evil *pahalta*); shelter, shield (one's accomplice *rikostoveriaan*), screen (from *jltk*); *(varjella)* preserve (from danger *vaaralta*); guard (one's property *omaisuuttaan;* against disease *taudeilta*).

suojelu protection (of *jnk ~;* against, from *jltk*) ~**alue** protectorate ~**politiikka** protectionism.

suojelu|**s** protection; *olla jkn -ksessa* be under a p.'s protection, be under the patronage of ~**enkeli** guardian angel ~**kunta** civil guard ~**pyhimys** patron saint.

suojus guard, protector, shield; *(~päällinen)* cover; *(kotelo)* case, casing ~**kangas** tarpaulin ~**lehti** *(kasv)* bract ~**t**|**aa** armo[u]r (armo[u]red cable *-ettu kaapeli*).

suola salt ~**aro** salt plain ~**astia** saltcellar ~**happo** hydrochloric acid ~**inen** salty (food *ruoka*), salt (water *vesi*); salted (butter *voi*) ~**kaivos** salt mine ~**kala** salt[ed] fish ~**kide** salt crystal ~**kurkku** pickled cucumber; *(pieni ~)* gherkin ~**liha** salt (corned) beef; salted meat ~**liuos** saline solution ~**lähde** saline spring ~**pitoinen** saline, saliferous ~**pähkinä** salted peanut ~**silli** salted (pickled) herring ~**t**|**a** salt [down] (fish *kalaa*); *-tu* salted; salt, *(m)* corned (beef *liha*) ~**tikku** salt stick ~**ton** unsalted (butter *voi*); salt-free (diet *ruokavalio*) ~**us** salting ~**ve**|**si** salt water; brine (preserve in brine *säilöä -teen*).

suolen||**toiminta** [bowel] movement; ~*a edistävä aine* laxative **-tukkeuma** intestinal obstruction; ileus.

suol|**i** intestine, bowel; *(perä~) (pl)* bowels; *-et* intestines, bowels ~**jänne** [cat]gut ~**kaasu** flatus, intestinal gas, wind ~**mato** intestinal worm ~**nkainen** roundworm ~**solmu** = *suolentukkeuma* ~**sto** *(pl)*

intestines, bowels; *suolisto*|- intestinal (parasites *-loiset;* disorders *-sairaudet;* haemorrhage *-verenvuoto*).

suomaa marshy land, marshland.

suomalai|**nen I** *a* Finnish **II** *s* Finn; *-set* the Finns, Finnish people.

suomalais||**-englantilainen** Finnish-English (dictionary *sanakirja*); Finnish-British (Society *yhdistys*) **-syntyinen** Finnish-born, ..of Finnish descent **--ugrilainen** Finno-Ugric **-uus** Finnishness; Finnish culture.

suomen||**kielinen** Finnish (literature *kirjallisuus*); Finnish-speaking (population *väestö*) **S-lahti** the Gulf of Finland **-mielinen** pro-Finnish **-nos** Finnish translation (of *jnk ~*), translation into Finnish, Finnish rendering **-pystykorva** Finnish Spitz **-ruotsalainen** *s* Finnish Swede, Swedish-speaking Finn **-sukui**|**nen;** *-set kansat* the Finno-Ugrians; *-set kielet* Finno-Ugric languages **-taa** translate .. into Finnish.

suom|**i** [the] Finnish [language]; *-eksi* in Finnish.

Suom|**i** Finland; *-en* Finnish (flag *lippu;* music *musiikki*), ..of Finland (history *historia*).

suomia lash (a horse with a whip *hevosta ruoskalla*); *(kuv)* lash out (at *jtk*), lash (a p. *jkta*) with one's tongue.

suomu scale; lamina *(pl ~e*); *poistaa ~t jstk* scale ~**inen** scaly, scaled ~**lehti** *(kasv)* scale [leaf], bract ~**s** = *suomu; -kset putosivat silmiltäni* the scales fell from my eyes ~**staa** scale.

suomuurain cloudberry.

suonen||**iskentä** bloodletting, bleeding **-sidonta** ligation, ligature **-sisäinen** intravenous **-veto** cramp.

suon|**i 1** *(anat)* blood vessel; *(laskimo)* vein **2** *(kasv, el)* vein, nerve **3** *(geol)* vein (of gold *kulta~*), lode; *(pieni ~)* veinlet **4** *(juonne)* vein (veins of marble *marmorin -et*) **5** *(kuv)* vein (royal blood flows in his veins *hänen ~ssaan virtaa kuninkaallista verta*); *se sai veren hyytymään hänen ~ssaan* it made his blood curdle; *iskeä jklta -ta* venesect (bleed) a p.; *jalastani vetää -ta* I have a cramp in my leg ~**kohju** varicose vein ~**kohjuleikkaus** varicotomy ~**sto** *(pl)* blood vessels; vascular system.

suon|**kuivatus** reclaiming (draining) of swamp[s] **-silmä**[**ke**] boghole **-tutkimus** peatland research.

suopa soft soap.

suope||**a** favo[u]rable, sympathetic (to[wards] *jtk kohtaan*); *katsoa jtk -in silmin* look favo[u]rably on, look upon .. with approval; favo[u]r; *kohtalo oli hänelle* ~ fate was kind to him, fortune favo[u]red him; *saada ~t arvostelut (m)* be well received **-asti; suhtautua** ~ *jhk* be sympathetic towards, be in favo[u]r of, sympathize with **-us** favo[u]rablness, kindness; sympathy; *(jkn* ~ *m)* favo[u]rable attitude (disposition).

suopunki lasso *(pl* ~[e]s).

suopursu marsh tea.

suor|**a** *a* **1** straight (road *tie;* hair *tukka;* line *viiva;* stand straight! *seiso ~na!)* **2** *(välitön)* direct (translation from the French *käännös ranskasta;* flight from Helsinki to Tokyo *lento Helsingistä Tokioon;* result of *seuraus jstk;* in direct proportion to *~ssa suhteessa jhk;* action *toiminta;* connection between *yhteys jdk välillä)* **3** *(rehellinen)* straight (with *jkta kohtaan),* direct (answer *vastaus),* straightforward (question *kysymys); (vilpitön)* frank (and honest *ja rehellinen)* **II** *s* **1** *(mat)* straight line **2** *(~ maantiessä)* straight stretch **3** *(urh)* straight (final straight *loppu~); (Am)* straightaway **4** *(korttip)* straight ▶ *~lta* **kädeltä** offhand, straight away; ~ **lähetys** live broadcast; *(nyrkk)* **oikea** *(vasen)* ~ straight right (left); *~a* **puhetta** plain talk; *~a* **päätä** straight away (off), right away; *(suoraan)* straight; *sanoa jklle ~t* **sanat** tell a p. a few home truths, *(ark)* tell a p. off; *mennä ~a (-inta)* **tietä** *jnnk* go straight to, *(ark)* make straight (bee-line) for.

suoraan 1 straight (ahead *edessäpäin;* towards *jtk kohti, jnnk päin;* look a p. straight in the eyes *katsoa jkta* ~ *silmiin;* put a picture straight *panna taulu ~;* come straight home! *tule* ~ *kotiin!);* direct (translated direct from the original text *käännetty* ~ *alkuperäistekstistä); (välittömästi)* directly (he went directly to the office *hän meni* ~ *toimistoon); (pysähtymättä m)* through (the train goes through to London *juna menee* ~ *Lontooseen); (Am ja Br ark m)* right (in front of *jnk edessä;* opposite *vastapäätä)* **2** *(vilpittömästi)* frankly (answer frankly *vastata ~),* directly, *(avoimesti)* openly (I confess openly that.. *tunnustan ~ että..);* straight [out] (say straight out what one

thinks *sanoa ~ mitä ajattelee)* ▶ **mennä** ~ **asiaan** come (go) straight to the point; *purjehtia* ~ **etelään** sail due south; *osata* **lukea** ~ read without spelling; **sanoa** ~ *[jklle]* tell a p. straight [out] (frankly, *(ark)* point-blank); ~ **sanoen** to tell you the truth, frankly speaking, to be honest (frank) with you; ~ **verrannollinen** *jhk* directly proportional to.

suora||**kai**|**de** rectangle; *-teen muotoinen* rectangular **-kulmainen** right-angled **-kulmio** rectangle **-käyttäjä** *(atk)* direct (terminal) user **-käyttö** *(atk) (pl)* direct operations **-mainonta** direct mail advertising **-myynti** direct sale[s] **-nai**|**nen** obvious (error *virhe);* actual (it caused him actual damage *siitä aiheutui hänelle -sta vahinkoa);* real (miracle *ihme)* **-naisesti** exactly **-puheinen** outspoken, frank, honest; *liian* ~ blunt **-puheisuus** frankness, honesty; *(-sukaisuus)* bluntness **-ryhtinen** erect **-saanti**[**muisti**] direct access [memory] **-sanai**|**nen 1** prose (translation *käännös)* **2** = *-sukainen* **-selkäinen** straight-backed, erect.

suoras||**sa** straight (is my hat straight? *onko hattuni ~?);* upright (sit (stand) upright *istua (seistä)* ~), erect **-taan** absolutely (impossible *mahdotonta),* completely, *(ark)* positively; *(aivan)* quite (astonishing *hämmästyttävä);* downright (he was downright rude *hän oli* ~ *epäkohtelias); (itse asiassa)* actually, in fact; *(yksinkertaisesti)* simply; *(jopa)* even (he even claimed that.. *hän väitti* ~ *että..); ellei* ~ if not.

suora||**sukainen** outspoken, frank *(man mies);* straight; straight-out *(answer vastaus); (liian ~)* bold, blunt **-systeemi** online system **-viivainen 1** *(kuv)* straightforward; *(yksioikoinen)* unsubtle, oversimplified **2** *(mat, fys)* rectilinear (motion *liike).*

suorista||**a** straighten; *(tasoittaa)* smooth out **-utua** straighten [o.s.] up, draw o.s. up (to full height *täyteen pituuteensa).*

suorit||**taa 1** perform (an operation *leikkaus;* a task *tehtävä;* a scientific experiment *tieteellinen koe);* do (one's part in *osuutensa jstk;* research on *tutkimusta jstk);* make (inquiries *tiedusteluja);* carry out (a test *koe); (liik m)* execute (an order *tilaus)* **2** *(maksaa)* pay (the expenses *kulut;* effect (payment *maksu);* defray (the expenses *kustannukset); (~ kokonaan)* settle, pay off (a debt *velka); ~ loppuun* finish; complete; carry .. through **3** *(koul ym)* take (a degree in *arvosana jssk;* a first-aid course *ensiapukurssi;* a university degree *loppututkinto); (päästä läpi)* pass (with hono[u]rs *hyvin arvosanoin), (ark)* get through (an exam *tentti)* **-tamaton** outstanding (balance *jäännös),* ..due, ..in arrears.

suoritus 1 performance (excellent performance *erinomainen ~)* **2** *(liik)* payment, settlement (of charges *kulujen ~);* remittance (receive a remittance for *saada ~ jstk); tilauksen ~* execution of an order **3** *(atk)* execution **4** *(suorittaminen)* performance, accomplishment (of a task *tehtävän ~) ~aika (atk)* object time **~kyky** capacity, efficiency, performance **~teho** *(atk)* throughput **~tila** liquidation (go into liquidation *joutua ~an); liike on ~ssa (m)* the business is being wound up; *~ssa oleva* ..in liquidation **~yhteiskunta** meritocracy.

suoriutu|a get through (a driving-test *ajokokeesta);* get .. done (he got the work done in half an hour *hän -i työstä puolessa tunnissa);* get over (an obstacle *esteestä); (ark)* come off; *~ hyvin (m)* do well (in an exam *kokeesta); ~ hyvin tehtävistään* do one's work well, perform one's tasks well *(vrt selviytyä).*

suortuva lock; *(kihara)* curl.

suoruus straightness, directness; *(vilpittömyys)* frankness, honesty, sincerity *(ks suora).*

suosi||a 1 favo[u]r (fortune did not favo[u]r me *onni ei -nut minua)* **2** *(kannattaa)* support (a p.'s aims *jkn pyrkimyksiä); (edistää)* promote (the arts and sciences *tieteitä ja taiteita)* **-ja** patron (of the arts *taiteiden ~); (kannattaja)* supporter.

suosikki favo[u]rite **~-iskelmät** pop songs, pops **~järjestelmä** favo[u]ritism.

suosio 1 *(suopeus)* favo[u]r **2** *(menestys)* popularity (win popularity *saavuttaa ~ta;* the popularity of this book is due to.. *tämän kirjan ~ perustuu..)* ▶ **olla** *jkn ~ssa* be in a p.'s favo[u]r, be in favo[u]r with; *(olla suosittu)* be popular (with one's pupils *oppilaidensa ~ssa); hän ei ole esimiestensä ~ssa* he is out of favo[u]r with his superiors; **osoittaa** *~an* applaud (a p. *jklle;* frantically *raivoisasti);* **päästä** *jkn*

~on get into a p.'s favo[u]r; *päästä yleisön ~on* gain popularity, become popular; **saavuttaa** *~ta (m)* become popular; find favo[u]r (in England *Englannissa;* with *jdk keskuudessa); elokuva saavutti valtavan ~n* the film was a great success.

suosiolli||nen favo[u]rable, kindly disposed (to *jllk, jtk kohtaan); jkn -sella avustuksella* with a p.'s kind assistance; *jkn -sella luvalla* by courtesy of **-sesti** *(m)* with favo[u]r **-suus** favo[u]rable attitude; favo[u]r.

suosion||huudo|t shouts of approval, cheers; *tervehtiä jtk -in (m)* cheer **-osoitu|s 1** favo[u]r (it is a great favo[u]r to *se on suuri ~ jklle)* **2** **-kset** *(sg)* applause; *saada myrskyisät -kset* call forth a storm of applause.

suosit||ella recommend (a th. to *jtk jklle;* a p. for a position *jkta jhk toimeen)* **-eltava** recommendable; *on ~a että* it is to be recommended that **-taja** referee, reference **-tu** popular (book *kirja;* with one's friends *ystäväpiirissään)* **-uimmuus** *(tal)* most-favo[u]red-nation (preferential) treatment.

suositu|s 1 recommendation; *jkn -ksesta* on a p.'s recommendation **2** **-kset** references (he has excellent references *hänellä on erinomaiset -kset); -ksia vaaditaan* references required.

suostu||a agree (to *jhk;* to do *tekemään jtk;* to a p.'s request *jkn pyyntöön;* to a p.'s doing a th. *siihen että jku tekee jtk),* be agreeable (to *jhk;* to doing *tekemään jtk);* consent (to a proposal *ehdotukseen;* to a p.'s demands *jkn vaatimuksiin);* comply (with *jhk); (hyväksyä)* accept (an offer *tarjoukseen;* on condition that.. *sillä ehdolla että..);* grant (concessions *myönnytyksiin);* approve (the plan *suunnitelmaan); hänen pyyntöönsä ei -ttu* his request was denied (rejected, turned down, not accepted); *hän ei -nut tulemaan* he refused to come, he wouldn't come **-mu|s** consent (give one's consent to *antaa -ksensa jhk;* by mutual consent *molemminpuolisella -ksella); (hyväksymys)* approval; *antaa -ksensa (m)* consent, assent (to *jhk); jkn -ksella* with a p.'s consent (permission); *kieltäytyä antamasta ~taan* refuse one's consent.

suostu||tella persuade, induce (a p. to do *jku tekemään jtk); saada jku -telluksi jhk* coax a p. into; *saada jku -telluksi*

puolelleen win a p. over **-ttelu** persuasion;
monien ~jen jälkeen after much
persuasion **-vainen** willing, *(valmis)* ready
(to *jhk;* to do *tekemään jtk*); compliant
(person *ihminen*); *olla ~* be agreeable (to
jhk; to doing *tekemään jtk*).

suotautu‖a infiltrate; seep **-minen**
infiltration; seepage **-vuus** *(pap)*
drainability.

suotava desirable; *on erittäin ~a* .. it is
most (highly) desirable..; *sinun ei ole
~a* .. it is not advisable for you to..

suotiede peat[land] science.

suotta *(tarpeettomasti)* unnecessarily;
(turhaan) in vain, for nothing.

suotuis‖a favo[u]rable (for *jllk, jhk;* to
jklle; development *kehitys;* wind *tuuli*);
propitious (weather for *sää jllk*), benign
(omen *enne*); *(kuv m)* beneficial (influence
vaikutus); *(sopiva)* convenient (at a
convenient time *~an aikaan*); *-issa
olosuhteissa* under favo[u]rable
conditions; *onni oli heille ~* fortune
favo[u]red (was kind to) them; *saada ~
käänne (m)* take a turn for the better **~sti**
propitiously (develop propitiously *kehittyä
~*); auspiciously (begin auspiciously *alkaa
~*).

suova *(heinä~)* stack, rick.

super‖- super‖- *(-sonic -sooninen;* -tanker
-tankkeri; -power *-valta)*.

superlatiivi, ~nen superlative.

supikoira raccoon dog.

supi‖‖na whisper[s], whispering **-sta**
whisper.

suplst‖‖aa 1 reduce (to *jhk;* staff
henkilökuntaa; expenses *kuluja;*
production *tuotantoa*); cut back
(investments *investointeja*); cut [down]
(operations *toimintaa*), curtail (public
spending *julkisia menoja;* a p.'s powers
jkn valtuuksia); *(rajoittaa)* restrict (a p.'s
rights *jkn oikeuksia*); *(lyhentää)* shorten
(one's speech *puhettaan*); abridge (an
abridged edition of a novel *romaanin -ettu
laitos*) **2** *(mat)* reduce (by four *neljällä*),
cancel **3** *(lääk ym)* contract (the pores
huokosia), constrict (the blood vessels
verisuonia) **-aminen** reduction (of expenses
kustannusten ~); *(mat m)* cancellation
-ava 1 *(rajoittava)* restrictive **2** *(kosmet)*
astringent.

supistu‖‖a 1 contract (metal contracts as it
becomes cool *metalli -u jäähtyessään;* a
muscle contracts *lihas -u*) **2** *(kuv)* be

reduced (to *jhk, jksk;* by a half *puolella*);
tail (taper) off (production is tailing off
tuotanto -u); *murtoluku 3/5 ei supistu* the
fraction 3/5 cannot be reduced; *~ vähiin*
be reduced to a minimum; fall sharply
-minen contraction (of muscles (metals)
lihasten (metallien) ~); *(vähentyminen)*
reduction (in production *tuotannon ~*),
cutback.

supisuomalainen pure[ly] (genuine[ly], true)
Finnish.

supiturkki raccoon fur coat.

suplementtikulma supplementary angle.

suppea brief (review of *katsaus jhk*), short
(dictionary *sanakirja*); concise (survey
yleiskatsaus), *(tiivis m)* compact (report
lausunto), condensed (in a condensed form
~ssa muodossa); *(lyhennetty)* abridged
(edition of a book *kirjan ~ laitos*);
(rajoitettu) limited (use *käyttö*);
(rajoittunut) constricted (point of view
näkemys); *(pieni)* small (in the small
family circle *~ssa perhepiirissä*); *~ssa
merkityksessä* in a limited (narrow,
restricted) sense; *~t vokaalit* closed
vowels.

suppilo funnel; *(tekn m)* hopper **~kukka**
gloxinia **~mainen** funnel-shaped;
hopper-shaped.

sup‖ussa *(-puun); panna -puun* draw .. up
(together) (the mouth of the sack *säkin
suu*); *suu ~* with one's lips puckered [up].

surettaa grieve (a p. *jkta*); *minua ~ (m)* I
am sorry (about *jk;* that *se että*).

sureva mourning (widow *leski*), grieving.

suri‖‖na, -sta buzz, hum, *(koneesta m)*
drone, whir.

surkastu‖‖a 1 *(~ kasvussaan)* be checked in
growth, be stunted (dwarfed); *(kuv m)* be
reduced (to *jksk*) **2** *(lääk)* atrophy **-ma**
rudiment, vestige **-minen** atrophy **-nut**
stunted, dwarfed; *(lääk)* atrophic; *~ elin*
rudiment, vestige **-ttaa** atrophy *(m kuv)*;
(~ kasvussaan) stunt, dwarf, check .. in
growth.

surke‖‖a wretched (conditions *~t olot;* food
ruoka; weather *sää*); miserable (pay
palkka; in a miserable condition *~ssa
tilassa;* look miserable *olla ~n näköinen*);
(surullinen) sad (fate *kohtalo;* come to a
sad end *saada ~ loppu*); *(kehno)* bad, poor
(road *tie*); *(säälittävä)* pitiful, pitiable
(condition *kunto;* attempt *yritys*); *(ark m)*
lousy (food *ruoka*), rotten (weather *sää*);
~ näky a sad (pitiful, piteous, sorry) sight

-asti miserably (fail miserably *epäonnistua* ~); piteously (cry piteously *itkeä* ~); sadly (be sadly disappointed *pettyä* ~); *päättyä* ~ come to a sad end, end in a fiasco **-us** misery.

surku; *minun tulee* ~ *jtk* I feel sorry for ~**hupaisa** tragicomic (*adv* ~ally) ~**tella** feel sorry (for *jkta*) ~**teltava** pitiable, pitiful.

surma death; *saada* ~*nsa* be killed; lose one's life ~**nanisku** deathblow ~**nluoti** fatal bullet ~**nsilmukka** *(ilm)* loop; *tehdä* ~ loop the loop ~**ta** kill; *(~ joukoittain)* massacre.

sur|ra mourn ([over] a p.'s death *jkn kuolemaa*); grieve (about one's misfortunes *kurjaa kohtaloaan*); *(olla pahoillaan)* be sorry (for *jtk;* that *sitä että;* I wouldn't be sorry if.. *en -isi vaikka ..*); ~ *joutavia* worry over trifles.

surrealis||mi, -ti, -tinen surreal|ism, -ist, -istic (*adv* ~ally).

suru sorrow (joys and sorrows *ilot ja* ~*t;* to my great sorrow *suureksi* ~*kseni;* at the loss of a friend *ystävän menestyksestä*); grief (at a p.'s death *jkn kuolemasta;* die of grief *kuolla* ~*un*) ▶ **ilossa ja** ~*ssa* in sorrow and in joy, in weal and in woe; ~*n* **murtama** grief-stricken; **otan osaa** ~*usi* I sympathize with you in your [sad] bereavement; **surukseni** *olen kuullut..* I hear with sorrow (regret).

suru||aika [period] of] mourning **-asu** mourning; ~*ssa* in [deep] mourning **-harso** mourning veil **-hymni** dirge **-lli|nen** sad (about *jstk, jnk johdosta;* memory *muisto;* sight *näky;* come to a sad end *saada* ~ *loppu*); *(surumielinen)* melancholy (eyes *-set silmät;* feeling *tunnelma*); sorrowful, mournful (expression *ilme*); tragic (event *tapaus*), grievous (accident *onnettomuus*); *-sen kuuluisa* notorious **-marssi** funeral (dead) march **-mielinen** melancholy, sad; *(henk m)* heavy-hearted, *(pred)* sad at heart **-mielisyys** melancholy, sadness; heavy-heartedness **-musiikki** funeral music **-nauha** mourning band, crape **-nlapsi** child of sorrow; *(musta lammas)* black sheep **-nvalittelu|t** condolences (express one's condolences on a p.'s death *esittää -nsa jkn kuoleman johdosta*) **-puku** mourning, *(pl)* weeds; *olla -puvussa* be in (wear) mourning; *pukeutua* ~*un* go into mourning; *riisua* ~*nsa* go out of mourning **-reunainen** black-edged (letter *kirje*), mourning (paper *paperi*) **-saatto** funeral

procession, cortège; *(pl)* mourners **-talo** house of mourning **-ton 1** *(huoleton)* carefree, ..free from care **2** *(maailmallinen)* worldly[-minded]; *(syntinen)* sinful **-työ** grief work **-virsi** hymn of mourning, dirge.

survaista thrust (into *jhk*).

surv||in pestle; *(tekn)* [s]tamper, rammer **-oa** crush (grain *jyviä;* to pieces *pirstaleiksi*), pound; *(~ soseeksi)* mash, purée **-os** purée.

susi wol|f *(pl* -ves); ~ *lammasten vaatteissa* wolf in sheep's clothing; *työstä tuli* ~ it turned out a dud ~**koira** German police (shepherd) dog ~**lauma** pack of wolves.

sutenööri pimp, procurer.

suti brush.

sutkau|s joke, [wise]crack, witty remark; *lasketella -ksia* crack jokes.

suttaantua get dirty (messy).

suu mouth (open one's mouth *avata* ~*nsa;* of a bottle *pullon* ~); *(aseen* ~) muzzle; *(aukko)* opening, nozzle (of a hose-pipe *letkun* ~); *(sataman ym* ~ *m)* entrance (to the cave *luolan* ~) ▶ ~*n* **kautta** *(lääk ym)* orally, by mouth; **puhua** *jkn* ~*lla* parrot (echo) a p.'s words; *hän ei saanut* **sanaa** ~*staan* he couldn't say a word; *joen* **suussa** at the mouth of the river; *oven* ~*ssa* at the door; *(kuin)* **yhdestä** ~*sta* with one voice, unanimously.

suudel||la kiss (a p. on the cheek *jkta poskelle*) **-ma** kiss (give .. a kiss *antaa* ~ *jklle*).

suu||kappale 1 mouthpiece (of a clarinet (pipe) *klarinetin (piipun)* ~) **2** *(suutin)* nozzle (of a vacuum cleaner *pölynimurin* ~) **-kapula** gag; *panna* ~ *jklle* gag a p. **-kko[nen]** kiss **-kkosuu** clog plant **-kopu;** *pitää* ~*a jstk* wrangle about **-kotella** kiss.

suulake nozzle.

suulaki palate ~**halkio** cleft palate.

suulas talkative, chatty.

suulli||nen oral (examination *koe;* tradition *perimätieto*); *(sanallinen)* verbal (agreement *sopimus*); *sujuva suomen kielen* ~ *ja kirjallinen taito* fluent spoken and written Finnish; ~ *tentti (m)* oral, viva voce, *(ark)* viva; *(Am) (pl)* orals **-sesti** *(m)* by word of mouth; ~ *tai kirjallisesti* orally or in writing.

suunnanmuutos 1 *(mer)* alteration of course **2** *(kuv)* change of course; *(poliittinen* ~) shift.

suunnata direct (towards *jtk kohti (päin);*

against *jtk vastaan;* a remark at *huomautus jklle;* one's energies to *tarmonsa jhk*); *(kääntää)* turn (one's gun on *aseensa jtk kohti;* one's interest to *mielenkiintonsa jhk*); *(tähdätä)* aim (a gun (blow) at *ase (isku) jtk kohti*); channel (funds to *varoja jhk*); *(konkr m)* point, train (a telescope at *kaukoputki jhk*), angle (the camera towards *kamera jtk kohti*), *(~ ase m)* level (a pistol at the target *pistooli maaliin*); *~ kulkunsa jnnk (m)* head (make) for, make one's way to; *(mer)* steer to[wards], stand for; *~ pois jstk* divert from, turn away from.

suunnat||on enormous, immense, huge **-toman** tremendously (strong *vahva*), extremely (difficult *vaikea*); *~ suuri* huge, tremendous.

suunnikas parallelogram.

suunnilleen approximately; roughly; *(noin)* about; *(lähes)* nearly; *~ 30 henkeä* some thirty people; *~ niin* something like that; *~ sama/nlainen)* much the same; *~ tässä* somewhere near here.

suunniltaan beside o.s. (with rage *raivosta;* be beside o.s. *olla ~*); *~ ilosta* frantic with joy; on top of the world; *se sai hänet ~* it drove him frantic.

suunnist||aa orientate o.s. (by a map *kartan avulla*), take one's bearings; *(sot)* orient; *(urh)* practise orienteering **-aja** *(urh)* orienteerer **-us** orienteering.

suunnitel|la 1 plan (in advance *etukäteen;* to go to *lähtevänsä..;* a trip *matka[a];* to do *jnk tekemistä*); make plans (for one's holidays *lomaunsa*); map out (a route *reitti*), lay out, draw up (a programme *ohjelma*); design (the perfect crime *täydellinen rikos;* the book was designed for adult students *kirja on -tu aikuisopiskelijoille*); *-tu* planned, arranged; *hyvin -tu (m)* well mapped-out (route *reitti*) **2** *(muotoilla, piirtää yms)* design (a building *rakennus*), plan (a shopping centre *ostokeskus*); landscape (parks *puistoja*); project (a road *tie*).

suunnitelm|a plan (for *jksk;* a detailed plan *yksityiskohtainen*) *~;* change one's plans *muuttaa -iaan;* what are your plans? *millaisia -ia sinulla on?* make a plan *tehdä ~*); *(työ- ym ~* scheme (for doing *jksk, jnk tekemiseksi;* carry out the scheme *toteuttaa ~*); project (building project *rakennus~*) **~llinen** methodical, systematic *(adv ~*ally) **~talous** planned

economy.

suunnitteilla; *olla ~* be under consideration; *~ oleva* planned, projected; *..on ~ ..*is being planned.

suunnittelija designer; *(atk)* analyst.

suunnittelu planning (of a trip (parks) *matkan (puistojen) ~*); design (poor in design *~ltaan huono*) **~päällikkö** planning chief.

suunsoit||taja talker, *(ark)* windbag **-to** idle (big) talk, blather.

suun|ta 1 *(konkr)* direction (of a movement *liikkeen ~;* change direction *muuttaa ~a;* in the opposite direction *vastakkaiseen ~an*); course (of a river *joen ~;* our course was due east *~mme oli itään* **2** *(kuv)* **a)** *(taide-, tiede- ym ~)* movement; **b)** *(~us)* trend (show a downward trend *osoittaa laskevaa ~a*), tendency (romantic tendency *romanttinen ~*) ▶ *mielipiteet käyvät* **eri** *-tiin* opinions differ; **joka** *-nalta* from all directions, from everywhere; **jossakin** *Lontoon -nalla* somewhere near London; **kaikkiin** *-tiin (joka ~an)* in all directions; **kehittyä** *demokraattiseen ~an* gradually become more democratic; *kehittyä myönteiseen ~an* develop in a satisfactory direction, take a favo[u]rable turn; *kehittyä parempaan ~an* take a turn for the better; **mihin** *~an?* in what direction? which way? *katsoa* **molempiin** *-tiin* look both ways; **muuttaa** *~a* change (alter) one's course; *(tuulesta)* veer; **ottaa** *~ jhk* steer (head, make) for; *ottaa ~ kompassista* take the (one's) bearings; **samaan** *~an* in the same direction; the same way; *hän lähti samaan ~an kuin minä (m)* he came my way; *jhk* **suuntaan** in the direction of; *(jtk kohti)* towards; *pohjoisen ~an* in a northerly direction, northwards; *toiseen ~an (m)* the other way.

suuntaa antava guiding, suggestive.

suuntainen; *jnk ~* parallel with.

suunta||merkki direction (turning) sign **-numero** dialling *(Am* area) code.

suuntau||s trend (a new literary trend *uusi kirjallinen ~*), tendency (general tendency *yleinen ~*) **-tu|a** be directed (towards, at *jhk*); *(kohdistua)* be aimed (at *jhk;* against *jtk vastaan*); *(kääntyä)* turn (to[wards] *jhk;* to new fields *uusille urille*) ▶ **alaspäin** *-va* downward; *hänen* **harrastuksensa** *-vat urheiluun* his interests lie in the direction of sports; **muuttoliike** *-u* *etelään* the main direction of migration is southwards; *olla -nut jhk* be oriented towards; **ulospäin** *-nut [ihminen]* extrovert.

suunta‖vaisto sense of direction **-viiva;** ~*t* [guide]lines, *(sg)* trend (in *jnk* ~*t*), tendency (general tendency *yleiset* ~*t*) **-vilk‖ku** *(aut)* flashing traffic indicator; *-ut (ark m) (Br)* winkers, *(Am)* blinkers.

suunti‖‖a take a bearing; *(m)* locate **-ma** bearing (in degrees *asteissa*) **-minen** bearing; *(radio~)* direction finding, radio location **-mislaite** direction finder (*lyh* DF).

suunvuoro; *en saanut* ~*a* I couldn't get a word in edgeways.

suu‖‖pala; *niellä yhtenä* ~*na* swallow .. in one go **-paltti** chatterbox, windbag **-piel‖i** corner of the mouth; *-et alaspäin* with a wry face **-puhe** verbal agreement; *levitä* ~*ena* spread by word of mouth.

Suur‖- Greater (London --*Lontoo*).

suurasiakas major customer.

suure *(mat)* quantity; *(fys)* magnitude.

suurehko rather (relatively) big, fairly large; *(melkoinen)* considerable.

suurelli‖nen ostentatious; extravagant (life *elämä*); grandiose (plans *-set suunnitelmat*).

suurem‖pi; *ilman* ~*a vaikeuksia* without much difficulty; *-mat lapset* the older children; *olla* ~ *kuin* exceed a th. (in number *lukumäärältään*), be in excess of.

suuren‖‖moi‖nen magnificent (performance *esitys;* building *rakennus*); splendid (speech *puhe;* weather *sää*); grand (mountain scenery *vuoristomaisema*); great (person *ihminen*), *-sta!* splendid! great! super! **-moisuus** magnificence, splendo[u]r, grandeur **-nella** magnify, *(liioitella)* exaggerate, *(ark)* blow up **-nos** enlargement, blow-up (of a photograph *valokuvan* ~), enlarged copy **-nus** enlargement, enlarging; magnification **-nuskyky** magnification **-nuslasi** magnifying glass **-ta‖a 1** make .. larger (wider) (a hole *reikää*); enlarge (the scale *mittakaavaa*); *(~ vaatetta)* let .. out (a dress *leninkiä*) *(vrt laajentaa, lisätä)* **2** *(valok)* enlarge, blow up; ~ *aukkoa* increase (enlarge) the aperture **3** *(opt)* magnify (the glass magnifies greatly *lasi* ~ *voimakkaasti*); *voimakkaasti -va linssi* a highly powerful lens.

suuresti greatly (amused *huvittunut;* I regret greatly that.. *pahoittelen* ~ *että*);

highly (esteemed *arvostettu;* appreciate highly *kunnioittaa* ~); *(melkoisesti)* considerably; *(laajasti)* extensively, widely (vary widely *vaihdella* ~); *se ihmetyttää minua* ~ it makes me wonder; *se ilahdutti minua* ~ it gave me great pleasure.

suurherttua grand duke ~**kunta** grand duchy ~**tar** grand duchess.

suur‖i big (mistake *erehdys;* for one's age *ikäisekseen;* crop *sato;* sum [of money] *summa [rahaa]*), large (number of people *joukko ihmisiä;* fortune *omaisuus;* eyes *-et silmät;* income *-et tulot*); *(erik kuv)* great (difference *ero;* hono[u]r *kunnia;* hopes *-et toiveet;* influence on *vaikutus jhk;* statesman *valtiomies;* (laaja) wide (desert *erämaa;* selection of *valikoima jtk*); extensive (areas *-et alueet*); *(korkea)* high (costs *-et kustannukset;* salary *palkka;* speed *vauhti*) ▶ *olla -eksi* **avuksi** be a (of) great help, be very helpful; **kuinka** ~ *se on?* *(m)* what size is it? **luulla** ~*a itsestään* have a high opinion of o.s., think highly of o.s., *(ark)* be too big for one's boots; **odottaa** ~*a jksta* have great expectations of; *-eksi* **osaksi** largely, to a great extent; **tulla** *(kasvaa) -eksi* grow up.

suuri‖‖arvoinen valuable **-eleinen** theatrical; overdramatic *(adv* ~ally) **-levikkinen;** ~ *lehti* a paper with a wide circulation, *(m)* a widely-read (popular) paper **-lukuinen** numerous **-merkityksinen** important **-mittainen** large-scale (operation *operaatio);* *(kuv)* outstanding (literary production *kirjallinen tuotanto*).

suurimot grits, *(sg)* hulled (peeled) grain.

suuri‖n biggest, largest; greatest ▶ ~ **maailmassa** biggest in the world; ~ **mahdollinen** greatest possible; **mitä** *-mmalla todennäköisyydellä* in all probability; ~ **osa** the greater (main, major) part; the [great] majority, most (of the pupils *oppilaista);* *-mmaksi osaksi* for the most part, mostly, chiefly; ~ **sallittu** *nopeus* maximum speed; *(kuv)* **suurimmillaan** at its height.

suuri‖‖ruhtinas grand duke **-ruhtinaskunta** grand duchy **-ruhtinatar** grand duchess **-suinen** bigmouthed, boastful; *olla* ~ *(m)* talk big **-suuntai‖nen** ambitious (enterprise *yritys),* grandiose (schemes *-set suunnitelmat*) **-tehoinen** powerful **-tuloi‖nen** ..with a large income; *-set (m)* the well-to-do **-töinen** laborious, time-consuming; *se on* ~ it's quite an effort.

suur||jännite high tension (voltage) **-kaupunki** big city **-kisat** big games **-kuluttaja** large-scale (big) consumer **-lakko** general strike **-lähettiläs** ambassador (to *jssk*); *(fem)* ambassadress; *Suomen Lontoon-~* the Finnish Ambassador to London **-lähetystö** embassy; *Suomen Lontoon-~* the Finnish Embassy in London **-mestari** grand master **-mies** great man **-myymälä** supermarket **-oktaaninen** high-octane **-onnettomuus** catastrophe, disaster **-ostaja** large customer, bulk buyer **-painefysiikka** high pressure physics **-pakkaus** economy pack **-palo** great fire, conflagration **-perhe** extended family **-piirteinen** broad-minded, large-minded; generous; tolerant; *(löyhä[kätinen])* slack, careless **-piirteisyys** generosity; slackness **-politiikka** high[er] (Great Power) politics, summit (top-level) politics **-pujottelu** *(urh)* giant slalom **-pääoma** high finance; big business **-riista** big game **-rikollinen** major criminal **-risti** grand cross **-romaani** great novel **-saavutus** great achievement **-siivous** housecleaning, spring-cleaning; *tehdä ~ jssk* clean .. down **-syömäri** big eater; glutton **-taajuus** high frequency *(lyh HF)* **-teho** high power **-teollisuus** big (large[-scale]) industry **-tilallinen** owner of a large farm, large farmer **-tuotanto** large-scale production **-tuottaja** great (large-scale) producer.

suuruinen; *jnk ~* [of] the size of; *sadan markan ~ summa* a sum of (amounting to) a hundred marks.

suurus thickening *~t|aa* thicken; *ettu (m)* thick.

suuruudenhullu megalomaniac *~us* megalomania.

suuruus 1 bigness, largeness; *(tiet)* magnitude; *(koko)* size, *(pl)* dimensions; *(laajuus)* wideness; extent; *(määrä)* amount **2** *(kuv)* greatness, grandeur; *luonteen (sielun) ~* magnitude of soul, nobleness; *tuntematon ~* unknown celebrity *~luokka* class.

suurval|ta great (big) power, *(m)* superpower; *-lat* the Great Powers *~politiikka* power (Great Power) politics.

suustaladattava; *~ [ase]* muzzle-loader.

suusta suuhun -menetelmä mouth-to-mouth resuscitation; *(Br m)* kiss of life.

suusuihke mouth spray.

suutahtaa flare up, *(ark)* go into a huff.

suutari 1 shoemaker, cobbler **2** *(räjähtämätön ammus)* dud **3** *(kala)* tench *~mestari* master shoemaker *~nammatti* shoemaking, shoemaker's trade.

suutelu kissing.

suutin nozzle (of a hose-pipe (vacuum cleaner) *letkun (pölynimurin) ~*); *(tekn m)* jet; atomizer.

suuttu||a get (become) angry (with, at *jklle;* at, about *jstk*); *(ark)* blow up (at *jklle*), blow one's top (he'll blow his top if .. *hän -u jos..*); *(Am)* get mad (at *jklle;* about *jstk*); *(raivostua)* fly into a rage; lose one's temper **2** *(loukkaantua)* take offence (*Am* offense), be offended (at *jstk;* with *jhk*) **-mus** anger; *(närkästys)* indignation **-nut** angry, furious (with, at *jklle;* at, about *jstk*).

suutuksissa[an] angry, annoyed (at *jstk;* with *jklle*).

suututtaa make .. angry (furious, *(ark)* mad) (by *jllak;* by doing *tekemällä jtk*); *minua ~* I am furious; I am annoyed (at *jk;* that *se että*).

suuvesi mouthwash, gargle.

suvai|ta 1 stand, put up with (I won't put up with that kind of behavio[u]r *en -tse tuollaista käytöstä*), tolerate **2** *(alentua)* condescend (the King has graciously condescended to.. *kuningas on armollisesti -nnut..*); *hän ei -nnut vastata* he did not deign to reply; *jos -tsette* if you please.

suvaitse||maton intolerant **-mattomuus** intolerance **-va[inen]** tolerant (towards *jkta kohtaan*).

suvanto *(pl)* quiet waters.

suvere||eni[nen] sovereign **-niteetti** sovereignty.

suvi summer.

suvu||llinen sexual **-ton** asexual (reproduction *lisääntyminen*).

Sveitsi Switzerland **s~läi|nen** *a ja s* Swiss; *-set* the Swiss [people].

sveng||ata, -i swing.

sviitti suite.

syaani cyan, cyanogen *~happo* cyanic acid.

syan||iitti cyanite **-kalium** potassium cyanide.

sydämeenkäypä deeply moving, touching.

sydämelli||nen hearty (welcome *vastaanotto*), cordial (smile *hymy*); heartfelt (sympathies *osanotto*); *(henk)* warm-hearted; *-set onnittelut!* congratulations! *-set terveiset* my best (kindest) regards; *(kirjeessä) -sin terveisin (m)* yours affectionately, sincerely yours **-syys** heartiness, cordiality.

sydämen||**asia;** *ottaa ~kseen* take .. to heart **-lyönti** heartbeat **-muotoinen** heart-shaped **-siirto** heart transplantation **-tahdistin** [artificial] pacemaker **-tykytys** palpitation; *aiheuttaa ~tä jklle* make a p.'s heart throb; *saada ~tä* get palpitations.

sydäm||**etön** heartless **-inen** *(yhdyss)* -hearted (hard-hearted *kova~*) **-istyä** get furiously angry (at, with *jklle;* about *jstk*).

sydä|**n 1** heart (weak (broken) heart *heikko (särkynyt) ~;* from the bottom of one's heart *-mensä pohjasta;* deep in the heart of the forest *syvällä metsän -messä)* **2** *(ydin)* core (of a flame (an apple) *liekin (omenan) ~*); *(puun ~)* pith; *(sisus)* kernel (of a nut *pähkinän ~*) **3** *(kynttilän, lampun ~)* wick ▶ *minulla* **ei ole** *~tä tehdä..* I don't have the heart to do.., I have no heart for doing..; *-mensä* **halusta** to one's heart's content; **koko** *-mestään* with all one's heart, from the bottom of one's heart; heart and soul; *~* **kurkussa** with one's heart in one's mouth (boots); *~tä* **lämmittävä** heart-warming; **olla lähellä** *jkn ~tä* be dear to a p.'s heart; *se on lähellä ~täni* I have it very much at heart; *saada* **pisto** *-meensä* feel a prick in one's conscience; **syvällä** *-messään* in one's heart [of hearts], deep in one's heart, deep down; *~tä* **särkevä** heartbreaking, heart-rending; *oli ~tä särkevää nähdä..* it broke my heart (it cut me to the heart) to see..

sydän||- heart (surgeon *-kirurgi;* attack *-kohtaus;* operation *-leikkaus;* stimulant *-lääke;* sound *-ääni*); △ cardiac (arrest *-pysähdys)* **-ala** pit of the stomach; *kipuja ~ssa* pain in the chest **-halvau**|**s** heart failure; *olin saada -ksen* I nearly had a fit **-infarkti** infarct of the heart, cardiac infarct[ion] **-juur**|**et;** *loukkaantua -iaan myöten* be cut to the quick, be mortally offended **-kesä** middle of the summer; *~llä (m)* at the height of the summer **-keuhkokone** heart-lung machine **-kirurgia** heart (cardiac) surgery **-kuolema** heart (cardiac) death **-käpynen** darling **-käyrä** electrocardiogram *(lyh ECG, Am m EKG)* **-lihas** heart muscle; myocardium **-lihastulehdus** myocarditis **-maa** *(pl)* backwoods **-pussi** heart (pericardial) sac

-pussintulehdus pericarditis **-suru** heartache; *kuolla ~un* die of a broken heart **-talv**|**i** midwinter; *-ella* in the depth[s] (deep) of winter **-tauti** heart disease **-tautioppi** cardiology **-tenmurskaaja** lady-killer **-tulehdus** carditis **-veri** heart['s]-blood **-veritulppa** coronary thrombosis **-vika** [organic] heart disease; *hänellä on ~* he has a weak heart **-ystävä** bosom friend **-yö** midnight; *~llä* in the deep of night.

syfilis syphilis.

syinen *(kasv)* fibrous; *(lihasta)* stringy.

syke pulsation (of the heart *sydämen ~*).

sykerö knot, bun; *sitoa tukka ~lle* pin one's hair up in a knot.

syk||**intä** beat[ing], throb, pulsation **-kiä** beat (with a beating heart *-kivin sydämin*), throb (his heart was throbbing with joy *hänen sydämensä -ki ilosta;* the throbbing life of a city *kaupungin -kivä elämä*); pulsate (a vein (the heart) pulsates *suoni (sydän) -kii*); pulse (the blood pulsed through his veins *veri -ki hänen suonissaan*).

sykkyrä kink (in a rope *köydessä*); *lanka on ~ssä (m)* the wool is tangled (twisted); *maata (olla) ~ssä* be curled up; *mennä ~lle* kink, (sotkeutua) get tangled; *sydän ~ssä* frightened, scared.

syklaami cyclamen.

syklamaatti cyclamate.

sykli cycle *~nen* cyclic *(adv ~ally)*.

syksy autumn, *(Am)* fall *(ks kesä) ~inen* autumn, *(Am)* fall *~kesä* late summer; early autumn.

sykäh||**dellä** beat, throb (with joy *riemusta*) **-dys** beat, throb **-dyttää;** *se -dytti hänen sydäntään* it stirred his heart **-dyttävä** striking, heart-stirring **-tää** jump (my heart jumped when.. *sydämeni -ti kun..*), leap (for joy *ilosta*).

sykäys *(tekn)* impulse; *(puh)* unit.

syleil||**lä** embrace, [give .. a] hug; *maailmoja -evä* all-embracing **-y** embrace; hug.

syli 1 *(pl)* arms (clasp in one's arms *sulkea ~insä*); *(helma)* lap (take on one's lap *ottaa ~insä)* **2** *(mitta)* fathom *(lyh fm. (pl)* fms.); *(halko~)* cord *~kummi* godmother *~lapsi* baby, *(m)* infant in arms *~llinen* armful (of *jtk*).

sylinteri cylinder *~mäinen* cylindrical.

sylk|**eä** spit (blood *verta;* the guns were spitting fire *konekiväärit -ivät tulta*); *(kuv* *m)* pour (spit, belch) out; ~ *suustaan* spit out.

sylki spittle, spit; saliva ~**rauhanen** salivary gland.

sylkykuppi spittoon.

sylkäistä spit; ~ *jkta vasten kasvoja* spit a p. in the face.

symbaali *(pl)* cymbals; *(mustalaisorkesterin* ~*)* cimbalom.

symbioo‖si symbios|is *(pl* -es) **-ttinen** symbiotic[al].

symboli symbol ~**ikka** symbolism ~**nen** symbolic *(adv* ~ally) ~**smi** Symbolism; *(kirjall m)* Symbolist movement.

symboloi‖da symbolize; *jtk* -*va* symbolizing a th., symbolic of.

symmetri‖a symmetry **-nen** symmetrical.

sympa‖attinen sympathetic *(adv* ~ally) (person *ihminen;* to[wards] *jllk, jtk kohtaan);* ~ *hermosto* sympathetic nervous system **-tia** sympathy (my sympathies are with him ~*ni ovat hänen puolellaan);* ~*t ja antipatiat* likes and dislikes; *saada jkn* ~*t puolelleen* win a p.'s sympathies; *tuntea* ~*a jkta kohtaan* feel sympathy for, sympathize with **-tialakko** sympathy strike; *ryhtyä* ~*on* come out in sympathy.

symptomi symptom.

synagoga synagogue.

syndikaatti syndicate.

syndrooma syndrome.

synk‖entää make .. gloomy, darken; *(kuv m)* cast a gloom (over *jtk),* cloud (a p.'s happiness *jkn onnea)* **-etä** become dark, darken **-eys** gloom[iness] **-eä** gloomy **-istyä, -istää** = -*etä,* -*entää* **-kyys** gloom[iness]; *(pimeys)* darkness; *(ankeus)* dreariness; *(alakuloisuus)* melancholy; sadness.

synk‖kä gloomy (thoughts -*ät ajatukset;* landscape *maisema;* night *yö;* the future looks gloomy *tulevaisuus näyttää -ältä);* dark (forest *metsä;* clouds -*ät pilvet);* somb|re, -er (expression *ilme;* picture of the future *kuva tulevaisuudesta);* dismal (day *päivä),* dreary (weather *sää); (kuv m)* cheerless (life *elämä),* bleak (outlook for the future -*ät tulevaisuudennäkymät); (surullinen)* sad, black (despair *epätoivo;* it was the blackest day in his life *se oli hänen elämänsä -in päivä)* ~**mielinen** gloomy; melancholic *(adv* ~ally), depressed ~**mielisyys** gloom[iness], melancholy; *(lääk)* melancholia,

depression.

synkooppi syncopation.

synkretismi syncretism.

synkron‖inen synchronous **-oi‖da** synchronize; -*tu* synchronized **-ointi** synchroni|zing, -zation.

synnin‖päästö absolution; *antaa jklle* ~ absolve a p. from his sins **-tunnustus** confession [of sins] **-tunto** contrition; *tulla* ~*on* be filled with contrition, regret one's sins, be penitent.

synnitön sinless, . . free from sin.

synnyin- *ks. syntymä-.*

synnynnäinen inborn (talent for *taipumus jhk),* innate, native (ability *kyky;* orator *puhuja);* inherent, inbred; congenital (deafness *kuurous);* *hän on* ~ *johtaja* he is a born leader.

synnytt‖äjä parturient; woman in labo[u]r **-ää 1** give birth (to a healthy baby *terve lapsi); (eläimistä)* produce **2** *(kehittää)* generate (electricity *sähköä);* produce (energy produces motion *voima* ~ *liikettä)* **3** *(kuv)* produce (it produced a storm of protest *se -i vastalauseiden myrskyn),* bring about, *(johtaa jhk)* lead to (a lively discussion *vilkasta keskustelua);* breed (ignorance breeds prejudice *tietämättömyys* ~ *ennakkoluuloja); (aiheuttaa)* give rise to (problems *ongelmia);* cause (bitterness *katkeruutta);* arouse (suspicion *epäluuloja).*

synnyty‖s birth (difficult birth *vaikea* ~), childbirth (die in childbirth *kuolla -kseen); (lääk)* labo[u]r (premature labo[u]r *ennenaikainen* ~), parturition **-huone** delivery room ~**ikä** childbearing age ~**laitos** maternity hospital ~**oppi** *(sg)* obstetrics ~**osasto** maternity ward ~**polto‖t** labo[u]r pains; *olla* -*issa* be in labo[u]r.

synony‖mia synonymy **-ymi** synonym **-yminen** synonymous (with *jnk kanssa).*

syntak‖si syntax **-tinen** syntactic *(adv* ~ally).

synte‖esi synthes|is *(pl* -es) **-ettinen** synthetic *(adv* ~ally) **-tisaattori** synthesizer **-tisoida** synthe|size, -tize.

synti sin (confess one's sins *tunnustaa* ~*nsä);* ~*en anteeksiantaminen* remission of sins; *saada* ~*nsä anteeksi* be forgiven; *tehdä* ~*ä* sin (against God *Jumalaa vastaan)* ~**inlankeemus** the Fall [of Man] ~**nen I** *a* sinful, . . full of sin **II** *s* sinner ~**pukki** scapegoat.

synty birth (of a new era *uuden aikakauden*

~); origin (of species *lajien* ~); ~*[j]ään*
suomalainen Finnish by birth ~**inen**
(yhdyss); italialais~ Italian-born, Italian
by birth, ..of Italian descent (origin)
~**isin;** ~ *jstk* born in (at).
syntymä birth; *v. 98 ennen (jälkeen)
Kristuksen* ~*n* 98 B.C. (A.D.) ~**aika** date
of birth ~**koti** birthplace ~**maa** native
country ~**merkki** birthmark ~**paikka** place
of birth ~**paino** weight at birth ~**päivä 1**
birthday (when is your birthday? *milloin
sinun* ~*si on?*); *paljon onnea* ~*si johdosta!*
Happy birthday! **2** ~*t (sg)* birthday party
~**päivälahja** birthday present ~**seutu**
birthplace ~**todistus** birth certificate ~**tön**
unborn ~**vika** congenital defect ~**vuosi**
year of birth.
synty||**perä** descent, origin, birth (of noble
birth *ylhäistä* ~*ä*); ~*ltään suomalainen*
Finnish by birth -**peräinen** native; ~
suomalainen a native of Finland, a
native-born Finn, a Finn by birth -**vyy**|**s**
birth rate; *(erik Am)* natality; -*den
säännöstely* birth control.
synty|**ä 1** be born (blind *sokeana;* when
were you born? *milloin olet -nyt?* he was
born on August 8 (in Helsinki, in 1943)
*hän -i (on -nyt) 8. elokuuta (Helsingissä,
vuonna 1943)* **2** *(kuv)* come into existence
(how did the world come into existence?
miten maailma -i?), come into being (how
does a law come into being? *miten laki
-y?*); be born (the movement was born in
the early 20th century *liike -i 1900-luvun
alussa*); originate (in, from *jstk*); *(tulla)*
come about (a quarrel came about -*i
riita*), arise (difficulties have arisen *on
-nyt vaikeuksia*); spring up (a close
friendship sprang up between them *heidän
välilleen -i läheinen ystävyys*); *(kehittyä)*
develop (a new town developed by the
river *joen rannalle -i uusi kaupunki*) ▶
kauppaa **ei** -*nyt* business failed to
materialize; *sopimusta ei -nyt* no
agreement was reached (made), there was
no agreement; **heille** -*i kolmas poika*
they've had a third son; *lapsi -y
toukokuussa* the baby is [expected] to be
born in May; -*i kiusallinen* **hiljaisuus** there
was an awkward silence; *lähiöissä -i*
mellakoita riots broke out in the suburbs;
mitähän *tästä -y?* I wonder what will come
of this? what will this turn out to be?
[siitä] -i kova **riita** *(m)* it caused (created)
a dispute; *(ark)* it caused (raised) a

terrible row; *hän on -nyt* **runoilijaksi** he
was born a poet, he is a born poet; **siitä** *ei
synny mitään* it will come to nothing;
syntyessään at birth (weigh four kilograms
at birth *painaa neljä kiloa -essään*); -*i*
tappelu there was a fight; *hänen parhaat*
teoksensa -*ivät 1920-luvulla* he produced
his best works in the 1920's; ~ **uudelleen**
be reborn; -*i* **vaikutelma** *että* one had the
impression that.
sypressi cypress.
syreeni lilac.
syrjemmäll|**ä** *(-e); jäädä -e* be set aside;
siirtyä -e step aside.
syrjintä discrimination.
syrjittäin edge|ways, -wise; edge to edge;
(sivuttain) sideways.
syrji|**ä** discriminate (against *jtk*); -*vä*
discriminatory; *tuntea itsensä -tyksi* feel
slighted.
syrjä *(reuna)* edge; *(sivu)* side *(ks m hakus
syrjällään, syrjässä)* ~**hyppy** escapade;
tehdä ~ have an escapade ~**inen** outlying
(village *kylä*), out-of-the-way (farm *tila*);
(kaukainen) distant (location *sijainti*),
far-away, secluded (place *paikka*); remote
(in the remotest corner of *jnk -isimmässä
kolkassa*) ~**karein;** *katsoa jtk* ~ look
askance at ~**lään** edge|ways, -wise, on
edge; *sydän* ~ frightened, with one's heart
in one's mouth ~**pol**|**ku** bypath; *eksyä
-uille* divert from the subject ~**seutu**
remote district ~**silmällä;** *vilkaista* ~ give
.. a sidelong glance.
syrjä|**ssä** *(-än)* aside (step aside *astua -än;*
stand aside *seisoa* ~); out of the way ▶
jättää -*än* set aside; ignore; **panna** -*än* put
(lay) aside, put by; **pysytellä** ~ keep aloof,
keep at a distance, keep away (apart);
seurata *jtk -stä* watch .. from a distance;
tien ~ by the roadside; **vetäytyä** -*än*
withdraw (from *jstk*).
syrjäyt|**tää 1** *(fys)* displace (a solid body
displaces water *kappale* ~ *vettä*) **2** *(kuv)*
displace (human labo[u]r was displaced by
machines *koneet -tivät ihmistyövoiman*),
take the place of; *(korvata)* replace;
(sivuuttaa) pass over (by) (he was passed
by when new posts were given out *hänet
-ettiin uusia virkoja jaettaessa*); *(*~
vallasta) remove .. from leadership
(power) (he was removed from leadership
in 1957 *hänet -ettiin vuonna 1957*).
syrjääni Zyrian, Komi *(pl* ~).
sy|**si** charcoal; *menköön -teen tai saveen* for

good or ill, come hell or high water, [it's] neck or nothing ~**miilu** charcoal pile (stack) ~**musta** jet-black, coal-black ~**pimeä** pitch-dark ~**ä** poke (at *jtk;* with *jllak*); push (aside *syrjään*).

systeemi system ~**kuvaus** *(atk)* system documentation ~**nsuunnittelija** systems analyst ~**nsuunnittelu** system design ~**ohjelmisto** system software.

systema‖attinen systematic *(adv* ~ally) **-tiikka** *(sg)* systematics **-tisoida** system[at]ize.

sysä‖tä push (over *kumoon;* away *pois [luotaan];* aside *syrjään*); ~ *jkta kylkeen* poke (dig) .. in the ribs; *(kuv)* ~ *syrjään* dismiss (unhappy memories *ikävää muistot*), reject; ~ *syy jkn niskoille* put the blame on **-ys 1** push; thrust; poke (in the ribs *kylkeen*) **2** *(kuv)* impetus (give a fresh impetus to *antaa uusi* ~ *jllk*); *antaa* ~ *jllk* trigger off a th.; *antaa jklle* ~ *tehdä jtk* prompt (encourage) a p. to do **3** *(fys)* impulse; *(tekn m)* impact, shock.

sytty‖minen ignition; *(kuv)* outbreak (of war *sodan* ~) **-mislämpötila** ignition temperature **-mispiste** ignition (firing, flash) point **-vä;** *[helposti]* ~ inflammable, *(Am m)* flammable.

sytty‖ä 1 a) *(~ tuleen)* catch fire; kindle, light; **b)** *(valosta)* light up (the streetlights lit up *katuvalot -ivät*); go on (the illuminations went on *mainosvalot -ivät*); be lit (the candles (torches) were lit *kynttilät (soihdut) -ivät*) **2** *(kuv)* kindle (to the idea *ajatukselle;* his eyes kindled *hänen silmänsä -ivät*), be kindled (his interest was kindled *hänen mielen-kiintonsa -i*) **3** *(puhjeta)* break out (a war broke out *sota -i*); flare up (rioting flared up again *levottomuudet -ivät jälleen*) ▸ **ikkunaan** *-i valo* the window lit up; *valot -ivät talon ikkunoihin* the house lit up; ~ **palamaan** catch fire, flare (blaze) up, burst into flames; **sodan** *-essä* at the outbreak of war; **tulipalo** *-i* a fire broke out; **tähdet** *-vät [taivaalle]* the stars come out.

syty‖ke *(m -kkeet)* kindling **-tellä;** ~ *piippuaan* light one's pipe, *(ark)* light up **-tin 1** *(ammuksen ym* ~) fuse, *(Am)* detonating fuse; detonator, primer **2** *(savukkeen~)* lighter **-ttää 1** *(konkr)* **a)** *(~ palamaan)* light (a candle *kynttilä;* a lamp *lamppu;* a cigar *sikari;* a fire *tuli;* a match *tulitikku*); light up (a cigarette *savuke*); **b)** ~ *[tuleen]* set fire to, set .. on fire (a

house *talo*); **c)** *(tekn)* ignite; *(~ panos ym)* fire **2** *(kuv)* kindle (a p.'s anger *jkn viha*); rouse (a p.'s interest *jkn mielenkiinto*) ▸ **hänellä** ~ *hitaasti (nopeasti)* he is slow (quick) on the uptake; ~ **tuli** *(m)* make a fire; ~ *tuli uuniin* light the stove; ~ **tulitikku** *(m)* strike a match; ~ **valot** switch (put, turn) on the lights.

sytytys ignition; *hänellä on hidas (nopea)* ~ he is slow (quick) on the uptake ~**lanka** fuse ~**neste** lighter fluid ~**panos** detonator, detonating primer ~**tulppa** sparking *(Am* spark) plug.

syven‖nys *(seinässä)* recess, niche **-ty‖ä;** ~ *jhk* go deeply into (a matter *jhk asiaan*), go (enter) into (a th. in detail *jhk yksityiskohtaisesti*); *olla -nyt jhk* be deep in, be absorbed in; *mietteisiinsä -neenä* lost in meditation **-tä‖ä** make .. deep[er], deepen (the gulf between *kuilua jdk välillä;* a ditch *ojaa;* one's knowledge *tietojaan*); *-vät opinnot* advanced studies.

syve‖tä become (grow) deeper (the river grows deeper downstream *joki -nee alajuoksullaan;* their love became deeper *heidän rakkautensa -ni*), deepen (the gulf between them deepened *kuilu heidän välillään -ni*).

syvyinen; *jnk* ~ .. deep (ten metres deep *10 metrin* ~), .. in depth.

syvyy‖s depth; *(kuv m)* deepness, profundity; *maan -ksissä* in the bowels of the earth; *vajota meren -ksiin* sink into the depths of the sea; go to the bottom, be lost in the depths, be engulfed (swallowed up) by the sea ~**vaikutelma** stereoscopic (dimensional) effect.

syv‖ä deep (wound *haava;* sigh *huokaus;* river *joki;* gap *kuilu;* sea *meri;* love *rakkaus;* sorrow *suru;* sleep *uni*); *(äärimmäinen)* utter (in utter despair ~*n epätoivon vallassa); (suuri)* great (disappointment *pettymys;* grief *suru*); *-issä mietteissä* deep in thought; ~*ssä unessa* sound (fast) asleep *(syväll‖ä (-e), syväs‖sä (-tä), syvään ks hakus).*

syvälle‖‖ juurtunut deep-rooted, deep-seated - **käyvä** deep, penetrating (effect *vaikutus*); drastic, sweeping (change *muutos*), radical (reform *uudistus*).

syvälli‖nen profound (thoughts *-set ajatukset*), deep (effect *vaikutus*); deepgoing (study *tutkimus*) **-syys** profundity; depth.

syväl‖lä *(-le, -tä)* deep (in the ground (one's

heart) *maassa (sydämessään);* look a p. deep into the eyes *katsoa jkta -le silmiin).*
syvämiettei‖nen profound **-syys** profundity, profoundness; depth of thought.
syvän‖meren[-] deep-sea (fishing *kalastus)* **-ne** deep **-veden[-]** deep-water.
syväpaino gravure (intaglio) printing; *(Am)* rotogravure **~kuva** gravure **~menetelmä** gravure process.
syvä‖poraus deep-hole drilling (boring) **-puhdistus** *(kosmet)* deep-cleansing **-satama** deep-water harbo[u]r.
syväs|sä *(-tä)* deep; *laiva ui 6 metriä* ~ the ship draws six metres of water.
syvästi deeply, profoundly; *(suuresti)* greatly (worried *huolissaan);* very (unhappy *onneton*); *kaivata* ~ *(m)* miss badly; *rakastaa* ~ *(m)* love dearly.
syvä‖syövytys deep etch **-vaikutteinen** *(kosmet)* deep-acting **-väylä** deep[-water] channel **-ys** draught; *(Am)* draft.
syvään deeply (sigh deeply *huoata* ~); *hengittää* ~ breathe deep[ly]; *(vetää* ~ *henkeä)* draw a deep breath; *kumartaa* ~ bow low.
1 sy|y 1 *(aihe[uttaja])* cause (of *jnk* ~; without cause *ilman* ~*tä;* cause and effect ~ *ja seuraus;* the causes of war *sodan* ~*t;* you have no cause to.. *sinulla ei ole mitään* ~*tä..*)*; (perustelu)* reason (for *jhk, jnk* ~; for personal (compelling) reasons *henkilökohtaisista (pakottavista) -istä;* there is a reason for everything *kaikkeen on* ~*nsä;* there is reason to believe that.. *on* ~*tä uskoa että); (pl)* grounds (I have good grounds for believing that.. *minulla on hyvä* ~ *uskoa että); (vaikutin)* motive (for *jhk;* for doing *tehdä jtk;* from selfish motives *itsekkäistä -istä)* **2** *(selitys)* excuse (for *jhk;* I'll have to think up an excuse quickly *minun on nyt nopeasti keksittävä jokin* ~) **3** *(vika)* fault (it's not my fault *se ei ole minun* ~*ni)* ▶ **A** *(syy)* **antaa** ~ *jhk* give cause (a [good] reason) for, give occasion to; ~ *on* **hänen** he is to blame, it is his fault; **ottaa** ~ *jstk* bear the blame, take the blame for; *hänellä on* **täysi** ~ *olla..* he has every reason to be.. ▶ **B** *(syyksi)* **katsoa** *(panna)* jk jkn ~*ksi* put the blame for a th. on, blame a p. for; *(ark)* blame a th. on; **sanoa** ~*ksi* give .. as a reason (for *jhk); (sanoa tekosyyksi)* make .. an excuse (for *jhk)* ▶ **C** *(syyllä)* **hyvällä** *(täydellä)* ~*llä* with good reason, for a very good reason; *sitä* **suuremmalla**

~*llä* all the more so ▶ **D** *(syynä)* **olla** ~*nä* *jhk* be the cause of (reason for), cause a th. ▶ **E** *(syystä) [siitä]* ~*stä* **että** because; *jostakin* ~*stä* for some reason or other; ~*stä* **kyllä** for a very good reason; **mistä** ~*stä?* for what reason? why?
pienimmästäkin ~*stä* on the slightest provocation; **samasta** ~*stä* for the same reason; **sattuneesta** ~*stä* for certain reasons; **siitä** ~*stä* for that reason, therefore; *voisin* ~*stä* **väittää** *että* I would be justified in claiming that..; *siitä* **yksinkertaisesta** ~*stä* for the simple reason ▶ **F** *(syytä)* **ei** ~*tä* **huoleen!** don't worry! *on kokonaan* **hänen** ~*tään että* it is all his fault that; **ilman** *mitään* ~*tä* for no reason at all; *ilman omaa* ~*tään* through (for) no fault of his own; *ilman* **pätevää** ~*tä* without good cause; *ei ole* **mitään** ~*tä* **levottomuuteen** there is no cause for alarm (no reason to be alarmed); *minusta ei ole* **mitään** ~*tä..* I see no reason to..; **olisi** ~*tä..* it would be advisable (well) to..; *sinun olisi* ~*tä..* you would do well to.., you had better..
2 syy *(kuitu)* fibre; *(puun* ~*)* grain.
syydvesti sou'wester.
syyhy itch, scabies; *(eläinl)* mange **~inen** scabby, scabious; mangy **~punkki** itch mite **~ttää;** *minua* ~ **I** am itching; *sormiani* ~ .. my fingers itch (are itching) to.. ~*tä* itch **~ävä** itchy.
syylli‖nen I *a* guilty (of a crime *rikokseen;* he was found guilty *hänet todettiin -seksi;* *minä yksin olen* ~ I alone am to blame **II** *s* culprit, offender; *kuka on* ~? who is to blame? *(ark)* who dunnit? **-styä;** ~ *jhk* make (render) o.s. guilty of, commit (a murder *murhaan)* **-syy|s** guilt; *(lak m)* culpability; *kiistää -tensä* plead not guilty; *myöntää -tensä* plead guilty.
syylä wart.
syyn‖takeeton irresponsible; *hän on* ~ he is not responsible for his actions **-takeettomuus** irresponsibility **-takeinen** responsible **-takeisuus** responsibility.
syypää; *olla* ~ be guilty (of *jhk),* be to blame (for *jhk); hän on* ~ *kaikkeen (m)* it's all his fault.
Syyria 1 Syria **2** *s*~ *(kieli)* Syriac **s~lainen** *a ja s* Syrian.
syys autumn, *(Am)* fall **~kesä** late summer **~kuu** September *(ks elokuu)* **~kylvö** autumn (fall) seeding (sowing) **~lukukausi** autumn *(Am* fall) term **~päiväntasaus**

autumnal equinox ~**talvi** early winter, late autumn ~**vehnä** winter wheat ~**vilja** winter grain.

syyt|e charge (bring a charge against *esittää ~ jkta vastaan*), accusation (the accusation is murder ~ *koskee murhaa*); *(kirjallinen ~)* indictment; *(~ virkamiestä vastaan)* impeachment; prosecution (public prosecution *virallinen ~*) ▶ **asettaa** *(panna) -teeseen* indict, prosecute, put on trial (for *jstk*); **joutua** *-teeseen* be prosecuted (for *jstk*); **nostaa** ~ *jkta vastaan* prosecute a p., take (start) legal proceedings against, proceed against (for *jstk*); *(virkamiestä vastaan)* impeach a p.; **olla** *-teessä jstk* be accused of, be charged with; **vapauttaa** *-teestä* acquit [.. of a charge], declare (find) .. not guilty.

syyte||kirjelmä indictment **-tty** the accused, accused person; *(oikeuden edessä m)* prisoner at the bar; *-tyn aitio* dock; *vapauttaa ~* acquit the accused.

syyttä||jä prosecutor; *yleinen ~* public prosecutor; *(Am)* prosecuting attorney **-vä** accusing, reproachful, reproaching; *luoda ~ katse jkh* glance at a p. with reproach.

syyt|tää 1 blame (o.s. for *itseään jstk;* don't blame me! *älä minua -ä!*), blame .. on (he tried to blame the failure on me *hän yritti ~ minua epäonnistumisestaan*); put the blame (on *jkta;* for *jstk*); accuse (the system *järjestelmää;* of lying *valehtelemisesta;* of being a thief *varkaaksi*); *(moittia)* reproach (with laziness *laiskuudesta*) **2** *(lak)* charge (with theft *varkaudesta*), accuse (of murder *murhasta*); bring a charge (against *jkta;* for *jstk*); *(~ virkamiestä)* impeach (for taking bribes *lahjoman vastaanottamisesta*); *(~ oikeudessa)* prosecute (for *jstk*) ▶ ~ **huonoa** *terveyttään* give ill health as an excuse, put it down to one's ill health; *-ä* **itseäsi!** you have only yourself to blame, it's your own fault! **syytettynä** *jstk* charged with, accused of, prosecuted for; *(oikeudessa)* on trial for.

syyttöm||yys innocence; *vakuuttaa -yyttään* protest (assert, plead) one's innocence **-ästi;** *istua ~ vankilassa* be in prison despite one's innocence; *kärsiä ~* suffer through no fault of one's own.

syytää 1 *(kuv)* heap (abuse on *solvauksia jklle*); ~ *rahaa jhk* throw one's money around on **2** *(konkr)* belch [out] (smoke

savua).

syyt|ön innocent (of *jhk*); *(pred m)* free from guilt; *(lak)* not guilty (he was found not guilty *hänet todettiin -tömäksi*); *julistaa -tömäksi* declare .. not guilty, acquit; *vakuuttaa olevansa ~* protest one's innocence.

syytö|s accusation (of *jstk;* bring accusations against *esittää -ksiä jkta vastaan*), charge (a severe charge *raskas ~*).

syy-yhteys causal relation, causality.

syö|dä 1 eat; *(eläimistä m)* feed (on grass *ruohoa*); *(nauttia)* have (breakfast *aamiaista;* fish for lunch *kalaa lounaaksi*); *(~ lääkkeitä)* take (pills *pillereitä*); *(aterioida)* have (take) one's meals (at *jssk;* in the canteen *kanttiinissa*) **2** *(tuhota -mällä)* eat (the moths have eaten holes in the coat *koit ovat -neet reikiä takkiin*); *(kuluttaa)* eat into (rust eats into the metal *ruoste syö metallia;* a p.'s savings *jkn säästöjä*); eat away, wear away, erode (acid erodes metal *happo syö metallia*); use (the car uses a lot of petrol *auto syö paljon bensaa*) **3** *(kalasta)* take, bite (the fish aren't biting today *kala ei syö tänään*) **4** *(šakk)* take, capture ▶ **istua** *(olla) -mässä* be at dinner (dining); *(pöydässä)* be at table; **joko** *olet -nyt [lounasta]?* have you had lunch yet? *joko olet -nyt [ruokasi]?* have you finished your meal? are you finished? **jäädä** *-mään* stay for dinner (with *jkn luo*); *olla* **kova** *-mään* be a big (heavy) eater; ~ *itsensä* **kylläiseksi** eat one's fill; ~ *jkn* **kädestä** *(m kuv)* eat out of a p.'s hand; *hän* **lähti** *juuri -mään [lounasta]* he's just left for lunch; *hän* **on** *-mässä (ruokatunnilla)* he's out for lunch; ~ *kaksi kertaa* **päivässä** have two meals a day; ~ **sanansa** go back on one's word; ~ *lautanen* **tyhjäksi** clear one's plate; **viedä** *jku -mään [päivällistä]* take .. out for dinner.

syöjätär ogress; Gorgon *(m myt).*

syöksy dash, rush; dive *(m ilm)* ~**hammas** tusk ~**joukko** *(sot)* shock troop; assault party; *(Br m) (pl)* commando[e]s ~**kierre** spin ~**kypärä** crash helmet ~**lasit** goggles ~**lasku** *(urh)* downhill racing ~**pommittaja** *(sot)* dive (diving) bomber.

syöksy|ä 1 rush, dart (after *jnk jälkeen;* towards *jtk kohti;* into a p.'s arms *jkn syliin;* away *tiehensä;* out of the door *ulos ovesta;* the blood rushed into his head *veri*

-i hänen päähänsä; the waters rush down the precipice *vesi -y alas jyrkännettä)* **2** *(rynnätä)* dash (into *jhk;* into the street *kadulle),* make a rush (dash, dart) (for the door *ovelle);* plunge (headlong *pää edellä;* into the water *veteen); (heittäytyä)* throw o.s. (into *jhk;* out of, from *jstk;* on one's sword *miekkaansa)* **3** *(törmätä)* crash (the aeroplane crashed into the sea *lentokone -i mereen);* run (into a tree *päin puuta)* **4** *(pudota)* fall (off the cliff *alas jyrkänteeltä;* to the ground *maahan),* *(suistua)* tumble (from a ladder *alas tikapuilta),* topple (into a ravine *rotkoon)* ▶ ~ *jnk* **kimppuun** rush on (at), fall (pounce) on, hurl o.s. at; ~ *saaliinsa kimppuun (petoeläimestä)* pounce on its prey; *(linnusta m)* dive (swoop down) on its prey; **tulivuoresta** *-y tulta ja tuhkaa* the volcano throws (belches) out fire and ashes.

syöksäht|ää rush (into a p.'s memory *jkn mieleen;* tears rushed to her eyes *kyynelet -ivät hänen silmiinsä); (vedestä, verestä)* gush (from *jstk).*

syömingit *(sg)* blowout.

syömä||himo craving for food, insatiable appetite; *(tiet)* bulimia **-lakko** hunger strike (go on hunger strike *ryhtyä ~on)* **-puikot** chopsticks.

syöpy||minen corrosion **-mätön** incorrodible, non-corrosive, corrosion resistant **-nyt** corroded, pitted **-vä** corrodible; *mieleen ~* impressive, unforgettable.

syöpy|ä 1 *(konkr)* corrode; *(~ jhk)* eat into; *(kulua)* be worn (eaten) away, be eroded; ~ *rikki* corrode, be eaten away **2** *(kuv); ~ jkn mieleen* be impressed on a p.'s mind, be engraved on a p.'s memory; *syvään -nyt* deep-rooted, deep-seated (hatred *viha);* ~ *jklle veriin* be ingrained in a p., become second nature to.

syöpä 1 cancer; *~ä synnyttävä* carcinogenic, cancerogenic **2** *(kasv)* canker; *(perunan ~ m)* potato wart *~kasvain* cancerous tumo[u]r; *(tiet)* carcinoma *~kudos* cancer[ous] tissue.

syöpäläiset *(sg)* vermin.

syöpä||oppi cancerology **-pesäke** cancerous focus **-solu** cancer cell; *~ja tuhoava* cancericidal **-tutkimus** cancer research, cancerology.

syö|stä 1 *(sysätä)* throw (over *kumoon, nurin)* **2** *(sylkeä)* emit, belch out (smoke and ashes *savua ja tuhkaa)* ▶ ~ **maa**

sotaan plunge a country into war; ~ **miekka** *jhk* run a sword into; ~ *jku* **perikatoon** bring about a p.'s ruin, ruin a p.; **tulta** *-ksevä lohikäärme* a fire-breathing dragon; ~ **vallasta** overthrow, depose, turn .. out of power; ~ **valtaistuimelta** dethrone.

syöstävä shuttle.

syöte *(atk)* input.

syötti bait; *(kuv m)* decoy; *panna ~ koukkuun* bait a hook.

syöttäjä 1 *(pesäpallossa ym)* pitcher; *(tenn)* server **2** *(koneen ~)* feeder.

syöt|tää 1 feed (a horse *hevosta;* the data into the computer *tiedot tietokoneeseen);* ~ *ja juottaa jkta* wine and dine a p. **2** *(lihottaa)* fatten, fat [out] (a fatted calf *-etty vasikka);* *hyvin -etty* fat, plump **3** *(kuv)* stuff (a p. with one's ideas *jklle aatteitaan);* feed (don't feed me that nonsense! *älä -ä minulle tuota roskaa!);* ~ *jklle jtk (m)* stuff (ram) a th. down a p.'s throat **4** *(urh)* **a)** *(pesäpallossa ym)* pitch; **b)** *(jalkap m)* pass; **c)** *(tenn)* serve **5** *(käsit)* ease.

syöt|tö 1 feeding; *(vauvan ~)* feed; *jatkuvalla -öllä* nonstop **2** *(tekn)* feed[ing], supply; *(atk)* input **3** *(urh)* **a)** *(pesäpallossa ym)* pitch; **b)** *(jalkap ym)* pass[ing]; **c)** *(tenn ym)* service; serve *~tiedot (atk)* input data *~tuoli (lapsen ~)* highchair *~vasikka* fatling, fatted calf.

syötävä edible; *jotakin ~ä* something to eat; *~ksi kelpaamaton* uneatable, inedible; *~ksi kelpaava* eatable, edible; *~t* eatables, *(sg)* food.

syöveri whirlpool; *sielun ~t (sg)* one's innermost soul.

syövyt||in corrosive **-tävä** corrosive, caustic **-tää 1** corrode, eat into; *(vedestä)* erode; *(kuluttaa)* wear [away]; *ruosteen -tämä* affected by rust **2** *(etsata)* etch **-ys** etching.

syövän||aiheuttaja carcinogen **-tutkimus** cancer research, cancerology.

sä|de 1 ray (the rays of the sun *auringon -teet),* beam (moonbeam *kuun ~);* *toivon ~* gleam (ray) of hope **2** *(geom)* radi|us *(pl -i); (puoli~)* half ray (line); *2 km:n -teellä* within a radius of 2 km **3** *(fys)* ray; *lähettää -teitä* emit rays, radiate *~hoito* radiotherapy.

sädehti||vä sparkling, beaming **-ä** beam, shine; *(silmistä)* sparkle.

säde||kehä halo *(pl ~[e]s)* **-ttää** give ..

radiation treatment, treat .. with X-rays.
säe verse; *(rivi)* line [of poetry].
säest||**ys** accompaniment; *pianon -yksellä* accompanied at (on) the piano **-äjä** accompanist **-ää** accompany (on the piano *pianolla).*
sähke telegram; *(ark)* wire; *lähettää ~ jklle (ark m)* wire (cable) a p. **~itse** by telegram **~osoite** telegraphic (cable) address **~uutiset** news flashes.
sähkö electricity.
sähkö||- electric (shock *-isku;* train *-juna;* cooker *-liesi;* guitar *-kitara;* lamp *-lamppu;* razor *-parranajokone;* railway, *(Am)* railroad *-rata;* light *-valo;* current *-virta;* power *-voima*); △ electrical (engineer *-insinööri)* **-inen** electric *(adv* ~ally), *(kuv m)* electrical, electrifying **-isyys** static (remove the static *poistaa ~)* **-istää** electrify *(m kuv)* **-johto** electric wire; *(liitäntäjohto)* cord; *-johdot (sg)* wiring **-käyttöinen** electrically operated **-laitos** power plant **-levy** hotplate **-liike** electric outfitter's [shop] **-[lämpö]patteri** electric heater **-mittari** electricity meter **-oppi** electricity **-sanoma** telegram, *(ark)* wire **-teknikko** electrician **-ttää** send a telegram (to *jnnk, jklle),* telegraph ([to] a p. *jklle); (~ kaapelisanomana)* cable; *(ark)* wire **-tuoli** electric chair; *(ark)* chair, hot seat; *teloittaa ~ssa* electrocute **-tys** telegraphy **-vatkain** mixer **-virtapiiri** [electrical] circuit **-voimansiirto** power transmission.
säie 1 *(langan t. köyden ~)* strand 2 *(syy)* fibre.
säihk||**e** sparkle **-yvä** sparkling; radiant **-yä** sparkle (her eyes sparkled with joy *hänen silmänsä -yivät ilosta),* *(kimallella)* glitter; *(kiiltää)* shine, gleam. ✒
säik||**ky** shy, timid **-kyä** scare, startle (at *jtk)* **-yttä**|**ä** frighten, *(ark)* scare (a p. *jku;* to death *kuoliaaksi;* off, away *pakoon, pois); jnk -mänä (m)* alarmed by.
säikäh||**dys** fright; *-dyksissään* frightened, scared; panic-stricken; *selvitä pelkällä -dyksellä* get off with a fright **-tänyt** frightened, scared **-tää** be frightened (scared) (at, by *jtk);* get (have) a fright (I got a terrible fright *-din kauheasti);* get cold feet; startle (at the slightest sound *pienintäkin ääntä),* be startled (by *jtk).*
säikäyt|**tää** startle; frighten, *(ark)* scare; *-it minut!* you startled me! *~ jku puolikuoliaaksi* scare .. out of his wits.

säile preservative agent.
säiliö tank, cistern; *(erik kaasu~)* receiver **~alus** tanker **~auto** tank lorry *(Am* truck) **~vaunu** tank wagon.
säilyk|**e;** *-keet* canned *(Br m* tinned) foods, preserved foods **~hedelmät** canned (tinned) fruit **~tölk**|**ki** can, *(Br m)* tin; *-in avaaja* can (tin) opener.
säilyt|**tää** 1 keep (one's sense of humo[u]r *huumorintajunsa;* one's jewels in a safe *korujaan kassakaapissa;* its colo[u]r *värinsä;* a secret *salaisuus;* keep the ticket! *-täkää matkalippu!)* 2 *(varastoida) (m)* store (potatoes in the cellar *perunoita kellarissa); (kerätä ja ~)* store up 3 *(ylläpitää)* maintain (one's dignity *arvokkuutensa;* friendly relations with *ystävälliset suhteet jkh);* keep .. up (one's courage *rohkeutensa;* old traditions *vanhat perinteet)* ► *~* **ennallaan** keep .. unchanged (unaltered), conserve; maintain (prices *hinnat); ~* **malttinsa** keep one's temper, keep calm; **säilytettävä** *viileässä* to be kept cool.
säilytys preservation; *(pankk)* safe-keeping; *matkatavaroiden ~* cloakroom **~astia** container **~lokero** *(tallelokero)* safe; *(matkatavaroiden ~)* locker.
säilyvä; *[hyvin] ~* non-perishable; *huonosti ~* perishable.
säily|**ä** 1 be preserved, be kept up, *(~ perintönä)* be handed down; keep (this milk won't keep till tomorrow *tämä maito ei säily huomiseen); (jäädä)* remain (unchanged *entisellään); (kestää)* last, endure 2 *(säästyä)* be spared (from a disease *jltk taudilta);* escape (destruction *tuholta)* ► *sen* **arvo** *-y* it will retain its value; *~* **elossa** *(hengissä)* escape alive, survive; **hyvin** *-nyt* well preserved; in a good state of preservation; *tapa on -nyt* **meidän päiviimme** *saakka (m)* the custom still survives; *~* **vammoitta** *(m)* come through safe [and sound].
säilä 1 *(miekk)* sabre 2 *(miekka)* sword *(m kuv;* of sarcasm *ivan ~); (miekan terä)* blade.
säilö safekeeping; *olla ~ssä jssk* be stored in; *panna ~ön* put in[to] storage; *poliisin ~ssä* in custody.
säilöntä preservation **~aine** preservative.
säilöä preserve.
säkeistö stanza.
säken||**e** spark **-öidä** sparkle, scintillate **-öivä** sparkling; *[vihasta] ~t silmät*

flashing eyes.

säki||**llinen** sackful (of *jtk*) -**ttää** sack, bag [up].

säkki sack; *panna suu ~ä myöten* cut one's coat according to one's cloth ~**kangas** sackcloth, sacking ~**pilli** *(pl)* bagpipes ~**pillinsoittaja** bagpiper ~**pimeä** pitch-dark.

säkä *(el) (pl)* withers.

säle lath, slat; *(aidan ~)* pale ~**aita** paling[s] ~**ikkö** *(kukka~)* trellis ~**kaihdin** Venetian blind.

sälpä spar.

sälyttää; ~ *kuorma hevosen selkään* load a pack on a horse; ~ *jtk jkn hartioille* saddle a p. with; ~ *syy jkn niskoille* blame a p., put the blame on, *(ark)* shift the blame on to.

sälö splint[er], sliver, split; *haljeta ~ille* splinter.

sämpylä roll.

sängynpeite bedspread, bedcover.

sänki stubble ~**nen** stubbly.

sän|**ky** bed; *mennä ~yn* go to (get into) bed; *nousta -gystä* get out of bed, get up ~**vaatteet** bedclothes.

sännätä rush, dash (at *jtk kohti;* out [of] *ulos [jstk]*); *(hypähtää)* jump (to one's feet *pystyyn*); ~ *pakoon* take to one's heels.

säntilli||**nen** punctual; exact, precise, meticulous; *(pikkutarkka)* pedantic -**syys** punctuality.

säppi latch, clasp; *panna ~in* latch.

säpsähtää start (at a sound *ääntä*), be startled (at *jtk;* to hear *kuullessaan*); ~ *hereille* wake up with a start, be startled out of one's sleep.

säpäle splinter; *mennä ~iksi* splinter, break to pieces; *olla ~inä* be [all] in pieces; *rikkoa ~iksi* smash to smithereens.

säri||**nä** crackle -**sevä** crackly; scratching (record *äänilevy*) -**stä** crackle.

särke|**ä 1** break (a window *ikkuna;* a p.'s heart *jkn sydän*), *(konkr m)* smash (to pieces *kappaleiksi*), smash down (up) (furniture *huonekaluja*); *(murskata)* crush (a box *laatikko*); crack (nuts *pähkinöitä*) **2** *(koskea)* ache (my tooth aches *hammastani -e; (kuv)* my heart aches when.. *sydäntäni -e kun..*); *päätäni -e (m)* I have a headache.

särki roach.

särkkä sandbank; *(hiekka~)* ridge of sand.

särky ache (toothache *hammas~*); *(kipu)* pain (this medicine relieves pain *tämä lääke lievittää ~ä*) ~|**lääke** analgesic drug; *(-tabletti)* painkiller.

särky||**mätön** unbreakable, non-breaking; shatterproof (glass *lasi*) -**nyt** broken (window *ikkuna;* heart *sydän*); *(kuv m)* shattered; -**neellä äänellä** in a cracked voice -**vä;** *[helposti]* ~ fragile.

särky|**ä 1** break (into pieces *kappaleiksi;* the mirror broke *peili -i;* his voice broke with emotion *hänen äänensä -i liikutuksesta*), be broken (the spell was broken *lumous -i*); *(hajota)* break up (the ship broke up on the rocks *laiva -i kallioihin;* the marriage broke up *avioliitto -i*); *(haljeta)* burst; *(konkr m)* smash, go (come) to pieces; *(~ pirstaleiksi)* shatter (the window shattered *ikkuna -i*), be shattered; crack **2** *(mennä epäkuntoon)* break down (the lift broke down *hissi -i*).

särmik||**kyys** angularity -**äs 1** angular (stone *kivi*); jagged; -**käät kasvot** angular (square) face **2** *(kuv)* abrupt (character *luonne*).

särmiö prism ~**mäinen** prismatic *(adv ~ally).*

särmä edge ~**kartio** pyramid ~**tä** edge, trim ~**ys** edging, trimming ~**yssaha** edging (trimming) saw.

särpiä drink .. noisily, slurp, *(Am m)* slop.

säräh||**dys** crack -**tää** give a crack[ing sound], crack; ~ *[jkn] korvaan* grate (jar) on a p.'s ear.

särö crack (in a cup *kupissa*), flaw; *(kuv m)* breach (in a marriage *avioliitossa*), rift (cause a rift in *aiheuttaa ~ jhk*); *kupissa on ~[jä] (m)* the cup is cracked; *mennä ~ille* crack ~**illä** crack; *avioliitto alkoi ~* their marriage began to crack up ~**tön** *(kuv)* flawless.

säteil|**evä 1** radiant (smile *hymy*), beaming; ~**n onnellinen** beaming with happiness **2** *(ydinfys)* radiative (scattering *sironta*); radiant -**lä** radiate (heat *lämpöä*); she radiates joy *hän[estä] -ee iloa*); *(konkr m)* send out, emit (light *valoa*); *(kuv m)* be radiant, beam; *(sädehtiä)* sparkle (with happiness *onnesta*).

säteily radiation.

säteily||**-** radiation (field -**kenttä;** heat -**lämpö;** hazard -**vaara**); △ radiant (energy -**energia;** heat -**lämpö;** flux -**vuo**); △ radiating (heat -**lämpö**) -**hiukkanen** photon -**suojelu** radiation (radiological) protection

-ttää irradiate **-tys** irradiation.
säteittäinen radial; *(biol)* radiate.
sätkiä flounder, wriggle (on the hook *koukussa*).
sätky; *(ark) saada* ~ blow one's top ~nukke marionette, puppet ~**tellä** struggle, wriggle (to get free *päästäkseen vapaaksi*) *(vrt sätkiä)*~**ukko** jumping jack.
sättiä blow .. up, haul .. over the coals (for *jstk*).
sävel 1 a) *(yksittäinen t. tietty ~)* note (high note *korkea ~*), *(Am)* tone; **b)** *(us ~et)* tone (the sweet tones of a violin *viulun sointuvat ~et*); *tämä lauletaan X:n ~ellä* this goes to the tune of X **2** *(sävelmä)* tune (lyrics and tune by N.N. *sanat ja ~ N.N.*), melody; *laulaa ~en vierestä* sing out of tune.
sävel||askel degree **-asteikko** scale **-korkeus** pitch **-korva** ear for music; *hänellä ei ole ~a* he is tone-deaf **-kulku** *(kiel)* intonation, pitch accent **-kuvio** figure **-laji** key; *vaihtaa ~a* modulate **-lajinvaihdos** modulation **-lys** composition **-lysoppi** [theory of] composition **-mä** melody (an old Irish melody *vanha irlantilainen ~*), tune (hum a tune *hyräillä ~ä*), piece of music **-radio** light music program[me] **-runo** symphonic (tone) poem **-taso** pitch **-täjä** composer **-tää** compose (a song *laulu;* for the piano *pianolle*); ~ *musiikki jhk* write [the] music for, set .. to music **-väli** interval.
sävy 1 *(äänen, värin ~)* tone (various tones of red *erilaisia punaisen ~jä;* dark in tone *tumma ~ltään*), *(väri~ m)* shade, nuance; *(vivahdus)* tinge, tint **2** *(kuv)* tone (of a discussion *keskustelun ~;* set the tone for *määrätä jnk ~;* I don't like your tone *en pidä ~stäsi;* in a gentle tone *ystävälliseen ~yn*); tinge (of irony in a p.'s voice *ironinen ~ jkn äänessä*).
sävyis||yys compliance, docility **-ä** accommodating, compliant.
sävyt|tää tint (one's hair red *tukkansa punaiseksi*); tinge (her words were tinged with bitterness *katkeruus -ti hänen sanojaan*).
sävä||htää flinch, startle; ~ *hereille* startle out of one's sleep; *katsomo -hti* there was a stir in the audience; ~ *punaiseksi* blush suddenly; *sydänalassa -hti* her heart jumped **-ys;** *antaa (tehdä) hyvä ~ jllk* give an extra touch to **-yttää** startle.
säyne ide.

säyseä *(lauhkea)* meek; *(mukautuva)* compliant; *(sävyisä)* docile.
sää weather (in rainy weather *sateisella ~llä*); ~*n salliessa* weather permitting ~**asema** meteorological station.
sääd||ellä regulate (the temperature *lämpötilaa*), adjust (the radiator *patteria*), control **-etty** prescribed; *-etyssä ajassa* within the time appointed **-ettävä** adjustable **-in** regulator, adjuster, controller.
säädylli||nen 1 decent (life *elämä*); respectable (woman *nainen*); *(sopiva)* proper (behavio[u]r *käytös*) **2** *(kohtuullinen)* reasonable (price *hinta;* at a reasonable time *-seen aikaan*) **-syy|s** decency; *loukata -ttä* outrage public decency; offend against the proprieties; *ylittää -den rajat* overstep the bounds of decency, be beyond the pale.
säädyt||tömyys indecency, impropriety **-ön** indecent (life *elämä*), improper; immodest (dress *leninki*); *on ~tä..* it is not decent (proper) to..
säädös regulation[s], ordinance; statute.
sää||ennuste weather forecast **-havainto** weather (meteorological) observation **-kartta** [weather] chart **-katsaus** weather report.
sääksi osprey.
sääli pity (feel pity for *tuntea ~ä jkta kohtaan*) ▶ ... *ettet voi tulla* it is a pity [that] you can't come; *häntä käy ~ksi* he is to be pitied; *minun käy häntä ~ksi* I feel sorry for him; **säälistä** out of pity (compassion).
säälimät||tömyys ruthlessness, lack of pity; *(julmuus)* cruelty **-tömästi** *(m)* without pity **-ön** ruthless, relentless, unmerciful (tyrant *tyranni*); *(julma)* cruel; *(armoton)* merciless.
sääli||tellä pity (a p. *jkta*), feel pity (for *jtk*) **-ttävä** pitiable (in a pitiable condition *~ssä tilassa*), pitiful (sight *näky*); *(kurja)* *(m)* miserable (performance *esitys*); *~n pieni* teeny-weeny **-ttää;** *hän ~ minua* I feel pity (sorry) for him; *minua ~ ajatella..* I am sorry to think.. **-vä** piteous, pitiful, ..full of pity **-västi** pityingly, with pity; full of pity **-ä 1 ~** *jkta* feel pity (compassion) for; pity (I pity you *-n sinua*); *(armahtaa)* have mercy on; *-mättä* without pity **2 ~** *(säästää) jtk* spare (one's money *rahojaan*).
säällinen proper; decent; *(asiallinen)*

reasonable.
säämiskä[nahka] chamois [leather].
säännellä regulate.
säännölli‖nen regular (connections *-set kulkuyhteydet;* polygon *monikulmio;* habits *-set tavat;* income *-set tulot;* working hours *työaika;* verb *verbi;* at regular intervals *-sin väliajoin*); *(tasainen)* even (writing *käsiala*); *(tavanomainen)* normal (development *kehitys*) **-sesti** regularly; as a rule; *(aina)* always; *tehdä ~ jtk (m)* make it a rule to do **-syys** regularity; normal state.
säännön‖mukai‖nen regular (meeting *kokous*); normal; *(asianmukainen)* due (in due order *-sessa järjestyksessä*) **-vastainen** irregular, . . contrary to the rule[s].
säännös regulation; *(lak)* provision.
säännöstellä control (prices *hintoja*), regulate (one's expenses *menojaan*); *(~ elintarvikkeita ym)* ration, put . . on rations.
säännöstely control (of prices *hintojen ~;* of foreign trade *ulkomaankaupan ~*); regulation; *(elintarvikkeiden ~)* rationing; *~n alainen* rationed; *lopettaa ~* abolish the control **~politiikka** policy of economic control **~talous** controlled economy **~toimenpide** regulatory measure.
säännö‖stö *(lak)* institution **-ttää** standardize **-ttömyys** irregularity **-tön** irregular.
sään‖tö rule (the rules of grammar (a game, a society) *kieliopin (pelin, yhdistyksen) -nöt;* follow (break) the rules *noudattaa (rikkoa) ~jä;* an exception to the rule *poikkeus -nöstä*); *(m)* law (the laws of cricket *kriketin -nöt;* Simpson's law *Simpsonin ~*); *(määräys)* regulation (there are certain regulations as to how. . *on olemassa tietyt -nöt siitä miten. .*) ▶ *~jen* **mukaan** according to rule (the rules); *~nä* **on** *että* there is a rule that, it is the rule that; *pikemminkin ~ kuin* **poikkeus** the rule rather than the exception; *[yhtiön t. yhdistyksen]* **säännöt** by[e]-laws; *(sg)* constitution; *[yliopiston] -nöt* statutes; *se on* **yleisenä** *~nä* it is a generally accepted rule.
sääntömääräinen statutory; regular.
sää‖olot weather conditions **-oppi** meteorology **-profeetta** weather prophet.
säär‖i 1 *(jalka)* leg (long thin legs *pitkät hoikat -et*); *(-en etupuoli)* shin (bang one's shin on *iskeä -ensä jhk*) **2** *(anat)* lower leg

3 *(hyönteisen ~)* tibia *(pl m ~e)* **~luu** shinbone, tibia *(pl m ~e)* **~suojus** shin pad, leg guard.
säärys[tin] gaiter, legging.
sääsatelliitti weather satellite.
sääski gnat; *(hyttynen)* mosquito *(pl ~[e]s)* **~parvi** swarm of mosquitoes **~verkko** mosquito net **~voide** mosquito deterrent.
säästel‖iäs economical, sparing; *~ sanoissaan* sparing (chary) of words **-iäästi** economically, sparingly; *käyttää ~ jtk* economize on, *(ark)* go easy on **-lä** economize (on *jtk*), be sparing (of *jtk*); *hän ei -lyt sanojaan* he didn't mince his words; *~ voimavarojaan* husband one's resources; *~ voimiaan (m)* save one's strength.
säästyä 1 *(jäädä säästöön)* be saved, be left over **2** *(~ jltk)* be spared (from *jltk*); escape (punishment *rangaistukselta*); *~ nöyryytykseltä* be spared humiliation.
säästä‖jä saver **-minen** saving **-mistoimenpide** economy measure.
säästäväi‖nen economical, sparing (use of *jnk ~ käyttö*), thrifty, saving, frugal (housewife *perheenemäntä*); *olla ~ (m)* economize; be careful with one's money **-sesti;** *elää ~* economize, save; *käyttää jtk ~ (ark)* go easy (slow) on **-syys** economy, thrift[iness].
sääst‖ää save (time *aikaa;* 200 marks a week *200 mk viikossa;* money for *rahaa jhk;* on food *ruoassa;* for future needs *tulevaa tarvetta varten;* one's strength *voimiaan;* is this worth saving any longer? *kannattaako tätä enää ~?*); *(m)* **1** *(koota rahaa)* save up (money for a holiday *rahaa lomaa varten*); put (lay) aside (by), put away **2** *(olla säästäväinen)* economize (I must economize [on clothes] *minun täytyy ~ [vaatteissa]*), *(käyttää säästeliäästi)* be economical (with *jtk*), *(ark)* go easy on **3** *(säilyttää)* keep (keep the receipt! *-äkää kuitti!*); *(panna säästöön)* put away , put aside, lay by (aside) (for later use *käytettäväksi myöhemmin*) **4** *(varjella)* spare (o.s. *itseään;* he spared no expense or pain *hän ei -änyt kuluja eikä vaivojaan*); *(-ellä)* be sparing (of one's energy *voimiaan*) **5** *(~ jku jltk)* spare (a p. a humiliation *jku nöyryytykseltä*) ▶ *hän* **ei osaa** *~* he is not economical, he does not know how to save; **käyttää** *-äen jtk* economize on, *(ark)* go easy on; *hän -i siinä* **monta** *markkaa* that saved him

many marks; ~ **pahan päivän** *varalle* save (put by) for a rainy day; ~ **silmiään** take care not to strain one's eyes; *aikaa* **säästävä** time-saving; **vaivoja** *-ämättä* no pains spared.

säästö 1 saving (of time (money) *ajan (rahan)* ~; live on one's savings *elää* ~*illään*) **2** *(jäännös)* balance; *(ylijäämä)* surplus; *(voitto)* gain; *hänellä on melkoinen summa* ~*ssä* he has a nice sum put aside; *jäädä* ~*ön* be saved; *panna* ~*ön* save [up], put aside (by), put away ~**koko** economy size ~**lipas** coin bank, money-box ~**luokka** economy class ~**pankki** savings bank ~**porsas** piggy (toy) bank.

sää‖**tiedotus** weather report **-tila** weather; *(-suhteet) (pl)* weather (meteorological) conditions **-tutka** weather radar.

säätiö foundation; *(lahjarahasto)* endowment.

sää‖**ty 1** *(hist)* estate (the four estates *neljä* ~*ä)* **2** *(yhteiskuntaluokka)* [social] class; *(arvo)* rank; *alemmat (ylemmät) -dyt* the lower (upper) classes; *elää* ~*nsä*

mukaisesti live according to one's social standing (position) ~**ero** class distinction, social difference ~**järjestelmä** corporative system ~**raja** class distinction ~**talo** assembly house of the estates ~**-yhteiskunta** class society.

sää‖**täminen** *(lain* ~*)* enactment **-tää 1** prescribe (as the law prescribes *kuten laki* ~); enact (as by law enacted *niinkuin laissa on -detty*); *(*~ *vero ym)* impose; *(määrätä)* ordain, decree (it had been decreed that.. *oli -detty että*); ~ *lakeja* make (pass) laws **2** *(tekn)* adjust (the height of *jnk korkeutta*); regulate (the temperature *lämpötilaa*); control; ~ *uudelleen* readjust.

säätö adjustment, regulation; control ~**lait**|**e** adjusting device, regulating apparatus; *(rad)* tuning device; *-teet (m)* control equipment ~**rele** control relay ~**silitysrauta** thermostatic iron ~**vipu** control lever.

söhlätä blunder, put one's foot in it.

söpö sweet, pretty, *(Am)* cute.

T

t, T *(kirjain)* t, T *(pl* ts, t's, Ts, T's).
taaemp|ana *(-i) ks.* **taemp|ana, -i.**
taaja 1 *(tiheä)* dense (population *asutus);* thick (forest *metsä)* **2** *(nopea)* rapid; fast; ~*ssa tahdissa* in rapid (quick) succession; ~*an (~ssa) (tiheä|ssä, -än)* close together; densely; thick[ly]; ~*an asuttu* densely populated ~**-asutus** urban (population) aggregate ~**ma** population centre, densely built-up area.
taajuus 1 *(tiheys)* dens|ity, -eness; thickness **2** *(fys, rad ym)* frequency; *taajuus|-*frequency (band *-alue).*
taak|ka burden (of taxes *vero~;* be a burden to *olla -aksi jklle); (kuorma)* load (of work *työ~).*
taakse I *prep* behind (the house *talon ~); (tuolle puolen)* beyond (the border *rajan* ~); round (the corner *kulman ~);* on the back (write on the back of an envelope *kirjoittaa kirjekuoren* ~) **II** *adv (takaosaan)* in the back; in the rear ▶ *(kuv)* **asettua** *jkn taakse* back a p. [up]; **jättää** ~*en* leave behind; *(urh ym) (m)* outstrip; *minkä* ~*en jättää sen edestään löytää* never put off till tomorrow what you can do today; *katsoa* ~*en* look behind one, look back; *hallitus sai* ~*en eduskunnan enemmistön* the government obtained the support (backing) of a majority of Parliament.
taaksepäin backward[s] (take a step backwards *ottaa askel* ~); back *(move back! siirtykää* ~*!* put the clock back an hour *siirtää kelloa tunnin verran* ~); *(mer)* astern; *(kuv) askel* ~ retrograde step; *katsoa ajassa* ~ look back in time, take a look back ~**meno** *(kuv)* decline (in *jnk* ~); regression, retrogression.
taala *(ark)* buck.
taannehtiva retroactive ~**sti** retroactively (come into force retroactively as of *tulla voimaan* ~ *jstk lähtien); palkan-korotukset maksetaan* ~ *tammikuus-* *ta lähtien* the wage increases will be backdated to January.
taannoin not long ago, some time ago ~**en** recent.
taantu||a decline; regress; *(biol)* revert; *(rappeutua)* degenerate; *olla -massa* be on the decline **-ma** *(psyk)* regression; *(tal)* recession **-minen** decline (in exports *viennin* ~) **-muksellinen** *(pol) a ja s* reactionary **-muksellisuus** reactionism **-mus** reaction.
taaper||o toddler **-taa** toddle; *(ankasta ym)* waddle.
taara tare.
taas 1 *(uudestaan)* again **2** *(kun* ~*)* whereas, while; while on the contrary, while on the other hand ▶ *tuhannet ja* ~ *tuhannet* thousands of (and upon) thousands; **joko** ~*!* not again! ~ **kerran** once again; *mikä hänen nimensä* ~ *olikaan* what did you say his name was? what was his name again? ~ *on* **yksi** *päivä kulunut* another day has passed; *tämä on* ~ *yksi esimerkki jstk* this is yet another example of.
ta|ata guarantee (that *että;* to do *tekevänsä;* a p. regular employment *jklle pysyvä työpaikka;* a p.'s debts *jkn velat);* assure (I assure you that.. *-kaan että..;* it assured him a place among *se -kasi hänelle paikan jdk joukossa);* ensure; warrant (I'll warrant [you] *sen -kaan [ja alleviivaan]); (mennä takuuseen)* vouch for (I am ready to vouch for him *olen valmis -kaamaan hänet); (lak)* ~ *jku* stand surety for a p.; *en mene -kaamaan että..* I can't guarantee that.., there is no guarantee that..
taateli date ~**palmu** date [palm].
taat||tu guaranteed, assured (quality ~*a laatua); (varma)* secure (position *asema); (turvallinen)* safe **-usti** certainly, assuredly; ~ *ensiluokkaista tavaraa* guaranteed first-class goods.
tabletti 1 tablet **2** *(liina)* tablemat, place

mat.

tabloidi *(san)* tabloid.

tabu taboo; *julistaa* ~*ksi* taboo, put .. under [a] taboo.

tabulaattori tabulator.

ta|e *(m -keet) (sg)* guarantee (of *jstk;* that *siitä että;* what guarantee can you offer? *minkälaiset -keet voit antaa?*); *(kuv m)* guarantor (of peace *rauhan* ~); *antaa -keet jstk (m)* vouch for; guarantee that..

taem||pana *(-maksi)* further back **-pi** ..further back; *(taka-)* back, rear; posterior.

tafti *(tekst)* taffeta.

tahall||aan on purpose, purposely, intentionally; *(tieten tahtoen)* deliberately **-inen** intentional, intended; deliberate (insult *loukkaus*); *(lak)* wil[l]ful **-isesti** intentionally, deliberately; *(lak)* with intent.

tahansa *(ks kuka (mikä)* ~ *jne ja hakus hyvänsä).*

tahaton unintentional, unintended; *(fysiol)* involuntary.

tahdas paste.

tahdik||as **1** tactful; *(hienotunteinen)* delicate, discreet; *(huomaavainen)* considerate **2** *(rytmikäs)* rhythmic[al] **-kuus** tact; delicacy, discretion.

tahdist||aa synchronize **-in 1** *(sydämen~)* [artificial] pacemaker **2** *(tekn)* synchronizer **-us** synchronization **-usura** *(atk)* clock track.

tahdit||on 1 tactless, indiscreet (behavio[u]r *käytös*), indelicate (question *kysymys*) **2** rhythmless **-taa 1** *(mus)* bar **2** *(määrätä tahti)* set the pace (for *jtk*) **-tomuus** tactlessness, indiscretion.

tahdon||alainen *(fysiol)* voluntary; ~ *hermosto* cerebrospinal nervous system **-ilmaus** expression (manifestation) of one's will **-voima** willpower, strength of will **-voimainen** strong-willed.

tahdoton involuntary (movement *liike*); *(henk)* weak-willed; *hän on täysin* ~ *ihminen* he has no will of his own; ~ *välikappale jkn käsissä* a mere tool in the hands of.

tahitilainen *a ja s* Tahitian.

tahko 1 *(~kivi)* grindstone **2** *(geom)* face **3** *(juusto~)* wheel ~**ta** grind.

tahma sticky substance; *(kielen* ~*)* fur ~**inen** sticky, gluey; *(kielestä)* coated, furred.

tahme||a sticky (with *jstk*), gluey; tacky

(paint *maalipinta*); *(nesteestä) (paksu)* viscous **-us** stickiness; tackiness; viscosity.

tahna paste; *(voileipä~ m)* spread.

taho quarter (in every quarter *joka* ~*ll\|a, -e;* from a reliable quarter *luotettavalta* ~*lta*); *(suunta m)* direction (in all directions *joka* ~*lle*) ▶ **jkn** ~*lta* on the part of, on a p.'s part; **joka** ~*lla* *(*~*lta) (m)* on (from) all sides (every side); **korkeilla** ~*illa (m)* in high places; *mitä mieltä korkeat* ~*t ovat siitä? (ark)* what do the higher-ups think of it? *he menivät* **kukin** *[omalle]* **taholleen** they went their separate ways; *kukin omalla* ~*llaan* independently, separately.

tahra stain *(m kuv)*, spot (remove a spot from *poistaa* ~ *jstk*), daub ; *(erik rasva~)* smear; *(noki~)* smut; *(erik muste~)* blot; *(kuv)* blemish (on his reputation *hänen maineessaan)* ~**amaton** non-staining ~**antua** stain ~**inen** stained, spotted, soiled ~**npoistoaine** stain remover ~**|ta** stain *(m kuv)* (with *jhk, jllak*), get .. stained, soil (one's clothes *vaatteensa*); get .. smeared; *(erik* ~ *tahallaan)* smear; blot (this pen blots *tämä kynä -a)*; *(kuv)* sully, foul (a p.'s reputation *jkn maine)* ~**t|on** spotless (past *menneisyys;* spotlessly clean *-toman puhdas)*; *(kuv)* stainless (reputation *maine)*.

tahria = *tahrata.*

tah|ti 1 *(mus)* **a)** bar (the opening bars of *jnk ensimmäiset -dit)*, *(Am)* measure; **b)** *(~laji)* time (waltz time *valssin* ~); **c)** *(poljento)* time (in slow time *hitaassa -dissa)*, tempo (at a fast tempo *nopeassa -dissa)*; beat, rhythm **2** *(kuv)* tempo of city life *kaupunkilaiselämän* ~), rhythm; *(vauhti)* pace (at a brisk pace *ripeässä -dissa;* increase the pace [of work] *kiristää [työn]* ~*a;* at a killing pace *tappavaa* ~*a)*, rate; *(konkr ja kuv)* tiukentaa ~*a* force the (one's) pace **3** *(tekn)* stroke ▶ **eksyä** *-dista (mus)* get out of time; *(marssiessa ym)* get out of step; **eri** *-dissa (mus)* out of time; *(kävellessä ym)* out of step; **lyödä** *(polkea, viitata)* ~*a* beat time; **määrätä** *[jnk]* ~ set the pace [for]; *kävellä* **samassa** *-dissa* walk in step (with *jkn kanssa)*; *soutajien* ~ *meni* **sekaisin** the rowers lost their rhythm; **tahdissa** *(mus)* in time; marssia *-dissa* march in step; **pysyä** *-dissa (mus)* keep time; *(sot ym)* keep [in] step (with *jkn -dissa)*; pysyä *[jnk] -dissa (vauhdissa)* keep pace [with]; *rumpujen*

-*dissa* to the beat of drums.

tahti||**laji** *(mus)* time -[**laji**]**merkintä** time signature -**mittari** metronome -**osa** beat -**puikko** baton -**viiva** bar line; *(Am)* bar.

tah|**to** will (to live *elää;* the will of the people *kansan* ~); *(toivomus) (tav pl)* wishes (submit to a p.'s wishes *alistua jkn* ~*on*); *(filos, kiel m)* volition ▶ **ehdoin** -*doin* deliberately; **hyvällä** -*dolla* with a little good will; *hyvän tahdon lähettiläs* goodwill ambassador; *saada (ajaa)* ~*nsa* **läpi** have (get) one's way, have one's will; **parhaalla** -*dollanikaan en voi*.. with the best will in the world I can't..; **vapaasta** -*dosta* of one's own [free] will; **vastoin** *[hänen]* ~*aan* against his will; in spite of himself; *hänen viimeinen* ~*nsa oli että* it was his last wish that..

tah|**toa 1** want (a th. *jtk;* to do *tehdä;* he wants me to go *hän -too minun lähtevän*); *(toivoa)* wish; *(~ kiihkeästi)* desire; *(kielt, kys ja kondit yht)* like (would you like [to have] a cup of coffee? -*toisitko kupin kahvia?*) **2** *(~ jnnk)* want to go (get, come) (I want to get away from here -*don pois täältä;* he wants to come in *hän -too sisään*) **3** *(olla taipuvainen)* tend, have a tendency, have a tendency to forget things *hän -toi aina unohtaa asioita*); be apt ▶ *(ks m hakus haluta)* ovi **ei** -*do* (-*tonut*) *aueta* the door won't (wouldn't) open; *siitä ei -tonut tulla loppua* there seemed to be no end to it; -*don että teet sen* I want you to do it; *hän teki mitä -toi* he did as he liked; *(kirk)* **tahdon!** I do; **tahtomattaan** *(tahattomasti)* unintentionally; *(vastoin tahtoaan)* against his will; **tieten** -*toen* deliberately, knowingly.

tai or.

taianomainen magical.

tai|**de** art; -*teet* the arts (patron of the arts -*teiden suosija*) ▶ *se on* **kehittynyt todelliseksi** -*teeksi* it has been brought to a fine art; **myydä** ~*tta* sell works of art; *kaikkien* -*teen* **sääntöjen mukaan** according to the rules [of the game]; **vapaat** -*teet* the liberal arts.

taide||- art (critic -*arvostelija;* gallery -*galleria,* -*halli;* dealer -*kauppias;* exhibition -*näyttely*); △ *(taiteellinen)* artistic (value -*arvo*) -**aine** *(koul)* arts subject -**akatemia** academy of art (fine arts), art academy --**esine** work of art, art object -**grafiikka** graphic arts -**historia**

history of art -**maalari** painter, artist -**muoto** art [form], form of art -**museo** museum of art, art museum -**suunta** style [of art], school [of art], movement [in the arts] -**tauko;** *pitää* ~ pause for effect, make a rhetorical pause -**teollisuus** industrial art, applied art, arts and crafts -**teollisuuskoulu** school of design (applied arts) -**teos** work of art.

taido||**kas 1** *(henk)* skilled; skil[l]ful **2** *(-kkaasti tehty)* skilfully made (worked out); elaborate (design *suunnittelu*); masterly -**kkaasti** *(m)* with skill; *osata käyttää* ~ *jtk* be skil[l]ful with (at using) -**kkuus** skill -**nnäyte** specimen of [one's] skill; tour de force.

taifuuni typhoon.

taika 1 *(lumous)* charm, spell (break a spell *särkeä* ~); magic **2** magic trick *(ks m* ~*temppu).*

taika||- magic (potion -*juoma;* word -*sana;* wand -*sauva*) -**isku;** *kuin* ~*sta* like (as if by) magic -**kalu** [magic] charm, amulet -**keino;** ~*in* by magic -**temppu** conjuring trick, sleight of hand *(m kuv);* (noidan ~) magic trick -**usko** superstition -**uskoinen** superstitious -**varpu** divining (dowsing) rod.

taikina dough; *(vatkattu* ~) batter (thin batter *ohut* ~); *(tahna)* paste ~**inen** doughy ~**kulho** mixing bowl ~**marja** *(kasv)* mountain currant.

taik||**oa** conjure (a rabbit out of a hat *kaniini hatusta*); *(noidasta)* do magic tricks; ~ *jku jksk* turn a p. into -**uri** conjurer, *(erik Am)* magician -**uus** magic.

taimen trout.

taimi plant, seedling; *(puun* ~ *m)* sapling, young tree ~**kko** sapling stand ~**lava** plant frame, seedbed ~**tarha** nursery [garden].

taim||**mainen** rearmost, backmost; farthest back -**pana** *(-maksi)* farthest back.

tain||**noksi**|**ssa** *(-in, -sta);* **herätä** -*sta* recover consciousness; **mennä** -*in* lose consciousness; faint; *olla* ~ be unconscious -**nutta**|**a** make unconscious; stun (an animal *eläin;* stunning blow -*va isku*); -*va aine* stupefacient -**tua** lose consciousness.

taipale = *taival.*

taipu||**a 1** *(konkr)* bend **2** *(kuv)* yield (to a p.'s demands *jkn vaatimuksiin;* to force *voiman edessä*), give way (in), *(alistua)* submit (to *jhk*); bend (to a p.'s will *jkn tahtoon*); *(myöntyä)* consent, agree (to a proposal *ehdotukseen*) **3** *(kiel)* [be] inflect[ed]; *(verbistä m)* [be] conjugate[d]; *(adj, subst m)* be declined **4** *(fys)* diffract (light diffracts *valo -u)* **-isa** *(konkr ja kuv)* flexible, pliable; pliant; ∼t hiukset wavy hair **-isuus** flexibility, pliability **-maton 1** *(konkr ja kuv)* inflexible; *(kuv m)* unyielding, unbending **2** *(kiel)* undeclinable **-minen** *(fys)* diffraction.

taipumu|s 1 tendency (towards *jhk;* to talk too much *puhua liikaa*); disposition; *(kirj)* inclination; propensity; *(erik lääk)* predisposition (to infections *saada tartunta*); *hänellä on* ∼ *(m)* he tends (towards *jhk;* to exaggerate *liioitella*), he inclines (to[wards] melancholia *raskasmielisyyteen*); he is inclined; he is liable (apt) (to forget *unohtaa*) **2** *(kyvykkyys)* inclination (artistic inclinations *taiteelliset -kset;* he has no inclinations towards medicine *hänellä ei ole -ksia lääkäriksi*); bent (for *jhk*); *(m -kset) (sg)* talent (for *jhk*); aptitude (for); *hänellä on taiteellisia -ksia (m)* he has an artistic turn.

taipuva 1 bending; *(taipuisa)* flexible, pliable, pliant **2** *(kiel)* declinable ∼inen; *olla* ∼ tend, be inclined (towards *jhk;* to do *tekemään*), have a tendency (towards corpulence *lihavuuteen*); *olen* ∼ *uskomaan että* I am inclined to believe that..

taistel||ija fighter **-la** *(konkr ja kuv)* fight (for *jstk, jkn puolesta*); with, on the side of *jkn kanssa, jkn puolella;* against, with *jkta vastaan;* a disease (the fire) *tautia (tulta) vastaan*), combat (crime *rikollisuutta vastaan*); *(kirj, kuv)* battle; *(kamppailla)* struggle (for power *vallasta*), strive; ∼ *kyyneliä vastaan* struggle to hold back one's tears.

taistelu battle (of Waterloo *Waterloon* ∼); fight (for *jnk puolesta;* against *jtk vastaan*); combat (between good and evil *hyvän ja pahan välinen* ∼); *(sot m)* engagement (naval engagement *meri∼*); *(kamppailu)* struggle (for independence *itsenäisyys∼;* for first place *ensimmäisestä sijasta*); conflict (religious conflict *uskonnollinen* ∼); dispute (labo[u]r dispute *työ∼*) ▶ **heittää** ∼un throw .. into battle; **irrottautua** ∼sta disengage from the battle; **kaatua** ∼ssa be killed in action; **käydä** ∼ fight (wage) a battle; *käydä epätoivoista* ∼a jtk vastaan fight a losing battle against; **ryhtyä** ∼un go into action (with *jtk vastaan*); do battle (with);

sisäinen ∼ inward struggle; **taistelut** *(sotiminen)* fighting (the fighting spread over a large area ∼t *levisivät laajalle*).

taistelu||- battle (formation *-muodostelma;* cruiser *-risteilijä*) **-aine** combat poison **-asemat** battle positions, action stations **-hansikas;** *heittää jklle* ∼ throw down the gauntlet **-harjoitukset** *(sg)* field (tactical) exercise **-hauta** trench **-helikopteri** [helicopter] gunship, combat helicopter **-henki** fight[ing spirit] **-joukot** combat forces (troops) **-kaasu** war gas **-kelpoisuus** combat effectiveness **-kent|tä** battlefield, battleground *(m kuv); kunnostautua -ällä* gain hono[u]r (glory) in battle **-kyvytön** disabled **-kärki** warhead **-laiva** battleship **-lento** [combat] mission, sortie **-nhaluinen** combative, ..ready to fight; pugnacious **-tahto** morale (raise (keep up) the morale of the troops *kohottaa (pitää yllä) joukkojen* ∼a); will to fight; *(kuv)* fight[ing spirit] (there is no fight left in him *hänellä ei ole enää* ∼a); *heikentää jkn* ∼ *(m)* demoralize a p. **-vahvuus** effective strength **-valmius** combat (battle) readiness **-varustu|s;** *täydessä -ksessa* in full combat gear; *(Br m)* in full battle kit **-vyö** fatigue belt **-välineet** *(sg)* ordnance; military supplies **-väsymys** combat (battle) fatigue.

tai|taa 1 *(osata)* know (French *ranskaa*); can (do it as well as you can *tee se niin hyvin kuin -dat); (hallita)* master **2** *hän ei -da tulla* he doesn't seem to be coming; ∼ *olla niin että..* it seems [probable] that.., its looks like..; ∼ *olla parasta lähteä* I think we had better go; ∼ *tulla sade* it looks like rain.

taita||ja expert (in, at doing *jssk, jnk* ∼), master **-maton** unskil[l]ful, unskilled; *(kokematon)* inexperienced; inexpert (at doing *jssk;* in inexpert hands *-mattomissa käsissä;* attempt *yritys*) **-mattomuus** inexperience **-va** skil[l]ful (with, at using *käyttämään jtk, jnk käytössä*); debater *väittelijä*), *(ammattitaitoinen)* skilled (in, at *jssk*); *(kyvykäs)* able; *(näppärä)* clever (with one's hands *käsistään*); *(kokenut)* experienced (in *jssk*) **-vasti** *(m)* with skill **-vuus** skil[l]fulness; *(taito)* skill.

taite 1 fold, *(erik* ∼ *kankaassa)* crease **2** *(mutka)* bend, curve, turn **3** *(katon* ∼ *m)* hip.

taiteelli||nen artistic *(adv* ∼ally); ∼ *johtaja* art[istic] director **-sesti;** *hän on* ∼ *lahjakas* he has an artistic talent (turn).

taiteilija artist; *(viihde~) (m)* artiste ~**juhla;** *viettää 25-vuotis~ansa* celebrate one's 25th anniversary on the stage (as an actor etc.) ~**kahvila** artists' café ~**nimi** professional name, stage name.

taiteilla *(tasapainoilla)* balance.

taite||**katto** mansard roof, *(Am)* gambrel roof **-kohta** fold; *(kuv)* turning point (in history *historian* ~) **-lehti** *(kirjap)* foldout **-lehtinen** folder, leaflet **-ovi** folding door.

tai|**to 1** skill (to do *tehdä;* driving skill *ajo~*); *(pätevyys)* proficiency; *(kyky)* ability; *(tiedot)* knowledge (a good knowledge of English *hyvä englanninkielen* ~); *[suurella] -dolla* with great skill; ~ *vaativa (m)* skilled (work *työ*) **2** *(jnk periaatteet)* art (of cooking (sailing) *keitto- (purjehdus)~;* master at the art of conversation *keskustelu-don mestari*) ~**aine** *(koul)* practical subject ~**lento** *(sg)* aerobatics, stunt flying ~**luistelija** figure skater ~**luistelu** figure skating ~**luistin** figure skate ~**s[kohta]** fold ~**temppu** trick ~**voimistelu** *(sg)* gymnastics.

tait|**taa 1** fold (in half (into four) *kahtia (neljään osaan); (~ kokoon)* fold up (a newspaper *sanomalehti)* **2** *(katkaista)* break (in two *kahtia;* a branch from *jstk oksa;* one's back *selkänsä*), cut; *(poimia)* pick (a few flowers *muutama kukka*) **3** *(fys, opt)* refract **4** *(kirjap) (suunnitella)* make up (a book *kirja;* a page *sivu*) ▶ ~ **kokoon** fold up (a map *kartta;* a chair *tuoli*); *kokoon -ettava* folding; ~ **matka** *tunnissa* cover the distance in one hour; *(urh)* **taittaen** with pike, piked; ~ **väri** tone down (break) a colo[u]r; *-ettu väri (m)* blended colo[u]r.

taittaja *(kirjap)* maker-up (*pl* makers-up).

taitto *(kirjap)* makeup ~**ovi** folding door ~**virhe** *(silmän ~)* refractive error.

taittu||**a 1** *(laskostua)* fold [up] **2** *(katketa)* break; *taival -i nopeasti* the journey went quickly **3** *(fys)* be refracted **-minen** *(fys)* refraction.

taituri virtuoso (on the violin *viulu~*) ~**mainen** virtuosic, masterly; *(attr)* virtuoso (pianist *pianisti*).

taituruu||**dennäyte** *(mus)* bravura [performance (passage)] *(ks m taidon-näyte)* **-s** virtuosity.

taivaalli|**nen** *(heng, ark)* heavenly; celestial; *(ark m)* divine; ~ *Isä* our Father in heaven; *-sen ihana* divine.

taivaan||**kansi** firmament, vault of heaven **-kappale** heavenly (celestial) body **-laki** zenith **-merk**|**ki;** *näyttää jklle -it* give a p. what for, show a p. what's what **-palvonta** sky worship **-ran**|**ta** horizon (on the horizon *-nalla); -nan maalari* tramp, drifter **-sininen** sky-blue, azure **-vuohi** *(el)* snipe.

taivaaseenastumi|**nen;** *Kristuksen -sen päivä* Ascension Day.

taival journey; *(matkaosuus)* stage; *elämän* ~ earthly pilgrimage *(vrt matka)* ~**taa** journey; *(vaeltaa)* tramp, wander.

taiwanilainen *a ja s* Taiwanese *(pl ~).*

taiva|**s 1** sky (in the eastern sky *itäisellä -alla*) **2** *(heng, kuv)* heaven, Heaven (in heaven *-assa;* may Heaven preserve us from that ~ *meitä siltä varjelkoon*) ▶ *paljaan -an* **alla** under the open sky; *Italian -an alla* under Italian skies; *(kuv) -ita* **hipova** *(tavoitteleva)* high-flown (theory *teoria*), fantastic; *-an* **isä** our Father in heaven, Heavenly Father; *tie auki ~ta* **myöten!** the sky's the limit! *Neitsyt Marian -aseen* **ottaminen** the Assumption; *päästä -aseen* go to heaven; ~ **suokoon** *että..* would to heaven that.., Heaven grant that..; **taivaalla** in the sky; **taivaan** *(m)* heavenly (angels *enkelit),* celestial (joys *ilot*); ~ **tietää** heaven knows; *-an* **tuuliin** to the four winds [of heaven]; *-an* **tähden!** for Heaven's sake! ~**ten valtakunta** the kingdom of heaven; ~ **[varjelkoon]!** [Good] Heavens!

taivasall|**a, -e** under the open sky, in the open [air].

taive bend; turn; flexure.

taivukas *(puut)* layer.

taivut||**ella** [try to] persuade (a p. to do *jkta tekemään*), coax **-taa 1** *(konkr)* bend; *(~ raajaa m)* flex **2** *(kuv)* persuade (a p. to do *jkta tekemään); (pakottaa)* compel (a p. to do *jku tekemään*); ~ *jku puolelleen* win a p. over; ~ *jku tahtoonsa* bend a p. to one's will **3** *(kiel)* inflect; *(~ nomineja m)* decline; *(~ verbejä m)* conjugate **-telu** *(suostuttelu)* persuasion.

taivutus 1 *(konkr)* bend (of the body *vartalon* ~); bending **2** *(kiel)* inflection; *(nominien ~ m)* declension; *(verbien ~ m)* conjugation.

taivutus||**- *(tekn, fys)** bending (test *-koe*) **-kaava** *(kiel)* paradigm **-luokka** *(nominien* ~) declension; *(verbien* ~) conjugation **-pääte** *(kiel)* inflectional ending.

taju 1 *(tajunta)* consciousness (lose

consciousness *menettää* ∼*nsa*); *olla* ∼*issaan* be conscious, be in a conscious state; *tulla* ∼*ihinsa* recover consciousness, come to ([a]round) **2** *(jnk* ∼*)* sense (of time (beauty) *ajan-* *(kauneuden)* ∼); *hänellä ei ole siitä minkäänlaista* ∼*a* he has no idea (not the slightest idea) of it ∼**aminen** realization ∼**inen** conscious ∼**nnanhäiriö** disturbance of consciousness ∼**nnanvirta** stream of consciousness ∼**nta** consciousness; *menettää* ∼*nsa* lose consciousness ∼|**ta** realize (that *että;* one's error *virheensä*); understand (I can't understand how.. *en -a kuinka..*), grasp (the importance of *jnk tärkeys*), see (do you see what I mean? *-atko?*); *(olla tietoinen, tulla tietoiseksi)* be[come] conscious (aware) (of *jk;* that *että*) ∼**ton** unconscious, senseless (knock senseless *lyödä -tomaksi*); *-tomana (m)* in an unconscious state; *mennä -tomaksi* lose consciousness ∼**ttomuus[tila]** unconsciousness.

takaa from behind (the door *oven* ∼); round (the corner *kulman* ∼); from beyond (the ocean *valtameren* ∼), from the other side of, from across (the border *rajan* ∼); *matkojen* ∼ from afar; *housut ovat* ∼ *rikki* his trousers are torn in back (at the back); *tunnen hänet jo vuosien* ∼ I've known him for many years ∼**-ajaja** pursuer, chaser ∼**-ajo** chase, pursuit; *lähteä* ∼*on* set off in pursuit.

taka-aivot *(sg)* hindbrain; metencephalon.

takaaja guarantor *(m kuv),* guarantee; *toimia jkn* ∼*na* act as a guarantee for, stand surety for.

taka|-ajatus ulterior motive; arrière pensée *(ransk);* *tässä on jokin* ∼ there is something behind this; *(ark)* he is cooking something up **--ala** *(konkr ja kuv)* background (keep in the background *pysytellä* ∼*lla*); ∼*lle jääneet ongelmat* problems that have been overlooked.

takaa|ladattava breech-loading **-päin** from behind; *kuulla askeleita* ∼ hear footsteps behind one; *näin hänet vain* ∼ I only saw his back.

taka|-asento *(tekn)* posterior position **-hammas** back tooth **-huone** back room **-ikkuna** *(aut)* rear window; *(talon* ∼*)* back window.

takai|nen 1 *jnk* ∼ behind, at the back of; beyond (the area beyond the border *rajan* ∼ *alue*), on the other side of; *vuosisatain*

∼*-set tapahtumat* events which took place centuries ago **2** *(fon)* back (sound *äänne*).

Taka-Intia Farther India.

takaisin back (give (hit) back *antaa (lyödä)* ∼*;* you can have it back tomorrow *saat sen* ∼ *huomenna*); re- (repay *maksaa* ∼*;* recapture *vallata* ∼); *(taas)* again (the door closed again *ovi meni* ∼ *kiinni*); *kaivata* ∼ *jnnk* long to return to; ∼ *ponnahtava kiekko (pallo)* rebound; *saada* ∼ *(m)* recover; *saada rahasta [10 p]* ∼ get [10 p] change; *tulen* ∼ *hetken kuluttua* I'll be back in a minute ∼**kelaus** rewind ∼**kytkentä** *(atk ym)* feedback ∼**maksu** *(liik)* refund; *(velan ym* ∼*)* repayment ∼**osto** *(liik)* repurchase ∼**saanti** recovery ∼**tulo** return (to *jnnk*); *(kuv m)* comeback ∼**valtaus** recapture.

taka||isku 1 reverse (suffer a slight reverse *kärsiä hienoinen* ∼), setback (meet with many setbacks *kokea monia* ∼*ja*); check **2** *(tekn)* backlash **-istuin** rear (back) seat **-jal|ka** hind leg; *nousta -oilleen* rise [up] on its hind legs, rear [itself up] **-jarru** rear-wheel brake **-kansi 1** *(kirjan ym* ∼*)* back cover **2** *(mer)* afterdeck **-kappale** *(vaat)* back **-kautta** from behind; the back way; by the back door **-kenossa** leaning backward[s] **-kenttä** *(tenn ym)* backcourt; *(pesäp)* outfield **-kireä** *(ark)* uptight **-laita** far edge; back side **-levy** *(korip)* backboard **-linja** *(sot)* rear **-lohko** *(anat)* posterior lobe **-lukossa** double-locked; *(kuv) (umpikujassa)* at an impasse (a deadlock); *olin aivan* ∼ my mind just stopped working **-maa[t]** hinterland, upcountry **-matka** *(urh)* handicap **-metsä** *(sg ja pl)* backwoods **-mies** *(urh)* back **-moottori** rear[-end] engine **-mu|s** *(m -kset)* **1** *(ihmisen* ∼*) (pl)* buttocks, bottom; *(kuv)* behind (fall on one's behind *pudota -ksilleen*), backside; *(leik)* posterior; *läimäyttää lasta -ksille* spank the child, give the child a spank on the bottom **2** *(vaat)* seat **3** *(eläimen* ∼*)* rump, *(pl)* buttocks; *(pl)* hindquarters.

takana I *adv* behind (sit behind *istua* ∼); in the back (the coat has a vent in the back *takissa on halkio* ∼) **II** *postp* behind (the house *talon* ∼*;* a p.'s back *jkn selän* ∼); at the back of, at *(Am* in) the rear of; round (just round the corner *heti kulman* ∼); beyond (the border *rajan* ∼), on the other side of ▶ *hänellä on* **armeija** *jo* ∼*an* he's got the army behind him; *kuka on näiden*

huhujen ~? who is behind (at the bottom of) these rumo[u]rs? *hänellä on 10 vuoden* **kokemus** ~*an (m)* he has 10 years' experience to his credit; **pahin** *on jo* ~ we've got the worse part behind us; *hänen parhaat* **päivänsä** *ovat jo* ~ he is past his prime; *(kuv)* **seisoa** *jkn* ~ be [right] behind a p.; *seisoa lupauksensa* ~ stand by one's promise; *hänellä on enemmistö* **takanaan** he has the majority behind him, he has the backing (support) of the majority, the majority backs him up.

takanapäin; *puhua jksta pahaa* ~ speak evil of a p. behind his back, backbite; *se aika on jo kaukana* ~ *kun* the time is long past when *(ks m ed)*.

takanreunus mantel|piece, -shelf.

taka||nurkka far corner **-oikealla** to the rear right **-osa** back part, back (of a house *talon* ~), rear; *(tiet ym)* posterior part **-ovi** back door; *(m)* back entrance; *(aut ym)* rear door; rear entrance; *(kuv)* escape hatch; *(erik sopimuksessa)* escape clause; *(laissa)* loophole **-pajuinen** backward **-pajull|a** *(-e); jäädä -e* fall behind in development; *olla* ~ be backward (behindhand) **-peili** *(aut)* rearview mirror **-perin 1** backward[s] (walk backwards *kävellä* ~) **2** *(ajasta)* back (a few years back *muutama vuosi* ~), ago **-peroinen 1** *(nurinkurinen)* preposterous; absurd **2** *(takaperin tapahtuva)* backward (writing *kirjoitus)* **3** *(taantuva)* retrograde, retrogressive **-piha** backyard *(m kuv)* **-portaat** back stairs **-portti** back gate; *(kuv)* loophole; *(sopimuksessa)* escape clause; escape hatch **-puol|i 1** back (of a picture *kuvan* ~); rear side; *(kolikon ym* ~ *m)* reverse [side]; *jnk -ella (takana)* behind, at the back of **2** = *takamus* **-puskuri** rear bumper **-[pyörä]veto** rear-wheel drive **-[pyörä]vetoinen** rear-driven **-pää** rear [end]; tail; tail end **-raaja** hind limb; hind leg **-raivo** back of the head; occiput **-raja 1** *(urh)* back [boundary] line; *(tenn)* baseline **2** *(kuv)* deadline (for the negotiations *neuvottelujen* ~) **-silta** *(raitiovaunun ym* ~*)* rear platform **-sivu** *(san)* back page **-suora** back straight; back stretch **-talvi** cold spell in spring **-tasku** hip (back) pocket; *hänellä on jtk* ~*ssaan* he has something up his sleeve.

takauma *(kirjall ym)* flashback.

takaus *(liik ym)* guarantee, security, surety;

~*ta vastaan* against security; *saada jklta* ~ *lainaan* get a p. to stand as security for a loan.

takautuva retro|active, -spective ~**sti** *palkankorotukset maksetaan* ~ *jstk lähtien* the wage increases will be paid retroactively as of.. (will be backdated to..).

takavalo rear light, taillight.

takavarik||ko confiscation, seizure, sequestration **-oida** confiscate, seize; *(lak)* sequest|er, -rate; *(~ sotilastarkoituksiin)* commandeer **-ointi** confiscation, seizure; sequestration.

taka||vokaali back vowel **-vuo|det;** *-sina* in past years.

takel|lella *(sammaltaa)* stammer, stutter; *yhteistyö -telee* the cooperation has been spasmodic (halting).

taker||rella *(~ puheessaan)* flounder; stumble over one's words **-tu|a** stick (in a p.'s throat *kurkkuun*); *(tarrautua)* cling (to *jhk;* together *toisiinsa*); *(sotkeutua)* become (get) entangled, entangle itself (the scarf entangled itself in the bush *kaulaliina -i pensaaseen*); ~ *pikku-seikkoihin* stick at trifles; ~ *yksityis-kohtiin* seize on details.

takia; *jnk* ~ **1** *(jnk johdosta)* because of (the rain *sateen* ~); on account of, by reason of; owing to (illness *sairauden* ~), due to; *minkä* ~? why? for what reason? *sen* ~ that is why; *sen* ~ *että* because **2** *(jnk hyväksi)* for the sake of, for a p.'s sake (I did it for your sake *tein sen sinun* ~*si*), for.

takiai|nen 1 *(kasv)* burdock; *(mykerö)* bur[r] (burs sticking to one's hair *-sia tukassa*) **2** *(kuv henk)* bur[r]; *(halv)* limpet.

takil||a *(mer)* rig, tackle, rigging **-oida** rig.

tak|ka fireplace; *-an ääressä* by the fire[side] ~**kalusto** *(pl)* fire irons.

takki coat; *(puvun~ ym m)* jacket (pyjama jacket *pyjaman*~).

takkirauta pig iron.

tak|ku tangle (brush the tangles out of *harjata -ut jstk*); *mennä* ~*un* tangle, become tangled; *olla -ussa* be in a tangle, be tangled (matted) ~**inen** tangled, matted; shaggy.

takla||ta, -us tackle; *(jääkiekossa)* check.

tako||a 1 forge; hammer (a th. out of *jk jstk*), beat (flat *litteäksi*); ~ *silloin kun rauta on kuumaa* strike while the iron is hot **2** *(hakata)* bang (one's fist on the table *nyrkkiään pöytään)*, batter [away] (at *jtk;* the hailstones batter the roof *rakeet -vat kattoa)*, hammer [away] (at), beat (at); *(sydämestä)* throb; *(kuv)* ~ *jtk jkn päähän* hammer (drum) a th. into a p.'s head; ~ *kielioppia jkn päähän* bang grammar into a p.'s head **-kelpoinen** malleable, forgeable **-mo** forge **-rautainen** wrought-iron.

taksa charge, rate; tariff; *(henkilökuljetus~)* fare **~mittari** taximeter.

taksi taxi (by taxi *~lla;* phone for a taxi *soittaa* ~); *(erik Am)* cab **~asema** taxi rank; *(erik Am)* cabstand, taxi stand **~lentokone** taxiplane **~nkuljettaja** taxi driver; *(erik Am)* cabdriver;. *(ark)* cabby **~vene** taxiboat.

taksoit||**taa** assess **-us** assessment.

taksvärkkipäivä *(koul)* voluntary working day.

takti||**ikka** *(sg)* tactics **-kko** tactician **-koida** manoeuvre, *(Am)* maneuver; *(keinotella)* jockey (he was jockeyed out of the management *hänet -koitiin pois liikkeen johdosta)* **-kointi** *(pl)* [tactical] manoeuvres *(Am* maneuvers) **-nen** tactical (nuclear weapons *-set ydinaseet)*.

taku|**u 1** *(liik)* guarantee, warranty **2** *(takaus)* security (get a loan against security *saada laina -ita vastaan)*, surety, guarantee ▶ **antaa** *jllk vuoden* ~ guarantee a th. for one year, give a one-year guarantee on; **mennä** *~seen* guarantee (a th. *jstk;* that *siitä että)*; vouch for (a p. *jksta;* the truth of *jnk todenperäisyydestä)*; *(liik, lak)* mennä *~seen jkn puolesta* stand surety for; *sillä* **on** *vuoden* ~ it is guaranteed for one year; *olla* **vapaalla jalalla** *(päästää vapaaksi) -ita vastaan* be out (let out) on bail.

takuu||**aika** guarantee [period] **-huolto** after-sales service **-lla** *(ark)* you bet; *(erik Am)* sure **-todistus** [certificate of] guarantee.

tali tallow; *(keitt)* suet; *(ihon ~)* sebum.

talidomidilapsi thalidomide baby.

talikko manure fork, dungfork.

tali||**kynttilä** tallow candle **-mainen** tallowy **-rauhanen** sebaceous gland.

talismaani talisman.

talitiainen great tit.

talja 1 skin (bearskin *karhun~)*, hide **2** *(mer ym)* *(m ~t)* tackle.

talkki 1 *~[jauhe]* talcum [powder], talc [powder] **2** *(min)* talc **~pitoinen** talcose.

talkoo||**apu** neighbo[u]rly help **-t** *(erik naisten töissä) (sg)* bee **-työ** voluntary work.

talla 1 *(mus)* bridge **2** *(liuku~)* shoe.

talla||**ta** tread (underfoot *jalkoihinsa;* a path through the snow *polku lumeen;* out a fire *tuli sammuksiin;* on a p.'s toes *jkn varpaille)*; stamp (flat *tasaiseksi)*; *(vahingoittaa -amalla m)* trample (to death *kuoliaaksi;* the horses trampled the field [underfoot] *hevoset -sivat pellon)* **-utu**|**a** be trampled (underfoot *jalkoihin;* to death *kuoliaaksi)*; *kovaksi -nut lumi* hard-trodden snow.

talle||**-esine** *(pankk)* deposit **-lla;** *minulla on [vielä]* ~.. I still have..; *(kuv m)* I still retain..; *muutama on vielä* ~ there are still a few left; *[vielä]* ~ *oleva[t]* extant (manuscripts *käsikirjoitukset)*; *hänellä on järki yhä* ~ he is still in possession of his senses **-lokero** safe-deposit box, deposit safe **-nne** *(atk ym)* record[ing] **-nnin** *(atk)* data recorder **-ntaa** record.

tal|**lessa** *(-teen)* ▶ **olla** *jklla (jkn)* ~ be in a p.'s keeping; **ottaa** *-teen* take .. into safekeeping; *(tallentaa)* record; *ota kalasta mäti -teen* keep the roe; **panna** *-teen* put ..for safekeeping; store up; **pitää** *[hyvässä]* ~ keep .. safe (in a safe place); **varmassa** ~ in safe keeping.

tallet||**e** *(pankk)* deposit **-taa 1** deposit (in a bank (an account) *pankkiin (tilille))*; *(panna säilöön)* put away; keep; *arvoesineensä pankkiin* lodge one's valuables in a bank **-taja** depositor.

talletus deposit **~tili** deposit account; *(Am)* savings account **~todistus** depository receipt, certificate of deposit **~varasto** bonded warehouse.

talli 1 *(hevos~)* stable; *(jkn kilpahevoset) (pl)* stables **2** *(auto~)* garage; *(raut, bussi~)* shed; *~t (varikko) (sg)* depot **3** *(urh)* stable (of boxers *nyrkkeily~)*; *(autourh) (m)* team **~mestari** head stableman.

Tallinna *(maant)* Tallin[n].

talli||**poika** stable boy (lad) **-päällikkö** *(autourh)* team chief **-renki** groom, stableman.

tallustaa stump along; lumber; trudge, plod.

talo 1 house; *(iso rakennus)* building **2** *(tila)* farm **3** *(firma ym)* house (the rules of the house *~n säännöt)*, firm, company ▶ **asettua** *~ksi* settle down; *(tehdä olonsa mukavaksi)* make o.s. comfortable;

totutella ~*n* **tavoille** get used to our (their) ways.
talollinen farm-owner.
talonki talon; *(kantalippu)* counterfoil; *(Am)* stub.
talon||**kirjat** register of occupants **-mies** *(läh v)* caretaker; *(Am)* janitor **-omistaja** house-owner **-po**|**ika 1** peasant; *-jat (koll) (sg)* peasantry **2** *(šakk)* pawn.
talonpoikais||**-** peasant (culture *-kulttuuri;* girl *-tyttö)* **-huonekalut** rustic furniture **-järki** common sense **-kapina** peasants' revolt **-sääty** peasantry **-tyyli** rustic (provincial) style.
talonrakennus house building, housing construction.
taloudelli||**nen 1** *(tal)* economic (growth *kasvu); (rahallinen)* financial (standing *asema); T~ yhteistyö- ja kehittämisjärjestö* Organization for Economic Cooperation and Development, *(lyh)* O.E.C.D. **2** *(edullinen; säästäväinen)* economical (car *auto;* housewife *perheenemäntä);* thrifty **-sesti;** ~ *kannattava* economic, profitable **-suus** economy (of a car *auton* ~); thrift.
talouden||**hoitaja 1** treasurer; financial manager **2** *(yksityistalouden* ~*)* housekeeper **-hoito 1** management of finances **2** *(yksityistalouden* ~*)* housekeeping, household management.
talou|**s 1** economy (of a country *maan* ~); *(raha-asiat) (pl)* finances (the finances of the club are sound (in bad shape) *kerhon* ~ *on hyvä (rempallaan))* **2** *(ruokakunta)* household (of four *neljän hengen* ~); *hoitaa -tta* do the housekeeping; *hoitaa jkn -tta* keep house for.
talous||**apu[lainen]** domestic help **-arvio** budget **-arvioesitys** *(pl)* budget proposals; budget draft **-astiat** household utensils **-elämä** economy, economic life; ~*n (m)* economic (control *säännöstely)* **-ihminen;** *erinomainen* ~ an excellent manager (housekeeper) **-järjestelmä** economy, economic system **-jätteet** domestic waste **-kala** commercial fish **-kassa** *(perheen* ~*)* family (housekeeping) budget; *(-rahat)* housekeeping money **-kelmu** cling film, polythene wrap; *(Am)* saranwrap **-kone** household appliance **-koulu** school of household management; *(Am)* school of home economics **-käsineet** rubber gloves **-mahti** economic power **-metsä** commercial forest **-mies** economic expert, economist

-ministeri Minister of Economics **-osasto** *(sairaalan ym* ~*)* supplies department; *(pankin ym* ~*)* finance department; *(san)* financial section **-pakkaus** economy[-size] pack[age] **-paperi** *(pl)* kitchen [paper] towels, paper towels **-paperirulla** kitchen roll **-poliittinen** economic (platform *ohjelma),* ..of (concerning) economic policy **-politiikka** economic policy **-pula** economic depression **-päällikkö** financial manager **-rahat** *(sg)* housekeeping money **-rakennus** *(maat)* outbuilding; *(sairaalan ym* ~*) (pl)* offices **-saarto** economic blockade **-sprii** denatured alcohol **-suklaa** baking chocolate **-tarvikkeet** household utensils (articles), kitchenware **-tehtävät** household duties (tasks) **-tiede** *(sg)* economics; *(Am m)* economic science **-tieteilijä** economist **-tikkaat** *(sg)* stepladder **-työ[t]** household work, housework **-vuosi** business year; financial *(Am* fiscal) year.
talsia trudge, plod.
taltio file copy; *(atk)* volume ~**ida** file.
taltta chisel.
talt||**tua** calm down; subside, abate **-tumaton** unabated **-uttaa** calm down; curb, put a curb on (a p.'s enthusiasm *jkn into);* pacify; *(kesyttää)* tame.
talut||**in** leash, lead **-taa** lead (on a leash *hihnasta;* by the hand *kädestä;* across the street *kadun yli);* ~ *polkupyörää* wheel a bicycle.
talutus||**hihna** lead, leash **-nuora;** *pitää* ~*ssa* keep..in leading strings **-valjaat** *(lapsen* ~*)* [leading] reins; *(Am)* leading strings; harness.
talveh||**dittaa** winter **-tia** *(el ym)* winter; pass the winter; overwinter; *(armeijasta ym)* take up winter quarters **-tija** *(el, kasv)* overwintering species **-timisalue** *(el) (pl)* wintering quarters.
talv|**i** winter; *-ella* in [the] winter *(vrt kesä).*
talvi||**-** winter (hat *-hattu;* season *-kausi;* holidays, vacation *-loma;* solstice *-päivänseisaus;* [sports] resort *-urheilukeskus)* **-aika 1** wintertime (in [the] wintertime ~*an)* **2** *(kellonajasta)* standard time **-asuttava** ..fit for winter habitation **-horro**|**s** *(el)* [winter] torpor; *-ksessa oleva* torpid **-kki** *(kasv)* wintergreen **-nen** winter, wint[e]ry; *tänään on -sen tuntuista* it is wintry today **-olympialaiset** the Winter Olympic Games, the Winter Games **-puutarha** winter

garden, conservatory **-rengas** snow tyre (tire) **-sin** every winter, in [the] winter, in [the] wintertime **-sota** the Winter War, the Finnish–Russian War [of 1939–40] **-säilö;** *panna ~ön* put into winter storage, put away for the winter **-teloill|a** *(-e); panna vene -e* lay the boat up for winter **-un|i** hibernation, winter sleep; *nukkua -ta* hibernate; *-ta nukkuva eläin* hibernator; *vaipua -een* go into hibernation.

tamburiini *(mus)* tambourine.

tamine|et *(sg)* gear; outfit; *täysissä -issa* in full rig-out.

tamma mare **~varsa** filly.

tammen||lehvä oak leaf **-terho** acorn.

1 tammi *(kasv)* oak [tree].

2 tammi *(~peli) (sg)* draughts; *(Am)* checkers.

tammi||- oak (panelling *-paneeli;* cask, barrel *-tynnyri*) **-kuu** January (in January *~ssa) (ks elokuu)* **-lauta** *(pelit) (Br)* draughtboard; *(Am)* checkerboard **-puinen** oak, . .made of oak.

tammukka *(el)* brown trout.

tampata 1 *(tallata)* tread (hard *kovaksi)* **2** beat (carpets *mattoja).*

tamponi 1 tampon **2** *(kirjap)* dabber, ink ball.

tanak|ka 1 *(henk)* robust, sturdy; stout, thickset, stocky **2** steady, stable; sturdy (furniture *-at huonekalut); (luja)* firm (hold *ote).*

tana|ssa *(-an); laskea -an* level; *pistimet ~* with charged (level[l]ed) bayonets.

tandem[pyörä] tandem [bicycle].

tangentti *(geom, mat)* tangent.

tango tango *(pl ~s).*

tanhuta dance folk dances.

1 tankata *(takellella)* flounder; *(änkyttää)* stammer, stutter; *~ läksyjään* grind away at one's homework; *~ yhtä ja samaa asiaa* keep harping on the same string.

2 tank|ata *(mer, ilm)* refuel (a plane *lentokone;* the ship is refuelling *laiva -kaa); ~ auto* fill up the tank; *(Br m)* tank up; *minun täytyy ~* I must fill up, I must get some petrol; *pysähtyä huoltoasemalle -kaamaan* stop at a garage for a fill-up.

tankkeri *(mer)* tanker.

tankki 1 tank; *(vesi~ m)* cistern; *~ täyteen!* fill her (it) up! fill up the tank please! **2** *(sot)* tank **~laiva** *(raut)* tank waggon; *(erik Am)* tank car.

tanko bar; *(kapeampi ~)* stick; *(kisko ym)* rail; *(seiväs ym)* pole, rod; *(polkupyörän*

vaakasuora ~) crossbar; *(ohjaus~) (pl)* handlebars.

tanner *(kenttä)* field; *(maa)* ground; *~ tömisi* the ground was trembling.

Tansania Tanzania **t~lainen** *a ja s* Tanzanian.

Tanska 1 Denmark **2** *t~ (kieli)* Danish **t~lainen I** *a* Danish **II** *s* Dane **t~ndogi** Great Dane.

tanss|i dance; *(~minen)* dancing (every night *~a joka ilta); ~t (sg)* dance (give a dance *järjestää ~t); (kuv) kuin ~* like clockwork; *mennä -eihin* go dancing; go to a dance.

tanssia dance (to *jnk tahdissa;* a waltz *valssi;* the waltz *valssia); ~ jkn pillin mukaan* dance to a p.'s pipe (tune).

tanssi||aiset *(sg)* ball **-askel** dance step **-kenkä** dancing shoe **-lattia** dance floor **-lava** open-air dance floor; *(katettu ~)* dance pavilion **-musiikki** dance music **-nopettaja** dancing master (teacher) **-partneri** dancing partner **-sali** ballroom; dance hall **-teatteri** dance theatre; *(taiteenalana)* dance drama **-ttaa** dance [with] (a p. *jkta)* **-ttaja** dancer; *(fem m)* dance hostess **-tunti** dancing lesson.

tao||nta, -s forging **-ttavuus** malleability.

ta|pa 1 *(menettely~)* way (the best way to do (of doing) *paras ~ tehdä);* manner (of doing *tehdä;* the manner in which *~ jolla); (kirj)* mode (the correct mode of address *oikea puhuttelu~),* fashion (in a strange fashion *kummallisella -valla); (keino)* means **2** *(tottumus)* habit (of doing *tehdä;* grow into (become) a habit *tulla -vaksi),* custom (it was his custom to. . *hänen ~naan oli. .);* way (his way of speaking *hänen ~nsa puhua)* **3** *(yhteisön ~)* custom (of giving presents at Christmas *antaa lahjoja jouluna;* custom requires us to. . *~ vaatii että. .);* way; *(perinnäis~)* tradition (it is a tradition in our family to. . *perheessämme on ~na. .); (käytäntö)* practice (the practice is to use. . *~na on käyttää. .);* usage; *(sovinnaisuus)* convention **4** *-vat (käytös-vat)* manners (bad manners *huonot -vat;* table manners *pöytä-vat)* ▶ **hyvän** *-van vastainen* against public decency; *~nsa* **mukaan** *(tavalliseen ~ansa)* as usual; **olla tapana;** *hänellä on tapana tehdä* he is in the habit of doing, he has a habit of doing; *hänellä oli ~na tehdä (m)* he used to do; *hänellä ei ollut ~na tehdä (m)* he didn't use to do, he used not to do; *hänellä on (oli)* ~*na istua siellä tuntikausia (m)* he will (would) sit there hour after hour; *kuten sellaisilla ihmisillä on* ~*na* as is usual with such people; *kuten on* ~*na sanoa* as the saying goes; **ottaa** -*vakseen tehdä* make a habit (practice) of doing; *olen ottanut -vaksi tehdä (m)* I make it a rule to do; **parantaa** ~*nsa* mend one's ways; **saada** *huonoja -poja* fall into bad habits; -*van* **takaa** repeatedly, time and again; *jhk (jnk)* **tapaan** in the manner of; *(erik keitt)* à la.. *(ransk)* (à la maison *talon* ~*an*); *entiseen* ~*an* as before; *ranskalaiseen* ~*an* in the French manner; *oli niin hänen* **tapaistaan** *tehdä* it was just like him to do; *tällä* **tavalla** in this way (manner); like this; *(ark)* this way; *ei millään -valla (ei ollenkaan)* not at all, by no means; *en voi auttaa häntä millään -valla* there is no way I can help him; *eri -valla* in a different way; by other means; -*valla tai toisella* [in] one way or another, some way or [an]other; **tavallaan** *ks. hakus; isänsä* **tavoin** like his father; *kaikin -voin (joka suhteessa)* in all respects; -*vat ja* **tottumukset** manners and customs; *hänelle* **tuli** -*vaksi tehdä* he got into the habit of doing; *-vaksi tullut* habitual; customary; conventional; **vastoin** -*pojaan* contrary to his habit.

tapaami|**nen** meeting; appointment; *olla* ~ *jkn kanssa* have an appointment with; *sopia -sesta jkn kanssa* make an appointment with **-soikeus** *(lak) (pl)* visiting rights.

tapahtu|**a** happen (what's happened to you? *mitä sinulle on -nut?*); take place; come about (this is how it came about *näin se -i*); *(kirj)* occur (the accident occurred yesterday *onnettomuus -i eilen*); *(m)* be effected (payment is effected through the bank *maksu -u pankin välityksellä*); *(olla meneillään)* go on (what's going on here? *mitä täällä -u?*); *on -nut onnettomuus* there has been an accident; *äskettäin -nut* recent.

tapahtum|**a** **1** event (historical event *historiallinen* ~); occurrence (strange occurrence *kummallinen* ~); *(välikohtaus)* incident (amusing incident *huvittava* ~); episode; *(tilaisuus)* occasion (the wedding was a great occasion *häät olivat aikamoinen* ~); *(taide- ym* ~) happening; *puuttua -ien kulkuun* interfere with the course of events; *pysyä -ien tasalla* keep

abreast of events, keep up to date; *romaanin* ~*t on sijoitettu Lappiin* the novel has its setting in Lapland **2** *(prosessi)* act (of learning *oppimis*~) **3** *(atk, kirjanp)* transaction **-hetk**|**i**; *jnk -ellä* at the time of ~**ketju** *(~sarja)* series (chain) of events; process ~**köyhä** uneventful ~**paikka** scene (of an accident *onnettomuuden* ~); *(urh m)* venue ~**rikas** eventful.

tapailla grope [about] (for (after) the door handle in the dark *ovenkahvaa pimeässä;* grope for a word ~ *sanaa*); fumble (for); ~ *asettaan* reach for one's gun; ~ *hymyä* try to smile.

[-]tapai|**nen**; *jnk* ~ **1** *(jnk kaltainen)* like (a pea *herneen* ~); *(yhdyss)* -like (war-like *sodan* ~) **2** *(-käytöksinen)* -mannered (bad-mannered *huono*~) ▶ **hymyn** ~ a week smile, an attempt at a smile; *se on aivan* **hänen** -*staan* it is [just] like him; *ei ole hänen -staan myöhästyä* it is unlike him to be late; **tämän**~ ..like this, ..of this kind.

tapa|**inkuvaus** portrayal of customs **-inturmelus** corruption of morals, depravity **-juoppo** habitual drinker **-kasvatus** teaching of manners **-kulttuuri** *(pl)* customs; usage and customs **-luokka** *(kiel)* mood.

tapaninpäivä Boxing Day; *(Am)* the day after Christmas Day.

tapaturma accident; ~*n uhri* victim of an accident, casualty; *joutua* ~*n uhriksi* meet with an accident ~**-altis** accident-prone ~**-asema** casualty clinic ~**inen** accidental.

tapau|**s** **1** *(tapahtuma)* event; occurrence; *(sattumus)* incident (amusing incident *hauska* ~); episode; *(tilaisuus)* occasion (celebrate the occasion *juhlia* ~*ta*) *(ks m tapahtuma 1)* **2** *(yksittäinen* ~) case (of measles *tuhkarokko*~; serious case *vakava* ~) ▶ **joka** -*uksessa* in any case, at any rate, anyhow; *muutamassa* **harvassa** -*ksessa* in a few rare instances; ~ **kerrallaan** case by case; *ei* **missään** -*ksessa* in no case, on no account; *[aina] -ksen* **mukaan** as the case may be, from case to case; case by case; ~ **N.N.** the N.N. affair; **pahimmassa** -*ksessa* at [the] worst; **parhaassa** -*ksessa* at [the] best; **siinä** -*ksessa* in that case; *siinä -ksessa että* in case, if; **tässä** -*uksessa* in this case; **yhdeksässä** -*ksessa* **kymmenestä** nine times (in nine cases) out of ten.

tapaus‖opetus case method **-tutkimus** case study.

tapella fight (over *jstk;* for *jstk, jnk puolesta).*

tapetoi‖da [wall]paper (a room *huone)* **-nti** paperhanging, wallpapering.

tapet|ti wallpaper; *olla -illa* be [much] to the fore; be in the public eye; *(käsiteltävänä)* be under discussion.

tapiiri tapir.

tapillaan; *silmät* ~ round-eyed.

tappa‖a kill (time *aikaa;* the disease killed many people *tauti -poi paljon ihmisiä); (ark)* do (make) away with (o.s. *itsensä);* ~ *joukoittain* massacre; *(raam) älä tapa* thou shalt not kill **-ja** killer **-ra** battleax[e] **-va** killing (work *työ); (kuolettava)* deadly; lethal (dose *annos).*

tappelu fight (start a fight *aloittaa* ~); *(käsikähmä)* brawl, scuffle; *yleinen* ~ free fight, free-for-all ~**kukko** gamecock ~**nhaluinen** ..eager to fight, pugnacious ~**pukari** rowdy, brawler.

tap|pi 1 peg (the pegs of a coatrack *naulakon -it),* pin; *(tekn)* pivot **2** *(tulppa)* bung, tap, plug (boat plug *veneen* ~).

tappio 1 *(sot, urh ym)* defeat; *(sot)* ~*t* losses, casualties (suffer heavy losses *kärsiä raskaat* ~*t)* **2** *(liik)* loss (of 600 marks *600 markan* ~) **3** *(hukka)* loss (population loss *väestö*~) ▶ **joutua** ~*lle* lose; be defeated (in *jssk);* **jäädä** *kaupassa* ~*lle* lose on a bargain; *tehdas* **käy** ~*lla* the factory is running at a loss; **myydä** ~*lla* sell at a loss *(ark* sacrifice); *(urh)* **olla** ~*lla* be losing (0–2); **tuottaa** ~*ta* be unprofitable; operate at a loss; ~*ta tuottava* unprofitable.

tappio‖llinen 1 *(sot ym)* losing (battle *taistelu);* (*hävitty)* lost (war *sota)* **2** *(liik)* unprofitable **-mieliala** defeatism.

tappo manslaughter, homicide ~**raha** bounty (for *jstk).*

tapuli 1 *(kellotorni)* bell tower **2** *(puuteoll)* stack, pile ~**kaupunki** *(hist)* staple [town].

taput‖ella pat; dab (the wound with cottonwool *haavaa pumpulilla)* **-taa 1** pat (a dog *koiraa),* give a pat (on the cheek *poskelle);* tap (on the shoulder *jkta olalle);* clap (a p. on the back *jkta selkään)* **2** (~ *käsiään)* clap (a p. *jklle;* one's hands in time to the music *käsiään musiikin tahdissa);* applaud (the performer *esiintyjälle)* **-us** *(kätten*~) clapping, applause *(m -ukset).*

tarha 1 *(karja*~) pen; *(lammas*~) fold; *(hevos*~) paddock **2** *(turkis- ym* ~) farm, ranch **3** *(puu- ym* ~) garden **4** = *lasten*~ ~**aja** farmer, rancher ~**kettu** ranch fox ~**käärme** colubrid ~**ta** ranch (minks *minkkejä)* ~**turkis** ranch fur ~**us** ranching, farming.

tariffi tariff; *(pl)* rates; list of rates ~**nimike** tariff heading (number), item.

tarin‖a tale (of *jstk),* story **-oida** chat [away] (about *jstk); (kertoa)* tell stories (a story) (about *jstk)* **-oitsija** storyteller.

tar|jeta be warm enough; stand (bear) the cold; *-kenetko noissa vaatteissa?* will you be warm enough?

tarjoil‖ija waiter, *(fem)* waitress **-la** wait at *(Am* on) table, serve [at table]; ~ *jklle* wait upon a p., serve a p..

tarjoilu service; *tarjoilu|-* serving (dish *-astia;* table *-pöytä;* cart *-vaunu)* ~**kaappi** sideboard ~**palkkio** service charge; ~ *sisältyy hintaan* service included ~**vati** serving tray, server, *(erik Am)* serving platter.

tarjokas aspirant, candidate (for *jhk);* volunteer.

tarjo‖lla *(-e)* available; *(liik) hedelmiä on nyt runsaasti (vähän)* ~ fruit is now in good (short) supply; ~ *on useita vaihtoehtoja* there are several alternatives; *panna -e* set out; *pitää* ~ offer for sale.

tarjonta *(tal)* supply (of *jnk* ~); *ohjelma*~ program[me]s.

tarjo|ta 1 offer (a p. one's help (one's arm, a cigarette) *jklle apua (käsivartensa, savuke));* volunteer (one's services *palvelujaan)* **2** *(tarjoilla)* serve (a p. with *jklle jtk;* the meat with potatoes *liha perunoiden kera;* to be served cold ~*an kylmänä); (ojentaa)* pass **3** *(kustantaa)* treat (a p. to *jklle jtk;* I'll treat you *minä -an);* entertain (a p. to dinner *jklle päivällinen); -an sinulle drinkin* I'll buy you a drink; *minun vuoroni* ~ it's my round **4** *(tarjoutua maksamaan)* offer (100 marks for *100 markkaa jstk); (huutokaupp, korttip)* bid **5** *(suoda)* present (advantages *etuja);* give (shelter *suojaa);* offer; *tehdas -aa toimeentulon 100 työntekijälle* the factory provides jobs (a livelihood) for 100 workers ▶ ~ **enemmän** *kuin jku toinen* outbid a p., bid higher than a p.; *myydä* **eniten** *-avalle* sell to the highest bidder; **paljonko** ~*an?* your bids please; **talo** *-aa* it is on the house.

tarjot|in tray; *(hopea- ym ~)* salver; *kuin -timella* on a [silver] platter.

tarjou|s 1 offer (of help *avun ~;* make an offer of 1,000 marks for *tehdä 1 000 markan ~ jstk);* △ *(urakka~)* tender (make a tender for *tehdä (antaa) ~ jstk; (Am m)* bid (invite bids *pyytää -ksia); -ksessa* on offer; *tehdä ~ uuden sillan rakentamisesta* tender for the construction of the new bridge, *(Am m)* bid on the new bridge **2** *(huutokaupp, korttip)* bid (make a higher bid *tehdä korkeampi ~)* **~hinta** bargain price **~pyyntö** invitation of tenders *(Am* bids), invitation to tender.

tarjoutu|a 1 offer (to do *tekemään); (ilmoittautua vapaaehtoiseksi)* volunteer; *hänelle -i mahdollisuus tehdä* an opportunity presented itself for him to..

tarkalleen exactly, precisely.

tarkast||aa 1 check (the tyres of a car *auton renkaat;* a p.'s luggage *jkn matkatavarat;* a sum *summa);* examine (the accounts *tilit);* control (quality *laatu);* test; revise; *(kirjanp)* audit; make sure (that everything is in order *että kaikki on kunnossa); (etsiä)* search (all over the house *talo läpikotaisin)* **2** *(suorittaa -us jssk)* inspect (a school *koulu;* a new building *uusi rakennus);* visit **3** *(sot)* inspect; review (the troops *joukot)* **-aja** inspector; examiner **-amo** testing plant (station) **-ella** *(tutkistella)* examine; study (a map *karttaa;* the situation *tilannetta);* look at (the question *kysymystä);* consider (from a point of view *jltk näkökannalta); (tarkkailla)* observe, watch; *artikkelissa ~an..* the article deals with.. **-elu** examination (of the results *tulosten ~);* study; observation.

tarkasti accurately (measure accurately *mitata ~); (huolellisesti)* carefully (listen carefully *kuunnella ~); (tarkkaavaisesti)* attentively; closely (guarded secret *vartioitu salaisuus); (tiukasti)* strictly ▶ **nähdä ~** have accurate sight; **pitää ~ silmällä** keep a close watch on; **tähdätä ~** take accurate aim.

tarkastus inspection; visitation; check; examination; control (frontier control *raja~) (vrt tarkastaa)* **~asema** checkpoint; *(urh m)* control **~kertomus** report [of inspection]; *(tilintarkastajien ~)* auditors' report **~kierro|s** *(yövartijan ym ~)* beat, round; *-ksella* on one's beat **~käynti** [visit of] inspection; *(erik piispan ~)* visitation

~laitos control office; testing station **~leima** control stamp; *(kullan ym ~)* hallmark.

tarkata watch [carefully]; *(havainnoida)* observe; monitor; *~ kuuloaan* strain one's ears.

tarkekirjoitus transcription.

tarkemmin; *asiaa ~ ajateltuani* after closer consideration; *kun ~ muistelen* now that I think of it; *~ sanoen* to put it more accurately, to be precise.

tarken|ne *(atk)* qualifier **-taa 1** *(opt)* focus; *(säätää)* adjust **2** *(täsmentää)* specify, particularize; define [more closely]; *(eritellä)* itemize **-tua** *(tulla teräväksi)* sharpen.

tarkist|aa check (that *että;* an addition *yhteenlasku);* verify; *(muuttaa)* revise (one's earlier stand *aikaisempaa kantaansa; (kirjap)* revised edition *-ettu painos); (säätää ym)* adjust *(m tekn); ~ hinnat* revise (adjust, rectify) the prices *(vrt tarkastaa).*

tarkistus checking; verification; revision, adjustment **~laskenta** recount (of votes *äänien ~); (äänien ~) (Br m)* scrutiny **~neuvottelut** wage adjustment talks.

tark|ka 1 exact (time *aika;* instrument *laite;* measurements *-at mitat;* memory *muisti;* directions *-at ohjeet);* accurate (estimate *arvio;* map *kartta;* rifle *kivääri);* precise (calculations *-at laskelmat;* location *sijainti); (yksityiskohtainen)* detailed **2** *(aisteista)* sharp (sense of smell *hajuaisti),* keen (eyes *-at silmät),* acute (hearing *kuulo)* **3** *(terävä)* sharp (photograph *valokuva)* **4** *(perusteellinen)* close (examination *tutkiminen;* after close consideration *-an harkinnan jälkeen);* full (account *selvitys); (tiukka)* strict (observance of the rules *sääntöjen ~ noudattaminen); (huolellinen)* careful **5** *(henk)* accurate (observer *huomioiden tekijä;* in what one says *sanoissaan);* exact; *(säntillinen)* precise; *(vähän halv)* meticulous; *(nirso)* particular (particular about (over) what one eats *~ siitä mitä syö), (ark)* careful (too careful with one's money *liian ~ rahoistaan), (arka)* jealous (of one's privileges *etuoikeuksistaan)* ▶ **~ heitto** well-aimed (good) throw; *kuunnella* **korva ~na** be all ears; strain one's ears to hear what..; **~ osoite** full address; *katsella* **silmä ~na** watch closely; *tämä on* **~a työtä** this works demands great

precision (attention to detail).
tarkka∥amo control room **--ampuja** sharpshooter, sniper **-an** = *tarkasti.*
tarkkaavai∥nen attentive; *(valpas)* watchful **-suus** attentiveness; attention.
tarkkail∥ija observer **-la** watch (one's health *terveyttään;* the police are watching him *poliisi -ee häntä*); *(havainnoida)* observe; *(TV, lääk ym)* monitor; *(valvoa)* control.
tarkkailu observation; *(valvonta)* control; ~*n alaisena* under observation ~**asem∣a** *(urh)* checkpoint, control; *olla hyvissä -issa* be in a good position to observe.. ~**huone** control room ~**luokka** observation class **-pöytä** control desk **-ryhmä** control group.
tarkka∥korvainen sharp-eared **-kätinen** accurate **-silmäinen** sharp∣-eyed, -sighted *(m kuv); (kuv)* discerning, perspicacious.
tarkkuu∣s exact∣ness, -itude; accuracy (with an accuracy of one hundreth of a second *sekunnin sadasosan -della*); precision; sharpness; *ilmoittaa matka metrin -della* give the distance to the nearest metre; *kahden desimaalin -della* to two decimal places *(vrt tarkka).*
tarkkuus∥- precision (instrument *-laite;* landing *-lasku*) **-kello** chronometer **-kivääri** target rifle **-työ** precision work; ~**nä tehty** precision-made.
tarkoin; *asiaa* ~ *harkittuaan* after long deliberation; ~ *vartioitu* closely guarded *(ks m tarkasti).*
tarkoit∣taa mean (what do you mean by [saying] that? *mitä sinä tuolla -at?* it was meant as a joke *se oli -ettu pilaksi*); *(merkitä m)* signify (that *että*); *(viitata jhk)* refer to (are you possibly referring to me? *-atteko ehkä minua?*); *(aikoa)* intend (intended for children (for sale) *lapsille (myytiin) -ettu*) ▶ ~ **hyvää** mean well (by a p. *jklle*); ~ **pahaa** mean ill (harm); *ei hän sinulle pahaa -a* he means you no harm; ~ **totta** be in earnest; *se ei välttämättä -a sitä että (m)* it does not [necessarily] follow that..
tarkoittava meaning (look *katse*) ~**sti;** *hymyillä* ~ give a meaning smile.
tarkoitukse∥llinen 1 *(tahallinen)* intentional **2** *(määrätietoinen)* purposeful **-nmukai∣nen** ..[well] adapted (suited) to its purpose; appropriate, suitable (clothing *vaatetus*); functional; expedient (it is expedient to.. *on -sta..*); practical (tool *työkalu*)

-nmukaisuus expediency **-nmukaisuussy∣yt;** *-istä* on grounds of expediency **-ton 1** purposeless (destruction *tuhoaminen*); aimless (existence *olemassaolo*); *(merkityksetön)* meaningless **2** *(tahaton)* unintentional.
tarkoitu∣s 1 purpose (it is used for various purposes *sitä käytetään moniin -ksiin*); *(tehtävä)* function; *(päämäärä)* end (achieve one's end[s] *saavuttaa -ksensa*), aim, object; *(merkitys)* meaning **2** *(aie)* intention (it wasn't my intention that (to do) *-kseni ei ollut että (tehdä)*) ▶ **hyvässä** *-ksessa* with good intentions, for the best; **minun** *oli* ~ *tavata hänet viideltä mutta* I was supposed to meet him at five but; ~ **pyhittää** *keinot* the end justifies the means; *siinä -ksessa että..* to the end that..; **tarkoituksella** on purpose; *hänen* **tarkoituksenaan** *on..* he means to..; *hän teki sen -ksenaan..* he did it for the purpose of; *-kseni ei ollut loukata sinua* I did not mean to hurt you; **tarkoituksetta** without intention; *(vahingossa)* unintentionally; **tässä** *-ksessa* for this purpose, with this [end] in view; **täyttää** *-ksensa* fulfil its function; **vastata** *jtk* ~*ta* serve a purpose; ~**taan vastaamaton** unsuitable; inappropriate; impractical.
tarkoitus∥hakuinen purposeful; goal-directed **-perä** end, aim, purpose; *(aie)* intention.
tarmo energy; *(pl)* energies (apply all one's energies to *panna koko* ~*nsa jhk*); **vigo[u]r** (of youth *nuoruuden* ~) ~**kas** energetic (*adv* ~**ally**), vigorous ~**npesä** [real] live wire ~**npuuska** burst of energy ~**ton** inert, ..lacking energy; lethargic.
tarpeeks∣i enough (money *rahaa;* good enough ~ *hyvä;* a big enough house ~ *suuri talo;* we do not have enough of these [books] *meillä ei ole* ~ *näitä [kirjoja]*); sufficient (100 marks is sufficient [for] *100 markkaa on* ~ *[jhk]*); *(riittävästi)* sufficiently; *saada -een jstk* have enough of.
tarpeelli∣nen necessary (to *jllc;* for *jklle*); *(hyödyllinen)* useful; *jos on -sta* if necessary; *tehdä -seksi (m)* necessitate.
tarpeet∣on unnecessary, needless; *(hyödytön)* useless; *(aiheeton)* purposeless (destruction *tuhoaminen*); ~**ta sanoakaan** needless to say; ~ *ylipyyhitään* delete as required (necessary).
tarpeisto *(teatt) (pl)* properties, props

~nhoitaja property master.
tarpoa trudge; plough (through *jssk*).
tarra sticker, stick-on label **~nauha** Velcro tape *(rek)* **~ta** grip, grab (a p. by the scruff of his neck *jkta niskavilloihin*), seize; **~ kiinni** *jhk* grip (clutch) a th. **~taulu** flannel board **~utua** cling (to *jhk;* together *toisiinsa*); *(tarttua)* stick; clutch (a th. *jhk*).
tartaripihvi steak tartare.
tarttu|a 1 take (by the handle *varresta;* a p.'s hand *jkta kädestä;* the bait *syöttiin*); *(~ äkkiä)* seize (a p. by the collar *jkta kauluksesta*), *(~ lujasti)* clutch, grasp, grab, grip (a th. *jhk*); *(kuv)* seize [up]on (an offer *ehdotukseen;* details *yksityis-kohtiin*); *(~ virheisiin m)* pounce on **2** *(jäädä kiinni)* stick (in the throat *kurkkuun;* to one's fingers *sormiin*); get stuck (in, to *jhk*); catch (the kite caught in the branches *leija -i oksiin*), get caught (in a net *verkkoon*); cling (cigarette smoke clings to the clothes *tupankansavu -u vaatteisiin*); *(liimautua m)* adhere; *(väristä ym)* take **3** *(lääk ym)* be infectious *(m kuv;* fear is infectious *pelko -u);* be contagious (yawning (scarlet fever) is contagious *haukotus (tulirokko) -u*); be catching; be transmitted, spread (by contact *kosketuksesta*) ▶ **~ aseisiin** take up arms; **~ asiaan** take up a matter; *hänen* **intonsa** *-i muihin* his enthusiasm infected the others, he infected the others with his enthusiasm; *hänen* **jalkansa** *-i puunjuureen* he caught his foot on a tree root; *(konkr)* **~ jhk** *(m)* take (lay, catch) hold of; **tauti** *-i minuun hänestä* I caught the disease from him; **~ tilaisuuteen** seize (grasp [at]) the opportunity; **tuli** *-i verhoihin* the curtains caught fire; **~ työhön** get down to work; **yrittää ~** *jhk* grasp (catch, clutch, grab) at.
tarttuva infectious; *(kosketuksesta ~)* contagious *(m kuv;* laughter *nauru);* catching; **~ melodia** catchy melody.
tartunnankantaja [disease] carrier.
tartun|ta 1 infection; *(kosketus~)* contagion; **saada ~** *jstk* catch a (the) disease (an infection) from; *-nan saanut* infected **2** *(fys)* adhesion **~tauti** infectious disease; contagious disease; communicable disease **~vaara** danger (risk) of infection.
tartutta|a infect (a p. with a disease *tauti jkh;* infected with malaria *malarian -ma;*

(kuv) the others with one's enthusiasm *intonsa muihinkin*); transmit (to *jkh*).
taru myth; legend; *(kertomus)* tale, story **~aiheinen** mythological **~henkilö** mythical (legendary) character **~mai|nen** mythical, legendary (hero *sankari*), fabulous *(m kuv;* treasures *-set aarteet)* **~nomainen** legendary, fabulous, fabled **~sto** mythology.
tar|ve 1 need (for *jnk ~;* to be accepted *tulla hyväksytyksi); (m)* want; craving (for affection *hellyyden ~*); requirement[s] (vitamin requirement *vitamiinin ~*) **2** *(tal ym) (pl)* requirements (housing (energy) requirements *asuntojen (energian) ~*); *(kysyntä)* demand (for *jstk*); need **3** *-peet* materials (building materials *rakennus-peet);* *(varusteet)* *(sg)* equipment; outfit; utensils (smoking utensils *tupakka-peet)* ▶ *[meillä]* **ei ole** *mitään ~tta tehdä* there is no need [for us] to do; *-peen* **mukaan** when (as) the need arises; *yli* **oman** *-peen* more than we need for ourselves, enough and to spare; *omiin -peisiin* for one's own use; *olla jnk* **tarpeessa** be in need of; need; *(olla jnk puutteessa)* want (washing *pesun -peessa);* be in want of; **tehdä** *-peensa* urinate; defecate; relieve o.s.; *-peen* **tullen** when (if) the need arises; **tuntea** *~tta tehdä* have (feel) an urge to do; *-peen* **vaatiessa** if necessary, if need be; *-peen vaatima* necessary, needed; *-peen* **varal|ta** *(-le)* just in case.
tarve||aineet material[s] (for *jnk ~*) **-kalu** utensil, implement; *(käyttöesine)* utility article.
tarvikkeet *(tarveaineet)* material[s] (for *jhk); (välineet) (sg)* equipment; utensils; *(varusteet) (sg)* outfit (camping outfit *retkeily~); (sg)* gear; accessories (bathroom accessories *kylpyhuone~*).
tarvi|ta 1 need (a th. for *jtk jhk*); want (the flowers want water *kukat -tsevat vettä*); *(vaatia)* require **2** *(täytyä)* need [got] to (we didn't have to do it *meidän ei -nnut tehdä sitä); (kielt ja kys yht) (Br)* need (he doesn't need to go, he need not go *hänen ei -tse lähteä*) ▶ *minun ei ole -nnut sitä* **katua** I've had no occasion to regret it; **~ kipeästi** *jtk* be in urgent need of, be badly in need of; *~an* **rohkeutta..** it takes courage to..; *ei -nne* **sanoakaan** *että..* I need hardly tell you that.., needless to say ..; **tarvittaessa** if necessary; *(vaadittaessa)*

when required; **tarvittava** necessary, needed; *sinun -tsee vain..* all you have to do is..

tarvitsevat *(puutteenalaiset)* the needy.

tasa-aineinen homogeneous.

tasaa|**nuttaa** stabilize; keep steady; *(yhtäläistää)* equalize **-tu**|**a** become even (breath becomes even *hengitys -u*); even out; [become] steady; *(rauhoittua)* calm down; become normal; *(konkr)* become level (even).

tasa-arvo equality **~inen** equal **~isuu**|**s** equality; *-teen pyrkivä (-tta vaativa) a ja s* egalitarian.

tasa-astuja *(el)* ambler.

tasai|**nen** even (breathing *hengitys;* layer of *kerros jtk;* country *maa;* match *ottelu;* tan *rusketus;* rhythm *rytmi);* *(erik konkr)* level (surface *pinta);* *(sileä)* smooth (temper *luonne); (tyyni)* placid (disposition *mielenlaatu); (muuttumaton)* steady (at a steady pace *-sta vauhtia);* constant (speed *vauhti); (säännöllinen)* regular (at regular times *-sin aikavälein;* teeth *-set hampaat;* pulse *pulssi); (laakea, litteä)* flat (top *laki); (vakio)* uniform (quality *laatu); (suora)* straight (cut one's bangs straight *leikata otsatukka -seksi)* ▶ *taivas oli -sen* **harmaa** the sky was a uniform grey; **~ lämpötila** even (steady, uniform, level, constant) temperature; **~ summa** round rum.

tasaisesti evenly (roasted *paistunut);* smoothly (run smoothly *käydä ~);* steadily (improve steadily *parantua ~);* regularly.

tasa|**jako** equal (even) division; *tehdä ~* divide (share) a th. equally **-jalkaa;** *hypellä ~* jump with both feet together; jump up and down **-katto** flat roof **-koosteinen** homogeneous **-korkea** ..of a uniform height **-kulmainen** equiangular **-kylkinen** isosceles (triangle *kolmio)* **-laatuinen** ..of uniform quality; homogeneous.

tasall|**a** *(-e); jnk ~* [on a] level with (the windowsill *ikkunalaudan ~)* ▶ **ajan ~** up to date; *palaa (purkaa)* **maan** *-e* burn (pull down) to the ground; *(urh ym)* **nousta** *muiden -e* draw level with the others; **pysyä** *jnk ~* keep up [to date] with, keep abreast of; **silmän ~** at eye level; **tehtäviensä ~** equal to one's task.

tasa|**lu**|**ku** round figure (number) (in round figures *~ina, -vuin)* **-lämpöinen** warm-blooded.

tasan exactly (50 years ago *50 vuotta sitten)* ▶ **jakaa ~** share (divide)..equally; **~ kello** *kuusi* at six [o'clock] sharp (precisely), at exactly six o'clock; *(mat)* **jako menee ~** the division comes out even; *äänten mennessä ~* in the event of a tie, when the votes are equal; **peli** *on ~* the scores (teams) are even; *peli on ~ yksi* the score is one all; *peli päättyi ~* the match ended in a draw (tie); *peli päättyi ~ 2–2* the match was drawn at 2–2; **asettaa reunat ~** place the edges together, align the edges.

tasanko plain **~maa** flat (level) country.

tasanne terrace; *(porras~)* landing.

tasapaino balance; equilibrium; *(mielen ~ m)* equanimity ▶ *(pol)* **kauhun ~** balance of terror; **menettää** **~nsa** lose one's balance *(kuv m* equanimity); *saattaa jku* **pois** **~sta** throw a p. off his balance; **säilyttää** **~nsa** keep one's balance; *olla* **tasapainossa** balance; be balanced *(m kuv); vaaka on* **~ssa** the scales are even.

tasapaino|**illa** *(konkr ja kuv)* balance **-inen** [well-]balanced **-taiteilija** equilibrist **-ton** unbalanced.

tasa|**paksu** *(kuv)* dull, monotonous **-peli** draw, drawn match, tie; *pelata ~* draw [the match] (2–2); *päättyä* **~in** *1–1* be draw at 1–1 **-piste**|**et;** *joukkueet ovat -issä* the teams (scores) are even **-pohjainen** flat-bottomed **-puolinen** impartial, unbias[s]ed; *(reilu)* fair; objective; *(-painoinen)* balanced **-puolisuus** impartiality; objectivity **-päinen** *ks. -väkinen* **-raha** exact change; *maksaa ~lla* pay with the exact sum **-sivuinen** *(geom)* equilateral.

tasa|**ssa** *(-sta, -an)* [on a] level with (the treetops *puiden latvojen ~); (-painossa)* balanced.

tasa|**suhtainen** symmetrical; *(-painoinen)* [well-]balanced; *(sopusuhtainen)* [well-]proportioned, harmonious **-suuntaaja** *(sähk)* rectifier **-ta 1** *(jakaa)* share [equally]; divide..equally, divide..into equal shares **2** *(tasoittaa)* level, even [out] (the soil *maa); (leikata tasaiseksi)* trim (the edges of *jnk reunat);* balance (the accounts *tilit)* **-tahtimoottori** synchronous motor **-tulo**|**s;** *ottelu päättyi -kseen 2–2* the match was drawn at 2–2 **-tunnein** on the hour **-val**|**ta** republic; *-lan presidentti* the President of the Republic; *Suomen ~* the Republic of Finland **-valtalainen** *a ja s* republican **-valta[la]isuus** republicanism **-vertainen** equal (to *jkn kanssa;* before the law *lain edessä*); well-matched (opponent *vastustaja*) **-vertaisuus** equality **-virta** *(sähk)* direct current, *(lyh)* D.C. **-väkinen** even (match *ottelu*); well-matched (opponent *vastustaja*), equally matched.

tase balance sheet ~**tili** balance sheet account.

tasku pocket ▶ **maksaa** *omasta* ~**staan** pay ..out of one's own pocket; *(kuv)* **panna** *omaan* ~**unsa** pocket (public funds *julkisia varoja*).

tasku||- pocket (pistol *-ase;* camera *-kamera;* watch *-kello;* calculator *-laskin;* radio *-radio*) **-kirja** pocket book, paperback **-kokoinen** pocket-size[d] **-lamppu** torch; *(Am)* flashlight **-matti** hip (pocket) flask **-raha[t]** pocket money **-rapu** crab **-varas** pickpocket; *olla* ~ *(m)* pick pockets **-varkaus** [case of] pocket-picking **-veitsi** pocketknife.

taso 1 *(geom)* plane 2 *(konkr ja kuv)* level (of production *tuotannon* ~*;* at cabinet level *hallitus~lla;* lower o.s. to the level of *alentua jnk* ~*lle*); *(kuv m)* standard (of work *työn* ~*;* high moral standard *korkea moraalinen* ~); △ *jnk* ~*ssa* on a level with, on the same level as; *(~ssa jnk pinnan kanssa)* flush with (the wall *seinän* ~*ssa*) 3 *(ilm)* plane; wing ~**geometria** plane geometry.

tasoi||ssa *(-hin)* even (the teams are even *joukkueet ovat* ~*;* with *jkn kanssa*); level; *(sujut)* quits (with *jkn kanssa*); *päästä -hin jkn kanssa* draw level with.

tasoit||e filler, putty **-taa** 1 level (the earth *multa*); level off (the icing *kuorrutus*); smooth; make .. even (level, smooth) 2 *(kuv)* level down (differences *eroja*), iron out; level out; *(yhdenmukaistaa)* equalize; ~ *tietä jklle* smooth a p.'s path, pave (smooth) the way for 3 *(urh)* equalize **-tua** become level (even, smooth) *(vrt ed, tasainen).*

tasoitus *(urh)* [equalizing] allowance; *antaa (saada)* ~**ta** *(m)* give (receive) odds ~**kilpailu** handicap ~**maali** *(urh)* equalizer ~**merkki** *(mus)* natural [sign]; *(Am)* cancel.

taso||kas ..of a high level **-koe** placement test **-lasi** plate glass **-liittymä** crossing **-risteys** level *(Am* grade) crossing **-ryhmitys** *(koul)* streaming; *(Am)* ability grouping, tracking.

tassu paw ~**tella** pad along.

tataari Ta[r]tar.

tat||ar bistort **-tari** buckwheat **-ti** bolet|us *(pl m* -i).

tatuoi||da tattoo (tattooed arms *-dut käsivarret*) **-nti** tattoo *(pl* ~s).

taudin||aiheuttaja pathogen[e] **-kuva** clinical (pathological) picture **-määritys** diagnos|is *(pl* -es) **-oire** symptom **-pesäke** focus; nid|us *(pl* -i) **-puuska** attack, paroxysm.

tau|ko 1 break (have an hour's break *pitää tunnin* ~); *(erik* ~ *puheessa)* pause (make a pause *pitää* ~); interval (after an interval of ten years *kymmenen vuoden -on jälkeen*); *pitää hetken* ~ *(m)* pause for a moment; *-otta* without a pause; without a break 2 *(mus)* rest 3 *(kiel, fon)* pause 4 *(elok, rad)* intermission 5 *(väliaika)* interval; *(erik Am)* intermission ~**amaton** incessant, ceaseless, unceasing; uninterrupted ~**amatta** incessantly, ceaselessly, without cease; without a break ~**kytkin** *(nauhurin ym* ~) pause button ~**merkki** *(mus)* rest.

taula tinder, punk.

taulu 1 *(maalaus ym)* picture; painting 2 *(kirjoitus- ym* ~) board; *(koul)* blackboard 3 *(maali~)* target 4 *(tekn)* board (switchboard *kytkin~*); [instrument] panel 5 *(taulukko)* table ~**galleria** picture gallery ~**kauppias** picture seller (dealer) ~**kko** table; *esittää* ~**kon** *muodossa* produce in tabular form ~**koida** tabulate, arrange .. in tabular form ~**kokoelma** picture collection.

tau||ota cease; stop **-oton** ceaseless, incessant; nonstop.

tausta 1 background (of a painting (criminal) *maalauksen (rikollisen)* ~*;* keep in the background *pysytellä* ~*lla;* against a black background *mustaa* ~*a vasten*) 2 *(takaosa)* back 3 *(mus)* backing, background; *hänellä oli* ~**naan** he was backed by.. ~**hahmo** *(pol ym)* grey eminence; éminence grise*;* the man behind the scenes ~**musiikki** background music; *(teatt)* incidental music ~**peili** *(aut)* rear-view mirror ~**peli** *(pol ym)* behind-the-scenes manoeuvres ~**selostus** *(elok ym)* voice-over commentary ~**suoritin** *(atk)* back end processor ~**tekijät** background (to the revolution *vallankumouksen* ~); underlying factors ~**tiedot** background [information] (on

jstk) **~verho** *(teatt)* backdrop **~voima[t]** power behind the scenes, backing; backers.
tau|ti disease (catch a disease *sairastua ~in*); **~a aiheuttava** pathogenic; *-din saastuttama* diseased **~nen** diseased **~oppi** pathology.
tauto||fonia tautophony **-logia** tautology.
tavallaan in a way; in a sense.
tavalli||nen 1 *(yleinen)* common (expression *ilmaus;* flower *kukka)* **2** *(-sesta poikkeamaton)* ordinary (just an ordinary working day *aivan ~ työpäivä;* people *-sia ihmisiä*); plain (food *-sta ruokaa*); common (soldier *sotamies); (keskitason)* average (taxpayer *veronmaksaja);* normal **3** *(tavanomainen)* usual (at the usual time *-seen aikaan;* it is usual with children of that age *se on -sta senikäisille lapsille*); habitual (take one's habitual seat *istuutua -selle paikalleen*); *-sta enemmän* more than usual; *kuten -sta* as usual **4** *(el, kasv)* common **-sesti** *(yleensä)* usually; ordinarily (dressed *pukeutunut)* **-suu|s;** *-desta poikkeava* unusual; *jotakin -desta poikkeavaa* something out of the ordinary.
tavanomai||nen 1 *(tavallinen)* usual; habitual; customary; *(totuttu)* accustomed **2** *(totunnainen)* conventional *(m vähän halv)* (dress *asu;* greetings *-set tervehdykset)* **3** *(sot)* conventional (warfare *sodankäynti)* **-suus** *(totunnaisuus)* conventionality.
tavara[t] 1 *(esineet)* things; *(ark)* stuff; *(henkilökohtaiset ~t)* belongings; *(matka~t) (sg)* luggage; *(Am)* baggage **2** *(liik) (pl)* goods (leather goods *nahka~*); *(sg)* merchandise; articles; *(yhdyss) (sg)* -ware (glassware *lasi~); (kuljetettava ~) (m)* freight.
tavara||-asema goods station; *(Am)* freight depot (yard) **-erä** shipment, consignment **-hissi** goods lift; freight elevator **-hylly** luggage *(Am* baggage) rack **-juna** goods train; *(Am)* freight train **-lähetys** consignment, shipment **-merkki** trademark **-nvaihto** *(tal)* counter|trade, -trading, bartering **-nvaihtosopimus** trade agreement; barter (countertrade) agreement **-näyte** [trade] sample **-peite** tarpaulin **-seloste** [official] informative label, specification **-säilytys** *(raut ym)* left-luggage office; *(Am)* checkroom **-säilö** *(aut)* boot; *(Am)* trunk **-talo** department store **-taloketju** multiple store organization; *(Am)* chain store

organization **-teline** *(polkupyörän ~)* [luggage] carrier, rack **-vaunu** *(raut)* goods waggon; *(Am)* freight car.
1 ta|vata 1 meet (a p. in the street *jku kadulla;* one's fate *kohtalonsa); (olla tapaaminen m) (erik Am)* meet with (a p. *jku);* see (go and see a p. *mennä -paamaan jkta)* **2** *(löytää)* find (we found him sleeping *-pasimme hänet nukkumasta)* **3** *(koskettaa)* touch (his head touched the ceiling *hänen päänsä -pasi kattoon)* ▶ **hauska ~!** pleased to meet you! **~ sattumalta** come across, run across; *(ark)* bump into; **tavataan Virtasilla** I'll see you at the Virtanens'; let's meet at the Virtanens'; *onkohan johtaja* **tavattavissa?** may (can) I see the manager? *(puh)* I'd like to speak to the manager; *hän ei ole nyt -vattavissa* he is not in.
2 tavata *(lukea)* spell [out] (a word *sana).*
3 tavata = *olla tapana (ks tapa →).*
tavat|on *(epätavallinen)* unusual; extraordinary; *(suunnaton)* enormous, immense; *(toman* extraordinarily (big *suuri);* extremely, exceedingly (kind *ystävällinen);* **voi hyvä ~!** goodness gracious!
tavi *(el)* teal.
tavoin *ks. tapa → tavalla, tavoin.*
tavoit|e target (set o.s. a target *asettaa itselleen ~;* export target *vienti~),* objective *(m sot);* goal, aim, object (work with the object of getting.. *työskennellä -teenaan saada..*) **~hinta** *(tal)* target price.
tavoitel||la 1 seek (happiness *onnea),* pursue; try to obtain, try to reach; try to attain to (perfection *täydellisyyttä;* an office *jtk virkaa); (kirj)* aspire to (the position of president *puheenjohtajan paikkaa);* be after; **~ jkn henkeä** seek a p.'s life; **~ kruunua** pretend to the crown **2** *(konkr)* reach for, make a reach for (one's gun *asettaan)* **-tu;** *kaupungin -luin poikamies* the most eligible bachelor in town.
tavoitt|aa 1 *(saada kiinni)* catch; *(saavuttaa)* catch up with (the other runners (pupils) *muut juoksijat (oppilaat))* **2** *(kuv)* reach (a p. by phone *jku puhelimitse;* the letter didn't reach me *kirje ei -anut minua); (saavuttaa)* attain; *(löytää)* find (new buyers *uusia ostajia)* **3** *(ulottua jhk)* reach ▶ **~ menettämänsä**

aika make up for lost time; ~ *jkn* **katse** catch a p.'s eye; **kuolema** *-i hänet* he met his death (end); ~ **päämääränsä** attain one's goal.

tavoitt||**amat**|**on** unattainable; *-tomissa* out of [a p.'s] reach **-eellinen** goal-directed, objective-oriented **-elija** aspirant (to an office *viran* ~) **-elu** pursuit (of power *vallan* ~); *voiton* ~ profit-seeking.

tavu 1 syllable 2 *(atk)* byte ~**inen** *(yhdyss); kolmi*~ *sana* word of three syllables, trisyllabic word ~**ittainen** *(atk)* ~ **muisti** byte-organized storage ~**jako** word-division; syllabi[fi]cation **-raja** syllabic boundary **-ttaa** syllabify; *(kirjoituksessa) (m)* hyphenate **-viiva** hyphen.

te you ▶ *(puhutt)* Te you; *(suom gen)* **teidän** your (house *talonne*); *(itsen)* yours; *(prep yht)* you (from you *teiltä*).

teatraali||**nen** theatrical; *(halv m)* histrionic **-suus** theatricality; *(pl)* histrionics.

teatteri theat|re, -er (go to the theatre *mennä* ~*in*); *(~laitos, ~taide)* the theatre; ~*ssa kävijä* theatregoer.

teatteri||- theatrical (company *-seurue*); theatre (ticket *-lippu*) **-arvostelija** theatre (drama) critic **-kiikari** *(pl)* opera glasses **-korkeakoulu** *(läh v)* academy of dramatic art **-koulu** drama school **-yleisö** the theatregoing public; *(pl)* theatregoers.

teddykangas fake fur.

tee tea.

tee||- tea (service *-astiasto;* shrub *-pensas;* jar, can, *(Br)* caddy *-purkki;* bag *-pussi*); △ tea|- (-pot *kannu;* -cup *-kuppi;* -leaf *-lehti;* -spoon *-lusikka*) **-huone** tearoom; *(Br m)* tea shop; *(itämainen* ~*)* teahouse **-kupillinen** teacup[ful] (of *jtk*) **-lusikallinen** teaspoon[ful] (of *jtk*).

teema 1 theme *(m mus)* 2 *(kiel)* *(~muodot) (pl)* the principal parts (of a verb *verbin* ~) ~**päivä** special subject day.

teennäi||**nen** affected, artificial; *(kirj)* precious (language *kielenkäyttö;* style *tyyli*) **-syys** affectation, affectedness, artificiality.

teeren||**peli** flirtation; *pitää* ~*ä jkn kanssa* flirt with **-pilkku** freckle.

teeri black grouse *(pl* ~[s]) ~**kana** greyhen ~**kukko** blackcock.

tee-se-itse do-it-yourself (kit ~*-pakkaus*).

teesi thes|is *(pl* -es).

teesken||**nellä** pretend (that *että;* to be asleep *nukkuvansa*); feign (illness, to be ill

olevansa sairas); sham (dead, death *kuollutta*); *hän vain -telee (m)* he is just putting it on **-nelty** pretended, feigned; simulated; *(teennäinen)* affected, artificial **-telemätön** unpretended; unaffected; *(naiivi)* artless **-telijä** feigner **-tely** preten|ce, *(Am)* -se, affectation.

teettää have..made (a th. *jtk;* by *jklla*); ~ *muotokuvansa jklla* have one's portrait painted by, have a p. paint one's portrait; ~ *työ jklla* have a p. do the work; ~ *liikaa työtä jklla* overwork a p., work a p. too hard.

tee||**vati** saucer **-vesi** water for the tea.

teflonpannu Teflon (nonstick) pan.

teh|**das** factory; *(erik Am)* plant; *(sg)* works (steel works *teräs*~); *(vähän vanh)* mill (textile mill *tekstiili*~); *-taan hintaan* at factory (manufacturer's) price; *-taan myymälä* factory outlet ~**alue** factory area *(pl* grounds) ~**kaupunki** industrial (manufacturing) town ~**mainen;** ~ *tuotanto* industrial (large-scale) production ~**teollisuus** manufacturing industry ~**työläinen** factory worker ~**valmiste** factory-made article; industrial product ~**valmisteinen** factory-made.

te|**hdä** 1 do (how can you do this to me? *kuinka voit* ~ *tämän minulle?* what are you doing? *mitä sinä -et?* what did you do with my papers? *mitä sinä -it papereilleni?* do as you're told! *-e niin kuin käsketään!)* 2 *(suorittaa, saada aikaan)* do (a portrait *muotokuva;* a crossword *sanaristikkoa;* damage *vahinkoa); (suorittaa m)* perform (an experiment *koe;* tricks *temppuja); (~ jtk negatiivista)* commit (suicide *itsemurha;* a crime *rikos*) 3 *(valmistaa, esittää ym)* make (for *jklle;* a proposal *ehdotus;* a cake *kakku;* a discovery *löytö;* a note *merkintä;* paper *paperia;* a hole in *reikä jhk); (rakentaa)* build (a nest *pesä;* out of *jstk*) 4 *(eri rakenteita)* **a)** *(~ jnklaiseksi)* make (a p. happy *jku onnelliseksi;* you made it too big *-it siitä liian ison*); render (unnecessary *tarpeettomaksi*); **b)** *(~ jstk jk t. jtk)* make (he was made president *hänestä -htiin puheenjohtaja;* the novel was made into a film *romaanista -htiin elokuva;* it made a man of him *se -ki hänestä miehen*); convert (the garage into a dwelling room *autotallista asuinhuone*); **c)** *(~ jk t. jtk jstk)* make (it is made of glass *se on -hty lasista;* a tablecloth out of the material *pöytäliina kankaasta;* cheese from milk *juustoa maidosta)* ▶ **asialle** *täytyy ~ jtk* we must do something about it; **minkäs** *-et?* what can you do? *ei se* **mitään** *-e* it doesn't matter, never mind; **paljonko** *se -kee?* how much is it? *helpommin sanottu kuin* **tehty** it's easier said than done; *-hty mikä -hty* what's done is done; **tekemällä** *-hty* far-fetched; forced, strained; **jättää tekemättä** leave..undone; *se oli* **typerästi** *-hty* that was a silly thing to do; *-kisit* **viisaasti** *jos..* you'd be wise to..

teho 1 *(fys, tekn)* power; *(suorituskyky)* capacity; output; *käydä täydellä ~lla* operate at [full] capacity; *puolella ~lla* at half capacity **2** *(vaikutus)* effect (on *jhk)* ~**ava** effective; impressive ~**hoito** intensive care ~**kas 1** effective (medicine *lääke;* method *menetelmä);* teacher *opettaja);* *(erik nopeuden suhteen ~)* efficient (vacuum-cleaner *pölynimuri);* effectual; *(kirj, lääk)* efficacious **2** *(voimakas)* powerful (engine *moottori)* **3** *(todellinen)* actual (playing time *peliaika)* **4** *(kem)* active ~**keino** effect ~**kkuus** effectiveness; efficiency; effectualness; efficacy ~**-osasto** intensive care unit ~**reaktori** power reactor ~**sekoitin** blender, *(Br m)* liquidizer.

tehos∥**taa 1** make..more effective; increase the efficiency (of); intensify, heighten (the effect of *jnk vaikutusta);* tighten up (control *valvontaa);* *(korostaa)* set off; highlight **2** *(valok)* intensify **-te;** ~**et** effects (lighting effects *valo~et);* *käyttää jtk ·-ena* use..for extra effect **-terokotus** booster [injection] **-tinmoottori** servomotor **-stua** become more effective; intensify.

teho∥**ta** have an effect (on *jhk;* the speech had no effect on them *puhe ei -nnut heihin);* take effect (the medicine quickly took effect *lääke -si nopeasti),* act ([up]on *jhk);* *(tepsiä)* work (on *jhk)* **-ton 1** ineffective; inefficient (administration *hallinto);* ineffectual; inefficacious; inoperative (rule *sääntö)* *(vrt -kas)* **2** *(fys, tekn)* ineffective **3** *(kem)* inactive **-ttomuus** ineffectiveness; inefficiency; ineffectualness; inefficac[it]y **-vahvistin** power amplifier **-viljely** intensive farming.

tehtailija factory owner, manufacturer.

tehtävä∥**ä 1** task, job; *(virkaan ym liittyvä ~)* duty (explain to a p. his duties *selittää jklle hänen ~nsä);* *(erik sot; elämän~)* mission; *(tarkoitus)* function (the function

of the heart is to.. *sydämen ~nä on..;* the functions of Parliament *eduskunnan ~t);* purpose **2** *(rooli)* role, part **5** *(harjoitus~)* exercise; problem; *(lasku~)* sum; *(arvoitus- ym ~)* puzzle **6** *(atk)* task, problem ▶ **antaa** *jklle ~* set a p. a task, assign a task to; *antaa jklle ~ksi* charge a p. (with doing *jnk tekeminen);* *hänen ~kseen* **jäi..** it was left to him to..; *minulla on* **mieluinen** *~ esitellä..* I have the pleasure of introducing..; *hänen ~nään* **on..** *(m)* it is his business to; **ottaa** *~kseen* undertake (to do *jnk tekeminen),* charge o.s. (with [the task of] doing); *(ark, kuv)* **tehdä** *~nsä* do the job.

tehtävä∥∥**nläheinen** *(atk);* ~ **kieli** problem oriented language **-tila** *(atk)* problem mode.

teikäläinen one of you[r people].

teil∥**ata 1** *(hist)* break .. [up]on the wheel **2** *(kuv)* turn down (a proposal *ehdotus),* reject [out of hand]; *(arvostella ankarasti)* slate (the play was slated by the critics *arvostelijat -asivat näytelmän)* **-i** *(hist)* the wheel.

teini *(läh v)* grammar school pupil; *(Am)* senior high school student **--ikä** teenage; *olla --iässä* be in one's teens **--ikäinen I** *a* ..in one's teens, teenage[d] **II** *s* teenager.

teip∥**ata** tape (to *jhk),* fasten (mend) .. with tape **-pi** [adhesive] tape; *(Br)* Sellotape *(rek); (erik Am)* Scotch tape *(rek).*

teititellä ~ *jkta* address a p. formally (by his full name).

tekaist∥**a 1** make..quickly (hastily) **2** *(sepittää)* make up, invent, fabricate (a story *juttu)* **-u** made-up, fabricated (story *juttu);* assumed (name *nimi);* trumped-up (accusation *syyte).*

tekeillä in preparation; under way; in process of preparation; under construction; *hänellä on uusi kirja ~* he is working on a new book; *jtk kummallista on ~* there is something strange brewing (in the wind); *mitäs täällä on ~?* what's going on here? what's up here?

tekele piece of junk, shoddy work.

tekemi∥**nen** ▶ *jkn* **tekemiset** a p.'s doings; *joudut minun kanssani* **tekemisiin** *jos..* you will have me to deal with if..; *olla* **tekemisissä** *jkn kanssa* have dealings with; *en halua olla missään -sissä hänen kanssaan* I will have nothing more to do with him; *sillä on jtk (paljonkin)* **tekemistä** *tämän asian kanssa* it has something (a lot) to do with this matter; *täällä ei ole mitään -stä* there is nothing to do here; *hänellä oli* **täysi** ~ *yrittäessään* .. he had his hands full trying to.., he had a [hard] job trying to.

teke||**mätön** undone (work *työ*) **-vä;** ~*lle sattuu* these things happen **-ytyä;** ~ *jksk* pretend to be (don't pretend to be stupid! *älä -ydy tyhmäksi*); pose as (a lawyer *lakimieheksi*); feign (innocence *viattomaksi*), sham (dead *kuolleeksi*).

tekijä 1 *(kirjan ym* ~*)* author, writer; *(valmistaja)* maker; creator; *(mus ym)* composer **2** *(mat)* factor; *suurin yhteinen* ~ highest common factor; *(lyh)* H.C.F. **3** *(osa~)* factor (decisive factor *ratkaiseva* ~); element **4** *(kiel) (persoona)* person **5;** *hän on aikamoinen (vanha)* ~ *jssk* he is a good (an old) hand at **~nkappale** *(kirjap)* author's copy **~noikeu**|**s** copyright (for, on *jhk*); *-den haltija* copyright owner **~npalkkio** royalty (on *jstk*); *(pl)* royalties.

tekniik||**ka 1** *(taito, menetelmä)* technique (a pianist's technique *pianistin* ~) **2** technology (modern technology *nykyajan* ~); technical science; engineering (electrical engineering *sähkö*~); **-an** technological (advances *edistysaskeleet*); *-an tohtori* Doctor of Engineering; *(lyh)* D.Eng. ~**taituri** [technical] virtuoso *(pl* ~s).

teknikko technician; engineer.

tekni[lli]nen 1 technical (fault *vika;* training *koulutus*); technological; ~ *korkeakoulu* University of Technology; ~ *opisto* College of Technology **2** *(urh ym) (henk)* scientific (boxer *nyrkkeilijä*).

teknologi, ~**a,** ~**nen** technolog|ist, -y, -ical.

te|**ko** act; action (actions speak louder than words *-ot ovat sanoja tärkeämpiä;* be responsible for one's actions *vastata -oistaan*); deed (noble deed *jalo* ~); *(us)* what I did (etc.) (I have no regret about what I did *en kadu* ~*[j]ani*) ▶ *saadu kiinni itse -osta* catch in the [very] act (red-handed); **suomalaista** ~*a* made in Finland, Finnish-made; **tukevaa** ~*a ks. tekoinen, tukeva.*

teko||**ham**|**mas** artificial (false) tooth; *-paat* dentures **-hengitys** artificial respiration; *(erik Br)* kiss of life *(m kuv); antaa jklle* ~*tä* give artificial respiration to **-hurskas I** *a* sanctimonious, hypocritical **II** *s* hypocrite **-hymy** artificial smile **-inen** *(yhdyss)* -made (home-made *koti*~); ..of..

make (of solid make *luja*~); *(-rakenteinen)* [-]built (solidly built *tukeva*~), ..of.. build **-itku** *(pl)* false (artificial) tears; *(pl)* crocodile tears **-jalka** artificial leg **-järvi** reservoir, artificial (man-made) lake **-jäsen** prosthes|is *(pl* -es) **-jää** artificial ice **-kuitu** synthetic fibre **-kukka** artificial flower **-kuu** satellite **-nahka** imitation leather **-nenä** false nose **-ohjeet** instructions, directions **-pyhyys** hypocrisy **-pyhä I** *a* hypocritical **II** *s* hypocrite **-ripset** false [eye]lashes **-sairas** *(työn välttäjä)* malingerer; *olla* ~ pretend to be ill **-s**|**et** actions; *(sg)* work (who's work is this? *kenenkäs -ia nämä ovat?*); *(us)* what I did (etc.) (he had no regrets about what he had done *hän ei katunut -iaan*) **-silmä** artificial (glass) eye **-siveä** prudish, demure **-sydän** artificial heart **-sy**|**y** pretext (try to find a pretext *keksiä* ~), excuse (on some excuse or other *milloin milläkin* ~*llä*) **-tapa** technique, method of doing (making) a th. **-tukka** false hair; *(peruukki)* wig **-vika** defect.

teksta||**aja** lettering artist **-ta** print [by hand].

teksti 1 text; *(painettu* ~ *m)* print (large print *isoa* ~*ä;* I can't read small print without my glasses *en pysty lukemaan pientä* ~*ä ilman laseja)* **2** *(elok, TV) (pl)* subtitles (Finnish subtitles *suomenkielinen* ~); caption **3** *(kuva*~*)* caption, legend, text **4** *(oopperan ym* ~*)* libretto *(pl* ~s) **5** *(ark); kovaa* ~*ä* tough talk.

tekstiili textile ~**suunnittelija,** ~**taiteilija** textile designer.

teksti||**nkäsittely** text (word) processing **-nkäsittelylaite** word processor **-nsiirto** facsimile transmission **-nsiirtolaite** telecopier **-televisio** teletext **-toimittaja, -ttäjä** copywriter **-ttää;** *filmi on -tetty suomeksi* the film has Finnish subtitles **-yhteys** context.

tel|**a 1** *(tekn)* roller, cylinder **2** *(vene)~t* stocks; *laskea -oiltaan* launch; *vetää vene -oille* haul a boat [up] onto the shore; dock a boat ~**ketju** track, caterpillar [tread], crawler; ~*in varustettu* tracked ~**ketjutraktori** caterpillar tractor.

telak||**ka 1** *(tokka)* dock (in dock *-alla)* **2** *(*~*-alue)* dockyard, shipyard ~**teollisuus** shipbuilding industry ~**työläinen** shipyard (dock) worker, docker.

telakoi||**da** dock **-nti** docking **-tua** *(avarl)* dock (with *jhk*).

tele‖foto telephoto (*pl* ~s) **-kopiointi** telefacsimile **-kopiointilaite** telefax, telecopier **-ksi** telex (by telex ~*llä*); *(laite)* teleprinter; *(Am)* teletypewriter; telex, Teletype *(rek); lähettää ~llä (m)* telex **-ksisanoma** telex [message], Teletype message **-liikenne** telecommunications **-objektiivi** telephoto lens **-paattinen** telepathic (power *kyky*) *(adv* ~ally) **-patia** telepathy, thought transference **-posti** electronic (computer) mail **-printteri** teleprinter; *(Am)* teletypewriter **-skooppi** telescope; *teleskooppi*|- telescope (rod *-vapa*) **-skooppinen** telescopic[al] **-tekniikka** telecommunication [technology]; *(sg)* telecommunications **-teksi** teletex **-teksti** teletext **-tietopalvelu** videotex.

televisio television (watch television *katsoa ~ta;* what's on [the] television tonight? *mitä ~sta tulee tänään?* work in television *olla ~ssa töissä;* speak on television *puhua -ssa); (lyh)* TV; *(ark) (Br)* telly; *(Am)* tele; *(~vastaanotin m)* television set.

televisio‖- television, TV- (aerial, antenna *-antenni;* licen|ce, -se *-lupa;* advertising *-mainonta;* commercial *-mainos;* set, receiver *-vastaanotin)* **-ida** televise **-kamera** television camera, telecamera **-nkatsoja** [television] viewer **-peli** TV-game, video game **-ruutu** television screen, telescreen **-toimittaja** [TV-]producer, program[me] producer.

teli 1 *(raut)* bogie; *(erik Am)* truck.

teline 1 *(säilytys- ym ~)* rack; stand (umbrella stand *sateenvarjo~)* **2** *(rak)* scaffold; ~*et (sg)* scaffolding, staging **3** *(urh) (voim)* apparatus *(pl m ~); (lähtö)~et (sg)* [starting] block; *(hyppy)~et* uprights ~**voimistelu** *(sg)* apparatus gymnastics.

tel‖jetä bar (the door *ovi;* a p. in *jku sisään); (salvata)* bolt **-ki** bar; *(salpa)* bolt; *(pönkkä)* prop; ~*en takana* behind bars.

telkkä *(el)* goldeneye.

telmiä romp [about], have a romp.

teloit‖taa execute **-taja** executioner **-us** execution **-usryhmä** firing squad.

teltta tent; *(näyttely- ym ~) (m)* marquee, pavilion; *purkaa ~* take down a tent; *pystyttää ~* set (put) up a tent, pitch one's tent ~**ilija** camper, tenter ~**illa** camp; go camping (tenting) ~**ilu** camping ~**kangas** canvas, tent cloth ~**katos** tent roof, canvas roof ~**kylä** canvas town, city of tents

~**sänky** camp bed; *(Am)* [camp] cot ~**tuoli** camp chair (stool).

tem‖mata wrench (off *irti;* a th. from *jtk jklta); (vetäistä)* pull, tug (at *jstk);* twitch (the wind twitched it out of his hand *tuuli -pasi sen hänen kädestään),* snatch (one's hand away *kätensä pois);* ~ *itsensä irti jstk* break away from; ~ *mukaansa* carry away *(m kuv); (kuv) (m)* grip [the attention of] a p.; *tuuli -pasi hänen hattunsa mukaansa* his hat was carried away by the wind.

temmel‖lys romping; tumult (of battle *taistelun ~)* **-lyskenttä** battlefield, arena **-tää** *(telmiä)* romp about; run (skip) about; *(raivota)* rage (the storm raged all day *myrsky -si koko päivän); (kuv) ~ vapaana* have free play (scope).

tempa‖ista 1 = *temmata* **2** *(painonnostossa)* snatch **-isu** wrench (with a single wrench *yhdellä ~lla);* tug, pull; snatch **-us 1** = *ed.* **2** *(painonnostossa)* snatch **3** *(odottamaton ym teko)* move, coup, stroke **4** *(kampanja)* campaign **-utua** be carried way (by the torrent *virran vietäväksi);* ~ *irti* wrench o.s. free; break away (from *jstk); (kuv) ~ mukaan* be carried away.

temperament‖ikas temperamental **-ti** temperament.

tempo temp|o (*pl* ~s *t. (mus)* -i).

tempo‖a be pulling (tugging) (a p. by the sleeve *jkta hihasta;* at the door *ovea);* ~ *päätään* toss its head **-illa** *(rimpuilla)* struggle.

temporaali‖- temporal (conjuction *-konjunktio).*

temppeli temple ~**herra** Templar, Knight Templar (*pl* Knights Templar[s]).

temp‖pu trick (teach a dog [to do] tricks *opettaa koiralle ~ja;* he played a dirty trick on me *hän teki minulle ruman -un); (metku)* dodge; ~*ja tekevä karhu* performing bear ~**illa** play tricks; *(konstailla)* be awkward.

tempus *(kiel)* tense.

tenava kid.

tendenssi tendency; trend ~**romaani** thesis (tendentious) novel, novel with a purpose.

Teneriffa Tenerife.

tenho enchantment, charm ~**ava** enchanting; charming ~**ta** enchant; charm, bewitch.

tennarit sneakers; *(Br)* plimsolls.

tennis tennis ~**kenttä** tennis court ~**maila**

tennis racket ~**tossut** tennis shoes.
tenori tenor -**laulaja** tenor [singer].
tent||**ata** quiz (a p. *jkta;* about *jstk*); *(poliisista ym)* grill (a p. *jkta)* -**taaja** *(tietokilpailun ~)* question master; *(erik Am)* quizmaster.
tentti exam[ination]; *mennä ~in* take (*Br m* sit) an exam ~**jä 1** *(kuulustelija)* examiner **2** *(tentin suorittaja)* candidate ~**kausi** examination period ~**kirja;** ~*t* required reading ~**ä 1** *(pitää ~)* examine (a p. *jkta;* in French *ranskassa)* **2** *(suorittaa tentti)* take an examination.
tenä; *tehdä ~ä (vastustella)* resist (the police *poliisille),* offer resistance (to *jklle);* protest.
teolli||**nen** industrial; ~ *vallankumous* the Industrial Revolution -**staa,** -**stua** industrialize -**stuminen** industrialization.
teollisuuden||**haara** [branch of] industry -**harjoittaja** industrialist.
teollisuu|**s** industry (light (heavy) industry *kevyt (raskas) ~); -den, -den käyttämä* industrial.
teollisuus||- industrial (waste *-jäte;* town -*kaupunki;* wood -*puu;* spy -*vakoilija;* espionage -*vakoilu;* nation -*valtio)* -**alue** industrial area; *(kaavoitettu ~)* industrial estate; *(Am)* industrial park -**johtaja** industrialist -**kylä** industrial development -**laitos** industrial plant (establishment) -**pamppu** [industrial] tycoon -**sprii** industrial (denatured) alcohol -**vartija** factory watchman.
teologi theologian ~**a** theology, divinity; ~*n tohtori* Doctor of Divinity, *(lyh)* D.D.; Doctor of Theology, *(lyh)* Th.D., D.Th. ~**nen** theological; ~ *tiedekunta* faculty of theology.
teonsana *(kiel)* verb.
teore||**ema** *(mat)* theorem -**etikko** theorist, theoretician -**ettinen** theoretic[al] -**tisoida** theorize (about, on).
teoria theory (about *jstk;* in theory ~*ssa).*
teo|**s 1** work (the works of Sibelius *Sibeliuksen -kset),* piece of work **2** *(kirja)* book; *(nide)* volume.
teosofi, ~**a,** ~**nen** theosoph|ist, -y, -ic[al].
tepastella step along; *(~ keikaroiden)* strut along; *(taapertaa)* toddle.
tepsi|**vä** effective -**ä** work (on *jhk),* have an effect (on *jhk;* the medicine had no effect *lääke ei -nyt).*
terapeut||**iikka** *(sg)* therapeutics -**ti** therapist -**tinen** therapeutic *(adv ~*ally).

terapia therapy.
terassi terrace ~**talo** terraced (stepped) building.
terhakka lively; frisky; brisk; ..full of pep.
ter||**ho** acorn -**iö** *(kasv)* corolla.
termi term.
termiitti termite, white ant ~**keko** termitarium, termite hill.
terminaali *(liikenn, atk)* terminal.
terminologi||**a** terminology -**nen** terminological.
termos||**kannu** vacuum (*rek* Thermos) jug -**pullo** vacuum flask *(erik Am* bottle), Thermos [flask (bottle)] -**taatti** thermostat.
ternimaito *(sg)* beestings, *(Am)* beastings.
teroit||**in** sharpener -**taa 1** *(konkr)* sharpen; *(~ hiomalla m)* grind **2** *(terästää)* strain (one's eyes *katsettaan)* **3** *(tähdentää)* impress on (a p.'s mind *jkn mieleen;* a p. the importance of *jklle jnk tärkeyttä),* inculcate (a p. with *jklle jtk)* -**taja** grinder (knife grinder *veitsen~).*
terr||**ario** terrarium -**ieri** terrier -**itorio** territory.
terrori terror ~**smi** terrorism ~**soida** terrorize ~**sti** terrorist.
terttu cluster (of berries *marja~);* bunch (of bananas (grapes) *banaani- (rypäle)~).*
terva tar; *työnteko oli [kuin] ~n juontia* working was [gall and] wormwood to him ~**hauta** tar-burning pit ~**huopa** [tarred] roofing felt ~**inen** tarry ~**leppä** common alder ~**npoltto** tar burning ~**pääsky** [common] swift ~**skanto** pitchy (resinous) stump ~**ta** tar.
terve 1 healthy (person *ihminen;* lungs *~et keuhkot;* reaction *reaktio);* sound (judgement *arvostelukyky;* in mind and body *mieleltään ja ruumiiltaan);* (*pred)* well (look well *näyttää ~eltä);* get well *tulla ~eksi); (~järkinen)* sane **2** *(interj)* hello; *(Am)* hi; *(ylät)* hail; *(erottaessa)* see you, so long ▶ *olla ~ (m)* be in good health; *olla ~ellä pohjalla* be on a sound basis; ~ *kuin pukki* as sound as a bell; as fit as a fiddle; ~ **tuloa!** welcome (home *kotiin;* to Finland *Suomeen;* back *takaisin); (kylään tuleville) (tav)* how nice to see you! nice you could come!
terveellinen healthy (air *ilma);* healthful (climate *ilmasto),* wholesome (food *ruoka); (pred)* good (for *jklle),* good for the health; salutary (experience *kokemus),* beneficial (effect *vaikutus).*
tervehdy|**s** greeting (Christmas greetings

joulu-kset); (sot ym) salute ~**käyn|ti**
complimentary call; *käydä -nillä jkn
luona* pay one's respects to ~**puhe** address
of welcome.
tervehdyttä||minen *(tal)* reorganization **-vä**
beneficial (effect *vaikutus*) **-ä** *(tal)*
reorganize, rehabilitate, improve the
general condition.
tervehenkinen wholesome.
terveh||tiä greet (a p. *jkta; (kuv)* the
proposal was greeted with satisfaction
*ehdotusta -dittiin tyydytyksellä); (kirj; sot
ym)* salute; *käydä -timässä jkta* pay a call
on; pay one's respects to **-tyä** recover
(from *jstk*); recover one's health.
terveis|et greetings (from *jstk*); ▶ **kerro** *-iä
äidillesi* give my regards to your mother,
remember me to your mother; *[kerro] -iä
Pekalle* say hello to Pekka [for me], give
Pekka my love; *(erik puh) keneltä saan
kertoa -iä?* who shall I say called? **lähettää**
jklle -iä send a p. one's regards (respects);
Pekka lähetti -iä Pekka sent [you] his
love; *(kirjeessä)* **terveisin** *N.N.* with kind
regards N.N.; *-in Liisa* love [from] Liisa;
vie *hänelle sellaiset ~ että..* tell him
that..
terve||järkinen sane; ..sound in mind
-tuliaisjuhla welcoming (welcome) party
-tull|ut welcome (news *uutinen;* always
welcome to (in) our home *aina ~ meille);
lausua jku -eeksi* welcome a p., bid a p.
welcome **-tuloa** *ks. terve →.*
terveyde||lli|nen hygienic (conditions *-set
olot); -set haitat* health hazards; *-sistä
syistä* for reasons of health, on the
grounds of ill-health.
terveyden||hoito health care, public health
service; *(henkilökohtainen ~)* personal
hygiene **-huolto** public health service **-tila**
health; *hänen ~nsa on huono (hyvä)* he is
in poor (good) health.
tervey|s health ▶ **hänellä on** *huono (hyvä) ~*
he is in poor (good) health; *juoda malja
jkn* **terveydeksi** drink [to] a p.'s health;
-deksenne! your health! *(aivastavalle)
-deksi!* bless you! *tupakointi on -delle
vaarallista* smoking is injurious
(hazardous) to [one's] health.
terveys||- health (centre *-asema, -keskus;*
drink *-juoma)* **-haitta** *(-vaara)* health
hazard **-kauppa** health [food] shop *(Am
store)* **-kylpylä** spa, health resort **-lähde**
spa, mineral spring **-oppi** hygiene, *(sg)*
hygienics **-side** sanitary towel *(erik Am*

napkin) **-sisar** public-health nurse
-tarkastaja health officer **-tarkastus**
physical examination **-todistus 1** *(lääk)*
health certificate **2** *(mer)* bill of health.
terä 1 a) *(~osa)* blade (of a knife *puukon
~); (tekn)* cutter, cutting tool; *(poran~)*
bit; *(pää)* head (of an ax[e] *kirveen ~);* **b)**
(leikkaava ~) edge (blunt edge *tylsä ~;*
sharpen the edge *teroittaa ~)* **2** *(muste-,
tussikynän ~)* nib; *(lyijy)* lead (the lead is
broken *~ on poikki)* **3** *(sukan ym ~)* foot
4 *(hampaan ~)* crown **5** *(kasv)* corolla **6**
(kuv) sting (take the sting out of *viedä ~
jltk),* bite ▶ *ruis tekee* **-ä** the rye is earing
up; *kuppi kahvia tekisi* **-ä** I could do with
a cup of coffee; *se tekee sinulle* **-ä** it'll do
you good; *aurinko paistaa* **täydeltä** *~ltä*
the sun is shining in a cloudless sky; *kukat
ovat* **täydessä** *~ssään* the flowers are in
full bloom.
teräase cutting (edged) weapon; *~et (sg)*
cold steel.
teräksen||harmaa steel grey **-kova, -kylmä,
-luja** *(kuv)* steely.
teräksinen steel (knife *veitsi); (kuv)* steely.
terälehti *(kasv)* petal.
teräs steel.
teräs||- steel (engraving *-piirros;* saucepan
-kattila; helmet *-kypärä;* wool *-villa)*
-betoni reinforced concrete **-harja** wire
brush **-mies** superman **-putkikalusteet** *(sg)*
[steel] tubular furniture **-runko** steel
framework, steelwork **-tehdas** *(sg)*
steelworks, steel mill **-teollisuu|s** steel
industry; *-den työntekijä* steelworker **-tää
1** fortify, strengthen, lace (coffee with
brandy *kahvia konjakilla); (ark)* spike
(with *jllak)* **2** *(herkistää)* strain (one's
eyes *katsettaan).*
terävyys sharpness, keenness, acuteness.
terävä 1 sharp (teeth *~t hampaat;* pencil
kynä; nose *nenä;* knife *puukko);
(~kärkinen)* pointed (stick *keppi;*
mountain top *vuorenhuippu); (veitsestä
ym) (m)* sharp-edged (blade *terä)* **2** *(kuv)*
sharp (blow *isku;* tongue *kieli;* image
kuva; sight *näkö);* keen (wit *järki);* acute
(observation *huomio);* pointed, pungent
(remark *huomautus)* **3** *(kuv henk)* smart,
clever, sharp (boy *poika);* acute (observer
huomioitsija) ▶ *(geom) ~* **kulma** acute
angle; *hänellä on ~ pää* he is sharp-witted;
(ark) **terävät** strong drinks.
terävä||- sharp|- (--toothed *-hampainen;*
--witted *-järkinen;* --tongued *-kielinen;*

--nosed *-kuonoinen;* --eyed *-silmäinen)* **-huippuinen** peaked (mountain *vuori),* pointed **-katseinen** sharp-eyed; acute (observer *tarkkailija)* **-kulmainen** sharp|-angled, --cornered; ~ *kolmio* acute triangle **-kärkinen** sharp-pointed **-näköinen** sharpsighted; acute; astute **-piirtei|nen** sharp-featured (face *-set kasvot);* sharp, clear-cut (picture *kuva)* **-päinen** *(kuv)* sharp-witted, smart, clever (boy *poika)* **-sanainen** acute (critic *kriitikko);* sharp, sharp-worded (answer *vastaus)* **-ääninen** shrill (whistle *pilli).*

testament||ata bequeath, leave [by will] (a th. to *jtk jklle)* **-insaaja** beneficiary **-ti 1** *(lak)* will, last will and testament; testament (his political testament *hänen poliittinen ~nsa)* **2** *(raam)* Testament; *Uusi (Vanha)* ~ the New (Old) Testament ▶ **jättää** *[jälkeensä]* ~ leave a will; **laatia** *(tehdä)* ~ draw up (make) a (one's) will (in favo[u]r of *jkn hyväksi).*

test||ata test **-ausajo 1** *(atk)* test run **2** *(aut)* test drive **-i** test **-ikuva** *(TV)* test pattern.

tetra *(~pakkaus)* tetrapack.

teuras||eläi|n slaughter animal, animal to be slaughtered; *-met (m)* beef cattle **-jätteet** *(sg)* offal **-taa** slaughter, butcher **-ja** slaughterer, slaughterman, *(erik kauppiaasta)* butcher **-mo** slaughterhouse, abattoir **-tus** slaughter[ing], butchery **-uhri** sacrifice.

Thaimaa Thailand **t~lainen** *a ja s* Thai *(pl m ~).*

tiainen tit, titmouse.

tie 1 *(konkr)* road (mend a road *kunnostaa ~tä;* on the road *~llä;* the houses in this road *tämän ~n varrella olevat talot)* **2** *(kulkureitti)* way (ask a p. the way [to] *kysyä jklta ~tä [jnnk];* take the shortest way *käyttää lyhintä ~tä;* come this way! *[tule] tätä ~tä!)* **3** *(kuv)* way (work one's way to the top *raivata ~nsä huipulle);* path (to success *menestykseen;* of crime *rikosten ~);* road (to peace *rauhaan)* ▶ **antaa** *~tä* make way (for *jllk),* give way (to); *~mme* **erkanevat tässä** this is where our ways part; *joutua* **huonoille** *teille* fall into evil ways; ~ **nousi** *pystyyn* difficulties arose; that path was blocked; we came up against a brick wall; **näyttää** *~tä* lead the way; *lähteä* **omille** *teilleen* go one's own way; **rauhanomaista** *~tä* by peaceful means, peacefully; **saman** *~n voisit..* while you're about it (while you're up) you

could..; *..ja jäi* **sille** *~lleen* ..and never came back; ..and disappeared for good; **teitse** by road; *ajaa (juosta)* **tiehensä** drive (run) away; *mene* *~hesi!* go away! *[jnk]* **tiell|ä** *(-e)* in the (a p.'s) way, in the way of; *pois [jnk]* **tieltä** out of the (a p.'s) way, out of the way of; *pois ~ltä!* get out of my way! clear the way! stand aside! **tiessään** gone; *teillä* **tietymättömillä** nowhere to be found; **valmistaa** *~tä jllk* prepare the way for; **virallista** *~tä* through the official channels; **väistyä** *jnk ~ltä* make way for.

tie|de science; *(m)* scholarship; *-teet* the sciences (the exact sciences *eksaktit -teet);* *harjoittaa ~ttä* do scientific (scholarly) work **~akatemia** academy of sciences **~kunta** faculty **~mies** scientist; *(humanisti)* scholar **~nainen** woman scientist.

tiedoksi||anto 1 *(lak)* service **2** = *tiedonanto.*

tiedollinen mental; intellectual.

tiedon||ala branch of knowledge **-antaja** informant **-anto** notice (official notice *virallinen ~),* notification; communiqué (joint communiqué *yhteinen ~),* communication; *(lyhyt virallinen ~)* bulletin (about the President's health *presidentin terveydentilasta); (lehdistölle ym jaettava ~)* handout **-antotoimisto** information bureau **-haku** *(atk)* information retrieval **-halu** desire for knowledge, curiosity **-haluinen** eager to learn, ..thirsting for knowledge **-kulku** flow of information **-lähde** source of information **-siirto** data transmission (transfer) **-valmistelu** data preparation **-välitys** communication.

tiedosta||a be[come] conscious (aware) (of *jk;* that *se että);* realize (a th. *jk)* **-maton** unconscious, subconscious.

tiedosto *(atk)* file, data set **~nsuunnittelija** file designer.

tiedote = *tiedonanto.*

tiedot|on 1 unconscious; *-tomana (m)* in an unconscious state; *mennä -tomaksi* lose consciousness **2** *(psyk)* subconscious, unconscious; *(sb)* the subconscious, the unconscious.

tiedottaa inform (a p. of *jklle jstk);* notify (a th. to, a p. of *jklle jstk);* communicate (a th. to *jklle jstk); (raportoida)* report (that *että); (ilmoittaa)* announce (the Government announces that.. *hallitus ~ että).*

tiedotus 1 report; announcement; *(varoitus)* warning **2** = *tiedonanto* **3** *(tiedottaminen)* information ~**lehti** bulletin ~**oppi** communications theory and mass media ~**osasto** information department ~**sihteeri** PR-officer ~**tilaisuus** briefing, information meeting; press conference ~**väline** means *(pl ~)* of communication; ~**et** media, mass media ~**yhteydet** communications.

tiedustel||**ija** *(sot)* scout **-la 1** *(kysellä)* inquire (of a p. the reason for *jklta syytä jhk;* the way to *tietä jnnk*), inquire about (trains *junien kulkua*); inquire for (a book in a shop *kaupasta kirjaa*); make enquiries; ask (a p. a th. *jklta jtk*); ~ *jkn vointia* ask (inquire) after a p.'s health **2** *(sot)* reconnoit|re, -er, scout **-u 1** *(kysely)* inquiry (make inquiries about *tehdä ~ja jstk*) **2** *(sot)* reconnaissance; *(~palvelu)* intelligence.

tiedustelu||**-** *(sot)* reconnaissance (flight *-lento*); △ intelligence (network *-verkosto*) **-aineisto** intelligence (on *jstk*) **-kone** reconnaissance (spotter) plane **-osasto** intelligence department; *(-partio)* reconnaissance party **-palvelu** intelligence service (agency) **-satelliitti** reconnaissance (surveillance) satellite.

tiehyt duct.

tie- ja vesirakennus civil engineering ~**insinööri** civil engineer.

tie||**jyrä** roadroller **-kartta** road map **-liikennelaki** road traffic act **-maksu 1** *(tien käytöstä)* toll **2** *(tieosakkaan osuus)* road maintenance charge.

tien||**ata** make (6000 marks a month *6000 markkaa kuussa*), earn **-estit** earnings; pay (a week's pay *viikon ~*).

tien||**haara** fork in the road; *(kuv)* ~*ssa* at the parting of the ways, at the crossroads **-käyttöoikeus** right of way **-laita** roadside, wayside **-näyttäjä** *(kuv)* trailblazer, pioneer, forerunner; *(opas)* guide; *olla ~nä* lead the way, blaze a (the) trail.

tieno|**o** area, region, district ▶ *kello* **kuuden** *(kymmenen markan)* **-illa** [round] about six o'clock (ten marks); **näillä** *-in* in these parts, round [about] here; **Porin** ~*t* the neighbourhood of Pori; **sydämen** ~ the region of the heart.

tien||**pito** road maintenance **-raivaaja** *(kuv)* pioneer, trailblazer **-rakennus** road making (building) **-risteys** *(sg)* crossroads **-var**|**si** roadside, wayside; *-ressa* by the road[side] (wayside); *-varsi*|- roadside (café *-kahvila*)

-varsimainos roadside advertisement, billboard; *(Br)* hoarding **-viitta** signpost.

ties; ~ *kuinka monta kertaa* who knows how many times; ~ *[vaikka] mitä* and what not, and I don't know what else.

tie||**stö** road network (system); *(pl)* roads **-sulku** roadblock (put up a roadblock *asettaa ~*).

tieteellinen scientific *(adv ~ally)*; scholarly; ~ *kirjasto* research library.

tieteen||**haara** branch of science, discipline **-harjoittaja** scientist; *(humanisti)* scholar.

tieteidenvälinen interdisciplinary.

tieteis||**elokuva** science-fiction picture **-kirjailija** science-fiction (sci-fi) writer **-kirjallisuus** science fiction **-romaani** science-fiction novel.

tietenk||**in** of course, naturally; *(interj m)* certainly **-ään;** *ei* ~ of course not; *(interj m)* certainly not.

tie|**to** *(us m -dot)* **1** *(tietäminen)* knowledge (of *jstk;* is power *on valtaa;* the knowledge that.. ~ *siitä että..*) **2** *(saatu t. annettu ~)* **a)** *(vain sg)* information (get information about (on) *saada ~ja jstk*); *(pl)* facts; *(sg ja pl)* data; *(uutiset)* news; **b)** *(yksittäinen ~)* piece (bit) of information; fact; *(uutinen)* piece (bit) of news (an interesting bit of news *mielenkiintoinen ~*); *(viesti)* message **3** *[opitut] -dot (sg)* knowledge (wide knowledge of *hyvät -dot jstk*) **4** *(atk ym)* *(sg ja pl)* data; *(vain sg)* information **5** *(sot)* *(vakoilu-dot) (vain sg)* intelligence (gather intelligence on *kerätä ~ja jstk*) ▶ **antaa** *-doksi* make .. known, notify; *täten annetaan -doksi että* this is to give notice that..; *hän ei ole vuosiin antanut ~a itsestään* we've had no news from him for years; *pitää omana ~naan* keep .. to o.s.; **saada** ~*onsa* find out, be informed (of *jk;* that *että*); get to know; **saattaa** *jkn ~on* inform a p. of, let a p. know, bring .. to a p.'s knowledge; *minulla ei ole siitä mitään* **tietoa** I don't know anything about it; ~*omme on tullut että..* it has come to our knowledge that..; **tällä** ~*a* as matters stand; **vastoin** *parempaa* ~*aan* against one's better judgement.

tietoaine *(koul)* theoretical subject.

tietoi||**nen I** *a* conscious (effort *pyrkimys;* fashion-conscious *muoti~*); aware (politically aware *poliittisesti ~*); *(asioista perillä)* informed (of *jstk*); *olla* ~ be conscious (aware) (of *jstk;* that *siitä että*)

II *s* the conscious **-suu**|**s** consciousness (of *jstk;* that *siitä että*), awareness; *(tietäminen)* knowledge (of *jstk;* the knowledge that.. ~ *siitä että*); *suuren yleisön -teen* [in]to public notice.

tieto|**jenkäsittely** data processing **-kanta** *(atk)* database **-kilpailu** quiz, quiz show **-kilpailunpitäjä** question master; *(erik Am)* quizmaster **-kirja** nonfiction book **-kirjallisuus** nonfiction.

tietokone computer.

tietokone||**-** computer (run *-ajo;* forecast *--ennuste; -liuska;* control *-ohjaus*) **-avusteinen;** ~ *suunnittelu ja valmistus* computer-aided design and manufacture; CAD/CAM **-istaa** computerize **-ohjauksinen** computer-controlled **-ohjattu** computer-guided (missile *ohjus*).

tietoliikenne *(viestintä)* communications ~**satelliitti** communications satellite.

tieto||**lähde** source of information **-määrä** store of knowledge; *(koul ym)* required knowledge; syllabus **-niekka** mine of information **-pankki** *(atk)* data bank **-puolinen** theoretical (instruction *opetus*) **-sanakirja** encyclop[a]edia (look a th. up in the encyclopedia *katsoa* ~*sta*) **-suoja** privacy protection, data security **-taito** know-how **-tekniikka** teleinformatics **-toimisto** news agency **-us** knowledge; *(yhdyss)* lore (bird lore *lintu*~) **-viisas** knowledgeable **-yhteiskunta** information society **-yhteydet** communications.

tietue *(atk)* record.

tietty certain (on a certain day ~*nä päivänä*); particular (for a particular purpose ~*yn tarkoitukseen); (sovittu)* given (at a given time ~*yn aikaan); (ark)* ~*!* sure!

tiettävä; *hän teki* ~*ksi että* he made it known that.. ~**sti** as far as I (we) know.

tietymät|**ön;** *kadota -tömiin* vanish into thin air; *olla -tömissä* be nowhere to be found.

tietyn|**lainen, -tyyppinen** a certain (particular) kind of.

tietysti of course, naturally; *ei* ~*kään* of course not.

tietyö||**[t]** roadworks **-mies** roadman, road mender.

tietäjä seer; wise man; *itämaan* ~*t* the [three] Magi.

tietämys knowledge, know-how.

tietämät||**tömyy**|**s** ignorance; *-ttään* from ignorance **-ön 1** ignorant (of *jstk*),

unaware, unconscious (of *jstk;* that *siitä että*); uninformed (about *jstk*); *olla täysin* ~ *jstk (m)* be in the dark about **2** *(oppimaton) [mistään]* ~ ignorant; unlettered.

tietävä[inen] knowing (look *katse*); knowledgeable (boy *poika*).

tie|**tää 1** know (I know all about it *-dän siitä kaiken;* I know of him but I have not met him *-dän hänet mutta en ole tavannut häntä;* I know of a good restaurant near here *-dän erään hyvän ravintolan tässä lähistöllä*); be aware (conscious) (of *jtk;* that *että*) **2** *(merkitä)* mean (this means that.. (war) *tämä* ~ *sitä että (sotaa)*); spell (this could spell trouble *tämä saattaa* ~ *hankaluuksia*) ▶ **en** *-dä (m)* I can't (couldn't) say; *tämä* ~ **hyvää** *(pahaa)* this augurs (bodes) well (ill) (for *jllk); -dä häntä (mene ja -dä)* who knows; *ei sitä koskaan* ~ you never know, you can never tell; *mistä minä -täisin?* how should I know? *-dätkö mitä?* you know what? **saada** ~ learn (about, of *jstk;* from *jklta;* that *että*), find out; get to know; *keneltä (mistä) sait* ~ *sen?* who told you? *mistä sait* ~ *missä hän asuu?* how did you [come to] find out where he lives? **tiedät[te]hän** you know; *jkn tietämättä* without a p.'s knowledge; **tietämättään** unawares, unconsciously, unknowingly; *(tahattomasti)* unintentionally; *hän ei ollut tietääkseenkään hänestä* she ignored him, she took no notice of him; *älä ole* ~*ksesikään! (m)* take no notice! **tietääkseni** as far as I know; *ei minun* ~*kseni (m)* not that I know of.

tie||**tön** roadless, trackless, pathless (wilderness *erämaa*) **-verkko** road network (system) **-yhteys** road connection (with *jhk*).

tihe||**ikkö** thicket **-ntää** make dense[r] (thick[er]); ~ *askeliaan* quicken one's pace **-tä** become dense[r] (thick[er]), thicken (the mist is thickening *sumu -nee); (nopeutua)* quicken; increase in frequency; *tunnelma -ni* the atmosphere grew more excited **-ys** density *(m fys),* thickness; *(toistuvuus)* frequency **-ä 1** dense (forest *metsä;* print *painoteksti);* thick (mist *sumu);* close (writing *käsiala);* ~ *kampa* fine-tooth[ed] comb; ~ *verkko* fine-meshed net **2** *(nopea)* quick; rapid (heartbeats ~*t sydämenlyönnit);* fast (tempo *tahti); (usein toistuva)* frequent; ~*ssä tahdissa* in rapid succession **-ässä** *(-ään)* close together; thick[ly] (grow thick[ly] *kasvaa* ~); **-än** *asuttu* densely populated; **-än** *istutettu* densely planted **-ään** *(usein)* at short intervals, [very] frequently; often; *(nopeasti)* rapidly *(ks m tiheässä).*

tihku‖**a** ooze (through *jnk läpi;* from *jstk),* exude, seep (water seeping through the roof *katosta -va vesi); (tippua)* trickle, drip; *(kuv)* ~ *julkisuuteen* leak out, trickle out **-inen** *(-sateinen)* drizzly **-sade** drizzle, drizzly rain.

tihrusilmäinen bleary-eyed.

tihutyö act of sabotage (vandalism) ~**ntekijä** saboteur; vandal.

tihu[u]ttaa; *sataa* ~ drizzle.

Tiibet Tibet **t~tiläinen** *a ja s* Tibetan.

tiikeri tiger; *(naaras~)* tigress ~**hai** tiger shark ~**kakku** marble cake ~**nsilmä** *(min)* tiger's-eye, tigereye.

tiikki teak[wood].

tiilen‖**polttimo** brickfield; *(Am)* brickyard **-poltto** brick (tile) burning (making) **-punainen** brick-red.

tiil‖**i** brick; *(katto~, koriste~)* tile; *-estä rakennettu* made of brick[s].

tiili‖**-** brick (wall *-muuri, -seinä;* house *-talo;* kiln *-uuni)* **-katto** tile[d] roof **-murska** crushed brick **-murskarata** brick-dust track **-muuraus** brickwork **-skivi** brick **-tehdas** *(sg)* brick works, brickfield, *(Am)* brickyard; *(katto~)* tile works, tilery.

tiimalasi hourglass, sandglass.

tiimelly‖**s;** *taistelun -ksessä* in the thick of the fight.

tiimi team ~**työ** teamwork.

tiine pregnant, ..with young; *(lehmästä m)* ..with (in) calf; *(tammasta m)* with (in) foal ~**ys** pregnancy, gestation.

tiinu tub.

tiira tern.

tiira‖**ta** *(-illa)* peer (into *jnnk;* at *jtk;* over one's glasses *lasiensa yli); (kurkistaa)* peep, peek (through the keyhole *avaimenreiästä).*

tiirik‖**ka** picklock, skeleton key **-oida;** ~ *lukko auki* pick a lock; ~ *ovi auki* open the door with a picklock.

tiistai Tuesday *(vrt keskiviikko).*

tiiviisti tightly; *(lähekkäin)* close together; *(intensiivisesti)* intensively; *(tarkkaavaisesti)* closely, attentively; *(usein)* [very] often; *seurata* ~ *kannoilla* follow close behind.

tiivi‖**s 1** tight (lid *kansi;* schedule *ohjelma);*

close (formation *muodostelma;* cooperation *yhteistyö); (tiheä)* dense (print *teksti);* compact (soil *maa);* intensive (training *harjoitus);* **-it** *rivit* serried (tight) ranks **2** *(ytimekäs)* concise, compact; condensed.

tiivist‖**e 1** *(tekn)* gasket, packing; *(~rengas)* washer; *(tilke)* stuffing **2** *(väkevöite)* concentrate **-elmä** summary, abstract **-enauha** sealing tape; *(ikkunan ym ~)* weather strip **-yminen** *(fys)* condensation (of steam to water *höyryn* ~ *vedeksi)* **-ymä** condensation **-yä 1** become tighter (closer etc.) *(vrt tiivis); tunnelma -yi* the atmosphere grew more excited **2** *(fys)* condense (to water *vedeksi)* **-ää 1** seal [up] (a window *ikkuna),* stop up (a crack *rako); (erik tekn)* pack; *(mer)* ca[u]lk (the seams *saumat)* **2** *(fys)* condense **3** *(asettaa lähekkäin ym)* make .. closer (denser etc.) *(vrt tiivis 1);* ~ *rivejä* close [the] ranks; *(istujille ym)* **-äkää vähän!** squeeze up a bit! **4** *(kuv)* compress (into a few words *muutamaan sanaan);* condense; put .. into fewer words.

tiiviö airtight jar (container).

tikahtu‖**a;** *olla -maisillaan naurusta* be choking with laughter.

tikan‖**heitto** [playing] darts **-kontti** *(kasv)* lady's-slipper.

tikapuut *(sg)* ladder.

tikari dagger (stab with a dagger *iskeä* ~*lla)* ~**npisto** stab.

tikasauto ladder truck.

tikat‖**a** stitch; *(vanu~)* quilt **-tu** quilted (dressing gown *aamutakki).*

tlkit‖**tää** tick **-ys** tick[tock].

tikka 1 *(el)* woodpecker **2** *(pelit)* dart; *heittää* ~*a* play darts.

tikkaat *(sg)* stepladder; *(tikapuut)* *(sg)* ladder.

tikka‖**peli** *(sg)* darts **-ri** lollipop; *(Br)* lolly **-taulu** dartboard.

tikkaus *(käsit)* quilting.

tikki 1 *(käsit, lääk)* stitch **2** *(korttip)* trick ~**takki** quilted jacket.

tik‖**ku** *(keppi)* stick; *(sälö)* splinter (get a splinter in one's finger *saada* ~ *sormeensa); (tuli~)* match ▶ *tehdä -usta* **asiaa** find an excuse (for doing *tehdäkseen); hän ei ole pannut* ~*a* **ristiin** he has not lifted a finger; *olla* ~*na jkn* **silmässä** be an eyesore; *vetää pitkää* ~*a* draw lots.

tikku‖**karamelli** lollipop; *(ark)* *(Br)* lolly

-peli *(sg)* spillikins; *(erik Am)* jackstraws **--ukko** stick figure.

tikli *(el)* goldfinch.

tila 1 room (it takes too much room *se vie liikaa ~a*); space *(m rajattu ~)* (cram into a small space *ahtaa pieneen ~an*) **2** *(us)* *~t (majoitus- ym ~t)* accommodation[s]; premises; rooms **3** *(maa~)* farm (on the farm *~lla*); *(suuri ~)* estate **4** *(olo~)* condition (of the patient *potilaan ~; in* poor condition *surkeassa ~ssa*), state (financial state *taloudellinen ~*); *(asema)* status, position **5** *(urh ym) (sija)* place (he took the first place *hän vei ensimmäisen ~n*) ▶ **pöydässä** *on ~a* kymmenelle the table will seat ten; **salissa** *on ~a 500 hengelle* the hall will hold (seat, accommodate) 500 people; **tehdä** *~a jllk* make room for; *hänen* **tilallaan** *on toinen mies* there is another man in his place; *asettaa jk jnk* **tilalle** put a th. in the place of, substitute a th. for; *mitä me saamme sen ~lle?* what shall we get instead?

tilaaja 1 *(san, puh)* subscriber (to *jnk ~*) **2** *(liik ym)* orderer; buyer, customer *~valintainen (puh); ~ kaukoliikenne* subscriber trunk dialling; *(Am)* direct distance dialing.

tilaa‖ säästävä space-saving - **vievä** *(m)* bulky.

tilaisuu‖s 1 opportunity (of doing, to do *tehdä;* get an opportunity *saada ~*); △ chance (of doing, to do *tehdä*) **2** *(tapahtuma)* occasion (on this festive occasion *tässä juhlallisessa -dessa;* fit the occasion well *sopia hyvin -teen); (virallinen ~)* function (diplomatic functions *diplomaatti-det);* ceremony (wedding ceremony *hää~;* wreath-laying ceremony *seppeleenlasku~); (kokous)* meeting; gathering; *(erik pol)* rally (propaganda rally *propaganda~);* event (children's events *lapsille järjestetyt -det*) ▶ *tämä on* **elämäsi** *~* this is your big chance, this is the chance of a lifetime; **käyttää** *-tta hyväkseen* take (seize) the opportunity; *käytän -tta hyväkseni kiittääkseni..* I take this opportunity to thank..; **päästää** *~ käsistään* lose an opportunity, let an opportunity slip; *en ollut* **tilaisuudessa** *tehdä* I was not in a position to do; *-den* **tullen** when[ever] an opportunity (a chance) presents itself (arises); *heti -den tullen* at the first opportunity.

tilallinen farm owner, farmer.

tilan‖ahtaus lack of space (room) **-hoitaja** manager, estate steward **-hoito** management of an estate.

tilan‖ne 1 situation (embarrassing (military) situation *kiusallinen (sotilaallinen) ~);* state of affairs; *(asema)* status (financial status *taloudellinen ~*), position **2** *(urh) (maali~, piste~)* score; *(sijoitukset)* standing (after the first round *ensimmäisen kierroksen jälkeen*) ▶ **hallita** *~* have the situation well in hand; *-teen* **tasalla** equal to the occasion; *pitää jku -teen tasalla* keep a p. informed of what happens; *nousta -teen* **tasalle** rise to the occasion; *-teen ollessa* **tämä** *..* as matters stand.., in the present situation..

tilanne‖arvio[inti] assessment of the situation **-komedia** comedy of situation; sitcom **-tiedotus** report on the situation; *(erik sot)* situation report, sitrep.

tilan‖omistaja estate (farm) owner **-puute** lack of room (space).

tilapäinen temporary (job *työpaikka); (satunnainen)* occasional; *(väliaikais-)* provisional; *~ työntekijä* casual [worker]; temporary.

tilapäis‖- temporary (accommodation *-majoitus*); △ *(hätävara-)* makeshift (shelter *-suoja*) **-julkaisu** occasional publication **-järjestely** provisional arrangement **-runo** occasional poem **-suhde** transient encounter; one-night stand.

tilasto *(pl)* statistics (on *jstk); pitää ~a jstk* keep statistics on *~ida* compile statistics (on) *~llinen* statistical *~matematiikka (sg)* mathematical statistics *~tiede (sg)* statistics *~tieteilijä* statistician; statistical expert *~tiedot* statistics, statistical data.

tilata 1 order *(m liik)* (from *jklta, jstk)* **2** *(~ jku)* engage (an entertainer for the party *juhliin esiintyjä)* **3** *(varata) (erik Br)* book (a room at a hotel *hotellista huone); (erik Am)* reserve (a table at a restaurant *ravintolasta pöytä)* **4** *(san)* subscribe to (a newspaper *sanomalehti)* ▶ *~* **aika** *jklta* make an appointment with; *~* **jklta** *jtk (m)* give a p. an order for; *~ kaksi* **lippua** *konserttiin* book two seats (reserve two tickets) for a concert; *~ taiteilijalta* **muotokuva** commission an artist to paint a portrait.

tilau‖s *(liik ym)* order (for *jtk koskeva ~;* the waiter took my order *tarjoilija otti vastaan -kseni)* **2** *(san)* subscription (renew one's subscription to a magazine *uusia lehden ~)* ▶ *(liik)* **jatkuva ~** standing order; **tehdä ~** give (place) an order (with *jllk liikkeelle;* for *jstk);* **tilauksesta** *tehty* made to order.

tilaus‖ajo chartered bus; *(kilvessä)* hired, private **-asiamies** *(san)* subscriptionist **-hinta** *(san)* subscription price (rate) **-lento** charter flight.

tilava spacious (room *huone),* roomy (pockets *~t taskut); (kirj)* capacious.

tilavuus *(fys ym)* volume; *(vetoisuus m)* capacity, cubic contents **~mitta** cubic measure, measure of volume **~osa** part by volume **~prosentti** percent[age] by volume.

tilhi waxwing.

tili 1 *(kirjanp, pankk, liik)* account (with a bank *pankissa;* take money out of one's account *ottaa rahaa ~ltä;* I have 1000 marks in my account *~lläni on 1000 markkaa)* **2** *(palkka)* pay; salary; *(pl)* wages ▶ **joutua** *~lle jstk* be called to account for; **merkitä** *jkn ~in* put [down] to a p.'s account; **ostaa** *~lle* buy on account; **panna** *jk jnk ~in* put..down to, ascribe.. to; *(panna jkn syyksi)* blame a p. for, put the blame on a p. for; *panna ~lleen 100 markkaa* pay 100 marks into one's account; *tehdä ~nsä* **selviksi** *jkn kanssa* settle one's account with; **tarkastaa** *~t* audit the accounts (books); **tehdä ~** *[jklle] jstk* account [to a p.] for; render an account of; **vaatia** *jkta ~lle [jstk]* call a p. to account [for].

tili‖asiakas credit (charge) customer **-kausi** accounting period **-kirja** *(kirjanp)* account book, ledger **-llepanokortti** paying-in *(Am* deposit) slip **-ltäottokortti** withdrawal slip.

tilin‖haltija account holder **-pito** keeping of accounts, accountancy **-pitäjä** accountant **-päätös** balancing (closing) of the accounts (books); *~ osoittaa että* the accounts show that..; *tehdä ~* close the accounts (books); *(kuv)* weigh a th., pass final judgment on **-tarkastaja** auditor; *hyväksytty ~ (Br)* chartered accountant; *(Am)* certified public accountant **-tarkastus** audit[ing of the accounts (books)] **-tarkastuskertomus** auditors' report **-te‖ko** account (of *jstk); (kuv) -on päivä* day of reckoning **-tekovelvollinen** accountable (to *jklle;* for *jstk)* **-ylitys** *(pankk)* overdraft.

tili‖ote *(pankk)* [bank] statement **-pussi** *(ark)* pay packet *(Am* envelope) **-päivä**

payday **-siirto** giro *(pl ~s),* giro transfer **-ttää** *(konkr ja kuv)* account (for *jk;* to *jklle);* give an account (of) **-velvollinen= -ntekovelvollinen -vuosi** financial *(Am* fiscal) year.

tilk‖e stuffing; *(mer)* ca[u]lking **-itä** seal [up], stop up; *(mer)* ca[u]lk.

tilkka[nen] drop (of *jtk);* ~ *vettä (m)* a little water.

tilkku *(kangas~)* scrap, piece of cloth, patch; *(maa~)* patch of land **~täkki** patchwork quilt.

tilli dill.

tiltaltti *(el)* chiffchaff.

tilu‖s piece of land; *-kset* lands, grounds.

timant‖inkova *(kuv)* adamant **-ti** diamond.

timantti‖- diamond (wedding *-häät;* mine *-kaivos;* record *-levy;* ring *-sormus).*

timjami thyme.

timotei timothy [grass].

tina tin; *(astioihin käytetty ~) (tav)* pewter; *valaa ~a* cast New Year's charms.

tina‖- tin (mine *-kaivos;* soldier *-sotilas);* △ pewter (mug, tankard *-tuoppi)* **-aja** tinsmith **-astiat** *(sg)* pewter[ware] **-paperi** tinfoil; silver paper (foil) **-pitoinen** stanniferous **-ta** tin, line .. with tin **-us** tinning; tin lining.

tingata = *tiukata.*

tinkimisvara leeway for bargaining.

tinkimät‖tä to the letter (carry out an order to the letter *täyttää käsky ~);* unconditionally **-ön** strict (discipline *kuri);* rigid (principles *-tömät periaatteet);* intransigent (attitude *asenne);* uncompromising; absolute.

tin‖kiä 1 *(ostajasta)* haggle (over (about) the price *hintaa),* bargain; *sain -gityksi 10 markkaa* I managed to knock him down 10 marks; *sain -gityksi hinnan 100 markkaan* I knocked his price down to 100 marks **2** *(myyjästä)* reduce the price; knock off (10 per cent *10 prosenttia); valmiiksi -gityt hinnat* knock-down prices **3** *(kuv)* compromise (over one's conditions *ehdoistaan); laadusta -kimättä* without sacrificing quality.

tinneri thinner.

tipa‖hdella drip, drop **-htaa** *(pudota)* drop **-uttaa** drop.

tipoittain in drops, drop by drop; *(kuv)* in (by) driblets.

tipotiessään gone [away]; nowhere to be found.

tip‖pa drop (of water *vesi~)* ▶ *on* **tipalla**

ehdimmekö junalle we might just make the train; *olipa -alla [ettei käynyt huonommin]* that was a close call (shave); *(kuv) ei* **tippaakaan** not a bit; *ei ole satanut ~akaan* it hasn't rained a drop.

tippa‖leipä May-day fritter **-pullo** = *tiputuspullo.*

tippi tip; *antaa jklle viisi markkaa ~ä* tip a p. five marks.

tippu|a 1 drip (water is dripping from the eaves *räystäiltä -u vettä*), dribble; drop; *hanasta -u vettä* the tap is dripping; *..niin että hiki -i ..*so that he was dripping [with] sweat; *puista -u vettä (m)* the trees are dripping [water]; *vettä -vat vaatteet* dripping [wet] clothes **2** *(pudota)* drop; fall; *(jäädä jälkeen)* drop off (away) [from the others], drop behind [the others].

tippukiv|i; *-et (koll) (sg)* dripstone **~luola** stalactite cave **~puikko** stalactite **~pylväs** stalagmite.

tippuri gonorrh[o]ea; *(sl)* the clap.

tiptop[kunnossa] tip-top.

tipu *(last)* birdie; *(ark) (tyttö)* chick.

tiputtaa 1 apply a few drops (of medicine on to the eye *lääkettä silmään*); *(kuv) -tamalla* in driblets, in dribs and drabs **2** *(pudottaa)* drop (ash on the carpet *tuhkaa matolle*), let fall (don't let it fall! *älä -a sitä!*).

tiputu|s *(lääk)* drip[feed], intravenous feeding; *olla -ksessa* be on a drip[feed] **~laite** drip, intravenous infusion set **~pilli** pipette; *(lääk)* dropper **~pullo** *(tiputuslaitteen ~)* drip-feed bottle, infusion bottle; *(tiputusnokalla ym varustettu ~)* drop[ping] bottle.

tiri‖nä sizzle, sputter **-stä** frizzle (in the pan *pannussa*), sizzle, sputter; *(tihkua)* ooze; trickle **-stää** fry, frizzle.

tirkist‖elijä voyeur, Peeping Tom **-ely** *(lääk)* voyeurism **-ysaukko** peephole **-ää** peep (at *jtk;* through the keyhole *avaimenreiästä*); take (have) a peep, peek; *(tiirata)* peer.

Tiroli [the] Tyrol **t~laishattu** Tyrolean hat.

tirsku‖a *[nauraa]* ~ giggle; *(~ jkn vahingolle)* snigger, snicker (at *jklle*) **-minen** giggling, giggle[s] **-ttaa** *(linnusta)* chirp, twitter.

tiska‖aja dishwasher **-ta** wash up [the dishes], do the washing-up; *(erik Am)* wash (do) the dishes; *~ lautanen* wash a plate.

tiski 1 *(myymälän ym ~)* counter; *(baari~)*

bar; *(vastaanotto- ym ~)* desk; *myydä ~n alta* sell under the counter **2** *(astiat) (m ~t)* [dirty] dishes; *(Br m)* washing-up **~allas** [kitchen] sink **~harja** dishbrush **~jukka** disc jockey, deejay, D.J. **~kone** dishwasher; *(Br m)* washing-up machine **~pöytä** [kitchen] sink [unit] **~rätti** dishcloth **~vesi** dishwater.

tisla‖amo distillery **-ta** distil[l] (from *jstk*).

tislaus distillation **~astia** retort **~laite** distilling apparatus, distiller; *(erik alkoholin~)* still **~tuote** distillate, distilled product.

titaani 1 *(kem)* titanium **2** *(myt)* Titan.

titteli title; *heittää ~t pois* drop the titles **~ottelu** *(nyrkk)* title fight.

tiu score; *kaksi ~ta munia* two score [of] eggs.

tiuha *ks. tiivis.*

tiuk|assa *(-kaan, -alla, -alle)* tight (the cork is tight *korkki on ~;* screw tight *kiertää -kaan*); tightly ▶ **aikani** *(rahat) on -alla* I am pressed for time (money); **joutua** *-alle* be given a hard time; get into a tight place; **panna** *jku -alle* press..hard (for *jstk*); **raha** *on ~* money (the money market) is tight.

tiukasti tight (hold tight *pitää ~ kiinni*); tightly (shut *kiinni*); strictly (keep strictly to the subject *pysyä ~ asiassa*) ▶ *~ jkn* **kannoilla** close on a p.'s heels; **pitää** *~ kiinni periaatteistaan* stick to one's principles; *pitää ~ silmällä* keep a close watch on.

tiukata *(vaatia)* press (a p. for an answer *jklta vastausta*), demand (a th. from *jtk jklta*).

tiuke‖ntaa tighten; make tighter (stricter etc.) *(vrt tiukka)* **-ta** get tighter, tighten.

tiuk|ka tight (schedule *aikataulu;* collar *kaulus;* security [measures] *-at turvatoimet*); *(vaatteesta m)* tight-fitting; *(tarkka)* close; *(intensiivinen)* intensive (training *harjoittelu*); *(luja)* firm (grip *ote*) **2** *(ankara)* strict (discipline *kuri;* teacher *opettaja*), rigid; rigorous; tough (take a tough line *omaksua ~ linja*); stern (look *katse*) **3** *(täpärä)* close (match *ottelu*), tight (race *kilpailu*) ▶ **tehdä** *~a* be difficult (tough, tricky); **tiuk|assa** *(-kaan, -alla, -alle) ks. hakus. tiukassa;* *olla* **tiukkana** *jklle* be strict (hard) on.

tiukka‖ilmeinen tight-lipped, stern-faced **-sanainen** strongly-worded (remark *huomautus*).

tiuku [small] bell.
tiusk‖**aista, -ia** snap (at *jklle*).
tivata = *tiukata*.
tivoli amusement park, *(Br m)* funfair.
T-‖**liittymä** T-junction **-luupihvi** T-bone steak.
toalettisaippua toilet soap.
todella *(m ~kin, ~kaan)* really; indeed, truly; *~ko?* [oh] really? not really?
todelli‖**nen 1** real; *(aito, oikea) (m)* true (friend *ystävä*), genuine; actual (value *arvo*); *hän vaikuttaa -sta pitemmältä* he seems taller than he really is **2** *(tosiasiallinen)* virtual (leader *hallitsija*), real.
todellisuuden‖**taju** sense of reality **-vastainen** unrealistic, false.
todellisuu‖**s** reality; actuality; real life ▶ **julma** ~ cold reality; **paeta** *-tta* escape from reality; **palauttaa** *jku -teen* bring a p. back to reality; **~ on tarua** *ihmeellisempi* truth is stranger than fiction; **todellisuudessa** in reality, in real life; actually.
todellisuus‖**kuvaus** realistic description, picture of real life **-pakoisuus** escapism **-pohja;** *siltä puuttuu* ~ it is not based on actual facts.
toden‖**mukainen** realistic, lifelike; truthful; faithful **-mukaisuus** reality; *(tarkkuus ym)* fidelity (of the colo[u]rs of a picture *kuvan värien* ~) **-nus** verification.
todennäköi‖**nen** probable **-sesti** probably; [very (most)] likely; *varsin* ~ in all probability (likelihood) **-syy**‖**s** probability *(m mat);* likelihood; *kaiken -den mukaan* in all probability; *90 %:n -dellä* it is 90 % probable that.., there is a 90 % probability that.. **-syyslaskenta** calculus of probability.
todenperäi‖**nen** truthful; authentic; genuine **-syys** authenticity.
todentaa verify; authenticate.
to‖**deta 1** *(lausua)* state (he stated that.. *hän -tesi että..*) **2** *(havaita)* find (a p. guilty *jku syylliseksi;* I found that.. *-tesin että*); discover; *(panna merkille)* note; notice; *(saada selville)* find out; *kokeissa -dettiin että* the experiments showed that..
todist‖**aa 1** prove (to *jklle;* that *että;* one's identity *henkilöllisyytensä;* a p.'s guilt *jkn syyllisyys*), give proof (of *jk*); *(osoittaa)* demonstrate **2** *(vahvistaa)* witness (a signature *allekirjoitus*); attest; certify

(this is to certify that.. *täten -etaan että*) **3** *(lak)* testify (in court *oikeudessa*), give evidence (witness) (in a murder case *murhajutussa*), witness to (he witnessed to having seen the man *hän -i nähneensä miehen*) **4** *(kuv)* testify [to] (his actions testify to his willingness to help *hänen toimensa -avat hänen halustaan auttaa*), bear witness (testimony) to, bear evidence (of *jstk*), be a sign (of *jstk*) ▶ ~ **oikeaksi** witness (a signature *nimikirjoitus*), prove .. to be authentic, authenticate; verify; *jäljennöksen oikeaksi -avat:* witnessed (witnesses):; *oikeaksi -ettu jäljennös* certified copy; *tuhannet ihmiset olivat* **todistamassa** *tapahtumaa* the event was witnessed by thousands of people; *(mat) mikä oli* **todistettava** which was to be proved (demonstrated), *(lyh)* Q.E.D. *(lat);* **todistetusti** provedly; **todistettavasti** as can be proved.
todistaja witness; *kutsua ~ksi* call..to testify **~naitio** witness box *(Am* stand) **~nlausunto** testimony.
todistamaton unproved (allegation *väite*).
todiste *(m ~et)* proof (of *jstk;* have you any proof that..? *onko sinulla ~ita siitä että ..?*); *(erik lak)* evidence (of *jstk*; it can be used in evidence against you *sitä voidaan käyttää ~ena teitä vastaan*); ~*iden puuttuessa* for lack of evidence.
todistelu argumentation.
todistus 1 *(asiakirja)* certificate (of *jstk;* birth certificate *syntymä~*); *(koul)* [school] report **2** *(todiste)* proof, evidence (of *jstk*); *(todistajanlausunto)* testimony **3** *(mat)* proof, demonstration; *(log)* reasoning **4** *(heng)* testimonial **~aineisto** evidence **~kappale** piece (item) of evidence **~voima** weight as evidence.
toffee toffee, toffy, *(Am m)* taffy.
tohelo bungler, butterfingers **~ida** bungle.
tohtor‖**i** doctor *(lyh* Dr.) **-inarvo** doctor's degree, doctorate **-oida** doctor (a p. *jkta*).
tohveli slipper; ~*t jalassa* in slippers; *olla* ~*n alla* be henpecked **~sankari** henpecked husband.
toikkaroida stagger, reel.
toila‖**illa** fool around **-us;** *-ukset* fooleries.
toimeen‖**paneva** executive; ~ *virkamies* executive **-panija** executor **-panna** carry out (a test *koe;* an order *käsky*); put (carry) .. into effect; effectuate; execute (a decision *päätös*); *(järjestää)* organize; *(pitää)* hold (a lottery *arpajaiset*) **-pano**

execution (of a plan *suunnitelman* ~) **-panovalta** executive power[s] **-tuleva;** *hyvin* ~ well-off, well-to-do **-tulo** *(elatus)* living, livelihood; *hankkia* ~*nsa* earn (make) one's living, gain one's livelihood (as *jkna;* from *jstk;* [by] doing *tekemällä jtk*); ~*n rajoilla* at subsistence level; *hankkia* ~*nsa rehellisellä työllä* make an honest living; *huolehtia jkn* ~*sta* provide for **-tulominimi** subsistence level.

toimeksi∥antaja *(päämies)* principal; *(asiakas)* client **-an∣to** commission, assignment; *jkn -nosta* by order of **-saaja** *(lak)* mandatary **-saanti 1** mandate **2** *(tehtävä ym)* duty, duties.

toimelia∥isuus [energetic] activity **-s** active; energetic; hard-working.

toimen∥haltija employee, holder of a position **-kuva[us]** job description **-pi∣de 1** measure (safety measure *turvallisuus*~), step (our first step was.. *ensimmäinen -teemme oli..*), *(m -teet)* action (this calls for quick action *tämä vaatii nopeita -teitä*); *ryhtyä -teisiin* take measures (steps) (to do *jnk tekemiseksi*) **2** *(operaatio)* operation.

toimet∥on idle; inactive **-tomuus** idleness; inactivity.

toim∣i 1 post (in the public service *valtion palveluksessa*), position (fill a position *täyttää* ~); job (full-time job *kokopäivä*~); employment **2** *-et (puuhat) (talous- ym -et)* chores; activities; occupations, duties; affairs, *(sg)* business (go about one's business *ryhtyä* ~*insa*); *(toiminta)* action (in full action *täydessä -essa*); *(tekemiset)* doings; *(liikkeet)* movements (watch a p.'s movements *pitää silmällä jkn* ~*a*) **3** *-et (toimenpiteet)* measures (take necessary measures *ryhtyä tarpeellisiin* ~*in*) ▶ **A** *(toimeen);* **mennä** *-een* go on duty; **panna** *-een* = *toimeenpanna;* **tulla** *-een* manage (with *jllak*); without *ilman jtk;* by o.s. **yksinään**); get along (on) (with *jkn kanssa*); **tulla** *-een ilman jtk (m)* do without; dispense with; ▶ **B** *(toimeksi); minun -ekseni jäi ..* it was left to me to..; **ottaa** *-ekseen* charge o.s. (with doing *tehdä jtk*); **panna** *-eksi* set to, get busy; *pankaa -eksi!* hurry up! **saada** *-ekseen* be charged (with doing *tehdä jtk*); ▶ **D** *(toimesta); jkn -esta (toimeksiannosta)* ordered by; **palata** *-esta* come off duty; ▶ **E** *(toimin);* **tyhjin** ~*n (tekemättä mitään)* doing nothing; *palata tyhjin* ~*n* return empty-handed.

toimi∣a 1 act (as a guide to *oppaana jklle;* on a p.'s instructions *jkn ohjeiden mukaisesti*); take action (take prompt action ~ *ripeästi*); be active (in the Boy Scouts *partiossa*); *(palvella)* serve (on a committee *komiteassa*); ~ *jkn alaisena* work under a p.; ~ *lääkärinä* practise medicine, be a doctor **2** *(laitteesta ym)* function (as *jnak*); work (by electricity *sähköllä;* will this method work? *-iko tämä menetelmä?*); operate (the business operates in several countries *yritys -i monessa maassa*); *(laitteesta m)* go, be worked (operated) (by electricity *sähköllä*); *hissi ei toimi* the elevator is not working (is out of order); *puulaatikko toimi istuimena* a wooden box served as a seat (did duty for a seat).

toimi∥ala line [of business], line of activities **-elin** organ **-henkilö** functionary; official; ~*t* clerical personnel **-kausi** term [of office] **-kunta** commission, committee (sit on a committee *kuulua* ~*an*) **-lupa** licen∣ce, *(Am -se)*, concession **-nimi** firm, company; business name **-nnallinen** functional (disorder *häiriö*) **-nnanjohtaja** executive director (manager).

toimin∣ta action (of the heart *sydämen* ~; a man of action *-nan mies;* prompt action *ripeä* ~); functioning (of an organ *elimen* ~); activity (economic activity *taloudellinen* ~); *(pl)* activities (subversive activities *kumouksellinen* ~); operation (of a factory *tehtaan* ~); *(pl)* operations (mining operations *kaivos*~); working (of the human mind *ihmismielen* ~); *-nassa oleva* active (mine *kaivos;* volcano *tulivuori*); *täydessä -nassa* in full activity.

toiminta∥-alue sphere of activities (operations); range **-häiriö** fault in operation, failure, breakdown; *(lääk)* functional disorder **-kertomus** [annual] report **-kun∣to;** *-nossa* in running (working) order **-kykyinen** ..in working order; workable (government *hallitus*) **-kyvyt∣ön** ..out of order; *tehdä -tömäksi* disable; neutralize **-näppäin** function key **-ohjeet** instructions, directives **-romaani** action novel **-suunnitelma** plan of action **-säde** range **-terapia** occupational therapy **-vapaus** freedom of action; latitude **-varma** reliable **-vuosi** year of activity; *(tilivuosi)* financial *(Am* fiscal) year.

toiminto function ~**kieli** *(atk)* procedural language.

toimipaikka 1 *(virka)* post, position **2** place of business; *(toimisto)* office, agency; *(myyntipiste ym)* outlet.

toimisto office; *(erik palvelu~)* bureau; agency (advertising agency *mainos~*); *(osasto)* department, division.

toimisto‖- office (equipment *-tarvikkeet;* work *-työ)* **-aika** *(pl)* office hours **-apulainen** [junior] clerk **-päällikkö** office manager; bureau chief; head of department.

toimitalo office building; *(pl)* offices; *(päämaja)* headquarters.

toimitsija 1 *(liik ym)* agent; trustee **2** *(kilpailujen ym ~)* official.

toimit‖taa 1 *(suorittaa)* perform (a ceremony *seremonia;* one's tasks *tehtäviään*); carry out, execute; hold (an election *vaalit*); officiate at (a marriage [ceremony] *vihkiminen)* **2** *(liik ym)* supply (a th. to, a p. with *jklle jtk*); *(~ perille)* deliver (the goods (message) to *tavarat (viesti) jklle)* **3** *(lähettää)* send (a p. to prison *jku vankilaan*); *(viedä)* take (a letter to the post *kirje postiin)* **4** *(san, kust, TV ym)* edit (a newspaper *sanomalehteä)* ▶ ~ **asioita** run errands; **tarkastus** *-ettiin eilen (m)* the inspection took place yesterday; *(liik)* ~ **tilaus** execute an order; *(kirjap)* **toimittanut. .** edited by. . *(lyh* ed. *pl* eds.); ~ puheenjohtajan **virkaa** act as chairman.

toimittaja 1 *(san, TV ym)* editor (sports editor *urheilu~);* *(san m)* reporter; *(ohjelma~)* producer **2** *(liik)* supplier ~**kunta** editorial staff; *(pl)* editors.

toimit‖taminen *(m)* performance (of duties *tehtävien* ~); delivery; execution **-uksellinen** *(san)* editorial.

toimitu‖s 1 *(liik)* delivery (prompt delivery *täsmällinen* ~); *(lähetys)* shipment **2** *(san)* editorial staff; *(pl)* editors; *(~huone[isto])* editorial office[s] **3** *(kirk)* ceremony (marriage ceremony *vihkimis~*); service **4** *(tilaisuus)* transaction; *(pl)* proceedings; *(toimenpide)* operation **5** *(atk)* operation (not-operation *ei-~*) **6** *(julkaisu)* publication; *(seuran)* *-kset (m)* proceedings.

toimitus‖- *(san)* editorial (staff *-[henkilö]kunta;* policy *-periaatteet)* **-ehdot** *(liik)* terms of delivery **-johtaja** managing director, general manager; *(Am)* president **-maksu** service (handling) charge; bank charge **-mies** executor

-ministeristö caretaker government **-palkkio** commission **-päivä** date of delivery **-päällikkö** *(san)* managing editor **-sihteeri** *(san)* subeditor.

toimi‖upseeri warrant officer **-va** *(m)* active (volcano *tulivuori*); functional; purpose-built (flat *huoneisto)* **-valta** authority (within the scope of one's authority ~*nsa puitteissa*); *(pl)* powers (exceed one's powers *ylittää* ~*nsa*); jurisdiction; competence **-valtainen** competent **-valtuudet** powers.

toi‖nen I *a* **1** *(~ järjestyksessä)* second *(lyh* 2nd) **2** *(muu)* other (some other day *jonakin -sena päivänä;* the other children *-set lapset*); △ another (that is quite another matter *se on aivan* ~ *asia*); △ *(eri[lainen])* different (life today is different from life fifty years ago *elämä on nykyään -sta kuin 50 vuotta sitten)* **3** *(~ kahdesta)* one (he only hears with one ear *hän kuulee vain -sella korvalla*); △ *(se* ~*)* other (on the other side of the street *kadun -sella puolella)* **II** *s* **1** *(henk)* another (die for another *kuolla -sen puolesta*), another person; *(esineestä)* another [one] (take another [one]! *ota* ~*!*); △ *(~ kahdesta)* one; *(se* ~*)* the other (one went East and the other went West ~ *meni itään* ~ *länteen*); △ *(jku* ~*)* somebody (someone) else (that is somebody else's hat *tuo on jkn -sen hattu*); *(kys)* anybody else (does anybody else want to. .? *haluaako jku* ~*. .?*) **2** *-set* the others; other people; *(loput)* the rest (all the rest [of them] had gone *kaikki -set olivat lähteneet*); *(jotkin)* some (of these books are. . *-set näistä kirjoista ovat . .*); *(jotkut)* some people (never learn *-set eivät koskaan opi)* ▶ *-sen* **asteen** second-degree (burn *palovamma*); ~ *-sensa* **jälkeen** one after another; *-sella* **kertaa** *(joku* ~ *kerta)* another time; *-seen kertaan (toistamiseen)* a second time; *-set* **kymmenen** *markkaa (vuotta)* another ten marks (years); *-sen* **käden** *tieto* second-hand knowledge (information); *hänen* ~ **minänsä** his second self; *hän luulee olevansa* ~ **Napoleon** he thinks he is a second (another) Napoleon; *(dipl)* ~ **sihteeri** second secretary; *-sella* **tavalla** [in] another way; in a different way (from *kuin*); **toinen — toinen** one — the other (one [of them] left and the other stayed ~ *[heistä] lähti* ~ *jäi*); **toinen toistaan** one another; ~ -staan kauniimpia tyttöjä girls one more beautiful than the next (last); **toiset — toiset** some — others; **toiseksi** ks. hakus.; **toisi|aan** (-lleen, -staan jne) ks. hakus.

tointua recover (from jstk), get over (a shock järkytyksestä); (tulla tajuihinsa) recover consciousness.

toipilas convalescent ~**aika** convalescence ~**koti** convalescent home.

toipu||a recover (from an illness (a setback) sairaudesta (takaiskusta); ~ (an illness sairaudesta); ~ [sairaudesta] (m) convalesce, recuperate -**minen** recovery (from jstk) -**misloma** sick leave.

toisaal|la (-ta, -le) elsewhere; somewhere else; in (to, from) another direction; kääntää katseensa -le look away -**ta** (toiselta puolen) on the other hand; ~..~ on the one hand..on the other hand.

toisarvoinen secondary, ..of secondary importance; inessential; minor.

toiseksi ▶ [ensiksi].. ~ [in the first place].. in the second place, firstly..secondly; **jäädä** ~ come off second best; laulajana hän ei jää ~ kenellekään as a singer he is second to none; ~ **paras** the second best; maan ~ **tärkein** kaupunki the second [most important] city in the country; ~ **viimeinen** the second last, the last but one.

toisen||lainen different (from kuin); unlike -**näköinen;** olla ~ look different (from before kuin ennen).

toisi|aan (-lleen, -ltaan jne) one another (they don't like one another he eivät pidä -staan); (erik kahdesta) each other; heitä on vaikea erottaa -staan it is difficult to tell one from the other.

toisin otherwise (think otherwise ajatella ~); in another (a different) way; differently (from us kuin me); ~ **kuin** unlike; ellei ~ ilmoiteta unless informed to the contrary; kunnes ~ ilmoitetaan until further notice ~**aan** sometimes; [every] now and then, from time to time ~**ajatteleva** (pol) a ja s dissident ~**taa** reproduce (m atk) ~**to** variant; version.

toisio|- (sähk ym) secondary (voltage -jännite).

tois||kertalainen second -**puolinen** unilateral; one-sided; unequal; uneven; lopsided.

toissa; ~ aamuna the morning before last; ~ päivänä the day before yesterday; ~ kerralla (kesänä, vuonna) the time

(summer, year) before last.

toist||aa 1 repeat (a question kysymys; repeat after me! -akaa perässäni!); (~ useasti) reiterate (a warning varoitus); (uusia) renew (an offer tarjous); (~ kuin kaiku) echo; ~ itseään repeat o.s.; hänen sanansa eivät sovi tässä -ettavaksi his words won't bear repeating **2** (äänitekn ym) reproduce.

toistaiseksi 1 for the present (that will be enough for the present se riittää ~), for the time being; until further notice (closed until further notice suljettu ~) **2** (tähän mennessä) so far, until now, up to now.

toista||kymmentä [well] over ten -**miseen** [for] a second time; (uudelleen) again; once more.

toiste; [joskus] ~ some other time; tulkaa ~**kin!** come again!

toisto 1 repetition; reiteration **2** (äänitekn) reproduction ~**laite** reproducer.

toistu||a recur (m lääk); be repeated; happen again -**minen** recurrence -**va** repeated (absences ~t poissaolot); recurrent; (kertautuva) repetitive (rhythm rytmi); (tarpeettomasti ~) repetitious; (usein ~) (m) frequent -**vasti** repeatedly, again and again.

toitot||taa sound, toot (a horn torvea); (torvesta) blare (with trumpets blaring torvet -taen) -**us** blare.

toive 1 wish; desire; hope (cherish hopes elätellä ~ita; vain hopes turhat ~et; hopes of winning voiton ~et) **2** ~et (toivo) (sg) hope, prospect (there is little prospect of his recovery hänen toipumisestaan on vähän ~ita) ▶ (ks m hakus toivo) **antaa** ~ita jstk hold out some hope of; ~ita **herättävä** promising, hopeful; kaikki hänen ~ensa **romuttuivat** all his hopes crumbled to dust (were destroyed, were dashed)); hänen ~ensa **toteutui** (m) he had (got) his wish; yli ~**iden** beyond all expectation[s].

toive||- ideal (profession -ammatti) -**ajattelija** wishful thinker -**ajattelu** wishful thinking -**ikas** hopeful (about, of, that jnk suhteen); optimistic (about) -**ikkuus** hopefulness; optimism; liiallinen ~ (m) unfounded optimism -**konsertti** (rad) request program[me] -**levy** (rad) request -**uni** pipedream, daydream.

toivioretk||eläinen pilgrim -**i** pilgrimage.

toivo 1 hope (of jstk; there is still hope vielä on ~a; prospect (of jstk) **2** (henk) hopeful (Olympic hopeful *olympia~*) ▶ *hänellä* **ei ole** *enää ~a [paranemisesta]* he is beyond hope; *~n* **kipinä** flicker of hope; **luopua** *~sta* give up hope; **menettää** *~nsa* lose all hope; *~n* **mukaan** *hän. .* I hope he *. .*, it is to be hoped that he*. .*; **panna** *~nsa jhk* base (pin) one's hope on; **siinä** *~ssa* **että** in the hope of*. .*; **siitä** *ei ole ~akaan (ark)* not a hope.

toivo|a hope (for help *apua*); wish (for a miracle *ihmettä;* I wish that I had never met him *-n etten olisi koskaan tavannut häntä;* I wouldn't wish that on my worst enemy *sellaista en -isi pahimmalle vihollisellenikaan); (tehdä toivomus)* [make a] wish (close one's eyes and wish *sulkea silmänsä ja ~);* desire; *-isin[pa] tietäväni. .* I wish I knew*. .*; *~* **nukkea** *joululahjaksi* want a doll for Christmas; *~* **parasta** hope for the best.

toivomi|nen; *siinä on paljon -sen varaa* it leaves a lot to be desired.

toivomu|s wish; desire; *(pyyntö)* request; *jkn* *-ksesta* at a p.'s request ~**lista** wish list ~**lähde** wishing well.

toivoton hopeless (at mathematics *matematiikassa;* situation *tilanne); (epätoivoinen)* desperate.

toivott||aa wish (a p. a merry Christmas *jklle hyvää joulua;* good luck *onnea;* happiness and prosperity *onnea ja menestystä)* **-ava** desirable; *ei ~* undesirable; *ei ~ henkilö* persona non grata; *on ~a että (m)* it is to be hoped that *. . -avasti* I hope (he will come *hän tulee); --! I hope so!* let's hope so! *~ ei!* I hope not! **-omasti;** *~ rakastunut* desperately in love **-omuu|s** hopelessness; *(epätoivo)* despair; *vaipua -teen* sink into despair **-u** hoped-for (result *tulos); (haluttu)* wanted; *ei-~* unwanted (child *lapsi*).

toivotu|s; *-kset* wishes.

tokaista say; *(~ keskustelun lomaan)* put in.

toki 1 *(kehotuksissa ym)* do (please do come in! *tulkaa ~ sisään!)* **2** *[tottahan] ~* certainly, surely (you remember him? *~han sinä hänet muistat?); (vastauksissa m)* indeed (are you pleased with it? — yes indeed *oletko tyytyväinen siihen? — olen ~);* *eihän ~!* oh no! **3** *(sentään, kuitenkin ym)* still; after all.

Tokio Tokyo.

tokka *(mer)* dock; *-assa* in dock.

tokkura|ssa *(-an); [unen]~* dozy; fuddled

[with sleep]; *(humalassa)* tight; muddled, fuddled (with *jstk*).

tolal||la *(-le, -ta); joutua -taan* go out of one's mind; *hyvällä (huonolla) ~* in good (bad) shape; *olla poissa -taan* be upset, be beside o.s.

toleranssi tolerance.

toljottaa; *~ [suu auki]* gape (at *jtk*).

tolk|ku *(järki)* sense ▶ *tässä ei ole* **mitään** *~a* this doesn't make [any] sense; **saada** *~ jstk* make sense [out] of; **viikko**-*ulla* week after week.

tolkut||on senseless (idea *idea*), unreasonable; meaningless (chatter *~ta puhetta)* **-taa;** *~ jstk* harp on [about]; *~ samasta asiasta* harp on the same string.

tollo fool, bumpkin, goof, fathead.

tolppa post *(m urh);* pole.

tolvana = *tollo.*

tomaatti tomato ~**ketsuppi** tomato ketchup ~**sose** tomato purée ~**surve** crushed tomatoes.

tomera bustling, energetic.

tomu dust ~**inen** dusty ~**maja** *(ylät)* dust, [mortal] clay ~**sokeri** icing sugar, *(Am)* confectioners' sugar ~**ttaa** dust (the furniture *huonekalut*).

Tonava the Danube.

tongit [pair of] pliers.

tonki|a 1 *(eläimestä)* root[le] [about] (in the earth for *maasta jtk),* grub about (around) (for *jtk)* **2** *(henk) (penkoa)* root about (who's been rooting about among my papers? *kuka on -nut papereitani?),* dig, grub about (around); rummage (in a drawer *laatikkoa),* ransack (one's pockets *taskujaan);* poke about (at the rubbish *roskia)* **3** *(kuv)* pry into, stick one's nose into (a p.'s affairs *jkn asioita),* ferret into (a p.'s past *jkn menneisyyttä); ~ tietoonsa* ferret out.

tonkka [milk] can, *(Br m)* churn.

tonni ton *(m mer)* ~**kala 1** *(el)* tuna, tunny **2** *(keitt)* tuna [fish] ~**sto** *(mer)* tonnage.

tont|ti *(rakentamaton ~)* [building] site (for a new factory *uuden tehtaan ~);* piece of land; plot [of land] (grow vegetables on one's plot *viljellä vihanneksia -illaan); (Am)* lot (vacant lot *tyhjä ~*).

tonttu brownie; *(joulu~)* [Christmas] brownie (gnome) ~**illa** fool about ~**lakki** [Christmas] brownie's cap.

to||oga toga **-paasi** topaz.

topat|a pad (with *jllk;* padded shoulders *-ut olkapäät); (~ vanulla)* wad (wadded quilt

-tu täkki); *(~ huonekaluja)* upholster (a seat *istuin*); *(täyttää)* stuff.

topo‖grafia topography **-logia** topology **-nymia** toponymy.

toppa 1 *(sokeri~)* [sugar] loa|f *(pl* -ves) 2 *(tupakka~)* pouch **~takki** quilted jacket **~täkki** quilted comforter **~u|s** *(tyyny)* pad (shoulder pad *olka~*); *-kset (sg)* padding, wadding, stuffing.

toppi *(vaat)* [tube] top.

tora quarrel, squabble (about *jstk)* **~hammas** tusk **~illa** quarrel **~isa** quarrelsome **~jyvä** *(kasv)* ergot.

torakka cockroach.

tori 1 *(kauppa~)* market place (square), market (go to [the] market to buy.. *mennä ~lle ostamaan..;* he has a stall in the market *hänellä on koju ~lla)* 2 *(aukio)* square (in the square *~lla)* **~hinta** price at the market place **~kassi** market bag **~kauppias** market seller **~muija** market woman.

torju‖a 1 repel (an attack *hyökkäys;* a temptation *kiusaus)*; *(hylätä)* reject (a suggestion *ehdotus);* turn down a p. *jku;* an offer *tarjous);* *(~ jyrkästi)* rebuff (a p.'s advances *jkn lähentelyt)*; refuse, refuse to accept; *~ ajatus* dismiss an idea; *~ isku* ward (fend) off a blow 2 *(ehkäistä)* prevent (diseases *tauteja*); control (pests *tuhoeläimiä*); fight (unemployment *työttömyyttä*); avert, ward off (a danger *vaara*) 3 *(kieltää)* deny (a charge *syytös*), rebut, refute (an argument *väite*) 4 *(urh)* *(jalkap ym)* make a save; stop, catch (the ball *pallo)*; *(nyrkk)* block 5 *(psyk)* repress (from consciousness *tajunnasta*) 6 *(sot)* *(keskeyttää matka)* intercept (a missile *ohjus*) **-minen** rejection; prevention (of accidents *tapaturmien ~*); control (pest control *tuhoeläinten ~*).

torjunta 1 = *ed.* 2 *(psyk)* repression 3 *(urh)* *(maalivahdin ~)* stop, save; *(nyrkk, lentop ym)* block 4 *(puolustus)* defen|ce, *(Am)* -se **~aine** pesticide **~hävittäjä** interceptor **~ohjus** defensive missile.

torjuva; *~ asenne* unresponsive (negative) attitude **~sti;** *huitaista kädellään ~* wave one's hand in refusal.

tork‖ahtaa doze (drop, nod) off **-ku;** *ottaa [puolen tunnin] -ut* have a doze (snooze, nap) [for half an hour] **-kua** doze, snooze, nod **-uksissa** in a doze.

torni 1 tower; *(suippeneva kirkon~)* steeple 2 *(sot)* turret (of a ship (tank) *laivan*

(tankin) ~); *(sukellusveneen ~)* *(m)* conning tower, sail 3 *(šakk)* rook, castle **~nhuippu** spire **~nosturi** tower crane **~pöllö** barn owl **~talo** tower block.

torpedo torpedo **~ida** torpedo *(m kuv)* **~vene** torpedo boat.

torppa croft[er's holding]; *(mökki)* crofter's cottage **~ri** tenant farmer, crofter.

torstai Thursday *(vrt keskiviikko).*

torttu flan, tart; *(piiras)* pie.

toru‖a scold, chide (for *jstk)* **-t** *(sg)* scolding (get a scolding *saada ~;* for *jstk*).

torven‖soittaja horn player; *(sot ym)* trumpeter; bugler **-törähdys** horn (bugle) blast.

torv‖i 1 horn (blow a horn *puhaltaa -een*); *(merkinanto~)* bugle; *(fanfaari~)* trumpet 2 *(putki)* pipe; *(rulla)* roll **~fanfaari** trumpet fanfare **~soittokunta** brass band.

to‖si 1 true (story *kertomus;* prove to be true *osoittautua -deksi)* 2 *(todellinen)* real (life *elämä*); *(aito)* true (friend *ystävä*), earnest, genuine 3 *(todella)* really (sorry *pahoillaan*); *(ark)* real ▶ *nyt on ~* **kysymyksessä** this is serious; **ottaa** *-desta* take .. seriously; *~* **paikan** *tullen* when (if) it comes to the point (crunch, pinch); *-den* **teolla** in earnest; *~* **tilanteessa** in real life; **tosissaan** *ks. hakus.;* *käydä* **toteen** = *toteutua; näyttää jk -teen* prove [the truth of], *(lak)* substantiate; **totta** *ks. hakus.;* **tulla** *~ = toteutua.*

tosiaan really; **~kin** *(niinhän se olikin)* that's right *(ks m todella).*

tosi‖aika|- *(atk)* real-time (processing *-käsittely*) **-asi|a** fact ▶ **kiistämätön ~** undeniable (inconvertible) fact; **kylmä ~** hard fact; *~* **on** *se että* the fact is that..; **perustua** *-oihin* be based (founded) on fact; **kääntää** *~t* **päälaelleen** twist the facts; **tapahtunut** *~* fait accompli *(ransk); panna jku tapahtuneen ~n eteen* confront a p. with the facts; **tosiasiassa** *(itse asiassa)* in fact, as a matter of fact; *(todellisuudessa)* in reality.

tosi‖asiallinen real (reason *syy*), virtual (leader *johtaja*); actual **-elämä** real life **-kertomus** true-life story, story of real life **-kko;** *olla ~* have no sense of humour **-mielessä** seriously, in earnest **-n** [it is] true (it would cost more *se maksaisi enemmän*); certainly, indeed (he is clever indeed but *hän on ~ taitava mutta*); to be sure (he is a nice person to be sure but.. *hän on ~ mukava ihminen mutta..*);

(josk) on the other hand **-seikka** = *-asia* **-ssa|an** in earnest (he is perfectly in earnest *hän on aivan ~;* work in earnest *tehdä ~ työtä); olla ~ (m)* be serious; *(ark)* mean business; *en sanonut sitä -ni* I didn't really mean it **-tapahtum|a** true event; fact; *kertomus perustuu -iin* the story is founded on fact **-tarkoitu|s;** *-ksella* seriously, in earnest.

tosite 1 voucher; *(kuitti)* receipt **2** *(atk)* document.

tossut *(kumi~)* [pair of] plimsolls; *(Am)* sneakers; shoes (ballet (gym) shoes *baletti- (voimistelu)~); (vauvan ~)* bootees; *(tohvelit)* slippers.

totaali||nen total **-suus** totality.

totalisaattori = *toto.*

totalit||aarinen totalitarian **-arismi** totalitarianism.

toteamus statement; finding; discovery.

toteemipaalu totem pole.

tot|ella obey (a p. *jkta;* a th. *jtk); (kuv m)* respond to (the plane did not respond to the controls *kone ei -ellut ohjauslaitteita); (ark) ~ nimeä X* answer to the name of X; *olla -telematta (m)* disobey; *(mer) ~ peräsintä* answer [to] the helm.

totemis||mi totemism **-tinen** totemic *(adv ~*ally), totemistic.

toteut||ettavuus feasibility **-taa** carry out (a project *hanke;* a promise *lupaus);* realize (one's intention *aikeensa);* carry through (a plan *suunnitelma);* make .. come true (a dream *unelma);* give effect to (a p.'s wishes *jkn toivomukset); (täyttää)* fulfil[l] (a promise *lupaus); (saattaa voimaan)* put .. into effect; *(soveltaa)* put .. into practice (one's ideas *ideoitaan);* practi|se *(Am -ce);* live up to (one's principles *periaatteitaan),* follow (one's life ideal *elämänihannettaan); ~ itseään* fulfil[l] (realize, express) o.s.; *mahdoton ~* impracticable, unfeasible; *(mat) ~ yhtälö* satisfy an equation **-taminen** *(m)* realization; *itsensä ~ (m)* self-realization **-tamiskelpoinen** feasible, practicable, realizable, viable (plan *suunnitelma)* **-u|a** come true (his hopes came true *hänen toiveensa -ivat);* materialize; be carried out (realized, fulfilled) *(vrt -taa)* **-uminen** realization; materialization **-us** realization; *tekninen ~* technical realization.

toti toddy.

toti||nen serious, grave; solemn; *(vilpitön)* earnest (Christian *kristitty);* true; *tämä on*

-sta totta this is for real **-sesti** *(todella)* really, indeed; *(kirj)* in truth.

toto tote, totalizator; *pelata ~a* bet on the totalizator *(erik Am* pari-mutuel) **~aja** tote-better; punter.

totta true (is it true that..? *onko ~ että?)* ▶ *(ark)* **ei** *oo ~!* I don't believe it! **eikö** *~?* don't you think so? *sinähän tunnet hänet eikö ~?* you know him don't you? **ihanko** *~?* [oh] really? you don't say so! *(m iron); ~* **kai** of course, surely; *(erik Am ark)* sure; **puhua** *~* tell the truth; *~ puhuakseni* to tell the truth; *ei* **sanaakaan** *~* not a word of truth; *~* **tosiaan** certainly; *(aivan niin)* you're right! **tottahan** *sinä hänet muistat?* surely you remember him? **täyttä** *~* quite serious.

tottele||maton disobedient (to *jklle); (alaisesta m)* insubordinate; *olla ~ (m)* disobey (a p. *jklle)* **-mattomuus** disobedience (to *jkta kohtaan);* insubordination **-vainen** obedient (to *jkta kohtaan)* **-vaisuus** obedience (to).

tottu||a; *~ jhk* get used (accustomed) to (a th. *jhk;* doing *tekemään),* accustom (habituate) o.s. to; *(~ ilmastoon ym) (m)* get acclimatized to *(m kasv ym); totuttuun tapaan* as usual, in the usual way **-maton** unused, unaccustomed (to *jhk); (kokematon)* inexperienced; unpracti|sed, *(Am)* -ced **-mattomuus** inexperience **-mu|s 1** *(tapa)* habit (eating habits *ruokailu-kset); ~ on toinen luonto* habit is second nature; *[vanhasta] -ksesta* out of habit **2** *(kokemus)* experience (driving experience *ajo~;* have experience in *olla ~ta jssk);* routine **-neesti** with expert skill **-nut** practi|sed, *(Am)* -ced (performer *esiintyjä);* experienced; *olla ~ jhk* be used (accustomed) to (doing *tekemään).*

totunnainen conventional *(ks m tavan-omainen).*

totut||ella; *~ jhk* get used (accustomed) to **-taa;** *~ jhk* make (get) .. used to, habituate .. to, accustom .. to; *(perehdyttää)* familiarize (with); *~ kuriin (uuteen työhön ym)* break in **-tu** *ks. tavanomainen.*

totuude||llinen = *-nmukainen.*

totuuden||etsijä seeker after truth **-mukainen** truthful; *(kirj)* veracious **-mukaisuus** truthfulness; veracity; truth **-vastainen** untruthful, untrue.

totuu|s truth (about *jstk); ladella*

[karvaita] -ksia jstk tell a p. some home truths about; *muunneltua -tta* a modified version of the truth; *-den nimessä sanottakoon että* in [all] fairness I ought to say that..; *pysyä -dessa* stick to the truth ~**seerumi** truth serum (drug).

touhottaa bustle about; [make a] fuss (about *jstk*).

touhu *(hyörinä)* bustle ~**kas** busy; energetic ~**ta** busy o.s. (with *jnk kimpussa*) *(ks m touhottaa)*.

touk|ka larva *(pl* ~e); *-ka|-, -an* larval; *(perhosen* ~*) (m)* caterpillar; *(kovakuoriaisen* ~*) (m)* grub; *(kärpäsen* ~*) (mato)* maggot ~**-aste** larval stage.

touko *(kevätvilja)* spring crop ~**kuu** May *(ks elokuu)* ~**työt** *(sg)* spring sowing.

toutain *(el)* asp.

touvi *(mer)* hawser.

toveri companion; comrade *(m pol)*; *(ystävä)* friend; *(yhdyss) (m)* fellow (fellow teacher *opettaja*~) ~**henki** spirit of comradeship ~**kuri** group discipline ~**llinen** companionable, comradely.

toveru||kset companions **-us** companionship; comradeship.

tovi *ks. hetki.*

T-paita T-shirt, tee-shirt.

traagi||nen tragic[al] **-suus** tragicalness, tragedy.

traani train oil; *(valaan* ~ *m)* whale oil.

traditio tradition ~**naalinen** traditional.

trag||edia, -iikka tragedy **-ikomedia** tragicomedy **-ikoominen** tragicomic[al].

traileri *(elok; perävaunu)* trailer.

traktaatti *(usk)* tract; *(sopimus)* treaty.

traktori tractor.

tralli [wooden] grating.

trampoliini trampoline.

transformaatio transformation.

transistor||i transistor **-iradio** transistor radio **-oida** transistorize.

transitiiviverbi transitive verb.

transit[o]||- transit (hall, lounge *-halli;* trade *-kauppa*).

trans||kriptio transcription **-litteroida** transliterate **-sendenttinen** transcendental **-si** trance (fall into a trance *vaipua* ~*in*) **-vestiitti** transvestite.

trapetsi 1 *(voim, mer)* trapeze 2 *(geom)* trapezium; *(Am)* trapezoid ~**taiteilija** trapeze artist, trapezist.

trasseli cotton waste ~**tukko** wad of cotton waste.

tratta draft.

trauma trauma *(pl m* ~ta) ~**attinen** traumatic *(adv* ~ally).

treema *(kiel)* di[a]eres|is *(pl -es).*

treen||ata train, work out; *(valmentaa)* coach, train **-it** *(urh) (sg)* work-out.

treff||ata meet **-it** *(sg)* date (go [out] on a date *lähteä -eille;* make a date *tehdä* ~).

trendi trend.

trenssi *(vaat)* trench coat.

triangeli triangle.

tribunaali tribunal.

trigonometri||a trigonometry **-nen** trigonometric[al].

trikiini trichina *(pl* ~e) ~**nen** trichinous.

trikki *(elok, pelit)* trick ~**elokuva** trick film ~**kuvaus** *(pl)* special effects; trick photography.

trikolori tricolo[u]r.

trikoo tricot, stockinet[te] ~**sametti** stretch velour ~**t** *(vaat)* tights; *(vartalon peittävät* ~*) (sg)* leotard.

tril||joona trillion; *(Am)* quintillion **-leri** thriller **-ogia** trilogy.

trimma|ta trim (a dog *koira;* the sails *purjeet*); *(tekn)* tune [up] (an engine *moottori*); *(sl)* soup up (souped-up car *-ttu auto*).

tri||nomi trinomial **-o** trio *(pl* ~s) **-ptyykki** triptych **-viaali** trivial.

Troija Troy; ~**n** *hevonen (sota)* the Trojan Horse (War) **t~lainen** *a ja s* Trojan.

troikka troika *(m kuv).*

troka||ri bootlegger **-ta** bootleg.

trool||ari trawler **-ata** trawl (the Atlantic for cod *Atlantista turskaa*) **-i** trawl **-ikalastus** trawl-fishing, trawling.

tro||oppinen tropical **-piik|ki** *(pl)* the tropics (in the tropics *-issa*); **-in** tropical (fruits *hedelmät*).

trotyyli trotyl, TNT.

trubaduuri troubadour.

truk||inkuljettaja forklift operator **-ki** forklift [truck].

trumpetti trumpet.

trusti *(tal)* trust ~**utua** trustify.

tryffeli 1 *(kasv, keitt)* truffle, earthnut 2 *(makeinen)* [rum] truffle.

tsaari tsar, czar ~[**n**]**valta** tsarism ~**tar** tsarina, czarina.

Tšad Chad **t~ilainen** I *a* Chad[ian] II *s* Chadian.

tšekki Czech *(m kieli)* ~**läinen** *a ja s* Czech.

Tšekkoslovakia Czechoslovakia **t~lainen** *a ja s* Czechoslovak[ian].

tšintšilla chinchilla.

tuberkkeli tubercle **~basilli** tubercle bacillus.

tuberku||liinikoe tuberculin test, T.B. test **-loosi** tuberculosis, *(lyh)* T.B. **-loottinen** tubercul|ar, -ous.

tuhah||dus, -taa snort (at *jllk*).

tuhannes the thousandth **~osa** thousandth [part] **~ti**; *pyydän ~ anteeksi!* a thousand apologies!

tuhansittain thousands (of *jtk*); by the thousand.

tuha|t [a (one)] thousand ▶ **kaksi ~ta** two thousand (marks *markkaa*); **-nnet kiitokset!** many thanks! *[useita]* **tuhansia** [several] thousands (of); **~ tulimmaista!** the deuce! **yksi** *-nnesta* one in a thousand; »*T~ ja yksi* yötä» the Arabian Nights, the Thousand and One Nights.

tuhat||jalkainen millipede, centipede; myriapod **-kertainen** thousandfold **-luku 1** *(mat ym)* thousand **2** *(tuhat vuotta)* millennium **-taituri** Jack-of-all-trades *(pl* Jacks-of-all-trades) **-vuotinen** thousand-year-old (oak *tammi*); thousand-year (rule *valta*); ~ *valtakunta (usk)* the millennium; *(Saks hist)* the thousand-year Reich **-vuotisjuhla** millennium.

tuhauttaa; ~ *nenäänsä* snort, sniff.

tuher||rus scrawl, scibble[s] **-taa** *(tehdä kömpelösti)* tinker [away] (with, at *jnk kimpussa)*; *(kirjoittaa, piirtää)* scribble (a letter *kirjettä)*; *(kirjoittaa) (m)* scrawl; *-retut seinät* walls covered with graffiti (scribbles).

tuhis|ta snort (with angei *vihaisena); (~ nuhaisena)* snuffle, sniff[le]; *(~ ylimielisenä)* sniff; *nenäni -see* I have a stuffed nose.

tuhka ash[es] (cigarette ash *tupakan~;* burn to ashes *palaa (polttaa) ~ksi;* his ashes were scattered over the sea *hänen ~nsa siroteltiin mereen);* kadota kuin ~ *tuuleen* vanish into thin air; *olla ~na* be laid in ashes **~hautaus** cremation **~kuppi** ashtray **~nharmaa** ash-colo[u]red, ash-grey, ashen; *(tiet)* cinereous **~rokko** *(sg)* measles; rubeola **-ta** cremate **-uurna** cinerary (burial) urn.

Tuhkimo Cinderella.

tuhlaa||japoika *(raam)* the Prodigal Son; *(kuv)* prodigal **-va[inen]** wasteful; extravagant **-vaisuus** extravagance.

tuhla||ri spendthrift, squanderer **-ta** waste (on *jhk)*; squander, spend [wastefully]; *(hävittää)* dissipate; throw away (one's life (savings) on *elämänsä (säästönsä) jhk);* fritter [away]; *(antaa ylenpalttisesti)* lavish (one's love on *rakkautta jkh)* **-us** waste (of time *ajan ~)*, wasteful spending; dissipation (of natural resources *luonnonvarojen ~)*.

tuhm|a naughty (boy *poika;* stories *~t jutut);* (lapsesta *m)* bad; *puhua -ia* use naughty language; tell naughty stories.

tuho 1 destruction, devastation; *(vahinko)* damage (do a lot of damage *tehdä paljon ~a;* to *jllk)*, havoc; *tehdä ~jaan jssk (m)* play havoc with, make havoc of; *täydellinen ~ (m)* annihilation **2** *(perikato)* fall (the rise and fall of the Roman Empire *Rooman valtakunnan nousu ja ~)*; ruin (drink was his ruin *juominen koitui hänen ~kseen);* decline; destruction; doom; *~on tuomittu* doomed [to fail, to die etc.] **~alue** disaster area **~aminen** *(m)* extermination (of rats *rottien ~)* *(ks tuhota)* **~amisleiri** *(sot)* extermination camp **~ava** destructive **~eläi|n** noxious animal; *(pieni ~ m)* pest (garden pests *puutarhan -met);* **-met** *(koll)* vermin **~hyönteinen** noxious insect, insect pest **~isa** disastrous (for *jllk)*, destructive, devastating (storm *myrsky;* consequences *~t seuraukset);* damaging; *(turmiollinen)* ruinous **-lainen** = *-eläin* **~laismyrkky** pesticide **~laistoiminta** sabotage **~nennustaja** alarmist, doomwatcher **~ojasatelliitti** killer satellite **~polttaja** arsonist, incendiary **~poltto** arson **~ta** destroy; devastate (a town devastated by war *sodan -ama kaupunki);* *(hävittää)* ravage; *(viedä perikatoon)* ruin (a p.'s career *jkn ura);* *(tappaa)* kill; *(tappaa kokonaan)* exterminate; annihilate (the enemy *vihollinen);* sabotage; vandalize; *(romuttaa)* wreck *(kuv;* a p.'s happiness *jkn onni);* crush; ~ *jkn terveys* break down a p.'s health **~tulva** destructive flood **~työ** sabotage **~utu|a** be destroyed, be devastated (ravaged etc.); be wrecked (the plane was wrecked *kone -i)* **~utun|ut** *(m)* ruined (an ancient ruined city *vanha ~ kaupunki);* *-eet toiveet* crushed hopes **~voima** destructive force.

tuhr||ia stain (with *jhk, jllak)*, smudge, smear (hands smeared with grease *rasvan -imat kädet)*, soil (one's clothes *vaatteensa);* *(liata)* dirty; daub (the walls with *seinät jllak*); *(tehdä epäselväksi)* blur *(ks m tuhertaa)* **-uinen** smudgy, smeary, dirty.

tuhti *(henk)* [tall and] strapping, [strong and] lusty.

tuhto *(veneen ~)* seat.

tuijot‖taa stare (at *jtk;* into a p.'s eyes *jkta silmiin*), gaze (at *jtk;* into the distance *etäisyyteen*); *(~ vihaisena)* glower, glare (at); *(toljottaa)* gape (at); *(kuv) ~ liiaksi jhk* attach too much importance to **-us** stare; glare.

tuikata prick (with a needle *neulalla*); *(tökätä)* poke; stick; *(sujauttaa)* slip (the letter into the postbox *kirje postilaatikkoon*).

tuike twinkle (in the eyes *silmien ~;* of the stars *tähtien ~*).

tuikea ks *tuima.*

tuiki very (important *tärkeä*), quite (necessary *tarpeellinen*).

tuik‖kia twinkle; glimmer **-ku** *(valo)* [faint] light; *(lamppu)* lamp.

tuima stern, severe (expression *ilme*); violent (attack *hyökkäys*); furious, fierce; *(ankara)* severe; sharp (wind *tuuli*); *(suolainen)* salty; hot (mustard *~a sinappia*).

tuisk‖ia; *tulta -vat silmät* fiery eyes **-u** *(lumi~)* scurry of snow, snowstorm **-uta** whirl (drift, blow, swirl) about.

tuiterissa *(ark)* tipsy.

tuittupäinen quick-tempered; *(oikukas)* capricious.

tuiverta‖a; *tuuli ~ puita* the trees are tossing in the wind.

tukaani *(el)* toucan.

tukahdut‖taa suppress (a yawn *haukotus;* a rising *kansannousu;* one's feelings *tunteensa*), repress (a revolt *kapina*), smother (the fire *tuli;* one's anger *vihansa;* plants smothered by the weeds *rikkaruohojen -tamat kasvit*); stifle (a cry *huuto;* trade *kaupankäynti*); put down (opposition *oppositio*); choke down (one's anger *kiukkunsa*); *(pol) ~ jkn toiminta* crack down on **-taminen** suppression, repression *(läkähdyttävä)* stifling ([hot] day *~[n kuuma] päivä*), sweltering; suffocating; *~n kuuma (m)* sultry **2** *(kuv)* suppressive, repressive.

tukahtu‖a *(läkähtyä)* [be] choke[d], suffocate, smother; *huuto -i kurkkuun* the scream died in his throat; *-neellä äänellä* in a smothered voice.

tukala awkward (situation *tilanne*); *(kiusallinen m)* embarrassing; *(epämukava)* uncomfortable (position *asento*); *(vaikea)* difficult; hard (times *~t ajat*).

tukan‖- ks. *hius[ten]|-.*

tuke *(tilke)* stuffing.

tuke‖a 1 support (with a stick *kepillä;* financially *rahallisesti;* supported by two nurses *kahden hoitajan -mana*); give support; *(kuv m)* lend support to (a theory *teoriaa*); buttress; prop up (the fence (branches) with *aita (oksat) jllk*); *(~ tukikepillä)* stake (the newly planted trees *vastaistutetut puut*); *(kuv)* back [up] (a p. *jkta;* a plan *suunnitelmaa*), stand up for; *(tal) (~ rahallisesti)* subsidize; aid (state-aided industries *valtion -mat teollisuudenalat*); promote (arts and sciences *tieteitä ja taiteita*) **2** *(nojata)* lean (on the table *[itseään] pöytään;* on one's friends *ystäviinsä*); rest (one's elbows on the table *kyynärpäillään pöytään*).

tukeh‖duttaa suffocate, choke (to death *kuoliaaksi*), smother; stifle; asphyxiate **-tu‖a** suffocate, [be] choke[d]; smother, stifle (I'm stifling here! *tännehän -u!*); be asphyxiated (by smoke *savuun*) **-tuminen** suffocation; asphyxiation.

tukeutua; *~ jhk* lean on; rest on; be based on (fact *tosiasioihin*).

tukeva 1 *(henk)* robust, stalwart; *(pyylevä)* stout; *(lyhyt ja ~)* stocky, thickset **2** *(luja)* steady (foundation *perusta;* table *pöytä*), stable (ladder *~t tikkaat*), firm (hold on *ote jstk;* on firm ground *~lla pohjalla*); solid (food *~a ruokaa*); sturdy (legs *~t jalat;* fabric *kangas*); *(vahva)* stout (shoes *~t kengät*); substantial (meal *ateria*) **~sti** *(m)* firm (in the saddle *satulassa*); *molemmat jalat ~ maassa* [with] both feet firmly on the ground; *syödä ~* eat a solid meal **~tekoinen** firmly built, ..of solid make, solid, sturdy, solidly-built; *~ mies* man of solid build.

Tukholma Stockholm.

tu‖ki 1 *(konkr)* support; prop; *(puut ym)* *(~keppi)* stake; *(vino~)* strut; *(noja)* rest (neck rest *niska~*) **2** *(kuv)* support (have a p.'s support in *saada jkn ~ jssk; (sot)* given by the artillery *tykistön antama ~*); *(kannatus m)* backing (give backing to antaa *-kensa jllk*); *(apu)* aid (given to developing countries *kehitysmaille annettava ~*) ▶ **antaa** *-kea* give support;

support (a theory *teorialle*); **ottaa** *-kea* lean (on the table *pöydästä;* against the wall *seinästä*); *(kuv)* jnk **tueksi** in support of; *jkn ~ ja* **turva** the prop [and stay] of.

tuki||**ainen** = *-palkkio* **-alue** *(sot)* support area; *(pol ym)* base [of support], power base, stronghold **-alus** mother ship; *(lento~)* [aircraft] carrier **- ja liikuntaelimistö** locomotor system **-joukko** *(pl)* supporters; *(sot)* supporting troops **-kenkä** surgical boot **-keppi** *(puut ym)* stake **-kohta** *(sot)* base (advanced base *eteentyönnetty ~*); *(puolustus~)* stronghold **-kudos** *(anat)* supportive tissue **-lakko** sympathy strike **-liivi** back brace **-mies** *(urh)* half[back].

tukin||**kuljetus** log hauling **-uitto** log driving, timber floating.

tuki||**opetus** remedial instruction, remediation **-paikka** base camp **-palkkio** subsidy, subvention; *antaa ~ta (m)* subsidize **-pilari** buttress; *(kuv m)* pillar, mainstay **-piste** point of support; *(fys ym)* fulcrum **-pohja** *(jalk)* instep support **-puu** *(puut ym)* stake; *(kaivoksen ym ~)* prop **-ranka** *(biol)* skeleton **-raudat** *(hammastuet)* brace[s].

tukistaa; *~ jkta* pull a p.'s hair, shake a p. by the hair.

tuki||**sukka** surgical stocking **-sukkahousut** surgical tights (*Am* pantihose) **-toimet** measures of support.

tukka hair (he has got brown hair *hänellä on ruskea ~*); *käydä toistensa ~an* fly at each other **-inen** *(yhdyss)* -haired (fair-haired *vaalea~*), with .. hair (with long hair *pitka~*) **~koskelo** goosander **~nuottasilla;** *olla ~ jkn kanssa* be at loggerheads with a p. (over *jstk*) **~sotka** tufted duck.

tukkeu||**ma** blockage, block; obstruction **-tua** clog [up], be (get) blocked (etc.) *(vrt tukkia)* **-tunut** blocked-up, stopped-up; obstructed.

tuki||**ki 1** log (float logs *uittaa -keja*); *nukkua kuin ~* sleep like a log **2** *(aseen, ankkurin, höylän ~)* stock **3** *(tela)* roller; *(kutomakoneen ~)* beam.

tukk|**ia** stop [up] (one's ears *korvansa;* a hole with *reikä jllak;* the road *tie*); block [up] (a street *katu;* the mouth of the cave *luolan suu*); obstruct; choke [up], clog [up] (pipes clogged up with dirt *lian -imat putket*); *(täyttää)* stop [up], plug [up] (a leak *vuoto*), stuff [up] (a hole *reikä*); *pöly*

-i suun silmät ja korvat my mouth eyes and ears were clogged with dust.

tukki||**erottelu** marking (separation) of logs **-haka** pike pole **-jätkä** logger, lumberjack **-lainen** *(uittomies)* log floater (driver), river driver, riverman **-laiskisat** logging competition **-lautta** raft [of logs] **-puu** sawtimber tree **-suma** logjam.

tukko 1 tuft, bunch (of hair (grass) *hius- (ruoho)~*) **2** *(tuppo)* wad (of cotton *pumpuli~*); plug, stopper **3** *(side)* bandage **4** *(lääk)* *(veri~)* clot **5** = *tukku 1* **~inen** stuffed up, blocked (nose *nenä*).

tuk|**ku 1** *(nippu)* wad (of bank notes *seteleitä*); bundle **2** *(liik); myydä (ostaa) -ussa* sell (buy) [at] wholesale (in bulk) **~hinta;** *~an* at wholesale **~kauppa** wholesale trade; *(-liike)* wholesale business **~kauppias** wholesaler, wholesale dealer **~osto** wholesale purchase (buying), purchase in bulk **~tilaus** bulk order.

tukkeuma 1 *(lääk)* clot [of blood] **2** = *tukkeuma.*

tuk|**ossa** *(-koon)* blocked [up], stopped (stuffed) up (my nose is stuffed up *nenäni on ~*); clogged, plugged; *mennä -koon* become blocked; *tie on ~* the road is blocked; *(kuv)* that way is blocked.

tuleentunut ripe[ned].

tuleh||**du**|**s** inflammation; *-ksissa* inflamed **-tua** become (get) inflamed **-tunut** inflamed *(m kuv).*

tulemi|**nen;** *toinen ~ (urh ym)* comeback; *kokea uusi ~* have (be having) a renaissance; *-set ja menemiset* comings and goings.

tulen||**ar**|**ka** inflammable (material *materiaali;* situation *tilanne*); *(tekn)* flammable; *(konkr m)* combustible; *(kuv m)* explosive (subject *aihe*); *-at aineet (m)* [in]flammables **-arkuus** [in]flammability; combustibility **-johto** fire control (direction) **-kestävä** fireproof, heatproof; *~ savi* fireclay; *~ tiili* firebrick **-lieska** flame [of fire], tongue of flame **-nielijä** fire-eater **-palava** fervent; *olla ~ kiire* be in a [dreadful] rush; be in a tearing hurry.

tulev|**a** future (President *presidentti;* keep .. for future use *säilyttää ~a käyttöä varten*); *(ajasta ym) (m)* coming (the coming season (weekend) *~ kausi (viikonloppu);* this coming Friday *~na perjantaina*); ..to come (life to come *~ elämä*); *(lähestyvä)* upcoming (elections *~t vaalit*); forthcoming (events *-ia* *tapahtumia); (henk) (m)* ..-to-be (husband-to-be ~ *mies*) ▶ ~ **aika** the future, the time to come; *(kiel)* the future [tense]; **ennustaa** *-ia* foretell the future (future events); ~*n* **kuun** *15. päivänä* on the 15th of next month; *-ina* **vuosina** in the coming years, in the years ahead; ~ **äiti** mother-to-be (*pl* mothers-to-be), future mother.

tulevaisuuden||**lupaus** [young] prospect (hopeful) **-näkym**|**ät** *(sg)* outlook (for foreign trade *ulkomaankaupan* ~), prospects [for the future] (hold out bright prospects to *maalailla loistavia -iä jklle*) **-suunnitelmat** plans for the future.

tulevaisuu|**s** future (he has a bright future before him *hänellä on loistava ~ edessään*) ▶ *-den* **tutkimus** futurology; **tulevaisuuden** *auto* the car of the future; *-den mies* a man with a future; **tulevaisuudessa** in the future; *kaukaisessa (hämärässä) -dessa* in the distant (vague) future.

tul|**i 1** fire **2** *(~ tupakassa)* light (give a p. a light *antaa jklle -ta;* have you got a light please? *saisinko -ta?*) ▶ *(sot)* **avata** ~ open fire (on *jhk*); **helvetin** ~ the fires of hell, the infernal fires; **heittää** *-een parhaat miehensä* throw one's best men into the fray; *(keitt)* **hiljaisella** *(voimakkaalla) -ella* on a slow (quick) fire (heat); **ikuinen** ~ perpetual fire; ~ *on* **irti!** [fire] fire! **kahden** *-en välissä* between two fires; **leikkiä** *-ella* play with fire; *(sot)* **lopettaa** ~ cease fire; **mennä** *vaikka -een jkn puolesta* go through fire and water for; *-ella ja* **miekalla** by fire and sword; *ehdotus ei* **ottanut** *-ta* the suggestion did not catch on (with *jkn keskuudessa*); **tehdä** ~ make (light) a fire; **tulessa** on fire; *(sot)* under fire; *(sot)* **tulta!** fire! **vastata** *-een* return the fire.

tuliais||**et 1** presents; *toitko -ia?* did you bring me anything? **2** = *seur.* **-juhla** welcoming (welcome) party.

tuli||**ase** firearm **-kaste 1** *(sot)* baptism of fire **2** *(kuv)* first real test **-kivenkatkuinen** fire-and-brimstone (sermon *saarna*) **-kiv**|**i** brimstone; *tulta ja -eä* fire and brimstone **-ko**|**e 1** *(hist)* ordeal by fire **2** *(kuv)* ordeal (have to go through an ordeal *joutua -keeseen*), crucial test, acid test **-kukka** mullein **-kuuma** burning hot, red-hot, scorching [hot]; scalding hot (water *vesi*); piping hot (soup *keitto*); boiling hot;

steaming hot (coffee ~*a kahvia*); sizzling hot **-lanka** fuse **-liemi** *(leik)* firewater **-linja 1** *(rintamalinja)* firing line; *(aseen ~)* line of fire **2** *(kuv)* firing line; ~*lla* in (*erik Am* on) the firing line **-meri** sea of fire; ocean of flame **-nen** fiery (temper *luonne;* speech *puhe;* eyes *-set silmät*); ardent (lover *rakastaja*), fervent, passionate; *(palava)* burning; *(mausta)* hot; ~ **hiillos** glowing embers **-palo** fire; ~*n vaara* danger of fire, fire hazard **-palokiire;** *olla* ~ be in a rush; be in a tearing hurry **-peräinen** volcanic (island *saari*) **-pesä** furnace, firebox **-punai**|**nen** flaming red; *lehahtaa -seksi* turn crimson **-rokko** scarlet fever; scarlatina **-sieluinen** passionate; fiery **-sija** fireplace; hearth *(m arkeol)* **-staa** *(tekn)* superheat **-stua** *(kuv)* flare up (at *jstk*), fly into a rage **-suoja** *(sot)* cover **-suus** fire; passion; ardo[u]r, fervency **-taistelu** exchange of fire; shooting; *(erik sot)* fire fight; *(lyhyt ~)* skirmish (a street skirmish *kadulla käyty ~*) **-tauko** cease-fire **-tiili** firebrick.

tulitikku match (strike (light) a match *raapaista (sytyttää)* ~); matchstick ~**etiketti** matchbox label (top) ~**rasia** matchbox ~**vihko** match|book, -folder.

tuli||**torvi** *(tekn)* flue **-ttaa** fire (at the enemy *vihollista;* [up]on a ship *laivaa*) **-tus** firing, fire **-vuorenpurkaus** volcanic eruption **-vuori** volcano (*pl* ~[e]s); *levossa oleva (merenalainen, sammunut, toimiva)* ~ dormant (submarine, extinct, active) volcano.

tulkata interpret (for *jklle;* into Finnish *suomeksi*).

tulkinna||**[ll]inen** interpret|ative, -ive **-nvarainen** ..open to various interpretations.

tulkinta interpretation ~**kysymys** question of interpretation.

tulkit||**a** interpret (as *jksk;* a dream *uni;* into three languages *kolmelle kielelle*); *(selittää)* construe (in a number of different ways *monella eri tavalla*); *(selvittää)* decipher (a code *salakirjoitus*); decode (the enemy's message *vihollisen viesti*); *se -tiin niin että* it was interpreted as showing that.. (in the sense that..); ~ **väärin** misinterpret **2** *(esittää)* interpret (a song (Shakespeare) *laulu (Shakespearea)*); express, show (one's gratitude *kiitollisuutensa*) **-sija** interpreter.

tulk||**kaus** interpretation -**ki** 1 interpreter 2 *(tekn)* ga[u]ge -**kisanakirja** phrasebook.

tul||**la** 1 come (to *jhk;* from *jstk;* to a p.'s aid (help) *jkn avuksi;* come here! *-e tänne!*); △ *(saapua)* arrive (at, in *jhk)* 2 *(~ jksk, jstk -ee jtk)* become (blind *sokeaksi;* they soon became friends *heistä -i pian ystävykset);* get (drunk *humalaan;* pregnant *raskaaksi);* grow (old *vanhaksi);* turn (grey *harmaaksi); (kehittyä jksk)* grow into (he has grown into a handsome young man *hänestä on -lut komea nuori mies); (muuttua jksk)* turn into (the water had turned into ice *vedestä oli -lut jäätä);* be (I am going to be a teacher *minusta -ee opettaja);* make (she will make [him] a good wife *hänestä -ee [hänelle] hyvä vaimo)* 3 *(ilm futuuria)* will (it will be difficult *se -ee olemaan vaikeata)* 4 = pitää *II* ► *kuinka -it ajatelleeksi sellaista?* how did you come to have such an idea? ~ **ensimmäiseksi** finish (come, be) first; *(juoksussa ym m)* come in first; *sormeeni -i* **haava** I got a wound in my finger; *yhtäkkiä -i* **hiljaisuus** suddenly there was a silence; ~ **hulluksi** go mad; ~ *jhk* **ikään** reach the age of; *hän on -lut* **isäänsä** he takes after his father; *poika alkaa ~ isäänsä* he is getting more and more like his father; *-e nyt* **jo!** come on (along)! hurry up! ~ **maaliin** come in (second *toisena);* **mikä** *sinun -i?* what's the matter [with you]? **minulle** *-i kuuma (nälkä)* I got warm (hungry); *-i* **mitä** *-i* come what may; *mitä jhk -ee* as far as..is concerned, as to; *ei siitä* **mitään** *-e* nothing will come of it; *-ee* **myrsky** there will be a storm, we are going to have a storm; *-ee* **pimeä** it is getting dark; *-ee* **sade** it is going to rain; *meille -ee kaksi* **sanomalehteä** we get (*Br m* take) two dailies; *-in* **sanoneeksi** *että* I let slip that..; *mitä -i* **sanotuksi?** what was that you said? **talvi** *-ee aikaisin pohjoisessa* winter sets in early in the north; *minkälainen* **talvi** *-ee?* what kind of winter is it going to be? *-in* **tehneeksi** *virheen* I made a mistake; *kuinka -it tehneeksi sellaisen virheen?* how did you come (happen) to make such a mistake? *mitä* **televisiosta** *-ee tänään?* what's on television tonight? *televisiosta -i eilen hyvä elokuva* there was a good film on television last night; *meille -ee tänään* **vieraita** we are having [some] guests tonight.

tulla||**ta** clear [..through the customs]; *(~ matkatavarat)* examine; *onko teillä -ttavaa?* have you anything to declare? -**ttu** *(m)* duty-paid (parcel *paketti)* -**us** [customs] clearance; examination.

tulli 1 *(~ maksu) (pl)* customs [duties] (pay (collect) customs on *maksaa (periä) ~a jstk),* duty; *(pl)* duties (lay heavy duties on *määrätä korkea ~ jllk)* 2 *(~laitos, ~toimipaikka)* the Customs (in the Customs at the airport *lentokentän ~ssa;* get through the Customs *selvitä ~sta).*

tulli||- customs (officer -**mies;** formalities -**muodollisuudet;** clearance -**selvitys);** △ tariff (wall -**muuri;** policy -**politiikka)** -**asema** customs station -**helpotus** tariff relaxation -**ilmoitus** customs declaration -**kamari** customs house, *(erik Am)* custom house -**lippu** revenue flag -**maksu** = tulli *1* -**puomi** *(hist)* toll bar -**tariffi** customs tariff, rate of duty -**tarkastus** customs check (examination, search) -**ton** duty-free, ..free of duty, ..exempt from [customs] duties -**ttomasti** duty-free, free of duty -**vapaa** = -*ton* -**varasto** bonded warehouse; *~on, ~ssa* in bond -**vene** revenue vessel (cutter) -**virkailija** customs (revenue) officer.

tulo 1 coming; *(saapuminen)* arrival; *(lähestyminen)* approach (of winter *talven* ~); *olla ~ssa, tehdä ~aan* be coming; be on the way; approach, draw near 2 ~*/t/* a) *(ansio~t) (sg)* income (live beyond one's income *elää yli ~jensa); (ansiot)* earnings; *pienet* ~*t* a small (low) income; *suuret* ~*t* a large (high) income; **b)** *(kunnan ja valtion* ~*t)* revenue[s] (tax revenues *vero~t);* receipts (customs receipts *tulli~t);* **c)** *(erik liik)* receipts (and expenditure ~*t ja menot;* ticket receipts *lippu~t); (tuotto)* takings; returns (sales returns *myynti~t);* proceeds (from the concert *konsertista saadut ~t;* donate the proceeds to charity *lahjoittaa ~t hyväntekeväisyyteen)* 3 *(mat)* product.

tulo||**aika** *(liikenn)* time of arrival -**arvio** *(pl)* revenue estimates -**ero** income disparity -**erä** item of income; revenue item - **ja menoarvio** budget - **ja omaisuusvero** income and property tax -**juhla** welcome party -**kas** newcomer; *[uusi]* ~ new arrival.

tulokse||**kas,** -**llinen** fruitful (discussion *keskustelu),* successful, productive; profitable (day *päivä)* -**ton** fruitless, unsuccessful; *(turha)* vain, futile; *(pred)* without [much] result **-ttomuus** fruitlessness, futility.

tulo||**luokka 1** income bracket **2** *(-arvion ~)* revenue heading **-njako** income distribution **-nsaaja** income earner **-nsiirto** income transfer **-ntasaus** equalization of incomes **-poliitti**|**nen;** ~ *kokonaisratkaisu* comprehensive incomes policy agreement; *-set neuvottelut* incomes policy talks **-politiikka** incomes policy **-puoli** *(kirjanp ym)* credit side **-putki** *(tekn)* inlet pipe **-ratkaisu;** *keskitetty* ~ centralized incomes policy agreement.

tulo|**s 1** result (of a match *ottelun ~;* without [much] result *-ksetta*); *(loppu~)* *(m)* outcome (of years of hard work *vuosien uurastuksen ~*), *(tuote)* product (of permissive upbringing *vapaan kasvatuksen ~*); upshot (the upshot of all this was... *tämän kaiken -ksena oli..*); *(seuraus)* consequence; △ *(urh)* *(piste-, maali~)* *(m)* score (half-time score *puoliaika~*) **2** *(kem)* product; *(yhdiste)* compound; alloy **3** *(liik ym)* return[s]; yield; *(voitto)* profit ▶ **antaa** *hyvät -kset* yield good results; *(liik)* bring in a good return (good returns); **olla** *-ksena (~ta)* *jstk* be a (the) result of, result from; *siitä oli -ksena..* it resulted in..; **saavuttaa** *hyviä -ksia* obtain (arrive at) good results; **sillä** *-ksella että..* with the result that..; **tulimme** *siihen -kseen että..* we came to the conclusion that..; **tuottaa** *~ta* bear fruit; pay off.

tulo||**satama** port of arrival **-selvitys** *(mer)* clearance inwards.

tulos||**kieli** *(atk)* object (target) language **-kirja** answer book, key [to the exercises] **-laskelma** *(liik)* profit and loss account **-taa** *(atk)* write out **-taulu** *(urh)* scoreboard **-te** *(atk)* output [data] **-tus** *(atk)* output.

tulo||**taso** income level **-vero** income tax **-verotus** income taxation; *korkea* ~ high rate of income tax.

tulppa 1 plug; bung (rubber bung *kumi~*); *(pullon, purkin ~)* stopper; *(tukko)* wad **2** *(sytytys~)* plug **3** *(rak)* *(proppu)* plug **4** *(lääk)* embol|us *(pl -i).*

tulppaani tulip.

tulukset flint and steel; tinderbox.

tulv|**a** flood *(kuv* of letters *kirje~*); *(kuv)* torrent (of insults *solvausten ~*) ▶ *jäädä ~n alle,* *olla ~n vallassa* be flooded (inundated); *jättää ~n alle* flood,

overflow; **tulvillaan** *valoa* flooded with light; *-illaan väkeä* thronged with people; *-illaan kyyneleitä* filled (brimming) with tears.

tulva||**-aalto** flood wave **--alue** flood[ed] area **-ht**|**aa** rush (tears rushed to her eyes *kyynelet -ivat silmiin*); gush, pour; flood (the room was [suddenly] flooded with light *huoneeseen -i valoa*) **-vesi** floodwater.

tulv|**ia** flood (the river flooded [the valley] *joki -i [laaksoon]*); overflow (its banks *yli äyräidensä;* the lake is overflowing *järvi -ii*); *(joesta m)* be in flood ▶ **jllk** *(jnnk) -ii jtk* be flooded (deluged, inundated) with; *hakemuksia tuli* **tulvimalla** applications flooded (poured) in; *hänelle tuli kirjeitä -imalla* he was flooded with letters; **yleisöä** *-i stadionille* people were flocking (pouring) into the stadium.

tuma nucle|us *(pl -i)* **~nsiirto** nuclear implantation.

tumma *(eri merk)* dark **~hko** darkish **~ihoinen** dark[-skinned]; *(josk halv)* swarthy **~npuhuva** dark; ominous **~verikkö** brunette.

tumm||**entaa** darken; tarnish **-eta, -u**|**a** darken (the sky darkened *taivas -i*), turn (grow) dark; *(metallista)* tarnish (polish the tarnished spoons *kiillottaa -neet lusikat).*

tump||**ata** stub out (one's cigarette *tupakkansa*) **-pi** [cigarette] butt (stub); *(Br m)* fag end.

tunar|**i** bungler **-oida** bungle, botch (a th. *jssk).*

tundra tundra; *~lla* in the tundra.

tungeksi|**a** crowd (in *sisään;* round *jnk ympärillä*), throng; mill about (in the streets *kaduilla*); *(tuuppia toisiaan)* jostle one another **-ja** jostler.

tungetella = *tunkeilla l.*

tungo|**s** crowd, throng (of people); crush (at the gates into the stadium *stadionin porteilla*); *(ark)* jam; *(~aika)* rush (the Christmas rush *joulu~*); *olla -kseen asti täynnä jtk* be thronged (packed) with; *(ark)* be jammed with **~aika** rush hour.

tunika 1 *(vaat)* tunic **2** *(kat)* tunicle.

tunisialainen *a ja s* Tunisian.

tunkea 1 *(ahtaa)* stuff (a th. with, a th. into *jtk jnnk)*, cram, crush, pack, crowd, jam (one's clothes into a suitcase *vaatteensa matkalaukkuun*); *(pakottaa)* force **2** *(työntää tieltään)* push (back *vihollinen takaisin*); *(kuv)* ~ *syrjään (korvata)* replace 3 *(työntyä)* squeeze [o.s.] (into a crowded bus *täysinäiseen bussiin*); crush, crowd (through the gates *porteista sisään*), pack (into *jhk*); force one's way.

tunkeil‖eva intrusive, obtrusive **-evasti**; *käyttäytyä ~ jkta kohtaan* intrude o.s. on **-ija** intruder **-la 1** intrude; get (be) personal ([over]familiar) **2** = *tungeksia* **-u** intrusion.

tunkeutu‖a force (push, pierce) one's way (through *jnk (jstk) läpi*), break (into a p.'s home *jkn kotiin*); *(konkr ja kuv)* penetrate (a country's market *jnk maan markkinoille;* the cold penetrated his bones *kylmä -i luihin ja ytimiin*); *(lävistää)* pierce; invade (a p.'s privacy *jkn yksityiselämään*); Germany invaded Czechoslovakia *Saksa -i Tšekkoslovakiaan*); *(nesteestä ym)* permeate (a th. *jhk*); *~ jkn maalle* encroach [up]on a p.'s land; *~ jkn seuraan* intrude o.s. (one's company) [up]on.

tunkio compost heap; *(lanta~)* dunghill; *(roskakasa)* rubbish heap; midden **~ida** compost.

tunkkai‖nen *(konkr ja kuv)* stuffy (room *huone;* it's stuffy in here *täällä on -sta*), close (air *ilma*); *(ummehtunut)* fusty (cellar *kellari*), musty, frowzy; *(ilmasta m)* stale.

tunk‖ki jack; *nostaa -illa* jack up.

tun‖ne 1 *(tuntu, taju)* feeling (of joy (thirst) *ilon (janon) ~;* I have a strong feeling that *.. minulla on voimakas ~ että*), sense (of insecurity *turvattomuuden~;* he had a sense that.. *hänellä oli [sellainen] ~ että*), sensation **2** *(~tila, tunteellisuus)* feeling (a poem without feeling *runo jossa ei ole ~tta*); emotion *(m psyk)*; sentiment **3** *-teet* feelings (tender feelings towards *hellät -teet jkta kohtaan*); reveal one's feelings *paljastaa -teensa*); emotions (patriotic emotions *isänmaalliset -teet*); sentiments; *(hellät -teet) (sg)* affection (maternal affection *äidin -teet*); **-teisiin** *vetoava* emotional, emotive **~arvo** sentimental value **~-elämä** emotional life **~herkkä** emotional; *(liian ~)* sentimental **~ihminen** emotional person **~ittain** hourly, [once] every hour; *(tuntien mukaan)* by the hour **~kuohu** [up]surge of emotion, outburst of feeling; *~n vallassa* agitated by emotion **~lataus** emotional charge.

tunneli tunnel; *(jalankulku~)* underpass; *(Br m)* subway.

tunnelm‖a *(ilmapiiri)* atmosphere (homely atmosphere *kotoinen ~*); *(mieliala)* mood (in a cheerful mood *hilpeissä -issa*) ▶ *~ oli korkealla* they were (the party was) in high spirits; the crowd was tense with excitement; **luoda** *~a* create a warm (welcoming) atmosphere; *~ alkoi* **nousta** the audience (spectators, party etc.) began to warm up; *minkälaisissa* **tunnelmissa** *lähdette..?* how does it feel to be going..?

tunnelma‖‖kuva lyrical (sentimental) picture (description) **-llinen** ..rich in atmosphere, ..full of feeling **-musiikki** mood music.

tunne‖‖lmoida be in a romantic (sentimental) mood **-peräinen** emotional; *(liian ~)* sentimental **-pitoinen** emotional, emotionally tinged; sentimental **-sy‖y;** *-istä* for sentimental reasons **-tila** emotion.

tunnet‖tu well-known (performer *esiintyjä*), known (for *jstk;* as *jnak;* the known world *~ maailma*); noted (for *jstk*); *(kuuluisa)* famous (for *jstk*); *(pahamaineinen m)* notorious (for) ▶ **hyväksi** *~* known to be good; **kuten** *~a* as is well known; **tehdä** *-uksi* make .. known (to *jklle*); **tehdä** *itsensä -uksi* make one's name (as *jnak*); **tulla** *-uksi* become well-known, make [for o.s.] a reputation (as *jnak*); **tunnetu‖mpi** *(-in)* better (best) known.

tunnetusti as is well known; *~ hyvä merkki* well-known as a good brand.

tunnevammainen emotionally handicapped.

tunnist‖aa identify (a corpse *ruumis*); recognize (a p.'s handwriting *jkn käsiala;* a p. in the photograph (from the description, by his voice) *jku kuvasta (kuvauksen perusteella, äänestä)*); know (you'll know him by the colo[u]r of his hair *-at hänet hiusten väristä*) **-amaton** unidentified; unrecognizable; *~ lentävä esine* unidentified flying object **-aminen** identification; recognition.

tunnist‖e 1 *(kirjeen ~)* letterhead **2** *(atk)* identifier **-in** *(tekn)* detector.

tunnollinen conscientious; *(äärimmäisen ~)* scrupulous; *(perusteellinen)* thorough; painstaking.

tunnon‖‖rauha peace of conscience (mind) **-tarkka** = *tunnollinen* **-tusk‖at** *(-vaivat)* scruples, qualms (he had no scruples about doing.. *hänellä ei ollut -ia tehdessään..*); *(sg)* remorse (be filled with remorse [for] *tulla -iin [jstk]*); *(sg)* twinge of conscience; compunction.

tunnot‖‖on 1 insensitive (to pain *kivulle*),

insensible (from cold *kylmästä* ~); *(turta)* numb, ..without feeling **2** *(kuv)* insensitive, callous (to a p.'s sufferings *jkn kärsimyksille*); *(häikäilemätön)* remorseless, ruthless, unscrupulous **-tomasti** *(m)* without remorse (scruple) **-tomuus** insensibility.

tunnus 1 [distinctive] mark (sign, badge) **2** *(~kuva)* symbol, emblem (of peace *rauhan* ~) **3** *(sot)* insignia **4** *(ilm, mer)* registration number; marking (an aircraft with Finnish markings *Suomen tunnuksin varustettu lentokone*), identifying mark[ing] **5** *(kiel)* sign (of the past tense *imperfektin* ~) **6** = ~*lause* ~**kuva** symbol, emblem ~**laulu** *(elok ym)* theme song ~**lause** motto *(pl* ~[e]s); *-set* piirteet characteristics ~**merk|ki** distinctive (special) mark; characteristic; identification mark; feature (features of a good car *hyvän auton -it*) ~**omainen** characteristic (of *jllk* ~), distinctive ~**sana 1** password; *(sot m)* countersign **2** *(~lause)* watchword ~**sävel 1** signature tune (of a radio station *radioaseman* ~) **2** *(elok ym)* theme song (tune).

tunnusta||a 1 confess (one's crime *rikoksensa;* to *jklle;* o.s. [to be] guilty *syyllisyytensä;* I must confess that I haven't even read it *minun täytyy* ~ *etten ole edes lukenut sitä*); *(myöntää)* admit (that *että;* one's mistake *virheensä*); *(~ vastahakoisesti)* concede (defeat *tappionsa*); own (that *että*), own up (to having done *tehneensä;* own up! *tunnusta pois!*); △ acknowledge (that *että;* a p.'s merits *jkn ansiot*); recognize (I recognize him to be better than I am *-n hänet paremmakseni*); ~ *rakkautensa* declare one's love **2** *(valt)* recognize (the independence of the country *maan itsenäisyys;* the new government *uusi hallitus*) **3** *(liik)* accept (a bill of exchange *vekseli*), acknowledge (a debt *velka*) **4** *(lak)* acknowledge (a child *lapsi*) **5** *(usk)* profess (Christianity *kristinuskoa*) **-ja** *(usk ym)* adherent (of Islam *Islamin* ~) **-minen** confession; recognition; acknowledgement; profession; acceptance *(vrt -a)* **-utua** ~ *jksk* avow o.s. [to be].

tunnuste *(liik)* acceptance.

tunnustel||ija *(sot)* scout **-la 1** feel (a p.'s pulse *jkn pulssia*); probe (with a stick *kepillä*); *(etsiä -emalla m)* grope (for *jtk*) **2** *(kuv)* sound (feel) out (a p.'s views *jkn*

mielipiteitä); *(tutkia)* explore (the possibilities of getting.. *mahdollisuuksia saada..*); put out feelers (to see if.., as to .. *jtk*); *-eva* tentative **3** *(sot)* scout.

tunnustettu recognized (author *kirjailija*); *[yleisesti]* ~ *tosiasia* an accepted fact.

tunnustuksellinen *(usk)* confessional.

tunnustu|s 1 confession (make a full confession *tehdä täydellinen* ~) **2** *(kiitos)* recognition (receive recognition for *saada* ~*ta jstk*), acknowledgement; *-kseksi jstk* in recognition (acknowledgement) of; as a reward for; *antaa* ~*ta* recognize, acknowledge (a p.'s courage *jkn rohkeudelle*); *antaa jklle* ~*ta jstk* give a p. credit for **3** *(usk)* confession [of faith].

tun|tea 1 know (a p. well *jku hyvin;* he is known as.. *hänet -netaan jksk (jnak)*); *(olla tutustunut)* be acquainted with (a p. *jku;* I am not acquainted with all the details *en -ne kaikkia yksityiskohtia*); be familiar with (modern literature *nykykirjallisuutta*) **2** *(tunnistaa)* recognize (as *jksk;* a p.'s voice *jkn ääni;* by his walk *kävelytavasta*); know (by *jstk;* you would hardly know him now *tuskin enää -tisit häntä*) **3** *(~ aistein, mielessään)* feel (that *että;* pain in *kipua jssk;* satisfaction at *tyydytystä jstk;* I felt something touch[me] my foot *-sin jonkin koskevan jalkaani*); *(aistia)* *(m)* sense; *(kokea)* experience (joy *iloa*) ▶ ~ *kaasun* **hajua** smell gas; *en -ne mitään hajua* I can't smell anything; **en** *-ne täkäläisiä tapoja* *(m)* I am strange to (unfamiliar with) the customs here; ~ *itsensä*, ~**olonsa** feel (miserable *kurjaksi;* cheated *petetyksi;* tired *väsyneeksi*); **tuntien** *hänen tapansa..* knowing his habits..

tunteelli||nen emotional; *(liian* ~*)* sentimental **-suus** emotionalism; sentimentality.

tunteen||omainen emotional (reaction *reaktio*); *(liian* ~*)* sentimental **-omaisesti;** *esittää (suhtautua)* ~ sentimentalize (a th. *jk, jhk*) **-purkaus** outburst of feeling.

tunteet||on unfeeling (towards *jkta kohtaan*), unemotional; *(säälimätön)* insensitive, callous, ruthless **-tomuus** lack of feeling.

tuntei||leva sentimental; *(vähän halv)* mawkish; *(erik humalassa)* maudlin **-lla** sentimentalize (over, about *jnk suhteen*).

tuntemat|on I *a* **1** unknown (to *jklle*); *(outo)* strange (to *jklle*); unfamiliar (to *jklle;*

face *-tomat kasvot*) **2** *(nimeltä ~)* anonymous (artist *taiteilija;* the donor wishes to remain anonymous *lahjoittaja haluaa pysyä -tomana*) **II** *s* **1** *(mat)* unknown [quantity] **2** *(~ henkilö)* stranger ▶ *hän on minulle täysin ~* **henkilö** he is a complete stranger to me; **matkustaa** *-tomana* travel incognito; **muuttua** *(muuttaa) -tomaksi* change out of all recognition; *-toman* **sotilaan** *hauta* the Tomb of the Unknown Warrior *(Am* Soldier); ~ **tekijä** unknown quantity.

tuntemattomuu|s unfamiliarity (with the customs *tapojen ~*); *(vastak kuuluisuus)* obscurity (rise overnight from obscurity to fame *nousta yhdessä yössä -desta kuuluisuuteen*).

tuntemus 1 *(tiedot)* knowledge (of *jnk ~*); *(perehtyneisyys)* familiarity (with *jnk ~*); know-how (business know-how *liike-elämän ~*); *(asian~)* expertise **2** *(tunne)* feeling (of pain *kivun ~*), sentiment.

tun|ti 1 hour *(lyh h)* (a two hours' journey *kahden -nin matka;* six-hour delay *kuuden tunnin viivästys*) **2** *(oppi~)* lesson, *(erik Am)* class (French class *ranskan ~*) *(ks m oppi~)* ▶ **antaa** *-teja jssk* give lessons in; *-nin* **kestävä** hourlong; *100* **kilometriä** *-nissa* 100 kilometres an hour; **käydä** *tanssi-neilla* take dancing lessons; *se on -nin* **matkan** *päässä* it is an hour away; **ottaa** *-teja jklta* take lessons from; *100 mk* **tunnilta** 100 mk an hour.

tuntija expert (in foreign policy *ulkopolitiikan ~*); *(taiteen- ym ~)* connoisseur (of wine *viinin~*); judge (of character *ihmis~*).

tunti||kausia for hours [and hours], for hours on end **-nen** *(yhdyss)* -hour (eight-hour *kahdeksan~*) **-nopeu|s** speed per hour; *100 km:n -della* at a speed (rate) of 100 km an hour **-opettaja** part-time teacher; visiting teacher **-osoitin** hour hand **-palk|ka** *(pl)* hourly wages; *olla -alla töissä* be paid by the hour, do timework **-työ** timework.

tun|to 1 *(kosketusaisti)* [sense of] touch; *(kyky tuntea)* feeling (I have no feeling in my fingers *sormissani ei ole ~a*), sensation **2** *(tunne)* sense (of responsibility *vastuun~*); feeling (his innermost feelings *hänen sisimmät ~nsa*); *(tietoisuus)* consciousness, awareness **3** *(oma~)* conscience (have a crime on one's

conscience *olla rikos -nollaan*); *ottaa jk -nolleen* take .. on one's conscience.

tunto||- tactile (organ *-elin;* stimulus *-ärsyke*) **-aisti** sense of touch; sense of feeling **-karva** *(el)* tactile hair; *(kasv)* tentacle **-levy** *(sot)* identification (identity) disc, *(erik Am)* identification tag **-merk|ki** distinctive mark; identification mark; *(tunnusmerkki)* [distinguishing] characteristic; *-it (sg)* description (of a criminal *rikollisen -it*) **-sarv|i** antenna *(pl ~e)*, feeler; tentacle (the tentacles of a snail *etanan -et*).

tuntu 1 *(konkr)* touch (the soft touch of the cloth *kankaan pehmeä ~*), feel **2** *(kuv)* touch (of reality *todellisuuden ~*); *(tunne)* feeling; *(tunnelma)* atmosphere (festive atmosphere *juhlan ~*).

tuntu|a 1 *(~ jltk)* feel (cold *kylmältä*) **2** I (you etc.) feel (can feel) (I can feel a stone in my shoe *kengässäni -u kivi;* do you feel better now? *-uko nyt paremmalta?* he began to feel the liquor *viina alkoi ~*); be felt (the influence was already being felt *vaikutus -i jo*); make itself felt **3** *(vaikuttaa)* seem (he seems to be a reasonable man *hän -u järkevältä mieheltä*); appear ▶ *[minusta] -u siltä että* it seems (appears) [to me] that..; *-u [siltä] kuin..* it seems as if..; *hänestä -i siltä kuin..* he felt as if..; **miltä** *nyt -u?* how are you feeling now? *tiedän miltä hänestä (se) -u* I know how he (it) feels; *miltä -u olla..?* how does it feel to be..? **oloni** *-u* I feel (better *paremmalta*).

tuntuma contact (with *jhk*); *jnk ~ssa* close to, near; *menettää ~ jhk* lose contact with; *(kuv)* lose the (one's) feel for (of); lose one's touch; *(kuv) saada ~ jhk* get the feel of; *säilyttää ~ jhk* keep in touch with.

tunturi fjeld; [treeless] mountain **~haukka** gyrfalcon **~pöllö** snowy owl **~sopuli** Norway lemming.

tuntuva considerable, marked (difference *ero*); telling (effect *vaikutus*); substantial; *(raskas)* heavy (losses *~t tappiot*); *(havaittava)* perceptible, noticeable.

tuo that; *(sb m)* that one *(vrt tämä)* ▶ ~ **tuolla** that one over there; ~ *tuolla on hänen autonsa* that's his car over there; *~n* **tuostakin** quite often; more often than not.

tuo|da 1 bring (bring that book to me *tuo se kirja minulle*); ~ *tullessaan (mukanaan)* bring [with one]; *(aiheuttaa)* bring about, cause **2** *(~ jnnk jtk uutta)* introduce (a new fashion into *uusi muoti jnnk;* tobacco was introduced into Europe from America *tupakka -tiin Eurooppaan Amerikasta*) **3** ~ *[maahan]* import (wool from Australia *villaa Australiasta*); bring in (currency brought in by tourists *turistien maahan -ma valuutta*); *Suomeen -daan viljaa* Finland imports grain.

tuohi birch bark ~**virsu** birch-bark shoe.

tuohtu‖a be indignant (at, over, about *jstk*); get excited (exasperated) (at *jstk*) **-nut** indignant (at *jstk*).

tuoja *(maahan~)* importer.

tuokio moment, [little] while (in a little while ~*n kuluttua*); *tuossa* ~*ssa* in a moment, in no time ~**kuva** *(kirjall)* vignette; *(taid)* tableau [vivant] *(pl* ~x ~s); *(valok)* snapshot.

tuoksina tumult (of battle *taistelun* ~); *taistelun* ~*ssa* in the heat (thick) of the fight; *työn* ~*ssa unohdin*.. I was so involved in the work that I forgot..

tuoksu odo[u]r; scent, smell (it gives off a pleasant smell *siitä lähtee miellyttävä* ~); *(kirj)* fragrance; *(kahvin, ruoan ym* ~) *(m)* aroma (of a cigar *sikarin* ~) ~‖a smell (of *jltk;* good *hyvältä*); give off a sweet smell; *ilma -i ruusuilta* the air was fragrant with [the scent of] roses ~**inen** *(yhdyss)* -smelling (strong-smelling *voimakas*~), -scented (musk-scented *myskin*~) ~**kynttilä** scented candle ~**ton** scentless, odo[u]rless (liquid *neste*) ~**va** fragrant (with *jklle* ~), odorous; scented (clean-scented laundry *puhtaalle* ~ *pyykki;* soap *saippua*); aromatic.

tuoli chair; *(nojaton* ~) stool (piano stool *piano*~) ~**rivi** *(teatt ym)* row.

tuolla there; *-ta* from there; ~ *alhaalla (takana)* down (back) there.

tuollai‖nen that kind (sort) of, ..of that kind (sort), ..like that; *(sellainen)* such [as that]; *-set ihmiset* people of that kind, such people [as those]; *(ark)* those kind (sort) of people.

tuolloin at that time, in those days.

tuomari 1 a) *(lak) (yl)* judge; *(alemman asteen* ~) magistrate; *(ylemmän asteen* ~) justice; **b)** *(lakimies)* lawyer (see a lawyer *mennä* ~*n puheille)* **2** *(urh ym) (yleisurh, piste*~ *ym)* judge; *toimia näyttelyn* ~*na (m)* judge [at] a show; **b)** *(verkkopeleissä, pesäp)* umpire; **c)** *(jalkap, jääkiekossa, nyrkk ym)* referee; *toimia ottelun* ~*na (m)* referee (umpire) a match **3** *(usk)* the

Judge **4** *(sovinto*~*)* arbitrator; *(vedonlyönnissä ym)* referee ~**sto** jury (of a beauty contest *kauneuskilpailun* ~).

Tuomas; *epäilevä* ~ doubting Thomas.

tuomi [European] bird cherry.

tuomio 1 *(lak)* sentence (a heavy sentence *ankara* ~); *(erik riita-asiassa)* judg[e]ment (the judgment was against him ~ *oli hänelle kielteinen); (päätös)* [court] decision; *(valamiehistön päätös)* verdict (of not guilty *vapauttava* ~) **2** *(urh ym)* [referee's, (umpire's, judge's)] decision **3** *(kuv)* verdict (on *jstk;* of posterity *jälkimaailman* ~); *(tuomitseva suhtautuminen)* condemnation; *se sai heidän yksimielisen* ~*nsa* it was unanimously condemned by them **4** *(usk)* judg[e]ment; *viimeinen* ~ the Last Judgement ~**istui‖n** court [of justice (law)]; *joutua -men eteen* be taken (brought) to court ~**istuinlaitos** judiciary, system of courts ~**kapituli** [cathedral] chapter ~**kirkko** cathedral ~**piiri** *(lak)* judicial district, circuit ~**päivä** *(usk, kuv)* the Judgement Day, the Day of Judgement; *(erik kuv)* doomsday ~**rovasti** [cathedral] dean ~**val‖ta** jurisdiction (over *jhk nähden;* of a court *oikeuden* ~), judicial power; *käyttää ylintä* ~*a* exercise supreme power; *asia on jnk -lan alainen* the matter comes (falls) under the jurisdiction of.

tuomit‖a 1 *(lak)* sentence (for *jstk;* to life imprisonment *elinkautiseen;* to pay a fine *sakkoihin),* condemn (for *jstk;* to death *kuolemaan); (todeta ja* ~ *syylliseksi)* convict (he was convicted of murder *hänet -tiin murhasta*); △ (~ *jksk,* ~ *jtk jklle)* adjudge (a p. [to be] guilty *syylliseksi;* damages to a p. *jku saamaan korvausta); (olla tuomarina)* judge (a murder case *murhajutussa)* **2** *(kuv)* condemn (for *jstk;* violence of any sort *kaikkinainen väkivalta;* condemned to sit in a wheelchair *-tu istumaan pyörätuolissa); (arvostella)* judge (a p. by his deeds *jku hänen tekojensa mukaan);* pass judg[e]ment (do not pass judgement [on others] unless.. *älä -se muita ellet..*); *(ei hyväksyä)* disapprove (of *jk);* epäonnistumaan *(tuhoon, unohdukseen) -tu* doomed to fail[ure] (destruction, oblivion) **3** *(urh ym)* **a)** referee (a football match *jalkapallo-ottelu);* umpire (a tennis match *tennisottelu);* judge *(vrt tuomari 2);*

b) *(antaa)* award ([a team] a free kick *[joukkueelle] vapaapotku)*, give **-seminen** condemnation **-seva** condemnatory, censorious; disapproving **-tava** reprehensible, condemnable, ..to be condemned; indefensible **-tu** *s* the condemned man; *(us)* prisoner; *(pakkotyövanki)* convict.

tuon|ela Hades; the underworld **-i** Death, the Reaper; *siirtyä* **-en tuville** depart this life.

tuonne [over] there ~|**mpana** *(-mmaksi)* farther that way, farther away; *(myöhemmin)* later on; *lykätä* **-mmaksi** put off [to a later date].

tuonpuoleinen; ~ *elämä* afterlife, life after death.

tuon|ti *(tal)* *(~tavarat) (pl)* imports (grain imports *viljan~;* the value of imports *-nin arvo);* △ *(~kauppa)* import[ation] (of food from abroad *elintarvikkeiden* ~ *ulkomailta).*

tuonti||- import (trade *-kauppa;* quota *-kiintiö;* licen|ce, -se *-lupa;* duty *-tulli);* △ *(tuotu)* imported (meat *-liha)* **-liike** import firm (business); *(pl)* importers.

tuoppi mug, tankard.

tuore fresh (bread *leipä;* still fresh in the mind (memory) *vielä ~ena muistissa); (uusi)* new; *(äskettäinen)* recent (events ~et tapahtumat) ~~-elintarvikkeet** perishables **~mehu** juice; fruit juice **~rehu** soilage, green fodder **~us** freshness.

tuo|ssa *(-hon)* there.

tuotannontekijä factor of production.

tuotanto 1 *(tal, elok)* production (of milk *maidon~); (~määrä) (m)* output (of a factory *tehtaan* ~) **2** *(kirjailijan ym* ~*)* production[s], work[s] **~ala** branch of industry, line of production **~elämä** industrial life **~kustannukset** production cost[s] **~laitos** production (industrial) plant **~linja** production line **~palkkio 1** *(tuki)* subsidy **2** *(palkanlisä)* incentive pay, productivity bonus **~päällikkö** production manager **~tulos** output **~välineet** means of production.

tuot|e 1 product; *(maatalous)-teet (m) (sg)* produce **2** *(kuv, kem)* product (of the imagination *mielikuvituksen* ~; breakdown product *hajoamis~)* **~-esittelijä** demonstrator **~kehittely** product development, research and development, R & D **~suunnittelu** industrial (product) design.

tuotos output, yield.

tuott||aa 1 *(tal, kuv)* produce (food *elintarvikkeita;* a film *elokuva; (fon)* a sound *äänne); (tehtaasta ym) (m)* turn out (100 cars a day *100 autoa päivässä)* **2** *(antaa)* yield (interest *korkoa;* results *tuloksia);* (~ *tuloa) (m)* bring [in] (the sale brought [him] in 1000 marks *kauppa -i 1 000 markkaa); (olla tuottava)* be productive, yield profit **3** *(aiheuttaa)* cause (trouble to *harmia jllk);* bring (fame to *mainetta jllk;* luck *onnea);* give (pleasure *mielihyvää)* **4** *(tuoda maahan)* import (foreign labo[u]r *ulkomaista työvoimaa;* into *jhk).*

tuotta||ja producer; *(maat) (m)* grower (tomato grower *tomaatin~)* **-maton** unproductive (land *maa;* work *työ);* unprofitable **-minen** production **-mus** *(lak)* negligence **-va** productive (work *työ); (kannattava)* profitable (investment *sijoitus),* lucrative, remunerative; prosperous (enterprise *yritys)* **-vuus** productivity.

tuottelia||isuus productivity **-s** productive (writer *kirjailija).*

tuotto yield (from, on *jstk, jnk* ~); *(pl)* proceeds (of the sale *myynnin* ~), *(pl)* returns; earnings, takings; *(voitto)* profit **~isa** productive; profitable; lucrative.

tupa 1 [farmhouse] living-room, main room of a farmhouse; *(mökki)* cottage **2** *(sot)* [barrack] room **~antuliaiset** *(sg)* housewarming [party] **~jumi** *(el)* furniture beetle.

tupakan||- tobacco (leaf *-lehti;* growing *-viljely);* △ cigarette (butt, stub *-natsa;* lighter *-sytytin;* ash *-tuhka)* **-polttaja** smoker **-poltto** [cigarette (tobacco)] smoking (give up smoking *lopettaa* ~) **-savu** tobacco smoke; cigarette smoke (puff cigarette smoke into a p.'s face *puhaltaa ~a jkn kasvoille).*

tupak|ka tobacco *(pl ~[e]s)* (smoke (chew) tobacco *polttaa (pureskella) ~a); (savuke)* cigarette (between one's lips *suussa);* *panna -aksi* have a smoke.

tupakka||- tobacco (pouch *-kukkaro;* industry *-teollisuus;* plantation *-viljelmä);* △ *(savuke-)* cigarette (case *-kotelo)* **-huone** smoking room **-kauppa** *(erik Br)* tobacconist['s], tobacco[nist's] shop; *(Am m)* cigar store **-kauppias** tobacconist; tobacco dealer **-mies** smoker (heavy smoker *kova* ~) **-osasto** *(raut)* smoking compartment; *(ark)* smoker **-sekoitus** blend of tobaccos; *(piippu~)* smoking mixture **-tauko** smoking break; *pitää ~* take a break for a smoke (cigarette) **-vaunu** smoking carriage *(Am* car); *(ark)* smoker **-yskä** smoker's cough.

tupakoi‖da smoke **-ja** smoker **-mat‖on** *s* nonsmoker; *(raut) -tomien osasto (vaunu)* nonsmoking compartment (car[riage]) **-minen, -nti** [cigarette (tobacco)] smoking (can damage your health *on terveydelle vaarallista*); *~ kielletty* no smoking **-v‖a;** *-ille* smoking, for smokers.

tupasvilla cotton grass.

tup‖ata 1 *(sulloa)* stuff (a th. into, a th. with *jtk jnnk*) **2** = *tuppautua* **3** *-aten täynnä [jtk]* chock-full [with]; packed, crammed, jammed.

tupee toupee *~rata* backcomb; *(Am)* tease.

tupla double *~annos* double portion *~sti* double *~ta* double.

tuppautua; *~ jkn seuraan* force one's company on; *~ mukaan* insist on coming with a p.

tuppi sheath *(erik merk); (miekan ~) (m)* scabbard *~suinen* tongue-tied *~suu; olla ~na* say nothing, not open one's mouth.

tuppo = *tukko 1, 2.*

tupru puff (of smoke *savu~)* *~ta (savusta ym)* pour; billow, puff; *(lumesta ym)* whirl [about], swirl *~ttaa; ~ sikariaan* puff [away] at one's cigar.

tupsahtaa; *tulla ~* drop in [suddenly], come unexpectedly.

tupsu tassel; *(pampula)* pompon; *(tukko)* tuft (of hair *hius~)* *~lakki* cap (hat) with a pompon (tassel), tasselled hat.

turbaani turban *~päinen* turbaned.

turb‖iini turbine (gas turbine *kaasu~)* **-oahdettu** turbocharged **-oauto** turbo car.

turh‖a *(tarpeeton)* unnecessary, needless; *(hyödytön)* useless (attempt *yritys); (tulokseton)* fruitless (efforts *ponnistelu); (hukkaan mennyt)* wasted; *(~npäiväinen)* vain (pomp and glory *komeilu); (joutava)* idle (speculation *spekulointi;* talk *~a puhetta),* unprofitable; futile; *(joutava)* trifling, trivial (details *~t yksityiskohdat); (perusteeton)* groundless (your doubts are groundless *epäilyksesi ovat -ia)* ▶ *~ sinne on mennä* it is no use going there; *se oli kaikki ~a* it was all in vain; *älä ~sta suutu!* don't get mad over trifles! *on ~a toivoa että* it is a vain hope that..; there is no use expecting..; **turhan** unnecessarily

(detailed *yksityiskohtainen);* needlessly; *~ vaiva!* it's no use!

turhaan in vain (try in vain to do *yrittää ~ tehdä),* [all] for nothing (I worked on it for years and all for nothing *työskentelin sen parissa vuosia ja kaikki aivan ~);* of (to) no avail; *(tarpeettomasti)* unnecessarily, needlessly; *älä ~ [vaivaudu].*. don't bother (trouble) to..; *älä ~ huolehdi* [there is] no need to worry.

turhamai‖nen vain (about *jnk suhteen); (itserakas)* conceited **-suus** vanity; conceit[edness] (out of pure conceit *pelkkää -ttaan).*

turhan‖päiten for nothing **-päiväi‖nen** idle (talk *-stä puhetta),* trivial, trifling **-päiväisyy‖s** triviality; *-det* trivialities, futilities **-tarkka** meticulous; *(henk m)* [over]particular, [over]fastidious (about *jnk suhteen);* pedantic; overscrupulous **-tärkeä** pompous, self-important, *(ark)* bumptious (official *virkailija).*

turhau‖ma frustration **-ttava** frustrat‖ing, *-ive* **-tu‖a** be frustrated; *-nut* frustrated.

turhuu‖s vanity; *-det (m)* trivialities, futilities, trifles; *-den markkinat* vanity fair; *-ksien ~* vanity of vanities.

turilas cockchafer.

turismi tourism.

turisti tourist; *turisti‖-* tourist (resort *-keskus;* class *-luokka)* *~bussi* touring (sightseeing) bus (coach), tour bus.

turkis fur; *turkis‖-* fur (hat *-hattu;* auction *-huutokauppa;* farm, *(Am m)* ranch *-tarha;* farmer, breeder *-tarhaaja;* farming *-tarhaus)* *~eläin* fur animal, fur-bearing animal *~kuoriainen* fur *(Am* dotted carpet) beetle *~liike* fur shop, furrier's [shop] *~metsästäjä* trapper *~reunainen* fur-trimmed *~vuorinen* fur-lined.

turkki 1 *(el)* fur (thick fur *paksu ~),* coat (smooth coat *sileä ~); (karva)* hair **2** *(vaat)* fur [coat].

Turkki 1 Turkey **2** *t~ (kieli)* Turkish **t~lainen I** *a* Turkish (bath *sauna)* **II** *s* Turk.

turkkuri furrier.

turkoosi[nsininen] turquoise [blue].

turma 1 *(onnettomuus)* accident (road accident *liikenne~);* crash (aircraft crash *lento~)* **2** *(ylät)* = *tuho 2.*

turmel‖la 1 spoil; ruin (a p.'s health *jkn terveys); (vahingoittaa)* damage, do (cause) [great] damage (to *jk)* **2** *(~ moraalisesti)* corrupt (youth corrupted by.. *jnk -ema nuoriso*), demoralize (demoralizing effect *-eva vaikutus*) **-tua 1** be spoilt (damaged) (by rain *sateessa*); spoil **2** *(~ moraalisesti)* be corrupted (demoralized, depraved) **-tumaton** *(kuv)* incorrupt **-tuneisuus** corruption, depravity **-tunut 1** spoilt, ruined **2** *(kuv)* corrupt, depraved.

turmio ruin, destruction; *(kirj)* perdition *(ks m tuho 2); syöstä (syöksyä) ~on* plunge into ruin; *syöstä ~on (m)* ruin; *se syöksi hänet ~on (m)* it led to his ruin (undoing) **~llinen** injurious, pernicious (to *jllk;* influence *vaikutus); (tuhoisa)* disastrous (for *jllk);* ruinous; *(turmeleva)* demoralizing (company *seura).*

turna||jaiset 1 *(hist) (sg)* tournament, tourney, tilt **2** *(urh ym) (sg)* tournament **-jaiskenttä** tiltyard **-us 1** *(hist)* joust **2** *(šakk)* tournament.

turnee tour (of America *Amerikan ~); olla ~lla jssk* be on tour in; *tehdä ~ jnnk* go on tour in.

turnipsi turnip.

turp|a muzzle; *antaa jklle -iin* beat a p. up; *~ kiinni!* shut up!

turpea *(turvonnut)* swollen; puffy, bloated (face *~t kasvot); (paksu)* thick (lips *~t huulet); (lyhyt ja paksu)* podgy.

turpoama swelling; tumescence.

turruttaa 1 [make] numb; *(kuolettaa)* deaden; dull (the senses *aistit)* **2** *(kuv)* dull, blunt [the mind]; make .. listless (apathetic).

tursas *(el)* octopus.

turska cod.

turt||a = *-unut* **-ua 1** become (go) numb **2** *(kuv)* become torpid; become hardened (callous) (to the distress of *jkn hädälle)* **-unut 1** numb[ed] (with cold *kylmästä ~),* benumbed **2** *(kuv)* numb, stupefied, torpid (mind *mieli); olla jllk ~* be hardened (callous) to.

turturikyyhky turtledove.

turv|a protection (against, from *jtk vastaan, jltk;* take under one's protection *ottaa -iinsa);* safeguard (against); *(puolustus)* defence; *(turvallisuus)* security; *(suoja)* shelter; *(~paikka)* refuge ▶ *olla* **turvassa** be safe (in security); *olla ~ssa jltk* be protected (secure) from (against), be safe from; *jnk* **turvin** under the protection of; *(jnk avulla)* with the aid (help) of; *pimeyden -in* under cover of darkness.

turva||istuin *(aut)* [child's] car seat **-joukot**

security forces **-kokous;** *Euroopan ~* the European Security Conference **-koti** shelter **-laite** safety device.

turvalli||nen safe (for *jllk;* method *menetelmä;* companion *seuralainen;* choice *valinta;* keep at a safe distance *pysytellä -sen välimatkan päässä); (varma)* secure (investment *sijoitus;* ladder *-set tikkaat)* **-sesti** safely (he got home safely *hän pääsi ~ kotiin)* **-suus** safety (ensure (endanger) a p.'s safety *taata (vaarantaa) jkn ~);* security (national security *kansallinen ~); ~ ennen kaikkea!* safety first!

turvallisuus||- security (man *-mies;* police *-poliisi;* policy *-politiikka;* risk *-riski);* △ safety (regulations *-määräykset)* **-neuvosto** *(YK)* the Security Council **-sy|yt;** *-istä* for reasons of security.

turva||paikka 1 [place of] refuge, sanctuary *(m usk hist);* haven, asylum **2 = -paikkaoikeu|s** asylum (grant a p. political asylum *myöntää jklle poliittinen ~;* ask for political asylum *pyytää poliittista -tta)* **-saattue** escort; *(erik sot)* convoy **-satama** haven **-säilö** *(lak)* preventive detention **-ta 1** *(suojella)* protect (from *jltk;* against *jtk vastaan),* secure (from, against; the rear *selusta);* safeguard (against) **2** *(varmistaa)* secure (employment *työllisyys); (taata)* guarantee; safeguard (a p.'s rights *jkn oikeudet;* the peace *rauha); ~ perheensä toimeentulo* provide for one's family **3** *~ jhk* [put one's] trust in (God *Jumalaan),* put one's faith in; place reliance on (aid from a foreign country *vieraan maan apuun)* **-tarkastus** security check **-toim|et** *(varokeinot)* precautions (take precautions against *ryhtyä -iin jnk varalta),* precautionary (safety) measures; *(~ jnk suojelemiseksi)* security measures, *(sg)* security (tight security *tiukat ~)* **-ton** defenceless; *(suojaton)* unsheltered; unprotected, undefended; *(epävarma)* insecure (feel insecure *tuntea olonsa -ttomaksi); (jonka tulevaisuudesta ei ole huolehdittu)* unprovided **-tti** protégé, *(fem)* protégée *(ransk)* **-ttomuus** insecurity **-ttu** *(varma)* secure (job *työpaikka); tulevaisuus tuntui -tulta* he felt secure about his future **-utua;** *~ jhk* **1** resort to (force *voimankäyttöön); (kääntyä jnk puoleen)* have recourse to (drugs *lääkkeisiin);* turn to (one's parents *vanhempiinsa);* fall back on (one's savings *säästöihinsä;* old methods *vanhoihin menetelmiin*); draw [up]on (one's imagination *mielikuvitukseensa*); consult (an expert *asiantuntijaan*); ~ *jkh (m)* run to a p. for protection; ~ *jhk (m)* take (seek) shelter in (with etc); ~ *jalkoihinsa (nyrkkeihinsä)* fall back on one's feet (fists) **2** *(luottaa)* = *turvata* **3** *-vyö* seat (safety) belt; *kiinnittää* ~ fasten the seat belt; strap o.s. in.

tur|ve *(kasvu~, poltto~)* peat; *(mätäs)* tur|f *(pl m -ves)*, sod (cover with sod[s] *kattaa -peella)* ~**briketti** peat briquet (pellet) ~**katto** turf (sod) roof ~**suo** peat bog ~**voimala** peat-burning power plant.

turvo||nnut swollen; *(ruumiinosasta m) (ark)* puffy, puffed up (ankle *nilkka*); *(lääk)* tumid; distended (stomach *vatsa*) **-ta** swell; *(ruumiinosasta) (m)* swell up, *(ark)* puff up; *(lääk)* tumefy; distend **-ttaa** make .. swell; tumefy; distend **-tus** swelling; *(lääk)* tumefaction, tumescence.

tusina dozen *(lyh* doz.) (a dozen (two dozen) teaspoons ~ *(kaksi ~a) teelusikoita)* ~**tuote** inferior (cheap) article ~**työ;** ~*nä tehty* mass-produced.

tusinoittain; ~ *jtk* dozens of.

tusk|a pain; suffering[s]; *(suuri ~)* agony (agonies of remorse *katumuksen ~t*), anguish (over *jstk*); torment (torments of jealousy *mustasukkaisuuden ~t*); *(hätä)* distress; *(psyk)* anxiety ▶ *-ia* **lievittävä** pain-relieving; *(lääk)* analgesic; *hänellä* **oli** *kovat ~t* he was in great pain (in agony); *-ia* **tuottava** painful; *huutaa* **tuskissaan** cry [out] with pain, howl in pain; *kiemurrella -issaan* writhe with pain; *työllä ja ~lla* with much trouble.

tuska||illa fret (over, at, about *jnk takia*), worry (over, about) *-inen (konkr ja kuv)* pained (expression *ilme;* don't look so pained *älä ole niin -isen näköinen*); agonized, anguished (expression *ilme*); painful (memory *muisto*); *(kärsimätön)* impatient; *potilas oli* ~ the patient was in pain **-lli|nen** painful (injury *vamma;* awareness that.. *tietoisuus siitä että*); agonizing (decision *päätös*); *(kuv)* distressing (news *uutinen*); *-sen hitaasti* with painful slowness **-nhiki;** ~ *otsalla* in a cold sweat **-nhuuto** cry of pain (agony).

tuskastu||a; ~ *jhk* get tired of; grow impatient with; *(ärtyä)* fret (at the slightest delay *pienimmästäkin viivytyksestä)* **-nut** *(levoton)* impatient;

(ärtynyt) fretful; *-neena* impatiently **-ttava** agonizing.

tuskat||on *(konkr ja kuv)* painless **-tomasti** *(kuv)* smoothly.

tuskin hardly (ever *koskaan;* he is hardly likely to agree ~*pa hän suostuu*); scarcely (it was scarcely six o'clock *kello oli* ~ *kuuttakaan);* barely (he can barely read and write *hän osaa* ~ *lukea ja kirjoittaa*); ~ *edes tunnen häntä* I hardly (scarcely, barely) know him; ~ *hän oli saapunut kun [jo]..* he had hardly arrived when..; hardly had he arrived when..; ~*pa [vain]!* I doubt it! ~*pa hän tulee* I don't suppose he'll come.

tussata draw (paint etc.) with Indian ink.

tussi drawing ink; *(erik taid)* Indian *(Am* India) ink ~**kynä** drawing pen; *(huopakynä)* felt-tip[ped] pen, felt tip ~**piirros** inked-in drawing.

tuti||sta tremble (with *jstk;* his hand (the bridge) trembled *hänen kätensä (silta) -si*), shake; shiver (with cold *kylmästä); (väristä)* shudder (with horror *kauhusta*); *(~ vanhuuttaan)* dodder **-suttaa** shake.

tutka radar ~**asema** radar station ~**illa** *(tarkkailla)* watch, observe, scrutinize; *(tunnustella)* sound (feel) out (a p.'s views *jkn mielipiteitä*); put out feelers (as to.., to see.. *jtk*); *(tutkia)* examine, explore ~**in** *(atk)* scanner; *(kuv)* potkia ~*ta vastaan* kick against the pricks ~**npaljastin** radar detector ~**ohjattu** radar|-guided, --controlled.

tutki|a 1 *(tarkast||aa, -ella)* examine (animal tracks *eläinten jälkiä;* a p.'s baggage *jkn matkatavarat;* a problem *ongelmaa;* a patient *potilas*); study (a map *karttaa;* the situation *tilannetta*); *(~ huolellisesti)* scrutinize, inspect; survey (the evidence *todistusaineisto*); probe [into]; *(käydä läpi)* search ([through] one's pockets *taskunsa*); go through; sift; *(testata)* test (a p.'s eyesight *jkn näkö*) **2** *(ottaa selkoa jstk)* investigate (the causes of an accident *onnettomuuden syitä;* a crime *rikos*); inquire into, look into (a case *tapausta*) **3** *(~ jtk tuntematonta)* explore (the Arctic regions *arktisia alueita*) **4** *(~ tieteellisesti)* study (a th. *jtk*), carry out a study (on *jtk*); carry out research into (the causes of cancer *syövän syitä*); do research work; research [into]; investigate **5** *(kuulustella)* interrogate, question (a prisoner *vanki*), examine (a witness *todistaja*) **6** *(koul ym) (tenttiä)* examine (a p. *jku;* a p. in a subject *jkn tiedot jssk aineessa*), test ▶ *poliisi -i* **asiaa** the police are investigating (inquiring into, looking into) the matter; *asiaa -taan* the matter is under investigation; ~ **mahdollisuuksia tehdä..** explore (investigate, look into) the possibilities of doing..; *[jtk]* **tutkittaessa todettiin että..** on examination (inspection) it was found that...

tutkielma 1 treatise (on *jstk*); essay (on); *(yliop)* thes|is *(pl* -es) (on *jstk*), dissertation **2** *(taid)* study (of *jstk*).

tutkija investigator; research worker, researcher; *(tiedemies)* scientist; scholar; *(alan harrastaja)* student (of nature *luonnon~*); *(kuulustelija)* examiner ~**lautakunta 1** *(vero~)* tax appeal board **2** *(onnettomuuden ym syitä tutkiva ~)* **a)** board (committee) of inquiry, investigative committee; *(Br m)* court of inquiry; *asettaa ~* set up a board of inquiry; **b)** *(sot)* court of inquiry ~**ryhmä** research team.

tutkim||aton 1 unexplored **2** *(selittämätön)* inscrutable **-inen** *(m)* examination (of a specimen *näytteen ~*), study; scrutiny; inquiry (into); exploration (of the Arctic regions *arktisten alueiden ~*); investigation (into a crime *rikoksen ~*) *(vrt tutkia)* **-mu|s 1** examination; scrutiny; investigation (the police finished their investigations *poliisi sai -kset päätökseen*), inquiry, exploration (space exploration *avaruuden~*); study (comparative study *vertaileva ~*); *(tieteellinen ~[työ])* research (cancer research *syöpä~*); *harjoittaa ~ta* do research [work] **2** *(konkr)* study (publish a study of (on) *julkaista ~ jstk*); research [paper], report; treatise (on *jstk*).

tutkimus||- research (vessel *-alus;* assistant *-apulainen;* institute *-laitos*) **-matka expedition, journey of exploration **-matkailija** explorer **-pöytäkirja** investigation record **-retki** = *-matka* **-retkikunta** expedition **-työ** research [work] (do research *tehdä ~tä*).

tutkinta *(lak)* investigation, [judicial] inquiry; *(kuulustelu)* hearing, examination ~**komissio** commission of inquiry ~**pöytäkirja** record of the investigation ~**tuomari** examining (investigative) magistrate ~**vankeus** pretrial detention ~**vanki** prisoner on remand.

tutkin|to examination; *-non suorittanut* certificated, qualified; *FK:n ~* [degree of] M.A. ~**lautakunta** board of examiners ~**vaatimukset** degree (diploma) requirements.

tutki||skella study (a map *karttaa*), examine, scrutinize; search (the Bible *raamattua*); contemplate; ~ *jtk sydämessään* ponder .. in one's heart **-ttava** examinee, candidate **-va** searching (look *katse*); inquiring; ~ *journalismi* investigative journalism.

tuttav|a *s* acquaintance; *(us)* friend; *hänellä on paljon ~ia* he knows a lot of people ~**lli|nen** familiar; friendly (handshake *kädenpuristus*); *(läheinen)* intimate; *heidän välinsä ovat -set* they are on friendly terms; *[liian] ~* [too] familiar (he made himself too familiar with my wife *hän heittäytyi liian -seksi vaimoni kanssa*) ~**llisuus;** *[liiallinen] ~ (pl)* familiarities ~**piiri** circle of acquaintances.

tuttavuu|s acquaintanceship; *ehdottaa lähempää -tta* propose first-name terms; *hieroa -tta jkn kanssa* scrape [up] an acquaintance with; *solmia uusia -ksia* meet new people, make new friends; *tehdä -tta jnk kanssa* get acquainted with (a p. *jkh*); make o.s. familiar with (a th. *jhk*).

tutti 1 [baby's] dummy; *(Am)* pacifier **2** *(~pullon ~)* teat; *(erik Am)* nipple ~**pullo** feeding (nursing) bottle; baby bottle.

tuttu I *a* familiar (to *jklle;* sight *näky*) **II** *s* = *tuttava*.

tutustua; ~ *jhk* get to know (a p. *jkh;* better *paremmin*); become (get) acquainted with (a p. *jkh;* a th. *jhk*); *(perehtyä)* acquaint o.s. with (one's new duties *uusiin tehtäviinsä*), familiarize o.s. with; ~ *jkh (m)* make a p.'s acquaintance; ~ *tarkemmin jhk* take a closer view of.

tutustumis||käyn|ti; *teimme -nin tehtaaseen* we visited the factory where the manager showed us around **-tarjous** introductory offer **-tilaisuus** [informal] get-acquainted session.

tutustu||nut; *olla jhk ~* be acquainted (familiar) with **-ttaa** acquaint (a p. with *jku jhk*), *(esitellä)* introduce (to each other *toisiinsa*); make acquainted (with *jhk*); *(perehdyttää)* familiarize (a p. with the rules *jku sääntöihin*); *(~ jnk alkeisiin, jhk salaperäiseen)* initiate (a p. into the mysteries of *jku jnk salaisuuksiin*); ~ *jku paikkaan* show a p. [a]round [the place].

tuub||a tuba -**i** tube.

tuuditt||**aa** rock (in one's arms *sylissään;* to sleep *uneen*), cradle; lull (the baby to sleep *lapsi uneen*); ~ *jku väärän turvallisuudentunteen valtaan* lull a p. into a false sense of security -**autua;** ~ *jhk* [let o.s.] be lulled into (the false idea that .. *siihen harhaluuloon että*).

tuuhea thick (hair *tukka*); *(pörheä)* bushy (eyebrows ~*t kulmakarvat;* beard *parta*); *(tiheä)* dense; ~ *puu* thick-growing tree.

tuulahdus breath of wind (air); ~ *suuresta maailmasta* a breath of the great world.

tuulas||**taa** spear [..with a jacklight], torch, jacklight -**tus** torch fishing.

tuulen||**halkaisija** *(tekn)* fairing, fillet -**henkäys** breath of wind -**kaato** *(metsh)* windfall -**pesä** *(kasv)* witches'-broom -**pieksijä** windbag; *olla* ~ talk hot air -**pitävä** windproof -**puoleinen** windward -**puoli** windward [side] -**puuska** gust (flurry) of wind, blast, squall -**pyörre** eddy (flurry) of wind -**suoja** shelter from the wind -**tup**|**a;** *rakennella -ia* build castles in the air (in Spain).

tuulet||**in** fan (electric fan *sähkö~*); *(-uslaite)* ventilator; *(aut)* -*timen hihna* fan belt -**taa** air (the room *huone;* the bedding *vuodevaatteet*), give .. an airing; *(tekn)* (~ *huone ym)* ventilate -**tu**|**a** air; *viedä ulos -maan* take .. out for airing (to air) -**us** airing; *(ilmanvaihto)* ventilation (mechanical ventilation *koneellinen* ~) -**usikkuna** ventilation window.

tuul|**i 1** wind (the wind blows ~ *puhaltaa*) **2** *(mieliala)* mood (it put him in a happy mood *se sai hänet hyvälle -elle;* in the mood for dancing *tanssi-ella*) ▶ -*en alla* downwind (from *jhk nähden*); **haistella** -*ta* see how the wind blows; **halkaista** -*ta* part the air; -*en kuljettama* wind-borne, ..carried by the wind; -*en* **pieksemä** windswept, windbeaten; *tietää mistä* ~ *puhaltaa* know how (which way) the wind blows; **taivaan** ~*in* to the four winds; -*esta* **temmattu** made-up, invented (story *juttu*); trumped-up (charge *syytös*); ..with no foundation; -*en* **tuivertama** windblown (tree *puu*); *huonolla* **tuulella** in low spirits; *(ärtynyt)* in a bad temper; *hyvällä -ella* in a happy (good, cheerful) mood, in high (good) spirits; -*en* **yläpuolella** *(päällä)* upwind (from *jhk nähden*), windward (of).

tuuli||**ajoll**|**a** *(-e)* adrift *(m kuv);* **joutua** -*e* be cast (blown) adrift -**hattu 1** *(savupiipun* ~*)* [chimney] cowl **2** *(keitt)* cream puff **3** *(kuv)* *(henk)* weathercock; *(nuoresta naisesta)* flibbertigibbet -**haukka** kestrel -**kangas** windproof cloth (material) -**kannel** aeolian (wind) harp -**lasi** *(aut ym)* *(Br)* windscreen; *(Am)* windshield; ~*n pyyhkimet* windscreen (windshield) wipers -**lasineste** windscreen cleaner -**lasinpesin** windscreen washer -**lauta** *(rak)* bargeboard -**mittari** wind gauge, anemometer -**mylly** windmill; *taistella* ~*jä vastaan* tilt at windmills -**nen** windy -**pussi** windsock, windsleeve, drogue -**spää;** ~*nä* like the wind -**suoja** *(ilmavirtasuojus)* fairing, fillet -**takki** windcheater, windjammer; *(Am)* windbreaker -**tunneli** wind tunnel -**viiri** weather vane; *(kukkoa esittävä* ~*)* weathercock *(m kuv).*

tuul||**la** blow ▶ *(ark)* **panna** -*emaan* [roll one's sleeves up and] get down to it (work), set to; **tuulee** it (the wind) is blowing, it is windy, there is a wind blowing; *ei -lut (m)* there was no wind; -*ee kylmästi* there is a cold wind; -*ee pohjoisesta* the wind is blowing from the north (is in the north); -*ee voimakkaasti* it (the wind) is blowing hard, there is a strong wind.

tuultaa *(maat)* winnow.

1 tuuma *(mitta)* inch; *(lyh* in.*);* *hän ei antanut* ~*akaan periksi* he did not yield (give, *ark* budge) an inch.

2 tuum|**a** *(ajatus)* thought, idea; *(aie)* intention; *ryhtyä* ~*sta toimeen* set to [work] straight away; *yksissä -in (yhdessä)* together; *(yksimielisesti)* unanimously ~|**ta** think; consider (the proposal *ehdotusta*), reflect ([up]on *jtk*); *mitäs -at [siitä]?* what do you think?

tuupata = *työntää.*

tuuper||**ruksi**|**ssa** *(-in)* senseless -**ruttaa** *(iskusta)* stun -**tua** fall, sink (senseless to the ground *tajuttomana maahan*), drop (with fatigue *väsymyksestä [maahan]*), collapse.

tuup|**pia** push, jostle [against], shove; *älä -i!* stop pushing!

tuura *(jää~)* ice pick.

tuura|**ta** *(olla sijaisena)* take over (from, for *jkta*); hold the fort (for *jkta*); -*atko minua huomenna?* will you take over for me tomorrow?

tuuri 1 *(onni)* luck (I had good (bad) luck *minulla oli (kävi) hyvä (huono)* ~*;* in *jssk*); *minulla kävi hyvä* ~ *(m)* I [certainly] struck [it] lucky **2** *(vuoro)* turn; *(työvuoro)* shift **~juoppo** periodical drinker.

tuutata toot ([on] the horn *torvea*); *(laitteesta)* beep.

tuutti 1 *(paperi- ym ~)* cornet; *(Br m)* screw, twist **2** *(jäätelö~)* cornet; *(erik Am)* cone.

tuutulaulu lullaby, cradlesong.

tv- ks. televisio-.

tyhjennys‖aika *(post)* collection time **-aukko** outlet, drain **-myynti** *(liik)* clearance sale **-putki** drain[pipe]; outlet pipe; exhaust pipe.

tyhjent‖ymät‖ön inexhaustible (supplies *-tömät varastot*), exhaustless **-ynyt;** ~ *akku* run-down battery **-yä** = *tyhjetä* **-äminen** *(m)* evacuation **-ävä** exhaustive (answer *vastaus*).

tyhjen|tää empty (of *jstk*; out one's pockets onto the table *taskunsa pöydälle;* one's glass *lasinsa*); *(puhdistaa, raivata)* clear (one's desk of papers *kirjoituspöytänsä papereista;* the police cleared the streets *poliisi -si kadut*); *(~ löytääkseen, siivotakseen)* clear (turn) out (a cupboard *kaappi;* of *jstk*); *(valuttaa tyhjäksi)* drain (a tank *säiliö*); *(kuluttaa loppuun)* exhaust (a well *kaivo;* the supplies *varastot*); deplete; *(päästää ilma ym pois)* deflate (a tyre *auton kumi*); *(sot ym)* evacuate (a fort *linnake;* civilians were evacuated from the town *kaupunki -nettiin siviiliväestöstä*) ▶ *(vuokralaisesta ym)* ~ **huoneisto** vacate an apartment; ~ *jkn* **mahalaukku** purge a p.['s bowels]; **postilaatikot** *-netään kaksi kertaa päivässä* there are two collections daily, the postboxes are emptied two times every day; ~ **suolensa** empty the bowels; ~ **vene** *vedestä* bail out a boat.

tyhje|tä empty (quickly *nopeasti;* of *jstk*); become empty; *(kulua loppuun)* be exhausted; *(akusta ym)* run down *(vrt -ntää)*.

tyhjiin; ~ *käytetty (louhittu ym)* exhausted.

tyhjill|ään *(-een);* ~ *[oleva]* empty; *(asumaton) (m)* unoccupied, uninhabited (house *talo*), vacant (room *huone*); *jättää -een* desert, abandon.

tyhjiö *(fys, kuv)* vacuum (military vacuum sotilaallinen ~; live in a vacuum *elää ~ssä*); *(kuv) (m)* void **~pakkaus** vacuum pack **~pakattu** vacuum-packed **~putki** *(tekn)* valve; *(Am)* vacuum tube.

tyhjyy‖s *(konkr ja kuv)* emptiness; *tuijottaa -teen* gaze into [vacant] space; *-den tunne (m)* [feeling of] void.

tyhj|ä I *a* **1** *(konkr)* empty (of *jstk*); *(asumaton, vapaa) (m)* vacant (room *huone;* seat *paikka*), unoccupied (house *talo*); *(autio)* deserted (streets *~t kadut*) **2** *(kirjoittamaton)* blank ([sheet of] paper *paperi[arkki]*) **3** *(kuv)* empty (phrase *fraasi;* life *elämä;* promises *~t lupaukset*); vacant (stare *tuijotus*); hollow; blank (every day seemed blank and meaningless *jokainen päivä tuntui ~ltä ja merkityksettömältä*); *(~npäiväinen)* idle (talk *~ä puhetta*) **II** *s* *(~ tila)* empty space; *(lomakkeessa, kirjoituksessa)* blank [space] (he left a blank for the words he could not translate *hän jätti ~ä niiden sanojen kohdalle joita ei osannut kääntää*) ▶ ~ **akku** *(paristo)* run-down (dead) battery; **aloittaa** *[uransa]* *~stä* start from scratch; *~nä* **ammottava** *hauta* gaping grave; ~ **arpa[lippu]** blank; **juoda** *lasinsa ~ksi* empty one's glass; *(aut ym)* ~ **kumi** flat tyre; *(konkr ja kuv) -in* **käsin** empty-handed; *(tekn)* **käydä** *~nä* [run at] idle; *(atk)* ~ **lause** null statement; ~ **panos** blank [cartridge], dummy; ~ **pullo** *(tölkki ym) (m)* empty; ~ **seinä** blank (bare) wall; *-in* **taskuin** penniless, without a penny; **tehdä** *~ksi jkn suunnitelmat* frustrate (thwart) a p.'s plans; *~stä* **temmattu** made-up, invented (story *juttu*); ~ **tila** empty space; *(tyhjiö)* vacuum; *(kuv m)* void; *(kirjoittamaton tila)* blank [space]; **tyhjiin, tyhjillään** ks. hakus.; **äänestää** *~ä* abstain.

tyhjä‖kätinen empty-handed; *(varaton)* penniless **-käyn|ti;** *olla -nillä, käydä ~ä* [run at] idle **-npäiväi|nen** idle (talk *-stä puhetta*); trivial, trifling (matter *asia*); vain (bragging *kerskailu*) **-ntoimittaja** idler, good-for-nothing **-paino** weight [when] empty **-tä** *(nollata)* reset.

tyhjö = *tyhjiö.*

tyhm‖eliini silly (you little silly *senkin pikku ~*) **-yri** fool; stupid (you stupid *senkin ~*); *(erik Am ark)* dummy **-yy|s** stupidity; foolishness; *-det* stupidities; *-ttään hän maksoi siitä 1 000 mk* he was fool enough to pay 1000 mk for it; *puhua -ksiä* talk nonsense; *älä tee -ksiä!* don't do anything stupid!

tyhmä stupid; *(hölmö)* foolish; *(ark) (erik Am)* dumb; *(typerä)* silly ▶ ~ **kuin** *aasi*

681 tyhmänrohkea – tyrkätä **tyr**

[as] stupid as a donkey; ~ **kuin kana** as silly as a goose; **olinpa minä ~!** what a fool I was! **on** *tyhmää. .* it is a stupid (foolish) thing to. .
tyhmän||**rohkea** rash, foolhardy **-ylpeä** flaunting, arrogant.
tyhmästi; *se oli ~ tehty* that was stupid of you, that was a stupid thing to do; *teit ~ kun. .* it was stupid of you to. .
tykin||**ammus** [artillery] shell **-kantama**; *~n päässä* within gunshot (of *jstk*) **-kuula** cannonball **-laukau**|**s** gunshot; *(tervehdyksenä, merkinantona)* gun (salute by firing 21 guns *tervehtiä 21 -ksella)* **-lavetti** gun carriage **-piippu** gun barrel **-ruoka** cannon fodder.
tykistö artillery ~**taistelu** artillery battle (fight, duel) ~**tuli** artillery fire, gunfire, shelling, bombardment ~**upseeri** artillery *(mer* gunnery) officer.
tykki gun; artillery piece ~**mies** gunner, artilleryman; *(hist)* cannoneer **-torni** [gun] turret ~**tuli** gunfire, cannonade, shelling, bombardment ~**vene** gunboat ~**venediplomatia** gunboat diplomacy.
tykyttää throb; *(sydämestä m)* beat (with joy *ilosta).*
tykätä *(ark); * like.
tykö||**istuva** clinging, tight-fitting **-tarpeet** accessories.
1 tylli *(tekst)* tulle.
2 tylli *(el)* ringed plover.
tylppä blunt; *(mat) ~ kulma* obtuse angle ~**kulmainen**; *~ kolmio* obtuse[-angled] triangle ~**kuonoinen** blunt-nosed (dog *koira)* ~**kärki**|**nen** blunt (arrow *nuoli);* *(kasv)* obtuse (leaf *lehti);* round-toed (shoes *-set kengät).*
tyls||**imys** dullard, bore **-istynyt** *(kuv)* listless, apathetic **-istää** *(kuv)* blunt (dull) the mind (senses); stultify **-yttää** *(konkr)* blunt, dull (the edge *terä)* **-yys** *(kuv)* apathy **-yä** become blunt (dull).
tylsä 1 blunt (knife *puukko),* dull (edge *terä)* 2 *(kuv)* dull, boring, tedious (party *~t kutsut);* flat; *(apaattinen)* apathetic ~**mielinen** I *a* idiotic II *s* idiot ~**mielisyys** idiocy.
tyly harsh; unfriendly; inimical; *(kylmä)* cold; brusque, abrupt (manner *käytös).*
tymp||**eys** disgust **-eä** *(vastenmielinen)* disgusting, sickening (smell *haju),* repugnant, repulsive; nauseating, nauseous **-äisevä** *(vastenmielinen)* disgusting, sickening; *(kyllästyttävä)* boring, tiresome

-äistä disgust; *(kyllästyttää)* bore, weary, tire **-ääntyä**; *~ jhk* become disgusted with (by, at); *(kyllästyä)* get tired of, be bored with.
tynkä stub (of a tail (pencil) *hännän- (kynän)~);* *(jalan- ym ~)* stump.
tynnyri barrel (beer (oil) barrel *olut- (öljy)~);* *(viini- ym ~)* cask; *(iso ~)* tun, butt (rainwater butt *sadevesi~)* ~**ntekijä** cooper ~**olut** draught *(Am* draft) beer.
typer||**rys** bewilderment; *(kirj)* stupefaction **-ryttää** bewilder, stun; *(kirj)* stupefy; *(mykistää)* dumbfound **-tyä** be bewildered (by *jstk).*
typer||**ys** fool; *(erik interj)* stupid **-yys** silliness, foolishness, stupidity **-ä** silly, foolish, stupid (idea *ajatus)* **-ästi**; *tuo oli ~ tehty* that was a silly (foolish, stupid) thing to do.
typistää 1 dock (the dog's tail *koiran häntä);* crop 2 *(kasv)* prune; pollard, clip, trim 3 *(kuv)* prune (the speech *puhetta),* cut, shorten.
typo||**grafi** typographer **-grafia** typography **-grafinen** typographic[al].
typ|**pi** nitrogen; *-en kiertokulku* nitrogen cycle; *-peä sitova* nitrogen-fixing ~**happo** nitric acid ~**lannoite** nitrogenous fertilizer **-pitoinen** nitrogenous **-pitoisuus** nitrogen content.
typykkä; *[pieni] tytön ~* sweet little girl (thing); *(pimu)* chick; *(Br)* bird; *hännän ~* stubby tail.
typötyhjä completely (absolutely) empty.
tyranni tyrant ~**a** tyranny ~**lisko** tyrannosaur[us] ~**mainen** tyrannical ~**soida** tyrannize [over].
tyreh||**dyttää** 1 stop, check (the flow of water *veden tulo);* *~ verenvuoto* stop (check, staunch, *Am m* stanch) the flow of blood 2 *(kuv)* check, cut off; bring to a standstill **-ty**|**ä** 1 *(nesteen kulusta)* stop 2 *(kuv)* be checked (cut off); be brought to a standstill; dry up (poetic vein dries up *runosuoni -y).*
tyriä *(ark)* blunder, boob; put one's foot in it.
tyrkkiä *(töniä)* jostle; push.
tyrkytt||**äytyä**; *~ jkn seuraan* force o.s. (one's company) on **-ää** press (a th. [up]on *jklle jtk);* push forward (one's products *tuotteitaan;* push o.s. forward *itseään);* *yrittää ~ jtk (ala-arvoista) jklle* try to foist a th. on to a p.
tyrkätä push (over *kumoon; * down the cliff

alas kalliolta); *(sysätä)* thrust, shove (aside *syrjään*); *(tökätä)* poke (a p. in the ribs *jkta kylkeen*); give .. a push.

tyrmisty||nyt *(m)* thunderstruck (expression *ilme*); *(ark) (pred)* flabbergasted; *täysin -neenä* in open-mouthed bewilderment **-s** bewilderment **-ttävä** shocking, staggering **-ttää** bewilder, shock, dumbfound **-ä** be bewildered (shocked, *kirj* stupefied) (by *jstk;* he was shocked to hear that.. *hän -i kuullessaan että*).

tyrmä dungeon; *(selli)* cell; *(vankila)* jail.

tyrmä||tä 1 *(nyrkk)* knock out; *(ark)* KO **2** *(kuv) (kriitikosta ym)* slash, slate (a new book *uusi kirja*); *(torjua)* reject, turn down (a proposal *ehdotus*) **-ys** knockout; *(ark)* KO *(pl* KO's) **-ysvoitto;** *saada ~ jksta* win a p. by a knockout **-ävä** scathing, slashing, crushing (review *arvostelu*).

tyrni *(kasv)* [sea] buckthorn.

tyrsky||[aalto] breaker, surging wave **-inen** surging, frothing **-tä** surge.

tyrä *(lääk)* hernia, rupture **~kki** *(kasv)* spurge **~vyö** truss.

tyttären||poika grandson; *hänen ~nsa (m)* his daughter's son **-tytär** granddaughter.

tyttö girl **~aika** girlhood **~kauppa** white slavery (slave traffic) **~kauppias** white [slave] trader, white-slaver **~koti** community home for girls; *(Am)* reform school for girls **~koulu** girls' school **~mäinen** girlish **~nimi** maiden name **~ystävä** girlfriend.

tytär daughter *(m kuv, heng)* **~järjestö** affiliated organization **~pankki** subsidiary bank **~puoli** stepdaughter **~yhtiö** subsidiary [company], affiliated company; *(erik Am)* affiliate.

tyven serene, still; calm; *(mer)* joutua *~een* be becalmed; *yön ~essä* in the still of the night.

tyvi base, butt[-end].

tyydytty||mätön *(kem)* unsaturated **-nyt** saturated (fatty acid *rasvahappo*).

tyydyttä||minen satisfaction; gratification **-mätön** insatiable **-vä** satisfactory; *(hyväksyttävä)* acceptable; fair (knowledge of English *englanninkielen taito*); gratifying **-ä** satisfy (a p. *jku, jkta;* one's desires *halunsa*); one's hunger *nälkänsä*); gratify (a p.'s desires *jkn halut*); appease (a p.'s curiosity *uteliaisuus*); meet (the demand *kysyntä;* a need *tarve*).

tyydyty|s satisfaction (of one's needs

tarpeiden ~; to my satisfaction *-ksekseni;* with satisfaction *-ksellä*); gratification; *-ksekseni huomaan että* I note with pleasure that.., I am gratified to note that..

tyyli style; *(muotisuunta) (m)* look; *(tapa)* way, manner (in this manner *tähän ~in*); *hänessä on ~ä* she's got style ([real] class); *suuren maailman ~in* in [grand] style **~huonekalut** period furniture **~kausi** period **~keino** stylistic device **~kkyys** stylishness, elegance; chic **~kkäästi** in good style (taste), with chic, in style **~kukkanen** stylistic gem (blunder) **~käs** stylish, elegant; tasteful; chic; smart; *(ark)* spruce (young man *nuorimies*); *(Br)* trendy **~laji** style, genre **~llinen** stylistic *(adv* **~ally)** **~nen** *(yhdyss); empire~* ..in the Empire style, Empire; *Ludvig XIV:n ~ tuoli* a Louis XIV chair **~näyte;** *antaa ~* give a demonstration of one's style **~opillinen** stylistic **~oppi** *(sg ja pl)* stylistics **~puhdas** ..in pure style **~rikko** breach in style **~suunta** stylistic tendency, trend **~taituri** stylist, virtuoso of style **~tel|lä** *(taid ym)* stylize, conventionalize; *-ty* stylized, conventional[ized], formalized (design *aihe*) **~tön** unstylish, styleless; ..lacking in style, ' ..without style; *(mauton)* tasteless.

tyyneys calmness, stillness; placidity; serenity; tranquil[l]ity; quiet[ness]; *(mielen~) (m)* equanimity.

tyyn|i *(konkr ja kuv)* calm; still; placid; *(kirj)* serene; *(rauhallinen)* tranquil; quiet; *(henk m)* composed; *(ark)* cool (keep cool *pysyä -enä*) ▶ **joutua** *-een* be becalmed; *-essä vedessä suuret kalat* **kutevat** still waters run deep; *-tä* **myrskyn** *edellä* a calm before the storm; *-en* **rauhallisesti** coolly.

Tyyn|imeri the Pacific [Ocean]; *-enmeren* Pacific (islands *saaret*).

tyynni; *kaikki ~* the whole lot [of it]; the whole lot of them.

tyyn||nyttää calm down, soothe, quiet down; still; allay **-ty|ä** calm down (he (the sea) calmed down *hän (meri) -i*); *(tuulesta ym) (m)* abate.

tyyny 1 *(päänalunen)* pillow (fluff up the pillow *pöyhiä ~ä*) **2** *(sohva- ym ~)* cushion; *(pehmuste, suoja~ ym)* pad (stamp pad *leimasin~*) **~liina** pillowcase, pillowslip **~npäällinen 1** = **~liina 2** cushion cover, slipcover **~sota** pillow fight.

tyypillinen typical (of *jllk*); *(edustava) (m)* representative (of *jllk*); *hän on ~ esimerkki kirjailijasta joka..* *(m)* he typifies (exemplifies) the writer who..

tyyppi 1 type *(m biol ym)* (he's the silent type *hän on hiljaista ~ä*); *hän ei ole minun ~äni* she is not my type (my cup of tea) **2** *(henk)* fellow (rather a strange fellow *vähän kummallinen ~*); *(erik Am)* guy **~esimerkki** typical example **~kasvi** type plant **~nen;** *italialais~* jäätelö Italian-type ice cream; *minkä~..?* what type of..? *tämän~* ..of this type; *uuden~ pesujauhe* new type of washing powder.

tyyrpuuri *(mer)* starboard; *~n puolella* on the starboard side.

tyyssija seat, centre; *(pesä/paikka/)* nest (of vice *paheen ~*); seedbed; haunt (of sailors *merimiesten ~*); *(tukikohta)* stronghold.

tyystin completely, entirely, totally.

tyytymät‖tömyy‖s dissatisfaction (with *jhk;* that, at *siihen että*); discontent[ment] (with *jhk;* social discontent *yhteiskunnallinen ~*); displeasure **-ön** dissatisfied (with *jhk;* that, at *siihen että*); discontented (with *jhk*); *(nyrpeä)* disgruntled (at *jhk;* with *jkh*).

tyytyväi‖nen satisfied (with *jhk*), contented (smile *hymy*); *(pred)* content (with *jhk*); *(mielissään)* pleased (with *jhk*), gratified (with, at, by); *(itse~)* complacent; self-satisfied **-syy‖s** satisfaction (feel satisfaction at *tuntea -ttä siitä että*), contentment (with *jhk*); *(itse~)* complacency.

tyytyä 1 content o.s. (with *jhk*), be satisfied, be content (with) **2** *(alistua); ~ jhk* abide by (the majority decision *enemmistön päätökseen*); *(suostua)* accept; acquiesce in (an arrangement *jhk järjestelyyn*); settle for (I had to settle for a single room *sain ~ yhden hengen huoneeseen*); *~ kohtaloonsa* resign o.s. to one's fate.

tyytätä toot.

työ 1 *(us m ~t)* work (mental (hard) work *henkinen (raskas) ~;* leave [one's] work at four *lähteä töistä neljältä;* go to work *mennä töihin); (ansio~) (m)* employment (find employment *saada ~tä); (~ tuotannontekijänä)* labo[u]r; *(tehtävä)* job (do the job in an hour *tehdä ~ tunnissa*); task (he was given the task of doing.. *hän sai ~kseen tehdä..*); business **2** *(tekotavasta ym)* workmanship (article of

excellent workmanship *erinomaista ~tä oleva esine;* of Finnish workmanship *suomalaista ~tä*); make (..of first-rate make *ensiluokkaista ~tä*); work (this is my own work *tämä on omaa ~täni*) **3** *(aikaansaannos)* piece of work; *~t (sg)* work (sell one's work to tourists *myydä töitään turisteille*) **4** *(teko)* deed (good deeds *hyvät ~t);* act (of charity *laupeuden~*) **7** *~t (korttip) (sg)* deal (it's your deal *sinun ~si*) ▶ **~stä aiheutuva** work-related (disease *sairaus*), occupational; *~n alla* in preparation; under construction; **ensi ~kseni teen..** the first thing I do will be to..; **ensin ~ sitten huvi** business before pleasure; **käydä ~ssä** work; *~ssä käyvä* working (population *väestönosa;* mother *äiti*); käydä -ssä kodin ulkopuolella work (have a job) outside the home; **ottaa ~hön** employ; take on (new men *uusia miehiä*); engage; *(joksikin ajaksi) (Am)* hire; **ryhtyä ~hön** get [down] to work, set about the job; *~tä* **säästävä** labo[u]r-saving (device *laite*); **tehdä ~nsä** do one's work; *tehdä ~tä* work; *mitä ~tä hän tekee?* what does he do [for a living]? *tuo on aivan turhaa ~tä* that's a waste of time; *oli ~ ja* **tuska** *päästä..* it was [terribly] hard work getting..; *~llä ja tuskalla hankittu* hard-earned, hard-won; *tehdä jtk* **työkseen** do a th. for a living; **työssä** *(töissä) (~paikalla)* at work; *olla ~ssä (palveluksessa)* be employed (by *jklla;* in a bank *pankissa*); work (in a factory *tehtaassa); meillä on ~ssä kymmenen miestä* we employ ten men; *~ssä olevat* the employed; *minulla oli* **täysi** *~ saada..* I had a [hard] job to get (getting)..; *~tä* **vieroksuva** work-shy; **yleiset** *~t* public [building and] works.

työ‖aika *(pl)* working hours (during working hours *~na;* outside working hours *-ajan ulkopuolella); (Br) (m)* hours (after hours *-ajan jälkeen); (konttoriaika) (pl)* business (office) hours; *aamutunnit ovat tehokkainta ~a* the morning is the most productive working time **-aikakello** time clock **-asema** *(atk)* work station **-asento** working position **-asi‖at** *(sg)* business; *-oissa on* business **-ehdot** terms and conditions of employment **-ehtosopimus** collective [labo[u]r] agreement (contract) **-ehtosopimusneuvottelut** *(sg)* collective bargaining **-harjoittelu** practical training **-hevonen** workhorse **-hullu** *(ark)* workaholic **-huone** workroom; study; *(-paja)* workshop **-hygienia** industrial hygiene **-hönotto** employment; hiring *(ks ottaa työhön; työ →)* **-ikäinen** ..of working age **-into** zeal for work; *täynnä ~a* full of vim and vigo[u]r **-juhta** beast of burden; *(kuv)* workhorse **-järjestys** *(kokouksen ym ~)* procedure; *(esityslista)* agenda; *(parl, lak)* order of the day **-järjestö;** *Kansainvälinen* ~ the International Labo[u]r Organization; *(lyh)* ILO **-kalu** tool; implement; *(instrumentti)* instrument; **-kalulaatikko, -kalupakki** toolbox **-kappale 1** *(työstettävä kappale)* workpiece **2** *(asiakirjan ym ~)* working draft (copy) **-kaveri** *(erik Br)* workmate; working buddy; fellow worker **-kenttä** field [of work (activity)] **-kirja** workbook **-kirjanpito** timekeeping **-kokemus** work[ing] experience **-komennuskunta** working party **-kun|to;** *-nossa* ..fit for work; *(koneesta)* in working order **-kyky** working capacity, ability to work **-kykyinen** ..able to work, .. capable of work, ..fit for work **-kyvyttömyys** incapacity for work, disability (partial disability *osittainen* ~); *-kyvyttömyys|- disability* (benefit *-korvaus*) **-kyvytön** ..unable to work, ..unfit for work; disabled **-lainsäädäntö** labo[u]r legislation **-leiri** work camp; *(rangaistus~)* labo[u]r camp **-lista** work sheet; *(kokouksen ym ~)* agenda **-lli|nen** ..in work (employment); working (population *väestö*), employed (work force *työvoima*); *-set ja työttömät* the employe̊d and the unemployed, those in and out of work (employment) **-llistäjä** employer **-llistää** employ; give employment (work) to.

työllisyys employment ~**aste** rate of employment ~**koulutus** job training [for unemployed workers], re-training scheme ~**kurssi** vocational training course [for the unemployed] ~**työ[t]** relief works.

työ||lounas working lunch **-lupa** work[ing] permit **-läinen 1** worker; *(pol) (m)* working man, working-class man **2** *(el)* worker **-läis|-** working-class (town *-kaupunki;* writer *-kirjailija*) **-läisväestö** working class[es] (population).

työläs 1 *(vaikea)* difficult, hard; *(raskas)* heavy; tough; *(kirj)* laborious, toilsome, wearisome **2** *(ikävystyttävä)* boring, wearing ~**tyttää** *(kyllästyttää)* weary, bore (a p. *jkta;* with *jllak*) ~**tyä** get tired (of

jhk).

työ||lääketiede occupational (industrial) medicine **-maa** *(rakennus~)* [building (construction)] site **-maaparakki** site hut **-maaruokala** [site] canteen, works canteen **-mahdollisuudet** employment opportunities **-markkinajärjestö** labo[u]r market organization **-markkinat** *(sg)* labo[u]r market **-matka** way to work (on one's way to work ~*lla)* **-mehiläinen** worker bee **-mies** workman; worker (forest worker *metsä~)* **-muisti** *(atk)* scratch pad storage **-muurahainen** worker ant **-myyrä** *(leik)* eager beaver.

työnantaja employer; *(~puoli) (m)* management ~**järjestö** employers' organization.

työnhakija applicant, jobseeker; ~*t* those in search of work; those applying for jobs.

työnimi working title (of a film *elokuvan* ~).

työn||jako division of labo[u]r **-johtaja** foreman, forewoman; supervisor, overseer **-johto** supervision of work; management *(m henk)* **-ohjauskieli** *(atk)* job control language **-seisaus** [work] stoppage **-sulku** lockout, shutout; *tehdas on julistettu ~un* the workers have been locked out **-tekijä 1** *(vastak -antaja)* employee (the firm has 20 employees *yrityksessä on 20 ~ä);* worker (hospital worker *sairaala~)* **2** worker (good (lazy) worker *hyvä (laiska)* ~) **-teko** work[ing] **-tutkimus** work-study, time and motion study.

työnty||mä protrusion **-ä** push (thrust) one's way (into *jnnk;* through the crowd *tungoksen läpi),* push forward; ~ *[väkisin]* force one's way (in *sisään)* **2** *(~ esiin)* protrude, project; stick out, jut out; *(tunkeutua)* penetrate; eteenpäin *-vä* protruding (teeth ~*t hampaat).*

työntäyteinen busy (day *päivä*), ..full of activity (work).

työn|tää 1 push (a p. *jkta;* a pram *lastenvaunuja); (sysätä)* thrust; shove (the boat into the water *vene vesille);* give..a push; *(sulloa)* cram, stuff (the money into one's pocket *rahat taskuunsa), (pistää)* stick (one's head out of the window *päänsä ulos ikkunasta); (~ pyörillä) (m)* wheel (a barrow *kottikärryjä;* the patient was wheeled in *potilas -nettiin sisään);* △ *(tekn ym)* propel, drive forward; *(kasvista ym)* put out (shoots *versoa)* ▶ ~ **esiin** *(ulos)* put (stick) .. out (one's tongue kielensä); *(kuv)* ~ **syrjään** dismiss, put away; push .. out of one's mind; ~ **väkisin** force (the door open *ovi auki*).

työn|tö 1 push (the door opened at a slight push *ovi aukeni kevyestä -nöstä*); *(sysäys)* thrust, shove 2 *(painonnostossa)* jerk; *(kuulantyönnössä)* put 3 *(tekn)* propulsion; *(rak ym)* thrust ~**ikkuna** sliding window; *(rak m)* sash window ~**rattaat** *(sg) (erik Br)* barrow; *(erik Am)* pushcart ~**voima** *(tekn)* thrust, propulsive force, propulsion.

työn||valvoja supervisor **-välittäjä** employment agent **-välitystoimisto** employment (labo[u]r) exchange [office].

työ||oikeus labo[u]r law (legislation); *(-tuomioistuin)* labo[u]r court **-olot** working conditions.

työpaik|ka 1 *(työmaa ym)* workplace, working place, place of work (employment) (accident occurring outside the place of work *-an ulkopuolella sattuva tapaturma*); *(rakennus~)* [building] site 2 *(työpiste)* post 3 *(ansiotyö)* job (regular job *vakituinen* ~; change jobs frequently *vaihtaa usein ~a*); *(toimi)* post; *(~suhde)* employment; *avoin* ~ vacancy ~**demokratia** industrial democracy, codetermination ~**ilmoitus** *(san)* job ad[vertisement] ~**koulutus** in-company (in-plant) training, on-the-job training ~**lääkäri** company physician, staff medical officer ~**neuvosto** works council (committee) ~**ruokala** [staff] canteen, works canteen.

työ||paita working shirt **-paja** workshop **-pakko** work obligation **-penkki** *(puus ym)* workbench **-peräinen** work-related (disease *sairaus*) **-puku** working clothes **-päiv|ä** working day; *(erik Am)* workday; *kahdeksan tunnin* ~ eight-hour working day, workday of eight hours; *tehdä kahdeksan tunnin -iä* work eight-hour days **-pöytä** worktable; *(kirjoituspöytä)* desk (at one's desk *~nsä ääressä*); *(puus ym)* [work]bench **-rauha** 1 *(tal)* industrial peace, labo[u]r market peace 2 *antaa jklle* ~ let a p. work in peace **-riit|a** labo[u]r (industrial) dispute; *-ojen sovittelu* conciliation (arbitration) of labo[u]r (industrial) disputes **-rukkanen** 1 protective mitten 2 *(kuv) (käsikassara)* tool, stooge **-ruuhka** backlog [of work] **-ryhmä** work[ing] group, team **-saar|to** boycott; *julistaa jk -ron alaiseksi* declare a boycott of (against) **-seisaus** =

työnseisaus **-selitys** *(rak) (pl)* specifications **-siirtola** *(rangaistus~)* labo[u]r (penal) colony **-skennellä** work (as *jnak;* for peace *rauhan puolesta;* on a new book *uuden kirjan parissa*) **-sopimus** contract of employment, employment contract **-stää** work (metal *metallia*); *(~ koneella) (m)* machine **-stökone** machine tool **-suh|de** employment (terminate employment *katkaista* ~); *olla -teessa jkh* be employed by **-suhdeasunto** dwelling provided by the employer; *(m)* company-owned dwelling **-sulku** = *-nsulku* **-suojelu** health and safety at work, occupational safety and health **-taakka** load of work, workload (ease a p.'s workload *helpottaa jkn ~a*) **-tah|ti** 1 working pace (tempo), work tempo, pace [of work] (set one's own pace *määrätä oma ~nsa*) **-taistelu** industrial action (take industrial action *ryhtyä ~un*) **-taito** workmanship, skill **-takki** working coat; smock **-tapaturma** industrial (occupational) accident, accident at work; *(leik)* slip **-taso** worktop **-teho** work efficiency, efficiency of labo[u]r **-teliäisyys** industry, diligence **-teliäs** 1 *(uuttera)* hard-working, industrious 2 *(työntäyteinen)* busy (time *~tä aikaa*) **-terapia** occupational therapy **-terveyshuolto** occupational health service **-terveyslääkäri** company physician (doctor) **-tiede** *(sg)* ergonomics; *(Am)* human-factors engineering **-tilaisuu|s** job opportunity, opportunity of employment; *järjestää -ksia jklle* provide work for **-todistus** testimonial, reference; *(erik Br)* character **-toveri** fellow worker, fellow employee; *(Br ark)* workmate; collaborator; associate.

työttömyys unemployment; *korkea* ~ high [level of] unemployment ~**aste** unemployment rate ~**kassa** unemployment benefit society ~**kortisto;** ~**ssa** registered as unemployed; *(ark)* on the dole ~**korvaus** unemployment benefit (pay) ~**työ[t]** relief works; public works.

työ||tulo income from work **-tulos** output, performance **-tuomioistuin** industrial tribunal, labo[u]r court **-turvallisuus** safety at work **-turvallisuusmääräykset** safety regulations **-tätekevä** working **-t|ön** unemployed, jobless; *(pred m)* out of work (employment, job), without work; *(toimeton)* idle; *-tömät* the unemployed;

joutua -tömäksi lose one's job, be thrown into unemployment **-vaatteet** work[ing] clothes **-valiokunta** working committee, executive committee **-valtainen** labo[u]r-intensive (industry *teollisuuden-haara*) **-vierailu** working visit **-viikko** [working] week; *(erik Am)* workweek; *tehdä 40 tunnin ~a* work a 40-hour week, work 40-hour weeks.

työvoima labo[u]r [force] (skilled (cheap) labo[u]r *ammattitaitoinen (halpa) ~*); manpower (trained manpower *koulutettu ~*); work force (of a country (factory) *maan (tehtaan) ~*) **~ministeri** Minister of Labo[u]r; *(Brit)* Secretary of State for Employment; *(USA)* Secretary of Labor **~ministeriö** Ministry of Labo[u]r; *(Brit)* Department of Employment; *(USA)* Department of Labor **~politiikka** labo[u]r policy **~pula** labo[u]r shortage **~viranomaiset** employment authorities.

työvuoro *(vuorotyössä)* shift.

työväen‖aate working-class ideology, workers' movement **-laulu** labo[u]r-movement song **-liike** labo[u]r (working-class, workers') movement **-luokka** working class **-opisto** workers' institute; *opiskella ~ssa kieliä* take evening classes in languages **-puolue** Labo[u]r Party **-talo** people's (community) hall **-yhdistys** workers' association.

työ‖väestö *(pl)* workers; working population (people) **-väki 1** = *ed.* **2** *(tehtaan ym ~)* *(pl)* workers; *(maatilan – m)* workfolk, *(Am)* workfolks **-väsymys** fatigue [from work] **-ympäristö** working environment.

täh‖de *(us -teet)* waste [material]; *(tekn)* residue; *(erik ruoan -teet)* leftovers (from dinner *päivällisen -teet)*; scraps (give the scraps to the dog *antaa -teet koiralle*), leavings; remains (of a meal *aterian -teet*); *jäädä -teeksi* be left over.

tähdelli‖nen important; noteworthy; relevant; *(pakottava)* urgent, pressing **-syys** importance.

täh‖den; *jnk ~* **1** *(jnk johdosta)* because of, on account of, by reason of; for (marry a p. for his money *naida jku rahan ~*) **2** *(jnk hyväksi)* for the sake of (one's family (health) *perheensä (terveytensä) ~*), for a p.'s sake (for your own sake *itsesi ~*), for (I did it for you *tein sen sinun -tesi*) ▶ **minkä ~?** for what reason? why? **sen ~** for that reason; *sen ~ että* because; *sen ~ hän .. that is* [the reason] why he..

tähdenlento shooting (falling) star.

tähdentää; *~ jtk* stress ([the point] that *sitä että;* the necessity of *jnk välttämättömyyttä*), lay (put) stress on (the importance of *jnk tärkeyttä*), emphasize, place (lay) emphasis on, *(~ jklle)* impress, urge ([up]on a p. the need for *jklle jkn tarvetta*).

tähdis‖täennustaja astrologer **-stö** constellation.

täh‖dätä *(konkr ja kuv)* aim (at *jtk, jhk;* one's gun at *aseella jtk;* a blow at *isku jhk;* high *korkealle*); *(konkr) (m)* take aim (take careful aim at *tarkasti jtk*); *(kuv)* set one's sights on (the gold medal *kultamitaliin*); *(suunnata)* point; *(konkr ja kuv)* direct (an article directed against *jtk vastaan -dätty artikkeli*); *(olla suuntautuneena jhk)* be aimed, aim (the gun was aiming straight at him *ase -täsi suoraan häntä kohti*); be directed (their policy was directed at *heidän politiikkansa -täsi jhk*), [be] point[ed] (at *jhk;* to *jnnk*).

tähkylä *(kasv)* spikelet.

tähk‖ä 1 *(~pää)* ear (of barley *ohran~*), spike; *~llä* in the ear; *tulla ~lle* ear up, come into ear; *poimia -iä* glean ears **2** *(kukintomuoto)* spike.

tähteet *ks. tähde.*

täh‖ti star (film star *elokuva~;* what do the stars foretell? *mitä -det kertovat?*); *(kirjap, kiel ym)* asterisk; *tähti|-* astral, sidereal, stellar ▶ *~in kirjoitettu* written in the stars; *(kuv) hänen -tensä on laskenut* his star has set; *(kuv)* **nähdä** *~ä* see stars; *taivas on* **tähdessä** the sky is full of stars (studded with stars); *~en* **valaisema** starlit; *~en* **valossa** by starlight; *~en* **välinen** interstellar.

tähti‖enpalvonta star worship, astrolatry **-hetk|i** highlight (the highlights of a competition *kilpailun -et)* **-kartta** star chart (map) **-kaukoputki** astronomical telescope **-kirkas** starry, starlit **-kunta** galaxy **-kuvio** constellation **-lippu** *(USA:n ~)* the Stars and Stripes, the Star-Spangled Banner **-maailma** *(kuv)* stardom, world of the stars **-mannekiini** top model **-merkki** *(astr)* sign [of the zodiac] **-mö** *(kasv)* stitchwort, starwort **-nen** starry, starlit **-parvi** star cluster **-sadetikku** sparkler **-silmäinen** bright-eyed **-sumu** nebula (*pl m ~e*), star dust **-taivas;** *eteläinen ~* the southern sky; *katsella ~ta* look at the stars in the sky **-tiede** astronomy **-tieteellinen** astronomical (observation *havainto;* sum of money *rahasumma*) **-tieteilijä** astronomer; *(leik)* stargazer **-torni** [astronomical] observatory **-yö** starlit night.

tähtäi\|n sight; *(kuv) hänellä on -messään. .* he is aiming at.., he has .. in view; he has set his sights on (breaking the record *ennätyksen rikkominen;* the gold medal *kultamitali*); *lyhyen (pitkän) -men* short-term (long-term); *lyhyellä (pitkällä) -mellä* in the short (long) term; *(konkr) saada jk -meensä* have a th. in one's sights.

tähtönen *(konkr ja kuv)* starlet.

tähyillä look (at *jtk*), watch (through one's binoculars *kiikarilla*); observe; *(etsiä)* watch for.

tähys\|\|lasi *(valok)* focusing screen **-tin** sight; *(lääk)* speculum.

tähystys lookout; *(lääk)* viewing ∼**aukko** observation hole (opening, window) ∼**paikka** lookout [post]; *(sot m)* observation post ∼**torni** lookout (observation) tower.

tähystä\|\|jä lookout; *(sot ilm)* observer **-mö** *(sot ilm)* observer's cockpit **-ä 1** keep a lookout (for *jtk;* from the window *ikkunasta*), be on the lookout (for *jtk*), look out, watch (for *jtk*); *(tarkata)* observe, watch (through one's binoculars *kiikarilla*) **2** *(lääk)* view, observe.

tähän here; ∼ *asti* as far as this; this far; ∼ *mennessä* so far, up to now; *en jätä asiaa* ∼*!* I'm not going to leave it at this!.

täi louse *(pl lice); hävittää* ∼*t jstk* delouse ∼**sauna** delousing sauna (steam) bath.

täkki 1 *(peitto)* quilt **2** *(mer)* deck.

täky bait ∼**kala** baitfish.

täkäläi\|nen ..here (my friends here *-set ystäväni*), ..in (at, of) this place; local (newspaper *sanomalehti*).

tällai\|nen ..like this, ..of this kind (sort), this kind (sort) of; such as this; *haluatko -sen?* do you want one like this? *-set kirjat* books of this kind (sort), such books as these, books such as these; *(ark)* these kind (sort) of books.

tälli bang (get a bang on the head *saada* ∼ *päähänsä*).

tällöin 1 *(tässä tapauksessa)* in that case, then **2** *(tänä aikana)* at that (the) time; *(silloin)* then.

tämä 1 this; *(sb m)* this one; this thing;

(nyky-; esillä oleva) *(m)* present (in the present case *-ssä tapauksessa*) **2** *(viimeksi mainittu) (hän)* he; she; *(josk)* it; *(jälkimmäinen)* the latter; the last-named ▶ *tällä viikolla* this week; **tämän** ∼*n korkuinen* as high as this, this high; ∼*n kuultuaan hän.. (m)* at this he..; ∼*n tehtyään (sanottuaan) hän.. (m)* with this he..; ∼*n tästä* quite often, more often than not; every now and then; **tänä** *aamuna (vuonna)* this morning (year); **tässä** *kuussa* this month; ∼ *ystäväni tässä* my friend here; *viikon kuluttua* **tästä** *[päivästä]* a week from today; *(Br m)* today week.

tämän\|\|- this (morning's *-aamuinen;* week's *-viikkoinen*) **-hetkinen** present **-iltainen** tonight's **-kaltainen** = *tällainen* **-kertainen** ..this time **-päiväinen** today's.

tänne here (come here! *tule* ∼*!*); *anna se* ∼*!* give it to me! ∼**mmäksi**, ∼**mpänä** farther this way, closer.

tänään today (is Monday *on maanantai*).

täpli\|\|käs spotted; speckled (egg *muna*), flecked; specked (apple *omena*); dotted (tie *solmio*), *(kirjava)* mottled **-ttää** spot; dot; stipple.

täplä spot (of grease *rasva*∼*;* leopard's spots *leopardin* ∼*t*); *(pilkku)* patch; speckle; dot, fleck; *(läiskä)* patch, blotch; *(lääk, anat)* macula *(pl* ∼e) ∼**inen** = *täplikäs; ruskea*∼ ..with brown spots ∼**maalaus** *(*∼**tekniikka)** pointillism.

täpärä narrow (escape from *pelastuminen jstk;* majority *äänten enemmistö;* victory *voitto*); *(kriittinen)* critical ∼**llä;** *aika on* ∼ time is running out, time presses; *hänen henkensä oli* ∼ it was touch and go with him; he had a narrow escape; *oli* ∼ *että ehdimme junaan* we only just caught the train; *oli* ∼ *ettei se kaatunut* it came very near falling; *se oli* ∼ *that was a* close shave (call) ∼**sti** *(nipin napin)* only just; *pelastua* ∼ have a narrow (hair-breadth) escape; *voittaa* ∼ win by a narrow margin.

täpö\|\|täynnä chock-full, crammed full, cram-full (of *jtk*); *(huoneesta ym) (m)* packed; full to overflowing; full to the brim **-täysi** crowded, packed (bus *bussi*).

tärinä shaking, trembl\|e, -ing; vibration; tremor *(m lääk)* ∼**mittari** vibrometer.

täris\|\|evä *(m)* shaky; trembling (voice *ääni*) **-tä** shake (with cold *kylmästä*), tremble; shiver (with fear *pelosta*); quake (the ground quaked *maa -i*); *(ikkunasta ym)* rattle; *(värähdellä)* vibrate **-yttää** shake *(m kuv)*, make .. shake; rattle.

tärkeil||**evä** self-important, bumptious; *(kukkoileva)* cocky **-lä** throw one's weight about, show off.

tärkeys importance; *(merkitys)* significance ~**järjestys** order of importance.

tärke|**ä** **1** important (to *jllk*); *(merkityksellinen)* significant; *(elin~)* vital (to *jllk*), essential; *(kiireellinen)* urgent (message *viesti); momentous* (decision *päätös*); weighty (question *kysymys*); **erittäin** ~ *asia* a matter of great importance; *tärkein (m)* principal (the principal rivers of the country *maan -immät joet*), chief; major (parties *-immät puolueet*); *(pää-)* main; *-intä on se että* the main (important) thing is that..; *vähemmän* ~ ..of less (little) importance **2** *(henk) (-ilevä)* [self-]important; starchy ~*n näköisenä* with an air of importance.

tärkkelys starch, *(tiet)* amylum ~**sokeri** glucose.

tärk||**ki, -ätä** starch.

tärpätti turpentine.

tärsk||**y, -äyttää** bang, whack; bump.

tärvel||**lä** spoil, ruin; damage; mar (the beauty of *jnk kauneus*) **-tyä** [be] spoil[t], be damaged; be marred.

täry||**kalvo** *(anat)* eardrum; tympanic membrane **-tin** *(tekn)* vibrator ~**[y]ttää** vibrate.

tärä||**hdys** shake, jolt, bump; *(voimakas ~)* shock; impact **-htää 1** shake; *(maasta m)* quake **2** *(törmätä ym)* crash (into a tree *puuta päin*) **-ys** *(tärsky)* bang, whack, crack; *(äänestä)* crash (there was quite a crash *kuului aikamoinen ~*) **-yttää** *(lyödä)* bang, whack; crash (one's fist on the table *nyrkkinsä pöytään*); bump (one's knee against *polvensa jhk*).

täsmen||**nys** specification, clear (exact) definition **-tymätön, -tämätön** unspecified **-tää** specify (one's statement *lausuntoaan*), put .. more precisely; particularize; *voisitteko* ~ [would you] please be more specific.

täsmäase weapon of precision.

täsmälleen exactly (the same size *samankokoiset*), precisely (two metres *kaksi metriä*); ~ *sanottuna* to be precise *(ks m tasan).*

täsmälli||**nen 1** exact (directions *-set ohjeet*), precise; accurate (person *ihminen;* answer *vastaus*); *(~ ajan suhteen)*

punctual; prompt (delivery *toimitus*) **-sesti** *(m)* with precision; *(ajallaan)* punctually; promptly **-syy**|**s** exact|ness, -itude, preciseness, precision (military precision *sotilaallinen* ~); accuracy; punctuality, promptness; *kellon -dellä* like clockwork.

täsmä||**tä** *(käydä yksiin)* tally (with *jnk kanssa;* their stories do not tally *heidän kertomuksensa eivät -ä*); agree (with *jnk kanssa*); *(tileistä ym)* balance **-yttää** *(tekn, valok)* synchronize.

tässä here; *[kas]* ~ *ole hyvä* here you are.

tästedes from now on, in future.

täten 1 *(näillä sanoilla)* hereby (I hereby declare that.. ~ *julistan että*); ~ *ilmoitetaan että* this is to inform you that.. **2** *(näin ollen)* thus; therefore, consequently **3** *(tällä tavalla)* in this way.

täti 1 aunt; *Alli-*~ Aunt Alli **2** *(last)* lady (the lady in the flower shop *kukkakaupan* ~) ~**mäinen** old-maidish, old-womanish; frumpish.

täydelli||**nen 1** *(moitteeton ym)* perfect (wife *aviovaimo;* crime *rikos;* technique *tekniikka;* fool *tolvana*) **2** *(loppuun viety ym)* complete (silence *hiljaisuus;* collection *kokoelma;* disability *työkyvyttömyys;* surprise *yllätys*); *(täysi)* full (account *selonteko*); total (eclipse of the sun *auringonpimennys;* failure *epäonnistuminen;* destruction *tuho*); *(äärimmäinen)* utter (darkness *pimeys*); *(ehdoton)* absolute (trust in *luottamus jhk*); ~ *herrasmies* perfect (complete) gentleman; *tehdä (saada) -seksi (m)* complete **-sesti** *ks. täysin;* hän puhuu ~ *ranskaa* he speaks perfect French, he speaks French perfectly; *oppia jk* ~ *(m)* attain perfection in **-stymä** perfection **-stää** make .. perfect, bring .. to perfection; *(täydentää)* complete **-syy**|**s** perfection (seek perfection *pyrkiä -teen*); completeness; totality (of the destruction *tuhon* ~); *-den tavoittelija* perfectionist.

täydennys fresh (new) supply (supplies); *(lisä)* addition, supplement; *(sot) (~joukot) (pl)* replacements; *(vahvistus)* reinforcements ~**joukot** *(sot)* replacements ~**koulutus** updating training, further education (training) ~**kurssi** supplementary course ~**mies** replacement ~**osa** supplementary volume ~**tehtävä** *(koul)* completion (fill-in) test.

täydentä||**vä** complementary (to *jtk* ~); *(lisä-)* supplementary; *toisiaan ~t* complementary **-ä** replenish (one's stock *varastoaan*); supplement (one's diet with *ruokavaliotaan jllak*); complement; *(lisätä)* add to (one's [store of] knowledge *tietojaan*); *(parantaa)* improve; *(täyttää)* complete (a sentence *lause*); *(vahvistaa)* reinforce (the army *armeijaa*); ~ *toisiaan* be complementary to (complement) each other.

täynnä full (of *jtk*); filled (with *jtk*); full up; *(~ ihmisiä) (m)* crowded; *(hotellista ym) (erik Br)* [fully (all)] booked up ▶ ~ **itseään** full of o.s. (of one's own importance); **olen** *ihan* ~ I'm full [up]; *olen [kurkkuani myöten]* ~ *jtk* I'm fed up with; **seinä** *on* ~ *kuvia* the wall is all covered with pictures; ~ **viimeistä** *sijaa myöten* filled to capacity.

täysautomaattinen fully-automatic.

täy|si 1 full (bus *bussi;* a full two metres *-det kaksi metriä;* powers *-det valtuudet;* pay the full price *maksaa* ~ *maksu*); △ *(täydellinen)* complete (coffee service *kahviastiasto;* surprise *yllätys;* circle *ympyrä*); △ *(koko[nainen])* entire (set of *sarja jtk;* he enjoys our entire confidence *hänellä on* ~ *luottamuksemme*); whole; perfect (nonsense! *-ttä roskaa!* fool *tolvana*); *(perinpohjainen)* total; *(äärimmäinen)* utter (darkness *pimeys*); *(ehdoton)* absolute **2** *(puhdas)* pure (silver *-ttä hopeaa*); solid (gold *-ttä kultaa*) ▶ meillä *on -det* **anniskeluoikeudet** we are fully licenced; ~ **filmirulla** finished reel of film; *ampua -deltä* **laidalta** *(mer)* fire a broadside; *(kuv)* deliver a broadside (to); ~ **lautasellinen** *jtk* a plateful of; *se meni häneen -destä* he swallowed it whole; *juhlissa oli* ~ **meno** *päällä* the party was in full swing; *-ttä* **päätä** [at] full blast; *bussi lähtee joka* ~ **tunti** the bus leaves [every hour] on the hour; *(ajaa ym)* **täysillä** full out, flat out; *(soida, soittaa, pelata ym)* ~*llä* [at] full blast.

täysi||- *ks. m.* **täys- -aikainen** *(lääk)* full-term, fully developed **-hoi|to** board and lodging; room and board; *(hotellissa)* full board; *asua jkn -dossa* board with a p.; *pitää -dossa* board **-hoitola** boarding (lodging) house **--ikäi|nen** ..of age; *olla* ~ be of age; *tulla -seksi* come of age **-ikäisyys** *(kirj, lak)* [the age of] majority **-järkinen** sensible, reasonable, sane, ..in full command of one's senses **-järkisyys** sanity **-kasvui|nen** full-grown, *(Br m)*

fully-grown; *(henk) (m)* grown-up; *tulla -seksi* reach full growth **-kokoinen** full-size **-kuu** full moon; ~*n aikana* at (during) full moon **-lukui|nen** full, complete; *olla läsnä -sena* be present in full strength (number) **-mittai|nen** full-size; full-length (play *näytelmä*); full-scale (production *tuotanto;* war *sota*); all-out, full-blown (scandal *skandaali*) **-määräi|nen** full (pension *eläke*); *maksaa -senä* pay .. in full.

täysin fully, completely (different *erilainen*); *(ark)* perfectly (clean *puhdas*); *(kokonaan)* entirely, totally (blind *sokea;* unaware *tietämätön;* I totally agree with you *olen* ~ *samaa mieltä kanssasi*); wholly; *(aivan)* quite (impossible *mahdotonta*); *(läpikotaisin)* thoroughly (rotten, corrupt *mätä*).

täysin||oppinut fully trained, competent, qualified **-palvel|ut;** *erota -eena* retire after a full term of service; ~ *professori* professor emeritus **-äinen** full; *(ihmisiä täynnä oleva) (m)* crowded; ~ *olo* a feeling of fullness **-painoi|nen** ..of full weight; *(kuv)* full-blooded, full-bodied (novel *romaani*); *elää -sta elämää* lead a full life **-päiväi|nen** full-time; ~ *työntekijä* full-time worker, full-timer; *tehdä -stä työtä* work full-time.

täysistunto plenary session, plenum.

täysi||tehoinen; ~ *työskentely* working at full capacity **-vahvuinen** full, ..up to strength **-valtainen 1** ~ *jäsen* full[ly authorized] member, member of full standing **2** *(lak)* ..of [full legal] age, legally competent **3** *(valt)* sovereign; *(dipl)* ~ *erikoissuurlähettiläs* ambassador extraordinary and plenipotentiary; ~ *ministeri* minister plenipotentiary **-valtaisuus 1** *(lak)* majority, full age **2** *(valt)* sovereignty **-veli** full (whole) brother, brother-german **-verihevonen** thoroughbred **-verinen 1** *(hevosesta)* thoroughbred, full-blooded **2** *(henk)* full-blooded (Indian *intiaani*); *(kuv)* thoroughbred **-vertainen** equal.

täys||- *ks. m.* **täysi -jyväleipä** wholemeal *(Am* whole-wheat) bread **-jäsen** full member **-jäsenyys** full membership **-käsi** *(korttip)* full house (hand) **-käännös** *(sot)* about-turn; *(Am)* about-face; *(kuv)* volte-face; swing-round; *tehdä* ~ do an about-turn; *(ei sot)* turn (swing) around; *(kuv)* do a complete about-turn, make a complete volte-face **-maito** whole milk

-osuma direct hit; *(kuv)* complete success; *(napakymppi)* bull's-eye; *saada ~ (konkr)* get a direct hit; *(veikkauksessa ym)* hit (win) the jackpot **-pakkaus** *(sot);* ~ *selässä* in full combat equipment **-pitkä** full-length **-työllisyys** full employment **-valmisteet** finished products (goods).

täyt|e 1 *(m -teet)* filling, stuffing; padding *(m kuv); (vanu~)* wadding; *panna jtk jnk -teeksi* fill (stuff) a th. with; *(kuv) (tekstiin ym)* pad .. out with **2** *(leivonnaisen ym ~)* filling; *(liharuoan ~)* stuffing; *(Am)* dressing; *(makeisen ~) (Br m)* centre **~aine** filling [material]; filler *(m kem ym)* **~-elokuva** short.

täyteen full (of *jtk*); *juoda päänsä ~* get good and drunk.

täyte||kakku layer cake, sandwich cake **-karamelli** soft-centred sweet, soft-center candy **-keksi** sandwich biscuit *(Am* cookie) **-kynä** fountain pen **-läi|nen** full (lips *-set huulet*); rich (flavo[u]r *maku;* red *-sen punainen*); *(pyöreähkö) (m)* plump, rounded; *(kuv)* full-bodied (style *tyyli*), *-stä viiniä* full-bodied wine **-maa** fill, earth filling; *(tierak)* ballast **-merkki** *(atk)* padding character **-ohjelma** stopgap program[me], fill **-sana** *(kiel)* expletive **-suklaa** filled chocolate **-vaali** by-election.

täytty||mys fulfil[l]ment (of one's dreams *unelmien ~*) **-mätön** unfulfilled **-ä 1** fill (with *jstk, jllak*); become full (of *jstk*), be[come] filled (with); *(~ ääriään myöten)* fill up (with *jstk*); *aika alkaa ~* time is running out; *hänen virkakautensa -i* his term of office expired **2** *(toteutua)* come true (his dreams came true *hänen unelmansa -ivät*), materialize, be realized (fulfilled).

täyt|tää 1 fill (with *jllak*); *(~ aivan täyteen)* fill up; *(topata)* stuff (a pillow with feathers *tyyny höyhenillä*); *(tukkia)* stuff (stop) up (a hole *reikä*); *(~ ilmalla) (m)* inflate (a tyre *rengas*); *(~ uudelleen)* refill (one's cigarette lighter *sytyttimensä*) **2** *(peittää)* cover (the wall was covered with pictures *taulut -tivät seinän*); *(viedä tilaa)* take up (the bed took up half the room *sänky -i huoneesta puolet*) **3** *(~ lomake ym)* fill in (an application form *hakemuslomake*); *(erik Am)* fill out; *(erik Br ark)* fill up; complete **4** *(toteuttaa)* fulfil[l] (a command *käsky;* one's promises (duty) *lupauksensa (velvollisuutensa);* a p.'s hopes *jkn toiveet*); carry out, perform

(an order *käsky*); meet (a long-felt need *kauan tunnettu tarve*); *(vastata)* come up to (the required standards *vaatimukset*) **5** *(keitt)* stuff, fill (with *jllak;* stuffed turkey *-etty kalkkuna*) **6** *(el)* stuff (stuffed owl *-etty pöllö*) ▶ **ilmalla** *-ettävä* inflatable; ~ **mitat** be up to standard; *mitat -tävä rapu* full-grown (full-size) crayfish; ~ **pesukone** load the washing machine; ~ **vaje** cover a deficit; *hän ~ tänään (huomenna) 20* **vuotta** he is 20 today (will be 20 tomorrow); *hän -ti eilen 20* he was 20 yesterday; *hän on jo -tänyt 40 vuotta* he has turned 40; *40 vuotta -täneet* those over 40 [years of age].

täyttö||aukko charging hole; *(tankin ~)* filler (filling) hole **-pullo** refill.

täyty|ä 1 must (I must admit that.. *minun -y myöntää että..*); have [got] to (I had to do it *minun -i tehdä se*); *(tarvita)* need (you'll need to work hard if.. *sinun -y tehdä kovasti töitä jos..*); *(olla pakko)* be obliged; *-ykö sinun lähteä?* do you have to go? have you got to go? must you go? *sinun -isi..* you ought to.. **2** *(ilm todennäköisyyttä)* must (there must be some misunderstanding *tässä -y olla jokin väärinkäsitys*).

täytäntö; *panna ~ön* execute (a sentence *tuomio*); carry out, put .. into effect; enforce (a law *laki*).

täytäntöönpan||eva executive **-o** execution (of a decree *päätöksen ~*); enforcement (of a law *lain ~*) **-ovalta** executive power.

tääl||lä here; ~ *[puhuu] Pekka* it's Pekka here, this is Pekka [speaking] **-tä** from here.

töher||rys *(huono maalaus)* daub; *(kirjoituksesta ym)* scribble, scrawl **-täjä** dauber **-tää** scribble, scrawl; *(maalarista)* daub *(ks m tuhertaa).*

töhr||iä *(liata)* smudge, smear (one's hands with *kätensä jhk*), make smudges (on *jk*); *(raapustaa)* scrawl, scribble (all over the walls *seinät*) *(ks m tuhertaa)* **-yinen** smudgy, smeary.

töin tuskin hardly, scarcely; *(nipin napin)* only just.

tökerö clumsy (gadget *kapine;* apology *selitys*); awkward; ungraceful **~sti;** *tehdä jk ~ (m)* make a botch of.

tökkäistä poke ([at] *jtk*); prod (at *jtk*); give .. a poke (prod); ~ *jkta kylkeen* poke (dig, *(kyynärpäällä m)* nudge) a p. in the ribs.

töksäh‖dys jolt, jerk **-televä** jerky *-tä|ä (törmätä)* bump, thump (against *jhk*); *pysähtyä -en* stop with a jerk.

tökötti stuff; muck, gunk.

tölk‖inaukaisin tin *(Am* can) opener **-ittää** pot; tin, can; pack **-ki** pot (jam (paint) pot *hillo- (maali)~*); *(erik lasi~)* jar; *(pahvi~)* carton (two cartons of milk *kaksi ~ä maitoa)*; *(säilyke~)* can (beer can *olut~*); *(Br m)* tin (of pineapple *ananas~*) **-kiolut** canned beer.

tölli hut, cottage.

töllistellä gape (at *jtk*).

tömi‖nä rumble; thunder (of the horses' hoofs *kavioiden ~*) **-stä** rumble; thunder **-stää** stamp (one's feet *jalkojaan;* [on] the floor *lattiaa*).

tömä‖hdys, -htää thump, thud; *-htäen* with a thump (thud) **-yttää** thump; give .. a thump.

tön‖iä jostle [against] (don't jostle [against] me! *älä töni!*); *(työntää)* push **-äistä** push (the door open *ovi auki*); *~ jtk lujaa* give a th. a hard push; *(tyrkätä)* shove; *(tökkäistä)* poke (in the ribs *kylkeen*); *~ kumoon* push over; *(autosta)* knock down (over) **-näisy** push (at one push *yhdellä ~llä).*

tönö hut, cottage; *(hökkeli)* hovel.

töpinä; *panna ~ksi* get going.

töppä‖illä blunder, put one's foot in it **-ys** blunder.

töppönen *(villainen ~)* slipper sock; *(vauvan ~)* bootee.

töpöhäntä stubby tail, bobtail **~inen** bobtailed, stump-tailed.

törke‖ys *(m)* obscenity **-ä** outrageous (price *hinta;* behavio[u]r *käytös;* lie *valhe*); gross (language *kielenkäyttö;* injustice *vääryys); (ruokoton)* coarse; *(säädytön)* indecent, obscene.

törky *(konkr ja kuv)* junk; *(roska)* rubbish; *(erik Am)* trash *(kuv* this magazine is nothing but a load of trash *tämä lehti on pelkkää ~ä);* filth; *(konkr m)* litter **~inen**

untidy, littered; filthy.

törmyri *(mer)* fender.

törmä bank (river bank *joen~*); steep slope **~pääsky** sand martin; *(Am)* bank swallow.

törmä‖tä 1 *~ jhk (konkr)* bump ([into] a tree *puuhun;* against a kerbstone *reunakiveen;* each other *toisiinsa;* the man bumped into me *mies -si minuun); (ajoneuvosta) (m)* run into, hit; crash into (the plane crashed into a mountainside *kone -si vuorenrinteeseen),* dash against; *(ajaa yhteen)* collide (with *jhk*) **2** *(ark)* bump (run) into (an old friend in the street *vanhaan ystävään kadulla)* **3** *(kuv)* collide (with *jhk;* their interests collide violently *heidän etunsa -vät rajusti vastakkain);* conflict (with *jhk*); clash; *(kohdata)* come up against (opposition *vastustukseen);* meet; be faced with **4** *(sännähtää)* rush, dash (into *jhk*) **-ys** crash; *(yhteen~)* collision.

törröttä|ä stand out; stick out, stick; *(pistää esiin)* jut [out] (a cigarette jutting from his teeth *hänen hampaissaan -vä savuke).*

törsätä squander, splurge (on *jhk*).

törä‖hdys blast; hoot; toot **-ht|ää** hoot (the siren hooted *sireeni -i*); toot **-ytt|ää** toot ([on] the horn *torvea*); hoot (the driver hooted [his horn] *kuljettaja -i torveaan;* at *jklle*); *~ (merkinanto)torvea (m)* blow a blast on one's horn; *laiva -i sireeniään* the ship sounded a blast on the siren.

tötterö 1 *(paperi- ym ~)* cornet, screw **2** *(jäätelö~)* cornet; *(erik Am)* cone.

töyhtö *(yl)* tuft; *(erik el)* crest (of the waxwing *tilhen ~); (koriste~)* plume **~hattu** plumed hat **~hyyppä** lapwing, peewit **~päinen** crested **~tiainen** crested tit.

töykeä unkind, rude (to *jkta kohtaan);* churlish; abrupt; brusque.

töyr‖y; *mäen ~* hillock, hummock **-äs** bank.

töyss‖y bump **-yinen** bumpy **-ähdellä** bump along (up and down), bounce along.

U

u, U *(kirjain)* u, U *(pl* us, u's, Us, U's).
udar udder.
udella be inquisitive (about *jtk*), be curious; poke one's nose into a p.'s affairs; try to find out a th.; ~ *jklta jtk* keep asking a p. about.
ugandalainen *a ja s* Ugandan.
ugrilainen *(kiel)* Ugric; *(kansat)* Ugrian.
uhanalai|nen threatened, endangered (species *laji*); ..at risk; ..in danger; *saattaa -seksi* endanger; ~ *tila* [state of] endangerment.
uh|ata threaten (to do *tehdä jtk;* with a gun *aseella;* a p.'s life *jkn henkeä;* war *sodalla;* the race is threatened with extinction *rotua -kaa sukupuuttoon kuoleminen;* when danger threatens *vaaran -atessa*); *(kirj)* menace; *(olla -kaava)* hang over (the danger of war hung over the country *sodan vaara -kasi maata*), be imminent (a strike is imminent *lakko -kaa*); be in danger of (the house was in danger of collapsing *talo uhkasi sortua*) ▶ *aseella -aten (m)* at gunpoint; *-kaa* **tulla** *sade* it threatens to rain, there is a threat of rain [in the air]; *sodan* **uhatessa** when there is a threat of war, at the threat of war.
uhattu endangered, threatened; ..at risk; ..in danger.
uhit||ella 1 *(uhmailla)* defy, be defiant **2** *(uhkailla)* threaten (to do *tekevänsä jtk*) **-televa** defiant **-telu** defiance.
uh|ka threat (to *jllk;* of strike *lakon* ~); menace (to world peace *maailmanrauhalle*); *(vaara)* danger, risk (there is a risk that.. *on olemassa* ~ *että*); *uhalla|kin, -kaan* out of [mere] spite; *henkensä -alla* at the risk of one's own life; *kaiken -alla* at all costs; *sakon -alla* under penalty of a fine; *senkin -alla että menettäisi..* at the risk of losing..
uhka||ava threatening; menacing; *(pian tuleva)* imminent, impending (crisis

kriisi); (säästä ym) (m) lowering (clouds ~*t pilvet*) **-illa** threaten; *(uhkauksin pelotella)* bully; intimidate **-ilu** *(pl)* threats (take a p.'s threats seriously *ottaa jkn* ~*t vakavasti*); intimidation, bullying **-peli** game of chance, gambling game; *(pelaaminen)* gambling (is forbidden *on kielletty*); *(kuv)* gamble, risky (hazardous) undertaking; *menettää rahansa* ~*ssä* gamble away one's money; *pelata* ~*ä* gamble **-peluri** gambler **-rohkea** daring (pilot *lentäjä*), bold (plan *suunnitelma*); venturesome; audacious; *(tyhmänrohkea)* foolhardy; *(rämäpäinen)* reckless **-rohkeus** daring, boldness; audacity; reckless courage **-us** threat **-uskirje** threatening letter **-vaatimus** ultimatum **-yritys** [risky (hazardous)] venture; daring attempt.
uhke||a 1 magnificent, splendid, sumptuous (manor house *herraskartano*); stately, imposing; *(rehevä)* luxuriant, exuberant, opulent (vegetation *kasvillisuus*) **2** ample (bosom *povi*); buxom (blonde *vaaleaverikkö*); voluptuous (curves ~*t muodot*) **-apovinen** bosomy, high-bosomed **-us** magnificence, splendor; luxuriance, exuberance, opulence.
uhkua 1 be brimming over with (joy *iloa*); be overflowing with; be full of (energy *tarmoa*); sparkle with **2** *(huokua)* send out (warmth *lämpöä*), emit, radiate.
uhma defiance ~**aminen** *(m)* defiance (of danger *vaaran* ~) ~**ikä** negative (obstinate) age ~**mielinen** defiant ~|**ta** brave (death *kuolemaa;* dangers *vaaroja*); defy (an order *käskyä;* one's parents *vanhempiaan*); set .. at defiance (the law *lakia*); *(halveksia)* fly in the face of (danger *vaaraa*); *jtk -ten* in defiance of; ~ *kohtaloaan* fight against one's fate.
uhota 1 *(uhkua)* send out (warmth *lämpöä*); be brimming over with (health *terveyttä*), be full of (vigo[u]r *tarmoa*) **2** *(intoilla)* bluster; *(kerskua)* boast.

uhra|ta 1 sacrifice (a th. to the gods *jtk jumalille;* one's life *henkensä*); *(usk m)* offer [up] (a th. to the dead *jtk vainajille*); *(toimittaa uhraus)* make a sacrifice (sacrifices), make offerings (to gods *jumalille*); ~ *henkensä maansa puolesta* give one's life as a sacrifice for one's country **2** *(omistaa)* devote (one's life (large sums) to *elämänsä (suuria summia) jhk*); give (one's time to *aikansa jllk;* he didn't give it a thought *hän ei -nnut sille ajatustakaan*); *(käyttää)* spend, put in (a great deal of time on *paljon aikaa jllk*); *voitko -ta minulle muutaman minuutin?* can you spare me a few minutes?

uhrau||s sacrifice; *se oli raskas ~ jklle* it was a harsh sacrifice for a p. to make; *suurin -ksin* with great self-sacrifice **-tua** sacrifice o.s. (for, for the sake of *jnk puolesta*); sacrifice one's life (to save.. *pelastaakseen..*) **-tuva[inen]** self-sacrificing; self-denying; self-effacing **-tuvaisuus** self-sacrifice; self-denial.

uhri 1 sacrifice (kill a sheep as a sacrifice *teurastaa lammas ~ksi;* to *jllk*), offering; *(eläin-, ihmis~) (m)* [sacrificial] victim; *antaa ~* make (offer [up]) a sacrifice **2** *(onnettomuuden ym ~)* victim (of a storm *myrskyn ~;* murder victim *murhan ~*); *~t (m)* casualties (civilian casualties *siviili~t*); *joutua jnk ~ksi* be[come] a victim of, fall a victim to.

uhri||- sacrificial (altar *-alttari;* rituals *-menot*) **-eläin** sacrificial animal, victim **-lahja** offering.

ui|da 1 swim ([across] a river *joen poikki;* on one's back *selällään*); *(~ huvikseen m) (erik Br)* bathe, have a bathe; *käydä -massa* have a swim; *(Br m)* take a bathe; *mennä -maan* go swimming (for a swim), *(Br m)* go for a bathe; *olla hyvä -maan* be a good swimmer **2** *(kellua)* float; *(lipua)* glide (the ship glided to the wharf *laiva ui laituriin*); *uiva ks. hakus.*

uikku *(el)* grebe.

uikut||taa whimper; *(voihkia)* wail; *(ulista)* whine **-us** whimper; wailing; whine.

uima||- swimming (instructor *-opettaja;* club, association *-seura*) **--allas** swimming pool **-halli** public swimming pool, indoor swimming pool **-housut** [swimming] trunks **-hyppääjä** diver **-koppi** bathing hut (cabin, *Br m* box) **-koulu** swimming classes **-la, -laitos** *(pl)* [public] baths; outdoor swimming pool **-lakki** bathing (swimming)

cap **-lasit** swim goggles **-patja** [inflatable] beach mattress, [inflatable] rubber (plastic) mattress; *(Br m)* lilo *(pl ~*s) *(rek)* **-pu|ku** *(erik Br)* swimming (bathing) costume, swimsuit; *(erik Am)* bathing suit; *(liik) -vut* swimwear **-pukukierros** *(missikilpailujen ~)* swimsuit competition **-rakko** air (swim) bladder, sound **-ranta** [bathing] beach **-rengas** swim[ming] ring **-ri** swimmer **-räpylä 1** *(el)* web **2** *(urh)* flipper, fin.

uimuri *(tekn)* float.

uinahtaa drop asleep, doze off.

uinti swimming; *(~retki)* swim (morning swim *aamu-~*), bathe.

uinu||a doze; *(kirj)* slumber **-va** slumbering (town *kaupunki*); latent (abilities *~t kyvyt*); dormant (facilities *kyvyt*); unexploited (natural resources *luonnonvarat*).

uistin lure; *(veto~)* troll; *heittää ~ta* cast [the (one's) line]; *vetää ~ta* troll.

uittaa 1 float (logs *tukkeja*) **2** *(kastaa)* dip (into *jssk*); *(upottaa)* immerse (in *jssk*); ~ *jalkojaan vedessä* dabble (dangle) one's feet in the water.

uitto *(uitt)* log floating (driving) **~haka** pike pole **~mies** log floater (driver), *(Am m)* riverman.

uiva floating (hotel *hotelli;* dock *telakka*); ~ *panssarivaunu* amphibious tank.

uivelo *(el)* smew.

ujel||lus whistle, whine; wail **-taa** whiz[z] (shells whizzed past their ears *kranaatit -sivat heidän korvissaan*); whistle (a bullet (the wind) whistles *luoti (tuuli) ~*); whine; wail (with sirens wailing *sireenit -taen*); *(ulvoa)* howl.

ujo shy (with girls *tyttöjen seurassa*); *(arka)* timid; *(turhankaino)* coy (in a p.'s presence *jkn seurassa*); *(häveliäs)* bashful **~stelematon** unshy; unabashed; unembarrassed; *(häpeämätön)* unblushing; shameless; *(kursailematon)* unceremonious **~stel|la** be shy (of doing *tehdä jtk;* of strangers *vieraita*); *(hävetä)* be ashamed; *(häkeltyä)* be embarrassed; *-len* shyly; coyly; bashfully; *-ematta (röyhkeästi)* without a blush.

ujutta||a edge (a th. through *jk jstk läpi*); *(sujauttaa)* slip; *(soluttaa)* infiltrate; ~ *puheeseensa jtk* work (edge) a th. into one's speech **-utua 1** edge [o.s. (one's) way)] (forward *eteenpäin*), worm o.s. (one's way) **2** *(kuv)* insinuate o.s., worm one's way (into *jhk*); *(soluttautua)* infiltrate (into *jhk*).

ukaasi ukase; edict.

ukk||**eli** old man **-i** granddad[dy], grandpa[pa] **-o** old man; *(aviomiehestä, isästä, kapteenista ym)* the (one's) old man; *Virtasen* ~ old Virtanen.

ukko||**mainen** old man's; *(seniili)* senile **-metso** male capercaillie **-mies** married man.

ukko|nen thunder (there is thunder in the air *ilmassa on -sta*); *(ukonilma)* thunderstorm ▶ *-sen* **jylinä** roll (rumble) of thunder; ~ **jyrisee** it is thundering; *-sen* **jyrähdys** clap (crash, peal, crack) of thunder, thunderclap; ~ **jyrähti** there was a clap of thunder; ~ **kävi** *ja salamoi* it was thundering and lightening; **ukkosella** during a thunderstorm.

ukkos||**enjohdatin** lightning conductor (rod) **-kuuro** thundershower **-myrsky** thunderstorm **-pilvi** thundercloud **-sade** thundery rain.

ukkoteeri blackcock.

ukon||**ilma** thunderstorm (in a thunderstorm ~*lla;* furious thunderstorm *ankara* ~) **-putki** *(kasv)* hogweed.

Ukraina the Ukraine **u~lainen** *a ja s* Ukrainian.

U-käännös U-turn.

ula 1 VHF; *ula|-* VHF (very-high-frequency) (aerial *-antenni;* radio *-radio*) **2** *(ark)* olin ihan ~*lla* I was completely out of it ~**-aallo|t** *(sg)* very high frequency, VHF (on VHF *-illa*).

ulap|pa the open sea; *järven* ~ the middle of the lake; *-alla* on (out in) the open sea ~**pääsky** storm petrel.

ulataksi radio taxi, radiocab.

uli||**na** whine; howl **-sta** whine (with pain *kivusta*); whimper; *[itkeä]* ~ bawl, howl.

ulj||**as 1** gallant, valiant (knight *ritari*); *(rohkea)* courageous, brave **2** *(upea)* stately (eagle *kotka*); noble (gait *käynti*); imposing (castle *linna*); gallant; grand **-uus** gallantry, valiantness; bravery, courageousness; stateliness.

ulko|- *(ulompi)* outer (space *-avaruus;* window *-ikkuna*); △ *(ulkopuolinen)* outside (repairs *-korjaukset;* temperature *-lämpötila;* measurements *-mitat*); △ external (secretion *-eritys*); △ exterior (surface *-pinta*); △ *(ulkoilma-)* outdoor (barbecue *-grilli;* shoes *-kengät;* clothes *-vaatteet*)

ulko||**a 1** by heart (learn (know) by heart *lukea (osata)* ~), by rote, from memory (recite from memory *lausua* ~); *muistaa* ~ know by heart **2** *(ulkopuolelta)* from outside; from the outside (lock the door from the outside *lukita ovi* ~) **3** *(ulkomailta)* from abroad; *(m)* from the outside; ~ *saatu apu* outside help **-apäin** from the outside; *talo näyttää komealta* ~ the house looks beautiful outside (on the outside).

ulkoasiain||**hallinto** foreign service **-ministeri** foreign minister; *(Brit)* Foreign Secretary; *(USA)* Secretary of State **-ministeriö** foreign ministry; *(Brit)* the Foreign Office; *(USA)* the State Department **-valiokunta** foreign affairs committee.

ulko||**asu** exterior, outward aspect (appearance); *(tekstin* ~) layout; *(henk)* *siisti* ~ neat appearance **-eurooppalainen** non-European **-filee** tenderloin **-hankavene** outrigger **-huone 1** *(käymälä)* outside lavatory, privy **2** = *-rakennus* **-ilij|a** fresh-air friend; *paljon -oita* a lot of people enjoying the fresh air **-illa** take outdoor exercise; go for a ramble **-ilma** the open air; ~*ssa* in the open air, out-of-doors.

ulkoilma||- open-air (concert *-konsertti;* museum *-museo;* restaurant *-ravintola*); △ outdoor (game *-peli;* sports *-urheilu*).

ulkoilu outdoor recreation (exercise), outdoor activities (life) ~**alue** outdoor recreation area ~**maja** lodge [for the use of ramblers] ~**ttaa** take .. out [for a walk] ~**vaatteet** outdoor leisure clothes *(liik* wear).

ulkoi||**nen** external (treatment *hoito;* factors *-set tekijät*); △ exterior (influences *-set vaikutteet*); △ *(ulkonainen)* outward (calm *tyyneys*); *hänen* ~ *olemuksensa* his outward appearance; *-set seikat* externals, external considerations **-sesti** externally; outwardly; in appearance; *[käytettävä]* ~ for external use (application) only.

ulko||**istaa** *(psyk)* externalize **-jäsen** associate member **-kansi** *(mer)* weatherdeck **-katto** roof **-kenttä 1** outdoor court **2** *(pesäp)* field, fielding side **-kiilto** *(kuv)* superficial glitter, veneer **-kohtainen** objective; *(eläytymätön)* detached, dispassionate; impersonal; superficial **-kohtaus** *(elok)* exterior [scene] **-korva** external (outer) ear **-kultai|nen**

hypocritical; *-set* hypocrites **-kultaisuus** hypocrisy **-kuor|i** *(kuv)* exterior (under a rough exterior *karkean -en alla*) **-kuva** *(valok)* outdoor picture; *(kuvat)* exterior; *(elok)* exterior (outdoor) shot (scene); *(pl)* exteriors **-laitamoottori** outboard motor **-linjapuhelu** trunk *(Am* long-distance) call **-luku** rote learning **-luoto** outlying rock (islet) **-lähetys 1** *(usk) (pl)* foreign missions **2** *(rad, TV)* outside broadcast, *(lyh)* O.B. **-lähetysauto** outside broadcast (O.B.) vehicle (van) **-läksy** lesson [to be] learnt by heart (rote) **-maailma** the outside world **-maalainen** *(sb)* foreigner; *(erik lak)* alien **-maalaistoimisto** office for alien affairs **-maali** outdoor (exterior) paint.

ulkomaan||- foreign (correspondent *-kirjeenvaihtaja;* travel *-matkailu;* news *-uutinen;* debt *-velka)* **-edustus** foreign service **-kauppa** foreign trade **-kauppaministeri** minister of foreign trade **-kiertue** tour abroad **-liikenne** international transport (communications) **-matka** trip (journey) abroad **-puhelu** international call.

ulko||maat foreign countries; *-maiden* foreign **-mail|la** *(-le, -ta)* abroad (go abroad *mennä -le*); *-ta* from abroad **-mainen** foreign **-mer|i;** *-ellä* out in (on) the open sea **-ministeri =** *-asiainministeri* **-muisti;** *~sta* from memory **-muo|to** appearance; exterior; outward appearance (shape); *-doltaan* . . in appearance **-museo** open-air museum.

ulkona outdoors, out-of-doors, in the open air; *(ei kotona ym)* out (stay late out at night *olla iltaisin myöhään ~;* we're dining out this evening *syömme tänä iltana ~);* *(ulkopuolella)* outside (the children are playing outside *lapset leikkivät ~); naula on ~ lattiasta* the nail is sticking out of the floor; *(pesäp) pelata ~* field **~i|nen** outward (differences *-set erot;* calmness *tyyneys);* external **~liikkumiskiel|to** curfew (impose a curfew on a town *julistaa kaupunkiin ~);* lift (end) the curfew *lopettaa ~); -lon aikana* during (after) curfew.

ulkone||ma projection, protrusion, jut; *(hyllymäinen ~)* ledge; *(kallion ~) (m)* overhang **-va** projecting, prominent (cheekbones *poskipäät),* protruding, jutting *(ks m ulota).*

ulkonä|kö appearance; outward aspect (appearance), *(pl)* exterior features; *[hyvä] ~ (pl)* [good] looks (look after one's looks

huolehtia -östään) ▶ *-ön* **perusteella** by the look of him, judging by his appearance; *tuomita -ön perusteella* judge by appearances; **tuntea** *-öltä* know by sight; **ulkonäöltään** . . in appearance.

ulko||-ovi front door; *(ulompi ovi)* outer door **-parlamentaarinen** extraparliamentary **-peli 1** outdoor game **2** *(pesäp ym)* fielding **-poliitti|nen** foreign-policy (goals *-set tavoitteet),* . . relating to foreign policy; *~ kysymys* question of foreign policy; *Suomen ~ asema* the position of Finland in international politics **-politiikka** foreign policy **-portaat** [flight of] steps.

ulko||puolel|la *(-le, -ta)* outside (the subject (Helsinki) *aiheen (Helsingin) ~;* wait outside *odottaa ~); jnk ~ (m) (erik Am)* outside of; out of (keep out of people's quarrels *pysyä ihmisten kiistojen ~);* beyond (the borders *rajojen ~); -lta* from [the] outside; *palveluksen ~* off duty; *se on mahdollisuuksieni ~* that is beyond my capacities **-puoli** outside, exterior; outer surface **-puoli|nen I** *~* outside (help *apu;* observer *tarkkailija); (ulkoinen)* external; *Euroopan -set maat* countries outside Europe **II** *s* outsider; *tuntea itsensä -seksi* feel out of it [all] **-rakennus** outbuilding, outhouse **-ra|ta 1** *(radan ~)* outside (outer) lane **2** *-doilla* outdoors **-rataennätys** outdoor record **-saari** outer island, outlying island **-saaristo** outer archipelago *(pl* islands) **-satama** outport, outer harbo[u]r **-seinä 1** external (outside, exterior) wall **2** *(seinän ulkopuoli)* the outside of the wall **-suomalainen** expatriate Finn, Finnish expatriate **-syntyinen** exogenous (disease *sairaus)* **-työt** *(sg)* outdoor (outside) work **-valaistus** outdoor lighting, outside lights **-valta** foreign power **-varustukset** *(sot)* outworks **-vuoro** *(pesäp); olla ~ssa* field.

ullak|ko attic (in the attic *-olla); (ylinen)* loft **~huone** attic room, garret.

uloim|pana *(-maksi)* farthest out.

uloin outermost.

uloke projection, jut; *(hyllymäinen ~)* ledge; *(kallion ~) (m)* overhang; *(rak)* bay, oriel; *(haara)* arm **~ikkuna** bay window **~palkki** cantilever.

ulom||pana *(-maksi)* farther out **-pi** outer.

ulos out (of *jstk;* go out *mennä ~;* order (let) a p. out *käskeä (päästää) jku ~;* put one's tongue out *työntää kielensä ~);* △ *(ulkopuolelle)* outside; *(ulkoilmaan)* outdoors; *(pois)* off (the road *tieltä);*

(kyltissä) ~ 'exit'; *(Br m)* 'way out'; ~!
[go] out! get out of here! *juosta ovesta* ~
run out [through] the door; *katsoa
ikkunasta* ~ look out of the window;
kävellä ovesta ~ walk out [of] the door;
ohjelma tulee ~ *ensi viikolla* the
program[me] will be aired next week.

ulos||**ajo 1** *(urh)* sending-off **2** *(auton ym ~)*
driving off the road **-anti** delivery **-hakea;**
~ *saatavansa* sue a p. for a debt **-haku**
debt-recovery procedure **-heittäjä** *(ark)*
bouncer; *(Br m)* chucker-out *(pl
chuckers-out)* **-hengitys** exhalation **-käynti**
exit **-marssi** *(pol ym)* walkout **-menoaukko**
(tekn) outlet **-menotie** exit road **-mittaus**
distrain (upon a p.'s house *jkn talo;* for a
debt *velan maksamiseksi)* **-mittaus**
distraint **-otto** recovery proceedings, debt
recovery procedure **-ottomies** bailiff,
distrainer **-päin** outward[s]; ~
suuntautunut [ihminen] extrovert; *hän
näyttää* ~ *iloiselta mutta..* outwardly he
seems cheerful but.. **-pääsy** way out *(m
kuv)* (of *jstk).*

ulost||**aa** empty one's bowels; defecate,
evacuate **-e[et]** excrement, f[a]eces; *(lääk)*
stool[s]; evacuation; ordure; dung.

ulostulo *(sähk)* output.

ulostus emptying of the bowels; defecation,
evacuation [of the bowels], movement
~**lääke** purgative [medicine]; laxative
~**näyte** specimen (sample) of one's stools.

ulos||**vedettävä** pull-out (bed *sänky)* **-virtaus**
outflow, discharge.

ulot||**a** project, jut out, stick out *(ks m
ulkoneva)* **-taa** extend (the railway (one's
power) to *rautatie (valtansa) jnnk); sen
historia voidaan* ~ *jnnk* its history can be
traced back to; *(kuv)* ~ *juurensa jhk* go
back to.

ulottu|**a** reach (the ceiling *kattoon;* for
kilometres *kilometrien päähän;* I couldn't
reach it *en -nut siihen;* his farm reaches as
far as *hänen tilansa -u jhk asti;* the coat
reaches below the knee *takki -u polvien);*
△ come [up (down)] to (he comes up to
my shoulder *hän -u minua olkapäähän
asti;* her hair comes down to her waist
hänen hiuksensa -vat vyötärölle); △
(alueesta ym) extend; stretch (as far as the
eye can see *silmän kantamattomiin);*
range; △ *(koskettaa)* touch (the sky
taivaaseen); (kattaa) cover (the activity
covers the whole country *toiminta -u koko
maahan);* △ go back to (my memory does

not go back as far as that *muistini ei ulotu
niin pitkälle);* △ ~ *polviin (nilkkoihin)*
reach the knees (ankles); *(vedestä ym) (m)*
be knee- (ankle)-deep; *(ruohosta ym)* be
knee- (ankle)-high; *(vaat)* be knee-
(ankle)-length; *sen vaikutukset -vat kauas
tulevaisuuteen* its effects will reach far
into the future.

ulottu||**mattomi**|**ssa** *(-in)* out of (beyond) [a
p.'s] reach **-vil**|**la** *(-le, -ta)* within [a p.'s]
reach *(m kuv);* within range (of the guns
tykkien ~); *jkn -ta* out of a p.'s reach
-vuu|**s 1** *(geom)* dimension **2** *(vaikutusala)*
range (of a weapon *aseen* ~) **3** *(nyrkk)*
reach **4** *(kuv)* extent (of a p.'s power *jkn
vallan* ~); scope; horizon (open up new
horizons *avata uusia -ksia).*

ulpukka yellow water lily.

ulsteri ulster.

ultra||**-** ultra- (-modern *-moderni)* **-lyhy**|**t;**
-et aallot ultrashort waves; *(tav) (sg)* very
high frequency **-mariini[nsininen]**
ultramarine [blue] **-violetti** ultraviolet
-ääni ultrasound; *ultraääni*|**-** ultrasonic
(examination *-tutkimus).*

ulv||**ahtaa** yelp, give a yelp **-o**|**a 1** howl (a
wolf (the wind) howls *susi (tuuli) -o);* wail
(with sirens wailing *sireenit -en);* roar;
hoot (the foghorn hooted *sumusireeni -i);*
(koirasta ym) (~ surusta) jowl **2** *(parkua)*
bawl, howl; caterwaul; ~ *naurusta* howl
(roar) with laughter **-onta** howling,
howl[s]; wail.

ummehtu||**a** get (go) fusty **-nut** fusty,
musty, frowzy (smell *haju;* cellar *kellari);*
stale (air *ilma;* taste *maku); (tunkkainen)*
stuffy; close (air *ilma).*

um|**messa** *(-peen)* ▶ **jäätyä** *-peen* freeze
over; **kehä** *on* ~ we have come full circle;
mennä *(kulua) -peen* expire; **panna** *-peen
(tukkia)* block; **silmät** ~ with one's eyes
shut; **tie** *on* ~ the road is blocked [by
snow].

ummetus constipation; obstipation.

ummikko person who speaks only his own
language.

ummistaa; ~ *silmänsä* close one's eyes (to
jltk).

umpeutu||**a 1** *(ajasta ym)* expire; *jnk
umpeuduttua* on the expiration of **2**
(haavasta) heal up (over) **-minen**
expiration.

um|**pi;** *kysellä -met ja lammet* ask about
everything; *puhua -met ja lammet* talk
about this that and the other thing.

umpi||**auto** saloon [car]; *(Am)* sedan; closed car **-eritys** internal secretion, endocrine system; *-eritys|-* endocrine **-hanki** unbroken surface of the snow, unbeaten snow **-humalassa** dead drunk; blind drunk, stoned **-jää**; ~ssä *(koko pinnaltaan jäässä)* frozen over; *(pohjaa myöten jäässä)* frozen solid **-kuja** blind alley; *(kuv m)* dead end, impasse, deadlock; *olla* ~ssa *(joutua* ~an*)* be at (come to, reach) a dead end (an impasse); *(erik neuvotteluista)* be at (come to, reach) [total] deadlock **-kumirengas** solid-rubber tyre **-kuuro** stone-deaf **-lip|pu;** *-uin* by secret ballot **-lisäk|e** [vermiform] appendi|x *(pl m* -ces); *-keen poisto* appendicectomy, *(erik Am)* appendectomy; *-keen tulehdus* appendicit|is *(pl* -es) **-luu** solid bone **-mielinen** uncommunicative, reserved; morose **-mähkäinen** random; haphazard; *(mielivaltainen)* arbitrary; indiscriminate **-mähkään** at random; arbitrarily; indiscriminately **-nainen** closed; enclosed; *(toisesta päästä* ~*)* blind; *(ilmatiivis)* [hermetically] sealed; *(massaltaan* ~*)* solid.

umpio vacuum *(kuv* live in a vacuum *elää* ~ssa*)* ~**ida** preserve [hermetically]; can, bottle ~**tölkki** [bottling] jar.

umpi||**puu** solid wood **-rauhanen** endocrine [gland] **-sokea** stone-blind, . . blind as a bat **-solmu** overhand knot **-suolentulehdus** appendicit|is *(pl* -es) **-suol|i** 1 *(anat)* c[a]ec|um *(pl* -a), blind gut 2 *(suom ark) (-lisäke)* appendi|x *(pl m* -ces) (he had his appendix removed *häneltä leikattiin* ~); *hänen -ensa puhkesi* his appendix perforated **-tavu** *(kiel)* closed syllable **-vaunu** *(raut)* closed car.

undulaatti budgerigar; *(ark)* budgie.

uneksi||**a** dream (of, about *jstk*), have dreams (of); daydream, have daydreams; muse (over, [up]on *jstk*); *josta ei ole -ttukaan* undreamt of **-ja** [day]dreamer.

unelia||**isuus** sleepiness, drowsiness; somnolence **-s** sleepy, drowsy; *(kirj)* somnolent.

unelm||**a** dream (of, about *jstk*; it is his dream to become.. *hänen* ~*naan on tulla jksk*); daydream; *(kirj) (tav pl)* reveries (about *jstk*); *-ieni sankari* the hero of my dreams; *-iinsa vaipuneena* in a dream, lost (sunk) in [a] reverie; *toimia (sujua) kuin* ~ work (go) like a dream.

unelma||**-** dream (holiday *-loma*); dream of

a (dress *-puku*); the perfect (car *--auto*) **-maailma** dreamland, dream world.

unelmoida = *uneksia*.

unen||**horro**|**s** drowse (in a drowse *-ksessa*); *vaipua -kseen* drowse off **-näkijä** *(ennustaja)* dreamer [of dreams] **-näkö** dream **-omainen** dreamlike **-pöpperössä** still half-asleep (drowsy, sleepy), fuddled with sleep.

unet||**on** sleepless (night *yö*) **-taa** make.. sleepy; *minua* ~ I feel sleepy **-tava** drowsy **-tomuu**|**s** insomnia (suffer from insomnia *kärsiä -desta*), sleeplessness; *-desta kärsivä [henkilö]* insomniac.

unho[la]; *vaipua* ~*an* fall into oblivion.

un||**i** 1 sleep (of eight hours *kahdeksan tunnin* ~; heavy sleep *raskas* ~) 2 *(unennäkö)* dream (interpret dreams *selittää* ~*a*) ▶ *hieroa -et silmistään* rub the sleep out of one's eyes; **ilmestyä** *jklle -essa* appear to a p. in a dream; **karistaa** *-et silmistään* shake o.s. awake; **kauniita** ~*a!* pleasant (sweet) dreams! *-ten mailla* in the land of Nod; **nähdä** *-ta* dream (of, about *jstk;* do you dream at night? *näetkö öisin* ~*a?*); have a dream (dreams) (about *jstk*); *näin kummallista -ta* I had a strange dream; *näin sellaista -ta että* I dreamt that..; *nähdä pahaa -ta* have a nightmare (about *jstk*); *se oli kuin pahaa -ta* it was like a bad dream; *en saanut -ta* I couldn't get to sleep; *olla* **unessa** be asleep, be sleeping; **unissaan** in one's sleep, while asleep; *kävellä* ~*ssaan (m)* sleepwalk; *sen osaan vaikka* ~*ssani* I know that backwards; **vaipua** *-een* fall asleep; *vaipua syvään -een* sink into a deep sleep.

uni||**juoma** sleeping potion **-keko** 1 *(leik)* sleepyhead, drowsyhead 2 *(el)* dormouse **-keonpäivä** Sleepyhead Day **-kirja** dream book, book of dreams.

unikko poppy.

uni||**kuva** *(unelma)* dream; *(haave)* fantasy **-lelu** bedtime toy **-lääke** sleeping pills; sleeping medicine **-lääkemyrkytys** barbiturate poisoning **-maailma** dreamworld **-nen** sleepy, drowsy; *(kirj)* somnolent.

unioni union.

unissa||**kävelijä** sleepwalker; somnambulist **-kävely** sleepwalking; somnambulism **-puhuja** somniloquist **-puhuminen** somniloquy.

uni||**tauti** sleeping sickness **-velka;** *minulla on* ~*a* I've missed too much sleep.

universaalistua become universal.
universumi the universe.
univormu uniform ~**pukuinen** uniformed.
Unkari 1 Hungary **2** *u~ (kieli)* Hungarian **u~lainen** *a ja s* Hungarian.
unoh||du|s; *joutua -ksiin* be[come] forgotten, fall into oblivion; *kauan -ksissa ollut* long-forgotten **-taa** forget (that *että;* to do *tehdä;* a p.'s name *jkn nimi;* don't forget [to bring] your books *älä -da [tuoda] kirjojasi*); △ forget about (I forgot about her birthday (the cake in the oven) *-din hänen syntymäpäivänsä (kakun uuniin);* I'd forgotten all about his coming today *olin kokonaan -tanut että hän tulee tänään*); △ *(~ jnnk)* leave (he left his umbrella at home *hän -ti sateenvarjonsa kotiin);* leave behind; *(~ usein)* be forgetful (of one's duties *velvollisuutensa*); *(jättää tekemättä)* neglect; ~ *itsensä* forget o.s.; *-da koko juttu!* forget it, forget all about it; *olin aivan ~..* I almost forgot ..; *älä sitten -da sulkea radiota! (m)* be sure to switch off the radio! **-tavainen** forgetful **-tu|a** be forgotten; be left [behind]; *ikkuna -i auki* he forgot to shut the window; *se -i [minulta] kotiin* I left it at home **-tumaton** unforgettable.
unssi ounce, *(lyh)* oz.
untuva *(tav) ~t (sg)* down ~**inen** downy ~**peitto** eiderdown, duvet ~**pilvi** cirrus cloud ~**tyyny** down pillow.
untuvikko [newly-hatched] chick.
uom|a *(joen ym ~)* bed, channel; *(vako)* furrow; *elämä palasi entisiin -iinsa* life returned to normal.
upea splendid; magnificent, stately (house *talo*), grand, gorgeous *(m ark)* (girl *tyttö*); *(pred)* great (wouldn't it be great if.. *eikö olisi ~ta jos..*); super; *(Br)* dashing, smashing.
upokas crucible.
upoksi|ssa *(-in)* under water, underwater, submerged, immersed; *painaa (painua) -in* sink under water, submerge.
uponnut sunken (ship *laiva*).
up|ota sink (in the snow *lumeen*); *(laivasta m)* go down; *ajoneuvot -posivat liejuun* the vehicles [got] bogged in the mud; *tähän hankkeeseen on -onnut paljon rahaa* they have sunk a lot of money in this project.
upottaa 1 sink (a ship *laiva;* in the bog *suohon;* one's nails into *kyntensä jhk*) **2** put (sink) under water; immerse (in

boiling water *kiehuvaan veteen);* submerge; *(kastaa)* dip (in[to] *jhk*) **3** *(olla upottava)* be squashy (squelchy, slushy) **4 a)** *(koristaa jalokivin)* set (a diamond in timantti *jhk;* a crown set with rubies *kruunu johon on -ettu rubiineja*), mount (in *jhk*); **b)** *(koristaa upotuksin)* inlay (gold in[to] *kultaa jhk;* a th. with *jhk jtk*) **5** *(rak ym)* (~ seinätasoon) build in[to]; fit ..flush (a socket *pistorasia*); embed (in concrete *betoniin*) **6** *(atk)* insert.
upottaa boggy, soggy, squashy; soft and wet; ~ *suo* quagmire *(m kuv).*
upotu|s *(koriste~)* inlay (of gold *kulta~*); *-ksin*   *koristeltu*   inlaid; *norsunluu-upotuksin koristeltu* ..inlaid with ivory ~**kaste** immersion ~**tila** *(atk)* inset mode.
upouusi brand-new; spanking new.
uppiniskainen obstinate, stubborn, headstrong; *(halv)* mulish, pigheaded.
uppo||ama; *laiva jonka ~ on 7 000 tonnia* a ship with a displacement of 7000 tons **-amaton** unsinkable **-kantaruuvi** countersunk screw **-kuumennin** immersion heater **-muna** poached egg **-puu** sunken log, sinker, snag **-rikas** immensely (enormously) rich; *olla ~ (m)* be rolling in it (money) **-utua** *(kuv); ~ jhk* become absorbed in, lose o.s. in *(ks m vaipua).*
upseeri officer ~**kerho** officers' club ~**kokelas** officer candidate.
ur|a 1 groove; *(vako)* furrow; *(~ tiessä)* rut; *aukoa uusia -ia* blaze a trail; break new ground; *suuntautua uusille -ille* turn in new directions, seek new channels **2** *(virka- ym ~)* career; *antautua jllk ~lle* take up the profession of, enter on a career as; *hänen ~nsa tanssijana oli ohi* he was finished as a dancer; *olla ~nsa huipulla* be at the peak of one's career **4** *(atk)* track.
uraani uranium.
uraauurtava trailblazing, pathbreaking; pioneering (do pioneering work on *tehdä ~a työtä jnk parissa*).
urah||dus, -taa growl, snarl (at *jklle*).
urak|ka 1 contract; *(kappale- ym ~)* piecework; *tehdä töitä -alla* work by the piece **2** *(kuv)* job (I took on the job of doing *otin -akseni tehdä*), task; *(raskas työ)* [hard] job (quite a job *aikamoinen ~*) ~**hinta** contract price; piece[work] rate ~**palk|ka;** *tehdä töitä -alla* be paid by the piece (on a piecework basis) ~**sopimus**

contract; piecework agreement **~tarjous** tender *(ks m tarjous 1)* **~työntekijä** pieceworker.

urakoitsija contractor.

Ural[vuoret] the Urals, the Ural Mountains.

ura‖nnuurtaja pioneer, trailblazer **-utu‖a** *(kuv)* get into a rut; *(konkr)* **-nut tie** [deeply] rutted road.

urba‖ani[nen] urban **-anistua** be urbanized.

urhea brave, courageous, *(kirj)* gallant, valiant.

urheil‖ija athlete; sports‖man, -woman; *(m)* competitor; player **-ijamainen** sportsmanlike (behavio[u]r *käytös*); athletic (body build *ruumiinrakenne*) **-la** go in for sports, like (be fond of) sports; ~ terveydellään gamble with one's health **-u** sport[s]; *(yleis~) (sg)* athletics.

urheilu‖- sports (car *-auto;* fan, enthusiast *-hullu;* field, ground *-kenttä; (san)* section, *(liik)* department *-osasto;* jacket *-pusero;* commentator *-selostaja;* equipment *-välineet)* **-autoilija** racing driver **-henki** [good] sportsmanship **-housut** [running] shorts, trunks **-kalastus** sport fishing (angling) **-kilpailu[t]** athletic contest (competition), sports meeting **-laji** sport; *(yleisurheilu~)* event **-lentäjä** sports (amateur) pilot **-liitto** athletic[s] federation **-llinen** sporty; athletic **-lähetys** *(m)* sportscast **-paita** sports shirt; *(hihaton ~) (Br)* singlet **-puisto** *(pl)* sports grounds; *(Am m)* sport[s] park **-päivä** sports day, *(Am)* field day **-seura** athletic (sports) club (association) **-tunti** physical education class **-vaatteet** sports clothes; *(liik)* sportswear.

urheus bravery, courageousness; gallantry, valiance.

urhoolli‖nen heroic *(adv ~*ally); *(rohkea)* brave, courageous; *(kirj)* valiant, gallant **-suus** heroism; *(erik sot)* valo[u]r; bravery, gallantry **-suusmitali** medal [awarded] for valo[u]r (bravery).

urista growl, snarl (at *jklle*).

urit‖taa groove **-us** grooving.

urkki‖a spy, pry about, snoop around; ~ tietoonsa ferret out; ~ toisten asioita snoop into other people's affairs **-ja** spy, snooper.

urku‖- organ (case *-kaappi;* loft *-parvi;* pipe *-pilli)* **-harmoni** harmonium **-ri** organist.

urologia urology.

uros male.

uros‖- male (animal *-eläin);* *(lintu~) (m)* cock (sparrow *-varpunen).*

urotyö heroic (brave) deed, feat [of valo[u]r].

urp‖iainen *(el)* mealy redpoll **-u** catkin.

uruguaylainen *a ja s* Uruguayan.

urut *(sg)* [pipe] organ.

use‖a *(~t)* many (of them ~t heistä; people ~t ihmiset; a few survived but many were killed jotkut selvisivät mutta ~t saivat surmansa);* △ a large number of, numbers of, a great many, *(ark)* a lot of, lots of; several (times ~an kertaan; thousand marks -ita tuhansia markkoja); △ (eri)* various (for various reasons *-ista syistä);* △ ~mmat, ~mpi more (than *kuin); yhä ~mmat ovat.. more and more people are..*

use‖asti = -in **-imm‖at** most (of them *heistä;* boys *pojat);* the majority (of people *ihmiset;* in the majority of instances *-issa tapauksissa);* the greater number (part) (of them *heistä)* **-immiten** in most cases, more often than not; *(enimmäkseen)* mostly; *(yleensä)* generally **-in** often; ~ esiintyvä (tapahtuva, toistuva)* frequent; *käydä ~ (m)* frequent (the library *kirjastossa); yhä -ammin* more and more often.

uskall‖ias daring (man *mies;* attempt *yritys),* bold (plan *suunnitelma);* audacious; *(vaarallinen)* risky, dangerous (it is dangerous to claim that.. *on ~ta väittää että)* **-ikko** *a ja s* daredevil **-lettu** daring; risqué **-lus** daring, boldness; courage; *häneltä puuttui ~ta tehdä..* he did not have the courage to do.. **-taa** dare (I don't dare [to] go, I dare not go *en -la mennä;* he dares to go *hän ~ mennä;* do you dare to go? dare you go? *-latko mennä?* don't you dare to touch me! *-lapas vain koskea minuun!* how dare you! *kuinka -lat!);* △ have the courage (to do *tehdä); (rohjeta)* make [so] bold [as] to (ask *kysyä); (uskaltautua)* venture (I ventured [to remark] that.. *-sin huomauttaa että..); enemmän kuin -sin toivoa* more than I had expected **-tautua** venture ([to come] out of one's hiding place *esille piilopaikastaan;* on a perilous journey *vaaralliselle matkalle).*

usko belief (in *jhk;* the belief that ~ siihen että);* faith (in God *Jumalaan);* unshakable faith in the future *järkkymätön ~ tulevaisuuteen);* [religious] creed (the

Lutheran creed *Lutherin* ~) ▶ **menettää** ~nsa *jhk* lose one's faith (belief) in; ~ **siirtää** *vuoria* faith [re]moves mountains; **tulla** ~*on* receive Christ, see the light, get religion; *hyvässä* **uskossa** in good faith; *olla* ~*ssa* believe, be a believer; *siinä* ~*ssa että* in the belief that; *saattaa* **uuteen** ~*on* give a th. a new look.

usko|a 1 a) *(~ jtk)* believe (that *että;* I don't believe him *en usko häntä;* to be true *todeksi;* believe it or not *usko tai älä*); *(luulla m)* think; **b)** *(~ jhk)* believe in (Santa Claus *joulupukkiin*); have faith in (a p. *jkh;* one's ability *kykyihinsä*), have belief in (a p.'s honesty *jkn vilpittömyyteen*); be a believer in (the power of words *sanan mahtiin*) **2** *(luovuttaa)* entrust (a th. to, a p. with *jklle jtk*); confide (the keys to *avaimet jklle*); charge; trust (one's car to *autonsa jkn käyttöön*) **3** *(paljastaa)* confide (one's dreams to *haaveensa jklle*), entrust (a secret to *salaisuus jklle*); trust (a p. with *jklle jtk*) ▶ ~ *lapsi jkn* **huostaan** [en]trust (confide) the child to a p.'s care; ~ *hyvää (pahaa) jksta* think well (poorly) of a p.; *usko* **pois!** believe me! *en ollut* ~ **silmiäni** I could hardly believe my eyes; **uskoakseni** .. I believe..; **uskoisin** *että* I should think that..; *niin* -*isin* I believe so.

uskolli||nen faithful (to *jllk); (luotettava)* loyal (to *jll'k;* subject *alamainen*); true (to *jllk;* remain true to one's principles *pysyä* -*sena periaatteilleen*); *(luja)* steadfast, staunch (supporter *kannattaja); [todellisuudelle]* ~ *kuvaus* faithful description -**suudenvala** oath of allegiance -**suus** faithfulness, loyalty (to *jllk, jtk kohtaan*); fidelity (to one's wife *vaimoaan kohtaan); (kuuliaisuus)* allegiance (to the ruler *hallitsijaa kohtaan*).

uskomat|on incredible, unbelievable (unbelievably big -*toman suuri*).

uskomus belief.

uskon||asia matter of faith -**elämä** religious life -**kappale** article of faith -**kiihko** [religious] fanaticism, religionism -**kiihkoilija** religious fanatic (zealot) -**kiihkoinen** fanatic[al] -**nollinen** religious.

uskonnon||harjoitus religious worship -**opetus** religious instruction -**vapaus** religious freedom, freedom of religion.

uskonnot||on irreligious -**tomuus** irreligion.

uskon||opillinen dogmatic -**puhdistaja** reformer -**puhdistus** the Reformation

-**puolustaja** apologist -**riita** religious controversy -**sota** religious war.

uskonto religion ~**kunta** religion, religious group ~**tunti** scripture lesson, religious class.

uskon||tunnustus confession [of faith]; creed, credo *(pl* ~s) -**veli** brother in faith, fellow believer.

uskotella; ~ *jklle jtk* [try to] make a p. (lead a p. to) believe a th., mislead a p. into believing a th.; ~ *itselleen että* imagine that; try to convince o.s. that..; ~ *olevansa* imagine o.s. to be.

uskot||on I *a* **1** unfaithful, faithless (to *jklle;* husband *aviomies*); disloyal; untrue (to *jllk*); false **2** *(usk)* unbelieving; faithless **II** *s (usk)* unbeliever -**tava** *(tav pred)* credible (sound credible *kuulostaa* ~*lta*); believable (explanation *selitys); (todennäköinen)* plausible -**tavuus** credibility; plausibility -**telu** *(kuvittelu)* imagination -**tomuus** unfaithfulness; disloyalty (to *jtk kohtaan); (erik aviollinen* ~*)* infidelity -**tu I** *a* trusted, intimate (friend *ystävä); (lak)* ~ *mies* trustee **II** *s* intimate (the king's intimates *kuninkaan* -*ut*), confidant, *(fem)* confidante; *ottaa* -*ukseen* take .. into one's confidence.

uskoutua; ~ *jklle* confide in, take .. into one's confidence; ~ *huolissaan jklle* confide one's troubles to.

uskovai|nen I *a* believing, religious, devout; pious **II** *s* believer, -*set (m)* the faithful; *harras* ~ devout Christian.

usuttaa 1 set (the dog on a p. *koira jkn kimppuun*) **2** *(klihottaa)* incite (to go out on strike *lakkoon*); urge.

usva mist; *(ohut* ~*)* haze ~**inen** misty; hazy.

utare[et] *(sg)* udder.

uteli||aisuu|s curiosity; *(liiallinen* ~*)* inquisitiveness; *olla pakahtumaisillaan* -*desta* be burning with (dying of) curiosity; *[pelkkää]* -*ttaan* out of [sheer] curiosity -**as** curious; *(liian* ~*)* inquisitive; *(ark halv)* nos[e]y; *olla* ~ *kuulemaan* be curious about, be curious (anxious) to hear.

utopi||a 1 Utopia **2** utopian idea (scheme); fantasy -**stinen** utopian; *(halv)* utopistic.

utu haze, mist ~**inen** hazy, misty.

uudelleen 1 again (try again *yrittää* ~); once more; *(kirj)* anew; afresh; re|- (-consider *harkita* ~; --elect *valita* ~); *[yhä]* ~ *ja* ~ again and again, over and over again **2** *(uudella tavalla)* in a new (different) way.

uudelleen||**-** re|**-** (-assessment *-arviointi;* -arrangement *-järjestely;* --election *-valinta)* **-ajo** *(atk)* restart **-koulutus** [job] retraining; *(pol ym)* re-education **-käsittely** *(jätteiden ym ~)* recycling.

uudenaikai||**nen** modern; up-to-date; new-fashioned **-staa** modernize **-staminen** modernization **-suus** modernity.

uuden||**lainen** new, novel; new-fashioned **-tyyppinen** a new type of.

uudenvuoden||**-** New Year['s] (party *-juhla;* resolution *-lupaus)* **-aatto** New Year's Eve **-päivä** New Year's Day.

uudestisynty||**minen** rebirth *(m kuv); (teol m)* regeneration **-nyt** reborn; *olin kuin ~* I felt as if I were born again.

uu|**din** *(tav)* **-timet** curtains **~sänky** curtained bed.

uudis||**asukas** settler, pioneer; colonist **-asutus** settlement; colony **-kasvu** proliferation **-maa** new-settled land; virgin land **-raivaaja** settler, pioneer farmer **-sana** neologism.

uudista||**a 1** reform (a system *järjestelmää); (parantaa)* improve; mend; *(järjestää uudelleen)* reorganize; reshape; modernize; remodel; *uudistettu painos* revised edition; *~ metsää* restock a forest **2** = *uusia* **-ja** reformer; innovator **-minen** reform[ation].

uudistu||**a** undergo a transformation; *(elpyä)* revive; be renewed *(vrt uudistaa)* **-mat**|**on** nonrenewable (natural resources *-tomat luonnonvarat)* **-minen** regeneration; *henkinen ~* spiritual rebirth.

uudistu|**s** reform (social reforms *yhteiskunnalliset -kset;* make reforms *tehdä -ksia),* innovation (technical innovation *tekninen ~).*

uudistus||**-** reform (proposal *-ehdotus);* △ reformatory (efforts *-pyrkimykset)* **-intoinen** ..full of reforming zeal; *olla ~* be a zealous reformer **-mielinen** reformist *(m sb).*

uudistuva; *~t luonnonvarat* renewable natural resources.

uudisviljelys newly cultivated (cleared) land.

uuhi ewe.

uuma *(m ~t)* waist (round the waist *~lla).*

uumeni|**ssa** *(-in, -sta) (jnk ~)* [deep] in the bowels of (the ship (earth) *laivan (maan) ~);* in the depths of; deep inside.

uumoilla have a feeling (that *että); (~ jtk pahaa)* have a presentiment (that *että;* of *jtk).*

uuni 1 *(paistin~)* oven **2** *(lämmitys~)* stove; *lisätä puita ~in* add some wood to the fire **3** *(tekn)* furnace; *(kuivatus- ym ~)* kiln.

uuni||**-** *(keitt)* [oven-]baked (fish *-kala)* **-grilli** oven grill **-kello** oven timer **-lintu** willow warbler **-lämmin** ..fresh from the oven **-nkestävä** ovenproof **-nläm**|**pö** oven temperature; *miedossa -mössä* in a moderate oven **-perunat** baked potatoes **-tuore** ..fresh from the oven, freshly-baked; *(kuv)* brand-new; *~ lehti* paper hot from the press **-vuo**|**ka** oven dish; *-at (m) (sg)* ovenware.

uupu||**a 1** become exhausted *(ks m väsyä)* **2** *ks. puuttua; tulos jäi -maan 2 cm ennätyksestä* the throw fell 2 cm short of the record **-maton** indefatigable, untiring, tireless **-mus** exhaustion, fatigue **-nut** exhausted (by *jstk);* weary; *(pred)* tired out; wearied (with *jstk).*

uuras industrious, assiduous, hard-working **~taa** toil (at *jnk parissa),* work hard (at); persevere (at, in, with *jnk kimpussa)* **~taja** toiler **~tus** toil, hard work.

uurna 1 *(tuhka- ym ~)* urn **2** *(vaali~)* ballot box **~hautaus** urn burial **~holvi** columbari|um *(pl -a)* **~lehto** urn cemetery, cinerari|um *(pl -a).*

uurre groove; *(vako)* furrow; *(anat, geol ym)* stria *(pl ~e); (koriste- ym ~)* flute (the flutes on a column *pylvään -teet); syville -teille kulunut tie* deeply rutted road.

uur||**ros 1** = *uurre* **2** *(vaat)* neckline **-taa** groove; furrow (a face furrowed by worry and anxiety *huolten -tamat kasvot); (vaat) syvään -rettu* low|-cut, --necked, décolleté **-teinen** grooved; furrowed.

uus||**-** neo|**-** (-fascism *-fasismi;* -colonialism *-kolonialismi;* -romanticism *-romantiikka)* **-asiallisuus** functionalism **-gotiikka** Gothic Revival **-hopea** nickel (German) silver.

uu|**si** *(eri merk)* new; △ *(uudenlainen) (m)* novel (experience *elämys);* △ *(tuore) (m)* fresh (recruits *-det alokkaat;* take a fresh sheet of paper *ottaa ~ paperi);* △ *(toinen)* another (tomorrow is an another day *huomenna on ~ päivä); (uudistunut) (m)* renewed (with renewed enthusiasm *-della innolla); (moderni)* modern ▶ *~ aalto* new wave; *~* **aika** the modern times; *-den ajan historia* modern history; *aloittaa ~* **elämä** begin a new life, make a new start in life;

minä keitän -tta **kahvia** I'll make a fresh pot of coffee; *-det* **kielet** modern languages; **kuuluuko** *mitään -tta?* [is there] any news? ~ **lumi** new[ly]-fallen (new, fresh) snow; ~ **maailma** the New World; *hän on kuin* ~ **mies** he is a new man; *tämä on* **minulle** *aivan -tta* this is quite new to me; **myydä** *jk -tena (huijausmielessä)* sell a th. for new; **ostaa** *auto -tena* buy a car new; *(ark)* ottaa **uusiksi** try (take) it again; *työ meni ~ksi* I had to do the work all over again; **uusin** *ks. hakus; -den* **veroinen** good as new; *[toivottaa jklle] hyvää -tta* **vuotta!** [wish a p. a] Happy New Year! *(ks m hakus uusivuosi).*

uusi||**a** 1 renew (an attack *hyökkäys;* a library book *kirja[n laina];* one's subscription *tilaus*); △ *(toistaa)* repeat (a performance *esitys;* a mistake *virhe*); ~ *tentti* take an examination a second time; *(Br m)* resit an examination 2 *(rad, TV)* repeat, rebroadcast; *(TV m)* rerun 3 *(urh)* replay (a match *ottelu*) 4 *(lak);* ~ *rikos* relapse 5 *(korvata uudella)* replace (the worn-out parts *kuluneet osat;* the machinery in the factory *tehtaan laitteisto*); renew (one's equipment *varusteensa*); *(~ rakennus ym)* renovate; redecorate; rebuild; *(uudenaikaistaa)* modernize; *(järjestää uudelleen)* rearrange; *-ttu painos* revised edition; *-ttu malli* [completely] new model 6 = *-utua 1.*

uusiminen 1 renewal (of a licence *luvan ~*); repetition 2 replacement (of worn-out parts *kuluneiden osien ~*); renovation 3 *(lak);* rikoksen ~ recidivism; second offen|ce *(Am -se).*

uusin newest; *(viimeisin)* latest (fashions *muoti*); most recent; *tämä on ~ta uutta* this is the latest (up-to-the-minute) fashion (thing).

uusinta *(rad, TV)* repeat, rebroadcast; *(TV m)* rerun ~**ajo** *(atk)* rerun ~**ensi-ilta** revival premiere ~**esitys** *(teatt)* repeat performance ~**ottelu** rematch, return match; *(joukkuepelissä)* (m) replay ~**painos** reprint; reissue (of a postage stamp *postimerkin ~*); new printing ~**rikollinen** recidivist ~**rikollisuus** recidivism ~**tentti** *(Br)* resit ~**tilaus** *(liik)* repeat order, reorder ~**vaali** new (second) election; second ballot.

Uusi||**-Seelanti** New Zealand

u-seelantilainen *s* New Zealander.

uusiutu||**a** 1 *(toistua)* recur *(m lääk);* be renewed *(vrt uusia); hänen tautinsa -i (m)* he had (suffered) a relapse 2 *(biol)* regenerate; *(kuv)* be regenerated (reborn) 3 *(metsh)* regrow **-minen** recurrence (of an illness *taudin ~*); regeneration (of cells *solujen ~*); *(kuv)* revival; rebirth, regeneration **-va** recurrent (expenses *~t kulut;* illness *tauti*).

uusivuosi New Year; new year; *(uudenvuodenaatto)* New Year's Eve (on New Year's Eve *uutenavuotena*); *ottaa ~ vastaan* see the New Year in.

uus||**jako** *(kuv)* redistribution (of power *vallan ~*) **-kreikka** Modern (New) Greek **-köyhät** the new poor **-tuotanto** new production.

uute extract *~maa* podzol [soil].

uuti|**nen** 1 *(m -set) (sg)* news (of *jstk;* latest news *viimeiset -set;* that is good news *tuo on hyvä ~;* that is no news to me *tuo ei ole minulle mikään ~*); △ piece (item, bit) of news *(interesting* item or *news mielenkiintoinen ~)* 2 *-set (~lähetys) (sg)* news (listen to the 8 o'clock news on radio *kuunnella klo 8:n -set radiosta;* the news is at four *-set tulevat neljältä*), news broadcast (report), newscast; *-sten pääaiheet* news headlines, summary of the news.

uutis||- news (matter *-aineisto;* value *-arvo*) **-ankkuri** anchor|man, -person **-woman** **-katsaus** newsreel **-kuvaaja** press photographer **-kynny|s;** *-ksen ylittävä* newsworthy **-leipä** new-crop bread, bread from new rye **-lähetys** news broadcast, newscast **-sulku** news blackout (about *jtk koskeva ~*) **-sähke** [news] cable **-tenlukija** newscaster, news announcer; *(Br m)* newsreader **-toimisto** news (press) agency **-toimitus** *(~huone)* newsroom.

uutta||**a** extract (from *jstk*); *(~ perkoloimalla; maaper)* leach **-minen** extraction.

uutter||**a** hard-working, industrious, assiduous **-uus** industriousness, industry, assiduity.

uuttukyyhky stock dove.

uutuudenviehätys charm (attraction) of novelty.

uutuu|**s** 1 newness (shine of newness *-den kiilto*); novelty (of *jnk ~*); *-ttaan kiiltävä auto* shiny new car 2 *(uusi tuote)* novelty (the novelties of the season *kauden -det*);

new model; *kirjamarkkinoiden -det* new (latest) publications, new and forthcoming books; *syksyn [muoti]-det* the latest in autumn fashions.

uuvuksi|ssa *(-in)* exhausted (by *jstk*), tired out (with *jstk*), worn out (by); *juosta itsensä -in* run o.s. to exhaustion.

uuvutt||aa exhaust (o.s. by too much work *itsensä liialla työllä*), tire out (the long march tired him out *pitkä marssi -i hänet*); weary (a p. with questions *jku kysymyksillä*) **-ava** exhausting, tiring, wearing; *~n pitkä matka* long and wearisome journey.

uuvutustaistelu war of attrition.

uvertyyri *(mus)* overture (to *jnk* ~).

UV-hoito ultraviolet radiation therapy.

V

v, V *(kirjain)* v, V *(pl* vs, v's, Vs, V's).
V-aukko *(vaat)* V-neck.
vaa'an‖kiel‖i pointer; *(kuv)* olla -enä hold the balance; play a pivotal role (in *jssk*) **-selkä, -varsi** balance beam.
vaade claim (for *jtk koskeva* ∼).
vaahdo‖ke foam **-ta** foam, froth; *(saippuasta ym; hevosesta)* lather **-te** *(kem)* emulsion **-ttaa** lather (one's chin *leukansa;* shampoo *sampoota*); froth up; foam; *(emulgoida)* emulsify.
vaahtera maple.
vaahto foam, froth; *(saippua- ym* ∼) lather; *(pl)* [soap]suds; *(likainen* ∼) scum ∼**ava** *(*∼*inen) (m)* foamy, frothy (beer *olut);* lathery ∼**kumi** foam rubber; *(ark)* foam ∼**kylpy[aine]** bubble (foam) bath ∼**muovi** expanded (foam[ed]) plastic ∼**pesu** shampooing ∼**pää** *(*∼*päinen aalto)* whitecap, foam-crested wave ∼**sammutin** foam extinguisher.
vaait‖a level **-ustanko** level[l]ing staff *(Am* rod).
vaaka 1 [pair of] scales (weigh on the scales *punnita vaa'alla); (kuppi*∼) balance; *(iso* ∼) weighing machine; *kallistaa* ∼ *jkn eduksi (vahingoksi)* turn (tip) the scales in favo[u]r of (against); *hänen sanansa painaa vaa'assa paljon* his opinion carries a lot of weight **2** *(horosk)* Libra **3** *(voim)* scale; *(vaakaseisonta)* horizontal stand.
vaaka‖- *(-suora)* horizontal (position *--asento; (ilm)* roll **-kierre) -kuppi** pan, scale [of a balance]; *saada* ∼ *painumaan jnk puolelle* weigh down the scale in favo[u]r of **-lau‖ta;** *olla -dalla* be (hang) in the balance, be at stake; *panna -dalle* stake, risk, put .. at stake **-suora** horizontal *(m sb);* level; ∼*an* horizontally; *(sanaristikossa)* across **-taso;** ∼*ssa* in the horizontal plane, level with the horizontal.
vaakkua *(variksesta ym)* caw.
vaaksa span.
vaaksiainen crane fly; *(Br ark)*

daddy-longlegs.
vaakuna coat of arms; *(aatelis*∼*) (m)* armorial bearings; *(erik Am)* seal (of Texas *Texasin* ∼) ∼**eläin** heraldic animal (beast) ∼**kilpi** escutcheon, shield; *(vaakuna)* coat of arms ∼**tiede** heraldry.
vaalea light[-colo[u]red]; pale-colo[u]red; *(ihosta ja hiuksista)* fair, blond; *(fem)* blonde; ∼*ksi maalattu* ..painted a light colo[u]r; ∼*n sininen* light blue ∼**hiuksinen** fair-haired, blond, *(fem)* blonde ∼**ihoinen** light, fair-skinned, blond ∼**npunainen** pink ∼**verikkö** blonde ∼**verinen** blond, *(fem)* blonde.
vaale‖ntaa; ∼ *hiuksensa* have a blond rinse **-ta** lighten; turn light[er].
vaal‖i *(tav* ∼*t)* election (hold an election *pitää* ∼); poll; ∼*lla täytettävä virka* elective office; *välillinen (välitön)* ∼ indirect (direct) ballot.
vaalia cherish (the memory of *jnk muistoa); (hoivata) (m)* tend, take tender care of; ∼ *kieltä* preserve the purity of the language.
vaali‖ennuste election forecast **-gallup** [pre-]election opinion poll **-huoneisto** polling station *(Am* place); ∼*t suljettiin klo 21* the polls closed at 9 pm **-järjestelmä** electoral system **-kampanja** election (electoral) campaign **-kau‖si** *(parl)* legislative period, term; *hajottaa eduskunta kesken -tta* dissolve Parliament in midterm **-kelpoisuus** eligibility [for office] **-keskustelu** election debate **-laki** electoral law **-lautakunta** election (electoral) committee (board) **-liitto** electoral pact (alliance); *tehdä* ∼ *jnk kanssa* enter into an alliance with **-lippu** ballot [paper] -list of candidates; *(Am m)* ticket, slate **-luettelo** electoral register (roll), register of voters **-oikeutettu** ..having the right to elect; *(sb)* voter, elector **-petos** electoral rigging, rigged elections, election fraud **-piiri** electoral (election) district; *(erik ehdokkaan*

kannalta) constituency **-ruhtinas** (hist)
Elector **-salaisuus** secrecy of the polls,
secrecy of voting **-taistelu** election
(electoral) campaign **-tapa** electoral
system; *suhteellinen* ~ proportional
representation **-tulokset** election results
(returns) **-uurn**|a ballot box; *käydä -illa* go
to the polls **-voitto** election (electoral)
victory; *ylivoimainen* ~ landslide [victory],
electoral landslide **-vuosi** election year.
vaan 1 but; *ei ainoastaan* .. ~ *myös* not
only .. but [also] **2** (ark) ks. vain.
vaani|a lurk (for *jtk;* danger lurks *vaara -i*),
skulk (around the corner *kulman takana*);
(olla väijyksissä) lie in wait (ambush) (for
jtk); (~ *saalista m*) prowl [about] (for
jtk); ~ *tilaisuutta* watch for an
opportunity.
vaapertaa; [kävellä] ~ waddle.
appu|a **1** swing, sway; rock; (huojua)
wobble (the bicycle (ladder) wobbled
dangerously *pyörä (tikkaat) -i(vat)
vaarallisesti*); (hoippua) stagger **2** (kuv) =
häiiyä 2.
1 vaa..|a danger (of war *sodan* ~; the
dangers of smoking *tupakoinnin* ~t); peril
(the perils of the seas *merten* ~t);
jeopardy; (riski) hazard (full of hazards
täynnä -oja), risk (of failure
epäonnistumisen ~) ▶ **antautua** *-an*
endanger o.s., hazard one's life; *antautua
siihen* ~*an että* run the risk of; **joutua** ~*an*
run into danger; ~ **ohi!** all clear! ~ *on ohi*
the danger is over; **on olemassa** ~ *että hän*
there is a (the) danger (risk) of his..;
saattaa ~*lle alttiiksi* put .. in danger,
expose .. to danger, endanger, jeopardize;
(riskeerata) risk, hazard; *olla vaarassa* be
in danger; be at risk; **vaaratta** without
danger, safely; ~*sta* **välittämättä** reckless
of the danger.
2 vaara (maant) [northern] [tree-covered]
hill.
vaaralli|**ncn** dangerous (to *jllk;* it is
dangerous [for you] to.. *[sinun] on
-sta..*); perilous, hazardous (journey
matka); risky (undertaking *yritys*);
(haitallinen) injurious (to health
terveydelle); (turmiollinen) pernicious.
vaaran|**alainen** threatened, endangered;
precarious **-taa** endanger; put .. in danger,
expose .. to danger; imperil, jeopardize;
compromise; (riskeerata) risk, hazard; *et
-na mitään jos..* you won't run any risk
if..

vaara|**tilan**|**ne** dangerous situation;
(hätätapaus) emergency; *-teessa* in an
emergency **-ton** ..not dangerous; harmless;
(kirj) innocuous; (turvallinen) safe (for
children *lapsille*); riskless; *tehdä pommi
-tomaksi* defuse (disable) a bomb; *tehdä
vartijat -tomiksi* neutralize the guards
-vyöhyk|**e;** *-keessä* at risk, in danger.
1 vaari (isoisä) grandfather; (ark)
grandpa[pa].
2 vaari; *ottaa* ~*[n]* jstk take heed of (a
warning *varoituksesta*); seize (an
opportunity *tilanteesta*); *pitää* ~ *jstk* look
after; see to it that..
vaarna peg; (puus) dowel, pin.
vaasi vase.
vaata verify, gauge (weights and measures
mittoja ja painoja).
vaat|**e 1** [piece of] cloth **2** = ~*kappale* (ks
m -teet).
vaate||**harja** clothes brush **-huone** walk-in
clothes closet **-kaappi** wardrobe; (Am m)
clothes closet **-kappale** item (piece) of
clothing, garment **-kauppa** clothes shop;
(Am) clothing store **-kerta** outfit; set of
clothes; (vaihto~) change of clothes **-koi**
clothes moth **-komero** [built-in] wardrobe
-lappu (teatt ym) check, cloakroom ticket.
vaatelias 1 exacting (task *tehtävä;* employer
työnantaja); demanding (job *työ*);
(valikoiva) discriminating; ~ *asiakas*
demanding (sophisticated) customer; ~
maku jssk [most] discriminating taste in **2**
(turhantarkka) particular, fastidious
(about *jnk suhteen*).
vaate||**naula** [coat] peg **-naulakko** coat rack
-parsi outfit, costume, clothing **-ripustin**
[clothes (coat)] hanger **-säilö** (teatt ym)
cloakroom, (Am m) checkroom **-teollisuus**
clothing (Am garment) industry **-ttaa 1**
clothe (one's family *perheensä*) **2** (pukea)
dress **-tus** clothing **-tusosasto** [ready-made]
clothes department **-täi** body (clothes)
louse **-varasto 1** clothes store room,
clothing store **2** (jkn vaatteet) wardrobe.
vaa|**tia 1** demand (an explanation from
selitystä jklta; higher wages *enemmän
palkkaa*); (vaatimalla ~) insist (on
punctuality *täsmällisyyttä;* he insisted
that I [should] come *hän -ti minua
tulemaan*); (tivata) press (a p. for an
answer *jklta vastausta*); (~ *itselleen*)
claim (the English crown *Englannin
kruunua;* 1000 marks damages *1 000
markkaa vahingonkorvausta*); lay claim to

(a territory *maa-aluetta*); call for **2**
(edellyttää) require (great effort *suuria
ponnistuksia;* the situation requires that
everyone [should] do.. *tilanne -tii että
jokainen tekee..*); call for (skill *taitoa*);
ask (the work asks a lot of him *työ -tii
häneltä paljon*); demand; exact (care and
attention *huolenpitoa*) **3** *(tarvita)* need,
require (growing children require..
kasvavat lapset -tivat..); *(viedä)* take (too
much space *liiaksi tilaa*) ▶ ~ **liikaa**
demand too much, put one's demands too
high; ~ *liikoja jklta* ask (expect) too
much of; **onnettomuus** *-ti satoja
ihmishenkiä* the accident claimed
hundreds of lives (victims); *-din* **saada**
tavata.. I demand to see..; **vaadittaessa**
on demand; *(pyynnöstä)* on request;
vaatimalla ~ insist (on *jtk;* that *että*).
vaatimat‖on modest *(eri merk)* (about *jnk
suhteen*); *(huomiota herättämätön)*
unpretentious; *(ujon ~)* diffident (about
jnk suhteen); *(vähäpätöinen)* humble;
(vähäinen) minor (play a minor part in
näytellä ~ta osaa jssk); simple; *(ateriasta)*
frugal; *älä ole turhan ~* you mustn't be too
modest! **-tomuus** modesty; *hän on itse ~*
she is modesty personified (itself).
vaatimu‖s 1 demand (for *jtk koskeva*); *(~
saada jtk)* claim (for, on *jtk koskeva;*
territorial claims *alue-kset*) **2** *(edellytys)*
requirement (quality requirements
laatu-kset); △ *(~taso)* standard (set high
standards for *asettaa jllk suuret -kset*) ▶
asettaa *[lisä]-ksia jllk* make [extra]
demands on; **esittää** ~ make a demand (on
jklle; for *jstk*); *(korvaus- ym ~)* put
forward a claim (for *jstk*); *hänellä on
suuret -kset* he demands a great deal from;
jkn **vaatimuksesta** in response to a p.'s
demand[s]; at a p.'s request; **vastata** *-ksia*
meet the requirements; be up to standard.
vaatimustaso standard; *(pl)* requirements.
vaativa exacting (superior *esimies;* work
työ); *(tehtävästä ym)* (m) demanding *(ks
m vaatelias).*
vaatteet clothes; *(vaatetus) (sg)* clothing
(warm clothing *lämpimät ~*); **vaihtaa**
toiset ~ ylleen change.
vaatturi tailor; *~lla teetetty* tailor-made
~nliike tailor's [shop].
vadelma raspberry.
vaellus *(pl)* wanderings; hike; ramble; trek;
migration; *maallinen ~* earthly pilgrimage
~retki hiking trip, hike; *tehdä ~ jnnk* go

hiking in *~vuo|si; -det* wanderyears, years
of wandering.
vael‖taa wander, roam, range; rove;
(kuljeskella) stroll, ramble; tramp;
(retkeillä) hike; go hiking; *(matkata)*
travel; *(kävellä)* walk; make one's way
(the procession slowly made its way
towards *kulkue -si hitaasti jtk kohti*); △
(el, kansat) migrate **-tava** wandering;
(kiertelevä) itinerant; *(el, kansat)*
migratory.
vaha wax *~kabinetti (sg ja pl)* waxworks
~kangas oilcloth, wax cloth *~kenno*
honeycomb *~kuva* wax figure (model),
waxwork *~kynttilä* wax candle (taper)
~mainen waxy; ceraceous *~nkalpea* waxen
~nukke = *~kuva* *~paperi* wax[ed] paper
~s stencil *~ta* wax *~[tuli]tikku* wax match,
vesta *~tulppa (~ korvassa)* plug of wax.
vahdata watch, keep a watch on.
vahdinvaihto changing of the guard *(m kuv);*
(mer) changing of the watch.
vahingoitt‖aa *(vioittaa)* damage, *(tehdä
vahinkoa)* do (cause) damage to (a p.'s
reputation *jkn mainetta*); harm, do harm
to; *(loukata)* injure; *(olla haitallinen)* be
injurious to (health *terveyttä*) **-ua** be
damaged (by a fire *tulipalossa*), suffer
damage; *(loukkaantua)* be injured (hurt)
-umat‖on unhurt, uninjured, unharmed;
(esineestä) (m) intact; undamaged; *selvitä
jstk -tomana* survive a th. unhurt.
vahingollinen harmful (to *jllk*), injurious (to
health (a p.'s career) *terveydelle (jkn
uralle*); *(pred)* bad (for the eyes *silmille*);
noxious (chemical *kemikaali*),
detrimental.
vahingon‖ilo delight in another's
misfortune; *tuntea ~a jstk* take a
malicious pleasure (delight) in **-iloinen**
malicious **-korvaus** *(pl)* damages (pay
damages *maksaa ~ta;* for *jstk*);
compensation (receive 1000 marks in
compensation *saada 1 000 markkaa ~ta*),
indemnity **-korvausvaade** claim for
damages **-kärsijä** injured party **-laukaus**
accidental shot **-te|ko 1** [doing] damage;
sabotage; *(lapsista)* mischief; *-ossa* up to
mischief **2** *(lak)* damage [to property];
nuisance **2 -uhka, -vaara** risk.
vahin|ko 1 *(m -got)* damage (cause (do) a
lot of (great) damage to *aiheuttaa (tehdä)
paljon (suurta) ~a jllk*); *(haitta)* harm,
injury; *(tappio)* loss **2** *(onnettomuus)*
accident; *(pieni ~)* mishap (he had a small

mishap *hänelle sattui pieni ~)* ▶ *[on] ~* **että** *hän ei voi tulla* it's a pity he can't come; **miljoonien** *markkojen -got* millions of marks [worth] of damage; **sepä** *~!* what a pity! that's too bad! *olla* **vahingoksi** *jllk* be harmful (injurious) to; *jkn -goksi* to a p.'s disadvantage; **vahingossa** by accident, accidentally; *se tapahtui -gossa* it was an accident; *otin -gossa hänen hattunsa* I took his hat by mistake; *-gosta* **viisastuu** once bitten twice shy.

vah|ti 1; *olla -dissa* keep watch, be on guard, stand guard **2** *(vartija)* watchman *(ks m vartija)* **3** *(mer)* watch *~a* watch; watch over (I'll watch over your things while.. *minä vahdin tavaroitasi sillä aikaa kun..*); keep a watch on; keep an eye on; *(vartioida)* guard *~***koira** watchdog *~***mestari** *(Br)* porter, *(Am)* doorman; *(koulun ~)* caretaker; *(Am)* janitor; *(ravintolan ~)* *(läh v)* doorman; *(museon ym ~)* attendant; *(kirkon ~)* verger, usher.

vahv|a 1 strong (candidate *ehdokas;* coffee *~a* kahvia; arms *~t* käsivarret); his strongest event *hänen -in lajinsa*); *(voimakas)* *(m)* powerful (glasses *~t* silmälasit); *(luja)* firm (hold on *ote jstk*); *(kestävä)* durable (clothing *~t vaatteet*); *olla -oilla* have the upper hand [over a p.]; *(etulyöntiasemassa)* have the edge on (over) a p.; be well entrenched **2** *(kiel)* strong (verb *verbi*) **3** *(paksu)* thick; heavy (wall *seinä*) *~***virta** high-tension (power) current.

vahvike reinforcement.

vahvist||aa 1 strengthen; reinforce *(m tekn, sot)*; fortify (a solution *liuosta*); *(tukea)* buttress; consolidate (one's position *asemaansa*); *(antaa voimia)* give strength; invigorate; *(tehostaa)* intensify; confirm (a p.'s suspicions *jkn epäluuloja;* a p.'s opinion that.. *jkn käsitystä että*) **2** *(sähk, äänitekn)* amplify **3** *(~ oikeaksi)* confirm (the news *uutinen [oikeaksi]*); attest; verify; corroborate; substantiate; affirm (the truth of *jnk paikkansapitävyys*) **4** *(~ jnk pätevyys)* confirm *(m parl)* (a nomination *nimitys*); ratify (a law *laki;* a treaty *sopimus*); validate; sanction (a marriage *avioliitto*) *-amat|***on** unconfirmed (rumo[u]r *huhu*); unverified; unratified; *toistaiseksi -tomien tietojen mukaan* according to reports as yet unconfirmed *-ava; ~ lääke* tonic *-***in** *(sähk)* amplifier *-***ua** strengthen, become strong[er]; gain

strength **-us 1** strengthening; reinforcement; fortification **2** *(oikeaksi ~)* confirmation; affirmation, verification, substantiation; *jnk -ukseksi* in confirmation of **3** *(päteväksi ~)* confirmation; ratification (of an agreement *sopimuksen ~*); ratification (of a treaty *sopimuksen ~*) **4** *(vahvike)* reinforcement; *(sot) -ukset* reinforcements **5** *(sähk, äänitekn)* amplification.

vahvuinen; *100 000 miehen ~ armeija* an army 100 000 strong; *10 cm:n ~ jää* ice 10 cm thick.

vahvuus 1 strenght; power (of a lens *linssin ~*) **2** *(paksuus)* thickness (of the ice *jään ~*) **3** *(mies~)* strength (of the army *armeijan ~*); the full complement (of an orchestra *orkesterin ~*).

vai or.

vaie||ntaa silence (one's opponents *vastustajansa;* a p.'s cries *jkn huudot*); still; *(tukahduttaa)* stifle *-***ta 1** *(lakata puhumasta ym)* fall silent (the guns fell silent *tykit -kenivat*); *(äänestä ym)* *(lakata)* stop, come to a stop; cease (the enemy fire ceased *vihollisen tuli -keni*); die down (all the sounds died down *kaikki äänet -kenivat*); *saada -kenemaan* silence **2** *(olla vaiti)* be (keep) silent (about, on *jstk*); *(kuv)* *(m)* pass .. over in silence; *(peitellä jtk)* hush up.

vaihdantatalous barter (exchange) economy.

vaih|de 1 *(raut)* *(pl)* points; *(erik Am)* switch **2** *(aut ym)* *(~laite)* gear (the gears of a bicycle *pyörän -teet;* in first gear *ykkös-teella*); *(~nopeus)* *(m)* speed (three forward speeds *kolme ~tta eteenpäin*) **3** *(puh)* exchange **4** *(atk)* switch ▶ *~ ei ole* **päällä** the car is not in gear (is out of gear); **suurimmalla** *-teella* in top gear; **vaihteeksi,** *-teen vuoksi* for a change; *kuun (vuoden)* **vaihteessa** at the turn of the month (year); *1600- ja 1700-luvun -teessa* at the turn of the 18th century.

vaihdelaatikko gearbox.

vaih|della I *tr* **1** = *vaihtaa* **2** *(muunnella)* vary (one's diet *ruokavaliotaan*); *(vuorottaa)* alternate II *itr* **1** *(muuttua)* vary (with *jnk mukaan;* in size *kooltaan;* opinions vary *mielipiteet -televat*); *(~ joissakin rajoissa)* *(m)* range (from .. to *jstk jhk*); fluctuate (exchange rates fluctuate *kurssit -televat*) **2** *(vuorotella)* alternate (the flood and ebb tides alternate with each other *luode ja vuoksi -televat* *[keskenään]*); succeed one another alternately (in alternation).

vaihde||**mies** *(raut)* pointsman, *(Am)* switchman **-pyörä 1** *(tekn)* gearwheel **2** *(polkupyörä)* gearshift bicycle **-pöytä** *(puh)* switchboard **-tanko** *(aut)* gear lever (stick), *(Am)* gearshift **-ttava** replaceable, changeable; *(keskenään* ~*)* interchangeable; *(valuutasta)* vapaasti ~ [freely] convertible **-vuodet** *(sg)* menopause; *(ark)* change of life; *-vuosi-* menopausal.

vaihd||**os** change (of government (climate) *hallituksen (ilmaston)* ~) **-unta** turnover (of workers *työntekijöiden* ~).

vaihe 1 stage (of development *kehitys*~*;* in three stages *kolmessa* ~*ssa*); phase (assembly phase *kokoonpano*~*;* enter [upon] a new phase in (of) *alkaa uusi* ~ *jssk*); point (at that point I realized .. *siinä* ~*essa tajusin..*); *(kausi)* period (of rest *lepo*~) **2** ~*et (sg)* history (of a nation *kansakunnan* ~*et*); vicissitudes (of his life *hänen elämänsä* ~*et*); developments *(urh* of the first half *ensimmäisen puoliajan* ~*et); (seikkailut)* adventures **3** *(sähk, fys, astr)* phase **4** *(raketin- ym* ~*)* stage ▶ *kaikissa* **elämän** ~*issa* at all stages of life; *työ on nyt* **siinä** ~*essa että* the work is now at a (the) point where..; **tässä** ~*essa* at this stage (point); *häilyä elämän ja kuoleman* **vaiheilla** hover between life and death; *olla kahden* ~*illa* be in two minds (about going *lähtisikö vai ei*); *kolmen* ~*illa* [round] about three o'clock; *vuoden 1950* ~*illa* in 1950 or thereabouts, somewhere about 1950.

vaihe||**ikas** eventful (year *vuosi*), ..full of events; varied (career *ura*); *(kirjava)* chequered, *(Am)* checkered (past *menneisyys*) **-inen** *(yhdyss)* *-stage (m avarl)* (three-stage *kolmi*~*;* multistage *moni*~) **-ittaa** divide into operations **-ittain** in stages; *ottaa* ~ *käyttöön* phase in (a new method *uusi menetelmä*); *lopettaa* ~ phase out **-kausi** period, era **-työ** production line work.

vaih|**taa 1** change (one's occupation *ammattia;* position *asentoa;* a tyre *auton rengas*); *(korvata)* replace (the old battery *tyhjä patteri*); *(siirtyä jhk)* switch (with the coming of winter they switched from the cart to the sleigh *talven tullen he -toivat kärryt rekiin*); *(~ päinvastaiseksi)* reverse (the order *jnk järjestys*) **2** *(~*

keskenään) exchange (ideas with *ajatuksia jkn kanssa;* blows *iskuja;* prisoners *vankeja*); *(ark)* swap, swop (stamps *postimerkkejä;* with *jkn kanssa*); switch (the murderer switched the glasses *murhaaja toi pikarit*) **3** *(~ jk jhk)* exchange (a th. for *jk jhk;* an article one has bought *ostamansa tavara*); change (a th. for *jk jhk*); *(ark)* swap, swop (he swapped his ball for a bat *hän -toi pallonsa mailaan*); *(erik tavaranvaihdosta)* trade (furs for gold *turkiksia kultaan*); barter (farm products for tools *maataloustuotteita työkaluihin*); *(antaa osamaksuksi)* trade in (one's car *autonsa;* for a new one *uuteen*) **4** *(~ rahaa)* change *(m rikkoa)* (a ten-mark note *kymmenen markan seteli [pienenmäksi];* into 20p pieces *kaksikymmenpennisiksi;* marks into crowns *markat kruunuiksi*); *(erik* ~ *valuuttaa)* exchange (one's marks for dollars *markkansa dollareiksi*) **5** *(~ kulkuneuvoa)* change (trains *junaa;* from a train to a bus *junasta linja-autoon*); transfer; make a change (at *jssk*) **6** *(aut ym)* change *(erik Am* shift) gear[s]; change, shift (into second gear *kakkoselle*) **7** *(urh;* ~ *[viestiä]* exchange the baton **8** *(raut)* shunt, switch (into a siding *sivuraiteelle*) ▶ *(el)* ~ **karvaa** *(höyhenpeitteensä)* shed hair (feathers), mo[u]lt; ~ **kättä** change hands; ~ **paikkaa** change one's place (seat); ~ *paikkaa [jkn kanssa]* [ex]change places (seats) [with]; ~ **pienenmälle** *(suuremmalle)* **vaihteelle** change down (up); *(kuv)* ~ **puolta** change sides; *(urh)* ~ *puolia* change ends; *(Br m)* change over; ~ **rahaksi** cash, exchange.. for cash; ~ **vaatteita** change [one's clothes]; ~ **vauva** *kuiviin* change the baby; ~ **ylleen** change into (a clean shirt *puhdas paita*).

-vaihteinen *(yhdyss)* *-speed* (ten-speed bicycle *kymmen*~ *polkupyörä*).

vaiheisto gearing, *(pl)* gears; transmission (automatic transmission *automaatti*~).

vaihtelev||**a[inen]** variable (weather *sää*); changeable (temper *mielenlaatu*); varying (with varying success ~*lla menestyksellä*); varied (diet *ruokavalio*); fluctuating (prices ~*t hinnat*); ~*a pilvisyyttä* variable cloudiness; *hänen työnsä on erittäin* ~*a* his work is full of variety **-uus** variability; *(vaihtelu)* variation.

vaihtelu 1 variation (variations in weather (public opinion) *sään (yleisen mielipiteen)* ∼*t*); *(erik tal)* fluctuation; *(vuorottelu)* alternation (of day and night *päivän ja yön* ∼); succession, rotation (of the seasons *vuodenaikojen* ∼) **2** *(virkistys)* variety (give variety to *tuoda* ∼*a jhk*); change (you need a change *tarvitset* ∼*a*); ∼ *virkistää* variety is the spice of life; ∼*n vuoksi* for a change ∼**rajat,** ∼**väli** range.

vaiht|o 1 changing; change (of oil *öljyn*∼); *(keskenään* ∼*;* ∼ *jhk)* exchange (of dollars for marks *dollarien* ∼ *markoiksi;* of opinions *mielipiteiden* ∼); interchange; replacement (of worn-out parts *kuluneiden osien* ∼); *sain siitä -dossa 100 mk* I got a 100 mk trade-in on it **2** *(liike∼)* turnover (weekly turnover *viikko∼*); *(myynti) (pl)* sales; *(kauppa∼)* [volume of] business **3** *(liikenn)* change (of train[s] *junan∼*), transfer (from .. to *jstk jhk*) **4** *(urh)* *(viestin∼)* changeover, takeover; *(juoksussa) (m)* baton [ex]change; *(jääkiekossa ym)* change [of players]; *(jalkap ym)* substitution.

vaihto||aitio *(jääkiekossa)* team bench **-alue** *(urh)* takeover zone **-asema** *(raut)* interchange *(Am* transfer) station **-auto** trade-in car **-ehto** alternative (to *jllk*); *(valinnanvara)* choice; option (zero option *nolla∼*); *minulla ei ollut muuta* ∼*a kuin* .. I had no choice but to.., he left me no alternative but to.. **-ehtoinen** alternative **-ehtoliike** alternative life style movement **-kauppa 1** *(tal)* barter[ing]; *harjoittaa* ∼*a* barter, trade by barter **2** exchange (fair exchange *reilu* ∼); *(ark)* swap, swop (do a swop *tehdä* ∼) **-kelpoinen** *(keskenään* ∼*)* interchangeable, compatible **-kurssi** exchange rate, rate of exchange **-lämpöinen** cold-blooded; poikilothermic **-mies** *(urh)* substitute **-näppäin** shift key **--oppilas** exchange student **-raha** [small] change **-suhde** *(tal); [ulkomaankaupan]* ∼ *(pl)* terms of trade **-suuntaaja** *(sähk)* inverter **-tase** *(tal)* balance of current payments **-vaatteet** *(sg)* change of clothes **-veturi** shunting engine, shunter; *(Am)* switch engine, switcher **-virta** alternating current, *(lyh)* A.C. **-väline** *(tal)* medi|um *(pl m* -a) of exchange.

vaihtu|a change (into *jksk;* the traffic lights changed *liikennevalot -ivat*); be changed; *(muuttua m)* turn ([in]to *jksk*) ▸ *hallitus -i (m)* there was a change of government;

hattumme olivat -neet our hats had been switched by mistake; **osat** *ovat -neet* the tables are turned; **varastomme** *-u nopeasti* we have a quick turnover of stock; **vuosi** *-u huomenna* tomorrow is the new year.

vaihtu||va changing; varying; variable; *neuvoston* ∼*t jäsenet* the nonpermanent members of the council **-vuus** turnover (high turnover *suuri* ∼; of the labo[u]r force *työvoiman* ∼).

vaijeri cable, wire rope.

vaikea 1 difficult (for *jklle;* he finds it difficult to.. *hänestä on* ∼*a..*); hard (for *jklle;* to understand *ymmärtää*); tough (job *työ*), *(hankala)* awkward (to handle *käsitellä*); *(vakava)* serious (illness *sairaus*) **2** *(henk) (hankala)* difficult (customer *asiakas;* at a difficult age ∼*ssa iässä*) **3** *(vaivaantunut)* embarrassed, abashed ▸ **ajat** *ovat* ∼*t* these are hard times; *(ark)* **heittäytyä** ∼*ksi* start making trouble, start playing up; **perheellä** *oli* ∼*a* the family had a hard time; *(ark, henk)* ∼ **tapaus** awkward customer.

vaikea||kulkuinen difficult (terrain *maasto*); *(tiestä ym)* almost impassable **-pääsyinen** ..difficult of access, ..difficult to reach **-selitteinen** ..difficult to explain (interpret) **-sti;** *hengittää* ∼ breathe with difficulty; ∼ *loukkaantunut* dangerously (seriously) injured **-tajuinen** ..difficult to understand; difficult (writer *kirjailija*) **-vammai|nen;** *-set* the seriously disabled.

vaikeneminen silence (on *jstk);* ∼ *on kultaa* silence is golden; ∼ *on myöntymisen merkki* silence gives consent.

vaiker||oida moan, groan (with pain *tuskissaan); (ulista)* wail; lament (a p.'s death *jkn kuolemaa*); bemoan (one's fate *kohtaloaan*) **-rus** *(m)* moan[s], groan[s].

vaikeu||s 1 difficulty (of a task *tehtävän* ∼) **2** *-det* difficulties (overcome one's difficulties *voittaa -tensa*); *(pulmat) (tav sg)* trouble (he had trouble getting the car started *hänellä oli -ksia saada auto käyntiin;* get into trouble *joutua -ksiin;* with the police *poliisin kanssa;* get a p. into trouble *saattaa jku -ksiin*); *(vaivat)* hardship[s] (the hardships of the journey *matkan -det*); *puhuminen tuotti suuria -ksia* speech was difficult for him, he spoke only with great difficulty; *vaikeuksissa* in trouble; *[taloudellisissa] -ksissa* in [financial] difficulties; in financial straits; *vaikeuksitta* without

[much] difficulty **-ttaa** make .. [more] difficult; *(haitata)* hinder; hamper (a p.'s movements *jkn liikkumista*); *(mutkistaa)* complicate; *(pahentaa)* aggravate, exacerbate **-tua** become [more] difficult; be aggravated.

vaikka 1 [al]though, even though (he likes his work even though it is badly paid *hän pitää työstään* ~ *siitä maksetaan huonosti*); as (impossible as it seems it is.. ~ *se tuntuukin mahdottomalta se on..*) **2** *(siinäkin tapauksessa että)* even if (I had been ill I would have gone *olisin ollut sairas olisin mennyt;* I'll go even if it rains *lähden* ~ *sataisi*) **3** *(~kaan)* though (he'll probably come though you never know *luultavasti hän tulee* ~ *eihän sitä koskaan tiedä)* **4** *(joskin)* if (a pleasant if a little noisy place *miellyttävä* ~*[kin]* *hieman meluinen paikka),* even if (he got a raise even if a slight one *hänen palkkansa nousi* ~ *kovin vähän)* **5** *(jos)* if (it doesn't matter if.. *ei sillä ole väliä* ~ ..) ▶ ~ **koska** [at] any time; ~ **kuinka paljon** any amount (quantity) (of *jtk*); ~ **kuinka monta** I don't know how many; ~ **kuinka yritin en pystynyt..** however (no matter how) hard I tried I couldn't..; ~ **kuka** any|body, -one; no matter who; *(mitä tehtäisiin?)* — **lähdetään** ~ **ulos** why don't we go out, we can go out if you like; ~ **missä** anywhere; *olen etsinyt sitä* ~ *mistä* I've been looking for it every place I could think of; ~ **mitä** anything; no matter what; whatever; *hän haukkui varkaaksi ja* ~ *miksi* he called me a thief and I don't know what else; *saat* ~ **viisi** you can have five if you like.

vaikku [ear]wax; cerumen.

vaikut||e influence (continental influence *mannermaiset -teet*); *-teille altis* easily influenced; *antaa -teita jllk* influence; *saada -teita jstk (jklta)* be influenced by **-elma** impression (of *jstk;* of largeness *suuruuden* ~); *(efekti)* effect (of depth *syvyys*~); *(tunne)* feeling, sensation; △ *minkä* ~*n olet siitä saanut?* what is your impression of it? *minulla on sellainen* ~ *että* I have the impression that, I am under the impression that; I have a feeling that; *sain hänestä huonon* ~*n* he impressed me unfavo[u]rably; *sain sen* ~*n että* I got the impression that.. **-in** motive (for *jnk* ~*;* act from motives of selfishness *toimia itsekkäistä -timista).*

vaikutt||aa 1 influence (a p.'s attitudes *jkn asenteisiin*): have an influence (on *jhk*); work [up]on; *siihen minä en voi* ~ that is beyond my control; affect (the rise in the price will affect us all *hinnannousu* ~ *meihin kaikkiin*); have an effect (it had a bad effect on him *se -i häneen haitallisesti*); *(myötä~)* contribute (to *jhk*) **2** *(tehota)* have an effect (on *jhk;* did the medicine have any effect? *-iko lääke?)* *(tepsiä)* act (a force acting on a body *kappaleeseen -ava voima*); *(lääkkeestä ym) [alkaa]* ~ take effect; ~ *toisiinsa* interact **3** *(tuntua jltk)* seem (genuine *aidolta*), appear (the house appeared [to be] empty *talo -i tyhjältä*); *(näyttää jltk)* look (he looks ill (like a foreigner) *hän* ~ *sairaalta (ulkomaalaiselta)*); *[minusta]* ~ *siltä että* it seems [to me] that..; ~ *siltä kuin..* it seems as if..

vaikutt||aja *(henk)* influential person; opinion leader; trend-setter **-ava 1** impressive (scene *näky*); imposing (building *rakennus*), spectacular **2** *(kem ym)* active (the active ingredient of a drug *lääkkeen* ~ *aine*), effective **-einen** *(yhdyss) (kem ym)* -acting (triple-acting *kolmi*~*;* quick-acting *nopea*~) **-ua** be impressed (by *jstk).*

vaikutukseton ..of no effect, ineffective.

vaikutu|s 1 influence (on *jhk;* under the influence of alcohol *alkoholin -ksen alaisena); (teho; seuraus)* effect (of heat on metals *lämmön* ~ *metalleihin*); action (of a drug *lääkkeen* ~*;* by the action of *jnk -ksesta); (voimakas* ~*)* impact **2** *(vaikutelma)* impression (make a great impression on *tehdä suuri* ~ *jkh*); *-ksille altis* impressionable; *hän yritti tehdä minuun -ksen* he tried to impress me (with *jllak*); *se teki minuun myönteisen -ksen* I was favo[u]rably impressed by it ~**ala** scope (sphere) of activities, range of action ~**alue 1** *(pol)* sphere of influence **2** *(aseen ym* ~*)* range **-kykyinen** potent (vaccine *rokote)* **-matka** range **-piiri =** *-alue* **-valta** influence (over *jkh*); sway; *(arvovalta)* authority (with *jkh*); prestige **-valtainen** influential; powerful **-voima 1** influence; *(viehätysvoima)* [power to] charm (she drew upon all her feminine charm *hän pani liikkeelle koko naisellisen* ~*nsa*) **2** *(teho)* potency.

vaill|a *(-e) (ilman)* without; *(kääntyy m liitteillä)* -less (shelterless ~ *suojaa)*; un-

(the question remained unanswered *kysymys jäi vastausta -e)* ▶ *kello on viittä -e [kuusi]* it is 5 [minutes] to [6]; **olla** *jtk* ~ *(m)* lack, want; be out of (work *työtä)*; **vähän** *-e 5 kg* a little less than (short of) 5 kg; *kello on vähän -e kuusi* it's almost six.

vaillinai||nen incomplete (collection *kokoelma),* imperfect (knowledge of English *englannintaito); (puutteellinen)* defective *(kiel* verb *verbi);* deficient; *(riittämätön)* insufficient, inadequate; *(osittainen)* partial **-suus** incomplet|eness, -ion, imperfection; defectiveness; insufficiency, inadequacy.

vaillinki deficit.

vaime||a 1 faint; soft (music *~ta musiikkia);* subdued (whisper *kuiskaus);* dull (thud *tömähdys);* muffled (footsteps *askelten ~ töminä)* **2** = *laimea 2* **-nnin** *(mus)* mute, sordin|o *(pl -i); (rummun ~)* muffler; *(pianossa)* damper **-ntaa 1** *(~ ääntä)* deaden (noise *melua);* muffle (a p.'s cries *jkn huudot); (tekn)* absorb **2** *(mus)* damp[en] **3** *(~ iskuja ym)* absorb (vibration *tärinää);* cushion, deaden **4** *(fys)* damp **5** *(kuv)* dampen, damp[en] down (a p.'s enthusiasm *jkn intoa);* check, curb **-ta 1** *(äänestä)* become (grow) faint[er], die away (the noise died away *melu -ni)* **2** *(fys)* damp out **3** *(laantua)* subside; abate.

vaimo wife *(pl* wives).

vain 1 only (we can only hope that.. *voimme ~ toivoa että); (pelkästään)* just (he is just an ordinary man *hän on ~ tavallinen mies;* he didn't think about it — he just did it *ei hän asiaa juuri ajatellut — hän ~ teki niin);* merely; *(yksistään)* alone (you alone can help us ~ *sinä voit meitä auttaa);* solely (solely for money ~ *rahan takia);* nothing but (a miracle can save you *ihme voi sinut pelastaa);* no-one but (he *hän)* **2** *(toivomuslauseessa)* if only (you saw (could see) how.. *näkisitpä ~ kuinka..)* **3** *(paitsi että)* only (he looks like his brother only his hair is darker *hän on veljensä näköinen tukka ~ on tummempi)* ▶ **ei** ~ *..vaan myös* not only .. but [also]; **ethän** ~ *aio lähteä?* you aren't going are you? ~ **jos** only if, on condition that, provided that; **kuka** ~ any|body, -one; **kunhan** ~ if; as long as, on condition that, provided that; *saat lainata sen kunhan ~ pidät siitä huolta* you may borrow it as long as you take good care of it; *lähdetäänkö?* —

lähdetään ~ shall we go? — why not? let's! if you like; **milloin** ~ [at] any time; **miten** ~ *[haluat]* if you like, whatever you like; *tule niin pian kuin ~ voit* come as soon as you can; **onkohan** ~? I wonder! **uskallapas** ~! do it if you dare!

vainaja dead man (person); *(kirj, lak)* the deceased; *(erik usk)* the departed; *(yhdyss)* [the] late (her late husband *hänen mies~nsa;* the late Mr. Smith *Smith-~);* ~*t* the dead; *(ylät)* the departed.

vainio field.

vaino persecution (the persecutions of Christians *kristittyjen ~t)* **~harha** delusion of persecution, delusion **~harhainen,** **~hullu** *a ja s* paranoiac; paranoid **~hulluus** paranoia; persecution complex **~oja** persecutor; *(ahdistaja)* pursuer ~|**ta** persecute (a p. for his convictions *jkta hänen vakaumuksensa takia); (ahdistaa)* pursue; *(olla jatkuvasti kimpussa)* harass; *(kuv)* haunt (I was haunted by the memory *muisto -si minua);* torment; *huono onni -si meitä* we were pursued by bad luck.

vainu scent (a keen scent *tarkka ~);* ~**ni** *sanoo että* I have a hunch that..; *saada* ~ *jstk* scent **~koira** bloodhound, *(erik kuv m)* sleuthhound **~ta** scent *(m kuv)* (the air *ilmaa);* pick up the scent of.

vaippa 1 *(viitta)* cloak **2** *(kuv)* blanket (of snow *lumi~);* shroud (of mystery *salaperäisyyden ~);* mantle (of snow *lumi~);* cloak (of darkness *pimeyden ~);* *lumi oli peittänyt maan valkoiseen ~an* the ground was blanketed with snow **3** *(vauvan~)* *(Br)* nappy, napkin; *(Am)* diaper; *vaihtaa vauvan ~ (tav)* change the baby **4** *(tekn)* jacket; casing, cover; *(kaapelin ym ~)* sheath[ing] **5** *(luodin)* jacket **~paviaani** hamadryas [baboon].

vaipu|a sink (to the ground *maahan;* into a deep sleep *syvään uneen;* into apathy *tylsyyteen);* fall (to one's knees *polvilleen;* into a trance *transsiin); (~ väsymyksestä) (m)* drop (into a chair *tuoliin); (kuv) (langeta) (m)* lapse into; *(uppoutua)* become absorbed in (one's work *työhönsä)* ▶ **ajatuksiinsa** *-neena* lost (deep, absorbed) in thought; **epätoivoon** *-neena* sunk in despair.

vaisto instinct (maternal instincts *äidilliset ~t); (taju)* sense (of locality *paikallis~);* ~**ni** *sanoo että* I feel it in my bones that..;

I have a hunch that..; ~*[je]n varassa
(ohjaama[na])* by instinct ~**mainen**
instinctive ~**maisesti** instinctively (I
instinctively glanced back *vilkaisin ~
taakseni*); *(~nvaraisesti)* by instinct (act
by instinct *toimia ~*) ~**nvarainen**
instinctive; intuitive ~**ta** sense (that *että;*
danger *vaara*), scent (trouble *pahaa*);
know (feel) instinctively (that *että*)
~**toiminta** instinctive behavio[u]r.

vaisu tame (match *ottelu*), lifeless
(performance *esitys*), spiritless;
half-hearted (attempt *yritys*); *(tylsä)* flat,
dull; *(heikko)* faint, feeble (smile *hymy*).

vaitelia‖isuus taciturnity; reticence; silence;
discretion **-s 1** *(vähäpuheinen)* taciturn;
(pidättyvä) reticent (about *jstk*);
(hiljainen) silent (on *jstk*), quiet;
(hienotunteisen ~) discreet **2** *(puhumaton)*
silent.

vaiti; *olla ~* be (keep) silent (quiet).

vaitiolo silence (on *jstk*); *(salassapito)* (m)
secrecy (rely on a p.'s secrecy *luottaa jkn
~on*), discretion ~**lupaus** vow of silence
~**velvollinen** ..bound to [professional]
secrecy ~**velvollisuus** professional secrecy
(discretion).

vaiv‖a 1 *(~nnäkö) (m ~t)* trouble (I had no
trouble with it *siitä ei ollut minulle
mitään ~a*); bother (I had a lot of bother
finding my way there *sinne löytäminen
tuotti todella ~a*) **2** *(hankaluus)*
inconvenience, discomfort; *(kiusa)*
vexation (the little worries and vexations
of life *elämän pienet huolet ja ~t*);
(rasttukset) hardships, discomforts (of the
journey *matkan ~t*); *(koettelemus)* trial **3**
(fyysinen ~) (us ~t) (sg) trouble (he has
heart trouble *hänellä -oja sydänalassa*);
complaint (complaints of old age
vanhuuden ~t); ailment; pain[s] (in the
back *selkä~t*) ► ~*lla* **hankittu**
hard-earned (money *raha*); hard-won
(victory *voitto*); *se* **kysyy** *aikaa ja ~a* it
takes time and effort; **nähdä** */paljon] ~a*
take [great] pains, take [a lot of] trouble
(with, over *jssk;* to do *jnk tekemisessä*);
go to a lot of trouble, put o.s. out; *älä
turhaan näe ~a minun takiani* please
don't go to any trouble for me; **ottaa** *jk
(jtk) ~kseen* take on; take it on o.s. to do;
palkita *jkn ~t* [re]pay (reward) a p. for his
trouble; *ei* **siitä** *mitään ~a ole* no trouble
[at all]; *hän ei ~ojaan* **säästänyt** he spared
no pains; *on* **turha** *~ yrittääkään* it is no

use even trying; *olla* **vaivaksi** *jklle* give a
p. trouble; *en haluaisi olla ~ksi mutta.*. I
don't want to be any trouble to you but..;
vaivatta without [much] difficulty
(trouble); *(kevyesti)* without effort; **vaivoin**
ks. hakus.

vaivaantu‖a be embarrassed (by *jstk*) **-nut**
embarrassed (at *jstk;* smile *hymy*), uneasy
(silence *hiljaisuus;* laugh *naurahdus*);
(pred) ill at ease.

vaivai‖nen I *a* **1** *(raajarikko)* crippled;
infirm (old and infirm *vanha ja ~*); ailing;
(köyhä) poor; *(kurja)* miserable, wretched
2 *(mitätön)* pitiful, pitiable, paltry (sum
summa); measly; *-set kymmenen markkaa*
a paltry ten marks; *-set kymmenen
sekuntia* a mere ten seconds **II** *s
(raajarikko)* cripple; *(köyhä)* poor man
(woman); *-set* the poor.

vaivais‖enluu hallux valgus **-hiiri** harvest
mouse **-koivu** dwarf birch **-ukko** poor box;
wooden 'poor boy'.

vaivalloi‖nen troublesome (child *lapsi;* task
tehtävä); trying (journey *matka*); *(työläs)*
laborious, toilsome, arduous; *(vaikea)*
difficult, hard **-sesti** *(vaivoin)* with
difficulty.

vaivan‖nä‖kö trouble [one has taken]
(thank you for all the trouble you've taken
kiitos -östäsi); *(pl)* pains, efforts (all our
efforts were in vain *kaikki ~ oli turhaa*)
-palk‖ka; *saada jtk -aksi* get .. for one's
pains (trouble).

vaiva‖ta 1 a) trouble (I am sorry to trouble
you but.. *anteeksi että -an mutta..;* he
has been troubled with a bad back since..
*kipeä selkä on -nnut häntä siitä lähtien
kun..;* can I trouble you to.. *voisinko ~
sen verran että*); △ bother (o.s. (one's
head) about *itseään (päätään) jllak*); **b)**
(kiusata) pester (flies pester the cattle
kärpäset -avat karjaa), annoy; be an
annoyance (to *jkta*); *(piinata)* torment; **c)**
(jkta -a jk) (m) suffer from (he suffers
from headaches *häntä -a päänsärky*), be
afflicted with (by); be racked by (racked
by doubts *epäilysten -ama*) **2** *(rasittaa)*
strain (one's back *selkäänsä*) **3** *(~
taikinaa ym)* knead ► *mikä* **häntä** *-a?*
what's the matter (wrong) with him? *ei
häntä mikään -a* there's nothing the
matter with him; *~ jkta* **kysymyksillä**
bother (worry, pester, plague, torment) a
p. with questions; *tapaus jäi -amaan
mieltäni* I couldn't get it out of my mind;

saanko ~ *[hetken]?* can you spare me a minute?

vaivat‖on easy; *(kitkaton)* smooth; *(sulava)* fluent; natural **-tomasti** easily, with ease; without [any (much)] difficulty; *(kevyesti)* without effort; smoothly.

vaivautua 1 *(viitsiä)* trouble (to do *tekemään*), take the trouble (you might have taken the trouble to.. *olisit sinä voinut edes ~..*), bother; *mokoman asian vuoksi ei kannata ~* it's too trivial to bother o.s. about; *älä [turhaan] vaivaudu minun takiani* don't trouble for my sake, don't go to any trouble for me, don't put yourself out for my sake **2** = *vaivaantua.*

vaivihka‖a in secret, secretly, on the quiet; unnoticed; *(salakähmäisesti)* stealthily, furtively; *vilkaista ~ jtk* take a stealthy glance at; *vilkaista ~ ympärilleen* steal a glance round **-inen** stealthy, furtive.

vaivoin 1 with [great] difficulty; *hän kykeni ~ puhumaan* he spoke with difficulty **2** *(hädin tuskin)* [only] just, scarcely, hardly.

vaivuttaa put .. into, make .. sink into (a deep sleep *syvään uneen*); ~ *uneen* lull to sleep; ~ *maahan* knock down.

vaja shed.

vajaa short (measure, weight *mitta*); scant (spoonful of *lusikallinen jtk*); incomplete (line *rivi*); shorthanded (team *joukkue*); ~*t kaksi litraa* a little less than (not quite) two litres; *köysi on 10 cm ~* the rope is 10 cm too short.

vajaa‖- under‖- (-size[d] *-mittainen; (fysiol ym)* -activity *-toiminta;* -employment *-työllisyys) (ks m ali-)* **-kykyinen** handicapped **-laatuinen** *(viallinen)* defective; *(vahingoittunut)* damaged; *(liikkeessä nuhjaantunut)* shopsoiled, *(Am)* shopworn **-lukuinen** shorthanded (team *joukkue)* **-mielinen** feebleminded, subnormal, mentally deficient **-mielisyys** feeblemindedness, mental deficiency **-älyinen** mentally deficient, ..of subnormal intelligence.

vajanainen deficient; incomplete.

vajaus 1 *(liik, tal)* deficit; *siinä on 1 000 markan ~* it shows a deficit of 1000 marks **2** *(vaillinaisuus)* deficiency (of vitamins *vitamiini~);* *(puute)* shortage; undersupply.

vajavai‖nen deficient (mentally deficient *henkisesti ~);* defective; *(epätäydellinen)* imperfect, incomplete; *(riittämätön)* insufficient; inadequate **-suus** deficiency; defectiveness; inadequacy; imperfection; insufficiency.

vaje *(tal)* deficit.

vajo‖‖ama depression, hollow **-aminen** sinking; *(kuv m)* descent **-ta** sink (up to one's knees in *polviaan myöten jhk;* into vice *syntiin;* to the level of *jnk tasolle); (kuv m)* descend to (a level *jllk tasolle;* to doing *niin syvälle että),* lower o.s. to; ~ *syvälle* sink deep *(kuv* low); *(kuv) noin syvälle en ole vielä -nnut* I never fell as low as that; *olisin halunnut ~ [häpeästä] maan alle* I was ready to sink into the ground [with shame] **-tt‖aa** *(olla upottava)* be boggy (squashy, squelchy, slushy); *hanki -i* they sank into the snow.

vakaa 1 *(kuv)* stable (government *hallitus;* conditions ~*t olot); (luja)* firm (confidence in *luottamus jhk);* fixed (belief in *usko jhk); (varma)* steadfast, steady (supporter *kannattaja); (pysyvä)* permanent; earnest; solid; ~ *käsitykseni on että* it is my firm belief that.. **2** *(konkr)* steady (hand *käsi),* stable (ladder ~*t tikkaat);* solid[ly built]; *(luja)* firm ~**nuttaa** stabilize (prices and wages *hinnat ja palkat); (tasaannuttaa)* steady ~**ntua** stabilize, become stable; *(henk)* settle down ~**sti;** *toivon ~ että* I earnestly hope that..

vakain *(ilm ym)* stabilizer.

vakanssi 1 *(avoin toimi)* vacancy, vacant post **2** *(toimi)* post, position; *(virka)* office.

vakaumu‖‖kselli‖nen convinced (supporter of *jnk ~ kannattaja);* ..based on conviction; *-sista syistä* on grounds of ethical (moral) conviction **-s** conviction[s]; *-kseni on että* it is my conviction that.., I am firmly convinced that..

vakau‖‖s 1 inspection of weights and measures **2** *(vakavuus)* stability **-ttaa** *(tal, tekn ym)* stabilize; consolidate (a debt *velka)* **-ttamispolitiikka** stabilization policy.

vakava *(eri merk)* serious; *(m)* grave (mistake *virhe); (juhlallisen ~)* solemn; *(kriittinen)* critical; *(totinen)* earnest, staunch (Christian *kristitty);* ~*ssa mielessä tehty* serious (proposal *ehdotus); pysyä ~na* keep one's gravity; *(ark)* keep a straight face ~**-aiheinen** serious (play *näytelmä)* ~**mielinen** serious[-minded].

vakavarai‖‖nen solid, well-established, financially sound, respectable (business firm *liikeyritys);* ~ *liikemies* solid businessman **-suus** solidity.

vakavasti seriously; *(vaikeasti)* *(m)* dangerously, critically (ill *sairas*); *(vilpittömästi)* earnestly; *ottaa jk* ~ take a th. seriously; ~ *otettava* serious (candidate *ehdokas*); ~ *puhuen* seriously [speaking].

vakavissa|an ▶ aikooko *hän* ~ *lääkäriksi?* is he serious about wanting to be a doctor? **olla** ~ be serious (in earnest); *(ark)* mean business; *en sanonut sitä -ni* I did not really mean it; **väitätkö** *-si että?* are you seriously claiming that..

vakavoit||taa 1 make serious (grave) **2** *(tehdä vakaaksi)* stabilize **-ua** become serious; turn grave (his face (the situation) turned grave *hänen kasvonsa (tilanne) -ui(vat)*.

vakavuus 1 seriousness, gravity (the gravity of the situation *tilanteen* ~), graveness; criticality **2** stability (of prices *hintojen* ~; of a ship *laivan* ~).

vakiin||nuttaa 1 establish (one's fame as *maineensa jnak;* a custom *tapa); (tehdä säännölliseksi)* regularize; put.. on a regular basis; normalize; fix; *(lujittaa)* consolidate (one's position *asemansa;* one's power *valtansa)* **2** *(vakaannuttaa)* stabilize **-tua 1** be settled, be established; *(henk) (asettua aloilleen)* settle down **2** *(vakaantua)* become stable **-tun|ut** established (custom *tapa),* settled; *(vakaa)* stable (conditions *-eet olot);* ~ *käytäntö* established practi|ce *(Am* -se).

vakinai||nen permanent (address *asuinpaikka;* member *jäsen);* regular (session *istunto;* income *-set tulot;* job *työpaikka);* ~ *armeija* the regular army, the standing army; *-sessa palveluksessa* in regular employment; *(sot)* in regular service.

vakio *a ja s* constant.

vakio||- 1 constant, uniform (speed *-nopeus)* **2** standard (size *-koko;* equipment, fittings *-varusteet);* △ stock (question *-kysymys;* joke *-vitsi);* △ *(vakituinen)* regular (seat, place *-paikka; (liikenn)* service *-vuoro)* **-auto** production car **-ida** standardize **-malli** standard model (design), production model **-valmisteinen** standard-made.

vakituinen regular (customer *asiakas;* place *paikka;* boyfriend *poikaystävä);* steady (girlfriend *tyttöystävä) (vrt vakinainen).*

vakka basket; bushel; ~ *kantensa valitsee* birds of a feather flock together.

vako *(maat, kuv)* furrow; *(ura)* groove.

vakoil||ija spy, [secret] agent **-la** spy (for *jkn hyväksi;* on one's neighbo[u]rs *naapureitaan);* act as a spy **-u** espionage, spying; *-u|-* espionage (organization *-järjestö)* **-usatelliitti** spy (surveillance) satellite.

vakosametti corduroy ~**housut** *(m)* corduroys.

vakuu|s security (give as [a] security *antaa -deksi); (tae)* guarantee; *(pantti)* pledge; *[pöytäkirjan] -deksi N.N.* in witness thereof N.N.

vakuutettu the insured [person]; *(Br m)* the assured.

vakuutt||aa 1 assure (I assure you that.. *voin* ~ *[sinulle] että);* affirm (to a p. that *jklle että;* one's love for *rakkauttaan jklle);* assert; *(panna vastaan)* protest (one's innocence *syyttömyyttään);* he protested that he had never.. *hän -i ettei ollut koskaan..)* **2** *(lak) [juhlallisesti]* ~ affirm (that *että)* **3** *(saada vakuuttuneeksi)* convince; be convincing (his performance (explanation) was not very convincing *hänen esityksensä (selityksensä) ei oikein -anut)* **4** *(vak)* insure (one's house *talonsa;* against *jnk varalta;* for 10000 marks *10 000 markasta);* take out insurance (an insurance policy) (on *jk); (henki~) (Br m)* assure; ~ *itsensä* insure o.s. **-autua** ascertain (that *siitä että;* the truth of *jnk todenperäisyydestä);* assure o.s. (of *jstk);* make sure (of *jstk;* to make sure that he hadn't misunderstood ~*kseen ettei ollut käsittänyt väärin)* **-ava** convincing (speech *puhe;* win *voitto),* persuasive *(speaker puhuja); (vaikuttava)* impressive; ~*lta tuntuva* plausible **-ua** convince o.s. (of *jstk),* be convinced (of); assure o.s. (of); *hän ei saanut minua -umaan siitä että* he did not convince me that **-un|ut** convinced (of *jstk;* that *siitä että),* persuaded, assured (of *jstk);* confident (I am confident that he will come *olen* ~ *että hän tulee); saada jku -eeksi jstk (siitä että)* convince (persuade) a p. of (that); *voit olla täysin* ~ *siitä että* you may rest assured that..

vakuutuksenottaja policyholder, the insured.

vakuutu|s 1 assurance (give an (one's) assurance that *antaa* ~ *siitä että;* in spite of all his assurances *kaikista -ksistaan huolimatta);* affirmation, declaration; assertion **2** *[juhlallinen]* ~ affirmation, solemn declaration; *antaa* ~ make an affirmation **3** *(vak)* insurance (fire insurance *palo~;* pay the insurance on **maksaa** *jnk* ~); *(~sopimus) (m)* [insurance] policy (my insurance policy matures next month *-kseni erääntyy ensi kuussa*); *(henki~) (Br m)* assurance; *minulla on* ~ I am insured; *ottaa* ~ take out an insurance policy, take out insurance (on *jllk*) **~arvo** insurable value; *(vakuutettu arvo)* insured value **~asiamies** insurance agent **~kelpoinen** insurable **~kirja** [insurance] policy **~maksu** [insurance] premium **~summa** sum (amount) insured, insurance (policy) amount **~yhtiö** insurance company.

vala oath (confirm by an oath *vahvistaa ~lla*) ▶ **antaa** *(vannoa)* ~ swear (take) an oath; *(ark)* **mennä** *jstk ~lle* take an oath on; swear; *menen asiasta vaikka ~lle* I could swear to it; **ottaa** *jklta* ~ swear a p. in, take an oath from; *~n velvoituksella (nojalla)* under oath; **väärä** ~ perjury, false oath; *antaa väärä* ~ perjure o.s., commit perjury.

val|aa 1 cast (a concrete pillar *betonipylväs;* glass *lasia;* cast from plastic *muovista -ettu;* a statue cast in bronze *pronssiin -ettu patsas*), mo[u]ld; *(met m)* found; *(~ jk jhk kiinni)* embed (in *jhk*); ~ *betonia* lay concrete; ~ *kynttilöitä* dip candles; ~ *lattia* lay a floor; *puku sopii kuin -ettu* the suit fits like a glove **2** *(kaataa)* pour (water on *vettä jhk*) **3** *(kuv)* infuse (enthusiasm into *intoa jkh*), inspire (a p. with confidence *luottamusta jkh*).

valaan||luu whalebone *(aineena) (m)* baleen **-pyynti** whaling, whale fishing **-pyyntialus** whaler, whaling ship **-pyytäjä** whaler **-rasva** whale (train) oil; *(ihra)* blubber.

valaehtoinen; ~ *lausunto* affidavit.

valahtaa *(solahtaa)* slip; *(pudota)* fall, drop; flop; ~ *kalpeaksi* turn pale.

valais||eva 1 luminous (flame *liekki*) **2** *(kuv)* illustrative (example *esimerkki;* of *jtk* ~), illuminating **-in** lamp, light fixture; *(erik yhdyss)* light (wall light *seinä~*); *(asennetut)* **-imet** light fittings **-ta 1 a)** light [up] (the shops were brilliantly lit up *liikkeet oli -tu kirkkaasti;* the burning house lit up the whole district *palava talo -i koko tienoon*); illuminate; ~ *jkn kasvoja lampulla* shine a torch on a p.'s face; **b)** *(antaa valoa)* give light (the lamp gives a good light *lamppu -ee hyvin*) **2** *(kuv)*

illustrate (with examples *esimerkein*), illuminate (a problem *ongelmaa*), shed (throw) light on; clarify **-tus 1** lighting (outdoor lighting *piha~*); light (the room has good light *huoneessa on hyvä* ~), illumination; *(kuv) antaa [lisä]~ta jhk* shed [new] light on; *saada ~ta asiaan* gain some light on the question **2** *(valok)* light.

valaja *(met)* founder; *(saven~)* potter.

valakka gelding.

vala||liitto confedera|cy, -tion **-liittolainen** confederate **-llinen** ..given (made) under oath; sworn (statement *lausunto*) **-miehistö** jury **-mies** juryman, juror.

valannainen cast; casting.

valantehnyt sworn (translator *kielen-kääntäjä*), officially accredited.

valapatto *s* perjurer **~inen** perjured, forsworn **~us** perjury.

valas whale.

vale = valhe.

vale||- sham (Christian *-kristitty*); △ mock (seam *-sauma*); △ false (beard *-parta*); △ *(lääk, tiet ym)* pseudo|- (-tuberculosis *-tuberkuloosi*).

valeh||della lie (to *jklle;* that *että*); tell lies (a lie) (about *jksta*); *..vai -telivatko korvani?* or do my ears deceive me? *älä -tele!* that's a lie (a pack of lies)! you're lying! **-telija** liar.

vale||hyökkäys sham (false, mock) attack **-ikkuna** *(arkkit)* blank (false, blind) window **-kuollut** apparently dead **-lause** *(atk)* dummy statement.

valella pour (water on *vettä jhk (jnk päälle)*); ~ *paistia [paistin]liemellä* baste the roast.

vale||nimi false name **-oikeudenkäynti** mock trial **-parta** false beard **-pohja** false bottom **-pu|ku** disguise; *-vussa* in disguise; *kerjäläisen -vussa* in the disguise of a beggar, disguised as a beggar; *pukeutua jkn ~un* disguise o.s. as **-pukuinen** ..in disguise **-raskaus** false pregnancy, pseudopregnancy.

valeriaana valerian.

walesilai|nen I *a* Welsh **II** *s* Welshman, Welshwoman; *-set* the Welsh.

walesin|| kieli Welsh **W- prinssi** Prince of Wales.

valhe 1 lie (barefaced lie *julkea ~;* spread lies about *levittää jksta ~ita*); *(kirj)* untruth **2** *(~ellisuus)* falsehood, falsity ▶ *~ella on lyhyet jäljet* lies have short wings; *se on ~!* that's a lie! **valkoinen** ~

white lie.

valhee|||llinen false, untrue; untruthful *(m henk)*; *(kirj)* mendacious (statement *lausunto)* **-llisuus** falsehood, falsity; untruth[fulness], mendacity **-npaljastin** lie detector.

valikko *(atk)* menu.

valikoi||da select, choose (from *jstk joukosta)*, pick [out]; *(~ karsien)* screen (applicants *hakijat)*; hand-pick **-ma** selection; choice (a big choice of *suuri ~ jtk)*; *(lajitelma)* assortment (of goods *tavara~)*, variety (a wide variety of clothes *suuri ~ vaatteita)*, range (a complete range of *täydellinen ~ jtk)* **-tu** select[ed] (audience *yleisö)*; choice (fruit *~ja hedelmiä)*; *~ja kohtia* selections (from a p.'s poetry *jkn runoudesta)* **-va** selective (reader *lukija;* about *jnk suhteen)*; *(vaativa)* discriminating (taste in *maku jnk suhteen;* buyer *ostaja)*; sophisticated.

vali|||mo foundry **-nkauha** [casting] ladle; *(kuv) ~ssa* in the melting pot.

valinna||inen optional; *(koul) ~ aine* optional subject; *(Am)* elective [subject] **-nvapaus** freedom of choice **-nvara** freedom of choice (you have no choice *sinulla ei ole ~a)*, option; *minulla ei ollut muuta ~a kuin* I had no choice but to; *myymälässämme on ~a* we have a large selection to choose from, you have several choices available.

vali|nta 1 *(-tseminen)* choosing; selecting; selection; election *(vrt valita)* **2** *(-nnan tulos)* choice (make a (one's) choice *tehdä ~;* between *jdk välillä)*; selection *(m biol)* **3** *(urh)* **-nnat** trial[s] **~koe** *(koul ym)* entrance examination **~levy** *(puh)* dial **~mahdollisuus** [possibility of] choice, option **~myymälä** self-service [store]; supermarket.

valio *s* **1** *(~koira)* champion **2** *(henk); ~t (sg)* the elite; *joukkonsa ~ (ark)* the pick of the bunch.

valio||- choice (quality *-laatu)*; △ select[ed] (group *ryhmä)*; △ outstanding (translator *-kääntäjä)*; △ crack (shot *-ampuja;* regiment *-rykmentti)* **-aines** the best men (etc); the most outstanding individuals (members of) **-jouk|ko** the elite [group]; *(sot) -ot* elite (crack) troops **-kappale** splendid (excellent) specimen, showpiece **-kirjallisuus** *(pl)* masterpieces of literature **-kunta** committee; *suuri ~* the grand committee.

valist|||aa enlighten (a p. on a subject *jkta jssk)*; instruct (a p. in *jkta jssk)*; *(sivistää)* educate; *(ark) ~ jkta* put a p. wise **-ava** enlightening; instructive (film *elokuva)*, informative **-unut** enlightened; *~ itsevaltias* enlightened despot; *~ mies* a well-educated man **-us** enlightenment *(m filos); (opetus)* instruction (sexual instruction *sukupuoli~)*; information; *(kansan~)* [popular] education; *-uksen aika* the [Age of] Enlightenment.

valistus||- educational (establishment *-laitos)*; instructional (film *-elokuva)* **-filosofi** Enlightenment philosopher.

valit|a 1 choose (from *jstk joukosta;* from among *jdk keskuudesta;* between *jdk välillä;* he was chosen [to be (as)] King *hänet -tiin kuninkaaksi)*; make a choice (make a careful choice *~ tarkkaan)*; *(valikoida)* select (a present for *jklle lahja;* the national team *maajoukkue)*; pick (pick the one you like *-se mieleisesi)*; *(määrätä)* fix on (a p. as leader *jku johtajaksi;* have you fixed on the date for the wedding yet? *oletteko jo valinneet hääpäivän?)*; *(~ mieluummin)* prefer **2** *(~ äänestyksellä)* elect (to the board of directors *johtokuntaan;* a p. [as] President *jku presidentiksi)* **3** *(puh)* dial (the wrong number *väärä numero)* **4** *(rad ym)* tune in (to a station *jk asema)* ▶ **huolellisesti** *-tu (m)* hand-picked; **valittu** *ks. hakus.; antaa jkn ~* **vapaasti** give a p. a free choice.

valitettava regrettable (mistake *virhe)*; *(surkuteltava)* deplorable; *(onneton)* unfortunate; *on [erittäin] ~a että* it is [most] regrettable that.. **~sti** unfortunately; I am afraid (Mr Jones is not in *Hra Jones ei ole tavattavissa)*, I am sorry to say (to tell you) (I cannot.. *en voi ..)*; [much] to my regret; *~!* I am afraid so; *~ ei!* I am afraid not; *~ meidän on ilmoitettava että* we regret to inform you that...

valitsija 1 chooser; selector **2** *(äänestäjä)* voter, elector **~kunta** *(puolueen ~) (pl)* supporters; *(maan ~)* electorate; *(pl)* voters; *(henkilön ~)* constituency **~mie|s** [presidential] elector; *-het (sg)* Electoral College.

valitsin selector.

valit|taa 1 *(vaikeroida)* groan (with pain *tuskissaan)*, moan (one's fate *kohtaloaan)*; *(uikuttaa)* wail; lament [over] (one's misfortune *onnettomuuttaan)*; *-tava; ks. m* *hakus.* **2** *(~ kipujaan ym)* complain of (loss of appetite *ruokahaluttomuutta*) **3** *(olla tyytymätön)* complain (about, of *jtk;* that *että;* you have nothing to complain of (about) *sinulla ei ole mitään aihetta ~*); *(ark)* moan (she is always moaning about [how].. *aina hän on -tamassa jstk (siitä kuinka)*); *(halv)* whine (about *jtk;* stop whining! *älä -a siinä!*); *(nurkua)* grumble (over, about *jtk*); *(ark)* grouse, grouch (about *jtk*); *(nähdä vikoja)* find fault (I have no fault to find with your work *minulla ei ole mitään -tamista työsi suhteen*) **4** *(tehdä valitus)* a) complain (about *jksta, jstk;* to *jklle*), make (lodge) a complaint (against *jksta*); b) *(lak)* appeal (from a decision *päätöksestä;* against a sentence *tuomiosta;* to a higher court *ylempään oikeusasteeseen*), lodge an appeal (against *jstk*) **5** *(olla pahoillaan)* be sorry ([I am] sorry but *-an mutta;* we are sorry that this should have happened *-amme tapahtunutta*); regret (one's mistake *virhettään*); *(surkutella)* deplore.

valitt|aja 1 complainer; *(halv)* whiner; *(nurkuja)* grumbler; *(ark)* grouch **2** *(lak)* appellant **-ava** *(äänestä ym)* plaintive (tune of the violin *viulun ~ ääni*), mournful; sorrowful.

valit|tu ▶ hänen *~nsa* his bride-elect, the woman of his choice; **Jumalan** *-ut* the elect of God; *~ja* **kohtia** selections (from Shakespeare *Shakespearelta*); *-ulle* **piirille järjestetyt** *kutsut* a party for a select circle (group); *muutama hyvin ~* **sana** a few well-chosen words; *N.N:n -ut* **teokset** the selected works of N.N..

valitu|s 1 *(vaikerrus)* moans, groans; wails; lamentations **2** *(tyytymättömyys)* complaining, *(pl)* complaints; *(halv)* whining (I am tired of your whining *olen kyllästynyt tuohon -kseen*); *(pl)* grumbling **3** *(~kirjelmä ym)* a) complaint (about *jstk;* against *jksta;* please direct your complaints to *osoittakaa -ksenne jklle*); *-ksen aiheet* grievances; *tehdä ~* make a complaint; b) *(lak)* *(vetoomus)* appeal (lodge an appeal *tehdä ~;* to a higher court *ylempään oikeusasteeseen*) *~kirjelmä* letter of complaint *~laulu* dirge, lament *~osasto* *(liik)* complaints department (desk) *~virsi* lamentation; *(kuv)* complaint[s]; hard-luck story.

valja|at *(sg)* harness; *-issa* harnessed **-kko** team (of dogs *koira~*); *(härkä~)* *(m)* yoke

[of oxen]; *-kon ajaja* teamster **-staa** harness *(m kuv);* ~ *hevonen vaunujen eteen* put the horse to the carriage.

val|jeta 1 break (day was beginning to break *aamu (päivä) alkoi ~*), dawn (the day dawned bright and clear *päivä -keni kirkkaana;* a new day has dawned *uusi päivä on -jennut*); *(kirkastua)* brighten [up]; *aamun -jetessa* at dawn (daybreak) **2** *(kuv)* brighten up; [begin to] look [a little] brighter (his life began to look brighter *hänen elämänsä alkoi ~*) **3** *(jklle -kenee jtk)* dawn [up]on (the truth began to dawn upon him *totuus alkoi ~ hänelle;* it suddenly dawned on me that *yhtäkkiä minulle -keni että*), become apparent; *(selvitä)* become clear[er] **4** whiten, turn (grow) white[r]; *(~ auringossa)* bleach; be bleached (by the sun *auringossa*).

valju *(kelmeä)* pallid; pale; *(kirj)* wan; *(hämärä)* dim; *(kolkko)* bleak **-us** pallor.

valkais||ematon unbleached **-ta 1** *(pap, tekst ym)* bleach **2** *(kalkita)* whitewash **3** *(puut)* blanch **-uaine** bleach.

valkama boat-shore; *(kuv, ylät)* haven.

valke||a *adj* white; *sb (tuli)* fire **-us** *(ylät, heng)* light.

valko||hapsinen hoary **-hehkuinen** white-hot **-ihoinen** *a ja s* white **-inen 1** *a* white; *-isenaan jtk* white with **II** *s* white (for whites only *vain -sille;* the Whites and the Reds *-set ja punaiset*); *-isissa* .. dressed in white **-kaarti** the White Guard **-kan|gas** screen; *(erik kuv)* silver screen (stars of the silver screen *-kaan tähdet*) **-kastike** white sauce **-kaulus|-** white-collar (worker *-työläinen*) **-naama** paleface **-pesu;** *kestää* ~n can be boiled (washed in hot water) **-pippuri** white pepper **-pyykki** white laundry, *(pl)* whites **-päämerikotka** bald (white-headed) eagle; *(USA:n vaakunassa)* American eagle **-sipuli** garlic; garlic bulb; *~lle haiseva (maistuva)* garlicky; *-sipuli|-* garlic (potatoes *-perunat;* press *-puristin;* butter *-voi*) **-sipulinkynsi** clove of garlic **-solu** white blood cell, white [blood] corpuscle; leucocyte; *(erik Am)* leukocyte **V-Venäjä** B[y]elorussia, White Russia **-venäläinen** *a ja s* B[y]elorussian, White Russian **-viikko** *(liik)* white sale **-viini** white wine **-vuokko** wood anemone **-vuoto** leucorrhoea, *(erik Am)* leukorrhea; *(ark)* whites.

valkuai||nen 1 *(munan~, silmän~)* white; *(munan~)* *(m)* egg white; albumen **2** =

seur. **-saine** protein.
vallan‖alainen dependent **-alaisuu‖s** subjection; dependence; *Novgorodin -dessa* under the sway of Novgorod **-anastaja** usurper **-anastus** seizure of power, usurpation **-himo** lust (thirst) for power **-himoinen** ..greedy for power, power-seeking **-kaappaus** coup [d'état] (*pl* coups [d'état]), takeover (military takeover *sotilas~*); *tehdä ~* stage a coup **-kaappausyritys** attempted coup.
vallankin especially, in particular.
vallankumou‖ksellinen *(konkr ja kuv) a ja s* revolutionary **-s** revolution; *(kuv) saada aikaan ~ jssk* revolutionize a th.; *-s|-* revolutionary (army *-armeija;* government *-hallitus*).
vallan‖käyttö exercise of power **-perijä** heir [to the throne]; successor **-perimys[järjesty‖s]** succession; *olla kolmantena -ksessä* be third in [order of] succession **-perimyssota** war of succession **-pitäjä** ruler, ruling power; *~t* those in power **-siirto** transfer of power **-tavoittelija** aspirant to power; pretender [to the throne] **-vaihdos** transfer of power; changing of the guard.
vallas‖henkilö person of [high] rank **-nainen** lady of rank **-sääty** the ruling class; the aristocracy, the gentry.
val‖lata 1 take (from *jklta;* a town *kaupunki*); capture (a ship *laiva;* a new market *uusia markkinoita*); seize; *(miehittää)* occupy, *(valloittaa)* conquer; *(saavuttaa)* win (o.s. a place in *itselleen paikka jssk*); *~ alaa* gain ground 2 *(kuv) (jkn -taa jk)* be filled with (he was filled with despair (joy) *hänet -tasi epätoivo (ilo)*); seize (alarm seized him *hänet -tasi levottomuus*); be seized with; be overcome with (by); *kauhun (paniikin) -taama (m)* terror- (panic)-stricken; *(ottaa valtoihinsa)* captivate 3 *(ottaa viljelykseen ym)* reclaim (land from the sea *mereltä maata*) 4 *(kaivost ym)* claim, stake a claim to.
vallaton unruly; wild.
valli embankment, bank; *(sot)* rampart, earthwork[s], bulwark **~hau‖ta** moat; *-dan ympäröimä* moated.
vallit‖|a 1 *(olla -seva, hallita)* dominate *(m biol ym)* ([over] *jtk*); predominate; be dominant (brown eyes are dominant *ruskeasilmäisyys -see*) 2 *(olla vallalla)* prevail (a custom still prevailing among them *heidän keskuudessaan yhä -seva*

tapa); *(jssk -see jk) (tav)* there is (there was silence in the room *huoneessa -si hiljaisuus*); *kaikkialla -si [täydellinen] hiljaisuus (m)* [a complete] silence reigned everywhere; *rauhan (sodan) -essa* in peacetime (wartime) **3** *(lak) (~ omaisuutta ym)* administer, manage **-sev‖a 1** dominant (system *järjestelmä;* character *ominaisuus*); predominant **2** prevailing (practice *käytäntö;* fashions *muoti*), prevalent (opinion *mielipide*); current; *-issa oloissa* in (under) the [existing] circumstances **-sevuus** [pre]dominance (over *jhk nähden*).
vallit‖|taa surround (fortify) with ramparts, rampart **-us** rampart[s], earthwork[s].
valloill‖aan *(-een) (konkr)* loose; *päästä -een* break loose; *päästää -een* let loose; *päästää mielikuvituksensa -een* give free rein to one's imagination; *tuli pääsi -een* the fire got out of control.
valloitta‖|a conquer (from *jklta;* a country *maa;* a mountain *vuori;* she conquered the man *hän valloitti miehen*); *(konkr m)* take; *(kuv m)* captivate (a p. with *jku jllak*) **-ja** conqueror **-maton** unconquerable, impregnable (fortress *linnoitus*) **-va** *(kuv)* charming, fascinating (smile *hymy;* young lady *nuori nainen*); captivating.
valloitu‖s conquest *(leik* her latest conquest *hänen uusin -ksensa) ~retki* expedition of conquest *~sota* war of conquest.
valmennus 1 *(urh ym)* training, coaching **2** *(~ kokeeseen ym)* preparation, coaching *~kurssi* preparation course, cramming course *~leiri* training camp.
valmenta‖|a 1 *(urh ym)* train; coach **2** *(~ kokeeseen ym)* prepare (a p. for entry to a school *jkta koulun pääsykokeeseen*), coach, *(ark)* cram **-ja** trainer, coach **-utua 1** train (for the Olympics *olympialaisia varten*) **2** *(~ kokeeseen ym)* prepare, *(ark)* cram (for *jhk*) **-utuminen** training; preparation.
valmi‖s 1 *(pred)* ready (for *jhk;* to do *tekemäään*); *(valmistautunut) (m)* prepared (for *jhk;* to accept defeat *hyväksymään tappionsa;* be prepared for the worst *olla -ina pahimmankin varalta); (halukas)* willing **2** *(loppuun saatu)* finished (product *tuote*); complete[d] (the portrait will soon be complete *muotokuva on pian ~*); *(pred) (m)* ready; done (the job is done *työ on ~*) **3** *(pätevyyden*

saavuttanut) qualified; trained; *onko hän jo ~ [maisteri]?* has he taken *(Am* got) his MA? ▶ **ostaa** *-ina* buy .. ready-made; **paikoillenne** *-it nyt* on your marks — [get] set — go; *saada (tehdä)* **valmiiksi** finish, get .. finished (one's work *työnsä); (ark)* get done with; *(saada kuntoon)* get .. ready.

valmis‖matka package tour, all-in tour **-puku** ready-made suit; *(Br m)* off-the-peg suit **-ruoka** convenience food[s] **-taa 1** make (by hand *käsin;* cheese is made from milk *juusto -tetaan maidosta;* made in Finland *-tettu Suomessa); (~ tehdasmaisesti)* manufacture **2** (cars *autoja);* *(tuottaa)* produce **2** *(laatia)* prepare (a meal *ateria;* a speech *puhe); ennakolta -tettu puhe* prepared speech; *-tamatta* without preparation, extempore **3** *(valmentaa ym)* prepare (the patient for the operation *potilas leikkaukseen;* a p. for a nasty surprise *jkta epämiellyttävän yllätyksen varalta)* **-taja** manufacturer; *(us yhdyss)* maker[s] (of car parts *autonosien ~;* send .. back to the makers *palauttaa ~lle)* **-tajamaa** country of manufacture **-talo** prefabricated house **-tamaton** unprepared (speech *puhe)* **-taminen** manufacture; preparation **-tautua 1** get (make) ready (for a journey *matkaan;* to do *tekemään),* prepare (to do), make preparations (for *jhk)* **2** *(~ jnk varalle)* prepare (for an attack *hyökkäyksen varalle;* we are prepared for anything to happen *olemme -neet kaikkeen),* prepare o.s. (for a surprise *yllätyksen varalle)* **3** *(valmentautua)* prepare (for an examination *kokeeseen)* **-tautumaton** unprepared (for *jhk)* **-tava** preparatory (education *koulutus;* talks *~t neuvottelut),* preliminary; *~ koulu* preparatory school.

valmiste 1 [finished] product; *~et (m)* goods; *teollisuuden ~et* manufactured goods; *suomalaista ~tta* made in Finland, Finnish-made **2** *(kem ym)* preparation (pharmaceutical preparation *lääke~)* **3** *(anat ym)* preparation, specimen *~illa* in preparation; under construction *~lla* prepare *~lu* preparation (make preparations for the wedding *tehdä hää~ja)* *~vero* excise [tax (duty)] (on tobacco *tupakka~); ~n alainen* excisable.

valmistu‖a 1 be complete[d] (the bridge was completed last year *silta -i viime*

vuonna) **2** *(henk) (~ jksk)* qualify (as a teacher *opettajaksi));* *vasta-nut* newly-qualified; *(~ jstk)* graduate (from the university *yliopistosta),* take *(Am* get) one's degree; *hän -i 5 vuodessa maisteriksi* he took (got) his MA in 5 years **-minen 1** completion **2** *(yliop ym)* graduation, completion of studies.

valmistus 1 making; manufacture (of glass *lasin~);* *(tuotanto)* production **2** preparation (of a speech *puheen ~) (vrt valmistaa).*

valmistus‖- manufacturing (costs *-kustannukset;* method *-menetelmä)* **-aine** material; *(elintarvikkeen ym) ~et* ingredients **-hinta** factory (maker's) price **-maa** country of manufacture **-ohje** *(pl)* instructions; *(keitt)* recipe **-vika** factory flaw (defect) **-vuosi** year of manufacture.

valmisvaatteet ready-made (ready-to-wear) clothes; *(Br ark)* off-the-peg clothes.

valmiu‖s 1 readiness (to help *auttamis~;* military readiness *sotilaallinen ~); (sot ym) (m)* standby (on 10-hour standby *kymmenen tunnin -dessa);* preparedness **2** *(halukkuus)* willingness; *(taipumus, kyky)* facility (for independent thought *itsenäiseen ajatteluun)* *~asem‖a* position of readiness; *(kuv) -issa* ready to go *~joukot* emergency troops *~tila* state of readiness; *~ssa (m)* on standby.

valo light (in dim light *heikossa ~ssa); (valaistus)* lighting (heating and lighting *lämpö ja ~)* ▶ *olla ~n* **edessä** stand (be) in a p.'s light; **luoda** *[uutta] ~a jhk* shed (throw) [a new] light on; **näyttää** *jklle ~a* hold a light for a p.; **saattaa** *jku huonoon ~on* put a p. in a bad light; compromise a p.; *tulla julkisuuden* **valoon** come to light, see the light [of day]; *jnk* **valossa** *(konkr)* by the light of; *(kuv)* in the light of; *epäedullisessa (väärässä) ~ssa* in an unfavo[u]rable (a false) light; *nähdä asiat oikeassa ~ssa* see things in the right light; *pitää ~a* **vasten** hold [up] .. to (against) the light.

valo‖ammus flare [light] **-diodi** light-emitting diode, *(lyh)* LED **-hoito** phototherapy, light treatment **-ilmiö** light (optical) phenomenon **-isa 1** light (room *huone;* it was still light when *oli vielä ~a kun);* well-lighted, well-lit; *(aurinkoinen)* sunny **2** *(päivänvalo)* daylight (in daylight *~lla;* before daylight *ennen ~n tuloa); ~ssa* in [full] light **3** *(kuv)* bright (smile *hymy;* future *tulevaisuus*); sunny; [cheerful and] happy (childhood *lapsuus*); optimistic; *elämän ∼t puolet* the sunny side of life; *elämän ∼t hetket* lucid intervals **-juovaluoti** tracer bullet **-kehä** halo (*pl ∼*[e]s); ring (circle) of light **-keila** beam [of light] (searchlight beam *valonheittimen ∼*); cone of light; spotlight; *julkisuuden ∼ssa* in the spotlight [of publicity] **-kemia** photochemistry **-kenno** photocell, photoelectric cell; electric eye **-kopio** photocopy **-kopioida** photocopy **-kopiokone** photocopier **-kopiopaperi** photocopy[ing] paper.

valokuv|**a** photograph (of *jstk*); photo (*pl ∼*s), picture; *(tuokio∼)* snapshot; *(ark)* snap (show one's holiday snaps *näyttää loma-iaan*); *mennä ∼an* have one's photograph taken; *ottaa jstk ∼* take a photograph (picture) of; *(ark)* snap a th. **∼-albumi** photograph album **∼amo** photographer's studio **∼malli** photographic model **∼ntarkka** photographic **∼ta** photograph, take photographs (of *jtk*) **∼uksellinen** photographic; *(-ttavaksi sopiva)* photogenic **∼us** photography; *-us*|- photographic (materials *-tarvikkeet*) **∼uskone** photographic apparatus, camera.

valo||**ladonta** filmsetting, photosetting; *(Am)* photocomposition **-mainos** illuminated advertisement (sign), neon sign **-merkki** light signal; *antaa ∼* flash a signal; *(aut)* flash one's lights (at *jklle*).

valon||**ar**|**ka 1** *(konkr)* ..that shuns the light **2** *(lääk) (silmistä)* photophobic **3** *(kuv)* shady (transactions *-at liiketoimet*), suspicious **4** = *-herkkä* **-heit**|**in 1** searchlight; *(julkisivu- ym ∼)* floodlight (the floodlights of a football pitch *jalkapallokentän -timet*); *(teatt ym)* spotlight; *-timin valaistu* flood|lit, -lighted (castle *linna*) **2** *(aut)* head|light, -lamp **-herkkä** sensitive to light, light-sensitive; *(kem, valok ym)* photosensitive **-säde** ray of light, light ray; *(kuv m)* beam of light.

valo||**-oppi** *(sg)* optics **-petroli** paraffin [oil]; *(Am)* kerosene; lamp oil **-pilkku** *(kuv)* bright spot (the only bright spot in *jnk ainoa ∼*); *(toivonkipinä)* ray (beam) of light **-pistooli** flare pistol, Very pistol **-puol**|**i** *(kuv)* positive (bright) side; *valo- ja varjopuolet* pros and cons **-raketti** flare; *(hätäraketti)* Very light **-sähkö** photoelectricity **-taulu** scoreboard **-tehosteet** light effects **-ton 1** dark,

lightless, ..without light **2** *(kuv)* gloomy, cheerless **-ttaa 1** *(valok)* expose **2** *(kuv); ∼ jtk* shed (throw) light on **-ttua** be exposed **-tus** *(valok)* exposure **-tusaika** exposure time, time of exposure **-tusmittari** exposure meter **-voima** *(fys)* luminous intensity **-voimainen** *(konkr ja kuv)* brilliant; *∼ henkilö (tähti ym)* luminary.

valp||**as** watchful, vigilant; *olla -paana (m)* be on the alert **-astua** *(m)* prick up one's ears **-paus** watchfulness, vigilance, alertness.

valss||**ata** *(met)* roll **-i 1** *(tela)* roller **2** *(tanssi)* waltz.

val|**ta 1** power (to do *tehdä jtk;* have power over *olla ∼ jhk;* I will do everything in my power *teen kaiken mikä on -lassani*); *(toimi∼)* authority; *(vaikutus∼)* influence (over *jkh*) **2** *(yli∼)* rule (under Russian rule *Venäjän -lan alla*); domination; sway (under the sway of Rome *Rooman -lan alla*) **3** *(valtio)* power (spy for a foreign power *vakoilla vieraan -lan hyväksi*); country ▶ **alistaa** *∼ansa* subdue, subjugate, subject; *(kuv)* **antaa** *∼ jllk* give way to (despair *epätoivolle*), abandon o.s. to, surrender [o.s.] to (grief *surulle*); **antautua** *tunteidensa ∼an* let o.s. be ruled by one's feelings; *(konkr)* **joutua** *jnk ∼an* fall under the domination of; be subjugated by; *(kuv)* joutua *jnk ∼an* ks. vallata 2; **luopua** *-lasta* abdicate [power], relinquish (renounce) power; **päästä** *∼an* gain (achieve) power; *olla vallalla* prevail; dominate; *-lalla oleva* prevailing (practice *käytäntö;* doctrine *oppisuunta*), prevalent (opinion *käsitys*); *olla* **vallassa** be in (hold) power; *pitää -lassaan (konkr)* rule [over]; *levottomuuden (jännityksen) -lassa* overcome by restlessness (excitement); *rikkaruohojen -lassa* overgrown with weeds; **Valloissa** *(USA:ssa)* in the States; *saada (temmata) jku* **valtoihinsa** captivate, fascinate; carry away.

valta||**-** *(vallitseva)* dominant (characteristic *-ominaisuus*), predominant (colo[u]r *-väri*); *(pää-)* main, principal, chief **--aika** period of ascendancy (hegemony) **-aja** occupier; *(tyhjän rakennuksen ∼) (m)* squatter; *(valloittaja)* conqueror **-annousu** rise to power **-asema** dominance, dominating position, supremacy **-eliitti** power elite **-istui**|**n** throne; *asettaa -melle* enthrone, place on a throne; *luopua -mesta* abdicate [the throne]; *nousta -melle* come to (ascend) the throne; *syöstä -melta* dethrone **-istuinpuhe** speech from the throne **-istuinsali** throne room **-katu** main (principal) street, thoroughfare **-kirja 1** power (letter) of attorney **2** *(äänestys~)* proxy (vote by proxy *äänestää ~lla); (läsnäolo~) (pl)* credentials **3** *(nimitys~)* letter of appointment **4** *(dipl) (pl)* credentials, letters of credence **-kunnallinen** national; nation-wide **-kunnanoikeu|s;** *asettaa syytteeseen -dessa* impeach **-kunnansovittelija** government arbitrator, state conciliator **-kun|ta** country; kingdom *(m usk, kuv); (kirj, kuv)* realm (of poetry *runouden ~);* domain; *(hist)* empire (the Frankish Empire *Frankkien ~); Kolmas ~* the Third Reich; *Jumalan ~* the Kingdom of God; *kuolleiden ~* the abode of the dead **-laki** emergency powers act, enabling act **-merentakainen** overseas; transoceanic; transatlantic **-merentutkimus** oceanography **-meri** ocean; *-meren, -meri|-* ocean (liner *-höyry[laiva]);* △ oceanic (climate *-ilmasto)* **-merialus** ocean-going ship; ocean liner **-merikalastus** deep-sea fishing **-oikeus** prerogative; *(pl)* powers **-osa** the greater part; the great (vast, overwhelming) majority (of); *~ltaan* mainly, chiefly, predominantly **-piiri** sphere of power; *(pol)* sphere of influence **-politiikka** power politics **-rakenne** power structure **-ryhmittymä** *(pol)* power bloc **-taistelu** power struggle **-tie** *(runkotie) (Br)* trunk road; *(Am)* [arterial] highway; *(päätie)* main (arterial) road.

valtaus 1 capture; seizure; occupation; conquest; *(rakennuksen ~)* sit-in, *(Am m)* lock-in **2** *(kaivost ym)* claim *(m ~alue).*

valtav||a enormous, huge; immense; vast; colossal; *(huimaava)* tremendous; *~n* enormously (rich *rikas);* tremendously (strong *volmakas)* **-uus** enormousness, hugeness, immensity.

valtaväylä artery *(m kuv).*

valti||as master; *(hallitsija)* ruler, sovereign **-atar** mistress (of the house *talon ~)* **-kka** scept|re, -er; *jkn -an alla* under the sway of.

valtimo 1 artery **2** *(pulssi)* pulse (weak (slow) pulse *heikko (hidas) ~) ~nkovetustauti* arteriosclerosis *~veri* arterial blood.

valtio state; *(hall, tal)* the State (and the Church *ja kirkko),* the Government (the expenses of the Government *~n menot)* **2** *(valtakunta)* country, nation, state ▶ *~n* **johtama** *(omistama, tukema)* state-|run (-owned, -subsidized); *~n* **kustannuksella** at the public expense; *~n* **palveluksessa** in public service, in the civil service; *~n* **virka** public office.

valtio||elin branch (organ) of government **-kalenteri** official directory (calendar) **-koneisto** machinery of the state, apparatus of government **-laiva** *(kuv); olla ~n peräsimessä* steer the ship of State **-liitto** alliance, union **-lippu** official flag **-lli|nen** State, Government, government (affairs *-set asiat); (valtakunnallinen)* national; *(vastak yksityinen)* public; *(poliittinen)* political (life *elämä); ~ poliisi (läh v)* security (secret) police; *-set vaalit* general election **-llistaa** nationalize **-llistaminen** nationalization **-mahti** state authority; *kolmas ~ (lehdistö)* the Fourth Estate **-mies** statesman **-miestaito** statesmanship **-muoto** form of government, polity.

valtion||- government, state (institution *-laitos;* monopoly *-monopoli);* △ state (school *-koulu;* forest *-metsä;* hospital *-sairaala);* △ government (grant *-apuraha;* loan *-laina)* **-apu** government (state) subsidy; *saada ~a* be subsidized by the State.

valtioneuvosto Council of State; Government; Cabinet; *~n kanslia* Prime Minister's Office.

valtion||hallinto public administration, government **-hoitaja** regent, protector **-johtoinen** state-run **-kirkko** established (state) church **-kirou|s** excommunication, ban; *julistaa -kseen* excommunicate, put .. under a ban **-pankki** national (state) bank **-päämies** head of state (the State) **-talous** public (national) economy **-tilintarkastaja** auditor of public accounts, parliamentary auditor **-vero** national tax **-yritys** state enterprise, state-owned firm.

valtiopetos [high] treason.

valtiopäivä||- parliamentary (debate *-keskustelu;* election *-vaalit)* **-järjestys** Parliament Act **-mies** delegate to the parliament, member of parliament **-t** *(sg)* Parliament (open Parliament *avata ~);* parliamentary session; *(erik hist)* diet.

valtio||rikos crime against the State **-salaisuus** state secret **-sihteeri** Secretary of State **-sopimus** convention, treaty **-sään|tö** constitution; *-nön mukainen* constitutional; *-nön vastainen* unconstitutional **-tie|de** political science; *-teen kandidaatti* Master of Political Science, *(lyh* M. Pol. Sc.) **-valta 1** *(julkinen valta)* the government **2** *(viranomaiset)* the [state] authorities **-varainministeri** Minister of Finance; *(Brit)* Chancellor of the Exchequer; *(USA)* Secretary of the Treasury **-varainministeriö** Ministry of Finance; *(Brit)* Treasury; *(USA)* Department of the Treasury **-vierailu** state (official) visit.

valtius supremacy; mastery.

valtoimenaan *(irrallaan)* loose; *(vapaasti)* free[ly]; unhindered.

valtti trumps (spades are trumps *pata on* ∼a); *(∼kortti)* trump [card] *(m kuv)* ∼**kuningas** king of trumps.

valtuu|s *(tav)* **-det** powers (of the Prime Minister *pääministerin -det)*; power; authority; authorization; *(vaaleissa saatu* ∼*)* mandate; *antaa jklle -det* authorize a p. (to do *tehdä)*; *uusi laki antoi poliisille -det..* the new law empowered the police to; *ylittää -tensa* exceed one's powers ∼**kunta** delegation; *(tal, pol m)* mission ∼**laki** emergency powers act.

valtuusto [town (city, municipal)] council ∼**ryhmä** party group.

valtuut|ettu 1 *(valtuuskunnan ym jäsen)* delegate **2** *(valtuuston jäsen)* council[l]or; *(erik Am)* councilman, council member **3** *(lak)* [legal] representative, agent **-taa** authorize, empower, give .. the power (to do *tekemään)*; *(dipl)* accredit (to *jnnk)* **-us** authorization; authority.

valu casting ∼**a 1** flow; *(virrata)* stream; *(tippua)* drip (with one's clothes dripping wet *vaatteet vettä -en)*; *kynttilä -u* the candle is running (guttering) **2** *(kuivua)* drain (let the vegetables drain *antaa vihannesten* ∼*)* **3** *(luisua)* slip ∼**rauta** cast iron ∼**ttaa** run (water into *vettä jhk)*, let .. flow (run); strain [off the water from] (the vegetables *vihannekset)*.

valuut|ta *(maan rahalaji)* currency (hard currency *kova* ∼*;* pay in local currency *maksaa paikallisella -alla)*; *(ulkomaan∼)* [foreign] exchange (sell foreign exchange *myydä* ∼*a)*.

valuutta||- [foreign] exchange (market *-markkinat;* quotation *-noteeraus;* policy *-politiikka)* **-baari** *(hotellin* ∼*)* tourist bar

-keinottelu speculation in foreign exchange **-kurssi** exchange rate, rate of exchange **-rahasto;** *Kansainvälinen* ∼ the International Monetary Fund, *(lyh)* IMF.

valve||illa awake **-uni** daydream **-utuneisuus** awareness, consciousness **-utunut** aware (politically aware person *poliittisesti* ∼ *ihminen)*, conscious.

valv|oa 1 a) *(olla hereillä)* be (stay) awake; **b)** *(olla menemättä nukkumaan)* sit up (until 2 a.m. *kahteen;* with a patient *potilaan vierellä)*, stay up, be up (all night *koko yö)* **2** *(tarkkailla)* supervise, superintend, oversee, watch over (the work *työtä;* the workers *työntekijöitä)*; monitor *(m tekn, TV ym);* *(vahtia)* keep [a] watch over; *(ohjata)* control, direct **3** *(∼ koe)* supervise; *(Br m)* invigilate ▶ ∼ **etujaan** look after one's interests; ∼ **järjestystä** maintain order; ∼ **myöhään** sit (stay) up late; *(yleensä)* keep late hours.

valvo||ja 1 *(työn ym* ∼*)* supervisor, superintendent, overseer **2** *(kokeen* ∼*)* supervisor; *(Br m)* invigilator **-mo** control room.

valvon|ta supervision; control (traffic control *liikenteen∼;* take control of *ottaa jk* ∼*ansa)*; *(silmälläpito)* surveillance (under surveillance *-nassa); jnk -nassa* under the supervision of; under control of; *(jkn vastuulla)* in a p.'s charge ∼**kamera** surveillance camera; closed-circuit television camera ∼**keskus** control centre ∼**pöytä** control console (desk) ∼**taulu** control panel (board).

valvo||ttaa; ∼ *jkta* keep a p. up (awake) **-va;** ∼ *opettaja* teacher in charge, supervising teacher.

vamm|a injury; *(haava)* wound; *(lääk)* lesion; *(lääk, psyk)* trauma *(pl m* ∼**ta)**; *saada [pahoja] -oja* be [badly] injured, receive [severe] injuries (to the legs and arms *raajoihin)*; *(erik pysyvä* ∼*)* disability, [physical] handicap; *(erik yhdyss)* defect (hearing defect *kuulo∼)* ∼**inen I** *a* disabled, [physically] handicapped **II** *s* disabled person; ∼**iset** the disabled, disabled people, handicapped persons ∼**isuus** disablement ∼**utu|a** be disabled; *(loukkaantua)* be injured; *-nut polvi* injured knee.

vamp||ata, -pi vamp.

vampyyri vampire.

vana 1 wake (in the wake of a ship *laivan*

~**ssa**; the moon's wake *kuun* ~); *(ura)* furrow **2** *(kasv)* scape ~**diini** vanadium ~**mo** *(kasv)* twinflower ~**ve|si** *(konkr ja kuv)*; *jnk -dessä* in the wake of.

vanda||ali vandal **-alimainen** vandalistic **-lismi** vandalism **-lisoida** vandalize.

vaneri *(risti~)* plywood; *(viilu)* veneer ~**levy** plywood board.

vangin||kuljetusauto prison van **-vaatteet** convict's (prison) clothes **-vartija** prison guard, jailer; *(Br m)* [prison] warder, *(fem)* wardress.

vangit||a 1 arrest, apprehend; *(panna vankilaan)* imprison, put .. in prison; *pitää -tuna* hold in captivity, keep .. prisoner **2** *(kuv)* capture (the beauty of Venice on film *Venetsian kauneus filmille*); ~ *jkn huomio (m)* arrest a p.'s attention **3** *(siepata)* grab (the ball *pallo*) **-seminen** arrest, apprehension; imprisonment **-semismääräys** warrant of arrest.

vanh|a I *a* *(yl)* old; *(m)* *(iäkäs)* aged; *(muinainen)* ancient (Greeks ~*t kreikkalaiset*); *(entinen)* former (pupils ~*t oppilaat*); *(käytetty)* second-hand (clothes *-oja vaatteita*), used (car *auto*); *(pitkäaikainen)* long-standing (tradition *traditio*); *(vanhentunut)* out-of-date (telephone directory *puhelinluettelo*) **II** *s*; ~*t [ihmiset]* old people, the old; the aged; the elderly ▶ *(hist)* ~ **aika** antiquity; ancient times; ~*an hyvään aikaan* in the good old days; **elää** ~*ksi* live to a ripe old age, live to be an old man; ~*lla* **iällä** in one's old age; ~ **kansa** old people; *(kiel)* ~*t* **kielet** classical languages; ~ **maailma** the Old World; *(san)* ~*t* **numerot** back numbers; *säästää -ojen* **päivien** *varalle* save .. against *(Am* for) one's old age; ~*in* **tavarain** *kauppa* second-hand shop; **vanhempi, vanhin** *ks. hakus.*; ~ **vitsi!** that's an old story! *kymmenen* **vuotta** ~ tcn ycars old; ten years of age, aged ten years; *kymmenen vuoden* ~ *poika* ten-year-old boy, boy of ten years; *kymmenen vuoden* ~*na* at the age of ten.

vanha||hko rather old, oldish; *(henk)* elderly **-htava** [slightly] dated (word *sana*) **-inkoti** old people's home, old-age home **-naikainen** old-fashioned; outdated, out-of-date (method *menetelmä*); ..out of date; *(halv)* antiquated; *(ajastaan jäljessä oleva)* ..behind the times **-nmallinen** obsolete **-piika** old maid, spinster **-poika**

bachelor (confirmed bachelor *piintynyt* ~) **-staan** for a long time past; *tiesin sen jo* ~ I already knew it.

vanhem||mat parents; *-pien* parental (responsibility *vastuu*); *jokaisen -man tulisi..* every parent should.. **-miten** later in life **-muus 1** *(arvoasteikossa ym)* seniority **2** parenthood.

vanhem|pi 1 *a*) older (than *kuin*); **b**) *(perhesuhteista)* elder (he is the elder of the two children *hän on lapsista* ~; he has two elder sisters *hänellä on kaksi -paa sisarta;* his elder daughter *hänen* ~ *tyttärensä*) **2** *(arvossa ym* ~) senior (to *kuin;* officer *upseeri)* **3** *(vanhanpuoleinen)* elderly (gentleman *herrasmies)* ▶ *hän on* **minua** *kaksi vuotta* ~ he is two years older than I am, he is two years senior to me (my senior); **N.N.** ~ N.N. the elder, the elder N.N., N.N. Senior *(lyh* Sr., Sen.); *18* **vuotta** *-mat* those over 18 years [of age].

vanhe||neminen 1 growing old[er]; ag[e]ing **2** *(umpeutuminen)* expiration, expiry (of a licence *luvan* ~) **3** *(lak)* limitation [of action] *(ks vanheta 4)* **-ntaa** age; make .. look old[er] **-ntun|ut 1** outdated (method *menetelmä*), out-of-date (telephone directory *puhelinluettelo*); obsolete (weapons *-eet aseet*); dated, archaic (word *sana*) **2** *(pätemätön)* expired (driving licence *ajokortti*) **3** *(lak)* statute-barred (crime *rikos;* debt *velka*), ..barred by the statute of limitations **-ta 1** grow old; age (quickly *nopeasti*) **2** *(tulla vanhanaikaiseksi)* go out of date; become obsolete; date; go out of fashion **3** *(mennä umpeen)* expire (let one's passport expire *päästää passinsa -nemaan*) **4** *(lak)* *(rikoksesta ym)* fall under (be barred by) the statute of limitations; be[come] statute-barred.

vanhi|n I *a 1* oldest; *(perheenjäsenestä)* eldest *(vrt vanhempi)* **2** *(arvossa ym* ~) [most] senior (member *jäsen)* **II** *s* **1** doyen (of the diplomatic corps *diplomaattikunnan* ~), senior member; △ elder (village elder *kylän~*) **2** *(~ lapsi)* eldest [child] (her eldest *hänen -mpansa*).

vanhoilli||nen conservative **-suus** conservatism.

vanhurska||s righteous **-us** righteousness.

vanhus old man (woman), aged man (woman); *-kset* old people, the elderly.

vanhuuden||heikko ..weak from old age,

infirm, decrepit **-heikkous** weakness due to old age, infirmity **-höperö** senile **-päiv|ät** *(sg)* old age (in one's old age *-illään*) **-turva** *(lapsesta ym)* the staff of a p.'s old age, a p.'s staff and support in his old age.

vanhuus old age ~**eläke** retirement (old-age) pension.

vanilja vanilla; *vanilja|-* vanilla (ice cream *-jäätelö;* custard, *(Am)* sauce *-kastike;* sugar *-sokeri).*

vankasti; *pysyä ~ uskossaan* be firm in one's faith, hold firm to one's faith.

vankeinhoito correctional treatment [of prisoners] ~**laitos** prison administration.

vankeu|s captivity (born in captivity *-dessa syntynyt);* *(~rangaistus)* imprisonment, confinement; *-dessa elävä* captive (animal *eläin);* *olla -dessa (m)* be held (kept) prisoner; *saada 8 kk -tta* get an 8 months' sentence; *tuomita kymmeneksi vuodeksi -teen* sentence to ten years' imprisonment ~**aika** [term of] imprisonment, prison term.

van|ki 1 *(rangaistus~)* prisoner; convict; *(asukki)* inmate **2** *(sot ym, kuv)* prisoner (political prisoner *poliittinen ~);* *(erik sot m)* captive ▶ **joutua** *[jkn] -giksi* be taken prisoner [by], be captured [by]; *(kuv)* olla ~*na jssk* be trapped (in a burning building *palavassa rakennuksessa);* **ottaa** *-giksi* take .. prisoner, capture; **pitää** ~*na* keep (hold) as a prisoner.

vanki‖karkuri escaped prisoner (convict); *(ark)* runaway **-karkuruus** prison-breaking **-koppi** prison cell.

vankila prison, jail, *(Br m)* gaol; *joutua ~an* be sent to prison; *vankilassa (vankina)* in prison (jail) ~**kapina** prison riot ~**njohtaja** prison governor; *(Am)* prison warden ~**tuomio** prison sentence.

vanki‖leiri prison camp **-siirtola** penal colony **-tyrmä** dungeon **-työ[voima]** convict labo[u]r.

vank|ka firm (chair *tuoli;* faith, belief *usko),* steady (on a steady foundation *-alla pohjalla),* staunch *(vahva)* strong; stout (branches *-at oksat);* solid (majority *enemmistö);* sturdy (horse *hevonen;* arms *-at kädet);* *(vakaa)* stable; ~ *ateria* substantial meal.

vankkumaton firm (as a rock *kuin kallio),* steady (faith *usko);* steadfast, staunch (supporter *kannattaja);* *(peräänantamaton)* unyielding; unflinching; unfailing (support *tuki),* unshakeable

(conviction *vakaumus).*

vankkuri‖karavaani wag[g]on train **-t** waggon, *(Am)* wagon.

vanne 1 *(tynnyrin ym ~)* hoop **2** *(aut ym)* [wheel] rim.

vanno|a swear (that *että;* by *jnk nimeen (kautta);* to do *tekevänsä;* fidelity to *uskollisuutta jklle);* *(~ vala)* take (swear) an oath (take one's military oath ~ *sotilasvala);* *(pyhästi vakuuttaa)* vow ▶ ~ **kostoa** *jklle* vow revenge on; **lupaan** *ja -n* I do solemnly swear; *enpä* **menisi** *-maan* I wouldn't [like to] swear to it; *-matta* **paras** better not be too sure; **voisin** *(olisin voinut) vaikka ~ että* I could swear (I could have sworn) that...

vanno‖ttaa; ~ *jkta* make a p. swear (to do *tekemään)* **-utua** swear (to do *tekemään)* **-utunut** sworn (enemy *vihollinen);* committed (socialist *sosialisti);* dedicated (dancer *tanssija);* confirmed (bachelor *poikamies);* steady (supporter *kannattaja).*

vanttera sturdy, robust, solidly built; *(lyhyt ja ~)* thickset, stocky.

vantti *(mer)* shroud.

vanu *(puuvilla~)* cotton wool; *(Am)* [absorbent] cotton ~**a** felt [up], mat, get matted ~**kas** *(keitt)* pudding ~**ke** [wood] pulp ~**puikko** cotton stick ~**ttaa** *(tekst)* mill, full.

vapa *(kal)* rod, pole.

vapa|a 1 *(yl)* free **2** *(vastak varattu)* **a)** *(tyhjä)* free (is this table free? *onko tämä pöytä ~?);* vacant (flat *huoneisto;* seat *paikka;* the toilet is vacant *WC on ~),* unoccupied; **b)** *(toimesta ym)* vacant (apply for a vacant position *hakea ~ta paikkaa);* **c)** *(henk; ajasta)* free (allow a p. a free evening *antaa jklle ilta ~ksi;* I am free in the afternoons *olen ~ iltapäivisin);* disengaged; *(~ työstä) (m)* off (take time off *pitää ~ta;* he was given the afternoon off *hän sai iltapäivän ~ta);* off duty; **d)** *(puh);* linja *on ~* the line is free; *numero ei ole ~* the number is busy **3** *(vastak vangittuna ym)* free; *(irti)* loose; *(henk) (m)* at liberty; *(karkuteillä)* at large **4** *(esteetön)* free (of ice *jäistä ~);* clear (the road is clear *tie on ~);* *(avoin)* open (water *vesi);* unobstructed (view *näköala)* **5** *(~mielinen)* free; liberal **6** *(luonteva)* uninhibited, unconstrained; natural; *(liian) ~* free (behavio[u]r *käytös)* **7** *(maksuista ym ~);* ~ *jstk* free of (all charges *kaikista maksuista);* clear of (debts *veloista ~);*

(verosta ym ~) exempt from; *(sitoumuksesta ym ~)* free from (one's obligations *velvollisuuksistaan*) **8** *(ilmainen)* free (room and board *täysihoito*) ▶ *(aut ym)* ajaa ~*lla* freewheel, coast; ~*t* **ammatit** the independent (liberal) professions; ~*lla* **jalalla** at large; ~ **kasvatus** permissive upbringing; **laskea** ~*ksi* set .. free (at liberty); *(jstk)* release (free) from; *(pol)* ~ **maailma** the Free World; ~ **pääsy** admission (entrance) free; *(~ kulkutie)* free access (to *jnnk*); ~ **sanomalehtimies** *(ym)* freelance [journalist etc.]; ~*t* **taiteet** the liberal arts; *-ita* **työpaikkoja** vacancies (for *jklle*); jobs available; *(aut)* **vaihtaa** ~*lle* put the car into neutral; *(ark) (rentoutua)* unwind, relax; *(aut) [vaihde on]* **vapaalla** [the car is] in neutral.

vapaa||**-aika** leisure [time (hours)], free time, *(joutoaika)* spare time; ~*naan* in leisure (off-duty) hours, in one's leisure (free, spare) time **--ajattelija** freethinker **--alue** *(tal)* free zone **-ehtoi**|**nen I** *a* voluntary **II** *s* volunteer *(m sot)* (for *jhk*); *astua palvelukseen -sena, ilmoittautua -seksi* volunteer **-ehtoisuu**|**s** voluntariness; *-teen perustuva* voluntary **-heitto** *(urh)* free throw **-herra** baron **-herratar** baroness **-hetk**|**i;** *-et* spare (leisure) moments (hours), off-duty hours **-ilta** free evening **-kappale** *(kirjap)* free copy; author's copy; *(arvostelijan* ~*)* review copy **-kauppa** *(tal)* free trade **-kauppaliitto;** *Euroopan* ~ the European Free Trade Association, *(lyh)* EFTA **-lippu 1** free ticket (for a concert *konserttiin*), free pass; complimentary ticket **2** *(liikenn)* [free] pass **-luistelu** free skating **-mielinen** liberal; broad-minded; tolerant **-mielisyys** liberalism; broad-mindedness; *(erik usk)* toleration **-muotoinen** free-form (application *hakemus;* sculpture *veistos*); *(epävirallinen)* informal **-muurari** Freemason **-oppilas** scholarship holder (boy, girl) **-paikka** free place **-paini** freestyle [wrestling] **-palokunta** volunteer fire-brigade **-potku** free kick **-päivä** day off, free day; *(palvelusväen* ~*) (m)* day out; *(loma-, lepopäivä)* holiday; *hänellä on maanantaina* ~ *(m)* he has Monday off; *yleinen* ~ public (national) holiday **-rahoitteinen** non-subsidized; privately financed **-satama** free port **-sti** freely; *kysykää vain* ~ please feel free to ask

questions; *saada tehdä jtk* ~ be free to do **-tunti** *(koul)* free period; *(lupa)* lesson off **-uinti** freestyle [swimming] **-valintainen** optional **-valtio** *(hist)* free state **-vuoro;** *olla* ~*ssa* be off duty.

vapahtaja the Savio[u]r, the Redeemer.

vapauden||**kaipuu** desire (longing) for freedom **V-patsas** the Statue of Liberty **-riisto** deprivation of freedom.

vapau|**s** freedom (from *jstk;* to do *tehdä;* of religion *uskonnon*~); liberty (of choice *valinnan*~; the prisoner was given his liberty *vanki sai -tensa*); △ *(toiminta~) (m)* latitude, scope; *(taiteilijan* ~*)* licen|ce, *(Am)* -se (poetic licence *runon* ~); *(vapautus jstk)* exemption (from tax *vero*~) ▶ **antaa** *jklle suuria -ksia jssk* allow a p. great liberty (latitude) in; *hän* **otti** *-den tehdä* he took the liberty of doing; *ottaa [suuria] -ksia jnk suhteen* take [great] liberties with; **päästää** *-teen* set .. free (at liberty); **vapaudessa** at liberty; in freedom; *(eläimestä) (m)* in the wild.

vapaus||**rangaistus** deprivation of liberty; imprisonment, confinement **-sota** war of independence (liberation) **-taistelija** freedom fighter.

vapaut||**ettu;** ~ *jstk (m)* exempt from (military service *asepalveluksesta)* **-taa 1** free (from a trap *ansasta;* a p. of his chains *jku kahleista;* a prisoner *vanki*); liberate (a country *maa*); *(laskea vapaaksi)* set .. free (at liberty); *(päästää jstk)* release (a spring *jousi;* from prison *vankilasta*); *(~ orjuudesta ym)* emancipate **2** *(kuv)* free from (a promise *lupauksesta*), release from (vows *lupauksista*); relieve from (all responsibility *kaikesta vastuusta*); exempt from (military service *asepalveluksesta;* customs duty *tullista;* a required course *pakollisesta kurssista*) **3** *(~ toimesta ym)* relieve (he was relieved of his duties (post) *hänet -ettiin tehtävistään (toimestaan)*); discharge (from *jstk*) **4** *(lak)* acquit (of the charge *syytteestä*); *-tava päätös* [verdict of] acquittal **5** *(~ jku vartiopaikalta ym)* relieve; ~ *edellinen vartiomies* relieve [the] guard **6** *(tal ym) (~ kontrollista ym)* raise the ban on (a film *elokuva sensuurista*); release .. from control, decontrol; permit the sale of; lift restrictions on; *(~ säännöstelystä)* take .. off the ration **7** *(fys, kem)* liberate **-taja**

(kansan ym ~*)* liberator **-taminen** *(m)* release (from prison *vankilasta*); liberation **-ua 1** ~ *jstk* **a)** be freed (liberated, released) from; be exempted (excused) from; **b)** *(päästä eroon)* free o.s. from (of); rid o.s. (get rid) of **2** *(*~ *käyttöön ym)* be[come] free (vacant) *(vrt vapaa 2)* **-uminen** *(m)* release; liberation; emancipation (from *jstk*) **-nut** *(kuv)* uninhibited, unconstrained (atmosphere *tunnelma*).

vapautus 1 liberation; release; emancipation **2** *(kuv);* ~ *jstk* exemption from (military service *asepalveluksesta*); saada ~ *asepalveluksesta* be exempted from military service ~**armeija** liberation army ~**liike** liberation movement; *naisten* ~ women's lib.

vapi∥na tremble, shudder, shivers; *(lääk)* tremor **-seva** *(m)* shaky **-sta** shake (with cold *kylmästä*), tremble (with excitement *jännityksestä;* his lips (voice) trembled *hänen huulensa (äänensä) -si(vat))*; *(*~ *kylmästä, kauhusta) (m)* shiver, shudder; *(*~ *vanhuuttaan)* dodder **-suttaa** [make ..] shake.

vappu the first (1st) of May, May Day.

vara 1 *(ylimääräinen tila ym)* allowance (for shrinking *kutistumis*~*;* of 1 cm *sentin* ~); room; margin **2** ~*t ks. hakus.* ▶ **A** **jättää** ~*a* allow (for expansion *laajentumiselle)*; **pitää** ~*nsa* be on one's guard; *(varoa)* watch, mind, take care (that *että)*; be careful; *pidä* ~*si!* watch out! *(ark)* watch it! **varal∥la** *(-le, -ta),* **vara∣ssa** *(sta, -an) ks. hakus.;* ▶ **B** *(olla varaa) minulla* **ei ole** ~*a* I can't afford (a th. *jhk;* to do *tehdä;* a holiday *lomaan;* [to buy] a car *ostaa autoa); onko sinulla* ~*a* **maksaa** *siitä 100 markkaa?* can you afford 100 marks for it? *meillä* **on** siihen ~*a* we can afford it; *siinä on* **toivomisen** ~*a* it leaves a lot to be desired; *siinä ei ole* **tulkinnan** ~*a* it allows no other explanation; *minulla ei ollut* ~*a* **valita** I had no choice.

vara∣- 1 spare (key *--avain;* shoes *-kengät*); △ *(lisä-)* extra (bus *--auto*); △ *(hätä-)* emergency; △ stand-by (generator *-generaattori;* crew *-miehistö)* **2** *(henk)* vice∣- (--admiral *--amiraali;* --chairman *-puheenjohtaja*); △ deputy (prime minister *--pääministeri*); substitute (goalkeeper *-maalivahti*).

varainhoit∥∥aja treasurer **-o** financial

administration (management) **-okausi** fiscal period **-ovuosi** financial *(Am* fiscal*)* year, budget year.

vara∥∥johtaja assistant manager, deputy director (chief) **-joukot** *(sot)* reserves, reserve forces **-järjestelmä** *(atk)* backup system **-jäsen** deputy [member], substitute.

varak∥∥as wealthy, well-to-do, well-off; rich; *(pred)* well off; *(menestyvä)* prosperous **-kuus** wealth.

vara∥∥kreivi viscount **-kreivitär** viscountess **-kuningas** viceroy.

varal∥la *(-le, -ta)* **1** *(varattuna)* in reserve; available, ready for use; *(varastossa)* in store; *(käsillä)* on hand **2** *(jnk -le t. -ta)* for (the winter *talven -le*); against (fire *tulipalon -ta)* ▶ **kaiken** *-ta (varmuuden vuoksi)* to be on the safe side, just in case; **sateen** *-ta* in case it rains (should rain); **siltä** *-ta että* [just] in case; **kaikkien** **tapausten** *-ta* for any emergency.

varallisuus wealth; *(omaisuus)* property ~**vero** wealth tax, tax on wealth.

vara∥∥mies 1 deputy, substitute; *kansanedustajan* ~ deputy (substitute) member of Parliament **2** *(urh)* substitute **-nto 1** *(liik, tal)* reserve[s] **2** *(atk)* pool **-osa** spare part **-presidentti** vice-president **-rahasto** reserve fund **-ravinto** *(biol)* stored food [material] **-rengas** spare tyre *(Am* tire) **-rik∥ko** bankruptcy *(m kuv); tehdä* ~ go bankrupt; *-on tehnyt* bankrupt.

var∣as thie∣f *(pl* -ves) ▶ **ottakaa** ~ **kiinni!** stop thief! *-kaan* **saaliiksi** *joutunut* stolen; **tilaisuus** *tekee -kaan* opportunity makes the thief.

varaslähtö false start; *ottaa* ~ make a false start, jump the gun.

vara∣ssa *(-sta, -an) (jnk* ~*)* on (live on handouts *ruoan* **avun** *almujen* ~*;* pivot on a th. *pyöriä jnk* ~*;* be based on *rakentua jnk -an)* ▶ **haju∣aistin** ~ by means of (using) its sense of smell; *(kuv)* **heittäytyä** *jnk -an* count on, bank on, pin one's hopes on; **olla** *jnk* ~ *(konkr)* rest on; *(kuv)* depend on; **joutua** **veden** *-an* fall (plunge) into water.

varastaa steal (from *jklta (jstk)); (leik, kirj)* purloin; *(kuv)* ~ *koko show* steal the show.

varasto 1 *(*~*rakennus)* warehouse, storehouse *(m kuv;* of knowledge *tieto*~*)*, store; *(*~*huone)* storeroom, stockroom; *(ammus-, ase*~*)* magazine **2** *(*~*idut tavarat ym)* **a)** store (of food (jokes)

ruoka- *(vitsi)*~); stock; supply (medical supplies *lääke~t);* reserve (of food *ruoka~);* (varmuus- ym ~) stockpile; **b)** *(liik) (myynti-, käsi~)* stock[s] (sell the entire stock *myydä koko ~)* ▶ **kerätä** ~*on* store up; *(hamstrata)* hoard up; *(liik)* kahvi on **loppunut** ~*sta* coffee is out of stock; **panna** ~*on* store, put .. into storage; *(panna syrjään)* put down (aside); *(liik)* **pitää** ~*ssa* stock, keep .. in stock; **varastossa** *(varastoituna)* in storage; *(varalla)* in store (reserve); *(liik)* in stock; *minulla on* ~*ssa muutama viinipullo* I have a few bottles of wine put away.

varasto‖- stock (accounting *-kirjanpito;* list *-luettelo*); △ storage (cellar *-kellari;* space *-tila)* **-huone** storeroom, stockroom **-ida** store [up]; stock, lay in stores of; *(~ hätätilan ym varalle)* stockpile (war materials in Europe *sotakalustoa Eurooppaan)* **-itua** be stored (in *jhk)* **-mies** storeman **-rakennus** warehouse, storehouse, stockhouse.

var‖**at 1** means, funds; resources (for *jhk;* natural resources *luonnon~);* *(raha)* money; *(rikkaus)* wealth (great mineral wealth *suuret mineraali~),* reserves (oil reserves *öljy~)* **2** *(kirjanp)* assets (and liabilities *ja velat)* **3** = *varasto 2* ▶ *olla* **huonoissa** -*oissa* be hard up [for money]; *se maksetaan* **valtion** -*oista* it is paid out of government funds, it is funded by the goverment; *elää* **yli** -*ojensa* live beyond one's means.

vara‖**ta 1** *(tilata) (erik Br)* book, *(erik Am)* reserve (a room at a hotel *huone hotellista;* a ticket for a concert *lippu konserttiin;* a seat *paikka)* **2** *(määrätä jhk tarkoitukseen)* reserve (the first row is reserved for.. *ensimmäinen [penkki]rivi on -ttu jklle);* area reserved for a park *puistoksi -ttu alue);* (pitää valmiina) keep (have) .. ready; set (put) aside (time (money) for *aikaa (rahaa) jhk);* (~ *rahaa)* *(m)* earmark (for *jhk);* △ *(jättää varaa)* allow (two days for the journey *kaksi päivää matkantekoon);* (myöntää varoja *jhk) (m)* appropriate (a million marks for *miljoona jhk)* **3** *(varastoida)* store up [for future use], lay in stores of (fuel for the winter *polttoainetta talveksi);* stock up with (food *ruokaa;* for the weekend *viikonlopuksi)* **4** *(fys, tekn)* store (heat *lämpöä);* (sähk) (ladata) charge **5** *(nojata)* lean (on a stick *keppiin)* ▶ ~ **aika**

hammaslääkäriltä make (fix) an appointment with one's dentist; *olen -nnut ajan lääkäriltä* I have an appointment with the doctor; ~ *jklle* **mahdollisuus** *jhk* give a p. an opportunity of doing; ~ **mukaansa** *riittävästi rahaa* make sure one has enough money with one; ~ **oikeus** *tehdä* reserve the right to; **varattu** *ks. m* hakus.

varatoimitusjohtaja deputy managing director; *(Am)* executive vice president.

varat‖**on** ..without means; indigent **-tomuus** lack of means.

varattu 1 reserved (this table is reserved *tämä pöytä on* ~); engaged (the room is engaged *huone on* ~; the manager is engaged *johtaja on* ~), occupied (a constantly occupied person *jatkuvasti* ~ *henkilö;* the toilet is occupied *WC on* ~); *(henk) (m)* busy; *(paikasta) (m)* taken (is this seat taken *onko tämä* ~?); *pitää* ~*na* occupy **2** *(puh) (Br)* engaged (the line (number) is engaged *linja (numero) on* ~); *(erik Am)* busy.

varatuomari Master of Laws.

varaukse‖**llinen** qualified (approval *hyväksyminen)* **-ton** unqualified (praise *kiitos);* unreserved **-ttomasti** without reserve (qualification).

varauloskäytävä emergency exit.

varau‖**s 1** *(paikka- ym* ~) *(erik Br)* booking (all bookings must be made two weeks in advance *-kset on tehtävä kaksi viikkoa etukäteen);* *(erik Am)* reservation **2** *(rajoitus)* reservation (about *jtk koskeva* ~); qualification; *(ehto)* condition; *(~ sopimuksessa)* proviso *(pl* ~s), provision; *-ksetta* without reservation[s] (qualification); *[tietyin]* *-ksin* with [certain] reservations; *sillä -ksella että* on condition that **3** *(fys, sähk)* charge (electric charge *sähkö~)* **-tu**‖**a 1** prepare [o.s.] (for *jhk, jnk varalle;* to do *tekemään),* be prepared, get (be) ready (for *jhk);* provide for **2** *(fys ym)* be charged (negatively charged *negatiivisesti -nut);* *(varastoitua)* be stored **-tunut 1** *(jhk* ~) prepared (for *jhk;* to do *tekemään)* **2** *(pidättyväinen)* reserved.

varaventtiili *(tekn, kuv)* safety valve.

varhain early; at an early hour; at an early stage; ~ *aamulla* early in the morning.

varhai‖**nen** early ▶ *-sina* **aikoina** in early times; **liian** ~ *(m)* premature; *-sessa* **vaiheessa** at an early stage, early; *(Br m)* early on; **varhaisempi** *(m)* previous.

varhais||- early (summer *-kesä;* Christian *-kristillinen;* potatoes *-perunat*) **-intaan** at the earliest **-kuolleisuus** neonatal mortality **-kypsyys** precoci|ousness, -ty, forwardness **-kypsä** precocious, forward.

varhentaa antedate, predate.

vari||aabeli *a ja s* variable **-aatio** variation **-anssi** variance **-antti** variant.

varietee variety; *(Am m)* vaudeville; *(Br m)* music hall.

varikko 1 *(sot, raut)* depot 2 *(autourh)* the pit[s].

variksen||marja crowberry **-pelätin** scarecrow.

varis crow.

varis|ta fall [off]; drop [off]; *kukka -ee* the flower sheds its petals; *lehdistä -ee vettä* the wet leaves drop water; *puista -ee lehtiä* the trees are shedding their leaves *~a (kasvista)* shed (its seeds *siemenensä*); *(ravistaa)* shake; *(sirotella)* strew, scatter.

varjel||la guard (against *jltk*), protect (against, from), keep (from); *[Herra] -koon!* Good Lord! **-u** protection.

varjo 1 *(siimes)* shade *(m kuvat)* 2 *(jnk ~) (m kuv)* shadow (of a tree *puun ~;* shadows under the eyes *[tummat] ~t silmien alla*) 3 *(aurinko- ym ~)* shade; *(sateen~)* umbrella ▶ *vain ~* **entisestään** only a shadow of his former self, worn to a shadow; **heittää** *~ jhk* cast a shadow on; *(kuv)* heittää *~ jnk ylle.* cast a shadow over; eclipse; *(kuv)* **joutua** *jnk ~on* be put into shade by, be eclipsed (outshadowed) by; *~n* **puolella** on the shady side; *jnk* **varjolla** under cover (the veil) of; under the guise of; *sen ~lla että* on (under) the pretext of (doing); **varjossa a)** *(siimeksessä)* in the shade (of a tree *puun ~ssa*); *30 astetta ~ssa* 30 degrees in the shade; **b)** *(pimennossa)* in shadow; *elää jkn ~ssa* live in the shadow of.

varjo||aine *(lääk)* contrast medium **-hallitus** shadow cabinet **-isa** shady; shaded **-kuva** shadow picture; *(siluetti)* silhouette **-nyrkkeily** shadowboxing **-puoli** *(kuv)* dark (seamy) side; *(haitta)* drawback.

varjost||aa 1 *(suojata)* shade; protect (shield) from light 2 *(heittää varjonsa jhk)* **a)** *(konkr)* [over]shadow (a broad hat shadowed his face *leveälierinen hattu -i hänen kasvojaan*); shade (an alley shaded by lime trees *lehmusten -ama kuja*); **b)** *(kuv)* cast a shadow over; *jnk -ama*

overshadowed by 3 *(tummentaa piirrosta)* shade [in] (shaded-in background *-ettu tausta*); *(~ viivoituksella) (m)* hatch 4 *(seurata salaa)* shadow, tail **-aja** shadow, tailer **-in** shade; screen *(m röntgen- ym ~)* **-uma** shadow[ed area] **-us** *(piirroksen ym ~)* shading; *(viiva~) (m)* hatching.

varka||in stealthily; furtively **-us** theft; *(lak m)* larceny.

varm|a 1 *(vakuutunut jstk)* sure (of, about *jstk*); certain (of, about *jstk;* it is certain that *on ~ että*); *(ehdottoman ~)* positive (of *jstk*); *(jhk luottava)* confident (of winning *voitosta*) 2 *(luotettava)* sure (shot *ampuja;* method *menetelmä;* proof *todiste*); certain; reliable (is this information reliable? *ovatko nämä tiedot -oja?*), dependable; definite; *(ehdottoman ~)* positive (proof *todiste*); *(pettämätön)* unerring (memory *muisti*); infallible (remedy *lääke*) 3 *(turva|llinen, -ttu)* safe (investment *sijoitus;* a very safe driver *erittäin ~ ajaja*); secure (lock *lukko;* job *työpaikka;* our victory is secure *voittomme on ~*); assured (livelihood *toimeentulo*) 4 *(vankka)* firm (belief, faith *usko*), steady (with a steady hand *~lla kädellä*), sure (hold *ote*) 5 *(väistämätön)* certain (war was certain *sota oli ~*), sure; inevitable; definite (it is definite that *on ~a että*) 6 *(itse~)* [self-]assured (manners *käytös*), confident (in a confident voice *~lla äänellä*); decided (opinions *~t mielipiteet*) 7 *(yhdyss)* *(jnk kestävä)* -proof (burglar-proof *murto~*) ▶ *olla ~* **itsestään** be (feel) sure of o.s.; *asiasta ei tiedetä* **mitään** *~a* nothing definite is yet known; *en olisi siitä* **niinkään** *~* I wouldn't be too sure; **olla** *~ jstk (m)* feel sure of (about); *(luottaa jhk)* count on; *on ~a että (m)* it is a certainty that; *se on ~!* that's a certainty! *~t* **päivät** *(sg)* safe period; the rhythm method; *(ark) pelata ~n* **päälle** play [it] safe; **varminta** *olisi ehkä* the safest thing would perhaps be to..

varmaan 1 = *varmasti* 2 = *~kaan, ~kin ~kaan; ei ~* [no] I suppose not, no I don't suppose; *ei hän ~ tehnyt sitä* surely he didn't do it; *hän ei ~ tule enää* I don't think he will come *~kin; haluat ~..* I suppose you want to..; *he ovat ~ jo perillä* they must be there by now; *kyllä ~* [yes] I suppose so.

varmasti 1 certainly, surely; definitely (true *totta*) 2 *(luotettavasti)* reliably 3 *(turvallisesti)* safely **4** *(lujasti)* firmly **5** *(itse~)* with assurance (confidence), [self-]confidently ▶ *annoin sen hänelle* **aivan** ~ I am certain (quite sure) I gave it to him; **en** ~*!* certainly (definitely) not! *en voi* ~ **sanoa** *mitä. .* I can't say for certain what..; *hän* **tekee** *sen* ~ he is sure (certain) to do it; **tiedän** ~ *että* I know for sure that..; **varmasti!** certainly! definitely! surely! *(erik Am ark)* sure!

varmen||**nus** countersignature **-taa 1** *(~ nimikirjoituksella)* countersign; *(~ šekki)* certify **2** *(osoittaa oikeaksi)* verify **3** = *vahvistaa, varmistaa.*

varmist||**aa 1** *(turvata)* secure (the rear *selusta*); *(lujittaa)* strengthen; fortify **2** *(-ua)* make sure (certain) (that *että*) **3** *(~ ase)* put .. at safety **-autua** make sure, check **-e** *(atk)* check symbol **-in** *(aseen ym* ~*)* safety [catch (lever)] **-ua 1** *(vakuuttua jstk)* make sure (certain) (of *jstk;* that *siitä että*), assure o.s. (that *että*); find out; become [more and more] certain (convinced) (of *jstk*) **2** *(tulla varmaksi)* be secured *(vrt varma)* **3** *(tulla vahvistetuksi)* be confirmed.

varmuu|**s** certainty (I can't say with certainty what.. *en osaa sanoa -della mitä..*); *(turvallisuus)* safety, safeness, security; reliability; infallibility; firmness, sureness; *(itse~)* [self-]assurance, self-confidence; *hankkia* ~ ascertain (a th. *jstk;* that *siitä että*); make sure, find out for sure; *päästä* *-teen jstk, saada jstk* ~ find out definitely; *-den vuoksi* for safety's sake, to be on the safe side, just in case, to make sure; *(varotoimena)* as a precaution *(vrt varma).*

varmuus||**-** safety (device *-laite*) **-esine** contraceptive **-ketju** *(oven ~)* door chain **-varasto** reserve supply, stockpile, standby (emergency) supply.

var|**oa** be careful (with); take care; *(olla varuillaan)* be on one's guard (against *jtk*); *(Br)* mind (the holes in the road *tiessä olevia kuoppia*); watch (you'd better watch him *sinun olisi paras* ~ *häntä*); *(välttää)* avoid ▶ ~ *jokaista* **askeltaan** watch every step; ~ **sanojaan** mind (watch) one's words; ~ **tekemästä** *jtk* be careful not to; **varo[kaa]!** look out! watch out (for the car! *autoa!*), *(ark)* watch it! *-o ettet pudota sitä!* be careful (take care) not to drop it! *-o ettet jää auton alle!* take care you don't get run over! *-okaa koiraa!*

beware of the dog! *käsiteltävä* **varoen** handle with care.

varoitta||**a 1** warn (of, against, about *jstk;* against *jksta;* that *että;* a p. not to do *jkta tekemästä jtk*); give a warning (of, against *jstk*); *(nuhdella)* *(m lak, urh)* caution (for *jstk;* against doing, not to do *tekemästä jtk*) **-va** warning (example *esimerkki*); cautionary; *muutama* ~ *sana* a few words of warning.

varoi|**s 1** warning (of, against *jstk;* storm warning *myrsky~*); premonition (of *jstk*); *tämä on viimeinen* ~*!* I am warning you for the last time! *-ksistani välittämättä* in spite of my warnings **2** *(nuhde)* warning (he let the boy off with a warning *hän päästi pojan -ksella*); caution *(m lak, urh); antaa* ~ *jstk* [give a] caution for; *sanoa pari -ksen sanaa* say a few words of warning.

varoitus||**-** warning (cry, shout, *(el)* call *-huuto;* shot *-laukaus*) **-aika** warning time; *lyhyellä (tunnin) -ajalla* at short (an hour's) notice **-lakko** token strike.

varo||**ke** [safety] fuse, cutout **-keino** = *varotoimi* **-laite** safety device; guard **-maton 1** careless (driver *ajaja*), incautious (step *askel*); negligent **2** *(harkitsematon)* incautious (person *ihminen;* remark *huomautus*); indiscreet; *(epäviisas)* imprudent (it was imprudent of you to.. *olit* ~ *kun..*); *(hätiköi|ty, -vä)* rash **-mattomuus** *(huolimattomuus)* carelessness, lack of caution; *(harkitsemattomuus)* incautiousness; indiscretion; imprudence **-määräykset** safety regulations **-toimi** [measure of] precaution, precautionary measure; *(turvatoimi)* security (safety) measure; *ryhtyä ~in* take precautions (against *jnk varalta*) **-ttava** to be avoided.

varova||**inen 1** *(huolellinen)* careful (with *jnk käsittelyssä*), cautious (driver *ajaja*) **2** *(harkitsevainen)* cautious, prudent (attitude *suhtautuminen); (kirj)* circumspect, wary (politician *poliitikko*); *(tunnusteleva)* tentative (attempt *yritys*); *(~ puheessaan) (m)* guarded; *(tahdikas)* discreet **3** *(kohtuullinen)* conservative (estimate *arvio*); *-isen arvion mukaan* conservatively estimated **-isuu**|**s 1** *(huolellisuus)* carefulness, caution (exercise extreme caution *noudattaa äärimmäistä -tta*) **2** *(harkitsevaisuus)* caution, prudence; circumspection;

wariness; discretion **-isuussy|yt**; *-istä* as a precaution, for reasons of caution **-sti** carefully; cautiously; with care; *(harkitsevasti)* prudently; warily; discreetly; *hänen omaisuutensa oli ~ arvioiden..* his property was conservatively estimated at..; *(interj)* ~! easy!.

varoventtiili = *varaventtiili.*

varpaisill|aan *(-een) ks. varvas →.*

varp||ata, -pi *(mer)* warp.

varpu twig, shoot, spray; stick; wand ~**nen** sparrow ~**shaukka** sparrowhawk ~**spöllö** pygmy owl.

var|ras *(paistin~)* spit (roasted on the spit *-taassa paistettu*), broach; *(~tikku)* skewer; *(ruokalaji)* [shish] kebab; *(leipä~)* [bread] pole.

varrel|la *(-le, -ta)* **1** *(aikana)* during, in the course of (the journey *matkan ~;* the year *vuoden ~)* **2** by the side of (the road *tien ~)*; by (the river *joen ~)*; along; on (a village on the river (main road) *joen (päätien) ~ oleva kylä) (ks m varsi 4).*

varsa foal.

var|si 1 *(kasv)* stem (potato stem *perunan~)*, stalk; *(rento ~)* vine; stick (celery stick *sellerin ~)*; *(naatti) (pl)* tops **2** *(kahva)* handle (of a rake *haravan ~)*; △ shaft *(m esineen ohut osa)* (of an arrow *nuolen ~)*; arm (tone arm *ääni~;* the arms of a candelabrum *kynttelikön -ret)*; *(kara)* rod **3** *(vartalo)* figure (his handsome figure *hänen komea -tensa)*, frame, form; *hän on hoikka -reltaan* she has a slender figure **4** *(vierus)* side; *katujen ~lla* along the streets; *katujen -ret olivat täynnä ihmisiä* crowds of people lined the streets; crowds massed along the streets *(ks m varrella 2)* **5** *(jalkineen ym ~)* leg (of a boot *saappaan ~)*; *puukko saappaan -ressa* a knife down (hidden in) one's boot **6** *(piipun, nuotin ~)* stem ~**harja** long-handled brush ~**jousi** crossbow ~**kenkä** boot.

varsin quite (small *pieni)*; fairly (easy *helppo)*; *(erittäin)* very.

varsin||ainen 1 ..proper (area that is not part of the city proper *alue joka ei kuulu -aiseen kaupunkiin)*; actual; *(todellinen)* real, true (reason *syy)*; *(pääasiallinen)* primary (meaning *merkitys)*; *sanan -aisessa merkityksessä* in the strict (proper) sense of the word **2** *(säännönmukainen)* ..held in ordinary

course; ordinary; regular; *(pysyvä)* permanent (members *-aiset jäsenet)* **3** *(aikamoinen)* real; *(Br m)* proper (liar *valehtelija)*; regular (scoundrel *lurjus)* **-aisesti** strictly (properly) speaking; *(oikeastaan)* as a matter of fact, really, actually; *(ensi sijassa)* primarily; principally; *ei ~* not exactly **-kaan;** *ei ~* especially not; least of all (now *nyt)* **-kin** especially; particularly, in particular; ~ *kun* especially as.

varsoa foal.

Varsova Warsaw; ~*n liitto* the Warsaw Pact.

varsta *(maat)* flail.

vartalo 1 body, trunk; *(ulkonäön kannalta)* figure (a slim figure *hoikka ~)*; frame, form **2** *(kiel)* stem ~**kuva** full-length portrait (sculpture) ~**nmyötäinen** close-fitting ~**taklaus** bodycheck ~**voide** body lotion.

varta vasten purposely, especially; for the particular purpose (of doing).

varteen; *ottaa jk ~* heed, take heed of; pay attention to; *jättää ~ ottamatta* ignore ~**otettava** worth (worthy of) attention, noteworthy; *(melkoinen)* respectable (amount *summa)*, remarkable; ~ *ehdotus* valuable (interesting) proposition.

varten *(jtk ~)* for (the winter *talvea ~)*; for the purpose of; *mitä ~?* why, what for? *sitä ~* that is [the reason] why; *sitä ~ että* in order to do.

vartija *(yl)* guard; *(vangin~) (Br m)* warder; *(erik yö~)* watchman; *(vartiomies) (m)* sentry; *(valvoja)* attendant (car-park attendant *paikoltusalueen ~)*; *(erik yhdyss)* keeper (lighthouse keeper *majakan~)*; *(kuv)* guardian (of public morals *moraalin~)*; watchdog.

-vartinen *(yhdyss)* *(kasv)* -stemmed (thick-stemmed *paksu~)*; *(työkalusta ym)* -handled (long-handled *pitkä~)*; *(henk)* ..with a .. figure (with a slender figure *hento~)*, ..with a .. frame; ..of .. build (man of heavy build *tanakka~ mies)*.

vartio guard (armed guard *aseistettu ~)*; *(saattojoukko)* escort (under police escort *poliisi~ssa)* ▶ **asettaa ~** post a guard; **asettua ~on** mount guard, take up one's post as a guard (sentry); **pitää ~ta** keep guard (watch); **vaihtaa ~** change guard, relieve the guard; *olla* **vartiossa** be on guard, stand guard.

vartio||alus guard ship; patrol ship **-asema**

station **-ida 1** guard (a prisoner *vankia*); keep guard (over a house *taloa*); watch [over]; keep [a] watch over (the children *lapsia;* the prisoners *vankeja*); *(hoitaa)* tend (the fire *tulta*); ~ tarkasti jtk *(jkta)* keep a close watch on; *tarkasti -itu* closely (heavily) guarded; *pitää tarkasti -ituna* keep .. under close guard **2** *(urh)* cover (the wings *laitoja*); *(~ jkta) (m)* guard, *(Br)* mark **-imaton** unguarded; unattended (car park *paikoitusalue*) **-ketju** cordon, line (chain) of sentries (policemen, ships etc.) **-koju** sentry box **-mies** sentry, guard **-paik|ka** [sentry] post; *asettua -alleen* take up guard (one's post) **-palvelu|s; -ksessa** on [guard (sentry)] duty **-paraati** changing of the guard, guard mounting [parade] **-sto** guard; *(pl)* guards; *(turvasaattue)* escort **-torni** watchtower **-tupa** guardroom **-väki** *(pl)* guards; *(varuskunta)* garrison.

vart||os, -taa *(puut)* graft.

varttu||a grow (into, to be *jksk*); *(kehittyä)* develop (into *jksk*); grow up (as the children grow up *lasten -essa*); reach (manhood *mieheksi*) **-nut** grown-up; *-neessa iässä* at a mature age.

varuill||aan *(-een)* ▶ olla ~ be on one's guard (against *jnk suhteen*); be on the alert (for, against); *ole -asi!* be careful! *se sai hänet -een* it put him on his guard.

varus||kunta garrison **-mies** conscript [soldier] **-miespalvelu|s;** *suorittaa -ksensa* do one's military service **-ohjelmisto** *(atk)* [system] software.

varusta||a 1 *(yl)* equip (a th. (a p.) with *jk jllak;* for *jhk, jtk varten*); *(~ jllak) (m)* fit up (with modern devices *nykyikaisin laittein*); *(~ jhk) (m)* fit out (a ship for a voyage *laiva matkalle*); *(aseistaa) (m kuv)* arm (with *jllak*); *(hankkia)* provide (a p. with, a th. for *jku jllak*), supply *(ks m varustettu)* **2** *(panna jhk jk)* fit (the cupboard with shelves *kaappi hyllyillä;* a new lock on the door *ovi uudella lukolla*); furnish, provide, supply (with a handle *varrella*), put (a th. on (to) *jk jllak*); ~ *jk nimilapulla* put a label on, label *(ks m varustettu)* **3** *(linnoittaa)* fortify (the town *kaupunki*) **-maton** unequipped; unarmed; unfortified **-utu|a 1** equip o.s. (for *jhk;* with *jllak*); *(aseistautua)* arm o.s. *(m kuv;* armed with an impressive collection of facts and figures *hyvin asiatiedoin -nut)* **2** *(valmistautua)* get (make) ready (for a journey *matkalle*), prepare [o.s.];

(varautua) be prepared (for *jhk*); make preparations (for *jhk*) **3** *(sot)* [re]arm **-utuminen** *(sot)* rearmament, buildup.

varuste|et 1 *(sg)* equipment; *(henkilökohtaiset ~) (m) (sg)* outfit; *(erik Br m) (sg)* kit (skiing kit *hiihto~*); *(kamppeet) (sg)* tackle, gear; *täysissä -issa* in full equipment **2** *(lisälaitteet ym)* accessories (of a bicycle *polkupyörän ~*); attachments (for a food mixer *yleiskoneen ~*); fittings.

varustelu *(sot)* rearmament, [arms] buildup **~kilpailu** arms race **~teollisuus** armament industry.

varus||tetaso standard of equipment **-tettu;** *jllak ~* **1** equipped with; fitted up with; *(aseistettu) (m kuv)* armed with (nuclear weapons *ydinasein ~*); *(kuv, ark)* endowed with (brains *järjellä ~*); *hyvin ~ liike* well-stocked (well-supplied) shop **2** fitted with (a car fitted with a radio *radiolla ~ auto*); furnished with; *(us)* ..with (a broom with a long handle *pitkällä varrella ~ luuta*) **-us 1** *(varusteet)* equipment **2** *(sot)* *(linnoitus)* fortification; *(paalu~)* palisade; *-kset* fortifications, [defensive] works; *(maa-kset)* earthworks, bulwarks **-väki** garrison.

var|vas toe ▶ *(konkr ja kuv)* **astua** jkn **-paille** step (tread) on a p.'s toes; *(kuv)* **varpaillaan** *(jännittyneenä)* on tiptoe; *(varuillaan)* on one's toes; hiipiä *-pai[si]llaan* tiptoe; *nousta -pailleen* raise o.s. (rise) on tiptoe; *seistä (kävellä) -paillaan* stand (walk) on tiptoe[s] (on one's toes).

varvas||astuja digitigrade **-tossut 1** *(balettitossut)* toe shoes **2** *(kumiset ym ~)* flip-flops, *(erik Am)* thongs.

varvikko brushwood, brush.

1 vasa *(poron~)* cal|f *(pl -ves)*; *(hirven ym ~)* fawn.

2 vasa *(rak)* joist.

vasalli vassal **~us** vasallage **~valtio** vassal state.

vasar||a hammer **-anisku** blow of a (the) hammer; hammerblow **-oida** hammer.

vaseliini vaseline.

vasemmanpuoleinen left-hand (traffic *liikenne*); left (ear *korva*).

vasemmisto the Left; the left wing.

vasemmisto||- left-wing (government *-hallitus;* party *-puolue*); leftist (guerilla *-sissi*) **-lainen I** *a* left-wing, leftist **II** *s* left-winger, leftist.

vasen left *(vasemmall|a, -e jne vrt 1 oikea)* **-kätinen 1** *(henk)* I *a* left-handed II *s* left-hander **2** *(tekn)* left-hand[ed] (door *ovi)* **-kätisyys** left-handedness.

vasikan‖liha veal **-nahka[inen]** calfskin **-paisti** roast veal.

vasik‖ka 1 cal|f *(pl* -ves) **2** *(keitt)* veal **3** *(ilmiantaja)* informer; *(sl)* fink **-oida 1** *(el)* calve, give birth to a calf **2** *(ilmiantaa)* inform (against, on *jksta); (sl)* blab (to *jklle),* squeal, fink (on *jksta).*

vaski *(kupari)* copper; *(messinki)* brass **~puhallin** brass instrument **~tsa** *(el)* blindworm.

vaskooli pan.

1 vasta 1 not until (tomorrow *huomenna;* he didn't come until 2 o'clock *hän tuli ~ kahdelta);* not till (I didn't know till now that.. *sain ~ nyt tietää että);* only (only then did I understand.. *~ silloin ymmärsin..;* I only caught up with him at the gate *sain hänet kiinni ~ portilla)* **2** *(ainoastaan)* only (she is only seventeen *hän on ~ 17-vuotias);* just **3** *(vastikään)* **a)** [only] just (they have [only] just arrived *he ~ tulivat (ovat ~ tulleet));* just now (as I was saying just now *kuten ~ mainitsin);* [only] a moment ago; just a moment before; △ ~*han* only (it was only yesterday that I saw him *~han minä eilen hänet näin)* **b)** *(yhdyss)* ks. *vasta|- 2* **4** *(vastaisuudessa) (~kin)* in future; *käykää ~kin* call (come) again **5** *(painottomana);* siinä ~ *mies!* now there's a man for you! *tämä ~ merkillistä on!* now that's a peculiar thing!

2 vasta *(sauna~)* bath whisk.

vasta|- 1 counter|- (-plot, -plan *-hanke,* -suunnitelma; -concession *-myönnytys;* -claim *-vaatimus)* **2** *(vastikään)* newly (cut *-leikattu);* △ new|- (--fallen snow *-satanut lumi);* △ freshly (made coffee *-keitettyä kahvia);* △ fresh|- (--picked *-poimittu);* △ recently *(ks m hakus).*

vasta‖-aallokko head sea **--aine 1** *(fysiol)* antibody **2** *(-myrkky)* antidote (for, against *jhk)* **--alkaja** beginner **--alkava** beginning, novice.

vastaan 1 against (everybody was against him *kaikki olivat häntä ~;* the wind was against us *tuuli puhalsi ~);* △ *(urh, lak)* v.; *(Am)* vs. *(lue* versus) (Finland v. Sweden *Suomi ~ Ruotsi)* **2** = *vasten* **3** *(kohti)* toward[s], in the direction of (he was running towards me *hän juoksi minua*

~); the other way (there is a car coming the other way ~ *tulee auto)* **4** *(vastikkeena jstk); jtk ~* against (a receipt *kuittia ~;* payment *maksua ~);* for (money *rahaa ~);* against presentation of (a coupon *kuponkia ~); (maksuksi jstk)* in payment of; *(vaihtokaupassa)* in exchange (return) for **5** *(vaihtoehdoista)* to (it's ten to one he'll lose *kymmenen yhtä ~ että hän häviää);* against (ten votes against five *kymmenen ääntä ~ viisi)* **6** *(takaisin)* back (smile back at a p. *hymyillä ~)* ▶ *hän* **juoksi** *minua ~ (m)* he came running to meet me; **mennä** *jkta ~* meet a p., go to meet a p. (at the station *asemalle);* **olla** *~* be against (a th. *jtk;* a p. *jkta);* be opposed to; *ellei sinulla ole mitään sitä ~* if you have no objection; *onko sinulla mitään sitä ~ että lähden?* do you mind if I leave? **ottaa** *~ ks. ottaa →;* **panna** *~* protest, object; **~ sanomatta** without protest (a murmur); **tulla** *jkta ~* meet a p., come to meet a p.; *(kuv)* meet a p. halfway; *hän tuli minua kadulla ~* I met him in the street; *tulen sinua junalle ~* I'll meet your train, I'll meet you off the train.

vastaan‖hangoittelu resistance; opposition; recalcitrance **-otin** receiver **-ottaa** = *ottaa vastaan; ks. ottaa →* **-ottaja** receiver *(m tenn ym); (kirj)* recipient; *(kirjeen ~ m)* addressee; *(tavaran ~)* consignee **-ottava[inen]** receptive (to new ideas *uusille ideoille),* responsive (to *jllk); (herkkä)* susceptible.

vastaanot|to 1 receiving; acceptance (of a gift *lahjan ~); (joukkojen ~)* review; reception (of patients *potilaiden ~)* **2** *(~tilaisuus ym)* reception (he got a warm reception *hän sai lämpimän -on;* give a reception [for] *pitää ~ [jklle]); (tervetuliaiset) (m)* welcome (a warm welcome *lämmin ~); saada suopea ~ (m)* be favo[u]rably received **3** *(hotellin ~)* reception [desk] **4** *(tekn)* reception (radio reception *radio~)* **5** *(lääkärin ~) (~aika)* consulting hours; *(Br m)* surgery hours; *(~huone)* consulting room; *(Br m)* surgery; *(Am m)* [doctor's] office; *käydä lääkärin -olla* see a (one's) doctor (about *jnk takia); tohtorilla on ~ maanantaisin* the doctor consults on Mondays **~apulainen** receptionist **~huone** *(lääkärin ~)* consulting room; *(Br m)* surgery; *(Am m)* [doctor's] office; *(vieraiden ym ~)* reception room; *(toimisto)* office **~komitea**

reception committee ∼**laite** receiver ∼**leiri** reception camp (centre).

vastaan||**pano** opposition, resistance **-sanomaton 1** *(kiistämätön)* indisputable, incontestable; unchallengeable **2** *(alistuvainen)* submissive, meek **-tuleva 1** *(henk)* ..that one meets **2** *(liikenn)* oncoming (car *auto;* traffic *liikenne),* ..coming the other way.

vastaav|**a I** *a* **1** corresponding (to *jtk* ∼; during the corresponding period last year ∼*na ajanjaksona viime vuonna);* equivalent (a sum equivalent to 100 pounds in marks *100 puntaa* ∼ *määrä markoissa);* analogous (case *tapaus); (samanlainen)* similar; *(∼nlainen)* comparable (we lack comparable data for *meillä ei ole -ia tietoja jstk);* in keeping with (his training *koulutustaan* ∼), consistent with; ∼*lla tavalla (sen mukaisesti)* accordingly **2** *(vastuussa oleva)* responsible; ..in charge **II** *s (kirjanp)* ∼*a,* ∼*t* assets.

vastaavan||**-** ..of equal (size *-kokoinen),* ..of corresponding.. **-lainen** similar, analogous; comparable (a comparable car would cost far more here ∼ *auto maksaisi täällä paljon enemmän).*

vastaavuus equivalence, correspondence; analogy; correlation; *(samanlaisuus)* similarity.

vasta||**ehdokas** rival candidate **-ehdotus** counterproposal **-hakoinen** reluctant; unwilling **-hakoisesti** reluctantly, unwillingly, grudgingly **-hakoisuus** reluctance, disinclination; dislike **-hyökkäys** counterattack; *(nyrkk, miekk)* counter; *tehdä* ∼ *[jhk]* counterattack, make a counterattack [on, against].

vastai|**nen 1** upward (slope *rinne),* ascending; ..sloping upwards; rising (terrain *maasto)* **2** *(vastapäinen)* opposite (bank *ranta); (jhk päin oleva)* facing (window facing south *etelän∼ ikkuna)* **3** *(jtk vastoin oleva)* contrary to (a p.'s interests *jkn etujen* ∼; the rules *sääntöjen* ∼) **4** *(yhdyss) (jtk vastustava)* anti|- (-fascist *fasismin∼;* -war *sodan∼)* **5** *(tuleva)* future (time *aika);* coming (generations *-set sukupolvet),* ..to come **6** *(epäsuotuisa)* unfavo[u]rable, adverse, contrary (winds *-set tuulet)* ▶ *onni oli* ∼ luck was [going] against us; *Ruotsin -sella rajalla* at the Swedish border; *Vietnamin Kiinan-∼ raja* Vietnam's border with

China; *-sen* **varalle** for future use, for the future; for a rainy day; *maanantain -sena* **yönä** [on] Sunday night.

vasta||**isesti** *(jnk* ∼*)* contrary to (a p.'s interests *jkn etujen* ∼); against (the law *lain* ∼) **-isku** counterblow **-isuu**|**s 1** future; *-dessa* in future; *(tulevaisuudessa)* in the future **2** *jnk* ∼ *(vastustaminen)* opposition (to nuclear power *ydinvoiman∼)* **-kaiku** response; *(hyväksyntä)* sympathy; *synnyttää* ∼*a* evoke a response (in a p. *jkssa); saada vähän* ∼*a* meet with little response; *se herätti kummallista* ∼*a* it brought some odd responses **-karva** *(urh); pelata* ∼*a* forecheck **-karvaan** the wrong way **-kirja** *(liik ym)* [customer's] passbook; *(pankk ym)* bankbook.

vastakkain *(kasvotusten)* face to face; opposite each other; *(toisiaan vasten)* against each other; *(päikkäin)* end to end; *(yhteen)* together (strike one's hands together *lyödä käsiään* ∼); *(kuv)* asettaa ∼ confront (with *jkn kanssa); (verrata)* contrast; *he tulivat tiellä* ∼ they met on the road **∼asettelu** antithesis, juxtaposition.

vastakkai||**nen 1** *(vastapäinen)* opposite (the opposite ends of a bar *tangon -set päät;* the house opposite [to ours] ∼ *talo)* **2** *(päinvastainen)* opposite (sex *sukupuoli;* in the opposite direction *-seen suuntaan);* opposed (our interests are completely opposed *etumme ovat täysin -set);* contrary (opinions *-set näkemykset); (käännetty)* reverse[d] (in reverse order *-sessa järjestyksessä); (ristiriitainen)* conflicting; contradictory **-svaikutus** contrasting effect.

vastakoh|**ta 1** opposite (black and white are opposites *musta ja valkoinen ovat [toistensa] -tia);* contrary (the exact contrary of *jnk täydellinen* ∼); *(∼isuus, kontrasti)* contrast (of light and shade *valon ja varjon* ∼; he is a complete contrast to his brother *hän on veljensä täydellinen* ∼); ∼*na jllk* in contrast to; *olla [räikeänä]* ∼*na jllk* form a [striking] contrast to, to stand in [sharp] contrast to; *[suurten] -tien maa* land of [glaring] contrasts **2** *(eroavuus)* difference (social differences *sosiaaliset -dat);* antagonism; conflict (racial conflicts *rotu-dat)* **∼isuus** *ks. ed.*

vasta||**kutsu** *(atk)* call back **-kulttuuri** counterculture **-lahja;** *antaa jtk* ∼*ksi* give

.. in return (for *jstk*) **-lause** protest (against *jnk johdosta, jtk vastaan*); remonstrance, expostulation; *(dipl ym) (m) (pl)* representations; ∼*ena jllk* in protest against; *esittää* ∼ *jtk vastaan* enter (make) a protest against; protest against; *(dipl ym)* make representations (to *jklle*) about **-lause|-** protest (strike *-lakko;* march *-marssi*) **-leivottu 1** freshly baked (made), new-baked, ..fresh from the oven **2** *(kuv)* newly fledged, brand-new **-luku** opposite number **-lypsetty;** ∼*ä maitoa* fresh milk **-lääke** *(kuv)* antidote (to, for, against *jhk*); remedy **-merkki** check **-mutteri** locknut **-myrkky** antidote *(m kuv)* (for, to, against *jhk*), antitoxin, antivenin **-mäk|i** ascent, rise; *-een* uphill **-nain|ut** newly (recently) married, newlywed (couple *pari*); *-eet* newlyweds; *»-eet»* just married **-niitetty** new-mown **-näyttelijä;** *esiintyä jkn* ∼*nä* play opposite a p. **-osto** *(tal)* counterpurchase **-paino** *(konkr ja kuv)* counterbalance, counterpoise, counterweight; *jnk* ∼*ksi* to counterbalance a th. **-palvelu|s;** *-ksena* in return; *tehdä jklle* ∼ do a p. a service (favo[u]r) in return, return (reciprocate) a p.'s favo[u]r **-pelaaja** opponent; adversary **-peluri** *(riitapuoli)* antagonist **-pooli** *(kuv)* antithes|is *(pl* -es); exact (diametrical) opposite (of *jnk* ∼) **-puhelu** transferred charge call, reverse-charge call; *(erik Am)* collect call; *soittaa* ∼ reverse the charges; call (a p.) collect **-puoli 1** *(konkr)* opposite side; *(kääntöpuoli)* reverse [side] **2** *(vastustaja)* opposite (other, *(urh)* opposing) side **-puolinen** = *-päinen* **-puolue** opposing party *(vrt -puoli 2)* **-päinen** opposite (the house opposite [to ours] ∼ *talo*); facing **-päivään** anticlockwise; *(Am)* counterclockwise **-päätä** opposite [to] (the station *asemaa* ∼); *(kadun ym toisella puolella)* [just] across the street (etc.); *olla* ∼ *(m)* face **-rakennettu** newly built **-rakkau|s;** *osoittaa jklle -tta* return a p.'s love **-ran|ta** the opposite shore (bank); *soutaa -nalle* row across [the lake] **-reaktio** counterreaction.
vastarinta resistance; *(vastustus)* opposition; *kohdata* ∼*a* meet with resistance (opposition); *tehdä* ∼*a* offer (put up) resistance; *(pidätettäessä ym)* resist ∼**liike** resistance movement; *(hist)* the Resistance (the French Resistance *Ranskan* ∼) ∼**mies** member of the Resistance ∼**pesäke** pocket

of resistance.
vastassa *(vastapäätä)* opposite; *(edessä)* in front of, before; *(tiellä, esteenä)* in a p.'s way; *(vasten, kiinni jssk)* against; *asemalla jkta* ∼ at the station to meet a p.; ∼ *oli mahtava vihollinen* they had to face a powerful enemy.
vasta|syntynyt newborn **-syytö|s** counteraccusation, recrimination; *esittää jklle -ksiä* recriminate against a p. (for *jstk*).
vasta|ta 1 *(antaa vastaus)* answer (a p. *jklle;* a question *kysymykseen;* that *että*); reply (that *että;* to a letter (salute) *kirjeeseen (tervehdykseen);* the enemy replied to our fire *vihollinen -si tuleemme;* with *jllak*); *(kirj)* respond (to); give an answer (to an advertisement *ilmoitukseen*); make a reply; say in reply; *(∼ jhk m)* return (a p.'s love *jkn rakkauteen;* a p.'s greeting with a smile *jkn tervehdykseen hymyllä*); *(∼ jkn kirjeeseen) (m)* write back (to *jklle*) **2** *(reagoida jhk)* react (to *jhk*); *(erik fysiol ym)* respond (to) **3** *(olla vastuussa)* answer for (a th. a p. *jstk jklle;* the consequences *seurauksista*); be responsible for (the safety of the passengers *matkustajien turvalli-suudesta*), be answerable for; *(olla tili-velvollinen)* account for, be accountable for **4** *(∼ jtk)* **a)** correspond to the U.S. Congress corresponds to the British Parliament *USA:n kongressi -a Englannin parlamenttia*); be the counterpart of; *(esittää jtk)* represent (on this map one centimetre represents one kilometre *tällä kartalla yksi sentti -a kilometriä luonnossa) (ks m vastaava);* **b)** *(olla samanarvoinen)* be equivalent to (this pill is equivalent to three oranges *tämä pilleri -a kolmea appelsiinia*); be the equivalent of; be analogous to *(ks m vastaava);* **c)** be proportional to; in keeping with (one's position (training) *asemaansa (koulutustaan) -ava*); **d)** *(olla jnk veroinen)* be equal to **5** *(olla yhtäpitävä)* tally (with *jtk;* their stories don't tally *heidän kertomuksensa eivät -a toisiansa*); correspond (to, with *jtk*); agree (this does not agree with the original *tämä ei -a alkuperäistä tekstiä*); coincide (with *jtk);* match **6** *(∼ odotuksia ym)* answer (a p.'s expectations (needs) *jkn odotuksia (tarpeita);* the purpose *tarkoitustaan*),

meet (does it meet your hopes? *-ako se toiveitasi?*); fulfil[l]; come up to (the work does not come up to the standard *työ ei -a vaatimustasoa*), be up to ▶ *hän ei -a kadonneesta annettua* **kuvausta** he does not answer [to] the description given of the missing man; *»ei» hän -si* **kärkevästi** "no" he retorted; *ottaa* **vastatakseen** *jstk* take the responsibility for; ~ *jkn* **velasta** be liable for a p.'s debt.

vasta‖tarjous counteroffer **-toimet** countermeasures **-ttavat** *(kirjanp)* liabilities **-tusten** = *vastakkain* **-tuul‖i;** *-een* against (towards) the wind; *(kuv)* *joutua -een* run into trouble; *meillä oli* ~ the wind was against us.

vastaus 1 answer (to *jhk*); reply, response (to *jhk*) **2** *(ratkaisu)* answer (he has an answer to everything *hänellä on* ~ *kaikkeen*); solution (to *jhk*) ▶ **kärkevä** ~ [sharp] retort; *(kutsukortissa)* ~*ta* **pyydetään** a reply is requested, please reply; R.S.V.P.; ~*ta* **vaille** *jäänyt* unanswered; **vastauksena** *jhk* in answer (reply, response) to.

vastaus‖kortti *(post)* reply [postal] card; *(liik ym)* return (reply) card **-kuori** reply (return) envelope.

vasta‖vaikutus reaction **-vakoilu** counter‖espionage, -intelligence **-valittu** newly elected **-vallankumouksellinen** counterrevolutionary **-valmistunut** *(henk)* ..fresh from school (university), just graduated **-valo;** ~*on* against the light **-veto** *(kuv)* countermove **-vierailu** return visit (call); *tehdä* ~ *jnnk* return a p.'s visit **-virta;** ~*an* against the current; *(joessa m)* upstream **-voima** counterforce; opposite force **-vuoroinen** reciprocal **-vuoroisuus** reciprocity **-väit‖e** objection (make (raise) objections *esittää (tehdä) -teitä)*; *-teittä* without a murmur **-väri** complementary colo[u]r.

vaste *(atk, äänitekn ym)* response.

vastedes in future; *(tästä lähin)* from now on; *(myöhemmin)* later on.

vasten against (the sky *taivasta* ~*;* lean against *nojata jtk* ~); *ajaa aurinkoa* ~ drive with the sun in one's eyes; *yötä* ~ late at night ~**mieli‖nen** disgusting, repulsive, repugnant, repellent, objectionable, offensive; *(epämiellyttävä)* disagreeable, unpleasant, uninviting; *olla -stä jklle (m)* disgust a p.; *minusta tuntui -seltä..* I was reluctant to.. **-mielisyy‖s**

(jnk ~) repulsiveness (of the smell *hajun* ~); *(inho)* disgust (at *jtk kohtaan),* repugnance (to, against); dislike (of, for); aversion (to); antipathy (to, towards, against); *(vastahakoisuus)* reluctance (to work, for work *työtä kohtaan);* *tuntea [suurta] -ttä jtk kohtaan* feel [a great] repugnance (antipathy) to.

vastik‖e 1 *(korvike)* substitute (for *jnk* ~), surrogate **2** *(korvaus)* compensation, payment; *(yhtiö~)* *(läh v)* maintenance charge; *-keetta* free of charge; ~*tta vastaan* against payment.

vastikään [only] just; [only] a moment ago; [quite] recently *(ks m vasta‖- 2).*

vastin‖- *(geom)* corresponding (angle *-kulma).*

vastine 1 *(yl)* equivalent, counterpart; parallel **2** *(kiel)* equivalent (nearest equivalent *lähin* ~) **3** *(san ym)* reply **4** *(lak)* answer, rejoinder **5;** ~*eksi jstk* in exchange for; *saada* ~*tta rahoilleen* get one's money's worth, get value for one's money.

vastoin against (the law *lakia;* one's will *tahtoaan),* contrary to (expectation *odotuksia),* counter to (the forecasts *ennustuksia),* *jota (sitä, mitä)* ~ whereas, while [on the other hand]; *se on* ~ *hänen periaatteitaan* it goes against his principles ~**käymi‖nen** adversity, misfortune; *(takaisku)* setback (meet with setbacks *kokea -siä),* reverse; hardship[s].

vastu‖ksellinen troublesome, bothersome; *(vaikea)* difficult; trying **-s 1** *(fys)* resistance; *(ilm m)* drag **2** *(sähk) (suure)* resistance; *(~laite)* resistor **3** *(vastustus)* resistance (offer resistance to *tarjota* ~*ta jklle),* opposition **4** = *vastoinkäyminen* **5** *(kiusa)* nuisance; *(taakka)* burden; trouble; *olla -ksena jklle* be a nuisance to (a burden on); *saada -ksikseen jtk* be saddled with.

vastus‖- *(sähk)* resistance (coil *-käämi)* **-mittari** ohmmeter.

vastusta‖a 1 oppose (the Government policy *hallituksen politiikkaa;* a p.'s will *jkn tahtoa),* be opposed to, be against; object to (smoking *tupakanpolttoa);* go against (one's parents *vanhempiaan);* fight against; *ydinvoimaa -va* antinuclear **2** *(tehdä vastarintaa ym)* resist (temptation *kiusausta;* the police *poliisia;* I can't resist chocolates *en voi* ~ *suklaakonvehteja);* make (offer) resistance (to the enemy *vihollista*); **en voinut** ~ *kiusausta tehdä* I couldn't resist doing **-ja** opponent; adversary, antagonist **-maton** irresistible (desire *halu*) **-mattomuus** irresistibility.

vastustus opposition (to nuclear power *ydinvoiman* ~); resistance (the suggestion met with resistance *ehdotus kohtasi* ~*ta*) ~**kyky** *(fysiol, kasv)* resistance (to *jtk vastaan*); resistance to disease; immunity (to); stamina ~**kykyinen** resistant (to *jtk vastaan*); resistant to disease; immune (to, against, from *jtk vastaan*); resilient; *(kasv m)* hardy ~**kyvyttömyys** lack of resistance ~**kyvytön** susceptible [to disease].

vastuu responsibility (for *jstk*); *(~velvollisuus)* liability (for a p.'s debt *jkn velasta*); *(velvollisuudet)* *(pl)* responsibilities (he has many responsibilities *hänellä on paljon* ~*ta*) ▶ **asettaa** ~*seen jstk* call .. to account for; **joutua** ~*seen jstk* have to answer for; **mennä** ~*seen jstk* answer for; **olla** ~*ssa* be responsible (answerable) (to *jklle;* for *jstk*); be accountable (to *jklle;* for *jstk*); be liable (for a p.'s debt *jkn velasta*); **olla** *jkn* ~*lla* be the responsibility of; **omalla** ~*lla* at one's own risk, on one's own responsibility; **ottaa** *[täysi]* ~ *jstk* assume [full] responsibility for.

vastuu‖alue sphere (scope) of responsibilities **-llinen, -nalainen** responsible (for *jstk;* position *asema*); answerable (for *jstk;* to *jklle*); *(tilivelvollinen)* accountable (for *jstk;* to *jklle*) **-ntunto** sense of responsibility **-ntuntoinen** responsible **-ton** irresponsible **-ttomuus** irresponsibility **-vaara** risk **-vapaus** discharge from liability; *myöntää jklle* ~ grant a p. discharge, discharge a p. from all personal liability **-velvollinen** accountable, liable (for *jstk*) **-velvollisuus** accountability, liability.

vati *(pesu~)* basin; *(tarjoilu- ym* ~) dish; *(Am m)* platter; *(tee~)* saucer.

Vatikaani the Vatican.

vatka‖in beater; *(sähkö~)* [hand] mixer; *(vispilä)* whisk **-ta** whip; *(erik* ~ *munia)* beat; *(~ vaahdoksi)* cream.

vatsa 1 *(anat, el)* abdom|en *(pl m* -ina) **2** *(maha)* stomach (weak *(big)* stomach *heikko (iso)* ~); *(ark)* belly ▶ ~*ni on kipeä* I have a pain in my stomach, I have a stomachache; **tyhjällä** ~*lla (tyhjään* ~*an)* on an empty stomach; **täydellä** ~*lla* on a full stomach; **vatsallaan** on one's stomach;

lukea ~*llaan* read lying on one's stomach.

vatsa‖- 1 abdominal (muscle *-lihas;* cavity *-ontelo*); △ *(-npuoleinen)* ventral **2** = *maha[n]-* **-haava** gastric ulcer **-happo** gastric acid **-nalus** *(el)* belly, *(pl)* underparts **-nväänteet** stomach pains **-stapuhuja** ventriloquist; ~*n nukke* dummy **-stapuhuminen** ventriloquism **-tanssi** belly dance.

watti watt ~**mittari** wattmeter ~**nen;** *60-*~ *lamppu* a 60-watt light bulb.

vattu raspberry.

vatvoa keep [on] talking about, harp on [about]; *(~ mielessään)* chew over.

vauhdikas *(kuv)* ..full of action, action-packed; vivid.

vauhdin‖otto run-up, approach [run] **-ottorata** runway **-pito** pace-making **-pitäjä** pacemaker, pacesetter.

vauhdittaa 1 hasten (the growth of *jnk kasvua*), speed up (production *tuotantoa*); accelerate; increase the rate of; give a push (an impetus) to; give a boost to; add momentum to (the negotiations *neuvotteluja*) **2** *(urh)* set the pace (for *jkta*).

vauhko 1 *(hevosesta)* skittish, shy **2** *(ark)* agitated (at *jstk*); *(pelästynyt)* frightened (about *jstk*); alarmed; upset ~**utua** shy (at *jstk*) ~**utunut** *(m)* runaway.

vauh‖ti 1 speed (at a steady speed *tasaista* ~*a;* at full speed *täyttä* ~*a*); rate (of inflation *inflaation* ~); *(juoksu-, kävely~; kuv)* pace (at a brisk pace *reipasta* ~*a*); *(tahti)* tempo **2** *(urh)* *(-dinotto)* run-up, approach [run] **3** *(fys)* velocity **4** *(vauhdikkuus)* action ▶ **antaa** ~*a (konkr)* give .. a push; *(kuv)* = *vauhdittaa 1;* **hiljentää** ~*a* reduce speed; *(vain kulkuneuvosta)* slow [its speed]; slack off, slacken speed; *(vain henk)* slow up (down) *(m kuv);* **lisätä** ~*a* increase speed, accelerate; *(vain kulkuneuvosta)* speed up, gather speed; **määrätä** *[jnk]* ~ set the pace (speed) [for]; *(urh)* **ottaa** ~*a* run up, take a run[-up]; *ottaa kova* ~ take a long run-up; *(konkr ja kuv)* **pysyä** *jkn* -*dissa* keep up with [the pace of]; **päästä** ~*in (kuv)* get off to a good start; *(ark kuv)* **täydessä** -*dissa* in full swing; in action.

vauhti‖hurjastelija road hog **-hurjastelu** speeding **-raidat** *(aut)* racing stripes.

vaunu 1 *(raut) (matkustaja~)* *(Br)* carriage, coach; *(Am)* car; *(tavara~)* *(Br)* waggon, truck; *(Am)* [freight] car **2** *(hevos)~t (sg)* carriage; coach; *(sota~t) (sg)* chariot; *(vankkurit)* wag[g]on 3 *(lasten)~t (sg) (Br)* pram; *(Am)* [baby] carriage, [baby] buggy 4 *(työntö)~t (sg)* trolley, cart, truck 5 *(tekn)* carriage (typewriter carriage *kirjoituskoneen* ~) ~**osasto** *(raut)* compartment.

vaura||s prosperous; *(varakas)* well-to-do, well-off, wealthy; rich; *(kirj)* affluent **-us** prosperity; wealth; affluence.

vaurio *(m ~t)* damage; *(vamma) (m)* injury; *kärsiä ~ita* be damaged, suffer damage ~**ittaa** damage; cause injury (to *jtk*) ~**itua** be damaged.

vauva baby ~**ikä** babyhood ~**nruoka** baby food.

vavah||**della** shake, tremble **-dus** *(säpsähdys)* start **-duttaa** shake; *(sykähdyttää)* stir **-duttava** stirring, startling (news *uutinen*); tragic **-taa** shake; *(säpsähtää)* [give a] start; ~ *hereille* start up (be startled) out of one's sleep.

WC toilet, lavatory, WC; ladies' [room], men's room.

WC||- toilet (seat *--istuin;* paper *--paperi;* roll *--paperirulla*) ~**allas** *(~pönttö)* toilet, toilet bowl (pan), lavatory.

veden||**alainen** I *a* underwater; *(merenalainen m)* submarine; *(uppo-)* sunken, submerged (rock *kari*); *(tiet)* subaquatic; *(kasv)* submersed II *s* submarine; U-boat **-haltija** water spirit **-jakaja** watershed *(m kuv),* divide **-korkeus** water level **-lämmitin** water heater, hot water dispenser; *(Br m)* geyser **-neito** water nymph, undine **-ottopaikka** *(raut, mer ym)* watering place; *(vesirak)* source of water supply **-paisumu**|s 1 *(raam, myt)* the Deluge; the Flood; *(leik)* *-ksen aikainen* antediluvian 2 *(tulva)* flood, deluge, *(kirj)* inundation; *joutua -ksen valtaan* be flooded **-pin**|**ta** 1 surface of the water 2 *(-nan korkeus)* water level **-pitävä** waterproof (material *kangas*); *(vesitiivis)* watertight *(m kuv* alibi *alibi)* **-puhdistamo** water treatment station, water purification plant **-raja;** ~*ssa* at the water's edge; *(-pinnassa)* on (at) the surface of the water **-saanti** water supply.

vedetön waterless; water-free (cream *voide*); *(kem)* anhydrous.

vedin 1 *(kahva)* handle; *(erik kaihtimen, laatikon ym)* pull; *(nuppi)* knob 2 *(tekn)* puller, extractor 3 *(el) (nänni)* teat.

vedonlyö||**jä** better **-nti** 1 betting; *(kirj)* wagering; *-nnin välittäjä* bookmaker 2 = *2 veto.*

vedos 1 *(kirjap)* proof 2 *(valok)* print, proof 3 *(atk)* dump ~**taa** 1 *(valok ym)* proof 2 *(atk)* dump.

vedot|**a** 1 appeal to (a p. for help *jkh avun saamiseksi;* a higher court *korkeampaan oikeusasteeseen;* a p.'s feelings *jkn tunteisiin*), make an appeal to 2 *(esittää puolustuksekseen ym)* plead (ignorance of siihen että on tietämätön *jstk*); give .. as an excuse; *(mainita esimerkkinä)* cite; *-en siihen että* on the plea that (of doing) 3 *(viehättää)* appeal to (to young people *nuoriin*).

vegeta||**ari** vegetarian **-arinen** vegetarian **-rismi** vegetarianism.

vegetatiivinen vegetative; ~ *hermosto* autonomic nervous system.

veh|**je** thing; gadget; *(jk epämääräinen ~)* thingummy, thingamajig; *-keet* things; *(kamppeet) (sg)* tackle, *(sg)* gear.

vehka *(kasv)* bog (water) arum.

vehkeil||**ijä** plotter, schemer; conspirator **-lä** plot (against *jtk vastaan*), scheme, intrigue, conspire; ~ *jkn henkeä vastaan* have designs on a p.'s life **-y** plotting; *(pl)* schemes, intrigue[s], *(pl)* machinations; *(salaliitto)* conspiracy.

vehma||s luxuriant, lush (valley *laakso*), exuberant, opulent (vegetation *kasvillisuus*); *(viljava)* fertile; *(lehtevä)* leafy **-us** luxuriance, lushness, exuberance, opulence; fertility; *(vehreys)* verdancy, verdure.

vehnä wheat ~**jauhot** wheat flour ~**n**|- wheat (germs *-alkiot;* bran *-leseet*).

vehre||**ys** verdancy, greenness; verdure **-ä** verdant, green.

veijari rogue, rascal ~**mainen** roguish ~**romaani** picaresque novel.

veikata 1 do (play) the [football] pools 2 *(arvata)* guess (that *että*); *(lyödä vetoa)* bet.

veike||**ys** funniness; joviality **-ä** *(hauska)* funny; *(lystikäs)* jovial; *(veitikkamainen)* arch (smile *hymy*).

veikkau|s 1 the [football] pools (win 1000 marks on the pools *voittaa 1 000 markkaa -ksessa*); *(veikkaaminen)* football pool betting, playing the pools 2 *(arvaus)* guess ~**kuponki** [football] pools coupon ~**voitto** pools prize (win).

veikko chum; *(erik Br)* chap; fellow.

veisata sing (a hymn *virsi*).

veiste∥llä 1 whittle ([away] at a piece of wood *puunpalaa*) **2** ~ *[vitsejä]* crack jokes (about *jstk*) **-tty** hewn (stone ~*ä kiveä*); *kirveellä -tyt kasvot* rough-hewn face.

veisto *(koul)* woodwork, carpentry **~s** sculpture; statue, figure; *(pienois~)* statuette, figurine **~taide** sculpture.

veistää 1 *(vuolla)* whittle ([at] a piece of wood *puunpalasta;* a th. from a stick *jk tikusta*); *(~ kirveellä ym)* hew (stone *kiveä;* in stone *kiveen*); carve (a th. from a piece of wood *jtk puunpalasta*), one's initials into *nimikirjaimensa jhk*); *(yl leikata)* cut (a notch in (on) *lovi jhk*); ~ *vene* build a boat **2** *(kuvanveistosta ym)* carve (from marble *marmorista*), sculpt (out of granite *graniitista*).

veisu song.

veitikka [little] rogue, [little] rascal; *(kujeilija)* wag; ~ *silmäkulmassa* [with] a roguish twinkle in one's eye **~mainen** roguish, rascally; waggish; arch.

veitsen∥teroitin knife grinder (sharpener) **-teroittaja** knife grinder **-terävä** ..sharp as a razor, razor-sharp; knife-edged (creases ~*t prässit*).

veits∣i kni∣fe *(pl* -ves); *(kirurgin* ~) *(m)* scalpel; *(kuv) olla -en terällä* be on a razor['s] edge.

veiv∥ata grind, crank, wind **-i** crank (turn the crank *kiertää* ~*ä*), handle; *(ark) heittää* ~*nsä* kick the bucket.

vekara *(ark)* kid.

vekki pleat ~*hame* pleated skirt.

vekotin = *vehje.*

vekseli bill [of exchange], *asettaa* ~ draw a bill (on a p.); *hyväksyä* ~ accept a bill; *lunastaa* ~ pay (hono[u]r) a bill ~**nasettaja** drawer [of a bill] ~**nsaaja** payee [of a bill].

vektori vector.

vela∥ksimyynti credit sale, sale on credit **-llinen** debtor **-ton** free from debt[s], ..out of debt; *(omaisuudesta)* unencumbered.

velho wizard, sorcerer, *(fem)* sorceress; magician; *(noita)* witch.

veli brother *(usk pl* brethren); *(munkkijärjestön* ~) *(m)* friar ~**kulta** jolly fellow ~**puoli** *(puoliveli)* half-brother; *(isä-, äitipuolen poika)* stepbrother.

velje∥illä fraternize (with *jkn kanssa*) **-kset** brothers; *Virtasen* ~ the Virtanen brothers; *(liik)* ~ *Virtanen* Virtanen Bros. (Brothers) **-llinen** brotherly; fraternal **-nmurha[aja]** fratricide **-poika** nephew;

brother's son **-tytär** niece; brother's daughter **-skansa** sister nation **-skunta** fraternity, brotherhood **-ssota** civil war **-ys** brotherhood, fraternity.

vel∣ka 1 debt **2** *(kirjanp)* -*at* liabilities ▸ **joutua** ~*an* get (run) into debt; **jäin** *hänelle 10 markkaa* ~*a* I still owe him 10 marks; **ottaa** *(tehdä)* ~*a* raise (take up) a loan; borrow money; **velaksi** on credit *(Br ark* on tick); *olla velkaa* owe (a p. *jklle;* 10 marks *10 markkaa;* for *jstk*); be in debt (to a p. *jklle*); be indebted (to the bank *pankille*); *olet minulle anteeksipyynnön (kiitoksen, selityksen)* ~*a* you owe me an apology (thanks, an explanation); *olet sen itsellesi* ~*a* you owe it to yourself; *olla* **veloissa** be in debt.

velkaantu∥a get (run) into debt; incur debts **-neisuus** indebtedness **-nut** ..in debt, indebted.

velka∥inen ..in debt, indebted; *(omaisuudesta)* encumbered [with debts (mortgages)] **-kirja** promissory note, IOU (= I owe you).

velko∥a demand payment (of *jtk;* from *jklta*); *yrittää* ~ *saataviaan* try to recover one's outstanding debts **-ja** creditor.

velli gruel.

vello∥a *(vedestä)* surge, heave, swell; *(myllertää)* churn (the propellers churned the water to foam *potkurit -ivat vettä*).

veloit∥taa charge ([a p.] 100 marks for *100 markkaa jstk*); *(kirjanp)* debit (a p. with 10 marks *jkta 10 markalla*); ~ *jkta [10 markkaa] liikaa jstk* overcharge a p. [10 marks] for; ~ *liian vähän* undercharge; ~ *jkn tiliä 10 markalla* debit a p.'s account with 10 marks **-us** charge.

veltto 1 *(konkr)* limp (his arm hung limp *hänen kätensä roikkui* ~*na*), slack; *(erik lihaksista)* flabby, flaccid; soft; *(hervoton)* nerveless **2** *(haluton)* listless, lethargic; inert (lazy and inert *laiska ja* ~); *(saamaton)* sluggish; flabby (character *luonne*).

velvoit∥e obligation **-taa** oblige (to do *tekemään*), bind; *(olla -va)* be binding (the agreement is binding on all parties *sopimus* ~ *jokaista osapuolta*) **-tautua;** ~ *tekemään jtk* engage [o.s.] to do **-tava** binding **-us** obligation, commitment, engagement.

velvolli∥nen under an obligation (to help *auttamaan*), obliged; duty-bound; liable (to pay one's debts *maksamaan velkansa*)

-suudentunto sense of duty **-suudentuntoinen** dutiful **-suu|s** duty (calls *kutsuu;* do one's duty *tehdä -tensa;* do a th. out of duty *tehdä jtk -desta); (velvoite)* obligation; *-det (m)* responsibilities (of a father *isän -det).*

vene boat; *~ellä* by (in a) boat; *(kuv) olla samassa ~essä* be [all (both)] in the same boat **~ilijä** boater, yachter, yachtsman **~illä** boat; go boating (yachting) **~kunta** [boat's] crew; boat **~laituri** landing stage **~näyttely** boat show **~satama** boat (yacht) harbo[u]r, marina.

Venetsia Venice **v~lainen** *a ja s* Venetian.

vene||vaja boathouse **-valkama** boat harbo[u]r, boatcove, anchorage **-veistämö** boatyard.

venezuelalainen *a ja s* Venezuelan.

ventovieras perfectly (completely) strange; *(sb)* complete stranger.

ventti *(korttip) (Br)* pontoon; *(Am)* twenty-one; blackjack.

venttiili 1 *(tekn, mus)* valve 2 *(tuuletus~)* ventilator.

veny||kekengät elastic-sided boots **-mätön** inelastic **-tellä** stretch (one's legs *jalkojaan); ~ [itseään (jäseniään)]* stretch [o.s.], stretch out **-täytyä** stretch [o.s.] out **-ttää** 1 stretch; *~ sanojaan* drawl [on] one's words 2 *(pitkittää)* draw out (a discussion *keskustelua),* prolong, drag out (a meeting *kokousta)* **-vyys** stretchability; elasticity, stretch; *(met)* ductility **-vä** stretch[y] (material *kangas); (joustava)* elastic; *(jota voi -ttää)* stretchable; *(met)* ductile; *~ käsite* elastic term (concept) **-ä** 1 *(konkr)* stretch 2 *(~ ajallisesti)* be [long] drawn out (the debate was long drawn out *asian käsittely -i),* be prolonged 3 *(urh ym) (ark)* have [unexpected] reserves of strength, have extra resources, have amazing [power of] endurance ▶ **pitkäksi** *-nyt* long-drawn-out (discussion *keskustelua);* prolonged; *hänen suunsa -i korviin asti* he grinned from ear to ear.

venäh||dys strain **-dyttää** strain (one's back *selkänsä);* pull (a muscle *lihas); (nyrjäyttää)* sprain **-tää** 1; *selkäni -ti* I strained my back 2; *hänen naamansa -ti [pitkäksi]* his face fell.

Venäjä 1 Russia 2 *v~ (kieli)* Russian **v~nvinttikoira** borzoi, Russian wolfhound.

venäläinen *a ja s* Russian.

venäläis||- Russo|- (--Finnish **-suomalainen);** Russian (population

-asutus) **-täminen** Russification **-tää** Russianize, Russify **-viha** Russophobia **-yys** Russianism; *(kiel)* Russism.

venäyttää strain (one's back *selkänsä).*

veranta veranda[h]; *(Am m)* porch.

verb||aalinen verbal **-i** verb.

verekseltään 1 *(heti)* right away; without any delay; *(itse teosta)* in the act (of doing *jtk tekemästä); (ark)* red-handed 2 *(tuoreena)* while fresh.

veren||himo bloodthirst, bloodlust **-himoinen** bloodthirsty, bloodlusting; *(kirj)* sanguinary **-hukka** loss of blood **-imijä** bloodsucker; *(kuv m)* leech **-kier|to** circulation (he has [a] good circulation *hänellä on hyvä ~); (~elimistö)* circulatory system, blood-vascular system; *(kiertävä veri)* bloodstream (the poison entered his bloodstream *myrkky pääsi hänen ~onsa;* be carried by the bloodstream *kulkeutua -ron mukana)* **-lasku** blood-letting **-luovuttaja** blood donor **-luovutus** blood donation **-maku** taste of blood; *kun se kerran on päässyt ~un niin..* once it has tasted blood.. **-myrkytys** blood poisoning **-paine** blood pressure; *[liian] korkea ~* hypertension; *hänellä on ~tta* he suffers from hypertension **-painepotilas** hypertensive **-painetauti** hypertension **-perintö;** *se on hänellä ~nä* it runs in his blood **-pisara** *(kasv)* fuchsia **-puna** h[a]emoglobin **-punainen** blood-red **-sekainen** blood-tinged, blood-streaked, ..tinged with blood **-siirto** [blood] transfusion; *hänelle tehtiin ~* he was given a [blood] transfusion **-sokeri** blood sugar [level] **-tungos** congestion **-vaihto;** *(kuv) ~ jssk* infusion of new blood into **-vuodatus** bloodshed **-vuoto** bleeding; flow of blood; h[a]emorrhage (internal hemorrhage *sisäinen ~); kuolla ~on* bleed to death, die from loss of blood **-vuototauti** h[a]emophilia **-vuototautinen** h[a]emophiliac **-vähyy|s** an[a]emia *(m kuv); -ttä poteva* an[a]emic.

veres *(konkr ja kuv)* fresh; *(uusi)* new; recent **~lihalla** raw, severely chafed **~tävä;** *~t silmät* bloodshot eyes **~tää** 1 revive [.. in one's mind] (memories *muistoja),* recall [.. to the mind]; refresh (one's memory *muistiaan;* one's skill in *taitojaan jssk);* brush up (one's English *englannin-taitojaan); (uusia)* renew 2 *(silmistä)* be bloodshot.

vere‖tön bloodless (surgery *leikkaus;* revolution *vallankumous*); *(kalpea) (m)* pale, pallid; white (lips *-tömät huulet*) **-vä** ruddy (face *~t kasvot;* stout and ruddy *tanakka ja ~*), lusty; *(ihosta m)* florid, sanguine; *(kuv)* full-blooded (narrative art *~ä kerrontaa*); *(kudoksesta ym)* sanguine.

verhiö *(kasv)* caly‖x *(pl m* -ces).

verho **1** curtain (draw the curtains *sulkea ~t;* draw back (open) the curtains *avata ~t*); *~t (m)* draperies; *erottaa ~lla* curtain off; *vetää ~ ikkunan eteen* draw a curtain across the window **2** *(peite, vaate)* cover[ing]; *ainoana ~naan pieni lannevaate* covered (clothed) only in a tiny loincloth **3** *(kuv)* cloak (of darkness *pimeyden ~*), shroud (of mystery *salaperäisyyden ~;* of mist *usva~*), curtain; veil (of clouds *pilvi~*), blanket; screen (under cover of a smoke screen *savu~n suojassa*) **~illa** upholster (a chair *tuoli;* in (with) velvet *sametilla*) **~ilu** upholstery **~lehti** *(kasv)* sepal **~omo** upholstery [work]shop **~‖ta 1** cover (with *jllak*); *(~ kankaalla) (m)* drape (the coffin with (in) a flag *arkku lipulla*); *(kietoa)* wrap (in *jhk*); *(päällystää)* face (with marble slabs *marmorilaatoilla*); *(vuorata)* line **2** *(kuv)* wrap up (one's meaning in obscure language *tarkoituksensa vaikeaselkoiseen kieleen*); conceal (in *jhk*); veil (veiled threat *-ttu uhkaus;* profound secrecy veiled the negotiations *täydellinen salaperäisyys -si neuvotteluja*); shroud (shrouded in mystery (mist) *salaperäisyyden (usvan) -ama*) **~tanko** curtain rod (pole); *(kisko)* curtain rail **~us** covering; *(vuoraus)* lining **~utua** *(pukeutua)* clothe o.s. (in *jhk*); wrap o.s. (in *jhk*); *~ salaperäisyyteen* be shrouded (wrapped up, enveloped) in mystery.

ver‖i blood ▶ *-ta* **hikeä** *ja kyyneleitä* blood sweat and tears; **janota** *[jkn] -ta* be out (thirst) for [a p.'s] blood; *(ark)* **kaivaa** *-ta* **nenästään** be looking for a bloody nose; *-eni* **kuohahti** my blood boiled (was up); *se sai hänen -ensä kuohahtamaan* it made his blood boil; **laskea** *-ta* let blood, draw blood (from *jstk*); bleed (a p. *jksta*); *päästä -en* **makuun** taste blood; *herättää* **pahaa** *-ta* make bad blood (between *jdk välille*), cause bad (ill) feeling; *~* **pakkautui** *päähän* the blood rushed (shot) to his head; *~ on vettä* **sakeampaa** blood is

thicker than water; **tahrata** *kätensä jkn -een* stain one's hands with the blood of; *hän on tahrannut kätensä -een* he has blood on his hands; *-en* **tahrima** bloodstained; *tuoda* **uutta** *-ta jhk* bring (infuse) new (fresh, young) blood [in]to; **vere‖ssä** *(-llä)* bloody, bleeding; *yltä päältä -essä* covered with blood, all bloody, dripping [with] blood; *(kuv) se on hänellä -essä* it runs (is) in his blood; *maata verissään* be lying in one's (in a pool of) blood; **vuotaa** *-ta* bleed; *sormestani vuotaa -ta* my finger is bleeding; *-ta vuotava* bleeding.

veri‖appelsiini blood orange **-heimolai‖nen;** *he ovat -sia* they are linked by ties of blood **-hera** blood serum **-hiutale** [blood] platelet, thrombocyte **-hurtta** bloodhound *(m kuv)* **-hyytymä** blood coagulation (clot) **-jälki** bloodmark **-koe** blood test; *ottaa jklta ~* give a p. a blood test **-koira** bloodhound *(m kuv)* **-kosto** blood vengeance (feud), vendetta **-lammikko** pool of blood **-löyly** massacre, bloodbath, carnage **-nahka** dermis, corium **-nen 1** bloody (revenge *kosto;* nose *nenä;* clash *yhteenotto*); *(kirj)* sanguinary; *(verta vuotava) (m)* bleeding (wound *haava*); *(veren tahraama)* bloodstained (history *historia;* hands *-set kädet*); blood-soaked; *(verenhimoinen)* bloodthirsty **2** = **verensekainen 3** *(julma ym)* deadly (enemies *-set viholliset*), mortal (insult *loukkaus*); cruel **4** *(keitt)* rare (steak *pihvi*), underdone **5** *(yhdyss)* -blooded (hot-blooded *kiihkeä~*) **-neste** blood plasma **-näyte** blood sample **-palttu** black (blood) pudding; *(Am)* blood sausage **-palvelu** blood donor centre (service) **-pisara;** *viimeiseen ~an asti* to the last drop of blood **-raha** blood money **-rakko** blood blister **-ryhmä** blood group (type) **-sesti;** *kostaa jklle ~* take a bloody revenge on; *~ loukkaantunut* mortally offended **-si‖de;** *-tein toisiinsa liittyneet* united (bound) by [a] blood bond **-seerumi** blood serum **-solu** blood cell (corpuscle); *punainen ~* red blood cell, red [blood] corpuscle, *(tiet)* erythrocyte; *valkoinen ~ (tiet)* leucocyte, *(erik Am)* leukocyte **-sukulainen** blood relation (relative) **-sukulaisuus** blood relationship **-suoni** blood vessel (he burst a blood vessel *häneltä katkesi ~*); *(ark)* vein **-suonisto** [blood-]vascular system **-suonitaudit** vascular diseases; *sydän-~* cardiovascular diseases **-syöpä** blood cancer, leuk[a]emia **-tahra** bloodstain **-tauti** blood disease **-tukko** clot of blood, blood clot; thrombus **-tulppa** 1 *(lääk)* embol|us *(pl* -i) 2 *(ark) = ed.* **-uhri** blood sacrifice **-veli** blood brother **-veljeys** blood brotherhood **-vihollinen** deadly (mortal) enemy; hereditary enemy **-virta** *(fysiol)* bloodstream.

verka broadcloth, cloth; *(biljardipöydän ym ~)* baize.

verk||alleen leisurely, in a leisurely manner, slowly **-kai|nen** leisurely (at a leisurely pace *-sta vauhtia*), slow; lazy (river *joki*); unhurried.

verk|ko 1 net; netting (wire netting *metallilanka~*); mesh; *(kal) nostaa -ot* draw in the nets; *valheen ~* tissue (web, mesh) of lies 2 *(hämähäkin~)* web 3 *(verkosto)* network (of agents *asiamies~;* of roads *teiden ~;* spy network *vakoilu~*) 4 a) *(tekn, rad, puh)* network (communications network *viestintä~*); b) *(sähk)* power-distribution network; mains (connect the radio to the mains *kytkeä radio ~on*) 5 *(kuv)* net (slip through the police net *livahtaa poliisin -osta*); *(pl)* meshes (of political intrigue *poliittisen juonittelun ~*), mesh, web (of intrigues *juonien ~*); toils.

verkko||- *(sähk, rad)* mains (voltage *-jännite*) **-aita** wire-netting fence **-kalastus** net fishing **-kalvo** retina; *-kalvo-* retinal **-kalvontulehdus** retinitis **-kangas** mesh fabric, netted fabric, netting **-kassi** string bag, shopping net **-keinu** hammock **-mainen** netlike; reticul|ate, -ar **-paita** string vest **-ryhmä** *(puh) (läh v)* directory area **-silmä** *(el)* compound eye **-sukat** net (fishnet) stockings, nets.

verkosto = *verkko 3.*

vermutti vermouth.

vernissa linseed oil.

vero tax; *(erik tavara~)* duty (import duty *tuonti~*); *(kunnallis~) (Br m)* rate ▶ **kantaa** *~ja* collect taxes; *kantaa ~a jltk (jstk)* levy a tax on; *tupakasta* **menee raskas ~** there is a heavy tax on tobacco; **määrätä** *~a jklle (jllk)* impose a tax on; *sota vaati ~nsa (raskaan ~nsa)* the war took its toll (a heavy toll).

vero||asteikko tax scale **-helpotus** tax concession (relief) **-ilmoitus** tax return (form); *tehdä ~* fill in a tax return **-inen;** *olla jnk ~* be equal to, equal, be the equal

of (a p.'s equal); be on a par with; *uuden ~ auto* a car as good as new (a new one) *(ks m vertainen; vetää vertoja, verta —)* **-karhu** the taxman **-kirja, -kortti** *(läh v)* tax deduction card **-lippu** [income-tax] demand note; *(Am)* tax bill **-luokka** tax bracket **-merkki** revenue (tax) stamp.

veron||alainen taxable, . . liable to taxation, . .subject to tax **-kantaja** tax collector **-kanto** collection of taxes **-kavallus** tax evasion (fraud) **-kierto** *(lain puitteissa tapahtuva ~)* tax avoidance; *(-petos)* tax evasion **-kiertäjä** tax evader *(ark* dodger) **-maksaja** taxpayer **-palautus** tax rebate **-pidätys** tax deduction, tax withholding.

vero||petos tax fraud **-prosentti** tax rate **-rasitus** tax burden, [burden of] taxation **-rästit** back taxes **-satama** tax haven **-tettava** taxable (income *tulo)* **-ton** tax-free, exempt (free) from tax; tax-exempt; *(tullivapaa)* duty-free **-ttaa** tax (a p. *jkta;* heavily *raskaasti;* a p.'s income, a p. on his income *jkta tuloista);* *(kantaa veroa)* levy (impose) taxes (a tax) (on *jkta);* *sota -tti jkt* the war took a heavy toll of; *~ jkn voimia* tax a p.'s strength **-ttaja** *(pl)* tax authorities; *(m)* tax inspector **-ttomasti** tax-free; duty-free **-tuksellinen** fiscal **-tus** taxation; *(m)* [tax] assessment **-vapaa** = *-ton; ~ myymälä* duty-free shop **-vapaus** exemption from taxes **-velvollinen I** *a* . . liable to tax (to pay taxes) **II** *s* taxpayer **-vähennys** tax allowance, deduction **-äyri** tax rate (percentage).

ver|ran about (one metre *metrin ~*) ▶ **jonkin** *~* a little; a bit; *(jossakin määrin)* to some extent; **minkä** *~?* how much? **saman** *~* as much as this (that); the same amount; **sen** *~ voin sanoa että* I can tell you this much that; *ota sen ~ kuin tarvitset* take as much as you need; *et tiedä siitä senkään -taa kuin minä* you know even less about it than I do.

verran||nollinen proportional (to *jhk);* *(vertauskelpoinen)* comparable **-nollisuus** proportionality; comparability **-to** *(mat)* proportion.

verrat|a 1 compare (with, to *jhk;* A and B *A:ta ja B:tä [toisiinsa]);* draw (make) a comparison (between *toisiinsa)* **2** *(rinnastaa)* compare to (he has been compared to Napoleon *häntä on -tu Napoleoniin)* ▶ **verrattuna** *jhk* in (by) comparison with, compared with (to); by the side of; **vertaa** *(vrt) sivu 12* cf. *(lue:* compare) p. 12; *niitä ei* **voi** ~ *toisiinsa* they are not comparable.

verrat‖en relatively (fast *nopeasti*), comparatively (cheap *halpa*); quite, rather; *(m)* some (go on for some time *jatkua* ~ *pitkään*) **-on** very good, excellent, marvel[l]ous; *-toman* exceedingly, extremely **-tomasti;** ~ **kaunein** by far the most beautiful; ~ *parempi* far better.

verrytellä *(~ jtk)* limber up, loosen [up] (one's muscles *lihaksiaan*); *(urh)* limber (warm, loosen) up (before the race *ennen juoksua*), have a warm-up (limber-up).

verryttely *(urh)* limbering (warming) up; limber-up, warm-up ~**housut** sweat pants; tracksuit trousers (bottom) ~**puku** sweat (warm-up) suit; tracksuit.

versio version.

verso shoot, sprout ~**a 1** *(kasv)* put out shoots, sprout **2** *(kuv)* germinate, arise, spring up.

verstas workshop; *(erik yhdyss)* shop (cobbler's shop *suutarin*~); *(korjaus*~) repair shop.

ver‖ta ▶ ~*ansa* **vailla** *[oleva]* unparalleled, unrival[l]ed, unequa[l]led (for beauty *kauneudessa*), unmatched; incomparable; ..without [a] parallel; **verran** *ks. hakus.;* **kaksin verroin** *parempi* twice as good as; **vertaa** *ks. verran;* **vetää** *-toja jllk* equal, be equal to, be the equal of (a p.'s equal) (as *jnak;* at running *juoksussa;* in strength *voimissa*), rival, be a match for; *se ei vedä -toja jllk (m)* it can't compare with, it is no match for; *mikään ei vedä -toju kunnon..* there is nothing like a good ..

vertail‖eva comparative (study *tutkimus*) **-la** compare (with *jhk*); make a comparison (between two things *kahta asiaa keskenään*); draw a parallel.

vertailu comparison; ~*n vuoksi* for the sake of comparison; by way of comparison (I might mention that.. *mainittakoon että*); *se ei kestä* ~*a jnk kanssa* it won't stand comparison with ~**kelpoinen** comparable ~**koh‖de, -ta** standard (point) of comparison ~**muoto** *(kiel)* degree of comparison ~**ryhmä** *(lääk ym)* control group ~**vuosi** year of comparison.

vertai‖nen; *jnk* ~ equal to ▶ *se* **hakee** *-staan (on vailla -staan)* it is unequa[l]led (unmatched, unrival[l]ed); *-stensa* **joukossa** among one's equals; **kohdella** *jkta*

-senaan treat a p. as an equal; **olla** *jnk* ~ *ks. veroinen;* **vetää** *vertoja, verta* →; **tavata** *-sensa* meet (find) one's match; **vailla** *-staan ks. verta* →.

vertaisryhmä *(sosiol)* peer group.

vertauksellinen symbolic[al]; figurative; allegoric[al]; metaphorical.

vertau‖s 1 comparison (between A and B *A:n ja B:n* ~) **2** *(kuvailmaus)* *(yl)* comparison; *(kuin-*~) simile; *(metafora)* metaphor; *(allegoria)* allegory; *(opettavainen* ~) parable (speak in parables *puhua -ksin*) ~**kuva 1** symbol (of courage *rohkeuden* ~), emblem (of peace *rauhan* ~) **2** = **vertaus 2** ~**kuvallinen** symbolic[al]; metaphorical; allegorical.

verto *(mat)* proportional.

veruk‖e pretext (on (under) the pretext of (that) *sillä -keella että)*, excuse, subterfuge; *keksiä -keita* make excuses.

veräjä gate.

vesa 1 *(kasv)* sprout, shoot, sucker (root sucker *juuri*~); *(nuori puu)* sapling **2** *(kuv)* offshoot; offspring *(m pl)*; scion (of a famous family *kuuluisan suvun* ~) ~**kko** coppice, coppice forest, thicket of saplings ~**kkomyrkky** herbicide.

ve‖si 1 water **2** *(sade)* rain **3** *(alkoholin kanssa nautittava* ~) soda [water], tonic [water] ▶ *-den* **alla** underwater, below [the surface of] the water; **heittää** *-ttä* make (pass) water, urinate; *-ttä* **hylkivä** water-repellent; *hänellä oli* ~ **kielellä** his mouth watered; *se sai -den kielelle* it made my mouth water; *olla -dellä ja* **leivällä** be on (be given only) bread and water; *-det* **silmissä** with tears in one's eyes, in tears; *-det tulivat silmiin* my eyes watered (filled with tears); *-ttä* **tuli** *koko päivän* it rained all day; *-den* **vallassa** flooded; *(mer)* laskea **vesille** launch; *olla* **vesillä** be on the water, be out in a boat; *kotoisilla* ~*llä* in home waters; *-den* **äärellä** at the water's edge, at the waterside; on the waterfront.

vesi‖allas [water] basin; *(tekojärvi ym)* reservoir **-bussi** water-bus **-eläin** aquatic animal **-elämä** aquatic life **-ensuojelu** water pollution control, water protection (conservation) **-hana** water tap *(Am* faucet) **-hau‖de** *(keitt)* water bath, bain-marie; *kypsentää -teessa* steam **-hauta 1** *(urh)* water jump **2** *(vallihauta)* moat **-heinä 1** waterweed, weed **2** *(kasv)* [common] chickweed **-hiihto** water[-]skiing

-hirviö aquatic monster -hoito *(lääk)* water cure, hydrotherapy -huolto water supply and sewerage -höyry water vapo[u]r; *(kiehuvasta vedestä nouseva ~)* steam -johto water pipe, [water] conduit; *(pää~)* water main; *(~järjestelmä)* water system (supply) -johtoliike plumber's; plumber's business -johtovesi tap water -kampaus water wave -kannu *(juoma~)* water jug *(Am* pitcher); *(huoltoaseman ym ~)* water can -karahvi water bottle (carafe) -kasvi water (aquatic) plant -kasvillisuus aquatic flora (vegetation) -katto roof -kauhu *(eläinl)* rabies, hydrophobia -kauhuinen rabid, hydrophobic -kelkkamäki waterchute -kirppu water flea -kko European mink -klosetti water closet, WC -kouru *(räystäskouru)* gutter; *(uitt ym)* flume; water channel -krassi watercress -kulkuneuvo watercraft *(pl ~)* -kuppi *(koiran ~)* drinking bowl -kuuntelu underwater listening -lasi water glass; glass of water -lasti *(mer)* 1; *~ssa* waterlogged 2 *(-painolasti)* water ballast -lauta *(ikkunan ym ~)* drip; *(räystään ~)* fascia board -leima watermark -leimapaperi watermarked paper -lentokone seaplane, *(erik Am)* hydroplane -liikenne waterborne traffic -liirto *(aut)* [tyre] hydroplaning, aquaplaning; *joutua ~on* start to hydroplane (aquaplane) -lintu water (aquatic) bird; *(mets)* waterfowl *(pl ~)* -liukoinen water-soluble -liuos aqueous solution -llelasku *(mer)* launch[ing] -lukko water seal, [water] trap; *(käymislukko)* fermentation lock (trap) -lätäkkö puddle, pool [of water] -maksu water rate *(Am* charge) -meloni watermelon -mies *(horosk)* Aquarius -mittari 1 *(vesijohtoveden ~)* water meter; *(höyrykattilan, tankin ~)* water ga[u]ge (glass) 2 *(el)* water strider (skater) -mylly water mill -mäinen watery, aqueous -nokkaeläin platypus, duckbill -ohenteinen water-dilutable -pallo *(urh)* water polo -pannu kettle -patja water bed -patsas *(putken ym ~)* water column; *(meteor)* waterspout -perä; *(kuv)* vetää ~ draw a blank -peräinen wet, boggy, swampy, marshy, watery, waterlogged -pesu wet cleaning -piippu hooka[h], water pipe, narghile -pisara drop of water; *(m)* drop of rain, raindrop -pistooli water pistol *(erik Am* gun); *(Am m)* squirt gun -pitoinen watery, ..containing water, aqueous -posti hydrant -puhveli water

buffalo -putous waterfall; *(suuri ~)* cataract; *(pieni ~)* cascade -pyörä = -ratas -pää *(lääk)* water on the brain; *(tiet)* hydrocephalus -päästäinen [European] water shrew -pöhö [o]edema; dropsy -raja 1 *(laivan ~)* water line 3 *(veden korkeus)* water level 4 *(ranta)*; *~ssa* at the water's edge; at the waterside -rakennus hydraulic engineering -rakk|o *(-ula)* water blister -ratas water wheel -reitti water route, waterway -rokko chickenpox; varicella -rotta water rat -ruisku *(hammasl ym)* squirt, syringe -ruuvi Archimedes' (Archimedean) screw -ryöppy gush (spout) of water -sade rain -selvä stone sober, sober as a judge -stö water system; [natural] waterway; [lake and] river system; body of water; watercourse -stötiede hydrology -suksi water ski; *hiihtää ~lla* water-ski -suoni water vein, vein of water -säiliö water tank; *(vesilaitoksen ym)* reservoir; *(erik rakennuksessa oleva ~; WC:n ~)* cistern -taksi water taxi, taxiboat -talous water resources engineering, water management -taso *(ilm)* sea plane, *(erik Am)* hydroplane -tie waterway, watercourse, water route -tiivis watertight; waterproof; *~ kello* waterproof watch -torni water tower -tse by water -ttyä *(kuv)* be watered down -ttää *(kuv)* water down (a statement *lausunto)* -tykki water cannon -urheilu water (aquatic) sports -vaaka spirit level; *(erik Am)* level -vahin|ko *(-got)* water damage -varat water resources (supply) -viiva *(mer)* water line (mark, level) -viljely *(sg)* hydroponics, water gardening -voima water power; hydroelectric power -voimala[itos] hydroelectric power station (plant), hydropower station, water-power station -väri watercolo[u]r -värimaalari watercolo[u]rist, aquarellist -värimaalaus watercolo[u]r [painting], aquarelle.

vesoa 1 *(kasvaa vesaa)* put out shoots, sprout 2 *(poistaa vesat)* cut away the shoots, prune.

vessa *(ark)* loo, lav; *(Am)* john.

vesuri bill[hook].

vetel||ehtijä idler, slacker, loafer, loiterer -ehtiä *(maleksia)* loaf (hang) about (around) (street corners *kaduilla*), loiter, idle [away] -ys good-for-nothing, idler -ä 1 soft, [soft and] watery; *(juokseva)* liquid; *(ohut)* thin; *(upottava)* soggy; *~ vatsa* loose bowels 2 sluggish; slack (hold *ote;*

posture *ryhti*); *kulkea (istua)* ~*nä* slouch.
veteraani veteran; *(Am m)* vet.
vetinen watery (soil *maaperä;* potato *peruna*); *(märkä)* wet (weather *sää*); *(maasta) (m)* soggy, waterlogged.
vetist||ellä *(halv)* snivel **-ää** *(kuv)* water down (the style *tyyliä*); **-ävät** *silmät* watery eyes.
1 ve|to 1 *(-täisy)* pull (quick pull *nopea* ~); haul; tug **2** *(airon-, siveltimen- ym* ~*)* stroke **3** *(ilmavirta)* draught; *(Am)* draft (sit in a draught *istua -dossa*) **4** *(tekn)* drive (front (belt) drive *etu- (hihna)*~) **5** *(kuv) (siirto)* move; stroke **6** *(lääk)* traction (put a p.'s leg in traction *panna jkn jalka* ~*on*) ▶ *kellosta on* ~ **lopussa** the clock has run down; *tuntea* ~*a jhk* feel drawn towards; *(urh ym) hyvässä* **vedossa** in good shape (form); *hän ei ole oikein -dossa* he is out of shape.
2 veto *(vedonlyönti)* bet (lose a bet *hävitä* ~); *(kirj)* wager; *lyödä* ~*a* bet, make (take) a bet (on *jstk*); *lyön [10 markkaa]* ~*a että* I'll bet [you] [ten marks] that.
3 veto *(hall, valt)* veto (exercise the (one's) veto *käyttää* ~*a*); right (power) of veto, veto power; *estää* ~*llaan päätöksen syntyminen* veto a resolution, use its veto to prevent the passing of a resolution.
veto||aisa *(perävaunun ym* ~*)* drawbar **-ava** appealing; ~ *katse (m)* a look of appeal **-avasti** appealingly; *katsoa jkta* ~ *(m)* give a p. an appealing look **-eläin** draught *(Am* draft) animal, beast of draught **-hihna** strap; rope; *(tekn) (koneen* ~*)* belt **-inen 1** draughty, *(Am)* drafty (room *huone*) **2** *kahden litran* ~ *astia* a vessel [capable of] holding two litres, a vessel with a capacity of two litres; *1 000 tonnin* ~ *laiva* a ship of 1000 tons of capacity **3** *(tekn); etupyörä*~ having [a] front-wheel drive **-isuus** capacity **-ketju** zip [fastener], zipper; *avata jnk* ~ unzip a th.; *sulkea jnk* ~ zip up a th.; ~*lla suljettava* zip-up; *tämä puku suljetaan selästä* ~*lla* this dress zips up [at] the back **-koira** sled[ge] dog, draught (draft) dog **-koukku** drawhook, towing hook **-laastari** blistering plaster **-laatikko** drawer **-lujuus** *(fys)* tensile strength **-mitta** measure of capacity **-naula** draw, crowd (audience) puller; *(erik Am)* drawing card, drawcard **-nuora** drawcord **-nuppi 1** *(kellon* ~*)* winder, crown **2** *(laatikon ym* ~*)* pull knob.
vetoo||ja appellant **-mus** appeal (make an

appeal to a p. for *esittää jklle* ~ *jstk (jnk puolesta)*); plea.
veto||pasuuna [slide] trombone **-pyörä** driving wheel **-silmukka** slipnoose **-solmu** slipknot, drawknot **-voima 1** *(tekn ym)* pulling force, tractive (traction) power **2** *(fys)* gravitation, gravity, [gravitational] pull (the moon's pull *kuun* ~); *(magneetin* ~*)* attraction power, pull **3** *(kuv)* attraction; appeal (it has a great appeal for me *sillä on suuri* ~ *minuun*); *tuntea vastustamatonta* ~*a jtk kohtaan* feel an irresistible attraction towards **-voimainen** *(kuv)* magnetic, forceful.
vetreä supple, lithe, limber.
vettyä become waterlogged.
veturi [railway] engine; locomotive (electric locomotive *sähkö*~) ~**nkuljettaja** *(erik Br)* engine driver; *(Am)* [locomotive] engineer ~**talli** [railway] engine (locomotive) shed.
vety hydrogen ~**pommi** hydrogen bomb, H-bomb ~**[su]peroksidi** hydrogen peroxide.
vetä||istä give a [quick] pull (at *jstk*), pull; give .. a tug, tug (at the door *ovesta*); draw (a p. aside *jku syrjään*) **-isy** pull, tug **-jä 1** *(urh)* pacemaker, pacesetter **2** *(juontaja) (Br)* compere; M.C., Master of Ceremonies; *(TV) (asiaohjelman* ~*)* presenter; *(matkan, neuvottelujen ym* ~*)* conductor, leader **-vä** *(iskevä ym)* striking, effective, impressive; *(ark)* ~*n näköinen* dashing, smart.
vetäyty||minen withdrawal, retreat; pullout **-ä 1** withdraw (from active duty (the room) *aktiivipalveluksesta (huoneesta)*); retire *(kuv* into o.s. (one's shell) *itseensä (kuoreensa)*); into private life *yksityiselämään*); retreat (the ice sheet retreated to the north *mannerjää -i pohjoiseen*); pull out (of the project *syrjään hankkeesta*); *(paeta)* recede (the flood waters recede *tulvavesi -y*); *(välttää)* evade, shirk (one's responsibility *vastuusta*); *(konkr) (siirtyä)* move [away (aside)] (from *jstk*); draw back **2** *(sot)* withdraw, pull out; *(~ järjestyksessä) (m)* retire; *(~ pakon edessä) (m)* retreat; *(irtautua)* [be] disengage[d].
ve|tää 1 a) *(~ jtk)* pull (the door open *ovi auki;* a cart *rattaita*); draw (down the blind *kaihdin alas;* a card from the pack *kortti pakasta;* a line *viiva*); haul (logs *tukkeja*); tug; *(hinata)* tow; *(kiskoa, raahata)* drag; *(laahata)* trail; *(~ pois, ulos) (m)* extract (a tooth *hammas*);

(pingottaa) stretch (the rope tight *köysi suoraksi*) **b)** *(~ jstk)* pull at (a rope *köydestä*); pull on (the reins *ohjaksista*); tug at; *(kiskoa, tempoa)* strain at; ~ *jkta hihasta* pull a p. by the sleeve **2** *(sot ym)* withdraw (the troops *joukot [pois];* from *jstk*), pull out (of *jstk*) **3** *(~ kello ym)* wind [up] **4** *(johtaa)* conduct (a tour *matka;* negotiations *neuvotteluja*); lead; run (a business *yritystä*); *(~ ohjelma ym) (Br)* compere; M.C.; present **5** *(urh)* set the pace, lead **6** *(rakentaa ym)* lay (a cable between *kaapeli jdk välille;* a railway track to *rautatie jnnk*); build **7** *(astiasta)* hold, take (two litres *kaksi litraa*) ▶ **hevosen** *-tämät rattaat* a horse-drawn cart; ~ *jkn* **huomio** *jhk* draw a p.'s attention to; ~ *jkn huomio pois jstk (m)* distract a p.'s attention from; ~ *jkn huomio puoleensa* attract a p.'s attention; **huoneessa** ~ there is a draught *(Am* draft) in the room, it is draughty here; **ikkunasta** ~ there is a draught (draft) from (at) the window; ~ **itseensä** absorb (odo[u]rs *hajuja*); ~ *saappaat* **jalkaansa** *(jalastaan)* pull on (off) one's boots; ~ **keuhkonsa** *täyteen ilmaa* fill one's lungs; ~ **lakanat** stretch (pull) the sheets; *seikkailunhalu -ti häntä* **merille** his love of adventure drew him to the sea; *(kuv) hänet -dettiin jhk* **mukaan** he was drawn into; he was mixed up in; ~ **perässään** draw [along], draw after one, pull [along]; tug [along behind]; ~ **pois** draw away; pull away (out); withdraw (from circulation *liikkeestä;* one's support *kannatuksensa*); ~ **puoleensa** attract; ~ *pusero* **päälleen** pull on a sweater; **savupiippu** ~ *huonosti* the chimney draws badly; ~ **sisään** retract (its claws *kyntensä;* the undercarriage *laskuteline*); draw in (up); ~ **sisäänsä** inhale, breathe [in]; ~ **WC** flush the toilet; ~ *alas WC:stä* flush .. down the toilet; *näytelmä -ti paljon* **yleisöä** the play drew (pulled in) large audiences (big crowds).

viallinen defective, faulty.

vianetsintä troubleshooting.

viat||**on** innocent; harmless (joke *pila*) **-tomuus** innocence.

vibrafoni vibraphone, *(erik Am)* vibraharp; ~*n soittaja* vibraphonist.

video||**kasetti** videotape cassette **-nauha** videotape **-nauhuri** videotape (video-cassette) recorder, *(lyh)* VTR.

vie||**dä 1** take (the books to the library *kirjat*

kirjastoon; a p. home *jku kotiin;* flowers to *kukkia jklle;* a message to *sana jklle;* this bus will take you to the centre of the town *tämä bussi vie sinut kaupungin keskustaan)* **2** *(johtaa)* **a)** *(konkr)* lead (to *jnnk;* the door leads to the kitchen *ovi vie keittiöön;* this road leads to London *tämä tie vie Lontooseen)*; △ go (the stairs go to the attic *portaat -vät ullakolle)*; **b)** *(kuv)* lead (astray *harhaan;* to bankruptcy *vararikkoon)*; result (end) in (disaster *tuhoon*); bring (chance brought them together *sattuma vei heidät yhteen*) **3 a)** *(ottaa jklta)* take (a p.'s money *jkn rahat*); *(riistää)* deprive (a p. of his rights *jklta oikeudet)*; *(varastaa)* steal (from *jklta*); **b)** *(turmella)* ruin (a p.'s health *jkn terveys;* the frost ruined the grain *halla vei viljan*), destroy, spoil (a p.'s appetite *jklta ruokahalu*); kill **4** *(vaatia)* take up (too much space *liikaa tilaa*); take (it takes all my time *se vie kaiken aikani;* it took years before.. *vei vuosia ennen kuin)* **5** *(~ maasta)* export (to *jnnk;* wood *puuta)* **6** *(~ kirjoihin ym)* enter (the names in the list *nimet luetteloon)* **7** *(~ tanssissa)* lead ▶ *se vei* **ajatukset** *lapsuuteen[i]* it took me back to my childhood; *se vei ajatukset muualle* it turned my thoughts elsewhere; ~ *jklta* **henki** kill a p. *(m kuv),* cause (bring about) a p.'s death; ~ *jklta* **hermot** *(järki)* drive a p. crazy (mad); ~ **läpi** carry .. through; execute, carry out; ~ **mennessään** carry away.

viehe lure.

viehke||**ys** charm, grace[fulness] **-ä** charming, graceful, attractive.

viehtymys interest (in *jhk*).

viehätt||**yä;** ~ *jstk t. jhk* be charmed (fascinated) by **-ävä** charming, fascinating, attractive **-ää** charm, attract; *(miellyttää)* please (a p. *jkta*); *häntä* ~ *jk* he is fascinated (charmed) by; ~ *silmää* please the eye.

viehätys charm, grace; attraction, fascination; *uutuuden* ~ the charm of novelty ~**voima** *(pl)* powers of fascination; attractiveness.

viejä *(maasta~)* exporter.

viek||**as** cunning (trick *temppu;* as cunning as a fox ~ *kuin kettu*), sly, deceitful, crafty; foxy (face *-kaat kasvot*); *(ovela)* shrewd **-kaasti** *(m)* in a sly (wily) manner; with cunning **-kau**|**s** cunning (by cunning *-della*), slyness; *saada jklta jtk -della (m)*

vie viekoitella – vierellä 746

con (diddle) a p. out of **-oitella** entice (into *jnnk;* into doing *tekemään jtk*); tempt, lure (a p. away from *jku pois jstk*); ~ *jklta jtk* wheedle a th. out of **-oitteleva** tempting, alluring.

vielä 1 *(yhä ~)* still; *(erik kielt ja kys sekä tulevasta ajasta)* yet **2** *(ajasta)* as late as (the 1950's *1950-luvulla*), as recently as (this year *tänä vuonna*), *(vain)* only (yesterday *eilen*) **3** *(lisäksi)* more (once more ~ *kerran;* have some more cake! *ota ~ kakkua!*); (~ *yksi)* another (will you have another biscuit? *haluatko ~ keksiä?*) **4** *(komp yht)* still, even, yet (better *parempi*) ► **ei** ~ not yet; *ei aivan* ~ not quite yet; *se ei ole ~kään valmis* it is still not ready; *on* ~ **huomattava** *että* it is further to be noticed that; ~ *viisi* **päivää** another five days, five more days; ~ **90-vuotiaana** even at the age of ninety; **yhä** ~*kin* even now, even today.

vieläpä even; actually.

viemäri 1 *(kokooja~)* sewer, gutter, outlet **2** *(~putki)* drain (the drain is blocked ~ *on tukossa*) **~järjestelmä** sewer system **~oja** sewer, gutter, outlet **~putki** sewer [pipe], drain pipe **~vesi** sewage [water], wastewater.

Wien Vienna **w~erleipä** Danish pastry **w~iläinen** *a ja s* Viennese **w~iläistuoli** bentwood chair **w~inleike** escalope of veal.

vieno gentle (touch *kosketus;* breeze *tuulenhenki*), soft (voice *ääni*); faint (smile *hymy*).

vien|ti 1 *(liik)* *(pl)* exports (imports exceed exports *tuonti ylittää nin*); *(~kauppa)* export (of furniture *huonekalujen* ~); *-nin edistäminen* export promotion **2** *(kirjanp)* entry, item (enter an item *kirjata* ~), posting.

vienti||- export (price *-hinta;* trade, business *-kauppa;* quota *-kiintiö;* licence *-lupa;* duty *-tulli;* surplus *-ylijäämä*) **-kielto ban (embargo) on export[s] **-liike** export business **-sihteeri** exports secretary **-voittoinen** favo[u]rable, active (balance of trade *kauppatase*).

vieraan||nuttaa estrange, alienate (from *jstk*) **-tu|a** become estranged (from *jstk*); *-nut* estranged, alienated; ~ *toisistaan (m)* drift apart **-tuminen** estrangement; alienation.

vieraanvarai||nen hospitable **-suus** hospitality.

vierail||ija visitor; guest; *(teatt ym)* guest

artist; guest star **-la 1** visit (a p. *jkn luona;* a factory *tehtaassa*); *(m)* pay a visit (to *jkn luona, jssk*); ~ *jkn luona (m)* pay a p. a visit, call on a p. **2** *(teatt ym)* give a guest performance (in *jssk*); *(olla kiertueella)* be on tour (in *jssk*); tour (the provinces *maaseudulla*); *-eva taiteilija* guest artist.

vierailu visit (official (private) visit *virallinen (yksityinen)* ~); *(pitkä/hkö/* ~) stay (with *jkn luona*); *(käynti)* call (on *jkn luona*); *(teatt ym)* guest performance **~aika** *(sairaalan* ~) *(pl)* visiting hours **~käyn|ti** visit (on a visit to *-nillä jssk*) **~näytäntö** guest (special) performance.

vieraisill|a *(-e)* on a visit.

viera|s *I a* **1** strange (in a strange town *-assa kaupungissa;* feel strange *tuntea itsensä -aksi*); *(tuntematon)* unfamiliar (to *jklle;* place *paikka;* sound unfamiliar *kuulostaa -alta*); unknown (to *jklle*) **2** *(jhk kuulumaton)* foreign (to a p.'s nature *jkn luonteelle*), *(pred)* alien (the thought is alien to me *ajatus on minulle* ~) **3** *(ulkomainen)* foreign (languages (countries) *-at kielet (maat)*); alien **II** *s* **1** guest (welcome guest *tervetullut* ~; invite guests *kutsua -ita*); *(vierailija)* visitor (show the visitors round the house *näyttää -ille taloa*) **2** *(muukalainen)* strangèr (the dog barks at strangers *koira haukkuu -ita*) **3** *(kuv)* visitant (death was a frequent visitant *kuolema oli tavallinen* ~) ► **ajatus** *ei ole minulle [täysin]* ~ I am not unfamiliar with the thought, *(m)* the thought has sometimes crossed my mind; *se on* **hänelle** *~ta* it is foreign (alien) to his nature; *täysin -at* **ihmiset** [perfect] strangers; *heillä käy usein -ita (m)* they entertain a great deal.

vieras||huone guest room **-kielinen** foreign **-kirja** visitors' book **-koreus** window-dressing **-maalainen I** *a* foreign **II** *s* foreigner **-mies** *(lak)* witness **-ottelu** *(urh)* away match **-paikkakuntalainen** nonresident **-peräinen** foreign **-peräisyys** foreign origin **-taa 1** *(lapsesta)* be shy (of *jkta*) **2** *(oudoksua)* avoid, shun; shrink back (from *jtk*) **-tunti** *(pl)* visiting hours **-työläinen** foreign worker.

viere||inen next; *jnk* ~ by, beside, next to; *-isessä huoneistossa (talossa)* next door **-kkäin** next to each other; side by side **-llä** *(-lle); jnk* ~ by the side of, by, next to; *~ni* by my side.

vieremä land|slide, -slip.

viere||**ssä** *(-en); jnk* ~ beside, by, next to; *(lähellä)* close to; *aivan* ~ close by; ~ *oleva* next, adjacent, adjoining; *tien* ~ by the roadside; *vieri* ~ close together **-stä** from the side of; *puhua asian* ~ wander from the point; beat about the bush.

vierit|**tää** roll; ~ *syy jkn niskoille* put the blame on, *(ark)* shift the blame on to; ~ *vastuu jkn harteille* shift the responsibility on to a p., *(ark)* pass the buck **-ys** *(atk)* scrolling.

vieri|**ä 1** *(kieriä)* roll (under the table *pöydän alle;* down the hillside *rinnettä alas;* the tears rolled down her cheeks *kyyneleet -vät hänen poskilleen)* **2** *(kuv)* pass, roll on (by) (the years rolled by *vuodet -vät); vuosien -essä* over the years.

viero||**a** shun; *maailmaa -va* misanthropic; *seuraa -va* unsociable **-ittaa 1** *(vieraannuttaa)* estrange, alienate (from *jstk);* ~ *[pahasta] tavasta* cure (break) .. of (wean .. from) a [bad] habit **2** *(~ vauva ym)* wean **-ittaminen** *(lapsen ~)* weaning; *(lääk)* ablactation **-itushoito** treatment for drug addiction **-itusoire** withdrawal symptom **-ksua** shun, keep back from (a p. *jkta);* *työtä -ksuva* work-shy.

viertotie causeway; *(Am)* highway.

vierus side (of the road *tien* ~); *(kirjap)* margin ~**ta** side (by the side of *jnk* ~*lla)* ~**toveri;** *hän oli* ~*ni* he sat next to me.

vieräht|**ää** roll; *(pudota)* fall; slip; *(kuv)* pass (a year passed *vuosi -i),* roll by (on); *kivi -i sydämeltäni* it was a load off my mind; *kyynel -i hänen poskelleen* a tear trickled down her cheek.

viesti 1 *(sanoma)* message (take a message to *viedä* ~ *jklle); (sana)* word (send word that.. *lähettää* ~ *että); (uutinen)* news (of *jstk)* **2** *(urh)* relay [race] **3** *(sot)* signal; communication **4** *(atk)* communication ~**joukkue** *(urh)* relay team ~**joukot** *(sot)* signals; *(Brit m)* Corps of Signals; *(USA m)* Signal Corps ~**kapula** *(urh)* baton ~**laitteet** *(sg)* signalling device (equipment) ~**mies** *(sot)* signaller, wireman; *(mer)* signalman ~|**n;** *-met* [news] media, media of communication ~**njuoksu** relay race (event).

viestintä communication ~**satelliitti** communications satellite ~**verkko** communication network ~**yhteys** communication, connection.

viestin||**uinti** relay swimming **-vaihto** *(urh)* take-over **-välitys** communication; signal-[l]ing; message transmission.

viestit||**tää** signal; communicate (a message to *sanoma jklle)* **-ys** signal[l]ing, [signal] communication **-ysvälineet** *(sg)* signalling equipment.

viestiä communicate (by gestures *elein); (kertoa)* tell (a p. about *jklle jstk;* of *jstk).*

vietellä seduce.

vieteri spring.

vietnam *(kieli)* Vietnamese ~**ilainen** *a ja s* Vietnamese.

viettel||**eminen** seduction **-evä** alluring, seductive, tempting **-ijä** seducer **-ijätär** seductress; temptress **-ys** seduction (succumb to the seductions of *sortua jnk -yksiin); (houkutus)* allurement, enticement; temptation.

vietti instinct, drive; ~**en** *varainen* instinc|tual, -tive.

vietto celebration (of Christmas *joulun* ~); spending ([of] one's leisure *vapaa-ajan* ~).

viettymys urge; inclination (towards *jhk); (psyk)* drive.

viettävä sloping; *(kalteva)* slanting; *(laskeutuva)* descending, declining.

viet|**tää 1** *(~ aikaa)* spend (the summer in the country *kesä maalla;* a sleepless night *uneton yö);* ~ *säännöllistä elämää* lead a regular life **2** *(juhlia)* celebrate (Christmas *joulua);* häät *-ettiin viime lauantaina* the wedding took place last Saturday; ~ *jnk muistoa* commemorate **3** *(olla kalteva)* slope (steeply *jyrkästi),* slant; decline (towards *jtk kohti); (laskeutua)* incline (to *jhk).*

vih|**a** hatred (of, for *jkta kohtaan);* hate (love and hate *rakkaus ja* ~); *(~mielisyys)* enmity (towards *jkta kohtaan); (suuttumus)* anger ▶ *se* **pistää** ~*ksi* it annoys me; **purkaa** ~*nsa* vent one's anger, *(ark)* take it out (on *jkh);* **saada** *jkn* ~*t niskaansa* incur a p.'s hatred; **unohtaa** *vanhat* ~*t* bury the hatchet; *joutua jkn* **vihoihin** incur a p.'s hatred; *olla jkn* **vihoissa** be hated by; *olla -oissa jkn kanssa* be at enmity with; *olla* **vihoissaan** be angry (with *jklle;* at *jstk); -oissaan hän.. in his anger he..; tehdä jtk -oissaan* do .. in a moment of anger.

viha||**inen** angry (with *jklle;* at *jstk;* don't be angry! *älä ole* ~!); furious (with *jklle;* about *jstk); (ark)* mad (at, with *jklle;* for *jstk); (hurja)* fierce; *varokaa -ista koiraa!*

beware of the dog! **-mielinen** hostile (to *jllk, jkta kohtaan*); antagonistic (towards *jkta kohtaan*); *uskonnolle* ~ anti-religious; *yhteiskunnalle* ~ anti-social **-mielisesti** in a hostile manner; *suhtautua* ~ *jhk* take (have) a hostile attitude towards **-mielisyys** hostility (to *jtk kohtaan*), hostile attitude (towards); antagonism, animosity (towards *jkta kohtaan*; between *jdk välillä*) **-mie|s** enemy; *hankkia itselleen -hiä* make enemies for o.s.

vihannekset [green] vegetables.

vihannes||- vegetable (soup *-keitto;* press, shredder *-leikkuri*) **-kauppias** greengrocer.

vihan||noida be green **-nta** green, verdant.

vihastu||a get (be[come]) angry (with *jklle;* at *jstk*); *-nut (m)* enraged, indignant **-s** indignation; *-ksissaan* in exasperation.

vihat||a hate **-tava** hateful.

vihdoin at last; *(lopulta)* finally; ~ *viimein* at long last, in the end, eventually.

viheliäinen miserable, wretched; *(halveksittava)* despicable *(at teko).*

vihel||lellä be whistling [away], whistle (a tune *sävelmää*) **-ly|s 1** whistle (of a train *junan* ~), whistling; hoot (of a siren *sireenin* ~) **2** hiss (the speaker was received with hisses *puhuja otettiin vastaan -ksin*), catcall **-lyspilli** whistle **-tää 1** whistle (can you whistle? *osaatko* ~?); give a whistle; hoot (the factory siren hooted *tehtaan pilli -si*); ~ *pilliin* blow one's whistle **2** *(~ paheksuvasti jllk)* hiss ([at] a speaker *puhujalle;* out *ulos*), *(huutaa ja* ~) *hoot,* ~ *jklle (Br ark m)* give .. the bird.

viher||alue park; *(kaupungin ympärillä)* green belt **-iöi|dä** be green; *-vä* green, verdant **-kaihi** glaucoma **-kasvi** indoor plant, potplant **-levä** green alga *(pl* ~e) **-peippo** greenfinch **-peukalo** green thumb **-sipuli** spring (green) onion **-tää** be green; *alkaa* ~ turn green **-varpunen** siskin.

vihi; *saada* ~ä *jstk* get wind of ~**koira** bloodhound.

vihill||ä *(-e); käydä* ~ be married.

vihjai||lla drop hints; hint (what are you hinting at? *mitä sinä -let?*); make references (to *jklle*); *-letko että..? (m)* are you suggesting that..? **-lu** hinting; allusion[s] (to *jhk*) **-sta** hint (to *jklle;* that *että*); *(~ jklle m)* drop (give) .. a hint, *(ark)* tip .. off (about *jstk*), tip .. the wink (that *että*).

vihjau|s hint (of *jstk;* broad hint *selvä* ~); insinuation (nasty insinuations about *ilkeitä -ksia jstk*).

vihje tip (get good tips on *saada hyviä* ~*itä jstk*); tip-off (about *jstk;* the police were given a tip-off *poliisi sai* ~*en*); hint (take the hint *ymmärtää* ~); *antaa* ~ *jklle* give (drop) .. a hint (of *jstk*); *(ark)* tip .. off (about *jstk*), tip .. the wink (that *että*); *saada* ~ *(m)* be tipped off.

vihkiminen 1 *(~ avioliittoon)* marriage; *suorittaa* ~ officiate at a wedding (marriage ceremony) **2** *(rakennuksen* ~*)* consecration, dedication (of a church *kirkon* ~), inauguration (of a university *yliopiston* ~) **3** *(~ papiksi ym)* ordination; consecration (of a bishop *piispaksi* ~); installation.

vihkimis||kaava marriage formula **-menot** *(sg)* marriage ceremony **-todistus** marriage certificate.

vihki||mä- *ks. vihki[mis]-* **-mäilmoitus** marriage announcement **-mätön;** *[avioliittoon]* ~ unwed[ded] **-pari** *(pl)* bride and bridegroom **-puhe** wedding speech **-puku** wedding dress **-sormus** wedding ring **-toimitus** marriage ceremony **-vesi** holy water.

vihkiyty||mätön; *asiaan* ~ uninitiated; *asiaan -mättömät* the non-initiate **-nyt;** *jhk* ~ dedicated to; *(perehtynyt)* familiar (well acquainted) with; *asiaan* ~ *[henkilö]* initiated person, the initiate **-ä;** ~ *jhk* dedicate o.s. (one's life) to.

vihkiä 1 *(~ avioliittoon)* marry, join .. in marriage; *heidät vihitään lauantaina* they will be married on Saturday; *vihitty valmo* wedded wife **2** *(~ käyttöön)* inaugurate (a building *rakennus*), dedicate, consecrate (a church *kirkko*); *(m)* open (a bridge *silta*) **3** *(henk)* ordain (a p. priest *papiksi*); consecrate (a p. bishop *piispaksi*); ~ *jku maisteriksi* confer the degree of MA on.

vihkiäis||et 1 *(häät) (sg)* wedding, wedding (marriage) ceremony **2** *(rakennuksen ym* ~*) (sg)* inauguration, dedication, consecration, *(m)* opening [ceremonies] (of a school *koulun* ~) **3** *(papin ym* ~*) (sg)* ordination; consecration (of a bishop *piispan*~) **-puhe** inaugural (opening) speech **-tilaisuus 1** marriage (wedding) ceremony, wedding **2** *(rakennuksen ym* ~*)* inaugural (dedication) ceremony.

vihko notebook; *(harjoitus*~*)* exercise book ~**nen** booklet, leaflet.

vihl||**aiseva** shooting, stabbing (pain *kipu*); *sydäntä* ~ heart-rending **-ais**|**ta** cut; *kuin puukolla* **-sten** like a stab of a knife; *sydäntäni* **-i** *kun* it cut me to the heart (quick) when **-aisu** shooting pain, twinge of pain **-oa;** *hampaitani* **-oo** I have shooting pains in my teeth; ~ *jkn korvia* grate (jar) on a p.'s ears **-ova;** *korvia* ~ *huuto* earsplitting scream.

vihm||**a, -oa** drizzle.

vihne awn; arista (*pl* ~e).

vihoi||**ssaan** *ks. viha* → **-tella 1** be angry (with *jklle;* at *jstk*) **2** *(haavasta)* become inflamed.

vihollinen enemy (of progress *edistyksen* ~; force the enemy to retreat *pakottaa* ~ *perääntymään*); foe (friend or foe? *ystävä vai* ~?).

vihollis||**armeija** hostile army **-joukot** enemy troops **-uudet** hostilities (open (suspend) hostilities *aloittaa (lopettaa)* ~) **-valtio** hostile state.

vihoviimei|**nen** the very last (time *kerta*); *(kurja)* most miserable (rags *-set rääsyt*); lousy, rotten (it's a rotten job *tämä on -stä hommaa*).

vihreä green ▶ ~*nä* **kateudesta** green with envy; ~ **leski** grass widow; *näyttää* ~*ä* **valoa** *jllk* give .. the green light, give the go-ahead to; *(pol)* **Vihreät** the Greens.

viht||**a** bath (sauna) whisk **-oa** slap o.s. with a sauna whisk.

vihtrilli vitriol.

vihurirokko *(pl)* German measles; rubella.

vihvilä rush.

viidakko jungle ~**puhelin** bush telegraph, grapevine ~**sota** jungle warfare.

viidennes fifth [part] (two fifths *kaksi* ~*tä*).

viides [the] fifth *(vrt kahdeksas)* ~**kym-menes** [the] fiftieth ~**osa** fifth [part] ~**sadas** [the] five hundredth ~**ti** five times ~**toista** [the] fifteenth ~**tuhannes** [the] five thousandth.

viihde entertainment ~**kirjallisuus** light reading ~**musiikki** light music ~**ohjelma** entertainment (light) program[me] ~**taiteilija** entertainer, artist, *(fem)* artiste ~**teollisuus** entertainment industry (business); show business.

viihdy||**ke** pastime **-ttäjä** entertainer **-ttää** entertain (one's guests *vieraita*), amuse, keep .. amused (the children *lapsia*) **-tyskiertue** *(sot)* entertainment tour.

viih||**tyisä** [nice and] cosy, *(Am)* cozy **-tyä 1** *(henk)* be (feel) happy (in, at *jssk;* alone

yksin); *(~ jssk) (m)* feel at home, enjoy one's stay (in, at *jssk*) **2** *(kasveista ym)* thrive ▶ *hän* **ei** *-dy Suomessa* he is not happy (is unhappy) in Finland, he does not like Finland; *-dyn täällä* **hyvin** I like it very much here, I'm quite happy here, I feel very much at home here; **kuinka** *-dyt[te] Suomessa?* [how] do you like Finland? *-dyn* **työssäni** I like my job; *he -tyvät* **yhdessä** *(toistensa seurassa)* they get on well with one another.

viikari young rascal, scamp.

viikate scythe ~**mies** *(kuv)* [the] Grim Reaper, Death.

viikinki Viking ~**aika** the Viking Age ~**retki** Viking raid.

viik|**ko** week ▶ *-on* **alussa** *(lopulla)* at the beginning (end) of the week; **ensi** *-olla* next week; *ensi -on perjantaina* on Friday next week; **joka** ~ every week; *(viikottain)* weekly; **kaksi** ~*a (m)* a fortnight; **kerran** *-ossa* once a week; weekly; *-on* **kuluttua** in a week['s time]; *-on* **päästä** after a week, a week from now; *huomisesta -on päästä* tomorrow week; ~ **sitten** a week ago; ~ *sitten lauantaina* a week last Saturday; *-osta* **toiseen** week in week out, week after week; **viikoksi** for a week; **viikolla** during the week; *tällä -olla* this week; **viikolta, viikossa** a week, per week; *-ossa (-on kuluessa)* in a week['s time]; **viime** *-olla* last week; *viime -on perjantaina* on Friday last week.

-viikkoinen ..of .. weeks, lasting [for] .. weeks; *kaksi*~ two week[s']; *tämän*~ this week's.

viikko||**julkaisu** weekly publication **-katsaus** weekly review (report) **-kaupalla** for weeks; week after week, weeks on end **-lehti** weekly [magazine] **--ohjelma** weekly (week's) program[me] **-palkka** weekly wage (pay), *(pl)* wages **-raha** weekly pocket-money.

viikon||**loppu** weekend; *hauskaa* ~*a!* have a nice weekend! ~*na* at the weekend **-npäivä** day of the week.

viikset *(sg)* moustache, *(Am)* mustache; *(kissan ym* ~) whiskers.

viikuna fig ~**nlehti** fig leaf ~**puu** fig tree.

viila file ~**penkki** file bench ~**ta** file (one's nails *kynsiään;* off *pois;* smooth *tasaiseksi).*

viile||**ntää** cool (the air *ilmaa;* a p.'s feelings for *jkn tunteita jkta kohtaan*) **-tää;** *[ajaa (mennä)]* ~ speed (along the road *tietä* *pitkin*); fly, rush (past *ohi*) **-tä** cool [down]; *(säästä m)* get cooler, cool off **-ys** cool **-ä** cool; *säilytettävä* ~*ssä* to be kept cool.

viili sour[ed] whole milk ~**pytty**; *[rauhallinen] kuin* ~ [as] cool as a cucumber.

viilokki fricassee.

viilto incision ~**haava** slash, cut; *(syvä* ~*)* gush.

viiltä‖**jä** ripper (Jack the Ripper ~-*Jack*) **-vä** shooting, darting, stabbing (pain *kipu*); biting (wind *viima*); *sydäntä* ~ heart-rending **-ä** slash, gash (with a knife *veitsellä*); cut (a wound in *haava jhk*); ~ *auki* rip, slit (a p.'s throat *jkn kurkku*), slash (one's wrists *ranteensa*).

viilu, ~**ttaa** veneer.

viima wind (icy wind *jäinen* ~); *(veto)* draught, *(Am)* draft.

viime last (Christmas (time, year) *joulu[na]* *(kerralla, vuonna);* in the last century ~ *vuosisadalla); (mennyt)* past (during the past ten years *kymmenen* ~ *vuoden aikana)* ▶ ~ **aikoina** lately, recently; *aivan* ~ *aikoihin asti* until quite recently; ~ **hetkellä** *(tingassa, tipassa)* at the last moment (minute); ~ **kädessä** in the end; ~ **päivinä** *(viikkoina)* for (during) the last (past) few days (weeks); *(hiljattain)* lately, recently; ~ **vuosina** *(m)* in recent years.

viimeaikai‖**nen** recent, late (riots *-set levottomuudet*).

viimei‖**n** at last; *(vihdoin* ~*)* at long last, eventually, *(lopulta)* finally **-nen 1** last (a p.'s last words *jkn -set sanat;* the last day of the year *vuoden* ~ *päivä;* to the last drop *-stä pisaraa myöten;* this is definitely the last time *tämä on ehdottomasti* ~ *kerta*)**;** △ final (chapter of a book *kirjan* ~ *luku;* effort *ponnistus*); *(perimmäinen)* ultimate (purpose of *jnk* ~ *tarkoitus*); *(äärimmäinen)* extreme **2** *(-sin)* latest (his latest novel *hänen* ~ *romaaninsa;* it's the latest fashion *se on -stä muotia*); *(Am m)* last (the last thing in ~ *uutuus jllak alalla*) ▶ **jäädä** *-seksi kilpailussa* be last in a race; *(kuv)* ~ **pisara** the last straw; *-seen* **saakka** to the [very] last; *taistella -seen saakka* fight to the bitter end; **tulla** *-senä* come (arrive) last, be the last to come; *-stä paikkaa myöten* **täynnä** filled to capacity; *-sten kymmenen* **vuoden** *aikana* during the last ten years.

viimeis‖**eksi** lastly; finally **-illään;** ~

[raskaana] near her time; *olla* ~ *(kuolemaisillaan)* be on one's last legs **-telemätön** unfinished **-tel**‖**lä** finish [off], give finishing touches, put the last touches (to *jtk*); *(~ kirjallista työtä)* revise (a novel *romaania*), polish (an article *artikkelia*); *-ty* finished (performance *esitys*), polished (style *tyyli*) **-tely** finish[ing]; *(kuv m)* polishing, the finishing touch[es]; *(kirjallisen työn* ~*)* [final] revision **-tään** at the latest (on Tuesday at the latest ~ *tiistaina*); not later than (next week *ensi viikolla*).

viimeksi last; *(lopuksi)* lastly, last of all; finally; ~ *kulunut* last, past; ~ *mainittu* last-mentioned.

viina *(pl)* spirits (distil spirits *polttaa* ~*a*); *(väkijuoma) (m)* liquor, *(Am)* hard liquor; *(pl)* alcoholic (strong) drinks; *(sl)* booze; *juoda* ~*a* drink liquor (alcohol), *(sl)* booze; ~*an menevä* addicted to drink ~**kauppa** *(Br)* off-licence; *(Am)* liquor store ~**nhimo** craving for drink (liquor, spirits, alcohol) ~**nkeitto** spirit distilling; *(pontikan keitto)* moonshine ~**npolttaja** distiller [of spirits] ~**npolttimo** distillery ~**pannu** still ~**ryyppy** drink of liquor, shot.

1 viini wine.

2 viini *(nuolikotelo)* quiver.

viini‖**baari** wine bar, *(Am)* wine shop **-etikka** wine vinegar **-happo** tartaric acid **-karahvi** wine jug; wine decanter **-kauppias** wine merchant, vintner **-kellari** wine cellar **-köynnös** grapevine, *(Am m)* [wine] grape **-lasi** wine glass, goblet **-lista** wine list **-marja** currant.

viinin‖**korjuujuhla** grape harvest festival **-lehti** vine leaf **-maistaja** wine taster (sampler) **-punainen** wine colo[u]red, wine-red, *(m)* Burgundy **-tuntija** connoisseur of wines, wine expert **-viljelijä** winegrower, vinedresser, viticulturist **-viljely** winegrowing, viticulture **-viljelyalue** wine-producing area.

viini‖**oikeudet;** *ravintolalla on [olut- ja]* ~ the restaurant is licenced for wines and beer **-pullo** wine bottle; *(pullollinen viiniä)* bottle of wine **-rypäle** grape **-sato** vintage; *vuoden 1972* ~*a* of 1972 vintage, of the vintage of 1972 **-tarha** vineyard **-tarhuri** vinedresser **-tupa** wine tavern **-varasto** wine stock (supply), stock of wines, *(m)* cellar **-viljelmä** vineyard **-vuosi;** *huono* ~ a bad year for wine; *hyvä* ~ a vintage year.

viipal||**e** slice (of bread *leipää*); *(paksu ~ m) (ark)* hunk; *(silava- ym ~)* rasher; *leikata ~iksi* slice [up] **-oida** slice.

Viipuri Vyborg.

viipymä lag, delay.

viipymättä without delay; immediately.

vii|**pyä 1 a)** *(konkr)* stay (in, at *jssk;* with *jkn luona;* how long can you stay? *kauanko voit ~?*), *(ark)* stop; *en -vy kauan* I shan't be long; **b)** *(kuv)* dwell (on a subject *jssk aiheessa*) **2** *(viivästyä)* be delayed; *(olla hidas)* be slow (long) (in *jssk;* in doing *jnk tekemisessä*); *vastaus on -pynyt kauan* the answer has been long [in] coming **3** *(viivytellä)* delay, dawdle, tarry (on the way home *kotimatkalla*); *missähän hän -pyy?* I wonder what's keeping him.

viiri streamer; banner; *(mer, sot)* pennant, pennon **-kukko** weathercock.

viiriäinen quail.

viiru *(juova)* streak; *(raita)* stripe.

viis; *(ark)* ~ *siitä!* I couldn't care less; who cares! ~ *veisata jstk* not give a damn about.

viisari *(kellon ~)* hand.

viisa|**s I** *a* **1** *(järkevä)* wise (man *mies;* investment *sijoitus;* it would not be wise to do that *ei olisi ~ta tehdä sitä*); sensible (piece of advice *neuvo;* is it sensible? *onko se ~ta?*), prudent; judicious (choice *valinta*); sound (policy *politiikka*) **2** *(älykäs)* intelligent; *(eläimestä m)* sagacious; *(hyväpäinen)* clever; smart **3** *(täysjärkinen)* sane, ..in one's senses (right mind) **II** *s* wise; *-at* the wise ▶ *(kuv) hän ei ole oikein ~* he is not all there (not quite with it, not quite right in the head); **kaukaa ~** far-sighted; *~sten* **kerho** *(Br läh v)* the Brains Trust; *~sten* **kivi** the philosopher's stone; *olisi -inta lähteä* it would be best (a wise thing) to go; *sinun olisi -inta..* you would be wise to..; you had best to..; *hän ei tullut siitä* **yhtään** *-ammaksi* he was none the wiser [for that].

viisast||**elija** know-all, *(Am)* know-it-all, *(ark)* wise guy, smart-Aleck **-ella** split hairs; try to be smart; *(olla näsäviisas)* be cheeky; *-eleva* would-be-wise, smart-alecky **-elu** hair-splitting, quibbling **-ua** become wise[r]; *(järkiintyä)* get more sense; *siitä en paljon -unut* I was none the wiser [for that]; *vahingosta -uu* once bitten twice shy.

viisaudenhammas wisdom tooth.

viisaus wisdom; *vanha ~ a* wise old saying.

vii|**si** five ▶ *tuntea jk kuin ~* **sormeaan** have .. at one's finger-tips, know .. from A to Z; know .. inside out; *kello -den* **tee** five-o'clock tea, high tea; *(kuv) -ttä* **vaille** almost, practically; *-ttä vaille (yli) kolme* five to (past) three *(ks kahdeksan).*

viisi||- five|- (--storeyed *-kerroksinen*); **penta**|- *(kem -valent -arvoinen)* **-kko** quintet[te], pentad **-kulmainen** pentagonal, pentangular **-kulmio** pentagon.

viisikymmen||**luku** *(pl)* fifties; *-luvulla* in the fifties; *-luvun alussa (lopussa)* in the early (late) fifties **-tä** fifty **-vuotias** fifty-year-old *(ks kahdeksankymmen-vuotias)* **-vuotis**|**juhla, -päivä** fiftieth anniversary.

viisi||**nkertainen** fivefold; quintuple; ~ *maailmanmestari* five-time world champion **-ottelu** *(urh)* pentathlon **-päiväinen** five-day (week *työviikko*) **-sataa** five hundred **-satanen** five-hundred-mark note *(Am* bill) **-tahokas** pentahedron **-toista** fifteen **-toistavuotias** fifteen-year-old *(vrt kahdeksankymmen-vuotias)* **-tuhatta** five thousand **-vuotias** five-year-old *(vrt kahdeksanvuotias)* **-vuotiskausi** five-year period; quin-quenni|um *(pl* -a) **-vuotissuunni-telma** five-year plan.

viiste bevelling, chamfer **~kulma** angle of bevel (incline), mitre [angle].

viisto oblique; *(kalteva)* slanting, sloping (roof *katto*); *(tekn ym)* bevel (edge *reuna*), chamfered; *(tierak)* sloped; *~on, ~ssa* obliquely; diagonally **~perä** *(aut)* hatch-back **~purje** jib **~sauma** inclined joint **~t**|**a** *(tekn)* bevel, chamfer; *(puus)* mitre; *-tu* bevelled, chamfered **~tus** chamfer, mitre cutting.

viistää 1 *(laahata)* trail (her skirts trail on the floor *hänen hameensa ~ lattiaa*) **2** = *viistota.*

viisumi visa (apply for a visa for *anoa ~a jnnk*) **~pakko** *(maiden välillä on ~ a* visa is obligatory.

viit|**ata 1** *(osoittaa)* point (to *jhk päin;* everything points to the conclusion that.. *kaikki -taa siihen että*); *(~ kädenliikkeellä)* motion, beckon (a p. to a seat *jkta istumaan*); *(kuv m)* indicate, suggest (the signs suggest that.. *merkit -taavat siihen että*) **2** *(tarkoittaa)* refer (to a subject *jhk aiheeseen*), make references (to); *(vihjata)* hint (to *jhk*); *-aten kirjeeseenne 20. toukokuuta.. (m)* with reference to your letter of May 20..; *jhk -taava* indicative of 3 *(koul)* put up one's hand.

viite reference (to *jhk;* quote the reference *mainita ~); (vihje) (m)* hint; suggestion **~kehys** frame of reference **~ryhmä** reference group.

viitoit|taa mark (a marked road *-ettu tie); (mer)* buoy; ~ *tietä jllk* pave the way for.

viito||nen [number] five; *(arpanappulassa ym)* cinque; *(ark) (viiden markan raha)* fiver; *(järjestyslukuna)* the fifth *(vrt kolmonen)* **-set** quintuplets; *(ark)* quins, *(Am)* quints.

viits|iä be bothered (I can't be bothered to go *en -i lähteä); -isitkö sulkea ikkunan?* would you mind closing the window please; *tule jos -it!* come if you feel like it; *älä -i!* stop that!

1 viitta *(vaat)* cape; *(tuomarin ym ~)* gown, *(pl)* robes, cloak.

2 viitta *(tien~)* guidepost; *(mer)* spar buoy.

viitta||illa 1 *(~ kädellä)* point (to *jnnk [päin]); (viittilöidä)* make signs, motion, gesture (to *jklle*) 2 *(kuv)* refer, make references (to *jhk*) 3 *(vihjailla)* hint (at *jhk*) **-pylväs** guidepost, signpost **-us** 1 wave, motion (of the hand *käden~*); gesture; *totella jkn pienintäkin ~ta* obey a p.'s slightest wish (whim), be at a p.'s beck and call 2 *(maininta)* reference (to *jhk*); *(epäsuora ~)* allusion (full of allusions to *täynnä -uksia jhk*) 3 *(vihjaus)* hint (at *jhk*); suggestion (an indirect suggestion *epäsuora ~*); allusion (to *jhk*); *(ilkeä ~)* insinuation (about *jhk*).

viitteellinen suggestive.

viittilöi||dä gesticulate (eagerly *innokkaasti*), gesture (to *jklle*) **-nti** gesticulat|ion[s], -ing.

viitto||a make signs, gesture (to *jklle*); *(viittilöidä)* gesticulate **-ilu** *(mer)* semaphore **-makieli** sign language, language of signs.

viiva line; *(piirto)* stroke; *vetää ~ jnk yli* strike out **~amaton** unruled **~suora** straight, *..as straight as an arrow* **~ta** rule; *(alle~)* underline; *-ttu šekki* crossed cheque *(Am* check) **~tutkain** *(atk)* raster scanner.

viive [time] lag, delay.

viivoit||in ruler **-taa** rule, line **-us** ruling, lineation.

viivy||tellä be long (in doing *jnk tekemisessä); (aikailla)* loiter, [dilly]dally (on the way *matkalla*), delay, dawdle (don't dawdle! *älä -ttele!); (vitkastella)* hang back; *-ttelemättä* without delay **-ttely** delay **-ttää** delay (the progress of *jnk edistymistä*), defer (the decision *ratkaisua*), put off (the payment *maksua*); *(pidättää)* keep (what kept you? *mikä sinua -tti?)* **-ty|s** delay (cause delays in *aiheuttaa -ksiä jssk); (hidastaminen)* retardation **-tystaktiikka** *(pl)* delay tactics.

viivähtää stay, *(ark)* stop (in, at *jssk*).

viiväst||yminen delay (in *jnk ~*) **-ymä** delay, lag; *(psyk)* retardation **-ynyt** delayed, retarded (development *kehitys); (lääk)* subacute; ~ *maksu (m)* overdue payment **-ys** delay (in payment *maksun ~*) **-yttää** = *viivyttää* **-yä** be delayed.

vi|ka 1 fault (in the engine *moottorissa;* in a p.'s character *jkn luonteessa;* we like him in spite of all his faults *pidämme hänestä hänen -oistaan huolimatta); (puute)* defect (there are defects in every system *jokaisessa järjestelmässä on ~nsa); (virhe)* flaw (in the material *kankaassa;* in the plate *lautasessa;* in a p.'s character *jkn luonteessa); (puutteellisuus)* shortcoming (he (it) has its shortcomings but.. *hänessä (siinä) on ~nsa mutta..)* 2 *(ruumiillinen ~)* defect (in hearing *kuulossa); (vamma)* handicap; *(sairaus)* disorder (congenital disorder *synnynnäinen ~*); disease (organic disease *elimellinen ~); (vaiva)* trouble (he has trouble with his lungs *hänellä on ~a keuhkoissa)* 3 *(syy)* fault (it is not my fault *se ei ole minun ~ni)* ▶ ~ **ei ole** *hänessä (m)* he is not at fault; *(kuv)* hänessä (siinä) ei ole mitään ~a there's nothing wrong with him (it), he's (it's) quite all right; *(kuv)* **etsiä** *-koja jstk* find fault with; **havaita** *-koja jssk* find faults in; *hänen* **järjessään** *on jotakin ~a* he is not quite right in the head; **kenen** ~ *se on?* whose fault is it? who is to blame? **koneessa** *on jotakin ~a* there's something wrong with the machine; *kaikki* **meni** *~an* everything went wrong; **mikä** *~na?* what's the matter? **missä** ~? what's the trouble? *on hänen* **oma** *~nsa että* it is his own fault that..; ~ *on* **siinä** *että* the trouble is [that] ..; *autoon* **tuli** ~ something went wrong with the car; *siihen ei tullut mitään ~a* no harm was done to it; *jokin on nyt pahasti*

vialla there's something seriously wrong; *päästään -alla* mad; *(ark)* nuts, round the bend.

vika||**konttori** repair office; fault-clearing service **-pisto** blunder, boner.

viki||**nä, -stä** squeak; whimper, whine.

vikitellä seduce (a p. into doing *jkta tekemään jtk*).

vikkelä quick; ~ *liikkeissään* nimble.

viklo sandpiper.

viktoriaaninen Victorian.

vikur||**i** restive, jibbing **-oida** be restive, jib.

vila||**htaa** flash, flit (by, past *ohi;* through a p.'s mind *jkn mielessä*) **-us** glimpse; *(väläys)* flash; *nähdä -ukselta* catch a glimpse of; *yhdessä -uksessa* in a flash, in a twinkling of an eye **-uttaa** flash (banknotes *seteleitä;* lights *valoja*).

vili||**nä** [hustle and] bustle (of a city *kaupungin* ~); *(ihmis~, katu~)* [swarming] crowd, throng **-stä** swarm (the market place is swarming with people *tori[lla] -see väkeä*), bristle, teem *(m kuv;* the book is teeming with misprints *kirja -see painovirheitä); silmissä -see* everything is swimming before my eyes.

vilja corn, *(erik Am)* grain; *(laiho) (pl)* crops ~**-aitta** *(kuv)* granary ~**kasvi** cereal, grain plant ~**kauppa** corn (grain) trade ~**laji** cereal, variety (kind) of grain; ~*t* cereals.

viljalti plenty, abundantly (of *jtk*).

vilja||**pelto** field of corn *(Am* grain) **-ruoste** wheat rust **-sato** grain crop; harvest **-siilo** grain (corn) silo *(pl* ~s) **-va** fertile, fruitful, productive **-varasto** grain store[house], corn store; *(-varat)* stock (supply) of corn (grain) **-vuus** fertility, productivity.

viljel||**emätön** uncultivated, untilled, waste **-ijä** *(maan~)* farmer; *(jnk* ~) cultivator *(m kuv); (kasvattaja)* growei (of wine *viinin~*), planter (tea planter *teen~*) **-lä** 1 cultivate (land *maata*); *(biol ym)* culture (bacteria *bakteereja;* cultured pearls *-tyjä helmiä*); *(~ tilaa)* farm; *(kasvattaa)* grow (carrots *porkkanoita;* rye *ruista;* tobacco *tupakkaa*), raise (corn *maissia*); *ne eivät tahdo kasvaa -tyinä* they are difficult to grow in cultivation 2 *(kuv)* use (humo[u]r in one's works *huumoria teoksissaan*); *(jalostaa)* cultivate **-mä** 1 plantation (coffee (tobacco) plantation *kahvi-(tupakka)~*); *(palsta)* plot (vegetable plot

vihannes~); patch; *(biol)* culture (of bacteria *bakteeri~*) 2 *(maatila)* farm.

viljely cultivation *(m kuv); (maan ~ m)* tillage; *(kasvattaminen)* growing, raising; culture (of bacteria (fish) *bakteerien (kalojen)* ~); *hengen* ~ culture; *ottaa ~yn* bring .. under cultivation *(vrt viljellä)* ~**kasvi** cultivated plant ~**kelpoinen** arable (land *maa*); cultivable.

viljely||**s** *(m -kset)* cultivated land (of a farm *tilan -kset);* area[s] under cultivation; *(pelto)* field; *(istutus)* plantation ~**maa** arable land, cultivated *(Am* tilled) land.

viljely||**sopimus** contract for growing crops **-stila** farm **-ssuunnitelma** cropping plan.

vilkais||**ta** glance (at *jhk;* through the newspaper *sanomalehteä;* round *ympärilleen*), take (cast) a glance, take a quick look (at *jtk*); ~ *nopeasti jtk (m)* throw a quick glance (look) at; *(silmäillä)* glance one's eye down, look over (a list of names *nimilistaa*) **-u** glance (at a glance *yhdellä ~lla*), look.

vilk||**as** 1 lively (child *lapsi;* imagination *mielikuvitus*); *(henk m)* vivacious, sprightly; active (participation *osanotto*); animated (discussion *keskustelu;* correspondence *kirjeenvaihto*) 2 *(kiireinen)* busy, bustling (city *kaupunki*); *(liikenteestä) (m)* heavy 3 *(liik)* brisk, keen (demand for *jnk ~ kysyntä*); lively, active (market *-kaat markkinat*) ~**liikenteinen** busy (street *katu*), crowded ~**tu**|**a** become more lively (active); *(henk m)* liven up, get new life; *(liik m)* pick up (the market is picking up *markkinat -vat*), *(elpyä)* improve, revive *(vrt vilkas)* ~**tuminen** *(liik)* revival ~**[tut]taa** make .. more lively (active); liven up; *(kiihottaa)* stimulate (the sale of *jnk myyntiä;* the circulation *verenkiertoa*).

vilkka||**asti** *(m)* in a lively manner; with animation (spirit); *elehtiä* ~ gesticulate (gesture) eagerly; *kauppa käy* ~ business is brisk; ~ *liikennöity katu* a busy street; *liikkua* ~ move quickly **-us** liveliness, vivacity.

vilkku 1 *(~valo)* flash[ing light]; flashlight 2 *(auton suunta~)* winker, *(Am)* blinker; *näyttää ~a vasemmalle* give a left turning signal ~|**a** flash, wink (the lighthouse is winking *majakka -u*); *(pilkottaa)* blink, glimmer, gleam (through the trees *puiden lomasta*); *(tuikkia)* twinkle ~**loisto,**

~**majakka** flashlight, beacon ~**valo** flashing light.

vilku||**illa** glance (sidelong at *syrjäsilmällä jtk*); *(~ varkain) (m)* steal a glance, throw furtive looks (at *jtk*) -**ttaa 1** *(huiskuttaa)* wave (to, at *jklle;* goodbye *hyvästiksi)* **2** *(vilkkua)* blink, wink; *(tuikkia)* twinkle; ~ *valoja* flash one's lights.

villa wool; ~*a, tehty* ~*sta* [made of] wool, wool[l]en ~**housut** wool[l]en pants ~**i**|**nen** wool[l]en, [..made of] wool; *painaa jk -sella* cover (hush) .. up ~**kangas** wool[l]en cloth (fabric) ~**kehräämö** wool-spinning mill ~**koira** poodle ~**kutomo** wool-weaving mill (factory) ~**lanka** [knitting] wool ~**paita**, ~**pusero** sweater, pullover, jersey; *(Br m)* jumper ~**takki** cardigan ~**vaat**|**e** wool[l]en garment; *(neulevaate)* knitted garment; -*teet (m)* wool[l]ens.

villi wild (animal *eläin;* nature *luonto;* games ~*t leikit;* be wild about *olla* ~*nä jkh*); *(kesyttämätön)* untamed; unruly; ~ *lakko* wildcat strike; *V~ länsi* Wild West; *V~n lännen elokuva* western, *(Am ark m)* horse opera ~**eläi**|**n** wild animal (beast); -*met (m) (sg)* wildlife ~**hanhi** wild duck ~-**ihminen** savage ~**intyä** *(kasveista ym)* run wild; *(riehaantua)* run riot; *(erik lapsista)* become unruly, get out of hand ~**kaali** henbane ~**kissa** wildcat *(m kuv)* ~**kko** madcap, harum-scarum ~**ruusu** wild rose ~**sika** wild boar ~**tseminen** *(kansan* ~*)* agitation, demagogu|ery, -ism ~**tsijä** agitator, demagog[ue] ~**tys** craze (for *jhk;* the latest craze *viimeinen* ~), *(ark)* rage, fad (a passing fad *ohimenevä* ~) ~**tä** stir up, excite (the people to rebellion *kansa kapinaan*); rouse (the masses *kansanjoukkoja*); incite (a p. to do *jkta tekemään jtk*); *(riehaannuttaa)* make .. wild; *mikä hänet on villinnyt?* what's gotten into him? what's taken hold of him? ~**vehnä** wheat grass ~**viini** Virginia creeper, Boston ivy.

vilpilli||**nen** fraudulent (by fraudulent means -*sin keinoin*); deceitful; *(petollinen)* false; *(epärehellinen)* dishonest, insincere; ~ *kilpailu* unfair competition -**syys** fraudulence; deceit; *(jkn* ~*) (m)* deceitfulness; dishonesty.

vilpit||**tömyys** sincerity; *(rehellisyys)* honesty, frankness -**tömästi** sincerely; *(todella)* truly (love a p. truly *rakastaa* ~ *jkta*), really (sorry *pahoillaan*);

(rehellisesti) honestly, frankly; *aivan* ~ *(m)* in all sincerity -**ön** sincere (admiration *ihailu;* person *ihminen*); *(aito)* real (pleasure *ilo*), genuine (wish *toive*), *(todellinen)* true (friendship *ystävyys*); *(rehellinen)* honest, frank (with *jkta kohtaan;* opinion *mielipide*); *(syvä)* heartfelt (sympathy *osanotto*); *(harras)* earnest (mind *mieli;* request *pyyntö*), *(vakava)* serious (Christian *kristitty*); -*tömin mielin* sincerely, in all sincerity.

vilpo||**inen** cool -**la** veranda[h]; *(Am)* porch.

vilppi deceit, deception, guile; double-dealing; *tehdä* ~*ä* cheat (at *jssk*).

vilske bustle.

vilu; *minulla on* ~ I am cold ~**inen** cold, shivery ~**npuistatus** shiver[ing fit] ~**nväreet** [cold] shivers ~**stu**|**a** catch [a] cold; *hän on -nut* he has a cold ~**stuminen** cold ~**stuttaa;** ~ *itsensä* catch [a] cold.

vilvoit||**ella, -taa** cool [.. off].

vimm|**a 1** *(raivo)* fury; frenzy (in a frenzy of hate *vihan* ~*ssa*); rage; -*oissaan* with (in a fit of) rage, filled with fury; *olla -oissaan (m)* be furious; *saattaa jku -oihinsa* rouse .. to a fury (frenzy), work .. up into a frenzy **2** *(halu)* mania, rage (for *jhk;* for doing *tehdä jtk*); *(»hinku»)* itch, yen (to do *tehdä jtk*) ~**stua** fly into a fury (passion) ~**ttu** furious (at a furious pace ~*a vauhtia*), frantic, frenzied; *kuin* ~ like fury (a madman); like hell.

ving||**ahdus, -ahtaa** squeak -**uttaa;** ~ *viulua* scrape the fiddle.

vinha; ~*a vauhtia* at a furious (headlong) speed.

vinkkeli [right] angle; *(puusepän* ~*)* [try] square.

vinkki tip, hint; *antaa* ~ *jklle* tip a p. the wink, tip .. off.

vinkua 1 *(viuhua)* whistle; *(tuulesta) (m)* howl; *(luodeista ym) (m)* whizz; *(hengityksestä)* wheeze **2** *(inistä)* whine, whimper; *(kitistä)* squeak.

vino oblique; diagonal (pattern *kuvio*); *(kalteva)* slanting (ceiling *katto;* handwriting *käsiala*), sloping; *(tekst)* bias (band *kaistale*); ~ *hymy* wry smile; ~*ssa, ~on ks. hakus.*

vino||**katto** slanting (pitched) roof -**kulmainen** oblique[-angled] -**neliö** diamond; lozenge; *(geom)* rhomb; ~*n muotoinen* diamond-shaped; rhomboid[al] -**paikoitus** angle parking -**silmäinen** slanteyed.

vino||**ssa** *(-on)* aslant, askew (your hat is askew *hattusi on* ~), crooked (the picture is crooked *taulu on* ~); at (on) a slant, on the skew; *(kuv) mennä -on* go wrong **-sti** diagonally; ~ *jhk nähden* at an angle to **-suuntaus** distortion; deflection (of trade *kaupan* ~) **-us** obliqueness, obliquity; bias **-utu**|**a** become distorted; *-nut* distorted, warped, twisted **-viiva** slash.

vintiö; */pojan/* ~ [little] rascal.

1 vintti *(ullakko)* attic; *(tallin ym* ~) loft.

2 vintti *(kaivon* ~) sweep, [bucket] pole ~**kaivo** draw well ~**kamari** attic [room] ~**koira** greyhound.

vintturi windlass, winch.

vinyyli vinyl.

vioit||**taa** damage, do (cause) damage (to *jtk*); *(vahingoittaa)* injure; *(lääk m)* affect (eyesight *näköä*) **-tua** be damaged, suffer damage; *(koneesta)* break down; *(loukkaantua)* be injured, suffer an injury; *(heikentyä)* be impaired **-tuma** damage, defect, fault **-tunut** damaged; defective (machinery *koneisto;* eye *silmä*); injured (arm *käsivarsi*); *(lääk m)* affected (tissue *kudos*).

violetti violet; *vaalean* ~ lilac.

violisti violinist.

vip||**ata** touch (a p. for money *jklta rahaa*); *(Am)* scrounge (money from *rahaa jklta*) **-pi** touch.

vipu 1 *(tekn ym)* lever **2** *(kuv)* trap; *mennä* ~*un* walk into the trap ~**kytkin** tumbler *(Am* toggle) switch ~**nosturi** lever jack ~**näppäin** toggle key ~**varsi** lever (effort) arm ~**voima** leverage.

viralli||**nen 1** official (statement *lausunto;* negotiations *-set neuvottelut;* occasion *tilaisuus;* reception *vastaanotto*); ~ *lehti* official gazette; ~ *syyte (syyttäjä)* public prosecution (prosecutor) **2** *(muodollinen)* formal (with *jkta kohtaan;* he is always so formal *hän on aina niin* ~); *(kylmän* ~) frigid (towards *jkta kohtaan*); *jäykän* ~ stiff and formal **-sesti** officially (announce officially *ilmoittaa* ~); *(muodollisesti)* formally; ~ *oikeaksi todistettu* legalized, certified (copy *jäljennös*) **-suus** official character (of *jnk* ~); formality.

viraltapano discharge, dismissal.

viran||**hakija** candidate, applicant **-haltija** holder of an office, officeholder, official **-omai**|**nen** authority; *-set* authorities **-sijainen** deputy; *(opettajan* ~) substitute; *(lääkärin* ~) locum tenens **-sijaisuu**|**s**

locum post; *hoitaa jkn -tta* [act as a] substitute for, deputize for **-toimitu**|**s;** *-ksessa* in the discharge of one's official duties, *(m)* while on duty; *olla -ksessa* be on duty, attend to one's duties; *pidättää -ksesta* suspend; *-ksen ulkopuolella* off duty.

virasto office; bureau; *(Am m)* agency; *(valtion* ~) civil service department ~**kieli** official language; officialese, official jargon ~**rakennus,** ~**talo** office block (*Am* building).

viraton . . out of office.

virees|**sä** *(-een)* *(mus)* in tune, tuned; *(pyssystä)* cocked; *(kuv) parhaassa* ~*än* at one's best; *piano ei ole* ~ *(m)* the piano is out of tune.

vireill|**ä** *(-e)* ▶ ~ **oleva** . . in hand; *asia on* ~ the matter is under discussion (consideration); *oikeusjuttu on* ~ the lawsuit is pending; **panna** *-e* start (investigations *tutkimukset*); institute (proceedings *oikeusjuttu*); *panna asia -e* bring a matter up; *pitää* ~ keep . . alive, keep up the effort *hanketta*).

vire||**ys** vigo[u]r; alertness; activeness **-ä 1** *(henkisesti* ~) alert, spry, mentally agile; active *(m kuv;* interest in *kiinnostus jhk),* keen **2** *(vilkas)* busy (activity *toiminta*); lively, active (market ~*t markkinat*); vigoro[u]s (boom *nousukausi*).

virhe 1 *(erehdys)* mistake (correct a mistake *korjata* ~; everyone makes mistakes *jokainen tekee* ~*itä;* it was a mistake to think that. . *oli* ~ *luulla että*); error (an error had slipped into the text *tekstiin oli pujahtanut* ~); *(törkeä* ~) blunder; *(lipsahdus)* slip; *tehdä* ~ make a mistake, commit an error **2** *(vika)* fault (in the cloth *kankaassa;* we all have our faults *kaikilla meillä on* ~*emme*); defect; flaw (in the glass *lasissa*) **3** *(mat ym)* error (standard error *keskimääräinen* ~) **4** *(urh)* foul.

virheelli||**nen 1** *(viallinen)* faulty, defective **2** *(erheellinen)* mistaken (idea *käsitys*); *(väärä)* wrong (information *tieto*), incorrect; false (idea *kuva, käsitys*); *antaa -siä tietoja (m)* misinform (a p. *jklle;* about *jstk*) **-syys** faultiness; incorrectness.

virheet||**tömyys** faultlessness; correctness; accuracy **-tömästi** without [any] mistakes; perfectly **-ön** faultless (performance *suoritus;* in faultless English *-tömällä englannin kielellä*); flawless; *(pred m)* free from mistakes (errors); free from defect[s], without flaw; *(oikea)* correct; *(tarkka)* accurate; *(täydellinen)* perfect (copy *kappale;* speak perfect English *puhua* ~*tä englantia*); *(henk m) (erehtymätön)* infallible.

virhe‖ilmoitus *(atk)* error message **-investointi** misdirected investment **-laskelma** miscalculation **-luettelo** errata slip, *(pl)* errata, corrigenda **-piste** *(urh)* penalty point **-päätelmä** false conclusion.

viriili virile.

virik|e stimul|us *(pl -i)* (give a stimulus to *antaa* ~ *jk|le*); *(yllyke)* impetus, incentive, *(kannustin)* spur (to *jhk*); **-keitä antava** stimulating, inspiring.

viritin *(rad)* tuner ~**-vahvistin** receiver.

viritt‖äjä tuner (piano tuner *pianon~*) **-ää 1** *(~ ansa ym)* set, lay (a trap (snares) for *ansa (pauloja) jllk (m kuv)*) **2** *(~ jousi ym)* cock (a gun *ase*); tighten (a spring *jousi*); *(jännittää)* draw, bend (one's bow *jousensa*) **3** *(mus)* tune (the piano *piano;* the orchestra tuned their instruments *orkesteri -i soittimiaan*); pitch (an instrument *soitin*) **4** *(rad); ~ vastaanotin* tune in (to a station *jllk asemalle*) ▶ ~ **juonia** intrigue, plot, scheme (against *jkta vastaan*); ~ **laulu** strike up a song; ~ **moottoria** tune an engine; ~ **tuli** light (kindle) a fire.

viritys tuning ~**avain** *(mus)* tuning key ~**kuva** test card (chart).

viri|tä be kindled; *asiasta -si vilkas keskustelu* an animated discussion ensued, the question gave rise to a lively discussion; *tuli -si [palamaan]* the fire kindled; *tuuli -ää* the wind is rising.

vir|ka office; *(toimi)* post, position; appointment ▶ **asettaa** ~*an* instal[l], induct, inaugurate (a president *presidentti*), institute .. into office; **astua** ~*an* take (assume) office; **erota** -*asta* resign; **erottaa** -*asta* remove from office, discharge; **julistaa** ~ *haettavaksi* announce a vacancy; **luopua** -*asta* leave (retire from) [one's] office; give up one's post; **olla** -*assa* hold [an] office; *olla valtion -assa (tav)* be in the State (civil) service; -*an* **puolesta** by virtue of office, ex officio; **sillä** *ei ole mitään* ~*a* it's no good; **toimittaa** *jnk* ~*a (palvella jnak)* serve as; ~*a* **toimittava** acting (professor *professori*); **täyttää** ~ fill a post (vacancy).

virka-aika *(pl)* office hours.

virkaan‖asettajaiset *(sg)* inauguration **-astujaissitelmä** inauguration speech (lecture) **-astujaiset** *(sg)* inauguration.

virka‖-arvo official rank **-asema** official rank; position; *korkea* ~ high office; ~*n väärinkäyttö* abuse of authority **--asi|a** official matter; -*oissa* on official business **--asunto** official residence **-ehtosopimus** collective bargaining contract **-ero** resignation; retirement; *hakea* ~*a* hand in one's resignation; *saada* ~ be granted leave to resign (retire).

virka‖ilija official, *(m)* clerk (bank clerk *pankki~*); *(yhdistyksen* ~*)* officer; ~*t (m)* staff **-intoinen** over-zealous, officious **-kau|si** term; period in office; -*tenaan* while in office **-kirje** official letter **-loma** vacation; ~*lla* on vacation (leave) **-matka** official journey; ~*lla* away on official business **-merk|ki** badge [of office]; -*it (m)* insignia.

virkamies official, officer; *(valtion* ~ *m)* civil servant, government official, *(Am)* state employee, public servant ~**hallitus** caretaker government ~**järjestö** organization of public (civil) servants ~**ura** official career, career in the public service; *antautua* ~*lle* enter a career in the public service; *(m)* enter the Civil Service.

virka‖nainen career woman **-puhelu** business call **-puku** uniform **-rikos** malfeasance **-syyte** action [against an official], impeachment.

virkata crochet.

virka‖tehtäv|ä duty; *hoitaa -ään* discharge the duties of one's office **-todistus** extract from the population register **-ura** career **-vala** oath of office **-val|ta 1** *(viranomainen)* official authority, *(pl)* authorities; -*lan edustaja* government representative **2** = -*valtaisuus* **-valtainen** bureaucratic *(adv* ~*ally)* **-valtaisuus** official|ism, -dom, bureaucracy, *(ark)* red tape **-vapaa;** ~*na* on leave **-vapau|s** leave of absence; *anoa -tta* apply for leave **-veli** colleague **-virhe** misconduct [in office]; *tehdä* ~ be guilty of misconduct, neglect one's duty **-vuosi** year in office (of service).

virke sentence.

virkeä lively; active, spry, alert (old man *vanhus*); *(reipas)* fresh (wake up fresh *herätä* ~*nä*).

virkist‖ys refreshment; *(rentoutuminen)* relaxation ~**ysalue** recreation area **-yä** pick up (he (trade) began to pick up *hän (kauppa) alkoi ~*), be invigorated (by *jstk*); *(potilaasta m)* recover health (strength); *(elpyä)* revive **-ävä** refreshing (drink *juoma;* rain *sade*); *(mieltä ~)* stimulating (trip *matka*) **-ää** refresh, invigorate; *(piristää)* cheer (*ark* buck) .. up.

virkkaa say; utter.

virkk||**aus, -uu** crocheting, crochet work **-uukoukku** crochet hook.

virma frisky, mettlesome (horse *hevonen*).

virmajuuri valerian.

virna vetch.

virn||**e** grin; *suu ~essä* with a grin, grinning[ly] **-istellä 1** *(virnuilla)* grin; make grimaces, pull faces (at *jklle*) **2** *(ilkkua)* make fun (of *jtk*) **-istely** grinning **-istys, -istää** grin.

Viro Estonia; *v~ (kieli)* Estonian **v~lainen** *a ja s* Estonian.

virot||**a** revive *(m kuv); (tulla tajuihinsa m)* come round, recover consciousness; *(kuv) ~ henkiin* revive, be revived **-ella, -taa** revive *(m kuv), (elvyttää)* resuscitate (a p. who has fainted *pyörtynyttä*).

virran||**jakaja** distributor **-katkaisija** switch **-kääntäjä** commutator **-kääntö** alternation.

vir|**rata** flow (the river flows through the town (into the sea) *joki -taa kaupungin läpi (mereen);* money began to flow into the country *rahaa alkoi ~ maahan;* blood flows in the veins *veri -taa suonissa*); stream (sweat was streaming down his face *hiki -tasi hänen kasvoiltaan;* the light streamed in through the window *valo -tasi sisään ikkunasta*), *(~ vuolaana)* pour (people poured into the town *ihmisiä -tasi kaupunkiin;* blood poured from the wound *veri -tasi haavasta); (juosta)* run (tears ran down her cheeks *kyyneleet -tasivat pitkin hänen poskiaan;* a river runs through the meadow *niityn halki -taa joki*).

virsi hymn **~kirja** hymn book.

virsta verst **~npylväs** milestone.

virsu birch-bark shoe.

vir|**ta 1 a)** current (ocean current *meri~;* he was swept away by the current *~ vei hänet mukanaan*); stream (subterranean stream *maanalainen ~;* float along with the stream *ajelehtia -ran mukana*); **b)** *(joki)* river **2** *(sähk)* current (switch off (switch on) the current *katkaista (kytkeä) ~*); power (is the power on? *onko ~ kytkettynä?*) **3** *(kuv)* stream (the steady

stream of traffic *liikenteen tasainen ~*); flow, flood (of settlers *maahanmuuttajien ~*) ▶ **katkeamattomana** *~na* in a continuous (steady) stream (flow); **valua** *~naan* pour down, flow in streams.

virta||**-avain** ignition key **-hepo** hippopotam|us *(pl m* -i), hippo *(pl ~s)* **-johto** conductor rail, electric conductor **-kytkin** circuit breaker; switch **-lähde** power source **-piiri** circuit.

virtau|**s 1** current (strong current *voimakas ~*); flow (of a liquid *nesteen ~*); *(sähk)* flux **2** *(kuv)* trend (follow the latest trends in *seurata jnk alan uusimpia -ksia*), tendency; current (political currents *poliittiset -kset*) **~kaavio** flow graph **~mittari** flowmeter **~nopeus** flow rate, stream velocity **~oppi** *(sg)* hydraulics.

virtaviivainen streamlined.

virtsa urine; *(eläimen ~ m)* stale **~elintautioppi** urology **~happo** uric acid **~myrkytys** uremia **~putk**|**i** urethra; *-en tulehdus* urethritis **~rak**|**ko** [urinary] bladder; *-on tulehdus* cystitis **~ta** urinate, pass urine; *(eläimestä)* stale **~**|**tiet** urinary tracts; *-teiden sairaus* uropathy.

virtuoosi virtuos|o *(pl ~s t.* -i).

virua lie; *~ [sairas]vuoteessa* be ill in bed; *~ vankilassa* languish in prison.

virus virus **~oppi** virology **~tauti** virus disease.

virvatuli will-o'-the-wisp.

virveli fishing rod with a reel.

virvilä tare; *(kylvö~)* lentil.

virvoit||**taa** revive, *(elvyttää)* resuscitate (a fainted person *pyörtynyttä); (virkistää)* refresh **-usjuoma** soft drink.

virvok|**e;** *-keet, -keita* refreshments.

visainen knotty (question *kysymys*).

viseera||**ta** visa (a passport *passi*) **-us** visa[ing].

visentti wisent, European bison.

viser||**rys, -tää** twitter; chirp.

viska||**ta** throw (a stone at *kivellä jtk;* away *menemään*) **-utua** be thrown (hurled) (against *jtk vasten*).

viski whisky, *(Am)* whiskey; *(skotlantilainen ~ m)* Scotch; *~ jäillä* Scotch on the rocks.

viskoosi viscose **~sellu** viscose pulp.

vismutti bismuth.

visp||**ata** whip up, beat, whisk **-ikerma** whipping cream **-ilä** whisk **-ilöidä** beat.

visua||**alinen** visual **-lisoida** visualize.

visva pus, matter; *haavasta vuotaa ~a* the

wound is purulent ~**inen** purulent ~**syylä** moist wart.

vitaali||**nen** vital **-suus** vitality.

vitamiini vitamin; C~ vitamin C ~**npuute** lack of vitamins, vitamin deficiency ~**pitoinen** vitaminous ~**rikas** ..rich in vitamins, *(attr m)* high-vitamin ~**valmiste** vitamin preparation.

vitaminoi|**da** vitaminize; *-tu (m)* ..with added vitamins.

vitivalkoinen pure white; sparkling white.

vitja *(m ~t)* chain.

vitka *(fys)* inertia.

vitka||**an** slowly **-stelija** dawdler **-stella** delay, dawdle; hang back; *(aikailla)* waste time **-stelu** delay, dawdling.

vitriini glass cabinet (case).

vitsa twig; *antaa* ~*a* give .. a birching.

vitsail||**la** joke, crack jokes (about *jllk*); ~ *jkn kustannuksella* make fun of **-u** joking.

vitsaus plague, scourge.

vitsi joke ~**käs** witty; *(hassu)* funny ~**nikkari** wisecracker.

viuh||**aht**||**aa** whizz (a car whizzed past *auto -i ohi*), whirl; *(juosta alasti)* streak **-ina** whistle, whizz.

viuhka fan; *leyhytellä* ~*lla* fan ~**mainen** fan-shaped; flabellate ~**palmu** fan[leaf] palm.

viuh||**toa** wave; *mennä* ~ scurry along **-ua** whistle, whizz.

viulu violin; *maksaa* ~*t* pay the piper ~**kotelo** violin case ~**nsoittaja** violin player, violinist.

vivah||**de, -dus** shade; *(kuv)* touch, trace, tinge; *hänen äänessään oli katkera* ~ his voice was tinged with bitterness **-ta**|**a** have a shade (tone, touch) (of *jhk*), be tinged (with *jhk;* blue tinged with violet *violettiin -va sininen).

vivi||**paarinen** viviparous **-sektio** vivisection.

Vogeesit *(sg)* the Vosges.

voguli *(henk ja kieli)* Vogul.

vohveli waffle ~**kangas** waffle cloth, cotton honeycomb ~**keksi** wafer.

1 voi *interj* oh! ah! ~ *kunpa tietäisin* I wish I knew; ~ *sinua raukkaa!* poor you!

2 voi butter.

voi|**da 1 a)** *(kyetä)* can (he could not understand it *hän ei -nut ymmärtää sitä*); be able (to do *tehdä*); *(olla kykenevä)* be capable of doing *tehdä jtk*); **b)** *(saattaa)* can (how can you do a thing like that? *kuinka -t tehdä sellaista?*); may (it may happen that.. *voi sattua että;* it might

have helped *se olisi -nut auttaa*); **c)** *(saada)* can (you can go if you like *-t mennä jos haluat*), may (might I speak to you? *-sinko puhua kanssasi?*) **2** *(jaksaa)* be (well *hyvin;* how are you? *kuinka -t[te]?*), feel (sick *huonosti;* you'll feel better tomorrow *huomenna -t paremmin*) ▸ *asialle* **ei** *voi mitään* we can't do anything about it, it can't be helped; *ei voi kieltää etteikö..* there is no denying the fact that..; **en** *-nut olla nauramatta* I couldn't help laughing; *voi* **hyvin!** keep well! *(Am)* take care! *voi* **olla** *että* it is possible that; *-daan sanoa* it may be said; **teen** *kaiken minkä -n* I'll do all I can; **toivoisin** *-vani* I wish I could.

voide ointment, salve; *(iho- ym* ~) cream; *(suksi*~) [ski] wax ~**lla** grease, put grease on (the hinges *saranat);* *(~ voiteella)* put (rub) cream on (one's skin *ihonsa);* *(öljytä)* oil; *(tekn m)* lubricate; *(kuv);* ~ *jkta* grease (oil) a p.'s palm.

voihk||**e** groaning, moaning **-ia** groan (with pain *tuskissaan*), moan.

voikukka dandelion.

voileipä [a slice of] bread and butter; *(päällystetty* ~) [open] sandwich; *lämmin* ~ hot sandwich; toast ~**keksi** cream cracker ~**pöytä** smorgasbord, [cold] buffet.

voim|**a 1** force (of a storm (an explosion, an emotion) *myrskyn (räjähdyksen, tunteen)* ~; military force *sotilaallinen* ~; gain legal force *saada lain* ~); △ power (atomic power *atomi*~; superior power *korkeampi* ~; of love *rakkauden* ~); △ (~*kkuus)* strength (of a nation (wind, the enemy) *kansakunnan (tuulen, vihollisen)* ~); △ *(teho) (m)* efficacy, potency (of religious faith *uskon* ~); *(lääkkeen* ~ *m)* virtue **2** *(m ~t)* strength (mental (physical) strength *henkinen (ruumiillinen)* ~; give new strength *antaa uutta* ~*a (uusia -ia));* △ power (supernatural powers *yli-luonnolliset* ~*t;* his powers are failing *hänen* ~*nsa ehtyvät;* powers of darkness *pimeyden* ~*t);* force (driving force *liikkeelle paneva* ~; forces of nature *luonnon* ~*t);* △ *(tarmo) (pl)* energies, energy (waste one's energy *tuhlata -iaan)* ▸ **henkinen** ~ *(m)* strength (power) of mind, intellectual power; *henkiset ja ruumiilliset* ~*t* powers of mind and body; *olla* **hyvissä** *-issa* be in good condition; **kaikin** *-in* with all one's strength (might);

as hard as one can (could); **kerätä** *-ia* build up one's strength; **korkeammat** *~t* the powers above; the higher powers; *se* **käy** *-illeni (yli -ieni) it taxes (goes beyond)* my strength, it is too much for me; **omin** *-in* by one's own efforts; *(m)* unaided; *~nsa* **päivinä** in one's prime, at the height of one's powers; **raaka** ~ brute force; **uusin** *-in* with fresh vigo[u]r; **viimeisillä** *-illaan* with one's last ounce of strength; **voimalla** by force; violently; *jnk ~lla* on the strength of; *aseitten ~lla* by force of arms; with armed forces; *valtavalla ~lla* with great force; *(m)* violently; **voima|ssa** *(-an)* ks. hakus.

voimaan‖pano implementation, effectuation **-saattaminen** carrying into effect **-tulo** coming into force, becoming effective.

voimailu *(pl)* athletics.

voimain‖koetus trial of strength, tug of war; *melkoinen* ~ quite an effort **-mittely** struggle **-ponnistus** effort.

voimak|as strong (army *armeija;* blow *isku;* muscles *-kaat lihakset;* flavo[u]r *maku;* engine *moottori;* will *tahto;* feeling *tunne;* wind *tuuli;* opposition *vastustus;* current *virta*); △ powerful (organization *järjestö;* lens *linssi;* drug *lääke*) influence *vaikutus;* resistance *vastarinta;* enemy *vihollinen*); △ *(mausteesta ym m)* hot (mustard *sinappi*); △ *(ankara)* violent (attack *hyökkäys;* language *~ta* kieltä); earthquake *maanjäristys;* kick *potku;* wind *tuuli;* contrast *vastakohta*); △ *(raskas)* heavy (blow *isku;* growth *kasvu;* fall of snow *lumentulo;* bleeding *verenvuoto*); △ *(kova)* intense (pain *kipu;* radiation *säteily;* economic growth *taloudellinen kasvu*); △ drastic (change *muutos;* effect *vaikutus*); △ *(selvästi havaittava)* pronounced (taste of garlic *valkosipulin maku;* dislike *vastenmielisyys*); △ *(tarmokas)* vigorous (growth *kasvu;* development *kehitys;* measures *-kaat otteet;* resistance *vastarinta, vastustus*); △ *(vakuuttava)* forceful (personality *persoonallisuus*); △ forcible (in forcible words *-kain sanoin*).

voimakeino|t strong (forcible) measures, coercive means; *käyttää -ja* use force; *turvautua -ihin* resort to force.

voimakkaasti 1 *(vahvasti)* strongly (smell strongly of *tuoksua* ~ *jllk*); *(tarmokkaasti)* vigorously (beat vigorously *vatkata* ~); *(mus)* forte *(ital)* **2** *(suuresti)* greatly, very much; *(erittäin)* highly

(salted *suolattu*) ▶ **lisääntyä** ~ increase rapidly; ~ **maustettu** highly-seasoned, hot; ~ **suurennettuna** greatly magnified; **vaikuttaa** ~ *jkh* make a strong impression on a p.; **vastustaa** ~ *jtk* be strongly against.

voimakkuus force (of the wind *tuulen* ~); strength (of an electric field (the current) *sähkökentän (virran)* ~); *(teho)* intensity (of radiation *säteilyn* ~; of voice *äänen* ~); power (of a lens *linssin* ~); *[äänen]* ~ volume.

voimala power station (plant).

voimalli‖nen mighty; powerful **-suus** might[iness]; powerfulness.

voiman‖lähde [source of] strength **-näyte** feat [of strength].

voimanosto *(urh)* powerlifting.

voimansiirto [power] transmission *~johto* transmission line.

voima‖paperi kraft (sulphate) paper **-peräinen** intensive; *(voimakas)* powerful; strong **-pyörä** gear wheel, drive gear **-san|a** strong (curse) word, swearword; *käyttää -oja* use bad (strong) language, curse, swear.

voima|ssa *(-an)* in (into) force ▶ ~ **oleva** valid; ..in force, effective; **olla** ~ be in force, hold good, be valid; *(m)* stand, operate (this agreement will operate for two years *tämä sopimus on* ~ *kaksi vuotta*); **saattaa** *-an* put (bring) into force (effect); **tulla** *-an (m)* take effect, become effective.

voimassaolo validity; force *~aika* [period of] validity; term (of a contract *sopimuksen* ~).

voima‖suhteet *(sg)* relative strength **-tasapaino** *(pol)* balance of power **-ton** powerless (in the face of *jnk edessä;* against *jtk vastaan*); ..lacking (without) strength; *(heikko)* weak (after an illness *sairauden jäljiltä*); *(raukea)* listless (heat makes one listless *kuumuus tekee olon -ttomaksi*) **-ttomuus** powerlessness; lack of strength, weakness, infirmity **-varat** resources **-verkko** power supply system **-virta** electric power **-yksikkö** unit of force (power).

voimistel‖ija gymnast **-la** do exercises; *(urh)* do gymnastics.

voimistelu *(sg)* gymnastics; *(koul m)* physical training; *(oppiaineena)* physical education; *(ark)* gym *~liike* exercise *~nopettaja* physical training master *(fem* mistress), *(ark)* gym teacher; *(Am)* physical education teacher ~**puku** gym[nasium] suit (costume); *(tyttöjen ~)* gym tunic (*Am* suit) ~**sali** gymnasi|um (*pl m* -a) ~**tunti** gym[nastics] lesson.

voimistua strengthen, become (grow) strong[er]; gain strength; *(henk)* recover (gain) strength (after an illness *sairauden jälkeen*); *(tulla mahtavammaksi)* increase in power, become [more] powerful.

voi||**nen** buttery -**nokare** pat of butter.

voin|**ti** health; condition (in good condition *hyvässä -nissa*); *hyvää ~a!* keep well! take care of yourself! *millainen on ~si?* how are you [feeling]? *~nsa mukaan* according to one's ability.

voipaperi greaseproof (*Am* wax) paper.

voipun|**ut** weary, exhausted (by *jstk;* completely exhausted *täysin ~*); *(raukea)* listless (in a listless voice *-eella äänellä*).

voi||**sarvi** croissant -**sula** melted butter -**taikina** puff pastry -**tatti** ringed (yellow-brown) boletus.

voitava; *tehdä ~nsa* do everything in one's power; *~ni (m)* all I can.

voitelu 1 greasing; oiling; *(tekn)* lubrication; *suksien ~* waxing **2** *(usk)* anointment; *viimeinen ~* extreme unction ~**raha** bribe, slush fund.

voito||**kas** victorious; successful -**llinen 1** = ed. **2** *(tuottoisa)* profitable (year *vuosi*).

voiton||**huuma** flush of victory -**huuto** shout of victory -**jako** distribution of profits; *(voitto-osuus)* profit sharing -**juhla** triumph; *viettää ~a* celebrate the victory -**jumalatar** goddess of victory -**merkki** sign of victory, trophy -**riemu** triumph -**riemui**|**nen** triumphant; -**sena** in triumph, triumphantly -**tavoittelu** profit seeking -**varma** triumphant.

voit|**taa 1** win (first prize *ensimmäinen palkinto;* a competition *kilpailu; (kuv)* a p.'s heart *jkn sydän;* a case *oikeusjuttu;* [money] on the football pools *[rahaa] veikkauksessa;* the war *sota;* the election *vaalit;* the bet *veto;* by one point *yhdellä pisteellä;* who won? *kuka -ti?*) **2** *(~ joku)* beat (at chess *šakkipelissä;* Finland beat Sweden *Suomi -ti Ruotsin*), *(lyödä)* defeat (a team at football (by two goals) *joukkue jalkapallossa (kahdella maalilla);* the opponents *vastustajat;* the enemy army was defeated *vihollisen armeija -ettiin*) **3** *(kuv)* overcome (one's prejudices *ennakkoluulonsa;* temptation *kiusaus;*

truth will overcome *totuus ~*), conquer (difficulties *vaikeudet;* love conquers all *rakkaus ~ kaiken*); *(päästä yli m)* surmount, get over (obstacles *esteet*); get the better of (one's fear *pelkonsa*); *(viedä voitto)* win the day (I'm sure that common sense will win the day *olen varma että järki ~*); *(olla parempi)* be superior (to *jk*), surpass (this surpasses all previous ones *tämä ~ kaikki edelliset*); outdo (one's competitors *kilpailijansa*); outweigh (the merits outweigh the defects *ansiot -tavat puutteet*) **4** *(saavuttaa)* gain (time *aikaa;* ground *alaa;* a footing *jalansijaa;* nothing is gained by that *sillä ei -eta mitään*) **5** *(saada voittoa)* profit (by *jstk*), make a profit (of £100 on the sale *100 puntaa kaupassa*).

voitta||**ja** winner; *selvitä ~na (m)* be (come off) victorious; gain the victory, win; *~t ja voitetut* the victors and the vanquished -**jaehdokas** favo[u]rite -**jajoukkue** winning (victorious) team -**maton 1** *(ylipääsemätön)* unsurmountable, insuperable, unconquerable (obstacle *este*) **2** *(jota ei voi voittaa)* invincible, unbeatable.

voit|**to 1** victory (gain a victory over *saada (viedä) ~ jstk;* the battle ended in a victory for the Romans *taistelu päättyi roomalaisten ~on*); *(urh m)* win; *(erik kuv)* triumph (over *jstk;* a great triumph to *suuri ~ jllk*) **2** *(arpajais~)* [lottery] prize **3** *(liik)* profit (and loss *ja tappio;* sell at a [great] profit *myydä [suurella] -olla;* yield a profit *tuottaa ~a*); return[s] (on *jstk;* these shares bring good returns *nämä osakkeet tuottavat hyvin ~a*); *(ylijäämä)* surplus ▸ *~a* **tuottamaton** non-profit; unprofitable; *~a* **tuottava** profitable, paying (concern *yritys*); *(kuv)* **viedä ~** *jstk* be superior to, *(ylittää)* surpass; *olla* **voitolla** have the upper hand; *päästä* **voitolle** be victorious; gain the victory (over *jstk*); predominate (over *jstk*); *(kuv)* get the better (of *jstk*), *(riidassa ym m)* have the best of it; *(olla vallitseva)* prevail.

voitto||**huuto** shout of victory (triumph) -**inen** *(yhdyss);* *harmaan~* predominantly grey; *ruotsin~* ..with a strong Swedish accent -**isa** victorious -**kulku** triumphal march -**kulkue** triumphal procession --**osuus** profit share, dividend -**puolisesti** mainly; predominantly -**saalis** trophy

-tavoite *(liik)* profit (return) target.

voivot||**ella** moan; whine **-telu** moaning, *(pl)* moans.

vokaali vowel **~harmonia** vowel harmony **~nen** *(kiel)* vocalic; *(mus)* vocal **~nmukaus** metaphony **~vaihtelu** ablaut *(saks)*, [vowel] gradation **~vartalo** vowel stem.

vokalisti vocalist.

volframi tungsten **~pitoinen** tungsteniferous.

volgalai|**nen** Volga-Finnic (languages *-set kielet*).

vollottaa; *[itkeä]* ~ howl, bawl.

voltametri coulometer, voltameter.

1 voltti *(fys)* volt.

2 voltti somersault (turn a somersault *tehdä* ~); *(voim m)* salto; *(rats)* volt[e].

voltti||**ampeeri** voltampere **-mittari** voltmeter **-sekunti** weber.

volyymi volume.

vonkua howl.

vossikka horse cab.

votjakki *(henk ja kieli)* Votyak.

vouhot||**taa** [make a] fuss (about *jstk*) **-taja** fuss, busybody **-us** fuss[ing].

vouti bailiff **~kunta** bailiwick.

vulgaari vulgar.

vulka||**aninen** volcanic **-noi**|**da** vulcanize; *-tu* vulcanized **-nointi** vulcanization.

vuo 1 *(fys)* flux **2** *(atk)* flow **~dattaa** shed; *(kuv)* pour out; ~ *verta* shed (spill) blood **~datu**|**s** shedding (of tears *kyynelten* ~); *(kuv)* effusion (literary effusions *kirjalliset -kset*); *(sanaryöppy)* flood of words.

vuo|**de** bed (in bed *-teessa;* go to bed *mennä -teeseen;* make a bed *sijata* ~); *istua -teen laidalla* sit at the bedside; *olla -teen omana* be laid up, keep one's bed, be ill in bed **~katos** canopy **~kumppani** bedfellow, bedmate **~lepo** rest in bed; *määrätä jklle ~a* confine .. to bed.

vuoden||**aika** season **-tulo** [the year's] crop[s] **-vaih**|**de** turn of the year; *-teessa* just before (after) the new year.

vuode||**paik**|**ka** bed; *-at (koll)* [number of] beds **-potilas** bedpatient **-sohva** convertible [sofa] **-vaatteet** bedclothes, *(sg)* bedding.

vuohen||**juusto** goat's cheese **-maito** goat's milk **-nahka**|**inen** goatskin, kidskin.

vuohi *(el)* goat; *(maat)* she-goat, nanny-goat.

vuohinen *(hevosen* ~) pastern.

vuohipukki he-goat.

vuohis||**nivel, -tupsu** fetlock.

vuoka *(kakku~)* mo[u]ld; *(pelti~)* tin; *(Am)* [cake] pan; *(tulenkestävä* ~) casserole;

(kulho) dish **~leipä** toast bread; *(Am)* pan loaf **~leivos** muffin.

vuokra 1 *(vastike)* rent (raise the rent *korottaa* ~*a*); *(yhtiö~)* monthly charge; *(auton yms* ~) hire **2** *(~aminen)* hire (of *jnk* ~); *(maan* ~) lease, tenancy; *~lla* on hire; *(maasta)* on lease; *asua ~lla* have rented a house (flat) **~-aika** term of a lease; ~ *päättyy*.. the lease expires.. **~aja** *(maan~)* tenant, leaseholder, lessee **~ajuri** cabman **~amaton** unlet, vacant, unoccupied (flat *huoneisto*) **~amo** rental agency **~auto** taxi[cab], cab **~emäntä** landlady **~isäntä** landlord **~kasarmi** tenement [building], *(pl)* barracks **~lai**|**nen** tenant; *(maanvuokraaja) (m)* leaseholder, lessee; *(ali~)* lodger, *(Am)* roomer; *-sen irtisanomissuoja* legal protection of the tenant against dispossession **~lautakunta** rent tribunal **~maa** leasehold **~sopimus** lease; hire contract **~suhde** tenancy **~säännöstely** rent control.

vuokra|**ta 1** *(antaa -lle) (Br)* let, rent out (to *jklle*); *(~ maata)* lease out; *(~ lyhyeksi ajaksi)* hire out (to *jklle;* boats *veneitä*), *(Am eri merk)* rent; *-ttavana (talosta)* to let; *(autosta yms)* for hire; *(Am)* for rent **2** *(ottaa -lle)* rent, hire (a car *auto*); *(kiinteistöstä ym)* [take on] lease; charter (a ship *laiva*).

vuokra||**talo** *(Br)* block of flats; *(Am)* apartment building; *(-kasarmi)* tenement **-tila** holding, tenement farm **-tilallinen** leaseholder **-ton** rent-free **-tulo** income from rents.

1 vuoks|**i 1** *(jnk tähden)* for .. sake (for our sake[s] *meidän -emme*), for the sake of, in the interest[s] of (public security *yleisen turvallisuuden* ~); *(jnk puolesta)* for (he did it for me *hän teki sen -eni*) **2** *(jnk johdosta)* because of (ill health *huonon terveyden* ~), on account of, owing to, in consequence of ▶ *huvin* ~ [just] for fun; *jonka* ~ for which reason, and therefore; **minkä** ~? why? **sen** ~ on that account; *(siksi)* therefore; *sen* ~ *että* because.

2 vuoksi *(nousuvesi)* high tide, flood[tide]; ~ *ja luode* tide, ebb and flow **~aalto** tide (tidal) wave.

vuola||**asti** swiftly, rapidly; *(ryöppyämällä)* in torrents; *itkeä* ~ weep copiously; *puhua* ~ speak volubly **-s** fast-flowing, rapid (stream *virta*); *(ryöppyävä)* torrential; *(kuv)* voluble (speech *puhe*); *-ina valuvat kyynelet* freely flowing tears.

vuol||**eskella** whittle (at *jtk*) **-iainen** joist **-la** carve (at *jtk*), cut; whittle (thin slices *ohuita lastuja*); ~ *kynä teräväksi* sharpen a pencil.

vuolle torrent, current; *(pyörre)* whirl, eddy.

vuolu||**kerma** sour cream **-kivi** steatite, soapstone.

vuon||**a** lamb **-ia** lamb, yean.

vuono fiord; *(Skotl)* firth.

vuora||**ta** *(laudoittaa)* board; *(ulkoa)* weatherboard, *(Am)* clapboard; *(~ ulkoa) (yl)* face (a building with *rakennus jllak*) **2** *(rak, vaat) (~ sisältä)* line **-us** *(paneeli)* wainscot.

vuoren||**-** mountain (ridge *-harjanne;* wall *-seinämä*) **-huippu** peak, summit; mountain top **-korkuinen** *(kuv)* mountainous, towering **-nyppylä** hill **-rinne** mountain-, hill|side, slope **-sola** mountain pass **-varma** absolutely (dead) certain; unshakable (faith *usko*).

1 vuori *(sisuste)* lining; *panna* ~ *jhk* line a th.

2 vuor|**i 1** mountain (at the foot (top) of the mountain *-en juurella (laella)); (nimessä)* Mount, *(lyh)* Mt. (Sinai *Siinain* ~); *(kukkula)* hill; *(kallio)* rock **2** *(röykkiö)* mountain *(m kuv)*, pile; *(kuv tal) (ylijäämä)* surplus (butter surplus *voi*~); *kokonaisia* ~*a jtk* heaps (piles) of.

vuori||**- 1** mountain (range, chain *-jono;* brook *-puro*) **2** *(kaivost)* mining (engineer *-insinööri;* chemistry *-kemia;* industry *-teollisuus)* **-kangas** *(tekst)* lining [material] **-kauris** ibex **-kide** rock crystal, crystallized quartz **-kiipeilijä** mountaineer, alpinist, climber **-kiipeily** mountaineering, mountain climbing **-lauta** covering board **-malmi** rocky ore **-nen** mountainous, hilly **-neuvos** *(arvonimi)* (honorary) mining counsellor **-saarna** the Sermon on the Mount **-silkki** lining taffeta.

vuoristo *(pl)* mountains (in the mountains ~*ssa); (vuorinen seutu)* mountainous country.

vuoristo||**-** mountain (air *-ilma;* village *-kylä;* sickness *-tauti)*; △ alpine (flora *-kasvillisuus)* **-jäätikkö** glacier **-lainen** mountaineer, highlander **-rata 1** mountain (alpine) rail|way, -road **2** *(huvipuiston* ~) switchback, *(Am)* roller[-]coaster, *(Br)* big dipper.

vuori||**suola** rock salt **-ttaa** *(vaat)* line **-tuuli** tramontane **-työ** mining **-villa** mineral wool **-öljy** mineral oil, petroleum, naphtha.

vuoro 1 *(jkn* ~) turn **2** *(työ*~) shift (the night shift *yö*~); spell; *(vaihto*~) relay **3** *(liikenn)* [scheduled] departure; *(laiva*~) sailing; *(lento*~) flight **4** *(tanssin osa)* figure ▶ ~*aan* **odottamatta** out of turn; *sinä olet nyt* ~*ssa* it's your turn, you are next; ~*n* **perään** turn [and turn] about, in turn; ~*n* **vaihto** change of shift; **vuorostaan** in turn; *(toisaalta)* on the other hand.

vuoro||**aikainen** intermittent **-in** alternately; *-in .. -in* now .. now, sometimes .. sometimes; ~ *raju* ~ *lempeä* vehement and gentle in turn **-ittainen** alternating; alternate **-järjesty**|**s**; *-ksessä* [each] in turn, in [consecutive] order.

vuorokaudenaik|**a** time of [the] day; *kaikkina -oina* at all hours.

vuorokau|**si** day [and night], *(pl)* twenty-four hours; *avoinna ympäri -den* round-the-clock (24-hour) service; *kaksi -tta (m)* forty-eight hours; △ *-si*|**-** diurnal (rhythm *-rytmi)* ~**kaupalla** days and nights at a time; day after day.

vuoro||**keskustelu** dialogue **-kone** *(ilm)* air liner **-laiva** liner **-lento** scheduled (regular) flight **-luku** *(koul)* study in shifts **-pari** *(pallopeleissä)* inning **-puhelu** dialogue **-sana** *(teatt)* line.

vuorot||**ella 1** *(henk)* take turns (in (at) doing *jnk tekemisessä)*; take it in turns (to do *jnk tekemisessä)*; spell (I'll spell you *-telen kanssasi*) **2** alternate; occur alternately; *elämässä -televat ilo ja suru* life alternates between joy and sorrow **-ellen** by turns, in turn; *(vaihdellen)* alternately; *he ajoivat* ~ they took turns at driving **-telu** alternation (of day and night *päivän ja yön* ~); *(säännöllinen* ~) rotation.

vuoro||**työ** shift work **-työläinen** shift worker **-vaikutteinen** interactive **-vaikutu**|**s** interaction, interplay; *olla -ksessa keskenään* interact **-vesi** tide; *-vesi*|**-** tidal (wave *-aalto;* dock *-telakka)* **-viljely** rotation of crops.

vuo|**si** year ▶ *[jo]* ~*a* for years; *joka* ~ every year; *(~ttain)* yearly, annually; *joka neljäs* ~ every four years; *koko -den* all [the] year [round]; *jkn* **parhaat** *-det* the prime of a p.'s life; **puoli** *-tta* six months; **puolitoista** *-tta (tav)* eighteen months; *10 -tta* **sitten** ten years ago; *hän* **täyttää** *tänään* ~*a* he has (it's) his birthday today; ~*en* **varrella** in the course of years; *viime* ~*na* in the last few years; ~ **vuodelta** year by (after) year; **vuodessa** in a year; *(-den aikana)* during a year; **vuonna** *1987* in [the year] 1987; **ensi** *(tänä, viime) -nna* next (this, last) year.

vuosi‖- annual (income *-ansio, -tulot;* publication *-julkaisu;* shoot *-kasvain;* review *-katsaus;* sales *-myynti;* subscriber *-tilaaja;* output *-tuotanto*); △ yearly (income *-ansio;* consumption *-kulutus)* **-juhla** annual festival, anniversary **-kau**‖**det** *(-sia, -siin)* for [many] years; *ei -siin* not for years **-ker**‖**ta 1** *(san)* [annual] volume; *vanhat -rat* back volumes **2** *(viinin ~)* vintage; *hyvää ~a* an excellent year **-kertomus** annual report, report to the shareholders **-kirja** yearbook **-kokous** annual general meeting **-kurssi** class, year['s course]; *ensimmäisen ~n oppilas* first-year student; *(Am m)* freshman **-kymmen** decade **-lippu** year ticket.

vuosiloma holiday, vacation, annual leave ~**korvaus** holiday compensation (pay).

vuosi‖**luku** date, year **-luokka** age group **-maksu** annual (yearly) payment (subscription, fee); *(vak)* annual premium **-malli** model; *~a 1987* the 1987 model **-neljännes** quarter [of the year] **-puolisko** half-year; *ensimmäisellä ~lla* during the first six months **-päivä** anniversary **-rengas** annual (growth) ring.

vuosisa‖**ta** century (in the twentieth century *20. -dalla)* ~**inen** centuries-old; *(ikivanha)* age-old ~**isjuhla** centenary.

vuosi‖**ttain** annually, yearly; every year **-ttainen** annual, yearly **-tuha**‖**t** millennium; a thousand years; *-nsia* thousands of years.

vuota hide; *(lampaan ym ~)* pelt.

vuot‖**aa 1** *(olla -ava)* leak, be leaky; have a leak; *(mer m)* take in water **2** *(valua)* **a)** *(j[t]k ~ jhk t. jssk t. jstk)* run (the water is running into the tub *vesi ~ ammeeseen);* *(vieriä)* roll down (tears were rolling down her cheeks *kyynelet -ivat pitkin hänen poskiaan); (virrata)* flow; *(päästä -amaan) (tav)* leak out *(m kuv;* the secret had leaked out *salaisuus oli -anut); (erik kaasusta)* escape; *(~ hiljalleen)* seep; **b)** *(jk ~)* run (the tap (his nose) is running *vesihana (hänen nenänsä) ~);* water (my eyes are watering *silmäni -avat); (~ verta)* bleed (the wound is still bleeding *haava ~ yhä);* **c)** *(jstk ~ jtk)* leak (the pipe leaks gas *putkesta ~ kaasua); (päästää ulos)* discharge (the wound discharges pus *haavasta ~ märkää)* ▶ **alkaa** *~* spring a

leak; *~* **kuiviin** *(m kuv)* run dry (out), be drained; *~* **yli** *[reunojen]* overflow, *(tulvia)* flood.

vuotava leak‖ing, -y (roof *katto);* running (nose *nenä);* bleeding (wound *haava).*

vuoteen‖**kastelu** bed-wetting **-oma** ..confined to bed, bedridden.

-vuotias *(yhdyss)* -year-old (five-year-old *viisi~);* **viisikymmen~** fifty years old (of age); *viisi~ poika (m)* a boy of five.

vuotinen *(us yhdyss)* ..years' (a five year[s'] contract *viisi~ sopimus);* **kolmi**-*(tuhat)~* ..lasting three (a thousand) years.

vuoto 1 leak[ing] *(m kuv);* leak[age] (there is a leak[age] somewhere *jossakin täytyy olla ~)* **2** *(lääk)* flow, running, discharge; *(veren~)* bleeding.

vuotuinen annual, yearly; year-to-year; *~ sademäärä* rainfall per year.

vyyh‖**dinpuut** *(sg)* skeining reel **-ti** skein (a tangled skein *(m kuv)* sotkuinen *~); (sekava ~)* tangle **-tiä** reel (wind) up.

vyö 1 *(vaat)* belt; *(leveä kangas~)* sash; *(~nauha)* waistband; *esiliina ~llä* [with] an apron round one's waist **2** *(maant, kuv)* belt; *(erik kuv)* girdle ~**hihna** strap ~**hyke** zone (demilitarized zone *demilitarisoitu ~;* torrid (tropical) zone *kuuma ~);* belt (green belt *vihreä ~).*

vyöhyke‖- zone (time *-aika);* △ zonal *(geol* structure *-rakenne)* **-jako** zoning **-raja** *(liikenn)* stage border, *(Br)* fare stage.

vyö‖**rengas** *(aut)* radial-ply tyre (tire) **-ruusu** *(lääk)* shingles, [herpes] zoster.

vyöry 1 *(~minen)* rolling **2** *(~mä)* [land]slide *(m pol); (pieni ~)* landslip; *(lumi~; kuv)* avalanche (like an avalanche *~nä)* ~**tää** *(konkr, kuv)* roll; *~ syy toisen niskoille* lay (throw) the blame on someone else ~**tys** *(sot)* rolling-up ~**ä** *(aalloista ym)* roll; *~ alas* fall (tumble) down, *(liukua)* slide down.

vyö‖**solki** [belt] buckle **-te** band; *(leimaside)* revenue stamp **-tiäinen** *(el)* armadillo *(pl ~s)* **-täytyä** gird o.s. [up] **-ttää** gird [up], girdle **-täiset** *(sg)* waist.

vyötärö waist ~**alushame** [half] slip ~**linja** waistline.

väen‖**kokous** gathering **-paljous** crowd [of people] **-tungo**‖**s** throng; *-ksessa* in the crowd.

väestö population; *(asukkaat) (pl)* people (country people *maalais~),* inhabitants; *räjähdysmäinen ~n kasvu* population explosion; △ *väestö*|- population (forecast *-ennuste;* register *-rekisteri;* policy *-politiikka*) ~**kato** depopulation.

väestön||**laskija** census taker **-lasku** census **-siirto** evacuation [of the population] **-suoja** bomb (air-raid) shelter **-suojelu** civil defence.

väestö||**poliitti**|**nen;** *-set toimenpiteet* measures of population policy **-tiede** demography **-tilasto** *(pl)* vital statistics.

väheksy||**ntä** underestimation; disparagement **-ä 1** *(aliarvioida)* underrate (a p.'s ability *jkn kykyjä*), underestimate (one's opponent *vastustajaansa*); *(halveksia)* belittle, disparage (a p.'s achievements *jkn saavutuksia*); think little of **2** *(pitää liian pienenä)* consider .. [to be] too small.

vähemmistö minority; *jäädä ~ön, olla ~nä* be in the minority; △ *vähemmistö*|-minority (government *-hallitus;* group *-ryhmä*) ~**kansallisuus** national minority.

vähem||**myys** inferiority in number[s] **-män** less (time *aikaa;* speak less! *puhu ~!);* fewer (cars (people) *autoja (ihmisiä)*) ▶ **ei** *-pää kuin* no less than, no fewer than; **enemmän** *tai* ~ more or less; ~ **kuin** *sata* fewer than (less than, below) a hundred; *heitä* **on** ~ they are inferior in numbers; **sitä** ~ *vaivaa* so much the less trouble; *50* **tai** ~ 50 or less, at most 50; ~ **tunnettu** less known; *(attr)* lesser-known; **vielä** ~ much less.

vähem|**pi** less (be contented with less *tyytyä -pään*); smaller (quantity *määrä*); *se on jäänyt viime aikoina -mälle* it doesn't happen so often nowadays; *-mässä määrin* in lesser (a less) degree; *päästä -mällä* get by more easily.

vähen||**evä** diminishing (returns *~t tuotot*) **-nettävä** *(mat)* minuend.

vähenny|**s** *(vero~ ym)* deduction (from the pay *palkasta*); *(hyvitys)* allowance (earned income allowance *ansiotulo~*); exemption (personal exemption for each taxpayer *jokaisen veronmaksajan saama henkilökohtainen ~*) ~**kelpoi**|**nen** deductible, allowable; *-set kulut* permissible expenses ~**lasku** subtraction ~**merkki** subtraction mark, minus sign ~**prosentti** percentage for deduction.

vähent||**yminen** lessening, decrease (in unemployment *työttömyyden* ~; of the stocks *varastojen* ~), diminution, falling-off; *(menetys)* loss (of weight *painon* ~); *(lasku)* decline, fall, drop **-ymätön** undiminished, unabated **-yn**|**yt** decreasing (demand *kysyntä*); *-eessä määrin* to a less degree **-äjä** *(mat)* subtrahend.

vähen|**tää 1** *(alentaa)* reduce (unemployment *työttömyyttä*), lower; *(pienentää)* diminish (to a half *puoleen*), lessen; decrease (the number of *jdk lukumäärää*), cut down, curtail **2** *(ottaa pois)* deduct (charges deducted *kun kustannukset on -netty*); take off **3** *(mat)* subtract ▶ ~ **minimiin** minimize; ~ **vauhtia** slacken (reduce) speed; *(kuv)* slacken up; **vähennettynä** *jllak* less (expenses *kuluilla*).

vähe|**tä** *(rinn -ntyä) (pienetä)* diminish; become less, lessen; *(aleta)* be reduced; *(pudota)* fall off (the audiences fall off in summer *katsojamäärät -nevät kesällä*); decrease (in number *lukumäärältään*), fall, go down; *(heiketä)* abate (the noise abated *melu -ni*); *olla -nemään päin* be on the decrease.

vähimmäis||- minimum (time *-aika;* value *-arvo;* size *-koko*); △ least possible **-hinta** minimum (lowest) price **-palkka** minimum wage, wage floor.

vähi||**n** the least (I can do *~[tä] mitä voin tehdä*); *ei ~täkään* not [in] the least; *-mmästäkin kosketuksesta* at the slightest touch **-ntään** at least; *(ei alle)* not less than **-ssä** *(-in); olla* ~ be scarce, be short (butter is short *voi on ~*), have run short (water has run short *vesi on ~*); *[alkaa] olla -* be running short; *hänen osuutensa supistui -in* his share was very small **-tellen** *(asteittain)* gradually, by degrees; step by step; little by little; *(ennenpitkää)* by and by, as time goes (went) on **-ten 1** *(-mmin)* least (of all people *kaikista ihmisistä;* known *tunnettu*); *ei[kä]* ~ not least; *kaikkein* ~ least of all **2** *(niukimmin)* [the] least (he got [the] least money *hän sai ~ rahaa*), the smallest quantity of (food *ruokaa*); [the] fewest (cars *autoja*), the smallest number of.

vähittäin [by] retail, *(Am)* at retail; *myydä* ~ [sell] retail; *tukussa ja* ~ wholesale and retail ~**en** gradual, *(hitaasti edistyvä)* progressive.

vähittäis||- retail (price *-hinta;* shop *-myymälä;* sale *-myynti;* level *-porras*) **-kauppa** retail [trade] **-kauppias** retail dealer, retailer **-maksu** hire purchase payment, instal[l]ment; ~*lla* by instal[l]ment.

vähyys small quantity (amount); *(vähälukuisuus)* fewness, small number (of books *kirjojen* ~); *(niukkuus)* shortage, scarcity; smallness (of income *tulojen* ~).

väh|**ä** little (the little I can do *se ~ minkä voin tehdä*); *(~inen)* small (his small experience *hänen ~ kokemuksensa*) ▶ A *(vähä, ~n, ~t ym muotoja) ~n (~ksi)* **aikaa** [for] a [little] while; **ei** ~*äkään* not a bit, not in the least; ~*n* **matkan** *päässä täältä* a little (short) way from here; ~*t* **siitä!** never mind! **vähä** ~*ltä* little by little; ~*t* **välittää** *jstk* not give a damn; ▶ B *(väh*|*ässä, -issä, -ään, -iin, -ästä)* **ei** ~*än* **aikaan** not for a [little] while; *hän* **ilostui** ~*stä* it took little to cheer her [up]; *supistaa* **mahdollisimman** ~*än* reduce to the minimum; **supistua** *-iin* not amount to much; *älä nyt noin* ~*stä* **suutu!** don't get angry over such a trifling matter; *hän ei* ~*stä* **säikähdä** he isn't easily frightened; *olla* ~*än* **tyytyväinen** be easily satisfied; *-issä* **vaatteissa** thinly (lightly) dressed (clad); *-issä* **varoissa** hard up for money; ▶ C *(vähä*|*llä, -lle, -ltä)* **jäädä** *[liian]* ~*lle* **huomiolle** receive insufficient attention; **olla** ~*llä* be about to; narrowly escape (drowning *hukkua*); *olin* ~*llä* **kaatua** I nearly fell; ~*ltä* **piti** *etten..* I nearly..; ~*ltä piti!* it was a narrow escape; **päästä** ~*llä* get off easily; ▶ D *(vähin) -in* **erin** little by little; *(kuv) -in* **äänin** on the quiet, secretly.

vähä|- *(us)* poor in (minerals *-mineraalinen*).

Vähä-Aasia Asia Minor.

vähäarvoinen ..of little value; *(merkityksetön)* unimportant, insignificant; *pitää jtk -sena* value .. little, hold .. of little account.

Vähä-Belt [the] Little Belt.

vähä||**eleinen** unassuming **-inen** *(-pätöinen)* minor (offence *rikkomus*), slight (problem *pulma*); *(pieni)* small; ~*kin* the slightest (doubt *epäilys*); *ei -isintäkään aavistusta* not the slightest (faintest, remotest) idea **-järkinen** feeble-minded **-kalorinen** low-calorie **-lukuinen** ..few in number **-lukuisuus** small number; *osanottajien* ~ low (small) attendance **-merkityksinen** ..of little (minor) importance **-mielinen** imbecile **-mielisyys** imbecility.

vähä|**n** *(kielt us -ä; ks m hakus vähä)* **1 a)** *(jonkin verran)* a little (better than *parempi* ~ *paremp rahaa*); some (money *rahaa*); *(hieman)* somewhat (deaf *kuuro*); slightly (different *erilainen*), a bit (too fast *liian lujaa;* that was a bit too much *se oli ~ liikaa*), a trifle; **b)** *(muutamia)* a few, some (people *ihmisiä;* books *kirjoja*) **2 a)** *[vain]* ~ [very] little (I slept little *nukuin [hyvin]* ~); only a little, not much (better *parempi;* there isn't much tea left *teetä on jäljellä vain* ~); **b)** *(pl kanssa)* few, not many (people *ihmisiä*) ▶ *minä* ~ **ajattelinkin** *että* I rather thought that..; **melko** ~ *(tav)* not much *(pl* many); ~ **myöhemmin** a little later, shortly afterwards; *hän on* ~ **vilustunut** he has caught a slight cold; ~ **väliä** every little while.

vähänsuolattu [s]lightly pickled, raw spiced.

vähä||**osai**|**nen** underprivileged; *yhteiskunnan -set* the deprived of society; the have-nots **-puheinen** taciturn (by nature *luonteeltaan* ~); quiet (you are very quiet today *olet tänään kovin* ~); *(sulkeutunut)* uncommunicative; ~ *mies (m)* a man of few words **-pätöinen** insignificant, unimportant (matter *asia*); *(vähäinen)* slight; *(pieni)* small; trifling (error *virhe*) **-pätöisyys 1** insignificance, unimportance; *(mitättömyys)* triviality **2** *(vähäpätöinen seikka)* trifle **-rasvainen** low-fat (cheese *juusto*); lean (meat *liha*) **-varainen** ..of small (limited) means; *(köyhä)* poor **-venäläinen** Little Russian **-verinen** an[a]emic *(adv* ~ally) **-verisyys** an[a]emia **--älyinen** *(ark)* weak-headed, brainless.

väijy||**ksi**|**ssä** *(-in, -stä)* in ambush; *(erik mets)* in wait; *hyökätä -stä jkn kimppuun* ambush (waylay) a p.; *olla* ~ lie in ambush, *(mets)* lie in wait (for *jtk odottamassa*) **-ty**|**s** ambush, ambuscade; *joutua -kseen* be ambushed (by *jkn asettamaan*) **-vä** lurking (danger *vaara*) **-ä** lurk (dangers lurk for us *vaarat -vät meitä*); *(vaania)* prowl, be on the prowl (for one's prey *saalistaan*); *(sot)* lie in ambush; *(mets)* lie in wait; *(kuv m)* watch (for an opportunity *tilaisuutta*).

väik||**kyä** glimmer, gleam; *(häivähdellä)* waver; *(näkyä heikosti)* be dimly to be seen; *(hymystä)* ~ *jkn huulilla* hover about a p.'s lips; ~ *mielessä* have .. in mind, loom before a p. **-ähtää** flash,

glimpse.
väistellä evade, dodge (the blows *iskuja*); ~ *vastaantulijoita* sidestep people.
väisty‖vä *(biol)* recessive; *ohimoilta* ~ *tukka* receding hairline **-ä** *(konkr ja kuv)* give way to (a car *auton tieltä*), yield to; get out of the way; make way (for *jnk tieltä*); *(vetäytyä)* recede, withdraw (from *jnk tieltä*); *hän ei -nyt askeltakaan* he didn't budge an inch; *hänen pelkonsa -i* his fear left him; ~ *sivuun* step (move) aside.
väistäm‖isvelvollinen ..required (bound) to give way; ~ *alus (m)* the burdened ship **-ättömyys** unavoidability; inevitability **-ätön** unavoidable; inevitable (fate *kohtalo)*.
väist‖ää **1** *(antaa tietää)* give way, yield (to *jtk*); keep out of the way; give .. the road; step aside **2** *(välttää)* avoid, evade (a blow *isku;* the danger *vaara); (kiertää)* dodge; *(miekk, kuv)* parry (a question *kysymys); (~ kumartumalla)* duck *(m kuv);* ~ *velvollisuuksiaan (m)* flinch from one's duty **-ö** *(miekk)* parry **-öliike** evasive movement.
väit‖e **1** claim; *(vakuutus)* assertion; argument; *(todistamaton ~)* allegation; *(lausuma)* statement; *pysyä -teessään* maintain one's point **2** *(log)* proposition **3** *(lak) (oikeudenkäyntiä estävä ~)* plea **~llä** **1** *(kiistellä)* dispute, argue (with *jkn kanssa;* about *jstk); (keskustella)* debate (on *jstk)* **2** ~ *[tohtoriksi]* defend one's doctor's (doctoral) thesis **~lmä** thes|is (*pl* -es) **~tty** *(lak)* alleged; *(otaksuttu)* pretended.
väitt‖elijä **1** debater **2** *(väitöskirjan puolustaja)* doctoral candidate **-ely** debate; *(sanakiista)* dispute, argument; **~ä** *aiheuttava* controversial (decision *päätös)* **-ämä** claim, statement; *(log, mat)* proposition; *(mat)* theorem.
väit‖tää **1** claim (he claimed that he was telling the truth *hän -ti puhuvansa totta); (heikentyneessä merk)* say (I venture to say that.. *uskallan[pa]* ~ *että); (vakuuttaa)* assert; maintain (the contrary *päinvastaista); (kirj, lak)* allege **2** *(lak) (vedota)* plead ▶ ~ *kivenkovaan jtk* insist that; ~ *olevansa tietämätön asiasta (lak)* plead ignorance; ~ *vastaan* object (to *jtk),* contradict (a th.); **väitetään** *että hän..* it is said (they (people) say) that he..
väitös‖kirja doctoral thesis, [academic]

dissertation **-tilaisuus** public defence of a [doctoral] thesis.
väkevyys strength, power **~aste** *(kem)* concentration.
väkev‖ä **1** *(vahva)* strong, powerful (smell *haju); (-öitetty)* concentrated; *~t [juomat]* strong liquors, spirits; *~t viinit* fortified wines **-öidä** *(kem)* concentrate.
vä‖ki *(pl)* people (there are a lot of (many) people *siellä on paljon -keä); (pl)* folk[s]; *(miehistö)* *(sg)* crew, *(pl)* men; *(työntekijät) (pl)* workers ▶ **kokouksessa** *oli paljon (vähän) -keä (m)* the meeting was well (poorly) attended; *hän on* **omaa** *-keä* he belongs to the family, *(m)* he is one of us; **talon** ~ the household; *-ellä ja* **voimalla** with might and main.
väki‖joukko crowd [of people]; *(kansanjoukko)* multitude; mob **-juoma** alcoholic beverage (drink); *~t* spirits; *(sg)* liquor **-lannoite** fertilizer **-luku** population.
väkinäi‖nen 1 forced (smile *hymy);* strained (relations *-set suhteet),* constrained **2** *(vastahakoinen)* reluctant (consent *suostumus)* **-sesti** forcedly, in a forced manner; affectedly; *hymyillä* ~ smile with constraint **-syys** constraint.
väki‖pak‖ko compulsion; coercion (use coercion *käyttää ~a);* *-olla* by force **-pyörä** pulley **-pyörästö** block and tackle **-rehu** concentrated feed, *(pl)* concentrates **-rikas** populous **-rynnäk‖kö** assault; *vallata -öllä* take .. by storm.
väkisin *(väkivalloin)* forcibly, by force; *(vastoin tahtoa)* involuntarily; *tulee ~kin ajatelleeksi että* one can't help thinking that.. **~makaaminen** *(lak)* rape.
väkivalla‖ntekijä *(lak)* perpetrator of an act of violence; assailant **-nteko** act of violence **-ton** non-violent.
väkival‖ta 1 violence (no marks of violence *ei ulkoisia -lan merkkejä)* **2** *(voimakeinot)* force (resort to force *turvautua ~an); (pakottaminen)* compulsion ▶ **tehdä** *jklle ~a* do violence to, assault a p., commit an outrage *jota on* **uhattu** *-lalla* ..in bodily fear; **väkivalloin** by [sheer] force, forcibly; *tunkeutua -loin sisään* force [one's] entry.
väkivalta‖inen violent (death *kuolema;* temper *luonne); (raaka)* rough (behavio[u]r *käytös); (pakko-)* forcible (use forcible means *käyttää -isia keinoja); saada* ~ *kuolema (m)* die by violence; ~ *teko* act of violence, outrage **-isesti**

violently **-isuus** violence **-riko|s** violent crime; offence against the person; *-ksen uhri* crime victim.

väki||viina *(pl)* [strong] spirits **-voim|in** *(-alla)* by force, forcibly.

väkkärä *(lasten ~)* pinwheel, windmill; *(kuv) pyöriä kuin ~* flit (scurry) about.

väkä barb; *(koukku)* hook **~inen** barbed **~leukainen** sharp-chinned **~setön** barbless, unbarbed.

väl|i 1 *(paikasta)* **a)** *(tila)* space (between *jdk ~ssä)*; *(aukko)* gap; **b)** *(~matka)* distance; interval (at intervals of ten feet *kymmenen jalan -ein)*; **c)** *(matkaosuus)* stretch **2 a)** *(aika~)* interval (a long interval *pitkä ~)*; *(tauko)* break, pause; **b)** *(jdk ~nen aika)* the time between **3** *~t* relations (their relations were strained *heidän ~nsä olivat kireät)* **4** *(erotus)* difference [in price] ▶ **A** *(paikasta, ajasta) juna liikennöi Helsingin* **ja** *Oulun ~ä* the train runs between Helsinki and Oulu; **maksaa** *jklle ~ä* make up the difference in cash; give a p. to boot; **millä** *~llä sinä sen kaiken teit?* when did you do all that? *kaupunkien ~ä* **on** *viisi kilometriä* the towns are five kilometres apart; **sillä** *~n* in the meantime; meanwhile; *sillä ~n kun* while; *[jotakin]* **siltä** *~ltä* [something] in between; ▶ **B** *(suhteista)* **hyvissä** *-eissä jkn kanssa* on good terms with; *olla hyvissä -eissä jkn kanssa (m)* get on well with; **joutua** **huonoihin** *-eihin jkn kanssa* fall out with; **katkaista** *~nsä jkh* break with; *olla* **läheisissä** *-eissä jkn kanssa* be intimate with; **selvittää** *~nsä jkn kanssa* settle up with; ▶ **C** *(asennoitumisesta)* **sillä** *ei ole [mitään] ~ä* it doesn't matter, it's not important; *onko sillä ~ä jos..?* do you mind if? does it make any difference if? *~äpä sillä* it's all the same to me; *ei* **yhtään** *~ä kuka* no matter who.

väli|- intermediate *(biol host --isäntä;* port *-satama; (rad)* frequency *-taajuus)*; △ intermediary (layer *-kerros;* report *-todistus)*.

väli|aika 1 *(yl)* intervening time, interval; *(tauko)* pause **2** *(teatt)* interval, *(Am)* intermission; *-ajalla (m)* between the acts **~inen** temporary; provisory (arrangement *järjestely)*; provisional (government *hallitus)*; interim (measure *toimenpide)*; *(virkaa tekevä)* acting **~isesti** temporarily; *(toistaiseksi)* for the time being; pro

tem[pore] (fill a position pro tem *hoitaa virkaa ~)*.

väliaikais||luonteinen provisory **-ratkaisu** interim (temporary) solution.

väli||aikamerkki *(rad)* interval signal **-aine** *(fys)* medium; *(biol)* intercellular substance **-aivot** *(sg)* interbrain; diencephalon.

Väli-Amerikka Central America and the West Indies.

väli||aste intermediate (transition) stage **-enselvittely** scene, *(ark)* showdown; *(selvittely)* settlement **-erä** *(urh)* semifinal **-huomautus** interruption; *(välihuuto)* injected remark, interjection; *(repliikki)* repartee; *(sivuhuomautus)* side comment **-ilmansuunta** half-cardinal point.

väliin *ks. välissä* **~putoaja** *(läh v)* in-between; *olla ~* be in a cleft stick **~tulo** intervention.

väli||kalvo diaphragm **-kan|si** *(mer)* between decks; *-nella* 'tween decks **-kappale 1** *(konkr)* middle piece; *(tekn)* spacer **2** *(kuv)* means; *(ase)* instrument, tool **-katto** ceiling **-kausi** *(siirtymäkausi)* transition period **-kirja** contract **-kkö** vestibule; *(käytävä)* corridor; *(tarjoilu~)* [serving] pantry **-kohtau|s** incident (without incident *ilman -ksia)*; *aseellinen ~* conflict **-korva** middle ear, tympanum **-kyljys** *(keitt)* entrecote **-kysymys** *(parl)* interpellation; *tehdä ~* interpellate, question **-kysymyskeskustelu** interpellation debate **-kä|si** intermediary; agent, go-between; *(bulvaani)* dummy, straw man; *joutua ikävään -teen* get into an awkward situation.

välilasku *(ilm)* intermediate landing, stop; *ilman ~a* nonstop; *tehdä ~* touch down, stop (at *jssk)* **~paikka** stopover.

väli||lause *(kiel)* inserted clause **-lehti** interleaf **-levy** *(anat)* disk.

välilli||nen indirect (taxes *-set verot)*; consequential (damage *vahinko)*; *-set* **vaalit** *(sg)* indirect election **-sesti** indirectly, by indirect means; *vaikuttaa ~ jhk* have an indirect effect on.

väli||llä 1 *(-lle, -ltä)* between **2** *(toisinaan)* sometimes; *[aina] ~* now and then.

väli||lyöntinäppäin space key **-matka** distance; *(väli)* space.

Välimer|i the Mediterranean [Sea]; *-en* Mediterranean.

välimerk|ki punctuation mark; *varustaa -ein* punctuate.

välimies arbitrator; referee, arbiter; mediator ~**menettely** arbitration; mediation. **välimuoto** intermediate form.

väline 1 *(työkalu)* tool, implement; utensil (kitchen utensils *keittiö~et*); instrument; ~*et (sg)* equipment **2** *(kuv)* instrument, tool; *(keino)* means ~**ellinen** instrumental ~**istö** equipment, *(pl)* facilities (for *jhk tarvittava ~)*.

väli|nen *(jdk ~)* **1** *(paikasta ja ajasta)* . .between . . and (the traffic between Helsinki and Turku *Helsingin ja Turun ~ liikenne)*, . .from . . to; *(-ssä sijaitseva)* . .lying (situated) between (the mountains *vuorten ~)*; *sunnuntain ja maanantain -senä yönä* on Sunday night **2** *(erik suhteista)* . .between (them *heidän -sensä)*; *(useamman ~ m)* . .among (people *ihmisten ~)*; *(yhdyss)* inter- (interurban *kaupunkien ~)*; *(molemminpuolinen)* mutual.

välinpitämät||tömyys indifference; *(-ön suhtautuminen)* nonchalance, negligence **-tömästi** indifferently; *suhtautua ~ jhk* pay no attention to; *(laiminlyödä)* neglect **-ön 1** indifferent (to *jstk)*; unconcerned (about *jstk)* **2** *(piittaamaton)* nonchalant, negligent; ~ *suhtautuminen* negligence.

väli||näytös interlude **-pala** snack **-pitsi** [lace] insertion **-pohja** *(jalk)* midsole **-por|ras** *(kuv)* intermediate authority; **-taan** *hallinto* administration at the intermediate level **-puhe** agreement; *(ehto)* stipulation; understanding; *sillä ~ella että* being agreed (understood) that **-päätös** *(lak)* interlocutory decree (judgment) **-rauha** truce **-rikko** break (between father and son *isän ja pojan ~)* **-sarja** *(urh)* welterweight **-seinä** *(kevyt ~)* partition; separating wall; *erottaa ~llä* partition off (from *jstk)* **-soitto** interlude, intermezzo.

väli||ssä *(-in, -stä)* between (two fires *kahden tulen ~)*; **-stä** [from] between; *kirjan ~* between the leaves of a book; *näkyä puiden -stä* peep out from behind the trees; *(kuv) tulla -in* intervene **-stä 1** *ks. -ssä* **2** *(toisinaan)* sometimes **-tasanne** *(rak)* landing **-tse** between.

välittä||jä 1 *(väline)* medium (a newspaper is a news medium *sanomalehti on uutisten ~)*; intermediate; *(hankkija)* supplier **2 a)** *(sovittelija)* mediator; *ryhtyä ~ksi* mediate (in a conflict *selkkauksessa)*; **b)** *(välikäsi)* middleman, intermediary;

(yhteysmies) go-between; **c)** *(kaupan~)* broker; agent; **d)** *(kiinteistön~)* [real] estate agent, *(Am)* realtor **-mätön** regardless, heedless (of *jstk)*; *mistään ~* wholly indifferent **-vä** *(kuv)* transitional (language *kieli)*.

välit|tää 1 *(siirtää)* transmit (heat *lämpöä;* a message by radio *sanoma radiolla)*; convey (the book conveys the ideas of the writer *kirja ~ kirjoittajan ajatukset)*; *(konkr)* *(kuljettaa)* transport, carry; *(tuoda)* bring; *(viedä)* take **2 a)** *(toimia välikätenä)* act as [an] intermediary (in a transaction *kaupassa)*; *(liik)* be an agent (for *jtk)*; *(hankkia)* provide; supply (news *uutisia)*; *(järjestää)* arrange; negotiate (loans *luottoja)*; **b)** *(sovitella)* mediate, act as a mediator (between *jdk välillä)*; arbitrate **3** *(erik kielt ja kys)* **a)** *(tuntea huolta)* care (about *jstk;* who cares? *kuka siitä ~?)*; mind (I don't mind if. . *en -ä vaikka. .)*; **b)** *(piitata)* concern o.s. (about other people's affairs *toisten ihmisten asioista)*; *(huolehtia)* take care of, look after (one's looks *ulkonäöstään)*; pay attention to (he didn't pay any attention to warnings *hän ei -tänyt varoituksista)*; **c)** *(pitää jstk)* care for; like (do you like me at all? *-ätkö minusta yhtään?)*; **d)** *(viitsiä)* bother, trouble (to do *tehdä jtk)*; *(haluta)* want (he didn't want to go *hän ei -tänyt lähteä)* ▶ *(erik rad)* ~ **eteenpäin** relay; ~ **liikennettä** *jllk välillä* run (ply) between; **mikäli** *sellaisesta -ät* if it may interest you; ~ **puhelu** connect (put through) a call; *jnk* **välittämänä** through; by *(flies kärpästen -tämänä)*; **välittämättä** *jstk* without regard to, regardless of; *olla -tämättä jstk* disregard, ignore; *(laiminlyödä)* neglect; **älä -ä!** never mind! *älä minusta -ä!* don't mind me!

välittöm||yys 1 immediacy, directness **2** *(luonteesta)* unreservedness; spontaneity **-ästi** immediately, directly.

välitunti break, *(Am)* recess.

välity|s 1 *(tekn)* transmission; gearing **2** *(erik liik)* agency; *(sovittelu)* mediation, arbitration; arrangement; *(neuvottelu)* negotiation; *(erik pol)* intervention, interposition; *jnk -ksellä* through; *(henk m)* by, with **3** *(liik)* *(vaihto)* exchange (money exchange *rahan~)* ~**liike** *(liik)* agency ~**palkkio** commission, brokerage; *(rahanvaihtopalkkio)* agio ~**pyörä** transmission gear ~**suhde** *(tekn)* gear ratio

~**tuomari** arbitrator ~**tuomio** arbitral award ~**yritys** attempt at mediation.

välit|ön 1 direct (taxes *-tömät verot*); immediate (cause *syy*); *jnk -tömässä läheisyydessä* in close vicinity to **2** *(luonteesta) (avoin)* unreserved, communicative; unaffected; spontaneous (behavio[u]r *käytös*).

väli||verho *(teatt)* curtain **-vuori** *(vaat)* interlining.

välje||nnin *(tekn)* broach, reamer **-ntää** make .. larger, enlarge; widen, make .. wider; *(tekn)* ream, broach; *(kuv)* relax (rules and regulations *sääntöjä*); loosen; let out (a skirt *hametta*) **-tä** become larger (looser); widen.

väljyys *(kaliiperi)* calibre; *(holkkuma)* slack, play.

-älj|ä 1 *(suuri)* large (hole *reikä*); wide; *(tilava)* spacious, roomy **2** *(vaat)* loose[ly-fitting], *(avara)* wide (skirt *hame*) *ɔ (kuv)* loose (moral *moraali*); broad (interpretation *tulkinta*) ▶ ~ **omatunto** an elastic conscience; ~*t* **tilat** a great deal of space, not crowded; *huuhtoa ~ssä* **vedessä** rinse with plenty of water; *(kuv)* **päästä -emmille vesille** have more elbowroom (latitude).

väljähty||mätön *(kuv)* fresh **-nyt** *(konkr ja kuv)* stale, insipid; *(juomasta m)* flat **-ä** become stale (flat).

välk||e 1 *(hohto)* shine, lust|re, -er, gloss; *(loisto)* brilliance; *(kimallus)* sparkle; *(kimmellys)* glitter; *(tuike)* twinkle (in the eyes *silmien* ~) **2** *(min) (tav yhdyss)* blende **-ky** *(ark)* brain[box] **-kyvä** shining (clean ~*n* **puhdas**) **-ky|ä** shine; *(kimallella)* glitter, glimmer; *(sädehtiä)* sparkle; *(leimahdella)* be flashing (the lights were flashing *valot -ivät*); *(välkähdellä)* flicker **-yntä** *(TV)* flicker **-ähdys** flash.

välskäri *(hist)* barber-surgeon.

vält||ellä [try to] avoid; *(~ taitavasti)* evade; *(~ ovelasti)* dodge; *(kartella)* shun; shirk (one's duty *velvollisuuksiaan*) **-televä** evasive.

välttyä escape (punishment *rangaistukselta;* having to answer *vastaamasta*); get out of (you can't get out of that! *siltä et voi millään ~!*); *se on asia jolta kukaan ei voi* ~ it's something nobody can avoid; *siltä ei voi* ~ *(m)* it's unavoidable.

välttäm||inen *(taitava ~)* evasion; *jnk -iseksi* to avoid a th. **-ättä** necessarily;

haluta ~ *tehdä jtk* insist on doing a th.; *minun täytyy* ~ *saada tietää* I must know; *sitä ei* ~ *tarvita* it isn't absolutely necessary; *täytyykö sinun* ~ *..?* must you really..?

välttämättömyy|s necessity; *(väistämättömyys)* inevitability, unavoidableness; *-den pakosta* out of necessity ~**tarvike** essential commodity ~**tavarat** necessities.

välttä||mätön 1 *(tarpeellinen)* necessary (to health *terveydelle* ~); *(korvaamaton)* indispensable (article *esine*); *..on sen* ~ *edellytys* ..is essential to it **2** *(väistämätön)* inevitable, unavoidable **3** *(ehdoton)* absolute (necessity *pakko*) **-vä** passable, tolerable (skill *taito*); *(koul)* ~ *arvosana (m)* pass.

vält|tää 1 *(yrittää ~)* [try to] avoid (mistakes *virheitä*); keep away from, steer clear of (trouble *ikävyyksiä*); refrain from (alcohol *alkoholia*), *(karttaa)* shun; shirk (the responsibility *vastuuta*) **2** *(onnistua -tämään)* avoid; escape (punishment *rangaistus*); get out of; *(ovelasti ~)* evade, dodge (a question *kysymys*) **3** *(kelvata)* be good enough; do (that will do *[kyllä] se* ~) ▶ *heti kun* **silmä** ~ *[hän..]* as soon as you turn your eyes from him [he..]; ~ **tekemästä** *jtk* restrain from, try not to do; **väärinkäsitysten** *-tämiseksi* to provide against misunderstandings.

välys clearance, gap; *(holkkuma)* play, slack.

välä||hdellä be flashing **-[hd]yksittäin** in glimpses **-[hd]y|s** flash (of lightning *salaman* ~); *(vilahdus)* glimpse; *-ksiä tulevasta ohjelmistosta* preview of the forthcoming program[me] **-ht|ää** flash; *(välkähtää)* gleam; *mieleeni -i* it struck me; *se ei -änyt mieleenikään* it never came to my mind **-yttää** flash; ~ *jtk mahdollisuutta* allude to, hint at, insinuate.

vänrikki second lieutenant; *(hist ja Am mer)* ensign.

väre ripple; *se sai kylmät ~et menemään pitkin selkääni* it sent a cold shiver down my back; *vilun ~et* [cold] shivers ~**il|lä** *(veden pinnasta)* ripple; *(ilmasta ym)* quiver; shimmer (tension was shimmering in the room *huoneessa -i jännitys*) ~**karva** *(biol)* cili|um *(pl -a)* ~**karvallinen** ciliated.

vär|i 1 colo[u]r (in all colo[u]rs *kaikissa -eissä;* local colo[u]r *paikallis~*) **2** *(~sävy)* tint, shade, hue; *(~tys)* colo[u]ring **3** *(maali)* paint; colo[u]r; *(-jäysaine)* dye (vegetable dyes *kasvi~t*) **4** *(korttip)* suit ▶ *(kuv)* **antaa** *~ä jllk* give colo[u]r to; enliven, brighten up; **saada** *~ä* gain colo[u]r; *(ruskettua)* get a good colo[u]r; **tunnustaa** *~ä* follow suit *(m kuv);* **väriltään** *vihreä* green [in colo[u]r].

väri|- colo[u]r (sense *-aisti; film -filmi; card -kartta;* picture *-kuva;* television *-televisio*).

väri||**aine** *(biol)* pigment; *(-ä antava aine)* colo[u]ring agent **--iloinen** colo[u]rful, gaily-colo[u]red **-kkyys** colo[u]rfulness, richness of colo[u]r **-kkäästi** in gay colo[u]rs; *kuvata* ~ give a colo[u]rful account of **-kylläinen** saturated, rich in colo[u]r **-kynä** colo[u]red pencil; crayon.

värikäs colo[u]rful *(m kuv);* [richly] colo[u]red, . . rich in colo[u]r.

väri||**lasi** stained glass **-liitu** colo[u]red chalk; *(vahaliitu)* crayon; *(pastelliliitu)* pastel **-litografia** *(~kuva)* chromolithograph, chromo *(pl ~s)* **-lli**|**nen** colo[u]red; *(sb) -set* colo[u]reds, colo[u]red people **-loisto;** *koko ~ssaan* in [all] its blaze of colo[u]rs; *syksyn ~ssa* glowing with autumn tints **-nauha** *(kirjoituskoneen ~)* ribbon **-nen** *(us yhdyss)* -colo[u]red, . . [of the] colo[u]r of (grass *ruohon~*); *minkä ~?* what colo[u]r?

värin||- colo[u]r (sensitivity *-herkkyys;* fastness *-pitävyys*); △ *(kirjap)* ink (transfer *-siirto;* feed *-syöttö*).

värin||**pitävä** colo[u]rfast, fast-dyed **-poistoaine** discolo[u]ring agent.

värinä shivering, quivering; *(tärinä)* trembling; *(värähtely)* vibration; *(atk)* flicker; *(lääk)* fibrillation (ventricular fibrillation *kammio~*).

väri||**opillinen** chromatic *(adv* ~ally) **-painokuva** chromo[lithograph].

värisevä shivering, quivering (with cold *kylmästä* ~); *(äänestä)* trembling.

väri||**silmä** sense of colo[u]r; *hyvä* ~ *(m)* a good eye for colo[u]r **-sokea** colo[u]r-blind **-sokeus** colo[u]r blindness.

väris||**tys 1** *(puistatus)* shiver, quiver, shudder **2** *(mielihyvän yms* ~) tremor, thrill (of pleasure *mielihyvän* ~) **-tä** shiver, quiver (with fear (cold) *pelosta (kylmästä)*); tremble (his hand (voice) trembled *hänen kätensä (äänensä) -i*).

värisuora *(korttip)* straight (running) flush.

värisyttää; *minua* ~ it makes me shiver;

(inhosta) it makes me shudder; ~ *ääntään* quaver, trill.

väri||**sävy** shade [of colo[u]r], tint, hue **-tela** *(kirjap)* ink roller.

väritt||**yä** be colo[u]red; *poliittisesti -ynyt* politically oriented (slanted) **-ää** colo[u]r; *(kuv)* embellish (a story *tarina*) **-ömyys** lack of colo[u]r.

väri||**tys** colo[u]ring; coloration; colo[u]r **-tön** *(konkr ja kuv)* colo[u]rless; ~ *kenkävoide* neutral-colo[u]r shoe polish **-vivahde** shade, tint, tinge, hue **-ympyrä** hue circle, colo[u]r wheel **-äpäästävä;** *~t farmarit* bleeding denims.

värjä||**ri** dyer **-tä 1** dye; *(sävyttää)* tint **2** *(värittää)* colo[u]r, *(kuv m)* tinge (the sky red *taivas punaiseksi*) **-ys** *(tekst ym)* dyeing **-yty**|**ä** dye (blue *siniseksi*); *taivas -i punaiseksi* the sky turned red **-ämö** dye works.

värjöttää [be] shiver[ing].

värkki *(ark)* *(kapine)* thing; *(vekotin)* gadget, contraption.

värttinä distaff; spindle ~**luu** spokebone, radi|us *(pl* -i).

värvä||**tty** enlisted; ~ *sotilas* enlisted man, enlistee **-tä 1** *(sot)* enlist, enrol[l]; recruit (new men *uusia miehiä*); raise (an army *armeija*) **2** *(pakottaa ottamaan pesti)* impress, crimp **3** *(hankkia)* [try to] get, recruit (adherents *kannattajia*).

väräh||**dellä** *(fys ym)* vibrate; *(sähk)* oscillate; *(väristä)* quiver **-dys** *(fys)* vibration; oscillation; *(äänen yms* ~) quiver, tremble **-dysliike** vibratory motion, vibration **-dyttää** make . . quiver (one's voice *ääntään*) **-televä** vibrant **-telijä** oscillator **-tely** vibration **-tämätön;** ~ *ääni* steady voice **-tää** quiver, tremble; stir (not a leaf stirred *ei lehtikään -tänyt*).

väräjävä quivering, trembling (voice *ääni*).

västäräkki wagtail.

väsy||**ksi**||**ssä** *(-in)* tired; *(uuvuksissa)* exhausted, tired-out; *raataa itsensä -in* overwork o.s. **-minen 1** *(fysiol, tekn)* fatigue **2** *(kuv)* satiety, surfeit **-mys** tiredness, weariness, fatigue (sense of fatigue *-myksen tunne*); *(uupumus)* exhaustion; *tuntea ~tä* feel tired **-mystila** fatigue; *(lääk)* lassitude **-mättömyys** tirelessness, indefatigability **-mättömästi** untiringly **-mätön** tireless (in *jssk*); *(henk)* untiring, indefatigable, *(uuttera)* assiduous.

väsyn||**eesti** wearily **-yt 1** tired; *(lopen*

uupunut) wearied, fatigued, tired-out, exhausted; *(raukea)* languid (look *katse)* **2** *(kyllästynyt jhk)* tired of (stupid questions *typeriin kysymyksiin*); olla ~ jhk be sick of, be fed up with.

väsyttä∥vä tiring, fatiguing (work *työ);* tiresome (fellow *tyyppi*); *(pitkästyttävä)* tedious, boring -ä tire, fatigue; *(uuvuttaa)* tire out; ~ *itsensä [loppuun]* exhaust o.s.; *minua* ~ I am (feel) tired.

väsy∣ä 1 become (get, grow) tired (of *jhk*), tire; *(uupua)* become exhausted; *-mättä* untiringly **2** *(tekn)* fatigue.

väsäh∥tänyt tired; ~ *ilme* slack (discouraged) expression **-tää 1** *(henk)* get tired; be overcome by weariness **2** *(kuv)* *(laimeta)* weaken, slacken, languish.

vätys good-for-nothing.

vävy[poika] son-in-law *(pl* sons-in-law).

väylä 1 *(mer)* **a)** *(purjehduskelpoinen* ~*)* fairway, passage, channel; *(erik jäähän avattu* ~*)* waterway; **b)** *(laiva*~*, reitti)* [navigation] route; track; *(valtamerireitti)* shipping lane **2** *(veden uoma)* [water]course **3** *(kulkutie)* way, route **4** *(kuv)* channel.

vääjäämät∥tömyys irrevocability **-tömästi** irrevocably **-ön** *(kieltämätön)* undeniable (truth *totuus);* *(kiistaton)* indisputable, unavoidable (result *[loppu]tulos);* *(peruuttamaton)* irrevocable (decision *päätös).*

vään∥ne twist; *[vatsan]-teet* stomach cramp[s] **-nellä** *(konkr ja kuv)* twist; *(vääristellä)* distort; *(tulkita väärin)* misinterpret; *käännellä ja* ~ turn and twist **-telehtiä** wriggle; writhe (with pain *tuskasta);* ~ *naurusta* be convulsed with laughter **-tynyt** twisted, distorted **-tyä** *(kääntyä)* turn; twist; distort.

vääntää 1 *(kiertää)* turn (the crank *kampea*), wind; wring (out the shirt *paita kuivaksi)* **2 a)** *(taivuttaa)* bend (a wire *rautalankaa);* wrench, wrest (a weapon from a p.'s hand *ase jkn kädestä); (kuv)* wring the truth out of *totuus [esiin] jksta*); **b)** *(kangeta)* pri∣se, -ze (open *auki),* pry (up a stone *kivi maasta)* **3** *(~ kieroksi)* twist, warp; distort *(m kuv)* ▶ ~ **auki** *(kiinni)* turn on (off); ~ *radio auki* switch on the radio; ~ *irti* twist .. off; ~ *ovi lukkoon* lock the door; ~ **poikki** bend (twist, wrench) .. off; ~ **sijoiltaan** twist (put) .. out of joint.

vääntö *(kierto)* turn; *(tekn ym)* torsion.

vääntö∥- torsion (arm *-vipu*); △ torsional (strength *-lujuus;* strain *-rasitus;* force *-voima)* **-ase** wrench **-momentti** *(fys)* torque, torsional moment.

vääpeli *(sot)* sergeant-major *(m leik kuv);* *(Am)* sergeant 1st class.

väären∥netty forged (document *asiakirja);* *(väärä)* false (diamond *timantti);* *(rahasta)* counterfeit; fake (bill *seteli)* **-nys** falsification, forgery **-nös** forgery, fake; *(jäljitelmä)* imitation **-täjä** forger, falsifier; *(rahan~)* counterfeiter **-tämätön** genuine, real (pearl *helmi);* *(alkuperäinen)* authentic; *(erik kuv)* pure; *(tosi)* true (joy *ilo)* **-tää** falsify, forge (a document *asiakirja;* a signature *nimikirjoitus*), fake; *(~ rahaa)* counterfeit; ~ *tilejä* doctor the books.

väärin *(tav)* wrong, wrongly (rightly or wrongly *oikein tai* ~); in the wrong way; *(virheellisesti)* incorrectly; *(vi∣alla, -kaan)* amiss; *(verbien yht us)* mis- (miscalculate *arvioida* ~*;* misjudge *arvostella* ~) ▶ **laulaa** ~ sing out of tune; *ellen* ~ **muista** if I remember right; **näinkö** ~*?* did my eyes deceive me? **tehdä** *jklle* ~ wrong a p., do a p. wrong (an injustice); ~ **ymmärretty** mistaken (kindness *ystävällisyys*); *olet* **ymmärtänyt** *minut* ~ you have got me wrong.

väärin∥käsitys misunderstanding, misapprehension; *(väärä käsitys)* misconception, false idea; *yleinen* ~ a common fallacy **-käyttö** abuse (of alcohol (trust) *alkoholin (luottamuksen)* ~); misuse (of power *vallan* ~); *(varojen* ~*)* misappropriation **-käytös** malpractice; *(virka-aseman -käyttö)* malfeasance **-pelaaja** cheat; cardsharp **-päin** *ks. päin* →.

vääristel∥lä twist (the meaning of *jnk merkitystä),* distort; misrepresent (the truth *totuutta), (tulkita väärin)* misinterpret **-ty** *(kuv)* distorted **-y** distortion; perversion (of facts *tosiasioiden* ~); misrepresentation.

vääristy∥mä *(TV ym)* distortion **-nyt** distorted, twisted (smile *hymy*) **-ä** distort, twist; *(puus)* warp; *(kasvoista)* become distorted.

vääristää 1 *(taivuttaa)* bend, *(käyristää)* make .. crooked; *(tehdä kieroksi)* twist, warp; distort (a p.'s face *jkn kasvot;* the sound *ääntä)* **2** = *vääristellä.*

vääryy∥dellinen wrong[ful], unfair **-s 1**

crookedness **2** *(kuv)* wrong (commit a wrong *tehdä* ~); injustice (to *jkta kohtaan*), iniquity ▶ **kärsiä** *-ttä* suffer injury, be wronged; *tuntea kärsineensä -ttä* nurse a grievance; **tehdä** *jklle -ttä* do an injustice to, wrong a p.; **vääryydellä** unjustly, by unjust means; wrongfully, wrongly; *-dellä hankittu* ill-gotten.

väär|ä 1 *(käyrä)* crooked; *(taipunut)* bent; *(vääntynyt)* twisted, warped **2** *(vastak oikea)* **a)** the wrong (person *henkilö;* number *numero;* side *puoli;* answer *vastaus*); incorrect (translation *käännös*); *(erheellinen)* fallacious; **b)** *(virheellinen; väärennetty; perätön)* false (document *asiakirja;* alarm *hälytys;* testimony *todistus*); **c)** *(attr us)* mis|- (-calculation *arvio;* -judgment *arviointi*) **3** *(-yydellinen)* wrongful; unjust (sentence *tuomio*) ▶ *puhua ~llä* **hetkellä** speak out of turn; *johtaa -ille* **jäljille** mislead (a p. *jku*); *olla*

-illä jäljillä be on the wrong track; ~ **kuva** wrong (false, distorted) picture; *antaa ~ kuva jstk (m)* miscolo[u]r a th.; **myöntää** *lleensa ~ssä* admit one's error; *kutsua ~llä* **nimellä** miscall; **osoittaa** *~ksi* prove .. [to be] false, falsify; *panna ~än* **paikkaan** misplace; ~ **raha** counterfeit money; false (forged) notes; *~t* **sääret** bandy legs, bowlegs; *saada -iä* **tietoja** be misinformed; *olla* **väärässä** be wrong (mistaken, at fault); *olet ~ssä kun ajattelet..* you are wrong to think..

väärä∥mielinen unjust, unrighteous **-mielisyys** *(m)* iniquity **-oppinen** heretic[al] **-oppisuus** heresy **-säärinen** bowlegged, bandy-legged **-uskoinen** *a ja s* infidel; *(sb m)* misbeliever.

-võinen *(yhdyss)* -belted; *(el)* -banded (nine-banded armadillo *yhdeksän~ vyötiäinen*).

X

x, X *(kirjain)* x, X (*pl* x's, xs, X's, Xs).
x-akseli x-axis.
X-koukku [angle pin] picture hook.

x-kromosomi X chromosome.
X-‖säde X-ray **-säteily** X-radiation.
X-yksikkö X unit (*lyh* XU).

Y

y, Y *(kirjain)* y, Y *(pl* y's, ys, Y's, Ys).
y-akseli y-axis.
ydin 1 a) *(luu~)* marrow, medulla *(pl ~e);*
b) *(hammas~)* pulp **2** *(kasvin ~)* pith;
(siemenen ~) kernel **3** *(fys)* nucle|us *(pl -i);*
ytimen nuclear (fission *halkeaminen)* **4**
(kuv) core (of a problem *ongelman ~),*
heart (get to the heart of the matter
päästä asian ytimeen); [pith and] marrow
(of a statement *lausunnon ~);* crux (hit on
the crux of the matter *osua asian*
ytimeen); asian ~ on siinä että.. the point
it that..; *se käy luihin ja ytimiin* it cuts
one to the quick; *villakoiran ~* the essence
(gist) of the matter.
ydin‖ase nuclear (atomic) weapon **-aseeton**
nuclear free (zone *vyöhyke),* non-nuclear
-asepelote nuclear deterrent **-asetasapaino**
nuclear stability (parity) **-asevalta** nuclear
power; nuclear weapons state, major
nuclear power **-energia** nuclear (atomic)
energy **-fysiikka** nuclear physics **-jatkos**
medulla oblongata **-koekieltosopimus**
nuclear test ban treaty **-koh‖ta** substance,
essence (of a speech *puheen ~);*
(pääkohta) essential (main, principal)
point; *-dat (m) (sg)* the gist **-kysymys** main
(crucial) question, central issue **-kärki**
nuclear warhead **-käyttöinen**
nuclear[-powered], atomic-powered **-luu**
(keitt) marrowbone **-neste** sap **-pommi**
nuclear (atomic) bomb **-reaktori** nuclear
(atomic) reactor **-räjähdys** nuclear
explosion **-saaste** nuclear pollution **-sota**
nuclear war[fare] **-sulkusopimus** nuclear
non-proliferation treaty **-voima** nuclear
force (power) **-voimala** nuclear station.
yhdeksän nine *(vrt kahdeksan)* **~kulmio**
enneagon, nonagon.
yhdeksänkymmen‖‖luku *(pl)* the nineties;
-luvulla in the nineties **-tä** ninety **-vuotias**
a ja s ninety-year-old *(vrt kahdeksan-*
kymmenvuotias).
yhdeksän‖‖nes ninth [part] **-sataa** nine

hundred.
yhdeksäntoista nineteen; *klo ~* at 7 p.m.
~sataa; *vuonna ~ kahdeksankymmentä* in
nineteen [hundred and] eighty **~sataaluku**
the twentieth century **~vuotias**
nineteen-year-old; *hän on ~* he is nineteen.
yhdeksän‖‖tuhatta nine thousand **-vuotias** *a*
ja s nine-year-old *(vrt kahdeksanvuotias).*
yhdeksäs the ninth *(vrt kahdeksas)*
~kymmenes the ninetieth **~osa** ninth
[part] **~sadas** the nine hundredth **~toista**
the nineteenth **~tuhannes** the nine
thousandth.
yhdelmä combination.
yhden‖‖ hengen single (room *huone)*
-mukainen uniform; *(vastaava)* analogous
(to *jnk kanssa);* consistent (with);
(samanlainen) identical (with);
(symmetrinen) symmetrical **-mukaisesti;** *~*
jnk kanssa in conformity with **-mukaistaa**
standardize; bring into accord (with *jnk*
kanssa) **-mukaisuu‖s** uniformity,
conformity; *(vastaavuus)* congruity;
analogy; *-den vuoksi* for the sake of
uniformity **-muotoi‖nen** similar (triangles
-set kolmiot) **-näköisyys** similarity of
appearance, resemblance **-suuntainen**
parallel **-suuntaisuus** parallelism **-tekevä**
unimportant, insignificant (person
ihminen); indifferent (it's indifferent to me
se on minulle ~ä); *se on ~ä* it doesn't
make any difference **-tyminen** integration,
merger **-tyä,** **-tää** integrate, merge
-vertai‖nen equal; *tehdä -seksi* equalize
-vertaisuus equality.
yhdessä together; *kaikki ~ (m)* in a body;
one and all; *toimia ~* cooperate,
collaborate (with *jkn kanssa);* act in
concert (over a matter *jssk asiassa).*
yhdestoista the eleventh.
yhdiste compound.
yhdistelmä combination; *(tekn m)*
composition.
yhdistetty combined; *~ kilpailu* combined

competition; Nordic Combined.
Yhdistyneet kansakunnat the United
Nations (*lyh* UN).
Yhdistynyt‖ kuningaskunta the United
Kingdom (*lyh* U.K.).
yhdistys association; *(seura)* society.
yhdisty|ä unite (with *jhk;* the countries
united in 1707 *maat -ivät v. 1707*), be
united; combine (with *jhk;* as *jksk;* oxygen
and hydrogen combine to form water
happi ja vety -vät vedeksi); (kytkeytyä) be
connected (with *jhk*).
yhdistäminen incorporation; annexation; *(m)*
unification (of Europe *Euroopan ~*).
yhdist|ää 1 a) *(konkr)* join (a piece to
another *kappale toiseen;* two towns by a
railway *kaksi kaupunkia rautatiellä;*
points to each other *pisteet toisiinsa*);
unite (with *jhk;* two pipes *kaksi putkea*);
connect (the hose to the tap *letku hanaan;*
the railway connects the towns *rautatie ~
kaupungit*); link; **b)** *(kuv)* unite (they were
united by many common interests *heitä
-ivät monet yhteiset harrastukset*);
(saattaa yhteen) bring .. together; connect
(their marriage connected their families
heidän avioliittonsa -i heidän perheensä) **2**
(~ kokonaisuudeksi) **a)** unite (two farms
kaksi maatilaa; a country to another *maa
toiseen;* the war united the nation *sota -i
kansan*), unify (small states were unified
pienet valtiot -ettiin; unifying force *-ävä
voima*); **b)** *(suorittaa alueliitos)*
incorporate (Munkkiniemi was
incorporated into Helsinki *Munkkiniemi
-ettiin Helsinkiin*); annex (Austria was
annexed by Germany in 1938 *Itävalta
-ettiin Saksaan v. 1938*); **c)** *(sulauttaa
yhteen)* merge, amalgamate (two firms
kaksi liikettä); **d)** *(kuv)* join [.. together],
combine (old and new *vanhaa ja uutta*) **3**
(~ mielessään) connect (I never connected
you with John *en ole koskaan -änyt sinua
Johniin*), link, couple (a p.'s name with
jkn nimi jhk) **4** *(kem)* combine (copper
and iron *kuparia ja rautaa*) **5** *(mat)* join
(point A to point B *piste A pisteeseen B*) **6**
(sähk ym) connect (the radio to the mains
radio sähköverkkoon) **7** *(puh)* connect (I'll
connect you to the manager *-än teidät
johtajalle*); put .. through (a call *puhelu;*
could you put me through to Mr X?
voisitteko ~ hra X:lle?).
yhdyn|tä [sexual] intercourse (have
intercourse with *olla -nässä jkn kanssa*).

yhdyskunta community **~suunnittelu**
community planning.
yhdys‖liikenne connecting traffic; transit
(through) traffic **-linja** connecting line
-merkki hyphen **-mies** contact man **-osa**
element, component (of a compound
yhdyssanan ~) **-rata** cross-over track,
junction line **-sana** compound [word] **-side**
[connecting] link, tie, bond (between *jdk
välillä*).
Yhdysval‖lat the United States, *(lyh)* the
U.S.; *Pohjois-Amerikan ~* the United
States of America, *(lyh)* the USA; *-tain*
American (literature *kirjallisuus*); US
(Army *armeija*); *-tain hallitus* the Federal
Government **y-talainen** *a ja s (us)*
American.
yhtaikaa at the same time (as *kuin*),
simultaneously (with); *kaikki ~ (m)* all
together, all at once; *tapahtua ~* coincide
(with *jnk kanssa, kuin*).
yhteen together; *ottaa ~* come to blows,
(kuv) have words (with *jkn kanssa*); *liittyä
~ (henk)* unite; *(kuv)* be connected to;
sattua ~ jnk kanssa coincide with;
törmätä ~ crash, bump into each other;
(kuv) clash, collide **~ajo** collision, crash **~
kuuluva** ..belonging together, associated
~kuuluvuu|s solidarity; *(hengen-
heimolaisuus)* affinity; *tuntea -tta
jkn kanssa (m)* feel allied (related) to;
-den tunne feeling of togetherness **~
laskettava** addend **~ laskettu** combined; **~**
summa [the sum] total; *velat ~ina ovat..*
the debts total.. **~lasku** addition
~laskumerkki plus sign **~liittymä**
combination, combine; *(yhtiöiden ym ~ m)*
consortium; cartel; *(m)* pool; *(liitto)* union;
(pol) coalition **~otto** clash, quarrel (a
fierce quarrel between *kiivas ~ jdk
välillä*) **~sattuma** coincidence **~sopimaton**
incompatible, irreconcilable (with *jnk
kanssa*) **~soplva** compatible (with *jnk
kanssa*) **~sopivuus** compatibility **~sä** .. in
all (three hours in all *~ kolme tuntia*); *se
tekee ~ 100 mk* it will be 100 mks
altogether; *summa ~* sum total **~törmäys**
collision, crash; *(kuv)* clash **~veto**
summary (of *jstk*); *tehdä ~ jstk*
summarize.
yhtei|nen common (interests *-set
harrastukset;* language *kieli;* property
omaisuus; this is common to all of us
tämä on -stä meille kaikille); shared
(responsibility *vastuu*); joint (bank account

pankkitili; efforts *-set ponnistukset)* ▶ *se on -sen* **etumme** *mukaista* it is in our mutual interest; ~ **hyvä** the common good; *heillä ei ole* **mitään** *-stä* they have nothing in common; *-sin* **ponnistuksin** with united efforts, through joint efforts; ~ **ystävämme** a mutual friend.

yhteis∥aika *(urh)* aggregate time **-antenni** communal (common) aerial (antenna) **-esti** jointly (be jointly responsible for *olla* ~ *vastuussa jstk); (yhdessä)* together **-henki** [spirit of] solidarity **-järjestö** joint organization **-koulu** coeducational (mixed) [secondary] school **-kunnallinen** social (position, standing *asema;* problem *ongelma)* **-kunnanvastainen** antisocial.

yhteiskun∣ta 1 society (democratic (western, closed) society *demokraattinen (länsimainen, suljettu)* ~); *(yhteisö)* community **2** *(el)* colony **-järjestelmä** social system ~**kelpoinen** socially acceptable; ~ **kansalainen** good citizen ~**kritiikki** social criticism ~**oppi** civics ~**suunnittelu** community planning ~**tie∣de** social science; sociology; *-teiden kandidaatti* Master of Social Sciences *(lyh)* M.Sc. (Soc.Sc.); *-teiden tohtori* Doctor of Social Sciences *(lyh)* Ph.D. (Soc.Sc.) ~**tieteellinen** social; sociological.

yhteis∥-maa land held in common, common [land] **-majoitus** dormitory accommodation **-omistu∣s** co-ownership; joint ownership; *-ksessa [oleva]* jointly owned **-paino** total weight **-peli** *(urh)* team-work **-pistemäärä** combined score **-pohjoismainen** [joint] Nordic **-rintama** united front **-talou∣s** collective economy; *elää -dessa jkn kanssa* live in the same household with **-toimin** together; in a body **-toiminta** cooperation **-tuumin** together; in a body; ~ *jkn kanssa* in liaison with **-työ** cooperation *(international cooperation kansainvälinen* ~); *(kirjallinen* ~*)* collaboration; *kiinteässä* ~*ssä jkn kanssa* in close association with; *olla* ~*ssä* cooperate, work together, *(kirjallisessa* ~*ssä)* collaborate (with *jkn kanssa); ~ssä jkn kanssa* together (in collaboration) with **-työhaluinen** cooperative **-työkykyinen** capable of cooperation **-työsopimus;** *taloudellinen* ~ agreement on economic cooperation **-vaikutus** interaction; *(lääk)* synergism **-vastuu** joint responsibility; *olla* ~*ssa jstk* be jointly [and severally] responsible for **-verotus** joint taxation

(assessment) **-voimin** by united (joint) efforts, with united forces; *(yhdessä)* unitedly, together **-ymmärry∣s** mutual understanding; consensus; *päästä -kseen* reach an understanding; *täydessä -ksessä* in consensus **-yritys** joint venture.

yhteisö community; *(lak)* corporation.

yhtenevä congruent (triangles ~*t kolmiot);* converging, convergent (opinions ~*t mielipiteet).*

yhtenäi∥nen 1 *(yhdenmukainen)* uniform (dress *asu;* fees throughout the country *-set taksat kautta maan)* **2** *(sisäisesti* ~) united (front *rintama)* **3** *(ehyt)* solid (line of fortifications *linnoitusrivi;* mass *massa;* line *viiva); (katkeamaton)* continuous (line *rivi),* unbroken; *(tasarakenteinen)* homogenous (mixture *seos)* **4** *(kuv)* coherent (whole *kokonaisuus),* connected (series *sarja);* integrated (plot *juoni);* consistent (style *tyyli); (sopusointuinen)* harmonious (effect *vaikutelma); olla* ~ *(m)* cohere (with *jnk kanssa)* **-skoulu** comprehensive school **-stää** unify; standardize **-syy∣s** unity; *(yhdenmukaisuus)* uniformity; *(kuv m)* coherence; consistency; *-den puute* incoherence, inconsistency **-syysjärjestö;** *Afrikan* ~ the Organization of African Unity *(lyh OAU).*

yhtenään constantly, all the time.

yhte∣ys connection *(eri merk)* (between church and state *kirkon ja valtion välinen* ~*;* in this connection *tässä -dessä;* good connections with the capital *hyvät -det pääkaupunkiin;* the train has a connection with the bus *junalta on* ~ *linja-autoon;* our firm has connections all over the world *liikkeellämme on -ksiä kaikkialla maailmassa;* is there a connection between them? *onko niiden välillä jokin* ~*?* all connections [with the family] had been broken *-det [perheeseen] olivat katkenneet;* a direct connection from London to New York *suora* ~ *Lontoosta New Yorkiin)* **1** *(liikenne*~*)* service (a direct service between London and Bristol *suora* ~ *Lontoon ja Bristolin välillä); (-det m)* communications (Paris has good communications with all parts of Europe *Pariisista on hyvät -det kaikkialle Eurooppaan)* **2** *(viesti*~*)* communication[s] (all communication with the north was stopped by the storm *myrsky katkaisi kaikki -det pohjoiseen)* **3** *(kosketus)* contact (the only contact with the outside world *ainoa ~ ulkomaailmaan;* I have no contact with him *minulla ei ole -ttä häneen*) **4** *([syy]suhde)* relation, relationship (the relationship between them is obvious *niiden välinen ~ on ilmeinen*) **5** *(teksti~)* context (the meaning appears from the context *merkitys selviää -destä*) **6** *(sot); -det* communications (cut off the enemy's communications *katkaista vihollisen -det*) **7** *(sähk)* contact ▶ **olla -dessä** *jkh* be in touch with, communicate with; *(asiasta)* have a connection (relationship) with, be connected with, be related to, relate to; *se ei ole missään -dessä hänen aikaisempaan toimintaansa* it has no connection (is in no way connected) with his earlier activities; **ottaa -yttä** *jkh* get in touch with, contact a p.; **saada ~** *jkh* get in contact (touch) with, make contact with, contact a p.; *(puhelimitse m)* get through to; *jnk* **yhteydessä** in connection with; *toisessa -dessä* in another context; *(toisessa tilaisuudessa)* on another occasion.

yhteys||henkilö contact man **-upseeri** liaison officer.

yhteyttä||minen assimilation **-ä** assimilate.

yhtiö company; *(Am)* corporation **~järjestys** *(pl)* articles of association *(Am* incorporation), company's articles (by[e]-laws) **~kokous** general meeting; company (shareholders', *(Am)* stockholders') meeting; *(m)* annual meeting; *ylimääräinen ~* extraordinary general meeting **~kumppani** partner, associate; *ruveta jkn ~ksi* enter into partnership with **~vastike** maintenance charge.

yhtye ensemble; band.

yhtyminen combination; union; *(kuv m)* confluence; *(fys)* fusion; *(kem)* coalescence; *(liik ym)* merger, amalgamation; *(liittyminen)* joining (of *jhk*), entry (into); *(~ sopimukseen m)* accession (to).

yhtymä combination; *(tal)* group [of companies], concern, consortium, syndicate, pool **~kohta 1** point of contact; *(jokien ~)* confluence; *(rautateiden ~)* junction; *(viivojen ~)* point of convergence **2** *(kuv)* point in common (with *jhk*).

yhty|ä 1 unite, be united (with *jhk; into jksk*), join together (to form one state *yhdeksi valtioksi*); combine [together]

(with *jhk); (kohdata)* join (each other *toisiinsa;* where do the rivers join? *missä joet -vät?*), meet (the sea and the sky seemed to meet at the horizon *meri ja taivas näyttivät -vän horisontissa*) **2** *(liittyä jhk)* join in (the singing *lauluun);* ~ *sopimukseen* accept an agreement **3** *(~ mielipiteeseen)* agree with (the previous speaker *edelliseen puhujaan)*, go along (with *jhk*).

yhtä [just] as (well *hyvin;* good as *hyvä kuin);* equally (all are equally good *kaikki ovat ~ hyviä*) ▶ ~ *hyvä* **laulaja** *kuin minäkin* just as good a singer as I am; ~ **suuri** *(m)* ..equal in size; *(samankokoinen)* equal; *ne ovat ~ suuret* they are the same size; *hän on ~ vanha kuin minäkin* he is my age; *me olemme ~ vanhoja* we are the same age.

yhtäjaksoinen continuous; *(keskeytymätön)* uninterrupted, unbroken.

yhtäkki||nen sudden; unexpected **-ä** suddenly, all of a sudden; all at once; *loppua ~* stop short.

yhtäläi||nen similar (to *kuin),* ..of the same kind (as); *(samanarvoinen)* equal (suffrage *äänioikeus)* **-syys** likeness, similarity; *(samankaltaisuus)* resemblance; *(samaisuus)* identity **-syysmerkki** equality sign.

yhtälö equation.

yhtäpitä||vyys agreement; *(vastaavuus)* correspondence **-vä** consistent (with *jnk kanssa),* concordant (with); *(samanlainen)* identical (two identical copies *kaksi ~ä kappaletta); olla ~* agree (with *jnk kanssa);* tally (their stories tallied *heidän kertomuksensa olivat ~t); ne eivät ole -viä (m)* they are inconsistent.

yhtään any ▶ **ei ~** not at all (I don't like this at all *en pidä tästä ~*); not any (better *parempi); paljonko sinulla on rahaa? ei ~* how much money have you got? none; *heillä ei ole ~* **lasta** they have no children; *ei ~* **mitään** nothing at all; *en tiedä siitä ~ mitään* I don't know anything about it; *en ~* **tiedä** *milloin*.. I have no idea when..; **tuskin ~** hardly any.

yhä still; *(ilm m toistamalla komp oleva sana; esim* more and more *~ enemmän;* higher and higher ~ *ylemmäksi)* ▶ ~ **edelleen** still; ~ **uudelleen** over and over again, again and again.

YK *(Yhdistyneet kansakunnat)* the UN.

ykkönen [number] one.

ykkös||**pesä** *(urh)* first base **-sija;** *olla ~lla* be first **-vaihde** [the] first gear.

yksi one (of them *heistä;* at a time *kerrallaan;* one in a thousand *~ tuhannesta;* at one time *yhteen aikaan;* it is one o'clock *kello on ~;* one from ten leaves nine *~ pois kymmenestä on yhdeksän;* the one thing *se ~ asia*); △ *(~ ainoa)* a (one) single (what can a single individual do? *mitä ~ ihminen voi tehdä?*) ▶ **ei** *~kään [ihminen]* no-one, nobody; **kymmenen** *yhtä vastaan* ten to one; *~ kymmenestä* one out of ten; **pitää** *yhtä* stand together, *(ark)* stick together (with *jkn kanssa;* in *jssk asiassa*); *(olla yhtäpitävä)* tally (with *jnk kanssa*); *~ . .* **toinen** one . . the other; *yhtä ja toista* this and that.

yksiavioi||**nen** monogamous **-suus** monogamy.

yksiin; *käydä (lyödä) ~* tally (with *jnk kanssa;* they did not tally *ne eivät käyneet ~*), coincide, be consistent, *(vastata)* correspond (with *jnk kanssa*).

yksi||**jumalainen** monotheistic[al] **-jumalai-suus** monotheism **-kamarijärjestelmä** unicameral (single-chamber) system **-kantaan** curtly **-kerroksinen** one-storeyed, one-storied **-kielinen** unilingual.

yksikkö unit; *(kiel)* singular *~hinta* unit price *~muoto* singular [form].

yksilö individual; *~n vapaus* individual liberty *~idä* individualize; *(atk)* identify *~llinen* individual *~llisyys* individuality *~nkehitys* ontogeny.

yksimieli||**nen** unanimous **-sesti** *(m)* by common consent **-syy**|**s** unanimity; consensus; *päästä -teen* reach (come to) an agreement, reach a consensus, agree (on *jstk*).

yksin alone (live alone *asua ~;* time alone will show *aika ~ näyttää*); by o.s.; *(omin päin)* on one's own; *(ilman seuraa m)* unaccompanied, unattended; *(ilman apua m)* single-handed (do the work single-handed *tehdä työ ~*); *aivan ~* all alone, [all] by o.s.; *ei ~ . . vaan myös* not only . . but also.

yksi||**napainen** *(sähk)* unipolar **-neuvoinen** unisexual; *(kasv m)* diclinous.

yksinhuoltaja single (lone) parent *~perhe* one-parent family.

yksinkertai||**nen 1** simple (matter *asia;* majority *enemmistö;* method *menetelmä;* explanation *selitys;* for the simple reason

that *siitä -sesta syystä että*); *(helppo) (m)* easy (work *työ*); straightforward (affair *juttu*); *(vaatimaton) (m)* plain (food *ruoka*) **2** *(henk)* **a)** *(tavallinen)* simpleminded, plain (people *-set ihmiset*); **b)** simple (he's a bit simple *hän on vähän ~*); *(lapsellinen)* naïve **3** *(ei moninkertainen)* single (windows *-set ikkunat*); *~ kirjanpito* book-keeping by single entry; *~ paperi* one-ply paper **-sesti** simply; in a simple manner; plainly **-staa** simplify **-suu**|**s** simplicity (in its simplicity *[kaikessa] -dessaan*); *(vaatimattomuus) (m)* plainness; *(henk m)* simpleness, *(lapsellinen ~)* naïvety.

yksin||**laulu** song, solo song; *(saksalainen ~ m)* lied *(pl ~er)*; *(~n esittäminen)* solo singing **-myyntioikeus** *(pl)* sole selling rights **-oikeus** sole (exclusive) right, monopoly **-omaan** exclusively; *(ainoastaan)* only, solely **-puhelu** monologue; soliloquy.

yksinval||**ta 1** *(monarkia)* monarchy; *-lan kannattaja* monarchist **2** *(itsevaltius)* autocracy; *rajaton ~* absolutism **-tainen** monarchical; *(itsevaltainen)* autocratic, absolute **-tias** autocrat; *rajaton ~* absolute ruler.

yksinäi||**nen 1** lonely (travel[l]er *kulkija;* place *paikka;* feel lonely *tuntea olonsa -seksi*), *(erik Am)* lonesome; solitary (hours *-set hetket;* valley *laakso;* often alone but never solitary *usein yksin muttei koskaan ~*); lone (rider *ratsastaja;* soul *sielu; (kuv)* wolf *susi*); *(eristynyt) (m)* isolated, secluded (life *elämä;* district *seutu*) **2** *(erillinen)* solitary (chamber *kammio*), *(yksi ainoa)* lone, single (tree in the garden *puu puutarhassa*) **3** *(naimaton)* unmarried (mother *äiti*), single (woman *nainen*); *(Am m)* lone **-syy**|**s** loneliness, *(Am)* lonesomeness; solitude (live in solitude *elää -dessä;* he likes solitude *hän pitää -destä*); isolation; seclusion; *ylhäisessä -dessään* in splendid isolation.

yksinäytöksinen one-act (play *näytelmä*).

yksinä||**än** *(-ni, -si)* alone; *ks. yksin.*

yksi||**oikoinen** simple (matter *asia*), one-idead (person *ihminen*); *~ järjenjuoksu* a one-track mind **-persoonainen;** *~ verbi* impersonal verb **-puolinen** one-sided; unilateral (contract *sopimus*); *(kuv m)* bias[s]ed, prejudiced; *(henk m)* narrowminded; *[liian] ~ ruokavalio* unbalanced diet **-puolisuus** one-sided-ness; bias, prejudice, narrowminded-ness **-puoluejärjestelmä** one-party system **-rivinen** single-breasted (coat *takki*) **-selitteinen** unambiguous **-silmäinen** one-eyed.

yksis|**sä** together (with *jkn kanssa*); ~ *tuumin* together, in unison; *(yksimielisesti)* unanimously **-tään;** *[jo]* ~ alone (the rent alone *[jo]* ~ *vuokra*).

yksi|**suuntainen** one-way (street *katu*) **-tavuinen** monosyllabic; ~ *sana* monosyllable **-tellen** one by one, one at a time **-toikkoinen** monotonous; *(henk m)* dull **-toikkoisuus** monotony **-toista** eleven *(ks kahdeksan)* **-toti**|**nen** 1 *(henk)* humo[u]rless, . .with no sense of humo[u]r; *(vakava)* solemn, serious 2 *(yksitoikkoinen)* monotonous (in a monotonous voice *-sella äänellä*) **-ttäi**|**nen** individual (in each individual case *kussakin -sessä tapauksessa*), *(erillinen)* separate (volumes of the work *teoksen -set osat*); single; *(satunnainen)* occasional, stray (a few stray shots *muutamia -siä laukauksia*); *(ajoittainen)* sporadic (a few sporadic cases *vain muutamia -siä tapauksia*).

yksityi|**nen** 1 private (conversation *keskustelu;* school *koulu;* sector *sektori;* road *tie*); *-sen omistama* privately owned 2 = *yksittäinen; jokainen* ~ *ihminen* each [single] individual.

yksityis|**alue** *(pl)* private grounds (premises); ~*!* private! **-asia** private (personal) affair; *se on jokaisen* ~ *(m)* that is everybody's own affair **-asunto** private apartment **-auto** private car **-elämä** private life (in private life *~ssä[än]*); (protect one's privacy *vartioida ~änsä*) **-esti** privately; *opiskella* ~ take private lessons **-etsivä** private detective **-henkilö** private person; *~nä* *(m)* in private life; *(viran ulkopuolella)* in one's private capacity **-hoitaja** private nurse **-kauppa** privately owned shop *(Am* store) **-kirje** private (personal) letter **-kohdittain** in detail (go over a th. in detail *käydä jk läpi* ~).

yksityiskoh|**ta** detail; *-dat (m)* particulars; *mennä -tiin* go (enter) into details (particulars); *pienimpiä -tia myöten* [down] to the smallest detail, in every detail; *tarkemmat -dat* further details *~i*|**nen** detailed (instructions *-set ohjeet*), itemized (list *luettelo*); *(-sen tarkka)* minute (description *kuvaus*); *-set tiedot*

full details *~ise*|**sti** in detail (explain in detail *selittää* ~); at length (treat a subject at length *käsitellä aihetta* ~); minutely (examine minutely *tutkia* ~); *-mmin* in greater detail.

yksityis|**koulu** private school **-luonteinen** private **-omistu**|**s** private ownership; *joutua -kseen* pass into private hands; *-ksessa (m)* privately owned; private **-opettaja** private teacher, tutor **-opetus** private tuition *(pl* lessons) **-oppilas** private student **-potilas** private patient **-puhelu** private (personal) call **-sairaala** private hospital **-sihteeri** private secretary **-tapau**|**s** individual case; *harvoissa -ksissa (m)* on very rare occasions **-tunt**|**i** private lesson (give (take) private lessons in *antaa (ottaa) -eja jssk aineessa)* **-vastaanotto** private surgery **-yrittäjä** private entrepreneur **-yys** privacy.

yksi|**vakainen** = *-totinen* **-viivainen** 1 *(mus)* one-line; ~ *C* middle C 2 *(-oikoinen)* simple; one-idead **-vuotias** *a ja s* one-year-old; ~ *lapsi (m)* a child of one **-vuotinen** 1 one-year, one year's (course *kurssi);* sopimus on ~ the agreement is for one year 2 *(kasv)* annual; ~ *kasvi (m)* annual **-värinen** plain (material *kangas);* monochromatic *(adv* ~ally) (radiation *säteily),* monochrome (display *näyttö)* **-ääninen** unison[ous] (singing *laulu); (m)* monophonous.

yksiö bed-sitting-room, bed-sitter, *(ark)* bedsit, *(m)* studio, one-room flat *(Am* apartment).

yks kaks quickly; suddenly, all of a sudden.

yleensä 1 *(tavallisesti)* generally, usually; in general (not in this case but in general *ei tässä tapauksessa vaan* ~), as a general rule; *(useimmiten)* mostly 2 *(ylipäätään)* at all (if he comes at all *jos hän* ~ *tulee*).

ylei|**nen** 1 general (welfare *hyvinvointi);* rule *sääntö;* custom *tapa;* election *-set vaalit); (-spätevä)* universal (history *historia;* suffrage *äänioikeus;* draw universal conclusions *tehdä -siä päätelmiä*) 2 *(-sesti esiintyvä)* common (phenomenon *ilmiö;* plant in *kasvi jssk;* name *nimi;* mistake *virhe;* it is not very common *se ei ole kovin -stä); (tavallinen)* current (practice *käytäntö); (vallitseva)* prevalent (custom *tapa),* prevailing 3 *(julkinen)* public (order *järjestys;* expenses *-set menot;* prosecutor *syyttäjä;* highway *tie;* security *turvallisuus*) ▶ *-set* **kulkuneuvot** *(sg)* public transport; ~ **käsitys** *on että* it is commonly believed that; *-sessä* **käytössä** in common (general) use; ~ **mielipide** public (general) opinion; ~ **nainen** prostitute; **olla** ~ *(m)* prevail.

yleis||- general (assembly *-kokous;* idea, view *-käsitys;* strike *-lakko;* dictionary *-sanakirja;* agreement *-sopimus;* plan *-suunnitelma;* condition *-tila;* situation *-tilanne;* impression *-vaikutelma*); △ Pan|- (--European *-eurooppalainen*) **-aika** Greenwich Mean Time *(lyh* GMT) **-avain** master (pass) key **-esikunta** *(sot)* general staff **-esitys** outline, overview (of *jstk*).

yleisesti generally, universally; *on* ~ *tunnettua että* it is common knowledge that; ~ *ottaen* generally speaking, on the whole; ~ *tunnettu* widely (generally) known; ~ *tunnettu asia* a matter of common knowledge.

yleis||**henki** general spirit **-hyödyllinen** . . for the public good, . . of public utility; . . for the benefit of everyone **-inhimillinen** human **-kansallinen** nationwide **-katsaus** survey, overview (of *jhk*) **-kieli** standard language **-kone** *(keittiön* ~) [food] mixer **-korotus** overall increase (in wages *palkkojen* ~) **-kustannukset** overhead costs, overheads; general expenses **-kuva** general idea, general (overall) picture, overview **-luonteinen** general **-lääke** universal remedy; *(kuv)* cure-all, panacea (for *jhk*) **-lääkäri** general practitioner, *(ark)* GP **-maailmallinen** universal (custom *tapa*); global (problem *ongelma*); world-wide **-merkitys** general sense **-mies** general dog's body, Jack-of-all-trades **-nero** universal genius **-nimi** *(kiel)* common noun **-poliittinen;** ~ *tilanne* the general political situation **-pätevä** universally (generally) applicable, universal **-radio** broadcasting corporation (the Finnish broadcasting corporation *Suomen* ~); *Englannin* ~ the British Broadcasting Corporation *(lyh* BBC) **-silmäys** survey; *luoda* ~ *jhk* survey, give (make) a survey of **-sivistys** all-round education **-suunta** *(kehityksen ym* ~) trend **-sävy** general tone; *~ltään positiivinen* positive in tone **-tajuinen** popular **-teos** [general] survey (of a field *jnk alan* ~) **-tiedot** *(sg)* general knowledge **-tietokone** general purpose computer.

yleist||**ys** generalization **-yä** become general **-ää** generalize.

yleis||**urheilija** athlete **-urheilu** *(Br)* *(sg)* athletics; *(Am) (pl)* track and field sports (events) **-urheilukilpailut** *(sg)* athletics meeting **-urheilumaaottelu** athletics international **-valtakunnallinen** nationwide, national **-väri** overall (dominant) colo[u]r; *~ltään vaalea* predominantly light in colo[u]r.

yleisyys frequency, generality; universality.

yleisö public; *(katsomo)* audience; *(teatt, elok ym* ~) *(m) (pl)* patrons; *(katsojat)* spectators; *(väkijoukko)* crowd, *(pl)* onlookers, watchers; *(lukijat) (pl)* readers ▶ *kiinnittää [suuren] ~n* **huomio** *jhk* draw public attention to, bring . . [in]to general notice; *~n* **mielipide** public opinion; *~ä oli* **paljon** the attendance was large; *(teatt)* the house was full; *~n* **pyynnöstä** by request; *~ltä* **pääsy kielletty** No Entry, No Admittance; **suuri** ~ the general public.

yleisö||**menestys** hit, success; box-office success **-määrä** attendance (a large attendance *suuri* ~); *(urheilukilpailuissa)* gate **-nosasto** Letters to the Editor **-puhelin** public telephone.

ylelli||**nen** luxurious (hotel *hotelli*); extravagant (taste *maku*); sumptuous (dinner *päivällinen*); *viettää -stä elämää* live extravagantly, live in the lap of luxury **-syy**|**s** luxury (live in luxury *elää -dessä;* that would be a luxury *se olisi -ttä*); extravagance (I cannot afford such extravagance *minulla ei ole varaa sellaiseen -teen*) **-syystavara** *(koll)* luxury goods; luxury.

ylemmyyskompleksi superiority complex.

ylem||**mäksi, -mäs** higher (farther) up; *muuttaa kerrosta* ~ move to the next floor; *pyrkiä yhä* ~ aim higher and higher **-pi** upper **-pänä** higher [up], farther up; above (the rest *muita* ~); *kaksi riviä* ~ two lines earlier **-pää** from higher up, from above.

ylen extremely; *(sangen)* very (early *varhain*); highly (delighted *ihastunut*); ~ *määrin* very much; too much; abundantly; *(liikaa)* excessively *~antaa* vomit.

ylene||**minen** *(~ virassa ym)* advancement, promotion **-vä** rising, ascending; *~ssä polvessa* in lineal ascent, in the direct line of ascent.

ylen||**katse** scorn, contempt **-katseellinen** scornful, contemptuous **-katsoa** despise, scorn, *(väheksyä m)* look down on **-määräinen** excessive.

ylennys 1 *(virka~)* promotion; *saada ~ (m)* be promoted **2** *(mielen ~)* edification, exaltation.

ylenpaltti||**nen** profuse, owerflowing (kindness *ystävällisyys*); lavish (presents *-set lahjat*), exuberant; *(yletön)* excessive; *-sen (m)* extremely; *-sen ystävällinen* effusive **-suus** profusion, superabundance; excess.

ylensyöminen overeating.

ylen|**tää 1** promote, advance (to the position of *jhk asemaan;* to *jksk;* he was promoted [to] captain *hänet -nettiin kapteeniksi*), raise (promote) to the rank of (colonel *everstiksi*) **2** *(kuv)* elevate, edify (an edifying speech *-tävä puhe*); *mieltä -tävä* elevating, edifying (sight *näky*) **3** *(mus)* sharp, *(Am)* sharpen, raise .. in pitch, raise the pitch of.

ylettyvill|**ä** *(-e); jkn ~* within a p.'s reach.

ylet|**tyä** reach (the ceiling *kattoon;* I can't reach [so high] *en -y [niin ylös]*); come up to (the boy comes up to his father's shoulder *poika -tyy isää olkapäähän*); come down to (the floor *lattiaan asti*) *(ks m ulottua).*

ylettöm||**yys** immoderation; excess[iveness]; extravagance; *mennä -yyksiin* go to extremes **-ästi** *(m)* ..to excess.

yletä advance to colonel *everstiksi*); *(m)* be promoted (advanced) (to *jksk*).

ylet|**ön** immoderate (drinking *juominen*), exorbitant, unreasonable (demand *vaatimus*); *(liiallinen)* excessive; *-tömän (m)* extremely.

ylevyys sublimity; elevation; *(jalous)* nobility, ennoblement *(vrt ylevä).*

ylevä sublime (prose *proosa*); high (aims *~t päämäärät*), lofty, exalted (style *tyyli*); elevated (ideas *~t aatteet;* atmosphere *tunnelma*); elevating (sermon *saarna*); *(jalo)* noble (mind *mieli*) *~mielinen* noble-minded, high-minded *~mielisyys* nobility [of mind], magnanimity.

ylhäi||**nen 1** noble (of noble birth *-stä syntyperää*); high-born; *-set ja alhaiset* high and low **2** *(kuv)* high, lofty; *(ylväs)* aristocratic (manners *käytös*); *(mahtava)* lordly **-ssäätyinen** noble, titled.

ylhäisö the nobility; *(ylimystö)* aristocracy; *(yläluokka) (pl)* the upper classes.

ylhääl||**le** *(korkealle)* high; *(ylös)* up **-lä** *(korkealla)* high (it's too high *se on liian ~*); high up; up; *(jalkeilla m)* up and about; *(kuvassa) oikealla ~* top right **-tä** from above; *~ alas asti* from top to bottom; *~ auki* open at the top.

yli 1 over (30 years *30 vuotta;* drive over a p. *ajaa jkn ~;* over the whole town *~ koko kaupungin;* get over a difficult time *päästä vaikean ajan ~*); △ *(enemmän kuin)* more than (three [dollars] *kolme [dollaria];* for more than a week *~ viikon [ajan]*); △ *(ajasta m)* past (midnight *~ keskiyön;* he is past forty *hän on ~ neljänkymmenen;* it is five past [three] *kello on viittä ~ [kolme]*) **2** *(poikki)* across (the street *kadun ~;* I couldn't get across *en päässyt ~*) ▶ *~* **kaiken** above all; more than anything [else]; **mennä** *jnk ~* = *ylittää;* **mennä** *~ ymmärryksen* be beyond a p.; **summa on** *~ 500 puntaa* the sum exceeds (is in excess of) £500; **siitä** *on ~ 20 vuotta* it was over (more than) twenty years ago; *joen ~ vievä* **silta** the bridge across the river; *~* **varojensa** beyond one's means.

yli||**aistillinen** supersensual **-ampuva** exagger|ated, -ating **-annostus** overdose (of *jnk ~*) **-arvioida** overestimate, overrate **-arvostaa** overvalue, overrate **-arvostus** overvaluation **-aste** *(kiel)* superlative **-energinen** hyperenergetic *(adv ~ally)* **-enkeli** archangel **-herkkyys** hypersensitivity; *(lääk)* allergy (to *jllk*) **-herkkä** hypersensitive; *(lääk)* allergic (to *jllk*) **-herruus** supremacy, dominance; *merien ~* naval supremacy, command (mastery) of the seas **-hienostunut** overrefined **-hinta** exorbitant price; *myydä jtk ~an* overcharge for; *ostaa ~an* buy at a fancy price **-hoitaja** *(Br)* matron; sister; *(Am)* head (chief) nurse **-huomenna** the day after tomorrow **--ihminen** superman **--ikäinen** overage **--inhimillinen** superhuman **--innokas** over|eager, -zealous **--insinööri** chief engineer **--intendentti** Director [and Keeper] **-johtaja** chief director (manager) **-johto** supreme (chief) command; *(sot)* military high command; *(liik)* top management **-jumala** supreme god **-jännite** supervoltage **-jännittynyt** highly-strung (person *ihminen*), overstrung, tense (situation *tilanne*) **-järjellinen** irrational.

ylijäämä surplus *~inen; ~ kauppatase* active balance of trade; *olla ~* show a surplus *~varasto (pl)* surplus stocks *~varat* surplus balance[s], excess funds.

yli||**jäänyt** remaining, residual, ..left over

-kansallinen supranational **-kansoitettu** overpopulated; overcrowded **-kansoitus** overpopulation **-kersantti** *(Brit)* Sergeant; *(USA)* Staff Sergeant; *(merivoimissa)* Chief Petty Officer **-komentaja** commanderinchief **-komisario** chief inspector **-konstaapeli** police sergeant **-kriittinen** hypercritical, supercritical **-kulku** crossing-over **-kulkusilta** flyover, overpass **-kuormittaa** overload **-kuormitus** overloading **-kuuluminen** crosstalk **-kuumentaa, -kuumentua** overheat **-kypsä** overripe **-käytävä** crossing; *(raut)* level *(Am* grade) crossing **-luonnollinen** supernatural **-luotella** over|cast, -sew, whip **-luottelu** overcast[ing] **-luutnantti** *(Brit)* Lieutenant; *(USA)* First Lieutenant **-lääkäri** *(osaston ~)* senior (chief) physician; *(kirurgi)* senior surgeon; *(sairaalan ~)* medical superintendent; *(vakuutus- ym laitoksen ~)* chief medical officer; *(sotilassairaalan ~)* principal medical officer; *armeijan ~* surgeon general **-maalli|nen** supermundane, *(-luonnollinen)* supernatural; *(jumalallinen)* divine; *(taivaallinen)* celestial (bliss *autuus*); *(-aistillinen)* transcendental; *-sen kaunis* of divine (ethereal) beauty, divinely beautiful **-mainost|aa** overadvertise; *-ettu* overrated, overpublicized.

ylimalka||an generally, as a [general] rule; on the whole **-inen** approximate, rough (estimate *arvio*); *(pintapuolinen)* cursory (examination *tutkimus*); superficial (at a superficial reading *-isella lukemisella*); *(summittainen)* summary (description of *kuvaus jstk*) **-isesti** *(m)* in a general way, in [a] summary fashion.

yli||matruusi *(Brit)* Able (Ordinary) Seaman; *(USA)* Seaman 1st Class **-menokausi** period of transition **-menopaikka** crossing **-mielinen** arrogant; *(pilkallinen)* contemptuous, scornful **-mielisesti** *(m)* with an air of superiority; *kohdella jkta ~* treat .. with arrogant contempt, snub; *suhtautua ~ jhk* take an arrogant attitude towards **-mielisyys** arrogance **-minä** superego **-mitoitettu** oversized.

ylimmill|ään *(-een)* at its height, at its highest, *(huipussaan)* at its peak; *nousta -een (m)* reach its climax.

ylimuisto|nen; *-sista ajoista* from time immemorial.

ylimys aristocrat **~tö** aristocracy.

ylimäärä surplus; *(atk)* redundancy **~inen** extra (pay *korvaus*), *(lisä-)* additional; extraordinary (meeting *kokous*); *(vara- m)* spare (room *huone*); *~ juna* special train.

ylin 1 uppermost, topmost (peak *huippu*); top (shelf *hylly*); *(korkein)* highest (peak *huippu*); maximum (price *hinta*) **2** *(kuv)* supreme (command *johto;* court *tuomioistuin*); *(korkein)* highest (aim *päämäärä*) **~nä** uppermost, highest [up], on top.

yli||nopeu|s speeding; *ajaa -tta* be speeding **-oikeus** superior court [of justice], high court of justice **-olanheitin** overhead projector **-opettaja** senior teacher.

yliopisto university (of Helsinki *Helsingin ~; at the university ~ssa); kirjoittautua ~on* matriculate; *yliopisto|-. ~n* university (library *kirjasto*) **~llinen** academic; *~ keskussairaala* university hospital **~nlehtori** [university] lecturer.

ylioppila|s secondary school graduate; *(yliopiston opiskelija)* university student, undergraduate; *filosofian (lääketieteen) ~* arts (medical) student; *päästä -aksi* matriculate; *(Br)* take one's A levels; *(Am)* graduate from high school **~asuntola** [students'] hostel; *(Am)* dormitory **~kirjoitukset** *(sg)* written examination for higher [school] certificate **~koe** matriculation examination **~lakki** student's cap **~tutkinto** matriculation (higher school) examination; *suorittaa ~* matriculate; pass one's matriculation examination **~[tutkinto]todistus** certificate of matriculation; *(Br)* the General Certificate of Education (G.C.E.) at Advanced (A) level; *(Am)* high school diploma.

yli||ote; *saada ~ jstk* get the upper hand of **-paino** overweight, excess weight; *(matkatavaroiden ~)* excess luggage *(Am* baggage) **-painoinen** *(pred)* overweight **-papitar** high priestess **-pappi** high priest **-perämies** first mate **-pormestari** Lord Mayor **-puhua;** *~ jku tekemään jtk* persuade (talk) a p. into doing **-pursimies** *(Brit)* Fleet Chief Petty Officer; *(USA)* Warrant Officer **-pursuava** overflowing; *~n ystävällinen* effusive **-päällikkö** commanderinchief, supreme commander **-päänsä** on the whole; *(yleensä)* generally, in general; *tietääkö hän ~ mitään?* does he know anything at all? **-pääsemätön**

insuperable (problem *ongelma*), insurmountable (obstacle *este*) **-rasittunut** overstrained; overworked **-rasitus** overstrain, overexertion; *(työstä johtuva ~)* overwork **-raskassarja** *(urh)* heavyweight plus **-san|a;** *käyttää -oja* exaggerate, use superlatives.

ylistys praise ~**puhe** eulogy (on, of *jksta*).

ylistää praise (the Lord *Herraa;* a p. as *jkta jksk*); extol (a p.'s goodness *jkn hyvyyttä*), commend (a p.'s abilities *jkn kykyjä*); *(~ runossa ym m)* celebrate; ~ *Jumalaa (m)* give praise to God; ~ *maasta taivaaseen* praise .. to the skies, sing the praises (of *jtk*).

yli||tarjonta oversupply **-toiminta** excess activity, overactivity.

ylittämätön = *ylipääsemätön.*

ylittää 1 cross (the Atlantic *Atlantti;* the street *katu*) 2 *(kuv)* exceed (all expectations *kaikki odotukset;* one's authority *valtuutensa*); supply exceeds demand *tarjonta ~ kysynnän*); go (be) beyond (the limit of decency *säädyllisyyden rajat*); *(olla parempi m)* surpass (o.s. *itsensä;* the wildest hopes *rohkeimmat toiveet*) ▶ *(urh)* ~ **este** *(estejuoksussa)* clear (jump) a hurdle; ~ *(esteratsastuksessa)* clear an obstacle; ~ **sallittu nopeus** exceed the speed limit; ~ **tilinsä** overdraw one's account.

yli||tuomari chief justice; *(urh)* referee **-tuotanto** overproduction **-tys** crossing; *(kuv)* exceeding, surpassing (a th. *jnk ~*); *(tilin ~)* overdraft; *(urh)* clearance *(ks ylittää)* **-tyspaikka** crossing [point]; *(rajan ~)* checkpoint **-työ** overtime work; *olla -töissä* be on overtime; *tehdä -töitä* work overtime **-valotettu, -valotuttunut** overexposed **-valotus** overexposure **-valta** supremacy; *saada ~ jstk* get the better (upper hand) of **-vertai|nen** incomparable; *-sen tärkeä* of the utmost (paramount) importance **-veto** *(ark)* superb, tiptop **-virta** overcurrent **-voima** superiority (in number *lukumäärään nähden*); supremacy (over *jhk nähden*); superior force, superiority in strength; *(lukumääräinen ~) (pl)* superior numbers; *taistella ~a vastaan* fight against [heavy] odds **-voimai|nen 1** superior; *..superior* in force (enemy *vihollinen*) **2** *(kuv)* overwhelming (majority *enemmistö;* task *tehtävä;* victory *voitto*); insurmountable, insuperable (difficulties *-set vaikeudet*); *olla ~ jklle*

be too much for; *-sen vaikea* insuperably difficult **-voimaisesti;** ~ *paras* by far the best; *voittaa* ~ win easily (hands down) **-voimaisuus** superiority [in strength]; preponderance; *(tehtävän ym ~)* overwhelmingness **-älykäs** superintelligent, highly intelligent **-äänikone** supersonic aircraft **-ääninen** supersonic.

yllin kyllin ..in plenty; plenty, *(ark)* lots and lots (of *jtk*); *hänellä on kaikkea ~* he has enough and to spare; *rahaa on ~* money is plentiful.

ylly||ke impulse **-ttäjä** inciter, instigator; agitator; *(kapinan ym ~ m)* ringleader **-ttää 1** incite (the people to revolt *kansaa kapinoimaan*); instigate (a p. to do *jkta tekemään jtk*); urge; stir (the crew to mutiny *miehistöä kapinaan*); *(kiihottaa)* provoke, goad (a p. into (into doing) *jkta jhk (tekemään jtk);* I was goaded into doing it *minua -tettiin siihen*); *(kannustaa)* goad .. on, prompt; *(suostutella)* induce (a p. to go *jkta lähtemään*) **2** *(lak)* instigate (a p. to commit treason *jkta maanpetokseen*); suborn (a p. to commit perjury *jkta väärään valaan*) **-tys** inciting, incitement, instigation (at the instigation of *jkn -tyksestä*); agitation **-tyshullu** easily led; gullible.

yll|ä *(-e)* **1** *(yläpuolella)* over, above **2** *(päällä)* on (what did he have on? *mitä hänellä oli ~än?*) ▶ ~ **esitetty (mainittu)** ..above, above-mentioned, ..mentioned (stated, given) above; ~ *esitetyt tiedot* the above information; *kuten ~ on mainittu* as stated [above]; ~ **oleva** [..]above; ~ *olevasta selviää että* from the foregoing (above) it will be clear that; *hänellä oli ~än (m)* he was wearing..

yllä||pito maintenance (of order (a family, a hospital) *järjestyksen (perheen, sairaalan) ~*), upkeep (of a car *auton ~*); maintaining, keeping up (of relations *suhteiden ~*); *vapaa ~* free board and lodging **-pitokustannukset** *(sg)* [cost of] maintenance **-pitä|ä** maintain (life *elämää;* law and order *lakia ja järjestystä;* one's family *perhettään;* hope *toivoa;* friendly relations with *ystävällisiä suhteita jkh*); keep up (the conversation *keskustelua;* one's health (French) *kuntoaan (ranskan kielen taitoaan);* old customs *vanhoja tapoja); (m)* sustain (the reader's interest *lukijan mielenkiintoa*); uphold (a standard *jtk tasoa*); *valtion -mä koulu* state school.

yllät||tynyt surprised (at *jstk*); *-tyneenä (m)* in surprise **-tyä** be surprised (at *jstk;* pleasantly *miellyttävästi*) **-tävä** surprising **-tää** surprise (a p. with *jku jllak;* the enemy *vihollinen*); (~ *täysin*) take .. unawares (by surprise); *(saada kiinni) (m)* catch (o.s. thinking that (of) *itsensä ajattelemasta että (jtk);* take (in the [very] act *itse teosta;* a p. stealing *jku varastamasta*); *-täen* surprising[ly] enough; *(odottamatta)* unexpectedly.

ylläty|s surprise (a pleasant surprise *iloinen* ~; I have a surprise for you *minulla on sinulle* ~); *-kseksenī huomasin että* I was surprised to see that.., to my great surprise I saw that.. ~**hyökkäys** surprise attack; raid; *tehdä* ~ take .. by surprise ~**tarkastus** raid; *suorittaa* ~ *jssk* raid.

ylpe||illä 1 *(kerskailla)* boast, brag (of one's riches *rikkauksillaan*); *(ark)* talk big (about *jllak*) **2** *(tuntea ylpeyttä)* be proud (an achievement to be proud of *saavutus josta voi* ~); take pride (in *jllak*) **-ys** pride (of one's family *perheensä* ~; his pride won't allow it *hänen -ytensä ei salli sitä;* pride goes before a fall ~ *käy lankeemuksen edellä*); *(pöyhkeys m)* haughtiness, arrogance.

ylpeä proud; *(pöyhkeä m)* haughty, *(ark)* high and mighty, uppish; *olla* ~ *jstk* be proud of, take pride in; feel proud ~**sti** proudly; *(ylpeillen)* with pride.

yltiö||isänmaallinen chauvinistic *(adv* ~ally) **-isänmaallisuus** chauvinism **-päinen** fanatic *(adv* ~ally); *(huimapäinen)* reckless, dare-devil (youth *nuorukainen*) **-päisyys** fanaticism.

yltympäri everywhere; all around, *(ark)* all over the place.

ylty|ä 1 increase; get more intense (the pain got more intense *kipu -i*), grow in intensity; *meteli -i* the noise grew louder; *tuuli -y* the wind is rising; *tuuli -i myrskyksi* the wind grew into a storm **2** *(~ tekemään jtk)* start (fighting *tappelemaan*), take to (drinking *juomaan*).

yltä 1 *(yläpuolelta)* from over (the town *kaupungin* ~), from above **2** *(päältä)* off (take off one's clothes *riisua vaatteet* ~*än*) ~**kylläinen** [super]abundant, superfluous; exuberant; *(runsas)* profuse, plentiful ~**kylläisyy|s** [super]abundance, superfluity; exuberance (of forms and colo[u]rs *muotojen ja värien* ~), wealth; profusion; *elää -dessä* live on the fat of the

land ~ **päältä** all over; ~ *hiessä* dripping with sweat.

yltää reach; come up to (a p.'s shoulder *jkta olkapäähän*); come down to (the floor *lattiaan asti*) *(ks m ulottua).*

ylväs proud (sight *näky*); lofty, imposing (building *rakennus*); grand (figure *hahmo*); stately (portico *pylväikkö*); *(uljas)* noble (gait *käynti*); dignified (carriage *ryhti*) ~**tellä** boast (of, about *jllak*).

ylä||aste upper level (of a comprehensive school *peruskoulun* ~) **-hammas** upper tooth **-huone** *(Brit parl)* the Upper House (Chamber), the House of Lords **-huuli** upper lip **-hylly** top shelf **-juoksu** *(joen* ~) upper course, *(pl)* upper reaches; ~*n puoleinen* upriver, upstream **Y-järvi** Lake Superior **-kant|issa** *(-tiin)* on a large scale; *arvioida jk -tiin* overestimate **-ker|ta** upper floor; the upper storey *(m leik);* *-ran huone* upstairs room; *-rassa, ~an* upstairs **-kulma** top (upper) corner; *(sivun ym) oikeassa* ~*ssa* top right **-kuu** waxing moon **-lai|ta** *(paperin, sivun* ~) top (at the top of the page *sivun -dassa*); top edge **-leuka** upper jaw; maxilla *(pl* ~e) **-luok|ka 1** *(koul)* upper form *(Am* grade) **2** *(yhteiskunnan* ~) the upper class[es]; *-an* upper-class, high-class **-maa** highland; *Skotlannin* ~*t* the Highlands **-mäk|i** rise, ascent (steep ascent *jyrkkä* ~), uphill road, upward slope; *koko matka oli -eä* it was uphill all the way; *loiva* ~ a gently climbing slope **-nkö** *(pl)* highlands, uplands **-nurkka** top (upper) corner; *oikea* ~ right upper corner, top right corner **-osa** top; upper part **-pilvi** high cloud.

yläpuolel||la *(-le)* above (the average (sea level) *keskitason (merenpinnan)* ~; fly above the clouds *lentää pilvien* ~); *(m)* over (hang a picture over the fireplace *ripustaa taulu takan -le*) **-ta** [from] above.

ylä||puoli upper side, top; *(yläosa)* upper part **-pää** upper end, top [end]; *jnk* ~*ssä* at the top of **-raaja** upper limb **-raja** upper limit; maximum [limit] **-reuna** upper edge; *(sivun ym* ~) top **-ruumis** upper [part of the] body; *riisua* ~ *paljaaksi* strip to the waist **-tasanko** plateau *(pl* ~x); tableland **-taso** *(ilm)* high wing **-tyyli** elevated (exalted) style **-virtaan** upstream **Y--Volta** [the Republic of] Upper Volta **--ään|i** high tone; *-et (m) (sg)* the higher register.

ylös up; *(~päin)* upward[o]; • *ulus* up and and

down; ~ *vuoteesta* out of bed ~**alaisin** upside down; *(väärin päin)* the wrong side up; *(mullin mallin)* (m) topsyturvy; *kääntää* ~ (m) overturn, upset; *(kuv)* jolt ~**nousemus** resurrection ~**päin** upward[s]; *(ylös)* up (look up *katsoa* ~); ~ *suippeneva* tapering; *[hinnat]* 15 *punnasta* ~ [prices] from £15.

ymmäll|ä *(-e)* puzzled, confused.

ymmärrettä||vyys intelligibility **-vä** intelligible (speech *puhe;* explanation *selitys*); *helposti* ~ easy to understand, (m) obvious (for obvious reasons *-vistä syistä*); ~*ä kyllä* naturally, of course; *on aivan ~ä että* it is quite understandable that.

ymmärry|s understanding; comprehension (it is beyond my comprehension *se menee yli -kseni*); *(äly)* intellect; intelligence; *(järki)* reason; *parhaan -ksensä mukaan* to the best of one's understanding (judgement); *täydessä -ksessä* being of sound mind [and body], in one's right mind; *täyttä ~tä vailla* of unsound mind, insane.

ymmärtä||mys understanding; sympathy; *saada osakseen ~tä* meet with sympathy **-mättömyy|s** lack of judgement ([common] sense); *hän teki sen -ttään* he did it out of thoughtlessness **-mätön** unwise, senseless; ignorant; *olla* ~ lack understanding **-väinen** understanding; sympathetic **-väisesti; suhtautua** ~ *jhk* sympathize with.

ymmär|tää understand (he does not understand English *hän ei -rä englantia;* I was given to understand that.. *minun annettiin* ~ *että*); *(käsittää)* comprehend (it is impossible to comprehend.. *on mahdotonta* ~); *(oivaltaa)* (m) realize (then he realized that.. *silloin hän -si että*); see (I see *-rän;* do you see what I mean? *-rätkö mitä tarkoitan?*); *(tietää)* know (do you know anything about cars? *-rätkö mitään autoista?*) ▶ **en** *-rä tästä mitään* (m) I am completely at sea (at a loss); *hän ei -rä* **leikkiä** he cannot take a joke; *hän -si sanani* **loukkaukseksi** he took my words as an insult; **minun** ~*kseni* as far as I understand (can see); ~ **väärin** misunderstand (a misunderstood genius *väärin -retty nero;* don't misunderstand me! *älä -rä minua väärin!*); get the wrong idea (about *jk*).

ymppäys grafting.

ympyrä circle; *ympyrä|[n]- circular (arc *kaari*) ~**nkehä** circumference ~**nmuotoinen** circular.

ympyröidä ring, circle.

ympäri I *postp, prep* **1** round, *(Am tav)* around (the house *talon* ~; turn [a]round the corner *kääntyä kulman* ~; sail round the world *purjehtia maailman* ~) **2** *(joka puolella)* about (books lying about the room *kirjoja* ~ *huonetta*); around (travel around the world *matkustella* ~ *maailmaa*) **II** *adv* round; *(Am tav)* around (turn around *kääntyä* ~); *(Br m)* about ▶ *nukkua kellon* ~ sleep around the clock; ~ **maailmaa** all over (throughout) the world; **puhua** *jku* ~ talk .. round; ~ **vuoden** all [the] year round, throughout the year, *(Am m)* the year round; ~ **vuorokauden** round the clock; day and night; *[liike on]* *avoinna vuorokauden* ~ [the shop is] open day and night, [the shop has] 24-hour service.

ympäriinsä all around, about, *(ark)* all over the place.

ympärileik||ata circumcise **-kaus** circumcision.

ympäril|lä *(-le, -tä)* round (the table *pöydän* ~; a castle with walls round *linna jossa on muurit* ~), around (gather around *kerääntyä jnk -le;* the fields around the village *kylän* ~ *olevat pellot*), about (tie a rope about *sitoa naru jnk -le;* people standing about ~ *seisovat ihmiset*); katsoa *-leen* look around one; *kaupungin* ~ *on vuoria* the city is surrounded by mountains.

ympäri||purjehdus circumnavigation **-pyöre|ä;** *tehdä -itä vuorokausia* work around the clock; ~ *vastaus* vague (hedging) answer.

ympäristö 1 *(pl)* surroundings (in delightful surroundings *viehättävässä ~ssä*); *(pl)* environs (Helsinki and its environs *Helsinki* ~*ineen*); *(lähistö)* neighbo[u]rhood **2** *(elin~)* environment (pollution of the environment ~*n saastuminen;* protect the environment *suojella ~ä*), *(pl)* surroundings (in one's natural surroundings *luonnollisessa* ~*ssä[än]*); *(miljöö)* setting.

ympäristö||- environmental (hazard *-haitta;* problem *-ongelma;* planning *-suunnittelu*) **-nsuojelija** ecologist, environmentalist **-nsuojelu** environmental control (protection), conservation of the

environment **-nvaihdos** change of surroundings **-oppi** *(pl)* environmental studies **-ystävällinen** pro-environment[al]; ~ *pakkaus* non-polluting package.
ympäri||**vuorokautinen** round–the-clock **-vuotinen** all-year.
ympäry|s **1** *(m -kset); haavan (silmien, talon)* ~ the area around the wound (eyes, house) **2** = *seur.* ~**mit**|**ta** circumference; *(puun* ~*)* girth; measure round; *rinnan* ~ chest measurement; *olla -altaan 15 metriä* measure 15 metres round *(Am* 15 meters around); be 15 metres in circumference.
ympärö|**idä** surround (the surrounding world *-ivä maailma;* surrounded by a crowd of fans *ihailijajoukon -imänä;* the trees surround the house *puut -ivät taloa;* the negotiations were surrounded by great secrecy *suuri salaperäisyys -i neuvotteluja*); *(kokoontua ympärille)* gather round (a p. *jku*); ring (the area is ringed with a red line on the map *alue on kartalla -ity punaisella viivalla*); *salaperäisyyden -imä* enveloped in mystery.
ympätä *(puut)* graft; *(metsh ym)* inoculate.
yni||**nä, -stä** *(lehmästä)* moo.
ynnä 1 and; ~ *muuta (ym)* et cetera (etc.); ~ *muuta sellaista (yms)* and such like **2** *(mat)* plus.
ynseä unfriendly (to *jklle;* treatment *kohtelu*) ~**sti**; *kohdella* ~ *(m)* give .. the cold shoulder.
ypöyksin all (utterly) alone.
yritteli||**äisyys** [spirit of] enterprise; *vapaa* ~ free enterprise äs enterprising; *(tarmokas)* energetic *(adv* ~ally); active; ambitious; *(ark)* go-ahead, up-and-coming.
yrittäjä entrepreneur, enterpriser ~**eläke** self-employed person's pension.
yrit|**tää** try (not to speak *olla puhumatta;* to get in *[päästä] sisään;* I'll try *minä -än); (ark)* have a try (go, shot) (at *jtk; at* doing *tehdä jtk*); attempt (suicide *itsemurhaa;* to do *tehdä jtk*), make an attempt; *(kokeilla) (m)* try one's hand (at growing vegetables *vihannesten kasvattamista)* ▶ ~ **kaikkensa** try one's hardest, go all out; *oloja* **on** *-etty korjata* attempts have been made to improve the conditions; ~ **parhaansa** do (try) one's best; make every effort (to help *auttaakseen*).
yrity|s **1** *(hanke)* attempt (at the first attempt *ensi -ksellä*); enterprise (daring

enterprise *uskalias* ~); effort (at doing *tehdä jtk;* all his efforts failed *kaikki hänen -ksensä epäonnistuivat);* ~ *ja erehdys* trial and error; *-ksistä huolimatta* despite every effort; *petoksen* ~ attempted (attempt at) fraud; *uhkarohkea* ~ daring venture **2** *(liike~)* enterprise (private enterprise *yksityinen* ~); *(liike)* business; *(yhtiö)* company; *(Am m)* corporation; *menestyvä* ~ paying concern; *yhteinen* ~ joint venture ~**demokratia** industrial democracy ~**johtaja** [business] executive, business manager, business (management, top) executive ~**johto** business administration; management, *(pl)* top executives ~**toiminta** entrepreneurship.
yrme||**issään;** *olla* ~ be sulky, have the sulks **-ä** sullen (looks *ilme);* sulky (man *mies).*
yrtti, ~**mauste** herb ~**tee** herbal tea.
yskiä cough *(m kuv;* the engine began to cough *moottori alkoi* ~*);* cough up (blood *verta).*
yskä cough; *ymmärtää* ~ take the hint; *(ark)* get the message ~**nlääke** cough mixture.
ystävystyä make friends (easily *helposti;* with *jkn kanssa*), become friends (with).
ystävyy|s friendship; *kaikessa -dessä* in all friendliness ~**- ja avunantosopimus** Pact of Amity Co-operation and Support ~**ottelu** friendly match (game), *(ark)* friendly ~**vierailu** goodwill visit.
ystäv|**ä** friend; *(kannattaja) (m)* lover (of music *musiikin* ~*)* ▶ **cräs** ~**nl** a friend of mine, one of my friends; *hän on* **hyvä** ~*ni* he is a good friend of mine; *olla jkn* ~ *(m)* be friends (friendly) with; **saada** *-iä* make friends; *heistä* **tuli** *hyvät* ~*t* they became (got to be) friends.
ystävälli||**nen** kind (to *jklle;* gesture *ele;* man *mies;* how kind of you! *kuinka -stä!);* kindly (smile *hymy;* advice *neuvo);* friendly (to *jklle;* welcome *vastaanotto;* in a friendly spirit *-sessä hengessä); (hyväntahtoinen)* gentle (disposition *luonne;* voice *ääni); (yhdyss)* pro|- (--German *saksalais~); olisitko* ~ *ja..?* would (will) you kindly..? will you be so kind as to..? **-sesti** kindly, in a friendly way (manner); *hymyillä* ~ give a friendly smile; *ottaa jku* ~ *vastaan* give .. a friendly (warm, cordial) welcome **-syys** kind[li]ness, friendliness.
ystävätär [woman (girl)] friend.

ytimekäs pithy (short and pithy *lyhyt ja* ~).

yya-sopimus treaty of friendship co-operation and mutual assistance.

yö night ▶ **ensi** ~*nä* tonight, this night; **eräänä** ~*nä* one night; the other night; **jäädä** ~*ksi (olla* ~*tä)* stay over night, stay [for] the night (at *jssk;* with *jkn luona*); **koko** ~*n* all night [long]; **myöhään** ~*hön* far into the night; **myöhään** ~*llä* late at night; ~*tä* **päivää** night and day, day and night; **tulee** ~ night is coming on; *sunnuntaita* **vasten** ~*llä* on Saturday night, on (during) the night before Sunday; **viime** ~*nä* last night; **[yhdessä]** ~*ssä* overnight; **yöllä** at (by) night, in the night; *(*~*n kuluessa)* during the night.

yö‖- night (life -*elämä;* nurse -*hoitaja;* train -*juna;* services -*liikenne;* safe (*Am* depository) -*säilö;* watchman -*vartija)* **-baari** all-night café **-eläi‖n** nocturnal animal; ...*ovat* -*miä* ...are nocturnal **-kau‖si;** -*det,* ~*a* night in and night out, nightlong **-kerho** nightclub **-kulkija** nightwalker **-kyöpeli** night owl.

yököttä‖ä sicken, make .. feel sick; *minua* ~ I feel sick; *(kuv)* it makes me sick; -*vä* sickening, nauseating.

yö‖‖lamppu bedside lamp **-lintu** nocturnal bird **-llinen** nocturnal; *(viimeöinen)* last night's, ..of last night **-maja** doss house **-myssy** nightcap **-myöhä;** ~*llä* late at night; in the small hours; ~*än* far into the night **-nkuningatar** night-blooming cereus **-nuttu** bed jacket **-näytäntö** night performance; *(elok)* late-night show **-paita** nightdress, nightgown, *(ark)* nighty **-puku** *(pl)* pyjamas, *(Am)* pajamas **-pyä** stay overnight (the night) (at *jssk;* with *jkn luona)*; *(viettää yö)* spend the night (out of doors *ulkosalla)* **-pöytä** bedside table, *(Am)* night table, nightstand **-sija** accommodation (lodging) for the night; *antaa jklle* ~ put .. up for the night **-tön;** ~ *yö* the night of the midnight sun **-un‖i** [night's] sleep; *viedä jklta* -*et* rob .. of his night's sleep **-vaatteet** nightclothes; *(sg)* nightwear **-voide** night cream **-vuoro** night shift (duty); *(bussin ym)* ~*t (sg)* night service; ~*ssa* on [the] night shift.

Z

z, Z *(kirjain)* z, Z (*pl* zs, z's, Zs, Z's).
Zaire Zaïre ~**lainen** *a ja s* Zaïreze. *(pl ~).*
zeniitti zenith.

zoom‖ata zoom -**i** *(ark)* zoom lens.
Zürich Zurich.

Ä

äes, ~tää harrow.

äh‖istä groan; ~ *[ja puhista]* puff [and blow] -ky *(lääk)* colic; *(eläinl)* bloat[ing] -käisy groan.

äidilli‖nen motherly (type *tyyppi*); maternal (care *huolenpito*) -sesti in a motherly way; with motherly affection -syys motherliness.

äidin‖- mother's (father *-isä*); maternal (love *-rakkaus;* instinct *-vaisto*) -kieli mother tongue, native language; *omalla -ellään* in one's own [native] language -maidonvastike *(Am)* formula; baby's milk mixture -maito mother's (breast) milk; *-dolla ruokittu* breast-fed; *(kuv) imeä jtk -dossa* imbibe .. from [one's earliest] infancy -perintö maternal inheritance -puoleinen ..on the mother's side; maternal -puoli; *suvun* ~ maternal (distaff) side.

äiditön motherless.

äijä old man.

äitel‖yys [cloying] sweetness -ä 1 too sweet, sugary; mawkish 2 *(kuv)* cloying (compliment *kohteliaisuus*); sugary (film *elokuva*); *(siirappimainen)* treacly (smile *hymy*).

äi‖ti mother (she is the mother of three [children] *hän on kolmen lapsen* ~); *odottava* ~ mother-to-be, expectant mother; *-din puolelta* on the mother's side ~enpäivä Mother's Day ~puoli stepmother ~vainaja; ~ni my late mother.

äitiys motherhood, maternity; *äitiys|*-maternity (benefit *-avustus;* leave *-loma;* dress *-puku*) ~huolto prenatal care, maternity welfare ~neuvola maternity (prenatal) clinic ~valmennus childbirth preparation exercises.

äitiö *(äänitekn)* master.

äityä take to (drink *juomaan*), start (fighting *tappelemaan*).

äke‖issään; *olla* ~ be vexed (irritated, cross) (about *jstk*) -ä angry, cross (with

jklle); crusty (old man *vanha ukko*).

äki‖llinen 1 sudden (death *kuolema;* shower *sadekuuro*); abrupt (halt *pysähdys*); *(odottamaton)* unexpected; *(päätäpahkainen)* precipitate 2 *(lääk)* acute (illness *sairaus*).

äkki‖arvaamaton totally unexpected; unforeseen; sudden -arvaamatta all of a sudden, unexpectedly -jyrkkä precipitous (slope *rinne*); steep (cliff *kallionreunama*), sheer (drop *pudotus*) -käännös sharp bend -lähtö hasty leave -näinen = *äkillinen; (m)* hasty, hurried (conclusion *johtopäätös*) -pikaa very quickly, in no time -pikainen 1 quick-tempered, short-tempered (man *mies*) 2 rash (decision *päätös;* action *toiminta*) -pikaisuus quick temper -päätä all at once -rynnäk|kö surprise attack, storm; *vallata -öllä* take by storm (surprise) -syvä precipitous, steep; *siellä on* ~*ä* it gets deep very suddenly there.

äkkiä 1 *(yht~)* suddenly, all at once; *(äkkiarvaamatta)* all of a sudden, unexpectedly; *pysähtyä* ~ stop dead (short) 2 *(nopeasti)* quickly; ~ *nyt!* be quick now!

äkseerata *(vanh sot)* drill.

äksy ill-tempered; *(vikuri)* unmanageable, vicious ~illä *(kiukutella)* be peevish; be unmanageable ~yntyä fly into a temper (passion).

äkäi‖nen 1 *(vihainen)* angry, cross, mad (at *jklle*) 2 *(kärtyinen)* peevish, crusty, surly -syys *(m)* anger, ill temper.

äkämä boil, furuncle ~punkit *(el)* gall mites.

äkäpussi shrew, vixen.

älk‖ää, -öön *(jne)* ks. älä.

älli‖källä; *lyödä* ~ strike .. with amazement, astound -stellä be gaping; *(hämmästellä)* be amazed (at *jtk*) -stynyt dum[b]founded, amazed, taken aback -stys amazement, astonishment -styttää amaze, stun; *minua* ~ I am amazed (at *jk*)

äll

ällistyä – ääneen **790**

-styä be[come] dum[b]founded, be taken by surprise.

ällöttä||**vä** revolting (taste *maku*); *(kuvottava)* nauseating, disgusting -ä nauseate; revolt; *minua* ~ ..it makes me sick to.

äly *(pl)* brains; *(tav pl)* wit[s]; *(älykkyys)* intellect, intelligence; *(m)* sense (he has sense enough to *hänellä on kylliksi* ~ä ..*kseen*); ~**n väläys** brainwave ~**inen** *(yhdyss)* -witted (sharp-witted *terävä*~); -brained (crack-brained *vähä*~) ~**kkyydenmittaus** intelligence testing ~|**kkyys** intelligence; -kkyys- intelligence (quotient *(lyh* I.Q.) -**osamäärä;** test -*testi*) ~**kkyysikä** mental age ~**kkäästi** intelligently; wisely ~**käs** intelligent; bright (child *lapsi*); *(terävä)* shrewd (comment *kommentti*); clever (idea *ajatus*) ~**kääpiö** *(ark)* fool, idiot ~**llinen** intellectual; *(henk leik ja halv)* highbrow[ed] ~**mystö** intelligentsia ~**niekka** genius ~**nystyr**|**ä;** hieroa -öitään cudgel one's brains ~**peräinen** intellectual ~**pää** bright spark (some bright spark *joku* ~).

äly||**ttömyys** lack of intelligence; *(typeryys)* foolishness -**tä** *(käsittää)* realize, grasp; *(ymmärtää)* understand, comprehend; see; *miksen sitä -nnyt?* why didn't I [come to] think of that? -**tön 1** *(tav)* *(typerä)* senseless, foolish (idea *ajatus*); unreasonable (demand *vaatimus*) **2** irrational (animal *eläin*).

äl|**ä** *(-kää)* do not, don't; -*käämme* let us (let's) not, don't lct us (forget *unohtako*); -*köön hän luulko että* he shouldn't think that..; ~ *välitä!* never mind!

älähtää [give a] howl, yelp; *(uikuttaa)* whine; *(kuv)* make a noise (about *jstk*).

äläkkä *(kuv)* [big] noise.

ämmä old woman; *(pahansisuinen akka)* vixen.

ämpäri pail, bucket ~**llinen** pailful, bucketful.

änkyt||**ellä** *(soperrella)* falter -**tää** stammer, stutter.

äpärä bastard, illegitimate child.

äre|**ä** peevish, grumpy; *(hapan)* surly, sullen; *olla -issään* be angry (cross).

ärh||**ennellä** *(koirasta)* yap, yelp (at *jllk*); show fight -**äkkä** snappish; *(haukkuva)* barking, yapping; *(terhakka)* brisk; snappy.

äristä growl, snarl *(m henk; at jklle).*

ärj||**yä** *(eri merk)* roar (at *jllk*); *(henk m)* bellow, bawl (at *jklle*) -**äistä** shout (at *jklle*).

ärräpä|**ä;** *päästellä -itä* swear, curse; *-itä sateli* the air was blue [with oaths].

ärsyke stimul|us *(pl* -i); *(kiihoke)* irritant; *(kuv)* impulse, incentive (to *jhk*).

ärsyt||**tävä 1** irritating, provoking (manner *tapa*); *(tahallisen* ~) provocative (statement *lausunto*) **2** *(lääk)* irritant -**tää 1** irritate (a p.'s eyes *jkn silmiä*) **2** *(antaa ärsyke)* stimulate **3 a)** *(härnätä)* tease; *(saada suuttumaan)* provoke; **b)** *(harmittaa)* irritate, vex, annoy; *hän* ~ *minua (m)* he gets on my nerves -**ys** irritation; stimulation; provocation -**yskynnys** absolute (stimulus) threshold.

ärsyyntyä get provoked (angry, furious) (about *jstk*).

ärty||**inen, -isä** irritable, touchy (in an touchy mood ~**llä** *tuulella*); *(pahantuulinen)* fretful, peevish; on edge -**mys** irritation -**nyt** *(lääk)* irritated; inflamed -**vä;** *helposti* ~ irritable, touchy -**ä 1** *(lääk)* get irritated **2** *(kuv)* become (get) irritated (agitated, vexed).

ärähtää *(henk)* snap (at *jklle*); *(koirasta)* snarl.

äske||**inen** *(-ttäinen)* recent; *(viimeksi ollut)* last [few] (the last few days -*iset päivät*); *hänen* ~ *tekonsa (m)* what he just did -**n 1** just (I just saw him *näin hänet* ~); *(hetki sitten)* a moment (a while) ago; *vasta juuri* ~ only just now **2** *(vasta-)* newly (arrived *tullut*), new|- (-blown flower *puhjennut kukka*), just (mentioned *mainittu*); ~ *satanut lumi* fresh (newly fallen) snow; ~ *syntynyt lapsi* newborn baby -**ttäin** recently, lately, of late; *(jokin aika sitten)* some time ago -**ttäinen** recent.

ässä *(korttip)* ace.

äveriäs wealthy, rich.

äyri 1 *(Ruots ym raha)* öre *(pl* ~); *ei* ~*äkään* not a penny **2** *(vero~)* tax unit.

äyriäi||**nen** *(el)* crustacean; *(keitt)* shellfish -**skeitto** bisque.

äyrä|**s** *(rantapenger)* bank; *(parras)* brink, edge; *(kuv)* paisua *yli -idensä* brim over, overswell its limits.

äysk||**iä** shout, bark (at *jklle*) -**äistä** snap (at *jklle*).

äyskär||**i** ba[i]ler -**öidä** bale, bail.

ääliö fool, idiot ~**mäinen** idiotic.

ääneen aloud (laugh aloud *nauraa* ~*[sä]*); loud[ly] (speak loud! *puhu* ~!); *ajatella* *(sanoa)* ~ think (say) out loud.

äänek‖käästi loud[ly]; *puhua* ~ speak in a loud voice; *(kuv) vaatia yhä -käämmin jtk* demand .. more and more insistently **-äs** loud; *(meluisa)* noisy; boisterous (crowd *joukko*); *(äänessä oleva)* vocal (minority *vähemmistö*).

äänellinen vocal.

äänen‖- *(erik tekn)* sound (insulation *-eristys;* velocity *-nopeus;* reproduction *-toisto;* amplifier *-vahvistin*) **-kannattaja** *(san)* organ **-kantama;** ~*n päässä* within earshot (hearing) **-korkeus** pitch **-käyttö** voice control **-muodostus** *(mus)* vocal training **-murros;** *hänellä on* ~ his voice is breaking **-paino** stress*; (kuv)* strain **-sävy** tone [of voice] **-vaimennin** silencer, *(Am)* muffler **-voimakkuus** *(rad)* intensity **-väri** timbre, [tone] quality.

äänesty‖s voting, vote (come to the vote *joutua -kseen;* on a vote *-ksessä); (lippu~)* ballot[ing]; *(yleinen* ~) poll; *toimittaa* ~ *jstk* take a vote on.

äänestys‖alue voting district; *(Am)* electoral (voting) precinct **-koppi** polling booth **-lippu** ballot; *(yhtiökokouksessa)* voting slip **-paikka** polling station **-prosentti** turnout of voters, poll.

äänest‖äjä voter **-äminen** voting, casting of votes **-ää** vote (for *jkta;* Labour *työväenpuoluetta);* take a vote (on *jstk); (~ jstk)* put .. to the vote.

äänet‖i silently, in silence; *(puhumatta)* silent (be silent on *olla* ~ *jstk)* **-tömyys** silence **-tömästi** *(m)* without a sound **-ön** silent (man *mies;* purr of an engine *moottorin* ~ *käynti;* partner *yhtiömies),* quiet; *(puhumaton)* speechless; *(meluton) (m)* noiseless.

ään‖i 1 a) *(fys, yl)* sound; *(kova* ~) noise; **b)** *(-ensävy)* tone (in an angry tone *vihaisella -ellä);* **c)** *(ihmis~)* voice (in a quiet (low) voice *hiljaisella (matalalla) -ellä);* **d)** *(eläimen huuto)* call, cry; *(viserrys, siritys)* chirp; **e)** *(~merkki)* sound, blast **2** *(mus) (»stemma»)* [voice] part (sing in parts *laulaa ~ssä)* **3** *(kuv) (mielipide yms)* voice (of reason *järjen* ~) **4** *(pol ym)* vote (count the votes *laskea -et)* ▶ *(pol)* **antaa** *-ensä* give one's vote (to *jklle),* cast one's vote, vote (for *jklle); annetut -et* poll, votes cast; *10 -en* **enemmistöllä** by a majority of ten; *seinän takaa* **kuului** ~*ä* we could hear the sound of voices from the next room; *saada -ensä* **kuuluviin** make o.s. heard; *-tä*

nopeampi supersonic; **olla** *koko ajan -essä* talk incessantly; **pitää** *[kovaa] -tä* make a noise; *pitää suurta -tä jstk* make a fuss about; *(mus)* **pysyä** *-essä* keep in tune; **saada** *eniten ~ä* head the poll; *saada 300 -tä* poll 300 votes; *20 -ellä 10:tä* **vastaan** by 20 votes to ten; **yhteen** *-een (yksimielisesti)* unanimously.

ääni‖aalto acoustic (sound) wave **-ala** *(mus)* register **-alue** *(mus)* range of sound (voice) **-elokuva** sound film, *(vanh ark)* talkie **-eristetty** sound-proof **-harava** *(pol)* vote-puller **-huuli** vocal cord **-jänne** vocal cord **-kerta** *(urkujen* ~) register **-kirje** *(rad)* radio letter **-laji** tone [of voice] **-levy** [gramophone] record (disc) **-merkki** signal; *(aut) antaa* ~ [give a] signal, sound one's horn **-määrä** *(pol)* number of votes, poll **-nauha** recording tape; *poistaa* ~*lta* erase.

-ääninen *(yhdyss)* -sounding (sharp-sounding *terävä-~);* *(henk)* -voiced (deep-voiced *syvä-~); kaksi~* for two voices, two-part.

äänioikeu‖deton nonvoting **-s** franchise, *(Am)* suffrage (universal suffrage *yleinen* ~); *(äänivalta)* right to vote; *antaa (saada)* ~ give (get) the vote **-tet‖tu** entitled to vote; *olla* ~ have a (the) vote; *-ut osakkeet* voting shares.

ääni‖oppi *(sg)* acoustics **-pää** *(äänitekn)* tape (magnetic) head **-rasia** pick-up **-rauta** tuning fork **-taajuus** audio frequency **-te** tape recording **-tehoste** sound effect **-torvi 1** *(aut)* horn **2** *(kuv)* mouthpiece.

äänittä‖jä sound recorder **-mö** recording studio **-ä** record, tape-record.

ääni‖tys recording **-valli** sonic barrier; *paukahdus ~n murtuessa* sonic boom **-valta** voice, voting right **-valtainen** entitled to vote; ~ *jäsen* voting member **-varat** vocal powers.

äänne sound; *äänne‖-* phonetic (value *-arvo;* structure *asu;* writing *-kirjoitus)* ~**llä** utter sounds; *(lapsesta)* babble ~**merkki** phonetic symbol ~**oppi** *(sg)* phonetics ~**vaihtelu** transmutation of sounds.

äänn‖ähdys sound, breath **-ös** *(kiel)* phoneme.

äänteenmuka‖inen phonetic **-us** assimilation.

äänten‖enemmistö majority [of votes] **-kalastus** *(pol)* canvass[ing], *(Am)* electioneering **-laskija** scrutineer, teller **-laskenta** counting of votes, poll.

ääntiö vowel ~**nmukaus** vowel mutation.

äänty||mätön mute, silent (vowel *vokaali*) **-ä** be pronounced.

ääntämi||nen pronunciation; *virheellinen* ~ mispronunciation **-smerkintä** phonetic transcription.

ääntää pronounce; articulate (every word carefully *jokainen sana huolellisesti*).

ääre||en *ks.* **-ssä -ishermosto** *(pl)* peripheral nerves **-llinen** finite (number *luku;* being *olento*).

ääre||llä *(-lle, -ltä)* by (the sea *meren* ~) **-ssä** *(-en, -stä)* by (the window *ikkunan* ~); at (the piano *pianon* ~); *(vieressä)* beside, by the side of (a bed *vuoteen* ~); over (sit over one's work *istua työnsä* ~); *poistua työpöytänsä -stä* leave one's desk.

ääret||tömyys infinity, infiniteness; endlessness; immensity **-tömän** tremendously (strong *vahva*); uncommonly (beautiful *kaunis*); ~ *paljon* a tremendous lot, tremendously **-tömästi** endlessly, boundlessly **-ön** *(m mat, filos)* infinite; *(mittaamaton)* immeasurable, boundless (space *avaruus*); *(loputon)* endless; *(suunnaton)* enormous, immense (joy *riemu*), tremendous (effort *ponnistus*), vast (sum of money *rahasumma*).

ääri *(reuna)* brim; edge; *(raja)* limit, bound; *(pää)* end; *kaikilta maailman* ~*ltä* from all parts of the world; *maailman* ~*in* to the ends of the earth; ~*ään myöten täynnä* full to the brim; *(katsomosta)* filled to capacity ~*aines* extremist element ~*alue* fringe area; *(kuv)* borderland ~*asento* extreme position ~*mmilleen* to the utmost (limit); *tilanne kärjistyi* ~ the situation became very critical ~*mmillään; olla* ~ have reached its peak (climax).

äärimmäi||nen extreme (limit *raja*), utmost (in the utmost danger *-sessä vaarassa*); *(kauimmainen)* farthest, furthest, remotest (end *pää*) ▶ *verrannon -set* jäsenet the extremes of a proportion; *-set* **kysymykset** fundamental (ultimate) questions; *-sin* **ponnistuksin** by supreme effort; *-sessä* **tapauksessa** at the utmost; *-set* **toimenpiteet** extreme measures; *-senä* **vasemmalla** *(ylhäällä)* leftmost (uppermost).

äärimmäis||en extremely, . . in the extreme; *on* ~ *tärkeää* it's highly important **-yy|s** extremity; *-ksiin menevä (m)* verging on the extreme; *-teen asti* in the extreme **-yysmies** *(pol)* extremist **-yyspuolue** extremist party.

ääri||raj|a [extreme] limit; *se on sietokykyni -oilla* I have reached my [final] limit **-viiva** *(m* ~*t)* outline, contour[s], configuration.

Ö

ödeema [o]edema (*pl* ~ta).
öi‖nen nocturnal; *(joka~)* nightly; *(yö-)*
night (sky *taivas*); *-seen aikaan* at
night[time], in the night; ~ *kaupunki* the
city at night **-sin** at night[s].
öljy oil (essential oils *eteeriset* ~*t;* vegetable
oil *kasvi~;* fuel oil *poltto~*); *(raaka~)*
petroleum, mineral oil; *lisätä* ~*ä laineille*
pour oil on troubled waters; *lisätä* ~*ä*
tuleen add fuel to the fire; *(aut) vaihtaa*
~*t* change oil.
öljy‖- oil (cock *-hana;* field *-kenttä;* slick
-lautta; heating *-lämmitys;* paint *-maali;*
burner *-poltin;* pipe *-putki;* barrel
-tynnyri) **-dollarit** petrodollars **-inen** oily
-johto [oil] pipeline **-kakku** oil cake
-kangas oilskin **-kastike** vinegar and oil
dressing; *ranskalainen* ~ French dressing
-kasvi oil (oleiferous) plant **-lamppu**
paraffin (*Am* kerosene) lamp **-lähde** oil
well; *löytää* ~ strike oil **-maalaus** oil
painting, picture in oil **-mäinen** unctuous,
oily.
Öljymäki Mount of Olives.
öljyn‖- oil (refinery *-jalostamo;* change
-vaihto).
öljynporaus‖lautta oil rig, [off-shore oil]
drilling platform **-torni** drilling derrick.
öljyntuottajama|at oil-producing countries;
-iden järjestö Organization of the
Petroleum Exporting Countries; *(lyh)*
OPEC.
öljy‖pellava linseed flax **-puku** *(pl)* oilskins
-puu olive [tree] **-sorastaa** lay with oil
gravel **-tankkeri** [oil] tanker **-tä** oil;
(voidella) grease, lubricate.
öljyvär|i oil colo[u]r; *maalata -eillä* paint in
oils ~**liitu** wax crayon.
öljy-yhtiö oil (petroleum) company.
ötökkä *(leik)* creepy-crawly, bug.
öykkäri *(rehentelijä)* braggart, swaggerer;
(räyhääjä) bully, rowdy.
öylätti [consecrated] wafer ~**lautanen**
paten, patine.